Stein/Jonas

Kommentar zur

Zivilprozeßordnung

21. Auflage
bearbeitet von

Reinhard Bork · Wolfgang Brehm
Wolfgang Grunsky · Dieter Leipold
Wolfgang Münzberg · Herbert Roth
Peter Schlosser · Ekkehard Schumann

Band 2
§§ 91–252

J. C. B. Mohr (Paul Siebeck) Tübingen

Bearbeiter:

Prof. Dr. jur. REINHARD BORK, Hamburg
Prof. Dr. jur. WOLFGANG BREHM, Bayreuth
Prof. Dr. jur. WOLFGANG GRUNSKY, Bielefeld
Prof. Dr. jur. DIETER LEIPOLD, Freiburg i. Br.
Prof. Dr. jur. WOLFGANG MÜNZBERG, Tübingen
Prof. Dr. jur. HERBERT ROTH, Münster
Prof. Dr. jur. PETER SCHLOSSER, München
Prof. Dr. jur. EKKEHARD SCHUMANN, Regensburg

Zitiervorschlag: Stein/Jonas/Bearbeiter[21] § 29a Rdnr. 2

> Die Deutsche Bibliothek – CIP-Einheitsaufnahme
>
> **Stein, Friedrich:**
> Kommentar zur Zivilprozeßordnung / Stein ; Jonas.
> Bearb. von Reinhard Bork ... – Geb. Ausg. – Tübingen : Mohr
>   NE: Jonas, Martin:; Bork, Reinhard [Bearb.]
>   Geb. Ausg.
>   Bd. 2. §§ 91–252. – 21. Aufl. – 1994
>   ISBN 3-16-146185-1

© 1994 J.C.B. Mohr (Paul Siebeck) Tübingen.

Das Werk einschließlich aller seiner Teile ist urheberrechtlich geschützt. Jede Verwertung außerhalb der engen Grenzen des Urheberrechtsgesetzes ist ohne Zustimmung des Verlags unzulässig und strafbar. Das gilt insbesondere für Vervielfältigungen, Übersetzungen, Mikroverfilmungen und die Einspeicherung und Verarbeitung in elektronischen Systemen.

Dieser Band wurde von Gulde-Druck in Tübingen aus der Rotation gesetzt, auf alterungsbeständiges Werkdruckpapier der Papierfabrik Niefern gedruckt und von der Großbuchbinderei Heinr. Koch in Tübingen gebunden. Den Einband entwarf Alfred Krugmann in Stuttgart.

Fünfter Titel

Prozeßkosten

Stichwortregister zum Kostenrecht (vor § 91 – § 107)

Abänderungsklage: → § 93 d Rdnr. 2, 7
Abgabe: → § 91 Rdnr. 5, 83, 108
Ablichtung: → § 91 Rdnr. 32, 39, 52
Abmahnung: → vor § 91 Rdnr. 15, 16; § 91 Rdnr. 40; § 93 Rdnr. 16
Abschlußschreiben: → § 91 Rdnr. 26; § 93 Rdnr. 16 a
Abschrift: → § 91 Rdnr. 52
– der Kostenberechnung: → § 103 Rdnr. 21
Absonderung: → § 93 Rdnr. 16
Abtretung: → § 91 Rdnr. 16, 40
Abwendung der Vollstreckung: → § 91 Rdnr. 27
– Kostenfestsetzungsbeschluß: → 103 Rdnr. 6
Abwickler: → § 91 Rdnr. 105
Änderung der Stundungsentscheidung: → § 93 d Rdnr. 7, 8
Aktenauszug: → § 91 Rdnr. 39, 52
Amtspflichtverletzung: → § 91 Rdnr. 45
Anerkenntnis: → § 93; § 99 Rdnr. 6 ff., 12, 14
– Abmahnung: → § 93 Rdnr. 16
– AGB: → § 93 Rdnr. 16
– Anfechtung der Kostenentscheidung: → § 99 Rdnr. 6 ff., 12, 14
– Anfechtungsklage: → § 93 Rdnr. 16
– Anlaß zur Klage: → § 93 Rdnr. 11 ff.
– Annahmeverzug: → § 93 Rdnr. 16
– Antrag: → § 93 Rdnr. 2
– Anwaltszwang: → § 93 Rdnr. 5
– Arrestverfahren: → § 93 Rdnr. 23
– Aufforderung: → § 93 Rdnr. 16 ff.
– außergerichtliches: → § 91 a Rdnr. 3
– Begriff: → § 93 Rdnr. 3
– Beschlußverfahren: → § 93 Rdnr. 22
– Beschränkung des Klageantrags: → § 93 Rdnr. 9
– Bestreiten: → § 93 Rdnr. 6, 10, 16
– Beweiserhebung: → § 93 Rdnr. 10
– Beweislast: → § 93 Rdnr. 15
– Drittwiderspruchsklage: → § 93 Rdnr. 10
– Duldungsklagen: → § 93 Rdnr. 19, 21, 22
– Ehesachen: → § 93 Rdnr. 24, 25; § 99 Rdnr. 6
– Einrede: → § 93 Rdnr. 4
– Einspruch: → § 93 Rdnr. 7
– einstweilige Verfügung: → § 93 Rdnr. 16, 22, 23
– Erbenhaftung: → § 93 Rdnr. 4, 9, 20
– Erledigung in der Hauptsache: → § 91 a Rdnr. 25, 29; § 99 Rdnr. 14

– Fälligkeit: → § 93 Rdnr. 9, 16
– früher erster Termin: → § 93 Rdnr. 5
– Gestaltungsklagen: → § 93 Rdnr. 22
– Glaubhaftmachung: → § 93 Rdnr. 10
– Grundschuld: → § 93 Rdnr. 19
– Haftpflichtversicherung: → § 93 Rdnr. 17
– Hilfsantrag: → § 93 Rdnr. 4
– Hypothek: → § 93 Rdnr. 19
– Kindschaftssachen: → § 93 Rdnr. 25; § 93 c Rdnr. 5; § 99 Rdnr. 6
– Klageänderung: → § 93 Rdnr. 9, 13
– Klage vor Fälligkeit: → § 93 Rdnr. 9
– Klageveranlassung: → § 93 Rdnr. 11 ff.
– Konkurs: → § 93 Rdnr. 16
– Konkursverwalter: → § 93 Rdnr. 8
– Kostenentscheidung: → § 93 Rdnr. 27
– Künftige Leistung: → § 93 Rdnr. 11
– Leistung: → § 93 Rdnr. 3, 12
– Mahnverfahren: → § 91 Rdnr. 8, 26
– Nichtbefolgen einer Aufforderung: → § 93 Rdnr. 17
– öffentlich-rechtliche Streitsachen: → § 93 Rdnr. 23
– Prozeßkostenhilfebeschwerde: → § 93 Rdnr. 25
– Quittung: → § 93 Rdnr. 17
– Räumungsklage: → § 93 b Rdnr. 7, 20 ff., 38
– Rechtsnachfolge: → § 93 Rdnr. 8, 14
– Regelunterhalt: → § 93 Rdnr. 16
– Rentenschuld: → § 93 Rdnr. 19
– Revisionsinstanz: → § 93 Rdnr. 9
– Säumnis des Beklagten: → § 93 Rdnr. 7
– Säumnis des Klägers: → § 93 Rdnr. 7
– Schiedsspruch: → § 93 Rdnr. 22
– schriftliches Verfahren: → § 93 Rdnr. 5
– schriftliches Vorverfahren: → § 93 Rdnr. 5
– Sicherungsübereignung: → § 93 Rdnr. 17
– Streitgenossen: → § 100 Rdnr. 7
– Streitwertbeschwerde: → § 93 Rdnr. 25
– Substantiierung der Klage: → § 93 Rdnr. 9
– Teilleistung: → § 93 Rdnr. 17
– teilweises: → § 92 Rdnr. 1; § 93 Rdnr. 4, 17; § 99 Rdnr. 11 f., 14
– Unterlassungsklage: → § 93 Rdnr. 11, 16, 18, 22
– Urkundenprozeß: → § 91 a Rdnr. 53
– Vergleichsverfahren: → § 93 Rdnr. 26
– Versäumnisurteil: → § 93 Rdnr. 7

- Vertreter: → § 93 Rdnr. 14
- Verweigerung der Erfüllung: → § 93 Rdnr. 12
- Verzug: → § 93 Rdnr. 16
- Vorbehalt: → § 93 Rdnr. 4; § 94 Rdnr. 8
- Wettbewerbssachen: → § 93 Rdnr. 16, 22
- Zeitpunkt: → § 93 Rdnr. 5
- Zug um Zug: → § 93 Rdnr. 4
- Zumutbarkeit: → § 93 Rdnr. 10
- Zuvielforderung: → § 93 Rdnr. 17

Anerkennung der Vaterschaft: → § 93 c Rdnr. 4

Anfechtung der Ehelichkeit: → § 93 c
- erfolglose Angriffs- und Verteidigungsmittel: → § 93 c Rdnr. 5
- Säumniskosten: → § 93 c Rdnr. 5
- Widerklage: → § 93 c Rdnr. 1

Anfechtung der Kostenentscheidung: → § 99
- Anerkenntnis: → § 99 Rdnr. 6 ff., 12, 14
- arbeitsgerichtliches Verfahren: → § 99 Rdnr. 15
- Arrest- und Verfügungsverfahren: →§ 99 Rdnr. 3, 7
- Dritte: → § 99 Rdnr. 4
- Erledigung in der Hauptsache: → § 91 a Rdnr. 32 ff.; § 99 Rdnr. 13, 14
- Mietstreitigkeiten: → § 93 b Rdnr. 18
- Mischentscheidungen: → § 91 c Rdnr. 33 f.; § 99 Rdnr. 11 ff.
- Räumungsklage: → § 93 b Rdnr. 35
- Schlußurteil: → § 99 Rdnr. 9 ff.
- Streitgenossen: → § 99 Rdnr. 5; § 100 Rdnr. 5
- Teilanerkenntnis: → § 99 Rdnr. 11 f., 14
- Teilerledigung der Hauptsache: → § 91 a Rdnr. 33 f.; § 99 Rdnr. 13
- Teilurteil: → § 99 Rdnr. 4, 9 ff.

Anfechtung der Kostenfestsetzung: → § 99 Rdnr. 1; § 104 Rdnr. 29 ff., 73; § 105 Rdnr. 17, 22; § 106 Rdnr. 5 ff.; § 107 Rdnr. 6

Angestellter: → § 91 Rdnr. 33 ff., 93

Angriffs- und Verteidigungsmittel: → § 96
- Ehesachen: → § 93 a Rdnr. 3
- Kindschaftssachen: → § 93 c Rdnr. 5
- Nebeninvenient: → § 101 Rdnr. 2
- Rechtsmittelverfahren: → § 97 Rdnr. 13
- Streitgenossen: → § 100 Rdnr. 8, 10
- Teilobsiegen: → § 92 Rdnr. 2

Anhörung (Kostenfestsetzungsverfahren): → § 104 Rdnr. 2

Anschlußbeschwerde: → § 104 Rdnr. 57

Anschlußerinnerung: → § 104 Rdnr. 34, 48

Anschlußrechtsmittel: → § 97 Rdnr. 5

Anspruchsübergang: → § 94

Anwalt: → § 91 Rdnr. 30, 88 ff., 95 ff.
- am dritten Ort: → § 91 Rdnr. 79
- arbeitsgerichtliches Verfahren: → § 91 Rdnr. 111 ff.
- ausländischer: → § 91 Rdnr. 98
- auswärtiger: → § 91 Rdnr. 99 ff., 110, 115, 119
- Beistand: → § 91 Rdnr. 95, 113
- Beratung vor Klageerhebung: → § 91 Rdnr. 39, 98
- Entschädigungsverfahren: → § 91 Rdnr. 124
- Fernsprechgebühren: → § 91 Rdnr. 56; § 104 Rdnr. 8
- Fotokopien: → § 91 Rdnr. 32, 52
- Gebühren: → § 91 Rdnr. 88
- Gebühren im Kostenfestsetzungsverfahren: → § 104 Rdnr. 24; § 107 Rdnr. 7
- Honorarvereinbarung: → § 91 Rdnr. 88
- in eigener Sache: → § 91 Rdnr. 74 f., 97, 113
- mehrere: → § 91 Rdnr. 103
- nicht zugelassener: → § 91 Rdnr. 100 f.
- Porto: → § 91 Rdnr. 56, 114; § 104 Rdnr. 8
- Reisekosten: → § 91 Rdnr. 67, 90, 99 ff.
- Sozietät: → § 91 Rdnr. 103 a, 105 f.
- Spezialanwalt: → § 91 Rdnr. 103
- Streitgehilfe: → § 91 Rdnr. 103
- Streitgenossen: → § 91 Rdnr. 84, 103; § 100 Rdnr. 13 f., 18
- Telegrafengebühren: → § 104 Rdnr. 8
- Tod: → § 91 Rdnr. 105
- Umsatzsteuer: → § 91 Rdnr. 89
- Untervertretung: → § 91 Rdnr. 96, 103
- Verkehrsanwalt: → § 91 Rdnr. 70 ff.
- vorprozessuale Tätigkeit: → § 91 Rdnr. 40
- Wechsel: → § 91 Rdnr. 104 ff.
- Widerklage: → § 91 Rdnr. 103
- Zeuge: → § 91 Rdnr. 103, 105

Anwaltszwang
- Erledigungserklärung: → § 91 a Rdnr. 17
- Kostenfestsetzungsverfahren: → § 103 Rdnr. 17; § 104 Rdnr. 2, 32, 42, 54

Anwendungsbereich: → vor § 91 Rdnr. 2

Arbeitsgerichtliches Verfahren: → vor § 91 Rdnr. 33 ff.; § 91 Rdnr. 111 ff.
- Anfechtung der Kostenentscheidung: → § 99 Rdnr. 15
- Anwaltskosten: → § 91 Rdnr. 111, 113 ff.
- Beistand: → § 91 Rdnr. 113
- Beschlußverfahren: → § 91 Rdnr. 121; § 91 a Rdnr. 56
- Erledigung der Hauptsache: → § 91 a Rdnr. 56
- Gebührenvorschuß: → vor § 91 Rdnr. 35
- Gerichtskosten: → vor § 91 Rdnr. 34
- Kostenfestsetzung: → § 103 Rdnr. 23 f.; § 104 Rdnr. 70 ff.
- Kündigungsschutzprozeß: → § 92 Rdnr. 8
- materiell-rechtlicher Erstattungsanspruch: → § 91 Rdnr. 113
- Portokosten: → § 91 Rdnr. 114; § 104 Rdnr. 71
- Prozeßbevollmächtigter: → § 91 Rdnr. 111, 113 ff.
- Rechtsmittelinstanzen: → § 91 Rdnr. 117 ff.
- Rechtsstreit des Betriebsrats: → § 91 Rdnr. 121
- Reisekosten: → § 91 Rdnr. 112, 114 f.

- Streitwertänderung: → § 107 Rdnr. 8
- Streitwertfestsetzung: → § 104 Rdnr. 72
- Verbandsvertreter: → § 91 Rdnr. 114, 117 f.; § 104 Rdnr. 71
- Vergleich: → § 91 Rdnr. 116; § 103 Rdnr. 24
- Zeitversäumnis: → § 91 Rdnr. 111 f.
- Zwangsvollstreckungskosten: → § 91 Rdnr. 120

Arrest und einstweilige Verfügung: → § 91 Rdnr. 26, 48
- Abmahnung: → vor § 91 Rdnr. 16; § 91 Rdnr. 40; § 93 Rdnr. 16
- Anfechtung der Kostenentscheidung: → § 93 Rdnr. 3, 7
- Anwaltswechsel: → § 91 Rdnr. 107
- Erledigung der Hauptsache: → § 91 a Rdnr. 3, 6
- Kostenfestsetzung: → § 103 Rdnr. 4, 7, 14
- materieller Kostenerstattungsanspruch: → vor § 91 Rdnr. 20
- Privatgutachten: → § 91 Rdnr. 63
- Teilobsiegen: → § 92 Rdnr. 1
- Veranlassung: → § 93 Rdnr. 22
- Verkehrsanwalt: → § 91 Rdnr. 77
- Widerspruch: → § 99 Rdnr. 3, 7

Assessor: → § 91 Rdnr. 96
Aufhebung der Ehe: → § 93 a Rdnr. 9 ff.
Aufrechnung: → § 91 Rdnr. 14; § 91 a Rdnr. 6
- gegen Kostenforderung: → § 104 Rdnr. 14
- mit Kostenforderung: → § 104 Rdnr. 15 ff.

Aufwendungen der Partei: → § 91 Rdnr. 15, 31 ff.
Aufwendungen Dritter: → § 91 Rdnr. 15
ausländische Partei: → § 91 Rdnr. 33, 55, 76
Auslandsbeziehungen: → vor § 91 Rdnr. 10 b
Außenbezirksanwalt: → § 91 Rdnr. 107
Aussetzung: → § 103 Rdnr. 2; § 104 Rdnr. 69
Aussöhnung: → § 91 a Rdnr. 6; § 98 Rdnr. 6
Aussonderung: → § 93 Rdnr. 16
Bankbürgschaft: → § 91 Rdnr. 27
Baulandsachen: → § 91 Rdnr. 123
Bauwerkssicherungshypothek: → § 93 Rdnr. 16
Beeidigung im Kostenfestsetzungsverfahren: → § 104 Rdnr. 4
Behörde: → § 91 Rdnr. 35, 103
Beistand: → § 91 Rdnr. 95, 113
Belohnung: → § 91 Rdnr. 31
Bereitstellen von Beweismitteln: → § 91 Rdnr. 31
Berichtigung des Kostenfestsetzungsbeschlusses: → § 104 Rdnr. 26
Berichtigung des Urteils: → § 91 Rdnr. 21
Berufung: → § 91 Rdnr. 21
- bei einseitiger Erledigungserklärung: → § 91 a Rdnr. 46 ff.
- bei Teilerledigung: → § 91 Rdnr. 34
- erfolglose: → § 97 Rdnr. 1 ff.
- erfolgreiche: → § 97 Rdnr. 3
- Erledigung: → § 91 a Rdnr. 51 ff.
- gegen Kostenentscheidung: → § 99 Rdnr. 3

- gegen Kostenentscheidung im Schlußurteil: → § 99 Rdnr. 9
- Räumungsklage: → § 93 b Rdnr. 35
- Verkehrsanwalt: → § 91 Rdnr. 81

Beschluß bei Erledigung in der Hauptsache: → § 91 a Rdnr. 31
Beschluß mit Kostenentscheidung: → § 91 Rdnr. 9
Beschlußverfahren, arbeitsgerichtliches: → § 91 Rdnr. 121; § 91 a Rdnr. 56
Beschränkte Haftung: → Haftungsbeschränkung
Beschwer
- Erledigung in der Hauptsache: → § 91 a Rdnr. 46 ff., 51 f.
- Erinnerung: → § 104 Rdnr. 33
- Kostenausgleichung: → § 106 Rdnr. 6
- Kostenbeschwerde: → § 104 Rdnr. 57

Beschwerde
- Abhilfe der Erinnerung: → § 104 Rdnr. 52
- Abweisung der Erinnerung: → § 104 Rdnr. 53
- Anschlußbeschwerde: → § 104 Rdnr. 57
- Anwaltszwang: → § 104 Rdnr. 54
- Beschwer: → § 104 Rdnr. 57
- Beschwerdewert: → § 104 Rdnr. 56
- Entscheidung: → § 104 Rdnr. 59
- erfolglose: → § 97 Rdnr. 1, 6
- erfolgreiche: → § 97 Rdnr. 9
- Erledigung: → § 91 a Rdnr. 3
- gegen Kostenentscheidung bei Erledigung der Hauptsache: → § 91 a Rdnr. 32 ff.
- gegen Kostenentscheidung im Anerkenntnisurteil: → § 99 Rdnr. 6 ff.
- Kostenfestsetzungsverfahren: → § 99 Rdnr. 3; § 104 Rdnr. 51 ff., 73
- Nachliquidation: → § 104 Rdnr. 57
- Räumungsklage: → § 93 b Rdnr. 35 f.
- Rückzahlungsanordnung: → § 104 Rdnr. 62
- Teil des Rechtsstreits: → § 91 Rdnr. 21
- weitere: → § 91 a Rdnr. 32; § 104 Rdnr. 61

Betriebsrat: → § 91 Rdnr. 121
Beweisanwalt: → § 91 Rdnr. 102
Beweisgegenstände: → § 91 Rdnr. 31
Beweismittel, neue im Rechtsmittelverfahren: → § 97 Rdnr. 13
Beweistermin: → § 91 Rdnr. 53, 102, 115
Beweisverfahren, selbständiges: → vor § 91 Rdnr. 17; § 91 Rdnr. 20
Bigamie: → § 93 a Rdnr. 11
Darlehenszinsen: → § 91 Rdnr. 36
Datenbankkosten: → § 91 Rdnr. 52 h
Demoskopische Gutachten: → § 91 Rdnr. 64
Detektiv: → § 91 Rdnr. 38, 39, 54
Devisengenehmigung: → § 91 Rdnr. 23
Dienstmietwohnung: → § 93 b Rdnr. 6
Dienstwohnung: → § 93 b Rdnr. 5
Distanzanwalt: → § 91 Rdnr. 99
Dolmetscher: → § 91 Rdnr. 55

Dritte
- als Kostengläubiger: → § 91 Rdnr. 15
- als Kostenschuldner: → vor § 91 Rdnr. 23 ff.
- bei Kostenfestsetzung: → § 103 Rdnr. 8 f.; § 104 Rdnr. 4

Drittwiderspruchsklage: → § 93 Rdnr. 10; § 94 Rdnr. 1
Duldungsklagen: → § 93 Rdnr. 19, 21 f.
Durchgriffserinnerung: → § 104 Rdnr. 51, 53, 55, 59
Eheaufhebung: → § 93 a Rdnr. 9 ff.
- arglistige Täuschung: → § 93 a Rdnr. 10
- Drohung: → § 93 a Rdnr. 10
- Kenntnis des Aufhebungsgrundes: → § 93 a Rdnr. 10

Ehereformgesetz: → § 91 a Rdnr. 54; § 93 a Rdnr. 1; § 97 Rdnr. 16
Ehegatte als Anwalt: → § 91 Rdnr. 74
Ehegatten, Kostenhaftung: → vor § 91 Rdnr. 25, 30
Ehelichkeitsanfechtung: → § 93 c Rdnr. 1, 3, 5
Ehenichtigerklärung: → § 93 a Rdnr. 9 ff.
- Bigamie: → § 93 a Rdnr. 11
- Kenntnis des Nichtigkeitsgrundes: → § 93 a Rdnr. 10
- Klage des Staatsanwalts: → § 93 a Rdnr. 11

Ehesachen: → vor § 91 Rdnr. 10
- Anerkenntnis: → § 93 Rdnr. 23
- erfolglose Angriffs- und Verteidigungsmittel: → § 93 a Rdnr. 3
- erfolglose Rechtsmittel: → § 93 a Rdnr. 3
- erfolgreiche Rechtsmittel: → § 93 a Rdnr. 3
- Feststellungsklage: → § 93 a Rdnr. 12
- Folgesachen: → § 93 a Rdnr. 5, 7 f.
- Herstellungsklage: → § 93 Rdnr. 22; § 93 a Rdnr. 12
- Anfechtung der Kostenentscheidung: → § 99 Rdnr. 6
- Kostenvereinbarung: → § 93 a Rdnr. 6
- Prozeßvergleich: → § 98 Rdnr. 5 f., 13 ff.
- Verkehrsanwalt: → § 91 Rdnr. 80

Ehescheidung: → § 93 a
- abgewiesener Antrag: → § 93 a Rdnr. 7
- Aussöhnung: → § 91 a Rdnr. 6; § 98 Rdnr. 6
- erfolgreicher Antrag: → § 93 a Rdnr. 2
- Folgesachen: → § 93 a Rdnr. 5, 7 f.
- Härteklausel: → § 93 a Rdnr. 2
- Prozeßvergleich: → § 98 Rdnr. 5 f., 13 ff.
- wirtschaftliche Gründe: → § 93 a Rdnr. 4

Eidesabnahme (Kostenfestsetzungsverfahren): → § 104 Rdnr. 4
Eidesstattliche Versicherung (Kostenfestsetzungsverfahren): → § 104 Rdnr. 4
Eigentümerhaftung: → vor § 91 Rdnr. 10
einseitige Erledigungserklärung: → Erledigung der Hauptsache

Einspruch gegen Kostenentscheidung: → § 99 Rdnr. 3
einstweilige Anordnung: → § 91 Rdnr. 11
- Einstellung der Vollstreckung: → § 91 Rdnr. 19
- Prozeßvergleich in Ehesachen: → § 98 Rdnr. 6, 14

einstweilige Verfügung: → Arrest und einstweilige Verfügung
Einwendungen (Kostenfestsetzungsverfahren): → § 104 Rdnr. 13
Einziehungsbüro: → § 91 Rdnr. 35
Eltern: → vor § 91 Rdnr. 28
Entschädigungsverfahren: → § 91 Rdnr. 124
Erbe: → vor § 91 Rdnr. 10, 30; § 91 Rdnr. 16; § 92 Rdnr. 1; § 93 Rdnr. 4, 9, 20; § 94 Rdnr. 2 f.; § 103 Rdnr. 5
Erfüllung: → § 91 a Rdnr. 6
Erfüllungsverweigerung: → § 93 Rdnr. 12
Ergänzung des Kostenfestsetzungsbeschlusses: → § 104 Rdnr. 26
Ergänzung des Urteils: → § 91 Rdnr. 11, 21; § 101 Rdnr. 3
Erinnerung (Kostenfestsetzungsverfahren): → § 99 Rdnr. 3; § 104 Rdnr. 29 ff.
- Abhilfe: → § 104 Rdnr. 37 ff., 44, 50
- Anschlußerinnerung: → § 104 Rdnr. 34, 48
- Anwalt: → § 104 Rdnr. 33
- Anwaltzwang: → § 104 Rdnr. 32, 42
- befristete: → § 104 Rdnr. 29
- Beschwer: → § 104 Rdnr. 33
- Beschwerdesumme: → § 104 Rdnr. 45
- Durchgriffserinnerung: → § 104 Rdnr. 51, 53, 55, 59
- Einreichung: → § 104 Rdnr. 32
- Entscheidung des Richters: → § 104 Rdnr. 43
- Erweiterung: → § 104 Rdnr. 31
- Frist: → § 104 Rdnr. 31
- mündliche Verhandlung: → § 104 Rdnr. 36, 42
- Kosten: → § 97 Rdnr. 1; § 104 Rdnr. 38, 44, 47
- Nachliquidation: → § 104 Rdnr. 35
- Nichtabhilfe: → § 104 Rdnr. 41, 45, 48, 50
- Nichterreichen der Beschwerdesumme: → § 104 Rdnr. 45, 50, 55
- rechtliches Gehör: → § 104 Rdnr. 36, 42
- Rechtspfleger: → § 104 Rdnr. 36 ff.
- Richter: → § 104 Rdnr. 42 ff.
- unbefristete: → § 104 Rdnr. 30, 50; § 105 Rdnr. 4
- Verbot der Schlechterstellung: → § 104 Rdnr. 37, 46
- Vorlage an den Richter: → § 104 Rdnr. 41
- Vorlage an das Beschwerdegericht: → § 104 Rdnr. 48 f., 50
- Zurücknahme: → § 104 Rdnr. 32
- Zurückweisung: → § 104 Rdnr. 45, 50
- Zusammentreffen mit Beschwerde: → § 104 Rdnr. 53

Erinnerung (Vollstreckungsverfahren): → § 91 Rdnr. 9; § 91a Rdnr. 3; § 97 Rdnr. 1; § 99 Rdnr. 3
Erlaß von Unterhaltsbeträgen: → § 93d
Erlaubnisscheininhaber: → § 91 Rdnr. 59
Erledigung der Hauptsache: → § 91a
– Anerkenntnis: → § 91a Rdnr. 7, 25, 29; § 99 Rdnr. 14
– Anfechtung: → § 91a Rdnr. 19
– Anschlußbeschwerde: → § 91a Rdnr. 32
– Antrag: → § 91a Rdnr. 26
– Anwaltszwang: → § 91a Rdnr. 17
– Anwaltsgebühren: → § 91a Rdnr. 55
– arbeitsgerichtliches Verfahren: → § 91a Rdnr. 56
– Aufrechnung: → § 91a Rdnr. 6
– Bedingung: → § 91a Rdnr. 17
– Beendigung der Instanz: → § 91a Rdnr. 14
– Beklagter: → § 91a Rdnr. 50
– Berufungsinstanz: → § 91a Rdnr. 51
– Beschluß: → § 91a Rdnr. 21, 31
– Beschwerde, sofortige: → § 91a Rdnr. 32
– Beschwerdewert: → § 91a Rdnr. 32
– Beweiserhebung: → § 91a Rdnr. 27
– Beweislast: → § 91a Rdnr. 11
– Ehe- und Kindschaftssachen: → § 91a Rdnr. 4
– einseitige Erledigungserklärung: → § 91a Rdnr. 2, 11, 37ff., 50
– einstweilige Verfügung: → § 91a Rdnr. 3
– Einzelrichter: → § 91a Rdnr. 26a
– Ereignis, erledigendes: → § 91a Rdnr. 5
– Erfüllung: → § 91a Rdnr. 6
– Feststellung der Erledigung: → § 91a Rdnr. 41
– Feststellungsantrag: → § 91a Rdnr. 22, 24
– Form der Erledigungserklärung: → § 91a Rdnr. 16
– Form der Kostenentscheidung: → § 91a Rdnr. 31
– Geltungsbereich: → § 91a Rdnr. 3
– Gerichtsgebühren: → § 91a Rdnr. 55
– Gesetzesänderungen: → § 91a Rdnr. 4, 6 54
– hilfsweise Erledigungserklärung: → § 91a Rdnr. 17
– Klageänderung: → § 91a Rdnr. 12, 24, 39
– Klagezurücknahme: → § 91a Rdnr. 36, 39
– Kläger: → § 91a Rdnr. 37ff.
– Kostenentscheidung: → § 91a Rdnr. 25ff.
– Kostenfestsetzung: → § 91a Rdnr. 35
– Kostenvereinbarung: → § 91a Rdnr. 30
– materiell-rechtliche Erstattungspflicht: → § 91a Rdnr. 29
– Mietstreitigkeiten: → § 93b Rdnr. 7, 39
– mündliche Verhandlung: → § 91a Rdnr. 28
– neues Tatsachenvorbringen: → § 91a Rdnr. 27, 32
– Nichtigerklärung eines Gesetzes: → § 91a Rdnr. 8
– Parteifähigkeit: → § 91a Rdnr. 17
– Patentnichtigkeitsklage: → § 91a Rdnr. 3
– Prozeßfähigkeit: → § 91a Rdnr. 17
– Prozeßvergleich: → § 91a Rdnr. 25
– Räumungsklage: → § 93b Rdnr. 7
– Rechtsentscheid: → § 91a Rdnr. 53a
– Rechtshängigkeit: → § 91a Rdnr. 9, 20
– Rechtskraft: → § 91a Rdnr. 22ff., 45
– Rechtsmittel: → § 91a Rdnr. 52
– Rechtsnatur der Erledigungsentscheidung: → § 91a Rdnr. 44
– Rechtsnatur der Erledigungserklärung: → § 91a Rdnr. 36, 39
– Revisionsinstanz: → § 91a Rdnr. 51
– Streitgehilfe: → § 91a Rdnr. 15
– Streitgenossen: → § 91a Rdnr. 15
– Streitwert: → § 91a Rdnr. 47
– Teilerledigung: → § 91a Rdnr. 17, 34; § 99 Rdnr. 13f.
– übereinstimmende Erledigungserklärung: → § 91a Rdnr. 2, 10, 13ff.
– Unbegründetheit der Klage: → § 91a Rdnr. 7, 42
– Unzulässigkeit der Klage: → § 91a Rdnr. 7, 42
– Vergleich: → § 91a Rdnr. 6, 30; § 98 Rdnr. 3
– Verzugsschaden: → § 91a Rdnr. 29
– Vollstreckungsverfahren: → § 91a Rdnr. 3
– Vorbehalt der Leistung: → § 91a Rdnr. 7
– Vorverfahren, schriftliches: → § 91a Rdnr. 16
– Widerruf: → § 91a Rdnr. 19, 38
– Zahlungsunfähigkeit: → § 91a Rdnr. 7
– Zeitablauf: → § 91a Rdnr. 6
– Zeitpunkt der Erledigung: → § 91a Rdnr. 9
– Zeitpunkt der Erledigungserklärung: → § 91a Rdnr. 13
– Zuständigkeit: → § 91a Rdnr. 26a
– Zustellung: → § 91a Rdnr. 11, 13
– Zweck: → § 91a Rdnr. 1
Erörterungsgebühren: → § 98 Rdnr. 15
Erstattungsanspruch, materiell-rechtlicher: → vor § 91 Rdnr. 14ff., 24; § 91 Rdnr. 113; § 91a Rdnr. 29; § 103 Rdnr. 1
Erstattungsanspruch, prozessualer: → vor § 91 Rdnr. 6ff.
Erstattungsfähigkeit: → § 91 Rdnr. 28f.
Eventualantrag: → § 92 Rdnr. 1; § 96 Rdnr. 4
Fälligkeit
– der Gerichtsgebühren: → vor § 91 Rdnr. 31
– des Kostenanspruchs: → vor § 91 Rdnr. 13
Fahrtkosten: → Reisekosten
Fernsprechgebühren: → § 91 Rdnr. 31, 56; § 104 Rdnr. 8, 71
Feststellung des Bestehens der Ehe: → § 93a Rdnr. 12
Fiktive Kosten: → § 91 Rdnr. 71f., 114
Fiskus: → § 91 Rdnr. 103
Folgesachen: → § 93a

- abgewiesener Scheidungsantrag: → § 93a Rdnr. 7ff.
- Abtrennung: → 93a Rdnr. 2, 7
- erfolgreicher Scheidungsantrag: → § 93a Rdnr. 2ff.
- Fortsetzung als selbständige Familiensache: → § 93a Rdnr. 7
- Parteivereinbarung: → § 93a Rdnr. 6
- Prozeßvergleich: → § 93a Rdnr. 6; § 98 Rdnr. 6, 13f.
- Rechtsmittelverfahren: → § 97 Rdnr. 16
- Unterliegen: → § 93a Rdnr. 5
- Vorwegentscheidung: → § 93a Rdnr. 2

Forderungsabtretung: → § 91 Rdnr. 16; § 94
Fortsetzungsverlangen: → § 93b
- Auskunft über Gründe: → § 93b Rdnr. 10, 19
- erfolgreiches: → § 93a Rdnr. 19ff.
- unbegründetes: → § 93b Rdnr. 3ff.
- Zeitpunkt: → § 93b Rdnr. 9

Fotografie: → § 91 Rdnr. 57
Fotokopie: → § 91 Rdnr. 32, 39, 52
Freiwillige Gerichtsbarkeit: → § 91 Rdnr. 22
Fristsetzungsverfahren: → § 91 Rdnr. 26
Fristverlängerung: → § 95 Rdnr. 3
Fristversäumung: → § 95 Rdnr. 2
Futterkosten: → § 91 Rdnr. 36
Gebrauchsmusterlöschung: → vor § 91 Rdnr. 16; § 91 Rdnr. 39
Gebrauchsmusterstreit: → § 91 Rdnr. 59
Gegenvorstellung (Kostenfestsetzungsverfahren): → § 104 Rdnr. 61
Generalunkosten: → § 91 Rdnr. 35
Gerichtskosten
- Anfechtung: → § 99 Rdnr. 1
- Erledigung in der Hauptsache: → § 91a Rdnr. 55
- Erstattung: → § 91 Rdnr. 29, 88
- Haftung: → vor § 91 Rdnr. 29ff.; § 100 Rdnr. 28
- Höhe: → § 91 Rdnr. 88
- Kostenfestsetzung: → § 104 Rdnr. 9
- Kostenfestsetzungsverfahren: → § 104 Rdnr. 24
- Prozeßvergleich: → § 98 Rdnr. 9f.
- Streitgenossen: → § 100 Rdnr. 16, 25, 28

Gerichtsstandswahl: → § 91 Rdnr. 49
Gerichtsvollzieherkosten: → vor § 91 Rdnr. 32; § 91 Rdnr. 88
Gesamtschuldner: → § 92 Rdnr. 1; § 100 Rdnr. 9f.
Geschäftsführung ohne Auftrag: → vor § 91 Rdnr. 15
Geschäftsraummiete: → § 93b Rdnr. 5, 24
Gestaltungsklage: → § 93 Rdnr. 22
Gewinn, entgangener: → § 91 Rdnr. 36
Glaubhaftmachung
- im Kostenfestsetzungsverfahren: → § 104 Rdnr. 3

- Kosten: → § 91 Rdnr. 31
Grundschuld: → § 93 Rdnr. 19
Grundurteil: → § 97 Rdnr. 3
Gütestelle: → § 91 Rdnr. 43
Gutachten: → § 91 Rdnr. 31, 60ff.
Haftpflichtversicherung: → § 91 Rdnr. 15
Haftung für Gerichtskosten: → vor § 91 Rdnr. 29ff.; § 100 Rdnr. 28
Haftung für Kostenschulden anderer: → vor § 91 Rdnr. 24ff.
Haftungsbeschränkung: → vor § 91 Rdnr. 10a
Hauptsache: → § 99 Rdnr. 2
Hausbesitzerverein: → § 91 Rdnr. 92
Hebegebühr: → § 91 Rdnr. 25
Herstellung des ehelichen Lebens: → § 93 Rdnr. 24; § 93a Rdnr. 12
Hilfsantrag: → § 92 Rdnr. 1; § 96 Rdnr. 4
Hinterlegungsverfahren: → § 91 Rdnr. 25
Hypothek: → § 93 Rdnr. 19
Inkassobüro: → § 91 Rdnr. 40, 92
Interventionsklage: → § 93 Rdnr. 10; § 94 Rdnr. 1
Kanzleiabwickler: → § 91 Rdnr. 105
Kindschaftssachen: → § 91a Rdnr. 4; § 93 Rdnr. 25; § 93c; § 99 Rdnr. 6
Klagenhäufung: → § 91 Rdnr. 68a; § 92 Rdnr. 1
Klageveranlassung: → § 93 Rdnr. 11ff.; → Anerkenntnis
Klageweg für Erstattungsanspruch: → vor § 91 Rdnr. 11, 20
Klagezurücknahme: → § 91 Rdnr. 5; § 93b Rdnr. 7; § 96 Rdnr. 3; § 100 Rdnr. 24
Kompetenzkonflikt: → § 91 Rdnr. 19
Konkurs: → vor § 91 Rdnr. 13; § 91a Rdnr. 6; § 103 Rdnr. 16
Konkursverwalter: → vor § 91 Rdnr. 23; § 91 Rdnr. 14, 16, 75, 97, 105; § 94 Rdnr. 2
Kosten des Rechtsstreits
- Begriff: → § 91 Rdnr. 17ff.
- Prüfung im Kostenfestsetzungsverfahren: → § 104 Rdnr. 7
Kostenanspruch
- materiell-rechtlicher: → vor § 91 Rdnr. 14ff.; § 91a Rdnr. 12; § 99 Rdnr. 2; § 103 Rdnr. 1
- prozessualer: → § vor § 91 Rdnr. 6ff.; § 99 Rdnr. 2
Kostenaufhebung: → § 92 Rdnr. 3; § 93a Rdnr. 2f.; § 93c; § 98 Rdnr. 8
Kostenausgleichung: → § 106
- Anfechtung: → § 106 Rdnr. 5ff.
- Aufforderung an Gegner: → § 106 Rdnr. 3
- Beschwer: → § 106 Rdnr. 6
- Frist: → § 106 Rdnr. 4
- Fristversäumung: → § 106 Rdnr. 8
- Kostenausgleichungsbeschluß: → § 106 Rdnr. 5
- Nachforderung: → § 106 Rdnr. 9
- Rechtskraft: → § 106 Rdnr. 7

– Streitgenossen: → § 106 Rdnr. 2
Kostenberechnung: → § 103 Rdnr. 20f.; § 104 Rdnr. 28; § 105 Rdnr. 18f.
Kostenbeschwerde: → § 104 Rdnr. 51ff.; → Beschwerde
Kosteneinheit: → § 91 Rdnr. 14
Kostenentscheidung: → § 91 Rdnr. 1ff., 12ff.
– Anfechtung: → § 99; → Anfechtung der Kostenentscheidung
– Auslegung: → § 104 Rdnr. 6
– Berichtigung: → § 91 Rdnr. 11
– Beschluß: → § 91 Rdnr. 9
– Endurteil: → § 91 Rdnr. 5
– Ergänzung: → § 91 Rdnr. 11
– Erledigung der Hauptsache: → § 91a Rdnr. 25ff., 41ff.
– Standort: → § 91 Rdnr. 4
– Teilurteil: → § 91 Rdnr. 7
– unterbliebene: → § 99 Rdnr. 4
– Vorbehaltsurteil: → § 91 Rdnr. 5
– Zwischenstreit mit Dritten: → § 91 Rdnr. 6; § 103 Rdnr. 11
– Zwischenurteil: → § 91 Rdnr. 6
Kostenerinnerung: → Erinnerung
Kostenfestsetzung: → §§ 103 bis 107
– Anfechtung: → Erinnerung, Beschwerde
– Antragsberechtigung: → § 103 Rdnr. 8
– Antragsbindung: → § 104 Rdnr. 20
– Antragsgegner: → § 103 Rdnr. 9
– Anwalt: → § 103 Rdnr. 8
– Anwaltszwang: → § 103 Rdnr. 17; § 104 Rdnr. 2, 32, 42, 54
– arbeitsgerichtliches Verfahren: → § 103 Rdnr. 23f.; § 104 Rdnr. 70ff.; § 105 Rdnr. 21ff.; § 107 Rdnr. 8
– Arrestbefehl: → § 103 Rdnr. 4, 7
– Aufhebung des Titels: → § 104 Rdnr. 65
– Aufrechnung: → § 104 Rdnr. 14ff.
– Ausgleichung: → § 106
– Aussetzung: → § 103 Rdnr. 2
– Aussetzung der Vollstreckung: → § 104 Rdnr. 69
– Belege: → § 103 Rdnr. 20
– Devisenrecht: → § 103 Rdnr. 13
– Einwendungen: → § 104 Rdnr. 13
– Entscheidung: → § 104 Rdnr. 20ff.
– Erledigung der Hauptsache: → § 91a Rdnr. 35
– Fehlen des Titels: → § 104 Rdnr. 65
– Gegenstand: → § 103 Rdnr. 10
– Gesamtschuldner: → § 104 Rdnr. 6
– Geständnis: → § 104 Rdnr. 3
– Gesuch: → § 103 Rdnr. 17ff.
– Glaubhaftmachung: → § 104 Rdnr. 3
– Kosten des Festsetzungsverfahrens: → § 104 Rdnr. 23
– Kostenberechnung: → § 103 Rdnr. 20f.
– Kostenfestsetzungsbeschluß: → § 104 Rdnr. 20ff.

– Mahnverfahren: → § 103 Rdnr. 11
– materiell-rechtlicher Erstattungsanspruch: → § 103 Rdnr. 1
– Nachforderung: → § 103 Rdnr. 12; § 104 Rdnr. 35, 57; § 105 Rdnr. 22; § 106 Rdnr. 9
– Nichtigkeitsgründe: → § 104 Rdnr. 64
– Prozeßkostenhilfeanwalt: → § 103 Rdnr. 22
– Prozeßkostenvorschuß: → § 104 Rdnr. 19
– Prozeßvergleich: → § 98 Rdnr. 12ff.; § 103 Rdnr. 3, 5, 24; § 105 Rdnr. 1
– Prozeßvollmacht: → § 103 Rdnr. 17
– rechtliches Gehör: → § 104 Rdnr. 2
– Rechtsbehelfe: → § 104 Rdnr. 29ff.; → Beschwerde, Erinnerung
– Rechtskraft: → § 104 Rdnr. 63
– Rechtsnachfolge: → § 104 Rdnr. 8f.
– Rechtspfleger: → § 104 Rdnr. 1ff., 36ff.
– Rechtsschutzbedürfnis: → § 103 Rdnr. 17
– Richter: → § 104 Rdnr. 52ff.
– Rückzahlungsanordnung: → § 104 Rdnr. 19, 62, 65; § 107 Rdnr. 5
– Schiedsspruch: → § 103 Rdnr. 3
– Sicherheitsleistung: → § 103 Rdnr. 6
– Streitgenossen: → § 100 Rdnr. 15, 19; § 103 Rdnr. 8f.
– Streitwertänderung: → § 107
– Streitwertberechnung: → § 104 Rdnr. 12
– Titel: → § 103 Rdnr. 3ff.; § 104 Rdnr. 6
– Unterbrechung: → § 103 Rdnr. 2
– vereinfachte Festsetzung: → § 105
– Vergleich, außergerichtlicher: → § 98 Rdnr. 16; § 103 Rdnr. 11; § 104 Rdnr. 13
– Verjährung: → vor § 91 Rdnr. 10a
– Verzinsung: → § 104 Rdnr. 25
– Vollstreckung: → § 104 Rdnr. 66ff.
– Vollstreckungsbescheid: → § 103 Rdnr. 3
– Vollstreckungsgegenklage: → § 104 Rdnr. 13
– vorläufig vollstreckbares Urteil: → § 103 Rdnr. 3, 6
– Wegfall des Titels: → § 103 Rdnr. 7
– Zinsen: → § 104 Rdnr. 25
– Zug-um-Zug-Leistung: → § 103 Rdnr. 5; § 104 Rdnr. 13
– Zurückbehaltungsrecht: → § 104 Rdnr. 13
– Zuständigkeit: → § 103 Rdnr. 14ff., 24; § 104 Rdnr. 1
– Zustellung: → § 103 Rdnr. 18; § 104 Rdnr. 27f.
– Zwischenstreit: → § 103 Rdnr. 11
Kostenquotelung: → § 92 Rdnr. 3
Kostentrennung: → § 91 Rdnr. 8, 14
– Angriffs- und Verteidigungsmittel: → § 96 Rdnr. 1
– Anspruchsübergang: → § 94 Rdnr. 1
– Rechtsmittel: → § 97 Rdnr. 3
– Säumnis: → § 95 Rdnr. 1
– Streitgenossen: → § 100 Rdnr. 4

Kostenvereinbarung: → Vergleich, außergerichtlicher, Prozeßvergleich
– Ehesachen: → § 93a Rdnr. 6
Kostenverteilung: → § 91 Rdnr. 12; § 92; § 93 Rdnr. 4; § 93a Rdnr. 4ff., 8; § 97 Rdnr. 4, 8; § 106
Kostenwiderspruch: → § 93 Rdnr. 23; § 99 Rdnr. 3, 7
Kriegsfolgen: → § 91a Rdnr. 54
Kündigung: → § 91 Rdnr. 40
Kündigungsschutzprozeß: → § 92 Rdnr. 8
Lagergeld: → § 91 Rdnr. 36
Leistung unter Vorbehalt: → § 91a Rdnr. 7
lex fori: → vor § 91 Rdnr. 10
Mahnschreiben: → § 91 Rdnr. 40f., 98
Mahnverfahren
– Abgabe: → § 91 Rdnr. 5
– Anerkenntnis: → § 93 Rdnr. 8, 26
– Anwaltswechsel: → § 91 Rdnr. 108
– Beklagtenkosten: → § 91 Rdnr. 47
– Erledigung der Hauptsache: → § 91a Rdnr. 3
– Kostenfestsetzung: → § 103 Rdnr. 10
– ordentlicher Prozeß: → § 91 Rdnr. 58
– Teil des Rechtsstreits: → § 91 Rdnr. 19
– Vergleichsverfahren: → § 93 Rdnr. 26
– Vollstreckungsbescheidantrag: → § 91 Rdnr. 46
– Widerspruch: → § 93 Rdnr. 8; § 99 Rdnr. 3
Marktumfrage: → § 91 Rdnr. 60
materiell-rechtlicher Erstattungsanspruch: → Kostenanspruch, materiell-rechtlicher
Mehrheit von Prozessen: → § 91 Rdnr. 68a
Mehrwertsteuer: → Umsatzsteuer
Meinungsumfrage: → § 91 Rdnr. 64
Mieterhöhungsgutachten: → § 91 Rdnr. 37
Mieterverein: → § 91 Rdnr. 92; § 104 Rdnr. 8
Mietstreitigkeiten: → § 93b
Mietverhältnis: → § 93b Rdnr. 5
Mischentscheidung: → § 91a Rdnr. 33ff.; § 99 Rdnr. 11ff.
Nachforderung von Kosten: → § 103 Rdnr. 12; § 104 Rdnr. 35; 57; § 105 Rdnr. 22; § 106 Rdnr. 9
Nachforschungen: → § 91 Rdnr. 39, 54
Nachverfahren: → § 91 Rdnr. 14
Nebenanspruch: → § 92 Rndr. 1
Nebenintervention: → § 101
– Angriffs- und Verteidigungsmittel: → § 101 Rdnr. 2
– Antragsberechtigung zur Kostenfestsetzung: → § 103 Rdnr. 8
– Anwalt: → § 91 Rdnr. 85, 103
– Beitritt: → § 101 Rdnr. 6
– Entscheidung über die Kosten: → § 101 Rdnr. 3
– Erledigungserklärung: → § 91a Rdnr. 3, 15
– Kosten: → § 101 Rdnr. 1ff.
– Kostenfestsetzung: → § 101 Rdnr. 4

– Kostenpflicht des Gegners: → § 101 Rdnr. 4
– Kostenpflicht des Nebenintervenienten: → § 101 Rdnr. 5
– Kostenpflicht der unterstützten Partei: → § 101 Rdnr. 5
– Prozeßvergleich: → § 98 Rdnr. 8; § 101 Rdnr. 7
– Rechtsmittel: → § 101 Rdnr. 2
– Rücknahme des Beitritts: → § 101 Rdnr. 6
– streitgenössische: → § 100 Rdnr. 1; § 101 Rdnr. 8
– Verkehrsanwalt: → § 91 Rdnr. 85
– Verzögerungsgebühr: → § 95 Rdnr. 4
– Zulassung: → § 101 Rdnr. 1, 6
– Zurückweisung: → § 101 Rdnr. 1, 6
– Zwischenurteil: → § 101 Rdnr. 1, 6
Nichtigerklärung der Ehe: → § 91a Rdnr. 54; § 93a Rdnr. 9ff.
Nichtigerklärung eines Gesetzes: → § 91a Rdnr. 8
Nichtigkeitsgründe beim Kostenfestsetzungsbeschluß: → § 104 Rdnr. 64
Nießbraucher: → vor § 91 Rdnr. 30
Notwendigkeit der Kosten: → § 91 Rdnr. 44ff.; § 104 Rdnr. 7
Nulltarif: → vor § 91 Rdnr. 3
Öffentlich-rechtliche Streitsachen: → § 91 Rdnr. 122ff.; § 93 Rdnr. 25
Offene Handelsgesellschaft: → vor § 91 Rdnr. 30; § 91 Rdnr. 60
Ordnungsmittelfestsetzung: → § 92 Rdnr. 1
Ortsbesichtigung: → § 91 Rdnr. 31, 39
Ortstermin: → § 91 Rdnr. 31
Pachtvertrag (Räumungsfristbewilligung): → § 93b Rdnr. 24
Partei: → vor § 91 Rdnr. 22
Partei kraft Amtes: → vor § 91 Rdnr. 23; § 91 Rdnr. 75; § 94 Rdnr. 2
Parteirechte (Übertragung): → § 91 Rdnr. 103
Parteiwechsel: → § 91 Rdnr. 16
Patentanwalt: → § 91 Rdnr. 59, 99
Patentnichtigerklärung: → § 91a Rdnr. 6
Patentnichtigkeitsklage: → § 91a Rdnr. 3
Patentstreitigkeit (Abmahnung): → § 91 Rdnr. 39, 59
Patentverletzung: → vor § 91 Rdnr. 16
Porto: → § 91 Rdnr. 31, 39, 56, 114; § 104 Rdnr. 8, 71
Postulationsfähigkeit: → Anwalt, nicht zugelassener
Privatgutachten: → § 91 Rdnr. 60ff.
Prozeßagent: → § 91 Rdnr. 66, 92
Prozeßbevollmächtigter: → Anwalt
– arbeitsgerichtliches Verfahren: → § 91 Rdnr. 111, 113ff.
– Nichtanwälte: → § 91 Rdnr. 66
– Streitgenossen: → § 91 Rdnr. 103; § 100 Rdnr. 13f., 18

– Verschulden: → § 95 Rdnr. 3 f.; § 102
Prozeßfinanzierung: → § 91 Rdnr. 36
Prozeßführungsbefugnis: → § 94 Rdnr. 2, 4 f.
Prozeßkosten (Begriff): → vor § 91 Rdnr. 1; § 91 Rdnr. 17 ff.
Prozeßkostenhilfeanwalt: → § 91 Rdnr. 101, 106, 109; § 103 Rdnr. 22; § 104 Rdnr. 10
Prozeßkostenhilfeverfahren: → § 91 Rdnr. 19, 98; § 93 Rdnr. 25
Prozeßkostenvorschuß: → vor § 91 Rdnr. 26; § 104 Rdnr. 19
Prozeßvergleich: → § 98
– Anwaltsgebühr: → § 98 Rdnr. 10, 15
– arbeitsgerichtliches Verfahren: → § 91 Rdnr. 116
– Dritter: → § 98 Rdnr. 11
– Ehesachen: → § 98 Rdnr. 5 f., 13 ff.
– einstweilige Anordnung: → § 98 Rdnr. 6, 14
– Erledigung der Hauptsache: → § 91 a Rdnr. 25
– Erörterungsgebühren: → § 98 Rdnr. 15
– erstattungsfähige Kosten: → § 98 Rdnr. 15
– Folgesachen: → § 98 Rdnr. 6, 13 f.
– Gerichtsgebühren: → vor § 91 Rdnr. 30; § 98 Rdnr. 10
– Klagezurücknahme: → § 98 Rdnr. 4
– Kostenaufhebung: → § 98 Rdnr. 8
– Kostenfestsetzung: → § 98 Rdnr. 12 ff.; § 103 Rdnr. 3, 5, 24
– Kostenvereinbarung: → § 98 Rdnr. 7
– Mietstreitigkeiten: → § 93 b Rdnr. 7
– Nebenintervention: → § 98 Rdnr. 8; § 101 Rdnr. 7
– Ratenzahlungsvereinbarung: → § 103 Rdnr. 5
– Streitgenossen: → § 98 Rdnr. 12; § 100 Rdnr. 21
– Teilvergleich: → § 98 Rdnr. 2
– Unterhaltsanspruch: → § 93 Rdnr. 7
– Verfallklausel: → § 103 Rdnr. 5
– Verkehrsanwalt: → § 91 Rdnr. 86, 88
– vor anderem Gericht: → § 98 Rdnr. 2; § 103 Rdnr. 14
– widerruflicher: → § 103 Rdnr. 5
Prozeßvertretung: → § 91 Rdnr. 30; → Anwalt; Prozeßbevollmächtigter
Prozeßvollmacht (für Kostenfestsetzung): → § 103 Rdnr. 17
Räumungsklage: → § 93 b; → auch Fortsetzungsverlangen
– Anerkenntnis: → § 93 b Rdnr. 7, 20 ff., 38
– Anfechtung nach Anerkenntnis: → § 93 b Rdnr. 35 f.
– Erledigungsanzeige: → § 93 b Rdnr. 7
– Pachtvertrag: → § 93 b Rdnr. 24
– Prozeßvergleich: → § 93 b Rdnr. 7
– Räumungsfristbegehren: → § 93 b Rdnr. 27 ff.
– Räumungsfristbewilligung: → § 93 b Rdnr. 26

– Verbindung mit anderen Klagen: → § 93 b Rdnr. 4
– Verurteilung: → § 93 b Rdnr. 7
– Wohnraummietverhältnis: → § 93 b Rdnr. 5 f.
Rechtliches Gehör (Kostenfestsetzungsverfahren): → § 104 Rdnr. 2, 36, 42
Rechtsanwalt: → Anwalt
Rechtsbeistand: → vor § 91 Rdnr. 32; § 91 Rdnr. 66, 92
Rechtsbüro: → § 91 Rdnr. 35
Rechtsgutachten: → § 91 Rdnr. 62
Rechtskraft
– Kostenausgleichungsbeschluß: → § 106 Rdnr. 7
– Kostenfestsetzungsbeschluß: → § 104 Rdnr. 63
Rechtsmißbrauch: → § 91 Rdnr. 45 a
Rechtsmittel: → § 97; → Anfechtung der Kostenscheidung
– Anerkenntnis: → § 97 Rdnr. 2
– Anschließung: → § 97 Rdnr. 5; § 99 Rdnr. 3
– Anwaltsbeauftragung: → § 91 Rdnr. 46
– erfolgreiches: → § 97 Rdnr. 3, 7 ff.; § 93 a Rdnr. 3
– erfolgloses: → § 97 Rdnr. 1 ff.; § 93 a Rdnr. 3
– Erledigungserklärung: → § 91 a Rndr. 51 ff.; § 97 Rdnr. 2
– Folgesachen: → § 97 Rdnr. 16
– Nebenintervention: → § 101 Rdnr. 2
– neues Vorbringen: → § 97 Rdnr. 13
– obsiegende Partei: → § 97 Rdnr. 10 ff.
– Streitgenossen: → § 97 Rdnr. 1; § 100 Rdnr. 7
– Teilerfolg: → § 97 Rdnr. 8
– Teilurteil: → § 97 Rdnr. 3; § 99 Rdnr. 10
– Verzögerungsgebühr: → § 97 Rdnr. 17
– wechselseitiges: → § 97 Rdnr. 4
– Zurückverweisung: → § 97 Rdnr. 3, 7
Rechtsnachfolge: → § 94
– Anerkenntnis: → § 93 Rdnr. 8
– Kostenfestsetzung: → § 103 Rdnr. 9
Rechtspfleger: → § 104 Rdnr. 1 ff., 36 ff.
Rechtspolitik: → vor § 91 Rdnr. 3 f.
Rechtsschutzpflichtversicherung: → vor § 91 Rdnr. 3 f.
Rechtsschutzversicherung: → § 91 Rdnr. 15
Rechtsstaat, sozialer: → vor § 91 Rdnr. 3
Rechtsstreit (Begriff): → § 91 Rdnr. 18 ff.
Reeder: → vor § 91 Rdnr. 10
Referendar: → § 91 Rdnr. 96
Reformatio in peius: → § 104 Rdnr. 37, 46; § 106 Rdnr. 5
Reform: → vor § 91 Rdnr. 3
Regelunterhalt: → § 93 Rdnr. 16
Reisekosten
– Angestellter: → § 91 Rdnr. 35
– Anwalt (Höhe): → § 91 Rdnr. 90
– arbeitsgerichtliches Verfahren: → § 91 Rdnr. 112, 114 ff., 119
– auswärtiger Anwalt: → § 91 Rdnr. 99 ff., 115

- Beschaffung von Prozeßmaterial: → § 91 Rdnr. 67
- Beweistermin: → § 91 Rdnr. 102
- gesetzlicher Vertreter: → § 91 Rdnr. 33, 35, 91
- Information: → § 91 Rdnr. 67
- Partei (Höhe): → § 91 Rdnr. 91
- Verhandlungstermin: → § 91 Rdnr. 69
- Verkündungstermin: → § 91 Rdnr. 69
- Ortsbesichtigung: → § 91 Rdnr. 39
- Patentanwalt, auswärtiger: → § 91 Rdnr. 59, 99
- Prozeßagent: → § 91 Rdnr. 92
- Rechtsbeistand: → § 91 Rdnr. 92

Revision: → § 91 Rdnr. 21, 67, 82; § 93 Rdnr. 9; § 97 Rdnr. 1, 5; § 99 Rdnr. 3
Richterablehnungsverfahren: → § 91 Rdnr. 21
Rückfestsetzung: → § 104 Rdnr. 19, 62, 65; § 107 Rdnr. 5
Sachverständiger: → vor § 91 Rdnr. 32; § 91 Rdnr. 31, 60 ff.; § 92 Rdnr. 6; § 104 Rdnr. 4
Schadensermittlung: → § 91 Rdnr. 37
Schadensersatz: → vor § 91 Rdnr. 15
Scheidung: → Ehescheidung; Folgesachen
Schiedsgerichtliches Verfahren: → § 91 Rdnr. 22; § 91a Rdnr. 3; § 93 Rdnr. 22; § 99 Rdnr. 3; § 103 Rdnr. 3
Schiedsgutachten: → § 91 Rdnr. 60
Schreibarbeiten: → § 91 Rdnr. 31
Schriftgutachten: → § 91 Rdnr. 61
Schriftverkehr, vorprozessualer: → § 91 Rdnr. 40
Schutzschrift: → vor § 91 Rdnr. 17, § 91 Rdnr. 26, 48
Selbständiges Beweisverfahren: → Beweisverfahren, selbständiges
Sicherheitsleistung: → § 91 Rdnr. 27, 37
- Kostenfestsetzung: → § 103 Rdnr. 6; § 104 Rdnr. 69

Sicherungsübereignung: → § 93 Rdnr. 17
Simultananwalt: → § 91 Rdnr. 99
Sistierung: → Bereitstellung
Sozietät: → Anwalt
Spezialanwalt: → § 91 Rdnr. 78, 103
Staatsanwalt (Ehenichtigerklärung): → § 93a Rdnr. 11
Staatskasse (Ansprüche): → vor § 91 Rdnr. 29 ff., 34
Statussachen: → Kindschaftssachen; → § 93 Rdnr. 25
Steuerberater: → § 91 Rdnr. 61
Strafaktenauszug: → § 91 Rdnr. 52
Streitgehilfe: → Nebenintervention
Streitgenossen: → § 100
- Anerkenntnis: → § 100 Rdnr. 7
- Anfechtung der Kostenentscheidung: → § 99 Rdnr. 5; § 100 Rdnr. 5
- Angriffs- und Verteidigungsmittel: → § 100 Rdnr. 8, 10

- Anwalt: → § 91 Rdnr. 84, 103; § 100 Rdnr. 13 f., 18
- Anwaltssozietät in eigener Sache: → § 91 Rdnr. 97
- Ausscheiden: → § 100 Rdnr. 3
- Erledigungserklärung: → § 91a Rdnr. 15
- gemeinsame Kosten: → § 100 Rdnr. 14, 18
- Gerichtskosten: → § 100 Rdnr. 28
- Gesamtschuldner: → § 100 Rdnr. 9 f.
- getrennte Verfahren: → § 91 Rdnr. 68a
- Klagezurücknahme: → § 100 Rdnr. 24
- Kostenausgleichung: → § 106 Rdnr. 2
- Kosteneinheit: → § 100 Rdnr. 2
- Kostenfestsetzung: → § 98 Rdnr. 12; § 100 Rdnr. 15, 19; § 103 Rdnr. 8 f.
- Kostentrennung: → § 100 Rdnr. 4
- Prozeßvergleich: → § 98 Rdnr. 12; § 100 Rdnr. 21
- Rechtsmittel: → § 97 Rdnr. 1; § 100 Rdnr. 7
- Säumnis: → § 100 Rdnr. 7
- Sieg aller: → § 100 Rdnr. 12 ff.
- Teilunterliegen: → § 100 Rdnr. 20
- Teilurteil: → § 91 Rdnr. 7a; § 100 Rdnr. 3, 23 ff.
- Unterliegen aller: → § 100 Rdnr. 6 ff.
- Unterliegen einzelner: → § 100 Rdnr. 16 ff.
- Verkehrsanwalt: ← § 91 Rdnr. 84
- verschiedene Beteiligung: → § 100 Rdnr. 7

Streithilfe: → Nebenintervention
Streitverkündung: → § 101 Rdnr. 1
Streitwert (Reform): → vor § 91 Rdnr. 5
Streitwertänderung: → § 107
Streitwertberechnung (Kostenfestsetzung): → § 104 Rdnr. 12, 72
Streitwertbeschwerdeverfahren: → § 91 Rdnr. 25
Stufenklage: → § 91a Rdnr. 7, 17, 29; § 92 Rdnr. 1
Stundung von Unterhaltsbeträgen: → § 93d
Teilanerkenntnis: ← § 93 Rdnr. 4; § 99 Rdnr. 12, 14
Teilerledigung in der Hauptsache: → § 91a Rdnr. 17, 34; § 99 Rdnr. 13 f.
Teilklage: → § 91 Rdnr. 68
Teilobsiegen: → § 92
Teilunterliegen: → § 92
Teilurteil: → § 91 Rdnr. 7; § 97 Rdnr. 3; § 99 Rdnr. 9 f.; § 100 Rdnr. 3, 23 ff.
Telefon: → Fernsprechgebühren
Telegrafiekosten: → § 104 Rdnr. 8
Terminsverlegung: → § 95 Rdnr. 3
Terminswahrnehmung: → § 91 Rdnr. 35, 53, 69, 102
Testamentsvollstrecker: → § 94 Rdnr. 2
Testkauf: → § 91 Rdnr. 38
Titel: → § 103 Rdnr. 3 ff., 18; § 104 Rdnr. 6, 65
Tod des Anwalts: → § 91 Rdnr. 105
Tod der Partei: → § 91a Rdnr. 4, 6

Trennung der Verfahren: → § 100 Rdnr. 22
Treu und Glauben: → vor § 91 Rdnr. 10 a; § 91 Rdnr. 45 a
Treuhandstelle, genossenschaftliche: → § 91 Rdnr. 92
Übereinstimmende Erledigungserklärung: → Erledigung der Hauptsache
Übersetzungskosten: → § 91 Rdnr. 33, 55
Umdeutung: → § 99 Rdnr. 12
Umsatzsteuer des Anwalts: → § 91 Rdnr. 89
Unbestimmte Forderung: → § 92 Rdnr. 6
Unterbevollmächtigter: → § 91 Rdnr. 103
Unterbrechung (Kostenfestsetzungsverfahren): → § 103 Rdnr. 2
Unterhaltsanspruch der Mutter des nichtehelichen Kindes: → § 93 d Rdnr. 3
Unterhaltsklage: → § 93 d
Unterlassungsklage (Klageveranlassung): → § 93 Rdnr. 16, 18, 22
Unterliegen
 – Begriff: vor § 91 Rdnr. 7
 – Kostenpflicht: → § 91 Rdnr. 13
 – teilweises: → § 92 Rdnr. 1
Untermiete: → § 93 b Rdnr. 5
Unternehmen: → § 91 Rdnr. 35
Unzuständiges Gericht: → § 91 Rdnr. 49
Urkunde: → § 91 Rdnr. 32, 39; § 93 d Rdnr. 7; § 104 Rdnr. 4
Urkundenprozeß: → § 91 a Rdnr. 29
Urteil (Kostenfestsetzung): → § 103 Rdnr. 3, 6
Urteilsausfertigung (vereinfachte Kostenfestsetzung): → § 105
Urteilsberichtigungsverfahren: → § 91 Rdnr. 21
Urteilsergänzung: → § 91 Rdnr. 11, 21; § 99 Rdnr. 4
Vaterschaftsanerkenntnis: → § 93 c
Vater, nichtehelicher: → §§ 93 c, 93 d
Verausgabung: → § 104 Rdnr. 10
Verbandsvertreter: → § 91 Rdnr. 114 ff.; § 104 Rdnr. 71
Verbindung
 – mehrerer Kostenfestsetzungsverfahren: → § 103 Rdnr. 3
 – mehrerer Prozesse: → § 100 Rdnr. 1
Verbindung von Kostenfestsetzungsbeschluß und Urteil: → § 105
Verbot der Schlechterstellung: → § 104 Rdnr. 37, 46; § 106 Rdnr. 5
Verdienstausfall: → § 91 Rdnr. 91
Vereinfachung: → vor § 91 Rdnr. 6
Verfallsklausel: § 103 Rdnr. 5
Verfassungsbeschwerde: → § 91 Rdnr. 27
Verfassungsrecht: → vor § 91 Rdnr. 3 ff.
Vergleich: → Prozeßvergleich
Vergleich, außergerichtlicher: → § 91 Rdnr. 33; § 91 a Rdnr. 6, 30; § 98 Rdnr. 3, 4, 9, 16; § 103 Rdnr. 11

Vergleichsverhandlungen, vorprozessuale: → § 91 Rdnr. 40
Vergleichsverfahren (Anerkenntnis): → § 93 Rdnr. 26
Verhandlungstermin: → § 91 Rdnr. 69
Verhinderung des Anwalts: → § 91 Rdnr. 103, 105
Verjährung: → vor § 91 Rdnr. 10 a
Verkehrsanwalt: → § 91 Rdnr. 70 ff.
 – Abgabe: → § 91 Rdnr. 83
 – Anwalt als gesetzlicher Vertreter, Partei kraft Amtes: § 91 Rdnr. 75
 – Anwalt am dritten Ort: → § 91 Rdnr. 79
 – Anwalt in eigener Sache: → § 91 Rdnr. 74
 – ausländische Partei: → § 91 Rdnr. 76
 – Berufungsinstanz: → § 91 Rdnr. 81
 – Ehegatte als Anwalt: → § 91 Rdnr. 74
 – Ehesachen: → § 91 Rdnr. 80
 – Eilverfahren: → § 91 Rdnr. 77
 – ersparte Reisekosten: → § 91 Rdnr. 71
 – Gebrauchsmustersachen: → § 91 Rdnr. 59
 – Informationsschwierigkeit: → § 91 Rdnr. 71
 – Konkursverwalter: → § 91 Rdnr. 75
 – Nebenintervenient: → § 91 Rdnr. 85
 – Partei kraft Amtes: → § 91 Rdnr. 75
 – Patentsachen: → § 91 Rdnr. 59
 – rechtliche Besonderheiten: → § 91 Rdnr. 78
 – Revisionsinstanz: → § 91 Rdnr. 82
 – Streitgenossen: → § 91 Rdnr. 84
 – Unternehmen mit Rechtsabteilung: → § 91 Rdnr. 74
 – Vergleichsgebühr: → § 91 Rdnr. 86, 88
 – Verweisung: → § 91 Rdnr. 83
 – vorprozessuale Beratung: → § 91 Rdnr. 39, 72
 – Warenzeichenstreit: → § 91 Rdnr. 59
Verklarungsverfahren: → § 91 Rdnr. 20
Verkündungstermin: → § 91 Rdnr. 69
Verlängerungsklausel (Mietverhältnis): → § 93 b Rdnr. 16
Vermeidbare Kosten: → vor § 91 Rdnr. 10 a
Vermögensübernehmer (Haftung): → vor § 91 Rdnr. 30
Versäumnisgebühren (Partei): → § 91 Rdnr. 91
Versäumnisurteil
 – Anerkenntnis: → § 93 Rdnr. 7
 – Räumungsklage: → § 93 b Rdnr. 7
Versicherung, eidesstattliche: → § 91 Rdnr. 95; § 104 Rdnr. 4
Vertagung: → § 95 Rdnr. 3
Verteidigungsmittel: → § 96
 – Ehesachen: → § 93 a Rdnr. 3
 – Kindschaftssachen: → § 93 c Rdnr. 5
 – Nebenintervenient: → § 101 Rdnr. 2
 – Rechtsmittelverfahren: → § 97 Rdnr. 13
 – Streitgenossen: → § 100 Rdnr. 8, 10
Vertreter: → vor § 91 Rdnr. 23; § 91 Rdnr. 69 a

Vertreter, gesetzlicher: → § 91 Rdnr. 35, 75, 91, 97; § 95 Rdnr. 3
Vertretung: → Anwalt; Prozeßbevollmächtigter
Verursachungsprinzip: → vor § 91 Rdnr. 6
Verweisung
- Kostenfestsetzung: → § 103 Rdnr. 16
- Mehrkosten: → § 91 Rdnr. 49
- Verkehrsanwalt: → § 91 Rdnr. 83
Verweisungsbeschluß: → § 91 Rdnr. 5
Verwirkung: → vor § 91 Rdnr. 10a; § 103 Rdnr. 12; § 104 Rdnr. 13
Verzicht, materiell-rechtlicher: → § 91a Rdnr. 23
Verzinsung: → § 104 Rdnr. 25
Verzögerungsgebühr: → § 95 Rdnr. 4; § 97 Rdnr. 17
Verzug: → § 93 Rdnr. 16
Verzugsschaden: → vor § 91 Rdnr. 14; § 91a Rdnr. 12, 29
Vollstreckung (Kostenfestsetzungsbeschluß): → § 104 Rdnr. 66 ff.; § 105 Rdnr. 16
Vollstreckungsbescheid: → § 91 Rdnr. 46; § 103 Rdnr. 3
Vollstreckungsgegenklage: → § 103 Rdnr. 7; § 104 Rdnr. 13 f.
Vollstreckungskosten: → § 91 Rdnr. 27
Vorbehaltsurteil: → § 91 Rdnr. 5
Vorbereitungskosten: → § 91 Rdnr. 31, 38 ff., 42
Vorbringen, neues (Rechtsmittelverfahren): → § 97 Rdnr. 14
Vormundschaftsgerichtliche Genehmigung: → § 91 Rdnr. 22
Vorsteuerabzug: → § 91 Rdnr. 89
Vorverfahren: → § 91 Rdnr. 22
Vorverfahren, schriftliches
- Anerkenntnis: → § 93 Rdnr. 5
- Erledigungserklärung: → § 91a Rdnr. 16
Währungsumstellung: → § 91a Rdnr. 54

Warenzeichenstreit: → § 91 Rdnr. 59
Wechsel der Partei: → § 91 Rdnr. 16
Wegegeld: → § 91 Rdnr. 91
weitere Beschwerde: → § 91a Rdnr. 32; § 99 Rdnr. 8, 15; § 104 Rdnr. 61
Wettbewerbssachen: → vor § 91 Rdnr. 16; § 91 Rdnr. 77; § 91a Rdnr. 7; § 93 Rdnr. 16
Widerklage: → § 91 Rdnr. 103; § 92 Rdnr. 1, 3
- Räumungsklage: → § 93b Rdnr. 4
Wiederaufnahmeklage: → § 99 Rdnr. 3
- Kostenfestsetzung: → § 103 Rdnr. 14
Wohnraum: → § 93b Rdnr. 5 f.
Zahlung: → § 91 Rdnr. 37
Zahlungsfähigkeit: → § 91a Rdnr. 7
Zehrgeld: → § 91 Rdnr. 91
Zeitversäumnis: → § 91 Rdnr. 34, 35, 111 f.
Zeuge: → § 91 Rdnr. 31, 39
- Anwalt als Zeuge: → § 91 Rdnr. 103, 105
- Bereitstellung: s. dort
- Kostenfestsetzung: → § 103 Rdnr. 8; § 104 Rdnr. 4
Zeugenentschädigung: → vor § 91 Rdnr. 32; § 91 Rdnr. 31
Zinsen: → § 104 Rdnr. 25
Zug um Zug: → § 92 Rdnr. 1; § 103 Rdnr. 5
Zustellung (Kostenfestsetzungsbeschluß): → § 104 Rdnr. 27 f., 39, 67
Zustellungskosten: → § 91 Rdnr. 87
Zuvielforderung: → § 92 Rdnr. 5; § 93 Rdnr. 17
Zwangsvollstreckung (Kostenfestsetzungsbeschluß): → § 104 Rdnr. 66 ff.
Zwangsvollstreckungskosten: → § 91 Rdnr. 27, 120; § 103 Rdnr. 10, 15, 24
Zwischenstreit: → § 91a Rdnr. 3
Zwischenurteil: → § 91 Rdnr. 6; § 97 Rdnr. 3; § 101 Rdnr. 1, 6; § 103 Rdnr. 11

Vorbemerkungen vor § 91

I. Überblick	1
1. Die gesetzlichen Bestimmungen	1
2. Anwendungsbereich	2
3. Verfassungsrechtliche und rechtspolitische Aspekte	3
II. Die prozessuale Kostenerstattungspflicht	6
1. Grundgedanke	6
2. Kostenpflicht des Unterlegenen; Ausnahmen	7
a) Begriff des Unterliegens	7
b) Kostenpflicht ohne Hauptsacheentscheidung	8
c) Kostenpflicht der siegreichen Partei	9
3. Rechtsnatur und anwendbares Recht	10
4. Verurteilung zur Kostentragung	11
5. Entstehung des Kostenanspruchs	13
III. Die Kostenerstattungspflicht nach materiellem Recht	14
1. Anspruchsgrundlagen	14
2. Verhältnis zur prozessualen Erstattungspflicht	17
3. Umfang	18
4. Geltendmachung des materiellen Anspruchs	19
IV. Die Kostenfestsetzung	21

V. Kostenpflichten der Parteien und Dritter	22	VI. Ansprüche der Staatskasse und anderer Dritter	29
1. Kostenpflicht der Parteien	22	1. Ansprüche der Staatskasse	29
2. Prozessuale Kostenpflicht anderer Prozeßbeteiligter	23	2. Andere Verfahrensbeteiligte	32
3. Materiell-rechtliche Kostenpflicht Dritter	24	VII. Arbeitsgerichtliches Verfahren	33

I. Überblick[1]

1. Die gesetzlichen Bestimmungen

Prozeßkosten sind die Aufwendungen der Parteien aus Anlaß und zum Zweck der Prozeßführung, sei es als unmittelbare Ausgaben der Partei durch Reisekosten usw., sei es als Zahlungen an Gericht, Anwalt oder sonstige Vertreter, an Gerichtsvollzieher usw. (zum Begriff im einzelnen → § 91 Rdnr. 17). Inwieweit die Partei zu derartigen Leistungen ihrerseits verpflichtet ist, bestimmt die ZPO selbst nicht (→ Rdnr. 29 ff.). Sie beschränkt sich vielmehr auf die Frage, ob und wieweit eine **Partei verpflichtet ist, dem Gegner seine Aufwendungen zu erstatten** (→ Rdnr. 6), oder berechtigt ist, eigene Aufwendungen ersetzt zu erhalten. Die dafür maßgebenden Grundsätze enthalten für das Erkenntnisverfahren die §§ 91–101, für die Zwangsvollstreckung § 788 (s. auch § 887). Daneben gibt es Einzelvor-

1

---

[1] Lit.: *Ahrens* Zum Ersatz der Verteidigungsaufwendungen bei unberechtigter Abmahnung, NJW 1982, 2477; *Alsberg* Sicherung der Kosten des Strafverfahrens durch Arrest, DJZ 1913, 442; *Bank* Ersatz der Kosten eines Beweissicherungsverfahrens ohne Hauptprozeß, JurBüro 1982, 978; *Becker-Eberhard* Grundlagen der Kostenerstattung bei der Verfolgung zivilrechtlicher Ansprüche (1985); *Block* Zur Entscheidung über die Prozeßkosten nach Erledigung der Hauptsache, JW 1921, 1214; *Deesen* Kostenerstattungsanspruch und Anspruch aus § 717 Abs. 2 ZPO im Vergleichsverfahren und im Konkurs, JW 1935, 983; *Deubner* Wegweiser in das Kostenrecht des Zivilprozesses, JuS 1985, 905; *Dittmar* Die Berücksichtigung vorprozessual entstandener Anwaltskosten im Kostenfestsetzungsverfahren, NJW 1984, 2088; *Eser* Probleme der Kostentragung bei der vorprozessualen Abmahnung und beim Abschlußschreiben in Wettbewerbsstreitigkeiten, GRUR 1986, 35; *Gaede/Meister* Geschäftsführung ohne Auftrag – Kostenerstattung ohne Grenzen?, WRP 1984, 246; *Görres* Die Haftung für den Ersatz von Kosten und Schäden nach deutschem Prozessrechte, ZZP 35 (1906), 313; *Gröning* »Im Brennpunkt«: Die Kosten des Verfügungsverfahrens nach abgewiesener oder zurückgenommener Hauptklage, WRP 1992, 679; *Grunsky* Grenzen des Gleichlaufs von Hauptsache- und Kostenentscheidung, Festschr.f. K. H. Schwab (1990), 165ff.; *Hauss* GoA – Ein strapaziertes Rechtsinstitut, Festschr.f. H. Weitnauer (1980), 333; *Herrmann* Probleme des Prozeßkostenrisikos unter besonderer Berücksichtigung des Armenrechts, Diss. Kiel (1973); *Hiersemann* Die wettbewerbsrechtliche Abmahnung und ihre Kosten, NJW 1971, 777; *Kiesow* Kostenerstattungsanspruch und Anspruch aus § 717 Abs. 2 ZPO im Vergleichsverfahren und im Konkurs, JW 1935, 984; *Kleinwegener* Die Erstattung außergerichtlicher Kosten der Rechtsverfolgung durch den Unterhaltspflichtigen, FamRZ 1992, 755; *Kniestedt* Die Kostentragungspflicht bei anwaltlicher Verwarnung von Wettbewerbsverstö- ßen, die im Auftrag eines Verbandes nach § 13 UWG erfolgen, WRP 1960, 147; *Lepke* Detektivkosten als Schadensersatz im Arbeitsrecht, DB 1985, 1231; *Lippmann* Wann verjährt der Anspruch auf Erstattung der vom Gegner verauslagten Prozeßkosten, der nicht durch Beschluß festgesetzt ist?, DJZ 1908, 871; *Loewenheim* Die Kostenerstattung von Abmahnkosten der Verbände in der neueren Rechtsentwicklung, WRP 1987, 286; *Loritz* Die Konkurrenz materiellrechtlicher und prozessualer Kostenerstattung (1981); *ders.* Die Rechtsprechung des Bundesgerichtshofs zur Erstattung der Anwaltskosten vorprozessualen Abmahnungen unter besonderer Berücksichtigung des Wettbewerbs- und Warenzeichenrechts, GRUR 1981, 883; *Meyer* Zum Verhältnis des prozessualen Kostenerstattungsanspruchs zum materiell-rechtlichen Kostenersatzanspruch – Verjährung des prozessualen Kostenerstattungsanspruchs, JurBüro 1981, 677; *Mümmler* Der materiell-rechtliche Kostenerstattungsanspruch, JurBüro 1982, 987; *Nissen* Zur Struktur des Prozeßkostenanspruchs, Gruchot 52 (1908), 836; *Prelinger* Ersatz von Abmahnkosten aus Geschäftsführung ohne Auftrag?, AnwBl. 1984, 533; *Roth* Die Kosten des Abschlußschreibens bei Wettbewerbsstreitigkeiten, DB 1982, 1916; *Siebert* Die Prinzipien des Kostenerstattungsrechts und die Erstattungsfähigkeit vorgerichtlicher Kosten des Rechtsstreits (1985); *Sieg* Kostentragung bei Zahlung des Beklagten nach Einreichung, aber vor Zustellung der Klage, DRiZ 1952, 26; *Schneider* Der materielle Kostenerstattungsanspruch, MDR 1981, 353; *Sonnen* Kostenentscheidung und materielles Recht, Diss. Berlin (1971); *Tetzner* Kostenerstattung nach Aufforderung zur Gebrauchsmusterlöschung, MittPat. 1961, 210; *Ulrich* Wann besteht ein Anspruch auf Ersatz der Anwaltskosten für die Geltendmachung oder Abwehr eines Anspruchs, wenn es nicht zum Prozeß gekommen ist?, MDR 1973, 559; *Wurzer* Zahlung zwischen Terminbestimmung und Klagezustellung, JW 1921, 718. – Ferner → § 91 Fn. 1.

schriften für die Hinterlegung des Schuldbetrages (§ 75); für die Wiedereinsetzung in den vorigen Stand (§ 238 Abs. 4); für die Verweisung (§§ 281, 506); für den Fall der Säumnis (§ 344); für die Zurücknahme von Klagen und Rechtsmitteln (§§ 269 Abs. 3, 515, 566); für die Aufhebung eines Vorbehaltsurteils (§§ 302 Abs. 4, 600 Abs. 2); für das Verfahren in Ehesachen (§ 637); für das Mahnverfahren (§§ 692, 699 Abs. 3).

2. Anwendungsbereich

2 §§ 91 ff. gelten für alle der ZPO unterworfenen Verfahren, soweit nicht Sonderregelungen bestehen. Für andere Verfahren wird z. T. ausdrücklich auf das Kostenrecht der ZPO verwiesen (vgl. §§ 13 a Abs. 3 FGG, 45 Abs. 2 LwVG, 110 Abs. 3 S. 2 PatG, 464b S. 3 StPO). Darüberhinaus ist vorsichtig in Erwägung zu ziehen, die Wertungen der §§ 91 ff. ZPO auch bei Ermessensentscheidungen zu berücksichtigen, etwa bei Wohnungseigentumsstreitigkeiten in der Kostenentscheidung nach § 47 WEG[2] (→ aber auch Rdnr. 9). – Das **Landesrecht** kann die Erstattungsfrage selbständig regeln, soweit ihm die Bestimmung des Verfahrenrechts vorbehalten ist[3].

3. Verfassungsrechtliche und rechtspolitische Aspekte[4].

3 Das geltende Kostenrecht vermag nicht in jeder Hinsicht zu befriedigen. Dabei spielen verschiedene Faktoren zusammen: die beträchtliche Höhe der Gerichtskosten, Auslagen und Anwaltsgebühren, der Anwaltszwang, die Streitwertbemessung, die relativ schematische Regelung der prozessualen Kostenerstattungpflicht und die begrenzte Reichweite der Prozeßkostenhilfe. Die Gefahr, daß in nicht wenigen Fällen der an sich gegebene gerichtliche Rechtsschutz aus finanziellen Gründen nicht in Anspruch genommen werden kann, ist nicht von der Hand zu weisen. In einem Staat, der die Kennzeichnung als **sozialer Rechtsstaat** (→ auch Einl. Rdnr. 520 ff.) ernst nimmt und sich gerade durch dieses Qualitätsmerkmal in den Augen seiner Bürger wie der anderen Staaten[5] bewähren will, ist dies ein schwerwiegendes Problem. In den letzten Jahren ist darüber eine erfreulich lebhafte Diskussion in Gang gekommen. Als **Reformmaßnahmen** werden u. a. einzelne Verbesserungsvorschläge des

---

[2] Vgl. *BayObLG* Wohnungseigentum 1990, 138; zur Abgrenzung s. auch *KG* MDR 1990, 554.
[3] *RGZ* 34, 194 (zu § 15 Nr. 2 EGZPO).
[4] **Lit.**: *André* Chancengleichheit im Rechtsschutz durch obligatorische Rechtsschutzversicherung?, ZRP 1976, 177; *Bauer* Prozeßkostenrisiko, Grundgesetz und Rechtsschutzversicherung, VersR 1973, 110; *Baumgärtel* Chancengleichheit vor Gericht durch Pflichtrechtsschutzversicherung oder Prozeßhilfe?, JZ 1975, 425; *ders.* Kostenexplosion im Rechtsschutz, BB 1975, 678; *ders.* Gleicher Zugang zum Recht für alle (1976); *ders.* Chancengleichheit vor Gericht. Utopien und Möglichkeiten, Festschr. f. Richard Lange (1976), 943; *Baur* Armenrecht und Rechtsschutzversicherung, JZ 1972, 75; *ders.* Kostenrecht – Armenrecht, NJW 1976, 1380; *Bokelmann* »Rechtswegsperre« durch Prozeßkosten, ZRP 1973, 164; *Däubler* Bürger ohne Rechtsschutz? Kostenrisiko und Grundgesetz, BB 1969, 545; *Demuth* Zum Thema »Nulltarif bei der Justiz«, DRiZ 1972, 27; *Ehrig* Kostenerstattung – Erfolgsprämie oder Prozeßstrafe?, ZRP 1971, 252; *Fechner* Kostenrisiko und Rechtswegsperre – Steht der Rechtsweg offen?, JZ 1969, 349; *Grunsky, Trocker, Rudolph, Redeker* u. a. Empfehlen sich im Interesse einer effektiven Rechtsverwirklichung für alle Bürger Änderungen des Systems des Kosten- und Gebührenrechts? Gutachten, Referate und Diskussion beim 51. Deutschen Juristentag (1976); *Hillermeier* Armenrecht oder soziales Prozeßkostenrecht?, BayVBl. 1972, 408; *Kissel* Über die Zukunft der Justiz (1974), 173; *ders.* Gedanken zu den Gerichtskosten im Zivilprozeß, Festschr. f. Schiedermair (1976), 313; *Mümmler* Beschränkung des Prozeßkostenrisikos, JurBüro 1971, 1; *Pawlowski* Zur Funktion der Prozeßkosten, JZ 1975, 197; *M. Rehbinder* Die Kosten der Rechtsverfolgung als Zugangsbarriere der Rechtspflege, in: Friedmann/Rehbinder (Hrsg.), Zur Soziologie des Gerichtsverfahrens, Jahrbuch für Rechtssoziologie und Rechtstheorie 4 (1976), 395; *Seetzen* Prozeßkosten und sozialer Rechtsstaat, ZRP 1971, 35. Ferner → vor § 114 Fn. 1.
[5] Vgl. zu den europäischen Dimensionen *Wolf* in: Wege zu einem europäischen Zivilprozeßrecht (hrsg. von Grunsky/Stürner/Walter/Wolf), S. 51 ff.

Prozeßkostenhilferechts[6], die Einführung einer Rechtsschutzpflichtversicherung[7], aber auch die Einführung des »Nulltarifs« vor den Gerichten[8] vorgeschlagen.

Angesichts des besonderen Ranges, der dem Weg zu den Gerichten kraft des Rechtsstaatsprinzips zukommt, kann die Problematik nicht einfach mit dem Hinweis abgetan werden, die Inanspruchnahme staatlicher Leistungen sei auch sonst regelmäßig mit Gebühren verknüpft. Daß der Weg zu den Gerichten offen steht und in genügend aussichtsreichen Fällen auch faktisch beschritten werden kann, liegt nicht nur im Interesse des Betroffenen, sondern dient auch der **Allgemeinheit**: Bewährung des Rechts, Rechtssicherheit und Rechtsfortbildung (→ Einl. Rdnr. 10 ff.) fordern eine lebendige, allen faktisch offen stehende Gerichtsbarkeit. Würde sich unter den Bürgern die Ansicht breit machen, der Weg zum Gericht sei in vielen Fällen nur dem Vermögenden eröffnet, so wäre dies ein weiterer bedenklicher Schritt zu einer die Substanz des Staates berührenden Rechtsverdrossenheit. Angesichts der zentralen Bedeutung des Rechtsschutzes muß hier von vornherein ein Teil der Aufwendungen durch die Allgemeinheit getragen werden. Ein Kostendeckungsprinzip als Grundsatz der Gebührenbemessung wäre mit anderen Worten unangemessen, nicht weniger als etwa im Bereich der öffentlichen Bildungseinrichtungen. Sicher ist die Verteilung der Haushaltsmittel grundsätzlich dem politischen Ermessen des Parlaments anheim gestellt. Es muß dabei aber die Grundentscheidung der Verfassung zugunsten des Rechtsstaates betont und die Gebührenhöhe durch staatliche »Subventionen« (vielleicht auch im Bereich der Anwaltschaft) in erträglichem Rahmen gehalten werden. Auch erscheint es (im Rahmen des finanziell Möglichen) wünschenswert, die *Prozeßkostenhilfe auszudehnen* (zum verfassungsrechtlichen Standort der Prozeßkostenhilfe → Rdnr. 8, 11 vor § 114; ferner → Einl. Rdnr. 533). Soweit im Bereich der Rechtspflege gespart werden muß, erscheint z. B. eine Verkürzung der Instanzenzüge eher diskutabel als eine Errichtung faktisch unüberwindlicher finanzieller Sperren für den Rechtsuchenden. Eine *Rechtsschutzpflichtversicherung* wäre dagegen kaum empfehlenswert. Der Sache nach wäre sie nichts wesentlich anderes als eine Umlegung der Rechtsschutzkosten auf die Allgemeinheit. Bei Einführung einer Rechtsschutzpflichtversicherung würde man aber die an sich sinnvolle Abschreckung durch das Kostenrisiko bei aussichtslosen Prozessen wohl aufgeben müssen. Es wäre auch schwierig, die Beitragshöhe nach Leistungsfähigkeit und versichertem Risiko einleuchtend zu differenzieren, während sich bei einer teilweisen Finanzierung des Rechtsschutzes über den allgemeinen Haushalt insoweit keine Probleme ergeben.

Im Bereich der *Streitwertfestsetzung* sollte die Einführung flexibler Regeln vorangetrieben werden und grundsätzlich der Gesichtspunkt der aus der Wertfestsetzung resultierenden Kostenbelastung größeres Gewicht bekommen. Aber auch im Bereich der in den §§ 91 ff. normierten *Kostenerstattungspflicht* erscheinen Verbesserungen erforderlich. Das Grundprinzip der Kostenverteilung nach dem Prozeßausgang (→ Rdnr. 6) berücksichtigt zu wenig die häufige Unklarheit und Unerkennbarkeit des Rechts, die gerade im modernen Recht keinen atypischen Fall mehr darstellt. So wird man nicht umhin können, auch hier **flexiblere Lösungen** zu schaffen, die dem richterlichen Ermessen größeren Spielraum geben, so daß auch die konkrete »Schuld« am Prozeß Berücksichtigung finden kann. Insoweit erscheinen die in den §§ 93a-d zum Ausdruck kommenden Tendenzen noch der Erweiterung fähig. Auch sollte das *Interesse der Allgemeinheit* an der Klärung offener Rechtsfragen und an der Rechtsfortbildung zu einer *teilweisen Übernahme der Kosten durch den Staat* führen können, etwa für die im besonderen Maße dem Allgemeininteresse dienende Revisionsinstanz. Verfassungswidrig ist das heutige Kostenrecht in seiner Grundsubstanz nicht[9]. Seine Fortentwicklung liegt aber im Sinne der Verfassung, denn das Prinzip des sozialen Rechtsstaates ist nicht

---

[6] → vor § 114 Rdnr. 11.
[7] *Baur* JZ 1972, 75; NJW 1976, 1380.
[8] *Kissel* (Fn. 4).
[9] **A.M.** *Herrmann* (Fn. 1), 21 ff.

nur ein Maßstab des geltenden Rechts, sondern auch eine fundamentale Leitlinie für die zukünftige Entwicklung.

II. Die prozessuale Kostenerstattungspflicht

1. Grundgedanke

6   Der Erstattungsanspruch knüpft in seinem Grundgedanken nach § 91 Abs. 1 S. 1 an den einfachen, objektiven Tatbestand des Unterliegens im Prozeß an. Wer den Prozeß und damit dessen Kosten dadurch **verursacht** hat, daß er sich zu Unrecht eines Rechts berühmt, das Recht eines anderen verletzt hat oder seine Verpflichtungen nicht erfüllt, soll die Kosten tragen. Der Anspruch ist weder Strafe für unbegründete oder schlechte Prozeßführung, weil er regelmäßig Verschulden nicht voraussetzt[10], noch Erweiterung einer bestehenden materiell-rechtlichen Haftung, weil er unabhängig von einer solchen bestehen, ja eine solche gegebenenfalls auch ausschließen kann (→ Rdnr. 18, 20). Er stellt eine **besondere gesetzliche Pflicht zum Ersatz von tatsächlich erbrachten** (→ § 91 Rdnr. 15, 16) **notwendigen** (→ § 91 Rdnr. 44 ff.) **Aufwendungen** dar. Seine innere Rechtfertigung findet er einerseits in dem Verbot der Selbsthilfe, das den Kläger zum Anrufen des Gerichts und zum Aufbringen der dazu nötigen Kosten zwingt (→ Einl. Rdnr. 201), andererseits in der voraussetzungslosen Klagemöglichkeit und dem daraus folgenden praktischen Zwang für den Beklagten, die Lasten einer Verteidigung zu übernehmen, selbst wenn er mit einer aussichtslosen Klage überzogen wird. Die Regelung ist offensichtlich auf **Vereinfachung** bedacht, damit der Ersatzanspruch wirksam und schnell verwirklicht werden kann. Die Entscheidung über die Kostenpflicht ist wohl auch aus diesem Grund an einen leicht feststellbaren Tatbestand geknüpft und ergeht grundsätzlich schon im Urteil in der Hauptsache (§ 308 Abs. 2). Der Vereinfachung dient auch, daß die Kostenerstattungspflicht grundsätzlich die gesamten Kosten des Rechtsstreits betrifft; eine sog. Kostentrennung ist nur in besonderen Fällen gestattet (→ § 91 Rdnr. 14). Den Umfang des Anspruchs regeln ebenfalls manche leicht zu handhabende, weil nicht auf Einzelheiten eines Falles eingehende Bestimmungen (→ z. B. § 91 Rdnr. 59, 95; § 104 Rdnr. 25). Die Entscheidung darüber ergeht in dem besonderen Kostenfestsetzungsverfahren (→ Rdnr. 21). Diese Vereinfachungen sind vertretbar, weil es sich um immer wiederkehrende, typische Fragen handelt und weil es unangemessen wäre, die Kostenfrage, die gegenüber der Hauptsache eine Nebenfrage ist, mit demselben Aufwand an Mühe, Zeit und Kosten wie diese zu prüfen.

2. Kostenpflicht des Unterlegenen; Ausnahmen

a) Begriff des Unterliegens

7   Die Kostenpflicht setzt regelmäßig ein Unterliegen im Prozeß voraus. Unterlegen ist die Partei, die mit ihrem Antrag in der Hauptsache nicht durchdringt. Das ist der Kläger auch dann, wenn seine Klage als unzulässig, nicht als unbegründet[11], oder nur als zur Zeit, nicht als schlechthin unbegründet[12] abgewiesen wird. Soweit Entscheidungen ohne Antrag ergehen,

---

[10] S. schon *Goldschmidt* Prozeß als Rechtslage (1925), 117 f.; *BGHZ* (GrZS) 4, 237; umfassend *Becker-Eberhard* (Fn. 1), 19 ff. – Zweifelhaft deshalb *OLG München* MDR 1987, 148 (ein dem Schadensersatzanspruch ähnlicher Anspruch); *Siebert* (Fn. 1), 92 ff. (Aufopferungsanspruch).

[11] BGHZ 10, 303 = JZ 1953, 767 = NJW 1669; *LAG Stuttgart* AP 1953 Nr. 197 (*Wieczorek*).
[12] *LAG Mannheim* RdA 1952, 200.

wie dies z. B. beim Ausspruch über die Fortsetzung des Mietverhältnisses nach § 308a möglich ist, kommt es darauf an, auf wessen Behauptung hin und in wessen Interesse sie erlassen werden sollen. Bei Ablehnung oder Aufhebung einer entsprechenden Entscheidung in der höheren Instanz ist daher der von der aufgehobenen Entscheidung Begünstigte unterlegen. **Grundsätzlich kommt es auf das Unterliegen im Prozeß nach dessen Gesamtergebnis an.** Daher trägt der Kläger auch dann die gesamten Kosten, wenn die Klage infolge der hilfsweise erklärten Aufrechnung abgewiesen wird (→ § 91 Rdnr. 14). Ferner trägt der Kläger die Kosten aller Instanzen, auch wenn seine Klage erst in der letzten abgewiesen wird, und der Beklagte ist auch dann kostenpflichtig, wenn er erst auf eine Klageänderung hin verurteilt wird, sofern mit der Änderung kein Parteiwechsel oder eine wesentliche Streitwertminderung verbunden war[13]. Über Sonderfälle → jedoch §§ 93, 97 Abs. 2 und zum teilweisen Unterliegen § 92. Auf den Grund des Unterliegens und auf den Zeitpunkt, zu dem die das Unterliegen herbeiführenden Tatsachen eingetreten sind, kommt es nicht an (→ auch § 92 Rdnr. 2). Die Kosten treffen danach z. B. auch den, der infolge einer Gesetzesänderung in der Revisionsinstanz unterliegt[14]. Dem Unterliegen kann die Partei hier aber regelmäßig durch eine Erledigungsanzeige nach § 91a oder ein Anerkenntnis nach § 93 entgehen.

b) Kostenpflicht ohne Hauptsacheentscheidung

Am Unterliegen fehlt es, wenn eine Entscheidung in der Hauptsache nicht ergeht. Mit der Klagezurücknahme verzichtet jedoch der Kläger auf einen Sieg und wird deshalb in § 269 Abs. 3 mit Recht für die Kostenpflicht einem Unterlegenen gleichgestellt. Bei der Erledigung der Hauptsache ergeht nach § 91a eine Billigkeitsentscheidung, bei der regelmäßig entsprechend dem Grundgedanken des § 91 demjenigen Beteiligten die Kosten aufgebürdet werden, der unterlegen wäre, wenn das erledigende Ereignis nicht eingetreten wäre (→ § 91a Rdnr. 29). Beim Prozeßvergleich bestimmt die Einigung der Parteien, wen die Kosten treffen. Bei Fehlen einer Vereinbarung werden die Kosten aufgehoben (→ § 98).

8

c) Kostenpflicht der siegreichen Partei

Nur ausnahmsweise trifft auch die siegreiche Partei eine Kostenpflicht, so in Weiterbildung des Verursachungsgedankens den Kläger nach § 93 bei sofortigem Anerkenntnis des Beklagten, die anfangs säumig gewesene Partei nach § 344, den Kläger, der zunächst ein unzuständiges Gericht angerufen hatte (§ 281 Abs. 3 S. 2) usw. Auch §§ 93b, 94-97 tragen auf diese Weise dem Veranlassungsprinzip Rechnung[15]. Aufhebung der Kosten ohne Rücksicht auf das Unterliegen ist im Ehe- und Kindschaftsverhältnis vorgesehen (§§ 93a, 93c). Das Verschulden wird nur in Sonderfällen berücksichtigt, so z. B. in § 95. Noch seltener ist eine Beachtung sozialer Gesichtspunkte oder sonstiger Billigkeitserwägungen gestattet; s. etwa §§ 93a, 93b, 93d, ferner §§ 144 PatentG, 247 Abs. 2 AktG, 23b UWG, 31a WZG, 26 GebrMG (Festsetzung eines niedrigeren Streitwerts für die wirtschaftlich schwächere Partei) sowie §§ 47 WEG, 110 Abs. 3 S. 2 PatG, 228 Abs. 2 BauGB. Derartige Ausnahmeregeln können nach den vorangestellten Grundsätzen des Kostenrechts der ZPO aber nicht einfach auf andere Tatbestände übertragen werden[16].

9

---

[13] *BGH* MDR 1962, 387 = NJW 628.
[14] *BGHZ* 37, 233 = MDR 1962, 727 = NJW 1715 = LM § 19 BBauG Nr. 1 (*Mattern*).
[15] Vgl. *OLG Zweibrücken* FamRZ 1982, 294.
[16] Für die analoge Anwendung der Vorschriften über Streitwertherabsetzung, wenn anderenfalls ein unzumutbares Kostenrisiko entstünde, hat sich *Däubler* BB 1969, 545 ausgesprochen; dagegen *Baumgärtel* Gleicher Zugang (Fn. 4), 144 mwN.; *Baur* JZ 1972, 77; *Bokelmann* ZRP 1973, 166. – S. auch die Vorschläge in § 95 des ZPO-Entwurfs von 1931 (→ Einl. Rdnr. 128).

3. Rechtsnatur und anwendbares Recht

10 Der Erstattungsanspruch ist *nach seinem Ziel materiell-rechtlicher Natur*[17] und kann nur insofern als *prozessualer* bezeichnet werden, als er *aus prozessualen Vorgängen* erwächst und überwiegend nicht nur im Prozeßrecht geregelt, sondern auch mit prozessualen Maßstäben zu messen ist. Diese Bezeichnung unterscheidet ihn zugleich von materiell-rechtlich begründeten, aber ebenfalls auf Ersatz von Prozeßkosten gerichteten Ansprüchen (→ Rdnr. 14–19). Aber schon die umfassende Regelung in der ZPO schließt es jedenfalls aus, für den prozessualen Erstattungsanspruch ohne sorgfältige Prüfung auf Vorschriften des bürgerlichen Rechts zurückzugreifen[18].

10a Rechtsgrundsätze, die für das bürgerliche Recht im BGB einen Niederschlag gefunden haben, jedoch darüber hinaus *allgemeine* Geltung beanspruchen, sind selbstverständlich auf den prozessualen Erstattungsanspruch anzuwenden. So ergibt sich aus dem **Grundsatz von Treu und Glauben** (→ Einl Rdnr. 242) die Pflicht der Parteien, einen Prozeß so zu führen, daß vermeidbare Kosten möglichst nicht entstehen[19]. Dies muß jedoch mit dem Vereinfachungsgedanken und dem Verursachungsgrundsatz (→ Rdnr. 6) in Einklang gebracht werden und darf deshalb nur zur Ablehnung der Erstattung führen, wenn sich ohne besondere Schwierigkeit und eindeutig die Vermeidbarkeit feststellen läßt und die Verweigerung der Erstattung zumutbar erscheint. Zum Beurteilungszeitpunkt → § 91 Rdnr. 45. Ferner kann der Anspruch **verwirkt** werden[20] (→ Einl. Rdnr. 244). Darüber hinaus muß das BGB viele Lücken schließen (→ z. B. zu Stundung, Erlaß, Aufrechnung usw. § 104 Rdnr. 13–18). Auch kann der Anspruch gemäß § 195 BGB **verjähren**[21]. Aber der Anspruch entspricht nicht dem unter den Parteien bestehenden materiellen Rechtsverhältnis[22] und ist folglich **auch dann unbeschränkt, wenn die Partei in der Hauptsache nur beschränkt haftet**, z. B. als Erbe nur mit dem Nachlaß[23], als Reeder nur mit dem Schiff, als Eigentümer nur mit dem Grundstück[24]. Für die Kostenhaftung ist es im übrigen grundsätzlich gleich, ob die Partei selbst Subjekt des im Streit befangenen materiellen Rechtsverhältnisses ist oder ob sie den Prozeß, sei es für eigene oder fremde Rechnung, über ein fremdes Recht führt (→ Rdnr. 2, 19 ff. vor § 50). Zum Testamentsvollstrecker, Konkursverwalter usw. → Rdnr. 23.

10b Mit Rücksicht auf die prozessuale Entstehung ist – anders als für den materiell-rechtlichen Kostenerstattungsanspruch (→ Rdnr. 14 ff.), der sich nach der lex causae richtet[25] – für den

---

[17] Vgl. *RGZ* 110, 400; *RG JW* 1906, 90; *Becker-Eberhard* (Fn. 1), 12 ff.; *Gerland* ZZP 47 (1918), 304; *Görres* ZZP 35 (1906), 347; *Goldschmidt* (Fn. 10), 118; *Loritz* (Fn. 1), 37 ff.; *Rosenberg/Schwab/Gottwald*[15] § 87 V 4.
[18] *RGZ* 22, 423; *OLG Hamburg* OLGRspr. 13 (1906), 93; s. auch *OLG Celle* OLGRspr. 13 (1906), 95.
[19] Vgl. auch *BVerfG* NJW 1990, 3072 f.
[20] *OLG Dresden* JW 1938, 3161; *OLG Frankfurt* MDR 1974, 240 = JurBüro 229 (*Mümmler*); *LG Bonn* Rpfleger 1984, 245; *Meyer* JurBüro 1981, 678; *Schneider* MDR 1981, 354; grds. auch *OLG Bamberg* JurBüro 1987, 1412. Das ist Verwirkung des Anspruchs, nicht nur des Rechts auf den Festsetzungsantrag, *Baumgärtel* ZZP 67 (1954), 439. – Zur Berücksichtigung im *Kostenfestsetzungsverfahren* → § 104 Rdnr. 13.
[21] *KG* DR 1943, 154; JW 1938, 2488; *OLG München* NJW 1971, 1755; *Meyer* JurBüro 1981, 678; s. schon *Lippmann* DJZ 1908, 871. – Die Verjährung nach § 196 Nr. 15 BGB bezieht sich dagegen nur auf den Anspruch des Anwalts gegen den Auftraggeber, *OLG Frankfurt* AnwBl. 1989, 106; MDR 1977, 665 = JZ 353; *H. Schmidt* gegen *OVG Münster* NJW 1971, 1767.
[22] Vgl. schon *OLG Dresden* OLGRspr. 16 (1908), 358 (zu § 273 BGB); *OLG Posen* OLGRspr. 1 (1900), 398 (zu § 648 BGB).
[23] *RG* JW 1912, 46; *OLG Braunschweig* OLGRspr. 22 (1911), 371; *OLG Celle* NJW-RR 1988, 134; *OLG Frankfurt* Rpfleger 1982, 354; *OLG Hamm* Rpfleger 1982, 354; *KG* Rpfleger 1976, 187 f.; *OLG Kassel* OLGRspr. 19 (1909), 137; *OLG Köln* NJW 1952, 1145; *OLG Marienwerder* OLGRspr. 19 (1909), 4; *Hein* Duldung der Zwangsvollstreckung (1911), 257 ff. – **A.M.** *Binder* Die Rechtsstellung des Erben (1901), Bd. 2, 47; *Kreß* Die Erbengemeinschaft (1903), 153 f. – Anders bei denjenigen Kosten, die schon der Erblasser schuldete, → § 780 Rdnr. 11, § 781 Rdnr. 6 und *RG* HRR 1930 Nr. 455; *KG* Rpfleger 1981, 365; OLGRspr. 20 (1910), 301; *OLG Köln* NJW 1952, 1145. .
[24] Vgl. *RGZ* 33, 85; JW 1898, 26; 1894, 374; *OLG Celle* OLGRspr. 3 (1901), 320; *OLG Dresden* SeuffArch. 65 (1910), 164; *OLG Königsberg* SeuffArch. 59 (1904), 207; *Berg* Gruchot 48 (1904), 774; *Hein* (vorige Fn.), 259. – **A.M.** *OLG München* IheringsJb. 54, 101; *Siber* Der Rechtszwang im Schuldverhältnis (1903), 229.
[25] *Schack* Int. Zivilverfahrensrecht (1991), Rdnr. 580 c.

prozessualen Kostenerstattungsanspruch auch **bei Auslandsbeziehungen die lex fori** maßgebend, d. h. bei Ausländern richtet sich der Anspruch nach deutschem Recht, selbst wenn deren Heimatrecht eine gleiche oder ähnliche Erstattungspflicht nicht kennt[26].

4. Verurteilung zur Kostentragung

Die Entscheidung in der Sache genügt nicht, um den Erstattungsanspruch zur Entstehung zu bringen, mag der Ausspruch über die Kosten absichtlich, wie bei einem Teilurteil, oder versehentlich unterblieben sein[27]. Vielmehr bedarf es dazu der von Amts wegen (§ 308 Abs. 2) auszusprechenden Verurteilung in die Kosten; gegebenenfalls ist das Urteil gemäß § 321 zu ergänzen[28]. Dieser besondere Weg, der mit der anschließenden Kostenfestsetzung dem Berechtigten schnell einen Vollstreckungstitel verschafft, **schließt für den prozessualen Erstattungsanspruch den allgemeinen Weg der Verfolgung mit Klage oder Widerklage aus**[29]. Auch durch Parteivereinbarung kann der Klageweg nicht begründet werden. 11

Bei der **Zurücknahme** der Klage oder eines Rechtsmittels ergeht jedoch die Kostenentscheidung nur auf Antrag. Beim Vergleich entfällt sie grundsätzlich ganz (→ § 98 Rdnr. 1, 7). 12

5. Entstehung des Kostenanpruchs

Der prozessuale Kostenanspruch setzt voraus, daß zwischen den Parteien durch Klagezustellung ein *Prozeßrechtsverhältnis* zustande gekommen ist. Er besteht also vor Klageerhebung noch nicht[30]. Wieweit vor diesem Zeitpunkt über den *künftigen* Anspruch verfügt werden kann, bestimmt sich nach allgemeinen Rechtsgrundsätzen[31]. Kommt es nicht mehr zur Klageerhebung, bleibt nur der materiell-rechtliche Kostenerstattungsanspruch (→ Rdnr. 17). Mit Eintritt der Rechtshängigkeit entsteht der Anspruch als **aufschiebend bedingter**[32]; teils wird auch von einer Anwartschaft gesprochen[33]. Die praktisch bedeutsamen Fragen lassen sich jedoch nicht nach dieser juristischen Konstruktion, sondern nur danach beantworten, wie das im Einzelfall in Betracht kommende Rechtsinstitut einerseits, der Erstattungsanspruch andererseits ausgestaltet und was ihre Zwecke sind[34]. Danach sind vom Eintritt der Rechtshängigkeit an jedenfalls **Pfändung** (→ § 829 Rdnr. 6), **Abtretung**[35], Berücksichtigung im Konkurs-[36] und Vergleichsverfahren[37], soweit die Kosten vor dessen Eröffnung 13

---

[26] *OLG Frankfurt* JurBüro 1986, 917; *OLG Nürnberg* JW 1927, 532; *LG Köln* AnwBl. 1982, 522.
[27] *RGZ* 22, 421; *OLG Braunschweig* OLGRspr. 17 (1908), 19.
[28] Vgl. *OLG München* OLGZ 1984, 222.
[29] *BGH* NJW 1983, 284; *OLG Düsseldorf* FamRZ 1986, 1241; *OLG Köln* MDR 1981, 763; *Becker-Eberhard* (Fn. 1), 317ff. und ZPP 101 (1988), 306; *Meyer* JurBüro 1981, 677; *Mümmler* JurBüro 1982, 988; *Schneider* MDR 1981, 354; s. schon *RGZ* 130, 218; 22, 421; DR 1939, 1796; JW 1899, 276.
[30] *BGH* NJW 1988, 3204, 3205; *OLG Hamburg* JurBüro 1987, 760; *KG* MDR 1991, 62; *OLG Köln* OLGZ 1989, 238; *OLG Schleswig* JurBüro 1984, 604; SchlHA 1979, 225; *LG Essen* Rpfleger 1959, 164 (*Petermann*); *Becker-Eberhard* ZZP 101 (1988), 307.
[31] S. zur **Abtretung** im allgemeinen *BGHZ* 32, 363; 26, 188; 7, 365; *BGH* NJW 1988, 3204, 3205; zur **Pfändung** → § 829 Rdnr. 6; zur **Aufrechnung** → § 104 Rdnr. 14 ff.
[32] *BGH* ZIP 1993, 621 (auch bei prozeßunfähiger Partei); NJW 1988, 3204, 3205; 1983, 284; 1975, 304; *OLG München* OLGZ 1984, 221; *OLG Schleswig* JurBüro 1978, 1574; *RGZ* 145, 13; 52, 33; *Baumbach/Lauterbach/Hartmann*[51] Übersicht vor § 91 Rdnr. 34; *Becker-*

Eberhard ZZP 101 (1988), 305; *A. Blomeyer* ZPR[2] § 129 V 1; *Bork* JZ 1991, 847; *Thomas/Putzo*[18] vor § 91 Rdnr. 9.
[33] *RG* JW 1929, 1398; *OLG Celle* JW 1936, 3078; *OLG Frankfurt* JZ 1958, 404 (*A. Blomeyer*); *OLG Hamburg* JZ 1957, 581; *RAG* 18, 226 (dazu *Jonas* JW 1937, 2709); *Alsberg* DJZ 1913, 442; *Nissen* Gruchot 52 (1908), 841; *Stein* SächsArch.Rpfl. 4, 5; *v. Tuhr* Der Allgemeine Teil des Deutschen Bürgerlichen Rechts I (1910), 180.
[34] So schon *Bettermann* Die Vollstreckung des Zivilurteils in den Grenzen seiner Rechtskraft (1948), 121; *A. Blomeyer* ZPR[2] § 129 V 1.
[35] Dazu → Fn. 31.
[36] *RGZ* 52, 332; *KG* OLGRspr. 15 (1907), 249; *Jaeger/Henckel* KO[9] § 1 Rdnr. 136; *Nissen* Gruchot 52 (1908), 852. – Wird aber der Gemeinschuldner nach Konkurseröffnung selbst verklagt, so erwirbt er einen eigenen Kostenerstattungsanspruch, wenn eine Kostengrundentscheidung zu seinen Gunsten ergeht (massefreier Neuerwerb), *OLG Frankfurt* AnwBl. 1990, 291; *KG* MDR 1990, 831.
[37] *RGZ* 145, 15; *Bley/Mohrbutter* VerglO[3] § 25 Anm. 53b; *Deesen* JW 1935, 983; *Kiesow* JW 1935, 984.

entstanden sind³⁸, zulässig, und nach § 419 BGB haftet auch, wer in diesem Stadium ein Vermögen übernimmt³⁹. Zur **Aufrechnung** → § 104 Rdnr. 14ff., zur Sicherung durch Arrest → § 916 Rdnr. 11. Den Anspruch als Vermögen i. S. des § 23 (→ § 23 Rdnr. 13, 30) anzusehen, ist bei seiner Unsicherheit bedenklich. Mit Erlaß des **Kostenurteils** tritt die aufschiebende Bedingung ein, aber der Anspruch entsteht nur **auflösend bedingt** durch die rechtskräftige Aufhebung des Urteils⁴⁰. **Fälligkeit** besteht vor der Rechtskraft insoweit, als die Entscheidung vorläufig vollstreckbar ist⁴¹. Der Kostenfestsetzung bedarf es für die Fälligkeit nicht⁴².

III. Die Kostenerstattungspflicht nach materiellem Recht

1. Anspruchsgrundlagen⁴³

14   Der Anspruch auf Erstattung von Prozeßkosten kann auch unabhängig vom Prozeß (→ Rdnr. 17) den Inhalt eines **rein privatrechtlichen Anspruchs** auf Schadenersatz bilden, z.B. auf Grund Verzugs (§ 286 BGB)⁴⁴ oder Annahmeverzugs (§§ 293, 304 BGB)⁴⁵, einer culpa in contrahendo⁴⁶ oder positiven Vertragsverletzung⁴⁷, einer unerlaubten Handlung (§§ 823, 826 BGB)⁴⁸, wegen Nichterfüllung der Auskunftspflicht des Drittschuldners nach § 840 ZPO⁴⁹, wegen Vollziehung einer unberechtigten einstweiligen Verfügung (§ 945 ZPO)⁵⁰ oder auf Grund unlauteren Wettbewerbs (§ 13 Abs. 6 UWG; → Rdnr. 16). Dieser Anspruch kann sich auch gegen einen Dritten richten (→ Rdnr. 24). Voraussetzung ist stets, daß eine **materiell-rechtliche Anspruchsgrundlage** erfüllt ist, wozu meist auch **Verschulden** erforderlich ist. Für einen kein Verschulden voraussetzenden allgemeinen Erstattungsanspruch außerhalb des Prozesses – in analoger Anwendung der §§ 91 ff. – ist mit Rücksicht auf die innere Rechtfertigung des aus ausschließlich prozessualen Vorgängen erwachsenden Erstattungsanspruchs (→ Rdnr. 6) kein Raum⁵¹. Dies kann dazu führen, daß bei außergerichtlich erledigten Streitigkeiten mangels Anspruchsgrundlage kein Anspruch auf Ersatz entstandener Aufwendungen entsteht. Das ist aber ebenso hinzunehmen wie bei sonstigen Schäden, bei denen die Verursa-

---

³⁸ *OLG Jena* JW 1929, 147; *Vogels/Nölte* VerglO³ § 25 Anm. I 4c.
³⁹ *BGH* NJW 1975, 304 (Haftung auch für Zwangsvollstreckungskosten, auch bei Vermögensübernahme zwischen Einreichung und Zustellung der Klage); MDR 1959, 118 = NJW 287; JZ 1955, 504 = NJW 1399.
⁴⁰ H.M. seit *RGZ* 124, 2; 145, 13; *RAG* 18, 226; vgl. nur *BGH* NJW 1988, 3204, 3205.
⁴¹ *BGH* JR 1976, 332 (*Kuntze*); *OLG Celle* JurBüro 1983, 1698; *OLG Düsseldorf* NJW-RR 1989, 504; MDR 1988, 782; *OLG Hamm* FamRZ 1987, 1288; *RG* JW 1901, 423. Vollstreckungskosten können aber mit der Entstehung fällig werden, *Pohle* zu *AG Köln* MDR 1959, 312.
⁴² *OLG Celle* JurBüro 1983, 1699; *OLG Düsseldorf* NJW-RR 1989, 504; *OLG Frankfurt* MDR 1984, 148; offen *OLG Düsseldorf* MDR 1988, 782 (jedenfalls mit Festsetzung fällig). – Nach *OLG Saarbrücken* JurBüro 1978, 1092 bei **Kostenquotelung** keine Fälligkeit vor Festsetzung nach § 106; **a.M.** zutr. *OLG Celle* JurBüro 1983, 1699.
⁴³ Umfassend dazu *Becker-Eberhard* (Fn. 1), 52ff.
⁴⁴ *BGH* WM 1987, 248; *OLG Hamburg* JW 1931, 1822; SeuffArch. 73 (1918), 134; *KG* NJW-RR 1992, 1298; *OLG Oldenburg* JurBüro 1983, 774; *OLG Jena* JW 1918, 148; *KG* MDR 1991, 62; *LG Frankfurt* MDR 1990, 50; *LG Verden* JurBüro 1983, 1897.
⁴⁵ *OLG München* MDR 1988, 869.

⁴⁶ *BGH* NJW 1986, 2244; *AG Geislingen* MDR 1979, 578.
⁴⁷ *BGH* NJW 1986, 2244; *OLG Karlsruhe* VersR 1989, 853; *LG Paderborn* JurBüro 1989, 653; *AG Heidelberg* MDR 1969, 391; *ArbG Ulm* DB 1966, 1656.
⁴⁸ *BGHZ* 75, 235; *BGH* NJW 1986, 2244; JR 1962, 459 (§ 839 BGB); *BayObLGZ* 1979, 20; *OLG Schleswig* SchlHA 1986, 12; *AG Bad Homburg* MDR 1986, 1028.
⁴⁹ *BAG* NJW 1990, 2643; *BAGE* 10, 43; *OLG Hamburg* OLGRspr. 21 (1910), 107.
⁵⁰ Vgl. *BGH* NJW 1990, 122ff.; *Gröning* WRP 1992, 679ff.
⁵¹ *BGH* NJW 1988, 2032 = ZZP 101 (1988), 302 (zust. *Becker-Eberhard*); NJW 1986, 2245; 1981, 224; *LG Essen* NJW-RR 1986, 487; NJW 1974, 999; *LG Hamburg* AnwBl. 1980, 82; *Bank* JurBüro 1982, 979; *Becker-Eberhard* (Fn. 1), 123ff.; *Dittmar* NJW 1988, 2089/2090; *Habscheid* NJW 1958, 1000; *Hiersemann* NJW 1971, 777; *Kleinwegener* FamRZ 1992, 757; *Lepke* DB 1985, 1233; *Loritz* GRUR 1981, 887f.; *Mümmler* JurBüro 1982, 990f.; *Schneider* MDR 1981, 354; *Siebert* (Fn. 1), 258ff.; *Ulrich* MDR 1973, 559. – **A.M.** *OLG München* NJW 1958, 1000 (§ 93 analog; dem folgend *Kniestedt* WRP 1960, 147; *Tetzner* MittPat. 1961, 210; abl. hingegen *Habscheid* a.a.O.; *Kubisch* NJW 1958, 1879, der aus § 1004 BGB einen Anspruch folgern will); *Friedländer* JW 1932, 1160.

chung durch einen anderen ebenfalls nicht zu einer Ersatzpflicht führt, wenn keine Anspruchsgrundlage eingreift. Es besteht eher Anlaß, die prozessuale Kostenerstattungspflicht vernünftig zu begrenzen (insbesondere bei der Beurteilung der Erstattungsfähigkeit), als sie auch noch in den außerprozessualen Raum zu erstrecken.

Keine besonderen Probleme ergeben sich für die Fälle, in denen jemand wegen einer Vertrags-, Rechts- oder Rechtsgutverletzung ohnehin zum **Schadensersatz** verpflichtet ist. Hier können die Kosten für Rechtsverfolgungsmaßnahmen Teil des aus der Verletzungshandlung adäquat verursachten Schadens sein[52] (→ auch Rdnr. 16). Unter *Ehegatten* besteht ein solcher Anspruch allerdings i. d. R. nicht[53]. 15

Wird jemand **unberechtigt mit einer Forderung konfrontiert** (oder wird bei ungeklärter Rechtslage auf die weitere Verfolgung eines solchen Anspruchs verzichtet) und sind dem «Schuldner» bei seiner Verteidigung Kosten entstanden (Einschaltung eines Rechtsanwalts), so kommt eine Schadensersatzpflicht wegen einer culpa in contrahendo[54], einer positiven Vertragsverletzung[55] oder aus Delikt (§§ 823, 826 BGB)[56] in Betracht. Liegen aber weder vertragliche noch vorvertragliche Beziehungen vor und fehlt es auch an den Voraussetzungen deliktischer Ansprüche (insbesondere an der Verletzung eines absolut geschützten Rechtsgutes, § 823 Abs. 1 BGB), so eröffnet das materielle Recht keine Erstattungsmöglichkeit[57]. Auch Aufwendungen, um außerhalb eines Prozesses die unberechtigte Anmaßung eines Rechts abzuwehren, insbesondere die Kosten einer wettbewerbsrechtlichen «**Abmahnung**», sind nur bei Bestehen deliktischer (§§ 823 Abs. 1, Abs. 2, 826 BGB, §§ 1, 13 Abs. 6 UWG) oder vertraglicher Ansprüche zu erstatten, denn sie gehören nicht zu den erstattungsfähigen Kosten i. S. d. § 91 (→ § 91 Rdnr. 40). Für die materiell-rechtliche Erstattung ist zu unterscheiden: Mahnt ein **Mitbewerber** einen Wettbewerbsverstoß ab, so kann er bei verschuldetem Wettbewerbsverstoß Erstattung insbesondere nach §§ 1, 13 Abs. 6 UWG, 823 Abs. 1 und 2, 826 BGB verlangen[58]. Bei unverschuldetem Verstoß hat er die zur Wahrung der Integrität seines Rechtskreises aufgewandten Kosten selbst zu tragen. Erfolgt die Abmahnung durch einen **Verband**, so können die aufgewandten Kosten keine Berücksichtigung finden, denn Maßnahmen, die vom Vereinszweck geboten werden und in der Satzung ihren Niederschlag gefunden haben, können nicht als eigener *Schaden* reklamiert werden[59]. Eine materiell- 16

---

[52] *BGHZ* 111, 172 = *JZ* 1991, 211 = *NJW* 1990, 2062 (§ 823 Abs. 1 wegen Verletzung des elterlichen Sorgerechts); *NJW* 1986, 2244 (positive Vertragsverletzung); *OLG Bremen VersR* 1974, 371 und *OLG Düsseldorf JurBüro* 1985, 714 (Folgeschaden eines Verkehrsunfalls); *BGH WM* 1987, 248 und *OLG Jena JW* 1918, 148 (Verzug). – Außerdem muß der Schaden vom **Schutzbereich der Norm** umfaßt sein, *BGHZ* 75, 235. Für eigenen **Zeitaufwand** kann daher in der Regel kein Ersatz verlangt werden, *BGHZ* 75, 234; 66, 114; *OLG Köln JurBüro* 1986, 447. – Vgl. allg. *Becker-Eberhard* (Fn. 1), 52 ff. und *ZZP* 101 (1988), 317.
[53] *BGH NJW* 1988, 2032 = *ZZP* 101 (1988), 298 (zust. *Becker-Eberhard*); *OLG Düsseldorf FamRZ* 1986, 1240; zu unterhaltsrechtlichen Ansprüchen s. *Kleinwegener FamRZ* 1992, 755.
[54] *AG Geislingen MDR* 1979, 578.
[55] Vgl. *BGH NJW* 1988, 2032 = *ZZP* 101 (1988), 299 (zust. *Becker-Eberhard*); *AG Heidelberg MDR* 1969, 391; *ArbG Ulm DB* 1966, 1656.
[56] Dabei handelt es aber nicht rechtswidrig, wer die Rechtslage als Gläubiger nur fahrlässig verkennt; vgl. *BGHZ* 118, 206; *BGH NJW* 1988, 2033 = *ZZP* 101 (1988), 301 (zust. *Becker-Eberhard*); *OLG Düsseldorf MDR* 1991, 259; *LG Essen NJW-RR* 1986, 487; zweifel-

haft *AG Bad Homburg MDR* 1986, 1028 (Geltendmachung verjährter Forderung als Verletzung des allgemeinen Persönlichkeitsrechts).
[57] *BGH NJW* 1988, 2032 = *ZZP* 101 (1988), 297 (zust. *Becker-Eberhard*); *NJW* 1983, 284; *OLG Düsseldorf FamRZ* 1986, 1240; *OLG Hamm WRP* 1980, 216; *KG NJW-RR* 1991, 1327; *LG Aachen JurBüro* 1983, 1196; *AnwBl.* 1983, 526; *AG Köln BauR* 1979, 446; s. auch *Habscheid NJW* 1958, 1001.
[58] *OLG Frankfurt WRP* 1985, 86; *OLG Köln GRUR* 1979, 76; *OLG München GRUR* 1988, 843; *OLG Schleswig SchlHA* 1986, 12; *LG Köln NJW* 1966, 1565; *LG Saarbrücken JurBüro* 1981, 580; *Mellulis* Handbuch des Wettbewerbsprozesses (1991), Rdnr. 402; Schaden verneinend *LG Hamburg AnwBl.* 1980, 82 (Abmahnung eines Anwalts durch einen Kollegen).
[59] *OLG Düsseldorf BB* 1964, 56; *KG NJW-RR* 1991, 1327; *OLG Köln WRP* 1970, 635; *LG Essen NJW* 1974, 997; *AG Lüdenscheid NJW* 1981, 2362; *Klaka GRUR* 1970, 190; *Kurbjuhn NJW* 1970, 604; *Mellulis* (vorige Fn.), Rdnr. 403/407; vgl. auch *KG WRP* 1980, 413. – **A.M.** *LG Konstanz WRP* 1978, 567; *Loritz GRUR* 1981, 886; *Pastor* Der Wettbewerbsprozeß[3], 186 ff.; für Berücksichtigung als Verzugsschaden *Gaede/Meister WRP* 1984, 249 f.

rechtliche Erstattung notwendiger (→ Rdnr. 18) Abmahnkosten aus dem Rechtsgrund der *Geschäftsführung ohne Auftrag* (§ 683 BGB) ist weder bei Bestehen eines Unterlassungsanspruchs aus § 1004 Abs. 1 S. 1 BGB (z.B. bei Rechtsanmaßung) noch im Fall eines wettbewerbsrechtlichen Unterlassungsanspruchs nach § 13 UWG vertretbar, da es sich nicht um die Besorgung eines fremden Geschäfts handelt[60]. Daß der Gesetzgeber sich mit der Einfügung von § 13 Abs. 5 UWG auf die h. M., insbesondere auf die höchstrichterliche Rechtsprechung, eingestellt und ein Mißbrauchsverbot normiert hat, hilft über diese dogmatischen Mängel nicht hinweg[61]; § 13 Abs. 5 UWG ist keine Anspruchsgrundlage. – Das zur Abmahnung Gesagte gilt entsprechend für die Aufforderung zur Gebrauchsmusterlöschung[62], die Abmahnung einer Patentverletzung, die Aufforderung zur Anerkennung des Verfügungsanspruchs sowie zum Verzicht auf den Antrag nach § 926.

2. Verhältnis zur prozessualen Erstattungspflicht

17   Soweit eine materiell-rechtliche Pflicht besteht, ist sie *unabhängig vom Unterliegen im Prozeß*[63] und hat praktische Bedeutung namentlich dann, wenn die prozeßrechtliche Pflicht nicht zur Entstehung gelangt ist, weil es überhaupt nicht zum Prozeß kam (→ auch Rdnr. 13), z.B. hinsichtlich der Kosten einer Schutzschrift (→ § 937 Rdnr. 7), oder weil im Prozeß aus irgendeinem Grund eine Kostenentscheidung unterblieb (→ sonst Rdnr. 20), z.B. weil beim Arrest unrichtigerweise (→ § 922 Rdnr. 12) nicht über die Kosten entschieden wurde[64]. Aber sie kann auch bestehen, wenn im Prozeß die *prozeßrechtliche Pflicht verneint* wurde, also der nach materiellem Recht Berechtigte in die Kosten verurteilt wurde, oder wenn die Erstattungsfähigkeit fehlt, z.B. weil die Kosten keine des Rechtsstreits i.S.d. § 91 ZPO sind[65]. Nur darf nicht etwa die Rechtskraft in der Hauptsache selbst den Anspruch, auf Grund dessen der Schadensersatz gefordert wird, ausschließen (→ auch Rdnr. 20). Der materielle Anspruch ist namentlich dann möglich, wenn die Klage wegen Erledigung der Sache vor Klageerhebung (→ § 91a Rdnr. 9, 11) kostenpflichtig abgewiesen oder die Klage aus diesem Grund zurückge-

---

[60] So aber grundlegend *BGHZ* 52, 393, 399 = *NJW* 1970, 243; ferner *BGH* GRUR 1984, 131; NJW 1973, 901; *OLG Frankfurt* GRUR 1985, 328; *LG Düsseldorf* NJW 1982, 240; *LG Berlin* WRP 1979, 821 und *LG Essen* NJW 1974, 997 (bei zweiter Abmahnung); *LG Freiburg* NJW 1976, 2216; *Becker-Eberhard* (Fn. 1), 107ff.; *Eser* GRUR 1986, 36; *Lindacher* Festschr. v.*Gamm* (1990), 83; *Loewenheim* WRP 1987, 287f.; *Mellulis* Handbuch des Wettbewerbsprozesses (1991), Rdnr. 407ff. (anders aber noch in WRP 1982, 1); *Hiersemann* NJW 1971, 777; grundsätzlich auch (aber Notwendigkeit der Kosten im konkreten Fall verneinend) *BGH* GRUR 1984, 692 (zust. *Jacobs*) = NJW 2525 (zust. *Ahrens*) = AnwBl. 512 (krit. *Chemnitz*); GRUR 1980, 1074; *KG* GRUR 1987, 942; WRP 1980, 414; *OLG Karlsruhe* WRP 1984, 339; *AG München* MDR 1981, 55. – A.M. (gegen die Konstruktion des BGH) *OLG Stuttgart* MittPat. 1980, 178 (für Warenzeichenlöschung); *AG Aurich* NdsRpfl. 1981, 217; *AG Hamburg* MDR 1990, 157; *AG Lüdenscheid* NJW 1981, 2362; *LG Essen* NJW 1974, 997; *Gaede/Meister* WRP 1984, 247f.; *Gerhardt* ZZP 92 (1979), 402; *Hauss* (Fn. 1), 338; *Klaka* GRUR 1970, 190; *Kurbjuhn* NJW 1970, 604; *Loritz* GRUR 1981, 883ff.; *Medicus* Bürg.Recht[15] Rdnr. 412; *Pastor* Der Wettbewerbsprozeß[3], 179ff.; *Prelinger* AnwBl. 1984, 533ff.; *Roth* DB 1982, 1916; *Siebert* (Fn. 1), 240ff.; *Ulrich* WRP 1984, 369f. (anders aber wohl WRP 1982, 382); wohl auch *Baumbach/Hefermehl* Wettbewerbsrecht[17] Einl. UWG Rdnr. 554; zurückhaltend auch *KG* NJW-RR 1991, 1327 (jedenfalls nicht gegenüber dem zu Unrecht Abgemahnten); GRUR 1987, 942. – Der *BGH* a.a.O. stützt sich zu Unrecht auf die Entscheidungen RGZ 167, 55; *BGH* NJW 1966, 1360. Dort konnte der Geschäftsführer bei bestehendem Beseitigungsanspruch nach der Sachlage den Willen haben, ein fremdes Geschäft – nämlich die eigentlich vom Geschäftsherrn vorzunehmende, die Störung tatsächlich beseitigende Handlung – mitzubesorgen. Die wettbewerbsrechtliche Abmahnung hingegen ist von vornherein ein aliud zur vom Anspruchsgegner vorzunehmenden Handlung; sie vermag diese Handlung auch nicht notwendig herbeizuführen. Außerdem spricht gegen die Annahme eines fremden Geschäfts die sich aus § 93 ZPO ergebende Obliegenheit, zunächst im vorprozessualen Raum die Rechtsdurchsetzung zu betreiben. – Zu den *Verteidigungskosten* des zu Unrecht Abgemahnten s. *OLG Hamm* WRP 1980, 216; *Ahrens* NJW 1986, 2477.

[61] Vgl. aber *Loewenheim* WRP 1987, 287; *Mellulis* (vorige Fn.), Rdnr. 407; *Sack* BB 1986, 2219.

[62] Vgl. *BGH* NJW 1981, 224 = GRUR 1074 (kein Ersatzanspruch aus §§ 683, 670 BGB).

[63] *Becker-Eberhard* (Fn. 1), 139ff. m.w.N.

[64] *OLG Karlsruhe* OLGRspr. 13 (1906), 96 sowie unten Fn. 78.

[65] *BGHZ* 111, 171 = JZ 1991, 211 = NJW 1990, 2062 (Detektivkosten); *OLG Düsseldorf* MDR 1989, 549 und NJW 1986, 1695 (für Schutzschrift; → aber § 91 Rdnr. 26, 48 und § 937 Rdnr. 7).

nommen ist: Diese Kostenpflicht kann dann gerade den zu ersetzenden Verzugsschaden bilden[66]. Der Rückgriff auf den materiellen Anspruch erscheint ferner zulässig, wenn der Kostenpunkt in der Endentscheidung übergangen wurde und eine Ergänzung nach § 321 nicht mehr erlangt werden kann. Aber auch bei Sachabweisung ist ein materiell-rechtlicher Anspruch wegen schuldhafter bzw. sittenwidriger Verursachung des Prozesses nach § 826 BGB oder auch § 840 ZPO nicht ausgeschlossen[67] (→ Rdnr. 14).

3. Umfang

Der Inhalt der materiell-rechtlichen Kostenerstattungspflicht bestimmt sich nach bürgerlichem Recht (s. insbes. § 249 BGB). Dabei werden in Anwendung des Grundsatzes des § 91 ZPO grundsätzlich nur diejenigen Kosten als durch das schädigende Verhalten verursacht anzusehen sein, die *zur zweckentsprechenden Rechtsverfolgung notwendig* waren[68] (→ § 91 Rdnr. 44). Darüber hinausgehende besondere Beschränkungen des prozessualen Anspruchs gelten sonst grundsätzlich für die materiell-rechtliche Erstattungspflicht nicht[69]. Eine Ausnahme kann sich nur ergeben, wenn Sinn und Zweck der prozessualen Vorschrift eindeutig auch die Einbeziehung des materiellen Anspruchs fordern (→ § 91 Rdnr. 113). Umgekehrt können aber auch nicht Grundsätze des prozessualen Anspruchs herangezogen werden, um eine materiell-rechtliche Kostenpflicht zu begründen (→ Rdnr. 14). Ob der materiell-rechtliche Anspruch den *Beschränkungen der Haftung* (→ Rdnr. 10a) unterliegt und ob er sich auch gegen Vertreter oder Parteien kraft Amtes richtet, entscheidet das bürgerliche Recht[70]. 18

4. Geltendmachen des materiellen Anspruchs

Der materiell-rechtliche Anspruch ist durch **Klage** (bzw. Mahngesuch) oder **Widerklage** vor dem dafür zuständigen Gericht, das nicht notwendig das Prozeßgericht ist[71], geltend zu machen. Soweit er Kosten zum Gegenstand hat, die vor Beginn des Rechtsstreits entstanden sind, kann er nach § 260 mit dem Hauptanspruch verbunden[72] oder durch Widerklage erhoben werden[73]. Daß die im Prozeß unterliegende und damit prozeßrechtlich kostenpflichtige Partei diese Kosten nach materiellem Recht vom Prozeßgegner zurückverlangen kann, kann aber nicht gleich in der prozessualen Kostenentscheidung berücksichtigt werden[74]. 19

---

[66] *RGZ* 54, 40; *JW* 1903, 237; *OLG Hamburg* Seuff-Arch. 73 (1918), 134; *OLG Jena* JW 1918, 148; vgl. auch *KG* WRP 1980, 413; *Sieg* DRiZ 1952, 26. – **A.M.** *OLG Hamburg* OLGRspr. 6 (1903), 387; *Wurzer* JW 1921, 718 (dagegen *Block* JW 1921, 1214).

[67] Enger *BGHZ* 45, 251, 257, der vom grundsätzlichen Vorrang der prozessualen Kostenentscheidung ausgeht; ebenso *OLG Hamm* EWiR 1992, 1239 (zust. *Ulrich*).

[68] *BGHZ* 111, 175/177 = JZ 1991, 211 = NJW 1990, 2062; *BGH* WM 1987, 248; NJW 1984, 2525; *KG* NJW-RR 1992, 1298; *OLG Zweibrücken* JurBüro 1983, 1874; *BAGE* 10, 39; *RG* JW 1926, 1542; s. auch *BGHZ* 65, 170, 180f. – *Loritz* (Fn. 1), 45ff., 53ff. und GRUR 1981, 888ff. leitet dieses Ergebnis aus der »Belastungsbegrenzungsfunktion« der §§ 12a ArbGG, 91 ZPO ab: Diese Vorschriften bestimmten abschließend, mit welchen anläßlich eines Rechtsstreits entstandenen Kosten der Kostenschuldner belastet werden könne, und zwar für den prozeßrechtlichen und den materiell-rechtlichen Erstattungsanspruch gleichermaßen; ähnlich *BGHZ* 111, 178f (a.a.O.). Andere wollen beim materiell-rechtlichen Kostenerstattungsanspruch über § 254 BGB begrenzen (etwa mit der Folge, daß über die *objektiv* notwendigen Kosten hinaus auch solche Kosten ersetzt werden können, die der Gläubiger nur für erforderlich halten *durfte*), müssen dann aber im Hinblick auf § 12a ArbGG Konzessionen machen; vgl. etwa *Becker-Eberhard* (Fn. 1), 173ff., 186ff. (insbes. 189f.), 194ff.; *Konzen* ZZP 97 (1984), 504. – Zum Maßstab der objektiven Notwendigkeit → § 91 Rdnr. 45.

[69] Vgl. *BGH* JR 1962, 459 = MDR 641.

[70] Vgl. *KG* OLGRspr. 10 (1905), 303.

[71] *Mümmler* JurBüro 1982, 991f.

[72] *RGZ* 66, 198; *OLG Köln* MedR 1986, 83 (L). – **A.M.** *KG* OLGRspr. 15 (1907), 146.

[73] *RGZ* 37, 49. – **A.M.** *ArbG Gelsenkirchen* BB 1974, 1443. – Auch Aufrechnung ist zulässig, *OLG Rostock* SeuffArch. 56 (1901), 298.

[74] Anders *Grunsky* (Fn. 1), 165ff. – *Becker-Eberhard* (Fn. 1), 211ff., 285ff. will mit einer Analogie zu § 93 helfen, falls der Kläger auf die als aussichtslos erkannte Klage sofort gemäß § 307 verzichtet; dagegen zutr. *Loritz* ZZP 99 (1986), 113; *Vollkommer* AcP 187 (1987), 619ff.; → auch § 93 Rdnr. 1.

Etwas anderes gilt nur für die Billigkeitsentscheidung nach Erledigung der Hauptsache (→ § 91a Rdnr. 29a).

20 Eine **selbständige Klage** seinetwegen ist jedoch – sofern man seine Begründetheit dann überhaupt anerkennt – mangels Rechtsschutzbedürfnisses **insoweit unzulässig, als ein sich mit ihm deckender, im Kostenfestsetzungsverfahren verfolgbarer prozessualer Erstattungsanspruch besteht**[75]. Denn wenn das Gesetz einen einfacheren und billigeren Weg der Rechtsverfolgung zur Verfügung stellt, ist im Zweifel anzunehmen, daß dieser den umständlicheren und kostspieligeren Klageweg ausschließt. Daher ist bei bereits bestehendem oder jedenfalls noch möglichem prozessualem Erstattungsanspruch für die materiell-rechtliche Kostenklage nur insoweit Raum, als es sich um Aufwendungen handelt, die sich nicht als Prozeßkosten i. S. der Kostenerstattung darstellen, z. B. um Zinsen für die als Kostenvorschüsse aufgewandten Beträge[76], um Spesen für die Bankbürgschaft (→ § 91 Rdnr. 27) oder um sicher nicht oder nicht vollständig erfaßte Vorbereitungskosten[77] (→ § 91 Rdnr. 38ff.). Ist im Kostenfestsetzungsverfahren die Erstattung eines Kostenbetrags als nicht notwendig **abgelehnt** worden, so würde der erneuten Geltendmachung zwar nicht die Rechtskraft der ergangenen Entscheidung entgegenstehen, da der materielle Anspruch nicht Entscheidungsgegenstand im Kostenfestsetzungsverfahren war (→ § 103 Rdnr. 1). Im Regelfall wird aber mangels Notwendigkeit der Kosten auch der materielle Anspruch abzulehnen sein (→ Rdnr. 18). Anders ist es bei Ablehnung der Festsetzung wegen mangelnder Eigenschaft als Prozeßkosten[78], weil sich hier das Gericht nur für die Festsetzung für unzuständig erklärt hat. Zum umgekehrten Fall (Antrag auf Kostenfestsetzung nach rechtskräftiger Ablehnung eines materiellen Erstattungsanspruchs) → § 103 Rdnr. 1.

IV. Die Kostenfestsetzung

21 Die nach §§ 91ff. ergehende Entscheidung betrifft nur die **Verteilung** der Kostenpflicht, stellt aber nicht den **Betrag** der zu erstattenden Kosten fest (→ § 91 Rdnr. 1). Für diese Berechnung gibt § 91 (vom zweiten Halbsatz des ersten Satzes an) die materielle Grundlage. Ihrer Durchführung dient das Kostenfestsetzungsverfahren (→ §§ 103ff.).

V. Kostenpflicht der Parteien und Dritter

1. Kostenpflicht der Parteien

22 Die Kostenpflicht betrifft grundsätzlich nur die **Parteien** (→ Rdnr. 1 vor § 50), einschließlich derjenigen, die als Partei auftreten, obwohl sie es nicht sein dürfen oder nicht wollen (→

---

[75] *BGHZ* 111, 171; 75, 235; *BGH NJW* 1990, 123; *WM* 1987, 248; *RGZ* 130, 217; *BayObLGZ* 1979, 19f.; *KG MDR* 1978, 762; *OLG Köln MDR* 1981, 763; *OLG München NJW* 1971, 518; *LG Berlin ZMR* 1988, 341; *LG München II JurBüro* 1988, 623 = KostRspr. ZPO § 91 (B – Allgemeines); abl. *Lappe*); *AG Norderstedt SchlHA* 1987, 152; *Becker-Eberhard* (Fn. 1), 400ff.; *Bork JZ* 1991, 848; *Dittmar NJW* 1986, 2089; *Loritz* (Fn. 1), 99ff.; *Meyer JurBüro* 1981, 677; aber auch *OLG Bremen VersR* 1974, 371 und *OLG Koblenz OLGZ* 1991, 127 (Kostenklage zulässig, wenn im Kostenfestsetzungsverfahren nur ein Teil der Kosten festgesetzt werden könnte). – **A.M.** *OLG Koblenz* KostRspr. ZPO § 91 (B-Allgemeines) Nr. 216 (L); *OLG Nürnberg JurBüro* 1978, 118; *Schneider MDR* 1981, 358/360; krit. auch *Gerhardt ZZP* 92 (1979), 402; *Sonnen* (Fn. 1), 14ff.

[76] *OLG Hamburg JW* 1931, 1822.

[77] *BGHZ* 111, 171 = *JZ* 1991, 211 = *NJW* 1990, 2062; *BGH WM* 1987, 248; *LG Kiel SchlHA* 1988, 31; *NJW-RR* 1986, 357; *Mümmler JurBüro* 1982, 992. – Weitergehend (Wahlrecht bei allen Vorbereitungskosten wegen falltypischer, ausnahmsloser Ungewißheit der Erstattungsfähigkeit) *OLG Frankfurt JurBüro* 1983, 283; *OLG Köln MedR* 1986, 83 (L); *MDR* 1981, 763; *Becker-Eberhard* (Fn. 1), 409f.; *Schneider MDR* 1981, 355/358; vgl. auch *LG Hechingen VersR* 1986, 350.

[78] Wenn z.B. ein Arrestbeschluß keine Kostenentscheidung enthält und die Festsetzung der Arrestkosten auch auf Grund des im Hauptprozeß ergangenen Titels abgelehnt wird (§ 91 Rdnr. 26), → auch oben bei Fn. 64.

Rdnr. 9, 11 vor § 50). Der Partei muß **gleichgestellt** werden, wer eine Klage für eine nicht existente Partei erhoben hat (→ § 50 Rdnr. 42). Treten Beamte oder Behörden im öffentlichen Interesse als Partei auf (→ Rdnr. 35 vor § 50), so ist regelmäßig bestimmt, daß die Staatskasse gegebenenfalls die Kosten zu tragen hat (s. § 637). Der prozessuale Kostenerstattungsanspruch setzt ein Verfahren über einen anderen Streitgegenstand (die Hauptsache) voraus. Eine Kostenentscheidung gegen eine Person, die nicht Verfahrensbeteiligter ist (weder als Partei noch in den bei Rdnr. 23 bezeichneten Fällen), ist nicht zulässig[79].

2. Prozessuale Kostenpflicht anderer Prozeßbeteiligter

Gegen **Dritte** kann ein prozessualer Kostenanspruch nach §§ 91 ff. und in dem dafür vorgesehenen Verfahren nur in Sonderfällen geltend gemacht werden; vgl. § 71 (Nebenintervenient bei Zurückweisung), § 89 (einstweilen zugelassener Vertreter ohne Vollmacht), § 101 (Streithelfer), § 135 (Verurteilung des Anwalts zur Urkundenrückgabe), §§ 380, 387, 390, 409 (Zeugen und Sachverständige). Sieht man im *Konkursverwalter* usw. mit der h. M. eine **Partei kraft Amtes** (→ Rdnr. 25 vor § 50), so ist hier eine Ausnahme dahin anzuerkennen, daß die Kosten nicht die Parteien kraft Amtes, sondern das von ihnen **verwaltete Vermögen** treffen[80]. Wenn man in ihnen gesetzliche Vertreter sieht, versteht es sich von selbst, daß nur die Träger des Vermögens (Gemeinschuldner, Erben usw.) die Kostenlast tragen. Daß sie nur mit dem verwalteten Vermögen haften, folgt aus der besonderen Aufgabe und Ausgestaltung dieser Verwaltung, die zur Abtrennung dieser Vermögensmasse von sonstigem Vermögen führt. **Vertreter** sind ausnahmsweise kostenpflichtig, wenn ihnen die Vollmacht fehlt und die Partei das Auftreten des Vertreters nicht veranlaßt hat (→ § 88 Rdnr. 14); dasselbe gilt für den gesetzlichen Vertreter ohne Vertretungsmacht (→ § 56 Rdnr. 13 a). Eine materiell-rechtliche Erstattungspflicht des Vertreters ist möglich (→ Rdnr. 14). – Zu den Erstattungs*ansprüchen* Dritter → § 91 Rdnr. 15, § 103 Rdnr. 8 f. sowie unten Rdnr. 29 ff.

23

3. Materiell-rechtliche Kostenpflicht Dritter

Daneben besteht *nach bürgerlichem Recht* in gewissen Fällen eine Kostenhaftung Dritter dem Gegner gegenüber; dabei kommt es nach den einschlägigen Vorschriften zumeist auf ein Verschulden nicht an. Für die Entscheidung über die *prozessuale* Kostenpflicht nach §§ 91 ff. ist diese Haftung nicht von Bedeutung, es sei denn, daß der »Dritte« Streitgenosse, also nicht mehr Dritter ist.

24

a) Wenn ein **Ehegatte** an Prozessen des anderen nicht beteiligt ist, haftet er grundsätzlich als Dritter auch dem Prozeßgegner des anderen nicht für die Kosten. Vorschriften, die nur im *Innenverhältnis* zwischen den Ehegatten die Kostenpflicht regeln, ändern daran nichts, insbesondere bei Gütergemeinschaft nicht die §§ 1441 ff. BGB. Eine Haftung des einen Ehegatten für die Kosten des anderen gegenüber dessen Prozeßgegner kann sich hier jedoch aus anderen Vorschriften ergeben. So haftet das **Gesamtgut** und damit auch der verwaltungsberechtigte Ehegatte persönlich für die Kosten der Prozeßführung des anderen, selbst wenn das Urteil dem Gesamtgut gegenüber nicht wirksam ist (§§ 1438 Abs. 2, 1437 Abs. 2 BGB)[81]. Soweit danach der andere Ehegatte oder das Gesamtgut haften, bedarf es zur Kostenfestsetzung gegen diese eines **Titels** gegen sie. Dieser Titel kann, sobald die Kostenpflicht feststeht,

25

---

[79] *BGH* NJW 1957, 303 = ZZP 70 (1957), 235.
[80] *RG* JW 1901, 183; *OLG Kiel* SchlHA 1906, 276; *OLG München* JW 1922, 1594. – **A.M.** *BayObLG* JW 1918, 103. Dagegen haften sie persönlich für die Kosten, wenn sie gegen das verwaltete Vermögen (den Vertretenen) Ansprüche geltend machen, *BGHZ* 41, 23.
[81] *RGZ* 56, 73.

im Wege der Umschreibung der Klausel in entsprechender Anwendung des § 742 erwirkt werden[82]. Einer besonderen Klage gegen den haftenden Ehegatten bedarf es deshalb nicht. Von vornherein den einen Ehegatten zu verklagen und den anderen nur der Kosten wegen als Streitgenossen mit zu verklagen, wäre unzulässig (→ Rdnr. 22). Werden beide Ehegatten in der Sache selbst als Streitgenossen verklagt, so kann selbstverständlich die Kostenpflicht beider bereits in dem in diesem Prozeß ergehenden Urteil ausgesprochen werden.

26   Eine **Vorschußpflicht** für Kosten eines Rechtsstreits, der eine persönliche Angelegenheit betrifft, begründet § 1360a Abs. 4 BGB, soweit der prozessierende Ehegatte nicht in der Lage ist, die Kosten des Rechtsstreits zu tragen, und die Heranziehung des anderen Ehegatten der Billigkeit entspricht. Hierzu → § 115 Rdnr. 145; zur einstweiligen Anordnung in Unterhaltssachen → § 127 a; zur Vorschußpflicht in Ehesachen → § 620 Rdnr. 11.

27   b) Besondere Vorschriften über eine rein **zivilrechtliche Haftung Dritter für die Kosten** enthalten §§ 767 Abs. 2, 1118, 1210 Abs. 2 BGB, § 10 Abs. 2 ZVG, §§ 147 Abs. 4, 287 Abs. 2 S. 2 AktG, § 14 Abs. 4 G betr. die gemeinsamen Rechte der Besitzer von Schuldverschreibungen (RGBl. 1899, 691), § 40 G über die Sicherung von Bauforderungen (RGBl. 1909, 449), § 150 VVG. Die letzte Vorschrift sowie § 893 Nr. 2 HGB stellen auch eine Vorschußpflicht auf. Ferner können sich aus allgemeinen Vorschriften über die **Schadensersatzpflicht** Dritter, z. B. aus § 179 BGB[83], oder über die **Haftung für Schulden eines anderen** auch Haftungen für Kostenschulden ergeben, s. z. B. §§ 419 BGB, 25, 128, 161 HGB. Diese Pflichten berühren aber ebenso wie sonstige zivilrechtliche Ersatzpflichten lediglich das Verhältnis der Partei zum Dritten und kommen daher **für die Kostenentscheidung nicht** in Betracht.

28   c) Die **Eltern** können nicht mehr vom Prozeßgegner ihres Kindes wegen der Kosten der für das Kind geführten Prozesse in Anspruch genommen werden. Zum früheren Recht s. 19. Aufl. vor § 91 VI 2c. Eine andere Frage ist es, wieweit Eltern dem Kinde **Prozeßkosten** notfalls **vorschießen** müssen (→ § 115 Rdnr. 144).

VI. Ansprüche der Staatskasse und anderer Dritter

29   1. Für die **Ansprüche der Staatskasse** sind die Vorschriften des **GKG** maßgebend. Einzelne Bestimmungen enthalten auch §§ 122 ff. für den Fall der Prozeßkostenhilfe und §§ 379, 402 hinsichtlich der Vorschüsse beim Zeugen- und Sachverständigenbeweis (s. dazu § 68 GKG) S. ferner § 164 GVG sowie die Vorschriften der Haager Abkommen und der übrigen Rechtshilfeverträge (→ Einl. Rdnr. 862ff.). Aus dem GKG können nur die Grundlinien der Kostenhaftung dargestellt werden:

30   a) Nach § 49 GKG **haftet** für die Gebühren und Auslagen derjenige, der das Verfahren der Instanz **beantragt** hat.

b) **Ferner haftet** nach § 54 Nr. 1 GKG derjenige, dem durch eine gerichtliche Entscheidung die **Kosten des Verfahrens auferlegt** sind. An die an sich nur das Erstattungsverhältnis der Parteien zueinander betreffende Entscheidung (→ Rdnr. 1, 6) knüpft hier also das GKG automatisch, d. h. ohne daß dies in der Kostenentscheidung erst zum Ausdruck zu bringen wäre, die unmittelbare Haftung des Erstattungspflichtigen auch gegenüber der Staatskasse. Über diese Haftung können die Parteien keine Vereinbarung treffen. Durch den in der höheren Instanz oder nach Erlaß eines Versäumnisurteils geschlossenen **Vergleich** können sie zwar auf die sich für sie aus der Entscheidung ergebenden Rechte verzichten, nicht aber die Entscheidung selbst aufheben. Die Haftung der Staatskasse gegenüber bleibt danach, wie aus

---

[82] Dazu *Jonas* JW 1937, 769. – **A.M.** *OLG Stuttgart* FamRZ 1987, 305.   [83] *OLG Düsseldorf* NJW 1992, 1177.

§ 57 GKG folgt, in derartigen Fällen bestehen[84]. Wird eine abweichende Kostenübernahme dem Gericht nach § 54 Nr. 2 GKG mitgeteilt, so tritt jedoch der Übernehmer als weiterer Kostenschuldner hinzu.

c) Weiter **haftet** nach § 54 Nr. 2 GKG der Staatskasse gegenüber derjenige, der Kosten durch eine vor Gericht abgegebene oder dem Gericht mitgeteilte **Erklärung** bzw. in einem vor Gericht abgeschlossenen oder diesem mitgeteilten **Vergleich übernommen** hat (→ § 98 Rdnr. 9).

d) Nach § 54 Nr. 3 GKG **haftet** ferner derjenige, der für die Kosten eines anderen **kraft Gesetzes** haftet. Hierher gehören alle die Fälle, in denen allgemein (nicht nur für Kosten) eine Haftung für Verbindlichkeiten eines anderen besteht (Erben, Vermögensübernehmer, Nießbraucher am Vermögen, Gesellschafter der OHG u. a.). Soweit danach bei der Gütergemeinschaft ein Ehegatte selbst und nicht nur das Gesamtgut haftet (→ Rdnr. 25), hat die Staatskasse gegen ihn einen unmittelbaren Zugriff wegen der vom anderen Gatten geschuldeten Kosten, und zwar wegen der endgültigen Kosten wie wegen der Vorschüsse. Diese Haftung richtet sich auch hinsichtlich ihrer Beendigung nach den Vorschriften des *bürgerlichen Rechts*.

e) Endlich **haftet** nach § 54 Nr. 4 GKG der **Vollstreckungsschuldner** unmittelbar für die notwendigen Kosten der Zwangsvollstreckung.

Zu a–e: 31

Wegen der **Fälligkeit** s. §§ 61 ff. GKG, insbesondere wegen der Vorwegerhebung im Streitverfahren und im Mahnverfahren § 65 GKG. **Mehrere Kostenschuldner haften als Gesamtschuldner**, §§ 58 Abs. 1, 59 GKG. Soweit eine Partei jedoch nach § 54 Nr. 1 oder 2 GKG haftet, wird die Haftung der Gegenpartei in eine **subsidiäre,** sog. zweitschuldnerische, abgeschwächt, § 58 Abs. 2 S. 1 GKG. Ist dem in die Kosten Verurteilten Prozeßkostenhilfe bewilligt, so soll die Haftung eines anderen Kostenschuldners nicht geltend gemacht werden, § 58 Abs. 2 S. 2 GKG.

2. Die **Ansprüche der Zeugen und Sachverständigen** sind geregelt durch die §§ 401, 413 und das ZSEG, die der **Gerichtsvollzieher** durch das GVKG, die der **Rechtsanwälte** durch die BRAGO, die der **Rechtsbeistände** in Art. IX des KostenÄndG vom 26. VII. 1957 (BGBl. I, 861) i. d. F. vom 20. VIII. 1975 (BGBl. I, 2189); → zu diesen Gesetzen Einl. Rdnr. 192. Wegen der Erstattung der Gebühren und Auslagen der Rechtsanwälte in Prozeßkostenhilfesachen s. §§ 121 ff. BRAGO und → § 121 Rdnr. 29. – Vgl. im übrigen § 91 Rdnr. 15, § 103 Rdnr. 8 f. 32

VII. Arbeitsgerichtliches Verfahren

Die Vorschriften des fünften Titels gelten für das Verfahren in Arbeitssachen mit einschneidenden, bei § 91 Rdnr. 111 ff. darzulegenden Abweichungen aus § 12a ArbGG. 33

Für die **Ansprüche der Staatskasse** (→ Rdnr. 29) ist in § 12 ArbGG eine von den Vorschriften des GKG vielfach abweichende Regelung getroffen. Subsidiär gilt das GKG, § 1 Abs. 2 GKG, vorab sind aber die in § 12 ArbGG gegebenen Sondervorschriften anzuwenden: 34

Bezüglich der **Kostenhaftung** gelten die §§ 49, 54 GKG ohne Abweichungen (→ Rdnr. 39). Die **Fälligkeit** der Gebühren tritt dagegen nach § 12 Abs. 4 S. 1 ArbGG, anders als nach § 61 GKG, erst mit Beendigung der Instanz oder mit sechsmonatigem Ruhen des Verfahrens ein. Eine **Vorwegerhebung** von Gebühren findet **in keinem Fall** statt; ebensowenig werden Kosten- (d. h. weder Gebühren- noch Auslagen-)Vorschüsse erhoben (§ 12 Abs. 4 S. 2 ArbGG). 35

---

[84] *OLG Frankfurt* JurBüro 1974, 1151; *KG* Rpfleger 1962, 123; 1972, 380; *OLG Nürnberg* Rpfleger 1963, 180.

36 Wegen der Geltung des **ZSEG** s. § 9 Abs. 4 ArbGG. Bezüglich des **GVKG** besteht die Abweichung, daß Gebührenvorschüsse durch § 12 Abs. 4 S. 3 ArbGG ausgeschlossen sind.

37 Die Geltung der BRAGO für Ansprüche der **Rechtsanwälte** aus der Vertretung im arbeitsgerichtlichen Verfahren folgt aus § 62 BRAGO.

§ 91 [Kostenpflicht der unterlegenen Partei. Umfang]

(1) ¹Die unterliegende Partei hat die Kosten des Rechtsstreits zu tragen, insbesondere die dem Gegner erwachsenen Kosten zu erstatten, soweit sie zur zweckentsprechenden Rechtsverfolgung oder Rechtsverteidigung notwendig waren. ²Die Kostenerstattung umfaßt auch die Entschädigung des Gegners für die durch notwendige Reisen oder durch die notwendige Wahrnehmung von Terminen entstandene Zeitversäumnis; die für die Entschädigung von Zeugen geltenden Vorschriften sind entsprechend anzuwenden.

(2) ¹Die gesetzlichen Gebühren und Auslagen des Rechtsanwalts der obsiegenden Partei sind in allen Prozessen zu erstatten, Reisekosten eines Rechtsanwalts, der nicht bei dem Prozeßgericht zugelassen ist und am Ort des Prozeßgerichts auch nicht wohnt, jedoch nur insoweit, als die Zuziehung zur zweckentsprechenden Rechtsverfolgung oder Rechtsverteidigung notwendig war. ²Der obsiegenden Partei sind die Mehrkosten nicht zu erstatten, die dadurch entstehen, daß der bei dem Prozeßgericht zugelassene Rechtsanwalt seinen Wohnsitz oder seine Kanzlei nicht an dem Ort hat, an dem sich das Prozeßgericht oder eine auswärtige Abteilung dieses Gerichts befindet. ³Die Kosten mehrerer Rechtsanwälte sind nur insoweit zu erstatten, als sie die Kosten eines Rechtsanwalts nicht übersteigen oder als in der Person des Rechtsanwalts ein Wechsel eintreten mußte. ⁴In eigener Sache sind dem Rechtsanwalt die Gebühren und Auslagen zu erstatten, die er als Gebühren und Auslagen eines bevollmächtigten Rechtsanwalts erstattet verlangen könnte.

(3) Zu den Kosten des Rechtsstreits im Sinne der Abs. 1, 2 gehören auch die Gebühren, die durch ein Güteverfahren vor einer durch die Landesjustizverwaltung eingerichteten oder anerkannten Gütestelle entstanden sind; dies gilt nicht, wenn zwischen der Beendigung des Güteverfahrens und der Klageerhebung mehr als ein Jahr verstrichen ist.

Gesetzesgeschichte: Bis 1900 § 87 CPO. Änderungen: RGBl. 1898, 256; 1909, 475; 1924 I, 135; BGBl. 1950 I, 533; 1957 I, 861.

Stichwortregister: → vor § 91 vor Rdnr. 1.

I. Bedeutung der Vorschrift und Überblick	1
1. Kostenentscheidung	2
2. Kostenfestsetzung	3
II. Standort der Kostenentscheidung	4
1. Grundsatz	4
2. Endurteile, Vorbehaltsurteile, Verweisungsbeschlüsse	5
3. Zwischenurteile	6
4. Teilurteile	7
5. Kostentrennung	8
6. Beschluß als abschließende Entscheidung	9
7. Rechtsmittelinstanzen	10
8. Ergänzungsentscheidung	11
III. Inhalt der Kostenentscheidung	12
1. Beschränkung auf die Kostenverteilung	12
2. Kostenpflicht des Unterlegenen und Ausnahmen	13
3. Kosteneinheit und Kostentrennung	14
4. Kosten des Gegners und Dritter	15
5. Wechsel der Partei	16
IV. Begriff der Kosten des Rechtsstreits	17
1. Bedeutung des Begriffs und Verhältnis zur Notwendigkeit	17

2. Beginn und Ende des Rechtsstreits	18
3. Zum Rechtsstreit gehörende Verfahren	19
4. Nicht zum Rechtsstreit gehörende Verfahren	22
5. Erstattungsfähige Kosten	28
a) Gerichtsgebühren, gerichtliche Auslagen	29
b) Kosten der Prozeßvertretung	30
c) Sonstige Aufwendungen der Parteien	31
d) Zeitversäumnis	34
e) Generalunkosten	35
6. Weitergehende Schäden	36
7. Vorbereitungskosten	38
8. Kosten vor Gütestellen	43
V. Notwendigkeit der Kosten	44
1. Begriff und maßgeblicher Zeitpunkt	44
2. Einzelfälle (alphabetisch):	51
Ablichtungen, Abschriften	52
Beweistermin	53
Detektivkosten	54
Dolmetscher- und Übersetzungskosten	55
Fernsprechgebühren und Porto	56
Fotografien	57
Mahnverfahren – ordentlicher Prozeß	58
Patentanwalt	59
Privatgutachten	60
Rechtsbeistand	66
Reisekosten	67
Teilklagen, unterlassene Klagehäufung	68
Verhandlungs-, Verkündigungstermin	69
Verkehrsanwalt	70
Zustellungskosten	87
VI. Die Höhe der Ansätze	88
1. Gebühren und Auslagen von Gericht und Anwalt	88a
2. Umsatzsteuer des Anwalts	89
3. Reisekosten des Anwalts	90
4. Reisekosten und Zeitversäumnis der Partei	91
5. Vertretung durch Rechtsbeistände und sonstige Vertreter	92
VII. Vertretung durch Rechtsanwälte	95
1. Erstattungsfähigkeit der Gebühren und Auslagen	95a
2. Reisekosten des auswärtigen Anwalts	99
3. Kosten zur Wahrnehmung auswärtiger Beweistermine	102
4. Mehrere Anwälte	103
5. Anwaltswechsel	104
6. Erweiterter Gerichtsbezirk	110
VIII. Arbeitsgerichtliches Verfahren	111
1. Verfahren erster Instanz	111
2. Rechtsmittelinstanzen	112
3. Zwangsvollstreckung	120
4. Beschlußverfahren	121
IX. Öffentlich-rechtliche Streitsachen	122
1. Baulandsachen	123
2. Entschädigungssachen	124

I. Bedeutung der Vorschrift und Überblick[1]

Grundlegend für das Verständnis des Kostenrechts ist die Unterscheidung zwischen der Kostenentscheidung und der Kostenfestsetzung: Die *Kostenentscheidung* ergibt, *wer* die Kosten des Rechtsstreits zu tragen hat. Die *Kostenfestsetzung* bestimmt, *welche* Kosten auf 1

---

[1] Lit.: *Altenmüller* Die Entscheidung über die Kosten des Beweissicherungsverfahrens, NJW 1976, 92; *Belzer* Sind die von einer Rechtsschutzversicherung aufgewandten Anwaltskosten erstattungsfähig?, MDR 1961, 910; *Bettermann* Beschwer und Beschwerdewert, Streitwert und Kostenverteilung bei der Prozeßaufrechnung, NJW 1972, 2285; *Bischof* Erstattung der Mehrwertsteuer bei Vorsteuerabzugsberechtigung, JurBüro 1991, 621; *ders.* Streitwert- und Kostenentscheidungsprobleme des neuen selbständigen Beweisverfahrens, JurBüro 1992, 779; *Bode* Die Erstattbarkeit der Verkehrsanwaltsgebühr nach vorangegangenem Mahnverfahren, AnwBl. 1979, 381; *Borck* Kostenfestsetzung aufgrund von Schutzschrift-Hinterlegung?, WRP 1978, 262; *Brangsch* Interessenkollision und Gebührenerstattung im Haftpflichtprozeß, AnwBl. 1973, 61; *Brieske* Die anwaltliche Praxis in Kostensachen (1991); *Brossette/Mertes* Die Zuordnung der Gerichtskosten des selbständigen Beweisverfahrens im Hauptverfahren, AnwBl. 1992, 418; *Bülow* Erstattungsfähigkeit der Gebühren des Verkehrsanwalts im Rechtsmittelverfahren, WRP 1978, 30; *Chemnitz* Reisekosten für Fahrten vom Praxisort zum Gerichtsort, AnwBl. 1984, 198; *Crämer* Zur Erstattung von Aufwendungen für Fotografien im Prozeß, AnwBl. 1977, 50; *Deutsch* Die Schutzschrift in Theorie und Praxis, GRUR 1990, 327; *Dittmar* Die Berücksichtigung vorprozessual entstandener Anwaltskosten im Kostenfestsetzungsverfahren, NJW 1986, 2088; *v. Eicken* Erstattungsfähige Kosten und Erstattungsverfahren[5]; *ders.* Erstattungsfähigkeit vorprozessualer Gutachter- und Anwaltskosten, Festschr. f. H. Schmidt (1981), 11; *v. Eicken/Lappe/Madert* Die Kostenfestsetzung[17]; *Förste* Nochmals: Die Kostenentscheidung bei

§ 91 I Erstes Buch. Allgemeine Vorschriften. Zweiter Abschnitt. Parteien

Grund der Kostenpflicht konkret zu erstatten sind. Der Inhalt des § 91 erstreckt sich auf beide Fragen.

durchgreifender Hilfsaufrechnung, NJW 1974, 222; *Frössler* Die Kostenentscheidung bei durchgreifender Hilfsaufrechnung, NJW 1973, 837; *Furtner* Kostenentscheidung bei Ausscheiden eines von mehreren Beklagten, JZ 1961, 626; *Gaedecke* Kostenrisiko des in den Prozeß eingetretenen Konkursverwalters, JW 1939, 733; *Gerold/Schmidt/v. Eicken/Madert* BRAGO[11]; *Hansens* Die Erstattungsfähigkeit der Kosten eines privat eingeholten demoskopischen Gutachtens, JurBüro 1987, 1441; *ders.* Die Geschäftsreise des Rechtsanwalts, JurBüro 1988, 1265; *ders.* Die Vorsteuerabzugsberechtigung im Kostenfestsetzungsverfahren, AnwBl. 1991, 247; *ders.* Privatgutachtenkosten in Eilverfahren, JurBüro 1983, 641; *ders.* Zur Erstattungsfähigkeit der Umsatzsteuer auf Rechtsanwaltskosten bei vorsteuerabzugsberechtigten Mandanten, JurBüro 1991, 327; *Hartmann* Kostengesetze[24]; *Hauss* Der Anwalt des Rechtsmittelbeklagten und die Erstattungsfähigkeit seiner Kosten, NJW 1984, 963; *Heim* Erstattungsfähigkeit der Mehrwertsteuer, wenn der Kostengläubiger vorsteuerabzugsberechtigt ist?, NJW 1991, 1660; *Helming* Erstattungsfähigkeit der Umsatzsteuer aus Anwaltshonoraren, AnwBl. 1991, 36; *Henrichs* Die Erstattung von Vorverfahrenskosten, AnwBl. 1968, 137; *Herget* Kostenentscheidung im »Selbständigen Beweisverfahren«, MDR 1991, 314; *Hoenicke* Sind prozessuale Gutachterkosten eines Haftpflichtversicherers nach § 91 ZPO erstattungsfähig?, VersR 1983, 104; *Hüttenhofer* Korrespondenz- und Kopierkosten von Behörden, Rpfleger 1987, 292; *Jäckle* Die Erstattungsfähigkeit der Kosten eines Inkassobüros (1978) und JZ 1978, 675; *Kirchner* Materiell-rechtlicher Schadensersatz oder prozessuale Kostenerstattung für den Bürokostenaufwand der Partei?, VersR 1971, 96; *Klette* Für eine »additive« Betrachtung bei der Erstattung von Gebühren des Verkehrsanwalts, WRP 1979, 353; *Klinkhammer* Kostenerstattungspflicht des Arbeitgebers für die anwaltliche Vertretung des Betriebsrates im Beschlußverfahren, ArbuR 1977, 144; *Kornblum* Gebührenerhöhung bei Selbstvertretung einer Anwaltssozietät?, NJW 1979, 527; *Krämer* Zum Vorsteuerabzug im Festsetzungsverfahren, Rpfleger 1993, 230; *Krahe* Die Schutzschrift (1991); *Krüger* Das Privatgutachten im Verfahren der einstweiligen Verfügung, WRP 1991, 68; *Lappe* Die Erstattung der Vergütung eines Inkassobüros, Rpfleger 1985, 282; *ders.* Gerichtsstand und Kostenerstattung in neuen Mahnverfahren, NJW 1978, 2379; *ders.* Justizkostenrecht (1982); *ders.* Kosten in Familiensachen[4]; *Lepke* Detektivkosten als Schadensersatz im Arbeitsrecht, DB 1985, 1231; *Löwisch* Inkassokosten als Verzugsschaden, NJW 1986, 1725; *Martini* Die Erstattungsfähigkeit der Hebegebühr (§ 22 BRAGebO), JR 1961, 331; *May* Die Schutzschrift im Arrest- und Einstweiligen- Verfügungs-Verfahren (1983); *Mayer* Die Erstattung von Kosten im Zivil- und Strafprozeß beim Bestehen einer Rechtsschutzversicherung, JZ 1962, 339; *N.Meier* Die Kostenentscheidung im Beweissicherungsverfahren, AnwBl. 1983, 494; *ders.* Zur Erstattungsfähigkeit der vorprozessualen Sachverständigenkosten im Mieterhöhungsverfahren, ZMR 1984, 149; *Meyer auf der Heyde* Mehrwertsteuer in Kostenfestsetzung und Zwangsvollstreckung, AnwBl. 1992, 166; *Mittenzwei* Streitwert und Kostenverteilung bei der Prozeßaufrechnung, JR 1975, 94; *Möhring* Sind die vom Rechtsschutzversicherer oder vom KV-Haftpflichtversicherer aufgewendeten Anwaltskosten ersatzfähig?, MDR 1962, 256; *Mümmler* Betrachtungen zum Beweissicherungsverfahren aus der Sicht des Anwaltsgebührenrechts, JurBüro 1979, 315; *ders.* Die Gebühren des Rechtsanwalts in sonstigen Angelegenheiten, JurBüro 1983, 961; *ders.* Einige Bemerkungen zur Gebühr des Verkehrsanwalts, JurBüro 1972, 9; *ders.* Entstehung und Erstattungsfähigkeit der Kosten des Verkehrsanwalts, JurBüro 1989, 579/745; *ders.* Entstehung und Erstattungsfähigkeit der Kosten eines Unterbevollmächtigten, JurBüro 1983, 1771; *ders.* Entstehung und Erstattungsfähigkeit der Vergleichsgebühr des Verkehrsanwalts, JurBüro 1986, 967; *ders.* Entstehung und Erstattungsfähigkeit von RA-Gebühren im Mahnverfahren, JurBüro 1988, 1283; *ders.* Entstehung und Erstattungsfähigkeit von Reisekosten des Rechtsanwalts, JurBüro 1983, 7; *ders.* Entstehung und Erstattungsfähigkeit von Schreibauslagen des Rechtsanwalts, JurBüro 1983, 491; *ders.* Erstattung der Kosten von Fotokopien von Auskünften der Rentenversicherungsträger aus der Staatskasse, JurBüro 1987, 1485; *ders.* Erstattung der Reisekosten einer Partei; JurBüro 1981, 1129; *ders.* Erstattung der Verkehrsanwaltskosten in der Berufungsinstanz, JurBüro 1978, 987; *ders.* Erstattung von Mehrkosten nach vorangegangenem Mahnverfahren, JurBüro 1987, 1490; *ders.* Erstattungsfähigkeit der Kosten besonderer Rechtsanwälte für jeden Streitgenossen, der Mehrkosten bei Anwaltswechsel und eines Verkehrsanwalts für Streitgenossen, JurBüro 1983, 67; *ders.* Erstattungsfähigkeit der Kosten eines Unterbevollmächtigten, JurBüro 1987, 1314 und 1984, 1323; *ders.* Erstattungsfähigkeit der Rechtsanwaltskosten beim Übergang vom Mahnverfahren zum Streitverfahren, JurBüro 1981, 961 und 1979, 1759/151; *ders.* Erstattungsfähigkeit der Reisekosten eines Distanzanwalts, JurBüro 1989, 315; *ders.* Gebühren und Auslagen des Rechtsanwalts in eigener Angelegenheit, JurBüro 1982, 1129; *ders.* Gebührenrechtliche Betrachtung der Honorarklage einer Anwaltssozietät, JurBüro 1983, 1281; *ders.* Kostenfestsetzung bei übersehenem Anspruch nach § 281 Abs. 3 S. 2 ZPO, JurBüro 1981, 813; *ders.* Kostenrechtliche Betrachtung der Tätigkeit des Beweisanwalts, JurBüro 1978, 1269; *ders.* Kostenrechtliche Betrachtungen einer Anwaltssozietät, JurBüro 1978, 630; *ders.* Prozeßgebühr für den Prozeßbevollmächtigten des Berufungsbeklagten, JurBüro 1988, 23; *ders.* Vorprozessuale Tätigkeit des Verkehrsanwalts, JurBüro 1985, 163; *ders.* Zeugenauslagen in der Kostenfestsetzung, JurBüro 1987, 1654; *ders.* Zur Erstattungsfähigkeit der Kosten von Privatgutachten, JurBüro 1974, 15; *ders.* Zur Erstattungsfähigkeit der Kosten des Verkehrsanwalts von Streitgenossen, die durch einen gemeinsamen Prozeßbevollmächtigten vertreten werden, JurBüro 1978, 1444; *ders.* Zur Erstattungsfähigkeit und Ersatzpflicht der Kosten eines Rechtsbeistandes, JurBüro 1976, 853; *Olivet* Die Kostenverteilung im Zivilurteil[2]; *v.Oppeln-Bronikowski* Erstattung von Zeitaufwand juristischer Personen, Rpfleger 1984, 342; *ders.* Zur Frage der Erstattungsfähigkeit des Zeitaufwands im Prozeßkostenrecht, ArchPF 1982, 273; *Ott* Zur Erstattbarkeit der Übersetzungskosten eines Rechtsanwalts, AnwBl. 1981, 173; *Peters* Zum Vorsteuerabzug bei der Kostenerstattung, BB 1992, 327; *Prölls* Die Erstattungsfähigkeit von Haftpflicht- und Rechtsschutzversicherern aufgewendeten Prozeßkosten, VersR 1960, 193; *Quardt* Nochmals: Sind die von einer Rechtsschutzversicherung aufgewendeten Prozeßkosten erstattungsfähig?, NJW 1959, 2246; *Ren-*

1. Kostenentscheidung

§ 91 Abs. 1 S. 1 (bis zum zweiten Komma) enthält die Grundregel der Kostenpflicht, **2** nämlich die Pflicht des Unterlegenen, die Kosten zu tragen. Diese Norm sowie die Ergänzungen durch §§ 91 a – 101 bestimmen den Inhalt der Kostenentscheidung. Teilfragen dabei sind:
- Wer ist die **unterliegende Partei** (→ Rdnr. 7 vor § 91)?
- Wann und in welcher **Form** ergeht die Kostenentscheidung (→ Rdnr. 4 ff., 12)?
- Sind die Kosten **des gesamten Rechtsstreits** aufzuerlegen oder sind die Kosten für einzelne Prozeßabschnitte auszuklammern (→ Rdnr. 14)?

2. Kostenfestsetzung

Der übrige Teil des § 91 bezieht sich auf den Kostenumfang und ist daher erst bei der **3** Kostenfestsetzung von Bedeutung. Den Grundsatz enthält § 91 Abs. 1 S. 1 mit den Kriterien der *Notwendigkeit* und der *Zweckentsprechung* (→ Rdnr. 17). Hinzu treten Normen für *besondere Kostenarten*, nämlich Abs. 1 S. 2 für Reisekosten und Zeitaufwand der Partei (→

---

nen Setzt die Erstattungsfähigkeit von Prozeßkosten (insbes. Detektivkosten) ihre Angemessenheit voraus?, MDR 1972, 13; *Riedel/Sußbauer* BRAGO[6]; *Saß-Viehweger* Ratsgebühr und Mahnverfahren, AnwBl. 1985, 191; *Schall* Erstattungsfähigkeit der Umsatzsteuer, StB 1991, 24; *Scharlowski* Sind die von einer Rechtsschutzversicherung aufgewendeten Prozeßkosten erstattungsfähig?, NJW 1959, 1766; *Schless* Anspruch auf Erstattung der Anwaltskosten im Arbeitsprozeß, wenn bei eigener Prozeßführung mindestens gleich hohe Kosten entstanden wären?, BB 1955, 196; *E.Schmidt* Die Prozeßaufrechnung im Spannungsfeld von Widerklage und prozessualer Einrede, ZZP 87 (1974), 29; *H.Schmidt* Anwaltsgebühren in eigenen Angelegenheiten, DAR 1979, 302; *ders.* Erstattung der Gebühr des § 43 Abs. 1 Nr. 1 BRAGO, AnwBl. 1978, 410; *ders.* Gebührenerstattungsansprüche des Rechtsanwalts bei Tätigkeit in eigenen Angelegenheiten?, NJW 1970, 1406; *ders.* Ist neben der Vergleichsgebühr des Prozeßbevollmächtigten auch die Vergleichsgebühr des Verkehrsanwalts erstattbar?, AnwBl. 1984, 84; *ders.* Kann eine vorher entstandene Geschäftsgebühr bei der Frage, ob die Verkehrsgebühr zu erstatten ist, beachtet werden?, MDR 1982, 633; *ders.* Zur Vergütung eines Rechtsbeistandes bei außergerichtlicher Schadensregulierung, VersR 1973, 197; *E.Schneider* Die Berücksichtigung sog. fiktiver Kosten im Festsetzungsverfahren, JurBüro 1966, 103; *ders.* Die Beweisgebühr bei der Feststellung unbekannten Rechts, JurBüro 1968, 95; *ders.* Die Erstattungsfähigkeit der Kosten für Privatgutachten, MDR 1965, 963; *ders.* Die Erstattungsfähigkeit von Rechtsgutachten, MDR 1988, 547; *ders.* Die Erstattungsfähigkeit von Übersetzungskosten, JurBüro 1967, 689; *ders.* Die Kostenentscheidung bei Erlaß eines Urteils gegen einen von mehreren Streitgenossen, JR 1962, 128; *ders.* Die Kostenentscheidung im Zivilurteil bei Aufrechnung des Beklagten, MDR 1970, 371; *ders.* Die Kostenerstattung für Privatgutachten, JurBüro 1968, 337; *ders.* Die zivilprozessualen Kostenvorschriften, ZZP 75 (1962), 81; *ders.* Erstattung der Kosten für das Aufbringen einer Sicherheitsleistung?, JurBüro 1968, 842; *ders.* Erstattung der Reisekosten eines Rechtsanwalts, der bei einem Gericht mit auswärtiger Abteilung zugelassen ist, MDR 1983, 811; *ders.* Erstattungsfähigkeit von Aufwendungen einer Partei für einen bestellten Zeugen, JurBüro 1966, 722; *ders.* Kostenentscheidung bei teilweiser Klagerücknahme?, NJW 1964, 1055; *ders.* Kostenerstattung bei Anwaltswechsel nach Mahnverfahren, MDR 1979, 441; *ders.* Kostenerstattung beim Anwaltswechsel, MDR 1981, 451; *ders.* Zur Erstattungsfähigkeit der Kosten für die Beschaffung einer Sicherheitsleistung, MDR 1974, 885; *Schneider/Herget* Die Kostenentscheidung im Zivilurteil[3]; *Schulte* Die Kostenentscheidung bei der Aufrechnung durch den Beklagten im Zivilprozeß (1990); *Schwenker* Zur Erstattungsfähigkeit der Umsatzsteuer aus Anwaltshonoraren im Zivilprozeß, VersR 1992, 163; *Siebert* Die Prinzipien des Kostenerstattungsrechts und die Erstattungsfähigkeit vorgerichtlicher Kosten des Rechtsstreits (1985); *Späth* Erstattungsfähigkeit der Mehrwertsteuer bei Vorsteuerabzugsberechtigung des Kostengläubigers?, NJW 1991, 3127; *Speckmann* Kostenrecht im Hilfsbegehren, MDR 1973, 892; *v. Stein* Wieweit sind bei Streitigkeiten des gewerblichen Rechtsschutzes Kosten demoskopischer Gutachten von der unterlegenen Prozeßpartei zu erstatten?, GRUR 1972, 314; *Stollmann* Die Gerichtskosten des Beweissicherungsverfahrens im gerichtlichen Vergleich, JurBüro 1989, 1069; *Strom* Erstattung von Rechtsanwaltsgebühren, die durch eine rechtsschutzversicherung gedeckt sind, NJW 1961, 1198; *Tóth* Nochmals: Kostenfestsetzung bei Aufrechnung, BB 1992, 1113; *Tschischgale* Die Wahrnehmung auswärtiger Beweistermine durch den Armenanwalt, NJW 1963, 1760; *Tschischgale/Satzky* Das Kostenrecht in Arbeitssachen[3]; *Wallner* Zur Höhe und zur Ersatzpflicht der Gebühren eines Rechtsbeistandes für außergerichtliche Vertretung, VersR 1973, 1100; *Weber* Zur Kostenentscheidung bei durchgreifender Hilfsaufrechnung, NJW 1973, 1260; *Weiland* Zur Erstattungsfähigkeit von Gutachterkosten einer Haftpflichtversicherung, JurBüro 1981, 507; *Wiek* Die Kosten des vorprozessualen Sachverständigengutachtens im Mieterhöhungsverfahren, WuM 1981, 169; *Wriede* Ist die Gebühr aus § 38 Nr. 3 RAGebO erstattungsfähig, MDR 1952, 89; *Wurzer* Die Unstatthaftigkeit der Kostenentscheidung in Arrestbeschlusse, Gruchot 64 (1920), 321; *ders.* Kann die in § 95 ZPO vorgesehene Kostenseparation durch Beschluß geschehen oder nur durch Urteil?, JW 1912, 571; *Wussow* Kostenerstattungsanspruch und Rechtsschutzversicherung, NJW 1961, 1697.

Rdnr. 33, 91), Abs. 2 für die Anwaltskosten (→ Rdnr. 95 ff.) und Abs. 3 für die Gebühren eines Güteverfahrens (→ Rdnr. 43).

II. Standort der Kostenentscheidung

1. Grundsatz

4   Jedes Endurteil und *jede* sonstige *ein selbständiges Verfahren abschließende Entscheidung* hat einen Ausspruch über die Kosten zu enthalten, ohne daß dazu ein Antrag erforderlich wäre (§ 308 Abs. 2).

2. Endurteile, Vorbehaltsurteile, Verweisungsbeschlüsse

5   Die Kostenentscheidung ergeht regelmäßig im *Endurteil* der Instanz (§ 300). Auch in *Vorbehaltsurteilen* nach §§ 302, 599 ist über die Kosten zu entscheiden; der Anspruch ist hier auflösend bedingt. In *Verweisungsbeschlüssen* (§§ 281, 506, § 48 ArbGG) und bei der Abgabe im Mahnverfahren (§§ 696, 700) ist wegen § 281 Abs. 3 S. 1 keine Kostenentscheidung zu treffen. Zum Kostenbeschluß bei Erledigung der Hauptsache s. § 91 a, bei Klagerücknahme § 269 Abs. 3, bei Rechtsmittelrücknahme § 515 Abs. 3.

3. Zwischenurteile

6   Im Zwischenurteil kann eine Kostenentscheidung nicht ergehen[2], auch wenn es bezüglich der Rechtsmittel den Endurteilen gleichsteht (§§ 280 Abs. 2, 304)[3]. Eine Ausnahme machen nur die Zwischenurteile im *Zwischenstreit mit Dritten* (§§ 71 Abs. 2, 135 Abs. 3, 387 Abs. 3). Über das die Aufnahme ablehnende Urteil in den Fällen der §§ 239 f. → § 239 Rdnr. 31.

4. Teilurteile

7   Mit einem Teilurteil kann die Entscheidung im Kostenpunkt nicht verbunden werden[4], auch wenn das Urteil nur über die *Klage* oder über die *Widerklage* ergeht[5]. Denn es steht zur Zeit seines Erlasses noch nicht fest, in welchem Umfang die eine oder andere Partei unterliegt, und eine Verurteilung zu den durch den erledigten Teil oder durch die Klage bzw. Widerklage verursachten Kosten ist deshalb unzulässig, weil sich die Kosten so nicht trennen lassen[6] (→ auch § 92 Rdnr. 3c).

7a Dies gilt auch regelmäßig bei dem **Teilurteil gegen Streitgenossen**[7], auch im Falle der Verbindung nach § 147, weil bei verschiedener Kostenentscheidung gegen die Streitgenossen sonst ein widersprüchliches Kostenverhältnis entstehen kann. Nur wenn im Einzelfall die Gefahr, daß sich Schwierigkeiten ergeben, gering erscheint, ist eine Ausnahme zuzulassen[8] (näher → § 100 Rdnr. 23 ff.).

---

[2] Vgl. *BGHZ* 20, 399; *RGZ* 40, 371 (zu § 239); *OLG Karlsruhe* BadRPr. 16, 180. – A.M. für den Fall des Zwischenstreites *OLG München* JW 1922, 1594.

[3] *RGZ* 16, 316; 13, 390, 413 u. a.; z. B. JW 1928, 156.

[4] *BGHZ* 20, 399; 5, 251. Auch nicht bei teilweiser Klagezurücknahme, *E. Schneider* NJW 1964, 1055 gegen *LG Mainz* NJW 1964, 114; s. a. *LG Mönchengladbach* MDR 1955, 116.

[5] *RG* JW 1897, 106 f.; *OLG Nürnberg* LZ 1920, 670 (Vorbehaltsurteil).

[6] Vgl. *RG* JW 1888, 383/67; *BayObLGZ* 1902, 357; 1901, 175; *OLG Braunschweig* SeuffArch. 42 (1887), 348. – A.M. *OLG Hamburg* OLGRspr. 15 (1907), 147; *OLG Stuttgart* SeuffArch. 42 (1887), 84.

[7] *BGHZ* 5, 251; vgl. *Furtner* JZ 1961, 627. – A.M. *RG* JW 1914, 155; *OLG Hamburg* OLGRspr. 15 (1907), 147 u. a.

[8] *BGH* JZ 1960, 375 = NJW 484. Ebenso bei Klagezurücknahme gegenüber einem Streitgenossen wegen dessen außergerichtlichen Kosten, *OLG Köln* MDR 1976,

5. Kostentrennung

Eine Ausnahme von diesen Grundsätzen findet auch nicht bei der sog. Kostentrennung (→ Rdnr. 14) statt. Soweit für diese die Rücksicht auf den schließlichen Sieg maßgebend ist, wie in den Fällen der §§ 96, 238 Abs. 4, 344, liegt es auf der Hand, daß die Entscheidung über die Kostentrennung bis zur Endentscheidung aufzuschieben ist. Aber auch da, wo dies nicht der Fall ist, also im Fall des § 95, bietet das Gesetz keine Handhabe, einen Beschluß zuzulassen (→ § 95 Rdnr. 1); dies um so weniger, als der Beschluß mangels einer der Voraussetzungen des § 567 einem Rechtsmittel nicht unterliegen würde und demgemäß auch für die Kostenfestsetzung als Titel nicht geeignet wäre (vgl. §§ 103, 794 Abs. 1 Nr. 3)[9]. 8

6. Beschluß als abschließende Entscheidung

In den Verfahren, für die als abschließende Entscheidung der Beschluß vorgesehen ist (→ § 128 Rdnr. 45), hat das Gericht ebenfalls einen Ausspruch über die Kostenpflicht zu treffen, sofern das Verfahren derart selbständig ist, daß der Beschluß mit dem Endurteil auf eine Stufe zu stellen ist[10]. Das ist der Fall bei der *Vollstreckbarerklärung von Schiedssprüchen* (§§ 1042 ff.), bei den sonstigen dem staatlichen Gericht zugewiesenen Entscheidungen anläßlich *schiedsrichterlicher Verfahren* (§ 1045), dem *Arrestbefehl* und der *einstweiligen Verfügung* (→ § 922 Rdnr. 12, 27), bei Entscheidungen über *Erinnerungen* nach § 766, soweit diese Anträge nicht im Rahmen eines bereits bei Gericht anhängigen Verfahrens (Forderungs- und Immobiliarvollstreckung) gestellt werden, sowie bei einem selbständigen *Zwischenstreit mit Dritten* (→ Rdnr. 15 und vor § 91 Rdnr. 22 ff.). Nicht hierher gehören Beschlüsse über die Trennung, Verbindung oder Aussetzung von Verfahren (§§ 145 ff.), Erklärung zur Feriensache (§ 200 Abs. 4 GVG)[11], einstweilige Anordnungen nach §§ 572 Abs. 2 oder 3, 707, 732 Abs. 2, 924 Abs. 3 S. 2, §§ 620 ff. (s. § 620g) usw. 9

7. Rechtsmittelinstanzen

Wegen der Berufungs- und Revisionsinstanz vgl. § 97, wegen der Beschwerdeinstanz → § 97 Rdnr. 6 und 9 sowie unten Rdnr. 21. 10

8. Ergänzungsentscheidung

Ist der Kostenpunkt übergangen, so ist eine Ergänzungsentscheidung nach § 321 zu beantragen. Der prozessuale Erstattungsanspruch kann nicht Gegenstand einer selbständigen Klage sein (→ Rdnr. 11 vor § 91). Ein etwa bestehender materiell-rechtlicher Erstattungsanspruch kann dagegen durch Klage geltend gemacht werden, wenn kein Ergänzungsurteil mehr erwirkt werden kann (→ Rdnr. 17 vor § 91). – Zur *Berichtigung* → § 319 Rdnr. 9. 11

496; *E. Schneider* JR 1962, 128. S. a. *OLG Frankfurt* MDR 1961, 516.
[9] *RG* HRR 1936 Nr. 760; *OLG Hamm* OLGRspr. 33 (1916), 39; *Wurzer* JW 1912, 571; Gruchot 64 (1920), 323.
[10] *OLG Düsseldorf* Rpfleger 1950, 237.
[11] *OLG Nürnberg* Rpfleger 1959, 63.

§ 91 III Erstes Buch. Allgemeine Vorschriften. Zweiter Abschnitt. Parteien

III. Inhalt der Kostenentscheidung

1. Beschränkung auf die Kostenverteilung

12 Die Kostenentscheidung ergeht nur über die *Verteilung* der Kosten, muß aber andererseits so vollständig sein, daß das Festsetzungsverfahren sich lediglich auf die Ermittlung des *Betrages* beschränken kann (→ auch § 104 Rdnr. 20). Eine positive oder negative Feststellung hinsichtlich der Kosten*beträge* in der Kostenentscheidung oder die *Hervorhebung* einzelner Beträge als notwendig oder nicht erstattungsfähig ist daher unstatthaft[12], ebenso die *Versagung* der Kostenentscheidung oder die *Ausscheidung* einzelner Beträge wegen bereits erfolgter Zahlung[13] oder die Aufrechnung (→ näher § 104 Rdnr. 13, 14–18). Wegen der z.T. abweichenden Regelung in § 12a Abs. 1 ArbGG → Rdnr. 111 und § 105 Rdnr. 21.

2. Kostenpflicht des Unterlegenen und Ausnahmen

13 Nach Abs. 1 S. 1 hat im Regelfall die unterliegende Partei wegen ihres Unterliegens (→ vor § 91 Rdnr. 7) die Kosten zu tragen. Zur ausnahmsweisen Kostenbelastung des siegreichen *Klägers* bei sofortigem Anerkenntnis des Beklagten vgl. §§ 93, 93b Abs. 3. Einen Fall, in dem ausnahmsweise der siegreiche *Beklagte* die Kosten zu tragen hat, enthält § 93b Abs. 2. Im übrigen ist es aber nicht zulässig, den unterliegenden Kläger von den Kosten freizustellen, weil der Beklagte die Klageerhebung veranlaßt oder verschuldet hat[14] (→ auch § 93 Rdnr. 1). In besonderen Fällen kann sich hier aus *materiellem* Recht ein Ersatzanspruch ergeben (→ Rdnr. 14–18 vor § 91).

3. Kosteneinheit und Kostentrennung

14 Die unterliegende Partei hat, wenn sie im vollen Umfang unterliegt (sonst gilt § 92), die **gesamten Kosten des Rechtsstreits** zu tragen, also die Kosten *aller* geltend gemachten Angriffs- und Verteidigungsmittel und aller Instanzen, sollte sie auch in einzelnen Punkten oder in einer einzelnen Instanz siegreich gewesen oder erst nachträglich in den Prozeß eingetreten sein[15]. Dieser Grundsatz, über dessen Berechtigung man zweifeln mag, ist im Gesetz unzweideutig ausgesprochen, und ebenso sind die *Ausnahmen* davon, die Fälle der sog. **Kostentrennung** in den §§ 94 bis 97, 238 Abs. 3, 281 Abs. 3 S. 2, 344 sowie §§ 75ff. klar bestimmt aufgestellt. Es ist daher unzulässig, über die gesetzlichen Ausnahmen, besonders die §§ 94, 96, hinaus etwa der endgültig obsiegenden Partei die Kosten der verlorenen ersten Instanz oder eines selbständigen Prozeßabschnittes aufzuerlegen. Ebensowenig darf die erst im Laufe des Prozesses eintretende Fälligkeit oder Begründung des Anspruchs (→ § 300 Rdnr. 22) zu teilweiser Belastung des Klägers mit den Kosten verwendet werden (→ vor § 91 Rdnr. 7) oder

---

[12] *OLG Celle* OLGRspr. 2 (1901), 163; *KG* KGBl. 1921, 47. Vgl. auch *RGZ* 50, 359.
[13] *OLG Hamburg* SeuffArch. 72 (1917), 100; *KG* OLGRspr. 31 (1915), 43f.; *OLG Naumburg* OLGRspr. 20 (1910), 316; *OLG Nürnberg* OLGRspr. 40 (1920), 354; s. auch *Friedlaender* JW 1922, 1348. – **A.M.** *OLG Breslau* OLGRspr. 42 (1922), 11; *KG* HRR 1928 Nr. 1645; *OLG Rostock* OLGRspr. 37 (1918), 125; 39 (1919), 40; *OLG Stuttgart* OLGRspr. 42 (1922), 10.
[14] Wie hier *OLG Colmar* OLGRspr. 15 (1907), 86; *OLG Hamburg* OLGRspr. 39 (1919), 43; 13 (1906), 93; s. auch *RGZ* 54, 40. – **A.M.** *OLG Frankfurt* OLGRspr. 15 (1907), 223; *KG* SeuffArch. 75 (1920), 300.

[15] *RGZ* 137, 71; *OLG Hamburg* OLGRspr. 5 (1902), 171; SeuffArch. 74 (1919), 196; *OLG Königsberg* HRR 1930 Nr. 1057 u. a. – Daher sind in den vom **Konkursverwalter** aufgenommenen Prozessen die gesamten Kosten Masseschuld, vgl. *RG* JW 1896, 103; *KG* OLGRspr. 9 (1904), 166; *OLG Karlsruhe* OLGRspr. 10 (1905), 201; *OLG Oldenburg* OLGRspr. 10 (1905), 202. Zur Kostenpflicht des Konkursverwalters bei Eintritt in den Prozeß vgl. näher *Gaedecke* JW 1939, 733ff. S. auch § 11 Abs. 2 KO und dazu → § 93 Rdnr. 8.

der Verlust des geltend gemachten Rechtes durch Ereignisse nach der Klageerhebung zu teilweiser Belastung des Beklagten, auch wenn er nur Folge einer erst im Prozeß (u. U. hilfsweise) erklärten **Aufrechnung** ist[16] (→ auch § 92 Rdnr. 3b). Der Kläger kann dann dem Unterliegen nur durch Erledigungsanzeige nach § 91a, der Beklagte der Kostenpflicht durch sofortiges Anerkenntnis (§ 93) entgehen. – Über die Verurteilung zur Leistung *Zug um Zug* oder unter *Vorbehalt* der beschränkten Haftung → § 92 Rdnr. 1, § 93 Rdnr. 4; zur Kostenentscheidung im *Nachverfahren* → § 302 Rdnr. 27.

4. Kosten des Gegners und Dritter

Die Kostenerstattungspflicht umfaßt (nur) die den Parteien erwachsenen Aufwendungen[17]. **15** Aufwendungen von dritter Seite kommen nur in Frage, wenn der Dritte sie an Stelle der Partei verauslagt, sie ihr also lediglich vorgeschossen hat. Sollen sie bei Nichterstattung durch den Gegner auch von der Partei nicht zurückgefordert werden, so liegt eine erstattungsfähige Aufwendung der Partei überhaupt nicht vor[18]. Wenn jedoch der Dritte, insbesondere eine allgemeine **Haftpflicht-** oder eine besondere **Rechtsschutzversicherung**, auf Grund von prozeßbezogenen (→ Rdnr. 38) Leistungen der Partei Aufwendungen macht, ist die Erstattungsfähigkeit voll anzuerkennen und der Ersatz nicht etwa nur nach den Versicherungsbeiträgen zu berechnen[19]. Es muß sich aber stets um Kosten handeln, die im Hinblick auf den konkreten Rechtsstreit aufgewendet wurden (→ Rdnr. 35, 38). – *Eigene* Erstattungsansprüche hat der Dritte, insbesondere der *Prozeßbevollmächtigte* der Partei, grundsätzlich nicht (→ § 103 Rdnr. 8), es sei denn, er hat einen eigenen Kostentitel, etwa nach einem selbständigen Zwischenstreit, z. B. auf Grund falscher Zustellung (→ vor § 50 Rdnr. 11) oder weil der Dritte irrtümlich als gesetzlicher Vertreter angesehen und so ohne sein Zutun in den Prozeß hineingezogen wurde[20].

5. Wechsel der Partei

Bei einem Parteiwechsel, z.B. bei der Fortführung eines Rechtsstreits durch die Erben[21] **16** oder den Konkursverwalter[22], erstreckt sich die Kostenerstattungspflicht auch auf die Kosten der ursprünglichen Partei[23], ebenso auf Kosten, die gegenüber dem Rechtsvorgänger bei Abtretung einer Forderung vor Klageerhebung erwachsen sind[24]. Kostengläubiger und

---

[16] Ebenso *KG* MDR 1976, 846; *OLG Schleswig* SchlHA 1979, 126; *Baumbach/Lauterbach/Hartmann*[51] Rdnr. 24; *Förste* NJW 1974, 222; *Weber* NJW 1973, 1260; *Wieczorek*[2] Anm. C I b. – **A.M.** (für Anwendung des § 92) *OLG Celle* VersR 1976, 50; *OLG Hamm* JurBüro 1985, 932; 1984, 424; *OLG Köln* MDR 1983, 226; 1982, 941; *LG Arnsberg* NJW 1974, 320; *Bettermann* NJW 1972, 2288; *Frössler* NJW 1973, 837; *Mittenzwei* JR 1975, 98; *E. Schmidt* ZZP 87 (1974) 29; *Schneider* MDR 1970, 371; *Schulte* (Fn. 1), 27 ff.; *Speckmann* MDR 1973, 892. – BGHZ 59, 17 = NJW 1972, 1235 (keine Streitwerterhöhung) ergibt kein Argument gegen die hier vertretene Auffassung, ebensowenig, daß nach § 19 Abs. 3 GKG die hilfsweise Aufrechnung mit einer bestrittenen Gegenforderung nunmehr zu einer Erhöhung des Gebührenstreitwerts führt, wenn darüber eine rechtskräftige Entscheidung ergeht.

[17] Vgl. zur **Prozeßstandschaft** *OLG Koblenz* JurBüro 1986, 1369; *OLG München* Rpfleger 1980, 232; → auch Rdnr. 20.

[18] *KG* DR 1939, 1135 (ein eigenes Interesse des Dritten am Prozeßausgang reicht ebensowenig aus).

[19] Für *Privatgutachten* → Rdnr. 60; ferner *OLG Bamberg* JurBüro 1984, 1886; 1983, 1097; *OLG Frankfurt* JurBüro 1979, 440; *KG* Rpfleger 1975, 30 (aber nicht Aufwendungen, die das Innenverhältnis zwischen Versicherung und Versichertem betreffen); JW 1936, 3330; 1935, 2069; *OLG Köln* NJW 1954, 1042; *LG Koblenz*, *LG Mainz* NJW 1961, 1199, 1920; *Belzer* MDR 1961, 910; *Mayer* JZ 1962, 339; *Prölß* VersR 1960, 193; *Quardt* NJW 1959, 2246; *Wussow* NJW 1961, 1697. – Ob der Anwalt vom Dritten im eigenen Namen oder im Namen der Partei beauftragt wird (dafür z. B. *Möhring* MDR 1962, 256), sollte dabei keinen Unterschied begründen, ebenso *OLG Köln* JurBüro 1980, 449; **a.M.** *Scharlowski* NJW 1959, 1766, 2247; *Strom* NJW 1961, 1198; vgl. auch *OLG Stuttgart* NJW 1991, 3159.

[20] Vgl. *OLG Bamberg* JurBüro 1989, 692.

[21] *KG* OLGRspr. 39 (1919), 38.

[22] *OLG Hamburg* OLGRspr. 39 (1919), 39; *OLG Köln* JurBüro 1987, 434.

[23] *OLG Köln* JurBüro 1992, 817.

[24] Vgl. für Beweissicherungskosten Rdnr. 20.

-schuldner sind aber die Parteien zum Zeitpunkt des Erlasses der Kostenentscheidung (dazu, auch zur Umschreibung auf Rechtsnachfolger, → § 103 Rdnr. 8). Zur Kostenentscheidung bei Urheberbenennung → § 76 Rdnr. 21. Beim gewillkürten Parteiwechsel treffen entsprechend § 269 Abs. 3 S. 2 den ausgeschiedenen Kläger die entstandenen Mehrkosten, beim Beklagtenwechsel den Kläger die Kosten des ausgeschiedenen Beklagten (→ § 264 Rdnr. 124).

IV. Begriff der Kosten des Rechtsstreits

1. Bedeutung des Begriffs und Verhältnis zur Notwendigkeit

17   Ob die kostenpflichtige Partei eine bestimmte Aufwendung zu erstatten hat, hängt von zwei Voraussetzungen ab: Es muß sich zum einen um Kosten des Rechtsstreits handeln, und zum anderen müssen die Kosten zur zweckentsprechenden Rechtsverfolgung notwendig gewesen sein (dazu → Rdnr. 44–50). Bei der Klärung des Begriffs »Kosten des Rechtsstreits« sind zwei Teilfragen zu beantworten: Gehört der *Verfahrensabschnitt*, aus dem heraus die Kosten erwachsen sind, zum Rechtsstreit i. S. der Kostenentscheidung (dazu → Rdnr. 18–21)? Ist die *Veranlassung* der Aufwendungen durch diesen Verfahrensabschnitt hinreichend eng, um von Kosten des Rechtsstreits sprechen zu können (dazu → Rdnr. 28–33)? Während für den Begriff »Kosten des Rechtsstreits« nur die *tatsächliche* Veranlassung durch den Rechtsstreit erforderlich ist, folgt dann in einem zweiten Schritt eine *Bewertung* dieser Veranlassung nach den Kriterien der Notwendigkeit und Zweckentsprechung. – Zu den Kosten der *Streitverkündung* → § 101 Rdnr. 1.

2. Beginn und Ende des Rechtsstreits

18   Rechtsstreit ist hier (→ § 81 Rdnr. 4) das gerichtliche Erkenntnisverfahren, das mit der Erhebung der Klage bzw. Widerklage beginnt und mit der Ausfertigung und Zustellung des Urteils endet. Die Kosten der letzteren Akte werden zwar in § 788 zu den Kosten der Zwangsvollstreckung gerechnet. Aber dies soll nur ermöglichen, daß die Kostenfestsetzung nach § 105 Abs. 1 vor der Ausgabe dieser Kosten stattfindet, nicht dagegen sie von den Kosten des Rechtsstreits ausschließen, denn sie fielen sonst ins Leere, wenn eine Vollstreckung des Urteils nicht möglich oder nicht notwendig ist[25].

3. Zum Rechtsstreit gehörende Verfahren

19   Zum Rechtsstreit gehören insbesondere
   a) ein vorangegangenes **Mahnverfahren** (§ 698);
   b) die **Bestimmung des zuständigen Gerichts** (§ 36);
   c) das Verfahren zur **Bewilligung der Prozeßkostenhilfe** (→ § 118 Rdnr. 35 ff., 38);
   d) die Entscheidung über einen **Kompetenzkonflikt**[26] (→ Einl. Rdnr. 414 ff.);
   e) die **einstweiligen Anordnungen über Einstellung der Zwangsvollstreckung** bei den Klagen nach §§ 767, 771 usw.[27];
20   f) das **selbständige Beweisverfahren** (→ vor § 485 Rdnr. 7 ff.)[28]. Die Kosten eines selbstän-

---

[25] Vgl. *OLG Stuttgart* JW 1930, 3352.
[26] *OLG Rostock* OLGRspr. 6 (1903), 385.
[27] *RGZ* 50, 356 f.; *OLG Dresden* SächsAnn. 24, 156; 22, 280, 518 f.; OLGRspr. 9 (1904), 58. – Ebenso bei Anträgen nach §§ 534, 560, *Bauer gegen OLG Düsseldorf* MDR 1955, 560.

[28] *BGH* Schäfer/Finnern/Hochstein § 631 BGB Nr. 29 und § 635 BGB Nr. 42; *OLG Bamberg* JurBüro 1989, 1566 und 391; 1987, 911; 1986, 1091; *OLG Braunschweig* JurBüro 1988, 204; *OLG Düsseldorf* MDR 1985, 1032; JurBüro 1985, 132; *OLG Frankfurt* JurBüro 1992, 173; 1990, 622/490; 1981, 1088; MDR 1983, 941; *OLG*

digen Beweisverfahrens sind als außergerichtliche Kosten[29] auch dann erstattungsfähig, wenn die Beweise im Hauptprozeß nicht verwertet wurden: Maßgebend ist, ob im Zeitpunkt des Antrags auf Beweissicherung die Befürchtung, daß die zu sichernden Beweise verlorengehen oder erschwert werden könnten, objektiv gerechtfertigt war[30]. Die Erstattungsfähigkeit setzt grundsätzlich voraus, daß **Streitgegenstand und Parteien identisch** sind, sich also der Kostenausspruch der Hauptsache[31] gegen die Partei des selbständigen Beweisverfahrens richtet[32]. Betrifft das Beweissicherungsverfahren eine im späteren Rechtsstreit nur hilfsweise zur Aufrechnung gestellte oder im Rahmen eines Zurückbehaltungsrechts geltend gemachte Forderung und wird über diese im nachfolgenden Rechtsstreit nicht entschieden, so können die Beweissicherungskosten nicht als Kosten dieses Rechtsstreits festgesetzt werden[33]. Wird ein einheitliches Beweissicherungsverfahren für **mehrere Rechtsstreite** durchgeführt, so verteilen sich die Kosten des selbständigen Beweisverfahrens auf die einzelnen Hauptsacheprozesse im Verhältnis ihrer Streitwerte[34] (zur Streitwertberechnung → § 3 Rdnr. 42 – Beweissicherungsverfahren). Betrifft das selbständige Beweisverfahren auch **Gegenstände, die vom späteren Rechtsstreit nicht erfaßt werden**, sei es, daß in diesem nur einer von mehreren Ansprüchen oder ein einziger Anspruch nur teilweise geltend gemacht wird, so sind die Kosten ebenfalls im Verhältnis aufzuteilen[35]. Soweit die Kosten danach vom Kostenaus-

Hamburg MDR 1990, 159; *OLG Hamm* JurBüro 1992, 396; 1988, 1363; 1987, 1409; 1983, 1101/933; MDR 1982, 326; *OLG Koblenz* JurBüro 1987, 1875; *OLG Nürnberg* MDR 1982, 941; *OLG Schleswig* JurBüro 1991, 961; *LG Ansbach* JurBüro 1992, 476; *LG Berlin* AnwBl. 1986, 36; *LG Bielefeld* Rpfleger 1992, 406; *LG Hanau* Schäfer/Finnern/Hochstein, § 485 ZPO Nr. 4; *LG Itzehoe* WuM 1983, 119; *LG Kleve* JurBüro 1989, 391; ausf. *Altenmüller* NJW 1976, 92 ff.; *Meier* AnwBl. 1983, 494; *Mümmler* JurBüro 1979, 321. – Bei Abweisung der Klage mangels Sachbefugnis des Beklagten aber nur dessen Kosten, *BGHZ* 20, 4 = NJW 1956, 785; *KG* JurBüro 1982, 1522; im umgekehrten Fall nur die des Klägers, *OLG München* MDR 1986, 157. – Nach *KG* MDR 1972, 524 sollen selbst Kosten der Beweissicherung für ein erstrebtes neues Berufungsverfahren auf Grund der Kostenentscheidung eines die Revision zurückweisenden Urteils erstattungsfähig sein.
[29] H.M.; vgl. nur *Brossette/Mertes* AnwBl. 1992, 418 sowie die vorstehend Genannten. – **A.M.** (Gerichtskosten) allerdings *OLG Hamburg* JurBüro 1983, 1258; MDR 1983, 409; *KG* JurBüro 1982, 1078; *OLG Koblenz* MDR 1990, 159; *OLG Köln* Schäfer/Finnern/Hochstein § 91 ZPO Nr. 2; JurBüro 1986, 1716/435; *OLG München* MDR 1987, 328; *OLG Schleswig* JurBüro 1991, 962; *OLG Stuttgart* JurBüro 1982, 764; *LG Berlin* JurBüro 1989, 1573; *LG Düsseldorf* JurBüro 1987, 1410; *LG Stuttgart* Rpfleger 1990, 269; *Stollmann* JurBüro 1989, 1069. – Die Kosten müssen jedenfalls entstanden sein, vgl. *OLG Koblenz* JurBüro 1990, 733 (für Anspruchsverlust des abgelehnten Sachverständigen).
[30] Vgl. *OLG Celle* OLGRspr. 29 (1914), 33; 37 (1918), 132; *OLG Hamburg* MDR 1986, 592; *OLG Bamberg* 1981, 1396; *KG* JurBüro 1970, 266 (*Schneider*, zustimmend); *OLG Nürnberg* NJW 1972, 771; *OLG Köln* VersR 1973, 91; *LG Berlin* JurBüro 1985, 922. – **A.M.** *Laubhardt* ZZP 43 (1913), 46 f.; *OLG Köln* NJW 1983, 2779 (für nicht verwertbares ausländisches Beweisverfahren).
[31] Nicht: einer einstweiligen Verfügung, *OLG Schleswig* JurBüro 1987, 1223.
[32] *OLG Düsseldorf* MDR 1985, 1032; *OLG Frankfurt* MDR 1984, 320 (zutr. anders MDR 1984, 238 für **Rechtsnachfolger**; ebenso *OLG Celle* NJW 1963, 54; *OLG Ham-*

burg JurBüro 1983, 1257; *KG* JurBüro 1981, 1392; *LG Berlin* JurBüro 1985, 286 sowie *OLG Karlsruhe* JurBüro 1986, 1087 für Prozeßstandschafter, *OLG Köln* JurBüro 1987, 434 für Konkursverwalter; *OLG Hamburg* MDR 1990, 1020; *OLG Hamm* JurBüro 1992, 396; 1988, 1363; 1987, 1409; 1983, 1101; 1971, 463; *KG* JurBüro 1985, 1555; 1980, 1420; MDR 1976, 846; *OLG Koblenz* JurBüro 1981, 553; *OLG Köln* Schäfer/Finnern/Hochstein § 91 ZPO Nr. 1, 2; JurBüro 1992, 175; 1986, 1565; *OLG München* JurBüro 1992, 105; 1982, 1254; 1981, 1091; Rpfleger 1989, 302; *OLG Saarbrücken* JurBüro 1991, 244; *OLG Schleswig* JurBüro 1981, 449; SchlHA 1978, 221; *LG Berlin* JurBüro 1984, 1086 (aber u. U. als Privatgutachten erstattbar; fraglich); *LG Freiburg* AnwBl. 1986, 207; *LG Kiel* NJW-RR 1986, 357 umgekehrt ist die Erstreckung des Beweissicherungsverfahrens auf weitere Personen unschädlich, *OLG Hamburg* JurBüro 1974, 501; *OLG Schleswig* JurBüro 1990, 57; 1988, 349; *OLG Stuttgart* JurBüro 1989, 1571; 1982, 1080/599; **a.M.** *OLG Hamburg* JurBüro 1989, 1414; *OLG Köln* MDR 1986, 764.
[33] *OLG Hamburg* JurBüro 1990, 1470; MDR 1990, 1127; 1989, 362; *KG* JurBüro 1982, 1522; *OLG München* JurBüro 1982, 1254; *OLG Schleswig* JurBüro 1988, 1525; *LG Berlin* JurBüro 1985, 126; 1979, 1374; vgl. auch *KG* JurBüro 1982, 409.
[34] *OLG Düsseldorf* NJW 1976, 115; *OLG Hamburg* MDR 1986, 592; *OLG Köln* NJW 1972, 953; *OLG München* MDR 1989, 548; Rpfleger 1989, 302. Vgl. aber auch *OLG Koblenz* JurBüro 1981, 1070 und *OLG München* JurBüro 1992, 106 (nicht bei Verwendung des für einen früheren Rechtsstreit erhobenen Beweisergebnisses in einem späteren Rechtsstreit).
[35] *OLG Bamberg* JurBüro 1987, 911; *OLG Hamburg* JurBüro 1983, 1258; MDR 1982, 326; *OLG Hamm* JurBüro 1992, 397; 1983, 1101; 1980, 449; MDR 1979, 677; *KG* JurBüro 1986, 1243; AnwBl. 1974, 184; *OLG Köln* JurBüro 1992, 175 (anders aber vergleichsweiser Übernahme); 1986, 1717; *OLG Schleswig* JurBüro 1976, 1546; SchlHA 1978, 221; *LG Kiel* SchlHA 1988, 31; *LG Landau* Rpfleger 1990, 386; anders, wenn die Teilklage doch den gesamten Rechtsstreit bereinigt, *OLG Hamburg* JurBüro 1993, 158. – **A.M.** (Berechnung nach dem

spruch der Hauptsache nicht erfaßt werden, ist an einen Kostenantrag nach § 494a ZPO[36], hilfsweise an einen materiell-rechtlichen Erstattungsanspruch zu denken (→ vor § 91 Rdnr. 13 ff.).

g) die Kosten eines **Verklarungsverfahrens**[37];

h) das Verfahren vor dem **verweisenden** oder abgebenden Gericht (§§ 281, 506, 696, 700; → Rdnr. 5);

21   i) das **Verfahren auf Berufung und Revision**, sowie dasjenige über die **Beschwerde**[38], soweit es sich nicht um ein selbständiges, vom Hauptverfahren unabhängiges Verfahren handelt[39] und in diesem über die Kosten der Beschwerde entschieden ist (→ § 97 Rdnr. 6, 9);

j) das Verfahren zur **Berichtigung oder Ergänzung des Urteils** nach §§ 319 ff.[40];

k) unter Umständen auch das **Richterablehnungsverfahren** (→ § 46 Rdnr. 5) und das Verfahren auf **Bestellung eines Notanwalts** nach § 78b[41].

4. Nicht zum Rechtsstreit gehörende Verfahren

22   Nicht zu den Kosten des Rechtsstreits gehören

a) die Kosten eines notwendigen **Vorverfahrens** vor Verwaltungsbehörden[42] (→ Einl. Rdnr. 431 ff.), soweit sich nicht aus dessen gesetzlicher Regelung ein anderes ergibt[43], und entsprechend Verfahren der **freiwilligen Gerichtsbarkeit**[44]. Daß es sich um notwendige Vorbereitungskosten (→ Rdnr. 38) handelt, reicht bei der Selbständigkeit dieser Verfahren nicht aus;

b) die Kosten eines **Verfahrens vor einem anderen Gericht**, das das Verfahren an das ordentliche Gericht überwiesen hat, sofern nicht Sondervorschriften wie § 281 eingreifen;

c) Kosten **selbständiger präjudizieller Verfahren**, deretwegen der Rechtsstreit ausgesetzt war[45];

d) die Kosten des **schiedsgerichtlichen Verfahrens**[46];

Hauptsachestreitwert) *OLG Frankfurt* JurBüro 1984, 285; AnwBl. 1979, 431; *KG* JurBüro 1980, 1421; *OLG Nürnberg* NJW 1972, 772; JurBüro 1972, 510; *LG Aachen* JurBüro 1984, 565; *LG Kiel* NJW-RR 1986, 357.
[36] Dazu *Bischof* JurBüro 1992, 781 f.; *Herget* MDR 1991, 314.
[37] *OLG Köln* VersR 1969, 1004.
[38] Ebenso *OLG Hamburg* OLGRspr. 17 (1908), 126; vgl. *KG* Rpfleger 1976, 219 (auch Beschluß nach § 515 Abs. 3).
[39] Insbesondere, wenn die Beschwerde erst nach Rechtskraft des Urteils eingelegt ist, *OLG Posen* OLGRspr. 25 (1912), 63.
[40] *OLG Hamburg* OLGRspr. 18 (1909), 390. – Die Erstattung von Rechtsbehelfskosten kann daran scheitern, daß ein Berichtigungsverlangen genügt; vgl. (im konkreten Fall verneinend) *LG Berlin* JurBüro 1987, 1891.
[41] Vgl. aber *OLG München* Rpfleger 1993, 304: keine Erstattung der Kosten des Antragsgegners.
[42] BGHZ 31, 229 = NJW 1960, 483; *BGH* NJW 1962 1441 (zum BaulandbeschaffG); *OLG Hamburg* JurBüro 1992, 336 (Kartellbehörde); OLGRspr. 15 (1907), 80 (Strandamt); *OLG Hamm* NJW 1966, 2278 und *OLG Schleswig* SchlHA 1976, 64 (Amt für Verteidigungslasten); *OLG Schleswig* JurBüro 1992, 170 und *OLG Stuttgart* JurBüro 1991, 84; 1987, 269 (Enteignungsbehörde); a.M. *LG Hanau* VersR 1969, 623; AnwBl. 1976, 403; *OLG München* AnwBl. 1976, 93 (notwendige Anwaltskosten erstattungsfähig). – Wegen der Kosten des sozialgerichtlichen Vorverfahrens vgl. *BVerfG* AnwBl. 1968, 153 (abl. *Henrichs* 137).
[43] Vgl. vor allem § 162 Abs. 2 S. 2 VwGO, ferner BGHZ 28, 307 = NJW 1959, 434 = LM § 404 ZPO Nr. 4 (*Werthauer*) und *OLG Frankfurt* MDR 1960, 237 (zum HessAufbauG); wegen der Kosten des Vorverfahrens bei Wild- und Jagdschaden vgl. z. B. bayer. VO v. 12. VIII. 1953, GVBl. 143, §§ 4 Abs. 3 Satz 3, 5, 7 Abs. 5. – A.M. (im Zweifel für Erstattung) *OLG Frankfurt* AnwBl. 1970, 29 (Umlegungssache vor Baulandkammer); *OLG München* MDR 1990, 1020 und *OLG Nürnberg* NJW 1959, 534 (zum bayer. Abhilfeverfahren); *Wieczorek*[2] Anm. D I a 1.
[44] *KG* Rpfleger 1962, 158; *OLG Hamburg* OLGRspr. 7 (1903), 280; *OLG München* JurBüro 1992, 612; *OLG Schleswig* JurBüro 1987, 906 (Bestellung eines Ergänzungspflegers) und NJW 1970, 433 (Kosten einer zur Klageerhebung erforderlichen **vormundschaftsgerichtlichen Genehmigung** nicht erstattungsfähig; a.M. *KG* MDR 1989, 744). – A.M. *LAG Düsseldorf* JurBüro 1989, 811 (Erbschein).
[45] *OLG München* BayJMBl. 1953, 222 (Verwaltungsprozeß); *OLG Koblenz* NJW 1954, 1490 (Normenkontrolle); vgl. auch *OLG Koblenz* JurBüro 1985, 620.
[46] *OLG Celle* JurBüro 1966, 968; *KG* NJW 1974, 912; *OLG Nürnberg* KostRspr. ZPO § 103 Nr. 115. – Auch dann nicht, wenn ein Gutachten des Schiedsgerichts in den nachfolgenden Prozeß eingeführt und bei der Entscheidung verwertet wurde, *OLG Hamm* JurBüro 1973, 1095. – Zum Schiedsgutachten → Rdnr. 60.

e) Kosten der **Devisengenehmigung** (§ 32 AußenwirtschG) dürften heute ausscheiden, da 23 diese nicht prozessuales Erfordernis der Rechtsverfolgung, sondern überwiegend Voraussetzung der Begründetheit der Klage ist[47] (→ Einl. Rdnr. 992).

f) Kosten des *selbständigen* **Räumungsfristverfahrens** nach §§ 721 Abs. 2–4, 794a. Dieses Verfahren ist kein Teil des Hauptprozesses. Über die Kosten ist nach Maßgabe der §§ 91 ff. selbständig zu entscheiden (→ § 721 Rdnr. 34); 24

g) die Kosten der Abwicklung des **Geldverkehrs** unter den Parteien (→ auch Rdnr. 37). 25 Eine *Hebegebühr* des in den Zahlungsverkehr einbezogenen Rechtsanwalts ist grundsätzlich nicht erstattungsfähig[48];

h) die Kosten des **Fristsetzungsverfahrens** nach § 16 HinterlO[49];

i) die Kosten des **Streitwertbeschwerdeverfahrens**[50];

j) die Kosten des Verfahrens über die Anordnung (nicht Vollziehung) des **Arrestes** und der 26 **einstweiligen Verfügung** sind im Eilverfahren selbst nach Maßgabe der §§ 91 ff. festzusetzen (→ § 922 Rdnr. 12, 27)[51]. Hat das Gericht es (fälschlich) abgelehnt oder versäumt, über die Kosten zu entscheiden, so ist das Eilverfahren im Zweifel durch Kostenentscheidung des Hauptprozesses als mitgedeckt anzusehen[52] (→ auch vor § 91 Rdnr. 17). Auch die Kosten einer **Schutzschrift** gehören dann zu den erstattungsfähigen Kosten (→ Rdnr. 48 sowie § 937 Rdnr. 7);

k) die **Zwangsvollstreckung** einschließlich der Vollstreckung des Arrests und der einstweiligen Verfügung[53]. Die Erstattung richtet sich hier ausschließlich nach § 788, auch wenn der Vollstreckungsschuldner die Kosten des Rechtsstreits, z.B. nach § 93, nicht trägt[54] (→ § 788 Rdnr. 3, § 928 Rdnr. 10; zur *Festsetzung* → § 103 Rdnr. 10, 15). Keine Prozeßkosten nach § 91 sind daher die Kosten einer **zu leistenden Sicherheit** (§§ 709, 711, 712), → § 788 Rdnr. 9[55]; 27

---

[47] **A.M.** *OLG Köln* NJW 1953, 271; *OLG München* Rpfleger 1962, 4; *OLG Neustadt* MDR 1957, 496; *Baumbach/Lauterbach/Hartmann*[51] Rdnr. 87. – Wie hier *OLG Braunschweig* MDR 1957, 239 (dazu *Bauer* mit weiterer Rspr.; nicht Kosten des bekl. Schuldners); *OLG Frankfurt* NJW 1953, 671 (nicht für Transfer gezahlter Beträge): *Wieczorek*2 Anm. D I b 1.

[48] *OLG Celle* VersR 1971, 236; *OLG Düsseldorf* JurBüro 1973, 423; *OLG Frankfurt* MDR 1981, 856; *OLG Hamburg* JurBüro 1991, 679; *OLG Hamm* JurBüro 1971, 241; *KG* AnwBl. 1959, 132; *OLG Koblenz* JurBüro 1974, 1138; *OLG Nürnberg* JurBüro 1992, 107 (einschränkend); 1972, 504; *OLG Schleswig* JurBüro 1983, 1528; Rpfleger 1962, 428; *LG Berlin* JurBüro 1985, 222; *LG Münster* JurBüro 1980, 1687; allg. *Martini* JR 1961, 331. – **A.M.** (bei besonderen Gründen) *KG* JurBüro 1981, 1349; *OLG Schleswig* SchlHA 1979, 59 (bei im Vergleich vereinbarter Zahlung an den Anwalt; NJW 1960, 2345; *OLG Köln* Rpfleger 1963, 394; *OLG Schleswig* AnwBl. 1989, 170; JurBüro 1985, 395; *LG Frankfurt* AnwBl. 1989, 109; *LG Traunstein* AnwBl. 1977, 261; *AG Ahaus* JurBüro 1992, 1187 (alle für unaufgeforderte Zahlung des Schuldners an den Anwalt); *AG Bruchsal* VersR 1986, 689 (Gläubiger wohnt im Ausland) zurückhaltender *OLG München* JurBüro 1992, 178 (abl. *Roidl*, *Mümmler*).

[49] *OLG Koblenz* JurBüro 1988, 1690; *OLG Köln* JurBüro 1973, 993.

[50] *OLG Hamburg* MDR 1966, 770; JurBüro 1972, 1081.

[51] Ständige Rspr., *KG* JW 1938, 1542; *RGZ* 130, 220; *BGHZ* 45, 251 = JZ 1966, 528 (abl. *Baur*) = NJW 1513 (bei kostenfälliger Zurückweisung eines Antrags auf Erlaß einer einstweiligen Verfügung keine Erstattung der Kosten des Verfügungsverfahrens bei Obsiegen im Hauptprozeß); zur Notwendigkeit vgl. *OLG Hamm* WRP 1986, 576. – In Wettbewerbssachen gehört das sog. **Abschlußschreiben** nicht mehr zum Verfügungsverfahren, sondern zum Hauptsacheverfahren, *BGH* GRUR 1973, 385; *OLG Frankfurt* GRUR 1989, 374; *OLG Köln* WRP 1986, 96; *LG Waldshut-Tiengen* AnwBl. 1985, 325; *AG Bamberg* WRP 1978, 669; *Ahrens/Spätgens* Einstweiliger Rechtsschutz und Vollstreckung in UWG-Sachen2, A.II.5., S. 88 ff. m.w.N.; **a.M.** früher *OLG Köln* NJW 1969, 1036; *OLG München* WRP 1970, 447; *Voraufl.*

[52] So auch *KG* 1930, 3340; *JW* 1927, 855; *OLG Naumburg* OLGRspr. 41 (1921), 254. – **A.M.** *RG* JW 1899, 695; 1898, 288; *OLG Hamburg* OLGRspr. 39 (1919), 39; *KG* JW 1936, 2575 (das aber zuläßt, daß die Kostenentscheidung des Hauptprozesses auf den Arrest miterstreckt wird; → dazu Rdnr. 27).

[53] Vgl. nur *BayObLG* JurBüro 1989, 1577.

[54] *OLG Frankfurt* MDR 1980, 60; *OLG Colmar* OLGRspr. 25 (1912), 65.

[55] Zum Überblick *Schneider* MDR 1974, 885; JurBüro 1968, 841. – Die neuere Rspr. **bejaht** weithin die **Erstattungsfähigkeit** von **Bankbürgschaftskosten**, *BGH* NJW 1974, 693 (mit Anerkennung der prozessualen Natur des Erstattungsanspruchs) gg. *RGZ* 145, 296; *OLG Bamberg* JurBüro 1984, 117; 1979, 910; *OLG Düsseldorf* JurBüro 1987, 1230; 1984, 597; 1974, 1443; *OLG Frankfurt* NJW-RR 1989, 192; MDR 1978, 233; JurBüro 1976, 647; 1973, 346; *KG* MDR 1974, 938; *OLG Karlsruhe* JurBüro 1990, 65; *OLG Köln* JurBüro 1969, 338; 1974, 89; *OLG München* MDR 1989, 364 (aber keine Erstattung von Anwaltsgebühren); MDR 1977, 56; JurBüro 1969, 335; *OLG Nürnberg* JurBüro 1990, 1473; 1970, 698; *OLG*

l) die Kosten einer **Grundbuchberichtigung** nach gewonnenem Prozeß[56];

m) die Kosten einer gegen die letztinstanzliche Entscheidung gerichteten **Verfassungsbeschwerde**[57].

5. Erstattungsfähige Kosten

28 **Kosten des Rechtsstreits** sind grundsätzlich nur die unmittelbaren, mit Rücksicht auf den konkreten Rechtsstreit (→ Rdnr. 35, 38) von der siegreichen Partei – oder für sie von dritter Seite (→ Rdnr. 15) – gemachten Aufwendungen. Das sind:

29 a) die nach Maßgabe des GKG gezahlten **Gebühren und Auslagen des Gerichts**[58];

30 b) die Kosten der **Prozeßvertretung**, insbesondere die Gebühren und Auslagen, die dem **Anwalt** als *Prozeßbevollmächtigtem* nach Maßgabe der BRAGO zustehen (→ Rdnr. 95 ff.), die Vergütung eines *sonstigen Vertreters* (→ Rdnr. 59 «Patentanwalt», Rdnr. 66 «Rechtsbeistand») und die des *Verkehrsanwalts* (→ Rdnr. 70 ff. «Verkehrsanwalt»);

31 c) **sonstige Aufwendungen der Parteien** wie

– **Vorbereitungskosten** (→ Rdnr. 38);

– **Entschädigungen für Zeugen und Sachverständige**, soweit sie die Partei unmittelbar bezahlt hat[59] (anderenfalls handelt es sich um Gerichtskosten[60], → Rdnr. 29);

– Kosten für die Vorbereitung von Beweisaufnahmen, insbesondere für die **Bereitstellung von Beweisgegenständen**[61];

– Aufwendungen für **Detektivermittlungen** (→ Rdnr. 54);

– Kosten einer während des Prozesses ausgesetzten **Belohnung** für die Benennung eines Zeugen[62] («Fangprämie»);

Saarbrücken JurBüro 1987, 1227; *OLG Schleswig* JurBüro 1978, 921 (aber nur für die Partei, die vorrangig sicherungspflichtig ist); *LG Berlin* JurBüro 1991, 966. – Verneint wird die Erstattung von **Darlehenszinsen**, *OLG Bamberg* JurBüro 1977, 1788; *OLG Düsseldorf* JurBüro 1981, 609; *OLG Frankfurt* NJW-RR 1989, 192; *OLG München* AnwBl. 1993, 138; JurBüro 1991, 598; NJW 1970, 1195; zu Prozeßfinanzierungsdarlehen → Rdnr. 36; ebenso von **Kosten für ein Grundpfandrecht**, das für die bürgende Bank bestellt wird, *OLG München* NJW 1974, 957. – **A.M.** (gegen Erstattungsfähigkeit von Sicherheitsleistungskosten) *OLG Bamberg* JurBüro 1972, 831; *OLG Celle* NdsRpfl. 1973, 321; *OLG Hamm* Rpfleger 1976, 109 (jedenfalls keine Prozeßkosten); JurBüro 1972, 16; *OLG Schleswig* JurBüro 1969 416; *LG Braunschweig* NJW 1977, 439 (betr. Bürgschaft zur Abwendung der Zwangsvollstreckung).

[56] *OLG Schleswig* JurBüro 1988, 763.

[57] *OLG München* JurBüro 1979, 604.

[58] Vgl. nur *LG Berlin* JurBüro 1989, 1572 (auch bei Inanspruchnahme als Zweitschuldner). – Die unterliegende Partei, die Kostenfreiheit genießt, braucht dem Gegner die von ihm gezahlten Gebühren nicht zu erstatten; dieser erhält sie von der Gerichtskasse zurück (→ § 104 Rdnr. 10).

[59] Auch an Angestellte als Zeugen, *LG Essen* MDR 1962, 909; auch wenn Zeuge auf Anspruch gegen Staatskasse verzichtet hatte, vgl. *OLG Düsseldorf* MDR 1972, 617; *OLG Frankfurt* JurBüro 1979, 595; MDR 1964, 684; *OLG Hamm* NJW 1972, 2047; *KG* JurBüro 1982, 1249; NJW 1975, 1422; *OLG Köln* JVBl. 1972, 112; *OLG München* JurBüro 1981, 1245; Rpfleger 1956, 57; *LG München* MDR 1958, 47. – **A.M.** *OLG Hamburg* MDR 1987, 147; 1972, 247; *OLG Koblenz* MDR 1973, 859; *Mümmler* JurBüro 1987, 1654; *Schneider* JurBüro 1966, 103, 722. – Für private Zeugenvernehmungen auch nicht, wenn die Partei eine Behörde ist, *OLG Frankfurt* MDR 1955, 305.

[60] **A.M.** unzutr. *OLG Hamm* MDR 1992, 813.

[61] *OLG Düsseldorf* GRUR 1979, 191; *OLG Hamburg* MDR 1993, 87; *KG* JurBüro 1981, 1389 (aber auch 1978, 1248); *OLG Karlsruhe* JurBüro 1991, 1514; *OLG Koblenz* MDR 1986, 855 (bei Veranlassung durch den Sachverständigen); JurBüro 1978, 120; *OLG Köln* JurBüro 1983, 1088; *OLG Schleswig* JurBüro 1984, 1404; 1980, 1589; sehr weitgehend *OLG Frankfurt* JurBüro 1983, 274 (Abschleppkosten bei Probefahrt mit Sachverständigem). – Auch Aufwendungen nach Maßgabe des ZSEG für **gestellte Sachverständige oder Zeugen**, *OLG Düsseldorf* JurBüro 1981, 1072; *OLG Frankfurt* JurBüro 1985, 1402/1091; 1983, 1253; *OLG Hamburg* JurBüro 1979, 598; 1975, 374; *OLG Hamm* JMBl.NRW 1974, 234 (für einstw. Verfügung); *OLG Koblenz* MDR 1986, 856; VersR 1986, 666 (L); JurBüro 1983, 1661; *OLG München* MDR 1965, 55. – Nicht erstattungsfähig, wenn eidesstattliche Versicherung genügt hätte, *OLG Frankfurt* JurBüro 1977, 555; *OLG Schleswig* JurBüro 1981, 761; zurückhaltend auch (nur im Eilverfahren) *OVG Münster* NVwZ-RR 1992, 447. – Zur Gestellung eines im Ausland wohnenden Zeugen *OLG Hamm* JurBüro 1973, 58.

[62] *OLG Koblenz* JurBüro 1975, 655 = NJW 173; *OLG München* JurBüro 1992, 335; vgl. auch *AG Düsseldorf* JurBüro 1985, 1520 (Kopierkosten für Rundschreiben an potentielle Zeugen). – Anders *OLG Hamburg* MDR 1991, 904 für Zahlungen an den Zeugen, um ihn zur Aussage zu bewegen.

— Kosten zur Durchführung eines gerichtlichen **Ortstermins**[63] sowie einer Ortsbesichtigung durch den Sachverständigen[64];

— Auslagen der Partei für **Porti, Telefon** und **Schreibarbeiten** für die Prozeßführung (→ Rdnr. 56) einschließlich der Vergleichsverhandlungen und des Vergleichsabschlusses (§ 98 Abs. 1); 32

— Aufwendungen für **Fotokopien** (→ Rdnr. 52 «Ablichtungen»);

— Auslagen der Partei oder ihrer gesetzlichen Vertreter, die auch hier den Parteien gleichstehen, für **Reisen** zu Terminen, zum Anwalt oder auf Erfordern des gerichtlichen Sachverständigen (→ Rdnr. 67, 91), u. U. auch die Auslagen für Reisen sachverständiger Angestellter (→ Rdnr. 35); 33

— **Dolmetscher- und Übersetzungskosten** (→ Rdnr. 55);

— Auslagen für vor oder während eines Prozesses erholte **Privatgutachten** (→ Rdnr. 39, 60 ff. «Privatgutachten»);

— Aufwendungen für den **Abschluß eines außergerichtlichen Vergleichs** zur Beendigung eines anhängigen Rechtsstreits (→ näher § 98 Rdnr. 1 a, 16).

d) Ein Ersatz *mittelbarer Einbußen* findet nur statt bei **Zeitversäumnis durch Termine und Reisen** (→ dazu Rdnr. 53, 67, 69, 91 sowie wegen § 12 a Abs. 1 S. 2 ArbGG unten Rdnr. 111 ff.), nicht dagegen für sonstige (vorprozessuale oder prozeßbegleitende) Zeitversäumnis[65], z. B. beim Durcharbeiten des Prozeßstoffes, bei der Sichtung und Sammlung von Beweismaterial[66], bei der Abfassung von Schriftsätzen[67], bei der Herstellung von Fotokopien[68], bei Korrespondenz mit dem Anwalt[69], bei Wegen zum am selben Ort ansässigen Anwalt[70], Information von Sachverständigen[71] u. dgl., gleichviel ob sich die Partei der Arbeit selbst unterzogen, sich eines Angestellten bedient[72] oder mit den Aufgaben einen Dritten beauftragt hat[73]. 34

e) Aufwendungen, die nicht durch den konkreten Rechtsstreit veranlaßt sind, insbesondere **Pauschalbeträge für** ohnehin anfallende, laufende **Generalunkosten**, können ebenfalls nicht in Rechnung gestellt werden[74]. Das gilt z. B. für die Unterhaltung der Rechts- bzw. Einziehungsabteilung eines Unternehmens[75]. Nehmen *Mitarbeiter* einer Behörde oder eines Unternehmens einen Termin wahr, so können nur Reisekosten ersetzt verlangt werden (→ Rdnr. 34, 91). Ein Ersatz für Zeitversäumnis (Verdienstausfall)[76] findet nicht statt, da die 35

---

[63] *OLG Köln* VersR 1961, 1145 (Rekonstruktion der Unfallörtlichkeit).
[64] Vgl. *OLG Koblenz* JurBüro 1975, 378 (→ auch Rdnr. 53).
[65] BGHZ 66, 114; *VGH Baden-Württemberg* JurBüro 1990, 1005.
[66] *OLG Frankfurt* MDR 1958, 932; *OLG Schleswig* Rpfleger 1962, 426; *OVG Lüneburg* NJW 1969, 1923.
[67] *KG* JW 1934, 3075; *OLG Nürnberg* MDR 1966, 1012; *OLG Schleswig* SchlHA 1980, 106; *LG Düsseldorf* JurBüro 1982, 1722; *OVG Lüneburg* NJW 1969, 1923.
[68] *OLG Köln* JurBüro 1983, 927.
[69] *OLG Düsseldorf* JurBüro 1984, 766; *OLG Hamburg* OLGRspr. 23 (1911), 102; vgl. für Information durch den Wohnungseigentumsverwalter auch *LG Braunschweig* NdsRpfl. 1985, 139.
[70] *OLG Braunschweig* OLGRspr. 13 (1906), 98; *OLG Hamburg* OLGRspr. 17 (1908), 104; *OLG Nürnberg* MDR 1966, 1012. Eine »Reise« i. S. d. ZSEG liegt dann nicht vor (→ Rdnr. 91).
[71] *OLG Karlsruhe* OLGRspr. 13 (1906), 99.

[72] *OLG Hamm* JW 1930, 1517.
[73] *OLG Frankfurt* JurBüro 1988, 361 (Steuerberater); *OLG Frankfurt* JurBüro 1982, 443, *OLG Hamburg* MDR 1985, 237, *OLG Koblenz* JurBüro 1980, 448 und *LG Hannover* JurBüro 1987, 598 (Architekt); *KG* MDR 1985, 414 (studentische Hilfskraft); *OLG München* JurBüro 1989, 413 (Patentanwalt); *OLG Frankfurt* MDR 1991, 257 und *OLG München* JurBüro 1982, 1680 (Vertrauensanwalt); *OLG Köln* JurBüro 1991, 385 (Wirtschaftsprüfer); *LAG Köln* JurBüro 1982, 1724 (fremde Hilfskräfte). – **A. M.** *OVG Hamburg* MDR 1984, 329 (bei Unzumutbarkeit, Schriftsätze selbst herzustellen).
[74] *OLG Düsseldorf* Rpfleger 1982, 352; *KG* JurBüro 1981, 1389; *VG Schleswig* AnwBl. 1978, 144.
[75] *OLG Stuttgart* JW 1935, 811; *LG Berlin I* JW 1931, 2450; ZZP 54 (1929), 68; *LG Krefeld* VersR 1974, 556. – Zum materiellen Recht BGHZ 66, 112.
[76] Wohl für andere Kosten; vgl. nur *Hüttenhofer* Rpfleger 1987, 292.

Mitarbeiter ohnehin bezahlt werden; allenfalls kommt die allgemeine Nachteilsentschädigung in Höhe von 3,-- DM/Tag nach § 91 Abs. 1 S. 2 i. V. m. § 2 Abs. 3 ZSEG in Betracht[77].

6. Weitergehende Schäden

36 Weitergehende Schäden, die über die zur Prozeßführung gemachten Aufwendungen hinausgehen, z. B. Lagergeld[78] und Futterkosten (§ 4 Rdnr. 19), Spesen für die Finanzierung eines Prozesses, auch Zinsen für ein zur Bestreitung der Prozeßkosten aufgenommenes Darlehen, **gehören nicht hierher**[79]. Wegen der Aufwendungen für Sicherheitsleistungen → Rdnr. 27, wegen Prozeßkostenvorschüssen → § 104 Rdnr. 19. Ansprüche der hier in Rede stehenden Art müssen mit einer besonderen Klage (bzw. Widerklage) geltend gemacht werden. *Entgangener Gewinn*, etwa infolge der mit der langen Prozeßdauer verbundenen wirtschaftlichen Unsicherheit, kann bei gegebener Sachlage ebenfalls nur als materiell-rechtlicher, auf Verzug bei der Erfüllung eines Anspruchs oder auf eine in der Verfahrenseinleitung liegende unerlaubte Handlung usw. gestützter Schadensersatzanspruch mit einer besonderen Klage geltend gemacht werden[80] (→ vor § 91 Rdnr. 14 ff.).

37 **Keine Prozeßkosten** sind Aufwendungen, die einem Anspruch erst die Begründung geben sollen, wie etwa die Kosten eines vom Vermieter nach § 2 Abs. 2 S. 3 MHG eingeholten Mieterhöhungsgutachtens[81], für eine Devisengenehmigung (→ Rdnr. 23) oder die Provokation von Preisverstößen[82], oder die nur die Höhe eines Schadens ermitteln sollen[83]. Auch die Gebühren und sonstigen Spesen für die vom Schuldner an den Anwalt des Gegners geleisteten Zahlungen zählen nicht zu den Prozeßkosten, da die Erfüllung der bisher streitigen Verpflichtung eine außerhalb des Rechtsstreits wie der Zwangsvollstreckung liegende Handlung ist (→ Rdnr. 25 sowie § 81 Rdnr. 22). Das gleiche gilt von dem Rückempfang bestellter Sicherheiten[84]. Wegen der Kosten der *Streitverkündung* → § 73 Rdnr. 6, wegen der *Streifhilfe* → § 101 und auch § 70 Rdnr. 8.

---

[77] So für **Behördenvertreter** *OLG Bamberg* JurBüro 1990, 210; *OLG Hamm* JurBüro 1968, 146; *OLG Karlsruhe* VersR 1985, 1095 (L); *LG Berlin* MDR 1989, 917; *LG Essen* MDR 1977, 320; *BVerwG* Rpfleger 1989, 255; *VGH Baden-Württemberg* JurBüro 1990, 1005; *OVG Koblenz* NJW 1982, 1115; *OVG Münster* NVwZ-RR 1992, 447; für **Organe oder Angestellte einer juristischen Person** *OLG Hamm* JurBüro 1982, 765 (auch nicht für Liquidator); 1968, 636; Rpfleger 1978, 419; 1973, 408; *KG* MDR 1985, 851; *OLG Koblenz* JurBüro 1991, 85; *OLG Köln* JurBüro 1986, 1709; *OLG Schleswig* SchlHA 1992, 84; *OLG Zweibrücken* JurBüro 1985, 1713; *LG Essen* Rpfleger 1973, 316; *LG Landau* Rpfleger 1992, 269; *AG Saarbrücken* AnwBl. 1979, 185; *BPatG* WRP 1968, 25. – Nach *Kirchner* VersR 1971, 96 sind Lohnaufwendungen nur dann zu erstatten, wenn klare Abgrenzungen von allgemeinem, der Partei selbst zur Last fallenden Verwaltungskostenaufwand möglich ist, was in aller Regel nicht der Fall ist. – **A. M.** (für Erstattungsfähigkeit) *OLG Bamberg* JurBüro 1992, 242; *OLG Frankfurt* JurBüro 1987, 909; 1985, 1400; *OLG Hamburg* JurBüro 1991, 1090 (krit. *Mümmler*); 1979, 108; MDR 1974, 590; *OLG München* NJW 1973, 1375; *OLG Stuttgart* NJW-RR 1990, 1341; *AG Essen* MDR 1984, 500; *v. Oppeln-Bronikowski* Rpfleger 1984, 342; ArchPF 1982, 273.

[78] Vgl. für die Unterstellung eines PKW *OLG München* MDR 1988, 869.

[79] Vgl. für Prozeßfinanzierungsdarlehen *OLG Düsseldorf* JurBüro 1977, 1005; *OLG Frankfurt* JurBüro 1978, 1245; *OLG Koblenz* JurBüro 1988, 875, 876; Rpfleger 1976, 408; *OLG Köln* JurBüro 1992, 819; *OLG München* MDR 1980, 941; *OLG Stuttgart* JurBüro 1976, 1694; *RGZ* 150, 37 (Verluste durch Notverkäufe zwecks Beschaffung von Mitteln).

[80] *RGZ* 150, 37.

[81] *LG Aschaffenburg* JurBüro 1980, 1079; *LG Berlin* MDR 1980, 497; *LG Bielefeld* Rpfleger 1981, 70; *LG Bonn* WuM 1985, 331; *LG Bremen* WuM 1984, 115; *LG Bückeburg* ZMR 1979, 19; *LG Dortmund* DWW 1984, 21; *LG Düsseldorf* JurBüro 1983, 280; *LG Ellwangen* MDR 1981, 232; *LG Hamburg* DWW 1979, 287; *LG Hannover* WuM 1979, 130; *LG Saarbrücken* JurBüro 1985, 769; *Meier* ZMR 1984, 149; *Wiek* WuM 1981, 169. – **A. M.** (z. T. nur für den Fall, daß das Gericht das Gutachten verwertet; → aber Rdnr. 60) *LG Baden-Baden* ZMR 1980, 153; *LG Dortmund* DWW 1978, 263; *LG Hagen* ZMR 1978, 91; *LG München I* MDR 1979, 403.

[82] *OLG Karlsruhe* BB 1958, 786.

[83] *OLG Koblenz* Rpfleger 1992, 129; JurBüro 1990, 1474; *OLG Schleswig* SchlHA 1958, 333; → auch Rdnr. 38. – *LG Berlin* JurBüro 1985, 285 verneint nur die Notwendigkeit.

[84] *OLG Karlsruhe* BadRPr. 1907, 303; *OLG Düsseldorf* Rpfleger 1965, 33.

7. Vorbereitungskosten

Vorbereitungskosten sind als Kosten des Rechtsstreits im Sinn von § 91 anzusehen und dem Grunde nach zu erstatten, wenn die entsprechende Aufwendung mit einem konkreten bevorstehenden Rechtsstreit in **unmittelbarer Beziehung** steht **und** seiner **Vorbereitung dienen soll**[85]. Dazu gehören solche Aufwendungen nicht, die die Partei macht, um sich erst die Grundlage für ihre Entscheidung zu verschaffen, ob prozessiert werden soll oder nicht. Wer sich über den Prozeß erst noch klar werden will, handelt noch nicht unmittelbar prozeßbezogen[86] (zur vorprozessualen Beratung durch einen Anwalt → Rdnr. 39). Das gilt insbesondere für die Aufwendungen von Versicherungsunternehmen, die ihre materiell-rechtliche Einstandspflicht klären wollen, ohne daß sich schon ein Prozeß abzeichnet[87].

38

Der notwendige unmittelbare Zusammenhang setzt an und für sich nicht zwingend voraus, daß das Ergebnis der vorbereitenden Tätigkeit auch **in den Prozeß eingeführt** wurde[88]; eine ex-post-Betrachtung ist hier nicht angezeigt. Macht die Partei aber von dem Ergebnis keinen Gebrauch, so besteht eine widerlegliche Vermutung sowohl gegen die Prozeßbezogenheit als auch gegen die Notwendigkeit der Maßnahme[89].

38a

Ob der obsiegenden Partei Kosten der Vorbereitung schließlich tatsächlich zu **erstatten** sind, hängt von einer sorgfältigen Prüfung der »Notwendigkeit« im Einzelfall (→ Rdnr. 44, 45) ab. Aus der »Prozeßwirtschaftlichkeit« ergeben sich keine hinreichenden Gründe zu einer generellen »weitherzigen Handhabung«[90]. Angesichts der Ausuferung derartiger Kosten (Privatgutachten, → Rdnr. 60ff.; Detektivkosten, → Rdnr. 54; demoskopische Umfragen, → Rdnr. 64) vermag nur eine strenge Prüfung am Maßstab der »Notwendigkeit« zu

38b

---

[85] *BGH* WM 1987, 248; *OLG Bamberg* JurBüro 1992, 335; 1985, 617; 1982, 603; 1981, 124; *OLG Düsseldorf* JurBüro 1993, 224; *OLG Hamburg* MDR 1992, 195; JurBüro 1991, 1106; 1990, 1469; 1988, 761 (krit. *Mümmler*; *OLG Hamm* JurBüro 1985, 1401; 1976, 94; 1972, 1102; 1966, 703; *KG* JurBüro 1989, 814; 1983, 1252; 1980, 1582; *OLG Koblenz* JurBüro 1992, 611/475; 1991, 247; 1981, 1070 (Zusammenhang mit früherem Prozeß reicht nicht); 1981, 137; 1976, 96; Rpfleger 1992, 129; NJW-RR 1991, 894; 1988, 283; *OLG Köln* JurBüro 1991, 384; 1980, 943; *OLG München* MDR 1992, 416; JurBüro 1988, 1361; Rpfleger 1976, 255; NJW 1972, 2273; *OLG Nürnberg* JurBüro 1978, 118; *OLG Zweibrücken* JurBüro 1984, 1237; 1983, 1399; *Siebert* (Fn. 1), 294ff. – Auch die Kosten eines **Testkaufs** können, sofern sie notwendig waren, erstattungsfähig sein, *OLG Düsseldorf* JurBüro 1986, 99 (nur im Rahmen eines schon gefaßten Prozeßentschlusses); *OLG Frankfurt* JurBüro 1988, 1522; 1985, 1406; 1983, 276; *KG* JurBüro 1991, 86; 1976, 668 (Festsetzung aber nur mit der Einschränkung, daß die zurückgekaufte Ware Zug um Zug herauszugeben ist; ebenso *OLG Stuttgart* NJW-RR 1986, 978; abl. *OLG Koblenz* JurBüro 1979, 1709); *OLG Karlsruhe* JurBüro 1988, 75; WRP 1988, 382 (auch zu materiell-rechtlichen Erstattungsansprüchen; vgl. dazu auch *OLG Zweibrücken* JurBüro 1983, 1874); *OLG Koblenz* JurBüro 1991, 1514; *OLG Stuttgart* JurBüro 1983, 1090; grds. a.M. *OLG Hamm* MDR 1985, 414; nicht, wenn der Testkauf nur zusätzliche örtliche Zuständigkeit begründen soll, *OLG München* JurBüro 1976, 1098; zur Ermittlung durch **Testpersonen** s. *OLG Frankfurt* JurBüro 1984, 1721; *OLG Koblenz* JurBüro 1991, 1513; NJW-RR 1991, 894.

[86] *OLG Bamberg* JurBüro 1985, 617; *OLG Hamm* JurBüro 1985, 1401; *KG* JurBüro 1980, 1582; *OLG Koblenz* JurBüro 1981, 137; *OLG Köln* JurBüro 1991, 385;

OLG Schleswig Rpfleger 1962, 426; z.T. weitergehend *v. Eicken* Festschr. f. H. Schmidt (Fn. 1), 15ff. – Zum *zeitlichen* Zusammenhang als Kriterium vgl. *OLG Bamberg* JurBüro 1985, 617; *OLG Hamburg* JurBüro 1990, 1469; 1988, 761; *OLG Hamm* JurBüro 1972, 1102; *KG* JurBüro 1983, 1252; 1980, 1582; *OLG München* MDR 1992, 416.

[87] *OLG Bamberg* JurBüro 1981, 124; *OLG Düsseldorf* JurBüro 1973, 871; *OLG Hamm* JurBüro 1992, 818; *KG* JurBüro 1989, 814; *OLG Karlsruhe* VersR 1980, 337; *OLG Koblenz* Rpfleger 1992, 129; JurBüro 1991, 88; NJW-RR 1988, 283; *OLG München* MDR 1992, 416; Rpfleger 1989, 256; vgl. auch (Prozeßbezug im konkreten Fall z.T. recht weitgehend bejahend) *LG Berlin* MDR 1988, 869; *LG Hagen* JurBüro 1992, 243; *LG Kaiserslautern* VersR 1990, 1409; *LG Karlsruhe* VersR 1990, 637; *LG München I* VersR 1987, 271 (L); 1986, 1246 (L); *LG Stade* JurBüro 1982, 600; *LG Tübingen* JurBüro 1986, 439. – **A.M.** *OLG Bremen* VersR 1982, 362; *Hoenicke* VersR 1983, 104; *Weiland* JurBüro 1981, 508; einschränkend auch *OLG Stuttgart* JurBüro 1985, 122; *LG Braunschweig* WuM 1986, 275 läßt genügen, daß die Kosten »notfalls« der gerichtlichen Auseinandersetzung dienen.

[88] So aber u.a. *OLG Karlsruhe* Justiz 1970, 107; *OLG München* NZV 1989, 29; MDR 1987, 148; *OLG Saarbrücken* JurBüro 1988, 1361; *OLG Schleswig* JurBüro 1978, 920; *Voraufl.* Rdnr. 38; i.E. auch *Siebert* (Fn. 1), 40ff., 307/311, der aber selbst darauf hinweist, daß sich die Einführung in den Prozeß erübrigen kann, etwa weil der Gegner, dem ein Gutachten außergerichtlich übersandt wurde, vorher verzichtet oder anerkennt. – Wie hier *OLG Saarbrücken* JurBüro 1990, 623; *OLG Stuttgart* VersR 1988, 1057.

[89] *OLG Saarbrücken* JurBüro 1990, 623.

[90] So aber *Baumbach/Lauterbach/Hartmann*[51] Rdnr. 270 m.w.N.

sachgerechten Ergebnissen zu führen, ohne daß es der Erarbeitung an einzelnen Fallgruppen orientierter Kriterien bedarf, die im Gesetz keinen Anhalt finden.

39 Als **Vorbereitungskosten** kommen bei hinreichender Prozeßbezogenheit in Betracht Aufwendungen für:
– **Aktenauszüge** aus Straf- und Ermittlungsakten[91];
– **Beratung** durch einen Rechtsanwalt vor Klageerhebung oder Klageerwiderung (bzw. vor Durchführung des Rechtsmittelverfahrens). Allerdings geht die **Ratsgebühr** nach § 20 Abs. 1 S. 3 BRAGO normalerweise in anderen Gebüren (Prozeßgebühr, Verkehrsanwaltsgebühr) auf. Eine gesonderte Erstattung kommt wegen § 91 Abs. 2 S. 3 nur in Ausnahmefällen in Betracht, wenn es erforderlich war, sich zunächst von jemand anderem als dem späteren Prozeßbevollmächtigten beraten zu lassen (→ dazu ausf. Rdnr. 72), oder wenn es nicht mehr zu einem weiteren Verfahren kommt bzw. ein Anwalt dafür nicht bestellt wird[92]. Zur Gebühr nach § 118 BRAGO → Rdnr. 40;
– **Beschaffung** von Urkunden[93];
– **Detektivermittlungen** zur Beschaffung von Beweismaterial (→ Rdnr. 54);
– **Nachforschungen** in Archiven, öffentlichen Büchern oder nach Zeugen[94] (→ Rdnr. 31);
– Nachforschungskosten im Zusammenhang mit einer **Patentstreitigkeit** oder für das Gebrauchsmusterlöschungsverfahren[95];
– **Porto- und Fotokopieraufwendungen**[96] (→ auch Rdnr. 52 ff., 56);
– **Privatgutachten** zu Tatsachen- oder Rechtsfragen (→ Rdnr. 60 ff.);
– **Reisekosten** der Partei zum Anwalt (→ Rdnr. 67, 91) oder des Anwalts zur Besichtigung der Örtlichkeit oder dergl.[97];
– Kosten der für die zivilrechtliche Durchsetzung erforderlichen **Strafanzeige**[98];
– Information durch **Zeugen** usw. vor Beginn des Prozesses.

40 **Nicht** zu den Vorbereitungskosten gehören
– die Kosten einer **Kündigung** (die im übrigen auch in §§ 1118, 1210 BGB, § 10 Abs. 2 ZVG den Kosten der Rechtsverfolgung entgegengesetzt werden);
– solche der **Abtretung** der Klageforderung[99].
– Ob zur **Abwendung** des gerichtlichen Verfahrens aufgewandte Kosten zu den Prozeßkosten des nachfolgenden Verfahrens zu rechnen sind, hängt von den Verhältnissen des Einzelfalles ab, insbesondere davon, ob die Handlungen sich gleichzeitig für den konkreten Prozeß als vorbereitende Tätigkeit darstellen[100]. Im allgemeinen wird die Frage bei **Mahnschreiben** zu verneinen sein[101]. Die dafür anfallende Gebühr nach § 118 BRAGO entsteht durch eine vorprozessuale Tätigkeit, die i. d. R. der Vermeidung des Rechtsstreits dient und daher nicht erstattungsfähig ist[102]. Folgerichtig bleibt diese Gebühr dann auch bei hypothetischen Kosten-

---

[91] *OLG Hamm* JurBüro 1985, 1401; *OLG Koblenz* JurBüro 1991, 88; *OLG Nürnberg* AnwBl. 1972, 104; *AG Albstadt* AnwBl. 1978, 317; vgl. auch *BPatGE* 23, 126.
[92] *OLG Düsseldorf* JurBüro 1992, 39 f.; *KG* JurBüro 1989, 1116; MDR 1985, 1038; *OLG München* JurBüro 1980, 1664; *LG Berlin* MDR 1982, 499; *Dittmar* NJW 1986, 2092; a. M. *LG Fulda* JurBüro 1986, 230. – Zur Schriftsatzgebühr → Rdnr. 100.
[93] *RG* SeuffArch. 49 (1894), 458; *OLG Hamburg* OLGRspr. 37 (1918), 97.
[94] Aber nicht *notwendig*, wenn die Nachforschung Sache des Anwalts gewesen wäre, *OLG Schleswig* JurBüro 1980, 1857.
[95] *BPatG* BB 1967, 308 (L); *OLG Hamburg* JurBüro 1973, 518; aber Einschaltung eines Patentanwalts nicht notwendig, wenn auch von eigenen Mitarbeitern durchführbar, *OLG Frankfurt* GRUR 1993, 161.

[96] Vgl. *OLG Schleswig* VersR 1974, 890.
[97] *RG* JW 1891, 4; *BayObLG* 16, 500; *OLG Hamburg* OLGRspr. 7 (1903), 280; *OLG Koblenz* JurBüro 1991, 86 (Betrugsermittlung durch Anwalt); vgl. auch *KG* JW 1926, 1033.
[98] *KG* JurBüro 1983, 1251; *LG Frankfurt* MDR 1982, 759.
[99] *OLG Düsseldorf* JurBüro 1993, 224; *OLG Hamburg* OLGRspr. 37 (1918), 97; *OLG Koblenz* VersR 1981, 87 (L).
[100] *BGH* WM 1987, 247, 249; vgl. auch die Abgrenzung in *OLG München* MDR 1992, 416; ausf. *v. Eicken* Festschr. f. H. Schmidt (Fn. 1), 22 ff.
[101] Vgl. für anwaltliche Leistungsaufforderung nur *BGH* WM 1987, 247, 248 sowie die nachstehend Genannten.
[102] *OLG Bamberg* JurBüro 1991, 704 (zust. *Mümm-*

vergleichen außer Betracht, so daß sie insbesondere nicht die Einschaltung eines *Verkehrsanwalts* rechtfertigen kann[103] (→ Rdnr. 73 a. E.). In diesen Fällen muß gegebenenfalls auf einen materiell-rechtlichen Erstattungsanspruch zurückgegriffen werden (→ vor § 91 Rdnr. 13, 14 ff.).

– Aus denselben Gründen sind nicht erstattungsfähig die Kosten für eine **wettbewerbsrechtliche Abmahnung**[104] oder Aufwendungen für vorprozessuale **Vergleichsverhandlungen**[105]. Nicht zu den Vorbereitungskosten zählen auch die Aufwendungen für einen vorprozessual geführten **Schriftverkehr unter den Parteien**[106] sowie Aufwendungen durch die Inanspruchnahme von **Inkassobüros** und ähnlichen Einrichtungen[107] (→ auch Rdnr. 92 a. E.).

Ist es nicht zum Prozeß gekommen, so können die Kosten nur als Schaden auf Grund materiellen Rechts (→ Rdnr. 13, 14 ff. vor § 91) verfolgt werden, wobei die Notwendigkeit der Abfassung von Mahnschreiben durch einen Anwalt ebenfalls von den konkreten Verhältnissen abhängt[108] (→ vor § 91 Rdnr. 18).   41

Zu erstattende Vorbereitungskosten können im Rahmen des Kostenfestsetzungsverfahrens **geltend gemacht** werden, soweit sie nicht ausschließlich materiell-rechtlich begründet sind: Zu der Frage, ob ein eigener Ansatz als Position in der Klageschrift (Nebenforderung, → § 4 Rdnr. 16 ff.) in Frage kommt, → vor § 91 Rdnr. 20.   42

8. Kosten vor Gütestellen

Durch ausdrückliche Vorschrift des durch die Nov 24 eingefügten und durch die Nov 50 geänderten Abs. 3 sind die **Gebühren**, die durch ein Güteverfahren vor einer durch die Justizverwaltung eingerichteten oder **anerkannten Gütestelle** (→ § 279 Rdnr. 29 ff.) entstanden sind, für erstattungsfähig erklärt, **nicht aber die sonstigen durch ein derartiges Verfahren**   43

---

ler); 1982, 1849; *OLG Bremen* JurBüro 1979, 853; *OLG Düsseldorf* JurBüro 1990, 53; *OLG Koblenz* AnwBl. 1985, 213; JurBüro 1979, 398; NJW 1978, 1752; *OLG Köln* JurBüro 1981, 1025; *OLG München* AnwBl. 1988, 69; *OLG Schleswig* JurBüro 1992, 687; 1984, 1247; 1981, 582; *LG Tübingen* JurBüro 1989, 1122; *Mümmler* JurBüro 1983, 978; vgl. auch *LG Berlin* JurBüro 1985, 923; a.M. *Dittmar* NJW 1986, 2090. – Erstattungsfähig sind gegebenenfalls die Kosten für die Mitteilung eines Rechtsanwalts, daß der Klagebetrag bereits bezahlt sei, *OLG Saarbrücken* AnwBl. 1972, 395.
[103] *OLG Bamberg* JurBüro 1991, 704; 1982, 1849; *OLG Bremen* JurBüro 1979, 853; *OLG Hamburg* MDR 1985, 243; *OLG Karlsruhe* JurBüro 1985, 1095; *OLG Koblenz* NJW 1978, 1752; *OLG Köln* JurBüro 1981, 1025; *OLG München* AnwBl. 1988, 69; *OLG Schleswig* JurBüro 1992, 687; 1984, 1247; *OLG Stuttgart* JurBüro 1983, 768/438; *OLG Zweibrücken* JurBüro 1985, 1342; 1981, 62; *LG Essen* AnwBl. 1983, 564; *Mümmler* JurBüro 1985, 163. – A.M. *OLG Düsseldorf* JurBüro 1981, 1358 f.; 1980, 1037/291 (krit. *Mümmler*); *Dittmar* NJW 1986, 2092 f.; *Schmidt* MDR 1982, 633.
[104] Ihr Ziel ist es, entweder den Rechtsfrieden ohne Prozeß wiederherzustellen oder dem Beklagten jedenfalls das sofortige Anerkenntnis i. S. des § 93 zu verwehren. Ähnlich wie bei Handlungen, die einer Klage erst die Begründetheit verschaffen, geht es darum, die rechtlichen Voraussetzungen einer auch im Kostenpunkt erfolgreichen Klage herzustellen, nicht darum, die Durchführung des Rechtsstreits vorzubereiten. Vgl. *OLG Düsseldorf* Rpfleger 1982, 352; *OLG Frankfurt* GRUR 1985, 328; *OLG Hamburg* MDR 1993, 388; *OLG Hamm* JurBüro

1974, 501; *OLG Koblenz* MDR 1986, 241; JurBüro 1981, 1089; *OLG Schleswig* JurBüro 1985, 1864. – A.M. (erstattungsfähige Vorbereitungskosten) *KG* WRP 1982, 25; *OLG Köln* NJW 1969, 935; *OLG München* JurBüro 1982, 1192; WRP 1970, 35; *OLG Nürnberg* JurBüro 1992, 416; *Baumbach/Hefermehl* Wettbewerbsrecht[17], UWG Einl. Rdnr. 552; *Pastor* Der Wettbewerbsprozeß[3], S. 177; *Teplitzky* Wettbewerbsrechtliche Ansprüche[6], Kap. 41 Rdnr. 90. Soweit die Abmahnung als Prozeßvorbereitung aufgefaßt wird, ist streitig, ob bei unterlassener, aber wegen § 93 ZPO gebotener Abmahnung hypothetische Kosten zu Lasten des Beklagten zu berücksichtigen sind (→ § 93 Rdnr. 16). – Zu materiell-rechtlichen Erstattungsansprüchen → vor § 91 Rdnr. 16.
[105] *OLG Bamberg* JurBüro 1982, 601; *OLG Celle* JurBüro 1986, 282; *OLG Hamburg* MDR 1985, 243; *OLG München* MDR 1992, 416. – S. zum außergerichtlichen Vergleichsversuch *während des Prozesses OLG Celle* NdsRpfl. 1960, 18; *OLG Schleswig* Rpfleger 1962, 426 (nur aus besonderen Gründen). – A.M. *LG Göttingen* NdsRpfl. 1959, 136; *LAG Hamm* AP § 91 Nr. 18; *VGH München* NJW 1962, 461.
[106] *OLG Hamburg* JurBüro 1982, 444; *KG* JurBüro 1965, 383; auch nicht für Schriftwechsel mit Rechtsschutzversicherung, *OLG Düsseldorf* JurBüro 1977, 812.
[107] *OLG Hamburg* HansRuGZ 34, B 634; *OLG Karlsruhe* Rpfleger 1987, 422; *OLG München* MDR 1989, 825; *AG Hamburg* AnwBl. 1953, 324; *Jäckle* (Fn. 1), 109 ff. und JZ 1978, 679.
[108] Vgl. *BGH* NJW 1984, 2525; *OLG Hamburg* SeuffArch. 60 (1904), 188.

entstandenen Kosten (Zeitversäumnis, Anwaltskosten usw.). Daß sich der Gegner auf das Güteverfahren eingelassen hat, ist nicht notwendig. Hat sich indessen der Kläger zunächst an eine unzuständige Gütestelle gewandt, so kann er die für das versuchte Ausgleichsverfahren verauslagten Gebühren nicht verlangen. – Die Erstattungsfähigkeit entfällt, wenn von der Beendigung des Güteverfahrens bis zur Klageerhebung mehr als ein Jahr verstrichen ist, d. h. seit dem Zeitpunkt, an dem die Gütestelle ihre Vermittlungstätigkeit endgültig als erfolglos eingestellt hat. Eine von der Gütestelle ausgestellte Bescheinigung bindet den Richter nicht, wird aber in aller Regel genügen.

Über die *Anwaltsgebühren* in diesem Güteverfahren vgl. § 65 Abs. 1 BRAGO. Über die Gebühren der öffentlichen Rechtsauskunft- und Vergleichsstelle in *Hamburg*, die als eine solche Gütestelle fungiert (VO vom 4. II. 1946, Hamb.GVBl. S. 13), vgl. Hamb.Gebührenordnung vom 15. XII. 1987 (GVBl. S. 237).

V. Notwendigkeit der Kosten

1. Begriff und maßgeblicher Zeitpunkt

44   Die Kosten des Rechtsstreits hat der Gegner nur zu erstatten, soweit ihre Aufwendung **zur zweckentsprechenden Rechtsverfolgung oder Rechtsverteidigung notwendig** war (Abs. 1 S. 1). Die Novelle 1909 hat den Zusatz »nach freiem Ermessen des Gerichts« in Abs. 1 und die Worte »nach dem Ermessen des Gerichts« in Abs. 2 gestrichen, weil die Entscheidung nach § 104 zunächst durch den Urkundsbeamten der Geschäftsstelle, jetzt den Rechtspfleger, erfolgt. Sachlich ist dadurch nichts geändert. Die beteiligten Gerichtspersonen entscheiden – vorbehaltlich der unter Rdnr. 95ff. zu besprechenden Ausnahmen – *ohne Bindung an bestimmte Regeln* auf Grund ihrer freien Überzeugung, zu deren Bildung es einer Beweisaufnahme nie bedürfen wird, da sie mit den zu beurteilenden Lebensverhältnissen kraft ihrer Stellung vertraut sein müssen und vertraut sind[109].

45   **Notwendig** sind Kosten, wenn sie in dem Zeitpunkt, zu dem die Handlung vorzunehmen war, gemäß den allgemeinen Anschauungen und namentlich denen des prozessualen Rechtsverkehrs nach den tatsächlich gegebenen Verhältnissen aufzuwenden waren. Damit ist ein *objektiver*, nicht ein subjektiver *Maßstab* anzulegen: Was die Partei für erforderlich hält, ist unerheblich. Unkenntnis und Ungewißheit der Partei, auch wenn sie unverschuldet sind, können die Erstattungsfähigkeit der Kosten für objektiv nicht erforderliche Handlungen nicht begründen[110]. Die Notwendigkeit ist stets vom **Zeitpunkt der Vornahme der fraglichen Handlung** aus zu beurteilen[111]. Dieser Grundsatz verbietet es, die Relevanz einer Rechtsverfolgungs- oder Rechtsverteidigungsmaßnahme für das tatsächliche Prozeßergebnis zur Voraussetzung der Notwendigkeit zu machen. Ebensowenig kann die Erstattungsfähigkeit daran scheitern, daß das richterliche Ergebnis von der Maßnahme, deren Erstattung begehrt wird, nicht beeinflußt wurde (→ auch Rdnr. 54, 60ff.). Voraussetzung für die Erstattung ist lediglich, daß die Maßnahme bei objektiver Beurteilung eine Förderung des Prozeßerfolges erwarten ließ.

---

[109] Vgl. schon *Stein* Das private Wissen (1893, Nachdruck 1969), 40f., 74f.

[110] Vgl. *RGZ* 32, 387; JW 1898, 198; *OLG Celle* OLGRspr. 13 (1906), 97 (mehrfache Zustellung »zur Sicherheit«); *OLG Düsseldorf* JurBüro 1992, 34; *OLG Koblenz* JurBüro 1987, 128 und VersR 1985, 273 (L) (keine Notwendigkeit bei Verursachung durch **Amtspflichtverletzung** des Gerichts; anders *LG Berlin* MDR 1988, 237: Festsetzung, aber nur Zug um Zug gegen Abtretung der Amtshaftungsansprüche); → auch § 84 Rdnr. 3.

[111] Vgl. etwa für Ablichtungen *OLG Bamberg* JurBüro 1984, 1359; *VG Köln* AnwBl. 1979, 235; für Verkehrsanwalt *OLG Bamberg* JurBüro 1981, 1574; *OLG Düsseldorf* AnwBl. 1983, 566; JurBüro 1981, 1358; *OLG Koblenz* JurBüro 1987, 1675; ferner für Detektivkosten Rdnr. 54, für Gutachten Rdnr. 60f. m.w.N.

Zu den allgemeinen Anschauungen, anhand derer die Notwendigkeit zu beurteilen ist, **45a**
gehört auch das Verbot des **Rechtsmißbrauchs**[112]. Es entspricht deshalb allgemeiner Auffassung, daß typologisch erstattbare Aufwendungen dann nicht als notwendig anerkannt werden können, wenn sie ersichtlich nur dazu dienten, dem Gegner Mehrkosten zu verursachen. Die Rechtsprechung neigt freilich dazu, mit dem Argument des Rechtsmißbrauchs recht schnell bei der Hand zu sein. Daß etwa der Abweisungsantrag bei einem vom Gegner nur zur Fristwahrung eingelegten Rechtsmittel vor Fristablauf nicht notwendig ist (→ Rdnr. 46b), braucht nicht mit treuwidrigem Verhalten begründet zu werden[113]. – Umgekehrt wird es im allgemeinen nicht veranlaßt sein, *fehlende* Notwendigkeit durch »Treu und Glauben« zu ersetzen[114].

Von der Partei ist nicht zu verlangen, daß sie zur Kostenersparnis erst tätig wird, wenn sie **46**
sich restlose Gewißheit über die Sachlage verschafft hat, sondern schon dann, wenn ein vernünftig denkender Mensch nach der Lebenserfahrung weiteres **Warten** für unnötig und nicht sachgemäß halten kann[115]. Deshalb können z.B. Anwaltskosten für den Antrag auf Erlaß eines Vollstreckungsbescheids erstattungsfähig sein, wenn der Partei einige Tage nach Fristablauf noch keine Nachricht über die Einlegung eines Widerspruchs zugegangen ist[116].

Der **Rechtsmittelbeklagte** braucht mit der Beauftragung eines Rechtsanwalts grundsätzlich **46a**
nicht zu warten, bis der Rechtsmittelkläger der Begründungspflicht nach §§ 519, 554 nachgekommen ist. Hat er sichere *Kenntnis* von der Berufungseinlegung erlangt, so kann er sich sogleich an einen Rechtsanwalt wenden. Auf den Zeitpunkt der Zustellung der Berufungsschrift kommt es nicht an[117]. Der vom Rechtsmittelkläger mit der Einreichung der Berufung eingeleitete Angriff gegen das Urteil 1. Instanz gibt begründeten Anlaß, sich sofort eines Rechtsanwalts zu bedienen, so daß die Kosten – auch für den Zurückweisungsantrag – voll zu erstatten sind[118]. Das gilt unabhängig davon, ob das Rechtsmittel schließlich zurückgenommen wurde, und zwar selbst dann, wenn der Sachantrag nach der Rechtsmittelrücknahme eingereicht wurde, dies aber der Partei oder ihrem Prozeßbevollmächtigten noch nicht bekannt war[119].

Wurde das Rechtsmittel *ausdrücklich* **nur zur Fristwahrung** eingelegt, so ist der Berufungs- **46b**
beklagte jedenfalls berechtigt, sich anwaltlich *beraten* zu lassen. Dazu braucht er sich auch

---

[112] *BVerfG* NJW 1990, 2124; *OLG Koblenz* NJW-RR 1990, 960.
[113] Vgl. auch die in Rdnr. 103a zur Selbstvertretung assoziierter Anwälte Genannten. – Zur Zurückhaltung mahnt auch *Schneider* MDR 1981, 451.
[114] So aber *OLG Hamm* JurBüro 1981, 871.
[115] *BGH* WM 1987, 248; *OLG Schleswig* JurBüro 1981, 1080.
[116] *OLG Hamm* JMBl.NRW 1955, 35; 1952, 169; *KG* JW 1931, 1832. – A.M. *OLG Düsseldorf* JMBl.NRW 1953, 63; *OLG München* BayJMBl. 1957, 38. Vgl. noch *Wriede* MDR 1952, 89 (bedenklich).
[117] A.M. *OLG Hamm* Rpfleger 1978, 427; *KG* Rpfleger 1976, 257; NJW 1970, 616; *OLG München* MDR 1987, 1030; *LG Frankfurt* AnwBl. 1990, 100; *Mümmler* JurBüro 1988, 23, 27; im Einzelfall auch *OLG Köln* NJW-RR 1987, 954 (wenn Berufungskläger Prozeßkostenhilfe beantragt hat); offen *LG Köln* JurBüro 1985, 1403.
[118] *OLG Bamberg* AnwBl. 1983, 181; *OLG Braunschweig* NdsRpfl. 1983, 207; *OLG Bremen* AnwBl. 1970, 319; JurBüro 1971, 152; *OLG Düsseldorf* NJW 1974, 245; *KG* MDR 1990, 732; *OLG Köln* JurBüro 1984, 404; *OLG München* AnwBl. 1984, 450; *OLG Schleswig* JurBüro 1990, 992; *OLG Zweibrücken* JurBüro 1989, 495;

1985, 1199. – A.M. (keine Notwendigkeit des Abweisungsantrages vor Eingang der Berufungsbegründung, daher nur eine 13/20-Gebühr) *OLG Bamberg* JurBüro 1988, 598; *OLG Karlsruhe* MDR 1990, 158; NJW-RR 1986, 1504; *OLG Koblenz* JurBüro 1982, 1352; *OLG Köln* MDR 1987, 327; *OLG Nürnberg* MDR 1993, 284; JurBüro 1990, 1293; *LAG Düsseldorf* JurBüro 1988, 1668; *Mümmler* JurBüro 1988, 25.
[119] *OLG Düsseldorf* Rpfleger 1987, 170; JurBüro 1980, 74 (entsprechend für Verwerfung nach § 519b; vgl. dazu auch *OLG Frankfurt* JurBüro 1983, 1409); *OLG Hamburg* JurBüro 1975, 1607; *OLG Hamm* FamRZ 1990, 537; München 1972, 395; *KG* MDR 1993, 481 (entsprechend für Klage- oder Antragsrücknahme); NJW 1975, 125; *OLG Köln* JurBüro 1988, 351; 1986, 1198; *OLG München* JurBüro 1985, 716; AnwBl. 1983, 523; 1971, 109 (Chemnitz); *OLG Oldenburg* JurBüro 1992, 682; *OLG Saarbrücken* JurBüro 1988, 595; *OLG Schleswig* JurBüro 1990, 1622; *OLG Zweibrücken* JurBüro 1989, 496; vgl. auch *KG* JurBüro 1980, 1430; *LG Berlin* JurBüro 1984, 921 (Unkenntnis infolge nicht mitgeteilten Wohnsitzes steht gleich). – Anders *OLG Hamburg* JurBüro 1979, 703, das bei Mitverschulden den Gebührensatz kürzen will.

§ 91 V   Erstes Buch. Allgemeine Vorschriften. Zweiter Abschnitt. Parteien

nicht auf eine Beratung durch den erstinstanzlichen Anwalt verweisen zu lassen[120], sondern er kann zur Vorbereitung der Verteidigung die Hilfe eines beim Rechtsmittelgericht zugelassenen und mit den dortigen Gepflogenheiten vertrauten Anwalts in Anspruch nehmen, so daß jedenfalls eine 13/20-Gebühr gemäß § 32 BRAGO zu erstatten ist[121]. Hingegen ist es angesichts des bislang nur formalen Angriffs in diesem Fall noch nicht erforderlich, in diesem Stadium schon einen *Abweisungsantrag* zu stellen. Die 13/10-Gebühr nach §§ 11, 31 BRAGO ist daher für *vor* Fristablauf gestellte Sachanträge nicht erstattungsfähig[122]. Allerdings kommt die Erstattung der Gebühren nach dem Kostenstreitwert für einen *Antrag auf Verlustigerklärung* nach §§ 515 Abs. 3, 566 in Betracht[123]. Aus einem Antrag auf *Verlängerung der Rechtsmittelbegründungsfrist* darf der Rechtsmittelbeklagte mangels ausdrücklichen gegenteiligen Vorbringens schließen, daß das Rechtsmittel nunmehr durchgeführt werden soll. Es sind dann auch die Kosten für den danach gestellten Abweisungsantrag zu erstatten[124].

47   Die im **Mahnverfahren** in Anspruch genommene Partei braucht sich nicht auf die Einlegung des Widerspruchs zu beschränken. Wegen ihres berechtigten Interesses am Fortgang der Sache kann sie Antrag auf Durchführung des streitigen Verfahrens und zugleich Klageabweisungsantrag stellen. Hierdurch entstandene Kosten sind zu erstatten[125]. – Zu den Kosten des *Antragstellers* → Rdnr. 58, 108.

---

[120] A.M. *OLG Bamberg* JurBüro 1993, 93; 1989, 1263; 1987, 1862/1689; bei Simultanzulassung auch *LG Nürnberg-Fürth* JurBüro 1979, 1156.
[121] *OLG Bamberg* JurBüro 1984, 881/231; 1983, 1514/1094; *OLG Bremen* Rpfleger 1976, 436; *OLG Düsseldorf* JurBüro 1993, 99; *OLG Frankfurt* JurBüro 1984, 1678; *OLG Hamm* JurBüro 1991, 1085; 1989, 963; *KG* JurBüro 1982, 605; *OLG Koblenz* NJW-RR 1991, 960; JurBüro 1978, 229; *OLG München* MDR 1986, 943; AnwBl. 1984, 99; 1972, 276; *OLG Nürnberg* JurBüro 1993, 91/90; 1992, 39; 1982, 1255; *OLG Schleswig* JurBüro 1986, 603; *OLG Stuttgart* JurBüro 1984, 1185; *LG Berlin* JurBüro 1983, 920; 1980, 1576; *LG Hanau* AnwBl. 1987, 49; *LG Köln* AnwBl. 1986, 207; *LAG Düsseldorf* JurBüro 1987, 384; *LAG Hamm* MDR 1987, 963; *LAG Köln* JurBüro 1985, 1712; *LAG Nürnberg* JurBüro 1992, 605; *VGH München* NJW 1982, 2394; *Mümmler* JurBüro 1988, 26. – A.M. *OLG Bamberg* JurBüro 1990, 49 (abl. *Mümmler*); 1988, 1688/1005/67; 1985, 408; 1984, 1834; 1979, 703; 1978, 365; 1976, 337/335; 1975, 770; *OLG Hamm* AnwBl. 1982, 530; NJW 1970, 2217; *OLG Köln* MDR 1992, 1189/1087; 1980, 941; NJW-RR 1987, 954; *OLG München* AnwBl. 1971, 109 (abl. *Chemnitz*); *OLG Saarbrücken* JurBüro 1992, 37 (wenn Rücknahme zu erwarten); 1978, 709; *OLG Zweibrücken* JurBüro 1987, 429; 1984, 1680; *LG Bückeburg* JurBüro 1992, 329; *LG Zweibrücken* NJW-RR 1986, 1502; MDR 1979, 851; *LAG Düsseldorf* JurBüro 1987,1362.
[122] *OLG Bamberg* JurBüro 1984, 882/231; 1983, 1514/1094; *OLG Frankfurt* JurBüro 1984, 1679; *OLG Hamm* JurBüro 1991, 1085; 1989, 963; *KG* JurBüro 1991, 1194; 1984, AnwBl. 1984, 621; Rpfleger 1982, 355; *OLG Karlsruhe* JurBüro 1993, 36; 1985, 226; *OLG Koblenz* NJW-RR 1991, 960; JurBüro 1978, 229; *OLG Nürnberg* JurBüro 1993, 91; *OLG Saarbrücken* AnwBl. 1973, 112; *OLG Schleswig* JurBüro 1986, 604; *OLG Stuttgart* JurBüro 1984, 1185; *LG Berlin* JurBüro 1983, 920; 1980, 1576; *LG Köln* AnwBl. 1986, 207; *LG Nürnberg-Fürth* JurBüro 1979, 1154; *LAG Düsseldorf* JurBüro 1987, 384; *LAG Hamm* MDR 1987, 963; *LAG Köln* JurBüro 1985, 1712; *LAG Nürnberg* JurBüro 1992, 605; *Mümmler* JurBüro 1988, 26. – A.M. (für volle Erstattung) *OLG Düsseldorf* JurBüro 1991, 942; 1982, 555; 1974, 610; Rpfleger 1989, 170; *OLG Frankfurt* NJW-RR 1986, 1320; MDR 1980, 940; JurBüro 1979, 110; *OLG Hamburg* AnwBl. 1980, 462; *OLG Hamm* JurBüro 1984, 1836; *OLG Karlsruhe* JurBüro 1990, 342; *OLG München* JurBüro 1990, 1162 (solange kein Stillhalteabkommen geschlossen wurde); *LG Hanau* AnwBl. 1987, 50; *LG Münster* JurBüro 1986, 1195; *LAG Bremen* AnwBl. 1988, 483; *VGH München* NJW 1982, 2394; *Hauss* NJW 1984, 963.
[123] *OLG Bamberg* JurBüro 1993, 93; 1989, 1263; 1987, 1862/1689/388/70; 1986, 876; 1985, 408; 1984, 1835; 1983, 1515; 1982, 1354; 1976, 335; *OLG Frankfurt* JurBüro 1984, 1679; *OLG Hamm* JurBüro 1991, 1085; 1989, 963; *OLG Koblenz* NJW-RR 1991, 960; JurBüro 1978, 229; *OLG Schleswig* JurBüro 1986, 604; *LG Berlin* JurBüro 1980, 1576; *LG Nürnberg-Fürth* JurBüro 1979, 1156; *LAG Nürnberg* JurBüro 1992, 605. – A.M. *OLG Köln* AnwBl. 1993, 137.
[124] Vgl. (auch zu den Ausnahmen im Einzelfall) *OLG Bamberg* JurBüro 1988, 1688; 1987, 706/338/70; 1986, 876f.; 1984, 1834; 1982, 1353; 1979, 704; *OLG Hamm* JurBüro 1991, 1085; 1989, 963; FamRZ 1990, 537; AnwBl. 1982, 530; 1978, 137; *KG* JurBüro 1991, 1194; AnwBl. 1984, 621; *OLG Nürnberg* JurBüro 1992, 39; 1990, 1244; *OLG Schleswig* AnwBl. 1984, 621; JurBüro 1983, 773; SchlHA 1982, 142; *LG Hagen* AnwBl. 1989, 238. – A.M. *OLG Köln* MDR 1992, 1087f.
[125] *OLG Bremen* JurBüro 1983, 1666; *OLG Celle* JurBüro 1984, 1522; *OLG Düsseldorf* JurBüro 1992, 470 und *OLG Frankfurt* AnwBl. 1988, 74 (sofern das Streitverfahren durchgeführt wurde); *OLG Hamburg* JurBüro 1993, 95; MDR 1983, 233f.; *OLG Hamm* MDR 1989, 649; 1981, 593; AnwBl. 1985, 206 (sofern nicht schon vom Kläger gestellt); *OLG Köln* JMBl.NRW 1974, 136; *OLG München* MDR 1992, 909; JurBüro 1986, 878; AnwBl. 1983, 520; NJW 1974, 2097; *OLG Oldenburg* NdsRpfl. 1990, 223; *OLG Saarbrücken* JurBüro 1988, 1669; vgl. auch *OLG Koblenz* JurBüro 1981, 869; *LG Hannover* JurBüro 1980, 218; *LG Nürnberg-Fürth* AnwBl. 1982, 76; *LG Trier* AnwBl. 1979, 155. – A.M. *OLG Bamberg* JurBüro 1986, 228 und 61; *OLG Frankfurt* JurBüro 1981, 1075; *KG* JurBüro 1989, 1115; NJW 1973, 909; *LG Hannover* JurBüro 1992, 30; *Mümmler* JurBüro 1988, 1287; einschränkend auch *OLG Bremen*

Erlangt im **Verfügungsverfahren** der Antragsgegner von einem gegen ihn gerichteten 48
Verfügungsantrag ohne gerichtliche Anordnung Kenntnis, so ist er berechtigt, zur vorsorglichen Wahrung seiner Rechte einem Rechtsanwalt Prozeßauftrag zu erteilen[126]. Auch die Kosten einer **Schutzschrift** sind erstattungsfähig, wobei allerdings nur eine halbe Gebühr nach § 32 BRAGO verlangt werden kann, da ein Sachantrag nicht erforderlich ist[127].

Die der Partei durch eine **gerichtliche Anordnung** erwachsenen Kosten sind immer notwendig, auch wenn die Anordnung durch einen sachlich unbegründeten Antrag der Partei veranlaßt war[128]. Grundsätzlich bleibt aber die Partei **verpflichtet, ihre Kosten so niedrig zu halten**, wie sich dies mit einer ordentlichen, die eigenen Rechte in vollem Umfang wahrenden Prozeßführung verträgt[129]. Gesetzlich eingeräumte Wahlmöglichkeiten bleiben jedoch unberührt[130]. So ist der Kläger, wenn mehrere Gerichtsstände zur Wahl stehen (§ 35), nicht genötigt, bei dem Gericht zu klagen, bei dem die Kosten für die Parteien voraussichtlich niedriger wären[131]. Im übrigen sind aber die durch das **Anrufen eines unzuständigen Gerichts** entstandenen Kosten zugunsten des Klägers[132] nicht erstattungsfähig. Verweist das unzuständige Gericht an das zuständige und übersieht dieses in der Kostenentscheidung § 281 Abs. 3 S. 2, so muß der Beklagte die Mehrkosten erstatten, da es nicht möglich ist, die fehlerhafte Kostenentscheidung über den Umweg der Notwendigkeit zu korrigieren, indem man die Erstattungsfähigkeit mit der Begründung ablehnt, daß es sich bei den Mehrkosten nicht um notwendige Kosten handele[133]. – Sind **nicht notwendige Kosten** aufgewendet, so bleibt gleichwohl derjenige Betrag ersatzfähig, der auch beim zweckentsprechenden Vorgehen hätte aufgewendet werden müssen (→ für den Verkehrsanwalt z. B. Rdnr. 71). 49

Daß die Kosten vom erstattungspflichtigen Gegner **als notwendig anerkannt** werden, 50
bindet den Rechtspfleger nicht (→ § 104 Rdnr. 7).

JurBüro 1983, 563 sowie zutreffend für den Fall, daß der Antragsteller erklärt, den Anspruch nicht weiter verfolgen zu wollen, *LG Augsburg* Rpfleger 1988, 160.
[126] *KG* MDR 1988, 239; JurBüro 1980, 1430; *OLG München* JurBüro 1964, 664.
[127] *OLG Braunschweig* JurBüro 1993, 218; *OLG Bremen* JurBüro 1991, 940f.; *OLG Frankfurt* JurBüro 1987, 1074; 1981, 1093; *OLG Hamburg* JurBüro 1990, 732 (sofern vor Entscheidung eingegangen); 1988, 202; 1985, 401; Rpfleger 1979, 28; *KG* JurBüro 1980, 1357; *OLG Köln* GRUR 1988, 725; JurBüro 1987, 1220; 1981, 1827 (aber nicht, wenn erst nach Rücknahme des Verfügungsantrages eingereicht); *OLG München* JurBüro 1993, 154; MDR 1986, 329; *OLG Stuttgart* WRP 1979, 819; vgl. auch *KG* JurBüro 1987, 1398f. – A.M. (nicht erstattungsfähig) *OLG Düsseldorf* MDR 1989, 549; GRUR 1988, 404 (abl. *Teplitzky*); NJW 1986, 1695; *OLG Frankfurt* Rpfleger 1987, 234 und MDR 1978, 675 (nur, wenn nach Rechtshängigkeit des Eilverfahrens eingereicht); *Borck* WRP 1978, 262. – Wieder anders (voll erstattungsfähig) *OLG Düsseldorf* JurBüro 1991, 942; *OLG Stuttgart* JurBüro 1980, 878; *Deutsch* GRUR 1990, 331f. – Vgl. ausf. *Ahrens/Spätgens* Einstweiliger Rechtsschutz und Vollstreckung in UWG-Sachen² A.III.2./3., S. 97ff.; *Krahe* (Fn. 1); *May* (Fn. 1), 109ff.
[128] So z. B. die Ablichtung einer Schadensakte, *LG Aachen* AnwBl. 1981, 452; die Bewilligung öffentlicher Zustellung, *OLG Karlsruhe* BadRPr. 1, 114; die Vorlage eines Erbscheins, *LAG Düsseldorf* JurBüro 1989, 811; die Übersetzung von Urkunden *BPatG* GRUR 1983, 265. – A.M. *RG* JW 1905, 178, das die Reisekosten streicht, weil die Partei die bevorstehende Verlegung des Termins hätte voraussehen sollen. S. aber zur Reise in Unkenntnis der nicht durch Umstände im Bereich der Partei verursachten Aufhebung des Termins *OLG Düsseldorf* MDR 1958, 854 (dazu *Bauer*).
[129] Vgl. nur *VGH Baden-Württemberg* JurBüro 1991, 1246. – Keine Erstattung z. B. für Kosten des Zurückweisungsantrags im Verfahren nach § 7 EGZPO vor dem BayObLG, *OLG Bamberg* JurBüro 1979, 1024; 1972, 150; → auch zu § 91 Rdnr. 10a.
[130] Vgl. zur Anwaltswahl *OLG Hamm* JurBüro 1986, 268f.
[131] *OLG Hamburg* JurBüro 1980, 933; MDR 1978, 849; *OLG Hamm* AnwBl. 1982, 78; *KG* Rpfleger 1976, 323 (→ auch § 35 Rdnr. 4); *OLG Köln* JurBüro 1992, 104; MDR 1976, 496 (anders u. U. bei Rechtsmißbrauch); *OLG München* JurBüro 1978, 1875; vgl. auch *LG Berlin* NJW-RR 1987, 255. – Vgl. aber auch *OLG Stuttgart* JurBüro 1982, 552 (keine Erstattung von Mehrkosten infolge einer Gerichtsstandsvereinbarung in AGB der siegreichen Partei).
[132] Wohl zugunsten des Beklagten, *OLG Düsseldorf* AnwBl. 1989, 37.
[133] *OLG Bamberg* JurBüro 1984, 926; *OLG Düsseldorf* JurBüro 1988, 784 (abl. *Mümmler*); *OLG Hamburg* MDR 1986, 679; JurBüro 1983, 771; *OLG Karlsruhe* MDR 1988, 1063; *OLG Koblenz* NJW-RR 1992, 892; AnwBl. 1988, 294; MDR 1987, 681 (aber anders ebenda für § 506 und AnwBl. 1988, 294 sowie MDR 1988, 970 für § 696 Abs. 5); JurBüro 1987, 1401; *OLG Köln* JurBüro 1993, 37; *Leipold* → § 281 Rdnr. 42; grds. auch *KG* JurBüro 1990, 1183. – A.M. *OLG Bamberg* JurBüro 1985, 124; *OLG Bremen* Rpfleger 1987, 33; 1986, 403; *OLG Frankfurt* MDR 1988, 869; 1981, 58; *OLG Hamm* Rpfleger 1991, 267 (abl. *Schlaap/Ebmeier*); *OLG München* JurBüro 1985, 293; *Mümmler* JurBüro 1981, 813.

2. Einzelfälle

51 Anschließend werden die praktisch wichtigsten Fallgruppen in alphabetischer Reihenfolge dargestellt. Die im Überfluß publizierte Rechtsprechung ist kaum noch übersehbar.

Ablichtungen und Abschriften

52 von Urkunden, Schriftsätzen, Verhandlungsprotokollen, Akteninhalten usw. kommt bei der praktischen Verfahrensgestaltung durch die Parteien große Bedeutung zu. Nicht immer jedoch rechtfertigt der tatsächliche Nutzen oder die Bequemlichkeit den Ansatz im Kostenfestsetzungsverfahren. Vielmehr ist in jedem Einzelfall zu prüfen, ob die Abschrift oder Ablichtung zur zweckentsprechenden Rechtsverfolgung oder Rechtsverteidigung **notwendig** war. Vor der Prüfung der Notwendigkeit stellt sich allerdings zunächst die Frage, ob überhaupt besondere **Kosten entstanden** sind. Insbesondere bei Ablichtungen durch den *Prozeßbevollmächtigten* ist zu prüfen, ob dieser dafür gesonderte Gebühren in Rechnung stellen darf. Ob das so ist, richtet sich nach § 27 BRAGO, der wie folgt differenziert[134]:

52a 1. Bei Abschriften und Ablichtungen aus **Behörden- oder Gerichtsakten** kommt es allein darauf an, daß sie zur sachgemäßen Bearbeitung der Rechtssache geboten waren (§ 27 Abs. 1 S. 2 BRAGO); ein besonderes Einverständnis des Mandanten ist nicht erforderlich. Zur sachgemäßen Bearbeitung der Rechtssache sind Abschriften oder Ablichtungen etwa dann geboten, wenn sie für die Information der Partei oder eines Streithelfers gebraucht werden, der/dem die Klage nicht (ordnungsgemäß) zugestellt wurde[135], oder wenn der Anwalt sich aus demnächst zurückzugebenden Akten Kopien anfertigt, die er zur Vorbereitung seines Vortrags durcharbeiten oder ständig präsent haben muß[136]. Kosten der Anfertigung eines **Strafaktenauszuges** für den nachfolgenden Haftpflichtprozeß sind regelmäßig notwendig i. S. v. § 91 Abs. 1[137].

52b 2. **Alle übrigen Abschriften und Ablichtungen** können nach § 27 Abs. 1 S. 1 BRAGO nur in Rechnung gestellt werden, wenn sie »im Einverständnis mit dem Auftraggeber zusätzlich« gefertigt wurden. An der *Zusätzlichkeit* fehlt es regelmäßig dann, wenn der Gegenstand der Ablichtung zum Sachvortrag der Prozeßpartei gehört und in den Schriftsatz einzuarbeiten gewesen wäre. Die Leistung ist dann nämlich gemäß § 25 BRAGO durch die Prozeßgebühr des § 31 Nr. 1 BRAGO abgegolten, so daß keine besonderen Kosten entstanden sind, deren Erstattungsfähigkeit noch geprüft werden könnte. Einzelheiten sind allerdings streitig:

52c a) An der Zusätzlichkeit fehlt es bei Abschriften oder Ablichtungen von **Schriftsätzen** des Anwalts für die eigene Handakte[138], den eigenen Mandanten[139], das Gericht oder den Gegner[140]. Hingegen läßt sich aus § 133 der Schluß ziehen, daß die Partei ihrem Anwalt die Kopien von in unzureichender Anzahl eingereichten Schriftsätzen des *Gegners* gesondert zu vergüten hat[141]. Diese Kosten sind dann auch notwendig, solange es sich nicht um Schreiben rein prozessualen Inhalts handelt, über die der Anwalt seine Partei genauso gut auch mit einem eigenen Brief hätte informieren können[142].

---

[134] Vgl. ausf. *Mümmler* JurBüro 1983, 491.
[135] *OLG Düsseldorf* JurBüro 1979, 850; *OLG Hamburg* JurBüro 1988, 484; vgl. auch *OLG Schleswig* JurBüro 1989, 632 (Kopie einer Krankenakte für den Sachverständigen); *OVG Lüneburg* AnwBl. 1984, 322 verlangt Substantiierung durch den Anwalt; vgl. dazu auch *VG Freiburg* AnwBl. 1978, 184 (Auffassung des Anwalts entscheidet; ebenso *SG Freiburg* AnwBl. 1981, 124). – Für generelle Erstattung wohl *OLG Frankfurt* MDR 1978, 498.
[136] *VGH München* AnwBl. 1981, 163; *OVG Nordrhein-Westfalen* JurBüro 1989, 973; *VG Aachen* AnwBl. 1982, 311; *VG Köln* AnwBl. 1989, 109; *BPatGE* 23, 126 f.; zurückhaltender *VG Freiburg* AnwBl. 1978, 431 und mit Recht *OVG Hamburg* Hamb.JVBl. 1987, 82 (l.; für Kopien von eigenen Schriftsätzen).
[137] Vgl. *OLG Bamberg* JurBüro 1984, 1359; *OLG Schleswig* SchlHA 1964, 148; *OLG Hamm* AnwBl. 1970, 292; *OLG Stuttgart* Justiz 1970, 108; *LG Essen* JurBüro 1979, 370; vgl. auch *OLG Hamburg* JurBüro 1978, 1511; 1975, 768 (in angemessenem Umfang); *AG Kassel* AnwBl. 1988, 126. – **A.M.** grundsätzlich *FG Hamburg* BB 1968, 616 (L); einschränkend auch *VG Köln* AnwBl. 1989, 109 (Beiziehung reicht).
[138] *OLG Bamberg* JurBüro 1986, 101 f.; *OLG Düsseldorf* JurBüro 1986, 875.
[139] *OLG Bamberg* JurBüro 1986, 101 f.; *OLG Hamm* JurBüro 1982, 289; *OLG Stuttgart* JurBüro 1982, 1194. – Das muß wegen § 6 Abs. 2 BRAGO auch bei einer Vielzahl von Mandanten gelten.
[140] *OLG Bamberg* JurBüro 1978, 1188; *OLG Frankfurt* JurBüro 1981, 384; *OLG Köln* MDR 1987, 678; *OVG Lüneburg* AnwBl. 1984, 323. – **A.M.** *OLG München* JurBüro 1987, 704; AnwBl. 1978, 109; *OLG Schleswig* JurBüro 1983, 1091 (bei einer Vielzahl von Beteiligten); *LG München II* MDR 1991, 256; ferner *LAG Hamm* MDR 1988, 524 (Kopie für den Streitgenossen der Partei).
[141] **A.M.** *OLG Düsseldorf* JurBüro 1986, 875; *OLG Schleswig* JurBüro 1989, 632.
[142] *OLG Bamberg* JurBüro 1984, 1676; 1978, 1189; *OLG Karlsruhe* JurBüro 1986, 1710; *OLG München* JurBüro 1982, 1191; *OLG Stuttgart* JurBüro 1982, 1193

b) Die **Anlagen zu den Schriftsätzen** hat die Partei ihrem Anwalt grundsätzlich in der erforderlichen Anzahl zur Verfügung zu stellen. Lichtet der Prozeßbevollmächtigte die Originale ab, um sie seinen Schriftsätzen gemäß § 131 beizufügen, so handelt es sich grundsätzlich um eine *zusätzliche* Leistung i. S. v. § 27 Abs. 1 S. 1 BRAGO[143]. Das gibt dem Anwalt aber keinen Freibrief, zur eigenen Bequemlichkeit unbeschränkt zu kopieren, statt schriftsätzlich vorzutragen. Bei überflüssigen Kopien wird es regelmäßig an dem (stillschweigenden) *Einverständnis* des Auftraggebers fehlen, so der Anwalt nach § 27 Abs. 1 S. 1 BRAGO keine gesonderte Bezahlung verlangen kann. Sofern aber die Schreibauslagen dem Anwalt zustehen, sind sie als zur zweckentsprechenden Rechtsverfolgung *notwendig* auch zu erstatten, da sie den Prozeßablauf fördern und ein Beifügen der Originale im allgemeinen nicht zumutbar erscheint[144].

52d

c) Kosten für Ablichtungen zur Information eines materiell interessierten **Dritten**, etwa eines Steuerberaters, einer Haftpflichtversicherung oder mehrerer Vorstandsmitglieder der Partei, sind zwar *zusätzlich* gefertigt, aber zur zweckentsprechenden Rechtsverfolgung oder Rechtsverteidigung grundsätzlich *nicht notwendig*[145].

52e

d) Kopien, die der Anwalt für seinen Mandant von **gerichtlichen Verfügungen oder Urteilen** anfertigt, sind regelmäßig weder zusätzlich hergestellt noch vom (stillschweigenden) Einverständnis des Mandanten gedeckt noch als notwendig erstattungsfähig, da vom Gericht kostenlose Ausfertigungen bezogen werden können (vgl. Kostenverzeichnis zum GKG Nr. 1900, 2 c)[146]. Dasselbe gilt für Kopien, die zum Zwecke der *Zustellung* hergestellt werden, soweit nicht überhaupt Amtszustellung in Betracht kommt[147].

52f

e) Dasselbe gilt für Ablichtungen von **Protokollen** oder **Sachverständigenäußerungen** für die Partei. Die Information des Mandanten gehört zu der durch die Prozeßgebühr abgegoltenen Tätigkeit des Anwalts und ist daher nicht »zusätzlich« i. S. v. § 27 Abs. 1 S. 1 BRAGO[148].

52g

(aber nicht für die Anlagen zu den gegnerischen Schriftsätzen); *LG Aachen* AnwBl. 1981, 452; *LG Flensburg* JurBüro 1982, 1317; *OVG Lüneburg* AnwBl. 1984, 323.

[143] *OLG Bamberg* JurBüro 1987, 905; 1984, 397; *OLG Celle* NdsRpfl. 1983, 27; *OLG Düsseldorf* JurBüro 1986, 875; 1964, 213; *OLG Frankfurt* AnwBl. 1985, 205; JurBüro 1982, 746; 1980, 1521; 1979, 1509; *OLG Hamm* JurBüro 1967, 407; *OLG Karlsruhe* JurBüro 1988, 1666; *OLG Koblenz* MDR 1990, 64; JurBüro 1981, 383; *OLG Köln* JurBüro 1984, 874; *OLG München* MDR 1983, 233; AnwBl. 1981, 507; 1978, 109; NJW 1968, 2115 (L); 1962, 818; *OLG Saarbrücken* JurBüro 1986, 1841; *OLG Stuttgart* MDR 1988, 500; JurBüro 1982, 1520 (aber nur für Gericht und Gegner); *LG Aachen* AnwBl. 1980, 511; *LG Braunschweig* AnwBl. 1972, 396; *LG Frankfurt* JurBüro 1982, 1370; *AG Mainz* AnwBl. 1977, 260. – A.M. (nur, wenn die Originalurkunde bei der Partei verbleiben muß) *OLG Hamburg* JurBüro 1988, 483; 1981, 440; MDR 1968, 506; 1964, 931; *OLG Koblenz* JurBüro 1988, 1665 (zust. *Mümmler*); *KG* JurBüro 1975, 346; ebenso (nur, wenn es auch das Erscheinungsbild der abgelichteten Originals ankommt) *KG* JurBüro 1964, 890; *OLG Schleswig* JurBüro 1983, 1082; 1978, 1512; *VG Arnsberg* JurBüro 1981, 858; zurückhaltend auch *OLG Bamberg* JurBüro 1981, 1680; *OLG Köln* MDR 1987, 678; *OVG Lüneburg* AnwBl. 1984, 323.

[144] Statt vieler *OLG Bamberg* JurBüro 1987, 905 (aber nur für Gericht und Gegner, nicht für Handakten und die eigene Partei); 1978, 1189; *OLG Celle* NdsRpfl. 1983, 27; *OLG Düsseldorf* JurBüro 1964, 214; *OLG Frankfurt* Rpfleger 1987, 83; AnwBl. 1985, 205; JurBüro 1982, 746; 1981, 384; 1980, 1521; 1979, 1510; *OLG Hamm* JurBüro 1967, 407; *OLG Karlsruhe* JurBüro 1988, 1666; *OLG München* MDR 1983, 233; AnwBl. 1981, 507; NJW 1968, 2115; 1962, 817; *OLG Oldenburg* NdsRpfl. 1971, 282; *OLG Schleswig* JurBüro 1992, 172; SchlHA 1986, 184; *LG Braunschweig* AnwBl. 1972, 396; *LG Darmstadt* AnwBl. 1982, 216; *LG Flensburg* JurBüro 1979, 1318; *AG Emmendingen* AnwBl. 1980, 302; *AG Münster* Jur-

Büro 1978, 1025; einschränkend *OLG Bamberg* JurBüro 1984, 398; *OLG Koblenz* JurBüro 1981, 384; *OLG Stuttgart* MDR 1988, 500 (wenn Gegner sie schon besitzt); *OLG Köln* JurBüro 1988, 352; 1984, 1519/874; MDR 1987, 678; *LG München II* Rpfleger 1989, 383 (wenn Partei billiger selbst herstellen könnte; dagegen *OLG München* MDR 1989, 367; *LG Aachen* AnwBl. 1980, 511); *OLG Köln* JurBüro 1983, 927 (ohne Ersatz für Zeitversäumnis; → Rdnr. 34); *LG Mannheim* ZMR 1974, 177 (bei bes. umfangreicher Urkunde); *LAG Hamm* AnwBl. 1984, 316; vgl. auch *AG Saalgau* AnwBl. 1986, 41 (abl. *H. Schmidt*); *VG Arnsberg* JurBüro 1981, 858. – A.M. diejenigen, die schon die Entstehung der Schreibauslagen verneinen.

[145] *OLG Düsseldorf* JurBüro 1986, 875; *OLG Hamm* JurBüro 1982, 289; *OLG Koblenz* JurBüro 1989, 208; *OLG Schleswig* JurBüro 1989, 632; *OLG Stuttgart* JurBüro 1982, 917 (m. w. N. auch zur älteren Gegenansicht). – A.M. für Rechtsschutzversicherung *LG Düsseldorf* AnwBl. 1983, 557; *LG Flensburg* JurBüro 1979, 1317; *Mümmler* JurBüro 1983, 496; für Haftpflichtversicherung *AG Wuppertal* Rpfleger 1981, 368; für Privatgutachter *OVG Lüneburg* AnwBl. 1984, 323; für andere beteiligte Behörden *Hüttenhofer* Rpfleger 1987, 293; generell *LAG Köln* JurBüro 1984, 872.

[146] *OLG Bamberg* JurBüro 1984, 1676; 1978, 1188; *KG* JurBüro 1964, 890; *OLG München* AnwBl. 1981, 508; *OLG Schleswig* JurBüro 1989, 632; *OLG Stuttgart* JurBüro 1982, 1194. – A.M. *LG Aachen* AnwBl. 1981, 451; *LG Flensburg* JurBüro 1979, 1318 (für Kopie einer Terminsnachricht!).

[147] Vgl. aber zum alten Recht *LG Nürnberg-Fürth* JurBüro 1966, 496; *Schmidt* JurBüro 1965, 93; a.M. *OLG Nürnberg* JurBüro 1965, 295 (abl. *Schmidt*).

[148] *KG* JurBüro 1964, 890; *OLG Schleswig* JurBüro 1989, 632. – A.M. *OLG Schleswig* AnwBl. 1986, 547 für besonders wichtige Behördenauskunft (vgl. aber auch *Mümmler* JurBüro 1987, 1485); *LG Berlin* MDR 1982, 327 (für vom Gegner niedergelegtes Sachverständigen-

52h f) **Kosten, die durch Abschrift oder Ablichtung** von allgemein zugänglicher **Rechtsprechung und Literatur zur behandelten Rechtsfrage** entstehen, sind nicht gesondert zu erstatten. Die Beschaffung von Unterlagen zur rechtlichen Beurteilung wird durch die Prozeßgebühr abgegolten[149]. Dasselbe muß für die Kosten für Recherchen in juristischen **Datenbanken** gelten[150].

Beweistermin

53 Nach § 357 hat jede Partei das Recht, bei der Beweisaufnahme anwesend zu sein (→ § 357 Abs. 1 S. 1). Diesem elementaren Parteirecht und wichtigen Grundsatz des Beweisrechts entspricht die grundsätzliche Erstattungsfähigkeit zur Wahrnehmung dieses Rechts aufgewandter Kosten[151] (Reisekosten, Zehrgeld, Tagegeld; → auch Rdnr. 67, 91). Streitig ist die Behandlung solcher Kosten, wenn die Partei von einem Rechtsanwalt vertreten wird und den Beweistermin **neben** ihrem Anwalt wahrnimmt. Mit Rücksicht auf die allgemeine Bedeutung von Beweisterminen für den Ausgang des Prozesses und die besondere Rechtsposition der Parteien bei der Beweisaufnahme, ist auch in diesem Falle die Notwendigkeit einer Teilnahme im allgemeinen zu bejahen[152]. Wie stets kann auch hier im Einzelfalle die Erstattungsfähigkeit mit Rücksicht auf den Grundsatz, die Kosten möglichst gering zu halten, ausgeschlossen sein. – Zum *Verhandlungs-/Verkündungstermin* → Rdnr. 69; zur Terminswahrnehmung durch einen *Anwalt* → Rdnr. 102; zum *Umfang* der Kostenerstattung → Rdnr. 91.

Detektivkosten

54 Detektivkosten, die zur Beschaffung von Beweismaterial aufgewandt werden, können Gerichts- und andere Verfahrenskosten übersteigen. Mit Rücksicht hierauf hat die Rechtsprechung zunächst in mannigfacher Weise versucht, die Erstattung einzugrenzen[153]. Grundsätzlich sind die Kosten der Rechtsverfolgung oder Rechtsverteidigung aber auch dann zu erstatten, wenn sie besonders hoch sind, solange die Aufwendung nur zweckentsprechend war und eine billigere Möglichkeit nicht bestand[154].

54a 1. Voraussetzung für die Erstattung von Detektivkosten **dem Grunde nach** ist nach h.M., daß die Beauftragung prozeßbezogen (→ Rdnr. 38) erfolgte, um einen bestimmten und festen Verdacht zu bestätigen, daß die Einschaltung eines Detektivs bei verständiger Beurteilung sinnvoll erschien und daß die Ermittlungsergebnisse in den Prozeß eingeführt wurden (→ aber auch Rdnr. 38a)[155]. Zu verlangen,

---

gutachten); *SG Freiburg* AnwBl. 1981, 124; *SG Münster* AnwBl. 1993, 44.

[149] *OLG Bamberg* JurBüro 1978, 1188; *OLG Schleswig* JurBüro 1981, 386; 1979, 373; *OVG Nordrhein-Westfalen* JurBüro 1989, 974; vgl. auch *OLG Karlsruhe* JurBüro 1986, 1710 und für unveröffentlichte Urteile (Erstattungsfähigkeit bejahend) *AG Freiburg* AnwBl. 1992, 396; *VG Köln* AnwBl. 1989, 109; abl. hingegen *LAG Hamm* MDR 1981, 789. – A.M. *VG Düsseldorf* JurBüro 1966, 324 (abl. *Tschischgale*).

[150] A.M. *SG München* NJW-RR 1993, 381.

[151] *OLG Bamberg* JurBüro 1979, 112; *OLG Düsseldorf* MDR 1962, 416 (auch wenn sie von einem Sachverständigen anberaumt sind); JMBl.NRW 1956, 139; *OLG Karlsruhe* MDR 1961, 1021; *OLG Koblenz* MDR 1986, 764 (für beklagten Anwalt als Konkursverwalter); *Schneider* JurBüro 1968, 100, 102.

[152] Für weitgehende Erstattung *OLG Frankfurt* JurBüro 1987, 273; 1979, 595; MDR 1980, 500; 1972, 617; *OLG Karlsruhe* Justiz 1966, 132; *OLG Koblenz* MDR 1977, 673; *OLG Nürnberg* MDR 1966, 1012 (L); *OLG Stuttgart* JurBüro 1992, 471; *LG Koblenz* JurBüro 1968, 152; *LG Stuttgart* AnwBl. 1985, 214; *Schneider* JurBüro 1968, 100, 102; einen mittleren Standpunkt – erstattungsfähig bei besonders wichtigem Termin, wenn Partei aus eigenem Wissen zur Sachaufklärung beitragen kann – nehmen ein *OLG Celle* JurBüro 1972, 1105; 1973, 252; *OLG Köln* JVBl. 1965, 162; *OLG München* JurBüro 1981, 1023; NJW 1964, 1480; *LG Stuttgart* VersR 1984, 547 (L; vor ersuchtem Richter); s. auch *OLG Nürnberg*

JurBüro 1975, 191 (Behördenvertreter); besonders strenge Anforderungen stellen *OLG Düsseldorf* NJW 1954, 1815; *OLG Hamm* JurBüro 1985, 124; 1970, 1089; *KG* JurBüro 1982, 1248; 1966, 339. Zur Beweisaufnahme im Ausland s. *OLG Bremen* JurBüro 1976, 92.

[153] So sollte z.B. die Erstattung von Detektivkosten – bei bejahter Notwendigkeit – durch Höhe des Streitwertes und wirtschaftliche Verhältnisse der Parteien, mitunter auch Bedeutung des Prozesses beschränkt werden; so etwa *OLG Düsseldorf* JurBüro 1969, 1216; *OLG Frankfurt* JurBüro 1964, 443; *KG* JurBüro 1970, 315; *Rennen* MDR 1972, 13; *Schneider* JurBüro 1969, 768; anders *OLG Frankfurt* NJW 1971, 1183; *LG Frankfurt* 1969, 1969; unklar *Lepke* DB 1985, 1232.

[154] Vgl. *OLG Frankfurt* JurBüro 1985, 1245 (Beweisführung durch Angestellte möglich); *OLG Schleswig* JurBüro 1984, 920 (Testkauf auf dem Wochenmarkt); *LG Köln* WuM 1988, 19 (einfache Zeugenvernehmung reicht).

[155] Vgl. *OLG Düsseldorf* WRP 1979, 120; *OLG Frankfurt* JurBüro 1981, 922; *OLG Hamburg* JurBüro 1993, 158 (freilich die Notwendigkeit ex post nach dem Prozeßausgang beurteilend); 1991, 1106; *OLG Hamm* JurBüro 1993, 293; VersR 1983, 498; JurBüro 1983, 923; *OLG München* JurBüro 1989, 413; NZV 1989, 29; *OLG Schleswig* JurBüro 1992, 472; 1978, 435; VersR 1987, 1226 (L); *OLG Stuttgart* FamRZ 1989, 888; JurBüro 1983, 1090; *OLG Zweibrücken* JurBüro 1978, 1876; *LG Berlin* JurBüro 1986, 451 und *LG Bonn* WuM 1990, 585 (Ermittlung des Aufenthaltsortes des Gegners, wenn nicht

daß von den Ermittlungen ein fördernder Einfluß auf das Verfahren ausgeht oder gar ein ursächlicher Zusammenhang zwischen der Arbeit des Detektivs und dem Urteil besteht, dürfte dagegen zu weitgehen[156] (→ auch Rdnr. 45).

2. In bezug auf die **Höhe** der Detektivkosten kann die Höhe der vereinbarten Vergütung (Stundensatz etc.), im Einzelfall auch die Notwendigkeit einer einzelnen Ermittlungsmaßnahme verneint werden, und zwar auch deshalb, weil die Aufwendungen hierfür **übermäßig** sind und von einer verständigen Prozeßpartei (→ Rdnr. 45) nicht mehr vorzunehmen waren[157]. Die Übermäßigkeit im genannten Sinne kann sich dabei – wenn auch nur indiziell – auch aus Streitwert, Gesamtprozeßkostenaufwand und Bedeutung ergeben. Insgesamt ist für die Prüfung der Notwendigkeit ein strenger Maßstab anzulegen. Insbesondere ist von der die Erstattung begehrenden Partei zu verlangen, daß sie sich von der Tätigkeit des Detektivs laufend unterrichtet und dessen Arbeit gezielt steuert[158]. **54b**

3. Bei einer nach **Instanzen** unterschiedlichen Kostenregelung ist entscheidend, in welcher Instanz das Ermittlungsergebnis eingeführt wurde[159]. **54c**

Dolmetscher- und Übersetzungskosten

Sie können sowohl für mündliche Verhandlungen und Beweisaufnahmen als auch für außerhalb des Verfahrens erforderliche Besprechungen entstehen und gehören dann zu den **Kosten des Rechtsstreits** (→ Rdnr. 33). § 184 GVG steht der grundsätzlichen Erstattungsfähigkeit nicht entgegen[160]. Mit Rücksicht darauf, daß Ausländer im deutschen Zivilprozeß grundsätzlich deutschen Staatsangehörigen gleichgestellt sind, sind Übersetzungskosten, die im Zusammenhang mit einem Verfahren stehen, **regelmäßig notwendig** i. S. v. § 91 Abs. 1 S. 1. Es muß gewährleistet sein, daß die ausländische Partei ihren Prozeßbevollmächtigten hinreichend informieren und den Fortgang des Rechtsstreits verfolgen kann. Insbesondere sind zu erstatten Kosten für die Übersetzung von Schriftsätzen, gerichtlichen Entscheidungen und Verfügungen[161]; darüber hinaus auch Dolmetscherkosten, die bei Informationsgesprächen mit dem Prozeßbevollmächtigten entstehen. – Für die *Zustellung* → Rdnr. 87. **55**

Für eine **Übersetzungstätigkeit des sprachkundigen Prozeßbevollmächtigten** steht diesem eine besondere Vergütung (nur) dann zu, wenn eine besondere, über den fremdsprachigen (schriftlichen oder mündlichen) Verkehr mit dem Mandanten hinausgehende Mühewaltung (notwendige Übersetzung von gegnerischen Schriftsätzen, Urkunden oder Entscheidungen) veranlaßt war[162]. Das gilt auch dann, wenn die Partei außerdem noch einen ausländischen Verkehrsanwalt eingeschaltet hat[163]. **55a**

über das Einwohnermeldeamt zu erlangen); *LG Berlin* JurBüro 1982, 1561; WuM 1986, 319; *LG Hagen* JurBüro 1992, 243; *LG Karlsruhe* VersR 1990, 637; *Lepke* DB 1985, 1232.
[156] *OLG Düsseldorf* JurBüro 1981, 436; *OLG Frankfurt* JurBüro 1981, 923; *LG Hamburg* JurBüro 1991, 1106; 1969, 638; *OLG Hamm* JurBüro 1993, 293; VersR 1983, 498; AnwBl. 1972, 395; *KG* JurBüro 1970, 315; *OLG Koblenz* JurBüro 1991, 1513; NJW-RR 1991, 894; *OLG Nürnberg* JurBüro 1964, 907; *LG Karlsruhe* VersR 1990, 637; *Lepke* DB 1985, 1232; *Schneider* JurBüro 1969, 768. – **A.M.** *OLG Celle* JurBüro 1971, 786; *OLG Düsseldorf* NJW 1969, 560; *OLG Frankfurt* Rpfleger 1955, 211; *OLG München* JurBüro 1989, 413; NZV 1989, 29; *OLG Schleswig* JurBüro 1976, 256; *OLG Schleswig* JurBüro 1992, 472; *Thomas/Putzo*[18] Rdnr. 57.
[157] Vgl. zur Notwendigkeit der Höhe nach z. B. *OLG Koblenz* NJW-RR 1991, 894; *OLG Schleswig* JurBüro 1992, 472; 1978, 435; *OLG Stuttgart* JurBüro 1983, 1090.
[158] *OLG Frankfurt* JurBüro 1979, 441; NJW 1971, 1183, 1185; *OLG Koblenz* JurBüro 1991, 1513; NJW-RR 1991, 894.
[159] *OLG Zweibrücken* JurBüro 1978, 1876.

[160] *OLG Bamberg* JurBüro 1971, 263; *OLG Celle* NJW 1960, 1306; *OLG Düsseldorf* Rpfleger 1983, 368; *OLG Hamburg* MDR 1969, 853; 1962, 580; *OLG Hamm* JurBüro 1966, 807; *OLG Stuttgart* Justiz 1972, 202; *LG Berlin* JurBüro 1970, 324.
[161] *OLG Düsseldorf* JurBüro 1987, 1551; *OLG Frankfurt* MDR 1981, 58f.; *OLG Hamburg* MDR 1969, 853; *OLG Karlsruhe* JurBüro 1989, 100; *LG Berlin* JurBüro 1970, 324; *LG Bielefeld* NZV 1991, 316; *LG Paderborn* NZV 1991, 198; abweichend *BPatG* GRUR 1983, 266 (wenn ausl. Verkehrsanwalt eingeschaltet ist) sowie *LG Osnabrück* JurBüro 1990, 729 und *LG Waldshut* VersR 1974, 70, wonach auch eine Unterrichtung über den Prozeßverlauf durch den sprachkundigen Prozeßbevollmächtigten ausreichen soll; diese Ansicht ist nicht verfassungswidrig, *BVerfG* NJW 1990, 3072.
[162] *OLG Düsseldorf* AnwBl. 1993, 39; Rpfleger 1983, 368; *OLG Frankfurt* NJW 1962, 1577; *KG* JurBüro 1989, 77; *OLG Karlsruhe* JurBüro 1989, 100; *LG Mannheim* AnwBl. 1978, 61; *Schneider* JurBüro 1967, 689; weitergehend *Ott* AnwBl. 1981, 173.
[163] *OLG Karlsruhe* JurBüro 1989, 100; *BPatG* GRUR 1992, 91.

Fernsprechgebühren und Porti,

56 die die Partei selbst verauslagt, sind regelmäßig notwendige Kosten[164]. Längere Ferngespräche sind dann zu erstatten, wenn hierdurch teurere Informationsreisen erspart werden. Für die vom Anwalt entrichteten Postgebühren regelt im Innenverhältnis zum Mandanten § 26 BRAGO die Erstattung. Wird vom erstattungspflichtigen Gegner die Erstattung des Pauschbetrages verlangt, so wird die Notwendigkeit insoweit vermutet[165]. Werden höhere Postgebühren verlangt, so bleibt es für die Erstattung grundsätzlich bei der Prüfung der Notwendigkeit (→ § 104 Rdnr. 8). Der Ansatz wird aber nur zu versagen sein, wenn die Höhe ersichtlich unangemessen ist[166].

Fotografien

57 Die Kosten für die Herstellung sind dann notwendig, wenn die Beilage des Lichtbilds zur Verdeutlichung oder Ergänzung des Sachvortrags geeignet und nach Lage des Einzelfalls angebracht war[167]. Daß die Aufnahme in einem Beweistermin verwertet wurde, ist nicht erforderlich[168].

Mahnverfahren – ordentlicher Prozeß

58 Die Mehrkosten des ordentlichen Prozesses sind erstattungsfähig, auch wenn das Mahnverfahren statthaft war, weil hier die Partei ein freies Wahlrecht hat. Ebenso sind umgekehrt die Mehrkosten erstattungsfähig, die dadurch entstehen, daß der Kläger statt der Klage vor dem Landgericht zunächst den ihm in gleicher Weise offenstehenden Weg des Mahnverfahrens wählt, **sofern nicht der Kläger mit dem Widerspruch rechnen mußte** und demgemäß die vorherige Inanspruchnahme des Mahnverfahrens nach der konkreten Sachlage eben ein ungeeigneter Weg war[169]. Eine Erstattung kommt dann nur in Betracht,

---

[164] *BGHZ* 75, 235 = NJW 1980, 120; *OLG Düsseldorf* JurBüro 1974, 858; 1964, 908; *OLG Hamm* JurBüro 1968, 746; *OLG Schleswig* JurBüro 1992, 172; *AG Stuttgart* VersR 1979, 1137. – **A.M.** *KG* JurBüro 1984, 761.
[165] *LG Kassel* AnwBl. 1966, 269.
[166] *OLG München* MDR 1992, 1004f. (u. U. Schätzung analog § 287); JurBüro 1982, 1191; *VGH Baden-Württemberg* JurBüro 1990, 1002; *BFH* BStBl. 1969 II, 590.
[167] *OLG Hamm* NJW 1967, 1763; *OLG Hamburg* JurBüro 1977, 1444; *KG* JurBüro 1968, 918; *LG Flensburg* JurBüro 1985, 777. S. auch *Crämer* AnwBl. 1977, 50.
[168] *AG Rotenburg* VersR 1972, 80 (L).
[169] S. dazu *OLG Bamberg* JurBüro 1990, 1478; 1989, 1574/524/401; 1987, 761; 1986, 925 und 443; 1984, 441 und 120; 1982, 768f. und 234; 1981, 1081 und 142; 1980, 134 und 79; 1979, 1564 und 219; 1978, 237; *OLG Braunschweig* JurBüro 1979, 711; *OLG Bremen* JurBüro 1993, 159; 1991, 386; 1990, 728; 1988, 485; 1987, 600; 1985, 615; AnwBl. 1982, 200; 1980, 516; *OLG Celle* NdsRpfl. 1978, 169; *OLG Frankfurt* JurBüro 1992, 406; 1989, 977; 1985, 1201; 1981, 128; Rpfleger 1989, 212; *OLG Hamm* JurBüro 1992, 40; 1991, 1355; 1989, 94; 1987, 758; 1982, 1520; 1979, 1020; AnwBl. 1990, 326; 1982, 80; 1981, 109; MDR 1989, 549; 1979, 146; *KG* Rpfleger 1990, 224; 1962, 157; JurBüro 1980, 1361; *OLG Karlsruhe* AnwBl. 1983, 192; *OLG Koblenz* JurBüro 1992, 474; 1990, 997; 1989, 218; 1988, 877; 1986, 1836 (auch bei Widerspruch nur eines Gesamtschuldners); 1986, 1532; 1985, 1249 und 1982, 866 (auch in den Fällen des Abs. 2 S. 4), 1984, 436; 1982, 727/407/404; 1980, 1853/882/718; 1979, 218; 1978, 1032/238; VersR 1987, 289 (L); 1982, 1206 (L); MDR 1979, 320; *OLG Köln* JurBüro 1993, 387; JurBüro 1988, 618; 1987, 904; 1986, 1726/1708; 1983, 932; 1981, 441; 1980, 884; 1979, 715; *OLG München* MDR 1993, 285; 1988, 416; 1987, 61; JurBüro 1988, 350; 1985, 292; 1982, 1679/ 405; 1981, 74; AnwBl. 1980, 77; *OLG Nürnberg* WRP 1988, 398; *OLG Oldenburg* JurBüro 1983, 774; 1982, 718; AnwBl. 1980, 516; *OLG Saarbrücken* JurBüro 1990, 362; 1989, 1402; 1987, 1082/895; *OLG Schleswig* JurBüro 1992, 687; 1990, 363; 1988, 1523; 1985, 235; 1984, 1730; 1983, 921/609/607; 1980, 720; 1979, 212; SchlHA 1986, 64; Rpfleger 1962, 427; *OLG Stuttgart* JurBüro 1992, 472/406; 1980, 231; *OLG Zweibrücken* JurBüro 1981, 63; 1979, 1324/222/123; 1978, 717; *LG Berlin* JurBüro 1979, 1840; *LG Düsseldorf* JurBüro 1985, 771; MDR 1984, 1031; *LG Frankfurt* MDR 1992, 194; *LG Hanau* Rpfleger 1991, 174; *LG Nürnberg-Fürth* JurBüro 1979, 115; *LG Ravensburg* AnwBl. 1984, 382; *Mümmler* JurBüro 1988, 1290ff.; 1981, 961ff.; 1979, 1759ff.; *Schneider* MDR 1979, 441. – **Großzügiger** *OLG Celle* JurBüro 1985, 1871/1715 (wenn Widerspruch so gut wie sicher); *OLG Karlsruhe* AnwBl. 1988, 654; 1979, 389; MDR 1979, 586 (wenn Widerspruch mit an Sicherheit grenzender Wahrscheinlichkeit zu erwarten); *OLG Stuttgart* JurBüro 1991, 1351; 1985, 1717; 1981, 125; 1980, 718; AnwBl. 1983, 567; *OLG Frankfurt* JurBüro 1985, 1198 (wenn Widerspruch mit größter Wahrscheinlichkeit zu erwarten; dagegen *Mümmler* JurBüro 1988, 1291); **strenger** (widerlegliche Vermutung dafür, daß mit Widerspruch zu rechnen ist) die Rspr. des *OLG Düsseldorf* JurBüro 1986, 1408/284; 1985, 1862; 1984, 1897/1894/1241; AnwBl. 1985, 269; MDR 1984, 1032; Ausn.: wenn Mahnanwalt schon vorprozessual tätig war, AnwBl. 1983, 566; anders aber (unwiderlegliche Vermutung für Notwendigkeit des Anwaltswechsels) in JurBüro 1992, 174 (abl. *Mümmler*); 1990, 1178 (abl. *Mümmler*); 1988, 1192 (abl. *Mümmler*). – **A.M.** (ohne Widerspruchsprognose immer zu erstatten) *OLG Celle* JurBüro 1979, 443; *OLG Hamburg* JurBüro 1988, 622; 1987, 756; 1979, 444; *LG Kleve* AnwBl. 1980, 513; *Bode* AnwBl. 1979, 381; *Lappe* NJW 1978, 2379; *Schmidt* AnwBl. 1978, 410.

wenn Mehrkosten nicht entstanden sind[170]. Für die Frage, *wann* mit einem Widerspruch zu rechnen ist, ist zunächst festzuhalten, daß ein Widerspruch, der nur eingelegt wird, um das Verfahren zu verzögern, grundsätzlich unbeachtlich ist[171]. Im übrigen kommt es nicht auf das tatsächliche Bestehen von materiellrechtlichen Einreden oder Einwendungen an[172], sondern allein darauf, ob auf der Grundlage der Umstände des Einzelfalles, insbesondere der bisherigen Haltung des Schuldners, ein Widerspruch zu erwarten ist. Das ist nicht der Fall, wenn der Schuldner den Anspruch vorprozessual anerkannt[173] oder auf vorprozessuale Zahlungsaufforderungen des Gläubigers nicht reagiert hat[174]. Darauf, daß der Widerspruch nicht zu erwarten war, kann rückschauend auch schließen lassen, daß der Schuldner den Anspruch nach Rechtshängigkeit ohne weiteres erfüllt[175], ein Versäumnisurteil gegen sich ergehen läßt[176] oder sich erst durch Einspruch gegen den Vollstreckungsbescheid verteidigt[177]. Hingegen ist mit einem Widerspruch zu rechnen, wenn der Schuldner vorprozessual Einwendungen gegen den geltend gemachten Anspruch erhoben hat[178] oder wenn vorprozessuale Verhandlungen über den Anspruch gescheitert sind[179]. Außerdem muß der Gläubiger mit einem Widerspruch auch dann rechnen, wenn er offensichtlich zuviel oder einen zweifelhaften Anspruch einfordert[180] oder wenn die Berechnung des Anpruchs nicht nachvollziehbar ist[181]. – Zum »*Mahnanwalt am dritten Ort*« und allg. zum *Anwaltswechsel* → Rdnr. 108; zu den Kosten des *Antragsgegners/Beklagten* → Rdnr. 47.

Patentanwalt

Ohne Prüfung der Notwendigkeit sind die in Patentstreitsachen (einschließlich der Nichtigkeitsverfahren[182]) durch die Zuziehung eines Patentanwalts entstandenen Kosten nach § 143 Abs. 5 PatG bis zum Betrag **einer** Anwaltsgebühr i. S. des § 11 BRAGO zu erstatten[183]. Notwendige Auslagen sind ebenfalls 59

---

[170] *OLG Köln* JurBüro 1988, 618; vgl. auch *OLG Schleswig* JurBüro 1987, 913 (sofern die Mehrkosten nicht aus anderen Gründen ohnehin angefallen wäre).
[171] *OLG Bremen* JurBüro 1979, 1066; *OLG Hamm* Rpfleger 1989, 212; 1978, 453/385; MDR 1979, 146; *OLG Koblenz* JurBüro 1980, 718; 1978, 238; *OLG Schleswig* JurBüro 1983, 921; 1980, 720; *LG Düsseldorf* JurBüro 1985, 771; *LG Frankfurt* MDR 1992, 194; *Schneider* MDR 1979, 442. – A.M. *OLG Düsseldorf* JurBüro 1986, 1408 (abl. *Mümmler*)/1245/284; 1985, 1862/1251; 1984, 1895/1241; MDR 1985, 504.
[172] *OLG Köln* JurBüro 1983, 932; *OLG Schleswig* JurBüro 1984, 1730; *OLG Zweibrücken* JurBüro 1979, 1325; *Schneider* MDR 1979, 443.
[173] *OLG Bamberg* JurBüro 1987, 761; 1978, 237; *OLG Bremen* JurBüro 1979, 1066; *OLG Koblenz* JurBüro 1990, 997; *OLG Köln* JurBüro 1975, 1637; *OLG Stuttgart* JurBüro 1992, 472. – A.M. *OLG Saarbrücken* JurBüro 1989, 1402 (wenn gleichzeitig um Ratenzahlung gebeten wurde).
[174] *OLG Bamberg* JurBüro 1981, 1081; *OLG Bremen* JurBüro 1990, 728; *OLG Düsseldorf* JurBüro 1979, 1844; *OLG Frankfurt* JurBüro 1992, 406; 1971, 473; *OLG Hamm* AnwBl. 1981, 109; *OLG Koblenz* JurBüro 1980, 718; 1978, 238; MDR 1985, 504; KG NJW 1970, 2119; *OLG München* MDR 1978, 850; *OLG Schleswig* JurBüro 1983, 921/607; 1980, 720; *LG Düsseldorf* JurBüro 1985, 771; MDR 1984, 1031; *LG Frankfurt* MDR 1992, 194; *LG Nürnberg-Fürth* JurBüro 1979, 115; *Mümmler* JurBüro 1989, 1294; 1986, 1408; 1981, 965; *Schneider* MDR 1979, 442. – A.M. *OLG Düsseldorf* JurBüro 1986, 1408/1245/284; 1985, 1251; MDR 1985, 504; *OLG Oldenburg* JurBüro 1983, 774; *OLG Saarbrücken* JurBüro 1990, 362; *OLG Stuttgart* JurBüro 1992, 472.
[175] *OLG Bamberg* JurBüro 1990, 1478; *OLG Bremen* JurBüro 1985, 615; *OLG Karlsruhe* AnwBl. 1983, 192.
[176] *OLG Bamberg* JurBüro 1990, 1478; 1987, 761; 1981, 142; *OLG Düsseldorf* AnwBl. 1982, 252; *OLG Frankfurt* JurBüro 1985, 1201; *Mümmler* JurBüro 1988, 1294. – A.M. *OLG Düsseldorf* JurBüro 1984, 1898.
[177] *OLG Düsseldorf* JurBüro 1986, 1409; 1985, 1251; 1984, 1032; MDR 1985, 504; *Mümmler* JurBüro 1988, 1294. – A.M. *OLG Koblenz* JurBüro 1980, 882; *OLG Schleswig* JurBüro 1988, 1524.
[178] *OLG Bamberg* JurBüro 1986, 925/443; *OLG Bremen* JurBüro 1991, 386; *OLG Düsseldorf* JurBüro 1980, 291; *OLG Frankfurt* Rpfleger 1989, 213; *OLG Hamm* AnwBl. 1990, 326; *OLG Karlsruhe* JurBüro 1993, 352; *OLG Koblenz* JurBüro 1986, 1836; *OLG Köln* JurBüro 1986, 1708; *OLG München* MDR 1993, 285; 1987, 61; JurBüro 1988, 350; *OLG Oldenburg* AnwBl. 1980, 516; *OLG Saarbrücken* JurBüro 1987, 1082; *OLG Schleswig* JurBüro 1985, 235; *OLG Stuttgart* JurBüro 1991, 1351; *OLG Zweibrücken* JurBüro 1979, 1323; *LG Frankfurt* MDR 1992, 194; *LG Würzburg* JurBüro 1993, 153. – Enger (nur wenn von Rechtsanwalt bestritten) *OLG Stuttgart* JurBüro 1985, 1717; 1980, 718; *Schmidt* AnwBl. 1978, 410.
[179] *OLG Bamberg* JurBüro 1979, 219; *OLG Braunschweig* JurBüro 1979, 711; *OLG Hamm* AnwBl. 1982, 80; *OLG Stuttgart* JurBüro 1980, 231; *Mümmler* JurBüro 1988, 1294.
[180] *OLG Bremen* JurBüro 1988, 485; *OLG Hamm* MDR 1989, 549; KG JurBüro 1980, 1361; *OLG Koblenz* JurBüro 1989, 218; 1988, 877; 1982, 727; 1980, 1853/882; 1979, 218; VersR 1987, 289 (L); *OLG Köln* MDR 1993, 387; JurBüro 1991, 904; *OLG München* JurBüro 1979, 1381; *LG Hanau* Rpfleger 1991, 174.
[181] *OLG Koblenz* JurBüro 1989, 218; 1988, 877; *OLG Köln* JurBüro 1986, 1726; *OLG München* MDR 1978, 850; *OLG Zweibrücken* JurBüro 1979, 222; *LG Hanau* Rpfleger 1991, 174.
[182] *BPatG* GRUR 1991, 205; 1990, 351.
[183] *OLG Düsseldorf* JurBüro 1980, 549; *OLG Frankfurt* JurBüro 1983, 237; *OLG München* JurBüro 1973, 430; 1970, 514; 1972, 988 (übernimmt Rechtsanwalt auch Funktion des Patentanwalts, Erstattung einer Ge-

zu erstatten, jedoch nur nach Maßgabe der BRAGO[184]. Gleiches gilt nach § 27 Abs. 5 GebrMG und § 32 Abs. 5 WZG im Gebrauchsmuster- und Warenzeichenstreit[185], gem. § 15 Abs. 5 GeschmMG im Geschmacksmusterstreit und gem. § 48 Abs. 5 SSchG im Sortenschutzstreit. Die Behandlung der durch die Mitwirkung eines Patentanwalts im Geschmacksmusterstreit entstandenen Kosten ist mangels besonderer gesetzlicher Regelung streitig. Eine analoge Anwendung der §§ 143 Abs. 5 PatG, 32 Abs. 5 WZG, 27 Abs. 5 GebrMG ist wegen der entsprechenden typischen Schwierigkeiten gerechtfertigt[186], ebenso die entsprechende Anwendung von § 143 Abs. 5 PatG bei Rechtsstreitigkeiten über Arbeitnehmererfindungen[187]. In allen anderen Verfahren ist die Notwendigkeit der Zuziehung eines Patentanwalts nach der Grundregel des § 91 zu prüfen[188].

59a   Eine Kostenerstattung scheidet aus, wenn dem Patentanwalt keine besondere Vergütung zusteht, weil er fest angestellt ist und kein zusätzliches Honorar erhält[189]. Gibt der in dem Verfahren zugezogene Patentanwalt ein Gutachten als technischer Berater der Partei ab, so sind die Kosten dafür nicht neben der Regelgebühr erstattungsfähig[190]. Für Recherchen, die der Patentanwalt selbst vornimmt, steht diesem aber eine besondere Vergütung neben der Verfahrensgebühr zu[191]. Bei Mitwirkung eines sonstigen Beraters (Erlaubnisscheininhabers) richtet sich die Kostenerstattung nach § 91 ZPO[192]. Hinsichtlich der Reisekosten eines auswärtigen Patentanwalts gilt dasselbe wie für den auswärtigen Anwalt[193] (→ Rdnr. 99). In Patent-, Gebrauchsmuster- und Warenzeichenstreitsachen wird die Zuziehung eines Verkehrsanwalts vielfach auch dann notwendig sein, wenn ein Patentanwalt mitwirkt[194]. – Zur Kostenerstattung im Verfahren vor dem *Patentamt* s. §§ 62 PatG, 17 Abs. 4 GebrMG.

Privatgutachten[195]

60   1. Aufwendungen für private Gutachten[196] über Tatsachenfragen (→ vor § 402 Rdnr. 56) stellen als **Vorbereitungskosten** (unter den bei Rdnr. 38 genannten Voraussetzungen) Kosten des Rechtsstreits dar

bühr nach § 143 Abs. 5 PatG neben Rechtsanwaltsgebühren; ebenso *OLG Karlsruhe* AnwBl. 1989, 106; *OLG München* JurBüro 1983, 1815; differenzierend *OLG Schleswig* SchlHA 1988, 42; abl. *BPatG* GRUR 1991, 205; vgl. auch *BPatG* GRUR 1989, 193). Nicht bei Gebührenklage oder sonstigem **eigenen Rechtsstreit des Patentanwalts**, da auf § 91 Abs. 2 S. 4 nicht verwiesen ist, *OLG Frankfurt* JurBüro 1975, 777; MittPat. 1980, 18; *OLG Karlsruhe* GRUR 1985, 127; *OLG München* JurBüro 1991, 388; offen *BPatGE* 24, 164. – Zum *ausländischen* Patentanwalt s. *OLG Karlsruhe* JurBüro 1980, 1413.
[184] *OLG Düsseldorf* JurBüro 1972, 987. – Zur Notwendigkeit der **Terminswahrnehmung** neben dem Prozeßbevollmächtigten s. *KG* JurBüro 1975, 376 (im konkreten Fall verneinend).
[185] *OLG Düsseldorf* JurBüro 1968, 745; *OLG Frankfurt* JurBüro 1993, 293 (auch bei einer Entscheidung nach § 91a); *OLG Karlsruhe* GRUR 1967, 217 (Patentanwalt i. S. von § 32 Abs. 5 WZG nur derjenige, der in der Liste der Patentanwälte beim Bundespatentamt geführt wird); *OLG Koblenz* JurBüro 1990, 1190; VersR 1985, 672 (L; konkrete Mitwirkung erforderlich); *OLG Köln* MittPat. 1973, 76; *OLG München* JurBüro 1978, 751; 1969, 1100 (ob Patentanwalt technische oder gebrauchsmusterrechtliche Fragen zu behandeln hatte, ist gleichgültig; *OLG Nürnberg* JurBüro 1990, 491 (auch bei gemeinsamer Kanzlei mit dem Prozeßbevollmächtigten); *OLG Stuttgart* JurBüro 1983, 766. – Nicht bei rein wettbewerbsrechtlichem Anspruch *OLG Hamburg* JurBüro 1975, 783; *OLG Koblenz* MDR 1992, 716; JurBüro 1983, 602; anders *OLG Frankfurt* JurBüro 1990, 1295 (bei möglicher Verdrängung des wettbewerbsrechtlichen durch den sondergesetzlichen Anspruch); *OLG München* GRUR 1978, 196 (auch wenn nur um die Anspruchshöhe gestritten wird).
[186] H.M., *OLG Frankfurt* JurBüro 1978, 530; *KG* JW 1937, 2219; *OLG Köln* JurBüro 1980, 131; MittPat.

1980, 138; 1973, 77; *OLG München* GRUR 1971, 48; 1954, 287; *OLG Nürnberg* GRUR 1971, 371. – **A.M.** (Erstattung nur nach § 91 ZPO) *OLG Düsseldorf* GRUR 1970, 534; *OLG Hamm* JurBüro 1958, 515; *OLG München* Rpfleger 1986, 194.
[187] *LG Berlin* MittPat. 1969, 158.
[188] Zum **Wettbewerbsprozeß** vgl. *OLG Celle* NJW 1969, 328; *OLG Düsseldorf* JurBüro 1980, 1038; *OLG Frankfurt* JurBüro 1989, 1129; 1987, 1219; 1980, 1579; *OLG Hamburg* JurBüro 1970, 1091; 1975, 1103 (keine Erstattung bei klarer Patentrechtslage); *OLG Hamm* JurBüro 1967, 327; 1977, 1007; *KG* NJW 1968, 755; *OLG München* JurBüro 1993, 223; *OLG Nürnberg* GRUR 1976, 389. – Nach *OLG Frankfurt* JurBüro 1987, 1219 und *OLG Karlsruhe* JurBüro 1980, 1414 ist der Anspruch aus § 91 aber ebenfalls gem. § 143 Abs. 5 PatG der Höhe nach begrenzt. .
[189] *OLG Düsseldorf* MDR 1960, 1021.
[190] *OLG Düsseldorf* GRUR 1951, 403.
[191] *OLG Düsseldorf* GRUR 1969, 104; *OLG München* JurBüro 1989, 413 m.w.N.; *BPatG* MittPat. 1964, 160. Zur **Höhe** vgl. *BPatG* MittPat. 1975, 218.
[192] *OLG Frankfurt* GRUR 1962, 166; *OLG Düsseldorf* GRUR 1967, 326 (Höhe der Gebühren nach freiem pflichtgemäßen Ermessen, obere Begrenzung aber eine volle Gebühr nach § 11 BRAGO); *BPatG* MittPat. 1972, 140 (L; Vergütung regelmäßig nur in Höhe von 8/10 der entsprechenden Gebührensätze der Gebührenordnung für Patentanwälte erstattungsfähig).
[193] Vgl. *OLG Düsseldorf* JW 1938, 118.
[194] *OLG Düsseldorf* GRUR 1951, 426; *OLG München* Rpfleger 1962, 3. Der Vertreterzwang für Ausländer führt allein nicht zur Erstattungsfähigkeit, *OLG Düsseldorf* JurBüro 1975, 1084 (zu §§ 32 Abs. 5, 35 Abs. 2 WZG).
[195] Zum Überblick vgl. *Schneider* MDR 1965, 963, JurBüro 1968, 337; *Mümmler* JurBüro 1974, 15.
[196] Kosten für **Schiedsgutachten** gehören nicht zu den Prozeßkosten und sind deshalb nicht erstattungsfähig,

und sind damit dem Grunde nach erstattungsfähig. Die Rechtsprechung legt der Bejahung der Notwendigkeit solcher Auslagen mit Recht Ausnahmecharakter bei[197] und bildet Fallgruppen, in denen Privatgutachterkosten »ausnahmsweise« zu erstatten seien, etwa:
— Beurteilung der Prozeßaussichten im Zusammenhang mit schwierigem tatsächlichen Sachverhalt[198];
— Beschaffung der zur Begründung eines Anspruchs oder zur Verteidigung gegen einen Anspruch erforderlichen Grundlagen, wenn dies hinreichend nur durch einen Sachverständigen erfolgen kann[199];
— Beurteilung von dem späteren Rechtsstreit zugrunde liegenden Ansprüchen durch fachunkundige Partei, die sachverständigem Gegner gegenübersteht («Grundsatz der Waffengleichheit»)[200].

Ein weiteres von der Rechtsprechung recht häufig zur Begründung «ausnahmsweiser» Erstattbarkeit herangezogenes Kriterium, die günstige **tatsächliche Beeinflussung** des Prozeßausgangs durch das privat erholte Gutachten[201], gibt zu Bedenken Anlaß. Die Notwendigkeit einer Maßnahme ist stets für den Zeitpunkt ihrer Vornahme zu beurteilen (→ Rdnr. 45). Schien es zu jener Zeit einer verständigen Prozeßpartei auf Grund der tatsächlichen Verhältnisse angeraten, zur Förderung des späteren Prozeßerfolges ein Privatgutachten einzuholen, weil anders eine zweckentsprechende Rechtsverfolgung oder Rechtsverteidigung nicht möglich war, so sind die entsprechenden Auslagen zu erstatten. Ob schließlich das Privatgutachten für die Entscheidung des Gerichts ursächlich geworden ist, ist gleichgültig[202]. Umgekehrt vermag das Bestehen eines solchen Kausalzusammenhanges nur ein Indiz für die Notwendigkeit der Maßnahme zu geben[203]. Auch die «**Prozeßförderung**» oder «**Geeignetheit zur Prozeßförderung**» kann als *selbständiges* Merkmal für die Erstattung neben Zweckentsprechung und Notwendigkeit nicht anerkannt werden[204]. Eine Maßnahme, die zur Rechtsverfolgung oder Rechtsverteidigung zweckentsprechend ist, wird stets zur «Prozeßförderung» geeignet sein.

60a

2. Die Erholung privater Gutachten gerät vom Augenblick der **Rechtshängigkeit der Streitsache** in Konflikt mit der gerichtlichen Beweisaufnahme nach Maßgabe der Beweisbeschlüsse. Angesichts dessen ist hier eine strenge Prüfung der Notwendigkeit im Einzelfall angebracht[205]. Die Erstattung kommt u. a. in folgenden Fällen in Betracht:

61

OLG Düsseldorf Rpfleger 1990, 135; MDR 1982, 674; *OLG Frankfurt* JurBüro 1978, 1875; 1974, 1595; *OLG München* JurBüro 1989, 1124; 1978, 1074; Rpfleger 1977, 327.
[197] U.a. *OLG Düsseldorf* JurBüro 1966, 428; *OLG Hamburg* JurBüro 1988, 1022; *OLG Hamm* JurBüro 1966, 772; *OLG Karlsruhe* JurBüro 1988, 1698; *OLG Koblenz* JurBüro 1992, 611; *OLG München* NJW 1972, 2223; *LG Nürnberg-Fürth* WuM 1982, 302; *BPatGE* 23, 124; *Mümmler* JurBüro 1974, 15 sowie die nachstehend Genannten.
[198] *OLG Bamberg* JurBüro 1984, 1885; *OLG Celle* DAR 1963, 383; *OLG Nürnberg* JurBüro 1965, 236; *OLG Stuttgart* VersR 1988, 1057; JurBüro 1985, 123; *OVG Münster* MDR 1969, 170; nicht bei einfachem Sachverhalt, *OLG Hamburg* JurBüro 1988, 1022; *KG* KostRspr. ZPO § 91 (B-Vorbereitungskosten) Nr. 100 (L).
[199] *OLG Bamberg* JurBüro 1992, 335; 1989, 1568; 1987, 602; 1985, 617; 1981, 124; 1979, 911; AnwBl. 1985, 387; *OLG Bremen* VersR 1982, 362; *OLG Düsseldorf* KostRspr. ZPO § 91 (B-Vorbereitungskosten) Nr. 102 (L); GRUR 1975, 40 (Marktumfrage); *OLG Frankfurt* JurBüro 1987, 894; *OLG Hamburg* MDR 1992, 195; JurBüro 1991, 1106; 1990, 1476/1469; 1989, 819; 1982, 1723/287; *OLG Hamm* VersR 1969, 1122; JurBüro 1972, 1102; *KG* JurBüro 1985, 1247; *OLG Karlsruhe* FamRZ 1989, 773; *OLG Koblenz* JurBüro 1992, 475; 1991, 247; 1981, 1395; BB 1990, 168; NJW-RR 1988, 283; VersR 1981, 1162 (L); *OLG München* MDR 1986, 324; Rpfleger 1983, 486; *OLG Nürnberg* JurBüro 1965, 498; AnwBl. 1971, 17; *OLG Stuttgart* Justiz 1971, 103; *LG Berlin* MDR 1988, 869; *LG Hannover* JurBüro 1978, 1372; *LG Kaiserslautern* VersR 1990, 1409. – Die Erstattung ist auch bei Zuziehung des privaten Gutachters durch die selbst nicht am Prozeß beteiligte **Haftpflichtversicherung** einer Partei möglich, *OLG Frankfurt* JurBüro 1986, 915f.; 1980, 1581; AnwBl. 1981, 114; VersR 1975, 90; *OLG Koblenz* Rpfleger 1992, 130; JurBüro 1975, 1244 (zust. *Mümmler*); *OLG München* MDR 1987, 148; *OLG Stuttgart* JurBüro 1985, 122. – A.M. *OLG Karlsruhe* VersR 1980, 337 = AnwBl. 197 (zust. *Chemnitz*). – Zur Ausschlußvorschrift in Art. 23 CMR s. *OLG Frankfurt* KostRspr. ZPO § 91 (B-Vorbereitungskosten) Nr. 101.
[200] *OLG Bamberg* JurBüro 1983, 273; 1982, 603; *OLG Hamburg* JurBüro 1981, 440; *OLG Hamm* JurBüro 1964, 895; *OLG Koblenz* JurBüro 1992, 475; *OLG München* NJW 1972, 2273; *OLG Saarbrücken* JurBüro 1989, 624; *OVG Lüneburg* AnwBl. 1984, 322; vgl. auch *LG München I* VersR 1987, 271 (L; Gegner hat zuerst Gutachten eingeholt) und 1986, 1246 (L).
[201] *OLG Bamberg* JurBüro 1985, 617; 1981, 124; *OLG Düsseldorf* VersR 1962, 624; *OLG Frankfurt* Rpfleger 1987, 34; JurBüro 1964, 910; *OLG Hamm* 1992, 818; 1972, 1102; *OLG München* NJW 1972, 2273; *LG Bremen* WuM 1984, 115.
[202] Wie hier *OLG Bamberg* JurBüro 1987, 602; AnwBl. 1985, 387; *OLG Hamburg* JurBüro 1991, 1106; *OLG Hamm* MDR 1979, 235; *KG* MDR 1987, 678; *OLG Karlsruhe* JurBüro 1992, 746 (einseitige Parteigutachten aber nicht notwendig); VersR 1980, 338; *OLG Saarbrücken* JurBüro 1990, 623; *OLG Zweibrücken* JurBüro 1974, 369; BPatGE 23, 124; *OVG Lüneburg* AnwBl. 1984, 322; *Baumbach/Lauterbach/Hartmann*[51] Rdnr. 288.
[203] *OLG Köln* JurBüro 1981, 943; *LG Aachen* KostRspr. ZPO § 91 (B-Vorbereitungskosten) Nr. 97. – A.M. z. B. *OLG Frankfurt* JurBüro 1993, 294; 1987, 896; 1986, 915f.; *OLG Hamburg* JurBüro 1985, 123; VersR 1979, 849; *LG Braunschweig* MDR 1979, 320: Erstattung immer schon dann, wenn vom Gericht verwertet. – Zu Mieterhöhungsgutachten → Rdnr. 37.
[204] So aber *Mümmler* JurBüro 1974, 21 m.w.N.
[205] Vgl. nur BGH NJW 1990, 123; *OLG Bamberg* Jur-

– Infolge fehlender Sachkenntnisse ist die Partei zu einem sachgerechten Vortrag nicht selbst in der Lage[206];
– der Gegner hat zuerst Gutachten eingeholt und vorgelegt[207];
– Entkräftung oder Widerlegung eines gerichtlichen Gutachtens[208] (sog. «Überprüfungsgutachten»);
– Erschütterung des Beweises des Gegners[209].

61a Darüber hinaus kann die von der Rechtsprechung weithin geforderte **tatsächliche fördernde Beeinflussung** des Rechtsstreits auch hier keine zusätzliche Voraussetzung für die Erstattung sein (→ Rdnr. 60 a). War es aus einem der genannten Gesichtspunkte in einem bestimmten Verfahrensstadium zweckentsprechend (und damit zur Prozeßförderung geeignet), ein Privatgutachten zu erholen, so reicht dies zur Erstattung aus[210] (→ auch Rdnr. 45). Umgekehrt führt der Umstand, daß das Gericht auf eine weitere Beweiserhebung verzichtet und das Privatgutachten verwertet hat, die Notwendigkeit auch hier (→ schon Rdnr. 61) nicht nachträglich herbei[211].

62 3. Für **Rechtsgutachten** ist im *vorprozessualen* Bereich zu beachten, daß bei Einschaltung eines Rechtsanwalts die Einholung eines Rechtsgutachtens nur unter besonderen Umständen notwendig ist. Der Rechtsanwalt hat Rechtsfragen selbst zu beantworten[212]. Beauftragt die rechtsunkundige Partei keinen Anwalt, so kommt eine Erstattung für Kosten eines Rechtsgutachtens bis zur Höhe derjenigen Kosten in Betracht, die bei Mitwirkung eines Anwalts im nachfolgenden Prozeß entstanden wären. *Während* des Prozesses sind Rechtsgutachten wegen des Grundsatzes «iura novit curia» im Normalfall (Ausnahme § 293) nicht notwendig[213]. Die Notwendigkeit ist jedoch zu bejahen bei einer außergewöhnli-

---

Büro 1992, 745; 1987, 757; 1980, 1583; *OLG Frankfurt* JurBüro 1984, 1084; *OLG Hamm* Rpfleger 1976, 141; *OLG Koblenz* JurBüro 1992, 611/476; *LG Itzehoe* WuM 1983, 120 (nur ausnahmsweise erstattungsfähig).

[206] *OLG Bremen* VersR 1964, 518 (fehlende Kenntnisse, sich mit gerichtlichen Gutachten auseinanderzusetzen); *OLG Hamm* JurBüro 1978, 1080 (um Verstoß des Berufungsgerichts gegen Denkgesetze oder Erfahrungssätze begründen zu können); *KG* JurBüro 1968, 413, 918 (Substantiierung von Gegenansprüchen); *OLG Bamberg* JurBüro 1989, 673f. und *BFH* DStR 1971, 343 (L) (um Ausführungen des anderen Verfahrensbeteiligten in einer schwierigen technischen Frage entgegenzutreten); *OLG Bamberg* JurBüro 1983, 1097; 1980, 132; *OLG Düsseldorf* JurBüro 1981, 436 [TÜV-Gutachten]; *OLG Frankfurt* Rpfleger 1990, 182; *OLG Hamm* Rpfleger 1973, 28; *KG* JurBüro 1989, 815; *OLG Koblenz* JurBüro 1992, 611; 1988, 878; *OLG Köln* JurBüro 1978, 1075 (um Darlegungslast zu genügen); *KG* JurBüro 1972, 63 (Auseinandersetzung mit Fragen aus nicht geläufigem Sachgebiet); *OLG Bamberg* JurBüro 1987, 1403; 1973, 62; *KG* JurBüro 1981, 1383 (Gesichtspunkt der Waffengleichheit bei sachverständigem Gegner); *OLG Hamburg* JurBüro 1975, 783 (Stellungnahme zum Fragenkatalog einer gerichtlich angeordneten Meinungsumfrage); *OLG München* Rpfleger 1977, 327 u. *OLG Bamberg* JurBüro 1977, 1003 (Steuerberater); *OLG Koblenz* JurBüro 1981, 129 (Stellungnahme zu Fragen des Gerichts).

[207] *BGH* NJW 1990, 123; *OLG Frankfurt* OLGZ 1993, 254; *OLG Koblenz* JurBüro 1992, 611; Rpfleger 1991, 389; *OLG Köln* JurBüro 1979, 901; *OLG Stuttgart* JurBüro 1980, 1417; *LAG Hamm* ZIP 1984, 1284.

[208] *OLG Bamberg* JurBüro 1988, 1555; 1987, 755; 1984, 445; *OLG Bremen* JurBüro 1979, 1711; *OLG Koblenz* JurBüro 1992, 611; 1990, 1010; 1978, 1244; Rpfleger 1992, 129; *OLG München* MDR 1987, 148; *OLG* *Saarbrücken* JurBüro 1988, 1361; *OLG Schleswig* VersR 1991, 117; *OLG Stuttgart* JurBüro 1974, 763; *LG Limburg* MDR 1966, 516; *LG Kaiserslautern* VersR 1990, 1409; *BPatG* GRUR 1981, 815; *OVG Nordrhein-Westfalen* JurBüro 1988, 1558; vgl. aber auch *OLG Koblenz* Rpfleger 1980, 194 (nicht bei sachkundiger Partei).

[209] *OLG Bamberg* JurBüro 1973, 62.

[210] Vgl. *OLG Bremen* JurBüro 1979, 1712; *OLG Düsseldorf* JurBüro 1981, 1573 und 436; *OLG Frankfurt* OLGZ 1993, 255; Rpfleger 1990, 182; NJW-RR 1987, 380; *KG* JurBüro 1989, 815; 1981, 1383; *OLG Nürnberg* MDR 1975, 936 (nicht verwertetes privates Schriftgutachten); *OLG Saarbrücken* JurBüro 1988, 1361; *LAG Hamm* ZIP 1984, 1284; *OVG Nordrhein-Westfalen* JurBüro 1988, 1559. – Zurückhaltend *OLG Düsseldorf* JurBüro 1966, 803 (mit Sicherheit eine Förderung des Prozeßerfolges erwarten ließ). – **A.M.** *OLG Bamberg* JurBüro 1990, 732; 1989, 93; 1987, 1555, 1403 und 755; 1984, 445f.; *OLG Frankfurt* JurBüro 1984, 1084; *LG Wuppertal* JurBüro 1979, 1890.

[211] *BPatGE* 23, 124. – **A.M.** *OLG Stuttgart* JurBüro 1985, 123; *LG Düsseldorf* VersR 1974, 472.

[212] *OLG Bamberg* JurBüro 1982, 919; *OLG Hamburg* JurBüro 1985, 930 (bei anwaltlichem Gutachten dann allenfalls Erstattung einer Ratsgebühr); *OLG München* MDR 1990, 194; *OLG Schleswig* JurBüro 1992, 172; *LG Dortmund* JurBüro 1969, 966; *BVerwG* Rpfleger 1991, 388. – Für Erstattungsfähigkeit eines vorprozessualen Rechtsgutachtens des Anwalts jedoch *OLG Nürnberg* MDR 1980, 854; *Schiffahrtsobergericht Karlsruhe* MDR 1976, 670.

[213] *OLG Celle* SeuffArch. 60 (1905), 205; *OLG Hamm* JW 1927, 131; *OLG München* JurBüro 1991, 389; *OLG Stuttgart* JW 1930, 730; vgl. auch *OLG München* OLGRspr. 41 (1921), 253; *OLG Schleswig* JurBüro 1984, 435; *OLG Stuttgart* JurBüro 1981, 274.

chen und schwierigen Rechtslage oder bei einer dem Gericht fremden Rechtsmaterie[214]. Für die Bedeutung einer Verwertung durch das Gericht[215] gilt das in Rdnr. 60a, 61a Gesagte sinngemäß.

4. Im Verfahren zur Erwirkung eines **Arrests** oder einer **einstweiligen Verfügung** werden die Kosten für die Beschaffung von Beweismaterial durch Privatgutachten meist als notwendig angesehen werden können, da den Parteien der Weg eines gerichtlichen Sachverständigenbeweises nur in beschränktem Umfang zur Verfügung steht[216]. **63**

5. Für die Erstattung der Kosten **demoskopischer Gutachten** bestehen keine Besonderheiten[217]. Die hierbei regelmäßig recht hohen Kosten rechtfertigen keine über die «Notwendigkeit» hinausgehende Voraussetzung[218]. **64**

6. Für die **Höhe** der zu erstattenden Privatgutachterkosten gelten die Sätze des ZSEG nicht, da eine Privatperson keine Möglichkeit hat, diese Sätze durchzusetzen. Vielmehr ist das Gericht frei, die entstandenen Kosten auf ihre Üblichkeit und Angemessenheit zu überprüfen[219]. Allenfalls ist es vertretbar, die Sätze des ZSEG als Richtlinie heranzuziehen und zu verlangen, daß die Partei die Notwendigkeit besonders begründet, wenn die vereinbarte Vergütung über die des ZSEG erheblich hinausgeht[220]. **65**

Diente ein Privatgutachten in **mehreren Prozessen** der Rechtsverfolgung oder Rechtsverteidigung, so sind die Kosten unter Berücksichtigung des Verhältnisses der Streitwerte nur mit einem Teilbetrag im einzelnen Verfahren anzusetzen[221]. Im übrigen kommt es – auch bei mehreren Instanzen – darauf an, in welchem Verfahren(-sabschnitt) das Gutachten eingebracht wird[222]. **65a**

Rechtsbeistand und andere Prozeßvertreter (außer Anwälten)

a) Für die Kosten, die durch die Zuziehung eines **Rechtsbeistands** entstehen, schreibt Art. IX § 1 KostenÄndG vom 26. VII. 1957 (BGBl. I, 861, 931) i.d.F. vom 18. VIII. 1980 (BGBl. I, 1503) die sinngemäße Anwendung des § 91 Abs. 2 vor[223]. Gebühren und Auslagen des Rechtsbeistandes sind daher erstattungsfähig, auch bei Tätigkeit in eigener Sache[224] (Abs. 2 S. 4; → auch Rdnr. 92). Die Notwendigkeit seiner Zuziehung ist wie beim Rechtsanwalt nicht zu prüfen, wohl aber die Notwendigkeit des späteren Wechsels zu einem Anwalt[225] nach Maßgabe des zu Rdnr. 58, 104ff. Gesagten. Dies gilt auch für den **Prozeßagenten**, der nichts anderes als ein Rechtsbeistand mit den besonderen Befugnissen **66**

---

[214] *OLG Düsseldorf* JurBüro 1981, 1572, *OLG Hamm* Rpfleger 1960, 178 und *OLG Stuttgart* Justiz 1969, 104 (steuerrechtliche Probleme vor ordentlichem Zivilgericht); *OLG Bremen* Rpfleger 1965, 130 und *OLG Frankfurt* JurBüro 1993, 294; Rpfleger 1978, 385 (ausländisches Recht); *OLG Hamm* JurBüro 1966, 772 und *OLG Koblenz* JurBüro 1988, 1026 (außergewöhnliche Rechtslage); *OLG Hamburg* JurBüro 1983, 770 (nicht, wenn zu erkennen war, daß es auf die ausländische Recht nicht ankommen würde); 1975, 377 (nicht bei Auskunftspflicht über Informanten nach Wettbewerbsrecht); VersR 1976, 642 (anwendbare Rechtsordnung, ausländisches Recht); *OLG Koblenz* Rpfleger 1986, 108 (anwaltliches Gebührenrecht in Steuersachen); vgl. auch *Schneider* MDR 1988, 547f.

[215] Vgl. dazu *Schneider* MDR 1988, 547.

[216] *BGH* NJW 1990, 123; *OLG Celle* NJW 1959, 198; *OLG Frankfurt* MDR 1955, 684; *OLG Hamburg* JurBüro 1989, 813; *OLG Hamm* MDR 1979, 234; *KG* JurBüro 1988, 754; MDR 1987, 677; *OLG Koblenz* JurBüro 1992, 611; 1990, 365; 1986, 447; *OLG München* JurBüro 1987, 897; *OLG Schleswig* JurBüro 1979, 1519; *Hansens* JurBüro 1983, 641. – Zur Beweistauglichkeit s. *Krüger* WRP 1991, 68.

[217] *OLG Hamburg* JurBüro 1989, 813; *OLG Hamm* MDR 1979, 234; *OLG Karlsruhe* GRUR 1966, 702; *OLG Köln* GRUR 1971, 420; *OLG München* JurBüro 1987, 897; *LG München* GRUR 1966, 702.

[218] *Vom Stein* GRUR 1972, 314 will § 91 ZPO nur einschränkend anwenden und Kosten nur insoweit erstatten, als sie der unterlegenen Partei billigerweise zugemutet werden können; s. auch *OLG Düsseldorf* JurBüro 1974, 1170, *KG* MDR 1987, 677 und *Hansens* JurBüro 1987, 1445 (Kosten einer Marktumfrage müssen in angemessenem Verhältnis zum Streitgegenstand stehen); *OLG München* Rpfleger 1976, 218 (und zu den sonstigen Kosten des Rechtsstreits).

[219] *OLG Bamberg* JurBüro 1975, 941; 1973, 62; *OLG Koblenz* JurBüro 1990, 1007; *OLG Köln* BauR 1989, 372; *OLG München* JurBüro 1987, 898; 1979, 1059; *OLG Stuttgart* AgrarR 1983, 162; *OLG Zweibrücken* JurBüro 1985, 1874; **a.M.** *Wieczorek*[2] Anm. E III b 2. – Wird der Privatgutachter als **Zeuge** vernommen, so ist für sein Erscheinen vor Gericht eine über die Sätze des ZSEG von der Partei zugesagte Entschädigung aber nicht erstattungsfähig, *OLG Bamberg* JurBüro 1973, 1097.

[220] So z.B. *OLG Düsseldorf* MDR 1959, 1022; *OLG Hamm* JurBüro 1973, 59; *OLG Koblenz* JurBüro 1988, 1184/879; 1981, 1395; 1976, 95; *OVG Nordrhein-Westfalen* JurBüro 1988, 1559.

[221] *OLG Bamberg* JurBüro 1971, 624; vgl. auch *OLG Stuttgart* JurBüro 1985, 123.

[222] Vgl. *OLG Bamberg* JurBüro 1987, 1555.

[223] Dazu *Mümmler* JurBüro 1976, 854.

[224] *OLG Koblenz* JurBüro 1986, 1250; 1982, 866. Anders, wenn es sich um die ausgegliederte Rechtsabteilung der Partei handelt, *OLG Koblenz* JurBüro 1979, 1370 (fraglich).

[225] *OLG Schleswig* JurBüro 1990, 1471; *OLG Stuttgart* JurBüro 1986, 1090; 1982, 1682; *LG Berlin* JurBüro 1983, 1406; *LG Landau* JurBüro 1989, 1570; *LG Mönchengladbach* Rpfleger 1991, 34; *LG Würzburg* JurBüro 1993, 153; *AG Reutlingen* JurBüro 1992, 474.

des § 157 ist. Ebenso kann die Erstattung der Kosten eines Rechtsbeistands (Prozeßagenten), der nur als Verkehrsbevollmächtigter oder nur für eine auswärtige Beweisaufnahme usw. zugezogen war, danach unter denselben Voraussetzungen wie bei einem Rechtsanwalt verlangt werden. – Zur *Höhe* der Beträge → Rdnr. 92.

66a b) Bei **anderen Prozeßbevollmächtigten** ist nach dem allgemeinen Grundsatz des § 91 Abs. 1 zu prüfen, ob die Bevollmächtigung nach Lage des konkreten Falles als notwendig anerkannt werden kann. Diese Prüfung hat sich auf die Zuziehung an sich wie auf die Aufwendungen zu erstrecken[226]. Dies gilt auch für die Beauftragung der Vermieter- und Mieterorganisationen, genossenschaftlichen Treuhandstellen und dgl., → Rdnr. 94.

Reisekosten

67 a) Wegen der Reisekosten des **Rechtsanwalts** zu *Terminen* → Rdnr. 90, 99, 101, 102. Reist der Prozeßbevollmächtigte zu einer Besprechung zu seinem *Mandanten*, so sind mit Rücksicht auf den Grundsatz möglichster Geringhaltung von Kosten nur die fiktiven Reisekosten für eine Reise der Partei zum Prozeßbevollmächtigten (→ Rdnr. 67a) zu erstatten, wenn diese niedriger sind[227].

67a b) Reisekosten der **Partei**[228] zur Wahrnehmung eines *Termins* sind zu erstatten, wenn es notwendig war, daß die Partei den Termin selbst wahrnimmt; → Rdnr. 53 für den Beweistermin, Rdnr. 69 für Verhandlungs- und Verkündungstermine. Die Frage, ob Reisekosten der Partei zum Zwecke der *Information des Anwalts* zu erstatten sind, stellt sich meist im Zusammenhang mit der Überlegung, ob anstelle der nicht notwendigen Kosten für die Einschaltung eines Verkehrsanwalts wenigstens die hypothetischen Kosten für Reisen der Partei zur Information des Prozeßbevollmächtigten zu erstatten sind; → dazu ausf. Rdnr. 71b. An dieser Stelle reichen daher folgende Leitlinien: *Grundsätzlich* muß jede, auch eine schreibgewandte Partei Gelegenheit haben, den Streitstoff wenigstens einmal mit ihrem Prozeßbevollmächtigten zu besprechen[229]. Das gilt auch in der Berufungsinstanz[230], während Reisen zum Revisionsanwalt i. d. R. nicht erforderlich sind[231]. *Ausnahmen* sind allenfalls dann angebracht, wenn der Fall rechtlich und tatsächlich besonders einfach gelagert ist oder es der Partei wegen besonderer Fähigkeiten in einem Routinefall zuzumuten ist, ihren Prozeßbevollmächtigten schriftlich oder fernmündlich zu informieren[232] (→ Rdnr. 71b, 74), außerdem dann, wenn ein Verkehrsanwalt (→ Rdnr. 70) eingeschaltet ist und dessen Kosten erstattungsfähig sind, da dann Reisen der Partei zur Information des Prozeßbevollmächtigten daneben nicht notwendig sind[233]. Die *Anzahl* erstattbarer Informationsreisen hängt von der Schwierigkeit des Streitstoffes ab[234]. Zum Begriff der Reise und zur *Höhe* → Rdnr. 91.

67b c) Auch Reisekosten der Partei wie des Anwalts zur **Beschaffung von Prozeßmaterial** sind im Einzelfall zu erstatten[235].

---

[226] Vgl. *OLG Bamberg* JurBüro 1981, 1507 (inländischer Jurist als Verkehrsbevollmächtigter einer ausländischen Partei); *OLG Hamburg* JurBüro 1993, 157 (keine »Verkehrsgebühr« für unter Verstoß gegen das RBerG eingeschalteten pensionierten Volljuristen).

[227] Vgl. *OLG Hamm* JurBüro 1979, 1203; *VGH Baden-Württemberg* JurBüro 1990, 1002 (im konkreten Fall verneinend); *BPatG* MittPat. 1978, 100; 1972, 31. Das kann aber (entgegen dem BPatG) nicht gelten, wenn die Reise zur Partei wegen deren Krankheit erforderlich war.

[228] Ausf. dazu *Mümmler* JurBüro 1981, 1129.

[229] Vgl. nur *OLG Bamberg* JurBüro 1985, 289. – Unzutreffend *LG Bayreuth* JurBüro 1981, 135 (Reisekosten nur, wenn fiktive Verkehrsanwaltskosten höher gewesen wären).

[230] *OLG Hamm* JurBüro 1985, 126; vgl. aber auch *OLG Schleswig* JurBüro 1992, 172 (keine Reise zum erstinstanzlichen Anwalt, um über die Einlegung der Berufung zu beraten); einschränkend *Mümmler* JurBüro 1981, 1133.

[231] *OLG Celle* NdsRpfl. 1961, 175; *OLG Nürnberg* BayJMBl. 1961, 159; *OLG Bamberg* JurBüro 1972, 254.

[232] Vgl. etwa *OLG Bamberg* JurBüro 1992, 612; 1989, 397f.; 1981, 1574/1348; *OLG Hamm* JurBüro 1992, 40f.

[233] *OLG Celle* JurBüro 1986, 281; *OLG Frankfurt* AnwBl. 1986, 406; JurBüro 1983, 276f.; *OLG München* MDR 1987, 333; JurBüro 1964, 587.

[234] Vgl. *OLG Bamberg* JurBüro 1993, 98; 1980, 1182 (eine Reise eines Angestellten bei einfachem Fall). – Auch mehrere Reisen können notwendig sein, *OLG Bamberg* JurBüro 1979, 111; *OLG Celle* JurBüro 1972, 451 (L); *OLG Koblenz* MDR 1993, 484; *OLG Nürnberg* JurBüro 1967, 662; *OLG Schleswig* Rpfleger 1962, 426; *OLG Zweibrücken* JurBüro 1973, 424; für Besprechung von Streitgenossen miteinander *OLG Frankfurt* Rpfleger 1960, 177.

[235] *OLG Düsseldorf* FamRZ 1986, 824; *OLG Hamm* JurBüro 1968, 1006; 1969, 769; *OLG Nürnberg* MDR 1969, 854; *VG Stuttgart* AnwBl. 1985, 544.

Teilklagen, unterlassene Klagehäufung

a) Mehrkosten, die dadurch entstehen, daß der Kläger einen einheitlichen Anspruch in **Teilbeträgen** nacheinander oder nebeneinander einklagt (zur Zulässigkeit von Teilklagen → § 253 Rdnr. 64), sind zu erstatten, wenn dieses Vorgehen nach Lage des Falles im Interesse beider Parteien lag[236] (Kostenminderung und Zeitersparnis durch Zuständigkeit des Amtsgerichts u. ä.). Anderenfalls darf es die Kostenlast des Beklagten nicht erhöhen[237], auch wenn es der Beklagte unterlassen hat, bei unzulässiger Teilung die Unzuständigkeit des Amtsgerichts geltend zu machen. **68**

b) Ob **mehrere Ansprüche** gegen dieselbe Person oder gegen verschiedene Personen durch **Klagenhäufung** (nach §§ 59 f. und § 269) verbunden oder in verschiedenen Prozessen geltend gemacht werden, steht grundsätzlich im Belieben des Klägers. Wenn es sich aber um Ansprüche aus einem einheitlichen Lebensvorgang handelt und für die getrennte Geltendmachung keinerlei sachlicher Grund erkennbar ist, so sind die Mehrkosten nicht zu erstatten[238]. – Zur anwaltlichen Vertretung von *Streitgenossen* → auch Rdnr. 103. **68a**

Verhandlungs-, Verkündungstermin

a) Im **Parteiprozeß** ist die Wahrnehmung von *Verhandlungsterminen* notwendig i. S. des § 91, ebenso im allgemeinen mit Rücksicht auf §§ 156, 218 die Wahrnehmung der *Verkündungstermine*[239]. Reisekosten der Partei sind in der Regel nur insoweit erstattungsfähig, als sie die Kosten einer anwaltlichen Vertretung nicht übersteigen[240]. Nicht zu erstatten sind zusätzliche Kosten, die dadurch entstehen, daß der Geschäftsführer einer Firma von einem anderen Ort als dem Geschäftssitz der Partei anreist[241] oder der Prozeß am Ort der Zweigniederlassung von einem anderen Ort (Zentrale) aus geführt wird[242] (→ auch Rdnr. 71 b). Finden mehrere Termine am selben Tag vor demselben Gericht statt, so sind die Reisekosten zu verteilen[243]. **69**

b) Ist die Partei **durch** einen **Anwalt vertreten**, so bedarf die Notwendigkeit der Wahrnehmung von Verhandlungsterminen **neben** dem Anwalt besonderer Rechtfertigung[244], etwa Anordnung des persönlichen Erscheinens der Partei oder des Gegners[245], oder Mitteilung vom Gericht, daß Erscheinen erwünscht **69a**

---

[236] Keine Erstattung von Mehrkosten, wenn getrennte Mahnbescheidanträge nur wegen Raummangels bei Vordruck gestellt, *AG Mönchengladbach* JurBüro 1964, 295; oder wegen kostensparender Vollstreckungsmöglichkeit, da auch auf Grund eines einheitl. Schuldtitels nur wegen eines Teilbetrages vollstreckt werden kann, *AG Mönchengladbach* JurBüro 1964, 765.

[237] *RG* Gruchot 44 (1900), 201 f.; *OLG Braunschweig* OLGRspr. 19 (1909), 70; *OLG Celle* OLGRspr. 19 (1909), 69; *OLG Düsseldorf* Rpfleger 1976, 219; *OLG Hamburg* OLGRspr. 37 (1918), 98; 31 (1915), 22; *OLG Koblenz* JurBüro 1990, 621/58; *OLG Stuttgart* SeuffArch. 50 (1895), 348 u. a. – Dagegen hielten *RG* SeuffArch. 53 (1898), 459 und *KG* OLGRspr. 19 (1909), 71 bei sukzessiven Teilklagen die Kosten stets für erstattungsfähig.

[238] Vgl., u. a. zum Wettbewerbsprozeß mehrerer Mitbewerber gegen denselben Verletzer auf Grund gegenseitiger Absprache, *OLG Düsseldorf* JurBüro 1982, 602; MDR 1972, 522; *OLG Frankfurt* AnwBl. 1985, 647; JurBüro 1974, 1600; 1967, 516; *OLG Hamburg* JurBüro 1979, 50; *OLG Hamm* JurBüro 1977, 550; *KG* NJW-RR 1992, 1298; *OLG Koblenz* OLGZ 1992, 436; JurBüro 1991, 547 (2 Entscheidungen); 1990, 58; 1989, 222; 1983, 271; MDR 1987, 676; *OLG Köln* AnwBl. 1986, 37; JMBl.NRW 1974, 10; 1970, 147; Rpfleger 1972, 456; *OLG München* MDR 1987, 677; NJW 1965, 2407; *OLG Schleswig* JurBüro 1983, 1089; *OLG Zweibrücken* Rpfleger 1993, 41; *LG Berlin* JurBüro 1988, 1694; *LG Köln* JurBüro 1991, 1352; *AG Nürtingen* AnwBl. 1987, 193. – A.M. *OLG Bamberg* JurBüro 1983, 130 (abl. *Mümmler*).

[239] A.M. *VGH Mannheim* Rpfleger 1989, 301 (auch nicht für den Anwalt); *Thomas/Putzo*[18] Rdnr. 16.

[240] *OLG Frankfurt* MDR 1958, 249; auch, wenn die Partei im vereinbarten Gerichtsstand am Wohnsitz des Gegners verklagt ist, *LG Hamburg* MDR 1965, 214 (*Schneider*); s. a. schon *RG* JW 1897, 458; *OLG Frankfurt* OLGRspr. 13 (1906), 99; *OLG Kiel* OLGRspr. 40 (1920), 355; *LG Hamburg* MDR 1970, 152.

[241] *LG Koblenz* JVBl. 1966, 117; *OLG Frankfurt* JurBüro 1966, 518; *OLG München* NJW 1969, 1036.

[242] *OLG Zweibrücken* JurBüro 1974, 365; *LG Landau* Rpfleger 1992, 269; *LAG Nürnberg* JurBüro 1993, 297; anders *LG Mannheim* VersR 1988, 1057 (L; wenn dadurch höhere Anwaltskosten erspart werden). – Dasselbe gilt für die Vertretung öffentlicher Körperschaften durch **Behörden**, *OLG München* JurBüro 1992, 171; *LAG Niedersachsen* JurBüro 1984, 112; *ArbG Gießen* AnwBl. 1985, 275; anders (wenn dadurch höhere Anwaltskosten erspart werden) *VG Stade* NdsRpfl. 1986, 164 (→ auch Rdnr. 71b).

[243] *LG Berlin* JurBüro 1988, 1523; *Zöller/Herget*[18] Rdnr. 13 – Reisekosten der Partei.

[244] *OLG Schleswig* JurBüro 1992, 407 sowie die nachstehend Genannten.

[245] *OLG Celle* JurBüro 1982, 107 f.; *OLG Frankfurt* JurBüro 1987, 902; 1985, 770; MDR 1979, 762 (dann auch Kosten für die Anreise aus dem Ausland; vgl. auch *OLG Hamm* JurBüro 1982, 1074 f.; *OLG Koblenz* JurBüro 1987, 1710); *OLG Hamburg* JurBüro 1980, 289; *KG* NJW 1968, 847; *OLG Karlsruhe* JurBüro 1990, 209; *OLG Stuttgart* JurBüro 1984, 762. – Erstattungsfähig sind auch die Kosten eines **Vertreters** nach § 141 Abs. 3 S. 2, *OLG Frankfurt* JurBüro 1992, 333; 1985, 1091; 1979, 1520; AnwBl. 1986, 406; *KG* MDR 1985, 148 (L); *OLG Koblenz* JurBüro 1980, 1419; Rpfleger 1976, 325; grds. auch *OLG Koblenz* MDR 1987, 852; *OLG Schleswig* JurBüro 1980, 1668 (*ein Vertreter reicht*).

sei[246], oder sonstige besondere Umstände[247]. Das gilt erst recht für Verkündungstermine[248]. Die Teilnahme der Partei an Terminen vor dem Revisionsgericht ist grundsätzlich nicht notwendig; ausnahmsweise ist sie z. B. dann als sachdienlich anzusehen, wenn das Revisionsgericht durch eine Verfügung kurz vor dem Termin ausdrücklich Vergleichsverhandlungen angeregt hat[249].

69b c) Zum **Umfang** der Erstattung → Rdnr. 91; zum *Beweistermin* → Rdnr. 53; allg. zu den *Reisekosten* → Rdnr. 67.

Verkehrsanwalt[250]

70 Kosten eines Verkehrsanwalts, der neben dem Prozeßbevollmächtigten für die Partei tätig wird, sind wie auch sonstige Aufwendungen zur Rechtsverfolgung oder Rechtsverteidigung nur dann zu erstatten, wenn sie notwendig i. S. des § 91 Abs. 1 S. 1 waren. Das gilt auch für den beigeordneten Verkehrsanwalt[251]. Nach § 91 Abs. 2 S. 1, 3 sind Gebühren und Auslagen nur *eines* Anwalts unbesehen ihrer Erforderlichkeit zu erstatten; die Beteiligung eines weiteren Anwalts bedarf aus kostenrechtlicher Sicht der Grundlage des § 91 Abs. 1 S. 1[252]. Zur *vorprozessualen Beratung* → Rdnr. 39.

70a Die Zuziehung eines Verkehrsanwalts kann aus **subjektiven** Gründen erforderlich werden (→ Rdnr. 71 ff.), insbesondere wegen der persönlichen Verhältnisse der Partei (→ Rdnr. 73). Sie kann aber auch aus **objektiven** Gesichtspunkten notwendig sein, insbesondere wegen der Kompliziertheit des Streitstoffs in tatsächlicher und rechtlicher Hinsicht (→ Rdnr. 77 ff.). Stets ist eine **Gesamtwürdigung** aller maßgeblichen Umstände erforderlich.

71 1. Die Ausgangsfrage muß sein, ob die **Partei** – bei Berücksichtigung sowohl der Eigenart und Schwierigkeit des Prozeßstoffes (→ Rdnr. 77 ff.) als auch ihrer persönlichen Verhältnisse und Fähigkeiten (→ insbesondere Rdnr. 73) – **in der Lage** ist, **ihren Prozeßbevollmächtigten am entfernten Gerichtsort**[253] **zu informieren**. Ist sie es nicht, so ist die Zuziehung eines Verkehrsanwalts am Wohnort der Partei notwendig.

71a a) Grundsätzlich ist die Partei auf die – billigere – Möglichkeit zu verweisen, ihren **Prozeßbevollmächtigten persönlich aufzusuchen**. Die Kosten für notwendige Informationsreisen sind dann zu erstatten (→ Rdnr. 67 ff.). Daraus folgt, daß Verkehrsanwaltskosten überhaupt nur dann erstattet werden können, wenn der Partei eine Reise nicht möglich oder nicht zumutbar ist (→ Rdnr. 73) oder wenn die **voraussichtlichen Reisekosten höher** wären: Wenn die Partei vorausschauend (→ Rdnr. 45) damit rechnen konnte, daß die Kosten einer unmittelbaren Information des Prozeßbevollmächtigten die Kosten des Verkehrsanwalts nahezu erreichen oder übersteigen würden, dann kann die volle Verkehrsanwaltsgebühr nach § 52 BRAGO erstattet werden[254].

---

[246] *OLG Hamm* JurBüro 1970, 409; *OLG Karlsruhe* JurBüro 1990, 209; vgl. auch *OLG Celle* JurBüro 1987, 117; 1986, 282.
[247] *OLG Frankfurt* JurBüro 1985, 1091, MDR 1984, 148; *LG Kassel* JurBüro 1990, 1633 (komplizierter Sachverhalt, der Notwendigkeit einer mündlichen Erläuterung durch die Partei erwarten läßt; zurückhaltender *OLG Hamburg* JurBüro 1982, 604, wenn Aufklärung auch schriftsätzlich möglich gewesen wäre); *OLG Frankfurt* JurBüro 1985, 770 (Eilverfahren; ebenso *OLG Hamburg* JurBüro 1990, 68; *KG* JurBüro 1987, 754; WuW/E OLG 2139; *OLG Karlsruhe* JurBüro 1990, 209); vgl. auch *OLG Koblenz* MDR 1987, 852. – **A.M.** (für generelle Erstattungsfähigkeit) *OLG Hamm* MDR 1992, 196; *OLG Koblenz* JurBüro 1985, 1404; 1979, 442; MDR 1983, 234; *OLG Köln* MDR 1993, 182; *OLG Stuttgart* JurBüro 1992, 471; sehr weitgehend auch *OLG Hamm* JurBüro 1987, 751.
[248] *OLG Köln* MDR 1993, 182.
[249] *OLG Schleswig* JurBüro 1971, 255; einengend *OLG Hamm* JurBüro 1970, 811; vgl. auch *OVG Lüneburg* JurBüro 1982, 712.
[250] Ausf. dazu *Mümmler* JurBüro 1989, 579/745.
[251] *OLG Hamm* MDR 1983, 584.
[252] Vgl. auch *Mümmler* JurBüro 1972, 9, 13.
[253] Wohnen Partei und Prozeßbevollmächtigter **am selben Ort**, so ist eine Inanspruchnahme eines Verkehrsanwalts jedenfalls zur Übermittlung von Informationen nicht notwendig, *OLG Nürnberg* JurBüro 1966, 278; *OLG Stuttgart* AnwBl. 1981, 196. Entsprechendes soll nach *OLG Hamburg* JurBüro 1986, 1240; 1982, 444; 1979, 1372; 1975, 769/656 grundsätzlich für den **Nahverkehrsbereich** Hamburg und nach *OLG Schleswig* JurBüro 1971, 244 für Schleswig-Holstein gelten; für das Rhein/Main-Gebiet vgl. *LG Darmstadt* AnwBl. 1985, 651. – Gibt es am Wohnort der Partei beim Prozeßgericht zugelassene Rechtsanwälte, so sind Verkehrsanwaltskosten ebenfalls nicht notwendig, *OLG Celle* JurBüro 1971, 768; Rpfleger 1964, 387. – Vgl. im übrigen auch Rdnr. 79.
[254] *OLG Bamberg* JurBüro 1977, 1734; 1972, 314; AnwBl. 1971, 50; *OLG Celle* JurBüro 1985, 1719; 1972, 890; AnwBl. 1979, 115; *OLG Düsseldorf* JurBüro 1989, 399; 1981, 1831; 1979, 390; *OLG Frankfurt* AnwBl. 1970, 21; *OLG Hamburg* JurBüro 1982, 604; *OLG Hamm* AnwBl. 1985, 591; 1980, 512; 1979, 184; 1970, 102; *KG* AnwBl. 1975, 235 (auch wenn sich später herausstellt, daß Informationsreise billiger gewesen wäre); *OLG Karlsruhe* AnwBl. 1982, 248 (zust. *Schloßhauer-Selbach*); JurBüro 1968, 715; MDR 1968, 851; Justiz 1966, 185; *OLG Koblenz* MDR 1993, 484; 1985, 789 (L); JurBüro 1991, 246; 1986, 1370/392; *OLG Köln* JurBüro 1992, 104; AnwBl. 1986, 38; 1983, 189; 1980, 76; MDR 1985, 243; JMBl.NRW 1971, 224; *OLG München* AnwBl. 1988, 69; JurBüro 1984, 1562; *OLG Nürnberg*

bb Ausgehend vom Recht der Partei, den Streitstoff mit ihrem Prozeßbevollmächtigten wenigstens **71b**
einmal gründlich zu besprechen und die hierzu erforderlichen Auslagen (insbesondere Reisekosten)
erstattet zu bekommen (→ Rdnr. 67 ff.), hat die Rechtsprechung daneben die Regel entwickelt, daß die
Partei, die einen an sich nicht notwendigen Verkehrsanwalt beauftragt hat, jedenfalls dessen **Kosten in
Höhe der ersparten Reisekosten** zum auswärtigen Prozeßbevollmächtigten erstattet erhält[255]. Es handelt
sich aber hierbei stets um die Festsetzung von Verkehrsanwaltskosten, nicht etwa Reisekosten[256].
Maßgeblich für die Anzahl der fiktiven Informationsreisen ist die vorausschauende Beurteilung im
Zeitpunkt der Beauftragung des Verkehrsanwalts[257] (→ auch Rdnr. 45). Zu versagen ist die Erstattung
von Verkehrsanwaltskosten aus dem Gesichtspunkt ersparter fiktiver Reisekosten aber stets dann, wenn
ausnahmsweise *nicht einmal eine* Informationsreise geboten war, sondern die schriftliche oder fernmündliche Information des Prozeßbevollmächtigten ausgereicht hätte, etwa wegen der besonderen Einfachheit
des Falles[258] oder wegen besonderer Fähigkeiten der Partei[259] (→ auch Rdnr. 67a, 74). Möglich ist in
diesem Fall aber die Erstattung fiktiver Kosten für die schriftliche oder fernmündliche Unterrichtung des
Prozeßbevollmächtigten[260]. Eine Erstattung scheidet hingegen aus, wenn eine Handelsgesellschaft oder
juristische Person ihre Geschäfte *nicht vom satzungsmäßigen Sitz* führen läßt[261] oder der Partei *am
Wohnort zahlreiche beim Prozeßgericht zugelassene Rechtsanwälte* zur Verfügung stehen[262].

b) Kosten für einen nicht notwendigen Verkehrsanwalt können aber auch **bis zur Höhe sonst notwen-** **72**
diger Beratungskosten (§ 20 BRAGO) Berücksichtigung finden. Die Notwendigkeit einer solchen vorprozessualen Beratung durch einen ortsansässigen Anwalt, der schließlich die Prozeßvertretung nicht selbst
übernehmen kann, ist aber nur dann zu bejahen, wenn sich die bisher nicht beratene[263] Partei wegen

---

AnwBl. 1969, 133; *OLG Oldenburg* AnwBl. 1983, 558; *OLG Saarbrücken* JurBüro 1988, 861 (für **Ratsgebühr** in gleicher Höhe; ebenso *OLG Düsseldorf* JurBüro 1981, 1358f.; 1980, 1037/291); *OLG Schleswig* SchlHA 1992, 687; *OLG Stuttgart* Justiz 1966, 132; AnwBl. 1965, 349; *OLG Zweibrücken* AnwBl. 1984, 453; *LG Aachen* AnwBl. 1978, 238; *LG Nürnberg-Fürth* JurBüro 1979, 116; *LG Stuttgart* AnwBl. 1985, 214; 1984, 101; teilw. abweichend *OLG Düsseldorf* AnwBl. 1984, 380 (abl. *Schmidt*).

[255] *OLG Bamberg* JurBüro 1992, 745; 1989, 1575; 1987, 1553; 1984, 120; 1982, 768; 1981, 548 und 131; 1979, 219; *OLG Bremen* JurBüro 1991, 386f.; *OLG Celle* NdsRpfl. 1963, 150; *OLG Düsseldorf* AnwBl. 1972, 363; *OLG Frankfurt* JurBüro 1985, 1089; *OLG Hamburg* JurBüro 1990, 66; *OLG Hamm* JurBüro 1989, 94; 1987, 271; AnwBl. 1983, 559; 1971, 88; MDR 1962, 993; *KG* JurBüro 1990, 1184; *OLG Koblenz* JurBüro 1992, 470 (bei Parallelverfahren aber nur anteilig; zust. *Mümmler*); *OLG Köln* VersR 1965, 269; *OLG München* JurBüro 1987, 278; 1985, 456; *OLG Nürnberg* AnwBl. 1980, 166; JurBüro 1965, 720; *OLG Schleswig* JurBüro 1975, 75; a.M. (weil selbst Reise unnötig) *OLG Bamberg* JurBüro 1989, 400; grds. *Hansens* JurBüro 1992, 715. – Auch in zweiter Instanz, *OLG Düsseldorf* Rpfleger 1983, 368; *OLG Karlsruhe* AnwBl. 1977, 168; *OLG Schleswig* Jur-Büro 1980, 1854; *OLG Stuttgart* AnwBl. 1984, 380; 1983, 928/181. – Nicht wenn weder ein Verkehrsanwalt beauftragt noch eine Reise durchgeführt wurde, *KG* Rpfleger 1975, 100. – Nicht verglichen werden können die Reisekosten der Partei zum *Termin*, *OLG Koblenz* JurBüro 1992, 610f./474. Bei tatsächlich entstandenen Kosten des Prozeßbevollmächtigten liegt eine Ersparnis nicht vor, *OLG Köln* JurBüro 1992, 338.

[256] *OLG Hamm* JurBüro 1974, 367.

[257] *OLG Hamm* JurBüro 1970, 409 und ihm folgend *Mümmler* JurBüro 1972, 9, 15 wollen zu Unrecht bei der Berechnung der fiktiven Reisekosten auf die schließlich tatsächlich erforderlich gewordenen Reisen abstellen.

[258] *OLG Bamberg* JurBüro 1989, 400; 1987, 1553; 1986, 1566, 444 und 443; 1978, 1022; *OLG Bremen* MDR 1977, 232; *OLG Frankfurt* Rpfleger 1982, 312 (auch aus dem Ausland); *KG* AnwBl. 1971, 51; JurBüro 1970, 1092; *OLG Karlsruhe* AnwBl. 1983, 92; *OLG Koblenz* JurBüro 1992, 26; *OLG München* JurBüro 1990, 727; 1980, 235; 1979, 1382; *OLG Schleswig* JurBüro 1980, 1854; sehr großzügig *OLG Bamberg* JurBüro 1986, 285.

[259] *OLG Köln* JurBüro 1986, 1727; *OLG Stuttgart* JurBüro 1983, 1868; *LG Hannover* AnwBl. 1988, 494 (**Bank**); *OLG Bamberg* JurBüro 1985, 929f. (**Behörde**); *OLG Koblenz* JurBüro 1991, 1519; *LG Bonn* JurBüro 1991, 1088; *LG Hanau* Rpfleger 1991, 173 (**geschäftsgewandte Partei** bei einfachem Sachverhalt aus dem Geschäftsbetrieb); *OLG Bamberg* JurBüro 1989, 399; 1980, 1182; *OLG Düsseldorf* JurBüro 1992, 688/38; 1984, 591; 1981, 77; *OLG Koblenz* JurBüro 1992, 610; 1985, 1874; *OLG Schleswig* AnwBl. 1988, 356; *OLG Zweibrücken* AnwBl. 1985, 1713; *LG Ravensburg* AnwBl. 1984, 382 (**größeres kaufmännisch geführtes Unternehmen**); *LG Saarbrücken* JurBüro 1987, 753 (**Inkassobüro**); *OLG Frankfurt* AnwBl. 1978, 237; *OLG München* NJW 1972, 1058; *OLG Stuttgart* ZIP 1983, 1229 (**Rechtsanwalt**); *OLG Bamberg* JurBüro 1972, 887; *OLG Schleswig* JurBüro 1982, 411; *LG Kleve* AnwBl. 1980, 513 (**Versicherungsgesellschaft**). – A.M. *OLG Bamberg* AnwBl. 1974, 28; *OLG Düsseldorf* JurBüro 1989, 399; *OLG Frankfurt* JurBüro 1985, 1089; *OLG Schleswig* JurBüro 1983, 437; AnwBl. 1983, 92; *OLG Stuttgart* AnwBl. 1983, 191; *LG Stuttgart* AnwBl. 1984, 101 (großes Wirtschaftsunternehmen, jedoch sachlich und rechtlich schwieriger Prozeß); *OLG Hamm* JurBüro 1986, 918 (für Patentanwalt).

[260] *OLG Bamberg* JurBüro 1989, 1284; 1986, 1566; 1984, 441; *OLG Köln* JurBüro 1980, 1197.

[261] *OLG Frankfurt* JurBüro 1985, 1884 (L)/616; 1980, 1035; 1966, 289; Rpfleger 1982, 312; *OLG Hamburg* MDR 1988, 782; *OLG Hamm* JurBüro 1986, 268; 1982, 289; 1979, 62; 1968, 365; *KG* JurBüro 1972, 996; *OLG Koblenz* GmbHR 1985, 335 (L); *OLG München* AnwBl. 1989, 294; MDR 1988, 324; *OLG Stuttgart* JurBüro 1992, 688; 1983, 1091; für Reisekosten einer Behörde auch *OLG Nürnberg* MDR 1980, 1027.

[262] *OLG Celle* JurBüro 1971, 768.

[263] *OLG Bamberg* JurBüro 1989, 1575. Vgl. auch *OLG Koblenz* JurBüro 1992, 465 sowie die nachstehend Genannten (allenfalls bei rechtsunkundiger Partei). – Für die

tatsächlicher oder rechtlicher Schwierigkeiten des Falles in Unkenntnis darüber befindet, welche Schritte sie in der konkreten Situation ergreifen soll[264]. Die – gesondert zu erstattende – Beratung kann also nicht die Besprechung der gesamten Streitsache mit dem ortsansässigen Anwalt umfassen[265]. Die Notwendigkeit für eine derartige Beratung kann regelmäßig nur hinsichtlich der Aufklärung über das zuständige Gericht[266], geeignete Prozeßbevollmächtigte[267] oder die zweckmäßige Prozeßart (Eilverfahren)[268] bestehen. Eine umfassende Vorbesprechung des Streitstoffes mit einem Anwalt, der nicht Prozeßbevollmächtigter werden kann und der auch nicht als notwendiger Verkehrsanwalt anzusehen ist, mag zwar nützlich sein, widerspricht aber den Grundsätzen einer kostensparenden Prozeßführung. – Umgekehrt kann die einmal entstandene Beratungsgebühr aber nicht schon allein die Notwendigkeit der Zuziehung des Verkehrsanwalts begründen[269] (→ auch Rdnr. 40).

73   c) Scheitert eine Unterrichtung des Prozeßbevollmächtigten an der **Unfähigkeit** der Partei zur Führung sachgerechter Korrespondenz oder ist eine unmittelbare Information nicht möglich oder zumutbar[270], so ist die Einschaltung eines Verkehrsanwalts gerechtfertigt. Die Unzumutbarkeit persönlicher Information des Prozeßbevollmächtigten kann allerdings nicht allein aus einer Feststellung der räumlichen Entfernung und des erforderlichen Zeitaufwands hergeleitet werden[271]. Die Vermutung der Zweckentsprechung einer Maßnahme – etwa bei größerem Zeitaufwand als einem halben Arbeitstag – widerspricht dem Grundprinzip das § 91 Abs. 1, wonach nur die individuelle Erforderlichkeit das Maß für die Erstattung geben kann. Auch reicht für die Erstattung nicht aus, daß der Hausanwalt den streitigen Sachverhalt besser überblickt, weil er beispielsweise den vorprozessualen Schriftverkehr geführt hat[272] (→ auch Rdnr. 40). Selbst bei Kenntnis von der Partei unbekanntem Tatsachenstoff ist ein Ansatz ausgeschlossen, da für die Einschaltung des Verkehrsanwalts maßgeblich ist, ob diese zur *Übermittlung* des Tatsachenmaterials an den Prozeßbevollmächtigten notwendig war[273]. Die Verkehrsgebühr ist nicht dazu gedacht, dem Anwalt eine »Zeugenentschädigung« zu verschaffen. Anderseits sind auch einer schriftgewandten Partei die Kosten des Verkehrsanwalts zu erstatten, wenn es auf Grund eines umfangreichen Streitstoffes und schwieriger Rechtslage darauf ankommt, die im Hinblick auf die Rechtslage *richtige* Information zu erteilen[274], oder wenn nur durch präzise Fragestellung und eingehende Erörterung eine hinreichende Information gegeben werden kann[275].

Rechtsmittelinstanz kann die Baratung noch zu den Aufgaben des vorinstanzlichen Anwalts gehören; vgl. *OLG Bamberg* JurBüro 1980, 1082 (→ aber auch Rdnr. 46b).
[264] *OLG Bamberg* JurBüro 1989, 1283; 1986, 1566; 1984, 442/436; 1980, 1182; *OLG Hamm* JurBüro 1987, 1708, 1709; 1987, 1405; AnwBl. 1982, 488/80; *OLG Köln* JurBüro 1992, 337; *OLG Saarbrücken* JurBüro 1988, 861; *LG Bonn* Rpfleger 1985, 212; *LG Essen* AnwBl. 1983, 565; großzügiger *OLG Nürnberg* JurBüro 1964, 833.
[265] *Mümmler* JurBüro 1989, 748.
[266] *OLG Bamberg* JurBüro 1984, 595; 1981, 548; 1978, 1023 (abhängig von der Person des richtigen Beklagten); 1978, 73; *OLG Celle* JurBüro 1971, 769; *OLG Düsseldorf* JurBüro 1985, 1862; 1984, 1898 (nur im Einzelfall); 1983, 1255; 1973, 1145; *OLG Frankfurt* JurBüro 1985, 1411; 1984, 1568; 1981, 133; *OLG Karlsruhe* KostRspr. ZPO § 91 (B – Vertretungskosten) Nr. 501 (L); MDR 1982, 1024 (L); *OLG Koblenz* JurBüro 1983, 1716; vgl. auch *OLG München* JurBüro 1985, 455.
[267] *OLG Bamberg* JurBüro 1986, 442; *OLG Stuttgart* AnwBl. 1981, 505; *LG Ravensburg* AnwBl. 1984, 382. – A.M. *OLG Bremen* JurBüro 1992, 681; *OLG Oldenburg* JurBüro 1978, 1812.
[268] *OLG Bamberg* JurBüro 1986, 1410.
[269] Vgl. *OLG Bamberg* JurBüro 1989, 1283.
[270] *KG* NJW 1962, 254 (Gebrechlichkeit, Alter); *OLG Celle* NJW 1968, 1097; *OLG Karlsruhe* Rpfleger 1964, 35; *OLG München* JurBüro 1980, 1364; *OLG Schleswig* JurBüro 1971, 245 (Krankheit); *OLG Düsseldorf* 1986, 761 (Schwerbeschädigter); *OLG Nürnberg* AnwBl. 1970, 21 (besondere familiäre Verhältnisse); *OLG Düsseldorf* FamRZ 1957, 175; *OLG Oldenburg* MDR 1962, 742 (Wohnort in der damaligen DDR); *OLG Bamberg* JurBüro 1984, 118; 1979, 223; 1977, 672 (Entfernung und berufliche Belastung); *OLG München* AnwBl. 1982, 201 (Entfernung und unverhältnismäßiger Zeitaufwand im Eilverfahren); *OLG Nürnberg* AnwBl. 1989, 113 (Entfernung und berufliche Belastung bei tatsächlich und rechtlich schwieriger Sachverhalt).
[271] Heute ganz h.M.; *OLG Bamberg* JurBüro 1981, 548; 1972, 316; JurBüro 1975, 626; *OLG Frankfurt* Rpfleger 1988, 81f.; *OLG Bayern* 1985 452/446; 1984, 1892; MDR 1984, 587 (unter Aufgabe seiner bisherigen Rspr.); *OLG Hamm* JurBüro 1987, 1708; 1972, 513; WRP 1979, 223; *OLG Koblenz* JurBüro 1987, 1788; MDR 1977, 319; *OLG Köln* JurBüro 1986, 1709; 1976, 925; *OLG München* JurBüro 1978, 390; *OLG Schleswig* SchlHA 1974, 195; *OLG Zweibrücken* JurBüro 1974, 612; *Wieczorek*² Anm. E IV b 3; a.M. aber *OLG Frankfurt* JurBüro 1993, 292 (für Sachen des gewerblichen Rechtsschutzes); *LG Darmstadt* AnwBl. 1985, 651 (es reiche, daß die Partei am Prozeßort keinen Anwalt kennt). – Auch dem **Streitwert** kommt allein keine entscheidende Bedeutung zu, a.M. *OLG Frankfurt* JurBüro 1976, 805 (abl. *Mümmler*), ebensowenig der Bedeutung des Rechtsstreits für die Parteien, *OLG Koblenz* JurBüro 1982, 1881/867; *OLG Schleswig* JurBüro 1984, 1246.
[272] *OLG Celle* JurBüro 1967, 987; NdsRpfl. 1965, 111; *OLG Düsseldorf* JurBüro 1975, 627; *KG* JurBüro 1981, 569f.; *OLG Koblenz* JurBüro 1992, 26; 1985, 1408; *OLG Schleswig* JurBüro 1971, 243; *OLG Zweibrücken* JurBüro 1965, 477; vgl. aber auch *OLG Düsseldorf* JurBüro 1991, 89; *OLG Köln* AnwBl. 1980, 76.
[273] *OLG Celle* NdsRpfl. 1968, 65; vgl. auch *OLG Frankfurt* MDR 1991, 257. – A.M. *OLG München* JurBüro 1991, 555; 1988, 491; *OLG Schleswig* JurBüro 1981, 1026; *OLG Stuttgart* JurBüro 1978, 1205.
[274] *OLG Frankfurt* AnwBl. 1966, 195.
[275] *LG München* AnwBl. 1967, 443.

d) **Besondere** – einschlägige – **Kenntnisse** und Fähigkeiten der Partei **erübrigen** regelmäßig die Zuziehung eines Verkehrsanwalts. Ein Unternehmen mit eigener Rechtsabteilung ist grundsätzlich in der Lage, seinen Prozeßbevollmächtigten selbst zu informieren[276]. Auch ohne eingerichtete Rechtsabteilung sind Unternehmen oder Behörden für diejenigen Rechtsstreitigkeiten, die sich typischerweise aus dem Gegenstand ihres Wirkens ergeben, in der Lage, selbst sachgerechte Information zu erteilen[277]. Die Art und Weise der Teilnahme am Wirtschaftsleben kann sogar voraussetzen, daß ein Unternehmen sich so einzurichten hat, daß es in der Lage ist, bei einschlägigen Rechtsstreitigkeiten – auch bei tatsächlich und rechtlich schwierigem Streitstoff – selbst Korrespondenz zu führen und den Prozeßbevollmächtigten zu informieren[278]. Besondere Kenntnisse einer natürlichen Person auf einem Gebiet, das die Grundlage des Rechtsstreits bildet, schließen ebenfalls die Notwendigkeit für einen Verkehrsanwalt aus[279]. 74

e) Der **Rechtsanwalt**, der **in eigener Sache** prozessiert, kann zwar nach § 91 Abs. 2 S. 4 ebenfalls Gebühren und Auslagen erstattet verlangen. Eine Erstattung der Verkehrsgebühr scheidet jedoch aus, da er in seiner Stellung als Partei selbst in der Lage ist, sachgemäße Information zu erteilen[280]. 74a

Der **Ehefrau eines Anwalts** kann mit Hinweis auf die sich aus der Ehegemeinschaft ergebenden besonderen Verpflichtungen die Erstattung der Verkehrsgebühr für ihren tatsächlich als Verkehrsanwalt tätig gewordenen Ehegatten nicht versagt werden[281]. 74b

---

[276] *OLG Bamberg* JurBüro 1978, 1086; *OLG Hamm* AnwBl. 1961, 72; *OLG Koblenz* JurBüro 1992, 25; 1983, 239 (angestellter Volljurist); *OLG Köln* JurBüro 1988, 357; 1980, 1196/724 (Syndicus); *OLG München* Rpfleger 1962, 2; *OLG Nürnberg* BayJMBl. 1959, 147; *LG Wuppertal* MDR 1965, 215. – Zurückhaltender *OLG Frankfurt* JurBüro 1983, 1869.

[277] *OLG Bamberg* JurBüro 1980, 79; 1977, 1006; *OLG Karlsruhe* JurBüro 1985, 1095; *OLG Koblenz* JurBüro 1980, 882; *OLG Köln* JurBüro 1988, 357; 1986, 1727; *OLG Saarbrücken* JurBüro 1987, 896; *OLG Stuttgart* JurBüro 1983, 1868; *LG Hannover* JurBüro 1988, 494 (**Bank**); *OLG Bamberg* JurBüro 1985, 929; *OLG Celle* Rpfleger 1952, 446 (**Behörde**); *OLG Hamm* JMBl.NRW 1972, 99 (**Fernsehanstalt**); *OLG Bamberg* JurBüro 1980, 285; *OLG Koblenz* JurBüro 1987, 1835; *OLG Neustadt* Rpfleger 1964, 352 (**Geschäftsführer** besitzt entsprechende Kenntnisse); *OLG Bamberg* 1978, 1336 (**größeres Autounternehmen**); *OLG Bamberg* JurBüro 1991, 705; 1989, 1284/398f.; 1986, 1566/1410/102; 1980, 1182; *OLG Bremen* JurBüro 1988, 884; *OLG Düsseldorf* JurBüro 1992, 687/38; 1988, 356; 1986, 282f.; 1985, 1252; 1984, 590; 1981, 76; AnwBl. 1984, 380 (*Schmidt*); *OLG Karlsruhe* JurBüro 1993, 352; 1979, 1163; *OLG Koblenz* JurBüro 1985, 1873; 1974, 1551; *OLG München* JurBüro 1982, 1680; 1980, 235; *OLG Nürnberg* AnwBl. 1980, 166; *OLG Zweibrücken* JurBüro 1981, 62; 1979, 222; *LG Ravensburg* AnwBl. 1984, 382 (**größeres, kaufmännisch geführtes Unternehmen**); *OLG Braunschweig* JurBüro 1979, 712; *OLG Saarbrücken* JurBüro 1989, 1403; 1987, 1082; *LG Saarbrücken* JurBüro 1987, 753 (**Inkassounternehmen**); *OLG Koblenz* JurBüro 1986, 1836; *LG Hanau* Rpfleger 1991, 173 (**Leasinggesellschaft**); *OLG Bamberg* JurBüro 1978, 1086; 1975, 626 (**Mietautounternehmen**); *LG Aachen* JurBüro 1974, 240 (**Versandunternehmen**); *OLG Bamberg* JurBüro 1972, 887; *OLG Koblenz* VersR 1989, 929 (L; m.w.Beispielen); *OLG Nürnberg* JurBüro 1964, 121; *OLG Schleswig* JurBüro 1982, 411; 1974, 1550; *LG Kleve* AnwBl. 1980, 513 (**Versicherungsunternehmen**). – Zurückhaltender *OLG Bamberg* JurBüro 1975, 1369 (akademische Vorbildung reicht nicht generell); *OLG Hamburg* JurBüro 1987, 430 (nicht bei schwierigem Sachverhalt); *OLG Karlsruhe* VersR 1989, 715 (nicht bei Notwendigkeit zentraler Sachbearbeitung gegen Versicherungsbetrüger); *LG Itzehoe* ZIP 1980, 754 (nicht bei abgetretener Forderung).

[278] *OLG Bamberg* JurBüro 1978, 1030 und 774; *OLG Bremen* JurBüro 1986, 103; *OLG Frankfurt* WRP 1979, 727; *OLG Karlsruhe* JurBüro 1989, 102; *OLG Koblenz* JurBüro 1987, 1835; 1983, 1526; BB 1987, 1494; *OLG Köln* JurBüro 1983, 440; *OLG München* JurBüro 1990, 727; 1969, 464 (Verein zur Bekämpfung unlauteren Wettbewerbs); *OLG Frankfurt* MDR 1985, 327 (GEMA); *OLG Schleswig* JurBüro 1971, 267 (Inkassostelle eines Berufsverbandes); *OLG Hamm* JurBüro 1972, 919 (größere Berufsgenossenschaft); *OLG Koblenz* JurBüro 1974, 1284 (Versorgungskasse); *OLG Düsseldorf* Rpfleger 1977, 259 (AOK); abweichend *OLG Frankfurt* JurBüro 1984, 112; 1983, 1869; 1982, 762 (wirtschaftliche Interessenverbände); *OLG Hamburg* JurBüro 1972, 836 (kleinere Betriebskrankenkasse); *OLG Köln* Rpfleger 1986, 235 (zust. *Sauren*, größeres Unternehmen).

[279] *OLG Düsseldorf* JurBüro 1983, 1250 (Fähigkeiten einer ohnehin eingeschalteten Verwaltungsgesellschaft sind zuzurechnen; ebenso *OLG Frankfurt* Rpfleger 1978, 69 für Rechtsanwalt als Verwalter); *OLG Koblenz* VersR 1987, 914 (L; Juristin vor dem 2. Staatsexamen); JurBüro 1974, 1398 (Finanzmakler klagt Finanzmaklerlohn ein).

[280] H.M., jedoch mit unterschiedlicher Begründung: Nach *OLG Düsseldorf* JurBüro 1984, 766; NJW 1968, 166; *KG* JurBüro 1987, 1369; *OLG Köln* JurBüro 1983, 1047; *OLG München* NJW 1966, 2416; *OLG Schleswig* JurBüro 1986, 884 und *Mümmler* JurBüro 1989, 584 findet § 91 Abs. 2 S. 4 keine Anwendung, da wegen Fehlens einer dritten Person im Prozeßverhältnis Verkehrsgebühr nicht entstehen kann; offenlassend *OLG München* NJW 1972, 1098. – *OLG Bamberg* JurBüro 1985, 929; 1979, 1063; *OLG Celle* JurBüro 1987, 117; NdsRpfl. 1964, 269; *OLG Frankfurt* AnwBl. 1986, 406; *OLG Hamburg* MDR 1964, 515; *OLG Koblenz* MDR 1987, 852; JurBüro 1985, 1249; VersR 1981, 865 (L) halten zwar § 91 Abs. 2 S. 4 für grundsätzlich anwendbar, verneinen aber Notwendigkeit, da von Rechtsanwalt ohne weiteres Fähigkeit zur schriftlichen Information zu erwarten ist. – Vertritt Rechtsanwalt als Miterbe zugleich andere, kann ihm Verkehrsgebühr aber erstattet werden, *OLG Braunschweig* NJW 1960, 2296.

[281] So aber *OLG Hamburg* MDR 1968, 678; *OLG Koblenz* JurBüro 1984, 758; *OLG Köln* JurBüro 1983, 1047; *OLG Schleswig* JurBüro 1986, 884 (wenn Ehemann selbst auch Partei ist); *Mümmler* JurBüro 1989, 585; wie hier *OLG Hamburg* MDR 1992, 616 für Ehefrau eines Richters; *OLG Schleswig* JurBüro 1992, 170 für Eltern eines Anwalts.

§ 91 V   Erstes Buch. Allgemeine Vorschriften. Zweiter Abschnitt. Parteien

75 Führt der **Rechtsanwalt** den Prozeß **als Partei kraft Amtes** (→ Rdnr. 25 vor § 50; z. B. Konkursverwalter), kann er für die Unterrichtung des Prozeßbevollmächtigten keine Verkehrsgebühr verlangen. Da er selbst Partei des Rechtsstreits ist, hat er seine Fähigkeiten und Kenntnisse wie jede andere Partei in vollem Umfang einzusetzen, ohne daß er hierfür eine besondere Vergütung beanspruchen kann[282].

75a Als **gesetzlicher Vertreter** (Vormund, Pfleger) kann ein Rechtsanwalt dann eine Verkehrsgebühr erstattet erhalten, wenn ein anderer nicht rechtskundiger Vertreter mit durchschnittlichen Kenntnissen ohne Einschaltung eines Verkehrsanwalts den Prozeßbevollmächtigten nicht hätte sachgerecht informieren können[283].

76 f) Für eine **ausländische** Partei (→ vor § 91 Rdnr. 10b) können Sprachhindernisse, große Entfernung zum Gerichtsort und mangelnde Vertrautheit mit dem fremden Rechtskreis die Inanspruchnahme eines Verkehrsanwalts – entweder am eigenen Wohn- bzw. Geschäftssitz oder im Inland – erforderlich machen.

Generell oder grundsätzlich die Notwendigkeit eines Verkehrsanwalts für die ausländische Partei zu bejahen[284], widerspricht den in § 91 niedergelegten Grundsätzen. Vielmehr kommt auch hier eine Erstattung nur in Betracht, wenn sich die Inanspruchnahme im konkreten Fall als notwendig erweist[285]. Beherrscht die ausländische Partei die deutsche Sprache nicht und gibt es am Prozeßort keinen Anwalt, mit dem eine Verständigung in ihrer Muttersprache möglich ist, so ist die Hinzuziehung des Verkehrsanwalts notwendig[286]; hierbei ist gleichgültig, ob es sich um einen ausländischen Anwalt[287] oder um einen deutschen Rechtsanwalt handelt[288]. Mangelnde Vertrautheit mit dem deutschen Rechtskreis, insbesondere Unkenntnis über die nach inländischem Recht zur Rechtsverfolgung erforderlichen Schritte, können weiter die Notwendigkeit für die Einschaltung eines Verkehrsanwalts begründen[289]. Dagegen ist eine ausländische Partei, die regelmäßig im Inland Geschäfte abwickelt, für die Frage der Notwendigkeit eines Verkehrsanwalts wie ein Inländer zu behandeln[290].

---

[282] *OLG Bamberg* JurBüro 1980, 1415; 1974, 334; *OLG Braunschweig* Rpfleger 1956, 114 (L); *OLG Düsseldorf* JurBüro 1980, 723; Rpfleger 1964, 357 (L); *OLG Frankfurt* AnwBl. 1988, 484; Rpfleger 1988, 282 (L); 1984, 332 (L); KTS 1986, 64 (L); JurBüro 1978, 1682; MDR 1978, 62; NJW 1972, 1328; *OLG Hamm* JurBüro 1976, 1681; *OLG Koblenz* JurBüro 1982, 866; *OLG Köln* Rpfleger 1967, 100 (L); *OLG München* JurBüro 1987, 863 (auch für ausländischen Anwalt); NJW 1966, 2416; *OLG Schleswig* JurBüro 1979, 224; 1978, 1209; 1974, 508; SchlHA 1977, 70; *OLG Stuttgart* ZIP 1983, 1229; *LG Mönchengladbach* JurBüro 1977, 1737; *Mümmler* JurBüro 1989, 584. – **A.M.** *OLG Karlsruhe* KTS 1978, 260.

[283] *OLG Hamm* JurBüro 1974, 859; *KG* Rpfleger 1976, 248; *OLG Schleswig* JurBüro 1979, 225; *LG Hamburg* AnwBl. 1976, 168; *LG Nürnberg-Fürth* JurBüro 1967, 986; *Mümmler* JurBüro 1989, 584. – Dagegen nicht, wenn der Anwalt Geschäftsführer einer GmbH ist, *KG* MDR 1976, 761; nach *OLG Stuttgart* JurBüro 1976, 191 auch nicht, wenn Vereinsvorstand; a. M. *KG* JurBüro 1987, 1396 und *Mümmler* JurBüro 1989, 584 (wenn nicht zum typischen Aufgabenkreis gehörig); für Liquidator *OLG Düsseldorf* JurBüro 1977, 1735; *OLG Köln* JurBüro 1978, 241; für Nachlaßpfleger *OLG Stuttgart* JurBüro 1991, 839.

[284] So wohl *OLG Bamberg* JurBüro 1986, 438; 1983, 1096; *OLG Frankfurt* AnwBl. 1984, 619; JurBüro 1973, 136; NJW 1963, 961; *OLG Hamburg* JurBüro 1988, 1186/758; 1980, 1362; *OLG Hamm* JurBüro 1981, 1861; *OLG Karlsruhe* Justiz 1974, 459; *OLG Stuttgart* AnwBl. 1985, 211; JurBüro 1984, 1561 (für frühere DDR); 1981, 870.

[285] *OLG Bamberg* JurBüro 1986, 441; 1981, 1507; 1978, 857; *OLG Bremen* NJW 1970, 1009; *OLG Celle* JurBüro 1986, 281; NdsRpfl. 1978, 214; NJW 1966, 2277; *OLG Düsseldorf* AnwBl. 1993, 39; JurBüro 1986, 100; Rpfleger 1983, 367; *KG* JurBüro 1981, 569; *OLG Koblenz* JurBüro 1991, 245; 1980, 1036; VersR 1989, 1212; *OLG Köln* JurBüro 1986, 1082; *OLG München* JurBüro 1987, 863; 1970, 407; MDR 1980, 146. – Erstattbarkeit kann aber nicht damit verneint werden, daß beklagte ausländische Partei sich auf bloßes Bestreiten beschränken könne, *OLG Hamm* JurBüro 1973, 1177 unter Aufgabe seiner bisherigen Rspr. JurBüro 1966, 242. – Vgl. auch Rdnr. 81 zur Berufungsinstanz.

[286] *OLG Bamberg* JurBüro 1988, 1363; *OLG Düsseldorf* AnwBl. 1973, 362; *OLG Frankfurt* AnwBl. 1968, 26; *KG* JurBüro 1967, 420; zurückhaltender *OLG Düsseldorf* Rpfleger 1983, 368. – Sonst jedenfalls Erstattung notwendiger (→ Rdnr. 55) Übersetzungskosten, *OLG Düsseldorf* JurBüro 1987, 1551; Rpfleger 1983, 368; *OLG Hamburg* JurBüro 1986, 1242; *OLG Koblenz* JurBüro 1991, 247.

[287] Für die **Höhe**, der dem ausländischen Anwalt zu erstattenden Kosten gilt die GebührenO des Heimatlandes; soweit Sätze der BRAGO überstiegen werden, ist Nachweis erforderlich, vgl. *OLG Celle* JurBüro 1986, 281; *OLG Frankfurt* JurBüro 1993, 294; 1986, 917; Rpfleger 1987, 216; AnwBl. 1977, 28; *OLG Hamburg* JurBüro 1988, 1363; 1975, 783; übersehen in *OLG Bamberg* JurBüro 1978, 858; *OLG Koblenz* JurBüro 1983, 1716.

[288] *OLG Frankfurt* Rpfleger 1992, 85; AnwBl. 1978, 314; *OLG Hamburg* JurBüro 1988, 1186/759 (krit. *Mümmler*); 1980, 1362; *OLG Hamm* Rpfleger 1979, 354 (für Mahnanwalt »am dritten Ort«; → allg. Rdnr. 108); *OLG Koblenz* VersR 1989, 1212; *OLG Stuttgart* AnwBl. 1982, 25.

[289] *OLG Köln* AnwBl. 1968, 27; *OLG Celle* AnwBl. 1969, 353; *OLG Hamburg* JurBüro 1976, 97; vgl. auch *OLG Koblenz* JurBüro 1980, 1036 (Hausanwalt kann ausreichen).

[290] Vgl. *OLG Bamberg* JurBüro 1986, 441 f.; *OLG Düsseldorf* AnwBl. 1993, 39; JurBüro 1975, 1084; *OLG Frankfurt* MDR 1978, 233; *OLG Hamburg* JurBüro 1986, 1567 (bei sehr einfachem Sachverhalt); MDR 1986, 61; *OLG Hamm* MDR 1986, 61; AnwBl. 1985, 592; JurBüro

2. **Besondere Schwierigkeiten** in **tatsächlicher** Hinsicht, beispielsweise bedingt durch Umfang oder Kompliziertheit des Streitstoffes, oder in **rechtlicher** Hinsicht vermögen im Einzelfall die Erstattung der Kosten des Verkehrsanwalts zu rechtfertigen.   **77**

a) Die Durchführung eines **Eilverfahrens** gibt für sich noch keinen hinreichenden Grund, von der grundsätzlichen Notwendigkeit der Beteiligung eines Verkehrsanwalts auszugehen. Auch hier ist stets eine Prüfung der Umstände des Einzelfalls erforderlich[291], die jedoch wegen der Besonderheiten im Eilverfahren (sofortige umfassende Sachdarstellung nebst Glaubhaftmachung) eher zur Bejahung der Notwendigkeit führen kann, als im ordentlichen Prozeß[292]. Der Umstand, daß beim Arrest- oder einstweiligen Verfügungsverfahren Sonderrechtsgebiete (gewerblicher Rechtsschutz, Wettbewerbsrecht) zur Anwendung kommen, gibt zwar ein Indiz für die Notwendigkeit eines Verkehrsanwalts, vermag aber nicht generell seine Einschaltung zu rechtfertigen[293].   **77a**

b) Im allgemeinen vermögen **rechtliche Besonderheiten** und Schwierigkeiten des Streitstoffes die Zuziehung eines Verkehrsanwalts, der einschlägige Kenntnisse besitzt (**Spezialanwalt**), nicht zu rechtfertigen. Der Prozeßbevollmächtigte hat sich grundsätzlich mit sämtlichen auftretenden Problemen vertraut zu machen und selbst auseinanderzusetzen[294] (→ auch Rdnr. 103). Bei Streitigkeiten über besonders schwierige Fragen aus rechtlichen Sondergebieten wird jedoch eine Notwendigkeit dann anzuerkennen sein, wenn beim Prozeßgericht ein Anwalt mit gleichen Kenntnissen und Erfahrungen nicht zu finden ist. In diesem Falle handelt es sich aber, streng genommen, nicht mehr um die vermittelnde Tätigkeit eines Verkehrsanwalts zwischen Prozeßbevollmächtigtem und Partei, sondern um eine zusätzliche Maßnahme der Rechtsverfolgung bzw. Rechtsverteidigung, vergleichbar mit der Tätigkeit eines von der Partei um Äußerung gebetenen Sachverständigen. Die h. M. bejaht in diesen Fällen aber die Möglichkeit der Erstattung einer Verkehrsgebühr[295]. Wird auf die eigentliche Funktion des Verkehrsanwalts als Bindeglied zwischen Partei und Prozeßbevollmächtigtem verzichtet, so ist auch gleichgültig, ob der in Anspruch genommene »Spezialanwalt« am Wohnort oder Sitz der Partei residiert[296].   **78**

c) Vom eben erwähnten Fall abgesehen, kann die Erstattung einer Verkehrsgebühr für den **Anwalt am dritten Ort** nur in besonders gelagerten Einzelfällen in Betracht kommen, da die Partei statt des nicht an ihrem Wohnsitz residierenden Verkehrsanwalts auch gleich den Prozeßbevollmächtigten hätte beauftragen können[297]. Ein Ausnahmefall mag dann vorliegen, wenn aus anderen Gründen bereits feststeht, daß   **79**

1974, 732; *OLG Karlsruhe* JurBüro 1993, 352; *OLG Koblenz* JurBüro 1991, 245; 1980, 1036; VersR 1988, 1164 (L); NJW 1978, 1751; *OLG Köln* JurBüro 1986, 1082; *OLG Nürnberg* JurBüro 1983, 929; *OLG Zweibrücken* JurBüro 1985, 1092. – Erst recht reichen Sprachschwierigkeiten des ausländischen Geschäftsführers eines deutschen Tochterunternehmens nicht, *OLG Düsseldorf* JurBüro 1992, 688.

[291] *OLG Bamberg* JurBüro 1988, 625; 1979, 223; *OLG Düsseldorf* JurBüro 1985, 619; *OLG Hamburg* JurBüro 1988, 1032; *KG* JurBüro 1987, 1398; *OLG Koblenz* JurBüro 1980, 1068; *OLG Köln* JurBüro 1992, 337; 1983, 440; *OLG München* JurBüro 1987, 278; *OLG Stuttgart* JurBüro 1983, 768.

[292] *OLG Celle* JurBüro 1986, 271; NdsRpfl. 1969, 38; *OLG Frankfurt* MDR 1969, 229 (L); *OLG Hamburg* JurBüro 1988, 1191; *OLG Hamm* JurBüro 1964, 40; *KG* NJW 1968, 847; *OLG Köln* AnwBl. 1978, 356 (Vollstreckungsgegenklage); VersR 1986, 666 (L); *OLG München* AnwBl. 1982, 201; *OLG Nürnberg* JurBüro 1983, 929; *OLG Schleswig* JurBüro 1979, 1668; *OLG Zweibrücken* JurBüro 1973, 424. – Nach *OLG München* JurBüro 1963, 766; NJW 1964, 257; 1963, 2280 soll im Eilverfahren die Einschaltung eines Verkehrsanwalts regelmäßig geboten sein. – Zur *Berufungsinstanz* → Rdnr. 81; zur *Zustellung* → Rdnr. 87.

[293] *KG* JurBüro 1987, 1398; MDR 1967, 410; *OLG Karlsruhe* Rpfleger 1968, 186; *OLG Hamburg* JurBüro 1975, 657; *OLG Koblenz* JurBüro 1984, 922f.; *OLG München* JurBüro 1985, 454; *OLG Schleswig* SchlHA 1977, 14. – *OLG Karlsruhe* JurBüro 1975, 1470; 1972, 512 bejaht Notwendigkeit dann, wenn auch erfahrene Partei die richtigen Maßnahmen zur Rechtsverteidigung im Streit auf dem Gebiet des gewerblichen Rechtsschutzes in der Kürze der Zeit nicht zu erkennen vermag. Notwendigkeit in Patentsachen bejahen *KG* GRUR 1952, 535; 1957, 398; *OLG Celle* NJW 1959, 1928; in Wettbewerbssachen *LG Berlin* GRUR 1956, 287 und bei Abwehr von Presseangriffen *OLG München* MDR 1965, 55.

[294] Vgl. *OLG Bamberg* JurBüro 1991, 705 (zumutbare Information aus einem Parallelverfahren); *OLG Frankfurt* MDR 1992, 193; *OLG Hamburg* JurBüro 1988, 202; *OLG Hamm* JurBüro 1984, 440; 1979, 62; WRP 1979, 222; *OLG Karlsruhe* MDR 1990, 159; *OLG Koblenz* JurBüro 1978, 1346; *OLG München* JurBüro 1979, 1844 (L).

[295] *OLG Düsseldorf* JurBüro 1981, 1690 (Seehandelsrecht); *OLG Karlsruhe* JurBüro 1990, 64 und *OLG Koblenz* VersR 1982, 1173 (L) (IPR und ausl. Recht); **abl.** *OLG Frankfurt* MDR 1992, 193 (Bierbezugsvertrag); *OLG Karlsruhe* JurBüro 1990, 159 (Verfassungsrecht); *OLG Koblenz* JurBüro 1984, 922; 1983, 1526; 1982, 1037/867; *OLG Nürnberg* JurBüro 1979, 1200; *OLG Schleswig* JurBüro 1981, 386; 1980, 234; *LG Bochum* WRP 1979, 403 (Wettbewerbsrecht und gewerblicher Rechtsschutz); *OLG Koblenz* JurBüro 1978, 1343 (ADSp.); *OLG Stuttgart* AnwBl. 1981, 505 (öffentlich-rechtliches Vorkaufsrecht); 1981, 196 (Fischereirecht); *LG Essen* AnwBl. 1983, 565 (Handelskauf).

[296] *OLG Bamberg* JurBüro 1980, 285; *OLG Karlsruhe* JurBüro 1990, 64 (ausländischer Anwalt); *OLG Nürnberg* JurBüro 1966, 678; *OLG Stuttgart* AnwBl. 1974, 28.

[297] Vgl. *OLG Bamberg* JurBüro 1991, 703; 1988, 625; 1986, 1407; 1980, 1369 und 285; 1978, 744; *OLG Celle* NdsRpfl. 1978, 214 (auch für ausländische Partei; ebenso *OLG Düsseldorf* JurBüro 1986, 100; → aber Rdnr. 76);

die Einschaltung eine Verkehrsanwalts notwendig ist, und die Partei den Anwalt am dritten Ort auswählt, weil dieser, etwa aufgrund vorangegangener Tätigkeit, besonders gut informiert ist[298]. – Zum *Mahnanwalt* → Rdnr. 108.

80   d) In **Ehesachen**, insbesondere bei Ehescheidungsverfahren, kommt einer sachgerechten Vorbereitung des Verfahrens (Scheidungs- und Unterhaltsvereinbarungen) erhöhte Bedeutung zu. Dementsprechend ist die Einschaltung des Anwalts, der für die Partei im vor- und außerprozessualen Raum tätig geworden ist, als Verkehrsanwalt nach Maßgabe des zu Rdnr. 73 Gesagten im Eheprozeß zumeist notwendig i. S. v. § 91 Abs. 2[299]. Der Partei wird eine vergleichbare genaue Information des Prozeßbevollmächtigten in der Regel nicht möglich sein.

81   e) In der **Berufungsinstanz** kann die Beteiligung eines Verkehrsanwalts nur dann notwendig werden, wenn ein neuer tatsächlich oder rechtlich besonders schwieriger Prozeßstoff in das Verfahren eingeführt wird[300]. Ansonsten hat sich der Prozeßbevollmächtigte der Berufungsinstanz aus den Handakten des Prozeßbevollmächtigten erster Instanz und den Gerichtsakten selbst die notwendigen Informationen zu beschaffen[301] und die rechtliche Beurteilung in eigener Verantwortung vorzunehmen[302], wenn er die Partei nicht ohnehin bereits selbst in erster Instanz vertreten hatte[303]. Wegen dieser dem Prozeßbevollmächtigten der Berufungsinstanz zur Verfügung stehenden Informationsmöglichkeiten ist die Beteiligung des erstinstanzlichen Anwalts als Verkehrsanwalt im weiteren Verfahren zumeist nicht erforderlich[304]. Ein Bedürfnis zur Einschaltung des Verkehrsanwalts kann aber für den Berufungsbeklagten stets erst nach Zustellung der Berufungsbegründung entstehen. Ohne deren Kenntnis ist eine Prüfung, ob die Zuziehung eines Verkehrsanwalts erforderlich ist, nicht möglich[305].

82   f) In der **Revisionsinstanz** hat der Revisionsanwalt selbständig das ihm vorliegende Urteil auf Revisionsgründe hin zu prüfen. Die Beteiligung eines Verkehrsanwalts ist in der Regel nicht notwendig, da

---

JurBüro 1972, 891; 1971, 787; *OLG Hamm* JurBüro 1984, 440; 1979, 1202; *OLG Koblenz* JurBüro 1992, 610; *OLG Schleswig* JurBüro 1978, 540; *OLG Stuttgart* JurBüro 1978, 1205. – Stets aber zu erstatten, soweit andere Kosten (Reisekosten des Prozeßbevollmächtigten) erspart wurden, *OLG Schleswig* Rpfleger 1962, 428. – Gegen jede Beschränkung, solange keine Mehrkosten entstehen, *OLG Frankfurt* AnwBl. 1988, 297; JurBüro 1983, 1716/276f.; AnwBl. 1978, 68; wohl auch *OLG Köln* JurBüro 1992, 337.

[298] Vgl. *OLG Bamberg* JurBüro 1988, 625, *OLG Frankfurt* JurBüro 1980, 1579 und *OLG Karlsruhe* JurBüro 1990, 205 (Verkehrsanwalt ist besser informiert als die Partei, was zwar allein die Zuziehung eines Verkehrsanwalts nicht rechtfertigen kann [→ Rdnr. 73], wohl aber die Auswahl des Anwalts am dritten Ort); *LG Regensburg* AnwBl. 1970, 78 bejaht (recht großzügig) Erstattung, wenn der Verkehrsanwalt die Partei im vorangegangenen Strafverfahren verteidigt hatte und daher mit dem Streitstoff besser vertraut ist.

[299] *KG* JurBüro 1983, 275 m.w.N.; Rpfleger 1975, 143; *OLG München* JurBüro 1964, 144. – **A.M.** *OLG Hamm* Rpfleger 1976, 105.

[300] *OLG Bamberg* JurBüro 1989, 400; 1986, 922; 1984, 592 (zurückhaltend); *OLG Frankfurt* JurBüro 1992, 333; 1978, 1342; *OLG Hamburg* JurBüro 1990, 889; 1989, 388; 1986, 1241 (auch bei ausländischer Partei); 1981, 718; *KG* JurBüro 1983, 1401; 1978, 1206; *LG Darmstadt* AnwBl. 1985, 651; *LG Hanau* AnwBl. 1980, 166; *LG Hannover* JurBüro 1989, 812; *Mümmler* JurBüro 1978, 987f. – *OLG Düsseldorf* FamRZ 1986, 824, *OLG Frankfurt* JurBüro 1992, 407, AnwBl. 1973, 80, *OLG Karlsruhe* JurBüro 1972, 231, *OLG Koblenz* JurBüro 1991, 243; 1989, 974; 1988, 1190; 1987, 1675; VersR 1987, 996 (L) erkennen Verkehrsgebühr bei schwierigem Sachverhalt, Bedeutung der Sache und mangelnder Befähigung der Partei zur Information an. – Zu Unrecht bejahen *generelle* Erstattungsfähigkeit in Berufungsinstanz des Eilverfahrens *OLG Karlsruhe* JurBüro 1975, 1471;

OLG Koblenz AnwBl. 1973, 114; *OLG München* NJW 1964, 257.

[301] *OLG Bamberg* JurBüro 1992, 612; 1984, 1730; 1981, 130; 1980, 1082 und 139; 1971, 431; *OLG Frankfurt* JurBüro 1978, 742/433; *OLG Hamm* JurBüro 1987, 1708/271; 1980, 934; 1979, 56; AnwBl. 1983, 559; *OLG Koblenz* JurBüro 1975, 1343; *OLG Schleswig* SchlHA 1981, 55; auch auf dem Gebiet des gewerblichen Rechtsschutzes muß sich jeder Rechtsanwalt Einzelheiten am konkreten Fall erarbeiten, *OLG Bamberg* JurBüro 1973, 534. – *OLG Düsseldorf* AnwBl. 1983, 563 (abl. *Dinslage*) verneint Erstattungsfähigkeit, wenn zusätzliches Informationsbedürfnis auf unsorgfältig geführten Handakten des Anwalts 1. Instanz beruht.

[302] *OLG Bamberg* JurBüro 1981, 1508 und 130; 1980, 1082; *OLG Düsseldorf* JurBüro 1985, 619; *OLG Karlsruhe* MDR 1969, 63; *OLG Schleswig* JurBüro 1984, 1246.

[303] *OLG Bamberg* JurBüro 1967, 1007; *OLG Frankfurt* AnwBl. 1981, 506 und 449; JurBüro 1978, 434 (Vertretung durch dieselbe Sozietät); *OLG München* JurBüro 1980, 1366; *LG Hannover* JurBüro 1989, 812; krit. *Bülow* WRP 1978, 30.

[304] *OLG Bamberg* JurBüro 1986, 101; 1984, 1730 und 592; *OLG Celle* JurBüro 1988, 885; *OLG Düsseldorf* MDR 1976, 406 (auch nicht bei schwierigem Rechtsfragen); *OLG Frankfurt* JurBüro 1988, 358; *OLG Stuttgart* AnwBl. 1984, 380. – Einschaltung dann geboten, wenn Berufungsgericht *Vergleich* anregte und zum Abschluß Sachkenntnis des erstinstanzlichen Anwalts erforderlich, *OLG Düsseldorf* JurBüro 1973, 533; *OLG Frankfurt* JurBüro 1979, 1711; *OLG Bamberg* JurBüro 1975, 383. – Vgl. auch *OLG Koblenz* JurBüro 1987, 1790 (Streitverkündung während der Berufungsfrist).

[305] *OLG Bamberg* JurBüro 1986, 440, 441; 1979, 1371; *OLG Hamm* JurBüro 1965, 1008; *OLG Frankfurt* JurBüro 1979, 110; Rpfleger 1971, 187; *OLG Düsseldorf* NJW 1974, 245; *OLG Hamburg* JurBüro 1983, 1715 (auch für ausländische Partei).

Instruktionen über tatsächliche Vorgänge im allgemeinen nicht benötigt werden[306]. Ebenso ist die Mitwirkung des Prozeßbevollmächtigten der Vorinstanzen weder zur Erläuterung von Rechtsfragen noch zur Übermittlung von Tatsachenstoff erforderlich[307]. Werden ausnahmsweise noch tatsächliche Aufklärungen zur Beurteilung einer Rechtsfrage benötigt, wozu die Partei selbst nicht in der Lage ist, kann die Einschaltung eines Verkehrsanwalts nach allgemeinen Grundsätzen geboten sein[308]. Hat das Revisionsgericht eine vergleichsweise Regelung angeregt, so ist die Mitwirkung des Verkehrsanwalts notwendig, wenn eine Verständigung der Partei mit dem Prozeßbevollmächtigten hierüber nicht möglich ist[309].

g) Wird **nach Abgabe oder Verweisung** der Streitsache der bisherige Prozeßbevollmächtigte weiter als Verkehrsanwalt im gleichen Rechtszug tätig (oder umgekehrt) und erlegt das Gericht dem Kläger die entstandenen Mehrkosten nach § 281 Abs. 3 S. 2 auf, so kann der Kläger eine Verkehrsgebühr erstattet verlangen, aber nur, sofern bei sofortiger Anrufung des zuständigen Gerichts er im übrigen einen Verkehrsanwalt hätte einschalten dürfen[310]. Daß dem Anwalt insgesamt nur eine volle 10/10-Gebühr wegen der Wesensverwandtschaft der von ihm erbrachten Leistungen zusteht, hindert nicht die vergleichende Betrachtung im Rahmen der Kostenfestsetzung und Erstattung unter den Parteien[311].

h) Machen **Streitgenossen** von ihrem Recht, jeweils einen eigenen Prozeßbevollmächtigten zu beauftragen, keinen Gebrauch, sondern beauftragen sie einen gemeinsamen Prozeßbevollmächtigten, so können Verkehrsanwaltsgebühren ohne Prüfung ihrer Notwendigkeit Berücksichtigung finden, wenn nicht mehr Gebühren geltend gemacht werden, als bei Einschaltung von Prozeßbevollmächtigten für jeden Streitgenossen angefallen wären[312]. Soweit fiktive Reisekosten anzusetzen sind (→ Rdnr. 71b), ist zu überprüfen, ob die Information durch einen Streitgenossen reicht; ansonsten haben alle das Recht, den gemeinsamen Prozeßbevollmächtigten zu unterrichten[313].

i) Der **Nebenintervenient** kann (neben seinem Prozeßbevollmächtigten) selbständig einen Verkehrsanwalt einschalten, wenn dies aus seiner Sicht notwendig ist. Er braucht sich nicht die Sachkenntnis der unterstützten Partei zurechnen zu lassen[314].

3. Eine **Vergleichsgebühr** (§ 23 BRAGO) kann für den Verkehrsanwalt nur entstehen, wenn einerseits seine Beteiligung als Verkehrsanwalt überhaupt notwendig war und andererseits seine Mitwirkung für den Vergleichsschluß aus objektiven Gründen notwendiges Erfordernis war[315]. An der Notwendigkeit für

---

[306] *OLG Celle* NdsRpfl. 1961, 260; *OLG Düsseldorf* JMBl.NRW 1950, 244; *OLG Hamburg* JurBüro 1989, 388; 1967, 517; MDR 1954, 751; *OLG Hamm* JMBl.NRW 1962, 273; *OLG München* MDR 1992, 524 (auch keine Erstattung fiktiver Reisekosten); *OLG Nürnberg* BayJMBl. 1961, 159; *LG Hamburg* MDR 1956, 559. – **A.M.** *OLG Stuttgart* JurBüro 1981, 593 (bei ausländischer Partei *stets* erstattungsfähig).

[307] *OLG Düsseldorf* MDR 1979, 319; *OLG Hamburg* JurBüro 1979, 1023; 1976, 99; *OLG Karlsruhe* JurBüro 1973, 1176; *OLG Koblenz* JurBüro 1991, 243.

[308] Vgl. *OLG Bamberg* JurBüro 1986, 440, 441; *OLG Frankfurt* JurBüro 1981, 1068; AnwBl. 1976, 219; *OLG Hamburg* JurBüro 1979, 1023 (zurückhaltend); 1976, 99; *OLG Hamm* JurBüro 1962, 285; JurBüro 1972, 782. Weitere Erstattung möglich, wenn Verletzung von §§ 139, 286 ZPO gerügt: *OLG Köln* Rpfleger 1967, 100; *OLG München* Rpfleger 1967, 133.

[309] *OLG Hamburg* JurBüro 1985, 927; *OLG Nürnberg* AnwBl. 1969, 134; *KG* JurBüro 1972, 1046.

[310] H.M., *OLG Celle* JurBüro 1969, 963; *OLG Düsseldorf* JurBüro 1974, 1145 (anders früher JurBüro 1967, 910); *OLG Frankfurt* JurBüro 1987, 1073; 1982, 1201; 1981, 132; *OLG Hamburg* JurBüro 1988, 1185; AnwBl. 1972, 396; *OLG Hamm* JurBüro 1970, 533 unter Aufgabe seiner bisherigen Rspr. JVBl. 1964, 16; *OLG Schleswig* JurBüro 1982, 1523; 1966, 50; *Mümmler* JurBüro 1972, 9, 12.

[311] Vgl. *OLG Frankfurt* JurBüro 1988, 1184; *OLG München* JurBüro 1982, 1574; *Mümmler* JurBüro 1972, 9, 12.

[312] *OLG Düsseldorf* JurBüro 1983, 1259; 1982, 858/240; 1980, 1368/65; MDR 1981, 590; Rpfleger 1976, 104; *OLG Hamburg* JurBüro 1975, 1343; *OLG München* JurBüro 1988, 1187; 1981, 566; 1975, 1344; 1969, 856; MDR 1984, 587; 1979, 498; AnwBl. 1978, 237; *LG Düsseldorf* JurBüro 1982, 236; enger *KG* MDR 1973, 324 (jedenfalls dann zu erstatten, wenn vor Bestellung des gemeinsamen Prozeßbevollmächtigten erwachsen). – **A.M.** (Erstattung nur bei nachgewiesener Notwendigkeit) *OLG Bamberg* AnwBl. 1984, 214 (zust. *Chemnitz*); JurBüro 1980, 139; *OLG Celle* JurBüro 1977, 66; *OLG Düsseldorf* JurBüro 1984, 1405; MDR 1984, 1031; *OLG Hamburg* MDR 1984, 588; JurBüro 1977, 1005; *OLG Hamm* MDR 1971, 852; *KG* JurBüro 1982, 1038; 1978, 1206; *OLG Koblenz* JurBüro 1985, 928; 1981, 1190; 1979, 545; VersR 1982, 657; *OLG München* MDR 1991, 256; *OLG Schleswig* JurBüro 1979, 1668; *Mümmler* JurBüro 1989, 752; 1983, 171; 1978, 1444.

[313] *OLG Bamberg* JurBüro 1988, 625; *OLG Celle* NdsRpfl. 1993, 15; *OLG Hamm* JurBüro 1987, 751; *OLG Koblenz* JurBüro 1985, 928; 1984, 758; *OLG Schleswig* JurBüro 1981, 435. – Zu rigide *OLG Stuttgart* AnwBl. 1981, 506 (abl. *Schmidt*).

[314] *OLG München* JurBüro 1972, 889.

[315] *OLG Bamberg* JurBüro 1987, 1517; 1984, 592 und 438f.; 1982, 1513; 1972, 784; AnwBl. 1980, 298; *OLG Düsseldorf* JurBüro 1978, 1658; *OLG Frankfurt* JurBüro 1987, 902; 1986, 759/758; 1979, 1711; AnwBl. 1968, 26; *OLG Hamburg* MDR 1983, 1034; *OLG Hamm* JurBüro 1988, 493; 1986, 1088; 1984, 1831; 1974, 732; AnwBl. 1975, 97; *KG* JurBüro 1978, 1659; *OLG Karlsruhe* JurBüro 1993, 352; *OLG Nürnberg* AnwBl. 1988, 356; 1969, 134; *OLG Zweibrücken* JurBüro 1965, 476; *Mümmler* JurBüro 1989, 582; 1986, 969; *Schmidt* AnwBl. 1984, 84; **a.M.** *OLG München* AnwBl. 1983, 558

§ 91 V, VI   Erstes Buch. Allgemeine Vorschriften. Zweiter Abschnitt. Parteien

die Beteiligung des Verkehrsanwalts fehlt es aber, wenn die im Termin anwesende Partei sich ebenso von ihrem Prozeßbevollmächtigten hätte beraten lassen können[316].

Zustellkosten

87 Bei der **Zustellung von Amts wegen** sind die gerichtlichen Auslagen (GKG Kostenverz. Nr. 1902) zu erstatten. Mehrfache Zustellungskosten sind (sowohl bei Amts- als auch bei Parteizustellung) nur zu erstatten, wenn der Beklagte die unrichtige Zustellung zu vertreten hat[317]. Die **von den Parteien zu betreibenden Zustellungen** (→ vor § 166 Rdnr. 12ff.) haben nach dem Grundsatz des § 166 Abs. 1 durch den Gerichtsvollzieher zu erfolgen; daher sind die dadurch anfallenden Kosten als notwendig entstandene zu erstatten. Nach § 197 besteht eine Ausnahme, wenn eine gleichwertige Zustellung durch die Post möglich gewesen wäre. Darüber hinaus ist bei einer möglichen Zustellung von Anwalt zu Anwalt (§ 198) die Erstattung der Kosten der Zustellung durch den Gerichtsvollzieher weder durch die analoge Anwendung von § 197 noch durch die Verneinung der »Notwendigkeit« ausgeschlossen[318]. Die mangelnde Gleichwertigkeit einer Zustellung von Anwalt zu Anwalt mit der Zustellung durch den Gerichtsvollzieher und die Risiken einer solchen Zustellung für die betreibende Partei (→ § 198 Rdnr. 16) erlauben es der Partei, grundsätzlich einen Gerichtsvollzieher zu beauftragen und auch dessen Kosten erstattet zu verlangen[319]. Soll durch die Zustellung eine *Frist* – etwa die Vollziehungsfrist nach § 929 Abs. 2 – gewahrt werden, so kann unter besonders gelagerten Umständen auch die Einschaltung eines weiteren Anwalts am Zustellungsort erforderlich sein[320] (→ auch Rdnr. 77a). – Ist ein Schriftstück im **Ausland** in der dortigen Landessprache zuzustellen, so sind die dafür notwendigen Übersetzungskosten ebenfalls erstattungsfähig[321].

VI. Die Höhe der Ansätze

88 Wie die Aufwendung, so ist grundsätzlich auch die Höhe der Kosten auf ihre *Notwendigkeit* zu prüfen.

1. Gebühren und Auslagen von Gericht und Anwalt

88a In bezug auf die Gebühren und Auslagen des **Gerichts**, des **Anwalts** und des **Gerichtsvollziehers** greifen die *Kostengesetze* bzw. *Gebührenordnungen* ein, ohne daß insoweit eine Prüfung der Notwendigkeit erfolgt. Die Fassung des § 91 Abs. 2 S. 1 (»gesetzliche«) bringt andererseits klar zum Ausdruck, daß nicht *mehr* als die in den Gebührenordnungen bestimmten Beträge zu erstatten sind, selbst wenn der Anwalt nach § 3 BRAGO abweichende Vereinbarungen mit seinem Auftraggeber getroffen haben sollte[322]. Die Erstattung eines Sonderhonorars scheidet selbst dann aus, wenn kein geeigneter Rechtsanwalt zu finden ist, der die Vertretung zu »gesetzlichen« Gebühren übernimmt[323]. Soweit für eine Verrichtung

---

(abl. *Schmidt*); MDR 1981, 681; 1979, 498; JurBüro 1981, 855; *OLG Saarbrücken* JurBüro 1987, 700; *OLG Schleswig* JurBüro 1989, 633; 1988, 765; SchlHA 1981, 151. – Ebenfalls zu erstatten, wenn Prozeßbevollmächtigter der Gegenpartei Vergleichsverhandlungen mit Verkehrsanwalt eingeleitet und zu Ende geführt hat, *OLG Düsseldorf* NJW 1966, 2065; *OLG Hamburg* JurBüro 1988, 759; 1980, 1666; *OLG Hamm* JurBüro 1981, 854; *OLG Koblenz* AnwBl. 1984, 623; *OLG München* NJW 1967, 891; *OLG Schleswig* JurBüro 1987, 1042. – Für weitgehende Abdeckung durch die Verkehrsgebühr *OLG Düsseldorf* MDR 1983, 327; dagegen *OLG Hamburg* MDR 1984, 949. – Zur **Höhe** s. *OLG Frankfurt* JurBüro 1981, 396; zur **Berufungsinstanz** → Rdnr. 81.

[316] *OLG Bamberg* JurBüro 1992, 745; 1987, 118; 1985, 1869; 1983, 773; 1981, 1017; *OLG Frankfurt* JurBüro 1982, 237; *OLG Hamm* JurBüro 1972, 138; *OLG* Stuttgart JurBüro 1980, 1417; *LG Freibrug* AnwBl. 1984, 98. – **A.M.** *OLG Frankfurt* JurBüro 1980, 1832.

[317] *OLG Köln* MDR 1971, 585.

[318] *AG Aalen* AnwBl. 1965, 354; *AG Miesbach* AnwBl. 1970, 237; *Schneider* JurBüro 1966, 105; *Wieczorek²* Anm. E III a; **a.M.** (für analoge Anwendungen des § 197) *LG Mosbach* AnwBl. 1964, 188; *AG Berlin-Charlottenburg* AnwBl. 1969, 167.

[319] *KG* JurBüro 1981, 438; *Lüthke* AnwBl. 1970, 238.

[320] *OLG Frankfurt* DtZ 1992, 248f.

[321] *LG Münster* JurBüro 1979, 903.

[322] *OLG Frankfurt* Rpfleger 1987, 216; JurBüro 1986, 917; *OLG München* JurBüro 1979, 1062; NJW 1961, 612; *OVG Münster* NJW 1969, 709.

[323] *AG Celle* NJW 1969, 328; *AG Frankfurt* VersR 1967, 670. Wenigstens Erstattung in Höhe fiktiver Reisekosten der Partei, *AG Wiedenbrück* AnwBl. 1965, 384.

ein gesetzlicher Gebührenrahmen besteht (§§ 83 ff. BRAGO), sind vereinbarte Gebühren, wenn sie sich innerhalb des gegebenen Rahmens bewegen, unter Beachtung der Bemessungsgrundsätze des § 12 BRAGO zu erstatten[324]. Auch beim **Prozeßkostenhilfeanwalt** sind die vollen Gebühren erstattungsfähig (→ § 126 Rdnr. 2). – Zur *Hebegebühr* → oben Rdnr. 25.

2. Umsatzsteuer des Anwalts

Die vom Rechtsanwalt abzuführende, wegen seiner Vergütung entstehende[325] **Umsatzsteuer** (bzw. den Ausgleichsbetrag) hat gem. § 25 Abs. 2 BRAGO der Auftraggeber als Auslage des Rechtsanwalts zu ersetzen. Die erstattungsberechtigte Partei kann vom Gegner nach § 91 Abs. 2 die Erstattung dieser Auslage verlangen. Hinsichtlich der Notwendigkeit bestehen regelmäßig keine Bedenken, da diese Auslagen zwangsläufig beim Tätigwerden eines Rechtsanwalts entstehen. An der Pflicht zur Erstattung der auf die Vergütung des Anwalts entfallenden Umsatzsteuer durch den unterlegenen Gegner ändert sich – entgegen der neueren Rechtsprechung, insbesondere des Bundesfinanzhofes[326] – auch dann nichts, wenn die erstattungsberechtigte Partei[327] die entrichtete Umsatzsteuer zum Vorsteuerabzug (§ 15 UStG) verwenden kann[328]. Mit Fälligkeit des Vergütungsanspruchs ist der Partei die sich aus § 25 Abs. 2 BRAGO ergebende Ersatzpflicht erwachsen. Es sind damit Kosten i. S. des § 91 entstanden. An ihre Notwendigkeit rührt nicht, daß in einem späteren Zeitpunkt eine Überwälzung auf einen Dritten – hier den Fiskus – stattfinden kann oder könnte. Im Rahmen des Kostenfestsetzungsverfahrens ist für die Berücksichtigung von Umständen, die in keinem

89

---

[324] *LG Karlsruhe* AnwBl. 1970, 81; *LG Hamburg* MDR 1969, 865; *LG Detmold* NJW 1969, 1394 (zust. *H. Schmidt*); geht vereinbartes Honorar über gesetzlichen Gebührenrahmen hinaus, als Vereinbarung der gesetzlichen Höchstgebühr zu werten, *OLG Köln* AnwBl. 1974, 54.

[325] Entsteht sie nicht, ist sie auch nicht erstattungsfähig, *OLG Karlsruhe* JurBüro 1993, 94; *OLG Koblenz* NJW 1992, 641; *OLG* JurBüro 1991, 246; Rpfleger 1989, 478; *OLG Stuttgart* JurBüro 1986, 443; 1982, 1674; *LG Frankfurt* AnwBl. 1986, 406; vgl. auch *OLG Düsseldorf* NJW-RR 1993, 704; *OLG München* Rpfleger 1993, 127.

[326] *BFH* BStBl. 1990 II, 584 = JurBüro 1452 = MDR 1991, 89 (zust. *Giesberts*) = NJW 1702 = KostRspr. ZPO § 91 (B-Vertretungskosten) Nr. 437 (abl. v. *Eicken*); dem BFH folgend *OLG Bremen* JurBüro 1991, 694; *OLG Düsseldorf* JurBüro 1992, 401 und 27; NJW-RR 1992, 420; NJW 1991, 3160 und 572; *OLG Hamm* Rpfleger 1992, 220 (zust. *Hahnen/Stöckle*); *KG* NJW 1991, 1690; *OLG Karlsruhe* JurBüro 1991, 678; *OLG Nürnberg* NJW 1991, 3159; *OLG Saarbrücken* JurBüro 1991, 679; *OLG Schleswig* SchlHA 1991, 184/68; *OLG Stuttgart* NJW 1991, 3158/573; *LG Münster* Rpfleger 1991, 218 (L); *LAG Frankfurt* JurBüro 1991, 935; *LAG Köln* MDR 1991, 678; *Helming* AnwBl. 1991, 36; *Meyer auf der Heyde* AnwBl. 1992, 166; *Späth* NJW 1991, 3127; *Tóth* BB 1992, 1113; grds. auch *OLG Hamburg* MDR 1992, 80; *OLG Schleswig* NJW-RR 1992, 1252. Ebenso für den Fall, daß die **Vorsteuerabzugsberechtigung unstreitig** oder zweifelsfrei gegeben ist, *OLG Bamberg* JurBüro 1991, 89; 1991, 1082 und 1076; *OLG Bremen* JurBüro 1993, 287; *OLG Düsseldorf* JurBüro 1993, 355/289; AnwBl. 1993, 42; NJW-RR 1993, 41; MDR 1993, 483 (nicht bei sich selbst vertretendem Rechtsanwalt); *OLG Hamburg* NJW 1991, 575; MDR 1991, 678/549/355; *OLG Hamm* JurBüro 1992, 40; 1991, 934; AnwBl. 1992, 284; MDR 1991, 797/678; *OLG Karlsruhe* MDR 1992, 191; *OLG Köln* AnwBl. 1992, 95; NJW 1991, 3157; *OLG Zweibrücken* NJW 1991, 3160; *LG Bonn* Rpfleger 1992, 220; *LG Heilbronn* JurBüro 1993, 290; *LG Köln* JurBüro 1991, 935; *LG München I* NJW-RR 1992, 1343; *LAG Hamburg* JurBüro 1991, 1078; *Zöller/Herget*[18] Rdnr. 13 – Umsatzsteuer.

[327] Daß ein **Streitgenosse** vorsteuerabzugsberechtigt ist, schadet der Partei in keinem Fall, *OLG Düsseldorf* JurBüro 1993, 355; *OLG Hamburg* MDR 1991, 797; *OLG Hamm* Rpfleger 1992, 220; *OLG Nürnberg* JurBüro 1992, 27; *Meyer auf der Heyde* AnwBl. 1991, 169 f.; a. M. (nur hälftige Berücksichtigung) *OLG Bamberg* JurBüro 1993, 89. – Dasselbe gilt, wenn die Anwaltskosten im Innenverhältnis von einer **Versicherung** der Partei getragen werden, *OLG Zweibrücken* KostRspr. ZPO § 91 (B-Vertretungskosten) Nr. 547 (L); *LG Hamburg* NJW 1991, 3156; *LG Mannheim* NJW 1991, 1689; a. M. *OLG Karlsruhe* JurBüro 1993, 35; *OLG Stuttgart* NJW 1991, 3158.

[328] Ebenso *OLG Bamberg* JurBüro 1991, 677; 1988, 203; *OLG Braunschweig* NJW 1991, 3155; *OLG Celle* AnwBl. 1992, 95; JurBüro 1991, 223; *OLG Düsseldorf* Rpfleger 1989, 169; *OLG Frankfurt* JurBüro 1991, 688; NJW 1991, 571; *KG* MDR 1993, 482; NJW 1991, 573; *OLG Koblenz* JurBüro 1992, 641; 1991, 1688; Rpfleger 1991, 475; MDR 1991, 548; *OLG München* Rpfleger 1991, 77, 79; *OLG Nürnberg* JurBüro 1991, 548; *OLG Oldenburg* NJW 1991, 3156 (L); *LG Lübeck* JurBüro 1991, 545; *LAG Baden-Württemberg* NJW 1991, 1701; *LAG Düsseldorf* MDR 1992, 80; *LAG Hamm* DB 1991, 1476; *LAG Rheinland-Pfalz* Rpfleger 1992, 219; *Bischof* JurBüro 1991, 621; *Hansens* AnwBl. 1991, 247; JurBüro 1991, 327; *Heim* NJW 1991, 1660; *Krämer* Rpfleger 1993, 230; *Peters* BB 1992, 327; *Schall* StB 1991, 24 f.; *Schwenker* VersR 1992, 165. – Zur älteren Rspr. und Lit. → Voraufl. Fn. 249.

Zusammenhang mit dem Rechtsstreit stehen, kein Raum. Insbesondere können künftige Ereignisse – etwa Ausgleich durch einen Dritten – nicht berücksichtigt werden. Außerdem darf das dem Rechtspfleger anvertraute, auf Vereinfachung angelegte Feststellungsverfahren nicht mit schwierigen steuerrechtlichen Ermittlungen und Überlegungen belastet werden.

3. Reisekosten des Anwalts[329]

90   Nach der Neuauffassung von § 28 BRAGO durch das ÄndgG. v. 30. VI. 1965 steht für Geschäftsreisen[330] des Anwalts (→ Rdnr. 39, 99 ff.) die Benutzung des Kfz. durch den Rechtsanwalt gleichberechtigt neben der Benutzung öffentlicher Verkehrsmittel. PKW-Kosten des Anwalts entstehen demnach für die erstattungsberechtigte Partei grundsätzlich notwendig und sind daher zu erstatten[331]. Eine Erstattung kann dann ausscheiden, wenn die vom Rechtsanwalt getroffene Wahl angesichts einer erheblichen Kostendifferenz nicht mehr zweckentsprechend erscheint[332].

4. Reisekosten und Zeitversäumnis der Partei

91   Hinsichtlich der Kosten für notwendige Reisen[333] und Zeitversäumnis der Partei (→ Rdnr. 53, 67) sind nach Abs. 1 S. 2 die für die Entschädigung von Zeugen geltenden Vorschriften entsprechend anzuwenden. Diese enthält – auch für Zeitversäumnis durch notwendige Reisen zum Anwalt[334] oder auf Erfordern eines gerichtlichen Sachverständigen[335] – das ZSEG[336]; s. über Verdienstausfall §§ 2, 3[337]; über Fahrtkosten[338] und Wegegeld § 9; über Tage-, Übernachtungs- und Zehrgelder § 10; über sonstigen Aufwand[339] § 11 ZSEG. Kosten der Partei sind auch die der gesetzlichen Vertreter einer natürlichen Person; zu den Vertretern *juristischer Personen* und Behörden → Rdnr. 35.

5. Vertretung durch Rechtsbeistände und sonstige Vertreter

92   Für die Vertretung durch **Rechtsbeistände** einschließlich der Prozeßagenten (→ Rdnr. 66) legt Art. IX KostenÄndG vom 26. VII. 1957 (BGBl. I, 861) i. d. F. v. 18. VIII. 1980 (BGBl. I, 1503) die Höhe der zu erstattenden Gebühren und Auslagen fest, indem er die sinngemäße Anwendung der BRAGO vorschreibt (§ 1 Abs. 1), jedoch eine abweichende Gebührenstaffel gibt (§ 1 Abs. 2). Zu den Reisekosten s. § 1 Abs. 3. Höhere vereinbarte Gebühren können auch hier nicht erstattet werden (→ Rdnr. 88)[340]. Kosten, die durch die Inanspruchnahme

---

[329] Ausf. dazu *Mümmler* JurBüro 1983, 7.
[330] Zum Begriff s. *OLG Düsseldorf* JurBüro 1990, 862 m. w. N.; *Hansens* JurBüro 1988, 1265; *Mümmler* JurBüro 1983, 8; vgl. auch Rdnr. 91.
[331] *OLG Hamburg* MDR 1966, 854.
[332] Zu eng *OLG Köln* JMBl.NRW 1974, 108; *BFH* DStR 1972, 763, wonach für jedes Überschreiten der Kosten öffentlicher Verkehrsmittel ein sachlicher Grund bestehen muß. – Im »Mißbrauchsfall« (→ Rdnr. 45a) scheidet die Erstattung aus, *OLG Bamberg* JurBüro 1981, 1350; *Mümmler* JurBüro 1983, 10 f.
[333] Eine **Reise** liegt vor, wenn die Grenzen der politischen Wohnsitzgemeinde überschritten werden. Einschränkend freilich für Ballungsgebiete *OLG Koblenz* JurBüro 1990, 1472 (abl. *Mümmler*); *OLG Köln* Rpfleger 1976, 141; vgl. zur Abgrenzung auch *OLG Stuttgart* AnwBl. 1989, 166; JurBüro 1984, 762; unzutreffend *AG Lennestadt* JurBüro 1977, 1769 (Maßgeblichkeit des Gerichtsbezirks).

[334] *OLG Stuttgart* JurBüro 1984, 762; **a. M.** *KG* JurBüro 1984, 760 (abl. *Mümmler*).
[335] *KG* DR 1942, 591.
[336] Lit. zum ZSEG → § 401 Fn. 1.
[337] Freizeitverlust ist nicht gleichzusetzen, vgl. nur *OLG Hamm* JurBüro 1991, 994 f.; *KG* JurBüro 1983, 738; *OLG Köln* JurBüro 1986, 445; *OLG Stuttgart* JurBüro 1982, 600; *LAG Düsseldorf* JurBüro 1992, 686; anders wohl *LG Kiel* KostRspr. ZPO § 91 (B-Auslagen) Nr. 137 (L).
[338] Vgl. nur *BVerwG* Rpfleger 1984, 158 m. w. N.
[339] Zu den Kosten für den Abwesenheitsvertreter eines den Termin wahrnehmenden Unternehmers (§ 11 ZSEG) vgl. *LG Köln* JurBüro 1981, 1078.
[340] Erstattungsfähig sind die Gebühren nur in der sich aus Art. IX § 1 KostenÄndG ergebenden Höhe, *AG Köln* VersR 1979, 145; *AG Mainz* VersR 1972, 211; *H. Schmidt* VersR 1973, 197; abweichend *Wallner* VersR 1973, 1100.

eines **Inkassobüros** (→ Rdnr. 40), eines *Mieter-* oder *Hausbesitzervereins*[341], einer *genossenschaftlichen Treuhandstelle*[342] oder dgl. entstehen, sind nur ausnahmsweise erstattungsfähig. Ist das Inkassobüro selbst Partei, sind seine Kosten gem. Art. IX KostenÄndG, § 91 Abs. 2 S. 4 ZPO erstattungsfähig[343]. Im übrigen kommt eine Erstattung gemäß Art. IX Abs. 1 S. 3 KostenÄndG nur in Betracht, wenn das Inkassobüro als Parteivertreter am Verfahren beteiligt ist, was praktisch nur in der Zwangsvollstreckung denkbar ist[344].

Läßt sich eine Partei **durch einen festbesoldeten Angestellten vertreten**, so erwachsen ihr dadurch – ebenfalls abgesehen von konkreten Reiseauslagen – keine erstattungsfähigen Kosten (→ Rdnr. 33–35; aber auch Rdnr. 31: Angestellter als Zeuge). 93

Bei einer **Vertretung durch sonstige dritte Personen** (Verwandte, Geschäftsfreunde usw.) oder Stellen können nach dem zu Rdnr. 92 Bemerkten erst recht nur tatsächliche Aufwendungen für den konkreten Prozeß im Rahmen des Notwendigen erstattet werden[345]. 94

VII. Vertretung durch Rechtsanwälte

Hier gelten nach Abs. 2 folgende Besonderheiten: 95

1. Erstattungsfähigkeit der Gebühren und Auslagen

Die Gebühren und Auslagen eines Anwalts der obsiegenden Partei sind (vorbehaltlich eines Rechtsmißbrauchs, → Rdnr. 45a) **stets** – auch im *Parteiprozeß* – **zu erstatten**, auch wenn der Anwalt nur *Beistand* (§ 90) war[346], und **ohne Rücksicht darauf, ob** die Handlung auch von der Partei selbst hätte vorgenommen werden können, oder darauf, ob die Inanspruchnahme eines Anwalts **im Einzelfall notwendig** war[347] (§ 78 Abs. 2). Diese Sonderstel- 95a

---

[341] Die **Erstattung entfällt** von vornherein, wenn die Vertretung nach dem **RBeratungsmißbrauchsG** v. 13. XII. 1935 verboten ist, z. B. bei Hausbesitzervereinen in Höfesachen (*OLG Celle* RdL 1957, 109; s. aber auch *LG Flensburg* JurBüro 1968, 637: dennoch Erstattung von Auslagen und anteilsmäßigem Generalaufwand bei Prozeßvertretung durch Architekten (*LG Köln* ZMR 1989, 96), oder wenn der Verein selbst die Kosten trägt (*LG Bayreuth* NJW 1954, 436); s. über Ansprüche gegen das Mitglied aber *BGHZ* 15, 315 = NJW 1955, 422 (dazu *Wagner*). – Jedenfalls sind Kosten **erstattungsfähig**, soweit sie nachgewiesen sind (*LG Wuppertal* Rpfleger 1950, 524) und entweder Aufwendungen der Partei ersparen (*LG Düsseldorf* JurBüro 1982, 1722) oder die Beratung und Vertretung gerade durch den Verein sachlich geboten war. – Eine **Pauschalierung** des Aufwands im Rechtssinne ist nicht statthaft, weil Art. IX KostenÄndG nicht gilt (*LG Hamburg* MDR 1969, 62). Deshalb sind die Gebührensätze der Rechtsbeistände weder voll (**a.M.** *LG Köln, AG Neuß* MDR 1955, 102; 1965, 672; *LG Mainz* ZMR 1969, 214; *AG Ratingen* ZMR 1968, 186; *AG Lüdinghausen* ZMR 1970, 365) noch zu 50% (**a.M.** *LG Düsseldorf* MDR 1960, 588; *LG Essen* Rpfleger 1959, 295) ohne weiteres zuzubilligen. Oft ist aber praktisch ein Einzelnachweis nicht möglich und eine Schätzung entsprechend § 287 danach geboten (s. *Pohle* zu *LG Offenburg* ZgGenW 1961, 458, 460; betr. genossenschaftl. Treuhandstellen). Die Sätze der Rechtsbeistände setzen dieser Schätzung selbstverständlich eine Höchstgrenze, weil die Herausnahme aus Art. IX KostenÄndG diese und ähnliche Stellen und Verbände nicht besser stellen wollte als Rechtsbeistände [nach *LG München* AnwBl. 1955, 234 (abl. *Chemnitz*): Höchstgrenze bei 50%].

[342] S. zunächt vorige Fn. Im genossenschaftl. Bereich wird häufig die Stelle unentgeltlich tätig werden und eine Vertretung nicht sachgemäß sein, weil ein Auftreten vor Gericht durch § 157 verboten ist, s. *Pohle* vorige Fn. sowie zu *LG Köln* ZgGenW 1960, 338f. = NJW 1958, 1689 (dazu *Bode* 2073). S. a. *OLG Celle* MDR 1962, 578 = NJW 811: nur besondere Porto- und Fernsprechkosten des konkreten Streits; *LG Aachen* JMBl.NRW 1957, 163; *AG Würzburg* AnwBl. 1964, 211 (nur Auslagen erstattungsfähig).

[343] *OLG Bremen* JurBüro 1990, 728; *OLG Stuttgart* JurBüro 1992, 472; vgl. auch *OLG Stuttgart* JurBüro 1992, 406.

[344] *Lappe* Rpfleger 1985, 283; *Löwisch* NJW 1986, 1728; beide auch zur materiell-rechtlichen Erstattung.

[345] *OLG Hamm* JurBüro 1972, 785 (Ehegatte); *KG* NJW 1991, 1305 (WEG-Verwalter); *LG Bonn* JurBüro 1991, 546 (Jurastudent); *LG Essen* JurBüro 1971, 786; *LG München I* JurBüro 1964, 35 (Rechtsreferendar); *BayVGH* NJW 1965, 650; *SG Bayreuth* JurBüro 1987, 603 (Verwandter); → auch Rdnr. 66a.

[346] Vgl. *OLG Frankfurt* JurBüro 1983, 278; *OLG Zweibrücken* JurBüro 1982, 83 (Auftreten eines nicht postulationsfähigen Anwalts im Verfahren der freiwilligen Gerichtsbarkeit; → auch Rdnr. 100).

[347] *OLG Frankfurt* AnwBl. 1988, 298; *OLG Karlsruhe* NJW-RR 1986, 1504; *LG Düsseldorf* JurBüro 1982, 407; *AG Hannover* AnwBl. 1979, 234. - **A.M.** für Großunternehmen *AG Cloppenburg* VersR 1992, 982 (so nicht haltbar); für Notar *AG Erkelenz* DGVZ 1993, 77 (anders mit Recht *AG Essen* ebenda); für das Rechtsmittelverfahren → Rdnr. 46a.

lung ist den Rechtsanwälten nicht um ihrer selbst willen gewährt, sondern im Interesse der Rechtspflege an der Vertretung der Parteien durch die hierzu nach § 3 Abs. 1 BRAO besonders berufenen Personen[348]. Wegen der Rechtsbeistände einschließlich der Prozeßagenten → Rdnr. 66. Eine analoge Anwendung des § 91 Abs. 2 auf andere Personen oder Stellen, denen eine Besorgung fremder Rechtsangelegenheiten gestattet ist, kommt nicht in Betracht[349]. Abs. 2 hindert nicht, die Zweckmäßigkeit einer vom Rechtsanwalt vorgenommenen *einzelnen Prozeßhandlung* im Kostenfestsetzungsverfahren nachzuprüfen und gegebenenfalls die Erstattung zu versagen[350].

96 Die Erstattungsfähigkeit wird nicht dadurch ausgeschlossen oder gemindert, daß der Rechtsanwalt sich *durch einen anderen Rechtsanwalt*, einen *allgemeinen Vertreter* (s. dazu § 53 BRAO) oder einen zur Ausbildung zugewiesenen *Referendar* in einem Termin **vertreten** läßt. Dies wurde schon früher allgemein angenommen und ergibt sich jetzt aus § 4 BRAGO; denn die dort bestimmten Vergütungssätze sind »gesetzliche« i. S. des § 91 Abs. 2 S. 1. Ein Abwesenheitsgeld entsteht nach § 28 Abs. 2 BRAGO aber nur bei Reisen, die der Anwalt selbst oder sein allgemeiner Vertreter ausführt. Wird der Anwalt von einem nicht zugewiesenen Referendar, von einem Assessor oder seinem Bürovorsteher vertreten, kommt nur eine Erstattung von Aufwendungen im Rahmen des Notwendigen (§ 91 Abs. 1) in Betracht; die Erstattung gesetzlicher Gebühren aus § 31 BRAGO scheidet aus[351].

97 § 91 Abs. 2 S. 4 hat aus der BRAGO (früher § 7) die Vorschrift übernommen, daß der Rechtsanwalt auch **in eigener Sache** Gebühren- und Auslagenerstattung verlagen kann, wie wenn er bevollmächtigter Anwalt gewesen wäre[352]. Die Vorschrift fingiert das entgeltliche Mandat und verweist wegen der Höhe auf die BRAGO[353]; zur Erstattung von *Reisekosten* → Rdnr. 99, zur *Streitgenossenschaft* → Rdnr. 103 a. Ob er in Privatangelegenheiten, als gesetzlicher Vertreter[354] oder als Konkursverwalter[355] usw., wenn man diesen als sog. Partei kraft Amtes ansieht, tätig gewesen ist, bleibt sich gleich. Dazu → Rdnr. 25 vor § 50 und unten → Rdnr. 103.

98 Bei der Prüfung der Notwendigkeit anwaltlicher Vertretung nach Lage des Einzelfalls gemäß § 91 Abs. 1 verbleibt es dagegen **im vorprozessualen Bereich**, z. B. bei Mahnschreiben (→ Rdnr. 40), ferner im Verfahren zur Bewilligung der Prozeßkostenhilfe für die Vertretung der mittellosen Partei (→ § 118 Rdnr. 38). Zum Verkehrsanwalt → Rdnr. 70, zur Anwaltsbestellung seitens des *Rechtsmittelbeklagten* → Rdnr. 46. Anwalt i. S. des Abs. 2 ist, wie sonst auch, nur der bei einem *deutschen* Gericht zugelassene Rechtsanwalt; hinsichtlich *ausländischer* Anwälte greift nur Abs. 1, nicht auch Abs. 2 Platz. Wegen der *Patentanwälte* → Rdnr. 59.

---

[348] Dazu näher *Pohle* ZgGenW 1960, 338.
[349] S. *Pohle* (vorige Fn.) sowie oben Rdnr. 92.
[350] *OLG Düsseldorf* JurBüro 1972, 1964; *OLG München* JurBüro 1973, 63; *OLG Saarbrücken* JurBüro 1993, 296; ebenso zur Abfassung eidesstattlicher Versicherungen der Parteien *OLG Hamburg* OLGRspr. 15 (1907), 82; *KG* OLGRspr. 19 (1909), 69; *OLG Rostock* SeuffArch. 65 (1910), 162 oder Dritter *KG* OLGRspr. 15 (1907), 80f.; 17 (1908), 107; ferner für verspätete Sachanträge *LG Berlin* JurBüro 1987, 707; MDR 1984, 58.
[351] *LG Bochum* Rpfleger 1988, 426; *LG Bonn* Rpfleger 1990, 436; *LG Düsseldorf* JurBüro 1987, 1031; *LG Mosbach* NJW 1965, 1034; *AG Hagen* NJW 1975, 939; *Schalhorn* JurBüro 1971, 495. – **A.M.** *LG Freiburg* NJW 1964, 70.
[352] Vgl. allg. dazu *Mümmler* JurBüro 1982, 1129; *Schmidt* DAR 1979, 302. – Die Erstattung einer **Beweisgebühr** setzt jedoch voraus, daß Anwalt für oder im Beweistermin irgendeine Tätigkeit entfaltet, *LG Rottweil* JurBüro 1968, 988 (zust. *Schalhorn*). – Für **außergerichtliche Angelegenheiten** können nicht ohne weiteres Gebühren verlangt werden, *LG Berlin* VersR 1974, 868; *Schalhorn* JurBüro 1969, 117; 1970, 653 (Ersatz auf Grund materiell-rechtlicher Grundlage stets möglich). Nach **a.M.** entsprechend § 91 Abs. 2 S. 4 Ersatz von Gebühren nach BRAGO, *AG Nürnberg* AnwBl. 1971, 59; *AG Bonn* AnwBl. 1971, 60; *LG Nürnberg-Fürth* AnwBl. 1971, 213; *H. Schmidt* NJW 1970, 1406 (aber offenlassend). – Keine Geltung von § 91 Abs. 2 S. 4 für **Patentanwälte** (*OLG Frankfurt* Rpfleger 1974, 321), in Angelegenheiten der **freiwilligen Gerichtsbarkeit** (*LG Wuppertal* ZMR 1991, 183) und im **Strafprozeß** (*BVerfG* MDR 1980, 731), wohl aber für die **Verfassungsbeschwerde** (*BVerfGE* 81, 389), allerdings nicht für die dort vertretungsberechtigten **Hochschullehrer** (*BVerfGE* 71, 24). – Zur Sozietät → Rdnr. 103 a.
[353] *Kornblum* NJW 1979, 527.
[354] *OLG Koblenz* AnwBl. 1988, 484.
[355] *LG Kassel* ZIP 1991, 1022; *BFH* JurBüro 1965, 935. – Bei mehreren Personen ist aber nur eine Gebühr erstattungsfähig, *OLG Koblenz* MDR 1979, 413.

2. Reisekosten des auswärtigen Anwalts

Die Erstattung von Reisekosten des auswärtigen Rechtsanwalts ist dagegen eingeschränkt. **99**

a) Mehrkosten, die dadurch entstehen, daß der **beim Prozeßgericht zugelassene Rechtsan- 99a walt** seinen Wohnsitz oder seine Kanzlei **nicht an dem Ort des Prozeßgerichts** oder einer auswärtigen Abteilung des Gerichts[356] hat, sind nach § 91 Abs. 2 S. 2 nicht zu erstatten[357]. Damit sind auch die Fälle der Simultanzulassung[358] und der späteren Verweisung vom Amts- an das Landgericht[359] getroffen. Es können jedoch die Reisekosten in Höhe der Beträge verlangt werden, die bei Wahl eines am Ort des Prozeßgerichts wohnenden Anwalts für notwendige Informationsreisen der Partei, Porto oder dgl. hätten aufgewendet werden müssen[360]. Der Rechtsanwalt, der als Partei kraft Amtes auftritt, ist hinsichtlich aufgewendeter Reisekosten wie eine Partei zu behandeln, d. h. Reisekosten werden nach § 91 Abs. 1 regelmäßig zu erstatten sein[361].

b) In mehreren Sonderfällen können sich auch im *Anwaltsprozeß* die Parteien durch einen **100 nicht beim Prozeßgericht zugelassenen Anwalt** vertreten lassen (→ § 78 Rdnr. 8). Vielfach schließen hier *Sondervorschriften* ebenfalls die Erstattung der Mehrkosten schlechthin aus, die durch die Wahl eines solchen Amtes entstehen[362]. Wo das nicht der Fall ist, können auch durch die Tätigkeit des nicht postulationsfähigen Rechtsanwalts erstattungsfähige Gebühren entstehen[363].

c) Die Erstattung der **Reisekosten** eines Anwalts, der **nicht beim Prozeßgericht zugelassen 101** ist und auch nicht am Ort des Prozeßgerichts wohnt, hängt dagegen davon ab, ob zur zweckentsprechenden Rechtsverfolgung oder Rechtsverteidigung die Zuziehung dieses Anwalts notwendig war (§ 91 Abs. 2 S. 1). Diese Prüfung umfaßt, wenn am Sitz des Gerichts kein Anwalt vorhanden ist oder die vorhandenen an der Übernahme des Auftrags gehindert sind, auch die Frage, ob *überhaupt* nach Beschaffenheit der Sache die *Zuziehung* eines

---

[356] Sitz am Ort der auswärtigen Abteilung genügt aber nur, wenn der Prozeß dort anhängig ist; *LG Konstanz* MDR 1983, 847; *LG München II* MDR 1985, 589; *LG Passau* Rpfleger 1984, 202.- **A.M.** *OLG Frankfurt* Rpfleger 1990, 135; *LG Aurich* NdsRpfl. 1979, 124; *AG Aurich* NdsRpfl. 1977, 167; *Schneider* MDR 1983, 811.

[357] Ausnahmen werden bei Streitsachen mit außergewöhnlichen Schwierigkeiten gemacht, *OLG Nürnberg* JurBüro 1971, 1038 (Zuziehung eines Spezialanwalts erforderlich; vgl. auch *OVG Lüneburg* JurBüro 1987, 608; AnwBl. 1983, 278); Reisekosten des auswärtigen Patentanwalts sind regelmäßig zu erstatten, *OLG Köln* JurBüro 1973, 986; für den Verwaltungsprozeß großzügiger *VGH Baden-Württemberg* JurBüro 1991, 1247; *VG Karlsruhe* AnwBl. 1982, 208. – Zur *Entstehung* der (nicht erstattungsfähigen) Kosten s. *OLG Karlsruhe* MDR 1982, 64; der Anwalt ist nicht gezwungen, seinem Mandanten die Mehrkosten in Rechnung zu stellen, *Chemnitz* AnwBl. 1984, 198.

[358] *OLG Bamberg* JurBüro 1992, 612; 1989, 397; 1988, 626; 1985, 1405/288; 1981, 1980/1584/1574/1348/1185/1082; 1979, 904/442; 1976, 810; 1974, 882; *OLG Frankfurt* JurBüro 1980, 140; *OLG Hamm* JurBüro 1992, 40; *OLG Karlsruhe* JurBüro 1989, 102; *OLG München* MDR 1992, 308; 1978, 410; *OLG Schleswig* JurBüro 1975, 658; SchlHA 1964, 262; Rpfleger 1962, 427; *Schalhorn* JurBüro 1969, 808.

[359] *OLG Frankfurt* JurBüro 1980, 140; *OLG Schleswig* SchlHA 1960, 59; Rpfleger 1962, 427; *OLG Düsseldorf* GRUR 1972, 566.

[360] *OLG Bamberg* (Fn. 358); *OLG Celle* NJW 1968, 1097; MDR 1951, 112; *OLG Düsseldorf* JurBüro 1982, 920; AnwBl. 1968, 396; *OLG Frankfurt* AnwBl. 1982, 489; *OLG Hamm* JurBüro 1992, 40; *OLG Karlsruhe* MDR 1982, 1025 (aber nicht, wenn der Partei tatsächlich Reisekosten entstanden sind); *OLG Koblenz* JurBüro 1986, 93; 1984, 446; KostRspr. ZPO § 91 (B-Vertretungskosten) Nr. 535 (L); *OLG Köln* AnwBl. 1977, 24; JurBüro 1975, 348; *OLG München* MDR 1992, 308; *OLG Nürnberg* JurBüro 1964, 43; *OLG Saarbrücken* JBl.Saar 1965, 127; *OLG Schleswig* (Fn. 358); *LG Bonn* JurBüro 1991, 1088; *LG Frankfurt* AnwBl. 1986, 407; *LG Koblenz* AnwBl. 1982, 24; *LG München I* AnwBl. 1985, 533; *LG München II* AnwBl. 1967, 451; *Mümmler* JurBüro 1989, 315. – Vgl. auch *LG Kassel* MDR 1992, 1189 (gar keine Erstattung, wenn der Anwalt den Termin versäumt und die Reise deshalb nutzlos war).

[361] *OLG Frankfurt* NJW 1972, 1328. – Für Erstattungsfähigkeit der Reisekosten des Rechtsanwalts, der in eigener Sache auftritt und beim Prozeßgericht zugelassen ist, dort aber nicht wohnt, *OLG Hamm* MDR 1975, 762. – **A.M.** *OLG München* JurBüro 1970, 523; *OLG Schleswig* JurBüro 1973, 989; *LG Köln* JurBüro 1978, 1397.

[362] Jedoch Erstattung in Höhe sonst erforderlicher Verkehrsanwaltskosten möglich, *KG* JurBüro 1971, 543; 1970, 993.

[363] Vgl. *OLG Hamburg* JurBüro 1988, 1343; MDR 1980, 66; *OLG München* MDR 1984, 950; JurBüro 1982, 1524; *OLG Stuttgart* JurBüro 1982, 869 (Schriftsatzgebühr); *OLG Hamm* AnwBl. 1988, 208; *OLG München* JurBüro 1980, 1664 (Ratsgebühr); → auch Rdnr. 95 zum Auftreten als **Beistand**. – **A.M.** *LG Frankenthal* MDR 1978, 233.

Anwalts notwendig war. Bei einfacher Sachlage kann daher die Vertretung einer am Gerichtsort wohnhaften Partei durch einen *auswärtigen* Anwalt, zumal dann, wenn auch der Gegner keinen Anwalt hat, für überflüssig erklärt und deshalb der Ansatz der *Reisekosten* gestrichen werden[364], wenn auch selbstverständlich die übrigen Anwaltskosten zu erstatten sind. Stand aber ein Anwalt am Sitz des Gerichts zur Wahl der Partei, so ist bei Zuziehung eines *auswärtigen* Anwalts – anstatt des am Gerichtssitz wohnhaften – zu prüfen, ob besondere sachliche Gründe[365] diese notwendig machten[366]. Aber auch bei Bejahung werden die Reisekosten jedenfalls nur insoweit als notwendig anzuerkennen sein, als sie die Reisekosten eines in einem benachbarten Bezirk wohnhaften, allerdings nicht unbedingt des nächstwohnenden Anwalts nicht übersteigen[367]. Sind Kosten eines unterbevollmächtigten Rechtsanwalts (mit Sitz am Gerichtsort) geringer, so sind Reisekosten nur insoweit zu erstatten[368]. Ob der Anwalt von der Partei gewählt oder ihr beigeordnet war, begründet keinen Unterschied. Zur Vergütung solcher Reisekosten für den auswärtigen **Prozeßkostenhilfeanwalt** *aus der Staatskasse* → § 121 Rdnr. 37. – Zum **erweiterten Gerichtsbezirk** → Rdnr. 110.

3. Kosten zur Wahrnehmung auswärtiger Beweistermine

102   Kosten, die durch **Reisen** des Prozeßbevollmächtigten, der am Sitz des Prozeßgerichts wohnt, entstehen, sind grundsätzlich nach Abs. 2 S. 1 anzuerkennen. Es ist jedoch nach Lage des Einzelfalls zu prüfen, ob es aus sachlichen Gründen notwendig war, daß die Vertretung durch den Prozeßbevollmächtigten selbst und nicht vielmehr durch einen am Terminsort wohnhaften Anwalt erfolgte[369]. Ist umgekehrt der auswärtige **Beweistermin durch einen Vertreter wahrgenommen** worden, so kommt es auf die Notwendigkeit dieser Art der Vertretung an, wenn die dadurch erwachsenen Kosten diejenigen, die durch eine Reise des Prozeßbevollmächtigten entstanden wären, übersteigen[370]. Bei Verhinderung muß in der Regel um **Terminverlegung** nachgesucht sein[371]. Doch kann als Verhinderungsgrund auch **besondere Überlastung** anerkannt werden, wobei es auf deren Grad, die Bedeutung der Streitsache und des Termins für sie und den Umfang des Zeitaufwands ankommt[372]. Wohnt

---

[364] Vgl. auch KBzNov. 1898, 37; KBzNov. 1909, 35; *OLG Hamburg* SeuffArch. 52 (1897), 350.

[365] In Schiffahrtssachen *OLG Frankfurt* MDR 1953, 48; *KG* JurBüro 1974, 91 (jedenfalls in Höhe ersparter anderer Aufwendungen); *OLG Karlsruhe* JurBüro 1988, 76 (Eilverfahren); Rpfleger 1972, 456 (ja, wenn Aufwand noch vertretbar); *OLG Nürnberg* JurBüro 1964, 754 (ja, wenn Prozeß rechtlich und tatsächlich schwierig); in Arbeitssachen *LAG Kiel* AP Nr. 2.

[366] Abl. z. B. *OLG Zweibrücken* JurBüro 1982, 82, 84.

[367] Dies folgt aus dem grundsätzlichem Gebot der Geringhaltung von Kosten (→ Rdnr. 49).

[368] *OLG Hamm* JurBüro 1973, 535. – Auch höhere Kosten können zu erstatten sein, wenn die Reise einem Prozeßbevollmächtigten nicht zumutbar ist und deshalb zu besorgen ist, daß die Partei keinen zur Vertretung bereiten Anwalt findet, *OLG Hamm* JurBüro 1978, 1034.

[369] *OLG Düsseldorf* MDR 1955, 559; *OLG Frankfurt* AnwBl. 1988, 298; JurBüro 1982, 239; MDR 1962, 908; Rpfleger 1959, 63; *KG* und *OLG Nürnberg* NJW 1965, 1442f.; AnwBl. 1972, 59 (zu erstatten, sofern kein auffälliges Mißverhältnis zur Bedeutung der Streitsache); *OLG München* MDR 1966, 937; *LG Bayreuth* JurBüro 1980, 1348 (persönliche Wahrnehmung durch Prozeßbevollmächtigten erforderlich); *OLG Hamm* JurBüro 1971, 696 (Beweisaufnahme erstreckt sich auf besonders schwierige Frage, Rechtsstreit kompliziert, Sachlage macht Anwesenheit des Prozeßbevollmächtigten erforderlich); *OLG Stuttgart* JurBüro 1974, 735 (solange kein Mißverhältnis zur Bedeutung der Sache). Dies gilt besonders beim Beweistermin vor dem ersuchten ausländischen Gericht, *OLG Düsseldorf* MDR 1959, 671. S. a. *Tschischgale* NJW 1963, 1760.

[370] *OLG Düsseldorf* JurBüro 1992, 34; AnwBl. 1965, 34; *OLG Koblenz* AnwBl. 1974, 353; *OLG Schleswig* SchlHA 1981, 151; 1980, 78; 1977, 1738; *Mümmler* JurBüro 1978, 1272 ff.

[371] *OLG Bamberg* JurBüro 1975, 379; *OLG Celle* NJW 1960, 1627; *OLG Frankfurt* JurBüro 1985, 128; *OLG Hamm* MDR 1984, 587; JurBüro 1978, 1346; 1967, 154; *LG Frankfurt* JurBüro 1989, 223.

[372] *OLG Celle* NJW 1960, 1627; 1957, 189 (*v. Sauer*); *OLG Koblenz* VersR 1986, 1031 (L); *OLG München* JurBüro 1984, 595; MDR 1961, 66; *OLG Saarbrücken* JBl.Saar 1965, 125; *OLG Schleswig* JurBüro 1980, 237; *AG Kulmbach* JurBüro 1979, 1536; enger *OLG Düsseldorf* JurBüro 1965, 478/232; Rpfleger 1966, 28; *OLG Hamburg* MDR 1986, 592; 1971, 145. – Ein **ausländischer** Beweisanwalt ist dann zu erstatten, wenn ein deutscher Prozeßbevollmächtigter vor dem ausländischen Gericht nicht hatte auftreten dürfen, *AG Kleve* AnwBl. 1969, 415; vgl. aber auch *LG Köln* VersR 1988, 862; AnwBl. 1982, 532.

der (simultan beim Prozeßgericht zugelassene) Prozeßbevollmächtigte am Sitz des Gerichts, bei dem der Beweistermin stattfindet, so werden durch sein Auftreten Kosten *erspart*, nicht verursacht, sie sind also nicht zu erstatten (→ § 104 Rdnr. 10). Die Kosten einer billigeren Art der Vertretung sind immer zu erstatten[373]. Zur Wahrnehmung des Termins durch die *Partei* selbst → Rdnr. 53.

4. Mehrere Anwälte

Hat die obsiegende Partei für dieselbe Instanz mehrere Anwälte *nebeneinander* als Prozeßbevollmächtigte bestellt (§ 84) oder hat ihr Prozeßbevollmächtigter einen zweiten Anwalt nach § 52 BRAGO oder als Untervertreter (→ § 81 Rdnr. 15) herangezogen, so beschränkt sich die Ersatzpflicht auf denjenigen Betrag der Kosten, der für einen einzigen am Sitz des Prozeßgerichts wohnhaften Rechtsanwalt aufzuwenden war[374] (Abs. 2 S. 3). Diese Regelung trägt der Überlegung Rechnung, daß man von einem Rechtsanwalt verlangen kann, daß er den Rechtsstreit allein führt und sich auch in schwierigere Sach- oder Rechtsprobleme einarbeitet[375] (→ auch Rdnr. 78). Dies gilt auch dann, wenn der zweite Anwalt Spezialist für bestimmte Rechtsgebiete ist und im Rechtsstreit besonders schwierige Fragen seines Fachgebiets berührt werden[376], oder wenn dem weiteren Rechtsanwalt die Durchführung der Parteierechte übertragen wird (§ 53 S. 1 BRAGO)[377]. Ist der Anwalt zeitweilig rechtlich verhindert, z.B. weil er als Zeuge in der Sache vernommen wird, so greifen die zu Rdnr. 104 ff. dargelegten Grundsätze Platz[378]. Zum sog. Verkehrsanwalt → Rdnr. 70 ff., zur Vertretung im Beweistermin vor einem auswärtigen Gericht → Rdnr. 53; zur vorprozessualen Beratung → Rdnr. 39 f. Zur Zuziehung eines Patentanwalts → Rdnr. 59 »Patentanwalt«.

103

Streitgenossen und **Streitgehilfen** haben das Recht, sich durch besondere Anwälte vertreten zu lassen[379] (→ § 61 Rdnr. 2). Das gilt auch dann, wenn ein Streitgenosse durch den Anwalt des anderen, insbesondere einer **Haftpflichtversicherung**[380], mitvertreten werden kann, da

103a

---

[373] *RGZ (VZS)* 51, 11.
[374] *OLG München* MDR 1979, 505. – Erstattung von **Mehrkosten** durch **Untervertreter** aber in Höhe fiktiver Ratsgebühren, Reisekosten oder Verkehrsgebühr möglich, soweit solche erstattbar gewesen wären, *OLG Bamberg* JurBüro 1985, 131; 1983, 1258/772/122; 1979, 598; *OLG München* AnwBl. 1982, 532; *OLG Schleswig* JurBüro 1985, 247; Rpfleger 1962, 428; *OLG Stuttgart* JurBüro 1985, 894; *LG Düsseldorf* AnwBl. 1973, 115; *LG Essen* AnwBl. 1983, 564; *LG Frankenthal* AnwBl. 1967, 136; *LG Freiburg* AnwBl. 1984, 98; 1981, 162; *LG Itzehoe* JurBüro 1983, 391; *LG München II* AnwBl. 1984, 618; *LG Tübingen* JurBüro 1986, 276; *AG Albstadt* AnwBl. 1980, 374; *LAG Düsseldorf* JurBüro 1987, 269; *Mümmler* JurBüro 1987, 1314; 1984, 1324; 1983, 1776; *H. Schmidt* JurBüro 1965, 349. – Abs. 2 S. 3 gilt auch im Verfahren nach § 36, *OLG Hamburg* JurBüro 1975, 769.
[375] *BVerfGE* 46, 324. – Vgl. auch *OLG Frankfurt* JurBüro 1980, 1417: keine Mehrkosten für den Kostenpflichtigen, wenn zweiter Anwalt aus Gründen beauftragt werden muß, die im Verhältnis zu Dritten begründet sind.
[376] *OLG Düsseldorf* VersR 1974, 912; *OLG Nürnberg* Rpfleger 1959, 29; vgl. auch *BVerfG* NJW 1993, 1460; ausnahmsweise Erstattung einer Verkehrsgebühr *OLG Düsseldorf* GRUR 1971, 187; *OLG Hamm* JMBl.NJW 1962, 164 (→ Rdnr. 77 – Verkehrsanwalt).
[377] Zwar Gebührentatbestand des § 53 BRAGO erfüllt, jedoch grundsätzlich nicht zu erstatten, *OLG Celle* NdsRpfl. 1966, 145/60; **a.M.** (bei Vorliegen besonderer Umstände ausnahmsweise zu erstatten) *OLG Celle* JurBüro 1966, 591; *OLG Hamburg* MDR 1986, 596; JurBüro 1979, 722; *OLG Hamm* JurBüro 1988, 493; *OLG München* NJW 1966, 2069; offen *OLG Schleswig* JurBüro 1981, 571.
[378] Vgl. *RG* JW 1899, 815; *OLG Darmstadt* OLGRspr. 1 (1900), 333; *OLG München* NJW 1967, 886 (Anwaltswechsel überhaupt unnötig); *LG Bonn* AnwBl. 1975, 161 und *OLG Hamm* NJW 1977, 395 (kein notwendiger Anwaltswechsel, wenn aus diesem Grund Mandat niedergelegt).
[379] *BVerfGE* 81, 390; *OLG Düsseldorf* NJW 1963, 1237; MDR 1974, 853; *OLG Hamburg* JurBüro 1255; *OLG Hamm* MDR 1971, 312; *OLG München* JurBüro 1988, 1187; *OLG Schleswig* JurBüro 1992, 473; **a.M.** bei fehlendem Interessenwiderstreit *OLG Köln* FamRZ 1993, 587; bei Rechtsmißbrauch *OLG Hamm* MDR 1979, 676 und 1978, 849. – Generell **a.M.** *OLG Celle* JurBüro 1987, 601.
[380] Dazu *OLG Düsseldorf* MDR 1985, 148; 1981, 323; NJW 1968, 1237; *OLG Frankfurt* JurBüro 1986, 756f.; *OLG Hamburg* JurBüro 1972, 734; *KG* MDR 1984, 852; *OLG München* MDR 1974, 1022; 1972, 1042 *OLG Nürnberg* AnwBl. 1982, 74; *OLG Oldenburg* JurBüro 1990, 1479; *OLG Schleswig* JurBüro 1984, 1564; *LG Berlin* JurBüro 1983, 1872/1260; *LG Bonn* JurBüro 1990, 69; *LG Düsseldorf* JurBüro 1987, 597; *LG Frankfurt* AnwBl. 1978, 102; *LG Itzehoe* JurBüro 1989, 1700; *LG Kiel* AnwBl. 1988, 297; VersR 1979, 241; *LG Limburg* VersR 1988, 1166; *LG Saarbrücken* JurBüro 1986, 602; *AG Hamburg* VersR 1979, 554; in einem besonders gelager-

aus dem Innenverhältnis der Streitgenossen nichts für das Prozeßrechtsverhältnis hergeleitet werden kann (→ auch § 100 Rdnr. 13). Es gilt ferner in den Fällen der notwendigen Streitgenossenschaft, auch wenn ein Streitgenosse erst *nachträglich* einen eigenen Anwalt beauftragt[381]. Lassen sich die Streitgenossen oder -gehilfen gemeinsam vertreten, so sind nur die Kosten *eines* Anwalts erstattungsfähig (näher → § 100 Rdnr. 14, 18). Sind die Streitgenossen oder -gehilfen selbst **Anwälte**, insbesondere im Aktiv- oder Passivprozeß einer Sozietät, so kann jeder nach § 91 Abs. 2 S. 4 die für seine Person erwachsenen Gebühren erstattet verlangen, wobei allerdings eine Erhöhungsgebühr nach § 6 Abs. 1 S. 2 BRAGO nicht angesetzt werden kann, da der einzelne Anwalt nur sich selbst und nicht die übrigen vertritt. Das muß im Aktiv-[382] und im Passivprozeß[383] der Anwälte gleichermaßen gelten. Werden die (assoziierten) Anwälte gemeinsam durch einen von ihnen oder durch einen dritten Anwalt vertreten, so kann auch die diesem Prozeßbevollmächtigten zustehende Erhöhungsgebühr nach § 6 BRAGO angesetzt werden[384].

103b Die Kosten eines für die **Widerklage** zusätzlich bestellten Anwalts sind nicht zu erstatten, da die Kostenregelung des § 91 sich auf die Kosten des Prozeßrechtsverhältnisses insgesamt bezieht[385]. — Auch bei Vertretungsbefugnis mehrerer Dienststellen einer **Körperschaft des öffentlichen Rechts**, insbesondere des *Fiskus*, sind nur die Kosten eines Prozeßbevollmächtigten zu erstatten, da nur eine Partei dem erstattungspflichtigen Gegner gegenübersteht[386].

---

ten Fall auch *OLG Köln* NZV 1992, 411. — **A.M.** *OLG Bamberg* JurBüro 1986, 923; *OLG Hamm* MDR 1990, 1019; *OLG Karlsruhe* VersR 1979, 945; *OLG Koblenz* MDR 1986, 856; *OLG Köln* FamRZ 1993, 587; JurBüro 1982, 1076; *OLG München* MDR 1983, 941; *OLG Saarbrücken* JurBüro 1989, 1417; 1988, 1699; *OLG Schleswig* JurBüro 1981, 610; *OLG Stuttgart* VersR 1974, 259; Rpfleger 1972, 318; *OLG Zweibrücken* KostRspr. ZPO § 91 (B-Vertretungskosten) Nr. 521 (L; zust. *v. Eicken*); *LG Göttingen* AnwBl. 1987, 284; *LG und AG Hannover* JurBüro 1988, 353; *LG Oldenburg* JurBüro 1986, 1714; *LG Osnabrück* AnwBl. 1992, 93; grds. auch *OLG Bremen* JurBüro 1989, 98 f. (zust. *Mümmler*); *OLG Koblenz* JurBüro 1989, 221; *Mümmler* JurBüro 1985, 169. – A.M. nur, wenn beide Anwälte ausdrücklich für die Partei auftreten, *OLG Koblenz* JurBüro 1981, 1733.

[381] *OLG Saarbrücken* JurBüro 1989, 394; ebenso für die nachträgliche Bestellung eines weiteren gemeinsamen Anwalts *OLG Düsseldorf* MDR 1988, 324; 1985, 148; 1981, 323. Etwas anderes gilt in den Fällen des Rechtsmißbrauchs (→ Rdnr. 45 a) sowie dann, wenn durch die nachträgliche Bestellung die Kosten überschritten werden, die entstanden wären, wenn sich jeder Streitgenossen von Anfang an eines besonderen Anwalts bedient hätte, *OLG Frankfurt* MDR 1981, 149; *OLG München* Rpfleger 1960, 130; 1956, 59; *LG Kiel* AnwBl. 1988, 297. – **A.M.** (die gesetzliche Vermutung, daß jeder einen eigenen Anwalt brauche, sei widerlegt, das Wahlrecht verbraucht) *OLG Bamberg* JurBüro 1980, 139; *OLG Frankfurt* AnwBl. 1988, 74; *OLG Hamburg* JurBüro 1988, 762; MDR 1975, 323; *OLG Hamm* JurBüro 1981, 926; *KG* MDR 1984, 852; JurBüro 1978, 1394 (aber zulässig, wenn zusätzlicher Anwalt erst für die 2. Instanz bestellt wird); *OLG Koblenz* MDR 1979, 407; *OLG Köln* FamRZ 1993, 587; *LG Kiel* VersR 1979, 241; *Mümmler* JurBüro 1983, 170.

[382] Vgl. nur *BVerfG* NJW 1990, 2124. – **A.M.** freilich für die **Honorarklage** die h. M.; vgl. etwa *OLG Düsseldorf* JurBüro 1981, 1514; *OLG Hamm* MDR 1981, 327; *OLG Nürnberg* JurBüro 1980, 1175; *LG Berlin* MDR 1988, 971; *LG Frankenthal* JurBüro 1984, 866; *LG Kleve*

AnwBl. 1978, 65; *Mümmler* JurBüro 1983, 1281; offen *OLG Braunschweig* JurBüro 1990, 335.

[383] *OLG Düsseldorf* AnwBl. 1978, 261; *OLG Frankfurt* JurBüro 1981, 926; 1979, 695; *OLG Hamburg* JurBüro 1980, 761; *OLG Hamm* JurBüro 1983, 925; *KG* JurBüro 1979, 198; JW 1935, 2654; *OLG München* JurBüro 1981, 138; *OLG Nürnberg* JurBüro 1981, 763; *LG Berlin* JurBüro 1979, 522; *LG Köln* JurBüro 1978, 1396; *Mümmler* JurBüro 1978, 632. – **A.M.** (Erstattung nur der Gebühren eines Anwalts) *OLG Bamberg* JurBüro 1981, 1876; *OLG Düsseldorf* JurBüro 1992, 817; Rpfleger 1976, 256; *OLG Hamm* MDR 1979, 676; AnwBl. 1978, 64; *KG* MDR 1985, 851; *OLG Schleswig* JurBüro 1988, 1030; *OLG Stuttgart* JurBüro 1980, 701; *LG Berlin* JurBüro 1979, 1174; *LG Münster* MDR 1989, 166; *Kornblum* NJW 1979, 529 (der aber die Sozietät selbst als Partei ansieht).

[384] So für den **Passivprozeß** *OLG Braunschweig* JurBüro 1990, 335; *OLG Hamm* JurBüro 1979, 1645; *KG* MDR 1985, 851; *OLG München* JurBüro 1981, 328; *OLG Schleswig* JurBüro 1988, 1030; *OLG Stuttgart* JurBüro 1980, 701; *LG Berlin* JurBüro 1979, 1174/522; *LG Münster* MDR 1989, 166; *Mümmler* JurBüro 1978, 632; a. M. (weil keine Mehrarbeit entsteht; aber danach fragt die pauschalierende Norm des § 6 BRAGO nicht) *OLG Bamberg* JurBüro 1978, 530; offen *OLG Bamberg* JurBüro 1985, 1876. – Ebenso für den **Aktivprozeß** *OLG Frankfurt* AnwBl. 1993, 294; *OLG München* JurBüro 1981, 542; a. M. (für die **Honorarklage** mit unterschiedlicher Begründung) *OLG Düsseldorf* JurBüro 1981, 1514; *OLG Hamburg* JurBüro 1979, 1312; *OLG Hamm* MDR 1981, 328; *OLG München* JurBüro 1978, 1647; *OLG Nürnberg* JurBüro 1980, 1175; *OLG Zweibrücken* JurBüro 1984, 1828; *LG Berlin* MDR 1988, 971; *LG Frankenthal* JurBüro 1984, 866; *LG Kleve* AnwBl. 1978, 65; *Mümmler* JurBüro 1983, 1283 f.; 1978, 632.

[385] *OLG Hamburg* MDR 1971, 935; *KG* MDR 1975, 499; *OLG Köln* AnwBl. 1985, 534. – **A.M.** *OLG Stuttgart* JurBüro 1973, 1200; *Brangsch* AnwBl. 1973, 61.

[386] *OLG Frankfurt* JZ 1953, 731 (zust. *Baur*); *OLG Koblenz* AnwBl. 1988, 296; *OLG Köln* JurBüro 1980,

5. Anwaltswechsel

Die Mehrkosten, die durch einen Wechsel in der Person des Anwalts während eines Rechtsstreits[387] entstehen, sind nur zu erstatten, wenn der Wechsel eintreten »mußte« (§ 91 Abs. 2 S. 3). Der Wechsel darf danach *nicht* auf Umständen beruhen, welche die Partei oder – dem Grundgedanken des § 85 Abs. 2 entsprechend – der Anwalt hätte *voraussehen oder* in irgendeiner, nur in der Zumutbarkeit eine Grenze findenden Weise hätte *verhindern können*[388]. Daß der erste Anwalt seinen Gebührenanspruch behält[389], bedeutet noch nicht, daß der Wechsel i. S. des § 91 Abs. 2 S. 3 notwendig war[390].   104

a) Eine Notwendigkeit i. S. des Abs. 2 S. 3 liegt danach regelmäßig vor, wenn der **Anwalt stirbt**[391], auch wenn er sich als Partei selbst vertreten hatte (§ 91 Abs. 2 S. 4) und der Rechtsnachfolger nunmehr genötigt ist, seinerseits einen Anwalt zu betrauen[392]. Die Bestellung eines Kanzleiabwicklers (§ 55 BRAO) hindert die Partei nicht, einen Rechtsanwalt ihres Vertrauens zu beauftragen[393], es sei denn, daß eine Sozietät beauftragt war, der der Kanzleiabwickler angehört[394]. Überhaupt scheidet die Erstattungsfähigkeit der Mehrkosten eines weiteren Anwalts stets aus, wenn ursprünglich nach § 84 eine **Sozietät** beauftragt wurde und der die Sache in erster Linie bearbeitende Anwalt ausscheidet[395] oder die Person des Sachbearbeiters wechselt, da die Regelung, welcher der Sozien die Sache bearbeitet, interne Angelegenheit der Sozietät ist[396].   105

Notwendig ist der Wechsel außerdem bei **unverschuldetem Verlust der Vertretungsfähigkeit** des Anwalts (z.B. Zurücknahme bzw. Aufgabe der Zulassung wegen schwerer Erkrankung). Dagegen stellt selbst längere Erkrankung als solche noch keinen hinreichenden Grund zum Wechsel des Prozeßbevollmächtigten dar[397]. Unter besonderen Umständen kann es einer Partei **nicht zugemutet** werden, den bisher tätigen Anwalt beizubehalten, z.B. wenn sie einen durch Prozeßvergleich beendeten Rechtsstreit nach 10 Jahren fortsetzen[398] oder, falls sie als Anwalt zum Konkursverwalter etc. bestellt ist, nunmehr sich selbst vertreten will[399].   105a

---

1083; AnwBl. 1968, 231; JMBl.NRW 1970, 159; *OLG München* JurBüro 1992, 171; MDR 1972, 790 (BRD zugleich Prozeßstandschafter für Entsendestaat); abweichend *OLG Hamburg* JurBüro 1971, 263 (für den Fall, daß Legislative und Exekutive eines Bundeslandes Rechtsverstöße vorgeworfen werden).

[387] Eine Pflicht, den im *Vorprozeß* beauftragten Anwalt auch in einem neuen Verfahren zu mandatieren und dadurch Verkehrsanwaltskosten zu sparen, besteht nicht, *OLG Hamburg* AnwBl. 1980, 372.

[388] *OLG Bamberg* JurBüro 1984, 1563; *OLG München* MDR 1990, 555 (auch bei Wechsel des gemeinsamen Prozeßbevollmächtigten mehrerer Streitgenossen). – *Schneider* MDR 1981, 451 kritisiert das damit eingebrachte Verschuldenselement und plädiert für eine Lösung nach Interessensphären.

[389] Behält er ihn nicht, stellt sich die Frage nach der Notwendigkeit nicht mehr, *OLG Köln* JurBüro 1980, 551. – Abs. 2 S. 3 gilt auch bei **Zurückverweisung**, obwohl für einen neuen Prozeßbevollmächtigten die Prozeßgebühr erwächst, *OLG Hamburg* MDR 1975, 852; *OLG Köln* JurBüro 1992, 175; *OLG Schleswig* JurBüro 1978, 921.

[390] Zweifelhaft daher *OLG Hamburg* JurBüro 1993, 351.

[391] So auch RGZ 33, 369; KG JW 1930, 3337; 1934, 3146 (Selbstmord des Anwalts); *OLG München* JurBüro 1983, 767. – Regelmäßig nicht beim **Tode der Partei**, *OLG Hamburg* MDR 1979, 762; a.M. *OLG München* AnwBl. 1978, 428.

[392] KG JW 1935, 1703.

[393] *OLG Düsseldorf* NJW 1963, 660; *OLG Frankfurt* VersR 1980, 933 (L); *OLG Hamburg* JurBüro 1985, 1870; *LG Berlin* JurBüro 1964, 752. – Nimmt ein Abwickler einen neuen Auftrag entgegen, der während seiner Abwicklertätigkeit nicht erledigt werden kann, so sind die durch einen Anwaltswechsel entstehenden Mehrkosten nur zu erstatten, wenn der Abwickler annehmen durfte, die Sache werde vor Abschluß der Abwicklertätigkeit beendet, *OLG Zweibrücken* JurBüro 1965, 484; a.M. *OLG Oldenburg* AnwBl. 1966, 194.

[394] *OLG Hamm* JurBüro 1969, 642.

[395] *OLG Frankfurt* Rpfleger 1990, 527; 1977, 259; *OLG Hamburg* MDR 1968, 678; JurBüro 1975, 773; *OLG Nürnberg* JurBüro 1965, 1009; *OLG Schleswig* JurBüro 1978, 921. – A.M. *OLG Düsseldorf* JurBüro 1987, 901; *OLG Karlsruhe* JurBüro 1977, 1142 (abl. *Mümmler*).

[396] Vgl. *OLG Hamburg* JurBüro 1975, 773; *OLG Kiel* JW 1927, 2161; *OLG München* JurBüro 1979, 108; *OLG Nürnberg* JurBüro 1972, 518; anders jedoch bei bloßer Bürogemeinschaft, *OLG Stuttgart* Justiz 1969, 224.

[397] *OLG Köln* JVBl. 1967, 239; *OLG München* MDR 1970, 428 (der erkrankte Prozeßbevollmächtigte ist verpflichtet, einen Vertreter bestellen zu lassen).

[398] *OLG Düsseldorf* JMBl.NRW 1963, 73. – A.M. KG JurBüro 1968, 130.

[399] A.M. *OLG Frankfurt* JurBüro 1978, 1656; *OLG Hamm* JMBl.NRW 1954, 67; KG NJW 1963, 305; *OLG Koblenz* JurBüro 1984, 1085; *OLG München* MDR 1989, 460.

105b Dagegen sind die Mehrkosten **nicht zu erstatten**, wenn Partei oder Anwalt das Auftragsverhältnis aus freien Stücken oder aus einem von dem einen Teil verschuldeten Grunde lösen, insbesondere bei im Moment der Gebührenverursachung vorhersehbarer Aufgabe der Zulassung im allgemeinen[400] oder durch Zulassungswechsel[401], bei Niederlegung der Vertretung wegen Zusammenschlusses mit dem Anwalt des Gegners[402] oder weil der assoziierte Anwalt als Zeuge vernommen wird[403], bei Ausschließung aus der Anwaltschaft wegen standeswidrigen Verhaltens oder bei freiwilligem Ausscheiden, um der Ausschließung zu entgehen[404] und dgl. Hier wie bei begründeter Aufgabe der Zulassung muß der Anwalt sich um einen Abwickler bemühen[405]. Störungen im Innenverhältnis zwischen Anwalt und Mandant (Vertrauensschwund, Unstimmigkeit), die zur Beendigung des Mandats und zum Wechsel des Prozeßbevollmächtigten führen, können beim erstattungspflichtigen Prozeßgegner in keinem Falle eine Mehrbelastung bewirken[406].

106 Die dargelegten Grundsätze haben auch dann zu gelten, wenn ein Wechsel in der Person des **Prozeßkostenhilfeanwalts** eintritt oder der gewählte Anwalt durch einen beigeordneten Anwalt ersetzt wird[407].

107 b) Gelangt der Rechtsstreit infolge **Verweisung** an ein anderes Gericht bzw. an eine auswärtige (detachierte) Kammer für Handelssachen, wo der Anwalt nicht zugelassen ist[408] (§§ 281, 506, 696, 700 Abs. 3 ZPO, §§ 97ff. GVG), so ist der Wechsel nicht notwendig i. S. des § 91, wenn die Partei bereits bei der Bestellung des Anwalts damit rechnen mußte, daß es später zu der Verweisung kommen werde[409] (zum Mahnverfahren → Rdnr. 58, 108). Das ist bei der **Einklagung von Teilansprüchen** regelmäßig der Fall[410]. Der dargelegte Grundsatz hat entsprechend zu gelten, wenn ein auswärtiger Anwalt beim Landgericht einen **Arrest** oder eine **einstweilige Verfügung** beantragt und demnächst mündliche Verhandlung angeordnet wird[411]. Die Erstattung der vor dem verweisenden Gericht erwachsenen Anwaltskosten wird

---

[400] *OLG Düsseldorf* MDR 1979, 147; *OLG Frankfurt* JurBüro 1986, 453; AnwBl. 1968, 232; *OLG Hamburg* JurBüro 1993, 351; MDR 1965, 395; *OLG Karlsruhe* AnwBl. 1982, 249 (zust. *Schloßhauer-Selbach*); *OLG Koblenz* VersR 1992, 376; JurBüro 1978, 1068f.; *OLG München* MDR 1970, 517, wonach der erste Anwalt bei Übernahme des Mandats nichs von der späteren Aufgabe der Zulassung wußte bzw. die Partei selbst keinerlei Verschulden trifft.

[401] *OLG Frankfurt* JurBüro 1984, 765. – Strenger *OLG Bamberg* JurBüro 1984, 1563; *OLG Frankfurt* JurBüro 1980, 141; *KG* JW 1935, 1040.

[402] *OLG Oldenburg* NdsRpfl. 1959, 79.

[403] *OLG Frankfurt* Rpfleger 1961, 212. – Zur Vernehmung des bevollmächtigten Anwalts selbst → Rdnr. 103.

[404] S. dazu *OLG Darmstadt* JW 1935, 3488; *OLG Hamburg* Rpfleger 1962, 297 (das aber auf Verlust des Gebührenanspruchs abstellt); *OVG Münster* Rpfleger 1973, 145 (Rechtsbeistand stellt Tätigkeit ein, weil ihm Widerruf der Erlaubnis angekündigt). – A.M. *OLG Dresden* JW 1935, 142; *OLG Düsseldorf* JW 1931, 3576.

[405] *OLG Hamburg* MDR 1965, 395.

[406] *OLG Düsseldorf* NJW 1972, 2311; *OLG Frankfurt* JurBüro 1983, 123; 1979, 694; *OLG Hamburg* JurBüro 1985, 1872; 1975, 773; 1972, 1081; MDR 1973, 324; 1970, 428; *OLG Köln* JurBüro 1974, 757; *LG Bonn* AnwBl. 1984, 102f.

[407] *OLG Bamberg* JurBüro 1978, 1401. – S. wegen der Ansprüche gegen die Staatskasse auch § 125 BRAGO.

[408] Erst recht keine Erstattung, wenn die Partei den Anwalt wechselt, obwohl der zunächst bestellte Anwalt als »**Außenbezirksanwalt**« an beiden Gerichten zugelassen ist, *OLG Frankfurt* AnwBl. 1991, 165 (aber Erstattung ersparter Reisekosten); AnwBl. 1985, 532; JurBüro 1981, 1082f.; anders für den Beklagten *OLG München* JurBüro 1983, 1870.

[409] Vgl. *OLG Düsseldorf* JurBüro 1985, 1554 (für Abgabe vor Rechtshängigkeit) sowie für die Verweisung an den BGH nach Revisionsprüfung durch das BayObLG *OLG München* JurBüro 1982, 412; *OLG Koblenz* JurBüro 1990, 621. Die Erwartung muß sich aus dem Vorliegen bzw. Fehlen bestimmter tatsächlicher Umstände ergeben. Der Gläubiger ist aber nicht gehalten, die bloße Verzögerungsabsicht des Schuldners oder die Möglichkeit einer Widerklage in Rücksicht zu ziehen, *OLG Koblenz* MDR 1986, 1032; vgl. auch *OLG Koblenz* JurBüro 1989, 1130. Auch mit der rügelosen Einlassung des Beklagten darf u. U. gerechnet werden, *OLG Celle* JurBüro 1967, 834. – Auf seiten des **Beklagten** ist der Anwaltswechsel regelmäßig notwendig, wenn der Rechtsstreit von einem LG an ein anderes verwiesen wird, vgl. *OLG Frankfurt* JurBüro 1966, 247. Bringt der Beklagte einen Rechtsstreit durch negative Feststellungswiderklage und Verweisungsantrag vom AG an das LG, so hat er für das amtsgerichtliche Verfahren bereits einen beim LG zugelassenen Anwalt zu beauftragen. Die Mehrkosten eines sonst erforderlichen Anwaltswechsels sind nicht zu erstatten, *OLG Celle* JurBüro 1970, 322.

[410] S. *OLG Düsseldorf* MDR 1984, 320; *KG* JW 1934, 1919; → auch Rdnr. 68.

[411] *OLG Bamberg* JurBüro 1986, 1410; 1984, 1567; 1980, 1370; 1978, 1030; *OLG Düsseldorf* AnwBl. 1990, 100; *OLG Frankfurt* Rpfleger 1990, 313; 1988, 162f.; JurBüro 1981, 608; *OLG Hamburg* JurBüro 1990, 67; 1974, 1540; MDR 1978, 849; *KG* JW 1934, 3002; *OLG Karlsruhe* GRUR 1990, 223; *OLG Koblenz* MDR 1991,

übrigens nicht etwa dadurch ausgeschlossen, daß sich die Partei hernach vor dem anderen Gericht nicht durch einen Anwalt vertreten läßt[412]. Zur **Zurückverweisung** → Rdnr. 104.

Im **Mahnverfahren** ist der **Antragsteller** genötigt, den Antrag beim ausschließlich zuständigen Mahngericht an seinem allgemeinen Gerichtsstand zu stellen (§ 689 Abs. 2). Läßt er sich zunächst durch einen beim Mahngericht zugelassenen Anwalt und nach Widerspruch und Abgabe an das Streitsachegericht (§ 696) durch einen dort zugelassenen Anwalt vertreten, so ist der Wechsel regelmäßig notwendig, da er durch die gesetzliche Regelung verursacht ist[413]. Man kann vom Antragsteller im Regelfall nicht verlangen, den Antrag auf Mahnbescheid bereits durch einen beim Streitsachegericht zugelassenen Anwalt zu stellen. Denn dadurch würde die mit der Zuständigkeit des Mahngerichts beabsichtigte Erleichterung der Rechtsverfolgung für den Gläubiger in Frage gestellt. Für den «*Mahnanwalt am dritten Ort*» gilt das aber nur, wenn keine Mehrkosten entstehen[414]. Andererseits braucht sich der Antragsteller vor dem Streitgericht, auch wenn dies ein AG ist, nicht weiter durch den dort nicht zugelassenen Anwalt vertreten zu lassen, zumal er dann mit der Nichterstattung von Mehrkosten nach § 91 Abs. 2 S. 2 rechnen muß. War der **Widerspruch** aber vom Gläubiger **zu erwarten**, so sind die Mehrkosten deswegen nicht zu erstatten, weil das Mahnverfahren *als solches* nicht zweckentsprechend war (→ Rdnr. 58). Dasselbe muß gelten, wenn zwar ein Widerspruch nicht zu erwarten war, Amts- und Landgericht (bzw. die Wohnsitze beider Parteien) aber am selben Ort liegen. Hier ist dem Gläubiger zuzumuten, gleich einen auch beim Landgericht zugelassenen Anwalt zu mandatieren[415]. – Wenn der **Antragsgegner** zur Einlegung des Widerspruchs einen beim Mahngericht zugelassenen Anwalt vertreten läßt, so ist dieser Wechsel nicht notwendig[416], denn der Antragsgegner hätte sich von Anfang an durch den beim Streitsachegericht zugelassenen Anwalt vertreten lassen können, zumal das Streitsachegericht, an das abgegeben wird, schon aus dem Mahnbescheid hervorgeht (§§ 692 Abs. 1 Nr. 1, 6, 690 Abs. 1 Nr. 5). Ist dort allerdings ein unzuständiges Gericht angegeben, ist der Beklagte nicht gehalten, sich gleich durch einen beim letztlich zuständigen Hauptsachegericht zugelassenen Anwalt vertreten zu lassen[417].

c) Verlangt die siegreiche Partei in den Fällen des Anwaltwechsels nur die **Kosten für nur einen Anwalt** erstattet, so ist nur dann, wenn der eine der Anwälte die Kostenfestsetzung nach § 126 von sich aus betreibt, darüber zu entscheiden, ob eben die aus seiner Person erwachse-

---

61; VersR 1987, 825 (L); JurBüro 1987, 1407; 1982, 1081; *OLG Köln* JurBüro 1992, 336; 1988, 1220 (für Schutzschriftkosten); KostRspr. ZPO § 91 (B-Vertretungskosten) Nr. 526 (L); *OLG München* JurBüro 1987, 277; *OLG Schleswig* JurBüro 1981, 385; s. aber für besondere Fälle *OLG Düsseldorf* GRUR 1953, 16; *OLG Hamm* JurBüro 1972, 1110; MDR 1974, 54; *OLG München* Rpfleger 1962, 4; *OLG Nürnberg* AnwBl. 1977, 255; *OLG Zweibrücken* JurBüro 1985, 1716 (für § 942 Abs. 1); 1973, 424.

[412] *OLG Jena* JW 1934, 2085.
[413] Das gilt nicht, wenn der »Mahnanwalt« erst zur Begründung des Anspruches eingeschaltet wird und die Sache dann zur Durchführung des streitigen Verfahrens an einen weiteren Anwalt abgegeben wird, *OLG Bamberg* JurBüro 1978, 922; *OLG Köln* JurBüro 1992, 245; *OLG München* JurBüro 1978, 1826; vgl. auch *OLG Zweibrücken* JurBüro 1987, 1517.
[414] *OLG Bamberg* JurBüro 1981, 142; *OLG Bremen* JurBüro 1993, 159; *OLG Düsseldorf* MDR 1992, 716; 1989, 72; AnwBl. 1989, 184; *OLG Frankfurt* JurBüro 1985, 1202; 1981, 129; *OLG Hamm* AnwBl. 1981, 109. – Außerdem ist auch hier (→ schon Rdnr. 58) Voraussetzung, daß mit einem Widerspruch nicht gerechnet werden

mußte; vgl. *OLG Hamburg* JurBüro 1987, 756; 1986, 1043; 1982, 1359; 1981, 439/144/127; *OLG Koblenz* JurBüro 1990, 997; *KG* JurBüro 1987, 280; *LG Berlin* JurBüro 1985, 129 m.w.N., die dann zum Teil aber nicht nach den Mehrkosten fragen. – **A.M.** (gegen jede Erstattung) *OLG Celle* JurBüro 1982, 86; *OLG Düsseldorf* JurBüro 1986, 285; *OLG Karlsruhe* Rpfleger 1987, 422; *OLG Saarbrücken* JurBüro 1991, 248. – Für den *ausländischen* Kläger → Rdnr. 76.
[415] *OLG Bremen* Rpfleger 1987, 79; *OLG Düsseldorf* MDR 1981, 323; *OLG Schleswig* JurBüro 1990, 1471; 1989, 219; 1986, 926; *OLG Stuttgart* JurBüro 1986, 1090/279; AnwBl. 1983, 657. – **A.M.** *LG Berlin* JurBüro 1985, 129.
[416] Vgl. *OLG München* MDR 1993, 285 sowie (zum früheren Recht) *OLG Bremen* JurBüro 1973, 1172; *OLG Hamm* JurBüro 1966, 969; 1965, 157; *KG* JW 1936, 200. – Anders, wenn das Hauptsachegericht wegen erforderlicher Gerichtsstandsbestimmung noch nicht feststeht, *OLG Düsseldorf* AnwBl. 1981, 506.
[417] *OLG Köln* JurBüro 1986, 914; einschränkend *OLG Schleswig* SchlHA 1981, 133; JurBüro 1981, 1244 (wenn Unzuständigkeit bereits geltend gemacht wurde).

nen Kosten erstattungsfähig sind, und mit Rücksicht auf die Erstattungsansprüche der Staatskasse stets auch dann, wenn einer der beteiligten Anwälte ein Prozeßkostenhilfeanwalt ist[418].

6. Erweiterter Gerichtsbezirk

110 Schließlich sind Mehrkosten nicht erstattungsfähig, die dadurch entstehen, daß in einigen Fällen der *Zuweisung* bestimmter Sachen *aus den Bezirken mehrerer Gerichte an eines von diesen* (→ Rdnr. 5 ff. vor § 12) die Partei sich von einem Anwalt vertreten läßt, der nur bei dem ohne die Zuweisung zuständigen Gericht zugelassen ist. Dies ist teilweise gesetzlich geregelt (s. § 143 Abs. 4 PatentG, § 27 Abs. 4 GebrauchsmusterG, § 32 Abs. 4 WarenzeichenG, § 38 Abs. 3 S. 2 SortenschutzG, § 14 Abs. 4 AGBG), ergibt sich sonst aber auch aus Abs. 2 S. 1[419].

VIII. Arbeitsgerichtliches Verfahren[420]

111 Auch hier gilt § 91, doch enthält § 12a Abs. 1 S. 1 ArbGG für das Urteilsverfahren erster Instanz wesentliche Einschränkungen der Erstattungspflicht.

1. Verfahren erster Instanz

111a In der ersten Instanz hat nach § 12a Abs. 1 S. 1 ArbGG die obsiegende Partei *keinen* Anspruch auf *Entschädigung wegen Zeitversäumnis* und auf Erstattung der Kosten für die *Zuziehung eines Prozeßbevollmächtigten* oder Beistandes[421]. Diese Einschränkung der Erstattungspflicht gilt nicht für die Rechtsmittelinstanzen (→ Rdnr. 117) und gemäß § 12a Abs. 1 S. 3 ArbGG auch nicht für die Kosten[422], die dem Beklagten dadurch entstanden sind, daß der Kläger ein unzuständiges Gericht angerufen und dieses an das zuständige Arbeitsgericht verwiesen hat. Umgekehrt werden bei einer Verweisung an das ordentliche Gericht die vor dem Arbeitsgericht entstandenen besonderen Kosten nicht nachträglich erstattungsfähig[423]. – Zur Frage eines materiellen Anspruchs → Rdnr. 113.

112 a) Die **Entschädigung für Zeitversäumnis ist schlechthin ausgeschlossen**[424], mag es sich um Termine vor dem Prozeßgericht oder um auswärtige Beweistermine handeln; dies gilt sowohl für die *Partei* wie für deren *Angestellte* (→ auch Rdnr. 35). Eine Ausnahme ist selbst für den Fall der Anordnung des persönlichen Erscheinens der Partei nicht vorgesehen und läßt sich auch angesichts des klaren Wortlauts des Gesetzes nicht im Wege einer einschränkenden Gesetzesauslegung rechtfertigen. Soweit die Aufwendungen für *Reisen* zum Prozeßgericht oder zu auswärtigen Beweisterminen von dem Prozeßbevollmächtigten (→ auch Rdnr. 115) als notwendige Kosten der Rechtsverfolgung im Sinne der obigen Darlegungen (→ Rdnr. 44) anzusehen sind, hat sich die Erstattung auf die baren Aufwendungen nach den für die Entschädigung von Zeugen geltenden Vorschriften (→ Rdnr. 91) zu beschränken[425].

---

[418] Vgl. *KG* JW 1935, 2587 f.

[419] Vgl. *OLG Karlsruhe* Justiz 1977, 271 (zu § 162 Abs. 4 BBauG a.F.; vgl. jetzt § 219 Abs. 2 BauGB).

[420] Lit.: *Brill* Kostentragungspflicht nach dem neuen ArbGG, ArbuR 1979, 367; *v. Gierke-Braune/Hiekel* Verweisung vom ordentlichen Gericht an das Arbeitsgericht, Rpfleger 1985, 226; *Hansens* Zur Erstattungsfähigkeit von Anwaltskosten für die Durchführung eines Arbeitsgerichtsprozesses gegen den Drittschuldner als Kosten der Zwangsvollstreckung gegen den Schuldner, JurBüro 1983, 1; *Tschischgale/Satzky* Das Kostenrecht in Arbeitssachen³.

[421] Die Regelung ist mit dem Grundgesetz vereinbar, BVerfGE 31, 306 = AP § 61 ArbGG 1953 Kosten Nr. 12.

[422] Zu erstatten sind die vollen vor dem unzuständigen Gericht entstandenen Kosten, nicht nur die Mehrkosten, die über das hinausgehen, was auch bei Anrufen des zuständigen Gerichts angefallen wäre, *LAG Kiel* AnwBl. 1985, 102; *LAG Hamm* MDR 1987, 876; *LAG Frankfurt* AnwBl. 1985, 104; *LAG München* AnwBl. 1985, 103; *LAG Niedesachsen* JurBüro 1978, 748; *LAG Nürnberg* AnwBl. 1987, 497; *LAG Rheinland-Pfalz* JurBüro 1988, 1658; *LAG Stuttgart* AnwBl. 1985, 103; NJW 1984, 8; *Brill* ArbuR 1979, 368; *Germelmann/Matthes/Prütting* ArbGG (1990), § 12a Rdnr. 16 ff.; *v.Gierke-Braune/Hiekel* Rpfleger 1985, 226. – A.M. vor allem *LAG Bremen* MDR 1986, 434.

[423] So auch *OLG Celle* AP § 61 ArbGG 1953 Nr. 16; *OLG Frankfurt* MDR 1983, 942; AnwBl. 1980, 157; *OLG Hamburg* JurBüro 1983, 772; *KG* AP § 61 ArbGG 1953 Nr. 1 (*Neumann*); *OLG Mannheim* AP 51 Nr. 271 (*Volkmar*); *OLG München* AP § 61 ArbGG 1953 Kosten Nr. 5, 11; *OLG Stuttgart* JurBüro 1984, 1732; **a.M.** *LAG Tübingen* NJW 1964, 2129. Näher → § 281 Rdnr. 93.

[424] *Tschischgale/Satzky* (Fn. 419), 165; *Volkmar* Anm. zu AP 52 Nr. 56.

[425] *Tschischgale/Satzky* (Fn. 419), 165.

b) **Ausgeschlossen** sind ferner die Kosten für die **Zuziehung eines Prozeßbevollmächtigten** oder **Beistandes**. Dies gilt sowohl für Rechtsanwälte wie für sonstige Prozeßbevollmächtigte jeder Art, auch für solche, die sich selbst vertreten[426]. Sinngemäß muß das gleiche gelten für die Kosten, die durch die Zuziehung eines *beratenden* Anwalts oder sonstigen Rechtskundigen entstanden sind[427]. Die Erstattung dieser Kosten aus materiell-rechtlichen Gründen (z.B. Verzug, → Rdnr. 14, 17 vor § 91) bleibt allerdings unberührt[428].

Der Ausschluß der Kostenerstattung umfaßt alle Aufwendungen, die sich durch das Einschalten der Mittelsperson zwischen Partei und Gericht ergeben. Das sind die *Gebühren* und *Auslagen* des Rechtsanwalts, die etwaige Vergütung an einen sonstigen (Gelegenheits-)Prozeßbevollmächtigten, ferner die *Portokosten* für den Schriftwechsel zwischen der Partei und dem Prozeßbevollmächtigten, nicht dagegen diejenigen, die der Prozeßbevollmächtigte bei dem Schriftverkehr mit dem Gericht verauslagt hat, denn diese Auslagen würden anderenfalls die Partei selbst getroffen haben. Eine Vergütung für die Tätigkeit des Prozeßbevollmächtigten kommt bei den nach § 11 ArbGG zugelassenen *Verbandsvertretern* ohnehin nicht in Frage, weil deren Mandatarstellung auf einem Rechtsverhältnis zu dem Verbande beruht und demgemäß für einen entgeltlichen Vertretungsvertrag zwischen der Partei und dem Verbandsvertreter kein Raum ist (→ § 78 Rdnr. 50). § 12a Abs. 1 S. 1 ArbGG hindert jedoch nicht, Gebühren und Auslagen eines Anwalts im Umfang ersparter *hypothetischer Parteikosten* (z.B. Reisekosten, Telefonauslagen) zu erstatten[429]. Umgekehrt ist die Partei im arbeitsgerichtlichen Verfahren aber nicht verpflichtet, einen Anwalt einzuschalten, wenn hierdurch eventuell geringere Kosten als bei eigenem Betreiben des Prozesses entstehen würden[430].

Die Kosten für **Reisen der Partei zum Prozeßbevollmächtigten** (→ Rdnr. 112) sind nur dann erstattungsfähig, wenn eine schriftliche Information nach der geschäftlichen Gewandtheit der Partei nicht angängig war, und nur insoweit, als dadurch Reisen, die sonst zur Wahrnehmung von Verhandlungsterminen erforderlich geworden wären, erspart worden sind[431]. Kosten, die durch die *Reise* eines *auswärtigen Prozeßbevollmächtigten* zum Gerichtssitz erwachsen, sind grundsätzlich nur erstattungsfähig, wenn weder eigene Terminswahrung noch die Betrauung eines ortsansässigen Prozeßvertreters möglich war. Ebenso kommt die Erstattung von Kosten, die durch Reise des *Prozeßbevollmächtigten* zu einem *auswärtigen Beweistermin* entstanden sind, nur ausnahmsweise in Frage, nämlich wenn auch eine Reise der Partei selbst als eine notwendige Aufwendung anzuerkennen gewesen wäre[432].

c) Die zu a) und b) bezeichneten Beschränkungen der Erstattungsfähigkeit gelten auch dann, wenn der Rechtsstreit ohne Urteil, insbesondere durch **Vergleich**, endet (→ § 103 Rdnr. 24). Sie stehen aber dem nicht entgegen, daß eine Partei die Anwaltskosten des Gegners bzw. Zeitversäumniskosten vergleichsweise übernimmt. In diesem Fall ist der Vergleich auch Titel für die Kostenfestsetzung (→ § 98 Rdnr. 15, § 103 Rdnr. 24).

2. Rechtsmittelinstanzen

In den höheren Instanzen gelten die dargelegten Beschränkungen nicht (arg. §§ 64 Abs. 7, 72 Abs. 6 ArbGG; zur Sonderregelung des § 12a Abs. 2 ArbGG → § 92 Rdnr. 9). Daher bleibt es auch in der Berufungsinstanz bei der allgemeinen Vorschrift des § 91 Abs. 2 S. 1, wonach die Gebühren des von der Partei beauftragten **Anwalts** ohne weiteres zu erstatten sind. Die Erstattung kann also nicht mit der Begründung abgelehnt werden, daß die Partei als Angehöriger eines Arbeitgeber- oder Arbeitnehmerverbandes in der Lage gewesen wäre, einen Verbandsvertreter als Prozeßvertreter zu bestellen, oder daß sie gar, um sich die Möglichkeit der Vertretung durch einen Verbandsvertreter zu verschaffen, einem

---

[426] *LAG Frankfurt* NJW 1953, 1080; *Germelmann/Matthes/Prütting* ArbGG (1990), § 12a Rdnr. 12; *Tschischgale/Satzky* (Fn. 419), 166. – § 91 Abs. 2 S. 4 ZPO steht nicht entgegen, da der sich selbst vertretende Anwalt auch nach dieser Vorschrift nur das verlangen kann, was er von den Gebühren eines anderen Anwalts hätte ersetzt verlangen können. § 12a ArbGG bestimmt hier aber gerade, daß nichts erstattet verlangt werden kann.
[427] *RAG* 6, 98; *LAG Hamm* AP 50 Nr. 138 (*Schiedermair*).
[428] *BAG* NJW 1990, 2643 m. umfassenden Nachw. (auch zur Gegenansicht).

[429] *LAG Bayern* MDR 1965, 80; *LAG Düsseldorf* AnwBl. 1969, 212; *LAG Hamm* JurBüro 1971, 1053; *Tschischgale/Satzky* (Fn. 419), 167.
[430] *LAG Frankfurt* AP § 91 Nr. 31.
[431] Wegen der Höhe von Reisekosten → Rdnr. 91; *LAG Frankfurt* BB 1965, 126 (L) = DB 112 (L) (priv. Pkw); AP § 61 ArbGG 1953 Kosten Nr. 9 (Flugzeug).
[432] So auch *LAG Hamburg* MDR 1956, 510; *ArbG Osnabrück* und *Tschischgale* AP § 61 ArbGG 1953 Nr. 8; *Baumgärtel* gegen *LAG Frankfurt* AP § 61 ArbGG 1953 Nr. 17; *Volkmar* zu *LAG Aachen* ARS 28, 222; s. a. *Schleß* BB 1955, 196 usw. – **A.M.** *LAG Dessau* ArbGer. 33, 465 u. a.

Arbeitgeber- oder Arbeitnehmerverbande hätte beitreten können. Nur dann, wenn Prozeßbevollmächtigter ein Verbandsvertreter ist, wird die Bestellung eines Anwalts zur Wahrnehmung eines auswärtigen Beweistermins besonderer Begründung bedürfen.

118 Bei der Prozeßvertretung durch einen **Verbandsvertreter** ist zu unterscheiden: Gewährt der Verband seinen Mitgliedern satzungsgemäß in der Weise Rechtsschutz, daß er sich für die Vertretung in der einzelnen Sache eine Vergütung zahlen läßt, so ist diese insoweit als erstattungsfähig anzusehen, als sie tatsächlich gezahlt ist und den Betrag der Kosten, die bei Vertretung durch einen Rechtsanwalt entstanden wären, nicht übersteigt[433]. Für eine Regelung, daß die Partei an den Verbandsvertreter eine Gebühr zu zahlen hat, ist kein Raum, denn ein unmittelbares Dienstverhältnis zwischen der Partei und dem Verbandsvertreter besteht nicht und kann in der Regel auch nicht begründet werden, da es auf ein unzulässiges entgeltliches Rechtskonsulentenverhältnis hinauslaufen würde (→ § 78 Rdnr. 46 ff.). Wenn der Verbandsvertreter *Anwalt* ist, läuft die Gestellung des Anwalts sachlich allerdings auf die (zulässige) Vermittlung eines freien Mandatsverhältnisses hinaus; die Gebühren sind dann erstattungsfähig, aber nur, wenn der Anwalt einen vom Ausgang des Prozesses unabhängigen Anspruch gegen die Partei hat[434]. Dagegen begründet eine Regelung, die im Ergebnis darauf abzielt, die Partei von Kosten freizustellen, die Gebühren aber bei Prozeßgewinn vom Gegner einzuziehen, keinen Erstattungsanspruch[435]. – Zur Sonderregelung des § 12a Abs. 2 ArbGG → § 92 Rdnr. 9.

119 Hinsichtlich der Kosten für die Reise eines **nicht am Sitz des Landesarbeitsgerichts wohnhaften Anwalts** zum Gerichtssitz haben die gleichen Grundsätze zu gelten wie sonst bei der Wahrnehmung auswärtiger Beweistermine durch den Prozeßbevollmächtigten (→ Rdnr. 102). Es ist also nach § 91 Abs. 1 zu prüfen, ob die Wahrnehmung des Verhandlungstermins durch den auswärtigen Anwalt statt durch einen am Gerichtssitz wohnhaften im Hinblick auf die besonderen Verhältnisse des Falles sachlich gerechtfertigt war[436]. Wird die Frage bejaht, so sind Reisekosten des Anwalts ebenso zu erstatten, wie es bei einer Vertretung im ordentlichen Verfahren der Fall wäre, nicht etwa nur in Höhe der Beträge, die für eine Reise der Partei einzusetzen wären[437] (→ Rdnr. 115). Beim auswärtigen Verbandsvertreter gilt dies entsprechend[438]. Für die **Vertretung vor dem Bundesarbeitsgericht** kann dies jedoch nur eingeschränkt gelten. Mit dem Sinn des § 11 ArbGG ist es nicht zu vereinbaren, die Parteien aus kostenrechtlichen Erwägungen praktisch zu zwingen, nur in Kassel ansässige Anwälte zu wählen und diese trotz ihrer geringen Zahl mit allen Revisionen zu belasten. Diese besondere Lage und Beachtung der Interessen der Rechtspflege zwingen dazu, ohne Rücksicht auf die Qualifikation des Anwalts[439], die Schwierigkeiten oder Bedeutung[440] einer Sache und auf etwa entstehende Mehrkosten die Wahl eines Anwalts als notwendig anzuerkennen, der am Wohnsitz der Partei oder im Bereich des Gerichts erster oder zweiter Instanz ansässig ist[441].

3. Zwangsvollstreckung

120 Hier gelten die Beschränkungen des § 12a Abs. 1 S. 1 ArbGG ebenfalls nicht[442], wohl aber für den **einstweiligen Rechtsschutz**[443].

---

[433] Vgl. *LAG Duisburg* und *Volkmar* ArbRspr. 31, 193. Bei Gewerkschaften kommt das in der Regel nur bei Auslagen (Reisekosten) in Betracht, *LAG Düsseldorf* AP § 91 Nr. 29.
[434] *LAG Düsseldorf* JurBüro 1987, 903.
[435] Vgl. bereits *Volkmar* ArbRspr. 1932, 84.
[436] Vgl. dazu *OLG Stuttgart* AP 51 Nr. 222; *LAG Düsseldorf* JurBüro 1992, 477; 1987, 269; AnwBl. 1981, 504; 1980, 267; *LAG Hannover* AnwBl. 1980, 472; *LAG Köln* AnwBl. 1985, 275. – S. ferner *LAG Kiel* und *OLG Hamm* und *Wieczorek* AP § 91 Nr. 1, 5; *LAG Hamm* DB 1966, 1523; AP § 91 Nr. 32.
[437] A.M. *LAG Hamm* AnwBl. 1984, 162; *LAG Kiel* JurBüro 1984, 444..
[438] S. *LAG Düsseldorf* AP § 91 Nr. 29 (zust. *Tschischgale*); *ArbG Offenburg* AP § 91 Nr. 6.

[439] S. *OLG Hamm* AP § 91 Nr. 22; *LAG Hamburg* und *Baumgärtel* AP § 91 Nr. 10.
[440] S. *LAG Hamburg* und *Baumgärtel* (vorige Fn.) mit Lit.; *OLG Kiel* AP § 91 Nr. 20.
[441] *BAGE* 12, 256 = NJW 1963, 1027 = AP § 91 Nr. 27 (zust. *Pohle*); *LAG Düsseldorf* JurBüro 1987, 270; *LAG Hamburg* MDR 1993, 87; *Hansens* JurBüro 1983, 3; volle Erstattungsfähigkeit auch bei besonderer Sachkunde des nicht ortsansässigen Anwalts, *Grunsky* ArbGG⁶, § 11 Rdnr. 5 (zu *BAG*); s. a. *OLG Frankfurt* NJW 1962, 364. – **A.M.** *LAG Düsseldorf* AP § 91 Nr. 30.
[442] *LAG Duisburg* AnwBl. 1981, 75; *LAG Hamm* und *Wieczorek* AP § 61 ArbGG 1953 Nr. 5; *Tschischgale/ Satzky* (Fn. 419), 166.
[443] *Tschischgale/Satzky* (Fn. 419), 164.

4. Beschlußverfahren

Im Beschlußverfahren werden nach § 12 Abs. 5 ArbGG Gebühren und Auslagen nicht erhoben; dies gilt für alle Instanzen[444]. Damit ist an sich die Möglichkeit einer Entscheidung über die Erstattung außergerichtlicher Kosten nicht ausgeschlossen[445]. Die Rechtsprechung verneint sie jedoch überwiegend unter Berufung auf die besondere Art dieses Verfahrens, das keine Parteien, sondern nur Beteiligte kennt[446]. Im übrigen muß nach § 40 BetrVG die notwendigen Kosten für einen Rechtsstreit des Betriebsrats usw. der Arbeitgeber aufbringen[447], ebenso nach § 20 Abs. 3 BetrVG für ein Verfahren über die Betriebsratswahl[448]. 121

IX. Öffentlich-rechtliche Streitsachen

Für öffentlich-rechtliche Streitigkeiten, die den ordentlichen Gerichten zur Erledigung im Zivilprozeß zugewiesen sind, gelten mit den anderen Vorschriften der ZPO (→ Einl. Rdnr. 386 ff.) grundsätzlich auch die §§ 91 ff. Einige *Sonderbestimmungen* gehen jedoch vor. 122

1. Siegt in **Baulandsachen** der Beteiligte, der den Antrag auf gerichtliche Entscheidung gestellt hat, ohne daß ein anderer Beteiligter in der Hauptsache widersprechende Anträge gestellt hätte, so sind nach § 168 Abs. 1 BBauG die Kosten der *Verwaltungsstelle als unterlegener Partei* aufzuerlegen, die den Verwaltungsakt erlassen hat. Hat ein *Beteiligter keinen Antrag zur Hauptsache* gestellt, so entscheidet das Gericht auf seinen Antrag, der nach § 162 Abs. 3 S. 2 BBauG nicht dem Anwaltszwang unterliegt, über die Erstattung seiner Kosten gemäß § 168 Abs. 2 BBauG nach billigem Ermessen. 123

2. Verfahren vor den **Entschädigungsgerichten** sind nach § 225 Abs. 1 BEG gebühren- und auslagenfrei; die Kosten *offensichtlich unbegründeter Klagen* oder *Rechtsmittel* können jedoch dem Kläger auferlegt werden (§ 205 Abs. 1 BEG). 124

Gebühren und Auslagen der *Rechtsanwälte* sowie der früheren Rechtsanwälte, die im Ausland ihren Aufenthalt haben (s. näher § 183 Abs. 1 BEG) sind in diesen Verfahren nach § 91 Abs. 2 ohne weiteres erstattungsfähig (§ 227 Abs. 1, 4 BEG); Kosten der anwaltlichen *Vertretung eines Landes* vor den Landgerichten und den Oberlandesgerichten werden dagegen in keinem Fall erstattet (§ 227 Abs. 2 BEG).

§ 91a [Erledigung in der Hauptsache]

(1) ¹Haben die Parteien in der mündlichen Verhandlung oder durch Einreichung eines Schriftsatzes oder zu Protokoll der Geschäftsstelle den Rechtsstreit in der Hauptsache für erledigt erklärt, so entscheidet das Gericht über die Kosten unter Berücksichtigung des bisherigen Sach- und Streitstandes nach billigem Ermessen durch Beschluß. ²Die Entscheidung kann ohne mündliche Verhandlung ergehen.

(2) ¹Gegen die Entscheidung findet sofortige Beschwerde statt. ²Vor der Entscheidung über die Beschwerde ist der Gegner zu hören.

Gesetzesgeschichte: eingefügt BGBl. 1950 I, 533; vorher § 4 der 3. VereinfachungsVO RGBl. 1942 I, 333; geändert durch RechtspflegevereinfachungsG v. 17.12.1990 (BGBl. I, 2847).

---

[444] *BAGE* 1, 46 = AP § 13 BetrVG Nr. 1 (mit Anm. *Bührig*) und oft.
[445] Zust. *Grunsky* ArbGG⁶, § 80 Rdnr. 46 m.w.N.
[446] St. Rspr. seit *BAGE* 1, 46; 4, 268; anders aber für Arrestanordnung oder dergl., *LAG Frankfurt* NJW 1965, 1549.

[447] Vgl. etwa *ArbG Düsseldorf* JurBüro 1988, 739.
[448] *BAG* AP § 20 BetrVG 1972 Nr. 6 (auch zur Erstattung von Anwaltskosten) = SAE 1976, 54 (*Schukai*) = EzA § 20 BetrVG Nr. 7 (*Heckelmann*); *Klinkhammer* ArbuR 1977, 144.

Stichwortregister → vor § 91 vor Rdnr. 1.

I. Allgemeines	1
1. Zweck der Regelung	1
2. Unterscheidung zwischen übereinstimmender und einseitiger Erledigungserklärung	2
3. Geltungsbereich des § 91a; sonstige Vorschriften	3
4. Das erledigende Ereignis	5
5. Zeitpunkt der Erledigung (Erledigung vor Rechtshängigkeit)	9
a) Bei übereinstimmender Erledigungserklärung	10
b) Bei einseitiger Erledigungserklärung	11
II. Die übereinstimmenden Erledigungserklärungen	13
1. Erklärungen	13
a) Zeitpunkt der Erklärungen	13
b) Urheber der Erklärungen	15
c) Inhalt und Form	16
d) Wirksamkeit und Widerruf	19
2. Folgen der übereinstimmenden Erklärungen für die Hauptsache	20
a) Beendigung der Rechtshängigkeit der Hauptsache	20
b) Bereits ergangene Entscheidungen	21
c) Keine Feststellung der eingetretenen Unzulässigkeit oder Unbegründetheit	22
d) Keine Feststellung der ursprünglichen Zulässigkeit und Begründetheit	24
3. Kostenentscheidung	25
a) Voraussetzungen	25
b) Verfahren und Entscheidungsgrundlagen	26
c) Inhalt der Entscheidung	29
d) Form	31
e) Anfechtung	32
f) Kostenfestsetzung	35
4. Rechtsnatur	36
III. Einseitige Erledigungserklärung des Klägers	37
1. Inhalt der Erklärung und Wirksamkeitsvoraussetzungen	38
2. Rechtsnatur	39
3. Verfahren	40
4. Inhalt der Entscheidung	41
a) Bei Feststellung der Erledigung	41
b) Bei von Anfang an unzulässiger oder unbegründeter Klage	42
c) Bei zulässig und begründet gebliebener Klage	43
5. Rechtsnatur und Wirkung der Erledigungsentscheidung	44
6. Anfechtung der Erledigungsentscheidung; Streitwert	46
a) Bei Ausspruch der Erledigung	46
b) Bei Klageabweisung	48
c) Bei Verurteilung trotz Erledigung	49
IV. Einseitige Erledigungserklärung des Beklagten	50
V. Erledigung in der höheren Instanz und Erledigung des Rechtsmittels	51
1. Erledigung in der höheren Instanz	51
2. Erledigung des Rechtsmittels	52
VI. Sonderregeln bei Gesetzesänderungen	54
VII. Gebühren	55
VIII. Arbeitsgerichtliches Verfahren	56

I. Allgemeines[1]

1. Zweck der Regelung

1   Anlaß zur Einfügung des § 91a gaben solche Fälle, in denen eine **ursprünglich zulässige und begründete Klage nachträglich unzulässig oder unbegründet** wurde. Hält der Kläger seinen Antrag aufrecht, so ist die Klage abzuweisen und der Kläger hat nach § 91 die Kosten zu

---

[1] Lit.: *D. Assmann* Die einseitige Erledigungserklärung, Erlanger Festschr. f. K. H. Schwab (1990), 179; *Asmussen* Die Erledigung der Hauptsache im Zivilprozeß, SchlHA 1965, 73; *Baumgärtel/Laumen* Die erledigte Schmerzensgeldklage, JA 1980, 200; *Becker-Eberhardt* Grundlagen der Kostenerstattung bei der Verfolgung zivilrechtlicher Ansprüche (1985); *Bemmann* Das Verhältnis der Erledigungserklärung zum Klageverzicht und zur Klagerücknahme, NJW 1960, 230; *Bergerfurth* Erledigung der Hauptsache im Zivilprozeß, NJW 1992, 1655; *A. Blomeyer* Grundprobleme der Erledigung der Hauptsache, JuS 1962, 212; *J. Blomeyer* Die Schuldtilgung durch den Beklagten nach Einreichung der Klage als Kostenproblem, NJW 1982, 2750; *Bode* Erledigung der

tragen. Auch wenn der Kläger die Klage zurücknimmt, bleibt er gemäß § 269 Abs. 3 S. 2 mit den Kosten belastet. Die generelle Kostenpflicht des Klägers ist aber in diesen Fällen nicht gerechtfertigt, da er die Klage mit vollem Recht erhoben hatte und zunächst der Beklagte im

Hauptsache vor Zustellung der Klage – ein Kostenproblem?, JurBüro 1983, 647; *Borck* Die einseitige Erledigungserklärung im Unterlassungsrechtsstreit, WRP 1987, 8; *ders.* Rückwärts gewandte Feststellungsklage und Fristsetzung nach »Erledigung der Hauptsache«?, WRP 1980, 1; *Breuermann* Erledigung der Hauptsache im schriftlichen Vorverfahren, DRiZ 1978, 311; *Brox* Zur Erledigung der Hauptsache, JA 1983, 289; *Brüchert* Erledigung eines Rechtsstreits vor Eintritt der Rechtshängigkeit, AnwBl. 1989, 80; *Bücking* Zur Möglichkeit der Erledigung der Hauptsache vor Anhängigkeit des Verfahrens, ZZP 88 (1975), 307; *Deubner* Grundprobleme der Erledigung der Hauptsache, JuS 1962, 205; *Donau* Die Erledigung der Hauptsache vor Einlegung eines Rechtsmittels, ZZP 67 (1954), 16; *ders.* Die nicht-erledigte Hauptsache – Ein Beitrag zur Frage der Rechtsnatur der Erledigungserklärung, JR 1956, 169; *ders.* Nochmals: Die einseitige Erledigungserklärung des Klägers, MDR 1959, 91; *ders.* Zur Rechtslage bei Streit über die Erledigungserklärung der Hauptsache (einseitige Erledigungserklärung), MDR 1957, 524; *Furtner* Die Erledigung der Hauptsache im ersten Rechtszug, JR 1961, 249; *ders.* Die Erledigung der Hauptsache in Rechtsmittelverfahren, MDR 1961, 188; *ders.* Die Erledigung der Hauptsache im Verfahren des Arrestes und der einstweiligen Verfügung, MDR 1960, 451; *v. Gamm* Die Erledigung der Hauptsache – Ein Überblick zum Stand der Meinungen, MDR 1956, 715; *Gölzenleuchter/Meier* Zu den Zulässigkeitsvoraussetzungen der sofortigen Beschwerde nach §§ 91a II 1, 99 II ZPO, NJW 1985, 2813; *Göppinger* Die Erledigung des Rechtsstreits in der Hauptsache (1958; dazu *Gaul* ZZP 74 [1961], 135); *ders.* Die Erledigungserklärung im Urkunden-, Wechsel- und Scheckprozeß, ZZP 70 (1957), 221; *ders.* Die Rechtsnatur des Erledigungsantrags, AcP 156 (1956), 473; *ders.* Mündliche Verhandlung nach übereinstimmenden Erledigungserklärungen der Parteien (§ 91a ZPO), ZZP 68 (1955), 21; *ders.* Zur Anwendung des § 91a ZPO bei Erledigung des Rechtsstreits in Ehesachen, ZZP 67 (1954), 463; *Gorski* Die einseitige Erledigungserklärung des Beklagten, DStR 1977, 657; *Gottwald* Rechtsmittelzulässigkeit und Erledigung der Hauptsache, NJW 1976, 2250; *Grunsky* Grenzen des Gleichlaufs von Hauptsache- und Kostenentscheidung, Festschr. f. K. H. Schwab (1990), 165; *ders.* Grundlagen der Verfahrensrechts[2], § 12; *Habscheid* Der gegenwärtige Stand der Lehre von der Erledigung des Rechtsstreites in der Hauptsache, JZ 1963, 579/624; *ders.* Die Erledigung der Hauptsache und ihre Rechtsfolgen, Rpfleger 1959, 33; *ders.* Die Erledigung der Hauptsache vor Einlegung des Rechtsmittels, MDR 1954, 589; *ders.* Die Rechtsnatur der Erledigung der Hauptsache – Ein Beitrag zur Lehre vom Streitgegenstand, Festschr. f. F. Lent (1957), 153; *Hase* Verjährung bei wettbewerbsrechtlichen Unterlassungsansprüchen und Erledigung der Hauptsache im einstweiligen Verfügungsverfahren, WRP 1985, 254; *Haubelt* »Erledigung der Hauptsache« vor Rechtshängigkeit?, ZZP 89 (1976), 192; *Heintzmann* Die Anfechtung der gemischten Kostenentscheidung, Festschr. f. G. Baumgärtel (1990), 137; *ders.* Die Erledigung des Rechtsmittels, ZZP 87 (1974), 199; *Hodes* Die »Erledigung der Hauptsache« und ihre Rechtswirkungen, ZZP 66 (1953), 386; *Hölzer* Die Erledigung der Hauptsache, JurBüro 1991, 1; *ders.* Hauptprobleme der Erledigung der Hauptsache, JurBüro 1982, 161; *Horn* Einige Fragen zu § 91a ZPO, NJW 1953, 924; *Jost/Sundermann* Reduzierung des Verfahrensaufwandes nach der einseitigen Erledigungserklärung, ZZP 105 (1992), 261; *Köhnen/Köhnen* Zur Berechnung der Kostenentscheidung einer Klageänderung bei Erledigung der Hauptsache vor Rechtshängigkeit, DRiZ 1989, 289; *Lindacher* Der Meinungsstreit zur »einseitigen Erledigungserklärung«, JurA 1970, 687 (ZPR 3); *Linke* Die Erledigung der Hauptsache vor Rechtshängigkeit, JR 1984, 48; *Lüke* Zur Erledigung der Hauptsache, Festschr. f. F. Weber (1975), 323; *Manssen* Die einseitige Erledigungserklärung im Verwaltungsprozeß, NVwZ 1990, 1018; *Mein* Zweifelsfragen zur einseitigen Erledigungserklärung, DRiZ 1958, 47; *Meister* Die Erledigung der Hauptsache im Zivilprozeß – ein Anlaß zu falscher Gelehrsamkeit, AnwBl. 1988, 262; *Melullis* Zur Unterlassungsvollstreckung aus erledigten Titeln, GRUR 1993, 241; *Mertins* Die streitige Erledigung der Hauptsache vor Rechtshängigkeit und die Erledigung im Säumnisverfahren, DRiZ 1989, 281; *Merz* Weitere Sachverhaltsaufklärung nach Erledigung der Hauptsache?, ZMR 1983, 364; *Mössner* Die einseitige Erklärung der Hauptsache, NJW 1970, 175; *Müller-Tochtermann* Die Erledigung des Rechtsstreits in der Hauptsache außerhalb des Zivilprozesses, NJW 1959, 421; *ders.* Die Erledigung des Rechtsstreits nach Erledigung der Hauptsache, NJW 1958, 1761; *ders.* Über die Rechtsnatur der einseitigen Erledigungserklärung, JR 1958, 250; *Ostendorf* Die Erledigung der Hauptsache im Zivilprozeß, DRiZ 1973, 387; *Pohle* Zur rechtlichen Bedeutung der Erledigungserklärung nach deutschem Zivilprozeßrecht, Festschr. f. G. S. Maridakis (1963), Bd. 2, 427; *Reinelt* »Erledigung der Hauptsache« vor Anhängigkeit?, NJW 1974, 344; *Rixekker* Die Erledigung im Verfahren der Stufenklage, MDR 1985, 633; *ders.* Die nicht erledigende Erledigungserklärung, ZZP 96 (1983), 505; *Röckle* Die einseitige Erledigungserklärung des Klägers im Zivilprozeß, AnwBl. 1993, 317; *Schiffer* »Einheitliche Berufung« bei gemischter Kostenentscheidung nach §§ 91, 91a ZPO?, ZZP 101 (1988), 25; *H. Schmidt* Zum Streitwert bei einseitiger Erledigungserklärung, MDR 1984, 372; *E. Schneider* Erledigung der Hauptsache durch Gutschrift eines Schecks zwischen Einreichung und Zustellung der Klageschrift, JurBüro 1979, 1121; *ders.* Zinsen und Kosten beim Streitwert nach teilweiser Hauptsacheerledigung, JurBüro 1979, 1589; *Schulz* Die Erledigung von Rechtsmitteln, JZ 1983, 331; *Schwab* Die einseitige Erledigungserklärung, ZZP 72 (1959), 127; *Smid* Verfahren und Kriterien der Kostenentscheidung nach § 91a ZPO, ZZP 97 (1984), 246; *ders.* Zur Gewährung rechtlichen Gehörs zur Vorbereitung der Kostenentscheidung bei Erledigung des Rechtsstreits in der Hauptsache, MDR 1985, 189; *Stöhr* Neuer Weg bei der einseitigen Erledigung vor Rechtshängigkeit?, JR 1985, 490; *Thesen* Eintritt und Einrede der Verjährung im Verfügungsverfahren als Erledigung der Hauptsache, WRP 1981, 304; *Teubner/Prange* Die hilfsweise Erledigungserklärung, MDR 1989, 586; *Ulrich* Die »Erledigung« der einstweiligen Verfügungsverfahren durch nachlässige Prozeßführung, WRP 1990, 651; *ders.* Die Erledigung der Hauptsache im Wettbewerbsprozeß, GRUR 1982, 14; *Wosgien* Konkurs und Erledigung der Hauptsache (1984).

§ 91a I   Erstes Buch. Allgemeine Vorschriften. Zweiter Abschnitt. Parteien

Unrecht war. Auswege über eine Beschränkung des Antrags auf die Kosten oder durch eine entsprechende Anwendung des § 93 erschienen recht zweifelhaft. Daher wurde durch die dritte VereinfachungsVO (vom 16. V. 1942; RGBl. I, 333)[2] das Institut der Erledigung der Hauptsache geschaffen. Diese Regelung wurde 1950 (BGBl. I, 533) im wesentlichen wörtlich in § 91a übernommen. Die Vorschrift ermöglicht den Parteien, durch übereinstimmende Erklärung den **Prozeß in der Hauptsache zu beenden**. Die **Kostenentscheidung** ist dann in einem vereinfachten Verfahren nach Billigkeit zu treffen.

2. Unterscheidung zwischen übereinstimmender und einseitiger Erledigungserklärung

2   Noch heute ist die gesetzliche Regelung unvollständig, da § 91a in seinem unmittelbaren Anwendungsbereich nur die *übereinstimmende* Erledigungserklärung erfaßt (näher → Rdnr. 13 ff.). Darüber hinaus ist aber nun auch die Zulässigkeit einer *einseitigen* Erledigungserklärung bei Widerspruch des Gegners anerkannt (näher → Rdnr. 37 ff.). In der rechtlichen Behandlung besteht jedoch ein **wesentlicher Unterschied**: Bei der übereinstimmenden Erledigungserklärung hat das Gericht nicht zu prüfen, ob wirklich ein erledigendes Ereignis eingetreten ist; die Rechtsfolgen sind hier an die gemeinsame Disposition der Parteien geknüpft (→ Rdnr. 18). Dagegen muß das Gericht bei einseitiger Erledigungserklärung untersuchen, ob tatsächlich ein Fall der Erledigung vorliegt (→ Rdnr. 40 ff.).

3. Geltungsbereich des § 91a; sonstige Vorschriften

3   § 91a und die sonstigen Rechtsgrundsätze über die Erledigung **gelten für alle Verfahren der ZPO**, die mit einer **selbständigen Entscheidung** über eine Hauptsache und die Kosten enden, also auch für Mahnverfahren, Arreste und einstweilige Verfügungen, Beschwerdeverfahren, vollstreckungsrechtliche Erinnerungsverfahren nach § 766, Vollstreckungsverfahren, auch solche nach § 887, § 888 oder § 890, den Zwischenstreit um die Zulassung eines Streithelfers und Verfahren nach § 1045[3]. Bei *Patentnichtigkeitsklagen* entscheidet das Gericht nach §§ 110 Abs. 3, 84 Abs. 2 PatG zwar über die Kosten nach billigem Ermessen; bei seiner Ermessensentscheidung muß es jedoch § 91a und die zur Erledigung entwickelten Rechtsgrundsätze berücksichtigen[4]. Auf die Anwendung des § 91a und der Erledigungsgrundsätze *außerhalb des Zivilprozesses* ist hier nicht näher einzugehen[5].

4   In **Ehe- und Kindschaftssachen** tritt beim Tod einer Partei seit jeher eine Erledigung der Hauptsache ein (§§ 619, 640 Abs. 1). Ferner wurden für manche Fälle, in denen die **Rechtslage durch Gesetz geändert** worden ist, **Sonderregeln** geschaffen, die das Verfahren bei Erledigung des Klageanspruchs ohne Rücksicht auf eine Erklärung einer oder gar beider Parteien regelmäßig mit einer Kostenaufhebung und teilweisen Niederschlagung enden lassen (→ Rdnr. 54).

---

[2] Dazu *Jonas* DR 1942, 1002; *Staud* DJ 1942, 352.
[3] A.M. *LG Nürnberg-Fürth* MDR 1952, 751.
[4] BGH GRUR 1984, 339 und 1983, 560 (für das Berufungsverfahren); MDR 1961, 205.
[5] Zur **freiwilligen Gerichtsbarkeit** s. *BGH* NJW 1982, 2506; *BayObLG* FamRZ 1991, 846; *OLG Schleswig* SchlHA 1978, 57; *OLG Zweibrücken* NJW-RR 1993, 148; zum **Zwangsversteigerungsverfahren** *LG Deggendorf* FamRZ 1964, 49; zum **Konkursantragsverfahren** *LG Bielefeld* Rpfleger 1986, 400; *LG Bonn* JMBl.NRW 1966, 263; *LG Bremen* MDR 1992, 46; *LG Düsseldorf* Rpfleger 1985, 252; *LG Göttingen* ZIP 1992, 572 m.w.N.; *LG München I* Rpfleger 1969, 302; *LG Stuttgart* Justiz 1968, 179; *LG Tübingen* WM 1990, 286; *Uhlenbruck* KTS 1983, 344 ff.; ablehnend *AG Köln* JMBl.NRW 1970, 223; *LG Bremen* KTS 1974, 50.

4. Das erledigende Ereignis

Ein den (im Moment der Erledigungserklärung rechtshängigen[6]) prozessualen Anspruch erledigendes Ereignis ist eine **Tatsache, die einer bisher zulässigen und begründeten Klage die Zulässigkeit oder die Begründetheit nimmt**[7]. Entscheidend dafür ist, daß die Klage *im Moment des erledigenden Ereignisses* zulässig und begründet war[8]. War sie bei Klagezustellung unzulässig oder unbegründet, ist der Mangel aber zwischenzeitlich behoben worden, so kann der Rechtsstreit nunmehr erledigt werden[9]. Ist der Mangel hingegen nicht behoben worden, so kann eine Erledigung nicht eintreten[10]. Daß sich die anfängliche Unzulässigkeit oder Unbegründetheit erst während des Prozesses herausstellt, genügt als erledigendes Ereignis nicht.

Einzelfälle: Hauptbeispiel ist die **Erfüllung** des eingeklagten Anspruchs (§ 362 BGB), wenn der beklagte Schuldner oder ein Dritter[11] die geschuldete Summe zahlt oder die sonstige Leistung erbringt. Auch die **Aufrechnung**[12] oder **Anfechtung**[13] während des Prozesses gehört – ungeachtet ihrer materiell-rechtlichen Rückwirkung – hierher, ebenso der Wegfall der Zulässigkeit oder Begründetheit durch eine behördliche Genehmigung[14], Nichtigerklärung einer Ehe[15] oder eines Patents[16], Aufhebung eines Konkursverfahrens[17] oder durch Gesetzesänderung[18] (→ Rdnr. 54). Im Verfügungsverfahren tritt Erledigung ein, wenn der Antragsgegner eine den Antragsteller befriedigende Verpflichtungserklärung abgibt[19]. Auch der **Zeitablauf** kann zur Erledigung führen[20], so wenn eine befristete Unterlassungsverpflichtung während des Prozesses beendet wurde[21]. Das Ergebnis kann Zufall sein, wie der Untergang der

---

[6] Ist die Klage zwischenzeitlich geändert worden, kann die Erledigung des früher geltend gemachten Anspruchs nicht mehr festgestellt werden, *BGH* NJW 1992, 2236. Dasselbe gilt, wenn nur ein Teil des Anspruchs zum Gegenstand eines Widerspruchs- oder Rechtsmittelverfahrens gemacht wurde, *BGH* NJW 1991, 222; *OLG Hamm* MDR 1979, 407; *OLG Karlsruhe* WRP 1990, 641.
[7] Zuletzt *BGH* NJW 1992, 2236.
[8] *BGH* NJW 1992, 2236; 1991, 1114, 1116; 1990, 3148; 1986, 588, 589; 1984, 1901.
[9] Grundlegend *BGH* NJW 1986, 588, 589.
[10] Da die Erledigung bei der übereinstimmenden Erledigungserklärung nicht geprüft wird (→ Rdnr. 10, 18), spielt der zu dieser Frage ausgetragene Meinungsstreit nur bei der einseitigen Erledigungserklärung eine Rolle; → näher Rdnr. 40.
[11] *BGH* LM Nr. 4 (Zahlung durch Treuhänder); *OLG Saarbrücken* NVZ 1990, 118 (Zahlung eines Kaskoversicherers bei Regreßausschluß durch Teilungsabkommen); *AG Marbach* MDR 1989, 72 (Zahlung durch Sozialamt).
[12] Auch durch den Kläger, *BGH* NJW 1986, 588, 589. – A.M. (bei Aufrechnungsmöglichkeit für den Kläger vor Klageerhebung) *LG Berlin* ZMR 1989, 98.
[13] *OLG Frankfurt* FamRZ 1991, 1457 (auch für die **Ehelichkeitsanfechtung**; a.M. *OLG Celle* FamRZ 1993, 437); *OLG Neustadt* ZZP 71 (1958), 255.
[14] *RG* ZZP 55 (1930), 129.
[15] *OLG Düsseldorf* FamRZ 1992, 961.
[16] *RG* JW 1938, 3130.
[17] *RGZ* 58, 414 (betr. Anfechtungsprozeß).
[18] Anders die Nichtigerklärung durch das BVerfG (→ Rdnr. 8).
[19] *OLG Hamburg* MDR 1958, 249; s. auch *BAG* AP § 91a Nr. 7 (Vollkommer) = SAE 60, 74 (Pohle) betr. Anerkennung der Klageforderung zur Tabelle nach Konkurseröffnung; *OLG Neustadt* JR 1958, 105 (Anspruchsverzicht des Bekl. nach negativer Feststellungsklage). – Dagegen kann einem **Antrag nach § 926 Abs. 2** nicht mit einer Erledigungsanzeige der Gegenpartei mit der Begründung begegnet werden, daß ihr Anspruch untergegangen sei und sie deshalb nicht klagen könne (a.M. *LG Zweibrücken* MDR 1992, 1081), weil dem Antragsteller das Recht, die Aufhebung der sichernden Anordnung zu verlangen, nicht versagt werden kann (ausf. *Borck* WRP 1980, 1 ff.; *Ulrich* WRP 1990, 654 ff.). Der Gegner kann jedoch unter Verwahrung gegen die Kostenpflicht nach § 93 anerkennen. Aus § 945 ergeben sich dabei keine Schwierigkeiten, wenn diese Vorschrift nicht buchstäblich, sondern sinngemäß dahin ausgelegt wird, daß es auch hier darauf ankommt, ob die Anordnung von Anfang an ungerechtfertigt war (a.M. *OLG Hamburg* MDR 1965, 49, das §§ 91a, 93 nicht anwendet; dazu kritisch *E. Schneider* das.; vgl. auch *Borck* WRP 1980, 9). Dagegen kann, wer den Antrag nach § 926 Abs. 2 gestellt hat, bei verspäteter Klageerhebung des Arrestklägers die Erledigung nach § 91a erklären, vgl. *OLG Frankfurt* GRUR 1987, 651; *OLG München* MDR 1976, 761 (unter Heranziehung des § 93); *OLG Schleswig* SchlHA 1959, 297; *Ulrich* GRUR 1982, 22.
[20] *BGH* GRUR 1983, 560 (Ablauf eines Patents); *OLG Saarbrücken* NJW-RR 1989, 1514 (Ablauf eines Tages, an dem eine Gesellschafterversammlung stattfinden sollte); vgl. auch *Ulrich* GRUR 1982, 18.
[21] Vgl. *OLG Düsseldorf* WRP 1974, 94 und *OLG Karlsruhe* WRP 1987, 45 (zum Verfügungsverfahren); ebenso **Verjährung**; *OLG Düsseldorf* MDR 1980, 1027; *OLG Frankfurt* WRP 1982, 422; 1979, 801; *OLG Karlsruhe* GRUR 1985, 454; *OLG München* WRP 1987, 268; *OLG Nürnberg* WRP 1980, 233; *Hase* WRP 1985, 254 ff.; *Thesen* WRP 1981, 304 ff.; a.M. *OLG Hamburg* WRP 1982, 161 (das diese Rechtsprechung aber aufgegeben hat; vgl. *Ulrich* WRP 1990, 652); *OLG Hamm* BB 1979, 1378; MDR 1977, 498; *OLG Koblenz* WRP 1982, 658; *OLG Schleswig* NJW-RR 1986, 39; *Borck* WRP 1987, 12; *Ulrich* WRP 1990, 654.

herauszugebenden Sache oder der Tod des Klägers bei Verfolgung eines Nießbrauchs oder eines anderen höchstpersönlichen Rechts, kann aber auch vom Kläger selbst herbeigeführt sein, wie z. B. bei einer Vertragsklage durch die nachträgliche Anfechtung oder den nachträglichen Rücktritt vom Vertrag[22], oder von beiden Parteien wie beim **außergerichtlichen Vergleich**[23] (dazu → auch Rdnr. 30 sowie § 98 Rdnr. 3). Ob sich der Anspruch durch den Wegfall prozessualer oder materieller Voraussetzungen erledigt, begründet keinen Unterschied[24], weil der Grundgedanke des § 91a auch dann paßt, wenn die Klage aus prozessualen Gründen nachträglich aussichtslos wird.

7   Dagegen liegt **keine Erledigung** vor, wenn nicht die Rechtsgrundlage, sondern nur die Grundlage der wirtschaftlichen oder sonstigen Motivierung einer Klage wegfällt, z. B. weil der Beklagte zahlungsunfähig wird[25]. Der Rechtsstreit ist auch nicht erledigt, wenn sich nur einer von mehreren Klagegründen erledigt[26] oder wenn der Beklagte nur zur Abwendung der vorläufigen Zwangsvollstreckung **unter Vorbehalt leistet**[27], aber sich Zurückforderung vorbehält, ebensowenig bei vorläufiger Vollstreckung (→ § 708 Rdnr. 5), oder wenn der Beklagte sein Bestreiten trotz Verzichts auf Rückgewähr aufrechterhält[28] oder statt einer Befriedigung nur anerkennt[29]. Kein Fall der Erledigung liegt vor, wenn die Klage **schon vor Eintritt des erledigenden Ereignisses unzulässig oder unbegründet** gewesen und geblieben war (→ Rdnr. 5). Bei der **Stufenklage** entspricht es jedoch dem Sinn des § 254 und der Verknüpfung der beiden Ansprüche, eine Erledigung des Zahlungsanspruchs anzunehmen, wenn sich dessen Nichtbestehen aus der Erfüllung des Auskunftsanspruchs ergibt[30]. War die Klage bereits unzulässig oder unbegründet, so kann auch ein nach Rechtshängigkeit eintretendes Ereignis, das «an sich» den Anspruch erledigt hätte (wenn er zulässig und begründet gewesen wäre), keinen Erledigungsfall darstellen (→ Rdnr. 5, 40). Daher führt z. B. im Wettbewerbsprozeß eine Verzichtserklärung des Beklagten (auf die angeblich unzulässige Wettbewerbsmaßnahme) nicht zur Erledigung, wenn der Unterlassungsanspruch von vornherein unbegründet war. Andererseits genügt es, daß die Klage bei anfänglichen Mängeln erst nachträglich, aber vor dem erledigenden Ereignis, zulässig und begründet geworden war, ohne daß der Beklagte daraufhin anerkannt hätte (→ Rdnr. 5).

8   Die **Nichtigerklärung** eines einer Klage zugrunde liegenden **Gesetzes** durch des BVerfG oder ein Landesverfassungsgericht (Art. 100 Abs. 1 GG) bewirkt keine Erledigung des

---

[22] A. M. *RGZ* 148, 404; → auch Fn. 12.
[23] Auch Aussöhnung während des Scheidungsstreits, *OLG Nürnberg* MDR 1960, 935; *OLG Schleswig* SchlHA 1966, 167; *OLG München* MDR 1972, 869; *OLG Düsseldorf* FamRZ 1973, 264. Das dürfte auch nach heutigem Scheidungsrecht (1. EheRG, BGBl. 1976 I, 1421) gelten, da mit der Versöhnung das Scheitern der Ehe und damit das Scheidungsrecht entfällt, *OLG Schleswig* SchlHA 1978, 148.
[24] So schon *Rosenberg* ZZP 53 (1928), 394; jetzt h. M. – S. zum Wegfall des **rechtlichen Interesses** z. B. *BGHZ* 37, 142 = NJW 1962, 1723; *BGH* NJW 1984, 1901; *OLG Frankfurt* NJW-RR 1987, 965; zum Wegfall der **Parteifähigkeit** *BGH* NJW 1982, 238; *Bork* JZ 1975, 850; einschränkend *OLG Hamm* NJW-RR 1988, 1307; zur entgegenstehenden **Rechtskraft** wegen zwischenzeitlicher Entscheidung in einem Parallelprozeß *OLG Köln* FamRZ 1981, 487.
[25] *OLG Köln* JW 1931, 2147; *Borck* WRP 1987, 10; vgl. auch *AG Köln* WuM 1989, 31; *AG Tempelhof-Kreuzberg* WuM 1987, 222.
[26] *OLG Düsseldorf* MDR 1978, 763 (auch dann nicht, wenn der Kläger die anderen Gründe fallen läßt, um sich die Vorteile des § 91a zu verschaffen).
[27] *BGHZ* 94, 274 = NJW 1985, 2405; *OLG Nürnberg* OLGZ 1973, 39; *BAG* ArbuR 1975, 216 (L) = BB 842 (L). – Anders, wenn der Vorbehalt mit Bezug auf die Leistung gemacht wird, *BAG* AP § 1 TVG Tarifverträge: Bau Nr. 10 (*Herschel*). S. auch *OLG Hamm* NJW 1975, 1843 (Erledigung auch, wenn die vorbehaltlose Zahlung auf einem Irrtum über die Zulässigkeit eines Rechtsmittels beruht); *Borck* WRP 1980, 3f. (keine Erledigung bei Befolgung einer Leistungs-/Unterlassungsverfügung).
[28] *RG* JW 1931, 2474; vgl. ferner *RGZ* 130, 394.
[29] Vgl. aber *LG Darmstadt* WuM 1983, 116. – Näher zum Anerkenntnis des Beklagten → Rdnr. 30a.
[30] *OLG Frankfurt* NJW-RR 1987, 964 und *OLG Karlsruhe* FamRZ 1989, 1100 (die eine Erledigung durch Wegfall des Rechtsschutzbedürfnisses annehmen); *OLG Hamburg* MDR 1975, 670; *OLG Köln* JurBüro 1993, 117; *OLG Aachen* FamRZ 1988, 1072; *Plate* NJW 1969, 516; *Wieczorek*[2] § 254 Anm. B III c 1. – A.M. *OLG Düsseldorf* FamRZ 1988, 1071; *OLG Hamm* MDR 1989, 461; *LG Tübingen* NJW 1968, 2151; *Rixecker* MDR 1985, 634; *Schumann* → § 254 Rdnr. 31; unklar *OLG München* MDR 1990, 636; 1988, 782; offen noch *OLG Frankfurt* FamRZ 1987, 85. – Zur Kostenentscheidung → Fn. 93; zur *Erledigung des Auskunftsanspruchs* → § 254 Rdnr. 31.

Rechtsstreits. Hier ist bei einseitiger Erledigungserklärung durch den Kläger die Klage wegen ursprünglicher Unbegründetheit (→ Rdnr. 42) abzuweisen[31].

5. Zeitpunkt der Erledigung (Erledigung vor Rechtshängigkeit)

Das Rechtsinstitut der Erledigung in der Hauptsache ist nach seiner Zweckeinrichtung für Fälle gedacht, in denen das erledigende Ereignis nach Klageerhebung, also nach Zustellung der Klage (§§ 253 Abs. 1, 261 Abs. 1) eingetreten ist[32]. Ob darüber hinaus auch bei Ereignissen **zwischen Einreichung und Zustellung** der Klage oder gar **vor Einreichung** der Klage eine Erledigungserklärung zulässig ist, ist umstritten. Dabei ist zwischen der übereinstimmenden und der einseitigen Erledigungserklärung zu unterscheiden.

a) **Bei übereinstimmender Erledigungserklärung** wird nicht danach gefragt, ob überhaupt ein erledigendes Ereignis eingetreten ist. Dann kann aber auch der Zeitpunkt eines derartigen Ereignisses keine Rolle spielen. Die Rechtsfolgen des § 91a treten hier auf Grund der gemeinsamen Parteidisposition ein[33] (→ Rdnr. 18). Wenn die Parteien durch ihre übereinstimmenden Erklärungen den Rechtsstreit in der Hauptsache beenden und eine Kostenentscheidung nach den Grundsätzen des § 91a herbeiführen wollen, so besteht kein Grund, sie deswegen daran zu hindern, weil die Erledigung bereits vor Rechtshängigkeit eingetreten ist. Die übereinstimmenden Erledigungserklärungen führen also auch dann zur Anwendung des § 91a, wenn das erledigende Ereignis zwischen Einreichung und Klageerhebung[34] oder bereits vor Klageeinreichung[35] eintrat, unabhängig davon, ob die Voraussetzungen einer Rückdatierung nach § 270 Abs. 3 gegeben wären. Allerdings muß klar sein, daß Erledigungserklärungen i. S. des § 91a vorliegen, d. h. Erklärungen, die auf die entsprechenden Rechtsfolgen abzielen. Wenn eine der Parteien zwar ebenfalls die Erledigung anzeigt, aber dabei ausführt, das erledigende Ereignis sei bereits vor Rechtshängigkeit eingetreten, und sich daher gegen die Anwendung des § 91a wendet, dann liegt in Wahrheit keine übereinstimmende Erledigungserklärung vor (→ auch Rdnr. 16).

b) **Bei einseitiger Erledigungserklärung** muß dagegen der eigentliche Zweck des § 91a beachtet werden. Die generelle prozessuale Kostenpflicht des Klägers ist nur dann unbillig, wenn die Klage bei Begründung der Rechtshängigkeit zulässig und begründet war. Obwohl der Beklagte am Ende im Recht ist, weil die Klage durch das erledigende Ereignis unzulässig oder unbegründet geworden ist, wird ihm angelastet, daß er sich zunächst gegen eine zulässige und begründete Klage zur Wehr gesetzt hat. Dieser Gedanke entfällt, wenn die Klage schon bei Begründung der Rechtshängigkeit unzulässig oder unbegründet war. Der Beklagte, der sich gegen eine solche Klage wehrt, hat sich von Anfang an im Recht befunden. Es ist also daran festzuhalten, daß die Grundsätze über die einseitige Erledigungserklärung **nicht** angewendet werden können, wenn das erledigende Ereignis bereits **vor Begründung der Rechtshängigkeit**, also vor Zustellung der Klage, eingetreten ist[36]. Das gilt auch dann, wenn die

---

[31] BGH JZ 1965, 257 = NJW 296.
[32] Vgl. nur BGH NJW 1990, 3148.
[33] Ausf. *Smid* ZZP 97 (1984), 270ff.
[34] BGHZ 21, 298 = LM Nr. 8 (*Pagendarm*) = JZ 1956, 603 = NJW 1517; BGH NJW 1982, 1598; OLG *Bamberg* JurBüro 1981, 121; OLG *Celle* OLGZ 1965, 178; OLG *Hamm* MDR 1984, 852; VersR 1974, 329; OLG *Köln* VersR 1980, 463; NJW 1954, 1043 (Erledigung am Tag der Einreichung); OLG *Zweibrücken* JurBüro 1980, 1730; LG *München I* VersR 1973, 332; *Hölzer* JurBüro 1991, 3. – A.M. *Baumbach/Lauterbach/Hartmann*[51] Rdnr. 22ff.
[35] OLG *Frankfurt* JurBüro 1983, 444f.; GRUR 1979, 339; OLG *Köln* JurBüro 1989, 217; NJW 1978, 111; OLG *Nürnberg* NJW 1975, 2206; LG *Augsburg* ZMR 1979, 190; *Bücking* ZZP 88 (1975), 307. Unklar OLG *Braunschweig* OLGZ 1967, 179.
[36] OLG *Düsseldorf* FamRZ 1992, 961; OLG *Köln* MDR 1992, 410; *Becker-Eberhardt* (Fn. 1), 276ff.; *Bükking* ZZP 88 (1975), 307; *Mohr* NJW 1974, 935; *Röckle* AnwBl. 1993, 319; ferner *Haubelt* ZZP 89 (1976), 192 (aber für entsprechende Anwendung des § 93 zugunsten des Klägers; dagegen → Rdnr. 42). – A.M. *Reinelt* NJW 1974, 344, wenn der Kläger bei der Klageeinreichung schuldlos oder ihm nicht zurechenbar das den materiellen Anspruch erledigende Ereignis nicht kannte.

Klage *zwischen Einreichung und Zustellung* unzulässig oder unbegründet geworden ist[37]. Für die Position des Beklagten, von der hier auszugehen ist, bedeutet es nämlich keinen Unterschied, ob das Ereignis gerade in dieser Zeitspanne stattgefunden hat. Eine analoge Anwendung der Rückdatierung nach § 270 Abs. 3 ist daher nicht angebracht[38]. Wird die beabsichtigte oder auch bereits eingereichte Klage vor Zustellung unzulässig oder unbegründet, so ist es primär Sache des Klägers, die Zustellung zu verhindern, damit keine weiteren Kosten entstehen. Gelingt ihm dies nicht, so kann er die Klage zurücknehmen, muß aber die Kosten nach § 269 Abs. 3 S. 1 tragen. Die *Beweislast* für den Zeitpunkt der Erledigung richtet sich nach den allgemeinen Regeln, liegt also grundsätzlich beim Kläger[39].

12 Aus der «Vorgeschichte» einer schon bei Zustellung unzulässig oder unbegründet gewordenen Klage können sich jedoch **materielle Ansprüche** des Klägers auf Ersatz der ihm entstandenen bzw. ihm nach § 269 Abs. 3 S. 1 auferlegten Kosten ergeben, z. B. aus Verzug oder aus einer Vertragsverletzung, die in der fehlenden Mitteilung des erledigenden Ereignisses liegen kann. Daß solche Ansprüche nach den Umständen des Einzelfalles *möglich* sind, rechtfertigt aber nicht die Anwendung der Grundsätze über die Erledigung in der Hauptsache, die auf anderen, *prozessualen* Erwägungen beruhen[40]. Es bleibt dem Kläger unbenommen, etwaige materielle Kostenerstattungsansprüche geltend zu machen und diese, wenn es nicht zu einer Einigung kommt, in einem neuen Prozeß (oder hilfsweise im laufenden; → Rdnr. 17) einzuklagen. Außerdem kann der Kläger im Wege der **Klageänderung** die ihm bisher entstandenen und zu beziffernden Kosten zum neuen Hauptsacheantrag machen und dadurch erreichen, daß über einen behaupteten materiellen Kostenerstattungsanspruch bereits im ersten Prozeß entschieden wird[41]. Die Zulässigkeit der Klageänderung ist dann aus § 264 Nr. 3 zu entnehmen, wenn dem Kläger das betreffende Ereignis nicht bekannt war[42] (→ § 264 Rdnr. 78). Dasselbe gilt, wenn eine Bezifferung der Kosten noch nicht möglich ist und der Kläger die Klage auf den Antrag umstellt, das Bestehen eines materiell-rechtlichen Kostenerstattungsanspruchs festzustellen[43].

12a Obwohl zugleich der bisherige Hauptsacheantrag fallengelassen wird, ist insoweit auch nach Einlassung des Beklagten dessen *Einwilligung* (§ 269 Abs. 1) nicht erforderlich, da § 264 Nr. 3 vorgeht[44]. Trotz des Fallenlassens des bisherigen Hauptsacheantrags ist auch die *Kostenregelung* des § 269 Abs. 3 S. 2

---

[37] *BGH* NJW-RR 1988, 1151; NJW 1982, 1598; *OLG Celle* OLGZ 1965, 178; *OLG Hamburg* WRP 1989, 30; *OLG Hamm* MDR 1979, 500; *KG* MDR 1991, 62; *OLG Köln* VersR 1982, 808; *OLG München* NJW 1976, 973; 1966, 161; FamRZ 1969, 32; *AG Aachen* VersR 1978, 953; *Becker-Eberhardt* (Fn. 1), 270ff.; *Linke* JR 1984, 48ff.; ebenso, aber mit der Möglichkeit, nach dem Rechtsgedanken des § 93 zugunsten des Klägers zu entscheiden (→ dagegen Rdnr. 42), *OLG Frankfurt* MDR 1989, 166; *OLG Nürnberg* JurBüro 1978, 745; *LG Mannheim* ZMR 1978, 54; *J. Blomeyer* NJW 1982, 2753. – A.M. *OLG Düsseldorf* MDR 1962, 137; *OLG Hamm* MDR 1980, 854; 1979, 941; *KG* OLGZ 1980, 241 = JR 420 (zust. *Grundmann*); *OLG Köln* JMBl.NRW 1971, 246; *OLG München* NJW 1979, 274; WRP 1978, 403; *LG Stade* NdsRpfl. 1978, 240; *LG Wuppertal* MDR 1979, 941; *AG Balingen* NJW-RR 1992, 120; *AG Rosenheim* ZMR 1986, 447; *AG Waldshut-Tiengen* VersR 1980, 494; *AG Weilheim* MDR 1985, 148 (für einstweilige Verfügungen); *Asmussen* SchlHA 1965, 76; *Bode* JurBüro 1983, 648f.; *Deubner* JuS 1962, 207, 211; *Melullis* Hdb. d. Wettbewerbsprozesses (1991), Rdnr. 360; *Mertins* DRiZ 1989, 284; *Rixecker* ZZP 96 (1983), 505ff.; *E.Schneider* JurBüro 1979, 1121; offen *OLG Schleswig* SchlHA 1980, 199. – Bejaht man Erledigung, so stellt sich die weitere Frage, ob nach § 91 oder analog § 91a zu entscheiden ist; → dazu Rdnr. 41.

[38] Grundlegend *BGH* NJW 1982, 1598. – A.M. *OLG Hamburg* MDR 1958, 174; *AG Rosenheim* ZMR 1986, 447.

[39] Vgl. (auch zu den Ausnahmen) *OLG Düsseldorf* NJW-RR 1991, 138.

[40] Vgl. auch *BGH* JurBüro 1979, 1640. – A.M. *LG Freiburg* MDR 1984, 237 (zust. *Schneider* 549f.).

[41] Vgl. *BGH* NJW 1990, 1906; *OLG Celle* OLGZ 1965, 178; *OLG Frankfurt* MDR 1989, 166; *KG* MDR 1991, 62; WRP 1989, 660; *OLG München* NJW 1976, 973; 1966, 161; *LG Stuttgart* NJW-RR 1987, 660; *AG Neuss* NJW-RR 1987, 789; skeptisch *AG Balingen* NJW-RR 1992, 120 (zu schwierig); *Brüchert* AnwBl. 1989, 81f.; *Mertins* DRiZ 1989, 281ff.; *Rixecker* ZZP 96 (1983), 508; zur Berechnung s. *Köhnen/Köhnen* DRiZ 1989, 289ff.

[42] *OLG Celle* OLGZ 1965, 178.

[43] *Brüchert* AnwBl. 1989, 82; *Linke* JR 1984, 48ff.; *Mertins* DRiZ 1989, 285ff.; vgl. auch *Deubner* JuS 1991, 235; zurückhaltender *Stöhr* JR 1985, 490ff.

[44] Das ist freilich sehr umstritten; → § 264 Rdnr. 81, 67.

weder unmittelbar noch entsprechend anzuwenden, gleich wie man sonst die Anwendbarkeit dieser Vorschrift bei Klageänderungen beurteilt. Man kann dem mit dem neuen Hauptsacheantrag aus materiell-rechtlichen Gründen obsiegenden Kläger nicht im Kostenpunkt dieselben Kosten auferlegen, die nach dem Hauptsacheausspruch der Beklagte zu tragen hat, und muß daher hier der materiellen Kostenerstattungspflicht den Vorrang einräumen. Auf eine Kostenentscheidung ist auch hier nicht zu verzichten. Sie umfaßt aber nur die dem Kläger nach der Klageänderung erwachsenen Kosten sowie die gesamten Kosten des Beklagten. Für den Inhalt der Kostenentscheidung ist gemäß § 91 Abs. 1 maßgebend, ob der Kläger mit dem neuen Antrag obsiegt oder unterliegt.

II. Die übereinstimmenden Erledigungserklärungen

1. Die Erklärungen

a) Zeitpunkt der Erklärungen

Der Wortlaut des § 91a Abs. 1 S. 1 spricht dafür, Erledigungserklärungen erst nach **Rechtshängigkeit**, d. h. nach Zustellung der Klage, zuzulassen[45], weil vorher ein »Rechtsstreit« im eigentlichen Sinne noch nicht vorhanden ist. Wenn aber die Parteien übereinstimmend die Erledigung erklären, dann besteht kein hinreichender sachlicher Grund, noch die Zustellung der Klage zu verlangen[46]. Der Beklagte wird dann schon auf andere Weise Kenntnis vom Inhalt der Klageschrift haben, sonst würde er der Erledigungserklärung nicht zustimmen. Das **Fehlen der Zustellung** (ebenso sonstige Mängel der Klageerhebung in dem bei § 253 Rdnr. 171 ff. angegebenen Umfang) wird also **durch den beiderseitigen Verzicht der Parteien geheilt**, der in den Erledigungserklärungen stillschweigend zum Ausdruck kommt, gleich ob diese schriftlich (→ Rdnr. 16) oder in einer mündlichen Verhandlung[47] abgegeben werden. Das Gericht hat dann so zu verfahren, als ob die Zustellung erfolgt wäre. Auf die **Einreichung** der Klageschrift kann jedoch nicht verzichtet werden, da sonst nicht klar wäre, auf welche Hauptsache sich die Erledigung beziehen soll. Daß die Zustellung verzichtbar ist, bedeutet außerdem nicht, daß die Zahlung der Gerichtsgebühr entbehrlich wäre. Das Gericht soll auch in derartigen Fällen erst nach Zahlung der Gebühr tätig werden (§ 65 Abs. 1 S. 1, 3 GKG analog), also vorher keinen Kostenbeschluß nach § 91a erlassen. **13**

Die Erklärungen können **auch in den höheren Instanzen** einschließlich der Revisionsinstanz abgegeben werden (näher → Rdnr. 51). **Nach Beendigung der Instanz** durch Urteil wird man ebenso wie bei der Klagezurücknahme (→ § 269 Rdnr. 31) den Parteien bis zum Ablauf der Rechtsmittelfrist die Abgabe der beiden Erklärungen **an das Gericht der unteren Instanz** gestatten können mit der Folge, daß dieses noch über die Kosten nach § 91a entscheidet und das ergangene Urteil wirkungslos wird[48]. Nach Rechtskraft ist eine Erledigungserklärung aber nicht mehr möglich[49]. **14**

---

[45] So z.B. *KG* MDR 1967, 133; *OLG Köln* JurBüro 1989, 217; *LG Hamburg* NJW 1962, 116; wohl auch *Becker-Eberhardt* (Fn. 1), 42 f. und ZZP 101 (1988), 308.
[46] *Asmussen* SchlHA 1965, 76; *Deubner* JuS 1962, 206; *Habscheid* JZ 1963, 580 f.; *MünchKommZPO/Lindacher* Rdnr. 26. – Im *Verfügungsverfahren* reicht der Antrag auf Erlaß der Verfügung für eine übereinstimmende Erledigungserklärung aus; näher → § 922 Rdnr. 17 f.
[47] Hier bejaht die Heilung *OLG Celle* MDR 1961, 946.
[48] *LAG Hamm* NJW 1972, 2063; *Bergerfurth* NJW 1992, 1656; *A. Blomeyer* ZPR², § 64 II 2; *Schneider* MDR 1979, 499 (auch zu den Alternativen); *Schwab*, Festschr. f. Schnorr von Carolsfeld, 1973, 453; *Walchshöfer* NJW 1973, 294. Eine einseitige Erledigungserklärung wird mit *Schwab* a.a.O. abzulehnen sein; hier muß ein Rechtsmittel eingelegt werden, um die Erledigung erklären zu können (→ Rdnr. 48).
[49] *OLG München* FamRZ 1993, 454.

b) Urheber der Erklärungen

15 Die Erklärungen müssen von den **Parteien** ausgehen. Erklärungen eines **Streitgehilfen** reichen nicht; seine Zustimmung ist aber auch nicht erforderlich[50]. Bei einfacher wie bei notwendiger **Streitgenossenschaft** kann jeder nur mit Wirkung für sich die Erklärung abgeben. Stimmt der Gegner zu, so endet die Rechtshängigkeit der Hauptsache gegenüber dem einzelnen Streitgenossen[51]. In den Fällen notwendiger gemeinschaftlicher Klage (bzw. notwendig gemeinschaftlichen Verklagtwerdens) hat dies im Regelfall zur Folge, daß die Klage der anderen Kläger (bzw. gegen die anderen Beklagten) nunmehr als unzulässig abzuweisen ist[52], weil den restlichen Klägern (bzw. Beklagten) die Prozeßführungsbefugnis nicht zusteht. Insoweit gilt das bei § 62 Rdnr. 35 für die Rücknahme der Klage Ausgeführte entsprechend.

c) Inhalt und Form

16 Mit den Erklärungen bringen beide Parteien ihren **Willen** zum Ausdruck, **das Verfahren ohne Entscheidung in der Hauptsache zu beenden, während das Gericht über die Kosten entscheiden soll**[53]. Eine besondere Form oder auch nur Ausdrücklichkeit der Erklärung wird nicht verlangt, so daß eine »Beschränkung des Klageantrags« beim Kläger genügen kann oder beim Kläger bzw. Beklagten das Unterlassen eines Widerspruchs auf die Erklärung des Gegners[54] (→ aber auch Rdnr. 10 a.E.). Wegen ihres Einflusses auf das Verfahren (→ Rdnr. 20) sind die Erklärungen wie eine einfache Klagezurücknahme (§ 269 Abs. 2 S. 1) gegenüber dem Gericht abzugeben[55]. Die Erklärungen können, wie Abs. 1 S. 1 jetzt ausdrücklich klarstellt, nicht nur in der mündlichen Verhandlung, sondern **auch schriftlich oder zu Protokoll der Geschäftsstelle** abgegeben werden[56]. Auch **im schriftlichen Vorverfahren** (§ 276) kann die Erledigung erklärt werden[57]. Ob zur Vorbereitung der Kostenentscheidung eine mündliche Verhandlung stattfindet, steht nach Abs. 1 S. 2 im Ermessen des Gerichts (→ Rdnr. 28).

17 Als Prozeßhandlungen (→ Rdnr. 36) setzen die Erledigungserklärungen **Partei- und Prozeßfähigkeit** voraus (§§ 50, 52) und unterliegen, da sie gemäß Abs. 1 S. 1 zu Protokoll der Geschäftsstelle erklärt werden können, gemäß § 78 Abs. 3 nicht dem **Anwaltszwang**. Die Erklärungen sind nicht schlechthin bedingungsfeindlich[58], aber wegen ihrer Rechtsnatur (→ Rdnr. 36) nur beschränkt **Bedingungen** zugänglich (→ vor § 128 Rdnr. 209). Es bestehen keine Bedenken dagegen, daß die eine Partei die Erklärung unter der Bedingung abgibt, daß die andere zustimmt, oder daß die Erledigungserklärung in der Rechtsmittelinstanz bedingt für den Fall der Zulässigkeit des Rechtsmittels abgegeben wird[59], oder daß beide Parteien die

---

[50] Das gilt auch für den **streitgenössischen** Nebenintervenienten. Ähnlich wie bei der Klagerücknahme (→ § 69 Rdnr. 7) kann er den von Hauptpartei und Gegner für erledigt erklärten Rechtsstreit nicht fortführen; vgl. auch *BGH* JZ 1985, 854. – **A.M.** *Thomas/Putzo*[18] Rdnr. 18.

[51] Zur Kostenentscheidung s. *OLG Schleswig* JurBüro 1972, 426; *E. Schneider* JurBüro 1966, 637.

[52] **A.M.** *Göppinger* Erledigung (Fn. 1), 85, der die Erklärung nur eines notwendigen Streitgenossen für unwirksam hält.

[53] Eine Erledigungserklärung auch hinsichtlich der Kosten kann daher nicht verlangt werden, vgl. *OLG Köln* NJW 1966, 601. Derartige Erklärungen sind aber mit dem Inhalt möglich, das Gericht solle auch über die Kosten nicht mehr entscheiden (→ Rdnr. 26).

[54] *BGHZ* 21, 299 = LM Nr. 8 (*Pagendarm*) = JZ 1956, 603 = NJW 1517; *BGH* NJW-RR 1993, 390 (Auslegungsfrage); 1991, 1211; *OLG Bamberg* JurBüro 1984, 916;
KG DAVorm. 1981, 407; *BFH* BB 1979, 1595. In der Annahme einer Erledigungserklärung recht weitgehend *OLG Frankfurt* MDR 1977, 56; *OLG Koblenz* JurBüro 1990, 393. – **Säumnis** ersetzt die Erklärung nicht, *OLG Düsseldorf* JMBl.NRW 1954, 117; *Mertins* DRiZ 1989, 288.

[55] *Pohle* MDR 1950, 643 (→ Rdnr. 19).

[56] Vgl. zum früheren Recht schon *LAG Hamm* NJW 1972, 2063; *Grunsky* Grundlagen des Verfahrensrechts[2], § 12 II 3; *Walchshöfer* NJW 1973, 294. – **A.M.** *BGH* NJW 1984, 1901; 1968, 991; *OLG Bamberg* JurBüro 1988, 1084; *OLG Düsseldorf* JurBüro 1991, 408; *RGZ* 171, 276.

[57] *OLG Nürnberg* JurBüro 1983, 125; *Breuermann* DRiZ 1978, 311.

[58] **A.M.** *LG Ansbach* NJW 1954, 274.

[59] *OLG Hamm* NJW 1973, 1376.

Erledigung für den Fall des Widerrufs eines Vergleichs erklären[60]. Auch kann jede Partei neben der Erklärung ihren **bisherigen Antrag hilfsweise aufrechterhalten**[61].

Wenn der **Kläger** dagegen den Hauptsacheantrag aufrechterhält und nur **hilfsweise die Erledigung erklärt**, so ist die Erklärung unzulässig[62]. Dieses Vorgehen widerspricht nämlich dem Sinn des § 91a: Hält der Kläger an der Berechtigung seines Klagebegehrens fest und wünscht er dessen Prüfung, dann muß er auch die Abweisung und die Kostenpflicht akzeptieren, wenn der Hauptsacheantrag unzulässig oder unbegründet ist. Das gilt auch im Falle der *einseitigen* Erledigungserklärung durch den Kläger[63]. Zwar handelt es sich dabei – unabhängig davon, welche Auffassung zur Rechtsnatur der einseitigen Erledigungserklärung man einnimmt (→ Rdnr. 39) – weder um eine hilfsweise Klageänderung noch um eine hilfsweise Klagerücknahme, da der Hauptantrag aufrechterhalten bleibt. Da der Beklagte aber einerseits nicht die Möglichkeit hat, das unmittelbare Ende des Prozesses durch Zustimmung zur (nur hilfsweisen) Erledigungserklärung des Klägers herbeizuführen, andererseits aber auch sein Recht auf ein Urteil über den gegen ihn erhobenen prozessualen Anspruch nicht gewahrt ist, würde die Zulassung der hilfsweisen einseitigen Erledigungserklärung die prozessuale Stellung des Beklagten unangemessen benachteiligen.

17a

Auch der **Beklagte** kann nicht neben dem Abweisungsantrag hilfsweise der Erledigung zustimmen; in diesem Fall liegt eine nur einseitige Erledigungserklärung des Klägers vor[64], für die die unten Rdnr. 37 dargestellten Regeln gelten. Erst recht kommt keine übereinstimmende Erledigungserklärung zustande, wenn **beide** Parteien an den Sachanträgen festhalten, jedoch hilfsweise die Erledigung erklären; denn zugunsten des Sachantrags einer Partei kann immer entschieden werden, gegebenenfalls durch Klageabweisung, so daß die hilfsweise Erledigungserklärung zur Hauptsache sich gar nicht auswirken kann[65]. Zur Zulässigkeit von Feststellungsanträgen → Rdnr. 22, 24. Bei **teilweiser Erledigung** kann die Erklärung auch für einen Teil der Hauptsache abgegeben werden, über den nach § 301 durch Teilurteil entschieden werden könnte.

17b

Das Gesetz knüpft die wesentlichen Rechtsfolgen nur an die Erledigungserklärung der Parteien. Ob tatsächlich ein erledigendes Ereignis vorliegt (ob also die Klage ursprünglich zulässig und begründet war, aber nachträglich unzulässig oder unbegründet wurde, → Rdnr. 5), **ist dafür rechtlich nicht erheblich** (→ auch Rdnr. 10). Demnach brauchen dies die Parteien weder substantiiert noch allgemein zu behaupten, und das Gericht braucht dies nicht zu prüfen – mag auch meist die Erklärung mindestens stillschweigend die allgemeine Behauptung enthalten, der Anspruch habe sich nach Klageerhebung erledigt. Folgerichtig kann es auch nicht darauf ankommen, ob die Erklärungen sofort oder wenigsten in kurzer Zeit nach dem erledigenden Ereignis abgegeben werden[66]. Erst bei der Kostenentscheidung (→ Rdnr. 29) sowie bei lediglich einseitiger Erledigungserklärung (→ Rdnr. 37) kann es auf das erledigende Ereignis ankommen, ferner bei der Erledigung kraft Gesetzes (→ Rdnr. 54).

18

---

[60] *OLG Frankfurt* MDR 1978, 499.
[61] *BGH* WM 1982, 1260; NJW 1965, 1597; *OLG Hamburg* WRP 1989, 31; RGZ 156, 375; JW 1939, 169; *Bergerfurth* NJW 1968, 530. – **A.M.** *Borck* WRP 1987, 9; *Wieczorek*² Anm. A II a 1.
[62] *BGHZ* 106, 367ff. = NJW 1989, 2885; *BGH* NJW 1967, 565; *OVG Rheinland-Pfalz* JZ 1977, 796; *Rosenberg/Schwab/Gottwald*¹⁵ § 132 III 2b; *Teubner/Prange* MDR 1989, 586ff.; vgl. auch *BVerwG* NVwZ 1991, 160.
[63] **A.M.** *BGH* NJW 1975, 539, 540; *OLG Karlsruhe* WRP 1990, 772; *OLG Koblenz* ZIP 1987, 1417; GRUR 1985, 326; *OLG Schleswig* NJW 1973, 1933; *Bergerfurth* NJW 1992, 1660; 1968, 531. – Wie hier die in der vorigen Fn. Genannten.
[64] *OLG Düsseldorf* NJW-RR 1992, 384; MDR 1989,

72; *OLG Hamm* WRP 1978, 397; *OLG Zweibrücken* JurBüro 1985, 1878; *LG Köln* NJW 1968, 1481; *BAG* AP Nr. 11 (*E. Schumann*). – **A.M.** *Bergerfurth* NJW 1992, 1660.
[65] *Teubner/Prange* MDR 1989, 587ff.; insoweit zutreffend auch *LG Ansbach* NJW 1954, 274. – **A.M.** *OLG Düsseldorf* MDR 1957, 368; *LG Tübingen* ZZP 68 (1955), 465 (zust. *Göppinger*). Dagegen kann sich die Erledigungserklärung sowohl auf einen Haupt- als auch nur auf einen Hilfsantrag beziehen, *BGH* MDR 1965, 641; bei der Stufenklage z.B. auf den Anspruch auf Rechnungslegung bei dessen Erfüllung (insoweit **a.M.** *OLG Koblenz* NJW 1963, 912).
[66] *BGH* NJW 1951, 360; anders noch *RGZ* 148, 404.

d) Wirksamkeit und Widerruf

19 Wirksam werden die Erklärungen erst, wenn sie beide dem Gericht vorliegen. Deshalb kann die einzelne Erklärung widerrufen werden, solange die des Gegners noch nicht bei Gericht eingegangen ist, während ein späterer Widerruf nur gestattet ist, wenn ein Restitutionsgrund vorgelegen hatte[67] (→ vor § 128 Rdnr. 225 f.). Auch durch übereinstimmende Erklärungen können die Parteien ihre zweiseitige Anzeige ebensowenig wieder aus der Welt schaffen wie eine Klagezurücknahme oder einen Prozeßvergleich[68]. Genauso scheidet eine Anfechtung wegen Irrtums oder arglistiger Täuschung aus[69].

2. Folgen der übereinstimmenden Erklärungen für die Hauptsache

a) Beendigung der Rechtshängigkeit der Hauptsache

20 Die Rechtshängigkeit der Hauptsache endet ohne weiteres, ohne daß ein gerichtlicher Ausspruch gestaltender oder feststellender Art erforderlich wäre[70]. Dies ergibt schon das Schweigen des Gesetzes über einen Fortgang des Verfahrens und über einen Richterspruch in der Hauptsache (im Gegensatz zum Kostenpunkt, → Rdnr. 25) sowie die Parallele zum Prozeßvergleich. Ferner erklären mit der Erledigung die Parteien, daß sie eine Entscheidung in der Hauptsache nicht mehr wünschen, lassen also den Klageantrag wie den Abweisungsantrag fallen. Dies muß wirksam sein wie im Fall des § 269, womit nach § 308 Abs. 1 eine Entscheidung unzulässig wird[71]. Wenn die Praxis **in der Formel der Kostenentscheidung** in irgendeiner Form erwähnt, daß die Hauptsache erledigt sei, so dient das der Klarstellung der prozessualen Lage, bindet aber weder das Gericht noch die Parteien.

b) Bereits ergangene Entscheidungen

21 Sind schon gerichtliche Entscheidungen ergangen, so bleiben sie wirksam, wenn sie **bereits rechtskräftig** geworden sind. **Andere werden kraft Gesetzes wirkungslos**[72]; dies ergibt eine Analogie zur Klagerücknahme, § 269 Abs. 3 S. 1 (→ § 269 Rdnr. 56). Einer gerichtlichen Entscheidung darüber bedarf es nicht, und noch weniger ist vorgeschrieben, daß eine solche von Amts wegen zu ergehen hätte. Entsprechend § 269 Abs. 3 S. 1, 3 ist jedoch auf Antrag einer Partei die Wirkungslosigkeit bisheriger Entscheidungen **zur Klarstellung** der Rechtslage durch **Beschluß** auszusprechen[73]. Ob es sich bei den bisherigen Entscheidungen um ein kontradiktorisches oder ein Versäumnisurteil handelt, begründet keinen Unterschied[74].

---

[67] *OLG Düsseldorf* NJW 1964, 822 (*Habscheid*); ebenso *BVerwG* DVBl. 1964, 874 (zu § 161 VwGO).

[68] Näher *Pohle* Festschr. f. Maridakis (Fn. 1), 444; zust. *Baumbach/Lauterbach/Hartmann*[51] Rdnr. 74. – **A. M.** *Göppinger* Erledigung (Fn. 1), 99. – Offen *BGH* NJW 1990, 2682.

[69] *OLG Köln* JMBl.NRW 1974, 45; *BFH* BB 1968, 654; *E. Schneider* JurBüro 1964, 867.

[70] *BGHZ* 106, 366 = NJW 1989, 2885; *OLG Frankfurt* JurBüro 1983, 444.

[71] Dazu näher *Pohle* Festschr. f. Maridakis (Fn. 1), 436 f.

[72] Ebenso *BayVerfGH* NJW 1990, 1784; *Baumbach/Lauterbach/Hartmann*[51] Rdnr. 148; *Hölzer* JurBüro 1991, 1; *Thomas/Putzo*[18] Rdnr. 21. Einer Aufhebung – so *Schönke* zu *OLG Oldenburg* JZ 1952, 566 – bedarf es nicht. – **A. M.** anscheinend *Lüke* (Fn. 1), 325, der sich deswegen auch gegen die Betrachtung der übereinstimmenden Erledigungserklärung als privilegierte Rücknahme ausspricht, ohne aber anzuführen, was nach seiner Ansicht mit den ergangenen Entscheidungen geschehen soll. – Die gemeinsame Erledigungserklärung eines Verfügungsverfahrens hat nach bestrittener Ansicht zur Folge, daß wegen Titelwegfalls nicht mehr nach § 890 vollstreckt werden kann; vgl. nur *OLG Hamm* WRP 1990, 423 (krit. *Münzberg*), *Melullis* GRUR 1993, 241 ff. und ausf. → § 890 Rdnr. 26 ff., 45 f.

[73] Zust. *LAG Hamm* NJW 1972, 2063.

[74] *OLG Köln* JMBl.NRW 1955, 88. – **A. M.** *OLG Hamburg* MDR 1956, 430, das ein Urteil fordert, ferner *OLG Koblenz* MDR 1980, 320 und *LG Stuttgart* ZZP 69 (1956), 387, die »Aufhebung« der Kostenentscheidung bei Versäumnisurteilen verlangen; aber § 343 tritt gegenüber § 91a, der spezielleren Vorschrift, zurück, zumal sachlich keine durchschlagenden Gründe für die Anwendung des § 343 sprechen und auch ein Urteil nur der

c) Keine Feststellung der eingetretenen Unzulässigkeit oder Unbegründetheit

Die Erklärungen schließen es nicht aus, daß derselbe Anspruch später zum Gegenstand eines neuen Prozesses gemacht wird[75]. Weder das Gesetz verbietet das, noch ergeht eine richterliche Entscheidung, deren Rechtskraft einem neuen Prozeß den Erfolg versagen könnte. Hat der Beklagte (ausnahmsweise) ein rechtliches Interesse daran, daß die (jetzt eingetretene) Unbegründetheit der Klage festgestellt wird, so kann er zugleich mit der Erledigungserklärung eine Widerklage mit diesem Feststellungsantrag erheben. 22

Allerdings ist es möglich, daß vor einer Erledigungserklärung die Parteien sich vertraglich verpflichten, die entsprechenden Erklärungen abzugeben und das Verfahren nicht fortzusetzen. Daraus könnte sich unter Umständen bei Vertragsbruch der einen Partei die Unzulässigkeit der Fortsetzung des anhängigen Verfahrens ergeben, nicht aber die Unzulässigkeit eines neuen Prozesses. Die neue Klage wäre nur dann aussichtslos, wenn z.B. ein **materiellrechtlicher Verzicht auf den Anspruch**, also ein Erlaßvertrag (§ 397 BGB), vereinbart wäre, oder ein vertraglicher Verzicht auf die Klagbarkeit des Anspruchs (→ vor § 253 Rdnr. 90). Diesen Willen werden aber die Parteien nur unter besonderen Umständen haben, und keinesfalls kommt er in einem Versprechen, die Erledigung zu erklären, ohne weiteres zum Ausdruck. Noch weniger geht es an, den Parteien auf Grund ihrer Erklärungen gegenüber dem Gericht einen derartigen, über das anhängige Verfahren hinausgehenden Verzichtswillen zu unterstellen[76]. Die Erklärung kann allerdings nach Lage des Falles bei wiederholter Klage ein wesentliches Indiz dafür sein, daß die Klage unzulässig oder unbegründet ist, wenn der Kläger bei der Erklärung ausdrücklich oder stillschweigend ein erledigendes Ereignis behauptet hatte[77]. 23

d) Keine Feststellung der ursprünglichen Zulässigkeit und Begründetheit

Da bei übereinstimmender Erledigungserklärung keine Entscheidung in der Hauptsache ergeht, steht auch nicht bindend fest, daß die Klage zunächst zulässig und begründet war. Hat der Kläger an dieser Feststellung ein rechtliches Interesse, so kann er den ursprünglichen Antrag in einen solchen *Feststellungsantrag* ändern (Beschränkung des Klageantrags i. S. des § 264 Nr. 2) und die Hauptsache nur im übrigen für erledigt erklären. Die Kostenentscheidung erfolgt dann erst im Endurteil, wobei für den erledigten »Teil« die Grundsätze des § 91a, im übrigen die allgemeinen Kostenregeln gelten (→ Rdnr. 31). 24

3. Kostenentscheidung

a) Voraussetzungen

Das Verfahren und die Kostenentscheidung nach § 91a Abs. 2 kommen **nur nach beiderseitigen wirksamen Erledigungserklärungen** in Betracht, nicht bei Streit über die Erledigung (→ Rdnr. 37), nicht bei Verzicht oder Anerkenntnis (§§ 306, 307; → Rdnr. 7), **nicht bei einem gerichtlichen Vergleich**[78] oder einer Klagerücknahme (§ 269). Es geht aber auch nicht an, 25

---

sofortigen Beschwerde unterliegen würde, *OLG Hamburg* a.a.O.
[75] *Göppinger* Erledigung (Fn. 1), 81 f., 160; A. *Blomeyer* ZPR², § 64 II 1 a.E.
[76] A.M. *Habscheid* Festschr.f. Lent (Fn. 1), 157f. u. oft, sowie *Nikisch* Lb, § 66 II 2, der die Erklärung des Klägers als Verzicht ansieht und über die Kosten nach § 93 entscheidet.

[77] *Brox* JA 1983, 295 und *Wieser* ZZP 100 (1987), 376 halten eine neue Klage wegen widersprüchlichen Verhaltens des Klägers für unzulässig.
[78] Hier gilt die im Vergleich vereinbarte Kostenregelung oder § 98. Näher → § 98 Rdnr. 7.

§ 91a II   Erstes Buch. Allgemeine Vorschriften. Zweiter Abschnitt. Parteien

wenn wirksame Erledigungserklärungen vorliegen, diese einfach nach § 269 zu behandeln[79], weil keine Erledigung eingetreten, sondern die Klage von Anfang an unbegründet gewesen sei, oder bei einem außergerichtlichen Anerkenntnis § 93 anzuwenden. Derartige Umdeutungen entsprechen nicht dem Parteiwillen. Auch besteht zur unmittelbaren Anwendung anderer Vorschriften kein Anlaß, weil § 91a eine Entscheidung nach Billigkeit vorschreibt. Da der Rechtsstreit nur noch hinsichtlich der Kosten anhängig ist[80], können die Parteien eine **Entscheidung über diese dadurch vermeiden**, daß sie sich im Kostenpunkt vor Gericht **vergleichen** (→ § 98 Rdnr. 7 a. E.) oder daß sie übereinstimmend auf eine Kostenentscheidung **verzichten** (→ Rdnr. 26).

b) Verfahren und Entscheidungsgrundlagen

26   Über die Kosten ist **ohne besondere Anträge** zu entscheiden[81], weil Kostenanträge auch sonst nicht erforderlich sind (§ 308 Abs. 2). Eine Analogie zu § 269 Abs. 3 S. 3 ist nicht angezeigt. Dort ergibt sich die Kostenregelung aus dem Gesetz, und daher wird nicht selten eine Kostenentscheidung entbehrlich sein. Wer mit der Gegenansicht einen Antrag fordert, kann jedenfalls nicht verlangen, daß dieser auf einen bestimmten Inhalt der Kostenentscheidung gerichtet ist. In der Regel müßte man zudem den stillschweigenden Antrag in der Erledigungserklärung sehen. Verneint man mit der hier vertretenen Ansicht das Antragserfordernis, so sollte doch die **Kostenentscheidung unterbleiben**, wenn beide Parteien übereinstimmend darauf **verzichten**[82].

26a   **Zuständig** ist das Gericht, bei dem die Hauptsache bis zur übereinstimmenden Erledigungserklärung anhängig war. War dieses für die Hauptsache unzuständig, sind dem Kläger die Kosten aufzuerlegen[83]. Eine Verweisung nur für die Kostenentscheidung kommt nicht in Betracht[84]. Ist die Sache einem **Einzelrichter** zur Entscheidung übertragen (§ 348), so ist dieser zuständig[85], ebenso der Einzelrichter in der Berufungsinstanz (§ 524 Abs. 3 Nr. 4) und der Vorsitzende der Kammer für Handelssachen (§ 349 Abs. 2 Nr. 6).

27   Die Entscheidung erfolgt **unter Berücksichtigung des bisherigen Sach- und Streitstandes**. Das ist im Sinne einer Beschränkung des Verfahrens zu verstehen, das nicht wegen der Kosten in demselben Umfang und mit demselben Aufwand weitergehen soll, als wäre die Hauptsache noch zu entscheiden. **Neues Vorbringen** und **weitere Beweiserhebung** sind damit **nicht völlig ausgeschlossen**[86], aber auf Ausnahmefälle beschränkt. Da das Gericht nach billigem Ermessen

---

[79] *OLG Frankfurt* WRP 1978, 223. – Unzutreffend *VGH Mannheim* NJW 1974, 964 (dagegen *Czermak* NJW 1974, 1478); vgl. auch *OLG Köln* MDR 1992, 410; *Rixekker* ZZP 96 (1983), 505 ff.
[80] *OLG Koblenz* MDR 1980, 320.
[81] Ebenso *OLG Köln* JMBl.NRW 1973, 185; *E. Schneider* NJW 1969, 88; *Baumbach/Lauterbach/Hartmann*[51] Rdnr. 144; *Zöller/Vollkommer*[18] Rdnr. 22; *Thomas/Putzo*[18] Rdnr. 26. – A.M. *OLG Nürnberg* JurBüro 1965, 168 (L); *Brox* JA 1983, 290; *Hölzer* JurBüro 1991, 2; *Leonardy* NJW 1969, 1887; *Wieczorek*[2] Anm. A III b. – Für die streitgegenstandsbegrenzende Funktion der Anträge bei der sofortigen Beschwerde nach Abs. 2 vgl. *OLG Hamm* KostRspr. ZPO § 91a (B) Nr. 244 (L).
[82] *E. Schneider* NJW 1969, 88.
[83] *OLG Hamburg* GRUR 1984, 82. – A.M. *OLG Stuttgart* FamRZ 1989, 1001 und *LG Koblenz* MDR 1981, 409 (hypothetische Verweisung ist zu berücksichtigen).
[84] *OLG Frankfurt* MDR 1981, 676; *OLG München* OLGZ 1986, 69 (auch nicht bei nur einseitiger Erledigungserklärung).

[85] Zur Zuständigkeit des Berichterstatters nach § 87a Abs. 1 Nr. 3, Abs. 3 VwGO vgl. *VGH Mannheim* NVwZ-RR 1992, 443/442.
[86] BGHZ 21, 300 = LM Nr. 8 (*Pagendarm*) = JZ 1956, 603 = NJW 1517; JZ 1954, 361 = NJW 1038; *OLG Hamm* JurBüro 1989, 1457; *OLG Köln* MDR 1969, 848; *Bergerfurth* NJW 1992, 1657; *Brox* JA 1983, 291; *Merz* ZMR 1983, 365; *Ostendorf* DRiZ 1973, 387; *Rinsche* NJW 1971, 1349; *E. Schneider* MDR 1976, 885. – A.M. *KG* BB 1979, 487; *OLG Karlsruhe* NJW-RR 1990, 978; *OLG Köln* OLGZ 1986, 238; JMBl.NRW 1954, 284; *OLG München* JurBüro 1979, 1196 f.; WRP 1969, 124; *OLG Schleswig* SchlHA 1950, 45; *Baumbach/Lauterbach/Hartmann*[51] Rdnr. 114; *Baumgärtel* MDR 1968, 804; *Hölzer* JurBüro 1991, 2 f.; einschränkend *OLG Karlsruhe* Justiz 1975, 391. – *Smid* MDR 1985, 189 ff. und ZZP 97 (1984), 299 ff. will in Zweifelsfragen stets zu Lasten des Beklagten entscheiden und regelmäßig nur Beweisanträgen des Klägers nachgehen; dagegen zutr. *MünchKommZPO/Lindacher* Rdnr. 48.

entscheidet, kann auch dann, wenn zur Hauptsache kaum verhandelt und keine Beweise erhoben waren, auf nähere Erörterung, insbesondere bei einer Teilung der Kosten, verzichtet werden. Bei Entscheidung ohne mündliche Verhandlung (→ Rdnr. 28) sind dann die bisher gewechselten Schriftsätze zugrundezulegen[87]. Ebenso kann das *Revisionsgericht* ohne weiteres über die Kosten befinden (→ Rdnr. 51). Schwierige Rechtsfragen braucht das Gericht nicht zu entscheiden[88].

Da die Grundlage der Kostenentscheidung in der Regel dem bisherigen Prozeßstoff zu entnehmen ist, ist es richtig, wenn Abs. 1 S. 2 jetzt vorsieht, daß die Entscheidung über die Kosten **ohne mündliche Verhandlung** ergehen *kann*[89]. Wenn das Ermessen des Gerichts darüber entscheidet, ob und in welchem Umfang noch eine Klärung des Parteivorbringens stattfindet, dann muß dieses Ermessen auch dafür maßgebend sein, ob noch eine mündliche Verhandlung anberaumt wird. Wird sie anberaumt, so unterliegt sie dem *Anwaltszwang*, da durch §§ 91a Abs. 1 S. 1, 78 Abs. 3 nur die Erledigungserklärung selbst freigestellt ist[90]. 28

c) **Inhalt der Entscheidung**

Die Gerichte pflegen die Kosten demjenigen aufzuerlegen, der unterlegen wäre, wenn das erledigende Ereignis nicht eingetreten wäre[91]. Hier kommt es also darauf an, ob sich tatsächlich der Anspruch erst durch ein späteres Ereignis erledigt hat[92] (→ Rdnr. 5). Genauer ist jedoch nicht auf dieses hypothetische Unterliegen in der Hauptsache, sondern **darauf abzustellen, wer die Kosten hätte tragen müssen** – z. B. auch nach §§ 92, 93a-d, 96, 97, 281 Abs. 3 S. 2 usw. –, **wenn sich die Hauptsache nicht erledigt hätte**[93]. Da dies zuweilen nur unvollkommen festgestellt werden kann oder darf (→ Rdnr. 27), kann jedoch die Billigkeit **auch eine abweichende Verteilung** gebieten. So kommt etwa, insbesondere bei nicht zu prognostizierenden Prozeßaussichten, eine **Kostenaufhebung** in Betracht[94]. Außerdem kann auch der **Grundsatz des § 93** im Rahmen der Billigkeitsentscheidung Bedeutung gewinnen. Dies kann 29

---

[87] *OLG Hamm* WRP 1993, 339.
[88] *BGH* MDR 1961, 205; JZ 1954, 361 = NJW 1038; *OLG Frankfurt* NJW-RR 1993, 183; GRUR 1979, 809 (einschränkend); *OLG Köln* OLGZ 1986, 238; *OLG Stuttgart* WRP 1986, 306; s. auch *BGHZ* 36, 28; *BAG* AP Nr. 12 (abl. *Wieczorek*); AP Nr. 2 (*Pohle*); *BFH* BB 1968, 654; a.M. *MünchKommZPO/Lindacher* Rdnr. 50.
[89] Das war früher umstritten; → *Voraufl.* Fn. 71; später noch *OLG Bamberg* NJW-RR 1986, 997f.
[90] *Bergerfurth* NJW 1992, 1657; *Hansens* JurBüro 1992, 715; *ders.* NJW 1991, 954/955. – A.M. wohl *Baumbach/Lauterbach/Hartmann*[51] Rdnr. 146.
[91] Vgl. nur *BGHZ* 4, 238; 3, 253; *OLG Celle* MDR 1960, 934; *OLG Hamm* JMBl.NRW 1955, 136; *OLG Köln* VersR 1991, 820; NJW 1952, 1145; *OLG München* FamRZ 1985, 530; *OGHZ* 3, 203; *LG Fulda* FamRZ 1993, 455; *AG Marbach* MDR 1989, 72 (Belastung des Klägers trotz Leistung eines Dritten an ihn); *BVerwG* NVwZ 1993, 177. Dabei ist beim **Urkundenprozeß** usw. nicht nach dem vermutlichen bedingten Unterliegen zu fragen, sondern nach dem endgültigen im Nachverfahren, *OLG Hamm* MDR 1963, 317.
[92] Vgl. *OLG München* MDR 1993, 475: Kostenbelastung des Klägers bei begründeter, nicht erledigter Klage, weil das Gericht letztlich ohne sinnvolles Ergebnis bemüht worden sei (zweifelhaft).
[93] *OLG Hamm* FamRZ 1991, 830; *Pohle* JZ 1957, 23; *Schneider/Schneider* MDR 1987, 463; s. auch *OLG Hamburg* MDR 1964, 1010 (§ 92, betr. Zurückbehaltungsrecht); *OLG Düsseldorf* FamRZ 1980, 1047f., *OLG Köln*

MDR 1979, 499 und *OLG Schleswig* SchlHA 1958, 7 (zu § 97); *OLG Hamburg* GRUR 1984, 82 (zu § 281 Abs. 3 S. 2; → Rdnr. 26a); WRP 1980, 424 (gegen Berücksichtigung von § 269 Abs. 3 im konkreten Fall); *KG* FamRZ 1981, 381f. (zu § 93a); *LG Bonn* WuM 1983, 117, *LG Frankenthal* ZMR 1991, 303, *LG Freiburg* NJW-RR 1990, 383, *LG Köln* ZMR 1970, 367, *LG Mannheim* ZMR 1967, 184, *LG Mönchengladbach* ZMR 1966, 271, *LG Tübingen* MDR 1967, 49 und *LG Wuppertal* WuM 1983, 117 (zu § 93b); *LG/AG Frankfurt* JurBüro 1989, 1458 (gegen Berücksichtigung des § 344 im konkreten Fall). – Deshalb können dem Kläger Kosten auferlegt werden, die durch **Verspätung der Erledigungsanzeige** verursacht sind, *OLG Celle* NdsRpfl. 1965, 270; *OLG Karlsruhe* NJW 1969, 2149; *OLG Schleswig* SchlHA 1974, 112; *LG Frankfurt* Rpfleger 1987, 431; *LG Nürnberg-Fürth* VersR 1979, 481. Dagegen geht es zu weit, bei Verspätung den Kläger schlechthin mit den Kosten zu belasten (a.M. wohl *A. Blomeyer* ZPR[2], § 64 I 3b; zust. *Grunsky* AcP 186 [1986], 525).
[94] Vgl. etwa *OLG Celle* NJW-RR 1986, 1061; *OLG Frankfurt* NJW-RR 1991, 49; NJW 1987, 1410; *OLG Hamm* JurBüro 1989, 1457; *KG* BB 1979, 487f.; *OLG Köln* GRUR 1989, 705; *OLG Stuttgart* WRP 1986, 433); *BVerwG* JurBüro 1982, 1343 (nicht bei Hochschulzulassungsstreit). – Grds. a.M. *Smid* ZZP 97 (1984), 302 (→ Fn. 86).

§ 91a II   Erstes Buch. Allgemeine Vorschriften. Zweiter Abschnitt. Parteien

die Kostenbelastung des *Klägers* trotz ursprünglich begründeter Klage rechtfertigen, wenn er keinen Anlaß zur Klage hatte und der Beklagte den Anspruch sofort (bzw. sofort nach Fälligwerden) erfüllt[95]. Umgekehrt vermag der Rechtsgedanke des § 93 eine Kostenpflicht des *Beklagten* trotz von Anfang an unbegründeter Klage zu rechtfertigen, wenn er durch sein Verhalten (z. B. durch mangelnde Information des Klägers) die Klage veranlaßt hat[96].

29a Die Billigkeit gestattet es auch, von dem Grundsatz der Kostenverursachung und überhaupt von den durch die prozessuale Erstattungspflicht geltenden Grundsätzen in geeigneten Fällen abzugehen und auch eine **materiell-rechtliche Erstattungspflicht** (→ Rdnr. 14 vor § 91) zu berücksichtigen. So kann das Gericht z. B. bei Zahlung einer Vertragsschuld vor Zustellung der Klage (→ Rdnr. 10) dem Beklagten als Verzugsschaden die Kosten auferlegen, wenn sich die materiell-rechtliche Haftung ohne besondere Schwierigkeiten und insbesondere ohne neue Beweiserhebungen feststellen läßt[97]. Die Entscheidung muß aber klar erkennen lassen, ob sie nur die prozessuale Erstattungspflicht behandelt, so daß u. U. noch über die materiell-rechtliche Pflicht prozessiert werden könnte, oder ob sie auch über diese abschließend erkennt.

30 Beim **außergerichtlichen Vergleich** ist bei übereinstimmender Erledigungsanzeige nach § 91a Abs. 1 über die Kosten zu entscheiden (→ näher § 98 Rdnr. 3 ff.). Dabei ist eine ausdrückliche *Kostenvereinbarung* zu übernehmen[98]. Im übrigen gilt wie bei einem die Kostenfrage offenlassenden Prozeßvergleich (→ § 98 Rdnr. 7b), daß es dem Parteiwillen im Zweifel entsprechen wird, wie sonst auch nach *Maßgabe des bisherigen Sach- und Streitstandes*[99] und nicht nach Maßgabe des Vergleichsinhalts[100] zu entscheiden oder die Kosten nach § 98 gegeneinander aufzuheben[101].

30a Die Kostenverteilung wegen **Anerkenntnisses** durch den Beklagten ist differenziert zu betrachten. Hat der Beklagte den *Hauptanspruch prozessual anerkannt*, so kann nur ein

---

[95] *OLG Bamberg* JurBüro 1986, 1100; 1981, 121; *OLG Bremen* JurBüro 1983, 765; NJW 1970, 867; *OLG Celle* NdsRpfl. 1964, 135; *OLG Düsseldorf* BauR 1979, 358f.; GRUR 1970, 432; *OLG Hamm* WRP 1992, 655; MDR 1986, 241; *OLG Karlsruhe* WRP 1990, 642; NJW-RR 1990, 978; KTS 1989, 719; *OLG Koblenz* FamRZ 1978, 826; *OLG Köln* NJW-RR 1987, 1528; OLGZ 1986, 240; WRP 1986, 427; *OLG München* VersR 1965, 1058; *LG Braunschweig* WuM 1982, 217; *LG Schweinfurt* VersR 1990, 618; *LG Wiesbaden* NJW-RR 1987, 660; grds. auch *OLG Stuttgart* WRP 1978, 837, 838; *LG Kassel* NJW-RR 1987, 788. Auch ein verfrühtes Abbrechen von außergerichtlichen Verhandlungen kann eine Kostenbelastung rechtfertigen, vgl. *OLG Nürnberg* VersR 1969, 359; *LG Berlin* VersR 1968, 155, 906; vgl. auch *AG Wangen* DAVorm. 1985, 811 (Berücksichtigung des Zeitablaufs unter Billigkeitserwägungen).

[96] *OLG Bamberg* JurBüro 1981, 121; *OLG Frankfurt* GRUR 1979, 339; *OLG Hamburg* WRP 1969, 119; *OLG Köln* WRP 1979, 816/394f.; vgl. auch *OLG Hamburg* MDR 1980, 583; *OLG Hamm* FamRZ 1991, 830; KG WRP 1980, 149; *OLG Köln* MDR 1985, 505; VersR 1980, 463; *OLG München* NJW-RR 1992, 731; *LG Köln* WuM 1987, 232; *LG München I* ZMR 1986, 125; *LG Verden* JurBüro 1978, 431. – So auch, wenn der **Drittschuldner** dem Gläubiger die Auskünfte nach § 840 nicht rechtzeitig erteilte und es dadurch zu einer (unbegründeten) Klage gegen den Drittschuldner kam, *OLG Köln* JurBüro 1980, 466; *LAG Frankfurt* BB 1964, 533; *LAG Hannover* NJW 1974, 768; grds. auch *AG Bielefeld* JurBüro 1991, 131; *LAG Hamm* MDR 1982, 695 (sofern ohne weiteres feststellbar; → auch Rdnr. 29a); im Ergebnis ebenso *OLG Köln* JurBüro 1971, 548 (*Schalhorn*); → § 840 Rdnr. 25. – Mangelnde Auskunftserteilung *kann* bei der **Stufenklage** die Kostenbelastung des Beklagten hinsichtlich des unbegründeten Zahlungsanspruchs rechtfertigen, *OLG Frankfurt* FamRZ 1987, 86; *OLG Hamburg* FamRZ 1983, 1262; MDR 1975, 670; *KG* JurBüro 1973, 444; NJW 1970, 903; *OLG Karlsruhe* FamRZ 1989, 1201/1100; *OLG Köln* FamRZ 1993, 718; *AG Lörrach* DAVorm. 1987, 130; vgl. auch *OLG Karlsruhe* FamRZ 1990, 74; *OLG Zweibrücken* NJW 1986, 939; zur *Erledigung* in diesen Fällen → Rdnr. 7.

[97] Vgl. *BGH* JurBüro 1981, 209, 210; *OLG Bamberg* JurBüro 1977, 1770; *OLG Frankfurt* JurBüro 1991, 431; FamRZ 1987, 85; *OLG Hamm* MDR 1987, 589; *OLG Köln* JurBüro 1989, 217; OLGZ 1986, 240f.; MDR 1979, 1028; NJW 1978, 111; *OLG Nürnberg* NJW 1975, 2206; *OLG Stuttgart* VersR 1973, 627; *AG Bielefeld* JurBüro 1991, 131; *Bank* JurBüro 1981, 664; *Becker-Eberhardt* (Fn. 1), 257 ff.

[98] *OLG Bremen* JurBüro 1980, 932; MDR 1979, 501; *OLG Frankfurt* MDR 1984, 674; *OLG Saarbrücken* OLGZ 1967, 176. – **A.M.** *OLG Hamm* MDR 1976, 147.

[99] Ebenso *OLG Hamburg* MDR 1973, 1030; *OLG Köln* MDR 1968, 678; *OLG Zweibrücken* JurBüro 1974, 759; *Bergerfurth* NJW 1972, 1840 (bei ausdrücklich ausgenommener Kostenregelung); *Thomas/Putzo*[18] § 98 Rdnr. 4.

[100] So aber *OLG München* NJW 1970, 1329; *LG Berlin* MDR 1967, 503; *Vorauft.*

[101] So aber *LG Braunschweig* NJW 1964, 1576; *OLG Bremen* JurBüro 1980, 932; MDR 1979, 500 f.; *OLG Frankfurt* MDR 1984, 674.

Anerkenntnisurteil nach § 307 mit einem Kostenausspruch nach §§ 91, 93 ergehen, nicht aber eine Kostenentscheidung nach § 91a. Durch ein *außergerichtliches*, materiell-rechtliches Anerkenntnis wird die Hauptsache nicht erledigt. Vielmehr ist die Klage jetzt erst recht begründet. Geben die Parteien gleichwohl übereinstimmende Erledigungserklärungen ab, so sind die Kosten dem Beklagten aufzuerlegen[102]. Es muß aber wirklich ein Anerkenntnis im Rechtssinne vorliegen. Daß der Beklagte[103] die streitige Forderung erfüllt und sich damit »unterwirft«, reicht nicht aus. Vielmehr bleibt es hier bei der Zulässigkeits- und Begründetheitsprüfung (→ Rdnr. 29), für die die »Unterwerfung« allenfalls als Indiz dienen kann[104]. Wird freilich von einer Partei die *Kostenpflicht anerkannt*, erklärt also die Partei dem Gericht, zur Kostenübernahme bereit zu sein, dann kann sich die auf § 91a gestützte Kostenentscheidung ohne weiteres danach richten[105].

d) Form

Für die Kostenentscheidung ist durch Abs. 1 S. 1 die **Beschlußform** vorgeschrieben. Der Beschluß ist zu begründen[106] (→ § 329 Rdnr. 10), soweit nicht § 313a eingreift[107]. Daß § 313a entsprechend anwendbar ist, kommt in den Gebührenvorschriften zum Ausdruck (→ Rdnr. 55). Bei der für § 313a Abs. 1 bedeutsamen Frage, ob ein Rechtsmittel unzweifelhaft nicht eingelegt werden kann, ist auf die Voraussetzungen der Beschwerde (→ Rdnr. 32) abzustellen. Bei nur **teilweiser Erledigungserklärung** muß einheitlich über die Kosten des gesamten Rechtsstreits entschieden werden; dies muß in der Schlußentscheidung geschehen, die dann ein **Urteil** ist[108].

31

e) Anfechtung

Der Beschluß kann nach Abs. 2 mit § 577 in Durchbrechung des in § 99 Abs. 1 aufgestellten Grundsatzes selbständig mit der **sofortigen Beschwerde** (auch mit der unselbständigen Anschlußbeschwerde[109]) angegriffen werden, jedoch nur insoweit, als es eine höhere Instanz für die Hauptsache, falls über diese entschieden wäre, überhaupt gäbe, also nicht, wenn die Entscheidungen in der Hauptsache als Urteile der Landgerichte als Berufungsgerichte oder der Revisionsgerichte ergehen müßten[110] oder sonstwie der Anfechtung entzogen sind[111]. Ferner muß der **Wert des Beschwerdegegenstands** nach § 567 Abs. 2 200 DM übersteigen. Außerdem ist es jedenfalls hier erforderlich, daß in der Hauptsache die **Berufungssumme**

32

---

[102] *AG Bad Bramstedt* VersR 1986, 433.
[103] Zur Herbeiführung der *Erledigung* durch den **Kläger** (im Wege der Anfechtung, Aufrechnung etc.) → Rdnr. 6. Eine *Kostenbelastung* des Klägers kommt hier nur bei Willkür in Betracht; vgl. *MünchKommZPO/Lindacher* Rdnr. 44.
[104] *OLG Celle* NJW-RR 1986, 1061; *OLG Frankfurt* WM 1991, 2156; NJW 1977, 1783; *KG* BB 1979, 487; *OLG Karlsruhe* MDR 1986, 240; *OLG München* NJW-RR 1992, 731; *Thomas/Putzo*[18] Rdnr. 48; wohl auch *Zöller/ Vollkommer*[18] Rdnr. 25; offen *OLG Nürnberg* NJW-RR 1989, 445 m.w.N. – **A.M.** *LG Hamburg* WuM 1981, 46 (für den Rechtsmittelkläger); *BAG* AP Nr. 7 (krit. *Vollkommer*).
[105] *BGH* JZ 1985, 853f.; *OLG Bremen* NJW 1965, 1443; *BAG* NJW 1988, 990 = JZ 366.
[106] **Verzichten** beide Parteien auf eine Begründung, so kann darin zugleich ein Rechtsmittelverzicht liegen, *OLG Hamm* NJW-RR 1993, 827.
[107] Vgl. dazu *OLG Hamm* MDR 1989, 919.

[108] *BGH* BB 1954, 426 = LM Nr. 5; *OLG Düsseldorf* JurBüro 1983, 1877; JMBl.NRW 1957, 102; MDR 1959, 768; *OLG Frankfurt* NJW-RR 1993, 183; WRP 1990, 342; *OLG Hamm* JurBüro 1981, 278f.; *KG* MDR 1986, 241; *OLG Köln* MDR 1960, 507. – Anders *BGH* MDR 1976, 379 bei Revision gegen Teilurteil und Erledigungserklärung in der Revisionsinstanz; *OLG Celle* MDR 1978, 234 (für erledigte Teil-Berufung); *LG München I* MDR 1989, 647 (bei rechtskräftigem Teilurteil).
[109] *KG* MDR 1979, 763 m.w.N.; *OLG Schleswig* NJW 1971, 571. – **A.M.** *OLG München* NJW 1974, 2011. Allgemein zur Anschlußbeschwerde → § 573 Rdnr. 9ff.
[110] *RG* (VZS) 57, 310; *OLG Braunschweig* NdsRpfl. 1951, 120; *OLG Celle* NdsRpfl. 1954, 85; *OLG Hamburg* MDR 1957, 493; *OLG Nürnberg* BayJMBl. 1953, 205; *OLG Schleswig* SchlHA 1952, 188. – Es genügt aber die Möglichkeit eines Rechtsmittels in der Hauptsache, z.B. der weiteren Beschwerde nach § 568 Abs. 3, *OLG Frankfurt* MDR 1968, 333.
[111] *OLG Frankfurt* FamRZ 1980, 387f. (zu § 620c).

hätte erreicht werden können[112] (→ auch § 99 Rdnr. 6), denn anderenfalls wäre es den Parteien möglich, über § 91a wenigstens indirekt eine Aussage der höheren Instanz, die ihnen sonst verschlossen wäre, zur Sache zu bekommen[113]. Gegen Entscheidungen der *Oberlandesgerichte* ist die Beschwerde nach § 567 Abs. 4 nicht statthaft[114]. Eine *weitere Beschwerde* findet nach § 568 Abs. 3 *nicht* statt. Die Beschwerde kann entsprechend § 512a nicht auf die örtliche Unzuständigkeit[115] und unter den Voraussetzungen des § 10[116] bzw. § 529 Abs. 2[117] nicht auf die sachliche Unzuständigkeit des Gerichts gestützt werden. Dem Beschwerdegegner ist nach Abs. 2 S. 2 vor der Entscheidung über die Beschwerde **rechtliches Gehör** zu gewähren. **Neue Tatsachen** können aber in der höheren Instanz **nicht** vorgetragen werden, weil § 570 nach § 91a Abs. 1 nicht (bzw. nur bei Vorliegen eines Restitutionsgrundes) angewendet werden kann[118] (→ auch Rdnr. 27).

33 Die sofortige Beschwerde ist nach dem Meistbegünstigungsprinzip (→ Allg. Einl. vor § 511 Rdnr. 26) auch gegeben, wenn zu Unrecht über die Kosten nicht nach § 91a, sondern nach einer anderen Vorschrift[119], oder wenn fehlerhaft durch Urteil entschieden ist[120]. Wird dagegen der **Kostenentscheidung in einem Urteil** zu Unrecht § 91a zugrunde gelegt (z.B. bei einseitiger Erledigungserklärung, statt der zutreffenden Anwendung des § 91, → Rdnr. 41), so ist nur das gegen das Urteil insgesamt gegebene Rechtsmittel statthaft, nicht die sofortige Beschwerde nach § 91a Abs. 2[121].

34 Daß es bei **gemischten**, d.h. auf Grund verschiedener Vorschriften ergangenen **Kostenentscheidungen** bei der sofortigen Beschwerde bleibt, wenn ohnedies in jedem Fall nur dieses Rechtsmittel gegeben wäre (wie bei einer Entscheidung, die wegen teilweiser Erledigung nach § 91a, wegen teilweisen Anerkenntnisses nach §§ 93, 99 Abs. 1 angefochten wird), versteht sich von selbst[122]. Im übrigen ergeben sich gewisse Schwierigkeiten, wenn nach der unterschiedlichen Begründung der Entscheidung **verschiedenartige Rechtsmittel** zulässig wären (→ auch § 99 Rdnr. 11). Es geht nicht an, das Rechtsmittel, das für einen Teil der Kostenentscheidung gegeben wäre, wenn diese allein ergangen wäre, nur deshalb zu versagen, weil über die Kosten zu einem anderen Teil gleichzeitig mitentschieden ist.

34a So kann eine Kostenentscheidung bei Teilerledigung und streitigem Urteil über den restlichen Teil (→ Rdnr. 31), soweit im Wege der **Teilanfechtung** nur der auf § 91a gestützte Teil der Kostenentscheidung angegriffen werden soll, mit der *sofortigen Beschwerde* angefochten werden[123], während die Kostenentscheidung im übrigen nach § 99 Abs. 1 nur zusammen mit

---

[112] *OLG Frankfurt* NJW-RR 1988, 838; *OLG Karlsruhe* NJW 1987, 387; *LG Hannover* JurBüro 1991, 117; *LG Köln* WuM 1987, 159; *LG Landshut* NJW 1967, 1283; *LG Stade* NdsRpfl. 1965, 204; *Bergerfurth* NJW 1992, 1658; *Heintzmann* Festschr. (Fn. 1), 141. – A.M. *Gölzenleuchter/Meier* NJW 1985, 2813; *Voraufl.*

[113] Es darf nicht verkannt werden, daß den Parteien nicht selten sehr daran gelegen ist, von dem Gericht im Kostenbeschluß nach § 91a eine verläßliche »Meinungsäußerung« zur Hauptsache zu bekommen, an der sie ihr künftiges Verhalten ausrichten können. Das gilt insbesondere in Wettbewerbssachen, wo es den Parteien häufig nur um die Klärung von Rechtsfragen geht.

[114] Vgl. nur *BGHZ* 113, 362 = NJW 1991, 2020f.

[115] Vgl. *OLG Nürnberg* JW 1925, 1665; *Göppinger* Erledigung (Fn. 1), 268.

[116] *OLG Braunschweig* Rpfleger 1964, 289.

[117] *OLG Saarbrücken* OLGZ 1969, 31 (zu § 528 S. 2 aF).

[118] *OLG Frankfurt* JurBüro 1991, 1393; WRP 1987, 116; *OLG Karlsruhe* KTS 1989, 719; *OLG Schleswig* SchlHA 1950, 45. – **A.M.** *Baumgärtel* MDR 1969, 803, 804, der § 570 anwendet, soweit in der ersten Instanz nachträgliches Vorbringen zulässig ist; *E. Schneider* MDR 1976, 885.

[119] *OLG Düsseldorf* NJW 1957, 102 (krit. *Pohlmann* das. 1197); *OLG Hamburg* MDR 1956, 430; *OLG Hamm* JMBl.NRW 1956, 32; *OLG Koblenz* NJW-RR 1991, 638; *OLG München* NJW 1957, 836; *OLG Schleswig* SchlHA 1955, 334.

[120] *OLG Frankfurt* WRP 1990, 342. – In diesem Fall ist auch das gegen das Urteil gegebene Rechtsmittel (z.B. Berufung) statthaft, *BGH* MDR 1966, 232. Zur Anfechtung inkorrekter Entscheidungen → Allg. Einl. vor § 511 Rdnr. 23ff., 37.

[121] *BGH* NJW 1968, 2243. S.auch *OLG Düsseldorf* JMBl.NRW 1971, 32 (auch keine isolierte Anfechtung der Kostenentscheidung, wenn diese bei einseitiger Erledigungserklärung durch *Beschluß* nach § 91a ergeht).

[122] *OLG* MDR 1963, 295 = NJW 1963; *OLG Frankfurt* WRP 1990, 342; *OLG Hamburg* MDR 1958, 46.

[123] *BGHZ* 40, 265 = JZ 1964, 181 = NJW 660 = LM Nr. 18 (*Johanssen*); NJW 1963, 583, 584; *OLG Köln* VersR 1980, 463; *OLG Nürnberg* BayJMBl. 1958, 184; MDR 1959, 135; *LG Berlin* JR 1957, 19; *LG Mönchengladbach* MDR 1962, 61; *LG München I* MDR 1989, 647.

dem kontradiktorischen Urteil über die Hauptsache mit der *Berufung* angefochten werden darf, wobei der Wert des Beschwerdegegenstands nach § 511a 1500 DM übersteigen muß[124]. Auch für das Rechtsmittelgericht hat aber der Grundsatz einheitlicher Entscheidung zu gelten, und dieser nötigt dazu, daß von der neuen Entscheidung auch der nicht angefochtene oder nicht anfechtbare Teil der Entscheidung des Vorderrichters zwar der Sache nach unverändert übernommen wird, jedoch ein einheitlicher Ausspruch über die Gesamtkosten ergeht[125] (→ auch § 99 Rdnr. 5).

Ferner zwingt der Grundsatz zu einem einheitlichen Rechtsmittelverfahren. Wollen die Parteien die **Kostenentscheidung insgesamt angreifen**, die isoliert teils mit der sofortigen Beschwerde und teils mit der Berufung anfechtbar wäre, dann erscheint es – auch unter Berücksichtigung der unterschiedlichen Fristen (§ 516 einerseits, § 577 Abs. 2 andererseits) – sehr umständlich, dem dadurch Rechnung zu tragen, daß man zwei selbständig auf ihre Zulässigkeit zu prüfende Rechtsmittel verlangt, die dann aber zu einem einzigen Verfahren zu verbinden sein sollen[126]. Demgegenüber verdient die Auffassung den Vorzug, daß die gemischte Kostenentscheidung bei gleichzeitiger Anfechtung der Sachentscheidung auch insoweit mit der Berufung angefochten werden kann, als sie auf § 91a beruht[127]. Die Revision ist aber, soweit mit ihr die Kostenentscheidung nach § 91a überprüft werden soll, auch in den Fällen des § 547 unzulässig, da sonst § 567 Abs. 4 umgangen würde[128]. – Zu diesen Fragen → auch § 99 Rdnr. 11ff.

34b

f) Kostenfestsetzung

Der Beschluß ist nach § 794 Abs. 1 Nr. 3, ohne daß seine formelle Rechtskraft abzuwarten oder eine Vollstreckbarerklärung nötig wäre, ein Vollstreckungstitel und damit geeignete Grundlage für eine Kostenfestsetzung nach §§ 103ff.

35

4. Rechtsnatur[129]

Die Erledigungserklärungen sind *Prozeßhandlungen*, weil sie rein prozessuale Erfolge, nämlich die Beendigung der Rechtshängigkeit in der Hauptsache und eine vereinfachte Kostenentscheidung, erreichen wollen und erreichen. Weil der Erfolg auf Grund der Erklärungen kraft Gesetzes eintritt, sind sie *Bewirkungshandlungen* (→ vor § 128 Rdnr. 172). Sie stellen keine Anträge dar, sondern im Hauptteil, d. h. soweit sie die Hauptsache betreffen, das Gegenteil davon, nämlich das *Fallenlassen von Anträgen*. Die übereinstimmende Erledigungserklärung ist daher als eine **besondere (privilegierte) Art der Klagezurücknahme** zu

36

– A.M. *OLG Düsseldorf* MDR 1959, 788; *OLG Hamburg* MDR 1953, 740; *OLG Oldenburg* MDR 1957, 686.

[124] Der Wert der **Kosten des nicht erledigten Teils** bleibt dabei jedenfalls außer Betracht, *BGH* NJW-RR 1993, 766; 1991, 1211; MDR 1963, 44 (dazu *Kraft* 126) = NJW 1962, 2252; zur entsprechenden Frage bei der Streitwertberechnung s. *Schneider* JurBüro 1979, 1589ff. Im übrigen addiert die h. M. hier **bei einseitiger Teilerledigungserklärung** den Wert der nicht erledigten Hauptsache (sofern der Rechtsmittelführer unterlegen ist), *BGH* NJW-RR 1993, 766) und den auf den erledigten Teil der Hauptsache entfallenden Kostenanteil, *BGH* WM 1991, 2009; *Thomas/Putzo*[18] Rdnr. 62; → aber unten Rdnr. 47.

[125] *BGH* NJW 1986, 852.

[126] So *OLG München* NJW 1970, 761; *OLG Zweibrücken* NJW 1973, 1935; *LG Frankfurt* NJW 1968, 1239; *Heintzmann* Festschr. (Fn. 1), 137ff.; *Schiffer* ZZP 101 (1988), 25ff.; *Voraufl.* (die freilich z.T. schon im Sinne der hier vertretenen Auffassung interpretiert wurde; vgl. nur *OLG Hamm* NJW-RR 1987, 427).

[127] *OLG Düsseldorf* KostRspr. ZPO § 91a (B) Nr. 253 (L); *OLG Hamm* NJW-RR 1987, 427; MDR 1974, 1023; *KG* MDR 1986, 241; *OLG Köln* JMBl.NRW 1977, 95; *OLG München* WRP 1979, 892; NJW 1973, 289 (L); 1970, 2114; *OLG Stuttgart* NJW 1969, 1443; *LG Bielefeld* NJW 1968, 1239; *Baumbach/Lauterbach/Hartmann*[51] Rdnr. 153; *Bergerfurth* NJW 1992, 1660 f.; *Thomas/Putzo*[18] Rdnr. 55; *Zöller/Vollkommer*[18] Rdnr. 56. – Nach *LG Essen* MDR 1966, 154 soll der Berufung die sofortige Beschwerde immanent sein und bei Rücknahme fortleben.

[128] *BGHZ* 113, 362 = NJW 1991, 2020 f. m.w.N.

[129] Dazu näher insbes. *A. Blomeyer* JuS 1962, 212; *Habscheid* JZ 1963, 624; *Pohle* Festschr. f. Maridakis

beurteilen[130]. Im Kostenpunkt können *Anträge* gestellt werden; notwendig ist dies aber nach der hier vertretenen Auffassung (→ Rdnr. 26) nicht.

III. Einseitige Erledigungserklärung des Klägers

37   Es wird nicht nur durch den Willen der Parteien gerechtfertigt, sondern ist schon nach dem objektiven Sachverhalt ein Gebot der Gerechtigkeit, daß sich im Fall einer Erledigung des Anspruchs der Kläger ohne Sachurteil in der Hauptsache, aber ohne die nachteiligen Folgen des § 269, also nicht als schlechthin Unterlegener, aus einem Prozeß zurückziehen kann. Daher muß dies dem Kläger auch gestattet sein, wenn der Beklagte einer Erledigungserklärung widerspricht. Im *Ergebnis* herrscht darüber heute nahezu[131] Einigkeit, nur über die Art, wie man zu diesem Ziel gelangt, gehen die Ansichten in mehreren Fragen auseinander.

1. Inhalt der Erklärung und Wirksamkeitsvoraussetzungen

38   Die »einseitige« Erledigungserklärung des Klägers ist regelmäßig keine zusätzliche Erklärung besonderer Art, sondern einfach die oben Rdnr. 16 bereits dargestellte Willensäußerung, die auf die Beendigung des Rechtsstreits wegen der Erledigung abzielt. Die Erklärung bleibt einseitig, wenn der Beklagte seinerseits keine Erledigungserklärung abgibt, ohne aber dadurch ihren Inhalt zu verändern. Die Erledigungserklärung bleibt nur dann als einseitige Erledigungserklärung wirksam, wenn sie nicht unter der Bedingung steht, daß der Beklagte zustimmt (→ Rdnr. 17). Die Erklärung kann nicht hilfsweise neben dem Klageantrag erfolgen (→ Rdnr. 17). Das spätere prozessuale Geschehen verläuft nur deshalb anders als zu Rdnr. 20 ff. behandelt, weil eben der Beklagte sich der Erklärung nicht anschließt, sondern ihr widerspricht. Für die Erklärung selbst gilt das oben Rdnr. 13−18 Bemerkte mit der Abweichung, daß es hier auf das **tatsächliche Vorliegen** eines den Anspruch erledigenden Ereignisses ankommt[132] (→ Rdnr. 5, 40ff.), so daß der Kläger seiner Erklärung bestimmte Behauptungen beifügen muß, wozu ihm aber § 264 Nr. 1 spätere Ergänzungen oder Berichtigungen gestattet. Die Erledigung muß **nach Rechtshängigkeit** erfolgt sein (→ Rdnr. 11), ebenso die Erledigungs*erklärung*. Die Erklärung bleibt **widerruflich**, solange der Beklagte nicht zugestimmt und das Gericht nicht darüber entschieden hat[133].

2. Rechtsnatur

39   Die heute ganz h.M[134] sieht in der einseitigen Erledigungserklärung durch den Kläger eine **Klageänderung**, da der Kläger nunmehr Feststellung der Erledigung, genauer: der ursprüng-

---

(Fn. 1); *Rosenberg/Schwab/Gottwald*[15] § 132 II 1; *Lindacher* JurA 1970, 687.

[130] S. *A. Blomeyer* ZPR², § 64 II 1. − Abl. *Rosenberg/Schwab/Gottwald*[15] § 132 II 1; *Lüke* (Fn. 1), 325 (dazu → Fn. 72). Für Verzichtsnatur *Habscheid* (der überdies einen Vertrag annimmt) und *Nikisch* (beide Fn. 76).

[131] *Grunsky* Grundlagen des Verfahrensrechts², § 12 III 1 und Festschr. (Fn. 1), 165ff./176 lehnt die einseitige Erledigungserklärung an sich ab und hält einen Verzicht des Klägers sowie die entsprechende Anwendung des § 93 für ausreichend. Er erklärt aber dann das Rechtsinstitut der einseitigen Erledigungserklärung zum Gewohnheitsrecht.

[132] Fehlen diese Voraussetzungen, kann die Erledigungserklärung aber nicht einfach als Klagerücknahme behandelt werden; → Rdnr. 25.

[133] Vgl. *OVG Lüneburg* NJW 1967, 1294; *OVG Münster* ZMR 1966, 349.

[134] *BGH* NJW 1990, 3148; *OLG Düsseldorf* FamRZ 1992, 961; *OLG München* NJW 1975, 2021; *OLG Nürnberg* NJW-RR 1989, 444; 1987, 1278; *OLG Saarbrücken* NJW 1967, 2212 (dagegen *Deubner* NJW 1968, 848); *OLG Zweibrücken* NJW 1968, 110; *LG Essen* NJW 1972, 294; *LG Nürnberg-Fürth* NJW 1981, 2587; 1974, 2007 (abl. *Schmidt*); *AG Köln* WuM 1989, 31; *Baumgärtel/Laumen* JA 1980, 202; *Brüchert* AnwBl. 1989, 81; *Lüke* Festschr. f. F. Weber (Fn. 1), 329ff.; *Habscheid* Festschr. f. Lent (Fn. 1), 167; *ders.* JZ 1963, 625; *Mössner* NJW 1970, 175; *Ostendorf* DRiZ 1973, 387; *Röckle*

lich gegebenen und jetzt weggefallenen Zulässigkeit und Begründetheit der Klage, beantrage. Die Zulässigkeit dieser Klageänderung soll sich aus Gewohnheitsrecht, aus § 264 Nr. 2 oder, was den Vorzug verdient, aus § 264 Nr. 3 ergeben. Das rechtliche Interesse an der nunmehr begehrten Feststellung folgt – sofern man es überhaupt verlangt[135] – daraus, daß es unbillig wäre, den Kläger nach § 91 (wenn er auf das erledigende Ereignis nicht reagiert) oder nach § 269 Abs. 3 S. 2 (wenn er die Klage zurücknimmt) mit den Kosten zu belasten. Die Kostenlast soll den Kläger im Ausgangspunkt nur treffen, wenn er eine von Anfang an unzulässige oder unbegründete Klage erhoben hat (→ schon Rdnr. 1). Daß dies nicht der Fall ist, kann er nach dem Rechtsgedanken des § 256 Abs. 2 als Vorfrage zur den Kläger eigentlich nur noch interessierenden Kostenentscheidung feststellen lassen.

Demgegenüber ist in diesem Kommentar bisher im Anschluß an Pohle die Auffassung vertreten worden, es handele sich bei der einseitigen Erledigungserklärung um eine *privilegierte Klagerücknahme*, die im Fall der tatsächlichen Erledigung auch ohne Zustimmung des Beklagten und ohne die Kostenfolge des § 269 Abs. 3 S. 2 wirksam sei[136]. Daran wird hier nicht festgehalten, denn diese Auffassung vermag nur schwer zu erklären, warum es bei fehlender Erledigung zu einer Klageabweisung kommt (→ Rdnr. 41 ff.), wo doch die Klage zurückgenommen ist. Daß die Rücknahme nur bei tatsächlicher Erledigung wirksam sein soll, ist kaum zu erklären. Daß das auf die einseitige Erledigungserklärung ergehende Urteil als Prozeßurteil dann doch mit Feststellungswirkung in der Sache feststellen soll, daß der Rechtsstreit in der Hauptsache durch die Erledigungserklärung beendet ist[137], paßt ebenfalls nicht zusammen. Das alles bedeutet freilich nicht, daß sich nicht auch auf der Basis der h. M. aus einem Vergleich mit § 269 Argumente gewinnen ließen. 39a

3. Verfahren

Die einseitige Erledigungserklärung beseitigt, anders als eine Klagerücknahme, die Rechtshängigkeit nicht[138]. Aus der prozessualen Lage ergibt sich die Pflicht des Gerichts, den Streit um die Erledigung und damit um das erledigende Ereignis zu entscheiden. Eines besonderen Rechtsschutzinteresses bedarf es dafür nicht[139]. Es muß also geprüft werden, ob die **Klage ursprünglich zulässig**[140] **und begründet** war und ob ein **erledigendes Ereignis** vorliegt[141] (→ auch Rdnr. 42). Entgegen einer anderen Ansicht, die auf die sachliche Prüfung der Klage verzichten und sich mit der Feststellung begnügen will, daß sich die Klage jedenfalls jetzt erledigt hat, mag sie vorher erfolgversprechend gewesen sein oder nicht[142], ist an der 40

---

[18] *Putzo*[18] Rdnr. 32; *Zöller/Vollkommer*[18] Rdnr. 34. – Nach *Lindacher* JurA 1970, 705 handelt es sich um einen kostenmäßig privilegierten **Klageverzicht** (ebenso *J. Blomeyer* NJW 1982, 2752, aber nur für den Fall, daß der Beklagte der eigentlich vorliegenden Klagerücknahme eine erforderliche Zustimmung verweigert; vgl. ferner *Grunsky* Festschr. [Fn. 1]), nach *Rosenberg/Schwab/Gottwald*[15] § 132 III 3 um eine **eigenständige Institution** (Einwirkungshandlung, nämlich Antrag auf eine Entscheidung besonderer Art; ebenso i. E. *D. Assmann* [Fn. 1], 199 ff.; *Künzl* DB 1990, 2371).
[135] Verneinend z. B. *MünchKommZPO/Lindacher* Rdnr. 76.
[136] Vgl. *Pohle* Festschr. (Fn. 1), 448; ferner *A. Blomeyer* ZPR², § 64 I; *ders.* JuS 1962, 213; *Leipold* Vorauf. Rdnr. 39.
[137] Vgl. auf der Basis der Theorie von der privilegierten Klagerücknahme *Vorauf.* Rdnr. 44 f.; dagegen mit Recht *Gerhardt* ZZP 92 (1979), 402 f.
[138] BGH NJW 1990, 2682; 1982, 767 f.; OLG München OLGZ 1986, 69.
[139] BGH NJW 1992, 2236; 1986, 588, 589; → für den Beklagten Rdnr. 42.
[140] A. M. *Rosenberg/Schwab/Gottwald*[15] § 132 III 3 e.
[141] BGHZ 106, 366 f. = NJW 1989, 2885; 79, 276 = NJW 1981, 990; 37, 142 = NJW 1962, 1723 = LM § 256 Nr. 74 (*Johannsen*); BGH NJW 1992, 2236; 1991, 1114, 1116; 1969, 237; WM 1968, 697; OLG Braunschweig OLGZ 1974, 295; OLG Bremen JurBüro 1972, 530; OLG Düsseldorf FamRZ 1992, 961; 1984, 726; OLG Hamburg GRUR 1972, 375; OLG Koblenz GRUR 1985, 327; OLG München NJW 1988, 349; OLG Nürnberg NJW-RR 1987, 1278; OLG Saarbrücken NJW-RR 1989, 1513; OLG Stuttgart NJW 1969, 1216; BAGE 19, 347; BAG AP Nr. 13; *Baumbach/Lauterbach/Hartmann*[51] Rdnr. 177; *Deubner* JuS 1962, 210; *Furtner* JR 1961, 249; *Manssen* NVwZ 1990, 1018 ff.; *Röckle* AnwBl. 1993, 318; *Thomas/Putzo*[18] Rdnr. 33; *Zöller/Vollkommer*[18] Rdnr. 44.
[142] So z. B. OLG Hamburg NJW 1970, 762; OLG Stuttgart NJW 1962, 1872; Justiz 1961, 264; BAG NZA 1990, 822 (→ Rdnr. 56); BVerwGE 20, 146 = NJW 1965, 1035; BFH BB 1971, 554; *D. Assmann* (Fn. 1), 188 ff.; *Brox* JA 1983, 293; *Jost/Sundermann* ZZP 105 (1992), 261 ff.; *Müller-Tochtermann* NJW 1958, 1763; *Schwab* ZZP 72 (1959), 129; *Walchshöfer* ZZP 90 (1977), 186; ZZP 79 (1966), 296; ferner *Göppinger* Die Erledigung

umfassenden Prüfung festzuhalten, weil sonst dem Beklagten sein Recht auf Feststellung, daß er sich zu Recht verteidigt hat, genommen würde. Denjenigen, der mit einer unberechtigten Klage überzogen wurde, auf eine Feststellungswiderklage zu verweisen, zwingt ihm die Initiative auf, was nicht gerechtfertigt ist (→ auch Rdnr. 11).

40a Das Verfahren richtet sich nach den **allgemeinen Grundsätzen** des Klageverfahrens, insbesondere was die Mündlichkeit, die Behauptungs- und Beweislast und das Beweisverfahren[143] anlangt. Vor der Entscheidung ist dem Gegner rechtliches Gehör zu gewähren[144]. Für die Entscheidung in der Hauptsache müssen die die Partei betreffenden Prozeßvoraussetzungen grundsätzlich, die übrigen jedenfalls dann, wenn nicht ihr Wegfall gerade das erledigende Ereignis darstellt, gegeben sei. Der **Einzelrichter** kann entscheiden, wenn ihm der Rechtsstreit nach § 348 zur Entscheidung übertragen ist. Dagegen können der Vorsitzende der Kammer für Handelssachen und der Einzelrichter in der Berufungsinstanz nur bei Einverständnis der Parteien entscheiden (§§ 349 Abs. 3, 524 Abs. 4), denn um eine Kostenentscheidung nach § 91a (§§ 349 Abs. 2 Nr. 6, 524 Abs. 3 Nr. 4) handelt es sich hier nicht (→ Rdnr. 41 ff.).

4. Inhalt der Entscheidung

a) Bei Feststellung der Erledigung

41 Kommt das Gericht zu der Überzeugung, daß tatsächlich eine Erledigung eingetreten ist, so spricht es durch **Urteil** (→ Rdnr. 44) aus, daß sich das **Verfahren in der Hauptsache erledigt habe**[145]. Vorangegangene, nicht rechtskräftige Entscheidungen werden mit Rechtskraft der Erledigungsentscheidung wirkungslos[146], auch ohne besonderen Ausspruch in der Erledigungsentscheidung, der aber zur Klarstellung empfehlenswert ist. Die **Kosten sind nach § 91, §§ 92ff. dem Beklagten aufzuerlegen**, weil ihn die Kosten auch getroffen hätten, wenn das erledigende Ereignis nicht eingetreten wäre, und weil er in dem Streit über die Berechtigung seines Widerspruchs ebenfalls unterlegen ist[147]. § 91a ist nicht (analog) anwendbar, kann also keine abweichende Kostenverteilung rechtfertigen, weil die Vorschrift den Fall des Widerspruchs nicht trifft und weil es für eine entsprechende Anwendung an der Voraussetzung der Rechtsähnlichkeit fehlt[148]. Überdies würde selbst bei Anwendung des § 91a das Gericht regelmäßig zu keiner anderen Kostenentscheidung gelangen können, eben weil der Beklagte unterlegen wäre, wenn sich der Anspruch nicht erledigt hätte[149] (→ Rdnr. 29). Der Beklagte

---

(Fn. 1), 112, 115f. und *Künzl* DB 1990, 2370ff., die aber Zulässigkeit der Klage verlangen.
[143] Vgl. *BGH* NJW 1992, 2236.
[144] *BVerfGE* 67, 96, 99.
[145] *BGHZ* 106, 366f. = NJW 1989, 2885; *Baumbach/Lauterbach/Hartmann*[51] Rdnr. 173ff.
[146] *OLG Düsseldorf* WRP 1971, 328; *Göppinger* NJW 1967, 178. – Aufhebung verlangt *Thomas/Putzo*[18] Rdnr. 38.
[147] *BGHZ* 106, 366f. = NJW 1989, 2885; 83, 15; 23, 340; = JZ 1957, 475 = MDR 662 (*Pohle*) = NJW 628; FamRZ 1966, 567; *OLG Nürnberg* NJW-RR 1989, 444; *OLG Saarbrücken* NJW 1967, 2212; *LG Bielefeld* Rpfleger 1986, 400f.; *LG Düsseldorf* Rpfleger 1985, 252; *BFH* BB 1979, 1757; *Baumbach/Lauterbach/Hartmann*[51] Rdnr. 183; *A. Blomeyer* ZPR², § 64 I 2b; *Brox* JA 1983, 293f.; *Brüchert* AnwBl. 1989, 81; *Deubner* JuS 1993, 230; *Horn* GRUR 1971, 333; *Lüke* Festschr. (Fn. 1), 329ff.; *Mössner* NJW 1970, 175; *Ostendorf* DRiZ 1973, 397; *Röckle* AnwBl. 1993, 320; *Thomas/Putzo*[18] Rdnr. 39; *Zöller/Vollkommer*[18] Rdnr. 47; s. auch schon *RG* ZZP 55 (1930), 129.

[148] A.M. *OLG Düsseldorf* MDR 1962, 137; *OLG München* NJW 1979, 274; *LG Tübingen* WM 1990, 286; *AG Waldshut-Tiengen* VersR 1980, 494; *D. Assmann* (Fn. 1), 199ff.; *Asmussen* SchlHA 1965, 76; *Deubner* JuS 1962, 211; *Göppinger* Erledigung (Fn. 1), 138; *Gottwald* JZ 1983, 526; *Jost/Sundermann* ZZP 105 (1992), 261ff.; *Künzl* DB 1990, 2372; *Müller-Tochtermann* NJW 1958, 1763; *Rosenberg/Schwab/Gottwald*[15] § 132 III 3f. m.w.N.; *Schwab* ZZP 72 (1959), 140f.; *Walchshöfer* ZZP 79 (1966), 296.
[149] Abweichungen könnten zugunsten des Beklagten allenfalls durch die Berücksichtigung des **Rechtsgedankens des § 93** (→ Rdnr. 29) oder eines **materiell-rechtlichen Kostenerstattungsanspruchs** (→ Rdnr. 29a) erzielt werden. Im Hinblick darauf wird die Anwendung des § 91a u. a. mit dem Ziel befürwortet, dem Kläger die Zusatzkosten aufzuerlegen, die infolge **verspäteter Erledigungserklärung** entstanden sind (→ auch Rdnr. 29); vgl. *Deubner* JuS 1993, 230, der § 93 analog anwendet; ferner *Grunsky* AcP 186 (1986), 525 und Festschr. (Fn. 1), 173ff. (Berücksichtigung eines materiell-rechtlichen Kostenerstattungsanspruchs); vgl. auch *OLG München*

kann, wenn er der Erledigung zu Unrecht widerspricht, seiner Kostenbelastung auch nicht dadurch entgehen, daß er neben seinem Klageabweisungsantrag hilfsweise die Erledigungserklärung abgibt (→ Rdnr. 17b).

b) Bei von Anfang an unzulässiger oder unbegründeter Klage

War die Klage schon vor dem angeblich den Anspruch erledigenden Ereignis unzulässig oder unbegründet, so ist die Erklärung des Klägers ohne Zustimmung des Beklagten nicht wirksam[150] (→ auch Rdnr. 40). Das ergibt ein Vergleich mit § 269, der dem Beklagten unter den dort bezeichneten Voraussetzungen ein Recht auf ein abweisendes Urteil gibt (→ auch Rdnr. 17a). Deshalb ist auch hier die Klage (je nachdem, ob sie unzulässig oder unbegründet ist) durch Prozeß- oder Sachurteil abzuweisen[151], sofern der Kläger nach entsprechendem Hinweis (§§ 139, 278 Abs. 3) auf seinem Antrag beharrt[152]. Nach einem **rechtlichen Interesse des Beklagten** ist dabei nicht zu fragen[153], weil die Abweisung zwar wie ein Urteil auf eine negative Feststellungsklage nach § 256 wirkt, aber der Abweisungsantrag keine negative Feststellungsklage darstellt. Hier treffen den Kläger die **Kosten** nach §§ 91ff.[154] § 91a kann weder unmittelbar noch sinngemäß angewendet werden[155] (→ Rdnr. 12). Dasselbe gilt für § 93[156], der zugunsten des Klägers nur bei einer Entscheidung nach § 91a (→ Rdnr. 29), nicht aber bei sonstigen Kostenentscheidungen angewendet werden kann (→ § 93 Rdnr. 1).

42

c) Bei zulässig und begründet gebliebener Klage

Die Prüfung der Erledigung kann auch ergeben, daß die Klage nicht nur von Anfang an zulässig und begründet gewesen war, sondern daß sie es auch geblieben ist, weil entgegen der Behauptung des Klägers der Anspruch sich gar nicht erledigt hat. Das wird allerdings selten vorkommen, weil in der Regel das behauptete erledigende Ereignis als solches vom Beklagten nicht bestritten sein wird. Eine Verurteilung des Beklagten in der Hauptsache und im Kostenpunkt nach §§ 91ff. kann nur ausgesprochen werden, wenn der Kläger neben der Erledi-

43

NJW-RR 1993, 571; *LG Tübingen* WM 1990, 286. Aber das ist nicht veranlaßt. Wenn der Beklagte diese Kosten nicht tragen will, mag er sich der Erledigungserklärung des Klägers anschließen.
[150] BGHZ 106, 366f. = NJW 1989, 2885; BGH NJW 1992, 2236; 1991, 1114, 1116; 1969, 237; WM 1968, 697; *OLG Braunschweig* OLGZ 1974, 295; *OLG Bremen* JurBüro 1972, 530; *OLG Hamburg* GRUR 1972, 375; *OLG Nürnberg* NJW-RR 1987, 1278; *OLG Stuttgart* NJW 1969, 1216; BAG AP Nr. 13; *Baumbach/Lauterbach/Hartmann*[51] Rdnr. 177; *Thomas/Putzo*[18] Rdnr. 34; *Zöller/Vollkommer*[18] Rdnr. 44. – **A.M.** *OLG Hamburg* NJW 1970, 762; BVerwGE 20, 146 = NJW 1965, 1035; BFH BB 1971, 554; *D. Assmann* (Fn. 1), 188ff.; *Schwab* ZZP 72 (1959), 129; *Walchshöfer* 90 (1977), 186; ZZP 79 (1966), 296.
[151] BGHZ 106, 367 = NJW 1989, 2885; NJW 1984, 1901; *OLG Nürnberg* NJW-RR 1987, 1278; *OLG Zweibrücken* JurBüro 1985, 1879.
[152] Zur »Umdeutung« in eine Klagerücknahme → Rdnr. 25.
[153] BGHZ 37, 137 = NJW 1962, 1723;; NJW 1986, 588, 589; 1982, 767f.; 1969, 237; 1965, 296 = JZ 257; VersR 1980, 384, 385; *OLG Düsseldorf* FamRZ 1984, 726; NJW 1968, 1481; WRP 1968, 402; *OLG Karlsruhe* VersR 1969, 263, KG OLGZ 1969, 254; *OLG München* BayJMBl. 1955, 118; *OLG Nürnberg* JurBüro 1964, 372;

OLG Oldenburg NJW 1954, 1771; *LG Duisburg* NJW 1964, 670; BFH WPg. 1980, 676 (L). – **A.M.** früher RGZ 156, 372; *OLG Celle* NdsRpfl. 1965, 88; *OLG München* MDR 1957, 298; *OLG Oldenburg* MDR 1963, 225; *OLG Schleswig* SchlHA 1952, 9; BAGE 11, 251 = AP Nr. 10 (kritisch *Baumgärtel*) = JZ 1962, 446 = NJW 125; AP Nr. 11 (dagegen *E. Schumann*); DB 1965, 1143; BVerwGE 20, 146 = NJW 1965, 1035; NJW 1969, 1789; MDR 1970, 262. – Auch BGH JZ 1965, 258 (abl. *Göppinger*) = MDR 284 = NJW 537 (dagegen *Putzo* das. 1019) prüft das rechtl. Interesse, aber ohne Auseinandersetzung mit den bisherigen Entscheidungen.
[154] BGHZ 79, 276 = NJW 1981, 990.
[155] Vgl. *Becker-Eberhardt* (Fn. 1), 257ff., 280ff.
[156] **A.M.** *OLG Frankfurt* MDR 1989, 166; *OLG Karlsruhe* WM 1980, 350; *OLG Nürnberg* JurBüro 1978, 745; *OLG Schleswig* SchlHA 1980, 199; *LG Mannheim* ZMR 1978, 54; *Becker-Eberhardt* (Fn. 1), 285ff. (→ dazu vor § 91 Rdnr. 19); *J. Blomeyer* NJW 1982, 2753; *Grunsky* Festschr. (Fn. 1), 176; *ders.* AcP 186 (1986), 525; Habscheid Festschr.f. Lent (Fn. 1), 172; *ders.* JZ 1963, 631; *Haubelt* ZZP 89 (1976), 192; *Rixecker* MDR 1985, 635; *Thomas/Putzo*[18] Rdnr. 39; *Zöller/Vollkommer*[18] Rdnr. 47. – Die »reziproke« Anwendung des § 93 wird vor allem für den Fall befürwortet, daß die Erledigung vor Klagezustellung eintritt; → dazu aber bereits Rdnr. 12.

gungserklärung für den Fall, daß diese sich als unbegründet erweist, hilfsweise an seinem Klageantrag festgehalten hat[157] oder diesen noch rechtzeitig wieder aufnimmt (→ Rdnr. 17). Tut er dies nicht, so kann zu seinen Gunsten nicht entschieden werden, weil er den Klageantrag fallengelassen hat[158]. Dann ist die Klage ebenso **als unbegründet abzuweisen** wie bei einer Klagezurücknahme nach § 269, der die erforderliche Einwilligung des Beklagten fehlt (→ § 269 Rdnr. 17). Auch hier treffen dann den Kläger die Kosten nach §§ 91 ff. Hier wie bei allen Kostenentscheidungen können jedoch bei gegebenen Voraussetzungen auch nach §§ 96, 97 usw. zum Teil dem Sieger die Kosten auferlegt werden; nur § 91 a scheidet hier aus.

5. Rechtsnatur und Wirkung der Erledigungsentscheidung

44 Das Gericht entscheidet in der Hauptsache, und zwar durch Urteil, weil Entscheidungsgrundlage (abgesehen von den Fällen des § 128 Abs. 2 u. 3) die mündliche Verhandlung ist und § 91 a den Streit über die Erledigung nicht trifft. Das Urteil ist **Sachurteil**, nicht Prozeßurteil[159], da es feststellt, daß der Rechtsstreit in der Hauptsache durch die Erledigungserklärung des Klägers beendet ist. Das Urteil ist Endurteil, nicht Zwischenurteil[160], weil es den Rechtsstreit tatsächlich beendet.

45 Aus einem prozessualen Verständnis der Entscheidung wurde früher der Schluß gezogen, das Urteil könne keine **Feststellungswirkung in der Sache** äußern[161], stehe also einer später wiederholten Klage mit demselben Streitgegenstand nicht entgegen. Nur wenn – entsprechendes rechtliches Interesse nach § 256 vorausgesetzt – der Kläger durch Klageänderung oder der Beklagte durch Widerklage eine entsprechende Feststellung in der Sache beantragten, könne darüber rechtskräftig entschieden werden. Wenn man dagegen mit der auch hier vertretenen Auffassung (→ Rdnr. 39) bei der einseitigen Erledigungserklärung eine Klageänderung annimmt und im Urteil dann eine Sachentscheidung sieht (→ Rdnr. 44), ist der Weg zu einer Rechtskraftwirkung in der Sache von vornherein offen, allerdings ohne daß damit schon geklärt wäre, ob die Rechtskraft nur die Unbegründetheit bzw. Unzulässigkeit ab Erledigung[162] oder auch die Zulässigkeit und Begründetheit bis zu diesem Zeitpunkt[163] umfaßt. Wenn man bedenkt, daß bei dem Streit um die Erledigung beide Fragen geprüft und beurteilt werden müssen, daß sie für die Parteien auch erkennbar den zentralen Gegenstand des Verfahrens bilden, dann spricht von der Interessenlage und vom Sinn der Rechtskraft her alles dafür, die **Rechtskraft** sowohl für die **ursprüngliche Zulässigkeit und Begründetheit** als auch für die **spätere Unzulässigkeit oder Unbegründetheit** anzunehmen.

---

[157] *BGH* WM 1982, 1260; NJW 1965, 1597; *Baumbach/Lauterbach/Hartmann*[51] Rdnr. 182; **a.M.** *Wieczorek*[2] Anm. A II a 1. Die Kostenentscheidung richtet sich dann nach der Entscheidung über den Hilfsantrag (→ § 92 Rdnr. 1b).
[158] *BGHZ* 106, 366 = NJW 1989, 2885; *OLG Nürnberg* NJW-RR 1989, 444; *AG Köln* WM 1989, 31.
[159] *BGHZ* 23, 340; NJW 1968, 2243; 1963, 48; *OLG Nürnberg* NJW-RR 1989, 444; 1987, 1278; *Koenigk* NJW 1975, 529; *Lüke* Festschr. f. F. Weber (Fn. 1), 330; *E. Schumann* JuS 1966, 27; *Thomas/Putzo*[18] Rdnr. 35; *Zöller/Vollkommer*[18] Rdnr. 45; offen *OLG Zweibrücken* JurBüro 1985, 1879. – **A.M.** (bei Ablehnung der Klageänderungstheorie; → Rdnr. 39) *D. Assmann* (Fn. 1), 203; *A. Blomeyer* ZPR[2], § 64 I 3b; *Deubner* NJW 1968, 848; *Schwab* ZZP 72 (1959), 136.
[160] S. *Schwab* ZZP 72 (1959), 136. – Nach neuerer Ansicht soll ein Zwischenurteil vorliegen, wenn die Erledigung *nicht* eingetreten ist; vgl. *MünchKommZPO/Lindacher* Rdnr. 96; *Rosenberg/Schwab/Gottwald*[15] § 132 III 3 d.
[161] *A. Blomeyer* JuS 1962, 214; *ders.* ZPR[2], § 64 I 3 b; *Göppinger* Erledigung (Fn. 1), 160; *Pohle* 19. Aufl. III/3; dagegen aber – auf dem Boden der Klagerücknahmetheorie – *Leipold* Vorauf. Rdnr. 45.
[162] Insoweit für Rechtskraft, die also einer Wiederholung der Klage entgegensteht, *Brox* JA 1983, 294f.; *Gaul* ZZP 1974 (1961), 138; *Grunsky* Grundlagen des Verfahrensrechts[2], 12 III 2 b cc; *ders.* Festschr. (Fn. 1), 178; *Rosenberg/Schwab/Gottwald*[15] § 132 III 3 d; *Schwab* ZZP 72 (1959), 136; *Thomas/Putzo*[18] Rdnr. 51; *Walchshöfer* ZZP 90 (1977), 187; *Zöller/Vollkommer*[18] Rdnr. 46.
[163] *OLG Nürnberg* NJW-RR 1989, 444; 1987, 1278; *OLG Saarbrücken* NJW 1967, 2212; *OLG Schleswig* Jur-Büro 1984, 1741; *Habscheid* JZ 1963, 625; *Koenigk* NJW 1975, 529; *Lüke* (Fn. 1), 334; *E. Schumann* JuS 1966, 27. Nicht eindeutig *BGH* NJW 1963, 48 (»Sachentscheidung mit allen Wirkungen der Rechtskraft«).

6. Anfechtung der Erledigungsentscheidung, Streitwert

a) Der **Ausspruch der Erledigung** nebst Kostenentscheidung kann vom **Beklagten**, der 46
Abweisung erstrebt, nach allgemeinen Grundsätzen mit ordentlichen Rechtsmitteln angefochten werden; § 99 steht dem nicht entgegen[164]. Sollte das Gericht auf den angeblich begründeten Einwand der Erledigung hin die Erledigung gegen den Widerspruch des Klägers ausgesprochen haben, so ist der Kläger dadurch ebenfalls beschwert und anfechtungsberechtigt, weil seinem Klageantrag nicht entsprochen ist. Daß richtig bei Begründetheit des Einwands die Klage hier sogar abzuweisen gewesen wäre, beseitigt die Beschwer nicht. Hatte der Kläger, veranlaßt durch einen Restitutionsgrund, die Erledigung selbst erklärt, so ist er ebenso beschwert wie der Beklagte durch ein Anerkenntnisurteil, das auf seinem durch einen Restitutionsgrund veranlaßten Anerkenntnis beruht (→ § 307 Rdnr. 41).

Da der Kläger mit der einseitigen Erledigungserklärung im Wege der Klageänderung (→ 47
Rdnr. 39) zu einer Feststellungsklage übergewechselt ist, muß der **Streitwert** – wie bei jedem Wechsel von einer Leistungs- zu einer Feststellungsklage – niedriger angesetzt werden als vorher[165]. Daß der Beklagte weiterhin eine Entscheidung zur – freilich jetzt durch den Feststellungsantrag bestimmten – Hauptsache (und nicht nur zu den Kosten) begehrt, daß die Hauptsache geprüft werden muß und darüber rechtskraftfähig entschieden wird (→ Rdnr. 45), bedeutet nicht, daß der Streitwert weiterhin durch den ursprünglichen Hauptsacheantrag bestimmt wird[166], denn diese Voraussetzungen liegen bei einer Feststellungsklage immer vor. Wenn man in der einseitigen Erledigungserklärung eine Klageänderung sehen will, dann muß man auch in der Streitwertfrage konsequent sein. Hingegen spricht der Umstand, daß eine rechtskraftfähige Hauptsacheentscheidung ergeht, entschieden dagegen, den Streitwert entsprechend der sonst anzuwendenden allgemeinen Regel (→ § 99 Rdnr. 6) auf das Kosteninteresse des Klägers zu reduzieren[167]. Das muß auch für den **Wert der Beschwer** bzw. des Beschwerdegegenstandes gelten, den die h. M. für den Beklagten ebenfalls nur nach den Kosten berechnen will[168]. Die Anfechtung in der Hauptsache ergreift auch die Kostenentscheidung. Deren gesonderte Anfechtung schließt dagegen § 99 Abs. 1 aus[169]. Zur Anfechtung *gemischter* Kostenentscheidungen, die bei nur teilweiser einseitiger Erledigungserklärung in Betracht kommen, → Rdnr. 34 und § 99 Rdnr. 11 ff.

b) Hat dagegen das Gericht die **Klage abgewiesen**, so kann der **Kläger** die Entscheidung 48
anfechten, um einen Ausspruch der Erledigung zu erreichen[170], einerlei, ob er vor Schluß der

---

[164] BGHZ 37, 137 = NJW 1962, 1723; BGH NJW 1992, 1514; NJW-RR 1992, 314, 315 m. w. N.

[165] I. d. R 50% des Hauptsachestreitwertes, mindestens aber das Kosteninteresse, OLG Bremen JurBüro 1971, 92; OLG Celle NJW 1970, 2113; OLG Köln JurBüro 1991, 832; OLG München NJW 1975, 2021; LG München I AnwBl. 1981, 112 (abl. *Chemnitz*).

[166] So aber OLG Bamberg JurBüro 1992, 762; 1989, 524; 1984, 917; 1980, 1575; MDR 1973, 943; OLG Düsseldorf NJW-RR 1993, 511; OLG Frankfurt JurBüro 1970, 853; 1975, 513; OLG Hamm Rpfleger 1973, 144; VersR 1974, 329; KG NJW 1965, 2405; OLG Karlsruhe JurBüro 1972, 516; OLG Köln JurBüro 1972, 162; 1974, 215; JMBl.NRW 1973, 175; OLG München JurBüro 1969, 434; *Baumbach/Lauterbach/Hartmann*[51] Anh. § 3 Rdnr. 45 – »Erledigungserklärung«; *Bode* JurBüro 1983, 650; *Hölzer* JurBüro 1991, 861; *Leipold* Vorauf.; *Röckle* AnwBl. 1993, 320f.; *H. Schmidt* MDR 1984, 372; *E. Schneider* JurBüro 1974, 162; MDR 1973, 625; *Zöller/Schneider*[18] § 3 Rdnr. 16 – »Erledigung der Hauptsache«; in einem Sonderfall auch BGH NJW 1982, 768.

[167] So aber BGH NJW-RR 1993, 766; 1992, 314, 315; NJW 1990, 3147; 1969, 1173; 1961, 1210; FamRZ 1990, 1225 (aber begrenzt durch das Hauptsacheinteresse; ebenso OLG Hamm VersR 1992, 514); OLG Düsseldorf JurBüro 1975, 230; OLG Hamburg JurBüro 1993, 364 (auch bei Anschließung nach Erörterung); MDR 1973, 417; OLG Koblenz JurBüro 1990, 393; MDR 1984, 671; OLG Köln VersR 1992, 518; OLG Schleswig SchlHA 1983, 58; 1975, 152; OLG Stuttgart MDR 1989, 266; LG Essen NJW 1992, 294; OLG Nürnberg-Fürth NJW 1974, 2007 (abl. *Schmidt*); *J. Blomeyer* NJW 1982, 2752; *Deubner* JuS 1993, 230; *Wieczorek*[2] Anm. B II.

[168] Vgl. von den vorstehend Genannten nur BGH NJW-RR 1993, 766; auch Rdnr. 34a.

[169] BGH NJW 1963, 48 (zur Berufung des Klägers). Eine isolierte Anfechtung der Kostenentscheidung mit der sofortigen Beschwerde entsprechend § 91a Abs. 2 ist nicht zulässig, weder durch den Beklagten (so auch LG Berlin NJW 1964, 775) noch durch den Kläger, OLG Stuttgart OLGZ 1985, 396; a.M. OLG Celle NJW 1964, 598 (bei Kostenentscheidung nach § 91a); OLG Frankfurt JurBüro 1981, 929; offenlassend BGH a.a.O.

[170] Auch wenn es dem Kläger vorwiegend oder ausschließlich auf eine Abänderung der ihn belastenden Kostenentscheidung ankommt (→ § 99 Rdnr. 5), BGHZ 57,

letzten mündlichen Verhandlung, auf die das Urteil erging, oder vor dem im schriftlichen Verfahren entsprechenden Zeitpunkt (→ § 128 Rdnr. 94) die Erledigung bereits erklärt hatte[171], oder ob nur der Anspruch sich tatsächlich erledigt hatte, oder ob die Erledigung erst nachträglich, aber vor Einlegung eines Rechtsmittels (zur späteren Erledigung → Rdnr. 51) eingetreten war[172]. Denn in jedem Fall ist der Kläger durch eine Abweisung seiner Klage und damit durch eine rechtskräftige Verneinung seines Rechts *beschwert*. Auch dann, wenn sich der Anspruch durch Annahme der Erfüllungsleistung oder in sonstiger Weise unter Mitwirkung des Klägers erledigt haben sollte, ist eine Beschwer in formellem Sinn zweifellos gegeben, und nach einer materiellen Beschwer ist hier nicht zu fragen[173]. Zusätzlich ein besonderes *Rechtsschutzbedürfnis* für das Rechtsmittel zu fordern, ist schon grundsätzlich bedenklich (→ Allg. Einl. vor § 511 Rdnr. 9). Auch könnte das Rechtsschutzbedürfnis in Fällen einer Mitwirkung des Klägers bei der Erledigung nicht etwa generell verneint werden[174], weil die Abweisung den Anspruch als zum Zeitpunkt der letzten mündlichen Verhandlung in der Tatsacheninstanz nicht bestehend feststellt und weil mit deren Rechtskraft der Kläger mit Rückforderung der Leistung (weil ohne Rechtsgrund erbracht) bzw. mit Schadensersatzansprüchen oder ähnlichen Rechtsnachteilen rechnen müßte[175].

49   c) Bei einer **Verurteilung trotz Erledigung** ist (nur) der **Beklagte** beschwert. Hat er nämlich bereits vor Urteilserlaß endgültig erfüllt, so droht ihm die Gefahr der Doppelzahlung. Wenn die Erfüllung erst nach Schluß der letzten mündlichen Verhandlung bewirkt ist, könnte der Beklagte zwar die Vollstreckungsgegenklage wählen (→ § 767 Rdnr. 17). Es wäre aber weder sachlich zu rechtfertigen noch prozeßökonomisch, ihn dazu durch Versagung des Rechtsmittels zu zwingen[176]. Eine Erfüllung unter Vorbehalt, insbesondere zur Abwendung der Vollstreckung, stellt ohnedies keinen Fall der Erledigung dar (→ Rdnr. 7). Zur Erledigung nach Einlegung des Rechtsmittels → Rdnr. 51.

IV. Einseitige Erledigungserklärung des Beklagten

50   Da die Erledigungserklärung nach der hier vertretenen Ansicht (→ Rdnr. 39) eine Klageänderung darstellt, kann sie **nur von einem Kläger oder Widerkläger** ausgehen[177]. Die entsprechende Erklärung des Beklagten ist nicht mehr als die Einverständniserklärung mit der Erledigungserklärung des Klägers. Sie kann auch vor dieser abgegeben werden und enthält dann die Aufforderung an den Kläger, die Erledigung zu erklären, und zugleich die im voraus erklärte Zustimmung dazu. Wenn ein Beklagter allein sich auf einen den Anspruch des Klägers erledigenden Umstand beruft, so hat das mit § 91a oder dessen sinngemäßer Anwen-

---

224 = NJW 1972, 112; *BGH* NJW-RR 1993, 766; *OLG Frankfurt* FamRZ 1991, 1457; *OLG Hamm* AnwBl. 1987, 43; *OLG Köln* MDR 1979, 499 (krit. *Schneider*); *OLG Zweibrücken* JurBüro 1985, 1879; ebenso für die Beschwerde gegen einen einstweiligen Rechtsschutz ablehnenden Beschluß *OLG Frankfurt* NJW-RR 1992, 493.
[171] *A.M. OLG Köln* JMBl.NRW 1970, 19.
[172] *OLG Düsseldorf* JMBl.NRW 1968, 186; *OLG Hamburg* NJW-RR 1989, 570; MDR 1973, 767; *OLG Karlsruhe* WRP 1976, 490; *OLG Köln* WRP 1973, 106; *OLG Schleswig* SchlHA 1974, 59; *OLG Zweibrücken* OLGZ 1975, 44; *LG Bonn* NJW 1973, 1934; *Boetzinger* MDR 1968, 555; *Göppinger* Erledigung (Fn. 1), 290ff.; *Thomas/Putzo*[18] Rdnr. 53. – **A.M.** (Beschwer für Rechtsmittel sei entfallen) *BGH* LM Nr. 4; *Wieczorek* Anm. B II c.
[173] *OLG Hamburg* NJW 1955, 1115; *OLG Koblenz* ZZP 65 (1952), 285 und (zwar offenlassend, aber dieser

Ansicht wohl zugeneigt) *BGH* MDR 1958, 501 = NJW 995 m.w.N.; *Ascher* MDR 1953, 584; *Donau* ZZP 67 (1954), 16; *Herzfeld* ZZP 58 (1934), 215. – **A.M.** *RGZ* 45, 415; *BGH* LM Nr. 4; *OLG Hamburg* NJW 1954, 722.
[174] *A.M. Habscheid* MDR 1954, 589; wohl auch *BGH* MDR 1958, 501 = NJW 995 und *Donau* ZZP 67 (1954), 16.
[175] *A. Blomeyer* ZPR², § 64 I 2, § 97 II 5b; s. auch *BAGE* 3, 265 = NJW 1957, 478 = SAE 179 (zust. *Pohle*) = AP Nr. 1 (*Baumgärtel*).
[176] *BGH* JZ 1975, 181 = NJW 539; *OLG Frankfurt* MDR 1971, 853; *OLG Düsseldorf* WRP 1974, 94; *LG Freiburg* MDR 1956, 303. – **A.M.** *OLG Nürnberg* MDR 1968, 420.
[177] Vgl. auch *OLG Frankfurt* GRUR 1987, 650: Erledigungserklärung des Antragsgegners im Verfügungsverfahren für das von ihm betriebene Aufhebungsverfahren; → auch Rdnr. 52.

dung nichts zu tun, sondern stellt nur das Vorbringen einer weiteren Einwendung des Beklagten dar, die bei der unverändert nötigen Entscheidung über den Klageanspruch wie alle anderen Einwendungen zu prüfen ist und zur Abweisung der Klage führt, wenn sie sich als begründet erweist, anderenfalls aber die Verurteilung nicht hindern kann[178]. Wird umgekehrt eine bisher unzulässige oder unbegründete Klage zulässig und begründet, so ist von einer Erledigung keine Rede (→ Rdnr. 5). Wieweit der Beklagte jetzt noch anerkennen und sich dabei der Kostenlast entziehen kann, ist in § 93 geregelt.

V. Erledigung in der höheren Instanz und Erledigung des Rechtsmittels

1. Erledigung in der höheren Instanz

Eine Erledigung der Hauptsache kann auch in höheren Instanzen[179] einschließlich der Revisionsinstanz erklärt werden[180], sei es übereinstimmend oder einseitig[181] durch den Kläger. Voraussetzung dafür ist, daß ein statthaftes und zulässiges Rechtsmittel eingelegt ist[182]. Eine Erledigung nach Urteilserlaß (→ Rdnr. 48) oder auch nach Rechtsmitteleinlegung nimmt einem Rechtsmittel nicht die *Beschwer*. Das Erfordernis der Beschwer ist grundsätzlich nach dem Inhalt der angefochtenen Entscheidung zu beurteilen, so wie sie sich im Zeitpunkt der Rechtsmitteleinlegung darstellt. An diesem Gebot der Rechtsmittelklarheit ist festzuhalten[183]. Ferner entfällt auch das *Rechtsschutzbedürfnis* für ein Rechtsmittel nicht deshalb, weil der abgewiesene Kläger nach Urteilserlaß oder nach Einlegung des Rechtsmittels befriedigt ist oder der verurteilte Beklagte erfüllt hat[184]. Die Unzulässigkeit oder Unbegründetheit einer Klage hat nicht die Unzulässigkeit, sondern die Unbegründetheit des gegen eine Abweisung eingelegten Rechtsmittels zur Folge[185]. Wenn die Klage erst in der höheren Instanz unbegründet oder unzulässig wird, kann man dem Kläger nicht durch Annahme eines Unzulässigwerdens des Rechtsmittels die Möglichkeit nehmen, das ihn u. U. durch rechtskräftige Verneinung seines Anspruchs zu einem zu frühen Zeitpunkt belastende Urteile der unteren Instanz dadurch zu beseitigen, daß er die Erledigung der Hauptsache erklärt.

51

---

[178] *BGH* JZ 1961, 127 = ZZP 74 (1961), 212 (abl. *Schwab*); *Baumbach/Lauterbach/Hartmann*[51] Rdnr. 190; *A. Blomeyer* ZPR², § 64 I; *Grunsky* Grundlagen des Verfahrensrechts², § 12 III 4; *Habscheid* NJW 1960, 2133; *Thomas/Putzo*[18] Rdnr. 42; *Zöller/Vollkommer*[18] Rdnr. 52; *Wieczorek*² Anm. A II; ferner *BFHE* (GrS) 127, 152 (die nur vom Beklagten geltend gemachte Erledigung führt im Finanzprozeß zur Abweisung der Klage als unzulässig wegen fehlenden Rechtsschutzbedürfnisses; vgl. auch *Gorski* DStR 1977, 657 ff.). – **A.M.** *Göppinger* Erledigung (Fn. 1), 77; für Berücksichtigung bei der Kostenentscheidung *OLG Schleswig* SchlHA 1978, 198, 199. – Zur Anfechtung → Rdnr. 46.

[179] Dazu *Furtner* MDR 1961, 188; *Gottwald* NJW 1976, 2250; *ders.* Die Revisionsinstanz als Tatsacheninstanz, 1975, § 17 III; *Schneider* MDR 1979, 499.

[180] *BGH* LM Nr. 2; *RGZ* 118, 149; *BAG* AP Nr. 2 (Pohle); *BFH* BB 1979, 1757.

[181] *BGHZ* 106, 368 = NJW 1989, 2885; *BGH* NJW 1991, 222; 1965, 537 = MDR 248 (abl. *Putzo* NJW 1965, 1018, der von der Beurteilung als Klageänderung ausgeht; → aber § 263 Rdnr. 29); MDR 1976, 568 = ZZP 90 (1977), 185 (*Walchshöfer*). Anders *BGH* GRUR 1968, 595 (im Ergebnis zutreffend, da die Erledigungserklärung vom Beklagten ausging).

[182] *BGHZ* 50, 197 = NJW 1968, 1725; *BGH* VersR 1981, 956, 957; *BVerwG* MDR 1970, 262; *BFH* WPg. 1985, 377 (L); *Heintzmann* ZZP 87 (1974), 200. – Zur übereinstimmenden Erledigungserklärung vor dem Gericht der unteren Instanz → Rdnr. 14. – Keine Kostenentscheidung nach § 91a bei *Nichtannahme der Revision* (§ 554b), *BGH* JurBüro 1977, 1217.

[183] Vgl. *BGHZ* 1, 29; JZ 1975, 181 = NJW 539, *RGZ* 168, 355; *Göppinger* Erledigung (Fn. 1), 290 ff.; *Gottwald* NJW 1976, 2250. Näher → Allg. Einl. vor § 511 Rdnr. 16 ff., 46. – **A.M.** *OLG Hamm* NJW 1975, 1843, *LAG Köln* MDR 1993, 578 und für Verfahren der freiwilligen Gerichtsbarkeit *OLG Karlsruhe* OLGZ 1986, 133 m.w.N.

[184] *BayObLG* NJW-RR 1993, 205; *OLG Zweibrücken* OLGZ 1975, 44. – **A.M.** *A. Blomeyer* ZPR², § 97 II 4.

[185] *Pohle* SAE 57, 179.

2. Erledigung des Rechtsmittels

52 Neben einer Erledigung der Hauptsache wird zum Teil eine Erledigung des Rechtsmittels anerkannt[186]. Zunächst darf jedoch aus einer Erledigung der Hauptsache nicht einfach geschlossen werden, daß damit auch ein Rechtsmittel wegen Wegfalls der Beschwer unzulässig werde (→ Rdnr. 51). Wenn der prozessuale Anspruch sich erledigt, kann der **Kläger** dies zum Anlaß nehmen, den Rechtsmittelantrag fallen zu lassen. Aber dies ist eine Erklärung, die die Erledigung der Hauptsache in der höheren Instanz herbeiführt und in § 91a geregelt ist, nicht ein besonderer, allein das Rechtsmittel berührender Vorgang. Eine Erledigung eines Rechtsmittels ist deshalb *im Grundsatz* abzulehnen[187].

53 Manche erkennen sie *ausnahmsweise* dann an, wenn ein **vom Beklagten eingelegtes Rechtsmittel nachträglich unzulässig oder unbegründet** wird und § 93 dem Beklagten nicht hilft[188]. Dem ist theoretisch zuzustimmen, soweit die Anwendung des § 93 wirklich und schlechthin ausgeschlossen ist und nicht nur dessen Voraussetzungen (sofortiges Anerkenntnis, keine Veranlassung zur Klage) im Einzelfall fehlen. Denn § 91a ist ein Gegenstück zu § 93, um dem Kläger entsprechenden Schutz wie dem Beklagten zu geben. Seine Aufgabe ist es aber nicht, im Rückschlag nun die Lösung des § 93 zu ergänzen, nur weil u. U. § 91a im Einzelfall für den Beklagten günstiger sein könnte als § 93[189]. Daß § 93 dem Beklagten als Rechtsmittelkläger grundsätzlich versagt wäre, wird aber kaum vorkommen. Wenn man ein Anerkenntnis im Urkundenprozeß unter Vorbehalt der weiteren Verteidigung im Nachverfahren ausschließt, wäre dies freilich ein Beispiel[190], doch überzeugt die Ablehnung eines Anerkenntnisses unter Vorbehalt des Nachverfahrens nicht (→ § 599 Rdnr. 3). Auch der verurteilte Beklagte kann noch als Rechtsmittelkläger den Klageanspruch anerkennen[191] mit der Folge, daß sein Rechtsmittel als unbegründet zurückzuweisen ist, bei gegebenen sonstigen Voraussetzungen des § 93 aber den Kläger die Kosten treffen. In manchem der hier erörterten Fälle war übrigens zwar der Beklagte Rechtsmittelkläger, aber nicht als Beklagter, sondern **als Antragsteller eines besonderen Verfahrens,** so daß allerdings § 91a unmittelbar zu seinen Gunsten gilt und er nicht nur die Erledigung des Rechtsmittels, sondern der regelmäßig prozessualen Hauptsache dieses Verfahrens erklären konnte[192] (→ auch Rdnr. 50).

53a Eine Vorlage zum **Rechtsentscheid** (§ 541) wird nach übereinstimmender Erledigungserklärung unzulässig, weil die Vorinstanz die Rechtsfrage im Rahmen der Billigkeitsentscheidung offen lassen kann (→ Rdnr. 27), so daß der Rechtsentscheid für das Verfahren nicht mehr erheblich ist[193].

---

[186] *OLG Bremen* ZZP 75 (1962), 370; *OLG Frankfurt* FamRZ 1989, 195; *OLG Hamburg* NJW 1960, 2151; *OLG Hamm* FamRZ 1987, 1056; *KG* OLGZ 1986, 359; FamRZ 1982, 950; *OLG Nürnberg* BayJMBl. 1956, 105; *OLG Schleswig* SchlHA 1957, 158; *OLG Stuttgart* ZZP 76 (1963), 473; *LG Bochum* ZZP 97 (1984), 215 (zust. *Waldner*); *Baumbach/Lauterbach/Hartmann*[51] Rdnr. 195; *Heintzmann* ZZP 87 (1974), 212; *Rosenberg/Schwab/Gottwald*[15] § 132 IV; *Schulz* JZ 1983, 334ff.; *Zöller/Vollkommer*[18] Rdnr. 19; offen *BGH* NJW-RR 1993, 390.

[187] *KG* FamRZ 1977, 561; *OLG Karlsruhe* FamRZ 1991, 464; *A. Blomeyer* ZPR², § 98 III; *Göppinger* Erledigung (Fn. 1), 299ff.; *Habscheid* NJW 1960, 2132; *Thomas/Putzo*[18] Rdnr. 8.

[188] *Bergerfurth* NJW 1992, 1656; *A. Blomeyer* ZPR², § 98 III; *OLG Saarbrücken* NJW 1971, 386.

[189] So aber *OLG Hamburg* NJW 1960, 2151.

[190] So *OLG Frankfurt* JW 1926, 1036 (*Bernstein*).

[191] Anders, wenn man im Anerkenntnis die Zurücknahme des Rechtsmittels sieht, s. *Furtner* MDR 1961, 188 mwN.

[192] S. *OLG Bremen* ZZP 75 (1962), 370 (zu §§ 148, 252); ähnlich *OLG Nürnberg* BayJMBl. 1956, 105, wo der bisherige Antragsgegner wohl jetzt Antragsteller war, so daß § 91a ihm unmittelbar zugute kam.

[193] *BayObLG* NJW-RR 1992, 342; *Zöller/Vollkommer*[18] Rdnr. 58 – »Rechtsentscheid«; vgl. auch *BGH* NJW 1989, 29.

VI. Sonderregeln bei Gesetzesänderungen[194]

Erledigt sich der Rechtsstreit durch eine Gesetzesänderung (→ Rdnr. 6), so hat die Kosten grundsätzlich derjenige zu tragen, der ohne die Gesetzesänderung unterlegen wäre[195].

54

In verschiedenen Gesetzen, die für anhängige Verfahren zur Erledigung des Anspruchs durch Gesetzesänderung führen könnten, hat der Gesetzgeber aber eine besondere Kostenregelung vorgeschrieben, regelmäßig des Inhalts, daß jede Partei ihre außergerichtlichen Kosten trägt, die Gerichtskosten geteilt und die gerichtlichen Gebühren niedergeschlagen werden. Solche Regeln finden sich insbesondere in Gesetzen über Kriegsfolgen und Währungsumstellung. Zu nennen sind z. B. § 83 des G zu Art. 131 GG (Neufassung v. 13. X. 1965; BGBl. I, 1686; geändert BGBl. 1975 I, 1173, 1236), § 4 Rentenaufbesserungs G[196] (Neufassung v. 15. II. 1952; BGBl. I, 118), § 13 G zur Regelung von Ansprüchen aus Lebens- und Rentenversicherungen (Neufassung v. 3. VII. 1964; BGBl. I, 433, 806), § 89 Bundesvertriebenen G[197] (Neufassung v. 3. IX. 1971; BGBl. I, 1565; zuletzt geändert BGBl. 1988 I, 2477), § 106 Allgemeines Kriegsfolgen G[198] (v. 5. XI. 1957; BGBl. I, 1747; zuletzt geändert BGBl. 1990 II, 885), Art. IV Abs. 8 des 7. G zur Änderung des G zur Regelung der Wiedergutmachung nationalsozialistischen Unrechts für Angehörige des öffentlichen Dienstes (v. 9. XI. 1965; BGBl. I, 1210; zuletzt geändert BGBl. 1989 I, 1026)[199]. Da diesen Vorschriften wohl kaum noch Bedeutung zukommt, wird auf die Erläuterung in der 19. Aufl. verwiesen. Auch Verfahren auf Nichtigerklärung einer Ehe auf Grund der aufgehobenen §§ 19, 22 EheG, die vor dem 1. VII. 1977 anhängig wurden, sind in der Hauptsache als erledigt anzusehen, wobei § 91a entsprechend gilt (Art. 12 Nr. 7 e 1. EheRG). – Zur **Nichtigerklärung von Gesetzen** durch das BVerfG oder ein Landesverfassungsgericht → Rdnr. 8.

VII. Gebühren

Die Erledigungserklärungen führen, auch wenn sie in einem frühen Verfahrensstadium abgegeben werden, nicht zum Wegfall der nach GKG KV Nr. 1005 oder 1010 in erster Instanz angefallenen **Gerichtsgebühr** (s. Nr. 1006, 1012), ebensowenig zum Wegfall der Gebühr für das Berufungs- oder Revisionsverfahren (s. GKG KV Nr. 1021, 1031). Die Gerichtsgebühr für einen Beschluß nach § 91a ist verschieden, je nachdem, ob der Beschluß eine schriftliche Begründung enthält bzw. enthalten mußte (s. GKV KV Nr. 1018f., 1028f., 1038f., 1063f., 1084f., 1094f., 1118f., 1128f., 1138f.). Besondere **Anwaltsgebühren**[200] entstehen zunächst nicht (§ 37 Nr. 7 BRAGO). Für das Beschwerdeverfahren erwächst aber die Gebühr nach § 61 Abs. 1 Nr. 1 BRAGO. Werden nur Erledigungserklärungen abgegeben, so löst das eine Verhandlungsgebühr nach §§ 31 Abs. 1 Nr. 1, 33 Abs. 1 S. 1 BRAGO nicht aus[201].

55

VIII. Arbeitsgerichtliches Verfahren

§ 91a und die dazu entwickelten Grundsätze, insbesondere über die einseitige Erledigungserklärung, gelten auch für das arbeitsgerichtliche **Urteilsverfahren** (§§ 46 Abs. 2, 64 Abs. 6, 72 Abs. 5 ArbGG). Zur Beschwerde nach Abs. 2 → § 99 Rdnr. 15. Im **Beschlußverfahren** läßt § 83a ArbGG jetzt die *übereinstimmende* Erledigungserklärung ausdrücklich zu. Auch die *einseitige* Erledigungserklärung durch den Antragsteller ist nach heute[202] ganz h. M. jedenfalls in der 1. Instanz zulässig[203]; insoweit kann auf das zu

56

---

[194] Dazu näher *Petersen* MDR 1958, 810.
[195] *OLG Hamburg* ZMR 1977, 91; *KG* MDR 1954, 489. – **A. M.** *BFH* BB 1976, 1445.
[196] Dazu *BGHZ* 9, 253.
[197] Dazu *BGHZ* 23, 333 = JZ 1957, 475 = MDR 662 (*Pohle*) = NJW 628.
[198] *BGHZ* 26, 239 = NJW 1958, 550 = LM Allg. KriegsfolgenG § 106 Nr. 1 (*Pagendarm*); *BGHZ* 29, 13 = NJW 1959, 289 = LM Allg. KriegsfolgenG § 106 Nr. 2 (*Pagendarm*). Nach Ansicht des *BGH* a. a. O. ist hier der Rechtsstreit auch dann für erledigt zu erklären, wenn der Kläger die Erledigung nicht anzeigt, sondern seinen Klageanspruch aufrechterhält. Dagegen *Pohle* 19. Aufl. Anm. VI. 2.

[199] Dazu *BGH* MDR 1967, 203 (L).
[200] Dazu *Groetschel* NJW 1976, 1971.
[201] *OLG Frankfurt* MDR 1984, 63.
[202] Zum früheren Meinungsstand → *Voraufl.*
[203] Vgl. etwa *BAG* NZA 1990, 823; *Baumgärtel* SAE 1963, 31; *Fenn* Festschr. f. Schiedermair, 1976, 133; *Germelmann/Matthes/Prütting* ArbGG (1990), § 83a Rdnr. 21; *Grunsky* SAE 1971, 24; *ders.* ArbGG[6], § 83a Rdnr. 9; *Lepke* DB 1975, 1938, 1988; *Pohle* Anm. zu BAG AP § 81 ArbGG a. F. Nr. 2; *ders.*, Festschr. f. A. Hueck (1959), 184.

Rdnr. 37 ff. Gesagte verwiesen werden. Für die Rechtsmittelinstanz hat sich das BAG nach zwischenzeitlicher Übereinstimmung mit der einhelligen Meinung, die auch hier wie im Urteilsverfahren vorgehen will[204], erneut von seiner bisherigen Rechtsprechung distanziert und die Auffassung vertreten, es komme hier nicht darauf an, ob der Antrag ursprünglich zulässig und begründet gewesen sei, sondern nur darauf, ob ein erledigendes Ereignis eingetreten sei[205]. Soweit damit gemeint ist, daß ein bei Rechtshängigkeit unzulässiger oder erfolgloser Antrag auch dann erledigt werden kann, wenn der Mangel bis zum Eintritt des erledigenden Ereignisses geheilt worden ist (→ Rdnr. 5), ist dagegen nichts zu sagen. Wenn das BAG aber meint, es müsse lediglich geprüft werden, ob der Antrag erledigt worden wäre, wenn er – was offen bleiben soll – zulässig und begründet gewesen sein sollte, dann ist dem nicht zu folgen. Eine solche Privilegierung des Antragstellers im Beschlußverfahren ist durch §§ 81 Abs. 2, 83 a ArbGG nicht geboten und sachlich durch nichts gerechtfertigt (→ auch Rdnr. 40).

§ 92 [Kosten bei teilweisem Obsiegen]

(1) ¹Wenn jede Partei teils obsiegt, teils unterliegt, so sind die Kosten gegeneinander aufzuheben oder verhältnismäßig zu teilen. ²Sind die Kosten gegeneinander aufgehoben, so fallen die Gerichtskosten jeder Partei zur Hälfte zur Last.

(2) Das Gericht kann der einen Partei die gesamten Prozeßkosten auferlegen, wenn die Zuvielforderung der anderen Partei verhältnismäßig geringfügig war und keine besonderen Kosten veranlaßt hat oder wenn der Betrag der Forderung der anderen Partei von der Festsetzung durch richterliches Ermessen, von der Ausmittlung durch Sachverständige oder von einer gegenseitigen Berechnung abhängig war.

Gesetzesgeschichte: Bis 1900 § 88 CPO. Änderung RGBl. 1898, 256.

Stichwortregister: → vor § 91 vor Rdnr. 1.

I. Teilweises Obsiegen und Unterliegen ... 1	2. Bei zunächst unbestimmter Forderung ... 6
II. Aufhebung oder Verteilung der Kosten (Abs. 1) ... 3	3. Anwendung zugunsten des Beklagten und in der Rechtsmittelinstanz ... 7
III. Auferlegung der gesamten Kosten trotz teilweisen Obsiegens (Abs. 2) ... 4	IV. Arbeitsgerichtliches Verfahren ... 8
1. Bei geringfügiger Zuvielforderung ... 5	

I. Teilweises Obsiegen und Unterliegen[1]

1   Abs. 1 enthält eine Anwendung des in § 91 enthaltenen Grundsatzes. Zum *Begriff* des Unterliegens → vor § 91 Rdnr. 7. **Die Vorschrift erfaßt** einmal die Fälle eines teilweisen Unterliegens in Beziehung auf einen **teilbaren Streitgegenstand**. Die Vorschrift ist also anzuwenden, wenn nur ein Teil der geforderten Leistung zugesprochen wird oder wenn bei objektiver Klagehäufung nur einzelne Klagebegehren erfolgreich sind. Bei der *Stufenklage* ist

---

[204] Vgl. die vorstehend Genannten; früher auch das BAG, zuletzt NZA 1988, 101; 1985, 635.
[205] *BAG* NZA 1990, 822 ff.; zust. *Jost/Sundermann* ZZP 105 (1992), 268 ff.; *Künzl* DB 1990, 2370.
[1] **Lit.**: *Beuermann* Zur Kostenentscheidung im Zivilurteil – Fiktive Prozeßkosten als Verteilungsmaßstab, DRiZ 1978, 178; *Brill* Die Kostentragungspflicht nach dem neuen Arbeitsgerichtsgesetz, ArbuR 1979, 367; *Butzer* Prozessuale und kostenrechtliche Probleme bei unbeziffertem Klageantrag, MDR 1992, 539; *Donau* »Unzweckmäßige« Kostenentscheidungen?, MDR 1955, 533; *Ehlert* Kostenprobleme, elektronisch gelöst, MDR 1976, 177;

also grundsätzlich jede Stufe einzeln zu berücksichtigen[2]. Für die Anwendung des § 92 spielt es keine Rolle, ob es sich um einen Haupt- oder um einen *Nebenanspruch* handelt, mag er auch gemäß § 4 bei der Streitwertberechnung unberücksichtigt bleiben[3] (→ auch Rdnr. 5). § 92 gilt auch, wenn eine teilweise *Anerkennung* des vom Kläger oder Widerkläger Geforderten erfolgt (→ § 93 Rdnr. 4), wenn die Klage oder Widerklage abgewiesen[4] oder beide für begründet erklärt werden[5], ebenso, wenn der Gegner Streitgenossen gegenüber teils obsiegt, teils unterliegt (→ § 100 Rdnr. 16 ff.).

Ferner gehören hierher die **sonstigen Fälle**, in denen der Kläger mit dem Inhalt seines Begehrens nur teilweise durchdringt, z. B. wenn ihm die Leistung zu einem späteren Zeitpunkt zugesprochen wird, als zu dem er sie begehrt hatte[6], wenn die Verurteilung des Beklagten entgegen dem Antrag des Klägers nur zur Leistung Zug um Zug[7] oder mit dem Vorbehalt der §§ 305, 780 erfolgt[8], wenn mehrere Beklagte unter Ablehnung der Haftung als Gesamtschuldner nur nach Bruchteilen verurteilt werden[9]. **1a**

Wird einer Klage auf Grund eines **Hilfsantrages** stattgegeben, so hat der Beklagte grundsätzlich nach § 91 die Kosten zu tragen. Das gilt auch dann, wenn der Hilfsantrag erst in der Berufungsinstanz gestellt wird[10]. Die Gegenansicht, die in diesem Fall dem Kläger die Kosten der ersten Instanz vollständig auferlegen will[11], übersieht, daß die Instanzen kostenrechtlich eine Einheit bilden und daß das vorgeschlagene Verfahren deshalb mit dem Verbot der Kostentrennung unvereinbar wäre (→ § 91 Rdnr. 14). Eine Quotelung nach § 92 kommt nur dann in Betracht, wenn der Hilfsantrag, mit dem der Kläger obsiegt, gegenüber dem Hauptantrag geringerwertig ist und die Ausnahmen des Absatzes 2 nicht vorliegen[12]. Zum nicht entschiedenen Hilfsantrag → § 96 Rdnr. 4. **1b**

§ 92 ist anzuwenden, wenn von dem gleichzeitig beantragten dinglichen und persönlichen **Arrest** nur einer angeordnet wird[13]. Wird im Wege der **einstweiligen Verfügung** von mehreren beantragten Maßnahmen nur eine angeordnet, so ist es eine Frage des Einzelfalles, ob sich **1c**

Frank Anspruchsmehrheiten im Streitwertrecht (1986); *Fuchs* Die Kostenentscheidung beim unbezifferten Klageantrag, JurBüro 1990, 559; *Gerstenberg* Der unbezifferte Klageantrag und der Dornröschenschlaf des § 92 II ZPO, NJW 1988, 1352; *Hoechst* Die kostenrechtliche Benachteiligung der Verbandsvertretung im arbeitsgerichtlichen Verfahren, ArbuR 1978, 330; *Husmann* Der unbezifferte Klagantrag als Abwehrrecht gegen unbillige Kostenlast und die Kostenvorschrift des § 91 II ZPO, NJW 1989, 3126; ders. Zum unbezifferten Klagantrag bei Billigkeitsansprüchen, VersR 1985, 715; *Olivet* Kostenverteilung im Zivilurteil[2]; *Schneider* Die anzuwendende Kostenentscheidungsnorm bei Verurteilung auf den höherwertigen Hilfsantrag, MDR 1968, 21; ders. Kostenfragen im Zivilurteil, MDR 1967, 263; ders. Kostenverteilung in unterschiedlichen Quoten nach Zeitabschnitten, MDR 1981, 537; *Steinle* Kostenrisiko beim unbezifferten Schmerzensgeldantrag, VersR 1992, 425; *Weiland* Streitwert und Kostenentscheidung bei einer Zahlungsklage mit unbeziffertem Antrag, JurBüro 1980, 993; *Weyer* Umfang des nicht erfüllten Vertrages und Kostenentscheidung, BauR 1981, 426; *Zschockelt* Kostenverteilung in unterschiedlichen Quoten nach Zeitabschnitten, MDR 1981, 536. – Vgl. auch vor § 91 Fn. 1 und § 91 Fn. 1.

[2] *OLG München* MDR 1990, 636. – Zu den Relativierungen bei Entscheidungen nach § 91 a → § 91 a Rdnr. 7, 29.

[3] *BGH* NJW 1992, 3096 = ZIP 1992, 1270 f.; NJW 1988, 2173, 2175; MDR 1961, 141; *LG Frankfurt* JurBüro 1991, 118; *AG Freiburg* AnwBl. 1984, 99.

[4] *BGHZ* 19, 176 f. = NJW 1956, 182.

[5] *RG* JW 1913, 606.

[6] Vgl. *OLG Hamburg* OLGRspr. 17 (1908), 313.

[7] *RG* DR 1941, 1961; *Weyer* BauR 1981, 432 f. (auch zur Berechnung der Quote); vgl. aber auch *OLG Hamm* MDR 1978, 403.

[8] Beim Vorbehalt nach § 780 nicht, wenn der Kläger die Einrede nicht bestritten und mindestens stillschweigend seinen Antrag damit entsprechend begrenzt hatte, *OLG Hamburg* MDR 1960, 150.

[9] **A.M.** *BayObLG* SeuffArch. 50 (1895), 450.

[10] *BGH* NJW 1957, 543; *Baumbach/Lauterbach/Hartmann*[51] Rdnr. 12.

[11] *Frank* (Fn. 1), 270 ff.; *Zöller/Herget*[17] Rdnr. 8.

[12] *BGH* LM Nr. 8; *OLG Düsseldorf* NJW 1991, 3040, 3041; *OLG Hamm* JurBüro 1985, 932; *OLG Koblenz* NJW-RR 1989, 1102; *RG* JR 1927 Nr. 743; *Recht* 1911 Nr. 1161; *BFH* BB 1973, 827 (L); *Baumbach/Lauterbach/Hartmann*[51] Rdnr. 12. – **A.M.** (für Kostenquotelung im Verhältnis des Haupt- zum Hilfsantrag in *allen* Fällen) *Frank* (Fn. 1), 264 ff.; *Merle* ZZP 83 (1970), 467; *Schneider* MDR 1968, 21; *Thomas/Putzo*[18] Rdnr. 2; *Zöller/Herget*[18] Rdnr. 8; wohl auch *Gerhardt* ZZP 92 (1979), 402.

[13] **A.M.** *OLG Nürnberg* JW 1925, 836. – S. auch zur Festsetzung von **Ordnungsmitteln** § 890 *OLG Köln* WRP 1986, 626; *AG Siegburg* JMBl.NRW 1964, 136; Kostenteilung auch bei teilweiser Herabsetzung des Ordnungsmittels *OLG Celle* NdsRpfl. 1965, 65; *OLG Koblenz* JurBüro 1986, 137; vgl. aber auch *OLG Hamm* MDR 1980, 233 (Fall des § 92 Abs. 2).

die Beschränkung auf diese eine Maßnahme sachlich als ein teilweises Unterliegen des Antragstellers darstellt[14]. § 92 gilt ferner, wenn selbständige **Rechtsmittel** beider Parteien erfolglos bleiben (→ § 97 Rdnr. 4).

2 Dagegen **liegt ein Fall des § 92 nicht vor**, wenn eine Partei nur mit einem von mehreren Angriffs- oder Verteidigungsmitteln durchdringt, wenn der Kläger auf Grund von Tatsachen siegt, die erst nach der Klageerhebung entstanden sind[15] (→ auch vor § 91 Rdnr. 7) oder erst nach einer Klageänderung, falls mit dieser keine Parteiänderung und keine nennenswerte Streitwertminderung verbunden war[16], oder wenn die Klage auf Grund einer Aufrechnungseinrede abgewiesen wird (→ § 91 Rdnr. 14 sowie hier Rdnr. 3b). Gegen etwaige Härten hilft gegebenenfalls § 96. Anträge, die nur zur Charakterisierung des Rechtsverhältnisses gestellt sind, haben außer Betracht zu bleiben, auch wenn über sie unzulässigerweise ein Ausspruch ergangen ist[17].

II. Aufhebung oder Verteilung der Kosten

3 Unter den Voraussetzungen des Abs. 1 ist das Gericht – vorbehaltlich der Ausnahme in Abs. 2 (→ Rdnr. 4 ff.) – **verpflichtet**, entweder die Kosten gegeneinander aufzuheben oder verhältnismäßig zu teilen. Mangelndes Verschulden berechtigt nicht, das teilweise Unterliegen außer Betracht zu lassen[18] (→ auch vor § 91 Rdnr. 7 und § 91 Rdnr. 13).

3a Die **Aufhebung** (Kompensation, Ausgleichung) der Kosten wird meist angemessen sein, wenn jede Partei ungefähr zur Hälfte obsiegt[19]. Die Aufhebung bedeutet nach Abs. 1 S. 2, daß jede Partei ihre Kosten unabhängig von der Höhe ohne Ersatz zu tragen hat und daß die Gerichtskosten jeder Partei zur Hälfte zur Laste fallen.

3b Die **verhältnismäßige Verteilung** der Gesamtkosten kann so erfolgen, daß eine Partei eine *bestimmte Summe* der Kosten, die andere Partei den (nicht bezifferten) Rest trägt. Meist wird es sich aber empfehlen, die Kosten nach *Quoten* (Bruchteilen)[20] zu verteilen, wobei dann für eine Quote auch die Aufhebung ausgesprochen werden kann. Die Quoten werden im allgemeinen am Verhältnis der zugesprochenen bzw. abgelehnten Teile des Streitwerts auszurichten sein[21], wobei eine praktikable Rundung der Bruchteile zulässig ist. Die Verteilung hat sich dabei grundsätzlich an den gestellten Anträgen zu orientieren, nicht an einer darüber hinausgehenden (Rechtsmittel-)Beschwer[22]. Auch ein möglicher Restitutionsgrund muß unberücksichtigt bleiben[23]. Das Gebot der Verhältnismäßigkeit der Verteilung schließt aber nicht aus, daß das Gericht dem Verhalten der Partei vor und im Prozeß Rechnung trägt und beachtet, ob etwa eine Beweisaufnahme, die besonders hohe Kosten verursacht hatte, nur über den Teil des Anspruchs durchgeführt war, in dem die eine Partei gesiegt hatte, oder nur für die Klage, nicht die Widerklage, wenn die Partei nur als Kläger siegreich war[24].

---

[14] Vgl. *OLG Karlsruhe* BadRPr. 1935, 4.
[15] **A. M.** *LG Stuttgart* ZMR 1985, 128.
[16] *BGH* MDR 1962, 387. – Vgl. auch *K. Schmidt* ZZP 98 (1985), 46 (kein Teilunterliegen, wenn dem Beklagten nachgelassen wird, eine Fremdwährungsschuld in DM zu begleichen).
[17] Vgl. *RGZ* 126, 18.
[18] *RG* JW 1901, 120.
[19] Vgl. *OLG Koblenz* KostRspr. ZPO § 92 Nr. 44 (genaue mathematische Gleichwertigkeit des Obsiegens und Unterliegens ist nicht erforderlich); *OLG München* VersR 1989, 862 (hälftiges Mitverschulden); *LG Berlin* Rpfleger 1992, 175 (auch wenn nur eine Partei anwaltlich vertreten ist; insoweit abweichend *LG Hamburg* MDR 1985, 770 = Rpfleger 374 [abl. *Schneider*]).
[20] Zur Zweckmäßigkeit der Quotelung s. *Donau* MDR 1955, 533. – Für Verteilung nach **Prozentsätzen** u. a. *OLG Hamburg* DAVorm. 1989, 872; *Olivet* (Fn. 1), 1 ff.; für eine Relation zwischen den tatsächlichen Kosten und denen eines fiktiven Prozesses bei teilweiser Klagerücknahme (→ § 269 Rdnr. 68) *Beuermann* DRiZ 1978, 178.
[21] Vgl. für **Unterhaltssachen** *OLG Hamburg* DAVorm. 1989, 871 f. (Orientierung an § 9 ZPO, nicht an § 17 GKG).
[22] Das wird vor allem bei einer Entscheidung über eine **Hilfsaufrechnung** relevant; → dazu zunächst § 91 Rdnr. 14, ferner *OLG Schleswig* SchlHA 1979, 126. – **A. M.** *OLG Hamm* JurBüro 1985, 932; 1984, 424; *OLG Köln* MDR 1983, 226; 1982, 941; *Schulte* Die Kostenentscheidung bei der Aufrechnung durch den Beklagten (1990), 28 ff.
[23] *BGHZ* 76, 54 = NJW 1980, 838.
[24] *BGHZ* 19, 176 = NJW 1956, 182; *BGH* NJW 1988, 2173, 2175. Vgl. auch *E. Schneider* MDR 1967, 263.

Dagegen ist es **unzulässig** und mit Rücksicht auf das Pauschsystem der Kostengesetze 3c
praktisch undurchführbar, die Verteilung so vorzunehmen, daß die Kosten nach *Zeitabschnit-
ten* der Instanz geteilt[25] oder *einer* Partei die durch die *Klage,* der *anderen* die durch die
Widerklage veranlaßten Kosten auferlegt werden[26]; für die Festsetzung würde eine solche
Kostenregelung wohl als Verteilung in dem Verhältnis der Streitwerte auszulegen sein[27].
Über die Verteilung beim Unterliegen nur einzelner Streitgenossen → § 100 Rdnr. 16ff.

III. Auferlegung der gesamten Kosten trotz teilweisen Obsiegens (Abs. 2)

Nach Abs. 2 kann in Abweichung von Abs. 1 trotz teilweisen Unterliegens einer Partei das 4
Gericht nach seinem pflichtgemäßen *Ermessen*[28] dem Gegner in zwei Fällen die gesamten
Kosten auferlegen.

1. Eine Partei kann mit den vollen Kosten belastet werden, wenn die **Zuvielforderung** der 5
anderen Partei im Verhältnis zu dem Gesamtgegenstand des Streits **geringfügig ist**[29] **und
außerdem keine besonderen Kosten verursacht** hat, also weder der Streitwert sich um eine
Gebührenstufe erhöht noch besondere Gebühren oder Auslagen (z.B. durch eine Beweisaufnahme) entstanden sind. *Beide* Voraussetzungen müssen erfüllt sein[30]. War die Zuvielforderung nicht geringfügig, so sind die Kosten auch dann zu verteilen, wenn die Gebührenstufe die
gleiche blieb[31]. Daher genügt es auch nicht, daß die Zuvielforderung eine Nebenforderung i.
S. des § 4 betrifft und dadurch der Streitwert nicht erhöht wurde[32] (→ auch Rdnr. 1).

2. Auch ohne diese Voraussetzungen kann eine Partei abweichend von Absatz 1 allein 6
belastet werden, wenn die **Höhe der Forderung abhängig ist** von **richterlichem Ermessen**
(Hauptfall: Schmerzensgeld [→ Rdnr. 6a]; s. § 287, ferner §§ 315, 319, 343, 655, 660, 847,
2048, 2156, 2192 BGB, § 741 HGB u. a.), von **sachverständiger Ermittlung**[33] oder **gegenseitiger Berechnung**, so daß sich die Partei über die genaue Höhe im Ungewissen befinden
durfte[34]. Bei der gegenseitigen Berechnung ist zwar eine vorgängige Weigerung der
außergerichtlichen Abrechnung nicht vorausgesetzt, wohl aber eine Unsicherheit über den
Betrag der Gegenforderung. Das Gericht wird aber hier von seinem Ermessen keinen Gebrauch machen, wenn in Wahrheit eine bestimmte Summe verlangt war, die den Rahmen des
nach Lage der Verhältnisse Vertretbaren erheblich überschritt[35]. Ferner wird es den Kläger
insoweit mit Kosten belasten, als dieser in erheblichem Umfang (→ Rdnr. 5) sich auf Behauptungen gestützt hatte, die einen höheren als den zuerkannten Betrag gerechtfertigt hätten,
jedoch nicht bewiesen werden konnten oder sich als unerheblich herausstellten[36].

Bei **Schmerzensgeldklagen** wird die genaue Höhe häufig in das richterliche Ermessen 6a
gestellt. Der Kläger stellt einen unbezifferten Klageantrag[37] und gibt lediglich eine ungefähre

---

[25] Vgl. – auch zu möglichen Relativierungen – *Zschokkelt* und *Schneider* MDR 1981, 536ff. – A.M. *OLG Köln* MDR 1981, 590 und *OLG München* NJW 1958, 2070, das bei Wiederaufnahmeklagen zwischen Kosten der eigentlichen Wiederaufnahme und des wiederaufgenommenen Verfahrens scheidet.
[26] *BGHZ* 19, 176 = NJW 1956, 182; *RGZ* VZS 57, 309.
[27] *OLG München* Rpfleger 1991, 174 f.
[28] *RG* JW 1936, 653.
[29] Als geringfügige Zuvielforderung kann auch ein aus formellen Gründen abgewiesener Feststellungsantrag anzusehen sein, *OLG Karlsruhe* Justiz 1967, 143.
[30] *BGHZ* 76, 53 = NJW 1980, 838; *OLG München* MDR 1988, 501.
[31] *OLG München* OLGRspr. 31 (1915), 30; s. *RG* JW 1932, 647.
[32] *BGH* NJW 1988, 2173, 2175; MDR 1961, 141; *RGZ* 42, 83; *AG Freiburg* AnwBl. 1984, 99.
[33] Vgl. auch *OLG München* MDR 1988, 501.
[34] Verneinend z.B. *OLG Frankfurt* NJW-RR 1989, 1009.
[35] S. dazu *BGH* MDR 1958, 333; *OLG Celle* NdsRpfl. 1967, 125; *OLG Frankfurt* NJW 1960, 890.
[36] S. dazu *OLG Braunschweig* Rpfleger 1964, 97; *OLG Nürnberg* VersR 1971, 723.
[37] Für die Abweichung vom **bezifferten** Klageantrag gilt § 92 Abs. 2 mit beiden Fällen ohne weiteres; vgl. *OLG Köln* NJW 1989, 721 (Quotelung bei kräftiger Überziehung); *OLG München* VersR 1989, 862 (geringfügige Zuvielforderung schadet nicht); *Gerstenberg* NJW 1988, 1352ff. (gegen dessen Ablehnung unbezifferter Klageanträge *Husmann* NJW 1989, 3126).

Größenordnung an. Die Praxis wendet hier zugunsten des Klägers § 91 oder § 92 Abs. 2, 2. Fall an, solange der ausgeurteilte Betrag nicht mehr als 20–25% von dem angegebenen Richtwert abweicht[38]. Bleibt das Urteil hingegen unter einem angegebenen *Mindestbetrag*, sind die Kosten nach Absatz 1 zu verteilen[39].

7   3. Trotz der Fassung («Zuvielforderung») ist Abs. 2 nicht nur zugunsten des Klägers, sondern sinngemäß **auch zugunsten des Beklagten** anzuwenden[40]. Dem Beklagten kommt außerdem gegebenenfalls § 96 zugute. Gegen eine entsprechende Anwendung in der **Rechtsmittelinstanz** bestehen keinerlei Bedenken.

IV. Arbeitsgerichtliches Verfahren

8   § 92 ist auch im Verfahren in Arbeitssachen anzuwenden[41]. Eine Besonderheit gilt für den Kündigungsschutzprozeß. Obsiegt der Arbeitgeber nur mit dem Hilfsantrag auf Auflösung des Arbeitsverhältnisses, so sind ihm analog § 92 Abs. 2 die gesamten Kosten aufzuerlegen, wenn sich der Arbeitnehmer nicht gegen den Hilfsantrag wehrt[42].

9   Wird eine Partei durch einen **Verbandsvertreter** vertreten, so bestimmt **§ 12a Abs. 2 ArbGG** für das Urteilsverfahren des zweiten Rechtszuges, daß diese Partei bei Kostenteilung nach § 92 hinsichtlich der außergerichtlichen Kosten so zu stellen ist, als wenn sie durch einen Rechtsanwalt vertreten worden wäre. Die Vorschrift befaßt sich also nicht mit der Kostengrundentscheidung, sondern mit den Folgen einer Quotelung für die Kostenerstattung. Sie will verhindern, daß die durch einen Verbandsvertreter vertretene Partei, der keine oder nur geringe Kosten entstehen, selbst bei Obsiegen zu mehr als der Hälfte mit höheren Kosten belastet wird, weil sie infolge der Zusammenrechnung der außergerichtlichen Kosten im Ergebnis einen Teil der Anwaltskosten des Gegners übernehmen muß[43].

10 Der **Anwendungsbereich** des § 12a Abs. 2 ArbGG beschränkt sich auf den *zweiten Rechtszug*, denn in der 1. Instanz findet nach § 12a Abs. 1 ArbGG eine Kostenerstattung nicht statt, und im dritten Rechtszug sind Verbandsvertreter nicht zugelassen. Die Vorschrift kann aber auf die *Beschwerdeinstanz* im Beschlußverfahren und auf zweitinstanzliche *Kostenquotelungen nach anderen Vorschriften als § 92* analog angewandt werden[44].

§ 93   [Kosten bei sofortigem Anerkenntnis]

Hat der Beklagte nicht durch sein Verhalten zur Erhebung der Klage Veranlassung gegeben, so fallen dem Kläger die Prozeßkosten zur Last, wenn der Beklagte den Anspruch sofort anerkennt.

Gesetzesgeschichte: Bis 1900 § 89 CPO.

Stichwortregister: → vor § 91 vor Rdnr. 1.

I. Der allgemeine Grundsatz	1	III. Der Anlaß zur Klageerhebung	11
II. Sofortiges Anerkenntnis	3	1. Grundsätze	12
1. Anerkenntnis	3a	2. Einzelfälle	16
2. Zeitpunkt	5	IV. Geltung in besonderen Verfahrensarten	22
3. Ausnahmen	9	V. Anerkenntnis während des Vergleichsverfahrens	26

---

[38] Vgl. u.a. *OLG Koblenz* AnwBl. 1990, 398 = KostRspr. ZPO § 3 Nr. 989 (zust. *Schneider*); ausf. *Butzer* MDR 1992, 539 ff.; *Fuchs* JurBüro 1990, 559 ff.; *Husmann* VersR 1985, 715 ff.; *Steinle* VersR 1992, 425 f.
[39] *Steinle* VersR 1992, 425 f.; *Weiland* JurBüro 1980, 996.
[40] RGZ 142, 84; *OLG Breslau* OLGRspr. 17 (1908), 110. – **A.M.** *KG* OLGRspr. 20 (1910), 303.
[41] Vgl. *BAG* AP Nr. 3 zu § 10 KSchG 1969 (Quotelung bei überhöhter Abfindungsforderung).
[42] BAGE 21, 230 = NJW 1969, 679 (L).
[43] Vgl. *Brill* ArbuR 1979, 368; *Grunsky* ArbGG[6], § 12a Rdnr. 14; zum alten Recht *Hoechst* ArbuR 1978, 330 ff.
[44] *Grunsky* ArbGG[6], Rdnr. 15.

I. Der allgemeine Grundsatz[1]

§ 93 enthält eine Ausnahme von dem Grundsatz des § 91, die sich aber mit dessen 1
Grundgedanken deckt: Die Schlußfolgerung aus dem Unterliegen auf die Verursachung der
Kosten (→ Rdnr. 6 vor § 91) trifft dann nicht zu, wenn der unterliegende Beklagte die Kosten
weder vor noch im Prozeß durch sein Verhalten veranlaßt hat[2]. § 93 gilt deshalb in den Fällen,
in denen der **Beklagte auf Grund seines Anerkenntnisses verurteilt** wird. Dazu müssen drei
Voraussetzungen erfüllt sein: Der Beklagte muß anerkennen (→ Rdnr. 3ff.), und zwar sofort
(→ Rdnr. 5ff.), und er darf zur Erhebung der Klage keine Veranlassung gegeben haben (→
Rdnr. 9ff.). Dagegen kann § 93 für den **Kläger**, auch bei sofortigem Verzicht, nicht entsprechend gelten[3], weil dieser eine Abweisung durch Erhebung einer unberechtigten Klage immer
veranlaßt hat. Aber auch wenn die Klage berechtigt war und erst nachträglich unzulässig oder
unbegründet geworden ist, kann sie der Kläger durch eine Erledigungserklärung fallenlassen
und damit einer kostenpflichtigen Abweisung entgehen (→ § 91a; zur sog. Erledigung des
Rechtsmittels → § 91a Rdnr. 52; → allg. auch § 91 Rdnr. 13, 14).

Die Anwendung des § 93 setzt **keinen** besonderen **Antrag** voraus[4]. Wegen der Anfechtung 2
der Kostenentscheidung → § 99 Rdnr. 6, wegen der Anwendung im Kostenfestsetzungsverfahren → § 104 Rdnr. 23.

II. Das sofortige Anerkenntnis

Die erste Voraussetzung des § 93 ist, daß der Beklagte den erhobenen Anspruch, d. h. die 3
Berechtigung des Klageantrags (→ Einl. Rdnr. 288), sofort anerkennt.

1. Anerkenntnis

Ein Anerkennen im Sinne des § 93 liegt stets in einem *Anerkenntnis gemäß § 307* (dazu 3a
und zu seinem Gegensatz, dem bloßen Geständnis klagebegründender Tatsachen, → § 307
Rdnr. 1ff.). Dagegen verlangt § 93 nach seinem Sinn und Zweck nicht unbedingt ein Aner-

---

[1] Lit.: *Baumgärtel* Das Problem der »Klageveranlassung« (§ 93 ZPO) bei Teilleistungen (§ 266 BGB) in Kraftfahrzeug-Haftpflichtprozessen, VersR 1970, 969; *Borck* Wiederholungsgefahr – Dringlichkeit – Abmahnungslast, NJW 1981, 2721; *Burchert* Der Zugang der Abmahnung, WRP 1985, 478; *Eibner* Zur Klageveranlassung i.S.v. § 93 ZPO bei fälligen Geldforderungen, JurBüro 1983, 487; *v.Gamm* § 93 ZPO und die Abmahnung im gewerblichen Rechtsschutz, NJW 1961, 1048; *Göhlich* Sofortiges Anerkenntnis und Titulierungsanspruch im Unterhaltsrecht, FamRZ 1988, 560; *Heyers* Die Veranlassung einer einstweiligen Verfügung nach §§ 648, 885 BGB im Rahmen des § 93 ZPO, BauR 1980, 20; *Lichtblau* Die Frist zur Überprüfung der Schadensersatzansprüche, ZfV 1983, 86 und 1979, 103; *Liesegang* Die Kostentragungspflicht nach § 93 ZPO im einstweiligen Verfahren, JR 1980, 95; *Loewenheim* Probleme der vorprozessualen Abmahnung bei der Verfolgung von Wettbewerbsverstößen durch Verbände, WRP 1979, 839; *Przygodda* Die Abmahnpflicht bei Wettbewerbsverstößen in der gerichtlichen Entscheidungspraxis, WRP 1972, 409; *Roidl* Teilleistung, Teilanerkenntnis, Teilerledigung, NJW 1968, 1865ff.; *Schulte* Anforderungen an die Beantwortung einer Verwarnung, GRUR 1980, 470; *Sommermeyer* Anwendung des § 93 ZPO bei einstweiliger Verfügung auf Unterlassung im Wettbewerb?, MDR 1970, 288ff.; *Ulrich* Die Aufklärungspflichten des Abgemahnten, WRP 1985, 117; *ders.* Die vorprozessualen Informationspflichten des Anspruchsgegners in Wettbewerbssachen, ZIP 1990, 1377; *Vogt* Abmahnung – Eilbedürfnis – Wiederholungsgefahr, NJW 1980, 1499.

[2] Vgl. nur *BGHZ* 60, 343; *OLG Bamberg* JurBüro 1982, 1884.

[3] *OLG Düsseldorf* JurBüro 1982, 1241; *OLG Hamm* MDR 1982, 676; *OLG Koblenz* NJW-RR 1986, 1443; *LG Tübingen* JurBüro 1991, 720; *Ulrich* WRP 1985, 122ff. m.w.N. – A.M. *OLG Frankfurt* AnwBl. 1985, 642 (für Verzicht auf die Rechte aus einer einstweiligen Verfügung im Widerspruchsverfahren; dazu auch *LG Hamburg* NJW-RR 1987, 382; → ferner Rdnr. 16); *OLG Zivilsenat* 1981, 100; *OLG München* MDR 1988, 782 (für Stufenklage); *Baumbach/Lauterbach/Hartmann*[51] Rdnr. 109; *Becker-Eberhard* Grundlagen der Kostenerstattung bei der Verfolgung zivilrechtlicher Ansprüche (1985), 285ff. [dagegen *Loritz* ZZP 99 (1986), 113; *Vollkommer* AcP 87 (1987), 619; → vor § 91 Rdnr. 19]; vgl. ferner die in § 91a Rdnr. 42 Genannten, die § 93 bei in der Sache erfolgloser **einseitiger Erledigungserklärung** des Klägers anwenden.

[4] *OLG Karlsruhe* OLGZ 1986, 125.

kenntnisurteil im Sinne des § 307[5]. § 93 kann daher auch im *Beschlußverfahren* Anwendung finden (→ Rdnr. 22) und in besonderen Fällen auch dann, wenn in einem Verfahren ein *Anerkenntnisurteil unzulässig* ist, z. B. bei der Klage auf Herstellung des ehelichen Lebens (→ Rdnr. 24). Inhaltlich muß aber die Erklärung des Beklagten einem Anerkenntnis nach § 307 entsprechen, d. h. der Beklagte muß sich dem Antrag des Klägers unterwerfen und auf eine Fortsetzung des Rechtsstreits in der Hauptsache verzichten[6]. Der Beklagte darf also nicht gleichzeitig[7] einen Abweisungsantrag stellen, auch wenn dies nur irrtümlich geschehen sollte[8], oder prozessuale oder materiell-rechtliche Einwendungen rechtlicher oder tatsächlicher Natur vorbringen. Wirkliche **Leistung** oder **Leistungsbereitschaft** müssen, damit ein Anerkenntnis i. S. d. § 93 vorliegt, **nicht** hinzutreten[9], stellen aber u. U. Kriterien für die Frage der Veranlassung (→ Rdnr. 12) dar, was meist nicht scharf geschieden wird. Umgekehrt bedeutet die Leistung einerseits keineswegs immer[10] zugleich ein Anerkenntnis der Pflicht dazu[11], da sie unter Vorbehalt erfolgen kann (→ § 91 a Rdnr. 7). Andererseits entfällt durch die Leistung regelmäßig überhaupt die Möglichkeit, den Beklagten zu verurteilen; es kann dann nur zur Klageabweisung, zur Entscheidung nach einseitiger Erledigungserklärung oder zur Kostenentscheidung nach beiderseitiger Erledigungserklärung kommen (→ § 91 a Rdnr. 25).

4 Das **Anerkenntnis eines Teil** (§ 301) oder des Hauptanspruchs ohne Nebenforderungen führt, wenn die übrigen Voraussetzungen vorliegen, zur völligen Freistellung des Beklagten von den Kosten, wenn der klägerische Anspruch nur in Höhe des Teiles begründet ist. Erweist sich der klägerische Anspruch auch im übrigen als begründet oder treffen beim Anerkenntnis bezüglich dieses anderen Teiles die besonderen Voraussetzungen des § 93 nicht zu, so trägt für diesen anderen Teil der Beklagte die Kosten. Die Gesamtkosten sind dann in entsprechender Anwendung des § 92 zu verteilen[12]. Das Anerkenntnis eines Hilfsantrags kann aber dem Beklagten nur helfen, wenn der Hauptantrag sich als unbegründet erweist oder der Kläger ihn zurücknimmt. § 93 gilt auch, wenn der Kläger inhaltlich (nicht zahlenmäßig) zuviel fordert, der Beklagte aber die berechtigte Minderforderung sofort anerkennt, z. B. wenn sich das Anerkenntnis mit einem **Vorbehalt** verbindet, der zu einer modifizierten Verurteilung führt, namentlich bei der Verurteilung Zug um Zug (§§ 274, 322 BGB)[13], oder zur Leistung an einem späteren Termin und bei der Verurteilung mit Vorbehalt der beschränkten Haftung des Erben (§§ 305, 780)[14]. Man kann hier nicht deshalb, weil eine Einrede erhoben ist, das Anerkenntnis leugnen. Wird die berechtigte Minderforderung sofort anerkannt, so hat der Beklagte getan, was er tun konnte, wie bei einer zahlenmäßigen Zuvielforderung[15]. Die erste Voraussetzung des § 93 ist also gegeben; wegen der zweiten → Rdnr. 17. Zur Bewilligung von Räumungsfristen → § 93b Abs. 3.

---

[5] *KG* OLGRspr. 1 (1900), 344.
[6] *BGH* NJW 1981, 686; *OLG Düsseldorf* NJW-RR 1986, 37; *OLG Köln* FamRZ 1989, 878.
[7] Zum Zeitpunkt → Rdnr. 5.
[8] *OLG Bamberg* OLGRspr. 3 (1901), 323.
[9] *OLG Braunschweig* SeuffArch. 69 (1914), 121; *OLG Düsseldorf* NJW 1967, 162 (dazu *Deubner* 787); *OLG Hamburg* MDR 1971, 591; *KG* NJW 1957, 769 (krit. *Pohlmann* 1035); *OLG München* NJW 1966, 1417 = OLGZ 426; *LG München I* AnwBl. 1978, 181; *Thomas/Putzo*[18] Rdnr. 8. – A.M. *OLG Celle* JW 1930, 566 (abl. *Sonnen*); *OLG Hamburg* OLGRspr. 15 (1907), 87.
[10] Wenn auch regelmäßig, *KG* KGBl. 1903, 30; OLGRspr. 3 (1901), 434.
[11] Vgl. *RGZ* 53, 324; *OLG Braunschweig* ZZP 39 (1909), 351; *OLG Hamburg* OLGRspr. 17 (1908), 112; *KG* OLGRspr. 25 (1912), 72.
[12] Ebenso *OLG Hamburg* FamRZ 1993, 102; *OLG München* KTS 1987, 327; *OLG Schleswig* SchlHA 1983, 138; *Thomas/Putzo*[18] Rdnr. 8. – A.M. *Roidl* NJW 1968, 1865, der § 93 bei Teilanerkenntnis überhaupt nicht anwenden will; vgl. auch *OLG Köln* FamRZ 1986, 827; *OLG Schleswig* DAVorm. 1979, 176; SchlHA 1978, 172. Das Teilanerkenntnis *kann* freilich zu einer unzulässigen Teilleistung führen und deshalb die *Klageveranlassung* ergeben; das gilt aber nicht für jedes Teilanerkenntnis (→ Rdnr. 17). Eine konkrete **Arbeitsentlastung des Gerichts** setzt § 93 nicht voraus. Sind Kosten nur durch einen der beiden Teile veranlaßt worden, so kann dies bei der Quotelung berücksichtigt werden (→ § 92 Rdnr. 3 b).
[13] *OLG Hamm* BauR 1989, 374; *OLG Köln* FamRZ 1989, 878. – A.M. *OLG Breslau* OLGRspr. 9 (1904), 66.
[14] A.M. *OLG Köln* OLGRspr. 37 (1918), 101. – Anders aber, wenn der Erbe die beschränkte Haftung gar nicht herbeigeführt hat, *OLG Celle* JZ 1960, 669; im übrigen → Rdnr. 17, 20.
[15] Vgl. auch *OLG Oldenburg* NdsRpfl. 1973, 260.

2. Zeitpunkt

Das Anerkenntnis muß *sofort*, bei der ersten sich bietenden prozessualen Gelegenheit 5
erfolgen[16], d. h. in der Regel zu Beginn des ersten Termins, in dem es zu einer mündlichen
Verhandlung kommt. Das Anerkenntnis muß also jedenfalls vor Stellung der Sachanträge, in
der Regel auch vor einer Erörterung der Sach- und Rechtslage mit dem Gericht abgegeben
werden, denn ein Anerkenntnis, das erst unter dem Druck der rechtlichen Hinweise des
Gerichts erklärt wird, ist kein sofortiges mehr[17]. Da bei einer *Stufenklage* über jede Stufe
gesondert zu verhandeln ist, kommt es für das Anerkenntnis des (unbezifferten) Zahlungsanspruchs auf die mündliche Verhandlung über diesen an[18]. Wird vom Vorsitzenden ein **früher erster Termin** bestimmt (§§ 272 Abs. 2, 275), muß das Anerkenntnis in diesem erfolgen, nicht bereits in einer gemäß § 275 Abs. 1 angeordneten Klageerwiderungsschrift[19] (→ auch Rdnr. 6). Ist dagegen ein **schriftliches Vorverfahren** veranlaßt worden (§§ 272 Abs. 2, 276), so hat das Anerkenntnis bereits mit dem ersten Erklärungsschriftsatz (»Klageerwiderung«) zu erfolgen, da das schriftliche Vorverfahren hinsichtlich der Anerkenntnis- und Versäumnisurteile (§§ 307 Abs. 2, 331 Abs. 3) einem echten schriftlichen Verfahren gleichsteht[20]. Trotz der etwas mißverständlichen Formulierung des § 276 Abs. 2 gilt dafür gegebenenfalls der *Anwaltszwang*[21]. Ein nach Ablauf der Erklärungsfrist des § 276 Abs. 1 S. 1 erfolgtes Anerkenntnis wird in der Regel kein sofortiges mehr sein[22]; denn maßgebend ist grundsätzlich, zu welchem Zeitpunkt das Anerkenntnis erstmals abgegeben werden kann (→ auch § 307 Rdnr. 17). Entsprechend hat **im schriftlichen Verfahren** (§ 128 Abs. 2, 3) das Anerkenntnis bereits im ersten Schriftsatz zu erfolgen, der nach Anordnung des schriftlichen Verfahrens eingereicht wird.

Bis zu den genannten Zeitpunkten ist vorheriges **Bestreiten in vorbereitenden Schriftsätzen** 6
unerheblich[23], soweit nicht deren Inhalt dem mündlich Vorgetragenen rückwirkend gleichsteht, also in den Fällen der Entscheidung nach Lage der Akten, §§ 251a, 331a (→ 307 Rdnr. 17).

Bleibt im ersten Termin der Kläger aus und ist das Anerkenntnis nicht schon nach Rdnr. 5 7
verspätet, so genügt das Anerkenntnis in der nächsten mündlichen Verhandlung[24]. Beantragt der Beklagte Versäumnisurteil nach § 330, so gilt für die Kosten § 91; aber er kann auch dann noch nach Einspruch wegen § 342 «sofort» anerkennen[25]. Auch der Umstand, daß **gegen den Beklagten** zunächst nach § 331 **Versäumnisurteil** ergangen ist, steht einem sofortigen Anerkenntnis gemäß § 93 nach erfolgtem Einspruch nicht entgegen. Allerdings wird in einem derartigen Fall das Verhalten des Beklagten zumeist den Rückschluß zulassen, daß der Kläger Veranlassung zur Klage gehabt hat (→ Rdnr. 11); anders z. B., wenn die Säumnis des Beklagten darauf beruht, daß er von der Klagezustellung nicht rechtzeitig Kenntnis hatte[26]. Legt das

---

[16] *OLG Düsseldorf* MDR 1991, 257.
[17] *OLG Hamburg* WRP 1991, 116; *OLG Koblenz* FamRZ 1988, 853.
[18] *OLG Bamberg* JurBüro 1989, 690; *OLG München* KostRspr. § 93 ZPO Nr. 255 (L).
[19] *OLG Düsseldorf* NJW-RR 1986, 38; *OLG Frankfurt* NJW-RR 1990, 1535; *LG Schweinfurt* VersR 1990, 618.
[20] Vgl. auch die Begründung zum Entwurf der Vereinfachungsnovelle BT-Drucks. 7/2729, S. 70, 77.
[21] Davon geht auch die Begründung BT-Drucks. 7/2729, S. 77 aus.
[22] *OLG Bremen* JurBüro 1983, 625; *OLG Düsseldorf* NJW-RR 1986, 38; *OLG Frankfurt* NJW-RR 1993, 127; BB 1978, 892; *OLG Hamburg* WRP 1988, 315; *OLG Hamm* VersR 1989, 1211; *KG* WRP 1979, 310 *OLG München* NJW-RR 1989, 571; *LG Hamburg* MDR 1980, 942; *LG Schweinfurt* VersR 1990, 618; *LG Tübingen* MDR 1981, 409. – Anders wohl *AG Koblenz* JurBüro 1987, 288 und für § 93b Abs. 3 *LG Freiburg* NJW-RR 1990, 383.
[23] *OLG Bamberg* JurBüro 1982, 1885; OLGRspr. 3 (1901), 307; *OLG Frankfurt* NJW-RR 1990, 1535; *KG* KGBl. 1903, 30; *OLG München* KTS 1987, 328. – A.M. *OLG Koblenz* FamRZ 1988, 853 (das Veranlassung und »Sofortigkeit« verwechselt).
[24] *KG* KGBl. 1903, 30.
[25] *KG* OLGRspr. 2 (1901), 102; *LG Siegen* WuM 1983, 118 (L); *Thomas/Putzo*[18] Rdnr. 11.
[26] *OLG Bremen* JurBüro 1983, 626; *OLG Köln* FamRZ 1992, 831 (L); *Levy* JW 1926, 2461. – A.M. *OLG Kiel* JW 1926, 268; *KG* JW 1926, 2460, die das Anerkenntnis nach erfolgtem Einspruch niemals als ein sofortiges gelten lassen wollen; offen *KG* WRP 1986, 88.

Gericht nach § 93 die Kosten dem Kläger auf, so ist für die Kosten des Versäumnisverfahrens § 344 daneben anzuwenden, sofern das Versäumnisurteil in gesetzlicher Weise ergangen war.

8   Die Anwendung des § 93 wird auch nicht dadurch ausgeschlossen, daß der Beklagte in einem vorausgegangenen **Mahnverfahren** Widerspruch eingelegt hat. Denn der Widerspruch ist der einzige Rechtsbehelf, mit dem sich der Beklagte gegen die Kosten des durch sein Verhalten nicht veranlaßten Mahnverfahrens wehren kann[27]. Bei **Rechtsnachfolge** ist das Anerkenntnis des Rechtsnachfolgers kein sofortiges, wenn der Rechtsvorgänger bestritten hatte[28] (zur Klageveranlassung → Rdnr. 14). Das **Anerkenntnis des Konkursverwalters** sofort nach Übernahme eines Passivprozesses trotz vorherigen Bestreitens des späteren Gemeinschuldners hat zwar nicht die Anwendung des § 93 zur Folge, wohl aber bewirkt es nach § 11 Abs. 2 KO, daß die Kostenforderung gegen die Masse nicht Masseschuld, sondern nur Konkursforderung ist[29].

3. Ausnahmen

9   Von den oben dargelegten Zeitgrenzen für ein sofortiges Anerkenntnis sind bestimmte Ausnahmen zu machen, die sich teilweise nicht mehr deutlich von der Frage der Klageveranlassung trennen lassen. War die **Klage vor Eintritt der sie begründenden Tatsachen oder vor Fälligkeit erhoben** worden, so genügt es trotz vorherigen Bestreitens, wenn der Beklagte sofort, nachdem der Anspruch entstanden oder fällig geworden ist, anerkennt[30], ebenso bei Nachschieben eines Hilfsantrages[31] oder bei Änderung oder Beschränkung des Klageantrags (z.B. gegenüber dem Erben, → Rdnr. 4) sofort, nachdem die Klage in der neuen Gestalt erhoben ist[32], ebenso wenn der Anspruch im Laufe des Prozesses mit anderen Tatsachen begründet wird und der Beklagte nunmehr den Anspruch sofort anerkennt[33]. Auch in der Revisionsinstanz kann danach gegebenenfalls noch »sofort« anerkannt werden, wenn z.B. der Anspruch erst jetzt durch Gesetzesänderung begründet wird[34]. Die Rüge prozessualer Mängel hindert ebensowenig ein sofortiges Anerkenntnis nach deren Behebung, wenn sie begründet war[35]. Dagegen genügt es nicht, daß der Klageanspruch zwar von Anfang an

---

[27] *KG* MDR 1980, 942; *OLG Köln* ZZP 71 (1958), 247; *OLG Zweibrücken* OLGZ 1971, 380, das aber in der fehlenden **Beschränkung des Widerspruchs auf die Kosten** grundsätzlich eine nachträgliche Veranlassung zur Klage sieht; ebenso *OLG Frankfurt* MDR 1984, 149f.; *OLG Hamm* BB 1988, 959; offen *OLG Hamm* NJW-RR 1986, 1122. Gegen diese Ansicht zu Recht *Wieczorek*[2] Anm. A I b 1: Der Gläubiger könnte sonst wegen der Hauptforderung einen Vollstreckungsbescheid beantragen, dessen Kosten der Schuldner zu tragen hätte, was gerade vermieden werden soll.

[28] *OLG Köln* NJW 1952, 1145; *LG Aachen* MDR 1952, 683 (Erben erkennen an nach Bestreiten des Nachlaßpflegers).

[29] Vgl. *RGZ* 137, 22; *Jaeger/Henckel* KO[9] § 11 Rdnr. 22. - Anders bei verfrühter Aufnahme durch den Kläger, *OLG Celle* ZIP 1985, 823; *OLG Düsseldorf* ZIP 1982, 201; *OLG Karlsruhe* KTS 1989, 719; *OLG München* KTS 1987, 328; anders auch bei Provokation eines Passivprozesses durch vorsorgliches Bestreiten einer zur Tabelle angemeldeten Forderung, *LG Bonn* MDR 1990, 558; *LG Göttingen* KTS 1990, 138; vgl. auch *LG München I* KTS 1986, 509.

[30] *RGZ* 103, 104; *OLG Celle* NdsRpfl. 1956, 14; *OLG Frankfurt* NJW-RR 1993, 128; *OLG Hamm* VersR 1986, 1113; *LG Schweinfurt* VersR 1990, 618; s. auch *BGHZ* 37, 233 = NJW 1962, 1715; *OLG Bamberg* JurBüro 1982, 1885; *OLG Düsseldorf* NJW-RR 1993, 75; *LG Berlin* ZMR 1988, 180 (L).

[31] *OLG Düsseldorf* NJW-RR 1993, 76.

[32] *RG* JW 1896, 70; *OLG Bamberg* FamRZ 1989, 520; *OLG Dresden* OLGRspr. 7 (1903), 283; *OLG Frankfurt* MDR 1984, 238; *KG* JurBüro 1980, 617; KGBl. 1908, 4; *OLG Köln* MDR 1968, 765 (L); HRR 1935 Nr. 1072; *OLG Zweibrücken* JurBüro 1979, 445; *AG Bonn* WuM 1983, 56; *AG Hannover* MDR 1968, 505. - Anders, wenn der Antrag nur formell geändert wird, *OLG Dresden* SächsArch. 7, 578; *KG* JurBüro 1980, 617; *OLG München* WRP 1980, 227.

[33] Vgl. *OLG Bamberg* JurBüro 1982, 1885; *OLG Hamburg* HRR 1931 Nr. 535; *OLG Köln* NJW-RR 1988, 1341; *LG Kiel* ZMR 1978, 152 (L); zur Abgrenzung *OLG Hamm* MDR 1988, 971.

[34] *BGHZ* 37, 233 = NJW 1962, 1715 = LM § 19 BBauG Nr. 1 (*Mattern*); vgl. auch *VGH Mannheim* NJW 1991, 860.

[35] Z.B. **Unzuständigkeit** oder mangelnde **Kostensicherung**, *OLG Düsseldorf* ZIP 1990, 1424; *OLG Köln* HRR 1932 Nr. 1238; *OLG Saarbrücken* MDR 1981, 676; *RGZ* 137, 71; vgl. aber für rügelose Einlassung nach § 39 *OLG Karlsruhe* OLGZ 1985, 495.

begründet war, der Beklagte aber dies nicht wußte und nicht wissen konnte und zur Klage auch keine Veranlassung gegeben hatte. Hier den Gedanken des Verschuldens der einen oder anderen Partei hereinzutragen, entspräche nicht dem Verursachungsprinzip unseres Kostenrechts (→ Rdnr. 6 vor § 91). Daß der Beklagte, auch wenn der Anspruch an sich begründet ist, **bei mangelhafter Substantiierung der Klage** noch nach Behebung dieses Mangels »sofort« anerkennen darf, steht aber schon seit längerer Zeit außer Streit[36]. Erkennt er freilich **trotz fehlender Schlüssigkeit** an, so kann er aus dieser – auch für die Klageveranlassung – nichts mehr herleiten[37].

Die Praxis zeigt bisweilen die Neigung, darüber hinaus allgemein, insbesondere bei der Drittwiderspruchsklage des § 771, **nach anfänglichem Bestreiten**, ja selbst **noch nach Beweiserhebung** ein sofortiges Anerkenntnis zuzulassen[38]. Im allgemeinen geht das zu weit und bürdet in unbilliger, vom Gesetz nicht gestützter Weise das Prozeßrisiko dem Kläger auf[39]. Das Nebeneinander der Erfordernisse eines sofortigen Anerkenntnisses und eines Nichtveranlassens der Klage führt jedoch zu Widersprüchen, die sachlich nicht gerechtfertigt sind und nicht im Sinne des Gesetzes liegen. Denn ob ein Beklagter Anlaß zur Klageerhebung gibt, hängt weitgehend nicht allein von ihm, sondern auch vom Verhalten des Klägers ab, der nach Treu und Glauben u. U. zur Vermeidung eines Prozesses verpflichtet ist, im Einzelfall etwa gebotene Aufklärungen zu geben und dem Beklagten Zeit zur Prüfung einzuräumen (→ Rdnr. 17). Wenn ein Kläger sich redlich, wenn auch nicht völlig ausreichend, darum bemüht und dann erst klagt, kann der Beklagte jedenfalls noch im ersten Termin anerkennen. Tut der Kläger aber gar nichts und klagt sofort, so müßte auch hier der Beklagte im ersten Termin anerkennen, obwohl ihm dies nach dem Verhalten des Klägers viel weniger zuzumuten ist. Der Bruch in der Gesetzeslage wird dadurch ausgeglichen, daß **dem Beklagten ein Anerkenntnis nicht zuzumuten ist, solange der Kläger nicht seine Darlegungs- und Wartepflichten erfüllt hat**. Wenn der Beklagte deshalb erst im Laufe des Prozesses die nötige Klarheit erlangt, ist das danach erklärte Anerkenntnis noch sofort abgegeben (→ auch Rdnr. 9). Dies kann daher theoretisch noch nach Beweisanordnungen, ja noch nach Beweiserhebungen geschehen; praktisch werden derartige Fälle selten vorkommen[40]. Zum Nachweis der Legitimation → § 94. Keinesfalls hat der Beklagte ein Recht darauf, erst anzuerkennen, wenn der Klageanspruch *bewiesen* ist, noch weniger kann er verlangen, daß er ihm selbst bewiesen oder auch nur glaubhaft gemacht wird, da eine Glaubhaftmachung nach § 294 nur dem Gericht gegenüber geschieht[41]. Die Rechtsprechung wird gut daran tun, eine Unzumutbarkeit nur in zweifelsfreien Fällen anzunehmen, um nicht in gegenteiligem Sinne in Schwierigkeiten zu geraten und damit den Grundgedanken der §§ 91, 93 anzugreifen. Wo den Kläger keine besonderen Pflichten jener Art treffen, stellt sich die Frage der Unzumutbarkeit nicht; ferner muß auch der Beklagte sich bemühen, insbesondere dem Kläger sagen, welche Angaben er noch verlangt[42].

III. Der Anlaß zur Klageerhebung

Der Beklagte darf nicht durch sein Verhalten zur Erhebung der Klage Veranlassung gegeben haben. Dieses Erfordernis ist nicht gleichzusetzen mit der Frage nach dem *Rechtsschutzbedürfnis* (rechtliches Interesse; → vor § 253 Rdnr. 100 ff.), dessen Fehlen zur Abweisung der Klage führen müßte, während § 93 eine Verurteilung voraussetzt[43]. Es kann sein,

---

[36] *OLG München* OLGRspr. 23 (1911), 107; *OLG Hamburg* HRR 1931 Nr. 535; *KG* JW 1929, 118.

[37] *OLG Hamm* JurBüro 1990, 915; *OLG München* NJW 1969, 1815; *OLG Stuttgart* WRP 1987, 406 f.; *LG Tübingen* MDR 1981, 410; *AG Hamburg* MDR 1987, 768;.

[38] Vgl. *OLG Bamberg* JurBüro 1982, 1885; *OLG Celle* MDR 1954, 490; *OLG Köln* JMBl.NRW 1957, 187; *LG Düsseldorf* MDR 1954, 236; *LG Köln* NJW 1949, 956.

[39] Wie hier *OLG Braunschweig* OLGRspr. 25 (1912), 73; *OLG Dresden* OLGRspr. 5 (1902), 468; *KG* JW 1930, 570; *OLG Kiel* JW 1926, 268; *OLG München* ZZP 54 (1929), 328; *OLG Stuttgart* JW 1928, 2737; *LG Hagen* MDR 1961, 331; s. auch *Kleinfeller* JW 1923, 58; *Stein* JW 1922, 1397.

[40] Vgl. aber immerhin *LG Stuttgart* VersR 1989, 408.

[41] → auch § 771 Rdnr. 58. Hier weitergehend *OLG München* WM 1979, 293; *Baumbach/Lauterbach/Hartmann*[51] Rdnr. 82; *Wieczorek*[2] Anm. B I b 1 m. w. N.

[42] S. *Nebeling* zu *LG Berlin* JR 1954, 143.

[43] S. dazu *OLG Koblenz* FamRZ 1978, 826; *AG Siegburg* JMBl.NRW 1964, 88. Bisweilen zeigt sich in der Praxis eine gewisse Neigung, danach unzulässige Klagen unter Belastung des Klägers mit den Kosten »durchzulassen«, z. B. *RG* Gruchot 42 (1898), 1147; JW 1902, 170; *OLG Karlsruhe* OLGRspr. 3 (1901), 213 f.; *OLG Hamburg* OLGRspr. 13 (1906), 103. Hiergegen *Stein* Voraussetzungen des Rechtsschutzes (Festg. für Fitting, 1904), 26.

§ 93 III   Erstes Buch. Allgemeine Vorschriften. Zweiter Abschnitt. Parteien

daß sich aus dem Vorliegen für das Rechtsschutzbedürfnis relevanter Umstände bereits die Veranlassung zur Klageerhebung ergibt; aber das muß nicht immer so sein, und ihr Fehlen führt auch hier zur Abweisung der Klage. In § 93 wird vielmehr einem für die Frage der Verurteilung regelmäßig gleichgültigen Umstand ein Einfluß auf die Kostenfrage eingeräumt.

1. Grundsätze

12   Darüber, ob der Beklagte keinen Anlaß gegeben hat, hat das Gericht gegebenenfalls nach *Beweisaufnahme* zu befinden. Das **Verhalten** des Beklagten muß so gewesen sein, daß der Kläger **bei vernünftiger Würdigung zu dem Schluß berechtigt war, er werde ohne Beschreiten des Prozeßwegs nicht zu seinem Recht gelangen**[44]. Es kommt daher auf die (vernünftige, objektivierte) *Sicht des Klägers* an[45]. Ob den Beklagten ein *Verschulden* trifft oder nicht, bleibt außer Betracht[46]. Entscheidend ist an sich nur das *vorprozessuale Verhalten*[47], also das Verhalten vor Anhängigkeit, nicht vor Rechtshängigkeit[48]. Das *spätere Verhalten* des Beklagten bis zur Entscheidung über die Kostenbeschwerde[49] kann aber zur Beurteilung der vorprozessualen Klageveranlassung als *Indiz* herangezogen werden[50]. Hatte der Kläger hingegen bei Klageerhebung keinen Anlaß zur Klage, dann muß er bei sofortigem Anerkenntnis die Kosten auch dann tragen, wenn er, würde er jetzt erst klagen, nunmehr Veranlassung dazu hätte, etwa weil der Beklagte eine Geldschuld trotz Anerkenntnisses *nicht erfüllt*[51]. Denn darauf, ob der Beklagte nun erfüllt oder nicht, kann das Gericht nicht warten. Es muß bei einem Anerkenntnis in der Hauptsache und über die Kosten sofort entscheiden, da die Sache entscheidungsreif ist. Auf »nachwachsende« Anlässe abzustellen, die wohlmöglich erst mit der Kostenbeschwerde geltend gemacht werden (können), führt zu einer nicht hinnehmbaren Unsicherheit über den Bestand der Kostenentscheidung.

13   Bei einer **Klageänderung** ist für die Veranlassung auf den Zeitpunkt der Änderung, nicht auf den der Erhebung der ursprünglichen Klage abzustellen[52] (→ auch Rdnr. 9).

14   Ein Verhalten seines **Rechtsvorgängers**, Vertreters und sonstiger Personen, für deren

---

[44] *BGH* NJW 1979, 2040, 2041; *OLG Bamberg* FamRZ 1989, 520; *OLG Düsseldorf* NJW-RR 1993, 74; ZIP 1990, 1424; GRUR 1984, 81; *OLG Frankfurt* JurBüro 1989, 690; *OLG Hamm* FamRZ 1989, 411; *OLG Köln* NJW-RR 1992, 1528; 1988, 187; *RGZ* 118, 264; *BPatG* GRUR 1989, 588.

[45] *OLG Frankfurt* NJW-RR 1989, 236; *OLG Karlsruhe* NJW-RR 1993, 126.

[46] *OLG Bamberg* JurBüro 1982, 1884f.; *OLG Celle* OLGRspr. 3 (1901), 319; *OLG Düsseldorf* GRUR 1990, 310; *OLG Frankfurt* NJW-RR 1993, 127; *OLG Hamburg* HGZ 45, 235; *OLG Hamm* FamRZ 1991, 830; *KG* OLGRspr. 6 (1903), 386; *OLG Saarbrücken* WRP 1990, 373; *OLG Zweibrücken* JurBüro 1982, 1083.

[47] *BGH* NJW 1979, 2040, 2041; *OLG Bamberg* FamRZ 1989, 520; OLGRspr. 9 (1904), 62; *OLG Düsseldorf* WRP 1969, 454; *OLG Zweibrücken* JurBüro 1982, 1083.

[48] *OLG Bamberg* JurBüro 1982, 1884; *OLG Frankfurt* JurBüro 1989, 691. – A.M. *OLG Frankfurt* NJW-RR 1993, 127.

[49] Vgl. (freilich z. T. über die Indizwirkung hinausgehend) *OLG Düsseldorf* NJW 1971, 1755; *OLG Frankfurt* OLGRspr. 25 (1912), 72.

[50] *BGH* NJW 1979, 2040, 2041; *OLG Frankfurt* JurBüro 1993, 367; NJW-RR 1993, 127; MDR 1984, 149; *OLG Hamm* FamRZ 1989, 411; *OLG Köln* NJW-RR 1992, 1528; 1988, 187; WRP 1977, 357; *OLG Stuttgart* WRP 1987, 406f.; 1986, 359; *OLG Zweibrücken* JurBüro 1982, 1083.

[51] *BGH* NJW 1979, 2040, 2041; *OLG Bamberg* FamRZ 1989, 520; *OLG Düsseldorf* NJW 1967, 162; *OLG Frankfurt* NJW-RR 1993, 127; *KG* OLGZ 1987, 460 = JZ 736; *OLG München* NJW 1988, 271; MDR 1984, 409; *OLG Schleswig* MDR 1987, 940; *LG Berlin* ZMR 1987, 305; *MünchKommZPO/Belz* Rdnr. 7; *Rosenberg/Schwab/Gottwald*[15] § 87 III 5 a (3); *Thomas/Putzo*[18] Rdnr. 5; *Wieczorek*[2] Anm. B II a 1; wohl auch *OLG Zweibrücken* OLGZ 1971, 380 = MDR 591; *Baumbach/Lauterbach/Hartmann*[51] Rdnr. 42/43; offen *OLG Hamm* DB 1988, 959. – A.M. *OLG Düsseldorf* BauR 1980, 92; NJW 1971, 1755; *OLG Frankfurt* MDR 1980, 855; *OLG Hamburg* MDR 1971, 591; *OLG Hamm* MDR 1985, 505; *KG* JurBüro 1972, 66; *OLG Karlsruhe* BB 1980, 599f.; *OLG Koblenz* FamRZ 1988, 853; *OLG Köln* MDR 1987, 584; 1979, 941; *OLG München* NJW 1969, 1816; *OLG Stuttgart* WRP 1986, 359f.; *LG München II* AnwBl. 1978, 181; *AG Euskirchen* WuM 1989, 329; *Deubner* NJW 1967, 788; *Schneider* JurBüro 1969, 208; *Zöller/Herget*[18] Rdnr. 6 – »Geldschuld«; *Vouafl.*

[52] *OLG Frankfurt* MDR 1982, 410; *OLG Hamm* VersR 1986, 1113; *KG* JurBüro 1980, 618 (anders aber im konkreten Fall, → Rdnr. 9); *OLG Köln* HRR 1935, 1072. Vgl. auch *LG Münster* JMBl.NRW 1949, 262; *AG Hannover* MDR 1968, 505; *OLG Frankfurt* MDR 1968, 765 (L).

Handlungen er nach allgemeinen Rechtsgrundsätzen einzustehen hat, muß der Beklagte sich anrechnen lassen[53] (→ auch Rdnr. 8).

Die **Beweislast** trifft den Beklagten, weil § 93 eine Ausnahme von der allgemeinen Regel des § 91 Abs. 1 darstellt[54]. Wird allerdings eine *künftige* Forderung eingeklagt, so ist die Klageveranlassung vom Kläger zu beweisen, weil die dafür erheblichen Umstände i.d.R. zugleich die Klageberechtigung betreffen werden[55]. Zum *Zugang* einer Abmahnung → Rdnr. 16b a. E. 15

2. Einzelfälle

Bei fälligen Forderungen genügt es in der Regel, daß der Beklagte vor dem Prozeß, nicht erst durch die Klageerhebung[56], in **Verzug** (§§ 284 ff. BGB) geraten ist[57]. Dagegen fehlt der Anlaß der Klage, wenn der Kläger sich in Annahmeverzug befand oder (stillschweigend) Stundung gewährte. Aber auch ohne Verzug kann der Anlaß gegeben sein durch vorprozessuales **Bestreiten** des Anspruchs[58], durch Vorenthaltung von Sachen und dergleichen[59]. Bei Klagen auf Zahlung des *Regelunterhalts* stellt die Weigerung, sich einer entsprechenden vollstreckbaren Urkunde zu unterwerfen, Anlaß zur Klage dar, sofern der Unterhaltspflichtige zur Abgabe einer entsprechenden Erklärung aufgefordert war[60] (→ dazu auch § 114 Rdnr. 29, § 642 Rdnr. 1, § 643a Rdnr. 5). Trotz des Verzugs kann der Anlaß fehlen, wenn der Verzug z.B. ohne Kenntnis des Schuldners eingetreten war[61]; vgl. dazu auch § 94. In der Regel muß der Klage eine **Aufforderung** an den Beklagten vorausgegangen sein[62], so besonders beim Wechselregreß[63], bei Ansprüchen auf Aus- oder Absonderung[64], auf Eintragung einer (Vormerkung für eine) Bauwerkssicherungshypothek[65], bei Anfechtungsklagen nach 16

---

[53] *OLG Hamburg* OLGRspr. 20 (1910), 304 (Verzug des Gemeinschuldners); *Baumbach/Lauterbach/Hartmann*[51] Rdnr. 52; *Zöller/Herget*[18] Rdnr. 3. – A.M. *OLG Zweibrücken* NJW 1968, 1635 (für die Kosten von der Rechtsnachfolge an).

[54] Ebenso *OLG Bremen* JurBüro 1983, 765; *OLG Düsseldorf* NJW-RR 1993, 75; *OLG Frankfurt* KostRspr. § 93 ZPO Nr. 254 (L); *OLG Hamm* MDR 1987, 329; *KG* WRP 1990, 417; *OLG Köln* FamRZ 1988, 96 (einschränkend); *OLG München* NJW-RR 1992, 732; *OLG Nürnberg* JurBüro 1968, 549; *LG München I* KTS 1986, 508; *Rosenberg* Beweislast[5], 389; grds. auch *OLG Hamm* JurBüro 1986, 1123. – A.M. *OLG Dresden* OLGRspr. 10 (1905), 374; *OLG Kiel* SchlHA 1912, 95; *Hein* Duldung der Zwangsvollstreckung (1911), 276ff.; *Leonhard* Beweislast[2], 420. – Soweit es sich um **Tatsachen** handelt, **die gleichzeitig die Berechtigung der Klage betreffen**, bewendet es jedoch bei der Beweislast des Klägers; s. dazu *KG* NJW 1957, 1930 (zur Wiederholungsgefahr) und die nachstehend Genannten, wobei freilich Veranlassung und Klageberechtigung scharf zu trennen sind.

[55] *OLG Celle* HRR 1941 Nr. 347; *OLG Düsseldorf* NJW-RR 1993, 75.

[56] A.M. *OLG Bamberg* OLGRspr. 3 (1901), 320; *OLG Königsberg* OLGRspr. 5 (1902), 164.

[57] BayObLGZ 1902, 216; *OLG Hamburg* FamRZ 1989, 990; MDR 1979, 63; *OLG München* FamRZ 1993, 454; einschränkend *AG Köln* WuM 1987, 144. Das Umgekehrte, daß ohne Verzug kein Anlaß gegeben ist, gilt dagegen nicht; → Rdnr. 17.

[58] Vgl. *OLG Hamm* NJW-RR 1991, 1336; JurBüro 1990, 915; SeuffArch. 77 (1923), 83.

[59] Unbefristeter **Auslandsaufenthalt** reicht nicht, wenn Post nachgesandt wird; hier muß abgemahnt werden, *OLG Köln* FamRZ 1992, 831 (L).

[60] *OLG Bamberg* FamRZ 1993, 712; 1979, 537 (L); JurBüro 1989, 690; *OLG Bremen* NJW-RR 1990, 6; *OLG Düsseldorf* NJW-RR 1993, 75; FamRZ 1990, 1369; 1988, 519; 1982, 1117; MDR 1987, 1030; *OLG Frankfurt* NJW 1982, 946; *OLG Karlsruhe* FamRZ 1992, 576; 1984, 585; *OLG Koblenz* FamRZ 1986, 826; *OLG Oldenburg* Rpfleger 1979, 72 (L); *OLG Stuttgart* FamRZ 1990, 1368; *LG Dortmund* FamRZ 1968, 328; *AG Calw* DAVorm. 1981, 299; *AG Freiburg* FamRZ 1978, 437; *Göhlich* FamRZ 1988, 560; *Kemper* FamRZ 1973, 520, 527. – A.M. *OLG Düsseldorf* FamRZ 1984, 725, *OLG Hamm* FamRZ 1992, 832, *OLG München* KostRspr. § 93 ZPO Nr. 255 (L) und FamRZ 1988, 1292 (Titulierungskosten muß der Kläger tragen; vgl. dazu auch *Künkel* NJW 1985, 2669ff.), *OLG Hamburg* FamRZ 1981, 583, *OLG Koblenz* FamRZ 1978, 826, *OLG Saarbrücken* FamRZ 1985, 1280, *OLG Schleswig* FamRZ 1983, 829 und *LG Flensburg* FamRZ 1974, 541 (kein grundsätzliches Recht des nichtehelichen Kindes auf solchen Titel); *Vorauft.*

[61] *OLG Kiel* SeuffArch. 73 (1918), 187; OLGRspr. 37 (1918), 100 (Verzug des persönlichen Schuldners infolge Nichtzahlung der Hypothekenzinsen seitens des Grundstückseigentümers).

[62] BGH NJW 1979, 2040, 2041; *OLG Bremen* JurBüro 1979, 765; *OLG Düsseldorf* NJW-RR 1993, 74; *OLG Hamm* JurBüro 1987, 436; *Eibner* JurBüro 1983, 487. – A.M. für **Äußerungssachen** *OLG München* NJW-RR 1992, 732; wie hier *OLG Nürnberg* NJW-RR 1987, 695.

[63] *OLG Dresden* SächsAnn. 30, 100.

[64] *OLG Stettin* OLGRspr. 10 (1905), 189 (→ auch Fn. 84).

[65] *OLG Düsseldorf* NJW 1972, 1955/1676; MDR 1971, 1018; *OLG Frankfurt* OLGZ 1993, 238; *OLG Hamm* NJW 1976, 1459; *OLG München* BauR 1985, 114 (L; anders, wenn unzumutbar); *OLG Köln* Schäfer/Fin-

dem Anfechtungsgesetz oder der Konkursordnung[66]. Die Aufforderung muß sich dabei stets auf den später geltend gemachten Anpruch beziehen. Wer beispielsweise die Erfüllung eines Befreiungsanspruchs abmahnt, muß, sobald er selbst an den Gläubiger gezahlt hat, den nunmehr bestehenden Ersatzanspruch erneut abmahnen, da der Schuldner immer noch davon ausgeht, er müsse an den Gläubiger, nicht an den Kläger zahlen (→ auch Rdnr. 17).

16a Ebenso muß vor der gerichtlichen Geltendmachung von Unterlassungsansprüchen in **Wettbewerbssachen** (auch im einstweiligen Verfügungsverfahren, → Rdnr. 23) grundsätzlich eine **Abmahnung** (Vorwarnung) erfolgt sein[67], auch wenn dem Hauptsacheverfahren ein Verfügungsverfahren vorangegangen ist[68]. Eine Ausnahme gilt nur bei Unzumutbarkeit[69], insbesondere, wenn zu befürchten ist, daß der Anspruch durch die Abmahnung vereitelt wird[70], oder bei vorsätzlichen[71] oder besonders zeitgebundenen[72] Verstößen. Unterbleibt eine erforderliche Abmahnung, so ist der Beklagte (wenn die Voraussetzungen des § 93 im übrigen gegeben sind) insgesamt von der Tragung der Kosten befreit[73], auch in der Höhe, in der sie für

---

nern/Hochstein § 93 ZPO Nr. 1; *OLG Oldenburg* NdsRpfl. 1983, 148; 1975, 245; *LG Dortmund* MDR 1974, 578; *LG Osnabrück* NdsRpfl. 1983, 145. – **A.M.** *OLG Köln* NJW 1975, 454 (abl. *Joost* 1172); *LG Hannover* MDR 1969, 935; *LG Ulm* BauR 1986, 489; krit. auch *Heyers* BauR 1980, 20; offen *OLG Düsseldorf* BauR 1980, 92.

[66] *OLG Bamberg* KTS 1972, 196 (außer bei drohendem Fristablauf); *OLG Düsseldorf* OLGZ 1985, 73 (außer wenn Zweck der Anfechtung vereitelt würde); *OLG Saarbrücken* MDR 1990, 637 (wenn Duldungsschuldner nicht zugleich Zahlungsschuldner); *OLG Schleswig* MDR 1977, 321. – **A.M.** *LG Gotha* JW 1928, 1889; *LG Kaiserslautern* KTS 1972, 201; *Böhle-Stamschräder/Kilger* AnfG[7] § 7 Anm. III 12.

[67] *BGH* GRUR 1957, 354; *OLG Bremen* NJW 1970, 867; *OLG Celle* WRP 1974, 155 (*Borck*); 1975, 242; *OLG Düsseldorf* DB 1982, 801; GRUR 1980, 135; NJW 1970, 335; *OLG Hamm* NJW-RR 1987, 428; *KG* NJW-RR 1987, 491; WRP 1974, 410 (*Burckert*); *OLG Karlsruhe* NJW-RR 1993, 126; MDR 1976, 497; *OLG Düsseldorf* NJW-RR 1989, 58; 1987, 1448; WRP 1970, 186; *OLG Saarbrücken* WRP 1988, 198; *Borck* NJW 1981, 2725 (gegen *Vogt* NJW 1980, 1499); *v. Gamm* NJW 1961, 1048; *Pastor* Der Wettbewerbsprozeß[3], 11. – Ebenso für die **Aufhebungsklage** nach § 927 *OLG Frankfurt* JurBüro 1982, 1268; *OLG München* GRUR 1985, 161; → auch § 927 Rdnr. 16 f.; a.m. *OLG Hamm* GRUR 1985, 84; *OLG Koblenz* GRUR 1989, 374; vgl. auch *OLG Köln* ZIP 1981, 1384. – Für die **negative Feststellungsklage** des zu Unrecht Abgemahnten gilt das aber wohl nur bei besonderer Aufklärungspflicht, *OLG Frankfurt* NJW-RR 1990, 303; GRUR 1984, 758; JurBüro 1981, 1095; *OLG Hamm* GRUR 1985, 84; *OLG Köln* NJW-RR 1986, 429; *LG Hamburg* NJW-RR 1993, 174; *LG Köln* JurBüro 1988, 1565; *LG Osnabrück* JurBüro 1989, 1458; für Nichtigkeitsklage als Reaktion auf Patentverletzungsklage auch *BPatG* GRUR 1987, 233; a.M. *OLG Düsseldorf* WRP 1979, 719; *KG* DB 1980, 735; *OLG Stuttgart* WRP 1988, 767; 1985, 51 f.; *LG Köln* GRUR 1989, 543; allg. zur Antwort- und **Aufklärungspflicht des Abgemahnten** *BGH* ZIP 1990, 404; GRUR 1990, 382; 1987, 54 (*Lindacher*); *Schulte* GRUR 1980, 470; *Ulrich* ZIP 1990, 1377; WRP 1985, 117.

[68] Vgl. *OLG Düsseldorf* GRUR 1984, 81; WRP 1979, 862; *OLG Hamburg* WRP 1986, 289; 1980, 208; *OLG Hamm* WRP 1978, 393; *OLG Koblenz* WRP 1979, 230; *LG Berlin* WRP 1978, 318; *LG Hamburg* NJW-RR 1988, 252; *AG Amberg* WRP 1978, 669 (*Thesen*); *AG Mön-*chengladbach NJW-RR 1986, 342; vgl. auch *KG* NJW-RR 1987, 816; *OLG Köln* NJW-RR 1987, 703; ferner *OLG Hamm* NJW-RR 1991, 1336 (Veranlassung entfällt nicht deshalb, weil Klage vor Entscheidung über die einstweilige Verfügung erhoben wurde). – Allg. zum sog. **Abschlußschreiben** s. *Baumbach/Hefermehl* Wettbewerbsrecht[17], § 25 UWG Rdnr. 102 ff.; → auch § 91 Rdnr. 26.

[69] *OLG Düsseldorf* DB 1985, 1076 (L); 1982, 801; WRP 1979, 793; *OLG Koblenz* WRP 1979, 229; auch für die Abmahnung von Verbänden, *Loewenheim* WRP 1979, 839.

[70] *OLG Frankfurt* BB 1983, 1745, 1748, *OLG Hamburg* WRP 1988, 47; 1978, 147; *OLG Hamm* GRUR 1982, 687.

[71] *OLG Celle* WRP 1974, 155; 1975, 242; *OLG Düsseldorf* WuW/E OLG 3360; WRP 1977, 267; *OLG Frankfurt* GRUR 1989, 630 (L); BB 1983, 1745, 1748 WRP 1975, 365; *OLG Hamburg* GRUR 1989, 707 (einschränkend); *OLG Hamm* WRP 1979, 805 f.; *KG* DB 1980, 1395; *OLG Karlsruhe* WRP 1986, 165; *OLG Köln* WRP 1986, 427; 1976, 493; NJW 1969, 935; *OLG Stuttgart* NJW-RR 1987, 426; *LG Düsseldorf* WRP 1979, 488; *Pastor* (Fn. 67), 27 m.w.N.; für **Äußerungssachen** auch *OLG Karlsruhe* NJW-RR 1987, 105. – **A.M.** *KG* WRP 1988, 740/167; *OLG Köln* WRP 1990, 543; *OLG München* WRP 1971, 77; 1975, 48; *OLG Oldenburg* NJW-RR 1990, 1330; *OLG Saarbrücken* WRP 1988, 198.

[72] Z.B. Sonder- oder Schlußverkauf, *OLG Köln* WRP 1974, 563; *OLG Hamburg* WRP 1971, 279; 1973, 591; 1977, 112 (anders im konkreten Fall); GRUR 1975, 39, 41; *LG Düsseldorf* WRP 1979, 488; vgl. aber auch *OLG Frankfurt* DB 1987, 2641, JurBüro 1985, 1557/131, GRUR 1984, 693 und *OLG Köln* NJW-RR 1987, 36 (bei Verstoß während im Messe sollte **mündliche Abmahnung** möglich sein; ebenso *OLG Karlsruhe* WRP 1986, 421 für Reitturnier; *OLG München* NJW-RR 1988, 680 und *OLG Stuttgart* WRP 1986, 54 für Wochenendverkauf; anders aber *OLG Hamm* WRP 1979, 563). – Eine **allgemeine Eilbedürftigkeit** rechtfertigt dagegen noch keine Ausnahme (str., vgl. außer den Vorstehenden noch *OLG Hamburg* WRP 1989, 33; *OLG Hamm* GRUR 1982, 687; *Przygodda* WRP 1972, 409 m.w.N); insbesondere gilt § 93 auch im einstweiligen Verfügungsverfahren, → Rdnr. 23.

[73] Ebenso bei Anerkenntnis auf eine vor Ablauf der mit der Abmahnung gesetzten Frist erhobene Klage, *OLG Düsseldorf* JurBüro 1987, 1408; *OLG München* MDR 1990, 556 (sofern Anerkenntnis innerhalb der Frist); vgl. auch *KG* WRP 1979, 543.

eine vorgenommene Abmahnung entstanden wären[74]. Auch bei Klagen nach § 13 AGBG ist zur Vermeidung der Kostenfolge des § 93 grundsätzlich eine vorherige Abmahnung erforderlich[75]. – Zur *Erstattung* der Abmahnkosten → vor § 91 Rdnr. 16, § 91 Rdnr. 40.

Da die Frage, ob der Beklagte Anlaß zur Klage gegeben hat, aus der Sicht des Klägers zu beurteilen ist (→ Rdnr. 12), kommt es in all' diesen Fällen nur darauf an, daß der Kläger ein Abmahnschreiben *abgeschickt* hat. Daß es dem Beklagten nicht **zugegangen** ist, muß dieser darlegen und beweisen[76]. 16b

Bei **Nichtbefolgung einer Aufforderung**[77] (→ Rdnr. 16) hat der Beklagte regelmäßig zur Klage Anlaß gegeben, es sei denn, daß der Kläger etwas anderes[78] (→ auch Rdnr. 16) oder zuviel[79] oder zu früh[80] fordert oder die ihm obliegende Mitwirkung zur Leistung oder Gegenleistung[81] nicht angeboten oder die Quittung verweigert hat[82]; u. U. kann es sogar nötig sein, daß er sich legitimiert[83] (→ auch § 94) oder die behauptete Sach- und Rechtslage insoweit näher darlegt, als dies für den Gegner erforderlich ist, um die Aussichten des Rechtsstreits zu beurteilen[84] (→ auch Rdnr. 10). Dem Beklagten muß gegenüber diesen Darlegungen u. U. eine **gewisse Zeit zur Überlegung und Prüfung** gelassen werden[85]. Bei 17

---

[74] *OLG Düsseldorf* WRP 1980, 416; *OLG Frankfurt* BB 1972, 379; *OLG Karlsruhe* MDR 1976, 497; *OLG Köln* WRP 1981, 481; *OLG München* WRP 1970, 35; 1971, 77; *OLG Nürnberg* JurBüro 1978, 1070; *OLG Stuttgart* WRP 1986, 359; 1972, 213; 1970, 403. – **A.M.** *OLG Koblenz* WRP 1978, 664, 666. Nach der hier (→ § 91 Rdnr. 40) vertretenen Ansicht folgt das schon daraus, daß diese Aufwendungen nicht zu den erstattungsfähigen Prozeßkosten gehören würden.

[75] *OLG Frankfurt* GRUR 1980, 186; *OLG Stuttgart* WRP 1985, 51; *LG Hamburg* ZIP 1981, 744; *Löwe/Graf von Westphalen/Trinkner* AGBG², § 15 Rdnr. 11ff.; *Palandt/Heinrichs* BGB⁵², § 15 AGBG Rdnr. 5; *Schlosser/Coester-Waltjen/Graba* AGBG (1977), § 13 Rdnr. 56; *Ulmer/Brandner/Hensen* AGBG⁷, § 13 Rdnr. 49ff.; *Wolf/Horn/Lindacher* AGBG², § 13 Rdnr. 62ff.

[76] *OLG Frankfurt* BB 1988, 1907; *OLG Hamm* GRUR 1984, 611 (L); *OLG Karlsruhe* NJW-RR 1993, 126 m.w.N.; WRP 1993, 42; *OLG Saarbrücken* WRP 1990, 374; *OLG Zweibrücken* JurBüro 1982, 1083; *Baumbach/Hefermehl* Wettbewerbsrecht¹⁷, Einl. UWG Rdnr. 536; *Burchert* WRP 1985, 478; *Nirk/Kurtze* Wettbewerbsstreitigkeiten², Rdnr. 108. – **A.M.** (z.T. aber in Sonderfällen) *OLG Hamm* GRUR 1990, 716 (L); FamRZ 1989, 411; MDR 1987, 329; NJW-RR 1987, 425f.; 1986, 1122; *KG* DB 1982, 1611; *OLG Köln* NJW-RR 1989, 58; FamRZ 1988, 96; *OLG München* WRP 1979, 818; *LG Essen* MDR 1984, 149. – *KG* WRP 1979, 310 erwägt sogar öffentliche Zustellung nach § 132 BGB.

[77] Bei ausweichender Antwort kann bei besonderer Sachlage eine nochmalige Anfrage geboten sein; vgl. *OLG Frankfurt* NJW-RR 1989, 236 (einschränkend); sehr weitgehend *OLG Rostock* OLGRspr. 20 (1910), 304.

[78] *OLG Karlsruhe* BadRPr. 1906, 130.

[79] *OLG Dresden* OLGRspr. 5 (1902), 164; *OLG Celle* DAR 1958, 304 (Abfindungserklärung). – Anders die h.M. für die wettbewerbsrechtliche Unterlassungsverpflichtung *OLG Köln* WRP 1987, 56; *OLG Stuttgart* WRP 1985, 53; *Baumbach/Hefermehl* Wettbewerbsrecht¹⁷, Einl. UWG Rdnr. 531; für Gebrauchsmusterlöschung *BPatG* GRUR 1989, 588.

[80] Z.B. im Fall des § 305, wenn uneingeschränkte Verurteilung verlangt wird, vgl. *KG* OLGRspr. 2 (1901), 388; 3 (1901), 131, 434 (→ auch Rdnr. 4, 20); für nicht fällige Forderung *OLG Karlsruhe* MDR 1980, 501; für **Räumungsklage** vor Zugang der Kündigung *LG Berlin* ZMR 1985, 304; *LG Bremen* NJW-RR 1988, 334; *LG Münster* WuM 1991, 105; *AG Neuss* WuM 1987, 260; krit. *Mümmler* JurBüro 1984, 814f.; vgl. aber auch *OLG Saarbrücken* NJW-RR 1990, 964 (für Befreiungsanspruch von Darlehensverpflichtung bei Erfüllung nur der fälligen Raten).

[81] *OLG Hamm* BauR 1989, 374; *OLG München* NJW 1988, 271; → auch Rdnr. 4.

[82] *KG* OLGRspr. 10 (1905), 365 und *OLG Saarbrücken* MDR 1981, 676 (Präsentation des Wechsels); *OLG Nürnberg* NJW-RR 1986, 159 (Antrag auf Termin zur Abgabe einer vom Beklagten angekündigten eidesstattlichen Versicherung).

[83] *OLG Frankfurt* NJW-RR 1990, 1535; *RGZ* 52, 141; vgl. aber auch *OLG Hamburg* NJW 1986, 2119f.

[84] Z.B. möglich bei **wettbewerbsrechtlichen Abmahnungen**, *OLG Frankfurt* AnwBl. 1984, 513; JurBüro 1984, 1087; *OLG Hamburg* WRP 1989, 32; 1986, 292; 1977, 808; *OLG Hamm* GRUR 1990, 716 (L); *OLG Koblenz* GRUR 1981, 674; *OLG Köln* WRP 1988, 56; *OLG München* WRP 1979, 888; *OLG Stuttgart* GRUR 1984, 163; *LG Hamburg* WRP 1979, 902; vgl. auch *BPatG* GRUR 1984, 654; 1983, 504f.; näher zum Inhalt der Abmahnung *Baumbach/Hefermehl* Wettbewerbsrecht¹⁷, Einl. UWG Rdnr. 530ff.; bei **Aussonderung**, *OLG Köln* OLGRspr. 9 (1904), 63; bei **Drittwiderspruchsklage** (→ auch § 771 Rdnr. 56) oder **Herausgabeansprüchen Dritter** gegen den Pfandgläubiger, *OLG Frankfurt* NJW-RR 1990, 1535; *OLG Hamburg* OLGRspr. 20 (1910), 306; *OLG München* WM 1979, 293; vgl. auch *OLG München* VersR 1993, 497; bei **versicherungsrechtlicher Darlegungslast** (→ Fn. 86); bei unterhaltsrechtlicher **Abänderungsklage**, *OLG Zweibrücken* JurBüro 1984, 767; vgl. allg. auch *KG* VersR 1981, 464 (L); *LG Essen* WuM 1983, 118. – S. auch *OLG Hamburg* JW 1925,1529: Enthält ein Pfändungs- und Überweisungsbeschluß einen Schreibfehler, so gibt der Drittschuldner damit, daß er vor der Berichtigung die Zahlung verweigert, noch keine Veranlassung zur Klage.

[85] *OLG Bamberg* JurBüro 1982, 1885; *OLG Frankfurt* NJW-RR 1986, 533, *OLG Hamburg* GRUR 1991, 80, *KG* WRP 1978, 451/213 und *OLG Stuttgart* WRP 1990, 777 (zu kurze Frist); *OLG Hamm* VersR 1961, 118; *KG* WRP 1979, 861; *LG Berlin* MDR 1987, 768 (zu § 2 MHG). Vgl. aber auch *OLG Frankfurt* NJW-RR 1987, 37 (Anlaß zur Klage, wenn das beanstandete Verhalten während der

einer *Haftpflichtversicherung* des Beklagten besteht in der Regel kein Anlaß zur Klage, solange bei dieser keine Schadensbelege eingereicht sind[86] bzw. nach Vorlage eine angemessene Frist[87] zur Prüfung nicht verstrichen ist. Bei einer *Sicherungsübereignung* kann nach Lage des Falles auch die Vorlage von Kontoauszügen über die gesicherte Forderung verlangt werden[88]; → zur *Drittwiderspruchsklage* § 771 Rdnr. 56 ff., zur Veranlassung bei *Mieträumungsklagen* § 93 b, insbes. Rdnr. 38.

17a Wird eine **Teilleistung** angeboten (und der Anspruch im Prozeß teilweise oder insgesamt anerkannt), so ist Veranlassung zur Klage gegeben, wenn die Teilleistung nach § 266 BGB unzulässig war; anders, wenn der Kläger nach Treu und Glauben zur Annahme verpflichtet war[89]. Das gilt auch für Unterhaltsklagen, bei denen lediglich der »Spitzenbetrag« streitig ist[90]. War umgekehrt der Gläubiger zur Annahme, nicht aber der Schuldner zur Erbringung einer Teilleistung bereit, kann ebenfalls Klage veranlaßt sein[91].

18 **Entbehrlich ist die Aufforderung** namentlich dann, wenn der Beklagte schon vorher seine Pflicht bestritten hat[92] (vgl. § 259), und bei Ansprüchen aus vorsätzlichen unerlaubten Handlungen[93]. Ein Anlaß zur Klage ist stets gegeben, wenn dem Kläger ein Verlust der Durchsetzung des Anspruchs durch Fristablauf droht und der Gegner auf die Geltendmachung dieser Folge, soweit dies rechtlich möglich ist, nicht verzichtet hat[94].

19 Der **Anspruch aus einer Hypothek, Grund- oder Rentenschuld** gegen den Eigentümer ist hier für den Prozeß als Anspruch auf Zahlung zu behandeln (vgl. §§ 592, 794 Abs. 1 Nr. 5). Trotz Nichtzahlung kann der Eigentümer dem Gläubiger durch kostenlose Ausstellung einer vollstreckbaren Urkunde (§ 794 Abs. 1 Nr. 5) den Anlaß zur Klage nehmen[95], weil dadurch der sonst nach § 1147 BGB nötige Prozeß entbehrlich wird. Auch insoweit ist aber eine *Aufforderung erforderlich*, wenn der Kläger vermeiden will, daß er die Kosten zu tragen hat, wenn der Eigentümer im Prozeß sofort anerkennt[96]. Daß der Eigentümer zur Zahlung aufgefordert wurde, reicht nach dem Grundsatz, daß der Anspruch abgemahnt werden muß,

---

Bedenkzeit wiederholt wird; vgl. aber *OLG Köln* WRP 1986, 427); *OLG Hamm* WRP 1978, 226 (Bitte um Fristverlängerung kann zumutbar sein).

[86] *OLG Hamm* VersR 1983, 1121 (L); 1969, 741 (dazu *Jochheim* 862); *LG München II* VersR 1979, 459; *LG Stuttgart* VersR 1989, 408; *LG Trier* VersR 1973, 653; *AG Mayen* VersR 1973, 653.

[87] *OLG Karlsruhe* VersR 1980, 877; *OLG Köln* VersR 1983, 451; 1974, 268, 498; *OLG München* VersR 1979, 480/479; *OLG Nürnberg* VersR 1976, 1052; *OLG Saarbrücken* AnwBl. 1992, 397; *LG Ansbach* VersR 1984, 1099; *LG Düsseldorf* VersR 1981, 582; *LG Ellwangen* VersR 1981, 564; *LG Hamburg* VersR 1978, 1124; *LG Köln* VersR 1989, 303 (L); *LG Mannheim* VersR 1983, 962; *LG Mönchengladbach* VersR 1982, 710 (L); *LG München* VersR 1973, 871; *AG Köln* VersR 1980, 731; *Lichtblau* ZfV 1993, 86; 1974, 103 m. w. N.; ebenso für Regulierungsbehörde *LG Bonn* VersR 1978, 356. – Vgl. ferner zur Einsicht in die strafrechtlichen Ermittlungsakten *AG Braunschweig* VersR 1967, 573 (abl. *Steder* 749; dazu *Rohkopf* 890).

[88] *OLG Stuttgart* BB 1961, 842.

[89] *OLG Düsseldorf* VersR 1966, 1055; *Baumgärtel* VersR 1970, 969 m.w.N. – Zu weit geht es, § 93 bei Teilanerkenntnis überhaupt nicht anzuwenden (→ Rdnr. 4).

[90] *OLG Bremen* NJW-RR 1990, 6; *OLG Karlsruhe* FamRZ 1985, 955; *OLG Koblenz* FamRZ 1986, 826; *OLG Köln* FamRZ 1986, 827; *OLG Schleswig* SchlHA 1983, 138; *OLG Stuttgart* NJW 1978, 112 (krit. *Winter* 706); *AG Königswinter* FamRZ 1993, 468.

[91] *OLG Bamberg* FamRZ 1984, 303 f.

[92] Ebenso kann das Fehlen der Aufforderung durch ein dem Anerkenntnis zuwiderlaufendes Bestreiten in der Sache überwunden werden, *OLG Stuttgart* WRP 1987, 406; → auch Rdnr. 12.

[93] *OLG Karlsruhe* OLGRspr. 5 (1902), 168. S. noch *OLG Celle* OLGRspr. 3 (1901), 433 (zu § 648 BGB); *OLG Posen* SeuffArch. 58 (1903), 354 (zu §§ 1418, 1468 BGB frühere Fass.). Bei mittellosen **Minderjährigen** eine Ausnahme zu machen, dürfte weder ein Gebot der Billigkeit sein noch einen Anhalt im Gesetz finden; a.M. *OLG Hamm* MDR 1961, 947 (Autodiebstahl); zum Titulierungsinteresse in diesen Fällen s. *LG Freiburg* VersR 1980, 728.

[94] *OLG Köln* MDR 1985, 505; *OLG Stuttgart* HRR 1930 Nr. 551. – Bei Verzicht kann sich die Veranlassung aber gleichwohl aus anderen Umständen ergeben, vgl. *OLG Hamm* WRP 1992, 655.

[95] *OLG Celle* OLGRspr. 13 (1906), 103; *OLG Dresden* SeuffArch. 65 (1910), 164; *OLG Düsseldorf* JW 1930, 3348; *OLG Hamm* JMBl.NRW 1952, 265; *KG* OLGRspr. 6 (1903), 386; *OLG Königsberg* SeuffArch. 59 (1904), 207.

[96] *OLG Düsseldorf* JMBl.NRW 1968, 262 (nach Maßgabe des Einzelfalles); *OLG Karlsruhe* OLGRspr. 1987, 250; MDR 1981, 939; *OLG Marienwerder* OLGRspr. 1 (1900), 259; *OLG München* OLGZ 1984, 248; NJW 1968, 556; *OLG Oldenburg* BB 1984, 2026; *OLG Posen* OLGRspr. 19 (1909), 71; *OLG Saarbrücken* MDR 1982, 499; *OLG Schleswig* JurBüro 1987, 1078; *LG Itzehoe* SchlHA 1968, 214; offen *OLG Frankfurt* MDR 1980, 855.

dessentwegen Klage erhoben werden wird (→ Rdnr. 16), trotz der Gleichstellung des Duldungs- mit dem Zahlungsanspruch nicht aus[97].

Anlaß zur Klage gibt auch der **Erbe** im Fall der §§ 2014f. BGB (→ Rdnr. 4, 17), wenn er trotz entsprechender Aufforderung keine mit den Beschränkungen der §§ 305, 782 versehene vollstreckbare Urkunde ausstellt[98], gleichviel, ob man annimmt, daß er sich trotz § 2014 BGB im Verzug befindet (→ § 305 Rdnr. 2). Dasselbe gilt, wenn er sich auf die beschränkte Haftung erst nach Klageerhebung beruft[99]. 20

Die dargelegten Grundsätze gelten sinngemäß auch für andere Fälle, in denen **zur Vollstreckung** in ein bestimmtes Vermögen ein **Duldungstitel gegen einen Dritten** erforderlich ist (s. z. B. §§ 737, 743, 745 Abs. 2, 748 Abs. 29). 21

IV. Geltung in besonderen Verfahrensarten

§ 93 gilt grundsätzlich **für alle Klagearten**, also Leistungsklagen, welche die Unterlassungsklagen (→ Rdnr. 16, 18) und Duldungsklagen (→ Rdnr. 19) einschließen, Feststellungsklagen und Gestaltungsklagen, mögen sie prozessualer Art sein, wie z. B. die Widerspruchsklage (→ § 771 Rdnr. 54), oder materieller Art, wie bei Aufhebung eines Güterstandes[100]. Daß durch *Beschluß* entschieden wird, bildet kein Hindernis. Einen Anerkenntnisbeschluß kennt zwar das Gesetz nicht. § 93 fordert aber kein Urteil (→ Rdnr. 3), und ein sachlicher Grund, im Beschlußverfahren zu versagen, was im Urteilsverfahren gestattet ist, besteht um so weniger, als die Gesetzgebung wiederholt ein Urteils- durch ein Beschlußverfahren ersetzt hat, und zwar zweifellos nicht in der Absicht, damit den § 93 für diese Verfahren auszuschließen[101]. Die Geltung im vereinfachten Verfahren zur *Abänderung von Unterhaltstiteln* ist in § 6410 Abs. 1 S. 2 ausdrücklich festgelegt. Auch bei den Änderungsklagen nach § 323 ist § 93 anwendbar[102]. Gerade bei **Gestaltungsklagen** hat übrigens der Beklagte, obwohl oder weil er die richterliche Gestaltung nicht selbst vornehmen kann, das Anrufen des Gerichts meist selbst veranlaßt, z. B. dadurch, daß er nicht von sich aus durch Zahlung die Vollstreckbarerklärung eines ausländischen Urteils oder eines Schiedsspruchs über Zahlungspflichten vermieden oder durch Verzicht auf die Rechte aus einem rechtskräftigen Urteil eine Nichtigkeitsklage erspart hat[103]. Ist die Gestaltung auch rechtsgeschäftlich möglich, muß der Beklagte freilich nach Maßgabe des zu Rdnr. 16ff. Gesagten zur Mitwirkung aufgefordert sein[104]. 22

Bei **Arresten oder einstweiligen Verfügungen**, wo § 93 ebenfalls gilt[105], gehört nicht nur das Glaubhaftmachen eines Rechts, sondern auch der Arrest- oder Verfügungsgrund zur Begründung des Antrags. Beides wird von einem Anerkenntnis mitumfaßt und ergibt dann oft die Veranlassung durch den Antragsgegner[106]; aber dies muß nicht sein[107]. Zur ähnlichen Frage 23

---

[97] So aber *OLG Celle* OLGRspr. 3 (1901), 318; *OLG Dresden* OLGRspr. 18 (1909), 163; 11 (1905), 52; *OLG Kassel* OLGRspr. 13 (1906), 102; *OLG Köln* NJW 1977, 256; *Voraufl.*
[98] Vgl. *OLG Kassel* OLGRspr. 21 (1910), 182.
[99] *OLG Hamm* JurBüro 1987, 436.
[100] *RG* Gruchot 53 (1898), 697; s. auch *OLG Dresden* OLGRspr. 14 (1907), 310 (Erbunwürdigkeitsklage).
[101] Z. B. beim Vollstreckungsurteil für Schiedssprüche, *OLG Kiel* OLGRspr. 13 (1906), 251; *OLG Celle* OLGRspr. 17 (1908), 117.
[102] Vgl. zur Veranlassung z. B. *OLG Braunschweig* KostRspr. § 93 ZPO Nr. 147; *OLG Frankfurt* JurBüro 1989, 690; *OLG Köln* FamRZ 1988, 96; *OLG Zweibrücken* JurBüro 1984, 767; zum Anerkenntnis durch das Jugendamt als Beistand *OLG Schleswig* DAVorm. 1987, 679.

[103] Vgl. *OLG Frankfurt* JurBüro 1993, 366 = AG 185 (keine Abmahnung bei Anfechtungs- oder Nichtigkeitsklage gegen Gesellschafterbeschlüsse, da Gestaltungswirkung nur prozessual erreichbar); *OLG München* NJW 1958, 2070.
[104] *OLG Düsseldorf* NJW-RR 1993, 74.
[105] Wohl einhellige Ansicht: *OLG München* NJW-RR 1992, 731; *OLG Stuttgart* MDR 1963, 1020; *OLG Düsseldorf* NJW 1972, 1955; *Thomas/Putzo*[18] Rdnr. 2.
[106] *OLG Celle* NJW 1953, 1871; *OLG Stuttgart* NJW 1955, 1192 (*Nikisch*).
[107] S. *OLG Hamburg* ZZP 53 (1928), 281 (*Walsmann*) betr. Widerspruch nach § 899 BGB durch einstweilige Verfügung, obwohl die Eintragung bewilligt worden wäre; ebenso für Vormerkung *OLG Köln* NJW-RR 1988, 1341; ausf. *Liesegang* JR 1980, 97f.

des rechtlichen Interesses → Rdnr. 11. Bei einer *Beschlußverfügung* kann sich der Antragsgegner die Kostenvorteile des § 93 dadurch erhalten, daß er sich auf einen **Kostenwiderspruch** beschränkt (→ auch § 924 Rdnr. 9). Damit dieser einem Anerkenntnis i. S. d. § 93 gleichgestellt werden kann, ist allerdings erforderlich, daß der Antragsgegner, sobald er – gegebenenfalls durch Akteneinsicht – die Sach- und Rechtslage beurteilen kann, den Widerspruch gegen die Verfügung **sofort** und einschränkungslos auf die Kosten beschränkt, ohne die Berechtigung in der Hauptsache anzuzweifeln[108]. Die bloße *Ankündigung* einer Beschränkung oder eines Anerkenntnisses im Vollwiderspruch reicht daher – auch bei späterem Anerkenntnis – nicht[109]. Wer Vollwiderspruch einlegt, kann eine ihm günstige Kostenentscheidung nur dadurch erreichen, daß er zugleich eine gesicherte *Unterwerfungserklärung* abgibt, die zur Erledigung der Hauptsache führt und dann die Anwendung des § 93 im Rahmen von § 91a ermöglicht[110] (→ § 91a Rdnr. 29). Daß im Kostenwiderspruch zugleich auf die Rechte aus §§ 926, 927 verzichtet wird, ist aber weder für die Zulässigkeit der Beschränkung des Widerspruchs auf die Kosten[111] noch für die Entscheidung nach § 93 erforderlich[112]. In der Regel wird freilich die Auslegung ergeben, daß ein Antragsgegner, der nach Kostenwiderspruch eine Entscheidung nach § 93 begehrt, auf die Rechte aus § 926 verzichtet[113]. Anderenfalls hat er Anlaß zur Durchführung des Hauptsacheverfahrens gegeben[114]. In jedem Fall muß hinzukommen, daß der Antragsgegner zur Einleitung des Verfügungsverfahrens **keine Veranlassung gegeben** hat, wofür erheblich ist, ob der Antragsteller abgemahnt werden mußte[115] (→ dazu auch Rdnr. 16a). – Zur *Anfechtung* der Kostenentscheidung nach Kostenwiderspruch → § 99 Rdnr. 7.

24 Daß teilweise der **Untersuchungsgrundsatz** oder die **Amtsprüfung** in einem Verfahren herrschen, wie hinsichtlich vieler Prozeßvoraussetzungen (→ Einl. Rdnr. 320) oder der Zulässigkeit einer Nichtigkeitsklage, § 589 (→ Rdnr. 22), schließt ein Anerkennen ebensowenig aus wie der Umstand, daß dem Gericht bei seiner Entscheidung ein gewisser Beurteilungsspielraum eingeräumt ist oder daß nicht nur Interessen der Parteien, sondern auch solche der Rechtspflege von ihm zu beachten sind. Bei der Klage auf Herstellung des ehelichen Lebens ist § 93 anwendbar, obwohl nach § 617 kein Anerkenntnisurteil ergehen kann[116].

25 Die Anwendung des § 93 ist dagegen in den sonstigen **Ehesachen** (d. h. mit Ausnahme der Herstellungsklagen, → Rdnr. 24) **ausgeschlossen**, weil dies hier dem Sinn der §§ 616, 617, der durch Sonderregeln des § 93a eine Bestätigung findet, entspricht und der Kläger sein Ziel nur durch Klage erreichen kann[117]. **Ebensowenig gilt § 93 in Kindschaftssachen**[118] **und Aufge-**

---

[108] *OLG Bremen* WRP 1989, 523; NJW-RR 1988, 625; *OLG Düsseldorf* NJW-RR 1986, 38; *OLG Frankfurt* NJW-RR 1986, 533, 534; *OLG Hamm* WRP 1986, 880; *OLG Koblenz* WRP 1978, 665; *OLG Schleswig* GRUR 1986, 840; MDR 1979, 763; *OLG Stuttgart* WRP 1977, 821; *Liesegang* JR 1980, 96 f.; *Nieder* WRP 1979, 351.

[109] **A.M.** *OLG Karlsruhe* MDR 1976, 497; *OLG München* WRP 1975, 180.

[110] Vgl. *OLG Düsseldorf* MDR 1991, 257; *OLG Hamburg* WRP 1989, 325; *OLG Karlsruhe* WRP 1990, 642; *OLG Köln* WRP 1990, 543; offen *OLG Köln* Rpfleger 1993, 173. – **A.M.** wohl *Nieder* WRP 1979, 352; krit. auch *Ahrens/Spätgens* Einstweiliger Rechtsschutz und Vollstreckung in UWG-Sachen², A.I.5.

[111] **A.M.** *OLG Düsseldorf* WRP 1979, 865; *OLG Schleswig* SchlHA 1990, 8. – § 99 Abs. 1 muß hier freilich nicht beachtet werden, da der Widerspruch kein Rechtsmittel ist, → § 99 Rdnr. 3.

[112] **A.M.** *OLG Köln* Rpfleger 1993, 173; wohl auch *Ahrens/Spätgens* (Fn. 110), A.I.4.; offen *OLG Düsseldorf* NJW-RR 1986, 37.

[113] *Teplitzky* Wettbewerbsrechtliche Ansprüche⁶, Kap. 55 Rdnr. 12.

[114] *OLG Stuttgart* WRP 1980, 103.

[115] Vgl. dazu *OLG Bremen* NJW-RR 1988, 625; NJW 1970, 867; *OLG Celle* WRP 1975, 242; *OLG Düsseldorf* GRUR 1990, 310; JurBüro 1987, 1408; WRP 1979, 793 f.; *OLG Frankfurt* JurBüro 1990, 1217; *OLG Hamburg* WRP 1989, 33; 1986, 292; NJW 1986, 2119; *KG* NJW-RR 1987, 491; WRP 1979, 861; *OLG Karlsruhe* WRP 1990, 642; NJW-RR 1987, 105; *OLG Koblenz* GRUR 1981, 674; *OLG Köln* WRP 1990, 543; 1980, 227; 1977, 357; NJW 1969, 935; *OLG München* WRP 1980, 227; *OLG Saarbrücken* WRP 1988, 198; *OLG Stuttgart* WRP 1986, 55; *LG Berlin* WRP 1974, 111; *LG Hamburg* WRP 1979, 901; *Borck* NJW 1981, 2725; *Liesegang* JR 1980, 97 f.; *Sommermeyer* MDR 1970, 288.

[116] *KG* OLGRspr. 1 (1900), 344.

[117] *OLG Frankfurt* FamRZ 1984, 1123.

[118] Anders im Rahmen einer Entscheidung nach § 91a; vgl. *OLG Köln* FamRZ 1992, 697 f.; → auch § 641c Rdnr. 2.

botsverfahren. Auch Sonderregeln für einige **öffentlich-rechtliche Streitsachen** stehen der Anwendung des § 93 entgegen, so § 228 Abs. 2 BauGB (trotz der allgemeinen Verweisung auf die Kostenbestimmungen in Abs. 1) und § 65 mit § 48 BLeistungsG. Für unselbständige Verfahren und für diejenigen selbständigen Verfahren, für die eine besondere Kostenentscheidung überhaupt nicht ergeht, entfällt auch § 93, so z. B. für Prozeßkostenhilfe- oder Streitwertbeschwerden, für Anträge auf Aussetzung des Verfahrens, auf Erklärungen zur Feriensache usw. (→ jedoch zur Beschwerde § 97 Rdnr. 6, 9).

V. Anerkenntnis während des Vergleichsverfahrens

Für den Fall des Vergleichsverfahrens zur Abwendung des Konkurses ist in § 49 VerglO eine Sonderregelung dahin getroffen, daß dem am Vergleichsverfahren beteiligten Gläubiger, wenn er *nach Eröffnung des Verfahrens* Klage auf Leistung erhebt, die *Prozeßkosten zur Last fallen*, wenn der Schuldner den Anspruch im Sinne des § 93 *sofort anerkennt*, gleichviel ob er durch sein Verhalten zur Erhebung der Klage Veranlassung gegeben hatte oder nicht. Eine Ausnahme ist nur für die Fälle vorgesehen, daß der Gläubiger oder sein Prozeßbevollmächtigter[119] bei Erhebung der Klage die *Eröffnung des Vergleichsverfahrens nicht kannte* oder aus besonderen Gründen an der alsbaldigen Erlangung des Urteils ein berechtigtes Interesse hatte. Auf *Feststellungsklagen* ist § 49 VerglO nicht anwendbar. Ebensowenig gilt er bei Weiterbetreibung einer vor Eröffnung des Vergleichsverfahrens erhobenen Klage[120]. Ist dem Streitverfahren ein **Mahnverfahren vorausgegangen**, so hat nach § 696 Abs. 3 als Zeitpunkt der Klageerhebung der der Zustellung des Mahnbescheids zu gelten, wenn alsbald die Abgabe an das für das Streitverfahren zuständige Gericht erfolgt. Wie alle an die Klageerhebung gebundenen Wirkungen – eben die Rechtshängigkeit, § 261 – muß auch diese Wirkung als auf den genannten Zeitpunkt zurückverlegt angesehen werden[121].

26

§ 93 a [Kosten in Ehesachen]

(1) ¹Wird auf Scheidung einer Ehe erkannt, so sind die Kosten der Scheidungssache und der Folgesachen, über die gleichzeitig entschieden wird oder über die nach § 627 Abs. 1 vorweg entschieden worden ist, gegeneinander aufzuheben; die Kosten einer Folgesache sind auch dann gegeneinander aufzuheben, wenn über die Folgesache infolge einer Abtrennung nach § 628 Abs. 1 Satz 1 gesondert zu entscheiden ist. ²Das Gericht kann die Kosten nach billigem Ermessen anderweitig verteilen, wenn

1. eine Kostenverteilung nach Satz 1 einen der Ehegatten in seiner Lebensführung unverhältnismäßig beeinträchtigen würde; die Bewilligung von Prozeßkostenhilfe ist dabei nicht zu berücksichtigen;
2. eine Kostenverteilung nach Satz 1 im Hinblick darauf als unbillig erscheint, daß ein Ehegatte in Folgesachen der in § 621 Abs. 1 Nr. 4, 5, 8 bezeichneten Art ganz oder teilweise unterlegen ist.

³Haben die Parteien eine Vereinbarung über die Kosten getroffen, so kann das Gericht sie ganz oder teilweise der Entscheidung zugrunde legen.

(2) ¹Wird ein Scheidungsantrag abgewiesen, so hat der Antragsteller auch die Kosten der Folgesachen zu tragen, die infolge der Abweisung gegenstandslos werden; dies gilt auch für die Kosten einer Folgesache, über die infolge einer Abtrennung nach § 623 Abs. 1 Satz 2 oder

---

[119] *LG Fürth* JW 1927, 870.
[120] *OLG Köln* MDR 1957, 369.
[121] Nach *Böhle-Stamschräder/Kilger* VglO¹¹ § 49 Anm. 2; *Bley/Mohrbutter* VglO⁴ § 49 Rdnr. 6 soll dagegen der Übergang in das Streitverfahren entscheiden. Dazu nötigt weder das Gesetz, noch ist dieses Abstellen auf einen Zeitpunkt, dessen genauere Bestimmung Zweifel auslösen kann, zweckmäßig, noch entspricht es der Billigkeit, den Kläger mit den Kosten des Mahnverfahrens zu belasten. Die Gegenansicht will denn auch meist ein berechtigtes Interesse an alsbaldiger Verurteilung annehmen, *Hohoff* DJZ 1930, 164.

nach § 628 Abs. 1 Satz 1 gesondert zu entscheiden ist. ²Das Gericht kann die Kosten anderweitig verteilen, wenn eine Kostenverteilung nach Satz 1 im Hinblick auf den bisherigen Sach- und Streitstand in Folgesachen der in § 621 Abs. 1 Nr. 4, 5, 8 bezeichneten Art als unbillig erscheint.

(3) ¹Wird eine Ehe aufgehoben oder für nichtig erklärt, so sind die Kosten des Rechtsstreits gegeneinander aufzuheben. ²Das Gericht kann die Kosten nach billigem Ermessen anderweitig verteilen, wenn eine Kostenverteilung nach Satz 1 einen der Ehegatten in seiner Lebensführung unverhältnismäßig beeinträchtigen würde oder wenn eine solche Kostenverteilung im Hinblick darauf als unbillig erscheint, daß bei der Eheschließung ein Ehegatte allein in den Fällen der §§ 30 bis 32 des Ehegesetzes die Aufhebbarkeit oder die Nichtigkeit der Ehe gekannt hat oder ein Ehegatte durch arglistige Täuschung oder widerrechtliche Drohung seitens des anderen Ehegatten oder mit dessen Wissen zur Eingehung der Ehe bestimmt worden ist.

(4) Wird eine Ehe auf Klage des Staatsanwalts oder im Falle des § 20 des Ehegesetzes auf Klage des früheren Ehegatten für nichtig erklärt, so ist Absatz 3 nicht anzuwenden.

Gesetzesgeschichte: § 93a aF eingefügt RGBl. 1938 I, 1323. Weitgehende Änderung BGBl. 1976 I, 1421; ferner BGBl. 1986 I, 2326.

Stichwortregister: → vor § 91 vor Rdnr. 1.

I. Grundgedanke der Vorschrift	1
II. Erfolgreicher Scheidungsantrag	2
1. Gegenseitige Kostenaufhebung (Abs. 1 S. 1)	2
2. Anderweitige Kostenverteilung (Abs. 1 S. 2)	4
a) aus wirtschaftlichen Gründen (Nr. 1)	4
b) wegen Unterliegens in einer Folgesache nach § 621 Abs. 1 Nr. 4, 5, 8 (Nr. 2)	5
3. Parteivereinbarung über die Kosten (Abs. 1 S. 3)	6
III. Abgewiesener Scheidungsantrag (Abs. 2)	7
1. Kostenpflicht des Antragstellers	7
2. Anderweitige Kostenverteilung	8
IV. Aufhebung und Nichtigerklärung (Abs. 3, 4)	9
1. Anwendungsfälle des Abs. 3	9
2. Kostenaufhebung und anderweitige Verteilung	10
3. Nichtigerklärung auf Klage des Staatsanwalts oder des früheren Ehegatten	11
V. Sonstige Ehesachen	12

I. Grundgedanke der Vorschrift[1]

1   Die Bestimmung wurde durch das Erste Gesetz zur Reform des Ehe- und Familienrechts[2] (vom 14. VI. 1976; BGBl. I, 1421) stark verändert. Das auf dem Zerrüttungsprinzip beruhende Scheidungsrecht verzichtet darauf, die Scheidung dem einen oder anderen Ehegatten anzulasten. Daher wurde der Grundsatz der gegenseitigen Kostenaufhebung, der schon bisher für eine Scheidung, Aufhebung oder Nichtigerklärung ohne Verschulden des Beklagten galt, auf alle Fälle der Scheidung, Aufhebung und Nichtigerklärung (hier mit den Ausnahmen des Abs. 4) erstreckt. Da jeder Ehegatte die Scheidung beantragen kann, diese keine Sanktion für ehewidriges Verhalten darstellt und beide nicht in der Lage sind, den erstrebten

---

[1] Lit.: *Göppinger* Vereinbarungen anläßlich der Ehescheidung[6]; *ders.* Probleme des Kostenrechts im Zusammenhang mit dem neuen Ehescheidungsrecht, AnwBl. 1977, 436; *Haberzettl* Streitwert und Kosten in Ehe- und Familiensachen²; *Kuch* Rückzahlung von Prozeßkostenvorschüssen nach Ehescheidung, DAVorm. 1981, 7; *Lappe* Kosten in Familiensachen[4].
[2] Vgl. Begr. des Regierungsentwurfs, BT-Drucks. 7/650, S. 193; Bericht des Rechtsausschusses, BT-Drucks. 7/4361, S. 61.

Erfolg außerprozessual herbeizuführen, wären die allgemeinen Kostenregeln der §§ 91–93, die auf Veranlassung der Klage und Klageerfolg abstellen, hier nicht angemessen. Die allgemeinen Vorschriften werden daher, sofern nur die Ehe geschieden wird (→ sonst Rdnr. 7), durch § 93a verdrängt[3]. Das gilt auch für § 91a bei Erledigung der Hauptsache[4], z.B. nach Tod eines Ehegatten, oder für § 269 Abs. 3 S. 2 nach Rücknahme eines (eine Folgesache betreffenden) Antrages[5]. – Zu § 96 → Rdnr. 3, zu § 97 → Rdnr. 3a.

Die pauschale Erstreckung des Kostenaufhebungsgrundsatzes auf alle **Folgesachen** (→ auch Rdnr. 2) berücksichtigt, daß diese Fragen ihren Ursprung in der Ehescheidung haben und mit dieser zusammen als einheitlicher Komplex gesehen werden sollen. Daher hat auch der abgewiesene Antragsteller nach Abs. 2 S. 1 im Regelfall mit den Kosten des Scheidungsverfahrens die Kosten der gegenstandslos gewordenen Folgesachen zu tragen. Daß bei erfolgter Scheidung die gegenseitige Kostenaufhebung auf die Folgesachen ausgedehnt wird, erscheint dagegen, jedenfalls soweit es um Unterhaltsansprüche und vermögensrechtliche Ansprüche geht, nicht voll überzeugend. Abs. 1 S. 2 gestattet denn auch dem Gericht, in solchen Fällen das Unterliegen in den Folgesachen doch bei der Kostenverteilung zu berücksichtigen. Überhaupt wird die gesamte Bestimmung durch die in Abs. 1–3 enthaltenen Ausnahmemöglichkeiten einer reinen Billigkeitsregelung stark angenähert. 1a

Bei einer Scheidung nach **ausländischem Recht** ist § 93a anwendbar, wenn es nach dem ausländischen Recht auf ein Verschulden nicht ankommt[6]. Kommt es darauf an, kann u. U. § 93a Abs. 3 analog angewandt werden[7]. 1b

II. Erfolgreicher Scheidungsantrag

1. Gegenseitige Kostenaufhebung (Abs. 1 S. 1)

Abs. 1. S. 1 setzt voraus, daß auf **Scheidung einer Ehe** erkannt wird[8], gleich aus welchem Tatbestand (§§ 1564 ff. BGB). Ob nur einer oder beide Ehegatten die Scheidung beantragt haben, ob der Antragsgegner der Scheidung zustimmt oder sie durch Bestreiten des Scheidungsgrunds oder unter Berufung auf die Härteklausel (§ 1568 BGB) ablehnt, spielt für die Geltung des Grundsatzes keine Rolle. Gegeneinander aufzuheben sind auch die Kosten der **Folgesachen** (also der gleichzeitig anhängig gemachten Familiensachen für den Fall der Scheidung, § 623 Abs. 1 mit § 621 Abs. 1). Das gilt gemäß § 93a Abs. 1 S. 1, 1. Hs. sowohl dann, wenn (wie es die Regel sein soll) über die Folgesache *gleichzeitig* mit der Scheidung entschieden wird[9], als auch bei *Vorwegentscheidung* über die elterliche Gewalt (§ 627 Abs. 1). Hier ist also über die Kosten auch der Folgesache erst im Scheidungsurteil zu befinden[10]. Wird eine Folgesache nach § 628 Abs. 1 S. 1 Nr. 1–3 ausnahmsweise »abgetrennt« und darüber erst *nach* dem Scheidungsurteil entschieden, so sind die Kosten der abgetrennten Folgesache gemäß § 93a Abs. 1 S. 1, 2. Hs. ebenfalls gegeneinander aufzuheben[11]. Dabei ist über die Kosten der abgetrennten Folgesache zusammen mit der Sachent- 2

---

[3] § 93a begründet aber keinen materiell-rechtlichen Rückzahlungsanspruch für Prozeßkostenvorschüsse, *KG* FamRZ 1981, 464; *AG Hildesheim* FamRZ 1988, 61. – **A.M.** *Kuch* DAVorm. 1981, 7.
[4] *BGH* FamRZ 1986, 253; 1983, 683; AnwBl. 1984, 502.
[5] *OLG Frankfurt* FamRZ 1985, 823; 1982, 1093; *KG* FamRZ 1988, 1075; *AG Pinneberg* SchlHA 1984, 184. – **A.M.** *Baumbach/Lauterbach/Hartmann*[51] Rdnr. 5.
[6] *OLG Frankfurt* FamRZ 1984, 1233.
[7] *OLG Stuttgart* NJW-RR 1989, 262.
[8] Bei einer isolierten Klage auf vorzeitigen Zugewinnausgleich ist § 93a daher nicht anwendbar, *OLG Koblenz* FamRZ 1990, 1368; → auch Rdnr. 12.
[9] Auch bei Beteiligung eines **Dritten**, *OLG Hamm* FamRZ 1981, 695. Der Dritte bleibt also auf materiell-rechtliche Kostenerstattungsansprüche angewiesen. – **A.M.** *KG* FamRZ 1981, 381 (für die Rechtsmittelinstanz; → Rdnr. 3a); *OLG Stuttgart* FamRZ 1983, 937, das in fG-Folgesachen eine Kostenentscheidung zugunsten des Dritten auf § 13a FGG stützen will.
[10] BT-Drucks. 7/4361, S. 61.
[11] »Abtrennung« ist hier nicht i.S.v. § 145 zu verstehen; die Entscheidung ist also **Teilurteil** (→ § 628

scheidung über diese Folgesache zu befinden; die Kostenentscheidung im Scheidungsurteil beschränkt sich auf die Scheidungssache und die nicht abgetrennten Folgesachen. Bei einer Abtrennung der Folgesache nach § 623 Abs. 1 S. 2 wegen Beteiligung eines Dritten in einer Familiensache nach § 621 Abs. 1 Nr. 4, 5, 8 gilt dagegen nicht § 93a, sondern das allgemeine Kostenrecht[12].

3 Der **Inhalt** der gegenseitigen Kostenaufhebung bestimmt sich nach § 92 Abs. 1 S. 2. Bei Erfolglosigkeit einzelner Angriffs- und Verteidigungsmittel können die durch sie entstandenen besonderen Kosten im Wege der Kostenausscheidung nach § 96 derjenigen Partei auferlegt werden, die sie veranlaßt hat. Die Kostenaufhebung nach § 93a beschränkt sich dann in ihrer Wirkung auf die übrigen Kosten. Daß § 96 in § 93a anders als in § 93c S. 2 nicht ausdrücklich für anwendbar erklärt ist, rechtfertigt keinen Umkehrschluß. Denn die Geltung des § 96 folgt aus dem Gesetzesaufbau, und § 93c S. 2 ist eigentlich überflüssig.

3a Für die **Rechtsmittelinstanz** ist zu unterscheiden. Wird der *Scheidungsantrag zurückgewiesen*, so bleibt es bei den allgemeinen Regeln (→ Rdnr. 7). Endet das Verfahren hingegen mit einer *Scheidung der Ehe*, so ist weiter zu differenzieren: Die Kosten eines *erfolgreichen* Rechtsmittels werden nicht gesondert behandelt, sondern unterliegen der für das gesamte Verfahren geltenden Entscheidung nach § 93a[13]. Allerdings ist § 97 Abs. 2 analog anwendbar, wenn das für die Scheidung vorausgesetzte Trennungsjahr erst in der Berufungsinstanz abgelaufen ist, der Scheidungsantrag also in der ersten Instanz gar keinen Erfolg haben konnte[14] (→ auch § 97 Rdnr. 13a). Für *erfolglose* Rechtsmittel bleibt es hingegen bei § 97 Abs. 1[15]; bei *teilweiser* Erfolglosigkeit ist zu Lasten des Rechtsmittelführers zu quoteln[16]. Das gilt gemäß § 97 Abs. 3 auch für *isolierte Rechtsmittel* in den der freiwilligen Gerichtsbarkeit zugewiesenen Folgesachen, über die – wie sich aus der Verweisung des § 97 Abs. 3 auch auf § 97 Abs. 2 ergibt, der eine ZPO-Kostenentscheidung impliziert – stets, auch bei Rechtsmittelrücknahme, nach den Vorschriften der ZPO, nicht nach § 13a FGG zu entscheiden ist[17] (zu abgetrennten fG-Folgesachen → auch Rdnr. 2).

2. Anderweitige Kostenverteilung (Abs. 1 S. 2)

a) aus wirtschaftlichen Gründen (Nr. 1)

4 Um einseitige wirtschaftliche Härten zu vermeiden, kann von der Kostenaufhebung abgewichen werden, wenn sie den einen Ehegatten in seiner Lebensführung unverhältnismäßig

---

Rdnr. 15), was aber nichts daran ändert, daß § 93a von zwei Kostenentscheidungen ausgeht, die sich beide nach § 93a zu richten haben; vgl. – auch zur Kritik – *OLG Hamm* AnwBl. 1978, 423; *KG* FamRZ 1984, 67; *OLG München* Rpfleger 1991, 434f.; MDR 1984, 320f.; *AG Pinneberg* SchlHA 1984, 184f.; *Lappe* (Fn. 1), Rdnr. 704ff.; *ders.* Anm. zu KostRspr. § 25 GKG Nr. 50/114; → auch § 628 Rdnr. 16. – Die **Kostenfestsetzung** hat dann nach der Differenzmethode zu erfolgen (Festsetzung nur der Kosten, die nach Abzug der auf den Scheidungsverbund entfallenden Kosten verbleiben), *OLG Koblenz* FamRZ 1990, 82.
[12] I.d.R. wird sich diese Kostenentscheidung auf die **Mehrkosten** zu beschränken haben; vgl. *KG* JurBüro 1987, 292f.; → auch Rdnr. 5.
[13] *OLG Celle* FamRZ 1979, 235; *KG* FamRZ 1981, 382 (anders aber bei Rechtsmittel eines Drittbeteiligten); *OLG München* FamRZ 1980, 473; *OLG Oldenburg* NdsRpfl. 1980, 226; einschränkend *KG* FamRZ 1984, 68.
[14] *OLG Düsseldorf* FamRZ 1983, 628; *OLG Frankfurt*

FamRZ 1985, 823; *OLG Hamburg* FamRZ 1985, 712 (zust. *Philippi*); *OLG Hamm* FamRZ 1993, 456; *OLG Köln* FamRZ 1984, 280 (L); *OLG Zweibrücken* FamRZ 1983, 627 (L); 1982, 293 (zust. *Bosch*). – **A.M.** *OLG Düsseldorf* FamRZ 1982, 1014 (dagegen *Tietze* FamRZ 1983, 291); *KG* FamRZ 1987, 724 (abl. *Meltendorf*) mangels Verschuldens.
[15] Vgl. nur *BGH* AnwBl. 1984, 502; FamRZ 1983, 683; *KG* FamRZ 1981, 381 (auch bei Rechtsmittel eines Drittbeteiligten).
[16] *BGH* FamRZ 1983, 44, 48; *OLG Hamburg* FamRZ 1990, 299.
[17] *OLG Düsseldorf* FamRZ 1980, 1052; *OLG Frankfurt* FamRZ 1991, 586f.; 1982, 1093; *KG* FamRZ 1984, 67; *OLG Karlsruhe* MDR 1984, 59; *OLG München* FamRZ 1979, 735; *Baumbach/Lauterbach/Hartmann*[51] § 97 Rdnr. 72. – **A.M.** *OLG Frankfurt* FamRZ 1986, 368; *OLG Hamburg* FamRZ 1979, 326; *OLG Hamm* FamRZ 1982, 1093; *OLG Oldenburg* FamRZ 1980, 1135; *OLG Stuttgart* FamRZ 1983, 937.

beeinträchtigen, ihm also erhebliche Entbehrungen auferlegen würde, die ihn wesentlich schwerer treffen als den anderen Ehegatten. Dabei ist die wirtschaftliche Gesamtsituation beider Ehegatten zu vergleichen, die insbesondere von Einkommen, Vermögen, finanziellen Belastungen und Familienverhältnissen geprägt wird[18]. Daß *Prozeßkostenhilfe* bewilligt wurde, bleibt dabei unberücksichtigt, wie in Nr. 1 jetzt ausdrücklich klargestellt ist. Leben *beide* Ehegatten gleichermaßen in schlechten wirtschaftlichen Verhältnissen, so bleibt es bei der Kostenaufhebung[19]. Auch bei unterschiedlicher wirtschaftlicher Situation muß der Ausnahmecharakter der Bestimmung beachtet werden. Durch die gegenüber dem Regierungsentwurf veränderte Formulierung sollte verhindert werden, daß etwa im Regelfall dem wirtschaftlich stärkeren Ehegatten die Kosten auferlegt werden[20]. Die unterschiedliche Vermögenslage genügt daher allein nicht, wenn auch der weniger vermögende Ehegatte die Kosten noch verkraften kann. Ob und in welchem Umfang das Gericht, wenn die erwähnten Voraussetzungen gegeben sind, von der Kostenaufhebung abgehen will, steht in seinem billigen Ermessen. Es kann die Kosten ganz dem wirtschaftlich stärkeren Ehegatten auferlegen oder zu einem höheren Bruchteil als dem anderen Ehegatten.

b) wegen Unterliegens in einer Folgesache nach § 621 Abs. 1 Nr. 4, 5, 8 (Nr. 2)

Der zweite Ausnahmetatbestand gestattet eine Abweichung von der gegenseitigen Kostenaufhebung, wenn ein Ehegatte in einer Folgesache über den Unterhalt oder güter- und vermögensrechtliche Ansprüche ganz oder teilweise unterlegen ist oder – im Fall der Antragsrücknahme, in dem ebenfalls nach § 93a zu entscheiden ist (→ Rdnr. 1) – unterlegen wäre[21]. Insoweit wird in abgeschwächter Form auf den Grundsatz des § 91 zurückgegriffen. Nach dem Sinn der Vorschrift kann die anderweitige Kostenverteilung zu Lasten des Unterlegenen nur diejenigen Mehrkosten betreffen, die durch die abgewiesene Forderung entstanden sind[22]. Die Kostenverteilung ist auch hier nach billigem Ermessen zu treffen. Sie wird vor allem davon abhängen, in welchem Ausmaß der betreffende Ehegatte unterlegen ist.

5

3. Parteivereinbarung über die Kosten (Abs. 1 S. 3)[23]

Zwar kann über die Scheidung und über einen Teil der Folgesachen kein Prozeßvergleich geschlossen werden, doch *kann* das Gericht nach Abs. 1 S. 3 eine Vereinbarung über die Kosten berücksichtigen. Eine Bindung an eine solche Vereinbarung besteht also nicht[24]. Das Gericht wird ihr aber im allgemeinen Rechnung tragen, es sei denn, daß die Vereinbarung nicht hinreichend interessengerecht erscheint. Zur Berücksichtigung im *Kostenfestsetzungsverfahren*, wenn das Gericht ihr bei der Kostengrundentscheidung nicht Rechnung getragen hat, → § 98 Rdnr. 13, § 104 Rdnr. 13a.

6

---

[18] Vgl. *OLG Düsseldorf* FamRZ 1982, 1014.
[19] *OLG München* FamRZ 1980, 474.
[20] BT-Drucks. 7/4361, S. 61. – Vgl. *Diederichsen* NJW 1977, 608.
[21] *KG* FamRZ 1988, 1075.
[22] Vgl. auch *KG* JurBüro 1987, 292f.
[23] Näher dazu *Göppinger* (Fn. 1), Rdnr. 60ff.
[24] *OLG Bamberg* JurBüro 1982, 769; *OLG Düsseldorf* JurBüro 1992, 42f.; *OLG Frankfurt* Rpfleger 1984, 159; *OLG Hamburg* JurBüro 1989, 1423; *OLG Hamm* MDR 1983, 60; *Göppinger* (Fn. 1), Rdnr. 60.

III. Abgewiesener Scheidungsantrag (Abs. 2)

1. Kostenpflicht des Antragstellers

7   Wird das Scheidungsbegehren abgewiesen, so folgt die Kostenpflicht des Antragstellers bezüglich der Scheidungssache nicht aus § 93a, sondern aus §§ 91ff.[25]. § 93a Abs. 2 S. 1 erstreckt diese Verpflichtung auch auf die Kosten von Folgesachen, die wegen der Abweisung des Scheidungsantrages gegenstandslos werden, weil sie ihren Ursprung in dem Scheidungsbegehren haben. Diese Kostenregel gilt auch, wenn die Folgesache nach § 623 Abs. 1 S. 2 oder § 628 Abs. 1 S. 1 abgetrennt wurde. Daß die Folgesachen regelmäßig gegenstandslos werden und darüber keine besondere Entscheidung ergeht, folgt aus § 629 Abs. 3 S. 1. Einer Partei kann aber auf Antrag vorbehalten werden, eine Folgesache als selbständige Familiensache fortzusetzen (§ 629 Abs. 3 S. 2). Dann wird über die Kosten der Folgesache besonders entschieden (§§ 629 Abs. 3 S. 3, 626 Abs. 2 S. 3), und § 93a Abs. 2 gilt dafür nicht.

2. Anderweitige Kostenverteilung

8   Auch hier kommen in der Ausnahme des Abs. 2 S. 2 allgemeine Grundsätze des Kostenrechts zum Vorschein, soweit es um Folgesachen über Unterhaltsansprüche oder güter- bzw. vermögensrechtliche Ansprüche (§ 621 Abs. 1 Nr. 4, 5, 8) geht. Dann können nämlich – ähnlich wie in § 91a Abs. 1 S. 1 – im Hinblick auf den Sach- und Streitstand auch dem Antragsgegner Kosten der Folgesache auferlegt werden, wenn die Kostenpflicht des Antragstellers insoweit unbillig erscheint. Das wird angemessen sein, wenn und soweit der Scheidungsgegner in der Folgesache Anträge gestellt hat, die im Fall der Scheidung eindeutig unbegründet gewesen wären[26]. Die danach mögliche Ausnahme betrifft aber stets nur die Kosten der Folge-, nicht diejenigen der Scheidungssache.

IV. Aufhebung und Nichtigerklärung (Abs. 3, 4)

1. Anwendungsfälle des Abs. 3

9   Abs. 3 gilt in allen Fällen der Aufhebung einer Ehe, gleich aus welchem Aufhebungsgrund, desgleichen für die Nichtigerklärung aus jedem Nichtigkeitsgrund, hier aber nach Abs. 4 mit Ausnahme der Nichtigkeitsklage des Staatsanwalts oder des früheren Ehegatten bei Bigamie (§ 20 EheG). Bei abgewiesener Aufhebungs- oder Nichtigkeitsklage bleibt es stets bei den allgemeinen Regeln.

2. Kostenaufhebung und anderweitige Verteilung

10   Im Regelfall sind auch bei Aufhebung oder Nichtigerklärung der Ehe nach Abs. 3 S. 1 die Kosten gegeneinander aufzuheben, unabhängig davon, ob ein Verschulden eines Ehegatten im früheren Sinn vorliegt. Davon kann nach Abs. 3 S. 2 bei unverhältnismäßiger Beeinträchtigung der Lebensführung abgewichen werden (→ Rdnr. 4). Dem Gesetzgeber blieb ferner nicht verborgen, daß die Kostenaufhebung unbillig sein kann, wenn (nur[27]) ein Ehegatte das

---

[25] *OLG Bamberg* FamRZ 1984, 302f. (für § 91a); *OLG Hamm* FamRZ 1991, 839; 1979, 169 (für § 269 Abs. 3 S. 2).

[26] Die Begr. (BT-Drucks. 7/650, S. 194) nennt grundlose oder leichtfertig überhöhte Forderungen.

[27] Kannten beide Ehegatten die Aufhebbarkeit oder Nichtigkeit, so bleibt es bei der Kostenaufhebung.

Vorliegen eines Aufhebungsgrundes nach §§ 30—32 EheG oder eines Nichtigkeitsgrundes gekannt hat. Noch eindeutiger ist dies, wenn ein Ehegatte durch arglistige Täuschung oder widerrechtliche Drohung des anderen (oder durch Täuschung und Drohung mit dessen Wissen) zur Eheschließung veranlaßt wurde. Daher sieht Abs. 3 S. 2 auch in diesen Fällen eine anderweitige Verteilung der Kosten nach billigem Ermessen vor. In den Fällen der Täuschung oder Drohung durch den anderen Ehegatten wird hier freilich kein Ermessensspielraum verbleiben, sondern stets die Kostenpflicht des Täuschenden oder Drohenden auszusprechen sein[28]. Die gerichtlichen Feststellungen zur Kenntnis der Aufhebbarkeit oder Nichtigkeit bzw. zur arglistigen Täuschung oder widerrechtlichen Drohung sind nicht in den Urteilstenor aufzunehmen und erwachsen, da es sich nur um Vorfragen für die Kostenentscheidung handelt, nicht in Rechtskraft[29] (etwa für spätere vermögensrechtliche Streitigkeiten).

3. Nichtigerklärung auf Klage des Staatsanwalts oder (bei Bigamie, § 20 EheG) des früheren Ehegatten (Abs. 4)

Bei Nichtigerklärung auf Klage des Staatsanwalts oder des früheren Ehegatten (§§ 24 EheG, 632 ZPO) schließt Abs. 4 den Grundsatz der gegenseitigen Kostenaufhebung nunmehr[30] ausdrücklich aus. Dasselbe hat für eine Klage des Staatsanwalts nach § 4 Abs. 4 des G über die Rechtswirkungen einer nachträglichen Eheschließung v. 29. III. 1951 (BGBl. I, 215) zu gelten[31]. Es bleibt in diesen Fällen bei den allgemeinen Regeln, so daß der unterlegene Ehegatte bzw. die unterlegenen Ehegatten die Kosten nach § 91 zu tragen haben. **11**

V. Sonstige Ehesachen

Für die restlichen Ehesachen, nämlich Klagen auf Feststellung des Bestehens oder Nichtbestehens einer Ehe zwischen den Parteien oder auf Herstellung des ehelichen Lebens bestehen keine besonderen Kostenvorschriften. Es bleibt insoweit bei den allgemeinen Regeln mit dem Grundsatz der Kostenpflicht des Unterlegenen (§ 91). Gegen eine entsprechende Anwendung des § 93a auf diese Fälle spricht im allgemeinen, daß der Beklagte die Klage, wenn er ihrem Ziel nicht entgegentreten will, zumeist durch sein außerprozessuales Verhalten entbehrlich und dadurch unzulässig (etwa mangels Feststellungsinteresses) oder unbegründet (z. B. durch Herstellung der Lebensgemeinschaft) machen kann. Bei der Klage auf Herstellung des ehelichen Lebens ist zudem § 93 anwendbar, wenn der Beklagte den Anspruch anerkennt und keinen Anlaß zur Klage gegeben hat (→ § 93 Rdnr. 24). Die analoge Anwendung des § 93a erscheint jedoch bei Klagen auf Feststellung des Bestehens oder Nichtbestehens einer Ehe möglich[32], wenn der Anlaß zur Klage (→ Rdnr. 9 vor § 606) auf Gründen beruht, die nicht im Verhalten des Beklagten liegen, und wenn der Beklagte der Klage sachlich nicht entgegentritt. Eine entsprechende Anwendung des § 93 wäre dagegen für den Kläger unbillig. **12**

---

[28] Vgl. auch *Bosch* FamRZ 1987, 817 f.
[29] *OLG Braunschweig* NdsRpfl. 1951, 88; *Stephan* NJW 1950, 392.
[30] Damit wurde die frühere einschränkende Interpretation in den Gesetzestext übernommen; vgl. 19. Aufl.

§ 93a IV, worauf die Begründung (BT-Drucks. 7/650, S. 194) Bezug nimmt.
[31] *BGH* LM § 3 Nachträgl. EheschlG Nr. 1.
[32] Dafür *LG Stuttgart* FamRZ 1968, 197.

§ 93 b [Kosten bei Räumungsklagen]

(1) ¹ Wird einer Klage auf Räumung von Wohnraum mit Rücksicht darauf stattgegeben, daß ein Verlangen des Beklagten auf Fortsetzung des Mietverhältnisses auf Grund der §§ 556a, 556b des Bürgerlichen Gesetzbuchs wegen der berechtigten Interessen des Klägers nicht gerechtfertigt ist, so kann das Gericht die Kosten ganz oder teilweise dem Kläger auferlegen, wenn der Beklagte die Fortsetzung des Mietverhältnisses unter Angabe von Gründen verlangt hatte und
1. der Kläger aus Gründen obsiegt, die erst nachträglich entstanden sind (§ 556a Abs. 1 Satz 3 des Bürgerlichen Gesetzbuchs), oder
2. in den Fällen des § 556b des Bürgerlichen Gesetzbuchs der Kläger dem Beklagten nicht unverzüglich seine berechtigten Interessen bekannt gegeben hat.
²Dies gilt in einem Rechtsstreit wegen Fortsetzung des Mietverhältnisses bei Abweisung der Klage entsprechend.

(2) ¹Wird eine Klage auf Räumung von Wohnraum mit Rücksicht darauf abgewiesen, daß auf Verlangen des Beklagten die Fortsetzung des Mietverhältnisses auf Grund der §§ 556a, 556b des Bürgerlichen Gesetzbuchs bestimmt wird, so kann das Gericht die Kosten ganz oder teilweise dem Beklagten auferlegen, wenn er auf Verlangen des Klägers nicht unverzüglich über die Gründe des Widerspruchs Auskunft erteilt hat. ²Dies gilt in einem Rechtsstreit wegen Fortsetzung des Mietverhältnisses entsprechend, wenn der Klage stattgegeben wird.

(3) Erkennt der Beklagte den Anspruch auf Räumung von Wohnraum sofort an, wird ihm jedoch eine Räumungsfrist bewilligt, so kann das Gericht die Kosten ganz oder teilweise dem Kläger auferlegen, wenn der Beklagte bereits vor Erhebung der Klage unter Angabe von Gründen die Fortsetzung des Mietverhältnisses oder eine den Umständen nach angemessene Räumungsfrist vom Kläger vergeblich begehrt hatte.

Gesetzesgeschichte: Eingefügt BGBl. 1964 I, 457. Änderungen BGBl. 1967 I, 1248; 1971 I, 1745.

Stichwortregister → vor § 91 vor Rdnr. 1.

I. Zweck der Vorschrift	1
II. Kostenbelastung des Vermieters trotz unbegründeten Fortsetzungsverlangens des Mieters (Abs. 1)	3
1. Voraussetzungen	4
a) Räumungs- oder Fortsetzungsklage	4
b) Mietverhältnis über Wohnraum	5
c) Verurteilung auf Räumungsklage oder Abweisung der Fortsetzungsklage; Klagerücknahme, Prozeßvergleich, Erledigungserklärung	7
d) Fortsetzungsverlangen	8
e) Ablehnung des Fortsetzungsverlangens wegen der Interessen des Vermieters	13
f) Sieg des Vermieters auf Grund nachträglich entstandener oder nicht unverzüglich bekannt gegebener Gründe	15
2. Inhalt der Kostenentscheidung	17
3. Anfechtung	18
III. Kostenbelastung des Mieters trotz erfolgreichen Fortsetzungsverlangens (Abs. 2)	19
IV. Anerkenntnis des Räumungsanspruchs und Bewilligung einer Räumungsfrist (Abs. 3)	20
1. Bedeutung der Vorschrift und Rechtsnatur des Urteils	20
2. Voraussetzungen	24
a) Klage auf Räumung von Wohnraum	24
b) Sofortige Anerkennung des Räumungsanspruchs	25
c) Bewilligung einer Räumungsfrist	26
d) Vorprozessuales Begehren einer Räumungsfrist oder einer Fortsetzung des Mietverhältnisses	27

3. Inhalt der Kostenentscheidung	32	6. Verhältnis zu anderen Kosten-	
4. Standort der Kostenentscheidung	34	vorschriften	37
5. Anfechtung	35		

I. Zweck der Vorschrift

Die Vorschrift wurde durch das 2. MietrechtsänderungsG v. 14. VII. 1964 (BGBl. I, 457)[1] eingefügt. In ihrer jetzigen Fassung stammen Abs. 2 und 3 aus dem 3. MietrechtsänderungsG v. 21. XII. 1967 (BGBl. I, 1248)[2], Abs. 1 aus dem MietrechtsverbesserungsG v. 4. XI. 1971 (BGBl. I, 1745)[3]. § 93b **weicht vom Grundsatz der Kostenbelastung der unterliegenden Partei** in drei Fällen unter bestimmten Voraussetzungen ab, nämlich beim Erfolg einer Klage auf Räumung von Wohnraum bzw. Mißerfolg einer Klage auf Fortsetzung eines Mietverhältnisses (Abs. 1; → Rdnr. 3), bei abgewiesener Räumungsklage bzw. erfolgreicher Fortsetzungsklage (Abs. 2; → Rdnr. 19) und bei Anerkenntnis eines Räumungsbegehrens, jedoch Bewilligung einer beantragten Räumungsfrist (Abs. 3; → Rdnr. 20). Die Vorschrift entfernt sich vom starren Verursachungsprinzip des § 91 (dazu → Rdnr. 6 vor § 91), greift aber den Gedanken der Veranlassung des Rechtsstreits, der sich bereits in § 93 als Tatbestandsmerkmal findet, insofern auf, als sie eine Kostenbelastung des Vermieters nur vorsieht, wenn die für seinen Sieg im Prozeß trotz eines Fortsetzungsverlangens des Mieters wesentlichen Belange nachträglich entstanden sind oder dem Mieter nicht rechtzeitig vorher mitgeteilt waren (Abs. 1) oder wenn der Vermieter der schon vor dem Prozeß begründeten Bitte um eine Räumungsfrist, die dann das Gericht auf Antrag auch bewilligt, nicht entsprochen hatte (Abs. 3). Umgekehrt können dem obsiegenden Mieter die Kosten auferlegt werden, wenn er dem Vermieter trotz dessen Verlangens nicht rechtzeitig Auskunft über die Gründe des Widerspruchs erteilt hatte (Abs. 2).

Die neue Regelung engt die Vereinfachungstendenz des Kostenrechts der ZPO durch eine Verfeinerung ein, die auf Billigkeitserwägungen und sozialen Gründen beruht. Nicht zuletzt verfolgt die Vorschrift den **Zweck**, die Parteien durch die Gefahr von Kostennachteilen zu veranlassen, die Angelegenheit eingehend unter Darlegung der für sie wichtigen Umstände – mündlich oder schriftlich – zu **erörtern** in der Hoffnung, daß bei einem derartigen Gespräch eine Einigung zustande kommt und damit ein **Prozeß vermieden** wird.

II. Kostenbelastung des Vermieters trotz unbegründeten Fortsetzungsverlangens des Mieters (Abs. 1)

Wenn der Mieter die Fortsetzung eines ablaufenden Mietverhältnisses durch eigene Klage verlangt oder dieses Verlangen einer Räumungsklage des Vermieters entgegenhält, sein Verlangen sich aber als unzulässig oder unbegründet erweist, so unterliegt er im Prozeß und müßte an sich nach § 91 alle Kosten des Rechtsstreits tragen. Abs. 1 ermächtigt das Gericht, in Abweichung von dieser allgemeinen Regel dem siegreichen Vermieter die Kosten ganz oder teilweise aufzulegen. Diese Ermächtigung ist jedoch an bestimmte Voraussetzungen geknüpft (Rdnr. 4 ff.), die den Anwendungsbereich des Abs. 1 genauer bestimmen. In diesen Grenzen entscheidet das Gericht nach seinem pflichtgemäßen Ermessen (→ Rdnr. 17).

---

[1] Dazu Bericht des Rechtsausschusses, BT-Drucks. IV/2195. – Zum früheren Recht s. 19. Aufl.
[2] Dazu Begr., BT-Drucks. V/1743; Bericht des Rechtsausschusses, BT-Drucks. V/2317.
[3] Dazu Begr., BT-Drucks. VI/1549; Bericht des Rechtsausschusses, BT-Drucks. VI/2421.

1. Voraussetzungen für die Anwendung des Abs. 1

4   a) Es muß vom Vermieter auf **Räumung** von Wohnraum (Abs. 1 S. 1) oder vom Mieter auf **Fortsetzung** des Mietverhältnisses (Abs. 1 S. 2) geklagt sein. Der Klage steht eine Widerklage mit entsprechendem Antrag gleich. Ebensowenig begründet es einen Unterschied, ob auf sofortige oder gemäß § 259 auf künftige Räumung geklagt ist. Sind gleichzeitig andere Ansprüche geltend gemacht, z. B. auf Zahlung von Mietzins oder Schadensersatz, so ist bei restlosem Sieg des Vermieters Abs. 1 nur auf die Kosten anzuwenden, die den Mieter an sich wegen seines Unterliegens gegenüber dem Räumungsanspruch treffen würden, und entsprechend beschränkt sich die Anwendung des Abs. 1 auf diese Kosten, wenn die Kosten wegen teilweisen Sieges und teilweisen Unterliegens des Vermieters wegen der anderen Ansprüche gemäß § 92 zu teilen wären.

5   b) Gegenstand der Räumungs- oder Fortsetzungsklage muß ein **Mietverhältnis über Wohnraum** sein, d. h. über Räume, die der Mieter, seine Familie oder sonstige Hausgenossen tatsächlich zum Wohnen, insbesondere zur Nachtruhe, benutzen (näher → § 29 a Rdnr. 4 ff.). Ergeht eine einheitliche Entscheidung über Räume, die **teils Wohn-, teils Geschäftsräume** sind, so bleibt Abs. 1 für die Wohnräume anwendbar, sofern die Verbindung im Urteil rein äußerlich ist und – mag auch nur ein Mietvertrag in einer Urkunde abgeschlossen sein – in Wahrheit zwei rechtlich voneinander *getrennte Mietverhältnisse* vorliegen. Im übrigen ist Abs. 1 nur anwendbar, wenn unter Berücksichtigung des Mietwerts, aber auch der Größenverhältnisse und der Bedeutung für den Mieter die Nutzung als Wohnraum erkennbar *überwiegt*, die Nutzung als Geschäftsraum oder dgl. dagegen in den Hintergrund tritt[4]. Ob es sich um früher mieterschutzfreie, freifinanzierte oder *steuerbegünstigte* Wohnungen usw. handelt, spielt keine Rolle, ebensowenig, ob es sich um **Haupt-** oder **Untermiete** handelt. Für **andere Raumnutzungsverhältnisse** gilt Abs. 1 nicht. Nur bei Überlassung eines Wohnraums im Rahmen eines Dienstverhältnisses (Dienstwohnung) gelten nach § 565 e BGB die mietrechtlichen Vorschriften, so daß mit §§ 556 a, 556 b BGB auch § 93 b Abs. 1 anzuwenden ist, wenn der Dienstverpflichtete den Wohnraum ganz oder überwiegend selbst ausgestattet hat oder darin mit seiner Familie einen eigenen Hausstand führt.

6   **Ausgenommen** sind jedoch Wohnräume, die nur zu **vorübergehendem Zweck** (z. B. Ferienaufenthalt, Lehrgangsteilnahme) vermietet sind oder die der Vermieter ganz oder teilweise mit Einrichtungsgegenständen **auszustatten** hat (z. B. die meisten «Studentenbuden», Pensionszimmer), ohne daß sie einer Familie zum dauernden Gebrauch überlassen wären (§§ 556 a Abs. 8, 565 Abs. 3 BGB; näher → § 29 a Rdnr. 10 ff.). S. ferner wegen der Einschränkungen bei *Dienstmietwohnungen* § 565 d BGB.

7   c) Der Vermieter muß wegen der Ansprüche zu Rdnr. 4 eine **Verurteilung auf Räumungsklage** trotz eines Fortsetzungsverlangens des Mieters oder eine **Abweisung der Fortsetzungsklage** des Mieters erzielen. Es spielt keine Rolle, ob der Vermieter auf Grund eines Urteils nach streitiger Verhandlung oder durch Anerkenntnisurteil nach § 307 bei seiner Räumungsklage, oder ob er durch Verzichtsurteil nach § 306 bei der Fortsetzungsklage des Mieters gewinnt. Die Vergünstigung, die dem Mieter nach ständigem Bestreiten der überwiegenden Belange des Vermieters u. U. nach Abs. 1 gewährt werden kann, darf ihm nämlich erst recht nicht verschlossen sein, wenn er nach anfänglichem Bestreiten verspätet anerkennt oder verzichtet. Für die **Zurücknahme einer Fortsetzungsklage** des Mieters bewendet es jedoch bei dessen Kostenpflicht nach § 269 Abs. 3. Eine auch nur entsprechende Anwendung des § 93 b Abs. 1 kommt nicht in Betracht, weil die Kostenpflicht nach § 269 kraft Gesetzes mit der

---

[4] Auf das Überwiegen stellt die h. M. zum materiellen Recht ab; *BGH* ZRM 1986, 280; *OLG Schleswig* NJW 1983, 49; *Schmidt-Futterer* NJW 1966, 583; *Weimar* DB 1972, 81; NJW 1965, 622.

Zurücknahme entsteht, § 93 b Abs. 1 aber eine richterliche Ermessensentscheidung vorsieht, und weil der Kostenbeschluß nach § 269 Abs. 3 nur die bereits eingetretene Kostenpflicht feststellt, für eine ändernde Entscheidung aber keinen Raum läßt. Ein Bedürfnis danach besteht auch nicht, weil Abs. 1 den klagenden Mieter bei Klageverzicht schützt. Beim **Prozeßvergleich** bleibt die Parteiabrede über die Kosten maßgebend, und wenn es an einer solchen fehlt, sind die Kosten gegeneinander aufzuheben (§ 98). Wenn der Rechtsstreit in der Hauptsache durch einverständliche **Erledigungsanzeige** endet, gilt Abs. 1 nicht unmittelbar, weil es zu einer Verurteilung oder Klageabweisung gar nicht kommt. Mittelbar wirkt er sich aber bei dem Beschluß nach § 91 a Abs. 1 über die Kosten aus. Denn wenn das Gericht hierfür prüft, wen die Kosten getroffen hätten, falls das erledigende Ereignis nicht eingetreten wäre, kann es auch die in diesem Fall vermutlich angeordnete Kostenbelastung gemäß Abs. 1 berücksichtigen (→ § 91 a Rdnr. 29). Ergeht **Versäumnisurteil** gegen den auf Fortsetzung klagenden säumigen Mieter, so unterliegt er nicht wegen der Belange des Vermieters, sondern wegen seiner Säumnis, so daß schon aus diesem Grund Abs. 1 nicht anwendbar ist. Bei Säumnis des beklagten Mieters kann Abs. 1 an sich anwendbar sein, doch wird vielfach kein Anlaß vorliegen, bei Ausübung des richterlichen Ermessens dem säumigen Mieter im Kostenpunkt die Vergünstigung des Abs. 1 zu gewähren.

d) Der Mieter muß **Fortsetzung** des Mietverhältnisses unter Angabe von Gründen **verlangt** 8 haben. Das Fortsetzungsverlangen kann bei Kündigung eines unbefristeten Mietverhältnisses nach § 556 a BGB, bei befristeten Mietverhältnissen nach § 556 b BGB gestellt werden. Dabei sind einerseits die Anforderungen nach §§ 556 a, 556 b BGB zu beachten, andererseits diejenigen, die § 93 b Abs. 1 an das Verlangen stellt.

Das Verlangen muß **schriftlich** gestellt sein (§ 556 a Abs. 5 Satz 1 BGB) und spätestens **zwei** 9 **Monate** (§ 565 a Abs. 6 BGB), bei Dienstmietwohnungen teils einen Monat (§ 565 d Abs. 2 BGB) **vor Beendigung des Mietverhältnisses** dem Vermieter gegenüber erklärt, d. h. diesem nach § 130 BGB zugegangen sein. Diese Fristen laufen aber nur, wenn der Vermieter rechtzeitig den **Hinweis auf die Widerspruchsmöglichkeit** gemäß § 564 a Abs. 2 BGB erteilt hat. Anderenfalls kann die Fortsetzung noch **im ersten Termin** des Räumungsprozesses begehrt werden (§ 556 a Abs. 6 S. 2 BGB); zur Fristberechnung s. §§ 187 ff. BGB und unten § 222 Rdnr. 3 ff. Eine Wiedereinsetzung bei Versäumung dieser bürgerlich-rechtlichen, nicht prozessualen Frist sieht das Gesetz nicht vor. Die Anwendung der Form- und Fristvorschriften kann auch durch Vereinbarung nicht ausgeschlossen werden (§ 556 a Abs. 7). Wie weit die Berufung auf Formmangel oder Verspätung einen Verstoß gegen Treu und Glauben und damit eine unzulässige Rechtsausübung darstellt, bestimmt sich nach allgemeinen Rechtsgrundsätzen. Ein Verstoß ist nur in seltenen Ausnahmefällen anzunehmen[5].

Eine **Begründung** des Verlangens fordert § 556 a Abs. 5 S. 2 BGB nur bei *Verlangen* des 10 Vermieters und auch dann nur als Soll-Vorschrift. § 93 b Abs. 1 kann dagegen nur angewendet werden, wenn der Mieter die Gründe seines Fortsetzungsverlangens angegeben hatte. Um den Zweck, eine fruchtbare Aussprache (→ Rdnr. 2), zu erreichen, sollte der Mieter alle seine wesentlichen Gründe angeben und zwar so substantiiert, daß der Vermieter sie prüfen und sachlich dazu Stellung nehmen kann. Wenn § 93 b Abs. 1 S. 1 nur die «Angabe von Gründen» voraussetzt, ist selbstverständlich nicht die Angabe irgendwelcher, vielleicht völlig neben der Sache liegender Gründe anerkannt. Aber diese lockere Regel gestattet es doch, darauf Rücksicht zu nehmen, daß manchem Mieter eine verständliche und erschöpfende Begründung schwer fallen wird, daß ferner das wahre Gewicht bestimmter Umstände sich erst im weiteren Verlauf eines Gesprächs herausstellen kann und daß es wohl zu weit ginge, ein

---

[5] S. z.B. *BGHZ* 93, 66; 29, 12; 16, 336; *NJW* 1988, 2247; 1987, 1070; *RGZ* 170, 358 (betr. Ausschlußfrist); *Lorenz* AcP 156 (1956), 381 (betr. Form); *Palandt/Heinrichs* BGB[52] § 125 Rdnr. 16; vor § 194 Rdnr. 10 m.w.N.

Nachschieben von Gründen schlechthin auszuschließen. Dem entspricht es auch, daß § 93b Abs. 1 S. 1 für die Begründung keine Schriftform fordert, wenn diese auch zu empfehlen ist. Es muß deshalb genügen, wenn der Mieter insoweit Gründe mitteilt, als er dies nach Lage des Einzelfalls *für angebracht halten mußte* und als ihm dies unter Berücksichtigung seiner persönlichen Verhältnisse *zuzumuten* war. Soweit dies für den Vermieter nicht ausreicht, kann das Gericht im Rahmen seiner Ermessensentscheidung gleichwohl von der Kostenfolge des Abs. 1 absehen.

11   **Glaubhaftmachung** ist **nicht erforderlich**. Den Gründen etwa vorhandene Belege in Urschrift oder Abschrift beizufügen, wird aber oft ratsam sein.

12   Nicht der Wortlaut, wohl aber der Sinn des Abs. 1, Prozesse zu vermeiden, setzt der Begründung im Regelfall eine äußerste Frist im **Zeitpunkt der Klageerhebung**[6], es sein denn, daß das Fristverlangen selbst noch nach Klageerhebung zulässig ist (→ Rdnr. 9).

13   e) Das Urteil zugunsten des Vermieters muß «mit Rücksicht darauf» ergehen, daß das Verlangen des Mieters auf Fortsetzung des Mietverhältnisses **wegen der berechtigten Interessen des Vermieters nicht gerechtfertigt** ist. Auch das Verlangen nach einer weiteren Fortsetzung gemäß § 556c BGB gehört hierher, weil es sich dabei nur um einen Unterfall der §§ 556a, 556b BGB handelt. Entscheidend ist also allein, ob berechtigte Interessen des Vermieters und deren Übergewicht das Fortsetzungsverlangen des Mieters entkräftet und damit dessen Unterliegen verursacht haben. Eine Niederlage des Mieters aus **anderen Gründen** gestattet die Anwendung das Abs. 1 **nicht**.

14   Solche **andere Gründe** sind vor allem: Es fehlen die zu Rdnr. 4–12 erörterten Voraussetzungen (z. B. anderes Nutzungsverhältnis, kein Wohnraum, kein schriftliches Verlangen, keine Begründung, Fristversäumung); die Fortsetzungsklage oder das Fortsetzungsverlangen im Räumungsprozeß sind prozessual unzulässig (z. B. Unzuständigkeit des Gerichts); das Fortsetzungsverlangen ist schon ohne Rücksicht auf Belange des Vermieters unschlüssig[7] (kein Härtefall, § 556a Abs. 1 BGB); der Mieter hat selbst gekündigt oder einen Grund zur fristlosen Kündigung gegeben (§ 556a Abs. 4 BGB); eine weitere Fortsetzung wird nicht auf eine wesentliche Änderung der maßgebenden Umstände gestützt oder zum zweiten Mal begehrt (§ 556c BGB); bei Vermietung auf bestimmte Zeit waren dem Mieter die das Interesse des Vermieters an fristgerechter Räumung begründenden Umstände bekannt und neu eingetretene Umstände werden von ihm nicht vorgebracht (§ 556b Abs. 2 BGB).

15   f) Bezüglich der **Gründe**, die zum **Sieg des Vermieters** führen, stellt Abs. 2 zwei alternative Voraussetzungen auf:

15a   aa) Die Gründe sind erst **nachträglich** i. S. d. § 556a Abs. 1 S. 3 BGB, also nach Ausspruch der Kündigung[8], **entstanden**. Ob diese Gründe dem Mieter später, sei es auch vor Klageerhebung, mitgeteilt wurden, ist für die Anwendbarkeit des Abs. 1 nicht entscheidend[9], doch kann dies bei der Ermessensausübung (→ Rdnr. 17) berücksichtigt werden.

16   bb) Die Gründe wurden im Fall des § 556b BGB, also beim befristeten Mietvertrag ohne Verlängerungsklausel[10], dem Mieter **nicht unverzüglich** (d. h. ohne schuldhaftes Zögern, § 121 Abs. 1 S. 1 BGB) nach dessen Fortsetzungsverlangen **mitgeteilt**. Schriftlichkeit oder Glaubhaftmachung sind nicht erforderlich. Hat der Vermieter den Mieter schon vor dessen Fortsetzungsverlangen über seine Interessen an der Beendigung des Mietverhältnisses unterrichtet, so ist nach dem Sinn der Vorschrift keine Wiederholung nötig.

16a   Beim **unbefristeten Mietvertrag** führt die Unterlassung im Kündigungsschreiben weitergehend zur Nichtberücksichtigung der betreffenden Gründe (§ 556a Abs. 1 S. 3 BGB). Deshalb ist diese Unterlassung in § 93b Abs. 1 S. 1 nicht mehr erwähnt.

---

[6] So schon *Holtgrave* BAnz. 1964 Nr. 153 (Beil.), 6.
[7] *LG Hagen* ZMR 1965, 140 (*Linke*).
[8] BT-Drucks. VI/2421, S. 2.
[9] S. zu BT-Drucks. VI/1549, S. 2.

[10] Bei Verlängerungsklausel gilt wegen § 565a der § 556a BGB unmittelbar, *Palandt/Putzo*[52] § 556b Rdnr. 2, so daß nur § 93b Abs. 1 S. 1 Nr. 1 in Betracht kommt.

2. Inhalt der Kostenentscheidung

Unter den vorstehenden Voraussetzungen kann das Gericht dem siegreichen Vermieter 17 ganz oder teilweise entgegen § 91 die Kosten des Rechtsstreits auferlegen. Die Entscheidung ist damit dem **pflichtgemäßen Ermessen** des Gerichts überlassen. Bei seiner Entscheidung wird es nach dem Zweck des Abs. 1 (→ Rdnr. 2) in erster Linie berücksichtigen, wie weit das Verhalten der einen oder der anderen Partei eine Einigung verhindert hat (etwa durch unzulängliche, schleppende Unterrichtung über ihre Gründe), oder wieweit der Mieter die Belange des Vermieters und deren Übergewicht trotz unzulänglicher Mitteilung bereits kannte oder wieweit er etwa kostspielige und zeitraubende Beweiserhebungen veranlaßt hat, deren Erfolglosigkeit vorauszusehen war. Ferner kann das Gericht beachten, in welchem Maß die Interessen des Vermieters gewichtiger als die des Mieters waren. Das Verschulden beider Beteiligten mag auch wesentlich sein, wenn es sich um erhebliche Fahrlässigkeit oder gar Arglist handelt, und ebensowenig ist es ausgeschlossen, die Einkommens- und Vermögensverhältnisse der Parteien zu berücksichtigen, wenn diese sich erheblich und zweifelsfrei unterscheiden und wenn dies der Bedeutung der Streitsache für die Parteien entspricht. Doch liegt es kaum im Sinn dieser Vorschrift und des Kostenrechts überhaupt, nur zur Entscheidung der Kostenfrage sich auf schwierige, oft wenig ergiebige Erörterungen der Schuldfrage oder der wirtschaftlichen Verhältnisse der Beteiligten einzulassen oder besondere, das Verfahren verteuernde und verzögernde Beweiserhebungen durchzuführen. **Im Regelfall** wird es dem Sinn des Abs. 1 entsprechen, wenn das Gericht die Möglichkeit einer **Kostenbelastung des Vermieters** ausnützt.

Dagegen steht die Entscheidung dann **nicht** im Ermessen des Gerichts (dieses würde 17a vielmehr bei Anwendung des Abs. 1 seine Grenzen überschreiten), wenn die **Gründe des Mieters schon für sich genommen für ein Fortsetzungsverlangen nicht ausreichen** oder andere der vorstehend zu Rdnr. 4 ff. dargelegten Voraussetzungen fehlen[11].

Wenn das Gericht eine **Teilung der Kosten** für angebracht hält, wird es auch hier in der 17b Regel einen bestimmten *Bruchteil* dem Vermieter auferlegen (→ Rdnr. § 92 Rdnr. 3).

3. Die **Anfechtung** der Kostenentscheidung richtet sich nach allgemeinen Grundsätzen. 18 Der *Vermieter* hat daher kein Rechtsmittel, weil er als Sieger in der Hauptsache durch die Entscheidung nicht beschwert ist und ihm § 99 Abs. 1 eine Anfechtung der Kostenentscheidung allein untersagt. Der *Mieter* kann als Unterlegener das Urteil in der Hauptsache anfechten. Durch ein zulässiges Rechtsmittel wird auch die Entscheidung der Kostenfrage der Prüfung des höheren Gerichts unterstellt, und dieses kann die bisher unterbliebene Anwendung des Abs. 1 noch nachholen. Dagegen kann nach § 99 Abs. 1 auch der Mieter nicht sein Rechtsmittel auf die Kostenentscheidung beschränken.

III. Kostenbelastung des Mieters trotz erfolgreichen Fortsetzungsverlangens (Abs. 2)

Abs. 2 betrifft den umgekehrten Fall wie Abs. 1 und gestattet es, dem Mieter Kosten 19 aufzuerlegen, obwohl er durch berechtigtes Fortsetzungsverlangen im Räumungsprozeß (Abs. 2 S. 1) oder im Prozeß auf Fortsetzung des Mietverhältnisses (Abs. 2 S. 2) bzw. bei entsprechenden Widerklagen obsiegt hat. Voraussetzung ist, daß der Mieter trotz Verlangens des Vermieters **nicht unverzüglich über die Gründe seines Widerspruchs Auskunft gegeben hat** (entgegen der Sollvorschrift des § 556a Abs. 5 S. 2 BGB). Eine unrichtige oder unvoll-

---

[11] Insoweit mindestens mißverständlich der Ausschußbericht (Fn. 2), der auch dann eine Ermessensentscheidung anzunehmen scheint; ähnlich wie dieser *Holtgrave* BAnz. 1964 Nr. 153 (Beil.), 6.

ständige Auskunft, in der die entscheidenden Gründe fehlen, führt ebenfalls zur Anwendung des Abs. 2. Das Gesetz schließt den Mieter mit den verspätet mitgeteilten Gründen nicht aus, sieht aber Kostennachteile für ihn vor, weil der Anlaß zum Rechtsstreit hier in erster Linie vom Mieter gesetzt wurde. Für die Voraussetzungen des Abs. 2 gilt das oben Rdnr. 3 ff. Ausgeführte entsprechend. Abs. 2 gilt auch, wenn im Prozeß ohne *Antrag* des Mieters die Fortsetzung ausgesprochen wurde (§ 308a), aber nur, wenn der Mieter außerhalb des Prozesses die **Fortsetzung verlangt** hat. Auch hier entscheidet über die Kostenauflegung letztlich das **pflichtgemäße Ermessen** des Gerichts. Eine isolierte Anfechtung der Kostenentscheidung ist nicht möglich (→ Rdnr. 18).

IV. Anerkenntnis des Räumungsanspruchs und Bewilligung einer Räumungsfrist (Abs. 3)

1. Bedeutung der Vorschrift und Rechtsnatur des Urteils

20   Oft sieht ein Mieter ein, daß er Wohnräume räumen muß, möchte jedoch aus besonderen Gründen noch um eine kürzere Zeit den Auszug hinausgeschoben haben. Das Gericht kann diesem Wunsch durch Bewilligung einer Räumungsfrist im Urteil nach § 721 Abs. 1 auf Antrag oder von Amts wegen entsprechen. Der Prozeß geht dann in Wahrheit oft nur um die Räumungsfrist, und wenn der Mieter insoweit Erfolg hat, wäre es unbillig, ihn ohne weiteres als Unterlegenen nach § 91 mit den gesamten Kosten zu belasten. Wieweit ein Anerkenntnis dem Beklagten unter diesen Umständen nach den allgemeinen Vorschriften überhaupt möglich wäre, ist zweifelhaft, weil es regelmäßig unter dem *Vorbehalt* der Bewilligung einer Räumungsfrist stehen würde (→ § 307 Rdnr. 6). Ebenso zweifelhaft könnte sein, ob dem Mieter eine Berufung auf die Kostenbefreiung nach § 93 nicht schon dadurch versagt wäre, daß er durch seinen Wunsch nach einer Räumungsfrist *Veranlassung zur Klage* gegeben hatte. Abs. 3 stellt klar, daß trotz des Begehrens einer Räumungsfrist ein **Anerkenntnis zulässig** ist und zu einer **Kostenbelastung des Klägers** führen kann, aber nur, wenn der Beklagte schon vor Klageerhebung unter Angabe von Gründen vergeblich die Fortsetzung des Mietverhältnisses oder die Einräumung einer Räumungsfrist begehrt hatte.

22   Dieses **Anerkenntnis** kann sich nur auf den Räumungsanspruch an sich – d. h. unter Vorbehalt einer Räumungsfrist – beziehen; insoweit, aber auch nur insoweit, hat es bindende Kraft und engt die Pflicht des Richters zur Prüfung des erhobenen Anspruchs ein (→ § 307 Rdnr. 28, 36; zur beschränkten Anfechtbarkeit → hier Rdnr. 35). Weil diese Entscheidung über den Räumungsanspruch jedoch mit der Bewilligung in einem Urteil verbunden ist, beide also äußerlich eine Einheit bilden, kann nicht ein Teil auch als Anerkenntnisurteil im technischen Sinn behandelt und demgemäß etwa auf Verlesung der Urteilsformel nach § 311 Abs. 2 verzichtet, das Urteil in abgekürzter Form nach § 313b abgefaßt oder die Ausfertigung unter Verwendung der Klageschrift hergestellt werden; für den Bereich des Anerkenntnisses können freilich Tatbestand und Entscheidungsgründe ganz erheblich zusammenschrumpfen. Das Urteil ist auch **nicht als Anerkenntnisurteil zu bezeichnen**[12], weil es hinsichtlich der Räumungsfrist nicht auf Grund des Anerkenntnisses ergeht und im übrigen auch kein Teil-Anerkenntnisurteil ist, weil nicht ein Teil- und ein Schluß-Endurteil ergehen, sondern nur ein einheitliches Voll-Endurteil. Daß nur aus Gründen der Zweckmäßigkeit hier die Entscheidung über die Räumungsfrist, die an sich auch in das Vollstreckungsverfahren hätte verwiesen werden können, dem Prozeßgericht übertragen und in das Erkenntnisverfahren verwiesen ist, und daß sie gesondert angefochten werden kann, ändert nichts daran, daß eine einheitliche Entscheidung ergeht. Es wäre aber nach der Bedeutung der Räumungsfrist auch nicht gerechtfertigt, die Entscheidung über diese als unselbständigen und unwesentlichen Bestandteil des Urteils anzusehen und dieses insgesamt als Anerkenntnisurteil zu betrachten, zumal dies praktisch nur zu Unklarheiten und Schwierigkeiten führen würde.

---

[12] Ebenso *LG Freiburg* NJW-RR 1990, 383; *LG Hamburg* MDR 1968, 244.

Für den Fall eines derartigen Anerkenntnisses gibt Abs. 3 unter bestimmten Voraussetzungen dem Gericht die Möglichkeit, nach seinem Ermessen dem Vermieter die Kosten des Rechtsstreits aufzuerlegen. Der **Zweck des Abs. 3** ist ebenfalls der, die Parteien zu einer vorprozessualen Aussprache und den Vermieter zur Gewährung einer interessengerechten Räumungsfrist zu veranlassen, damit ein Prozeß möglichst erspart wird. 23

2. Voraussetzungen der Anwendung des Abs. 3

a) Es muß auf **Räumung von Wohnraum** (→ Rdnr. 5) geklagt sein. Die übrigen Voraussetzungen des Abs. 1 sind jedoch nicht übernommen. Zwischen den Parteien braucht *kein Mietverhältnis* bestanden zu haben[13]. Es kann auch Räumung nach Beendigung von Raumnutzungsverhältnissen anderer Art, z.B. eines Pachtvertrags, verlangt sein, es kann sich um vorübergehende Raumüberlassung, um Vermietung ausgestatteter Räume usw. handeln – mögen auch hier die Voraussetzungen für die Bewilligung einer Räumungsfrist seltener gegeben sein, so daß es an der bei Rdnr. 26 erörterten Voraussetzung fehlt. Bei gemeinsamer Überlassung von Wohn- und Geschäftsräumen[14] kann sich die Fristbewilligung auf den Wohnraum und demgemäß auch die Anwendung des Abs. 2 auf einen zu schätzenden, nur den Wohnraum betreffenden Teil der Kosten beschränken. Zur Verbindung der Räumungsklage mit anderen Klagen → Rdnr. 4; Abs. 3 gilt (seit der Streichung des früheren Abs. 3; BGBl. 1967 I, 1248) auch für Klagen auf künftige Räumung, deren Zulässigkeit sich nach § 259 richtet. Abs. 3 ist auch anwendbar, wenn der Räumungsanspruch auf eine Kündigung des Mieters zurückgeht[15], soweit hier dennoch eine Räumungsfrist bewilligt wird (→ § 721 Rdnr. 10). 24

b) Der Beklagte muß den Räumungsanspruch an sich **sofort** (→ § 93 Rdnr. 5), wenn auch vorbehaltlich der Bewilligung einer Räumungsfrist **anerkennen**. Bestreiten in einem vorbereitenden Schriftsatz steht nicht entgegen[16] (→ § 93 Rdnr. 6). Ist der Anspruch erst während des Prozesses fällig geworden, so genügt das Anerkenntnis im folgenden Termin[17], ebenso wenn der Anspruch zunächst aus fristloser, dann aus ordentlicher Kündigung begründet wird[18]. 25

c) Dem Mieter muß auf Antrag oder von Amts wegen eine **Räumungsfrist bewilligt** sein (§ 721). Zum fallengelassenen Antrag → Rdnr. 38. Zur Frage, wie weit sich Bewilligung und Antrag decken müssen, → Rdnr. 30. Die Bewilligung muß im Räumungsurteil oder in dessen späterer Ergänzung nach §§ 721 Abs. 1 S. 3, 321 ausgesprochen sein. Zur nachträglichen Bewilligung durch Beschluß nach § 721 Abs. 2, 3 → § 721 Rdnr. 22ff.; hier gelten die allgemeinen Kostenvorschriften[19], nicht § 93b. 26

d) Der Beklagte muß **vor Klageerhebung** unter Angabe von Gründen vergeblich[20] eine **Fortsetzung** des Mietverhältnisses oder eine angemessene **Räumungsfrist begehrt** haben. Ob der Räumungstermin schon eingetreten ist (bzw. wieweit er noch entfernt ist), spielt dabei für die Anwendbarkeit des Abs. 3 keine Rolle[21], doch kann der Zeitpunkt des Fristbehrens im Rahmen des Ermessens Beachtung finden. Geht der Kläger von der Klage aus fristloser zur 27

---

[13] *LG Hannover* NJW 1967, 1865 (Hauseigentümer gegen Untermieter).
[14] Zur Anwendbarkeit des Abs. 3 s. *LG Stuttgart* NJW 1973, 1376.
[15] A.M. *LG Itzehoe* WuM 1966, 87.
[16] *LG Hagen* MDR 1965, 750; *LG Koblenz* WuM 1989, 429; *LG Mannheim* ZMR 1980, 96. – Anders im **schriftlichen Vorverfahren** (→ § 93 Rdnr. 5), *LG Lübeck* WuM 1989, 428; a.M. *LG Freiburg* NJW-RR 1990, 382.
[17] *LG Mannheim* ZMR 1968, 51.
[18] Vgl. *LG Mannheim* MDR 1972, 283 (auch kein vorprozessuales Fristbegehren nötig); ZMR 1970, 370.

[19] Z.B. § 93, wenn der Vermieter anerkennt, vgl. *LG Essen* ZMR 1972, 15.
[20] Vergeblich war das Begehren auch dann, wenn der Kläger die Frist nur unter der **Bedingung** eines nicht geschuldeten Verhaltens akzeptiert hatte, etwa daß der Beklagte sich in vollstreckbarer Urkunde zur Räumung verpflichtet, *LG Mannheim* WuM 1989, 32. Anders, wenn ein geschuldetes Verhalten zur Bedingung erhoben wird, etwa die Zahlung einer Nutzungsentschädigung, *LG Tübingen* WuM 1990, 218; *AG Reutlingen* WuM 1989, 430.
[21] Vgl. *AG Kassel* MDR 1966, 242 (Begehren zwei Wochen vor Ablauf der Kündigungsfrist genügt).

Klage aus ordentlicher Kündigung über, so genügt es, wenn das Begehren vor dem neuen Antrag gestellt wird[22]. Bestand keine Möglichkeit oder – etwa mangels Kündigung – kein Anlaß, ein Räumungsfristbegehren anzubringen, kann § 93 b analog angewandt werden[23].

28 aa) Das **Begehren einer Räumungsfrist** kann formlos[24] gestellt werden. Zu der erforderlichen Angabe von Gründen kann auf das Rdnr. 10 Bemerkte verwiesen werden. Die vor Klageerhebung begehrte Räumungsfrist muß **den Umständen nach angemessen** sein, denn nur unter dieser Voraussetzung kann vom Vermieter erwartet werden, daß er auf das Verlangen eingeht. Daher muß die begehrte Räumungsfrist zwar nicht auf den Tag genau, aber doch in **ihren Umrissen einigermaßen bestimmt** sein[25]. Das wäre z.B. bei einer begehrten Frist von «3–4 Monaten» zu bejahen[26], nicht aber bei dem Begehren einer Räumungsfrist «bis zur Beschaffung geeigneten Ersatzwohnraums»[27]. Läßt der Mieter den Auszugstermin ganz im Unklaren, so sind die Voraussetzungen des Abs. 3 nicht erfüllt[28]. Andererseits kann aber nicht verlangt werden, daß der Mieter die Räumung zu einem bestimmten Termin verbindlich zusichert oder im einzelnen nachweist, welche Aussichten auf eine Ersatzwohnung er hat und welche Bemühungen er bisher unternommen hat[29]. Diese Umstände können freilich im Rahmen des gerichtlichen Ermessens berücksichtigt werden (→ Rdnr. 32).

29 Die Vorschrift ist auch anwendbar, wenn der Mieter vor Klageerhebung **erneut eine Räumungsfrist begehrt**, nachdem der Vermieter schon einmal seinem Verlangen Rechnung getragen hat[30]. Es ist aber dann im Rahmen des Ermessens zu prüfen, ob dem Vermieter zugemutet werden konnte, sich nochmals auf eine außergerichtliche Vereinbarung einzulassen[31].

30 Daß der Mieter eine kürzere Räumungsfrist verlangt hat, als ihm später das Gericht bewilligt, wird selten vorkommen und schadet ihm nichts. Auch eine Bewilligung, die *nur zum Teil* seinem Antrag entspricht, schließt die Anwendung des Abs. 3 nicht aus[32]. Das Gesetz stellt auf die Tatsache einer Fristbewilligung nach außerprozessualem Antrag ab, **nicht darauf, daß die Bewilligung genau dem Antrag entspricht**. Bei Bewilligung einer wesentlich kürzeren Frist kann das Gericht ohnedies im Rahmen seiner Ermessensentscheidung von einer Kostenbelastung des Vermieters ganz absehen oder diese erheblich begrenzen. Nur wenn die vor Klageerhebung begehrte Frist zweifelsfrei den Rahmen des Angemessenen überschritten hat, ist Abs. 3 schlechthin unanwendbar. Schließlich kommt es nicht darauf an, ob der Beklagte im übrigen Veranlassung zur Klageerhebung i. S. des § 93 gegeben hat.

31 bb) Seit der Gesetzesänderung 1967 (BGBl. I, 1248) gilt Abs. 3 auch, wenn der Mieter die **Fortsetzung des Mietverhältnisses begehrt** hat. Diese Erweiterung erfolgte, weil der Mieter nicht immer abzuschätzen vermag, ob seine Interessen eine Fortsetzung des Mietverhältnisses oder eine Räumungsfrist rechtfertigen, und weil er hier auch leicht in der Formulierung seines Begehrens fehlgreifen kann[33]. Aus diesem Zweck der Erweiterung folgt aber, daß das

---

[22] *LG Mannheim* MDR 1972, 695.
[23] *LG Stuttgart* WuM 1983, 119.
[24] Sinngemäßes Begehren reicht, *LG Hagen* NJW 1965, 1491; *AG Warendorf* ZMR 1971, 156.
[25] *LG Aachen* MDR 1966, 680; *LG Frankenthal* ZMR 1991, 303; *LG Hannover* MDR 1970, 512; 1968, 500; *LG Heilbronn* WuM 1982, 302f.; *LG Mannheim* WuM 1966, 66; *LG Kassel* ZMR 1972, 16; *LG Lübeck* SchlHA 1970, 141; 1965, 38; *LG Münster* WuM 1979, 17; *LG Osnabrück* NdsRpfl. 1968, 132; *AG Helmstedt* ZMR 1966, 274; *AG Hennef* MDR 1965, 208; *Thomas/Putzo*[18] Rdnr. 14. – **A.M.** (unbestimmtes Begehren genügt) *LG Dortmund* NJW 1966, 258; *LG Düsseldorf* WuM 1969, 172; *LG Frankfurt* WuM 1968, 15; MDR 1967, 218; *LG Hagen* MDR 1965, 750; *LG Mannheim* ZMR 1969, 215; MDR 1967, 924; sehr großzügig auch *LG Freiburg* NJW-RR 1990, 383.

[26] Vgl. *LG Lübeck* WuM 1967, 154.
[27] *LG Frankenthal* WuM 1990, 527.
[28] *LG München I* WuM 1983, 118.
[29] Weitergehende Anforderungen stellen *LG Frankenthal* ZMR 1991, 303; *LG Hannover* MDR 1968, 328; NJW 1968, 161; *LG Osnabrück* MDR 1966, 151; WuM 1966, 66.
[30] *LG Düsseldorf* MDR 1970, 422; *LG Köln* WuM 1970, 206; *LG Lübeck* WuM 1968, 96.
[31] *LG Heidelberg* WuM 1982, 302; *LG Itzehoe* ZMR 1967, 187; *LG Mannheim* MDR 1965, 833.
[32] Vgl. *LG Düsseldorf* MDR 1969, 764.
[33] Vgl. *Pergande* NJW 1968, 132. In der Begr., BT-Drucks. V/1743, S. 4 kommt dieser Zweck allerdings nicht klar zum Ausdruck.

Fortsetzungsverlangen **sachlich dem Begehren einer Räumungsfrist gleichkommen** muß. Es ist also das Erfordernis der «den Umständen nach angemessenen Räumungsfrist» hier entsprechend anzuwenden. Das Begehren muß auf Fortsetzung um einen **Zeitraum** gerichtet sein, der **als Räumungsfrist angemessen** wäre. Verlangt der Mieter dagegen eine weitergehende Fortsetzung oder gar eine Fortsetzung auf unbestimmte Zeit, so bleibt dem Vermieter nichts anderes übrig, als auf Räumung zu klagen. Wenn der Mieter dann im Prozeß das Fortsetzungsverlangen nicht mehr stellt und eine Räumungsfrist bewilligt bekommt, so kann dies keine Kostennachteile für den Kläger rechtfertigen[34]. Wird auch im Prozeß noch Fortsetzung verlangt, so fehlt es schon am sofortigen Anerkenntnis. Das Fortsetzungsverlangen muß im übrigen unter Angabe von Gründen erfolgen. Für **Form** und **Frist** gilt an sich § 556a BGB (→ Rdnr. 9), doch muß es angesichts des Zwecks der Erweiterung genügen, wenn das Verlangen den Erfordernissen entspricht, die an das Begehren einer Räumungsfrist zu stellen wären.

3. Inhalt der Kostenentscheidung

Unter den zu Rdnr. 24–31 dargelegten Voraussetzungen kann das Gericht nach seinem **pflichtgemäßen Ermessen**[35] die Kosten ganz oder teilweise dem Kläger auferlegen. Auch hier ist das Ermessen durch die Voraussetzungen begrenzt (→ Rdnr. 17a), auch hier wird nach dem Sinn der Vorschrift das Gericht *im allgemeinen* die ihm eingeräumte *Befugnis ausnutzen*, soweit nicht besondere Umstände dagegen sprechen. Zu beachten ist, ob eine Partei durch ihr Verhalten etwa besonders wenig dazu beigetragen hat, eine Aussprache und möglichst eine Einigung über die Räumungsfrist zu erreichen, und ob dem Vermieter zugemutet werden konnte, eine Räumungsfrist zu gewähren und von der Klage vorerst Abstand zu nehmen[36]. Wenn der Mieter eine erkennbar und erheblich das Angemessene überschreitende Frist beantragt hat oder den Räumungstermin ganz im Ungewissen gelassen hat, ist Abs. 3 von vornherein nicht anwendbar (→ Rdnr. 28). Wer insoweit anders entscheidet, hat diese Punkte jedenfalls im Rahmen des Ermessens zu berücksichtigen. 32

Über die Kosten ist **einheitlich zu entscheiden**. Eine Trennung nach Kosten des Streits um den Räumungsanspruch an sich und des Streits um die Räumungsfrist wäre unzulässig und auch praktisch kaum durchführbar. Soll der Kläger nur einen Teil der Kosten tragen, so wird er zweckmäßig mit einem bestimmten **Bruchteil** der Gesamtkosten belastet[37] (dazu → auch § 92 Rdnr. 3). 33

4. Standort der Kostenentscheidung

Über die Kosten wird im Endurteil entschieden. Ist der Antrag auf Bewilligung einer Räumungsfrist in diesem übergangen und wird über ihn in einem Ergänzungsurteil nachträglich nach § 321 erkannt, so kann in jenem auch eine Kostenentscheidung nach Abs. 3 unter der dabei unvermeidlichen Änderung der im ersten Urteil bereits nach § 91 getroffenen Kostenentscheidung ergehen. Wegen der Kosten bei einer nachträglich nach § 721 Abs. 2, 3 durch Beschluß bewilligten Räumungsfrist → Rdnr. 26. 34

---

[34] Zutr. *LG Stuttgart* NJW 1973, 1377.
[35] Vgl. – auch zum folgenden – *LG Koblenz* WuM 1989, 429; *LG Mannheim* MDR 1970, 333; *LG Stade* WuM 1983, 116.
[36] Z.. nicht, wenn der Mieter die geschuldete Nutzungsentschädigung verweigert, *LG Tübingen* WuM 1990, 217.
[37] Vgl. *LG Heidelberg* WuM 1982, 302f.

5. Anfechtung

35 Der **Mieter** kann das Urteil mit der **Berufung** anfechten, wenn er sich gegen die Verurteilung zur Räumung insgesamt wendet. Diese Berufung gegen das Urteil insgesamt hätte aber, weil dieses auf einem Anerkenntnis beruht, regelmäßig keine Aussicht auf Erfolg (dazu und und zum Ausnahmefall eines zulässigen Widerrufs → § 307 Rdnr. 43). Eine zulässige Berufung in der Hauptsache würde allerdings auch zur Prüfung der Kostenentscheidung führen. Will sich der Mieter lediglich gegen die Versagung oder gegen die Bemessung einer Räumungsfrist wenden, so ist der dazu allein zulässige Rechtsbehelf die **sofortige Beschwerde** nach § 721 Abs. 6 Nr. 1, nicht die Berufung. Die sofortige Beschwerde bringt notwendig die gesamte Kostenentscheidung im Urteil in die höhere Instanz. Der **Vermieter** kann gegen das Urteil insgesamt kein Rechtsmittel einlegen, weil er durch die Verurteilung des Mieters nicht beschwert ist. Er kann aber gegen die Bewilligung einer Räumungsfrist überhaupt oder gegen deren Bemessung **sofortige Beschwerde** nach § 721 Abs. 6 Nr. 1 einlegen und damit auch die gesamte Kostenentscheidung des Urteils angreifen.

36 Mieter und Vermieter können die Entscheidung auch **allein im Kostenpunkt** mit der **sofortigen Beschwerde** nach § 99 Abs. 2 anfechten[38]. Daß der Urteilsausspruch nur zum Teil (Verurteilung zur Räumung) auf dem Anerkenntnis beruht, steht nicht entgegen, zumal die Bedeutung des Räumungsausspruchs regelmäßig die der Fristbewilligung überwiegt.

6. Verhältnis zu anderen Kostenvorschriften

37 Bestreitet der Beklagte den Räumungsanspruch und unterliegt er, wobei ihm aber eine Räumungsfrist bewilligt wird, so trägt er die Kosten nach § 91 in vollem Umfang. Ein **Teilunterliegen** des Klägers **i. S. des § 92** mit der Folge einer teilweisen Kostenpflicht des Klägers ist dann **nicht anzunehmen**, denn die Gewährung der Räumungsfrist ist eine dem Vollstreckungsschutzrecht zugehörige Vergünstigung für den Beklagten, die am Sieg des Klägers in der Sache selbst nichts ändert. Nur unter den Voraussetzungen des § 93b Abs. 3, der insofern eine Sonderregel darstellt, ist eine Kostenverteilung im Hinblick auf die Gewährung der Räumungsfrist zulässig.

38 Differenzierter ist das **Verhältnis zu § 93** zu beurteilen. § 93b Abs. 3 enthält eine Konkretisierung des § 93 für die besondere Situation des Anerkenntnisses mit Gewährung einer Räumungsfrist, ohne aber in einem inneren Gegensatz zu § 93 zu stehen. Deshalb bleibt der *Rückgriff auf § 93 zulässig*, soweit eine der Voraussetzungen des § 93b Abs. 3 nicht erfüllt ist. So gilt § 93, wenn der Beklagte sofort anerkennt und eine Räumungsfrist weder beantragt noch bewilligt wurde. Hat der Beklagte ursprünglich eine Räumungsfrist oder die Fortsetzung begehrt, dann aber im Prozeß ein uneingeschränktes Anerkenntnis abgegeben, so ist die Kostenentscheidung ebenfalls nach § 93 zu treffen. Bei der Beurteilung der Frage, ob der Beklagte Anlaß zur Klageerhebung gegeben hat, ist aber aus einer entsprechenden Anwendung des § 93b Abs. 3 zu entnehmen, daß ein angemessenes Fortsetzungs- oder Räumungsfristbegehren, auf das sich der Vermieter nicht einläßt, keinen Anlaß zur Klageerhebung i. S. des § 93 darstellt und daher die Kostenpflicht des Klägers nicht ausschließt[39]. Der Mieter kann also – ohne Kostennachteile befürchten zu müssen – von einem an sich berechtigten Fristbegehren Abstand nehmen, wenn es ihm bis zum Verhandlungstermin doch gelungen ist, schon für den regulären Räumungszeitpunkt eine neue Wohnung zu finden.

---

[38] *LG Hamburg* MDR 1968, 244; *LG München II* WuM 1967, 121.

[39] Ähnlich *LG Essen* JurBüro 1971, 972 und *LG Mannheim* ZMR 1980, 96, die aber die Kostenentscheidung allein auf die entsprechende Anwendung des § 93b Abs. 3 stützen.

Erfolgt die **Räumung vor dem ersten Verhandlungstermin** und wird dann der Rechtsstreit übereinstimmend für **erledigt** erklärt, so ist im Rahmen der Kostenentscheidung nach § 91a Abs. 1 S. 1 zu prüfen, wer voraussichtlich die Kosten hätte tragen müssen, wenn die Erledigung nicht eingetreten wäre. Daher ist auch hier die zu erwartende Kostenregelung nach § 93b Abs. 3 zu berücksichtigen (→ § 91a Rdnr. 29). 39

§ 93 c [Kostenteilung in Kindschaftssachen]

¹Hat eine Klage auf Anfechtung der Ehelichkeit oder eine Klage des Mannes, der die Vaterschaft anerkannt hat, seiner Eltern oder des Kindes auf Anfechtung der Anerkennung der Vaterschaft Erfolg, so sind die Kosten gegeneinander aufzuheben. ²§ 96 gilt entsprechend.

Gesetzesgeschichte: Eingefügt BGBl. 1969 I, 1243.

Stichwortverzeichnis: → vor § 91 vor Rdnr. 1.

I. Zweck der Vorschrift	1	III. Anfechtung der Vaterschaftsanerkennung	4
II. Anfechtung der Ehelichkeit	3	IV. Inhalt der Kostenentscheidung	5

I. Zweck der Vorschrift

Die Bestimmung wurde durch das NichtehelichenG (v. 19. VIII. 1969; BGBl. I, 1243) in Anlehnung an § 93a aus Billigkeitsgründen geschaffen[1], weil in den hier behandelten Fällen das Veranlassungsprinzip des § 91 zu unbefriedigenden Ergebnissen führt. Bei einer erfolgreichen **Klage auf Anfechtung der Ehelichkeit** eines Kindes (§ 640 Abs. 2 Nr. 2) müßte nach § 91 bei der Klage des Ehemannes das Kind in vollem Umfang die Kosten tragen, bei der Klage des Kindes dagegen der Ehemann. Beides erschien unbillig, da weder Ehemann noch Kind den Rechtsschein der Ehelichkeit veranlaßt haben und dieser nur durch Anfechtungsklage beseitigt werden kann. Wird eine **Anerkennung der nichtehelichen Vaterschaft** durch den Anerkennenden oder das Kind mit Erfolg **angefochten**, so wäre eine alleinige Kostenpflicht des Beklagten unbillig, weil jeweils beide zusammen (durch Anerkennung des Mannes und Zustimmung des Kindes, § 1600c BGB) den Rechtsschein herbeigeführt haben. Daher ist in diesen Fällen eine Kostenaufhebung vorgesehen. Die Erhebung einer **Widerklage** ist aus Kostengründen nicht mehr erforderlich (anders früher, um bei Erfolg von Klage und Widerklage eine Kostenaufhebung nach § 92 zu erreichen). 1

Dagegen bleibt es bei § 91, wenn die **nichteheliche Mutter die Vaterschaftsanerkennung mit Erfolg anficht**, da die Mutter am Zustandekommen der Anerkennung nicht beteiligt ist. 2

Die Kostenregelung des § 93c betrifft im übrigen nur das Verhältnis zwischen den Prozeßparteien und hindert nicht, die nach dieser Vorschrift zu tragenden Kosten vom **Erzeuger** des Kindes nach materiellem Recht ersetzt zu verlangen[2]. 2a

---

[1] S. Begründung des Regierungsentwurfs, BT-Drucks. V/3719.

[2] *BGHZ* 103, 162 ff.; *LG Lüneburg* NJW-RR 1991, 711; *AG Aschaffenburg* FamRZ 1992, 1342.

II. Anfechtung der Ehelichkeit

3   Hier gilt § 93c bei jeder *erfolgreichen* Anfechtungsklage, gleich ob sie durch den Mann (§ 1594 BGB), dessen Eltern (§ 1595a BGB) oder das Kind (§§ 1596ff. BGB) erhoben wurde. Ob das Verfahren streitig oder unstreitig abläuft, spielt dabei keine Rolle. Bei *abgewiesener* Klage bleibt es bei § 91[3].

III. Anfechtung der Vaterschaftsanerkennung

4   Die Anerkennung der nichtehelichen Vaterschaft kann nach Maßgabe der §§ 1600g, 1600h BGB vom Mann, seinen Eltern, der Mutter und dem Kind angefochten werden. Der Anfechtungsgegner ergibt sich aus § 1600l BGB. § 93c gilt jedoch nur für die **erfolgreiche Anfechtungsklage des Mannes, seiner Eltern und des Kindes**. Bei Anfechtung durch die Mutter sind die allgemeinen Regeln maßgebend, so daß der unterliegende Beklagte nach § 91 allein die Kosten zu tragen hat. Wird eine Anfechtungsklage abgewiesen, so gilt in allen Fällen § 91.

IV. Inhalt der Kostenentscheidung

5   Sind die Voraussetzungen des § 93c gegeben, so hat das Gericht zwingend die **Kosten gegeneinander aufzuheben**. Das bedeutet, daß jede Partei ihre eigenen außergerichtlichen Kosten[4] und die Hälfte der Gerichtskosten zu tragen hat (§ 92 Abs. 1 S. 2). Nach S. 2 gilt aber § 96 entsprechend, so daß die Kosten **erfolgloser Angriffs- oder Verteidigungsmittel** dem auferlegt werden können, der sie geltend gemacht hat. Auch § 95 (Kosten bei Säumnis usw.) ist anzuwenden[5]. Eine Kostenentscheidung nach § 93 kommt dagegen schon deshalb nicht in Betracht, weil im Kindschaftsprozeß kein wirksames prozessuales Anerkenntnis möglich ist (§§ 640 Abs. 1, 617; → § 93 Rdnr. 25). Für die Rechtsmittelkosten bleibt es bei § 97.

6   Die Kostenentscheidung kann nur zusammen mit der Hauptsacheentscheidung **angefochten** werden (§ 99 Abs. 1). Das gilt auch dann, wenn das erstinstanzliche Gericht die Regelung des § 93c übersehen hat[6].

§ 93d [Kosten bei Stundung oder Erlaß von Unterhaltsbeträgen]

(1) ¹In einem Verfahren über Unterhaltsansprüche des nichtehelichen Kindes gegen den Vater ist nicht deswegen ein Teil der Kosten dem Gegner des Vaters aufzuerlegen, weil einem Begehren des Vaters auf Stundung oder Erlaß rückständigen Unterhalts stattgegeben wird. ²Beantragt der Vater eine Entscheidung nach § 642f., so hat er die Kosten des Verfahrens zu tragen.

(2) Das Gericht kann dem Gegner des Vaters die Kosten ganz oder teilweise auferlegen, wenn dies aus besonderen Gründen der Billigkeit entspricht.

Gesetzesgeschichte: Eingefügt BGBl. 1969 I, 1243.

---

[3] *OLG Karlsruhe* OLGZ 1980, 384, 386.
[4] Einschließlich der Kosten für ein vorprozessual eingeholtes **Abstammungsgutachten**, *OLG Hamm* JurBüro 1979, 766f.
[5] *MünchKommZPO/Belz* Rdnr. 6; *Odersky* NichtehelichenG[4], § 93c ZPO Anm. III 1.
[6] *OLG Frankfurt* MDR 1982, 152.

Stichwortverzeichnis: → vor § 91 vor Rdnr. 1.

I. Zweck der Vorschrift 1	b) Stundung oder Erlaß rückständiger Unterhaltsbeträge 4
II. Stundung oder Erlaß bei Unterhaltsklagen 2	2. Kostentragung 5
1. Voraussetzungen des Abs. 1 S. 1 2	a) Kostenpflicht des Vaters 5
a) Verfahren über Unterhaltsansprüche des nichtehelichen Kindes gegen den Vater 2	b) Ausnahmsweise Kostenpflicht des Gegners 6
	III. Kostenpflicht bei Änderung der Stundungsentscheidung 7

I. Zweck der Vorschrift

Die Vorschrift wurde durch das NichtehelichenG (v. 19. VIII. 1969; BGBl. I, 1243) eingefügt. Nach § 1615i Abs. 1 BGB können auf Antrag des Vaters eines nichtehelichen Kindes aus Billigkeitsgründen solche Unterhaltsbeträge **gestundet** werden, die vor Anerkennung der Vaterschaft oder gerichtlicher Verurteilung zur Unterhaltsleistung fällig geworden sind. Rückständige Unterhaltsbeträge, die länger als ein Jahr vor Anerkennung der Vaterschaft oder vor Erhebung der Klage auf Feststellung der Vaterschaft fällig geworden sind, können nach § 1615i Abs. 2 BGB auf Antrag des Vaters sogar **erlassen** werden, wenn dies zur Vermeidung unbilliger Härten erforderlich ist. Hat der auf Zahlung des Unterhalts verklagte Vater mit einem derartigen Stundungs- oder Erlaßantrag Erfolg, so führt dies zu einem teilweisen Unterliegen des Unterhaltsklägers. Nach § 92 müßte dieser einen Teil der Kosten tragen. Dem Gesetzgeber erschien dies unbillig, da Stundung und Erlaß ausschließlich im Interesse des Vaters und aus in seiner Person liegenden Gründen erfolgen. In Anlehnung an § 19 Abs. 5 VertragshilfeG (BGBl. 1952 I, 198)[1] sieht § 93d Abs. 1 S. 1 daher abweichend von § 92 vor, daß ein derartiger Teilerfolg des Vaters nicht zu einer Kostenteilung führt. Aus denselben Gründen werden durch Abs. 1 S. 2 die Kosten auch dann dem Vater auferlegt, wenn er mit einem Antrag obsiegt, eine bereits ergangene Stundungsentscheidung zu seinen Gunsten zu ändern (§ 642f.). Beide Kostenbestimmungen sind als Regel aufgestellt, aber keineswegs zwingend. Denn nach Abs. 2 kann das Gericht aus besonderen Gründen den Gegner des Vaters ganz oder teilweise mit Kosten belasten. Im ganzen ist damit eine **flexible Regelung** entstanden, die dem Richter einen erheblichen Spielraum gewährt.

1

II. Stundung oder Erlaß bei Unterhaltsklagen

1. Voraussetzungen des Abs. 1 S. 1

a) Verfahren über Unterhaltsansprüche des nichtehelichen Kindes gegen den Vater

Hierunter fällt die Unterhaltsklage des nichtehelichen Kindes gegen den Vater, auch wenn sie auf Leistung des Regelunterhalts (§ 642) gerichtet ist. Wird der Antrag auf Leistung des Regelunterhalts mit dem Kindschaftsprozeß verbunden, so kann in diesem Prozeß Erlaß oder Stundung nicht begehrt werden (§ 643 Abs. 1 S. 2), wohl aber nachträglich in einem Abänderungsverfahren gemäß § 643a. In diesem Abänderungsverfahren ist § 93d Abs. 1 S. 1 anwendbar[2], auch wenn Stundung oder Erlaß den alleinigen Gegenstand bilden und der Vater mit seinem Begehren voll obsiegt[3]. Die Vorschrift gilt auch, wie sich aus den Formulierungen

2

---

[1] Vgl. Begründung des Regierungsentwurfs BT-Drucks. V/3719, S. 31.
[2] Ebenso Begr. (Fn. 1).
[3] *Odersky* NichtehelichenG[4], § 93d ZPO Anm. II 3.

»Verfahren über Unterhaltsansprüche« und »dem Gegner« ergibt, wenn der Unterhaltsanspruch des nichtehelichen Kindes **auf einen Dritten übergangen** ist und von diesem geltend gemacht wird (§§ 1615b, 1615i Abs. 3 BGB)[4].

3   Für den **Unterhaltsanspruch der Mutter des nichtehelichen Kindes** gilt § 93 d nicht unmittelbar. Da aber auch hier eine Stundung möglich ist (§§ 1615l Abs. 3 S. 4, 1615i Abs. 1, 3 BGB) und die Interessenlage durchaus gleichgelagert ist, sollte § 3 d **analog** angewendet werden[5].

b) Stundung oder Erlaß rückständiger Unterhaltsbeträge

4   Gemeint sind nur Stundung oder Erlaß durch richterliche Entscheidung nach § 1615i BGB. In sonstigen Fällen eines teilweisen Obsiegens des Vaters bleibt es bei § 92.

2. Kostentragung

a) Kostenpflicht des Vaters

5   Nach Abs. 1 S. 1 führen Stundung oder Erlaß im Regelfall nicht zu einer Kostenpflicht des Gegners des nichtehelichen Vaters. Über die Kosten ist also so zu entscheiden, als ob Stundung oder Erlaß nicht erfolgt wären. Wird z.B. die Klage zu einem Teil aus anderen Gründen abgewiesen, so ist bei der Kostenteilung nach § 92 der erlassene Teil dem zugesprochenen hinzuzurechnen.

b) Ausnahmsweise Kostenpflicht des Gegners

6   Abs. 2 gestattet aber dem Gericht, die Kosten hinsichtlich des erlassenen bzw. gestundeten Teils dem Gegner aufzuerlegen, wenn dies aus besonderen Gründen, also ausnahmsweise entgegen der Regel des Abs. 1, der **Billigkeit** entspricht. Solche Umstände können nach der Begründung des Regierungsentwurfs[6] darin liegen, daß sich der gesetzliche Vertreter des Kindes (oder der Dritte, auf den der Anspruch übergegangen ist) ohne gewichtige Gründe geweigert hat, außergerichtlich eine sachgemäße Unterhaltsregelung herbeizuführen. Eine derartige Last des Gläubigers, sich schon außergerichtlich auf eine Stundung oder einen Erlaß einzulassen, wird allerdings nur ausnahmsweise zu bejahen sein, wenn Stundung oder Erlaß nach den dem Gläubiger bekannten Umständen eindeutig der Billigkeit entsprechen und der Schuldner den laufenden Unterhaltspflichten ordnungsgemäß nachkommt. Die Kosten können nur dem Gegner des Vaters, d. h. der Partei, nicht dem gesetzlichen Vertreter auferlegt werden.

III. Kostenpflicht bei Änderung der Stundungsentscheidung

7   Im Verfahren nach § 642 f. kann der unterhaltspflichtige Vater die **Änderung** einer gerichtlichen Stundungsentscheidung bzw. der in einem Prozeßvergleich oder einer vollstreckbaren Urkunde enthaltenen Stundung (§§ 642 f. Abs. 2, 642 c, 642 d) beantragen, also eine weitergehende Stundung oder einen Erlaß. Selbst wenn der Vater mit einem derartigen Antrag voll obsiegt, hat er nach Abs. 1 S. 2 im Regelfall die Kosten zu tragen. Auch hier kann gemäß Abs. 2 aus besonderen Gründen eine abweichende Kostenverteilung, also eine vollständige oder teilweise Kostenpflicht des Antragsgegners, ausgesprochen werden. Die dargestellten

---

[4] Ebenso Begr. (Fn. 1), S. 32.
[5] *Odersky* (Fn. 3), § 93 d ZPO Anm. II 6.   [6] Begr. (Fn. 1), S. 32.

Kostenregeln gelten auch, wenn der Antrag nach § 642f. mit einer Abänderungsklage nach § 323 verbunden wurde (vgl. § 642f. Abs. 1 S. 2). – Ergeht eine Entscheidung nach § 642f. auf **Antrag des Kindes**, so bleibt es bei den allgemeinen Kostenregeln.

§ 94 [Kosten bei übergegangenem Anspruch]

Macht der Kläger einen auf ihn übergegangenen Anspruch geltend, ohne daß er vor der Erhebung der Klage dem Beklagten den Übergang mitgeteilt und auf Verlangen nachgewiesen hat, so fallen ihm die Prozeßkosten insoweit zur Last, als sie dadurch entstanden sind, daß der Beklagte durch die Unterlassung der Mitteilung oder des Nachweises veranlaßt worden ist, den Anspruch zu bestreiten.

Gesetzesgeschichte: Eingefügt RGBl. 1898, 256.

Stichwortverzeichnis: → vor § 91 vor Rdnr. 1.

I. Zweck der Vorschrift

Erhebt ein **Rechtsnachfolger** des ursprünglichen Gläubigers einen Anspruch, ohne seine *Legitimation* nachzuweisen, so müßte der Schuldner wegen § 398 BGB auf seine Gefahr an den neuen Gläubiger leisten oder es auf den Prozeß mit ihm ankommen lassen. Einen Schutz dagegen gewährt § 410 BGB, wonach der Schuldner vor der Anzeige nur gegen Aushändigung der Übertragungsurkunde zu leisten braucht. Diesen Schutz erweitert § 94 für den Fall der Klageerhebung, indem er dem Gläubiger die durch den Mangel seiner Legitimation verursachten Kosten auferlegt. § 94 gilt nur beim Übergang eines Anspruchs. Seine Anwendung setzt also voraus, daß der vom Kläger gegen den Beklagten geltend gemachte Anspruch vorher in der Person eines anderen entstanden ist. Auf den Fall, daß aus einem vor Klageerhebung übertragenen sonstigen Recht (z.B. dem Eigentum) für den Erwerber demnächst ein Anspruch gegen den Beklagten erwächst, kann § 94 weder unmittelbar noch entsprechend Anwendung finden[1].

1

§ 94 ist keine Erweiterung des § 93. Denn das Bestreiten nach § 94 erfolgt im Prozeß, und ein Anerkenntnis des Beklagten, sei es *nach* dem Beweis der Aktivlegitimation, sei es in bezug auf den Anspruch selbst (abgesehen von der Gläubigerstellung) wird nicht vorausgesetzt[2]; über den Fall, daß es erfolgt, → Rdnr. 8. Vielmehr mildert § 94 die Härte, daß der Unterliegende auch dann alle Kosten trägt, wenn sein Bestreiten in einzelnen Punkten berechtigt war (→ § 91 Rdnr. 14). Er enthält also einen Fall der *Kostentrennung* wie die §§ 95–97.

1a

II. Voraussetzungen

1. Der **Anspruch** muß auf den Kläger **übergegangen** sein, unter Lebenden oder von Todes wegen, durch Rechtsgeschäft oder kraft Gesetzes (vgl. § 412 BGB mit §§ 268 Abs. 3, 426 Abs. 2, 774, 1416 BGB [Gütergemeinschaft] usw.). Einen übergegangenen Anspruch macht auch geltend, wer als Rechtsnachfolger des Klägers oder Gläubigers gemäß § 239 den Prozeß

2

---

[1] Also z.B. nicht aus eine Interventionsklage (§ 771) des Sicherungsnehmers bei Sicherungsübereignung, Levin JW 1912, 119.

[2] *Rosenberg/Schwab/Gottwald*[15] § 87 III 5 b.

aufnimmt oder gemäß § 266 Abs. 1 als Hauptpartei übernimmt oder gemäß § 731 auf Erteilung er Vollstreckungsklausel klagt. Entsprechend kann die Vorschrift auf jeden Wechsel der *Prozeßführungsbefugnis*, z.B. bei dem das Gesamtgut verwaltenden Ehegatten (§ 1422 BGB), angewendet werden und auf die Parteien kraft Amtes, d. h. den Testamentsvollstrecker, Konkursverwalter usw. (→ Rdnr. 25 vor § 50), zumal bei Erlaß der Vorschrift die Grenzen zwischen Prozeßführungs- und Sachbefugnis nicht immer deutlich gezogen und die Stellung der Parteien kraft Amtes unklar war[3]. Wegen der Pfändung → Rdnr. 3. Daß der Anspruch gegen den Schuldner selbst geltend gemacht wird, ist nach Wortlaut und Sinn des Gesetzes nicht erforderlich[4]. Bei einer negativen Feststellungsklage des Schuldners gegen den neuen Gläubiger wird man § 94 entsprechend anwenden können, also zugunsten des Klägers.

3   2. Der erfolgte Übergang muß dem **Beklagten** zur Zeit der Klageerhebung **unbekannt** gewesen sein. Demnach scheiden hier die Fälle des Übergangs durch *Pfändung* und Überweisung und durch *Forderungsverpfändung* aus, da hier die Kenntnis wegen §§ 829, 835 Abs. 2, § 1280 BGB stets vorhanden ist. Die Anwendung des § 94 wird nicht nur durch eine Mitteilung des Klägers, sondern mit Rücksicht auf das Erfordernis der Ursächlichkeit (→ Rdnr. 4) durch jede glaubhafte Nachricht ausgeschlossen. Bei der vom Kläger ausgehenden Mitteilung kommt in zweiter Linie das Recht des Beklagten, **Nachweise zu verlangen**, in Betracht. Was als genügender Nachweis zu gelten hat, muß gegebenenfalls das Gericht nach den Anschauungen des Verkehrs entscheiden; die Vorlage eines Erbscheins ist regelmäßig nicht notwendig[5] (vgl. § 410 Abs. 1 BGB).

4   3. Der Mangel der Mitteilung oder des Nachweises muß den Beklagten *veranlaßt* haben, *den Anspruch zu bestreiten*. Diese **Verursachung** besteht zunächst nur dann, wenn der Beklagte im guten Glauben ist, d. h. wenn er nicht von anderer Seite unterrichtet war. Denn dann wäre das Bestreiten nicht durch die Ungewißheit veranlaßt, sondern könnte seinen Grund nur in einer Prozeßschikane (→ Einl. Rdnr. 254 f.) haben, aus der die Partei keinen Vorteil ziehen darf[6]. Die Veranlassung besteht selbstverständlich immer nur so weit, wie gerade die Sach- oder Prozeßführungsbefugnis bestritten wird. Das Bestreiten der Entstehung des Anspruchs, die Behauptung seines Erlöschens usw. sind durch den Mangel der Mitteilung niemals veranlaßt.

5   4. Das **Bestreiten** kann im schriftlichen Vorverfahren (§§ 272 Abs. 2, 276) oder in der *mündlichen Verhandlung* erfolgen. In den Fällen der §§ 251a, 331a, 128 Abs. 2, 3 wird, wie sonst auch (→ § 128 Rdnr. 89), das schriftsätzlich Erklärte rückwirkend als Prozeßstoff eingeführt. Bleibt der Beklagte im Verhandlungstermin aus, so gilt für das Versäumnisurteil vorbehaltlich des Einspruchs § 91 (→ § 93 Rdnr. 7).

III. Die Kostenentscheidung

6   1. Bleibt der **Beklagte** in der Sache selbst **siegreich**, so kommt § 94 nicht zur Geltung; der Kläger trägt ohnehin nach § 91 sämtliche Kosten.

7   2. Unterliegt er dagegen, so sind ohne Antrag und ohne Ermessen des Gerichts von den ihn nach § 91 treffenden Gesamtkosten diejenigen ausgenommen und dem Kläger mit Erstattungspflicht aufzuerlegen, die durch das **Bestreiten der Sach- oder Prozeßführungsbefugnis**

---

[3] Ebenso *Baumbach/Lauterbach/Hartmann*[51] Rdnr. 6; *Thomas/Putzo*[18] Rdnr. 1. Wenn *Wieczorek*[2] Anm. C I, II unbegrenzt gesetzliche und bevollmächtigte Vertreter einbezieht, läßt sich das mit dem Wortlaut und Sinn des § 94 kaum noch vereinen.
[4] *OLG Hamburg* OLGRspr. 11 (1905), 55 (wendet § 94 auch bei Klage gegen andere Forderungsprädententen an).

[5] Vgl. *RGZ* 54, 343; Gruchot 52 (1908), 1096 f.; 45 (1901), 1036.
[6] Daß sie auch dann noch die Aushändigung der Abtretungsurkunde verlangen kann, gibt keinen Anlaß zum *Bestreiten*.

entstanden sind, also namentlich die der dadurch nötig gewordenen Beweisaufnahmen, soweit sie gesonderter Berechnung fähig sind[7]; bei einheitlicher Beweisaufnahme ist weder § 94 noch § 92 anwendbar.

3. **Erkennt** der Beklagte den Anspruch **vorbehaltlich der Klärung der Sach- oder Prozeßführungsbefugnis** oder nach deren Erledigung oder Beweis **an**, so kann hinsichtlich der *übrigen* Kosten § 93 neben § 94 zur Anwendung kommen, so daß dann der Beklagte trotz seines teilweisen Bestreitens dennoch keine Kosten trägt. 8

4. Hatte der Beklagte überhaupt **nur vor dem Prozeß bestritten**, im Prozeß dagegen **sofort** anerkannt, so ist lediglich § 93 anwendbar (→ § 93 Rdnr. 17). 9

§ 95 [Kosten bei Säumnis und Vertagung]

Die Partei, die einen Termin oder eine Frist versäumt oder die Verlegung eines Termins, die Vertagung einer Verhandlung, die Anberaumung eines Termins zur Fortsetzung einer Verhandlung oder die Verlängerung einer Frist durch ihr Verschulden veranlaßt, hat die dadurch verursachten Kosten zu tragen.

Gesetzesgeschichte: Bis 1900 § 90 CPO.

Stichwortverzeichnis: → vor § 91 vor Rdnr. 1.

I. Zweck und Verfahren[1]

§ 95, dessen praktische Bedeutung gering ist[2], enthält einen Fall der **Kostentrennung** (allgemein → § 91 Rdnr. 14), der der Verschleppung der Prozesse entgegenwirken soll, ohne daß freilich eine tatsächliche Verzögerung der Erledigung des Rechtsstreits zur Voraussetzung erhoben wäre. Die Auferlegung dieser Kosten nach § 95, die die Erstattungspflicht dem Gegner gegenüber begründet, kommt nur in Betracht, wenn die säumige oder an der Vertagung schuldige Partei nicht ohnehin die Kosten des Rechtsstreits zu tragen hat. Der Kostenausspruch gemäß § 95 erfolgt von Amts wegen **im Urteil**, nicht durch besonderen Beschluß[3] (→ § 91 Rdnr. 8). Eine Ergänzung des Endurteils nach § 321 zur Anwendung des § 95 ist zulässig (→ § 321 Rdnr. 5). Aufzuerlegen[4] sind die durch den betreffenden, im Urteil zu bezeichnenden Umstand verursachten Kosten, nicht eine Quote der Gesamtkosten. Häufig entstehen freilich keine oder nur geringe zusätzliche Kosten[5]. Die Auferlegung der Kosten nach § 95 ist von der Absetzung solcher Kosten als n nicht notwendig im Festsetzungsverfahren zu unterscheiden (→ § 96 Rdnr. 2). 1

II. Kostenauferlegung bei Säumnis

Bei Versäumung eines Termins (§ 220 Abs. 2) oder einer Frist (allgemein → vor § 230 Rdnr. 1ff.) sind die dadurch verursachten Kosten aufzuerlegen, *ohne* daß es auf ein *Verschulden* der Partei ankommt. Ergeht jedoch auf Grund der Säumnis ein Urteil gegen den Säumi- 2

---

[7] Ebenso *Rosenberg/Schwab/Gottwald*[15] § 87 III 5b; *Thomas/Putzo*[18] Rdnr. 2.
[1] **Lit.**: *Seifert-Cramer* Kostennachteil statt Präklusion, Diss. Gießen 1989.
[2] Zu den Gründen vgl. *Seifert-Cramer* (Fn. 1), 149f.
[3] *OLG Düsseldorf* MDR 1990, 832; *OLG Köln* MDR 1974, 240; NJW 1972, 1999.
[4] Ein **Ermessen** besteht nicht; vgl. nur *Baumbach/Lauterbach/Hartmann*[51] Rdnr. 15.
[5] *Lange* DRiZ 1985, 251.

gen, so ist er nach § 91 in die Kosten zu verurteilen. Für die Kostenentscheidung nach Einspruch gilt § 344, der dem § 95 als Sonderregelung vorgeht. Zur Kostenentscheidung bei Wiedereinsetzung → § 238 Rdnr. 12.

III. Kostenauferlegung bei schuldhaft veranlaßter Vertagung oder Fristverlängerung

3   Die Kosten, die durch die Verlegung eines Termins[6], die Vertagung einer Verhandlung, die Anberaumung eines Termins zur Fortsetzung der Verhandlung (zu diesen Begriffen → § 227 Rdnr. 5ff.) oder durch die Verlängerung einer Frist (→ §§ 224, 225) entstehen, hat diejenige Partei zu tragen, die die Maßnahme durch ihr **Verschulden** veranlaßt hat, also durch ein vermeidbares und den Sorgfaltsanforderungen nicht entsprechendes Verhalten. Es spielt keine Rolle, ob die Vertagung von Amts wegen oder auf Antrag der nachlässigen Partei oder des Gegners erfolgt ist. Ob ein Verschulden vorliegt, wird das Gericht in der Regel ohne formelles Beweisverfahren feststellen können. Soweit eine Beweisaufnahme hierüber erforderlich ist, folgt sie den allgemeinen Regeln (gegen die Lehre vom Freibeweis → vor § 355 Rdnr. 7ff.). Als Verschulden der Partei gilt auch das Verschulden des gesetzlichen Vertreters (§ 51 Abs. 2) und des Prozeßbevollmächtigten (§ 85 Abs. 2). Das Verschulden kann insbesondere vorliegen bei Nichtbeachtung der Vorschriften in §§ 129, 132, 215, Nichtbefolgung der Aufforderung zum persönlichen Erscheinen, §§ 141 Abs. 2, 279 Abs. 2, bei Vertagung wegen §§ 157, 158.

IV. Verzögerungsgebühr (§ 34 GKG)[7]

4   Abgesehen von etwaigen Zeugen- und Sachverständigengebühren, Reisekosten, Entschädigung für Zeitversäumnis usw. entstehen nach dem System der Kostengesetze durch die Verlegung usw. keine besonderen Kosten. Das Gericht kann aber in solchen Fällen nach § 34 GKG der Partei eine besondere, den Charakter einer *Prozeßstrafe* tragende Verzögerungsgebühr auferlegen, wenn durch **Verschulden** einer Partei oder eines Parteivertreters, nicht notwendig des Prozeßbevollmächtigten, eines Nebenintervenienten oder Beigeladenen eine Vertagung der mündlichen Verhandlung oder die Anberaumung eines neuen Termins zur mündlichen Verhandlung veranlaßt[8] oder die Erledigung des Rechtsstreits durch verspätetes Vorbringen verzögert worden ist[9]. Auch bei Verzögerung durch **Verschulden des Vertreters**[10] oder eines Streithelfers[11] ist die Gebühr der Partei bzw. dem Nebenintervenienten oder Beigeladenen aufzuerlegen. Das Gericht ist in solchen Fällen der Entscheidung darüber, bei wem das Verschulden liegt, enthoben; es genügt alternative Feststellung[12]. Ob die Vertagung oder Terminverlegung auf Antrag oder von Amt wegen stattgefunden hat, ist unerheblich[13]. Daß beide Parteien sich einig sind, schließt die Gebührenfestsetzung nicht aus, die gegebenenfalls gegen beide ausgesprochen werden kann[14]. Das Gericht entscheidet nach seinem **Ermessen** von Amts wegen. Vor der Festsetzung ist die Partei zu hören[15]. Die Verzögerungsgebühr ist in Höhe einer vollen Gebühr, die jedoch nach § 34 Abs. 1 S. 2 GKG auf ein Viertel ermäßigt werden kann, durch besonderen **Beschluß** festzusetzen (§ 34 Abs. 2 GKG). Gegen die Auferlegung der Gebühr findet bei einer 100 DM übersteigenden Beschwerdesumme die **Beschwerde** ohne Anwaltszwang statt (§ 34 Abs. 2, § 5 Abs. 3 S. 1 GKG)[16]. Die weitere Beschwerde ist

---

[6] Dies gilt in analoger Anwendung auch für die Verlegung eines vom Sachverständigen anberaumten Termins, *OLG Schleswig* SchlHA 1975, 135.

[7] Lit.: *Schneider* JurBüro 1976, 5. – Kritisch zur Tauglichkeit der Vorschrift *Seifert-Cramer* (Fn. 1), 150ff.; vgl. aber *Lange* DRiZ 1985, 251.

[8] Dazu *LG Koblenz* AnwBl. 1978, 103.

[9] Der Begriff der **Verzögerung** ist wie in § 296 (→ § 296 Rdnr. 48ff.) zu verstehen, *Seifert-Cramer* (Fn. 1), 151; vgl. auch *OLG Düsseldorf* MDR 1984, 857 (offensichtlich unbegründete Richterablehnung); *OLG Hamm* OLGZ 1989, 364; *OLG Koblenz* VersR 1984, 1175 (L).

[10] Vgl. zum Anwaltsverschulden *OLG Hamm* OLGZ 1989, 363.

[11] *Schrader* DRiZ 1974, 291.

[12] Zust. *Schrader* DRiZ 1974, 291.

[13] *OLG Braunschweig* OLGRspr. 35 (1917), 212.

[14] *OLG München* Rpfleger 1958, 236; vgl. aber auch *OLG Hamm* OLGZ 1989, 363.

[15] *OLG Köln* MDR 1962, 489; *OLG München* NJW 1965, 307 m.w.N.

[16] Vgl. *OLG Hamm* OLGZ 1989, 363.

nach § 34 Abs. 2 S. 2, § 5 Abs. 2 S. 7 GKG ausgeschlossen. Dem Gegner steht gegen die Ablehnung eines auf Festsetzung der Gebühr gerichteten Antrags die Beschwerde nicht zu[17], ebensowenig gegen die Aufhebung des Festsetzungsbeschlusses in der Beschwerdeinstanz.

§ 96 [Kosten erfolgloser Angriffs- oder Verteidigungsmittel]

Die Kosten eines ohne Erfolg gebliebenen Angriffs- oder Verteidigungsmittels können der Partei auferlegt werden, die es geltend gemacht hat, auch wenn sie in der Hauptsache obsiegt.

Gesetzesgeschichte: Bis 1900 § 91 CPO.

Stichwortverzeichnis: → vor § 91 vor Rdnr. 1.

I. Voraussetzungen und Ausspruch der Kostentrennung

1. Nach § 96 ist das Gericht auch ohne Antrag nach seinem Ermessen berechtigt[1] (anders §§ 94 und 95, die zwingend sind), die **Kosten erfolgloser Angriffs- oder Verteidigungsmittel** von den Gesamtkosten zu trennen (→ § 91 Rdnr. 14) und sie der siegreichen Partei mit Erstattungspflicht an den Gegner aufzuerlegen. Bei Kostenquotelung nach § 92 kommt § 96 zur Anwendung, wenn sich das auszusondernde Angriffs- oder Verteidigungsmittel auf denjenigen Teil der Hauptsache bezog, mit dem die Partei obsiegt hat[2]. Bei der Entscheidung über die Aussonderung ist insbesondere darauf abzustellen, ob die Partei die Erfolglosigkeit voraussehen konnte[3] und ob besondere Kosten entstanden sind. Der Revisionsrichter kann nur nachprüfen, ob die Grenzen des Ermessens eingehalten sind[4] (→ § 549 Rdnr. 8).

2. Die Kostenaussonderung hat **in der Endentscheidung**, d. h. regelmäßig im Endurteil (→ auch § 91a Rdnr. 29), zu erfolgen. Die auszusondernden Kosten im Urteil als Quote der Gesamtkosten auszuwerfen, ist unzulässig[5]. Die Frage, *welche Posten* im einzelnen zu den im Urteil auferlegten Kosten eines bestimmten Angriffs- oder Verteidigungsmittels gehören, ist im Kostenfestsetzungsverfahren auszutragen. **Dagegen ist es nicht zulässig, die Kostenauferlegung erst im Festsetzungsverfahren vorzunehmen.** Wenn dort Kosten der siegenden Partei für erfolglose Angriffs- oder Verteidigungsmittel als nicht notwendig auf Grund des § 91 Abs. 1 abgesetzt werden, so ist das keine Kostentrennung im Sinne des § 96. Denn der Sieger kann im Rahmen des Kostenfestsetzungsverfahrens ohne entsprechenden Ausspruch in der Kostenentscheidung niemals dazu verpflichtet werden, Kosten, die durch das erfolglose Vorbringen *dem Gegner* erwachsen sind, diesem zu erstatten.

Nachholung des Ausspruchs durch **Urteilsergänzung** ist zulässig (→ § 321 Rdnr. 5). § 96 gilt auch in **Ehesachen** (→ § 93a Rdnr. 3) und in **Kindschaftssachen** (→ § 93c Rdnr. 5). Zur Anwendung des § 96 bei einstweiligen Anordnungen nach § 620 → § 620g Rdnr. 2, 3. Bei einer **Klagezurücknahme** treffen den

---

[17] *RGZ* 32, 392.
[1] *LG Frankenthal* MDR 1981, 941; *RG* WarnRspr. 1913 Nr. 388. Vgl. auch KB zur Nov. 98 S. 38 (→ Einl. Rdnr. 113).
[2] *Baumbach/Lauterbach/Hartmann*[51] Rdnr. 6; weitergehend *Matthies* JR 1993, 181.
[3] Vgl. *BGH* NJW 1980, 839. – Hat der Kläger durch sein Angriffsmittel eine Beweisaufnahme veranlaßt und ändert er dann infolge veränderter Tatsachen- oder Rechtslage seine Klage, so wird der Richter in entsprechender Anwendung der zu § 91a dargelegten Gesichtspunkte bei seinem Ermessen die Erwägung anzustellen haben, ob ohne die Veränderung der Verhältnisse und die dadurch gebotene Klageänderung das Angriffsmittel erfolgreich gewesen wäre.
[4] *RG* JW 1901, 422.
[5] *RG* SeuffArch. 38 (1883), 223. – **A.M.** anscheinend *RG* JW 1900, 622; *OLG Dresden* OLGRspr. 4 (1902), 389.

Kläger alle Kosten nach der Sondervorschrift des § 269; hier ist § 96 nicht anwendbar[6] (→ § 269 Rdnr. 63). Zur mittelbaren Beachtung des § 96 bei Erledigung der Hauptsache → § 91a Rdnr. 29.

II. Begriff der Angriffs- und Verteidigungsmittel

4   Unter Angriffs- und Verteidigungsmittel (näher → § 146 Rdnr. 2) sind sowohl materielle wie prozessuale Rechtsbehelfe im weitesten Sinne zu verstehen, also Klagegründe, insbesondere dann, wenn sie durch Klageänderung nacheinander in den Prozeß eingeführt werden, Einreden, Repliken, Rügen, die die Zulässigkeit der Klage betreffen[7], Beweismittel, Beweiseinreden, Vorlegungs-, Beweissicherungs-[8] und andere prozessuale Anträge und die dadurch veranlaßten Zwischenstreite, da in einem Zwischenurteil unter den Parteien keine Kostenentscheidung ergeht (→ § 91 Rdnr. 6). Dagegen gehören die *Klage*, die Widerklage (→ § 92 Rdnr. 1)[9], die Kosten einzelner Instanzen[10] und die *Rechtsmittel* (§ 97) nicht hierher. Auf einzelne *Klageanträge*, insbesondere Hilfsanträge, kann § 96 nur angewendet werden, wenn über den Antrag nicht entschieden wird, z.B. weil die Bedingung für den Hilfsantrag nicht eingetreten ist[11]. Zumeist werden dann keine besonderen Kosten durch den Hilfsantrag entstanden sein. Wird dagegen über einen Klageantrag entschieden, so ergibt sich die Kostenentscheidung aus § 91 oder § 92 (zur Kostenentscheidung bei Haupt- und Hilfsantrag → § 92 Rdnr. 1b).

§ 97   [Rechtsmittelkosten]

(1) Die Kosten eines ohne Erfolg eingelegten Rechtsmittels fallen der Partei zur Last, die es eingelegt hat.
(2) Die Kosten des Rechtsmittelverfahrens sind der obsiegenden Partei ganz oder teilweise aufzuerlegen, wenn sie auf Grund eines neuen Vorbringens obsiegt, das sie in einem früheren Rechtszug geltend zu machen imstande war.
(3) Absatz 1 und 2 gelten entsprechend für Familiensachen der in § 621 Abs. 1 Nr. 1 bis 3, 6, 7, 9 bezeichneten Art, die Folgesachen einer Scheidungssache sind.

Gesetzesgeschichte: Bis 1900 § 92 CPO. Änderungen: RGBl. 1910, 767; 1924 I, 135; BGBl. 1964 I, 933; 1976 I, 1421, 3281.

Stichwortverzeichnis: → vor § 91 vor Rdnr. 1.

I. Kosten erfolgloser Rechtsmittel 1	4. Geltung für die Beschwerdeinstanz 6
1. Geltungsbereich das Abs. 1 1	
2. Erfolglosigkeit 3	II. Kosten erfolgreicher Rechtsmittel 7
3. Beiderseitige Rechtsmittel, Anschließung 4	1. Kostenentscheidung 7
	2. Beschwerdeinstanz 9

---

[6] *OLG Celle* NJW 1961, 1363; *KG* Rpfleger 1979, 144.
[7] Vgl. *BGH* NJW 1980, 839 (Einrede fehlender Prozeßkostensicherheit); *RGZ* 13, 413; JW 1900, 622; 1890, 333.
[8] *KG* Rpfleger 1979, 144; *OLG Koblenz* MDR 1993, 288f. (auch zum Verhältnis zu § 494a); *OLG München* JurBüro 1973, 1082; *LG Frankenthal* MDR 1981, 941; *RG* WarnRspr. 1913 Nr. 388.
[9] *OLG Karlsruhe* OLGRspr. 7 (1903), 286.
[10] Insbesondere auch dann nicht, wenn der Beklagte in der unteren Instanz mit einer Zulässigkeitsrüge durchgedrungen war, in höherer Instanz aber damit unterliegt, *RG* JW 1896, 653; 1890, 333; SeuffArch. 58 (1903), 34; *OLG Colmar* OLGRspr. 2 (1901), 401.
[11] Anders *Merle* ZZP 83 (1970) 467, der in diesem Fall die Kostenpflicht des Klägers mit einer Analogie zu §§ 269 Abs. 3 S. 2, 515 Abs. 3 S. 1, 566 begründet.

III. Kostenpflicht der obsiegenden Partei (Abs. 2)	10	5. Vorbringenkönnen (Verschulden)	14
1. Zweck, Neufassung	10	6. Kostenauferlegung	15
2. Mußvorschrift	11	IV. Anwendung in Scheidungsfolgesachen (Abs. 3)	16
3. Begriff der obsiegenden Partei	12		
4. Neues Vorhaben	13		
		V. Verzögerungsgebühr	17

I. Kosten erfolgloser Rechtsmittel

1. Wenn ein Rechtsmittel ohne Erfolg bleibt, so trägt nach Abs. 1 der Rechtsmittelkläger **1** die **Kosten der Rechtsmittelinstanz**, während es für die Vorinstanz bei der dort getroffenen Kostenentscheidung bleibt. Die Kostenentscheidung ergeht auch insoweit *von Amts wegen*, also ohne Antrag (§ 308 Abs. 2)[1]. Auch bei notwendigen Streitgenossen ist derjenige Streitgenosse, der das Rechtsmittel allein eingelegt hat, allein kostenpflichtig[2]. Zum Rechtsmittel des Streitgehilfen → § 101 Rdnr. 2. Die Vorschrift **gilt für alle Rechtsmittel**, Berufung, Revision und Beschwerde (→ zu dieser auch Rdnr. 6, 9), und sinngemäß auch für die Erinnerung nach § 766, die Anrufung des Prozeßgerichts nach § 586 und die Erinnerung nach §§ 11, 21 Abs. 2 RPflG, soweit eine abschließende ablehnende Entscheidung über die Erinnerung ergeht.

Kann allerdings ein Rechtsmittel nur infolge nachträglicher Änderung der Rechtslage (neue Tatsachen, **2** Gesetzesänderung) *nicht erfolgreich* sein, so vermag der Kläger durch eine Erledigungserklärung (→ § 91a Rdnr. 51), der Beklagte durch sofortiges Anerkenntnis[3] (→ § 93 Rdnr. 9) der Kostenfolge des § 97 Abs. 1 zu entgehen. Entsprechend kann, wenn das Rechtsmittel erst durch Änderung der Rechtslage *erfolgreich* wird, ein Beklagter als Rechtsmittelgegner sofort anerkennen, ein Kläger die Erledigung erklären. Zur einseitigen Erledigungserklärung → § 91a Rdnr. 37, zur sog. Erledigung des Rechtsmittels → § 91a Rdnr. 52.

2. Unter **Erfolg** ist die vom Rechtsmittelkläger mit dem Rechtsmittel[4] erstrebte Abänderung der Entscheidung zu verstehen[5]. Abs. 1 enthält einen Fall der Kostentrennung, bei dem **3** die Kostenpflicht vom endgültigen Ausgang der Sache unabhängig ist. Diese Kostenpflicht ist bei Zurückweisung oder Verwerfung des Rechtsmittels auch dann sofort in der Entscheidung der Rechtsmittelinstanz auszusprechen, wenn trotz Bestätigung des angefochtenen Urteils zugleich die *Zurückverweisung* an die untere Instanz erfolgt (§ 538 Abs. 1 Nr. 2, 3 usw.), also z.B. bei erfolglosem Rechtsmittel gegen ein Grundurteil[6] oder ein Zwischenurteil über die Zulässigkeit (§ 280 Abs. 2)[7]. Die Kosten sind auch dann in der Rechtsmittelentscheidung aufzuerlegen, wenn das erfolglose Rechtsmittel gegen ein *Teilurteil* oder nur gegen einen Teil des Urteils eingelegt war[8]. Zu einer die Kosten des Rechtsstreits als Ganzes betreffenden

---

[1] *BGH* NJW 1989, 40.
[2] *RG* JW 1938, 1522.
[3] Vgl. *BGHZ* 37, 233 (Kostenpflicht des Kl. nicht schon deshalb, weil das Rechtsmittel des Bekl. erst durch Gesetzesänderung erfolglos geworden ist).
[4] Erfolg der Revision liegt auch vor, wenn die Berufung als unbegründet zurückgewiesen worden war und der Revisionskläger ein Scheidungsurteil erfolg der Berufung als unzulässig beantragte; a.M. *BGH* JZ 1956, 179 (krit. *Lent*).
[5] § 97 Abs. 1 gilt auch, wenn der siegreiche Kläger gegen ein Scheidungsurteil Rechtsmittel einlegt (→ Allg. Einl. vor § 511 Rdnr. 63) und dann einen Klageverzicht erklärt, vgl. *RGZ* 91, 365.
[6] *BGHZ* 110, 196, 205; 20, 397 = NJW 1956, 1235 = ZZP 69 (1956) 298 = LM Nr. 9 (*Hauß*); *RG* Gruchot 48 (1920), 911; *OLG Oldenburg* JurBüro 1992, 492; teils abweichend *RGZ* 110, 64; 121, 77 (Kostenentscheidung könne auch dem Schlußurteil überlassen werden); a.M. *OLG Frankfurt* NJW-RR 1988, 1213. Die Härte, die sich ergeben kann, wenn der mit der Berufung unterlegene und mit den Kosten nach dem gesamten Streitwert belastete Beklagte im Nachverfahren teilweise oder sogar in vollem Umfang obsiegt, ist danach vom Gesetz bewußt in Kauf genommen. Wird der Berufung des Beklagten gegen das Grundurteil zunächst stattgegeben, sie aber auf Revision des Klägers zurückgewiesen, so trägt der Beklagte die Kosten der Berufungs- *und* Revisionsinstanz, *BGHZ* 54, 21 = NJW 1970, 1416.
[7] *BAGE* 21, 273, 276.
[8] *BGHZ* 110, 196, 205.

Kostenentscheidung ist bei Zurückweisung oder Verwerfung des Rechtsmittels kein Raum. Zu einer solchen Entscheidung des Rechtsmittelgerichts besteht auch praktisch kein Anlaß, da in der Bestätigung des angefochtenen Urteils auch die der in ihm enthaltenen Kostenentscheidung liegt. Wird die zunächst erfolgreiche Berufung auf Revision des Gegners zurückgewiesen, so hat der Berufungskläger die Kosten der Berufung und der Revision zu tragen[9].

4 3. Bei **wechselseitig eingelegten Rechtsmitteln** sind im Fall der Verwerfung, Zurückweisung oder Zurücknahme beider Rechtsmittel die Kosten der Rechtsmittelinstanz nach § 92 im Verhältnis der Rechtsmittelstreitwerte zu verteilen[10].

5 Bei der **unselbständigen Anschließung** (→ § 522 Rdnr. 2) ist indessen zu unterscheiden. Grundsätzlich muß es auch hier bei der Regel bewenden, daß die Kosten eines ohne Erfolg eingelegten Rechtsmittels den Rechtsmittelkläger, d. h. den *Anschlußkläger* treffen, wenn das Anschlußrechtsmittel infolge Unzulässigkeit des Hauptrechtsmittels von vornherein unzulässig war[11]. Anders ist es dagegen, wenn es erst *nach Einlegung* durch ein prozessuales Verhalten des Hauptrechtsmittelklägers unzulässig wird. Wenn einer Partei die Möglichkeit der Weiterverfolgung eines Begehrens durch ein Verhalten des Gegners genommen wird, so müssen die Kosten des dadurch erledigten Begehrens den Gegner, d. h. hier den *Hauptrechtsmittelkläger* treffen. Dahin gehören auch die Fälle der **Rücknahme des Hauptrechtsmittels** vor Beginn der mündlichen Verhandlung[12] – anders die Rücknahme *nach* diesem Zeitpunkt, denn wegen der in diesem Fall erforderlichen Einwilligung des Rechtsmittelbeklagten (§ 515 Abs. 1) sind hier die Rücknahme und damit das Unzulässigwerden des Anschlußrechtsmittels nicht ausschließlich vom Hauptrechtsmittelkläger verursacht[13] –, ferner die Fälle des Unzulässigwerdens des Hauptrechtsmittels durch Versäumung der Rechtsmittelbegründung und durch nachträgliche Beschränkung des Hauptmittelantrags auf einen hinter der Erwachsenheitssumme zurückbleibenden Teilbetrag. Auch wenn die Annahme der Revision nach § 554b abgelehnt wird, trägt der Revisionkläger die Kosten einer unselbständigen Anschlußrevision[14]. Anders wiederum – nämlich Belastung des Anschlußklägers – wenn das Anschlußrechtsmittel bei Durchführung des Hauptrechtsmittels wegen mangelnder Begründung usw. als unzulässig hätte verworfen werden müssen[15].

6 4. Der Grundsatz des § 97 Abs. 1 gilt ohne Einschränkung auch für die **Beschwerdeinstanz** (→ § 575 Rdnr. 7ff.), und zwar sowohl bei Beschwerden in selbständigen Beschlußverfahren, in denen auch über die Kosten eine Entscheidung ergeht (→ § 91 Rdnr. 9), als auch bei Beschwerden gegen Beschlüsse, die als unselbständige Maßnahmen in einem laufenden Verfahren ihrerseits eine Kostenentscheidung nicht enthalten können.

---

[9] *BGHZ* 54, 21 = NJW 1970, 1416.
[10] *BAGE* 23, 1; *RG* JW 1933, 512.
[11] So namentlich bei Nichterreichung der Rechtsmittelsumme *BGHZ* (GrZS) 4, 240 = NJW 1952, 384; *RG* JW 1937, 1435; HRR 1933, 956. Dies gilt auch, wenn die Unzulässigkeit des Hauptrechtsmittels nicht erkennbar war, *BGHZ* 17, 399 = JZ 1955, 305 = NJW 1187 = LM § 556 Nr. 5 (*Johannsen*); *Finger* MDR 1986, 883 (der Rspr. insgesamt zustimmend); insoweit a. M. *OLG München* ZZP 54 (1929), 342; *Maurer* NJW 1991, 76 (der dann § 91a anwenden will); s. ferner *OLG Schleswig* JR 1951, 605; NJW 1950, 230.
[12] *BGHZ* 4, 229 = NJW 1952, 384; *OLG Celle* ZZP 55 (1930), 170; *OLG Kiel* NJW 1948, 269; *OLG Köln* HEZ 2, 364. – **A.M.** *OLG Bamberg* JZ 1951, 452; *OLG Braunschweig* NJW 1975, 2302, *OLG Frankfurt* FamRZ 1993, 344 und *Maurer* NJW 1991, 76 (für entsprechende Anwendung des § 91a); *OLG Düsseldorf* JMBl.NRW 1951, 151; NJW 1950, 824. Dies gilt auch dann, wenn die Anschließung einen bisher nicht geltend gemachten Anspruch durch **Klageerweiterung** oder durch **Widerklage** zur Entscheidung stellt, *BGHZ* 4, 242 (a.a.O); *Rosenberg* NJW 1950, 824. – **A.M.** *OLG Schleswig* NJW 1950, 230.
[13] *BGHZ* 4, 241 = NJW 1952, 384; *OLG München* MDR 1989, 552; *OLG Stuttgart* HRR 1930 Nr. 447, 553.
[14] So jedenfalls *BGHZ* 67, 305 = JZ 1977, 105. *Maurer* NJW 1991, 76 will auch hier § 91a anwenden. Nach *BGHZ* (GrZS) 80, 153 = NJW 1981, 1791 sind die Kosten im Verhältnis der Werte von Revision und Anschlußrevision zu teilen; dagegen *Waldner* JZ 1982, 632.
[15] Vgl. *BGHZ* 4, 240 = NJW 1952, 384; *OLG Hamburg* MDR 1954, 46.

II. Kosten erfolgreicher Rechtsmittel

1. Ist das Rechtsmittel erfolgreich, d. h. führt es ganz oder teilweise zu einer inhaltlichen Änderung der Entscheidung, so ist **Abs. 1 nicht anwendbar.** Die Kosten des Rechtsmittels bilden vielmehr einen **Teil der Kosten des Rechtsstreits,** über die nach dem schließlichen Ausgang **einheitlich zu entscheiden** ist[16] (→ § 91 Rdnr. 14), soweit nicht die Sondervorschrift des Abs. 2 eingreift (→ Rdnr. 10). Daraus folgt, daß (abgesehen von den Fällen des Abs. 2) in dem Urteil, das unter Aufhebung des angefochtenen Urteils ohne eigene Sachentscheidung die Sache an die vorhergehende Instanz **zurückverweist** (§§ 538f., 565, 566a), **keine Entscheidung über die Kosten** ergehen darf, diese vielmehr dem Schlußurteil vorbehalten werden muß[17]. Entscheidet dagegen das Rechtsmittelgericht **in der Sache selbst,** wenn auch nur bedingt in einem Vorbehaltsurteil[18], so hat es **über die Kosten des gesamten Rechtsstreits zu entscheiden,** gleichviel ob der erste Richter eine Kostenentscheidung getroffen oder dies unterlassen hatte[19]. Das schließt selbstverständlich nicht aus, daß für die einzelnen Instanzen nach Maßgabe des zu Rdnr. 8 Gesagten unterschiedliche Quoten ausgeurteilt werden[20]. Einer Anschließung zu diesem Zweck bedarf es nicht[21]. Eine Abtrennung von Kosten kommt dann nur nach Abs. 2 oder gegebenenfalls nach den allgemeinen Trennungsvorschriften in Frage (→ § 91 Rdnr. 14).

Wird das Rechtsmittel **teilweise zurückgewiesen oder verworfen,** zum anderen Teil in der Sache erkannt, so sind die Kosten nach § 92 zu verteilen[22]. Dagegen sind sie dem Schlußurteil auch dann vorzubehalten, wenn auch nur wegen eines Teils aufgehoben und zurückverwiesen wird; zur Unzulässigkeit einer Kostenentscheidung im Teilurteil → § 91 Rdnr. 7.

2. Das bei Rdnr. 7, 8 Dargelegte gilt auch für die **Beschwerdeinstanz.** Auch hier darf die der Beschwerde stattgebende Entscheidung über die Kosten nur befinden, wenn die angefochtene Entscheidung eine Kostenentscheidung getroffen hatte bzw. eine solche hätte treffen müssen, d. h. nur in den Fällen der selbständigen Beschlußverfahren (→ § 91 Rdnr. 9), nur für die gesamten Kosten des Verfahrens und nur, wenn eine Gegenpartei da ist, der Kosten auferlegt werden können[23].

III. Kostenpflicht der obsiegenden Partei (Abs. 2)

1. Zweck, Neufassung

Die Kostentragungspflicht der obsiegenden Partei nach Abs. 2 soll der Prozeßverschleppung durch Verzögerung des Parteivorbringens entgegenwirken. Durch die Vereinfachungsnovelle vom 3. XII. 1976 (BGBl. I, 3281) wurde die Bestimmung erheblich geändert. Sie gilt nunmehr schon nach dem Wortlaut **für alle Rechtsmittelverfahren**[24], während früher nur die Berufungsinstanz genannt war und die Beschwerdeinstanz im Wege der Analogie einbezogen wurde[25]. In der Revisionsinstanz wird die Vorschrift in der Regel nicht eingreifen, da hier

---

[16] *OLG Braunschweig* NdsRpfl. 1950, 160; *OLG Hamm* MDR 1982, 501; *OLG Nürnberg* BayJMBl. 1955, 223.
[17] *RGZ* 13, 413; WarnRspr. 1910 Nr. 177; JW 1909, 14; Gruchot 46 (1902), 1050; *KG* JW 1925, 2339; *Mümmler* JurBüro 1986, 838; 1984, 739.
[18] *OLG München* BayJMBl. 1955, 196.
[19] *RGZ* 61, 258.
[20] Vgl. *OLG Frankfurt* OLGZ 1990, 77.
[21] Vgl. *RG* JW 1914, 543; *OLG Kassel* SeuffArch. 47 (1892), 347.
[22] *BGHZ* 76, 50, 53; *BGH* NJW 1992, 2970; *RGZ* 73, 244; 58, 320; JW 1895, 538; *OLG Braunschweig* NdsRpfl. 1950, 150; *OLG Frankfurt* NJW-RR 1989, 1009.
[23] *BGH* VersR 1979, 443f. (nicht bei Wiedereinsetzung in den vorigen Stand); *OLG Frankfurt* JurBüro 1989, 1310 (nicht bei Beschwerde nach § 380 Abs. 3); *OLG Oldenburg* NdsRpfl. 1953, 206 (nicht bei Streitwertbeschwerde); *OLG Nürnberg* Rpfleger 1959, 63 (nicht Erklärung zur Feriensache).
[24] Auch für die Beschwerde im Kostenfestsetzungsverfahren, nicht aber für die Erinnerung nach §§ 11, 21 Abs. 2 RPflG im Verhältnis zum Verfahren vor dem Rechtspfleger; insoweit a. M. *KG* Rpfleger 1981, 495; JurBüro 1971, 521.
[25] S. 19. Aufl. III 5.

neues Tatsachenvorbringen grundsätzlich ausgeschlossen ist. Abs. 2 setzt voraus, daß die Partei auf Grund eines Vorbringens obsiegt, das sie in einem früheren Rechtszug geltend zu machen imstande war. Die bis zur Vereinfachungsnovelle enthaltene zweite Alternative – Sieg auf Grund eines im ersten Rechtszug als verspätet zurückgewiesenen Vorbringens – ist entfallen, weil das in der ersten Instanz zu Recht zurückgewiesene Vorbringen nun auch in der Berufungsinstanz ausgeschlossen ist (§ 528 Abs. 3). Bei zu Unrecht in erster Instanz zurückgewiesenem und daher in der Berufungsinstanz zugelassenem Vorbringen wäre eine Kostentragungspflicht der siegreichen Partei nicht gerechtfertigt.

2. Mußvorschrift

11 Schon durch die Novelle 1924 (→ Einl. Rdnr. 123) wurde die Bestimmung von einer Kannvorschrift in eine Mußvorschrift umgewandelt. Das Rechtsmittelgericht hat **ohne Antrag (von Amts wegen)** zu prüfen, ob der Tatbestand des Abs. 2 gegeben ist.

3. Begriff der obsiegenden Partei

12 Obsiegende Partei im Sinne des Abs. 2 wird in der Regel der erfolgreiche Rechtsmittelkläger sein. Die Vorschrift ist aber auch dann anzuwenden, wenn die in erster Instanz siegreiche Partei die Zurückweisung des Rechtsmittels auf Grund Vorbringens erreicht, das sie schon in der ersten Instanz hätte vortragen können[26]. Hier ist aber sorgfältig zu prüfen, ob im Unterlassen des Vorbringens in erster Instanz ein Verschulden gesehen werden kann. Denn wenn eine Partei schon auf Grund des Vorgetragenen obsiegt, wird man ihr in der Regel aus der Unterlassung weiteren Vorbringens keinen Vorwurf machen können[27].

4. Das neue Vorbringen

13 Das neue Vorbringen kann in neuen Angriffs- oder Verteidigungsmitteln (→ § 146 Rdnr. 2ff.) bestehen, insbesondere in neuen Tatsachenbehauptungen und Beweismitteln[28], neuen Klagegründen, aber auch in neuen Klageanträgen[29], ebenso in prozessualen oder materiellen Erklärungen, die in der Vorinstanz unterlassen oder verweigert wurden[30], oder in Widerruf oder Anfechtung einer in der Vorinstanz abgegebenen Erklärung, z. B. eines Anerkenntnisses (→ § 307 Rdnr. 43). Die Anwendung des Abs. 2 kommt nur in Betracht, wenn das neue Vorbringen nicht zurückgewiesen wird (insbesondere nach § 528 Abs. 1, 2) und zum Obsiegen der Partei führt.

13a Ausführungen, die sich lediglich auf die **rechtliche Würdigung** beziehen, sind nicht gemeint[31]. Hingegen kann § 97 Abs. 2 auf **Tatsachen, die erst nach Abschluß der unteren**

---

[26] *OLG Hamm* MDR 1984, 1032 (20. ZS); VersR 1982, 1080 (28. ZS); NJW 1973, 198 (2. ZS); *OLG Schleswig* SchlHA 1978, 172 (auch bei Verzichtsurteil). – **A.M.** *OLG Hamm* NJW 1984, 1244 (19. ZS; L).

[27] *RGZ* 127, 63; *KG* JW 1937, 239 (nicht bei Erfolg verspäteter Verjährungseinrede); *OLG Hamm* VersR 1982, 1080 und NJW 1973, 198 (hier wurde Abs. 2 bei verspäteter Verjährungseinrede angewendet); *OLG Schleswig* SchlHA 1966, 14 (Verschulden der in erster Instanz siegreichen Partei, wenn erst in zweiter Instanz Geltendmachung der Forderung als Prozeßstandschafter vorgetragen); *LG Hannover* MDR 1959, 498 (Abs. 2 anwendbar, wenn der Beklagte in der Berufung nur mangels bisher nicht beanstandeter Sachbefugnis [Passivlegitimation] als Grundstückseigentümer siegt).

[28] Aber nicht, wenn der Prozeßerfolg auf einer *von Amts wegen* durchgeführten Beweiserhebung in der Rechtsmittelinstanz beruht, *OLG Karlsruhe* OLGZ 1980, 385f.

[29] Vgl. für die **Klageänderung** *OLG Düsseldorf* WRP 1985, 644.

[30] *OLG Frankfurt* WRP 1976, 478 (Unterlassungserklärung); *OLG Hamm* MDR 1978, 403 (Leistungsverweigerungsrecht).

[31] Vgl. auch *OLG Bamberg* JurBüro 1984, 738; *OLG Hamburg* JurBüro 1979, 599.

Instanz eingetreten sind, nach seinem Sinn und Zweck analog angewandt werden, wenn es sich entweder um materiell-rechtlich erhebliche Erklärungen der Partei handelt[32] oder wenn sie schon während der ersten Instanz hätten erwirkt werden können[33]. Allerdings ist hier hinsichtlich des Verschuldens (→ Rdnr. 14) ein strenger Maßstab anzulegen. Bloßer *Zeitablauf* ist kein neues Vorbringen. Läuft eine für den Klageerfolg erhebliche Frist erst in der 2. Instanz ab, kann sich der Beklagte der Kostenlast schon durch ein Anerkenntnis entziehen[34] (→ auch § 93 Rdnr. 17).

5. Vorbringenkönnen (Verschulden)

Da die Partei imstande gewesen sein muß, ihr Vorbringen schon in einem früheren Rechtszug geltend zu machen, ist erforderlich, daß sie die zugrundeliegenden Umstände schon damals **kannte** oder (bei Anwendung der nötigen Sorgfalt) **kennen mußte**. Es muß aber auch noch hinzukommen, daß schon in der Vorinstanz nach der Prozeßlage das Vorbringen *bei einer sorgfältigen und auf Förderung des Verfahrens bedachten Prozeßführung* (§ 282 Abs. 1) geboten war[35]. Verschleppungsabsicht oder grobe Fahrlässigkeit sind nicht erforderlich. Kenntnis und Sorgfaltspflichtverletzung des gesetzlichen Vertreters (§ 51 Abs. 2) oder des Prozeßbevollmächtigten (§ 85 Abs. 2) sind der Partei zuzurechnen. Ob das Vorbringen dem Gegner schon bekannt war, ist ohne Belang[36]. Daß der Gegner seinerseits (z. B. durch wahrheitswidriges Bestreiten) gegen die Wahrheitspflicht verstieß, entschuldigt das Unterlassen des zur Widerlegung geeigneten Vorbringens nicht[37], kann aber Anlaß gegen, nach Abs. 2 nur einen Teil der Kosten der obsiegenden Partei aufzuerlegen[38].

14

6. Kostenauferlegung

Die Kostenauferlegung erfolgt **im Urteil der Rechtsmittelinstanz**. Ob die Kosten, wenn die Voraussetzungen das Abs. 2 vorliegen, *ganz oder teilweise* der obsiegenden Partei auferlegt werden, kann z.B. davon abhängig gemacht werden, ob der Gegner in der Vorinstanz unzutreffende Angaben gemacht hat, die er hätte vermeiden können (→ Rdnr. 14). Auch den Umstand, daß es wahrscheinlich auch bei rechtzeitigem Vorbringen zu einem Berufungsverfahren gekommen wäre (dann nämlich durch Rechtsmittel des Gegners) wird man hier berücksichtigen können. Dagegen erscheint es nicht angebracht, deswegen überhaupt von einer Kostenauferlegung abzusehen[39]. Ist Abs. 2 für die Kosten der Berufungsinstanz erfüllt, so gehören dazu auch die Kosten, die nach Aufhebung durch das Revisionsgericht und Zurückweisung wiederum in der Berufungsinstanz entstanden sind[40].

15

---

[32] Zust. *OLG Hamm* MDR 1990, 450 (Kündigung).
[33] *OLG Düsseldorf* NJW-RR 1989, 600; *KG* JurBüro 1986, 1723; *OLG Koblenz* NJW 1988, 3099; *LG Limburg* JurBüro 1987, 283. – **A.M.** *BGH* NJW 1954, 1200; *RG* HRR 1928 Nr. 1155; *Voraufl.*; wie hier aber für den Nachweis einer **Prozeßführungsermächtigung**, wenn die materiell-rechtliche Einzugsermächtigung bereits erteilt war, *BGH* NJW-RR 1992, 432.
[34] *OLG Hamm* FamRZ 1993, 595; für den Fall der Scheidung bei **Ablauf des Trennungsjahres** erst in der Berufungsinstanz → § 93a Rdnr. 3a.
[35] Vgl. *BGH* NJW-RR 1992, 432; NJW 1960, 818; ZZP 70 (1957), 236; OGHZ 2, 113; *OLG Celle* JZ 1956, 450 (*Schröder*; keine Pflicht, wenn damit eine Straftat gestanden würde); *Brandi-Dohrn* gegen *BGH* GRUR 1990, 596 (keine Pflicht, wenn durch extensives Vorbringen im Patentnichtigkeitsverfahren eigene Interessen geschädigt würden).
[36] *RG* JW 1903, 175.
[37] **A.M.** *OLG Köln* MDR 1973, 324. Dagegen auch *Baumbach/Lauterbach/Hartmann*[51] Rdnr. 58; *AG Überlingen* MDR 1984, 588 (abl. *Schneider*).
[38] *OLG Frankfurt* FamRZ 1982, 807; *OLG Hamburg* MDR 1975, 671; *Schneider* MDR 1984, 589.
[39] So aber *BGH* MDR 1974, 36; *OLG Hamm* WRP 1979, 328.
[40] *BGH* NJW 1967, 203.

IV. Anwendung in Scheidungsfolgesachen (Abs. 3)

16 Abs. 3 wurde durch das Erste Eherechtsreformgesetz vom 14. VI. 1976 (BGBl. I, 1421; → Einl. Rdnr. 157) eingefügt. Die Bestimmung erklärt § 97 auf jene Scheidungsfolgesachen für anwendbar, für die nach § 621a Abs. 1 in der Regel die Verfahrensvorschriften des FGG gelten[41] (→ näher § 93a Rdnr. 3a). Für die in Abs. 3 nicht genannten Folgesachen nach § 621 Abs. 1 Nr. 5 und 8 gilt § 97 schon ohne besondere Bestimmung.

V. Verzögerungsgebühr

17 Die Auferlegung einer Verzögerungsgebühr nach § 34 GKG ist auch in den Rechtsmittelinstanzen möglich (näher → § 95 Rdnr. 4).

§ 98 [Vergleichskosten]

¹Die Kosten eines abgeschlossenen Vergleichs sind als gegeneinander aufgehoben anzusehen, wenn nicht die Parteien ein anderes vereinbart haben. ²Das gleiche gilt von den Kosten des durch Vergleich erledigten Rechtsstreits, soweit nicht über sie bereits rechtskräftig erkannt ist.

Gesetzesgeschichte: Bis 1900 § 93 CPO.

Stichwortregister: → vor § 91 vor Rdnr. 1.

I. Grundgedanke	1
II. Anwendungsbereich	2
1. Prozeßvergleich, Teilvergleich	
2. Außergerichtlicher Vergleich	3
3. Ehesachen	5
III. Parteivereinbarung über die Kosten	7
IV. Die gesetzliche Kostenregelung	8
1. Kostenaufhebung	8
2. Haftung für die Gerichtskosten	9
3. Gebühren	10
4. Weitergehender Vergleichsgegenstand, Kosten eines Dritten	11
V. Kostenfestsetzung aufgrund des Vergleichs	12
1. Grundsatz	12
2. Vergleich	13
3. Umfang der festsetzbaren Kosten	15
4. Außergerichtlicher Vergleich	16

I. Grundgedanke[1]

1 Zweck der Vorschrift ist es, den *Abschluß eines Prozeßvergleichs zu erleichtern*. Weil erfahrungsgemäß oft die Kraft der Parteien zum Nachgeben sich bei einer Einigung in der Hauptsache erschöpft und eine Regelung der Kostenfrage auch daran scheitert, daß jede aus Prestigegründen eine Kostenverteilung erstrebt, die erkennen läßt, daß sie eigentlich das stärkere Recht gehabt hätte, ersetzt das Gesetz für die Kosten den Parteiwillen durch eine salomonische Regel. Diese gesetzliche Regelung ist als Vergleichsinhalt anzusehen und bietet deshalb ebenso wie für die Einigung in der Hauptsache auch für die Kosten einen Titel, der deren Festsetzung nach §§ 103ff. gestattet. Sie vereinfacht das Erstattungsverfahren, indem

---

[41] Vgl. Bericht des Rechtsausschusses BT-Drucks. 7/4361, S. 62.

[1] Lit.: *Bork* Der Vergleich (1988).

sie eine Entscheidung nach sachlicher Prüfung über die Kosten oder die sonstige Beschaffung eines besonderen Titels vor der Festsetzung erspart[2]. Dieser **Vereinfachungsgedanke** muß gerade heute die Auslegung der Vorschrift mitbestimmen, weil er sich im Kostenrecht allgemein (→ Rdnr. 6 vor § 91) mit der Zeit immer stärker durchgesetzt hat und insbesondere in § 91 a zum Ausdruck gekommen ist.

Daß § 98 die **Kosten des Vergleichs** den **Kosten des Rechtsstreits** gegenüberstellt, bedeutet nicht, daß die Kosten des Vergleichs nicht zu denen des Rechtsstreits gehören[3]. Vielmehr ist die Trennung im Wortlaut der Vorschrift dadurch bedingt, daß die rechtskräftig entschiedenen Kosten des Rechtsstreits von der Vermutung des Satz 1 auszunehmen waren. Nach der allgemeinen Definition sind Kosten des Rechtsstreits die unmittelbar prozeßbezogenen, mit Rücksicht auf einen konkreten Rechtsstreit gemachten Aufwendungen (→ § 91 Rdnr. 28), und dazu gehören auch die eines Vergleichs.   1a

II. Anwendungsbereich

1. Die Vorschrift gilt für jeden **Prozeßvergleich** (→ zu diesem Begriff § 794 Rdnr. 3). Dieser kann auch vor einem anderen deutschen Gericht, selbst in einem Verfahren geschlossen sein, das von einem anderen Verfahrensgesetz, z.B. dem FGG, beherrscht ist[4], wenn er nur einen Zivilprozeß beendet (→ auch § 103 Rdnr. 3). Beendet der Prozeßvergleich den Rechtsstreit nur teilweise (**Teilvergleich**), während der Rechtsstreit im übrigen fortgesetzt wird, so gilt die im Vergleich getroffene Kostenregelung (→ Rdnr. 7) bzw. § 98 für die Kosten des Vergleichs und des Verfahrens über den beendeten Teil des Streitgegenstands[5]. Die Kosten für den durch Vergleich erledigten Teil lassen sich berechnen, indem man die Differenz der Gebühren ermittelt, die nach dem gesamten Streitwert und nach dem um den erledigten Teil verminderten Streitwert entstehen[6]. Soweit sich bestimmte Kosten (z.B. Auslagen, die den gesamten Streitgegenstand betreffen) nicht in dieser Weise trennen lassen, sind sie nach dem Wertverhältnis des erledigten und des anhängig bleibenden Teils aufzuteilen. Es ginge zu weit, wegen derartiger Schwierigkeiten eine Kostenregelung für den Teilvergleich überhaupt auszuschließen, zumal unklar wäre, nach welchen Regeln das Gericht dann im Endurteil über die Kosten zu entscheiden hätte. Betrifft der Vergleich hingegen umgekehrt den Rest eines teilweise bereits anderweitig erledigten Rechtsstreits, so erstreckt sich die Wirkung des § 98 auf die gesamten noch nicht rechtskräftig entschiedenen (→ Rdnr. 8) Kosten[7]. – Zu einem Teilvergleich nur über die *Kosten* → Rdnr. 7c.   2

2. Ein **außergerichtlicher Vergleich** beendet den Rechtsstreit nicht. Vielmehr muß der Vergleich dazu noch prozessual umgesetzt werden. Insofern steht es den Parteien frei, ob sie den Rechtsstreit fortsetzen und jetzt ein ihrer Einigung entsprechendes Urteil erstreben – wobei sie dies gegebenenfalls auch durch Anerkenntnis oder Verzicht (§§ 306, 307) erreichen können –, oder ob der Kläger die Klage zurücknimmt (§ 269), oder ob beide Parteien etwa einen ihrer Einigung entsprechenden Prozeßvergleich schließen, oder ob sie schließlich die Erledigung der Hauptsache erklären (§ 91a). Für die in allen diesen Fällen zu erwägende Kostenentscheidung wird differenziert: 3

---

[2] BPatG GRUR 1982, 485.
[3] Streitig ist das für den außergerichtlichen Vergleich, → Rdnr. 16.
[4] BayObLG WuM 1989, 468 (L); AG Hamburg MDR 1958, 46; auch wenn der Vergleich in einem Zwangsvergleich enthalten ist, KG JW 1926, 2110 (zur früheren Geschäftsaufsicht). – Anders aber für das **Warenzeichenwiderspruchsverfahren** BPatG GRUR 1981, 134 und zur Abgrenzung GRUR 1982, 485.

[5] *Zöller/Herget*[18] Rdnr. 2; vgl. auch *Baumbach/Lauterbach/Hartmann*[51] Rdnr. 52 und *Thomas/Putzo*[18] Rdnr. 6, die aber § 98 S. 2 nicht anwenden.
[6] OLG München JurBüro 1964, 354; s. auch OLG Bamberg JurBüro 1975, 820.
[7] OLG Zweibrücken OLGZ 1983, 81.

3a a) Die **herrschende Meinung** fragt zunächst danach, ob der außergerichtliche Vergleich eine Kostenregelung enthält oder nicht, und entscheidet dann wie folgt: Haben die Parteien die Kostenfrage *ausdrücklich geregelt*, dann soll eine Kostenentscheidung nicht mehr ergehen, weil die Einigung die Kostenanträge unzulässig mache[8]. Haben die Parteien zur Kostenfrage *gar nichts gesagt*, dann soll sich die Kostenverteilung aus einer analogen Anwendung des § 98 ergeben[9] mit der Folge, daß ebenfalls keine Kostenentscheidung mehr ergehen könne[10]. Nach den allgemeinen Regeln, insbesondere nach §§ 91a, 269 Abs. 3 S. 2, 515 Abs. 3, sei nur dann über die Kosten zu entscheiden, wenn sich ausnahmsweise ergebe, da es dem (hypothetischen) Parteiwillen entspreche, § 98 nicht anzuwenden[11]. Es sei allerdings möglich, über die Kosten nach § 91a zu entscheiden, wenn die Parteien eine *gerichtliche Kostenentscheidung erbeten* haben[12].

4 b) Eine **Stellungnahme** kann dem nur eingeschränkt zustimmen. Zunächst ist festzuhalten, daß man sich beim außergerichtlichen wie beim Prozeßvergleich (→ Rdnr. 7b) vor Pauschalurteilen hüten sollte. Vielmehr ist in jedem Einzelfall der *Parteiwille* zu erforschen, der z. B. durchaus ergeben kann, daß Parteien, die außergerichtlich eine *Klagerücknahme* vereinbart haben, damit auch die Kostenverteilung zu Lasten des Klägers regeln wollten. Wenn das so ist, dann ist auch nach § 269 Abs. 3 S. 2 zu entscheiden[13]. Eine generelle Vermutung zugunsten einer Anwendung des § 98 ist nicht angebracht[14]. Ebenso kann die Auslegung ergeben, daß eine *Kostenentscheidung nach § 91a* gewollt ist. In diesem Fall stellt sich die weitere Frage, nach welchem Maßstab die Kosten zu verteilen sind. Hier wird, insbesondere in Wettbewerbssachen[15], viel dafür sprechen, nach dem bisherigen Sach- und Streitstand, also nach den allgemeinen Maßstäben, und nicht nach dem Vergleichsinhalt zu entscheiden (→ näher Rdnr. 7b zum Prozeßvergleich). Haben die Parteien *zur Kostenfrage nichts gesagt*, dann ist es, wenn die Umstände nicht entgegenstehen, zutreffend, § 98 analog anzuwenden (→ Rdnr. 3a). Nicht gefolgt werden kann aber der Auffassung, dieses Ergebnis verhindere in jedem Fall eine Kostenentscheidung nach § 91a. Vielmehr ist sorgfältig zu prüfen, ob für einen Kostentitel ein Rechtsschutzbedürfnis besteht, etwa weil eine Partei die Gerichtskosten vorgeschossen und jetzt gegen den Gegner einen Anspruch auf hälftige Erstattung hat. Hier wie bei der *ausdrücklichen Kostenvereinbarung* würde die Versagung einer Kostenentscheidung nämlich bedeuten, daß zwar die materielle Kostentragungspflicht geklärt wäre, die Parteien aber keinen Titel haben, weil ein außergerichtlicher Vergleich unstreitig kein zur Kostenfestsetzung geeigneter Schuldtitel ist[16] (→ auch Rdnr. 16). Man würde sie also auf einen zweiten Prozeß über die Kosten verweisen, wozu kein zwingender Anlaß besteht. Vielmehr muß man es in diesen Fällen zulassen, daß eine Kostenentscheidung nach § 91a ergeht, bei dem eine ausdrückliche Kostenvereinbarung vom Gericht übernommen (→ § 91a

---

[8] So für § 91a *BGH* MDR 1970, 46 = LM § 91a Nr. 30; *OLG Hamm* AnwBl. 1982, 73; für § 269 Abs. 3 S. 2 *BGH* NJW 1961, 460; für § 515 Abs. 3 *BGH* MDR 1972, 946; a.M. *LG Freiburg* VersR 1980, 728 (abl. *Schneider* VersR 1980, 953).

[9] *OLG Hamm* JurBüro 1992, 424; *KG* MDR 1979, 678; *OLG Koblenz* NJW-RR 1991, 638; *OLG Oldenburg* JurBüro 1986, 1091; *OLG Schleswig* JurBüro 1978, 1249; *LG Frankfurt* NJW-RR 1986, 1475; *LAG München* JurBüro 1988, 385; *BVerwG* RiA 1985, 46 sowie die nachstehend Genannten. – A.M. (Anwendung der allgemeinen Kostenvorschriften) *OLG Köln* MDR 1986, 503.

[10] So *OLG Frankfurt* JurBüro 1983, 1878; *KG* MDR 1985, 678; *OLG Köln* FamRZ 1992, 1083; *OLG München* JurBüro 1983, 1880; *OLG Schleswig* SchlHA 1984, 48. – A.M. *OLG Bremen* MDR 1979, 500; *OLG Frankfurt* MDR 1984, 674.

[11] *BGH* NJW 1989, 40 (für §§ 269 Abs. 3, 515 Abs. 3); vgl. auch *BGHZ* 36, 69 = NJW 1963, 637 (krit. *Chemnitz* NJW 1963, 1303).

[12] *BGH* NJW 1965, 103; *BayObLG* WuM 1989, 468 (L); *OLG Hamm* AnwBl. 1982, 73; *VG Hamburg* JurBüro 1983, 123.

[13] Vgl. *BGH* NJW 1989, 40; *OLG Karlsruhe* JurBüro 1991, 90; *Bork* (Fn. 1), 263ff. (auch zur Klagerücknahmeerklärung im Prozeßvergleich).

[14] Zutr. *LG Berlin* AnwBl. 1986, 541.

[15] Vgl. *OLG Frankfurt* GRUR 1988, 645 (L).

[16] Vgl. nur *KG* MDR 1985, 678; *OLG Karlsruhe* JurBüro 1991, 90; MDR 1988 1063; *VG Hamburg* JurBüro 1983, 124.

Rdnr. 30) und bei Fehlen einer Einigung – je nach Lage des Einzelfalles – nach dem mutmaßlichen Unterliegen, nach dem Vergleichsinhalt oder nach dem Rechtsgedanken des § 98 entschieden werden kann (→ Rdnr. 7b sowie § 91a Rdnr. 30). – Zur *Festsetzung* der Kosten des außergerichtlichen Vergleichs → Rdnr. 16.

3. In Ehe-, insbesondere Scheidungssachen gilt § 98, soweit der Vergleich prozeßbeendigende Wirkung hat (näher → § 617 Rdnr. 6ff.). Bei einem vor dem Scheidungsurteil **für den Fall der Scheidung** geschlossenen Vergleich bleibt der Scheidungsrechtsstreit anhängig. Für die Kosten des Scheidungsverfahrens ist daher § 98 nicht anzuwenden und insoweit ist nach h. M. auch keine Kostenfestsetzung auf Grund des Vergleichs möglich (→ Rdnr. 13). Eine Vereinbarung der Parteien über die Kosten des Scheidungsrechtsstreits kann jedoch bei der gerichtlichen Kostenentscheidung übernommen werden (→ § 93a Rdnr. 6). **Nach dem Scheidungsurteil**, aber vor dessen Rechtskraft, können die Parteien einen Prozeßvergleich mit beiderseitigem Rechtsmittelverzicht schließen und dann eine Kostenregelung treffen (→ Rdnr. 13); andernfalls gilt § 98. 5

Wollen die Parteien übereinstimmend **von der Scheidung Abstand nehmen**, so kann dies durch Prozeßvergleich mit prozeßbeendigender Wirkung geschehen, für den gegebenenfalls § 98 gilt, oder aber durch Antragsrücknahme (Kostenfolge nach § 269 Abs. 3) oder gemeinsame Erledigungsanzeige (dann Kostenentscheidung nach § 91a Abs. 1 S. 2, → § 91a Rdnr. 6). Was bei einer dem Gericht mitgeteilten Aussöhnung der Ehegatten gewollt ist, muß durch Auslegung (gegebenenfalls durch Rückfrage) ermittelt werden. 6

Werden durch einen Prozeßvergleich **Folgesachen** beendet, so kann im Vergleich eine Kostenregelung getroffen werden, sonst gilt § 98. Hinsichtlich der Folgesachen ist Kostenfestsetzung auf Grund des Vergleichs möglich. Falls ein derartiger Vergleich im Verfahren der einstweiligen Anordnung geschlossen und über die Kosten nichts vereinbart wird, sollte ebenfalls § 98, nicht § 620g angewendet werden[17], da auch hier die Kostenaufhebung im Hinblick auf die Parteieinigung gerechtfertigt erscheint und sich zudem Abgrenzungsprobleme (Ist der Vergleich im Anordnungsverfahren geschlossen? Was gilt für die über das Anordnungsverfahren hinausreichenden Gegenstände?) vermeiden lassen. 6a

Wird in einem Vergleich in Ehesachen **ein anderer Zivilprozeß beendet**, so gilt § 98 für die Kosten dieses anderen Prozesses[18]. 6b

III. Parteivereinbarung über die Kosten

Die Vorschrift des § 98 gilt nicht, wenn die Parteien – und sei es durch Bezugnahme auf die Kostenentscheidung eines Parallelprozesses (→ Rdnr. 12) – eine **Vereinbarung bestimmten Inhalts** über die Tragung der Kosten getroffen haben. Die Reichweite einer solchen Vereinbarung ist dann durch **Auslegung** zu ermitteln. Das gilt insbesondere für eine Vereinbarung, wonach eine Partei die »Kosten des Rechtsstreits« tragen soll. Die Auslegung kann – bei übereinstimmendem Wortlaut – nach den Umständen des Einzelfalles unterschiedlich ausfallen, weshalb vor der Verallgemeinerung von Einzelfallentscheidungen zu warnen ist. Mit diesem Vorbehalt läßt sich folgendes sagen: 7

---

[17] *OLG Düsseldorf* JMBl.NRW 1960, 247; *OLG Hamm* NJW 1975, 741; JMBl.NRW 1954, 63; *OLG Karlsruhe* NJW 1982, 1025; *OLG Schleswig* JurBüro 1970, 61 und, wenn ein endgültiger **Vergleich den Rahmen der §§ 620ff. überschreitet**, *OLG Celle* JurBüro 1977, 95; NdsRpfl. 1962, 153; *OLG Düsseldorf* MDR 1972, 54; NJW 1961, 680; *OLG Frankfurt* MDR 1965, 56; *OLG Koblenz* JurBüro 1976, 102; *OLG Köln* MDR 1977, 57; JVBl. 1969, 47; *OLG München* AnwBl. 1989, 233f.; *OLG Stuttgart* NJW 1953, 306, 1800. – **A.M.** *OLG Celle* JMBl.NRW 1960, 110; *OLG Düsseldorf* JMBl.NRW 1958, 16; *OLG Hamburg* Rpfleger 1952, 344; *KG* MDR 1975, 763; NJW 1959, 1592; 1956, 147; *OLG Stuttgart* MDR 1987, 63; *Baumbach/Lauterbach/Hartmann*[51] § 620g Rdnr. 1; *Bergerfurth* NJW 1972, 1843; *Schlosser* → § 620g Rdnr. 3; *Tschischgale* Rpfleger 1953, 227.

[18] Dazu *OLG Celle* NdsRpfl. 1960, 110.

7a Die Übernahme der Kosten des Rechtsstreits schließt – da den Parteien die Differenzierung des § 98 nicht bewußt sein wird – in der Regel die **Kosten des Prozeßvergleichs** mit ein (→ auch Rdnr. 1 a; zum außergerichtlichen Vergleich → Rdnr. 16)[19]. Selbstverständlich können die Parteien aber die Kosten des Rechtsstreits und die des Vergleichs auch unterschiedlich verteilen, was sich etwa bei Einbeziehung nicht vor dem Prozeßgericht anhängiger weiterer Streitigkeiten empfiehlt (wobei die dadurch verursachten Mehrkosten dann zu denen des Vergleichs gehören[20]). Sodann wird die Auslegung in der Regel ergeben, daß zwar die Erfassung noch nicht ausgeurteilter **Kosten eines zurückgenommenen Rechtsmittels**[21], nicht aber eine **Abweichung von bereits rechtskräftig entschiedenen Kosten** gewollt ist[22] und daß die **Kosten einer bereits begonnen Zwangsvollstreckung** nicht einbezogen sein sollen[23] (→ auch § 91 Rdnr. 27). Die Übernahme von Kosten bezieht sich im übrigen grundsätzlich **nur auf die notwendigen Kosten** i. S. des § 91 Abs. 1 S. 1[24] (→ auch Rdnr. 15; zum Verhältnis zu § 12a ArbGG → § 103 Rdnr. 24). Allerdings können die Parteien etwas anderes vereinbaren[25], und wenn den Parteien bereits angefallene nicht notwendige Kosten *bekannt* sind, können diese auch stillschweigend übernommen sein. Das gilt beispielsweise für Mehrkosten, die durch Anrufen eines *unzuständigen Gerichts*[26] (→ auch § 91 Rdnr. 49, 107), durch *Säumnis*[27] (→ auch § 344 Rdnr. 4), *Anerkenntnis*[28] (→ auch § 307 Rdnr. 39 f.), *Bürgschaft*[29] (→ auch § 91 Rdnr. 27), Einschaltung eines *Verkehrsanwalts*[30] (→ auch § 91 Rdnr. 70 ff.) oder ein *selbständiges Beweisverfahren*[31] (→ auch § 91 Rdnr. 20) entstanden sind. – Zu den Kosten eines *Streitgenossen* → § 100 Rdnr. 21, zu denen einer *Nebenintervention* → § 101 Rdnr. 7.

7b Fehlt im Prozeßvergleich eine Kostenvereinbarung, so kommt § 98 zum Zuge. Die Parteien können aber vereinbaren, daß der Prozeßvergleich nur die Hauptsache erledige und das **Gericht über die Kosten nach § 91a entscheiden** soll[32]. Das setzt freilich eine entsprechende Regelung im Vergleich[33] und wenigstens stillschweigende Erledigungserklärungen voraus[34]. Eine Entscheidung nach § 91a in diesen Fällen zuzulassen, entspricht nicht nur erheblichen praktischen Bedürfnissen[35], sondern dürfte auch dogmatisch begründbar sein, weil ein auf die

---

[19] *OLG Frankfurt* AnwBl. 1983, 186 f.; *OLG Hamburg* JurBüro 1978, 1023.
[20] *OLG Bamberg* AnwBl. 1989, 111.
[21] *OLG Koblenz* JurBüro 1991, 116; 1980, 762.
[22] *OLG Frankfurt* BB 1980, 1720; *OLG Hamm* Rpfleger 1989, 521 f.; *OLG München* MDR 1982, 760; *OLG Schleswig* JurBüro 1982, 445; *OLG Stuttgart* MDR 1989, 1108; vgl. auch *OLG Düsseldorf* JurBüro 1987, 1085. – A.M. *OLG Koblenz* MDR 1987, 852 (Einbeziehung festgesetzter Revisionskosten).
[23] *OLG Bamberg* JurBüro 1979, 1893; *OLG Frankfurt* MDR 1980, 60; *KG* MDR 1979, 408; *OLG Karlsruhe* NJW-RR 1989, 1150.
[24] Die Vereinbarung, **höhere als die gesetzlichen Gebühren** zu erstatten, ist zulässig, *OLG Hamm* JurBüro 1974, 996; *OLG Koblenz* Rpfleger 1977, 106 (Festsetzung aber nur, wenn der Erstattungsberechtigte zur Zahlung der höheren Gebühren verpflichtet ist); *OLG München* JurBüro 1985, 134.
[25] Vgl. für *ausdrückliche* Vereinbarungen *OLG Bamberg* JurBüro 1983, 443 (Unzuständigkeit); *KG* Rpfleger 1990, 224 (Verkehrsanwaltskosten).
[26] Einbeziehung im konkreten Fall bejahend: *OLG Bamberg* JurBüro 1983, 443 (bei *ausdrücklicher* Vereinbarung); 1979, 1713; *OLG Frankfurt* JurBüro 1987, 1833; *OLG Karlsruhe* JurBüro 1988, 1063; *OLG Koblenz* JurBüro 1987, 1712; 1984, 759; *OLG Schleswig* SchlHA 1980, 220; *OLG Stuttgart* JurBüro 1986, 104; verneinend *OLG Bamberg* JurBüro 1988, 1690; *OLG Bremen* JurBüro 1987, 432 (zust. *Mümmler*); *OLG Frankfurt* JurBüro 1978, 594; *OLG Koblenz* AnwBl. 1978, 596; *OLG Köln* Rpfleger 1987, 430; *Leipold* → § 281 Rdnr. 41.
[27] Einbeziehung bejahend *OLG Düsseldorf* MDR 1980, 233; *OLG München* JurBüro 1979, 908.
[28] Einbeziehung bejahend *OLG Frankfurt* MDR 1983, 760.
[29] *OLG Düsseldorf* AnwBl. 1984, 383.
[30] Für **Verkehrsgebühr** verneinend *OLG Bamberg* JurBüro 1975, 1368; *OLG Hamburg* JurBüro 1974, 605; *OLG Hamm* MDR 1982, 855; *OLG Koblenz* AnwBl. 1985, 213; JurBüro 1982, 1683; *OLG Zweibrücken* JurBüro 1986, 445; bejahend bei ausdrücklicher Vereinbarung *KG* Rpfleger 1990, 224; für **Vergleichsgebühr** verneinend *OLG Düsseldorf* JurBüro 1972, 1083 (zust. *H. Schmidt*); *OLG Saarbrücken* JurBüro 1987, 700; bejahend *OLG Düsseldorf* JurBüro 1978, 1658. – Vgl. auch *OLG Düsseldorf* JurBüro 1989, 1127 (verneinend für volle Kosten eines *Patentanwalts*; abl. *Mümmler*);.
[31] Bejahend z.B. *OLG Frankfurt* JurBüro 1981, 764; *OLG Hamburg* MDR 1986, 591 f.; *OLG München* AnwBl. 1987, 237 f.; *OLG Oldenburg* MDR 1983, 1030; *OLG Schleswig* SchlHA 1982, 173; *OLG Stuttgart* Rpfleger 1982, 195.
[32] Heute ganz h.M.; vgl. *BGH* NJW 1965, 103 = JZ 258 (abl. *Göppinger*); *OLG Bamberg* JurBüro 1988, 1084/527; 1984, 1740; *OLG Bremen* OLGZ 1989, 101; *OLG Celle* NdsRpfl. 1978, 195; *OLG Frankfurt* MDR 1979, 763; WRP 1979, 725; *KG* JurBüro 1988, 1495; *OLG Koblenz* AnwBl. 1980, 48; *OLG Köln* OLGZ 1989, 470; *OLG München* OLGZ 1990, 350; *OLG Nürnberg* JurBüro 1979, 1565 f.; *OLG Oldenburg* NJW-RR 1992, 1466; *OLG Zweibrücken* OLGZ 1983, 81; *LG Itzehoe* AnwBl. 1983, 557; *LAG Köln* NZA 1992, 1147; *Bork* (Fn. 1), 292 m.w.N. – A.M. *OLG Bamberg* MDR 1980, 60; *Pentz* ZZP 69 (1956), 162 f.; *Vorauf.* Rdnr. 7.
[33] *OLG Zweibrücken* OLGZ 1983, 81.
[34] *OLG Bamberg* JurBüro 1988, 1084.
[35] Einerseits im Hinblick auf **Rechtsschutzversicherungen**, die Kostenvergleiche zu ihren Lasten nicht gern akzeptieren, andererseits im Hinblick auf **Rechtssicherheit** für die Zukunft: In **Wettbewerbssachen** kann es für die Parteien durchaus wichtig sein, im Rahmen eines Be-

Hauptsache beschränkter Vergleich eben auch nur die Hauptsache erledigt und die Kostenregelung des § 98 schon ihrem Wortlaut nach dispositiv ist. Ob über die Kosten dann *nach Maßgabe des Vergleichsinhalts*[36] oder – wie sonst auch (→ § 91a Rdnr. 27, 29) – *nach Maßgabe des bisherigen Sach- und Streitstandes*[37] zu entscheiden ist, darf keinesfalls pauschal beantwortet werden. Vielmehr können die Umstände sowohl für das eine als auch für das andere sprechen[38]. Im Zweifel sollte es aber bei den allgemeinen Regeln des § 91a bleiben, da die Parteien eine Kostenentscheidung nach dieser Vorschrift gewünscht und damit § 98, der eine gesetzlich typisierte Vergleichsregelung enthält (→ Rdnr. 1), ausgeschaltet haben. – Zum *außergerichtlichen* Vergleich → Rdnr. 3ff.

Eine **Vereinbarung nur über die Kosten** ist keinesfalls unwirksam[39]. Sie entfaltet jedenfalls schuldrechtliche Wirkung und kann, wenn sie unstreitig ist, zumindest als Einwendung im Kostenfestsetzungsverfahren berücksichtigt werden (→ Rdnr. 12a sowie § 104 Rdnr. 13a). Man sollte aber darüber hinausgehend auch einen als Festsetzungstitel geeigneten Prozeßvergleich nur über die Kosten anerkennen, der Wirkung entfaltet, sobald die Hauptsache durch Urteil, Prozeßvergleich, Erledigungserklärung oder Klagezurücknahme erledigt ist[40]. 7c

IV. Die gesetzliche Kostenregelung

1. Daß die Kosten als **gegeneinander aufgehoben** anzusehen sind, hat wie in § 92 zur Folge, daß außergerichtliche Kosten nicht erstattet, gerichtliche Kosten aber geteilt werden (→ § 92 Rdnr. 3a). Auch die Kosten einer Nebenintervention werden geteilt (→ § 101 Rdnr. 7). Die Aufhebung gilt für die Kosten des Vergleichs wie für die übrigen (→ Rdnr. 1a) Kosten des Rechtsstreits. Ausgenommen von der gesetzlichen Kostenverteilung sind solche Kosten, über die bereits **rechtskräftig entschieden** ist (§ 98 S. 2, 2. Hs.). Die Parteien können zwar schuldrechtlich von dieser rechtskräftigen Entscheidung abweichen. Daß dies gewollt ist, kann aber im Rahmen des § 98 nicht vermutet werden. 8

2. Wegen der **Haftung für die Gerichtskosten** s. §§ 49, 54 Nr. 2, 58 GKG. Die Haftung der Staatskasse gegenüber ist entweder an die vor Gericht abgegebene bzw. ihm mitgeteilte Übernahmeerklärung oder an die Übernahme in einem vor Gericht abgeschlossenen bzw. ihm mitgeteilten Vergleich angeknüpft (§ 54 Nr. 2 GKG). Dies gilt auch, wenn der Vergleich keine Kostenregelung enthält, aber die Gerichtskosten über §§ 98, 92 Abs. 1 S. 2 von jeder Partei zur Hälfte zu tragen sind. 9

3. Besondere **Gerichtsgebühren** entstehen für den Prozeßvergleich nur, wenn der Wert des Vergleichsgegenstands den Wert des Streitgegenstands übersteigt, GKG Kostenverzeichnis Nr. 1170. Die **Anwaltsgebühr** ergibt sich aus § 23 BRAGO. 10

4. § 98 erfaßt die Kosten des zwischen den Parteien abgeschlossenen Vergleichs auch dann, wenn der **Gegenstand** des Vergleichs **über den bisherigen Streitgegenstand hinausgeht**[41]. Wenn der Vergleich mit einem **Dritten** abgeschlossen ist, hat dieser dagegen keinen *prozeßrechtlichen* Anspruch gegen die nach der Vereinbarung kostenpflichtige Partei auf Erstattung seiner Kosten[42]. 11

---

schlusses nach § 91a doch noch die Rechtsansicht des Gerichts zu erfahren.
[36] So z.B. *OLG Bamberg* JurBüro 1984, 1740; *OLG Bremen* OLGZ 1989, 102; *OLG Frankfurt* MDR 1979, 763; *LG Itzehoe* AnwBl. 1983, 557; *LAG Köln* NZA 1992, 1147.
[37] So z.B. *BGH* NJW 1965, 103 = JZ 258 (abl. *Göppinger*); *OLG Frankfurt* WRP 1979, 725; *OLG Koblenz* AnwBl. 1990, 48f.; *OLG München* OLGZ 1990, 348; *OLG Nürnberg* JurBüro 1979, 1566; *OLG Oldenburg* NJW-RR 1992, 1466.

[38] **Beispiele**: Berücksichtigung des Sach- und Streitstandes kann angezeigt sein in Wettbewerbssachen (vgl. Fn. 35); Berücksichtigung des Vergleichsinhalts kann angezeigt sein bei Streit über die Höhe einer Forderung und vergleichsweiser Einigung auf einen Teilbetrag.
[39] So aber *KG* FamRZ 1968, 652; *Voraufl.* Rdnr. 7.
[40] Ausf. *Bork* (Fn. 1), 220ff. m.w.N.; → auch § 617 Rdnr. 16.
[41] *OLG Jena* OLGspr. 39 (1919), 110.
[42] S. *OLG Naumburg* OLGspr. 20 (1910), 307; *OLG München* ZZP 54 (1929), 330.

V. Kostenfestsetzung

12 1. Der prozessual wirksame[43] (→ § 104 Rdnr. 6) Prozeßvergleich ist ein **zur Festsetzung der Kosten** nach §§ 103 ff. **geeigneter Titel** sowohl dann, wenn er eine bestimmte Vereinbarung über die Kosten enthält[44], als auch dann, wenn die ergänzende Regel des § 98 eingreift[45]. Für eine besondere Kostengrundentscheidung ist daher kein Raum[46]. Zum reinen Kostenvergleich → Rdnr. 7c; zur Festsetzung der im Vergleich mitgeregelten Kosten eines anderen Verfahrens → § 103 Rdnr. 3. Hat ein *Streitgenosse* im Prozeßvergleich Kosten gegenüber einem anderen Streitgenossen übernommen, so ist eine Kostenfestsetzung in diesem Verhältnis nur zulässig, sofern der Erstattungsanspruch ausdrücklich tituliert ist[47] (→ auch § 100 Rdnr. 19, § 103 Rdnr. 8).

12a Es ist denkbar, daß die Kostenregelung des Vergleichs **mit einer gerichtlichen Kostenentscheidung kollidiert.** Hier ist zunächst durch Auslegung zu prüfen, ob die Kostenregelung des Vergleichs wirklich dieselben Verfahrenskosten erfassen soll wie die Kostenentscheidung[48]. Eine Vermutung spricht dafür nicht (→ auch Rdnr. 7a). Steht fest, daß die Parteien eine andere Kostenverteilung wollen, als sie der Kostenausspruch enthält, so ist zu differenzieren: Ist der Prozeßvergleich – etwa in einem Parallelverfahren oder als Teilvergleich im laufenden Verfahren – *vor Erlaß der Kostenentscheidung* für den Fall der Verfahrensbeendigung geschlossen, die Kostenvereinbarung aber vom Gericht nicht übernommen worden, so ist der Vergleich trotzdem tauglicher Festsetzungstitel, da man die Parteien anderenfalls zwingen würde, nach Erlaß, aber vor Rechtskraft der Kostenentscheidung ihre vergleichsweise Kostenregelung erneut zu Protokoll zu geben, was sinnlose Förmelei wäre[49]. Nach ganz h. M. ist nämlich der Prozeßvergleich der allein maßgebliche Vollstreckungstitel, wenn er *nach Erlaß der Kostenentscheidung,* aber *vor Rechtskraft* dieser (durch den Vergleich dann geänderten oder aufgehobenen) Entscheidung geschlossen wurde (→ § 103 Rdnr. 7). Anders ist es hingegen, wenn sich die Parteien erst *nach Rechtskraft* der Kostenentscheidung verglichen haben[50]. Zwar kann von einer rechtskräftigen Entscheidung durch Parteivereinbarung abgewichen werden (→ § 322 Rdnr. 222). Das ändert aber nichts daran, daß der für dieses Verfahren maßgebliche Festsetzungstitel die rechtskräftige Kostengrundentscheidung ist. Soweit der Vergleich den Kostengläubiger der rechtskräftigen Entscheidung schlechter stellt, kann dies im Festsetzungsverfahren allerdings nach Maßgabe des zu § 104 Rdnr. 13a Gesagten als Einwendung des Schuldners berücksichtigt werden (→ auch Rdnr. 13). Dies gibt dem Begünstigten aber nur eine Abwehrmöglichkeit, wenn der Gegner Festsetzung beantragt, während er für die Durchsetzung weitergehender eigener Erstattungsansprüche auf die Klage aus dem Vergleich angewiesen ist[51].

---

[43] Zu den Unwirksamkeitsgründen → § 794 Rdnr. 46 ff.

[44] Bei **bedingten Kostenregelungen** muß der Bedingungseintritt glaubhaft gemacht werden (→ auch § 104 Rdnr. 6), *LG Berlin* JurBüro 1984, 1574. – Zulässig ist eine Vereinbarung, daß die Kosten dieses Verfahrens **nach der Kostenentscheidung in einem anderen Verfahren** verteilt sein sollen. Freilich setzt die Festsetzung aufgrund des Vergleichs dann voraus, daß in dem anderen Verfahren eine entsprechende Entscheidung ergeht, die rechtskräftig geworden ist; vgl. *OLG Frankfurt* VersR 1980, 197 (L); *KG* JurBüro 1980, 938; 1979, 1568; *LAG Hamm* MDR 1985, 611.

[45] *LAG Düsseldorf* AP Nr. 1.

[46] *OLG Köln* OLGZ 1987, 470; *VG Hamburg* JurBüro 1983, 123. – Vgl. aber *OLG Hamm* JurBüro 1992, 493 (anders, wenn Streit darüber besteht, ob die Parteien »etwas anderes vereinbart haben«; zur Anfechtung → § 99 Rdnr. 4).

[47] *OLG Koblenz* Rpfleger 1990, 436; 1980, 444; *OLG Köln* JurBüro 1993, 356. – A.M. (gar nicht zulässig) *OLG München* NJW 1975, 1366.

[48] Vgl. *KG* MDR 1976, 318.

[49] Streitig ist das vor allem für das Scheidungsverfahren; → Rdnr. 13.

[50] *OLG Hamm* JurBüro 1989, 1421; 1975, 517 (*Mümmler*); *KG* JurBüro 1972, 256; *LG Berlin* JurBüro 1970, 64. – A.M. *OLG München* JurBüro 1990, 212; NJW 1969, 1004 = JurBüro 2149 (zust. *Schneider*); für einen Vergleich über die Kosten eines rechtskräftig abgeschlossenen Verfügungsverfahrens im Hauptsacheverfahren auch *OLG Köln* JurBüro 1987, 762.

[51] Vgl. *OLG Hamburg* JurBüro 1989, 1424.

2. Beendet ein Prozeßvergleich **Scheidungs- und Folgesachen**, so können die Kosten auf Grund des Vergleichs festgesetzt werden, sei es, daß dieser eine Kostenregelung enthält, oder nach § 98 (→ Rdnr. 5 ff. sowie § 617 Rdnr. 6, 16). Wird *vor* Erlaß des Urteils ein gerichtlicher Vergleich für den Fall der Scheidung geschlossen, der auch die Kosten des Scheidungsrechtsstreits erfaßt, so können diese Kosten ebenfalls auf Grund des Vergleichs festgesetzt werden[52], sofern nicht überhaupt die getroffene Kostenvereinbarung nach § 93 a Abs. 1 S. 3 der Kostenentscheidung im Urteil zugrundegelegt wurde (→ § 93 a Rdnr. 6). Die Begründung der Gegenansicht[53], das Scheidungsverfahren unterliege nicht der Parteidisposition, überzeugt schon deshalb nicht, weil die Parteien nicht über die Ehe, sondern über die Kosten disponieren. Ein Prozeßvergleich kann dies, wenn man nicht überhaupt einen isolierten Kostenvergleich anerkennen will (→ Rdnr. 7 c), zumindest dann sein, wenn neben den Kosten noch andere Streitigkeiten bereinigt werden, etwa die über den Hausrat. Folgt man dem nicht, dann muß man den Vergleich in eindeutigen Fällen zumindest als Einwendung bei der Festsetzung auf Grund des Urteils berücksichtigen[54] (→ § 104 Rdnr. 13 a). Die Festsetzung der Kosten des Scheidungsrechtsstreits auf Grund des Vergleichs ist ferner jedenfalls möglich, wenn dieser nach **Urteilserlaß**, aber vor Rechtskraft geschlossen und auf Rechtsmittel verzichtet wird, damit weitere Kostenentscheidungen ausgeschlossen sind[55] (→ auch Rdnr. 12 a).

Haben die Partein in einer **Folgesache** (§§ 623, 621 Abs. 1) einen Vergleich geschlossen, so können die Kosten des Vergleichs und der Folgesache auf Grund des Vergleichs und der darin enthaltenen Kostenregelung oder nach § 98 festgesetzt werden[56]. Die Kosten der durch den Prozeßvergleich erledigten Folgesachen lassen sich ermitteln, indem man die Differenz der Gebühren errechnet, die ohne die erledigte Folgesache und mit dieser entstehen (→ auch § 93 a Rdnr. 2 sowie zum Teilvergleich oben Rdnr. 2). Beim Vergleich im Anordnungsverfahren ist Festsetzung der Kosten des Vergleichs und des Anordnungsverfahrens möglich[57]; auch hier gilt § 98 (→ Rdnr. 6).

3. Festgesetzt werden können jedoch auf Grund des § 98 beim Prozeßvergleich **nur die nach § 91 erstattungsfähigen notwendigen Kosten** des Rechtsstreits[58]. Hat eine Partei freilich weitergehende Kosten in dem Prozeßvergleich übernommen (→ Rdnr. 7 a), so gibt ihr der Vergleich selbst einen Vollstreckungstitel nach § 794 Abs. 1 Nr. 1. In diesem Fall konkrete Bezifferung zu verlangen und die Parteien anderenfalls auf eine besondere Klage zu verweisen[59], dürfte zu weit gehen (→ auch § 91 Rdnr. 116). Die Rechtsprechung läßt es daher beim Vergleich in **Ehesachen** zu Recht zu, weitere Kosten (insbesondere für **außergerichtliche Beratung** durch den Anwalt hinsichtlich *nicht rechtshängiger* Ansprüche, § 118 BRAGO) festzusetzen, wenn sie von der Kostenregelung des Vergleichs in eindeutiger Weise erfaßt werden[60], wobei auch für die Höhe die im Vergleich getroffene (und bei Rahmengebühren für

---

[52] *OLG Hamburg* JurBüro 1989, 1422; MDR 1968, 851 (L); *OLG Hamm* MDR 1983, 60 f.; *Schlosser* → § 617 Rdnr. 44.
[53] *OLG Bamberg* JurBüro 1982, 770; 1975, 630; 1972, 67 (*Mümmler*); *OLG Celle* NdsRpfl. 1964, 173; *OLG Düsseldorf* JurBüro 1992, 42; *OLG Frankfurt* Rpfleger 1984, 159; *OLG* 1968, 832; *OLG Hamm* JMBl.NRW 1967, 232; *KG* JurBüro 1973, 877; *OLG Koblenz* MDR 1975, 763 (L); *OLG Köln* JMBl.NRW 1971, 247; *OLG München* NJW 1973, 2303; *OLG Stuttgart* JurBüro 1973, 68; *OLG Zweibrücken* JurBüro 1978, 1884; *LG Lüneburg* JurBüro 1969, 875.
[54] *OLG Bamberg* JurBüro 1979, 1071; *OLG Hamm* JurBüro 1976, 514; *OLG München* MDR 1977, 321; *OLG Stuttgart* FamRZ 1993, 93.
[55] *KG* JurBüro 1973, 877; *OLG München* JurBüro 1976, 376. Enger *OLG Bamberg* JurBüro 1975, 630, das verlangt, der Rechtsmittelverzicht müsse im Vergleich enthalten sein. Nach der hier (soeben im Text sowie Rdnr. 12 a) vertretenen Ansicht bedarf es eines Rechtsmittelverzichts eigentlich nicht, da sich der Vergleich danach auch gegenüber nachfolgenden Kostenentscheidungen durchsetzt. – Aus dem Vergleich muß deutlich erkennbar sein, daß er die Kosten des Scheidungsprozesses umfaßt (→ Rdnr. 12 a), *KG* MDR 1976, 318.
[56] *OLG München* JurBüro 1985, 134.
[57] *KG* JurBüro 1973, 876 m.w.N; *OLG Schleswig* SchlHA 1972, 12.
[58] Vgl. *OLG Bamberg* JurBüro 1973, 447; *OLG Celle* NJW 1963, 1914; *OLG Koblenz* Rpfleger 1977, 106. – **A.M.** *OLG Hamburg* MDR 1962, 743.
[59] So die *Voraufl.*
[60] *OLG Bamberg* JurBüro 1975, 630; 1972, 430; *OLG Düsseldorf* MDR 1975, 675; *OLG Koblenz* JurBüro 1975 464 (*Mümmler*); *OLG Stuttgart* Justiz 1970, 13. – Die Pflicht zur Erstattung der Kosten »dieser Vereinbarung«

notwendig gehaltene) Regelung maßgebend ist[61]. Ob allerdings bei einem gerichtlich protokollierten Scheidungsvergleich überhaupt Gebühren nach § 118 BRAGO entstehen, ist sehr umstritten[62]. Soweit nach § 31 Abs. 1 Nr. 4 BRAGO eine **Erörterungsgebühr** entsteht[63], gehört sie zu den festsetzbaren Kosten. – Zu den *Kosten des Festsetzungsverfahrens* → § 104 Rdnr. 23.

16 4. Auf Grund eines **außergerichtlichen Vergleichs** können Kosten nicht festgesetzt werden (→ Rdnr. 4). Hier können sich die Parteien am einfachsten einen zur Festsetzung der Kosten geeigneten Titel durch gemeinsame Erledigungserklärung und den darauf ergehenden Kostenbeschluß verschaffen (→ Rdnr. 3 ff.). Ob auf Grund eines solchen Titels dann auch die **Kosten des außergerichtlichen Vergleichs** festgesetzt werden können, ist umstritten. Die h. M. zählt diese Kosten nicht zu denen des Rechtsstreits, läßt eine Festsetzung aber aus Vereinfachungsgründen trotzdem zu, wenn sich die Parteien darüber einig sind, daß so verfahren werden soll[64]. Die Gegenansicht zählt zwar die Kosten des außergerichtlichen Vergleichs zu denen des Rechtsstreits, wenn der Vergleich den Gegenstand des konkreten Prozesses betrifft, in dem die Kostenentscheidung ergangen ist, schließt aber aus § 98, daß im Zweifel jede Partei ihre durch den Vergleich verursachten Kosten selbst tragen soll, und läßt daher eine Festsetzung nur zu, wenn sich durch Auslegung ergibt, daß dies dem Parteiwillen entspricht[65]. Dem ist zuzustimmen. Läßt sich die Prozeßbezogenheit feststellen, so gehören die Kosten des außergerichtlichen Vergleichs genauso zu den Kosten des Rechtsstreits wie die eines Prozeßvergleichs (→ Rdnr. 1a). Für diese Kosten greift dann § 98 analog, wenn sich ein abweichender Parteiwille nicht feststellen läßt (→ Rdnr. 3a, 4). Eine Festsetzung kommt daher nur in Betracht, wenn die Vergleichskosten nach dem Parteiwillen nicht gegeneinander aufgehoben sein sollen, sondern der Kostenentscheidung über die übrigen Kosten des Rechtsstreits folgen sollen. – Zu den Kosten eines *nach* dem Urteil abgeschlossenen außergerichtlichen Vergleichs → § 103 Rdnr. 11.

§ 99 [Anfechtung von Kostenentscheidungen]

(1) Die Anfechtung der Entscheidung über den Kostenpunkt ist unzulässig, wenn nicht gegen die Entscheidung in der Hauptsache ein Rechtsmittel eingelegt wird.

(2) ¹Ist die Hauptsache durch eine auf Grund eines Anerkenntnisses ausgesprochene Verurteilung erledigt, so findet gegen die Entscheidung über den Kostenpunkt sofortige Beschwerde statt. ²Vor der Entscheidung über die Beschwerde ist der Gegner zu hören.

Gesetzesgeschichte: Bis 1900 § 94 CPO. Änderungen: RGBl. 1898, 256; 1924 I, 410; BGBl. 1950 I, 533.

---

oder »des Vergleichs« reicht, *OLG Braunschweig* NJW 1971, 1466; a. M. *OLG München* AnwBl. 1971, 19; *OLG Schleswig* JurBüro 1969, 1078.
[61] *OLG Hamm* AnwBl. 1975, 95; MDR 1973, 770; *KG* AnwBl. 1975, 65.
[62] Verneinend *BGHZ* 48, 334; *OLG Braunschweig* NJW 1971, 1466 (abl. *H. Schmidt*) m.w.N.; *OLG Koblenz* NJW 1976, 153; *OLG München* AnwBl. 1982, 115; *Hartmann* Kostengesetze²⁵, § 32 BRAGO Rdnr. 65 ff. m.w.N. auch zur Gegenansicht.
[63] Das ist aber bezüglich nicht rechtshängiger Ansprüche zu verneinen, vgl. nur *Gerold/Schmidt/v. Eicken/Madert* BRAGO¹¹, § 31 Rdnr. 149 m.w.N.; *Riedel/Sußbauer/Keller* BRAGO⁶, § 31 Rdnr. 85.

[64] *OLG Düsseldorf* MDR 1978, 940; *OLG Hamburg* JurBüro 1984, 603; *OLG Hamm* MDR 1974, 942; *KG* JurBüro 1988, 1495; *OLG Karlsruhe* MDR 1988, 1063; *OLG Schleswig* JurBüro 1984, 767; *OLG Stuttgart* JurBüro 1980, 1728. – A. M. (gegen jede Festsetzung) *OLG Düsseldorf* JurBüro 1982, 1672; *OLG Frankfurt* MDR 1980, 60.
[65] So vor allem *KG* Rpfleger 1981, 410; *OLG Karlsruhe* JurBüro 1991, 90; 1983, 278; wohl auch *OLG Bamberg* JurBüro 1987, 1705; *OLG Frankfurt* Rpfleger 1990, 91; *OLG Hamburg* MDR 1980, 325; *OLG Schleswig* JurBüro 1978, 280; *OLG Zweibrücken* Rpfleger 1992, 408; für uneingeschränkte Festsetzung *OLG Düsseldorf* MDR 1959, 500.

Stichwortregister: → vor § 91 vor Rdnr. 1.

I. Unzulässigkeit einer isolierten Anfechtung im Kostenpunkt	1
1. Grundgedanke und Ausnahmen	1
2. Begriff der Hauptsache	2
3. Begriff des Rechtsmittels	3
4. Einschränkungen des Abs. 1	4
II. Anfechtung der Kostenentscheidung und der Hauptsache	5
III. Kostenentscheidung im Anerkenntnisurteil	6
IV. Kostenentscheidung bei Teil- und Schlußurteil	9
1. Anfechtung des Teilurteils und der Kostenentscheidung des Schlußurteils	9
2. Anfechtung der Kostenentscheidung des Schlußurteils bei Erfolg eines Rechtsmittels gegen das Teilurteil	10
V. Anfechtung von Mischentscheidungen im Kostenpunkt	11
1. Anerkenntnis und streitiges Urteil	12
2. Übereinstimmende Erledigungserklärung und streitiges Urteil	13
3. Übereinstimmende Erledigungserklärung und Anerkenntnis	14
VI. Arbeitsgerichtliches Verfahren	15

I. Unzulässigkeit einer isolierten Anfechtung im Kostenpunkt[1]

1. Grundgedanke und Ausnahmen

Abs. 1 schließt für den Regelfall jede Anfechtung der Entscheidung im Kostenpunkt aus, die nicht in Verbindung mit einem Rechtsmittel in der Hauptsache erfolgt. Die Begründung, daß es mißlich sei, einen Angriff auf den Nebenpunkt zu gestatten, der u. U. die Unrichtigkeit des in der Hauptsache ergangenen, aber nicht angefochtenen Urteils als Vorentscheidung zum Kostenpunkt offenbart[2], überzeugt nicht voll. Bei der im Verhältnis zur Hauptsache geringeren Bedeutung der Kostenentscheidung spricht jedoch manches für eine Verkürzung des Rechtswegs, der allgemein in der ZPO eher einer Vereinfachung als eines Ausbaus bedarf. Der Grundsatz des Abs. 1 gilt aber auch dann, wenn der Betrag der Kosten den der Hauptsache übersteigt. **Ausnahmen** von Abs. 1 bestehen (seit der Novelle von 1898) für das Anerkenntnisurteil, Abs. 2 (→ Rdnr. 6), und (seit der Novelle von 1950) für die Entscheidung über die Kosten nach Erledigung der Hauptsache, § 91a Abs. 2 (→ § 91a Rdnr. 32). Anfechtbar ist auch der Kostenbeschluß nach Klagerücknahme (§ 269 Abs. 3 S. 5); zu *ungeschriebenen* Ausnahmen → Rdnr. 4. Entscheidungen über die Kostenfestsetzung (zur Anfechtung → § 104) und über den Ansatz der Gerichtskosten (zur Anfechtung s. § 5 GKG) fallen nicht unter § 99, da der Kostenpunkt in diesen Verfahren die Hauptsache bildet. § 99 gilt aber bezüglich der Kosten dieser Verfahren (→ Rdnr. 3).

1

2. Begriff der Hauptsache

Hauptsache im Sinne des § 99 ist das Klagebegehren – einschließlich etwaiger Nebenansprüche im Sinne des § 4 – und jede durch Entscheidung zu erledigende prozessuale Frage[3].

2

---

[1] Lit.: *Deubner* Aktuelles Zivilprozeßrecht – Anfechtbarkeit der Kostenentscheidung gegen einen Dritten, JuS 1993, 493; *Gölzenleuchter/Meier* Zu den Zulässigkeitsvoraussetzungen der sofortigen Beschwerde nach §§ 91a II 1, 99 II ZPO, NJW 1985, 2813; *Held* Zur Anfechtung der Kostenentscheidung nach § 99 Abs. 2 ZPO, MDR 1959, 538; *Heintzmann* Die Anfechtung der gemischten Kostenentscheidung, Festschr.f. G. Baumgärtel (1990), 137; *Nieder* Der Kostenwiderspruch gegen wettbewerbliche einstweilige Verfügungen, WRP 1979, 350; *Schneider* Problemfälle aus der Prozeßpraxis – Anfechtung der Kostenentscheidung, MDR 1987, 723; *Theuerkauf* Die Anfechtung der Kostenentscheidung, MDR 1964, 813.

[2] S. näher Begr. zur CPO, 115 (*Hahn* Mat., 200).

[3] Z.B. über § 239, *RGZ* 32, 428; § 240, *OLG Karlsruhe* BadRPr. 1903, 339; Zuständigkeit, *RGZ* 23, 341;

Eine Entscheidung in der Hauptsache ist deshalb auch das Urteil, das nach Streit über die Erledigung die Hauptsache für erledigt erklärt (→ § 91a Rdnr. 46f.), oder eine Entscheidung, die die Partei in der Hauptsache nur formal beschwert[4]. Den **Gegensatz** bildet die **Entscheidung über die prozeßrechtliche Kostenpflicht**, auch wenn die Kosten dabei beziffert oder im einzelnen bezeichnet sind[5] oder bei Aufhebung einer früheren Entscheidung ihre Rückzahlung angeordnet ist[6]. Dagegen ist der *materiell-rechtliche Kostenanspruch* (→ Rdnr. 14 vor § 91) Hauptsache, wenn er durch Klage geltend gemacht wird[7].

3. Begriff des Rechtsmittels

3   Abs. 1 schließt nur selbständige Rechtsmittel gegen die Kostenentscheidung aus, d. h. die *Berufung*, die *Revision* und die *Beschwerde*, letztere namentlich im Kosten-[8] und Wertfestsetzungsverfahren[9] und in der Zwangsvollstreckung[10]. Dagegen ist die *Anschließung* (§§ 521 ff., 556, 573 Rdnr. 9), auch die sog. selbständige des § 522 Abs. 2, unter Beschränkung auf die Kosten zulässig[11]. **Keine Rechtsmittel** sind der Einspruch[12], die Erinnerung gegen den Kostenfestsetzungsbeschluß[13] (→ § 104 Rdnr. 29) und in der Zwangsvollstreckung (§ 766) sowie der Widerspruch und Einspruch im Mahnverfahren (→ § 694 Rdnr. 2) und im Arrest- oder Verfügungsverfahren (§ 924)[14]. Diese können also auf die Kosten beschränkt werden (→ auch Rdnr. 7). Die Wiederaufnahmeklage ist zwar ebenfalls kein Rechtsmittel, aber da sie eine Anfechtung des Urteils bezweckt, sowie wegen § 588 Abs. 1 Nr. 3 (»in der Hauptsache«), ist sie allein der Kosten wegen nicht zuzulassen[15] (→ § 578 Rdnr. 7). Für die Aufhebungsklage gegen die Kostenentscheidung in einem Schiedsspruch gilt Abs. 1 weder unmittelbar noch entsprechend[16].

4. Einschränkungen des Abs. 1

4   Die Vorschrift geht davon aus, daß gegenüber einem Prozeßbeteiligten eine Entscheidung zur Hauptsache *und* über die Kosten ergangen ist. Daher ist eine **isolierte Kostenentscheidung** auch außerhalb der §§ 91a, 269 etc. jedenfalls dann mit der sofortigen Beschwerde anfechtbar, wenn ihre Überprüfung nicht zu einer Kontrolle der anderweitig entschiedenen Hauptsa-

---

§ 387, *OLG Dresden* OLGRspr. 15 (1907), 89; § 717, *OLG Dresden* SächsAnn. 1935, 368.

[4] *BGH* NJW 1992, 1514 (dann Berücksichtigung der Kosten bei der Berechnung der Beschwer).

[5] *RGZ* 50, 359.

[6] *OLG Hamburg* OLGRspr. 5 (1902), 468; *OLG Karlsruhe* OLGRspr. 13 (1906), 110. – Anders, wenn im **Aufhebungsverfahren nach § 927** auch beantragt ist, dem Antragsteller die Kosten aufzuerlegen; diese sind dann Teil der Hauptsache i. S. v. § 99, *OLG Hamm* NJW-RR 1990, 1214; anders *OLG Hamburg* WRP 1979, 141.

[7] *RGZ* 47, 404; *JW* 1929, 96; 1927, 2130; WarnRspr. 1926 Nr. 119; *OLG Schleswig* SchlHA 1952, 9; 1951, 113; *Schneider* MDR 1987, 724; s. auch *OLG Braunschweig* OLGRspr. 11 (1905), 59 (Feststellung als Masseforderung).

[8] Aber nur wegen der Kosten dieses Verfahrens (→ § 104 Rdnr. 53); die festzusetzenden Kosten sind hier Hauptsache.

[9] *RG* JW 1903, 237; *OLG München* OLGRspr. 29 (1914), 42; *OLG Hamburg* SeuffArch. 53 (1898), 338.

[10] *RG* JW 1886, 272; *OLG Celle* SeuffArch. 51 (1896), 366.

[11] *BGHZ* 17, 392 = JZ 1955, 581 = NJW 1394; ZZP 71 (1958), 368; s. auch (zur unselbständigen Anschlußberufung) *OLG Hamburg* JZ 1951, 336; *OLG Nürnberg* NJW 1954, 1687 (auch wenn die Berufung einen anderen Streitgegenstand betrifft); *OLG Celle* NdsRpfl. 1962, 183; ferner *Furtner* NJW 1962, 138.

[12] *OLG Marienwerder* OLGRspr. 20 (1910), 308. – **A. M.** *OLG Hamburg* OLGRspr. 5 (1902), 22. – Vgl. *RGZ* 13, 327, wonach sogar gegen ein den Einspruch im Kostenpunkt verwerfendes Urteil Berufung zulässig ist; **a. M.** *OLG Stuttgart* JurBüro 1981, 1894 (gar kein Rechtsmittel); *Schneider* MDR 1987, 724 (§ 99 Abs. 2 analog).

[13] Vgl. *OLG Koblenz* JurBüro 1992, 493.

[14] *OLG Bremen* NJW-RR 1988, 625; *OLG Düsseldorf* NJW-RR 1986, 37; *OLG Hamburg* MDR 1960, 850; *KG* GRUR 1973, 86; *OLG München* SeuffArch. 64 (1909), 378; *KG* DJZ 1925, 437; *Liesegang* JR 1980, 96; *Nieder* WRP 1979, 350. – **A. M.** *v. Gamm* NJW 1961, 1050; *Walsmann* ZZP 53 (1928), 283. Zur **Anfechtung** des nach beschränktem Widerspruch ergehenden Urteils → Rdnr. 7; zum Kostenwiderspruch als **Anerkenntnis** i. S. v. § 93 → § 93 Rdnr. 23.

[15] *BGHZ* 43, 239, 245. – **A. M.** *KG* KGBl. 1897, 102; vgl. auch *OLG München* JW 1926, 855.

[16] *RGZ* 165, 140.

che führen kann[17]. Ferner gilt Abs. 1 nicht bei einer **Kostenentscheidung gegenüber Dritten**[18] (vgl. § 380 Abs. 3), wenn nicht der Dritte in einem Zwischenstreit Parteistellung hat, so daß ihm gegenüber auch eine Hauptsacheentscheidung im Sinne des Abs. 1 vorliegt (als Beispiel → § 387 Rdnr. 11). Zur Anfechtung durch den *Streitgehilfen* → § 101 Rdnr. 5; zum *Streitgenossen* → Rdnr. 5. Abs. 1 hindert auch nicht die Anfechtung unter dem Gesichtspunkt, daß die **Kostenentscheidung** ganz oder teilweise **abgelehnt** worden oder bewußt unterblieben ist[19]. Ist die Kostenentscheidung *versehentlich* unterblieben, so ist eine *Ergänzung* zulässig (→ bei Urteilen § 321 Rdnr. 2, 3, 5, bei Beschlüssen § 329 Rdnr. 26; zu den Grenzen für eine *Berichtigung* → § 319 Rdnr. 9). Ferner wird von der Rspr. eine **isolierte Anfechtung entgegen Abs. 1 auch dann zugelassen**, wenn eine Kostenentscheidung (z. B. in einem Prozeßkostenhilfebeschluß[20] oder einem Teilurteil[21]) überhaupt nicht hätte ergehen dürfen[22], oder wenn eine unzulässige Ergänzung vorlag[23]. Die Anfechtung *inhaltlich* falscher Kostenentscheidungen bei »**greifbarer Gesetzeswidrigkeit**« weitergehend zuzulassen[24], ist wohl nur bei krassen Fehlgriffen zu billigen[25], die die Entscheidung willkürlich erscheinen lassen (→ auch § 127 Rdnr. 3).

Soweit eine isolierte Anfechtung nach diesen Grundsätzen in Betracht kommt, ist nach dem 4a Rechtsgedanken der §§ 91a Abs. 2, 99 Abs. 2 S. 1, 269 Abs. 3 S. 5 nur die **sofortige Beschwerde** statthaft[26], wobei grundsätzlich zu verlangen ist, daß ein *Rechtsmittel in der Hauptsache statthaft* wäre[27] (→ Rdnr. 5 und § 91a Rdnr. 32).

II. Anfechtung der Kostenentscheidung und der Hauptsache

Eine Anfechtung der im Endurteil enthaltenen oder ihm vorausgegangenen (§§ 512, 548) 5 Kostenentscheidung gestattet Abs. 1 nur, wenn auch in der Hauptsache (→ Rdnr. 2) ein **Rechtsmittel eingelegt** wird, das **zulässig** ist[28], d. h. von der durch das Urteil beschwerten Partei ausgeht (→ Allg. Einl. vor § 511 Rdnr. 46) und an sich statthaft sowie form- und fristgerecht eingelegt und begründet ist. Rechtsmittel von *Streitgenossen* sind selbständig zu beurteilen, also nur zulässig, soweit der einzelne Streitgenossen neben dem Kostenausspruch auch die (ihn beschwerende) Hauptsacheentscheidung anficht[29]. Daß es der Partei *wirtschaftlich* allein auf die Anfechtung der Kostenentscheidung ankommt und sie das Rechtsmittel hinsichtlich der Hauptsache vermutlich selbst für aussichtslos oder für weniger wichtig hält, macht es nicht unzulässig[30]. Nur wenn offensichtlich ist, daß der Rechtsmittelkläger an dem

---

[17] Vgl. *OLG Hamm* JurBüro 1992, 493, *KG* AnwBl. 1985, 383 und *OLG Köln* Rpfleger 1985, 429 (Auslegung der Kostenregelung eines Vergleichs); *OLG Frankfurt* JurBüro 1978, 1565 (Kostenentscheidung in Folgesachen nach Rücknahme der Berufung gegen das die Scheidungsklage abweisende Urteil).
[18] *BGH* NJW 1988, 50; 1983, 883; *RG* Gruchot 37 (1892), 135; *OLG Düsseldorf* JurBüro 1993, 366; *OLG Hamm* JMBl.NRW 1963, 131; *KG* OLGRspr. 13 (1906), 111; *LG Heidelberg* NJW-RR 1992, 316. Vgl. zum **Vertreter ohne Vollmacht** → § 88 Rdnr. 15. – § 567 Abs. 4 gilt aber auch hier, *BGH* ZIP 1993, 621.
[19] *BGH* NJW 1959, 291; *OLG Hamm* MDR 1981, 411; *OLG Zweibrücken* MDR 1990, 253; *RG* HRR 1933, 1619; *Musielak* Festschr. f. K.H. Schwab (1990), 358; *Schneider* MDR 1987, 724.
[20] *Schneider* MDR 1987, 723, 725.
[21] *OLG Stuttgart* NJW 1963, 1015 (sofortige Beschwerde); *LG Bonn* NJW 1973, 1375 (Berufung).
[22] Vgl. *OLG Düsseldorf* MDR 1990, 832; *OLG Frankfurt* NJW 1975, 742; abl. *E. Schneider* MDR 1987, 724; 1975, 668.

[23] Vgl. *RG* JW 1896, 669. – Die *inhaltliche* Richtigkeit eines zulässigen Ergänzungsbeschlusses kann nicht angegriffen werden, *OLG Köln* FamRZ 1993, 457.
[24] So z.B. *BGH* ZIP 1993, 621; *OLG Düsseldorf* JurBüro 1993, 365 (dazu *Deubner* JuS 1993, 493); NJW-RR 1991, 447; MDR 1990, 832; *OLG Koblenz* MDR 1991, 257; *LG Wuppertal* DGVZ 1993, 59. – **A.M.** z.B. *OLG Frankfurt* MDR 1982, 152; *OLG Koblenz* JurBüro 1982, 446; offen *OLG Bamberg* NJW-RR 1992, 1467.
[25] Ebenso *BGH* ZIP 1993, 621.
[26] *BGH* NJW 1988, 50 (Anfechtung durch Dritte); *OLG Bamberg* NJW-RR 1992, 1467 (bei »greifbarer Gesetzeswidrigkeit«).
[27] *LG Duisburg* JurBüro 1983, 449; *LG Hamburg* WuM 1987, 60; *LG Köln* JurBüro 1986, 107; *Heintzmann* (Fn. 1), 141.
[28] So schon das *RG* ständig, z.B. *RGZ* 59, 332; JW 1938, 53.
[29] *OLG Köln* VersR 1973, 641.
[30] *RGZ* 102, 290; HRR 1932 Nr. 1239; JW 1918, 510; 1896, 70. Das Rechtsmittel des Klägers, der einseitig die Erledigung erklärt hat, gegen die Abweisung der Klage ist

zur Hauptsache gestellten Antrag keinerlei schutzwürdiges Interesse hat und ihn nur zur **Umgehung** des Abs. 1 stellt, ist das Rechtsmittel unzulässig[31]. **Beschränkt der Rechtsmittelkläger**, ohne durch ein das Rechtsmittel erledigendes Ereignis dazu veranlaßt zu sein, **den Rechtsmittelantrag auf die Kosten**, so liegt darin eine Zurücknahme des Rechtsmittels in der Hauptsache, die das Rechtsmittel in vollem Umfang unzulässig macht[32]. Bei **Teilanfechtung** der Hauptsache kann auch die zum nicht angefochtenen Teil gehörende Kostenentscheidung nicht mehr überprüft werden[33] (→ auch § 91a Rdnr. 34a). – Zum *Verbot der reformatio in peius* → § 308 Rdnr. 13.

III. Kostenentscheidung im Anerkenntnisurteil

6   Abs. 2 läßt abweichend von Abs. 1 gegen ein Anerkenntnisurteil eine auf den Kostenpunkt beschränkte **sofortige Beschwerde** zu. **Voraussetzung** ist, daß auf Grund eines Anerkenntnisses (→ § 307 Rdnr. 1ff.; nicht etwa auch eines Geständnisses) eine Verurteilung in der Sache selbst erfolgt[34]. Dabei ist, wie sonst auch (→ vor § 253 Rdnr. 34), unter **Verurteilung** auch das der positiven oder negativen Feststellungsklage stattgebende Feststellungsurteil zu verstehen, ebenso ein Rechtsgestaltungsurteil, soweit hier überhaupt anerkannt werden kann[35] (→ dazu auch § 93 Rdnr. 22ff.). In Ehe-[36] und Kindschaftssachen[37] ist Abs. 2 wegen des Ausschlusses eines Anerkenntnisurteils (§§ 617, 640 Abs. 1) nicht anwendbar. Eine Verurteilung »**auf Grund eines Anerkenntnisses**« ist an sich nur im Fall des § 307 gegeben. Für die Anfechtung des Urteils nach Abs. 2 ist aber nicht entscheidend, ob die Voraussetzungen des § 307 wirklich vorlagen, sondern nur, ob das Gericht das Urteil als ein Anerkenntnisurteil erlassen hat (→ Allg. Einl. vor § 511 Rdnr. 23ff.)[38]. Dies kann sich trotz fehlender Bezeichnung als Anerkenntnisurteil aus dem Inhalt der Entscheidung ergeben[39]. Abs. 2 gilt auch, wenn das Urteil auf das Anerkenntnis und daneben (unzulässigerweise) noch auf eine sachliche Prüfung des Anspruchs gestützt ist[40]. Wegen der *Kostenmischentscheidung* (Verbindung von Anerkenntnis und sonstigem Urteil) → Rdnr. 12; zur Anwendbarkeit des Abs. 2 im Fall des § 93b Abs. 3 → § 93b Rdnr. 36. Über die Kosten muß in dem Urteil selbst oder in einem Ergänzungsurteil nach § 321[41] entschieden sein, sei es nach § 93 oder nach § 91. Außerdem muß gegen die Entscheidung in der Hauptsache ein Rechtsmittel an sich statthaft sein (→ Rdnr. 4 sowie § 91a Rdnr. 32). Da die sofortige Beschwerde nach Abs. 2 aber ausschließlich den Kostenpunkt betrifft, ist der **Wert des Beschwerdegegenstandes** (§ 567 Abs. 2) nicht nach dem Wert der Hauptsache, sondern **nach dem der Kosten zu bemessen**[42]. Außerdem ist erforderlich, daß in der Hauptsache die Berufungssumme erreicht wird[43] (→ auch § 91a Rdnr. 32), denn § 99 Abs. 2 erlaubt die isolierte Anfechtung nicht, um einen weitergehenden Instanzenzug zu eröffnen als in den Fällen des Absatzes 1, in denen die Kostenentscheidung

---

zulässig, auch wenn es dem Kläger in erster Linie auf die Änderung der Kostenentscheidung ankommt, → § 91a Rdnr. 48.

[31] *BGH* NJW 1976, 1267; MDR 1968, 407; *OLG Düsseldorf* NJW-RR 1991, 448.

[32] *RGZ* 18, 421; SeuffArch. 64 (1909), 77; *OLG Hamburg* OLGRspr. 20 (1910), 307. Anders für den Fall der Klagerücknahme *KG* OLGRspr. 20 (1910), 307.

[33] *BGH* NJW-RR 1986, 548, 549.

[34] *OLG Dresden* SächsArchRpfl. 1, 295; s. auch *KG* OLGRspr. 15 (1907), 92 (Zinsen nach Erledigung der Hauptsache). – **A.M.** *OLG Hamburg* OLGRspr. 11 (1905), 57. .

[35] Z.B. bei Erbunwürdigkeitsklage, *LG Köln* JurBüro 1977, 556.

[36] *OLG Frankfurt* FamRZ 1984, 1123. – Auch nicht bei einverständlicher Scheidung, *OLG Koblenz* JurBüro 1982, 445, oder bei Klage auf Herstellung des ehelichen Lebens, *KG* OLGRspr. 1 (1900), 344.

[37] *OLG Düsseldorf* FamRZ 1970, 249; *OLG Nürnberg* JurBüro 1965, 928 (*H. Schmidt*).

[38] *OLG Düsseldorf* MDR 1990, 59; *RGZ* 60, 315.

[39] *OLG Köln* FamRZ 1989, 878; *OLG Zweibrücken* NJW 1968, 1635; *LG Köln* JurBüro 1977, 556; vgl. aber auch *OLG Düsseldorf* MDR 1989, 825; *OLG München* MDR 1992, 184.

[40] *LG Flensburg* JurBüro 1965, 317 (*E. Schneider*).

[41] *OLG Posen* OLGRspr. 2 (1901), 253.

[42] *RGZ* 103, 105; 61, 194; JW 1926, 809; *KG* JW 1925, 2019.

[43] *OLG Schleswig* SchlHA 1978, 67. – **A.M.** *Gölzenleuchter/Meier* NJW 1985, 2813; *Voraufl.*

nur zusammen mit der Hauptsacheentscheidung anfechtbar ist, sondern allein deshalb, weil ein Rechtsmittel hier in der Hauptsache wegen der Bindung an das einmal abgegebene Anerkenntnis (→ § 307 Rdnr. 41) ohnehin keinen Erfolg haben könnte, eine einheitliche Anfechtung also nur unnötige Kosten verursachen würde. Gegen *OLG-Entscheidungen* ist die Beschwerde nicht zulässig (§ 567 Abs. 4).

Ist im **Arrest- und Verfügungsverfahren** der Widerspruch auf die Kosten beschränkt worden (→ Rdnr. 3), so ist das über die Kosten ergehende Urteil analog Abs. 2 mit der sofortigen Beschwerde anfechtbar[44]. Zur Anwendung des § 93 bei einem Kostenwiderspruch → § 93 Rdnr. 23. 7

Durch das Rechtsmittel wird **nur die Kostenfrage Gegenstand der Rechtsmittelinstanz**[45]. Die Begründung des Hauptanspruchs darf dabei nicht überprüft werden[46]. Die *weitere Beschwerde* ist nicht statthaft (§ 568 Abs. 3). Wegen der *Gerichtsgebühren* für das Beschwerdeverfahren s. GKG Kostenverzeichnis Nr. 1180. Zur Frage einer entsprechenden Anwendung des § 717 Abs. 2, wenn die Beschwerde zur Aufhebung der Kostenauferlegung führt, → § 717 Rdnr. 59 ff. 8

IV. Kostenentscheidung bei Teil- und Schlußurteil

1. Anfechtung des Teilurteils und der Kostenentscheidung des Schlußurteils

Eine Trennung der Kosten- von der Sachentscheidung kann dadurch eintreten, daß zunächst ein Teilurteil – nicht als Anerkenntnisurteil nach § 307 (dazu → Rdnr. 12, 14) – nur in der Sache, aber nicht über die Kosten entscheidet, während ein Schlußurteil die restliche Sachentscheidung trifft und zugleich über die Gesamtkosten befindet. Nach dem Buchstaben des § 99 Abs. 1 wäre die Kostenentscheidung im Schlußurteil auch insoweit, als sie Kosten des im Teilurteil entschiedenen Teiles des Streitgegenstandes betrifft, der Anfechtung entzogen, wenn das Schlußurteil in der Hauptsache nicht angefochten wird. Um die Partei nicht unter der rein äußerlichen Trennung leiden zu lassen, auf die sie keinen Einfluß hat, gestattet man dieser jedoch, **falls sie das Teilurteil zulässigerweise anficht**[47], **auch das Schlußurteil nur im Kostenpunkt mit Rechtsmitteln anzugreifen**, auch wenn sie das Schlußurteil in der Hauptsache nicht beschwert oder wenn dieses für sich allein in der Hauptsache nicht anfechtbar ist[48]. Es wird dann die im Teilurteil vorbehaltene Kostenentscheidung als Ergänzung des Teilurteils angesehen[49]. Die Kostenentscheidung im Schlußurteil muß allerdings gesondert angefochten werden; das Rechtsmittel gegen das Teilurteil ergreift sie nicht[50]. Das gegen die Kostenentscheidung des Schlußurteils statthafte Rechtsmittel ist dabei stets die Berufung oder Revision, nicht die Beschwerde[51], und die Zulässigkeit der Berufung bestimmt sich, soweit es auf den 9

---

[44] *OLG Bremen* WRP 1989, 523; NJW-RR 1988, 625; *OLG Düsseldorf* NJW-RR 1986, 37; NJW 1972, 1955; *OLG Hamburg* NJW 1986, 2119; WRP 1986, 292; MDR 1976, 674; *KG* WRP 1979, 861; *OLG Karlsruhe* NJW-RR 1987, 105; *OLG Koblenz* WRP 1978, 665; *OLG Köln* WRP 1975, 173; 1970, 186; *OLG München* GRUR 1990, 482; *OLG Saarbrücken* WRP 1988, 198; *OLG Schleswig* SchlHA 1990, 8; *OLG Stuttgart* WRP 1986, 55; 1970, 403; *Liesegang* JR 1980, 98f.; *Nieder* WRP 1979, 352. – **A.M.** früher *OLG München* GRUR 1985, 327; NJW 1972, 954; *OLG Oldenburg* NdsRpfl. 1980, 199; MDR 1976, 674.

[45] Vgl. *KG* OLGRspr. 19 (1909), 72.

[46] *OLG Dresden* OLGRspr. 29 (1914), 40; *OLG Hamm* MDR 1990, 638; *OLG Jena* JW 1929, 1675; *KG* JW 1925, 1417; *OLG Kiel* OLGRspr. 23 (1911), 169; *OLG Köln* FamRZ 1989, 878.

[47] Nicht mehr nach Rechtskraft des Teilurteils, *LAG Hamm* MDR 1972, 900.

[48] *BGHZ* 19, 172 = NJW 1956, 182 und die folgenden Fn.; *RGZ* 163, 252; 104, 368; 68, 301; JW 1936, 2544; *KG* MDR 1990, 160. Bei Einspruch gegen ein **Teilversäumnisurteil** ist die Kostenentscheidung des Schlußurteils mit der Berufung anfechtbar, *OLG Frankfurt* NJW 1971, 518.

[49] *BGHZ* 19, 172 = NJW 1956, 182; *BGH* NJW 1984, 496; *RG* JW 1936, 2544; *Schneider* MDR 1987, 724.

[50] *BGHZ* 20, 252 = NJW 1956, 912 = LM Nr. 4 (*Fischer*).

[51] *BGHZ* 20, 252 = NJW 1956, 912 = LM Nr. 4 (*Fischer*); *RGZ* 163, 252; 148, 403; JW 1936, 2544.

Wert des Beschwerdegegenstands ankommt, ausschließlich nach der Beschwer in der Hauptsache durch das Teilurteil[52]. Der Gegner kann sich wegen der Kostenentscheidung im Schlußurteil[53] dem Rechtsmittel gegen das Teilurteil *anschließen*, § 521 Abs. 1 (→ Rdnr. 3). Durch das Rechtsmittel gegen das Teilurteil und den Kostenpunkt des Schlußurteils wird aber nicht der Weg zur Nachprüfung der Sachentscheidung im Schlußurteil frei[54], und die Kostenentscheidung des Schlußurteils ist isoliert nur insoweit anfechtbar, als sie den im Teilurteil beschiedenen Teil des Streitgegenstands betrifft[55]. Sie in vollem Umfang als anfechtbar anzusehen, wäre sachlich nicht zu rechtfertigen, weil die Kostenentscheidung im übrigen mit dem Teilurteil nichts zu tun hat. Die dann nötige Zergliederung der Kostenentscheidung ist möglich, einerlei ob das Schlußurteil schon zum Ausdruck gebracht hat, wieweit seine Kostenentscheidung auf dem Teilurteil oder der restlichen Sachentscheidung im Schlußurteil beruht (→ Rdnr. 11).

9a Gleiches gilt, wenn nach einem Teilurteil das **Schlußurteil nur noch über die Kosten** ergeht: Das Schlußurteil kann im Kostenpunkt angefochten werden, sofern auch das Teilurteil angefochten wird[56].

2. Anfechtung der Kostenentscheidung des Schlußurteils bei Erfolg eines Rechtsmittels gegen das Teilurteil

10 Ist über ein Rechtsmittel gegen das Teilurteil vor Erlaß des Schlußurteils entschieden worden, so ist die Rechtsmittelentscheidung bei der Kostenentscheidung des Schlußurteils zu berücksichtigen. Geschieht dies nicht (z.B. weil die Rechtsmittelentscheidung noch nicht bekannt war oder gleichzeitig mit dem Schlußurteil erging[57]), so sollte bei Erfolg des Rechtsmittels gegen das Teilurteil trotz § 99 Abs. 1 die Anfechtung des Schlußurteils allein im Kostenpunkt (mit Berufung oder Revision) für zulässig erachtet werden[58], damit die Aufspaltung in Teil- und Schlußurteil nicht zu einer Verkürzung des Rechtsschutzes führt. Zur Anfechtung einer **unzulässigen Kostenentscheidung im Teilurteil** → Rdnr. 4.

V. Anfechtung von Mischentscheidungen im Kostenpunkt

11 Nicht selten treffen Fälle des § 99 Abs. 2 oder des § 91a Abs. 2 mit solchen des § 99 Abs. 1 zusammen. Die Behandlung derartiger Mischentscheidungen im Kostenpunkt war lange strittig. Es geht nicht an, die Anfechtung der Kostenentscheidung hier einfach mit der Begründung zu verneinen, daß ja eine Entscheidung in der Hauptsache ergangen sei und deshalb § 99 Abs. 1 ein auf die Kosten beschränktes Rechtsmittel ausschließe[59]. Denn die Kostenentscheidung beruht nur teilweise auf der streitigen Hauptsacheentscheidung. Die gesonderte Anfechtung ist auch nicht deshalb auszuschließen, weil die Kostenentscheidung eine untrennbare Einheit bilde[60]. Die **Trennung** der einheitlichen Kostenentscheidung bereitet praktisch keine Schwierigkeiten, wenn die unterschiedliche Begründung ohne weiteres aus der Urteilsformel hervorgeht (z.B. wenn der Beklagte zum Teil gemäß seinem Anerkenntnis, zum Teil trotz seines Bestreitens verurteilt ist, die Kosten aber nach §§ 92, 93 geteilt sind), weil dann zweifelsfrei feststeht, daß die teilweise Kostenbelastung des Klägers den anerkannten Teil des Klageanspruchs betrifft. In manchen

---

[52] *BGHZ* 29, 127 = *NJW* 1959, 578; *RG* JW 1936, 2544.
[53] Aber nicht wegen der vom Hauptrechtsmittel nicht angegriffenen *Sachentscheidung* des Schlußurteils, *KG* MDR 1990, 160.
[54] *BGHZ* 29, 127 = *NJW* 1959, 578.
[55] A.M. *RGZ* 163, 252; JW 1936, 182.
[56] *BGH* JurBüro 1983, 379; *RG* JW 1936, 2544; *OLG Celle* NdsRpfl. 1956, 128; *OLG Frankfurt* JurBüro 1978, 1566.
[57] *BGH* MDR 1961, 138 hält diesen Fall für schwer denkbar und bei gewissenhafter Prozeßführung durch die Rechtsanwälte für vermeidbar. Daher läßt der *BGH* offen, wie bei dieser Situation zu verfahren wäre.
[58] Nach *BGH* MDR 1961, 138 und *OLG Frankfurt* MDR 1977, 143 ist dagegen die Anfechtung des Schlußurteils im Kostenpunkt nur zulässig, wenn das Verfahren über das Rechtsmittel gegen das Teilurteil noch beim Rechtsmittelgericht anhängig ist.
[59] So vor allem *RGZ* 59, 431.
[60] So z.B. *RGZ* 55, 394; aber auch *OLG Köln* MDR 1959, 934 (mit Ausnahmen in Härtefällen).

Fällen werden sich auch die Gründe des Urteils darüber aussprechen, wieweit die Gesamtentscheidung einen anerkannten oder einen nach Sachprüfung entschiedenen Teil des Klageanspruchs betrifft. Aber selbst wenn das erkennende Gericht darüber geschwiegen hat, ist das Rechtsmittelgericht vor keine unlösbare Aufgabe gestellt, wenn es selbst diese Berechnung nachträglich vornimmt. Daß dies u. U. nur durch eine Schätzung geschehen kann und daß, auch wenn die einheitliche Kostenentscheidung sachlich nur zum Teil geändert werden darf und muß, sie insgesamt einer Neufassung bedarf, kann kein Hinderungsgrund sein[61].

Auch wenn es danach zu **Rechtsmitteln verschiedener Art** gegen dieselbe Entscheidung kommen sollte, ergeben sich keine unüberwindlichen Schwierigkeiten[62]. Hinsichtlich der Statthaftigkeit und Zulässigkeit der Rechtsmittel muß es nach h.M. stets bei der Vielfalt der Verfahren verbleiben (→ aber § 91 a Rdnr. 34 b). Man muß dann jedoch dem Gericht die Befugnis zuerkennen, die verschiedenen Verfahren in entsprechender Anwendung des § 147 zu verbinden und sodann nach den Grundsätzen eines, und zwar des »besseren« Rechtsmittels einheitlich zu behandeln, bei Konkurrenz von Berufung und Beschwerde also nunmehr nur noch ein Berufungsverfahren durchzuführen. Die Gerechtigkeit fordert in diesen Fällen jedenfalls grundsätzlich die Möglichkeit einer **getrennten Anfechtbarkeit im Kostenpunkt, soweit dies bei gesonderter Kostenentscheidung zulässig wäre** (→ auch § 91 a Rdnr. 34 f.). Keine Partei darf durch den äußeren, ihrer Einflußnahme entzogenen Umstand der einheitlichen Kostenentscheidung in ihren prozessualen Möglichkeiten beschnitten werden. Die Rechtsprechung läßt dies heute auch in einer **Teilanfechtung mit der sofortigen Beschwerde** nur wegen eines Kostenteils zu, und zwar ohne Rücksicht darauf, ob die Kosten, auf die sich die Anfechtung bezieht, im Urteil ausgeschieden waren oder nicht[63]. Zur Beschwer → Rdnr. 6. Für die verschiedenen Mischfälle ergibt sich folgendes: **11a**

1. Wird **teils auf Grund Anerkenntnisses, teils nach streitiger Verhandlung** entschieden, so kann das Urteil insgesamt mit der Berufung oder Revision angefochten werden[64]. Die Kostenentscheidung kann aber, soweit sie das Anerkenntnis betrifft, auch gesondert angegriffen werden, und zwar mit der sofortigen Beschwerde[65]. Das gilt auch dann, wenn zunächst ein Anerkenntnisteilurteil ergangen ist und erst das Schlußurteil über den Rest der Hauptsache streitig und über die Gesamtkosten einheitlich erkennt[66] (→ auch Rdnr. 9). Einem Rechtsmittel gegen die Hauptsacheentscheidung des Schlußurteils kann sich der Gegner wegen der Kosten des Anerkenntnisurteils anschließen[67]. **12**

2. Ist der Rechtsstreit **zum Teil durch übereinstimmende Erledigungsanzeige** erledigt, in einem Schlußurteil aber **über den restlichen Teil der Hauptsache streitig** und über die gesamten Kosten teils nach § 91a, teils nach §§ 91ff. erkannt, so kann das Schlußurteil insgesamt mit der Berufung (→ § 91a Rdnr. 34b). Die Kostenentscheidung kann aber, soweit sie den erledigten Teil betrifft, nach § 91a Abs. 2 auch selbständig mit der sofortigen Beschwerde angegriffen werden (→ § 91a Rdnr. 34a). Nichts anderes gilt, wenn zuerst ein Teilurteil ergangen ist, dann wegen des Restes beide Parteien die Erledigung der Hauptsache erklären und nunmehr ein Schlußurteil über die gesamten Prozeßkosten entscheidet, soweit es sich wiederum um die Anfechtung wegen der Kosten des erledigten Teils handelt (→ auch Rdnr. 9). Erst recht ist hier die sofortige Beschwerde zulässig, wenn die Gesamtentscheidung über die Kosten als Beschluß ergangen sein sollte (→ § 91a Rdnr. 34). **13**

---

[61] Zust. *OLG Koblenz* MDR 1986, 1032.
[62] Über verschiedene Lösungsmöglichkeiten s. *BGHZ* 40, 265 f., 271 = JZ 1960, 181 = NJW 66.
[63] *BGHZ* 40, 265 = JZ 1960, 181 = NJW 66; *BGH* MDR 1963, 44 (dazu *Kraft* MDR 1963, 126) = NJW 1962, 2252 m.w.N; *OLG Frankfurt* NJW 1963, 719; *OLG Stuttgart* ZZP 74 (1961), 308. – **A.M.** früher *RGZ* 144, 318; s. auch *OLG Köln* MDR 1959, 934.
[64] *BGHZ* 17, 392 = JZ 1955, 581 = NJW 1394; *OLG Hamm* NJW-RR 1987, 427; MDR 1974, 1023; krit. *Heintzmann* (Fn. 1), 140 ff.
[65] *BGHZ* 40, 265, 270 = JZ 1960, 181 = NJW 66; *OLG Düsseldorf* MDR 1990, 59. Der Instanzenzug hinsichtlich dieser Kosten endet beim OLG, *BGHZ* 58, 341 = MDR 1972, 678.
[66] *BGH* NJW 1963, 583, 584; *OLG Koblenz* MDR 1986, 1032; *OLG München* AnwBl. 1984, 313; *OLG Saarbrücken* AnwBl. 1992, 397; *OLG Schleswig* JurBüro 1986, 108. – Zur **Umdeutung** einer wegen Nichterreichens der Berufungssumme unzulässigen Berufung gegen das Schlußurteil in eine sofortige Beschwerde nach § 99 Abs. 2 vgl. *OLG Hamm* MDR 1974, 1023; s. auch *OLG Hamburg* WRP 1979, 142; zum **Wiederaufleben** der sofortigen Beschwerde bei Rücknahme einer später eingelegten Berufung gegen das Schlußurteil vgl. *OLG Hamm* AnwBl. 1989, 614 f.
[67] *BGHZ* 17, 392 = JZ 1955, 581 = NJW 1394.

14   3. Treffen **Erledigung nach § 91 a und Anerkenntnis zusammen**, so kann ohnedies nur die sofortige Beschwerde das richtige Rechtsmittel sein, weil es sowohl von § 91 a Abs. 2 wie von § 99 Abs. 2 vorgesehen ist (→ § 91 a Rdnr. 34). Nach den bisherigen Ergebnissen kann auch kein Zweifel bestehen, daß die Beschwerde sowohl die gesamte Kostenentscheidung angreifen kann wie auch den Teil, der das Anerkenntnis, oder den Teil, der die Erledigungserklärung betrifft, und daß es sich gleich bleibt, ob die Entscheidung ein Urteil oder ein Beschluß ist. Dagegen gehört nicht hierher der Fall, daß zum Teil auf Grund Anerkenntnisses, zum Teil nach Streit über die Erledigung entschieden wird; für diesen Fall gilt das zu Rdnr. 12 Bemerkte.

VI. Arbeitsgerichtliches Verfahren

15   § 99 gilt entsprechend (§§ 46 Abs. 2, 64 Abs. 6, 72 Abs. 5 ArbGG). Im Regelfall ist also nach Abs. 1 eine isolierte Anfechtung der Kostenentscheidung unzulässig. Gegen die Kostenentscheidung bei übereinstimmender Erledigungserklärung (§ 91 a Abs. 2) und bei Anerkenntnis (§ 99 Abs. 2) ist die sofortige Beschwerde zulässig. Auch hier muß die Beschwerdesumme von 200 DM erreicht sein (§§ 78 Abs. 1 S. 1 ArbGG, 567 Abs. 2 ZPO). Außerdem ist es erforderlich, daß in der Hauptsache die Voraussetzungen der Berufung nach § 64 Abs. 2 ArbGG (mindestens 800 DM Streitgegenstandswert oder Zulassung) vorliegen bzw. ohne Anerkenntnis oder Erledigungserklärung vorliegen können[68]. Die *weitere Beschwerde* ist ausgeschlossen (§ 78 Abs. 2 ArbGG). Gegen **Entscheidungen des LAG** ist die **Beschwerde nicht statthaft**, auch nicht gegen die Kostenentscheidung im Anerkenntnisurteil (§ 70 ArbGG).

§ 100   [Kostenhaftung von Streitgenossen]

(1) Besteht der unterliegende Teil aus mehreren Personen, so haften sie für die Kostenerstattung nach Kopfteilen.
(2) Bei einer erheblichen Verschiedenheit der Beteiligung am Rechtsstreit kann nach dem Ermessen des Gerichts die Beteiligung zum Maßstab genommen werden.
(3) Hat ein Streitgenosse ein besonderes Angriffs- oder Verteidigungsmittel geltend gemacht, so haften die übrigen Streitgenossen nicht für die dadurch veranlaßten Kosten.
(4) ¹Werden mehrere Beklagte als Gesamtschuldner verurteilt, so haften sie auch für die Kostenerstattung, unbeschadet der Vorschrift des Absatzes 3, als Gesamtschuldner. ²Die Vorschriften des bürgerlichen Rechts, nach denen sich diese Haftung auf die im Absatz 3 bezeichneten Kosten erstreckt, bleiben unberührt.

Gesetzesgeschichte: Bis 1900 § 95 CPO. Änderung: RGBl. 1898, 256.

Stichwortregister: → vor § 91 vor Rdnr. 1.

I. Kostenentscheidung bei Streitgenossenschaft ... 1	2. Ausnahmen ... 7
1. Anwendungsgebiet des § 100 ... 1	3. Form der Kostenentscheidung ... 11
2. Einheitlichkeit der Kostenentscheidung; Verstöße ... 2	III. Sieg aller Streitgenossen ... 12
	1. Kostenpflicht des Gegners ... 12
3. Anfechtung ... 5	2. Getrennt entstandene Kosten ... 13
II. Unterliegen aller Streitgenossen ... 6	3. Behandlung gemeinsamer Kosten ... 14
1. Kopfteilhaftung ... 6	4. Getrennte Kostenfestsetzung ... 15

---

[68] *Dietz/Nikisch* ArbGG, § 61 Rdnr. 8; **a.M.** *Voraufl.* In der Regel kommt ein die Beschwerdesumme von 200 DM übersteigender Kostenbetrag ohnehin erst bei einem Wert des Streitgegenstands über 800 DM vor.

IV. Unterliegen einzelner Streitgenossen	16	VII. Trennung der Verfahren; Kostenentscheidung bei Teilurteil oder Klagerücknahme gegenüber einzelnen Streitgenossen	22
1. Anwendbarkeit des § 92	16		
2. Gemeinsame Kosten	18		
3. Kostenfestsetzung	19	1. Trennung der Verfahren	22
V. Teilunterliegen einzelner Streitgenossen	20	2. Teilurteil oder Klagerücknahme gegenüber einzelnen Streitgenossen	23
VI. Beendigung durch Vergleich	21	VIII. Haftung gegenüber der Staatskasse	28

I. Kostenentscheidung bei Streitgenossenschaft[1]

1. Anwendungsgebiet der Vorschrift

§ 100 ist anwendbar auf die Streitgenossenschaft (§§ 59 ff.), auch auf die notwendige des § 62, auf verbundene Prozesse verschiedener Parteien (§ 147)[2] sowie nach § 101 Abs. 2 im Fall der streitgenössischen Streithilfe des § 69, aber immer nur, sofern die mehreren Beteiligten **sämtlich unterliegen**. – Wegen der *Vollstreckungskosten* → § 788 Rdnr. 4.   1

2. Einheitlichkeit der Kostenentscheidung; Verstöße

In den vorliegenden Fällen, also bei Beteiligung mehrerer Personen auf einer Parteiseite, gilt ebenfalls das Gebot der einheitlichen Kostenentscheidung (→ § 91 Rdnr. 7), weil es sich dabei um einen einzigen gemeinsamen Prozeß handelt. Schwierigkeiten können bei solchen Mehrpersonenverhältnissen dann entstehen, wenn die einzelnen Beteiligten mit verschiedenem Erfolg aus dem Rechtsstreit hervorgehen. Nach dem Grundsatz des § 92 sind dabei die Kosten des gesamten Verfahrens in einer einheitlichen Kostenentscheidung nach dem Bruchteil des Obsiegens im Verhältnis jedes Streitgenossen zum Gegner zu quoteln (→ Rdnr. 16). Es geht deshalb nicht an, in den Prozessen der mehreren Streitgenossen auch hinsichtlich der Kosten Einzelprozesse zu sehen[3], die rein äußerlich verbunden sind. Eine getrennte Urteilsformel würde außerdem praktisch zu Schwierigkeiten und unbilligen Ergebnissen führen.   2

---

[1] Lit.: *Bauknecht* Die Kostenregelung beim Obsiegen eines Streitgenossen, NJW 1955, 286; *ders.* Nochmals: Die Kostenregelung bei Streitgenossen, NJW 1955, 1306; *Baumgärtel* Der Gesamtschuldner im Zivilprozeß, Gedächtnisschr. f. J. Rödig (1978), 315; *Beuermann* Zur Kostenentscheidung bei nicht-gleichzeitiger Entscheidung gegenüber mehreren Gesamtschuldnern, Rpfleger 1959, 307; *Dahmen* Zur Anwendung der »Baumbach'schen Kostenformel«, DRiZ 1979, 343; *Furtner* Kostenentscheidung bei vorzeitigem Ausscheiden eines von mehreren Beklagten, JZ 1961, 626; *Gaerner* Die Kostenfestsetzung im Falle des Obsiegens eines Streitgenossen und des Unterliegens des anderen, wenn beide einen gemeinsamen Anwalt hatten, NJW 1954, 1436; *Gerold* Die Erstattungspflicht der Gegenpartei gegenüber Streitgenossen, NJW 1955, 852; *Gottwald* Grundprobleme der Streitgenossenschaft im Zivilprozeß, JA 1982, 64; *Herget* Kostenentscheidung bei teilweise gesamtschuldnerisch unterliegenden Beklagten, DRiZ 1981, 144; *ders.* Wieviel Aufwand für Nebenentscheidungen?, DRiZ 1989, 333; *Herr* Die »Baumbach'sche Formel« – ein Anachronismus?, DRiZ 1989, 86; *Husmann* Streitgenossen mit gemeinsamem Anwalt, Rpfleger 1990, 150; *Lang* Die Anwaltskosten des obsiegenden Streitgenossen, NJW 1970, 408; *ders.* Die Gesamtschuld in der Kostenerstattung, NJW 1956, 366; *Lappe* Die Kostenerstattung bei Streitgenossenschaft, Rpfleger 1980, 263; *ders.* Die relative Kostenentscheidung, MDR 1958, 655; *Mezger* Gemeinsame Kostenfestsetzung für obsiegende Streitgenossen, MDR 1953, 404; *Mümmler* Kostenfestsetzung bei Streitgenossen, JurBüro 1988, 707; *Nissen* Zur Struktur des Prozeßkostenanspruchs, Gruchot 52 (1908), 836; *Schneider* Die Kostenentscheidung bei Erlaß eines Urteils gegen einen von mehreren Streitgenossen, JR 1962, 128; *ders.* Problematische Fälle aus dem Kostenentscheidungsrecht, ZZP 78 (1965), 174; *Schroers* Kostenfestsetzung bei Streitgenossen, VersR 1975, 110; *Stegemann-Boehl* Die Baumbach'sche Formel in der Kostengrundentscheidung, JuS 1991, 320; *Tilmann* Kostenhaftung und Gebührenberechnung bei Unterlassungsklagen gegen Streitgenossen im gewerblichen Rechtsschutz, GRUR 1986, 691; *Woesner* Die Kostenentscheidung bei teils obsiegenden, teils unterliegenden Streitgenossen, NJW 1968, 782.

[2] So auch *RG* JW 1898, 74; *OLG Celle* OLGRspr. 13 (1906), 110 u. a; → § 147 Rdnr. 24.

[3] So aber *Vetzberger* NJW 1963, 1929 und 1957, 148

3   In einem **Teilurteil** gegenüber einem Streitgenossen oder bei **vorzeitigem Ausscheiden** eines Streitgenossen aus dem Rechtsstreit kann nur dann eine Kostenentscheidung ergehen, wenn und soweit sie vom Inhalt der abschließenden Entscheidung unabhängig ist (→ Rdnr. 23 ff.).

4   Hat das Gericht **fälschlicherweise** eine Kostenentscheidung gegenüber *einzelnen* Streitgenossen erlassen oder ist in der einheitlichen Entscheidung unzulässigerweise über die Kosten *getrennt* entschieden (z. B. «soweit sie den Streitgenossen A und soweit sie den Streitgenossen B betreffen»), so kann zwar im nachfolgenden Kostenfestsetzungsverfahren die Kostenentscheidung nicht *geändert*, aber so *ausgelegt* werden, daß sie der gesetzlichen Lage und dem Willen des Gerichts gerecht wird. Die getrennte Kostenentscheidung läßt erkennen, daß das Gericht die Kosten nach Maßgabe der verschiedenen Beteiligung (Abs. 2) oder unter Berücksichtigung besonderer Angriffs- und Verteidigungsmittel (Abs. 3) verteilen wollte. Dem ist bei der Kostenfestsetzung Rechnung zu tragen. Nur bei gleicher Beteiligung und beim Fehlen besonderer Angriffs- und Verteidigungsmittel ist also eine Haftung nach Kopfteilen (Abs. 1) anzunehmen[4].

3. Anfechtung

5   Die Anfechtung der Kostenentscheidung folgt dem § 99, wobei jeder Streitgenosse nach § 61 vom anderen unabhängig ist.

II. Unterliegen aller Streitgenossen

1. Kopfteilhaftung

6   Beim Unterliegen aller Streitgenossen trägt nach der **Regel**[5] **des Abs. 1** jeder einen **Kopfteil** der Kosten, ohne Rücksicht auf das Maß seiner Beteiligung am Streitgegenstand und ohne für den Kopfteil der anderen zu haften. Doch gilt Abs. 1 nur für die Erstattungspflicht gegenüber dem Gegner[6]. Im Verhältnis der unterliegenden Streitgenossen zueinander ist lediglich das bürgerliche Recht maßgebend.

2. Ausnahmen

7   a) Bei erheblicher **Verschiedenheit der Beteiligung** am Rechtsstreit kann diese gemäß **Abs. 2** nach freiem Ermessen[7], auch *ohne Antrag*, zum Maßstab genommen werden. Beteiligung am Rechtsstreit ist einerseits die materielle Beteiligung am Streitgegenstand, andererseits die an der Verhandlung des Prozesses, wie z. B. wenn ein Streitgenosse anerkennt[8] oder

---

(dagegen insbes. *Schneider* JR 1962, 133), der sich zu Unrecht auf *BGH* LM § 91 Nr. 2 (Leitsatz c) = NJW 1954, 1451 (Leitsatz in Anm. der Schriftleitung zu Nr. 10 wiedergegeben) = JurBüro 1969, 942 beruft, weil dort diese Frage allenfalls am Rande und nur mittelbar behandelt ist. Vgl. auch *OLG Düsseldorf* VersR 1981, 537 (L), das Abs. 1 und 4 nicht anwenden will, wenn die Kostentragungspflicht auf verschiedenen Prozeßrechtsverhältnissen beruht.

[4] ; *OLG Braunschweig* OLGRspr. 19 (1909), 80; *OLG Dresden* OLGRspr. 23 (1911), 164; 20 (1910), 130; *OLG Düsseldorf* JurBüro 1974, 1008; *KG* JurBüro 1973, 551; JW 1931, 2044.

[5] Vgl. nur *OLG Bamberg* FamRZ 1993, 588.
[6] *OLG Naumburg* OLGRspr. 19 (1909), 79. – Zur betragsmäßigen Festsetzung im Kostenfestsetzungsbeschluß → § 104 Rdnr. 20.
[7] Das, wie sonst auch, der Nachprüfung in der Revisionsinstanz entzogen ist, *RG* Recht 1931, 838; WarnRspr. 1926 Nr. 47.
[8] Vgl. aber auch *BGH* JZ 1985, 853, 854: Erkennt die Hauptpartei nach Erledigung der Hauptsache die *Kostenpflicht* an (→ dazu § 91a Rdnr. 30a), wird der streitgenössische Nebenintervenient nicht anteilig mit den Kosten des Rechtsstreits, sondern nur mit denen der Nebenintervention belastet.

säumig ist, der andere Streitgenosse erst nach langem Streit unterliegt[9], insbesondere wenn einer allein ein Rechtsmittel einlegt[10]. Das größere oder geringere wirtschaftliche Interesse am Sieg hat dagegen außer Betracht zu bleiben[11]. Bei der Quotenverteilung ist auf die Wertklasse des GKG Rücksicht zu nehmen.

b) Wenn ein Streitgenosse ein **besonderes Angriffs- oder Verteidigungsmittel** (→ § 96 Rdnr. 4) geltend gemacht hat, das die übrigen nicht für sich verwertet haben, so ist das Gericht nach **Abs. 3 verpflichtet, dem Streitgenossen die dadurch entstandenen besonderen Kosten auch ohne Antrag zur Last zu legen.** Ob die Geltendmachung Erfolg hatte, spielt, anders als bei § 96, keine Rolle, weil es sich hier um die Kostenpflicht der unterliegenden, nicht der siegenden Partei handelt. 8

c) Sind mehrere Beklagte und Widerbeklagte in der **Hauptsache als Gesamtschuldner** verurteilt oder sonst unterlegen[12], so haften sie, wie **Abs. 4** klarstellt, kraft Gesetzes auch für die Kosten als Gesamtschuldner nach §§ 421f. BGB, gleichviel ob die gesamtschuldnerische Haftung in der Hauptsache im Urteilstenor zum Ausdruck kommt oder sich aus den Urteilsgründen ergibt[13] (→ auch Rdnr. 12). Dies gilt aber nur im Verhältnis zum Prozeßgegner. Die Kostenausgleichung der Streitgenossen untereinander folgt dem § 426 Abs. 1 S. 1 BGB, so daß im Innenverhältnis die Kosten in der Regel nach Köpfen zu verteilen sind, nicht nach einer für den Hauptsacheanspruch etwa bestehenden Ausgleichsregelung[14]. Abweichungen von der Regel gleicher Kopfteile können aber aus Abs. 3 oder aus schuldhaften Pflichtverletzungen im materiell-rechtlichen Verhältnis (z.B. Nichterfüllung einer Freistellungspflicht) entstehen. Zur *Kostenfestsetzung* gilt das in Rdnr. 19 Gesagte sinngemäß. – Für die Niederlage mehrerer *Kläger* gilt Abs. 4 schon deswegen nicht, weil sie nicht in der Hauptsache als Gesamtschuldner verurteilt werden können[15]. 9

Die gesamtschuldnerische Haftung tritt aber nur «unbeschadet der Vorschrift des Abs. 3» ein. Das Gericht hat also auch bei der Verurteilung der Gesamtschuldner durch ausdrückliche Anordnung[16] (→ Rdnr. 11) die Kosten einzelner **Angriffs- oder Verteidigungsmittel** einem von ihnen zur Last zu legen, soweit sie «besondere» in dem zu Rdnr. 8 angeführten Sinn sind; den Fall ausgenommen, daß nach den Vorschriften des bürgerlichen Rechts die **gesamtschuldnerische Haftung** sich auch auf die **Prozeßkosten** ohne Einschränkung erstreckt[17]. 10

3. Form der Kostenentscheidung

Für den Regelfall der Haftung nach Kopfteilen (→ Rdnr. 6) und den Ausnahmefall der Gesamthaftung (→ Rdnr. 9) bedarf es keines besonderen Ausspruches im Urteil[18]. In den anderen Fällen dagegen hat die anderweitige Verteilung (→ Rdnr. 7) oder Ausscheidung (→ Rdnr. 8, 10) im Urteil, nicht im Kostenfestsetzungsbeschluß zu erfolgen, weil es sich um die Kostentragungspflicht, nicht um den Betrag handelt[19] (→ auch Rdnr. 27, 28). 11

---

[9] S. auch *BGH* LM § 4 Nr. 9; *OLG Hamburg* Seuff-Arch. 72 (1917), 383.

[10] Beim erfolglosen Rechtsmittel ergibt sich die alleinige Kostenpflicht des Rechtsmittelführers schon aus § 97 Abs. 1, auch bei notwendiger Streitgenossenschaft, *RG* JW 1938, 1522.

[11] Vgl. *KG* OLGRspr. 25 (1912), 79.

[12] Z.B. bei Feststellungsklagen oder im Falle des § 304, *OLG Bamberg* OLGRspr. 1 (1900), 465.

[13] *OLG Bamberg* OLGRspr. 1 (1900), 465; *OLG Frankfurt* JurBüro 1984, 605; *OLG Hamm* JurBüro 1974, 886; *KG* JW 1933, 1986; Rpfleger 1975, 143; *OLG Karlsruhe* NJW 1973, 1202; *LG Köln* MDR 1981, 502. – Zur *Abgrenzung* von Abs. 1 und Abs. 4 vgl. auch *Baumgärtel* Gedächtnisschrift f. J. Rödig (1978), 315 f.; für **Unterlassungsklagen** *Tilmann* GRUR 1986, 691.

[14] *BGH* NJW 1974, 693; *OLG Düsseldorf* VersR 1992, 582 f.; JurBüro 1987, 1284.

[15] *OLG Koblenz* MDR 1991, 257; *OLG Schleswig* SchlHA 1979, 54 (L).

[16] A.M. (im Festsetzungsverfahren stets von Amts wegen zu beachten) *OLG Braunschweig* OLGRspr. 19 (1909), 80; *OLG Düsseldorf* JurBüro 1974, 1008; *OLG Frankfurt* JurBüro 1981, 1400; *KG* MDR 1977, 321; *OLG Köln* MDR 1988, 325; *LG Münster* JurBüro 1978, 754.

[17] Dies gilt nicht für Bürge und Hauptschuldner bei § 767 Abs. 2 BGB, *BGH* JZ 1955, 99 = NJW 1398.

[18] Vgl. *OLG Bamberg* FamRZ 1993, 588.

[19] *OLG München* MDR 1989, 166; *OLG Schleswig* JurBüro 1983, 1883; *RG* JW 1886, 314.

III. Sieg aller Streitgenossen

1. Kostenpflicht des Gegners

12 Der Sieg aller Streitgenossen ist in § 100 nicht geregelt. Nach dem **Grundsatz des § 91** sind dem Gegner **im Urteil** »die Kosten«, d. h. *alle* Kosten des Rechtsstreits aufzuerlegen. Die Frage, welche Kosten jeder Streitgenosse verlangen kann, ist erst im Kostenfestsetzungsverfahren zu entscheiden (→ Rdnr. 13 ff.).

2. Getrennt entstandene Kosten

13 Zunächst kann jeder Streitgenosse die nur in seiner Person entstandenen Kosten für sich festsetzen lassen[20]. Das gilt bei Festsetzung der Kosten eines gemeinsamen Anwalts (→ Rdnr. 14) auch für die Kosten jener Tätigkeiten, bei denen der gemeinsame Anwalt nur für einen Streitgenossen tätig geworden ist, z. B. eine Beweisgebühr, die nur bezüglich seines Klagebegehrens entstanden ist (vgl. § 6 Abs. 3 S. 1 BRAGO). Erstattbar sind nur solche Kosten, die notwendig i. S. d. § 91 Abs. 1 S. 1 sind. Ohne weitere Prüfung der Notwendigkeit sind die Kosten eines *eigenen Prozeßbevollmächtigten für jeden Streitgenossen* erstattbar. Dies gilt auch, wenn bei zunächst gemeinsamer Vertretung ein Streitgenosse während des Verfahrens einen eigenen Anwalt beauftragt (→ § 91 Rdnr. 103a, § 61 Rdnr. 2). Zur Erstattbarkeit der Kosten eines Verkehrsanwalts → § 91 Rdnr. 84.

3. Behandlung gemeinsamer Kosten

14 Bei gemeinsamen Kosten, d. h. Aufwendungen, die nur einmal im Interesse aller gemacht werden, insbesondere bei **Bestellung desselben Anwalts**[21] zum Prozeßbevollmächtigten (s. dazu § 6 BRAGO), kann vom Gegner *insgesamt* nur der einmalige Betrag verlangt werden, da nur diese Kosten entstanden sind. Jeder *einzelne* Streitgenosse kann aber nicht den vollen Betrag verlangen (→ auch Rdnr. 15), sondern nur den seiner **wertmäßigen Beteiligung entsprechenden Bruchteil** der entstandenen Gesamtkosten, bei gleicher Beteiligung also den **Kopfteil**[22] (→ auch Rdnr. 18; zum Vergleich → Rdnr. 21 f.). Das gilt auch dann, wenn dem Anwalt gegenüber eine gesamtschuldnerische Haftung der einzelnen Streitgenossen für einen über den Bruchteil hinausgehenden Betrag besteht. Die Streitgenossen sind nämlich dem Gegner gegenüber hinsichtlich ihrer gemeinsamen Prozeßkosten nach § 420 BGB nicht Gesamtgläubiger, sondern Gläubiger nach Kopfteilen[23]. Eine andere Auffassung ist dem Gesetz nicht zu entnehmen und auch aus Billigkeitsgründen nicht erforderlich, zumal wenn man eine einheitliche Festsetzung durch den gemeinsamen Prozeßbevollmächtigten zuläßt (→ Rdnr. 15 a. E.). Nach der hier vertretenen Ansicht kann der einzelne auch nicht soviel ansetzen, als er im *Innenverhältnis* der Streitgenossen untereinander im Ergebnis zu überneh-

---

[20] *BGH* MDR 1986, 222 = AnwBl. 1985, 524.
[21] Haben Streitgenossen gemeinsam *mehrere* Prozeßbevollmächtigte beauftragt, so sind die Kosten erstattbar, soweit sie der Beauftragung *eines* Anwalts für *jeden* Streitgenossen entsprechen, *KG* JurBüro 1974, 86.
[22] Ebenso *OLG Bamberg* JurBüro 1993, 98; *KG* NJW 1972, 2045; *OLG Köln* JurBüro 1968, 486; *LG Lübeck* SchlHA 1964, 22; *RGZ* 31, 409; *VGH Mannheim* NJW 1975, 1671; *Gerold* NJW 1955, 854; *Vetzberger* NJW 1963, 1929. – **A.M.** (jeder kann die **gesamten Anwaltskosten** verlangen, insgesamt aber nur einmal) *OLG Düsseldorf* JurBüro 1977, 659; *OLG Frankfurt* AnwBl. 1985, 262; JurBüro 1982, 745/446; *OLG Hamm* Rpfleger 1972, 418; *OLG München* AnwBl. 1988, 651; 1980, 157; Rpfleger 1988, 37; VersR 1987, 317; *OLG Nürnberg* JurBüro 1972, 502 (*H. Schmidt*, z. T. zustimmend); *LG Arnsberg* AnwBl. 1968, 276.
[23] *OLG Koblenz* Rpfleger 1977, 216; *OLG München* JurBüro 1981, 1512; *MünchKommZPO/Belz* Rdnr. 29; *Zöller/Herget*[18] Rdnr. 4. – **A.M.** *BGH* MDR 1986, 222 = AnwBl. 1985, 524 (aber nur nach Maßgabe des konkreten Festsetzungsbeschlusses); *OLG Düsseldorf* JurBüro 1993, 355; 1987, 1824; MDR 1988, 325; *OLG Hamm* MDR 1992, 808; *Lappe* Rpfleger 1980, 263.

men hat[24], weil diese materiell-rechtliche interne Rechtsbeziehung weder nach §§ 91 ff. für die prozessuale Erstattungspflicht erheblich ist noch im Festsetzungsverfahren geprüft werden kann. Der Streitgenosse ist auch weder auf den von ihm *tatsächlich gezahlten Betrag* beschränkt[25], noch kann er mehr als den Bruchteil fordern, wenn er mehr gezahlt hat[26]. Nur dann wird man für einen Streitgenossen die **Festsetzung des gesamten Betrages**, für den er dem Anwalt gegenüber gesamtschuldnerisch haftet, gestatten können, wenn der andere Streitgenosse *zahlungsunfähig*[27] ist und dadurch die gesamtschuldnerische Haftung im Ergebnis einer Alleinschuld auf das Ganze gleichkommt (→ auch Rdnr. 18 a. E.). In diesem Fall ist auch eine Nachfestsetzung möglich (→ § 103 Rdnr. 12).

4. Getrennte Kostenfestsetzung

In jedem Fall sind in einem Kostenfestsetzungsbeschluß die Erstattungsansprüche der Streitgenossen *gesondert auszuweisen*[28]. Auch bei Einverständnis aller Streitgenossen oder bei gemeinsamem Antrag bestehen gegen eine einheitliche Festsetzung in einem Gesamtbetrag Bedenken[29], weil dies mit § 91 kaum zu vereinbaren ist und sowohl für den Gegner (wegen der unterschiedlichen Rechtsprechung bei gemeinsamen Kosten, → Rdnr. 14) als auch für den einzelnen Streitgenossen (wegen der Möglichkeit des Schuldners, sich durch Leistung an einen Streitgenossen den anderen gegenüber zu befreien) gefährlich werden könnte. Auch § 432 Abs. 1 S. 2 BGB ist weder unmittelbar noch entsprechend anwendbar[30]. Eine einheitliche Festsetzung und Betreibung erscheint nur dann zulässig, wenn der **gemeinsame Prozeßbevollmächtigte** die Kosten aller in einem Beschluß für alle festzusetzen beantragt und auch für alle die Vollstreckung einheitlich durchführt[31]. 15

IV. Unterliegen einzelner Streitgenossen

1. Anwendbarkeit des § 92

Auch der Fall, daß einer oder **einige Streitgenossen siegen**, der oder **die anderen** aber **unterliegen**, ist von § 100 nicht behandelt. Auch hier gilt der Grundsatz der einheitlichen Kostenentscheidung (→ Rdnr. 2). Für den Inhalt der Kostenentscheidung ist **§ 92 maßgebend**, wenn nicht unmittelbar, dann sinngemäß[32]. Um die Verteilung vornehmen zu können, ist 16

---

[24] So aber *OLG Braunschweig* NJW 1953, 948; *OLG Dresden* HRR 1941 Nr. 867; *KG* NJW 1972, 2045; *OLG Karlsruhe* JurBüro 1993, 35 f.
[25] Dafür *Lang* NJW 1956, 368/1035; s. auch *OLG Celle* NJW 1964, 1032 gegen *OLG Nürnberg* NJW 1963, 1313.
[26] *OLG Celle* JurBüro 1966, 394; *Gerold/Schmidt/v. Eicken/Madert* BRAGO[11], § 6 Rdnr. 61; bei Nachweis der Zahlung *Riedel/Sußbauer/Fraunholz* BRAGO[6], § 6 Rdnr. 54; a.M. *KG* NJW 1972, 2045.
[27] *KG* NJW 1972, 2045; *VGH Mannheim* NJW 1975, 1671; *Japes/Joswig* AnwBl. 1985, 526; a.M. *OLG Celle* JurBüro 1966, 394.
[28] Wer also grundsätzlich Festsetzung der gesamten Kosten des gemeinsamen Anwalts für einen Streitgenossen zulassen will (→ Rdnr. 14, 18), muß inkonsequenterweise anders entscheiden, wenn alle Streitgenossen gleichzeitig Festsetzung beantragen (dann Verteilung nach Kopfteilen) oder wenn nach Festsetzung für einen noch ein weiterer Streitgenosse Festsetzung begehrt (für den dann nur noch festgesetzt werden kann, was für den ersten noch nicht festgesetzt wurde); vgl. *OLG Bamberg*

JurBüro 1980, 540; 1978, 1498; 1977, 1717; *OLG Düsseldorf* JurBüro 1977, 725; *OLG Hamburg* JurBüro 1982, 1181; *OLG München* JurBüro 1984, 1569; *OLG Schleswig* JurBüro 1978, 1178; *Lang* NJW 1956, 1035; *Nissen* Gruchot 52 (1908), 836 ff. – A.M. *OLG Hamm* MDR 1992, 808: als Mitgläubiger könnten die Streitgenossen nur gemeinsame Festsetzung beantragen.
[29] Ablehnend *OLG Koblenz* MDR 1977, 585; *OLG München* JurBüro 1981, 1512; s. auch *OLG Braunschweig* NJW 1953, 948; *Mezger* MDR 1953, 405.
[30] *Lang* gegen *OLG Neustadt* NJW 1956, 1034.
[31] S. dazu *OLG Frankfurt* JurBüro 1985, 1552; AnwBl. 1985, 262 f.; *OLG Neustadt* NJW 1956, 1034; *LG Arnsberg* AnwBl. 1968, 276. – A.M. *OLG Düsseldorf* JurBüro 1977, 659; *OLG Koblenz* MDR 1977, 585.
[32] *BGHZ* 8, 325 = NJW 1953, 618; *BGH* MDR 1981, 928 (auch zur Änderung in der Rechtsmittelinstanz); *OLG Stuttgart* NJW 1954, 1451; *Bauknecht* NJW 1955, 1306; *Rpfleger* 1959, 307; *Furtner* JZ 1961, 627; *Gerold* NJW 1955, 853; *Lang* NJW 1970, 408 ff.; 1956, 366; *Schneider* JR 1962, 133. – A.M. *OLG Stuttgart* NJW 1955, 1325; *Vetzberger* NJW 1957, 148.

zwischen den gerichtlichen und den außergerichtlichen Kosten zu unterscheiden. Gem. § 92 ergibt sich danach folgende Urteilsformel, wenn bei gleicher Beteiligung der Beklagte X obsiegt und der Beklagte Y unterliegt: »Die Gerichtskosten tragen der Kläger und der Beklagte Y je zur Hälfte. Von den außergerichtlichen Kosten trägt der Kläger die des Beklagten X voll und die Hälfte der eigenen, der Beklagte Y die eigenen und die Hälfte der dem Kläger erwachsenen«[33]. Entsprechendes gilt bei Unterliegen eines Streitgenossen auf der Klägerseite. Sind mehr als zwei Streitgenossen am Verfahren beteiligt, so sind die entsprechenden Bruchteile einzusetzen.

17   Bei **verschiedener wertmäßiger Beteiligung** sind die Quoten nach dem Anteil am Gesamtwert zu bilden. Hat der Kläger z. B. vom Beklagten X 3000 DM und vom Beklagten Y zusätzliche 6000 DM begehrt und ist der Beklagte X unterlegen, während Y obsiegt hat, so lautet die Kostenentscheidung: «Von den Gerichtskosten tragen der Kläger 2/3, der Beklagte X 1/3. Der Kläger trägt die außergerichtlichen Kosten des Beklagten Y sowie 2/3 seiner eigenen außergerichtlichen Kosten. Der Beklagte X trägt 1/3 der außergerichtlichen Kosten des Klägers sowie seine eigenen außergerichtlichen Kosten». Sind in diesem Beispiel X und Y in Höhe von 3000 DM als Gesamtschuldner in Anspruch genommen worden, während weitere 3000 DM nur von Y begehrt wurden, so betragen die Quoten jeweils 1/2, da der gesamte Streitwert dann nur 6000 DM erreicht. Bei der Festsetzung der Quoten kann vom Verhältnis der Streitwerte abgewichen werden, wenn bestimmte Kosten nur im Verhältnis zu einzelnen Streitgenossen entstanden sind (→ § 92 Rdnr. 3b).

2. Gemeinsame Kosten

18   Gemeinsame Kosten der Streitgenossen (→ Rdnr. 14) kann der Obsiegende *nicht in voller Höhe* berechnen, nur weil er zum vollen Betrag gegenüber dem Anwalt usw. haftet[34]. Die Gegenansicht würde zu ungerechtfertigten Ergebnissen führen. Bezahlt nämlich der obsiegende Streitgenosse den Anwalt in voller Höhe, so wird der unterliegende Streitgenosse

---

[33] Sog. **Baumbach'sche Kostenformel**, h.M.; z.B. BGHZ 8, 327 = NJW 1953, 618; *Bauknecht* NJW 1955, 286; *Dahmen* DRiZ 1979, 343 (dazu *Herget* DRiZ 1981, 144); *Furtner* JZ 1961, 627; *Herr* DRiZ 1989, 86; *Lang* NJW 1970, 408; *Schneider* JR 1962, 133; *Stegemann-Boehl* JuS 1991, 320; *Woesner* NJW 1968, 782. – **A.M.** *LG Hamburg* NJW 1967, 1617, 1970 (L; abl. *E. Schneider*); MDR 1972, 61; *Beuermann* DRiZ 1978, 179; *Lappe* Rpfleger 1980, 263; krit. auch *Herget* DRiZ 1989, 333 und in *Zöller*[18] Rdnr. 7f. – Die Pflicht, **eigene Kosten** zu tragen, bedarf an sich keiner Erwähnung, ihr Ausspruch dient jedoch der Klarstellung. – Die Behandlung **gemeinsamer Kosten** (→ Rdnr. 14, 18) gehört in das Festsetzungsverfahren, nicht in die Kostenentscheidung; z. T. abweichend *Bauknecht* NJW 1955, 287; 1957, 148; *Lang* NJW 1956, 368; *Woesner* NJW 1968, 782. – Soweit für den obsiegenden Streitgenossen **Gerichtskosten** entstanden sind, kann er diese nach dem Sinn der obigen Formel vom Gegner erstattet verlangen, bei gemeinsamen Kosten der Streitgenossen aber entsprechend dem bei Rdnr. 18 Ausgeführten nur den Bruchteil. Vgl. *Lappe* MDR 1958, 655, der in die obige Formel noch den Grundsatz aufnehmen will, der Kläger habe im Verhältnis zu X die gesamte Gerichtskosten zu tragen.

[34] So aber die früher h.M.; vgl. BGH NJW 1954, 1451 = JurBüro 1969, 942 (abl. *E. Schneider*); ebenso *Lang* NJW 1970, 408ff.; Rpfleger 1969, 229;); *OLG Bamberg* JurBüro 1989, 1689; 1988, 1182; 1987, 1405; 1984, 113; 1981, 923; 1978, 1077; *OLG Braunschweig* Rpfleger 1964, 98; *OLG Düsseldorf* JurBüro 1984, 1735; 1982, 545; 1969, 415; MDR 1982, 327; NJW 1976, 1698; 1973, 1087; *OLG Frankfurt* JurBüro 1987, 1232; 1986, 96; 1985, 1552; 1980, 131; 1978, 1403; VersR 1981, 194 (L); *OLG Hamburg* JurBüro 1986, 1514; 1982, 1180; MDR 1966, 770; 1957, 623; *OLG Hamm* JurBüro 1988, 1027; 1978, 1650/62 (aber ohne die Erhöhungsgebühr nach § 6 BRAGO; ebenso *OLG München* JurBüro 1978, 1806); 1965, 156; WM 1987, 1024 (abl. *Ahorn*); MDR 1973, 507; 1969, 403; *OLG Karlsruhe* Justiz 1971, 247; AnwBl. 1964, 56 (anders aber NJW 1968, 1579); *OLG München* NJW 1973, 2070; 1970, 1797; 1956, 1642; JurBüro 1964, 579; *OLG Neustadt* NJW 1965, 206; *OLG Nürnberg* (7. ZS gegen 4. ZS) JurBüro 1966, 706; *OLG Oldenburg* JurBüro 1988, 484; NdsRpfl. 1970, 112; *OLG Schleswig* SchlHA 1978, 178; 1974, 170; 1972, 213; 1962, 103; *OLG Zweibrücken* JurBüro 1985, 924; 1979, 1565; NJW 1966, 854 (L); *LG Landau* AnwBl. 1978, 429; *LG München I* JurBüro 1981, 766; *OVG Lüneburg* AnwBl. 1979, 154. – Nach *Bauknecht* NJW 1956, 358 und *LG Köln* NJW 1960, 1013 kann dann wenigstens der Gegner der siegreichen Streitgenossen die Hälfte der gemeinsamen Kosten auf den unterlegenen Streitgenossen **abwälzen**, s. a. *Bauknecht* NJW 1957, 148f.; *Lang* NJW 1956, 368; **a.M.** *OLG Düsseldorf* MDR 1963, 39; *OLG Frankfurt* JurBüro 1965, 160; MDR 1959, 497; *OLG München* NJW 1956, 1642; *OLG Stuttgart* NJW 1957, 149; *Gerold/Schmidt/v.Eicken/Madert* BRAGO[11], § 6 Rdnr. 63.

hinsichtlich der Anwaltskosten völlig entlastet, obwohl er nach § 92 kostentragungspflichtig ist. Zahlt der obsiegende Streitgenosse nur einen Anteil der Anwaltskosten, so bekommt er durch die volle Erstattung des Gegners einen Vorteil, der dem Grundsatz des Kostenrechts widerspricht, denn dieses soll nur tatsächlich entstandene Kosten ausgleichen. Auszugehen ist daher auch hier in Anlehnung an § 100 Abs. 1 und § 420 BGB davon, daß dem Einzelnen nur ein **Kopfteil** zusteht, wobei jedoch eine unterschiedliche wertmäßige Beteiligung oder eine wesentlich verschiedene Tätigkeit des Anwalts für einen der mehreren Auftraggeber zu Änderungen führen kann[35] (→ Rdnr. 14). Zu weit geht es aber, auf die Haftung im *Innenverhältnis* der Streitgenossen zueinander abzustellen[36] (mag das auch wegen § 426 Abs. 1 BGB häufig auf eine Kopfteilhaftung hinauslaufen) oder die *tatsächlich geleisteten Zahlungen* in dem Sinne entscheiden zu lassen, daß für den Streitgenossen u. U. weniger[37] oder mehr, als seinem Kopfteil entspricht, festgesetzt wird[38], denn diese Umstände können im Kostenfestsetzungsverfahren nicht geprüft werden (→ auch Rdnr. 14). Dagegen wird man auch hier über den Kopfteil hinausgehen können, wenn der unterlegene Streitgenosse *zahlungsunfähig* ist, ohne daß es auf die tatsächliche Zahlung durch den obsiegenden Streitgenossen ankommt[39] (→ auch Rdnr. 14 a. E.).

3. Kostenfestsetzung

Im Urteil selbst ist über die vorstehend zu Rdnr. 18 behandelten Fragen nichts zu sagen[40]. **19** Die Kostenfestsetzung hat **getrennt** im Verhältnis zwischen dem siegreichen Streitgenossen und dem Gegner einerseits, dem unterlegenen Streitgenossen und dem Gegner andererseits zu erfolgen. Eine Festsetzung von Ausgleichsansprüchen unter den Streitgenossen kommt nur dann in Betracht, wenn diese Ansprüche in der Kostengrundentscheidung eindeutig tituliert sind[41] (→ auch § 103 Rdnr. 8 und für den Vergleich § 98 Rdnr. 12).

---

[35] *OLG Bamberg* JurBüro 1978, 1499; *OLG Celle* NdsRpfl. 1980, 90; 1976, 35; 1973, 130; JurBüro 1976, 1550; *KG* JW 1937, 246; NJW 1964, 357; *OLG München* NJW 1973, 2070; *OLG Stuttgart* JurBüro 1978, 216; Justiz 1977, 237; *LG Hannover* JurBüro 1981, 450; *BayVGH* JurBüro 1992, 536; *RGZ* 39, 383; 31, 406; JW 1897, 342; 1896, 654. – Bei Streitgenossenschaft nach § 60 (die Streitgenossen stellen in einem Verfahren verschiedene Anträge) kann der obsiegende Streitgenosse die tatsächlich ihm entstandenen Kosten erstattet verlangen, weil er gem. § 6 Abs. 3 BRAGO nur für seine eigenen Kosten dem Anwalt gegenüber haftet; *OLG Hamm* JurBüro 1977, 1713; Rpfleger 1970, 142; *Gerold/Schmidt/v.Eicken/Madert* BRAGO[11], § 6 Rdnr. 52; vgl. auch *OLG Hamburg* JurBüro 1982, 1180.

[36] Dafür die heute h.M.; vgl. *OLG Bamberg* JurBüro 1987, 1552; *OLG Braunschweig* MDR 1979, 62; *OLG Bremen* JurBüro 1978, 366; *OLG Frankfurt* VersR 1985, 1052 (L; aber nur bei Entscheidung nach der Baumbach'schen Formel; ebenso *MünchKommZPO/Belz* Rdnr. 44); *KG* JurBüro 1984, 1090; NJW 1972, 2045; *OLG Karlsruhe* JurBüro 1992, 546; 1984, 114; 1979, 1710; AnwBl. 1988, 653; 1979, 436/183; *OLG Koblenz* JurBüro 1988, 1691; 1985, 592; 1981, 767; 1979, 1071; MDR 1977, 407 = AnwBl. 253 (abl. *H.Schmidt*); DAR 1986, 119; *OLG Köln* JurBüro 1987, 899; *OLG Nürnberg* JurBüro 1983, 1404; MDR 1976, 229; 1966, 937; NJW 1966, 555; 1963, 1313; *OLG Schleswig* JurBüro 1986, 1411; 1985, 1717; 1980, 1257; AnwBl. 1983, 177; *OLG Stuttgart* 1987, 1089; *LG Bayreuth* JurBüro 1983, 441; *LG Bochum* AnwBl. 1982, 529; *LG Bonn* JurBüro 1990, 71; *LG München II* Rpfleger 1989, 476; *LG Ulm* DAR 1989, 29; *Hansens* JurBüro 1992, 715; *Husmann* Rpfleger 1990, 150; *Mümmler* JurBüro 1988, 707; grds. auch *OLG Koblenz* JurBüro 1986, 919. – Z.T. findet sich die Einschränkung, daß das Innenverhältnis regelnde **Absprachen unberücksichtigt** bleiben sollen; vgl. *OLG Köln* JurBüro 1980, 611; *OLG Stuttgart* JurBüro 1990, 625; *OLG Zweibrücken* JurBüro 1987, 1794; *VGH Mannheim* NJW 1973, 2317; *MünchKommZPO/Belz* Rdnr. 40; der Unterschied zu der hier vertretenen Ansicht ist dann nur noch gering.

[37] *OLG Nürnberg* MDR 1966, 937 (L); *Lang* NJW 1956, 368. – A.M. *Bauknecht* NJW 1956, 370.

[38] Grundsätzlich dafür *KG* NJW 1964, 357; *OLG Nürnberg* MDR 1966, 937 (L); *LG Berlin* NJW 1959, 1930; *Gaerner* NJW 1954, 1436; *Gottwald* JA 1982, 66; z.T. aber nur bei Festsetzung Zug um Zug gegen Abtretung des Ausgleichsanspruchs, *KG* NJW 1972, 2045; *OLG Köln* JurBüro 1972, 59; NJW 1964, 1909; *LG Krefeld* JurBüro 1981, 1084ff.; *VGH Mannheim* NJW 1973, 2317.

[39] *OLG Braunschweig* MDR 1979, 62; *KG* NJW 1964, 357; *OLG Karlsruhe* AnwBl. 1988, 653; JurBüro 1984, 114; *OLG Köln* JurBüro 1972, 59; NJW 1964, 1908;; *OLG Nürnberg* MDR 1966, 937 (L); *LG Hannover* JurBüro 1981, 450; *VGH Mannheim* NJW 1973, 2317. – **A.M.** *OLG Bremen* JurBüro 1978, 1879 (Zwangsvollstreckung muß ernsthaft angedroht sein).

[40] S. schon *RG* JW 1898, 12; *OLG Dresden* SeuffArch. 65 (1910), 247.

[41] *KG* JW 1937, 1662; *OLG Koblenz* MDR 1986, 764; Rpfleger 1980, 444; *LG Berlin* JurBüro 1982, 1723. – Hat nur der unterlegene Streitgenosse, insbesondere eine

V. Teilunterliegen einzelner Streitgenossen

20 Hier gilt, wie bei Rdnr. 16, die **Anwendbarkeit des § 92**. Je nach dem Bruchteil des Unterliegens sind die Kosten zu quoteln. Die Kostenquotelung nach § 92 ist auch dann anzuwenden, wenn alle Streitgenossen teilweise unterliegen. Für die Erstattung gemeinsamer Kosten der Streitgenossen gilt, wie bei Rdnr. 18, daß jeder Streitgenosse nur die entsprechende Quote auf den Kopfteil erstattet verlangen kann[42].

VI. Beendigung durch Vergleich

21 Enthält der Vergleich keine Kostenregelung, so ist die Regel der **Kostenaufhebung nach § 98** anzuwenden. Diese betrifft dann aber nicht die Kosten derjenigen (am Vergleich nicht beteiligten) Streitgenossen, für die der Kläger die Klage vor Vergleichsabschluß bereits zurückgenommen hatte[43], denn mag auch der Vergleich so auszulegen sein, daß den Kläger die außergerichtlichen Kosten der Ausgeschiedenen abweichend von § 269 Abs. 3 nicht treffen sollen, so kann eine entsprechende Erklärung der am Vergleich beteiligten Streitgenossen doch nur als Erfüllungsübernahme (§ 415 Abs. 3 BGB) ohne befreiende Wirkung für den Kläger gewertet werden, da Vergleichsparteien über fremde Rechte nicht verfügen können[44].

21a Auch wenn der Vergleich eine **Kostenregelung** enthält, aber gemeinsame Kosten der Streitgenossen nicht ausdrücklich regelt[45] (z. B. bei Übernahme der Kosten eines Streitgenossen bzw. der eigenen Kosten durch einen Streitgenossen), ist nur der auf den Kopfteil entfallende Betrag zu erstatten[46].

VII. Trennung der Verfahren; Kostenentscheidung bei Teilurteil oder Klagerücknahme gegenüber einzelnen Streitgenossen

1. Trennung der Verfahren

22 Wird ein Verfahren gem. § 145 getrennt, so ist es kostenrechtlich so zu behandeln, als ob von Anfang an zwei Prozesse vorgelegen hätten[47]. Von den vor der Trennung eventuell gemeinsamen Kosten der Streitgenossen ist dann bei identischem Streitgegenstand die der Kopfzahl entsprechende[48] und bei verschiedenem Streitgegenstand die dem Wertverhältnis entsprechende Quote einzusetzen.

Haftpflichtversicherung, dem gemeinsamen Prozeßbevollmächtigten **Prozeßauftrag** erteilt, so kann eine Festsetzung von Anwaltskosten für den siegreichen Streitgenossen nicht erfolgen, wenn die Anwaltskosten nicht als Aufwendungen des siegreichen Streitgenossen angesehen werden können, *OLG Köln* JurBüro 1973, 1199; *OLG Zweibrücken* JurBüro 1988, 355f.; → aber auch § 91 Rdnr. 15 (für nicht am Prozeß beteiligten Dritten).

[42] *OLG Köln* JurBüro 1968, 486, das aber bei überhöhter Festsetzung für einen Streitgenossen Ausgleichung vorsieht. – **A.M.** (Berechnung richtet sich nach der höchsten Quote, aber insgesamt nur einmal für alle Streitgenossen) *OLG Düsseldorf* JurBüro 1975, 467.

[43] **A.M.** *OLG Koblenz* JurBüro 1989, 216; anders aber *OLG Koblenz* VersR 1981, 1136 (L).

[44] Ausf. dazu *Bork* Der Vergleich (1988), 332 ff.

[45] Dies ist Auslegungsfrage; vgl. etwa *OLG München* MDR 1988, 679 (Kostenquotelung gilt auch für die des gemeinsamen Anwalts); AnwBl. 1986, 542.

[46] *OLG Bamberg* JurBüro 1978, 593; 1971, 625 (abl.

Mümmler); *KG* JurBüro 1970, 995; *OLG Koblenz* JurBüro 1981, 1400. – **A.M.** *OLG Düsseldorf* Rpfleger 1969, 436 (abl. *Lang*); *OLG München* VersR 1988, 1193; *LG Köln* JurBüro 1967, 329 (abl. *Tschischgale*), die auch bei Vergleichen die Erstattungsfähigkeit der **vollen Kosten** des gemeinsamen Anwalts annehmen (→ auch Rdnr. 14, 18); ferner *OLG Karlsruhe* JurBüro 1992, 546 und (in einem Sonderfall) *OLG Koblenz* JurBüro 1979, 1818, die nach dem **Innenverhältnis** an den Kosten entscheiden; ebenso *OLG München* NJW 1969, 1124 = Rpfleger 436 (abl. *Lang*) und *LG München I* JurBüro 1981, 766, wonach bei einem Vergleich, demzufolge der Kläger die Kosten nur eines Streitgenossen tragen soll, während im übrigen Kostenaufhebung vereinbart ist, mit Wirkung für alle Beteiligten feststehen soll, daß der begünstigte Streitgenosse **nur die Erhöhungsgebühr** nach § 6 BRAGO tragen und ersetzen verlangen können nen soll.

[47] *OLG München* AnwBl. 1971, 355.

[48] *OLG Frankfurt* JurBüro 1987, 1231.

2. Teilurteil oder Klagerücknahme gegenüber einzelnen Streitgenossen

a) Wird eine Klage gegen einen Streitgenossen nur **zum Teil abgewiesen** oder obsiegt ein Streitgenosse teilweise, so darf das Teilurteil **keine Kostenentscheidung** enthalten[49], da hier die gleiche Sachlage besteht, wie im Rechtsstreit zwischen zwei Personen (→ § 91 Rdnr. 7, § 301 Rdnr. 18).

b) Ein Teilurteil gegenüber einzelnen Streitgenossen liegt auch dann vor, wenn der Rechtsstreit **bezüglich einzelner Streitgenossen hinsichtlich der gesamten Klage entscheidungsreif** ist, gegen die anderen Streitgenossen noch nicht. Auch in diesen Fällen darf in aller Regel keine Kostenentscheidung ergehen. **Ausnahmen** sind aber zuzulassen, wenn und soweit die Kostenentscheidung von der nachfolgenden Entscheidung im Schlußurteil unabhängig ist[50]. Solche Ausnahmen hinsichtlich der **außergerichtlichen Kosten** sind gegeben:
- bei **Klagerücknahme** gegenüber einzelnen Streitgenossen[51];
- bei **vollständigem Obsiegen einzelner Streitgenossen**[52].

Dagegen darf in einem Teilurteil oder in einem Kostenbeschluß nach § 269 Abs. 3 auch in den genannten Ausnahmefällen eine Entscheidung über die **Gerichtskosten** nicht ergehen, da eine Trennung nach Zeitabschnitten notwendig wäre, die aber mit dem Grundsatz der Einheitlichkeit der Entscheidung nicht vereinbar ist[53].

c) Wenn **einzelne Streitgenossen unterliegen**, so bleibt es bei dem Grundsatz (→ Rdnr. 23), daß das Teilurteil eine Kostenentscheidung nicht enthalten darf, auch nicht über die außergerichtlichen Kosten des obsiegenden Gegners. (Die Feststellung, daß die unterlegenen Streitgenossen ihre eigenen außergerichtlichen Kosten zu tragen haben, erübrigt sich wegen Selbstverständlichkeit). Denn bei Unterliegen einzelner Streitgenossen hängt das Ausmaß des Obsiegens des Gegners davon ab, welche Entscheidung gegenüber den noch im Verfahren verbliebenen Streitgenossen ergeht. Die Auferlegung einer Quote der gesamten Prozeßkosten ist deshalb nicht möglich, es wäre eine Trennung nach Zeitabschnitten notwendig. Die Rechtsprechung läßt hier ebenfalls Ausnahmen zu, wenn nämlich die Gefahr, daß bei Aufschieben der Kostenentscheidung der Kostenerstattungsanspruch nicht mehr verwirklicht werden kann, z.B. bei drohender Zahlungsunfähigkeit des verurteilten Streitgenossen und insbesondere dann, wenn der Rechtsstreit gegen die anderen Streitgenossen auf unabsehbare Zeit unterbrochen ist[54].

d) Ist eine Vorwegentscheidung über die Kosten ergangen, so ist diese bei der **Fassung des Schlußurteils** zu beachten[55]. Sind Streitgenossen in einem Teilurteil unterlegen und unterliegen die anderen im Schlußurteil, so ist auch hier bei der Kostenentscheidung im Schlußurteil § 100 Abs. 1, 4 zu beachten und eine mögliche verschiedene Beteiligung der vorzeitig ausgeschiedenen Streitgenossen nach § 100 Abs. 2, 3 zu berücksichtigen[56].

---

[49] *BGH* NJW-RR 1991, 187; *Furtner* JZ 1961, 627. – A.M. *OLG Hamburg* OLGRspr. 15 (1907), 147; *OLG Nürnberg* BayJMBl. 1953, 93.

[50] *BGH* NJW-RR 1991, 187; *OLG Düsseldorf* NJW 1970, 568; *KG* JurBüro 1973, 551; *Furtner* JZ 1961, 628.

[51] *OLG Frankfurt* MDR 1961, 627; *OLG Köln* MDR 1976, 496; *OLG München* NJW 1964, 1079; *OLG Neustadt* NJW 1965, 206; *Furtner* JZ 1961, 628; *Schneider* JR 1962, 128. – A.M. *OLG Frankfurt* JW 1928, 740 Nr. 17. – Zur Entscheidung über die Klagerücknahme im Schlußurteil s. *OLG Stuttgart* JurBüro 1987, 1080.

[52] *BGH* NJW 1960, 484 = JZ 375; *OLG Düsseldorf* NJW 1970, 568; *OLG Köln* MDR 1976, 496; *Furtner* JZ 1961, 627, der als weitere Ausnahme eine Kostenentscheidung nach § 93 zuläßt, wenn ein beklagter Streitgenosse anerkennt.

[53] *OLG Köln* MDR 1976, 496; *Furtner* JZ 1961, 628. –

A.M. *OLG Neustadt* NJW 1965, 206 (abl. *E. Schneider* NJW 1965, 765); einschränkend *OLG Düsseldorf* NJW 1970, 484 und *OLG Zweibrücken* JurBüro 1983, 1881: nur, soweit Gefahr der Zahlungsunfähigkeit des erstattungspflichtigen Gegners besteht und das Verfahren gegen den anderen Streitgenossen ausgesetzt ist.

[54] *OLG München* NJW 1969, 1123; offen *BGH* NJW-RR 1991, 187; s. auch *Schneider*, Kostenentscheidung im Zivilurteil[2], 216. – A.M. *Furtner* JZ 1961, 627.

[55] Zur Tenorierung vgl. *Bull* Rpfleger 1959, 308; *Schneider* ZZP 78 (1965) 189 ff.; JR 1962, 132.

[56] *OLG Köln* MDR 1981, 590; *Bull* Rpfleger 1959, 308; vgl. auch *OLG Düsseldorf* JurBüro 1974, 1008, das aber bei Verurteilung als Gesamtschuldner § 100 Abs. 3 auch ohne besonderen Ausspruch in der Kostenentscheidung anwenden will; dagegen bereits → Rdnr. 10, 11.

VIII. Haftung gegenüber der Staatskasse

28 Die Haftung für die Gerichtskosten im Verhältnis zur Staatskasse hat in § 59 GKG eine Sonderregelung erfahren. Im Interesse der Vereinfachung ist hier **gesamtschuldnerische** Haftung der Streitgenossen vorgesehen, und zwar, in Abweichung von der allgemeinen Regel des § 54 Nr. 1 GKG, auch für diejenigen Fälle, in denen im Verhältnis zur Gegenpartei nach § 100 Abs. 1 Haftung nach Kopfteilen besteht[57]. *Wenn die Entscheidung eine Quotenverteilung der Kosten gemäß § 100 Abs. 2 oder eine Kostenaussonderung gemäß Abs. 3 enthält, so ist diese Entscheidung auch für die Kostenforderung der Staatskasse maßgebend*[58].- Die Bedeutung der Verweisung auf § 100 Abs. 4 in § 60 GKG beschränkt sich auf dessen Satz 2. Sie besagt, daß, wenn sich nach den Vorschriften des bürgerlichen Rechts die Gesamthaftung auf die Kosten schlechthin erstreckt (→ Rdnr. 1O), diese uneingeschränkte Haftung auch der Staatskasse gegenüber bestehen soll.

§ 101 [Kosten der Nebenintervention]

(1) Die durch eine Nebenintervention verursachten Kosten sind dem Gegner der Hauptpartei aufzuerlegen, soweit er nach den Vorschriften der §§ 91 bis 98 die Kosten des Rechtsstreits zu tragen hat; soweit dies nicht der Fall ist, sind sie dem Nebenintervenienten aufzuerlegen.

(2) Gilt der Nebenintervenient als Streitgenosse der Hauptpartei (§ 69), so sind die Vorschriften des § 100 maßgebend.

Gesetzesgeschichte: Bis 1900 § 96 CPO. Änderung: RGBl. 1898, 256.

Stichwortverzeichnis: → vor § 91 vor Rdnr. 1.

I. Abgrenzung zwischen den Kosten der Nebenintervention und den Kosten des Rechtsstreits[1]

1 1. Die **Kosten der Nebenintervention** (§§ 66, 74) sind diejenigen Aufwendungen der Parteien und des Streithelfers, die durch seinen Beitritt oder durch seine Zuziehung zum Verfahren (Zustellung an ihn, Vertretung usw.) entstanden sind[2], allerdings nicht die der *Streitverkündung* an ihn (→ § 73 Rdnr. 6), und ebensowenig die Kosten des Zwischenstreits über die Zulassung, mit denen der in dem Zwischenstreit unterliegende Teil nach § 91 in dem Zwischenurteil zu belasten ist[3]. Wegen des *Streitwerts* → § 70 Rdnr. 8.

2 2. Die Kosten der Streithilfe werden den **Kosten des Rechtsstreits**, d. h. den Kosten der Entscheidung des Streites unter den Parteien (→ § 91 Rdnr. 17ff.), gegenübergestellt. Daraus

---

[57] **A.M.** *OLG Bamberg* JurBüro 1992, 684. – Dadurch dehnt sich aber, wenn die Streitgenossen **verschiedene Ansprüche** geltend gemacht haben oder wegen verschiedener Ansprüche verklagt sind, die Haftung des einzelnen nicht auf die Kosten desjenigen Teiles des Streitgegenstandes aus, bei dem er *nicht beteiligt* ist. So auch *RGZ* 144, 12 (für die Haftung als Kläger aus § 49 GKG); *OLG Düsseldorf* Rpfleger 1986, 156. – **A.M.** (für die Haftung als Verurteilter gemäß § 54 GKG) *RGZ* 131, 338; dagegen *OLG Stettin* JW 1932, 3198 und *Jonas* das.

[58] Aber keine Berücksichtigung *ohne* eine entsprechende Kostengrundentscheidung, *OLG München* MDR 1989, 166; → auch Rdnr. 10, 11.

[1] **Lit.:** *Bischof* Die Streitverkündung (IV), JurBüro 1984, 1462; *Pantle* Der nicht unterstützte Streithelfer, MDR 1988, 924; *Schneider* Kosten des Nebenintervenienten bei einem Prozeßvergleich zwischen den Parteien, MDR 1983, 801; *Windel* Zur prozessualen Stellung des einfachen Streithelfers (§§ 67, 71 Abs. 3 ZPO), ZZP 104 (1991), 347.

[2] Ebenso *Bischof* JurBüro 1984, 1462.

[3] *OLG Hamburg* OLGRspr. 23 (1911), 124; *BAGE* 19, 369 = AP Nr. 1 zu § 66.

folgt, daß die Kosten der Nebenintervention nicht zu den Kosten des Rechtsstreits gehören (→ auch Rdnr. 3). Die Kosten der vom Streitgehilfen zugunsten seiner Partei geltend gemachten *Angriffs- und Verteidigungsmittel* und der von ihm eingelegten *Rechtsmittel* sind allerdings keine «durch eine Nebenintervention verursachten Kosten» i.S.d. Abs. 1, sondern gehören zu den Kosten des Rechtsstreits und fallen daher grundsätzlich der unterstützten Partei im Fall ihres Unterliegens zur Last[4]. Die Rechtsprechung macht jedoch für die **Rechtsmittelinstanzen** eine Ausnahme in dem Fall, daß der Streitgehilfe das Rechtsmittel eingelegt hat und die unterstützte Partei in der Instanz untätig geblieben ist, indem sie hier die Kosten der Rechtsmittelinstanz bei Unterliegen *dem Streitgehilfen auferlegt*[5]. Erst recht hat dies zu gelten, wenn das Rechtsmittel wegen Widerspruchs der Partei[6] oder wegen Unzulässigkeit der Streithilfe[7] unzulässig ist. Ob an Stelle des Streithelfers dann ausnahmsweise die Partei die Kosten treffen, wenn diese durch ihr außerprozessuales Verhalten die Niederlage des Streithelfers verursacht hat, bestimmt sich nach materiellem Recht und ist gegebenenfalls auf besondere Klage hin zu entscheiden (→ Rdnr. 14 vor § 91). Die prozessuale Kostenpflicht davon abhängig zu machen, bieten die §§ 91, 97 keinen Anhalt[8]. Ebenso wenig kann die unterstützte Partei aus dieser Entscheidung ihre Kosten gegen den Streitgehilfen festsetzen lassen[9]. Hat das Rechtsmittel des Streithelfers zunächst Erfolg, wird aber in der höheren Instanz auf ein Rechtsmittel der Gegenpartei aufgehoben, so treffen den Streithelfer die Kosten beider Instanzen[10]. Verfolgt die Hauptpartei ein von ihr und dem Streithelfer eingelegtes Rechtsmittel nicht weiter, so trägt der Streithelfer alle Rechtsmittelkosten vom Zeitpunkt der Nichtbeteiligung der Hauptpartei an[11].

Aus der Scheidung der Kosten der Streithilfe von denen des Rechtsstreits (→ Rdnr. 2) folgt, 3 daß eine **Entscheidung**, die lediglich «die Kosten des Rechtsstreits» auferlegt, sich auf die Kosten der Streithilfe nicht bezieht und keinen *Titel* zu ihrer Festsetzung bildet[12]. Vielmehr ist über diese Kosten besonders zu entscheiden und das Urteil nötigenfalls nach § 321 zu ergänzen[13]. Wird der Rechtsstreit ohne Urteil beendet, etwa durch Prozeßvergleich, so kann auch eine gesonderte Kostenentscheidung durch Beschluß ergehen[14]; zur *Anfechtbarkeit* dieses Beschlusses → § 99 Rdnr. 4.

---

[4] *BGHZ* 49, 196; *RGZ* 69, 292; 59, 173; *JW* 1930, 3628; 1891, 100; *BayObLGZ* 1907, 97; *OLG Hamburg* VersR 1987, 376, 379; *OLG München* MDR 1979, 497; *Bischof* JurBüro 1984, 1463. – Der Streitgehilfe haftet auch nicht nach § 49 GKG, *BGHZ* 39, 296 = NJW 1963, 1778.

[5] *BGH* MDR 1960, 383 m.w.N.; *BGHZ* 49, 195 (insbes. zum Begriff der Beteiligung); *OLG Hamburg* 1979, 432; auch wenn die Hauptpartei der Rechtsmitteleinlegung nicht widersprochen hat, *BGH* NJW 1956, 115. – **A.M.** (ganz ablehnend) *Windel* ZZP 104 (1991), 347.

[6] *KG* OLGRspr. 2 (1901), 102; *OLG München* MDR 1979, 497; *LAG Düsseldorf* JurBüro 1988, 358.

[7] *OLG Hamburg* OLGRspr. 27 (1913), 30.

[8] *Pantle* MDR 1988, 925. – **A.M.** *OLG Frankfurt* MDR 1957, 622.

[9] *OLG Hamburg* JurBüro 1980, 932.

[10] *BGH* MDR 1959, 571.

[11] *BGH* MDR 1958, 419. – Dagegen ist die Hauptpartei nach § 515 Abs. 3 kostenpflichtig, wenn sie ein vom Streitgehilfen eingelegtes Rechtsmittel zurücknimmt, *OLG München* JurBüro 1977, 92.

[12] *OLG Koblenz* JurBüro 1987, 1826; *LG Itzehoe* AnwBl. 1985, 215; *LG Saarbrücken* JurBüro 1977, 1145; *RGZ* 15, 418; *JW* 1896, 191; 1889, 500; SeuffArch. 54 (1899), 96. – Ebenso für **Vergleich** *OLG Celle* VersR 1979, 1155; *OLG Frankfurt* MDR 1990, 929; *OLG München* Rpfleger 1990, 269; MDR 1972, 618; *AG Wiesbaden* AnwBl. 1982, 24; *Schneider* MDR 1983, 802. – **A.M.** *OLG Naumburg* NaumZtg. 1902, 69; teilw. abw. auch *RG* JW 1901, 73; SeuffArch. 45 (1890), 218. – Anders beim **streitgenössischen** Streitgehilfen, für den nach § 101 Abs. 2 der § 100 gilt, *OLG Karlsruhe* BadRPr. 1905, 193; *OLG Koblenz* JurBüro 1987, 1826; → auch Rdnr. 8.

[13] *BGH* NJW 1975, 218; *OLG Karlsruhe* BadRPr. 1913, 78; *OLG Köln* OLGZ 1992, 244; *RGZ* 46, 393; *LG Itzehoe* AnwBl. 1985, 215. – Zur *Frist* für die Urteilsergänzung → § 321 Rdnr. 13.

[14] *BGH* NJW 1967, 983; *OLG Braunschweig* JurBüro 1988, 78; *OLG Celle* AnwBl. 1983, 447; VersR 1979, 1155; *OLG Frankfurt* MDR 1990, 929; JurBüro 1979, 1205; NJW 1978, 2558 (L) = MDR 1979, 63; *OLG Hamm* OLGZ 1990, 441; 1988, 323; JurBüro 1985, 1561; *KG* AnwBl. 1985, 383; *OLG Koblenz* MDR 1968, 159; *OLG Köln* JurBüro 1983, 1882; *OLG München* OLGZ 1992, 326; Rpfleger 1990, 269; *OLG Schleswig* JurBüro 1973, 996; SchlHA 1965, 264; wohl auch *RGZ* 56, 114; **a.M.** (durch Urteil) *LG Mainz* MDR 1968, 679.

II. Entscheidung über die Kosten der Nebenintervention

4 1. Soweit der **Gegner** nach §§ 91ff. oder § 269[15] die Kosten des Rechtsstreits trägt, sind ihm nach Abs. 1 die Kosten der Nebenintervention aufzuerlegen[16]. Die Entscheidung ergeht von Amts wegen (§ 308 Abs. 2)[17]. Bei Beendigung des Rechtsstreits in der Berufungsinstanz entscheidet das Berufungsgericht, und zwar auch dann, wenn der Streithelfer in der 2. Instanz nicht mehr vertreten war[18]. Auf Grund der Verurteilung kann der Streitgehilfe die **Festsetzung** seiner Kosten verlangen, ohne daß jetzt die im Prozeß selbst unbeanstandet gebliebene Zulässigkeit der Nebenintervention[19] oder die Notwendigkeit einzelner Anträge[20] zu prüfen wäre. Die Kosten eines besonderen Anwalts sind erstattungsfähig (→ § 91 Rdnr. 103).

5 2. Soweit dagegen die **unterstützte Partei** die Kosten des Rechtsstreits nach §§ 91ff. oder § 269 trägt, sind die Kosten der Streithilfe dem Streitgehilfen nach Maßgabe der §§ 91ff., also mit Erstattungspflicht dem Gegner gegenüber – nicht etwa der unterstützten Partei gegenüber – aufzuerlegen[21]. Die Anfechtung dieser Entscheidung folgt der Regel des § 99[22]. Die Hauptpartei haftet dem Gegner für die dem Streitgehilfen auferlegten Kosten nicht. Inwieweit sie etwa ihrerseits dem Streitgehilfen dafür haftet, ist eine Frage des bürgerlichen Rechts, über die im Prozeß selber nicht entschieden werden kann[23].

6 3. Diese Sätze haben zur **Voraussetzung**, daß der Streitgehilfe als solcher **zur Zeit des Urteils** noch zugelassen ist. Nimmt er den Beitritt zurück (→ § 70 Rdnr. 7), so ist er gem. § 269 sofort in die Kosten der Streithilfe zu verurteilen[24]. Dasselbe gilt, wenn er nach § 71 durch Zwischenurteil zurückgewiesen wird[25] (→ Rdnr. 1). Wird er nachträglich wieder zugelassen, so findet § 101 nur auf die Kosten der nachträglichen Zulassung (§ 71 Abs. 3) Anwendung. Die Kosten, die dadurch entstanden waren, daß der Streitgehilfe zunächst der Gegenpartei beigetreten war (→ § 66 Rdnr. 3), werden durch die Entscheidung nach § 101 nicht betroffen; diese erfaßt dann nur noch die nach dem Wechsel entstandenen Mehrkosten[26].

7 4. Beim **Vergleich** ist § 98 sinngemäß anzuwenden. Die Kosten der Streithilfe treffen den Gegner, wenn er sie nicht *ausdrücklich übernommen* hat, in dem Verhältnis, zu dem er die *Kosten des Rechtsstreits übernommen* hat. Die übrigen Kosten hat der Nebenintervenient zu tragen. Bei gegenseitiger *Aufhebung* der Kosten nach dem Vergleich oder gemäß § 98 trägt der Gegner die Hälfte der gerichtlichen und außergerichtlichen Kosten der Streithilfe, die andere Hälfte hat der Nebenintervenient selbst zu tragen[27]. Die Gegenansicht, derzufolge

---

[15] *RG* SeuffArch. 60 (1905), 37; *OLG Hamburg* SeuffArch. 73 (1918), 242; 61 (1906), 372.
[16] Rechtspolitisch krit. wegen der fehlenden Anbindung an das Veranlassungsprinzip *Windel* ZZP 104 (1991), 346.
[17] RGZ 56, 114; auch bei Beendigung durch Vergleich, *OLG Frankfurt* MDR 1990, 929; *OLG Köln* JurBüro 1983, 1882; *OLG München* OLGZ 1992, 326.
[18] *OLG Frankfurt* MDR 1990, 929; *OLG Köln* OLGZ 1992, 244; JurBüro 1989, 102; 1983, 1882.
[19] *RG* JW 1897, 106; *LG Itzehoe* AnwBl. 1985, 216. – A.M. *OLG Hamburg* OLGRspr. 15 (1907), 94.
[20] *OLG Hamburg* JurBüro 1978, 442.
[21] *OLG Frankfurt* OLGRspr. 15 (1907), 120; *Pantle* MDR 1988, 925.
[22] Vgl. *RG* JW 1898, 659.
[23] *RG* JW 1897, 303; 1893, 196; SeuffArch. 45 (1890), 356; *OLG Hamburg* JurBüro 1980, 932; *KG* OLGRspr. 35 (1917), 45.
[24] RGZ 61, 289; *Bischof* JurBüro 1984, 1464. – § 269 Abs. 4 gilt bei einer **Wiederholung des Beitritts** nicht, da es sich nicht um einen neuen Rechtsstreit handelt; a.M. *Baumbach/Lauterbach/Hartmann*[51] § 70 Rdnr. 5.
[25] *RG* JW 1886, 191.
[26] Vgl. dazu *OLG Hamburg* MDR 1989, 825 (für Beweissicherungsverfahren); JW 1930, 198; *OLG Hamm* JurBüro 1989, 402; *KG* JurBüro 1983, 1099. – A.M. *OLG München* MDR 1989, 73.
[27] *BGH* NJW 1961, 460; *OLG Braunschweig* JurBüro 1988, 78; *OLG Bremen* JurBüro 1984, 1744 (vorbehaltlich einer Kollusion); *OLG Celle* KTS 1988, 369f.; *OLG Frankfurt* MDR 1990, 929; *OLG Hamburg* JurBüro 1979, 1205; MDR 1952, 684; *OLG Hamm* OLGZ 1990, 441; AnwBl. 1985, 215; JurBüro 1985, 1561; *KG* AnwBl. 1985, 384; NJW 1953, 1872; *OLG Koblenz* MDR 1968, 159; *OLG Köln* MDR 1993, 472; JurBüro 1983, 1882; JMBl.NRW 1959, 89; *OLG München* OLGZ 1992, 326; JurBüro 1977, 1454; *OLG Schleswig* JurBüro 1989, 424; 1978, 1249 (auch bei Gesamtvergleich in einem anderen Verfahren); SchlHA 1957, 34; *LG Bayreuth* JurBüro 1978, 1398; *LG Mainz* MDR 1968, 679; *LG Rottweil* AnwBl. 1983, 557; RGZ 56, 115; *Pantle* MDR 1988, 925; *Schneider* MDR 1983, 802. – A.M. (bei Aufhebung gar kein Erstattungsanspruch des Streitgehilfen) *OLG Celle* JurBüro 1983, 448; *OLG Karlsruhe* OLGZ 1986, 383; *OLG Nürnberg* JurBüro 1988, 767; ebenso im Falle eines

eine Kostenvereinbarung im Vergleich die Kosten der Streithilfe nicht erfassen könne, weil es sich sonst um eine Vereinbarung zu Lasten eines Dritten, nämlich des Streitgehilfen, handeln würde[28], übersieht, daß § 101 Abs. 1 auf den ganzen § 98 und damit auch auf dessen S. 1, 2. Hs. («wenn nicht die Parteien etwas anderes vereinbart haben») verweist, so daß man davon ausgehen kann, daß in § 101 auch eine vertragliche Kostenregelung in einem Prozeßvergleich von Gesetzes wegen auf die Kosten der Nebenintervention erstreckt ist, weil der Nebenintervenient stets genauso wie die Hauptpartei behandelt werden soll. Diese Kostenverteilung gilt kraft der gesetzlichen Anordnung selbst dann, wenn in dem Vergleich die Kosten der Nebenintervention ausdrücklich ausgenommen wurden[29].

III. Streitgenössische Nebenintervention

Bei der sog. streitgenössischen Streithilfe (§ 69) gelten nach Abs. 2 die Vorschriften des § 100, nicht die des § 101[30] (→ auch § 69 Rdnr. 12). Dabei ist jedoch § 100 Abs. 4 nicht anwendbar, da für eine Verurteilung des streitgenössischen Streitgehilfen in der Hauptsache kein Raum ist[31]. 8

§ 102   [Aufgehoben]

Gesetzesgeschichte: Bis 1900 § 97 CPO. Änderung: RBGl. 1927 I, 175; aufgehoben BGBl. 1964 I, 933.

Nach § 102 konnte das Prozeßgericht Urkundsbeamte, gesetzliche Vertreter, Rechtsanwälte und andere Bevollmächtigte auch von Amts wegen zur Tragung der Kosten verurteilen, die diese durch grobes Verschulden verursacht hatten. Näheres dazu, auch zur rechtspolitischen Würdigung und zum Übergangsrecht, s. 19. Aufl. dieses Komm.

§ 103   [Kostenfestsetzung; Antrag]

(1) Der Anspruch auf Erstattung der Prozeßkosten kann nur auf Grund eines zur Zwangsvollstreckung geeigneten Titels geltend gemacht werden.
(2) [1]Der Antrag auf Festsetzung des zu erstattenden Betrages ist bei dem Gericht des ersten Rechtszuges anzubringen. [2]Die Kostenberechnung, ihre zur Mitteilung an den Gegner bestimmte Abschrift und die zur Rechtfertigung der einzelnen Ansätze dienenden Belege sind beizufügen.

Gesetzesgeschichte: Bis 1900 § 98, dann § 104; seit 1909 § 103. Änderungen RGBl. 1909, 475; 1927 I, 334; BGBl. 1990 I, 2847.

Mißbrauchs (Beitritt erst nach materiell-rechtlichem Vergleich) *OLG Düsseldorf* JurBüro 1980, 302. – Im **arbeitsgerichtlichen Verfahren** ist aber § 12a ArbGG zu beachten, *LAG Baden-Württemberg* AP § 12a ArbGG 1979 Nr. 2.
[28] So z.B. (und dann für Kostenentscheidung nach § 91a) *OLG Celle* VersR 1979, 1155; *OLG Hamm* OLGZ 1988, 324; *OLG Stuttgart* NJW 1974, 2009 = MDR 937 (abl. *Stürner*).
[29] *BGH* NJW 1967, 983; *OLG Bremen* JurBüro 1984, 1744; *OLG Celle* NJW 1976, 2170; *OLG Düsseldorf* MDR 1968, 425; *OLG Köln* JurBüro 1989, 102; *OLG Schleswig* SchlHA 1965, 264; *LG Flensburg* JurBüro 1975, 1501; *Bischof* JurBüro 1984, 1465; *Schneider* MDR 1983, 802. – **A.M.** (Kostentragung zur Hälfte) *OLG Frankfurt* NJW 1972, 1866; *Voraufl*.
[30] Vgl. nur *BGH* JZ 1985, 853, 854; *OLG Bamberg* JurBüro 1992, 684.
[31] Vgl. *Bischof* JurBüro 1984, 1464; *Walsmann* Streitgenössische Nebenintervention (1905), 240 ff.

Stichwortregister: → vor § 91 vor Rdnr. 1.

I. Zweck des Kostenfestsetzungsverfahrens und Verhältnis zum Hauptverfahren	1
1. Zweck	1
2. Unterbrechung und Aussetzung	2
II. Sachliche Voraussetzungen	3
1. Titel	3
a) Arten	3
b) Inhalt	4
c) Beschränkungen	5
d) Wegfall des Titels	7
2. Parteien	8
a) Antragsberechtigter	8
b) Antragsgegner	9
3. Gegenstand der Festsetzung	10
4. Erneute Festsetzung	12
5. Devisenrecht	13
III. Zuständigkeit	14
IV. Antrag auf Festsetzung	17
1. Form, Vertretung	17
2. Vorlage des Titels, vollstreckbare Ausfertigung	19
3. Kostenberechnung	20
V. Festsetzung der Vergütung des Prozeßkostenhilfeanwalts	22
VI. Arbeitsgerichtliches Verfahren	23

I. Zweck des Kostenfestsetzungsverfahrens und Verhältnis zum Hauptverfahren[1]

1. Zweck

1   Das Kostenfestsetzungsverfahren dient zur Feststellung desjenigen Betrages der Kosten, der als notwendig gemäß § 91 zu erstatten ist. Ein Urteil hat weder die Aufgabe, zu entscheiden, welche einzelnen Posten erstattungsfähig sind, noch welchen Betrag die einzelnen Posten erreichen[2]. Das Kostenfestsetzungsverfahren ist ein Sonderverfahren, das für den prozessualen Erstattungsanspruch den Klageweg ausschließt (→ vor § 91 Rdnr. 11). Zum Verhältnis zu *materiell-rechtlichen Erstattungsansprüchen* → vor § 91 Rdnr. 17. Im Kostenfestsetzungsverfahren können diese nicht geltend gemacht werden[3]. Die rechtskräftige Abweisung eines materiellen Erstattungsanspruchs hindert andererseits nicht, denselben Posten im Kostenfestsetzungsverfahren geltend zu machen[4]. Denn über den prozessualen Erstattungsanspruch konnte im Verfahren über den materiellen Anspruch nicht entschieden werden; er war aus verfahrensrechtlichen Gründen nicht Urteilsgegenstand (→ § 322 Rdnr. 99 ff.).

---

[1] Lit.: *Becker-Eberhardt* Grundlagen der Kostenerstattung bei der Verfolgung zivilrechtlicher Ansprüche (1985); *Behr* Die Verfahrensunterbrechung durch Konkurseröffnung (§ 240 ZPO), insbesondere beim Mahn- und Kostenfestsetzungsverfahren, JurBüro 1979, 1105; *v. Eicken* Erstattungsfähige Kosten und Erstattungsverfahren[5]; *v. Eicken/Lappe/Madert* Die Kostenfestsetzung[17] (bis zur 16. Aufl.: *Willenbücher* Das Kostenfestsetzungsverfahren); *Fraenkel* Zulässigkeit der Vollstreckung wegen der Kosten aus einem Arrestbefehl mit Kostenentscheidung trotz Hemmung bzw. Aufhebung der Vollziehung infolge Sicherheitsleistung, JW 1928, 1121; *Hofmann* Der prozessuale Kostenerstattungsanspruch im Mahnbescheid, Rpfleger 1982, 325; *ders.* Die »Kostenfestsetzung« im Mahnverfahren, Rpfleger 1979, 446; *Mümmler* Betrachtung des Kostenfestsetzungsverfahrens in Zivilsachen, JurBüro 1982, 641; *ders.* Zweifelsfragen beim Kostenfestsetzungsverfahren in bürgerlichen Rechtsstreitigkeiten, JurBüro 1977, 1169; *Schneider* Vorwegabtretung des Kostenerstattungsanspruchs eines Mandanten an seinen Prozeßbevollmächtigten, JurBüro 1966, 353; *Stöber* Festsetzung von Zwangsvollstreckungskosten durch das Vollstreckungsgericht, Rpfleger 1966, 296; → auch § 91 Fn. 1.

[2] *BGHZ* 28, 309.

[3] *OLG Bamberg* JurBüro 1986, 285; *OLG Düsseldorf* Rpfleger 1990, 135; *OLG Frankfurt* MDR 1985, 414; *KG* NJW-RR 1993, 64; JurBüro 1979, 1166; *OLG Koblenz* MDR 1981, 855; 1974, 1028; *OLG Köln* JurBüro 1992, 819; *OLG Schleswig* JurBüro 1980, 1856; *OLG Zweibrücken* JurBüro 1986, 618; *LG Flensburg* JurBüro 1983, 1564; *Becker-Eberhardt* (Fn. 1), 322 ff.; *E. Schneider* MDR 1975, 325. – **A.M.** *OLG Karlsruhe* Justiz 1975, 100.

[4] *OLG Koblenz* JurBüro 1992, 475; 1990, 1473 f.; 1986, 448; 1974, 1175; *OLG München* AnwBl. 1978, 110 f.; MDR 1976, 846; *Mümmler* JurBüro 1982, 992 ff.; *Schneider* MDR 1981, 357 ff. – **A.M.** *OLG Frankfurt* JurBüro 1983, 283 (abl. *Mümmler*); *OLG München* JurBüro 1972, 255; für Vergleich auch *OLG Hamburg* JurBüro 1981, 440.

2. Unterbrechung und Aussetzung

Die Kostenfestsetzung bildet ein *Nachverfahren, das grundsätzlich selbständig* ist, aber auch mit dem Hauptverfahren in Zusammenhang steht. Die Vorschriften über Unterbrechung und Aussetzung sind anwendbar. *Unterbrechung und Aussetzung des Hauptverfahrens erstrecken sich grundsätzlich auch auf das Festsetzungsverfahren*[5], doch bleibt die Kostenfestsetzung aus dem Urteil erster Instanz zulässig, wenn der Unterbrechungsgrund oder die Aussetzung nur die höhere Instanz betrifft[6]. Das Kostenfestsetzungsverfahren kann aber *auch selbständig* unterbrochen oder ausgesetzt werden, z. B. auf einen Antrag nach § 246, der nur das Festsetzungsverfahren betrifft[7], oder durch Konkurseröffnung[8]. § 244 wird man auf das Kostenfestsetzungsverfahren allein (also wenn nicht auch der Hauptprozeß unterbrochen wird) nur anwenden können, sofern im konkreten Stadium des Kostenfestsetzungsverfahrens Anwaltszwang besteht[9]; zumeist ist dies nicht der Fall (→ Rdnr. 17, zum Erinnerungs- und Beschwerdeverfahren → § 78 Rdnr. 25). Wegen des Zusammenhangs mit dem Hauptverfahren ist eine Unterbrechung bzw. Aussetzung des Kostenfestsetzungsverfahrens nach §§ 239, 246 auch dann zu bejahen, wenn eine Partei nach Erlaß der Kostengrundentscheidung, aber vor Stellung des Kostenfestsetzungsgesuchs verstirbt und das Festsetzungsgesuch noch im Namen der verstorbenen Partei bzw. gegen diese gestellt wird[10]. Dagegen scheidet eine Aussetzung nach § 246 aus, wenn der Aussetzungsgrund schon vor Erlaß der Kostengrundentscheidung eingetreten ist und für das Hauptverfahren keine Aussetzung beantragt wurde[11]. Ist das Hauptverfahren rechtskräftig abgeschlossen, so kann das Kostenfestsetzungsverfahren nur noch selbständig unterbrochen oder ausgesetzt werden, wobei z. B. der Wegfall der im Hauptverfahren vertretenen Anwälte keine Rolle mehr spielt[12]. – Zur *Verzinsung* bei Unterbrechung → § 104 Rdnr. 25; zur Aussetzung des *Beschwerdeverfahrens* → § 104 Rdnr. 58; zur Aussetzung der *Vollstreckung* → § 104 Rdnr. 69.

II. Sachliche Voraussetzungen

1. Titel

a) Arten

Die Kostenpflicht muß in einem zur Zwangsvollstreckung geeigneten Titel ausgesprochen sein[13]. Das sind alle **rechtskräftigen** oder **vorläufig vollstreckbaren Urteile** (§§ 704 f.), sofern die letzteren nicht etwa die vorläufige Vollstreckbarkeit auf die Hauptsache beschränken. Der **Vollstreckungsbescheid** steht, wie sonst auch, einem vorläufig vollstreckbaren Urteil in jeder Hinsicht gleich[14], sofern er eine Kostengrundentscheidung enthält[15]. Ferner genügen alle **sonstigen Titel**, aus denen auf Grund von Vorschriften der ZPO (§§ 722 f., 794) oder

---

[5] *OLG Hamm* MDR 1988, 870; *RG* JW 1891, 198; *Behr* JurBüro 1979, 1111; einschränkend auch *OLG München* MDR 1990, 252.
[6] *OLG Hamburg* MDR 1990, 350; *KG* JW 1939, 648; *OLG Koblenz* JurBüro 1988, 886; *LG Berlin* JurBüro 1985, 620.
[7] *OLG Köln* JurBüro 1974, 373.
[8] *KG* MDR 1976, 584; *OLG München* JurBüro 1975, 520; *RG* JW 1892, 204; *Behr* JurBüro 1979, 1112.
[9] Anders früher *OLG Posen* OLGRspr. 7 (1903), 285.
[10] *OLG Köln* JurBüro 1974, 886; *E. Schneider* JurBüro 1965, 688 m. w. N.
[11] *OLG Köln* MDR 1970, 429.
[12] *OLG Dresden* SeuffArch. 63 (1908), 161.

[13] Übernahme in der mündlichen Verhandlung genügt nicht, *RGZ* 20, 414; ebenso wenig Entscheidung durch einen Schiedsgutachter, *OLG Hamburg* JurBüro 1982, 769. Zum nichtigen Titel → § 104 Rdnr. 6.
[14] Vgl. *LG Berlin* JW 1936, 2009 (Festsetzung von Vollstreckungskosten; → auch Rdnr. 10).
[15] *OLG Koblenz* VersR 1986, 171 (L); *LG Berlin* MDR 1989, 918; *OLG München* JurBüro 1987, 1828; *LG Detmold* JurBüro 1979, 1715; *LG Lüneburg* Rpfleger 1973, 409; *AG München* DB 1976, 1050; *Hofmann* Rpfleger 1982, 327; 1979, 447. – **A.M.** *OLG Schleswig* JurBüro 1985, 781 (nur Ergänzung des Vollstreckungsbescheids um den konkreten Betrag).

§ 103 II   Erstes Buch. Allgemeine Vorschriften. Zweiter Abschnitt. Parteien

sonstiger Bundes- oder Landesgesetze die Zwangsvollstreckung nach der ZPO stattfindet (→ §§ 794, 801). Daß der Titel in dem Prozeß, für dessen Kosten die Festsetzung betrieben wird, erwachsen ist, ist nicht erforderlich. Es genügt daher der in einem anderen Rechtsstreit oder einem anderen Verfahren, z. B. Vertragshilfeverfahren, abgeschlossene **Prozeßvergleich**, sofern er sich auf die Kosten des fraglichen Rechtsstreits mitbezieht. Die Festsetzung hat aber jeweils im Festsetzungsverfahren für jenen Rechtsstreit zu erfolgen, um dessen Kosten es geht[16]. Eine *Verbindung* mehrerer Kostenfestsetzungsverfahren nach § 147 ist unzulässig[17]. Der Prozeßvergleich ist kein geeigneter Titel, wenn in dem anderen Verfahren bereits eine rechtskräftige Kostenentscheidung oder ein rechtskräftiger Festsetzungsbeschluß vorliegt (→ § 98 Rdnr. 12a). Zu den Einzelheiten der Kostenfestsetzung auf Grund eines Prozeßvergleichs, insbesondere zur Frage, welche Kosten festgesetzt werden können, → § 98 Rdnr. 12. Auf Grund eines **Schiedsspruchs** kann die Kostenfestsetzung nicht erfolgen (näher → § 1042 Rdnr. 29).

b) Inhalt

4   Daß der die Grundlage der Kostenfestsetzung bildende Titel in der *Hauptsache* einen zur Zwangsvollstreckung i. e. S. geeigneten Inhalt hat, ist, da es sich um Vollstreckbarkeit im weiteren Sinn (→ vor § 704 Rdnr. 47 f.) handelt, nicht nötig (anders im Fall des § 105, → § 105 Rdnr. 6). Die Festsetzung ist daher **auch bei abweisenden, rechtsgestaltenden und Feststellungsurteilen zulässig** sowie bei Urteilen, die ein Rechtsmittel kostenpflichtig zurückweisen oder verwerfen (§ 97), auch bei **Zwischenurteilen** nach §§ 280, 304[18]. Auch der **Arrestbefehl** ist, wenn er (richtigerweise, → § 922 Rdnr. 12) die Verurteilung in die Kosten ausspricht, ein geeigneter Titel zur Festsetzung, obwohl seine Vollstreckung in der Hauptsache nur auf die Sicherstellung des Gläubigers abzielt[19], ebenso das den Arrestbefehl bestätigende Urteil (→ § 925 Rdnr. 21)[20]. Dabei ist die Betreibung des Kostenfestsetzungsverfahrens, da es sich nicht als Vollziehung des Arrests darstellt, nicht an die Monatsfrist des § 929 Abs. 2 gebunden[21]. Zu den Kosten bei Arrestaufhebung → §§ 926 Rdnr. 18, 927 Rdnr. 16.

c) Beschränkungen

5   Ist die Vollstreckung des Urteils in der Hauptsache **bedingt, befristet** oder von einer **Zug um Zug** zu bewirkenden Leistung abhängig (Fälle der §§ 257 ff., 726, 751 Abs. 1), so steht das der Kostenfestsetzung nicht entgegen, denn der Ausspruch über die Kosten ist unbedingt und unbetagt[22]. Anders ist es beim **bedingten oder widerruflichen Vergleich**, weil hier die Existenz des Titels, nicht nur seine Vollstreckung von der Bedingung usw. abhängt[23]; zur *bedingten Kostenregelung* → § 98 Rdnr. 12, § 104 Rdnr. 6. Enthält der Vergleich **Ratenzahlungsvereinbarungen** oder eine Verfallklausel für die Kostenerstattungspflicht, so ist dies in den Festsetzungsbeschluß aufzunehmen[24]. Aus dem Urteil ist der **Vorbehalt der beschränkten Erbenhaftung** zu übernehmen[25].

---

[16] *OLG Düsseldorf* JurBüro 1982, 398; *KG* NJW-RR 1993, 64; *OLG Köln* JurBüro 1973, 638; *OLG München* JurBüro 1990, 212; 1978, 1024; 1972, 986; OLGRspr. 17 (1908), 124. – A.M. (gemeinsame Festsetzung möglich) *KG* JurBüro 1985, 137.
[17] *OLG Celle* NdsRpfl. 1987, 283; *OLG Hamm* Rpfleger 1980, 439. – Das gilt auch bei getrennten Kostenentscheidungen in Scheidungsverfahren und abgetrennten Folgesachen, → § 93 a Rdnr. 2.
[18] *OLG Braunschweig* BrschwZ 1953, 140 f.
[19] *LG Berlin* Rpfleger 1961, 23 m. w. N.
[20] *OLG Dresden* JW 1930, 3333.

[21] *OLG Hamburg* NJW 1952, 550; *LG Berlin* Rpfleger 1961, 23; *Fraenkel* JW 1928, 1121; *Pick* ZZP 51 (1926), 107. – A.M. *KG* JW 1924, 983.
[22] *OLG Düsseldorf* Rpfleger 1971, 322; *OLG Frankfurt* MDR 1981, 59. – A.M. *RG* SeuffArch. 47 (1892), 232; *BayObLG* SeuffArch. 52 (1897), 456.
[23] *OLG Hamm* JurBüro 1970, 65.
[24] *OLG Düsseldorf* JurBüro 1971, 796; *OLG Köln* Rpfleger 1967, 181; vgl. auch *OLG München* MDR 1980, 147.
[25] *KG* MDR 1981, 852; NJW 1964, 1330; *OLG Stuttgart* Rpfleger 1988, 39; dies gilt unabhängig davon, wie

Bei einem **vorläufig vollstreckbaren Urteil** ist die Verurteilung zur Kostenerstattung ebenso 6
auflösend bedingt wie die in der Hauptsache. Ist daher die Vollstreckbarkeit in der Sache
selbst von einer **Sicherheitsleistung** abhängig gemacht, so bedarf es zwar zur Erlangung der
Kostenfestsetzung nicht des Nachweises der Bestellung der Sicherheit. Dagegen ist im Festsetzungsbeschluß genau entsprechend dem Urteil auszusprechen, daß er nur gegen Sicherheitsleistung, und zwar in Höhe der festgesetzten Kosten[26], vollstreckbar sei[27]. Entsprechend ist, wenn dem Schuldner die **Abwendung der Vollstreckung** in der Hauptsache gestattet ist, der gleiche Vorbehalt auch in den Festsetzungsbeschluß aufzunehmen[28]. Dabei sollte man aber im Kostenfestsetzungsbeschluß einen der Kostenhöhe entsprechenden Betrag der Sicherheitsleistung festsetzen[29]. Daß die Sicherheit des Gläubigers nicht geleistet oder die des Schuldners erbracht ist, macht sonach den *Erlaß* des Beschlusses nicht unzulässig, übt aber Einfluß auf dessen *Vollstreckung* aus (→ § 104 Rdnr. 68). Entsprechendes gilt für die Einstellung der Zwangsvollstreckung nach §§ 707, 719: Den Erlaß des Kostenfestsetzungsbeschlusses hindert sie nicht[30], wohl aber dessen Vollstreckung (→ § 104 Rdnr. 68).

d) Wegfall des Titels

Der Wegfall des Titels durch Aufhebung oder Änderung (§ 717) steht dem Erlaß des 7
Beschlusses entgegen, und ein bereits erlassener Beschluß wird – auch wenn er bereits
rechtskräftig ist – ohne besondere Aufhebung wirkungslos[31] (→ auch § 104 Rdnr. 65). Das
gilt auch für den Fall eines nach dem Urteil über den Streitgegenstand und die Kosten, aber
vor Rechtskraft abgeschlossenen **Prozeßvergleichs**[32] (→ auch § 98 Rdnr. 12a, 13), ferner
selbst dann, wenn der neue Titel mit dem ersten **inhaltlich übereinstimmt**[33]. Denn da der
Kostenfestsetzungsbeschluß die Kostengrundentscheidung wegen des Betrages nur ergänzt,
kann er keinen Bestand haben, wenn der Titel wegfällt, mag er auch durch einen inhaltlich
übereinstimmenden neuen Titel ersetzt werden. Hinsichtlich der Formalien (→ Rdnr. 17 ff.)
sollte es dann allerdings ausreichen, wenn der Antrag auf Festsetzung nach dem neuen Titel
auf den ursprünglichen Festsetzungsantrag Bezug nimmt[34]. Bei **teilweiser Änderung** ist eine

---

weit die Haftung für die Prozeßkosten beschränkbar ist (→ vor § 91 Rdnr. 10). – **A. M.** (für die Haftungsbeschränkung nach § 419 BGB) *OLG Schleswig* JurBüro 1978, 1568. – Dagegen keine Beschränkung der Haftung im Kostenfestsetzungsbeschluß, wenn sie der Titel nicht enthält, *OLG Celle* NJW-RR 1988, 134; *OLG Hamm* MDR 1982, 855; *KG* MDR 1976, 584; *OLG Stuttgart* JurBüro 1976, 675; *LG Berlin* JurBüro 1987, 711.
[26] Nicht in Höhe der für die Hauptsache festgestellten Sicherheit, vgl. *OLG Bamberg* Rpfleger 1981, 455; *OLG Karlsruhe* BadRPr. 1907, 320; *OLG Naumburg* ZZP 15 (1891), 401. – **A. M.** *OLG Kiel* SchlHA 1912, 301; *OLG Nürnberg* JurBüro 1964, 44; *OLG Stuttgart* Rpfleger 1988, 39; *LG Berlin* JurBüro 1983, 1566. Gewiß ist die Sicherheitsleistung im Regelfall als Einheit zu behandeln, aber hier kann ohne Schwierigkeiten bei der Kostenfestsetzung eine Aufschlüsselung vorgenommen werden. Auf eine Erhöhung der Sicherheitsleistung läuft dies entgegen *Baumbach/Lauterbach/Hartmann*[51] Einf. §§ 103–107 Rdnr. 13 nicht hinaus, da die bezüglich der Kosten erbrachte Sicherheit auf die im Urteil genannte Gesamthöhe anzurechnen ist.
[27] *RG* JW 1882, 131; *KG* KGBl. 1890, 65; *OLG Jena* ZZP 31 (1902), 338.
[28] *OLG Braunschweig* BrschwZ 1941, 111 f.; *OLG Stuttgart* Rpfleger 1988, 39.
[29] **A. M.** *OLG Hamm* NJW 1966, 1760, das aber zur

Abwendung der Vollstreckung Sicherheitsleistung in Höhe der zu vollstreckenden Kosten ausreichen läßt und damit praktisch dasselbe Ergebnis erzielt. Im Interesse der Rechtsklarheit liegt es, dies schon im Festsetzungsbeschluß zum Ausdruck zu bringen.
[30] Vgl. *OLG Stuttgart* Rpfleger 1988, 39. – **A. M.** *KG* JW 1934, 2866 (Fall einer Einstellung ohne Sicherheitsleistung).
[31] *OLG Düsseldorf* JurBüro 1984, 286 (das »Aufhebung« zur Klarstellung zuläßt); Rpfleger 1984, 285; NJW 1974, 1714; *OLG Frankfurt* VersR 1984, 895 (L); MDR 1983, 941; *OLG Hamburg* JurBüro 1973, 554; *OLG Hamm* JurBüro 1977, 1141; 1976, 1692; *KG* JurBüro 1976, 814; *OLG München* JurBüro 1970, 268; *LG Berlin* AnwBl. 1992, 497. – Auch bei **Aufhebung des Arrestbefehls**, *OLG Hamm* JurBüro 1976, 676.
[32] *OLG Düsseldorf* JurBüro 1981, 1097; *OLG Koblenz* OLGZ 1993, 212; *OLG Köln* JurBüro 1982, 1086; *OLG München* JurBüro 1970, 881; *OLG Stuttgart* JurBüro 1978, 1571.
[33] *OLG Düsseldorf* JurBüro 1984, 286; *OLG Frankfurt* MDR 1983, 941; *OLG Hamm* JurBüro 1979, 770; *OLG München* JurBüro 1982, 447; *LAG Düsseldorf* JurBüro 1987, 1233. – **A. M.** *LG Köln* Rpfleger 1984, 112.
[34] *OLG Hamm* AnwBl. 1982, 384; *LG Berlin* AnwBl. 1992, 497.

Festsetzung nach dem alten Titel nur möglich, wenn die Zuordnung der festzusetzenden Kosten zum nicht geänderten Teil feststeht[35]. Werden nur die *Wirkungen* einer Entscheidung als Vollstreckungstitel hinsichtlich der Hauptsache im Wege der Vollstreckungsgegenklage gemäß § 767 aufgehoben, so bleibt die Entscheidung, da sie im übrigen, insbesondere auch im Kostenpunkt, bestehen bleibt, eine Grundlage für die Kostenfestsetzung[36]. Anderenfalls würde sich der verurteilte Schuldner durch nachträgliche Bewirkung der Leistung stets der Zwangsvollstreckung wegen der Kosten entziehen können. Das gleiche gilt für den Wegfall der Arrestvollstreckung durch Ablauf der in § 929 Abs. 2 bestimmten Frist, denn damit wird der Arrestbefehl nicht beseitigt (→ Rdnr. 4). Wegen der Zustellung des Titels → Rdnr. 18.

2. Parteien

a) Antragsberechtigter

8   Die Festsetzung kann nur diejenige Partei (gegebenenfalls auch eine ausgeschiedene[37]) oder derjenige Streitgenosse beantragen, der **im Titel als Kostengläubiger genannt** ist[38], nicht auch der Gegner[39] oder ein unterlegener, aber im Innenverhältnis ausgleichsberechtigter Streitgenosse (→ § 98 Rdnr. 12, § 100 Rdnr. 19). **Dritte** können es nur, wenn ihnen in einem gemäß § 794 Abs. 1 Nr. 1 abgeschlossenen gerichtlichen Vergleich ein Kostenerstattungsanspruch zugebilligt ist. **Streitgehilfen** und **Zeugen** sind antragsberechtigt, wenn der Gegner ausdrücklich in die Kosten der Streithilfe oder des Zeugnisverweigerungsverfahrens verurteilt ist[40] (→ § 101 Rdnr. 4, § 387 Rdnr. 11). Einen Antrag können auch diejenigen Dritten stellen, zu deren Gunsten der Titel nach §§ 727 ff. als **Rechtsnachfolger** usw. vollstreckbar geworden ist, in diesem Fall aber erst nach Erteilung der hier für das Vollstreckungsrecht des neuen Gläubigers konstitutiven Vollstreckungsklausel[41]. Dies gilt auch für den Gläubiger des Kostengläubigers, dem die Kostenforderung zur Einziehung überwiesen ist (→ Rdnr. 19 sowie § 835 Rdnr. 24). Der **Prozeßbevollmächtigte** (nicht der Unterbevollmächtigte[42]) einer Partei kann die Festsetzung grundsätzlich nur im Namen der Partei beantragen[43]. Da er eigene Ansprüche gegen den Gegner seiner Partei nicht hat[44], kann er Festsetzung im eigenen Namen – außer bei Abtretung und Titelumschreibung[45] – nur im Fall der Prozeßkostenhilfe und auch dann nur in Konkurrenz mit der Partei beantragen (→ § 126 Rdnr. 11, 23). – Ein besonderes Verfahren zur Festsetzung der Anwaltsgebühren *gegen den Auftraggeber* kennt § 19 BRAGO. Dieses hat mit der Festsetzung nach §§ 103 ff. ZPO nichts zu tun.

b) Antragsgegner

9   Antragsgegner sind die **Partei**, der die Kosten auferlegt sind, und diejenigen **Rechtsnachfolger** oder sonstigen Personen, gegen die der Titel nach §§ 727 ff., 738, 744, 745 Abs. 2, 749

---

[35] *OLG Frankfurt* VersR 1978, 1073 (L); *KG* MDR 1984, 589.
[36] *RGZ* 75, 200; *KG* JR 1952, 241; *LG Hamburg* NJW 1961, 1729.
[37] *OLG Hamm* JurBüro 1975, 1503 (aber nur, wenn aus dem Gesamtinhalt des Urteils hervorgeht, daß über die Kosten der ausgeschiedenen Partei entschieden wurde); → näher § 91 Rdnr. 16.
[38] *BayObLGZ* 1906, 170. Näher zur Kostenfestsetzung bei Streitgenossen → § 100.
[39] *OLG München* OLGRspr. 20 (1910), 310.
[40] *OLG Hamburg* JurBüro 1973, 1168.
[41] *KG* JurBüro 1982, 1562; 1966, 707; *OLG Karlsruhe* JurBüro 1992, 747; *OLG München* MDR 1993, 83; *OLG Stuttgart* JurBüro 1978, 1720 (L). – Bei der **Sicherungszession** ist Festsetzung auf den Namen des Zedenten zulässig, *BGH* NJW 1988, 3204 f.; *LG Itzehoe* AnwBl. 1989, 164.
[42] *Schalhorn* JurBüro 1971, 493.
[43] Vgl. *OLG München* MDR 1981, 502.
[44] *Bork* NJW 1992, 2450; *Mümmler* JurBüro 1984, 644.
[45] *HessVGH* JVBl. 1965, 92; *E. Schneider* JurBüro 1966, 353; vgl. aber auch *OLG Düsseldorf* AnwBl. 1980, 377.

durch Erteilung der Vollstreckungsklausel vollstreckbar geworden ist[46], sonstige **Dritte** nur, sofern sie nach §§ 71, 89, 101, 387 usw. zur Kostentragung verurteilt sind (→ Rdnr. 23 vor § 91), sowie dann, wenn sie nach § 794 Abs. 1 Nr. 1 im Vergleich Kosten übernommen haben, selbst wenn sie im Prozeß Streitgenossen des Gläubigers gewesen sind[47] (→ auch § 98 Rdnr. 12).

3. Gegenstand der Festsetzung

Festgesetzt werden (nur) die **Kosten des Rechtsstreits** im Sinne des § 91 (→ ausf. § 91 Rdnr. 17 ff.). Werden nach dem Titel auch **andere Kosten** geschuldet, z.B. bei einem die Kosten eines anderen Rechtsstreits mit umfassenden Vergleich, so werden sie dadurch nicht festsetzbare Prozeßkosten des Rechtsstreits, in dem der Vergleich geschlossen wurde[48]. Sie können aber im Festsetzungsverfahren für jenen anderen Prozeß festgesetzt werden (→ Rdnr. 3). Die Kosten des **Mahnverfahrens** bedürfen der Festsetzung nach §§ 692 Abs. 1 Nr. 3, 699 Abs. 3 nicht[49] (→ Rdnr. 3 sowie § 692 Rdnr. 6), und die der **Zwangsvollstreckung** sind mit dem Anspruch selbst beizutreiben (§ 788). Ist dies jedoch unterblieben oder unausführbar, besonders in den Fällen der §§ 887 ff.[50], so ist ein eigenes Kostenfestsetzungsverfahrens statthaft, denn § 788 stellt ein Recht, keine Pflicht des Gläubigers auf[51] (→ § 788 Rdnr. 23). Zur *Zuständigkeit* → Rdnr. 15, zu *Umfang* und *Notwendigkeit* der Vollstreckungskosten → § 788 Rdnr. 6 ff., 18 ff.

Die Kostenfestsetzung kann selbstverständlich nach Umfang und Verteilung **nur entsprechend der in dem Titel getroffenen Regelung** und nur bezüglich der vom Titel erfaßten Verfahrensteile ergehen[52]. Auf Grund des vorinstanzlichen Urteils kann daher nicht etwa die Festsetzung der Kosten nach Maßgabe eines später abgeschlossenen außergerichtlichen Vergleichs erfolgen[53] (zur Festsetzung der Kosten eines außergerichtlichen Vergleichs → § 98 Rdnr. 16). Die Kostenentscheidung in einem Zwischenstreit beschränkt sich auf die besonderen Kosten des Zwischenstreits[54]. Zu **Verjährung** und **Verwirkung** → vor § 91 Rdnr. 10a sowie unten Rdnr. 12.

4. Erneute Festsetzung

Eine erneute Festsetzung auf Grund desselben Titels ist statthaft[55], auch hinsichtlich der Vollstreckungskosten, soweit nicht die Rechtskraft des früheren Beschlusses entgegensteht[56]

---

[46] Zur Festsetzung der Kosten eines vom **Konkursverwalter** geführten Prozesses gegen den Gemeinschuldner s. *OLG Koblenz* KostRspr. ZPO § 104 (B) Nr. 173 (L); *OLG Schleswig* JurBüro 1978, 445.

[47] Vgl. *OLG Jena* ZZP 28 (1901), 317; *OLG München* NJW 1975, 1366.

[48] Die Rechtsprechung geht jedoch bei § 103 vielfach von einem Begriff der Prozeßkosten im weiteren Sinn aus (z.B. *OLG München* NJW 1969, 242) und läßt insbesondere bei Prozeßvergleich eine Erweiterung durch Parteivereinbarung zu (→ § 98 Rdnr. 7a, 15).

[49] Anders, wenn gegen den Mahnbescheid Widerspruch oder gegen den Vollstreckungsbescheid Einspruch erhoben ist, *LG Berlin* Rpfleger 1962, 64 (zust. *Lappe*).

[50] Nicht, wenn die Kosten schon in der Zwangsvollstreckung (z.B. im Pfändungsbeschluß) festgesetzt sind, *OLG Posen* OLGRspr. 15 (1907), 281.

[51] BGH NJW 1986, 2438; 1982, 2070; BayObLG JurBüro 1989, 1575; *OLG Hamm* JurBüro 1965, 161; AnwBl. 1971, 319; *OLG Karlsruhe* JurBüro 1990, 65; *OLG Saarbrücken* Rpfleger 1992, 407; *OLG Zweibrücken* MDR 1989, 362; RGZ 85, 132. Im Kostenfestsetzungsverfahren ist dann auch die Notwendigkeit der Vollstreckungsmaßnahme zu prüfen, *OLG Frankfurt* JurBüro 1965, 497.

[52] Vgl. nur *OLG Frankfurt* JurBüro 1980, 939; *LG Aachen* JurBüro 1983, 282; für das Verhältnis zwischen Verfügungs- und Hauptsacheverfahren *OLG Karlsruhe* MDR 1989, 826. – Kosten, die erst *nach Errichtung des Titels entstanden* sind, sind dabei nicht generell ausgeschlossen, *KG* MDR 1977, 319 (zum Zurückweisungsantrag im Vergütungsverfahren bei Unkenntnis der schon erfolgten Zurückweisung).

[53] Vgl. *OLG Kassel* JW 1936, 521.

[54] *OLG München* JurBüro 1970, 45 (zu § 387).

[55] St. Rspr. seit RGZ (VZS) 27, 402.

[56] *OLG Bamberg* JurBüro 1978, 1523; *OLG Frankfurt* JurBüro 1986, 599; *OLG Hamburg* MDR 1986, 244; *OLG Koblenz* VersR 1987, 297 (L); *OLG München* MDR 1987, 419; vgl. auch RG JW 1896, 653 f. (bei Streichung nur Beschwerde).

(→ § 104 Rdnr. 63). Die Rechtskraft bezieht sich aber gemäß § 322 nur auf die *geforderten* Beträge, hindert also eine **Nachforderung** auch bezüglich desselben Postens nicht[57]; doch kann Verwirkung des Anspruchs entgegenstehen[58] (→ vor § 91 Rdnr. 10a). Zu den *Mehrkosten* einer wiederholten Festsetzung → § 104 Rdnr. 23; zur Nachforderung nach *Streitwerterhöhung* → § 107 Rdnr. 1.

5. Devisenrecht

13   Sollte für die Leistung der Kosten eine Genehmigung nach dem AWG erforderlich sein, so ist in dem Kostenfestsetzungsbeschluß der Vorbehalt nach § 32 Abs. 1 AWG (→ Einleitung Rdnr. 990ff.) aufzunehmen, es sei denn, daß der Kostenfestsetzungsbeschluß nach § 105 ergeht. In diesem Fall ist nämlich zur Vollstreckung keine besondere Vollstreckungsklausel für den Kostenfestsetzungsbeschluß nötig, so daß der Vorbehalt nach § 32 Abs. 1 S. 2 AWG entbehrlich ist.

III. Zuständigkeit

14   Zuständig für die Entgegennahme des Antrags wie für die Festsetzung der Kosten aller Instanzen ist nach § 21 Abs. 1 Nr. 1 RPflG i.V.m. §§ 103 Abs. 2 S. 1, 104 Abs. 1 S. 1 ausschließlich (§ 40 Abs. 2) der Rechtspfleger beim **Gericht erster Instanz**, d. h. dem Land- oder Amtsgericht. Dies muß, abgesehen von der gesetzlichen Geschäftsverteilung zwischen Zivilkammer und Kammer für Handelssachen, nicht notwendig der Rechtspfleger bei derjenigen Kammer des Landgerichts sein, die den Prozeß selbst verhandelt hat (→ § 1 Rdnr. 102), wenn sich dies auch regelmäßig aus der Geschäftsverteilung ergeben wird. Die Zuständigkeit beim Gericht erster Instanz ist auch dann gegeben, wenn ein vor einem anderen Gericht geschlossener **Vergleich** den Titel bildet (→ Rdnr. 3) oder wenn es sich um die Kosten vor dem **ersuchten Richter** handelt oder um die eines **Arrests** oder einer **einstweiligen Verfügung**, die das *Berufungsgericht* erlassen hat[59], oder um die einer **Wiederaufnahmeklage**, die vor dem Gericht *höherer Instanz* erhoben wurde[60]. Zur Zuständigkeit des *Richters* → § 104 Rdnr. 41.

15   Die **Vollstreckungskosten** sind, wenn ihre Festsetzung auf Grund des Urteils erfolgt (→ Rdnr. 10), vom Rechtspfleger des **Prozeßgerichts** erster Instanz festzusetzen, nicht von dem des Vollstreckungsgerichts[61]. Anders ist es, wenn die Grundlage für die Festsetzung ein die Kostenfolge aussprechender Beschluß des Vollstreckungsgerichts oder des ihm übergeordneten Beschwerdegerichts ist[62]. Für die Festsetzung der Kosten der Zwangsvollstreckung aus

---

[57] *OLG Bamberg* JurBüro 1987, 1412; *OLG Düsseldorf* JMBl.NRW. 1956, 136f.; *OLG Hamburg* MDR 1979, 235; *OLG Hamm* JurBüro 1982, 450; 1980, 1735; 1975, 1107 (*Mümmler*; auch wenn die Partei zunächst von zu niedrigem Streitwert ausgegangen ist); JMBl.NRW 1956, 136f.; *KG* JurBüro 1980, 764; *OLG München* JurBüro 1987, 1555; *OLG Neustadt* Rpfleger 1957, 239; *OLG Saarbrücken* AnwBl. 1980, 299; *LG Lübeck* JurBüro 1969, 891; *LG Mannheim* MDR 1965, 837. – Unzulässig ist aber eine Nachforderung hinsichtlich desselben Postens mit anderer Begründung (nach Ablehnung der Kosten des Verkehrsanwalts fiktive Reisekosten), *OLG Hamburg* MDR 1965, 308; anders wieder bei Eintritt neuer Tatsachen, *OLG Koblenz* JurBüro 1990, 735.

[58] *OLG Frankfurt* Rpfleger 1977, 261; MDR 1974, 240 = JurBüro 229 (*Mümmler*); *LG Bonn* Rpfleger 1984, 245; grds. auch (aber Verwirkungsvoraussetzungen im konkreten Fall verneinend) *OLG Bamberg* JurBüro 1987, 1412. Auch *KG* MDR 1964, 1015 (keine erneute Festsetzung nach längerer Zeit wegen geänderter Rechtsauffassung) erscheint unter dem Gesichtspunkt der Verwirkung haltbar.

[59] *RG* Gruchot 43 (1899), 1247; JW 1899, 533; *KG* OLGRspr. 17 (1908), 124. – **A.M.** *RG* JW 1897, 229.

[60] *OLG München* JurBüro 1973, 1098. Ähnlich bei Entscheidung des Berufungsgerichts nach § 732 *OLG Karlsruhe* BadRPr. 1901, 311.

[61] *BGH* NJW 1986, 2438; 1982, 2070; *BayObLG* JurBüro 1989, 1575; *OLG Bamberg* JurBüro 1973, 1202 (*Mümmler*); *OLG Celle* NdsRpfl. 1974, 85; *OLG Frankfurt* JurBüro 1980, 939; *KG* JurBüro 1974, 769; *OLG Köln* JurBüro 1972, 1003; *OLG Stuttgart* Rpfleger 1986, 403; *LG Berlin* Rpfleger 1986, 67; *RGZ* 85, 132; *BAG* NJW 1983, 1448 (L); *Schalhorn* JurBüro 1971, 497. – **A.M.** *OLG Hamm* Rpfleger 1983, 499; JurBüro 1976, 808; 1972, 449; *OLG München* Rpfleger 1986, 403; *LG München II* Rpfleger 1971, 363; *Stöber* Rpfleger 1966, 296; *Noack* JurBüro 1973, 683. S. auch *KG* JW 1928, 2153, wo für Kosten einer Arrestvollziehung eine Zuständigkeit beider Gerichte angenommen wurde.

[62] *OLG Bamberg* JurBüro 1973, 1202; *LG Essen* Rpfleger 1966, 316; *OLG Colmar* OLGRspr. 13 (1906), 194; *KG* OLGRspr. 11 (1905), 100.

einem *Vollstreckungsbescheid* ist das Gericht zuständig, das gemäß §§ 796 Abs. 3, 700 Abs. 3, 692 Abs. 1 Nr. 1, 690 Abs. 1 Nr. 5 für eine Entscheidung im Streitverfahren zuständig gewesen wäre[63]. Bei einer *vollstreckbaren Urkunde* läßt sich aber ein Prozeßgericht nicht ermitteln, so daß hier nur die Zuständigkeit des Vollstreckungsgerichts bleibt[64].

Ist der **Titel im Konkurs entstanden**, so ist das Konkursgericht als Prozeßgericht i. S. des § 103 anzusehen[65]. In den Fällen bindender **Verweisung** (s. §§ 281, 506, 696, 700) erfolgt die Festsetzung nach § 281 Abs. 3 bei dem im Verweisungsbeschluß bestimmten Gericht[66]. Wird aber vom LG (Berufungskammer) auf Berufung gegen ein amtsgerichtliches Urteil hin an das LG als sachlich zuständige erste Instanz verwiesen, so sind die Kosten des amtsgerichtlichen Verfahrens beim Amtsgericht festzusetzen[67]. 16

IV. Antrag auf Festsetzung

1. Form, Vertretung

Die Kostenfestsetzung bedarf eines beim Gericht des ersten Rechtszuges (→ Rdnr. 14) einzureichenden Antrages, sofern dieser nicht nach § 105 Abs. 2 entbehrlich ist (→ § 105 Rdnr. 18). Als selbstverständlich ist nicht gesagt, daß er **schriftlich** eingereicht oder **zu Protokoll** der Geschäftsstelle erklärt werden kann[68]. Denn die Aufnahme des Protokolls ist schon als Grundlage für die Entscheidung des Gerichts über etwaige Erinnerungen unentbehrlich. Der Antrag setzt als Prozeßhandlung die allgemeinen **Zulässigkeitsvoraussetzungen**, insbesondere Partei- und Prozeßfähigkeit (§§ 50, 52), voraus[69]. Wer im Prozeß als prozeßfähig angesehen wurde, ist dies auch für das Verfahren zur Festsetzung der Kosten dieses Prozesses[70]. Und wenn eine Klage mangels Parteifähigkeit des Beklagten abgewiesen wurde, kann dieser Beklagte gleichwohl noch ein Kostenfestsetzungsverfahren durchführen[71]. **Anwaltszwang besteht nicht**, § 13 RPflG (→ § 78 Rdnr. 25). Die *Prozeßvollmacht* umfaßt beim erstinstanzlichen Anwalt ohne weiteres auch die Kostenfestsetzung (→ § 81 Rdnr. 6, § 104 Rdnr. 27), dagegen nicht beim Anwalt für die höhere Instanz (→ § 81 Rdnr. 20)[72]. Zur Prüfung der Vollmacht → § 88 Rdnr. 2, 5. 17

2. Vorlage des Titels, vollstreckbare Ausfertigung

Der Vorlage des Titels bedarf es nur, wenn er sich nicht bei den Akten des angegangenen Gerichts befindet[73]. Bei rechtskräftigen Urteilen ist der Eintritt der Rechtskraft, soweit nötig (→ Rdnr. 3), nachzuweisen. Soweit es nicht zu diesem Zweck erforderlich ist, braucht die *Zustellung* des Titels (§ 750) nicht nachgewiesen zu werden, da es sich bei der Kostenfestsetzung um eine Vollstreckungswirkung im weiteren Sinne handelt (→ vor § 704 Rdnr. 47 f.). 18

---

[63] BGH JZ 1988, 160.
[64] OLG Düsseldorf MDR 1990, 639; KG JurBüro 1986, 1570; LG Berlin Rpfleger 1986, 67 f.; LG München II Rpfleger 1984, 476.
[65] A.M. OLG Celle OLGRspr. 17 (1908), 200.
[66] BayObLG JurBüro 1989, 1575; einschränkend für Teilverweisung OLG Oldenburg Rpfleger 1984, 432.
[67] OLG Oldenburg AnwBl. 1973, 111. – Vgl. auch BGH Rpfleger 1991, 125 (für Zurückverweisung an einen anderen Spruchkörper nach § 354 Abs. 2 StPO).
[68] Telefonischer Antrag ohne Aktenvermerk reicht aber nicht, OLG München JurBüro 1993, 301.
[69] Vgl. allg. OLG München AnwBl. 1985, 42; zum fehlenden **Rechtsschutzbedürfnis**, wenn *sicher* keine festzusetzenden Kosten entstanden oder alle beglichen sind, s. OLG Bamberg JurBüro 1987, 1684; OLG Frankfurt JurBüro 1986, 96 f.; OLG Saarbrücken Rpfleger 1992, 407; ferner LG Berlin MDR 1990, 345 (bei Annahmeverzug des Kostengläubigers); vgl. auch OLG Frankfurt JurBüro 1982, 452 sowie (für im Hauptsacheverfahren bejahtes Rechtsschutzbedürfnis) OLG München JurBüro 1988, 1187; zur **Postulationsfähigkeit** s. BVerwG Rpfleger 1987, 172.
[70] LG Frankenthal MDR 1962, 577.
[71] OLG Schleswig JurBüro 1978, 1574; Bork JZ 1991, 849 m.w.N.
[72] OLG Köln JMBl.NRW 1962, 258.
[73] OLG München OLGRspr. 23 (1911), 128.

19 Aus dem gleichen Grund ist es im Regelfall **nicht** erforderlich, daß der Titel in **vollstreckbarer Ausfertigung** vorliegt, denn nicht alle Vollstreckungswirkungen i. w. S. erfordern die vollstreckbare Ausfertigung, und § 105 beweist zwingend, daß die Kostenfestsetzung vor Erteilung einer Ausfertigung zulässig ist[74]. Anders ist es nur in den Fällen des **Personenwechsels** (→ Rdnr. 8, 9), weil hier die gemäß §§ 727 ff. zu erteilende Klausel den Titel erst für oder gegen die anderen Personen vollstreckbar macht. Nur soweit die Stelle, die die vollstreckbare Ausfertigung[75] zu erteilen hat, und die, der die Kostenfestsetzung obliegt, identisch sind, kann (regelmäßig) die nach §§ 727, 730 vorzunehmende Prüfung der Legitimation des Pfändungsgläubigers usw. mit dem Kostenfestsetzungsverfahren auf einheitlichen Antrag des Gläubigers verbunden werden[76]. Wird eine vollstreckbare Ausfertigung vorgelegt, so ist damit nach § 418 jede weitere Prüfung der Vollstreckbarkeit ausgeschlossen.

3. Kostenberechnung

20 Dem Antrag ist eine Kostenberechnung beizufügen[77], die die einzelnen Ansätze, bei mehreren Schuldnern getrennt[78], aufzustellen hat, nebst den **Belegen** (Kopien werden regelmäßig genügen) für jeden Ansatz, soweit sie sich nicht bei den Gerichtsakten befinden. Wegen der einem Rechtsanwalt erwachsenen Auslagen an Postgebühren usw. → § 104 Rdnr. 8. Ob die Beilegung der Handakten ohne besondere Bezugnahme genügt, ist nach den Umständen des Falles zu entscheiden[79]. Für die verauslagten Gerichtskosten genügt regelmäßig die Bezugnahme auf die Gerichtsakten[80]. Durch die Beschränkung der Schreibgebühren auf bestimmte Sonderfälle (GKG Kostenverzeichnis Nr. 1900, § 27 BRAGO) sind Rechnung und Belege sehr vereinfacht.

21 Mit der Kostenrechnung ist eine für den Gegner bestimmte **Abschrift** der Rechnung, nicht auch der Belege, einzureichen. Anderenfalls wird die Abschrift von der Geschäftsstelle gegen Schreibgebühren hergestellt (GKG KV Nr. 1900 1 b[81]). Über die Behandlung dieser Abschrift → § 104 Rdnr. 28.

V. Festsetzung der Vergütung des Prozeßkostenhilfeanwalts

22 Die Festsetzung der dem im Prozeßkostenhilfebeschluß beigeordneten Anwalt von der Staatskasse zu erstattenden **Gebühren und Auslagen** (→ dazu § 121 Rdnr. 34 ff.) ist in § 128 BRAGO geregelt[82]. Das Verfahren ist kein Kostenfestsetzungsverfahren gemäß §§ 103 ff. Die Festsetzung geschieht – ohne Formularzwang[83] – durch die Geschäftsstelle. Die Zulässigkeit der Beiordnung darf hier – auch wegen des Umfangs – nicht geprüft werden[84]. Gegen die Festsetzungsentscheidung findet die nicht an eine Frist gebundene Erinnerung statt, und gegen die auf die Erinnerung ergehende Entscheidung des Amts- oder Landgerichts die Beschwerde, die nach § 128 Abs. 4 BRAGO eine Beschwerdesumme von mehr als 100

---

[74] So auch *BGH* WM 1969, 1324; *RG* WarnRspr. 1912 Nr. 188; *OLG Breslau* OLGRspr. 26 (1913), 375; *KG* KGBl. 1907, 32.

[75] Die Ausfertigung kann dem Pfändungsgläubiger selbstverständlich nur »zum Zwecke der Betreibung des Kostenfestsetzungsverfahrens« erteilt werden, wenn nur der Kostenerstattungsanspruch gepfändet und überwiesen ist, s. dazu *Jonas* JW 1935, 1641.

[76] D. h. der Kostenfestsetzungsbeschluß mit Klausel ergeht dahin: »Die ... zu erstattenden Kosten werden auf x DM festgesetzt. Die Ausfertigung dieses Beschlusses wird dem A, dem der Kostenanspruch durch Beschluß vom ... überwiesen ist, zum Zwecke der Zwangsvollstreckung erteilt.« S. dazu *Jonas* JW 1935, 1641 gegen *KG* JW 1935, 1041; **a. M.** *OLG München* MDR 1993, 83.

[77] Unterzeichnung ist nicht erforderlich, *KG* OLGRspr. 15 (1907), 95. – Bei niedrigerer Streitwertfestsetzung ist keine neue Berechnung zu verlangen, *LG Kiel* AnwBl. 1975, 96.

[78] *OLG Dresden* SächsAnn. 1930, 228. – Zur Festsetzung *für* mehrere Streitgenossen → § 100 Rdnr. 15.

[79] S. auch *OLG Dresden* SächsAnn. 1928, 543 f.

[80] *OLG München* JurBüro 1993, 301.

[81] Begründung zur Nov. 1909, 56.

[82] S. auch die bundeseinheitlich geltenden Vorschriften über die Festsetzung der aus der Staatskasse zu gewährenden Vergütung der Rechtsanwälte und Steuerberater v. 10. XII. 1980 (abgedruckt bei *Piller/Hermann* Justizverwaltungsvorschriften² Nr. 10 c).

[83] *OLG Frankfurt* JurBüro 1992, 683.

[84] *OLG Düsseldorf* JurBüro 1983, 715; *Schneider* MDR 1989, 225.

DM zur Voraussetzung hat. Eine Beschwerde an einen Obersten Gerichtshof des Bundes ist jedoch nicht statthaft (§ 128 Abs. 4 S. 2 mit § 10 Abs. 3 S. 2 BRAGO), und eine weitere Beschwerde ist nicht zulässig (§ 128 Abs. 4 S. 3 BRAGO). Zur Beitreibung der Kostenansprüche der mittellosen Partei durch ihren Anwalt → § 126 Rdnr. 11 ff.

VI. Arbeitsgerichtliches Verfahren

§§ 103 ff. gelten auch hier. Für das Kostenfestsetzungsverfahren gilt daher das oben Rdnr. 3 ff. Ausgeführte entsprechend. **Zuständig** ist der Rechtspfleger des *Arbeitsgerichts*, und zwar auch hinsichtlich solcher Kosten, die in der Zwangsvollstreckung – u. U. also, z. B. bei der Forderungspfändung, in einem Verfahren vor den ordentlichen Gerichten – entstanden sind[85] (→ Rdnr. 15). 23

Kosten, die nach § 12 a Abs. 1 ArbGG oder § 91 *nicht erstattungsfähig* sind, können auf Grund eines **Prozeßvergleichs** festgesetzt werden, sofern sie von der Kostenregelung in eindeutiger Weise erfaßt werden[86] (→ auch § 91 Rdnr. 116). Die Parteien hier auf einen neuen Prozeß zu verweisen, ist nicht veranlaßt. Auch auf Grund eines vor einem ordentlichen Gericht geschlossenen Vergleichs kann das Verfahren betrieben werden (→ Rdnr. 3, 14). 24

§ 104 [Kostenfestsetzung, Entscheidung, Erinnerung]

(1) ¹Über den Festsetzungsantrag entscheidet das Gericht des ersten Rechtszuges. ²Auf Antrag ist auszusprechen, daß die festgesetzten Kosten vom Eingang des Festsetzungsantrags, im Falle des § 105 Abs. 2 von der Verkündung des Urteils ab mit vier vom Hundert zu verzinsen sind. ³Die Entscheidung ist, sofern dem Antrag ganz oder teilweise entsprochen wird, dem Gegner des Antragstellers unter Beifügung einer Abschrift der Kostenrechnung von Amts wegen zuzustellen. ⁴Dem Antragsteller ist die Entscheidung nur dann von Amts wegen zuzustellen, wenn der Antrag ganz oder teilweise zurückgewiesen wird; im übrigen ergeht die Mitteilung formlos.

(2) ¹Zur Berücksichtigung eines Ansatzes genügt, daß er glaubhaft gemacht ist. ²Hinsichtlich der einem Rechtsanwalt erwachsenen Auslagen an Post-, Telegraphen- und Fernsprechgebühren genügt die Versicherung des Rechtsanwalts, daß diese Auslagen entstanden sind.

(3) ¹Gegen die Entscheidung findet sofortige Beschwerde statt. ²Das Beschwerdegericht kann das Verfahren aussetzen, bis die Entscheidung, auf die der Festsetzungsantrag gestützt wird, rechtskräftig ist.

Gesetzesgeschichte: Bis 1900 § 99, dann § 105, seit 1909 § 104. Änderungen: RGBl. 1898, 256; 1909, 475; 1923 I, 814; 1927 I, 334; 1933 I, 394; BGBl. 1957 I, 861; 1990 I, 2847.

Stichwortregister: → vor § 91 vor Rdnr. 1.

I. Stellung des Rechtspflegers und Verfahrensgrundsätze	1	II. Prüfung durch den Rechtspfleger	5
1. Stellung des Rechtspflegers	1	1. Zulässigkeit des Gesuchs	5
2. Rechtliches Gehör	2	2. Titel	6
3. Glaubhaftmachung	3	3. Notwendigkeit der Kosten	7
		4. Verausgabung	10

---

[85] **A.M.** *AG Saarbrücken* AnwBl. 1972, 26.
[86] *LAG Frankfurt* NJW 1958, 1415; *LAG München* AnwBl. 1979, 67; NJW 1954, 656; *LAG Stuttgart* NJW 1959, 65; *Grunsky* ArbGG⁶, § 12a Rdnr. 5. – **A.M.** *LAG Düsseldorf* LAGE § 12a ArbGG 1979 Nr. 9; EzA § 12a ArbGG 1979 Nr. 3; AP § 61 ArbGG 1953 Nr. 3, 9; *LAG Hamm* LAGE § 12a ArbGG 1979 Nr. 15; MDR 1972,

546 (L); NJW 1954, 1504. – Hat eine Partei nur »die Kosten des Rechtsstreits« übernommen, so reicht dies keinesfalls, da im Regelfall davon auszugehen ist, daß damit nur die erstattungsfähigen Kosten erfaßt sein sollen (→ § 98 Rdnr. 7a), *LAG Düsseldorf* AP § 61 ArbGG 1953 Nr. 2, 9; *LAG Hamburg* MDR 1987, 962; *LAG München* AnwBl. 1979, 67.

5. Streitwert	12
6. Einwendungen des Gegners	13
7. Aufrechnung gegen oder mit Kostenforderungen	14
III. Entscheidung	20
1. Inhalt, Bindung an den Antrag	20
2. Begründung	21
3. Kosten des Festsetzungsverfahrens	23
4. Verzinsung	25
5. Berichtigung	26
IV. Die Mitteilung des Beschlusses	27
V. Rechtsbehelfe	29
A. Erinnerung	29
1. Statthaftigkeit	29
2. Frist	31
3. Einreichung	32
4. Beschwer, Anschlußerinnerung, Nachliquidation	33
5. Verfahren vor dem Rechtspfleger	36
6. Entscheidung des Rechtspflegers	37
7. Verfahren vor dem Richter	42
8. Entscheidung des Richters	43
B. Beschwerde	51
1. Durchgriffserinnerung	51
2. Selbständige Beschwerde	52
3. Anwaltszwang	54
4. Beschwerdewert	55
5. Beschwer, Anschlußbeschwerde, Nachliquidation	57
6. Verfahren vor dem Beschwerdegericht; Aussetzung	58
7. Entscheidung des Beschwerdegerichts	59
8. Kosten des Beschwerdeverfahrens	60
9. Keine weitere Beschwerde	61
10. Rückfestsetzung von Kosten	62
VI. Rechtskraft des Kostenfestsetzungsbeschlusses	63
1. Eintritt der Rechtskraft	64
2. Nichtigkeits- und Restitutionsgründe	64
3. Fehlen und Aufhebung des Titels	65
VII. Vollstreckung	
1. Voraussetzungen	66
2. Abhängigkeit vom Titel	68
3. Aussetzung	69
VIII. Arbeitsgerichtliches Verfahren	70

I. Stellung des Rechtspflegers und Verfahrensgrundsätze[1]

1. Stellung des Rechtspflegers

1 Die Entscheidung über das Kostenfestsetzungsgesuch ist durch § 21 Abs. 1 Nr. 1 RPflG dem Rechtspfleger übertragen (allg. zur Zuständigkeit → § 103 Rdnr. 14). Dieser ist bei seinen Entscheidungen grundsätzlich selbständig, d. h. nur dem Gesetz unterworfen und weisungsfrei (§ 9 RPflG). Der Rechtspfleger ist also **im Grunde sachlich unabhängig**. Jedoch kann sich aus § 5 RPflG die Pflicht zur Vorlage an den Richter ergeben. Entscheidungen des

---

[1] **Lit.**: *Ahlborn* Das Kostenfestsetzungsverfahren – seine Kosten, JurBüro 1967, 859; *Bassenge/Herbst* FGG/RPflG[5]; *Bischof* Kostenrechtliche Zuständigkeitsprobleme des 1. EheRG, MDR 1978, 716; *ders.* Notwendige Sachentscheidung des Instanzgerichts bei Erinnerung, MDR 1975, 632; *Göppinger* Beginn der Verzinsung von Prozeßkosten – Fälligkeit des Kostenerstattungsanspruchs, JurBüro 1970, 803; *ders.* Die mißglückte Vorschrift des § 21 Abs. 2 RPflG, zugleich ein Beitrag zu Fragen des Kostenfestsetzungs- und des Beschwerdeverfahrens, JR 1971, 448; *Hägele* Amtsermittlung im Kostenfestsetzungsverfahren?, AnwBl. 1977, 138; *Hansens* Die Rückfestsetzung im Kostenfestsetzungsverfahren, JurBüro 1987, 967; *Hüttenhofer* Wem stehen die im Rahmen der Kostenfestsetzung festgesetzten Zinsen (§ 104 Abs. 1 S. 2 ZPO) zu?, AnwBl. 1989, 153; *Kircher* Die Erstattung nach §§ 1360a Abs. 4, 1361 Abs. 4 S. 4 BGB geleisteter Prozeßkostenvorschüsse und ihre Berücksichtigung im Kostenfestsetzungsverfahren, Diss. Münster 1989; *Meyer* Korrektur einer fehlerhaften Kostengrundentscheidung im Kostenfestsetzungsverfahren?, JurBüro 1979, 963; *Mümmler* Beachtung des rechtlichen Gehörs im Kostenfestsetzungsverfahren, JurBüro 1973, 797; *ders.* Betrachtung des Kostenfestsetzungsverfahrens in Zivilsachen, JurBüro 1982, 641; *ders.* Der Prozeßkostenvorschuß in kostenrechtlicher Sicht, JurBüro 1992, 137; *ders.* Die Durchgriffserinnerung im Kostenfestsetzungsverfahren JurBüro 1974, 409; *ders.* Nochmals: Amtsermittlung im Kostenfestsetzungsverfahren?, JurBüro 1977, 917; *ders.* Rückfestsetzung im Kostenfestsetzungsverfahren, JurBüro 1978, 338; *Rennen* Erinnerungs- und Beschwerderecht des Rechtsanwalts im Kostenfestsetzungsverfahren, MDR 1973, 644; *Schneider* Fehlerhafte Kostenentscheidungen, MDR 1984, 461; *ders.* Kostenfestsetzung ad calendas graecas, MDR 1991, 124; *Tschischgale* Die Verzinsung des Kostenerstattungsanspruchs, NJW 1969, 221.

Rechtspflegers sind Entscheidungen des Gerichts und müssen daher unter Einhaltung der für gerichtliche Entscheidungen geltenden Verfahrensgrundsätze getroffen werden, wobei freilich die Besonderheiten des Verfahrens, insbesondere die Möglichkeit der Erinnerung an den Richter, zu beachten sind.

2. Rechtliches Gehör

Die Parteien haben im Kostenfestsetzungsverfahren Anspruch auf rechtliches Gehör[2] (Art. 103 Abs. 1 GG). Bei *richterlichen* Entscheidungen muß das Gehör regelmäßig *vor* Erlaß der Entscheidung gewährt werden. Da gegen Entscheidungen des *Rechtspflegers* die Erinnerung zulässig ist und ohne Instanzverlust zu einer erneuten Überprüfung durch den Rechtspfleger und (bei Nichtabhilfe) den Richter führt, braucht der Grundsatz hier nicht mit der gleichen Strenge angewendet zu werden. Es genügt in unkomplizierten Fällen, wenn dem Gegner das Gehör durch Mitteilung des Kostenfestsetzungsbeschlusses und der Kostenberechnung (→ Rdnr. 27) gewährt wird, während in zweifelhaften Fällen die *vorherige* Anhörung des Gegners angezeigt erscheint[3]. Dazu genügt formlose Mitteilung des Gesuchs und der Berechnung[4] (→ § 103 Rdnr. 20f.). Stets wird aber das Fehlen des Gehörs durch die Gewährung im Erinnerungsverfahren **geheilt**[5]. Die Anhörung wird im allgemeinen *schriftlich* erfolgen. Setzt der Rechtspfleger ausnahmsweise einen *Termin* an, was ihm nicht grundsätzlich verwehrt ist[6], so finden die Regeln der fakultativen mündlichen Verhandlung entsprechende Anwendung (→ § 128 Rdnr. 39ff.). **Anwaltszwang** besteht gemäß § 13 RPflG **nicht** (→ § 78 Rdnr. 25). Zur Vollmacht → § 103 Rdnr. 17.

2

3. Glaubhaftmachung

Soweit bei der Prüfung des Gesuchs *tatsächliche* Angaben in Frage kommen, ist ein **Geständnis** der Gegenseite wirksam[7]. Im übrigen genügt hinsichtlich der einzelnen Ansätze die **Glaubhaftmachung** (§ 294), die sich sowohl auf die *Entstehung* der Kosten als auch (in Zweifelsfällen) auf die Voraussetzungen der *Notwendigkeit* zu erstrecken hat[8] (→ auch Rdnr. 7). Voller Beweis durch nicht präsente Beweismittel ist aber ausgeschlossen (→ § 294 Rdnr. 9).

3

Der **Rechtspfleger** ist berechtigt, alle Beweise, die ihm die Parteien freiwillig anbieten, insbesondere eidesstattliche Versicherungen der Parteien und Dritter, entgegenzunehmen[9] und Zeugen und Sachverständige zu vernehmen. Er ist insoweit zuständige Behörde i. S. der §§ 156, 163 StGB. Zur Anordnung einer Beeidigung (eines Zeugen, Sachverständigen oder einer Partei), zur Abnahme eines Eides und zur Anordnung von Ordnungshaft gegen einen Zeugen ist der Rechtpfleger nicht befugt (§ 4 Abs. 2 RPflG). Er hat in solchen Fällen die Sache dem Richter vorzulegen (§ 4 Abs. 3 RPflG). Der Rechtspfleger kann

4

---

[2] *BVerfGE* 62, 352.
[3] Vgl. *OLG Bamberg* JurBüro 1990, 1478f.; *OLG Hamburg* JurBüro 1974, 59; *OLG Karlsruhe* JurBüro 1973, 560; *OLG Köln* JurBüro 1986, 1724; *OLG München* JurBüro 1993, 300; MDR 1971, 312; *OLG Stuttgart* Rpfleger 1971, 308; 1974, 26; *LAG Hamm* MDR 1972, 546; *LG Aachen* Rpfleger 1990, 348; *LG Aurich* JurBüro 1976, 1386; *LG Berlin* JurBüro 1987, 718; *LG Bonn* JurBüro 1992, 256; *Mümmler* JurBüro 1973, 797; 1976, 441. – Strengere Anforderungen stellen *OLG Bamberg* JurBüro 1974, 1172; *OLG Braunschweig* Rpfleger 1977, 177 (zu § 106); *LG Frankfurt* NJW 1971, 2034.
[4] *BayObLG* AnwBl. 1989, 161; *AG Nürnberg* JurBüro 1970, 1070 (*Schalhorn*).
[5] *OLG Bamberg* JurBüro 1973, 446; *OLG Karlsruhe* JurBüro 1973, 560; *OLG Stuttgart* Rpfleger 1974, 26; vgl. auch *BVerfGE* 62, 352.
[6] *Schneider* MDR 1991, 124.
[7] Vgl. nur *Schneider* MDR 1991, 124. – Daß der Gegner sich nicht äußert, macht dagegen die **Glaubhaftmachung** ebenso wenig entbehrlich (**a. M.** *Hägele* AnwBl. 1977, 138; dagegen *Mümmler* JurBüro 1977, 917) wie die **rechtliche Prüfung** der Erstattungsfähigkeit, insbesondere der *Notwendigkeit* (→ Rdnr. 7).
[8] *OLG Nürnberg* WRP 1969, 83; JurBüro 1975, 191; *LG Darmstadt* Rpfleger 1988, 333; *LG Weiden* MDR 1975, 669.
[9] Vgl. etwa *OLG Koblenz* MDR 1981, 502 (L; auch Schätzung nach § 287; ebenso *OLG München* MDR 1992, 1005); *OLG Koblenz* JurBüro 1981, 453; 1980, 1846.

auch nach §§ 142f. die Vorlegung von Urkunden und Akten usw. seitens der Parteien und die Heranziehung Akten höherer Instanz anordnen und von den am Prozeß beteiligten Richtern Erklärungen über den Verfahrensablauf beiziehen[10] (→ auch Rdnr. 8). Selbstverständlich darf er alles dies nur, soweit es der Erledigung der ihm obliegenden Aufgaben dient, also zur Prüfung der Notwendigkeit i. S. des § 91[11] oder zur Ermittlung des Streitwerts (→ Rdnr. 12).

II. Prüfung durch den Rechtspfleger

1. Zulässigkeit des Gesuchs

5   Hier sind insbesondere die Zuständigkeit (→ § 103 Rdnr. 14), die Form des Gesuchs (→ § 103 Rdnr. 17), die allgemeinen Zulässigkeitsvoraussetzungen (→ § 103 Rdnr. 17) sowie die Antragsberechtigung (→ § 103 Rdnr. 8) zu prüfen. Die folgenden Punkte gehören dagegen bereits zur Begründetheit.

2. Titel

6   Erforderlich ist ein zur Zwangsvollstreckung geeigneter Titel. Der Rechtspfleger muß daher prüfen, ob der Titel der *Art* nach in Betracht kommt[12] (→ § 103 Rdnr. 3), oder er *nichtig* ist[13], ob eventuelle *Bedingungen* eingetreten sind[14] und ob sich aus ihm ergibt, daß der Antragsteller einen *Anspruch* auf Kostenerstattung gegen den Gegner hat (→ § 103 Rdnr. 3ff.). Ein solcher Anspruch kann – etwa wegen vorgeschossener Prozeßkosten – auch bei Aufhebung der Kosten nach § 92 bestehen[15]. Es kann dazu eine *Auslegung* des Titels notwendig sein[16], besonders bei zweifelhafter Verteilung (→ auch § 92 Rdnr. 3c), namentlich im Fall der Streitgenossenschaft (zu dieser, insbesondere zur Festsetzung bei gemeinsamen Kosten, → § 100 Rdnr. 14, 15, 18). Zum Vorbehalt der beschränkten Erbenhaftung → § 103 Rdnr. 5. Jede *Ergänzung, Berichtigung oder sonstige* (insbesondere materiell-rechtliche) *Nachprüfung* des Titels[17], der Kostengrundentscheidung[18] oder kostenrelevanter Entscheidungen im Erkenntnisverfahren[19] ist ausgeschlossen, auch im nachfolgenden Beschwerdeverfahren[20]. Daher kann eine unterlassene Kostenentscheidung nach § 281 Abs. 3 S. 2 im Kostenfestset-

---

[10] *OLG Frankfurt* MDR 1980, 234; *OLG Koblenz* JurBüro 1981, 453; *OLG München* NJW 1964, 1377; vgl. auch *Schneider* MDR 1991, 124.

[11] Vgl. ähnlich *RG* JW 1905, 372.

[12] Beim **Prozeßvergleich** ist also zu prüfen, ob es sich bei der vorgelegten Vereinbarung überhaupt um einen Vergleich handelt, insbesondere beide Seiten nachgegeben haben (§ 779 BGB); vgl. *KG* JurBüro 1982, 1729.

[13] *OLG Hamm* Rpfleger 1953, 463 (*Bierbach*); → auch Fn. 18. – Vgl. für **Vergleich** *KG* JurBüro 1973, 874 und *LG Berlin* JurBüro 1987, 1889 (fehlende Protokollierung); → auch § 98 Rdnr. 12.

[14] Vgl. für den **Prozeßvergleich** *LG Berlin* JurBüro 1984, 1574; → auch § 98 Rdnr. 12, § 103 Rdnr. 5.

[15] *OLG Celle* NdsRpfl. 1949, 200.

[16] Vgl. etwa *OLG Braunschweig* JurBüro 1977, 1775; *OLG Frankfurt* JurBüro 1979, 1892; *OLG Hamburg* JurBüro 1980, 1727; *OLG Koblenz* VersR 1980, 434; *OLG Köln* JurBüro 1986, 454; *OLG München* Rpfleger 1991, 174; *LG Frankfurt* Rpfleger 1988, 204. – Zur Beschränkung auf den Inhalt der Vergleichsurkunde *OLG Hamm* JurBüro 1966, 623; 1968, 297; *OLG Schleswig* SchlHA 1982, 173. – Die »Auslegung« darf aber nicht zu einer verdeckten Korrektur der Kostenverteilung führen, *Schneider* MDR 1984, 461f.

[17] *OLG Bamberg* JurBüro 1979, 1515; 1975, 1498; *OLG München* OLGRspr. 29 (1914), 54.

[18] *OLG Bamberg* JurBüro 1990, 1478; 1986, 108; *OLG Düsseldorf* MDR 1985, 589; *OLG Frankfurt* AnwBl. 1983, 523; JurBüro 1982, 745; *OLG Hamburg* MDR 1983, 411; JurBüro 1969, 555; *OLG Hamburger* 1990, 435; NJW 1972, 1903; *KG* MDR 1974, 149; *OLG Koblenz* NJW-RR 1986, 1255; *OLG Schleswig* JurBüro 1982, 1404; *OLG Zweibrücken* JurBüro 1986, 1573; *LG Frankfurt* Rpfleger 1988, 204; *Meyer* JurBüro 1979, 963. – Unbeachtlich sind Kostengrundentscheidungen daher nur, wenn sie **jeglicher gesetzlicher Grundlage entbehren** *und* deshalb **nichtig** sind; vgl. z.B. *OLG Oldenburg* Rpfleger 1991, 522; *LG Aschaffenburg* JurBüro 1985, 1046; *LG Bonn* JurBüro 1992, 180; für Beachtlichkeit hingegen *LG Dortmund* Rpfleger 1981, 319; *LG Koblenz* Rpfleger 1991, 360; offen *OLG Düsseldorf* MDR 1985, 590.

[19] *OLG Bamberg* JurBüro 1986, 219 (Prozeßverbindung); 1983, 130 (unterlassene Verbindung).

[20] *RG* JW 1905, 149; *OLG Darmstadt* OLGRspr. 19 (1909), 97; *OLG Hamburg* SeuffArch. 52 (1897), 84; *OLG Kiel* SeuffArch. 74 (1919), 31.

zungsverfahren nicht nachgeholt werden, auch nicht auf dem Umweg, die Notwendigkeit der vor dem unzuständigen Gericht zusätzlich erwachsenen Kosten zu verneinen (→ § 91 Rdnr. 49, § 281 Rdnr. 42). Ebenso wenig können, wenn ein Versäumnisurteil ergangen ist, die Kosten für den Antrag auf Erlaß des Versäumnisurteils mit der Begründung als nicht notwendig abgesetzt werden, es habe keine Säumnis vorgelegen[21]. Eine *gesamtschuldnerische Haftung* kann nur angenommen werden, wenn sie (hinsichtlich der Hauptsache, → § 100 Rdnr. 9) im Urteil enthalten ist (→ § 100 Rdnr. 11).

3. Notwendigkeit der Kosten

Bei jedem Ansatz ist von Amts wegen[22] zu prüfen, ob er zu den *Kosten des Rechtsstreits* oder zu den Vollstreckungskosten gehört (→ § 91 Rdnr. 18 ff., 27, § 788 Rdnr. 6 ff.) und ob die Aufwendung in dem geforderten Betrag zur zweckentsprechenden Rechtsverfolgung oder Rechtsverteidigung *notwendig* war (→ § 91 Rdnr. 44 ff., 95 ff.). Insoweit ist substantiierter Vortrag erforderlich[23], wenn die Prüfung anders – etwa durch Heranziehung des Akteninhalts – nicht möglich ist[24]. 7

Hinsichtlich der einem **Rechtsanwalt**, nicht notwendig dem Prozeßbevollmächtigten, erwachsenen Auslagen an **Post-, Telegraphen- und Fernsprechgebühren** genügt zur Glaubhaftmachung nach Abs. 2 S. 2 die einfache (nicht eidesstaatliche) Versicherung des Anwalts[25], bei dem sie entstanden sind. Die Versicherung betrifft nur die tatsächliche Verauslagung, nicht die Notwendigkeit[26]. In letzterer Hinsicht ist dem Rechtspfleger eine Nachprüfung nicht verwehrt, wenn sie auch nur ausnahmsweise, bei erheblicher Übersteigerung des Üblichen, am Platz sein wird[27]. Wird die Postgebührenpauschale nach § 26 S. 2 BRAGO geltend gemacht, so ist keine Versicherung nach § 104 Abs. 2 erforderlich[28]. Im übrigen ist für die Rechtsanwaltsgebühren natürlich zu prüfen, ob der jeweilige **Gebührentatbestand** erfüllt ist. Wird also eine Beweisgebühr angesetzt, so hat der Rechtspfleger selbständig, ohne Bindung an die Auffassung des Prozeßgerichts[29] oder die übereinstimmende Parteiauffassung[30], nachzuprüfen, ob eine Beweisaufnahme stattgefunden hat. 8

Der **Ansatz der Gerichtskosten** im Verhältnis der Staatskasse zu ihrem Kostenschuldner (§ 4 GKG) bindet im Verhältnis des letzteren zu dem erstattungspflichtigen Gegner schon deswegen nicht, weil dem Gegner die Rechtsbehelfe des § 5 GKG nicht zustehen[31]. 9

---

[21] *A.M. OLG Koblenz* AnwBl. 1989, 237.
[22] *OLG Frankfurt* Rpfleger 1984, 186; *OLG Karlsruhe* JurBüro 1993, 295 (auch wenn Gegner sich nicht äußert). – A.M. *KG* JurBüro 1971, 1046 (Anerkenntnis des Gegners bindet).
[23] *OLG Koblenz* JurBüro 1988, 1665; *OLG München* JurBüro 1983, 1092; *LG Aschaffenburg* JurBüro 1984, 287; sehr großzügig *LG Essen* AnwBl. 1979, 117.
[24] *OLG Köln* JurBüro 1987, 1090; *LG Flensburg* JurBüro 1985, 1349.
[25] Nicht der Beauftragte von Mietervereinen, *AG Münster* AnwBl. 1954, 130, oder Vermietervereinen, *LG Mainz* AnwBl. 1962, 75 (→ auch § 91 Rdnr. 92). – Die bloße Unterzeichnung der dem Antrag beigefügten Kostenaufstellung ist an sich keine Versicherung; die üblichen Aufwendungen werden aber regelmäßig auch ohne Versicherung als glaubhaft angesehen werden können, vgl. *LG München* JW 1925, 843.
[26] *OLG Frankfurt* MDR 1982, 418; *OLG Hamburg* JurBüro 1981, 454; 1975, 783; 1974, 1285.
[27] *OLG Celle* AnwBl. 1966, 358; JurBüro 1972, 69; *KG* JurBüro 1976, 814; *OLG München* MDR 1992, 1005;

1982, 760;; *OLG Stuttgart* Rpfleger 1964, 165; *LG Bremen* Rpfleger 1951, 480; *LG Hildesheim* NdsRpfl. 1964, 270; *AG Attendorn* JurBüro 1978, 537; *VGH Baden-Württemberg* JurBüro 1990, 1002.
[28] *LG Kassel* AnwBl. 1966, 269.
[29] Vgl. *OLG Braunschweig* MDR 1990, 935; *OLG Frankfurt* JurBüro 1980, 1524 f.; *OLG Hamburg* JurBüro 1988, 1173; *OLG Koblenz* VersR 1984, 589 (L). – Allerdings werden die Würdigung im **Urteilstatbestand** (*OLG Hamburg* MDR 1973, 771; a.M. *OLG Frankfurt* a.a.O.) oder **dienstliche Erklärungen** des Prozeßgerichts (*OLG Frankfurt* NJW 1972, 961; *OLG Hamburg* JurBüro 1983, 1524 f.; *OLG Stuttgart* JurBüro 1982, 1034) kaum widerlegbare Indizien darstellen.
[30] *OLG Frankfurt* Rpfleger 1980, 158.
[31] *OLG Koblenz* JurBüro 1985, 135; *OLG München* JurBüro 1979, 122; *OLG Stettin* JW 1929, 1693; *LAG Düsseldorf* JurBüro 1992, 470. – *OLG Hamm* JW 1930, 732 legt umgekehrt der im Kostenfestsetzungsverfahren getroffenen Entscheidung bindende Kraft für das Verhältnis des Kostenschuldners zur Staatskasse bei.

4. Verausgabung

10 Die angesetzten Beträge müssen in der Regel wirklich verausgabt sein. Ersparte Kosten sind nicht erstattungsfähig. Hinsichtlich der an die Gerichtskasse, die Anwälte und die Gerichtsvollzieher tarifmäßig zu zahlenden Gebühren und Auslagen genügt es aber, wie auch § 105 Abs. 2 voraussetzt, wenn die *Zahlungspflicht* feststeht[32], denn damit ist die Aufwendung glaubhaft. Insoweit können auch erst zu erwartende Kosten berücksichtigt werden. Dies gilt hinsichtlich der Gebühren des Anwalts auch für die Partei, der Prozeßkostenhilfe bewilligt wurde, jedoch nur, soweit sie den dem Anwalt aus der Staatskasse zu erstattenden Betrag übersteigen[33]. Bei den Beträgen, für die auch der Gegner infolge seiner Verurteilung der Gerichtskasse haftet (§ 126, GKG § 54), bedarf es des Nachweises der geleisteten Zahlung, da insoweit für den Gegner die Gefahr doppelter Zahlung entstehen würde[34]. Ebenso kann der Gegner der armen Partei, soweit er nach § 122 Abs. 2 einstweilen befreit ist, nur gezahlte Beträge fordern. Auf der anderen Seite dürfen auch gezahlte Gebühren (im Gegensatz zu Auslagen) dann nicht gefordert werden, wenn die kostenpflichtige Partei nach § 2 GKG Kostenfreiheit genießt. Sie sind dann von der Gerichtskasse zurückzufordern[35] (→ auch Rdnr. 9). Dazu, inwieweit die Erstattung von Aufwendungen, die von dritter Seite (z. B. von einer hinter der Partei stehenden Versicherung) gemacht sind, verlangt werden kann, → § 91 Rdnr. 15.

11 Eine **Festsetzung vorbehaltlich des Nachweises** ist nicht ausgeschlossen, aber abgesehen von den Fällen, wo eine zweitschuldnerische Inanspruchnahme des siegreichen Teils wegen Gerichtskosten (§ 54 GKG) noch in Betracht kommt, kaum zweckmäßig[36].

5. Streitwert

12 Soweit für die Berechnung der einzelnen Ansätze der Wert des Streitgegenstands maßgebend ist (§§ 11 Abs. 2, 12 ff. GKG, §§ 7 ff. BRAGO), hat ihn der Rechtspfleger in entsprechender Anwendung der §§ 3 ff. **in den Gründen** seines Beschlusses festzusetzen. Einen **selbständigen Wertfestsetzungsbeschluß** kann dagegen nach § 25 GKG nur das Gericht erlassen. Ein solcher Beschluß ist für das Festsetzungsverfahren bindend[37]. Der Rechtspfleger kann ihn anregen; eine Partei, ein Beteiligter oder die Staatskasse können ihn beantragen[38]. Die dem Kostenfestsetzungsbeschluß zugrundeliegende selbständige Wertfestsetzung kann sowohl von dem Gericht erster Instanz in dem Verfahren über die Erinnerung (→ Rdnr. 33) wie von dem Beschwerdegericht von Amts wegen geändert werden, § 25 Abs. 1 S. 3 GKG (dazu → § 2 Rdnr. 79).

6. Einwendungen des Gegners

13 Einreden oder Einwendungen des Gegners gegen seine Erstattungspflicht, wie Zahlung[39], Verjährung, Verwirkung[40] (→ dazu Rdnr. 10a vor § 91, § 103 Rdnr. 12), Stundung, Zwangsvergleich, Aufrechnung usw., können im Kostenfestsetzungsverfahren **nicht berücksichtigt**

---

[32] Vgl. nur *KG* NJW-RR 1992, 404.
[33] Vgl. *OLG Kiel* JW 1930, 3492.
[34] *RG* SeuffArch. 47 (1892), 457; *OLG Hamburg* SeuffArch. 43 (1888), 225; *OLG Köln* Rpfleger 1965, 242; *OLG München* OLGRspr. 29 (1914), 11.
[35] *RG* JW 1898, 643; 1894, 122; *OLG Koblenz* JurBüro 1977, 1778; *KG* JW 1931, 1108.
[36] Vgl. *OLG Braunschweig* OLGRspr. 29 (1914), 55; *KG* KGBl. 1910, 86.

[37] Vgl. nur *OLG Koblenz* MDR 1986, 151.
[38] Der Antrag kann in der Erinnerung gegen den Kostenfestsetzungsbeschluß liegen, *OLG Frankfurt* JurBüro 1970, 1094/853.
[39] *OLG Düsseldorf* JurBüro 1978, 1570; JMBl.NRW 1956, 64; *OLG Koblenz* JurBüro 1974, 1601; *AG Saarbrücken* AnwBl. 1972, 26.
[40] *OLG Düsseldorf* MDR 1988, 972; *OLG Schleswig* JurBüro 1979, 602; *OLG Stuttgart* MDR 1984, 409.

werden, und ebensowenig können Gegenansprüche mit Wirkung einer Zug-um-Zug-Leistung[41] oder eines Zurückbehaltungsrechts[42] in das Verfahren eingeführt oder außergerichtliche Vergleichsvereinbarungen über die Kosten beachtet werden[43], da hier nur über den Betrag der Kosten, nicht über die Pflicht zu ihrer Erstattung zu entscheiden ist und eine Entscheidung dieser materiell-rechtlichen Fragen durch den Rechtspfleger nicht in Frage kommt[44]. Auch Einwendungen aus dem Innenverhältnis zwischen der erstattungsberechtigten Partei und ihrem Anwalt werden nicht zugelassen, sondern der Gegner auf die Vollstreckungsgegenklage verwiesen[45]. Zur *Streitgenossenschaft* → § 100 Rdnr. 14, 18; zur *Aufrechnung* → Rdnr. 14. Die Einwendungen können auch nicht durch Erinnerung oder Beschwerde, sondern nur gegenüber der Vollstreckung des Beschlusses gemäß § 775 Nr. 4, 5[46] oder durch **Vollstreckungsgegenklage** nach § 767 geltend gemacht werden[47]. Dabei ist für eine Anwendung der einschränkenden Vorschrift des § 767 Abs. 2 kein Raum[48]: Die mündliche Verhandlung vor Erlaß des Urteils kommt nicht in Frage, da im Streitverfahren über die Höhe des Kostenanspruchs überhaupt nicht entschieden wird[49]. Ebensowenig wäre eine ausnahmsweise im Kostenfestsetzungsverfahren angeordnete mündliche Verhandlung beachtlich, denn § 767 Abs. 2 bezieht sich nur auf die mündliche Verhandlung vor Erlaß des Urteils. Aus der Anwendbarkeit des § 767 folgt auch die des § 769[50].

Sind die Voraussetzungen der vom Gegner geltend gemachten Einwendungen (Zahlung, Zwangsvergleich usw.) **rechtskräftig festgestellt**[51] oder bestehen darüber **keine Meinungsverschiedenheiten** zwischen den Parteien, so können die fraglichen Beträge von dem geforderten Gesamtbetrag abgesetzt werden, denn darin liegt keine (dem Rechtspfleger nicht zustehende) Entscheidung über die materiell-rechtliche Begründetheit der Einwendung[52]. Um Nachteile für den Gläubiger zu vermeiden, ist ausdrückliches Zugestehen[53] der Einwendung oder zumindest Schweigen trotz gerichtlicher Aufforderung zur Stellungnahme[54] zu verlangen. Auch dann erscheint es zulässig, den bezahlten Betrag in die Festsetzung mit aufzunehmen und zugleich die erfolgte Zahlung zu vermerken, denn dem Gläubiger kann auch bei bezahlten Beträgen an der Feststellung der ursprünglichen Erstattungspflicht gelegen sein[55]. – Wegen der Wirkungen einer *gegen den Titel* erhobenen Vollstreckungsgegenklage auf das Kostenfestsetzungsverfahren → § 103 Rdnr. 7; zur vorzeitigen Tilgung durch Leistung eines *Prozeßkostenvorschusses* an die erstattungsberechtigte Partei → Rdnr. 19.

13a

---

[41] *KG* DR 1941, 392; JW 1937, 246; 1931, 1116. Zur Zug-um-Zug-Verurteilung in der Hauptsache → § 103 Rdnr. 5.
[42] *OLG Hamm* JurBüro 1964, 913.
[43] *OLG Celle* MDR 1963, 60; *OLG Frankfurt* Rpfleger 1991, 126; AnwBl. 1981, 114; *OLG Hamburg* JurBüro 1985, 1720; *OLG Koblenz* JurBüro 1989, 221; *OLG Zweibrücken* JurBüro 1978, 1881; *LAG Hamm* MDR 1972, 546 (L).
[44] *OLG Bamberg* JurBüro 1975, 1498; *OLG Düsseldorf* JurBüro 1975, 819; *OLG Frankfurt* VersR 1981, 194 (L); *OLG München* JurBüro 1992, 431. Auch nicht Einwendungen aus § 60 KO, soweit nur die Befriedigung der Massegläubiger zweifelhaft ist, *OLG Düsseldorf* MDR 1991, 357 und JurBüro 1991, 558 (das aber nur Feststellung der Kostenschuld zuläßt); KTS 1975, 232.
[45] Vgl. *OLG Frankfurt* Rpfleger 1991, 126 (Gebührenteilung mit Korrespondenzanwalt); *KG* NJW 1968, 1290, *OLG München* JurBüro 1988, 1188 und *LG Berlin* AnwBl. 1983, 518 (fehlende Vollmacht); *KG* JurBüro 1970, 327; *OLG Koblenz* Rpfleger 1986, 319 (Verjährung des Gebührenanspruchs).
[46] Vgl. *OLG Düsseldorf* JurBüro 1978, 1570.
[47] RGZ 75, 199; 62, 188; 13, 361; *OLG Bamberg* JurBüro 1979, 1515/1071; *OLG Düsseldorf* JurBüro 1964, 689; JMBl.NRW 1956, 64; *OLG Hamburg* JurBüro 1985, 1720; *OLG Hamm* JurBüro 1964, 913; s. auch BGHZ 3, 382 = NJW 1952, 144 = ZZP 65 (1952), 214.
[48] *OLG Celle* NdsRpfl. 1952, 28.
[49] BGHZ 3, 382 = NJW 1952, 144 = ZZP 65 (1952), 214.
[50] *OLG Köln* JW 1930, 1512.
[51] *OLG Bamberg* JurBüro 1985, 621; *OLG Zweibrücken* JurBüro 1989, 1288.
[52] *OLG Bamberg* JurBüro 1985, 621; 1981, 768; 1974, 1172; *OLG Düsseldorf* JurBüro 1991, 558; *OLG Hamm* JurBüro 1979, 54; *KG* JW 1935, 2901; *OLG Koblenz* Rpfleger 1986, 319; *OLG Köln* JurBüro 1992, 318; *OLG München* NJW 1964, 1079; *OLG Saarbrücken* Rpfleger 1992, 407; *OLG Schleswig* JurBüro 1971, 631; Rpfleger 1957, 5; *OLG Zweibrücken* JurBüro 1989, 1288; zum **Vergleich** → § 98 Rdnr. 12a, 13. – Ein Streit der Parteien über die Berücksichtigungsfähigkeit der unstreitigen Einwendung ist unerheblich.
[53] *OLG Hamm* JurBüro 1984, 607; 1977, 405; 1973, 1099.
[54] *KG* MDR 1976, 406. – **A.M.** *OLG Zweibrücken* JurBüro 1989, 1288.
[55] *OLG München* JurBüro 1970, 270.

7. Aufrechnung gegen eine Kostenforderung oder mit einer Kostenforderung

14 a) Die Aufrechnung **gegen die festzusetzende Kostenforderung im Kostenfestsetzungverfahren** mit einem Gegenanspruch ist grundsätzlich unzulässig[56], weil sonst der Rechtspfleger zu einer nach § 322 Abs. 2 rechtskraftfähigen Entscheidung über den Gegenanspruch genötigt wäre, für die ihm die Zuständigkeit fehlt. Auf den Entstehungszeitpunkt der Kostenforderung (→ dazu vor § 91 Rdnr. 13) kommt es danach nicht an[57]. Für eine Aussetzung des Verfahrens nach § 148 oder für eine Festsetzung unter Vorbehalt der Aufrechnung nach § 302 fehlt es im Kostenfestsetzungsverfahren an der gesetzlichen Grundlage, ganz abgesehen davon, daß sie mit dem Sinn und der Ausgestaltung dieses Verfahrens nicht vereinbar wäre. Entsprechend dem bei Rdnr. 13a Gesagten ist aber die Aufrechnung zu beachten, wenn über Bestand und Höhe der Gegenforderung und über die Aufrechnungslage **kein Streit** besteht[58]. Im übrigen kann die Aufrechnung im Wege der Vollstreckungsgegenklage gegen den Kostenfestsetzungsbeschluß geltend gemacht werden, wobei die Beschränkung nach § 767 Abs. 2 nicht gilt[59].

15 b) Es geht auch nicht an, daß der Beklagte bereits **im Erkenntnisverfahren gegenüber dem Klageanspruch mit** einem z.B. bei einer Teilabweisung sich ergebenden **Anspruch auf Erstattung von Kosten desselben Verfahrens** aufrechnet[60], einerlei, wann dieser Anspruch entsteht (→ Rdnr. 14). Denn eine Beachtung der Aufrechnung nötigt zu einer Feststellung der Höhe beider Forderungen. Über die Höhe der Kostenforderung darf aber nur vom Rechtspfleger im Kostenfestsetzungsverfahren, nicht schon vom Gericht im Hauptsacheverfahren entschieden werden, und das setzt eine Verurteilung in die Kosten durch das Prozeßgericht gerade voraus. Daher kann gegen die im Urteil erst noch festzustellende Kostenforderung auch nicht mit einer anderen Gegenforderung aufgerechnet werden[61]. Selbst für den wohl nur theoretisch denkbaren Fall, daß kein Streit über die Höhe der Kostenforderung besteht, ist die Aufrechnung bedenklich, weil sie mit der in § 308 Abs. 2 festgelegten Pflicht des Prozeßrichters zur Kostenentscheidung kaum vereinbar ist. Auch hier ist es daher unerheblich, wann die Kostenforderung entsteht. Für die Aufrechnung besteht auch kein Bedürfnis, zumal die Parteien gegebenenfalls einen Prozeßvergleich über Hauptsache und Kosten schließen können.

16 c) Dagegen ist die **Aufrechnung im Klageverfahren mit einem Kostenanspruch aus einem anderen Prozeß** jetzt auch von der höchstrichterlichen Rechtsprechung anerkannt, wenn die Kosten unstreitig oder bereits rechtskräftig festgesetzt sind[62]. Eine angeordnete Sicherheitsleistung muß aber für die Wirksamkeit der Aufrechnung nicht erbracht sein[63], und mit einer erbrachten Sicherheitsleistung kann die Aufrechnung auch nicht abgewendet werden[64].

Weitergehend wird man sogar sagen müssen, daß auch hier die Aufrechnung nach den allgemeinen Grundsätzen, die auch sonst für die Aufrechnung mit Forderungen gelten, die selbständig in einem anderen Rechtsweg oder in einem anderen Verfahren geltend zu machen wären, nicht schlechthin unzulässig ist[65]. Allerdings müßte der Kostenanspruch fällig sein (→ Rdnr. 13 vor § 91), und der Beklagte

---

[56] *BGHZ* 3, 382 = NJW 1952, 144 = ZZP 65 (1952), 214; *OLG Düsseldorf* JurBüro 1975, 819.
[57] Die frühere Rechtsprechung stellte darauf ab, s. *Jonas* JW 1937, 2709.
[58] Vgl. *OLG Düsseldorf* AnwBl. 1980, 377; JurBüro 1975, 819; *OLG Hamburg* JurBüro 1988, 1525; *OLG Hamm* JurBüro 1984, 607; 1973, 675; KG MDR 1984, 150; *LG Nürnberg-Fürth* AnwBl. 1969, 245.
[59] *BGHZ* 3, 382 = NJW 1952, 144 = ZZP 65 (1952), 214; *BGH* NJW 1986, 2244; *OLG Nürnberg* JurBüro 1965, 314.
[60] *OLG Frankfurt* MDR 1984, 148f.; *LG Mönchengladbach* NJW 1966, 2218 (*Putzo*). – **A.M.** *OLG Celle* JurBüro 1983, 1699; *LG Berlin* JurBüro 1983, 1887 (aber dort waren die Forderungen auch der Höhe nach bereits tituliert).
[61] *OLG Nürnberg* JurBüro 1965, 314.
[62] *BGH* Rpfleger 1976, 176 = JR 332 (*Kuntze*); MDR 1963, 388; s. auch *BGHZ* 3, 382 = NJW 1952, 144 = ZZP 65 (1952), 214; *OLG Düsseldorf* NJW-RR 1989, 504; *OLG Hamm* FamRZ 1987, 1288; KG MDR 1983, 752 (auch bei Prozeßstandschaft).
[63] *OLG Düsseldorf* MDR 1988, 782; *OLG Hamm* FamRZ 1987, 1289.
[64] *OLG Frankfurt* MDR 1984, 148f.
[65] **A.M.** *BGH* Rpfleger 1976, 176 = JR 332 (*Kuntze*); MDR 1963, 388.

müßte bestimmte Behauptungen über die Kosten aufstellen. Ferner müßte das Prozeßgericht nach § 148 das Verfahren aussetzen, bis diese Kosten vom zuständigen Rechtspfleger festgesetzt sind⁶⁶ (→ näher § 145 Rdnr. 43). Da regelmäßig zwischen diesen Kosten und dem Klageanspruch im anhängigen Rechtsstreit keine Konnexität besteht, könnte das Gericht gegebenenfalls unter Vorbehalt der Aufrechnung verurteilen (§ 302). Deshalb ist hier die Aufrechnung praktisch kaum empfehlenswert.

Die **Aufrechnung mit einer Kostenforderung gegenüber einer abgetretenen Gegenforderung** ist nach Maßgabe des § 406 BGB möglich⁶⁷. Sie ist danach ausgeschlossen, wenn der Kostengläubiger beim Erwerb der Kostenforderung von der Abtretung Kenntnis hatte oder wenn die Kostenforderung erst nach Erlangung der Kenntnis und später als die abgetretene Forderung fällig geworden ist. Dabei kommt es darauf an, ob die Kosten aus einem Prozeß stammen, in dem die Klage bereits in Kenntnis der Abtretung erhoben war; Kenntniserlangung erst im Zeitpunkt des Erlasses des Kostenurteils hindert die Aufrechnung nicht⁶⁸. Jedoch wird das spätere Fälligwerden der Kostenforderung (→ Rdnr. 13 vor § 91) oft der Aufrechnung entgegenstehen. Dies gilt entsprechend für die Aufrechnung gegenüber einer beschlagnahmten Forderung, vgl. § 392 BGB⁶⁹.

17

d) Die sog. Aufrechnung oder Ausgleichung der Kosten bei Verteilung nach § 92 usw. ist einfache **Verrechnung** mehrerer Rechnungsposten derselben Forderung, keine Aufrechnung i. S. des BGB (→ § 106 Rdnr. 1). Sie ist von Amts wegen vorzunehmen (→ § 106 Rdnr. 5, § 124 Rdnr. 8).

18

8. Prozeßkostenvorschuß

Sind von Ehegatten Prozeßkostenvorschüsse (→ § 115 Rdnr. 145) geleistet, sei es auf Grund einstweiliger Anordnung nach § 620 (→ § 620 Rdnr. 11) oder freiwillig nach § 1360a Abs. 4 BGB, so sind sie nach jetzt h. M. im Kostenfestsetzungsverfahren **grundsätzlich nicht zu beachten**. Insbesondere kann keine Verpflichtung zur *Rückerstattung* festgesetzt werden⁷⁰. Dies gilt vor allem deshalb, weil die Rückerstattungspflicht nicht allein aus der Kostenentscheidung abgeleitet werden kann⁷¹. Der bezahlte Vorschuß ist aber von den zu erstattenden Kosten als Erfüllung **abzuziehen**, wenn der Vorschuß unstreitig ist und der Deckung der betreffenden Kosten diente⁷² oder der Vorschußempfänger (z. B. im Fall des § 106) selbst die Absetzung beantragt⁷³. Auch Kostenvorschüsse für Unterhaltsklagen, insbesondere durch einen Elternteil an ein Kind (→ § 127a sowie § 115 Rdnr.144) sind grundsätzlich nicht zu berücksichtigen⁷⁴, vorbehaltlich der eben erwähnten Ausnahmefälle.

19

Bei **Kostenteilung** (§§ 92, 106) kann der Vorschuß nur berücksichtigt werden, wenn er zusammen mit dem Erstattungsanspruch die tatsächlichen Kosten übersteigt. Die Vorschußzahlung ist also weder entsprechend der Kostenquote zu berücksichtigen⁷⁵ noch vorrangig auf die zu erstattenden Kosten zu verrechnen⁷⁶, sondern sie ist primär auf den Teil der Kosten

19a

---

⁶⁶ Das Prozeßgericht ist nicht befugt, darüber zu entscheiden *BGH* Rpfleger 1976, 176 = JR 332 (*Kuntze*).
⁶⁷ *OLG Celle* JurBüro 1983, 1698.
⁶⁸ S. *OLG Breslau* HRR 1937 Nr. 234; *A. Blomeyer* gegen *OLG Frankfurt* JZ 1958, 404. – A.M. *RG* HRR 1929 Nr. 1206.
⁶⁹ *OLG Celle* JZ 1960, 489; s. dazu auch *BGHZ* 19, 159.
⁷⁰ *OLG Braunschweig* NdsRpfl. 1972, 121; *OLG Celle* FamRZ 1975, 44 (L); *OLG Düsseldorf* NJW 1972, 830; *OLG Frankfurt* JurBüro 1992, 246; MDR 1964, 1015; *OLG Hamburg* JurBüro 1972, 1081; *OLG Hamm* FamRZ 1971, 582; *KG* JurBüro 1981, 446; *OLG Karlsruhe* FamRZ 1986, 377; *OLG Köln* JMBl.NRW 1972, 146; *OLG München* NJW 1972, 1473; *OLG Nürnberg* NJW 1973, 370; *OLG Schleswig* JurBüro 1974, 1032; *OLG Stuttgart* FamRZ 1992, 1462; 1987, 968; NJW 1971, 1221; *Mümmler* JurBüro 1992, 139.
⁷¹ S. zu den Voraussetzungen einer Rückzahlungspflicht *BGHZ* 59, 92; *OLG Karlsruhe* FamRZ 1986, 377.
⁷² *OLG Bamberg* JurBüro 1982, 450; 1979, 1071; 1974, 641; *OLG Braunschweig* MDR 1978, 242 (L); JurBüro 1976, 1108; *OLG Celle* FamRZ 1975, 731; *OLG Hamburg* JurBüro 1972, 1081; MDR 1976, 585; *OLG Hamm* NJW 1966, 1516; *KG* MDR 1980, 146; 1979, 401; *OLG Köln* JurBüro 1976, 677; *OLG Nürnberg* 1973, 370; *OLG Schleswig* JurBüro 1975, 1374; *OLG Stuttgart* FamRZ 1992, 1462; 1987, 968; JurBüro 1978, 443; *OLG Zweibrücken* JurBüro 1981, 927; *Mümmler* JurBüro 1992, 139. Enger (nur bei Zustimmung des Vorschußempfängers) *OLG Düsseldorf* JurBüro 1972, 735.
⁷³ *OLG Stuttgart* JurBüro 1973, 450; *OLG Celle* NdsRpfl. 1974, 213; *OLG Zweibrücken* Rpfleger 1981, 455.
⁷⁴ *KG* MDR 1979, 401; *OLG Oldenburg* JurBüro 1982, 1257; *LG Hannover* NJW 1959, 1133; *LG Köln* FamRZ 1965, 390.
⁷⁵ A.M. *OLG Celle* FamRZ 1985, 731.
⁷⁶ A.M. *OLG Köln* JurBüro 1976, 677; *OLG Stuttgart* FamRZ 1987, 968; *Cronauer* Rpfleger 1988, 40; *MünchKommZPO/Belz* Rdnr. 34; *Zöller/Herget*¹⁸ Rdnr. 21 – Prozeßkostenvorschuß.

anzurechnen, die der Vorschußempfänger selbst zu tragen hat[77]. Dies ist keine versteckte nachträgliche Erhöhung des Vorschusses, sondern trägt dem Umstand Rechnung, daß über die Rückzahlung geleisteter Prozeßkostenvorschüsse vorrangig das Unterhaltsrecht und nicht das Kostenrecht zu entscheiden hat.

III. Entscheidung

1. Inhalt, Bindung an den Antrag

20 Die Entscheidung hat, abgesehen von einer etwaigen Sicherungsleistung (→ § 103 Rdnr. 6), lediglich die Höhe des zu erstattenden Betrages ziffernmäßig festzustellen, bei mehreren Verpflichteten, soweit sie nicht als Gesamtschuldner haften, für jeden einzelnen[78]. Dabei gilt an sich der Grundsatz, daß keiner Partei etwas zugesprochen werden darf, was nicht beantragt ist (§ 308)[79]. Eine seit langem bestehende und aus Billigkeitsgründen berechtigte Praxis bezieht dies jedoch nur auf den **Gesamtbetrag der verlangten Kosten** und gestattet innerhalb dieser Grenze eine Ausgleichung in der Art, daß an Stelle eines geforderten, aber nicht berechtigten Ansatzes der nicht geforderte, aber berechtigte zugebilligt wird, namentlich im Fall der Erinnerung und der Beschwerde[80]. Allerdings ist hier die *Rechtskraft* nicht angefochtener Streichungen der ersten Instanz[81] und bei Nachliquidation (→ § 103 Rdnr. 12) die Rechtskraft des früheren Beschlusses[82] zu beachten.

2. Begründung

21 Einer Begründung bedarf der Beschluß, soweit beantragte Beträge *abgelehnt* werden oder *Einwendungen* des Gegners *nicht stattgegeben* wird[83]. Wird die Begründung auf Erinnerung bei Nichtabhilfe weder durch den Rechtspfleger noch durch den Richter nachgeholt, so stellt ihr Fehlen einen **Verfahrensmangel** dar, der die Beschwerde begründet erscheinen läßt und in der Regel zur Zurückweisung an den Rechtspfleger führen wird[84].

3. Kosten des Festsetzungsverfahrens

23 In dem Beschluß hat der Rechtspfleger zugleich über die Kosten des Festsetzungsverfahrens selbständig *nach §§ 91 ff.* unter gleichzeitiger Festsetzung ihrer Höhe zu entscheiden[85],

---

[77] *OLG Frankfurt* JurBüro 1992, 246; 1985, 306; *KG* FamRZ 1987, 1064 = Rpfleger 1987, 474 (abl. *Cronauer* Rpfleger 1988, 40); *OLG Karlsruhe* FamRZ 1986, 377; *OLG Koblenz* JurBüro 1985, 1566/1254; 1982, 449; *LG Landau* FamRZ 1992, 1462; *Kircher* (Fn. 1), 162 ff.
[78] *KG* OLGRspr. 31 (1915), 29; KGBl. 1927, 115. – A.M. *OLG Kassel* OLGRspr. 19 (1909), 81; *KG* JW 1925, 1019: die Verteilung im Urteil genügt.
[79] *RGZ* 35, 427; *OLG Hamm* JurBüro 1969, 769 (*E. Schneider*).
[80] *RG* JW 1898, 506; *OLG Bamberg* JurBüro 1985, 124; 1974, 503; *OLG Dresden* JW 1939, 648; *OLG Frankfurt* Rpfleger 1988, 162 f.; *OLG Karlsruhe* 1992, 546; *OLG Koblenz* JurBüro 1992, 474; VersR 1990, 500 (L); *OLG München* MDR 1992, 308 (aber nicht zwischen Kosten unterschiedlicher Instanzen); 1987, 419; *LG Detmold* NJW 1974, 511 (abl. *H. Schmidt*).
[81] *RG* JW 1899, 159; s. auch *RGZ* 33, 391.
[82] *KG* OLGRspr. 3 (1901), 127.

[83] *OLG Düsseldorf* JurBüro 1981, 1540; 1974, 371; *OLG Frankfurt* Rpfleger 1984, 477; *OLG Koblenz* JurBüro 1977, 389; 1975, 942; *OLG München* Rpfleger 1971, 64; *OLG Stuttgart* Rpfleger 1971, 308; *LG Aachen* Rpfleger 1990, 349.
[84] *OLG Frankfurt* JurBüro 1985, 1101; 1983, 451; *OLG Hamburg* JurBüro 1991, 682; 1975, 1249; 1974, 380; *OLG Karlsruhe* NJW 1971, 764; *OLG Köln* JurBüro 1986, 1725; *OLG München* JurBüro 1981, 769; *OLG Stuttgart* JurBüro 1978, 1252; Justiz 1971, 250; *LG Bonn* JurBüro 1992, 256 f. – *OLG München* MDR 1966, 937 nimmt an, die **Erinnerungsfrist** beginne bei fehlender Begründung nicht zu laufen, dagegen mit Recht *E. Schneider* MDR 1967, 138.
[85] *OLG Düsseldorf* MDR 1991, 449 (auch bei Rückfestsetzung; → Rdnr. 62, 65); *KG* OLGRspr. 20 (1910), 393; *LG Aschaffenburg* JurBüro 1978, 287; *LG Berlin* JurBüro 1972, 821; *Ahlborn* JurBüro 1967, 859; *H. Schmidt* JurBüro 1965, 196.

denn eine Festsetzung auf Grund der Kostenentscheidung in der Hauptsache ist nicht möglich[86]. Werden die Kosten in der beantragten Höhe festgesetzt, so hat der **Gegner** die Kosten des Festsetzungsverfahrens auch dann zu tragen, wenn eine Aufforderung zur Zahlung nicht erfolgt ist. Denn da ohne vorherige Festsetzung nach § 103 der Anspruch auf Kostenerstattung nicht geltend gemacht werden kann, ist der Kostengläubiger auf Grund seines vollstreckbaren Titels berechtigt, die Kostenfestsetzung herbeizuführen. In entsprechender Anwendung von § 93 sind die Kosten nur dann dem Antragsteller aufzubürden, wenn sich der Gegner **bereit erklärt hat**, die beantragten Kosten **ohne gerichtliche Festsetzung zu zahlen**[87]. Kommt er nach Mitteilung der Kosten nicht alsbald der Zusage nach, so kann der Gläubiger die Kostenfestsetzung betreiben, und die Kosten treffen dann den Gegner. Bei erheblichen Abstrichen kommt § 92 zur Anwendung, und die Kosten *wiederholter Festsetzung* (→ dazu § 103 Rdnr. 12) können als nicht notwendig ausgeschlossen werden (vgl. auch § 106 Abs. 2 S. 2)[88]. Enthält ein *Prozeßvergleich* eine Regelung über die Prozeßkosten, so werden davon (soweit nichts anderes erkennbar ist) auch die Festsetzungskosten erfaßt; anderenfalls gilt § 98.

Für das Kostenfestsetzungsverfahren einschließlich des Verfahrens über die Erinnerung (§ 11 Abs. 6 S. 1 RPflG) werden **keine Gerichtsgebühren** erhoben; wegen der Beschwerdeinstanz s. GKG Kostenverzeichnis Nr. 1181. Auch Anwaltsgebühren des Prozeßbevollmächtigten entfallen (§ 37 Nr. 7 BRAGO), mit Ausnahme des Erinnerungs- und Beschwerdeverfahrens (§ 61 Abs. 1 BRAGO)[89]. 24

4. Verzinsung

Nach § 104 Abs. 1 S. 2 ist **auf Antrag** und nur im Rahmen des Antrags[90] in dem Beschluß zugleich die Verpflichtung zur Verzinsung des festgesetzten Betrages mit 4 v. H. auszusprechen. Damit wird eine besondere *prozessuale* Verzinsungspflicht für den prozessualen Erstattungsanspruch begründet, die in ihrer Höhe festliegt und keiner weiteren Begründung bedarf. Weitergehende *materielle* Verzinsungspflichten können im Kostenfestsetzungsverfahren nicht berücksichtigt werden[91]. Die Verzinsungspflicht besteht auch dann, wenn Vollstreckungskosten festgesetzt werden[92] (→ § 103 Rdnr. 10). Der **Zinsbeginn** ist grundsätzlich auf den Zeitpunkt der Anbringung des *Festsetzungsgesuchs* festzusetzen, nicht etwa auf den eines erst verspäteten Antrags auf Berücksichtigung der Zinsen[93]. Das gilt auch, wenn, was zulässig ist, der Zinsantrag erst nach Rechtskraft des Kostenfestsetzungsbeschlusses gestellt wird[94]. Den frühest möglichen Beginn der Zinspflicht bildet aber stets das Vorliegen eines vollstreckbaren Titels[95]. Ist in einem Prozeßvergleich die Fälligkeit der Kostenerstattungspflicht hinausgeschoben, so kann auch die Zinspflicht nicht früher beginnen[96]. Im Fall 25

---

[86] *LG Berlin* JurBüro 1986, 419.
[87] *RGZ* 14, 320; *KG* KGBl. 1918, 38; *OLG Oldenburg* SeuffArch. 53 (1898), 95; *OLG Rostock* SeuffArch. 55 (1900), 459.
[88] Vgl. *OLG Braunschweig* OLGRspr. 29 (1914), 55; *KG* JW 1929, 877.
[89] Den **Streitwert** bestimmt der geforderte Gesamtbetrag, *RG* JW 1900, 875; *OLG Karlsruhe* BadRPr. 1906, 312.
[90] *OLG Schleswig* JurBüro 1969, 358.
[91] *OLG Düsseldorf* JurBüro 1976, 1551; *OLG Stuttgart* JurBüro 1976, 1693; s. dazu *Tschischgale* NJW 1969, 221. – Die Zinsen stehen der Partei, nicht ihrem Anwalt zu, der eigene Anspruchsgrundlagen vorweisen muß, wenn er seinen Gebührenanspruch verzinst haben will, *Hüttenhofer* AnwBl. 1989, 153.

[92] *OLG Hamm* MDR 1992, 1006; *OLG Köln* Rpfleger 1993, 121; *LG Münster* MDR 1989, 77. – A.M. *OLG Saarbrücken* JurBüro 1991, 970.
[93] *OLG Hamm* MDR 1978, 676; *KG* Rpfleger 1977, 217; *OLG München* NJW 1961, 465.
[94] *OLG Hamm* JurBüro 1970, 524; *KG* JurBüro 1978, 1566.
[95] *KG* NJW 1967, 1569; daher in **Ehesachen** erst ab Rechtskraft, *OLG München* JurBüro 1980, 1746; *LG Hannover* NJW 1962, 1730; *Göppinger* JurBüro 1980, 804.
[96] *OLG Frankfurt* JurBüro 1975, 660; *OLG München* JurBüro 1972, 260.

des § 105 Abs. 2, d. h. bei Einreichung der Kostenberechnung vor Verkündung des Urteils, ist der Zinsbeginn auf den Zeitpunkt dieses Urteils festzusetzen. Die Einreichung des ersten Gesuchs bleibt auch dann maßgebend, wenn das Kostenfestsetzungsverfahren zeitweilig **unterbrochen** war[97] (→ § 103 Rdnr. 2), oder wenn wegen **Änderung der Kostengrundentscheidung** eine erste Festsetzung fortgefallen ist (→ Rdnr. 65) und in einem zweiten Gesuch auf Grund der neuen Kostengrundentscheidung eine neue Festsetzung beantragt werden muß, freilich nur, soweit die Kostenerstattungspflicht aus dem neuen Titel sich mit der früheren deckt[98].

5. Berichtigung

26 Der Beschluß kann in entsprechender Anwendung des § 319 *berichtigt* werden[99]. Für eine *Ergänzung* in entsprechender Anwendung des § 321 (→ § 321 Rdnr. 9) besteht hier wegen der Möglichkeit von Nachforderungen (→ § 103 Rdnr. 12 und unten bei Rdnr. 35) kein Bedürfnis. Eine *Änderung* ist nur nach Erinnerung, nicht von Amts wegen zulässig[100].

IV. Mitteilung des Beschlusses

27 Die Entscheidung des Rechtspflegers ist nach Abs. 1 S. 3 dem **Gegner** samt Kostenrechnung **von Amts wegen zuzustellen**, wenn dem Gesuch ganz oder teilweise entsprochen wird, während bei *Zurückweisung* eine Mitteilung an den Gegner nicht vorgesehen ist. Dem **Antragsteller** ist die Entscheidung bei völliger oder teilweiser **Zurückweisung zuzustellen**, sonst formlos mitzuteilen (Abs. 1 S. 4). Sowohl die Zustellung als auch die Mitteilung haben nach § 176 an den für die erste Instanz bestellten *Prozeßbevollmächtigten* zu erfolgen[101], selbst wenn das Gesuch von einem anderen Vertreter ausging[102], sofern nicht eine (stillschweigende) Anzeige nach § 87 Abs. 1 vorliegt[103] (→ § 87 Rdnr. 11). Die öffentliche Zustellung hat gegebenenfalls das Gericht zu bewilligen (§ 204). Im Fall des § 105 bedarf es keiner besonderen Zustellung (→ § 105 Rdnr. 14).

28 Dem Gegner ist auch die **Abschrift der Kostenberechnung** (§ 103 Abs. 2 S. 2) zuzustellen. Doch hindert das Unterbleiben dieser «Beifügung» oder die Zustellung einer nicht beglaubigten Abschrift der Kostenberechnung nicht den Lauf der Notfrist für die Erinnerung (→ Rdnr. 31), sofern nur der Beschluß selbst ordnungsgemäß zugestellt ist[104]. Anders ist es, wenn der Beschluß in seinem Text auf die Kostenrechnung Bezug nimmt und letztere damit zum

---

[97] *OLG Hamm* JurBüro 1981, 1246.
[98] *OLG Frankfurt* JurBüro 1985, 779; *OLG Hamburg* JurBüro 1989, 390; MDR 1983, 1030; *KG* MDR 1985, 238; *OLG Karlsruhe* Rpfleger 1990, 388; JurBüro 1986, 763; *OLG München* MDR 1986, 503; NJW 1976, 429; *LG Mannheim* NJW 1963, 257; *LG Wuppertal* JurBüro 1988, 1366. – **A.M.** *OLG Düsseldorf* KostRspr. ZPO § 104 (B) Nr. 174 (L); Rpfleger 1984, 285; *OLG Hamm* MDR 1978, 675; JurBüro 1972, 823; *KG* MDR 1976, 814, *OLG Koblenz* JurBüro 1987, 1711; *OLG Köln* JurBüro 1986, 931; *OLG Schleswig* JurBüro 1975, 1501; 1969, 889; *LG Berlin* AnwBl. 1992, 498, die stets auf das zweite Gesuch abstellen. – Keine Deckung besteht schon dem Grunde nach bei Ersetzung durch einen **Prozeßvergleich** (*OLG Hamm* JurBüro 1993, 299; *OLG Karlsruhe* MDR 1992, 1007; *OLG München* MDR 1978, 763) oder durch eine **Entscheidung nach § 91a** (*OLG Hamm* JurBüro 1992, 912).
[99] *OLG Hamm* Rpfleger 1977, 218; *KG* AnwBl. 1956, 261; *LG Hagen* JurBüro 1987, 1089; aber nicht, weil irrtümlich eine besondere Anordnung des Urteils (*OLG Düsseldorf* JMBl.NRW 1956, 137) oder ein Berichtigungsbeschluß zur Kostengrundentscheidung übersehen wurde (*OLG Hamm* JurBüro 1964, 374); a.M. (stets zulässig bei versehentlicher Abweichung von der Kostengrundentscheidung) *OLG München* JurBüro 1992, 247.
[100] *OLG Düsseldorf* MDR 1978, 677; *OLG Saarbrücken* AnwBl. 1980, 299; vgl. auch *VGH Baden-Württemberg* KostRspr. ZPO § 104 (B) Nr. 179 (L).
[101] *RGZ* 9, 329 und 392; *OLG Bamberg* JurBüro 1974, 1286; *LG München I* Rpfleger 1971, 408.
[102] *RG* SeuffArch. 47 (1892), 94. – **A.M.** *KG* OLGRspr. 11 (1905), 61; *OLG Königsberg* JW 1931, 3577.
[103] Vgl. *OLG Stuttgart* Justiz 1969, 166; *LG Trier* Rpfleger 1988, 29; für die Entscheidung über die Erinnerung auch *OLG Hamm* Rpfleger 1978, 421.
[104] *OLG München* MDR 1991, 61. – **A.M.** *OLG Hamburg* NJW 1970, 53.

Bestandteil des Beschlusses geworden ist[105]. Es empfiehlt sich, den Beschluß zuerst dem Schuldner zuzustellen und dann unter Mitteilung davon dem Gläubiger zu übersenden, letzterem in vollstreckbarer Ausfertigung. Ist dem Gegner die Abschrift bereits zur Gewährung rechtlichen Gehörs förmlich zugestellt worden, so braucht dies jetzt nicht noch einmal zu geschehen; es reicht, daß auf die bereits zugestellte Abschrift Bezug genommen wird[106].

V. Rechtsbehelfe

A. Erinnerung

1. Statthaftigkeit

a) Befristete Erinnerung gegen Sachentscheidung

Nach Abs. 3, § 11 Abs. 1 S. 2 RPflG ist gegen die Entscheidung Erinnerung binnen einer Notfrist von zwei Wochen gegeben. Diese Erinnerung, nicht die nach § 766, muß auch eingelegt werden, wenn Zwangsvollstreckungskosten in einem Kostenfestsetzungsbeschluß festgesetzt worden sind[107]. Vor Erlaß eines Kostenfestsetzungsbeschlusses durch Hinausgabe aus dem internen Geschäftsbetrieb ist die Einlegung der Erinnerung unzulässig[108]. Zulässig ist sie aber zwischen Erlaß und Zustellung[109].   29

b) Befristete Erinnerung auch gegen Zurückweisung aus formellen Gründen   30

Seit der Änderung durch das RechtspflegevereinfachungsG (BGBl. 1990 I, 2847) ist auch dann nur die sofortige, nicht die unbefristete Erinnerung gegeben, wenn das Kostenfestsetzungsgesuch ohne Prüfung der einzelnen Ansätze aus formellen Gründen (z.B. Mangel des Titels, der Zuständigkeit, des Gesuchs) ganz oder zum Teil zurückgewiesen wurde, da Abs. 3 jetzt nicht mehr von dem Rechtsmittel gegen den Kostenfestsetzungsbeschluß, sondern gegen »die Entscheidung« spricht[110].

2. Frist

Die Notfrist von zwei Wochen beginnt für jede Partei selbständig mit der an sie bewirkten Zustellung, § 11 Abs. 4 RPflG i.V.m. § 577 Abs. 2 (→ Rdnr. 27f. und § 105 Rdnr. 17). Die Frist beginnt nicht zu laufen, wenn der Beschluß während der Aussetzung des Verfahrens erlassen wurde (§ 249 Abs. 1)[111], wohl aber bei mangelnder Begründung (→ Rdnr. 21), und im Regelfall auch dann, wenn die Kostenberechnung nicht beigefügt war (→ Rdnr. 28). Zur Fristwahrung genügt im Hinblick auf den Doppelcharakter der Erinnerung (→ Rdnr. 51) in entsprechender Anwendung des § 577 Abs. 2 S. 2 die Einreichung beim Beschwerdegericht[112]. Nach Ablauf der Notfrist ist eine Erweiterung der Erinnerung zulässig, soweit nicht   31

---

[105] OLG Kiel OLGRspr. 37 (1918), 103; LG Stade NdsRpfl. 1981, 280.
[106] OLG Köln JurBüro 1986, 1572; anders bei früherer formloser Übersendung, LG Stade NdsRpfl. 1981, 280.
[107] OLG Frankfurt Rpfleger 1975, 263; OLG Koblenz Rpfleger 1975, 324.
[108] OLG Hamm JurBüro 1983, 934; 1966, 886; OLG Karlsruhe Justiz 1967, 314 (ein vor Erlaß des Kostenfestsetzungsbeschlusses eingegangener Schriftsatz kann daher nicht in eine Erinnerung umgedeutet werden).
[109] LAG Baden-Württemberg BB 1980, 320 (L).
[110] Vgl. auch die Begr. des RegE, BT-Drs. 11/3621. –

Zum früheren Recht s. OLG Düsseldorf JurBüro 1992, 42; KG JurBüro 1985, 1562; OLG München JurBüro 1972, 445; Mümmler JurBüro 1974, 412.
[111] KG MDR 1976, 584.
[112] OLG Bamberg JurBüro 1975, 1498; LG Bamberg Rpfleger 1974, 17; Mümmler JurBüro 1974, 412. – A.M. OLG Koblenz NJW-RR 1992, 127; OLG Köln MDR 1975, 671; OLG München JurBüro 1992, 613; LG Augsburg NJW 1971, 2316; LG München I Rpfleger 1972, 399; Herbst in: Bassenge/Herbst (Fn. 1), § 11 RPflG Anm. 4c; Thomas/Putzo[18] Rdnr. 28.

darauf verzichtet wurde[113]. Gegen die Versäumung der Notfrist findet **Wiedereinsetzung** in den vorigen Stand nach §§ 233 ff. statt. Über das Wiedereinsetzungsgesuch hat der Richter erster Instanz zu entscheiden, soweit er der Erinnerung abhilft[114], nicht der Rechtspfleger[115]. Wird nicht abgeholfen, so hat das Beschwerdegericht auch über die Wiedereinsetzung zu entscheiden[116]. Hat das Erstgericht die Rechtzeitigkeit der Erinnerung zu Unrecht angenommen, so hat das Beschwerdegericht auch über das Wiedereinsetzungsgesuch zu entscheiden[117].

3. Einreichung

32   Die Erinnerung kann durch Einreichung einer Erinnerungsschrift, beim AG auch zu Protokoll der Geschäftsstelle, eingelegt werden (§ 11 Abs. 4 RPflG mit § 569 Abs. 2). Ob die Erinnerung als solche oder als Beschwerde bezeichnet ist, ist unerheblich[118]. Es muß aber erkennbar sein, daß ein Rechtsbehelf gegen eine konkrete Entscheidung gewollt ist[119]. Gemäß § 13 RPflG unterliegt die Erinnerung nicht dem Anwaltszwang (→ § 78 Rdnr. 25). Eine *Zurücknahme* ist zulässig und bindend, auch wenn sie durch eine unrichtige Mitteilung des Gerichts veranlaßt ist[120]. Die Kosten des Verfahrens hat dann der Rechtspfleger in entsprechender Anwendung des § 515 Abs. 3 dem Antragsteller aufzuerlegen[121].

4. Beschwer, Anschlußerinnerung, Nachliquidation

33   Die Erinnerung setzt eine Rechtsbeeinträchtigung voraus und steht der Partei zu, die durch den Kostenfestsetzungsbeschluß **beschwert** ist[122], jedoch unabhängig von einer Beschwerdesumme, da § 567 Abs. 2 S. 2 für die Erinnerung nicht gilt[123]. Beschwer liegt auch dann vor, wenn der Kostenfestsetzungsbeschluß trotz wirksamer Zurücknahme des Gesuchs ergangen ist und die Erinnerung auf den Verstoß gegen § 308 gestützt wird[124]. Auch eine Beschwer hinsichtlich der Kosten des Festsetzungsverfahrens genügt (→ Rdnr. 23), weil die Erinnerung nicht unter § 99 Abs. 1 fällt. Auf eine zu *niedrige* Bewertung des Streitgegenstandes kann die Erinnerung nicht gestützt werden, weil bei späterer höherer Wertfestsetzung ohnehin § 107 eingreift[125]. Jedoch kann ein solcher Rechtsbehelf als Antrag auf Streitwertfestsetzung aufgefaßt werden[126]. Der **Anwalt** hat, soweit er nicht als beigeordneter Anwalt selbst Antragsteller ist (→ § 126 Rdnr. 23), keine Erinnerung in eigenem Namen[127], unbeschadet seines Beschwerderechts gegen den etwaigen Wertfestsetzungsbeschluß nach § 9 Abs. 2 BRAGO (→ § 2 Rdnr. 86). Die Erinnerung des Anwalts gegen den Festsetzungsbeschluß muß daher in der Regel ohne ausdrückliche Erklärung als für die Partei eingelegt gelten[128].

---

[113] *KG* Rpfleger 1973, 220; *OLG Karlsruhe* JurBüro 1992, 546.
[114] *OLG Düsseldorf* MDR 1975, 233; *OLG Hamburg* Rpfleger 1971, 215; *OLG München* JurBüro 1976, 1114; offenlassend *OLG Hamm* OLGZ 1972, 316.
[115] A.M. für den Fall der Abhilfe durch den Rechtspfleger *Bergerfurth* Rpfleger 1971, 399; *Mümmler* JurBüro 1974, 414; *Stöber* Rpfleger 1976, 301.
[116] Vgl. die in den vorigen Fußnoten Genannten. - A.M. *OLG Bamberg* JurBüro 1971, 314 (stets Erstgericht).
[117] *OLG Schleswig* SchlHA 1971, 66.
[118] *KG* OLGRspr. 29 (1914), 200.
[119] *OLG Stuttgart* JurBüro 1986, 1571.
[120] *OLG Bremen* NJW 1956, 1037.
[121] *LG Essen* Rpfleger 1964, 183.
[122] *RGZ* 35, 427; *KG* JurBüro 1966, 1062.
[123] *Thomas/Putzo*[18] Rdnr. 32.
[124] *OLG Hamm* JurBüro 1973, 1096.
[125] *OLG Bamberg* OLGRspr. 5 (1902), 469; *OLG Karlsruhe* OLGRspr. 11 (1905), 181. - Bei zu hoher Streitwertfestsetzung aber zur Fristwahrung möglich. Unzutr. *LG Mönchengladbach* Rpfleger 1984, 330 (abl. *H. Schmidt*): vor Entscheidung über eine Streitwertbeschwerde sei die Erinnerung gegen den Kostenfestsetzungsbeschluß wegen § 107 unzulässig.
[126] *OLG Bamberg* JurBüro 1985, 1848 f.; *OLG Frankfurt* JurBüro 1970, 853.
[127] *OLG Düsseldorf* MDR 1969, 29 (L); *KG* Rpfleger 1962, 160; *OLG Köln* JurBüro 1992, 244; *LG Essen* MDR 1974, 411; *LG Hildesheim* JurBüro 1964, 839. - A.M. *OVG Lüneburg* MDR 1973, 257 (dagegen *Rennen* MDR 1973, 644).
[128] *RG* JW 1898, 506; *OLG Karlsruhe* BadRPr. 1906, 355.

Der Gegner kann sich der Erinnerung **anschließen**, auch mit einer unselbständigen, unbefristeten Anschlußerinnerung[129]. Geht diese nach der (Nichtabhilfe-)Entscheidung über die Erinnerung bei Gericht ein, so ist sie als unselbständige Anschlußbeschwerde zu behandeln[130]. 34

Alleinige **Nachliquidation** ist mangels Beschwer nicht zulässig[131], doch können einzelne Posten nachgeschoben werden, wenn eine zulässige Erinnerung vorliegt[132]. Ein erneutes Festsetzungsgesuch ist ohnehin zulässig (→ § 103 Rdnr. 12). 35

5. Verfahren vor dem Rechtpfleger

Auf das Erinnerungsverfahren sind die Vorschriften über die Beschwerde sinngemäß anzuwenden (§ 11 Abs. 4 RPflG). So kann der Rechtspfleger eine mündliche Verhandlung anordnen (§ 11 Abs. 4 RPflG i.V.m. § 573) und den Sachverhalt gemäß § 139 klären. Rechtliches Gehör ist auch hier erforderlich (→ Rdnr. 2). Es ist aber ausnahmsweise entbehrlich, wenn es bereits im Kostenfestsetzungsverfahren gewährt wurde und im Erinnerungsverfahren keine neuen Tatsachen oder Einwände vorgebracht werden. Glaubhaftmachung (Abs. 2) genügt auch hier; neue Tatsachen und Mittel der Glaubhaftmachung sind entsprechend § 570 mit § 11 Abs. 4 RPflG zulässig (→ Rdnr. 3). Der Rechtspfleger hat den gesamten Beschluß einschließlich aller Posten der Kostenrechnung nachzuprüfen[133]. 36

6. Entscheidung des Rechtspflegers

Über die Erinnerung muß zunächst der Rechtspfleger entscheiden. Eine sofortige Entscheidung des Richters ist unzulässig[134]. Der Rechtspfleger muß darüber befinden, ob er abhilft (→ Rdnr. 38) oder nicht (→ Rdnr. 41). 37

a) Abhilfe

Der Rechtspfleger kann der Erinnerung — obwohl es sich um eine sofortige handelt — abhelfen (§ 11 Abs. 2 S. 1 RPflG), und er muß es tun, soweit er sie für begründet erachtet[135]. Er hat dabei den neuen Endbetrag der zu erstattenden Kosten genau festzusetzen[136]. Bei seiner Entscheidung ist der Rechtspfleger an die Anträge der Parteien und an das **Verbot der Schlechterstellung** des Erinnerungsführers gebunden[137]. Eine Auswechslung einzelner Posten ist aber möglich (→ Rdnr. 20). Das Verbot der Schlechterstellung gilt auch dann, wenn der Beschluß vom Rechtsmittelgericht im ganzen aufgehoben und das Verfahren an den Rechtspfleger zurückverwiesen worden ist[138]. 38

Mit der Abhilfeentscheidung hat der Rechtspfleger auch über die **außergerichtlichen Ko-** 39

---

[129] *OLG Bamberg* JurBüro 1978, 593; *OLG Hamburg* JurBüro 1979, 769; *OLG Hamm* JurBüro 1979, 608; *KG* JurBüro 1973, 556; *OLG Koblenz* Rpfleger 1976, 142; *OLG München* NJW 1971, 763; *OLG Nürnberg* JZ 1959, 711; *LG Karlsruhe* MDR 1960, 772. – **A.M.** *LG Hannover* NdsRpfl. 1970, 94.
[130] *LG Berlin* JurBüro 1980, 136.
[131] *OLG Celle* MDR 1975, 498; *OLG Hamm* JurBüro 1976, 1111; 1966, 1073; Rpfleger 1971, 443.
[132] *KG* JW 1935, 2901; *OLG Koblenz* JurBüro 1986, 118; *OLG Neustadt* MDR 1957, 496; *OLG Schleswig* JurBüro 1987, 1726. – Enger *OLG München* JurBüro 1969, 1100 (nur wenn der Gegner keine Einwendungen erhebt).
[133] *LG Detmold* NJW 1974, 511; *FG Hamburg* BB 1968, 616 (L). – **A.M.** *LG Tübingen* MDR 1976, 847.
[134] *LG Berlin* Rpfleger 1989, 56.
[135] *OLG Köln* Rpfleger 1975, 140.
[136] *OLG München* JurBüro 1980, 1746; *OLG Zweibrücken* JurBüro 1965, 920.
[137] *OLG Hamm* AnwBl. 1972, 236; *LG Detmold* NJW 1974, 511; *BFH* DStR 1970, 241; vgl. auch *KG* JurBüro 1986, 221.
[138] *OLG Köln* NJW 1975, 2347.

sten des **Erinnerungsverfahrens** zu entscheiden[139], sowie über die Kosten des Erinnerungs- und Beschwerdeverfahrens bei Aufhebung und Zurückweisung[140].

40 Der **Änderungsbeschluß**, der sich sachlich als neuer Festsetzungsbeschluß darstellt, ist wie dieser von Amts wegen zuzustellen bzw. formlos mitzuteilen (→ Rdnr. 27), und die Zustellung eröffnet für die Gegenpartei die Notfrist zu einer Erinnerung[141].

b) Nichtabhilfe (Vorlage)

41 Hilft der Rechtspfleger der Erinnerung nicht oder teilweise nicht ab, so stellt er dies durch Beschluß fest. Die Nichtabhilfeentscheidung ist kurz zu begründen, wobei Bezugnahme auf die Begründung des Kostenfestsetzungsbeschlusses genügen kann[142]. Anschließend legt der Rechtspfleger die Kostenfestsetzungserinnerung dem **Richter** vor (§ 11 Abs. 2 S. 2 RPflG), wobei »Richter« der Spruchkörper ist, dem der Rechtspfleger zugeordnet ist[143] (§ 28 RPflG). Das Landgericht entscheidet in der Besetzung nach § 348[144] (also gegebenenfalls Übertragung auf den Einzelrichter möglich) bzw. § 349 Abs. 2 Nr. 12 (durch den Vorsitzenden der Kammer für Handelssachen). Die Vorlage an den Richter hat binnen einer Woche zu erfolgen[145] (§ 571 über § 11 Abs. 4 RPflG). Haben beide Parteien Erinnerung eingelegt und hat der Rechtspfleger der Erinnerung der einen Partei abgeholfen, so bleibt die der anderen Partei bestehen[146].

7. Verfahren vor dem Richter

42 Das Verfahren des Gerichts über die Erinnerung ist zwar nicht formell, aber der Sache nach ein Rechtsmittelverfahren. Es folgt den Grundsätzen der fakultativen mündlichen Verhandlung (→ darüber § 128 Rdnr. 39 ff.). Rechtliches Gehör des Gegners ist erforderlich, aber dann ausnahmsweise entbehrlich, wenn es bereits vom Rechtspfleger gewährt worden ist. Anwaltszwang besteht nicht, anders in dem (wohl nur theoretischen) Fall, daß mündliche Verhandlung angeordnet wird (→ § 78 Rdnr. 25). Das Vorbringen neuer Tatsachen ist zulässig (→ Rdnr. 36).

8. Entscheidung des Richters

43 Der Richter entscheidet über die Erinnerung durch Beschluß, wenn er sie für zulässig und begründet erachtet, oder wenn gegen die Entscheidung, falls der Richter sie erlassen hätte, ein Rechtsmittel nicht gegeben wäre (§ 11 Abs. 2 S. 3 RPflG).

a) Stattgebende Entscheidung

44 Der Richter hat der Erinnerung abzuhelfen, wenn er sie für zulässig und begründet erachtet, bei teilweiser Begründetheit in diesem Umfang[147]. Dabei kann der Richter selbst entscheiden,

---

[139] *OLG Düsseldorf* JurBüro 1970, 780.
[140] *OLG Hamm* Rpfleger 1971, 443.
[141] *OLG Hamm* Rpfleger 1976, 437 (nur dann wird Änderungsbeschluß überprüft); OLGspr. 37 (1918), 103; *AG Köln* JurBüro 1966, 708; *Mümmler* JurBüro 1974, 414.
[142] Vgl. *OLG München* JurBüro 1992, 688; Rpfleger 1990, 156.
[143] Das muß nicht unbedingt der Spruchkörper sein, der in der Hauptsache entschieden hat (→ § 103 Rdnr. 14). – A.M. *Hesse* JVBl. 1967, 265.
[144] Vgl. *OLG Hamm* MDR 1993, 384; *OLG Koblenz* MDR 1978, 851.
[145] So *Herbst* in: *Bassenge/Herbst* (Fn. 1) § 11 RPflG Anm. 5.
[146] *OLG Hamm* Rpfleger 1976, 437; *OLG Saarbrücken* JurBüro 1967, 166 (zust. *Tschischgale*).
[147] *OLG Bamberg* JurBüro 1971, 150; *OLG Hamm* JMBl.NRW 1974, 95; NJW 1971, 1142.

wobei er über die außergerichtlichen Kosten des Erinnerungsverfahrens zu befinden hat, oder unter Anweisung an den Rechtspfleger zurückgeben (§ 575 über § 11 Abs. 4 RPflG). – Zur *Anfechtung* dieser Entscheidung → Rdnr. 52.

b) Endgültig abweisende Entscheidung

Der Richter kann nur dann einen die Erinnerung verwerfenden bzw. zurückweisenden **45** Beschluß erlassen, wenn er sie für unzulässig oder unbegründet hält und gegen die Entscheidung, falls er sie erlassen hätte, **ein Rechtsmittel nicht gegeben wäre**. Das bedeutet, daß die Entscheidung mit einem Rechtsmittel nicht angreifbar sein darf, und liegt insbesondere dann vor, wenn die sofortige Beschwerde **wegen Nichterreichens der Beschwerdesumme** von 100,– DM (§ 567 Abs. 2 S. 2; → Rdnr. 55/56) unzulässig wäre[148]. Das erstinstanzliche Gericht hat dabei zu entscheiden, ob der Beschwerdewert erreicht ist[149]. Ist eine Erinnerung teilweise begründet, erreicht der Rest aber nicht die Beschwerdesumme, so entscheidet das Gericht vollständig[150]. Die Beschwerde gegen die Entscheidung über die Kosten des Erinnerungsverfahrens ist nach § 99 ebenfalls unanfechtbar (→ auch Rdnr. 53), so daß auch insoweit der Richter zu entscheiden hat[151].

Trifft das Gericht eine Sachentscheidung, so ist es an den **Antrag** gebunden und hat das **46** **Verbot der Schlechterstellung** zu beachten (§§ 308, 536 entsprechend, → § 573 Rdnr. 8)[152], vorbehaltlich der Auswechslung einzelner Posten (→ Rdnr. 20). Das Verbot der reformatio in peius kann aber nicht eingreifen, wenn der Kostenfestsetzungsbeschluß ohne geeigneten Titel ergangen ist, da dann der Kostenfestsetzungsbeschluß wirkungslos ist[153] (→ Rdnr. 65). Das Verbot der Schlechterstellung gilt auch nicht, wenn von Amts wegen zu berücksichtigende Mängel in den Prozeßvoraussetzungen vorliegen oder es sich um die Art der prozessualen Erledigung handelt[154].

Mit der Sachentscheidung hat das Gericht auch über die **außergerichtlichen Kosten des** **47** **Erinnerungsverfahrens** zu befinden.

c) Vorlage an das Beschwerdegericht

Erachtet das Erstgericht (abgesehen von den bei Rdnr. 45 genannten Fällen) die Erinnerung **48** für *unzulässig*[155] oder *unbegründet*, so hat es sie durch **Beschluß**[156] dem Beschwerdegericht vorzulegen (§ 11 Abs. 2 S. 4 RPflG). Dies gilt auch bei *teilweise* begründeter Erinnerung hinsichtlich des nicht begründeten Teils[157]. Der Vorlagebeschluß ist wenigstens durch Bezugnahme auf die Begründung des Kostenfestsetzungsbeschlusses oder die Erinnerungsentschei-

---

[148] *OLG Düsseldorf* JurBüro 1992, 42; 1972, 261; *OLG Frankfurt* Rpfleger 1978, 149; *OLG Hamburg* 1971, 803; *OLG Hamm* JurBüro 1979, 608; 1971, 559; 1970, 1099; Rpfleger 1971, 396; *OLG Karlsruhe* AnwBl. 1971, 359; *OLG München* JurBüro 1972, 1023; *OLG Nürnberg* Rpfleger 1971, 145; *OLG Stuttgart* Justiz 1971, 107; *LG Berlin* JurBüro 1971, 470; *LG Göttingen* JurBüro 1991, 1326. – **A.M.** *KG* Rpfleger 1971, 15.
[149] *OLG Stuttgart* Justiz 1971, 107; *Göppinger* JR 1971, 448.- Zur Zusammenrechnung bei zwei Kostenfestsetzungsbeschlüssen *OLG Nürnberg* JurBüro 1975, 191.
[150] *OLG Düsseldorf* JurBüro 1972, 261; *OLG Koblenz* Rpfleger 1976, 302.
[151] *OLG Koblenz* Rpfleger 1991, 298.
[152] *OLG Hamm* AnwBl. 1972, 236; *OLG Köln* NJW 1967, 114; 1975, 2347; *OVG Hamburg* AnwBl. 1987, 290; *BPatG* GRUR 1984, 442, 445; *BFH* DStR 1970, 241.

[153] *OLG Hamm* NJW 1972, 2047; *OLG München* NJW 1968, 945. – **A.M.** *KG* NJW 1973, 2115; *OLG Köln* NJW 1967, 114.
[154] *OLG Köln* NJW 1967, 114.
[155] *OLG Bamberg* JurBüro 1976, 1094; 1974, 226; *OLG Koblenz* Rpfleger 1976, 11; *LG Berlin* Rpfleger 1983, 455; *LG Göttingen* JurBüro 1990, 1326; *Bischof* MDR 1975, 634. – **A.M.** *OLG Bamberg* JurBüro 1975, 1093; 1971, 1052.
[156] *OLG Frankfurt* Rpfleger 1978, 104; *OLG Koblenz* JurBüro 1976, 1708; Rpfleger 1974, 260; *LG Wuppertal* Rpfleger 1989, 189.
[157] *OLG Hamm* JMBl.NRW 1974, 95; NJW 1971, 1142.

dung des Rechtspflegers zu begründen[158] (→ auch Rdnr. 21). In der Sache selbst darf das Gericht nicht entscheiden (→ auch Rdnr. 53). Hat das Gericht einer Erinnerung abgeholfen, so hat es die *Anschlußerinnerung* vorzulegen, wenn diese den Beschwerdewert erreicht[159].

49 Der Vorlage- und Nichtabhilfebeschluß ist den Beteiligten **mitzuteilen** (§ 11 Abs. 2 S. 4 RPflG). Es soll damit die Möglichkeit eröffnet werden, die Erinnerung mit der günstigen Kostenfolge des § 11 Abs. 6 **zurückzunehmen**, der für diesen Fall einen zusätzlichen Gebührenfreiheitstatbestand schafft[160]. Dieser Beschluß kann nicht selbständig angegriffen werden[161].

50 (unbesetzt)

B. Beschwerde

1. Durchgriffserinnerung

51 Durch den ordnungsgemäß bekanntgemachten[162] (→ Rdnr. 49) Nichtabhilfe- und Vorlagebeschluß wird die Erinnerung kraft Gesetzes zur Beschwerde (Durchgriffserinnerung, § 11 Abs. 2 S. 5 RPflG). Diese Beschwerde ist selbst nicht an eine Frist gebunden, da hier ein besonderer Einlegungsakt der Parteien fehlt. Es genügt rechtzeitige Einlegung der Erinnerung.

2. Selbständige Beschwerde

52 Hat das erstinstanzliche Gericht der Erinnerung **abgeholfen**, so steht dem **Gegner** die sofortige Beschwerde[163] zu (§ 104 Abs. 3 S. 1), die an die Zwei-Wochen-Frist des § 577 Abs. 2 gebunden ist.

53 Der **Erinnerungsführer** kann sofortige Beschwerde einlegen, wenn das Erstgericht – fälschlicherweise (→ Rdnr. 48) – eine abweisende Sachentscheidung getroffen hat, obwohl es hätte vorlegen müssen[164], denn eine Umdeutung eines abweisenden Beschlusses in einen Nichtabhilfe- und Vorlagebeschluß ist nicht möglich[165]. Die Entscheidung über die Kosten des Festsetzungsverfahrens kann mit der sofortigen Beschwerde nicht selbständig angegriffen werden (§ 99 Abs. 1)[166]. Eine Durchgriffserinnerung kann mit einer sofortigen Beschwerde zusammentreffen, wenn das Erstgericht einer Erinnerung teilweise abhilft, den Rest vorlegt und der Gegner gegen die Abhilfeentscheidung sofortige Beschwerde erhebt. Kann nur eine einheitliche Entscheidung getroffen werden, so sind die Verfahren nach § 147 zu verbinden[167].

---

[158] *OLG Düsseldorf* Rpfleger 1991, 104; *OLG Frankfurt* JurBüro 1985, 1101; 1983, 451; Rpfleger 1984, 477; *OLG München* JurBüro 1992, 689; vgl. auch *LG Berlin* Rpfleger 1989, 320.
[159] *KG* JurBüro 1973, 556.
[160] *KG* JurBüro 1971, 335.
[161] *OLG Hamm* JurBüro 1971, 639; *LG Berlin* Rpfleger 1989, 320; s. auch *OLG München* Rpfleger 1971, 427.
[162] *OLG Köln* JurBüro 1992, 245.
[163] Gegen die richterliche Entscheidung, auch wenn der Rechtspfleger zur Ausführung angewiesen wurde, *OLG Frankfurt* Rpfleger 1977, 218.
[164] *OLG Düsseldorf* Rpfleger 1989, 400; *OLG Frankfurt* Rpfleger 1979, 388f.; *OLG Hamm* JurBüro 1971, 337; *LG Berlin* Rpfleger 1983, 455; *LG Bremen* JurBüro 1972, 892; *LG Göttingen* JurBüro 1990, 1326; *LG Nürnberg-Fürth* JurBüro 1973, 227; vgl. auch *OLG Hamm* Rpfleger 1990, 287.
[165] *OLG Hamm* Rpfleger 1978, 421; *OLG Karlsruhe* Rpfleger 1973, 219; *OLG Stuttgart* Justiz 1971, 249. – A.M. *OLG Bamberg* JurBüro 1986, 108; 1971, 340; *KG* Rpfleger 1971, 103; *OLG Koblenz* JurBüro 1976, 1346.
[166] *RGZ* 6, 339; *JW* 1899, 606; *OLG Celle* JurBüro 1966, 1062.
[167] *OLG Stuttgart* Rpfleger 1972, 306 (L).

3. Anwaltszwang

Zum Anwaltszwang bei der Beschwerde → § 78 Rdnr. 22, bei der Durchgriffserinnerung → § 78 Rdnr. 25. 54

4. Beschwerdewert

a) Bei der Durchgriffserinnerung

Da bei einer Beschwerde in Kostensachen immer der Beschwerdewert von 100,– DM (§ 567 Abs. 2 S. 2) erreicht sein muß, ist eine Durchgriffserinnerung nur zulässig, d. h. der Richter darf nur vorlegen, wenn dieser Beschwerdewert gegeben ist (→ Rdnr. 45). 55

b) Bei selbständiger sofortiger Beschwerde

Auch die sofortige Beschwerde ist nur zulässig, wenn der Beschwerdewert von 100,– DM erreicht wird (§ 567 Abs. 2 S. 2). Diese Beschränkung greift auch dann ein, wenn die Beschwerde nicht den Betrag geforderter Kosten, sondern andere Fragen, z. B. die Legitimation des Berechtigten, die Zulässigkeit einer Berechtigung, einer sog. Umschreibung nach § 126 oder ähnliches betrifft[168]. Bei der Berechnung des Wertes kommt es nur auf den Unterschiedsbetrag zwischem dem im Kostenfestsetzungsbeschluß zugebilligten und auf die Erinnerung hin festgesetzten Betrag (einschließlich Zinsen und Umsatzsteuer[169]) an (→ auch § 567 Rdnr. 25). – Zum Beschwerdewert bei *Kostenausgleichung* → § 106 Rdnr. 6. 56

5. Beschwer, Anschlußbeschwerde, Nachliquidation

Die Zulässigkeit der Beschwerde ist nicht davon abhängig, daß in der Hauptsache ein Rechtsmittel möglich (gewesen) wäre[170]. Wie in jedem Rechtsmittelverfahren muß auch bei der Beschwerde eine **Beschwer** vorliegen (→ Rdnr. 33). Diese ist auch dann gegeben, wenn Erinnerung nicht eingelegt wurde, aber in der Beschwerdeinstanz auf die voll obsiegende Erinnerung des Gegners hin unter den vom Rechtspfleger zugestandenen Betrag hintergegangen wird[171]. Unselbständige, sowie selbständige, von einer Beschwerdesumme unabhängige **Anschlußbeschwerde** ist zulässig[172]. Sie ist auch dann gegeben, wenn beide Parteien Erinnerung eingelegt haben, die Vorinstanz beide Erinnerungen für unbegründet hält und die Erinnerung der einen Partei die Beschwerdesumme nicht erreicht[173]. Alleinige **Nachliquidation** ist nicht zulässig, da eine Beschwer fehlt[174] (→ Rdnr. 33), jedoch kann die Durchgriffserinnerung in der Beschwerdeinstanz erweitert werden, sofern nicht die Rechtskraft entgegensteht[175], und im Rahmen einer Anschlußbeschwerde können Posten nachgeschoben werden[176]. Zur Zulässigkeit eines erneuten Festsetzungsgesuchs → § 103 Rdnr. 12. Eine Eventualbeschwerde ist nicht statthaft[177]. 57

---

[168] *KG* JW 1937, 247.
[169] *OLG Koblenz* MDR 1992, 196.
[170] Vgl. *KG* OLGZ 1969, 275; offen *OLG Frankfurt* JurBüro 1992, 748.
[171] *OLG Düsseldorf* NJW 1964, 1233.
[172] *OLG Hamm* JMBl.NRW 1969, 68; *OLG Koblenz* JurBüro 1980, 1091; *OLG Köln* NJW 1970, 336; *OLG München* NJW 1971, 763. – Teilweise a. M. *OLG Nürnberg* JurBüro 1964, 690.
[173] *OLG Bamberg* JurBüro 1972, 522.

[174] *OLG Bamberg* JurBüro 1983, 129; *OLG Celle* MDR 1975, 498; *OLG Hamm* JurBüro 1976, 1111; 1968, 414; 1966, 1073; Rpfleger 1971, 443.
[175] *OLG Düsseldorf* JurBüro 1976, 379; *OLG Köln* JurBüro 1986, 928; 1981, 1404.
[176] *KG* NJW-RR 1991, 768; *OLG Köln* NJW 1970, 336; *OLG München* AnwBl. 1987, 238.
[177] *OLG Celle* MDR 1964, 171.

6. Verfahren vor dem Beschwerdegericht; Aussetzung

58 Zuständig ist das im Instanzenzug übergeordnete Gericht, beim zu einer Familiensache gehörenden Kostenfestsetzungsverfahren mithin das OLG[178]. Das Beschwerdegericht hat von Amts wegen die Rechtzeitigkeit und Zulässigkeit der vorausgegangenen Erinnerung zu prüfen[179] sowie, ob der Nichtabhilfe- und Vorlagebeschluß den Parteien mitgeteilt worden ist[180]. Im übrigen gelten die Vorschriften über die Beschwerde (§§ 104 Abs. 3 S. 1; 577, 567 ff.). Ergänzend bestimmt Abs. 3 S. 2, daß das Beschwerdegericht das Verfahren **aussetzen** kann, bis die Entscheidung, auf die der Festsetzungsantrag gestützt wird, rechtskräftig ist. Damit soll verhindert werden, daß der Ertrag des Beschwerdeverfahrens nachträglich durch Änderung oder Aufhebung der bisher nur vorläufig vollstreckbaren Kostengrundentscheidung (→ Rdnr. 65) hinfällig wird. Die Aussetzungsentscheidung steht im Ermessen des Beschwerdegerichts. – Zur Aussetzung des Hauptsache- und des *Kostenfestsetzungsverfahrens* → § 103 Rdnr. 2; zur Aussetzung der *Zwangsvollstreckung* → Rdnr. 69.

7. Entscheidung des Beschwerdegerichts

59 Das Rechtsmittelgericht entscheidet über die Durchgriffserinnerung und die sofortige Beschwerde endgültig nach Maßgabe der §§ 567 ff. Soweit die Beschwerde begründet ist, hat das Beschwerdegericht grundsätzlich die Kosten selbst ziffernmäßig festzusetzen[181]. Keinesfalls tritt automatisch eine Rechtspflegerentscheidung, der der Richter abgeholfen hat, wieder in Kraft, wenn die Abhilfeentscheidung aufgehoben wird[182]. Zur Zurückverweisung bei fehlender Begründung → Rdnr. 21. Hat das erstinstanzliche Gericht, obwohl es selbst hätte entscheiden müssen, einen Nichtabhilfe- und Vorlagebeschluß erlassen, so ist die Durchgriffserinnerung nicht als unzulässig zu verwerfen, sondern der Beschluß ist aufzuheben und die Sache an die Vorinstanz zu eigener Sachentscheidung zurückzugeben[183]. Wenn das Erstgericht verfahrensfehlerhaft, statt vorzulegen, eine abweisende Sachentscheidung getroffen hat (→ Rdnr. 48, 53), so ist dieser Verfahrensverstoß nicht so schwer, daß das Verfahren zurückverwiesen werden müßte. Das Beschwerdegericht hat dann vielmehr unter Aufhebung der abweisenden Sachentscheidung über die Beschwerde sachlich zu entscheiden[184]. Bei seiner Entscheidung hat das Beschwerdegericht das Verbot der Schlechterstellung zu beachten (→ Rdnr. 46)[185], Auswechslung einzelner Posten ist aber zulässig (→ Rdnr. 20).

8. Kosten des Beschwerdeverfahrens

60 Das Beschwerdegericht hat über die Kosten des Erinnerungs- und des Beschwerdeverfahrens zu entscheiden. Das gilt auch dann, wenn der Rechtspfleger der Erinnerung teilweise abgeholfen hat[186]. Bei *Zurückverweisung* entscheidet der Rechtspfleger über die Kosten des Erinnerungs- und des Beschwerdeverfahrens[187]. Bei *erfolgloser* Beschwerde sind die Kosten vom Beschwerdeführer zu tragen (§ 97). Nur in diesem Fall entstehen Gerichtskosten (GKG Kostenverzeichnis Nr. 1181). Bei Aufhebung des dem Festsetzungsverfahren zugrundelie-

---

[178] *BGH* MDR 1978, 737; zust. *Bischof* MDR 1978, 716.
[179] *OLG Schleswig* SchlHA 1971, 66.
[180] *Göppinger* JR 1971, 448.
[181] *OLG Hamm* JurBüro 1968, 476 (Zurückverweisung nur ausnahmsweise); vgl. auch *OLG Bamberg* JurBüro 1979, 1714.
[182] *BayObLG* Rpfleger 1990, 201.
[183] *OLG Düsseldorf* Rpfleger 1977, 109; *OLG Koblenz* Rpfleger 1976, 11; MDR 1975, 413; JurBüro 1975, 521; *OLG Stuttgart* Justiz 1971, 107.
[184] *OLG Frankfurt* Rpfleger 1979, 388 f.; *OLG Hamm* Rpfleger 1971, 103; *KG* JurBüro 1974, 91; *OLG Karlsruhe* Rpfleger 1973, 219; *OLG Stuttgart* Justiz 1971, 249. – **A.M.** *OLG Hamm* JMBl.NRW 1973, 84.
[185] *OLG Hamm* JurBüro 1968, 414.
[186] *OLG Bamberg* JurBüro 1993, 88 f.
[187] *OLG Bamberg* JurBüro 1979, 1714.

genden Titels (→ Rdnr. 65, 68 sowie § 103 Rdnr. 7) wird das Beschwerdeverfahren gegenstandslos. Das Kostenrisiko trifft dann die Partei, die die Kostenfestsetzung aufgrund vorläufig vollstreckbaren Titels betrieben hat[188]. Bei *erfolgreicher* Beschwerde finden die §§ 91, 92 auf die Gesamtheit der erwachsenen Kosten des Verfahrens Anwendung (→ § 97 Rdnr. 9)[189].

9. Keine weitere Beschwerde

Die weitere Beschwerde findet nicht statt (§ 568 Abs. 3)[190]. Eine *Gegenvorstellung* ist ausnahmsweise dann zulässig, wenn das Beschwerdegericht in unrichtiger Würdigung der Zulässigkeitsvoraussetzungen verworfen hat[191]. Eine außerordentliche Beschwerde wegen **»greifbarer Gesetzeswidrigkeit«** kommt nur in krassen Ausnahmefällen in Betracht. Die Verletzung des Rechts auf Gehör reicht dafür nach h. M. nicht[192] (→ aber auch § 127 Rdnr. 3).

61

10. Rückfestsetzung von Kosten

Wird auf die Erinnerung oder auf die Beschwerde der Festsetzungsbeschluß aufgehoben oder der Betrag herabgesetzt, so kann das Gericht in dem Beschluß in entsprechender Anwendung des § 717 Abs. 2 die **Rückzahlung geleisteter Beträge** anordnen, sofern über den *Betrag des Geleisteten* keine Meinungsverschiedenheit besteht (→ auch Rdnr. 65 sowie § 107 Rdnr. 5). Besteht in dieser Hinsicht Streit oder verlangt der Beschwerdeführer einen über die Erstattung hinausgehenden Ersatz, so kann darüber in einem Verfahren ohne mündliche Verhandlung nicht entschieden werden. Der Streit muß dann in einem besonderen Prozeß ausgetragen werden. Das gilt auch dann, wenn zwar der geleistete Betrag unstreitig ist, aber materiell-rechtliche *Einwendungen* gegen den Rückzahlungsanspruch geltend gemacht werden, da es sonst zu einer dreifachen Hin- und Herzahlung kommen könnte[193]. Nur wo diese Gefahr nicht besteht, etwa weil die Einwendung eine zur Aufrechnung gestellte Forderung (und damit ein anderes Rechtsverhältnis) betrifft, ist Rückfestsetzung ohne Rücksicht auf die Einwendung zulässig[194].

62

VI. Rechtskraft des Kostenfestsetzungsbeschlusses

1. Eintritt der Rechtskraft

Durch Ablauf der Notfrist oder durch die Erschöpfung des Instanzenzuges erlangt der Festsetzungsbeschluß formelle und materielle Rechtskraft[195]; wegen nachträglicher Liquidationen → § 103 Rdnr. 12.

63

---

[188] *OLG Düsseldorf* JurBüro 1981, 1097; *OLG Hamburg* JurBüro 1989, 503; *OLG Hamm* JurBüro 1989, 1419; *KG* JurBüro 1978, 1246; *OLG Köln* JurBüro 1986, 1249. – **A.M.** (§ 91a analog) *LG Berlin* JurBüro 1978, 432.
[189] *RGZ* 4, 365; *SeuffArch.* 39 (1884), 86. – Vgl. aber *OLG Koblenz* JurBüro 1984, 447 und *BPatG* GRUR 1984, 442, 445: Keine Kostenerstattung, wenn der Gegner der Erinnerung/Beschwerde nicht entgegentritt.
[190] *BGH* NJW 1986, 3206 (auch keine Rechtsbeschwerde gegen Entscheidungen des BPatG); *BayObLG* WuM 1990, 327; *OLG Hamm* JurBüro 1993, 292; *OLG Köln* VersR 1993, 124; *MDR* 1988, 154; *OLG München* JurBüro 1972, 262; *OLG Stuttgart* Rpfleger 1975, 65.
[191] *OLG Frankfurt* JurBüro 1975, 660. S. auch *OLG Bremen* JurBüro 1974, 1607 (Gegenvorstellung unzulässig, wenn das Beschwerdegericht in der Sache entschieden hat).
[192] *OLG Hamm* JurBüro 1993, 292; *OLG Köln* VersR 1993, 124.
[193] *OLG Frankfurt* NJW 1978, 2203; *OLG Koblenz* JurBüro 1985, 1883.
[194] *OLG Hamburg* JurBüro 1990, 1483.
[195] *OLG Bamberg* JurBüro 1978, 1524; *OLG Düsseldorf* JMBl.NRW 1956, 137; MDR 1950, 491; *OLG Frankfurt* JurBüro 1986, 599; *OLG Hamburg* MDR 1986, 244; *OLG Koblenz* JurBüro 1990, 735; *OLG München* JurBüro 1987, 1555; 1970, 527; *LG Hagen* JurBüro 1987, 1089; vgl. auch *OLG Saarbrücken* AnwBl. 1980, 299.

2. Nichtigkeits- und Restitutionsgründe

64   Liegen die Voraussetzungen einer Nichtigkeits- oder Restitutionsklage vor, so kann gegen den vom Richter erlassenen Kostenfestsetzungsbeschluß nach § 577 Abs. 2 S. 3 noch nach Ablauf der Notfrist Beschwerde innerhalb der für die Wiederaufnahmeklage laufenden Frist erhoben werden. In entsprechender Anwendung des § 577 Abs. 2 S. 3 ist unter denselben Voraussetzungen gegen den Beschluß des Rechtspflegers noch nach Fristablauf die Erinnerung zulässig. Liegt eine rechtskräftige Entscheidung der höheren Instanz vor, so sind die Vorschriften über die Wiederaufnahmeklage entsprechend anzuwenden (→ Rndr. 29 vor § 578).

3. Fehlen und Aufhebung des Titels

65   Trotz formeller Rechtskraft ist der Kostenfestsetzungsbeschluß nichtig, wenn der Titel fehlte[196]. Vor und nach eingetretener Rechtskraft verliert der Beschluß seine Wirkung, wenn der Titel, auf Grund dessen er ergangen ist, aufgehoben oder geändert wird[197] (→ § 103 Rdnr. 7); einer besonderen Aufhebung des Beschlusses bedarf es dazu nicht (→ Rdnr. 68, dort auch wegen der Einstellung der Zwangsvollstreckung aus dem zugrunde liegenden Titel nach § 707 usw.). Eine **Rückfestsetzung** bereits bezahlter (oder unstreitig durch Aufrechnung beglichener[198]) Beträge wird man analog § 717 Abs. 2 im Kostenfestsetzungsverfahren dann zulassen können, wenn über die Höhe des bezahlten Betrags und über die Rückzahlungspflicht kein Streit besteht[199]; im übrigen können diese Beträge im Hauptprozeß nach Maßgabe des § 717 Abs. 2 geltend gemacht werden (→ auch Rdnr. 62). – Wegen der *Kosten* des Rückfestsetzungsverfahrens → Rdnr. 23; wegen der Wirkungen einer nachträglichen *Herabsetzung des Streitwerts* → § 107 Rdnr. 5 sowie § 2 Rdnr. 79 ff.

VII. Vollstreckung

66   Der Kostenfestsetzungsbeschluß ist in § 794 Abs. 1 Nr. 2 als **Vollstreckungstitel** besonders erwähnt. Zur Frage der Devisengenehmigung für die Vollstreckung → Einl. Rdnr. 994 f.

1. Voraussetzungen

67   Die **Vollstreckungsklausel**, deren der Beschluß nach § 795 mit § 724 im Regelfall (anders → § 105 Rdnr. 16) bedarf, kann, weil die Erinnerung keine aufschiebende Kraft hat (→ Rdnr. 69), sofort, also noch vor Zustellung an den Schuldner, erteilt werden. Die Vollstreckung selbst setzt die **Zustellung** nach § 750 voraus, und diese muß nach § 798 (mit Ausnahme der Fälle des § 105, → § 105 Rdnr. 16) zwei Wochen vor dem Beginn der Zwangsvollstreckung erfolgt sein. Das *Urteil* dagegen braucht weder vor der Anbringung des Gesuchs noch vor der Vollstreckung des Beschlusses zugestellt zu werden.

---

[196] *BAGE* 13, 256 = AP § 91 Nr. 27.
[197] Gegen eine Vollstreckung kann sich der Schuldner mit der Erinnerung nach § 766 wehren, *KG* JW 1934, 3146.
[198] *LG Berlin* JurBüro 1983, 1887.
[199] *OLG Celle* JurBüro 1985, 1721; *OLG Düsseldorf* Rpfleger 1989, 39; 1988, 280; NJW 1975, 2301; *OLG Frankfurt* AnwBl. 1968, 354; *OLG Hamburg* JurBüro 1981, 1401; *OLG Hamm* MDR 1988, 588 und *LG Berlin* MDR 1988, 971 (auch bei Änderung durch Prozeßvergleich); *OLG Hamm* JurBüro 1981, 1247; *KG* JurBüro 1991, 390; MDR 1987, 681; *OLG Karlsruhe* JurBüro 1986, 928; *OLG Koblenz* JurBüro 1979, 1896; Rpfleger 1972, 417; *OLG Oldenburg* JurBüro 1978, 1883; *LG Berlin* JurBüro 1986, 1248; *LG Köln* JurBüro 1991, 968; *Hansens* JurBüro 1987, 971. – **A.M.** *OLG Köln* JurBüro 1988, 495; 1976, 819; *OLG München* MDR 1982, 760; *VG Gelsenkirchen* JurBüro 1983, 1563; *Münzberg* → § 717 Rdnr. 61; sehr eng auch *LG Detmold* JurBüro 1991, 250. – Bei den *Gerichtskosten* sind aber Rückerstattungsansprüche gegen die Staatskasse zu berücksichtigen (→ Rdnr. 9), *LAG Düsseldorf* JurBüro 1992, 470.

2. Abhängigkeit vom Titel

Trotz der formellen Selbständigkeit des Kostenfestsetzungsbeschlusses ist die Vollstreckung insofern von dem Urteil oder sonstigen Titel abhängig, als aus diesem das **Bestehen** des Kostenanspruchs als einer **vollstreckbaren Forderung**, aus dem Beschluß nur sein Betrag hervorgeht. (Der im Festsetzungsbeschluß entgegen dem Urteil enthaltene Ausspruch einer *Gesamthaftung* würde daher trotz Rechtskraft des Beschlusses der Wirkung entbehren[200].) Aus der Abhängigkeit vom Urteil folgt insbesondere, daß die Vollstreckbarkeit des Urteils gegen Rechtsnachfolger usw. auch zu entsprechender Umschreibung des Festsetzungsbeschlusses nach §§ 727ff. führt[201] und daß die **Aufhebung der Kostenentscheidung** im Titel oder ihrer Vollstreckbarkeit sowie die Einstellung der Vollstreckung aus dem Urteil (§§ 707, 719) unmittelbar auch auf den Feststellungsbeschluß wirkt (vgl. § 775 Nr. 1 und 2; → Rdnr. 65 sowie § 103 Rdnr. 7)[202]; dazu, daß die Leistung der dem Schuldner in der Hauptsache nach § 711 vorbehaltenen Sicherheit oder Hinterlegung zur Einstellung auch der Vollstreckung des Beschlusses führt, vgl. § 775 Nr. 3[203]. Zur Vollstreckungsklage → dagegen § 103 Rdnr. 7. Daß daneben die §§ 775f. auch auf den Festsetzungsbeschluß als solchen selbständige Anwendung finden, ist selbstverständlich. Zu § 717 Abs. 2 → Rdnr. 62, 65.

68

3. Aussetzung der Vollstreckung

Die Erinnerung gegen den Festsetzungsbeschluß übt für sich auf die Vollstreckung keinen Einfluß aus. Der *Rechtspfleger* kann aber seinen Beschluß aufheben (→ Rdnr. 37), wobei § 775 gilt, und gemäß § 11 Abs. 4 RPflG i. V.m. § 572 Abs. 2 eine Anordnung über die **Aussetzung der Vollziehung** (Einstellung der Vollstreckung) treffen[204]. Dasselbe gilt für den *Richter*. Als minder weittragende Maßnahme kann das Gericht auch anordnen, daß die Vollstreckung **vorläufig nur gegen Sicherheitsleistung** stattfinden darf. Gegen die Anordnung oder ihre Ablehnung findet ein Rechtsmittel nicht statt[205] (vgl. § 572 Rdnr. 5). Die Anordnung bleibt, solange keine Aufhebung erfolgt, bis zur Entscheidung über die Erinnerung oder (bei Nichtabhilfe) über die Beschwerde in Kraft. Nach Einlegung der Beschwerde gilt § 572 direkt. – Zur Aussetzung des *Beschwerdeverfahrens* → Rdnr. 58.

69

VIII. Arbeitsgerichtliches Verfahren

Dazu → § 103 Rdnr. 23f. Die vorstehende Darstellung des Verfahrens gilt auch hier. Ergänzend ist auf folgendes hinzuweisen.

70

1. Die Vorschrift des Abs. 2 S. 2 (→ Rdnr. 8) dürfte auf **Verbandsvertreter** gemäß § 11 Abs. 1, 2 ArbGG sinngemäß auszudehnen sein[206].

71

2. Eine Abweichung von dem bei Rdnr. 12 Dargelegten ergibt sich insofern, als das Gericht den **Streitwert** im Urteil festzusetzen hat (§§ 61 Abs. 2, 69 Abs. 2 ArbGG). Für die Herbeiführung einer Wertfestsetzung durch Beschluß nach § 25 GKG ist im allgemeinen kein Raum (→ § 2 Rdnr. 115),

72

---

[200] *OLG Darmstadt* JW 1931, 1110.
[201] *OLG Breslau* OLGRspr. 20 (1910), 332; *OLG Stettin* OLGRspr. 5 (1902), 61.
[202] *OLG Stuttgart* Rpfleger 1988, 39. – Es ist auch eine auf die Kostenentscheidung beschränkte Einstellung nach §§ 707, 719 nicht ausgeschlossen, z.B. bei Widerspruch oder Berufung gegen einen Arrestbefehl oder eine einstweilige Verfügung. Erachtet das Gericht die Einstellung der Vollstreckung aus dem Arrest oder der einstweiligen Verfügung für unangemessen, so kann es gleichwohl zweckmäßig sein, die auf Zahlung, nicht nur auf Sicherstellung gehende Vollstreckung wegen der Kosten einzustellen.
[203] *RG* JW 1890, 41; 360; *BayObLGZ* 1901, 349; *KG* OLGRspr. 29 (1914), 161.
[204] *Baumbach/Lauterbach/Hartmann*[51] Rdnr. 55; *Thomas/Putzo*[18] Rdnr. 37.
[205] *OLG Bremen* JurBüro 1986, 764; *KG* NJW 1971, 474; *OLG München* JurBüro 1972, 1114.
[206] *ArbG Berlin* JW 1929, 156.

ebensowenig besteht für das Verfahren erster und zweiter Instanz die Möglichkeit einer Änderung des Beschlusses nach § 107 (→ § 107 Rdnr. 8).

73 3. Die **Beschwerde** setzt auch hier einen Beschwerdegegenstand im Wert von mehr als 100 DM voraus (→ Rdnr. 55f.).

§ 105 [Vereinfachte Kostenfestsetzung]

(1) ¹Der Festsetzungsbeschluß kann auf das Urteil und die Ausfertigung gesetzt werden, sofern bei Eingang des Antrags eine Ausfertigung der Urteils noch nicht erteilt ist und eine Verzögerung der Ausfertigung nicht eintritt. ²Eine besondere Ausfertigung und Zustellung des Festsetzungsbeschlusses findet in diesem Fall nicht statt. ³Den Parteien ist der festgesetzte Betrag mitzuteilen, dem Gegner des Antragstellers unter Beifügung der Abschrift der Kostenberechnung. ⁴Die Verbindung des Festsetzungsbeschlusses mit dem Urteil soll unterbleiben, sofern dem Festsetzungsantrag auch nur teilweise nicht entsprochen wird.

(2) Eines Festsetzungsantrags bedarf es nicht, wenn die Partei vor der Verkündung des Urteils die Berechnung ihrer Kosten eingereicht hat; in diesem Fall ist die dem Gegner mitzuteilende Abschrift der Kostenberechnung von Amts wegen anzufertigen.

Gesetzesgeschichte: Eingefügt RGBl. 1909, 475. Änderungen: BGBl. 1990 I, 2847.

Stichwortverzeichnis: → vor § 91 vor Rdnr. 1.

I. Anwendungsbereich und Inhalt	1	IV. Wirkungen der Verbindung	13
II. Verbindung von Festsetzungsbeschluß und Urteil	2	V. Vereinfachter Kostenfestsetzungsantrag	18
III. Voraussetzungen der Verbindung	5	VI. Kosten des Festsetzungsverfahrens	20

I. Anwendungsbereich und Inhalt

1 § 105 gilt sowohl für das amtsgerichtliche als auch für das landgerichtliche Verfahren. Er ist auf andere Titel als Urteile (→ zu diesen Rdnr. 6ff.), insbesondere Vergleiche, entsprechend anzuwenden[1]. Er enthält zwei Vereinfachungen, die nicht zusammenzufallen brauchen: die *Verbindung von Festsetzungsbeschluß und Urteil* (Abs. 1; → Rdnr. 2) und den *vereinfachten Festsetzungsantrag* durch Einreichung der Kosten vor Urteilsverkündung (Abs. 2; → Rdnr. 18). In der Praxis hat sich die Vorschrift nur in geringem Umfang eingebürgert.

II. Die Verbindung von Festsetzungsbeschluß und Urteil (Abs. 1)

2 1. Nach Abs. 1 kann der **Festsetzungsbeschluß auf das Urteil** gesetzt werden, mit der Wirkung, daß er für die geschäftliche Behandlung und für die Zwangsvollstreckung zum Teil des Urteils wird (§ 795a). An den Voraussetzungen seines Erlasses wird dagegen nichts geändert. Es ist auch hier ein zur Zwangsvollstreckung geeigneter Titel erforderlich (→ § 103 Rdnr. 3). Die Festsetzung kann also insbesondere nie vor der Verkündung des Urteils erfolgen, auch wenn sie gemäß Abs. 2 schon vorher beantragt war.

---

[1] *LG Berlin* NJW 1960, 204.

2. Die Verbindung steht im **Ermessen des Rechtspflegers** («kann»). Dieser ist auch ohne 3
Parteiantrag dazu berechtigt, kann von ihr aber auch beim Vorliegen der gesetzlichen
Voraussetzungen als nicht angemessen oder unzweckmäßig (→ Rdnr. 7, 12) absehen. Andererseits hat die Partei, wenn die Verbindung zulässig ist, kein Recht auf eine besondere
Abfassung des Beschlusses.

3. Der Rechtspfleger kann die **Verbindung wieder lösen**, d. h. von dem auf das Urteil 4
gesetzten Beschluß nachträglich eine *besondere Ausfertigung erteilen*, da er ja mindestens auf
die eingelegte Erinnerung hin seinen Kostenfestsetzungsbeschluß selbst abändern kann (→
§ 104 Rdnr. 38). Auch kann das *Gericht* auf die Erinnerung hin die Verbindung lösen, d. h.
den Rechtspfleger zu besonderer Ausfertigung anweisen.

III. Voraussetzungen der Verbindung

1. Es muß ein **Festsetzungsbeschluß erlassen** werden. Wird die Festsetzung *abgelehnt*, so 5
muß dies in einem besonderen Beschluß geschehen. Nach Abs. 1 Satz 4 soll die Verbindung
aber auch dann unterbleiben, wenn dem Gesuch auch nur *teilweise nicht entsprochen* wird,
weil dann mit einer Erinnerung zu rechnen ist. Die Zuwiderhandlung gegen diese Soll-
Vorschrift hat zur Folge, daß die Anfechtung des Titels gegebenenfalls auf doppeltem Wege
erfolgen muß (→ Rdnr. 17).

2. Während zur Kostenfestsetzung als solcher jedes Urteil genügt, das hinsichtlich der 6
Kosten eine Verurteilung ausspricht, auch das in der Hauptsache nur feststellende und das
abweisende (→ § 103 Rdnr. 4), setzt die Verbindung nach § 105 voraus, daß das Urteil auch
in der Hauptsache einen zur Zwangsvollstreckung geeigneten Inhalt hat[2]. Denn im Falle der
Verbindung hat die Vollstreckung des Festsetzungsbeschlusses auf Grund einer vollstreckbaren Ausfertigung des Urteils zu geschehen (§ 795a), und eine solche kann nur von Urteilen
mit vollstreckbarem Inhalt erteilt werden (→ § 724 Rdnr. 9). Es bleiben also alle Urteile, die
auf Feststellung, Abweisung der Klage[3], Verwerfung des Einspruchs u. dgl. lauten, von der
Anwendung des § 105 Abs. 1 ausgeschlossen. Einer Anwendung auf nach § 331 Abs. 3 gegen
den Beklagten ergangene Versäumnisurteile steht aber nichts entgegen, solange sie nur einen
vollstreckbaren Inhalt aufweisen[4].

3. Zumindest **unzweckmäßig** ist die Verbindung, wenn in der Hauptsache die Vollstrek- 7
kung von einer vom Gläubiger *zu beweisenden Tatsache abhängt* (§ 726 Abs. 1). Denn dann
müßte der Gläubiger mit der Vollstreckung wegen seines unbedingten (→ § 103 Rdnr. 5)
Kostenanspruchs warten, bis er die vollstreckbare Ausfertigung des ganzen Urteils erlangen
kann, und er müßte eine solche selbst dann – unter Umständen sogar im Klagewege (§ 731) –
erwirken, wenn er *nur* der Kosten wegen vollstrecken lassen will.

4. Die Anwendung des § 105 ist ferner nach § 106 Abs. 1 S. 2 **ausgeschlossen**, wenn die 8
Prozeßkosten ganz oder teilweise **nach Quoten verteilt** sind (→ § 106 Rdnr. 2), weil das
Verfahren nach § 106 die Ausfertigung des Urteils verzögern würde.

5. Zur Zeit der Anbringung des Gesuchs darf eine **Ausfertigung des Urteils noch nicht** 9
erteilt sein, weder eine einfache noch eine vollstreckbare, da anderenfalls die gemeinsame
Zustellung nicht möglich wäre. Dadurch ist die Anwendung des Abs. 1 auf diejenigen Urteile
erster Instanz beschränkt, die von vornherein zur Kostenfestsetzung geeignete Titel sind, d. h.
die für vorläufig vollstreckbar erklärten Urteile, da die sonstigen (d. h. die nicht vorläufig
vollstreckbaren) Urteile erster Instanz erst ausgefertigt und zugestellt sein müssen, ehe sie

---

[2] **A.M.** *Baumbach/Lauterbach/Hartmann*[51] Rdnr. 6.   [4] *LG Stuttgart* AnwBl. 1981, 197.
[3] **A.M.** *Baumbach/Lauterbach/Hartmann*[51] § 795a
Rdnr. 1.

einen zur Kostenfestsetzung geeigneten Titel bilden (→ § 103 Rdnr. 18), und die Urteile zweiter Instanz von der Geschäftsstelle erster Instanz überhaupt nicht auszufertigen sind.

10 Wird der Beschluß gleichwohl auf ein Urteil gesetzt, von dem schon eine Ausfertigung erteilt ist, so muß der Gläubiger, sofern die erteilte Ausfertigung eine vollstreckbare war, um eine zweite nach § 733 nachsuchen. Ist das Urteil bereits zugestellt, so wird ferner eine neue Zustellung des Urteils mit dem Beschluß erforderlich. Daraus folgt, daß die Festsetzung auf dem Urteil und seinen Ausfertigungen zwar mit dem Buchstaben des § 105 nicht unvereinbar ist, wenn vor ihr, aber *nach Anbringung des Gesuchs* eine Ausfertigung *bereits erteilt* ist, daß sie aber regelmäßig zur Vermeidung derartiger Schwierigkeiten abzulehnen ist[5].

11 6. Die Erteilung der **Urteilsausfertigung** darf durch die Verbindung **nicht verzögert** werden, z. B. wenn die Entscheidung über das Kostenfestsetzungsgesuch Nachfragen[6] oder Beweiserhebungen erfordert. Ein Verstoß kann jedoch nur im Dienstaufsichtswege gerügt werden, weil hier nur die Urteilsausfertigung verzögert ist.

IV. Wirkungen der Verbindung

13 Wird der Festsetzungsbeschluß mit dem Urteil verbunden, so beschränkt sich der Beschluß unter Weglassung des Rubrums und der Bezeichnung des Titels auf die vom Rechtspfleger zu unterzeichnende *Formel*, die auf die *Urschrift* des Urteils – im Falle des § 317 Abs. 4 auf die sie vertretende Urschrift oder Abschrift der Klage – gesetzt wird und sodann auf allen Urteilsausfertigungen gleichfalls in Ausfertigung[7] mitscheint.

14 1. Eine *besondere* Ausfertigung und Zustellung des Beschlusses findet in diesem Falle nicht statt (Abs. 1 Satz 2). Sie ist aber in Notfällen zulässig (→ Rdnr. 4). Der auf das Urteil gesetzte Beschluß wird, was **Ausfertigung** und **Zustellung** anlangt, ein *Teil des Urteils*. Der die Urteilsausfertigung abschließende Ausfertigungsvermerk (§ 317 Abs. 3) deckt auch den Beschluß. Ob die Zustellung des einheitlichen Schriftstücks von Amts wegen oder im Parteibetrieb erfolgt, richtet sich nach den für das Urteil geltenden Regeln.

15 2. Um den Parteien die Kenntnis des Beschlusses zu eröffnen, hat der Rechtspfleger ihnen **den festgesetzten Betrag mitzuteilen**, dem Gegner unter Beifügung einer Abschrift der Kostenberechnung (Abs. 1 Satz 3). Förmliche Zustellung ist nicht nötig. Es genügt daher z. B. für den Gläubiger die Übersendung der erbetenen Urteilsausfertigung mit dem Beschluß, für den Schuldner ein kurzer Vermerk auf der ihm übersandten Abschrift der Kostenberechnung. Die Mitteilung setzt die Notfrist des § 104 Abs. 3 S. 1 nicht in Lauf. Gegen ihre Ablehnung ist die unbefristete Erinnerung nach § 11 Abs. 1 S. 1 RPflG zulässig. Die bloße Unterlassung der Mitteilung kann dagegen mangels anfechtbarer Entscheidung nur im Dienstaufsichtsweg gerügt werden. Sie begründet für den Schuldner keine Einwendung gegen die Vollstreckung.

16 3. Die Verbindung hat für die **Vollstreckung des Beschlusses die Wirkung**, daß sie in jeder Beziehung als *Teil der Vollstreckung des Urteils* behandelt wird. Nach § 795a bedarf der Beschluß daher keiner besonderen Vollstreckungsklausel. Die Zwangsvollstreckung geschieht auf Grund der vollstreckbaren Ausfertigung des Urteils, dessen Zustellung für § 750 allein in Betracht kommt. Die einwöchige Wartefrist zwischen der Zustellung und dem Beginne der Zwangsvollstreckung (§ 798) gilt hier nicht. Mit Rücksicht hierauf muß der Rechtspfleger unbedingt darauf Bedacht nehmen, daß die Urteilsausfertigung nicht vor der Mitteilung an den Schuldner (→ Rdnr. 15) herausgegeben wird.

17 4. Auf die **Anfechtung des Festsetzungsbeschlusses** übt die Verbindung **keinen Einfluß** aus. Die Erinnerung geht neben der Anfechtung des Urteils durch Einspruch oder Rechtsmittel einher. Die Zustellung des Urteils mit dem Beschluß eröffnet die *Notfrist* nach *beiden* Richtungen, und zwar auch dann, wenn die Verbindung unzulässig war, und im Falle teilweiser Ablehnung (→ Rdnr. 5) auch für den Gläubiger. Die Anfechtung nach *beiden* Richtungen kann nicht entbehrt werden, weil zwar durch die Aufhebung des Urteils im Kostenpunkt der Beschluß hinfällig wird (→ § 104 Rdnr. 68), dagegen bei Aufrechterhaltung der Kostenentscheidung des Urteils der Beschluß, wenn er nicht selbständig angefoch-

---

[5] OLG Celle NdsRpfl. 1962, 33.

[6] Zur Gewährung des rechtlichen Gehörs vgl. *Mümmler* JurBüro 1973, 798 sowie § 104 Rdnr. 2.

[7] Der Wortlaut des Abs. 1 S. 1 ist ungenau. Auf die Ausfertigungen wird natürlich nicht »der Beschluß«, d. h. eine neue Urschrift, gesetzt.

ten ist, hinsichtlich des Betrages in Rechtskraft übergeht. Wird auf die Erinnerung der Beschluß aufgehoben oder seine Vollstreckung eingestellt, so muß der Schuldner die Entscheidung nach § 775 Nr. 1, 2 geltend machen. Soweit die Vollstreckung aus dem gemeinsamen Titel den Urteilsanspruch betrifft, wird sie dadurch selbstverständlich nicht berührt.

V. Vereinfachter Kostenfestsetzungsantrag (Abs. 2)

1. Nach Abs. 2 bedarf es eines **besonderen Festsetzungsantrages nicht**, wenn die Partei vor der Verkündung des Urteils die Berechnung ihrer Kosten eingereicht hat. Diese Vorschrift gilt nur für das (amts- und landgerichtliche) Verfahren *erster* Instanz, weil nur hier eine Kostenfestsetzung stattfindet. In einfachen Sachen macht der Amtsrichter oder der Rechtspfleger die Partei auf diese Befugnis zweckmäßig aufmerksam. Die Berechnung ist der Geschäftsstelle oder im Termin dem als Protokollführer fungierenden Urkundsbeamten zu übergeben. Dies kann *bis zur Verkündung des Urteils* geschehen, also auch nach Schluß der mündlichen Verhandlung während der Beratung, im Falle der Ansetzung eines besonderen Verkündungstermins (§ 310 Abs. 1) bis zur Verkündung in diesem Termin. Der Vorteil besteht für die Partei nur darin, daß sie von der Formulierung eines *besonderen Antrags* befreit ist und die für den Gegner bestimmte *Abschrift der Berechnung* von Amts wegen gebührenfrei (→ Rdnr. 20) gefertigt wird. Dagegen bleibt die Notwendigkeit, die *erforderlichen Belege* beizufügen (§ 103 Abs. 2 S. 2), bestehen. Zinsen sind auch hier anzusetzen, und zwar ab Verkündung des Urteils (→ § 104 Rdnr. 25). 18

2. Die Erleichterung des Abs. 2 ist **unabhängig davon, ob zugleich die Voraussetzungen des Abs. 1 vorliegen**. Fehlen sie, so ist auf Grund des stillschweigenden Antrags nach Abs. 2 ein besonderer Kostenfestsetzungsbeschluß zu erlassen. Ergeht das zunächst verkündete Urteil im Kostenpunkt gegen die Partei, so ist der stillschweigende Antrag erledigt. Ist das gegen den Gegner ergehende Urteil nicht vorläufig vollstreckbar, so ist zwar die sofortige Kostenfestsetzung nicht möglich (→ § 103 Rdnr. 3), aber die Partei braucht dann nach Eintritt der Rechtskraft nur diese nachzuweisen, keinen neuen Antrag zu stellen. Werden die Kosten nach Quoten verteilt, so ist im landgerichtlichen wie im amtsgerichtlichen Verfahren § 105 nach § 106 Abs.1 nicht anwendbar. 19

VI. Kosten des Festsetzungsverfahrens

Auf die Kosten (→ § 104 Rdnr. 23) übt es keinen Einfluß aus, ob die Verbindung nach Abs. 1 erfolgt ist oder ob die Partei von der Befugnis des Abs. 2 Gebrauch macht. Nur werden im Fall des Abs. 2 für die *Abschrift der Kostenberechnung* keine Schreibgebühren des Gerichts erhoben, da GKG KV Nr. 1900 1 a, b nicht erfüllt sind. 20

§ 106   [Kostenausgleich bei Verteilung nach Quoten]

(1) ¹Sind die Prozeßkosten ganz oder teilweise nach Quoten verteilt, so hat nach Eingang des Festsetzungsantrags das Gericht den Gegner aufzufordern, die Berechnung seiner Kosten binnen einer Woche bei Gericht einzureichen. ²Die Vorschriften des § 105 sind nicht anzuwenden.

(2) ¹Nach fruchtlosem Ablauf der einwöchigen Frist ergeht die Entscheidung ohne Rücksicht auf die Kosten des Gegners, unbeschadet des Rechts des letzteren, den Anspruch auf Erstattung nachträglich geltend zu machen. ²Der Gegner haftet für die Mehrkosten, die durch das nachträgliche Verfahren entstehen.

§ 106 I, II   Erstes Buch. Allgemeine Vorschriften. Zweiter Abschnitt. Parteien

Gesetzesgeschichte: Bis 1900 § 100. Änderungen: RGBl. 1909, 475; 1927 I, 334; BGBl. 1950 I, 533; BGBl. 1990 I, 2847.

Stichwortverzeichnis: → vor § 91 vor Rdnr. 1.

I. Zweck und Voraussetzungen der Kostenausgleichung[1]

1   In den Fällen der Quotenverteilung soll nach § 106 **zur Ersparung doppelter Festsetzung** versucht werden, durch eine Aufforderung an den Gegner des Antragstellers die **gleichzeitige Liquidation** herbeizuführen, die letztlich bewirken soll, was auch durch Aufrechnung erreicht werden könnte[2] (→ auch Rdnr. 5 sowie § 104 Rdnr. 8).

2   **Voraussetzung** ist, daß ein für *beide* Parteien zur Kostenfestsetzung **geeigneter Titel** (→ 103 Rdnr. 3) vorliegt und daß in ihm die Prozeßkosten ganz oder zum Teil, z. B. diejenigen der ersten Instanz[3], gemäß § 92 **nach Quoten** verteilt sind. Ein Fall der Quotenteilung ist auch der, daß sich diese Teilung nur auf die Gerichtskosten bezieht, wie namentlich bei der gegenseitigen Aufhebung der Kosten nach § 92 Abs. 1 S. 2[4]. Dagegen kommt das Verfahren nach § 106 nicht in Betracht, wenn die Kosten nicht nach Quoten, sondern (unzulässigerweise, → § 92 Rdnr. 3 c) nach Zeitabschnitten verteilt sind[5], wenn eine Partei in einem von zwei selbständigen Verfahren obsiegt, im anderen aber unterliegt[6], wenn sie die Kosten nur einer Instanz[7] oder alle Kosten mit Ausnahme bestimmter Beträge zu tragen hat[8] oder wenn der Gegner nur einem von mehreren Streitgenossen gegenüber vollen Umfangs kostenpflichtig ist[9] (→ § 100 Rdnr. 19). In diesen Fällen laufen die Gesuche der Parteien unabhängig voneinander. Sie können aber von den Parteien auch freiwillig zur gemeinsamen Kostenausgleichung analog § 106 eingereicht werden[10]. Unter Streitgenossen kann ein Kostenausgleich durchgeführt werden, wenn der Titel (Prozeßvergleich) die gegenseitige Kostenerstattung regelt[11].

II. Die Aufforderung an den Gegner

3   1. In allen Sachen – auch in arbeitsgerichtlichen – muß eine Partei[12] einen **Antrag** auf Festsetzung der Kosten (nicht unbedingt: auf Kostenausgleichung) stellen[13]. Dies kann ausdrücklich oder nach § 105 Abs. 2 (→ § 105 Rdnr. 19) geschehen. Dann hat das Gericht den Gegner **aufzufordern**, die Berechnung seiner Kosten binnen einer einwöchigen Frist einzurei-

---

[1] Lit.: *Lappe* Die verspätete Kostenausgleichung, MDR 1983, 992; *ders.* Kostenausgleichung bei Teil-PKH, MDR 1984, 638; *Mümmler* Kostenausgleichung nach § 106 ZPO, JurBüro 1983, 1125; *ders.* Kostenausgleichung unter Einfluß der Prozeßkostenhilfe, JurBüro 1986, 689; *Wigger* Folgerungen aus dem Aufrechnungsvorgang bei der Kostenausgleichung, SchlHA 1969, 29.
[2] *OLG Düsseldorf* JurBüro 1987, 1824; *LG Bayreuth* JurBüro 1985, 309.
[3] *OLG Celle* OLGRspr. 13 (1906), 114; *OLG Hamm* JurBüro 1977, 1622; *OLG Köln* JurBüro 1982, 1088. – A.M. *OLG Stuttgart* OLGRspr. 15 (1907), 98.
[4] So auch *OLG Braunschweig* Rpfleger 1977, 177; *OLG Celle* NdsRpfl. 1949, 200; *OLG Dresden* OLGRspr. 29 (1914), 57; *KG* JW 1928, 1519. – A.M. *OLG Karlsruhe* OLGRspr. 11 (1905), 174; *OLG München* OLGRspr. 29 (1914), 56.
[5] *RGZ* 19, 430; *OLG Dresden* OLGRspr. 15 (1907), 96.
[6] *OLG Karlsruhe* MDR 1989, 826.
[7] *OLG Hamburg* MDR 1979, 942; *LG Berlin* JurBüro 1979, 1857. – A.M. *BPatG* GRUR 1991, 206; *LG Aurich* JurBüro 1976, 1386 f.
[8] *OLG Bamberg* JurBüro 1982, 1258 und *OLG Köln* Rpfleger 1992, 448 (Säumniskosten); *KG* JurBüro 1977, 255 (Kostenaussonderung nach § 281 Abs. 3). – A.M. *OLG Bremen* JurBüro 1981, 1734 (zust. *Mümmler*).
[9] Anders bei Quotierung gegenüber diesem Streitgenossen, vgl. *OLG Düsseldorf* JurBüro 1987, 1824; oder gegenüber gesamtschuldnerisch haftenden Streitgenossen, *Schmitz* gegen *OLG Köln* Rpfleger 1992, 269.
[10] *RG* JW 1897, 50.
[11] *OLG München* NJW 1975, 1366.
[12] Auch die im Ergebnis zahlungspflichtige Partei ist antragsberechtigt, *LAG Düsseldorf* JurBüro 1987, 1233.
[13] Dazu *OLG Hamm* JurBüro 1969, 1096 (nach Erlaß des Ausgleichbeschlusses keine Rücknahme mehr).

chen. Die Aufforderung ist von Amts wegen – und zwar wegen der Fristsetzung förmlich (§ 329 Abs. 3) – zuzustellen.

2. Die **Frist** ist eine gesetzliche, obwohl sie durch einen Gerichtsakt in Lauf gesetzt wird (→ vor § 214 Rdnr. 41). Eine Verlängerung ist nach § 224 Abs. 2 ausgeschlossen, Abkürzung durch Parteivereinbarung dagegen theoretisch möglich (Abs. 1 das). Von den Gerichtsferien wird die Frist nicht berührt (§ 202 GVG).

III. Der Kostenausgleichungsbeschluß

1. **Reicht der Gegner** vor Erlaß des Beschlusses, wenn auch nach Ablauf der Frist (§ 231 Abs. 2), **seine Kostenberechnung ein**[14], die als Festsetzungsantrag dem § 103 auch hinsichtlich der Belege genügen muß und auch zu Protokoll erklärt werden kann, so wird (kein Ermessen[15]) durch *einheitlichen Beschluß* festgesetzt, welchen Betrag jede Partei der anderen zu erstatten hat[16]. Die Verbindung des Beschlusses mit dem Urteil nach § 105 Abs. 1 ist durch Abs. 1 Satz 2 verboten. Der Beschluß enthält in Wirklichkeit *zwei Entscheidungen* über die Gesuche beider Parteien, die beide *selbständig* der *Anfechtung* unterliegen[17]. Aber seine Formel beschränkt sich darauf, den Betrag zur Erstattung aufzugeben, den die minder belastete Partei unter Einbeziehung aller Instanzen als Quote der gesamten Prozeßkosten beider Parteien nach Abzug ihrer eigenen Aufwendungen zu fordern hat[18] (→ auch § 104 Rdnr. 18). Kosten, die nicht unter die Ausgleichsrechnung fallen, wie insbesondere Kosten, die der einen Partei durch die Vollstreckung der Entscheidung erwachsen sind, sind außer Betracht zu lassen[19] und gegebenenfalls gesondert in den Beschluß einzusetzen. Daß einer oder beiden Parteien *Prozeßkostenhilfe* bewilligt worden ist, bleibt bei der Berechnung ebenfalls unberücksichtigt (arg. § 123); nur darf die Erstattung nicht zu einer Überzahlung führen[20]. Zur Berücksichtigung eines *Prozeßkostenvorschusses* → § 104 Rdnr. 19.

2. Für die **Beschwer** bei Erinnerung und Beschwerde und die Beschwerdesumme (§ 567 Abs. 2 S. 2) ist – auch wenn es um die Berücksichtigung einer beide Parteien angehenden Gebühr geht – die Abweichung des Beschlusses von der **beanspruchten Differenz** maßgebend[21]. Erstmals im Erinnerungs- und Beschwerdeverfahren geltend gemachte Kosten werden bei der Beurteilung der Beschwer nicht berücksichtigt. Zur *Nachliquidation*[22] im Rahmen einer zulässigen Erinnerung oder Beschwerde → § 104 Rdnr. 35, 57. Auch für die **Kosten des Festsetzungsverfahrens** ist der beanspruchte Differenzbetrag maßgebend. Die Kostenpflicht

---

[14] Diese muß auch die einzelnen Kostenansätze enthalten, *KG* Rpfleger 1951, 95. Wird allerdings bei einer Partei eine Gebühr berücksichtigt, die beide Parteien betrifft, so kann dem Antrag des Gegners entnommen werden, daß sie auch ohne besondere Erwähnung auch bei ihm berücksichtigt werden soll, *KG* JurBüro 1978, 1253; *OLG Oldenburg* MDR 1993, 390; **a.M.** *OLG Stuttgart* JurBüro 1987, 1093.
[15] *OLG Hamm* JurBüro 1977, 1621; *OLG Koblenz* JurBüro 1975, 942; *LG Bonn* Rpfleger 1984, 33.
[16] *OLG Hamm* JurBüro 1977, 1621; *LG Bonn* Rpfleger 1984, 33.
[17] RGZ 33, 391. Das Ergebnis der Ausgleichsrechnung darf niemals zuungunsten des Beschwerdeführers verschoben werden.
[18] *OLG Hamm* JurBüro 1977, 1621; *LG Bonn* Rpfleger 1984, 33; *LG Essen* JurBüro 1973, 451; *BPatG* GRUR 1991, 206. – Zur **Berechnung** *Wigger* SchlHA 1969, 29. Eine offensichtlich fehlerhafte Berechnung kann gegen das Willkürverbot verstoßen, BVerfGE 62, 192 = NJW 1983, 809 = Rpfleger 84 (*Lappe*).

[19] Vgl. *OLG Dresden* OLGRspr. 15 (1907), 96.
[20] *OLG Bamberg* FamRZ 1988, 967; *OLG Bremen* JurBüro 1984, 609; *OLG München* JurBüro 1982, 417; *LG Bonn* Rpfleger 1984, 34; vgl. auch *OLG Schleswig* SchlHA 1982, 32; *Lappe* MDR 1984, 638; *Mümmler* JurBüro 1986, 689; für gesonderte Ausweisung der Gerichtskosten *LG Bayreuth* JurBüro 1985, 308.
[21] *OLG Hamburg* JurBüro 1970, 536; *KG* JurBüro 1978, 1253; 1966, 1062; *OLG Köln* JurBüro 1973, 1100; *OLG Stuttgart* JurBüro 1987, 1093; *RG* Gruchot 41 (1897), 1141; *Hansens* JurBüro 1992, 715 gegen *MünchKommZPO/Belz* Rdnr. 13.
[22] § 106 Abs. 2 S. 1 steht nicht entgegen, wenn ein Ausgleichsbeschluß erlassen wurde; vgl. *OLG Saarbrücken* AnwBl. 1980, 299. – **A.M.** *OLG Celle* NdsRpfl. 1976, 92; *Baumbach/Lauterbach/Hartmann*[51] Rdnr. 12. – *OLG Oldenburg* MDR 1993, 390 erwägt Analogie zu § 107.

(→ § 104 Rdnr. 23) bestimmt sich nicht nach der Verteilung im Urteil, sondern nach dem Unterliegen mit dem beanspruchten Betrage[23].

7   3. Wird der Beschluß nicht angefochten, so erlangt er die **Rechtskraft** auch dann, wenn die Voraussetzungen des § 106 fehlten[24]. Wird er nur von einer Partei angefochten, so kann sich die andere Partei anschließen. Anderenfalls erwächst der Beschluß, soweit er nicht angefochten ist, ihr gegenüber in Teilrechtskraft mit der Folge, daß sie den auf die Erinnerung oder Beschwerde ergehenden zweiten Beschluß nicht mit der Begründung angreifen kann, der erste Beschluß sei auch ihr gegenüber fehlerhaft gewesen[25].

IV. Fristversäumung

8   1. **Reicht der Gegner seine Kostenberechnung nicht rechtzeitig ein**, so ergeht die Entscheidung ohne Rücksicht auf seine Kosten, d. h. es wird ihm die dem Urteil entsprechende Quote der Kosten des Antragstellers zur Erstattung aufgegeben, wobei auch hier nach Abs. 1 S. 2 die Anwendung des § 105 Abs. 1 ausgeschlossen ist. Der Rechtspfleger ist durch den Fristablauf nicht gehindert, eine verspätet, aber noch vor Erlaß des Beschlusses eingehende Kostenrechnung des Gegners zu berücksichtigen. Aber weder die Berücksichtigung noch deren Unterlassung kann gerügt werden[26].

9   2. Die Partei, deren Kosten infolge der Fristversäumnis nicht zur Verrechnung gekommen sind, kann sie ihrerseits *nachträglich liquidieren* mit der Folge, daß nunmehr ein zweiter selbständiger Kostenfestsetzungsbeschluß, nicht etwa ein die Ausgleichsberechnung nachholender Änderungsbeschluß, zu ergehen hat[27]. Die Vollstreckung des ersten Kostenfestsetzungsbeschlusses wird durch das nachträgliche Gesuch nicht gehemmt. Die durch das nachträgliche Verfahren erwachsenden *Mehrkosten* hat nach Abs. 2 S. 2 der säumige Teil zu tragen, obwohl er bezüglich seiner Kosten in dem nachfolgenden Verfahren obsiegt. Es ist dies eine Ausnahme von der Regel des § 91 (→ § 104 Rdnr. 23), aber eine Konsequenz aus § 95. Die Haftung ist in dem nachträglich ergehenden Festsetzungsbeschluß unter gleichzeitiger Festsetzung des Betrages auszusprechen.

§ 107 [Kostenfestsetzung nach Streitwertänderung]

(1) ¹Ergeht nach der Kostenfestsetzung eine Entscheidung, durch die der Wert des Streitgegenstandes festgesetzt wird, so ist, falls diese Entscheidung von der Wertberechnung abweicht, die der Kostenfestsetzung zugrunde liegt, auf Antrag die Kostenfestsetzung entsprechend abzuändern. ²Über den Antrag entscheidet das Gericht des ersten Rechtszuges.

(2) ¹Der Antrag ist binnen der Frist von einem Monat bei der Geschäftsstelle anzubringen. ²Die Frist beginnt mit der Zustellung und, wenn es einer solchen nicht bedarf, mit der Verkündung des den Wert des Streitgegenstandes festsetzenden Beschlusses.

(3) Die Vorschriften des § 104 Abs. 3 sind anzuwenden.

Gesetzesgeschichte: Eingefügt RGBl. 1898, 256. Änderungen: RGBl. 1909, 475; 1927 I, 334; 1990 I, 2847.

---

[23] So auch *OLG München* JW 1925, 2372.
[24] *RG* JW 1897, 50.
[25] *OLG Koblenz* JurBüro 1986, 1574.
[26] *OLG Hamburg* JurBüro 1978, 283; *KG* JurBüro 1970, 178; *OLG Köln* JurBüro 1975, 387; *LG Hannover* Rpfleger 1989, 342. – **A.M.** *LG Berlin* JurBüro 1986, 1092.
[27] *OLG Koblenz* JurBüro 1975, 388 (L); *Lappe* MDR 1983, 992. – Ebenso bei unterbliebener Aufforderung nach Abs. 1, *OLG Bamberg* JurBüro 1974, 1597.

Stichwortverzeichnis: → vor § 91 vor Rdnr. 1.

I. Änderung der Kostenfestsetzung wegen Streitwertänderung

Bei der Kostenfestsetzung wird der Streitwert selbständig geschätzt, soweit nicht bereits 1
ein bindender Wertfestsetzungsbeschluß vorliegt (→ § 104 Rdnr. 12). Erfolgt eine Wertfestsetzung nach Erlaß des Kostenfestsetzungsbeschlusses, so kann die neue Sachlage im Kostenfestsetzungsverfahren durch die Erinnerung oder Beschwerde nach § 570 geltend gemacht werden, soweit die Anfechtung noch zulässig ist[1]. § 107 gestattet in diesem Fall die Änderung der Kostenfestsetzung **auch noch nach Rechtskraft**[2]. Da § 107 jedoch eine Beschränkung auf die Zeit nach der Rechtskraft nicht enthält, hat die Partei gegebenenfalls die Wahl zwischen dem Weg des § 107 und der Erinnerung oder Beschwerde nach § 104 Abs. 3[3] (→ aber auch § 104 Rdnr. 33). Nach Ablauf der Frist des Abs. 2 bleibt der Partei bei *Streitwertverminderung*, wenn der Kostenfestsetzungsbeschluß noch nicht vollstreckt ist, die Vollstreckungsgegenklage aus § 767[4], sonst nur noch die Bereicherungsklage[5]. Vor Fristablauf ist eine Klage durch die Sonderregel des § 107 ausgeschlossen. Soweit bei einer *Streitwerterhöhung* die ursprüngliche Kostenfestsetzung nicht geändert zu werden braucht, sondern eine Nachforderung in Betracht kommt (→ § 103 Rdnr. 12), ist § 107 nicht einschlägig, so daß auch die Frist des § 107 Abs. 2 nicht zu beachten ist[6].

II. Voraussetzungen

1. Voraussetzung des § 107 ist lediglich, daß einem Kostenfestsetzungsbeschluß ein **Wert-** 2
festsetzungsbeschluß gefolgt ist, der den Streitwert auf einen anderen (höheren oder niedrigeren) Betrag festsetzt, als der Kostenfestsetzung zugrunde liegt. Ob der Wertfestsetzungsbeschluß rechtskräftig[7] ist oder nicht, ob er als erster oder in Änderung eines der Kostenfestsetzung zugrunde liegenden früheren Beschlusses von Amts wegen oder auf Beschwerde ergangen ist, macht keinen Unterschied. Dagegen genügt eine bloß stillschweigende, indirekte Entscheidung, etwa aus Anlaß einer Nachliquidierung von Kosten oder durch Zulassung der Berufung oder Revision, nicht.

2. Die Abänderungsentscheidung bedarf eines **Antrages**, wobei ein Antrag auf Rückfest- 3
setzung der zuviel gezahlten Kosten (→ Rdnr. 5) genügt[8], nicht aber der ursprüngliche Festsetzungsantrag, mag er auch den jetzt festgesetzten Wert zugrunde gelegt haben[9]. Wegen der Berechtigung zu dem Antrag und seiner Form gilt das in § 103 Rdnr. 8, 17 Ausgeführte entsprechend. Der Antrag ist gemäß Abs. 2 S. 1 an die Geschäftsstelle des Gerichts erster Instanz (→ § 103 Rdnr. 14) auch dann zu richten, wenn der frühere Beschluß in der Beschwerdeinstanz ergangen war.

3. Die **Monatsfrist** für den Antrag ist keine Notfrist (§ 223 Abs. 3). Sie kann als gesetzliche 4
Frist zwar (theoretisch) von den Parteien verkürzt, aber weder durch Parteivereinbarung noch durch Gerichtsbeschluß verlängert werden (§ 224 Abs. 1, 2). Sie beginnt gemäß Abs. 2 S. 2 mit der Verkündung oder Zustellung[10] (§ 329 Abs. 3) des Wertfestsetzungsbeschlusses,

---

[1] *RG* JW 1899, 89; 1895, 6; 1891, 306; *KG* KGJ 50, 273.
[2] *OLG Hamm* JurBüro 1983, 1719; *OLG München* JurBüro 1973, 774; 1970, 527.
[3] So auch die Begr. von 1898 S. 90.
[4] *OLG Köln* JW 1928, 126; *OLG München* MDR 1983, 137.
[5] Vgl. *KG* JW 1925, 2362; *OLG München* MDR 1983, 137; *Baumbach/Lauterbach/Hartmann*[51] Rdnr. 6. – **A.M.** *H. Schmidt* MDR 1974, 284.

[6] *KG* JurBüro 1975, 822; *Thomas/Putzo*[18] Rdnr. 2. – **A.M.** *OLG Hamburg* JurBüro 1990, 492; wohl auch *OLG München* Rpfleger 1991, 340.
[7] Vgl. *OLG Freiburg* Rpfleger 1951, 571.
[8] *OLG Koblenz* JurBüro 1988, 1526.
[9] Insoweit zutr. *OLG München* Rpfleger 1991, 340.
[10] Formlose Mitteilung reicht nicht, *OLG München* Rpfleger 1991, 340.

unabhängig von der Frist zur Erinnerung oder Beschwerde über den Kostenfestsetzungsbeschluß und unabhängig von einer Gegenvorstellung oder von einem Rechtsmittel gegen den Streitwertänderungsbeschluß[11]. Durch die Gerichtsferien wird sie als Frist im Kostenfestsetzungsverfahren nicht berührt (§ 202 GVG).

III. Verfahren

5   Hinsichtlich des Verfahrens und der Zustellung gilt das zu § 104 Rdnr. 2 ff., 5 ff., 27 f. Bemerkte entsprechend. Die Entscheidung hat sich auf die entsprechende Änderung der Kostenfestsetzung zu beschränken, kann also nur diejenigen Beträge erhöhen oder herabsetzen, die bei der Kostenfestsetzung angesetzt sind und *rechnungsmäßig* vom Streitwert abhängen. Die frühere Entscheidung über Verausgabung und Notwendigkeit der einzelnen Posten bleibt unberührt[12]. Läßt man zu, daß im Beschwerdebeschluß **Rückfestsetzung** stattfindet, also die Rückzahlung zuviel gezahlter Beträge angeordnet wird (→ § 104 Rdnr. 65), so muß hier sinngemäß ein Gleiches gelten[13]. Vom gegenteiligen Standpunkt aus bedarf es einer besonderen Klage.

IV. Rechtsbehelfe

6   Aufgrund der Verweisung in Abs. 3 muß in der Notfrist von zwei Wochen die **Erinnerung** eingelegt werden und gegen die Entscheidung darüber findet **sofortige Beschwerde** statt bzw. die Erinnerung (**Durchgriffserinnerung**) wird zur Beschwerde (→ § 104 Rdnr. 51, 52).

V. Kosten

7   Das Verfahren ist gebührenfrei; wegen der Beschwerdeinstanz s. jedoch GKG Kostenverzeichnis Nr. 1181. Wegen der Anwaltsgebühren s. § 37 Nr. 7 BRAGO.

VI. Arbeitsgerichtliches Verfahren

8   Hier wird der Wert durch unanfechtbaren Ausspruch im Urteil erster bzw. zweiter Instanz festgesetzt, §§ 61 Abs. 1, 69 Abs. 2 ArbGG (→ § 2 Rdnr. 114). Im Zeitpunkt der Kostenfestsetzung steht danach der Streitwert in aller Regel bereits endgültig fest. Eine Ausnahme und damit eine Möglichkeit der Anwendung des § 107 kann sich im Fall der Beendigung der Instanz durch Vergleich ergeben, ebenso u. U. hinsichtlich der Revisionsinstanz, für die eine Streitwertfestsetzung im Urteil nicht vorgesehen ist.

---

[11] *KG* DR 1939, 1923. – **A.M.** *OLG Hamburg* JurBüro 1990, 492 (bei gleichzeitiger Anberaumung eines Verkündungstermins in der Hauptsache könne dieser abgewartet werden, damit klar sei, ob überhaupt Kostenerstattung in Betracht komme; die Frist sei bis dahin gehemmt).

[12] *OLG Hamm* JurBüro 1983, 1719; *OLG München* JurBüro 1973, 774.

[13] Vgl. nur *OLG Düsseldorf* Rpfleger 1981, 409; *OLG Koblenz* JurBüro 1988, 1526.

Sechster Titel

Sicherheitsleistung

Stichwortregister zu vor § 108–113

Anordnung der Sicherheitsleistung: → § 108 Rdnr. 6f.
Antrag nach § 109: s. Rückgabe – Verfahren
Antragserfordernis: → § 108 Rdnr. 6
Anwaltszwang: → § 109 Rdnr. 26f.
Arrestvollzug: → § 108 Rdnr. 4
Aufhebung der vorläufigen Maßregel: → § 109 Rdnr. 9
Ausländer: → § 110 Rdnr. 3
Ausländersicherheit: → § 110 Rdnr. 1ff.
– Arbeitsgerichtliches Verfahren: → § 110 Rdnr. 45
– Arten des Verfahrens: → § 110 Rdnr. 12ff.
– – Arrest: → § 110 Rdnr. 13
– – einstweilige Verfügung: → § 110 Rdnr. 13
– – Klagen: → § 110 Rdnr. 12
– – Mahnbescheid: → § 110 Rdnr. 13, 16f.
– – Patentstreitigkeiten: → § 110 Rdnr. 18, 40, 46
– – Scheidungsverfahren: → § 110 Rdnr. 13
– – selbständiges Beweisverfahren: → § 110 Rdnr. 13
– – Urkunden- und Wechselprozeß: → § 110 Rdnr. 14
– – Vollstreckungserklärung: → § 110 Rdnr. 13
– – Widerklage: → § 110 Rdnr. 15
– Befreiung: → § 110 Rdnr. 19ff.
– – case-law: → § 110 Rdnr. 37
– – Eisenbahnverkehr: → § 110 Rdnr. 31
– – Europäisches Niederlassungsabkommen: → § 110 Rdnr. 32
– – Gegenseitigkeit: → § 110 Rdnr. 36, 38
– – Gewohnheitsrecht: → § 110 Rdnr. 37
– – Haager Abkommen: → § 110 Rdnr. 26
– – Haager Übereinkommen: → § 110 Rdnr. 26
– – heimatlose Ausländer: → § 110 Rdnr. 21
– – innerstaatliches Recht: → § 110 Rdnr. 20ff.
– – Kollektivverträge: → § 110 Rdnr. 26
– – Länderverzeichnis: → § 110 Rdnr. 41
– – NATO-Truppenstatut: → § 110 Rdnr. 33
– – Patentnichtigkeitsklagen: → § 110 Rdnr. 40
– – Präjudizienrecht: → § 110 Rdnr. 37
– – Prozeßkostenhilfeberechtigte: → § 110 Rdnr. 22
– – Rheinschiffahrtsgericht: → § 110 Rdnr. 30
– – Staatsverträge: → § 110 Rdnr. 24ff.
– – ständige Praxis: → § 110 Rdnr. 37
– – Unterhaltsansprüche im Ausland: → § 110 Rdnr. 27

– – Unterhaltspflicht gegenüber Kindern: → § 110 Rdnr. 28
– – verschleppte Personen und Flüchtlinge: → § 110 Rdnr. 20, 29
– – zweiseitige Verträge: → § 110 Rdnr. 34
– Beklagtenangehörigkeit: → § 110 Rdnr. 11
– Beweislast: → § 110 Rdnr. 43
– ehemalige DDR: → § 110 Rdnr. 4
– Entstehung neuer Staaten: → § 110 Rdnr. 35
– Erwerb der dt. Staatsang. während des Prozesses: → § 110 Rdnr. 5
– Frist: → § 113 Rdnr. 1
– – Antrag: → § 113 Rdnr. 3
– – Urteil bei Versäumnis: → § 113 Rdnr. 9f.
– – Versäumnis: → § 113 Rdnr. 3ff.
– – Zwangsvollstreckung: → § 113 Rdnr. 3
– Hauptintervenient: → § 110 Rdnr. 10
– juristische Personen: → § 110 Rdnr. 8
– Kläger: → § 110 Rdnr. 10
– Klagen auf öffentliche Aufforderungen: → § 110 Rdnr. 16
– Klagen aus Grundbuchrechten: → § 110 Rdnr. 17
– nachträgliche: → § 111 Rdnr. 1ff.
– – Aufrechnung: → § 111 Rdnr. 9
– – bei Prozeßwechsel: → § 111 Rdnr. 8
– – bei Wegfall der Prozeßkostenhilfe: → § 111 Rdnr. 8
– – Berufungsinstanz: → § 111 Rdnr. 2
– – erweiterter Klageantrag: → § 111 Rdnr. 5
– – Frist: → § 111 Rdnr. 1f.
– – geänderte Gesetzeslage: → § 111 Rdnr. 8
– – Rechtsnachfolge: → § 111 Rdnr. 7
– – Verfahren: → § 111 Rdnr. 10
– – Verlust der deutschen Staatsangehörigkeit: → § 111 Rdnr. 7f.
– – Verzicht: → § 111 Rdnr. 5
– – Verzicht oder Unterlassung der Verspätungsrüge: → § 111 Rdnr. 3
– nachträglicher Wegfall: → § 111 Rdnr. 11
– – Anfechtung: → § 112 Rdnr. 5
– – Beschluß: → § 112 Rdnr. 2
– – Ermessen: → § 112 Rdnr. 6
– – Form bei Begründetheit: → § 112 Rdnr. 2
– – Form bei Unbegründetheit: → § 112 Rdnr. 1
– – Höhe der Ausländersicherheit: → § 112 Rdnr. 1 ff., 6f.
– – nachträgliche Erhöhung: → § 112 Rdnr. 9f.
– – nachträgliche Minderung: → § 112 Rdnr. 10

– – Rechtsbehelfe: → § 112 Rdnr. 5
– – Streitgenossen: → § 112 Rdnr. 8
– – Streitwert: → § 112 Rdnr. 4
– – Verfahren: → § 112 Rdnr. 3
– – Widerklagekosten: → § 112 Rdnr. 8
– – Wiederaufnahmeklage: → § 112 Rdnr. 8
– – Zwischenurteil: → § 112 Rdnr. 1 ff.
– Nebenintervenient: → § 110 Rdnr. 10
– Partei kraft Amtes: → § 110 Rdnr. 9
– persönliche Voraussetzungen: § 110 Rdnr. 3 ff.
– ratio legis: → § 110 Rdnr. 1
– Staatenlose: → § 110 Rdnr. 6
– – gewöhnlicher Aufenthalt: → § 110 Rdnr. 7
– – Wohnsitz: → § 110 Rdnr. 7
– Streitgehilfe: → § 110 Rdnr. 10
– Streitgenossen: → § 110 Rdnr. 10
– Umgehung: → § 110 Rdnr. 10
– Verfahren: → § 110 Rdnr. 42 ff.
– Verlust der dt. Staatsang. während des Prozesses: → § 110 Rdnr. 5
– Voraussetzungen: → § 110 Rdnr. 2 ff.
Befriedigungsmöglichkeit: → § 108 Rdnr. 4
Beschwerde: → § 109 Rdnr. 27
Beweislast: s. Rückgabe
Bürgschaft als Sicherheitsleistung: → § 108 Rdnr. 19 ff.
– Annahme der Bürgschaftserklärung: → § 108 Rdnr. 27
– Anordnung des Erlöschens: → § 109 Rdnr. 6 f.
– Bedingung: → § 108 Rdnr. 22
– Befristung: → § 108 Rdnr. 22
– Bestimmtheit: → § 108 Rdnr. 20
– Einrede der Vorausklage: → § 108 Rdnr. 21
– Form: → § 108 Rdnr. 25 f.
– Großbank: → § 108 Rdnr. 19 f.
– Inhalt: → § 108 Rdnr. 23, 28
– Rückgewähr: → § 109 Rdnr. 6
– Tauglichkeit des Bürgen: → § 108 Rdnr. 19 f.
– Vertrag zugunsten Dritter: → § 108 Rdnr. 26
– Voraussetzungen: → § 108 Rdnr. 19
– Zugang der Bürgschaftserklärung: → § 108 Rdnr. 26
– Zustandekommen: → § 108 Rdnr. 24 ff.
– Zustellung der Bürgschaftserklärung: → § 108 Rdnr. 26
Erinnerung gegen Fristbestimmung: → § 109 Rdnr. 19
Erstattungsfähigkeit der Kosten: → § 108 Rdnr. 28
Fristsetzung: s. Rückgabe
Gebühren: → § 109 Rdnr. 28
gerichtliche Anordnung: → § 108 Rdnr. 2 ff.
Herausgabe der Sicherheit: s. Rückgabe der Sicherheit
Hinterlegung: → § 108 Rdnr. 12 ff.
– Ausführung: → § 108 Rdnr. 18

– Austausch der hinterlegten Sache: → § 108 Rdnr. 17
– Recht des Gläubigers am Hinterlegten: → § 108 Rdnr. 18
– Überweisung: § 108 Rdnr. 14
Hinweisobliegenheit des Richters: → § 108 Rdnr. 3
Höhe der Sicherheit: → § 108 Rdnr. 2
Klage nach § 109: → § 109 Rdnr. 23 ff.
Kosten: → § 108 Rdnr. 28
Länderverzeichnis: → § 110 Rdnr. 41
Mittel: → vor § 108 Rdnr. 2
Mündelsichere Wertpapiere: → § 108 Rdnr. 15
Nachweis der Sicherheitsleistung: → § 108 Rdnr. 28
Parteidisposition: → vor § 108 Rdnr. 2
Parteivereinbarung: → § 108 Rdnr. 11
Patentsachen: → § 110 Rdnr. 18, 40, 46
Provokationsverfahren: → § 109 Rdnr. 1, 12, 23
Rechtsbehelfe: → § 108 Rdnr. 8 ff.
– bei Beschlüssen: → § 108 Rdnr. 10
– bei Verbindung mit der Hauptsacheentscheidung: → § 108 Rdnr. 9
Rechtsmittel gegen Fristsetzung: → § 109 Rdnr. 19
Rechtspfleger: → § 109 Rdnr. 15
Rückgabe der Sicherheit: → vor § 108 Rdnr. 2; § 109 Rdnr. 1 ff., 29
– Anwendungsbereich: → § 109 Rdnr. 5
– Beweislast: → § 109 Rdnr. 12
– Bürgschaft: → § 109 Rdnr. 6
– eines Teils: → § 109 Rdnr. 14
– Fristsetzung: → § 109 Rdnr. 17 ff.
– Klage auf Einwilligung: → § 109 Rdnr. 1, 4
– Regelungsbereich: → § 109 Rdnr. 1
– Verfahren: → § 109 Rdnr. 15 ff.
– – Ablehnung des Antrages (§ 109 Abs. 2): → § 109 Rdnr. 23
– – Antrag auf Fristsetzung: → § 109 Rdnr. 16
– – Antrag auf Rückgabe: → § 109 Rdnr. 21
– – Antragsberechtigter: → § 109 Rdnr. 16
– – Antragsgegner: → § 109 Rdnr. 16
– – Anwaltszwang: → § 109 Rdnr. 26 f.
– – Beschluß: → § 109 Rdnr. 15, 18
– – Beschwerde: → § 109 Rdnr. 27
– – Einwilligung außerhalb des Prozesses: → § 109 Rdnr. 29
– – Entscheidung über Rückgabe: → § 109 Rdnr. 22 ff.
– – Erinnerung: → § 109 Rdnr. 27
– – Erinnerung gegen Fristbestimmung: § 109 Rdnr. 19
– – Klageerhebung: → § 109 Rdnr. 23 ff.
– – Prozeßabweisung: → § 109 Rdnr. 25
– – Rechtsnachfolge: → § 109 Rdnr. 16
– – Rechtspfleger: → § 109 Rdnr. 15
– – Widerklage: → § 109 Rdnr. 25

- – Zuständigkeit: → § 109 Rdnr. 15a
- – Zustellung des Beschlusses: → § 109 Rdnr. 18
- Wegfall der Veranlassung zur Sicherheit: → § 109 Rdnr. 8, 10 f.
- – Austausch bei teilweisem Wegfall: → § 109 Rdnr. 14
- – Endgültigkeit der vorläufigen Maßregel: → § 109 Rdnr. 10
- – teilweiser Wegfall: → § 109 Rdnr. 14
- – Unabhängigwerden der Maßregel: → § 109 Rdnr. 11
- – Verzicht auf Durchführung der Maßregel: → § 109 Rdnr. 13

Schutzzweck: → vor § 108 Rdnr. 2
Sicherheitsleistung: → § 108 Rdnr. 1 ff.
- Anordnung: → § 108 Rdnr. 6
- Art: → § 108 Rdnr. 3, 7, 12
- – Änderung: → § 108 Rdnr. 7
- – ausländisches Geld: → § 108 Rdnr. 16
- – Bürgschaft: s. Bürgschaft als Sicherheitsleistung
- – Geld: → § 108 Rdnr. 4
- – Hypothekenbrief: → § 108 Rdnr. 4
- – Wertpapiere: → § 108 Rdnr. 15
- Einschränkung: → § 108 Rdnr. 4
- Erweiterung: → § 108 Rdnr. 4

- Hinterlegung: s. Hinterlegung
- Nachweis: → § 108 Rdnr. 28
- Parteivereinbarung: → § 108 Rdnr. 11
- Rückgabe: s. Rückgabe der Sicherheit
- Zuständigkeit: → § 108 Rdnr. 7

Sicherungsfall: → § 109 Rdnr. 1, 9
Staaten: s. Länderverzeichnis
Verfahren
- bei Ausländersicherheit: → § 110 Rdnr. 42 ff.; s. auch Ausländersicherheit
- bei nachträglicher Ausländersicherheit: → § 111 Rdnr. 10
- bei Rückgabe: → § 109 Rdnr. 15 ff.; s. auch Rückgabe
- Höhe der Ausländersicherheit: → § 112 Rdnr. 3

Verhältnis zu anderen Sicherheitsleistungen: → vor § 108 Rdnr. 3
Verwertung: → § 109 Rdnr. 1 ff.
Vorschußleistungen: → vor § 108 Rdnr. 5
Wegfall der Veranlassung: s. Rückgabe
Widerklage
- bei Ausländersicherheit: → § 109 Rdnr. 15
- bei Rückgabeverfahren: → § 109 Rdnr. 25

Zuständigkeit: s. Rückgabe-Verfahren
Zwangsversteigerungsverfahren: → § 108 Rdnr. 1
Zweck: → vor § 108 Rdnr. 2

Vorbemerkungen vor § 108

I. Regelung in der ZPO

Die ZPO behandelt folgende **prozessuale Sicherheitsleistung**: 1
1. die des *nicht legitimierten Prozeßvertreters* (§ 89);
2. für die *Prozeßkosten* (§§ 110–113);
3. bei der *Zwangsvollstreckung* (§§ 707, 709, 711, 712, 719 f., 732, 769, 771 ff., 890);
4. bei *Arrest und einstweiligen Verfügungen* (§§ 921, 923, 925, 927, 936, 939).
5. Dazu tritt die Sicherheitsleistung nach § 78 Abs. 2 KO, §§ 67 ff.[1], 153 Abs. 2 ZVG.

Gemeinsam ist in diesen Fällen *nur* die Bestimmung des § 108 über die zuverlässigen **Mittel** 2 der Sicherheitsleistung und die des § 109 (der durch die §§ 715, 943 Abs. 2 teils ergänzt, teils geändert wird) über die Anordnung der **Rückgabe**. Außerdem wird hier die **Prozeßsicherheit der Ausländer** (§§ 110–113) geregelt. Alle diese Vorschriften dienen nicht dem Schutz der Staatskasse, sondern des Sicherungsberechtigten[2], und sind deshalb **dispositiv** (→ § 108 Rdnr. 11, § 110 Rdnr. 42).

II. Hinterlegung des Streitgegenstandes oder Erlöses

In einer Reihe von Fällen schreibt die ZPO Hinterlegung des Streitgegenstandes oder des 3 Erlöses vor, so in den §§ 711, 712, 720, 805 Abs. 4, 815 Abs. 2, 827 Abs. 2, 839, 853 f., 885 Abs. 4, 930 Abs. 3. Auch hier handelt es sich um Hinterlegung zur Sicherung, nicht um eine

---
[1] Zu § 67 ZVG s. auch § 10 EGZVG. [2] *OLG Stuttgart* MDR 1985, 1033.

solche zwecks Erfüllung; diese Fälle stehen also zu den vorher aufgeführten Fällen der Sicherheitsleistung nicht im Gegensatz (im einzelnen s. die Bemerkungen zu diesen Paragraphen). Die Hinterlegung nach § 75 ist dagegen eine solche zwecks Erfüllung. Wegen der Rechte am Hinterlegten → § 804 Rdnr. 45 ff.

III. Sicherheitsleistung nach bürgerlichem Recht

4   Die Sicherheitsleistungen, die nach § 838 oder nach den geltenden Vorschriften des bürgerlichen Rechts verlangt werden können, sind im Wege der Klage geltend zu machen; wegen der Vollstreckung des Urteils → vor § 803 Rdnr. 4 ff.

IV. Vorschußleistungen

5   Wegen der Vorschußleistung an die Staatskasse vgl. § 68 GKG (Auslagenvorschuß) und dazu die Ausnahme in § 12 Abs. 4 S. 2 ArbGG; wegen der Vorwegerhebung der Prozeßgebühr (§ 65 GKG) → § 271 Rdnr. 34 ff.; wegen der Vorschußpflicht dem Anwalt gegenüber s. § 17 BRAGO.

§ 108 [Art und Höhe der Sicherheit]

(1) ¹In den Fällen der Bestellung einer prozessualen Sicherheit kann das Gericht nach freiem Ermessen bestimmen, in welcher Art und Höhe die Sicherheit zu leisten ist. ²Soweit das Gericht eine Bestimmung nicht getroffen hat und die Parteien ein anderes nicht vereinbart haben, ist die Sicherheitsleistung durch Hinterlegung von Geld oder solchen Wertpapieren zu bewirken, die nach § 234 Abs. 1, 3 des Bürgerlichen Gesetzbuches zur Sicherheitsleistung geeignet sind.
(2) Die Vorschriften des § 234 Abs. 2 und § 235 des Bürgerlichen Gesetzbuches sind entsprechend anzuwenden.

Gesetzesgeschichte: Bis 1900 § 101 CPO. Änderungen: RGBl. 1989, 260; RGBl. 1924 I, 135.

Stichwortverzeichnis: → vor § 108 vor Rdnr. 1.

I. Überblick	1	2. Zulassung durch das Gericht	16
II. Gerichtliche Anordnung	2	3. Anwendbarkeit des BGB	17
1. Inhalt	2	V. Sicherheitsleistung durch Bürgschaft	19
2. Verfahren	6		
III. Parteivereinbarung	11	1. Anordnung des Gerichts	19
IV. Hinterlegung	12	2. Inhalt der Bürgschaft	21
1. Gesetzliche Regelung	13	3. Zustandekommen der Bürgschaft	24
		4. Sonstiges	28

I. Überblick[1]

1   Über Art und Höhe einer Sicherheit entscheidet in der Regel das Gericht nach freiem Ermessen (Abs. 1 S. 1). Möglich ist aber auch eine Vereinbarung der Parteien (vgl. Abs. 1

---

[1] Lit zu §§ 108, 109: *Berger* Bürgerliches Recht und Zivilprozeßrecht: Die Prozeßbürgschaft, JuS 1982, 195; *Bredenkamp* Sicherheitsleistung durch Bürgschaft, JW 1927, 1306; *Breit* Ueber die Gefährdung der Bank bei

S. 2; → Rdnr. 11). Liegt weder das eine noch das andere vor, kommt nur (→ Rdnr. 12) die Hinterlegung von Geld oder mündelsicheren Wertpapieren in Betracht (Abs. 1 S. 2). – Zur *Verwertung* der Sicherheit → § 109 Rdnr. 1 ff.

II. Gerichtliche Anordnung

1. Inhalt

a) Das Gericht hat zunächst in allen Fällen, in denen es eine Sicherheitsleistung anordnet, 2 nach pflichtgemäßem Ermessen deren **Höhe** zu bestimmen, da anderenfalls die Anordnung der notwendigen Bestimmtheit entbehren würde.

b) Über die **Art** der Sicherheitsleistung *kann* das Gericht eine Bestimmung treffen, auf 3 *Antrag* wie auch *von Amts wegen*. Ob es sich empfiehlt, von Amts wegen von der subsidiären Regelung des Abs. 1 S. 2 abzuweichen, läßt sich nur nach den Verhältnissen des Einzelfalles beurteilen. Jedenfalls wird aber der Richter vor Erlaß einer die Sicherheit anordnenden Entscheidung die Parteien nach Möglichkeit auf die Zulässigkeit abweichender Regelung, insbesondere auf die Sicherheitsleistung durch Bürgschaft (→ Rdnr. 19), *hinzuweisen* haben.

Dem Gericht stehen in allen Fällen einer prozessualen Sicherheit (mit Ausnahme des § 69 4 ZVG) **alle Mittel** der Sicherheitsleistung zur Wahl, und zwar ohne die in §§ 234 Abs. 3, 236–238 BGB gezogenen Grenzen. Die Anordnung des Gerichts kann gegenüber der subsidiären gesetzlichen Regelung des Abs. 1 S. 2 sowohl eine *Erweiterung* (z. B. Sicherheitsleistung mittels nicht mündelsicherer Wertpapiere; Befreiung von der Grenze des § 234 Abs. 3 BGB; Bürgschaft) als auch eine *Einschränkung* (z. B. Beschränkung auf bestimmte Arten von Wertpapieren) darstellen. Auch im Fall des § 923 (Aufhebung des Arrestvollzuges nach Hinterlegung der Lösungssumme) ist trotz des Wortlauts jede Sicherheitsleistung zulässig (→ § 923 Rdnr. 3). Stets muß aber die Sicherheit dem Berechtigten eine Befriedigung ermöglichen. Deshalb kann zwar z. B. eine hypothekarisch gesicherte Forderung verpfändet werden, aber die Hinterlegung eines Hypothekenbriefes reicht nicht aus. Es geht auch nicht an, gepfändete Sachen als Sicherheit bei Einstellung der Vollstreckung in gerade diese Sachen anzuerkennen[2].

Eine Bestimmung über die Art der Sicherheitsleistung ist auch im Falle des **§ 709** zulässig. 5 Wenn dort vorgeschrieben ist, daß die *Höhe* der Sicherheit zu bestimmen ist, so hat damit nur zum Ausdruck gebracht werden sollen, daß die Bestimmung der Höhe eben im Urteil selbst zu

---

einer Uebernahme von Prozeßsicherheitsbürgschaften, BankArch. 1926, 73; *ders*. Sicherheitsleistung durch Bürgschaft im Prozeß, JR 1926 (I), 161/213; *v. Gerkan* Der Wegfall des Anlasses zur Sicherheitsleistung nach Urteilen des Oberlandesgerichts in vermögensrechtlichen Streitigkeiten, MDR 1965, 530; *Jakobs* Vorläufige Vollstreckbarkeit gegen Sicherheitsleistung unter besonderer Berücksichtigung der Prozeßbürgschaft, DGVZ 1973, 107; *Kotzur* Sicherheitsleistung durch Beibringung einer Prozeßbürgschaft mit befreiender Hinterlegungsklausel?, DGVZ 1990, 161; *ders*. Zum Nachweis der als Sicherheitsleistung erbrachten Bankbürgschaft in der Zwangsvollstreckung, DGVZ 1990, 65; *Levis* Rückgabe einer prozessualischen Sicherheit, ZZP 34 (1905), 165; *Mümmler* Sicherheitsleistung durch Bürgschaft, JurBüro 1971, 217; *Noack* Die Prozeßbürgschaft als Sicherheitsleistung und besondere Voraussetzung für die Zwangsvollstreckung, MDR 1972, 287; *Pecher* Zum Erlöschen einer Prozeßbürgschaft wegen Wegfalls der Veranlassung zur Sicherheitsleistung, WM 1986, 1513; *Pick* Die Bürgschaft als prozessuales Sicherheitsmittel, BankArch. 1926, 349; *Radlauer* Über den Wegfall der Veranlassung zur Sicherheitsleistung, ZZP 31 (1903), 471; *Reimer* Prozessuale Sicherheitsleistung durch Bürgschaft, ZZP 51 (1926), 458; *Schmidt-von Rhein* Die Hinterlegung von vom Schuldner entgegengenommenen Sicherheitsleistung durch den Gerichtsvollzieher, DGVZ 1981, 145; *E. Schneider* Anfechtbarkeit von Entscheidungen nach § 108 ZPO, MDR 1983, 905; *ders*. Hinweise für die Prozeßpraxis, JurBüro 1969, 487; 1967, 91; *Sebode* Sicherheitsleistung in der Zwangsvollstreckung durch Bürgschaft, JVBl. 1967, 171; *Sonnen* Bürgschaft zwecks Sicherheitsleistung im Prozeß, Festg. f. Fuchs (1926), 22; *Wunderlich* Die prozessuale Sicherheitsleistung durch Bürgschaft und die Hinterlegungsstelle, JW 1926, 2558.

[2] S. *OLG Celle* MDR 1960, 57 = NJW 1959, 2268; *OLG Hamburg* ZZP 50 (1926) 228 (zum Hypothekenbrief); *OLG Schleswig* JurBüro 1969, 1111 = SchlHA 1969, 121; *LG Köln* JMBl.NRW 1955, 41 (Pfandstücke).

§ 108 II   Erstes Buch. Allgemeine Vorschriften. Zweiter Abschnitt. Parteien

erfolgen hat. Es kann aber nicht der Gegenschluß gezogen werden, daß bei der Anordnung der vorläufigen Vollstreckbarkeit, dem praktisch wichtigsten Fall der Sicherheitsleistung, dem Gericht eine Anordnung über die Art der Sicherheitsleistung versagt wäre[3].

2. Verfahren

6   a) Die Anordnung der Sicherheitsleistung bedarf eines *Antrags* in den Fällen der §§ 110f., 712, 925, 927. In diesen Fällen ergeht die **Entscheidung über die Pflicht oder die Befugnis zur Sicherheitsleistung** sowie über ihre **Höhe**, wenn Streit besteht und soweit nicht die §§ 251a, 331a, 128 Abs. 2 Platz greifen, auf Grund mündlicher Verhandlung (→ § 112 Rdnr. 3). Soweit ein Antrag nicht erforderlich ist, kann die Entscheidung ohne mündliche Verhandlung durch Beschluß ergehen.

7   b) Über die **Art der Sicherheitsleistung** kann stets nicht nur im Urteil selbst, sondern auch ohne mündliche Verhandlung durch *selbständigen Beschluß* entschieden und demgemäß auch insoweit *die in einem Urteil getroffene Entscheidung* – auch nach Einlegung eines Rechtsmittels[4] – *ergänzt oder geändert werden*[5]. Bei der Kammer für Handelssachen entscheidet der Vorsitzende (§ 349 Abs. 2 Nr. 9). Sofern ein selbständiger Beschluß ergeht, ergibt sich aus dessen Abhängigkeit von der vorausgegangenen, die Sicherheit anordnenden Entscheidung, daß er grundsätzlich *von derselben Stelle zu erlassen ist wie diese*. Demnach ist für die Anordnung, durch die ein die Sicherheitsleistung anordnendes oder zulassendes Urteil (§§ 709, 711, 712) hinsichtlich der Art der Sicherheitsleistung ergänzt wird, in jedem Fall stets das Gericht **zuständig**, das die Entscheidung erlassen hat[6], und zwar auch dann, wenn das Verfahren in der Rechtsmittelinstanz schwebt[7]. Bei der Sicherheitsleistung zwecks Einstellung in den Fällen der §§ 707, 719, 732 Abs. 2, 769 ist das Gericht zuständig, das die Einstellung angeordnet hat, im Fall des § 769 Abs. 2 also das Vollstreckungsgericht.

c) Rechtsbehelfe

8   Für die Anfechtbarkeit der gerichtlichen Entscheidung ist zu differenzieren:

9   aa) Soweit die Anordnung der Sicherheitsleistung **mit der Entscheidung in der Hauptsache** ergangen ist, ist sie (nur) mit dem gegen die jeweilige Hauptsacheentscheidung gegebenen Rechtsbehelf angreifbar[8].

10 bb) Da das Gesetz den Beschwerdeweg gegen **Beschlüsse** nicht eröffnet hat, ist die Beschwerde nur zulässig, wenn ein die Sicherheitsleistung betreffender *Antrag* gestellt wurde, denn dieser Antrag ist ein das Verfahren betreffendes Gesuch i. S. d. § 567 Abs. 1. Beschwerdebefugt ist dann aber nur der *Antragsteller*, der nur dann beschwert ist, wenn sein die Sicherheitsleistung betreffendes Gesuch zurückgewiesen wurde[9]. Dem *Antragsgegner* steht,

---

[3] So auch *OLG Celle* SeuffArch. 79 (1925), 221; *OLG Hamburg* ZZP 50 (1926) 228 (*Reichel*); HGZ 45, 224.

[4] S. auch *BGH* NJW 1966, 1028, nach dem insbesondere auch nach Einlegung der Revision § 719 Abs. 2 einer derartigen Entscheidung nicht entgegensteht; *OLG Celle* SeuffArch. 79 (1925), 221.

[5] *RG* Gruchot 40 (1896), 1198; JW 1899, 41; *OLG Celle* SeuffArch. 79 (1925), 221; *OLG Dresden* OLGRspr. 39 (1919), 51; *OLG Frankfurt* JW 1925, 1042; *OLG Hamburg* OLGRspr. 21 (1910), 104; *OLG Jena* JW 1931, 1829.

[6] *OLG Celle* NdsRpfl. 1972, 4; ZZP 49 (1925), 222; *OLG Hamburg* OLGRspr. 21 (1910), 104; *KG* ZZP 49 (1925), 225.

[7] *BGH* NJW 1966, 1028 = MDR 501, der jedoch jedenfalls in Ausnahmefällen eine konkurrierende Zuständigkeit des Rechtsmittelgerichts annimmt; *OLG Koblenz* MDR 1990, 733f.; *OLG Frankfurt* (8.ZS) NJW-RR 1986, 486 m.w.N.; *E. Schneider* MDR 1983, 906. *LG Aachen* MDR 1966, 244 lehnt eine konkurrierende Zuständigkeit des Rechtsmittelgerichts jedenfalls für den Fall ab, daß das Rechtsmittel allein von dem Gegner der durch die Anordnung der Sicherheitsleistung beschwerten Partei eingereicht wird. Für allgemeine Zuständigkeit auch des Rechtsmittelgerichts *OLG Frankfurt* (17.ZS) MDR 1981, 677; *OLG München* SeuffArch. 71 (1916), 456; *LG Memmingen* NJW 1974, 321.

[8] *Baumbach/Lauterbach/Hartmann*[51] Rdnr. 19; *E. Schneider* MDR 1983, 905; *Thomas/Putzo*[18] Rdnr. 17.

[9] So auch *OLG Düsseldorf* MDR 1984, 852 (L); *OLG*

da *er* kein das Verfahren betreffendes Gesuch gestellt hat, eine Beschwerde nicht zu, auch keine sofortige nach § 793, da es sich nicht um eine Entscheidung im Zwangsvollstreckungsverfahren, sondern um eine dieses lediglich vorbereitende handelt[10]. Dem Gegner bleibt nur die Möglichkeit, seinerseits beim Gericht eine sachgemäße Abänderung der Anordnung zu beantragen; im Fall einer Zurückweisung ist ihm dann die einfache Beschwerde nach § 567 Abs. 1 zuzubilligen[11].

III. Parteivereinbarung

Da §§ 108 ff. nicht dem Schutz der Staatskasse, sondern des Sicherungsberechtigten dienen (→ vor § 108 Rdnr. 2), sind die Parteien befugt, über die Sicherheitsleistung, sowohl über die *Höhe* als auch über die *Art*, durch Prozeßvertrag[12] eine Vereinbarung zu treffen (arg. Abs. 1 S. 2), und zwar gerichtlich wie außergerichtlich. Dies ist vor wie nach Erlaß der die Sicherheitsleistung anordnenden Entscheidung möglich, mag deren Inhalt nur ergänzt oder auch geändert werden[13]. Die Parteien können verlangen, daß eine gerichtliche Anordnung einer zulässigen Parteivereinbarung folgt[14]. 11

IV. Hinterlegung

Als *ergänzendes Recht*, d. h. für den Fall, daß über die Art der Sicherheitsleistung weder eine gerichtliche Anordnung noch eine Parteivereinbarung vorliegt, verlangt das Gesetz die Hinterlegung von Geld oder sog. mündelsicheren Wertpapieren. Andere Sicherheiten, insbesondere Prozeßbürgschaften, kommen nach dem klaren Wortlaut des § 108 Abs. 1 S. 2 nicht in Betracht, mögen sie auch wünschenswert sein[15]. 12

1. Gesetzliche Regelung

Die Sicherheitsleistung kann kraft Gesetzes geleistet werden durch Hinterlegung von: 13

a) **Geld**; das sind alle gesetzlichen und gesetzlich zugelassenen Zahlungsmittel[16], die vom Amtsgericht als Hinterlegungsstelle zur Einzahlung angenommen werden (vgl. auch § 7 HinterlO v. 10. III. 1937). Es genügt auch die Überweisung des als Sicherung bestimmten Geldbetrages auf das Postscheckkonto der Gerichtskasse[17]. Ebenso wird die Gerichtskasse bestätigte Schecks der Bundesbank sowie der Landeszentralbanken entsprechend § 69 Abs. 2 ZVG in Zahlung zu nehmen haben, wenn die Vorlegungsfrist nicht vor dem vierten Tag nach der Hingabe abläuft; 14

b) **mündelsicheren Wertpapieren**; *Wertpapiere* sind Urkunden, die Träger des Rechts 15

Jena JW 1931, 1829; *KG* JW 1926, 2464; *OLG Köln* WM 1982, 994; *OLG Nürnberg* Rpfleger 1959, 65; MDR 1961, 61; *Baumbach/Lauterbach/Hartmann*[51] Rdnr. 20; *E. Schneider* MDR 1983, 906; *Thomas/Putzo*[18] Rdnr. 19. – **A.M.** *OLG München* MDR 1984, 321 (L); *Wieczorek*[2] Anm. B II b 2, der dem Antragsteller das Beschwerderecht nicht zugestehen will, da kein Recht auf Abänderung bestehe.

[10] So *OLG Düsseldorf* JW 1926, 852; *OLG Frankfurt* MDR 1981, 677; 1956, 617 m. w. N.; *OLG Königsberg* JW 1930, 3865; *OLG München* MDR 1969, 581; *OLG Nürnberg* MDR 1986, 242; *E. Schneider* MDR 1983, 905; *Baumbach/Lauterbach/Hartmann*[51] Rdnr. 20; *Zöller/Herget*[18] Rdnr. 16. – **A.M.** *OLG Frankfurt* MDR 1975, 323; *KG* ZPP 55 (1928), 442; *Sebode* JVBl. 1967, 171.

[11] Vgl. *OLG Frankfurt* MDR 1956, 617; *E. Schneider* MDR 1983, 906; *Thomas/Putzo*[18] Rdnr. 18.

[12] Vgl. *OLG Koblenz* MDR 1990, 732 f.

[13] *Baumbach/Lauterbach/Hartmann*[51] Rdnr. 1; *Kotzur* DGVZ 1990, 161; *Thomas/Putzo*[18] Rdnr. 3.

[14] *Thomas/Putzo*[18] Rdnr. 3; *Zöller/Herget*[18] Rdnr. 3.

[15] **A.M.** für § 720a Abs. 3 *OLG Köln* NJW-RR 1987, 251; *OLG München* Rpfleger 1991, 67; zust. *Zöller/Herget*[18] Rdnr. 10. – Wie hier *OLG Schleswig* JurBüro 1978, 440; *Schmidt-v.Rhein* DGVZ 1981, 145.

[16] Nicht auch ausländisches Geld; → unten Rdnr. 16.

[17] *OLG Dresden* OLGRspr. 39 (1919), 51. – Allerdings genügt der Überweisungsbeleg nicht den Anforderungen des § 775 Nr. 3, *Schmidt-v.Rhein* DGVZ 1981, 145.

selbst sind, also einen selbständigen Vermögenswert besitzen, im Gegensatz zu Urkunden, die lediglich zum Beweise oder zur Legitimation dienen, wie z. B. Sparkassenbücher[18], Hypothekenbriefe, Versicherungsscheine usw. (darüber im einzelnen → § 821 Rdnr. 1 ff.). *Mündelsicher* (§ 234 Abs. 1, 3 BGB) sind solche Wertpapiere, die auf den Inhaber lauten oder als Orderpapiere mit Blankoindossament versehen sind, einen Kurswert haben und zur Anlegung von Mündelgeld geeignet sind. Das sind nach § 1807 Nr. 2–4 BGB die Schuldverschreibungen des Bundes und der deutschen Länder und die von ihnen garantierten, nach Zulassung durch die Bundesregierung mit Zustimmung des Bundesrats (Entscheidung vom 21. VI. 1950; BGBl. 262) auch sonstige Wertpapiere, insbesondere die Pfandbriefe, endlich die gemäß Art. 212 EGBGB im Lande der Hinterlegung zugelassenen Wertpapiere. Wegen der Mündelsicherheit von Schiffspfandbriefen s. die VO v. 18. III. 1941 (RGBl. I, 156). Wegen der nicht auf deutsche Währung lautenden Wertpapiere s. das Gesetz v. 29. X. 1927 (RGBl. I, 325). Der Umstand, daß vorübergehend infolge von Börsenfeiertagen oder dgl. ein augenblicklicher Kurswert nicht zu ermitteln ist, macht das Wertpapier nicht zu einem zur Sicherheit ungeeigneten. Mit diesen Wertpapieren kann, vorbehaltlich anderer Anordnung (→ Rdnr. 1), Sicherheit in Höhe von drei Vierteilen des Kurswertes geleistet werden (§ 234 Abs. 3 BGB).

2. Zulassung durch das Gericht

16   Bei allen **anderen Wertpapieren** bedarf es, wenn die Partei sie anbietet, einer vom richterlichen Ermessen abhängigen *ausdrücklichen Zulassung* gemäß Abs. 1 S. 1. Dabei sind die Papiere der Art nach deutlich zu bezeichnen; zugleich ist Bestimmung über das Verhältnis von Nennwert oder Kurswert und Deckungskraft zu treffen, da § 234 Abs. 3 BGB in diesem Fall nicht gilt. Hierher gehört an sich auch ausländisches Papiergeld; bei seiner Verwendung zur Sicherheitsleistung können sich aber Schwierigkeiten aus dem Devisenrecht ergeben (Einl. Rdnr. 990 ff.).

3. Anwendbarkeit des BGB

17   Für *alle Fälle der Hinterlegung* sind nach Abs. 2 die **§§ 234 Abs. 2, 235 BGB entsprechend** anzuwenden. Es sind daher mit den Wertpapieren auch ohne besondere Anordnung die Zins-, Renten-, Gewinnanteil- und Erneuerungsscheine zu hinterlegen, für deren besondere Rückgabe § 1296 S. 2 BGB entsprechend gilt[19]. Der Besteller ist ferner dem Sicherungsberechtigten gegenüber berechtigt, das hinterlegte Geld gegen mündelsichere Wertpapiere und umgekehrt oder die hinterlegten mündelsicheren Wertpapiere gegen andere umzutauschen. Einer richterlichen Anordnung (→ Rdnr. 13) bedarf es dagegen, wenn andere als mündelsichere Wertpapiere nachträglich hinterlegt werden sollen.

18   Die *Ausführung der Hinterlegung*, das Verfahren, der Eigentumsübergang usw. richten sich nach der HinterlO v. 10. III. 1937 (RGBl. 285)[20]. Wegen der *Anordnung der Rückgabe* s. § 109. Über die *Rechte des Gläubigers* am Hinterlegten → § 804 Rdnr. 45 ff. Wegen des *Zwangsversteigerungsverfahrens* → vor § 108 Rdnr. 1 a. E.

---

[18] A.M. *OLG Köln* JZ 1956, 22 = MDR 43 bei Nachweis, daß Verfügungen über das Guthaben von Vorlage des Buches abhängen; wie hier *OLG Frankfurt* MDR 1956, 617.

[19] *RGZ* 72, 264; *OLG Dresden* SächsAnn. 1938, 160; vgl. auch *OLG Bamberg* SeuffArch. 70 (1915), 119.

[20] Begründung DJ 1937, 423. DurchfVO v. 12. III. 1937 (RGBl. I, 296) und 24. XI. 1939 (RGBl. I, 2300). – Komm. *Bülow/Mecke/Schmidt*³ (1993); *Drischler* (1951); ferner *Coenen* Hinweise zum Hinterlegungswesen (1982).

V. Sicherheitsleistung durch Bürgschaft

1. Anordnung des Gerichts

Eine zulässige und in der Praxis häufige Form der Sicherheitsleistung ist die Beibringung 19
einer Bürgschaft. Sie ist aber nur zulässig, wenn sich die Parteien darauf einigen oder das
Gericht sie zuläßt (→ Rdnr. 12).

a) Das Gericht kann in seiner dahingehenden Anordnung einem Vorschlag des Sicherheits- 19a
pflichtigen folgen und eine ganz konkrete (natürliche oder juristische) Person bestimmt
bezeichnen, oder es kann eine eng begrenzte Zahl zur Auswahl stellen[21]. In jedem Fall muß es
sich aber um einen **tauglichen Bürgen** handeln, wie sich aus §§ 232 Abs. 2, 239 Abs. 1 BGB
ergibt, deren Rechtsgedanke bei jeder gesetzlich vorgesehenen Sicherheitsleistung herangezogen werden kann[22]. Das setzt zunächst voraus, daß der Bürge seinen *allgemeinen Gerichtsstand im Inland* hat; ausländische Banken sind daher nach dem Rechtsgedanken des § 239
Abs. 1 BGB keine tauglichen Bürgen[23]. Außerdem muß der Bürge *ein der Höhe der zu
leistenden Sicherheit angemessenes Vermögen* besitzen. Das ist sicher bei bekannten Großbanken, Versicherungsunternehmen usw. gegeben, kommt aber z. B. auch bei natürlichen
Personen oder bei regionalen Geldinstituten (Landesbanken, Volksbanken[24], Sparkassen) in
Frage, wenn gegen ihre Zahlungsfähigkeit keinerlei Bedenken bestehen[25].

Ist der Kreis versehentlich insofern **unbestimmt** weit gezogen, daß als Sicherheitsleistung 20
«eine Bürgschaft» zugelassen wurde, so wird auch hier die Anordnung sinngemäß dahin
auszulegen sein, daß der Bürge jedenfalls ein tauglicher i. S. d. §§ 232 Abs. 2, 239 Abs. 1 BGB
sein muß. Eine auf die Erbringung der Bürgschaft einer *namentlich nicht genannten «Großbank»* gehende Anordnung ist wirksam, wenn auch wegen der im Einzelfall möglichen
Zweifel hinsichtlich der Einstufung einer Bank als Großbank unzweckmäßig[26]. Ist zweifelhaft, ob die bürgende Bank als Großbank anzusehen ist, so hat das Vollstreckungsorgan die
Durchführung der Zwangsvollstreckung abzulehnen, da die dem Gläubiger laut Anordnung
des Gerichts obliegende Sicherheitsleistung nicht «nachgewiesen» ist (§ 751 Abs. 2)[27]. Gegen
die Ablehnung sowie gegen die Durchführung der Zwangsvollstreckung trotz bestehender
Zweifel an der Großbank-Eigenschaft einer Bank kann Erinnerung (§ 766) eingelegt werden
(→ § 751 Rdnr. 14). Bei der Entscheidung über diese ist dann zu klären, ob die Bank, deren
Bürgschaft im Einzelfall beigebracht wurde, unter den Begriff der Großbank fällt.

2. Inhalt der Bürgschaft

Mit der Übernahme der Bürgschaft **erkennt** der Bürge regelmäßig den Ausgang des anhän- 21
gigen Rechtsstreits, in dem er sich verbürgt hat, als für sich **verbindlich an**[28]. Nach dem
Rechtsgedanken des § 239 Abs. 2 BGB muß die Bürgschaft darüber hinaus unter **Verzicht auf
die Einrede der Vorausklage** übernommen sein[29]. Eine gewöhnliche Bürgschaft oder eine sog.

---

[21] Vgl. *Breit* JR 1926, 164.
[22] *BayObLGZ* 1988, 256.
[23] *OLG Hamm* WM 1985, 660.
[24] Unrichtig deshalb *OLG Köln* WM 1993, 1111 = WuB VIII A. § 108 ZPO 1.93 (abl. *Leptien*) = EWiR 1993, 97 (abl. *Röttger*); WM 1982, 994.
[25] *OLG Nürnberg* MDR 1961, 61; *OLG Celle* MDR 1962, 485 = BB 569 betr. Privatbank.
[26] *OLG Düsseldorf* ZIP 1982, 366, 367 (das die »Großbank« nach der Verkehrsauffassung bestimmt und dazu die Commerzbank, die Deutsche Bank, die Dresdner Bank, eventuell noch die Bank für Gemeinwirtschaft, nicht aber Volksbanken zählt; vgl. auch *OLG Köln* WM 1982, 994); *E. Schneider* JurBüro 1967, 98. – A.M. *OLG Frankfurt* OLGZ 1966, 304, das die Anordnung in diesem Fall für unzulässig und – wegen mangelnder Bestimmtheit – unwirksam hält; dem Vollstreckungsorgan könne im Zweifelsfall nicht zugemutet werden, das für die Einstufung einer Bank als Großbank erforderliche Tatsachenmaterial heranzuschaffen und auszuwerten; zust. *LG Berlin* Rpfleger 1978, 331; *Thomas/Putzo*[18] Rdnr. 10.
[27] *OLG Düsseldorf* ZIP 1982, 366.
[28] BGH NJW 1975, 1119 = MDR 750; *OLG Köln* NJW-RR 1989, 1396.
[29] *OLG Köln* OLGZ 1991, 217 f.

Ausfallbürgschaft (bei der der Bürge einwenden könnte, der Hauptschuldner sei bereits im Zeitpunkt der Verurteilung vermögenslos gewesen und demgemäß sei durch den Aufschub der alsbaldigen Vollstreckung ein Schaden nicht entstanden[30]) würde nicht ausreichen. Hat aber das Gericht (versehentlich) eine derartige Bürgschaft zugelassen und ist dieselbe bewirkt, so ist die Sicherheitsleistung als ordnungsgemäß erfolgt anzusehen; den im Vollstreckungsverfahren tätig werdenden Organen steht eine Nachprüfung der gerichtlichen Anordnung nicht zu. Zu beachten ist übrigens, daß Bankbürgschaften, die auf seiten des Bürgen stets Handelsgeschäfte sind, ohne weiteres nach § 349 HGB selbstschuldnerisch sind.

22 Die Bürgschaft darf grundsätzlich **weder bedingt noch befristet** erklärt werden[31]. Eine unzulässige Bedingung liegt jedoch nicht vor, wenn ihr Eintritt in der Hand des Sicherungsberechtigten liegt, so wenn das Erlöschen der Bürgschaft davon abhängen soll, daß der Sicherungsberechtigte die Bürgschaftsurkunde im Original an den Bürgen zurückgibt[32]. Unzulässig ist es dagegen, wenn eine Bank ihre Haftung aus der Bürgschaft davon abhängig macht, daß ihr eine das Endurteil aufhebende oder abändernde rechtskräftige Entscheidung vorgelegt wird[33], oder wenn der Bürgschaftsvertrag eine Bestimmung vorsieht, in der dem Bürgen nachgelassen wird, sich durch Hinterlegung aus der Bürgschaftsverpflichtung zu befreien[34]. Zum Erlöschen wegen Wegfalls der Veranlassung → § 109 Rdnr. 6/7.

23 Im übrigen sind **Inhalt und Umfang** der Verpflichtung des Bürgen, soweit es an ausdrücklichen Erklärungen fehlt, durch Auslegung zu ermitteln. Dabei ist auch zu berücksichtigen, daß der Sicherheitsnehmer durch die Bürgschaft nicht schlechter (aber auch nicht besser) gestellt werden darf, als wenn Hinterlegung von Geld oder Wertpapieren angeordnet worden wäre, und vor allem muß sich die Auslegung wesentlich am Zweck der jeweiligen Sicherheitsleistung orientieren[35]. So muß etwa im Hinblick auf § 717 Abs. 2 ZPO die vom *Gläubiger* zu stellende Bürgschaft nicht nur für den Fall der Vollstreckung des Urteils, sondern auch für den Fall Sicherheit bieten, daß der Schuldner zur Abwendung der Vollstreckung leistet[36]. Dabei sind auch die Schadensersatzansprüche aus § 717 Abs. 2 mitabzudecken, nicht aber auf anderen Gründen beruhende Bereicherungsansprüche[37]. Eine vom *Schuldner* zu stellende Bürgschaft muß auch die Hauptsacheforderung sichern, von deren Vollstreckung abgesehen werden soll (→ § 707 Rdnr. 8). – Zu weiteren Hinweisen → noch Rdnr. 28.

3. Zustandekommen der Bürgschaft

24 a) Nach materiellem Recht kommt die Bürgschaft durch einen **Vertrag** zwischen dem Bürgen und dem Sicherungsberechtigten zustande (§ 765 BGB). Der Bürge kann sich dabei

---

[30] Vgl. dazu *Jakobs* DGVZ 1973, 113; *Reimer* ZZP 51 (1926) 458f.

[31] *Baumbach/Lauterbach/Hartmann*[51] Rdnr. 11; *Thomas/Putzo*[18] Rdnr. 11; *Zöller/Herget*[18] Rdnr. 9 sowie die in den folgenden Fn. angegebenen Entscheidungen. – Zur Abgrenzung zwischen gegenständlich beschränkter und befristeter Bürgschaft vgl. *BGH* NJW 1979, 417.

[32] Dazu *OLG Hamburg* MDR 1982, 588; *KG* WM 1985, 878; NJW 1963, 663; *OLG München* MDR 1979, 1029; *OLG Nürnberg* MDR 1986, 242; *LG Wuppertal* WM 1986, 1274; *AG Gütersloh* ZIP 1982, 1250; *AG Köln* DGVZ 1983, 61; auch *BGH* MDR 1971, 388; *Jakobs* DGVZ 1973, 113. Vgl. auch *OLG Hamburg* NJW 1986, 1691 = BB 834 (*Meinert*) für die versehentliche Rückgabe.

[33] So *OLG Bamberg* NJW 1975, 1654; **a.M.** *LG Berlin* Rpfleger 1972, 421.

[34] In diesem Fall ist nicht nur die entsprechende Klausel unwirksam (mit der Folge, daß der Bürge trotz Hinterlegung zahlen muß, *LG Bielefeld* MDR 1985, 238; ZIP 1982, 678f.), sondern es ist schon keine der gerichtlichen Anordnung entsprechende Sicherheitsleistung nachgewiesen mit der Folge, daß z.B. die Zwangsvollstreckung fortgesetzt werden kann; vgl. *LG Berlin* DGVZ 1991, 9; *LG/AG Düsseldorf* DGVZ 1988, 62; *AG Gütersloh* ZIP 1982, 1250; *AG Oberkirch* DGVZ 1992, 14; *Kotzur* DGVZ 1990, 161 ff. m.w.N.; *Zöller/Herget*[18] Rdnr. 9 m.w.N. Ablehnend hingegen *LG Frankfurt* JurBüro 1989, 265.

[35] *BGHZ* 69, 270 = NJW 1978, 43; NJW 1979, 417; *OLG Köln* NJW-RR 1992, 238; 1989, 1396; 1987, 251, 252 = WM 421; *Pecher* WM 1986, 1513f.

[36] *OLG Köln* NJW-RR 1992, 238; *LG München* DGVZ 1974, 78.

[37] *OLG Köln* NJW-RR 1992, 238 (Änderung der Wechselkurse).

auch durch den Sicherheitspflichtigen vertreten lassen[38]. Ist Gläubiger des Anspruchs, für den Sicherheit zu leisten ist, ein nicht am Prozeß beteiligter Dritter (etwa ein Zessionar), so kommt auch ein Vertrag zugunsten Dritter gem. § 328 BGB (zwischen Bürgen und Sicherheitspflichtigem zugunsten des Gläubigers) in Betracht[39]. Wie sich die gerichtliche Anordnung zu den materiell-rechtlichen Erfordernissen verhält, ist im Gesetz nicht gesagt. Auf jeden Fall bleibt die **Erklärung des Bürgen** erforderlich (→ Rdnr. 25). Dagegen wird die **Annahme** der Bürgschaftserklärung durch den Sicherungsberechtigten durch die gerichtliche Anordnung **ersetzt** (→ Rdnr. 27).

b) **Die Erklärung des Bürgen** bedarf regelmäßig der *Schriftform* (§ 766 BGB)[40]. Daraus, daß § 751 Abs. 2 für den Nachweis der erfolgten Sicherheitsleistung öffentliche Beurkundung oder öffentliche Beglaubigung erfordert, kann nicht geschlossen werden, daß die Prozeßbürgschaft selbst dieser Form bedürfe[41]. Allerdings würde das Gericht in der Lage sein, in der Anordnung ein derartiges Formerfordernis vorzuschreiben[42], ebenso wie es auch die Hinterlegung der Urschrift der Bürgschaftserklärung anorden könnte[43], wozu jedoch kaum je ein Anlaß bestehen dürfte[44]. Die Sicherheitsleistung im Sinn der prozessualen Vorschriften ist erst dann als bewirkt anzusehen, wenn der Anordnung genügt ist; die Haftung des Bürgen aus seiner Erklärung ist aber davon nicht abhängig. Die mündliche Bürgschaftserklärung nach § 350 HGB ist eine lediglich theoretische Möglichkeit, deren praktische Anwendung an der Schwierigkeit des urkundlichen Nachweises scheitert[45]. 25

Die **Bürgschaftserklärung** wird dadurch **wirksam**, daß sie dem Sicherungsberechtigten *in Urschrift zugeht* (§ 130 Abs. 1 BGB)[46] oder gemäß § 132 Abs. 1 BGB i. V. m. §§ 166 ff. ZPO durch Vermittlung des Gerichtsvollziehers *zugestellt wird*[47]. Bei der *Zustellung* genügt grundsätzlich die Aushändigung einer beglaubigten Abschrift der Bürgschaftsurkunde[48]. Zustellungsmängel sind nach § 187 ZPO heilbar[49]. In der Aushändigung der Erklärung an den Sicherheitspflichtigen liegt die Ermächtigung zur Weitergabe an den Sicherheitsberechtigten (→ auch Rdnr. 24). Ist der Sicherheitsberechtigte durch einen *Prozeßbevollmächtigten* vertreten, so *kann*, da die Prozeßvollmacht den Abschluß des Bürgschaftsvertrages mitumfaßt, die Erklärung auch dem Bevollmächtigten übergeben oder zugestellt werden[50]. § 176, wonach die Zustellung an ihn erfolgen *muß*, gilt hier aber nicht, weil es sich nicht um eine prozessuale Zustellung, sondern um eine solche nach § 132 Abs. 1 BGB handelt[51]. Eine *Zustellung von Anwalt zu Anwalt* (§ 198 ZPO) kann zwar zum Zugang gemäß § 130 Abs. 1 BGB führen (der dann aber nicht in der Form des § 751 Abs. 2 nachgewiesen ist, da das anwaltliche Empfangs- 26

---

[38] *BGH* WM 1978, 1065, 1066; *OLG Koblenz* NJW-RR 1992, 107.
[39] *BGH* NJW-RR 1989, 317; *OLG Koblenz* NJW-RR 1992, 107.
[40] Vgl. dazu auch *RGZ* 126, 123 (Bürgschaftserklärung in unterzeichnetem Protokoll und Mitteilung einer Abschrift genügen). – Bei Kaufleuten gemäß § 350 HGB keine Schriftform, soweit Handelsgeschäft, *BGH* NJW 1967, 823.
[41] Wie hier *OLG Dresden* JW 1926, 850; *OLG Frankfurt* NJW 1966, 1521; *OLG Hamburg* MDR 1982, 588; *OLG Hamm* OLGZ 1975, 305; *KG* JW 1927, 1322; *OLG München* OLGZ 1965, 292; *LG Frankfurt* JurBüro 1989, 264f.; *LG Koblenz* AnwBl. 1987, 332; *Breit* JR 1926 (I), 166f. *Jakobs* DGVZ 1973, 113; *Mümmler* JurBüro 1971, 222; *MünchKommZPO/Belz* Rdnr. 30; *Noack* MDR 1972, 287; *Sebode* JVBl. 1967, 172. – **A.M.** *Baumbach/Lauterbach/Hartmann*[51] Rdnr. 12; *Sonnen* (Fn. 1), 30; *v. Wüllerstorff* NJW 1966, 1521.
[42] Vgl. auch *OLG Dresden* JW 1929, 2623; *OLG Hamm* MDR 1975, 764; *KG* JW 1927, 1322; dazu auch *Sebode* JVBl. 1967, 172.
[43] Vgl. *OLG Hamburg* MDR 1982, 588; *KG* JW 1927, 1322.
[44] Vgl. auch *OLG Schleswig* JurBüro 1978, 400; *Breit* JR 1926 (I), 164f.
[45] In diesem Sinne wohl auch *Baumbach/Lauterbach/Hartmann*[51] Rdnr. 10.
[46] Vgl. nur *OLG Koblenz* NJW-RR 1992, 107; *LG Aurich* DGVZ 1990, 10; *LG Koblenz* AnwBl. 1987, 332.
[47] So auch *OLG Celle* JW 1927, 1326; *KG* JW 1927, 1322; *OLG Koblenz* NJW-RR 1992, 107.
[48] So *BGH* NJW 1967, 824; *OLG Düsseldorf* JW 1922, 2896; *KG* NJW 1963, 663; *Noack* MDR 1972, 287f.; *Pecher* WM 1986, 1514; *Sebode* JVBl. 1967, 172; *Thomas/Putzo*[18] Rdnr. 13.
[49] *Mümmler* JurBüro 1971, 221f.
[50] So auch *OLG Hamm* MDR 1975, 764 m. w. N.; offen *OLG Koblenz* NJW-RR 1992, 108.
[51] So auch *OLG Düsseldorf* MDR 1978, 489; *LG Wuppertal* WM 1986, 1274; *Baumbach/Lauterbach/Hartmann*[51] Rdnr. 15; *Jakobs* DGVZ 1973, 115; *Sebode* JVBl. 1967, 173; *Thomas/Putzo*[18] Rdnr. 13.

bekenntnis keine öffentliche oder öffentlich beglaubigte Urkunde ist[52]), nicht aber den Zugang durch Zustellung nach § 132 Abs. 1 BGB ersetzen, da die Zustellung von Anwalt zu Anwalt von dieser Vorschrift nicht erfaßt wird[53]. Befindet sich der Zustellungsempfänger im Ausland oder ist er unbekannten Aufenthalts, so wird angesichts der mit der Zustellung nach §§ 199 bzw. 203 notwendig verbundenen Verzögerung die Bürgschaft als Form der Sicherheitsleistung regelmäßig – bei der Arrestvollziehung (wegen § 929 Abs. 2) stets – ausscheiden[54]. Ist die Erklärung nach § 132 Abs. 1 BGB zugestellt, so ist eine Hinterlegung der Urschrift zwecklos[55] (→ auch Rdnr. 12).

27   c) Das Zustandekommen des Bürgschaftsvertrages würde nach BGB an sich eine **Annahme der Bürgschaftserklärung** durch den Sicherungsberechtigten erfordern. Lediglich die Erklärung der Annahme gegenüber dem Bürgen könnte gemäß § 151 S. 1 BGB entfallen[56]. Die Unterlassung eines Widerspruchs wird regelmäßig als Annahme aufzufassen sein[57]. Der Sicherungsberechtigte könnte aber das Zustandekommen der Bürgschaft dadurch verhindern, daß er die Annahme ausdrücklich ablehnt. Auch wenn man aus der gerichtlichen Anordnung einen Kontrahierungszwang herleitet, könnte dieser die Annahme nicht ersetzen, vielmehr müßte die Verpflichtung zur Annahme erst noch durchgesetzt werden[58]. Da aber der Zweck der Anordnung darin liegt, dem Sicherheitspflichtigen die Sicherheitsleistung durch Bürgschaft ohne Rücksicht auf den Willen des Sicherheitsberechtigten zu gestatten, muß es diesem verwehrt sein, die Erbringung der Sicherheit zu verhindern oder zu erschweren. Ein möglicher Ausweg läge darin, bei einer Annahmeverweigerung die Sicherheitsleistung prozeßrechtlich als geleistet anzusehen, obwohl kein materieller Bürgschaftsvertrag vorliegt[59]. Diese Lösung würde aber den Sicherheitsberechtigten unnötig belasten, vor allem, wenn er glaubt, die Bürgschaft entspreche nicht den Erfordernissen der gerichtlichen Anordnung. Er könnte dann nämlich keine Rechte aus der Bürgschaft herleiten. Daher entspricht es dem Zweck der gerichtlichen Anordnung und den beiderseitigen Interessen am besten, wenn man davon ausgeht, daß **die gerichtliche Anordnung die Annahme der Bürgschaftserklärung durch den Sicherheitsberechtigten ersetzt**[60]. Die Bürgschaft kommt also hier bereits mit dem Zugang der Bürgschaftserklärung zustande. Daß die gerichtliche Anordnung in dieser Weise in das Privatrecht hineinwirkt, ist dogmatisch um so eher vertretbar, als auch das Erlöschen der Bürgschaft durch gerichtlichen Beschluß angeordnet werden kann (§ 109 Abs. 2).

---

[52] *LG Aurich* DGVZ 1990, 10. – **A.M.** *Kotzur* DGVZ 1990, 68 m. w. N.
[53] So *LG Aurich* DGVZ 1990, 10; *LG Landau* MDR 1959, 929; *Mümmler* JurBüro 1971, 221; *Probst* AnwBl. 1976, 288 (Nr. 4); *Zöller/Herget*[18] Rdnr. 11. – **A.M.** die h.A.: *BGH* NJW 1979, 417, 418; *OLG Frankfurt* NJW 1978, 1441, 1442; *OLG Koblenz* Rpfleger 1993, 356; *LG Aachen* MDR 1988, 238; Rpfleger 1983, 31; *LG Mannheim* DGVZ 1988, 187; *Baumbach/Lauterbach/Hartmann*[51] Rdnr. 15; *MünchKommZPO/Belz* Rdnr. 34; *Noack* MDR 1972, 289; *Sebode* JVBl. 1967, 173; *Thomas/Putzo*[18] Rdnr. 13; offen *OLG Koblenz* NJW-RR 1992, 107.
[54] *Bredenkamp* JW 1927, 1306 will in Fällen dieser Art mit einem zwischen der Bank und dem Sicherheitspflichtigen zugunsten des Sicherheitsberechtigten geschlossenen Vertrag auf Leistung an einen Dritten (§ 328 BGB) helfen; → Rdnr. 24.
[55] Ist sie aber vom Gericht angeordnet worden, so kann die Hinterlegungsstelle sie nicht etwa als rechtlich bedeutungslos und infolge dessen unzulässig ablehnen. Vgl. *Wunderlich* JW 1926, 2558.
[56] *OLG Koblenz* NJW-RR 1992, 107.
[57] Vgl. *Breit* JR 1926, 165.
[58] Insoweit zust. *Berger* JuS 1982, 196.
[59] So *OLG Düsseldorf* WM 1969, 798; zust. *Berger* JuS 1982, 196 f.
[60] *OLG Hamm* MDR 1975, 763; *OLG Koblenz* NJW-RR 1992, 107; *OLG Nürnberg* WM 1986, 214, 215; *LG Aurich* DGVZ 1990, 10; *Mümmler* JurBüro 1971, 220; *MünchKommZPO/Belz* Rdnr. 33. S. auch *BayObLGZ* 1975, 398 = Rpfleger 1976, 66 (bei nachträglicher Zulassung der Bürgschaft nur, wenn das zuvor zugestellte Bürgschaftsangebot noch wirksam ist). Auf Grund des **Kontrahierungszwanges** halten die Annahme für überflüssig *OLG München* OLGZ 1965, 292; *E. Schneider* JurBüro 1969, 487; *19. Aufl.* Von einem **Zwangsvertrag** sprechen *OLG Hamburg* MDR 1982, 588; *LG Frankfurt* JurBüro 1989, 265; *Baumbach/Lauterbach/Hartmann*[51] Rdnr. 13; *Jakobs* DGVZ 1973, 112.

4. Sonstiges

Wegen des *Nachweises* der Sicherheitsleistung vor Beginn der Zwangsvollstreckung → 28
§ 751 Rdnr. 11 ff. – Wegen der *Lösung* des Bürgschaftsverhältnisses nach *Wegfall der Veranlassung* zur Sicherheitsleistung → § 109 Rdnr. 6. – Wegen der *Erstattungsfähigkeit der Kosten* der Sicherheitsleistung durch Bürgschaft → § 91 Rdnr. 27, § 788 Rdnr. 9.

§ 109 [Rückgabe der Sicherheit]

(1) Ist die Veranlassung für eine Sicherheitsleistung weggefallen, so hat auf Antrag das Gericht, das die Bestellung der Sicherheit angeordnet oder zugelassen hat, eine Frist zu bestimmen, binnen der ihm die Partei, zu deren Gunsten die Sicherheit geleistet ist, die Einwilligung in die Rückgabe der Sicherheit zu erklären oder die Erhebung der Klage wegen ihrer Ansprüche nachzuweisen hat.

(2) ¹Nach Ablauf der Frist hat das Gericht auf Antrag die Rückgabe der Sicherheit anzuordnen, wenn nicht inzwischen die Erhebung der Klage nachgewiesen ist; ist die Sicherheit durch eine Bürgschaft bewirkt worden, so ordnet das Gericht das Erlöschen der Bürgschaft an. ²Die Anordnung wird erst mit der Rechtskraft wirksam.

(3) ¹Die Anträge und die Einwilligung in die Rückgabe der Sicherheit können vor der Geschäftsstelle zu Protokoll erklärt werden. ²Die Entscheidungen können ohne mündliche Verhandlung ergehen.

(4) Gegen den Beschluß, durch den der im Abs. 1 vorgesehene Antrag abgelehnt wird, steht dem Antragsteller, gegen die im Abs. 2 bezeichnete Entscheidung steht beiden Teilen die sofortige Beschwerde zu.

Gesetzesgeschichte: Eingefügt durch Nov. 98, RGBl. 1898, 256 f. Änderungen: RGBl. 1927 I, 175, 334; BGBl. 1976 I, 3281.

Stichwortverzeichnis: → vor § 108 vor Rdnr. 1.

I. Regelungsbereich des § 109 — 1	4. Nachweis — 12
II. Rückgewähr der Sicherheit an den Besteller — 4	5. Verzicht auf die Sicherheit — 13
1. Verhältnis der besonderen Verfahren nach §§ 109, 715 zu einer Klage — 4	6. Teilweiser Wegfall — 14
2. Anwendungsbereich des Verfahrens nach § 109 — 5	IV. Das Verfahren — 15
III. Wegfall der Veranlassung — 8	1. Zuständigkeit — 15
1. Aufhebung einer vorläufigen Maßregel — 9	2. Antrag nach § 109 Abs. 1 — 16
2. Endgültigkeit einer vorläufigen Maßregel — 10	3. Fristsetzung — 17
3. Unabhängigkeit der vorläufigen Maßregel von der Sicherheit — 11	4. Antrag nach § 109 Abs. 2 — 21
	5. Entscheidung nach § 109 Abs. 2 — 22
	6. Kein Anwaltszwang — 26
	7. Beschwerde — 27
	8. Gebühren — 28
	V. Rückgabe — 29

I. Regelungsbereich des § 109[1]

1 § 109 regelt das Schicksal der Sicherheit unmittelbar nur für den Fall, daß der Sicherungszweck erledigt ist, nicht aber für den Fall daß der *Sicherungsfall eintritt* und der Berechtigte auf die Sicherheit zugreifen muß. Für die Auszahlung des hinterlegten Geldes usw. an den Berechtigten in dem Fall, daß ihm die gesicherten Ansprüche zustehen, ergibt Abs. 1 a. E. nur mittelbar den Satz, daß der Berechtigte wegen des Anspruchs gegen den Besteller der Sicherheit erforderlichenfalls **Klage** zu erheben hat, wenn dieser die Sicherheit nicht zu Erfüllungszwecken freiwillig für den Berechtigten freigibt[2]. Zugleich stellt § 109 ein Verfahren zur Verfügung, den Berechtigten zur Erhebung dieser Klage (→ dazu näher Rdnr. 23) aufzufordern. Es handelt sich um ein Provokationsverfahren, wie es früheren Rechten geläufig war und jetzt noch in § 926 in ähnlicher Gestalt besteht.

2 Unter welchen Voraussetzungen und auf Grund welcher Nachweise die **Hinterlegungsstelle** die Hinterlegungsmasse herauszugeben hat, bestimmt sich nach §§ 12 ff. Hinterlegungsordnung v. 10. III. 1937; s. dazu vor allem § 13 Abs. 2 HinterlO (Herausgabebewilligung der Beteiligten oder Feststellung des Empfangsberechtigten durch rechtskräftige Entscheidung mit Wirkung gegen die Beteiligten oder gegen das Land) und § 15 HinterlO (auf Ersuchen der zuständigen Behörde oder eines Gerichts, und zwar bei obersten oder ihnen unmittelbar unterstellten höheren Landesbehörden und bei Gerichten ohne Zuständigkeitsprüfung). Wegen des ordentlichen Rechtsweges gegen das Land nach Ablehnung des Herausgabeantrags durch Beschwerdeentscheidung des Landgerichts- bzw. Amtsgerichtspräsidenten s. § 3 Abs. 3 HinterlO.

3 Daß der Sicherungsberechtigte den gesicherten Anspruch gegen den **Prozeßbürgen** (→ § 108 Rdnr. 19) erforderlichenfalls im Klageweg verfolgen muß, ist selbstverständlich[3].

II. Rückgewähr der Sicherheit an den Besteller

1. Verhältnis der besonderen Verfahren nach §§ 109, 715 zu einer Klage

4 Für den Fall, daß der *Besteller der Sicherheit deren Freigabe verlangen kann*, weil die Veranlassung zur Sicherheitsleistung weggefallen ist (→ darüber Rdnr. 8ff.), gibt § 109 an Stelle des Klageweges ein einfaches Zwischenverfahren ohne obligatorische mündliche Verhandlung. Dabei ist für die vom Gläubiger geleistete Sicherheit in den Fällen der vorläufigen Vollstreckbarkeit (§§ 709, 711 S. 1, 712 Abs. 2 S. 2) in § 715 ein noch einfacheres Verfahren zugelassen. Durch die Möglichkeit dieser vereinfachten Verfahren nach §§ 109 bzw. 715 wird eine *Klage* auf Einwilligung in die Rückgabe der Sicherheit wegen fehlenden Rechtsschutzbedürfnisses *grundsätzlich unzulässig* (→ vor § 253 Rdnr. 109). Muß indessen der eine Teil nach dem bisherigen Verhalten des Gegners annehmen, daß der es auf eine Entscheidung durch Urteil ankommen lassen wolle, so ist es weder dem Sicherheitsgeber verwehrt, alsbald auf Rückgewähr, noch dem Gegner, alsbald auf Befriedigung aus der Sicherheit zu klagen[4]. Im letzteren Fall kann sich der Sicherheitsverpflichtete u. U. damit verteidigen, daß die Sicherheit zurückzugeben ist[5] (§ 821 BGB bzw. § 109 ZPO; → zur Widerklage auch Rdnr. 25). Die sicherheitsleistende Partei kann die Einwilligung in die Rückgabe auch dann im Klageweg verlangen, wenn feststeht, daß das Risiko, für das sie Sicherheit geleistet hat, nicht eintreten

---

[1] Lit.: → § 108 Fn. 1.
[2] Vgl. dazu *BGH* JZ 1984, 151 = MDR 310.
[3] Vgl. nur *OLG Koblenz* NJW-RR 1992, 107f.
[4] Vgl. *BGH* NJW 1979, 417; *OLG Nürnberg* WM 1986, 214 = MDR 241; *RGZ* 156, 168.
[5] *BGH* NJW 1979, 417 = JR 247 (*Schreiber*); *Berger* JuS 1982, 195.

wird und das Verfahren nach § 109 nicht zu einer alsbaldigen Anordnung der Rückgabe führt[6]. War die Notwendigkeit einer Klage nicht ersichtlich, so muß der Kläger bei Anerkenntnis des Beklagten nach § 93 die Kosten tragen. Ist die Rückgabe der Sicherheit bereits angeordnet, so kann der Sicherheitsberechtigte nicht mehr auf Feststellung klagen, daß die Rückgabe unzulässig sei, sondern er muß sich mit der sofortigen Beschwerde nach § 109 Abs. 4 wehren[7].

2. Anwendungsbereich des Verfahrens nach § 109

§ 109 bezieht sich zunächst auf die Fälle der Sicherheitsleistung durch **Hinterlegung**, einschließlich der Hinterlegung des Streitgegenstandes oder des Erlöses (→ Rdnr. 3 vor § 108). § 109 greift auch bei der Rückgabe von Zinsscheinen (→ § 108 Rdnr. 17) Platz[8]. Anders als bei der Sicherheitsleistung durch Hinterlegung kommt bei der Sicherheitsleistung durch **Bürgschaft** eine Rückgabe der Sicherheit (§ 109 Abs. 1) und dementsprechend eine Rückgabeanordnung nach § 109 Abs. 2 S. 1, 1. Hs. nicht in Betracht. Trotzdem wurde § 109 bereits vor der Einfügung des Abs. 2 S. 1, 2. Hs. durch die Vereinfachungsnovelle (vom 3. XII. 1976; BGBl. I, 3281) auch auf die Sicherheitsleistung durch Bürgschaft angewendet und zwar in der Form, daß das Gericht an Stelle einer Rückgabeanordnung einen das Bürgschaftsverhältnis lösenden und damit privatrechtsgestaltenden Beschluß erlassen konnte[9]. Diese Praxis ist durch den neuen § 109 Abs. 2 S. 1, 2. Hs. nunmehr auf eine sichere Rechtsgrundlage gestellt worden[10]. Entsprechendes gilt auch für das Verfahren nach § 715 (vgl. § 715 Abs. 2).

Rechtsgestaltend wirkt die »Anordnung« nach Abs. 2 S. 1, 2. Hs. allerdings nur dann, wenn das Bürgschaftsverhältnis noch besteht. Ist es aus anderen, insbesondere materiell-rechtlichen Gründen bereits erloschen, so hat die »Anordnung« nur deklaratorische Bedeutung. Ist beispielsweise eine Sicherheitsleistung nur für künftige oder bedingte Ansprüche vorgesehen und steht fest, daß diese Ansprüche nicht mehr entstehen können, so ist nicht nur die Veranlassung für eine Sicherheitsleistung weggefallen, sondern die Bürgschaft erloschen (arg. § 767 Abs. 1 S. 1 BGB). Erlaubt hingegen das Gericht durch Änderungsbeschluß (→ § 108 Rdnr. 7), die Bürgschaft durch eine andere Sicherheitsleistung zu ersetzen (→ auch Rdnr. 14), so führt das Erbringen der neuen Sicherheit nicht zum Erlöschen der ersten Bürgschaft, sondern nur zu deren Aufhebbarkeit (sei es nach § 109, sei es nach § 812 Abs. 1 S. 2, 1. Fall BGB)[11]. Dieses Ergebnis kann auch nicht durch eine an den »Wegfall der Veranlassung« geknüpfte auflösende Bedingung geändert werden, denn eine solche Klausel ist eben nicht in allen Fällen nur »selbstverständlich und von klarstellender Bedeutung«[12], sondern durchaus echte und damit unzulässige (→ § 108 Rdnr. 22) Bedingung[13].

III. Der Wegfall der Veranlassung zur Sicherheitsleistung

Die **Veranlassung** zur Sicherheitsleistung besteht in der Möglichkeit eines Schadens, der dem Gegner aus der Durchführung einer vorläufigen Maßregel erwachsen kann, wenn diese sich als ungerechtfertigt erweist[14], im Falle des § 110, wenn der ausländische Kläger kosten-

---

[6] *BGH* NJW 1971, 701 = MDR 388.
[7] Vgl. *RGZ* 97, 130.
[8] *RGZ* 72, 264f.; *OLG Bamberg* SeuffArch. 70 (1915), 119. – A.M. *OLG Posen* OLGRspr. 4 (1902), 371.
[9] Vgl. 19. Aufl. § 109 II 2.
[10] Vgl. dazu Begründung BT-Drucks. 7/2729, S. 54.
[11] A.M. *Pecher* WM 1986, 1516. Aber die »Erledigung des Sicherungszwecks« kann nur in den Fällen des § 767

BGB zum Erlöschen führen; vgl. *Bork* Der Vergleich (1988), 59 m. Fn. 13.
[12] So aber *Pecher* WM 1986, 1517.
[13] I.E. zutr. *AG Köln* DGVZ 1983, 61; wie hier auch *MünchKommZPO/Belz* § 108 Rdnr. 26f. – A.M. *OLG Nürnberg* WM 1986, 214 = MDR 242.
[14] *BGH* NJW 1982, 1397 = JZ 72; *OLG Frankfurt* NJW-RR 1987, 447; *OLG Kassel* HEZ 2, 48.

pflichtig wird. Diese Veranlassung ist **weggefallen**, wenn sicher ist, daß kein Schaden oder doch kein weiterer Schaden entstehen kann[15]. Wann diese Voraussetzungen im einzelnen gegeben sind, kann nur aus der konkreten Sachlage entwickelt werden. Es ist deshalb auf die Bemerkungen zu § 89 Rdnr. 3, § 534 Rdnr. 2, § 707 Rdnr. 20, § 709 Rdnr. 11, § 711 Rdnr. 8, § 712 Rdnr. 4, 13, § 732 Rdnr. 14, § 769 Rdnr. 18 sowie wegen der Sicherheiten bei Arrest und einstweiligen Verfügungen, bei denen auch der Ausgang der Hauptsache hereinspielt, auf § 943 Rdnr. 3 ff. zu verweisen. Wegen des Fortfalls der Verpflichtung zur *Ausländersicherheit* → § 111 Rdnr. 6, § 113 Rdnr. 2. – An dieser Stelle müssen folgende **allgemeine Hinweise** genügen:

1. Aufhebung einer vorläufigen Maßregel

9   Ist gegen Sicherheitsleistung eine vorläufige Maßregel getroffen worden (Vollstreckung eines nur vorläufig vollstreckbaren Urteils; Vollziehung eines Arrestbefehls; Einstellung der Zwangsvollstreckung) und wird diese **vorläufige Maßregel aufgehoben**, so ist nunmehr der Fall eingetreten, für den die Sicherheit geleistet wurde. Die Veranlassung für diese Sicherheit besteht jetzt erst recht, und eine Anwendung des § 109 kommt an und für sich nicht in Betracht[16] (→ auch Rdnr. 1). Das gilt unabhängig davon, ob die vorläufige Maßregel unmittelbar beseitigt wird (z. B. durch Einstellung der Zwangsvollstreckung im Instanzenzug oder durch Aufhebung des Arrests im Widerspruchsverfahren) oder nur mittelbar (z. B. indem die durch Sicherheitsleistung des Schuldners gehinderte Zwangsvollstreckung endgültig zulässig wird). Allerdings läßt die Praxis das Verfahren nach § 109 auch in diesen Fällen zu, wenn trotz der Aufhebung kein Schaden für den Gegner entstanden ist[17] oder der *endgültigen* Berechnung des entstandenen Schadens, namentlich nach Ablauf einiger Zeit, kein Hindernis entgegensteht[18], denn dann kann der Geschädigte durch das Verfahren nach § 109 aufgefordert werden, wegen dieses Schadens Klage zu erheben oder die Sicherheit freizugeben (→ Rdnr. 1).

2. Endgültigkeit einer vorläufigen Maßregel

10 Ergeht hingegen eine Entscheidung, durch die die bisher **vorläufige Maßregel endgültig** wird, so ist nunmehr klargestellt, daß der Sicherungsfall nicht mehr eintreten kann, Ansprüche der befürchteten Art für die Zukunft also nicht mehr entstehen können, oder daß solche, die etwa durch die Vorzeitigkeit der jetzt endgültig gewordenen Maßnahme entstanden sind, sofort liquidiert werden können (wozu im Verfahren nach § 109 aufgefordert werden kann; → Rdnr. 1). Diese Voraussetzungen liegen etwa vor, wenn ein gegen Sicherheitsleistung des Gläubigers vorläufig vollstreckbares Urteil rechtskräftig oder durch unanfechtbare Entscheidung bestätigt wird[19], oder wenn ein Urteil, dessen Vollstreckung der Schuldner durch Sicherheitsleistung abgewendet hat, aufgehoben wird[20], mag auch gegen das aufhebende Urteil Revision eingelegt sein[21] oder zur erneuten Verhandlung zurückverwiesen sein[22].

---

[15] *OLG Frankfurt* NJW-RR 1987, 447; *OLG Kassel* HEZ 2, 48; *LG Bielefeld* Rpfleger 1993, 353; Vgl. auch *BGH* NJW 1990, 2129.
[16] So auch *RGZ* 50, 376 f.; *OLG Frankfurt* NJW-RR 1987, 447; *OLG München* Rpfleger 1953, 81; *LG Bielefeld* Rpfleger 1993, 353. Vgl. auch *RG* Gruchot 50 (1906), 123.
[17] *RGZ* 50, 378.
[18] *RGZ* 97, 130; 61, 300 f.; 50, 378.
[19] Vgl. *KG* WM 1985, 879.
[20] *KG* Rpfleger 1979, 430.
[21] *OLG Hamm* OLGZ 1982, 453; *KG* ZZP 50 (1926), 126 (*Levis*). – **A. M.** *OLG Frankfurt* OLGZ 1976, 382.
[22] *OLG Frankfurt* Rpfleger 1985, 32 (zust. *Acher*); *OLG Karlsruhe* OLGZ 1985, 82; *OLG Stuttgart* Rpfleger 1978, 63; vgl. für einen Sonderfall aber auch *BGH* NJW 1982, 1397 = JZ 72.

3. Unabhängigkeit der vorläufigen Maßregel von der Sicherheit

Endlich hat § 109 zumindest entsprechend Anwendung zu finden, wenn die **vorläufige** 11 **Maßnahme** zwar vorläufig bleibt, aber **nicht mehr von einer Sicherheitsleistung abhängig** ist, wenn also z. B. die Veranlassung für eine vollstreckungsabwendende Sicherheitsleistung des Schuldners dadurch entfällt, daß der Gläubiger seinerseits Sicherheit leistet[23], oder wenn das gegen Sicherheitsleistung vorläufig vollstreckbare Urteil erster Instanz vom Berufungsgericht durch unbedingt vorläufig vollstreckbare Entscheidung bestätigt wird[24].

Das gilt an sich unabhängig davon, ob bereits vollstreckt worden ist oder nicht. Besonderheiten ergeben sich aber, wenn nunmehr dem Schuldner nach § 711 S. 1 das Recht eingeräumt ist, die *Vollstreckung durch Sicherheitsleistung abzuwenden*. Ist in diesem Fall bereits vollstreckt und der Erlös an den Gläubiger ausgezahlt worden, so ist der Anlaß zur Sicherheitsleistung durch das Berufungsurteil nicht weggefallen, denn nach §§ 720, 839 reicht das Recht des Gläubigers, ohne Sicherheitsleistung zu vollstrecken, nur bis zur Hinterlegung. Wenn dagegen noch keine Vollstreckung stattgefunden hat oder jedenfalls der Erlös nicht an den Gläubiger ausbezahlt wurde, hat dieser die Wahl, ob er die von ihm geleistete Sicherheit stehen läßt, um dadurch die Vollstreckungsabwendung durch den Schuldner zu verhindern (§ 711 S. 1) bzw. die Ausbezahlung des Erlöses zu erreichen, oder ob er die Sicherheit über § 109 zurückverlangen und damit die Wirkungen der §§ 711, 720, 839 in Kauf nimmt. Näher zu alledem → § 709 Rdnr. 11 m. w. N.

4. Nachweis

Aus dem Dargelegten folgt, daß der Antragsteller **nicht nachzuweisen** braucht, es seien **dem** 12 **Gegner keine Ansprüche** entstanden, wozu er auch nicht imstande wäre[25]. Das Verfahren nach § 109 dient vielmehr dazu, den Gegner aufzufordern, seine Ansprüche gerichtlich geltend zu machen oder die Sicherheit freizugeben (→ Rdnr. 1). Der Sicherheitsgeber braucht deshalb nur darzutun, daß der Zustand, der durch seine Sicherheitsleistung herbeigeführt worden ist, ein **endgültiger**[26] geworden ist bzw. (in den in Rdnr. 9 a. E. erläuterten Fällen) daß der Berechnung des Gegners kein Hindernis mehr entgegensteht.

5. Verzicht auf die Sicherheit

Die Veranlassung entfällt ferner, wenn die sicherheitsberechtigte Partei **vor Vollziehung** 13 der Maßregel[27], zu deren Abwendung der andere Teil Sicherheit geleistet hat, endgültig **auf deren Durchführung verzichtet**, z. B. der Gläubiger auf die vorläufige Vollstreckbarkeit oder der Schuldner auf die Einstellung[28].

6. Teilweiser Wegfall

Ist die Veranlassung zur Sicherheitsleistung bezüglich eines **Teils** des Streitgegenstands 14 fortgefallen, so kann der Sicherheitsleistende die Rückgabe eines entsprechenden Teils der Sicherheit verlangen. Das Verfahren gemäß § 109 findet dann hinsichtlich dieses Teils Anwendung[29]. Entsprechendes gilt, wenn nur wegen eines Teils der gesicherten Ansprüche

---

[23] *OLG Köln* MDR 1993, 270; *OLG Oldenburg* Rpfleger 1985, 504; *Berger* JuS 1982, 199.
[24] *OLG Hamburg* SeuffArch. 71 (1916), 458; *OLG München* OLGRspr. 29 (1914), 58; *OLG Naumburg* OLGRspr. 27 (1913), 53. Vgl. auch (allerdings zum Recht vor der Vereinfachungsnovelle) *v. Gerkan* MDR 1965, 530.

[25] Im Ergebnis ebenso *RGZ* 61, 301; JW 1902, 163 f.; Gruchot 50 (1906), 123; *KG* OLGRspr. 1 (1900), 294.
[26] Vgl. *RG* Gruchot 50 (1906), 123.
[27] *KG* KGBl. 1907, 67.
[28] Vgl. *OLG Jena* OLGRspr. 19 (1909), 83; *OLG München* WM 1979, 29.
[29] *KG* OLGRspr. 35 (1917), 46; KGBl. 1914, 43.

Klage erhoben wird[30]. Ist teilweise Rückgabe nicht möglich, kann Austausch der ersten Sicherheit gegen eine niedrigere zweite verlangt werden[31].

IV. Das Verfahren

15 Das Verfahren ist fakultativ mündlich (Abs. 3 S. 2) und folgt den in § 128 Rdnr. 39 ff. ausführlich dargestellten Regeln.

1. Zuständigkeit

15a Zuständig ist das Gericht, das oder dessen Vorsitzender (§ 944) oder dessen Rechtspfleger die Sicherheit angeordnet oder zugelassen hat, also u. U. das Berufungs- oder Beschwerdegericht. Hat dieses Gericht aber nur die Anordnung der ersten Instanz bestätigt, so ist das Gericht erster Instanz zuständig. § 109 ermächtigt also das Gericht abweichend von § 318 auch, ein die Sicherheitsleistung anordnendes Urteil zu ändern[32]. Für das Arrestverfahren und die einstweilige Verfügung ist die Zuständigkeit in § 943 Abs. 2 besonders geregelt. Durch § 20 Nr. 3 RPflG sind die nach § 109 zu treffenden Entscheidungen dem **Rechtspfleger** übertragen. Über seine Rechtsstellung, insbesondere seine Pflicht zur Vorlage an den Richter in besonderen Fällen, s. §§ 5 ff. RPflG (→ Anh. zu § 576), über Rechtsbehelfe gegen seine Anordnungen (Fristsetzung und Rückgabeverfügung) → Rdnr. 19, 27.

2. Antrag nach § 109 Abs. 1

16 Das Verfahren beginnt mit dem *Antrag auf Fristsetzung*. Er kann schriftlich eingereicht oder zu Protokoll der Geschäftsstelle erklärt werden (Abs. 3 S. 1). Zur Antragstellung befugt ist die *Partei*, die die Sicherheit *bestellt* hat, oder ihr Rechtsnachfolger einschließlich des Überweisungsgläubigers (§ 835), nicht dagegen ein Dritter, der zugunsten der sicherheitspflichtigen Partei die Sicherheit bestellt hatte[33]; hier muß die sicherheitspflichtige Partei Rückgabe an den Dritten beantragen (→ auch Rdnr. 22). Zu richten ist der Antrag gegen den ursprünglichen Gegner und gegebenenfalls dessen Rechtsnachfolger[34]. Der Antrag wird grundsätzlich durch die Prozeßvollmacht gedeckt (→ § 81 Rdnr. 9). Der Antragsteller hat den Eintritt der Voraussetzungen (→ Rdnr. 8 ff.) darzulegen und, soweit nötig (→ Rdnr. 12), zu beweisen.

3. Fristsetzung

17 Die erste Entscheidung besteht in der *Bestimmung einer Frist* für den Gegner, in der er dem Gericht die Einwilligung in die Rückgabe der Sicherheit oder in die Lösung des Bürgschaftsverhältnisses zu erklären oder die Erhebung der Klage (→ dazu unten Rdnr. 23) wegen seiner Ansprüche nachzuweisen hat. Einer Androhung bedarf es nach § 231 Abs. 1 nicht. Die Frist

---

[30] *OLG Düsseldorf* ZIP 1982, 115 f. = MDR 412; *OLG Köln* OLGZ 1991, 218 f.
[31] Vgl. *OLG Frankfurt* NJW-RR 1987, 447; *OLG München* WM 1979, 29. Bei der **Prozeßbürgschaft** ist allerdings fraglich, ob nicht der Ausspruch reicht, daß die (erste) Bürgschaft »in Höhe von x DM erloschen« ist.
[32] *OLG Hamburg* WM 1991, 925 = NJW 3103.
[33] BGH NJW 1979, 417; *OLG Dresden* SächsAnn. 30, 229 f. und für die Klage *OLG Frankfurt* SeuffArch. 64 (1909), 426. – Für ein eigenes Antragsrecht des **Prozeßbürgen** *Schreiber* JR 1979, 247; *Zöller/Herget*[18] Rdnr. 6; a. M. *MünchKommZPO/Belz* Rdnr. 18; *Thomas/Putzo*[18] Rdnr. 2; offen *OLG Köln* OLGZ 1991, 218.
[34] Auch einen von mehreren Streitgenossen, vgl. *OLG Hamburg* OLGRspr. 13 (1906), 117.

ist nach freiem Ermessen zu bestimmen; als richterliche kann sie vom Gericht nach § 224 verlängert werden. Durch die *Gerichtsferien* wird ihr Lauf nicht gehemmt[35].

Der die Frist bestimmende Beschluß ist, sofern er nicht etwa nach mündlicher Verhandlung verkündet wurde, nach § 329 Abs. 2 dem Gegner von Amts wegen zuzustellen, und zwar förmlich (§ 329 Abs. 2 S. 2). Im Verhältnis zum Antragsteller genügt einfache Mitteilung. Eine im Parteibetrieb vorgenommene Zustellung eröffnet die Frist nicht[36]. 18

Gegen die Fristsetzung findet grundsätzlich kein **Rechtsmittel** statt[37], auch wenn sie erst auf eine Beschwerde hin erfolgt[38]. Hat der Rechtspfleger die Fristsetzung angeordnet, so kann allerdings gegen seine Entscheidung befristete Erinnerung eingelegt werden (§ 11 Abs. 1 S. 2 RPflG)[39]. Die Ablehnung des Antrags ist nur dem Antragsteller zuzustellen, dem dagegen gem. Abs. 4 die sofortige Beschwerde oder, wenn die Ablehnung vom Rechtspfleger ergangen war, zunächst die befristete Erinnerung an das Gericht und gegen dessen Entscheidung dann die (im Wege der Vorlage an das Beschwerdegericht bewirkte, § 11 Abs. 2 S. 5 RPflG) sofortige Beschwerde zusteht (s. Anh. zu § 576 Rdnr. 24, 28). 19

Ohne Setzung der Frist ist das weitere Verfahren unzulässig[40], es sei denn, daß die Einwilligung des Gegners von vornherein neben dem Wegfall der Veranlassung nachgewiesen wurde[41]. 20

4. Antrag nach § 109 Abs. 2

Nach Ablauf der Frist bedarf es eines *neuen Antrags* auf Anordnung der Rückgabe, der aber als bedingter mit dem auf Fristsetzung verbunden werden kann. Denn er könnte nur dadurch gegenstandslos werden, daß der Gegner inzwischen außergerichtlich seine Einwilligung formgerecht erklärt. Dann aber ist die Rückgabeanordnung ungefährlich. Eine Verbindung der Beschlüsse ist selbstverständlich nicht möglich. 21

5. Entscheidung nach § 109 Abs. 2

Vor der Entscheidung über den zweiten Antrag können, namentlich auch vom Beschwerdegericht, die Voraussetzungen der Fristsetzung erneut geprüft werden, da nur bei dieser Befugnis der Ausschluß der Beschwerde (→ Rdnr. 19) verständlich ist[42]. Im übrigen ist dem *Antrag zu entsprechen*, wenn der erste Beschluß ordnungsgemäß zugestellt und entweder keine Erklärung abgegeben oder die Einwilligung erklärt ist. In dem Beschluß ist der zum Rückempfang Berechtigte, gegebenenfalls also der dritte Besteller (→ Rdnr. 16), zu bezeichnen[43]. 22

Der *Antrag wird abgelehnt*, wenn der **Nachweis** geführt ist, **daß der Gegner gerade wegen der gesicherten Ansprüche**[44] **Klage** auf Verurteilung oder Feststellung[45] erhoben oder den 23

---

[35] *OLG Jena* JW 1930, 172. – **A.M.** *OLG Karlsruhe* OLGRspr. 33 (1916), 44.
[36] **A.M.** *OLG Hamburg* OLGRspr. 2 (1901), 151.
[37] *RGZ* 97, 130; 86, 41; *OLG Marienwerder* Seuff-Arch. 58 (1903), 471; *Baumbach/Lauterbach/Hartmann*[51] Rdnr. 18; *Thomas/Putzo*[18] Rdnr. 15; *Wieczorek*[2] Anm. C III a 1.
[38] Vgl. auch *RGZ* 51, 144.
[39] *OLG Frankfurt* NJW 1976, 1326 = OLGZ 382; *OLG Köln* MDR 1993, 270.
[40] *RGZ* 52, 105.
[41] *OLG Braunschweig* OLGRspr. 23 (1911), 130; *OLG Dresden* OLGRspr. 11 (1905), 67; SächsAnn. 27, 349; *OLG München* OLGRspr. 23 (1911), 131. – **A.M.** *OLG Colmar* OLGRspr. 25 (1912), 81; *OLG Karlsruhe* OLGRspr. 13 (1906), 115; *OLG Stettin* OLGRspr. 1 (1900), 90, die hier das ganze Verfahren für unzulässig halten.
[42] *RGZ* 97, 130; 86, 41; *OLG Hamm* OLGRspr. 29 (1914), 57; *KG* KGBl. 1911, 94; *OLG Kassel* HEZ 2, 48; *OLG Marienwerder* SeuffArch. 58 (1903), 421.
[43] *OLG Hamm* JW 1922, 1410.
[44] *OLG Düsseldorf* ZIP 1982, 115 = MDR 412. – Die Klage auf Herausgabe oder Befriedigung aus der Sicherheit reicht (vgl. *OLG München* OLGZ 1966, 549), ist aber nicht die einzige Möglichkeit (**a.M.** *LG Bielefeld* Rpfleger 1993, 353).
[45] Vgl. *RGZ* 156, 168.

Erlaß eines Mahnbescheids, oder – wenn die Sicherheit nur für eine Kostenforderung bestimmt ist – die Kostenfestsetzung nach §§ 103 ff. beantragt hat[46]. Eine Klage gegen den Prozeßbürgen reicht, da auch sie wegen der gesicherten Ansprüche erhoben wird[47]. Der Nachweis kann *auch nach Ablauf der Frist* des § 109 Abs. 1 erfolgen, und zwar bei Entscheidung auf Grund einer nach § 109 Abs. 3 S. 2 freigestellten mündlichen Verhandlung bis zu deren Ende, bei Entscheidung ohne mündliche Verhandlung bis zu dem Zeitpunkt, in dem der Rückgabebeschluß entstanden, d. h. zur Zustellung an die Beteiligten hinausgegeben ist[48]. Als Rückgabebeschluß ist auch die Entscheidung über eine Erinnerung oder eine sofortige Beschwerde im Rückgabeverfahren zu verstehen[49]. Der Antrag nach § 717 Abs. 2 steht der Klage gleich[50], nicht dagegen die Klage nach § 926[51].

24 Die **Prüfung**, ob die Klage prozessual ordnungsgemäß ist und ob Ansprüche wirklich bestehen, steht ausschließlich dem mit der Klage befaßten Gericht zu[52], da prozessuale Mängel nachträglich geheilt werden können und bei verschiedener Beurteilung desselben Mangels in beiden oder in keinem Verfahren entschieden werden könnte; die Sachlage ist dieselbe wie bei der Rechtshängigkeit (→ § 261 Rdnr. 44) und bei der Arrestprovokation (§ 926 Rdnr. 14). Andererseits steht dem Prozeßgericht eine Nachprüfung, ob die Voraussetzungen für die Fristsetzung gemäß § 109 Abs. 1 vorgelegen haben, nicht zu[53].

25 Ist die **Klage erhoben**, so kann der Berechtigte seinen Anspruch auf Einwilligung in die Rückgabe in dem anhängig gemachten Prozeß einredeweise (→ Rdnr. 4) oder durch *Widerklage* verfolgen. Ist dies nicht geschehen, so braucht nach rechtskräftiger *Sachabweisung des Klägers* nur der Antrag nach Abs. 2 wiederholt zu werden[54]. Dagegen muß im Fall der *Prozeßabweisung* oder Klagerücknahme das ganze Verfahren wiederholt werden, da anderenfalls dem Sicherheitsberechtigten die Möglichkeit, die Klage nunmehr ordnungsgemäß zu wiederholen, praktisch abgeschnitten wäre.

6. Kein Anwaltszwang

26 Beide Anträge unterliegen dem Anwaltszwang nicht (§ 13 RPflG, §§ 109 Abs. 3 S. 1, 78 Abs. 3). Die *Prozeßvollmacht* umfaßt aber auch diese Anträge (§ 81 Rdnr. 9). Die Zustellungen haben daher nach § 176 zu erfolgen. Das gleiche gilt nach Abs. 3 S. 1 von der Einwilligung in die Rückgabe und muß sinngemäß auch für den Nachweis der Klageerhebung gelten.

7. Beschwerde

27 Gegen die Entscheidung, die nach § 329 Abs. 2 S. 2 förmlich zuzustellen ist, steht beiden Teilen die *sofortige Beschwerde* zu (Abs. 4), wobei allerdings gegen die Entscheidung des Rechtspflegers zunächst die befristete Erinnerung (§ 11 Abs. 1 S. 2 RPflG) einzulegen ist, die gegebenenfalls zur Beschwerde wird (§ 11 Abs. 2 S. 5 RPflG). Zum Problem des Anwaltszwangs bei dieser Durchgriffserinnerung → § 78 Rdnr. 25. Die Beschwerde hat keine aufschiebende Wirkung, da § 109 in § 572 Abs. 1 nicht aufgeführt ist. Die aufschiebende Wirkung ist entbehrlich, da die Anordnung der Rückgabe erst mit Rechtskraft wirksam wird (→ Rdnr. 29). Die Beschränkung des § 568 Abs. 3 bleibt – auch bei der Kostensicherheit – außer Betracht, weil die Entscheidung die Sicherheit, nicht die Kosten betrifft. Die Beschwer-

---

[46] *OLG Karlsruhe* JW 1934, 708.
[47] *OLG Köln* NJW-RR 1992, 238; OLGZ 1991, 217.
[48] *Baumbach/Lauterbach/Hartmann*[51] Rdnr. 12.
[49] *OLG München* OLGZ 1966, 549.
[50] So auch *OLG Königsberg* JW 1925, 2357.
[51] *LG Köln* MDR 1962, 582.
[52] Vgl. *OLG Dresden* SächsAnn. 30, 229 ff.; ebenso *Levis* ZZP 34 (1905), 182 f., aber mit willkürlichen Ausnahmen für einzelne Prozeßmängel.
[53] *RGZ* 97, 130.
[54] *KG* OLGspr. 19 (1909), 85.

255 Pflicht der Ausländer und Staatenlosen zur Prozeßkostensicherheit § 109 IV, V § 110

de unterliegt dem Anwaltszwang, soweit nicht die §§ 569 Abs. 2 S. 2, 573 Abs. 2 eingreifen (→ § 78 Rdnr. 22)[55].

8. Gebühren

Gerichtsgebühren sind für das Verfahren nicht vorgesehen. Wegen der *Anwaltsgebühren* s. § 37 Nr. 3 BRAGO. *Streitwert* ist der Wert der Sicherheit, nicht derjenige des Prozeßgegenstandes[56]. 28

V. Rückgabe

Nach § 109 Abs. 2 S. 2 wird die Anordnung der Rückgabe der Sicherheit oder des Erlöschens einer Bürgschaft erst **mit ihrer Rechtskraft wirksam**. Diese durch die Vereinfachungsnovelle (BGBl. 1976 I, 3281) eingefügte Bestimmung sichert eine bereits vorher herrschende Praxis[57] nunmehr gesetzlich ab[58]. Steht die Rechtskraft fest, so hat im Fall der Sicherheitsleistung durch Hinterlegung die Hinterlegungsstelle die Sicherheit zurückzugeben, soweit nicht etwa Rechte am Verfahren nichtbeteiligter Dritter, insbesondere von Pfändungsgläubigern, entgegenstehen. Dazu, daß die Prozeßvollmacht zur Empfangnahme nicht legitimiert, → § 81 Rdnr. 22. Selbstverständlich bleiben trotz der Rückgabe die Ansprüche des Gegners auf Schadensersatz unberührt. Inwieweit die Rückgabe auch ohne gerichtliche Anordnung erfolgen darf, welche Erfordernisse insbesondere die Einwilligung des Berechtigten erfüllen muß, wenn sie *außerhalb* des Verfahrens nach § 109 abgegeben wird, bestimmt sich nach der HinterlO (→ Rdnr. 1). – Zur Lösung der als Sicherheit geleisteten *Bürgschaft* → Rdnr. 6. 29

§ 110 [Pflicht der Ausländer und Staatenlosen zur Prozeßkostensicherheit]

(1) ¹Angehörige fremder Staaten, die als Kläger auftreten, haben dem Beklagten auf sein Verlangen wegen der Prozeßkosten Sicherheit zu leisten. ²Das gleiche gilt für Staatenlose, die ihren Wohnsitz nicht im Inland haben.
(2) Diese Verpflichtung tritt nicht ein:
1. wenn nach den Gesetzen des Staates, dem der Kläger angehört, ein Deutscher in gleichem Falle zur Sicherheitsleistung nicht verpflichtet ist;
2. im Urkunden- oder Wechselprozeß;
3. bei Widerklagen;
4. bei Klagen, die infolge einer öffentlichen Aufforderung angestellt werden;
5. bei Klagen aus Rechten, die im Grundbuch eingetragen sind.

Gesetzesgeschichte: Bis 1900 § 102 CPO. Änderungen: RGBl. 1898, 260; 1933 I, 780.

Stichwortverzeichnis: → vor § 108 vor Rdnr. 1.
Länderverzeichnis: → Rdnr. 41.

I. Rechtfertigung der Ausländersicherheit	1	II. Voraussetzungen der Pflicht zur Sicherheitsleistung	2
		1. Persönliche Voraussetzungen	3

---

[55] *RG* JW 1900, 714.
[56] *OLG München* BayrZ 1917, 330.
[57] Vgl. 19. Aufl. § 109 V.
[58] Vgl. dazu Begründung, BT-Drucks. 7/2729, S. 54.

2. Klägerstellung	10	3. Gegenseitigkeit	36
3. Betroffene Verfahrensarten	12	4. Übersicht	41
III. Ausnahmen	19	IV. Verfahren	42
1. Innerstaatliches Recht	20	V. Arbeitsgerichtliches Verfahren	45
2. Staatsverträge	24		
		VI. Patentsachen	46

I. Rechtfertigung der Ausländersicherheit[1]

1 § 110 regelt die Verpflichtung der als Kläger (→ Rdnr. 10) auftretenden Ausländer (→ Rdnr. 3) zur Sicherheitsleistung für die Prozeßkosten. Diese Kautionspflicht findet ihre Rechtfertigung nicht darin, daß die inländischen Rechtspflegeeinrichtungen an sich unbeschränkt allein *deutschen Staatsangehörigen* und anderen Personen nur unter bestimmten Voraussetzungen zur Verfügung stünden[2], denn grundsätzlich ist auf dem Gebiet des Verfahrensrechts die Staatsangehörigkeit der Person ohne Bedeutung. Der gesetzgeberische Grund ist vielmehr die Schwierigkeit, die gegen den abgewiesenen ausländischen Kläger ergangene Kostenentscheidung im Ausland zu vollstrecken[3]. In gewisser Verwischung dieser beiden Gesichtspunkte geht jedoch § 110 – abweichend von § 81 Abs. 7 PatG (→ Rdnr. 18, 40) und in Übereinstimmung mit den meisten europäisch-kontinentalen Rechten (aber im Gegensatz zu den angelsächsischen) – nicht von dem Wohnsitz, sondern von der Staatsangehörigkeit des Klägers aus und fragt z. B. nicht danach, ob im Inland dem Vollstreckungszugriff offenes Vermögen vorhanden ist. Maßgebend war dafür einerseits der Gedanke, die im Ausland ansässigen Deutschen zu schonen, andererseits der Gesichtspunkt, für die Frage der Gewährung des Gegenrechts als Ausgangspunkt die gleiche Regelung anzunehmen wie die meisten europäischen Rechte[4].

---

[1] Lit. zu §§ 110–113: *Ahrens* Ausländersicherheit im einstweiligen Verfügungsverfahren, Festschr. f. H. Nagel (1987), 1; *Beitzke* Juristische Personen im Internationalen Privatrecht und Fremdenrecht (1938); *ders.* Probleme der Privatrechtsangleichung in der EWG, ZfRV 5 (1964), 80; *Bülow/Böckstiegel/Geimer/Schütze* Internationaler Rechtsverkehr[14]; *Cohn* Sicherheitsleistung für Prozeßkosten im deutsch-englischen Rechtsverkehr, ZZP 78 (1965), 161; *Danelzik* Sicherheitsleistung für die Prozeßkosten, Diss. Bonn 1976; *Demharter* Ist ein die Leistung von Ausländersicherheit anordnendes Zwischenurteil selbständig anfechtbar?, MDR 1986, 186; *Dilger* Die Sicherheitsleistung für die Prozeßkosten in den arabischen Ländern, ZZP 85 (1972), 408; *Graupner-Lipps* Prozeßkostensicherheit im Schiedsgerichtsverfahren in Großbritannien, AWD 1963, 314; *Henn* Ausländer-Sicherheitsleistung für Prozeßkosten, NJW 1969, 1374; *Kampf* Sicherheitsleistung durch britische Staatsangehörige, NJW 1990, 3054; *Kaum* Ausländersicherheit für Briten – Inlandsbezug ausländischer Vorbehaltserklärungen, IPRax 1992, 18; *Linke* IZPR (1990), Rdnr. Rdnr. 255 ff.; *Lutterloh* Sind lettländische Staatsangehörige zur Sicherheitsleistung wegen der Prozeßkosten verpflichtet?, JW 1929, 417; *Müller-Ibold* Befeiung von der Pflicht zur Leistung einer Prozeßkostensicherheit in Panama, IPRax 1991, 172; *Nagel* Auf dem Wege zu einem europäischen Prozeßrecht (1963), 22 f.; *ders.* IZPR[3] (1991), Rdnr. 283 ff.; *ders.* Veränderte Grundlagen für die Anwendung der Gegenseitigkeit im internationalen Zivilprozeßrecht, JbIntR 11 (1962), 338; *Negro* Die Zweckmäßigkeit der Annahme des italienischen Instituts der Sicherheitsleistung für die Prozeßkosten seitens verschiedener Staaten, ZZP 67 (1954), 237–247; *Prinz von Sachsen Gessaphe* Zur Ausländersicherheit für Mexikaner (§ 110 Abs. 2 Nr. 1 ZPO), IPRax 1990, 88; *Rau* Zur Sicherheitsleistung für Prozeßkosten nach venezolanischem Recht, RIW 1977, 339; *Riezler* IZPR (1949), 428 ff.; *Schack* IZVR (1991), Rdnr. 561 ff.; *Schmieder* Zur Höhe der Ausländersicherheit im Patentnichtigkeitsverfahren, GRUR 1982, 12; *E. Schneider* Die Sicherheitsleistung ausländischer Kläger für die Prozeßkosten des Beklagten, JurBüro 1966, 447; *Schütze* Deutsches Internationales Zivilprozeßrecht (1985), 84 ff.; *ders.* Die deutsche Rechtsprechung zur Verbürgung der Gegenseitigkeit bei der Ausländersicherheit (§ 110 Abs. 2 Nr. 1 ZPO), RIW 1992, 1026; *ders.* Die verkannte Funktion der Ausländersicherheit, IPRax 1990, 87; *ders.* Zur Ausländersicherheit in einstweiligen Verfügungsverfahren, IPRax 1986, 350; *ders.* Zur Verbürgung der Gegenseitigkeit bei der Ausländersicherheit (§ 110 Abs. 2 Nr. 1 ZPO), JZ 1983, 383; *Söffing* Umfang der Ausländersicherheit i. S. d. § 112 Abs. 2 ZPO, MDR 1989, 599; *Zimmermann* Die Ausländersicherheit des § 110 ZPO auf dem Prüfstand des Europäischen Gemeinschaftsrechts, RIW 1992, 707.

[2] Vgl. *Schütze* IPRax 1990, 87.

[3] Vgl. nur *BGH* NJW 1984, 2762; *OLG Hamburg* RIW 1981, 196; *LG Düsseldorf* MDR 1989, 267; krit. *Nagel* IZPR[3], Rdnr. 286.

[4] S. hierzu *Riezler* (Fn. 1), 153, 428 ff.; *Beitzke* AcP 151 (1950/51), 275.

Insgesamt kann die Regelung nur **wenig befriedigen**[5]. Sie schießt über das Ziel hinaus, wenn sie z. B. bei inländischem Wohnsitz und Vermögen Sicherheit verlangt, und andererseits überzeugt eine Befreiung, weil die Gegenseitigkeit nach dem Recht des Klägerstaats verbürgt ist, wenig, weil dies dem inländischen Beklagten nicht zu seinen Kosten verhilft und weil es recht zweifelhaft ist, ob diese Regelung es etwa erreicht, andere Staaten zur Gewährung des Gegenrechts zu veranlassen. Schließlich ist auch das Abstellen auf die »Gesetze« des Klägerstaates reichlich eng (→ dazu Rdnr. 37). Immerhin hat ein beachtliches Netz zwischenstaatlicher Vereinbarungen nach dem Ersten und verstärkt nach dem Zweiten Weltkrieg die Pflicht zur Sicherheitsleistung erheblich eingeschränkt (→ Rdnr. 24ff.). **1a**

Bedenken gegen die Wirksamkeit der Vorschrift ergeben sich darüber hinaus aus dem **EG-Recht**. § 110 diskriminiert Kläger aus den Mitgliedstaaten der EG ohne rechtfertigenden Grund nur wegen ihrer Staatsangehörigkeit und verstößt deshalb jedenfalls gegen Art. 7 Abs. 1 EWGV[6]. Das hat zwar wegen der zahlreichen Befreiungen (→ Rdnr. 41) letztlich nur für Klagen juristischer Personen aus dem Vereinigten Königreich und Irland Bedeutung[7]. In diesen Fällen kann dann aber § 110 nicht angewandt werden[8]. Auf Vorlagebeschluß des LG Hamburg[9] hat sich nunmehr auch der EuGH dieser Auffassung angeschlossen[10]. **1b**

II. Voraussetzungen

Die Pflicht zur Sicherheitsleistung wird durch *persönliche Eigenschaften* (→ Rdnr. 3f.), durch die *Stellung im Verfahren* (→ Rdnr. 10) und die *Art des Verfahrens* (→ Rdnr. 12f.) bestimmt. Diese Pflicht wird jedoch durch zahlreiche von Amts wegen zu beachtende[11] *Ausnahmen* wieder eingeengt, die sich aus § 110 Abs. 2 Nr. 1–5, Staatsverträgen und Sondervorschriften ergeben. Zur Vereinfachung der Darstellung sind die Ausnahmen des § 110 Abs. 2 Nr. 2–5 nachstehend unter Rdnr. 11ff. dargestellt, die übrigen unten unter Rdnr. 18ff. behandelt. **2**

1. Persönliche Voraussetzungen

Zur Sicherheit sind ihrer Person nach grundsätzlich verpflichtet: **3**

a) **Angehörige fremder Staaten**, d. h. natürliche Personen, die nicht die deutsche Staatsangehörigkeit (nach dem Reichs- und StaatsangehörigkeitsG v. 22. VII. 1913) besitzen, wohl aber die Staatsangehörigkeit eines anderen Staates nach dessen hierfür maßgebendem Recht[12]. Der Deutsche ist daher selbst dann nicht betroffen, wenn er zusätzlich eine fremde Staatsangehörigkeit besitzt. Wohnsitz, Aufenthalt und Vermögen im Inland sind belanglos. – Zu den **Bürgern der ehemaligen DDR** → 20. Aufl. Rdnr. 4. **4**

Maßgebender Zeitpunkt hinsichtlich der Staatsangehörigkeit ist, wie auch sonst bei Sachentscheidungsvoraussetzungen und -hindernissen, der für die Entscheidung maßgebliche Zeitpunkt, also regelmäßig der Schluß der mündlichen Verhandlung (→ § 300 Rdnr. 23). Einerseits kann dabei der Verlust der deutschen Staatsangehörigkeit während des Prozesses **5**

---

[5] Ebenso *Ahrens* (Fn. 1), 1ff.; *Kampf* NJW 1990, 3054; *Nagel* IZPR³, Rdnr. 300; *ders.* JbIntR 11 (1962), 338; *Schack* (Fn. 1), Rdnr. 563, 565; *Schütze* IPRax 1990, 87; *ders.* JZ 1983, 383; *Wolf* RW 1993, 797ff.

[6] Ebenso *OLG München* NJW 1993, 865; *Kampf* NJW 1990, 3054; *Roth* Festschr. f. W. Stree/J. Wessels (1993), 1049, 1050; *Zimmermann* RIW 1992, 711; vgl. schon *Beitzke* ZfRV 5 (1964), 89.

[7] Vgl. Rdnr. 32 m. Fn. 51 sowie Rdnr. 41 m. Fn. 244.

[8] *OLG München* NJW 1993, 865; *Kampf* NJW 1990, 3056; *Zimmermann* RIW 1992, 712.

[9] *LG Hamburg* RIW 1992, 767; dazu *Zimmermann* RIW 1992, 707.

[10] Rechtssache C-20/92 (Hubbard v. Hamburger), Urt. v. 1. 7. 1993 = MDR 1993, 795 = EuZW 514 = EWiR 1993, 825 (*Schroeder*) = NJW 1993, 2431; dazu *Wolf* RIW 1993, 797ff.

[11] *BGH* WM 1982, 880f.

[12] Dies gilt auch für den Exterritorialen, der sich der deutschen Gerichtsbarkeit unterwirft, *Riezler* (Fn. 1), 366, 383. – Die Tatsache, daß der Verlust der deutschen Staatsangehörigkeit auf einer NS-Verfolgungsmaßnahme beruht, läßt die Pflicht des Ausländers zur Sicherheitsleistung nicht entfallen, *LG Hamburg* MDR 1967, 52; vgl. aber auch *BVerwG* MDR 1966, 82, nach dem Personen, die durch NS-Verfolgungsmaßnahmen zum Erwerb einer ausländischen Staatsangehörigkeit veranlaßt wurden, in Wiedergutmachungsstreitigkeiten von der Verpflichtung zur Sicherheitsleistung nach § 110 befreit sind.

§ 110 II   Erstes Buch. Allgemeine Vorschriften. Zweiter Abschnitt. Parteien

auf die – entgegen § 282 Abs. 3 gemäß § 111 auch noch nach dem Beginn der mündlichen Verhandlung zulässige (→ § 111 Rdnr. 10) – Einrede des Beklagten hin zu einer Sicherheitsverpflichtung des Klägers führen. Andererseits kann eine solche, die zu Beginn des Prozesses vorlag, durch den Erwerb der deutschen Staatsangehörigkeit usw. im Verlauf des Prozesses entfallen (→ § 111 Rdnr. 11).

6   b) Bei den *im Inland wohnhaften* **Staatenlosen**, also natürlichen Personen, die weder die deutsche noch nach dem maßgeblichen fremden Recht eine ausländische Staatsangehörigkeit besitzen, steht weder eine Gefahr der Vollstreckung der gegen den Kläger ergangenen Kostenentscheidung im Ausland in Frage, noch kommt die Rücksicht auf einen ausländischen Staat in Betracht. Weil die Rechtsprechung sich nicht entschließen konnte, § 110 im Hinblick darauf, daß hier sein Zweck nicht zutraf, auf solche Staatenlose nicht anzuwenden, hat die Nov. 33 in Abs. 1 S. 2 die Vorschrift entsprechend ergänzt.

7   Bei den Staatenlosen muß deshalb nach dem Wortlaut des § 110 Abs. 1 S. 2 noch hinzukommen, daß sie *keinen Wohnsitz* im Inland haben. Insoweit bringt jedoch das **Übereinkommen über die Rechtsstellung der Staatenlosen** vom 28. IX. 1954 (vgl. Gesetz zu dem Übereinkommen vom 12. IV. 1976; BGBl. II, 473)[13] eine Änderung mit sich. Das Übereinkommen ist für die Bundesrepublik Deutschland am 24. I. 1977 in Kraft getreten (BGBl. 1977 II, 235). Nunmehr läßt bereits der **gewöhnliche Aufenthalt im Inland** die Pflicht zur Sicherheitsleistung entfallen, da nach Artikel 16 Abs. 2 des Übereinkommens Staatenlose[14] mit gewöhnlichem Aufenthalt in der Bundesrepublik Deutschland hinsichtlich der Verpflichtung zur Sicherheitsleistung Inländern gleichstehen. Staatenlose **ohne gewöhnlichen Aufenthalt im Inland** sind mit den Angehörigen des Staates gleichzubehandeln, in dem sie ihren gewöhnlichen Aufenthalt haben (Artikel 16 Abs. 3 des Übereinkommens). – Wegen der verschleppten Personen, heimatlosen Ausländer und Flüchtlinge → Rdnr. 20.

8   c) **Juristische Personen** werden als Ausländer behandelt, wenn sie ihren *Sitz im Ausland* haben[15], selbst wenn sich im Inland Zweigniederlassungen oder Vertreter befinden[16]. Das gleiche gilt für *Personenhandelsgesellschaften*, mögen auch alle persönlich haftenden Gesellschafter Deutsche sein[17]. Ferner zählen *fremde Staaten* hierher, soweit sie überhaupt als Träger von Privatrechten vor deutschen Gerichten klagen[18].

9   d) Die sog. **Parteien kraft Amtes** (→ dazu Rdnr. 25 ff. vor § 50) werden als Ausländer behandelt, wenn der Sitz des verwalteten Vermögens sich im Ausland befindet[19].

2. Klägerstellung

10   Die Pflicht[20] zur Sicherheitsleistung trifft nur den *Kläger*, d. h. diejenige Partei, die im eigenen Namen Rechtsschutz begehrt (→ dazu Rdnr. 2 vor § 50). Ob der Kläger ein *eigenes oder* ein *fremdes* Recht im eigenen Namen geltend macht, bleibt sich im Grundsatz gleich. Nur wenn ein Ausländer gerade zum Zweck der *Umgehung* der Pflicht sein Recht einem Inländer übertragen[21] oder diesen zur Prozeßführung im eigenen Namen ermächtigt hat, muß der

---

[13] Dazu *Palandt/Heldrich*[52] Anh. Art. 5 EGBGB Rdnr. 1 ff.
[14] Zum persönlichen Anwendungsbereich des Übereinkommens vgl. dessen Art. 1.
[15] *BGH* NJW 1984, 2762 = WM 1125 = ZIP 1405; WM 1982, 136 = ZIP 365; WM 1981, 1278 = ZIP 1982, 114. – A.M. *Beitzke* (Fn. 1), 238.
[16] *RGZ* 38, 403 ff. a. E.; *OLG Frankfurt* MDR 1973, 232; *OLG Hamburg* OLGRspr. 15 (1907), 172.
[17] *Jaeger* Die OHG im Zivilprozeß (Festg. f. Sohm), 25; *Riezler* (Fn. 1), 140, 430. – A.M. RGZ 36, 393 (englische partnership); *OLG Dresden* SächsArch. 5, 707; *Beitzke* (Fn. 1), 238.
[18] Vgl. *Beitzke* (Fn. 1), 239.
[19] *OLG München* JW 1922, 1594; *Riezler* (Fn. 1), 431.
[20] Im Sinne einer prozessualen Last (→ Einl. Rdnr. 233 f.).
[21] *OLG Stuttgart* HRR 1930 Nr. 351 = JW 1929, 3509 will im Fall der Inkassozession bereits auf Grund der fiduziarischen Natur dieser Abtretung auf den ausländischen Zedenten abstellen.

Inländer entsprechend dem in § 157 Abs. 1 S. 2 zum Ausdruck gekommenen Gedanken der Unbeachtlichkeit absichtlicher Gesetzesumgehung im vergleichbaren Fall die Sicherheit auf Verlangen leisten[22]. Verpflichtet ist stets der *Kläger erster Instanz*, in den höheren Instanzen also auch dann, wenn er Rechtsmittelbeklagter ist[23]. Auf Erfolgsaussichten des vom Beklagten eingelegten Rechtsmittels kommt es nicht an[24]. Bei klagenden *Streitgenossen* ist für jeden die Pflicht gesondert nach seinen persönlichen Verhältnissen zu beurteilen; der *Hauptintervenient* (§ 64) ist Kläger, und der *streitgenössische Nebenintervenient* steht einem Kläger auch in dieser kostenrechtlichen Frage entsprechend § 101 Abs. 2 gleich (→ § 69 Rdnr. 12). Der einfache *Streitgehilfe* hat nur für die Kosten der Streithilfe Sicherheit zu leisten (→ § 67 Rdnr. 22).

Die Staatsangehörigkeit **des Beklagten** ist auf die Pflicht des Klägers ohne Einfluß[25]. **11** Insbesondere ist für sein Recht, im gegebenen Fall Sicherheit zu verlangen, ohne Bedeutung, ob er dieselbe Staatsangehörigkeit wie der Kläger besitzt. Ebensowenig kommt es darauf an, ob und unter welchen Voraussetzungen sein Heimatrecht ein Sicherheitsverlangen anerkennt.

3. Betroffene Verfahrensarten

Nach der *Art des Verfahrens* ist die Pflicht auf **Klagen** begrenzt. Danach und nach *besonderen Vorschriften* besteht sie **nicht** für: **12**

a) Rechtsschutzgesuche, die **nicht die Form der Klage fordern**, wie Anträge auf Erlaß eines **13** *Mahnbescheids*, auf *Beweissicherung*, auf *Vollstreckungserklärung* von Schiedssprüchen und schiedsrichterlichen Vergleichen (§§ 1042 ff.) und von ausländischen Urteilen, soweit diese keine Klage erfordert, sondern auf Grund von Staatsverträgen ein vereinfachtes Beschlußverfahren vorgesehen ist (→ Anh. nach § 723), schließlich Anträge auf Erlaß eines *Arrestes* oder einer *einstweiligen Verfügung*[26], auch nicht bei Anordnung mündlicher Verhandlung[27]. Mit Übergang vom Mahnverfahren in das Streitverfahren entsteht freilich die Pflicht, nicht jedoch, wenn bei der Vollstreckbarerklärung von Schiedssprüchen wegen der Geltendmachung eines Aufhebungsgrundes nach § 1042a Abs. 2 mündliche Verhandlung angeordnet wird[28]. Im *Scheidungsverfahren* besteht die Sicherheitsleistungspflicht, obwohl es nach § 622 Abs. 1 durch einen Antrag eingeleitet wird. Nach § 622 Abs. 3 steht der Antragsteller jedoch einem Kläger i. S. der allgemeinen Vorschriften gleich.

b) Klagen im **Urkunden- und Wechselprozeß** (§ 592) nach § 110 Abs. 2 Nr. 2, wohl aber **14** im Nachverfahren (→ § 111 Rdnr. 8).

c) **Widerklagen** (§ 33) nach § 110 Abs. 2 Nr. 3, da der deutsche Kläger die Widerklage des **15** Ausländers durch seine Klage ermöglicht und veranlaßt hat[29]. Auch eine Trennung von Klage und Widerklage ändert daran nichts[30].

---

[22] *OLG Hamburg* RIW 1981, 196; *OLG Naumburg* JW 1925, 1306 = ZZP 52 (1927) 74 (krit. *Kann*); *Riezler* (Fn. 1), 432. – **A.M.** *BGH* NJW 1984, 2762 = WM 1125 = ZIP 1405, der in diesen Fällen eher die Zession für nichtig hält, was dem Bekl. indessen nicht hilft, da die Klage dann zwar abgewiesen wird, der Bekl. seinen Kostenerstattungsanspruch aber trotzdem im Ausland vollstrecken muß, was § 110 gerade verhindern will (→ Rdnr. 1).

[23] *BGH* WM 1981, 1278 = ZIP 1982, 114; WM 1980, 505; *BGHZ* 37, 266 = MDR 1962, 302 = NJW 345 = LM Nr. 5 (*Johannsen*); *RGZ* 154, 227; *OLG Köln* MDR 1957, 424 = ZZP 70 (1957) 147; *OLG Stuttgart* MDR 1957, 552; *Riezler* (Fn. 1), 434.

[24] *OLG Stuttgart* MDR 1957, 552.

[25] *RGZ* 146, 9; *OLG Hamburg* NJW 1983, 527; OLGspr. 13 (1906), 118.

[26] *LG Berlin* MDR 1957, 552 (zust. *Weimar*); *Baumbach/Lauterbach/Hartmann*[51] Rdnr. 9; *Zöller/Herget*[18] Rdnr. 3; offen *OLG Frankfurt* MDR 1992, 189.

[27] **A.M.** insoweit die h. M. mit der Begründung, § 110 Abs. 2 sei nicht analogiefähig; vgl. *OLG Köln* IPRax 1986, 368 (*Schütze*, 350) = NJW 1987, 76; *Ahrens* (Fn. 1); *Linke* (Fn. 1), Rdnr. 257; *Thomas/Putzo*[18] Rdnr. 2. Es geht hier indessen um eine restriktive Auslegung von Abs. 1, nicht um eine Analogie zu Abs. 2. Ebenso *Baumbach/Lauterbach/Hartmann*[51] Rdnr. 9; *Nagel* IZPR³, Rdnr. 286.

[28] *BGHZ* 52, 321 = LM Nr. 6 (*Rietschel*).

[29] *Nieder* MDR 1979, 11 m.w.N.

[30] **A.M.** *Baumbach/Lauterbach/Hartmann*[51] Rdnr. 8; *Zöller/Herget*[18] Rdnr. 3.

| | § 110 II, III | Erstes Buch. Allgemeine Vorschriften. Zweiter Abschnitt. Parteien | 260 |

16   d) Klagen auf **öffentliche Aufforderungen** (→ zu diesen §§ 946ff.) nach § 110 Abs. 2 Nr. 4.

17   f) Klagen aus **Rechten, die im Grundbuch eingetragen** sind, nach § 110 Abs. 2 Nr. 5. Im Grundbuch nur vorgemerkte Rechte gehören nicht hierher[31].

18   g) In **Patentstreitigkeiten** wird § 110 von § 81 Abs. 7 PatG verdrängt, der eine Sicherheitsleistung ohne Rücksicht auf die Staatsangehörigkeit dann vorsieht, wenn der (auch deutsche) Kläger seinen Wohnsitz im Ausland hat (→ auch Rdnr. 40, 46).

III. Ausnahmen

19   Von der Pflicht zur Sicherheitsleistung gibt es zahlreiche Befreiungen, die teils auf *rein innerstaatlichen Sondervorschriften* beruhen (→ Rdnr. 20ff.), teils auf *Staatsverträgen* (→ Rdnr. 24ff.), teils gemäß § 110 Abs. 2 Nr. 1 darauf, daß nach dem Heimatrecht des Klägers die *Gegenseitigkeit verbürgt* ist (→ Rdnr. 36ff.).

20   1. Durch **innerstaatliches Recht** (einschließlich Recht der früheren Besatzungsmächte) sind befreit:
      a) **Verschleppte Personen und Flüchtlinge** i. S. des AHKG Nr. 23 v. 17. III. 1950 (AHK-ABl. 140) i. d. F. G. v. 1. III. 1951 (AHK-ABl. 808)[32] für bürgerliche Rechtsstreitigkeiten, die im 6. Buch der ZPO geregelt sind.

21   b) **Heimatlose Ausländer** i. S. d. G. vom 25. IV. 1951 (BGBl. I, 269; geändert durch G. v. 9.7.1990; BGBl. I, 1354)[33] nach dessen § 11 für Klagen aller Art. Auf Wohnsitz, Staatsangehörigkeit, Gegenseitigkeit oder sonstige Umstände kommt es dabei nach dem eindeutigen Wortlaut der Vorschrift nicht an.

22   c) Personen, denen **Prozeßkostenhilfe** bewilligt ist, nach § 122 Abs. 1 Nr. 2.

23   d) Im **Verfahren nach dem BEG** (BGBl. 1956 I, 559f.) kommt eine Erstattung außergerichtlicher Kosten nur nach §§ 226, 227 BEG in Betracht, so daß Anwaltskosten des beklagten Landes nur vor dem BGH erstattungsfähig sind. In diesem wie im Rückerstattungsverfahren wird § 110 Abs. 1 nicht angewendet[34].

2. Staatsverträge

24   Die Zahl der zwischenstaatlichen Vereinbarungen, die als Kollektivverträge oder zweiseitige Verträge eine Befreiung vorsehen, ist in ständigem Wachsen. Es gehören jedoch **nur Verträge, die von der Sicherheitsleistung für Prozeßkosten befreien**, hierher. Die in Freundschafts-, Niederlassungs-, Handelsverträgen usw. üblichen Zusicherungen freien Zutritts zu den Gerichten gewähren diese Freistellungen nicht[35]. Ob die in verschiedenen Verträgen anzutreffende Gleichstellung mit Inländern oder mit Angehörigen der meistbegünstigten Staaten die Befreiung von der Sicherheitsleistung umfaßt, ist eine Frage der Auslegung der einzelnen Vereinbarung. Es genügt jedenfalls nicht, daß bei der Zusicherung freien Zutritts zu den Gerichten eine Gleichstellung mit Inländern »in dieser Hinsicht« zugesagt wird[36] oder die Gleichstellung »in bezug auf den Rechtsschutz«, und erst recht reicht eine Zusicherung der freien Ausübung von Handel oder Gewerbe oder Meistbegünstigung auf dem Gebiet des

---

[31] KB Nov. 98, 49 (unstreitig).
[32] Dazu *Palandt/Heldrich*[52] Anh. Art. 5 EGBGB Rdnr. 14ff.
[33] Dazu *Palandt/Heldrich*[52] Anh. Art. 5 EGBGB Rdnr. 17ff.
[34] So OLG Freiburg RzW 1950, 135; OLG Koblenz RzW 1951, 88; *Wieczorek*[2] § 108 Anm. A II c; abweichend OLG Tübingen RzW 1949/50, 386.

[35] RGZ 149, 86; 146, 8; 104, 189; vgl. hierzu und zum folgenden auch *Dilger* ZZP 85 (1972) 411.
[36] So auch RGZ 146, 8; *Baumbach/Lauterbach/Hartmann*[51] Anh. zu § 110 Rdnr. 1; *Lutterloh* JW 1929, 418. – Abl. zu Art. 277 Versailler Vertrag auch RGZ 104, 189; KG JW 1922, 168 u. a. – Zur Gleichstellung beim Schutz gewerblichen Eigentums s. Art. 2 Abs. 3 der Pariser Verbandsübereinkunft v. 31. X. 1958 (BGBl. 1961 II, 274).

Bork VI/1993

Handels oder dgl. nicht aus. Daher sind die gelegentlich[37] aufgeführten bilateralen Verträge über den Schutz von Kapitalanlagen nicht geeignet, eine Befreiung von der Verpflichtung zur Sicherheitsleistung zu gewähren[38].

Soweit eine vertragliche Regelung von der Sicherheitsleistung befreit, ist nicht mehr nach § 110 Abs. 2 Nr. 1 zu prüfen, ob der Staat, dem der Kläger angehört, das Gegenrecht gewährt[39]. Dagegen ist im Zweifel wohl nicht anzunehmen, daß eine vertragliche Regelung in dem Sinne als abschließend gedacht wäre, daß in von ihr nicht erfaßten Fällen auch dann keine Befreiung gewährt werden dürfte, wenn im entsprechenden Fall ein Angehöriger des Gerichtsstaates im Klägerstaat zur Sicherheit nicht verpflichtet wäre. Ebenso, wie mehrere nebeneinander bestehende Verträge bei der Feststellung des Umfangs der Befreiung zusammenzuzählen sind (vgl. z. B. Art. 17 Abs. 3 des Haager Abkommens v. 17. VII. 1905 und des Haager Übereinkommens v. 1. III. 1954; → Rdnr. 26), kann auch die Befreiung auf Grund der Erfüllung des Gegenseitigkeitserfordernisses (§ 110 Abs. 2 Nr. 1) die durch einen Staatsvertrag gewährte erweitern. 25

An **Kollektivverträgen** sind folgende zu nennen:

a) Unter gleichzeitiger Zusicherung der Vollstreckungserklärung einer gegen den Kläger ergehenden Kostenentscheidung sichern Art. 17 des **Haager Abkommens über den Zivilprozeß** v. 17. VII. 1905 (Abk 05) und des **Haager Übereinkommens über den Zivilprozeß** v. 1. III. 1954 (Üb 54)[40] Angehörigen eines Vertragsstaates[41], die in irgendeinem Vertragsstaat[42] ihren Wohnsitz haben, mag dies ihr Heimatstaat oder ein anderer sein, die Befreiung vor den Gerichten eines anderen Vertragsstaates – nicht ihres Heimatstaates – als Kläger[43] oder Intervenienten zu, wenn sie nur wegen ihrer Eigenschaft als Ausländer oder wegen mangelnden Wohnsitzes im Inland[44] Sicherheit leisten sollen. Von dem in Art. 32 Üb 54 vorgesehenen Vorbehalt, die Befreiung auf Personen mit gewöhnlichem Aufenthalt im Urteilsstaat zu beschränken, hat bisher kein Vertragsstaat Gebrauch gemacht. 26

b) Für die **Geltendmachung von Unterhaltsansprüchen im Ausland** sieht Art. 9 Abs. 2 des hierüber geschlossenen Übereinkommens v. 20. VI. 1956 (BGBl. 1959 II, 150; → dazu, auch wegen der Vertragsstaaten, Einl. Rdnr. 867) eine Befreiung nach dem Vorbild des Art. 17 der Haager Verträge (→ Rdnr. 26) vor, wobei aber kein Wohnsitz in einem der Vertragsstaaten verlangt wird. 27

c) Daneben besteht eine Befreiung von der Verpflichtung zur Sicherheitsleistung auf Grund von Art. 9 Abs. 2 des **Haager Übereinkommens über die Anerkennung und Vollstreckung von Entscheidungen auf dem Gebiet der Unterhaltspflicht gegenüber Kindern** v. 15. IV. 1958 (BGBl. 1961 II, 1005; in Kraft für die BRD seit 1. I. 1962; BGBl. 1962 II, 15) für das in dem Übereinkommen vorgesehene Verfahren (s. dazu – auch zum Text – Anh. zu § 723 A I 1[45]) sowie nach Art. 15 des **Haager Übereinkommens über die Anerkennung und Vollstreckung von Unterhaltsentscheidungen** vom 2. X. 1973 (BGBl. 1986 II, 826; → § 328 Rdnr. 570 ff.). 28

d) Auch Flüchtlinge i. S. d. **Genfer Abkommens über die Rechtsstellung der Flüchtlinge** v. 28. VII. 1951 (BGBl. 1953 II, 559)[46] sind nach dessen Art. 16 Abs. 2 für Klagen aller Art 29

---

[37] Bei *Wieczorek*[2] Anm. C I b 1.
[38] *OLG Frankfurt* NJW 1980, 2032.
[39] *BGHZ* 12, 152 = NJW 1954, 837 = LM Art. 17 Haager ZPAbk. Nr. 1 (*Johannsen*).
[40] Vgl. zum Text des letzteren Anh. zu § 328 Rdnr. 502 ff. sowie (auch zu den Vertragsstaaten) Einl. Rdnr. 863; Erläuterungen bei *Bülow/Böckstiegel* (Fn. 1), A I 1a, 100/1 ff.
[41] Auch juristische Personen einschließlich der Vertragsstaaten selbst: *Schweiz.* BGE 77 I, 48/49; *Riezler* (Fn. 1), 440; → auch Rdnr. 8.

[42] *RGZ* 146, 8.
[43] Im Ausland kann das auch der Beklagte als Widerkläger oder als Rechtsmittelkläger sein, s. *Schweiz.* BGE 45 I, 381; zum deutschen Recht → dagegen oben Rdnr. 14.
[44] Nicht, wenn Grund die Mittellosigkeit des Klägers ohne Rücksicht auf Staatsangehörigkeit oder Wohnsitz ist, wie z. B. nach Art. 98 italien. c. p. c. (vgl. zur Begründung dieser Regelung z. B. *Satta Commentario* Art. 98 I).
[45] Vertragsstaaten sind gegenwärtig Belgien, Dänemark, Finnland, Frankreich, Italien, Liechtenstein, Nie-

befreit. Vgl. dazu auch das Protokoll v. 31. I. 1967 (BGBl. 1969 II, 1294)[47], das in seinem Art. 1 eine Erweiterung des Begriffs des Flüchtlings, wie er in Art. 1 des Abkommens definiert ist, enthält.

30   e) Für Klagen **vor den Rheinschiffahrtsgerichten** (→ dazu Einl. Rdnr. 662) befreit Art. 36 Abs. 1 der Revidierten Rheinschiffahrtsakte v. 27. IX. 1952 (BGBl. I, 645; Neufassung des deutschen Wortlauts v. 11. III. 1969; BGBl. II, 597).

31   f) Auf Grund von Art. 56 Abs. 4 des **Internationalen Übereinkommens über den Eisenbahnfrachtverkehr (CIM)** v. 7. II. 1970 (BGBl. 1974 II, 381) und von Art. 52 Abs. 4 des **Internationalen Übereinkommens über den Eisenbahn-, Personen- und Gepäckverkehr (CIV)** v. 7. II. 1970 (BGBl. 1974 II, 493) – für die BRD in Kraft seit 1. I. 1975 gemäß Art. 4 Abs. 2 G v. 26. IV. 1974 (BGBl. II, 357) in Verbindung mit Bek. v. 7. VII. 1975 (BGBl. II, 1130)[48] –, ferner auf Grund von Art. 18 § 4 des **Übereinkommens über den Internationalen Eisenbahnverkehr (COTIF)** v. 9. V. 1980 (BGBl. 1985 II, 132), für die Bundesrepublik in Kraft seit 1. V. 1985 (BGBl. 1985 II, 1001), ist die Pflicht für alle Klagen auf Grund dieses Übereinkommens beseitigt. – S. auch Art. 31 Abs. 5 des **Übereinkommens über den Beförderungsvertrag im internationalen Straßengüterverkehr (CMR)** v. 19. V. 1956 (BGBl. 1961 II, 1120; 1962 II, 12; 1974 II, 1231).

32   g) Art. 9 Abs. 2 (i. V. m. Abs. 1) des **Europäischen Niederlassungsabkommens** nebst Zusatzprotokoll, beide v. 13. XII. 1955 (BGBl. 1959 II, 997), verbietet das Verlangen einer Sicherheitsleistung von Angehörigen eines Vertragsstaates, die ihren Wohnsitz oder gewöhnlichen Aufenthalt im Gebiet eines Vertragsstaates haben, wenn sie vor den Gerichten eines der anderen Vertragsstaaten als Kläger oder sonstige Verfahrensbeteiligte auftreten und die Leistung nur verlangt wird, weil sie Ausländer sind oder keinen Wohnsitz oder Aufenthalt im Inland haben[49]. Das Abkommen gilt gemäß seinem Art. 30 *nur für natürliche Personen*[50]. Für die Bundesrepublik ist es in Kraft seit 23. II. 1965 (BGBl. II, 1099)[51].

---

derlande, Norwegen, Österreich, Portugal, Schweden, Schweiz, Spanien, Surinam, Tschechoslowakei, Türkei, Ungarn; Nachweise im Fundstellennachweis B (Beilage zum BGBl. II).

[46] Vgl. dazu *Palandt/Heldrich* BGB[52] Anh. zu Art. 5 EGBGB Rdnr. 19 ff. Dies gilt gegenwärtig für folgende Gebiete: Algerien, Argentinien, Äthiopien, Australien, Belgien, Benin, Botsuana, Brasilien, Burundi, Chile, Dänemark, Dschibuti, Ecuador, Elfenbeinküste, Fidschi, Finnland, Frankreich, Gabun, Gambia, Ghana, Guinea, Guinea-Bissau, Heiliger Stuhl, Iran, Irland, Island, Israel, Italien, Jamaika, Jugoslawien bzw. Nachfolgestaaten (→ Rdnr. 35 d), Kanada, Kamerun, Kenia, Kolumbien, Kongo, Liberia, Liechtenstein, Luxemburg, Madagaskar, Mali, Malta, Marokko, Monaco, Neuseeland, Niederlande, Niger, Nigeria, Norwegen, Österreich, Paraguay, Peru, Portugal, Sambia, Schweden, Schweiz, Senegal, Sudan, Tansania, Togo, Tunesien, Türkei, Uganda, Uruguay, Vereinigtes Königreich, Zaire, Zentralafrikanische Republik, Zypern. – Wegen der Fundstellen vgl. Fundstellennachweis B (Beilage zum BGBl. II).

[47] Diesem sind bisher beigetreten: Algerien, Argentinien, Äthiopien, Australien, Belgien, Benin, Botsuana, Brasilien, Burundi, Chile, Dänemark, Ecuador, Elfenbeinküste, Fidschi, Finnland, Frankreich, Gabun, Gambia, Ghana, Grenada, Griechenland, Guinea, Guinea-Bissau, Heiliger Stuhl, Iran, Irland, Island, Israel, Jugoslawien bzw. Nachfolgestaaten (→ Rdnr. 35 d), Kamerun, Kanada, Kongo, Liechtenstein, Luxemburg, Mali, Malta, Marokko, Neuseeland, Niederlande, Niger, Nigeria, Norwegen, Österreich, Paraguay, Sambia, Schweden, Schweiz, Senegal, Sudan, Swasiland, Tansania, Togo, Tunesien, Türkei, Uruguay, Vereinigtes Königreich, Vereinigte Staaten, Zaire, Zentralafrikanische Rep., Zypern. – Wegen der Fundstellen vgl. Fundstellennachweis B (Beilage zum BGBl. II).

[48] Vertragsstaaten sind gegenwärtig Algerien, Belgien, Bulgarien, Dänemark, Finnland, Frankreich, Griechenland, Irak, Iran, Irland, Italien, Jugoslawien bzw. Nachfolgestaaten (→ Rdnr. 35 d), Liechtenstein, Marokko, Niederlande, Norwegen, Österreich, Polen, Portugal, Rumänien, Schweiz, Spanien, Syrien, Tschechoslowakei, Tunesien, Türkei, Ungarn, Vereinigtes Königreich; s. Fundstellennachweis B (Beilage zum BGBl. II).

[49] Vgl. zu dieser Tatbestandsbeschreibung *OLG Koblenz* IPRax 1992, 42.

[50] Ein europ. NiederlassungsAbk. für jur. Personen und Handelsgesell. v. 20. I. 1966 ist für die BRD noch nicht in Kraft. Vgl. dazu *Bauer* RIW/AWD 1971, 86.

[51] Vertragsparteien sind Belgien, Dänemark, Griechenland, Italien, Luxemburg, Niederlande, Norwegen, Schweden, außerdem Irland und das Vereinigte Königreich. Letztere haben jedoch besondere Vorbehalte gegenüber Art. 9 des Abk. erklärt: Irland will die Vorschrift gar nicht anwenden, das Vereinigte Königreich nur für solche Kläger, die ihren Wohnsitz im Inland haben. Daraus wird gefolgert, daß deutsche Gerichte Art. 9 Ndl. nur in diesem eingeschränkten Umfang anwenden sollen, so daß natürliche Personen aus Irland oder dem Vereinigten Königreich nur dann befreit wären, wenn sie in Deutschland wohnen, *Zimmermann* RIW 1992, 707, 709. Die h.M. befürwortet hingegen eine uneingeschränkte Anwendung auch im Verhältnis zu diesen Staaten, *OLG Koblenz* IPRax 1992, 42 (zust. *Kaum* 18 ff.).

h) Geringe praktische Bedeutung hat das **NATO-Truppenstatut** nebst Zusatzabkommen (→ Einl. Rdnr. 663 ff. – dort ist auch der Text abgedruckt – sowie Rdnr. 666), da in Art. 31 des Zusatzabkommens hinsichtlich der Verpflichtung zur Sicherheitsleistung nur auf die mit dem jeweiligen Entsendestaat etwa bestehenden Abkommen verwiesen wird. Im Rahmen dieser Abkommen gilt dann der dienstliche Aufenthalt der betreffenden Personen im Bundesgebiet als ständiger Aufenthalt (s. Art. 31 S. 2 des Zusatzabkommens). 33

In **zweiseitigen Verträgen** finden sich Befreiungen von der Pflicht zur Sicherheitsleistung nicht nur in manchen Abkommen über Rechtshilfe, sondern auch in Freunschafts-, Handelsverträgen usw.; zur Auslegung → Rdnr. 24. Von einer Zusammenstellung ist abgesehen, weil die Übersicht (Rdnr. 41) sie berücksichtigt. 34

Sowohl bei zweiseitigen als auch bei Kollektivverträgen tritt das Problem auf, ob und unter welchen Umständen neue **Staaten, die nach Vertragsschluß auf dem Gebiet eines Vertragsstaates entstanden sind**, an die vom ursprünglichen Staat abgeschlossenen Verträge gebunden sind[52]. 35

Die Frage der Staatensukzession in Verträge ist zunächst in der von der UNO verabschiedeten *Wiener Konvention über Staatennachfolge in Verträge* vom 23. August 1978[53] geregelt. Nach Artt. 8 und 9 Wiener Konvention gehen Rechte und Pflichten aus Verträgen auf einen *Nachfolgestaat* nicht ipso iure über. Die Weitergeltung setzt vielmehr das Einverständnis des Nachfolgestaates und das Einverständnis der Partner des bestehenden Vertrages voraus. Für *neue unabhängige Staaten* erleichtern Artt. 17 und 18 der Konvention demgegenüber den Eintritt in Verträge auf die Weise, daß es nur einer Notifikation der Nachfolge in den Vertragsstatus des Vorgängerstaates bedarf. Danach kann von einer Weitergeltung der eine Befreiung von der Verpflichtung zur Sicherheitsleistung enthaltenden Vereinbarung für die Neustaaten solange nicht ausgegangen werden, bis entsprechende Bindungserklärungen vorliegen. Diese Konvention ist aber noch nicht in Kraft getreten und darf wohl auch nicht als Ausdruck der in der Völkerrechtslehre h. M. verstanden werden. 35a

Anerkannt ist in diesem Zusammenhang wohl nur, daß Verträge, die rein territoriale Fragen regeln (»radizierte Verträge«), gegenüber Nachfolgestaaten weitergelten, und daß Verträge, die offensichtlich auf die Individualität des Vorgängerstaates zugeschnitten waren, gegenüber Nachfolgestaaten nicht fortgelten können[54]. Alles andere ist **umstritten**. Die wohl h. M. verweist auf die uneinheitliche Staatenpraxis und verneint deshalb eine Fortgeltung ipso iure. Das hat zur Folge, daß die Nachfolgestaaten gegenüber den jeweiligen Vertragspartnern erklären müssen, daß die vom Vorgängerstaat abgeschlossenen Verträge fortgelten sollen, wobei diese Erklärung auch konkludent erfolgen kann. Ohne eine solche (konstitutive) Erklärung kann aber von einer Weitergeltung nicht ausgegangen werden[55]. Demgegenüber neigen andere in Übereinstimmung mit der Praxis des Auswärtigen Amtes der Bundesrepublik Deutschland zu der Auffassung, daß solche Erklärungen nur deklaratorische Bedeutung haben. Begründet wird dieses Prinzip der Kontinuität mit der Erwägung, daß die mit dem Untergang eines Staates einhergehenden Störungen sowohl der zwischenstaatlichen Beziehungen als auch für die Individuen so gering wie möglich gehalten werden sollen. Gerade die jüngste Vergangenheit hat freilich gezeigt, daß die Nachfolgestaaten nicht selten Fortgeltungserklärungen abgeben, so daß der Streit über deren konstitutive oder deklaratorische Wirkung weitgehend theoretisch bleibt. 35b

---

[52] Eingehend zur Problematik *Dahm/Delbrück/Wolfrum* Völkerrecht[2], Bd. I/1, 157 ff., 161 f.; *Ipsen* Völkerrecht[3] § 12 Rdnr. 5–20; *v.Münch* Völkerrecht[2], 189 f.; *Seidl-Hohenveldern* Völkerrecht[5], Rdnr. 1043; *Verdross/Simma* Universelles Völkerrecht[3], §§ 977 ff.; vgl. ferner *v.Münch/Hoog* in: Kipke, Abschied von der Tschechoslowakei (1993); *Oeter* ZaöRV 53 (1993), 1, 15 f.; *Schweisfurth* ZaöRV 52 (1992), 541, 674 ff.

[53] Abgedruckt u. a. in International Legal Materials 17 (1978), 1488 f.

[54] Vgl. *Dahm/Delbrück/Wolfrum* Völkerrecht[2], Bd. I/1, 165 ff.

[55] In diesem Sinn *OLG Koblenz* VersR 1968, 675, das die Geltung des Üb 54 für Algerien mangels einer derartigen Erklärung ablehnt.

35c Bedeutung erlangt hat die Frage zunächst für die Nachfolgestaaten der ehemaligen **UdSSR**. Die Sowjetunion ist im Dezember 1991 durch Dismembration untergegangen. Auf ihrem Territorium haben 15 Staaten Souveränität erlangt, von denen keiner – auch Rußland nicht – mit der UdSSR identisch ist. 11 dieser Staaten haben sich zu einem losen Staatenbund, der Gemeinschaft Unabhängiger Staaten (**GUS**), zusammengeschlossen, der seinerseits kein Staat ist. Mitgliedstaaten sind *Armenien, Aserbaidschan, Kasachstan, Kirgistan, Moldau, Rußland, Tadschikistan, Turkmenistan, Ukraine, Usbekistan, Weißrußland*. Nichtmitglieder sind *Estland, Georgien, Lettland* und *Litauen*. Für Kläger aus der UdSSR war die Gegenseitigkeit verbürgt, weil die gleichgeschalteten Prozeßrechte der Unionsrepubliken eine Prozeßkostensicherheit nicht kannten und die Sowjetunion dem Üb 54 beigetreten war[56]. Für die nationalen Prozeßrechte kann, da die Einführung einer Prozeßkostensicherheit für Ausländer derzeit nicht bekannt ist, von der Fortgeltung der bisherigen Rechtslage ausgegangen werden. Eine ausdrückliche Erklärung über die Rechtsnachfolge in die völkerrechtlichen Bindungen der ehemaligen UdSSR haben zudem abgegeben *Armenien* (BGBl. 1993 II, 169), *Kasachstan* (BGBl. 1992 II, 1120), *Kirgistan* (BGBl. 1992 II, 1015), *Rußland* (BGBl. 1992 II, 1016)[57], *Ukraine* (Bulletin Nr. 53 v. 17.6.1993, 560) und *Georgien* (BGBl. 1992 II, 1128). Im übrigen haben die *GUS-Staaten* in einer Erklärung von Alma Ata am 21.12.1991 die Erfüllung der internationalen Verpflichtungen der UdSSR garantiert[58]. Zweifelhaft kann die Fortgeltung der internationalen Abkommen daher allenfalls im Verhältnis zu *Estland, Lettland* und *Litauen* sein.

35d Auf dem ehemaligen Gebiet von **Jugoslawien** haben *Bosnien-Herzegowina, Kroatien* und *Slowenien* die Unabhängigkeit erlangt. Diese Staaten haben ausdrückliche Rechtsnachfolgeerklärungen abgegeben[59]. Für sie gilt daher dasselbe wie für das sog. »Rest-Jugoslawien«, bestehend aus *Makedonien, Montenegro* und *Serbien*. Diese nehmen für sich in Anspruch, mit dem früheren Jugoslawien (auf eingeschränktem Staatsgebiet) identisch zu sein. Verhält es sich so, besteht eine partielle Prozeßkostenbefreiung[60]. Die völkerrechtliche Identität des ehemaligen Jugoslawiens mit »Rest-Jugoslawien« ist freilich unsicher. Darauf kommt es aber im vorliegenden Zusammenhang wohl nicht an, da man das Beharren der genannten Staaten auf der Identität als wenigstens konkludente (→ Rdnr. 35b) Erklärung über die Bindung an die vertraglichen Verpflichtungen Jugoslawiens verstehen kann.

35e Schließlich ist kurz auf das Verhältnis zur ehemaligen **Tschechoslowakei** (CSFR) einzugehen. Die Tschechische und Slowakische Föderative Republik ist am 1.1.1993 durch Dismembration untergegangen. Auf ihrem Staatsgebiet sind zwei neue, mit der untergegangenen Tschechoslowakei nicht identische Staaten entstanden, die *Tschechische Republik* und die *Slowakische Republik*. Beide haben ausdrückliche Erklärungen über die Rechtsnachfolge abgegeben[61]. Da im Verhältnis zur Tschechoslowakei die Gegenseitigkeit verbürgt war[62], gilt dasselbe nunmehr auch im Verhältnis zu den beiden Nachfolgestaaten.

3. Gegenseitigkeit

36 Nach § 110 Abs. 2 Nr. 1 ist schließlich ein *Kläger* befreit, wenn *nach den Gesetzen des Staates, dem er angehört, ein Deutscher im gleichen Falle zur Sicherheitsleistung nicht verpflichtet ist*, d. h. bei einer entsprechenden Klage und unter entsprechenden Verhältnissen. Es ist also nicht erforderlich, daß die Gegenseitigkeit in jeder Hinsicht verbürgt ist, sondern nur, daß der ausländische Staat in einer entsprechenden Prozeßlage keine Sicherheit verlangt, etwa dann nicht, wenn der ausländische Kläger in diesem Staat Wohnsitz oder Vermögen hat[63]. Auch wenn der *Beklagte ein Ausländer* ist, kommt es allein auf die Verbürgung der

---

[56] BGBl. 1967 II, 2046; *Rubanov* RabelsZ 27 (1962), 706; *Schütze* (Fn. 1), 104.
[57] Vgl. für das Üb 54 auch IPRax 1993, 200.
[58] *Schweisfurth* ZaöRV 52 (1992), 541, 674 ff. verlangt allerdings einschränkend die innerstaatliche Zustimmung der Nachfolgestaaten.
[59] Vgl. für Bosnien-Herzegowina BGBl. 1992 II, 1196; für Kroatien BGBl. 1992 II, 1146; für Slowenien BGBl. 1993 II, 934 und IPRax 1993, 200.
[60] Bei Wohnsitz des Klägers in einem Vertragsstaat, Art. 17 Üb 54 (BGBl. 1963 II, 1328); bei Unterhalt Art. 9 UNÜ (BGBl. 1959 II, 1377).

[61] Vgl. für die Tschechische Republik BGBl. 1993 II, 762 und 934; für die Slowakische Republik BGBl. 1993 II, 762.
[62] Bei Wohnsitz des Klägers in einem Vertragsstaat, Art. 17 Üb 54 (BGBl. 1966 II, 767); bei Unterhalt Art. 9 UNÜ (BGBl. 1959 II, 1377), Art. 9 HÜ 58 (BGBl. 1971 II, 988) und Art. 15 HÜ 73 (BGBl. 1987 II, 220); ansonsten bestand bei Verbürgung der Gegenseitigkeit keine Verpflichtung zur Sicherheitsleistung, *Schütze* S. 105.
[63] Vgl. nur *Schack* (Fn. 1), Rdnr. 564; *Schütze* JZ 1983, 385 sowie oben die Anm. zu Rdnr. 41.

Gegenseitigkeit im Verhältnis des Heimatstaates des Klägers zur Bundesrepublik, nicht aber zum Heimatstaat des Beklagten an[64].

Nach dem Wortlaut des § 110 muß die Befreiung auf den Gesetzen des anderen Staates beruhen. Diese Formulierung weicht von § 328 Abs. 1 Nr. 5 ab, in dem lediglich die Verbürgung der Gegenseitigkeit verlangt wird. Ein Grund für diesen Formulierungsunterschied ist aus den Motiven nicht zu erkennen. Jedenfalls aus heutiger Sicht ist das Gegenseitigkeitserfordernis bei § 110 nicht anders zu verstehen als bei § 328. Daher wäre es z.B. verfehlt, common-law-Länder wegen Fehlens eines kodifizierten Rechts einfach auszuschließen[65]. Dem geschriebenen Recht steht nicht nur *Gewohnheitsrecht*, sondern auch ein *Präjudizienrecht* gleich[66]. Ferner ist eine *ständige Praxis* zu beachten, wenn sie mit hinreichender Sicherheit festzustellen ist[67]. Insbesondere wäre es sinnwidrig, eine ausländische Praxis, die in unzutreffend enger Auslegung des eigenen Rechts Sicherheit verlangt, zu übersehen, weil das richtig ausgelegte Gesetz Befreiung gewährt, und ebenso eine weitherzige Praxis, die Befreiung anerkennt, unter Berufung auf eine zutreffende Auslegung zu mißachten (→ auch § 328 Rdnr. 265). Zur Ermittlung und Auslegung fremden Rechts → § 293. 37

Praktische Schwierigkeiten ergeben sich regelmäßig, wenn das **inländische wie das ausländische Recht eine Befreiung bei Gewährung des Gegenrechts vorsehen**, diese Gewährung aber noch nicht durch praktische Erfahrung zu belegen ist. Die Gerichte beider Staaten stehen sich dann abwartend gegenüber, und keines kann den ersten Schritt tun, weil diesem ja ein Schritt der Gegenseite vorangegangen sein müßte. Die Befreiung wird danach in Wahrheit vom inländischen Recht nicht gewährt, weil es selbst sie nicht bewilligt[68]. Über diesen toten Punkt kommt man nur hinweg, wenn man die Feststellung über die Stellungnahme der ausländischen Gerichte nicht an deren Verhalten in bestimmten vergangenen oder gegenwärtigen Prozessen knüpft, wozu der Wortlaut des deutschen Rechts gar nicht zwingt, sondern an die Gewißheit, daß die ausländischen Gerichte im gegebenen Fall in Zukunft keine Sicherheit verlangen werden. Diese Gewißheit besteht aber dann, wenn die Gerichte des anderen Staates nach ihren Gesetzen Befreiung gewähren müssen, sobald das inländische Gericht ihnen darin vorangegangen ist[69]. Daß der Richter nach seinem Ermessen entscheiden kann, genügt jedoch nicht[70], und ob ein Deutscher im Ausland als Ausländer oder wie jeder Kläger Sicherheit leisten muß, ist hier gleich schädlich[71], weil § 110 sachlich die Gleichbehandlung verlangt (sog. materielle Reziprozität). 38

Daß der Deutsche im Ausland **nur für bestimmte Instanzen befreit** ist, z.B. nur für die 1. Instanz, reicht aus[72]. Es kann dann Sicherheit vor Durchführung des Rechtsmittels verlangt werden. 39

In **Patentnichtigkeitsklagen** usw. tritt nach Maßgabe des § 81 Abs. 7 PatG auch bei Gegenseitigkeit keine Befreiung ein[73] (→ auch Rdnr. 46). Sie ist nur aufgrund von Staatsverträgen etc. möglich, für die wiederum nicht nach der Gegenseitigkeit zu fragen ist (→ Rdnr. 25). 40

---

[64] *OLG Düsseldorf* NJW 1973, 2165 = MDR 1974, 51.
[65] So auch *Cohn* ZZP 78 (1965), 169.
[66] Zust. *BGH* WM 1981, 1278 = ZIP 1982, 114.
[67] So auch *OLG Frankfurt* MDR 1973, 232; *LG Nürnberg-Fürth* MDR 1989, 74 = IPRax 1990, 109 (*Schütze*, 87); *Schütze* JZ 1983, 384; offen *BGH* WM 1982, 880 und 458 = JZ 473 = NJW 1223; WM 1981, 1278 = ZIP 114. Gegen ständige Übung überhaupt *OLG Köln* JR 1951, 534. – Unzutreffend verneint die vom Gesetz gewährte Gegenseitigkeit bei (bürgerkriegsbedingten) tatsächlichen Rechtspflegehindernissen *OLG Frankfurt* RIW 1989, 907 (zust. *Patzina*); wie hier *OLG Köln* RIW 1985, 495; *Schack* (Fn. 1), Rdnr. 564 Fn. 1.

[68] Besonders deutlich in *BGH* NJW 1953, 864 = LM Nr. 1 zu erkennen.
[69] Zust. *Schack* (Fn. 1), Rdnr. 565.
[70] *RGZ* 84, 27; s. auch *Nagel* Auf dem Wege...(Fn. 1), 23.
[71] *RGZ* (VZS) 51, 1f. (mit 38, 408 gegen 39, 406).
[72] **A.M.** *RGZ* 83, 428. – Die Pflicht zur Sicherheitsleistung für **besondere Verfahrensarten** (z.B. Arrest, Vollstreckung aus nicht rechtskräftigem Urteil) schließt die Anerkennung der Gegenseitigkeit ebenfalls nicht aus.
[73] *BPatG* GRUR 1979, 395; *BGH* GRUR 1960, 429; *Schmieder* GRUR 1982, 12.

§ 110 III   Erstes Buch. Allgemeine Vorschriften. Zweiter Abschnitt. Parteien

4. Übersicht

41 Nachstehend sind die Staaten in alphabetischer Reihenfolge angeführt mit Hinweisen, ob und gegebenenfalls wieweit **Angehörige dieser Staaten vor deutschen Gerichten** von der Sicherheitsleistung befreit sind. Die verwendeten Abkürzungen haben dabei folgende Bedeutung:
- **Abk. 05**: Befreiung ergibt sich aus dem Haager Abkommen über den Zivilprozeß vom 17. VII. 1905 (→ Rdnr. 26);
- **G**: Befreiung des Ausländers ergibt sich aus der Verbürgung der Gegenseitigkeit durch das jeweilige innerstaatliche Recht;
- **HÜ 58**: vgl. das Haager Übereinkommen v. 15. IV. 1958 über die Anerkennung und Vollstreckung von Entscheidungen auf dem Gebiet der Unterhaltspflicht gegenüber Kindern (→ oben Rdnr. 28);
- **HÜ 73**: vgl. das Haager Übereinkommen v. 2. X. 1973 über die Anerkennung und Vollstreckung von Unterhaltsentscheidungen (→ oben Rdnr. 28);
- **ja**: Ausländer ist vor deutschen Gerichten befreit;
- **Ndl.**: vgl. das Europäische Niederlassungsabkommen v. 13. XII. 1955 (→ oben Rdnr. 32);
- **nein**: Ausländer ist vor deutschen Gerichten nicht befreit; ist *ungeklärt*, ob der fremde Staat eine solche Befreiung gewährt, und liegt auch kein Vertrag vor, muß von einem durch nein gekennzeichneten Fall der fehlenden Befreiung des Ausländers ausgegangen werden;
- **partiell**: Ausländer ist vor deutschen Gerichten nur unter bestimmten Bedingungen befreit, nämlich unter solchen, unter denen deutsche Kläger in dem entsprechenden Staat befreit wären;
- **UNÜ**: vgl. das UN-Übereinkommen über die Geltendmachung von Unterhaltsansprüchen im Ausland v. 20. VI. 1956 (→ Rdnr. 27);
- **Üb 54**: Befreiung ergibt sich aus dem Haager Übereinkommen über den Zivilprozeß v. 1. III. 1954 (→ Rdnr. 26);
- **Vertrag**: Befreiung auf Grund zweiseitiger Staatsverträge. Soweit nicht in den Fußnoten über zweiseitige Verträge nähere Angaben gemacht sind, ist auf die oben Einl. Rdnr. 881 wiedergegebenen Fundstellen usw. zu verweisen. Dort ist auch zu ersehen, wieweit ein Vertrag auf überseeische Besitzungen oder sonstige Hoheitsgebiete, für die ein Vertragsstaat die internationalen Beziehungen wahrnimmt, erstreckt. Die *übrigen Kollektivverträge* (→ zu diesen Rdnr. 29 f.) sind hier nicht angeführt, weil ihr Anwendungsbereich eng begrenzt ist und sonst die Übersichtlichkeit der Zusammenstellung leiden würde;

Eingehende **Hinweise** finden sich bei *Bülow/Böckstiegel/Geimer/Schütze* (Fn. 1), Band I Teil A I 1/A II, Band III Teil E und Teil O, dort jeweils zu III.1. eines Länderberichts, ferner bei *Langendorf*, Prozeßführung im Ausland und Mängelrüge im ausländischen Recht (ab 1956, Losebl.), zumal beide zugleich meist nähere Angaben über Voraussetzungen und Umfang der Pflicht zur Sicherheitsleistung in den behandelten Staaten machen können. Ähnliche Übersichten mit mehr oder weniger reichen Hinweisen bei *Baumbach/Lauterbach/Hartmann*[51] Anh. nach § 110 Rdnr. 3 ff.; *Schütze* Deutsches Internationales Zivilprozeßrecht (1985), 89 ff.; *Wieczorek*[2] § 110 Anm. D. Diese Schriften sind im folgenden jeweils nur mit dem Verfassernamen zitiert und mit Rücksicht auf die allenthalben alphabetische Ordnung auch ohne nähere Bezeichnung der Fundstelle, abgesehen von der Seitenzahl des betreffenden Länderberichts, soweit dies wegen des Umfangs geboten erscheint. Zu den arabischen Staaten vgl. insbesondere *Dilger* Die Sicherheitsleistung für die Prozeßkosten in den arabischen Staaten, ZZP 85 (1972), 408 ff. – Weitere Bekanntmachungen der Justizministerien der Länder, z. B. BayJMBl. 1988, 290 ff.; Schleswig-Holstein SchlHA 1989, 55.

Ägypten: ja, Üb 54, G[74]
Äquatorialguinea: nein[75]
Äthiopien: partiell, G[76]

Afghanistan: ja, G[77]
Albanien: nein, G[78]
Algerien: partiell, UNÜ, G[79]

---

[74] Bei Wohnsitz des Klägers in einem Vertragsstaat, Art. 17 Üb 54 (BGBl. 1981 II, 1028). Ansonsten führt nach Art. 254 ägypt. ZPO die Sicherheitsleistung für Gerichtsgebühren beim Kassationshof nicht zu einem Erstattungsanspruch des Beklagten. Damit ist die Gegenseitigkeit verbürgt; *Baumbach/Lauterbach/Hartmann*[51] Anh. § 110 Rdnr. 5; *Langendorf* S. 6; *Schütze* S. 89.
[75] Unbekannt.
[76] Wenn Kläger im Prozeßstaat Wohnsitz oder ausreichendem Grundbesitz hat, in den die Zwangsvollstreckung möglich ist, Art. 200–202 äthiop. ZPO; *Baumbach/Lauterbach/Hartmann*[51] Anh. § 110 Rdnr. 5; *Langendorf* S. 5 ff.; *Schütze* S. 89.
[77] Verpflichtung für Ausländer zur Sicherheitsleistung besteht nicht, *Langendorf* S. 1; *Schütze* S. 89.
[78] Pflicht, eine Ausländersicherheit zu leisten, besteht nicht, *Baumbach/Lauterbach/Hartmann*[51] Anh. § 110 Rdnr. 5; *Langendorf* S. 1; *Schütze* S. 89.
[79] In Unterhaltssachen Art. 9 Abs. 2 UNÜ (BGBl. 1971 II, 852); ja, bei ausreichendem Grundbesitz des

Andorra: ja, G[80]
Angola: nein[81]
Antigua und Barbuda: partiell, Vertrag[82]
Argentinien: partiell, Üb 54, UNÜ, G[83]
Armenien: → Rdnr. 35 c
Aserbaidschan: → Rdnr. 35 c
Australien: partiell, UNÜ, Vertrag[84]
Bahamas: partiell, Vertrag[85]
Bahrain: nein[86]
Bangladesch: partiell, G[87]
Barbados: partiell, UNÜ, Vertrag[88]
Belarus: → Weißrußland
Belgien: ja, Ndl., Üb 54, UNÜ, HÜ 58[89]
Belize: partiell, Vertrag[90]
Benin: partiell, G[91]
Bermuda: partiell, Vertrag[92]
Bhutan: ja, G[93]
Birma: → Myanmar

Bolivien: partiell, G[94]
Bosnien-Herzegowina: → Rdnr. 35 d
Botsuana: partiell, Vertrag[95]
Brasilien: partiell, UNÜ, G[96]
Britische Jungferninseln: → Jungferninseln
Brunei Darussalam: partiell, Vertrag[97]
Bulgarien: ja, G[98]
Burkina Faso: partiell, G, UNÜ[99]
Burma: → Myanmar
Burundi: nein, G[100]
Ceylon: → Sri Lanka
Chile: ja, UNÜ, G[101]
China (Taiwan): partiell, UNÜ[102]
China (Volksrep.): ja, G[103]
Costa Rica: nein, G[104]
Côte d'Ivoire: partiell, G[105]
CSFR: → Rdnr. 35 e
Cypern: → Zypern

Klägers im Prozeßstaat, *Baumbach/Lauterbach/Hartmann*[51] Anh. § 110 Rdnr. 5; a.M. *Dilger* 415; ansonsten ist die Gegenseitigkeit nicht verbürgt, Art. 460 alg. ZPO, *Langendorf* S. 1; *Schütze* S. 89.
[80] Ausländersicherheit wird nicht gefordert, *Langendorf* S. 1; *Schütze* S. 89.
[81] Unbekannt.
[82] Bei Wohnsitz des Klägers im Inland, Art. 14 dt.-brit. Abk. (BGBl. 1960 II, 1518).
[83] Bei Wohnsitz des Klägers in einem Vertragsstaat, Art. 17 Üb. 54 (BGBl. 1988 II, 939); die Regelung entspricht Art. 348 argent. ZPO; vgl. *Langendorf* S. 5; *Schütze* S. 89; bei Unterhalt Art. 9 Abs. 2 UNÜ (BGBl. 1973 II, 352); *Baumbach/Lauterbach/Hartmann*[51] Anh. § 110 Rdnr. 5.
[84] Bei inländ. Wohnsitz, Art. 14 dt.-brit. Abk. (BGBl. 1955 II, 699; 1957 II, 744); bei Unterhalt Art. 9 Abs. 2 UNÜ (BGBl. 1985 II, 1003).
[85] Bei inländischem Wohnsitz des Klägers, Art. 14 dt.-brit. Abk. (BGBl. 1978 II, 915).
[86] Unbekannt.
[87] Bei Wohnsitz des Klägers oder ausreichendem Grundvermögen im Inland, Grundsätze des übernommenen englischen Rechts; *Langendorf* S. 1; *Schütze* S. 90.
[88] Bei inländ. Wohnsitz, Art. 14 dt.-brit. Abk. (BGBl. 1960 II, 1518; 1971 II, 467); bei Unterhalt Art. 9 Abs. 2 UNÜ (BGBl. 1970 II, 1045).
[89] Bei Wohnsitz des Klägers in einem Vertragsstaat, Art. 17 Üb 54 (BGBl. 1959 II, 1388); bei gewöhnlichem Aufenthalt im Gebiet eines Vertragsstaates, Art. 9 Ndl. (BGBl. 1965 II, 1099); bei Unterhalt Art. 9 UNÜ (BGBl. 1966 II, 1439) und Art. 9 HÜ 58 (BGBl. 1962 II, 15).
[90] Bei Wohnsitz des Klägers im Inland, Art. 14 dt.-brit. Abk. (BGBl. 1960 II, 1518).
[91] Bei ausreichendem Grundvermögen des Klägers im Inland, Art. 16 c.c., Art. 166 c.p.c., *Langendorf* S. 3; *Schütze* S. 90.
[92] Bei Wohnsitz des Klägers im Inland, Art. 14 dt.-brit. Abk. (BGBl. 1960 II, 1518).
[93] Das bhutanesische Recht kennt keine Kostenerstattung, so daß die Gegenseitigkeit verbürgt ist, *Schütze* S. 90.
[94] Bei ausreichendem Grundbesitz im Inland auf Grund Art. 12 der bolivianischen ZPO, *Schütze* S. 90; a.M. *Langendorf* S. 5: Sicherheitsleistung bis zur Rechtskraft des Urteils oder Berufungsurteils notwendig, Art. 550 boliv. ZPO.
[95] Bei inländischem Wohnsitz des Klägers, Art. 14 dt.-brit. Abk. (BGBl. 1960 II, 1518).
[96] Bei Wohnsitz oder ausreichendem Grundbesitz im Inland, *Baumbach/Lauterbach/Hartmann*[51] Anh. § 110 Rdnr. 6 (aufgrund Art. 835 brasil. ZPO); *Langendorf* S. 3 und *Schütze* S. 91 (aufgrund Art. 67 brasil. ZPO); bei Vollstreckung eines ausländischen Titels oder bei Widerklage, Art. 836 Abs. 1, 2 brasil. ZPO, *Baumbach/Lauterbach/Hartmann*[51] Anh. § 110 Rdnr. 6; bei Unterhalt Art. 9 UNÜ (BGBl. 1961 II, 80).
[97] Bei Wohnsitz des Klägers im Inland, Art. 14 dt.-brit. Abk. (BGBl. 1929 II, 736).
[98] Das bulgarische ZPR sieht eine Sicherheitsleistung für Ausländer nicht mehr vor, *BGH* NJW 1982, 1223 = WM 1982, 194; *Schütze* JZ 1983, 386.
[99] Bei ausreichendem Grundbesitz des Klägers im Inland, Art. 16 c.c., *Baumbach/Lauterbach/Hartmann*[51] Anh. § 110 Rdnr. 6; *Langendorf* S. 3; bei Unterhalt Art. 9 UNÜ (BGBl. 1963 II, 108).
[100] Verpflichtung zur Sicherheitsleistung, Art. 16 belg. c.c., *Langendorf* S. 2.
[101] Auf Grund der chilenischen ZPO, die keine Vorschrift über Sicherheitsleistung enthält; *Baumbach/Lauterbach/Hartmann*[51] Anh. § 110 Rdnr. 7; *Langendorf* S. 1; *Schütze* S. 91; bei Unterhalt zusätzlich Art. 9 UNÜ (BGBl. 1961 II, 356).
[102] Bei Unterhalt Art. 9 UNÜ (BGBl. 1959 II, 1377).
[103] Wegen der Gegenseitigkeitsregelung in Art. 187 chin. ZPO, *Bülow/Böckstiegel/Geimer/Schütze* 1027/3; *Horn/Schütze* Wirtschaftsrecht und Außenwirtschaftsrecht der VR China (1987), 322; *Schütze* JZ 1983, 384; a.A. *Baumbach/Lauterbach/Hartmann*[51] Anh. § 110 Rdnr. 7.
[104] Ausländische Kläger sind prozeßkostensicherheitspflichtig, *Baumbach/Lauterbach/Hartmann*[51] Anh. § 110 Rdnr. 7; *Langenfeld* S. 1; *Schütze* S. 91.
[105] Bei ausreichendem inländ. Grundbesitz nach Art. 4 Code de procedure civile, commerciale et administrative, *Langendorf* S. 3; *Schütze* S. 92.

§ 110 III   Erstes Buch. Allgemeine Vorschriften. Zweiter Abschnitt. Parteien

Dänemark: ja, Üb 54, UNÜ, HÜ 58, HÜ 73, Ndl., G[106]
Dominica: partiell, Vertrag[107]
Dominikanische Republik: partiell, Vertrag, G[108]
Dschibuti: ja, G[109]
Ecuador: ja, UNÜ, G[110]
Elfenbeinküste: → Cte d'Ivoire
El Salvador: partiell, G[111]
Estland: → Rdnr. 35 c
Falklandinseln: partiell, Vertrag[112]
Fidschi: partiell, Vertrag[113]
Finnland: ja, Üb 54, UNÜ, HÜ 58, HÜ 73, G[114]
Frankreich: ja, Üb 54, UNÜ, HÜ 58, HÜ 73, G[115]

Gabun: partiell, G[116]
Gambia: partiell, Vertrag[117]
Georgien: → Rdnr. 35 c
Ghana: nein, G[118]
Gibraltar: partiell, Vertrag[119]
Grenada: partiell, Vertrag[120]
Griechenland: ja, G, UNÜ, Ndl.[121]
Großbritannien: → Vereinigtes Königreich
Guatemala: ja, UNÜ, G[122]
Guinea: partiell, G[123]
Guinea-Bissau: nein[124]
GUS (Gemeinschaft unabhängiger Staaten): → Rdnr. 35 c
Guyana: partiell, Vertrag[125]
Haiti: partiell, UNÜ, G[126]
Honduras: ja, G[127]

---

[106] Bei Wohnsitz des Klägers in einem Vertragsstaat, Art. 17 Üb 54 (BGBl. 1959 II, 1388); bei Wohnsitz oder gewöhnlichem Aufenthalt in einem Vertragstaat, Art. 9 Ndl. (BGBl. 1965 II, 1099); bei Unterhalt Art. 9 UNÜ (BGBl. 1959 II, 1377), Art. 9 HÜ 58 (BGBl. 1966 II, 56) und Art. 15 HÜ 73 (BGBl. 1988 II, 98); darüber hinaus ist die Gegenseitigkeit aufgrund § 323 dän. RechtspflegeG verbürgt, *Schütze* S. 92.

[107] Bei Wohnsitz des Klägers im Inland, Weitergeltung des Art. 14 dt.-brit. Abk. (BGBl. 1986 II, 416).

[108] Nach *Baumbach/Lauterbach/Hartmann*[51] Anh. § 110 Rdnr. 8 bei Wohnsitz des Klägers im Inland oder Aufenthaltsgenehmigung gemäß Artt. 166, 167 dominik. ZPO; nach *Langenfeld* S. 3 f. und *Schütze* S. 92 bei ausreichendem Grundvermögen des Klägers oder handelsrechtlichen Klagen gem. Art. 167 dominik. ZPO und Freundschafts- und Handelsvertrag v. 16. XII. 1959 (BGBl. 1959 II, 1468).

[109] Geltung der französischen Gesetze, *Langendorf* S. 1; → daher unter Frankreich.

[110] Bei Unterhalt Art. 9 UNÜ (BGBl. 1974 II, 1395); ansonsten, weil eine Sicherheitsleistungspflicht für Ausländer nicht besteht, *Baumbach/Lauterbach/Hartmann*[51] Anh. § 110 Rdnr. 9; *Karger* RabelsZ 1953, 189; *Langendorf* S. 2; *Schütze* S. 92.

[111] Bei arbeitsrechtlichen und unterhaltsrechtlichen Klagen und hinreichendem Grundvermögen des Klägers im Inland, Art. 18 salvad. ZPO, *Langendorf* S. 2; *Schütze* S. 93; a.A. *Baumbach/Lauterbach/Hartmann*[51] Anh. § 110 Rdnr. 9, wonach die Gegenseitigkeit generell nicht verbürgt ist.

[112] Bei Wohnsitz des Klägers im Inland, Art. 14 dt.-brit. Abk. (BGBl. 1960 II, 1518).

[113] Bei inländ. Wohnsitz, Art. 14 dt.-brit. Abk. (BGBl. 1972 II, 904).

[114] Bei Wohnsitz des Klägers in einem Vertragsstaat, Art. 17 Üb 54 (BGBl. 1959 II, 1388); bei Unterhalt Art. 9 UNÜ (BGBl. 1963 II, 108), Art. 9 HÜ 58 (BGBl. 1967 II, 2311) und Art. 15 HÜ 73 (BGBl. 1987 II, 220); auch darüber hinaus, da nach finnischem Recht eine Verpflichtung zur Sicherheitsleistung für Ausländer nicht besteht, *Schütze* S. 93.

[115] Bei Wohnsitz des Klägers in einem Vertragsstaat, Art. 17 Üb 54 (BGBl. 1959 II, 1388); bei Unterhalt Art. 9 UNÜ (BGBl. 1960 II, 2328), Art. 9 HÜ 58 (BGBl. 1967 II, 1810; 1966 II, 2124) und Art. 15 HÜ 73 (BGBl. 1987 II, 220); auch darüber hinaus, da nach dem Nouveau Code de Procedure Civile eine Verpflichtung zur Sicherheitslei-

stung für Ausländer nicht besteht, *Langendorf* S. 9; *Schütze* S. 93.

[116] Bei ausreichendem Grundbesitz des Klägers im Inland, *Baumbach/Lauterbach/Hartmann*[51] Anh. § 110 Rdnr. 11; oder Wohnsitz des Klägers im Inland, Artt. 111 ff. gabun. Code de procedure civile, Art. 28 gabun. BGB; *Langendorf* S. 5; *Schütze* S. 93.

[117] Bei inländ. Wohnsitz, Art. 14 dt.-brit. Abk. (BGBl. 1960 II, 1518; 1969 II, 2177).

[118] *Langendorf* S. 2.

[119] Bei Wohnsitz des Klägers im Inland, Art. 14 dt.-brit. Abk. (BGBl. 1960 II, 1518).

[120] Bei Wohnsitz des Klägers im Inland, Art. 14 dt.-brit. Abk. (BGBl. 1975 II, 366).

[121] Soweit für das Gericht eine Vollstreckung in das Vermögen des Klägers wegen der Prozeßkosten nicht offensichtlich unmöglich erscheint, Art. 169 griech. ZPO, *Bülow/Böckstiegel/Kerameus* 1043/7; a.M. *Baumbach/Lauterbach/Hartmann*[51] Anh. § 110 Rdnr. 11, der die Verbürgung der Gegenseitigkeit auf Art. 15 dt.-griech. Abk. v. 11. V. 1938 (RGBl. 1939 II, 848; BGBl. 1966 II, 251) stützt; bei Unterhalt Art. 9 UNÜ (BGBl. 1966 II, 251); bei Wohnsitz oder gewöhnlichem Aufenthalt des Klägers in einem Vertragsstaat, Art. 9 Ndl. (BGBl. 1975 II, 1090).

[122] Auf Grund guatemaltekischen Rechts, das die Befreiung von der Sicherheitsleistung von der Verbürgung der Gegenseitigkeit nach dem Heimatrecht des Klägers abhängig macht (→ dazu Rdnr. 38); *Baumbach/Lauterbach/Hartmann*[51] Anh. § 110 Rdnr. 11; *Langendorf* S. 3; *Schütze* S. 94; bei Unterhalt Art. 9 UNÜ (BGBl. 1959 II, 1377).

[123] Bei ausreichendem Grundvermögen des Klägers im Inland, Art. 7 G Nr. 52/62 v. 14. IV. 1962; *Langendorf* S. 4; *Schütze* S. 94.

[124] Unbekannt.

[125] Bei inländ. Wohnsitz des Klägers, Art. 14 dt.-brit. Abk. (BGBl. 1960 II, 1518).

[126] Soweit der Kläger im Inland ausreichende Vermögenswerte in gesicherten Wertpapieren besitzt oder dort ein gewerbliches Unternehmen betreibt, aufgrund des haitischen Gesetzes v. 27. IX. 1864, *Baumbach/Lauterbach/Hartmann*[51] Anh. § 110 Rdnr. 12; *Langendorf* S. 1; *Schütze* S. 94; bei Unterhalt Art. 9 UNÜ (BGBl. 1959 II, 1377).

[127] Keine Sicherheitsleistung vorgesehen, *Schütze* S. 95. – A.M. *Baumbach/Lauterbach/Hartmann*[51] Anh. § 110 Rdnr. 12.

Hongkong: partiell, Vertrag[128]
Indien: partiell, G[129]
Indonesien: ja, G[130]
Irak: partiell, G[131]
Iran: ja, G[132]
Irland: partiell, G[133]
Island: ja, Abk. 05, G[134]
Israel: partiell, Üb 54, UNÜ[135]
Italien: ja, Üb 54, Ndl., UNÜ, HÜ 58, HÜ 73, G[136]
Jamaika: partiell, Vertrag[137]
Japan: partiell, Üb 54, G[138]
Jemen: ja, G[139]
Jordanien: partiell, G[140]
Jugoslawien: → Rdnr. 35 d
Jungferninseln: partiell, Vertrag[141]

Kaimaninseln: partiell, Vertrag[142]
Kambodscha: nein[143]
Kamerun: nein[144]
Kanada: partiell, G, Vertrag[145]
Kap Verde: partiell, UNÜ[146]
Kasachstan: → Rdnr. 35 c
Katar: ja, G[147]
Kenia: partiell, Vertrag[148]
Kirgistan: → Rdnr. 35 c
Kiribati: nein[149]
Kolumbien: ja, G[150]
Komoren: nein[151]
Kongo: partiell, G[152]
Korea (Nord; Demokratische Volksrepublik): nein[153]
Korea (Süd; Republik): partiell, G[154]

---

[128] Bei Wohnsitz des Klägers im Inland, Art. 14 dt.-brit. Abk. (BGBl. 1960 II, 1518).

[129] Bei Wohnsitz oder ausreichendem Grundbesitz im Inland auf Grund der indischen Order 25 der Rules zum Code of Civil Procedure; im übrigen kann das Gericht Prozeßkostensicherheit nach seinem Ermessen festlegen, *OLG Stuttgart* RIW 1983, 460 (*Schütze*); *Baumbach/Lauterbach/Hartmann*[51] Anh. § 110 Rdnr. 13; *Langendorf* S. 4; *Nagel* IZPR³, Rdnr. 297.

[130] Keine Verpflichtung zur Sicherheitsleistung, *Langendorf* S. 1.

[131] Irak. ZPO v. 1956 kennt in der 1. Instanz keine Sicherheitsleistung für Prozeßkosten, wohl aber gemäß Art. 200 irak. ZPO auf Antrag des Rechtsmittelbeklagten in der Rechtsmittelinstanz, s. *Baumbach/Lauterbach/Hartmann*[51] Anh. § 110 Rdnr. 13; *Dilger* 408, 417; *Langendorf* S. 2; *Schütze* S. 95.; → auch Rdnr. 39.

[132] Auf Grund Artt. 218, 219 Nr. 1 der iran. ZPO besteht Befreiung bei Gegenseitigkeit. Nach Mitteilung der iran. Regierung sehen die iran. Gerichte Deutsche als befreit an, *Bülow/Arnold*, JMBl.NRW 1955, 3. Vgl. auch *BGH* NJW 1982, 1223 f. und 1981, 2646 für die Zeit nach der Revolution von 1979; ferner *Langendorf* S. 2; *Schütze* S. 95.; *ders.* RIW 1992, 1026; JZ 1983, 386.

[133] Bei inländ. Wohnsitz oder ausreichendem Vermögen des Klägers im Inland, order 29 Rules of the Supreme Court, *Langendorf* S. 2; *Nagel* IZPR³, Rdnr. 297; *Schütze* S. 95.

[134] Bei Wohnsitz des Klägers in einem Vertragstaat, Art. 17 Haager Übk. Zivilprozeß v. 17. VII. 1905 (RGBl. 1909 II, 406; 1926 II, 553); *Baumbach/Lauterbach/Hartmann*[51] Anh. § 110 Rdnr. 13; im übrigen besteht keine Pflicht zur Leistung einer Ausländersicherheit, *Schütze* S. 95.

[135] Bei Wohnsitz des Klägers in einem Vertragsstaat, Art. 17 Üb 54 (BGBl. 1968 II, 809), bei Unterhalt Art. 9 UNÜ (BGBl. 1959 II, 1377); sonst Sicherheitsleistung für die Kosten des Beklagten, Art. 483 israel. ZPO, *Schütze* S. 95.

[136] Bei Wohnsitz des Klägers in einem Vertragsstaat, Art. 17 Üb 54 (BGBl. 1959 II, 1388); bei Wohnsitz oder gewöhnlichem Aufenthalt in einem Vertragstaat, Art. 9 Ndl. (BGBl. 1965 II, 1099); bei Unterhalt Art. 9 UNÜ (BGBl. 1959 II, 1377), Art. 9 HÜ 58 (BGBl. 1962 II, 15) und Art. 15 HÜ 73 (BGBl. 1973 II, 220); keine Sicherheitsverpflichtung nach italienischem Recht, *Schütze* S. 95.

[137] Bei inländ. Wohnsitz, Art. 14 dt.-brit. Abk. (BGBl. 1966 II, 835).

[138] Bei Wohnsitz oder gewerblicher Niederlassung im Inland, § 107 ZPO v. 1890, *Bülow/Böckstiegel/Schütze* 1058/3; bei Wohnsitz des Klägers in einem Vertragstaat, Art. 17 Üb 54 (BGBl. 1970 II, 751).

[139] Prozeßführung ist kostenfrei, *Langendorf* S. 1.

[140] Auf Grund tatsächlicher Übung; zweifelnd *BGH* WM 1981, 1278 = ZIP 114; WM 1982, 880f. Vgl. auch *Dilger* 417–420, der Gegenseitigkeit nur insoweit annimmt, als die ordentlichen Gerichte zuständig sind, da im Bereich der religiösen Gerichtsbarkeit Bekl. vom Kläger Sicherheit verlangen könne. Nach *Langendorf* S. 2 ist stets Sicherheit zu leisten.

[141] Bei Wohnsitz des Klägers im Inland, dt.-brit. Abk. (BGBl. 1960 II, 1518, Nr. 8 der Anlage).

[142] Bei Wohnsitz des Klägers im Inland, Art. 14 dt.-brit. Abk. (BGBl. 1970 II, 43).

[143] Ungeklärt.

[144] Ungeklärt.

[145] Bei inländ. Wohnsitz, Art. 14 dt.-brit. Abk. (BGBl. 1954 II, 15); in den Provinzen teils weitergehende Befreiung, *Langendorf* S. 14; *Schütze* S. 96.

[146] Bei Unterhalt Art. 9 UNÜ (BGBl. 1986 II, 415).

[147] Keine Pflicht zur Prozeßkostensicherheit, *Langendorf* S. 1.

[148] Bei inländ. Wohnsitz, Art. 14 dt.-brit. Abk. (BGBl. 1960 II, 1518).

[149] Unklar, *Langendorf* S. 2.

[150] Auf Grund kolumbianischen ZPR, das eine Sicherheitsleistung nicht vorsieht, *Baumbach/Lauterbach/Hartmann*[51] Anh. § 110 Rdnr. 15; *Langendorf*, S. 2; *Schütze* S. 97.

[151] Ungeklärt.

[152] Bei Wohnsitz oder ausreichendem Grundvermögen des Klägers im Inland, Art. 16 franz. code civile; *Langendorf* S. 1; *Schütze* S. 97.

[153] Ungeklärt.

[154] Bei Wohnsitz oder Niederlassung des Klägers im Inland, Art. 107 korean. ZPO *Bülow/Böckstiegel/Stiller* 1073/7; *Schütze* S. 97; vgl. aber auch *OLG Frankfurt* NJW 1980, 2032 (keine Befreiung im Privatklageverfahren).

§ 110 III   Erstes Buch. Allgemeine Vorschriften. Zweiter Abschnitt. Parteien

Kroatien: → Rdnr. 35 d
Kuba: ja, G[155]
Kuwait: ja, G[156]
Laos (Demokratische Volksrepublik): nein[157]
Lesotho: partiell, Vertrag[158]
Lettland: → Rdnr. 35 c
Libanon: ja, Üb 54, G[159]
Liberia: nein[160]
Libyen (Libysch-Arabische Dschamahirija): ja, G[161]
Liechtenstein: partiell, HÜ 58, G[162]
Litauen: → Rdnr. 35 c
Luxemburg: partiell, Üb 54, UNÜ, Ndl., HÜ 73, G[163]
Madagaskar: partiell, G[164]
Makedonien: → Rdnr. 35 d
Malawi: partiell, Vertrag[165]

Malaysia: partiell, Vertrag, G[166]
Malediven: nein[167]
Mali: partiell, G[168]
Malta: partiell, Vertrag[169]
Marokko: ja, Vertrag, Üb 54, UNÜ, G[170]
Marshallinseln: nein[171]
Mauretanien: nein, G[172]
Mauritius: partiell, Vertrag[173]
Mexiko: ja, G[174]
Mikronesien (Föderierte Staaten): nein[175]
Moldau: → Rdnr. 35 c
Monaco: ja, UNÜ, G[176]
Mongolei: nein, G[177]
Montenegro: → Rdnr. 35 d
Montserrat: partiell, Vertrag[178]
Mosambik: nein[179]
Myanmar: partiell, G[180]
Namibia: nein[181]
Nauru: partiell, Vertrag[182]

---

[155] Nach Art. 533 ZPO von 1885 wird Ausländersicherheit gefordert, wenn dies der ausl. Staat auch tut. Wegen Bereitschaft, deutsche Kläger davon auszunehmen, ist Gegenseitigkeit verbürgt, *Schütze* S. 92; zweifelnd *Baumbach/Lauterbach/Hartmann*[51] Anh. § 110 Rdnr. 15; *Langendorf* S. 3f.
[156] Eine Verpflichtung zur Sicherheitsleistung besteht für Ausländer nicht, *Langendorf* S. 2; *Schütze* S. 97 und RIW 1992, 1027.
[157] Ungeklärt.
[158] Bei Wohnsitz des Klägers im Inland, Art. 14 dt.-brit. Abk. (BGBl. 1974 II, 987).
[159] Bei Wohnsitz des Klägers in einem Vertragsstaat, Art. 17 Üb 54 (BGBl. 1975 II, 42); nach liban. Recht besteht keine Pflicht zur Sicherheitsleistung, *Dilger* 420; *Langendorf* S. 4 f.; *Schütze* S. 97. Nach *OLG Frankfurt* RIW 1989, 907 (zust. *Patzina*) soll aber mangels geordneter Rechtspflege gleichwohl Sicherheit zu leisten sein; a. M. *OLG Köln* RIW 1985, 495.
[160] So auch *Baumbach/Lauterbach/Hartmann*[51] Anh. § 110 Rdnr. 16.
[161] Auf Grund des libyschen ZPR, das eine Sicherheitsleistung nicht vorsieht, so auch *Baumbach/Lauterbach/Hartmann*[51] Anh. § 110 Rdnr. 16; *Dilger* 421; *Schütze* IPRax 1990, 87 (gegen *LG Nürnberg-Fürth* MDR 1989, 74 = IPRax 1990, 109, das irrig den Anwaltskostenvorschuß als Sicherheit wertet).
[162] Bei Unterhalt Art. 9 HÜ 58 (BGBl. 1973 II, 74); wegen §§ 57 ff. liecht. ZPO bei ausreichendem Vermögen einer juristischen Person oder bei Wohnsitz des Klägers im Inland; vgl. *BGH* WM 1980, 505; *Langendorf* S. 4 f.; *Schütze* S. 98.
[163] Bei Wohnsitz in einem Vertragsstaat, Art. 17 Üb 54 (BGBl. 1959 II, 1388); bei Wohnsitz oder gewöhnlichem Aufenthalt in einem Vertragsstaat, Art. 9 Ndl. (BGBl. 1969 II, 1725); bei Unterhalt Art. 9 UNÜ (BGBl. 1972 II, 31) und Art. 15 HÜ 73 (BGBl. 1987 II, 220); wegen Art. 16 c.c. bei ausreichendem Grundvermögen des Klägers im Inland und bei Handelssachen, *Schütze* S. 97.
[164] Wegen Artt. 12 f. madeg. ZPO bei ausreichendem Grundvermögen des Klägers im Inland; *Langendorf* S. 2 f.; *Schütze* S. 98.
[165] Bei inländ. Wohnsitz, Art. 14 dt.-brit. Abk. (BGBl. 1957 II, 1276; 1967 II, 1748).

[166] Bei inländ. Wohnsitz, Art. 14 dt.-brit. Abk. (BGBl. 1960 II, 1518; 1976 II, 576); ferner bei ausreichendem Grundvermögen im Inland, *Bülow/Böckstiegel/Schütze* 1086/4; *Schütze* S. 98.
[167] Ungeklärt.
[168] Wegen Art. 20 malische ZPO bei ausreichendem Grundvermögen des Klägers im Inland, *Baumbach/Lauterbach/Hartmann*[51] Anh. § 110 Rdnr. 17; *Langendorf* S. 3; *Schütze* S. 99.
[169] Bei inländ. Wohnsitz, Art. 14 dt.-brit. Abk. (BGBl. 1961 II, 1108; 1968 II, 95).
[170] Aufgrund Art. 14 dt.-marokk. Vertrag v. 29. X. 1985 (BGBl. 1988 II, 1055); bei Wohnsitz des Klägers in einem Vertragsstaat, Art. 17 Üb 54 (BGBl. 1972 II, 1472), vgl. *BGH* NJW 1988, 3093; bei Unterhalt Art. 9 UNÜ (BGBl. 1959 II, 1377). Nach *Dilger* 421 f. und *Schütze* RIW 1992, 1027 kennt das marokkanische Recht keine Ausländersicherheit.
[171] Ungeklärt.
[172] *Langendorf* S. 3 f.
[173] Bei inländ. Wohnsitz, Art. 14 dt.-brit. Abk. (BGBl. 1972 II, 695).
[174] Eine Verpflichtung zur Sicherheitsleistung besteht für Ausländer nicht, *LG Bielefeld* IPRax 1990, 110 (*Prinz v. Sachsen Gessaphe*, 88); *Schütze* RIW 1992, 1027.
[175] Ungeklärt.
[176] Nach monegas. Recht besteht keine Verpflichtung zur Sicherheitsleistung, *Schütze* S. 99; bei Unterhalt Art. 9 UNÜ (BGBl. 1961 II, 1629).
[177] Ausländische Kläger sind sicherheitspflichtig, *Langendorf* S. 2; *Schütze* S. 99.
[178] Bei Wohnsitz des Klägers im Inland, Art. 14 dt.-brit. Abk. (BGBl. 1960 II, 1518).
[179] Ungeklärt.
[180] Bei Wohnsitz des Klägers im Inland; die abweichende Regelung hinsichtlich weiblicher Parteien ist wegen Verstoßes gegen den Gleichbehandlungsgrundsatz im Rahmen des § 110 unbeachtlich; *Langendorf* S. 2; *Schütze* S. 91.
[181] Ungeklärt.
[182] Bei Wohnsitz des Klägers im Inland, Art. 14 dt.-brit. Abk. (BGBl. 1982 II, 750).

Nepal: nein[183]
Neuseeland (einschl. Cookinseln): partiell, Vertrag[184]
Nicaragua: nein, G[185]
Niederlande: ja, Üb 54, Ndl., UNÜ, HÜ 58, HÜ 73[186]
Niger: partiell, UNÜ, G[187]
Nigeria: partiell, Vertrag[188]
Niue: partiell, Vertrag, G[189]
Nordkorea: → Korea (Nord)
Norwegen: partiell, Ndl., Üb 54, UNÜ, HÜ 58, HÜ 73[190]
Österreich: partiell, Üb 54, UNÜ, HÜ 58[191]
Oman: nein[192]
Pakistan: partiell, UNÜ, G[193]
Panama: ja, G[194]

Papua-Neuguinea: partiell, Vertrag, G[195]
Paraguay: partiell, G[196]
Peru: ja, G[197]
Philippinen: partiell, G, UNÜ[198]
Polen: ja, Üb 54, UNÜ, G[199]
Portugal: ja, Üb 54, UNÜ, HÜ 58, HÜ 73, G[200]
Ruanda: partiell, G[201]
Rumänien: ja, Üb 54, G[202]
Rußland (Russische Föderation): → Rdnr. 35 c
Salomonen: partiell, Vertrag[203]
Sambia: partiell, Vertrag[204]
Samoa: nein[205]
San Marino: nein[206]
São Tomé und Príncipe: nein[207]
Saudi-Arabien: ja, Vertrag, G[208]

---

[183] Ungeklärt.
[184] Bei inländ. Wohnsitz, Art. 14 dt.-brit. Abk. (BGBl. 1953 II, 118).
[185] Verpflichtung ausländischer Kläger, auf Verlangen des Beklagten Prozeßkostensicherheit zu leisten, *Langendorf* S. 4; *Schütze* S. 100.
[186] Bei Wohnsitz des Klägers in einem Vertragsstaat, Art. 17 Üb 54 (BGBl. 1959 II, 1388; 1968 II, 95; 1987 II, 255); bei Wohnsitz oder gewöhnlichem Aufenthalt in einem Vertragsstaat, Art. 9 Ndl. (BGBl. 1969 II, 1988); bei Unterhalt Art. 9 UNÜ (BGBl. 1963 II, 108; 1969 II, 2178; 1987 II, 255) und Art. 9 HÜ 58 (BGBl. 1964 II, 784; 1987 II, 255) und Art. 15 HÜ 73 (BGBl. 1973 II, 220); ansonsten besteht gemäß Art. 152 Wetboek van Burgerlijke Regtsvordering Verpflichtung zur Ausländersicherheit, *Schütze* S. 100.
[187] Bei ausreichendem Grundvermögen des Klägers im Inland, *Langendorf* S. 4 f.; *Schütze* S. 100; bei Unterhalt Art. 9 UNÜ (BGBl. 1967 II, 2580).
[188] Bei inländ. Wohnsitz, Art. 14 dt.-brit. Abk. (BGBl. 1960 II, 1518; 1967 II, 827).
[189] Bei Wohnsitz des Klägers im Inland, Art. 14 dt.-brit. Abk., *Langendorf* S. 1.
[190] Bei Wohnsitz des Klägers in einem Vertragsstaat, Art. 17 Üb 54 (BGBl. 1959 II, 1388); bei Wohnsitz oder gewöhnlichem Aufenthalt in einem Vertragsstaat, Art. 9 Ndl. (BGBl. 1965 II, 1099); bei Unterhalt Art. 9 UNÜ (BGBl. 1959 II, 1377), Art. 9 HÜ 58 (BGBl. 1965 II, 1584) und Art. 15 HÜ 73 (BGBl. 1973 II, 220).
[191] Bei Wohnsitz des Klägers im Inland, Art. 17 Üb 54 (BGBl. 1959 II, 1388); bei Unterhalt Art. 9 UNÜ (BGBl. 1969 II, 2055) und Art. 9 HÜ 58 (BGBl. 1962 II, 15); ansonsten besteht auf Verlangen des Beklagten Prozeßkostensicherheitspflicht, *Schütze* S. 100.
[192] Ungeklärt.
[193] Bei Wohnsitz oder ausreichendem Grundbesitz im Inland auf Grund Order 25 rules 1 pak. Code of Civil Procedure, *Schütze* S. 101; bei Unterhalt Art. 9 UNÜ (BGBl. 1959 II, 1377).
[194] Die panamesische ZPO enthält keine Verpflichtung zur Ausländersicherheit mehr; vgl. OLG Düsseldorf IPRax 1991, 189 (zust. *Müller-Ibold*, 172); OLG Frankfurt NJW 1990, 2204; OLG Hamburg NJW 1991, 3103; *Schütze* RIW 1992, 1027; 1990, 674 f.
[195] bei Wohnsitz des Klägers im Inland, Art. 14 dt.-brit. Abk. v. 20.III. 1928 (RGBl. 1932 II, 307); *Bülow/Böckstiegel*; i. E. ebenso *Baumbach/Lauterbach/Hartmann*[51] Anh. § 110 Rdnr. 20; ansonsten besteht Verpflichtung zur Stellung einer Prozeßkostensicherheit, *Langendorf* S. 2; *Schütze* S. 101.
[196] Bei Wohnsitz im Inland, da nach Art. 86 parag. ZPO der Kläger ohne Wohnsitz im Inland Prozeßkostensicherheit zu leisten hat, *Langendorf* S. 3; *Schütze* S. 101.
[197] Auf Grund peruanischen ZPR, *Schütze* S. 101; Verpflichtung zur Sicherheitsleistung nur bei vorläufigen Vollstreckungsmaßnahmen, *Langendorf* S. 5.
[198] Phil. ZPO sieht für den ersten Rechtszug keine Sicherheitsleistung vor. Daher für Befreiung für den ersten Rechtszug *Baumbach/Lauterbach/Hartmann*[51] Anh. § 110 Rdnr. 20; *Schütze* S. 101 (= auch Rdnr. 39); bei Unterhalt Art. 9 UNÜ (BGBl. 1963 II, 508).
[199] Bei Wohnsitz des Klägers in einem Vertragsstaat, Art. 17 UNÜ (BGBl. 1963 II, 1466); bei Unterhalt Art. 9 UNÜ (BGBl. 1961 II, 16); ansonsten aufgrund Art. 1119–1128 poln. ZPO, wonach eine Sicherheitsleistung bei Gegenseitigkeit entfällt, *Bülow/Böckstiegel/Gralla* 1113/5; *Schütze* S. 102.
[200] Bei Wohnsitz des Klägers in einem Vertragsstaat, Art. 17 Üb 54 (BGBl. 1967 II, 2299; 1968 II, 809); bei Unterhalt Art. 9 UNÜ (BGBl. 1966 II, 251), Art. 9 HÜ 58 (BGBl. 1974 II, 1123) und Art. 15 HÜ 73 (BGBl. 1987 II, 220); nach portug. ZPO besteht keine Verpflichtung zur Sicherheitsleistung, *Langendorf* S. 2; *Schütze* S. 102.
[201] Bei ausreichendem Grundvermögen im Inland, Art. 375 code de procedure civile et commerciale, *Langendorf* S. 3; *Schütze* S. 102.
[202] Bei Wohnsitz des Klägers in einem Vertragsstaat, Art. 17 Üb 54 (BGBl. 1972 II, 78); nach rumän. ZPO besteht keine Verpflichtung zur Sicherheitsleistung, *Schütze* S. 102.
[203] Bei Wohnsitz des Klägers im Inland, Art. 14 dt.-brit. Abk. (BGBl. 1980 II, 1346).
[204] Bei inländ. Wohnsitz, Art. 14 dt.-brit. Abk. (BGBl. 1957 II, 1276).
[205] Ungeklärt.
[206] Ungeklärt.
[207] Ungeklärt.
[208] Auf Grund Art. 13 des dt.-saudi-arabischen Freundschaftsvertrages v. 26. IV. 1929 (RGBl. 1930 II, 1063), wieder in Kraft gesetzt BGBl. 1952 II, 754. Zwar enthält Art. 3 nur eine allgemeine Meistbegünstigungsklausel (→ Rdnr. 24). Diese wird jedoch so auszulegen sein, daß auch von der Verpflichtung zur Sicherheitsleistung befreit; vgl. insbes. *Dilger* 410 f.; nach saudi-arab. ZPO besteht keine Verpflichtung zur Ausländersicherheit, *Langendorf* S. 2; *Schütze* S. 102.

Schweden: partiell, Üb 54, Ndl., UNÜ, HÜ 58, HÜ 73[209]
Schweiz: partiell, Üb 54, UNÜ, HÜ 58, HÜ 73[210]
Senegal: ja, G[211]
Serbien: → Rdnr. 35 d
Seschellen: partiell, Vertrag[212]
Sierra Leone: partiell, Vertrag[213]
Simbabwe: nein[214]
Singapur: partiell, Vertrag, G[215]
Slowakei (Slowakische Republik): → Rdnr. 35 e
Slowenien: → Rdnr. 35 d
Somalia: nein, G[216]
Sowjetunion: → Rdnr. 35 c
Spanien: partiell, Üb 54, UNÜ, HÜ 58, HÜ 73[217]
Sri Lanka: partiell, UNÜ, G[218]
St. Kitts und Nevis: partiell, Vertrag[219]
St. Lucia: partiell, Vertrag[220]
St. Pierre und Miquelon: partiell, Üb 54[221]

St. Vincent und die Grenadinen: partiell, Vertrag[222]
Sudan: nein, G[223]
Südafrika: partiell, G[224]
Südkorea: → Korea (Süd)
Suriname: partiell, Üb 54, UNÜ, HÜ 58[225]
Swasiland: partiell, Vertrag[226]
Syrien, Arabische Republik: ja, G[227]
Tadschikistan: → Rdnr. 35 c
Tansania: partiell, Vertrag [228]
Thailand: partiell, G[229]
Togo: partiell, G[230]
Tonga: ja, G[231]
Trinidad und **Tobago:** partiell, Vertrag[232]
Tschad: partiell, G[233]
Tschechische Republik: → Rdnr. 35 e
Türkei: ja, Üb 54, UNÜ, HÜ 58, HÜ 73, Vertrag[234]
Tunesien: partiell, UNÜ, Vertrag[235]

---

[209] Bei Wohnsitz des Klägers in einem Vertragsstaat, Art. 17 Üb 54 (BGBl. 1959 II, 1388); bei Wohnsitz oder gewöhnlichem Aufenthalt in einem Vertragsstaat, Art. 9 Ndl. (BGBl. 1972 II, 38); bei Unterhalt Art. 9 UNÜ (BGBl. 1959 II, 1377), Art. 9 HÜ 58 (BGBl. 1966 II, 156) und Art. 15 HÜ 73 (BGBl. 1987 II, 220); ansonsten besteht eine Verpflichtung zur Sicherheitsleistung nach schwedischem Zivilprozeßrecht, *Schütze* S. 102.

[210] Bei Wohnsitz des Klägers in einem Vertragsstaat, Art. 17 Üb 54 (BGBl. 1959 II, 1388), *BGH* VersR 1985, 42, 43; *OLG Frankfurt* NJW 1990, 2569; bei Unterhalt Art. 9 UNÜ (BGBl. 1977 II, 1299), Art. 9 HÜ 58 (BGBl. 1965 II, 1164) und Art. 15 HÜ 73 (BGBl. 1987 II, 220); ansonsten besteht eine Verpflichtung zur Sicherheitsleistung nach den kantonalen Zivilprozeßordnungen unter unterschiedlichen Voraussetzungen, *Schütze* S. 103.

[211] Bei ausreichendem Grundbesitz im Inland auf Grund Art. 111 der senegalesischen ZPO, *Baumbach/Lauterbach/Hartmann*[51] Anh. § 110 Rdnr. 22; *Schütze* S. 103.

[212] Bei Wohnsitz des Klägers im Inland, Art. 14 dt.-brit. Abk. (BGBl. 1977 II, 1271).

[213] Bei inländ. Wohnsitz, Art. 14 dt.-brit. Abk. (BGBl. 1960 II, 1518; 1967 II, 2366).

[214] Ungeklärt.

[215] Bei inländ. Wohnsitz, Art. 14 dt.-brit. Abk. (BGBl. 1960 II, 1518; 1976 II, 576); aufgrund der order 23, rules of the Supreme Court, 1970, bei ausreichendem Grundvermögen des Klägers im Inland, *Bülow/Böckstiegel/Schütze* 1127/4.

[216] Sicherheitsleistungspflicht nach Art. 67 somal. ZPO, *Langendorf* S. 2.

[217] Bei Wohnsitz des Klägers in einem Vertragsstaat, Art. 17 Üb 54 (BGBl. 1959 II, 1388); bei Unterhalt Art. 9 UNÜ (BGBl. 1966 II, 1577), Art. 9 HÜ 58 (BGBl. 1973 II, 1592) und Art. 15 HÜ 73 (BGBl. 1987 II, 404); ansonsten besteht eine Verpflichtung zur Sicherheitsleistung nach spanischem Zivilprozeßrecht, *Baumbach/Lauterbach/Hartmann*[51] Anh. § 110 Rdnr. 22; *Bülow/Böckstiegel/Schütze* 1130/4.

[218] Bei Wohnsitz im Inland auf Grund der lankischen ZPO, *Langendorf* S. 4; *Schütze* S. 104; bei Unterhalt Art. 9 UNÜ (BGBl. 1959 II, 1377).

[219] Bei Wohnsitz des Klägers im Inland, Art. 14 dt.-brit. Abk. (BGBl. 1960 II, 1518).

[220] Bei Wohnsitz des Klägers im Inland, Art. 14 dt.-brit. Abk. (BGBl. 1983 II, 798).

[221] Bei Wohnsitz des Klägers in einem Vertragsstaat, Art. 17 Üb 54 (BGBl. 1961 II, 355).

[222] Bei Wohnsitz des Klägers im Inland, Art. 14 dt.-brit. Abk. (BGBl. 1987 II, 523).

[223] Verpflichtung für Ausländer, auf Verlangen des Beklagten Sicherheit zu leisten, *Langendorf* S. 2; *Schütze* S. 104.

[224] Bei inländischem Wohnsitz oder ausreichendem Grundbesitz im Inland auf Grund südafrikanischen ZPR; *Baumbach/Lauterbach/Hartmann*[51] Anh. § 110 Rdnr. 22; *Langendorf* S. 6 f.; *Schütze* S. 104.

[225] Bei Wohnsitz des Klägers in einem Vertragsstaat, Art. 15 Üb 54 (BGBl. 1977 II, 641); bei Unterhalt Art. 9 UNÜ (BGBl. 1980 II, 25) und Art. 9 HÜ 58 (BGBl. 1977 II, 467; 1980 II, 1416).

[226] Bei inländ. Wohnsitz, Art. 14 des dt.-brit. Abk. (BGBl. 1960 II, 1518; 1971 II, 224).

[227] Auf Grund des syrischen ZPR, das eine Sicherheitsleistung nicht vorsieht. S. dazu *Dilger* 423; *Langendorf* S. 17; *Schütze* S. 105.

[228] Bei inländ. Wohnsitz, Art. 14 dt.-brit. Abk. (BGBl. 1960 II, 1518).

[229] Section 253 thail. ZPO enthält eine bedingt vergleichbare Regelung, *Baumbach/Lauterbach/Hartmann*[51] Anh. § 110 Rdnr. 23; Rückgriff auf deutsch-thail. Freundschaftsvertrag (RGBl. 1938 II, 52) bei *Langendorf* S. 2; zu dessen Fortgeltung s. *Böhmer/Siehr* Das gesamte Familienrecht, Bd. 2 (10. Lfg. 1991), Rdnr. 6.7.3.

[230] Bei ausreichendem Grundbesitz im Inland auf Grund togischen ZPR, *Langendorf* S. 3; *Schütze* S. 105.

[231] Eine Verpflichtung zur Sicherheitsleistung kennt die tong. ZPO nicht, *Baumbach/Lauterbach/Hartmann*[51] Anh. § 110 Rdnr. 23; *Langendorf* S. 1.

[232] Bei inländ. Wohnsitz, Art. 14 dt.-brit. Abk. (BGBl. 1961 II, 1681; 1966 II, 1564).

[233] Bei ausreichendem Grundbesitz im Inland, Art. 16 c.c., Art. 166, 167 c.p.c., s. *Langendorf* S. 3.

[234] Bei Wohnsitz des Klägers in einem Vertragsstaat, Art. 17 Üb 54 (BGBl. 1973 II, 1415); bei Unterhalt Art. 9 UNÜ (BGBl. 1971 II, 1074), Art. 9 HÜ 58 (BGBl. 1973 II, 1280) und Art. 15 HÜ 73 (BGBl. 1987 II, 220); ansonsten Verbürgung der Gegenseitigkeit durch Art. 2 dt.-türk. Abk. (BGBl. 1952 II, 608), *OLG Düsseldorf* NJW 1973, 2165; vgl. zu Problemen in der Rechtspraxis *Schütze* S. 106. Im übrigen kennt das türkische Recht die Ausländersicherheit, vgl. bei *Krüger* IPRax 1982, 257.

[235] Auf Grund Art. 3 des dt.-tunesischen Vertrages v.

Turkmenistan: → Rdnr. 35c
Tuvalu: nein[236]
Uganda: nein[237]
Ukraine: → Rdnr. 35c
Ungarn: partiell, Üb 54, UNÜ, HÜ 58[238]
Uruguay: partiell, G[239]
USA → Vereinigte Staaten von Amerika
Usbekistan: → Rdnr. 35c
Vanuatu: nein[239a]
Vatikanstadt: partiell, Üb 54, UNÜ[240]
Venezuela: partiell, G[241]
Vereinigte Arabische Emirate: nein, G[242]
Vereinigte Staaten von Amerika: partiell, Vertrag, G[243]
Vereinigtes Königreich (Großbritannien und Nordirland): partiell, Vertrag, Ndl., UNÜ, HÜ 73[244]
Vietnam: nein[245]
Weißrußland: → Rdnr. 35c
Zaire: ja, G[246]
Zentralafrikanische Republik: partiell, UNÜ, G[247]
Zypern: partiell, Vertrag[248]

---

19. VII. 1966 über Rechtsschutz und Rechtshilfe, die Anerkennung und Vollstreckung gerichtlicher Entscheidungen in Zivil- und Handelssachen sowie über die Handelsgerichtsbarkeit (BGBl. 1969 II, 890; 1970 II, 125) bei Wohnsitz oder gewöhnlichem Aufenthalt des Klägers in einem Vertragsstaat; Text Anhang B VIII zu § 328. Dazu auch *Dilger* 410/423; bei Unterhalt Art. 9 UNÜ (BGBl. 1969 II, 764).
[236] Ungeklärt.
[237] Ungeklärt.
[238] Bei Wohnsitz des Klägers in einem Vertragsstaat, Art. 17 Üb 54 (BGBl. 1966 II, 84); bei Unterhalt Art. 9 UNÜ (BGBl. 1959 II, 1377) und Art. 9 HÜ 58 (BGBl. 1965 II, 123); ansonsten besteht Verpflichtung zur Sicherheitsleistung nach § 89 ung. ZPO, *Schütze* S. 106.
[239] Bei inländ. Wohnsitz oder ausreichendem Grundbesitz im Inland auf Grund Art. 120, 121 der uruguayischen ZPO, *Langendorf*, S. 1; *Schütze* S. 106.
[239a] Ungeklärt, *Langendorf* S. 2.
[240] Bei Wohnsitz des Klägers in einem Vertragsstaat, Art. 17 Üb 54 (BGBl. 1967 II, 1536); bei Unterhalt Art. 9 UNÜ (BGBl. 1965 II, 462).
[241] Bei inländ. Wohnsitz oder hinreichendem Vermögen sowie in Handelssachen, s. dazu *Rau* RIW/AWD 1977, 339. Daß das venezolanische Recht 3) die Praxis in Zivilsachen von der Möglichkeit, eine Sicherheit zu fordern, keinen Gebrauch mache, trifft nach *Rau* (a. a. O. 340 bei Fn. 14) nicht zu. Ob es sich um eine handelsrechtliche Streitigkeit handelt, ist nach venezolanischem Recht zu qualifizieren, Art. 1102 venez. ZPO, *Langendorf* S. 4 ff.; *Schütze* S. 112.
[242] Auf Antrag besteht Verpflichtung des Ausländers zur Prozeßkostensicherheit, *Langendorf* S. 1.
[243] Nach Art. VI Abs. 1 dt.-amerik. Freundschaftsusw. Vertrages nebst Protokoll dazu Nr. 6, beide v. 29. X. 1954 (BGBl. 1956 II, 488, 502), sind Staatsangehörige und Gesellschaften der USA wie Inländer bei inländischem ständigen Aufenthalt (Niederlassung) oder Grundvermögen befreit; vgl. *BGH* DB 1982, 802. In den USA gilt das für Bundesgerichte wie für Gerichte der Staaten. Eine weitergehende Befreiung auf Grund tatsächlicher Gewährung des Gegenrechts ist nicht ausgeschlossen. Hier kommt es bei der Prüfung der Gegenseitigkeit darauf an, welchem Staate der amerik. Kl. angehört. Auf Grund der Vorschriften der einzelnen Staaten ist eine Befreiung auf Grund der Erfüllung des Gegenseitigkeitserfordernisses wie folgt gegeben:
1. volle Verbürgung der Gegenseitigkeit: Alabama, Idaho, Kansas, Kentucky, Maryland, Minnesota (*BPatG* GRUR 1979, 395), Nebraska, New Hampshire, North Carolina, North Dakota, Oklahoma, Oregon;
2. bei inländischem Wohnsitz des Klägers: Alaska (nach Ermessen des Gerichts), Arkansas, California (wenn Kläger darlegt, daß Beklagter keine wirksamen Einwendungen hat, sec. 1030 cal. ZPO; *OLG Stuttgart* RIW 1987, 313 f.), Colorado (*Schütze* IPRax 1986, 351), Connecticut, Delaware, District of Columbia, Florida, Illinois, Indiana, Iowa, Maine, Massachusetts, Mississipi (wenn Kläger solvent ist, § 11–53–1 Mississipi Civil Practice and Procedure), Missouri (nach Ermessen des Gerichts, rule 77.02 Missouri Rules of Civil Procedure), Montana, Nevada, New Jersey, New York (*BGH* RIW 1982, 287 = WM 1982, 136 = ZIP 365; WM 1978, 736; *Schütze* JZ 1983, 383), Ohio, Pennsylvania, Puerto Rico, Rhode Island, South Carolina, South Dakota, Utah, Virginia, Washington, West Virginia, Wyoming;
3. bei Wohnsitz oder ausreichendem Grundvermögen im Inland: Arizona;
4. wenn ein inländischer Prozeßbevollmächtigter die persönliche Haftung für die Prozeßkosten übernimmt: Georgia;
5. wenn dem Kläger Prozeßkostenhilfe bewilligt wurde: Louisiana, Michigan, New Mexico (nach Ermessen des Gerichts), Tennessee, Texas, Wisconsin;
6. nein: Hawaii, Vermont.
[244] Grundsätzlich besteht nach dortigem ZPR Verpflichtung zur Sicherheitsleistung, *OLG Frankfurt* RIW 1982, 58; *Bülow/Böckstiegel/Schütze* 1156/10; *Kampf* NJW 1990, 3057; anders aber bei Wohnsitz des Klägers im Inland, Art. 14 dt.-brit. Abk. (BGBl. 1953 II, 116); bei Unterhalt Art. 9 UNÜ (BGBl. 1975 II, 927; 1985 II, 1207) und Art. 15 HÜ 73 (BGBl. 1987 II, 220); ebenso bei Wohnsitz oder ständigem Aufenthalt einer natürlichen Person als Kläger in einem Vertragsstaat, Art. 9 Ndl. (BGBl. 1970 II, 843), vgl. *LG Frankfurt* RIW 1993, 237; *OLG Koblenz* IPRax 1992, 42; dazu *Kaum* IPRax 1992, 18 ff.; einschränkend *Zimmermann* RIW 1992, 707, 709; → näher Rdnr. 32.
[245] Ungeklärt.
[246] Eine Verpflichtung zur Sicherheitsleistung besteht nicht, *Langendorf* S. 2; *Schütze* S. 113.
[247] Bei ausreichendem inländ. Grundbesitz nach zentralafrik. ZPR; *Langendorf* S. 3; *Schütze* S. 113; bei Unterhalt Art. 9 UNÜ (BGBl. 1963 II, 108).
[248] Bei inländ. Wohnsitz, Art. 14 dt.-brit. Abk. (BGBl. 1960 II, 1518; 1975 II, 1129).

IV. Das Verfahren

42 1. Die Sicherheitspflicht tritt nur *auf Verlangen des Beklagten* ein. Ihre Geltendmachung bildet eine **prozeßhindernde Einrede**[249]. Dieser Einrede kann jedoch unter ganz besonderen Umständen mit dem Einwand unzulässiger Rechtsausübung begegnet werden[250].

43 2. Den Beklagten trifft dabei die **Beweislast** für die fehlende deutsche Staatsangehörigkeit des Klägers[251], ebenso die Beweislast für die die Zulässigkeit der Einrede begründenden Umstände, insbesondere bei nicht sofortigem Vorbringen der Einrede (§§ 282 Abs. 3, 296 Abs. 3)[252]. Den Kläger trifft dagegen die Beweislast für die Ausnahme, also z.B. für die Umstände, die nach besonderen innerstaatlichen Gesetzen (→ Rdnr. 20f.) oder nach Staatsverträgen (→ Rdnr. 24) die Befreiung begründen (bestimmte ausländische Staatsangehörigkeit, Wohnsitz usw.)[253], oder für das Vorliegen eines Ausnahmetatbestandes nach § 110 Abs. 2, insbesondere für die Gegenseitigkeit nach § 110 Abs. 2 Nr. 1 (→ Rdnr. 36f.)[254].

44 3. Das Verlangen kann *für den Beklagten* von seinem **Streitgehilfen** gestellt werden (→ § 67 Rdnr. 16), von dem streitgenössischen Streitgehilfen wegen § 101 Abs. 2 auch aus eigenem Recht (→ § 69 Rdnr. 12). Dagegen hat der gewöhnliche Streitgehilfe auch wegen der Kosten der Streithilfe kein eigenes Recht, weil die Teilnahme am Prozeß von seinem Entschluß abhängt[255]. – Über den **Zeitpunkt der Geltendmachung** → § 111 Rdnr. 1ff., 3f.; über die **Entscheidung** des Gerichts → § 112 Rdnr. 1ff.

V. Arbeitsgerichtliches Verfahren

45 Auch hier gelten die Vorschriften über die Kautionspflicht der Ausländer. Die weitgehende Beschränkung der Erstattungsfähigkeit der Kosten der ersten Instanz durch § 12a ArbGG (→ § 91 Rdnr. 111ff.) wird namentlich bei geringeren Streitwerten zweckmäßig Veranlassung geben, von der Geltendmachung der prozeßhindernden Einrede abzusehen. Bei rechtsmittelfähigem Streitgegenstand hat der Beklagte aber zu beachten, daß er sich damit der Einrede auch für die höheren Instanzen begibt (→ § 111 Rdnr. 5).

VI. Patentsachen

46 In Patentsachen gelten für das Nichtigkeits-, Zurücknahme- und Zwangslizenzverfahren vor dem Patentgericht bezüglich der *Ausländersicherheit* ausschließlich die Vorschriften des § 81 Abs. 7 PatG, wonach der Kläger, der im Ausland wohnt, ohne Rücksicht auf Staatsangehörigkeit, Verbürgung der Gegenseitigkeit (→ Rdnr. 40) oder dgl. dem Beklagten auf dessen Verlangen Sicherheit wegen der Kosten des Verfahrens zu leisten hat. Das Gericht bestimmt die Höhe der Sicherheit nach billigem Ermessen und setzt zugleich eine Frist, in der sie zu leisten ist. Bei Fristversäumung gilt die Klage als zurückgenommen. Für das Berufungsverfahren vor dem BGH ist diese Vorschrift entsprechend anzuwenden[256].

---

[249] Terminologische Einwände bei *Jauernig* ZPR[23], § 33 VI.
[250] So (im Einzelfall ablehnend) *BGH* LM § 675 BGB Nr. 6. Dazu darf aber nicht die Sachprüfung des Klageanspruchs vorweggenommen werden, *BGH* a.a.O. S. auch *OLG Hamburg* MDR 1964, 681 bei Schadenersatzklage gegen deutschen Anwalt, der in Entschädigungssache Frist für Kläger versäumt hatte.
[251] *OLG Celle* SeuffArch. 37 (1882), 215.
[252] Vgl. *RGZ* 146, 8 und dazu *Jonas* JW 1935, 346 (zu § 274 a.F.).
[253] S. vorige Fn.
[254] *BGH* WM 1982, 880f.; 1982, 458 = JZ 473 = NJW 1223f.; WM 1981, 1278 = ZIP 1982, 114. – **A.M.** *Schütze* JZ 1983, 385; ihm folgend *Linke* (Fn. 1), Rdnr. 257.
[255] *OLG Hamburg* NJW 1990, 650. – **A.M.** *Wieczorek*[2] Anm. B II.
[256] *Benkard* PatG[8] § 81 Rdnr. 35 m.w.N.; zum früheren Recht bereits *RG* JW 1896, 59.

§ 111 [Nachträgliche Ausländersicherheit]

Der Beklagte kann auch dann Sicherheit verlangen, wenn die Voraussetzungen für die Verpflichtung zur Sicherheitsleistung erst im Laufe des Rechtsstreits eintreten und nicht ein zur Deckung ausreichender Teil des erhobenen Anspruchs unbestritten ist.

Gesetzesgeschichte: Bis 1900 § 103 CPO. Änderung: RGBl. 1933 I, 780.

Stichwortverzeichnis: → vor § 108 vor Rdnr. 1.

I. Voraussetzungen für das nachträgliche Sicherheitsverlangen 1	II. Verfahren 10
1. Keine Präklusion 1	III. Nachträglicher Wegfall der Verpflichtung zur usländersicherheit 11
2. Kein Verzicht 5	
3. Nachträglicher Eintritt der Voraussetzungen 6	
4. Keine Aufrechnungsmöglichkeit 9	

I. Voraussetzungen für das nachträgliche Sicherheitsverlangen

1. Keine Präklusion

Als eine die Zulässigkeit der Klage betreffende verzichtbare (→ Rdnr. 5) Rüge kann das Verlangen des Beklagten sowohl vor dem Kollegial- als auch vor dem Amtsgericht **grundsätzlich nur bis zur Verhandlung zur Hauptsache** (§ 282 Abs. 3 S. 1) oder, falls gemäß § 275 Abs. 1 S. 1 bereits vor der mündlichen Verhandlung eine Frist zur Klageerwiderung gesetzt wurde, bis zum Ablauf dieser Frist (§ 282 Abs. 3 S. 2) erhoben werden. *Danach* ist die Geltendmachung nur zulässig, wenn die Verspätung genügend entschuldigt ist (§ 296 Abs. 3)[1], z. B. wenn der Beklagte erst nachträglich erfährt, daß der Kläger nicht Deutscher oder daß die bisher verbürgte Gegenseitigkeit entfallen ist. 1

Lagen die Voraussetzungen der Rüge (oder der Nachforderung nach § 112 Abs. 3)[2] bereits in der ersten Instanz vor, so setzt eine **Geltendmachung in der Berufungsinstanz** ebenfalls voraus, daß das *Nichtvorbringen im ersten Rechtszug genügend entschuldigt ist* (§ 529 Abs. 1 S. 2; für die Revisionsinstanz mit § 566)[3], z. B. wenn der Beklagte einen Antrag auf weitere Sicherheit stellt, weil das Gericht erster Instanz in seinem Urteil einen Streitwert festsetzt, der den bis dahin zugrunde gelegten wesentlich übersteigt[4]. Aber auch wenn in diesem Fall eine Erhebung der Rüge nach § 529 Abs. 1 S. 2 noch zulässig ist oder die Sicherheitsleistungspflicht des Klägers erst zu einem Zeitpunkt entsteht, in dem ihre Geltendmachung in der ersten Instanz dem Beklagten nicht mehr möglich war, ist die Rüge, soweit der Beklagte Berufung eingelegt hat, *in der Berufungsbegründungsfrist* (§ 519 Abs. 1) oder aber, soweit eine *Frist nach § 520 Abs.* 2 gesetzt wird, innerhalb dieser geltend zu machen. Die Zulassung einer *danach* erhobenen Rüge setzt wiederum voraus, daß die Partei die Verspätung genügend entschuldigt[5] (§ 529 Abs. 1 S. 1). 2

---

[1] *BGH* WM 1993, 355; NJW 1981, 2646 = ZIP 780; *OLG Frankfurt* MDR 1992, 189.
[2] *BGH* WM 1993, 355; NJW-RR 1990, 378 = MDR 432; NJW 1974, 238 = WM 245; vgl. auch *OLG Koblenz* IPRax 1992, 42.
[3] *BGH* WM 1993, 355; NJW-RR 1990, 378 = MDR 432; WM 1982, 136 = ZIP 364; NJW 1981, 2646 = ZIP 780; NJW 1953, 864; *OLG Frankfurt* MDR 1992, 189; RGZ 155, 241; 40, 416.
[4] *OLG Stuttgart* RIW/AWD 1971, 86 zu § 528 a.F.
[5] *BGH* WM 1993, 355.

3 Ferner ist die Verspätung nicht zu berücksichtigen, wenn der Kläger mit einer sachlichen Prüfung der Einrede einverstanden ist oder eine **Rüge** der Verspätung **unterläßt**[6].

4 Wenn die **Einrede** durch Zwischenurteil **verworfen** ist, kann dagegen der Beklagte als Rechtsmittelkläger die Leistung für die Kosten der Revisionsinstanz verlangen[7]. Wegen der *Beweislast* → § 110 Rdnr. 43.

2. Kein Verzicht

5 Der Beklagte kann auf die Einrede **allgemein verzichten**[8]. Allerdings ist ein auf die erste Instanz *beschränkter Verzicht* auf die Einrede ausgeschlossen. War die Einrede in der unteren Instanz fallen gelassen, so kann sie in der höheren Instanz keinesfalls für diese wieder aufgenommen werden[9] (→ auch § 110 Rdnr. 45 a.E.). Der Verzicht oder sonstige Verlust der Einrede schließt aber ihre Geltendmachung gegenüber einem erweiterten Klageantrag nicht aus[10].

3. Nachträglicher Eintritt der Voraussetzungen

6 In § 111 ist außerdem ausdrücklich angeordnet, daß das Verlangen nachträglich erhoben werden kann, wenn seine *Voraussetzungen erst später eintreten*. Das ist in folgenden Fällen möglich:

7 a) Der **Kläger verliert** nachträglich die **deutsche Staatsangehörigkeit** (vgl. § 17 RuStAG). Eine Ausnahme ergibt sich hier nach § 110 Abs. 1 S. 2 für den Fall der Staatenlosigkeit bei Fortbestand des inländischen Wohnsitzes (wobei ein zur Staatenlosigkeit führender Verlust der deutschen Staatsangehörigkeit nur bei antragsgemäßer Entlassung aus der deutschen Staatsangehörigkeit gem. §§ 19ff. RuStAG denkbar ist). Dem Verlust der deutschen Staatsangehörigkeit gleichzubehandeln ist der Fall, daß ein nicht befreiter Ausländer im Wege der Rechtsnachfolge oder Klageänderung an die Stelle des deutschen oder sonst befreiten Klägers tritt[11] (→ Rdnr. 14 vor § 50).

8 b) Die **Befreiungen** (→ § 110 Rdnr. 2ff., 19ff.) können z.B. dadurch **fortfallen**, daß der Urkunden- und Wechselprozeß in den ordentlichen übergeht (§§ 596, 600)[12], daß die Bewilligung der Prozeßkostenhilfe für den Kläger aufgehoben wird (§ 124) oder daß er durch Wechsel der Staatsangehörigkeit oder der Gesetzgebung[13] die Befreiung nach § 110 Abs. 2 Nr. 1 verliert. – Wegen der Trennung von Klage und Widerklage → § 110 Rdnr. 14.

4. Keine Aufrechnungsmöglichkeit

9 Anlaß zur Anordnung nachträglicher Sicherheit besteht dann nicht, wenn nach dem Ermessen des Gerichts ein der Höhe nach zur Deckung ausreichender (vgl. § 112 Rdnr. 6) *Teil* des vom Kläger erhobenen *Anspruchs unbestritten* ist, d.h. wenn er anerkannt ist und ihm kein

---

[6] *BGH* NJW-RR 1990, 379 = MDR 432; *BGHZ* 37, 267 = MDR 1962, 302 = NJW 345 = LM Nr. 5 (*Johannsen*); *BGH* LM § 675 BGB Nr. 6; *RGZ* 98, 316; 58, 151.

[7] *BGHZ* 37, 264 = MDR 1962, 302 = NJW 345 = LM Nr. 5 (*Johannsen*).

[8] Vgl. *BGH* NJW-RR 1990, 378 = MDR 432; NJW 1984, 2646 = ZIP 780; NJW 1980, 839.

[9] *RGZ* 155, 239; so auch *OLG Frankfurt* NJW 1969, 380 selbst für den Fall, daß Verzicht der Einrede sich ausdrücklich nur auf die untere Instanz bezog; a.M. *Henn* NJW 1969, 1375 f.

[10] So auch *LG Schweinfurt* NJW 1971, 330, soweit erheblich höherer Kostenteil anfällt; ihm folgend *Zöller/Herget*[18] § 110 Rdnr. 4; *Wieczorek*[2] Anm. A II c; *Rosenberg/Schwab/Gottwald*[15] § 89 I 2 b; *Baumbach/Lauterbach/Hartmann*[51] § 282 Rdnr. 22, allerdings nur für den Fall, daß die zunächst in geringfügiger Höhe erhobene Klage in unverhältnismäßiger Weise erweitert wird. – A.M. *KG* LeipzZ 1925, 381.

[11] *RGZ* 40, 418.

[12] *OLG Hamburg* NJW 1983, 526.

[13] *OLG Hamburg* HGZ, H 17, 64. Vgl. auch *RG* JW 1899, 484.

Einrede, namentlich keine Gegenforderung, entgegensteht. Denn dann braucht der Beklagte keine weitere Sicherheit, weil er durch die Möglichkeit, mit dem Anspruch des Klägers aufzurechnen, hinreichend gesichert ist.

II. Verfahren

In den eben aufgeführten Fällen kann der Beklagte das Verlangen nachträglich stellen. Er **10** muß es aber wegen § 282 Abs. 3 (→ Rdnr. 1) *vor weiterer Verhandlung* anbringen. Im übrigen gilt für das Verfahren das zu § 110 Rdnr. 42 ff. Gesagte sinngemäß.

III. Nachträglicher Wegfall der Verpflichtung zur Ausländersicherheit

Nach § 109 kann der Kläger die Aufhebung der ihm auferlegten Sicherheit verlangen, **11** wenn die Veranlassung für die Ausländersicherheit ganz oder teilweise (→ § 109 Rdnr. 14, § 112 Rdnr. 10) nachträglich wegfällt, z. B. weil der Kläger im Laufe des Prozesses Deutscher wird oder als Staatenloser seinen Wohnsitz im Inland nimmt oder ein anderer Befreiungsgrund eintritt[14], namentlich die Bewilligung der Prozeßkostenhilfe (§ 122 Abs. 1 Nr. 2). Entsprechend ist zu entscheiden, wenn die Gegenseitigkeit im Moment der Sicherheitsanordnung bereits verbürgt war, dies aber in Deutschland erst später bekannt geworden ist[15].

§ 112 [Höhe der Ausländersicherheit]

(1) Die Höhe der zu leistenden Sicherheit wird von dem Gericht nach freiem Ermessen festgesetzt.
(2) ¹Bei der Festsetzung ist derjenige Betrag der Prozeßkosten zugrunde zu legen, den der Beklagte wahrscheinlich aufzuwenden haben wird. ²Die dem Beklagten durch eine Widerklage erwachsenden Kosten sind hierbei nicht zu berücksichtigen.
(3) Ergibt sich im Laufe des Rechtsstreits, daß die geleistete Sicherheit nicht hinreicht, so kann der Beklagte die Leistung einer weiteren Sicherheit verlangen, sofern nicht ein zur Deckung ausreichender Teil des erhobenen Anspruchs unbestritten ist.

Gesetzesgeschichte: Bis 1900 § 104 CPO.

Stichwortverzeichnis: → vor § 108 vor Rdnr. 1.

I. Die Entscheidung und ihre Anfechtung	1	3. Streitwert	4
1. Form der Entscheidung	1	4. Rechtsbehelfe	5
2. Verfahren	3	II. Bestimmung der Höhe	6
		III. Nachträgliche Ergänzung	9

---

[14] Vgl. *OLG Karlsruhe* JW 1928, 1238 (Inkrafttreten eines Staatsvertrages). Ebenso wirkte seinerzeit das Inkrafttreten der Nov. 33 für den im Inland wohnhaften Staatenlosen.

[15] *OLG Hamburg* NJW 1991, 3103 = WM 925.

I. Die Entscheidung und ihre Anfechtung

1. Form der Entscheidung

1 a) Erachtet das Gericht den **Antrag** für **unbegründet**, so hat es ihn nach mündlicher Verhandlung (→ Rdnr. 3) gemäß § 280 durch ein selbständig anfechtbares *Zwischenurteil*[1] (das vor der Kammer für Handelssachen durch den Vorsitzenden ergeht, § 349 Abs. 2 Nr. 2), sonst *in den Gründen des Endurteils*, zu verwerfen.

2 b) Erachtet das Gericht den **Antrag** für **begründet**, so hat es, wenn über die Pflicht zur Sicherheitsleistung und deren Höhe kein Streit besteht, durch *Beschluß*[2] die Frist zur Sicherheitsleistung (§ 113) zu bestimmen. Besteht dagegen Streit, so *kann* das Gericht durch (ein nicht unter § 280 fallendes und deshalb nicht selbständig anfechtbares[3]) *Zwischenurteil*[4] nach § 303 die Pflicht feststellen und zugleich unter Fristsetzung die Höhe bestimmen. Es ist aber auch hier nicht gehindert, sich der *Beschlußform* zu bedienen[5]. Eine Bedeutung kommt der Formfrage nicht zu, da der Beschluß nach § 567 ebenso wenig selbständig anfechtbar ist wie das Zwischenurteil[6] (→ aber Rdnr. 5).

2. Verfahren

3 Das Zwischenurteil setzt, wie jedes Urteil, **mündliche Verhandlung** (oder was dem gleichsteht; s. § 128 Abs. 2, 3, § 251a) voraus[7]. Dasselbe gilt für den statt des Zwischenurteils ergehenden Beschluß (→ Rdnr. 2). Soweit über die Pflicht zur Sicherheitsleistung kein Streit besteht, kann der Beschluß auch ohne mündliche Verhandlung ergehen.

3. Streitwert

4 Da die Einrede der mangelnden Sicherheit für die Prozeßkosten eine Verteidigung gegen die Klage selbst ist, entspricht der Streitwert in einem Zwischenstreit um die Sicherheitsleistungspflicht dem Gegenstandswert der Klage selbst[8].

4. Rechtsbehelfe

5 Erachtet der Beklagte die Summe für **ungenügend**, so kann er, abgesehen von der Anfechtung mit dem Endurteil, die Festsetzung nicht selbständig anfechten[9] (→ Rdnr. 2), sondern nur von Abs. 3 (→ Rdnr. 7ff.) Gebrauch machen oder durch Aufrechterhaltung der Einrede deren Verwerfung nach § 280 Abs. 2 durch ein hier anfechtbares (→ oben Rdnr. 1) Zwischen-

---

[1] *BGHZ* 102, 234 = *NJW* 1988, 1733; *BGH WM* 1993, 355; *NJW-RR* 1990, 378 = *MDR* 432; *NJW* 1974, 238 = *MDR* 293; *OLG Frankfurt NJW* 1990, 2204; *OLG Koblenz* IPRax 1992, 42.
[2] *RGZ* 104, 189; *JW* 1926, 373. Ebenso *Johannsen* Anm. zu LM § 110 Nr. 5; *Baumbach/Lauterbach/Hartmann*[51] Rdnr. 3; *Thomas/Putzo*[18] § 113 Rdnr. 2.
[3] *BGHZ* 102, 232 = *NJW* 1988, 1733; *OLG Frankfurt NJW* 1990, 2204; *Demharter MDR* 1986, 186; *Thomas/Putzo*[18] § 113 Rdnr. 3; *Zöller/Herget*[18] § 110 Rdnr. 5. – A.M. (für Anwendung des § 280 Abs. 2) *OLG Düsseldorf* IPRax 1991, 189; *OLG Karlsruhe MDR* 1986, 593; *OLG Bremen NJW* 1990, 2737; *OLG Hamburg* VersR 1979, 847 (L); *Baumbach/Lauterbach/Hartmann*[51] Rdnr. 2.
[4] So *BGH WM* 1982, 136 = ZIP 365; *WM* 1981, 1278 = ZIP 1982, 114; *Baumbach/Lauterbach/Hartmann*[51] Rdnr. 2; *Thomas/Putzo*[18] § 113 Rdnr. 1; *Wieczoreck*[2] § 113 Anm. a. – A.M. (Entscheidung immer durch Beschluß) *Henn NJW* 1969, 1374.
[5] So auch *Wieczoreck*[2] § 113 Anm. A; a.M. *RGZ* 104, 189.
[6] A.M. *RG JW* 1926, 373, das in diesem Falle die durch Beschluß erfolgte Fristsetzung als unwirksam und demgemäß das Urteil auf Rücknahmeerklärung nach § 113 als fehlerhaft ansieht. – Wie hier *OLG München* ZZP 43 (1918), 472.
[7] *BGH WM* 1993, 355; *NJW-RR* 1990, 378 = *MDR* 432; *OLG Frankfurt NJW* 1990, 2204 = *WM* 1156 = *MDR* 832; *OLG Koblenz* IPRax 1992, 42.
[8] *BGH* VersR 1991, 122 m.w.N.; *OLG Hamburg MDR* 1974, 53. – A.M. *OLG Karlsruhe MDR* 1986, 393f.
[9] *BGH NJW-RR* 1990, 378 = *MDR* 432.

urteil erzwingen[10]. Andererseits kann der Kläger nur durch Nichtbefolgung der Anordung das Endurteil nach § 113 herbeiführen und dieses anfechten[11]. – Wegen der *Art* der Sicherheitsleistung → § 108 Rdnr. 3.

II. Bestimmung der Höhe

Bei der Bemessung der **Höhe der Sicherheit** sind die Kosten nach freiem Ermessen zu schätzen, die der Beklagte schon aufgewendet hat und voraussichtlich noch aufzuwenden haben wird. Anzusetzen sind die Kosten für *eine Instanz* und für die *nächsthöhere*, soweit die Statthaftigkeit eines Rechtsmittels nicht von vornherein ausgeschlossen erscheint, und zwar in Höhe der *für den Beklagten* mit hinreichender Sicherheit zu erwartenden Ausgaben[12], also seiner außergerichtlichen für zwei Instanzen und der Gerichtskosten für die 2. Instanz[13]. Der Beklagte braucht eine bestimmte Summe nicht zu nennen; das Gericht kann ihn aber nach § 139 zur Erklärung veranlassen. 6

Die Kosten, wie es die h. M. will, **für alle Instanzen** einzubeziehen[14], geht zu weit, zumal oft gar nicht vorauszusehen ist, ob ein zweites Rechtsmittel zulässig sein wird, z. B. bei der Zulassungsrevision nach § 546 Abs. 1, 2[15]. Hier reicht es aus, daß der Beklagte im Bedarfsfall nach § 112 Abs. 3 nachfordern kann. Wird die Sicherheitsleistung erst für die Revisionsinstanz beantragt und steht noch nicht fest, ob die Revision angenommen wird, so sind auch nach h. M. nur die Kosten bis zur Entscheidung über die Annahme der Revision zu berücksichtigen[16]. 7

Die Kosten der **Widerklage** scheiden aus (Abs. 2 S. 2), ebenso die einer **Wiederaufnahmeklage**. Klagen **Streitgenossen**, so ist § 100 entsprechend anzuwenden. 8

III. Nachträgliche Ergänzung

Erweist sich der Betrag *nachträglich* als *zu niedrig*, weil dem Beklagten einschließlich der früheren Instanzen höhere Kosten erwachsen sind oder – insbesondere infolge Einlegung eines Rechtsmittels – noch erwachsen werden[17], oder weil die Klage erweitert wird, oder *mindert* sich der Wert der Sicherheit, so kann der Beklagte nach Abs. 3 bei dem Gericht, bei dem der Prozeß gerade schwebt[18], die **nachträgliche Erhöhung** verlangen. Für die Entscheidung gilt das oben Rdnr. 1 ff. Ausgeführte. 9

---

[10] Ebenso *BGH* NJW-RR 1990, 378 = MDR 432; NJW 1974, 238 = WM 244 f.; *OLG Frankfurt* JZ 1954, 43 (zust. *Bernhardt*) = NJW 1952, 1418; *Johannsen* Anm. zu LM § 110 Nr. 5. – **A. M.** *OLG Hamburg* SeuffArch. 53 (1898), 220.

[11] So auch *RG* SeuffArch. 54 (1899), 467; JW 1928, 1489.

[12] *OLG Frankfurt* JZ 1954, 43 (zust. *Bernhardt*) = NJW 1952, 1418; *Schütze* IPRax 1990, 88.

[13] Demgegenüber zählt *LG Düsseldorf* MDR 1989, 268 auch die außergerichtlichen Kosten des Gegners und die Gerichtskosten für die 1. Instanz dazu, weil der Beklagte in der 1. Instanz unterliegen und u. U. nach Obsiegen in der 2. Instanz nach § 717 Abs. 2 Erstattung verlangen könne, falls der Kläger inzwischen vollstreckt haben sollte. Der Anspruch aus § 717 Abs. 2 ist indessen vollstreckungsrechtlich abzusichern; vgl. ausf. *Söffing* MDR 1989, 599 sowie *Henn* NJW 1969, 1374; *Thomas/Putzo*[18] Rdnr. 1; *Wieczorek*[2] Anm. A I a/b; *Zöller/Herget*[18] Rdnr. 2.

[14] So *BGH* NJW-RR 1990, 378 = MDR 432; NJW 1981, 2646 = ZIP 780; *LG Düsseldorf* MDR 1989, 267 f.; *RGZ* 155, 239, 241; 154, 225, 227; *Baumbach/Lauterbach/Hartmann*[51] Rdnr. 4. – *Gegen* die Einbeziehung der Kosten eines möglichen Revisionsverfahrens *Einmahl* RabelsZ 34 (1970), 764; *Schmieder* GRUR 1982, 12 (nur die durch die Erhebung des Rechtsmittels verursachten Kosten); *MünchKommZPO/Belz* Rdnr. 5; *Zöller/Herget*[18] Rdnr. 2 sowie offenbar auch *OLG Frankfurt* NJW 1980, 2032.

[15] Deshalb spricht sich *Johannsen* Anm. zu LM § 110 Nr. 5 nur für Beachtung bei vermögensrechtlichen Ansprüchen aus, die die Revisionssumme erreichen; insoweit zust. *BGH* NJW-RR 1990, 378 = MDR 432.

[16] *BGH* WM 1982, 136 = ZIP 365; WM 1980, 505.

[17] *BGH* WM 1980, 505; *OLG Frankfurt* NJW 1980, 2032; *RG* SeuffArch. 51 (1896), 346; 41 (1886), 97.

[18] Auch in der Revisionsinstanz, *BGH* WM 1982, 136 = ZIP 365; WM 1980, 505; *RG* SeuffArch. 51 (1896), 346.

10 Da Abs. 3 nur den Grundgedanken des § 111 weiterentwickelt, so ist er wie dieser (→ § 111 Rdnr. 11) **entsprechend zugunsten des Klägers** anzuwenden, wenn die Sicherheit in dem bisherigen Betrag nicht mehr erforderlich ist.

§ 113 [Fristbestimmung für Ausländersicherheit]

[1]Das Gericht hat dem Kläger bei Anordnung der Sicherheitsleistung eine Frist zu bestimmen, binnen der die Sicherheit zu leisten ist. [2]Nach Ablauf der Frist ist auf Antrag des Beklagten, wenn die Sicherheit bis zur Entscheidung nicht geleistet ist, die Klage für zurückgenommen zu erklären oder, wenn über ein Rechtsmittel des Klägers zu verhandeln ist, dieses zu verwerfen.

Gesetzesgeschichte: Bis 1900 § 105 CPO.

Stichwortverzeichnis: → vor § 108 vor Rdnr. 1.

I. Fristbestimmung

1 In der Entscheidung, die dem Verlangen des Beklagten stattgibt (→ § 112 Rdnr. 2 ff., 9), ist dem Kläger eine Frist zur Leistung der Sicherheit zu bestimmen, die als richterliche durch das Gericht verlängert werden kann (§ 224 Abs. 2). Wiedereinsetzung findet nicht statt (§ 233), aber der Kläger kann die Sicherheit auch nach Ablauf der Frist bis zur Entscheidung leisten (S. 2)[1]. Ein Recht, die Einlassung bis zum Ablauf der Frist zu verweigern, steht dem Beklagten seit der Nov. 24 nicht mehr zu. Eine sofortige Abweisung der Klage ohne Fristsetzung enthielte einen wesentlichen Mangel des Verfahrens i. S. v. § 539[2].

II. Leistung der Sicherheit

2 Wird die Sicherheit vom Kläger geleistet, so ist der Termin von Amts wegen zu bestimmen (§ 216). Die *Rückgabe* der Sicherheit nach § 109 kann erst dann angeordnet werden, wenn der Beklagte *rechtskräftig* zur Tragung der Kosten verurteilt ist[3] oder wenn die Anordnung aufgehoben (→ § 111 Rdnr. 11) oder der Betrag herabgesetzt ist (→ § 112 Rdnr. 10) oder der Kläger die Kosten bezahlt hat.

III. Folgen der Fristversäumnis

3 Hat der Kläger die Frist versäumt, so ist der Prozeß zunächst fortzusetzen. Auswirkungen der Fristversäumnis ergeben sich nur, wenn der Beklagte rechtzeitig (→ § 111 Rdnr. 1) den **Antrag** nach S. 2 stellt. Auf diesen Antrag hin ist die **Folge der Versäumung auszusprechen**, sofern nicht etwa inzwischen die Pflicht des Klägers fortgefallen ist (→ § 111 Rdnr. 11)[4]. Eine *Vollstreckung* der Sicherheitsauflage ist ausgeschlossen. Wegen des genauen Ausspruchs ist zu unterscheiden:

---

[1] Vgl. *BGH* WM 1982, 880.
[2] Vgl. *OLG Hamburg* OLGRspr. 13 (1906), 118 (zwei Entsch.); *OLG Kiel* SchlHA 1924, 128.
[3] Vgl. *OLG Stuttgart* MDR 1985, 1033 (die Sicherheit dient dann nicht etwa der Absicherung der Gerichtskasse; → vor § 108 Rdnr. 2).
[4] *OLG Hamburg* HGZ H 1912, 298; HGZ 1919, 135.

1. Befindet sich der Prozeß noch in der **ersten Instanz**, so hat das Urteil die *Klage für* 4 *zurückgenommen zu erklären* und auf Antrag dem Kläger die Tragung der Kosten aufzuerlegen. Im übrigen treten die Folgen des § 269, insbesondere auch die nach Abs. 4 ein[5].

2. Befindet sich der Prozeß bereits in der **Rechtsmittelinstanz**, so kommt es darauf an, wer 5 das Rechtsmittel eingelegt hat:

a) Wenn der **Beklagte** Rechtsmittelkläger ist und seinen Antrag erst in der höheren Instanz 6 gestellt hatte, so ist die *Klage* wiederum *für zurückgenommen zu erklären* (→ Rdnr. 4). Eine etwaige Anschließung des Klägers wird hinfällig; ihrer Verwerfung bedarf es nicht.

b) Hat dagegen der **Kläger** das Rechtsmittel ergriffen, so trifft ihn der stärkere Rechtsnach- 7 teil, daß sein *Rechtsmittel verworfen* wird (s. § 515 Abs. 3). Damit wird die Anschließung des Beklagten unwirksam, soweit sie nicht eine sog. selbständige ist (§§ 522, 556). Der Beklagte hat dies bei Stellung seines Antrags zu erwägen.

c) Haben **beide Parteien** Rechtsmittel eingelegt, so ist *nur die Klagezurücknahme auszu-* 8 *sprechen*, da das Sicherheitsverlangen des Beklagten in der Rechtsmittelinstanz die nachträgliche Geltendmachung einer prozeßhindernden Einrede ist (§ 529 Abs. 1).

IV. Das Urteil

Das Urteil des § 113 ist ein *Endurteil*, gegen das die gewöhnlichen Rechtsmittel stattfin- 9 den[6]. Bei der Kammer für Handelssachen entscheidet der Vorsitzende (§ 349 Abs. 2 Nr. 2). Beim Ausbleiben des Klägers hat der Beklagte die Wahl, *Versäumnisurteil* gemäß § 331 oder ein Urteil gemäß § 113 zu beantragen; das letztere aber ist, da es nicht auf der Versäumnis beruht, kein Versäumnisurteil[7]. Ergeht dagegen ein Versäumnisurteil nach § 331, so kann der Kläger nach erhobenem Einspruch die Sicherheit noch bis zu der neuen Entscheidung leisten.

Ergeht die Entscheidung des Gerichts fälschlicherweise in **Beschlußform**, so kann dagegen 10 die Beschwerde mit dem Ziel eingelegt werden, den Beschluß aufzuheben und den Weg für das Endurteil freizumachen[8].

---

[5] *RGZ* 58, 259.
[6] *BGH* LM § 547 Abs. 1 Ziff. 1 Nr. 1.
[7] *OLG Koblenz* JurBüro 1986, 119 m.w.N.; *Wach* Gruchot 36 (1892), 1, 14f.
[8] *OLG Köln* JMBl.NRW 1971, 234.

Siebenter Titel

Prozeßkostenhilfe und Prozeßkostenvorschuß

Stichwortverzeichnis zu vor § 114—§ 127a

Abänderungsantrag: → § 114 Rdnr. 53
Abänderungsbeschluß: → Änderungsbeschluß
Abänderungsklage: → § 114 Rdnr. 33, 52, 59; § 127a Rdnr. 3
Abfindung: → § 114 Rdnr. 60; § 115 Rdnr. 87, 92, 113, 116
Abkommen, multilaterale und zwischenstaatliche: → § 116 Rdnr. 28
Abstammung: → eheliche Abstammung
Abstammungsgutachten: → § 118 Rdnr. 26
Abtretung: → § 114 Rdnr. 6; § 115 Rdnr. 7
Änderungsbeschluß: → § 114 Rdnr. 52
Akteneinsicht: → § 118 Rdnr. 12
Aktiengesellschaft: → § 116 Rdnr. 18
Aktionär: → § 116 Rdnr. 21
Aktionärsanfechtungsklage: → § 114 Rdnr. 34
Aktiva: → § 115 Rdnr. 42
Alleineigentum: → § 115 Rdnr. 107
Alte Bundesländer: → § 121 Rdnr. 14
Alter: → § 115 Rdnr. 8
Alterssicherung: → § 115 Rdnr. 114
Altersversorgung: → § 115 Rdnr. 37, 126
Altes Recht: → vor § 114 Rdnr. 10
Amtsermittlung: → § 118 Rdnr. 6, 11, 13, 17, 25
Amtsgericht: → vor § 114 Rdnr. 19; § 117 Rdnr. 11, 13; § 121 Rdnr. 49
Amtshaftung: → § 118 Rdnr. 2
Amtshaftungsansprüche: → § 114 Rdnr. 40
Amtshaftungsprozeß: → § 118 Rdnr. 11
Amtshandlung: → § 122 Rdnr. 6
Amtspflichten: → § 118 Rdnr. 2
Amtspflichtverletzung: → § 118 Rdnr. 11
Amtsrichter: → § 117 Rdnr. 3
Anfechtung der Ehelichkeit: → § 114 Rdnr. 54, 55; § 119 Rdnr. 7
— Anfechtungsrecht: → § 114 Rdnr. 56
— Anfechtungswiderklage: → § 114 Rdnr. 56
Angehörige: → § 115 Rdnr. 17, 106ff.
Angemessenheitsprüfung: → § 115 Rdnr. 42
Anhörung: → § 119 Rdnr. 13; § 120 Rdnr. 34; → auch Rechtliches Gehör
Anschlußrechtsmittel: → § 119 Rdnr. 21ff.
Antrag: → Prozeßkostenhilfe
— unbezifferter: → § 114 Rdnr. 33
Antragsformular: → § 117 Rdnr. 16; → auch Formular
Antragsinhalt: → § 117 Rdnr. 1; § 119 Rdnr. 1
Antragsteller

— Parteistellung: → § 114 Rdnr. 3ff., 43
Anwalt: → Rechtsanwalt
Anwaltsbeiordnung: → Beiordnung eines Rechtsanwalts
Anwaltsgebühren: → § 115 Rdnr. 81; § 118 Rdnr. 34, 42; § 119 Rdnr. 35; § 121 Rdnr. 3, 32; § 122 Rdnr. 10; → auch Kosten
Anwaltsprozeß: → § 121 Rdnr. 4
Anwaltsverschulden: → § 114 Rdnr. 27; § 121 Rdnr. 21, 27
Anwaltswechsel: → § 121 Rdnr. 27, 35; § 126 Rdnr. 5
Anwaltszwang: → vor § 114 Rdnr. 7, 9; § 117 Rdnr. 12, 14; § 118 Rdnr. 14, 17, 32; § 119 Rdnr. 5; § 121 Rdnr. 1ff.; § 127 Rdnr. 20
Anwartschaft: → § 115 Rdnr. 117
Anwesenheitsrecht: → § 118 Rdnr. 15
Arbeitgeber: → § 114 Rdnr. 62; § 115 Rdnr. 16, 24, 31, 92, 116
Arbeitnehmer: → § 115 Rdnr. 31, 36; § 116 Rdnr. 10, 13
— Persönlichkeitsverwirklichung: → § 115 Rdnr. 145
Arbeitnehmersparzulage: → § 115 Rdnr. 12, 31
Arbeitnehmerversicherungs-NeuregelungsG: → § 115 Rdnr. 16
Arbeitsamt: → § 115 Rdnr. 30, 44
Arbeitsgericht: → § 117 Rdnr. 4; § 121 Rdnr. 46, 49
Arbeitsgerichtliche Streitigkeit: → § 120 Rdnr. 7
Arbeitskraft: → § 115 Rdnr. 8
Arbeitslosengeld: → § 115 Rdnr. 12
Arbeitslosenhilfe: → § 115 Rdnr. 12
Arbeitsmittel: → § 115 Rdnr. 39
Arbeitsplatz: → § 115 Rdnr. 116, 145
Arbeitsrecht: → vor § 114 Rdnr. 19
Arglist: → Böswilligkeit
Armenrecht: → vor § 114 Rdnr. 6, 7; § 121 Rdnr. 47; § 127a Rdnr. 5
Arrest: → Arrestverfahren
Aufenthalt, ständiger: → § 117 Rdnr. 13
Aufenthaltsort, gewöhnlicher: → § 115 Rdnr. 143
Aufklärungspflichten, richterliche: → § 121 Rdnr. 10
Aufrechnung: → § 114 Rdnr. 32; § 119 Rdnr. 7; § 126 Rdnr. 7, 9, 14, 16
Auftrag: → § 115 Rdnr. 148
Auftraggeber: → § 115 Rdnr. 148

Aufwendungen, ersparte: → § 115 Rdnr. 147
Augenscheinsobjekt: → § 122 Rdnr. 4
Ausbildung: → § 115 Rdnr. 8
Ausbildungsversicherung: → § 115 Rdnr. 37
Ausgabenbelastung, tatsächliche: → § 115 Rdnr. 38
Ausgabengenehmigung: → § 122 Rdnr. 16
Ausgleichszahlungen: → § 115 Rdnr. 22, 102
Auskunftsanspruch: → § 119 Rdnr. 6
Auskunftsklage: → § 114 Rdnr. 33
Auskunftsperson: → § 118 Rdnr. 13
Auslagen: → § 118 Rdnr. 36, 40
Auslagenersatzansprüche: → § 122 Rdnr. 11
Auslagenvorschuß: → § 122 Rdnr. 18
Ausland: → § 114 Rdnr. 12, 31, 32; § 116 Rdnr. 28; § 117 Rdnr. 13
– Zustellung im: → § 122 Rdnr. 5
Ausländer: → § 114 Rdnr. 10, 31, 44; § 116 Rdnr. 18, 26; § 121 Rdnr. 42; § 122 Rdnr. 17; § 127a Rdnr. 5
Ausländersicherheit: → § 122 Rdnr. 17; § 126 Rdnr. 2
Ausländische juristische Person: → juristische Person
Ausländische Partei: → § 117 Rdnr. 13
Ausländisches Gericht: → vor § 114 Rdnr. 12; § 117 Rdnr. 13
Auslandsaufenthalt: → § 115 Rdnr. 109
Auslandsberührung: → § 115 Rdnr. 143
Ausnahmebeschwerde: → Beschwerde
Ausschlußfrist: → § 117 Rdnr. 19; § 120 Rdnr. 34; → auch Frist
Ausschlußrechtsmittel: → § 119 Rdnr. 8, 21, 22; § 122 Rdnr. 19
Außergerichtliche Beurkundungen: → vor § 114 Rdnr. 12
Außergerichtliche Interessenwahrnehmung: → § 122 Rdnr. 15
Außergerichtliche Streiterledigung: → § 114 Rdnr.45
Außergerichtliche Verhandlungen: → vor § 114 Rdnr. 12
Außergerichtliche Wahrnehmung von Rechten: → vor § 114 Rdnr. 19
Aussteuerversicherung: → § 115 Rdnr. 37
Autokredit: → § 115 Rdnr. 44
BAFöG: → § 115 Rdnr. 13
Barunterhalt: → § 115 Rdnr. 68, 72, 74; → auch Unterhalt
Bausparbeiträge: → § 115 Rdnr. 45
Bausparguthaben: → § 115 Rdnr. 92, 101, 113, 117
BayObLG: → § 117 Rdnr. 3
Beauftragter: → § 115 Rdnr. 148
Bedingung: → § 117 Rdnr. 26
Bedürfnisse, geistige: → § 115 Rdnr. 105
Bedürftigkeit: → § 121 Rdnr. 1 ff.; § 122 Rdnr. 7,

8; § 124 Rdnr. 1, 2, 5; → auch: Leistungsfähigkeit
Beeidigung: → § 118 Rdnr. 27
Befreiende Wirkung: → § 126 Rdnr. 14, 15
Behinderte: → § 115 Rdnr. 101, 108
Beiordnung eines Rechtsanwalts: → § 121 Rdnr. 1 ff.; § 122 Rdnr. 7, 8; § 124 Rdnr. 28 ff.; § 127 Rdnr. 8 ff.; → auch Rechtsanwalt
– Antrag auf Beiordnung → § 121 Rdnr. 23
– arbeitsgerichtliches Verfahren: → § 121 Rdnr. 43 ff.
– Aufhebung: → § 121 Rdnr. 26, 27, 30
– Beiordnungsbeschluß: → § 121 Rdnr. 35
– Eingeschränkte: → § 121 Rdnr. 17
– Entscheidung: → § 121 Rdnr. 25
– Erforderlichkeit: → § 121 Rdnr. 11
– Ermessen des Gerichts: → § 121 Rdnr. 4, 10, 12, 19
– Rechtsschutzbedürfnis: → § 121 Rdnr. 23
– Rückwirkung: → § 119 Rdnr. 33; § 121 Rdnr. 32
– Tod des Mandanten: → § 121 Rdnr. 28
– Umfang: → § 121 Rdnr. 16
– Verfahren: → § 121 Rdnr. 6, 22
– Verfassungsrechtliche Gesichtspunkte: → § 121 Rdnr. 11
– Zuständigkeit: → § 121 Rdnr. 22, 27
Belastbarkeitsgrenze: → § 115 Rdnr. 95
Belege: → § 117 Rdnr. 17, 18, 30; § 118 Rdnr. 16; § 124 Rdnr. 11
Beleihung: → § 115 Rdnr. 89, 94, 106, 122, 132
Beratungshilfegesetz: → vor § 114 Rdnr. 11, 12, 19; § 114 Rdnr. 12
Berechnungsmethode: → § 115 Rdnr. 55
Berlin-Zulage: → § 115 Rdnr. 13
Beruf: → § 117 Rdnr. 17
Berufsausbildung: → § 115 Rdnr. 103
Berufungsgericht: → § 120 Rdnr. 32
Berufungsinstanz: → § 119 Rdnr. 17
Berufungskammer: → § 117 Rdnr. 3
Berufungssumme: → § 117 Rdnr. 10
Beschwerde: → § 114 Rdnr. 2, 41; § 118 Rdnr. 39, 40; § 119 Rdnr. 31; § 127 Rdnr. 2 ff.
– Befugnis: → § 127 Rdnr. 7 ff.
– Begründetheit: → § 127 Rdnr. 5
– Beschwerdeführer: → § 118 Rdnr. 39; § 127 Rdnr. 22 ff.
– Beschwerdegericht: → § 114 Rdnr. 37; § 119 Rdnr. 32; § 121 Rdnr. 22; § 127 Rdnr. 15, 24, 25
– Beschwerdesumme: → § 127 Rdnr. 19
– Beschwerdeweg: → § 118 Rdnr. 31; § 127 Rdnr. 2
– Entscheidung: → § 127 Rdnr. 24
– Form: → § 127 Rdnr. 14
– Frist: → § 127 Rdnr. 9, 14
– Gegenstand: → § 127 Rdnr. 9, 24

- Inhalt: → § 127 Rdnr. 24
- Kosten: → § 127 Rdnr. 26
- Ratenzahlungsanordnung: → § 127 Rdnr. 16
- Rechtliches Gehör: → § 127 Rdnr. 22, 25
- Verfahren: → § 127 Rdnr. 1, 14, 18, 21, 24
- Zulässigkeit: → § 127 Rdnr. 5, 15, 20
- Zuständigkeit: → § 127 Rdnr. 21

Beschwerdeinstanz: → § 117 Rdnr. 17; § 118 Rdnr. 38, 39; § 119 Rdnr. 2
Bestandskraft: → § 114 Rdnr. 52
Bestandsschutz: → § 124 Rdnr. 1, 20
Betreuungspauschale: → § 115 Rdnr. 74
Betrieb: → § 116 Rdnr. 27
Betriebsausgaben: → § 115 Rdnr. 38
Betriebsrat: → § 114 Rdnr. 62; § 116 Rdnr. 32
Beurteilungsspielraum: → § 115 Rdnr. 40, 41, 103; § 127 a Rdnr. 10
Bevollmächtigung: → Prozeßvollmacht
Beweisaufnahme: → § 114 Rdnr. 12, 58; § 115 Rdnr. 149; § 118 Rdnr. 26, 29; § 121 Rdnr. 11, 18; § 122 Rdnr. 12; § 125 Rdnr. 7
Beweisbeschluß: → § 118 Rdnr. 25, 31
Beweiserhebung: → § 114 Rdnr. 41; § 118 Rdnr. 15, 18, 23, 26, 27, 29; § 121 Rdnr. 49; § 124 Rdnr. 2
Beweisführung: → § 114 Rdnr. 22; § 118 Rdnr. 26
Beweismittel: → § 114 Rdnr. 44; § 117 Rdnr. 16; § 124 Rdnr. 7
- untaugliche: → § 124 Rdnr. 8
- Verlust: → § 114 Rdnr. 31

Beweispflicht: → § 118 Rdnr. 26; → auch Darlegungslast
Beweistermin: → § 121 Rdnr. 19, 36
Beweiswürdigung: → § 118 Rdnr. 4
Bewilligungsverfahren: → Prozeßkostenhilfe
BGB-Gesellschaft: → § 116 Rdnr. 33
Bilaterale Verträge: → § 116 Rdnr. 31; → auch: Abkommen
Blinde: → § 115 Rdnr. 101, 108
Blindenhilfe: → § 115 Rdnr. 13
Böswilligkeit: → § 114 Rdnr. 7, 27; § 115 Rdnr. 8, 42, 88, 90, 121, 122; § 120 Rdnr. 18
BRAGO: → vor § 114 Rdnr. 3, 6; § 114 Rdnr. 16, 51; § 118 Rdnr. 41; § 119 Rdnr. 7, 8, 9; 12, 21; § 120 Rdnr. 14, 15; § 121 Rdnr. 14, 27 ff.; § 122 Rdnr. 7, 11, 15, 23; § 124 Rdnr. 32; § 126 Rdnr. 12, 25, 27, 28
BRAO: → § 121 Rdnr. 5, 30, 44
Bruttoeinkommen: → Einkommen
Bücher: → § 115 Rdnr. 105
Bundesanstalt für Arbeit: → § 116 Rdnr. 10
Bundesarbeitsgericht: → § 121 Rdnr. 45
Bundesgerichtshof: → vor § 114 Rdnr. 14; § 120 Rdnr. 10
Bundeskasse: → § 120 Rdnr. 10; § 121 Rdnr. 34; § 122 Rdnr. 2

Bundesminister der Justiz: → § 117 Rdnr. 20
Bundesrat: → § 117 Rdnr. 20
Bundesrecht: → § 116 Rdnr. 20
Bundessozialhilfegesetz: → vor § 114 Rdnr. 10; § 115 Rdnr. 6, 28, 34, 38, 63, 87, 91, 96 ff., 106, 109, 111, 114, 116, 126, 136, 147
- Durchführungsverordnung: → § 115 Rdnr. 6, 39, 111

Bundesverfassungsgericht: → vor § 114 Rdnr. 8; § 114 Rdnr. 26, 45; § 115 Rdnr. 78; § 116 Rdnr. 24; § 118 Rdnr. 10; § 120 Rdnr. 21; § 127 Rdnr. 3, 17
Computer: → § 115 Rdnr. 105
Contergan-Stiftungsgesetz: → § 115 Rdnr. 14
Darlegungslast: → § 118 Rdnr. 17; § 124 Rdnr. 25
Darlehen: → § 115 Rdnr. 119; → auch Kredit
Daseinsfürsorge, staatliche: → vor § 114 Rdnr. 10
Deckung: → § 115 Rdnr. 131
Differenzgebühr: → § 120 Rdnr. 14; § 121 Rdnr. 30
Doppelte Vollstreckung: → § 126 Rdnr. 18; → auch Zwangsvollstreckung
Dreiparteienprozeß: → § 126 Rdnr. 19
Drittwiderspruchsklage: → § 119 Rdnr. 15
Düsseldorfer Tabelle: → § 115 Rdnr. 83
Durchführungsbestimmungen, bundeseinheitliche: → vor § 114 Rdnr. 4
Egalität: → Gleichheitssatz
Eheähnliche Gemeinschaft: → nichteheliche Lebensgemeinschaft
Eheauflösung: → Scheidung
Eheerhaltene Tatsachen: → § 114 Rdnr. 49
Ehegatte: → § 114 Rdnr. 8, 47; § 115 Rdnr. 10, 21, 53, 67, 68, 109, 145, 146; § 119 Rdnr. 10; § 127 a Rdnr. 3, 8
Ehegatteneinkommen, gemeinsames: → § 115 Rdnr. 21, 112
Eheliche Abstammung: → § 114 Rdnr. 55
Ehelichkeitsanfechtung: → Anfechtung der Ehelichkeit
Ehemißbrauch: → vor § 114 Rdnr. 50
Eheprozeß: → vor § 114 Rdnr. 11
Eherecht: → vor § 114 Rdnr. 6
Ehesachen: → § 114 Rdnr. 11, 12, 45; § 119 Rdnr. 9, 10,, 12, 21; § 121 Rdnr. 20; § 127 a Rdnr. 1
Ehescheidung: → Scheidung
Ehewohnung: → § 119 Rdnr. 10
Eidesstattliche Versicherung: → § 117 Rdnr. 18; § 118 Rdnr. 16
Eigenprozeß: → § 116 Rdnr. 3
Eigentumsgarantie: → § 116 Rdnr. 24
Eigentumswohnung: → § 115 Rdnr. 107, 108
Eilbedüftigkeit: → § 117 Rdnr. 28
Einigung, gütliche: → § 114 Rdnr. 29
Einkommen: → § 114 Rdnr. 18, 19; § 115 Rdnr. 1, 3, 4, 5, 8, 10

– Änderung: → § 124 Rdnr. 16
– fiktives: → § 115 Rdnr. 8, 147
– verfügbares: → § 115 Rdnr. 76
– Verschlechterung: → § 124 Rdnr. 26
Einkommensteuer: → § 115 Rdnr. 35
Einkünfte: → auch Einkommen
– einmalige: → § 115 Rdnr. 9
– fiktive: → § 115 Rdnr. 17
– gemeinsame: → § 115 Rdnr. 10
– zeitraumbezogene: → § 115 Rdnr. 9, 17, 24, 87
Einrede: → vor § 114 Rdnr. 44; § 124 Rdnr. 8; § 126 Rdnr. 8, 25
– aus der Person der mittellosen Partei: → § 126 Rdnr. 6
– der mangelnden Kostenerstattung: → § 123 Rdnr. 6
– der Verjährung: → § 124 Rdnr. 8
– des Beklagten: → § 114 Rdnr. 23
– des Gegners aus der Person des Rechtsanwalts: → § 126 Rdnr. 24
– des Schiedsvertrags: → § 114 Rdnr. 24; → auch Schiedsvertrag
– prozeßhindernde: → § 114 Rdnr. 24
– Verschweigen von Einreden: → § 124 Rdnr. 8
Einspruch: → § 119 Rdnr. 3
Einstweilige Anordnung: → vor § 114 Rdnr. 5; § 114 Rdnr. 11, 52; § 119 Rdnr. 12; § 127a Rdnr. 1 ff.
– Anfechtbarkeit: → § 127a Rdnr. 11
– Bewilligungsvoraussetzungen: → § 114 Rdnr. 52
Einstweilige Verfügung: → § 114 Rdnr. 11, 62; § 115 Rdnr. 140; § 119 Rdnr. 12, 14; § 127 Rdnr. 1
Einstweiliger Rechtsschutz: → § 115 Rdnr. 81; § 117 Rdnr. 28; § 119 Rdnr. 12
Einwendungen: → § 118 Rdnr. 14; § 126 Rdnr. 7, 24
– des kostenpflichtigen Gegners: → § 126 Rdnr. 26
– Verschweigen von: → § 124 Rdnr. 8
Elterliche Sorge: → § 114 Rdnr. 29; § 119 Rdnr. 10
Eltern: → § 114 Rdnr. 59; § 115 Rdnr. 10, 53, 68, 74, 109, 144; § 121 Rdnr. 13; § 127a Rdnr. 3
Elterneinkommen: → § 115 Rdnr. 112
Elternteil: → § 114 Rdnr. 57; § 115 Rdnr. 21
Empfangszuständigkeit: → § 117 Rdnr. 2
Energie: → § 115 Rdnr. 55
Enteignungsentschädigung: → § 116 Rdnr. 24
Entschädigung: → § 118 Rdnr. 28
Entscheidungsreife: → § 114 Rdnr. 38 ff.
Entscheidungsschuldner: → § 123 Rdnr. 4
Erbbiologisches Gutachten: → § 114 Rdnr. 54
Erbe: → § 114 Rdnr. 4; § 116 Rdnr. 12, 14
Erbengemeinschaft: → § 116 Rdnr. 33
Erbrechtliche Streitigkeiten: → § 115 Rdnr. 145

Erbschaftsteuer: → § 115 Rdnr. 35
Erbstücke: → § 115 Rdnr. 104; § 116 Rdnr. 22
Erfolgsaussicht: → vor § 114 Rdnr. 1; § 114 Rdnr. 1, 21 ff.; § 124 Rdnr. 2
– teilweise: → § 117 Rdnr. 10
Erinnerung: → § 127 Rdnr. 4, 9, 10, 14
Erledigung der Hauptsache: → § 119 Rdnr. 31 ff., 34
Erledigungserklärung: → § 126 Rdnr. 3
Ermessen des Gerichts: → § 114 Rdnr. 36; § 115 Rdnr. 149; § 118 Rdnr. 24, 26; § 124 Rdnr. 7, 20; § 124 Rdnr. 21; § 127a Rdnr. 10
Ermessensfehler: → § 127 Rdnr. 3
Erstattungsanspruch: → § 116 Rdnr. 10
Erwerbstätigkeit: → § 115 Rdnr. 103
Erziehungsgeld: → § 115 Rdnr. 16
Essenzuschüsse: → § 115 Rdnr. 16
EuGVÜ: → § 116 Rdnr. 29
Europäisches Übereinkommen über die Übermittlung von Anträgen auf Verfahrenshilfe: → § 117 Rdnr. 13
Existenzgefährdung: → § 115 Rdnr. 95
Existenzgrundlage: → § 115 Rdnr. 122
Existenzminimum: → § 115 Rdnr. 78, 83
Fahrlässigkeit: → § 124 Rdnr. 15, 21, 25
Familie: → § 115 Rdnr. 91, 109; § 121 Rdnr. 47
Familieneinkommen: → § 115 Rdnr. 68
Familiengericht: → § 127a Rdnr. 3
Familienheim: → § 115 Rdnr. 101, 108, 109
Familienmitglieder: → § 115 Rdnr. 66; § 117 Rdnr. 17
Familienrecht: → vor § 114 Rdnr. 6
Familienrichter: → § 117 Rdnr. 3
Familiensachen: → § 117 Rdnr. 3; § 121 Rdnr. 4; § 127a Rdnr. 1
Familienstücke: → § 115 Rdnr. 104; § 116 Rdnr. 22
Familienunterhalt: → § 127a Rdnr. 3
Familienverband: → § 115 Rdnr. 66 ff.
Familienverhältnisse: → § 115 Rdnr. 8; § 117 Rdnr. 17
Ferienwohnung/-haus: → § 115 Rdnr. 51, 121, 122
Feststellungsklage: → § 114 Rdnr. 52
Festverzinsliche Sparverträge: → § 115 Rdnr. 132
Feuerversicherung: → § 115 Rdnr. 37
Fiktiver Prozeß: → § 115 Rdnr. 142
Fiktivvermögen: → § 115 Rdnr. 88
Finanzierungsmöglichkeit: → § 115 Rdnr. 149
Fiskalisches Interesse: → § 116 Rdnr. 25; § 120 Rdnr. 23
Fiskus: → § 121 Rdnr. 39
Folgesachen: → § 114 Rdnr. 49, 51, 52; § 119 Rdnr. 10
Forderungsanmeldung: → § 116 Rdnr. 5
Forderungsbestreitung: → § 116 Rdnr. 10
Formeller Parteibegriff: → § 114 Rdnr. 4

Formular: → Vordruck
Freibetrag: → § 114 Rdnr. 20; § 115 Rdnr. 38, 41, 55, 66, 68, 112, 113, 116, 117, 121, 126, 131, 132, 136
Freibeweis: → § 118 Rdnr. 25
Freiwillige Beiträge: → § 115 Rdnr. 36, 37
Freiwillige Gerichtsbarkeit: → vor § 114 Rdnr. 14; § 118 Rdnr. 1; § 120 Rdnr. 7; § 121 Rdnr. 10, 13; § 127 Rdnr. 18, 27
– Verfahren: → vor § 114 Rdnr. 19
Fremdes Recht: → § 114 Rdnr. 5
Fremdvermögen, verwaltetes: → § 116 Rdnr. 6
Frist: → § 117 Rdnr. 29 ff.
Fürsorge: → Sozialhilfe
Fürsorgepflicht: → § 117 Rdnr. 15
– richterliche: → § 121 Rdnr. 10
Gebäudeversicherung: → vor § 115 Rdnr. 37
Gebühren: → § 118 Rdnr. 34, 40
Gebührenberechnung: → vor § 114 Rdnr. 18
Gebührenpflicht: → § 117 Rdnr. 27
Gebührenvereinbarung: → § 121 Rdnr. 31; § 122 Rdnr. 4
Gegenbeweismittel
– Verschweigen von: → § 124 Rdnr. 8
Gegenforderung: → § 126 Rdnr. 7
Gegenstandswert: → § 118 Rdnr. 41
Gegenvorstellung: → § 127 Rdnr. 6
Geldrente: → § 115 Rdnr. 66, 68, 69, 72
Geldvermögen: → Kapitalvermögen
Gemeinschuldner: → § 116 Rdnr. 4, 5, 10
Gerichtliche Gebühren: → Gerichtsgebühren
Gerichtsferien: → § 118 Rdnr. 5
Gerichtsgebühren: → § 114 Rdnr. 16; § 115 Rdnr. 81; § 118 Rdnr. 34, 40; § 119 Rdnr. 13; → auch Kosten
Gerichtskasse: → vor § 114 Rdnr. 3; § 125 Rdnr. 8
Gerichtskosten: → Kosten
Gerichtsvollzieher: → § 122 Rdnr. 6; § 126 Rdnr. 23
Gesellschafter: → § 116 Rdnr. 21, 22, 32
Gesetz über die Rechtsberatung und Vertretung für Bürger mit geringem Einkommen: → vor § 114 Rdnr. 19
Gesetzesverstoß: → § 127 Rdnr. 3
Gesetzgebungsgeschichte: → § 127 Rdnr. 17
Gesetzlicher Vertreter: → § 114 Rdnr. 4; § 115 Rdnr. 10, 21; § 116 Rdnr. 2; § 121 Rdnr. 3, 11; § 122 Rdnr. 11
Gesundheitsbedingte Mehraufwendungen: → § 115 Rdnr. 50
Gesundheitszustand: → § 115 Rdnr. 8
Getrennte Prozesse: → § 114 Rdnr. 32
Gewaltenteilungsprinzip: → § 115 Rdnr. 79
Gewerkschaftlicher Rechtsschutz: → § 115 Rdnr. 122, 131; § 121 Rdnr. 44
Gewerkschaftsmitglied: → § 115 Rdnr. 122

Glasbruchversicherung: → § 115 Rdnr. 37
Glaubhaftmachung: → vor § 114 Rdnr. 15; § 117 Rdnr. 18; § 118 Rdnr. 16, 37; § 114 Rdnr. 28; § 120 Rdnr. 34; § 121 Rdnr. 24; § 127 a Rdnr. 5, 6, 8
Gleichbehandlungsgrundsatz: → § 121 Rdnr. 10
Gleichheitssatz: → vor § 114 Rdnr. 8
GmbH: → § 116 Rdnr. 21
Greifbare Gesetzeswidrigkeit: → § 114 Rdnr. 2; § 127 Rdnr. 3, 14; § 127 a Rdnr. 11
Grenzwert: → § 115 Rdnr. 149
Grobe Nachlässigkeit: → § 124 Rdnr. 16
Grundfreibetrag: → § 115 Rdnr. 112
Grundrechtskollision: → § 118 Rdnr. 12
Grundstück: → § 115 Rdnr. 101, 106 ff.
Grundvermögen: → § 115 Rdnr. 90, 94, 122
Güterrecht: → § 119 Rdnr. 10
Haager Übereinkommen über den Zivilprozeß: → § 116 Rdnr. 30; § 117 Rdnr. 13
Haager Übereinkommen von 1954: → § 122 Rdnr. 5
Härte, besondere: → § 115 Rdnr. 104, 114, 149
Härtefall: → vor § 114 Rdnr. 17
Härteklausel: → § 115 Rdnr. 40, 41, 71
Haftpflichtversicherungsabfindung: → § 115 Rdnr. 116
Handakten: → § 121 Rdnr. 30
Handelssachen: → § 117 Rdnr. 3
Haus, eigenes: → § 115 Rdnr. 38
Hausgrundstück: → Grundstück
Haushalt: → § 115 Rdnr. 147
Haushaltsgeld: → § 115 Rdnr. 67
Hausrat: → § 115 Rdnr. 102, 104; § 119 Rdnr. 10
Hausratversicherung: → § 115 Rdnr. 37
Hausstand: → § 115 Rdnr. 100
Heimatland: → § 114 Rdnr. 33
Hemmung der Durchsetzbarkeit: → § 122 Rdnr. 9
Hilfsaufrechnung: → § 114 Rdnr. 23
Hilfsbedürftigkeit: → § 124 Rdnr. 27; § 125 Rdnr. 1
Hinweispflicht, gerichtliche: → § 118 Rdnr. 16
Honorarzahlungen: → § 115 Rdnr. 9
Hypothekenbelastung: → § 115 Rdnr. 51
Idealverein: → § 116 Rdnr. 21, 32
Ideeller Wert: → § 115 Rdnr. 104
Ideelles Interesse: → § 116 Rdnr. 25
Industrie- und Handelskammer: → § 116 Rdnr. 23
Inland: → § 114 Rdnr. 10
Inländer: → § 121 Rdnr. 42
Interessenabwägung: → § 127 a Rdnr. 8
Interpolation: → § 115 Rdnr. 79
Internationales Privatrecht: → § 115 Rdnr. 143
Irrtum des Gerichts: → § 124 Rdnr. 9; → auch Rechtsirrtum
Iudex ad quem: → § 119 Rdnr. 2
Iudex a quo: → § 119 Rdnr. 2
Jugendamt: → § 121 Rdnr. 11

Juristische Person: → vor § 114 Rdnr. 6; § 114 Rdnr. 4; § 116 Rdnr. 17, 21 ff.; § 117 Rdnr. 17, 22
– ausländische: → § 114 Rdnr. 10; § 116 Rdnr. 20, 28 ff.
– des öffentlichen Rechts: → § 116 Rdnr. 10
– inländische: → § 116 Rdnr. 1, 17, 20, 24, 29, 30
Justizbeitreibungsordnung: → § 125 Rdnr. 3
Justizverwaltung: → § 124 Rdnr. 27
Justizverwaltungsakt: → vor § 114 Rdnr. 14; § 122 Rdnr. 11
Kammer für Handelssachen: → § 117 Rdnr. 3
Kapitalsammlung: → § 115 Rdnr. 117
Kapitalvermögen: → § 114 Rdnr. 20; § 115 Rdnr. 9, 87, 88, 94, 101, 107, 110, 113, 119
Kind: → § 114 Rdnr. 56, 59; § 115 Rdnr. 10, 21, 53, 67, 68, 74, 109, 144; § 119 Rdnr. 10; § 121 Rdnr. 13; § 127 a Rdnr. 3
– nichteheliches: → § 114 Rdnr. 46, 58; § 117 Rdnr. 22; § 127 a Rdnr. 3
– studierendes: → § 115 Rdnr. 72
– volljähriges: → § 115 Rdnr. 67, 144
Kindererziehungsleistungsgesetz: → § 115 Rdnr. 16
Kindergeld: → § 115 Rdnr. 21, 74
Kindesunterhalt: → Unterhalt
Kindschaftsprozeß: → vor § 114 Rdnr. 11
Kindschaftssachen: → § 114 Rdnr. 11, 45; § 119 Rdnr. 12
Kirchensteuer: → § 115 Rdnr. 35
Klageabweisung: → § 114 Rdnr. 35
Klageantrag: → § 114 Rdnr. 35
– erweiterter: → § 119 Rdnr. 7
Klageerhebung: → § 117 Rdnr. 25
Klageerweiterung: → § 114 Rdnr. 32; § 117 Rdnr. 15; § 119 Rdnr. 7
Klagefrist: → § 117 Rdnr. 31; § 127 Rdnr. 14
Klagenhäufung: → § 114 Rdnr. 13
Klagerücknahme: → § 114 Rdnr. 32, 56; § 118 Rdnr. 33; § 119 Rdnr. 24; § 126 Rdnr. 3
Klageschrift: → § 117 Rdnr. 25 ff.
Klageverzicht: → § 114 Rdnr. 56
Klageverzögerung: → § 114 Rdnr. 43
Klauselerteilung: → § 126 Rdnr. 17, 19; → auch: Vollstreckungsklausel
Kollegialgericht: → § 117 Rdnr. 3
Kommanditgesellschaft: → § 116 Rdnr. 32
Kommanditist: → § 116 Rdnr. 32
Konkursantrag: → § 116 Rdnr. 5
Konkursgläubiger: → § 116 Rdnr. 10, 13, 17
Konkursmasse: → § 116 Rdnr. 10
Konkursverwalter: → § 116 Rdnr. 2, 10, 11, 13, 16; § 121 Rdnr. 47
Kontrahierungszwang: → § 121 Rdnr. 44, 50
Kontrollpflichten, richterliche: → § 121 Rdnr. 10
Kooperationsbereitschaft, fehlende: → § 124 Rdnr. 16

Korrespondenzanwalt: → § 121 Rdnr. 20
Kosten
– Anwaltskosten: → Rechtsanwaltskosten
– außergerichtliche: → § 118 Rdnr. 37, 38; § 122 Rdnr. 1; § 126 Rdnr. 12
– Berechnung: → § 114 Rdnr. 16; § 118 Rdnr. 40
– Differenzkosten: → § 119 Rdnr. 16
– Gerichtskosten: → vor § 114 Rdnr. 3, 15 ff.; § 118 Rdnr. 36, 39, 40; § 119 Rdnr. 33, 35; § 120 Rdnr. 14; § 121 Rdnr. 1, 34, 43; § 122 Rdnr. 1, 3, 18; § 123 Rdnr. 1 ff.; § 124 Rdnr. 31; § 125 Rdnr. 2, 3, 6; § 126 Rdnr. 25
– Gerichtskostenvorschriften: → vor § 114 Rdnr. 7
– Gerichtsvollzieherkosten: → § 114 Rdnr. 16; § 119 Rdnr. 35; § 121 Rdnr. 34; § 122 Rdnr. 6, 18; § 124 Rdnr. 31; § 125 Rdnr. 3, 6
– Gutachterkosten: → § 122 Rdnr. 4
– Kosten des Bewilligungsverfahrens: → § 118 Rdnr. 35 ff.; § 123 Rdnr. 1
– Kostenabrechnung: → vor § 114 Rdnr. 4
– Kostenansprüche: → § 120 Rdnr. 16; § 122 Rdnr. 1; § 123 Rdnr. 1; § 126 Rdnr. 3
– Kostenaufhebung: → § 114 Rdnr. 56
– Kostenbeamter: → § 119 Rdnr. 27
– Kostenbefreiung: → vor § 114 Rdnr. 3, 12; § 116 Rdnr. 29; § 118 Rdnr. 2; § 122 Rdnr. 18, 19; § 127 Rdnr. 12
– Kostenbeitreibung: → § 119 Rdnr. 16
– Kostendeckung: → § 120 Rdnr. 1, 13
– Kostenentscheidung: → § 118 Rdnr. 35, 39; § 122 Rdnr. 18; § 127 Rdnr. 12
– Kostenerstattungsanspruch: → § 118 Rdnr. 8, 9; § 123 Rdnr. 1, § 126 Rdnr. 1, 6, 8, 9, 12
– Kostenerstattungspflicht: → vor § 114 Rdnr. 11
– Kostenfestsetzung, rechtsgestaltende: → § 126 Rdnr. 14, 25
– Kostenfestsetzungsbeschluß: → § 126 Rdnr. 15 ff.
– – Umschreibung: → § 126 Rdnr. 16, 17
– Kostenfestsetzungsverfahren: → § 114 Rdnr. 12; § 119 Rdnr. 18, § 126 Rdnr. 14
– Kostenfreiheit: → § 118 Rdnr. 28; § 124 Rdnr. 20
– Kostengesetz: → § 119 Rdnr. 3
– Kostenlast: → vor § 114 Rdnr. 2; § 118 Rdnr. 39
– Kostenordnung: → § 119 Rdnr. 15
– Kostenpflicht: → § 114 Rdnr. 23; § 120 Rdnr. 15
– Kostenprognose, fehlerhafte: → § 115 Rdnr. 150; → auch Berechung
– Kostenrechtsänderungsgesetz: → § 120 Rdnr. 21
– Kostenrisiko: → § 114 Rdnr. 7, 21, 33
– Kostenschulden: → § 122 Rdnr. 1

- Kostenschuldner: → § 119 Rdnr. 35; § 122 Rdnr. 15
- Kostenteilung: → § 126 Rdnr. 10
- Kostentrennung: → § 126 Rdnr. 10
- Kostenübernahme: → § 123 Rdnr. 4, 6
- Kostenurteil: → § 126 Rdnr. 8
- Kostenverfügung: → vor § 114 Rdnr. 16
- Kostenverzeichnis zum GKG: → § 119 Rdnr. 11, 12
- Kostenvorschriften: → § 118 Rdnr. 39
- Kostenvorschuß: → Prozeßkostenvorschuß
- Kostenzahlung: → § 122 Rdnr. 1
- Prozeßführungskosten: → § 115 Rdnr. 37, 116, 119
- Prozeßkosten: → § 118 Rdnr. 38
- Rechtsanwaltskosten: → § 114 Rdnr. 16; § 117 Rdnr. 12, § 118 Rdnr. 37, 38, 41; § 119 Rdnr. 16; § 120 Rdnr. 14; § 123 Rdnr. 1; § 125 Rdnr. 4; § 126 Rdnr. 12, 17, 27
- Rechtsmittelkosten: → § 114 Rdnr. 16
- Reisekosten: → § 117 Rdnr. 14; § 121 Rdnr. 14, 18, 38; § 122 Rdnr. 11
- Sachverständigenkosten: → § 122 Rdnr. 15
- sonstige Kosten: → § 125 Rdnr. 5

Kostgeld: → § 115 Rdnr. 53
Kraftfahrzeughaftpflichtversicherer: → § 115 Rdnr. 148
Kraftfahrzeugsteuer: → § 115 Rdnr. 35
Krankengeld: → § 115 Rdnr. 21
Krankenhaustagegeldversicherung: → § 115 Rdnr. 37
Krankenversicherung: → § 115 Rdnr. 37
Krankheit: → § 115 Rdnr. 130
Kredit: → § 115 Rdnr. 53, 95, 117, 122, 149; § 116 Rdnr. 7, 21
Kreditaufnahme: → § 115 Rdnr. 93 ff.; § 116 Rdnr. 7, 34
Kreditinstitut: → § 115 Rdnr. 31
Kreditraten: → § 115 Rdnr. 95
Kreditrückzahlung: → § 115 Rdnr. 94, 122; § 116 Rdnr. 7
Kreditunterlage: → § 115 Rdnr. 92, 94, 121
Kreditverträge: → § 120 Rdnr. 9
Kriegsopferentschädigung: → § 115 Rdnr. 100
Kündigungsschutzprozeß: → § 115 Rdnr. 116, 145
Künstler: → § 115 Rdnr. 105
Kunstgegenstände: → § 115 Rdnr. 104
Landesarbeitsgericht: → § 121 Rdnr. 45
Landesjustizminister: → vor § 114 Rdnr. 4
Landesjustizverwaltung: → § 120 Rdnr. 33
Landeskasse: → § 120 Rdnr. 10; § 121 Rdnr. 34; § 122 Rdnr. 2
Landesrecht: → § 116 Rdnr. 20
Landesrechtliche Vorschriften: → vor § 114 Rdnr. 15, 17
Landgericht: → § 117 Rdnr. 3, 10; § 127 Rdnr. 18

- Zuständigkeit: → § 114 Rdnr. 32

Lastenausgleich: → § 115 Rdnr. 100
Lebensbedarf: → § 115 Rdnr. 146
Lebensführung: → § 115 Rdnr. 114
Lebensgrundlage: → § 115 Rdnr. 100
Lebenshaltungskosten: → § 115 Rdnr. 39, 53, 79
Lebensunterhalt: → § 115 Rdnr. 41, 83; § 120 Rdnr. 23
Lebensverhältnisse: → § 115 Rdnr. 102
Lebensversicherung: → § 115 Rdnr. 37, 92, 126
Leistungsanspruch: → § 119 Rdnr. 6
- Tilgung: → § 126 Rdnr. 7

Leistungsfähigkeit: → vor § 114 Rdnr. 2; § 114 Rdnr. 15 ff.; § 115 Rdnr. 7 ff.; § 116 Rdnr. 4 ff.; § 119 Rdnr. 20 ff.; § 124 Rdnr. 3
- Änderung: → § 124 Rdnr. 19
- Erhöhung: → § 120 Rdnr. 28

Leistungsklage: → § 114 Rdnr. 33; § 127 Rdnr. 1, 3
Lex fori: → § 115 Rdnr. 143
Lohnansprüche: → § 115 Rdnr. 7
Lohnsteuerjahresausgleich: → § 115 Rdnr. 22
Luxus: → § 115 Rdnr. 105
Luxusimmobilie: → § 115 Rdnr. 122
Mahnbescheid: → § 119 Rdnr. 13
Mahngebühr: → § vor § 114 Rdnr. 15
Mahnung: → § 124 Rdnr. 25; → auch Mahnverfahren
Malutensilien: → § 115 Rdnr. 105
Mandatsverhältnis
- Begründung: → § 121 Rdnr. 35
- Kündigung: → § 121 Rdnr. 31

Massegläubiger: → § 116 Rdnr. 10; → auch Konkursgläubiger
Masseschuld: → § 116 Rdnr. 10; → auch Konkursmasse
Menschenwürde: → vor § 114 Rdnr. 8
Mietaufwendungen: → § 115 Rdnr. 23
Miete: → § 115 Rdnr. 32, 55
Mietersparnis: → § 115 Rdnr. 23, 51
Mietnebenkosten: → § 115 Rdnr. 55
Mietwert: → § 115 Rdnr. 23
Minderjährige Partei: → § 115 Rdnr. 109
Minderjährige: → § 117 Rdnr. 22
Miteigentum: → § 115 Rdnr. 107
Miteigentümergemeinschaft: → § 116 Rdnr. 33
Mittellosigkeit: → § 122 Rdnr. 13, 15, 17, 18, 20, 21; § 123 Rdnr. 1 ff.
Mitwirkungspflichten: → § 114 Rdnr. 27; § 118 Rdnr. 17
- Verletzung von: → § 124 Rdnr. 4

Monatseinkommen: → Einkommen
Monatsraten: → Raten
Müllabfuhr: → § 115 Rdnr. 55
Mündel: → § 121 Rdnr. 3
Musikinstrumente: → § 115 Rdnr. 105
Musterprozeß: → § 114 Rdnr. 8, 35

Muttergesellschaft: → § 116 Rdnr. 21
Mutwilligkeit: → vor § 114 Rdnr. 2; § 114 Rdnr. 1, 27 ff.; § 124 Rdnr. 2
Nachgereichte Erklärungen: → § 124 Rdnr. 16
Nachkonstitutionelle Norm: → § 114 Rdnr. 26
Nachlaßgläubiger: → § 116 Rdnr. 12
Nachlaßpfleger: → § 114 Rdnr. 4
Nachlaßstreitigkeiten: → § 114 Rdnr. 30
Nachlaßverwalter: → § 116 Rdnr. 2, 12
Nachlaßzahlungspflicht: → § 114 Rdnr. 39
Nachteil, wirtschaftlicher: → § 114 Rdnr. 30
Nachtschichtarbeit: → § 115 Rdnr. 130
Nachzahlung: → § 120 Rdnr. 28, § 122 Rdnr. 9
Nachzahlungsverpflichtung: → § 115 Rdnr. 90
Naturalleistungen: → § 115 Rdnr. 10, 24
Naturalobligation: → § 121 Rdnr. 31
Naturalunterhalt: → § 115 Rdnr. 30, 66, 72, 74; → auch Unterhalt
Natürliche Person: → § 114 Rdnr. 10
Nebenintervenient: → § 114 Rdnr. 9, 57; § 116 Rdnr. 4, 25
Nebenintervention: → Nebenintervenient
Nebenrechte: → § 126 Rdnr. 25
Negative Feststellungsklage: → Feststellungsklage
Nettoeinkommen: → Einkommen
Nichtanrechnungsbestimmung: → § 115 Rdnr. 28
Nichteheliche Lebensgemeinschaft: → § 115 Rdnr. 8, 10, 24, 147
Nichteheliches Kind: → Kind
Nichtrechtsfähiger Verein: → § 116 Rdnr. 32
Nichtzulassungsbeschwerde: → § 114 Rdnr. 60; § 119 Rdnr. 22
Notgroschen: → § 115 Rdnr. 111
Oberlandesgericht: → § 127 Rdnr. 18
Obstruktion: → § 124 Rdnr. 4
Öffentliche Mittel: → § 115 Rdnr. 4, 100
Öffentlicher Nahverkehr: → § 115 Rdnr. 130
Öffentlichrechtliche Ansprüche: → § 121 Rdnr. 39
Örtliche Verhältnisse: → § 115 Rdnr. 79
Offene Handelsgesellschaft: → § 116 Rdnr. 32
Originale: → § 117 Rdnr. 18
Parallelprozeß: → § 118 Rdnr. 30
Partei kraft Amtes: → vor § 114 Rdnr. 6; § 114 Rdnr. 4, 14; § 116 Rdnr. 1 ff.; § 117 Rdnr. 17, 22
– ausländische: → § 116 Rdnr. 18
Parteifähige Vereinigung: → § 114 Rdnr. 4; § 116 Rdnr. 1, 32, 33; § 117 Rdnr. 22
Parteifähigkeit: → § 114 Rdnr. 61; § 117 Rdnr. 14
Parteivernehmung: → § 118 Rdnr. 14, 26; § 122 Rdnr. 12
Parteischulden: → § 124 Rdnr. 21, 25, 26
Parteiwechsel: → § 114 Rdnr. 14
Parteizustellung: → § 122 Rdnr. 6
Patentamt: → vor § 114 Rdnr. 14
Patentanwalt: → vor § 114 Rdnr. 14

– Auslagenerstattung: → § 121 Rdnr. 42
– Beiordnung: → § 121 Rdnr. 42
Patentgericht: → vor § 114 Rdnr. 14
Patentstreitigkeiten: → § 116 Rdnr. 26; § 121 Rdnr. 42
Pauschale: → § 115 Rdnr. 21, 39, 41, 54, 67, 71, 72
Persönlichkeitsrecht: → § 118 Rdnr. 12
Personalkredit: → § 115 Rdnr. 95; → auch Kredit
Personenhandelsgesellschaft: → § 114 Rdnr. 4
Personensorge: → § 119 Rdnr. 10
Personenvereinigung: → § 116 Rdnr. 17
Pfändung: → § 114 Rdnr. ; § 15 Rdnr. 7; § 126 Rdnr. 8
Pfändungsbeschluß: → § 126 Rdnr. 18
Pflegebedürftige: → § 115 Rdnr. 101, 108
Pflegegeld: → § 115 Rdnr. 26
Pflichtteilsberechtigter: → § 116 Rdnr. 12
Pflichtversicherung für Selbständige: → § 115 Rdnr. 36
PKW: → § 115 Rdnr. 130
Popularbeschwerde: → § 127 Rdnr. 3; → auch Beschwerde
Postulationsfähigkeit: → § 121 Rdnr. 14, 27
Präklusion: → § 124 Rdnr. 4
Privates Unternehmen: → § 116 Rdnr. 27
Privatklage: → § 114 Rdnr. 35
Privatrechtliche Ansprüche: → § 121 Rdnr. 39
Privatsphäre: → § 118 Rdnr. 12
Privatvermögen: → § 116 Rdnr. 6
Prozeßbevollmächtigter: → § 114 Rdnr. 8; § 119 Rdnr. 8; § 121 Rdnr. 19, 20, 36; § 122 Rdnr. 14
Prozeßfähigkeit: → § 117 Rdnr. 14; § 127 Rdnr. 20
Prozeßfinanzierung: → § 115 Rdnr. 110, 130
Prozeßführungsbefugnis: → § 116 Rdnr. 11
Prozeßführungsermächtigung: → § 114 Rdnr. 7
Prozeßgebühr: → vor § 114 Rdnr. 15; § 118 Rdnr. 41
Prozeßgericht: → § 117 Rdnr. 3, 4, 11; § 120 Rdnr. 33; § 121 Rdnr. 14, 24, 37, 38
Prozeßkostenbeschleunigung: → § 115 Rdnr. 149
Prozeßkostenhilfe
– Antrag: → vor § 114 Rdnr. 4; § 114 Rdnr. 2; § 117 Rdnr. 1 ff.
– – stillschweigender: → § 117 Rdnr. 11, 15; § 119 Rdnr. 7; § 121 Rdnr. 23
– – Zurückweisung: → § 114 Rdnr. 43; § 117 Rdnr. 19; § 118 Rdnr. 26, 31
– Begründetheit des Antrags: → § 118 Rdnr. 17
– – teilweise: → § 114 Rdnr. 44, § 119 Rdnr. 4
– – Bewilligung: → § 119 Rdnr. 1 ff.; § 127 Rdnr. 9 ff.
– – ohne Antrag: → § 127 Rdnr. 3
– – stillschweigende: → § 120 Rdnr. 5
– – teilweise: → § 121 Rdnr. 40, 41; § 122 Rdnr. 10, 21

– – Wirkung: → § 122 Rdnr. 1, 9
– Gesetz über die: → vor § 114 Rdnr. 6
– Gesetzesgeschichte: → vor § 114 Rdnr. 6
– Rechtspolitische Würdigung: → vor § 114 Rdnr. 6, 11
– Selbstbeteiligung: → § 127 Rdnr. 10, 13
– strukturelle Mängel: → vor § 114 Rdnr. 11
– Verfahren: → vor § 114 Rdnr. 4, 11; § 114 Rdnr. 46; § 115 Rdnr. 150; § 117 Rdnr. 3, 5, 7, 8; § 118 Rdnr. 1 ff.; § 121 Rdnr. 2, 46; § 124 Rdnr. 27, 28; § 127 Rdnr. 1, 21; § 127 a Rdnr. 2; → auch Bewilligungsverfahren
– – Verzögerung: → § 119 Rdnr. 28
– Verfassungsrechtlicher Standort: → vor § 114 Rdnr. 8
– Verzögerung der Antragstellung: → § 118 Rdnr. 29
– Voraussetzungen: → vor § 114 Rdnr. 2; § 114 Rdnr. 1 ff.; § 117 Rdnr. 16; § 124 Rdnr. 1 ff.
– – maßgeblicher Zeitpunkt: → § 114 Rdnr. 37 ff.; § 119 Rdnr. 26
– – Vortäuschen: → § 124 Rdnr. 7 ff.
– vorläufige Einstellung: → § 120 Rdnr. 1, 12 ff.
– Wirkungen: → vor § 114 Rdnr. 3
– Zuständigkeit: → § 114 Rdnr. 11; § 117 Rdnr. 3 ff.; § 118 Rdnr. 15, 19; § 119 Rdnr. 1; § 120 Rdnr. 12, 33; § 127 Rdnr. 1
– Zweck: → vor § 114 Rdnr. 7
Prozeßkostenhilfeentscheidung: → § 120 Rdnr. 2 ff.
– Änderung: → § 120 Rdnr. 17 ff.; § 122 Rdnr. 22; § 124 Rdnr. 6; § 127 Rdnr. 2, 5, 8 ff.
– – Rückwirkung: → § 120 Rdnr. 27 ff.
– Anfechtbarkeit: → § 118 Rdnr. 31; § 120 Rdnr. 3; § 127 Rdnr. 2, 7, 9, 11, 23
– Aufhebung: → § 120 Rdnr. 21 ff.; § 124 Rdnr. 1 ff.; § 127 Rdnr. 2, 5, 8 ff.
– Aufhebungsgründe: → § 124 Rdnr. 1, 7, 27, 32
– Aufhebungsverfahren: → § 124 Rdnr. 27
– Aufschiebung: → § 114 Rdnr. 43
– Begründung: → § 120 Rdnr. 3
– Bekanntmachungsadressat: → § 120 Rdnr. 2
– Entscheidungsreife: → § 119 Rdnr. 29
– Entscheidungszeitpunkt: → § 119 Rdnr. 34
– Rückwirkung: → § 114 Rdnr. 39; § 117 Rdnr. 25, 27, 29; § 119 Rdnr. 1, 27 ff.; § 120 Rdnr. 4; § 127 Rdnr. 3
– Teilaufhebung: → § 124 Rdnr. 13, 19, 29, 31
– Unanfechtbarkeit: → Anfechtbarkeit
– Wirksamkeitszeitpunkt: → § 119 Rdnr. 26; § 120 Rdnr. 4
– Wirkung der Aufhebung: → § 124 Rdnr. 30
– Zurückverweisung: → § 120 Rdnr. 10, 32
– Zuständigkeit: → § 114 Rdnr. 11; § 117 Rdnr. 3 ff.; § 118 Rdnr. 15, 19; § 120 Rdnr. 11; § 127 Rdnr. 1
Prozeßkostenvorschuß: → vor § 114 Rdnr. 5; § 114 Rdnr. 7, 8, 58; § 115 Rdnr. 10, 121, 130, 138 ff.; § 116 Rdnr. 15; § 117 Rdnr. 17; § 118 Rdnr. 28, 36; § 120 Rdnr. 7; § 122 Rdnr. 1, 3, 4, 6, 18; § 126 Rdnr. 9; § 127 Rdnr. 12; § 127 a Rdnr. 1 ff.
Prozeßökonomie: → § 117 Rdnr. 8, 19; § 127 Rdnr. 5
Prozeßstandschaft: → § 114 Rdnr. 5 ff., 30; § 116 Rdnr. 2; § 126 Rdnr. 1; § 127 a Rdnr. 4
Prozeßvergleich: → § 118 Rdnr. 33, 36; § 119 Rdnr. 8; → auch Vergleich
Prozeßverschleppung: → § 118 Rdnr. 5
Prozeßvollmacht: → § 117 Rdnr. 12
Prozeßvoraussetzungen: → § 127 Rdnr. 20
Quote: → § 116 Rdnr. 13; → auch Konkurs
Raten: → § 115 Rdnr. 2, 3; § 120 Rdnr. 6 ff.
Realkredit: → § 115 Rdnr. 94
Rechtliches Gehör: → vor § 114 Rdnr. 8, 9; § 118 Rdnr. 6, 8, 10 ff.; § 120 Rdnr. 2; § 127 Rdnr. 3
– im Aufhebungsverfahren: → § 124 Rdnr. 28
Rechtsanwalt
– Auslagenersatzansprüche: → § 121 Rdnr. 30
– Auslagenvorschuß: → § 121 Rdnr. 30
– Auswärtiger: → § 121 Rdnr. 14
– Beitreibungsrecht: → § 126 Rdnr. 1 ff.
– Einziehungsbefugnis: → § 126 Rdnr. 1, 7
– Gebührenansprüche: → § 121 Rdnr. 27 ff.; § 125 Rdnr. 4; § 127 Rdnr. 13
– Mehrheit von Rechtsanwälten: → § 126 Rdnr. 5
– Schadensersatzansprüche gegen: → § 121 Rdnr. 32
– Standeswidriges Verhalten: → § 121 Rdnr. 30
– Vergütungsansprüche: → § 121 Rdnr. 39; § 122 Rdnr. 7; § 124 Rdnr. 32
Rechtsanwaltsdienstleistungsgesetz: → § 121 Rdnr. 5
Rechtsbehelf: → § 126 Rdnr. 20; § 127 Rdnr. 4, 13
Rechtsbeistand: → § 121 Rdnr. 1
Rechtsfähigkeit: → § 114 Rdnr. 61
Rechtsfrage, schwierige: → § 114 Rdnr. 25
Rechtsgeschäftliche Beziehungen: → § 115 Rdnr. 148
Rechtsgestaltende Wirkung: → § 126 Rdnr. 16
Rechtshängigkeit: → § 117 Rdnr. 24 ff.
Rechtshilfe: → § 117 Rdnr 13; § 122 Rdnr. 5
Rechtshilfeübereinkommen: → § 122 Rdnr. 5
Rechtshilfeverträge: → § 116 Rdnr. 31
Rechtsirrtum: → § 124 Rdnr. 2
Rechtskraft: → § 114 Rdnr. 41; § 115 Rdnr. 121, 146; § 117 Rdnr. 24, 30, 33; § 118 Rdnr. 2; § 119 Rdnr. 32; § 120 Rdnr. 4, 20, 30, 33; § 124 Rdnr. 22, 27; § 125 Rdnr. 2, 3; § 126 Rdnr. 4, 8, 17; § 127 Rdnr. 15
Rechtskräftige Verurteilung: → § 122 Rdnr. 22
– der bedürftigen Partei: → § 125 Rdnr. 6
– des Gegners: → § 125 Rdnr. 2, 3

Rechtsmißbrauch: → § 114 Rdnr. 8, 20, 34, 50; § 116 Rdnr. 3, 20; § 117 Rdnr. 10
Rechtsmittelbeklagter: → § 119 Rdnr. 22 ff.; § 122 Rdnr. 18; § 123 Rdnr. 3
Rechtsmittelinstanz: → § 119 Rdnr. 1, 2, 22; § 121 Rdnr. 45; § 122 Rdnr. 18
Rechtsmittelkläger: → § 119 Rdnr. 21, 24; § 122 Rdnr. 18; § 123 Rdnr. 2
Rechtsnachfolger: → § 114 Rdnr. 14; § 121 Rdnr. 28; § 122 Rdnr. 1; § 124 Rdnr. 3; § 126 Rdnr. 17
Rechtspersönlichkeit, fehlende: → § 114 Rdnr. 61
Rechtspflege: → § 118 Rdnr. 1
Rechtspfleger: → vor § 114 Rdnr. 19; § 117 Rdnr. 4, 5; § 118 Rdnr. 19, 31, 32, 42; § 119 Rdnr. 13; § 120 Rdnr. 11, 16, 32, 33; § 124 Rdnr. 27, 29; § 126 Rdnr. 18; § 127 Rdnr. 4, 10
– Erinnerung: → § 127 Rdnr. 4
Rechtsprechung, höchstrichterliche: → § 114 Rdnr. 25; § 124 Rdnr. 2
Rechtsprechungsakt: → § 122 Rdnr. 11
Rechtsschutz: → § 114 Rdnr. 22; § 118 Rdnr. 7
Rechtsschutzbedürfnis: → § 114 Rdnr. 27, 56, 60; § 117 Rdnr. 14, 33; § 119 Rdnr. 13; § 125 Rdnr. 5; § 126 Rdnr. 12; § 127 Rdnr. 5; § 127 a Rdnr. 1
Rechtsschutzbegehren: → § 114 Rdnr. 37, 40; § 119 Rdnr. 32, 34; § 121 Rdnr. 48; § 122 Rdnr. 13; § 124 Rdnr. 7, 9
Rechtsschutzgarantie: → vor § 114 Rdnr. 8, 9; § 116 Rdnr. 24; § 121 Rdnr. 42; § 123 Rdnr. 1
Rechtsschutzgewährung: → vor § 114 Rdnr. 7, 8; § 117 Rdnr. 21
Rechtsschutzversicherung: → vor § 114 Rdnr. 11; § 115 Rdnr. 37, 122, 131
Rechtsschutzwürdiges Interesse: → § 114 Rdnr. 34
Rechtsschutzziel: → § 114 Rdnr. 27, 29, 48, 55
Rechtssicherheit: → § 119 Rdnr. 29; § 126 Rdnr. 16
Rechtsstaatliche Garantien: → § 121 Rdnr. 10
Rechtsstaatsprinzip: → vor § 114 Rdnr. 8; § 114 Rdnr. 45
Rechtsträger: → § 116 Rdnr. 4
Rechtsverfolgung: → § 114 Rdnr. 21, 23, 27, 31 ff., 44, 47, 50; § 115 Rdnr. 94, 121, 131, 138, 139; § 116 Rdnr. 4, 24, 26; § 117 Rdnr. 5, 16, 24; § 118 Rdnr. 17, 20, 26, 30; § 119 Rdnr. 21, 26, 34; § 121 Rdnr. 42; § 122 Rdnr. 11, 15
Rechtsverletzung: → § 127 Rdnr. 3
Rechtsverlust: → § 126 Rdnr. 16
Rechtsverteidigung: → Rechtsverfolgung
Rechtsvorgänger: → § 114 Rdnr. 14
Rechtsweggarantie: → vor § 114 Rdnr. 8
Rechtszug: → § 119 Rdnr. 3, 6, 12; § 121 Rdnr. 4
Reflexwirkungen: → § 127 Rdnr. 12
Reformatio in peius: → § 127 Rdnr. 24

Regelgebühr: → § 120 Rdnr. 14
Regreßansprüche, Verlust von: → § 114 Rdnr. 31
Reise: → § 122 Rdnr. 12, 14
Rente: → § 115 Rdnr. 27, 70; → auch Unterhalt
Rentenempfänger: → § 115 Rdnr. 21
Rentenzuschläge: → § 115 Rdnr. 16
Revisionsgericht: → § 120 Rdnr. 32
Revisionsinstanz: → § 121 Rdnr. 20
Richterspruchprivileg: → § 118 Rdnr. 2
Risikolebensversicherung: → § 115 Rdnr. 37
Rückforderungsansprüche: → § 120 Rdnr. 13
Rücklagen: → § 115 Rdnr. 131
Rückzahlungsanspruch: → § 123 Rdnr. 5
Sachen
– bewegliche: → § 115 Rdnr. 86
– unbewegliche: → § 115 Rdnr. 86
Sachvermögen: → § 115 Rdnr. 92
Sachverständiger
– Ablehnung: → § 118 Rdnr. 27
– Vergütung: → § 122 Rdnr. 4
– Vernehmung: → § 118 Rdnr. 26
Sachwerte: → § 115 Rdnr. 88
Sanktion: → § 120 Rdnr. 34; § 124 Rdnr. 25
– strafähnliche: → § 124 Rdnr. 13
– zivilprozessuale: → § 124 Rdnr. 4
Säumigkeit des Gerichts: → § 114 Rdnr. 38, 42
Schaden, wirtschaftlicher: → § 114 Rdnr. 31
Schadensersatzansprüche: → Amtshaftung
Schadensfallregulierung: → § 115 Rdnr. 116
Schätzung: → § 118 Rdnr. 23
Schallplatten: → § 115 Rdnr. 105
Scheidung: → § 114 Rdnr. 46 ff.; § 115 Rdnr. 146
Scheidungsantrag: → § 114 Rdnr. 46 ff., 51; § 119 Rdnr. 9
Scheidungsantragsteller: → § 114 Rdnr. 51
Scheidungsgegner: → § 114 Rdnr. 48, 51
Scheidungssache: → § 114 Rdnr. 51
Scheidungsunwilligkeit: → § 114 Rdnr. 49
Scheidungsurteil: → § 114 Rdnr. 49
Scheinehe: → § 114 Rdnr. 50
Schiedsgericht: → § 114 Rdnr. 11
Schiedsvertrag: → § 114 Rdnr. 24
Schlüssigkeitsprüfung: → § 119 Rdnr. 13
Schmerzensgeld: → § 115 Rdnr. 92, 132
Schonfrist: → § 117 Rdnr. 30
Schonvermögen: → § 115 Rdnr. 94, 96, 99, 108, 130
Schornsteinreinigung: → § 115 Rdnr. 55
Schreibgebühren: → § 122 Rdnr. 3
Schreibmaschine: → § 115 Rdnr. 105
Schriftsatz: → § 117 Rdnr. 14
Schutzwürdiges Interesse: → § 127 Rdnr. 11
Schutzwürdiges Vertrauen: → § 124 Rdnr. 5; → auch Vertrauensschutz
Selbstkorrektur der Gerichte: → § 127 Rdnr. 3
Sequester: → § 116 Rdnr. 11
Serologisches Gutachten: → § 114 Rdnr. 54

Sicherheitsleistung: → § 122 Rdnr. 17; § 123 Rdnr. 6; § 126 Rdnr. 4
Sicherungsmaßnahmen: → § 122 Rdnr. 3
Sicherungsnehmer: → § 114 Rdnr. 30
Sittenwidrigkeit: → § 114 Rdnr. 6
Sittliche Verpflichtung: → § 115 Rdnr. 70
Sockelbetrag: → § 114 Rdnr. 29, 53
Solidaritätszuschlag: → § 115 Rdnr. 35
Sorgerechtsantrag: → § 121 Rdnr. 13
Sorgerechtsstreitigkeiten: → § 121 Rdnr. 10, 13
Sorgerechtsvorschlag: → § 121 Rdnr. 13
Soziale Wirkungen: → § 116 Rdnr. 25
Sozialer Rechtsstaat: → vor § 114 Rdnr. 8
Sozialhilfe: → vor § 114 Rdnr. 10; § 115 Rdnr. 6, 97, 112, 147; § 116 Rdnr. 24; § 118 Rdnr. 1
Sozialhilfeempfänger: → § 117 Rdnr. 22
Sozialhilfeleistungen: → § 115 Rdnr. 28
Sozialhilferecht: → vor § 114 Rdnr. 11; § 115 Rdnr. 5, 147
Sozialleistungen: → § 115 Rdnr. 16
Sozialpflicht des Staates: → Sozialstaatsprinzip
Sozialrecht: → vor § 114 Rdnr. 19
Sozialstaatsprinzip: → vor § 114 Rdnr. 8, 10; § 116 Rdnr. 24
Sozialversicherungsrechtliche Streitigkeit: → § 115 Rdnr. 145
Sozialversicherungsbeiträge: → § 115 Rdnr. 36
Sozialversicherungsträger: → § 116 Rdnr. 10
Sozietät: → § 121 Rdnr. 5
Sparguthaben: → § 115 Rdnr. 92, 113, 132
Spekulationsgeschäfte: → § 115 Rdnr. 60
Spesen: → § 115 Rdnr. 28
Spielschulden: → § 115 Rdnr. 60
Spruchkörper: → § 118 Rdnr. 3
Staatenloser: → § 114 Rdnr. 10
Staatsangehörigkeit: → § 114 Rdnr. 10; § 116 Rdnr. 18
Staatskasse: → § 115 Rdnr. 138; § 118 Rdnr. 28, 36, 39; § 119 Rdnr. 16, 35; § 120 Rdnr. 2, 3, 13 ff.; § 121 Rdnr. 3, 19, 28 ff.; § 122 Rdnr. 1, 4, 7 ff.; § 123 Rdnr. 1 ff.; § 124 Rdnr. 27, 30 ff.; § 125 Rdnr. 4, 6, 7; § 126 Rdnr. 2, 12, 25 ff.; § 127 Rdnr. 2 ff.
Statussachen: → § 118 Rdnr. 26
Sterbegeldversicherung: → § 115 Rdnr. 37
Steuerbelastung: → § 115 Rdnr. 35
Steuererstattung: → § 115 Rdnr. 35
Steuerliche Freibeträge: → § 115 Rdnr. 38
Steuerliche Grenzen: → § 115 Rdnr. 71
Steuern: → § 115 Rdnr. 3, 35
Steuerrecht: → vor § 114 Rdnr. 19; § 115 Rdnr. 5
Steuerschulden: → § 115 Rdnr. 60
Stichentscheid: → § 115 Rdnr. 131
Strafvollzugsmaßnahmen: → vor § 114 Rdnr. 14
Streitgegenstand: → § 115 Rdnr. 121; § 116 Rdnr. 26; § 119 Rdnr. 7; § 121 Rdnr. 40, 41; § 122 Rdnr. 10

Streitgehilfe: → § 119 Rdnr. 25; § 122 Rdnr. 1; → auch Nebenintervenient
Streitgenosse: → § 114 Rdnr. 8; § 115 Rdnr. 10, 68; § 122 Rdnr. 1; § 126 Rdnr. 28
Streitsumme: → § 121 Rdnr. 30
Streitverhältnis: → § 117 Rdnr. 16
– unrichtige Darstellung: § 124 Rdnr. 1, 7
Streitwert: → vor § 114 Rdnr. 18; § 114 Rdnr. 16; § 118 Rdnr. 34; § 119 Rdnr. 6; § 121 Rdnr. 40; § 122 Rdnr. 10
Streitwertgrenze: → § 117 Rdnr. 10
Stufenklage: → § 114 Rdnr. 33; § 119 Rdnr. 6
Stundung: → vor § 114 Rdnr. 17; § 115 Rdnr. 90; § 119 Rdnr. 13; § 121 Rdnr. 30, 32; § 122 Rdnr. 9; § 125 Rdnr. 7
Stundungsähnliche Wirkung: → § 126 Rdnr. 12
Tabelle: → § 114 Rdnr. 11; § 115 Rdnr. 2 ff.
Taschengeld: → § 115 Rdnr. 67
Tatsachenerkenntnisse, neue: → § 124 Rdnr. 20
Täuschungsabsicht: → § 124 Rdnr. 10
Teilbetrag: → § 114 Rdnr. 33
Teilstreitgegenstände: → § 121 Rdnr. 40
Teilungsversteigerung: → § 115 Rdnr. 122
Teilweise Bewilligung: → § 114 Rdnr. 14
Teilzahlungen: → vor § 114 Rdnr. 17; § 120 Rdnr. 8
Telefon: → § 115 Rdnr. 55
Teleologische Reduktion: → § 119 Rdnr. 23
Terminsverlegung: → § 118 Rdnr. 5
Terminsvertreter: → § 121 Rdnr. 38
Terminswahrnehmung: → § 121 Rdnr. 38
Testamentsvollstrecker: → § 114 Rdnr. 4; § 116 Rdnr. 2, 12, 14
Thesaurierung: → § 115 Rdnr. 87
Tilgungszahlungen: → § 115 Rdnr. 51
Titel: → § 114 Rdnr. 52
Titulierung, außergerichtliche: → § 114 Rdnr. 29
Tochtergesellschaft: → § 116 Rdnr. 21
Tod der Partei: → § 115 Rdnr. 109
Überlastete Justiz: → vor § 114 Rdnr. 11
Übernahmeschuldner: → § 123 Rdnr. 4
Überweisungsbeschluß: → § 126 Rdnr. 18
Überweisungsgläubiger: → § 126 Rdnr. 1
Überziehungskredit: → § 115 Rdnr. 53, 149
UN-Übereinkommen über die Geltendmachung von Unterhaltsansprüchen im Ausland: → § 117 Rdnr. 13
Unfallversicherung: → § 115 Rdnr. 37
Untätigkeitsbeschwerde: → § 127 Rdnr. 1; → auch Beschwerde
Untergerichte: → § 114 Rdnr. 25; § 127 Rdnr. 17
Unterhaltsabfindung: → § 115 Rdnr. 116
Unterhaltsanspruch: → § 115 Rdnr. 30, 70, 73; § 117 Rdnr. 22; § 127 a Rdnr. 1, 3, 4
– im Ausland: → § 117 Rdnr. 13
Unterhaltsbeitrag: → § 115 Rdnr. 68

Unterhaltsberechtigter: → § 115 Rdnr. 66, 67, 73, 75, 77, 112, 143
Unterhaltsberechtigung: → § 115 Rdnr. 144
Unterhaltsbetrag: → § 114 Rdnr. 53
Unterhaltsfreibeträge: → § 117 Rdnr. 17
Unterhaltsgeld: → § 115 Rdnr. 30
Unterhaltsgläubiger: → § 114 Rdnr. 29, 52
Unterhaltsklage: → § 114 Rdnr. 31, 52
Unterhaltsleistungen: → § 115 Rdnr. 2, 10, 30, 60, 67, 74
Unterhaltspflicht: → § 115 Rdnr. 2, 3, 21, 67 ff., 84, 144; § 120 Rdnr. 9; § 127 a Rdnr. 8
Unterhaltspflichtige Verwandte: → § 127 a Rdnr. 3
Unterhaltsprozeß: → § 114 Rdnr. 32; § 127 a Rdnr. 3, 5, 8
Unterhaltsrecht: → § 115 Rdnr. 39, 41
Unterhaltsrente: → § 115 Rdnr. 71
Unterhaltssachen: → vor § 114 Rdnr. 5, 6; § 114 Rdnr. 53; § 120 Rdnr. 6; § 127 a Rdnr. 1 ff.
Unterhaltsschuldner: → § 114 Rdnr. 29, 52
Unterhaltsspitze: → § 114 Rdnr. 29
Unterhaltstitel: → § 114 Rdnr. 59
Unterhaltsverfahren: → § 127 a Rdnr. 3
Unterhaltszahlungen: → § 115 Rdnr. 10, 17
Unterkunft: → Naturalleistungen
Unterlassungsklage: → § 114 Rdnr. 35
Unternehmerisches Risiko: → § 116 Rdnr. 22
Untersuchungsgrundsatz: → § 114 Rdnr. 22, 36; § 118 Rdnr. 22
Urkunde: → § 117 Rdnr. 18; § 118 Rdnr. 16, 22, 24
Urkundenbeweis: → § 118 Rdnr. 29
Urkundenprozeß: → § 119 Rdnr. 3
Urkundsbeamter: → § 117 Rdnr. 11
Urlaubsgeld: → § 115 Rdnr. 9, 30
Ursprungsstaat: → § 116 Rdnr. 29
Urteilsanerkennung: → § 114 Rdnr. 31, 44
Vaterschaftsfeststellung: → § 114 Rdnr. 58
Veräußerungsverbot: → § 115 Rdnr. 89
Verband: → § 116 Rdnr. 21
Verbandssyndikus: → § 121 Rdnr. 47
Verbandsvertreter: → § 121 Rdnr. 44 ff.
Verbindlichkeit: → § 115 Rdnr. 88; § 117 Rdnr. 18
Verdienstausfall: → § 122 Rdnr. 13
Verdienstbescheinigung: → § 117 Rdnr. 18
Verein
– nichtrechtsfähiger: → § 114 Rdnr. 4
Vereinsbeitrag: → § 115 Rdnr. 67
Verfahren
– amtsgerichtliches: → § 117 Rdnr. 3
– Anordnungsverfahren: → § 119 Rdnr. 12
– arbeitsgerichtliches: → vor § 114 Rdnr. 13; § 115 Rdnr. 145; § 117 Rdnr. 3; § 118 Rdnr. 42; § 121 Rdnr. 1, 2, 43 ff.
– Arrestverfahren: → § 114 Rdnr. 11; § 119 Rdnr. 12, 14

– Aufgebotsverfahren: → § 114 Rdnr. 11; § 117 Rdnr. 5
– Aussetzung: → § 118 Rdnr. 5, 29, 31
– Berufungsverfahren: → § 127 Rdnr. 18
– Beschlußverfahren: → vor § 114 Rdnr. 13; § 114 Rdnr. 61, 62
– Beschwerdeverfahren: → § 114 Rdnr. 12; § 118 Rdnr. 41; § 120 Rdnr. 4
– Beweisverfahren, selbständiges: → § 114 Rdnr. 11; § 119 Rdnr. 11
– Bewilligungsverfahren: → Prozeßkostenhilfe
– Ehelichkeitsanfechtungsverfahren: → § 117 Rdnr. 22; § 121 Rdnr. 11
– Eheverfahren: → § 119 Rdnr. 9
– Erkenntnisverfahren: → § 114 Rdnr. 16; § 117 Rdnr. 4, 5; § 119 Rdnr. 14
– Erstattungsverfahren: → § 125 Rdnr. 5
– finanzgerichtliches: → vor § 114 Rdnr. 14
– Fürsorgeverfahren: → § 118 Rdnr. 1; § 121 Rdnr. 10
– grundbuchamtliches: → § 119 Rdnr. 15
– isoliertes: → § 114 Rdnr. 51, 52
– Klauselerteilungsverfahren: → § 116 Rdnr. 29
– Konkursverfahren: → § 114 Rdnr. 11; § 116 Rdnr. 4, 5; § 121 Rdnr. 9
– kontradiktorisches: → § 118 Rdnr. 1, 2, 7, 20; § 120 Rdnr. 2
– Kostenfestsetzungsverfahren: → Kosten
– Mahnverfahren: → § 114 Rdnr. 11, 32; § 117 Rdnr. 5, 14; § 118 Rdnr. 13; § 119 Rdnr. 13
– Nachverfahren: → § 119 Rdnr. 3
– Nebenverfahren: → § 118 Rdnr. 3
– Parallelverfahren: → § 115 Rdnr. 81
– patentrechtliches: → vor § 114 Rdnr. 14
– Privatklageverfahren: → § vor 114 Rdnr. 14
– Prozeßkostenhilfeverfahren: → Prozeßkostenhilfe
– rechtshängiges: → § 117 Rdnr. 24; → auch Rechtshängigkeit
– Rechtsnatur: → § 118 Rdnr. 1
– Ruhen des Verfahrens: → § 124 Rdnr. 4
– Scheidungsverfahren: → § 114 Rdnr. 46, 47, 49, 50; § 117 Rdnr. 16; § 118 Rdnr. 16; § 119 Rdnr. 9
– Schiedsverfahren: → § 114 Rdnr. 11, 32
– Sorgerechtsverfahren: → § 121 Rdnr. 13
– sozialgerichtliches: → vor § 114 Rdnr. 14
– Sozialhilfeverfahren: → § 115 Rdnr. 145
– Statusverfahren: → § 117 Rdnr. 22
– strafprozessuales Klageerzwingungsverfahren: → § 114 Rdnr. 14
– Strafverfahren: → § 118 Rdnr. 30
– Streitverfahren: → § 119 Rdnr. 13
– summarisches: → § 114 Rdnr. 52
– über eine Verfassungsbeschwerde: → vor § 114 Rdnr. 14
– unbeteiligter Dritter: → § 118 Rdnr. 8 ff.

- Unterbrechung: → § 118 Rdnr. 5
- Unterhaltsverfahren: → Unterhalt
- Vaterschaftsfeststellungsverfahren: → § 117 Rdnr. 22; § 121 Rdnr. 11; § 127a Rdnr. 3
- Verbundverfahren: → § 114 Rdnr. 51, 52
- vereinfachtes: → § 114 Rdnr. 59
- Verfahrensablauf: → § 118 Rdnr. 1
- Verfahrensabschluß: → § 115 Rdnr.4; § 125 Rdnr. 1
- Verfahrensabschnitt: → § 119 Rdnr. 4
- Verfahrensarten: → § 114 Rdnr. 3
- Verfahrensbeschleunigung: → vor § 114 Rdnr. 5; § 117 Rdnr. 26; § 118 Rdnr. 5, 17
- Verfahrensbeteiligung: → § 118 Rdnr. 17
- Verfahrenseffizienz: → § 115 Rdnr. 4
- Verfahrenseinleitender Antrag: → § 118 Rdnr. 1
- Verfahrensfehler: → § 114 Rdnr. 41
- Verfahrensleitende Maßnahmen: → § 127 Rdnr. 8
- verfahrensrechtliche Struktur: → § 118 Rdnr. 1
- Verfahrensstillstand: → § 125 Rdnr. 7
- Verfahrensverstoß: → § 114 Rdnr. 2; § 127 Rdnr. 3
- Verfahrensverzögerung: → § 117 Rdnr. 30
- verwaltungsgerichtliches: → vor § 114 Rdnr. 14
- Verwaltungsverfahren: → § 118 Rdnr. 1
- Verwaltungsverfahrensgesetz: → § 118 Rdnr. 1
- Vollstreckungsverfahren: → Zwangsvollstreckungsverfahren
- Vorschußverfahren: → § 115 Rdnr. 144
- Vorverfahren: → § 119 Rdnr. 5
- Zwangsvollsteckungsverfahren: → § 115 Rdnr. 81; § 119 Rdnr. 15
- Zwischenverfahren: → § 118 Rdnr. 3

Verfassung: → vor § 114 Rdnr. 8; § 118 Rdnr. 17
Verfassungskonformität: → § 116 Rdnr. 24
Verfassungsrecht: → § 114 Rdnr. 9; § 116 Rdnr. 24; § 121 Rdnr. 34
Verfassungsrechtliche Bedenken: → § 118 Rdnr. 10; § 123 Rdnr. 1
Verfassungsrechtliche Fragen: → § 115 Rdnr. 2
Verfassungsrechtliches Gebot: → vor § 114 Rdnr. 8
Verfassungsverstoß: → § 127 Rdnr. 3
Verfassungswidrigkeit: → § 114 Rdnr. 26
Verfügungsfreier Selbstbehalt: → § 115 Rdnr. 84
Verfügungsverbot: → § 126 Rdnr. 17
Vergleich: → § 114 Rdnr. 16, 29, 51; § 118 Rdnr. 21, 32, 34, 36, 37, 40, 41; § 119 Rdnr. 7, 8, 34; § 120 Rdnr. 5, 15; § 121 Rdnr. 16, 35, 39; § 123 Rdnr. 4, 6; § 125 Rdnr. 7; § 126 Rdnr. 4, 8
- außergerichtlicher: → § 119 Rdnr. 8, 10; § 126 Rdnr. 3, 4
- gerichtlicher: → § 119 Rdnr. 8, 10; § 126 Rdnr. 3, 4
- Kosten: → § 125 Rdnr. 8

Vergleichsabschluß: → § 114 Rdnr. 12; § 119 Rdnr. 34
Vergleichsgebühr: → § 118 Rdnr. 41; § 119 Rdnr. 8; § 121 Rdnr. 36
Vergütungsanspruch: → § 116 Rdnr. 13; § 122 Rdnr. 23
Verhältnisse, persönliche und wirtschaftliche: → § 114 Rdnr. 17 ff.; § 117 Rdnr. 17, 22; § 118 Rdnr. 12, 16, 23; § 120 Rdnr. 1, 17; § 124 Rdnr. 3, 13, 14, 26; § 127 Rdnr. 9
- fehlende Angaben: → § 124 Rdnr. 1
- nachträgliche Veränderung: → § 124 Rdnr. 3, 6, 12
- unrichtige Angaben: → § 124 Rdnr. 1, 11 ff.
- Verbesserung: → § 120 Rdnr. 27
- Verschlechterung: → § 120 Rdnr. 31

Verhandlungsgrundsatz: → § 114 Rdnr. 22
Verjährung: → § 114 Rdnr. 31; § 121 Rdnr. 39
Verjährungsfrist: → § 117 Rdnr. 30
Verjährungsunterbrechung: → § 114 Rdnr. 31
Verkehrsanwalt: → § 119 Rdnr. 8; § 121 Rdnr. 20, 36; § 122 Rdnr. 14
- Gebühren: → § 121 Rdnr. 20

Verlustausgleich: → § 115 Rdnr. 38
Vermächtnisnehmer: → § 116 Rdnr. 12
Vermietung: → § 115 Rdnr. 109
Vermögen: → § 114 Rdnr. 18 ff.; § 115 Rdnr. 83 ff.
- künftig verwertbares: → § 120 Rdnr. 10
- langfristig festgelegtes: → § 115 Rdnr. 89, 132
- Verfassungskonformität: → § 114 Rdnr. 21, 27; § 115 Rdnr. 55; § 116 Rdnr. 24; § 121 Rdnr. 1; § 126 Rdnr. 6
- Zumutbarkeit der Verwertung: → § 115 Rdnr. 85 ff.
- zweckgebundenes: → § 115 Rdnr. 89, 92

Vermögensbildung: → § 115 Rdnr. 31, 45, 51, 117
Vermögensgegenstand: → § 115 Rdnr. 10, 90, 95, 115
Vermögensmasse: → § 116 Rdnr. 6, 15
Vermögensrechtliche Streitigkeit: → § 115 Rdnr. 145
Vermögenssteuer: → § 115 Rdnr. 35
Vermögensverhältnisse: → § 115 Rdnr. 95; § 116 Rdnr. 24
- Änderung: → § 120 Rdnr. 34; § 124 Rdnr. 16
- Verbesserung: → § 120 Rdnr. 18 ff.
- Verschlechterung: → § 120 Rdnr. 25, 26

Vermögenswert: → § 115 Rdnr. 138
Vermögenswerte Position: → § 115 Rdnr. 116
Vermögenswerter Anspruch: → § 116 Rdnr. 15
Vermögenswirksame Leistung: → § 115 Rdnr. 31
Verpfändung: → § 119 Rdnr. 15
Verpflegung: → Naturalleistungen
Versäumnisurteil: → § 118 Rdnr. 5; § 119 Rdnr. 5, 22; § 124 Rdnr. 4

Verschleiertes Arbeitseinkommen: → § 115 Rdnr. 28
Versicherungen: → § 115 Rdnr. 36, 37, 113, 126
Versicherungsbeiträge: → § 115 Rdnr. 3, 37
Versicherungsnehmer: → § 115 Rdnr. 148
Versicherungsprämie: → § 115 Rdnr. 63
Versicherungsvertrag: → § 115 Rdnr. 37
Versorgungsausgleich: → § 119 Rdnr. 10
Verstrickung: → § 126 Rdnr. 6 ff.
Vertagung: → § 118 Rdnr. 5
Verteidigungsabsicht: → § 119 Rdnr. 5
Verteidigungserklärung: → § 119 Rdnr. 5
Verteidigungsvorbringen: → § 119 Rdnr. 5
Vertragsstaaten: → § 116 Rdnr. 29, 30
Vertrauen: → § 124 Rdnr. 20
Vertrauensanwalt: → § 121 Rdnr. 5, 32; § 126 Rdnr. 5
Vertrauensschutz: → § 120 Rdnr. 28; § 126 Rdnr. 15
Vertrauenstatbestand: → § 114 Rdnr. 42, § 119 Rdnr. 28
Vertraulichkeit: → § 118 Rdnr. 12
Vertreterverschulden: → § 124 Rdnr. 15
Verwaltungsprozeß: → § 127 Rdnr. 17
Verwandte: → Angehörige
Verweisung: → § 117 Rdnr. 7 ff.; § 119 Rdnr. 3
Verwirkungseinwand: → § 127 Rdnr. 16
Verzicht: → § 126 Rdnr. 8
Verzug: → § 124 Rdnr. 25
Volljährige Partei: → § 115 Rdnr. 109
Vollmacht: → § 114 Rdnr. 14; § 124 Rdnr. 33
Vollstreckbarkeit, vorläufige: → § 125 Rdnr. 4; § 126 Rdnr. 4
Vollstreckbarkeitserklärung: → § 116 Rdnr. 29
Vollstreckungsabwehrklage: → § 115 Rdnr. 145; § 127a Rdnr. 3
Vollstreckungsaussichten: → § 114 Rdnr. 22, 31
Vollstreckungsgericht: → § 117 Rdnr. 4
Vollstreckungsklage: → § 119 Rdnr. 15
Vollstreckungsklausel: → § 126 Rdnr. 20
Vollstreckungsschuldner: → § 119 Rdnr. 15
Vollstreckungsstaat: → § 116 Rdnr. 29
Vollstreckungstitel: → § 118 Rdnr. 32; § 124 Rdnr. 29; § 126 Rdnr. 18
Vollziehungsaussetzung: → § 127a Rdnr. 11
Vorakten: → § 118 Rdnr. 24
Vordruck: → § 114 Rdnr. 58; § 117 Rdnr. 17, 20 ff.
Vordruckzwang: → § 117 Rdnr. 21, 22
Vormund: → § 114 Rdnr. 4; § 121 Rdnr. 3; → auch gesetzlicher Vertreter
Vorprozeß: → § 114 Rdnr. 33, 59; § 118 Rdnr. 5
Vorsatz, bedingter: → § 124 Rdnr. 10
Vorschalturteil: → § 119 Rdnr. 3
Vorschuß: → Prozeßkostenvorschuß
Waffengleichheit, Grundsatz der: → § 121 Rdnr. 10, 11

Wahlanwalt: → § 121 Rdnr. 3, 5, 19, 22; § 126 Rdnr. 2
– ausländischer: → § 121 Rdnr. 5
– fehlende Zulassung: → § 121 Rdnr. 5
Wasser: → § 115 Rdnr. 55
Wegfall von Belastungen: → § 120 Rdnr. 9
Weihnachtsgeld: → § 115 Rdnr. 8, 32
Werbungskosten: → § 115 Rdnr. 3, 28, 38
Wertpapierdepot: → § 115 Rdnr. 92, 113, 136
Widerklage: → § 114 Rdnr. 13, 35; § 117 Rdnr. 25; § 119 Rdnr. 9, 21; § 122 Rdnr. 19
Widerrufsvorbehalt: → § 119 Rdnr. 4
Wiederaufnahmeklage: → § 119 Rdnr. 3
Wiedereinsetzung: → § 114 Rdnr. 43; § 117 Rdnr. 32; § 119 Rdnr. 5
Wiederholender Antrag: → § 117 Rdnr. 14
Wiederverheiratung: → § 115 Rdnr. 116
Willkürverbot: → vor § 114 Rdnr. 8
Wirtschaftlich Beteiligter: → § 116 Rdnr. 8, 9, 12, 13, 15, 16, 21 ff.
Wirtschaftliche Einbußen: → § 115 Rdnr. 92
Wirtschaftlicher Zweck: → § 115 Rdnr. 117
Wirtschaftsleben: → § 115 Rdnr. 95
Witwenrentenabfindung: → § 115 Rdnr. 116
Wohnbedarf: → § 115 Rdnr. 108
Wohngeld: → § 115 Rdnr. 32, 55
Wohnungseigentum: → § 115 Rdnr. 51
Zahlungsanordnung: → § 124 Rdnr. 25; § 127 Rdnr. 8, 9
Zahlungsauflagen: → § 127 Rdnr. 8
– Anfechtung: → § 127 Rdnr. 8
Zahlungsrückstand: → § 124 Rdnr. 1, 23 ff.
Zahlungsunfähigkeit: → vor § 114 Rdnr. 16
Zedent: → § 114 Rdnr. 6
Zeitraumbezogene Leistung: → § 115 Rdnr. 30, 32
Zeitraumbezogene Zuwendungen: → § 115 Rdnr. 5, 16
Zeitung: → § 115 Rdnr. 55
Zessionar: → § 114 Rdnr. 6, 30; § 122 Rdnr. 7
Zeuge (als Empfänger): → § 121 Rdnr. 1
Zeugenbeweis: → § 114 Rdnr. 22; § 118 Rdnr. 29
Zeugenvergütung: → § 122 Rdnr. 4
Zeugenvernehmung: → § 118 Rdnr. 26, 36
Zinsverluste: → § 115 Rdnr. 31, 89, 132
Zinszahlungen: → § 115 Rdnr. 51
Zivilprozeß: → vor § 114 Rdnr. 12; § 114 Rdnr. 3, 60, 61
Zivilsache: → vor § 114 Rdnr. 8
ZPO
– ursprüngliche Fassung: → vor § 114 Rdnr. 6
Zuflußprinzip: → § 115 Rdnr. 87
Zugangsbarriere: → vor § 114 Rdnr. 11
Zulässigkeit
– der Klage: → § 114 Rdnr. 24
– des Rechtsmittels: → § 114 Rdnr. 43
– – sachliche: → § 114 Rdnr. 44

Zulässigkeitsvoraussetzungen, allgemeine: → § 117 Rdnr. 14
Zumutbarkeit: → § 115 Rdnr. 42, 95, 116 ff.; § 116 Rdnr. 13 ff.; § 120 Rdnr. 14, 18; § 127 Rdnr. 15
Zumutbarkeitsschranke: → § 115 Rdnr. 96, 111, 113
Zurückverweisung: → § 119 Rdnr. 3
Zurückweisung: → Prozeßkostenhilfe
Zuständigkeit: → Beschwerde; Prozeßkostenhilfe
Zuständigkeitsvereinbarung: → § 117 Rdnr. 8
Zwangshypothek: → § 119 Rdnr. 15
Zwangsmittel: → § 118 Rdnr. 14
Zwangsversteigerung: → § 119 Rdnr. 15
Zwangsverwalter: → § 116 Rdnr. 2
Zwangsverwaltung: → § 116 Rdnr. 12; § 119 Rdnr. 15; § 122 Rdnr. 3

Zwangsvollstreckung: → § 114 Rdnr. 11, 16, 31, 59; § 115 Rdnr. 140; § 117 Rdnr. 4, 5; § 119 Rdnr. 2, 15 ff.; § 121 Rdnr. 4, 9, 10; § 122 Rdnr. 19; § 125 Rdnr. 3; § 126 Rdnr. 15, 18, 19, 23
Zwangsvollstreckungsmaßnahmen: → § 120 Rdnr. 16; § 122 Rdnr. 6
Zweckgebundene Zahlungen: → § 115 Rdnr. 21
Zweitschuldner: → § 123 Rdnr. 1, 3, 4; § 125 Rnd. 6, 8
Zwischenfinanzierung: → § 115 Rdnr. 90; § 116 Rdnr. 34
Zwischenstaatliche Verträge: → § 117 Rdnr. 13
Zwischenurteil: → § 119 Rdnr. 3

Vorbemerkungen vor § 114

I. Überblick	1
1. Prozeßkostenhilfe	1
2. Prozeßkostenvorschuß	5
II. Gesetzesgeschichte	6
III. Zweck und verfassungsrechtlicher Standort	7
1. Zweck	7
2. Verfassungsrechtlicher Standort	8
3. Prozeßkostenhilfe und Sozialhilfe	10
4. Rechtspolitische Würdigung	11
IV. Geltungsbereich	12
1. Zivilprozeß	12
2. Arbeitsgerichtliches Verfahren	13
3. Sonstige Verfahren	14
V. Sonstige Regeln zugunsten unbemittelter Parteien	15
1. Befreiung von der Vorschußpflicht	15
2. Absehen vom Ansatz der Gerichtskosten	16
3. Stundung oder Erlaß von Gerichtskosten	17
4. Herabsetzung des Streitwerts	18
5. Beratungshilfe	19

I. Überblick[1]

1. Prozeßkostenhilfe

1   Der siebente Titel regelt, auch nach der Neuregelung durch das Gesetz über die Prozeßkostenhilfe (→ Rdnr. 6), sowohl die *Voraussetzungen* und die *Wirkungen* der Prozeßkostenhilfe

---

[1] Lit. zu §§ 114–127a: *Albers* Prozeßkostenhilfe als Sozialhilfe, Gedächtnisschrift f. W. Martens (1987), 283; *Behn* Probleme der Prozeßkostenhilfe (1985); *ders.* Prozeßkostenhilfe für Beteiligte im Ausland?, SGb. 1984, 465; *ders.* Ratenprozeßkostenhilfe in mehreren Instanzen, Rpfleger 1983, 337; *Behr/Hantke* Prozeßkostenhilfe für die Zwangsvollstreckung, Rpfleger 1981, 265; *Beyer* Rechtsfragen bei der Gewährung von Prozeßkostenhilfe, JurBüro 1989, 439; *Biebrach* Einsatz der Arbeitskraft und Hilfsbedürftigkeit in der Prozeßkostenhilfe, NJW 1988, 1769; *Bischof* Praxisprobleme des Prozeßkostenhilferechts, AnwBl. 1981, 369; *Blümler* Rückwirkende Bewilligung von Prozeßkostenhilfe, insbesondere nach rechtskräftiger Entscheidung zur Hauptsache, MDR 1983, 96; *Bobenhausen* Prozeßkostenhilfe für die Zwangsvollstreckung, Rpfleger 1984, 394; *Böhmer* Prozeßkosten-, Beratungs- und Sozialhilfe bei Gerichts- und Verwaltungsverfahren im Ausland, IPRax 1993, 223; *ders.* Prozeßkostenhilfe und internationales Unterhaltsrecht, IPRax 1986, 216; *Brehm* Prozeßkostenhilfe für die Zwangsvollstreckung, DAVorm. 1982, 497; *Brommann* Prozeßkostenhilfe und Gewerkschaftszugehörigkeit, RdA 1984, 342; *Bültzingslöwen* Das Prozeßkostenhilfegesetz und das Beratungshilfegesetz, DAVorm. 1980, 869; *Burgard* Berücksichtigung des Vermögens beim Antrag auf Prozeßkostenhilfe, NJW 1990, 3240; *Cambeis*

als auch das *Verfahren*, in dem die Prozeßkostenhilfe zu gewähren ist. Im einzelnen enthält der nicht ganz klar strukturierte Abschnitt folgende Grundsätze:

a) Die **Voraussetzungen** der Prozeßkostenhilfe regeln materiell §§ 114, 115, verfahrensrechtlich §§ 114, 117: Prozeßkostenhilfe wird gewährt, wenn eine Partei einen *Antrag* stellt (§§ 114 S. 1, 117), unter Berücksichtigung ihres Einkommens und Vermögens (soweit dessen Einsatz zumutbar ist) *leistungsunfähig* ist (§§ 114, 115 Abs. 1–5), die beabsichtigte Rechts-

2

Problematischer Prozeßkostenvorschuß, AnwBl. 1980, 176; *Christl* Einkommen und Vermögen in der Prozeßkostenhilfe, NJW 1981, 785; *ders.* Keine Teilung der Unterhaltsfreibeträge in der Prozeßkostenhilfe-Tabelle, Rpfleger 1983, 95; *ders.* Nochmals: Rückwirkende Bewilligung von Prozeßkostenhilfe, einschließlich rückwirkender Anwaltsbeiordnung, MDR 1983, 537/624; *ders.* Unterhalt und Kindergeld als Einkommen in der Prozeßkostenhilfe, JurBüro 1982, 1441; *Dörndorfer* Prozeßkostenhilfe für Anfänger (1986); *Engels* Prozeßkostenhilfe (1990); *Eylert* Die Gewährung von Prozeßkostenhilfe bei Bezug von Hilfe zum Lebensunterhalt nach dem Bundessozialhilfegesetz, JurBüro 1992, 369; *Finger* Prozeßkostenhilfe für das Bewilligungsverfahren?, AnwBl. 1983, 17; *Geschwinder* Die Bedeutung des Prozeßkostenhilfegesetzes für die Sozialgerichtsbarkeit, DÖV 1980, 869; *Grunsky* Die neuen Gesetze über die Prozeßkosten- und Beratungshilfe, NJW 1980, 2041; *Herr* Entlastungs-Rechtsprechung im Prozeßkostenhilfe-Verfahren, MDR 1989, 869; *Hoppenz* Wir brauchen eine neue Prozeßkostenhilfetabelle!, ZRP 1986, 189; *Jansen* Probleme der Instanzgerichte bei der Anwendung des Gesetzes über die Prozeßkostenhilfe, SGb. 1982, 185; *Kalthoener/Büttner* Prozeßkostenhilfe und Beratungshilfe (1988); *Kelbel* Verfahrenskostenhilfe im Patenterteilungsverfahren, GRUR 1981, 5; *Knops* Der familienrechtliche Prozeßkostenvorschuß, NJW 1993, 1237; *ders.* Der Prozeßkostenvorschuß in kostenrechtlicher Sicht, JurBüro 1992, 448; *Koch* Das Gesetz über die Prozeßkostenhilfe unter besonderer Berücksichtigung des arbeitsgerichtlichen Verfahrens, ArbuR 1981, 43; *Kohte* Die wirtschaftlichen Voraussetzungen der Prozeßkostenhilfe, DB 1981, 1174; *Kollhosser* Prozeßkostenhilfe als Sozialhilfe in besonderen Lebenslagen, ZRP 1979, 297; *Künkel* Probleme aus (mit) dem Recht der Prozeßkostenhilfe, DAVorm. 1983, 335; *Künzl* Aktuelle Probleme der Prozeßkostenhilfe, AnwBl. 1991, 121; *Künzl/Koller* Prozeßkostenhilfe (1993); *Lappe* Prozeßkostenhilfe: ansparen oder abzahlen?, Rpfleger 1981, 137; *Leser* Prozeßkostenhilfe im arbeitsgerichtlichen Verfahren, NJW 1981, 791; *Link* Anrechnung von Schmerzensgeld beim Anspruch auf Hilfe zum Lebensunterhalt und bei der Prozeßkostenhilfe, JurBüro 1993, 396; *v. Maydell* Sozialrecht und Anwaltschaft – nach Inkrafttreten des Prozeßkosten- und Beratungshilfegesetzes, NJW 1981, 1181; *Meier* Hat sich die Prozeßkostenhilfenovelle bewährt?, Diss. Regensburg 1987; *Müller-Alten* Reform der Prozeßkostenhilfe in Familiensachen, ZRP 1984, 306; *ders.* Worauf beruht der Eindruck, die Prozeßkostenhilfe werde zu großzügig bewilligt?, DRiZ 1985, 466; *Müller-Heidelberg* Unschlüssige Anträge auf PKH, AnwBl. 1992, 129; *Mümmler* Das Prozeßkostenhilfegesetz ab 1. Januar 1981, JurBüro 1980, 1441; *ders.* Der Prozeßkostenvorschuß in kostenrechtlicher Sicht, JurBüro 1992, 137; *ders.* Ein Jahr Prozeßkostenhilfe, JurBüro 1982, 321; *ders.* Prozeßkostenhilfe für die Zwangsvollstreckung, JurBüro 1984, 15; *ders.* Zweifelsfragen zum Prozeßkostenhilfegesetz, JurBüro 1985, 1441/1613; 1981, 1/489; *Nagel* Mitwirkung deutscher Gerichte zur Erlangung der Prozeßkostenhilfe im Ausland, IPRax 1987, 218; *Pentz* Keine Prozeßkostenhilfe für das Prozeßkostenhilfeverfahren, NJW 1982, 1269; *ders.* Keine Prozeßkostenhilfe nach Erledigung der Hauptsache, NJW 1985, 1820; *Petri* Kindergeld – wessen Einkommen?, MDR 1985, 16; *Plagemann* Der Rechtsschutz im Sozialrecht, AnwBl. 1981, 170; *Pohlmeyer* Die Änderungen des PKH-Rechts durch die Kostennovelle, AnwBl. 1987, 421; *Putzier/Derleder* Die Inadäquanz des Prozeßkostenhilfegesetzes für das Scheidungskostenrecht, ZRP 1982, 9; *Rahmede* Vom Armenrecht zur Prozeßkostenhilfe, JR 1979, 492; *Schachel* Prozeßkostenhilfe und kleines Hausgrundstück, NJW 1982, 88; *Schmidt* Auswirkungen des Prozeßkostenhilfegesetzes auf das arbeitsgerichtliche Verfahren, RdA 1981, 222; *Schneider* Beweisantizipation bei der Erfolgsprüfung im PKH-Verfahren, MDR 1987, 22; *ders.* Der außergerichtliche Vergleich im Prozeßkostenhilferecht, MDR 1985, 814; *ders.* Der maßgebende Sach- und Streitstand für die Entscheidung über ein PKH-Gesuch, Rpfleger 1985, 430; *ders.* Die Abwehr von Gehörsverletzungen durch verspätete Versagung von Prozeßkostenhilfe, AnwBl. 1987, 466; *ders.* Die Änderungen des Prozeßkostenhilferechts, MDR 1987, 89; *ders.* Die neuere Rechtsprechung zum Prozeßkostenhilferecht, MDR 1985, 441/529; *ders.* Mitwirkungspflichten der armen Partei bei der Kostenaufbringung, MDR 1978, 269; *ders.* Prozeßkostenhilfe, MDR 1981, 1; *ders.* Prozeßkostenhilfe – eine Zwischenbilanz, MDR 1987, 793; *ders.* »Prozeßkostenhilfe« für den Anwalt?, MDR 1987, 552; *ders.* Prozeßkostenhilfe für Hauseigentümer, Rpfleger 1985, 49; *ders.* Prozeßkostenhilfe – Reformziel und Realität, Festschr.f. R. Wassermann (1985), 819; *ders.* Tabellarische Unrecht, MDR 1989, 34; *ders.* Verzögerliche Behandlung von Armenrechtsgesuchen, MDR 1977, 619; *Schoreit/Dehn* BerHG/PKHG[3]; *Schuster* Das Gesetz über die Prozeßkostenhilfe, ZZP 93 (1980), 361; *ders.* Prozeßkostenhilfe (1980); *ders.* Prozeßkostenhilfe in der Bewährung, SGb. 1982, 177; *Schuster/Streinz* Probleme der Prozeßkostenhilfe für im Ausland wohnende Ausländer, SGb. 1988, 534; *Sieg* Zum Rechtsschutz auf Staatskosten, NJW 1992, 2992; *Spangenberg* Versagung von Rechtsschutz bei selbstverschuldeter Not?, FamRZ 1985, 1105; *Stegers* Die Anrufung der Gutachterkommission für ärztliche Haftpflichtfragen – Eine Rechtspflicht für die minderbemittelte Prozeßpartei?, AnwBl. 1989, 137; *Steinert* Kostenschätzung im Prozeßkostenhilfe-Verfahren, NJW 1992, 2808; *Thalmann* Prozeßkostenhilfe in Familiensachen (1992); *Vogel* Prozeßkostenhilfe im familiengerichtlichen Verfahren (1984); *Waldner* Kann Prozeßkostenhilfe auch für das Prozeßkostenhilfebewilligungsverfahren gewährt werden?, JurBüro 1982, 801; *Wax* Die Rechtsprechung zur Prozeßkostenhilfe im Bereich des Familienrechts, FamRZ 1985, 10; Prozeßkostenhilfe im Unterhaltsprozeß, FamRZ 1980, 975. – Zur **älteren Literatur** (vor 1980) vgl. *Voraufl.* Fn. 1.

verfolgung oder -verteidigung *hinreichende Erfolgsaussicht bietet* sowie *nicht mutwillig erscheint* (§ 114 Satz 1) und die *Kostenlast erheblich* sein wird (§ 115 Abs. 6).

3   b) Die **Wirkungen** der Prozeßkostenhilfe bestehen **für den Antragsteller** in erster Linie darin, daß der Partei nachgelassen wird, für die jeweilige Instanz (§ 119) die Gerichtskosten sowie die Kosten eines nach § 121 beigeordneten Rechtsanwalts (der von der Gerichtskasse vergütet wird, §§ 122 Abs. 1 Nr. 3 ZPO, 121 ff. BRAGO) *in Raten abzuzahlen* (§§ 114, 115 Abs. 1, 120), oder daß sie *vollständig* von den Kosten *befreit* wird (§ 114, 115, 122); von den Kosten des Gegners wird sie nie befreit (§ 123). **Für den Gegner** hat die Gewährung der Prozeßkostenhilfe eine *vorläufige Befreiung* zur Folge (§§ 122 Abs. 2, 125, 126).

4   c) Das **Verfahren** setzt zunächst einen *Antrag* voraus (§§ 114 Satz 1, 117), nach dessen *Prüfung* (§ 118) das Gericht durch *Beschluß* entscheidet (§§ 122, 127 Abs. 1), der nach Maßgabe von § 127 Abs. 2–4 mit der *Beschwerde* anfechtbar ist und unter den Voraussetzungen des § 124 der *Aufhebung* unterliegt. Zu den Verfahrensfragen haben die Landesjustizminister bundeseinheitliche **Durchführungsbestimmungen**[2] erlassen, die sich im wesentlichen mit der Aktenführung und der Kostenabrechnung befassen.

2. Prozeßkostenvorschuß

5   Nach § 127a kann in *Unterhaltssachen* durch einstweilige Anordnung die Verpflichtung zur Leistung eines Prozeßkostenvorschusses geregelt werden. Die dadurch ermöglichte rasche Entscheidung über die Prozeßkostenvorschußpflicht dient mittelbar der Beschleunigung des Prozeßkostenhilfeverfahrens, denn die Entscheidung über die Prozeßkostenhilfe kann von der Vorschußpflicht abhängen (→ § 115 Rdnr. 138 ff.).

II. Gesetzesgeschichte

6   Die Regelungen über die Prozeßkostenhilfe waren als *Armenrecht* bereits in der ursprünglichen Fassung der ZPO (→ Einl. Rdnr. 111) enthalten. Die Vorschriften wurden durch VO vom 1.12.1930 (RGBl. I, 517) und vom 6.10.1931 (RGBl. I, 537) vor allem aus Sparsamkeitsgründen geändert (Einengung der Bewilligung durch verstärkte Berücksichtigung der Erfolgsaussichten, Regelung des Prüfungsverfahrens, Einschränkung des Beschwerderechtszuges). Durch die Nov. 33 (vom 27.10.1933; RGBl. I, 780) wurden diese Bestimmungen mit einzelnen Abweichungen in die ZPO selbst übernommen und ferner die Gewährung des Armenrechts an juristische Personen und an sog. Parteien kraft Amtes positiv geregelt. Die BRAGO (vom 1.8.1959; BGBl. I, 565) änderte und ergänzte die Vorschriften über die Beiordnung eines Vetreters (§§ 116, 116a, 116b a.F.). Das Erste Gesetz zur Reform des Ehe- und Familienrechts (vom 14.6.1976; BGBl. I, 1421) änderte § 116b Abs. 1 a.F. sowie § 118 Abs. 2 a.F. und fügte § 127a (Prozeßkostenvorschuß in Unterhaltssachen) ein. Durch das *Gesetz über die Prozeßkostenhilfe* vom 13.6.1980 (BGBl. I, 677) wurde der gesamte Titel, mit Ausnahme des § 127a, geändert und neugefaßt. Insbesondere wurde die bis dahin umstrittene Ratenzahlungspflicht zum Grundsatz erhoben. Weitere Änderungen erfolgten durch Gesetz vom 20.2.1986 (BGBl. I, 301), vom 9.12.1986 (BGBl. I, 2326) und vom 17.12.1990 (BGBl. I, 2847). – Zur *rechtspolitischen Würdigung* → Rdnr. 11.

III. Zweck und verfassungsrechtlicher Standort

1. Zweck

7   Die Prozeßkostenhilfe folgt, wie schon die Begründung zum Armenrecht der ZPO ausführte[3], aus der Notwendigkeit gleichen Rechtsschutzes für arm und reich. Wenn der Staat den

---

[2] Durchführungsbestimmungen zum Gesetz über die Prozeßkostenhilfe (vgl. NJW 1981, 804); Neufassung von 1989 (vgl. JMBl.NRW 1989, 146).

[3] *Hahn* Materialien zur CPO (1880), 206.

Zugang zu den Gerichten mit erheblichen finanziellen Anforderungen verbindet, wie dies durch Gerichtskostenvorschriften, Anwaltszwang usw. geschieht, dann muß er durch besondere Regeln zugunsten unbemittelter Personen dafür sorgen, daß auch sie ihre materiellen Rechte gerichtlich durchsetzen können[4]. Die Prozeßkostenhilfe erweist sich damit als **Bestandteil der Rechtsschutzgewährung**.

2. Verfassungsrechtlicher Standort

Das Prozeßkostenhilferecht wird mit den unterschiedlichsten verfassungsrechtlichen Grundsätzen in Verbindung gebracht, etwa mit der Menschenwürde (Art. 1 GG)[5], dem Gleichheitssatz (Art. 3 Abs. 1 GG)[6], der Rechtsweggarantie (Art. 19 Abs. 4)[7], dem Sozialstaatsprinzip (Art. 20 Abs. 1)[8], dem Rechtsstaatsprinzip (Art. 20 Abs. 3)[9] und dem Anspruch auf rechtliches Gehör (Art. 103 Abs. 1)[10]. Versteht man die Prozeßkostenhilfe mit dem zu Rdnr. 7 Gesagten als Bestandteil der Rechtsschutzgewährung, dann wird eine entsprechende Regelung zwar in erster Linie durch das **Prinzip des sozialen Rechtsstaats** gefordert. Dabei ist aber der Akzent nicht allein auf die *sozialstaatliche*, sondern auch und vor allem auf die *rechtsstaatliche* Komponente zu legen und die Prozeßkostenhilfe an den verfassungsrechtlichen **Rechtsschutzgarantien** zu messen[11]. So gesehen vermag die Aussage des *Bundesverfassungsgerichts*, der allgemeine Gleichheitssatz (Art. 3 Abs. 1 GG) in Verbindung mit der Sozialpflicht des Staates (Art. 20 Abs. 1 GG) verlange eine *weitgehende* Angleichung der Situation von Bemittelten und Unbemittelten im Bereich des Rechtsschutzes (Prinzip der Rechtsschutzgleichheit)[12], nicht voll zu befriedigen, da sie die Bedeutung des Rechtsstaatsprinzips und der Rechtsschutzgarantien vernachlässigt. Die dominierende Zuordnung zum Sozialstaatsprinzip (→ auch Rdnr. 10) birgt die Gefahr in sich, Einschränkungen der Prozeßkostenhilfe in allzu weitem Umfang zu tolerieren, soweit sie irgendwie sachlich begründet sind. Der allgemeine Gleichheitssatz (Art. 3 Abs. 1 GG), verstanden als Willkürverbot[13], vermag daran allein kaum etwas zu ändern. Setzt man dagegen beim Rechtsstaatsprinzip und den Rechtsschutzgarantien an, so ergeben sich **strengere verfassungsrechtliche Anforderungen** an die Ausgestaltung des Prozeßkostenhilferechts. Denn im Bereich des Rechtsschutzes herrscht – um mit *Dürig*[14] zu sprechen – »unterschiedslose und absolute Egalität«. Die Verfassung garantiert richtiger Ansicht nach im Rahmen des Rechtsstaatsprinzips einen umfassenden und effektiven Rechtsschutz auch in Zivilsachen (→ Einl. Rdnr. 207). Daher ist auch für Zivilsachen die Gewährung der Prozeßkostenhilfe ein verfassungsrechtliches Gebot.

Zu der Ableitung aus den Rechtsschutzgarantien tritt der Grundsatz des **rechtlichen Gehörs** (Art. 103 Abs. 1 GG) nur unterstützend hinzu[15], der kein aliud darstellt, sondern der näheren Augestaltung des Rechtsschutzes dient. Geht es um die Prozeßkostenhilfe für den *Kläger*, so steht der *Zugang* zum Gericht und damit die Rechtsschutzgarantie im Vordergrund. Handelt

8

9

---

[4] Vgl. nur BVerfGE 78, 117f.
[5] *Baumbach/Lauterbach/Hartmann*[51] Übers. § 114 Rdnr. 1.
[6] BVerfGE 81, 356; 78, 117; BVerfG FamRZ 1993, 664; NJW 1992, 889; 1988, 2597; BGHZ 109, 168.
[7] *Baumbach/Lauterbach/Hartmann*[51] Übers. § 114 Rdnr. 1. Vgl. auch BVerfGE 81, 356; BVerfG NJW 1992, 889.
[8] BVerfGE 78, 117; 10, 270; BVerfG AnwBl. 1986, 211; BGHZ 109, 168; 70, 237; OLG Düsseldorf FamRZ 1986, 1123.
[9] BVerfGE 81, 356; 78, 117; BVerfG FamRZ 1993, 664; NJW 1992, 889; 1988, 2597; BGHZ 109, 168.
[10] BVerfGE 9, 130; 7, 53; MünchKommZPO/Wax § 114 Rdnr. 1.

[11] Ebenso jetzt *Kohte* DB 1981, 1175; *Schmidt-Aßmann* in: *Maunz/Dürig* GG[6], Art. 103 Abs. I Rdnr. 113 m.w.N. sowie BVerfGE 81, 356ff.; BVerfG NJW 1992, 889.
[12] Vgl. BVerfGE 9, 124; 10, 270; 22, 86; 35, 355; 56, 143; 63, 394f.; 78, 118; BVerfG FamRZ 1993, 664; NJW 1992, 889. BVerfGE 81, 357 bezieht diese Relativierung nur noch auf die Gleichstellung mit einer *vernünftigen* bemittelten Partei (→ § 114 Rdnr. 27).
[13] Vgl. nur BVerfGE 30, 413; 80, 118; 81, 206f.
[14] In *Maunz/Dürig* GG[6], Art. 3 Abs. I Rdnr. 42.
[15] Vgl. BVerfGE 7, 53; 9, 130; *Schmidt-Aßmann* in: *Maunz/Dürig* GG[6], Art. 103 Abs. I Rdnr. 113; *Waldner* Der Anspruch auf rechtliches Gehör (1989), Rdnr. 153.

es sich um die Prozeßkostenhilfe für den *Beklagten*, so ist – da hier schon ein Verfahren anhängig ist – auf jeden Fall auch der Grundsatz des rechtlichen Gehörs einschlägig. Das wird besonders deutlich, wenn der Beklagte ohne Prozeßkostenhilfe keinen Anwalt bezahlen kann und daher im Bereich des Anwaltszwangs überhaupt keine Möglichkeit hat, seinen Rechtsstandpunkt vor Gericht zu vertreten[16].

3. Prozeßkostenhilfe und Sozialhilfe

10 Schon zum alten Recht ist die Auffassung vertreten worden, Prozeßkostenhilfe sei eine Leistung der staatlichen Daseinsfürsorge, stelle **Sozialhilfe im Bereich der Rechtspflege** dar[17]. Der Gesetzgeber[18] hat diese Wendung aufgegriffen und die Prozeßkostenhilfe als *Sozialhilfe in besonderen Lebenslagen* ausgestaltet. Angesichts dessen kann zwar weiterhin die Überbetonung des Sozialstaatsprinzips (→ Rdnr. 8) gerügt werden[19], die Charakterisierung der Prozeßkostenhilfe als Sozialhilfe im Bereich der Rechtspflege aber nicht mehr bestritten werden; sie ist heute nahezu unstreitig[20]. Allerdings sollte man daraus nur sehr vorsichtig Rechtsfolgen ableiten, da das Prozeßkostenrecht zahlreiche Besonderheiten gegenüber dem allgemeinen Sozialhilferecht aufweist und auf dieses nur eingeschränkt verwiesen wird (→ § 115 Rdnr. 34 ff., 96 ff.). Immerhin wird man sagen können, daß das Prozeßkostenhilferecht für diese besondere Lebenslage eine **abschließende Regelung** darstellt, so daß, wo das Prozeßkostenhilferecht (wie bei § 115 Abs. 6 oder § 123) nicht weiterhilft, eine Unterstützung nach dem allgemeinen Sozialhilferecht nicht verlangt werden kann (arg. § 2 Abs. 1 BSHG)[21].

4. Rechtspolitische Würdigung

11 Das Prozeßkostenhilferecht sieht sich immer wieder nachhaltiger Kritik ausgesetzt[22], die allerdings bedenken sollte, daß kein Gesetz so perfekt sein kann, daß es alle möglichen Streitfragen voraussieht, sie nach Möglichkeit vermeidet, jedenfalls aber für jede Diskussion Lösungen anbietet. Gleichwohl lassen sich auch **strukturelle Mängel** nicht leugnen. So bestehen weiterhin verfassungsrechtliche Bedenken gegen das *Erfordernis der Erfolgsaussicht für den Beklagten in Ehe- und Kindschaftsprozessen* (→ § 114 Rdnr. 45) sowie des *allgemeinen Interesses in § 116 S. 1 Nr. 2* (→ § 116 Rdnr. 24). Unbefriedigend ist die *Abstimmung mit dem Beratungshilfegesetz* (→ § 114 Rdnr. 12) und vor allem die *Kostenerstattungspflicht der bedürftigen Partei gegenüber dem Gegner* in § 123. Sie stellt eine erhebliche kostenrechtliche »Zugangsbarriere« dar und läßt sich wohl auch kaum mit dem Hinweis auf private Rechtsschutzversicherungen rechtfertigen, da sich gerade die hier Betroffenen eine private Rechtsschutzversicherung nicht immer leisten können und da eine private Rechtsschutzversicherung eine Vielzahl der Fälle, für die Prozeßkostenhilfe begehrt wird, nicht abdeckt[23]. Für die Praxis birgt die *Feststellung der Leistungsunfähigkeit* weiterhin große Probleme, da die vom Gesetz vorgegebenen Tabellenwerte (→ § 115 Rdnr. 2) unrealistisch sind (→ § 115 Rdnr. 78) und dem Richter zuwenig Ermessensspielraum geben[24]. Außerdem ist es nicht unproblema-

---

[16] Vgl. *BayVerfGH* BayVBl. 1991, 378.
[17] Vgl. nur *BVerfGE* 35, 355; 9, 258.
[18] Vgl. Begr. des RegE, BT-Drs. 8/3068, 19 ff.
[19] Kritisch schon *Willenbruch* Das Armenrecht der juristischen Personen (1977), 29 ff., 48.
[20] Vgl. nur *BGHZ* 109, 168; *BGH* VersR 1984, 77, 79; *OLG Frankfurt* FamRZ 1990, 1011; *OLG Oldenburg* FamRZ 1992, 578; *Albers* (Fn. 1), 284; *Büttner* FamRZ 1990, 460; *Kollhosser* ZRP 1979, 297; *Schuster* ZZP 93 (1980), 367. – **A.M.** allerdings *Hess.VGH* KostRspr. § 115 ZPO Nr. 49.

[21] *OVG Bremen* NJW 1993, 482; *OVG Hamburg* FamRZ 1989, 1202; 1988, 530; FEVS 33, 475; *Albers* (Fn. 1), 285.
[22] Vgl. die Übersicht bei *Kalthoener/Büttner* (Fn. 1), Rdnr. 4; ferner *Schneider* Festschr. f. R. Wassermann (Fn. 1), 819 ff.
[23] Vgl. zur Kritik vor allem *Bützlingslöwen* DAVorm. 1980, 877; *Grunsky* NJW 1980, 2046; *Kollhosser* ZRP 1979, 301; *Müller* JR 1987, 4.
[24] Vgl. dazu *Bützlingslöwen* DAVorm. 1980, 871; *Schneider* Festschr. f. R. Wassermann (Fn. 1), 825..

tisch, die Gerichte als »Sozialhilfestelle« mit dem ihnen nicht vertrauten und auf sie auch nicht zugeschnittenen Sozialhilferecht zu befassen, das durch pedantische Berechnungsvorschriften das Prozeßkostenhilfeverfahren zu einer aufwendigen und zeitraubenden Angelegenheit werden lassen kann, das die chronisch überlastete Justiz von ihren eigentlichen Aufgaben abhält. Insofern wäre zu überlegen, ob es nicht sinnvoller wäre, die Gerichte von der Feststellung und Überwachung der subjektiven Bewilligungsvoraussetzungen (Leistungsunfähigkeit) ganz zu entlasten.

IV. Geltungsbereich

1. Zivilprozeß

Die Vorschriften über die Prozeßkostenhilfe gelten **für alle von der ZPO erfaßten Rechts-** 12 **streitigkeiten**; → § 114 Rdnr. 11. Für *außergerichtliche* Verhandlungen oder *Beurkundungen* kann Prozeßkostenhilfe nicht bewilligt werden[25]; wohl aber kann Beratungshilfe nach dem BeratungshilfeG in Anspruch genommen werden (→ Rdnr. 19). Außerdem kommt eine vorläufige Kostenbefreiung nach § 17 Abs. 2 BNotO in Betracht[26]. Für Rechtsstreitigkeiten vor *ausländischen Gerichten* kann Prozeßkostenhilfe durch deutsche Gerichte nicht bewilligt werden[27], auch nicht für hiesige Rechtshilfe[28].

2. Arbeitsgerichtliches Verfahren

Die Geltung der Vorschriften des siebenten Titels im arbeitsgerichtlichen Verfahren folgt 13 aus § 11a Abs. 3 ArbGG. Zu den Bewilligungsvoraussetzungen im *Beschlußverfahren* → § 114 Rdnr. 61, zur *Beiordnung eines Rechtsanwalts* (auch nach § 11a ArbGG) → § 121 Rdnr. 43 ff.

3. Sonstige Verfahren

Die Bestimmungen über die Prozeßkostenhilfe gelten ferner im Verfahren über die Recht- 14 mäßigkeit von Justizverwaltungsakten[29] (§ 29 Abs. 3 EGGVG), in der freiwilligen Gerichtsbarkeit (§ 14 FGG), im verwaltungsgerichtlichen (§ 166 Abs. 1 VwGO), sozialgerichtlichen[30] (§ 73a SGG) und finanzgerichtlichen (§ 142 Abs. 1 FGO) Verfahren, im Verfahren über eine Verfassungsbeschwerde[31], im strafprozessualen Klageerzwingungs-[32] (§ 172 Abs. 3 Satz 2 StPO) und Privatklageverfahren[33] (§ 379 Abs. 3 StPO) sowie im gerichtlichen Verfahren über Strafvollzugsmaßnahmen[34] (§ 120 Abs. 2 StVollzG). Im patentrechtlichen Verfahren vor dem Patentamt, Patentgericht und BGH gelten die besonderen Vorschriften der §§ 129 ff. PatG (u. U. i. V. m. § 138 Abs. 3 PatG, § 21 Abs. 2 GebrMG, § 36 SortenschutzG), die nur

---

[25] *OLG Frankfurt* AnwBl. 1990, 176; MDR 1989, 550; *OLG Stuttgart* Justiz 1970, 50.
[26] Vgl. dazu *Appell* DNotZ 1981, 596.
[27] *OLG Braunschweig* IPRax 1987, 236 (zust. *Nagel* 218); *KG* NJW-RR 1993, 70 (zust. *Böhmer* IPRax 1993, 223).
[28] *OLG Frankfurt* FamRZ 1987, 302; krit. dazu *Gottwald* in Habscheid/Beys (Hrsg.), Grundfragen des Zivilprozeßrechts (1991), 59.
[29] Aber nicht im vorgelagerten Justizverwaltungsverfahren, *KG* NJW-RR 1993, 70.

[30] Vgl. dazu *Behn* (Fn. 1); *Geschwinder* DÖV 1980, 869; *Jansen* SGb. 1982, 185; v. *Maydell* NJW 1981, 1181; *Plagemann* AnwBl. 1981, 170.
[31] *BVerfGE* 1, 110f.; 79, 253 (nur in Ausnahmefällen im Normenkontrollverfahren nach Richtervorlage).
[32] *OLG Düsseldorf* JurBüro 1993, 106; *OLG Stuttgart* Rpfleger 1992, 313 mit einem Überblick über die strafprozessualen Anwendungsgebiete.
[33] Dort aber nicht für den Angeklagten, *BVerfGE* 63, 390; *OLG Düsseldorf* MDR 1988, 990.
[34] Einschränkend *LG Regensburg* JurBüro 1988, 1058.

teilweise auf §§ 114ff. ZPO verweisen[35] (§ 130 Abs. 1 S. 1 PatG). Zur Beiordnung eines *Patentanwalts*→ § 121 Rdnr. 42.

V. Sonstige Regeln zugunsten unbemittelter Parteien

1. Befreiung von der Vorschußpflicht

15   Nach § 65 Abs. 7 Satz 1 Nr. 3 GKG kann die das Verfahren betreibende Partei von der Pflicht, die Prozeßgebühr im Verfahren erster Instanz oder die Mahngebühr vorweg zu leisten, selbständig (also ohne Bewilligung der Prozeßkostenhilfe) befreit werden, wenn glaubhaft gemacht wird, daß die alsbaldige Zahlung der Gebühr der Partei mit Rücksicht auf ihre Vermögenslage oder aus sonstigen Gründen Schwierigkeiten bereiten würde (näher → § 271 Rdnr. 40f.). Hingegen weist die Befreiung von den Gerichtskosten nach § 2 GKG (z. B. für Bund und Länder) oder nach sonstigen bundes- oder landesrechtlichen Vorschriften keine Berührungspunkte mit dem Prozeßkostenhilferecht auf.

2. Absehen vom Ansatz der Gerichtskosten

16   Nach § 10 Kostenverfügung kann davon abgesehen werden, die Gerichtskosten anzusetzen, wenn der Schuldner zahlungsunfähig ist oder sich dauernd an einem Ort aufhält, an dem eine Beitreibung keinen Erfolg verspricht.

3. Stundung oder Erlaß von Gerichtskosten

17   In Härtefällen können nach § 2 Nr. 1 und 2 der VO vom 20.3.1935 (RGBl. I, 406) die Gerichtskosten gestundet oder erlassen, Teilzahlungen bewilligt oder bereits gezahlte Gebühren angerechnet oder erstattet werden. Diese Regelung ist durch landesrechtliche Vorschriften ergänzt bzw. ersetzt worden[36].

4. Herabsetzung des Streitwerts

18   Für die Gebührenberechnung kann nach §§ 247 Abs. 2 AktG, 144 PatG, 26 GebrMG, 31a WZG, 23b UWG der Streitwert herabgesetzt werden, wenn die Belastung mit den Prozeßkosten nach dem vollen Streitwert die wirtschaftliche Lage der Partei erheblich gefährden würde. Die Herabsetzung des Streitwerts dient ähnlichen Zwecken wie die Prozeßkostenhilfe, ist aber in Voraussetzungen und Wirkungen anders geregelt (näher → § 3 Rdnr. 27ff. und Einl. Rdnr. 535) und kann neben der Bewilligung der Prozeßkostenhilfe erfolgen[37].

5. Beratungshilfe[38]

19   Prozeßkostenhilfe wird nur für gerichtliche Verfahren gewährt. Unter den gleichen Voraussetzungen, die § 114 für die Prozeßkostenhilfe aufstellt (§ 1 Abs. 2 BeratungshilfeG), kann aber für die außergerichtliche Wahrnehmung von Rechten, soweit es sich nicht um

---

[35] Dazu *Kelbel* GRUR 1981, 5.
[36] Vgl. ausf. *Hartmann* KostenG[25] DVKostG, Anm. D.
[37] *BGH* LM Nr. 1 zu § 53 PatG a. F.
[38] Lit.: *Greißinger* BeratungshilfeG (1990); *Kalthoener/Büttner* (Fn. 1); *Klinge* Das BeratungshilfeG (1980);   *Lindemann/Trenk-Hinterberger* BeratungshilfeG (1989); *Möllers/Vallender* Der Anwalt und die Beratungshilfe, in: Prütting (Hrsg.), Die deutsche Anwaltschaft zwischen heute und morgen (1990), 176; *Schoreit/Dehn* (Fn. 1); *Vallender* Beratungshilfe (1990).

Angelegenheiten auf den Gebieten des Sozialrechts oder Steuerrechts handelt[39] (arg. § 2 Abs. 2 BeratungshilfeG), auf Antrag Beratungshilfe nach dem *Gesetz über die Rechtsberatung und Vertretung für Bürger mit geringem Einkommen* vom 18.6.1980 (BGBl. I, 689) gewährt werden. Diese Hilfe besteht in Beratung und, soweit erforderlich, in Vertretung (§ 2 Abs. 1), jeweils durch Rechtsanwälte (§ 3)[40]. Beratungshilfe setzt einen Antrag, Bedürftigkeit des Antragstellers, keine andere zumutbare Beratungsmöglichkeit[41] und fehlende Mutwilligkeit voraus (§ 1). Über den Antrag entscheidet in einem Verfahren der freiwilligen Gerichtsbarkeit (§ 5) der Rechtspfleger (§ 24 a RPflG) des Amtsgerichts, in dessen Bezirk ein Bedürfnis für Beratungshilfe auftritt (§ 4), durch nur mit der Erinnerung angreifbaren Beschluß (§ 6). Das Gesetz hat folgenden Wortlaut:

Gesetz über Rechtsberatung und Vertretung für Bürger mit geringem Einkommen (Beratungshilfegesetz)

Erster Abschnitt: Beratungshilfe

§ 1
(1) Hilfe für die Wahrnehmung von Rechten außerhalb eines gerichtlichen Verfahrens (Beratungshilfe) wird auf Antrag gewährt, wenn
1. der Rechtsuchende die erforderlichen Mittel nach seinen persönlichen und wirtschaftlichen Verhältnissen nicht aufbringen kann,
2. nicht andere Möglichkeiten für eine Hilfe zur Verfügung stehen, deren Inanspruchnahme dem Rechtsuchenden zuzumuten ist,
3. die Wahrnehmung der Rechte nicht mutwillig ist.
(2) Die Voraussetzungen des Absatzes 1 Nr. 1 sind gegeben, wenn dem Rechtsuchenden Prozeßkostenhilfe nach den Vorschriften der Zivilprozeßordnung ohne eigenen Beitrag zu den Kosten zu gewähren wäre.

§ 2
(1) Die Beratungshilfe besteht in Beratung und, soweit erforderlich, in Vertretung.
(2) Beratungshilfe nach diesem Gesetz wird gewährt in Angelegenheiten
1. des Zivilrechts außer in Angelegenheiten, für deren Entscheidung die Gerichte für Arbeitssachen ausschließlich zuständig sind,
2. des Verwaltungsrechts,
3. des Verfassungsrechts.
In Angelegenheiten des Strafrechts und des Ordnungswidrigkeitenrechts wird nur Bera-

---

[39] Für das Gebiet der neuen Bundesländer wird nach dem Einigungsvertrag vom 31.8.1990 (BGBl. II, 889, 932) Beratungshilfe auch in Angelegenheiten des Arbeitsrechts und des Sozialrechts gewährt. – Daß das BerHG für das Gebiet der alten Bundesländer Angelegenheiten des **Arbeitsrechts** ausschließt, ist verfassungswidrig; *BVerfG* ZIP 1993, 286 = Rpfleger 204. Dasselbe dürfte für den Ausschluß des Sozialrechts gelten.

[40] Gemäß § 14 BeratungshilfeG tritt in den Ländern **Bremen** und **Hamburg** die dort eingeführte öffentliche Rechtsberatung an die Stelle der Beratungshilfe, soweit das Landesrecht nichts anders bestimmt. Maßgebend ist hier in Bremen das Gesetz über die öffentliche Rechtsberatung (br. GBl. 1975, 297) und in Hamburg die VO über die Öffentliche Rechtsauskunft- und Vergleichsstelle (hamb. VBl. 1946, 13). Für **Berlin** ist in § 14 Abs. 2 BeratungshilfeG klargestellt, daß die Möglichkeit der Beratungshilfe die Inanspruchnahme der öffentlichen Rechtsberatung nach den Grundsätzen für die Rechtsberatungsstellen der Bezirksämter von Berlin (AmtsBl. 1974 I, 289) nicht ausschließt; vgl. auch die Subsidiaritätsklausel in § 1 Abs. 1 Nr. 2 BeratungshilfeG.

[41] Zu den vielfältigen Möglichkeiten, trotz der Restriktionen durch das RechtsberatungsG Beratung durch Nichtanwälte zu erhalten, vgl. *Schoreit* Rechtsberatung unentgeltlich[2]; ferner *Kalthoener/Büttner* (Fn. 1), Rdnr. 935 ff.; *Klinge* (Fn. 36), § 1 Rdnr. 3 ff.; *Schoreit/ Dehn* (Fn. 1), § 1 Rdnr. 37 ff.

tung gewährt. Ist es im Gesamtzusammenhang notwendig, auf andere Rechtsgebiete einzugehen, wird auch insoweit Beratungshilfe gewährt.

(3) Beratungshilfe nach diesem Gesetz wird nicht gewährt in Angelegenheiten, in denen das Recht anderer Staaten anzuwenden ist, sofern der Sachverhalt keine Beziehung zum Inland aufweist.

§ 3

(1) Die Beratungshilfe wird durch Rechtsanwälte gewährt, auch in Beratungsstellen, die auf Grund einer Vereinbarung mit der Landesjustizverwaltung eingerichtet sind.

(2) Die Beratungshilfe kann auch durch das Amtsgericht gewährt werden, soweit dem Anliegen durch eine sofortige Auskunft, einen Hinweis auf andere Möglichkeiten für Hilfe oder die Aufnahme eines Antrags oder einer Erklärung entsprochen werden kann.

§ 4

(1) Über den Antrag auf Beratungshilfe entscheidet das Amtsgericht, in dessen Bezirk ein Bedürfnis für Beratungshilfe auftritt.

(2) Der Antrag kann mündlich oder schriftlich gestellt werden. Der Sachverhalt, für den Beratungshilfe beantragt wird, ist anzugeben. Die persönlichen und wirtschaftlichen Verhältnisse des Rechtsuchenden sind glaubhaft zu machen. Wenn sich der Rechtsuchende wegen Beratungshilfe unmittelbar an einen Rechtsanwalt wendet, kann der Antrag nachträglich gestellt werden.

§ 5

Für das Verfahren gelten die Vorschriften des Gesetzes über die Angelegenheiten der freiwilligen Gerichtsbarkeit sinngemäß, soweit in diesem Gesetz nichts anderes bestimmt ist.

§ 6

(1) Sind die Voraussetzungen für die Gewährung von Beratungshilfe gegeben und wird die Angelegenheit nicht durch das Amtsgericht erledigt, stellt das Amtsgericht dem Rechtsuchenden unter genauer Bezeichnung der Angelegenheit einen Berechtigungsschein für Beratungshilfe durch einen Rechtsanwalt seiner Wahl aus.

(2) Gegen den Beschluß, durch den der Antrag zurückgewiesen wird, ist nur die Erinnerung statthaft.

§ 7

Der Rechtsuchende, der unmittelbar einen Rechtsanwalt aufsucht, hat seine persönlichen und wirtschaftlichen Verhältnisse glaubhaft zu machen und zu versichern, daß ihm in derselben Angelegenheit Beratungshilfe bisher weder gewährt noch durch das Amtsgericht versagt worden ist.

§ 8

(1) Dem Rechtsanwalt steht gegen den Rechtsuchenden, dem er Beratungshilfe gewährt, eine Gebühr von 20 Deutsche Mark zu, die er nach dessen Verhältnissen erlassen kann.

(2) Vereinbarungen über eine Vergütung sind nichtig.

§ 9
Ist der Gegner verpflichtet, dem Rechtsuchenden die Kosten der Wahrnehmung seiner Rechte zu ersetzen, hat er die gesetzliche Vergütung für die Tätigkeit des Rechtsanwalts zu zahlen. Der Anspruch geht auf den Rechtsanwalt über. Der Übergang kann nicht zum Nachteil des Rechtsuchenden geltend gemacht werden. Zahlungen, die der Rechtsanwalt nach Satz 2 erhält, werden auf die Vergütung aus der Landeskasse (§ 131 der Bundesgebührenordnung für Rechtsanwälte) angerechnet.

Zweiter Abschnitt: Änderung von Bundesgesetzen

§§ 10–12
(vom Abdruck wurde abgesehen)

§ 13
Der Bundesminister der Justiz wird ermächtigt, zur Vereinfachung und Vereinheitlichung des Verfahrens durch Rechtsverordnung mit Zustimmung des Bundesrates Vordrucke für den Antrag auf Gewährung von Beratungshilfe und auf Zahlung der Vergütung des Rechtsanwalts nach Abschluß der Beratungshilfe einzuführen und deren Verwendung vorzuschreiben.

Dritter Abschnitt: Schlußvorschriften

§ 14
(1) In den Ländern Bremen und Hamburg tritt die eingeführte öffentliche Rechtsberatung an die Stelle der Beratungshilfe nach diesem Gesetz, wenn und soweit das Landesrecht nichts anderes bestimmt.
(2) Im Land Berlin hat der Rechtsuchende die Wahl zwischen der Inanspruchnahme der dort eingeführten öffentlichen Rechtsberatung und anwaltlicher Beratungshilfe nach diesem Gesetz, wenn und soweit das Landesrecht nichts anderes bestimmt.

§§ 15, 16
(vom Abdruck wurde abgesehen)

§ 114 [Voraussetzungen der Prozeßkostenhilfe]

¹Eine Partei, die nach ihren persönlichen und wirtschaftlichen Verhältnissen die Kosten der Prozeßführung nicht, nur zum Teil oder nur in Raten aufbringen kann, erhält auf Antrag Prozeßkostenhilfe, wenn die beabsichtigte Rechtsverfolgung oder Rechtsverteidigung hinreichende Aussicht auf Erfolg bietet und nicht mutwillig erscheint. ²Für die Bewilligung der Prozeßkostenhilfe sind die nachfolgenden Vorschriften und die diesem Gesetz als Anlage 1 beigefügte Tabelle maßgebend.

Gesetzesgeschichte: Neugefaßt durch das Gesetz über die Prozeßkostenhilfe vom 13.6.1980 (BGBl. I, 677; → vor § 114 Rdnr. 6).

Stichwortverzeichnis: → vor § 114 vor Rdnr. 1.

I. Überblick	1
II. Die Voraussetzungen im einzelnen	2
1. Antrag	2
2. Parteistellung des Antragstellers	3
a) Parteistellung	3
aa) Partei	4
bb) Prozeßstandschafter	5
cc) Streitgenossen	8
dd) Nebenintervenient	9
ee) Staatsangehörigkeit der Partei	10
b) Verfahrensarten	11
c) Mehrere Streitgegenstände	13
d) Parteiwechsel	14
3. Leistungsunfähigkeit	15
a) Kosten der Prozeßführung	16
b) Unfähigkeit, die Kosten aufzubringen	17
aa) Persönliche und wirtschaftliche Verhältnisse	18
bb) Umfang der Leistungsunfähigkeit	19
cc) Selbstverschuldete Leistungsunfähigkeit	20
4. Hinreichende Erfolgsaussicht	21
a) Anforderungen	22
b) Zulässigkeit der Klage	24
c) Rechtsfragen	25
d) verfassungsrechtliche Prüfung	26
5. Keine Mutwilligkeit	27
a) Anforderungen	27
b) Fallgruppen	28
III. Maßgeblicher Zeitpunkt	37
1. Grundsätze	37
2. Ausnahme bei Säumigkeit des Gerichts	38
a) Leistungsfähigkeit	39
b) Erfolgsaussicht und Mutwilligkeit	40
3. Ausnahme bei besonderen Vertrauenstatbeständen	42
4. Konsequenzen für die Entscheidung	43
IV. Teilweise Begründetheit	44
V. Ehe- und Kindschaftssachen	45
1. Allgemeines	45
2. Scheidungsverfahren	46
3. Folgesachen	51
4. Kindschaftssachen	54
a) Ehelichkeitsanfechtung	54
b) Vaterschaftsfeststellung	58
c) Kindesunterhalt	59
VI. Arbeitsgerichtliches Verfahren	60

I. Überblick[1]

1   § 114 regelt in Satz 1 die *Voraussetzungen* der Prozeßkostenhilfe dem Grundsatz nach und verweist in Satz 2 wegen der Einzelheiten sowie wegen der *Rechtsfolgen* und des *Verfahrens* auf die nachfolgenden Vorschriften. Das Gesetz verlangt dabei **subjektiv**, daß die Partei nach ihren persönlichen und wirtschaftlichen Verhältnissen die Kosten nicht, nur zum Teil oder nur in Raten aufbringen kann (→ Rdnr. 15 ff.), **objektiv**, daß ein Antrag gestellt wird (→ Rdnr. 2), die Rechtsverfolgung hinreichende Aussicht auf Erfolg bietet (→ Rdnr. 21 ff.) und nicht mutwillig erscheint (→ Rdnr. 27 ff.). Diese Voraussetzungen sind **zwingend**. Wenn sie nicht vorliegen, kann Prozeßkostenhilfe nicht etwa deshalb gewährt werden, weil – z. B. wegen besonderer Schwierigkeit der Rechtssache – ein Bedürfnis für die Beiordnung eines Rechtsanwalts besteht (→ § 121 Rdnr. 2).

II. Die Voraussetzungen im einzelnen

1. Antrag

2   Prozeßkostenhilfe wird nur auf Antrag, nicht von Amts wegen gewährt. Die näheren Einzelheiten des Antrages regelt § 117, auf dessen Erläuterung an dieser Stelle verwiesen werden kann. *Fehlt* ein Antrag oder geht die Bewilligung über den Antrag hinaus, so ist die

---

[1] Lit.: → vor § 114 Fn. 1.

Bewilligung nicht wirkungslos, und eine Beschwerde kann an § 127 Abs. 2 S. 1 scheitern. In diesen Fällen eine Ausnahmebeschwerde wegen »greifbarer Gesetzeswidrigkeit« (→ § 127 Rdnr. 3) zuzulassen[2], dürfte zuweit gehen, da kein so gravierender Verfahrensverstoß vorliegt, daß deswegen der Rechtsmittelzug contra legem erweitert werden müßte[3].

2. Parteistellung des Antragstellers

a) Parteistellung

Im Gegensatz zur Beratungshilfe (→ vor § 114 Rdnr. 19) wird Prozeßkostenhilfe nur für die *gerichtliche* Wahrnehmung von Rechten bewilligt. Der Antragsteller muß daher **Partei in einem Zivilprozeß** sein (zu den einzelnen Verfahrensarten → Rdnr. 11; zum Geltungsbereich allgemein → vor § 114 Rdnr. 12 ff.). Wer weder Partei noch sonstwie Verfahrensbeteiligter[4] ist, kann Prozeßkostenhilfe nur in seltenen Ausnahmefällen bewilligt bekommen[5]. Partei muß der Antragsteller allerdings nicht schon bei Antragstellung, sondern erst bei der *beabsichtigten* Rechtsverfolgung sein. Es ist daher nicht erforderlich, Klage oder Rechtsmittel mit dem Prozeßkostenhilfegesuch zu verbinden[6] (→ näher § 117 Rdnr. 24). Wird die Klage nicht mehr beabsichtigt, kann die Prozeßkostenhilfe nicht mehr bewilligt werden (→ § 119 Rdnr. 26, 34).

3

aa) Partei ist nach dem auch hier anzuwendenden *formellen Parteibegriff* (→ vor § 50 Rdnr. 2) zunächst jeder, von dem oder gegen den im eigenen Namen Rechtsschutz begehrt wird, gleich, ob er in der jeweiligen Verfahrensart als Kläger oder Beklagter, Antragsteller oder Antragsgegner etc. bezeichnet wird. Für die **Bewilligungsvoraussetzungen** kommt es grundsätzlich nur darauf an, ob die so ermittelte Partei selbst die Kosten aufbringen kann. Es spielt keine Rolle, ob sie vermögende *Gläubiger* besitzt, die am Ausgang des Rechtsstreits interessiert sind[7]. Das gilt selbst dann, wenn die geltend gemachte Forderung von einem vermögenden Gläubiger gepfändet worden ist[8]. Ebenso wenig sind die Vermögensverhältnisse eines gesetzlichen *Vertreters* von Bedeutung. Beim Prozeß des *Nachlaßpflegers* entscheidet daher nicht dessen Vermögenslage, sondern die der Erben[9], es sei denn, daß diese unbekannt sind und nur mit erheblichen Kosten zu ermitteln wären[10]. Die Vermögenslage des *Vormunds* entscheidet nur dann, wenn dieser ausnahmsweise im eigenen Namen klagt und damit selbst Partei ist. Ebenso ist die Situation des *Testamentsvollstreckers* maßgebend, wenn dieser eigene Ansprüche gegen die Erben verfolgt. Wegen der *juristischen Personen*, der *parteifähigen Vereinigungen* (Personenhandelsgesellschaften, nicht rechtsfähiger Verein) und der *Parteien kraft Amtes* → § 116 Rdnr. 2 ff., 20 ff., 32.

4

bb) Umstritten ist die Rechtslage für den **Prozeßstandschafter**, der ein **fremdes Recht** im eigenen Namen geltend macht (→ vor § 50 Rdnr. 20).

5

(1) Es besteht Anlaß, in diesem Zusammenhang zunächst zu betonen, daß ein **Zessionar**, der die ihm abgetretene Forderung einklagt, nicht Prozeßstandschafter ist, sondern als Rechtsinhaber auftritt, so daß sich die subjektiven Bewilligungsvoraussetzungen nur nach

6

---

[2] *OLG München* JurBüro 1984, 1851; *LAG Düsseldorf* JurBüro 1986, 609; *LAG Düsseldorf* JurBüro 1986, 609; *Schneider* MDR 1985, 442. – **A. M.** *OLG Oldenburg* MDR 1989, 268 = FamRZ 300; *OVG Lüneburg* JurBüro 1990, 637 (abl. *Mümmler*).
[3] Ebenso *OLG Oldenburg* MDR 1989, 268 = FamRZ 300; *OVG Lüneburg* JurBüro 1989, 637 (abl. *Mümmler*).
[4] Vgl. für Verfahren der freiwilligen Gerichtsbarkeit *OLG Köln* FamRZ 1992, 199 f.
[5] BVerfGE 79, 253 f.; → auch § 121 Rdnr. 1 (u. a. für **Zeugen**).
[6] **A.M.** (aber wohl nur unglücklich formuliert) *OLG Nürnberg* JurBüro 1992, 49.
[7] *OLG Düsseldorf* NJW 1958, 2021.
[8] BGHZ 36, 280 = NJW 1962, 739 = JZ 608; *OLG Celle* NJW 1987, 783. – **A.M.** *OLG Hamm* JMBl.NRW 1952, 96.
[9] RGZ 50, 394; BayObLG SeuffArch. 58 (1903), 37; *OLG Hamburg* HGZ 40, 97.
[10] BGH NJW 1964, 1418 = MDR 747.

seiner Person, nicht nach der des Zedenten richten können[11]. Etwas anderes gilt nur dann, wenn die Abtretung *nur* vollzogen wurde, *damit* das Recht von einer mittellosen Partei unter Inanspruchnahme der Prozeßkostenhilfe verfolgt werden kann[12]. In diesen Fällen wird die Gewährung der Prozeßkostenhilfe allerdings regelmäßig schon an mangelnder Erfolgsaussicht scheitern, weil die Abtretung wegen dieses Zwecks sittenwidrig und damit nach § 138 BGB nichtig ist[13].

7 (2) Für die echten Fälle der **Prozeßstandschaft** stellt die h. M. darauf ab, in wessen Interesse der Prozeß geführt wird, und vertritt für den Regelfall den Standpunkt, Prozeßkostenhilfe könne nur bewilligt werden, wenn Rechtsträger *und* Prozeßstandschafter mittellos seien[14]. Das ist indessen grundsätzlich abzulehnen. Der Prozeßstandschafter ist selbst und allein Partei. Er trägt im Verhältnis zu Gericht und Gegner das Kostenrisiko. Wenn aber die Rechtsordnung das Prozeßführungsrecht des Prozeßstandschafters gesetzlich vorsieht oder jedenfalls aus wohlerwogenen Gründen anerkennt (→ vor § 50 Rdnr. 41 ff.), dann geht es nicht an, mittellosen Personen die Ausübung praktisch zu untersagen. Auch hier müssen sich daher die Bewilligungsvoraussetzungen allein nach der Person der Partei, also des Prozeßstandschafters richten[15]. Dafür spricht auch § 116 Satz 1, der für besonders gelagerte Fälle die Berücksichtigung der Leistungsfähigkeit des Rechtsträgers anordnet und damit, soll er nicht überflüssig sein, als Ausnahme die Regel bestätigt. Nur wenn der Prozeßstandschafter in böswilliger Absicht vom vermögenden Rechtsinhaber vorgeschoben wird, ist – wie beim Zedenten (→ Rdnr. 6) – auf den Rechtsträger abzustellen[16], wobei auch hier wieder zugleich die Erfolgsaussicht fehlen wird, wenn die Prozeßführungsermächtigung nach § 138 BGB nichtig ist (→ vor § 50 Rdnr. 41 d) oder für die Prozeßführung das rechtliche Interesse fehlt (→ vor § 50 Rdnr. 42 ff., 42 d). Im übrigen ist stets zu überlegen, ob nicht der Prozeßstandschafter als Beauftragter einen Prozeßkostenvorschußanspruch gegen den Rechtsinhaber hat, der die Mittellosigkeit ausschließt (→ § 115 Rdnr. 143 ff.).

8 cc) Partei und damit prozeßkostenhilfeberechtigt ist auch der einzelne **Streitgenosse** (→ vor § 59 Rdnr. 1). Für die persönlichen und wirtschaftlichen **Voraussetzungen** der Prozeßkostenhilfe ist dabei grundsätzlich nur auf den jeweiligen Antragsteller (Streitgenossen) abzustellen[17]. Allerdings kann die Prozeßkostenhilfe auf die Erhöhungsgebühr nach § 6 Abs. 1 S. 2 BRAGO einzuschränken oder ganz zu versagen sein, wenn der mittellose Streitgenosse von dem Prozeßbevollmächtigten eines vermögenden anderen Streitgenossen mitvertreten

---

[11] *BGHZ* 47, 292 = *NJW* 1967, 1566 = *MDR* 756; *LG Hannover* JurBüro 1988, 1711; *Rosenberg/Schwab/Gottwald*[15] § 90 II 4. Nach a. M. ist bei fehlendem Eigeninteresse des Zessionars Mittellosigkeit auch des Zedenten zu verlangen; vgl. *BGH* VersR 1984, 989. Noch weitergehend *OLG Stuttgart* VersR 1987, 1048 (L).

[12] *BGHZ* 47, 292 = *NJW* 1967, 1566 = *MDR* 756; *OLG Hamm* Rpfleger 1993, 206 (verneinend für Rückerwerb eigener Rechte, die vom Sozialhilfeträger zwischenzeitlich übergeleitet waren); *KG* ZZP 56 (1931), 335 (zust. *Friedlaender*); *OLG Köln* MDR 1954, 174; *OLG Neustadt* MDR 1956, 489; *LG Hannover* JurBüro 1988, 1711; *Baumbach/Lauterbach/Hartmann*[51] Rdnr. 55. Vgl. auch *OLG Karlsruhe* OLGZ 1990, 231 (allerdings sehr weitgehend); ferner *OLG Hamburg* MDR 1988, 782 und *OLG Köln* VersR 1989, 277 (Prüfung nach § 116 Nr. 2, wenn der Zedent eine **juristische Person** ist und die Umstände dafür sprechen, daß die Zession erfolgte, weil der juristischen Person Prozeßkostenhilfe nicht bewilligt werden konnte; → auch § 116 Rdnr. 21).

[13] Vgl. schon *RGZ* 81, 176.

[14] *BGHZ* 96, 153; *BGH* VersR 1992, 594; NJW 1953, 1431 (L); *OLG Hamm* NJW 1990, 1053; VersR 1982, 381; *OLG Koblenz* FamRZ 1988, 637; *OLG Köln* FamRZ 1984, 304 (L); *Baumbach/Lauterbach/Hartmann*[51] Rdnr. 55; *MünchKommZPO/Wax* Rdnr. 35; *Rüßmann* AcP 172 (1972), 545; *Thomas/Putzo*[18] Rdnr. 17; *Zöller/Philippi*[18] Rdnr. 11.

[15] Ebenso *OLG Celle* NJW 1987, 783 und *OLG Hamm* VersR 1982, 1068 (die Prozeßstandschaft für einen Sicherungsnehmer betreffend); *OLG Hamm* FamRZ 1991, 1208, *OLG Karlsruhe* FamRZ 1986, 636 und *OLG Nürnberg* JurBüro 1990, 754 (für § 1629 Abs. 3 BGB; insoweit auch *Thalmann* [vor § 114 Fn. 1], Rdnr. 6; *Zöller/Philippi*[18] Rdnr. 8); *Stathopoulos* Die Einzelermächtigung (1968), 125. – Ganz anders für § 1629 Abs. 3 BGB (Mittellosigkeit nur des Kindes) *KG* FamRZ 1989, 82; *OLG Karlsruhe* FamRZ 1987, 1062.

[16] *OLG Hamm* VersR 1982, 1068; *OLG Karlsruhe* OLGZ 1990, 231 (das allerdings stets Rechtsmißbrauch anzunehmen scheint).

[17] Grundsätzlich a. M. *OLG Zweibrücken* JurBüro 1976, 1250; *LG Frankfurt* JurBüro 1983, 1106; *OVG Lüneburg* JurBüro 1986, 604; *Schneider* MDR 1978, 270.

wird[18] oder sich mitvertreten lassen kann[19]. Außerdem kann Prozeßkostenhilfe nicht gewährt werden, wenn der mittellose gegen den vermögenden Streitgenossen einen Prozeßkostenvorschußanspruch hat (→ § 115 Rdnr. 143ff.). Ist aber von mehreren in derselben rechtlichen Situation Befindlichen nur einer Partei, wie beispielsweise in einem **Musterprozeß**, so besteht, von Fällen des Rechtsmißbrauchs abgesehen (→ Rdnr. 6, 7), keine Möglichkeit, die Vermögenslage der übrigen am Prozeßausgang Interessierten zu berücksichtigen[20] (→ auch Rdnr. 4). Zu *Ehegatten* als Streitgenossen → § 115 Rdnr. 68.

dd) Prozeßkostenhilfe kann auch der einfache oder streitgenössische **Nebenintervenient** (Streitgehilfe) für die Kosten der Nebenintervention beanspruchen[21]. Zwar ist der Streitgehilfe nicht Partei im formellen Sinne (→ § 67 Rdnr. 1). Doch ist auch die Nebenintervention eine Form des Rechtsschutzes, die schon aus verfassungsrechtlichen Gründen (→ vor § 114 Rdnr. 8) der unbemittelten Person in vergleichbarer Weise offenstehen muß wie vermögenden Personen. Für die **Bewilligungsvoraussetzungen** ist allein auf die Person des Nebenintervenienten abzustellen, auch wenn die Hauptpartei, an deren Sieg er ein eigenes rechtliches Interesse hat, vermögend ist[22].

9

ee) Die **Staatsangehörigkeit** des Antragstellers ist bei *natürlichen Personen* heute[23] ohne Bedeutung. Prozeßkostenhilfe kann also auch Ausländern und Staatenlosen gewährt werden[24], ohne daß dabei zusätzliche Voraussetzungen zu beachten wären. Insbesondere kann nicht verlangt werden, daß der Ausländer Wohnsitz im Inland hat. § 114 bietet für eine solche Ungleichbehandlung keine Handhabe[25]. Etwas anderes gilt nur für ausländische *juristische Personen* (→ § 116 Rdnr. 28).

10

b) **Verfahrensarten**

Die Vorschriften über die Prozeßkostenhilfe gelten für **alle** von der ZPO erfaßten Rechtsstreitigkeiten einschließlich der *Ehe- und Kindschaftssachen* (→ unten Rdnr. 45), der *Zwangsvollstreckung* (→ § 119 Rdnr. 14), des *Mahnverfahrens* (→ § 119 Rdnr. 13), der Verfahren über *Arrest, einstweilige Verfügung* und *einstweilige Anordnung* (→ § 119 Rdnr. 12), des *selbständigen Beweisverfahrens* (→ § 119 Rdnr. 11), des *Aufgebotsverfahrens*, für die Mitwirkung der ordentlichen Gerichte im *schiedsrichterlichen Verfahren*, nicht aber für das Verfahren vor dem Schiedsgericht selbst[26]; zur **Zuständigkeit** in diesen Fällen → § 117 Rdnr. 3ff.; zum *Konkursverfahren* → § 116 Rdnr. 4, 5.

11

Nach h.M. kann die Prozeßkostenhilfe hingegen für das **Prozeßkostenhilfe-Prüfungsverfahren** nach § 118 selbst nicht gewährt werden[27]. Dasselbe muß für das Beschwerdeverfahren

12

---

[18] *BGH* NJW 1993, 1715; *OLG Freiburg* DRZ 1950, 66; vgl. auch *OLG Zweibrücken* FamRZ 1988, 415. Anders, wenn die Vertrauensgrundlage eindeutig fehlt, *OLG Koblenz* NJW 1956, 65; vgl. auch *MünchKommZPO/ Wax* Rdnr. 32.
[19] *OLG Frankfurt* BB 1974, 1458; *OLG Dresden* HRR 1937 Nr. 1551; *LG Frankfurt* JurBüro 1983, 1107; *LG Tübingen* JurBüro 1990, 507 (zust. *Mümmler*).
[20] A.M. *OVG Lüneburg* JurBüro 1986, 604; *Kalthoener/Büttner* (vor § 114 Fn. 1), Rdnr. 44.
[21] *BGH* NJW 1966, 597; *OLG Bremen* AnwBl. 1981, 71; *OLG Frankfurt* FamRZ 1984, 1042; *OLG Hamm* FamRZ 1991, 347; *OLG Koblenz* FamRZ 1986, 1233; *OLG Stuttgart* DAVorm. 1984, 610; *Habscheid* ZZP 65 (1952), 477.
[22] *BGH* NJW 1966, 597; *OLG Bamberg* JurBüro 1974, 1605. – Anders (im Einzelfall) *BGH* BB 1957, 274; *OLG Koblenz* JurBüro 1983, 285 (Mutwilligkeit, wenn z. Zt. des Beitritts die Hauptpartei keiner Unterstützung mehr

bedurfte; es kann indessen ein Interesse an der Nebeninterventionswirkung bestehen).
[23] Zur früheren Rechtslage und den dagegen bestehenden verfassungsrechtlichen Bedenken vgl. *Vorauf.* Rdnr. 52ff.
[24] Allg. dazu *Gottwald* in *Habscheid/Beys* (Hrsg.), Grundfragen des Zivilprozeßrechts (1991), 54ff.
[25] *Schuster/Streinz* SGb. 1988, 534. – **A.M.** *Behn* SGb. 1984, 465.
[26] *OLG Stuttgart* BauR 1983, 487; *LAG Düsseldorf* JurBüro 1987, 1239. Fehlen der Partei die Mittel zur Durchführung des Schiedsverfahrens, kann der Schiedsvertrag gekündigt werden, *BGH* WM 1988, 478.
[27] *BGHZ* 91, 311 = NJW 1984, 2106 = MDR 931 (*Waldner*) = JR 506 (*Kuntze*) = AnwBl. 1985, 216 (*Trenk-Hinterberger*); *OLG Bamberg* JurBüro 1986, 1152; 1983, 454; FamRZ 1984, 918f.; *OLG Bremen* FamRZ 1989, 198; *OLG Düsseldorf* Rpfleger 1982, 439 (L); *OLG Frankfurt* NJW-RR 1991, 1411; JurBüro 1990,

nach § 127 gelten[28]. Da das Prozeßkostenhilfeverfahren für die Partei zunächst kostenfrei ist (→ § 118 Rdnr. 36), hat die Streitfrage im wesentlichen nur für die Anwaltsbeiordnung nach § 121 Bedeutung. Insoweit ist zu beachten, daß eine anwaltliche Beratung vorprozessual durch das Beratungshilfegesetz gewährleistet ist[29] (→ vor § 114 Rdnr. 19). Prozeßkostenhilfe für das Bewilligungsverfahren kann daher nicht schon deshalb in Betracht kommen, weil aufgrund besonderer prozessualer Konstellationen auch im Prüfungsverfahren anwaltlicher Beistand erforderlich erscheint (→ § 121 Rdnr. 2), und zwar auch dann nicht, wenn es für eine geschäftsungewandte Partei unmöglich ist, die zur Beurteilung des Gesuchs notwendigen Unterlagen selbst zu beschaffen (z. B. bei einer ins Ausland hinübergreifenden Ehesache)[30]. Etwas anderes gilt allenfalls dann, wenn eine Beweisaufnahme durchgeführt werden soll, die die Hauptsacheentscheidung präjudizieren könnte[31] (→ auch § 118 Rdnr. 26), oder wenn bei Beiordnung eines Rechtsanwalts eine gütliche Erledigung erzielt werden kann[32], denn in diesen Fällen wird im Grunde genommen schon die Hauptsache verhandelt, so daß sich die Bewilligung im Prozeßkostenhilfeverfahren der Sache nach auf die Hauptsache bezieht. Die Bewilligung kommt dann aber nur für den Vergleichsabschluß, nicht für das ganze Prozeßkostenhilfeverfahren in Betracht[33]. Wird entgegen diesen Grundsätzen Prozeßkostenhilfe bewilligt, so ist das allerdings für das Kostenfestsetzungsverfahren bindend[34]. – Zu den *Gebühren* in diesen Fällen → § 118 Rdnr. 41.

c) Mehrere Streitgegenstände

13   Beabsichtigt der Antragsteller, im Wege der objektiven Klagenhäufung mehrere Ansprüche geltend zu machen, oder beabsichtigt er als künftiger Beklagter, sich nicht nur gegen die Klage zu verteidigen, sondern zugleich auch Widerklage zu erheben, so sind die Prozeßkostenhilfevoraussetzungen, insbesondere Erfolgsaussicht und Mutwilligkeit, für jeden Anspruch getrennt zu prüfen[35].

509; FamRZ 1982, 1225; *OLG Hamm* FamRZ 1987, 1062; AnwBl. 1985, 654; NJW 1982, 2335; MDR 1982, 760; *KG* FamRZ 1982, 831 (L) und 421; *OLG Karlsruhe* Rpfleger 1989, 416; AnwBl. 1982, 491; *OLG Köln* OLGZ 1983, 313; *OLG Nürnberg* JurBüro 1992, 49; NJW 1982, 288; *OLG Schleswig* SchlHA 1989, 162 f.; *OLG Stuttgart* MDR 1989, 652; FamRZ 1984, 72; *BVerwG* Rpfleger 1991, 63; *OVG Hamburg* NVwZ 1990, 976; *VGH München* NVwZ-RR 1990, 336; *Künkel* DAVorm. 1983, 338 f.; *Mümmler* JurBüro 1985, 1450 f.; *Pentz* NJW 1982, 1269. – **A. M.** *OLG Hamm* NJW 1982, 287; *OLG Köln* FamRZ 1984, 917 f.; *Bischof* AnwBl. 1981, 374; *Waldner* MDR 1984, 932 f.; JurBüro 1982, 806.

[28] *BayObLG* FamRZ 1988, 211 (L); *OLG Bremen* JurBüro 1979, 447; *OLG Düsseldorf* JurBüro 1981, 773; *OLG Hamburg* JurBüro 1983, 287; *OLG Karlsruhe* AnwBl. 1980, 198; *OLG Nürnberg* JurBüro 1992, 49; *OLG Schleswig* SchlHA 1978, 75; *OLG Stuttgart* NJW-RR 1987, 914; *LG Berlin* Rpfleger 1991, 376; *LG Dortmund* AnwBl. 1984, 222; *LAG München* JurBüro 1984, 775 (zust. *Mümmler*). – **A. M.** *OLG Celle* NdsRpfl. 1977, 190; *VGH Kassel* NVwZ-RR 1990, 223 f.; *BFH* BB 1985, 2160.

[29] Vgl. auch *AG Wuppertal* AnwBl. 1984, 459; *Behn* AnwBl. 1985, 234.

[30] In diesen Fällen reicht eine eidesstattliche Versicherung anstelle der Belege, → § 117 Rdnr. 18. – Vgl. aber auch *OLG Celle* FamRZ 1987, 1285 f. (Aufenthalt in einer psychiatrischen Klinik; hier kann indessen ein Pfleger bestellt werden).

[31] *OLG Köln* MDR 1983, 324 = OLGZ 312; *Schneider* AnwBl. 1987, 466. – Ganz ablehnend *LG Aachen* MDR 1986, 504 (*Schneider* 857).

[32] *OLG Bamberg* FamRZ 1984, 918 f.; JurBüro 1983, 455 (einschränkend für den Fall, daß die Hauptsache bereits anhängig ist; ebenso *Schneider* MDR 1981, 794 f.); *OLG Frankfurt* JurBüro 1990, 509 (*Mümmler*); FamRZ 1982, 1225; *OLG Koblenz* FamRZ 1990, 180; *OLG Köln* MDR 1983, 324; *OLG Nürnberg* JurBüro 1992, 49 (*Mümmler*); *OLG Oldenburg* JurBüro 1992, 168; *OLG Saarbrücken* JurBüro 1989, 80; *OLG Schleswig* SchlHA 1984, 116; *Finger* AnwBl. 1983, 17. – Offen *BGHZ* 91, 311 = NJW 1984, 2106 = MDR 931 (*Waldner*).

[33] Vgl. etwa *OLG Bamberg* JurBüro 1988, 646; 1987, 1098; *OLG München* AnwBl. 1987, 101 = MDR 239; *OLG Zweibrücken* KostRspr. ZPO § 118 Nr. 55 (L); *Beyer* JurBüro 1989, 446. – **A. M.** *OLG Bamberg* JurBüro 1988, 901; *OLG Frankfurt* JurBüro 1990, 510 (abl. *Mümmler*); *OLG Hamm* FamRZ 1987, 1062; AnwBl. 1985, 654; *OLG Koblenz* FamRZ 1990, 180; *OLG Schleswig* SchlHA 1984, 149; *OLG Stuttgart* AnwBl. 1986, 414; *OLG Zweibrücken* JurBüro 1988, 221; *MünchKomm-ZPO/Wax* Rdnr. 15.

[34] *OLG Bamberg* JurBüro 1987, 1373 (*Mümmler*); *OLG Oldenburg* JurBüro 1992, 168, 169 (zust. *Mümmler*); *OLG Saarbrücken* JurBüro 1989, 80; *OLG Schleswig* JurBüro 1991, 574 (zust. *Mümmler*); *OLG Stuttgart* Rpfleger 1989, 416. – **A. M.** *OLG München* Rpfleger 1987, 173; 1983, 503.

[35] Das gilt auch in Ehesachen; vgl. *RG* JW 1928, 112

d) Parteiwechsel

Beim gesetzlichen oder gewillkürten Parteiwechsel tritt die neue Partei nicht in den Prozeßkostenhilfeanspruch der alten Partei ein. Stirbt der Antragsteller vor der Bewilligungsentscheidung, erledigt sich daher das Prozeßkostenhilfeverfahren[36]. Will der Rechtsnachfolger selbst Prozeßkostenhilfe bewilligt bekommen, muß er ein neues Bewilligungsverfahren einleiten, in dem sich die subjektiven Voraussetzungen allein nach seiner Person richten[37] (zur Ausnahme bei den Parteien kraft Amtes → § 116 Rdnr. 19). Die bereits bewilligte Prozeßkostenhilfe kommt dem Rechtsnachfolger nicht zugute (zu den Folgen für die Vollmacht des beigeordneten Anwalts → § 121 Rdnr. 28). Das bedeutet, daß der Rechtsnachfolger, der in die Kostenverpflichtung der ursprünglichen Partei eintritt, nicht nur die von ihm veranlaßten, nach Eintritt der Rechtsnachfolge entstandenen Kosten zu tragen hat[38], sondern auch die vorher entstandenen, die noch der Rechtsvorgänger veranlaßt hat[39] (→ auch § 120 Rdnr. 26 ff.).

3. Leistungsunfähigkeit

Prozeßkostenhilfe wird nach Satz 1 nur dann bewilligt, wenn der Antragsteller nach seinen persönlichen und wirtschaftlichen Verhältnissen die Kosten der Prozeßführung nicht, nur zum Teil oder nur in Raten aufbringen kann.

a) Kosten der Prozeßführung

Um zu ermitteln, ob Leistungsunfähigkeit besteht, ist zunächst festzustellen, welche Kosten auf den Antragsteller zukommen können, wenn das Verfahren mit einer Kostenentscheidung zu seinen Lasten abschließt. Einzubeziehen sind hier die voraussichtlichen gerichtlichen Gebühren und Auslagen nach § 1 GKG, die in dem jeweiligen Verfahren anfallenden Gerichtsvollzieherkosten nach § 1 GVKostG sowie die Rechtsanwaltskosten nach § 1 BRAGO[40] für den Antragsteller selbst. Die Kosten für den Gegner bleiben unberücksichtigt[41], da sie dem Gegner in jedem Fall erstattet werden müssen (§ 123) und erst nach Ende der Instanz fällig werden, so daß die Unfähigkeit, sie zu bezahlen, die Durchführung des Verfahrens nicht hindert. Dabei sind die Kosten in voller Höhe anzusetzen, es sei denn, es stünde – etwa aufgrund eines Vergleichs – bereits fest, daß die Partei die Kosten nur anteilig zu tragen hat[42]. Da die Prozeßkostenhilfe nach § 119 Satz 1 für jeden Rechtszug gesondert erfolgt, sind nur die Kosten für die Instanz anzusetzen, für die der Antrag gestellt wird[43]. Rechtsmittelkosten bleiben ebenso unberücksichtigt wie die Kosten der Zwangsvollstreckung, da sich die Bewilli-

---

sowie unten Rdnr. 51. – Vgl. ferner *BGH* FamRZ 1988, 942 und NJW 1982, 446 (verneint für die Revision, bejaht für das Verfahren über die Verlusterklärung nach §§ 566, 515 Abs. 3); *LAG Düsseldorf* JurBüro 1989, 1441 (zust. *Mümmler*).
[36] Vgl. *OLG Bremen* OLGZ 1965, 183; *BSG* MDR 1988, 611; ferner die nachstehend Genannten.
[37] Vgl. *OLG Hamm* MDR 1977, 409.
[38] So aber *OLG Celle* JurBüro 1987, 1237; *OLG Düsseldorf* MDR 1987, 1031; *KG* Rpfleger 1986, 281; *LG Bielefeld* JurBüro 1989, 1289 = Rpfleger 113 (abl. *Sommerfeld*); *Zöller/Philippi*[18] Rdnr. 12.
[39] Ebenso *OLG Frankfurt* OLGZ 1985, 80 = NJW 751; *Baumbach/Lauterbach/Hartmann*[51] § 119 Rdnr. 26 f.; *Kalthoener/Büttner* (vor § 114 Fn. 1), Rdnr. 553. – Eine Änderungsentscheidung gem. § 120

Abs. 4 ist nicht erforderlich (a. M. *Sommerfeld* Rpfleger 1989, 113), da sich die Bewilligungsentscheidung auf den Nachfolger nicht bezieht.
[40] Vgl. nur *OLG Frankfurt* AnwBl. 1990, 176; MDR 1989, 550; *OVG Münster* JurBüro 1992, 186; *BFH* BB 1982, 1534. – Anzusetzen sind die vollen Anwaltsgebühren, nicht die reduzierten Gebühren für beigeordnete Anwälte; vgl. auch *OLG Düsseldorf* Rpfleger 1989, 31.
[41] *OLG Hamm* Rpfleger 1991, 259; *OLG Karlsruhe* Justiz 1988, 367; *Gilbert* DR 1941, 305; *Kalthoener/Büttner* (vor § 114 Fn. 1) Rdnr. 397. – A.M. *Baumbach/Lauterbach/Hartmann*[51] § 115 Rdnr. 77.
[42] Vgl. *BayObLG* FamRZ 1984, 73; *OLG Bamberg* JurBüro 1987, 1714.
[43] *OLG Hamm* Rpfleger 1991, 259.

gung für das Erkenntnisverfahren nicht auf die nachfolgende Zwangsvollstreckung erstreckt, sondern dafür gesondert zu beantragen ist (→ § 119 Rdnr. 14). Die Kosten früherer Instanzen sind allerdings zu berücksichtigen, da sie in die Berechnung miteinfließen[44] (→ § 115 Rdnr. 82). Soweit die Kosten nicht konkret berechnet werden können oder noch nicht sicher feststehen, sind sie überschlägig zu schätzen; insoweit ist, bei aller Sorgfalt, ein großzügiger Maßstab angebracht[45]. Im übrigen empfiehlt sich eine möglichst frühzeitige Streitwertfestsetzung[46].

b) Unfähigkeit, die Kosten aufzubringen

17 Satz 1 setzt voraus, daß der Antragsteller nach seinen persönlichen und wirtschaftlichen Verhältnissen diese Kosten nicht, nur zum Teil oder nur in Raten aufbringen kann, sagt aber nicht, wie das im einzelnen festgestellt werden soll. Dazu verweist Satz 2 auf »die nachfolgenden Vorschriften«, von denen hier § 115 einschlägig ist, sowie auf die dem Gesetz als Anlage beigefügte Tabelle (→ dazu § 115 Rdnr. 2). Die Einzelheiten werden deshalb bei § 115 erläutert. An dieser Stelle mögen folgende Bemerkungen genügen:

18 aa) Das Gesetz stellt auf die **persönlichen und wirtschaftlichen Verhältnisse** des Antragstellers ab. Da es indessen um die Ermittlung der Fähigkeit geht, eine Geldleistung zu erbringen, sind die *persönlichen* Verhältnisse nur in ihren wirtschaftlichen Auswirkungen interessant und deshalb von den *wirtschaftlichen* Verhältnissen kaum zu trennen. Diese beurteilen sich einerseits nach dem **Einkommen** (§ 115 Abs. 1; → dazu näher § 115 Rdnr. 3 ff.), andererseits nach dem **Vermögen** des Antragstellers (§ 115 Abs. 2; → dazu § 115 Rdnr. 85 ff.).

19 bb) Stehen die persönlichen und wirtschaftlichen Verhältnisse fest, kann ermittelt werden, ob der Antragsteller die Kosten **nicht, nur teilweise oder nur in Raten** aufbringen kann. Er kann sie *überhaupt nicht* aufbringen, wenn er kein einsetzbares Vermögen hat und sein Einkommen unterhalb der in der Tabelle (→ § 115 Rdnr. 2) festgelegten Untergrenze liegt. Er kann die Kosten *teilweise* aufbringen, soweit es ihm zuzumuten ist, sein Vermögen zur teilweisen Kostendeckung einzusetzen. Und er kann die Kosten *in Raten* aufbringen, wenn es ihm zuzumuten ist, einen Teil seines wiederkehrenden Einkommens zu verwenden. Allerdings wird in diesem Fall die Prozeßkostenhilfe gem. § 115 Abs. 6 gleichwohl versagt, wenn die Kosten durch Zahlung von vier Monatsraten und die aus dem Vermögen aufzubringenden Teilbeträge gedeckt werden können (→ näher § 115 Rdnr. 149). Ergeben die persönlichen und wirtschaftlichen Verhältnisse, daß der Antragsteller die Kosten *voll* aufbringen kann, so ist die Prozeßkostenhilfe zu versagen, gleich, ob die Partei mit ihrem Einkommen oder mit ihrem Vermögen leistungsfähig ist.

cc) Selbstverschuldete Leistungsunfähigkeit

20 Regelmäßig ist es unerheblich, ob eine Partei ihre Mittellosigkeit im allgemeinen oder ihr Unvermögen, gerade die Prozeßkosten aufzubringen, durch früheres Verhalten verschuldet hat, insbesondere es unterlassen hat, rechtzeitig Rücklagen für das Verfahren zu bilden[47].

---

[44] *Kalthoener/Büttner* (vor § 114 Fn. 1), Rdnr. 397.
[45] Vgl. *Mümmler* JurBüro 1981, 492/6; *Schneider* MDR 1981, 2 sowie die Kostenschätzungstabellen von *Steinert* in NJW 1992, 2808; 1989, 2873; *Zankl/Zankl* BB 1984 Beil 2 zu Heft 5.
[46] *Zöller/Philippi*[18] § 115 Rdnr. 70. – Vgl. auch *OVG Münster* JurBüro 1992, 186.
[47] **A.M.** *OLG Bamberg* JurBüro 1990, 1646; 1988, 1713 und 1712; 1986, 1414 f.; NJW-RR 1986, 6; *OLG Düsseldorf* FamRZ 1987, 729; JurBüro 1987, 1715;; *OLG Frankfurt* FamRZ 1986, 485; 1982, 416; *OLG Karlsruhe* NJW-RR 1986, 799; *OLG Koblenz* Rpfleger 1989, 417; *OLG Köln* FamRZ 1988, 1298; *Beyer* JurBüro 1989, 443; *Künzl* AnwBl. 1991, 126. – Diese Gegenansicht hält sich noch in den von der Verfassung gezogenen Grenzen, *BVerfGE* 67, 255.

Verschulden ist nur für die Herabsetzung der Freibeträge für Kapitalvermögen relevant (→ § 115 Rdnr. 112). Nur wenn sich die Partei **absichtlich** vermögenslos gemacht hat, um den Prozeß unter Inanspruchnahme von Prozeßkostenhilfe zu führen, liegt in dem Prozeßkostenhilfegesuch ein Fall des Rechtsmißbrauchs[48]. Der Nachweis einer solchen Absicht wird meist schwer zu erbringen sein, kann aber durch die Umstände indiziert sein[49] (→ auch § 115 Rdnr. 8, 88). Im übrigen liegt der Sachverhalt hier oft so, daß eine Vermögenslosigkeit in Wahrheit gar nicht vorliegt, sondern nur deren Anschein erweckt, aber durch die Verhältnisse widerlegt wird[50]. Für die gerichtliche Entscheidung kann dann u. U. offen bleiben, ob dieser oder jener Fall gegeben ist.

4. Hinreichende Erfolgsaussicht

Die beabsichtigte, also vom Antragsteller dargelegte (→ § 117 Rdnr. 16) Rechtsverfolgung oder Rechtsverteidigung muß im Zeitpunkt der Entscheidung über das Prozeßkostenhilfegesuch (→ Rdnr. 37) hinreichende Aussicht auf Erfolg bieten. Diese Voraussetzung ist nicht zuletzt *im Interesse des Antragsgegners* aufgestellt. Denn wenn eine Partei klagt, der Prozeßkostenhilfe gewährt wurde, dann entfällt weitgehend der Blick auf das Kostenrisiko, der sonst bei aussichtslosen Prozessen mittelbar den Gegner schützt. Daß § 114 die Prüfung der Erfolgsaussichten verlangt, ist **verfassungskonform**[51], wenn die Anforderungen an die Erfolgsaussichten nicht zu hoch geschraubt werden.

21

a) Anforderungen

Insoweit ist zunächst zu beachten, daß sich das Gesetz mit einer **hinreichenden** Erfolgsaussicht begnügt. Damit wollte der Gesetzgeber[52] zum Ausdruck bringen, daß die Anforderungen an die Erfolgsaussichten nicht überspannt werden dürfen[53]. Es reicht aus, wenn das über das Gesuch entscheidende Gericht den Rechtsstandpunkt zumindest für *vertretbar* hält[54] und in tatsächlicher Hinsicht auf Grund des Parteivortrags sowie der angestellten Erhebungen (→ § 118 Rdnr. 24 ff.) wenigstens von der *Möglichkeit der Beweisführung* überzeugt ist[55] (wobei es unerheblich ist, ob das Verfahren vom Verhandlungs- oder vom Untersuchungsgrundsatz beherrscht wird[56]). Ist es das nicht, kann es den Prozeßkostenhilfeantrag auch dann zurückweisen, wenn es im Hauptsacheverfahren einem Beweisantrag aus Verfahrensgründen stattgeben mußte[57]. Allerdings wird eine antizipierte Beweiswürdigung beim Zeugenbeweis nur in Ausnahmefällen in Betracht kommen[58]. Eine *überwiegende* Wahrscheinlichkeit des Erfolgs

22

---

[48] *BGH* VersR 1984, 77, 79; NJW 1959, 884; *OLG Bamberg* JurBüro 1987, 130f.; FamRZ 1985, 1068; *OLG Bremen* MDR 1954, 366; *OLG Hamm* MDR 1987, 1031; *KG* FamRZ 1988, 1079; *OLG Karlsruhe* FamRZ 1987, 845; 1985, 414; AnwBl. 1982, 491; *OLG Köln* FamRZ 1983, 635; *OLG Schleswig* SchlHA 1979, 41; 1975, 114; *OLG Stuttgart* JZ 1956, 325 (zust. *Böhmer*); *OLG Zweibrücken* JurBüro 1986, 289; *Albers* (vor § 114 Fn. 1), 290.
[49] *OLG Bamberg* JurBüro 1987, 130f.; *Schneider* MDR 1978, 270.
[50] Vgl. *OLG Kassel* HEZ 2, 29; *OLG Schleswig* SchlHA 1956, 180; 1951, 25; RdL 1955, 338.
[51] BVerfGE 81, 357; 9, 256; *BVerfG* FamRZ 1993, 664; NJW 1992, 889.
[52] Vgl. Begr. zur Nov. 33, aus der die heutige Formulierung stammt, RAnz. 1933 Nr. 257, 2; vgl. auch *Rosenberg* ZZP 58 (1934), 348; *Volkmar* JW 1933, 2435.
[53] BVerfGE 81, 358; *BVerfG* FamRZ 1993, 664; NJW 1992, 889; *BayVerfGH* BayVBl. 1991, 378.

[54] Vgl. nur *OLG Düsseldorf* NJW-RR 1986, 49; *OLG Karlsruhe* FamRZ 1992, 1438; *OLG Koblenz* AnwBl. 1989, 49; *OLG München* FamRZ 1989, 199; *LAG Düsseldorf* JurBüro 1986, 122.
[55] *OLG Koblenz* AnwBl. 1989, 49; *LAG München* AnwBl. 1987, 499; *VGH Baden-Württemberg* JurBüro 1987, 134; *VGH Kassel* NVwZ-RR 1991, 160; *LSG Essen* FamRZ 1987, 731; AnwBl. 1986, 456. Erfolgsaussicht kann auch bei Beweisantritt nur durch Parteivernehmung gegeben sein, *OLG Düsseldorf* NJW 1953, 507; JMBl.NRW 1951, 94; *OLG Hamburg* MDR 1960, 846; *OLG Schleswig* SchlHA 1979, 142; SchlHArbG 1989, 111.
[56] *LSG Mainz* AnwBl. 1981, 409.
[57] *BVerfG* NVwZ 1987, 786; *BGH* NJW 1960, 98; *OLG Köln* FamRZ 1991, 344; *OLG Nürnberg* JurBüro 1986, 286; *VGH Kassel* NVwZ 1991, 161.
[58] *BGH* NJW 1988, 267 = VersR 1987, 1186 (zust. *Bauer* VersR 1988, 174); *OLG Hamm* VersR 1991, 219; 1990, 1394; 1983, 577; *OLG München* JurBüro 1986,

ist *nicht* erforderlich, denn das Prozeßkostenhilfeverfahren will den angestrebten Rechtsschutz nicht selbst bieten, sondern nur zugänglich machen[59]. Daher kann eine hinreichende Erfolgsaussicht auch *bei beiden Parteien* gleichzeitig bestehen[60]. Auf der anderen Seite kann die Prozeßkostenhilfe verweigert werden, wenn ein Erfolg in der Hauptsache zwar nicht schlechthin ausgeschlossen, die Erfolgschance aber nur eine *entfernte* ist[61]. — Zu den **Vollstreckungsaussichten** → Rdnr. 31.

23 Dagegen ist es grundsätzlich[62] weder nötig noch zulässig, an die Erfolgsaussichten für eine **Rechtsverteidigung** geringere Anforderungen zu stellen als an die für eine Rechtsverfolgung[63]. Prozeßkostenhilfe kann hier allerdings auch dann bewilligt werden, wenn der Beklagte, der keinen Anlaß zur Klage gegeben hat, sofort anerkennt, weil er sich dann immer noch gegen die Kostenpflicht verteidigt[64]. Etwas anders gilt aber dann, wenn der Beklagte den gegen ihn erhobenen Anspruch nicht bestreitet, sondern lediglich geltend macht, er werde alsbald erfüllen[65]. *Einreden* des Beklagten sind bei der Prüfung eines Gesuchs des Klägers nicht von Amts wegen, sondern nur dann zu berücksichtigen, wenn sich aus dem Antrag, den beigefügten Unterlagen oder den gerichtlichen Ermittlungen (→ § 118 Rdnr. 22) ergibt, daß sie erhoben worden sind oder im Hauptsacheverfahren erhoben werden sollen[66]. Eine vom Beklagten angekündigte Hilfsaufrechnung mit einer unstreitigen Gegenforderung beseitigt die Erfolgsaussichten für die Klage nicht[67].

b) Zulässigkeit der Klage

24 Die Prüfung der Erfolgsaussichten umfaßt auch die Zulässigkeit der Klage[68] bzw. des Rechtsbehelfs[69] und des beabsichtigten Vorbringens[70] des Antragstellers. Insoweit genügt gleichfalls eine hinreichende Aussicht auf eine bejahende Entscheidung[71]. — *Prozeßhindernde Einreden*, etwa die Einrede des Schiedsvertrages (§ 1027a), können auch hier nicht von Amts wegen, sondern nur dann berücksichtigt werden, wenn sich der Gegner darauf beruft[72] (zur Mutwilligkeit in diesen Fällen → Rdnr. 28, 32 ff.). Zur *Zuständigkeit* für Hauptprozeß einerseits und Prozeßkostenhilfeverfahren andererseits → § 117 Rdnr. 3 ff.

c) Rechtsfragen

25 Maßgebend ist die eigene Auffassung des Gerichts auch in der Beurteilung der Rechtsfragen. Es ist aber nicht der Zweck des Bewilligungsverfahrens, ungeklärte, schwierige Rechtsfragen abschließend zu entscheiden[73]. Wenn also in einer umstrittenen Rechtsfrage bis zur

---

605; *LG Duisburg* AnwBl. 1984, 458; *LG Ulm* NJW-RR 1990, 637. — **A.M.** *OLG Koblenz* OLGZ 1991, 210; AnwBl. 1990, 327 (zurückhaltender in NJW-RR 1992, 707); *OLG Köln* FamRZ 1993, 215; MDR 1987, 62; *MünchKommZPO/Wax* Rdnr. 56; *Schneider* MDR 1987, 22; *Thalmann* (vor § 114 Fn. 1), Rdnr. 20 ff.
[59] *BVerfGE* 81, 357; *BVerfG* FamRZ 1993, 664; NJW 1992, 889; *OVG Koblenz* NVwZ 1991, 595.
[60] *LSG Mainz* AnwBl. 1981, 409.
[61] *BVerfGE* 81, 357.
[62] Vgl. die **Ausnahmen** unten Rdnr. 45 ff., ferner § 132 Abs. 1 Satz 2 PatG sowie § 119 S. 2 (dazu → § 119 Rdnr. 19).
[63] **A.M.** *OLG Frankfurt* MDR 1987, 61; *OLG Karlsruhe* FamRZ 1992, 78; 1989, 882 (für Unterhaltsklagen im Verbundverfahren); JurBüro 1992, 248 f.
[64] *OLG Hamburg* FamRZ 1988, 1077.
[65] *LG Aachen* NJW-RR 1993, 829; *LG Mannheim* WuM 1988, 269.

[66] *LG Siegen* DAVorm. 1978, 651.
[67] *OLG Köln* NJW-RR 1992, 259.
[68] Vgl. *OLG Frankfurt* KostRspr. ZPO § 114 Nr. 357 (L; anderweitige Rechtshängigkeit); *OLG Hamm* FamRZ 1988, 639 (fehlendes Rechtsschutzbedürfnis für Erstklage bei möglicher Abänderungsklage); *OLG Köln* BauR 1988, 631 und *Sieg* NJW 1992, 2992 (Einrede des Schiedsvertrages). — Zur fehlenden **Zuständigkeit** des Hauptsachegerichts → § 117 Rdnr. 3 ff.
[69] Vgl. *BGH* MDR 1985, 303 (unzulässige Anschlußrevision); *OLG Karlsruhe* MDR 1990, 929 (unzulässige Anschlußberufung).
[70] *OLG Stettin* JW 1930, 190 (Versagung wegen sicher zu erwartender Zurückweisung erheblichen Vorbringens als verspätet).
[71] Vgl. *OLG Hamm* NJW 1988, 3103 (zust. *Geimer*): umstrittene Rechtshängigkeit im Ausland.
[72] *OLG Köln* MDR 1990, 638.
[73] *BVerfGE* 81, 358; *BVerfG* FamRZ 1993, 665; NJW

Entscheidung über das Gesuch[74] (→ Rdnr. 37) keine feste höchstrichterliche Rechtsprechung vorhanden ist oder wenn sich die höchstrichterliche Rechtsprechung gewichtigen Einwänden der Untergerichte oder der Rechtslehre ausgesetzt sieht, so ist die Erfolgsaussicht zu bejahen. Das muß auch dann gelten, wenn das erkennende Gericht selbst eine ständige Rechtsprechung zu der ansonsten umstrittenen Rechtsfrage entwickelt hat[75], und zwar auch dann, wenn das über das Prozeßkostenhilfegesuch entscheidende Gericht letzte Instanz für die Hauptsache ist[76]. Die mittellose Partei soll nämlich ebenfalls die Chance haben, in einem voll ausgebauten Verfahren Einwände gegen die bisherige Rechtsprechung des Gerichts vorzubringen, solange die Frage insgesamt als umstritten und damit als offen zu bezeichnen ist[77].

d) Verfassungsrechtliche Prüfung

Stützt sich der Antragsteller auf die Verfassungswidrigkeit einer (nachkonstitutionellen) Norm und billigt das Gericht dem Vorbingen hinreichende Erfolgsaussichten zu, so ist im Bewilligungsverfahren **keine Vorlage** an das Bundesverfassungsgericht (Art. 100 Abs. 1 GG) erforderlich[78].

26

5. Keine Mutwilligkeit

a) Anforderungen

Das Gesetz verlangt in verfassungskonformer Weise[79], daß die Rechtsverfolgung oder Rechtsverteidigung nicht mutwillig ist. Diese Voraussetzung muß von der *Erfolgsaussicht* sauber getrennt werden und ist nicht etwa schon deshalb erfüllt, weil für das Rechtsschutzziel nur geringe, wenn auch hinreichende Erfolgsaussicht besteht[80]. Und sie muß auch vom *Rechtsschutzbedürfnis* getrennt werden: Ohne Rechtsschutzbedürfnis fehlt der Rechtsverfolgung schon die Erfolgsaussicht (→ Rdnr. 24), während die Rechtsverfolgung auch bei bestehendem Rechtsschutzbedürfnis gleichwohl mutwillig sein kann[81]. *Arglistiges* oder *böswilliges* Verhalten wird dabei *nicht* vorausgesetzt. Die Rechtsverfolgung ist vielmehr schon dann als mutwillig i. S. v. § 114 anzusehen, **wenn eine nicht Prozeßkostenhilfe beanspruchende Partei bei verständiger Würdigung der Umstände von der konkret beabsichtigten Prozeßführung absehen würde**[82]. Maßgebend dafür sind die *eigenen Interessen* des Gesuchstellers. Sie fehlen, wenn der Prozeß wirtschaftlich ausschließlich im Interesse anderer Personen liegt, die

27

1992, 889; *BGH* NJW MDR 1982, 564; *OLG Bamberg* JurBüro 1985, 1416; *BezG Cottbus* ZIP 1992, 813; *OLG Frankfurt* FamRZ 1992, 700; 1990, 314; MDR 1987, 61f.; NJW 1979, 2214 (*Schlaeger*); DAVorm. 1968, 375; *OLG Hamm* IPRax 1986, 234 (zust. *Böhmer* 217); *KG* FamRZ 1983, 292; DAVorm. 1971, 45; NJW 1953, 29; *OLG München* NJW-RR 1990, 112; 1986, 409; *OLG Schleswig* MDR 1979, 942; SchlHA 1979, 39f.; NJW 1949, 312; *OLG Stuttgart* DAVorm. 1972, 441; MDR 1965, 492 (*E. Schneider*, 753); *OVG Münster* JZ 1966, 186; *BFH* DB 1987, 568; KTS 1982, 665; BB 1981, 1387; *E. Schneider* MDR 1977, 621; sehr weitgehend *ArbG Regensburg* JurBüro 1992, 697 (immer, wenn ernstzunehmende Gegenposition vertreten wird). – A.M. *KG* NJW 1970, 476; *OLG Stuttgart* NJW-RR 1987, 914; *LG Itzehoe* SchlHA 1984, 147 (bei entscheidungsreifer Hauptsache).

[74] *BGH* NJW 1982, 1104 (L) = MDR 564f.

[75] Vgl. *OLG Hamm* NJW 1985, 2275; *OLG Karlsruhe* FamRZ 1988, 296; *OLG Stuttgart* Justiz 1973, 90.

[76] A.M. *KG* NJW 1970, 476; wohl auch *OLG Koblenz* NJW-RR 1986, 50.

[77] BVerfGE 81, 359.

[78] *OLG Frankfurt* FamRZ 1990, 316/1030; *OLG Hamburg* VersR 1971, 835, 836.

[79] BVerfGE 81, 357.

[80] *Bauer* VersR 1988, 176. – A.M. *LG Ulm* NJW-RR 1990, 637 (bei sehr geringer Erfolgsaussicht, niedrigem Streitwert und hohen Verfahrenskosten).

[81] *OLG Düsseldorf* NJW-RR 1992, 197; *Künkel* NJW 1985, 2668; *Sieg* NJW 1992, 2994. Vgl. auch *LG Heilbronn* MDR 1992, 612 (keine Mutwilligkeit bei zwischenzeitlichem Versuch, die Rechte handgreiflich »durchzusetzen«).

[82] Vgl. nur BVerfGE 81, 357; *BGH* NJW 1988, 267 = VersR 1987, 1186; *OLG Düsseldorf* NJW 1989, 2955; *OLG Stuttgart* FamRZ 1992, 1196.

den Prozeß auch selbst führen könnten[83] (→ aber auch Rdnr. 5). Ein Indiz für die Mutwilligkeit kann hier die Verletzung prozessualer Mitwirkungspflichten sein (→ § 118 Rdnr. 17). Wo es für die Beurteilung der Mutwilligkeit auf vorwerfbares Verhalten ankommt, kann auch *Anwaltsverschulden* zuzurechnen sein (→ § 85 Rdnr. 9).

b) Fallgruppen

28 Anzeichen für die Mutwilligkeit bestehen insbesondere in folgenden Fällen:

29 aa) Mutwillig ist i. d. R. eine Klage, zu der der Gegner keinen Anlaß i. S. v. § 93 gegeben hat[84]. Überhaupt muß sich die mittellose Partei in zumutbarem Maße um eine **gütliche Einigung** bemüht haben[85]. Es ist aber nicht mutwillig, wenn eine Partei einen Vergleich ablehnt, in dem sie trotz Durchsetzung ihrer Forderung Kosten übernehmen soll[86]. Wenn ein Unterhaltsgläubiger bei streitiger Unterhaltsspitze auch den unstreitigen Sockelbetrag miteinklagt, dann ist das im Hinblick darauf, daß künftige Streitigkeiten vermieden werden, nicht mutwillig[87], vorausgesetzt, es ist erfolglos versucht worden, den Unterhaltsschuldner zu einer außergerichtlichen Titulierung zu bewegen[88]. Kann ein Rechtsschutzziel, etwa die Regelung elterlicher Sorge für die Zeit des Getrenntlebens (§ 1672 BGB), nur gerichtlich erreicht werden, so ist ein entsprechendes Begehren auch dann nicht mutwillig, wenn der Gegner einverstanden ist[89] (→ auch Rdnr. 47).

30 bb) Mutwilligkeit liegt auch dann vor, wenn durch die Nichterlangung des Urteils der Partei voraussichtlich überhaupt kein oder wenigstens auf absehbare Zeit **kein nennenswerter wirtschaftlicher Nachteil** erwachsen würde, wie z. B. beim Streit um Eigentum oder Besitz an wertlosen oder von der Partei nicht benötigten Gegenständen (z. B. bei Nachlaßstreitigkeiten) u. a.[90]. Daß der wirtschaftliche Erfolg des Rechtsstreits schließlich einem Dritten zufließt (etwa einem Zessionar oder Sicherungsnehmer, für den der Antragsteller in Prozeßstandschaft klagen will), führt aber noch nicht zur Mutwilligkeit[91] (→ auch Rdnr. 7).

31 cc) Hierher[92] gehören auch die Fälle, in denen die beabsichtigte Rechtsverfolgung zwar Aussicht auf rechtlichen Erfolg hat, aber jegliche **Vollstreckungsaussichten fehlen**, denn hier würde dem Antragsteller durch die Versagung der Prozeßkostenhilfe und die damit verbun-

---

[83] Vgl. *OLG Celle* HRR 1930 Nr. 814 (Versagung für den Treugeber, wenn dieser durch den Prozeß wirtschaftlich nichts erlangen würde).
[84] Vgl. *OLG Bamberg* FamRZ 1992, 456; *OLG Frankfurt* FamRZ 1982, 1233; *OLG Hamm* FamRZ 1992, 832; VersR 1985, 77; *KG* FamRZ 1988, 519; *OLG Schleswig* FamRZ 1986, 1031.
[85] Vgl. *OLG Bamberg* FamRZ 1992, 456; 1987, 501; *OLG Braunschweig* DAVorm. 1987, 682 (2 Entsch.); *OLG Oldenburg* NdsRpfl. 1981, 253; *LG Mannheim* WuM 1988, 269; *LG Saarbrücken* Rpfleger 1973, 146; *AG Geldern* DAVorm. 1974, 676 (aber unzumutbar bei besonderer Zeitnot).
[86] *LG Wuppertal* NJW 1959, 1735; vgl. auch *OLG Bamberg* FamRZ 1992, 456.
[87] A.M. *OLG Düsseldorf* FamRZ 1981, 70 (L); *OLG Hamm* FamRZ 1992, 577; *OLG Köln* FamRZ 1988, 1295; 1983, 746; *OLG Schleswig* SchlHA 1985, 156 m. w. N.
[88] Ebenso *OLG Hamm* FamRZ 1992, 832; *KG* FamRZ 1988, 519; *OLG Karlsruhe* FamRZ 1991, 344; *OLG Nürnberg* NJW-RR 1993, 327 (aber nur, wenn der Schuldner die Titulierungskosten tragen kann); FamRZ 1986, 187; *Wax* JR 1985, 467; FamRZ 1985, 11; ähnlich *Künkel* NJW 1985, 2669. – Ohne diese Einschränkung (aber für Streitwertreduzierung) *OLG Düsseldorf* FamRZ 1987, 1280.

[89] *OLG Düsseldorf* NJW-RR 1992, 197.
[90] Z. B. Erwirkung eines **Kosten- und Verlustbeschlusses** nach § 515 Abs. 3, wenn keine Kosten entstanden (BGH JurBüro 1981, 1169), die Kosten schon erstattet (*OLG Braunschweig* NdsRpfl. 1954, 179) oder nicht eintreibbar sind (*OLG Karlsruhe* NJW-RR 1989, 1152; → auch Rdnr. 31). Es muß dann aber *jegliches* Interesse an dem Verlustbeschluß fehlen; vgl. BGH JurBüro 1981, 1169 (wenn die Wirksamkeit der Rechtsmittelrücknahme unzweifelhaft ist). Zu weit geht daher *KG* JR 1950, 278: Versagung für die Klage im Rechtsmittel, weil das erstrebte Urteil nach der Verwaltungspraxis von geringer praktischer Bedeutung ist. Vgl. auch *AG Osnabrück* WuM 1987, 157 (Versagung für Räumungsklage wegen Eigenbedarfs bei bevorstehender Zwangsversteigerung des Grundstücks); *OLG Schleswig* SchlHA 1978, 19 (Klage auf Unterhaltszahlung am Monatsersten bei regelmäßiger freiwilliger Zahlung zur Monatsmitte).
[91] Vgl. *OLG Hamm* FamRZ 1980, 546 (*Fischer*).
[92] Nach anderer Ansicht handelt es sich um eine Frage der hinreichenden Erfolgsaussicht; vgl. statt vieler *Zöller/Philippi*[18] Rdnr. 29 m. w. N.; offen *OLG Köln* MDR 1990, 1020.

dene Nichterlangung des Titels kein nennenswerter wirtschaftlicher Schaden entstehen. Steht also *endgültig*[93] *oder wenigstens auf lange Zeit*[94] fest, daß der Gegner vermögenslos ist, gegen ihn also doch nicht vollstreckt werden könnte, so ist die Prozeßkostenhilfe zu versagen[95]. Dasselbe gilt, wenn die Vollstreckung daran scheitern muß, daß der Antragsteller nicht in der Lage sein wird, eine Zug um Zug zu erbringende Gegenleistung anzubieten[96]. Besondere Verhältnisse, z.B. bevorstehende Verjährung, drohender Verlust von Regreßansprüchen, Gefahr des Verlustes oder der Verschlechterung von Beweismitteln[97], können die Bewilligung trotz schlechter Vollstreckungsaussichten rechtfertigen[98]. Schließlich kann die Bewilligung für Klagen gegen *Ausländer* zu versagen sein, wenn sie in Deutschland kein zugriffsfähiges Vermögen besitzen und eine Vollstreckung in ihrem Heimatland wirtschaftlich aussichtslos ist[99] oder daran scheitern würde, daß das deutsche Urteil dort nicht anerkannt wird[100]; bei *Unterhaltsklagen* sollte die Prozeßkostenhilfe im Hinblick auf die Verjährungsunterbrechung und die Möglichkeit späteren Vermögenserwerbs allerdings im allgemeinen auch dann nicht verweigert werden, wenn zur Zeit keine Vollstreckung möglich erscheint[101].

dd) Die Prozeßkostenhilfe ist ferner dann zu versagen, wenn die Partei den von ihr verfolgten Zweck auf einem **billigeren Weg** als dem von ihr eingeschlagenen erreichen kann. Es muß von der mittellosen Partei verlangt werden, daß sie bei der Verfolgung ihrer Rechte diejenigen Maßnahmen ergreift, die die geringsten Kosten verursachen[102]. Das gilt u. U. auch dann, wenn ein *Prozeß im Ausland* billiger wäre und die Prozeßführung dort zugemutet werden kann[103]. So kann die Verfolgung eines zur Zuständigkeit des Landgerichts gehörenden Anspruchs vor diesem mutwillig sein, wenn der Anspruch voraussichtlich unbestritten bleiben wird und somit vom Standpunkt einer nicht Prozeßkostenhilfe beantragenden Partei das *Mahnverfahren* zunächst der gegebene Weg wäre[104], ebenso, wenn (etwa nach Klagerücknahme) Prozeßkostenhilfe für ein *zweites Verfahren* beantragt wird, obwohl das erste – gegebenenfalls unter Klageerweiterung – hätte fortgesetzt werden können[105], ferner, wenn Ansprüche in *getrennten Prozessen* vor unterschiedlichen Gerichten geltend gemacht werden, obwohl billiger ein Verfahren vor einem Gericht möglich gewesen wäre[106], wenn ein Hauptantrag gestellt wird, wo ein billigerer *Hilfsantrag* genügt hätte[107], wenn Prozeßkostenhilfe unter Beiordnung eines Anwalts für eine weitere Beschwerde beantragt wird, die durch *Erklärung zu Protokoll der Geschäftsstelle* eingelegt werden könnte[108] (→ aber zur Bewilli-

32

---

[93] So *OLG Hamm* JurBüro 1987, 1557.
[94] So *OLG Köln* MDR 1990, 1020.
[95] Vgl. *OLG Koblenz* OLGZ 1988, 124.
[96] *OLG Düsseldorf* MDR 1982, 59.
[97] Vgl. *OLG Karlsruhe* JW 1933, 2403.
[98] *OLG Hamm* JurBüro 1987, 1557.
[99] *LG Wuppertal* Rpfleger 1985, 210.
[100] *LG Würzburg* DAVorm. 1967, 99.
[101] Vgl. zur Unterhaltsklage gegen in ihre Heimat zurückgekehrte Ausländer *LG Ellwangen* DAVorm. 1970, 56; *LG Mainz* DAVorm. 1968, 276; *LG Siegen* DAVorm. 1969, 181; zur Klage auf Feststellung der Vaterschaft und Unterhalt *KG* ZBlJugR 1976, 255. – **A.M.** *LG Wuppertal* Rpfleger 1985, 210.
[102] *BayObLG* Rpfleger 1990, 127 (aber auch FamRZ 1990, 1123f.); *OLG Bamberg* NJW-RR 1990, 74 = FamRZ 1987, 187; JurBüro 1988, 1059; *OLG Hamm* NJW 1990, 1053; *OLG Koblenz* FamRZ 1992, 836; *OLG Oldenburg* MDR 1958, 694; *OLG Schleswig* SchlHA 1955, 19; 1948, 188.

[103] *OLG Frankfurt* FamRZ 1991, 94; aber auch *OLG Frankfurt* IPRax 1983, 46 (L); *OLG Hamburg* IPRax 1987, 37 (L).
[104] *OLG Königsberg* JW 1932, 661; *OLG München* ZZP 56 (1931), 337; *OLG Stuttgart* MDR 1955, 556; JW 1936, 2663.
[105] *OLG Hamm* RPfleger 1985, 415; *OLG Köln* NJW-RR 1988, 1477 (4. Scheidungsantrag nach dreimaliger Rücknahme); *LAG Düsseldorf* JurBüro 1989, 1442; 1987, 605 und 287. – Anders für (zweites) Scheidungsverfahren nach Versöhnungsversuch zutr. *OLG Karlsruhe* FamRZ 1989, 1313; noch weitergehend *OLG Frankfurt* FamRZ 1982, 1224 (L).
[106] *OLG Karlsruhe* NJW-RR 1988, 1389; für im Familienverbund mögliche Asylverfahren auch *OVG Münster* DÖV 1993, 81.
[107] *LAG Düsseldorf* JurBüro 1989, 1441 (zust. *Mümmler*).
[108] *BayObLG* FamRZ 1993, 348; 1984, 199 (L).

gung für einzelne Prozeßhandlungen auch § 119 Rdnr. 4), wenn dem Kläger statt der Klage eine *Aufrechnung* möglich wäre[109] oder wenn ein vertraglich vorgesehenes *Schiedsverfahren* nicht betrieben wird[110]. – Zu den *Unterhaltsprozessen* → Rdnr. 51.

33 Die Rechtsverfolgung wird aber **nicht** schon dadurch mutwillig, daß der Antragsteller sie einleitet, ohne die *Bescheidung des Prozeßkostenhilfegesuchs abzuwarten*[111]; nur trägt er dann eben das Risiko, daß ihn die verursachten Kosten treffen, wenn ihm die Prozeßkostenhilfe verweigert wird[112]. Von dem Antragsteller kann ferner nicht verlangt werden, daß er sich mit der Geltendmachung eines *Teilbetrages* begnügt, denn es kann nur ausnahmsweise erwartet werden, daß eine Partei auf das Urteil über den Teilbetrag die Schuld voll bezahlt, so daß regelmäßig ein zweiter Prozeß notwendig wird[113]. Ebenso wenig kann verlangt werden, daß die Partei anstelle einer *Stufenklage* mit einer Klage auf Auskunft oder Rechnungslegung vorliebnimmt[114] oder sich – wo dies zulässig ist – mit einem unbezifferten Antrag zufrieden gibt und dessen Bestimmung richterlichem Ermessen überläßt, solange der bezifferte Antrag hinreichende Erfolgsaussichten bietet[115]. Vielmehr muß im Gegenteil verlangt werden, daß anstelle getrennter Auskunfts- und Leistungsklage gleich Stufenklage erhoben wird[116], wobei dann die Prozeßkostenhilfe auch für beide Stufen bewilligt werden muß (→ auch Rdnr. 51 sowie ausf. § 119 Rdnr. 6). Vorrangig ist auch nicht die Inanspruchnahme von *Gutachterstellen*, deren Spruch für das Zivilverfahren unverbindlich ist[117], und es geht auch zu weit, dem Antragsteller entgegenzuhalten, daß er eine *Rechtsschutzversicherung* hätte abschließen (und deren Schutz sich erhalten) können[118] (→ auch Rdnr. 20; zur Auswirkung auf die Leistungsfähigkeit → § 115 Rdnr. 131). – Zum Verhältnis von Vorprozeß und *Abänderungsklage* → Rdnr. 59.

34 ee) An einem rechtsschutzwürdigen Interesse fehlt es, wenn eine Rechtsverfolgung oder Rechtsverteidigung **gar nicht ernstlich beabsichtigt** ist, sondern z. B. der Bcklagte ohnehin anerkennen will[119] oder der Kläger ein Rechtsmittel nur einlegt, um seine Klage zurückzunehmen[120]. Hierher können auch die Fälle gezählt werden, in denen ein Aktionär Anfechtungsklage erhebt, um sich die Klage abkaufen zu lassen[121]; allerdings fehlt hier meist schon die Erfolgsaussicht, weil die Klage rechtsmißbräuchlich ist.

35 ff) Je nach Lage des Falles ist die beabsichtigte Rechtsverfolgung u. U. auch dann mutwillig, wenn über die streitige Rechtsfrage – sei es zwischen den Parteien, sei es in einem »Musterprozeß« zwischen anderen Parteien – schon **ein anderes Verfahren anhängig** ist, namentlich dann, wenn sich der beklagte Teil verpflichtet, die in dem Parallelfall zu seinen Ungunsten ergehende Entscheidung auch im Verhältnis zu dem Antragsteller gegen sich gelten zu lassen;

---

[109] Vgl. *OLG Köln* NJW-RR 1992, 260 (daß der Gegner aufrechnen kann, macht die Klage nicht mutwillig).
[110] *OLG Köln* MDR 1990, 638; *Sieg* NJW 1992, 2992; hier fehlt u. U. schon die Erfolgsaussicht, → Rdnr. 24.
[111] **A.M.** *Schneider* MDR 1978, 270. – Die Klageerhebung indiziert auch die Leistungsfähigkeit nicht, → § 118 Rndr. 23.
[112] Vgl. *OLG Karlsruhe* FamRZ 1987, 728, *OLG Oldenburg* NJW-RR 1991, 189 und *SchlH.LSG* SchlHA 1984, 116 (bei zwischenzeitlicher Erledigung; → dazu auch § 119 Rdnr. 34).
[113] *OLG Braunschweig* JurBüro 1980, 137 f.; *OLG Celle* NdsRpfl. 1951, 200; *OLG Köln* NJW 1961, 610; *Böhmer* IPRax 1986, 217 f.; *Rasehorn* NJW 1961, 591; *Schneider* MDR 1978, 269. – **A.M.** *OLG Frankfurt* FamRZ 1984, 809.
[114] *OLG Düsseldorf* FamRZ 1992, 457; *OLG Köln* NJW 1962, 814. – **A.M.** *OLG Hamm* FamRZ 1986, 924 (Auskunftsklage statt der erhobenen Leistungsklage zumutbar).

[115] *OLG Karlsruhe* NJW 1957, 533; deshalb nicht bei unklarem Sachverhalt, *OLG Hamm* NJW-RR 1989, 383; *OLG Köln* NJW 1960, 1623. – Grds. anders *OLG Düsseldorf* JurBüro 1988 1057 (abl. *Mümmler*).
[116] **A.M.** (bei vernünftigen Gründen) *OLG Düsseldorf* MDR 1992, 1006.
[117] *OLG Düsseldorf* NJW 1989, 2955; *OLG Oldenburg* NdsRpfl. 1988, 216; *Sieg* NJW 1992, 2992 f.; *Stegers* AnwBl. 1989, 137. – **A.M.** *LG Aurich* NJW 1986, 792 (abl. *Matthies*); *LG Dortmund* JZ 1988, 255 (abl. *Giesen*).
[118] **A.M.** *Sieg* NJW 1992, 2995 f.
[119] *OLG München* OLGRspr. 29 (1914), 90.
[120] *KG* JR 1950, 278 (auch in Ehesachen). Anders im Einzelfall *LAG München* AnwBl. 1990, 176 (L) = 1988, 122.
[121] Vgl. *OLG Karlsruhe* ZIP 1990, 719 (mit angreifbarer Begründung).

gegebenenfalls kann das Gericht bei der Anhörung des Gegners (§ 118 Abs. 1 Satz 1) eine derartige Erklärung anregen. Es geht zwar zu weit, die Prozeßkostenhilfe für eine beabsichtigte Unterlassungsklage nur deshalb zu verweigern, weil wegen derselben Rechtsverletzung eine *Privatklage* schwebt oder erhoben werden könnte[122]. Die Erhebung einer *zweiten Klage* desselben Antragstellers[123] oder die Erhebung einer *Widerklage* neben dem Klageabweisungsantrag[124] kann aber mutwillig sein, wenn im Rahmen des (hauptsächlichen) Klageantrags ohnehin über die streitige Frage entschieden wird (→ auch Rdnr. 56).

gg) Keinesfalls kann die Prozeßkostenhilfe für eine **Rechtsverteidigung** schon deshalb versagt werden, weil das Gericht, insbesondere im Bereich des Untersuchungsgrundsatzes, alles *von Amts wegen zu prüfen* habe und deshalb sich die Partei selbst nicht zu verteidigen brauche[125] oder weil das Gericht z. B. die Höhe des Schmerzensgeldes ja nach seinem billigen Ermessen festsetze[126]. Das Gericht darf die Prozeßkostenhilfe für eine Verteidigung auch nicht etwa deshalb versagen, weil es die *Klage* oder das Rechtsmittel ohnedies für *aussichtslos* hält[127]. 36

III. Maßgeblicher Zeitpunkt

1. Grundsätze

Es ist weitgehend unstreitig, daß die vorstehend erörterten Voraussetzungen *grundsätzlich* nach den Verhältnissen **im Zeitpunkt der Entscheidung** über das Prozeßkostenhilfegesuch zu beurteilen sind[128]. Das gilt für alle Voraussetzungen gleichermaßen, auch für die *Leistungsunfähigkeit*, für deren Beurteilung früheres Vermögen nur dann eine Rolle spielt, wenn sich die Partei absichtlich mittellos gemacht hat (→ Rdnr. 20 sowie § 115 Rdnr. 88; zur Berücksichtigung künftiger Leistungsfähigkeit → § 115 Rdnr. 90). Dieser Grundsatz bereitet keine Schwierigkeiten, wenn der Antragsteller in der Hauptsache inzwischen obsiegt hat, denn dann ist jedenfalls die Erfolgsaussicht ohne weiteres zu bejahen. Ist die Partei aber zum Zeitpunkt der Prozeßkostenhilfeentscheidung nicht mehr bedürftig oder erscheint das Rechtsschutzbegehren nunmehr mutwillig oder ohne Erfolgsaussicht, so ist die Prozeßkostenhilfe zu versagen, mag es sich auch im Zeitpunkt der Antragstellung anders dargestellt haben. Das gilt auch für das **Beschwerdegericht**, das den Kenntnisstand im Moment der Beschwerdeentscheidung zugrundezulegen hat, gleichviel, ob das erstinstanzliche Gericht nach seinem damaligen Kenntnisstand richtig oder falsch entschieden hat[129]. 37

---

[122] *OLG Düsseldorf* JMBl.NRW 1949, 113.
[123] Vgl. *OLG Bamberg* JurBüro 1989, 416 (Mutwillige negative Feststellungsklage, wenn über das streitige Rechtsverhältnis inzidenter auch im gleichzeitig anhängigen Leistungsprozeß des Antragstellers gegen denselben Beklagten entschieden wird).
[124] Vgl. für die negative Feststellungswiderklage *OLG Hamm* FamRZ 1984, 481 (L); für eine positive Feststellungswiderklage *KG* OLGZ 1970, 161; *OLG München* DAVorm. 1989, 633.
[125] BVerfGE 7, 53 = NJW 1965, 1228 = JZ 542.
[126] *OLG Stuttgart* JW 1934, 2498.
[127] *OLG Schleswig* SchlHA 1979, 160. Anders für den Fall, daß der Beklagte das Gesuch erst zu einem Zeitpunkt stellt, zu dem der Rechtsstreit entscheidungsreif ist, *KG* JW 1930, 2990.
[128] Vgl. nur *BGH* NJW 1982, 1104 (L) = MDR 564 f.; *OLG Düsseldorf* FamRZ 1987, 1073; 1985, 1141; *OLG Düsseldorf* NJW-RR 1989, 384; JurBüro 1989, 114; 1986, 933 (zust. *Mümmler*); *OLG Frankfurt* MDR 1986, 857; FamRZ 1984, 306; *OLG Hamburg* FamRZ 1987, 843 f.; *OLG Hamm* VersR 1988, 513 f.; FamRZ 1986, 80; *OLG Köln* FamRZ 1990, 642; *OLG Saarbrücken* JurBüro 1985, 600 (zust. *Mümmler*); *OLG Zweibrücken* 1986, 458; *LAG Nürnberg* LAGE § 114 ZPO Nr. 15; *ArbG Regensburg* JurBüro 1990, 1301; *VGH Baden-Württemberg* (13. Senat) VBl.BW 1987, 296 f.; *OVG Münster* FamRZ 1993, 715. – **A.M.** (Zeitpunkt der Antragstellung) VBl.BW 1987, 296; *SG Freiburg* AnwBl. 1992, 143; *OLG Frankfurt* JurBüro 1985, 1255 (abl. *Mümmler*); *OLG Karlsruhe* FamRZ 1988, 738; JurBüro 1983, 452 (abl. *Mümmler*); *LAG Baden-Württemberg* JurBüro 1988, 366; *VGH Baden-Württemberg* (11. Senat) VBl.BW 1987, 296; *SG Freiburg* AnwBl. 1992, 143; *Christl* MDR 1983, 625 f. (Bewilligung dann bis zum Zeitpunkt des Wegfalls der Voraussetzung). – Zum Sonderfall der verwaltungsgerichtlichen Untätigkeitsklage s. *OVG Münster* AnwBl. 1993, 402.
[129] *OLG Bamberg* JurBüro 1991, 845 f.; 1990, 1644; *OLG Düsseldorf* NJW-RR 1989, 384; *OLG Köln* MDR 1992, 514; *LG Osnabrück* MDR 1987, 1031.

2. Ausnahme bei Säumigkeit des Gerichts

38 Fraglich ist, ob der Zeitpunkt der Entscheidung auch dann maßgebend sein kann, wenn das Gericht die **Prozeßkostenhilfeentscheidung verzögert** hat. Hier wird teilweise vertreten, es müsse aus Billigkeitsgründen auf den Kenntnisstand im Moment der **Entscheidungsreife** abgestellt werden: Hätte das Gericht damals, wie es seine Pflicht war (→ § 118 Rdnr. 5, 29), umgehend entschieden und nach dem damaligen Kenntnisstand Prozeßkostenhilfe bewilligen müssen, dann müsse sie auch jetzt bewilligt werden, denn die Säumigkeit des Gerichts dürfe nicht zu Lasten des Antragstellers gehen[130]. Die *Gegenansicht* will hingegen auch in diesen Fällen auf den Zeitpunkt der Entscheidung abstellen, da das Gericht die Prozeßkostenhilfe nicht wider besseres Wissen bewilligen dürfe[131]. Richtigerweise ist zu differenzieren:

a) Leistungsfähigkeit

39 Ist die Partei im Zeitpunkt der Entscheidung nicht mehr bedürftig, so kann ihr Prozeßkostenhilfe nicht bewilligt werden, denn das Gericht müßte die Prozeßkostenhilfeentscheidung gemäß § 120 Abs. 4 sogleich wieder ändern, da sich die Vermögenslage nach dem für die Bewilligungsentscheidung maßgeblichen Zeitpunkt verbessert hat[132]. Diese Änderung wirkt zwar grundsätzlich nur ex nunc, führt aber im Ergebnis gleichwohl zu einer Nachzahlungspflicht (→ § 120 Rdnr. 23), so daß die Partei wirtschaftlich selbst dann nichts gewonnen hätte, wenn der Prozeßkostenhilfeentscheidung nicht nur der Kenntnisstand bei Entscheidungsreife zugrundezulegen, sondern auch Rückwirkung beizumessen wäre (näher dazu → § 119 Rdnr. 27).

b) Erfolgsaussicht und Mutwilligkeit

40 Anders wird man hinsichtlich der objektiven Voraussetzungen, insbesondere hinsichtlich der Erfolgsaussicht, entscheiden müssen. Hier geht es zumeist um die Fälle, in denen das Gericht den Prozeßkostenhilfeantrag trotz Entscheidungsreife (!) nicht beschieden, sondern stattdessen in der Hauptsache (oder unzulässigerweise im Bewilligungsverfahren, → § 118 Rdnr. 26) Beweis erhoben und dann die Hauptsache entschieden sowie den Prozeßkostenhilfeantrag zurückgewiesen hat, weil nun feststeht, daß das zunächst erfolgversprechend erscheinende Rechtsschutzbegehren tatsächlich keinen Erfolg hatte. Ein solches Vorgehen ist

---

[130] *OLG Bamberg* JurBüro 1991, 1670 und 845f.; 1989, 832; 1987, 1044; FamRZ 1987, 1073; 1985, 1141; *OLG Braunschweig* JurBüro 1980, 138; *OLG Düsseldorf* JurBüro 1989, 113f.; 1980, 1086; FamRZ 1989, 81; 1986, 697 (aber Bewilligung dann nur für die bis zum Wegfall der Voraussetzung entstandenen Kosten; ebenso *OLG Karlsruhe* FamRZ 1988, 738; *Christl* MDR 1983, 625f.); DAVorm. 1985, 1009; *OLG Frankfurt* JurBüro 1982, 774; *OLG Hamm* FamRZ 1989, 1203; 1986, 80; *OLG Karlsruhe* FamRZ 1992, 195 (entsprechend für eine rechtzeitige, aber unrichtige Entscheidung); OLGZ 1988, 127; *OLG Köln* FamRZ 1988, 1078; 1985, 1168; *OLG Nürnberg* FamRZ 1991, 581 (L); *LG Bochum* JurBüro 1986, 290; *LG Kiel* SchlHA 1982, 152; *LG Osnabrück* MDR 1987, 1031; *LAG Berlin* AnwBl. 1984, 163; *ArbG Regensburg* JurBüro 1992, 46; *VGH Baden-Württemberg* FamRZ 1988, 857; *OVG Bremen* AnwBl. 1990, 570; NVwZ-RR 1989, 586; *OVG Hamburg* FamRZ 1987, 178; *OVG Koblenz* NVwZ 1991, 596; *BSG* JurBüro 1988, 507; *Beyer* JurBüro 1989, 444; *Blümler* MDR 1983, 99; *Künkel* DAVorm. 1983, 350; wohl auch *BFH* DB 1987, 568; BB 1981, 1387; vgl. auch *BVerfGE* 81, 355f.; JZ 1988, 606.

[131] *OLG Frankfurt* MDR 1986, 857; JurBüro 1982, 1261; *OLG Hamburg* FamRZ 1987, 843f.; *OLG Hamm* JurBüro 1988, 646; 1986, 1730 und 295; FamRZ 1985, 825; *OLG Karlsruhe* FamRZ 1990, 81; 1985, 1274; *OLG Saarbrücken* JurBüro 1985, 600 (abl. *Mümmler*); *OLG Zweibrücken* FamRZ 1981, 205 (L); *LAG Düsseldorf* JurBüro 1990, 98; 1988, 509; 1987, 450; 1986, 608; *LAG Schleswig* SchlHA 1989, 112; NZA 1984, 173; *OVG Koblenz* JurBüro 1990, 752; NJW 1982, 2834 = AnwBl. 1983, 278 (abl. *Bönker*); *LSG Baden-Württemberg* KostRspr. § 118 ZPO Nr. 19 (zust. *Schneider*); *Mümmler* JurBüro 1985, 1619; *MünchKommZPO/Wax* Rdnr. 70ff.; *Schneider* AnwBl. 1987, 467; Rpfleger 1985, 433 (anders noch MDR 1977, 620); tendenziell auch *OLG Düsseldorf* NJW-RR 1989, 384; FamRZ 1984, 305.

[132] *OLG Bamberg* JurBüro 1988, 772; *OLG Frankfurt* JurBüro 1982, 1261; *OLG Hamburg* FamRZ 1987, 844; *OLG Köln* FamRZ 1990, 642; *LAG Düsseldorf* JurBüro 1989, 1440; *OVG Münster* NVwZ-RR 1993, 168.

unzulässig (→ § 118 Rdnr. 29). Hätte das Gericht sich korrekt verhalten, hätte es Prozeßkostenhilfe bewilligen, insbesondere unter den Voraussetzungen des § 121 einen Anwalt beiordnen müssen. Wegen der unzulässigen Verfahrensweise hat die Partei die Kosten vorschießen müssen und möglicherweise nicht so effektiv prozessieren können wie bei rechtzeitiger Bewilligung. Bedenkt man, daß hier Amtshaftungsansprüche im Raum stehen (→ § 118 Rdnr. 2), so erscheint es zutreffend, wenigstens in diesen Fällen den Kenntnisstand bei Entscheidungsreife zugrundezulegen[133].

Das muß dann auch unabhängig davon gelten, ob die Hauptsacheentscheidung inzwischen **rechtskräftig** ist oder nicht[134], denn die Rechtskraft beseitigt weder den Verfahrensfehler noch den Schaden der Partei[135]. Auch die These, der Antragsteller habe es in der Hand gehabt, Beweiserhebung oder Entscheidung in der Hauptsache **durch eine Beschwerde zu verhindern**[136], vermag nicht zu überzeugen. Denn weder ist gesichert, daß in diesen Fällen überhaupt eine Beschwerdemöglichkeit besteht (→ § 118 Rdnr. 31), noch ist ersichtlich, wie eine Prozeßkostenhilfebeschwerde die Hauptsacheentscheidung und deren Rechtskraft verhindern könnte. 41

3. Ausnahme bei besonderen Vertrauenstatbeständen

Auch wenn das Gericht nicht säumig war, kann es doch geboten sein, auf den Kenntnisstand zu einem früheren Zeitpunkt abzustellen, wenn das Gericht einen besonderen Vertrauenstatbestand geschaffen hat, kraft dessen die Partei davon ausgehen durfte, es werde Prozeßkostenhilfe bewilligt[137]. 42

4. Konsequenzen für die Entscheidung

Liegen die Voraussetzungen in dem (nach den vorstehend dargelegten Grundsätzen ermittelten) maßgeblichen Zeitpunkt vor, so muß Prozeßkostenhilfe **bewilligt** werden. Liegen die Voraussetzungen nicht vor, ist das Gesuch entweder als (zur Zeit) unbegründet **zurückzuweisen** oder die Entscheidung **aufzuschieben**. Letzteres kommt etwa dann in Betracht, wenn noch offen ist, ob die Klage überhaupt durchgeführt werden soll, denn dann bestehen auf Seiten des Klägers Bedenken hinsichtlich der Mutwilligkeit (→ Rdnr. 29), auf Seiten des Beklagten hinsichtlich seiner Parteistellung[138] (→ Rdnr. 3). Dem *Rechtsmittelbeklagten* ist im allgemeinen erst nach Ablauf der Begründungsfrist Prozeßkostenhilfe zu bewilligen, weil sich erst dann beurteilen läßt, ob das Rechtsmittel zulässig oder nach §§ 519b, 554a zu verwerfen ist[139]. Selbst nach Eingang der Rechtsmittelbegründung besteht noch kein Anlaß zur Bewilli- 43

---

[133] Auf *BGH* NJW 1982, 1104 (L) = MDR 564 kann sich die Gegenansicht nicht berufen, denn dort ging es weder um verzögerliches Verhalten des Gerichts noch um eine »Klärung« der Erfolgsaussichten durch Beweisaufnahme, sondern um die Klärung einer zweifelhaften Rechtsfrage. Auch *OLG Köln* MDR 1992, 514 steht nicht entgegen, da der Prozeßkostenhilfeantrag rechtzeitig entschieden und die zwischenzeitliche Hauptsacheentscheidung ein Versäumnisurteil gegen den Antragsteller war.
[134] A.M. *OVG Bremen* JurBüro 1987, 444 (*Mümmler*); *OVG Koblenz* NJW 1982, 2834 = AnwBl. 1983, 278 (abl. *Bönker*); *BFH* KostRspr. ZPO § 114 Nr. 167 (L); BB 1984, 2250; ebenso (aber für Fälle, in denen keine unzulässige Beweisaufnahme vorlag) *OLG Frankfurt* MDR 1986, 857; 1983, 137 = AnwBl. 1982, 533 (abl. *Chemnitz*).
[135] Ebenso *VGH Baden-Württemberg* FamRZ 1988, 857.

[136] *OLG Hamburg* FamRZ 1987, 843f.; *LAG Düsseldorf* JurBüro 1987, 450; *Schneider* Rpfleger 1985, 433. – Abl. u.a. *OLG Hamm* FamRZ 1989, 1203; *Blümler* MDR 1983, 99.
[137] *OLG Karlsruhe* FamRZ 1990, 81; 1988, 738; vgl. auch *OLG Karlsruhe* FamRZ 1987, 1167.
[138] Vgl. *OLG Bremen* FamRZ 1989, 198, *OLG Karlsruhe* FamRZ 1988, 1182 und *OLG Stuttgart* JW 1933, 1606: Keine Bewilligung für den *Beklagten*, solange der Kläger die nach § 65 GKG geforderte Prozeßgebühr nicht bezahlt hat; ferner *OLG Zweibrücken* FamRZ 1985, 301.
[139] *BGH* FamRZ 1988, 942; NJW 1982, 446; JZ 1954 196 (*Lauterbach*) = NJW 149 (*Schubart*); *OLG Frankfurt* Rpfleger 1980, 195; *KG* JR 1959, 221; *OLG Karlsruhe* NJW-RR 1989, 1152; FamRZ 1987, 844; *OLG Köln* NJW-RR 1987, 954; FamRZ 1973, 154; *OLG Schleswig* SchlHA 1976, 112; *OLG Zweibrücken* JurBüro 1984, 770. – Anders *OLG Karlsruhe* OLGZ

gung, solange über ein Prozeßkostenhilfegesuch des Gegners (Rechtsmittelklägers) noch nicht entschieden ist[140], ein Verhandlungstermin noch nicht anberaumt ist und auch sonst noch nicht feststeht, ob das Rechtsmittel durchgeführt werden wird[141]. Doch kann auch in allen diesen Fällen sofortige Bewilligung geboten sein, z.B. wenn bei Verzögerung der Klageerhebung Fristablauf droht oder wenn bei einem Rechtsmittel die Zulässigkeit (Wiedereinsetzung bei verspätetem Rechtsmittel) so zweifelhaft ist, daß schon in diesem Stadium des Verfahrens der Gegenpartei nicht gut durch Versagung der Prozeßkostenhilfe die Möglichkeit genommen werden kann, ihre Bedenken vorzubringen.

IV. Teilweise Begründetheit

44   Liegen die Voraussetzungen nur teilweise vor, so kann die Prozeßkostenhilfe auch nur teilweise bewilligt werden. Das ergibt sich für die *Leistungsunfähigkeit* bereits aus dem Wortlaut des § 114 S. 1 (→ auch Rdnr. 19). Entsprechendes gilt aber auch dann, wenn *hinreichende Erfolgsaussicht* nur für einen Teil des geltend gemachten oder abzuwehrenden Anspruchs besteht[142], also etwa ein dem Grunde nach berechtigter Anspruch in der Höhe überzogen ist, oder wenn die Rechtsverfolgung hinsichtlich eines Teils *mutwillig* erscheint (→ dazu aber auch Rdnr. 33), etwa wenn gegen einen Ausländer, in dessen Heimatland das deutsche Urteil nicht anerkannt wird (→ Rdnr. 31), ein Anspruch geltend gemacht wird, zu dessen Erfüllung das Inlandsvermögen des Beklagten nur teilweise ausreicht. Dabei ist jedoch zu bedenken, daß die Partei ein berechtigtes Interesse an einem Urteil über einen Betrag haben kann, der die Berufungs- oder Revisionssumme erreicht. Außerdem droht möglicherweise die Gefahr der Verjährung oder des Ablaufs sonstiger Fristen, die allerdings durch einen gegebenenfalls vom Gericht anzuregenden Verzicht auf die sich aus dem Fristablauf ergebenden Rechte ausgeschaltet werden könnte. – Zur *sachlichen Zuständigkeit* für die Entscheidung bei nur teilweiser Begründetheit → oben Rdnr. 24 sowie § 117 Rdnr. 10. – Unzulässig ist hingegen die Beschränkung auf einen Teil des beabsichtigten Vorbringens, z.B. die Erhebung einer Einrede[143], oder auf eine von mehreren Begründungen desselben Anspruchs oder auf einzelne Beweismittel[144].

V. Ehe und Kindschaftssachen

1. Allgemeines

45   Der Umstand, daß eine außergerichtliche Erledigung des Streits in Ehe-, Kindschafts- und ähnlichen Sachen nicht möglich ist, ändert nach h. M. nichts daran, daß auch dem *Beklagten* Prozeßkostenhilfe nur dann zu bewilligen ist, wenn seine Rechtsverteidigung hinreichende Aussicht auf Erfolg bietet und nicht mutwillig erscheint (→ Rdnr. 47ff., 55). Das ist **bedenklich**, denn die Prüfung der Erfolgsaussichten ist hier nicht zum Schutz des Klägers gerechtfertigt, weil die Rechtsordnung selbst den Prozeß in allen Fällen verlangt (auch wenn der Beklagte den Standpunkt des Klägers teilt). Einerseits den Beklagten stets (auch wenn er selbst sich gar nicht wehren will) in einen Prozeß zu zwingen, andererseits dem mittellosen

---

1987, 448 und früher *OLG Braunschweig* JW 1929, 3181; *KG* JW 1928, 1872.
[140] Vgl. *OLG Schleswig* SchlHA 1952, 10.
[141] *BGH* LM Nr. 3 zu § 119 a.F.; vgl. auch *OLG Köln* JMBl.NRW 1955, 207; *OLG Oldenburg* NdsRpfl. 1960, 181.
[142] *OLG Bamberg* JurBüro 1981, 612; *OLG Koblenz* AnwBl. 1989, 49; *OLG Köln* NJW-RR 1992, 258; VersR 1989, 519; *FG München* JurBüro 1988, 1712; *Mümmler* JurBüro 1981, 499. – Vgl. auch *OLG Karlsruhe* FamRZ 1992, 966 (keine Aufteilung nach Streitwerten).
[143] *Schneider* JurBüro 1969, 112.
[144] *OLG Celle* NdsRpfl. 1969, 158.

Beklagten die Wahrnehmung der prozessualen Rechte bei mangelnder Erfolgsaussicht zu versagen, ist ein Selbstwiderspruch der Rechtsordnung, der mit dem Rechtsstaatsprinzip nur schwer vereinbar ist. Es ist deshalb richtig, in diesen Fällen auf der Beklagtenseite auf die Prüfung der Erfolgsaussichten zu verzichten[145]. Das *Bundesverfassungsgericht* hat allerdings die Gegenansicht nicht für verfassungswidrig gehalten[146].

2. Scheidungsverfahren

Wer das Scheidungsverfahren betreibt und *für seinen Scheidungsantrag* Prozeßkostenhilfe begehrt, muß darlegen, daß die notwendige Trennungszeit jedenfalls bis zum frühestmöglichen Termin zur mündlichen Verhandlung in der Hauptsache[147] abgelaufen oder ein Grund zur vorzeitigen Auflösung gegeben ist, denn sonst fehlt es an der Erfolgsaussicht[148]. Wird ein Antrag auf vorzeitige Eheauflösung damit begründet, es sei dem Antragsteller ein nichteheliches Kind untergeschoben worden, so steht § 1593 BGB der Berücksichtigung dieses Vorbringens im Prozeßkostenhilfeverfahren nicht entgegen[149]. Auch das Fehlen eines Schuldtitels nach § 630 Abs. 3 hindert die Bewilligung nicht[150]. – Zur *Anwaltsbeiordnung* außerhalb der Prozeßkostenhilfe → § 625. 46

Diese Grundsätze gelten zunächst auch für den **Gegner im Scheidungsverfahren**, der seinerseits einen *eigenen Scheidungsantrag* stellt: Für diese gleichgerichtete aktive Rechtsverfolgung muß ebenfalls Erfolgsaussicht bestehen, soll nicht die Prozeßkostenhilfe *für diesen Antrag* (!) verweigert werden[151]. Da nach § 1564 Abs. 1 BGB beide Ehegatten das Recht haben, die Scheidung herbeizuführen, ist diese Rechtsverfolgung aber nicht schon deshalb mutwillig, weil die Scheidung schon durch den anderen Ehegatten beantragt ist[152] (→ auch Rdnr. 29 a. E.). 47

Wenn der Scheidungsgegner zwar keinen eigenen Antrag stellt, aber gleichwohl geschieden werden will, *dem Scheidungsantrag* also *zustimmt oder nicht entgegentritt*, muß nach dem zu Rdnr. 45 Gesagten auf die Prüfung der Erfolgsaussichten verzichtet, Prozeßkostenhilfe mithin bei Leistungsunfähigkeit bewilligt werden[153]. Die h. M. kommt im Regelfall zu demselben Ergebnis, indem sie die Erfolgsaussicht in dem Sinne prüft, daß das Rechtsschutzziel (Scheidung) Erfolg haben können muß[154]. Das muß dann aber auch in den Fällen gelten, in denen sich der Scheidungsgegner überhaupt nicht äußert[155]. Hier zu argumentieren, wer sich 48

---

[145] Ebenso: *OLG Bamberg* FamRZ 1990, 182; 1987, 501; JurBüro 1980, 1887, 766, 765; *OLG Düsseldorf* FamRZ 1990, 80; 1981, 265; 1978, 914; *OLG Frankfurt* DAVorm. 1983, 306; *OLG Hamm* FamRZ 1985, 622; *KG* FamRZ 1985, 621; *OLG Karlsruhe* FamRZ 1992, 221; DAVorm. 1989, 709; FamRZ 1979, 848; *OLG München* DAVorm. 1985, 1034; *Beyer* JurBüro 1989, 444; *MünchKommZPO/Wax* Rdnr. 52.
[146] *BVerfGE* 9, 259 unter Aufgabe der Bedenken in *BVerfGE* 7, 58. Immerhin wird Zurückhaltung bei einer Verneinung der Erfolgsaussichten verlangt.
[147] Enger (Ablauf bei Entscheidung über das Prozeßkostenhilfegesuch) *OLG Frankfurt* NJW 1979, 824; *Bergerfurth* Ehescheidungsprozeß[7], Rdnr. 191b.
[148] *OLG Düsseldorf* FamRZ 1979, 37.
[149] *OLG Bamberg* FamRZ 1985, 1070.
[150] *KG* MDR 1980, 675; nach *OLG Zweibrücken* FamRZ 1983, 1132 muß aber glaubhaft gemacht werden, daß die von § 630 geforderten Umstände bei Entscheidung über die Hauptsache vorliegen werden. – **A.M.** *Wax* FamRZ 1985, 11.
[151] *OLG Düsseldorf* FamRZ 1979, 159, 158 und 37; *OLG Frankfurt* FamRZ 1980, 176; *OLG Schleswig* SchlHA 1978, 116. Besonders deutlich *OLG Hamburg* FamRZ 1983, 1133 und *OLG Saarbrücken* FamRZ 1985, 724: Auch bei Versagung der Prozeßkostenhilfe für den eigenen Antrag bleibt die Bewilligung für das Verfahren im übrigen zu prüfen; vgl. dazu im Text.
[152] *OLG Düsseldorf* FamRZ 1978, 914; *KG* FamRZ 1979, 536; *OLG Schleswig* SchlHA 1978, 116. – **A.M.** *AG Berlin-Charlottenburg* FamRZ 1979, 535.
[153] *OLG Bamberg* FamRZ 1987, 501; JurBüro 1980, 766; *OLG Karlsruhe* FamRZ 1979, 848; *Beyer* JurBüro 1989, 444; *Zöller/Philippi*[18] Rdnr. 42, § 624 Rdnr. 6; wohl auch *OLG Düsseldorf* FamRZ 1990, 80; *OLG Hamm* FamRZ 1985, 622. – **A.M.** (für volle Prüfung der Erfolgsaussichten in allen Fällen) *OLG Düsseldorf* JurBüro 1985, 462; 1982, 1731; *OLG Zweibrücken* FamRZ 1979, 847; *Bergerfurth* Ehescheidungsprozeß[7], Rdnr. 191b; *Thalmann* (vor § 114 Fn. 1), Rdnr. 26.
[154] Vgl. *OLG Braunschweig* FamRZ 1979, 731; *OLG Celle* FamRZ 1978, 606; *OLG Düsseldorf* FamRZ 1979, 159 und 158; *OLG Hamm* FamRZ 1986, 1013f.; NJW 1978, 895.
[155] **A.M.** *OLG Bremen* FamRZ 1985, 622; *OLG Düsseldorf* FamRZ 1979, 158; 1978, 914; *OLG Saarbrücken*

nicht wehre, verfolge kein Rechtsschutzziel, wird den Interessen des Scheidungsgegners nicht gerecht. Denn gleich, ob die Passivität als Zustimmung oder als Ablehnung zu deuten ist, in beiden Fällen wäre Prozeßkostenhilfe zu gewähren, und im übrigen muß es der Partei ermöglicht werden, sich gegebenenfalls erst mit dem beigeordneten Rechtsanwalt über sachdienliches Verhalten zu beraten.

49   Auch wenn der Gegner im Scheidungsverfahren die *Scheidung abwehren will*, muß nach dem zu Rdnr. 35 Gesagten von der Prüfung der Erfolgsaussichten abgesehen werden[156]. Das gilt schon deshalb, weil auch der Scheidungsunwillige – hilfsweise – über die Folgesachen im Verbund prozessieren muß und es nicht angeht, ihm Prozeßkostenhilfe für das Scheidungsverfahren zu verweigern, aber für die Folgesache zu bewilligen[157]. Der beigeordnete Rechtsanwalt wüßte sonst auch kaum, wo er zu reden und wo er zu schweigen hätte. Etwas anderes gilt erst für die 2. Instanz, wenn der Scheidungsunwillige gegen das Scheidungsurteil Berufung einlegt, denn diese Maßnahme beruht dann auf seinem eigenen Entschluß[158]. Keinesfalls geht es an, Prozeßkostenhilfe lediglich deshalb zu versagen, weil das Gericht die eheerhaltenden Tatsachen von Amts wegen zu beachten hat[159] (→ auch Rdnr. 36).

50   Prozeßkostenhilfe kann auch für die Scheidung sogenannter «**Scheinehen**» gewährt werden. Daß das darauf gerichtete Scheidungsverfahren wegen Rechtsmißbrauchs ohne Erfolgsaussicht, die Scheidung also zu versagen sein kann[160], erscheint zweifelhaft. Der bloße Mißbrauch der Ehe als Institution führt auch nicht schon ohne weiteres zur Mutwilligkeit der Rechtsverfolgung im Scheidungsverfahren[161]. Der *Prozeßkostenhilfeantrag* kann aber nach dem zu Rdnr. 20 Gesagten rechtsmißbräuchlich sein, wenn die Partei das Scheidungsverfahren bei Eheschließung bereits absehen konnte und deshalb vorhandenes Vermögen nicht einfach ausgeben durfte[162] (→ auch § 115 Rdnr. 88).

3. Folgesachen

51   Die für die Scheidungssache bewilligte Prozeßkostenhilfe erstreckt sich nach § 624 Abs. 2 regelmäßig auch auf die **notwendigen** (§ 623 Abs. 3) Folgesachen i. S. v. § 621 Abs. 1 Nr. 1, 6 (→ § 119 Rdnr. 10) und daher auch auf einen Vergleich über diese Punkte; das gilt auch für die Beiordnung eines Rechtsanwalts[163] (vgl. auch § 122 Abs. 1 und 3 BRAGO). Insoweit verbietet sich gemäß dem zu Rdnr. 45, 47 ff. Gesagten eine Prüfung der Erfolgsaussichten auf Seiten des *Scheidungsgegners* in gleicher Weise wie für den Scheidungsantrag selbst[164]. Für den *Scheidungsantragsteller* sind die Voraussetzungen indessen schon deshalb zu prüfen, damit das Gericht entscheiden kann, ob diese Folgesache gemäß § 624 Abs. 2 von der Prozeßkostenhilfebewilligung ausgenommen werden soll[165] (→ auch Rdnr. 46). Soweit **son-**

FamRZ 1985, 723. – Wie hier wohl *OLG Düsseldorf* FamRZ 1990, 80; 1981, 265; *OLG Hamm* FamRZ 1985, 622.
[156] **A.M.** *OLG Düsseldorf* FamRZ 1986, 697 (abl. *Nolting*); 1979, 159 und 158; *KG* FamRZ 1980, 714f.
[157] Heute ganz h.M.; vgl. *OLG Bamberg* JurBüro 1980, 1887 und 765; *OLG Bremen* FamRZ 1985, 622; *OLG Frankfurt* FamRZ 1980, 716; *OLG Hamburg* FamRZ 1983, 1133; *OLG Hamm* NJW 1978, 171; FamRZ 1977, 800; *KG* FamRZ 1985, 621; 1979, 536; *OLG Köln* FamRZ 1982, 1225; *OLG Schleswig* SchlHA 1978, 116; *OLG Stuttgart* NJW 1985, 207; *Bergerfurth* Ehescheidungsprozeß[7], Rdnr. 191b; *Wax* FamRZ 1985, 10.
[158] Vgl. *OLG Bamberg* FamRZ 1987, 501.
[159] *KG* JW 1931, 1386; vgl. auch *BVerfGE* 7, 58.
[160] So *OLG Celle* FamRZ 1984, 279.

[161] *KG* NJW-RR 1987, 1096; FamRZ 1985, 1042; *OLG Karlsruhe* FamRZ 1988, 91; 1986, 680; *OLG Köln* FamRZ 1983, 592; *Wax* FamRZ 1985, 11. – **A.M.** *OLG Hamm* FamRZ 1982, 1073.
[162] *OLG Celle* FamRZ 1983, 593; *OLG Hamburg* FamRZ 1983, 1230; *KG* FamRZ 1985, 1042; NJW 1982, 112; *OLG Karlsruhe* FamRZ 1986, 681; *OLG Köln* FamRZ 1984, 278; *OLG Stuttgart* FamRZ 1992, 195; *Wax* FamRZ 1985, 11. Vgl. dazu auch *BVerfGE* 67, 245 = FamRZ 1984, 1206. – **A.M.** *Spangenberg* FamRZ 1985, 1106.
[163] *OLG Bamberg* FamRZ 1986, 701.
[164] *OLG Bamberg* FamRZ 1987, 501; *AG Kehlheim* JurBüro 1981, 1253; *Beyer* JurBüro 1989, 444; *Zöller/Philippi*[18] § 624 Rdnr. 6. – **A.M.** *OLG Hamburg* FamRZ 1981, 581; *KG* FamRZ 1980, 714f.
[165] *Thalmann* (vor § 114 Fn. 1), Rdnr. 29.

stige Folgesachen mit einem Scheidungsantrag verbunden werden können[166], erscheint die selbständige Rechtsverfolgung in einem isolierten Verfahren wegen der erhöhten Kosten in der Regel mutwillig[167]. Soweit sie im Verbundverfahren anhängig gemacht worden sind oder werden sollen, sind die Bewilligungsvoraussetzungen für die sonstigen Folgesachen selbständig zu prüfen (→ auch Rdnr. 13 sowie § 119 Rdnr. 10).

Umstritten ist in diesem Zusammenhang das Verhältnis eines (im Verbundverfahren oder isoliert betriebenen) Folgesachenprozesses zu der Möglichkeit einer **einstweiligen Anordnung**, insbesondere in Unterhaltssachen. Man wird hier unterscheiden müssen: Solange die Folgesache nicht anhängig und auch eine *einstweilige Anordnung noch nicht erlassen* ist, hat der Antragsteller die Wahl. Erhebt er Klage, so ist diese nicht schon deshalb mutwillig, weil auch eine einstweilige Anordnung hätte beantragt werden können, da dieser nur geringere Bestandskraft zukommt (§§ 620b, 620f.)[168]. Beantragt er eine einstweilige Anordnung, so sind die Bewilligungsvoraussetzungen für sie gesondert zu prüfen, da sich die Bewilligung für das Verbundverfahren auf die einstweiligen Anordnungen nicht bezieht (→ § 119 Rdnr. 12). Wenn eine *einstweilige Anordnung erlassen* ist, kann der Unterhalts*gläubiger* trotzdem Unterhaltsklage erheben. Eine solche Rechtsverfolgung ist nicht mutwillig, da die Unterhaltsklage auf einen endgültigen Titel zielt und die einstweilige Anordnung als nicht bestandskräftige, nur vorläufige Regelung darauf angelegt ist, durch eine endgültige ersetzt zu werden (arg. § 620f.)[169]. Dasselbe gilt aber auch für den Unterhalts*schuldner*, der sich nicht mit einer Herabsetzung durch Änderungsbeschluß nach § 620b begnügt, sondern negative Feststellungsklage erhebt. Auch diese ist nicht mutwillig, da sich der Schuldner nicht auf ein summarisches Verfahren verweisen lassen muß und ein schutzwürdiges Interesse an einer endgültigen Feststellung hat[170]. Etwas anderes gilt nur dann, wenn eine solche endgültige Feststellung bereits vorliegt[171] oder die anstelle des Abänderungsbeschlusses beabsichtigte Rechtsverfolgung zu einer endgültigen Regelung nicht führen kann[172]. 52

Abänderungsklagen oder -anträge können mutwillig sein, wenn der Gegner keinen Anlaß zu der Befürchtung gegeben hat, er werde sich der Änderung des Unterhaltsbetrages widersetzen[173] (→ Rdnr. 29). Im übrigen gilt für *Unterhaltssachen* das in Rdnr. 59 Gesagte sinngemäß; zur Mutwilligkeit bei unstreitigem Sockelbetrag → Rdnr. 29. 53

---

[166] Vgl. *OLG Saarbrücken* FamRZ 1982, 948 (verneinend für bloße Auskunftsansprüche).
[167] *OLG Bamberg* JurBüro 1988, 1059; *OLG Celle* NdsRpfl. 1990, 246; *OLG Düsseldorf* FamRZ 1992, 457; 1991, 94; *OLG Hamburg* FamRZ 1981, 1095; *OLG Zweibrücken* KostRspr. ZPO § 114 Nr. 351 (L; zust. *v.Eikken*); *AG Detmold* FamRZ 1987, 1061. – **A.M.** *OLG Frankfurt* NJW-RR 1990, 5; *OLG Hamm* FamRZ 1992, 576; NJW-RR 1992, 583; *OLG Koblenz* FamRZ 1988, 308; *OLG Stuttgart* FamRZ 1992, 196 und *Thalmann* (vor § 114 Fn. 1), Rdnr. 32 (bei Vorliegen vernünftiger Gründe); *OLG Hamburg* FamRZ 1990, 642 (wenn im Verbund nur eine einstweilige Anordnung möglich wäre); *OLG Stuttgart* FamRZ 1991, 723 (bei Ablehnung der Scheidung aus religiösen Gründen; zweifelhaft).
[168] So für **Sorgerechtssachen** *OLG Hamburg* FamRZ 1990, 642; 1988, 523; *OLG Saarbrücken* FamRZ 1989, 530; für **Unterhaltssachen** *OLG Düsseldorf* FamRZ 1978, 192; *OLG Hamburg* FamRZ 1989, 198; *KG* FamRZ 1987, 841; *OLG Karlsruhe* FamRZ 1988, 93; *OLG Koblenz* FamRZ 1988, 1182; *Künkel* NJW 1985, 2666. – **A.M.** *OLG Hamm* FamRZ 1983, 1150 (abl. *Ricken*).
[169] *OLG Bremen* NJW 1978, 2103; *OLG Hamburg* FamRZ 1990, 181; *KG* FamRZ 1978, 718; *OLG Stuttgart* FamRZ 1992, 1196. – **A.M.** *OLG Frankfurt* FamRZ 1982, 1223; *OLG Hamm* FamRZ 1980, 708; *OLG Koblenz* FamRZ 1980, 1182; *OLG Saarbrücken* FamRZ 1979, 537; *Künkel* DAVorm. 1983, 348.
[170] *KG* FamRZ 1978, 718; *OLG Köln* FamRZ 1984, 718; grundsätzlich auch *OLG Hamm* FamRZ 1984, 297 (*Braeuer*), sofern Änderung der Umstände geltend gemacht wird (was indessen eher eine Frage der Erfolgsaussicht ist; vgl. auch *KG* FamRZ 1978, 933). – **A.M.** *OLG Schleswig* SchlHA 1984, 164.
[171] Vgl. *OLG Zweibrücken* FamRZ 1985, 1150 (Vergleich).
[172] Vgl. *OLG Hamm* FamRZ 1987, 961 und *OLG Zweibrücken* FamRZ 1985, 1150 (Vollstreckungsgegenklage).
[173] Vgl. *OLG Frankfurt* NJW-RR 1986, 944.

4. Kindschaftssachen

a) Ehelichkeitsanfechtung

54 Für das Prozeßkostenhilfegesuch des **Anfechtungsklägers** gelten zunächst keine Besonderheiten. In der Regel kann für die Anfechtungsklage auch dann Prozeßkostenhilfe bewilligt werden, wenn es für Mehrverkehr an konkreten Behauptungen fehlt, aber ein serologisches oder erbbiologisches Gutachten beantragt ist, denn wie dieses ausfallen wird, läßt sich praktisch kaum voraussagen, und bloße Zweifel würden bei der Bedeutung des Prozesses auch eine begüterte Partei schwerlich von der Klage abhalten[174]. Die erforderlichen Gutachten werden im übrigen nicht im Bewilligungsverfahren eingeholt; sie sind dem Hauptsacheprozeß vorzubehalten[175].

55 Für die Rechtsverteidigung des **Anfechtungsbeklagten** ist entsprechend dem zu Rdnr. 45, 47ff. Gesagten auf die Prüfung der Erfolgsaussichten zu verzichten[176]. Die Gegenansicht, Prozeßkostenhilfe könne nur bewilligt werden, wenn sich der Beklagte wehre[177] und der Anfechtungsklage Erhebliches entgegenzusetzen habe[178], wird der Tatsache nicht gerecht, daß sich der Beklagte dem Verfahren nicht entziehen kann, verkennt die Bedeutung des Verfahrensgegenstandes für das Kind, das auch dann ein erhebliches Interesse an der Klärung seiner Abstammung hat, wenn es den Standpunkt des Klägers teilt, und zwingt den Beklagten gegen seine Überzeugung zur Scheinverteidigung. Man kann daher Erfolgsaussichten allenfalls in dem Sinne prüfen, daß das Rechtsschutzziel des Beklagten (mag es auch mit dem des Klägers übereinstimmen) erfolgversprechend sein muß[179]. Im übrigen läßt sich die Verteidigung des Beklagten gegen eine Ehelichkeitsanfechtung nicht schon deshalb als aussichtslos bezeichnen, weil die Mutter den Verkehr mit einem anderen als dem Ehemann zugestanden hat[180] oder weil die übereinstimmenden Erklärungen des Klägers und der Mutter gegen die eheliche Abstammung sprechen[181].

56 Die Prozeßkostenhilfe für eine **Anfechtungswiderklage** des beklagten Kindes ist nicht deshalb mangels hinreichender *Erfolgsaussichten* zu versagen, weil das Rechtsschutzbedürfnis für die Widerklage fehlen würde[182], denn da § 1596 BGB dem Kind bewußt ein eigenständiges Anfechtungsrecht einräumt, ist das Rechtsschutzbedürfnis grundsätzlich zu bejahen (→ § 640c Rdnr. 4). Die Prozeßkostenhilfe ist jedoch wegen *Mutwilligkeit* abzulehnen, wenn für die Widerklage im konkreten Fall kein vernünftiger Grund (z.B. Gefahr des Fristablaufs durch Klagerücknahme oder Verzicht des Klägers) ersichtlich ist[183] (→ auch Rdnr. 35). Aus

---

[174] *OLG Düsseldorf* FamRZ 1985, 1275; *OLG Karlsruhe* FamRZ 1968, 535; 1964, 574; *OLG Köln* JR 1958, 261; *OLG Stuttgart* DAVorm. 1985, 1017. Einschränkend *OLG Freiburg* NJW 1962, 1305 = FamRZ 202 (Anhaltspunkte nötig); *OLG Köln* FamRZ 1983, 736; *OLG Stuttgart* FamRZ 1964, 314.
[175] *OLG Karlsruhe* FamRZ 1968, 535; *OLG Koblenz* DAVorm. 1972, 74.
[176] *OLG Bamberg* NJW-RR 1990, 1408; FamRZ 1990, 182; *OLG Frankfurt* DAVorm. 1984, 706; 1983, 306; *OLG Karlsruhe* FamRZ 1992, 221; DAVorm. 1989, 709; *OLG Köln* KostRspr. ZPO § 114 Nr. 368 (L); *OLG München* DAVorm. 1985, 1034; *OLG Nürnberg* JurBüro 1993, 231; *OLG Stuttgart* DAVorm. 1991, 949; *Künkel* DAVorm. 1983, 348; *Wax* FamRZ 1985, 11. Vgl. auch *OLG Köln* FamRZ 1987, 400 (anders nur bei völliger Aussichtslosigkeit).
[177] *OLG Bremen* JurBüro 1987, 767; *OLG Düsseldorf* DAVorm. 1985, 1033 und 1032; *OLG Hamm* FamRZ 1992, 454; *KG* FamRZ 1987, 502; *OLG Köln* DAVorm. 1983, 959; *OLG Oldenburg* JurBüro 1985, 1238; *OLG Schleswig* SchlHA 1985, 14; *OLG Stuttgart* OLGZ 1966, 550.
[178] *OLG Düsseldorf* DAVorm. 1985, 1033 und 1032; *KG* FamRZ 1987, 502; *OLG Koblenz* FamRZ 1987, 503; 1986, 371; 1983, 734; *OLG Köln* DAVorm. 1983, 959; *OLG Schleswig* SchlHA 1949, 260; *LG Frankfurt* JR 1951, 153.
[179] Vgl. *OLG Celle* FamRZ 1983, 736; *OLG Karlsruhe* DAVorm. 1989, 93; *OLG Nürnberg* DAVorm. 1989, 531; FamRZ 1985, 1275; *AG Hamburg* DAVorm. 1982, 1087 (für den beklagten Ehemann).
[180] Vgl. *OLG Celle* JR 1948, 291; *OLG Schleswig* SchlHA 1949, 260.
[181] *OLG Frankfurt* AnwBl. 1972, 322. Anders *OLG Köln* DAVorm. 1983, 227 und *OLG Oldenburg* JurBüro 1987, 1238.
[182] *OLG Bremen* NJW 1965, 873; *OLG Celle* FamRZ 1968, 38; *OLG Düsseldorf* FamRZ 1969, 550. – A.M. *OLG Celle* OLGZ 1966, 550.
[183] Vgl. *OLG Celle* MDR 1971, 489 (L); *KG* OLGZ 1970, 161; *OLG München* DAVorm. 1989, 633.

Kostengründen ist die Widerklage jedenfalls nicht erforderlich, da § 93 c ohnehin die Kostenaufhebung vorsieht.

Der nicht als Partei beteiligte *andere Elternteil* kann als **Nebenintervenient** (§ 640e Satz 3) 57
Prozeßkostenhilfe erhalten[184] (→ Rdnr. 9), sofern sein Beitritt nicht mutwillig erscheint[185].

b) Vaterschaftsfeststellung

Bei der Klage auf Feststellung der nichtehelichen Vaterschaft sind die notwendigen Gutach- 58
ten ebenfalls erst im Hauptprozeß einzuholen[186]. Wenn man auf der Beklagtenseite auf die
Prüfung der *Erfolgsaussichten* nicht ganz verzichten will[187] (→ Rdnr. 45, 55), dürfen die
Anforderungen gerade hier nicht zu hoch angesetzt werden[188]. Es reicht, daß eine Beweisaufnahme erforderlich wird, deren Ergebnis positiv sein kann. Die *Leistungsunfähigkeit* des
nichtehelichen Kindes muß allerdings – insbesondere im Hinblick auf mögliche Prozeßkostenvorschußansprüche (→ § 115 Rdnr. 143 ff.) – festgestellt werden; daß das Kind in diesem
Verfahren davon befreit ist, sich eines Vordrucks zu bedienen (→ § 117 Rdnr. 22), bedeutet
nicht, daß auch dem vermögenden Kind Prozeßkostenhilfe zu bewilligen ist[189].

c) Kindesunterhalt

Für die Erfolgsaussicht der Unterhaltsklage des Kindes gilt zunächst die Vermutung des 59
§ 1593 BGB[190]. Im übrigen ist die Klage mutwillig, wenn keine Anzeichen dafür bestehen,
daß der Verpflichtete nicht auch freiwillig leisten werde[191] (→ auch Rdnr. 29 zur Klage bei
unstreitigem Sockelbetrag). Sie ist allerdings nicht dadurch ausgeschlossen, daß der andere
Elternteil schon einen Unterhaltstitel hat, wenn das Kind aus diesem nicht vollstrecken
kann[192]. Eine *Abänderungsklage* kann mutwillig sein, wenn sie auf Umstände gestützt wird,
die im Vorprozeß zwar noch nicht vorlagen, aber absehbar waren und deshalb vorgetragen
werden konnten[193] (→ auch Rdnr. 32). Das vereinfachte Verfahren nach § 641e schließt die
Abänderungsklage nur dann als mutwillig aus, wenn es zum selben Ergebnis führen kann[194]
(→ auch Rdnr. 52). Im übrigen muß auch hier die *Leistungsunfähigkeit* des Kindes festgestellt
werden[195] (→ Rdnr. 58 a. E.).

---

[184] *OLG Bremen* AnwBl. 1981, 71; *OLG Hamm* FamRZ 1991, 347.
[185] *OLG Frankfurt* FamRZ 1984, 1042; *OLG Karlsruhe* FamRZ 1992, 701; *OLG Saarbrücken* AnwBl. 1984, 624; *OLG Stuttgart* DAVorm. 1984, 610. Zweifelhaft *OLG Düsseldorf* DAVorm. 1982, 478 f.; 1980, 943; *OLG Hamm* 1987, 682; *OLG Koblenz* FamRZ 1986, 1233; *Künkel* DAVorm. 1983, 349: Mutwille schon deshalb, weil das Kind anderweitig ausreichend vertreten ist.
[186] *OLG Karlsruhe* OLGZ 1988, 127; FamRZ 1986, 702; *OLG Schleswig* DAVorm. 1986, 888.
[187] So jetzt richtig *OLG Bamberg* FamRZ 1990, 182.
[188] *OLG Bamberg* DAVorm. 1971, 16; *OLG Frankfurt* FamRZ 1985, 419; *OLG Hamburg* DAVorm. 1986, 367; 1984, 708; *OLG Hamm* DAVorm. 1979, 199; *OLG Karlsruhe* FamRZ 1986, 702. Vgl. auch *KG* ZBlJugR 1976, 255.
[189] *OLG Düsseldorf* DAVorm. 1981, 772; *OLG Hamm* FamRZ 1988, 1183; *KG* DAVorm. 1984, 323; NJW 1982, 111; *OLG Karlsruhe* OLGZ 1984, 451; FamRZ 1979, 345 (L); *Behr/Hantke* Rpfleger 1981, 269; *Wax* FamRZ 1985, 13. – **A.M.** *OLG Frankfurt* DAVorm. 1981, 871 ff.

[190] *OLG Karlsruhe* FamRZ 1992, 1198.
[191] *OLG Celle* DAVorm. 1986, 365; *OLG Frankfurt* FamRZ 1982, 1223; *OLG Hamm* FamRZ 1985, 506; *LG Schweinfurt* DAVorm. 1985, 507; *AG Pinneberg* SchlHA 1978, 172. Anders für den Fall, daß der Antragsteller demnächst vollstrecken will, *LG Trier* DAVorm. 1987, 684.
[192] *OLG Frankfurt* DAVorm. 1984, 489. – **A.M.** *OLG Schleswig* SchlHA 1984, 164.
[193] *OLG Bamberg* NJW-RR 1990, 74 = FamRZ 187.
[194] *OLG Frankfurt* DAVorm. 1982, 475; *OLG Schleswig* DAVorm. 1985, 809.
[195] *OLG Bamberg* JurBüro 1983, 291; *OLG Düsseldorf* DAVorm. 1982, 899; *OLG Oldenburg* DAVorm. 1981, 676 und NdsRpfl. 1981, 215; *LG Darmstadt* DAVorm. 1988, 541; *LG Passau* JurBüro 1987, 1560; *AG Bergisch-Gladbach* DAVorm. 1983, 142; *Christian* DAVorm. 1988, 10 f., 14 f.; *Künkel* DAVorm. 1983, 346 f. – **A.M.** *Behr* DAVorm. 1981, 723.

VI. Arbeitsgerichtliches Verfahren

60 Gemäß § 11a Abs. 3 ArbGG gelten die §§ 114ff. im arbeitsgerichtlichen Verfahren (einschließlich der Nichtzulassungsbeschwerde nach § 72a ArbGG[196]) entsprechend; → auch vor § 114 Rdnr. 13. Wegen der niedrigen Gebühren und des Fehlens von Vorschußpflichten (§ 12 Abs. 4 Satz 2 ArbGG) wird die Prozeßkostenhilfe allerdings seltener erforderlich sein als im Zivilprozeß. – Zur Berücksichtigung einer vom Arbeitgeber gezahlten *Abfindung* für die Leistungsfähigkeit → § 115 Rdnr. 116; zur *Anwaltsbeiordnung*, insbesondere zum Verhältnis von § 121 zu § 11a ArbGG, → § 121 Rdnr. 43; zum fehlenden *Rechtsschutzbedürfnis* bei kostenfreier Hauptsache → § 117 Rdnr. 14.

61 Auch im **Beschlußverfahren** kann in sinngemäßer Anwendung der Vorschriften der ZPO Prozeßkostenhilfe bewilligt werden[197]. Daß das Gesetz dort von »Beteiligten« spricht, ist unerheblich (→ Rdnr. 4). Das gilt auch für die Stellen, die hier nach § 10 ArbGG (→ 50 Rdnr. 44) beteiligungsfähig sein können, ohne eigene Rechtspersönlichkeit zu besitzen, denn trotz der fehlenden Rechtsfähigkeit können sie doch im wirtschaftlichen Sinne mittellos sein. Daher ist (ähnlich wie beim nicht rechtsfähigen, aber parteifähigen Verein im Zivilprozeß) Prozeßkostenhilfe nach § 116 Satz 1 Nr. 2 zulässig[198] (→ § 116 Rdnr. 32). Praktisch kommt, da im Beschlußverfahren keine Gebühren erhoben werden (→ § 91 Rdnr. 121), wohl nur der Anwaltsbeiordnung Bedeutung zu (→ § 121 Rdnr. 43, ferner § 117 Rdnr. 14).

62 Soweit der Arbeitgeber nach § 40 Abs. 1 BetrVG die **Kosten für Prozesse des Betriebsrats** (u. a. für die erforderliche Zuziehung eines Anwalts) zu tragen und einen entsprechenden Vorschuß zu leisten hat (→ § 91 Rdnr. 121), fehlt es in der Regel an der Leistungsunfähigkeit auf Seiten des Betriebsrats[199] (→ auch § 115 Rdnr. 138ff.). Der Anspruch gegen den Arbeitgeber kann im Beschlußverfahren geltend gemacht werden (§ 2a Abs. 1 Nr. 1 ArbGG), wobei gegebenenfalls auch eine einstweilige Verfügung nach § 85 Abs. 2 ArbGG gegen den Arbeitgeber erlassen werden kann[200].

§ 115 [Einzusetzendes Einkommen und Vermögen]

(1) ¹Soweit aus dem Einkommen Raten aufzubringen sind, ergibt sich deren Höhe aus der Tabelle. ²Zum Einkommen gehören alle Einkünfte in Geld oder Geldeswert. ³§ 76 Abs. 2 des Bundessozialhilfegesetzes ist entsprechend anzuwenden; von dem Einkommen sind weitere Beträge abzusetzen, soweit dies mit Rücksicht auf besondere Belastungen angemessen ist.

(2) Die Partei hat ihr Vermögen einzusetzen, soweit dies zumutbar ist; § 88 des Bundessozialhilfegesetzes ist entsprechend anzuwenden.

(3) Eine gesetzliche Unterhaltspflicht wird bei Anwendung der Tabelle nicht berücksichtigt, soweit eine Geldrente gezahlt wird; die Geldrente wird vom Einkommen der Partei abgezogen, soweit dies angemessen ist.

(4) ¹Hat ein Unterhaltsberechtigter eigenes Einkommen, wird er bei der Anwendung der Tabelle nicht berücksichtigt. ²Dies gilt nicht, wenn bei einer Zusammenrechnung der Einkommen der Partei und des Unterhaltsberechtigten eine geringere oder keine Monatsrente zu zahlen ist.

(5) ¹Eine Partei, deren Einkommen die in der Tabelle festgelegte Obergrenze übersteigt, erhält Prozeßkostenhilfe, wenn die Belastung mit den Kosten der Prozeßführung ihren angemessenen Lebensunterhalt erheblich beeinträchtigen würde. ²Die in der Tabelle festgesetzte Höchstrate ist in diesem Falle um den Einkommensanteil, der die Obergrenze übersteigt, zu erhöhen.

---

[196] *BAG* AP § 72a ArbGG 1979 Nr. 6.
[197] *Germelmann/Matthes/Prütting* ArbGG, § 11a Rdnr. 92; *Grunsky* ArbGG⁶, § 11a Rdnr. 3. – **A.M.** *Dietz/Nikisch* ArbGG, § 11a Anm. 22; zum früheren Recht *RArbG* ArbRS 6, 142; 2, 46.
[198] *LAG Rheinland-Pfalz* NZA 1991, 32; *Grunsky* ArbGG⁶, § 11a Rdnr. 3; *Koch* ArbuR 1981, 43.
[199] Bei fehlender Leistungs*pflicht* des Arbeitgebers kann dieser i. d. R. nicht noch als wirtschaftlich Beteiligter i. S. v. § 116 Nr. 2 in Betracht kommen, da ihm als Gegner des Verfahrens der Prozeßerfolg nicht zugute kommt (→ § 116 Rdnr. 9). – **A.M.** *LAG Rheinland-Pfalz* NZA 1991, 32.
[200] Vgl. zum ganzen *Fitting/Auffahrt/Kaiser* BetrVG¹⁶, § 40 Rdnr. 9ff., 20ff., 36, 57.

(6) Prozeßkostenhilfe wird nicht bewilligt, wenn die Kosten vier Monatsraten und die aus dem Vermögen aufzubringenden Teilbeträge voraussichtlich nicht übersteigen.

Gesetzesgeschichte: Neugefaßt durch das Gesetz über die Prozeßkostenhilfe vom 13.6.1980 (BGBl. I, 677; → vor § 114 Rdnr. 6); geändert durch G v. 9.12.1986 (BGBl. I, 2326).

Stichwortverzeichnis: → vor § 114 vor Rdnr. 1.

I. Überblick	1
1. Regelungsbereich des § 115	1
2. Einbeziehung der Tabelle	2
II. Einsatz des Einkommens (Ratenzahlung)	3
1. Grundsätze	3
2. Berechnung des einzusetzenden Einkommens	4
a) Ausgangslage (Abs. 1 Satz 1 und 2)	4
aa) Einkünfte	5
(1) Begriff	5
(2) einmalige Einkünfte	9
(3) gemeinsame Einkünfte	10
bb) Einzelheiten	11
b) Abzüge nach Abs. 1 Satz 3, 1. Hs. (§ 76 Abs. 2 BSHG)	34
aa) Steuern	35
bb) Sozialversicherungsbeiträge	36
cc) Sonstige Versicherungsbeiträge	37
dd) Werbungskosten und Betriebsausgaben	38
c) Abzüge nach Abs. 1 Satz 3, 2. Hs. (Härteklausel)	40
aa) Maßstäbe	41
bb) Einzelheiten	43
d) Berücksichtigung von Unterhaltspflichten	66
aa) in der Tabelle	67
bb) Abzug vom Einkommen (Abs. 3)	69
cc) Ausnahmen (Abs. 4)	73
3. Festsetzung der Raten	76
a) nach der Tabelle	77
aa) keine Raten	78
bb) Höhe der Raten	79
cc) Anzahl der Raten	80
b) bei höherem Einkommen (Abs. 5)	83
III. Einsatz des Vermögens (Abs. 2)	85
1. Grundsätze	85
a) Vermögen	86
b) Verwertbarkeit des Vermögens	89
c) Zumutbarkeit der Verwertung	91
d) Insbesondere: Kreditaufnahme	93
2. Anwendung von § 88 BSHG	96
a) § 88 Abs. 1 BSHG	98
b) § 88 Abs. 2 BSHG	99
c) § 88 Abs. 3 BSHG	114
3. Die Vermögensgegenstände im einzelnen	115
4. Insbesondere: Ansprüche auf Prozeßkostenvorschuß	138
a) Zumutbare Vewertungsmöglichkeit	139
b) Einzelne Prozeßkostenvorschußansprüche	143
IV. Ausnahmen (Abs. 6)	149

I. Überblick[1]

1. Regelungsbereich des § 115

§ 115 äußert sich näher zu der in § 114 noch offengelassenen Frage, wie die *wirtschaftliche* 1 *Leistungsfähigkeit* des Antragstellers zu ermitteln ist. Die Vorschrift unterscheidet dabei zwischen dem verfügbaren **Einkommen** (Abs. 1, 3–5; → Rdnr. 3ff.) und dem **Vermögen**, dessen Einsatz zur Bestreitung der Kosten zumutbar ist (Abs. 2; → Rdnr. 85ff.). Zur Abgrenzung des Einkommens vom Vermögen → Rdnr. 9, 87. Ob die Partei kraft ihres Einkommens oder kraft ihres Vermögens leistungsfähig ist, spielt dabei keine Rolle[2]. Die Ansicht, das

---
[1] Lit.: → vor § 114 Fn. 1.   [2] Ebenso *Schneider* MDR 1981, 793.

§ 115 I　　Erstes Buch. Allgemeine Vorschriften. Zweiter Abschnitt. Parteien

Vermögen (Grundfall) sei vor dem Einkommen (Ausnahme) heranzuziehen[3], findet im Gesetz keine Stütze, ebenso wenig wie die umgekehrte Gewichtung[4] (→ aber auch Rdnr. 91). Zur *Kritik* der Regelung → vor § 114 Rdnr. 11.

2. Einbeziehung der Tabelle

2 Nach § 114 Satz 2 richtet sich die Bewilligung der Prozeßkostenhilfe nach den §§ 115–127 sowie nach der dem Gesetz als Anlage 1 beigefügten Tabelle. Diese Tabelle gibt zum einen darüber Auskunft, ob *überhaupt* Raten festzusetzen sind (→ – auch zu den mit der Tabelle verbundenen verfassungsrechtlichen Fragen – Rdnr. 78), zum anderen darüber, in welcher *Höhe* Ratenzahlung festzusetzen ist (→ Rdnr. 79). Die **Anlage 1**, die auch in den neuen Bundesländern gilt[5], hat folgenden **Wortlaut**:

Unabhängig von der Zahl der Rechtszüge sind höchstens achtundvierzig Monatsraten nach der folgenden Tabelle aufzubringen:

Nettoeinkommen auf volle Deutsche Mark abgerundet monatlich							Monatsrate
bei Unterhaltsleistungen auf Grund gesetzlicher Unterhaltspflicht für							
	0	1	2	3	4	5 Personen*	Deutsche Mark
bis	850	1300	1575	1850	2125	2400	0
	900	1350	1625	1900	2175	2450	40
	1000	1450	1725	2000	2275	2550	60
	1100	1550	1825	2100	2375	2650	90
	1200	1650	1925	2200	2475	2750	120
	1300	1750	2025	2300	2575	2850	150
	1400	1850	2125	2400	2675	2950	180
	1500	1950	2225	2500	2775	3050	210
	1600	2050	2325	2600	2875	3150	240
	1800	2250	2525	2800	3075	3350	300
	2000	2450	2725	3000	3275	3550	370
	2200	2650	2925	3200	3475	3750	440
	2400	2850	3125	3400	3675	3950	520

* Bei Unterhaltsleistungen für mehr als 5 Personen erhöhen sich die in dieser Spalte angeführten Beträge um 275 Deutsche Mark für jede weitere Person.

---

[3] So *Behr/Hantke* Rpfleger 1981, 265; *Christl* NJW 1981, 786; *Grunsky* NJW 1980, 2042.
[4] Vgl. aber *Kohte* DB 1981, 1175.
[5] KG FamRZ 1991, 723.

II. Einsatz des Einkommens (Ratenzahlung)

1. Grundsätze

Nach § 115 Abs. 1 ist zu prüfen, ob es dem Antragsteller zuzumuten ist, die Kosten ganz **3** oder in Raten aus seinem Einkommen zu bestreiten (zum Begriff des Einkommens → Rdnr. 5). Dabei kann selbstverständlich weder das Brutto- noch das Nettoeinkommen zugrundegelegt werden, sondern es ist zu ermitteln, welcher *verfügbare* Teil des Einkommens für den Rechtsstreit eingesetzt werden muß. Dazu bestimmt zunächst § 115 Abs. 1 Satz 3, 1. Hs. durch einen Verweis auf § 76 Abs. 2 BSHG, daß vom Bruttoeinkommen *Steuern, Versicherungsbeiträge und notwendige Werbungskosten* abzusetzen sind (→ Rdnr. 34 ff.). Außerdem können nach § 115 Abs. 1 Satz 3, 2. Hs. *besondere Belastungen* berücksichtigt werden (→ Rdnr. 40 ff.). Ferner sind nach Maßgabe der Tabelle sowie von Abs. 3 und 4 *Unterhaltspflichten* in Rechnung zu stellen (→ Rdnr. 66 ff.). Aus dem so ermittelten Betrag ergibt sich dann durch Anwendung der Tabelle (→ Rdnr. 76 ff.) unter Berücksichtigung von § 115 Abs. 5 (→ Rdnr. 83) und 6 (→ Rdnr. 149), ob dem Antragsteller überhaupt Prozeßkostenhilfe gewährt werden kann und in welchen Raten er die prozeßkostenhilfefähigen Kosten gegebenenfalls zu begleichen hat.

2. Berechnung des einzusetzenden Einkommens

a) Ausgangslage (Abs. 1 Satz 1 und 2)

Zu beginnen hat die Berechnung mit der Ermittlung des monatlichen (→ Rdnr. 9) *Brutto-* **4** *einkommens*, von dem dann nach Maßgabe des zu Rdnr. 3 Gesagten bestimmte Beträge abzuziehen sind. Bei der Berechnung des Bruttoeinkommens sind grundsätzliche *alle Einkünfte* zu erfassen. Es ist zwar richtig, daß sich allzu kleinliche Berechnungen verbieten, insbesondere wenn sie zu Lasten der Verfahrenseffizienz gehen[6]. Das darf aber nicht dazu führen, daß erhebliche Beträge außer Acht gelassen werden; das Interesse an einem raschen Verfahrensabschluß beseitigt die Pflicht zum sparsamen Umgang mit öffentlichen Mitteln nicht[7].

aa) Einkünfte

(1) Begriff

§ 115 Abs. 1 definiert den Begriff des Einkommens nicht, sondern bestimmt lediglich in **5** Satz 2, daß zum Einkommen *alle Einkünfte in Geld oder Geldeswert* gehören. Für den Begriff der Einkünfte ist grundsätzlich keine steuerrechtliche, sondern eine sozialhilferechtliche Betrachtungsweise maßgebend, sofern nicht das Sozialhilferecht auf das Steuerrecht verweist[8]. Einkünfte der Partei sind danach **alle zeitraumbezogenen Zuwendungen, über die der Empfänger bei Fälligkeit der Prozeßführungskosten frei verfügen kann**. Zu den Einzelheiten → Rdnr. 11 ff.

Die Formulierung in § 115 Abs. 1 Satz 2 entspricht teilweise der in **§ 76 Abs. 1 BSHG**, der **6** allerdings andere Leistungen nach dem Bundessozialhilfegesetz etc. vom Einkommensbegriff

---

[6] Vgl. *Kalthoener/Büttner* (vor § 114 Fn. 1), Rdnr. 204.
[7] Viel zu großzügig daher *OLG Düsseldorf* FamRZ 1989, 883.
[8] Vgl. etwa § 4 der DVO zu § 76 BSHG (→ Rdnr. 6).

ausdrücklich ausnimmt (→ dazu Rdnr. 28). § 115 verweist auf diese Vorschrift ebenso wenig wie auf die *Verordnung zur Durchführung des § 76 BSHG* (vom 28.11.1962; BGBl. I, 692), die indessen unter Berücksichtigung der Besonderheiten des Prozeßkostenhilferechts als (unverbindliche) Leitlinie herangezogen werden kann[9], da der Gesetzgeber die Prozeßkostenhilfe als Sozialhilfe in besonderen Lebenslagen verstanden wissen wollte (→ vor § 114 Rdnr. 10) und die Verordnung mit der Feststellung dient, welche Belastung in solchen besonderen Lebenslagen zumutbar ist.

7 Einkünfte erhöhen die Leistungsfähigkeit der Partei nur dann, wenn sie **frei verfügbar** sind. Wer seine Lohnansprüche *abgetreten* hat[10] oder wessen Ansprüche *gepfändet* worden sind, kann über diesen Teil der Einkünfte nicht mehr frei verfügen[11]. Sie sind daher nicht zu berücksichtigen. Daß allerdings jemand über seine Einkünfte in dem Sinne *langfristig disponiert* hat, daß er im Vertrauen auf die Verfügbarkeit Verbindlichkeiten eingegangen ist, ist nicht hier, sondern erst bei den besonderen Belastungen zu berücksichtigen[12] (→ Rdnr. 40).

8 Wenn die Partei **kein eigenes Einkommen** hat, ein solches aber unter Berücksichtigung der Umstände des Einzelfalles (Alter, Gesundheitszustand, Ausbildung, Familienverhältnisse etc.) ohne weiteres erzielen könnte, indem sie eine zumutbare Arbeit behält oder aufnimmt, dann *können* diese Umstände dafür sprechen, daß die Leistungsunfähigkeit auf *böswilligem Verhalten* beruht (→ § 114 Rdnr. 20) mit der Folge, daß sich die Partei ein **fiktives Einkommen** anrechnen lassen muß[13]. Wo solche Indizien fehlen, bleibt es aber bei dem Grundsatz, daß ein Verschulden an der Leistungsunfähigkeit unberücksichtigt bleibt (→ § 114 Rdnr. 20). Die Arbeitskraft kann dann auch nicht als Vermögensbestandteil aufgefaßt werden, dessen Verwertung verlangt werden könnte[14]. – Zur *nichtehelichen Lebensgemeinschaft* → Rdnr. 147.

(2) einmalige Einkünfte

9 Das Gesetz geht, wie sich aus der Tabelle ergibt, von monatlich wiederkehrenden Einkünften aus[15]. Auch einmalige Zuwendungen können aber **zeitraumbezogene** Einkünfte und deshalb zu berücksichtigen sein, sofern sie die Leistungsfähigkeit der Partei auch in dem Zeitraum, in dem die Prozeßkosten aufzubringen sind, erhöhen. So sind insbesondere *Weihnachts- und Urlaubsgeld* sowie ein 13. Monatsgehalt auf das Jahr zu verteilen und dem Monatseinkommen anteilig hinzuzurechnen (→ Rdnr. 30, 32). Hingegen sind normale *Entgeltzahlungen*, etwa aus einem Verkauf, keine Einkünfte, da sie nicht zeitraumbezogen zugewendet werden. Es handelt sich vielmehr um Vermögen, und zwar vor der Erfüllung als Forderung (→ Rdnr. 121), danach als Kapitalvermögen. Bei einmaligen *Honorarzahlungen* kann es sich zwar um zeitraumbezogene Zuwendungen handeln; wenn diese aber in der

---

[9] *OLG Bamberg* FamRZ 1984, 721; *OLG Frankfurt* FamRZ 1990, 1011; 1982, 418; *KG* FamRZ 1982, 624; *Albers* (vor § 114 Fn. 1), 291; *MünchKommZPO/Wax* § 114 Rdnr. 5; *Schneider* MDR 1981, 793; *Wax* FamRZ 1980, 976. – Für weitgehende Verbindlichkeit *Mümmler* JurBüro 1981, 490.
[10] Anders für die Sicherungsabtretung *Christl* NJW 1981, 788.
[11] Vgl. *BayObLG* FamRZ 1993, 475 (für Überleitung auf den Sozialhilfeträger).
[12] A.M. *AG Kehlheim* JurBüro 1981, 1255.
[13] Vgl. (im Einzelfall aber recht weitgehend) *OLG Bamberg* JurBüro 1990, 634; 1987, 130f.; FamRZ 1985, 1068; *OLG Düsseldorf* FamRZ 1987, 398; *OLG Hamm* FamRZ 1986, 1013; 1982, 1073; *KG* NJW 1982, 112; FamRZ 1978, 525; DAVorm. 1974, 690; *OLG Karlsruhe* NJW 1985, 1787; *OLG Koblenz* FamRZ 1987, 1014; *OLG Köln* FamRZ 1983, 638; *Biebrach* NJW 1988, 1769; *Schneider* MDR 1978, 270; *Wax* FamRZ 1985, 13; großzügiger *OLG Zweibrücken* Rpfleger 1992, 357 (zust. *Hünnekens*); *Christl* NJW 1981, 786.
[14] *OLG Köln* FamRZ 1983, 637; *Christl* NJW 1981, 786; *MünchKommZPO/Wax* § 114 Rdnr. 43f. (der dann annimmt, die Partei sei nach ihren *persönlichen* Verhältnissen leistungsfähig). – A.M. (»wie« Vermögen) *OLG Koblenz* FamRZ 1987, 1014; *LAG Freiburg* NJW 1982, 848.
[15] Vgl. *OLG Braunschweig* NdsRpfl. 1988, 238; bei **in der Höhe schwankenden Monatseinkommen** ist von Durchschnittswerten auszugehen, *BFH* KostRspr. ZPO § 115 Nr. 208 (L).

Zukunft nicht mehr anfallen, erhöhen sie für den Zeitraum, in dem die Prozeßkosten aufzubringen sind (→ Rdnr. 5), die Leistungsfähigkeit nicht mehr als Einkünfte, sondern nur mit den für die Vergangenheit gezahlten (und noch nicht verbrauchten; → Rdnr. 88) Beträgen als Kapitalvermögen.

(3) gemeinsame Einkünfte

Die Leistungsfähigkeit richtet sich grundsätzlich nur nach dem Einkommen des Antragstellers. Beträge, die ihm *gemeinsam mit anderen Berechtigten* zufließen, können nur in der Höhe berücksichtigt werden, in der sie ihm im Innenverhältnis zustehen. Einkünfte *seines Ehegatten, seiner Eltern oder seiner Kinder* sind nicht hinzuzurechnen[16], wie sich schon aus Absatz 4 Satz 2 ergibt, der als Ausnahme die Regel bestätigt (→ auch Rdnr. 68 zu Ehegatten als Streitgenossen). Dasselbe gilt für die nichteheliche Lebensgemeinschaft[17]. Auch Unterhaltszahlungen Dritter an im Haushalt der Partei lebende Kinder sind deren Einkünfte und nicht solche der Partei, so daß nach Absatz 4 zu verfahren ist, mag auch die Zahlung an die Partei als den empfangszuständigen gesetzlichen Vertreter des Kindes erfolgen[18]. Einkommen anderer Familienmitglieder kann sich nur dadurch auswirken, daß diese bei Anwendung der Tabelle gemäß Absatz 4 unberücksichtigt bleiben (→ Rdnr. 73), daß ein gegen sie gerichteter Prozeßkostenvorschuß als verwertbarer Vermögensgegenstand erscheint (→ Rdnr. 138) oder daß von ihnen an die Partei gezahlte Unterhaltsleistungen als Einkommen der Partei einzustufen sind. Insoweit müssen aber auch wirklich die Voraussetzungen des Einkommensbegriffs vorliegen. Die These, jeder schlechter gestellte Ehegatte erhalte vom besser verdienenden Ehegatten Naturalunterhalt, dessen Wert dadurch als Einkommen erfaßt werden könne, daß dem nichts oder weniger verdienenden Ehegatten analog § 138 AFG die Hälfte des Differenzbetrages zwischen seinem Einkommen und dem des besser verdienenden Ehegatten hinzugerechnet werde[19], muß deshalb daran scheitern, daß Naturalleistungen die finanzielle Leistungsfähigkeit der Partei in der Regel nicht erhöhen (→ Rdnr. 24), so daß dieser Vorschlag als system- und gesetzeswidrig abzulehnen ist[20].

bb) Einzelheiten

Im folgenden werden in alphabetischer Reihenfolge einige typische Zuwendungen auf deren Einkunftscharakter untersucht. Die Begriffe ergeben sich aus folgender

---

[16] So schon die *Gesetzesmaterialien*, BT-Drs. 8/3695, S. 7; ferner *OLG Celle* JurBüro 1992, 187; NdsRpfl. 1986, 103; *OLG Hamburg* DAVorm. 1988, 188; *OLG Schleswig* SchlHA 1980, 72; *LG Bonn* JurBüro 1984, 130; *LAG Baden-Württemberg* BB 1984, 1810; *LAG Berlin* LAGE § 115 ZPO Nr. 14; *LAG Düsseldorf* AnwBl. 1984, 162; *LAG Hamm* MDR 1982, 436 = EzA § 115 ZPO Nr. 3 (zust. *Schneider*); DB 1982, 912 (L); *LAG Nürnberg* JurBüro 1984, 1577; *ArbG Wiesbaden* NZA 1984, 301; *Christl* Rpfleger 1983, 97; NJW 1981, 788; *Kohte* DB 1981, 1176; *Mümmler* JurBüro 1985, 1441. – **A.M.** *AG Koblenz* JurBüro 1992, 392; *LAG Berlin* MDR 1982, 437; *LAG Düsseldorf* JurBüro 1986, 1250f. (für die Mietbelastung; → Rdnr. 55); *LAG Rheinland-Pfalz* EzA § 115 ZPO Nr. 4; *Bischof* AnwBl. 1981, 369; *Schuster* (vor § 114 Fn. 1), § 115 Rdnr. 13; de lege ferenda auch *Albers* (vor § 114 Fn. 1), 289f.

[17] *OLG Köln* FamRZ 1988, 307.

[18] *OLG Hamburg* FamRZ 1984, 188; *OLG Hamm* FamRZ 1987, 80; *OLG Köln* FamRZ 1993, 579; *OLG Schleswig* SchlHA 1983, 139. – **A.M.** *OLG Frankfurt* FamRZ 1985, 826; 1982, 419 (aber widersprüchlich); *KG* FamRZ 1982, 625; *OLG Nürnberg* FamRZ 1984, 408; JurBüro 1983, 1093; *Hoppenz* FamRZ 1989, 133; *Zöller/Philippi*[18] Rdnr. 15.

[19] So im Anschluß an *Vollkommer* (Anm. zu *LAG Köln* LAGE § 115 ZPO Nr. 12) *LAG Düsseldorf* JurBüro 1989, 1443; 1986, 1415 und 1874 (für das Eltern-/Kindverhältnis); *LAG Köln* MDR 1989, 765; 1987, 964; LAGE § 115 ZPO Nr. 15; *LAG Nürnberg* Rpfleger 1990, 370; *LAG Rheinland-Pfalz* NZA 1988, 178; *Teske* Anm. zu LAGE § 115 ZPO Nr. 33.

[20] Ebenso *OLG Celle* JurBüro 1992, 187; *LAG Hamburg* LAGE § 115 ZPO Nr. 36; *Zöller/Philippi*[18] Rdnr. 16.

Übersicht

A (Rdnr. 12)
Arbeitnehmersparzulage
Arbeitslosengeld
Arbeitslosenhilfe

B (Rdnr. 13)
BAFÖG
Berlin-Zulage
Blindenhilfe

C (Rdnr. 14)
Contergan-StiftungsG

D (Rdnr. 15)
(unbesetzt)

E (Rdnr. 16)
Erziehungsgeld
Essenszuschüsse

F (Rdnr. 17)
Fiktive Einkünfte
Freiwillige Zuwendungen Dritter

G (Rdnr. 18)
(unbesetzt)

H (Rdnr. 19)
(unbesetzt)

I/J (Rdnr. 20)
(unbesetzt)

K (Rdnr. 21)
Kindergeld
Kinderzuschüsse
Krankengeld

L (Rdnr. 22)
Lohnsteuerjahresausgleich

M (Rdnr. 23)
Mietersparnis

N (Rdnr. 24)
Naturalleistungen

O (Rdnr. 25)
(unbesetzt)

P/Q (Rdnr. 26)
Pflegegeld

R (Rdnr. 27)
Renten

S (Rdnr. 28)
Sozialhilfeleistungen
Spesen

T (Rdnr. 29)
(unbesetzt)

U (Rdnr. 30)
Unterhaltsgeld
Unterhaltsleistungen
Urlaubsgeld

V (Rdnr. 31)
Vermögenswirksame Leistungen

W (Rdnr. 32)
Weihnachtsgeld
Wohngeld

X/Y/Z (Rdnr. 33)
(unbesetzt)

12 **Arbeitnehmersparzulage** → Rdnr. 8/43.
    Arbeitslosengeld und Arbeitslosenhilfe sind Einkommen i. S. d. § 115 Abs. 1 Satz 2[21].
13 Leistungen nach dem **BundesausbildungsförderungsG** sind als Einkünfte zu berücksichtigen, auch

---

[21] *KG* FamRZ 1983, 1265; *OLG Nürnberg* JurBüro 1983, 1094; *OLG Schleswig* JurBüro 1991, 1371; *LG Flensburg* SchlHA 1987, 185; *LAG Köln* LAGE § 115 ZPO Nr. 15; *LAG Nürnberg* JurBüro 1984, 1577; *ArbG Regensburg* JurBüro 1990, 377; *LSG Rheinland-Pfalz* SGb. 1991, 273.

wenn sie darlehensweise gewährt werden. Eine bereits fällige Rückzahlung ist als besondere Belastung abzuziehen (→ Rdnr. 42)[22].

Eine **Berlin-Zulage** gehört ebenfalls zu den Einkünften[23].

Blindenhilfe ist nur dann zu berücksichtigen, wenn sie nicht zur allgemeinen Sozialhilfe gehört[24] (→ Rdnr. 28). Im übrigen sind besondere Belastungen abziehbar (→ Rdnr. 50).

Leistungen nach dem **Contergan-StiftungsG** (BGBl. 1971 I, 2018) sind nach dessen § 21 Abs. 2 außer Acht zu lassen[25]. 14

Erziehungsgeld bleibt nach § 8 Abs. 1 BErzGG bei allen einkommensabhängigen Sozialleistungen unberücksichtigt und ist deshalb den sonstigen Einkünften nicht hinzuzurechnen[26]. Dasselbe gilt für *Rentenzuschläge* nach dem KindererziehungsleistungsG gemäß § 66 Arbeiterrentenversicherungs-Neuregelungs G (i.d.F. vom 12.7.1987; BGBl. I, 1585)[27]. 16

Essenszuschüsse des Arbeitgebers sind zwar regelmäßig wiederkehrende, zeitraumbezogene Zuwendungen, können aber als unerheblich vernachlässigt werden (→ Rdnr. 4), da die Ermittlung des wirklichen Wertes das Verfahren unangemessen verzögern würde und für die Einstufung in die Tabelle regelmäßig bedeutungslos ist[28].

Zu den **fiktiven Einkünften** → Rdnr. 8 sowie 23. 17

Freiwillige Zuwendungen Dritter sind zwar Einkünfte im Sinne des § 115 Abs. 1 Satz 2, wenn sie zeitraumbezogen sind, und sie können auch nicht schon deshalb außer Acht gelassen werden, weil die Anrechnung, wie etwa bei Leistungen naher Angehöriger, unbillig wäre[29]. Sie erhöhen die Leistungsfähigkeit der Partei für den Zeitraum, in dem die Prozeßkosten aufzubringen sind, aber nur dann, wenn feststeht, daß der Dritte die Zahlungen auch in Zukunft fortsetzen wird[30]. – Zu *Unterhaltszahlungen* → Rdnr. 30.

Kindergeld ist (nur) bei demjenigen Elternteil zu berücksichtigen, an den es gezahlt wird[31]. Es handelt sich, wie sich aus § 1 Abs. 1 BKGG ergibt, weder um Zahlungen an das Kind, für die die Partei als gesetzlicher Vertreter nur empfangszuständig wäre[32] (→ auch Rdnr. 10), noch um zweckgebundene Zahlungen, die nicht zur freien Verfügung stünden[33] (→ auch Rdnr. 7). Daß es der Empfänger in aller Regel zur Versorgung der Kinder verwenden wird, ist durch Absatz 3 bzw. die Pauschalbeträge der Tabelle für Unterhaltspflichten hinreichend berücksichtigt. Es geht auch nicht an, das Kindergeld als gemeinsames Ehegatteneinkommen einzustufen und beim Zahlungsempfänger deshalb nur nach Maßgabe des Innenverhältnisses, im Zeifel also nur zur Hälfte zu berücksichtigen[34]. Wie sich aus § 3 Abs. 3 BKGG ergibt, kann immer nur eine Person anspruchsberechtigt sein. Diese ist daher nicht nur «Zahlstelle» für mehrere Berechtigte (→ Rdnr. 10), sondern alleiniger Gläubiger[35]. Das schließt zwar nicht aus, daß nach dem Innenverhältnis der Ehegatten ein Teil abzuführen ist. Eine solche Verpflichtung könnte aber nur nach Satz 3, 2. Hs. berücksichtigt werden, was daran scheitern muß, daß sich eine *besondere* Belastung insoweit nicht festellen lassen wird. 21

---

[22] *AG Recklinghausen* FamRZ 1987, 729; *LAG Bremen* DB 1988, 1067; *ArbG Regensburg* JurBüro 1990, 377.
[23] *OLG Bremen* FamRZ 1984, 1244.
[24] Unklar *OLG Saarbrücken* FamRZ 1988, 1183.
[25] *OLG Celle* FamRZ 1983, 1156; *OLG Hamm* FamRZ 1986, 1102; NJW-RR 1987, 393.
[26] *OLG Bamberg* JurBüro 1990, 229; *OLG Celle* AnwBl. 1992, 144; *OLG München* KostRspr. ZPO § 115 Nr. 218 (L); *AG Altena* FamRZ 1989, 1314; *Hess.VGH* AnwBl. 1989, 178.
[27] *OLG Köln* FamRZ 1990, 643; *LSG Berlin* FamRZ 1993, 343.
[28] *OLG Düsseldorf* FamRZ 1989, 883; *Christl* NJW 1981, 787; *Schneider* MDR 1981, 793.
[29] So aber *OLG Bamberg* JurBüro 1986, 1872 (*Mümmler*); *OLG Köln* FamRZ 1990, 643; ganz ablehnend *Albers* (vor § 114 Fn. 1), 291. – Wie hier *OLG Bamberg* JurBüro 1985, 1108.
[30] Ebenso *OLG Bamberg* JurBüro 1985, 1108; *Kalthoener/Büttner* (vor § 114 Fn. 1), Rdnr. 221.
[31] *OLG Bamberg* JurBüro 1986, 1872; *OLG Bremen* JurBüro 1987, 768 (*Mümmler*); *OLG Celle* NdsRpfl. 1986, 103; *OLG Düsseldorf* AnwBl. 1984, 445; NJW 1981, 1791 = JurBüro 1735 (*Mümmler*); *OLG Hamm* NJW 1991, 2713; *LG Bayreuth* JurBüro 1991, 399; *LAG Baden-Württemberg* JurBüro 1988, 365; *LAG Düsseldorf* JurBüro 1986, 296; *LAG Hamburg* LAGE § 115 ZPO Nr. 36; *LAG München* VersR 1987, 394 (L); *VGH Kassel* NVwZ-RR 1990, 519; *OVG Münster* JurBüro 1992, 185; FamRZ 1984, 604; *BFH* MDR 1990, 955.
[32] A.M. *LSG Bremen* MDR 1984, 613.
[33] A.M. *OLG Celle* JurBüro 1992, 187; AnwBl. 1987, 55; *OLG Düsseldorf* FamRZ 1982, 514; *OLG Frankfurt* FamRZ 1982, 418; *OLG Schleswig* JurBüro 1988, 1538; SchlHA 1983, 139; *LAG Bremen* MDR 1986, 434; *Christl* JurBüro 1982, 1441; NJW 1981, 787; *Teske* Anm. zu LAGE § 115 ZPO Nr. 33.
[34] A.M. *OLG Bamberg* JurBüro 1990, 1645; 1988, 96; 1987, 1414; 1985, 1258; FamRZ 1984, 607; *KG* FamRZ 1982, 626; *OLG Nürnberg* FamRZ 1984, 408; JurBüro 1983, 1093; *OVG Bremen* JurBüro 1985, 1412 (zust. *Mümmler*); *LSG Berlin* MDR 1984, 612; *Beyer* JurBüro 1989, 440; *Kalthoener/Büttner* (vor § 114 Fn. 1), Rdnr. 224; *Künzl* AnwBl. 1991, 122; *Mümmler* JurBüro 1985, 1443; *MünchKommZPO/Wax* Rdnr. 13; *Petri* MDR 1985, 16; *Wax* FamRZ 1985, 12.
[35] A.M. *Teske* Anm. zu LAGE § 115 ZPO Nr. 33.

Für **Kinderzuschüsse zu einer Rente** gilt das soeben zum Kindergeld Gesagte entsprechend; sie sind als Einkommen des Rentenempfängers zu berücksichtigen[36].

Krankengeld gehört ebenfalls zu den Einkünften[37].

22   **Lohnsteuerjahresausgleich** ist als Rückzahlung zuviel einbehaltenen Bruttolohns als verfügbares Einkommen zu berücksichtigen[38] (→ auch Rdnr. 35). Entscheidend ist dabei nicht so sehr, ob die Ausgleichszahlung in der Vergangenheit geringfügig war oder nicht[39], sonden ob mit ihr auch für die Zukunft in der Weise gerechnet werden kann, daß sie für den Zeitraum, in dem die Prozeßkosten zu begleichen sind, abermals zur Verfügung steht[40] (→ Rdnr. 5, 9).

23   Wer im eigenen Haus wohnt, muß sich eine **Mietersparnis** anrechnen lassen, da in die Tabelle ein Betrag von ca. *18% des bereinigten Nettolohns* als Mietaufwendungen eingearbeitet ist, der beim selbstgenutzten Eigentum nicht als Ausgabe anfällt[41]. Die Rechtsprechung setzt je nach den Umständen einen Wert von 20–25% des verfügbaren Nettoeinkommens an[42]. Andere Gerichte berücksichtigen den *tatsächlichen Mietwert*, was zulässig ist, da die Pauschalierung nur die aufwendige Wertermittlung erübrigen will[43].

24   **Naturalleistungen** sind, wie sich schon aus dem Wortlaut von § 115 Abs. 1 Satz 2 ergibt, Einkommensbestandteil, wenn sie die sonstigen Voraussetzungen des Einkunftsbegriffs erfüllen, insbesondere zeitraumbezogen und frei verfügbar sind. Das trifft etwa auf vom Arbeitgeber oder einem sonstigen Dritten gewährte freie Unterkunft und Verpflegung zu, deren Wert gemäß § 2 der DVO zu § 76 BSHG (→ Rdnr. 6) i. V. m. § 160 Abs. 2 RVO (jetzt: §§ 14, 17 Abs. 1 Nr. 3 SGB IV) berechnet[44] oder analog § 287 ZPO geschätzt werden kann. Dabei ist aber darauf zu achten, daß die Naturalleistung die Leistungsfähigkeit (durch die Ersparnis sonst notwendiger Ausgaben) wirklich erhöhen muß[45]. Das wird beim ansonsten einkommenslosen Zuwendungsempfänger im Rahmen einer Ehe oder nichtehelichen Lebensgemeinschaft nicht der Fall sein, so daß eine Anrechnung in diesen Fällen ausscheiden muß[46].

26   **Pflegegeld** kann zwar zu den berücksichtigungsfähigen Einkünften gehören, wird aber regelmäßig durch besondere Belastungen kompensiert (→ Rdnr. 50)[47].

27   **Renten** sind als Einkommen zu berücksichtigen[48] (→ aber auch Rdnr. 13, 14).

28   **Sozialhilfeleistungen** werden in § 76 Abs. 1 BSHG ausdrücklich vom Einkommensbegriff ausgenommen. § 115 verweist zwar auf diese Regelung und enthält auch sonst keine eigene Ausnahmeregelung. Das bedeutet aber nicht, daß die allgemeine Sozialhilfe zur Finanzierung von Prozeßkosten einzusetzen wäre[49]. Wenn die Prozeßkostenhilfe Sozialhilfe in besonderen Lebenslagen ist (→ vor § 114 Rdnr. 10), dann muß sie *neben* die allgemeine Sozialhilfe treten, so daß die Nichtanrechnungsbestimmung des § 76 Abs. 1 BSHG insoweit analog anzuwenden ist[50].

Spesen sind solange kein Einkommen, wie sie nur der Erstattung von Auslagen dienen. An ihre Zahlung knüpft sich lediglich die Rechtsfolge, daß die durch die Spesen abgegoltenen Aufwendungen nicht mehr als Werbungskosten geltend gemacht werden können (→ Rdnr. 38). Im übrigen erhöhen Spesen die

---

[36] A.M. (gar nicht zu berücksichtigen) *LAG Düsseldorf* JurBüro 1986, 296; *LAG Hamm* MDR 1982, 436 = EzA § 115 Nr. 3 (*Schneider*). Konsequent *Kalthoener/Büttner* (vor § 114 Fn. 1), Rdnr. 225: hälftige Berücksichtigung wie beim Kindergeld, soweit der Zuschuß dieses nicht übersteigt.

[37] *LAG Hamburg* LAGE § 115 ZPO Nr. 36.

[38] *OLG Hamm* FamRZ 1987, 80.

[39] Vgl. aber *OLG Düsseldorf* FamRZ 1989, 883.

[40] *Kalthoener/Büttner* (vor § 114 Fn. 1), Rdnr. 226.

[41] *OLG Bamberg* JurBüro 1986, 1872; *OLG Frankfurt* FamRZ 1990, 643. – A.M. *OLG Karlsruhe* FamRZ 1987, 614; *LSG Rheinland-Pfalz* SGb. 1991, 273 (abl. *Behn*); *Christl* NJW 1981, 787; *Mümmler* JurBüro 1981, 3. – Vgl. auch *AG Arnsberg* JurBüro 1992, 392 (wenn Sozialhilfe direkt an den Vermieter gezahlt wird; → aber Rdnr. 28).

[42] *BGH* NJW-RR 1990, 450; *OLG Bamberg* 1984, 290; *OLG Celle* JurBüro 1981, 1576 (zust. *Mümmler*). – Abweichend (10%) *LAG Nürnberg* LAGE § 115 ZPO Nr. 17.

[43] Vgl. *OLG Bamberg* JurBüro 1985, 1259; FamRZ 1984, 721; *OLG Hamm* Rpfleger 1991, 259.

[44] Vgl. *LAG Baden-Württemberg* BB 1984, 1810.

[45] Zutreffend *LAG Hamburg* LAGE § 115 ZPO Nr. 36; *Kalthoener/Büttner* (vor § 114 Fn. 1), Rdnr. 232.

[46] A.M. *LAG Baden-Württemberg* BB 1984, 1810; vgl. auch *OLG Celle* JurBüro 1992, 188.

[47] *OVG Münster* JurBüro 1992, 185.

[48] *OLG Hamm* NJW-RR 1987, 393 und *LG Bonn* JurBüro 1984, 130 (Waisenrente); *LAG Baden-Württemberg* JurBüro 1989, 667 (Unfallrenten); *LSG Berlin* FamRZ 1993, 343 (Altersruhegeld und Witwenrenten).

[49] So aber *OLG Celle* NdsRpfl. 1985, 311; *LG Hildesheim* JurBüro 1988, 899; *AG Koblenz* JurBüro 1992, 392; *ArbG Regensburg* FamRZ 1989, 1103 (abl. *Gottwald*); wohl auch *OLG Saarbrücken* FamRZ 1988, 1183; *LAG Baden-Württemberg* JurBüro 1989, 667; *Albers* (vor § 114 Fn. 1), 290f.; *Christl* NJW 1981, 787; wohl auch *Thalmann* (vor § 114 Fn. 1), Rdnr. 13/20; vgl. ferner *OLG Hamm* JurBüro 1986, 767: Einkommen, das aber nicht zur Ratenzahlung herangezogen werden kann.

[50] *OLG Frankfurt* KostRspr. ZPO § 115 Nr. 219 (L); *OLG Karlsruhe* FamRZ 1989, 645; *OLG Koblenz* FamRZ 1992, 966; *OLG Köln* JurBüro 1990, 642; *LSG Niedersachsen* NdsRpfl. 1984, 24; *Büttner* FamRZ 1990, 463; *Eylert* JurBüro 1992, 369 ff.; *Wax* FamRZ 1980, 976.

Leistungsfähigkeit nur dann, wenn es sich in Wahrheit um verschleiertes Arbeitseinkommen handelt, was nur bei deutlich überhöhten Zahlungen in Betracht kommen wird und dann geschätzt werden kann[51].

Vom Arbeitsamt darlehensweise gewährtes **Unterhaltsgeld** ist Einkommen[52]. Fällige Rückzahlungspflichten können als besondere Belastung berücksichtigt werden (→ Rdnr. 42). 30

Unterhaltsleistungen, die dem Antragsteller (→ Rdnr. 10) durch einen Dritten gezahlt werden, gehören zum Einkommen[53]. Das gilt auch dann, wenn es um Leistungen des Prozeßgegners handelt[54]. Auch Naturalunterhalt kann bei Absatz 1 berücksichtigt werden, wenn sich für ihn ein Wert ermitteln läßt[55] (→ Rdnr. 24; zu Absatz 4 → Rdnr. 73). Der Antragsteller muß den Unterhalt aber wirklich erhalten. Die bloße Existenz eines Unterhalts*anspruchs* reicht grundsätzlich nicht. Etwas anderes mag allenfalls dann gelten, wenn der Unterhaltsanspruch bereits tituliert ist und ohne weiteres realisiert werden kann[56] (→ auch Rdnr. 121). Umgekehrt ist die Existenz eines Anspruchs auch nicht erforderlich, solange nur damit zu rechnen ist, daß die freiwilligen Unterhaltsleistungen regelmäßig und berechenbar fortgesetzt werden[57].

Urlaubsgeld ist als zeitraumbezogene einmalige Leistung auf das Jahr zu verteilen und dem Monatseinkommen anteilig hinzuzurechnen[58] (→ Rdnr. 9).

Vermögenswirksame Leistungen sind nicht als unbedeutend zu vernachlässigen[59], sondern differenziert zu beurteilen. Zahlt der Arbeitgeber *direkt an ein Kreditinstitut*, so steht dem Arbeitnehmer der Betrag gar nicht zur Verfügung. Hier kann allenfalls überlegt werden, ob nicht das durch die Leistungen gebildete Vermögen einzusetzen ist, was indessen daran scheitern muß, daß dieses Vermögen entweder mangels Kündigungsmöglichkeit nicht verfügbar (→ Rdnr. 89) oder eine Kündigung wegen des damit verbundenen Zins- und Prämienverlustes unzumutbar ist (→ Rdnr. 91). Zahlt der Arbeitgeber *an den Arbeitnehmer*, so sind diese Leistungen zweckgebunden und stehen deshalb nicht zur freien Verfügung, so daß sie nicht als Einkünfte berücksichtigt werden können[60] (→ Rdnr. 5). Soweit der Arbeitnehmer verpflichtet ist, regelmäßig auch eigene Beiträge zur Vermögensbildung zu erbringen (Arbeitnehmeranteil), sind diese Zahlungen als besondere Belastungen abzuziehen, da es sich um angemessene Verbindlichkeiten handelt[61] (→ Rdnr. 42). Die **Arbeitnehmersparzulage** vermindert die Eigenbelastung des Arbeitnehmers, so daß sie entweder dem Einkommen hinzuzurechnen ist oder dazu führt, daß die Verpflichtung des Arbeitnehmers nur mit dem um sie gekürzten Betrag berücksichtigt werden kann[62]. 31

Weihnachtsgeld ist als zeitraumbezogene einmalige Leistung auf das Jahr zu verteilen und dem Monatseinkommen anteilig hinzuzurechnen[63] (→ Rdnr. 9). 32

---

[51] Vgl. *OLG Bamberg* JurBüro 1990, 636.
[52] *LAG Bremen* DB 1988, 1067.
[53] *OLG Bremen* FamRZ 1989, 300; *OLG Düsseldorf* JurBüro 1988, 1059; *OLG Frankfurt* FamRZ 1982, 419; *OLG Hamburg* DAVorm. 1988, 188; *OLG Hamm* NJW 1991, 2713; FamRZ 1987, 80; *KG* FamRZ 1983, 1267; *OLG Koblenz* FamRZ 1992, 1197; 1987, 1284; 1986, 1014; *OLG Köln* FamRZ 1988, 191; *OLG Zweibrücken* JurBüro 1987, 1714; *LG Bonn* JurBüro 1984, 130; *LAG Baden-Württemberg* BB 1984, 1810. – Nach *OLG Koblenz* KostRspr. ZPO § 115 Nr. 221 (L) ist aber der **Altersvorsorgeanteil** (§ 1578 Abs. 3 BGB) wegen dessen Zweckbindung unabhängig von der konkreten Verwendung nicht zu berücksichtigen; demgegenüber erscheint der Abzug tatsächlicher Vorsorgeaufwendungen des Unterhaltsempfängers (→ Rdnr. 36 f.) gerechter.
[54] *OLG Bremen* FamRZ 1981, 988; *OLG Koblenz* FamRZ 1987, 1284.
[55] *LAG Baden-Württemberg* BB 1984, 1810.
[56] Vgl. *KG* FamRZ 1983, 1267 sowie *LG Flensburg* SchlHA 1987, 185 (das die Anspruchserfüllung unterstellt).
[57] *OLG Koblenz* FamRZ 1992, 1197.
[58] *OLG Bamberg* JurBüro 1990, 1644; 1988, 95; 1986, 1872; *OLG Düsseldorf* NJW 1981, 1791 = JurBüro 1735 (*Mümmler*); *OLG Frankfurt* FamRZ 1982, 418; *OLG Hamm* FamRZ 1987, 80; *OLG Nürnberg* JurBüro 1993, 108;; *AG Kehlheim* JurBüro 1981, 1254; *VGH Kassel* NVwZ-RR 1990, 519; *OVG Münster* FamRZ 1984, 604; *BFH* KostRspr. ZPO § 115 Nr. 209 (L). – **A.M.** *OLG Düsseldorf* FamRZ 1989, 883 (kleinliches Verfahren, das die Entscheidung unnötig verzögert).
[59] So aber *OLG Düsseldorf* FamRZ 1989, 883.
[60] *OLG Bamberg* JurBüro 1990, 1644; 1988, 95; 1987, 1414; FamRZ 1987, 1282; *OLG Frankfurt* FamRZ 1990, 643.
[61] **A.M.** *OLG Bamberg* JurBüro 1987, 1414. – Nach *OLG Düsseldorf* NJW 1981, 1791 = JurBüro 1735 (*Mümmler*) und *OLG Frankfurt* FamRZ 1982, 419 ist die *gesamte* vermögenswirksame Leistung als besondere Belastung abzuziehen; ein Unterschied ergibt sich dadurch für das Ergebnis nicht.
[62] *OLG Bamberg* JurBüro 1988, 95; FamRZ 1987, 1282; *OLG Frankfurt* FamRZ 1990, 943; *OLG Hamm* FamRZ 1987, 80; *LG Bayreuth* JurBüro 1991, 399; *OVG Bremen* JurBüro 1985, 1412; *VGH Kassel* NVwZ-RR 1990, 519; *Kalthoener/Büttner* (vor § 114 Fn. 1), Rdnr. 207.
[63] *OLG Bamberg* JurBüro 1990, 1644; 1988, 95; 1986, 1872; *OLG Düsseldorf* NJW 1981, 1791 = JurBüro 1735 (*Mümmler*); *OLG Frankfurt* FamRZ 1982, 418; *OLG Hamm* FamRZ 1987, 80; *OLG Nürnberg* JurBüro 1993, 108; *AG Kehlheim* JurBüro 1981, 1254; *VGH Kassel* NVwZ-RR 1990, 519; *OVG Münster* FamRZ 1984, 604; *BFH* KostRspr. ZPO § 115 Nr. 209 (L). – **A.M.** *OLG Düsseldorf* FamRZ 1989, 883 (kleinliches Verfahren, das die Entscheidung unnötig verzögert).

Wohngeld erfüllt die Voraussetzungen des Einkunftsbegriffs ebenfalls und ist deshalb dem Einkommen zuzurechnen[64]. Zur Berücksichtigung hoher Mieten als besondere Belastung → Rdnr. 55.

b) Abzüge nach Abs. 1 Satz 3, 1. Hs. (§ 76 Abs. 2 BSHG)

34 Nach § 115 Abs. 1 Satz 3, 1. Hs. ist § 76 Abs. 2 BSHG entsprechend anzuwenden. Das bedeutet, daß vom nach Satz 2 ermittelten Einkommen wenigstens (→ Rdnr. 40) die Beträge abzusetzen sind, die von § 76 Abs. 2 BSHG erfaßt werden. Diese Vorschrift hat folgenden Wortlaut:
Von dem Einkommen sind abzusetzen:
1. **auf das Einkommen entrichtete Steuern,**
2. **Pflichtbeiträge zur Sozialversicherung einschließlich der Arbeitslosenversicherung,**
3. **Beiträge zu öffentlichen oder privaten Versicherungen, soweit diese Beiträge gesetzlich vorgeschrieben oder nach Grund und Höhe angemessen sind,**
4. **die mit der Erzielung des Einkommens verbundenen notwendigen Ausgaben.**

aa) Steuern

35 Abzuziehen sind nach Nr. 1 die *auf das Einkommen* entrichteten Steuern, also Lohn- bzw. Einkommensteuer, Kirchensteuer und »Solidaritätszuschläge«. Andere Steuerschulden, etwa eine Erbschafts-, Vermögens- oder Kraftfahrzeugsteuer, können nur als besondere Belastungen berücksichtigt werden (→ Rdnr. 60). Das Einkommen kann auch nur um die tatsächlich *entrichteten* Steuern gemindert werden, weshalb Steuererstattungen zu berücksichtigen sind (→ auch Rdnr. 22). Steht die tatsächliche Steuerbelastung für das laufende Jahr noch nicht fest, kann sie auf der Basis der Vorjahresergebnisse unter Berücksichtigung zwischenzeitlicher Veränderungen vom Gericht überschlägig berechnet werden[65].

bb) Sozialversicherungsbeiträge

36 Nach Nr. 2 sind die Beiträge zur gesetzlichen Renten-, Kranken- und Unfallversicherung abzuziehen, aber natürlich nur mit ihrem Arbeitnehmeranteil[66]. Pflichtversicherungen für Selbständige fallen ebenfalls unter diese Vorschrift. Freiwillige Beiträge werden hingegen von Nr. 3 erfaßt.

cc) Sonstige Versicherungsbeiträge

37 Nr. 3 ermöglicht den Abzug weiterer Versicherungsbeiträge. Das betrifft zunächst die **gesetzlich vorgeschriebenen Versicherungen** wie etwa die *Kraftfahrzeughaftpflichtversicherung*[67], die in voller Höhe abzugsfähig sind. Darüber hinaus sind **freiwillige Beiträge** zu allen

---

[64] *OLG Bamberg* FamRZ 1984, 607; *LG Hildesheim* JurBüro 1988, 900; *LAG Freiburg* NJW 1982, 847; *OVG Bremen* JurBüro 1985, 1412; *LSG Berlin* FamRZ 1993, 343; *LSG Bremen* MDR 1984, 613 (L); *LSG Nordrhein-Westfalen* FamRZ 1984, 731; MDR 1984, 261. – **A.M.** (nur zur Hälfte anrechenbar) *LSG Berlin* MDR 1984, 612; *Thalmann* (vor § 114 Fn. 1), Rdnr. 26 (Abzug von der Kaltmiete).
[65] *OLG Bamberg* JurBüro 1981, 612; *OLG Frankfurt* FamRZ 1990, 643; *OLG Hamm* FamRZ 1987, 80; vgl. auch *BFH* BB 1982, 1535.
[66] *OLG Bamberg* JurBüro 1981, 611; *Kalthoener/Büttner* (vor § 114 Fn. 1), Rdnr. 253.
[67] *OLG Bamberg* JurBüro 1990, 1645 und 636; *OLG Schleswig* JurBüro 1988, 1538; *Kohte* DB 1981, 1175. – **A.M.** *Bratfisch* Rpfleger 1989, 29 und *Künzl* AnwBl. 1991, 123 (nur, wenn die Partei auf den PKW dringend angewiesen ist; indessen findet eine Angemessenheitsprüfung hier nicht statt).

Versicherungen zu berücksichtigen, wenn sie **nach Grund und Höhe angemessen** sind. Dabei kann sich die Unangemessenheit sowohl aus dem Verhältnis des Versicherungsvertrages und der daraus resultierenden Belastung zum verfügbaren Einkommen ergeben[68] als auch aus dem Umstand, daß in Kenntnis der bevorstehenden Belastung mit den Prozeßführungskosten noch neue Versicherungsverträge geschlossen wurden[69] (→ auch Rdnr. 42). Mit diesen Einschränkungen sind anerkennungsfähig:
Ausbildungsversicherungen[70],
Aussteuerversicherungen[71],
Feuerversicherungen,
Gebäudeversicherungen[72],
Glasbruchversicherungen[73],
private **Haftpflichtversicherungen**[74],
Hausratversicherungen[75],
Krankenversicherungen[76] einschließlich der Zusatzversicherungen, etwa für die 1. Klasse im Krankenhaus[77],
Krankentagegeldversicherungen[78],
Lebensversicherungen[79] einschließlich der Risikolebensversicherungen, auch wenn anderweitige Altersversorgung besteht[80],
Rechtsschutzversicherungen[81],
Sterbegeldversicherungen[82],
private **Unfallversicherungen**[83].

dd) Werbungskosten und Betriebsausgaben

Nach Nr. 4 sind die mit der Erzielung des Einkommens verbundenen notwendigen Ausgaben abzuziehen. Das gilt ohne Rücksicht darauf, daß sie steuerlich bereits durch Freibeträge berücksichtigt wurden, denn die ändern nichts an der tatsächlichen Ausgabenbelastung[84]. Was zu den notwendigen Ausgaben gehört, hängt zunächst von der **Einkunftsart** ab. Die DVO zu § 76 BSHG enthält einen (unverbindlichen; → Rdnr. 6) Katalog in § 3 Abs. 4 für die Einkünfte aus nichtselbständiger Arbeit sowie in § 7 Abs. 2 für die Einkünfte aus Vermietung

38

---

[68] *OLG Bamberg* JurBüro 1987, 1713; *ArbG Regensburg* JurBüro 1990, 1303 (sehr kleinlich).
[69] *OLG Bamberg* JurBüro 1990, 1645.
[70] **A.M.** *Bratfisch* Rpfleger 1989, 30; *Christl* NJW 1981, 788; *Künzl* AnwBl. 1991, 123.
[71] *OLG Frankfurt* FamRZ 1982, 419 (allerdings zu Hs. 2); i.E. auch *AG Kehlheim* JurBüro 1981, 1255. – **A.M.** *Bratfisch* Rpfleger 1989, 30; *Christl* NJW 1981, 788; *Künzl* AnwBl. 1991, 123.
[72] *OLG Schleswig* JurBüro 1988, 1538.
[73] *OLG Schleswig* JurBüro 1988, 1538.
[74] *OLG Bamberg* JurBüro 1990, 636; 1988, 96; 1987, 1713; *OLG Düsseldorf* KostRspr. ZPO § 115 Nr. 222 (L); *KG* FamRZ 1982, 624; *OLG Schleswig* JurBüro 1988, 1538; *OVG Bremen* JurBüro 1985, 1412.
[75] *OLG Bamberg* JurBüro 1990, 1645; 1987, 1713; *OLG Celle* JurBüro 1981, 1576 (*Mümmler*); *OLG Düsseldorf* KostRspr. ZPO § 115 Nr. 222 (L); *OLG Frankfurt* FamRZ 1990, 1011; *KG* FamRZ 1982, 624; *OLG Schleswig* JurBüro 1988, 1538; *OVG Bremen* JurBüro 1985, 1412.
[76] *OLG Bamberg* JurBüro 1990, 1645; 1988, 95; *OLG Düsseldorf* JurBüro 1984, 934; *KG* FamRZ 1982, 624; *OLG Köln* FamRZ 1993, 579.
[77] **A.M.** *Zöller/Philippi*[18] Rdnr. 26.
[78] *ArbG Regensburg* JurBüro 1990, 1304; *Bratfisch* Rpfleger 1989, 30. – **A.M.** *OLG Düsseldorf* KostRspr. ZPO § 115 Nr. 222 (L: nur ausnahmsweise).
[79] *OLG Bamberg* JurBüro 1990, 1645 und 636; 1987, 1713; 1981, 612; *KG* FamRZ 1982, 624; *OLG Schleswig* JurBüro 1988, 1538; *ArbG Regensburg* JurBüro 1992, 697f.; *OVG Bremen* JurBüro 1985, 1412.
[80] **A.M.** *ArbG Regensburg* JurBüro 1990, 1304; *OLG Düsseldorf* KostRspr. ZPO § 115 Nr. 222 (L); *Bratfisch* Rpfleger 1989, 30; *Christl* NJW 1981, 788; *Künzl* AnwBl. 1991, 123; *Mümmler* JurBüro 1981, 4.
[81] *OLG Bamberg* JurBüro 1990, 636; 1987, 1713; *OLG Schleswig* JurBüro 1988, 1538.
[82] *KG* FamRZ 1982, 624; *Christl* NJW 1981, 788.
[83] *OLG Bamberg* JurBüro 1987, 1713; *OLG Düsseldorf* JurBüro 1984, 934; *KG* FamRZ 1982, 624; *ArbG Regensburg* JurBüro 1990, 1304. – **A.M.** *OLG Düsseldorf* KostRspr. ZPO § 115 Nr. 222 (L: nur ausnahmsweise).
[84] *VGH-Kassel* NVwZ-RR 1990, 519.

und Verpachtung. Aber auch bei den übrigen Einkunftsarten sind die notwendigen Werbungskosten abzuziehen (§§ 4 Abs. 3, 6 Abs. 2 DVO). Ein Verlustausgleich zwischen den Einkunftsarten findet aber grundsätzlich nicht statt (vgl. § 10 DVO), so daß Werbungskosten immer nur bis zur Höhe der jeweiligen Einkunftsart berücksichtigt werden können[85]. Wer daher im eigenen Haus wohnt, hat daraus Einkünfte nur nach Maßgabe des zu Rdnr. 23 Gesagten und kann somit auch keine Werbungskosten geltend machen[86], sondern nur besondere Belastungen nach Hs. 2 (→ Rdnr. 51).

39 Da eine Vielzahl von Ausgabenarten denkbar ist, muß der Antragsteller angeben, welche er berücksichtigt wissen will. Eine **Pauschalierung** ist möglich. Die *generelle* Pauschalierung des Unterhaltsrechts (5% des Nettoeinkommens) entfernt sich aber zu sehr von der Ermittlung der tatsächlichen Leistungsfähigkeit und sollte deshalb nicht herangezogen werden[87]. Zulässig ist hingegen der Rückgriff auf die Pauschalsätze des § 3 Abs. 5 (10 DM monatlich für Arbeitsmittel) und Abs. 6 (10 DM monatlich für Fahrten mit dem PKW zur Arbeitsstätte pro Kilometer)[88] der DVO zu § 76 BSHG, wobei der Prozeßkostenhilferichter frei ist, angesichts gestiegener Lebenshaltungskosten auch höhere Pauschalbeträge abzusetzen[89] oder auf lohnsteuerrechtliche Pauschalen zurückzugreifen[90]. Auch an die Pauschalierungsvoraussetzungen der DVO ist er nicht gebunden[91]. Weist der Antragsteller höhere Ausgaben nach, muß eine Pauschlierung ausscheiden[92].

c) Abzüge nach Abs. 1 Satz 3, 2. Hs. (Härteklausel)

40 Nach § 115 Abs. 1 Satz 3, 2. Hs. sind weitere Beträge vom Einkommen abzuziehen, wenn dies mit Rücksicht auf besondere Belastungen angemessen ist. Diese Vorschrift gibt dem Prozeßkostenhilferichter einen für die gerechte Einzelfallentscheidung notwendigen **Beurteilungsspielraum**.

aa) Maßstäbe

41 Dieser Beurteilungsspielraum darf nicht dadurch leichtfertig aufs Spiel gesetzt werden, daß unterhaltsrechtliche Grundsätze und Pauschalen unbesehen übernommen werden. Vielmehr hat sich der Richter zunächst an dem **Gesetzeszweck** zu orientieren, der Partei den notwendigen Lebensunterhalt zu belassen und sie in ihrer Lebensführung nicht über Gebühr durch die Kostenlast einzuschränken[93]. Andererseits können nach der Härteklausel aber nur **besondere** Belastungen berücksichtigt werden, da die *allgemeinen Lebensführungskosten* bereits durch die Freibeträge der Tabelle berücksichtigt werden sollen (→ auch Rdnr. 78, 79).

42 Außerdem müssen die geltend gemachten Beträge **angemessen** sein. Anders als bei der Leistungsunfähigkeit wegen fehlender Aktiva (→ Rdnr. 8, 88, § 114 Rdnr. 20) bleiben die sich auf das monatlich verfügbare Einkommen auswirkenden besonderen Belastungen daher nicht nur dann unberücksichtigt, wenn sie *böswillig* herbeigeführt wurden[94], sondern es ist

---

[85] *BGH* JurBüro 1984, 51; *OLG Bamberg* JurBüro 1984, 290; *BFH* MDR 1990, 955.
[86] Vgl. *BFH* MDR 1990, 955.
[87] *Kalthoener/Büttner* (vor § 114 Fn. 1) Rdnr. 256. – A.M. *OLG Bamberg* JurBüro 1990, 1645; 1988, 96; *Beyer* JurBüro 1989, 440; wohl auch *Künzl* AnwBl. 1991, 123.
[88] *OLG Bamberg* FamRZ 1984, 721; *LAG Köln* LAGE § 115 ZPO Nr. 15.
[89] *OLG Frankfurt* FamRZ 1990, 1011 (14 DM für PKW-Benutzung).
[90] *LAG Hamm* LAGE § 115 ZPO Nr. 27.
[91] Z.B. Kfz.-Pauschale auch dann, wenn öffentliche Verkehrsmittel zur Verfügung stehen, *Kalthoener/Büttner* (vor § 114 Fn. 1), Rdnr. 256; vgl. auch *OLG Düsseldorf* KostRspr. ZPO § 115 Nr. 222 (L). – A.M. *OLG Bamberg* FamRZ 1984, 721; *OLG Zweibrücken* JurBüro 1982, 296 (krit. *Mümmler*).
[92] *OLG Bamberg* JurBüro 1986, 1872; *VGH Kassel* NVwZ-RR 1990, 519.
[93] *LAG Nürnberg* LAGE § 115 Nr. 17.
[94] So aber *OLG Hamm* MDR 1987, 1031; *OLG Köln* FamRZ 1983, 635.

durch § 115 Abs. 1 Satz 3, 2. Hs. selbst eine umfassende Angemessenheitsprüfung vorgeschrieben. Insoweit kommt es in erster Linie darauf an, *wann und aus welchem Anlaß* die Verbindlichkeiten eingegangen wurden. Wenn der Rechtsstreit, für den Prozeßkostenhilfe begehrt wird, bereits anhängig war oder kurz bevorstand und die Kosten des Verfahrens für die Partei vorhersehbar waren, so ist es ihr zuzumuten, sich auf die Prozeßführung einzurichten. *Neue* Belastungen sind dann nur zu berücksichtigen, wenn für sie nach Grund und Höhe ein *unabweisliches Bedürfnis* bestand[95]. War hingegen von dem Verfahren noch nicht die Rede, so sind alle Verbindlichkeiten abziehbar, wenn sie nicht aus anderen Gründen nach Grund oder Höhe unangemessen sind (→ Rdnr. 43 ff.), wobei sich die Unangemessenheit wieder aus *Anlaß* und *Höhe* einerseits sowie dem *Verhältnis zum laufenden Einkommen* andererseits ergeben kann[96] (→ schon Rdnr. 37).

bb) Einzelheiten

Im folgenden werden in alphabetischer Reihenfolge einige typische Belastungen auf deren Berücksichtigungsfähigkeit untersucht. Die Begriffe ergeben sich aus folgender 43

Übersicht

A (Rdnr. 44)
Arbeitsamt
Autokredit

B (Rdnr. 45)
Bausparbeiträge

C (Rdnr. 46)
(unbesetzt)

D (Rdnr. 47)
(unbesetzt)

E (Rdnr. 48)
(unbesetzt)

F (Rdnr. 49)
(unbesetzt)

G (Rdnr. 50)
Gesundheitsbedingte Mehraufwendungen

H (Rdnr. 51)
Hypothekenbelastung

I/J (Rdnr. 52)
(unbesetzt)

K (Rdnr. 53)
Kindergartengebühren
Kostgeld
Kreditraten

L (Rdnr. 54)
Lebenshaltungskosten

M (Rdnr. 55)
Miete
Mietnebenkosten

N (Rdnr. 56)
(unbesetzt)

---

[95] *OLG Bamberg* JurBüro 1990, 1645 und 636; 1987, 1713 und 133 = 1986, 1872 (*Mümmler*); *OLG Düsseldorf* MDR 1984, 150; *OLG Koblenz* MDR 1992, 80; *OLG Köln* FamRZ 1985, 415; *OLG Zweibrücken* Rpfleger 1981, 366; *LG Bayreuth* JurBüro 1987, 1809; *AG Bayreuth* JurBüro 1989, 1714.

[96] Vgl. *BGH* NJW-RR 1990, 450; *OLG Bamberg* JurBüro 1991, 843; 1987, 133 = 1986, 1872 (*Mümmler*); *OLG Düsseldorf* AnwBl. 1984, 445; *KG* FamRZ 1988, 1078; 1984, 413 (wo aber auf den Zeitpunkt der Antragstellung abgestellt wird); AnwBl. 1981, 506; *OLG Köln* FamRZ 1985, 415; *LAG Schleswig* MDR 1989, 485; *ArbG Regensburg* JurBüro 1992, 698; 1990, 1305; *LSG Rheinland-Pfalz* SGb. 1991, 273 (*Behn*); *Künzl* AnwBl. 1991, 127. – **A.M.** (gegen jede Angemessenheitsprüfung) *OLG Hamm* MDR 1987, 1031; *LAG Nürnberg* LAGE § 115 ZPO Nr. 32.

O (Rdnr. 57)
(unbesetzt)

P/Q (Rdnr. 58)
PKW
Prozeßkostenhilferaten

R (Rdnr. 59)
(unbesetzt)

S (Rdnr. 60)
Schwerbehinderung
Spekulationsgeschäfte
Spielschulden
Steuerschulden
Studiengebühren

T (Rdnr. 61)
(unbesetzt)

U (Rdnr. 62)
Unterhaltsleistungen

V (Rdnr. 63)
Verbindlichkeiten
Versicherungsprämien

W (Rdnr. 64)
(unbesetzt)

X/Y/Z (Rdnr. 65)
(unbesetzt)

44 Monatliche Raten zur Tilgung von Verbindlichkeiten gegenüber dem **Arbeitsamt** sind als besondere Belastung zu berücksichtigen[97].
Angemessene Raten für einen **Autokredit** sind abziehbar[98] (→ Rdnr. 53).

45 **Bausparbeiträge**, die der Antragsteller monatlich abzweigt, dienen der Vermögensbildung. Sie können als angemessene besondere Belastung nur berücksichtigt werden, wenn sich die Partei unkündbar zu monatlichen Zahlungen verpflichtet hat[99].

50 **Gesundheitsbedingte Mehraufwendungen** können – gegebenenfalls pauschaliert – abgezogen werden[100].

51 Laufende Zins- und Tilgungszahlungen aus einer **Hypothekenbelastung** für selbstgenutztes Wohneigentum sind (unter Abzug der Mieterspamis, → Rdnr. 23[101]) als besondere Belastung zu berücksichtigen, wenn die Verschuldung in einem angemessenen Verhältnis zum Einkommen steht[102]. Sie sind hingegen nicht abziehbar, wenn der Antragsteller das Haus nicht selbst bewohnt, da es sich dann um Vermögensbildung handelt, die nicht durch Prozeßkostenhilfe unterstützt werden kann[103]; das gilt auch für die Kosten, die aus dem Erwerb einer *Ferienwohnung* resultieren[104].

53 **Kindergartengebühren** sind vom Einkommen einer alleinerziehenden Mutter abziehbar[104a].
Kostgeld, das ein bei seinen Eltern wohnendes Kind an die Eltern abführt, gehört zu den allgemeinen Lebenshaltungskosten des Kindes und ist deshalb nicht abziehbar[105].
Kreditraten sind nach Maßgabe des zu Rdnr. 41, 42 Gesagten abziehbar, wenn es sich um eine angemessene Verschuldung handelt und das mit dem Kredit beschaffte Gut nicht nur der allgemeinen Lebenshaltung dient[106]. Daher sind die zur Rückführung eines Überziehungskredits vereinbarten Raten regelmäßig nicht zu berücksichtigen[107]. Ist der Kredit nicht von der Partei allein, sondern (z. B.) zusam-

---

[97] *OLG Düsseldorf* FamRZ 1989, 884.
[98] *OLG Bamberg* JurBüro 1990, 1645; 1987, 133 = 1986, 1872; *OLG Hamm* NJW-RR 1987, 393.
[99] Vgl. *OVG Münster* FamRZ 1984, 604 (grds. nicht).
[100] *OLG Braunschweig* NdsRpfl. 1988, 238 (100 DM pauschal für eine Zuckerdiät); *OLG Saarbrücken* FamRZ 1988, 1183 (blindheitsbedingte Aufwendungen); *AG Bayreuth* JurBüro 1992, 756 (Pauschale nach § 33 b EStG bei 50% Schwerbehindertenstatus); *LAG Baden-Württemberg* JurBüro 1989, 668 (erhöhter Kleidungsverschleiß); *OVG Münster* JurBüro 1992, 185 (Pflegebedürftigkeit); *LSG Berlin* FamRZ 1993, 343 (Pauschale bei 100% Schwerbehindertenstatus); *BFH* BB 1982, 1535 (erhöhter Bedarf wegen Gehbehinderung und Diät; geschätzt).
[101] Die Rechtsprechung zieht die fiktive Miete direkt von den Hypothekenzahlungen ab, statt sie unter die Einkünfte zu subsumieren und die Hypothekenbelastungen voll zu berücksichtigen.
[102] *OLG Bamberg* JurBüro 1987, 133 = 1986, 1872f.
(zust. *Mümmler*); 1985, 1259; 1984, 290; FamRZ 1984, 721; *OLG Celle* NdsRpfl. 1986, 103, 104; JurBüro 1981, 1576 (*Mümmler*); *OLG Frankfurt* FamRZ 1990, 643; *OLG München* FamRZ 1991, 347; NJW 1981, 2128 = JurBüro 1250 (zust. *Mümmler*); *OLG Schleswig* JurBüro 1988, 1538; *LG Dortmund* MDR 1982, 413; *LAG Nürnberg* LAGE § 115 ZPO Nr. 17; *ArbG Regensburg* Rpfleger 1990, 467; *OVG Bremen* AnwBl. 1993, 48; JurBüro 1985, 1412; *OVG Münster* JurBüro 1992, 186; *Künzl* AnwBl. 1991, 124.
[103] *OLG Bamberg* NJW-RR 1986, 6; JurBüro 1981, 613.
[104] *LAG Baden-Württemberg* JurBüro 1988, 898.
[104a] *OLG Düsseldorf* KostRspr. ZPO § 115 Nr. 222 (L).
[105] *LAG Köln* MDR 1991, 1096.
[106] *OLG Bamberg* JurBüro 1988, 96; *OLG Düsseldorf* FamRZ 1989, 884; 1987, 729; MDR 1984, 150; *OLG Köln* FamRZ 1993, 579 (ratenweise auf tilgende Anwaltskosten); *LAG Berlin* LAGE § 115 ZPO Nr. 34.
[107] **A.M.** *OLG Hamm* AnwBl. 1984, 386.

men mit dem Ehegatten aufgenommen worden, so können die Raten nur soweit abgezogen werden, wie sie die Partei im Innenverhältnis allein zu tragen hat[108].

Die allgemeine *Steigerung* der **Lebenshaltungskosten** rechtfertigt es nicht, die über die Pauschalsätze der Tabelle hinausgehende Belastung als *besondere* Belastung zu werten[109]. Es ist Aufgabe des Gesetzgebers, die Tabellenwerte der Realität anzupassen (→ Rdnr. 79). 54

Aufwendungen für **Miete** sind in die Eingangsstufe der Tabelle mit einem Betrag von 156 DM (= 18% von 850 DM) eingearbeitet[110], der mit der Realität nichts gemein hat. Schon aus den Gesetzesmaterialien ergibt sich aber, daß eine darüber hinausgehende Miete als besondere Belastung eingestuft werden kann[111]. Die Rechtsprechung berücksichtigt deshalb in verfassungskonformer Weise[112] denjenigen Betrag der *Kaltmiete*, der *18% des verfügbaren Nettoeinkommens* übersteigt[113]. Das muß auch dann gelten, wenn der Antragsteller Wohngeld erhält[114], da dieses als Einkommen berücksichtigt wird (→ Rdnr. 33). Es wird auch vorgeschlagen, alles zu berücksichtigen, was einen Betrag von 300 DM[115] oder den Tabellenwert von 156 DM überschreitet[116]. Dem ist indessen die Berechnungsmethode der h.M. überlegen, da sie alle Antragsteller proportional gleichmäßig entlastet[117]. Wohnen in der gemieteten Wohnung auch andere Personen mit eigenem Einkommen, so ist eine Quotelung der berücksichtigungsfähigen Miete nur dann angebracht, wenn diese Personen auch zur Aufbringung der Miete beitragen[118]. 55

Die **Mietnebenkosten** für Energie, Müllabfuhr, Rundfunk, Schornsteinreinigung, Telefon, Wasser, Zeitung etc. gehören hingegen zu den allgemeinen Lebenshaltungskosten und sind deshalb über das, was die Tabelle durch Freibeträge berücksichtigt, hinaus nicht zu den *besonderen* Belastungen zu zählen[119].

Kosten für den **PKW** sind grundsätzlich nur als Werbungskosten absetzbar[120] (→ Rdnr. 38). 58

Prozeßkostenhilfe-Raten aus anderen Verfahren sind im laufenden Bewilligungsverfahren als besondere Belastungen abzuziehen[121].

Zu den Kosten infolge einer **Schwerbehinderung** → Rdnr. 50. 60

Schulden aus **Spekulationsgeschäften** können nicht berücksichtigt werden[122].

Spielschulden sind gundsätzlich nicht abzusetzen[123].

Monatliche Raten zur Tilgung von **Steuerschulden** sind abziehbar[124].

Studiengebühren für eine Weiterbildungsmaßnahme oder eine Zusatzausbildung können abgezogen werden[124a].

---

[108] *Beyer* JurBüro 1989, 441.
[109] A.M. *OLG Hamm* NJW 1991, 2713; *BFH* JurBüro 1990, 229 (abl. *Mümmler*); MDR 1990, 956; NJW 1985, 1112 (L). Dagegen zutr. *OLG Celle* MDR 1993, 390; *OLG Koblenz* FamRZ 1986, 1230; *ArbG Regensburg* JurBüro 1990, 1306; *Büttner* FamRZ 1990, 461; *Künzl* AnwBl. 1991, 123; *Thalmann* (vor § 114 Fn. 1), Rdnr. 45.
[110] Vgl. BT-Drs. 8/3068, S. 19, 20.
[111] Vgl. Bericht des BT-Rechtsausschusses, BT-Drs. 8/3694, S. 16.
[112] *BVerfGE* 78, 119.
[113] *OLG Bremen* FamRZ 1989, 767 und 300; *OLG Celle* MDR 1993, 391; NdsRpfl. 1985, 311; *OLG Frankfurt* MDR 1984, 409; *OLG Hamburg* FamRZ 1984, 188; *KG* FamRZ 1984, 413; 1983, 1265; *OLG Köln* FamRZ 1993, 579; 1983, 633; *OLG Oldenburg* FamRZ 1992, 578; *OLG Schleswig* JurBüro 1991, 1371; *LG Bayreuth* JurBüro 1987, 1809; *LAG Düsseldorf* JurBüro 1986, 1876 und 1250; *LAG Köln* MDR 1991, 1096; *ArbG Regensburg* JurBüro 1992, 698; 1990, 1305; *OVG Münster* JurBüro 1992, 186; *LSG Nordrhein-Westfalen* NdsRpfl 1984, 731; *Künzl* AnwBl. 1991, 124. – A.M. *OLG Düsseldorf* MDR 1984, 150, *LAG Freiburg* NJW 1982, 847 und *Mümmler* JurBüro 1981, 1576: eine angemessene Miete gehöre zur allgemeinen Lebensführung und sei gegebenenfalls durch Wohngeld abgedeckt, könne nicht berücksichtigt werden; ebenso *OLG Oldenburg* FamRZ 1991, 461, das aber (systemwidrig) durch Reduzierung der Ratenzahl oder -höhe helfen will, sowie *LAG Baden-Württemberg* JurBüro 1989, 668 (zutr. bei nur geringfügigem Überschreiten).
[114] A.M. insoweit *OLG Bremen* FamRZ 1989, 767.
[115] *OLG Hamm* NJW 1991, 2714.
[116] *OLG Bamberg* JurBüro 1990, 636; 1988, 96; *OLG Braunschweig* NdsRpfl. 1988, 238; *OLG Düsseldorf* NJW 1981, 1792 = JurBüro 1735 (*Mümmler*); *OLG Frankfurt* FamRZ 1990, 1012; *KG* FamRZ 1982, 624; *LAG Hamm* EzA § 115 ZPO Nr. 10 (zust. *Schneider*); *LSG Berlin* JurBüro 1992, 411 (abl. *Mümmler*); *Beyer* JurBüro 1989, 440; *Kollhosser* ZRP 1979, 300; *Mümmler* JurBüro 1982, 329.
[117] Vgl. vor allem *KG* FamRZ 1983, 1265; *OLG Köln* FamRZ 1983, 633; *OLG Schleswig* JurBüro 1988, 1538; *LAG Düsseldorf* JurBüro 1986, 1250 f.; *ArbG Regensburg* JurBüro 1990, 1305 f.; *Künzl* AnwBl. 1991, 124.
[118] A.M. (stets aufzuteilen) *ArbG Regensburg* JurBüro 1992, 698; *Zöller/Philippi*[18] Rdnr. 32.
[119] *OLG Frankfurt* FamRZ 1990, 1011; *KG* FamRZ 1984, 413 f.; *OLG Köln* FamRZ 1993, 579; *OLG Schleswig* JurBüro 1988, 1539; *LAG Baden-Württemberg* JurBüro 1989, 668; *LAG Düsseldorf* JurBüro 1986, 1250; *ArbG Regensburg* JurBüro 1992, 698; *OVG Münster* JurBüro 1992, 186. – A.M. *OLG Braunschweig* NdsRpfl. 1988, 238; *OLG Hamm* NJW 1991, 2714.
[120] *OLG Köln* FamRZ 1993, 579.
[121] *BGH* NJW-RR 1990, 450; *OLG Düsseldorf* Rpfleger 1992, 30; JurBüro 1984, 931; *LG Verden* NdsRpfl. 1983, 159; *Behn* Rpfleger 1983, 340; vgl. auch *OLG Schleswig* JurBüro 1988, 1538; *OLG Hamm* JurBüro 1985, 1256. – A.M. *AG Kehlheim* JurBüro 1981, 1254.
[122] *OLG Bamberg* JurBüro 1987, 133 = 1986, 1872 (*Mümmler*); *OLG Köln* FamRZ 1985, 1255.
[123] *OLG Bamberg* JurBüro 1991, 843.
[124] *OLG Bamberg* JurBüro 1981, 612 f.; *OLG Schleswig* JurBüro 1991, 1371.
[124a] *OLG Düsseldorf* KostRspr. ZPO § 115 Nr. 222 (L).

62 Zu (pflichtigen und freiwilligen) **Unterhaltsleistungen** → Rdnr. 67, 70.
63 Ratenweise abzutragende **Verbindlichkeiten** sind nach Maßgabe des zu Rdnr. 41, 42 Gesagten absetzbar; → auch Rdnr. 53 zu den Krediraten.
Versicherungsprämien werden regelmäßig von Abs. 1 Satz 3, 1. Hs. i. V. m. § 76 Abs. 2 Nr. 3 und 4 BSHG erfaßt (→ Rdnr. 36, 37) und brauchen deshalb hier nicht mehr berücksichtigt zu werden[125].

d) Berücksichtigung von Unterhaltspflichten

66 Wer von seinem Einkommen für den Unterhalt seiner Familienmitglieder sorgt, sieht sich in seiner finanziellen Leistungsfähigkeit eingeschränkt. Das Gesetz berücksichtigt das seit der Neufassung durch das Gesetz vom 9.12.1986 (BGBl. I, 2326; in Kraft seit dem 1.1.1987)[126] an drei verschiedenen Stellen: Für solche Personen, die im Haushalt des Antragstellers leben und dort im wesentlichen *Naturalunterhalt* beziehen, ist in die Tabelle (→ Rdnr. 2) ein Freibetrag von 450 DM für den ersten und von 275 DM für jeden weiteren Unterhaltsberechtigten eingearbeitet (→ Rdnr. 67). Solche Personen, die nicht im Familienverband leben und vom Antragsteller durch eine *Geldrente* versorgt werden, bleiben gemäß Absatz 3 bei der Anwendung der Tabelle unberücksichtigt, die Rente wird aber vom Einkommen der Partei abgezogen, wenn sie angemessen ist (→ Rdnr. 69). Wenn der Unterhaltsberechtigte allerdings *eigenes Einkommen* hat, bleibt er gemäß Absatz 4 gänzlich unberücksichtigt, es sei denn, die Einkommen beider Teile führen zu keiner oder einer geringeren Ratenzahlungspflicht (→ Rdnr. 73).

aa) Berücksichtigung in der Tabelle

67 Die Tabelle berücksichtigt *Unterhaltsleistungen auf Grund gesetzlicher Unterhaltspflicht* mit einem Pauschalbetrag von 450 DM für die erste und 275 DM für jede weitere unterhaltsberechtigte Person. Wie sich aus dem Verhältnis zu Absatz 3 ergibt (→ Rdnr. 69), wird dabei davon ausgegangen, daß der *Berechtigte mit im Familienverband des Antragstellers lebt*[127] (zu »Mischfällen« → Rdnr. 72) und daß der *Unterhalt in Natur* geleistet wird[128], was natürlich nicht ausschließt, daß auch Bargeld ausgehändigt wird, etwa bei Ehegatten das »Haushaltsgeld« oder bei Kindern Geld für Vereinsbeiträge, Musikunterricht, zum Erwerb für Kleidung oder als Taschengeld[129]. Der Gesetzgeber wollte den Prozeßkostenhilferichter durch die Pauschalierung ja gerade davon befreien, die tatsächliche Unterhaltsleistung und ihren Wert berechnen zu müssen. Deshalb genügt die Anknüpfung an den äußeren Umstand, daß der Berechtigte mit der Partei im Familienverband lebt und keine Barunterhaltsrente empfängt, unabhängig davon, ob überhaupt Unterhalt geleistet wird und mit welchem Wert[130]. Entscheidend ist entgegen dem vom Wortlaut der Tabelle hervorgerufenen Anschein allein das Bestehen einer *Unterhaltspflicht*, wobei diese Pflicht auf *Gesetz* beruhen muß[131] (→ auch Rdnr. 70). Daher können auch *volljährige* Kinder berücksichtigt werden, wenn sie noch im Familienverband leben und einen gesetzlichen Unterhaltsanspruch haben[132]. Eine weiterge-

---

[125] Vgl. aber *OLG Frankfurt* FamRZ 1982, 419.
[126] Dazu die *Materialien* BT Drs. 10/3054 und 10/6400. Die zum alten Recht ergangene *Rechtsprechung* ist durch die Novellierung weitgehend überholt und kann deshalb nur noch sehr eingeschränkt als Beleg dienen.
[127] Vgl. BT-Drs. 10/3054, S. 47; *OLG Bamberg* FamRZ 1988, 530; *OLG Karlsruhe* JurBüro 1990, 99; *OLG Köln* FamRZ 1989, 525; *LAG Hamm* JurBüro 1989, 995.
[128] Vgl. BT-Drs. 10/6400, S. 47; *OLG Bamberg* FamRZ 1988, 530; *OLG Karlsruhe* JurBüro 1990, 99;

OLG Köln FamRZ 1989, 525. – Nur scheinbar anders (da das Verhältnis zu Absatz 4 betreffend; → Rdnr. 74) *OLG Bamberg* FamRZ 1987, 961; *OLG Düsseldorf* FamRZ 1989, 884; 1988, 414.
[129] Vgl. *OLG Karlsruhe* JurBüro 1990, 99; *Kalthoener/Büttner* (vor § 114 Fn. 1), Rdnr. 275.
[130] *OLG Bremen* FamRZ 1984, 411; *OLG Karlsruhe* JurBüro 1990, 99. – **A.M.** *Christl* NJW 1981, 788.
[131] *BFH* BB 1982, 1535. – **Ausländisches Recht** genügt, *LAG Hamm* JurBüro 1989, 994.
[132] *OLG Bamberg* FamRZ 1983, 204.

hende Berücksichtigung der Unterhaltsleistungen als *besondere Belastung* ist indessen, sofern die Tabelle anzuwenden ist (→ Rdnr. 74), ausgeschlossen[133].

Kinder werden regelmäßig **von beiden Elternteilen** unterhalten, was Probleme bei der Anwendung der Tabelle erzeugt. Richtigerweise wird man wie folgt differenzieren müssen: *Beantragt nur ein Elternteil Prozeßkostenhilfe*, so wird, wenn die Voraussetzungen im übrigen vorliegen, das Kind bei der Tabellenanwendung voll berücksichtigt. Der Gesetzgeber hat eine nur teilweise Berücksichtigung nicht vorgesehen, und es wird ihm der Regelfall, daß beide Eltern zum Unterhalt beitragen, kaum entgangen sein. Das muß auch dann gelten, wenn der andere Elternteil eigenes Einkommen hat. Hier die Freibeträge im Verhältnis der Einkommen aufzuteilen[134] oder dem Einkommen des Antragstellers den vom anderen Elternteil zu leistenden Beitrag als ersparten Barunterhalt zuzurechnen[135], ist mit der Pauschalierung nicht zu vereinbaren, die den Richter von solchen Ermittlungen und Berechnungen gerade freistellen will[136]. Dasselbe muß im Ergebnis gelten, wenn *beide Ehegatten Prozeßkostenhilfe beantragen*, sei es bei gemeinsamer Klage als Streitgenossen, sei es im Rechtsstreit untereinander, solange nur beide mit dem Kind im Familienverband leben und ihm unterhaltspflichtig sind[137]. Hier geht es weder an, die Raten nach dem Familieneinkommen zu berechnen oder aufzuteilen[138] (→ Rdnr. 10) noch können die Unterhaltsbeiträge gesplittet werden[139]. Etwas anderes kann sich nach den allgemeinen Regeln nur dann ergeben, wenn ein Elternteil seine Unterhaltspflicht durch Zahlung einer Geldrente erfüllt (→ Rdnr. 69 ff., auch zu den Folgen für den anderen Ehegatten). 68

bb) Abzug vom Einkommen (Abs. 3)

Wenn der Antragsteller seine Unterhaltspflicht durch Zahlung einer Geldrente erfüllt, dann steht die tatsächliche Belastung fest, so daß es einer Pauschalierung nicht mehr bedarf. Folgerichtig bestimmt Absatz 3, daß der Unterhaltsberechtigte in diesem Fall bei der Tabelle nicht mehr berücksichtigt, sondern die Rente vom Einkommen abgezogen wird, soweit sie angemessen ist. Das betrifft im Regelfall solche *Personen, die nicht (mehr) mit der Partei in einem Familienverband leben*[140]; zu »Mischfällen« → Rdnr. 72. 69

Das Gesetz behandelt hier die Unterhaltspflicht als **besondere Belastung**. Gäbe es Absatz 3 nicht, wäre ohne weiteres Absatz 1 Satz 3, 2. Hs. anwendbar. Daraus folgt zunächst, daß vom Einkommen nur *tatsächlich gezahlte Renten* abgezogen werden können, da sonst die Leistungsfähigkeit nicht vermindert wird[141]. Allerdings kann, insbesondere bei titulierten Unterhaltsansprüchen, die Erfüllung der Unterhaltspflicht bis zum Beweis des Gegenteils unterstellt werden[142]. Außerdem können *auf vertraglicher Grundlage oder freiwillig gezahlte Renten* zwar nicht nach Absatz 3 berücksichtigt werden, da das Gesetz auch hier nur von gesetzlichen Unterhaltspflichten spricht[143], wohl aber als besondere Belastungen nach Abs. 1 Satz 3, 2. Hs., sofern die Zahlung wenigstens einer sittlichen Verpflichtung genügt[144]. 70

In konsequenter Fortführung der Härteklausel (→ Rdnr. 42) bestimmt auch Absatz 3, daß die Unterhaltsrente nur dann berücksichtigt werden kann, wenn sie **angemessen** ist. Das ist 71

---

[133] *OLG Bamberg* FamRZ 1988, 530.
[134] So *LAG Bremen* NJW 1982, 2462; vgl. auch *OVG Münster* Rpfleger 1986, 406.
[135] So *OLG Celle* NdsRpfl. 1986, 103; *Künzl* AnwBl. 1991, 125.
[136] *OLG Karlsruhe* JurBüro 1990, 99; *Christl* Rpfleger 1983, 95; *Kohte* DB 1981, 1176; *Schneider* MDR 1981, 793; *Zöller/Philippi*[18] Rdnr. 34.
[137] Ebenso *OLG Schleswig* JurBüro 1988, 1539; *Kalthoener/Büttner* (vor § 114 Fn. 1), Rdnr. 383.
[138] So aber *OLG Hamburg* FamRZ 1986, 187.
[139] **A.M.** *LAG Bremen* NJW 1982, 2462; *LSG Berlin* MDR 1984, 612.
[140] Vgl. BT-Drs. 10/3045, S. 47.
[141] *OLG Karlsruhe* FamRZ 1992, 1085.
[142] Weitergehend *LSG NRW* FamRZ 1987, 731.
[143] *ArbG Regensburg* FamRZ 1989, 1103 (*Gottwald*).
[144] *OLG Köln* NJW 1974 706; *Gottwald* FamRZ 1989, 1104. – **A.M.** *LAG Nürnberg* LAGE § 115 ZPO Nr. 22; *Künzl* AnwBl. 1991, 124.

sicher dann der Fall, wenn sie die Pauschalsätze der Tabelle nicht übersteigt[145] oder sich in den steuerlichen Grenzen des § 33a Abs. 1 S. 1, 2 EStG bewegt[146]. Aber auch höhere Beträge können angemessen sein, etwa wenn sie gerichtlich tituliert oder unter Berücksichtigung unterhaltsrechtlicher Grundsätze nach Maßgabe der Umstände des Einzelfalles erforderlich sind[147].

72   In **Mischfällen**, in denen etwa Kinder teils im Familienverband und teils außerhalb leben, ist zu unterscheiden. Daß beispielsweise ein auswärts studierendes Kind, das seinen monatlichen «Wechsel» bezieht, wochenends nach Hause kommt und dort zusätzlich Naturalunterhalt empfängt, ändert nichts an der Anwendung (nur) von Absatz 3. Wird hingegen die Geldrente nur für einen Teil des Jahres gezahlt und im übrigen Naturalunterhalt im Familienverband geleistet, so bleibt nur die Möglichkeit, den Wert der Naturalleistung zu berechnen und diesen Betrag (höchstens aber bis zur Grenze der Pauschalsätze der Tabelle, → Rdnr. 67) dem Barunterhalt hinzuzurechnen und den auf den Monat entfallenden Teil vom Monatseinkommen abzuziehen; Absatz 3 geht hier die Tabelle vor[148].

cc) Ausnahmen (Abs. 4)

73   Ein Unterhaltsberechtigter wird gemäß Abs. 4 Satz 1 bei der Anwendung der Tabelle nicht berücksichtigt, wenn er eigenes Einkommen hat. Das Gesetz geht hier davon aus, daß in diesem Fall die Leistungsfähigkeit durch die Unterhaltspflicht nicht oder nicht so erheblich beeinträchtigt wird, daß darauf Rücksicht genommen werden müßte, ohne daß es darauf ankäme, ob die Eigeneinkünfte dem materiell-rechtlichen Unterhaltsanspruch entgegenstehen oder nicht.

74   Der Begriff des **Einkommens** ist hier grundsätzlich derselbe wie in Absatz 1 (→ Rdnr. 5ff., 11ff.). Insbesondere zählen *Unterhaltsleistungen* dazu, die der Berechtigte von Dritten[149] erhält[150], während das Kindergeld Einkommen der Eltern, nicht der Kinder ist (→ Rdnr. 21)[151]. Wenn das unterhaltsberechtigte Kind also vom Ehegatten des Antragstellers Barunterhalt bezieht, kann es beim Antragsteller im Rahmen der Tabelle nicht berücksichtigt werden[152]. Der Antragsteller kann nur eine vom ihm gezahlte (zweite) Rente nach Absatz 3 vom Einkommen abziehen[153]. Naturalunterhalt ist nur dann berücksichtigungsfähig, wenn er das Maß des üblichen aus besonderen Gründen übersteigt; in diesem Fall kann er, gegebenenfalls pauschaliert (sog. *Betreuungspauschale*), als besondere Belastung gemäß Abs. 1 Satz 3, 2. Hs. vom Einkommen abgezogen werden[154].

75   Die Ausnahme des Abs. 4 gilt aber nach dessen Satz 2 dann nicht, wenn bei einer **Zusammenrechnung der Einkommen** der Partei und des Unterhaltsberechtigten eine geringere oder keine Monatsrate zu zahlen ist. Um das zu überprüfen, sind die Einkommen der Partei und des Unterhaltsberechtigten zu addieren, und für die Summe ist aus der Tabelle der Ratenwert abzulesen, wobei dann die *Unterhaltspflicht für diese Person zu berücksichtigen* ist. Das

---

[145] *ArbG Regensburg* Rpfleger 1992, 29; *Plagemann* AnwBl. 1987, 421.
[146] *LAG Hamm* JurBüro 1989, 995.
[147] *Beyer* JurBüro 1989, 441; *Schneider* MDR 1987, 89; großzügiger *Zöller/Philippi*[18] Rdnr. 36.
[148] *OLG Köln* FamRZ 1989, 525; *Christl* NJW 1981, 789; *Kalthoener/Büttner* (vor § 114 Fn. 1), Rdnr. 275; *Schneider* MDR 1981, 793; für Alternativberechnung nach dem Günstigkeitsprinzip *Zöller/Philippi*[18] Rdnr. 37.
[149] Solche des *Antragstellers* werden von der Tabelle oder Absatz 3 erfaßt; Abs. 4 greift dann nicht.
[150] BT-Drs. 10/3054, S. 48; *OLG Bamberg* FamRZ 1988, 530; 1987, 961; JurBüro 1987, 961; 1986, 1872 (zust. *Mümmler*); *OLG Bremen* FamRZ 1981, 988; *OLG Koblenz* FamRZ 1985, 726; Rpfleger 1985, 323; *OLG Köln* FamRZ 1988, 191.
[151] *OLG Frankfurt* FamRZ 1982, 419. – A.M. *Christl* JurBüro 1982, 1441; NJW 1981, 787.
[152] *OLG Bamberg* FamRZ 1987, 961.
[153] *OLG Bamberg* FamRZ 1988, 530.
[154] *OLG Bremen* FamRZ 1989, 300; *OLG Düsseldorf* FamRZ 1989, 884; 1988, 414f.; *OLG Hamm* FamRZ 1988, 308; *OLG Köln* FamRZ 1988, 192; *Künzl* AnwBl. 1991, 125.

Gericht hat insoweit beide Berechnungsarten anzuwenden und die für die Partei günstigere zu wählen[155].

3. Festsetzung der Raten

Für das nach den vorstehenden Grundsätzen ermittelte verfügbare Einkommen das Antragstellers ist nun zu prüfen, ob und in welcher Höhe Raten zur Bestreitung der Prozeßführungskosten aufzuerlegen sind. Das richtet sich für ein Monatseinkommen von 0 bis 2400 DM (bei fehlender Unterhaltspflicht) nach der Tabelle (→ Rdnr. 2), bei höherem Einkommen nach Absatz 5 (→ Rdnr. 83). 76

a) nach der Tabelle

Die Tabelle erfaßt diejenigen Einkommen, die (bei fehlender Unterhaltspflicht) innerhalb des Rahmens von 0 bis 2400 DM monatlich liegen. Für unterhaltsberechtigte Personen erhöhen sich die Werte, und zwar für den ersten Unterhaltsberechtigten um 450 DM, für jeden weiteren um 275 DM (→ Rdnr. 67). In der Tabelle sind nur die Beträge für bis zu fünf Unterhaltsberechtigte ausgewiesen. Bei darüber hinausgehenden Unterhaltspflichten sind gemäß der Anmerkung zur Tabelle (→ Rdnr. 2) für jede weitere Person 275 DM zu addieren. 77

aa) keine Raten

Bleibt das nach den vorstehenden Grundsätzen ermittelte Einkommen *unter* den in der Tabelle festgelegten Eingangswerten, so werden in dem Bewilligungsbeschluß keine Raten festgesetzt. Sofern nicht einzusetzendes Vermögen vorhanden ist (→ Rdnr. 85 ff.), braucht der Antragsteller also die prozeßkostenhilfefähigen (→ vor § 114 Rdnr. 3) Kosten (vorbehaltlich späterer Änderung, → § 120 Rdnr. 17, § 122 Rdnr. 9) nicht zu bezahlen. Damit soll und muß gewährleistet werden, daß dem Antragsteller nicht durch die Verpflichtung, Raten zu zahlen, das *Existenzminimum* genommen wird[156]. Das setzt voraus, daß der Eingangswert vom Gesetzgeber so hoch angesetzt wird, daß dem Antragsteller das Existenzminimum verbleibt. Das *Bundesverfassungsgericht* hat diese Voraussetzung in seiner Entscheidung vom 26.4.1988 bei einem Eingangswert von 850 DM und einem Existenzminimum von damals ca. 700 DM noch als gewahrt angesehen, aber zu Recht darauf aufmerksam gemacht, daß der Gesetzgeber die Entwicklung im Auge zu behalten habe[157]. 78

Nachdem der Gesetzgeber darauf zunächst nicht reagiert hat und die Frage dem Bundesverfassungsgericht auf Vorlagebeschluß des OLG Hamburg[158] gemäß Art. 100 GG erneut zur Entscheidung vorliegt, hat das Bundesjustizministerium nunmehr einen **Referentenentwurf zur Änderung des Prozeßkostenhilferechts** vorgelegt, der vorsieht, daß die Tabellenwerte direkt an die Sozialhilfewerte gekoppelt werden. Damit würde eine regelmäßige Anpassung dieser Werte überflüssig[159]. Ob dieser Entwurf verabschiedet werden wird, stand bei Drucklegung noch nicht fest.

---

[155] Vgl. *OLG Bamberg* FamRZ 1987, 961; JurBüro 1987, 1713 f. und 1414 f.; *OLG Hamm* NJW 1991, 2713.
[156] *BVerfGE* 78, 118.
[157] *BVerfGE* 78, 118 f. – Vgl. – auch zur Weiterentwicklung – *BVerfG* ZIP 1993, 287 f. = Rpfleger 204; *OLG Bamberg* FamRZ 1987, 1282 f.; *OLG Hamm* FamRZ 1992, 1085; 1989, 524; NJW 1991, 2713; Rpfleger 1991, 116; *OLG Köln* FamRZ 1992, 835; *Behn* SGb. 1991, 278 f.; *Beyer* JurBüro 1989, 442; *Büttner* FamRZ 1990, 463; *Schneider* MDR 1989, 34.
[158] Vom 7. 1. 1993 – Az. 12 WF 131/92: NJW 1993, 2187 = FuR 49; ausf. auch *Zöller/Philippi*[18] Rdnr. 2–6.
[159] Vgl. ZIP aktuell Heft 7/1993, A 42 Nr. 115.

§ 115 II   Erstes Buch. Allgemeine Vorschriften. Zweiter Abschnitt. Parteien

bb) Höhe der Raten

79 Überschreitet das ermittelte Einkommen den Eingangswert, so sind Raten zu zahlen, deren Höhe sich aus der Tabelle ergibt[160]. Die dort genannten Beträge sind zunächst in dem Sinne verbindlich, daß deren Anpassung an die veränderten Lebenshaltungskosten oder die jeweiligen örtlichen Verhältnisse durch die Gerichte wegen des Gewaltenteilungsprinzips nicht in Betracht kommt[161] (→ auch Rdnr. 78). Sie sind dann aber weiter auch in dem Sinne verbindlich, daß eine *Interpolation* ausscheiden muß, da der Gesetzgeber mit den pauschalierten Tabellenwerten ein einfaches Verfahren an die Hand geben wollte, das durch zusätzliche Ermittlungen und aufwendige Rechenoperationen konterkariert würde[162]. Aus denselben Gründen kommt hier eine Anpassung an die besonderen Umstände des Einzelfalles nicht in Betracht[163]. Sie können nur bei der Ermittlung des einzusetzenden Einkommens, nicht bei der Bestimmung der Raten (-höhe) berücksichtigt werden. Im übrigen richtet sich die Höhe nur nach den Werten des vorliegenden Verfahrens; Raten für weitere Verfahren können gegebenenfalls als besondere Belastungen berücksichtigt werden[164] (→ Rdnr. 58).

a) Anzahl der Raten

80 Nach der Präambel der Tabelle (→ Rdnr. 2) sind unabhängig von der Zahl der Rechtszüge höchstens *48 Monatsraten* aufzubringen. Das gebietet folgende Differenzierung:

81 (1) Bleibt es bei **einer Instanz**, muß der Antragsteller soviele Raten leisten, bis die prozeßkostenhilfefähigen Kosten der Prozeßführung bezahlt sind, höchstens aber 48 Raten. Reichen 48 Raten nicht aus, wird der Antragsteller vom Rest endgültig befreit. Ob sie ausreichen, richtet sich zunächst nach dem *Betrag der tatsächlich angefallenen prozeßkostenhilfefähigen Kosten*, also der Gerichtsgebühren und der Gebühren des eigenen Anwalts[165], nicht aber der dem Gegner entstandenen Kosten (→ vor § 114 Rdnr. 3, § 114 Rdnr. 16). Sodann richtet sich die Berechnung dem klaren Gesetzeswortlaut zufolge nicht nach der Laufzeit (48 Monate ab Zahlungsanordnung)[166], sondern nach der *Anzahl der tatsächlich geleisteten monatlichen Raten*[167], sofern sie *in der jeweils geschuldeten Höhe* erbracht wurden. Raten, die nicht gezahlt werden, zählen daher (selbstverständlich) nicht mit, ebenso wenig Monate, in denen

---

[160] A.M. (niedrigere Stufe bei nur geringfügigem Überschreiten) *OLG Köln* Rpfleger 1981, 319; *LAG Bremen* MDR 1988, 81; zust. *Wax* FamRZ 1985, 14; ebenso *Thalmann* (vor § 114 Fn. 1), § 114 Rdnr. 51 für den Fall, daß der Berechnung Pauschalierungen zugrunde liegen.

[161] *OLG Celle* (2. ZS) MDR 1993, 391; (10. ZS) JurBüro 1989, 1290; (19. ZS) NdsRpfl. 1989, 10; *OLG Frankfurt* KostRspr. ZPO § 114 Nr. 358 (L); *OLG Hamm* Rpfleger 1991, 116f.; 1981, 455; FamRZ 1989, 524; *KG* FamRZ 1991, 723; *OLG Koblenz* FamRZ 1986, 1230; *OLG Köln* FamRZ 1989, 525; 1988, 192; *OLG München* NJW 1991, 2102; *OLG Oldenburg* FamRZ 1989, 199; *OLG Zweibrücken* Rpfleger 1992, 117; *LG Arnsberg* MDR 1992, 513; *LAG Berlin* BB 1992, 215 (L); *LAG Freiburg* NJW 1982, 847; *Hoppenz* ZRP 1986, 190; *Steffen* DRiZ 1992, 180. – A.M. *OLG Celle* (12. ZS) FamRZ 1988, 1076 (Verschiebung um 2 Stufen); *OLG Nürnberg* JurBüro 1993, 231 und *LAG Bremen* MDR 1993, 696 (Anpassung nur des Eingangswertes an das Existenzminimum); *Behn* SGb. 1991, 278f.; unzulässig auch *OLG Hamm* NJW 1991, 2713, *OLG Nürnberg* JurBüro 1993, 108, *ArbG Bremen* FamRZ 1993, 81 und *BFH* JurBüro 1990, 229 (abl. *Mümmler*): Berücksichtigung über Abs. 1 Satz 3, 2. Hs. (→ oben Rdnr. 54).

[162] *OLG Düsseldorf* NJW 1981, 1791 = JurBüro 1735 (Mümmler); *OLG Hamm* Rpfleger 1981, 455; *OLG Karlsruhe* FamRZ 1986, 1126, 1127; *OLG München* MDR 1982, 761; *OVG Bremen* JurBüro 1985, 1413; *Bischof* AnwBl. 1981, 373; *Christl* NJW 1981, 789f.; *Mümmler* JurBüro 1982, 326; 1981, 494. – A.M. *BFH* KostRspr. ZPO § 114 Nr. 343 (L); *Schneider* MDR 1989, 34; 1981, 3.

[163] Anders für im Ausland wohnende Parteien *Schuster/Streinz* SGb. 1988, 534.

[164] *OLG Hamm* JurBüro 1985, 1256.

[165] Zur Erstattung der Regelgebühr nach § 124 BRAGO → § 120 Rdnr. 14.

[166] A.M. (»Null-Monate« zählen immer mit) *OLG Hamm* FamRZ 1986, 1015; *OLG Karlsruhe* FamRZ 1992, 1449; *OLG Köln* KostRspr. ZPO § 120 Nr. 113 (L); *OLG Nürnberg* (10. ZS) OLGZ 1992, 494; *Grunsky* NJW 1980, 2046; *Kalthoener/Büttner* (vor § 114 Fn. 1), Rdnr. 402 f.; *Mümmler* JurBüro 1982, 331; *MünchKommZPO/Wax* Rdnr. 69; vgl. auch *Kollhosser* ZRP 1979, 300f.

[167] Ebenso *OLG Düsseldorf* FamRZ 1993, 342; *OLG Nürnberg* (11. ZS) FamRZ 1993, 578; *LG Berlin* MDR 1982, 413; *Baumbach/Lauterbach/Hartmann*[51] Rdnr. 83; *Behn* Rpfleger 1983, 341.

die Partei, etwa wegen zeitweiliger Leistungsunfähigkeit, anfänglich oder zwischenzeitlich[168] keine Raten zahlen mußte. Anderenfalls liefe § 120 Abs. 4 häufig leer, z. B. wenn die Partei kurz vor Ablauf der Frist des § 120 Abs. 4 S. 3 erhebliches Vermögen erwirbt, aber nur noch die an 48 Monaten fehlende Ratenzahl aufbringen müßte (→ auch § 120 Rdnr. 29). Veränderungen in der Höhe gemäß § 120 Abs. 4 sind ebenfalls zu berücksichtigen (→ § 120 Rdnr. 27). Wird gemäß § 120 Abs. 3 die vorläufige Einstellung der Ratenzahlungen bestimmt, so sind für die weitere Rechnung nur die bisher gezahlten Raten erheblich. Zwischenzeitliche, auf Irrtum beruhende Rückzahlung ändert nichts daran, daß die jetzt zurückgezahlte Rate entrichtet wurde; sie zählt daher mit[169]. Maßgeblich sind jeweils Kosten und Raten *des vorliegenden Verfahrens*. Ratenzahlungen aus Parallelverfahren, etwa aus einem weiteren selbständigen Zwangsvollstreckungsverfahren[170] (→ § 119 Rdnr. 14), aus einem Verfahren zur Erlangung einstweiligen Rechtsschutzes oder einem Verfahren mit eng verwandtem Sachverhalt, können nicht berücksichtigt werden, wenn sie prozeßkostenhilferechtlich selbständig sind, also von der Bewilligung im vorliegenden Verfahren nicht mit abgedeckt sind (→ § 119 Rdnr. 2 ff.)[171]. Die gegenteilige Ansicht[172] ist mit § 119 nicht vereinbar. Zur Berücksichtigung der *in anderen Verfahren* zu leistenden Raten als *besondere Belastung* → Rdnr. 58.

(2) Die Beschränkung auf 48 Raten gilt unabhängig von der Anzahl der Rechtszüge. Wird also für **mehrere Instanzen** nacheinander Prozeßkostenhilfe bewilligt (→ § 119 Rdnr. 19), so sind die Kosten der Instanzen zu addieren. In bezug auf diese Gesamtbelastung sind dann höchstens 48 Raten aufzubringen, wobei die bisher geleisteten mit dem jeweils maßgeblichen Betrag mitzählen[173]. Das gilt aber nur, wenn auch für die erste Instanz Ratenzahlung angeordnet war, da die Bewilligung ansonsten für die beiden Instanzen getrennt erfolgt (§ 119 S. 1) und die Ratenzahlungsanordnung für die zweite Instanz die Entscheidung für die erste nicht ändert[174]. Ebenso bleibt die Ratenzahlungsverpflichtung für die erste Instanz bestehen, wenn für die zweite Prozeßkostenhilfe ohne Ratenzahlung bewilligt wird[175].

82

b) bei höherem Einkommen (Abs. 5)

Die Tabelle regelt die Ratenzahlungspflicht nur bis zu einem berücksichtigungsfähigen Einkommen von 2400 DM (→ Rdnr. 77). Bei höherem Einkommen kann daher Prozeßkostenhilfe grundsätzlich nicht bewilligt werden. Eine Ausnahme gilt gemäß Abs. 5 Satz 1 nur dann, wenn die Belastung mit den Prozeßführungskosten den angemessenen Lebensunterhalt erheblich beeinträchtigen würde. Da die Vorschrift – deren praktische Bedeutung gering ist – auf den *angemessenen* Lebensunterhalt abstellt, ist die Grenze nicht erst dann erreicht, wenn das Existenzminimum angegriffen werden muß. Vielmehr ist der angemessene Lebensunterhalt zu ermitteln – wozu auf die »Düsseldorfer Tabelle« zurückgegriffen werden kann[176] –

83

---

[168] Nach a.M. zählen »Null-Monate« mit, wenn zunächst Zahlung angeordnet war, die Partei dann aber wegen Leistungsunfähigkeit befreit worden ist, OLG Bamberg JurBüro 1991, 1669; Bischof AnwBl. 1981, 371; Zöller/Philippi[18] Rdnr. 9. Es ist jedoch kein Grund ersichtlich, die ursprüngliche Leistungsunfähigkeit anders zu behandeln als die spätere.

[169] OLG Koblenz AnwBl. 1989, 243 und OLG München AnwBl. 1984, 105 (allerdings zu § 124 Abs. 3 BRAGO).

[170] Insoweit a.M. Mümmler JurBüro 1985, 1616; MünchKommZPO/Wax § 119 Rdnr. 31.

[171] Ebenso Bischof AnwBl. 1981, 372f. und Mümmler JurBüro 1982, 332 (aber anders für Mahnverfahren und Zwangsvollstreckung im Verhältnis zum Erkenntnisverfahren; dagegen zutr. Behr/Hantke Rpfleger 1981, 270; Schneider MDR 1981, 795; Wielgoß NJW 1991, 2071).

[172] OLG Düsseldorf Rpfleger 1992, 30; 1991, 425; wohl auch Kalthoener/Büttner (vor § 114 Fn. 1), Rdnr. 401.

[173] BGH NJW 1983, 944; OLG Hamm FamRZ 1986, 1015; Bischof AnwBl. 1981, 372; Mümmler JurBüro 1985, 1448; 1981, 9. – A.M. Behn Rpfleger 1983, 340f., der die Raten für die Instanzen nebeneinander laufen lassen will.

[174] OLG Celle FamRZ 1991, 207.

[175] KG Rpfleger 1985, 166. – A.M. OLG Stuttgart Justiz 1985, 317.

[176] Kalthoener/Büttner (vor § 114 Fn. 1), Rdnr. 394.

und dann zu fragen, ob die Belastung mit den Prozeßführungskosten soviel vom einzusetzenden Einkommen in Anspruch nimmt, daß dieser Bedarfssatz *erheblich* unterschritten ist. Davon wird im allgemeinen bei einem Unterschreiten um mindestens 10% die Rede sein können[177], ohne daß dadurch Einzelfallwertungen ausgeschlossen werden. Zu berücksichtigen ist aber, daß diese Voraussetzungen nicht erfüllt sind, wenn es der Partei zumutbar ist, die Kosten aus ihrem *Vermögen* zu bestreiten; Abs. 2 geht daher vor Abs. 5[178].

84 Liegen diese Voraussetzungen vor, so bestimmt Abs. 5 Satz 2 als **Rechtsfolge**, daß, sofern nicht Abs. 6 eingreift (→ Rdnr. 149), Ratenzahlung anzuordnen und dabei die in der Tabelle festgesetzte Höchstrate von 520 DM um den Einkommensanteil zu erhöhen ist, der die Obergrenze übersteigt. Dem nicht unterhaltspflichtigen Antragsteller verbleiben daher von seinem errechneten Monatseinkommen in jedem Fall (nur) 1880 DM (sog. *verfügungsfreier Selbstbehalt*); alles Darüberliegende ist als Rate abzugeben.

III. Einsatz des Vermögens (Abs. 2)

1. Grundsätze

85 Nach Absatz 2 hat die Partei ihr Vermögen einzusetzen, soweit ihr dies zumutbar ist. Das gebietet folgende Prüfungsschritte: Zunächst ist zu ermitteln, ob die Partei *Vermögen* hat (→ Rdnr. 86) und ob dieses Vermögen *verwertbar* ist (→ Rdnr. 89). Liegen diese Voraussetzungen vor, ist weiter zu prüfen, ob der Partei die Verwertung *zumutbar* ist (→ Rdnr. 91). – Zur Berücksichtigung des Vermögens im Bewilligungsbeschluß → § 120 Rdnr. 8.

a) Vermögen

86 Das Gesetz sieht im Absatz 2 den Einsatz des Vermögens vor, schränkt den Kreis der einsatzpflichtigen Vermögensbestandteile aber durch das Zumutbarkeitskriterium und den Verweis auf § 88 BSHG (→ Rdnr. 96) wieder ein. Angesichts dessen besteht kein Anlaß, schon den Vermögensbegriff eng zu interpretieren. Vielmehr zählen zum Vermögen i. S. d. Abs. 2 alle beweglichen und unbeweglichen Sachen sowie alle (geldwerten) Forderungen und sonstigen Rechte[179]; zu den Einzelheiten → Rdnr. 115 ff.

87 Die **Abgrenzung zwischen Einkommen und Vermögen** ist wegen der unterschiedlichen rechtlichen Behandlung, insbesondere wegen der Schonung des Vermögens durch § 88 BSHG (→ Rdnr. 96), wichtig. Die beiden Begriffe lassen sich, vor allem bei einmaligen Zahlungen, mit dem Hinweis darauf trennen, daß das Einkommen *zeitraumbezogen* gewährt wird[180] (→ Rdnr. 9). Ist dieses Kriterium erfüllt, handelt es sich um Einkommen, das allerdings durch «Thesaurierung», also durch Anlegen oder Beiseitelegen nicht für den laufenden Unterhalt benötigter Beträge, zum Vermögen werden kann. Anderenfalls handelt es sich um den Zufluß von Kapitalvermögen; → zum Grenzfall der *Abfindung* Rdnr. 116.

88 Sachwerte, die *veräußert* wurden, und Kapitalvermögen, das - etwa zur Tilgung bestehender Verbindlichkeiten – *ausgegeben* wurde, steht nicht mehr zur Verfügung und ist deshalb, auch als **Fiktivvermögen**, nicht mehr zu berücksichtigen[181]. Etwas anderes gilt nur dann, wenn es sich um einen Fall der *böswillig* herbeigeführten Leistungsunfähigkeit handelt (→ Rdnr. 8; § 114 Rdnr. 20), die dadurch *indiziert* sein *kann*, daß die Veräußerung, die Ausgabe

---

[177] *Kalthoener/Büttner* (vor § 114 Fn. 1), Rdnr. 395.
[178] Vgl. *BGH* NJW-RR 1990, 450.
[179] Vgl. auch *Burgard* NJW 1990, 3241.
[180] *Kohte* DB 1981, 1175. – Nach h. M. gilt das »Zuflußprinzip«; vgl. nur *Burgard* NJW 1990, 3241; *Christl* NJW 1981, 786. Völlig unzureichend *LAG Düsseldorf* JurBüro 1986, 608.
[181] *OLG Bamberg* FamRZ 1986, 484; *Wax* FamRZ 1985, 13.

oder schon die Begründung einer getilgten Verbindlichkeit, insbesondere angesichts der zu erwartenden Belastung durch den beabsichtigten Rechtsstreit[182], unangemessen war. Ein zwingender Schluß von der Unangemessenheit auf die Böswilligkeit ist aber nicht gerechtfertigt[183].

b) Verwertbarkeit des Vermögens

Das Vermögen kann nur dann zur Bestreitung der Prozeßkosten eingesetzt werden, wenn es durch Veräußerung oder Beleihung (→ Rdnr. 93) in angemessener Frist (→ Rdnr. 90) zu Geld gemacht werden kann. Die Verwertung kann zum einen *aus rechtlichen Gründen* (Abs. 2 i. V. m. § 88 Abs. 1 BSGH; → Rdnr. 96) scheitern, etwa weil ein Veräußerungsverbot besteht. Sie kann aber auch *aus tatsächlichen Gründen* scheitern, etwa weil es für den Vermögensgegenstand keinen Markt gibt. Wenn sich zu einem angemessenen Preis kein Käufer findet, die Partei also nur mit erheblichen wirtschaftlichen Einbußen verwerten könnte, fehlt es hingegen regelmäßig nicht an der Verwertbarkeit, sondern an der Zumutbarkeit (→ Rdnr. 91). Die Grenze zwischen diesen beiden Kriterien ist fließend und für die Entscheidung im allgemeinen ohne Bedeutung. So kann etwa bei *zweckgebundenem Vermögen* schon die Verwertbarkeit, ebenso gut aber auch die Zumutbarkeit fehlen. *Langfristig festgelegtes Vermögen* ist unverwertbar, wenn es nicht gekündigt werden kann und auch eine Beleihung ausscheidet (→ Rdnr. 93); hingegen ist die Verwertung zwar möglich, aber nicht zumutbar, wenn eine zulässige Kündigung mit erheblichen Zinseinbußen verbunden ist (→ Rdnr. 91).

89

Künftiges oder (selbst im Wege der Beleihung) erst **künftig verwertbares Vermögen** hat grundsätzlich außer Betracht zu bleiben. Der Einsatz von Vermögensbestandteilen kann nur verlangt werden, wenn im Zeitpunkt der Entscheidung (→ § 114 Rdnr. 37) feststeht, daß Geldvermögen zur Verfügung steht oder sonstige Vermögenswerte in angemessener Frist zu Geld gemacht werden können[184]. Die angemessene Frist bestimmt sich dabei einerseits nach der Fälligkeit der von der Partei zu zahlenden Beträge, andererseits nach dem Rechtsgedanken des § 115 Abs. 6, der es der Partei zumutet, die Kosten für einen Zeitraum von vier Monaten zwischenzufinanzieren. Ist daher eine Verwertung bei sofort fälligen Kosten innerhalb dieser Frist nicht möglich, muß Prozeßkostenhilfe ohne Rücksicht auf das Vermögen bewilligt werden. Wird das Vermögen später verwertet (oder böswillig nicht verwertet; → § 120 Rdnr. 18), so kann die jetzige Entscheidung gemäß § 120 Abs. 4 geändert werden (zum Grundvermögen → ausführlich Rdnr. 122). Es ist aber nicht zulässig, im Hinblick auf die spätere Verwertung schon jetzt analog § 120 Abs. 1 S. 2 (→ § 120 Rdnr. 9) eine Stundung der Kosten oder eine vorgezogene Nachzahlungsverpflichtung auszusprechen[185]. Das gilt umso mehr, als häufig nicht sicher zu prognostizieren ist, wie sich in dem Zeitpunkt, in dem der jetzt

90

---

[182] Vgl. (z. T. aber zu weit gehend) *BGH* VersR 1984. 77, 79; *OLG Bamberg* JurBüro 1993, 622f./52; 1990. 1652; 1988, 1713 und 1712; 1986, 1414f.; *OLG Düsseldorf* JurBüro 1987, 1715; KostRspr. § 114 ZPO Nr. 330 (L); *OLG Frankfurt* FamRZ 1986, 485; 1982, 416; *OLG Karlsruhe* NJW-RR 1986, 799; FamRZ 1985, 414; *OLG Köln* FamRZ 1988, 1298; *OLG München* FamRZ 1993, 565; *OLG Zweibrücken* JurBüro 1986, 289; *Beyer* JurBüro 1989, 443; *Künzl* AnwBl. 1991, 127; *Schneider* MDR 1978, 270.

[183] Anders *OLG Bamberg* NJW-RR 1986, 5; *OLG Düsseldorf* FamRZ 1987, 729; *OLG Koblenz* Rpfleger 1989, 417; *Beyer* JurBüro 1989, 443.

[184] Vgl. *OLG Bamberg* JurBüro 1984, 1581.

[185] **A.M.** *OLG Bamberg* JurBüro 1989, 1589; 1988, 101; 1987, 1706; NJW-RR 1986, 62; *OLG Düsseldorf* MDR 1990, 728; OLGZ 1987, 124 = NJW-RR 759; *OLG Frankfurt* NJW-RR 1986, 798; FamRZ 1984, 810; *LG Saarbrücken* Rpfleger 1987, 126; *Büttner* FamRZ 1989, 996; *Burgard* NJW 1990, 3241f.; *Mümmler* JurBüro 1988, 565. – **Wie hier** *OLG Bremen* FamRZ 1983, 637; *OLG Schleswig* AnwBl. 1987, 54; SchlHA 1984, 56; *Schneider* MDR 1987, 90; Rpfleger 1985, 49.

noch blockierte Vermögensgegenstand einsetzbar sein wird, die übrige Einkommens- und Vermögenslage der Partei gestaltet.

c) Zumutbarkeit der Verwertung

91   Die Partei muß ihr Vermögen nur einsetzen, soweit ihr dies zumutbar ist. Durch den Verweis auf § 88 BSHG in Absatz 2, 2. Hs. sind einige Zumutbarkeitsschranken gesetzlich festgelegt (→ Rdnr. 96; zum Verhältnis zu § 88 Abs. 3 BSHG → Rdnr. 114). Im übrigen ist zu prüfen, ob von dem Antragsteller billigerweise verlangt werden kann, daß er den konkreten Vermögensgegenstand zur Bestreitung der Kosten einsetzt. Dazu sind u. a. Art, Herkunft, Zweckbestimmung, materieller und ideeller Wert des Vermögensgegenstandes, sachliche und persönliche Bedeutung für den Antragsteller und seine Familie sowie Aufwand und zu erwartender Ertrag bei der Verwertung zu den voraussichtlichen Kosten sowie Veranlassung, Art und Bedeutung des Rechtsstreits in Relation zu setzen. Bei der Beurteilung verbietet sich einerseits ein kleinlicher Maßstab, was aber andererseits auch nicht dazu führen darf, daß die Leistungsunfähigkeit durch allzu große Konzessionen an die Bequemlichkeit des Antragstellers vorschnell bejaht wird.

92   Unter Berücksichtigung dieser Kriterien kann insbesondere die Verwertung **zweckgebundenen Vermögens** unzumutbar sein, wenn nicht schon die Verwertbarkeit fehlt (→ Rdnr. 89). Das gilt beispielsweise für eine vom Arbeitgeber gezahlte *Abfindung* (→ Rdnr. 116), für *Bausparguthaben* (→ Rdnr. 117) oder für *Schmerzensgeld* (→ Rdnr. 132). Der Einsatz kann ferner unzumutbar sein, wenn **nur mit erheblichen wirtschaftlichen Einbußen** verwertet werden kann. Das kann z. B. zutreffen bei *Bausparguthaben* (→ Rdnr. 117), *Grundvermögen* (→ Rdnr. 122), noch nicht fälligen *Lebensversicherungen* (→ Rdnr. 126), festverzinslichen *Sparguthaben* (→ Rdnr. 132) oder *Wertpapierdepots* (→ Rdnr. 136). Soweit es nur darum geht, bei einem Verkauf einen Käufer zu finden, der bereit ist, einen angemessenen Preis zu bezahlen, ist allerdings wenigstens vorzutragen, daß ernsthafte Verwertungsversuche erfolglos waren[186]; → auch Rdnr. 122 sowie Rdnr. 88. Im übrigen ist stets zu prüfen, ob die Partei nicht den nur mit Verlust veräußerbaren Gegenstand wenigstens als Kreditunterlage verwenden kann (→ Rdnr. 94). Schließlich kann sich die Unzumutbarkeit der Vermögenswertung jedenfalls bei Sachvermögen auch daraus ergeben, daß die Partei die Prozeßkosten ratenweise **aus ihrem Einkommen** bestreiten kann[187].

d) Insbesondere: Kreditaufnahme

93   Für die Frage, ob von der Partei verlangt werden kann, zur Bestreitung der Kosten einen Kredit aufzunehmen, ist zu differenzieren:

94   aa) Beim **Realkredit** handelt es sich um die Verwertung von Vermögen durch Beleihung. Sie ist insbesondere bei solchen (als Kreditunterlage tauglichen) Vermögenswerten in Betracht zu ziehen, deren Veräußerung Zeit braucht (wie insbesondere bei Grundvermögen; → Rdnr. 122) oder vorerst nicht möglich ist (wie insbesondere bei festgelegtem Kapitalvermögen oder noch nicht fälligen Forderungen; → Rdnr. 121, 132) Allerdings muß es der Partei zumutbar sein, sie auf die Kreditaufnahme zu verweisen. Daran fehlt es zum einen beim «Schonvermögen» (→ Rdnr. 96), das gar nicht eingesetzt werden muß, also auch nicht durch

---

[186] *OLG Bamberg* FamRZ 1990, 762; 1984, 607; Jur-Büro 1984, 1581.
[187] *OLG Karlsruhe* FamRZ 1988, 858 (aber mit dem unzutreffenden Zusatz, die Raten könnten dann höher angesetzt werden als nach der Tabelle, wenn 48 Raten nicht ausreichen).

Beleihung[188]. Unzumutbar ist die Kreditaufnahme ferner, wenn der Partei die laufenden Mittel zur Rückzahlung des Kredits fehlen[189]. Im übrigen ist es aber grundsätzlich zulässig, die Partei auf die Möglichkeit der Kreditaufnahme zu verweisen[190]. Das gilt jedenfalls dann, wenn die dazu erforderlichen Ermittlungen die Entscheidung nicht so erheblich verzögern, daß die beabsichtigte Rechtsverfolgung oder -verteidigung dadurch beeinträchtigt würde[191].

bb) Beim **Personalkredit** geht es nicht um die Verwertung konkreter Vermögensgegenstände, sondern um die Realisierung eines aus den Vermögensverhältnissen insgesamt sich ergebenden Potentials. Man wird es gleichwohl als vom Wortlaut des § 115 Abs. 2 und vor allem des § 114 Satz 1 (»nach ihren persönlichen und wirtschaftlichen Verhältnissen«) gedeckt ansehen können, wenn man der Partei die zumutbare Möglichkeit, einen ungesicherten Kredit aufzunehmen, entgegenhält. Allerdings werden hier an die Feststellung dieser Möglichkeit und an die Zumutbarkeit besonders strenge Anforderungen zu stellen sein. Dabei ist zu beachten, daß die Belastung mit den Kreditraten nicht über das hinausgehen darf, was einer Partei nach der Tabelle bzw. Abs. 6 an monatlicher Belastung zugemutet wird. Wer daher den Kredit aus seinem Einkommen zurückzahlen muß, kann jedenfalls nicht auf die Kreditaufnahme verwiesen werden, wenn er aus diesem Einkommen schon Prozeßkostenhilferaten aufbringen muß oder unterhalb des Eingangswertes liegt, da dann die Belastbarkeitsgrenze erreicht ist[192]. Ein Personalkredit wird daher nur in seltenen Fällen in Betracht zu ziehen sein, wenn die Partei in erheblichem Umfang am Wirtschaftsleben teilnimmt, deshalb Kredit zu erwarten ist, die mit der Kreditaufnahme verbundene Rückzahlungsverpflichtung erfüllbar ist und wenn Existenz und Unterhalt der Partei nicht gefährdet werden[193].

95

2. Anwendung von § 88 BSHG

§ 115 Abs. 2, 2. Hs. verweist auf § 88 BSHG und stellt damit eine besondere *Zumutbarkeitsschranke* auf. Das dort genannte »Schonvermögen« braucht nicht für die Prozeßführungskosten eingesetzt zu werden. § 88 BSHG hat folgenden Wortlaut.

96

(1) Zum Vermögen im Sinne dieses Gesetzes gehört das gesamte verwertbare Vermögen.
(2) Die Sozialhilfe darf nicht abhängig gemacht werden vom Einsatz oder von der Verwertung
1. eines Vermögens, das aus öffentlichen Mitteln zum Aufbau oder zur Sicherung einer Lebensgrundlage oder zur Gründung eines Hausstandes gewährt wird,
2. eines sonstigen Vermögens, solange es nachweislich zur baldigen Beschaffung oder Erhaltung eines Hausgrundstücks im Sinne der Nummer 7 bestimmt ist, soweit dieses Wohnzwecken Behinderter (§ 39 Abs. 1 Satz 1 und Abs. 2), Blinder (§ 67) oder Pflegebedürftiger (§ 69) dient oder dienen soll und dieser Zweck durch den Einsatz oder die Verwertung des Vermögens gefährdet würde,
3. eines angemessenen Hausrats; dabei sind die bisherigen Lebensverhältnisse des Hilfesuchenden zu berücksichtigen,

---

[188] *OLG Frankfurt* FamRZ 1990, 1012; *BFH* MDR 1990, 955 (*Hardt*). – A.M. *OLG Bamberg* JurBüro 1985, 606.
[189] *OLG Bamberg* JurBüro 1991, 977; 1984, 1581 und 290; *OLG Celle* MDR 1987, 502; *KG* JurBüro 1977, 1623; *OLG München* FamRZ 1993, 822; *OVG Bremen* JurBüro 1983, 1720 (zust. *Mümmler*); *OVG Münster* FamRZ 1986, 188.
[190] *BGH* NRW-RR 1990, 450f.; *OLG Bamberg* FamRZ 1990, 763; JurBüro 1985, 606; *OLG Celle* FamRZ 1978, 783; *OLG Frankfurt* FamRZ 1984, 810; *OLG Hamburg* JurBüro 1984, 615; *OLG Hamm* Rpfleger 1991, 259; *OLG Karlsruhe* Justiz 1988, 210; *OLG Zweibrücken* JurBüro 1982, 294 (zust. *Mümmler*); *LG Bayreuth* JurBüro 1989, 121; *OVG Münster* FamRZ 1986, 188; *VG Frankfurt* NJW-RR 1987, 1535.

[191] *KG* FamRZ 1982, 623, 625. – Grds. a.M. *OLG Düsseldorf* JurBüro 1984, 931f.; *Schneider* Rpfleger 1985, 52.
[192] *Burgard* NJW 1990, 3242; *Christl* NJW 1981, 790; *Grunsky* NJW 1980, 2043; *Schneider* Rpfleger 1985, 51. – Nur für den Realkredit anders *VG Frankfurt* NJW-RR 1987, 1535.
[193] *OLG Frankfurt* NJW-RR 1987, 320 (bejahend); MDR 1979, 587 (bejahend); *KG* JurBüro 1977, 1623 (verneinend); *OLG München* FamRZ 1991, 347 (verneinend); vgl. auch *AG Recklinghausen* FamRZ 1987, 730. – A.M. (ganz ablehnend) *Burgard* NJW 1990, 3242; *Kalthoener/Büttner* (vor § 114 Fn. 1), Rdnr. 330; *Kohte* DB 1981, 1176; *Schneider* Rpfleger 1985, 51; MDR 1981, 796 und 2.

4. von Gegenständen, die zur Aufnahme oder Fortsetzung der Berufsausbildung oder der Erwerbstätigkeit unentbehrlich sind,
5. von Familien- und Erbstücken, deren Veräußerung für den Hilfesuchenden oder seine Familie eine besondere Härte bedeuten würde,
6. von Gegenständen, die zur Befriedigung geistiger, besonders wissenschaftlicher oder künstlerischer Bedürfnisse dienen und deren Besitz nicht Luxus ist,
7. eines angemessenen Hausgrundstücks, das vom Hilfesuchenden oder einer anderen in den §§ 11, 28 genannten Person allein oder zusammen mit Angehörigen ganz oder teilweise bewohnt wird und nach seinem Tod bewohnt werden soll. Die Angemessenheit bestimmt sich nach der Zahl der Bewohner, dem Wohnbedarf (zum Beispiel Behinderter, Blinder oder Pflegebedürftiger), der Grundstücksgröße, der Hausgröße, dem Zuschnitt und der Ausstattung des Wohngebäudes sowie dem Wert des Grundstücks einschließlich des Wohngebäudes. Familienheime und Eigentumswohnungen im Sinne der §§ 7 und 12 des Zweiten Wohnungsbaugesetzes sind in der Regel nicht unangemessen groß, wenn ihre Wohnfläche die Grenzen des § 39 Abs. 1 Satz 1 Nr. 1 und 3 in Verbindung mit Absatz 2 des Zweiten Wohnungsbaugesetzes, bei der häuslichen Pflege (§ 69) die Grenzen des § 39 Abs. 1 Satz 1 Nr. 1 und 3 in Verbindung mit § 82 des Zweiten Wohnungsbaugesetzes nicht übersteigt,
8. kleinerer Barbeträge oder sonstige Geldwerte; dabei ist eine besondere Notlage des Hilfesuchenden zu berücksichtigen.
(3) Die Sozialhilfe darf ferner nicht vom Einsatz oder von der Verwertung eines Vermögens abhängig gemacht werden, soweit dies für den, der das Vermögen einzusetzen hat, und für seine unterhaltsberechtigten Angehörigen eine Härte bedeuten würde. Dies ist bei der Hilfe in besonderen Lebenslagen vor allem der Fall, soweit eine angemessene Lebensführung oder die Aufrechterhaltung einer angemessenen Alterssicherung wesentlich erschwert würde.
(4) Das Bundesminister für Jugend, Familie, Frauen und Gesundheit kann durch Rechtsverordnung mit Zustimmung des Bundesrates die Höhe der Barbeträge oder sonstigen Geldwerte im Sinne des Absatzes 2 Nr. 8 bestimmen.

97 § 115 Abs. 2 erklärt § 88 BSHG für «entsprechend» anwendbar. Daraus darf aber nicht geschlossen werden, § 88 Abs. 2 BSHG sei nicht **zwingend** anzuwenden[194]. Daß § 88 Abs. 2 BGHG nur «entsprechend» zuwenden ist, bedeutet lediglich, daß die dort gewählte Formulierung («Sozialhilfe» etc.) auf das Prozeßkostenhilferecht zu übertragen ist. Der Richter hat aber – über die von der Vorschrift selbst eingeräumten Spielräume hinaus – keine Möglichkeit, von ihrer Anwendung abzusehen[195].

a) § 88 Abs. 1 BSHG

98 Nach § 88 Abs. 1 BSHG gehört zum Vermögen das gesamte *verwertbare* Vermögen, was eigentlich nur eine Selbstverständlichkeit ist. Zu den Einzelheiten → Rdnr. 89.

b) § 88 Abs. 2 BSHG

99 Die für das Prozeßkostenhilferecht wichtigste Norm enthält § 88 Abs. 2 BSHG, der sich mit dem *Schonvermögen* befaßt.

aa) Nr. 1

100 Nach Nr. 1 darf die Prozeßkostenhilfe nicht vom Einsatz eines Vermögens abhängig gemacht werden, das *aus öffentlichen Mitteln zum Aufbau oder zur Sicherung einer Lebensgrundlage oder zur Gründung eines Hausstandes* gewährt wird. Hier ist vor allem an Lastenausgleichszahlungen und Kriegsopferentschädigungen zu denken.

---

[194] *A.M. OLG Bamberg* JurBüro 1982, 293. [195] *Burgard* NJW 1990, 3240 m.w.N.

bb) Nr. 2

Diese Vorschrift ist nur im Zusammenhang mit Nr. 7 verständlich (→ Rdnr. 106 ff.). Dort wird ein angemessenes Hausgrundstück unter Schutz gestellt. Es entspricht heute ganz h. M., daß Nr. 7 nur die Verwertung des Grundstücks selbst verbietet, nicht aber den Einsatz von Kapitalvermögen, mit dem ein solches Hausgrundstück erworben werden soll[196] oder das aus dem Verkauf oder der Versteigerung einer solchen Immobilie stammt[197] (und noch nicht wieder angelegt ist[198]), da Nr. 7 nur den Entzug des Familienheimes verhindern will. Nr. 2 (in der Neufassung vom 10.1.1991; BGBl. I, 94) macht davon eine Ausnahme für solche Vermögen, die *für den alsbaldigen Erwerb oder die Erhaltung eines angemessenen Hausgrundstücks für besonders Bedürftige* (Behinderte, Blinde, Pflegebedürftige) gedacht sind, sofern dieser Zweck sonst gefährdet würde. Unter diesen Voraussetzungen werden alle Vermögenswerte unter Schutz gestellt, insbesondere *Bausparguthaben*[199]. 101

cc) Nr. 3

Diese Klausel schützt den *Hausrat* der Partei, soweit er nach ihren bisherigen Lebensverhältnissen angemessen ist. Soweit bei einer Ehescheidung Hausrat nicht geteilt, sondern durch Barzahlung abgegolten wird, kann Nr. 3 analog auch auf solche Ausgleichszahlungen angewandt werden, die zur Wiederbeschaffung der Hausratsgegenstände bestimmt sind[200]. 102

dd) Nr. 4

Nr. 4 schont *Gegenstände, die zur Aufnahme oder Fortsetzung der Berufsausbildung oder der Erwerbstätigkeit unentbehrlich sind.* Der Richter hat hier trotz der sehr engen Formulierung Beurteilungsspielraum. Insbesondere wird – anders als bei §§ 811 Nr. 5, 811a – ein Austausch kaum verlangt werden können, zumal der Ertrag gering sein dürfte[201]. Wenn allerdings die betreffenden Gegenstände nicht mehr beruflich genutzt werden, müssen sie eingesetzt werden[202]. 103

ee) Nr. 5

Diese Klausel schützt *Familien- und Erbstücke*, deren Veräußerung für die Partei eine besondere Härte bedeuten würde. Anders als bei Nr. 3, ist der Schutzbereich hier nicht auf Hausrat beschränkt, sondern er erfaßt auch alles übrige Vermögen, etwa Kunstgegenstände. Sie müssen aber für die Partei einen – von ihr darzulegenden[203] – ganz besonderen ideellen Wert haben, da sonst von einer besonderen Härte nicht die Rede sein kann. 104

---

[196] *OLG Bamberg* JurBüro 1991, 256 (zust. *Mümmler*); *OLG Celle* Rpfleger 1990, 263.
[197] *OLG Düsseldorf* JurBüro 1984, 929; *OLG Hamm* OLGZ 1984, 193; *OLG Koblenz* Rpfleger 1989, 417; *OLG Schleswig* SchlHA 1984, 128 und 56.
[198] *OLG Zweibrücken* JurBüro 1985, 1109 (*Mümmler*).
[199] Vgl. zum alten Recht *OLG Düsseldorf* JurBüro 1983, 298 f.

[200] *Kalthoener/Büttner* (vor § 114 Fn. 1), Rdnr. 314.
[201] *Kalthoener/Büttner* (vor § 114 Fn. 1), Rdnr. 316; *Zöller/Philippi*[18] Rdnr. 47. – **A.M.** (für PKW) *Burgard* NJW 1990, 3243.
[202] *ArbG Regensburg* JurBüro 1990, 378 (Inventar einer aufgegebenen Goldschmiedewerkstatt).
[203] *BGH* NJW-RR 1990, 450, 451.

ff) Nr. 6

105 Nr. 6 schützt *Gegenstände, die zur Befriedigung geistiger, besonders wissenschaftlicher oder künstlerischer Bedürfnisse dienen* und deren Besitz nicht Luxus ist. Diese Gegenstände können (etwa bei Wissenschaftlern und Künstlern) schon von Nr. 4 erfaßt sein. Im übrigen ist wiederum ein großzügiger Maßstab angebracht, zumal der Veräußerungserlös nicht selten gering sein wird. Bücher, Malutensilien, Musikinstrumente, Schallplatten, etc., u. U. auch Schreibmaschinen und Kleincomputer (sofern nicht schon von Nr. 3 oder 4 erfaßt), brauchen daher nicht verwertet zu werden.

gg) Nr. 7

106 Nach dieser Bestimmung darf die Prozeßkostenhilfe nicht von der Verwertung oder Beleihung (→ Rdnr. 93) eines *angemessenen Hausgrundstücks* abhängig gemacht werden, das von der Partei oder einer anderen in §§ 11, 28 BSHG genannten Person allein oder zusammen mit Angehörigen ganz oder teilweise bewohnt wird und nach ihrem Tode bewohnt werden soll. Nr. 7 ist durch das Gesetz vom 10.1.1991 (BGBl. I, 94) neu gefaßt worden[204]. In der ursprünglichen Fassung war ein »kleines« Hausgrundstück unter Schutz gestellt worden, was zahlreiche Streitfragen hervorgerufen hat, die durch die Neufassung erledigt sind. Zu Grundstücken, die die Voraussetzungen der Nr. 7 nicht erfüllen, → Rdnr. 122.

107 (1) Nr. 7 schützt zunächst einmal nur **Hausgrundstücke**. Dazu zählen Familienhäuser und Eigentumswohnungen[205] (→ – auch zu den Zweifamilienhäusern – Rdnr. 108), nicht aber gewerbliche Grundstücke. Da die Vorschrift die Partei und ihre Familie davor bewahren will, ihre eigene Wohnung aufgeben zu müssen, um die Kosten der Prozeßführung aufbringen zu können, werden Kapitalvermögen, die zur Beschaffung eines Hausgrundstücks gedacht sind oder aus seiner Veräußerung stammen, nur unter den Voraussetzungen der Nr. 2 geschützt (→ Rdnr. 101). Hingegen verlangt Nr. 7 nicht, daß das Haus im Alleineigentum der Partei steht; *Miteigentum* reicht[206].

108 (2) Nr. 7 schützt nur ein **angemessenes** Hausgrundstück. Dabei bestimmt sich die Angemessenheit gemäß Satz 2 nach

– der Zahl der Bewohner,
– dem Wohnbedarf (zum Beispiel Behinderter, Blinder oder Pflegebedürftiger),
– der Grundstücksgröße,
– der Hausgröße,
– dem Zuschnitt und der Ausstattung des Wohngebäudes sowie
– dem Wert des Grundstücks einschließlich des Wohngebäudes.

Daß eine Abwägung nach diesen Kriterien stattzufinden habe, war schon bisher h. M.[207] Der Gesetzgeber, der sich schlecht selbst vorwerfen kann, unangemessene Unterkunft zu fördern, hat diese Kriterien nun ergänzt um die Klausel, daß Familienheime und Eigentumswohnungen in der Regel nicht unangemessen groß sind, wenn sie sich in den Grenzen von § 39 Abs. 1 Nr. 1 und 3 des Zweiten Wohnungsbaugesetzes (vom 11.7.1985; BGBl. I, 1284; jetzige Fassung vom 14.8.1990; BGBl. I, 1730) halten, der *Familienheime* mit einer Wohnung bis zu 130 m², *Eigentumswohnungen* mit einer Wohnfläche bis zu 120 m² für förderungswür-

---

[204] Vgl. dazu *Schulte* NJW 1991, 546.
[205] Vgl. zum alten Recht zuletzt *BVerwG* Rpfleger 1991, 257.
[206] *OLG Frankfurt* FamRZ 1990, 643; *BVerwG* JurBüro 1993, 361; Rpfleger 1991, 257.

[207] Vgl. statt vieler nur *BVerwG* Rpfleger 1991, 258; *BFH* MDR 1990, 955.

dig hält[208]. Da § 39 Abs. 1 Nr. 2 des Zweiten WohnungsbauG nicht in Bezug genommen wurde, läßt sich schließen, daß *Zweifamilienhäuser* nicht ohne weiteres angemessen sind. Es wäre aber auch nicht richtig, sie völlig aus dem Anwendungsbereich der Nr. 7 auszuschließen[209]. Wenn die Gesamtwohnfläche des Zweifamilienhauses nur von der Partei und ihren Angehörigen bewohnt wird und unter Berücksichtigung der übrigen Kriterien im Verhältnis zur Personenzahl angemessen ist, dann muß auch ein Zweifamilienhaus Schonvermögen sein können, denn es kann keinen Unterschied machen, ob die Partei sich mit ihren Angehörigen auf zwei Etagen verteilt oder in einem Einfamilienhaus gleicher Fläche wohnt[210].

(3) Auch ein angemessenes Hausgrundstück ist nur geschützt, wenn es **ganz oder teilweise selbstgenutzt** wird und der Familie auch nach dem Tod der Partei noch zur Verfügung stehen soll. Das Gesetz akzeptiert dabei die Nutzung durch die *Partei* sowie durch die in §§ 11, 28 BSHG genannten Personen, also den nicht getrennt lebenden *Ehegatten* der Partei und, wenn die Partei minderjährig und unverheiratet ist, durch die *Eltern* der Partei. Dabei spielt es in allen Fällen keine Rolle, ob dieser Personenkreis das Haus allein oder zusammen mit seinen Angehörigen bewohnt. Hingegen reicht es nicht aus, daß ein im Eigentum einer (volljährigen) Partei stehendes Haus *nur* von deren Eltern oder Kindern genutzt wird[211]. Eine Vermietung steht dem Schutz entgegen, es sei denn, sie ist nur vorübergehend vereinbart und der Selbstnutzungszweck dauert fort[212], wie etwa bei der befristeten Vermietung für die Dauer eines Auslandsaufenthalts. Noch nicht fertiggestellte Häuser fallen nicht unter Nr. 7, da die Vorschrift nur vor dem Entzug des bisherigen Familienheimes schützen, nicht aber den Umzug in ein neues Familienheim gewährleisten will[213]. **109**

(4) Auch wenn die Voraussetzungen der Nr. 7 vorliegen, kann das von dieser Vorschrift erfaßte Grundstück gleichwohl berücksichtigt werden, wenn es – aus anderen Gründen – ohnehin **veräußert werden soll** und der Erlös der Partei so rechtzeitig zufließt, daß er zur Prozeßfinanzierung zur Verfügung steht[214] (→ auch Rdnr. 90, 122). Im Grunde genommen wird hier aber nicht der Einsatz des Grundstücks, sondern der des sicher zu erwartenden Erlöses (Kapitalvermögens) verlangt (→ auch Rdnr. 101, 107). **110**

hh) Nr. 8

Nr. 8 will der Partei den »Notgroschen« erhalten und schützt deshalb *kleinere Barbeträge oder sonstige Geldwerte.* Diese Begriffe werden näher konkretisiert durch die auf der Grundlage von § 88 Abs. 4 BSHG erlassene *Verordnung zur Durchführung des § 88 Abs. 2 Nr. 8 BSHG* vom 11.2.1988, BGBl. I, 150 (i. d. F. vom 23.10.1991; BGBl. I, 2037). Da § 115 Abs. 2, 2. Hs. ZPO auf den gesamten § 88 BSGH verweist, ist auch auf dessen Absatz 4 und damit im Wege einer dynamischen Verweisung auf die DVO in ihrer jeweiligen Fassung Bezug genommen. Sie ist daher für den Prozeßkostenhilferichter verbindlich[215], was nicht heißt, daß nicht über die Zumutbarkeitsschranke (→ Rdnr. 91) weitergehender Schutz gewährt werden könnte. Die Durchführungsverordnung hat folgenden Wortlaut: **111**

---

[208] Jeweils für 4 Personen; Mehrbedarf berücksichtigen §§ 39 Abs. 2, 82 des II. WohnBauG, auf die ebenfalls verwiesen ist.
[209] **A.M.** *OLG Zweibrücken* JurBüro 1982, 294 (*Mümmler*); *Kalthoener/Büttner* (vor § 114 Fn. 1), Rdnr. 320.
[210] Im Ergebnis ebenso *OLG Frankfurt* FamRZ 1990, 1012 und 643; *VGH München* NJW 1985, 2044; *Zöller/Philippi*[18] Rdnr. 45.
[211] Vgl. (zum alten Recht) *LAG Nürnberg* JurBüro 1985, 142.
[212] Vgl. *OLG Bremen* FamRZ 1984, 920.
[213] *OLG Frankfurt* FamRZ 1986, 925. – **A.M.** *Kalthoener/Büttner* (vor § 114 Fn. 1), Rdnr. 321.
[214] *OLG Schleswig* SchlHA 1984, 56.
[215] BT-Drs. 8/3694, S. 19; *Albers* (vor § 114 Fn. 1), 292; *Mümmler* JurBüro 1981, 490. – **A.M.** *Kalthoener/Büttner* (vor § 114 Fn. 1), Rdnr. 322; *Schneider* MDR 1981, 793; *MünchKommZPO/Wax* § 114 Rdnr. 5.

§ 1 (1) Kleinere Barbeträge oder sonstige Geldwerte im Sinne des § 88 Abs. 2 Nr. 8 des Gesetzes sind,
1. wenn die Sozialhilfe vom Vermögen des Hilfesuchenden abhängig ist,
a) bei der Hilfe zum Lebensunterhalt 2500 Deutsche Mark, jedoch 4500 Deutsche Mark bei Hilfesuchenden, die das 60. Lebensjahr vollendet haben, sowie bei Erwerbsunfähigen im Sinne der gesetzlichen Rentenversicherung und den diesem Personenkreis vergleichbaren Invalidenrentnern,
b) bei der Hilfe in besonderen Lebenslagen 4500 Deutsche Mark, im Falle des § 67 und des § 69 Abs. 4 Satz 2 des Gesetzes jedoch 8000 Deutsche Mark,
zuzüglich eines Betrages von 500 Deutsche Mark für jede Person, die vom Hilfesuchenden überwiegend unterhalten wird,
2. wenn die Sozialhilfe vom Vermögen des Hilfesuchenden und seines nicht getrennt lebenden Ehegatten abhängig ist,
der nach Nummer 1 Buchstabe a oder b maßgebende Betrag zuzüglich eines Betrages von 1200 Deutsche Mark für den Ehegatten und eines Betrages von 500 Deutsche Mark für jede Person, die vom Hilfesuchenden oder seinem Ehegatten überwiegend unterhalten wird,
3. wenn die Sozialhilfe vom Vermögen eines minderjährigen unverheirateten Hilfesuchenden und seiner Eltern abhängig ist,
der nach Nummer 1 Buchstabe a oder b maßgebende Betrag zuzüglich eines Betrages von 1200 Deutsche Mark für einen Elternteil und eines Betrages von 500 Deutsche Mark für den Hilfesuchenden und für jede Person, die von den Eltern oder vom Hilfesuchenden und für jede Person, die von den Eltern oder vom Hilfesuchenden überwiegend unterhalten wird.

Im Falle des § 67 und des § 69 Abs. 2 Satz 2 des Gesetzes tritt an die Stelle des in Satz 1 genannten Betrages von 1200 Deutsche Mark ein Betrag von 3000 Deutsche Mark, wenn beide Eheleute (Nummer 2) oder beide Elternteile (Nummer 3) blind oder behindert im Sinne des § 24 Abs. 1 Satz 2 oder Abs. 2 Satz 1 des Gesetzes sind.

(2) Ist im Falle des Absatzes 1 Satz 1 Nr. 3 das Vermögen nur eines Elternteils zu berücksichtigen, so ist der Betrag von 1200 Deutsche Mark, im Falle des § 67 und des § 69 Abs. 4 Satz 2 des Gesetzes von 3000 Deutsche Mark, nicht anzusetzen. Leben im Falle der Hilfe in besonderen Lebenslagen die Eltern nicht zusammen, so ist das Vermögen des Elternteils zu berücksichtigen, bei dem der Hilfesuchende lebt; lebt er bei keinem Elternteil, so ist Absatz 1 Satz 1 Nr. 1 anzuwenden.

§ 2 (1) Der nach § 1 Abs. 1 Satz 1 Nr. 1 Buchstabe a oder b maßgebende Betrag ist angemessen zu erhöhen, wenn im Einzelfall eine besondere Notlage des Hilfesuchenden besteht. Bei der Prüfung, ob eine besondere Notlage besteht, sowie bei der Entscheidung über den Umfang der Erhöhung sind vor allem Art und Dauer des Bedarfs sowie besondere Belastungen zu berücksichtigen.

(2) Der nach § 1 Abs. 1 Satz 1 Nr. 1 Buchstabe a oder b maßgebende Betrag kann angemessen herabgesetzt werden, wenn die Voraussetzungen des § 92a Abs. 1 Satz 1 des Gesetzes vorliegen.

§§ 3, 4 (vom Abdruck wurde abgesehen).

112 Auf der Grundlage von § 1 Abs. 1 Nr. 1 lit. b dieser Verordnung beträgt der **Grundfreibetrag** 4500 DM, da es sich bei der Prozeßkostenhilfe um Sozialhilfe in besonderen Lebenslagen handelt (→ vor § 114 Rdnr. 10)[216]. Dieser Freibetrag erhöht sich für jeden *Unterhaltsberechtigten* um 500 DM. § 1 Abs. 1 Nr. 2 DVO ist nicht einschlägig, da das Ehegatteneinkommen bei der Prozeßkostenhilfe unberücksichtigt bleibt (→ Rdnr. 10); dasselbe gilt für das Elterneinkommen nach Nr. 3. Nach Maßgabe besonderer Bedürfnisse erlauben § 1 Abs. 1 Nr. 1 lit. b und § 2 eine *Erhöhung* des Grundfreibetrages; § 2 Abs. 2 ermöglicht aber auch eine *Herabsetzung* bei vorsätzlicher oder grob fahrlässiger Herbeiführung der Leistungsunfähigkeit[217], so daß hier Verschulden ausnahmsweise (→ § 114 Rdnr. 20) eine Rolle spielt.

113 Diese Freibeträge gelten **bei allen Kapitalvermögen**, sofern diese nicht schon nach Nr. 1–7 oder durch die allgemeine Zumutbarkeitsschranke (→ Rdnr. 91) geschützt sind. Das betrifft insbesondere *Abfindungen* (→ Rdnr. 116), *Bausparguthaben* (→ Rdnr. 117), aus *Forderungen* zufließende Beträge (→ Rdnr. 121), *Sparguthaben* (→ Rdnr. 132), ausgezahlte *Versicherungen* (→ Rdnr. 126) und *Wertpapierdepots* (→ Rdnr. 136).

---

[216] **A.M.** *KG* FamRZ 1982, 420, das § 1 Abs. 1 lit. a anwenden will; vgl. dagegen nur *Hess.VGH* KostRspr. § 115 ZPO Nr. 49; *VG Freiburg* NJW 1983, 1926.
[217] *OLG Bamberg* JurBüro 1992, 623 und *OLG München* FamRZ 1993, 565 (keine Berücksichtigung bei erheblichem Immobilienvermögen, das in Ansehung des Prozesses erworben wurde) sind unter diesem Gesichtspunkt haltbar.

c) § 88 Abs. 3 BSHG

Nach § 88 Abs. 3 BSHG darf der Einsatz verwertbaren Vermögens nicht verlangt werden, wenn er eine *Härte* bedeuten würde, insbesondere eine angemessene Lebensführung oder die Aufrechterhaltung einer angemessenen Alterssicherung wesentlich erschweren würde. Dieser Einschränkung kommt im Prozeßkostenhilferecht keine besondere Bedeutung zu, da § 115 Abs. 2 ohnehin verlangt, daß der Vermögenseinsatz zumutbar sein muß[218].

3. Die Vermögensgegenstände im einzelnen

Im folgenden werden in alphabetischer Reihenfolge einzelne typische Vermögenswerte auf deren Einsetzbarkeit untersucht. Die Begriffe ergeben sich aus folgender

Übersicht

A (Rdnr. 116)
Abfindungen

B (Rdnr. 117)
Bausparguthaben

C (Rdnr. 118)
(unbesetzt)

D (Rdnr. 119)
Darlehen

E (Rdnr. 120)
(unbesetzt)

F (Rdnr. 121)
Ferienhaus
Forderungen

G (Rdnr. 122)
Gewerkschaftlicher Rechtsschutz
Grundvermögen

H (Rdnr. 123)
(unbesetzt)

I/J (Rdnr. 124)
(unbesetzt)

K (Rdnr. 125)
(unbesetzt)

L (Rdnr. 126)
Lebensversicherungen

M (Rdnr. 127)
(unbesetzt)

N (Rdnr. 128)
(unbesetzt)

O (Rdnr. 129)
(unbesetzt)

P/Q (Rdnr. 130)
PKW
Prozeßkostenvorschuß

R (Rdnr. 131)
Rechtsschutzversicherung
Rücklagen

S (Rdnr. 132)
Schmerzensgeld
Sparguthaben

T (Rdnr. 133)
(unbesetzt)

U (Rdnr. 134)
(unbesetzt)

V (Rdnr. 135)
Versicherungen

---

[218] Ebenso *Kalthoener/Büttner* (vor § 114 Fn. 1), Rdnr. 294. – **A.M.** *Schachel* NJW 1982, 89.

W (Rdnr. 136)	XYZ (Rdnr. 137)
Wertpapierdepots	(unbesetzt)

116   **Abfindungen** sind in der Regel nicht Erfüllung, sondern Entschädigung oder Ersatz für Verlust oder Aufgabe eines (auch: zeitraumbezogenen) Rechts oder einer vermögenswerten Position. Sie sind deshalb selbst nicht zeitraumbezogenes Einkommen, sondern *Vermögensbestandteil*, mögen sie auch nach dem bisherigen Einkommen berechnet worden sein[219]. Mit Rücksicht auf die *Zweckbestimmung* einer solchen Abfindung kann deren Einsatz aber *unzumutbar* sein (→ Rdnr. 91). So dient deshalb die von einem Arbeitgeber in einem *Kündigungsschutzprozeß* gezahlte Abfindung auch zur Überbrückung der Zeit, in der der Abgefundene noch keinen neuen Arbeitsplatz gefunden hat, so daß es unzumutbar erscheint, diesen Betrag zur Beschreibung der Prozeßführungskosten einzusetzen[220]. Zumutbar ist hingegen der Einsatz einer *Haftpflichtversicherungsabfindung*, mit der ein Schadensfall reguliert werden soll[221], einer *Unterhaltsabfindung*, wenn sie für den laufenden Unterhalt nicht benötigt wird[222], oder einer anläßlich der Wiederverheiratung gezahlten *Witwenrentenabfindung*[223], soweit die Abfindungen die Freibeträge nach § 88 Abs. 2 Nr. 8 BSHG überschreiten (→ Rdnr. 113).

117   **Bausparguthaben** sind jedenfalls bis zur Freibetragsgrenze (→ Rdnr. 113) geschont[224]. Darüber hinaus ist ihr Einsatz aber regelmäßig *unzumutbar*, da die Kapitalansammlung einem bestimmten wirtschaftlichen Zweck (und nicht nur der allgemeinen Vermögensbildung) dient (→ Rdnr. 89) und von dem Bausparer regelmäßig nicht verlangt werden kann, durch vorzeitige Kündigung die Anwartschaft auf verbilligte Kredite etc. aufzugeben[225] (→ Rdnr. 92).

119   **Darlehensweise** gewährtes Kapitalvermögen steht in der Regel nur für einen bestimmten Zweck zur Verfügung und ist deshalb unverwertbar, weil es bei zweckwidriger Verwendung zurückzuzahlen ist. Wenn es allerdings nicht zweckgebunden gewährt wurde und eine Rückzahlung auch nicht ernsthaft vorgesehen ist, muß es zur Bestreitung der Prozeßführungskosten eingesetzt werden[226].

121   **Ferienhaus** → Rdnr. 122

Forderungen gehören zum einsetzbaren Vermögen, wenn sie nach Maßgabe des zu Rdnr. 89 Gesagten *verwertbar* sind und eine Verwertung *zumutbar* ist (→ Rdnr. 91). Insoweit ist zu berücksichtigen, daß die beabsichtigte Rechtsverfolgung oder -verteidigung nicht dadurch unbillig behindert werden darf, daß der Antragsteller auf die Realisierung der Forderung verwiesen wird. Das bedeutet zunächst einmal, daß die Forderung *fällig* sein oder jedenfalls in angemessener Frist fällig werden muß[227], denn sonst handelt es sich um zwar gegenwärtig vorhandenes, aber erst künftig verwertbares Vermögen (→ näher Rdnr. 90). Außerdem liegt ein in zumutbarer Weise verwertbarer Vermögensgegenstand nur dann vor, wenn die Forderung alsbald zu realisieren ist, d. h. wenn sie *rechtlich unzweifelhaft* (oder rasch zu klären) ist und wenn der *Schuldner leistungsfähig* erscheint[228]. Liegen diese Voraussetzungen vor, sind solche Ansprüche allerdings auch dann zu berücksichtigen, wenn der Antragsteller sie nicht geltend machen will; auf Böswilligkeit kommt es dabei nicht an[229]. Unter Berücksichtigung dieser Kriterien können dann auch

---

[219] *LAG Berlin* NJW 1981, 2775 (L); *Borgmann* AnwBl. 1982, 195; *Kohte* DB 1981, 1175 sowie die nachstehend Genannten. – **A.M.** für Abfindungen nach §§ 9, 10 KSchG *Kalthoener/Büttner* (vor § 114 Fn. 1), Rdnr. 205, 296.

[220] *OLG Bamberg* JurBüro 1991, 977; *LAG Berlin* NJW 1981, 2775 (L); *LAG Bremen* MDR 1988, 995; NJW 1983, 248 (L); *LAG Frankfurt* LAGE § 115 ZPO Nr. 28; *LAG Hamburg* BB 1981, 1801. – **A.M.** *LAG Berlin* LAGE § 115 ZPO Nr. 34; EZA § 115 ZPO Nr. 6; *LAG Köln* LAGE § 115 ZPO Nr. 30; *LAG Nürnberg* JurBüro 1990, 101; *LAG Schleswig* LAGE § 115 ZPO Nr. 25.

[221] *Schneider* MDR 1978, 271.

[222] *OLG Koblenz* FamRZ 1987, 1284.

[223] *KG* FamRZ 1982, 623.

[224] *OLG Bamberg* FamRZ 1993, 622 f. (aber anders bei mutwilliger Verschleuderung sonstigen Vermögens, → Rdnr. 112); *OLG Hamburg* FamRZ 1984, 71; *LAG Baden-Württemberg* JurBüro 1988, 896; *OVG Bremen* JurBüro 1985, 1412.

[225] *OLG Bamberg* JurBüro 1991, 977; *OLG Düsseldorf* JurBüro 1983, 289 f.; *LAG Baden-Württemberg* JurBüro 1989, 669; *LAG Köln* MDR 1993, 481; *OVG Bremen* JurBüro 1985, 1412; *Beyer* JurBüro 1989, 442; *Wax* FamRZ 1985, 13. – **A.M.** (solange das Guthaben nicht einem bestimmten Projekt zugeteilt ist) *OLG Bamberg* JurBüro 1989, 234; *OLG Hamburg* FamRZ 1984, 71; *OLG Koblenz* FamRZ 1986, 82; *LAG Baden-Württemberg* JurBüro 1988, 896; *ArbG Regensburg* JurBüro 1990, 377; *Künzl* AnwBl. 1991, 126.

[226] *OLG Bamberg* NJW-RR 1986, 62; *OLG Köln* FamRZ 1984, 304 (L).

[227] Vgl. *OLG Hamm* AnwBl. 1985, 386; *OLG Karlsruhe* FamRZ 1985, 414. – **A.M.** *OLG Bamberg* JurBüro 1990, 1645; 1988, 101; *OLG Köln* FamRZ 1988, 741.

[228] *OLG Bamberg* NJW-RR 1990, 639; *OLG Düsseldorf* FamRZ 1992, 457; OLGZ 1986, 98 = FamRZ 288; *OLG Hamm* FamRZ 1984, 725; *KG* FamRZ 1983, 1267; *OLG Köln* FamRZ 1990, 642; *OLG Zweibrücken* JurBüro 1987, 1715. – Weitergehend (auch bestrittene Forderungen) *OLG Bamberg* JurBüro 1990, 1645.

[229] Vgl. aber *LAG Freiburg* NJW 1982, 848. .

Ansprüche gegen den eigenen **Anwalt**[230] oder gegen den **Gegner**[231] die Leistungsfähigkeit begründen. Dabei muß allerdings die *streitgegenständliche* Forderung im Hinblick auf das vorstehend zur raschen Realisierbarkeit Gesagte regelmäßig ausscheiden[232]; auch als Kreditunterlage kommt sie kaum in Betracht[233]. Etwas anderes gilt nur dann, wenn bei Entscheidung über das Prozeßkostenhilfegesuch bereits rechtskräftig in der Hauptsache entschieden ist[234]. Auch eine spätere Änderung nach § 120 Abs. 4 kommt in Betracht (→ § 120 Rdnr. 17). Im übrigen ist zu beachten, daß aus Forderungen zufließende Beträge die *Freibetragsgrenze* nach § 88 Abs. 2 Nr. 8 (→ Rdnr. 113) genießen[235], so daß Forderungen nur in Betracht zu ziehen sind, wenn ihr Wert diese Grenze übersteigt. – Zu *Prozeßkostenvorschußansprüchen* → Rdnr. 138.

Zum Vermögen gehört auch der Anspruch eines Gewerkschaftsmitglieds auf kostenlosen **gewerkschaftlichen Rechtsschutz**, sofern nicht der Verweis auf die Inanspruchnahme der Gewerkschaft im Einzelfall aus besonderen Gründen unzumutbar ist[236]. – Zu *Rechtsschutzversicherungen* → Rdnr. 131. 122

In einem Umkehrschluß aus § 115 Abs. 2, 2. Hs. i.V.m. § 88 Abs. 2 Nr. 7 BSHG ergibt sich, daß **Grundvermögen**, das nicht zum Schonvermögen gehört (→ Rdnr. 106), zur Finanzierung der Prozeßführungskosten einzusetzen ist. Das gilt nicht nur für »Luxusimmobilien«, etwa für ein Ferienhaus[237], sondern grundsätzlich für jegliches Grundvermögen[238]. Allerdings muß eine Verwertung durch *Veräußerung* häufig ausscheiden, sei es, weil der Partei durch einen Verkauf die Existenzgrundlage entzogen würde[239], sei es, weil eine Veräußerung in angemessener Frist (→ Rdnr. 90) nicht oder nur mit Verlust möglich und deshalb unzumutbar ist[240]. Auch eine *Teilungsversteigerung* wird aus diesem Grund regelmäßig nicht in Betracht zu ziehen sein[241]. Vielmehr ist Grundvermögen in erster Linie durch *Beleihung* zu verwerten, so daß geprüft werden muß, wie stark das Grundstück bereits belastet ist, ob eine weitere Belastung in Höhe der Kosten der Prozeßführung in Betracht kommt und ob der Partei die Rückzahlung des Kredits möglich ist (→ Rdnr. 94). Scheidet auch das aus, muß Prozeßkostenhilfe zunächst gewährt werden. Die Entscheidung kann aber später gemäß § 120 Abs. 4 wieder geändert werden, wenn das Grundvermögen zu einem angemessenen Preis veräußert worden ist. Dasselbe muß gelten, wenn das Grundstück derzeit nur deshalb nicht berücksichtigt werden kann, weil es zu einem angemessenen Preis nicht in angemessener Frist verwertbar ist und die Partei es böswillig unterläßt, sich um eine zumutbare Verwertung zu kümmern (→ Rdnr. 90 sowie § 120 Rdnr. 18). Es ist daher im Ergebnis richtig, von der Partei zu verlangen, daß sie sich nach Käufern umsieht oder eine Teilungsversteigerung einleitet, wenn diese rechtlich möglich ist[242]. Nur kann das nicht zur anfänglichen Verweigerung der Prozeßkostenhilfe führen, sondern nur zur späteren Aufhebung. Eine jetzige Zurückweisung kommt nur dann in Betracht, wenn die Verwertung bereits bis zur Entscheidung über das Prozeßkostenhilfegesuch in zumutbarer Weise möglich war[243] und die Partei es böswillig unterlassen hat, diese Möglichkeit zu nutzen und damit ihre Leistungsfähigkeit herbeizuführen (→ Rdnr. 88, 92)[244].

Noch nicht fällige **Lebensversicherungen** brauchen wegen des niedrigen Rückkaufswertes nicht eingesetzt zu werden[245] (→ Rdnr. 92), und zwar auch dann nicht, wenn die Altersversorgung der Partei

---

[230] *OLG Düsseldorf* FamRZ 1992, 457 (abl. *Gottwald*); OLGZ 1986, 98 = FamRZ 288; *Schneider* MDR 1987, 552.
[231] *BGH* AnwBl. 1990, 328 (L) und *OLG Köln* FamRZ 1990, 642 (Kostenerstattungsansprüche); VersR 1984, 989, 990 (Teilvergleich).
[232] *OLG Bremen* FamRZ 1983, 637; *KG* NJW-RR 1989, 511; *OLG Zweibrücken* JurBüro 1986, 1251 (zust. *Mümmler*); *Wax* FamRZ 1985, 13. – **A.M.** *OLG Bamberg* NJW-RR 1986, 62; *OLG Frankfurt* FamRZ 1984, 809; *OLG Nürnberg* OLGZ 1989, 496 = FamRZ 995 (abl. *Büttner*); *LG Saarbrücken* Rpfleger 1987, 126.
[233] *OLG Frankfurt* FamRZ 1984, 810.
[234] Vgl. *OLG Karlsruhe* FamRZ 1986, 372.
[235] *OLG Bamberg* JurBüro 1990, 1645; *OLG Nürnberg* OLGZ 1989, 497; *OLG Schleswig* AnwBl. 1987, 54.
[236] *LAG Berlin* DB 1989, 1428; *LAG Bremen* MDR 1992, 269; NJW 1985, 223; *LAG Düsseldorf* JurBüro 1989, 1444; ArbuR 1983, 250; *LAG Frankfurt* JurBüro 1986, 607; ZIP 1984, 1410; LAGE § 115 ZPO Nr. 20; *LAG Hamm* NJW 1987, 1358 (L); *LAG Hannover* AnwBl. 1984, 164; *LAG Kiel* NJW 1984, 830 (das allerdings Mutwilligkeit annimmt; dagegen zutr. *Brommann* RdA 1984, 342 und *Grunsky* NJW 1984, 831, der seinerseits gewerkschaftlichen Rechtsschutz nur unter den Voraussetzungen des § 121 Abs. 2 genügen lassen will); *LAG München* AnwBl. 1987, 499; *LAG Rheinland-Pfalz* LAGE § 114 ZPO Nr. 13; *ArbG Herne* DB 1984, 784. Enger *Kothe* DB 1981, 1177; *Schneider* MDR 1981, 796.
[237] *OLG Koblenz* AnwBl. 1990, 164f.; *OLG München* FamRZ 1993, 565.
[238] Vgl. *OLG Hamm* Rpfleger 1984, 432 und *OLG München* Rpfleger 1991, 26 sowie die nachstehend Genannten.
[239] *OLG Düsseldorf* JurBüro 1984, 931f. (Partei lebt von Mieteinnahmen aus dem Haus).
[240] *OLG Bamberg* FamRZ 1984, 607; JurBüro 1984, 1581 und 290f.; *OLG Schleswig* AnwBl. 1987, 54; *OVG Bremen* NJW 1993, 471.; *OLG Frankfurt* FamRZ 1983, 1720 (*Mümmler*); *OVG Münster* FamRZ 1986, 188.
[241] *OLG Celle* MDR 1987, 502.
[242] *OLG Celle* MDR 1987, 502.
[243] Verneint z. B. in *OLG Bamberg* FamRZ 1984, 607.
[244] Vgl. *OLG Bremen* FamRZ 1982, 832 (L); *OLG Frankfurt* FamRZ 1986, 925.
[245] *OLG Bamberg* JurBüro 1991, 977.

anderweitig gesichert ist. Etwas anderes gilt für ausgezahlte Versicherungen, sofern der Auszahlungsbetrag frei verfügbar und die Freibetragsgrenze überschritten ist (→ Rdnr. 113)[246].

130 Ein **PKW** kann zum Schonvermögen nach § 88 Abs. 2 Nr. 4 BSHG gehören, wenn er (auch der Größe nach) für die Erwerbstätigkeit unentbehrlich ist. Ansonsten ist er zur Prozeßfinanzierung einzusetzen. Etwas anderes gilt mangels Zumutbarkeit nur dann, wenn die Partei des Fahrzeuges aus besonderen Gründen bedarf (Sonderbedarf aus Krankheitsgründen; besondere Unzulänglichkeiten des öffentlichen Nahverkehrs; Nachtschichtarbeit etc.) und der PKW der Partei diesem Bedarf angemessen ist[247].

Zu den Ansprüchen auf Leistung eines **Prozeßkostenvorschusses** → Rdnr. 138.

131 Ansprüche gegen eine **Rechtsschutzversicherung** führen zur Leistungsfähigkeit jedenfalls von dem Zeitpunkt an, zu dem der Versicherer die Deckungsanfrage positiv beschieden hat[248]. Hat er die Deckungszusage verweigert, so ist zu unterscheiden: Begründet die Rechtsschutzversicherung die Ablehnung mit fehlender Erfolgsaussicht, so ist es dem Versicherungsnehmer zuzumuten, den Stichentscheid nach § 17 Abs. 2 ARB zu verlangen und damit seine Leistungsfähigkeit herbeizuführen[249]; fehlt die Erfolgsaussicht wirklich, so fehlt es auch an der entsprechenden Prozeßkostenhilfevoraussetzung[250]. Stützt der Rechtsschutzversicherer seine endgültige Ablehnung hingegen auf andere Gründe, so schließt das zwar nicht aus, daß trotzdem Deckungsansprüche bestehen[251]. Es ist der Partei aber nicht zuzumuten, daß die Entscheidung über die Prozeßkostenhilfe und damit die beabsichtigte Rechtsverfolgung davon abhängig gemacht werden, daß zunächst der Deckungsprozeß gegen den Rechtsschutzversicherer geführt wird[252]. Vielmehr ist die Prozeßkostenhilfe zunächst zu gewähren und bei Obsiegen im Deckungsprozeß gemäß § 120 Abs. 4 wieder aufzuheben. – Zum *gewerkschaftlichen Rechtsschutz* → Rdnr. 122.

Für besondere Notlagen gebildete **Rücklagen** sind nur durch die Freibetragsgrenze (→ Rdnr. 113) geschützt[253]. Im übrigen muß ihr Einsatz verlangt werden, denn die Notwendigkeit zur Prozeßführung ergibt eine solche besondere Lebenslage (→ auch vor § 114 Rdnr. 10), für die Rücklagen gemeinhin gebildet werden.

132 Der Einsatz von als **Schmerzensgeld** empfangenen Beträgen ist Einsatz von Vermögen[254], aber wegen der damit verbundenen Ausgleichsfunktion regelmäßig unzumutbar[255].

Sparguthaben sind (nur) bis zur Freibetragsgrenze von 4500 DM (→ Rdnr. 113) einzusetzen[256]. Etwas anderes kann für langfristig angelegtes Vermögen gelten, etwa für festverzinsliche Sparverträge. Sind diese Verträge unkündbar und scheidet auch eine Beleihung aus (→ Rdnr. 94), so ist dieser Vermögensbestandteil unverwertbar[257] (→ Rdnr. 89). Ist eine Kündigung zwar möglich, aber mit erheblichen Zinseinbußen verbunden, so ist die Verwertung unzumutbar[258] (→ Rdnr. 92).

135 **Versicherungen** → Rdnr. 126.
136 **Wertpapierdepots** müssen grundsätzlich eingesetzt werden[259]. Die Auflösung des Depots ist allerdings unzumutbar, wenn die Wertpapiere nur mit großem Verlust veräußert werden können[260] (→ Rdnr. 92). Im übrigen gilt auch hier die Freibetragsgrenze nach § 88 Abs. 2 Nr. 8 BSHG[261] (→ Rdnr. 113).

---

[246] *OLG Köln* FamRZ 1988, 1297 (Aussteuerversicherung).
[247] Vgl. (Zumutbarkeit bejahend) *OLG Bamberg* JurBüro 1992, 346; *OLG Frankfurt* Rpfleger 1982, 159; *OLG Karlsruhe* MDR 1981, 411; *ArbG Regensburg* JurBüro 1990, 378; *Bratfisch* Rpfleger 1989, 29.
[248] *BGH* NJW 1991, 109, 110.
[249] *BGH* NJW-RR 1987, 1343; VersR 1981, 1070 = MDR 1982, 126; *Sieg* NJW 1992, 2995.
[250] *BGH* NJW 1991, 109, 110; 1988, 267 = VersR 1987, 1186 (zust. *Bauer* VersR 1988, 174); NJW-RR 1987, 1343; *Sieg* NJW 1992, 2994.
[251] *BGH* VersR 1984, 434 will diese berücksichtigen und Prozeßkostenhilfe mangels Bedürftigkeit versagen. Das ist nicht unproblematisch, da das Gericht im Deckungsprozeß an die Rechtsansicht des über das Prozeßkostenhilfegesuch entscheidenden Gerichts nicht gebunden ist.
[252] *LAG Düsseldorf* AnwBl. 1982, 77; *LAG Rheinland-Pfalz* LAGE § 115 ZPO Nr. 31; *Sieg* NJW 1992, 2995.
[253] *OLG Düsseldorf* FamRZ 1987, 729.
[254] **A.M.** *Christl* NJW 1981, 788.

[255] *OLG Bamberg* JurBüro 1991, 977; *OLG Celle* NJW-RR 1988, 768; *OLG Düsseldorf* NJW-RR 1992, 221; *OLG Frankfurt* NJW 1981, 2130; *OLG Hamm* AnwBl. 1981, 72; *KG* VersR 1979, 870; *OLG Köln* FamRZ 1988, 95; *OLG Nürnberg* JurBüro 1993, 756; *OLG Stuttgart* Rpfleger 1991, 463; *Link* JurBüro 1993, 396. – A.M. *OLG Hamm* FamRZ 1987, 1283 (wenn nur ein geringer Teil des Schmerzensgeldes eingesetzt werden muß); *OLG Karlsruhe* NJW 1959, 1373; *Lemcke-Schmalzl/Schmalzl* MDR 1985, 363; *Schneider* MDR 1978, 271.
[256] *OLG Düsseldorf* JurBüro 1984, 930 (zust. *Mümmler*).
[257] *BGH* VersR 1978, 670.
[258] *OLG Bamberg* JurBüro 1988, 101; *OLG Düsseldorf* OLGZ 1987, 123 = NJW-RR 759 (das allerdings die Prozeßkosten bis zur Fälligkeit des Sparvertrages nur stunden will; → dazu schon Rdnr. 89); *OLG Karlsruhe* FamRZ 1991, 841.
[259] *OLG Karlsruhe* ZIP 1990, 720; vgl. auch *AG Bayreuth* JurBüro 1989, 1714.
[260] *OLG Bamberg* JurBüro 1982, 293.
[261] *AG Bayreuth* JurBüro 1989, 1714.

4. Insbesondere: Ansprüche auf Prozeßkostenvorschuß

Wer einen gesetzlichen oder vertraglichen Anspruch gegen einen Dritten auf einen Prozeß- 138
kostenvorschuß für die beabsichtigte Rechtsverfolgung oder -verteidigung hat, hat einen
Vermögenswert i. S. v. Absatz 2, der seine Bedürftigkeit – soweit der Anspruch reicht[262] –
ausschließt. Der Prozeßkostenvorschußanspruch ist dabei Vermögensgegenstand, nicht Einkommensbestandteil. Es ist also nicht so, daß der Anspruch dem Einkommen hinzugerechnet
würde mit der Folge, daß auf den Gesamtbetrag die Tabelle anzuwenden wäre[263]. Es wird
auch nicht ausgesprochen, daß die entsprechenden Beträge direkt an die Staatskasse weiterzuleiten sind[264]. Vielmehr wird, weil und soweit die Bewilligungsvoraussetzungen nicht
vorliegen, das Prozeßkostenhilfegesuch als unbegründet zurückgewiesen.

a) Zumutbare Verwertungsmöglichkeit

Das gilt aber, wie bei allen Forderungen (→ Rdnr. 121), nur dann, wenn der Anspruch auf 139
Prozeßkostenvorschuß **in zumutbarer Weise verwertbar** ist (→ auch Rdnr. 89, 91), was
davon abhängt, daß der Anspruch so zügig zu realisieren ist, daß die beabsichtigte Rechtsverfolgung oder -verteidigung durch die Einbeziehung des Vorschußanspruchs nicht unbillig
verzögert oder erschwert wird[265].

aa) Insoweit ist zunächst wieder zu verlangen, daß der Anspruch **rechtlich unzweifelhaft** 140
oder rasch zu klären sowie, notfalls im Wege der Zwangsvollstreckung, durchzusetzen ist (→
schon Rdnr. 121)[266]. Hier bietet § 127a eine prozessuale Möglichkeit zur besonders raschen
Realisierung des Prozeßkostenvorschußanspruchs, deren Nutzung regelmäßig zumutbar
ist[267]. Auch eine einstweilige Verfügung oder Anordnung gegen den Vorschußpflichtigen
kommt in Betracht[268].

bb) Außerdem ist die Verweisung auf einen Prozeßkostenvorschußanspruch nur dann 142
zumutbar, wenn der Vorschußschuldner ausreichend **leistungsfähig** ist[269]. Kann der Verpflichtete den Vorschuß nur *ratenweise* leisten, so entfällt unter Umständen schon der
Vorschußanspruch selbst, weil diese Belastung mit Raten nicht verlangt werden kann[270]. Das
ist insbesondere dann der Fall, wenn der Verpflichtete selbst schon einen Prozeß führt und
ihm für diesen Rechtsstreit Ratenzahlung bewilligt worden ist, denn dann ist der für die
Finanzierung von Prozessen einzusetzende Teil des Einkommens bereits abgeschöpft[271].
Entsprechendes gilt, wenn dem Vorschußpflichtigen, würde er selbst prozessieren, keine

---

[262] Vgl. *OLG Bremen* FamRZ 1984, 920; *OLG Hamburg* JurBüro 1988, 898.
[263] *OLG Celle* NdsRpfl. 1985, 283.
[264] Wenigstens mißverständlich *OLG Celle* NdsRpfl. 1985, 283.
[265] Vgl. *OLG Bamberg* JurBüro 1988, 771; *OLG Düsseldorf* FamRZ 1982, 513; *OLG Hamm* DAVorm. 1987, 925; *KG* DAVorm. 1985, 1009; 1984, 492; *OLG Köln* FamRZ 1985, 1067; DAVorm. 1983, 739; *LG Dortmund* DAVorm. 1986, 366; *LG Hannover* JurBüro 1988, 508;.
[266] *OLG Bamberg* JurBüro 1985, 1107f.; FamRZ 1979, 847; *OLG Düsseldorf* FamRZ 1990, 420; *OLG Frankfurt* NJW 1981, 2130; *OLG Hamm* DAVorm. 1987, 925; *KG* DAVorm. 1985, 1009; 1984, 492; *OLG Köln* FamRZ 1985, 1067; DAVorm. 1983, 739; *LG Dortmund* DAVorm. 1986, 366; *LG Hannover* JurBüro 1988, 508; *LG Stuttgart* NJW 1976, 169; *AG Bergisch-Gladbach* DAVorm. 1983, 142; *OVG Hamburg* FamRZ 1988, 774; *Künkel* DAVorm. 1983, 344;.
[267] *OLG Bamberg* JurBüro 1989, 414; 1985, 1107; *OLG Düsseldorf* FamRZ 1979, 806; *OLG Frankfurt* FamRZ 1979, 594; *OLG Oldenburg* FamRZ 1981, 1177; *OLG Zweibrücken* FamRZ 1984, 74; *LG Hannover* JurBüro 1988, 507;.
[268] *OLG Köln* DAVorm. 1979, 365; *LG Hannover* JurBüro 1988, 508f.
[269] *OLG Bamberg* JurBüro 1989, 414f.; 1989, 119; 1988, 771; *OLG Düsseldorf* JurBüro 1989, 289; *OLG Frankfurt* FamRZ 1985, 959; 1979, 593f.; NJW 1981, 2130; *OLG Hamburg* JurBüro 1988, 897; *OLG Koblenz* FamRZ 1989, 644; 1986, 284; *OLG Köln* NJW-RR 1989, 967; *OLG Schleswig* FamRZ 1991, 855; *OLG Zweibrücken* JurBüro 1987, 448; *LAG Berlin* LAGE § 115 ZPO Nr. 14; *LAG Rheinland-Pfalz* LAGE § 115 ZPO Nr. 33 (*Teske*); *VGH Kassel* NVwZ-RR 1990, 519; *LSG Essen* FamRZ 1987, 730.
[270] *OLG Koblenz* FamRZ 1989, 644; *OLG Stuttgart* DAVorm. 1991, 949; FamRZ 1988, 207; *LG Bonn* JurBüro 1984, 130.
[271] *OLG Karlsruhe* FamRZ 1984, 919.

Raten auferlegt würden[272]. Daß er überhaupt Prozeßkostenhilfe erhielte, beseitigt den Vorschußanspruch hingegen nicht ohne weiteres[273], da es dem Vorschußschuldner durchaus zumutbar sein kann, Raten, die er in einem (fiktiven) Prozeß zahlen müßte, ganz oder teilweise auch an den Vorschußberechtigten zu zahlen. Besteht danach ein ratenweiser Vorschußanspruch, so kann nach dem zu Rdnr. 90, 121 Gesagten Prozeßkostenhilfe dann nicht bewilligt werden, wenn vier Raten ausreichen, um der Partei die nötigen Mittel für die Prozeßführung zu verschaffen[274] (arg. § 115 Abs. 6). Sind mehr Raten erforderlich, kann die Prozeßkostenhilfe nicht gänzlich versagt werden[275]. Vielmehr ist Prozeßkostenhilfe zu bewilligen und gemäß § 120 Abs. 1 Satz 1 festzusetzen, daß die (ansonsten mittellose) Partei die Kosten durch ratenweise aus ihrem Vermögen aufzubringende Beträge in dem Umfang zu zahlen hat, der dem ratenweisen Vorschußanspruch entspricht[276].

b) Einzelne Prozeßkostenvorschußansprüche

143 Ob ein Prozeßkostenvorschußanspruch besteht, richtet sich ausschließlich nach *materiellem Recht*; insoweit können hier nur Grundzüge dargestellt werden. Bei *Auslandsberührung* ist das durch das internationale Privatrecht berufene materielle Recht, nicht die lex fori maßgebend[277]. Soweit der Prozeßkostenvorschuß, wie in der Mehrzahl der Fälle, unterhaltsrechtlicher Natur ist, ist nach deutschem IPR gemäß Art. 18 Abs. 1 Satz 1 EGBGB primär auf das Recht des gewöhnlichen Aufenthaltsortes des Unterhaltsberechtigten abzustellen, bei einer hier lebenden Partei daher in der Regel auf deutsches materielles Recht[278].

144 aa) Anerkannt ist, daß ein **Kind** für Verfahren, die persönliche und lebenswichtige Angelegenheiten betreffen[279], gegen seine Eltern (aber u. U. auch gegen sonstige Verwandte[280]) einen unterhaltsrechtlichen Anspruch auf Prozeßkostenvorschuß aus § 1610 Abs. 2 BGB hat, sofern dem Verpflichteten die Leistung des Vorschusses zumutbar ist[281]. Das gilt unabhängig davon, ob die Unterhaltspflicht sonst gemäß § 1606 Abs. 3 BGB durch Naturalleistung erfüllt wird oder nicht[282]. Auch das *volljährige* Kind kann, sofern es noch unterhaltsberechtigt ist,

---

[272] *OLG Celle* NdsRpfl. 1985, 283f.; *OLG Hamburg* JurBüro 1988, 897; *OLG Köln* FamRZ 1984, 724; *VGH Kassel* NVwZ-RR 1990, 519; *OVG Münster* JurBüro 1992, 185; *LSG Essen* FamRZ 1987, 730.
[273] A.M. *OLG Bamberg* JurBüro 1990, 1642f.; *OLG Frankfurt* NJW 1981, 2130; *KG* FamRZ 1985, 1068; *OLG Karlsruhe* FamRZ 1992, 78; 1987, 1063; *OLG Koblenz* FamRZ 1986, 284; *OLG Köln* NJW-RR 1989, 967; FamRZ 1982, 417; *OLG München* FamRZ 1993, 715; AnwBl. 1983, 176; *LAG Rheinland-Pfalz* LAGE § 115 ZPO Nr. 33 (*Teske*); vgl. auch *OLG Koblenz* JurBüro 1993, 232; *OLG Zweibrücken* JurBüro 1987, 448.
[274] Vgl. *OLG Bamberg* JurBüro 1990, 120; *OLG Frankfurt* FamRZ 1985, 826; *OLG Hamburg* JurBüro 1988, 897.
[275] So aber *OLG Bremen* FamRZ 1984, 920; *OLG Hamm* FamRZ 1986, 1013f.; *OLG Schleswig* SchlHA 1987, 184.
[276] BGH Rpfleger 1993, 303; *OLG Bamberg* JurBüro 1987, 1415; *OLG Frankfurt* FamRZ 1985, 826; *OLG Hamm* DAVorm. 1987, 925; *OLG Koblenz* FamRZ 1991, 346; *OLG Köln* FamRZ 1984, 723; *OLG München* FamRZ 1987, 304; AnwBl. 1984, 314; *AG Ahrensburg* SchlHA 1988, 53; *AG Groß-Gerau* FamRZ 1988, 417; *LAG Düsseldorf* AnwBl. 1984, 163; *OLG Nürnberg* JurBüro 1984, 1577; *Künzl* AnwBl. 1991, 126. Vgl. auch *KG* FamRZ 1990, 183 sowie *OLG Köln* FamRZ 1988, 1300 (Umdeutung einer Entscheidung, mit der der *Gegner* direkt zur Ratenzahlung verpflichtet wurde, in eine solche nach § 127a).
[277] *OLG Düsseldorf* FamRZ 1981, 147; *KG* FamRZ 1988, 168; *OLG Zweibrücken* IPRax 1984, 329 (L; zust. *Jayme*); *LG Passau* JurBüro 1987, 1096. – A.M. *OLG Karlsruhe* MDR 1986, 242; *VGH Kassel* NVwZ-RR 1990, 519; offen *LAG Baden-Württemberg* BB 1984, 1810.
[278] *Henrich* IPrax 1987, 38.
[279] Vgl. *OLG Bamberg* JurBüro 1988, 771; *OLG Celle* NdsRpfl. 1985, 283; *OLG Frankfurt* FamRZ 1985, 959; NJW 1981, 2130; *KG* NJW 1982, 111; *OLG Koblenz* JurBüro 1993, 232; *OLG Köln* FamRZ 1986, 1032; 1979, 965; *LG Bonn* JurBüro 1984, 130; *LG Hannover* JurBüro 1988, 508; *LG Passau* JurBüro 1987, 1560; *LAG Düsseldorf* JurBüro 1986, 1875; *OVG Hamburg* JurBüro 1988, 774; *OVG Münster* JurBüro 1992, 185; FamRZ 1986, 188; 1984, 603.
[280] Vgl. *OLG Düsseldorf* DAVorm. 1990, 80 (Urgroßmutter); *OLG Köln* DAVorm. 1979, 365 (Großeltern).
[281] BGH Rpfleger 1993, 303; *OLG Bamberg* JurBüro 1987, 1415; *OLG Hamburg* JurBüro 1988, 897; *OLG Köln* FamRZ 1986, 1032; 1984, 1256; *OLG Hannover* JurBüro 1988, 508. – Verneinend für die Zwangsvollstreckung *LG Schweinfurt* DAVorm. 1985, 507. – Zur unterhaltsrechtlichen Rechtsprechung s. *Palandt/Diederichsen*[52] § 1610 Rdnr. 33ff.
[282] *OLG Bamberg* JurBüro 1989, 119; *OLG Düsseldorf* FamRZ 1985, 198f.; *OLG Hamburg* JurBüro 1988,

einen solchen Anspruch haben[283]. Diese Grundsätze gelten auch dann, wenn der vorschußpflichtige Elternteil der *Gegner* im beabsichtigten Rechtsstreit ist, sofern der Partei die Inanspruchnahme des Prozeßgegners zumutbar ist[284] (→ auch Rdnr. 121). Unzumutbar ist die Durchsetzung eines solchen Prozeßkostenvorschußanspruchs etwa dann, wenn Prozeßkostenhilfe für ein Verfahren auf Erlaß einer einstweiligen Verfügung beantragt wird, da dieses durch das vorgeschaltete Vorschußverfahren unbillig behindert würde[285] (→ auch Rdnr. 139). – Ein Prozeßkostenvorschuß unterhaltsberechtigter Eltern *gegen* ihre unterhaltsverpflichteten Kinder wird nur in Ausnahmefällen in Betracht kommen[285a].

bb) Bei **Ehegatten** schreibt § 1360a Abs. 4 BGB ausdrücklich vor, daß derjenige Ehegatte, der die Kosten für einen eigenen[286] Rechtsstreit nicht selber tragen kann, gegen den anderen einen Prozeßkostenvorschußanspruch hat, wenn der Rechtsstreit eine persönliche Angelegenheit betrifft und die Inanspruchnahme der Billigkeit entspricht. Diese Voraussetzungen können auch dann vorliegen, wenn der verpflichtete Ehegatte der Gegner im beabsichtigten Rechtsstreit ist[287] oder wenn der Rechtsstreit eines wiederverheirateten Ehegatten dessen frühere Ehe betrifft[288]. Zu den *persönlichen Angelegenheiten* gehören *vermögensrechtliche* Streitigkeiten nur dann, wenn sie eine genügend enge Verbindung zur Person oder den persönlichen Bedürfnissen des Ehegatten haben[289]. Das läßt sich etwa bejahen für Sozialhilfeverfahren[290] und sozialversicherungsrechtliche Streitigkeiten[291], nicht aber für erbrechtliche Streitigkeiten[292], für Finanzgerichtsverfahren[293] oder für Vollstreckungsabwehrklagen[294]. Arbeitsrechtliche Verfahren, insbesondere Kündigungsschutzprozesse, wird man ebenfalls zu den persönlichen Angelegenheiten zählen müssen, da der Arbeitsplatz nicht nur wirtschaftlich wichtig ist, sondern auch für die Persönlichkeitsverwirklichung des Arbeitnehmers bedeutsam ist und deshalb eine hinreichend enge Verbindung zur Person des Ehegatten und seinen persönlichen Bedürfnissen hat[295]. 145

cc) Unter **geschiedenen Ehegatten** besteht kein Anspruch auf Prozeßkostenvorschuß mehr, so daß Prozeßkostenhilfe für nach Rechtskraft der Scheidung eingeleitete Verfahren insoweit nicht versagt werden kann[296]. Die Regelung des § 1360a Abs. 4 BGB ist nach ihrem 146

897; *AG Bergisch-Gladbach* DAVorm. 1983, 143; *Künkel* DAVorm. 1983, 343. – A.M. *OLG München* FamRZ 1991, 347; *LG Schweinfurt* DAVorm. 1985, 507.
[283] *OLG Bamberg* JurBüro 1984, 126; *OLG Celle* NdsRpfl. 1985, 283; *OLG Frankfurt* FamRZ 1985, 959; NJW 1981, 2130; *OLG Hamm* FamRZ 1982, 1073; *OLG Karlsruhe* FamRZ 1989, 535; *OLG Köln* FamRZ 1986, 1031; *LG Bremen* FamRZ 1992, 984 (2. Entsch.); *LG Hannover* FamRZ 1992, 365.
[284] Vgl. *OLG Bamberg* JurBüro 1989, 414f.; *OLG Hamm* JurBüro 1983, 453; DAVorm. 1982, 381; *KG* FamRZ 1987, 303; DAVorm. 1975, 634; *OLG Köln* FamRZ 1987, 723; *OLG München* JurBüro 1990, 228; *LG Hannover* JurBüro 1988, 508; *AG Bergisch-Gladbach* DAVorm. 1983, 141; *AG Elmshorn* FamRZ 1991, 841; *Künkel* DAVorm. 1983, 345. – A.M. für die Ehelichkeitsanfechtungsklage *OLG Frankfurt* MDR 1983, 760; *OLG Koblenz* FamRZ 1976, 359; *Wax* FamRZ 1985, 13.
[285] *OLG Düsseldorf* FamRZ 1982, 513.
[285a] Ganz abl. *OLG München* FamRZ 1993, 822.
[286] Vgl. *OLG Schleswig* FamRZ 1991, 855.
[287] *OLG Bamberg* JurBüro 1982, 293; *OLG Frankfurt* FamRZ 1986, 485; *OLG Köln* FamRZ 1983, 593; krit. *Cambeis* AnwBl. 1980, 176.

[288] *OLG Koblenz* FamRZ 1986, 466; einschränkend *OLG Nürnberg* FamRZ 1986, 697 für rein vermögensrechtliche Streitigkeiten.
[289] Vgl. statt aller *Mümmler* JurBüro 1992, 137ff.; *Palandt/Diederichsen*[52] § 1360a Rdnr. 17.
[290] *OVG Münster* JurBüro 1992, 185.
[291] *LSG Niedersachsen* NdsRpfl. 1984, 130.
[292] *OLG Köln* NJW-RR 1989, 968.
[293] A.M. *BFH* JurBüro 1992, 557.
[294] *LAG Rheinland-Pfalz* NZA 1988, 177.
[295] *BAG* AP Nr. 1 zu § 114 ZPO (abl. *Gernhuber*); *LAG Düsseldorf* AnwBl. 1984, 162; *LAG Nürnberg* JurBüro 1984, 1577; *LAG Rheinland-Pfalz* EzA § 115 ZPO Nr. 4. – A.M. *LAG Baden-Württemberg* BB 1984, 1810; *LAG Berlin* MDR 1982, 436; *LAG Düsseldorf* JurBüro 1986, 1875 und 1416; *LAG Hamm* DB 1982, 912 (L); MDR 1982, 436 = EzA § 115 ZPO Nr. 3 (zust. *Schneider*); *LAG Köln* LAGE § 115 ZPO Nr. 15 und 12 (zust. *Vollkommer*); *ArbG Wiesbaden* NZA 1984, 301; *Kohte* DB 1981, 1178; *Schneider* MDR 1981, 796; *Teske* LAGE § 115 ZPO Nr. 33.
[296] *BGHZ* 89, 33 = NJW 1984, 291; *OLG Frankfurt* FamRZ 1984, 809; *KG* FamRZ 1988, 519. – A.M. früher *OLG Bremen* FamRZ 1982, 1074; *OLG Celle* FamRZ 1978, 783; *OLG Düsseldorf* FamRZ 1979, 1024; *OLG Frankfurt* FamRZ 1982, 714; 1981, 164; *OLG Koblenz* FamRZ 1978, 901; *OLG München* FamRZ 1979, 42; *OLG Schleswig* SchlHA 1978, 19; *OLG Stuttgart* NJW 1979, 1168 (L).

klaren Wortlaut auf die Ehezeit beschränkt und schon für die Zeit des Getrenntlebens durch § 1361 Abs. 4 Satz 4 BGB nur kraft ausdrücklicher Anordnung anwendbar. Daß für geschiedene Ehegatten eine entsprechende Anordnung fehlt, kann kaum als planwidrige Lücke verstanden werden. Auch aus § 1578 Abs. 1 Satz 2 BGB ergibt sich nichts anderes, da die Prozeßführung nicht zum angemessenen Lebensbedarf i.S. dieser Vorschrift gehört; § 1360a Abs. 4 BGB wäre sonst neben §§ 1360a Abs. 1, 1361 BGB auch überflüssig.

147 dd) In der **nichtehelichen Lebensgemeinschaft** können §§ 1360a Abs. 4, 1361 Abs. 4 Satz 4 BGB nicht ohne weiteres analog angewandt werden, und es geht sicher viel zu weit, demjenigen Partner, der dem anderen den Haushalt führt, analog § 850h Abs. 2 ein fiktives Einkommen zuzurechnen[297] (→ auch Rdnr. 8, 24). Auch der Vorschlag, dem haushaltsführenden Lebensgefährten ersparte Aufwendungen als Einkommen anzurechnen, vermag für die Praxis nicht zu befriedigen, da er zu schwierigen Ermittlungen und Bewertungen führt. Da aber Prozeßkostenhilfe eine besondere Form der Sozialhilfe ist (→ vor § 114 Rdnr. 10) und § 122 BSHG für das Sozialhilferecht verhindern will, daß Personen, die in eheähnlicher Gemeinschaft leben, besser gestellt werden als Ehegatten, erscheint es richtig, dem in einer nichtehelichen Lebensgemeinschaft lebenden Antragsteller Prozeßkostenhilfe zu versagen, wenn – wäre er mit dem Lebensgefährten verheiratet – ein Prozeßkostenvorschußanspruch bestünde[298]. Das setzt allerdings eine »Verantwortungs- und Einstehensgemeinschaft« voraus, d. h. eine so enge Bindung, daß ein gegenseitiges Einstehen in den Not- und Wechselfällen des Lebens erwartet werden kann[299].

148 ee) Prozeßkostenvorschußansprüche können sich schließlich auch aus **rechtsgeschäftlichen Beziehungen** ergeben, etwa für einen *Beauftragten* aus §§ 670, 669 BGB gegen seinen Auftraggeber[300] oder für einen *Versicherungsnehmer* aus § 10 Abs. 1 AKB gegen den Kraftfahrzeughaftpflichtversicherer[301].

IV. Ausnahmen (Abs. 6)

149 Auch wenn die Partei die Kosten der Prozeßführung nur zum Teil oder nur in Raten aufbringen kann, wird die Prozeßkostenhilfe gemäß Absatz 6 nicht bewilligt, wenn die Kosten vier Monatsraten und die aus dem Vermögen aufzubringenden Teilbeträge voraussichtlich nicht übersteigen. Diese Vorschrift mutet der Partei zur Vermeidung unverhältnismäßigen Aufwandes zu, die Kosten für vier Monate zwischenzufinanzieren[302], wobei unterstellt wird, daß entsprechende Finanzierungsmöglichkeiten (etwa durch Inanspruchnahme eines Überziehungskredits) bestehen. Ob sie im Einzelfall wirklich bestehen, ist nicht zu prüfen, denn Absatz 6 ist eine zwingende Vorschrift, die dem Richter auch dann keinen Ermessensspielraum eröffnet, wenn sie für die konkrete Partei zu Härten führt[303]. Das hat nicht selten zur Folge, daß der Prozeßkostenhilfeantrag erst gestellt wird, wenn die Kosten den Grenzwert überschritten haben, etwa infolge einer Beweisaufnahme, so daß die Vorschrift dem Bestreben nach Prozeßbeschleunigung zuwiderlaufen kann[304].

150 Absatz 6 ist **in jedem Prozeßkostenhilfeverfahren selbständig** anzuwenden; das zur

---

[297] So aber *OLG Hamm* FamRZ 1984, 409; *OLG München* KostRspr. ZPO § 115 Nr. 218 (L); *OLG Zweibrücken* Rpfleger 1991, 424.
[298] *OLG Koblenz* Rpfleger 1991, 425 und 375; FamRZ 1987, 612; *Albers* (vor § 114 Fn. 1), 295; *Burgard* NJW 1990, 3242; vgl. auch *OLG Hamm* FamRZ 1981, 493 (zust. *Bosch*). – A.M. (ganz ablehnend) *OLG Köln* FamRZ 1988, 307; *Schneider* MDR 1981, 795; *Vollkommer* LAGE § 115 ZPO Nr. 12.
[299] *BVerfGE* 87, 263 ff. (zu § 137 Abs. 2a AFG).
[300] *OLG Hamburg* FamRZ 1990, 1119 f.
[301] *KG* MDR 1984, 852; *VersR* 1979, 449.
[302] Vgl. BT-Drs. 8/3068, S. 24.
[303] *BayObLG* FamRZ 1984, 73; *Schneider* MDR 1981, 2. – A.M. *Mümmler* JurBüro 1981, 492.
[304] *Baumbach/Lauterbach/Hartmann*[51] Rdnr. 80.

Höchstzahl der Raten in Rdnr. 25 Gesagte gilt hier entsprechend. Zur *Berechnung* der voraussichtlichen Kosten → § 114 Rdnr. 16; zu den Folgen einer fehlerhaften Prognose → § 127 Rdnr. 5.

§ 116 [Partei kraft Amtes; juristische Person; parteifähige Vereinigung]

¹Prozeßkostenhilfe erhalten auf Antrag
1. eine Partei kraft Amtes, wenn die Kosten aus der verwalteten Vermögensmasse nicht aufgebracht werden können und den am Gegenstand des Rechtsstreits wirtschaftlich Beteiligten nicht zuzumuten ist, die Kosten aufzubringen;
2. eine inländische juristische Person oder parteifähige Vereinigung, wenn die Kosten weder von ihr noch von den am Gegenstand des Rechtsstreits wirtschaftlich Beteiligten aufgebracht werden können und wenn die Unterlassung der Rechtsverfolgung oder Rechtsverteidigung allgemeinen Interessen zuwiderlaufen würde.
²§ 114 Satz 1 letzter Halbsatz ist anzuwenden. ³Können die Kosten nur zum Teil oder nur in Teilbeträgen aufgebracht werden, so sind die entsprechenden Beträge zu zahlen.

Gesetzesgeschichte: Neugefaßt durch das Gesetz über die Prozeßkostenhilfe vom 13.6.1980 (BGBl. I, 677; → vor § 114 Rdnr. 6).

Stichwortverzeichnis: → vor § 114 vor Rdnr. 1.

I. Überblick 1	III. Inländische juristische Person (Nr. 2, 1. Fall) 20
II. Partei kraft Amtes (Nr. 1) 2	1. Leistungsunfähigkeit 21
1. Maßgebliche Vermögensmasse 6	2. Allgemeines Interesse an der Prozeßführung 24
2. Heranziehung der wirtschaftlich Beteiligten 8	
a) Wirtschaftlich Beteiligte 9	IV. Ausländische juristische Person 28
b) Leistungsfähigkeit und Zumutbarkeit 13	V. Parteifähige Vereinigung (Nr. 2, 2. Fall) 32
3. Verhältnis zu Nr. 2 17	VI. Rechtsfolgen 34
4. Ausländische Partei kraft Amtes 18	1. Ratenzahlung 34
5. Wechsel der Partei kraft Amtes 19	2. Anwaltsbeiordnung 34

I. Überblick[1]

§ 116 betrifft die Prozeßkostenhilfe für *Parteien kraft Amtes* (→ Rdnr. 2), *inländische* **1** *juristische Personen* (→ Rdnr. 20) und *parteifähige Vereinigungen* (→ Rdnr. 32). Dabei weichen von den allgemeinen Vorschriften der §§ 114, 115 zunächst einmal nur die **subjekti-**

---

[1] **Lit.:** *Gilbert* Das Armenrecht des Konkursverwalters und die Finanzierung von Masseprozessen durch das Aufbringen der an der Prozeßführung wirtschaftlich Beteiligten (§ 114 Abs. 3 ZPO), DR 1941, 304; *Kunkel* Prozeßkostenhilfe für den Konkursverwalter im Konkurs einer juristischen Person, DB 1988, 1939; *Pape* Greifbare Gesetzeswidrigkeit der Versagung von Prozeßkostenhilfe, KTS 1993, 179; *ders.* Prozeßkostenhilfe für den Konkursverwalter, ZIP 1988, 1293; *ders.* Zur Anwendung und zu den weiterbestehenden Problemen des § 116 ZPO nach dem Beschluß des BGH (KTS 1991, 132), KTS 1991, 33; *ders.* Zur Prozeßkostenhilfebewilligung für Konkursverwalter, ZIP 1990, 1529; *Schneider* Unbegrenzte Ratenzahlungspflicht bei Prozeßkostenhilfe nach § 116 ZPO, MDR

ven Voraussetzungen ab, namentlich dadurch, daß den am Gegenstand des Rechtsstreits wirtschaftlich Beteiligten zugemutet wird, sich nach Maßgabe ihrer Vermögensverhältnisse an den Kosten der Prozeßführung zu beteiligen (→ Rdnr. 8, 21). Für die **objektiven Voraussetzungen** verweist § 116 Satz 2 auf den letzten Halbsatz des § 114 Satz 1, so daß auch hier Erfolgsaussicht und fehlende Mutwilligkeit festzustellen sind. Als weitere objektive Voraussetzung verlangt Nr. 2 für inländische juristische Personen und parteifähige Vereinigungen ein allgemeines Interesse an der Prozeßführung (→ Rdnr. 24). Modifiziert sind außerdem die **Rechtsfolgen**, da das einkommensorientierte Tabellensystem hier nicht paßt (→ Rdnr. 34).

II. Partei kraft Amtes (Nr. 1)

2   § 116 Satz 1 Nr. 1 regelt die Prozeßkostenhilfe für die Parteien kraft Amtes (→ vor § 50 Rdnr. 25). Zu ihnen gehören vor allem **Konkursverwalter, Zwangsverwalter, Nachlaßverwalter** und **Testamentsvollstrecker**[2]. Bei der Auslegung der Vorschrift ist insoweit zu berücksichtigen, daß der Gesetzgeber die Prozeßkostenhilfe *für Konkursverwalter erleichtern* wollte[3], so daß ein allzu strenger Maßstab bei der Subsumtion nicht angebracht ist[4]. Für *gesetzliche Vertreter* gilt die Vorschrift hingegen nicht (→ § 114 Rdnr. 4), ebenso wenig für andere Fälle der gesetzlichen oder gewillkürten *Prozeßstandschaft*[5] (→ § 114 Rdnr. 7).

3   § 116 ist nur einschlägig, wenn die Partei kraft Amtes den Prozeß *für das von ihr verwaltete Vermögen* führt. Für **Eigenprozesse**, die die Partei kraft Amtes für sich selbst oder einen Dritten führt, bleibt es bei den allgemeinen Regeln[6] (→ § 114 Rdnr. 4). Zur analogen Anwendung bei rechtsmißbräuchlicher *Umgehung* → § 114 Rdnr. 6.

4   An Prozessen, die die Partei kraft Amtes über das von ihr verwaltete Vermögen[7] führt, ist der **Rechtsträger** des verwalteten Vermögens, etwa der Gemeinschuldner, nicht beteiligt[8]. Er ist zwar u. U. wirtschaftlich am Gegenstand des Rechtsstreits beteiligt, so daß seine etwa noch bestehende Leistungsfähigkeit bei einem Prozeßkostenhilfegesuch der Partei kraft Amtes berücksichtigt wird (→ Rdnr. 9). Er ist aber nicht selbst Partei (→ § 114 Rdnr. 7), so daß ihm Prozeßkostenhilfe für diesen Prozeß nicht bewilligt werden kann[9] (→ auch Rdnr. 5). Tritt der Rechtsträger dem Verfahren als *Nebenintervenient* bei, so ist über die von ihm beantragte Prozeßkostenhilfe nach den allgemeinen Regeln, nicht nach § 116 zu entscheiden[10], so daß es für die Leistungsfähigkeit nur auf sein nicht der Verwaltung unterliegendes Vermögen ankommt, da er über das verwaltete Vermögen nicht verfügen kann (→ § 115 Rdnr. 89). Für Prozesse, die der Rechtsträger *nach Abschluß der Verwaltung* durch die Partei kraft Amtes führt, gilt § 116 ebenfalls nicht, und zwar auch dann nicht, wenn nach Abschluß eines

---

1981, 284; *Schumann* Hat der dem Konkursverwalter in § 114 Abs. 3 ZPO (...) eingeräumte Anspruch auf Armenrechtsbewilligung praktische Bedeutung?, KTS 1934, 3; *Uhlenbruck* Gesetzwidrige Verweigerung der Prozeßkostenhilfe an Konkursverwalter, KTS 1988, 435; *ders.* Prozeßkostenhilfe im Konkurs, ZIP 1982, 288; *Willenbruch* Das Armenrecht der juristischen Personen (1977). – Vgl. im übrigen vor § 114 Fn. 1.

[2] Die – wohl nur unscharf formulierte – These, § 116 Satz 1 Nr. 1 sei bei der Testamentsvollstreckung nicht anwendbar (so *Grunsky* NJW 1980, 2044), widerspricht dem erklärten Willen des Gesetzgebers (BT-Drs. 8/3068, S. 26); → im übrigen Rdnr. 14.

[3] BT-Drs. 8/3068, S. 26.

[4] Ausf. zu Regelungsabsicht und -geschichte *Pape* KTS 1991, 33 m. w. N.; *Uhlenbruck* KTS 1988, 435.

[5] Vgl. zu § 1629 Abs. 3 BGB *OLG Saarbrücken* FamRZ 1991, 961 sowie *OLG Karlsruhe* (16. ZS) FamRZ 1988, 636 und *OLG Koblenz* FamRZ 1988, 637 gegen *OLG Karlsruhe* (2. ZS) FamRZ 1987, 1062.

[6] *OLG Celle* ZIP 1988, 794; *OLG Hamm* JurBüro 1988, 1060.

[7] Bei Prozessen über nicht der Verwaltung unterliegendes Vermögen handelt es sich um solche des Rechtsträgers; vgl. *BFH* KTS 1986, 80 (L; zur Beschwerdebefugnis).

[8] **A.M.** die sog. »Vertretertheorie«; → vor § 50 Rdnr. 28.

[9] *LG Traunstein* NJW 1963, 959.

[10] *Jaeger/Henckel* KO[9] § 6 Rdnr. 107. – **A.M.** *BGH* LM Nr. 11 zu § 114 a.F.

Konkursverfahrens eine Nachtragsverteilung gemäß § 166 Abs. 2 KO in Betracht kommt, da es nicht darauf ankommt, in wessen Pflichtenkreis der Prozeß fällt, sondern nur darauf, wer Partei ist[11]. Da die Klage des ehemaligen Gemeinschuldners in diesen Fällen bis zur Anordnung der Nachtragsverteilung zulässig und seine beabsichtigte Rechtsverfolgung insoweit erfolgversprechend ist, besteht kein Anlaß, von den allgemeinen Voraussetzungen der §§ 114, 115 abzurücken. Daß der Prozeßerfolg im Ergebnis den Gläubigern zugute kommt, spielt dabei keine Rolle (→ § 114 Rdnr. 4).

Für das **Konkursverfahren** selbst kann dem *Gemeinschuldner* Prozeßkostenhilfe nicht 5 bewilligt werden, da § 107 KO insoweit vorgeht[12]. Für die *Gläubiger* kommt Prozeßkostenhilfe nur für den Konkursantrag[13], nicht aber für die einfache Forderungsanmeldung und die allgemeine Mitwirkung in Betracht. § 72 KO verweist zwar auf die ZPO und damit auch auf §§ 114 ff. Da aber Anmeldung und Mitwirkung im Konkursverfahren kostenfrei sind, kommt die Prozeßkostenhilfebewilligung nur für die Anwaltsbeiordnung in Frage (→ zu dieser Konstellation § 117 Rdnr. 14), die in der Regel nicht erforderlich sein wird[14] (§ 121 Abs. 2); → § 121 Rdnr. 9.

1. Maßgebliche Vermögensmasse

§ 116 verlangt zunächst, daß die Kosten (→ § 114 Rdnr. 16) nicht *aus der verwalteten* 6 *Vermögensmasse* aufgebracht werden können. Es kommt daher nicht auf die Leistungsunfähigkeit der Partei kraft Amtes mit ihrem Privatvermögen, sondern nur auf die des verwalteten Vermögens an[15]. Das ist – ganz gleich, wie man die Rechtsstellung der Partei kraft Amtes dogmatisch einordnet (→ vor § 50 Rdnr. 25 ff.) – selbstverständlich, da die Partei kraft Amtes den Prozeß nicht mit ihrem und für ihr Privatvermögen führt, sondern nur mit dem und für das von ihr verwaltete Fremdvermögen.

Ob die Partei kraft Amtes mit dem von ihr verwalteten Vermögen leistungsfähig ist, richtet 7 sich **nach den allgemeinen Regeln** (→ § 115 Rdnr. 85 ff.). Maßgeblich sind zunächst die vorhandenen Barmittel[16]. Aber auch sonstige Vermögenswerte sind einzusetzen. Wenn die Partei kraft Amtes Bestandteile des von ihr verwalteten Vermögens in angemessener Frist (→ § 115 Rdnr. 90) veräußern oder Forderungen einziehen und aus dem Erlös die Kosten der Prozeßführung bestreiten kann, kann Prozeßkostenhilfe nicht gewährt werden. Auch eine Kreditaufnahme kommt in Betracht, wenn die Rückzahlung des Kredits gesichert ist[17] (→ § 115 Rdnr. 93 ff.).

2. Heranziehung der wirtschaftlich Beteiligten

Abweichend von den allgemeinen Regeln bestimmt § 116 Satz 1 Nr. 1, daß Prozeßkosten- 8 hilfe nur gewährt werden kann, wenn es den am Rechtsstreit wirtschaftlich Beteiligten nicht zuzumuten ist, die Kosten aufzubringen.

---

[11] A.M. *OLG Köln* JurBüro 1969, 1224; *Zöller/Philippi*[18] Rdnr. 14.
[12] *Uhlenbruck* ZIP 1982, 289. – Entsprechendes gilt bei der **Nachlaßverwaltung**, *LG Frankenthal* Rpfleger 1985, 504.
[13] *AG Göttingen* ZIP 1992, 636; *Uhlenbruck* ZIP 1982, 288.
[14] *LG Oldenburg* ZIP 1991, 115 = EWiR 199 (zust. *Kunkel*); *AG Göttingen* ZIP 1992, 636; *Pape* ZIP 1989, 694 f.; vgl. auch *BVerfG* ZIP 1989, 719 = EWiR 515 (*Pape*). – A.M. *LG Hannover* AnwBl. 1985, 596.

[15] *Gilbert* DR 1941, 305.
[16] *RG* KTS 1935, 169; *LG Kiel* MDR 1959, 134 (L); *Gilbert* DR 1941, 305; *Jaeger/Henckel* KO[9] § 6 Rdnr. 74; *Uhlenbruck* ZIP 1982, 289. Einschränkend für den Fall, daß dem Konkursverwalter sonst jeder Handlungsspielraum genommen würde, *OLG Köln* ZIP 1990, 936 = EWiR 1137 (*Deppe-Hilgenberg*); *Pape* ZIP 1990, 1530; 1988, 1297.
[17] Im Konkurs wird es an dieser Voraussetzung regelmäßig fehlen; vgl. *Pape* ZIP 1988, 1298.

a) Wirtschaftlich Beteiligte

9 Die Leistungsfähigkeit Dritter ist nicht schon dann erheblich, wenn diese am Ausgang des Rechtsstreits in irgendeiner Weise interessiert sind. Vielmehr wird verlangt, daß sie am Gegenstand des Rechtsstreits zwar nicht rechtlich, aber doch wenigstens wirtschaftlich beteiligt sind. Das betrifft bei einem von einer Partei kraft Amtes geführten Prozeß vor allem die Rechtsträger, außerdem diejenigen, die am Prozeßergebnis wirtschaftlich partizipieren, etwa weil das vom Prozeßgegner Verlangte an sie herausgegeben oder verteilt werden soll. Der *Gegner* im beabsichtigten Rechtsstreit wird diese Voraussetzung kaum erfüllen. Er kommt daher als wirtschaftlich Beteiligter regelmäßig nicht in Betracht[18].

10 Zu den wirtschaftlich Beteiligten gehören demnach bei der **Konkursverwaltung** der Gemeinschuldner, insbesondere soweit die Verteilung des Prozeßergebnisses an seine Gläubiger seine Verbindlichkeiten reduzieren kann, und die Konkursgläubiger, deren Befriedigungsaussichten sich konkret verbessern, wenn der Verwalter obsiegt[19]; aber auch andere Personen können wirtschaftlich beteiligt sein[20]. Praktisch wird sich dabei die Prüfung der Leistungsfähigkeit auf die *Hauptbeteiligten* beschränken. Der Konkursverwalter kann daher Prozeßkostenhilfe nicht bekommen, wenn Gläubiger mit größeren Forderungen zu Vorschüssen in zumutbarer Höhe (→ Rdnr. 13) herangezogen werden können[21], während Kleingläubiger regelmäßig außer Betracht bleiben können[22] (→ zu den Arbeitnehmern Rdnr. 13). Wirtschaftlich beteiligt sind auch Gläubiger, bei denen es sich um eine *juristische Person des öffentlichen Rechts* handelt, die nach § 2 GKG für eigene Prozesse Kostenfreiheit genießen würde[23]; allerdings wird der *Bundesanstalt für Arbeit*[24] und den anderen *Sozialversicherungsträgern*[25] ein Kostenvorschuß wegen des ohnehin schon vorleistenden Engagements unzumutbar sein. Daß der Konkursverwalter die Forderung eines Gläubigers *bestritten* hat, beseitigt zwar nicht die wirtschaftliche Beteiligung, da insofern die Anmeldung zur Tabelle genügt[26]; aber auch die Heranziehung dieses Gläubigers wird in aller Regel unzumutbar sein (→ Rdnr. 13)[27]. Wenn die vom Konkursverwalter geltend gemachte Forderung (zusammen mit der übrigen Konkursmasse) allenfalls zur Befriedigung der *Vorrechts- und Massegläubiger* reicht, ist nur deren Leistungsfähigkeit entscheidend, während die einfachen Konkursgläubiger dann nicht als wirtschaftlich Beteiligte in Betracht kommen[28]. Umgekehrt scheiden

---

[18] A.M. *LAG Rheinland-Pfalz* NZA 1991, 32.
[19] *BGH* NJW 1991, 41 = ZIP 1990, 1490 = EWiR 1243 (*Merz*); *OLG Düsseldorf* ZIP 1993, 781 = Rpfleger 171; ZIP 1990, 938 = EWiR 721 (*Pape*); *OLG Köln* ZIP 1991, 1604 = EWiR 1992, 103 (*Onusseit*); ZIP 1990, 937 = EWiR 831 (*Kunkel*). – Gegen jede Berücksichtigung der Gläubiger *Uhlenbruck* KTS 1988, 439 ff.
[20] *Gilbert* DR 1941, 305.
[21] Vgl. die nachstehend und zu Rdnr. 13 Genannten. – Sehr weitgehend (auch bei einer Auskunftsklage) *OLG Celle* EWiR 1989, 1239 (krit. *Pape*).
[22] *Pape* KTS 1991, 38 f.
[23] *BGH* JZ 1977, 525 = MDR 741 (zu den Gebietskörperschaften); zust. u. a. *OLG Celle* ZIP 1988, 793, *OLG Koblenz* EWiR 1991, 411 (*Pape*) und *Uhlenbruck* ZIP 1982, 290; ferner *OLG Köln* NJW 1976, 1982 gegen *OLG Stuttgart* NJW 1974, 867 (abl. *Stürner*; alle zur Bundesfinanzverwaltung); *OLG Köln* KTS 1958, 125 (zur Gemeinde- und Finanzkasse); *OLG Düsseldorf* ZIP 1993, 781, *OLG Karlsruhe* EWiR 1992, 619 (abl. *Pape*) und *LAG Düsseldorf* JurBüro 1987, 295 (zum Finanzamt). – A.M. *OLG Düsseldorf* ZIP 1993, 1019; *OLG Frankfurt* ZIP 1993, 1250; *OLG Köln* ZIP 1993, 1019 f.; *AG Göttingen* ZIP 1993, 1020; *Pape* KTS 1991, 41 f.; ZIP 1990, 1532 (anders aber noch ZIP 1988, 1301).

[24] *BGHZ* 119, 372 = NJW 1993, 135 = JZ 415 = ZIP 1992, 1644 = EWiR 1241 (*Gerhardt*); NJW 1991, 41 = ZIP 1990, 1490 = EWiR 1243 (*Merz*); *OLG Düsseldorf* ZIP 1993, 1018. – A.M. *OLG Köln* ZIP 1990, 1283 = EWiR 1029 (*W. Lüke*); 1990, 936 = EWiR 1137 (*Deppe-Hilgenberg*); *LAG Düsseldorf* JurBüro 1987, 295.
[25] *BGHZ* 119, 372 = NJW 1993, 135 = JZ 415 = ZIP 1992, 1644 = EWiR 1241 (*Gerhardt*); *OLG Celle* ZIP 1991, 600 = EWiR 515 (*Pape*); *OLG Düsseldorf* ZIP 1993, 1018; *OLG Frankfurt* ZIP 1993, 1250; *OLG Köln* ZIP 1991, 1603 = EWiR 1992, 103 (*Onusseit*); *Pape* KTS 1993, 179 ff. – A.M. *OLG Düsseldorf* ZIP 1990, 938 = EWiR 721 (zust. *Pape*); *OLG Köln* ZIP 1990, 1283 = EWiR 1029 (*W. Lüke*); 1990, 936 = EWiR 1137 (*Deppe-Hilgenberg*); *OLG Karlsruhe* EWiR 1992, 619 (abl. *Pape*).
[26] *KG* JW 1937, 50. – A.M. *Jaeger/Henckel* KO^9 § 6 Rdnr. 75; *Pape* ZIP 1988, 1299; *Uhlenbruck* ZIP 1982, 290.
[27] *Zöller/Philippi*[18] Rdnr. 9.
[28] Vgl. *OLG Celle* ZIP 1987, 729 = EWiR 727 (*Pape*); *OLG Frankfurt* OLGZ 1988, 346 = NJW 2053 = ZIP 794 = EWiR 621 (*Pape*).

die Vorrechts- und Massegläubiger aus, wenn sie auf das Prozeßergebnis nicht angewiesen sind, weil sie ohnehin volle Befriedigung erwarten können[29]; zum *Konkursverwalter* → Rdnr. 13. Hat ein Gläubiger die Kosten vorgeschossen, so ist sein *Erstattungsanspruch* Masseschuld nach § 59 Abs. 1 Nr. 1 KO[30].

Sofern ein **Sequester** überhaupt als Partei kraft Amtes prozeßführungsbefugt sein kann (→ dazu vor § 50 Rdnr. 26), kann ihm Prozeßkostenhilfe nur unter denselben Voraussetzungen bewilligt werden wie dem Konkursverwalter (→ Rdnr. 10). Der Sequester muß daher darlegen (→ Rdnr. 16), daß es den Gläubigern nicht zuzumuten ist, die Kosten vorzuschießen, etwa weil ihnen das Prozeßergebnis nicht oder nur zu einem sehr geringen Teil zugute kommt; allerdings sollten die Anforderungen insoweit nicht überspannt werden[31].   11

Bei der **Zwangsverwaltung** gehört zu den wirtschaftlich Beteiligten vor allem der betreibende Gläubiger[32]. Im Falle der **Nachlaßverwaltung** sind die Erben und Nachlaßgläubiger wirtschaftlich beteiligt, bei der **Testamentsvollstreckung** die Erben, Vermächtnisnehmer und Pflichtteilsberechtigten.   12

b) Leistungsfähigkeit und Zumutbarkeit

§ 116 Satz 1 Nr. 1 verlangt, daß es den wirtschaftlich Beteiligten zuzumuten ist, die Kosten aufzubringen. Das setzt deren *Leistungsfähigkeit* voraus, die nach den allgemeinen Grundsätzen zu bestimmen ist. Außerdem muß die *Zumutbarkeit* festgestellt werden. Mit diesem Kriterium sollte die Prozeßkostenhilfe vor allem für Konkursverwalter erleichtert werden, so daß dieses Tatbestandsmerkmal »gewährungsfreundlich« auszulegen ist[33] (→ Rdnr. 2). Insoweit gelten zunächst die allgemeinen Regeln (→ § 115 Rdnr. 91). Außerdem können besondere Umstände, etwa das Ausmaß der wirtschaftlichen Beteiligung oder das Verhältnis zur Partei kraft Amtes (→ Rdnr. 10), der Zumutbarkeit entgegenstehen. So kann z. B. bei Prozessen des **Konkursverwalters** die Heranziehung leistungsfähiger Konkursgläubiger unzumutbar sein, wenn die Höhe der vorzuschießenden Kosten zu der zu erwartenden Erhöhung der Quote außer Verhältnis steht[34] oder gar die spätere Erfüllung des Erstattungsanspruchs gefährdet erscheint. Die Heranziehung der *Arbeitnehmer* wird angesichts ihrer nur eingeschränkten Leistungsfähigkeit und der bereits erbrachten Vorleistungen regelmäßig unzumutbar sein[35]. Auch den *Konkursverwalter selbst* wird man allenfalls dann heranziehen können, wenn der Prozeßerfolg im wesentlichen der Befriedigung seines Vergütungsanspruchs dienen soll[36]. Die *Erfolgsaussichten* für den beabsichtigten Prozeß sind aber nicht Zumutbarkeitskriterium, sondern allgemeine Zulässigkeitsvoraussetzung[37].   13

Für den Prozeß des **Testamentsvollstreckers** ist die Ansicht vertreten worden, den Erben sei die Prozeßfinanzierung immer zuzumuten, da kein Anlaß bestehe, sie wegen der Testamentsvollstreckungsanordnung besser zu stellen[38]. Es entspricht in der Tat dem Normzweck,   14

---

[29] *OLG Köln* JW 1936, 345. – Gegen *jede* Berücksichtigung der Massegläubiger *Pape* KTS 1991, 42f.; ZIP 1990, 1531; 1988, 1304; *Uhlenbruck* KTS 1988, 439ff.
[30] *Jaeger/Henckel* KO⁹ § 6 Rdnr. 80; *K. Schmidt* ZIP 1982, 13. – Zu abweichenden Konstruktionen vgl. *Gilbert* DR 1941, 369.
[31] Sehr streng *OLG Hamburg* ZIP 1987, 385 = EWiR 277 (krit. *Dempewolf*); ZIP 1985, 1012 (abl. *Johlke*); abl. *Pape* ZIP 1990, 1530; *Uhlenbruck* KTS 1988, 437.
[32] *OLG Hamm* JurBüro 1988, 1068.
[33] Ausf. *Pape* ZIP 1988, 1299; *Uhlenbruck* KTS 1988, 435.
[34] *BGH* NJW 1991, 41 = ZIP 1990, 1490; *OLG Celle* ZIP 1988, 793; *OLG Frankfurt* OLGZ 1988, 346 = NJW 2053 = ZIP 794; *OLG Hamm* ZIP 1990, 595; *OLG Koblenz* EWiR 1991, 411 (krit. *Pape*); *OLG Köln* ZIP 1990,

937; *Pape* ZIP 1990, 1532. Im Ansatz abweichend *OLG Köln* ZIP 1990, 1283 = EWiR 1029 (krit. *W. Lüke*).
[35] *BGH* NJW 1991, 41 = ZIP 1990, 1490 = EWiR 1243 (*Merz*); *OLG Celle* ZIP 1991, 600 = EWiR 515 (*Pape*); *KG* NJW 1990, 459 = ZIP 1989, 1346 = EWiR 1139 (*Kunkel*); *OLG Köln* ZIP 1991, 1603; KTS 1958, 125. – **A.M.** früher *OLG Hamburg* MDR 1974, 939; *OLG Koblenz* KTS 1958, 144.
[36] *OLG Celle* ZIP 1988, 793 = EWiR 1245 (*Müller-Wüsten*). – Ganz ablehnend *OLG Celle* ZIP 1987, 729 = EWiR 727 (*Pape*); *OLG Düsseldorf* ZIP 1993, 1018; 1993, 781 = EWiR 617 (*Pape*); *Pape* KTS 1991, 42f.; ZIP 1990, 1531; *Uhlenbruck* KTS 1988, 438.
[37] *OLG Düsseldorf* EWiR 1992, 927 (zust. *Pape*).
[38] *Grunsky* NJW 1980, 2044.

die Leistungsfähigkeit der Erben gerade bei der Testamentsvollstreckung zu berücksichtigen[39], was aber § 116 Satz 1 Nr. 1 ohne weiteres ermöglicht. Da sich die Vorschrift indessen mit der Leistungsfähigkeit nicht begnügt, sondern ausdrücklich Zumutbarkeit verlangt, kann von der Prüfung dieses Tatbestandsmerkmals nicht abgesehen werden. Im übrigen dürfte die Regelung des § 116 für die Erben eher nachteilig sein, da hier die Begrenzung auf 48 Monatsraten nicht gilt[40] (→ Rdnr. 34).

15 Eine **Rechtspflicht** der wirtschaftlich Beteiligten zur Kostenerstattung wird nicht verlangt. Sie wird sich auch regelmäßig nicht feststellen lassen. Wenn sie allerdings besteht, kann sie als vermögenswerter Anspruch auf Leistung eines Prozeßkostenvorschusses schon der Leistungsunfähigkeit der verwalteten Vermögensmasse entgegenstehen (→ § 115 Rdnr. 138).

16 Auch die **Bereitschaft** der wirtschaftlich Beteiligten, die Kosten aufzubringen, spielt keine Rolle[41]. Entscheidend ist allein, ob sie zur Kostentragung *in der Lage* sind und ob es ihnen *zuzumuten* ist, die Kosten aufzubringen. Die dafür erforderlichen Tatsachen vorzutragen sowie **Unterlagen und Nachweise** zu beschaffen, ist Sache der Partei kraft Amtes[42] (§ 117 Abs. 2; → auch Rdnr. 23). Der Konkursverwalter muß daher beispielsweise die Gläubiger durch Rundschreiben auffordern, sich entsprechend zu erklären[43]. Verweigern sie die Mitwirkung, kann das Gericht gemäß § 118 Abs. 2 Satz 2 Erhebungen anstellen. Führt auch das nicht weiter, ist das Gericht aber aufgrund der Umstände davon überzeugt, daß es den wirtschaftlich Beteiligten zuzumuten ist, die Kosten aufzubringen, so ist die Prozeßkostenhilfe zu verweigern (§ 118 Abs. 2 Satz 3)[44].

3. Verhältnis zu Nr. 2

17 Ist die Partei kraft Amtes für eine inländische juristische Person oder für eine Personenvereinigung bestellt, so gilt nicht (auch nicht kumulativ) Nr. 2, sondern nur Nr. 1[45]. Das allgemeine Interesse an der Rechtsverfolgung oder Rechtsverteidigung kann nicht gefordert werden, da die Prozeßkostenhilfe nicht der juristischen Person, sondern der Partei kraft Amtes bewilligt werden soll und auch von der Interessenlage her nicht in erster Linie die juristische Person betroffen wird, sondern andere Beteiligte (z.B. die Konkursgläubiger), deren Berücksichtigung nicht an zusätzliche Anforderungen geknüpft werden sollte.

4. Ausländische Parteien kraft Amtes

18 Ob die Partei kraft Amtes oder der Rechtsträger des von ihr verwalteten Vermögens Ausländer ist oder nicht, spielt grundsätzlich keine Rolle, da das Prozeßkostenhilferecht heute nicht mehr auf die Staatsangehörigkeit der Partei abstellt (→ § 114 Rdnr. 10). Soweit allerdings die Partei kraft Amtes das Vermögen einer *ausländischen juristischen Person* verwaltet (z.B. der Verwalter im Konkurs einer ausländischen Aktiengesellschaft), dürfte die

---

[39] BT-Drs. 8/3068, S. 26.
[40] Vgl. *Zöller/Philippi*[18] Rdnr. 5.
[41] *OLG Hamburg* MDR 1974, 939; *OLG Hamm* JurBüro 1988, 1060; *OLG Köln* JW 1936, 345; *OLG Naumburg* KTS 1935, 155; *Pape* KTS 1991, 43; ZIP 1988, 1301; *Uhlenbruck* ZIP 1982, 290.
[42] *OLG Dresden* KTS 1934, 90; *OLG Düsseldorf* EWiR 1992, 927 (krit. *Pape*); *OLG Hamburg* ZIP 1987, 385 = EWiR 277 (krit. *Dempewolf*); 1985, 1012 (*Johlke*); *Zöller/Philippi*[18] Rdnr. 12. – Krit. *Pape* ZIP 1990, 1530; 1988, 1306 ff.; *Uhlenbruck* ZIP 1982, 290. – Sehr streng *OLG Koblenz* KTS 1958, 144.
[43] *Gilbert* DR 1941, 306.

[44] **A.M.** *Zöller/Philippi*[18] Rdnr. 4.
[45] *BGH* NJW 1991, 41 = ZIP 1990, 1490; *KG* NJW 1990, 459 = ZIP 1346 = EWiR 1139 (*Kunkel*); *Kunkel* DB 1988, 1939; *Pape* KTS 1993, 320; 1991, 39; ZIP 1990, 1532; 1988, 1306; *Uhlenbruck* KTS 1988, 438/440 f.; vgl. auch *OLG Bamberg* JurBüro 1991, 1671. – **A.M.** *OLG Frankfurt* OLGZ 1988, 346 = NJW 2053 = ZIP 794 = EWiR 621 (abl. *Pape*); *OLG München* OLGZ 1990, 492 = EWiR 1135 (abl. *Pape*); *Baumbach/Lauterbach/Hartmann*[51] Rdnr. 5; im Grundsatz auch *K. Schmidt* Wege zum Insolvenzrecht der Unternehmen (1990), 114.

Prozeßkostenhilfebewilligung nach Maßgabe des zu Rdnr. 28 Gesagten schlechthin ausgeschlossen sein[46].

5. Wechsel der Partei kraft Amtes

Wechselt die Partei kraft Amtes, so ändert sich an der dem Vorgänger bewilligten Prozeßkostenhilfe nichts. Das folgt daraus, daß es für die Bewilligung nicht auf Umstände ankommt, die in der Person oder dem Vermögen der Partei kraft Amtes begründet liegen (→ Rdnr. 6). 19

III. Inländische juristische Personen (Nr. 2, 1. Fall)

§ 116 Satz 1 Nr. 2 regelt in seinem ersten Fall die besonderen (→ Rdnr. 1) Voraussetzungen der Prozeßkostenhilfebewilligung für inländische juristische Personen. Zu diesen gehören sowohl solche des *bürgerlichen* als auch solche des *öffentlichen* Rechts (Bundes- oder Landesrechts); zu den Einzelheiten → § 50 Rdnr. 4ff. **Inländisch** ist die juristische Person, wenn sie ihren Sitz im Inland hat; zu den *ausländischen* juristischen Personen → Rdnr. 28. § 116 Satz 1 Nr. 2 greift nur, wenn die juristische Person selbst *Partei* ist; zur analogen Anwendung bei rechtsmißbräuchlicher *Umgehung* → § 114 Rdnr. 6. 20

1. Leistungsunfähigkeit

Der Tatbestand ist hier ebenso wie bei den Parteien kraft Amtes (→ Rdnr. 2 ff.) umschrieben. Erforderlich ist, daß die zur Prozeßführung notwendigen Mittel weder von der **Partei** selbst aufgebracht werden können (die juristische Person also die Mittel weder hat noch sich – etwa durch Aufnahme eines Kredits[47] – beschaffen kann) noch von den am Gegenstand des Rechtsstreits **wirtschaftlich Beteiligten**. Zu diesen gehören solche Personen, auf deren Vermögenslage sich das Siegen oder Unterliegen der juristischen Person so stark auswirken würde, daß ihnen die Aufbringung der zur Prozeßführung erforderlichen Mittel billigerweise zugemutet werden kann[48]. In Betracht kommen vor allem die *Gesellschafter einer GmbH* (sofern im Fall ihrer Liquidation ein Überschuß verbleibt[49]), von den Aktionären jedenfalls die *Großaktionäre*, die *Muttergesellschaft* im Rechtsstreit der Tochtergesellschaft, dem an dem Prozeß wirtschaftlich interessierten *Verband* im Rechtsstreit des Verbandsmitglieds[50] usw. Auch einem *Idealverein* kann Prozeßkostenhilfe regelmäßig nur bewilligt werden, wenn auch seine Mitglieder vermögenslos sind[51]; allerdings sind Feststellungen dazu häufig überflüssig, weil es schon am allgemeinen Interesse (→ Rdnr. 25) fehlt. Ein bloßes Gläubigerverhältnis zur juristischen Person genügt hingegen im allgemeinen noch nicht[52]. 21

Zu prüfen ist, ob Beteiligte der in Betracht kommenden Art vorhanden sind und ob sie die Mittel aufbringen können. Außerdem muß die Heranziehung **zumutbar** sein[53]. Auch wenn 22

---

[46] Ebenso *Schneider* MDR 1981, 3; *Zöller/Philippi*[18] Rdnr. 21.
[47] Vgl. *OVG Bremen* JurBüro 1987, 770 sowie § 115 Rdnr. 93.
[48] *RGZ* 148, 196 (bejaht für Girozentrale im Prozeß einer Girokasse); *OLG Bamberg* NJW-RR 1990, 638 (verneint für kath. Kirche im Prozeß einer Kirchenstiftung).
[49] *BGH* NJW 1991, 703 = ZIP 1990, 1565; *OLG München* JurBüro 1986, 126.
[50] *KG* NJW 1955, 469.
[51] *OLG Düsseldorf* MDR 1968, 331 (Yachtclub). –

A.M. (im Einzelfall zutr.) *OLG Hamburg* NJW-RR 1987, 894 (für Mitglieder eines aus öffentlichen Mitteln unterhaltenen Jugendhilfevereins); *LAG Berlin* AnwBl. 1988, 421 (das aber die in einem Kinderhort untergebrachten Kinder irrig als wirtschaftlich Beteiligte ansieht).
[52] *RGZ* 148, 196; *BGH* NJW 1991, 703 = ZIP 1990, 1565.
[53] *OLG Bamberg* JurBüro 1986, 127 sowie die zu Rdnr. 21 Genannten. – **A.M.** (aber zu eng) *KG* NJW 1990, 459 = ZIP 1989, 1346 = EWiR 1139 (*Kunkel*); *Kunkel* DB 1988, 1939; *Zöller/Philippi*[18] Rdnr. 19.

§ 116 Satz 1 Nr. 2 diese Voraussetzung im Gegensatz zu Nr. 1 nicht erwähnt – wohl weil die Zumutbarkeit schon bei der Feststellung der wirtschaftlichen Beteiligung herangezogen wird (→ Rdnr. 21) –, kann das Prozeßkostenhilferecht doch nicht Unzumutbares verlangen. Allerdings ist bei den Gesellschaftern der juristischen Person ein besonders strenger Maßstab anzulegen, da es nicht angeht, durch allzu große Rücksichtnahme das unternehmerische Risiko im Wege der Prozeßkostenhilfe auf die Allgemeinheit zu verlagern. Aber den Einsatz (z. B.) von Familien- oder Erbstücken (→ § 115 Rdnr. 104) wird man auch von einem Gesellschafter nicht verlangen können. Unerheblich ist hingegen auch hier (→ schon Rdnr. 15, 16), ob der wirtschaftlich Beteiligte rechtlich verpflichtet oder bereit ist, die Kosten aufzubringen[54].

23   Zur **Feststellung der Bedürftigkeit** kann es genügen, daß der ständige Buchführer der juristischen Person einen Bericht über den Umfang der zur Verfügung stehenden Mittel gibt und die Richtigkeit seiner Darstellung in geeigneter Form versichert. Es kann aber auch erforderlich sein, die Unterlagen dieses Berichts zu überprüfen. Probates Mittel ist eine Auskunft der Industrie- und Handelskammer. Jedenfalls liegt die Darlegungslast – auch hinsichtlich der Leistungsfähigkeit der wirtschaftlich Beteiligten – bei der juristischen Person[55] (§ 117 Abs. 2; → auch Rdnr. 16).

2. Allgemeines Interesse an der Prozeßführung

24   In Übereinstimmung mit § 114 Abs. 4 a.F. macht § 116 Satz 1 Nr. 2 die Prozeßkostenhilfe für juristische Personen davon abhängig, daß an der Rechtsverfolgung oder Rechtsverteidigung ein allgemeines Interesse besteht. Diese zusätzliche objektive Voraussetzung ist **verfassungsrechtlich bedenklich**. Das *Bundesverfassungsgericht* hat sie zwar grundsätzlich für verfassungskonform erklärt, weil die Prozeßkostenhilfe eine Form der Sozialhilfe sei und es einen im Sozialstaatsprinzip wurzelnden Anspruch auf eine derartige fürsorgerische Hilfe des Staates nur für den Menschen, nicht für juristische Personen gebe[56]. Aber schon im Bereich der Eigentumsgarantie (Art. 14 Abs. 3 Satz 1 GG) hat es die Prozeßkostenhilfegewährung an der verfassungsrechtlichen Rechtsschutzgarantie (in diesem Fall an Art. 14 Abs. 3 Satz 4 GG) gemessen und sich dagegen gewandt, bei einer Klage der juristischen Person auf Enteignungsentschädigung die Prozeßkostenhilfe mit der Begründung zu versagen, es gehe lediglich um individuelle Ansprüche[57]. Um eine solche faktische Verweigerung des verfassungsrechtlich gesicherten Schutzes durch die Gerichte zu vermeiden, verlangt das *Bundesverfassungsgericht* eine *an der Verfassung orientierte Auslegung und Anwendung des Begriffs der allgemeinen Interessen*. Geht man – über diesen begrüßenswerten Ansatz hinaus – allgemein davon aus, daß die Prozeßkostenhilfe nicht nur vom Sozialstaatsprinzip, sondern auch und gerade von den verfassungsrechtlichen **Rechtsschutzgarantien** gefordert wird (→ vor § 114 Rdnr. 8), dann erweist sich die Einschränkung der Prozeßkostenhilfe bei juristischen Personen generell als verfassungsrechtlich nicht vertretbar[58], denn die Rechtsschutzgarantien bestehen auch und in gleicher Weise zugunsten der inländischen juristischen Personen[59] (Art. 19 Abs. 3 GG). Auch Mißbrauchsgefahren stehen dem Verzicht auf das Erfordernis der allgemeinen

---

[54] BGHZ 16, 291.
[55] *OLG München* JurBüro 1990, 755; *BFH* Rpfleger 1993, 290; DB 1988, 536 (L); BB 1982, 1536 (L); KostRspr. ZPO § 116 Nr. 21 (L).
[56] BVerfGE 35, 348 = NJW 1974, 229; zust. die ganz h.M., u.a. *OLG Celle* NJW-RR 1986, 741; *Schneider* MDR 1981, 796.
[57] BVerfGE 35, 348, 362.
[58] Ebenso *Waldner* Der Anspruch auf rechtliches Gehör (1989), Rdnr. 154; *Willenbruch* (Fn. 1), der allerdings die Vorschrift (§ 114 Abs. 4 a.F.) weitergehend insgesamt für verfassungswidrig hält.
[59] Vgl. zu Art. 19 Abs. 4 GG *Bettermann* Hdb. der Grundrechte III/2, 785; *v. Mangoldt/Klein* GG², Bd. I, Art. 19 Anm. VII 1 (S. 569); *Maunz/Dürig/Schmidt-Aßmann* GG, Art. 19 IV Rdnr. 40.

Interessen kaum entgegen, da nach § 116 Satz 1 Nr. 2 ohnehin auch auf die Vermögensverhältnisse der wirtschaftlich Beteiligten abzustellen ist. Hält man – entgegen dieser Ansicht – das Erfordernis der Beeinträchtigung allgemeiner Interessen für verfassungskonform, so gilt folgendes:

Das Unterlassen der Prozeßführung würde **allgemeinen Interessen zuwiderlaufen**, wenn die angestrebte Entscheidung *größere Kreise der Bevölkerung* oder des Wirtschaftslebens anspricht und *soziale Wirkungen* nach sich zieht[60]. Das Interesse kann auch ein *ideelles* sein[61]. Es genügt aber weder, daß nur Rechtsfragen von allgemeinem Interesse zu beantworten sind[62], noch genügt das allgemeine fiskalische Interesse[63] oder das der Allgemeinheit an der Bewährung des Rechts in jedem Einzelfall (also an der richtigen Entscheidung eines Prozesses)[64]. 25

Das Interesse kann bestehen mit Rücksicht auf den **Streitgegenstand** (z. B. bei Patentprozessen mit Ausländern), vor allem aber im Hinblick auf das mit der unterlassenen Prozeßführung verknüpfte **Fortbestehen der juristischen Person**. So kann ein allgemeines Interesse gegeben sein, wenn eine juristische Person (z. B. eine Gemeinde, eine Stiftung oder ein gemeinnütziges Unternehmen) im allgemeinen Interesse liegende Funktionen wahrnimmt und ihr ohne die Rechtsverfolgung oder -verteidigung so erhebliche Werte verloren gehen oder die Prozeßkosten solche Aufwendungen erfordern würden, daß sie diese Funktionen nicht mehr erfüllen könnte[65]. 26

Bei einem **privaten Unternehmen** kann der Fall des allgemeinen Interesses gegeben sein, wenn von dem Prozeß die Aufrechterhaltung oder Schließung des Betriebes und damit das Schicksal einer größeren Zahl von Beschäftigten abhängt[66], oder wenn eine Vielzahl von Gläubigern am Prozeßergebnis partizipieren würde[67]. 27

IV. Ausländische juristische Personen

Ausländischen juristischen Personen, d. h. solchen, die ihren Sitz im Ausland haben[68], kann **keine Prozeßkostenhilfe** gewährt werden, selbst wenn der betreffende ausländische Staat seinerseits fremden juristischen Personen Prozeßkostenhilfe ermöglicht. Diese Restriktion ist allerdings nur von eingeschränkter Bedeutung, da sich aus multilateralen und zwischenstaatlichen Abkommen wichtige **Ausnahmen** ergeben: 28

So genießt gemäß **Art. 44 EuGVÜ** (→ Einl. Rdnr. 913, 959; zu den Vertragsstaaten auch § 38 Rdnr. 20) derjenige, dem im Ursprungsstaat ganz oder teilweise Prozeßkostenhilfe oder Kosten- und Gebührenbefreiung gewährt worden ist, (nur) im Klauselerteilungsverfahren nach Art. 32–35 EuGVÜ hinsichtlich der Prozeßkostenhilfe und der Kosten- und Gebührenbefreiung die günstigste Behandlung, die das Recht des Vollstreckungsstaates vorsieht. Die im Ursprungsstaat bewilligte Prozeßkostenhilfe erstreckt sich dabei ipso iure auf den Staat, in 29

---

[60] *BGH* NJW-RR 1990, 474 = ZIP 469; NJW 1986, 2059; *BGHZ* 25, 183 = JZ 1957, 715 = NJW 1636 = LM Nr. 12 (*Rietschel*); *OLG Celle* NJW-RR 1986, 741; *LAG Bremen* NJW-RR 1987, 894; *BFH* NJW 1974, 256.
[61] *LG Kassel* MDR 1954, 45.
[62] *BGH* NJW-RR 1990, 474 = ZIP 469; NJW 1965, 585.
[63] *OLG Bamberg* JurBüro 1982, 1733; *OLG Köln* VersR 1989, 277; JurBüro 1985, 1259; JMBl.NRW 1964, 114 (wenn die Bezahlung von Steuerrückständen einer GmbH vom Prozeßausgang abhängt).
[64] *BGH* NJW-RR 1990, 474 = ZIP 469; NJW 1986, 2059; *BGHZ* 25, 183 = JZ 1957, 715 = NJW 1636 = LM Nr. 12 (*Rietschel*); *OLG Celle* NJW-RR 1986, 741; *OLG München* JurBüro 1986, 127; *LAG Bremen* NJW-RR 1987, 894. Bedenklich insoweit *LG Kassel* MDR 1954, 45.
[65] Vgl. *BGH* NJW 1991, 703 = ZIP 1990, 1565; *OLG Hamm* NJW-RR 1987, 383; sehr weitgehend *LAG Berlin* AnwBl. 1988, 421.
[66] *BGH* NJW 1986, 2059; *OLG Celle* NJW-RR 1986, 741 f.; *OLG Hamm* NJW-RR 1987, 383; *BFH* Rpfleger 1993, 290.
[67] *BGH* NJW 1991, 703 = ZIP 1990, 1565; NJW 1986, 2059; *LAG Bremen* NJW-RR 1987, 894; *BFH* Rpfleger 1993, 290. – A. M. *OLG Bamberg* JurBüro 1982, 1733.
[68] Vgl. § 50 Rdnr. 36. – Gegen die Anknüpfung an den Sitz *Beitzke* Juristische Personen im Internationalprivatrecht und Fremdenrecht (1938), 236.

dem der Antrag auf Vollstreckbarerklärung gestellt wird[69]. Unter diesen Voraussetzungen ist daher die ausländische juristische Person so zu behandeln, als sei ihr bereits (wie einer inländischen juristischen Person) Prozeßkostenhilfe bewilligt worden; nur Umfang und Ausgestaltung regelt noch das deutsche Recht[70].

30 Art. 20 der beiden **Haager Übereinkommen über den Zivilprozeß** (→ über diese, auch wegen der Vertragsstaaten, Einl. Rdnr. 862 ff. sowie § 328 Rdnr. 535 ff.) sichert für Klagen aller Art den Angehörigen aller Vertragsstaaten ohne Rücksicht auf Ihren Wohnsitz oder dgl. gleiche Behandlung bei Bewilligung der Prozeßkostenhilfe wie Angehörigen des Urteilsstaates zu, so daß ausländische juristische Personen hier wie inländische zu behandeln sind[71].

31 Dasselbe ist in zahlreichen **bilateralen Verträgen** niedergelegt, etwa in Art. 14 des *deutsch-britischen* Rechtshilfe-Vertrages (vom 20.3.1928; RGBl. II, 623), der zugleich im Verhältnis zu den meisten Commonwealth-Staaten und ehemaligen britischen Kolonien gilt[72], ferner in Art. 18 des *deutsch-griechischen* (vom 11.5.1938; RGBl. 1939 II, 848), Art. 17 des *deutsch-marokkanischen* (vom 29.10.1985; BGBl. 1988 II, 1054), Art. 5 des *deutsch-türkischen* (vom 28.5.1929; RGBl. 1930 II, 6) und Art. 4 des *deutsch-tunesichen* Rechtshilfevertrages (vom 19.7.1966; BGBl. 1969 II, 889).

V. Parteifähige Vereinigungen (Nr. 2, 2. Fall)

32 Das vorstehend für die juristischen Personen Gesagte gilt entsprechend für die parteifähigen Vereinigungen, die keine juristischen Personen sind, aber als parteifähig behandelt werden (→ § 50 Rdnr. 13 ff.). Dazu zählen gemäß §§ 124 Abs. 2, 161 Abs. 2 HGB vor allem die (inländische; → Rdnr. 28) *offene Handelsgesellschaft* und die *Kommanditgesellschaft*[73], denen Prozeßkostenhilfe nur bewilligt werden kann, wenn weder sie selbst leistungsfähig sind noch die am Gegenstand des Rechtsstreits wirtschaftlich Beteiligten, zu denen insbesondere die Gesellschafter – einschließlich der Kommanditisten[74] – gehören, und wenn an der Prozeßführung ein Allgemeininteresse besteht[75]. Ferner gehört hierher der *nicht rechtsfähige Verein* als Beklagter[76] (§ 50 Abs. 2; → § 50 Rdnr. 21), für den dann das in Rdnr. 21 zum Idealverein Gesagte sinngemäß gilt. – Zum *Betriebsrat* → § 114 Rdnr. 61.

33 Keine parteifähigen Vereinigungen sind namentlich die *Miteigentümergemeinschaft* sowie die *Erbengemeinschaft*, nach herrschender Meinung auch nicht die *BGB-Gesellschaft* (→ § 50 Rdnr. 17). Für sie gilt nicht § 116 Satz 1 Nr. 2, sondern es sind auf die jeweils klagenden Personen (→ § 114 Rdnr. 8) §§ 114, 115 anzuwenden.

VI. Rechtsfolgen

1. Ratenzahlung

34 Hinsichtlich der Rechtsfolgen bestimmt zunächst Satz 3, daß *Teilbeträge* zu zahlen sind, wenn die Kosten nur zum Teil oder nur in Teilbeträgen aufgebracht werden können. Reicht also das Vermögen der Partei oder des wirtschaftlich Beteiligten nur für einen Teil der

---

[69] *Kropholler* Europäisches Zivilprozeßrecht³, Art. 44 Rdnr. 4.
[70] *Kropholler* (vorige Fn.), Rdnr. 2.
[71] Vgl. *Nagel* IZPR³, Rdnr. 305.
[72] Vgl. die Übersicht bei *Bülow/Böckstiegel* Internationaler Rechtsverkehr, 520/1 ff.
[73] Auch die **GmbH & Co.KG**, gegen die ein **Liquidationsverfahren** eingeleitet ist, BFH KostRspr. ZPO § 116 Nr. 24 (L), 21 (L).

[74] Vgl. (noch zum alten Recht) BFH JZ 1979, 409; OLG Stuttgart NJW 1975, 2022.
[75] Rechtspolitisch kritisch zu diesen Restriktionen für Personenvereinigungen mit wenigstens einer natürlichen Person als persönlich haftendem Gesellschafter *Kollhosser* ZRP 1979, 302; zust. *Grunsky* NJW 1980, 2044.
[76] *Koch* ArbuR 1981, 43.

Prozeßkosten, so ist für den anderen Teil Prozeßkostenhilfe zu bewilligen. Können die Kosten nicht auf einmal, wohl aber in Raten aufgebracht werden, so hat das Gericht Ratenzahlung anzuordnen. Dabei kann aber nicht die einkommensorientierte Tabelle zugrundegelegt werden, auf die § 116 auch nicht verweist. Folglich kommt auch die Begrenzung auf höchstens 48 Raten nicht in Betracht[77]. Vielmehr muß das Gericht die zumutbaren Teilbeträge nach Maßgabe der Umstände des Einzelfalles gemäß § 120 Abs. 1 selbst festlegen[78]. Können die Kosten in höchstens vier Teilbeträgen aufgebracht werden, ist Prozeßkostenhilfe analog § 115 Abs. 6 nicht zu bewilligen, da der Partei dann eine Zwischenfinanzierung durch Kreditaufnahme zumutbar ist.

2. Anwaltsbeiordnung

Die Anwaltsbeiordnung richtet sich nach § 121. Insofern bestehen keine Besonderheiten. 35

§ 117 [Antrag]

(1) ¹Der Antrag auf Bewilligung der Prozeßkostenhilfe ist bei dem Prozeßgericht zu stellen; er kann vor der Geschäftsstelle zu Protokoll erklärt werden. ²In dem Antrag ist das Streitverhältnis unter Angabe der Beweismittel darzustellen.

(2) Dem Antrag sind eine Erklärung der Partei über ihre persönlichen und wirtschaftlichen Verhältnisse (Familienverhältnisse, Beruf, Vermögen, Einkommen und Lasten) sowie entsprechende Belege beizufügen.

(3) Der Bundesminister der Justiz wird ermächtigt, zur Vereinfachung und Vereinheitlichung des Verfahrens durch Rechtsverordnung mit Zustimmung des Bundesrates Vordrucke für die Erklärung einzuführen.

(4) Soweit Vordrucke für die Erklärung eingeführt sind, muß sich die Partei ihrer bedienen.

Gesetzesgeschichte: Neugefaßt durch das Gesetz über die Prozeßkostenhilfe vom 13.6.1980 (BGBl. I, 677; → vor § 114 Rdnr. 6).

Stichwortverzeichnis: → vor § 114 vor Rdnr. 1.

I. Überblick	1	III. Inhalt		15
II. Zulässigkeit des Antrags	2	1. Gesuch um Prozeßkostenhilfe		15
1. Zuständigkeit (Abs. 1 Satz 1, 1. Hs.)	3	2. Darstellung des Streitverhältnisses (Abs. 1 Satz 2)		16
a) sachliche und örtliche Zuständigkeit	3	3. Erklärung über die persönlichen und wirtschaftlichen Verhältnisse (Abs. 2)		17
b) funktionelle Zuständigkeit	5	IV. Vordrucke (Abs. 3, 4)		20
c) Rechtsfolgen der Unzuständigkeit	6	V. Wirkungen		23
2. Form (Abs. 1 Satz 1, 2. Hs.)	11	1. Allgemeines		23
3. Anwaltliche Vertretung	12	2. Wirkungen für die Hauptsache		24
4. Anträge ausländischer Parteien	13	3. Fristwahrung		29
5. Sonstige Zulässigkeitsvoraussetzungen	14	VI. Rücknahme und Wiederholung des Antrags		33

---

[77] *Koch* ArbuR 1981, 43; *Schneider* MDR 1981, 796 und 284.

[78] Vgl. *LAG Berlin* AnwBl. 1988, 421.

I. Überblick[1]

1 Gemäß § 114 Satz 1 wird Prozeßkostenhilfe nur auf Antrag gewährt (→ § 114 Rdnr. 2; dort auch zur Bewilligung ohne Antrag). § 117 enthält nähere Bestimmungen über die an einen solchen Antrag zu stellenden Anforderungen. Zum weiteren *Verfahren* → § 118.

II. Zulässigkeit des Antrags

2 Die Zulässigkeitsvoraussetzungen für das Prozeßkostenhilfegesuch regelt § 117 ausdrücklich nur bezüglich der *Empfangszuständigkeit* (→ Rdnr. 3) sowie der einzuhaltenden *Form* (→ Rdnr. 11). Daneben sind aber weitere Besonderheiten zu beachten (→ Rdnr. 12 ff.).

1. Zuständigkeit (Abs. 1 Satz 1, 1. Hs.)

a) Sachliche und örtliche Zuständigkeit

3 Zuständig für die *Entgegennahme* des Antrags (Abs. 1 S. 1, 1. Hs.) und ebenso für die *Entscheidung* über den Antrag (§ 127 Abs. 1 S. 2) ist das **Prozeßgericht**, also das Gericht, bei dem die Hauptsache zur Zeit der Anbringung des Prozeßkostenhilfegesuchs **anhängig ist oder anhängig werden soll**. Über die Voraussetzungen, insbesondere über die Erfolgsaussichten (→ § 114 Rdnr. 21), soll das Gericht entscheiden, das ohnehin mit der Sache befaßt ist oder wird. In der *ersten Instanz* ist daher bei amtsgerichtlichen Verfahren der Amtsrichter, in Familiensachen der *Familienrichter* anzurufen[2]. Beim Landgericht ist die Kammer, nach der Übertragung an den Einzelrichter dieser zuständig. Einem ersuchten oder beauftragten Richter fehlt hingegen die Zuständigkeit, ebenso dem Vorsitzenden eines Kollegialgerichts. In Handelssachen (§ 95 GVG) ist das Gesuch an die *Kammer für Handelssachen* zu richten, wobei hier deren Vorsitzender entscheidet (§ 349 Abs. 2 Nr. 7). Ist die erste Instanz abgeschlossen und wird Prozeßkostenhilfe für die *zweite Instanz* beantragt (§ 119), so ist die für die Entscheidung über das in der Hauptsache eingelegte oder einzulegende Rechtsmittel zuständige Berufungskammer oder der jeweilige Senat anzurufen. Das gilt auch dann, wenn das Rechtsmittel in der Hauptsache noch nicht eingelegt ist[3]. Der Einzelrichter ist hier nur zuständig, wenn er gemäß § 524 Abs. 4 auch in der Hauptsache entscheiden darf[4]. Für die *Revision* gilt Entsprechendes[5]. Ist diese gemäß Art. 7 Abs. 2 EGZPO zunächst beim *BayObLG* einzulegen, so gilt das auch für einen entsprechenden Prozeßkostenhilfeantrag. Mit der Abgabe an den *BGH* liegt dann die Entscheidungszuständigkeit bei diesem[6] (→

---

[1] Lit.: *Behn* Der wiederholende Antrag im Prozeßkostenhilfeverfahren, BayVBl. 1983, 690; *Breidthardt* Welches Gericht ist für die Bewilligung des Armenrechts für die Zwangsvollstreckung zuständig?, JW 1935, 482; *Breithaupt* Die Verbindung von Klage und Armenrechtsgesuch, MDR 1950, 469; *Cremer* Die gleichzeitige Einreichung von Arrest- und Armenrechtsgesuch, NJW 1951, 950; *Feuring* Hemmung der Verjährung durch Antrag auf Prozeßkostenhilfe?, MDR 1982, 898; *Gaedecke* Welches Gericht ist für die Bewilligung des Armenrechts für die Zwangsvollstreckung zuständig?, JW 1935, 485; *Gottwald* Freier »Zugang zum Recht« für Ausländer, IPRax 1989, 249; *Herr* Entlastungs-Rechtsprechung im Prozeßkostenhilfe-Verfahren, MDR 1989, 869; *Kollhosser* Der Arme und sein Recht, VersR 1974, 829; *Pohle* Bewilligung des Armenrechts durch das Vollstreckungsgericht, MDR 1954, 385; *Schlee* Rechtsanwalt und Prozeßkostenhilfe, AnwBl. 1992, 130; *ders*. Verjährungshemmung durch Prozeßkostenhilfe, AnwBl. 1989, 156; *Schneider* Die Hinweispflicht im PKH-Prüfungsverfahren bei fehlenden Belegen (§ 117 Abs. 2 ZPO), MDR 1986, 113; *ders*. Die prozessuale Bedeutung von Verstößen gegen den Zwang zur Benutzung des PKH-Vordrucks (§ 117 Abs. 2 ZPO), MDR 1982, 89; *Schwieren* Verquickung von Klage und Armenrechtsgesuch, NJW 1951, 946;; *Sommermeyer* Klage und Armenrechtsgesuch, DRiZ 1951, 158. Zu weiteren Angaben → vor § 114 Fn. 1.
[2] *OLG Köln* FamRZ 1985, 1168.
[3] *VGH Baden-Württemberg* DÖV 1982, 868.
[4] Vgl. für § 87a VwGO *VGH Kassel* NVwZ 1991, 594.
[5] *BFH* BB 1981, 1513. – Vgl. aber *BGH* Rpfleger 1992, 440 (Zuständigkeit der Vorinstanz für Gesuch des Nebenklägers bei Rücknahme der Revision).
[6] BGHZ 98, 322f.

Rdnr. 7). – Eine *Zuständigkeitsbestimmung* nach § 36 ZPO ist auch im Prozeßkostenhilfeverfahren zulässig[7] (→ § 36 Rdnr. 24).

Soll Prozeßkostenhilfe **nur für die Zwangsvollstreckung** beantragt werden (→ § 119 Rdnr. 14), so läßt der Wortlaut des § 117 offen, ob hier das Prozeßgericht (erster Instanz) oder das Vollstreckungsgericht entscheiden soll. Nach dem in Rdnr. 3 über den Sinn der Zuständigkeitsregelung Gesagten spricht der Umstand, daß das Vollstreckungsgericht in aller Regel die Aussichten der Vollstreckung besser wird beurteilen können, zumal wenn das Prozeßgericht an einem anderen Ort liegt, entscheidend für die **Zuständigkeit des Vollstreckungsgerichts**[8]. Das gilt allgemein, nicht nur bei der Vollstreckung ohne vorangegangenes Erkenntnisverfahren (aus vollstreckbaren Urkunden etc.) oder wenn das Prozeßgericht ein besonderes Gericht war, etwa ein Arbeitsgericht. Davon ist offensichtlich auch der Gesetzgeber ausgegangen, da er die Entscheidung in diesen Fällen in § 20 Nr. 5 RPflG dem **Rechtspfleger** anvertraut hat[9] (→ auch Rdnr. 5). Eine Ausnahme ist sowohl für die sachliche als auch für die funktionelle Zuständigkeit (arg. § 20 Nr. 5 RPflG) nur in den Fällen zu machen, in denen auch die Vollstreckung Sache des Prozeßgerichts ist (§§ 887f., 890).

4

b) funktionelle Zuständigkeit

Das Prozeßkostenhilfeverfahren – einschließlich der Entscheidung über den Antrag – ist im allgemeinen dem **Richter** vorbehalten. Bei den Verfahren, die *insgesamt* dem **Rechtspfleger** übertragen sind, gehört aber nach § 4 Abs. 1 RPflG auch das Prozeßkostenhilfeverfahren zu seiner Kompetenz. Daher hat der Rechtspfleger zum Beispiel über die Prozeßkostenhilfe für ein Mahnverfahren oder ein Aufgebotsverfahren zu entscheiden (§ 20 Nr. 1 und 2 RPflG). Der Rechtspfleger ist ferner nach § 20 Nr. 5 RPflG zuständig, wenn die Prozeßkostenhilfe außerhalb oder nach einem gerichtlichen Erkenntnisverfahren lediglich für die Zwangsvollstreckung beantragt wird und weder die Vollstreckung dem Prozeßgericht obliegt noch sonst die Rechtsverfolgung oder Rechtsverteidigung eine richterliche Handlung erfordert. – Zur Betrauung mit einzelnen *Erhebungen* → § 118 Rdnr. 19.

5

c) Rechtsfolgen der Unzuständigkeit

Wird der Antrag bei einem unzuständigen Gericht angebracht, so ist zwischen der Zuständigkeit für die Prozeßkostenhilfeentscheidung und der für den Hauptsacheprozeß zu unterscheiden:

6

aa) Ist der **Hauptsacheprozeß bereits anhängig**, so folgt allein daraus die Zuständigkeit des betreffenden Gerichts für den Prozeßkostenhilfeantrag. Fehlt in diesem Fall die örtliche oder sachliche Zuständigkeit für den Hauptprozeß, so ist der Prozeßkostenhilfeantrag des Klägers mangels Erfolgsaussicht abzuweisen[10] (→ § 114 Rdnr. 24). Eine **Verweisung** des Prozeßko-

7

---

[7] *BGH* FamRZ 1991, 1172; 1987, 1020; 1982, 43; *BayObLG* FamRZ 1980, 1034; *OLG Düsseldorf* FamRZ 1986, 181; *OLG Schleswig* SchlHA 1982, 136f.; *BAG* NJW 1993, 751. – A.M. *BGH* FamRZ 1984, 37 = KostRspr. § 114 ZPO Nr. 66 (abl. *Lappe*).
[8] Heute ganz h. M.: *BGH* MDR 1979, 564f.; *OLG Braunschweig* MDR 1965, 302; *OLG Celle* NdsRpfl. 1981, 232; Rpfleger 1969, 310; *OLG Düsseldorf* JMBl.NRW 1966, 274; *LG Berlin* MDR 1969, 768; *LG Bielefeld* AnwBl. 1982, 534; *LG Köln* ZZP 70 (1957), 271; *LG Schweinfurt* DAVorm. 1985, 507; *Behr/Hantke* Rpfleger 1981, 266; *Bobenhausen* Rpfleger 1984, 395;

Breidthardt JW 1935, 482; *Mümmler* JurBüro 1985, 1613; *Pohle* MDR 1954, 385. – **A.M.** *OLG Hamm* JMBl.NRW 1957, 188; *KG* JW 1934, 1919; *OLG Köln* HEZ 2, 208; *AG Berlin-Schöneberg* MDR 1954, 423; *Gaedecke* JW 1935, 484. – Vgl. auch *AG Frankfurt* DGVZ 1993, 29 (der Beschluß des Prozeßgerichts ist für den Gerichtsvollzieher gleichwohl bindend).
[9] Dazu *Behr/Hantke* Rpfleger 1981, 266; *Bischof* AnwBl. 1981, 373.
[10] Vgl. *OLG Düsseldorf* FamRZ 1986, 1009; *OLG Frankfurt* FamRZ 1992, 700. – *OLG Schleswig* SchlHA 1981, 126 nimmt dagegen Mutwilligkeit an.

stenhilfeverfahrens kann hier nur zusammen mit einer Verweisung des Hauptprozesses unter den Voraussetzungen des § 281 erfolgen, sofern nicht für das Hauptsacheverfahren eine Abgabe von Amts wegen vorgesehen ist, die dann das Prozeßkostenhilfeverfahren mit sich zieht[11] (→ auch Rdnr. 3 a. E.). – Zur Bindung des angewiesenen Gerichts an eine bereits *getroffene* Prozeßkostenhilfeentscheidung → § 119 Rdnr. 3.

8   bb) Wenn der **Hauptsacheprozeß noch nicht anhängig** ist, so ist für den Prozeßkostenhilfeantrag dasjenige Gericht zuständig, bei dem der Kläger den Hauptprozeß anhängig machen *will*. Auch hier ist die Zuständigkeit für den Hauptprozeß an sich im Rahmen der Erfolgsaussichten zu beurteilen. Ist das Gericht für den beabsichtigten Hauptprozeß nicht (mehr[12]) zuständig, so sollte man im Interesse des Antragstellers und aus Gründen der Prozeßökonomie eine **Verweisung** des Prozeßkostenhilfeverfahrens an das zuständige Gericht zulassen, obwohl die Zuständigkeit für das Prozeßkostenhilfeverfahren selbst nicht fehlt. Dabei ist § 281 entsprechend anzuwenden[13] und daher **nicht ohne Antrag des Klägers** zu verweisen; denn ihm bleibt es überlassen, ob er bei dem in Wahrheit zuständigen Gericht den Hauptsacheprozeß überhaupt führen will. Fehlt es an einem solchen Antrag, so ist das Gesuch mangels Erfolgsaussicht als unbegründet abzuweisen[14], solange nicht die Abgabe von Amts wegen vorgesehen[15] oder eine Zuständigkeitsvereinbarung zulässig und mit Sicherheit zu erwarten ist[16].

9   cc) Findet nach dem vorstehend Ausgeführten eine **Verweisung** statt, so ist diese für das Gericht, an das verwiesen wurde, bezüglich der Zuständigkeit für den Hauptsacheprozeß **nicht bindend**[17] (→ § 281 Rdnr. 6).

10 dd) Besteht in der Sache selbst nur *teilweise Erfolgsaussicht*, so kann die Prozeßkostenhilfe für eine tatsächlich erhobene Klage oder Berufung nicht schon deshalb versagt werden, weil bei Beschränkung auf den erfolgsversprechenden Teil die **Streitwertgrenze** für die Zuständigkeit des Landgerichts oder die Berufungssumme nicht erreicht wäre, denn maßgebend ist hier die Zulässigkeit der vorgenommenen, nicht einer hypothetischen Maßnahme. Dasselbe muß aber auch für beabsichtigte Klagen oder Rechtsmittel gelten, da das Gericht, das angerufen werden soll, für einen Anspruch in der geltend gemachten Höhe zuständig ist, mag auch die Klage dann teilweise unbegründet sein. Wenn sich das Hauptsachegericht in diesem Fall nicht für unzuständig erklären und die Klage nicht als unzulässig, sondern nur als teilweise unbegründet abweisen könnte, dann kann nach dem zu Rdnr. 8 Gesagten für die Prozeßkostenhilfeentscheidung nichts anderes gelten[18]. Anders mag unter dem Gesichtspunkt des Rechtsmißbrauchs entschieden werden, wenn die Zuständigkeit durch überzogene Forderungen erschlichen werden sollte[19].

---

[11] *BGHZ* 98, 322.
[12] § 261 Abs. 3 Nr. 2 gilt hier nicht, da die Anhängigkeit des Prozeßkostenhilfeverfahrens insoweit für das Hauptsacheverfahren keine Wirkung hat, *BGH* FamRZ 1980, 131.
[13] Vgl. – auch für die Bindungswirkung im Prozeßkostenhilfeverfahren – *BGH* FamRZ 1991, 1172; *BAG* NJW 1993, 751 f.
[14] *OLG Bremen* FamRZ 1992, 962; *OLG Karlsruhe* FamRZ 1988, 92; *OLG Saarbrücken* NJW-RR 1990, 575; vgl. auch *OLG Hamm* FamRZ 1992, 963.
[15] Im Ergebnis zutr. daher *VGH Mannheim* NJW 1992, 708 zu § 17a Abs. 3 S. 2 GVG; gegen die Anwendung dieser Vorschrift im Prozeßkostenhilfeverfahren aber *Baumbach/Lauterbach/Hartmann*[51] § 17a GVG, Rdnr. 5; *Zöller/Gummer*[18] Vor §§ 17–17b GVG, Rdnr. 12; wohl auch *BAG* NJW 1993, 751 f.
[16] *OLG Saarbrücken* NJW-RR 1990, 575.
[17] St. Rspr. der Zivilgerichte; vgl. zuletzt den Vorlagebeschluß des *BGH* NJW-RR 1992, 59 (m. Anm. der Schriftl. zum Verfahrensfortgang) mit einer Übersicht über die inzwischen aufgegebene abweichende Ansicht der Arbeitsgerichte; ferner *BGH* FamRZ 1991, 1172; *BAG* NJW 1993, 752.
[18] A.M. *OLG Nürnberg* NJW 1987, 265 = KostRspr. § 114 ZPO Nr. 115 (abl. *Lappe*); *OLG Saarbrücken* NJW-RR 1990, 575.
[19] Vgl. *OLG Hamburg* FamRZ 1993, 579 (L).

2. Form (Abs. 1 Satz 1, 2. Hs.)

Der Prozeßkostenhilfeantrag ist *schriftlich* einzureichen[20] (zu stillschweigenden Anträgen → Rdnr. 15) oder *zu Protokoll der Geschäftsstelle* zu erklären. Das Gesuch kann daher gemäß § 129a vor der Geschäftsstelle eines jeden Amtsgerichts (z.B. dem Amtsgericht am Wohnsitz der Partei) zu Protokoll gegeben werden, die es dann an das Prozeßgericht weiterzuleiten hat. Der Urkundsbeamte hat den Antragsteller über die Antragserfordernisse sachgemäß zu beraten[21]. Er kann zur Aufnahme eines sachdienlichen Antrags Akten beiziehen[22], was indessen nur ausnahmsweise möglich sein wird und die Entgegennahme des Antrags nicht unangemessen verzögern darf.

11

3. Anwaltliche Vertretung

Den Antrag kann grundsätzlich nur eine **Partei** und nur **für sich selbst** stellen. Da der Antrag zu Protokoll der Geschäftsstelle erklärt werden kann, besteht gemäß § 78 Abs. 3 kein Anwaltszwang[23] (→ § 78 Rdnr. 21). Das schließt aber die Vertretung der Partei durch einen Anwalt selbstverständlich nicht aus. Ist das Gesuch durch einen Anwalt eingereicht, so ist er im Zweifel für das Verfahren **als bevollmächtigt anzusehen**, auch wenn eine Prozeßvollmacht nicht mit eingereicht ist. Die Entscheidung über den Antrag kann daher dem Anwalt wirksam zugestellt werden[24]. Zur Erstattungsfähigkeit der *Anwaltskosten* → § 118 Rdnr. 37.

12

4. Anträge ausländischer Parteien

Eine Übermittlung von Prozeßkostenhilfeanträgen ausländischer Parteien nach den für die **Rechtshilfe** geltenden Vorschriften ist in etlichen zwischenstaatlichen Verträgen vorgesehen, insbesondere in Art. 23 des **Haager Übereinkommens über den Zivilprozeß** (→ – auch wegen der Vertragsstaaten – Einl. Rdnr. 862ff. sowie § 328 Rdnr. 538). Zur Zuständigkeit des Amtsgerichts des ständigen Aufenthalts des Antragstellers für die Entgegennahme von Anträgen für ausländische Gerichte im Bereich des Haager Übereinkommens s. § 10 des AusfG dazu (vom 18.12.1958; BGBl. I, 939; → § 328 Rdnr. 564)[25]. Wegen der Inanspruchnahme der Übermittlungsstellen zur Verfolgung von Unterhaltsansprüchen im Ausland s. Art. 2, 3 des **UN-Übereinkommens** über die Geltendmachung von Unterhaltsansprüchen im Ausland vom 20.6.1956 (BGBl. 1959 II, 150; → Einl. Rdnr. 867). Das **Europäische Übereinkommen über die Übermittlung von Anträgen auf Verfahrenshilfe** (vom 21.1.1977; öst. BGBl. 1982, 945) ist von der Bundesrepublik Deutschland bisher nicht ratifiziert worden[26].

13

---

[20] Die **Übersetzung** in eine fremde Sprache oder einen Kostenvorschuß zu diesem Zweck darf das Gericht nicht verlangen, denn das wäre eine Umgehung der Kostenfreiheit des Prozeßkostenhilfeverfahrens (→ § 118 Rdnr. 36), *LG Frankenthal* MDR 1966, 244; vgl. auch *OLG Hamm* NJW 1989, 2203 (zust. *Geimer*); *Gottwald* IPRax 1989, 250; *Schack* IZVR (1991) Rdnr. 576. – Auch eine **Unterschrift** ist nicht erforderlich, sofern die Urheberschaft und der Antragswille der Partei feststehen, *OLG Zweibrücken* AnwBl. 1983, 319.

[21] *BGHZ* 91, 314 = NJW 1984, 2106 = MDR 931 (*Waldner*); *OLG Karlsruhe* FamRZ 1987, 729. Die **Durchführungsbestimmungen** (→ vor § 114 Rdnr. 4) sehen in Ziff. 1.1. nur den Hinweis auf das Vorblatt des Vordrucks (→ Rdnr. 20) vor, was nicht immer ausreichen wird.

[22] *KG* Rpfleger 1955, 161.

[23] *BGHZ* 91, 313f. = NJW 1984, 2106 = MDR 931 (*Waldner*); *BGH* NJW-RR 1992, 60; VersR 1991, 1424; 1986, 580.

[24] Vgl. *BGH* VersR 1986, 580; NJW 1952, 183; *RG* JW 1937, 540.

[25] Dazu *Bülow* Rpfleger 1959, 144.

[26] Vgl. dazu *Gottwald* IPRax 1989, 250.

§ 117 II, III   Erstes Buch. Allgemeine Vorschriften. Zweiter Abschnitt. Parteien

5. Sonstige Zulässigkeitsvoraussetzungen

14   Der Prozeßkostenhilfeantrag unterliegt ferner den allgemeinen Zulässigkeitsvoraussetzungen. Insbesondere muß der Antragsteller **partei- und prozeßfähig** sein[27]. Unzulässig ist der Antrag ferner, wenn die Hauptsache bereits rechtskräftig entschieden ist, so daß Prozeßkostenhilfe nicht mehr bewilligt werden kann (→ § 119 Rdnr. 31), oder wenn aus anderen Gründen des **Rechtsschutzbedürfnis** fehlt. Das kann etwa der Fall sein, wenn das Verfahren, für das Prozeßkostenhilfe beantragt wird, für den Antragsteller ohnehin kostenfrei ist[28]. Ein Rechtsschutzbedürfnis kann dann nur im Hinblick auf die Befreiung von Reisekosten (→ § 122 Rdnr. 11) oder die Anwaltsbeiordnung nach § 121 bestehen. Kommen auch diese nicht in Betracht, weil Reisekosten nicht anfallen, kein Anwaltszwang besteht, der Gegner anwaltlich nicht vertreten ist und eine anwaltliche Vertretung der Partei nicht erforderlich erscheint, so fehlt für eine (rechtsfolgenlose) Prozeßkostenhilfebewilligung das rechtliche Interesse, so daß der Antrag als unzulässig zurückzuweisen ist[29]. Zum Rechtsschutzbedürfnis für *wiederholende Anträge* → Rdnr. 33; wegen des *Mahnverfahrens* → § 119 Rdnr. 13.

III. Inhalt

1. Gesuch um Prozeßkostenhilfe

15   Der Antrag muß zunächst erkennen lassen, daß Prozeßkostenhilfe erbeten wird. Ein solcher Antrag kann auch, etwa im Zusammenhang mit einer Klageerweiterung, *stillschweigend* gestellt werden und sich insbesondere durch Auslegung schriftsätzlichen Vorbringens ergeben[30]; gegebenenfalls muß das Gericht nachfragen. Seine Fürsorgepflicht gegenüber der unvermögenden Partei erlaubt es, insbesondere bei fehlender anwaltlicher Vertretung, nicht, auf Förmlichkeiten zu beharren.

2. Darstellung des Streitverhältnisses (Abs. 1 Satz 2)

16   Die Partei muß in dem Antrag darlegen, für welchen Rechtsstreit sie Prozeßkostenhilfe beantragt. § 117 Abs. 1 Satz 2 verlangt dazu die Darstellung des Streitverhältnisses unter Angabe der Beweismittel. Dieses Erfordernis soll die sachliche Vorprüfung im Hinblick auf die **objektiven** Bewilligungsvoraussetzungen (Erfolgsaussicht, keine Mutwilligkeit) ermöglichen. Daher muß der antragstellende Kläger den *Anspruch* bestimmt bezeichnen[31]. Die *tatsächlichen Grundlagen* der Rechtsverfolgung oder -verteidigung sind anzugeben, außerdem die *Beweismittel* zu nennen. In der Regel wird zu diesem Zweck gleich ein Entwurf der Klage etc. eingereicht (→ Rdnr. 24). Wo aber, wie im Scheidungsverfahren, Formulare

---

[27] *OLG Celle* NdsRpfl. 1964, 62.
[28] Entsprechendes gilt für **Hilfsanträge**, die selbst keine Kosten verursachen, aber nur dann, wenn Prozeßkostenhilfe für den Hauptantrag bewilligt wurde; vgl. *v. Eicken* Anm. zu *OVG Bremen* KostRspr. § 114 ZPO Nr. 318 = JurBüro 1991, 1112.
[29] Vgl. *BayObLG* JurBüro 1991, 1231; FamRZ 1985, 520, 522; *OLG Hamm* FamRZ 1990, 896; *LAG Baden-Württemberg* JurBüro 1988, 904; *BVerwG* NVwZ-RR 1989, 666; *Hess. VGH* AnwBl. 1990, 571; *LSG Essen* FamRZ 1989, 1315; AnwBl. 1986, 456; *LSG München* AnwBl. 1988, 421; *LSG Stuttgart* AnwBl. 1984, 575; *Jansen* SGb. 1982, 186. – Die Hauptsache muß allerdings endgültig kostenfrei sein; daß keine Vorschüsse erhoben werden, reicht nicht, a.M. *ArbG Berlin* AP Nr. 1 zu § 116 ZPO (abl. *Schaub*).
[30] Vgl. (z.T. sehr weitgehend) *BGH* VersR 1991, 1474; EzFamR § 117 ZPO Nr. 3 (*Schneider*); *LAG Düsseldorf* JurBüro 1986, 609; *LAG Köln* MDR 1990, 747; *ArbG Bochum* AnwBl. 1984, 624; *OVG Münster* FamRZ 1984, 605; *Mümmler* JurBüro 1986, 834; vgl. auch *AG Stuttgart* AnwBl. 1982, 254. – **A.M.** *OLG Karlsruhe* AnwBl. 1987, 340; *Schneider* MDR 1985, 442; *ders.* Anm. zu EzA § 127 ZPO Nr. 7; offen *LG Berlin* MDR 1989, 366.
[31] Daher kein Antrag »auf Vorrat« für möglicherweise anfallende einstweilige Anordnungen (→ § 119 Rdnr. 12), *OLG Karlsruhe* FamRZ 1993, 216.

gebräuchlich sind, reichen diese auch hier, wenn sich die Erfolgsaussichten daraus herleiten lassen[32]. Bei Anträgen **für die höhere Instanz** kann von diesen Voraussetzungen abgesehen werden, weil das Streitverhältnis bereits in der vorhergehenden Instanz klargestellt ist[33]. Jedoch muß vom Rechtsmittelkläger die *Statthaftigkeit* und *Zulässigkeit* des Rechtsmittels dargelegt[34] und zumindest in Grundzügen angegeben werden, weshalb die vorinstanzliche Entscheidung angegriffen werden soll[35].

3. Erklärung über die persönlichen und wirtschaftlichen Verhältnisse (Abs. 2)

Nach Abs. 2 sind dem Antrag eine Erklärung der Partei[36] über ihre persönlichen und wirtschaftlichen Verhältnisse (Familienverhältnisse, Beruf, Vermögen, Einkommen und Lasten) sowie entsprechende Belege beizufügen, die in einem gesonderten Beiheft zu den Akten genommen werden[37]; zu den dafür vorgesehenen *Vordrucken* → Rdnr. 20. Dieses Erfordernis dient dazu, dem Prozeßkostenhilferichter die Prüfung der **subjektiven** Voraussetzungen zu ermöglichen. Die Partei hat sich daher über ihr Einkommen und ihr Vermögen sowie die berechnungsrelevanten Umstände (→ § 115) vollständig zu erklären[38]. Auch im Hinblick auf mögliche *Prozeßkostenvorschußansprüche* muß der Antragsteller dem Gericht darlegen, ob Dritte vorhanden sind, denen ein Aufbringen der Kosten an sich zuzumuten ist, und bejahendenfalls, warum diese dazu nicht in der Lage sind[39]; für Parteien kraft Amtes und juristische Personen → § 116 Rdnr. 16, 23. Da das Einkommen von *Familienmitgliedern* nicht angerechnet wird (→ § 115 Rdnr. 10), sind Angaben darüber wegen § 115 Abs. 4 nur erforderlich, wenn für diese Personen Unterhaltsfreibeträge in Anspruch genommen werden sollen[40]. Wird Prozeßkostenhilfe *für eine höhere Instanz* beantragt, ist die Erklärung wegen der Möglichkeit zwischenzeitlicher Änderungen erneut abzugeben, auch wenn schon für die erste Instanz Prozeßkostenhilfe bewilligt war. Allerdings reicht es hier, unter Abgabe der Versicherung, daß sich nichts geändert habe[41], auf die in der ersten Instanz eingereichten Unterlagen Bezug zu nehmen. Die Vordrucke (→ Rdnr. 20) müssen nur dann erneut ausgefüllt werden, wenn dem jetzt angerufenen Gericht sonst die nötige Entscheidungsgrundlage fehlt[42]. Auf Unterlagen aus einem *früheren Prozeß* kann aber regelmäßig nicht Bezug genommen werden[43]. – Zu den *Sanktionen* bei unvollständigen Angaben → § 118 Rdnr. 17, 23; zur erstmaligen Vorlage in der *Beschwerdeinstanz* → § 127 Rdnr. 21.

Die von Abs. 2 verlangten **Belege** dienen der Glaubhaftmachung[44] und können daher die Erklärung nicht ersetzen. Das schließt indessen die Bezugnahme auf aus sich heraus verständliche Belege, sonstige Anlagen oder auf (Belege in anderen) Akten nicht aus[45] (→ auch

---

[32] *OLG Karlsruhe* FamRZ 1984, 1232.
[33] *BGH* LM § 118 a.F. Nr. 3. – Sehr weitgehend will *BGH* NJW 1964, 771 f. nicht gestellte oder angekündigte, aber vernünftigerweise zu erwartende Anträge mitberücksichtigt wissen.
[34] *BGHZ* 26, 38 = NJW 1958, 63; *BGH* LM § 114 (a.F.) Nr. 10.
[35] *OLG Saarbrücken* FamRZ 1993, 715.
[36] Auch im Fall der **Prozeßstandschaft** (→ § 114 Rdnr. 7), *OLG Saarbrücken* FamRZ 1991, 961; auch bei **juristischen Personen** (→ § 116 Rdnr. 23; zum Vordruck → unten Rdnr. 21), *BFH* Rpfleger 1993, 290. – Eigenhändige **Unterschrift** verlangt (wohl zu weit gehend) *LAG Düsseldorf* EzA § 117 ZPO Nr. 4 (*Schneider*).
[37] Ziff. 2.1. der Durchführungsbestimmungen, → vor § 114 Rdnr. 4.
[38] In Ausnahmefällen kann dazu auch der Verbleib bisherigen Vermögens gehören (→ § 115 Rdnr. 88), *OLG Karlsruhe* AnwBl. 1987, 340.

[39] *OLG Bamberg* JurBüro 1983, 291; *OLG Düsseldorf* DAVorm. 1982, 899; *KG* DAVorm. 1984, 492; *OVG Münster* FamRZ 1984, 605. – *BFH* JurBüro 1992, 557 verlangt weitergehend Darlegung vergeblicher gerichtlicher Durchsetzungsversuche.
[40] **A.M.** (stets erforderlich) *LAG Köln* MDR 1987, 964 auf der Basis der Gegenansicht (Anrechnung des Familieneinkommens).
[41] Wenn sich die Vermögenslage der Partei verbessert hat, reicht die Bezugnahme nicht, *BGH* NJW 1987, 376, 377.
[42] *BGH* NJW-RR 1993, 451; 1990, 1212; JurBüro 1993, 106/51; VersR 1986, 342; 1981, 60; NJW 1983, 2145.
[43] *BFH* KostRspr. ZPO § 117 Nr. 54 (L), 50 (L).
[44] *OLG Hamburg* FamRZ 1987, 843; *OLG Karlsruhe* FamRZ 1986, 372.
[45] *BGH* JurBüro 1993, 106; *OLG Hamburg* FamRZ 1987, 843.

Rdnr. 19, 21). Der in der Praxis wichtigste Beleg ist die *Verdienstbescheinigung*[46], wobei aber wegen der Anrechnung einmaliger Zuwendungen (→ § 115 Rdnr. 9) i. d.R. eine Jahresverdienstbescheinigung erforderlich ist[47]. Belastungen und Verbindlichkeiten können durch *Verträge* oder andere Urkunden belegt werden, wobei es nicht erforderlich ist, sofort die *Originale* vorzulegen[48]. Eine *eidesstattliche Versicherung* kann nicht schon nach Abs. 2 verlangt werden, sondern sie ist *zusätzliches* Mittel der Glaubhaftmachung nach § 118 Abs. 2 Satz 1[49], das *anstelle* der Belege nur in Betracht kommt, wenn die Partei aus von ihr dargelegten und nachvollziehbaren Gründen nicht oder nur unter unzumutbaren Erschwernissen dazu in der Lage ist, Belege beizubringen[50].

19 Wenn die Erklärung nach § 117 Abs. 2 **unvollständig oder nicht hinreichend belegt** ist, kann der Antrag nicht schon deshalb als unzulässig verworfen oder als unbegründet[51] zurückgewiesen werden. Vielmehr muß das Gericht die Partei auf die Mängel *hinweisen*, ihm in prozessual ordnungsgemäßer Weise[52] eine angemessene[53] *Frist setzen* und ihn auffordern, die Erklärung zu ergänzen und Belege nachzureichen, falls die Partei das nicht schon von selbst angekündigt hat[54]. Das muß auch dann gelten, wenn die Partei anwaltlich vertreten ist[55]. Wenn auch das nicht weiterführt, kommen in Ausnahmefällen eigene Erhebungen des Gerichts in Betracht (→ § 118 Rdnr. 23). Anderenfalls ist der Antrag ganz oder teilweise als unbegründet zurückzuweisen[56] (§ 118 Abs. 2 S. 4; → § 118 Rdnr. 17, 23). Bei der Entscheidung ist zu bedenken, daß es sich bei der vom Gericht gemäß § 118 Abs. 2 S. 4 gesetzten Frist nicht um eine Ausschlußfrist handelt, so daß verspätet eingegangene Unterlagen berücksichtigt werden müssen[57] (→ auch § 127 Rdnr. 21), was auch prozeßökonomischer ist, da die zurückgewiesene Partei sogleich einen neuen, nun vollständig belegten Antrag stellen könnte (→ Rdnr. 33).

IV. Vordrucke (Abs. 3, 4)

20 § 117 Abs. 3 hat den Bundesminister der Justiz ermächtigt, zur Vereinfachung und Vereinheitlichung des Verfahrens durch Rechtsverordnung mit Zustimmung des Bundesrates Vordrucke für die Erklärung nach Abs. 2 einzuführen. Der Minister hat davon durch die *Verordnung zur Einführung eines Vordrucks für die Erklärung über die persönlichen und wirtschaftlichen Verhältnisse bei Prozeßkostenhilfe* (vom 24.11.1980; BGBl. I, 2163) Gebrauch gemacht[58]. Der hier allein interessierende § 1 der VO lautet:

---

[46] Vgl. BGH NJW 1986, 62; OLG Düsseldorf DAVorm. 1987, 279.
[47] *Kalthoener/Büttner* (vor § 114 Fn. 1), Rdnr. 129.
[48] Vgl. OLG Karlsruhe FamRZ 1986, 372.
[49] Vgl. OLG Düsseldorf DAVorm. 1987, 279.
[50] OLG Köln FamRZ 1992, 702.
[51] **A.M.** OLG Oldenburg JurBüro 1981, 1255 = KostRspr. § 117 ZPO Nr. 1 (abl. *Schneider*); LAG Düsseldorf JurBüro 1985, 1261 (*Mümmler*); Hess. VGH AnwBl. 1990, 55; unklar *Mümmler* JurBüro 1985, 1616.
[52] LAG Düsseldorf JurBüro 1989, 1444 verlangt zutr. vollständige Unterschrift des Richters; eine Paraphe reicht nicht; a. M. LAG Köln JurBüro 1991, 1530. – Zur Zustellung an den Anwalt vgl. OLG Karlsruhe FamRZ 1992, 579.
[53] Nach OLG München KostRspr. § 117 ZPO Nr. 52 (L) soll Gewerbetreibenden eine Frist von 6 Monaten gesetzt werden, wenn sie über die Kosten des letzten Kalenderjahres Auskunft geben sollen. Hier bietet es sich aber möglicherweise an, auf der Basis des vorletzten Jahres hochzurechnen.
[54] OLG Hamburg FamRZ 1987, 843; KG DAVorm. 1984, 492; OLG Schleswig SchlHA 1982, 71; LAG Düsseldorf JurBüro 1987, 1561; LAG Hamm JurBüro 1982, 451; ArbG Regensburg Rpfleger 1992, 29; *Künzl* AnwBl. 1991, 128; *Mümmler* JurBüro 1985, 1617; *Schneider* MDR 1986, 113; *Wax* FamRZ 1985, 10; vgl. auch OLG Köln FamRZ 1992, 702. – **A.M.** OLG Oldenburg JurBüro 1981, 1255 = KostRspr. § 117 ZPO Nr. 1 (abl. *Schneider*); LAG Düsseldorf JurBüro 1985, 1261; wohl auch BFH Rpfleger 1993, 74.
[55] *Mümmler* JurBüro 1985, 1617.
[56] Vgl. BGH VersR 1983, 241; KostRspr. § 115 ZPO Nr. 8; OLG Bamberg FamRZ 1989, 1204; KG NJW 1982, 111; OLG Köln FamRZ 1992, 702; LAG Düsseldorf JurBüro 1989, 1444; LAG Hamm JurBüro 1981, 1579; LSG Essen FamRZ 1989, 411.
[57] OLG Bamberg FamRZ 1989, 1204; OLG Koblenz FamRZ 1990, 537; LAG Düsseldorf JurBüro 1990, 756; 1988, 509; LAG Köln LAGE § 120 ZPO Nr. 23; *Beyer* JurBüro 1989, 445; *Künzl* AnwBl. 1991, 128; *Schneider* MDR 1989, 514. – **A.M.** LAG Düsseldorf JurBüro 1989, 1444; 1988, 1722; LSG Essen FamRZ 1989, 412.
[58] Der Vordruck ist abgedr. u. a. bei *Kalthoener/Büttner* (vor § 114 Fn. 1), Anh. 5. Kritisch zu dem damit verbundenen bürokratischen Aufwand *dies.* Rdnr. 117 ff.

§ 1 [Vordruck]
Für die Erklärung der Partei nach § 117 Abs. 2 der Zivilprozeßordnung wird der in der Anlage zu dieser Verordnung bestimmte Vordruck eingeführt. Dies gilt nicht
1. für die Erklärung einer Partei kraft Amtes, einer juristischen Person oder einer parteifähigen Vereinigung,
2. für die Erklärung eines minderjährigen unverheirateten Kindes, wenn es einen Unterhaltsanspruch geltend machen oder vollstrecken will,
3. für die Erklärung eines minderjährigen unverheirateten nichtehelichen Kindes, wenn es die Feststellung der Vaterschaft begehrt.

Für den Fall, daß Vordrucke eingeführt sind, bestimmt Abs. 4, daß sich die Partei[59] dieses Vordrucks bedienen muß. Es besteht daher **Vordruckzwang**; zur Rechtsmittelinstanz → Rdnr. 17. Die Vorschrift des § 117 Abs. 4 ist aber nicht sanktioniert. Vielmehr entspricht es herrschender Meinung, daß die Benutzung **weder Zulässigkeits- noch Bewilligungsvoraussetzung** ist. Füllt die Partei den Vordruck entweder gar nicht[60] oder nur unvollständig[61] aus, so ist der Antrag nicht etwa unzulässig[62]. Er kann auch nicht ohne weiteres als unsubstantiiert und deshalb unbegründet zurückgewiesen werden[63], denn die Rechtsschutzgewährung (→ vor § 114 Rdnr. 8) darf nicht schon an einem Formular scheitern. Vielmehr hat das Gericht wie bei Abs. 2 (→ Rdnr. 19) zunächst einmal zu prüfen, ob es die erforderlichen Informationen nicht auch ohne weiteres den beigefügten Belegen oder anderen Anlagen[64], den vorliegenden Akten, auf die Bezug genommen wurde[65], oder gleichermaßen klaren mündlichen Erläuterungen[66] entnehmen kann. Ist das nicht der Fall, muß es die Partei, auch wenn sie anwaltlich vertreten ist, auf die Mängel hinweisen und – unter Fristsetzung – auffordern, die erforderlichen Unterlagen nachzureichen[67]. In Ausnahmefällen kommen auch eigene Erhebungen des Gerichts in Betracht (→ § 118 Rdnr. 23). Erst wenn das alles nicht weiterführt, ist der Antrag ganz oder teilweise als unbegründet zurückzuweisen[68] (§ 118 Abs. 2 S. 4; → § 118 Rdnr. 17, 23). 21

§ 1 der VordruckVO (→ Rdnr. 20) enthält **Ausnahmen** vom Vordruckzwang für *Parteien kraft Amtes* (→ § 116 Rdnr. 2), *juristische Personen* (→ § 116 Rdnr. 20), *parteifähige Vereinigungen* (→ § 116 Rdnr. 32), für minderjährige unverheiratete Kinder, die eine *Unterhaltsanspruch* geltend machen oder vollstrecken wollen[69] (→ § 114 Rdnr. 59) sowie für minderjährige unverheiratete nichteheliche Kinder im Verfahren auf *Feststellung der Vaterschaft* (→ § 114 Rdnr. 58)[70]. Das bedeutet indessen nicht, daß in diesen Fällen auf die Prüfung 22

---

sowie *Bützlinglöwen* DAVorm. 1980, 873; *Grunsky* NJW 1980, 2044; *Holch* Rpfleger 1980, 363; *Schneider* Festschr. f. Wassermann (vor § 114 Fn. 1), 826.
[59] Auch im Falle der **Prozeßstandschaft** (→ § 114 Rdnr. 7), *OLG Saarbrücken* FamRZ 1991, 961.
[60] *BGH* EzFamR § 117 ZPO Nr. 3 (*Schneider*); NJW 1983, 2146.
[61] *BGH* NJW 1986, 62; *OLG Düsseldorf* DAVorm. 1987, 279; *LAG Hamm* JurBüro 1982, 451 (zust. *Mümmler*).
[62] A.M. *OLG Köln* MDR 1982, 152 (dagegen *Schneider* 89); *LG Konstanz* MDR 1981, 677 (abl. *Schneider*); *LAG Nürnberg* JurBüro 1989, 237; *LAG Schleswig* LAGE § 119 ZPO Nr. 5.
[63] A.M. *OLG Oldenburg* JurBüro 1981, 1258 (dagegen *Mümmler* JurBüro 1982, 336); *LAG Hamm* JurBüro 1985, 1616 f.; grds. auch *LAG Hamm* JurBüro 1981, 1581 (abl. *Mümmler*).
[64] Vgl. *BGH* JurBüro 1993, 106; NJW 1986, 62; *LG Tübingen* JurBüro 1990, 514 f.; *LAG Hamm* JurBüro 1981, 1581 und 1580; *BSG* MDR 1982, 878; *Schneider* MDR 1982, 91; *Wax* FamRZ 1985, 15.

[65] *Schneider* MDR 1982, 91. Vgl. (für eine Widerklage) auch *OLG Nürnberg* JurBüro 1984, 611. – A.M. *Beyer* JurBüro 1989, 445.
[66] *OLG Düsseldorf* DAVorm. 1987, 279; *Wax* FamRZ 1985, 15.
[67] *OLG Stuttgart* MDR 1984, 59; *LG Tübingen* JurBüro 1990, 515; *AG Besigheim* FamRZ 1984, 72; *Mümmler* JurBüro 1982, 336; grds. auch *OVG Hamburg* JurBüro 1982, 78 (*Gottwald*).
[68] Vgl. *OLG Bamberg* JurBüro 1985, 141; *OLG Nürnberg* FamRZ 1985, 824 = JurBüro 1260 (zust. *Mümmler*); *LG Tübingen* JurBüro 1990, 514; *BFH* KostRspr. ZPO § 117 Nr. 48.
[69] Klagt ein Elternteil den Anspruch als **Prozeßstandschafter** nach § 1629 Abs. 3 BGB ein, so gilt diese Ausnahme nicht, da es auf die Vermögensverhältnisse der Partei ankommt (→ Rdnr. 17, 21, § 114 Rdnr. 7); i. E. ebenso *OLG Saarbrücken* FamRZ 1991, 961.
[70] Diese Ausnahmen sind von der Ermächtigung des § 117 Abs. 3 gedeckt, *OLG Oldenburg* NdsRpfl. 1981, 215.

der Leistungsfähigkeit verzichtet werden könnte. Vielmehr bleibt es hier bei der Grundregel des § 117 Abs. 2, so daß eine Erklärung über die persönlichen und wirtschaftlichen Verhältnisse – in vereinfachter Form – weiterhin erforderlich ist (→ § 114 Rdnr. 58, 59). Das gilt auch für die *Sozialhilfeempfänger*, die den Vordruck nach dessen Wortlaut nur teilweise ausfüllen müssen, so daß für sie insoweit zwar der Vordruckzwang nicht gilt[71], sie aber deswegen nicht davon befreit sind, sich gemäß Abs. 2 zu erklären[72]. Für *Minderjährige*, die nicht die besonderen Voraussetzungen dieser Ausnahmetatbestände erfüllen, bleibt es im übrigen beim Vordruckzwang. Lediglich in *Ehelichkeitsanfechtungsverfahren* ist eine analoge Anwendung von § 1 Satz 2 Nr. 3 VordruckVO geboten, da eine Ungleichbehandlung verschiedener Statusverfahren nicht gerechtfertigt ist[73].

V. Wirkungen

1. Allgemeines

23   Mit Eingang des Antrags bei Gericht wird das Prozeßkostenhilfeverfahren anhängig. Dieser Zeitpunkt ist wichtig, weil einerseits (erst) ab diesem Zeitpunkt – auch rückwirkend bei späterer Entscheidung – Prozeßkostenhilfe bewilligt werden kann (→ § 119 Rdnr. 27 ff.) und weil andererseits der Antrag unzulässig ist, wenn die Instanz oder die Hauptsache insgesamt zu diesem Zeitpunkt bereits abgeschlossen ist (→ § 119 Rdnr. 31 ff.).

2. Wirkungen für die Hauptsache

24   Der Prozeßkostenhilfeantrag als solcher hat für die Hauptsache zunächst einmal keinerlei Bedeutung. Ein bereits rechtshängiges Verfahren wird durch den Antrag nicht unterbrochen, ebenso wenig der Eintritt der Rechtskraft gehindert[74], und ein beabsichtigtes Verfahren wird durch den Antrag nicht eingeleitet (→ Rdnr. 25). Zweifel daran können aber dann entstehen, wenn das **Prozeßkostenhilfegesuch** für eine beabsichtigte Rechtsverfolgung **gleichzeitig mit der Klage** (bzw. dem beabsichtigten Rechtsmittel) eingereicht wird, sei es in der Form, daß *ein* Schriftsatz gleichzeitig den Prozeßkostenhilfeantrag und den Klageantrag enthält, sei es es in der Form, daß *zwei* Schriftsätze eingereicht werden, von denen einer das Prozeßkostenhilfegesuch und einer die Klage darstellt. In diesen Fällen muß es in erster Linie der **Entscheidung des Antragstellers** überlassen bleiben, ob die Klage zugestellt werden soll und die Wirkungen, die sich an die Rechtshängigkeit knüpfen, eintreten sollen. Hat sich der Antragsteller nicht ausdrücklich geäußert, so ist durch *Auslegung* zu ermitteln, wie sein Verhalten zu verstehen ist; im Zweifel ist davon auszugehen, daß die Klage zugestellt werden soll (→ Rdnr. 27).

25   Der Antragsteller muß daher klar zum Ausdruck bringen, wenn die Klageschrift (bzw. das Rechtsmittel) noch nicht als solche behandelt werden soll[75], am besten dadurch, daß er die Klageschrift als **Entwurf** bezeichnet, sie nicht unterschreibt und im Prozeßkostenhilfeantrag erklärt, daß sie nur dessen Anlage sein solle. Auch die ausdrückliche Bezeichnung als

---

[71] A.M. insoweit *KG* FamRZ 1988, 1298 = Rpfleger 1989, 60 (*Bratfisch*), das diese Ausnahme für mit Art. 3 GG unvereinbar hält, sowie *OLG Oldenburg* FamRZ 1983, 636 (abl. *Schneider* MDR 1985, 529), *AG Besigheim* FamRZ 1984, 72 und *OVG Hamburg* FamRZ 1992, 79 (abl. *Gottwald*), die diese Ausnahme für gesetzeswidrig halten; vgl. auch *OLG Stuttgart* FamRZ 1984, 305.
[72] *Hess.VGH* AnwBl. 1990, 55; *Wax* FamRZ 1985, 15.
[73] *OLG Frankfurt* DAVorm. 1984, 215; 1981, 872;

OLG Hamm FamRZ 1988, 1183; *KG* DAVorm. 1984, 323.
[74] *BGHZ* 100, 205.
[75] *BGHZ* 4, 328 = JZ 1952, 234 = NJW 545 = LM § 253 Nr. 2 (*Paulsen*); *BGH* FamRZ 1990, 995; 1988, 384 (krit. *Gottwald*) = NJW 2047; NJW-RR 1987, 376; *OLG Hamm* FamRZ 1980, 1127; *OLG Köln* FamRZ 1984, 917; *OVG Hamburg* Rpfleger 1986, 68; *Kubisch* DR 1939, 1725.

»beabsichtigte Klage« kann ausreichen[76], sofern sonst keine Zweifel bestehen. Wird ein solcher Entwurf dem Gegner zusammen mit dem Prozeßkostenhilfeantrag zur Stellungnahme zugestellt oder formlos mitgeteilt, so wird die Hauptsache dadurch **nicht rechtshängig**[77], denn zugestellt ist dann nicht die Klage, sondern der Prozeßkostenhilfeantrag. Das hat u.a. zur Folge, daß eine »Widerklage« des Antragsgegners als selbständige Klage zu behandeln sein kann[78]. Um die Rechtshängigkeit nach Bewilligung der Prozeßkostenhilfe herbeizuführen, genügt es, bei rügeloser Verhandlung des Gegners in der mündlichen Verhandlung den Antrag aus der Klageschrift zu verlesen[79], anderenfalls die Zustellung der Klageschrift zu beantragen, wenn die (unterschriebene) Klageschrift bereits zusammen mit dem ordnungsgemäßen Prozeßkostenhilfeantrag eingereicht war. Die Zustellung führt dann gemäß § 270 Abs. 3 zur Rückwirkung auf den Zeitpunkt der Einreichung (→ näher § 270 Rdnr. 50; zur Klageerhebung i.S.v. § 323 Abs. 3 → § 323 Rdnr. 36, zu § 926 → § 926 Rdnr. 11). Eine Zustellung der Klage nach Prozeßkostenhilfebewilligung ohne entsprechenden Antrag kommt aber nicht in Betracht; notfalls muß das Gericht nachfragen, ob jetzt zugestellt werden soll[80].

Unzulässig ist es, die Klage mit der Erklärung einzureichen, sie solle zwar sofort zugestellt werden, aber in ihrer Wirkung unter der **Bedingung** stehen, daß die Prozeßkostenhilfe bewilligt wird[81] (→ auch vor § 128 Rdnr. 207ff.). Anders ist es, wenn das Gericht die Klageschrift erst nach Bewilligung der Prozeßkostenhilfe als Klage behandeln, d.h. erst dann zustellen soll. Denn dann ist nicht die erhobene Klage, sondern der Antrag auf Zustellung bedingt, was im Interesse der Verfahrensbeschleunigung zulässig sein muß[82]. Anders ist aber wieder zu entscheiden, wenn eine Zustellung – wie etwa bei der Berufung (→ § 519a Rdnr. 2) – als Wirksamkeitsvoraussetzung nicht erforderlich ist[83]. 26

Bestehen **Zweifel**, was vom Antragsteller gewollt ist, so muß das Gericht versuchen, sie durch Rückfrage zu beheben. Ist die Unklarheit nicht zu beseitigen, so ist die Klage **als selbständige Klageschrift zu behandeln**, um etwaige Schäden für den Antragsteller zu vermeiden[84]. Das gilt wegen der laufenden Fristen insbesondere für die Rechtsmittel[85]. In diesen Fällen tritt die *Gebührenpflicht* des Antragstellers nach §§ 49, 61 GKG sofort ein und bleibt auch bei Ablehnung der Prozeßkostenhilfe oder einer Bewilligung ohne Rückwirkung (→ § 119 Rdnr. 27) bestehen, vorbehaltlich einer späteren Niederschlagung nach § 8 GKG, falls eine unrichtige Sachbehandlung vorgelegen haben sollte. Die Klage ist dann nach Zahlung des zu erfordernden Vorschusses **zuzustellen**. Ist die Zahlung unterblieben, die Zustellung aber trotzdem erfolgt, so treten die Wirkungen der Rechtshängigkeit ein (→ § 271 Rdnr. 49). 27

Wird der Prozeßkostenhilfeantrag gleichzeitig mit einem Gesuch auf Gewährung **einstweiligen Rechtsschutzes** eingereicht, so ist wegen der Eilbedürftigkeit in der Regel davon auszu- 28

---

[76] *OLG Celle* MDR 1963, 687.
[77] *BGHZ* 7, 268 = NJW 1952, 1375; NJW 1972, 1373 = JR 1973, 66 (*Zeiss*); *OLG Hamm* FamRZ 1980, 1127; *OLG Karlsruhe* NJW-RR 1989, 512; FamRZ 1988, 92; 1987, 729; *OLG Zweibrücken* FamRZ 1989, 191 (v. Mettenheim); *LG Braunschweig* FamRZ 1985, 1075; *OVG Hamburg* Rpfleger 1986, 68. Vgl. auch *OLG Celle* AnwBl. 1983, 92 (*Riemer*).
[78] *OLG Düsseldorf* FamRZ 1992, 337; *OLG Frankfurt* FamRZ 1983, 203.
[79] *BGH* NJW 1972, 1373 = JR 1973, 66 (*Zeiss*); *OLG Hamm* FamRZ 1980, 1127; *OLG Karlsruhe* NJW-RR 1989, 512.
[80] *OLG Karlsruhe* NJW-RR 1989, 512.
[81] *BGH* FamRZ 1986, 1087; NJW 1972, 1373 = JR 1973, 66 (*Zeiss*); *KG* FamRZ 1981, 484; *BVerwG* NJW 1981, 698; *OVG Hamburg* Rpfleger 1986, 68; *Hess.VGH* AnwBl. 1990, 55. Vgl. aber auch *BayObLG* FamRZ 1990, 1123f. (Rechtsmittelrücknahme unter wirksamer innerprozessualer Bedingung der Prozeßkostenhilfeverweigerung). – A.M. *OLG München* MDR 1988, 972.
[82] *Zeiss* JR 1973, 66.
[83] *BGH* FamRZ 1988, 385 (krit. *Gottwald*) = NJW 2047.
[84] Vgl. *BGHZ* 4, 328 = JZ 1952, 234 = NJW 545 = LM § 253 Nr. 2 (*Paulsen*); *OLG Düsseldorf* NJW-RR 1992, 199; *OLG Köln* FamRZ 1980, 1144; *Breithaupt* MDR 1950, 469; *Sommermeyer* DRiZ 1951, 158. – A.M. *OLG Karlsruhe* JurBüro 1992, 249; FamRZ 1989, 767 (abl. *Klein* 1203).
[85] Vgl. *BGH* FamRZ 1990, 995; 1988, 384 (krit. *Gottwald*) = NJW 2047; NJW-RR 1987, 376.

gehen, daß das Arrestgesuch etc. sofort rechtshängig werden soll. Einen abweichenden Willen muß der Antragsteller klar zum Ausdruck bringen[86].

3. Fristwahrung

29 Sind materielle oder prozessuale Fristen abgelaufen, bevor über das Prozeßkostenhilfegesuch entschieden ist, so dürfen der Partei daraus jedenfalls dann keine Nachteile entstehen, wenn der Prozeßkostenhilfeantrag vollständig und in bescheidungsfähiger Form vor Fristablauf eingereicht war. War auch die Klage bereits zusammen mit dem Prozeßkostenhilfeantrag eingereicht, so kann der Fristablauf mit der **Rückwirkung nach § 270 Abs. 3** überwunden werden (→ Rdnr. 25, § 270 Rdnr. 50). Im übrigen ist zu unterscheiden:

30 Materiell-rechtliche **Verjährungsfristen** sind nach § 203 Abs. 2 BGB wegen höherer Gewalt bis zur rechtskräftigen Entscheidung über den Prozeßkostenhilfeantrag oder bis zum Eintritt der Leistungsfähigkeit (sowie für eine angemessene »Schonfrist« danach) gehemmt, wenn der Fristablauf vom Antragsteller nicht zu vertreten ist. Diese Voraussetzungen liegen schon dann vor, wenn das ordnungsgemäß begründete und vollständige Prozeßkostenhilfegesuch mitsamt den erforderlichen Belegen vor Fristablauf eingereicht wurde und der Antragsteller das Verfahren nicht verzögert hat. Daß der Antrag auch rechtzeitig hätte beschieden werden können, ist nicht erforderlich[87].

31 Bei materiell-rechtlichen **Klagefristen** kann – wo nicht schon, wie im Regelfall, § 270 Abs. 3 anzuwenden ist[88] (→ § 270 Rdnr. 50) – die Berufung des Gegners auf den Fristablauf gegen Treu und Glauben verstoßen (§ 242 BGB), wenn die bedürftige Partei kein Verschulden am Fristablauf trifft[89].

32 Bei **prozessualen Fristen** ist eine Wiedereinsetzung in den vorigen Stand möglich; → dazu näher § 233 Rdnr. 351 ff., ferner § 323 Rdnr. 36, § 926 Rdnr. 11.

VI. Rücknahme und Wiederholung des Antrags

33 Der Antrag kann jederzeit formlos zurückgenommen werden[90]. Nach Rücknahme kann die Prozeßkostenhilfe erneut beantragt werden, aber die Bewilligung ist dann nur für die Zeit ab Stellung des zweiten Antrags möglich. Da einem die Prozeßkostenhilfe ablehnenden Beschluß keine materielle Rechtskraft zukommt (→ § 120 Rdnr. 4), kann ein neuer Antrag auch dann gestellt werden, wenn der erste (formell rechtskräftig) zurückgewiesen oder die damals bewilligte Prozeßkostenhilfe zwischenzeitlich aufgehoben wurde[91]. Jedoch fehlt für einen solchen wiederholenden Antrag das Rechtsschutzbedürfnis (→ Rdnr. 14), wenn er nicht auf neue Gründe gestützt wird[92], mögen diese beim ersten Antrag vorgelegen haben oder nicht[93].

---

[86] *Cremer* NJW 1951, 950. Vgl. hierzu schon die Empfehlungen des Deutschen Anwaltsvereins MDR 1952, 344.
[87] Grundlegend *BGHZ* 70, 235 = NJW 1978, 938; ferner *BGH* NJW-RR 1991, 573, 574; NJW 1989, 3149 = JZ 504; 1987, 3120 = JZ 887; VersR 1981, 482 und 60; *Schlee* AnwBl. 1992, 130; 1989, 156; krit. *Feuring* MDR 1982, 898.
[88] Vgl. zu **§ 12 Abs. 3 VVG** *BGHZ* 98, 295 = NJW 1987, 255; *BGH* NJW-RR 1989, 675.
[89] So zu § 12 Abs. 3 VVG *Kollhosser* VersR 1974, 829. Zu § 246 AktG will *OLG Frankfurt* NJW 1966, 838 (*Lüke*) § 203 Abs. 2 BGB analog anwenden.
[90] *RG* JW 1935, 2287 (L).
[91] *KG* DAVorm. 1968, 98; *OLG Karlsruhe* MDR 1989, 919; *Herr* MDR 1989, 870; *Schneider* MDR 1989, 870; 1985, 442.
[92] *OLG Celle* NdsRpfl. 1962, 35; *OLG Hamm* FamRZ 1986, 583, 584; *OLG Köln* OLGZ 1989, 68; *OLG Schleswig* SchlHA 1984, 174; *OVG Bremen* JurBüro 1991, 846; vgl. auch *OLG Oldenburg* JurBüro 1981, 1258, *VGH Kassel* AnwBl. 1993, 45, NVwZ-RR 1992, 220 (L) und *LSG Schleswig* SchlHA 1984, 149 (neuer Antrag zulässig, wenn der erste wegen unzureichender Substantiierung zurückgewiesen wurde). – **A.M.** (stets zulässig) *OVG Münster* DVBl. 1983, 952 (dagegen zutr. *Behn* BayVBl. 1983, 690 ff.); *Lepke* DB 1985, 493.
[93] Insofern **a.M.** (Präklusion) *Hess. VGH* ESVGH 37, 253.

§ 118 [Prüfungsverfahren; Vergleich]

(1) ¹Vor der Bewilligung der Prozeßkostenhilfe ist dem Gegner Gelegenheit zur Stellungnahme zu geben, wenn dies nicht aus besonderen Gründen unzweckmäßig erscheint. ²Die Stellungnahme kann vor der Geschäftsstelle zu Protokoll erklärt werden. ³Das Gericht kann die Parteien zur mündlichen Erörterung laden, wenn eine Einigung zu erwarten ist; ein Vergleich ist zu gerichtlichem Protokoll zu nehmen. ⁴Dem Gegner entstandene Kosten werden nicht erstattet. ⁵Die durch die Vernehmung von Zeugen und Sachverständigen nach Absatz 2 Satz 3 entstandenen Auslagen sind als Gerichtskosten von der Partei zu tragen, der die Kosten des Rechtsstreits auferlegt sind.

(2) ¹Das Gericht kann verlangen, daß der Antragsteller seine tatsächlichen Angaben glaubhaft macht. ²Es kann Erhebungen anstellen, insbesondere die Vorlegung von Urkunden anordnen und Auskünfte einholen. ³Zeugen und Sachverständige werden nicht vernommen, es sei denn, daß auf andere Weise nicht geklärt werden kann, ob die Rechtsverfolgung oder Rechtsverteidigung hinreichende Aussicht auf Erfolg bietet und nicht mutwillig erscheint; eine Beeidigung findet nicht statt. ⁴Hat der Antragsteller innerhalb einer von dem Gericht gesetzten Frist Angaben über seine persönlichen und wirtschaftlichen Verhältnisse nicht glaubhaft gemacht oder bestimmte Fragen nicht oder ungenügend beantwortet, so lehnt das Gericht die Bewilligung von Prozeßkostenhilfe insoweit ab.

(3) Die in Absatz 1, 2 bezeichneten Maßnahmen werden von dem Vorsitzenden oder einem von ihm beauftragten Mitglied des Gerichts durchgeführt.

Gesetzesgeschichte: Neugefaßt durch das Gesetz über die Prozeßkostenhilfe vom 13.6.1980 (BGBl. I, 677; → vor § 114 Rdnr. 6); geändert durch G v. 9.12.1986 (BGBl. I, 2326).

Stichwortverzeichnis: → vor § 114 vor Rdnr. 1.

I. Überblick	1
1. Rechtsnatur des Verfahrens	1
2. Amtshaftung	2
3. Verhältnis zum Hauptsacheverfahren	3
II. Rechtsstellung des Gegners	6
1. Keine Parteistellung	7
2. Kein Recht auf Gehör	8
3. Akteneinsicht	12
4. Anhörung im Rahmen der Amtsermittlung (Abs. 1 S. 1 und 2)	13
III. Mitwirkung des Antragstellers	16
1. Glaubhaftmachung	16
2. Verfahrensbeteiligung und Verfahrensbeschleunigung	17
IV. Verfahrensmaßnahmen des Gerichts	18
1. Zuständigkeit (Abs. 3)	19
2. Mündliche Erörterung (Abs. 1 S. 3, 1. Hs.)	20
3. Erhebungen (Abs. 2 S. 2–4)	22
a) subjektive Voraussetzungen (Abs. 2 S. 4)	23
b) objektive Voraussetzungen (Abs. 2 S. 2)	24
c) Vernehmung von Zeugen oder Sachverständigen (Abs. 2 S. 3)	26
d) Verhältnis zum Hauptsacheprozeß	29
4. Anfechtbarkeit	31
V. Vergleich (Abs. 1 S. 3, 2. Hs.)	32
1. Abschluß	32
2. Wirkung	33
3. Gebühren	34
VI. Kosten des Bewilligungsverfahrens	35
1. in der ersten Instanz	35
a) Gerichtskosten	36
b) Außergerichtliche Kosten	37
2. in der Beschwerdeinstanz	39
3. Gebühren	40
VII. Arbeitsgerichtliches Verfahren	42

I. Überblick[1]

1. Rechtsnatur des Verfahrens

1 Während §§ 114–116 die Bewilligungsvoraussetzungen regeln und sich § 117 mit dem verfahrenseinleitenden Antrag befaßt, beschäftigt sich § 118 mit dem Verfahren selbst. Bei diesem Verfahren handelt es sich, obgleich es der Sache nach um die Gewährung von Sozialhilfe in besonderen Lebenslagen geht (→ vor § 114 Rdnr. 10), nicht um ein Verwaltungsverfahren im Rechtssinne[2]. Die Vorschriften der Verwaltungsverfahrensgesetze sind daher nicht anwendbar, auch nicht analog[3]. Das Prozeßkostenhilfebewilligungsverfahren ist vielmehr ein **nicht kontradiktorisches Verfahren der fürsorgenden Rechtspflege**[4], das in seiner verfahrensrechtlichen Struktur den Fürsorgeverfahren der freiwilligen Gerichtsbarkeit gleicht, aber vollständig den Vorschriften der ZPO unterliegt (→ auch Rdnr. 6 ff., 18 ff.). Folgerichtig regelt § 118 den Verfahrensablauf auch nicht umfassend, sondern ergänzt und modifiziert die allgemeinen Vorschriften lediglich in einigen Punkten, die den Besonderheiten des Bewilligungsverfahrens Rechnung tragen.

2. Amtshaftung

2 Fehler im Bewilligungsverfahren können Amtshaftungsansprüche auslösen[5], denn das Richterspruchprivileg des § 839 Abs. 2 BGB gilt hier nicht, da es sich nicht um ein kontradiktorisches Verfahren handelt (→ Rdnr. 1) und die Entscheidungen nicht in Rechtskraft erwachsen (→ § 120 Rdnr. 4). Allerdings werden sich **Amtspflichten** gegenüber dem *beigeordneten Rechtsanwalt*[6] oder dem *Gegner*[7], der nicht Partei ist (→ Rdnr. 7), kaum feststellen lassen. Wohl aber bestehen Amtspflichten gegenüber dem *Antragsteller* zur zügigen und korrekten

---

[1] Lit.: *Behn* Anwaltskosten und deren Erstattung im Prozeßkostenhilfeverfahren, AnwBl. 1985, 234; *ders.* Verletzung des rechtlichen Gehörs im Hauptsacheverfahren durch Art und Weise der Behandlung des Prozeßkostenhilfeantrags?, JurBüro 1983, 1129; *Bönker* Keine rückwirkende Bewilligung von Prozeßkostenhilfe bei rechtskräftigem Verfahrensabschluß, NJW 1983, 2430; *Carl* Das Recht der Parteien auf Anwesenheit im Armenrechtsverfahren, JW 1934, 2947; *Deesen* Recht der Parteien auf Anwesenheit bei Erhebungen im Armenrechtsverfahren, JW 1934, 2601; *Gaedeke* Recht der Parteien auf Anwesenheit bei Erhebungen im Armenrechtsverfahren?, JW 1934, 2119; *Holch* Die Prozeßkostenhilfe – neue Aufgaben für den Rechtspfleger?, Rpfleger 1980, 361; *ders.* Prozeßkostenhilfe – auf Kosten des Persönlichkeitsschutzes, NJW 1981, 151; *Jonas* Die Anhörung des Gegners im Armenrechtsprüfungsverfahren, JW 1932, 2057; *Kümme* Die Mitwirkungspflicht des Antragsgegners im Prozeßkostenhilfeverfahren, JurBüro 1991, 313; *Lange* Nicht mauern... – Zurückhalten von Einwänden im PKH-Prüfungsverfahren, AnwBl. 1988, 275; *Mümmler* Anwaltsgebühren und ihre Festsetzung im PKH-Prüfungsverfahren, JurBüro 1988, 961; *ders.* Erstattung von außergerichtlichen Kosten des PKH-Bewilligungsverfahrens, JurBüro 1988, 431; *Neumann* Recht der Parteien auf Anwesenheit bei Erhebungen im Armenrechtsverfahren?, JW 1934, 2602; *Pentz* Keine Akteneinsicht im Prozeßkostenhilfeverfahren, NJW 1983, 1037; *Pohlmann* Recht oder Unrecht der Ordnungsstrafe im Armenrechtsprüfungsverfahren, NJW 1954, 947; *Rogalski* Immer (noch) Ärger mit der Prozeßkostenhilfe, DRiZ 1985, 413; *Schmid* Die Wahrung der Intimsphäre bei der Gewährung von Prozeßkostenhilfe, JR 1983, 353; *Schneider* Die Prozeßkostenhilfe – neue Aufgaben für den Rechtspfleger?, Rpfleger 1980, 365; *ders.* Kostenentscheidung und Kostenerstattung im Armenrechtsverfahren, JurBüro 1969, 1135; *ders.* Verzögerliche Behandlung von Armenrechtsgesuchen, MDR 1977, 619; *Strutz* Beweisaufnahme und Kostenvorschußpflicht im Armenrechtsprüfungsverfahren, NJW 1973, 272; zur allgemeinen Lit. → vor § 114 Fn. 1.

[2] OLG München MDR 1982, 761; NJW 1982, 2328. – **A.M.** OLG Stuttgart AnwBl. 1986, 414; OLG Hamm Rpfleger 1984, 433 und LG Berlin MDR 1989, 367 (»Bewilligung als Verwaltungsakt«); *Stötter* NJW 1968, 1786.

[3] OLG Saarbrücken JurBüro 1993, 303. – **A.M.** OVG Münster DVBl. 1983, 952 (dagegen zutr. OVG Bremen JurBüro 1991, 847 und *Behn* BayVBl. 1983, 690 ff.); OLG Hamm Rpfleger 1984, 433; KG FamRZ 1986, 925. Vgl. ferner *Waldner* MDR 1984, 932.

[4] Vgl. BGHZ 89, 65 = NJW 1984, 740 = JR 202 (*Waldner*); BGH NJW-RR 1992, 60; KG FamRZ 1982, 421; OVG Koblenz NVwZ 1991, 595; *Bettermann* JZ 1962, 675.

[5] BGH VersR 1984, 78 f. = MDR 383; OLG Hamm FamRZ 1986, 81; *Schneider* AnwBl. 1987, 467.

[6] BGHZ 109, 167 = NJW 1990, 836.

[7] RGZ 155, 218 (keine Amtspflichtverletzung gegenüber dem Gegner bei Bewilligung in einer objektiv aussichtslosen Sache); anders wohl *Dunz* NJW 1962, 815; → auch Rdnr. 11.

Sachbehandlung, deren Verletzung jedenfalls bei eindeutigen Verstößen zu (auf Kostenbefreiung gerichteten) Schadensersatzansprüchen führen kann[8].

3. Verhältnis zum Hauptsacheverfahren

Das Prozeßkostenhilfeverfahren ist vom Hauptsacheverfahren zunächst einmal völlig **unabhängig**, da es weder voraussetzt, daß die Hauptsache bereits anhängig ist, noch, daß sie überhaupt jemals – sei es gleichzeitig, sei es später – wirklich anhängig gemacht wird (→ § 114 Rdnr. 3, § 117 Rdnr. 24). Das Bewilligungsverfahren ist also ein selbständiges Verfahren und nicht nur Neben- oder Zwischenverfahren zum Hauptsacheverfahren (→ auch § 127 Rdnr. 18). Daß in der Praxis nicht selten beide Verfahren gleichzeitig vor demselben Spruchkörper eingeleitet werden, darf über diesen Zusammenhang nicht hinwegtäuschen. 3

Wegen der Notwendigkeit, die Erfolgsaussichten zu beurteilen (→ § 114 Rdnr. 21), sowie wegen der möglichen Parallelität der Verfahren (→ § 117 Rdnr. 24), steht das Bewilligungsverfahren nicht selten in einem **Spannungsverhältnis** zum Hauptsacheverfahren. Im Bewilligungsverfahren hat sich das Gericht auf die Prüfung der Frage zu beschränken, ob die Prozeßkostenhilfevoraussetzungen vorliegen. Es darf dabei zwar auf eine gütliche Einigung hingewirkt (→ Rdnr. 21), nicht aber der Hauptsacheprozeß vorweggenommen werden[9]. Deshalb ist insbesondere bei Erhebungen über die tatsächlichen Verhältnisse Zurückhaltung geboten (→ Rdnr. 22 ff.; zur vorweggenommenen Beweiswürdigung → § 114 Rdnr. 22). 4

Zudem hat hat das Gericht nicht nur im Hauptsacheprozeß, sondern auch im Bewilligungsverfahren auf **möglichste Beschleunigung** bedacht zu sein[10]. Sowohl der Antragsteller als auch der Gegner haben ein Anrecht darauf, daß sich das Verfahren keinesfalls zu einem Vorprozeß auswächst. Vor allem kann der Antragsteller verlangen, daß über einen entscheidungsreifen Antrag zu einem Zeitpunkt entschieden wird, zu dem nach Lage der Sache die mit dem Antrag verfolgten Belange noch wahrgenommen werden können[11] oder eine bereits eingereichte Klage noch kostensparend zurückgenommen werden kann[12]. Daher darf einerseits nicht mit der Entscheidung über den Prozeßkostenhilfeantrag gewartet werden, bis die Hauptsache entscheidungsreif oder gar entschieden ist[13] (→ auch Rdnr. 29). Auch für eine *Aussetzung* des Prozeßkostenhilfeverfahrens ist kein Raum[14]. Ebenso wenig finden die Vorschriften über die *Unterbrechung* des Verfahrens Anwendung[15], und die *Gerichtsferien* wirken sich nicht anders aus als auf die Hauptsache[16]. Andererseits darf die Erledigung des Prozeßkostenhilfeantrags auch nicht zu einer Verzögerung des Hauptsacheprozesses führen. *Terminsverlegung* oder *Vertagung* mit Rücksicht auf einen zwischenzeitlich eingegangenen Prozeßkostenhilfeantrag kommen deshalb regelmäßig nicht in Frage[17]. Allerdings wird ein *Versäumnisurteil* oder die Anordnung des Ruhens des Verfahrens *vor* der Entscheidung über 5

---

[8] *BGH* VersR 1984, 78 = MDR 383; NJW 1960, 98; *OLG Hamm* FamRZ 1986, 80; *OVG Koblenz* JurBüro 1990, 753; *Schneider* AnwBl. 1987, 467.
[9] Vgl. nur *OLG Bamberg* JurBüro 1991, 1670; *OLG Düsseldorf* JurBüro 1989, 113; *OLG Hamm* FamRZ 1986, 81; *OLG Karlsruhe* OLGZ 1988, 127; FamRZ 1988, 738; *OLG Köln* FamRZ 1988, 1078; OLGZ 1983, 313; *OLG München* NJW-RR 1990, 112.
[10] So schon *Gaedeke* JW 1936, 2774; *Schneider* MDR 1977, 620.
[11] *BGH* NJW 1960, 98; *OLG Bamberg* JurBüro 1991, 1670; NJW-RR 1990, 1407; *OLG Düsseldorf* JurBüro 1989, 113; FamRZ 1986, 486; *KG* JW 1934, 1920; *OLG Karlsruhe* OLGZ 1988, 127; *OVG Koblenz* NVwZ 1992, 595; *BSG* JurBüro 1988, 506; *LSG Hamburg* JurBüro 1983, 1181; *Bönker* NJW 1983, 2430.
[12] *OVG Hamburg* Rpfleger 1986, 68; *VGH Kassel* NJW 1985, 218; *Schneider* AnwBl. 1987, 466.
[13] *BVerfG* NJW-RR 1993, 382, 383.
[14] Vgl. *KG* NJW 1953, 1474 (zu § 149); *OLG Kiel* HRR 1928 Nr. 1646; *OLG München* MDR 1988, 783; *OLG Oldenburg* MDR 1957, 554; *OLG Stuttgart* NJW 1950, 229. – A.M. *OLG Frankfurt* JZ 1951, 310; *KG* NJW 1953, 1474 (zu § 148).
[15] *BGH* NJW 1966, 1126; *OLG Oldenburg* JW 1936, 1309. Zum **Tod** des Antragstellers → § 114 Rdnr. 14; zum **Konkurs** des Gegners → Anm. zu Rdnr. 7.
[16] *OLG München* NJW 1982, 2328.
[17] Vgl. *OLG Kiel* JW 1934, 1192.

den Prozeßkostenhilfeantrag nur dann erlassen werden dürfen, wenn die Partei ersichtlich in der Absicht der Prozeßverschleppung oder grob nachlässig den Antrag hinausgezögert hat[18]. *Nach* der Prozeßkostenhilfeentscheidung ist ein Versäumnisurteil an und für sich möglich. Es ist aber zu bedenken, daß der Partei Gelegenheit gegeben werden muß, auf die Entscheidung zu reagieren. Das Gericht kann daher, wenn es Prozeßkostenhilfe verweigert hat, nicht sogleich in der Hauptsache weiterverhandeln und in der Sache entscheiden oder Versäumnisurteil erlassen[19], etwa weil der Anwalt, der seine Beiordnung erhofft hat, nicht auftritt, sondern es muß dann gemäß § 337 von Amts wegen für eine angemessene Überlegungsfrist *vertagen*[20] (→ auch § 119 Rdnr. 5, § 337 Rdnr. 8).

II. Rechtsstellung des Gegners

6   Über die Rechtsstellung des Gegners äußern sich nur § 118 Abs. 1 S. 1 und 4. Nach Abs. 1 S. 1 ist dem Gegner vor der Bewilligung der Prozeßkostenhilfe Gelegenheit zur Stellungnahme zu geben. Es ist umstritten, ob diese Vorschrift Ausdruck eines Rechts des Gegners auf Gewährung rechtlichen Gehörs ist (Art. 103 Abs. 1 GG), oder ob es sich um eine Anweisung an das Gericht handelt, im Rahmen der Amtsermittlung (→ Rdnr. 22) auch den Gegner als Auskunftsperson heranzuziehen. Die Entscheidung hängt davon ab, ob man den Gegner als (formell oder materiell) Beteiligten ansieht.

1. Keine Parteistellung

7   Unstreitig ist der Gegner im Bewilligungsverfahren, bei dem es sich um ein nicht kontradiktorisches Verfahren handelt (→ Rdnr. 1), nicht Partei[21], denn von ihm oder ihm gegenüber wird im Prozeßkostenhilfeverfahren Rechtsschutz nicht begehrt (→ vor § 50 Rdnr. 2). Das Wort »Gegner« bezieht sich daher auf das beabsichtigte Hauptsacheverfahren und darf nicht etwa als »Antragsgegner« bezogen auf das Bewilligungsverfahren verstanden werden[22].

2. Kein Recht auf Gehör

8   Damit ist aber über die Beteiligungsrechte des Gegners noch nicht entschieden. Der Gegner könnte nämlich **materiell Beteiligter** sein, wenn seine Rechte oder Pflichten durch das Bewilligungsverfahren *unmittelbar* beeinflußt werden[23]. In diesem Fall hätte er auch ein Recht auf Gehör, denn ein am Verfahren formell nicht beteiligter Dritter hat ein Recht auf Gehör dann (aber auch nur dann), wenn er durch das Verfahren in seiner Rechtsstellung *unmittelbar* betroffen wird[24] (→ vor § 128 Rdnr. 26 ff.). Genau das behauptet nun die h. M., die die

---

[18] Vgl. *OLG Düsseldorf* FamRZ 1986, 485; *OLG München* JurBüro 1985, 1268; HRR 1940 Nr. 1082; *OLG Oldenburg* NJW-RR 1991, 189; *LAG München* AnwBl. 1988, 122.
[19] *OLG Schleswig* SchlHA 1983, 165, 167. – Zu weit geht es allerdings, eine Prozeßkostenhilfeentscheidung vor Klagezustellung zu verlangen, so *OLG Karlsruhe* JurBüro 1992, 249 und FamRZ 1989, 767 (abl. *Klein* 1203); denn diese liegt in der Hand des Antragstellers, → § 117 Rdnr. 24 ff.
[20] *Schneider* AnwBl. 1987, 466; MDR 1985, 377. – A.M. *OLG Koblenz* OLGZ 1990, 126.
[21] Vgl. nur *BGH* NJW-RR 1992, 60; BGHZ 89, 65 = NJW 1984, 740 = JR 202 (*Waldner*) = LM § 117 ZPO Nr. 1 (*Ankermann*); *OLG Düsseldorf* MDR 1984, 321;

OLG München JurBüro 1993, 160; Rpfleger 1993, 304; *OLG Stuttgart* FamRZ 1984, 72; *OLG Zweibrücken* JurBüro 1986, 1097; *Hess. VGH* AnwBl. 1993, 46; *Behn* AnwBl. 1985, 236; *Bettermann* JZ 1962, 675; *Münch-KommZPO/Wax* Rdnr. 7.
[22] Da der Gegner nicht Partei ist, unterbricht z. B. das über sein Vermögen eröffnete **Konkursverfahren** das Prozeßkostenhilfeverfahren nicht, *OLG Koblenz* AnwBl. 1989, 178.
[23] Vgl. dazu *Kollhosser* Zur Stellung und zum Begriff der Verfahrensbeteiligten im Erkenntnisverfahren der freiwilligen Gerichtsbarkeit (1970), 326 ff. sowie BGHZ 115, 255 f.
[24] *BVerfGE* 75, 215; *BVerfG* NJW 1991, 2078; *Dimaras* Anspruch »Dritter« auf Verfahrensbeteiligung (1987),

Auffassung vertritt, der Gegner habe ein schutzwertes Interesse daran, nicht mit einem aussichtslosen oder mutwilligen Prozeß konfrontiert zu werden, der vor allem die Gefahr in sich berge, daß der Kostenerstattungsanspruch des Gegners, der sich im Falle des Obsiegens weiterhin (nur) gegen die bedürftige Partei richte (§ 123), nicht realisiert werden könne. Dem Gegner müsse daher jedenfalls hinsichtlich der objektiven Bewilligungsvoraussetzungen rechtliches Gehör gewährt werden, und § 118 Abs. 1 S. 1 sei nur Ausfluß dieses Rechts[25].

Diese **herrschende Meinung ist abzulehnen.** Daß der Gegner – auch im Hinblick auf einen künftigen Kostenerstattungsanspruch – daran interessiert ist, daß der Partei Prozeßkostenhilfe versagt und ihr deshalb vielleicht die Möglichkeit genommen wird, Klage zu erheben oder sich (anwaltlich vertreten) zu verteidigen, kann nicht bestritten werden. Aber daß ein Dritter an einer bestimmten Entscheidung aus wirtschaftlichen Gründen *interessiert* ist, reicht nicht aus. Er muß vielmehr durch das Verfahren bzw. die das Verfahren abschließende Entscheidung *in seiner Rechtsstellung unmittelbar betroffen* sein (→ Rdnr. 8). Das ist hier aber nicht der Fall. Durch eine Prozeßkostenhilfebewilligung werden möglicherweise die wirtschaftlichen Interessen des Gegners, nicht aber die im Hauptsacheverfahren zur Debatte stehenden Rechte und Pflichten berührt, denn das Prozeßkostenhilfeverfahren endet nicht mit einer Entscheidung über diese Rechte und Pflichten, und es präjudiziert sie auch nicht[26]. 9

Das *Bundesverfassungsgericht* hat in seiner Kammer-Entscheidung vom 14.1.1991[27] ausgeführt, die Ansicht, der Anspruch des Gegners auf rechtliches Gehör erstrecke sich jedenfalls nicht auf die subjektiven Bewilligungsvoraussetzungen, begegne keinen verfassungsrechtlichen Bedenken, da eine Rechtsposition des Gegners nicht schon dann berührt werde, wenn der soziale Teil des Bewilligungstatbestandes bejaht werde. Diese Entscheidung steht der hier vertretenen Auffassung nur scheinbar entgegen. Das Gericht hat sich auf die entscheidende Frage beschränkt und die Rechtsstellung des Gegners nicht umfassend erörtert. Es hat lediglich dem Gedanken Ausdruck verliehen, daß der Gegner kein schutzwürdiges Interesse daran hat, daß die Partei das Hauptsacheverfahren wegen ihrer Mittellosigkeit nicht durchführen könne, nicht aber dazu Stellung genommen, ob der Gegner durch eine Prozeßkostenhilfeentscheidung überhaupt in seiner Rechtsstellung unmittelbar betroffen wird. Der Eingriff in die Rechtsstellung eines Dritten kann sich aber kaum aus den Gründen einer Entscheidung oder den Erwägungen zu einzelnen Tatbestandsmerkmalen ergeben. Man muß die Frage, ob eine Prozeßkostenhilfebewilligung die Rechte und Pflichten des Gegners unmittelbar betrifft, schon einheitlich beantworten, und wenn man sie bejaht, dann muß man mit einer ausführlichen Interessenabwägung begründen, warum das dann grundsätzlich bestehende Recht des Gegners auf Gehör bezüglich der subjektiven Bewilligungsvoraussetzungen hinter den Persönlichkeitsrechten der bedürftigen Partei zurücktreten muß (→ auch Rdnr. 12). Daß das Gericht dies nicht getan hat, läßt vermuten, daß es, wenn der vorgelegte Fall eine Stellungnahme dazu erfordern sollte, eine unmittelbare Betroffenheit des Gegners und damit ein Recht auf Gehör verneinen würde. 10

Schließlich sei auch noch kurz auf die **Konsequenzen** aufmerksam gemacht. Die Praxis hat ein großes Interesse daran, den Gegner auch zu den subjektiven Bewilligungsvoraussetzun- 11

---

20 ff.; *Waldner* Der Anspruch auf rechtliches Gehör (1989), Rdnr. 403 ff.; *Zeuner* Rechtliches Gehör, materielles Recht und Urteilswirkungen (1974), 37.
[25] So *BGHZ* 89, 66 f. = NJW 1984, 740 = JR 202 (zust. *Waldner*) = LM § 117 ZPO Nr. 1 (*Ankermann*); *LG Stade* NdsRpfl. 1982, 65; *LAG Hamm* MDR 1988, 172 = LAGE § 118 ZPO Nr. 4 (abl. *Schneider*); *Baumbach/Lauterbach/Hartmann*[51] Rdnr. 6; *Holch* NJW 1981, 153; *MünchKommZPO/Wax* Rdnr. 7 ff.; *Thalmann* (vor § 114 Fn. 1), Rdnr. 3; *Waldner* Der Anspruch auf rechtliches Gehör (1989), Rdnr. 305 ff. – Weitergehend (auch hinsichtlich der subjektiven Voraussetzungen) *OLG Bremen* FamRZ 1982, 832; *OLG Frankfurt* JurBüro 1982, 1262; *OLG Hamm* FamRZ 1984, 306; *OLG Karlsruhe* NJW 1982, 2507; *LG München II* DAVorm. 1972, 76; *LAG Hamburg* MDR 1982, 527 = KostRspr. § 118 ZPO Nr. 4 (zust. v. *Eicken*); *Bischof* AnwBl. 1981, 374 f.; *Schneider* MDR 1981, 796 f. – Ohne Differenzierung *BayVerfGH* 15, 48 = JZ 1962, 673 (abl. *Bettermann*) = NJW 627; *OLG Frankfurt* NJW 1966, 455; *OLG Stuttgart* FamRZ 1984, 72; *Behr/Hantke* Rpfleger 1981, 269; *Rosenberg/Schwab/Gottwald*[15] § 85 III 4 b; *Zöller/Philippi*[18] Rdnr. 1. – Zur Auffassung des *Bundesverfassungsgerichts* → Rdnr. 10.
[26] Ebenso *OLG Düsseldorf* MDR 1984, 321; *OLG Zweibrücken* JurBüro 1986, 1097; *VGH Baden-Württemberg* JZ 1951, 23; *Bettermann* JZ 1962, 677; *Schmid* JR 1983, 353. – Explizit anders *BayVerfGH* 15, 48 = JZ 1962, 673 = NJW 627; *OLG Karlsruhe* NJW 1982, 2507; *LG München II* DAVorm. 1972, 77.
[27] *BVerfG* NJW 1991, 2078.

gen befragen zu können, weil er oft der einzige ist, der das zumeist in den düstersten Farben gemalte Bild über die Einkommens- und Vermögenslage des Antragstellers »aufhellen« und zurechtrücken kann. Daran ist das Gericht aber auch nach der hier vertretenen Ansicht nicht gehindert. Daß der Gegner kein Recht auf Gehör hat, heißt nicht, daß ihn das Gericht im Zuge der Amtsermittlung (→ Rdnr. 22) nicht fragen darf, was er über Einkommen und Vermögen des Antragstellers weiß, auch wenn die Anhörung (auch nach h. M.) in erster Linie auf die objektiven Voraussetzungen zielt (→ Rdnr. 14). Sodann vermeidet die hier vertretene Ansicht unliebsame Amtshaftungsprozesse. Wenn man nämlich mit der h. M. der Auffassung ist, der Gegner werde durch die Bewilligungsentscheidung in seinen Rechten unmittelbar betroffen und sei deshalb anzuhören, dann wird man wohl auch an eine Amtspflichtverletzung gegenüber dem Gegner denken müssen, wenn in einer objektiv aussichtslosen oder mutwilligen Rechtssache gleichwohl Prozeßkostenhilfe bewilligt wird (→ demgegenüber Rdnr. 2).

3. Akteneinsicht

12   Da der Gegner[28] nicht Partei ist (→ Rdnr. 7) und nach der hier vertretenen Ansicht kein Recht auf Gehör hat (→ Rdnr. 8 ff.), kann ihm Akteneinsicht grundsätzlich nur nach Maßgabe des § 299 Abs. 2 zugebilligt werden. Das bedeutet insbesondere, daß ihm Einsicht in das Beiheft (→ § 117 Rdnr. 17), in dem die Unterlagen über die persönlichen und wirtschaftlichen Verhältnisse des Antragstellers gesammelt sind, nicht zu gewähren ist, weil hier die Interessen des Antragstellers an der Vertraulichkeit dieser für die Entscheidung des Hauptsacheprozesses unerheblichen, sehr persönlichen, den Kernbereich seiner Privatsphäre betreffenden Daten vorgehen. Zu demselben Ergebnis muß man kommen, wenn man dem Gegner mit der h. M. grundsätzlich ein Recht auf Gehör zubilligt (→ Rdnr. 8), da dann eine Grundrechtskollision zwischen dem Recht des Gegners auf Gehör (Art. 103 Abs. 1 GG) und dem Persönlichkeitsrecht des Antragstellers (Art. 1 Abs. 1, 2 Abs. 1 GG) vorliegt, die aus den genannten Gründen zugunsten des Antragstellers zu entscheiden ist[29].

4. Anhörung im Rahmen der Amtsermittlung (Abs. 1 S. 1 und 2)

13   Wenn der Gegner also kein Recht auf Gehör hat (→ Rdnr. 9), ist er für das Gericht weder Partei noch Zeuge, sondern dritte **Auskunftsperson**[30]. Die Anhörung des Gegners dient somit der Sachverhaltsaufklärung im Wege der Amtsermittlung. Das Gesetz schreibt dem Gericht diese Maßnahme grundsätzlich zwingend vor, damit die wichtigste Erkenntnisquelle zur Klärung der Bewilligungsvoraussetzungen nicht ungenutzt bleibt. Etwas anderes gilt nur dann, wenn die Anhörung des Gegners aus besonderen Gründen unzweckmäßig erscheint[31]. Dem Gericht ist damit jedenfalls für Ausnahmefälle ein gewisses Ermessen eingeräumt. Im

---

[28] Zum Akteneinsichtsrecht des **Bezirksrevisors** s. OLG Karlsruhe JurBüro 1988, 1226.
[29] BVerfG NJW 1991, 2078; BGHZ 89, 67 = NJW 1984, 740 = JR 202 (zust. *Waldner*) = LM § 117 ZPO Nr. 1 (*Ankermann*); OLG Düsseldorf MDR 1984, 321; OLG Köln MDR 1985, 328 (abl. *Schneider*); LG Stade NdsRpfl. 1982, 65; LAG Hamm MDR 1988, 172; Holch NJW 1981, 151 ff.; Pentz NJW 1983, 1037; Schmid JR 1983, 353; Schuster SGb. 1982, 182; Waldner Der Anspruch auf rechtliches Gehör (1989), Rdnr. 309 ff.; Wax FamRZ 1985, 15. – **A.M.** OLG Bremen FamRZ 1982, 832; OLG Celle MDR 1982, 761; OLG Frankfurt JurBüro 1982, 1262; OLG Hamm FamRZ 1984, 306; OLG Karlsruhe NJW 1982, 2507; OLG Köln OLGZ 1983, 312; LAG Frankfurt ArbuR 1983, 348 (L); LAG Hamburg MDR 1982, 527 = KostRspr. § 118 ZPO Nr. 4 (zust. *v. Eicken*); Bischof AnwBl. 1981, 375; Künkel DAVorm. 1983, 347; Mümmler JurBüro 1982, 335; Schneider MDR 1981, 796 f.
[30] So schon *Jonas* JW 1932, 2057. Vgl. auch VGH Baden-Württemberg JZ 1951, 24; Dunz NJW 1962, 814 f.
[31] Vgl. etwa OLG Hamburg FamRZ 1988, 1077 (keine Anhörung nach Abschluß der Hauptsache); DAVorm. 1983, 77 (keine Anhörung des im Ausland wohnenden Gegners; ebenso LG München II DAVorm. 1972, 76); Mümmler JurBüro 1980, 1453 (keine Anhörung beim einstweiligen Rechtsschutz).

übrigen ergibt sich aus dem Wortlaut der Vorschrift, daß eine Anhörung nur erforderlich ist, wenn das Gericht dem Gesuch nach dem Stand der Dinge stattgeben will, sich also erübrigt, wenn es den Antrag zurückweisen will[32]. – Zum *Mahnverfahren* → § 119 Rdnr. 13.

Gegenstand der Anhörung ist in erster Linie das, was der Gegner sachlich zur Rechtsverteidigung vorzubringen beabsichtigt. Der Gegner hat kein Recht, auch zur subjektiven Leistungsfähigkeit des Antragstellers gehört zu werden (→ Rdnr. 8, 12). Das Gericht muß ihn dazu nicht befragen[33], kann es aber (→ Rdnr. 11, 23). Da der Gegner nicht Partei des Bewilligungsverfahrens ist (→ Rdnr. 7), ist die Anhörung *keine Parteivernehmung* (§§ 445 ff.). Für eidesstattliche Versicherungen des Gegners ist kein Raum. *Zwangsmittel* ensprechend § 141 Abs. 3 oder den für Zeugen geltenden Vorschriften sind unzulässig[34] (→ auch Rdnr. 26). Ein Zwang ist hier auch deshalb entbehrlich, weil der Gegner zu gewärtigen hat, daß das Gericht dem Antragsteller Prozeßkostenhilfe ohne Würdigung der Einwendungen des Gegners bewilligt[35]. *Anwaltszwang* besteht nicht, auch nicht bei mündlicher Anhörung (→ auch § 117 Rdnr. 12). *Prozeßkostenhilfe* kann dem Gegner für die Anhörung nicht bewilligt werden (→ § 114 Rdnr. 12). Zu den *Kosten* → Rdnr. 37.   14

Die Anhörung kann **schriftlich oder mündlich** vor dem Richter oder zu Protokoll der Geschäftsstelle erfolgen (Abs. 1 S. 2). Vielfach wird sich eine gemeinsame Aussprache mit dem Antragsteller empfehlen (→ Rdnr. 21). Allgemein zur Zuständigkeit → Rdnr. 19. – Zum Anwesenheitsrecht bei einer *Beweiserhebung* → Rdnr. 27.   15

III. Mitwirkung des Antragstellers

1. Glaubhaftmachung (Abs. 2 S. 1)

Das Gericht kann von dem Antragsteller verlangen, daß er seine tatsächlichen Angaben zu den objektiven wie zu den subjektiven Voraussetzungen[36] glaubhaft macht. Dazu verpflichtet ihn § 117 Abs. 2 für die persönlichen und wirtschaftlichen Verhältnisse bereits von Gesetzes wegen durch die Aufforderung, dem Antrag Belege beizufügen (→ auch Rdnr. 23 sowie § 117 Rdnr. 17; zur gerichtlichen Hinweispflicht bei unzureichenden Angaben und Belegen → § 117 Rdnr. 19). Weitergehend müssen diese und die übrigen tatsächlichen Angaben glaubhaft gemacht werden, wenn das Gericht es verlangt. In Betracht kommt dann hauptsächlich die **Vorlegung von Urkunden**. Eidesstattliche Versicherungen von dem Antragsteller zu fordern, ist zwar zulässig, wenn begründeter Anlaß besteht[37]. Es wird sich aber regelmäßig kaum empfehlen, auch nicht bei Dritten mit Rücksicht auf deren künftige Zeugenschaft im Prozeß. – Zu den nach § 630 erforderlichen Unterlagen im *Scheidungsverfahren* → § 114 Rdnr. 46.   16

2. Verfahrensbeteiligung und Verfahrensbeschleunigung

Daß der Antragsteller als unmittelbar Betroffener Anspruch auf **rechtliches Gehör** hat[38], ist selbstverständlich. Dabei reicht allerdings die Möglichkeit zur schriftsätzlichen (oder von der Geschäftsstelle zu protokollierenden) Äußerung aus. Das Bewilligungsverfahren ist ein   17

---

[32] Vgl. *Hess.VGH* JurBüro 1989, 1144.
[33] *BFH* Rpfleger 1993, 251.
[34] *OLG Hamm* JMBl.NRW 1959, 181; NJW 1954, 1688; *Pohlmann* NJW 1954, 947. Vgl. auch *Grunsky* NJW 1980, 2044.
[35] Vgl. zu den Risiken für den »mauernden« Gegner *Kümme* JurBüro 1991, 313; *Lange* AnwBl. 1988, 275.

[36] Vgl. *OLG Düsseldorf* AnwBl. 1986, 162.
[37] *OLG Düsseldorf* AnwBl. 1986, 162; *OLG München* FamRZ 1989, 83.
[38] *BVerfGE* 20, 282 und 349. Vgl. auch *KG* DAVorm. 1986, 492.

schriftliches Verfahren (→ Rdnr. 20), und eine mündliche Äußerung ist von Verfassungs wegen nicht vorgeschrieben. *Anwaltszwang* besteht dabei nicht (→ § 117 Rdnr. 12). Im übrigen treffen den Antragsteller trotz des Amtsermittlungsgrundsatzes (→ Rdnr. 22) **Mitwirkungspflichten**, wie sich schon aus der Sanktionsnorm des § 118 Abs. 2 S. 4 ergibt. Verletzt er diese – gleichermaßen auf die objektiven wie auf die subjektiven Voraussetzungen bezogenen – Pflichten, so kann sein Antrag ganz oder teilweise (→ Rdnr. 23) zurückgewiesen werden, weil ihn die Darlegungslast trifft und sich das Gericht anhand der vorliegenden Unterlagen von der Begründetheit des Antrags nicht überzeugen konnte (→ auch § 117 Rdnr. 19). Außerdem ist in Betracht zu ziehen, daß sich die Verletzung von Mitwirkungspflichten auf den Bewilligungszeitpunkt auswirken kann, weil Prozeßkostenhilfe grundsätzlich erst dann bewilligt werden kann, wenn ein vollständiger und ordnungsgemäß begründeter Antrag vorliegt (→ § 119 Rdnr. 28); ferner, daß auch die Wahrung von in der Hauptsache laufenden Fristen davon abhängen kann, daß der Antragsteller im Bewilligungsverfahren zu einer raschen Entscheidung beiträgt (→ § 117 Rdnr. 29 ff.). Davon zu unterscheiden ist der Fall, daß der Antragsteller (nur) das *Hauptsacheverfahren* boykottiert, was den Schluß zulassen kann, daß seine Rechtsverfolgung oder -verteidigung mutwillig und der Prozeßkostenhilfeantrag deshalb zurückzuweisen ist[39] (→ aber auch § 124 Rdnr. 4).

IV. Verfahrensmaßnahmen des Gerichts

18   Das Prozeßkostenhilfebewilligungsverfahren richtet sich grundsätzlich nach den allgemeinen Vorschriften (→ Rdnr. 1). In § 118 ist lediglich besonders geregelt, daß das Gericht zur mündlichen Erörterung laden (→ Rdnr. 20), Erhebungen anstellen (→ Rdnr. 22) und in engen Grenzen auch Beweis erheben kann (→ Rdnr. 26).

1. Zuständigkeit (Abs. 3)

19   Ist für das Prozeßkostenhilfebewilligungsverfahren nicht der Rechtspfleger, sondern der Richter zuständig (→ § 117 Rdnr. 5), so werden die gerichtlichen Verfahrensmaßnahmen gemäß Abs. 3 von dem **Vorsitzenden** oder einem von ihm **beauftragten Mitglied des Gerichts** durchgeführt. Die Einschaltung eines **ersuchten Richters** (§§ 156 ff. GVG) richtet sich nach den allgemeinen Vorschriften[40]. Der Vorsitzende kann die erforderlichen Maßnahmen außerdem gemäß § 20 Nr. 4 lit. a RPflG dem **Rechtspfleger** übertragen[41], während dem vom Vorsitzenden beauftragten Richter eine Weiterübertragung an den Rechtspfleger nicht gestattet ist. Dem ersuchten Richter eines anderen Gerichts wird man die Befugnis zur Übertragung auf den Rechtspfleger dann zubilligen können, wenn nicht ausdrücklich eine Erledigung durch den Richter erbeten war. Obgleich auf § 118 Abs. 1 S. 3, 1. Hs. nicht verwiesen ist, schließt die Übertragung in allen diesen Fällen nicht nur die Befugnis zur Protokollierung eines Vergleichs (→ Rdnr. 32), sondern vorher schon die Befugnis zur (dem Vergleichsschluß notwendig vorausgehenden) mündlichen Erörterung sowie gemäß § 4 Abs. 1 RPflG zur Prozeßkostenhilfebewilligung für den Vergleichsschluß mit ein[42]. Unabhängig davon können der Vorsitzende, der beauftragte und der ersuchte Richter unter den Voraussetzungen des

---

[39] Vgl. *OLG Hamm* FamRZ 1980, 180 einerseits, *LAG München* AnwBl. 1988, 122 andererseits. Keinesfalls reicht es aus, daß *vorprozessuale* Mitwirkungspflichten verletzt wurden, *BFH* BB 1986, 2402.
[40] **A.M.** *OLG Braunschweig* NdsRpfl. 1987, 251; *Mümmler* JurBüro 1980, 1454.
[41] Der Nutzen dieser Möglichkeit wird – auch de lege ferenda – unterschiedlich beurteilt; befürwortend *Holch* Rpfleger 1980, 361 ff.; abl. *Bischof* AnwBl. 1981, 369; *Schneider* Rpfleger 1980, 365 ff.
[42] *MünchKommZPO/Wax* Rdnr. 2 – **A.M.** *OLG Köln* Rpfleger 1986, 493 = KostRspr. § 118 ZPO Nr. 20 (abl. *Lappe*); *Thalmann* (vor § 114 Fn. 1), Rdnr. 24.

§ 25 RPflG den Rechtspfleger mit vorbereitenden Maßnahmen beauftragen, z. B. mit der Anfertigung eines Ersuchungsschreibens oder eines Entscheidungsentwurfs. Ist der Rechtspfleger für das Bewilligungsverfahren insgesamt zuständig (→ § 117 Rdnr. 5), so ist er es auch für die in § 118 geregelten Maßnahmen (§ 4 Abs. 1 RPflG). – Zur Zuständigkeit für die *Anhörung des Gegners* → Rdnr. 15.

2. Mündliche Erörterung (Abs. 1 S. 3, 1. Hs.)

Nach § 127 Abs. 1 Satz 1 ergehen Entscheidungen im Verfahren über die Prozeßkostenhilfe **ohne mündliche Verhandlung**. Das Gesetz sieht also nicht einmal eine fakultative mündliche Verhandlung vor, sondern beschränkt das Gericht auf ein **schriftliches Verfahren**, in dem eine förmliche Verhandlung vor dem erkennenden Gericht nicht stattfindet[43]. Das beruht einerseits darauf, daß es sich nicht um ein konktradiktorisches Verfahren handelt, da der Gegner hier nicht beteiligt ist (→ Rdnr. 1, 7), andererseits darauf, daß dem Gericht die für die Entscheidung notwendigen Unterlagen ohnehin schriftlich vorgelegt werden müssen (§ 117 Abs. 2 – 4).

Ganz ohne Elemente der Mündlichkeit kommt man indessen auch hier nicht aus. Denn zum einen kann es erforderlich sein, Zeugen oder Sachverständige zu vernehmen (→ Rdnr. 26), und zum anderen kann es sinnvoll sein, die Parteien des beabsichtigten Rechtsstreits zusammenzubringen, um sie zur gütlichen Beilegung ihres Streits zu bewegen. § 118 Abs. 1 Satz 3 erlaubt es daher dem Gericht, die Parteien zu einer **mündlichen Erörterung** zu laden, wenn eine Einigung zu erwarten ist. Diese Formulierung ist zurückhaltender als die des § 279, die es dem Gericht auferlegt, in jeder Lage des Verfahrens auf eine gütliche Einigung hinzuwirken. Das heißt zwar nicht, daß sich das Gericht im Prozeßkostenhilfebewilligungsverfahren nicht um einen Vergleich bemühen sollte. Aber die Einigung ist hier doch mehr als Nebenprodukt der Anhörung des Gegners gedacht, und es kann – insbesondere, wenn anwaltliche Beratung erforderlich ist – durchaus sinnvoll sein, zunächst Prozeßkostenhilfe zu bewilligen und erst dann in Vergleichsverhandlungen einzutreten. Wenn aber die Anzeichen bereits in diesem frühen Stadium eine gütliche Einigung erwarten lassen oder das parallel durchgeführte Hauptsacheverfahren schon so weit gediehen ist, daß die Grundlagen für entsprechende Verhandlungen gegeben sind, so empfiehlt es sich, die Anhörung des Gegners (→ Rdnr. 6) mit einer gemeinsamen Aussprache über die gütliche Erledigung des Rechtsstreits zu verbinden. Die dann stattfindende mündliche Erörterung ist aber keine mündliche Verhandlung im eigentlichen Sinne, und sie darf sich auch nicht zu einer solchen auswachsen[44]. Insbesondere kann es nicht Sinn dieser Ausnahme vom schriftlichen Verfahren sein, nunmehr die Erfolgsaussichten der beabsichtigten Rechtsverfolgung oder Rechtsverteidigung abschließend zu klären[45]. Der Hauptsacheprozeß soll auch hier nicht vorweggenommen (→ Rdnr. 3), sondern er soll erübrigt werden. Näher zum *Vergleich* → Rdnr. 32.

3. Erhebungen (Abs. 2 S. 2 – 4)

Nach Abs. 2 S. 2 kann das Gericht Erhebungen anstellen, insbesondere die Vorlegung von Urkunden anordnen und Auskünfte einholen. Damit ist der **Untersuchungsgrundsatz** eingeführt, der es dem Gericht erlaubt, den Sachverhalt von Amts wegen zu ermitteln. Die Besonderheiten der Prozeßkostenhilfe erfordern hier aber Einschränkungen:

---

[43] *OLG Karlsruhe* FamRZ 1992, 1198; 1989, 768 (krit. *Klein* 1204); *Schneider* MDR 1981, 4; **a.M.** *Thalmann* (vor § 114 Fn. 1), Rdnr. 7.

[44] *Grunsky* NJW 1980, 2044.

[45] *OLG Hamm* MDR 1983, 674; *OLG Karlsruhe* FamRZ 1992, 1198.

a) subjektive Voraussetzungen (Abs. 2 S. 4)

23 Für die subjektiven Voraussetzungen der Prozeßkostenhilfe gilt Abs. 2 S. 2 nur ausnahmsweise. Über seine persönlichen und wirtschaftlichen Verhältnisse hat sich der Antragsteller gemäß § 117 Abs. 2–4 ausführlich und vollständig zu erklären. Genügen dem Gericht die vorgelegten Informationen nicht, hat es den Antragsteller zur Nachbesserung aufzufordern (→ § 117 Rdnr. 19). Ist die Entscheidungsgrundlage dann immer noch nicht gegeben, ist Prozeßkostenhilfe »insoweit« zu versagen (Abs. 2 S. 4), d.h. es ist die Prozeßkostenhilfe entweder ganz abzulehnen oder – wenn die fehlenden Unterlagen sich nur teilweise auswirken – nur mit höheren Raten etc. zu bewilligen[46]. Eine weitere Sachverhaltsermittlung oder Beweiserhebung durch das Gericht ist nur dann zulässig, wenn es dem Antragsteller nicht möglich oder nicht zumutbar ist, die erforderlichen Unterlagen zu beschaffen; in diesen Fällen kommt dann – obgleich die dazu ausdrücklich ermächtigende Regelung des Abs. 2 S. 4 a.F. gestrichen wurde – insbesondere in Betracht, eine behördliche Auskunft einzuholen[47] (→ Rdnr. 24). Auch eine Schätzung wird man analog § 287 in engen Grenzen zulassen können[48]. Nicht ausgeschlossen ist es hingegen, Erkenntnisse, die aus einer die objektiven Voraussetzungen betreffenden Erhebung, etwa einer Anhörung des Gegners oder einer Zeugenaussage, für die Leistungsfähigkeit gewonnen werden, zu berücksichtigen, da lediglich verhindert werden soll, daß eigens für solche Umstände ermittelt wird, die vorzutragen und zu belegen Sache des Antragstellers ist. Hingegen ist es nicht zulässig, von weiteren Erhebungen mit der Begründung abzusehen, wer *bereits Klage erhoben* habe, ohne die Prozeßkostenentscheidung abzuwarten, habe seine Leistungsfähigkeit unter Beweis gestellt[49].

b) objektive Voraussetzungen (Abs. 2 S. 2)

24 Hinsichtlich der Erfolgsaussicht und der fehlenden Mutwilligkeit kann das Gericht Erhebungen anstellen, insbesondere die Vorlegung von Urkunden anordnen und Auskünfte einholen. Das Gericht kann beispielsweise Vorakten beiziehen[50] oder Auskünfte von Behörden[51] (→ vor § 373 Rdnr. 51) oder Privatpersonen einholen, wobei aber zu beachten ist, daß die Restriktionen nach Abs. 2 S. 3 (→ Rdnr. 26) nicht umgangen werden dürfen. Die Entscheidung über die Erhebungen steht im pflichtgemäßen Ermessen des Gerichts. Dabei ist auch zu berücksichtigen, daß weder der Hauptsacheprozeß vorweggenommen noch das Prozeßkostenhilfeverfahren über Gebühr verzögert werden darf (→ Rdnr. 3, 5, 29).

25 Bei den Erhebungen nach Abs. 2 S. 2 handelt es sich um **Amtsermittlung** (→ Rdnr. 22), nicht um eine Form des Freibeweises (→ vor § 355 Rdnr. 13, 21 ff.). Folglich bedarf es weder eines Antrags noch eines Beweisbeschlusses, und eine Entscheidung, in einer bestimmten Art und Weise Erhebungen durchzuführen, ist auch nicht anfechtbar (→ Rdnr. 31). Soll die Maßnahme einem **beauftragten oder ersuchten Richter** übertragen werden (→ Rdnr. 19), so muß das Ersuchen ebenfalls nicht nach Art eines Beweisbeschlusses formuliert werden. Es reicht, daß klar erkennbar ist, welche Maßnahmen erfordert werden. Der ersuchte Richter hat sich dann in den so gesteckten Grenzen zu halten, denn es ist nicht seine Aufgabe, dem ersuchenden Gericht das Material für die Entscheidung von sich aus zu beschaffen.

---

[46] *OLG Karlsruhe* FamRZ 1992, 579; *Beyer* JurBüro 1989, 445; *Pohlmeyer* AnwBl. 1987, 421; *Schneider* MDR 1987, 90.
[47] Vgl. *BGH* VersR 1983, 241, 242; *LAG Hamm* JurBüro 1982, 451; 1981, 1579; *Behr/Hantke* Rpfleger 1981, 269; *Schneider* MDR 1987, 90; *Zöller/Philippi*[18] Rdnr. 20; vgl. auch *Hess.VGH* AnwBl. 1990, 55. – A.M. (aber wegen Vorwegnahme der Hauptsache bei einer Auskunftsklage) *OLG Hamm* FamRZ 1986, 80; *OLG Karlsruhe* FamRZ 1988, 738.
[48] **A.M.** *Christl* NJW 1981, 787.
[49] **A.M.** *Müller-Heidelberg* AnwBl. 1992, 129.
[50] *KG* VersR 1972, 104 (Strafakten auch gegen den Widerstand des Antragstellers).
[51] Vgl. *Hess.VGH* JurBüro 1989, 1144.

c) Vernehmung von Zeugen oder Sachverständigen (Abs. 2 S. 3)

Abs. 2 S. 3 bestimmt, daß Zeugen oder Sachverständige nicht vernommen werden dürfen, 26
es sei denn, daß auf andere Weise nicht geklärt werden kann, ob die Rechtsverfolgung
hinreichende Aussicht auf Erfolg bietet und nicht mutwillig erscheint. Eine *Parteivernehmung*
(§§ 445 ff.) ist hingegen unzulässig[52] (→ auch Rdnr. 14). Die Anhörung von Zeugen und
Sachverständigen ist grundsätzlich nur **hinsichtlich der objektiven Bewilligungsvoraussetzungen** (→ – auch zur Verwertung bezüglich der subjektiven Voraussetzungen – Rdnr. 23, 24)
und nur **subsidiär** gestattet, d. h. wenn der Sachverhalt, soweit dies zur Entscheidung über den
Antrag erforderlich ist, auf andere Weise nicht hinreichend (→ § 114 Rdnr. 22) geklärt
werden kann. Der Richter entscheidet auch hierüber nach pflichtgemäßem Ermessen[53]. Dabei
ist wiederum zu berücksichtigen, daß das Bewilligungsverfahren zügig zu erledigen[54] und der
Hauptsacheprozeß grundsätzlich nicht vorweggenommen werden darf (→ Rdnr. 3, 5, 29),
weshalb beispielsweise in Statussachen die erforderlichen Abstammungsgutachten dem
Hauptsacheprozeß vorzubehalten sind (→ § 114 Rdnr. 54, 58). Grundsätzlich darf die Beweiserhebung nur die Erfolgsaussichten klären, nicht aber die Sache entscheidungsreif machen. Ist das Gericht bereits von der *Möglichkeit* der Beweisführung überzeugt, darf im
Bewilligungsverfahren weiterer Beweis nicht erhoben werden (→ auch § 114 Rdnr. 22; zur
Prozeßkostenhilfebewilligung für unzulässige Beweisaufnahmen → § 114 Rdnr. 12). Im übrigen kommt eine Beweiserhebung nur für solche Tatsachen in Betracht, für die der Antragsteller im Hauptsacheverfahren beweispflichtig ist. Unter Verstoß gegen diesen Grundsatz erhobene Beweise dürfen für die Prozeßkostenhilfeentscheidung nicht verwertet werden[55]. Eine
Anfechtung findet aber nicht statt (→ Rdnr. 31). Zur *Zurückweisung* mangels hinreichender
Erfolgsaussicht *ohne Vernehmung* der angebotenen Zeugen → § 114 Rdnr. 22.

Die *Beeidigung* ist durch § 118 Abs. 2 S. 2, 2. Hs. ausdrücklich ausgeschlossen. Im übrigen 27
folgt aber die **Beweiserhebung** grundsätzlich den allgemeinen Regeln. Insbesondere ist gemäß
§ 357 sowohl dem Antragsteller als auch dem Gegner die *Anwesenheit bei der Anhörung* von
Zeugen oder Sachverständigen zu gestatten[56]; zur Prozeßkostenhilfebewilligung dafür →
§ 114 Rdnr. 12. Auch die *Ablehnung* von Sachverständigen ist zulässig[57].

Die Zeugen und Sachverständigen haben Anspruch auf **Entschädigung** nach Maßgabe des 28
ZuSEntschG (§ 1 Abs. 1). **Kostenvorschüsse** dürfen nicht verlangt werden, da das mit dem
Grundsatz der Kostenfreiheit des Bewilligungsverfahrens nicht vereinbar wäre[58]. Auch weil
die Auslagen zunächst von der Staatskasse zu tragen und bei Versagung der Prozeßkostenhilfe von der bedürftigen Partei, der sie nach § 49 GKG zur Last fallen (→ Rdnr. 36), zumeist
nicht einzuziehen sind, wird sich praktisch die Anhörung auf Ausnahmefälle beschränken.

d) Verhältnis zum Hauptsacheprozeß

Die Ergebnisse der angestellten Erhebungen können **im nachfolgenden Hauptsacheprozeß** 29
im Wege des Urkundenbeweises verwertet werden[59], bieten aber keinen Ersatz für einen dort
beantragten Zeugenbeweis[60]. Ist **im bereits anhängigen Hauptsacheprozeß** eine Beweisauf-

---

[52] *OLG Karlsruhe* FamRZ 1992, 1198; vgl. auch *LG Hechingen* KostRspr. ZPO § 118 Nr. 54 (L): Keine Anordnung des persönlichen Erscheinens der Parteien.
[53] *BGH* NJW 1960, 98 = MDR 117; *OLG Zweibrücken* FamRZ 1984, 75.
[54] Vgl. *OLG Bamberg* JurBüro 1988, 1715 (rasche Klärung durch einen einzigen Zeugen).
[55] *OLG Köln* FamRZ 1988, 1078.
[56] Vgl. *OLG Dresden* JW 1934, 2119; *OLG Hamburg* JW 1934, 2173; *Carl* JW 1934, 2947; *Deesen* JZ 1934, 2601; *Neumann* JW 1934, 2602. – A.M. *Gaedeke* JW 1934, 2119.
[57] *BGH* VRS 29, 430.
[58] *BGHZ* 91, 314 = NJW 1984, 2106 = MDR 931 (*Waldner*); *Strutz* NJW 1973, 272.
[59] Vgl. *OLG Hamm* JW 1935, 2214 (zust. *Gaedeke*).
[60] Vgl. *LG Aachen* MDR 1986, 504.

nahme erforderlich, so darf der Prozeßkostenhilferichter gleichwohl die Beschlußfassung über den Antrag nicht einfach hinausschieben, bis das Ergebnis der Beweisaufnahme vorliegt[61] (→ auch § 114 Rdnr. 22). Durch eine Verzögerung der Beschlußfassung können dem Antragsteller oft Nachteile entstehen, weil er dann während der Beweisaufnahme nicht anwaltlich vertreten ist oder zunächst nur die Zeugen des Gegners vernommen werden, während bei gleichzeitiger Vernehmung aller Zeugen die Aussagen u. U. anders ausfallen. Außerdem ist dem Antragsteller grundsätzlich ein zu langes Warten nicht zuzumuten (→ Rdnr. 5). Andererseits kann es nicht in die Hand des Antragstellers gelegt werden, sich durch ein *Verzögern der Antragstellung* jeder Prüfung der Aussichten der beabsichtigten Prozeßführung zu entziehen. Das Gericht wird deshalb die Beweiserhebung nur abwarten, wenn nach seiner Überzeugung der Antragsteller sein Gesuch absichtlich oder grob fahrlässig verzögert hat und wenn es sich um eine kurze Wartefrist handelt. Dann noch die Beweiserhebung zu verschieben und zwischenzeitlich dieselben Beweise schnell noch im Prozeßkostenhilfeverfahren zu erheben, geht nicht an[62]. Zur *Aussetzung* → Rdnr. 5.

30 Ebenso bedenklich wäre es, zunächst das Ergebnis eines **Parallelprozesses** oder eines für den Rechtsstreit bedeutsamen Strafverfahrens abzuwarten[63], sofern nicht die Parteien einverstanden sind oder ausnahmsweise die Rechtsverfolgung des Antragstellers vor Erledigung dieses anderen Verfahrens als mutwillig bezeichnet werden muß (→ § 114 Rdnr. 35).

4. Anfechtbarkeit

31 Die Anordnung der vorstehend erörterten Maßnahmen ist **unanfechtbar**[64]. Das gilt auch dann, wenn der Rechtspfleger entscheidet. Denn der Beschwerdeweg ist nicht ausdrücklich eröffnet, und es handelt sich auch nicht um eine Entscheidung über den Prozeßkostenhilfeantrag (§ 127 Abs. 2) oder um die Zurückweisung eines das Verfahren betreffenden Gesuchs (§ 567 Abs. 1); auch § 355 Abs. 2 kann analog angewandt werden[65]. Wird das Verfahren hingegen unzulässigerweise (→ Rdnr. 5) ausdrücklich oder verschleiert *ausgesetzt*, so ist das mit der Beschwerde anfechtbar (§ 252)[66], bei Entscheidungen des Rechtspflegers mit der Erinnerung nach § 11 RPflG. Es muß aber jedenfalls eine (wenigstens konkludente) Entscheidung des Gerichts vorliegen; die bloße Untätigkeit kann auch hier nicht mit der Beschwerde angegriffen werden[67] (→ vor § 567 Rdnr. 18). Es geht daher sehr weit, einen Beweisbeschluß für den Hauptsacheprozeß als Ablehnung des Prozeßkostenhilfeantrags oder stillschweigende Aussetzung zu betrachten[68]. – Zur Anfechtbarkeit der *Prozeßkostenhilfeentscheidung* im übrigen → § 127.

---

[61] *OLG Bamberg* JurBüro 1991, 1670; *OLG Düsseldorf* JurBüro 1980, 1085; *OLG Frankfurt* JurBüro 1982, 774; AnwBl. 1975, 238; *OLG Hamm* FamRZ 1989, 1203; *OLG Karlsruhe* JurBüro 1992, 249; FamRZ 1989, 768; OLGZ 1988, 127; *OLG Köln* JMBl.NRW 1966, 188; *OLG Oldenburg* FamRZ 1992, 193; NJW-RR 1991, 189; *OLG Stuttgart* DAVorm. 1975, 312; *LG Bochum* JurBüro 1986, 290; *LG Itzehoe* SchlHA 1960, 113; *LAG Berlin* AnwBl. 1984, 163; *LAG Düsseldorf* JurBüro 1987, 450; *ArbG Regensburg* JurBüro 1992, 46; *OVG Hamburg* FamRZ 1987, 178; *OVG Koblenz* NVwZ 1991, 595; *BSG* JurBüro 1988, 506; *LSG Baden-Württemberg* KostRspr. § 118 ZPO Nr. 19 (zust. *Schneider*); *LSG Hamburg* JurBüro 1983, 1181; *BFH* DB 1987, 568; *Behn* JurBüro 1983, 1129; *Rogalski* DRiZ 1985, 413; *Schneider* MDR 1985, 377; 1977, 620. – Großzügiger *OLG Bamberg* FamRZ 1987, 1073; 1985, 1141.

[62] *OLG Düsseldorf* NJW-RR 1989, 384.

[63] *OLG Düsseldorf* JurBüro 1980, 1085.

[64] *OLG Köln* MDR 1990, 728; *OLG Schleswig* SchlHA 1953, 183; *OLG Zweibrücken* FamRZ 1984, 75; *Schneider* MDR 1986, 857.

[65] *OLG Köln* MDR 1990, 728.

[66] *OLG Düsseldorf* FamRZ 1986, 486; *OLG Hamm* FamRZ 1985, 827; *OLG Zweibrücken* FamRZ 1984, 75. – Vgl. auch *OLG Karlsruhe* FamRZ 1989, 769.

[67] *OLG Karlsruhe* FamRZ 1989, 769; *ArbG Regensburg* JurBüro 1992, 46; *OVG Bremen* NJW 1984, 992; *OVG Münster* KostRspr. § 127 ZPO Nr. 62. – A.M. *OLG Hamburg* NJW-RR 1989, 1022; *OLG Stuttgart* AnwBl. 1993, 299; *LAG Berlin* MDR 1984, 258; *Thalmann* (vor § 114 Fn. 1) Rdnr. 28.

[68] So aber *BPatG* GRUR 1989, 341; *OLG Celle* MDR 1985, 592; *OLG Hamburg* JurBüro 1984, 615; *OLG Köln* MDR 1990, 728; FamRZ 1988, 1078; *LAG Düsseldorf* JurBüro 1987, 450; *Schneider* AnwBl. 1987, 466f.; Rpfleger 1985, 433.

V. Vergleich (Abs. 1 S. 3, 2. Hs.)

1. Abschluß

Abs. 1 S. 3, 2. Hs. verpflichtet das Gericht, einen Vergleich zu Protokoll zu nehmen, wenn 32
sich die Parteien bei einer mündlichen Erörterung einigen (→ Rdnr. 21). Die Protokollierung
ist erforderlich, damit der Vergleich ein Vollstreckungstitel i.S. des § 794 Nr. 1 sein kann.
Zuständig ist der für das Prozeßkostenhilfeverfahren insgesamt zuständige Richter oder
Rechtspfleger (→ § 117 Rdnr. 5). Sind aber einzelne Maßnahmen einem beauftragten oder
ersuchten Richter oder vom Vorsitzenden dem Rechtspfleger übertragen worden (→
Rdnr. 19), so können auch diese den Vergleich zu Protokoll nehmen[69]. Außerdem kann auch
die Protokollierung selbst dem Rechtspfleger übertragen werden (arg. § 20 Nr. 4 lit. a RpflG).
Anwaltszwang besteht nicht (→ Rdnr. 14, 17). Das gilt auch dann, wenn die mündliche
Erörterung in einem Termin stattfindet, der ursprünglich für die Verhandlung der Hauptsache
anberaumt war[70]. Ist aber das Prozeßkostenhilfeverfahren durch Bewilligungsbeschluß beendet, so ist der Vergleich entweder ein außergerichtlicher, oder er folgt den für das Hauptsacheverfahren geltenden Regeln[71] (→ § 794 Rdnr. 22).

2. Wirkung

Durch den Vergleich ist das Prozeßkostenhilfeverfahren erledigt. Dasselbe gilt für das 33
Hauptsacheverfahren[72], da der Vergleich vor einem deutschen Gericht abgeschlossen wird
und es zulässig ist, in einem Prozeßvergleich im Wege der Gesamtbereinigung auch weitere
selbständige Gerichtsverfahren gleich mitzuerledigen. Deshalb ist eine in dem Vergleich zur
Beendigung des Hauptsacheprozesses erklärte Klagerücknahme überflüssig, da das Hauptsacheverfahren ohnehin beendet ist. Wenn aber aus besonderen Gründen wirklich eine Klagezurücknahme (und nicht nur die Beendigung des Hauptsacheverfahrens) gewollt ist[73], dann
kann diese Klagerücknahme auch durch Erklärung zu Protokoll des Prozeßkostenhilferichters erfolgen (→ § 269 Rdnr. 26).

3. Gebühren

Eine *Gerichtsgebühr* wird für den Vergleich nicht erhoben, auch nicht, wenn der Streitwert 34
des Gegenstandes des Vergleichs den Streitwert desjenigen Anspruchs übersteigt, um dessentwillen Prozeßkostenhilfe beantragt worden ist, denn der Vergleich ist nicht »in einem
Rechtsstreit« geschlossen (GKG KV Nr. 1170)[74]. Für die *Anwaltsgebühren* gelten §§ 23
Abs. 1, 32 Abs. 2 BRAGO (→ Rdnr. 41); zur *Prozeßkostenhilfebewilligung* für das Bewilligungsverfahren zwecks Anwaltsbeiordnung → § 114 Rdnr. 12.

---

[69] *OLG Köln* Rpfleger 1986, 493 = KostRspr. § 118 ZPO Nr. 20 (*Lappe*).
[70] *OLG Hamburg* FamRZ 1988, 1299.
[71] Vgl. *OLG Köln* AnwBl. 1982, 113 (das allerdings meint, ein Prozeßvergleich setze Klagezustellung nicht voraus; → dazu § 794 Rdnr. 16).

[72] Vgl. *OLG Bamberg* JurBüro 1983, 455; *Pecher* NJW 1981, 2170.
[73] Vgl. dazu *Bork* Der Vergleich (1988), 260ff.
[74] *Hartmann* KostG[25] GKG KV Nr. 1170 Rdnr. 3 – **A.M.** *KG* DR 1941, 1496.

VI. Kosten des Bewilligungsverfahrens

1. in der ersten Instanz

35 In der ersten Instanz ist weder bei Bewilligung noch bei Versagung der Prozeßkostenhilfe Raum für eine Kostenentscheidung.

a) Gerichtskosten

36 Kostenrechtlich ist das Verfahren selbständig. Gerichtliche **Gebühren** entstehen nicht[75]; wohl aber können durch die Vernehmung von Zeugen usw. **Auslagen** erwachsen. Für diese haftet der Antragsteller nach § 49 GKG der Staatskasse als Veranlasser[76]. Vorschüsse können aber nicht erhoben werden (→ Rdnr. 28). Wird der *Antrag abgelehnt* oder zurückgenommen, so bleibt diese Haftung die einzige[77]. Kommt es zu einem Vergleich nach Abs. 1 S. 3, 2. Hs., so tritt u. U. die Übernehmerhaftung nach § 54 Nr. 2 GKG hinzu. Wird *Prozeßkostenhilfe bewilligt*, so gehören die Auslagen des Bewilligungsverfahrens zu den Kosten des Hauptsacheprozesses (Abs. 1 S. 5); es tritt also eine Haftung des Verurteilten nach § 54 Nr. 1 GKG[78] und gegebenenfalls bei einem Prozeßvergleich sinngemäß diejenige nach § 54 Nr. 2 GKG hinzu.

b) Außergerichtliche Kosten

37 Wird die **Prozeßkostenhilfe abgelehnt** oder das Gesuch zurückgenommen, so besteht nach der ausdrücklichen Anordnung in Abs. 1 S. 4 **keine Erstattungspflicht des Antragstellers** hinsichtlich der dem Gegner bei der Anhörung erwachsenen Kosten. Sinngemäß hat das auch dann zu gelten, wenn sich die Hinzuziehung des Anwalts durch den Gegner auf eine Glaubhaftmachung oder auf Erhebungen nach Abs. 2 S. 2. erstreckt hat[79]. Hat die bedürftige Partei in dem nach Abs. 1 S. 3, 2. Hs. geschlossenen Vergleich die dem Gegner erwachsenen Kosten übernommen, so wirkt sich Abs. 1 S. 4 nicht aus[80].

38 Kommt es **nach Bewilligung der Prozeßkostenhilfe** zum Prozeß, so gehören die Kosten des Bewilligungsverfahrens (einschließlich der Kosten einer erfolgreichen Beschwerde gegen die Versagung) zu den **Prozeßkosten**[81]. Ob die Anwaltskosten des Antragstellers im Prüfungsverfahren erstattungsfähig sind, hängt von der Erforderlichkeit der Vertretung im Einzelfall ab (→ § 91 Rdnr. 98). Die für das Bewilligungsverfahren entstandenen **außergerichtlichen Kosten des Gegners** sind diesem aber wegen Abs. 1 S. 4 auch dann nicht zu erstatten, wenn er im Prozeß siegt[82].

---

[75] BGHZ 98, 321; 91, 314 = NJW 1984, 2106 = MDR 931 (*Waldner*).
[76] *OLG Bamberg* JurBüro 1988, 71; *OLG Celle* NJW 1966, 114; *KG* JW 1935, 1039. – A.M. *OLG Karlsruhe* JW 1935, 3171 (abl. *Gaedeke*).
[77] Solange die *Klage* nicht förmlich zugestellt war (→ § 117 Rdnr. 25), kommt auch eine Kostenerstattung nach § 269 Abs. 3 nicht in Betracht, *OLG Celle* AnwBl. 1983, 92 (zust. *Riemer*).
[78] BGHZ 91, 314 = NJW 1984, 2106 = MDR 931 (*Waldner*). Zur Aufteilung der Auslagen bei einer Teilbewilligung s. *LG Freiburg* JurBüro 1982, 771; *LG Hamburg* MDR 1961, 422.
[79] Vgl. *KG* JW 1935, 2586 (*Kubisch*).
[80] Vgl. *KG* JW 1937, 2795.
[81] *OLG Frankfurt* Rpfleger 1979, 111; *OLG Hamm* AnwBl. 1973, 210 = Rpfleger 317; AnwBl. 1973, 363 = Rpfleger 407; *OLG Karlsruhe* AnwBl. 1980, 198; MDR 1979, 147; *OLG Schleswig* SchlHA 1980, 166; *OLG Stuttgart* JurBüro 1986, 936; *LG Duisburg* JurBüro 1981, 771 (zust. *Mümmler*); *LG Freiburg* JurBüro 1982, 771; *OVG Lüneburg* JurBüro 1988, 1502 (*Mümmler*); *VGH München* NVwZ-RR 1990, 336; *Mümmler* JurBüro 1988, 962 und 432. – A.M. *OLG Düsseldorf* MDR 1987, 941; *OLG Hamburg* JurBüro 1989, 671; *OLG Koblenz* JurBüro 1986, 1412; *OLG München* JurBüro 1993, 160 und MDR 1989, 267 (Rechtsanwaltskosten nicht erforderlich); zust. *Künzl* AnwBl. 1991, 129); *OLG Schleswig* SchlHA 1969, 163.
[82] *BGH* NJW-RR 1992, 60; *OLG Düsseldorf* MDR 1959, 672; *OLG Hamm* AnwBl. 1973, 210 = *OLG Koblenz* JurBüro 1981, 772; Rpfleger 1975, 99; *OLG Köln*

2. in der Beschwerdeinstanz

In der Beschwerdeinstanz trifft der Beschluß, der die Prozeßkostenhilfe *bewilligt*, keine **39**
Entscheidung über die Kosten, auch nicht zu Lasten der Staatskasse[83]; zur Erstattung im
nachfolgenden Prozeß → Rdnr. 30. Auch in einem Beschluß, der die Beschwerde *zurückweist*, ist grundsätzlich keine Kostenentscheidung veranlaßt, da sich die Kostenlast aus dem
Gesetz ergibt (GKG KV Nr. 1181)[84]. Ein gleichwohl erfolgter Ausspruch, daß der Beschwerdeführer die Kosten des Beschwerdeverfahrens zu tragen habe, kann u. U. dahin verstanden
werden, daß nur die gesetzliche Regelung über die Gerichtskosten deklariert werden soll[85].
Die *außergerichtlichen Kosten des Gegners* treffen ihn aber auch in diesem Fall nicht (§ 127
Abs. 4). Allerdings ist ein falscher, die Erstattung vorsehender Beschluß gleichwohl bindend[86], während ein Beschluß, demzufolge die Entscheidung gerichtsgebührenfrei ergehe,
die gesetzlichen Kostenvorschriften nicht außer Kraft setzen kann[87].

3. Gebühren

Gerichtsgebühren entstehen durch das Verfahren im ersten Rechtszug nicht (→ Rdnr. 36). **40**
Wegen der *Auslagen* → Rdnr. 36; wegen der unzulässigen oder unbegründeten *Beschwerde*
→ GKG KV Nr. 1181 sowie Rdnr. 31; zum *Vergleich* → Rdnr. 34.

Die Tätigkeit des **Anwalts** gehört – mit Ausnahme des Beschwerdeverfahrens (§ 61 BRA- **41**
GO)[88] – zum Rechtszug des Prozesses (§ 37 Nr. 3 BRAGO), ist also durch die für den Prozeß
anfallenden Gebühren abgedeckt[89]. Wird der Anwalt nur im Prozeßkostenhilfeverfahren
tätig, entstehen Gebühren nach § 51 BRAGO, deren Höhe sich, auch für das Beschwerdeverfahren, nach dem Wert der Hauptsache richtet[90]. Kommt es hier zu einem Vergleich über die
Hauptsache, so erhält der Anwalt mangels weitergehender Anordnung durch das Gericht[91]
nur eine Vergleichsgebühr nach § 23 BRAGO und eine halbe Prozeßgebühr nach § 32 Abs. 2
BRAGO[92].

NJW 1975, 1286; *OLG München* NJW 1970, 1555; *OLG Schleswig* JurBüro 1980, 1733. – **A. M.** *KG* JW 1938, 55; *OLG Karlsruhe* MDR 1960, 509; *Schneider* JurBüro 1969, 1140f.

[83] *OLG München* JurBüro 1993, 160; MDR 1982, 761; *LG Aschaffenburg* JurBüro 1992, 50 (bei Beschwerderücknahme durch den Bezirksrevisor); *VGH München* NWvZ-RR 1990, 336; *LAG Schleswig* MDR 1988, 347; *Schneider* MDR 1987, 725. – **A.M.** *OLG München* MDR 1983, 496; 1982, 414; *OLG Nürnberg* NJW-RR 1987, 1201 = AnwBl. 1988, 422 (*Behn*); *LAG Baden-Württemberg* JurBüro 1988, 900 (abl. *Mümmler*); *OVG Münster* NVwZ 1991, 912f.; *Behn* AnwBl. 1985, 237; für den gleichzustellenden Fall, daß eine **Entziehungsentscheidung** aufgehoben wird, auch *OLG Düsseldorf* MDR 1981, 150.

[84] *OLG Bamberg* JurBüro 1987, 1052; 1984, 296 (*Mümmler*); 1983, 454, 456; *OLG Bremen* OLGZ 1966, 167; *OLG Düsseldorf* FamRZ 1990, 892; *OLG Koblenz* Rpfleger 1987, 386; *OLG München* Rpfleger 1993, 160; *OLG Schleswig* SchlHA 1989, 162f.; *OLG Stuttgart* JZ 1979, 815; *OLG Zweibrücken* JurBüro 1983, 459; *LG Berlin* JurBüro 1987, 1060; *Mümmler* JurBüro 1985, 1451f.; *Schneider* JurBüro 1969, 1143. – **A.M.** *LAG Berlin* ZIP 1982, 746f. Nach *OLG Stuttgart* Rpfleger 1986, 297 (L) und *Behn* AnwBl. 1985, 235 soll das Beschwerdeverfahren gerichtsgebührenfrei sein. – Zur **Berechnung** der Gebühr s. *OLG Nürnberg* FamRZ 1989, 200.

[85] *OLG Bamberg* Rpfleger 1951, 329; *OLG München* Rpfleger 1993, 160; *LG Berlin* Rpfleger 1988, 204.

[86] *OLG Hamm* JMBl.NRW 1972, 110; anders wohl *OLG München* Rpfleger 1993, 160; *LG Berlin* Rpfleger 1988, 204.

[87] *LG Berlin* JurBüro 1987, 1060.

[88] *LAG Baden-Württemberg* JurBüro 1988, 900 (zust. *Mümmler*).

[89] *BGHZ* 91, 315 = NJW 1984, 2106 = MDR 931 (*Waldner*).

[90] *OLG Frankfurt* MDR 1992, 524; *OLG Koblenz* JurBüro 1993, 423; 1992, 325; *LG Freiburg* JurBüro 1982, 771; *LG Hannover* MDR 1993, 391. – Teilweise anders *Schneider* MDR 1981, 798.

[91] *OLG Oldenburg* JurBüro 1992, 168f. (zust. *Mümmler*); *OLG Schleswig* JurBüro 1991, 574 (zust. *Mümmler*).

[92] *OLG Celle* Rpfleger 1990, 27; JurBüro 1989, 1148 (zust. *Mümmler*); *KG* MDR 1991, 263; *OLG München* AnwBl. 1987, 101 = MDR 239 = JurBüro 442 (zust. *Mümmler*); *Schneider* MDR 1985, 814. – Nach **a.M.** soll außerdem eine halbe Verhandlungsgebühr anfallen (→ aber § 114 Rdnr. 12 a. E.), *OLG Bamberg* JurBüro 1988, 901; *OLG Frankfurt* JurBüro 1990, 509 (abl. *Mümmler*); *OLG Stuttgart* JurBüro 1986, 1576 (abl. *Mümmler*); *OLG Zweibrücken* JurBüro 1988, 222; wohl auch *OLG Hamm* FamRZ 1987, 1062.

VII. Arbeitsgerichtliches Verfahren

42 Hier gilt nichts Besonderes. Zur Zuständigkeit des *Rechtspflegers* s. § 46 Abs. 3 ArbGG; über die *Anwaltsgebühren* s. § 62 BRAGO.

§ 119 [Bewilligung für jeden Rechtszug]

¹Die Bewilligung der Prozeßkostenhilfe erfolgt für jeden Rechtszug besonders. ²In einem höheren Rechtszug ist nicht zu prüfen, ob die Rechtsverfolgung oder Rechtsverteidigung hinreichende Aussicht auf Erfolg bietet oder mutwillig erscheint, wenn der Gegner das Rechtsmittel eingelegt hat.

Gesetzesgeschichte: Neugefaßt durch das Gesetz über die Prozeßkostenhilfe vom 13.6.1980 (BGBl. I, 677; → vor § 114 Rdnr. 6).

Stichwortverzeichnis: → vor § 114 vor Rdnr. 1.

I. Überblick	1
II. Umfang der Bewilligung (Satz 1)	2
1. Bewilligung für eine Instanz	2
2. Aufrechnung, Klageerweiterung, Widerklage, Vergleich	
a) Grundsätze	7
b) Ehesachen	9
3. Selbständiges Beweisverfahren	11
4. Einstweiliger Rechtsschutz	12
5. Mahnverfahren	13
6. Zwangsvollstreckung	14
7. Kostenfestsetzungsverfahren	17
III. Prozeßkostenhilfe in der höheren Instanz (Satz 2)	19
1. Subjektive Voraussetzungen	20
2. Objektive Voraussetzungen	21
a) beim Rechtsmittelkläger	21
b) beim Rechtsmittelbeklagten	22
IV. Wirkungszeitpunkt	26
1. Grundsatz	26
2. Rückwirkende Bewilligung	27
3. Bewilligung nach Abschluß der Instanz	31
4. Bewilligung nach sonstiger Erledigung der Hauptsache	34
5. Bereits erfolgte Zahlungen	35

I. Überblick[1]

1 § 119 Satz 1 stellt den Grundsatz auf, daß sich die Prozeßkostenhilfeentscheidung immer nur auf die anstehende *Instanz* bezieht (→ Rdnr. 2 ff.), und Satz 2 modifiziert die allgemeinen Bewilligungsvoraussetzungen für die *Rechtsmittelinstanz* (→ Rdnr. 19 ff.). Das wirft u. a. die

---

[1] Lit.: *Bach* Gerichtsvollzieherkosten und Prozeßkostenhilfe, DGVZ 1990, 166; *Behr/Hantke* Prozeßkostenhilfe für die Zwangsvollstreckung, Rpfleger 1981, 265; *Blümler* Rückwirkende Bewilligung von Prozeßkostenhilfe, insbesondere nach rechtskräftiger Entscheidung zur Hauptsache, MDR 1983, 96; *Bobenhausen* Prozeßkostenhilfe für die Zwangsvollstreckung, Rpfleger 1984, 394; *Bönker* Keine rückwirkende Bewilligung von Prozeßkostenhilfe bei rechtskräftigem Verfahrensabschluß, NJW 1983, 2430; *Brehm* Prozeßkostenhilfe für die Zwangsvollstreckung, DAVorm. 1982, 497; *Chemnitz* Armenrecht und Differenzkosten, NJW 1961, 1567; *Christl* Nochmals: Rückwirkende Bewilligung von Prozeßkostenhilfe, einschließlich rückwirkender Anwaltsbeiordnung, MDR 1983, 537/625; *Däubler* Das Armenrecht im Mahnverfahren, Rpfleger 1968, 105; *Herpers* Über die Erstreckung der für die Scheidungssache bewilligten Prozeßkostenhilfe (PKH) auf die Folgesachen (§ 624 II ZPO), FamRZ 1981, 734; *Hünemörder* Durch Prozeßtaktik erzwingbares Armenrecht?, SJZ 1950, 929; *Koenigk* Die zeitliche Wirkung des Armenrechts, NJW 1970, 696; *Kumme* Rückwirkung der Bewilligung von Prozeßkostenhilfe, JurBüro 1985, 161; *Mümmler* Die Wirkung des Armenrechts bei der Beitreibung der Differenzkosten des Armenanwalts auf den Namen der Partei, JurBüro 1974, 566; *ders.* Erstattung von Gerichtsvollzieherkosten im Armenrecht, JurBüro 1981, 29; *ders.* Gerichtskostenvorschuß und Prozeßkostenhilfe, JurBüro 1989, 24; *ders.* Prozeßkostenhilfe für die Zwangsvollstreckung, JurBüro 1984, 15; *ders.* Prozeßkostenhilfe im

Frage nach der *Rückwirkung* auf, wenn über den Prozeßkostenhilfeantrag erst nach Abschluß der Instanz entschieden werden kann (→ Rdnr. 26 ff.). – Zum *Antragsinhalt* → § 117 Rdnr. 15, zum *Bewilligungsverfahren* → § 118 Rdnr. 1; zur *Zuständigkeit* → § 117 Rdnr. 3; zu Inhalt und Form etc. der *Entscheidung* → § 120 Rdnr. 2 ff.; zum Zeitpunkt des *Wirksamwerdens* → Rdnr. 26 sowie § 120 Rdnr. 4.

II. Umfang der Bewilligung (Satz 1)

1. Bewilligung für eine Instanz

Nach § 119 Satz 1 muß die Prozeßkostenhilfe für jeden Rechtszug gesondert beantragt und bewilligt werden. Die Bewilligung für die erste Instanz entfaltet daher für die Rechtsmittelinstanz keinerlei Wirkungen, unabhängig davon, ob das Rechtsmittel beim iudex a quo oder beim iudex ad quem eizulegen ist. Das gilt auch für die *Beschwerdeinstanz*[2]. – Näher zur Bewilligung für die *Rechtsmittelinstanz* → Rdnr. 19 ff.; zur *Zwangsvollstreckung* → Rdnr. 14; zur Bewilligung für das *Prozeßkostenhilfeverfahren* → § 114 Rdnr. 12. 2

Der **Begriff des Rechtszuges**, also der Instanz, ist hier – anders als bei § 176 (→ § 176 Rdnr. 8) – im Sinne der Kostengesetze zu verstehen[3]. Er umfaßt zunächst die gesamte Tätigkeit des Gerichts, auch das Verfahren vor einem **beauftragten oder ersuchten Richter** und das Verfahren nach einem **Einspruch**. Bei **Zurückverweisung** nach §§ 538 f., 565 wird daher kein neuer Rechtszug eröffnet, so daß ein entsprechender Bewilligungsbeschluß nicht erforderlich ist[4], wohl aber im Fall des § 566 a Abs. 5, wie sich aus dessen Satz 2 schließen läßt, oder dann, wenn für die Vorinstanz Prozeßkostenhilfe noch nicht bewilligt war[5]. Auch in den Fällen der **Verweisung** nach §§ 281, 506, 696 Abs. 5, 700 Abs. 3 S. 2 wird keine neuer Rechtszug eröffnet. Das angewiesene Gericht ist daher an den Bewilligungsbeschluß des verweisenden Gerichts gebunden, der seine Wirkungen auch für das weitere Verfahren entfaltet[6]. Das **Nachverfahren** gemäß §§ 302, 304 gehört ebenfalls zum Rechtszug. Dagegen sind die Rechtsmittel gegen ein **Zwischen- bzw. Vorbehaltsurteil** nach §§ 280, 302 oder § 304 einerseits und gegen das hernach ergehende Endurteil andererseits verschiedene Rechtszüge[7]. Die Prozeßkostenhilfebewilligung für den **Urkundenprozeß** erstreckt sich auch auf das Nachverfahren[8]. Mit der **Wiederaufnahmeklage** beginnt ein selbständiger neuer Prozeß. 3

Eine Beschränkung der Prozeßkostenhilfe auf bestimmte **Verfahrensabschnitte** innerhalb des Rechtszugs ist ausgeschlossen[9], ebenso die Herausnahme bestimmter Abschnitte aus der 4

Zwangsvollstreckungsverfahren, JurBüro 1987, 1642; *ders.* Rückerstattung von Gerichtskosten bei Bewilligung von Prozeßkostenhilfe (PKH), JurBüro 1987, 1148; *ders.* Scheidungsvereinbarung und Prozeßkostenhilfe, JurBüro 1986, 15; *ders.* Umfang der Rückwirkung der Prozeßkostenhilfebewilligung, JurBüro 1986, 833; *Pentz* Keine Prozeßkostenhilfe nach Erledigung der Hauptsache, NJW 1985, 1820; *Schneider* Der Ausschluß der Erfolgsprüfung beim Rechtsmittel-Armenrecht nach § 119 Abs. 2 Satz 2 ZPO, MDR 1979, 367; *ders.* Der außergerichtliche Vergleich im Prozeßkostenhilferecht, MDR 1985, 814; *ders.* Prozeßkostenhilfe für die Stufenklage, MDR 1986, 552; *Sebode* Liegt bei der Beitreibung der sog. Differenzkosten eines Armenanwalts für den Gerichtsvollzieher ein gebührenpflichtiges Geschäft vor?, DGVZ 1960, 1; *Sommer* Zeitpunktbestimmung und maßgeblicher Sachverhalt bei der Bewilligung von Prozeßkostenhilfe im sozialgerichtlichen Verfahren, SGb. 1983, 60; *Tschischgale* Die Haftung des Armenanwalts für Gerichtsvollziehkosten bei Vollstreckung wegen der sog. Differenzgebühr, JR 1957, 177;

Wielgoß Prozeßkostenhilfe für das Mahnverfahren, NJW 1991, 2070. – Zur allg. Lit. → vor § 114 Fn. 1.

[2] *RG* SeuffArch. 50 (1895), 451; *OLG Hamm* JurBüro 1981, 931 (*Mümmler*); *KG* KGBl. 1927, 38; *OLG Koblenz* VersR 1985, 273 (L); *OLG Königsberg* JW 1929, 872.
[3] *RG* JW 1925, 756.
[4] *OLG Düsseldorf* Rpfleger 1987, 263.
[5] *BGH* NJW 1983, 944.
[6] *OLG Frankfurt* HRR 1930 Nr. 817. Einschränkend (keine Bindung bei offensichtlicher Unrichtigkeit) *OLG Düsseldorf* NJW-RR 1991, 63.
[7] *RG* JW 1925, 756; 1889, 108.
[8] *OLG Kiel* JW 1926, 2590.
[9] *BGHZ* 98, 321 (keine Bewilligung nur zur Einlegung der Revision beim BayObLG); *OLG Bremen* OLGZ 1989, 365 (keine Bewilligung für einzelne Gebührentatbestände); *OLG Düsseldorf* FamRZ 1985, 503 (keine Bewilligung nur für Schutzschrift in Familiensachen); *KG* JW 1934, 1179 (keine Bewilligung nur zum Abschluß eines

Bewilligung. Auch sonstige Beschränkungen oder Vorbehalte sind unzulässig[10]. Bewilligt daher das Gericht z. B. die Prozeßkostenhilfe »unter Widerrufsvorbehalt«, so ist das eine endgültige Bewilligung, verbunden mit dem unverbindlichen Hinweis auf die Möglichkeit der Entziehung (§ 120 Abs. 4, § 124). – Zur teilweisen Bewilligung bei *teilweiser Begründetheit des Antrags* → § 114 Rdnr. 44; zur eingeschränkten *Anwaltsbeiordnung* → § 121 Rdnr. 16.

5   Daher ist es auch unzulässig, dem Beklagten im **schriftlichen Vorverfahren** die Prozeßkostenhilfe zunächst nur zur Prüfung der Verteidigungsabsicht (§ 276 Abs. 1 S. 1) zu gewähren, um darüber rasch (ohne Prüfung der Erfolgsaussichten des Verteidigungsvorbringens) entscheiden zu können und ein Versäumnisurteil nach § 331 Abs. 3 zu vermeiden[11]. Der Beklagte, der zunächst keine dem § 276 Abs. 1 S. 1, Abs. 2 (Anwaltszwang!) entsprechende Verteidigungserklärung abgibt, ist auf andere Weise zu schützen: Wird die Prozeßkostenhilfe innerhalb der Frist des § 276 Abs. 1 S. 1 beantragt und kann vor Fristablauf nicht darüber entschieden werden, so darf in entsprechender Anwendung des § 337 S. 1 kein Versäumnisurteil nach § 331 Abs. 3 erlassen werden[12]. Das Versäumnisurteil ist erst dann zulässig, wenn über den Prozeßkostenhilfeantrag entschieden ist und noch eine gewisse Überlegungsfrist für den Beklagten abgelaufen ist (→ § 118 Rdnr. 5, § 337 Rdnr. 8). Wird so vorgegangen, so ist im Hinblick auf § 331 Abs. 3 S. 1, 2. Hs. eine Wiedereinsetzung in den vorigen Stand wegen Versäumung der Frist des § 276 Abs. 1 S. 1 entbehrlich; allg. zur Wiedereinsetzung → § 233 Rdnr. 351 ff.

6   Bei der **Stufenklage** gehört nicht nur der Auskunftsanspruch, sondern auch der noch unbezifferte Leistungsanspruch zum Rechtszug. Die Prozeßkostenhilfe muß daher für beide bewilligt werden[13], da eine abschnittweise Bewilligung unzulässig ist. Sie würde auch nicht zu sachgerechten Ergebnissen führen, da die Partei sonst von den Gebühren insoweit nicht befreit würde, als der Wert des Leistungsanspruchs den des Auskunftsanspruchs übersteigt. Daß die Auskunft zu dem Ergebnis führen kann, daß gar kein Leistungsanspruch besteht, ist hinzunehmen. Ein solches Ergebnis kann das Hauptsacheverfahren stets hervorbringen, da im Prozeßkostenhilfeverfahren hinreichende Erfolgsaussicht genügt (→ § 114 Rdnr. 21). Der Gefahr, daß die Partei später unter dem Schutz der Prozeßkostenhilfebewilligung überzogene Leistungsanträge stellt, kann durch Streitwertfestsetzung nach §§ 12, 15, 18, 25 GKG gewehrt werden[14], während der Vorschlag, die Prozeßkostenhilfe für den Leistungsanspruch nur «auf der Grundlage des derzeitigen Sachstandes»[15] oder «in Höhe des sich aus der Auskunft ergebenden Anspruchs»[16] zu gewähren, unpraktikabel erscheint[17].

Vergleichs; vgl. aber auch § 114 Rdnr. 12 zur Bewilligung für einen Vergleich im Prozeßkostenhilfeverfahren); *OLG Köln* OLGZ 1989, 70 (keine Bewilligung nur für Antrag auf Erlaß eines Versäumnisurteils). – **A.M.** (Bewilligung nur für die Zustellung eines Titels) *LG Bad Kreuznach* DAVorm. 1975, 640; *LG Schweinfurt* DAVorm. 1985, 507; *LG Trier* DAVorm. 1987, 684.
[10] Vgl. *KG* JW 1936, 3072 (Bewilligung für den Fall, daß es zur streitigen Verhandlung kommt); *OLG Koblenz* VersR 1980, 1076 sowie *LAG Köln* LAGE § 120 ZPO Nr. 23 (Bewilligung unter der Auflage, daß Unterlagen nachgereicht werden); *AG Stuttgart* DAVorm. 1987, 1004 (Befristung).
[11] Dafür wohl *Bischof* NJW 1977, 1898.
[12] Vgl. BT-Drs. 7/5250, S. 8.
[13] *OLG Düsseldorf* FamRZ 1987, 1281; 1986, 287; 1985, 417; 1984, 501; JurBüro 1986, 1685; *OLG Frankfurt* NJW-RR 1991, 1412; EzFamR § 114 ZPO Nr. 2; *OLG Hamburg* FamRZ 1983, 626; *KG* OLGZ 1986, 112; *OLG Karlsruhe* FamRZ 1984, 501; *OLG Koblenz* FamRZ 1985, 953; *OLG Köln* JurBüro 1986, 1094; 1983, 285; FamRZ 1985, 623; *OLG München* FamRZ 1993, 594/341 (das aber die spätere Bezifferung als neu zu bescheidende Klageerweiterung behandelt); Rpfleger 1981, 34; *OLG Saarbrücken* JurBüro 1984, 1250; *OLG Zweibrücken* JurBüro 1984, 773; *Schneider* MDR 1986, 552. – **A.M.** (abschnittsweise Bewilligung) *OLG Bamberg* JurBüro 1992, 622; FamRZ 1986, 371; *OLG Frankfurt* FamRZ 1985, 416; *OLG Koblenz* FamRZ 1985, 417; *Beyer* JurBüro 1989, 444.
[14] *OLG Frankfurt* NJW-RR 1991, 1412; EzFamR § 114 ZPO Nr. 2; *KG* OLGZ 1986, 115; *OLG Köln* JurBüro 1986, 1095; *OLG München* FamRZ 1993, 594; *Schneider* MDR 1986, 554.
[15] *OLG Düsseldorf* FamRZ 1987, 1282; 1984, 501; *OLG Köln* FamRZ 1985, 623.
[16] *OLG Düsseldorf* FamRZ 1986, 287; 1985, 418; *OLG Karlsruhe* FamRZ 1984, 502; *OLG Koblenz* FamRZ 1985, 954; *MünchKommZPO/Wax* § 114 Rdnr. 13.
[17] *OLG Bamberg* FamRZ 1986, 372; *KG* OLGZ 1986, 114; *Schneider* MDR 1986, 554.

2. Aufrechnung, Klageerweiterung, Widerklage, Vergleich

a) Grundsätze

Der Bewilligungsbeschluß befreit im Rahmen der angekündigten oder gestellten Anträge von den Kosten der gesamten Prozeßführung mit allen Angriffs- und Verteidigungsmitteln einschließlich einer **Aufrechnung**. Die Prozeßkostenhilfe für den Kläger deckt aber nicht ohne weiteres eine **Klageerweiterung**[18] und die für den Beklagten nicht ohne weiteres die Verteidigung gegen den erweiterten Klageantrag[19]. Ebenso wenig erfaßt die Prozeßkostenhilfebewilligung für den Beklagten dessen **Widerklage**[20] oder die für den Kläger die Verteidigung gegen eine solche[21]; dies ergibt sich auch aus § 122 Abs. 3 S. 3 Nr. 4 BRAGO. Es bedarf insoweit einer ergänzenden Prozeßkostenhilfebewilligung; zur Widerklage auf *Anfechtung der Ehelichkeit* → § 114 Rdnr. 56; zu *stillschweigenden Anträgen* → § 117 Rdnr. 15; zur *stillschweigenden Bewilligung* → § 120 Rdnr. 5. Ein **Vergleich** ist von der Bewilligung umfaßt[22]. Das gilt aber nur, wenn er sich auf die Regelung des Rechtsstreits beschränkt, für den Prozeßkostenhilfe bewilligt worden ist[23]. Von den durch Einbeziehung weiterer Streitgegenstände verursachten Kosten ist die Partei nicht befreit, es sei denn, diese sind Gegenstand eines Verfahrens, für das ebenfalls Prozeßkostenhilfe bewilligt ist[24].

Die Prozeßkostenhilfebewilligung umfaßt dabei nicht nur den gerichtlichen, sondern auch den **außergerichtlichen Vergleich**[25], so daß insbesondere der beigeordnete Rechtsanwalt eine Vergleichsgebühr beanspruchen kann (→ § 121 Rdnr. 35). Aus § 121 BRAGO ergibt sich nichts anderes, da dort mit dem Tatbestandsmerkmal «in Verfahren vor Gerichten» nicht die außergerichtliche Tätigkeit des Anwalts ausgegrenzt, sondern nur der Gebührenschuldner definiert werden soll[26]. Man kann auch nicht sagen, daß die Erstreckung auf außergerichtliche Vergleiche unzweckmäßig wäre[27]. Es ist zwar richtig, daß ein gerichtlicher Vergleich prozessuale Vorteile hat. Würde man aber den außergerichtlichen Vergleich ausgrenzen, zwänge man die Partei, dafür noch eigens Beratungshilfe zu beantragen (§§ 1 BerHG, 132 Abs. 3 BRAGO), was sicher kein zweckmäßiger Weg ist. Außerdem erübrigt sich die nicht immer eindeutige Abgrenzung zwischen außergerichtlichem und Prozeßvergleich[28]. Etwas anderes

---

[18] *OLG Düsseldorf* JW 1936, 1302 Nr. 27; *OLG Karlsruhe* AnwBl. 1987, 340; *OLG Köln* HRR 1930 Nr. 1859. – **A.M.** bei Abhängigkeit vom ursprünglichen Anspruch *LAG Berlin* DB 1992, 2404 (L).

[19] *OLG Breslau* JW 1932, 2171 (zust. *Friedlaender*).

[20] Vgl. zur umgekehrten Konstellation auch *RGZ* 135, 18.

[21] *OLG Breslau* JW 1926, 848; *KG* JW 1935, 797; *OLG Karlsruhe* AnwBl. 1987, 340.

[22] **A.M.** *OLG Düsseldorf* JurBüro 1981, 399 (abl. *de Breun, Mümmler*). – Vgl. auch *OLG Bamberg* JurBüro 1990, 203 (abl. *Mümmler*): Bewilligung und Beiordnung nur für den Vergleich.

[23] Vgl. *OLG Bamberg* JurBüro 1986, 606; *OLG Düsseldorf* AnwBl. 1982, 378; *OLG Karlsruhe* JurBüro 1990, 231; *OLG Saarbrücken* JurBüro 1981, 1689; *LG Berlin* MDR 1989, 366; *Mümmler* JurBüro 1986, 834; *Schneider* MDR 1985, 814.

[24] *LAG Bremen* BB 1990, 1000 (L); vgl. auch *OLG Karlsruhe* FamRZ 1984, 920 (Bewilligung für den nicht rechtshängigen Teil). – Zu weit gehend unterstellt *ArbG Bochum* AnwBl. 1984, 624 einen stillschweigenden Antrag und entsprechende stillschweigende Bewilligung für die weiteren Streitgegenstände; ähnlich *LAG Berlin* DB 1992, 2404 (L); *LAG Köln* MDR 1990, 747; *Mümmler* JurBüro 1986, 834; anders *OLG Bamberg* JurBüro 1986, 606; vgl. auch *Schneider* Anm. zu *LAG Köln* EzA § 127 ZPO Nr. 7 sowie oben § 117 Rdnr. 15.

[25] *BGH* NJW 1988, 494; *OLG Bamberg* JurBüro 1989, 415 (abl. *Mümmler*); *OLG Celle* MDR 1989, 647; *OLG Düsseldorf* OLGZ 1992, 490 = FamRZ 1096; JR 1991, 289; *OLG Frankfurt* MDR 1991, 450; *OLG Hamburg* FamRZ 1991, 469; DAVorm. 1988, 1039; JurBüro 1988, 1180; *OLG Hamm* NJW-RR 1988, 1151; *BezG Neubrandenburg* JurBüro 1992, 754; *OLG Stuttgart* NJW-RR 1991, 448; *LG Göttingen* JurBüro 1993, 346; *LG München II* AnwBl. 1984, 508; *LAG Düsseldorf* Rpfleger 1991, 391; *Zöller/Philippi*[18] Rdnr. 25.

[26] *OLG Celle* MDR 1989, 647; *OLG Frankfurt* Rpfleger 1987, 433; *OLG Hamburg* JurBüro 1988, 1180; *BezG Neubrandenburg* JurBüro 1992, 754; *LG Göttingen* JurBüro 1993, 346. – **A.M.** *OLG Bamberg* JurBüro 1991, 820; *OLG Celle* MDR 1984, 125; *OLG Düsseldorf* AnwBl. 1983, 320 (abl. *Chemnitz*); *OLG Frankfurt* MDR 1989, 550; *OLG Hamm* Rpfleger 1987, 82; *KG* DAVorm. 1991, 202; *LG Berlin* JurBüro 1987, 866; *LG Marburg* JurBüro 1993, 230; *LG Wuppertal* JurBüro 1988, 772; *LG Köln* LAGE § 121 BRAGO Nr. 1; *Schneider* Rpfleger 1988, 83; MDR 1985, 815.

[27] So aber *OLG Frankfurt* Rpfleger 1987, 433; *KG* DAVorm. 1991, 203f.; *MünchKommZPO/Wax* Rdnr. 24; *Schneider* Rpfleger 1988, 83; MDR 1985, 815.

[28] Vgl. nur *OLG München* AnwBl. 1988, 124.

muß allerdings für den gemäß § 121 Abs. 3 beigeordneten *Verkehrsanwalt* gelten, da dieser nur zur Vermittlung des Verkehrs mit dem Prozeßbevollmächtigten beigeordnet wird (→ § 121 Rdnr. 36). – Zu den *Anschlußrechtsmitteln* → Rdnr. 21, 22.

b) Ehesachen

9   Die vorstehend aufgeführten Grundsätze gelten auch für **Ehesachen**. Die Einheitlichkeit des Eheverfahrens zwingt nicht zur Annahme des Gegenteils[29]. Es kann nicht Sinn des Gesetzes sein, daß die Prozeßkostenhilfe für einen Scheidungsantrag gleichzeitig ein Freibrief für ein aussichtsloses Aufhebungsbegehren wäre[30] oder daß der Beklagte, dem für ein Herstellungs- oder Scheidungsverfahren Prozeßkostenhilfe bewilligt wurde, seinerseits jede aussichtslose Widerklage erheben könnte. Allerdings umfaßt, wie sich aus § 122 Abs. 3 S. 3 Nr. 4 BRAGO ergibt, die Prozeßkostenhilfe in Ehesachen auch die *Verteidigung* gegen eine Widerklage. Dies sollte auch nach Rücknahme der Klage bzw. des Scheidungsantrages weitergelten[31], da die erwähnte Vorschrift der BRAGO insofern keine Einschränkung enthält und sonst allzu leicht unklare Verhältnisse entstehen können.

10   Die für eine Ehesache bewilligte Prozeßkostenhilfe erstreckt sich gemäß § 624 Abs. 2 regelmäßig auch auf die notwendigen **Folgesachen** i. S. v. § 623 Abs. 3, § 621 Abs. 1 Nr. 1 und 6, also auf die Regelung der elterlichen Sorge für ein eheliches Kind und den Versorgungsausgleich (→ auch § 114 Rdnr. 51). Für die übrigen Folgesachen muß Prozeßkostenhilfe gesondert beantragt und bewilligt werden[32]. Wird allerdings in einer Ehesache ein **Vergleich** geschlossen, so gilt die *Beiordnung eines Anwalts* gemäß § 122 Abs. 3 S. 1 BRAGO auch für einen (gerichtlichen oder außergerichtlichen, → Rdnr. 8) Vergleich über den gegenseitigen Unterhalt der Ehegatten, Unterhalt gegenüber Kindern, Personensorge, Ehewohnung, Hausrat und Ansprüche aus dem Güterrecht, unabhängig davon, ob diese Angelegenheiten anhängig sind oder nicht[33].

3. Selbständiges Beweisverfahren

11   Prozeßkostenhilfe kann auch nur für ein selbständiges Beweisverfahren (§§ 485 ff.) bewilligt werden[34]. Wird es während eines Hauptverfahrens betrieben, so ist es durch die Prozeßkostenhilfebewilligung für das Hauptverfahren nicht gedeckt, da im Kostenverzeichnis zum GKG (Nr. 1140) dafür besondere Gebühren vorgesehen sind (→ Rdnr. 3). Das gilt auch für die *Anwaltsbeiordnung* (arg. § 122 Abs. 3 S. 3 Nr. 3 BRAGO).

4. Einstweiliger Rechtsschutz

12   Für **Arrest- und einstweilige Verfügungsverfahren** muß und kann die Prozeßkostenhilfe ebenfalls gesondert beantragt und bewilligt werden[35] (vgl. auch § 122 Abs. 2 Satz 1, Abs. 3

---

[29] *RGZ* 151, 47.
[30] **A.M.** *OLG Nürnberg* JW 1931, 1134.
[31] *OLG Nürnberg* NJW 1970, 2301. – **A.M.** *OLG Frankfurt* NJW 1963, 1786; *OLG München* JurBüro 1968, 416; NJW 1966, 113.
[32] Vgl. nur *Bergerfurth* FamRZ 1985, 547; *Diederichsen* NJW 1986, 1467; zum alten Recht *Herpers* FamRZ 1981, 734.
[33] *OLG Koblenz* JurBüro 1992, 410; *OLG München* Rpfleger 1986, 409; *OLG Oldenburg* JurBüro 1992, 100 (für den Verkehrsanwalt; → § 121 Rdnr. 36); *Diederichsen* NJW 1986, 1467; *Mümmler* JurBüro 1986, 17. –

A.M. (nur gerichtlicher Vergleich) *BezG Neubrandenburg* JurBüro 1992, 754 (zust. *Mümmler*).
[34] *LG Aurich* MDR 1985, 504; *LG Bayreuth* JurBüro 1991, 398 (zust. *Mümmler*); *LG Düsseldorf* MDR 1986, 857; *LG Kiel* SchlHA 1989, 44; *LG Köln* NJW-RR 1987, 319; ZIP 1985, 1355; MDR 1985, 1033; *LG Saarbrücken* BauR 1985, 607. – **A.M.** *LG Bonn* MDR 1985, 415; *LG Flensburg* SchlHA 1987, 154; *LG Hannover* JurBüro 1986, 765 (für den Antragsgegner; vgl. aber § 491).
[35] Vgl. (im konkreten Fall Erfolgsaussicht verneinend) *OLG Düsseldorf* NJW-RR 1992, 198.

S. 3 Nr. 2 BRAGO), da auch hier gemäß § 20 GKG und Nr. 1050ff. Kostenverzeichnis zum GKG gebührenrechtlich eigene Rechtszüge vorliegen (→ Rdnr. 3). Umgekehrt erfaßt die Prozeßkostenhilfe für den einstweiligen Rechtsschutz nicht auch ohne weiteres ein *Arrestaufhebungsverfahren* nach § 927[36]. Selbständige Rechtszüge sind auch die **einstweiligen Anordnungen** in *Ehesachen* nach § 620[37] (arg. § 20 GKG, Kostenverzeichnis Nr. 1161). Etwas anderes ergibt sich weder aus § 624 Abs. 2 noch aus § 122 Abs. 3 S. 1 BRAGO: Daß die Beiordnung zwar den Vergleich, aber nicht das Verfahren über die einstweilige Anordnung erfaßt, folgt im Gegenteil aus § 122 Abs. 3 S. 3 Nr. 2 BRAGO (→ auch § 114 Rdnr. 52). Auch die Prozeßkostenhilfe in *Kindschaftssachen* erstreckt sich nicht auf das Anordnungsverfahren nach § 641d[38]. Aufhebung oder Änderung der einstweiligen Anordnung bilden hingegen mit dem auf deren Erlaß gerichteten Verfahren eine Einheit, so daß eine zweite Bewilligung nicht erforderlich ist[39].

5. Mahnverfahren

Die Bewilligung der Prozeßkostenhilfe ist auch für das Mahnverfahren **zulässig**; zur *Zuständigkeit des Rechtspflegers* → § 117 Rdnr. 5. Es wird indessen in aller Regel einer solchen nicht bedürfen, weil die Beiordnung eines Anwalts gemäß § 121 nur ausnahmsweise in Frage kommen wird und die Befreiung von der Vorauszahlung der Gerichtsgebühren gemäß § 65 Abs. 7 Nr. 3, 4 GKG sowie deren Stundung oder Niederschlagung auch ohne Prozeßkostenhilfebewilligung möglich sind[40]. Dem Antragsteller steht daher häufig ein einfacherer Weg zur Verfügung, so daß dann für den Prozeßkostenhilfeantrag das **Rechtsschutzbedürfnis** fehlt (→ § 117 Rdnr. 14). Wo das nicht der Fall ist, hat sich die **Prüfung der Erfolgsaussichten** an den Besonderheiten des Mahnverfahrens zu orientieren. Sie reicht daher nicht weiter als die für den Erlaß des Mahnbescheids vorgesehene Prüfung[41]. Eine Schlüssigkeitsprüfung findet also nicht statt[42] (arg. §§ 691, 692 Abs. 1 Nr. 2). Eine **Anhörung des Gegners** (→ § 118 Rdnr. 6, 13) wird in aller Regel unzweckmäßig im Sinne von § 118 Abs. 1 S. 1 sein[43]. Die **Bewilligung** erstreckt sich nur auf das Mahnverfahren, bezieht also den nachfolgenden streitigen Hauptsacheprozeß nicht mit ein[44] (→ auch § 115 Rdnr. 81). Das ist eine Konsequenz der begrenzten Überprüfung und der Zuständigkeit des Rechtspflegers. Für ein nachfolgendes Streitverfahren ist daher eine erneute Bewilligung durch den Richter nötig.

13

6. Zwangsvollstreckung

Die Prozeßkostenhilfebewilligung für das Erkenntnisverfahren umfaßt die nachfolgende Zwangsvollstreckung nicht. Sie muß also für diese gesondert beantragt und bewilligt werden. Das gilt auch für die Anwaltsbeiordnung (arg. § 122 Abs. 3 S. 3 Nr. 1 BRAGO), mit Ausnahme der Beiordnung für die Erwirkung eines Arrestes oder einer einstweiligen Verfügung

14

---

[36] *KG* JW 1935, 801.
[37] *OLG Bamberg* FamRZ 1986, 701; *OLG Düsseldorf* FamRZ 1982, 1096; *OLG Hamm* JurBüro 1980, 1539 (zust. *Mümmler*); *OLG Karlsruhe* FamRZ 1993, 216 (daher auch selbständig zu würdigender Antrag nötig, → § 117 Rdnr. 16); FamRZ 1987, 1166; 1985, 1274; *OLG München* JurBüro 1984, 1851; *AG Stuttgart* AnwBl. 1982, 254; *Bergerfurth* Ehescheidungsprozeß[7], Rdnr. 191d; *Mümmler* JurBüro 1985, 1453; *Schneider* MDR 1981, 798f.
[38] *OLG Hamm* FamRZ 1971, 596.
[39] *OLG Hamm* Rpfleger 1984, 34; *KG* Rpfleger 1980, 488.

[40] Zust. *Wielgoß* NJW 1991, 2071.
[41] Vgl. (zum alten Recht des Mahnverfahrens) *LG Berlin* NJW 1972, 2313; *Däubler* Rpfleger 1968, 106.
[42] *Wielgoß* NJW 1991, 2071.
[43] *LG Berlin* NJW 1972, 2313; *Däubler* Rpfleger 1968, 106.
[44] *LG Berlin* NJW 1972, 2312; *Däubler* Rpfleger 1968, 106; *Schneider* MDR 1981, 795; *Wielgoß* NJW 1991, 2071.

(§ 122 Abs. 2 Satz 1, 2. Fall BRAGO). Der Prozeßkostenhilfeantrag kann zwar schon mit dem für das Erkenntnisverfahren verbunden werden. Das Prozeßgericht ist zur Entscheidung darüber aber nur befugt, wenn es auch für die Zwangsvollstreckungsmaßnahme *zuständig* wäre[45] (→ § 117 Rdnr. 4), und in der Regel werden sich die Voraussetzungen für die Bewilligung in diesem frühen Stadium kaum feststellen lassen[46].

15 Nach dem Rechtsgedanken des § 119 S. 1 kommt dabei Bewilligung nicht für »die« Zwangsvollstreckung in Betracht, sondern nur für **einzelne Vollstreckungsverfahren**, die auf ihre Erfolgsaussichten überprüfbar sind[47]. Das folgt auch daraus, daß für die einzelnen Vollstreckungsarten unterschiedliche Zuständigkeiten gegeben sind[48] (→ § 117 Rdnr. 4). Zur *Anzahl der Raten* → § 115 Rdnr. 81. In diesem Rahmen kommt aber Prozeßkostenhilfe **für alle Vollstreckungsarten** in Betracht, gleichviel ob die Gebühren, von denen die Partei befreit werden will, im GKG oder in der KostO geregelt sind. Prozeßkostenhilfe kann daher auch für die (gesamte) *Zwangsversteigerung* oder *Zwangsverwaltung* eines bestimmten Objekts bewilligt werden, für das grundbuchamtliche Verfahren zur Eintragung einer *Zwangshypothek* (§§ 866, 867)[49] oder die *Vorpfändung* nach § 845[50]. Aus der Vollstreckung erwachsende **neue Prozesse**, etwa eine *Vollstreckungsgegenklage* oder eine *Drittwiderspruchsklage*, sind dagegen nicht umfaßt. Dem **Vollstreckungsschuldner** kann Prozeßkostenhilfe nur für konkret bezeichnete Abwehrmaßnahmen bewilligt werden, wenn dafür die allgemeinen Voraussetzungen erfüllt sind[51].

16 Ist Prozeßkostenhilfe für die Zwangsvollstreckung bewilligt, so erfaßt sie nicht nur die Vollstreckung des Urteils in der Hauptsache, sondern ebenso die **Beitreibung der Kosten**. Bei diesen spielt es keine Rolle, ob die Partei sie selbst beitreibt oder den beigeordneten Anwalt in Anspruch nimmt. Auch die Beitreibung derjenigen Anwaltskosten, die aus der Staatskasse nicht gedeckt wurden (sog. *Differenzkosten*), *durch die Partei* wird von der Bewilligung erfaßt[52]. Dagegen wirkt die Prozeßkostenhilfebewilligung nicht, wenn der Anwalt im eigenen Namen vollstreckt (→ auch § 126 Rdnr. 23).

---

[45] Vgl. *LG Düsseldorf* DAVorm. 1982, 827; *LG Wuppertal* DAVorm. 1986, 909.

[46] Vgl. *LG Heilbronn* DAVorm. 1982, 584; *LG Stuttgart* Rpfleger 1982, 309; *LG Wuppertal* DAVorm. 1986, 909; 1983, 323. – Ganz ablehnend *MünchKommZPO/Wax* Rdnr. 29.

[47] *LG Bayreuth* JurBüro 1982, 1735; *LG Berlin* JurBüro 1989, 836 (zust. *Mümmler*) = KostRspr. § 119 ZPO Nr. 83 (abl. *Lappe*); DAVorm. 1986, 662; *LG Bielefeld* Rpfleger 1987, 210; 1985, 39; AnwBl. 1982, 534; *LG Deggendorf* Rpfleger 1988, 334; *LG Gießen* Rpfleger 1983, 456; *LG Hagen* DAVorm. 1985, 922; *LG Heilbronn* JurBüro 1992, 558; *LG Kleve* DAVorm. 1982, 900; *LG Koblenz* DAVorm. 1985, 920; *LG Köln* Rpfleger 1989, 516; *LG Krefeld* Rpfleger 1988, 156; JurBüro 1985, 1417 (bei einheitlichem Gebührentatbestand); *Behr* DAVorm. 1981, 721; *Behr/Hantke* Rpfleger 1981, 267; *Bobenhausen* Rpfleger 1984, 394; *Mümmler* JurBüro 1985, 1615; 1984, 16; *Zöller/Philippi*[18] Rdnr. 33. – A.M. (vornehmlich für die Vollstreckung von Unterhaltstiteln minderjähriger Kinder) *LG Bad Kreuznach* DAVorm. 1983, 960; *LG Detmold* AnwBl. 1983, 34; *LG Düsseldorf* DAVorm. 1989, 886; 1987, 281; *LG Ellwangen* DAVorm. 1984, 195; *LG Frankenthal* DAVorm. 1988, 189f.; 1982, 478; Rpfleger 1982, 235 und *LG Fulda* Rpfleger 1984, 34 = KostRspr. § 119 ZPO Nr. 28 (zust. *Lappe*); *LG Hechingen* DAVorm. 1988, 543; *LG Oldenburg* DAVorm. 1981, 875; *LG Wuppertal* DAVorm. 1986, 909; *AG Aalen* DAVorm. 1983, 396; *AG Aschaffenburg* JurBüro 1987, 1239; *AG Itzehoe* DAVorm. 1986, 909; *Brehm* DAVorm. 1982, 497ff.; *Brüggemann* DAVorm. 1987, 237f.; *Künkel* DAVorm. 1983, 352ff.; *MünchKommZPO/Wax* Rdnr. 32.

[48] Vgl. auch *LG Arnsberg* DAVorm. 1987, 460; *LG Düsseldorf* DAVorm. 1989, 887; 1987, 281; *LG Frankenthal* DAVorm. 1982, 478; *LG Oldenburg* DAVorm. 1981, 875: Pauschalbewilligung nur im Rahmen der Zuständigkeit. *Brehm* (DAVorm. 1982, 504) will die Zuständigkeit bei der Pauschalbewilligung systemwidrig aus §§ 13, 23 analog herleiten.

[49] Vgl. *Jonas* und *Kaufmann* JW 1930, 3353 gegen OLG Breslau 2459.

[50] *Frantz* gegen *LG Lübeck* SchlHA 1954, 17.

[51] *LG Bielefeld* Rpfleger 1987, 210; *LG Krefeld* Rpfleger 1988, 156 (krit. *Meyer-Stolte*).

[52] *LG Baden-Baden* Rpfleger 1970 357 (zust. *H. Schmidt*); *LG Hamburg* AnwBl. 1969, 27; *LG Köln* JurBüro 1971, 554 (zust. *Schalhorn*); *LG Oldenburg* NJW 1967, 2214; *AG Duisburg-Hamborn* JurBüro 1974, 95; *AG Neukölln* AnwBl. 1973, 173; *AG Stuttgart* AnwBl. 1969, 417; *AG Unna* AnwBl. 1969, 416; *AG Völklingen* AnwBl. 1970, 106; *Chemnitz* NJW 1961, 1567; *Lenzen* JurBüro 1965, 364; *Mümmler* JurBüro 1974, 566; *Tschischgale* JR 1957, 177. – A.M. *LG Aurich* MDR 1964, 159; *LG Dortmund* Rpfleger 1970, 33; *LG Hildesheim* Rpfleger 1961, 118 (zust. *Lappe*); *LG Köln* JurBüro 1965, 1004 (abl. *H. Schmidt*); *AG Dortmund* DGVZ 1978, 91; *AG Meinertzhagen* DGVZ 1979, 25; *Sebode* DGVZ 1960, 1.

Das Verfahren über die **einstweilige Einstellung** der Zwangsvollstreckung ist durch die erstinstanzliche Prozeßkostenhilfebewilligung mitgedeckt, ebenso die einstweilige Einstellung nach § 719 durch die Prozeßkostenhilfebewilligung für die Berufungsinstanz. 17

7. Kostenfestsetzungsverfahren

Auch das Kostenfestsetzungsverfahren wird von der für die erste Instanz bewilligten Prozeßkostenhilfe mitumfaßt. 18

III. Prozeßkostenhilfe in der höheren Instanz (Satz 2)

Da die Prozeßkostenhilfe für jede Instanz erneut zu beantragen ist (→ Rdnr. 2), müssen grundsätzlich auch die Bewilligungsvoraussetzungen wieder neu festgestellt werden, und zwar für den Zeitpunkt der Bewilligungsentscheidung (→ § 114 Rdnr. 37). Insoweit gibt es aber Erleichterungen: 19

1. Subjektive Voraussetzungen

Da sich die Leistungsfähigkeit der Partei zwischen den Instanzen verändert haben kann, müssen die Einkommens- und Vermögensverhältnisse auch dann erneut dargelegt und geprüft werden, wenn der Partei schon für die erste Instanz Prozeßkostenhilfe bewilligt war. Es ist aber zulässig, daß die Partei in diesem Fall auf die zur ersten Instanz eingereichten Unterlagen Bezug nimmt und versichert, daß sich nichts geändert habe (→ § 117 Rdnr. 17). 20

2. Objektive Voraussetzungen

a) beim Rechtsmittelkläger

Hinsichtlich der objektiven Voraussetzungen gelten für den Rechtsmittelkläger zunächst keine Besonderheiten. Es wird also voll geprüft, ob seine Rechtsverfolgung Aussicht auf Erfolg hat und nicht mutwillig erscheint; zu den Erleichterungen bei der *Darlegung* → § 117 Rdnr. 16. Ist dem Rechtsmittelkläger Prozeßkostenhilfe im **Umfang** nur beschränkt bewilligt, z. B. nur hinsichtlich der gegnerischen Widerklage, so deckt sie ein wegen der abgewiesenen Hauptklage eingelegtes Rechmittel nicht mit ab. Das gilt auch in *Ehesachen*[53] (→ Rdnr. 9). Die für das eigene Rechtsmittel bewilligte Prozeßkostenhilfe umfaßt allerdings, wenn nichts anderes gesagt ist, die Verteidigung gegen das gegnerische **Anschlußrechtsmittel**, denn hier wäre ein besonderer Beschluß ein leerer Formalismus, da weder eine erneute Prüfung der bereits festgestellten Leistungsunfähigkeit noch eine solche der Erfolgsaussichten (Satz 2; → Rdnr. 22) in Betracht kommt[54]. Für den Umfang der *Anwaltsbeiordnung* ergibt sich dasselbe aus § 122 Abs. 2 S. 1 BRAGO. Die Verteidigung gegen das Anschlußrechtsmittel kann aber von der Bewilligung und der Anwaltsbeiordnung (§ 122 Abs. 2 S. 2 BRAGO) *ausgenommen* werden. Dies kommt in Betracht, wenn mit der Anschlußberufung ein neuer Anspruch geltend gemacht wird. Die Prozeßkostenhilfe kann auch *nur* für die Verteidigung gegen das Anschlußrechtsmittel bewilligt werden. Sie erstreckt sich dann nicht auf die Kosten des eigenen Rechtsmittels[55]. 21

---

[53] *RG* HRR 1930 Nr. 750.
[54] *BGH* LM § 119 a.F. Nr. 2.
[55] *KG* NJW 1970, 337 (auch in Ehesachen).

b) beim Rechtsmittelbeklagten

22 Soweit die leistungsunfähige Partei Rechtsmittelbeklagter ist, ist in Satz 2 mit Rücksicht darauf, daß sie in der Vorinstanz obsiegt hat, eine Prüfung der objektiven Voraussetzungen (hinreichende Erfolgsaussicht und fehlende Mutwilligkeit[56]) **kraft Gesetzes ausgeschlossen** (Satz 2). Das gilt auch für das Verfahren über eine Nichtzulassungsbeschwerde[57] sowie dann, wenn die Partei die Prozeßkostenhilfe erst im Laufe der Rechtsmittelinstanz[58] oder gar nach einem gegen sie ergangenen Versäumnisurteil beantragt. Zur **Anschließung an das gegnerische Rechtsmittel** bedarf der Rechtsmittelbeklagte hingegen einer besonderen Prozeßkostenhilfebewilligung aufgrund sachlicher Prüfung, da ihm das angefochtene Urteil insofern ungünstig ist[59]. Wird ein Rechtsmittel nicht angenommen oder zurückgenommen, kann für ein unselbständiges Anschlußrechtsmittel Prozeßkostenhilfe (über die freilich noch zu entscheiden ist[60]) nicht bewilligt werden[61].

23 Der Vorschrift des § 119 Satz 2 liegt die Überlegung zugrunde, daß derjenige, der in 1. Instanz obsiegt hat, in der zweiten unbedingt zu schützen ist[62]. Das läßt sich damit rechtfertigen, daß das erstinstanzliche Urteil eine Vermutung dafür begründet, daß die Rechtsverteidigung des Rechtsmittelbeklagten hinreichende Erfolgsaussicht hat und nicht mutwillig ist. Diese Rechtfertigung entfällt aber, wenn die auf dem erstinstanzlichen Urteil beruhende Vermutung im Moment der Entscheidung über das Prozeßkostenhilfegesuch für die 2. Instanz zur Überzeugung des Prozeßkostenhilferichters zweifelsfrei widerlegt ist. In diesen Fällen ist § 119 Satz 2 **teleologisch zu reduzieren**[63]. Das gilt nicht nur dann, wenn sich der Rechtsmittelbeklagte das ihm günstige Urteil der Vorinstanz erschlichen hat[64], sondern auch dann, wenn durch eine inzwischen eingetretene **Änderung der maßgebenden Verhältnisse oder Rechtsnormen** die Grundlage des erstinstanzlichen Erkenntnisses entfallen ist[65] oder wenn die angegriffene Hauptsacheentscheidung **offensichtlich unrichtig** ist[66]. Dazu reicht es aber nicht aus, daß der zweitinstanzliche Richter Zweifel hat. Vielmehr ist eine teleologische Reduktion der nach dem Wortlaut eindeutigen Vorschrift nur dann gerechtfertigt, wenn die sich auf das erstinstanzliche Urteil gründende Vermutung zur Überzeugung des Gerichts widerlegt ist.

24 Ist das Rechtsmittel vom Rechtsmittelkläger nur eingelegt, um die **Klage zurückzunehmen**, ist eine Bewilligung nach dem Sinn der Vorschrift nur geboten, wenn man für die Einwilligung des Beklagten und Rechtsmittelbeklagten dessen anwaltliche Vertretung für geboten hält[67] (→ § 269 Rdnr. 24, 27). § 119 S. 2 ändert allerdings nichts daran, daß im allgemeinen **mit der Bewilligung zu warten** ist, bis feststeht, daß das Rechtsmittel zulässig ist und durchgeführt wird (→ § 114 Rdnr. 43).

25 Für den **Streitgehilfen** des Rechtsmittelbeklagten gilt § 119 S. 2 nicht. Hier ist auch zu prüfen, ob die Beteiligung am fremden Rechtsstreit mutwillig ist[68].

---

[56] A.M. unzutr. *LG Frankfurt* JurBüro 1983, 1106 f. für den Fall, daß sich die Mutwilligkeit aus prozessualem Verhalten ergibt, was indessen der Regelfall ist.
[57] *BAG* RdA 1980, 240 (L); *OVG Hamburg* DÖV 1988, 887.
[58] A.M. *KG* JW 1929, 1680.
[59] *BGHZ* 91, 313; *RGZ* (VZS) 41, 401; *OLG Hamm* NJW 1990, 1053; *KG* JW 1925, 808; *Hünemörder* SJZ 1950, 929.
[60] *OLG Frankfurt* FamRZ 1993, 344.
[61] *BGH* NJW 1985, 498 (L) = MDR 303; *OLG Karlsruhe* MDR 1990, 930.
[62] Vgl. Prot., S. 42 (zu § 107) = *Hahn* II/1, S. 557.
[63] A.M. *RGZ* 65, 286; *Voraufl.* Rdnr. 17. – Offen *BVerfGE* 71, 133.
[64] *OLG Koblenz* FamRZ 1985, 302.
[65] *BGHZ* 36, 281; *BGH* FamRZ 1989, 266; *OLG Celle* FamRZ 1977, 648; NdsRpfl. 1981, 147; 1950, 4; DRZ 1949, 499; *OLG Hamm* FamRZ 1992, 456; *KG* JW 1937, 1430; *OLG Karlsruhe* ZZP 55 (1930), 414 (abl. *Kaufmann*); *OLG Koblenz* FamRZ 1986, 81; *OLG Köln* NJW 1954, 153; *Koenigk* NJW 1970, 696; einschränkend auch *OLG Schleswig* SchlHA 1982, 71; 1952, 10; offen *Hess. VGH* AnwBl. 1989, 178.
[66] Vgl. dazu *OLG Bamberg* FamRZ 1989, 884; JurBüro 1985, 1111; *OLG Düsseldorf* FamRZ 1988, 416; JurBüro 1988, 96; *KG* FamRZ 1980, 1034; *OLG Köln* OLGZ 1980, 492; *MünchKommZPO/Wax* Rdnr. 38; *Schneider* MDR 1981, 4; 1979, 367; *Zöller/Philippi*[18] Rdnr. 56.
[67] Ganz ablehnend *OLG Köln* NJW 1954, 153.
[68] *BGH* NJW 1966, 597.

IV. Wirkungszeitpunkt

1. Grundsatz

Prozeßkostenhilfe kann grundsätzlich **nur für die Zukunft** bewilligt werden. Das ergibt sich 26
einerseits aus dem Wortlaut des § 114, der von einer *beabsichtigten* Rechtsverfolgung oder
-verteidigung spricht, andererseits aus dem Sinn und Zweck der Prozeßkostenhilfe, die die
Inanspruchnahme der Gerichte *ermöglichen* soll, wozu kein Anlaß besteht, wenn und soweit
die Prozeßführung bisher auch ohne Prozeßkostenhilfebewilligung möglich war[69]. Daher
treten die *Wirkungen* der Prozeßkostenhilfe (§ 122) an sich erst mit dem **Existentwerden des
Beschlusses** ein, also mit der Verkündung oder der schriftlichen Bekanntgabe an den Antragsteller[70] (→ § 120 Rdnr. 4). – Zur *Bewilligung nach Abschluß der Instanz* → Rdnr. 28; zu dem
für die Bewilligungsvoraussetzungen maßgeblichen Zeitpunkt → § 114 Rdnr. 37 ff.

2. Rückwirkende Bewilligung

Wenn Prozeßkostenhilfe grundsätzlich nur für die Zukunft gewährt werden kann, hat der 27
Antragsteller ein Interesse daran, daß das Bewilligungsverfahren beschleunigt betrieben und
möglichst schnell entschieden wird (→ § 118 Rdnr. 5). Darauf, daß so verfahren wird, hat er
nur begrenzten Einfluß. In der Rechtsprechung hat sich deshalb die Auffassung durchgesetzt,
daß das Gericht seinem Beschluß rückwirkende Kraft beilegen kann[71], und zwar auf den
Zeitpunkt, zu dem der Antragsteller alles seinerseits für die Entscheidung Erforderliche getan
hat. Das ist grundsätzlich der **Zeitpunkt der Antragstellung**[72], sei es bei Beantragung vor
Beginn des Hauptsacheverfahrens, sei es bei Beantragung während der Instanz. Eine *weitergehende* Rückwirkung, etwa auf den Zeitpunkt der Klageerhebung bei Beantragung während
der Instanz, ist jedenfalls ausgeschlossen[73]. Wird sie allerdings trotzdem ausgesprochen, so ist
das für den Kostenbeamten bindend[74] (→ auch § 127 Rdnr. 3).

Auch die Rückwirkung auf den Zeitpunkt der Antragstellung kommt aber nur dann in 28
Betracht, wenn der **Antrag vollständig begründet und korrekt belegt** war[75] und wenn der

---

[69] Vgl. nur *BGH* NJW 1985, 921; *BayObLG* FamRZ 1984, 73; *OLG Düsseldorf* OLGZ 1989, 255; *OLG Frankfurt* MDR 1983, 137; *OLG Hamm* JurBüro 1981, 1409; *OLG Köln* VersR 1989, 408; *OLG Oldenburg* NJW-RR 1991, 189; *RGZ* 157, 98; *BVerwG* JurBüro 1992, 346; *Blümler* MDR 1983, 97.
[70] *BGH* NJW 1992, 839, 840; 1987, 2379; 1985, 921; *OLG Düsseldorf* NJW-RR 1990, 452; *OLG Zweibrücken* JurBüro 1980, 1204; *BSG* MDR 1988, 611; *Mümmler* JurBüro 1987, 1148.
[71] Mit *Christl* MDR 1983, 537 ff. wird man grundsätzlich davon ausgehen müssen, daß der Antragsteller darauf einen **Anspruch** hat, wenn die nachfolgend genannten Voraussetzungen vorliegen.
[72] *BGH* NJW 1992, 840 (2 Entscheidungen); 1985, 921 f.; 1982, 446; *BayObLG* FamRZ 1984, 73; *OLG Düsseldorf* NJW-RR 1990, 452; 1989, 384; *OLG Frankfurt* MDR 1983, 137; *OLG Hamburg* JurBüro 1984, 614; *LG Krefeld* JurBüro 1985, 1416 (zust. *Mümmler*); *AG Stuttgart* AnwBl. 1982, 254; *OVG Münster* AnwBl. 1985, 54; *Kumme* JurBüro 1985, 162.
[73] *BayObLG* FamRZ 1985, 520, 522; *OLG Bamberg* JurBüro 1989, 1290; *OLG Düsseldorf* JurBüro 1987, 130; FamRZ 1988, 1300; 1982, 1096; *OLG Hamburg* DAVorm. 1986, 367; MDR 1986, 65 = KostRspr. § 119 ZPO Nr. 46 (krit. *v. Eicken*); *OLG München* JurBüro 1980, 1088; *LG Krefeld* DAVorm. 1985, 1416 (zust. *Mümmler*); *LG Landau* Rpfleger 1985, 375; *Mümmler* JurBüro 1986, 833 f. – Anders für das von Amts wegen einzuleitende Testamentseröffnungsverfahren *AG Olpe* Rpfleger 1987, 373.
[74] *OLG Bamberg* FamRZ 1989, 884; JurBüro 1986, 768; *OLG Celle* NdsRpfl. 1977, 166 f.; *OLG München* Rpfleger 1986, 108 = MDR 242.
[75] *BGH* JurBüro 1993, 51 f.; NJW 1992, 840 (2 Entscheidungen); 1982, 446; *BayObLG* Rpfleger 1978, 315 f.; *OLG Bamberg* JurBüro 1989, 832; 1988, 1380; 1985, 141; FamRZ 1988, 1081; *OLG Düsseldorf* NJW 1991, 1186; NJW-RR 1990, 452; 1989, 384; *OLG Frankfurt* NJW-RR 1989, 192; MDR 1983, 137; *OLG Hamm* FamRZ 1986, 80; *KG* JR 1988, 436; *OLG Karlsruhe* OLGZ 1985, 460; *OLG Koblenz* FamRZ 1990, 538; *OLG Köln* Rpfleger 1990, 305; *OLG München* MDR 1986, 242; *LG Bayreuth* JurBüro 1987, 446; *LG Duisburg* AnwBl. 1986, 343; *LAG München* JurBüro 1984, 774; *LAG Nürnberg* JurBüro 1989, 236; *ArbG Regensburg* Rpfleger 1992, 29; JurBüro 1992, 46; *Hess.VGH* AnwBl. 1990, 55; *OVG Koblenz* NVwZ 1991, 596; *BFH* KostRspr. ZPO § 119 Nr. 100 (L); *Künkel* DAVorm. 1983, 349; *Sommer* SGb. 1983, 61.

Antragsteller das **Verfahren nicht verzögert** hat[76], denn nur dann hat er alles seinerseits für die Entscheidung Erforderliche getan (→ Rdnr. 27). Daß der Antragsteller das Nachreichen *notwendiger* Unterlagen in Aussicht stellt oder daß das Gericht dafür eine entsprechende Frist gesetzt und der Antragsteller diese Frist gewahrt hat, reicht grundsätzlich nicht aus, um die Rückwirkung auf den Zeitpunkt der unzureichenden Antragstellung statt auf den der Vervollständigung der Unterlagen abzustellen[77]. Etwas anderes mag dann gelten, wenn das Gericht zur Glaubhaftmachung *zusätzliche* Unterlagen verlangt[78], wenn der Antragsteller aufgrund *besonderer* Umstände der Ansicht sein durfte, sein Antrag sei vollständig begründet und korrekt belegt[79], wenn ihn an der Unvollständigkeit *kein Verschulden* trifft[80] oder wenn das Gericht einen *besonderen Vertrauenstatbestand* gesetzt hat[81]. – Zum Nachreichen der Unterlagen in der *Beschwerdeinstanz* → § 127 Rdnr. 21.

29 Mit der gelegentlich anzutreffenden These, die Rückwirkung sei auf den Zeitpunkt der **Entscheidungsreife** zu beziehen, ist nicht selten dasselbe wie hier gemeint[82]. Soweit sich allerdings dahinter die Auffassung verbirgt, es könne die Rückwirkung nur ausgesprochen werden für den Zeitpunkt, zu dem die notwendigen Erhebungen abgeschlossen seien und der Gegner angehört worden sei – oder jedenfalls bei sachgemäßer und zügiger Bearbeitung hätte sein können -[83], ist dem nicht zu folgen, denn diese Umstände liegen nicht in der Hand des Antragstellers, und sie sind zu wenig konkret, als daß sie für eine Rechtssicherheit schaffende Ermittlung des konkreten Wirkungszeitpunkts taugen könnten[84].

30 Um Zweifel zu vermeiden, sollte der Wirkungsbeginn in die **Antragsformulierung** mitaufgenommen werden[85]. Ansonsten ergibt aber die Auslegung, daß Prozeßkostenhilfe so früh wie möglich, also ab Antragstellung (→ Rdnr. 27), erbeten wird[86]. Auch die **Entscheidung** sollte den Zeitpunkt nennen, auf den sie zurückwirkt[87]. Nennt sie ihn nicht, so ist davon auszugehen, daß sie dem Antrag stattgibt, da sie ihn sonst teilweise zurückweisen müßte. Da aber der Antrag i.d.R. auf Bewilligung ab Antragstellung lautet, muß auch die Entscheidung so verstanden werden, daß Prozeßkostenhilfe ab (korrekter) Antragstellung bewilligt wird, mag auch die Rückwirkung die Ausnahme sein[88]. Etwas anderes gilt natürlich dann, wenn die

---

[76] *OLG Braunschweig* JurBüro 1980, 137; *VGH München* NJW 1980, 2093; *Beyer* JurBüro 1989, 445; *Blümler* MDR 1983, 98; *Christl* MDR 1983, 624; Rpfleger 1982, 115; *Mümmler* JurBüro 1985, 1618.

[77] *OLG Düsseldorf* NJW 1991, 1186; FamRZ 1988, 415 f.; *LAG Berlin* Rpfleger 1990, 305; *LAG* ZIP 1982, 746; *LAG Schleswig-Holstein* LAGE § 119 ZPO Nr. 5; *ArbG Regensburg* Rpfleger 1992, 29 f.; *Künkel* DAVorm. 1983, 349. – A.M. *BGH* NJW 1992, 839, 840; *BayObLG* FamRZ 1984, 73; *OLG Karlsruhe* NJW-RR 1989, 1466 (für einstweiligen Rechtsschutz); *OLG Köln* Rpfleger 1984, 330; *OLG Nürnberg* JurBüro 1984, 774; *OLG Oldenburg* JurBüro 1992, 248; *LG Tübingen* JurBüro 1990, 515; *LAG Bremen* AnwBl. 1982, 444; *LAG Hamm* MDR 1974, 787; *LAG Niedersachsen* MDR 1993, 91; einschr. auch *Christl* MDR 1983, 624.

[78] *Kumme* JurBüro 1985, 162.

[79] Vgl. *OLG Hamburg* FamRZ 1987, 843.

[80] *OLG Düsseldorf* FamRZ 1988, 415, 416; *OLG Hamburg* DAVorm. 1980, 486; *LAG Bremen* MDR 1982, 965 = EzA § 119 ZPO Nr. 1 (*Schneider*); *LAG Düsseldorf* JurBüro 1984, 1575 (abl. *Mümmler*); *LAG Hamburg* MDR 1983, 964; *LAG Nürnberg* LAGE § 119 ZPO Nr. 6; *Christl* MDR 1983, 625.

[81] Vgl. *OLG Hamburg* FamRZ 1987, 843 und *OLG Oldenburg* JurBüro 1992, 248 (Aufforderung zur Glaubhaftmachung nach Instanzende; *AG Stuttgart* AnwBl. 1982, 254 (sehr weitgehend für unterlassenen Hinweis auf den notwendigen Antrag); *LAG Baden-Württemberg* JurBüro 1988, 222 und *LG Tübingen* JurBüro 1990, 515 (Unterlassen einer gebotenen Aufklärung). Das Setzen einer Frist (→ § 117 Rdnr. 19, 21) reicht als Vertrauenstatbestand nicht.

[82] Vgl. etwa *OLG Düsseldorf* NJW 1991, 1186; JurBüro 1989, 113 f.; *OLG Frankfurt* NJW-RR 1989, 192; *OLG Hamm* FamRZ 1989, 1203.

[83] *OLG Karlsruhe* AnwBl. 1982, 493.

[84] *BGH* NJW 1982, 446 = Rpfleger 115 (zust. *Christl*); *OLG Düsseldorf* NJW-RR 1989, 384; *Kumme* JurBüro 1985, 162.

[85] *OLG Koblenz* MDR 1978, 850.

[86] *OLG Hamm* AnwBl. 1979, 440; *OLG Karlsruhe* NJW-RR 1989, 1466; *LAG Bremen* AnwBl. 1982, 443; *Blümler* MDR 1983, 97. – A.M. *Christl* MDR 1983, 628 f.

[87] *OLG Koblenz* MDR 1978, 850; *Beyer* JurBüro 1989, 445; *Sommer* SGb. 1983, 61. – Eine **Ergänzung** des Beschlusses ist zulässig, *Blümler* MDR 1983, 97; *Christl* MDR 1983, 629.

[88] *OLG Bamberg* FamRZ 1988, 1081; *OLG Celle* NdsRpfl. 1977, 165 f.; *OLG Düsseldorf* Rpfleger 1986, 108; *OLG Frankfurt* AnwBl. 1986, 255 = KostRspr. § 119 ZPO Nr. 52 (krit. *v.Eicken*); *OLG Karlsruhe* NJW-RR 1989, 1466; OLGZ 1985, 460; *OLG Koblenz* MDR 1978, 850; *OLG München* MDR 1986, 242; *OLG Oldenburg* JurBüro 1992, 248; *LAG Bremen* AnwBl. 1982, 443; *Beyer* JurBüro 1989, 445; vgl. auch *OLG Hamm* AnwBl. 1979, 439. – A.M. *OLG Stuttgart* NJW-RR 1987, 508; *OLG Zweibrücken* JurBüro 1980, 1204; *AG Trier*

Entscheidung im Einverständnis mit dem Antragsteller auf einen späteren Zeitpunkt zurückgestellt ist[89] oder ausdrücklich ein anderer Zeitpunkt festgesetzt wird.

3. Bewilligung nach Abschluß der Instanz

Da Prozeßkostenhilfe immer nur für eine Instanz gewährt wird (→ Rdnr. 2) und frühestens 31
ab Antragstellung bewilligt werden kann (→ Rdnr. 27), ist ein **Antrag unzulässig** (→ § 117
Rdnr. 14), wenn mit ihm Prozeßkostenhilfe für eine bereits abgeschlossene Instanz begehrt wird[90], wobei die Instanz spätestens mit Zustellung des Urteils[91], sonst in dem Zeitpunkt abgeschlossen ist, in dem letztmals prozeßkostenhilfefähige Kosten entstanden sind[92]. – Zur *Beschwerde* gegen die Prozeßkostenhilfeentscheidung nach Abschluß der Instanz im Hauptsacheverfahren → § 127 Rdnr. 15.

Eine **rückwirkende Bewilligung** ist aber dann möglich, wenn die Instanz zwar abgeschlos- 32
sen ist, der Antrag aber vorher gestellt wurde[93]. Eine solche Rückwirkung wird durch den Wortlaut des § 114 nicht schlechthin ausgeschlossen, da es sich jedenfalls zum Zeitpunkt des Antrags um ein beabsichtigtes Rechtsschutzbegehren handelte. Wenn daher der *Antrag rechtzeitig gestellt* wurde, kann, da die Partei den Zeitpunkt der Entscheidung nicht in der Hand hat und insbesondere eine verzögerliche Prozeßkostenhilfeentscheidung nicht zu ihren Lasten gehen darf, Prozeßkostenhilfe rückwirkend **ab Antragstellung** bewilligt werden, sofern wieder der *Antrag vollständig begründet und ordnungsgemäß belegt* war (oder eine der in Rdnr. 28 genannten Ausnahmen vorliegt)[94]. Darauf, daß auch vor Instanzende noch hätte entschieden werden können, kann es wegen der Unsicherheit dieses Kriteriums auch hier nicht ankommen[95] (→ schon Rdnr. 29). Kommt eine Rückwirkung danach in Betracht, so kann sie nicht nur durch das Gericht der abgeschlossenen Instanz, sondern nach Beschwerde gegen die Prozeßkostenhilfeentscheidung **auch durch das Beschwerdegericht** zugelassen werden. Dies gilt **auch nach Rechtskraft** des in der Hauptsache ergangenen Urteils[96] (→ auch § 127 Rdnr. 15); zu dem in diesen Fällen zugrundezulegenden *Kenntnisstand* → § 114 Rdnr. 37, 40 f.

DGVZ 1988, 142; wohl auch *Blümler* MDR 1983, 98; *Christl* MDR 1983, 628 f.
[89] *KG* DR 1940, 653.
[90] *RGZ* 157, 97; *BGH* AnwBl. 1987, 55; *OLG Bamberg* JurBüro 1989, 1290; 1988, 1056; 1986, 1574; 1983, 456 f.; *OLG Bremen* FamRZ 1984, 411; *OLG Düsseldorf* KostRspr. ZPO § 114 Nr. 355 (L); NJW-RR 1986, 550; FamRZ 1982, 1096; *OLG Hamm* Rpfleger 1991, 160; 1984, 368; *OLG Hamburg* FamRZ 1980, 1053; *OLG Karlsruhe* AnwBl. 1987, 340; FamRZ 1985, 725; *OLG Zweibrücken* JurBüro 1982, 1259; 1980, 1888; *LAG Düsseldorf* JurBüro 1985, 609; *ArbG Regensburg* JurBüro 1992, 46; 1991, 1230; *BVerwG* JurBüro 1992, 346; *BPatG* GRUR 1982, 363; *BFHE* 145, 28 = BB 1986, 187 (L).
[91] *OLG Hamm* NJW-RR 1988, 1151.
[92] *OLG Köln* VersR 1989, 408; *OLG München* JurBüro 1980, 1088.
[93] **A. M.** *OLG Düsseldorf* OLGZ 1989, 255; *OLG Frankfurt* OLGZ 1980, 77 f.; sehr eng auch *OLG Düsseldorf* FamRZ 1984, 305. *OLG Oldenburg* NJW-RR 1991, 189 verlangt zu weitgehend, daß in der Hauptsache kein Sachantrag gestellt werde (→ auch § 114 Rdnr. 33).
[94] *BGH* NJW 1985, 921; 1982, 446; FamRZ 1982, 367; *BayObLG* FamRZ 1984, 73; *OLG Bamberg* FamRZ 1990, 538; JurBüro 1989, 1290; 1988, 1056; 1986, 1574; *OLG Bremen* JurBüro 1987, 767; FamRZ 1984, 411; *OLG Düsseldorf* NJW-RR 1990, 452; 1989, 384; JurBüro 1986, 933 (zust. *Mümmler*); *OLG Frankfurt* MDR 1983, 137; *OLG Hamburg* FamRZ 1987, 843; 1983, 1230; *OLG Hamm* Rpfleger 1991, 160; 1984, 368; FamRZ 1989, 1203; *OLG Karlsruhe* AnwBl. 1982, 78; *OLG Köln* Rpfleger 1990, 305; VersR 1989, 408; *OLG Stuttgart* DAVorm. 1991, 949; *OLG Zweibrücken* JurBüro 1983, 454; 1982, 1259; *LG Bayreuth* JurBüro 1987, 445; 1982, 1735; *LG Hannover* FamRZ 1993, 217; *LAG Baden-Württemberg* DB 1984, 620 (L); *LAG Berlin* ZIP 1982, 746; *LAG Bremen* MDR 1982, 965 = EzA § 119 ZPO Nr. 1 (*Schneider*); *LAG München* AnwBl. 1988, 122; *LAG Nürnberg* LAGE § 117 ZPO Nr. 6; JurBüro 1989, 237; 1984, 1580; *BVerwG* JurBüro 1992, 346; *OVG Bremen* JurBüro 1989, 116; *OVG Hamburg* FamRZ 1992, 79; *OVG Münster* AnwBl. 1985, 54; *BayVerfGH* BayVBl. 1991, 377.
[95] **A. M.** *OLG Bamberg* JurBüro 1986, 123; *OLG Düsseldorf* NJW-RR 1990, 452; MDR 1987, 941; *OLG Frankfurt* DAVorm. 1981, 873; *OLG Hamm* JurBüro 1988, 646; 1986, 1730 und 295; 1979, 605; *OVG Bremen* JurBüro 1987, 444 (*Mümmler*); *ArbG Regensburg* JurBüro 1991, 1230; *Künzl* AnwBl. 1991, 128.
[96] *OLG Frankfurt* MDR 1983, 137 = AnwBl. 1982, 533 (*Chemnitz*); *LAG München* JurBüro 1984, 774; *Blümler* MDR 1983, 99; *Künkel* DAVorm. 1983, 349.

33 Der bereits entstandene und nach § 16 BRAGO fällig gewordene **Gebührenanspruch des Rechtsanwalts** kann allerdings durch die Rückwirkung der Entscheidung nicht beseitigt werden. In einem solchen Fall muß daher zwar Prozeßkostenhilfe hinsichtlich der Gerichtskosten rückwirkend bewilligt werden, von der **rückwirkenden Beiordnung** an und für sich aber abgesehen werden[97]. Wenn sich der Rechtsanwalt indessen dazu bereit erklärt hatte, in der Erwartung seiner Beiordnung tätig zu werden, so muß das Gericht als befugt angesehen werden, den Anwalt trotz der inzwischen eingetretenen Beendigung der Instanz mit Rückwirkung auf den Zeitpunkt der Antragstellung beizuordnen[98].

4. Bewilligung nach sonstiger Erledigung der Hauptsache

34 Für den Fall, daß sich die Hauptsache vor der Prozeßkostenhilfeentscheidung, insbesondere durch Vergleich, anderweitig erledigt, ist zu unterscheiden: War im Zeitpunkt der Erledigung die **Hauptsache noch nicht anhängig**, so kann Prozeßkostenhilfe nicht mehr bewilligt werden, denn dann wird die Rechtsverfolgung oder -verteidigung nicht mehr beabsichtigt, und die Prozeßkostenhilfe wird in Wahrheit nur noch für das Bewilligungsverfahren begehrt, was grundsätzlich unzulässig ist[99] (→ § 114 Rdnr. 12). War hingegen die **Hauptsache anhängig**, so gilt das zu Rdnr. 32 Gesagte sinngemäß: Da der Antragsteller den Entscheidungszeitpunkt nicht in der Hand hat und es ihm kaum zuzumuten ist, mit einem Vergleichsabschluß zu warten, bis die Prozeßkostenhilfeentscheidung gefallen ist, kann ihm Prozeßkostenhilfe rückwirkend auf den Zeitpunkt ordnungsgemäßer Antragstellung bewilligt werden[100], aber natürlich nur, soweit sein Rechtsschutzbegehren ohne das erledigende Ereignis erfolgversprechend und nicht mutwillig war[101].

5. Bereits erfolgte Zahlungen

35 Zahlungen an **Gerichtskosten**, die nach dem maßgeblichen (Rück-)Wirkungszeitpunkt geleistet wurden, sind zu erstatten, gleichviel ob der Kostenschuldner die Leistung auf Anfordern oder freiwillig und mit oder ohne Vorbehalt bewirkt hatte[102]. Das gilt aber nicht für Zahlungen, die gleichzeitig mit oder nach Antragstellung, aber vor Erlaß eines *nicht* mit Rückwirkung ausgestatteten Beschlusses geleistet sind[103]. Für **Gerichtsvollzieherkosten** ist

---

[97] Vgl. *BayVerfGH* BayVBl. 1991, 377.
[98] *RGZ* 152, 221; *OLG Dresden* JR 1950, 54; *KG* JW 1937, 252; 1925, 2341; *OLG Stuttgart* MDR 1952, 685. – **A.M.** *OLG Düsseldorf* JW 1930, 1094; *OLG Stuttgart* AnwBl. 1954, 183 (zust. *Schubart*).
[99] *OLG Düsseldorf* JurBüro 1986, 286; *OLG Frankfurt* NJW-RR 1991, 1411; FamRZ 1982, 1225; *OLG Hamm* FamRZ 1987, 1062; *OLG Karlsruhe* Rpfleger 1989, 416; AnwBl. 1982, 491; *OLG Nürnberg* JurBüro 1992, 49; *OLG Nürnberg* JurBüro 1992, 49; *OLG Stuttgart* AnwBl. 1986, 414; vgl. auch *OLG Schleswig* SchlHA 1984, 149. – **A.M.** *OLG Köln* FamRZ 1984, 917. – Vgl. auch *BayObLG* FamRZ 1991, 467 (fehlende Erfolgsaussicht, wenn sich die Hauptsache demnächst erledigen wird).
[100] *BayObLG* FamRZ 1984, 73; *OLG Bamberg* JurBüro 1983, 455; 1981, 612; *OLG Düsseldorf* NJW-RR 1990, 452; JurBüro 1987, 130 (zust. *Mümmler*); 1986, 933 (zust. *Mümmler*); *OLG Hamm* JurBüro 1993, 28; *OLG Karlsruhe* FamRZ 1988, 738 (für die bis zur Erledigung entstandenen Kosten); *OLG Köln* FamRZ 1981, 487; *LG Trier* JurBüro 1990, 514; *LAG Hamm* JurBüro 1988, 771; *OVG Bremen* AnwBl. 1990, 569; NVwZ-RR 1989, 585; *Hess.VGH* NVwZ-RR 1992, 221; *VGH Mannheim* NVwZ-RR 1992, 442f. – **A.M.** *OLG Bamberg* JurBüro 1986, 1252; *OLG Düsseldorf* JurBüro 1989, 114; *OLG Frankfurt* FamRZ 1984, 306; *OLG Karlsruhe* FamRZ 1992, 836; 1987, 728; *OLG Schleswig* SchlHA 1989, 153; *OVG Bremen* JurBüro 1990, 1191; *LSG Schleswig* SchlHA 1984, 116 (L); *Pentz* NJW 1985, 1821. – Weitergehend (Antrag während der Widerrufsfrist beim widerruflichen Vergleich reicht) *AG Groß-Gerau* MDR 1981, 853 (L).
[101] *OLG Düsseldorf* NJW-RR 1990, 452.
[102] *OLG Düsseldorf* Rpfleger 1986, 108; JW 1936, 1306; *OLG Frankfurt* AnwBl. 1986, 255; *KG* JW 1936, 3073; 1935, 1704; *Mümmler* JurBüro 1989, 24; 1987, 1149f.; vgl. auch KostVfg. § 9 Abs. 2. – **A.M.** *Diederichsen* DRiZ 1963, 400.
[103] Vgl. *OLG Düsseldorf* FamRZ 1990, 299; *KG* Rpfleger 1984, 373; *OLG Stuttgart* MDR 1984, 151; ferner *AG Trier* DGVZ 1988, 142 (dazu aber auch Rdnr. 30).

wegen § 122 Abs. 1 Nr. 1 lit. a entsprechend zu entscheiden[104]. Auch **Anwaltsgebühren** sind an die Partei zurückzuzahlen, wenn der Anwalt entweder rückwirkend Erstattung aus der Staatskasse fordert, also so gestellt werden will, als sei er bereits an dem Tag beigeordnet, von dem an die Bewilligung rückwirkend gelten soll[105], oder wenn er von Anfang an hatte erkennen lassen, daß er von einer rückwirkenden Beiordnung ausgegangen war, etwa indem er selbst den Prozeßkostenhilfeantrag eingereicht oder dabei mitgewirkt hatte[106] (→ auch Rdnr. 33).

§ 120 [Festsetzung von Raten; vorläufige Einstellung der Zahlungen]

(1) ¹Mit der Bewilligung der Prozeßkostenhilfe setzt das Gericht zu zahlende Monatsraten und aus dem Vermögen zu zahlende Beträge fest. ²Setzt das Gericht nach § 115 Abs. 1 Satz 3 mit Rücksicht auf besondere Belastungen von dem Einkommen Beträge ab und ist anzunehmen, daß die Belastungen bis zum Ablauf von vier Jahren ganz oder teilweise entfallen werden, so setzt das Gericht zugleich diejenigen Zahlungen fest, die sich ergeben, wenn die Belastungen nicht oder nur in verringertem Umfang berücksichtigt werden, und bestimmt den Zeitpunkt, von dem an sie zu erbringen sind.
(2) Die Zahlungen sind an die Landeskasse zu leisten, im Verfahren vor dem Bundesgerichtshof an die Bundeskasse, wenn Prozeßkostenhilfe in einem vorherigen Rechtszug nicht bewilligt worden ist.
(3) Das Gericht soll die vorläufige Einstellung der Zahlungen bestimmen,
1. wenn abzusehen ist, daß die Zahlungen der Partei die Kosten decken;
2. wenn die Partei, ein ihr beigeordneter Rechtsanwalt oder die Bundes- oder Landeskasse die Kosten gegen einen anderen am Verfahren Beteiligten geltend machen kann.
(4) ¹Das Gericht kann die Entscheidung über die zu leistenden Zahlungen ändern, wenn sich die für die Prozeßkostenhilfe maßgebenden persönlichen oder wirtschaftlichen Verhältnisse wesentlich geändert haben. ²Auf Verlangen des Gerichts hat sich die Partei darüber zu erklären, ob eine Änderung der Verhältnisse eingetreten ist. ³Eine Änderung zum Nachteil der Partei ist ausgeschlossen, wenn seit der rechtskräftigen Entscheidung oder sonstigen Beendigung des Verfahrens vier Jahre vergangen sind.

Gesetzesgeschichte: Neugefaßt durch das Gesetz über die Prozeßkostenhilfe vom 13.6.1980 (BGBl. I, 677; → vor § 114 Rdnr. 6); geändert durch G v. 9.12.1986 (BGBl. I, 2326).

Stichwortverzeichnis: → vor § 114 vor Rdnr. 1.

I. Überblick	1	3. Inhalt	5
II. Entscheidung über den Prozeßkostenhilfeantrag	2	a) Ablehnung oder Bewilligung	5
		b) Festsetzung der Raten und aus dem Vermögen zu zahlenden	
1. Form	2	Beträge (Abs. 1 S. 1)	6
2. Wirksamkeit	4	aa) Monatsraten	7

---

[104] *KG* MDR 1981, 852; *LG Berlin* MDR 1980, 407; *AG Darmstadt* JurBüro 1981, 770; *AG Friedberg* DGVZ 1982, 142; *AG Gladbeck* DGVZ 1989, 159; *AG Hannover* DGVZ 1993, 60; *AG Pinneberg* DGVZ 1977, 142; *AG Wiesbaden* DGVZ 1991, 60; *Bach* DGVZ 1990, 166. – **A.M.** *AG Frankfurt* DGVZ 1989, 191 (Rückforderungsrecht nach 14 Monaten verwirkt); *AG Idstein* DGVZ 1991, 60; *AG Leverkusen* DGVZ 1980, 31 und *AG Würzburg* DGVZ 1979, 188 (Hinweispflicht des Gläubigers); *Mümmler* JurBüro 1981, 29.

[105] *BGH* MDR 1963, 827; *OLG Düsseldorf* MDR 1982, 765.

[106] *OLG München* NJW 1960, 1018.

bb) aus dem Vermögen zu zahlende Beträge	8	V. Änderung der Entscheidung (Abs. 4)	17
c) Wegfall von Belastungen (Abs. 1 S. 2)	9	1. Änderung der maßgebenden Verhältnisse	17
III. Gläubiger der Zahlungen (Abs. 2)	11	2. Inhalt und Wirkung der Änderungentscheidung	20
IV. Vorläufige Einstellung (Abs. 3)	12	a) Grundsätze	20
1. bei Kostendeckung (Abs. 3 Nr. 1)	13	b) Keine Aufhebung	21
2. bei anderweitiger Beitreibbarkeit (Abs. 3 Nr. 2)	15	c) Keine erstmalige Bewilligung	25
		d) Wirkungszeitpunkt	26
3. Vorläufigkeit der Einstellung	16	3. Zuständigkeit	32
		4. Verfahren	34

I. Überblick[1]

1 § 120 enthält – systematisch unglücklich plaziert – die »Ausführungsbestimmungen« zu §§ 114, 115, soweit es um die Pflicht des Antragstellers geht, durch Raten oder Zahlungen aus dem Vermögen die Kosten abzuzahlen. Die Vorschrift regelt dazu die Festsetzung im Bewilligungsbeschluß (Abs. 1; → Rdnr. 6 ff.) und den Gläubiger der Zahlungen (Abs. 2; → Rdnr. 11), ferner die Möglichkeit gegenläufiger Entscheidungen durch vorläufige Einstellung bei Kostendeckung oder anderweitiger Beitreibbarkeit (Abs. 3; → Rdnr. 12 ff.) sowie durch Reaktion auf geänderte persönliche oder wirtschaftliche Verhältnisse, mithin der subjektiven Bewilligungsvoraussetzungen (Abs. 4; → Rdnr. 17 ff.).

II. Entscheidung über den Prozeßkostenhilfeantrag

1. Form

2 Da für das Prozeßkostenhilfeverfahren eine (obligatorische) mündliche Verhandlung nicht vorgesehen ist (§ 127 Abs. 1 S. 2; → § 118 Rdnr. 20), ergeht die Entscheidung durch **Beschluß**. Dieser ist, wenn er in der mündlichen Verhandlung zur Hauptsache ergeht, gemäß § 329 Abs. 1 zu *verkünden*, ansonsten gemäß § 329 Abs. 2 S. 1 *formlos mitzuteilen*. Eine förmliche Zustellung ist nicht erforderlich, mag auch die Entscheidung indirekte Wirkung auf Fristen haben[2] (→ § 117 Rdnr. 29 ff., § 233 Rdnr. 351 ff.). **Bekanntmachungsadressat** ist in erster Linie der *Antragsteller* und im Falle der Beiordnung eines bestimmten Rechtsanwalts (§ 121) der *beigeordnete Rechtsanwalt*, dieser aber nur dann, wenn ihm zugleich die Auswahlverfügung des Vorsitzenden mitgeteilt werden soll (→ § 78b Rdnr. 13, § 78c Rdnr. 17). Da der *Gegner* nicht beschwerdeberechtigt ist (→ § 127 Rdnr. 11), ist ihm die Entscheidung nur mitzuteilen, wenn er vom Gericht durch Anhörung beteiligt worden ist[3]. Der Wortlaut des § 329 Abs. 2 kann hier nicht unbesehen übernommen werden, da er auf nicht-kontradiktorische Verfahren nicht zugeschnitten ist. Der Gegner des Antragstellers ist im Prozeßkostenhilfeverfahren nicht Partei (→ § 118 Rdnr. 7), und im Hauptsacheverfahren, in dem er Partei ist, ergeht die Entscheidung nicht. Der Gegner ist daher nicht notwendiger Bekanntma-

---

[1] Lit.: *Bratfisch* Prozeßkostenhilfe bei Änderung der Verhältnisse, Rpfleger 1987, 100; *Chemnitz* Einziehung der Differenzgebühren des RA nach § 120 ZPO und deren Auskehrung an den beigeordneten RA nach § 124 BRAGO, AnwBl. 1984, 85; *Fischer* Fälligkeit der Raten bei der Prozeßkostenhilfe vor den Gerichten für Arbeitssachen, SchlHA 1981, 5; *Lappe* Die Raten-PKH des Siegers, MDR 1985, 463; *ders.* Prozeßkostenhilfe: ansparen oder abzahlen?, Rpfleger 1981, 137; *Mümmler* Nachzahlungsverpflichtung im PKH-Verfahren, JurBüro 1988, 1632 und 563; vgl. im übrigen vor § 114 Fn. 1.
[2] *BGH* VersR 1985, 68.
[3] *Zöller/Philippi*[18] § 127 Rdnr. 6.

chungsadressat[4]. Der *Staatskasse* wird der Beschluß von Amts wegen nicht mitgeteilt (§ 127 Abs. 3 S. 5)[5].

Der Beschluß über den Prozeßkostenhilfeantrag ist – wenigstens kurz – zu **begründen**. Das gilt sicher für solche Beschlüsse, mit denen **Prozeßkostenhilfe versagt** oder – abweichend vom Antrag – nur gegen Ratenzahlung oder nur von einem späteren Zeitpunkt an als beantragt etc. bewilligt wird[6], und zwar *auch bei Unanfechtbarkeit*. Das gilt wegen Art. 3 Abs. 1, 20 Abs. 3 GG nicht nur dann, wenn der Prozeßkostenhilferichter mit seiner Entscheidung aus Gründen, die den Parteien noch nicht bekannt sind, vom eindeutigen Wortlaut einer Norm abweichen will[7], sondern wegen §§ 120 Abs. 4, 124 in allen Fällen, da im Hinblick auf künftige Änderungen erkennbar sein muß, auf welcher Grundlage der Beschluß ergangen ist. Aus denselben Gründen sowie wegen der Beschwerdemöglichkeit der Staatskasse (§ 127 Abs. 3) ist auch ein Beschluß kurz zu begründen, mit dem dem Antrag entsprechend **Prozeßkostenhilfe bewilligt** wird[8]. 3

2. Wirksamkeit

Wirksam wird der Beschluß mit *Zugang* beim Antragsteller, also entweder mit Verkündung oder mit formloser Bekanntmachung[9]; zur *Rückwirkung* → § 119 Rdnr. 27. Der Beschluß entfaltet, auch wenn er unanfechtbar oder nach Abschluß des Beschwerdeverfahrens *formell rechtskräftig* ist, **keine materielle Rechtskraft**[10]. Er kann nach Maßgabe der §§ 124, 120 Abs. 4 aufgehoben oder geändert werden (→ Rdnr. 17) und schließt einen neuen Antrag in derselben Sache nicht generell aus (→ § 117 Rdnr. 33). Wird für eine andere Sache vor einem anderen Gericht Prozeßkostenhilfe beantragt, so ist dieses an die Beurteilung im vorliegenden Beschluß somit nicht gebunden. 4

3. Inhalt

a) Ablehnung oder Bewilligung

Der Beschluß muß sich zunächst unmißverständlich dazu äußern, ob Prozeßkostenhilfe bewilligt oder der Antrag zurückgewiesen wird. Eine *stillschweigende* Bewilligung kommt daher regelmäßig nicht in Frage; zur Erstreckung auf Vergleiche → § 119 Rdnr. 7. Die bloße Ankündigung, es werde Prozeßkostenhilfe bewilligt werden, ist wirkungslos[11]. – Zur *Beiordnung eines Rechtsanwalts* → § 121; zum *Umfang* der Bewilligung → § 119 Rdnr. 2 ff.; zur *teilweisen* Bewilligung → § 114 Rdnr. 44; zum *Zeitpunkt* der Bewilligung → § 119 Rdnr. 26 ff. 5

---

[4] A.M. diejenigen, die den Gegner auch als notwendigen Verfahrensbeteiligten sehen, dem rechtliches Gehör zu gewähren ist (→ § 118 Rdnr. 8 ff.), teils mit der Einschränkung, daß der Gegner über die subjektiven Bewilligungsvoraussetzungen nicht informiert werden dürfe; vgl. *LAG Hamm* MDR 1988, 172 = LAGE § 118 ZPO Nr. 4 (krit. *Schneider*); wohl auch *MünchKommZPO/ Wax* § 127 Rdnr. 13.
[5] Verfassungsrechtliche Bedenken dagegen bei *Schneider* MDR 1987, 91 f., der aber auch sieht, daß der Staat hier nur seine eigenen Rechte geregelt hat; die Auswirkungen auf Dritte sind nur indirekt, so daß von einem Eingriff in deren Rechte nicht gesprochen werden kann.
[6] Vgl. *OLG Karlsruhe* FamRZ 1991, 350; *LAG Baden-Württemberg* JurBüro 1983, 294; *LAG Hamm* BB 1981, 1037 (L); *Bischof* AnwBl. 1981, 374.

[7] *BVerfGE* 71, 135 f. = NJW 1987, 1619.
[8] Vgl. auch *OLG Celle* NdsRpfl. 1990, 43; *LAG Hamm* BB 1981, 1037; zurückhaltender (kein Zwang) *MünchKommZPO/Wax* § 127 Rdnr. 11. – A.M. *Bischof* AnwBl. 1981, 374.
[9] *BGH* NJW 1992, 840 (2 Entscheidungen); 1987, 2379; 1985, 921; *OLG Düsseldorf* NJW-RR 1990, 452; *OLG Zweibrücken* JurBüro 1980, 1204; *BSG* MDR 1988, 611; *Mümmler* JurBüro 1987, 1148.
[10] *BGH* VersR 1984, 77, 79; *OLG Köln* OLGZ 1989, 68.
[11] A.M. *KG* FamRZ 1986, 925, das § 38 VwVfG analog anwenden will; dagegen → § 118 Rdnr. 1.

b) Festsetzung der Raten und aus dem Vermögen zu zahlenden Beträge (Abs. 1 S. 1)

6   Wird Prozeßkostenhilfe bewilligt, so sind nach Abs. 1 S. 1 die zu zahlenden Monatsraten und/oder die aus dem Vermögen zu zahlenden Beträge festzusetzen. Diese Festsetzung ist keine eigenständige Entscheidung, sondern notwendiger Bestandteil der Prozeßkostenhilfeentscheidung[12] und bedeutet der Sache nach eine nur eingeschränkte Bewilligung (so daß der Antrag, streng genommen, »im übrigen« zurückgewiesen werden müßte). Mit der Entscheidung über die Ratenzahlung zu warten, bis in der Hauptsache entschieden werden kann, ist – auch in Unterhaltssachen[13] – unzulässig, da die Partei wissen muß, welche Belastung auf sie zukommt und da der klare Wortlaut des § 120 Abs. 1 entgegensteht.

7   aa) In dem Beschluß wird, wenn **Monatsraten** zu zahlen sind, deren *Höhe* festgesetzt (→ § 115 Rdnr. 79), nicht aber deren *Anzahl*, die sich aus dem Gesetz ergibt[14] (→ § 115 Rdnr. 80). Wenn keine Raten zu zahlen sind (→ § 115 Rdnr. 78), braucht das nicht eigens ausgesprochen zu werden. Auch zum **Beginn** der Ratenzahlungen muß sich die Entscheidung nicht unbedingt äußern. Ist nichts gesagt, beginnt die Zahlungspflicht sofort mit Wirksamkeit des Beschlusses[15], aber nur, sofern schon Kosten angefallen sind, da die Partei **nur fällige Kosten** (einschließlich fälliger Vorschüsse) bezahlen, nicht aber auf künftige Kosten »ansparen« soll, denn anderenfalls stünde sie schlechter als eine nicht bedürftige Partei[16]. Gerade wenn noch keine Kosten fällig sind, wie insbesondere in arbeitsgerichtlichen Streitigkeiten (§ 12 Abs. 4 ArbGG) und solchen der freiwilligen Gerichtsbarkeit (§ 8 KostO), kann das Gericht[17] nach pflichtgemäßem Ermessen[18] einen bestimmten Tag oder einen genau berechenbaren Zeitpunkt festlegen, von dem ab Raten zu zahlen sind[19].

8   bb) Soweit die Partei kraft ihres **Vermögens** leistungsfähig ist, ist auszusprechen, welche Teilbeträge sie aus diesem Vermögen selbst zu tragen hat. Auch hier kann Teilzahlung bewilligt werden[20]. Es geht aber nicht an, anstelle der Anordnung, daß Vermögen einzusetzen ist, Raten aus dem Einkommen festzusetzen, wenn die Voraussetzungen dafür nicht vorliegen[21]. Zur *Einsetzbarkeit* des Vermögens → § 115 Rdnr. 85ff., insbesondere Rdnr. 90 zum Einsatz künftigen oder künftig verwertbaren Vermögens sowie Rdnr. 121 zu Forderungen.

c) Wegfall von Belastungen (Abs. 1 S. 2)

9   Wenn bereits im Zeitpunkt der Bewilligung abzusehen ist, daß bestimmte Belastungen, die bei der Berechnung zugunsten der Partei zu berücksichtigen sind (→ § 115 Rdnr. 40ff.), innerhalb der nächsten vier Jahre ab Beschlußfassung[22] fortfallen werden, dann kann das

---

[12] *OLG Bamberg* NJW-RR 1986, 742; *OLG Düsseldorf* Rpfleger 1982, 440; *OLG Hamburg* MDR 1983, 584; *LAG Berlin* MDR 1982, 877; *ArbG Münster* MDR 1982, 83 (zust. *Kohte*); *MünchKommZPO-Wax* Rdnr. 2; vgl. auch *Schneider* Anm. zu *LAG Köln* EzA § 120 ZPO Nr. 2. – A.M. (zwei Entscheidungen) *OLG Koblenz* FamRZ 1985, 726; *OLG Köln* FamRZ 1984, 1120. Diese Gegenansicht wollte der Staatskasse die Beschwerdemöglichkeit bei ratenfreier Bewilligung ermöglichen, was heute durch § 127 Abs. 3 gesetzlich vorgesehen ist. – Zur Divergenz zwischen Urschrift und Ausfertigung vgl. *LAG Nürnberg* JurBüro 1989, 672.
[13] Insofern a. M. *OLG Hamm* MDR 1990, 345.
[14] *OLG Schleswig* SchlHA 1984, 114.
[15] *Bischof* AnwBl. 1981, 374; *MünchKommZPO/Wax* Rdnr. 4. – A.M. (ab Beschlußdatum) *Fischer* SchlHA 1981, 5; *Zöller/Philippi*[18] Rdnr. 11; aber das wäre eine Rückbeziehung der Beschlußwirkungen, die sonst vom Zugang des Beschlusses abhängen (→ Rdnr. 4).
[16] *OLG Schleswig* SchlHA 1983, 142; *Hess.VGH* KostRspr. ZPO § 120 Nr. 123 (L); *Lappe* Rpfleger 1981, 137 sowie die nachstehend Genannten.
[17] Zuständig ist der **Richter**, *LAG Köln* EzA § 120 ZPO Nr. 2 (zust. *Schneider*).
[18] *OLG Düsseldorf* FamRZ 1986, 1124.
[19] *KG* Rpfleger 1984, 477 (*Lappe*); *LAG Hamm* MDR 1982, 612f.; *LAG Köln* EzA § 120 ZPO Nr. 2 (zust. *Schneider*); *Fischer* SchlHA 1981, 5; *Mümmler* JurBüro 1982, 331; 1981, 7; *Zöller/Philippi*[18] Rdnr. 11; a.M. *OLG Zweibrücken* JurBüro 1985, 1265. – Nach *Hess.VGH* KostRspr. ZPO § 120 Nr. 123 (L) besteht vor Fälligkeit kein Rechtsschutzbedürfnis für Änderungsanträge nach Abs. 4, was zumindest zweifelhaft ist, wenn der Zahlungsbeginn absehbar ist.
[20] A.M. *OLG München* JurBüro 1990, 906.
[21] *OLG Bamberg* JurBüro 1990, 635. – A.M. *OLG Bamberg* JurBüro 1991, 713 (abl. *Mümmler*).
[22] A.M. (ab Antragstellung) *Schneider* MDR 1987, 91.

Gericht gemäß Abs. 1 S. 2 bereits jetzt die Höhe derjenigen Raten festsetzen, die ab Fortfall der Belastung zu zahlen sind. Eine antizipierende Festsetzung nach Abs. 1 S. 2 kommt etwa in Betracht, wenn abzusehen ist, daß bestimmte Unterhaltsverpflichtungen entfallen oder Kreditverträge demnächst getilgt sein werden[23]. Für den Wegfall muß eine *hohe Wahrscheinlichkeit* sprechen. Ist der Fortfall (oder die dann bestehende sonstige Einkommens- und Vermögenslage, die bei der Festsetzung der künftigen Raten zu berücksichtigen ist) noch nicht absehbar, kann die Entscheidung nur später gemäß der korrespondierenden Vorschrift des Abs. 4 geändert werden (→ Rdnr. 17). Diese Vorschrift ist auch dann anzuwenden, wenn jetzt schon gem. Abs. 1 S. 2 geänderte Raten festgesetzt werden, die Belastungen dann aber wider Erwarten doch nicht wegfallen. Allerdings bleiben hier wie dort immer prognostische Unsicherheiten, die wohl dazu beitragen, daß die Praxis von der Vorschrift wenig Gebrauch macht[24].

Eine Festsetzung nach Abs. 1 S. 2 kommt auch dann in Betracht, wenn die Belastungen nur **teilweise** entfallen werden. Nach dem Zweck der Vorschrift, das Gericht von den aufwendigeren Änderungsverfahren nach Abs. 4 zu entlasten, wenn den geänderten Umständen bereits bei der Bewilligung Rechnung getragen werden kann, wird man auch die Berücksichtigung *vorübergehender* Entlastungen[25] zulassen und außerdem die Vorschrift analog anwenden können, wenn jetzt bereits feststeht, daß **Belastungen hinzukommen** werden. Zur Berücksichtigung *künftigen Vermögens* → § 115 Rdnr. 90. 10

III. Gläubiger der Ratenzahlungen (Abs. 2)

Absatz 2 definiert den Gläubiger der von der Partei aus ihrem Einkommen oder Vermögen zu erbringenden Eigenleistungen. Dies ist grundsätzlich die **Landeskasse**. An die **Bundeskasse** sind die Zahlungen nur dann zu leisten, wenn der Bundesgerichtshof Prozeßkostenhilfe für das vor ihm schwebende Hauptsacheverfahren bewilligt und in einem vorherigen Rechtszug Prozeßkostenhilfe noch nicht bewilligt war. Wird die Prozeßkostenhilfeentscheidung des BGH nach Zurückverweisung vom Berufungsgericht geändert (→ Rdnr. 32), sind die Zahlungen fortan an die Landeskasse zu zahlen. – Zur einheitlichen *Ratenberechnung bei mehreren Instanzen* → § 115 Rdnr. 82. 11

IV. Vorläufige Einstellung (Abs. 3)

Nach § 120 Abs. 3 kann das Gericht die vorläufige Einstellung der Ratenzahlungen verfügen, wenn es weiterer Eigenleistungen der Partei nicht mehr bedarf. **Zuständig** dafür ist in entsprechender Anwendung des § 127 Abs. 1 S. 2 das Gericht, bei dem die Hauptsache anhängig ist und bei dem sich deshalb die Akten befinden, also während des Berufungsverfahrens das Berufungsgericht, auch wenn Prozeßkostenhilfe nur für die 1. Instanz bewilligt wurde[26]. Die *funktionelle Zuständigkeit* liegt beim Rechtspfleger (§ 20 Nr. 4 lit. b RPflG). 12

1. bei Kostendeckung (Abs. 3 Nr. 1)

Gemäß Abs. 3 Nr. 1 soll das Gericht die vorläufige Einstellung der Zahlungen bestimmen, wenn abzusehen ist, daß die Zahlungen der Partei die fälligen (→ Rdnr. 7) Kosten decken, sei es, weil (vorerst) genug eingezahlt ist, sei es, weil weniger Kosten entstanden sind, als 13

---

[23] *Pohlmeyer* AnwBl. 1987, 422.
[24] Vgl. zur Kritik auch *Schneider* MDR 1987, 90f.
[25] *LAG Köln* LAGE § 120 ZPO Nr. 23.

[26] *OLG München* AnwBl. 1984, 105; *OVG Hamburg* FamRZ 1990, 81.

erwartet[27]. Damit soll vermieden werden, daß die Partei zuviel zahlt und Rückforderungsansprüche entstehen. Eine Kostendeckung kommt dabei nur durch Zahlungen der Partei in Betracht. Daß auf die Staatskasse durchsetzbare Erstattungsansprüche gegen Dritte übergegangen sind, kann nie die Einstellung nach Nr. 1, sondern nur die nach Nr. 2 rechtfertigen[28].

14   Die Einstellung kommt nach dieser Vorschrift erst in Betracht, wenn *alle* Kosten gedeckt sind. Dazu gehören außer den Gerichtskosten auch die **Anwaltskosten**. Diese sind nach h. M. nicht schon dann gedeckt, wenn die nach der Tabelle des § 123 BRAGO berechnete Vergütung des beigeordneten Rechtsanwalts erreicht ist. Vielmehr kommt eine Einstellung erst dann in Betracht, wenn auch die weitere Gebühr des § 124 BRAGO, also die sog. *Differenzgebühr* abgedeckt ist[29], die die Differenz zwischen der Regelgebühr des § 11 BRAGO und der Gebühr nach § 123 BRAGO ausmacht. Das ergibt sich zunächst aus der Formulierung des § 124 Abs. 1 S. 1 BRAGO, der eine »überschießende« Einziehung durch die Staatskasse unterstellt; es kann kaum angenommen werden, daß damit nur die versehentlich zuweit gehende Einziehung gemeint ist. Vielmehr ist aus einer Gesamtbetrachtung zu schließen, daß sich die der Partei zumutbare Belastung aus §§ 114, 115 (zum Kostenbegriff dort → § 114 Rdnr. 16) sowie der Begrenzung auf 48 Raten (→ § 115 Rdnr. 80) ergibt. Innerhalb dieser Belastung hat sie an die Staatskasse solange zu zahlen, bis 48 Raten erreicht oder alle Kosten gedeckt sind. Umgekehrt hat der Rechtsanwalt Anspruch darauf, die volle Regelgebühr zu bekommen, wenn sie aus den der Partei zumutbaren Beträgen bezahlt werden kann. Nur wo das nicht der Fall ist, hat er sich mit der geringeren Gebühr des § 123 BRAGO zu begnügen.

2. bei anderweitiger Beitreibbarkeit (Abs. 3 Nr. 2)

15   Gemäß Abs. 3 Nr. 2 soll das Gericht (→ Rdnr. 12) die vorläufige Einstellung der Zahlungen außerdem dann bestimmen, wenn die Partei, ein ihr beigeordneter Rechtsanwalt oder die Staatskasse die Kosten **gegen einen anderen am Verfahren Beteiligten** geltend machen kann. Das ist insbesondere dann der Fall, wenn der Antragsteller im Prozeß obsiegt hat und der **Gegner** in die Kosten verurteilt ist, oder wenn dieser die Kostenpflicht in einem Vergleich übernommen hat[30], denn dann können Rechtsanwalt (§ 126) und Staatskasse aus übergegangenem Recht (§ 130 Abs. 1 S. 1 BRAGO) gegen den Gegner vorgehen[31]. Die Möglichkeit, daß der Gegner auf einen titulierten Ersatzanspruch der Partei mit befreiender Wirkung zahlt oder wirksam aufrechnet[32] und dadurch das *Beitreibungsrecht des beigeordneten Anwalts und der Staatskasse beeinträchtigt*, hindert die (ohnehin nur vorläufige, → Rdnr. 16) Einstellung nach § 120 Abs. 3 Nr. 2 nicht, da die Vorschrift allein darauf abhebt, daß die Ratenzah-

---

[27] Vgl. *LG Berlin* MDR 1982, 413.
[28] *OLG Düsseldorf* Rpfleger 1986, 448.
[29] Vgl. – auch zum folgenden – *OLG Bamberg* FamRZ 1988, 193; *OLG Celle* Rpfleger 1989, 290; OLGZ 1989, 214; NdsRpfl. 1988, 218; *OLG Düsseldorf* MDR 1993, 90; Rpfleger 1989, 31; *OLG Frankfurt* JurBüro 1985, 1728; *OLG Hamm* FamRZ 1989, 43; MDR 1985, 149; AnwBl. 1985, 50; *OLG Köln* AnwBl. 1987, 101; 1984, 103; *OLG München* JurBüro 1990, 906; *OLG Nürnberg* FamRZ 1989, 301; *OLG Oldenburg* Rpfleger 1989, 465; *OLG Saarbrücken* FamRZ 1989, 303; *OLG Schleswig* SchlHA 1988, 90; AnwBl. 1984, 457; *OLG Stuttgart* AnwBl. 1985, 49; *LAG Köln* AnwBl. 1992, 405; Rpfleger 1991, 322; 1988, 381; MDR 1990, 365; *LAG Nürnberg* LAGE § 120 ZPO Nr. 3 (abl. *Schneider*); *Bischof* AnwBl. 1981, 374; *Chemnitz* AnwBl. 1984, 85; *Grunsky* NJW 1980, 2045; *Klinge* AnwBl. 1981, 168ff.; *Lappe* MDR 1985, 463; *MünchKommZPO/Wax* Rdnr. 26ff.; vgl. auch *OLG Koblenz* AnwBl. 1989, 243; *OLG Saarbrücken* JurBüro 1988, 368. – **A.M.** *OLG Düsseldorf* Rpfleger 1988, 383; *OLG München* KostRspr. ZPO § 120 Nr. 116 (für Entscheidung nach Abs. 4; abl. *v.Eicken*); *LG Duisburg* Rpfleger 1988, 383; *LAG Düsseldorf* JurBüro 1989, 970 (abl. *Mümmler*); *LAG Frankfurt* MDR 1986, 1054; *LAG Hamm* Rpfleger 1987, 174/475 (abl. *Klüsener*) = MDR 258; *LAG Köln* MDR 1989, 1027 = KostRspr. § 120 ZPO Nr. 75 (abl. *v.Eicken*); LAGE § 120 ZPO Nr. 11 und Nr. 8; *SchlHArbG* JurBüro 1992, 34 (abl. *Mümmler*); *ArbG Regensburg* JurBüro 1991, 1205 (abl. *Mümmler*); *Schneider* MDR 1981, 5; *Zöller/Philippi*[18] Rdnr. 22. – Offen *OLG Düsseldorf* FamRZ 1991, 358; *OLG München* AnwBl. 1984, 105.
[30] Vgl. *BGH* NJW-RR 1991, 827 = Rpfleger 259.
[31] *BGH* NJW-RR 1991, 827 = Rpfleger 259; *OLG Düsseldorf* MDR 1993, 91; *OLG Köln* FamRZ 1986, 926.
[32] *OLG Schleswig* SchlHA 1988, 91.

lungspflicht des Hilfsbedürftigen jetzt durch die Zahlungspflicht eines anderen Beteiligten überlagert wird³³.

3. Vorläufigkeit der Einstellung

Die Einstellung ist nur eine vorläufige. Das bedeutet, daß der Rechtspfleger (§ 20 Nr. 4 lit. b RPflG) von Amts wegen³⁴ die Fortsetzung der Ratenzahlungen anordnen muß, wenn sich im Falle der Nr. 1 herausstellt, daß die Zahlungen der Partei die *Kosten doch nicht decken*³⁵, oder wenn sich im Falle der Nr. 2 erweist, daß die Kosten *anderweit nicht beigetrieben werden können*³⁶. Steht dies im Zeitpunkt der Entscheidung bereits fest, so kommt eine vorläufige Einstellung nicht in Betracht. Aus der bloßen Tatsache, daß dem Gegner seinerseits Prozeßkostenhilfe (ohne Ratenzahlung) bewilligt wurde, ohne weiteres auf die Uneinbringlichkeit zu schließen³⁷, ist allerdings bedenklich, da die Prozeßkostenhilfebewilligung die Durchsetzung der übergegangenen Ansprüche rechtlich nicht hindert (§ 123)³⁸ und sich einer Prozeßkostenhilfebewilligung nicht von vornherein entnehmen läßt, daß Zwangsvollstreckungsmaßnahmen fruchtlos verlaufen müssen. – **Endgültig** wird die vorläufige Einstellung, sobald alle Kostenansprüche befriedigt sind und feststeht, daß weitere nicht entstehen werden³⁹.

16

V. Änderung der Entscheidung (Abs. 4)

1. Änderung der maßgebenden Verhältnisse

Nach § 120 Abs. 4 S. 1 kann das Gericht die Entscheidung über die zu leistenden Zahlungen ändern, wenn sich die für die Prozeßkostenhilfe maßgebenden persönlichen oder wirtschaftlichen Verhältnisse nach dem Zeitpunkt, auf den die Bewilligung abstellt⁴⁰ (→ § 114 Rdnr. 37, 39), wesentlich geändert haben⁴¹. Auch eine **Verschlechterung** ihrer persönlichen oder wirtschaftlichen Verhältnisse ist zu ihren Gunsten zu berücksichtigen⁴². Auf ein *Verschulden* kommt es dabei grundsätzlich nicht an (→ § 114 Rdnr. 20). Eine **Verbesserung** der maßgeblichen Verhältnisse ist eingetreten, wenn sich das Einkommen der Partei erhöht hat⁴³, wenn Belastungen ganz oder teilweise entfallen sind⁴⁴ oder wenn die Partei nachträglich einsetzbares Vermögen erworben⁴⁵, insbesondere bisher unsichere oder noch nicht fällige Forderungen (einschließlich der streitgegenständlichen⁴⁶) realisiert hat oder ohne weiteres realisieren kann⁴⁷ (→ § 115 Rdnr. 121). Hingegen reicht es nicht aus, daß die (unveränderten)

17

---

³³ BGH NJW-RR 1991, 827 = Rpfleger 259.
³⁴ OLG Stuttgart AnwBl. 1985, 49.
³⁵ Vgl. OLG Stuttgart AnwBl. 1985, 49; Bischof AnwBl. 1981, 371.
³⁶ BGH NJW-RR 1991, 827 = Rpfleger 259; OLG Hamburg MDR 1985, 941; OLG Hamm Rpfleger 1982, 197; OLG Köln FamRZ 1986, 926; OLG Oldenburg JurBüro 1987, 1834; LG Göttingen JurBüro 1990, 1466; Bischof AnwBl. 1981, 374.
³⁷ So OLG Düsseldorf Rpfleger 1986, 448; OLG Koblenz KostRspr. § 122 ZPO Nr. 21 (abl. v.Eicken); MünchKommZPO/Wax Rdnr. 29; vgl. auch Lappe MDR 1985, 463 f.
³⁸ OLG Schleswig SchlHA 1988, 67/68.
³⁹ OLG Schleswig SchlHA 1988, 91.
⁴⁰ OLG Köln FamRZ 1987, 962; OLG München Rpfleger 1991, 26; LAG Düsseldorf JurBüro 1989, 123.
⁴¹ Daß eine Veränderung in **Aussicht** steht, reicht nicht, OLG Frankfurt FamRZ 1992, 1451.
⁴² BT-Drs. 10/3054, S. 18/22. – **A.M.** OLG Düsseldorf MDR 1988, 238/680 (zust. *Schneider*; abl. *Morisse*) = Rpfleger 280 (abl. *Bratfisch*).
⁴³ Vgl. OLG Bamberg JurBüro 1991, 255; 1990, 1651; 1989, 1589; OLG Frankfurt Rpfleger 1991, 66; OLG Koblenz FamRZ 1987, 1284; LAG Baden-Württemberg JurBüro 1988, 1221.
⁴⁴ Vgl. OLG Karlsruhe FamRZ 1988, 203 und *Bratfisch* Rpfleger 1987, 100 (verminderte oder entfallene Unterhaltspflichten).
⁴⁵ Vgl. OLG Bamberg JurBüro 1991, 256; 1990, 1651 und 760; 1989, 1589; OLG Celle Rpfleger 1990, 263; KG MDR 1990, 1290; NJW-RR 1989, 512; OLG Koblenz FamRZ 1987, 1284; OLG München Rpfleger 1991, 26; JurBüro 1990, 905; LG Bayreuth JurBüro 1989, 420.
⁴⁶ Vgl. OLG Frankfurt KostRspr. ZPO § 120 Nr. 124 (L); OLG Karlsruhe KostRspr. ZPO § 120 Nr. 104 (L); OLG Köln AnwBl. 1993, 299.
⁴⁷ Vgl. *Spruth* gegen OLG München Rpfleger 1990, 305.

Grundlagen der Bewilligungsentscheidung nachträglich rechtlich oder tatsächlich anders bewertet werden, denn § 120 Abs. 4 ist nicht dazu da, die Beschwerde zu ersetzen[48]. Bei nachträglichen Veränderungen kommt daher eine Änderung nach § 120 Abs. 4, bei ursprünglicher Unrichtigkeit eine Beschwerde nach § 127 in Betracht (→ § 127 Rdnr. 5, 8), die auch noch nach Abschluß des Hauptsacheverfahrens zulässig sein kann (→ § 127 Rdnr. 5, 16). Aus all' dem ergibt sich zugleich, daß es nur sehr bedingt richtig ist, von einer *freien Abänderbarkeit* anfechtbarer Beschlüsse im Prozeßkostenhilfeverfahren zu reden[49], da das Gericht seine Entscheidung nur auf Antrag, Gegenvorstellung (→ § 127 Rdnr. 4) oder Beschwerde (§ 571) hin, *von Amts wegen* hingegen nur unter den in §§ 120 Abs. 4, 124 genannten Bedingungen abändern kann (→ auch § 124 Rdnr. 6, 20).

18 Eine Verbesserung der Vermögensverhältnisse ist auch dann noch anzunehmen, wenn die Partei zwischenzeitlich erworbenes Vermögen in Kenntnis der Änderungsmöglichkeit wieder ausgegeben und dadurch ihre eine zeitlang **weggefallene Leistungsunfähigkeit böswillig wieder herbeigeführt** hat[50]; hier gilt das zu § 114 Rdnr. 20, § 115 Rdnr. 8, 88 Gesagte entsprechend. Außerdem ist eine Änderungsentscheidung auch dann gerechtfertigt, wenn die Partei Vermögensgegenstände, deren sofortiger Einsatz in der Bewilligungsentscheidung nicht verlangt werden konnte, weil sie kurzfristig nicht in zumutbarer Weise verwertbar waren, mittlerweile immer noch nicht zu Geld gemacht hat, obwohl das inzwischen möglich und zumutbar gewesen wäre (→ § 115 Rdnr. 90, 122).

19 Jedenfalls muß es sich um eine **wesentliche** Änderung handeln. Ob das der Fall ist, läßt sich weder an Prozentpunkten festmachen[51], noch ist erforderlich, daß sich gleich der Lebensstandard der Partei verändert hat[52], denn auch eine vermögende Partei kann bescheiden leben. Vielmehr ist darauf abzustellen, ob sich die für die Bewilligung maßgeblichen Verhältnisse nicht nur geringfügig und vorübergehend, sondern so nachhaltig geändert haben, daß sich die ursprüngliche Festsetzung als falsch und mit Sinn und Zweck einer Fürsorgeleistung unvereinbar erweist[53], sei es, weil die Partei in erheblichem Maße Vorteile in Anspruch nimmt, die ihr nicht (mehr) zustehen, sei es, weil ihr jetzt merklich die für die Prozeßführung nötigen Mittel fehlen[54]. Entscheidend ist nicht, ob sich die Raten um eine oder um mehrere Stufen ändern[55], sondern daß mit dem Tatbestandsmerkmal »wesentlich« eine kleinliche Betrachtungsweise ausgeschlossen werden soll, damit das Gericht nicht die Partei ständig überwachen und auf jede geringfügige und vorübergehende Änderung hin das Verfahren wieder aufgreifen muß[56].

---

[48] *OLG Bamberg* FamRZ 1984, 1244; *OLG Celle* FamRZ 1991, 208; *OLG Hamm* FamRZ 1986, 583; *OLG Karlsruhe* FamRZ 1992, 704; *OLG Köln* FamRZ 1987, 962; *OLG Stuttgart* FamRZ 1984, 722; *Künzl* AnwBl. 1991, 127; *Wax* FamRZ 1985, 16. – A.M. *OLG Hamm* JurBüro 1987, 1242 (zugunsten der Partei möglich); *OLG Zweibrücken* JurBüro 1988, 1062 (abl. *Mümmler*); zweifelhaft *OLG Karlsruhe* FamRZ 1991, 841. – Vgl. auch *OLG Zweibrücken* KostRspr. § 114 ZPO Nr. 331 (L).

[49] So *OLG Hamm* FamRZ 1986, 583; *Werner* Rechtskraft und Innenbindung zivilprozessualer Beschlüsse im Erkenntnis- und summarischen Verfahren (1983), 150 ff. – Wie hier *OLG Oldenburg* FamRZ 1989, 301.

[50] Vgl. *OLG Bamberg* JurBüro 1991, 256; 1990, 1651 und 760; grds. auch *OLG Frankfurt* Rpfleger 1991, 65; *OLG Hamm* OLGZ 1991, 234 = JurBüro 399 (*Mümmler*). – A.M. *OLG Bamberg* JurBüro 1993, 233 (wenn Schulden getilgt wurden).

[51] So aber *OLG Nürnberg* JurBüro 1993, 434; *LAG Düsseldorf* JurBüro 1989, 1446; *Baumbach/Lauterbach/Hartmann*[51] Rdnr. 21; *Kalthoener/Büttner* (vor § 114 Fn. 1), Rdnr. 415; *Mümmler* JurBüro 1988, 566.

[52] So aber *OLG Bamberg* JurBüro 1990, 760; 1989, 1589; *OLG Hamm* OLGZ 1991, 234; *OLG Karlsruhe* FamRZ 1991, 840; *Schneider* MDR 1987, 91; *Zöller/Philippi*[18] Rdnr. 14, § 124 Rdnr. 17a; *ArbG Bremen* FamRZ 1993, 80. – A.M. *Pohlmeyer* AnwBl. 1987, 422 sowie die nachstehend Genannten.

[53] Ähnlich *OLG Koblenz* FamRZ 1987, 1284; *LAG Baden-Württemberg* JurBüro 1988, 1221; *MünchKommZPO/Wax* Rdnr. 18; vgl. auch *LAG Bremen* MDR 1993, 695 (Erhöhung der Arbeitslosenhilfe und der Pfändungsfreigrenzen reicht nicht).

[54] Vgl. (eine wesentliche Änderung verneinend) *OLG Celle* JurBüro 1992, 186; *OLG Hamburg* JurBüro 1989, 1146 (bei einem nur gegen Sicherheitsleistung vorläufig vollstreckbaren Titel; vgl. dazu auch *OLG Zweibrücken* JurBüro 1987, 1715).

[55] Vgl. aber *Kalthoener/Büttner* (vor § 114 Fn. 1), Rdnr. 415; *Schneider* MDR 1987, 91; *Thalmann* (vor § 114 Fn. 1), Rdnr. 11.

[56] BT-Drs. 10/3054, S. 18.

2. Inhalt und Umfang der Änderungentscheidung

a) Grundsätze

Haben sich die maßgebenden Verhältnisse **verbessert**, so kann das Gericht entsprechend der jetzigen Leistungsfähigkeit erstmalig Ratenzahlung anordnen[57], bereits festgesetzte Raten heraufsetzen[58] oder Zahlungen aus dem Vermögen festsetzen[59]. Das gilt allerdings nur, wenn seit Rechtskraft der Hauptsacheentscheidung oder sonstigen Beendigung des Hauptsacheverfahrens noch keine **vier Jahre** vergangen sind (Abs. 4 S. 3; vgl. auch § 124 Nr. 3 sowie § 10 GKG). Daraus ergibt sich, daß die Partei innerhalb dieses Zeitraums nicht darauf vertrauen kann, daß Überprüfung und Änderung unterbleiben[60]. Die Viejahresfrist ist nur dann gewahrt, wenn die Änderungsentscheidung vor Fristablauf ergeht, es sei denn, das vor Fristablauf eingeleitete Änderungsverfahren hätte rechtzeitig abgeschlossen werden können, wenn die Partei das Verfahren nicht verzögert hätte[61]. Bei **Verschlechterungen** können Raten ermäßigt, aber auch ganz[62] oder für eine bestimmte Zeit[63] *aufgehoben oder gestundet*[64] werden. In jedem Fall ergibt sich aus dem Wort »kann«, daß das Gericht seine Entscheidung **nach pflichtgemäßem Ermessen** zu fällen hat[65], wobei freilich übertriebene Großzügigkeit nicht am Platz ist[66]. 20

b) Keine Aufhebung

Fraglich ist, ob § 120 Abs. 4 auch zu einer Aufhebung der Bewilligungsentscheidung ermächtigt[67]. Bis zur Einfügung des Abs. 4 durch das Kostenrechtsänderungsgesetz v. 9.12.1986 (BGBl. I, 2326) war umstritten, ob eine Aufhebung bei einschneidender Verbesserung der wirtschaftlichen Verhältnisse zulässig sei[68]. Sie wurde – ohne Beanstandung durch das Bundesverfassungsgericht[69] – teils auf eine Analogie zu § 124 Nr. 3 gestützt, teils aber auch abgelehnt. Den *Gesetzesmaterialien* zu § 120 Abs. 4 läßt sich nicht entnehmen, daß der Gesetzgeber den Streit entscheiden wollte; das Wort »Aufhebung« kommt dort nicht vor[70]. Der *Wortlaut* der Norm, der nur von einer Änderung (und nur von einer Änderung der zu leistenden Zahlungen) spricht, sowie der *systematische Standort* der Vorschrift sprechen eher dagegen, da das Gesetz eindeutig zwischen der in § 124 geregelten Gesamtaufhebung und den in § 120 geregelten Zahlungsmodalitäten unterscheidet.
Der *Gesetzeszweck*, die Staatskassen von ungerechtfertigten Belastungen zu befreien[71], 21

22

---

[57] *OLG Bamberg* JurBüro 1991, 712 und 256; 1991, 1651 und 760; 1989, 1589; 1988, 1223; *KG* MDR 1990, 450; NJW-RR 1989, 512; *OLG Köln* KostRspr. ZPO § 120 Nr. 113 (L); *LAG Bremen* JurBüro 1990, 1195; *LAG Köln* Rpfleger 1991, 512; *LAG Rheinland-Pfalz* LAGE § 127 ZPO Nr. 15.
[58] *OLG Bamberg* JurBüro 1991, 256; 1990, 1651 und 760.
[59] Vgl. *OLG Bamberg* JurBüro 1991, 256; 1990, 1651 und 760; 1989, 1589; 1988, 1223; *KG* MDR 1990, 450; *OLG Zweibrücken* Rpfleger 1988, 281 (zust. *Bratfisch*); *LG Bayreuth* JurBüro 1989, 420 (zust. *Mümmler*); *LAG Nürnberg* Rpfleger 1990, 371.
[60] *LAG Köln* Rpfleger 1991, 512.
[61] *MünchKommZPO/Wax* Rdnr. 21.
[62] Vgl. *LAG Rheinland-Pfalz* LAGE § 127 ZPO Nr. 16.
[63] Vgl. *LAG Frankfurt* ARSt. 1984, 61 (L; für die Zeit eines Mutterschaftsurlaubs).
[64] *Bratfisch* Rpfleger 1987, 101.
[65] *OLG Düsseldorf* JurBüro 1993, 234; *OLG Köln* AnwBl. 1993, 299; *LAG Nürnberg* LAGE § 120 ZPO Nr. 17. – **A.M.** nur *Baumbach/Lauterbach/Hartmann*[51] Rdnr. 22.
[66] Zutr. *Mümmler* gegen *OLG Düsseldorf* JurBüro 1993, 234, das Änderung ablehnt, weil die Partei jung und der Prozeß für sie mit wirtschaftlichem Vorteil war.
[67] Dafür vor allem *OLG Düsseldorf* Rpfleger 1988, 380; *OLG Karlsruhe* FamRZ 1990, 1120f.; *OLG München* Rpfleger 1991, 26; *OLG Nürnberg* MDR 1991, 159 = JurBüro 258 (abl. *Mümmler*).
[68] Übersicht über den damaligen Meinungsstand in *OLG Hamm* OLGZ 1991, 233 und bei *Baumbach/Lauterbach/Hartmann*[45] Anm. 3 A a bb; *Zöller/Schneider*[14] § 124 Rdnr. 17.
[69] *BVerfG* NJW 1985, 1767; FamRZ 1985, 728.
[70] Vgl. BT-Drs. 10/3054, S. 18/22; 10/6400, S. 46/48. – *OLG Hamm* OLGZ 1991, 233 und *LSG Niedersachsen* NdsRpfl. 1992, 68 schließen aus dem Schweigen auf die Unzulässigkeit der Aufhebung, bewegen sich dabei aber auf unsicherem Boden.
[71] BT-Drs. 10/3054, S. 18.

scheint hingegen auf den ersten Blick für die Aufhebungsmöglichkeit zu sprechen[72]. Bedenkt man aber die *Folgen* einer Aufhebung (→ zu diesen § 124 Rdnr. 30), so ist zu fragen, ob es dieser zur Erreichung des Gesetzeszwecks wirklich bedarf. Zwar spricht nichts gegen die Konsequenz, daß nunmehr die Staatskasse uneingeschränkt gegen die Partei vorgehen kann oder daß diese von der Sicherheitsleistung nicht mehr befreit ist, und es ist wohl auch hinnehmbar, daß die zeitweiligen Vergünstigungen für den Gegner wegfallen. Zu komplizierten und für die Praxis mühseligen Auswirkungen kommt es aber in bezug auf die Gebührenforderung des beigeordneten Rechtsanwalts, die bei einer Aufhebung wieder gegen die Partei geltend gemacht werden kann mit der Gefahr, daß Zahlungen an den falschen Gläubiger erfolgen und unter Umständen rückabgewickelt werden müssen, während es bei einer bloßen Änderung dabei bleibt, daß allein die Staatskasse die (volle; → Rdnr. 14) Gebührenforderung einzieht[73].

23 Angesichts dessen ist zu fragen, ob nicht der **Gesetzeszweck auch ohne Aufhebung erreichbar** ist. Die Frage ist zu bejahen. Für die Begründung muß unterschieden werden: Beruht die Verbesserung der wirtschaftlichen Verhältnisse darauf, daß der Partei nunmehr erhebliche *Vermögenswerte* zur Verfügung stehen, so kann ihr im Wege der Änderungsentscheidung aufgegeben werden, alle sie treffenden fälligen Kosten aus diesem Vermögen zu bezahlen[74]. Aus der Sicht der Partei kommt das zwar im praktischen Ergebnis einer Aufhebung weitgehend gleich[75], ist deshalb aber weder unzulässig[76] noch sinnwidrig[77], sondern es genügt einerseits den vom Gesetzgeber verfolgten fiskalischen Interessen und läßt es andererseits bei einer einfachen Abwicklung bewenden.

24 Beruht die Verbesserung der wirtschaftlichen Verhältnisse darauf, daß die Partei jetzt ein höheres (oder erstmalig überhaupt ein) *Einkommen* erzielt, so bestehen keine Schwierigkeiten, wenn sich dieses Einkommen innerhalb der Tabellenwerte bewegt. Es sind dann die Raten entsprechend zu erhöhen. Einer analogen Anwendung des § 115 Abs. 6[78] bedarf es nicht, da der Staatskasse in diesem Fall zuzumuten ist, maximal vier Monate zu warten. Liegt das Einkommen hingegen über dem Tabellengrenzwert von (wenigstens) 2400 DM, so ist § 115 Abs. 5 analog anzuwenden: Entweder sind die Raten analog § 115 Abs. 5 S. 2 entsprechend zu erhöhen, oder es ist der Partei unter Berücksichtigung des Rechtsgedankens des § 115 Abs. 5 S. 1 aufzugeben, die sie treffenden fälligen Kosten in einer Summe zu bezahlen, wenn diese Kostenbelastung ihren angemessenen Lebensunterhalt nicht erheblich beeinträchtigt. In jedem Fall können also über § 120 Abs. 4 auch ohne Entziehung der Prozeßkostenhilfe angemessene Ergebnisse erzielt werden. Ein Rückgriff auf (oder eine Analogie zu) § 124 kommt daher in diesen Fällen heute nicht mehr in Betracht[79].

---

[72] So vor allem *Thomas/Putzo*[18] Rdnr. 13.
[73] Vgl. *OLG München* JurBüro 1990, 905 (zust. *Mümmler*).
[74] So vor allem (aber teils ohne Differenzierung zwischen Einkommen und Vermögen) *OLG Bamberg* JurBüro 1993, 52; 1991, 256; 1990, 1652 und 760; 1988, 906; *OLG Celle* Rpfleger 1990, 263; *OLG Hamm* OLGZ 1991, 234; *KG* MDR 1990, 450; *OLG Köln* AnwBl. 1993, 299; *OLG München* JurBüro 1990, 906 (zust. *Mümmler*); *OLG Zweibrücken* Rpfleger 1988, 281 (zust. *Bratfisch*); *LG Bayreuth* JurBüro 1989, 420 (zust. *Mümmler*); *LAG Nürnberg* Rpfleger 1990, 371; *Mümmler* JurBüro 1988, 1632 und 566; 1987, 17; *Münch-*

KommZPO/Wax Rdnr. 17; *Thalmann* (vor § 114 Fn. 1), Rdnr. 12; *Zöller/Philippi*[18] Rdnr. 14 d.
[75] Vgl. *OLG Bamberg* JurBüro 1991, 256; 1990, 1652 und 760; 1989, 1589; 1988, 906; *MünchKommZPO/Wax* Rdnr. 17.
[76] Vgl. aber *OLG Bamberg* JurBüro 1991, 713 (abl. *Mümmler*).
[77] So aber *OLG Düsseldorf* Rpfleger 1988, 380.
[78] Dafür *Mümmler* JurBüro 1988, 566 f.
[79] *OLG Bamberg* JurBüro 1988, 906; *OLG München* JurBüro 1990, 905 f. (zust. *Mümmler*); *Beyer* JurBüro 1989, 447.

c) Keine erstmalige Bewilligung

War der ursprüngliche Prozeßkostenhilfeantrag wegen fehlender Leistungsunfähigkeit 25
zurückgewiesen worden, so kann bei einer Verschlechterung der wirtschaftlichen Situation
nicht etwa unter Berufung auf § 120 Abs. 4 eine Änderung der abweisenden Entscheidung
beantragt werden. Vielmehr setzt diese Vorschrift Prozeßkostenhilfebewilligung voraus. Es
ist daher ein neuer Antrag erforderlich, der den allgemeinen Voraussetzungen (→ § 117
Rdnr. 2–22) und zeitlichen Schranken (→ § 119 Rdnr. 26 ff.) unterliegt[80].

d) Wirkungszeitpunkt

Auch für den Änderungsbeschluß gilt der Grundsatz, daß er seine Wirkung nur für die 26
Zukunft entfaltet (→ schon § 119 Rdnr. 26). Was das im einzelnen bedeutet, hängt davon ab,
ob die Zahlungspflichten erhöht oder vermindert werden:

aa) Bei einer **Verbesserung** der persönlichen und wirtschaftlichen Verhältnisse werden zu 27
Lasten der Partei erstmalig Zahlungspflichten festgesetzt oder bestehende Zahlungspflichten
erhöht (→ Rdnr. 20, 23, 24). Diese Leistungen werden auf alle fälligen Kosten angerechnet,
die noch nicht bezahlt sind und für die die Partei kostenpflichtig ist[81]. Dabei handelt es sich
zunächst einmal nicht um eine »Rückwirkung«. War nämlich die Partei **schon bisher raten-
zahlungspflichtig** und sind die Ratenbeträge jetzt nur erhöht worden, so werden die schon
bisher bestehenden Kostenschulden lediglich schneller getilgt; die Partei ist hier nur durch die
Höchstzahl von 48 Raten geschützt, bei denen die bereits erbrachten Raten in der ursprünglichen Höhe mitzählen (→ § 115 Rdnr. 80 ff.). Mit dem geänderten Betrag ist zum ersten Mal
diejenige Rate zu entrichten, die nach Wirksamkeit des Beschlusses fällig wird.

Eine **Rückwirkung** kommt hier nur insofern in Betracht, als das Gericht auch die Beträge 28
früherer Raten nachträglich ändern und damit die Partei zu einer wirklichen Nachzahlung
verpflichten kann. Es entspricht der Vorstellung der Gesetzesverfasser, daß eine solche
Rückwirkung auf den Zeitpunkt möglich sein soll, zu dem sich die Verhältnisse der Partei
geändert haben[82]. Dem wird man grundsätzlich zustimmen können, da seit der Einfügung des
§ 120 Abs. 4 jede Partei mit einer Änderung rechnen muß, ein Vertrauensschutz also nur bis
zu dem Zeitpunkt in Betracht kommt, zu dem sich die Leistungsfähigkeit der Partei erhöht
hat[83] (→ Rdnr. 20). Allerdings ist das Gericht zu einer rückwirkenden Änderung nicht
verpflichtet, sondern es hat nach pflichtgemäßem Ermessen zu entscheiden und dabei auch zu
prüfen, ob die Partei zur Nachzahlung imstande ist und ob sie ihr zuzumuten ist[84].

War die Partei **bisher nicht zahlungspflichtig**, so gilt Entsprechendes. Die Kosten- und 29
Gebührenansprüche, die bisher nicht geltend gemacht werden konnten (§ 122 Abs. 1 Nr. 1),
können nunmehr nach Maßgabe der neuen Festsetzung eingefordert werden[85]. Auch das
bedeutet keine Rückwirkung[86], da nicht etwa untergegangene Ansprüche rückwirkend wie-
derbegründet werden, sondern lediglich ihre Durchsetzbarkeit mit Wirkung ex nunc neu
festgelegt wird (→ § 122 Rdnr. 9). Eine wirkliche Rückwirkung, etwa durch die Bestimmung,
daß der Beginn einer Ratenzahlungspflicht zurückverlegt wird, ist nach Maßgabe des zu

---

[80] Ebenso *Kalthoener/Büttner* (vor § 114 Fn. 1), Rdnr. 416.
[81] *OLG Bamberg* JurBüro 1991, 256; 1990, 1652; 1989, 1589; *OLG Düsseldorf* Rpfleger 1990, 263; NJW-RR 1987, 253; *OLG Karlsruhe* FamRZ 1990, 1121; *OLG München* JurBüro 1990, 906 (*Mümmler*); *LAG Schleswig-Holstein* LAGE § 120 ZPO Nr. 10 (krit. *Schneider*).
[82] BT-Drs. 10/3054, S. 22.
[83] Vgl. *OLG Düsseldorf* FamRZ 1992, 837; OLGZ 1989, 68; *Grunsky* NJW 1980, 2045; *MünchKommZPO/Wax* Rdnr. 20.
[84] *OLG Düsseldorf* Rpfleger 1990, 263.
[85] Vgl. die in Fn. 81 Genannten.
[86] Vgl. aber (Rückwirkung annehmend und befürwortend) *OLG Düsseldorf* NJW-RR 1987, 253; *OLG Karlsruhe* FamRZ 1990, 1121; *OLG Koblenz* Rpfleger 1984, 161; *OLG München* JurBüro 1990, 906 (*Mümmler*); *LAG Schleswig-Holstein* LAGE § 120 ZPO Nr. 10 (*Schneider*).

§ 120 V Erstes Buch. Allgemeine Vorschriften. Zweiter Abschnitt. Parteien

Rdnr. 28 Gesagten möglich. Im übrigen gilt auch hier die Begrenzung auf 48 Monatsraten, wobei die Monate, in denen die Partei wegen Leistungsunfähigkeit keine Raten erbringen mußte, nicht mitzählen (→ § 115 Rdnr. 81).

30 Angesichts dessen ist die früher vertretene Ansicht, die geänderte Zahlungspflicht könne sich zur Vermeidung unzulässiger Rückwirkung nur auf **nach Änderung fällig werdende, künftige Kosten** beziehen[87], schon im Ansatz verfehlt, da eine Rückwirkung in den meisten Fällen gar nicht vorliegt. Die Auffassung ist außerdem mit § 120 Abs. 3 S. 3 unvereinbar, der davon ausgeht, daß eine Änderung auch nach Rechtskraft der Hauptsacheentscheidung möglich ist, was bei einer Beschränkung auf künftig entstehende Kosten ersichtlich sinnlos wäre, da nach Rechtskraft in der Hauptsache regelmäßig keine neuen Kosten mehr entstehen.

31 bb) Bei einer **Verschlechterung** der persönlichen oder wirtschaftlichen Verhältnisse werden die Zahlungspflichten der Partei reduziert oder aufgehoben. Auch das gilt grundsätzlich erst ab Wirksamkeit des Änderungsbeschlusses. Das Gericht kann aber dem Beschluß auch hier – entsprechend dem zu Rdnr. 28 Gesagten – Rückwirkung auf den Zeitpunkt beilegen, zu dem die wesentliche Verschlechterung eingetreten war[88], sodaß die Differenzbeträge zu erstatten bzw. mit künftigen Raten zu verrechnen sind (→ § 119 Rdnr. 35). Der Auffassung, es komme eine Rückbeziehung – wie bei der ursprünglichen Bewilligung (→ § 119 Rdnr. 27) – nur auf den Zeitpunkt der Antragstellung in Betracht[89], ist nicht zu folgen, da ein Antrag zwar möglich, aber nicht nötig ist (→ Rdnr. 34).

3. Zuständigkeit

32 Zuständig für die Änderung ist nicht in jedem Fall das Gericht, das den Prozeßkostenhilfebeschluß erlassen hat[90], sondern in entsprechender Anwendung des § 127 Abs. 1 S. 2 dasjenige Gericht, bei dem die Hauptsache gerade anhängig ist oder anhängig werden soll[91] (→ § 117 Rdnr. 3). Daher kann eine vom Revisionsgericht getroffene Ratenzahlungsanordnung nach Zurückverweisung des Rechtsstreits auch vom Berufungsgericht geändert werden[92]. Funktionell ist gemäß § 20 Nr. 4 lit. c RPflG der *Rechtspfleger* zuständig.

33 **Nach Rechtskraft der Hauptsacheentscheidung** kann zwar Prozeßkostenhilfe nicht mehr erstmals beantragt und bewilligt werden (→ § 119 Rdnr. 31). Eine Änderung gemäß § 120 Abs. 4 ist aber weiterhin möglich[93], was schon aus Abs. 4 S. 3 folgt (→ auch § 127 Rdnr. 15). Zuständig ist dann nicht etwa die Landesjustizverwaltung[94], sondern, wie sich aus Abs. 4 S. 1 ohne weiteres ergibt, das Gericht[95], genauer: das Prozeßgericht erster Instanz, bei dem sich

---

[87] Vgl. etwa *OLG Düsseldorf* MDR 1982, 765; *OLG Frankfurt* Rpfleger 1986, 69; *OLG Koblenz* FamRZ 1985, 727 m.w.N. – Heute noch *OLG Düsseldorf* FamRZ 1992, 837.
[88] *OLG Karlsruhe* MDR 1983, 1031; *OLG Köln* FamRZ 1987, 1167, 1168.
[89] *OLG Schleswig* AnwBl. 1982, 492; *Kalthoener/Büttner* (vor § 114 Fn. 1), Rdnr. 418.
[90] A.M. *Zöller/Philippi*[18] Rdnr. 18; → auch Rdnr. 33.
[91] *BGH* NJW 1983, 944; *LAG Bremen* MDR 1988, 82.
[92] *BGH* KostRspr. § 120 ZPO Nr. 34; NJW 1983, 944.
[93] A.M. (aber zum alten Recht) u.a. *OLG Köln* KostRspr. § 120 ZPO Nr. 8 (zust. *Schneider*); *OLG Oldenburg* NdsRpfl. 1986, 103; *OLG Schleswig* SchlHA 1986, 89; *OLG Stuttgart* FamRZ 1986, 1124/1125; *OLG Zweibrücken* KostRspr. § 120 ZPO Nr. 9; *LG Berlin* MDR 1984, 1032; *LAG Hamm* JurBüro 1984, 1420; *LAG München* ARSt. 1984, 56.

[94] A.M. *OLG Bamberg* JurBüro 1984, 135; 1983, 456; *OLG Düsseldorf* Rpfleger 1988, 280 (abl. *Bratfisch*) = MDR 238/680 (zust. *Schneider*; abl. *Morisse*); NJW-RR 1986, 550; *OLG Hamburg* MDR 1983, 234; *OLG Karlsruhe* FamRZ 1985, 725; *Künkel* DAVorm. 1983, 351.
[95] *OLG Bamberg* JurBüro 1992, 251; 1989, 1445; *OLG Braunschweig* NdsRpfl. 1985, 281; *OLG Celle* JurBüro 1987, 772; *OLG Düsseldorf* Rpfleger 1987, 234; 1985, 1723; 1984, 933; MDR 1990, 451; *OLG Hamm* OLGZ 1991, 232; JurBüro 1987, 1241; *OLG Köln* AnwBl. 1993, 299; MDR 1983, 847f.; *OLG München* OLGZ 1985, 490; *OLG Nürnberg* OLGZ 1985, 116; *OLG Saarbrücken* JurBüro 1988, 98; *OLG Schleswig* SchlHA 1985, 104; *OLG Zweibrücken* Rpfleger 1992, 357 (zust. *Hünnekens*); JurBüro 1985, 1112; *MünchKommZPO/Wax* Rdnr. 11.

die Akten befinden[96] (§ 127 Abs. 1 S. 2 analog), und dort gemäß § 20 Nr. 4 lit. c RPflG der Rechtspfleger.

4. Verfahren

Gemäß Abs. 4 S. 2 hat sich die Partei auf Verlangen des Gerichts darüber zu **erklären**, ob eine Änderung der Verhältnisse eingetreten ist. Hier gilt das zu §§ 117, 118 Gesagte sinngemäß (→ § 117 Rdnr. 19, 21; § 118 Rdnr. 16). Insbesondere kann das Gericht Glaubhaftmachung verlangen[97] und der Partei[98] eine **Frist** setzen[99], die aber auch hier (→ schon § 117 Rdnr. 19) keine Ausschlußfrist ist, so daß verspätet eingegangene Erklärungen, sofern möglich, noch zu berücksichtigen sind[100]. Das erneute Ausfüllen eines Vordruckformulars (→ zu diesem § 117 Rdnr. 20) kann nicht verlangt werden[101]. Überhaupt wird eine Aufforderung durch das Gericht nur dann in Betracht kommen, wenn **konkreter Anlaß** besteht. An die Möglichkeit zu einer routinemäßigen Überprüfung oder gar an die zu einer schon mit dem Bewilligungsbeschluß verbundenen Verfügung, alle wesentlichen Änderungen unaufgefordert anzuzeigen, war bei Abs. 4 S. 2 nicht gedacht[102]. Zur *Sanktion* des § 124 Nr. 2 → § 124 Rdnr. 16. – Die **Änderungsentscheidung** ergeht auf Antrag oder *von Amts wegen*[103]. Sie ist – wie der Bewilligungsbeschluß (→ Rdnr. 3) – zu begründen[104]. Eine **Anhörung** des Gegners oder der Staatskasse ist vorher nicht erforderlich[105], und ihnen wird die Änderungsentscheidung auch nur so wie der ursprüngliche Bewilligungsbeschluß mitgeteilt (→ Rdnr. 2). Zur *Beschwerde* gegen diese Entscheidung → § 127 Rdnr. 8 ff.

34

§ 121 [Beiordnung eines Rechtsanwalts]

(1) Ist eine Vertretung durch Anwälte vorgeschrieben, wird der Partei ein zur Vertretung bereiter Rechtsanwalt ihrer Wahl beigeordnet.

(2) ¹Ist eine Vertretung durch Anwälte nicht vorgeschrieben, wird der Partei auf ihren Antrag ein zur Vertretung bereiter Rechtsanwalt ihrer Wahl beigeordnet, wenn die Vertretung durch einen Rechtsanwalt erforderlich erscheint oder der Gegner durch einen Rechtsanwalt vertreten ist. ²Ein nicht bei dem Prozeßgericht zugelassener Rechtsanwalt kann nur beigeordnet werden, wenn dadurch weitere Kosten nicht entstehen.

(3) Wenn besondere Umstände dies erfordern, kann der Partei auf ihren Antrag ein zur Vertretung bereiter Rechtsanwalt ihrer Wahl zur Wahrnehmung eines Termins zur Beweis-

---

[96] Vgl. BT-Drs. 10/3054, S. 18. – A.M. (das Gericht, dessen Entscheidung geändert werden soll) *OLG Bamberg* JurBüro 1989, 1445; *OLG Düsseldorf* JurBüro 1985, 1723; *OLG Köln* MDR 1983, 847f.; *OLG München* OLGZ 1985, 490; *LG Braunschweig* NdsRpfl. 1984, 13; *LSG Rheinland-Pfalz* SGb. 1991, 274 (zust. *Behn*); *Zöller/Philippi*¹⁸ Rdnr. 18.
[97] *ArbG Bremen* FamRZ 1993, 80.
[98] Die ursprünglich erteilte **Zustellungsvollmacht** für den Anwalt kann zwischenzeitlich erloschen sein, *LAG Düsseldorf* JurBüro 1988, 1717; vgl. dazu auch *OLG München* FamRZ 1993, 580 sowie § 176 Rdnr. 8 ff.
[99] *LAG Bremen* BB 1990, 2196 (L).
[100] *OLG Bamberg* FamRZ 1989, 1204; *OLG Frankfurt* MDR 1992, 293; *OLG München* FamRZ 1993, 580; KostRspr. ZPO § 120 Nr. 115 (L); *LAG Düsseldorf* JurBüro 1989, 1448; 1988, 1716.
[101] *LAG Bremen* BB 1990, 2196 (L); *ArbG Bremen* FamRZ 1993, 80.
[102] BT-Drs. 10/3054, S. 18; *OLG München* FamRZ 1992, 702; *LAG Köln* Rpfleger 1991, 512; *Kalthoener/Büttner* (vor § 114 Fn. 1), Rdnr. 421. – Anders *Beyer* JurBüro 1989, 442; *Künzl* AnwBl. 1991, 127; *MünchKommZPO/Wax* Rdnr. 19. – Eine **Pflicht** der Partei, **Änderungen mitzuteilen**, nimmt auch *BGH* FamRZ 1984, 678 an; a.M. *OLG Bamberg* JurBüro 1993, 233 m. w. N.
[103] *OLG München* Rpfleger 1991, 26; *Bratfisch* Rpfleger 1987, 100; *Mümmler* JurBüro 1987, 18.
[104] *OLG Celle* JurBüro 1992, 186.
[105] *MünchKommZPO/Wax* Rdnr. 9. – A.M. *Bratfisch* Rpfleger 1987, 101; *Kalthoener/Büttner* (vor § 114 Fn. 1), Rdnr. 421.

aufnahme vor dem ersuchten Richter oder zur Vermittlung des Verkehrs mit dem Prozeßbevollmächtigten beigeordnet werden.

(4) Findet die Partei keinen zur Vertretung bereiten Anwalt, ordnet der Vorsitzende ihr auf Antrag einen Rechtsanwalt bei.

Gesetzesgeschichte: Neugefaßt durch das Gesetz über die Prozeßkostenhilfe vom 13.6.1980 (BGBl. I, 677; → vor § 114 Rdnr. 6); geändert durch G v. 20.2.1986 (BGBl. I, 301).

Stichwortverzeichnis: → vor § 114 vor Rdnr. 1.

I. Überblick	1
II. Beiordnung im Anwaltsprozeß (Abs. 1)	4
1. Voraussetzungen	4
2. Person des beizuordnenden Anwalts	5
a) vertretungsbereiter Wahlanwalt	5
b) Auswahl durch den Vorsitzenden (Abs. 4)	6
III. Beiordnung im Parteiprozeß (Abs. 2)	8
1. Voraussetzungen (Abs. 2 S. 1)	8
a) kein Anwaltszwang	9
b) anwaltliche Vertretung des Gegners	10
c) Erforderlichkeit	11
d) Insbesondere: Sorgerechtsstreitigkeiten	13
2. Person des beizuordnenden Anwalts	14
a) vertretungsbereiter Wahlanwalt	14
b) Auswahl durch den Vorsitzenden (Abs. 4)	15
IV. Wirkungen der Beiordnung	16
1. Umfang der Beiordnung	16
a) Grundsatz	16
b) eingeschränkte Beiordnung (Abs. 3)	17
aa) Beweisaufnahme vor dem ersuchten Richter	18
bb) Verkehrsanwalt	20
2. Verhältnis zur Partei	21
V. Verfahren	22
1. Zuständigkeit	22
2. Antrag	23
3. Prüfung der Voraussetzungen	24
4. Entscheidung	25
VI. Änderung	26
1. Aufhebung der Prozeßkostenhilfebewilligung	26
2. Anwaltswechsel	27
3. Tod der Partei oder des Anwalts	28
VII. Gebühren des beigeordneten Anwalts	29
1. Ansprüche gegen die eigene Partei	30
2. Ansprüche gegen den Gegner	33
3. Ansprüche gegen die Staatskasse	34
a) Grundzüge; Berechnung	34
b) Grundlage und Umfang der Ansprüche	35
c) Auslagen	37
d) Anspruchsübergang auf die Staatskasse	39
4. Teilweise Prozeßkostenhilfe-Bewilligung	40
a) Volle Bewilligung für einen Teil des Streitgegenstandes oder einen von mehreren Ansprüchen	40
b) Sonstige Aufteilung	41
VIII. Beiordnung eines Patentanwalts	42
IX. Arbeitsgerichtliches Verfahren	43
1. Verhältnis von § 121 zu § 11a ArbGG	43
2. Anwaltsbeiordnung nach § 121	44
a) in der 1. Instanz	44
b) in der 2. Instanz	45
3. Anwaltsbeiordnung nach § 11a ArbGG	46
4. Rechtsfolgen für den beigeordneten Anwalt	50

I. Überblick[1]

§ 121 regelt – in verfassungskonformer Weise[2] – die Beiordnung eines Rechtsanwalts. Die Vorschrift beruht auf dem Gedanken, daß es in vielen Fällen nicht ausreicht, die bedürftige Partei[3] (→ § 114 Rdnr. 3–14) von den Gerichtskosten zu befreien. Vielmehr muß sie, wo sie anwaltlicher Vertretung bedarf, auch von Vorschußanspruch und Gebühren ihres Rechtsanwalts befreit werden. Anwaltlicher Vertretung bedarf sie dabei vornehmlich in drei Fällen: wenn im Hauptsacheverfahren *Anwaltszwang* besteht (Abs. 1; → Rdnr. 4ff.), wenn im Parteiprozeß die Vertretung durch einen Anwalt *erforderlich* erscheint (Abs. 2 S. 1, 1. Fall; → Rdnr. 11) oder – aus Gründen der Waffengleichheit – wenn der *Gegner anwaltlich vertreten* ist (Abs. 2 S. 1, 2. Fall; → Rdnr. 10). Zulässig ist dabei nur die Beiordnung eines **Rechtsanwalts**. Eine andere Person, etwa ein Rechtsbeistand (→ § 157 Rdnr. 2, 23), kann nicht beigeordnet werden[4]; zum *arbeitsgerichtlichen Verfahren* → Rdnr. 43ff.

In allen Fällen kann ein Rechtsanwalt nach § 121 aber nur dann beigeordnet werden, wenn **Prozeßkostenhilfe bewilligt** ist oder gleichzeitig bewilligt wird. Bei mangelnder Erfolgsaussicht, erwiesener Mutwilligkeit oder fehlender Bedürftigkeit kommt eine Beiordnung nach § 121 ebenso wenig in Frage wie für das Prozeßkostenhilfeverfahren selbst (→ § 114 Rdnr. 12), mag auch der Gegner anwaltlich vertreten oder die Sach- und Rechtslage so schwierig sein, daß die Partei zu einer sachgerechten Prozeßführung anwaltlichen Beistands bedarf[5]. In Prozessen mit Anwaltszwang ist in diesen Fällen aber an § 78b, in arbeitsgerichtlichen Verfahren an § 11a ArbGG zu denken (→ dazu unten Rdnr. 46). Umgekehrt erfordert § 121 aber auch keine Feststellung der hinreichenden Erfolgsaussicht oder fehlenden Mutwilligkeit mehr, denn dies wird bereits als Voraussetzung der Prozeßkostenhilfebewilligung

1

2

---

[1] Lit.: *Brangsch* Wahlfreiheit der Partei und Ablehnungsbefugnis des RA bei der Anwaltsbeiordnung, AnwBl. 1982, 99; *Brommann* Prozeßkostenhilfe und Gewerkschaftszugehörigkeit, RdA 1984, 342; *Christl* Nochmals: Rückwirkende Bewilligung von Prozeßkostenhilfe einschließlich rückwirkender Anwaltsbeiordnung, MDR 1983, 537/624; *Dänzer-Vanotti* Prozeßkostenhilfe im arbeitsgerichtlichen Verfahren und Beiordnung nach § 11a ArbGG, NZA 1985, 619; *Goebel* Kann gegen die Wahl des Antragstellers ein anderer Anwalt nach § 121 ZPO beigeordnet werden?, FamRZ 1991, 1271; *Greißinger* Beratungshilfe, Prozeßkostenhilfe und anwaltliche Aufklärungspflicht, AnwBl. 1982, 288; *Hansens* Die Vergütung des beigeordneten Rechtsanwalts bei Teil-Prozeßkostenhilfe, JurBüro 1988, 145; *Herget* Die Vergütung des beigeordneten PKH-Anwalts, MDR 1985, 617; *Kleinwegener* Die Landeskasse – Mandant des PKH-Anwalts?, FamRZ 1990, 1065; *Klinge* Die gebührenrechtliche Stellung des Rechtsanwalts in der Beratungs- und Prozeßkostenhilfe, AnwBl. 1981, 166; *Lappe* Prozeßkostenhilfe bei mehreren Auftraggebern, MDR 1986, 202; *Lemke* Anwaltsbeiordnung im isolierten Sorgeverfahren, JurBüro 1985, 1601; *Lepke* Probleme der Anwaltsbeiordnung nach § 11a ArbGG im Blickfeld des neuen Prozeßkostenhilferechts, DB 1981, 1927; *Leser* Prozeßkostenhilfe im arbeitsgerichtlichen Verfahren, NJW 1981, 791; *Mümmler* Haftung für Gerichtskosten bei verurteilten Streitgenossen mit unterschiedlicher Streitwertbeteiligung und teilweiser Prozeßkostenhilfebewilligung, JurBüro 1987, 36; *ders.* Rechtsbeziehungen des beigeordneten Rechtsanwalts zur eigenen Partei, zum erstattungspflichtigen Prozeßgegner und zur Staatskasse, JurBüro 1984, 641; *ders.* Übergang auf die Staatskasse nach § 130 BRAGO bei teilweiser Bewilligung von Prozeßkostenhilfe, JurBüro 1987, 35; *Oswald* § 11a ArbGG: Fußangel für Gewerkschaftsmitglieder und Anwaltschaft?, AnwBl. 1987, 485; *Pape* Zu den Voraussetzungen der Anwaltsbeiordnung im Rahmen der Prozeßkostenhilfe, ZIP 1989, 692; *Schlee* Rechtsanwalt und Prozeßkostenhilfe, AnwBl. 1992, 130; *Schmidt* Auswirkungen des Prozeßkostenhilfegesetzes auf das arbeitsgerichtliche Verfahren, RdA 1981, 222; *Schneider* Anwaltliche Belehrung Hilfsbedürftiger, MDR 1988, 282; *ders.* Die Bindung an den PKH-Beschluß im Festsetzungsverfahren, MDR 1989, 225; *v.Stosch-Diebitsch* Beiordnung eines Armenanwalts im einstweiligen Anordnungsverfahren bei Ehescheidungen, NJW 1975, 152; *Wenzel* Die Reisekosten der Partei, des Wahlanwalts und des beigeordneten Anwalts im Arbeitsgerichtsprozeß, MDR 1980, 540. – Vgl. im übrigen vor § 114 Fn. 1.

[2] Vgl. *BVerfGE* 63, 380; *BVerfG* NJW 1989, 3271; 1988, 2597; MDR 1986, 211; 1983, 456 und zum früheren Recht *BVerfG* NJW 1971, 187. Ausf. *Bern* Verfassungs- und verfahrensrechtliche Probleme anwaltlicher Vertretung im Zivilprozeß (1992), 52ff.

[3] Bei **Zeugen** besteht i.d.R. keine Notwendigkeit zur Anwaltsbeiordnung, *BVerfG* AnwBl. 1983, 456; vgl. aber für das Strafverfahren *OLG Düsseldorf* MDR 1993, 71; *OLG Stuttgart* Rpfleger 1992, 313; *LG Verden* MDR 1990, 1135.

[4] *OLG Düsseldorf* MDR 1989, 1108; *OVG Münster* KostRspr. § 121 ZPO Nr. 69; *LSG Rheinland-Pfalz* JurBüro 1986, 459; *Herget* Anm. zu *LG Bielefeld* KostRspr. § 3 BerHG Nr. 1; *v.Maydell* NJW 1981, 1182; *Schneider* MDR 1989, 226. – **A.M.** *AG Coburg* JurBüro 1975, 943 (abl. *Mümmler*).

[5] *BGHZ* 91, 315 = NJW 1984, 2106 = MDR 931 (*Waldner*). – **A.M.** *OLG Köln* MDR 1980, 407; andeutungsweise auch *OLG München* NJW-RR 1990, 112.

geprüft. Allerdings wird die Prozeßkostenhilfe nicht selten gerade im Hinblick auf die Anwaltsbeiordnung beantragt (→ auch § 117 Rdnr. 14), so daß dann eine einheitliche Prüfung zu erfolgen hat.

3   Unter den Voraussetzungen des § 121 gibt das Gesetz der bedürftigen Partei ein **Recht auf Beiordnung eines Anwalts**. Dieses Recht besteht grundsätzlich unabhängig davon, ob die **Partei selbst oder ihr gesetzlicher Vertreter** (z. B. ihr Vormund, Betreuer oder Pfleger) ein **bei dem Prozeßgericht zugelassener Anwalt** ist. Die Anwaltseigenschaft der Partei oder des Vertreters beseitigt insbesondere die Erforderlichkeit der Anwaltsbeiordnung nicht (→ auch Rdnr. 11), denn es gehört nicht zu den Pflichten des zum gesetzlichen Vertreter bestellten Anwalts, unentgeltlich Prozesse für den Mündel etc. zu führen, und der Aufwendungsersatzspruch des Vormunds etc. gegen die Staatskasse nach § 1835 Abs. 3 BGB geht dem Prozeßkostenhilferecht nicht vor[6]. Wenn die übrigen Voraussetzungen des § 121 vorliegen, kann daher die Partei Beiordnung verlangen, und wenn die Partei das will, kann sie selbst[7] oder der gesetzliche Vertreter[8] als ihr Wahlanwalt beigeordnet werden. Umgekehrt steht der Anspruch auf Erstattung der Anwaltsgebühren aus der Staatskasse (→ Rdnr. 34) dem der Partei als gesetzlicher Vertreter bestellten Anwalt nur dann zu, wenn er ihr außerdem nach § 121 beigeordnet ist[9].

II. Beiordnung im Anwaltsprozeß (Abs. 1)

1. Voraussetzungen

4   Eine Beiordnung nach Abs. 1 setzt lediglich voraus, daß im Hauptsacheverfahren *Anwaltszwang* besteht; → dazu § 78 Rdnr. 1 ff., zu den *Familiensachen* → § 78 Rdnr. 3 ff. Ist das der Fall, *muß* ein Anwalt beigeordnet werden, gleich, ob dies nach der Sach- und Rechtslage wirklich erforderlich erscheint oder ob auch der Gegner anwaltlich vertreten ist oder vertreten sein muß. Das Gericht hat hier *keinen Ermessensspielraum*, da die Partei im Anwaltsprozeß selbst nicht wirksam handeln kann und deshalb einen Anwalt haben muß. Ob Anwaltszwang besteht, ist für die prozeßkostenhilferechtlich maßgebliche *Instanz* zu beurteilen (→ § 119 Rdnr. 3). Da es sich bei der *Zwangsvollstreckung* um einen eigenen Rechtszug i. S. d. § 119 handelt (→ § 119 Rdnr. 14) und es dort regelmäßig keinen Anwaltszwang gibt, kann Abs. 1 nicht angewendet werden; zu Abs. 2 → Rdnr. 8 ff.

2. Person des beizuordnenden Anwalts

a) vertretungsbereiter Wahlanwalt

5   § 121 Abs. 1 schreibt vor, daß der Partei derjenige Rechtsanwalt beizuordnen ist, den sie selbst ausgewählt hat[10] und der zu ihrer Vertretung bereit ist. Da eine bedürftige Partei nicht schlechter stehen soll als eine vermögende, hat sie ein Recht darauf, daß ihr der Anwalt ihres

---

[6] *OLG Bremen* NJW-RR 1986, 309; *OLG Düsseldorf* AnwBl. 1984, 455; *OVG Münster* NJW 1983, 2046, 2047. – **A.M.** *Lepke* DB 1981, 1931.

[7] Vgl. *OLG München* AnwBl. 1981, 507 = KostRspr. § 121 ZPO (abl. *v. Eicken*); *Wax* FamRZ 1985, 18. Das gilt auch für den **Konkursverwalter** als Partei, *LG Kassel* ZIP 1991, 1022. – **A.M.** (keine Selbstbeiordnung) *OLG Frankfurt* FamRZ 1992, 1320 m. w. N.; *Thalmann* (vor § 114 Fn. 1), Rdnr. 5.

[8] *OLG Bremen* NJW-RR 1986, 309; *OLG Düsseldorf* AnwBl. 1984, 455; *OLG Frankfurt* NJW 1951, 276;

Rpfleger 1950, 374; *OLG Hamburg* JW 1927, 401; *OLG Köln* Rpfleger 1992, 71; *LG Frankfurt* AnwBl. 1979, 274; *OVG Münster* NJW 1983, 2046, 2047; ferner *OVG Hamburg* Hamb.JVBl. 1985, 169 zum besonderen Vertreter nach § 57. – **A.M.** *OLG Schleswig* SchlHA 1976, 140; *ArbG Berlin* AP § 116 ZPO Nr. 1 (abl. *Schaub*); *OVG Bremen* Rpfleger 1986, 12 (abl. *Damrau*) = KostRspr. § 114 ZPO Nr. 90 (abl. *Lappe*).

[9] *KG* JW 1921, 1608.

[10] Maßgeblich ist die Wahl der Partei **bei Beschlußfassung**, *OLG Düsseldorf* JurBüro 1986, 298.

Vertrauens beigeordnet werde. Allerdings erfährt dieses Recht in Verfahren vor den Gerichten der alten Bundesländer[11] dadurch eine Einschränkung, daß der Wahlanwalt beim Prozeßgericht zugelassen sein muß, da er die Partei sonst nicht vertreten kann. Umgekehrt wird man aber auch in Verfahren, in denen grundsätzlich Anwaltszwang herrscht, in entsprechender Anwendung von Abs. 2 einen anderen Wahlanwalt beiordnen können, wenn er die Partei trotz fehlender Zulassung vertreten kann und keine Mehrkosten entstehen[12]. Daß der Vertrauensanwalt für die Prozeßführung *ungeeignet* erscheint, wird es nur in ganz besonders gelagerten Ausnahmefällen rechtfertigen können, die Wahl der Partei zu mißachten[13]. Wählt die Partei allerdings einen Anwalt, der gemäß §§ 45 ff. BRAO nicht vertreten darf, so kann dieser Anwalt nicht beigeordnet werden[14]. Gehört der Vertrauensanwalt einer *Sozietät* an, so kann nur der Vertrauensanwalt selbst, nicht die ganze Sozietät beigeordnet werden[15]. *Ausländische* Wahlanwälte konnten früher gar nicht beigeordnet werden[16]. Heute ist eine Beiordnung möglich, soweit der ausländische Anwalt nach Maßgabe des Rechtsanwaltsdienstleistungsgesetzes (→ vor § 78 Rdnr. 19 ff.) vertretungsbefugt ist und Mehrkosten nicht entstehen.

b) Auswahl durch den Vorsitzenden (Abs. 4)

Für den Fall, daß die Partei keinen Anwalt findet, der bereit wäre, sie im Hauptsacheverfahren zu vertreten, bestimmt Abs. 4, daß der Vorsitzende ihr auf ihren Antrag hin einen Rechtsanwalt beizuordnen habe; näher zum *Verfahren* → Rdnr. 22. Die Vorschrift sagt nicht, welche Rechtsanwälte dafür in Betracht kommen und wie der Vorsitzende die Auswahl zu treffen habe. Insofern ist **§ 78 c entsprechend** anzuwenden; → ausf. § 78 c Rdnr. 3, 5 ff. 6

Abs. 4 setzt voraus, daß die Partei **trotz zumutbarer Bemühungen** keinen Anwalt gefunden hat, der zu ihrer Vertretung bereit wäre. Sie kann daher dem Vorsitzenden die Auswahl nicht einfach aus Bequemlichkeit überlassen. Zu den *Einzelheiten* und zum *Nachweis* der Bemühungen gilt das zu § 78 b Rdnr. 5, 6 Gesagte sinngemäß. 7

III. Beiordnung im Parteiprozeß (Abs. 2)

1. Voraussetzungen (Abs. 2 S. 1)

Während Abs. 1 die Beiordnung eines Anwalts für den Bereich des Anwaltszwangs regelt, bezieht sich Abs. 2 auf die *Verfahren ohne Anwaltszwang*. Die Vorschrift will der bedürftigen Partei auch in diesen Prozessen auf Antrag einen rechtskundigen Vertreter sichern, soweit dies *sachlich geboten* erscheint. Zum *Verfahren* → Rdnr. 22. 8

---

[11] Soweit in den **neuen Bundesländern** Anwaltszwang herrscht (vgl. *BezG Frankfurt/O.* FamRZ 1992, 1450), gilt § 121 bis zur Errichtung der im GVG vorgesehenen Gerichtsorganisation (§§ 14, 17 Nr. 1 lit. d RPflAnpG vom 26.6.1992; BGBl. I, 1147) insoweit nicht, Einigungsvertrag (vom 31.8.1990; BGBl. II, 885) Anl. I Kap. III Sachgebiet A Abschnitt III Nr. 5 lit. b. Vgl. im übrigen § 78 Rdnr. 4.
[12] *BGH* NJW 1984, 2413; *OLG Frankfurt* FamRZ 1988, 638.
[13] Weitergehend *Goebel* FamRZ 1991, 1271 f.
[14] *OLG Schleswig* SchlHA 1982, 197.
[15] *OLG Düsseldorf* AnwBl. 1991, 223; *OLG Zweibrücken* NJW-RR 1986, 615.
[16] *OLG Bamberg* NJW 1977, 113; *OLG Köln* NJW 1975, 1607; heute noch *MünchKommZPO/Wax* Rdnr. 10.

a) kein Anwaltszwang

9 Abs. 2 ist nur anwendbar, wenn kein Anwaltszwang besteht, da sonst Abs. 1 vorgeht. Die Beiordnung nach Abs. 2 kommt daher vor allem für Parteiprozesse, für die Zwangsvollstreckung[17] und für solche Nebenverfahren in Betracht, die prozeßkostenhilferechtlich eine eigene Instanz darstellen (→ dazu, insbesondere zum einstweiligen Rechtsschutz, § 119 Rdnr. 2 ff., 12) und anders als das Hauptverfahren nicht dem Anwaltszwang unterliegen. Zum *Konkursverfahren* → § 116 Rdnr. 5.

b) anwaltliche Vertretung des Gegners

10 Der bedürftigen Partei ist im Parteiprozeß auf ihren Antrag hin ein Rechtsanwalt immer schon dann beizuordnen, wenn der Gegner[18] anwaltlich vertreten ist. Diese Vorschrift beruht auf dem Grundsatz der Waffengleichheit zwischen den Parteien und der Gleichbehandlung einer bedürftigen mit einer vermögenden Partei, da anzunehmen ist, daß sich eine leistungsfähige Partei regelmäßig anwaltlichen Beistandes versichern wird, wenn sich ihr Gegner anwaltlich vertreten läßt. Erforderlich ist nur, daß im Zeitpunkt der Entscheidung feststeht, daß der Gegner im Hauptsacheverfahren anwaltlich vertreten sein wird[19], mag diese Vertretung auch darauf beruhen, daß der gegnerische Anwalt seinerseits beigeordnet wurde oder beigeordnet werden muß[20]. Liegt diese vor, hat das Gericht *keinen Ermessensspielraum*. Ob der Gegner auch ohne Anwalt prozessieren könnte, spielt keine Rolle. Es kommt weder darauf an, ob die anwaltliche Vertretung für den Gegner erforderlich erscheint, noch darauf, ob sie für die bedürftige Partei erforderlich erscheint[21]. Eine dahingehende Einschränkung sieht das Gesetz nicht vor, so daß eine Beiordnung nach Abs. 2 S. 1, 2. Fall beispielsweise auch in der Zwangsvollstreckung möglich ist[22]. Anders kann nur dann entschieden werden, wenn das Prozeßkostenhilferecht in einem besonders geregelten Verfahren *nur entsprechend anwendbar* ist (→ vor § 114 Rdnr. 14), in diesem Verfahren die Stellung der Beteiligten grundlegend anders als im reinen Parteiprozeß ausgestaltet ist und das Verfahren von besonderen rechtsstaatlichen Garantien oder richterlichen Aufklärungs-, Kontroll- und Fürsorgepflichten geprägt wird, so daß der Grundsatz der Waffengleichheit hier keine zwingende Anwaltsbeiordnung erfordert[23]. In Verfahren der *freiwilligen Gerichtsbarkeit* verlangt der Grundsatz der Waffengleichheit eine Beiordnung ohne weitere Erforderlichkeitsprüfung nicht nur in echten Streitsachen, sondern auch in Fürsorgeverfahren, sofern sich dort mehrere Beteiligte mit widerstreitenden Interessen gegenüberstehen[24]. Von der strikten Anwendung des § 121 kann

---

[17] *LG Detmold* AnwBl. 1983, 35; *LG Gießen* Rpfleger 1983, 457; *LG Heidelberg* AnwBl. 1986, 211; *LG Kassel* Rpfleger 1988, 161; *LG Siegen* Rpfleger 1988, 41 (*M. Schneider*); vgl. auch *LG Saarbrücken* Rpfleger 1986, 69; *LG Stuttgart* Rpfleger 1990, 128.

[18] Anwaltliche Vertretung eines Beigeladenen oder **Nebenintervenienten** reicht nicht, *OLG Schleswig* FamRZ 1992, 197, 198.

[19] Vgl. *OLG Bamberg* JurBüro 1989, 417; *OLG Hamm* FamRZ 1987, 402; 1986, 488; *KG* FamRZ 1986, 1024.

[20] *OLG Hamm* FamRZ 1987, 402; 1986, 488. – **A.M.** der 2. ZS des *OLG Hamm* FamRZ 1990, 896; 1986, 83.

[21] **A.M.** (nur bei widerstreitenden Anträgen) *OLG Hamm* MDR 1983, 409f.; *OLG Köln* FamRZ 1987, 401; *Thalmann* (vor § 114 Fn. 1), Rdnr. 25; *Wax* FamRZ 1985, 17; ferner *Künkel* DAVorm. 1983, 338 (Vertretung durch das Jugendamt reicht).

[22] *OLG Bamberg* JurBüro 1987, 139.

[23] *BVerfGE* 63, 392 ff. = NJW 1983, 1599 (**Privatklage** im Strafverfahren); *BVerfG* NJW 1989, 3270 = ZIP 719 (*Pape* 692) und *LG Oldenburg* ZIP 1991, 115 (**Konkursverfahren**); ebenso für den **Nebenkläger** im Strafverfahren *OLG Düsseldorf* MDR 1986, 166f.; *OLG Frankfurt* NJW 1986, 2587 (L); *OLG Hamburg* Rpfleger 1985, 210; *KG* JR 1982, 169; *OLG Nürnberg* AnwBl. 1983, 466; *Behn* MDR 1984, 107 gegen *Schwab* MDR 1983, 810 f.

[24] *OLG Celle* FamRZ 1989, 1107; *OLG Düsseldorf* FamRZ 1980, 1066; *OLG Hamm* Rpfleger 1990, 264; FamRZ 1987, 402; 1986, 488 und 83; 1985, 623; AnwBl. 1983, 34; *KG* JurBüro 1991, 403f. (*Mümmler*); *OLG Koblenz* FamRZ 1985, 624; *OLG Köln* FamRZ 1987, 180; 1986, 1015; *OLG Zweibrücken* NJW-RR 1987, 953 sowie der dort in der Anm. zit. Beschluß des *BVerfG*); *Lemke* JurBüro 1985, 1604 ff. – **A.M.** (Erforderlichkeitsprüfung stets angebracht) *BayObLG* FamRZ 1991, 224 (L); *OLG Hamm* FamRZ 1990, 896 und 892; 1984, 1245; *OLG Zweibrücken* FamRZ 1985, 1069 und 829.

daher nur in Ausnahmefällen abgesehen werden, etwa wenn gleichlautende Anträge gestellt werden, widerstreitende Interessen also nicht erkennbar sind[25]; zu *Sorgerechtsstreitigkeiten* → Rdnr. 13. Läßt sich der Gegner durch eine *andere Person* vertreten, greift die Vorschrift nicht ein[26]. Diese Konstellation erfordert grundsätzlich keine Beiordnung eines *Anwalts* als Reaktion, da die bedürftige Partei sonst »stärkere Waffen« in die Hand bekäme als der Gegner. Ist allerdings der Vertreter des Gegners besonders qualifiziert, kann die Anwaltsbeiordnung nach Abs. 2 S. 1, 1. Fall erforderlich sein (→ Rdnr. 11).

c) Erforderlichkeit

In allen übrigen Fällen kommt die Beiordnung eines Rechtsanwalts nur dann in Betracht, wenn die Vertretung durch einen Rechtsanwalt erforderlich erscheint. Auch verfassungsrechtliche Gesichtspunkte verlangen nicht, einen Anwalt *regelmäßig* beizuordnen[27]. Ob die Vertretung erforderlich erscheint, ist eine *Frage des Einzelfalles*[28]. Es bedarf einer **Gesamtabwägung** aller relevanten Umstände, bei der sich jede pauschale Betrachtungsweise verbietet. Zu den relevanten Umständen zählen dabei einmal **rechtliche Schwierigkeiten**, mögen diese auf materiell-rechtlichem oder auf prozessualem Gebiet liegen[29]. Aber auch **tatsächliche Schwierigkeiten** können zur Beiordnung nötigen[30], sei es, daß ein umfangreicher Tatsachenstoff durchzuarbeiten und zu ordnen ist[31], sei es, daß einer Aufklärung des Sachverhalts bei der Verhandlung und Beweisaufnahme besondere Hindernisse entgegenstehen. Dabei spielen auch die **persönlichen Fähigkeiten** der mittellosen Partei[32] und ihre Möglichkeit, einen anderen geeigneten Vertreter (Verwandte, Freunde, usw.[33]) zu finden oder amtliche Hilfe – insbesondere die der Rechtsantragstelle des Gerichts – in Anspruch zu nehmen[34], eine Rolle;

11

---

[25] So i.E. auch (allerdings z.T. mit zu weitgehendem Ansatz) *OLG Bamberg* JurBüro 1989, 417; 1985, 1419; *OLG Hamburg* FamRZ 1989, 525; *OLG Nürnberg* FamRZ 1987, 732.
[26] Vgl. *BVerfG* NJW 1988, 2597; *OVG Hamburg* KostRspr. § 121 ZPO Nr. 16; *LSG Essen* AnwBl. 1986, 456; KostRspr. § 121 ZPO Nr. 32; *Bayer.LSG* AnwBl. 1988, 421; *LSG Rheinland-Pfalz* SGb. 1982, 115 f. (L); *Jansen* SGb. 1982, 186; *v.Maydell* NJW 1981, 1182. – A.M. *OLG Düsseldorf* FamRZ 1990, 1262 und 420 (Vertretung des Gegners durch das Jugendamt).
[27] *BVerfG* NJW 1988, 2597; AnwBl. 1986, 211. – A.M. *Pentz* DRiZ 1966, 401.
[28] Zur Beiordnung nur aus Vertrauensschutzgesichtspunkten vgl. *OLG Bamberg* NJW-RR 1990, 1407; sie wird indessen allenfalls zur Abwehr von Amtshaftungsansprüchen in Betracht kommen.
[29] *OLG Düsseldorf* FamRZ 1982, 513 (einstweilige Verfügung auf **Notunterhalt**; vgl. allg. dazu auch *v.Stosch-Diebitsch* NJW 1975, 152 f.); *OLG Hamm* FamRZ 1990, 892 (einstweilige Zuweisung der **Ehewohnung**); *OLG Zweibrücken* NJW-RR 1986, 615 und *LG Hamburg* DAVorm. 1975, 241 (**Unterhaltsauskunftsklage**); *LG Arnsberg* FamRZ 1991, 1150 und *LG Hannover* FamRZ 1993, 217 (**Unterbringungsverfahren**); *OVG Bremen* AnwBl. 1984, 49 (**BAFÖG**); *LSG Essen* FamRZ 1989, 1315, 1988, 731, AnwBl. 1986, 456 und *LSG Mainz* AnwBl. 1981, 409 (**Rentenklage**; vgl. auch *Jansen* SGb. 1982, 186 f.; *v.Maydell* NJW 1981, 1182); *LG Heidelberg* AnwBl. 1986, 211 (**Kontopfändung**; anders für die Verteidigung des Schuldners *LG Essen* JurBüro 1990, 907); *LG Baden-Baden* JurBüro 1991, 867 und *LG Freiburg* JurBüro 1989, 1717 (**Lohnpfändung**; a.M. *LG Itzehoe* JurBüro 1984, 1096); *OLG Schleswig* SchlHA 1978, 67 f., *LG Baden-Baden* JurBüro 1991, 867, und *LG*

Deggendorf Rpfleger 1988, 334, *LG Heilbronn* MDR 1991, 450, *LG Kassel* Rpfleger 1988, 161 und *LG Siegen* Rpfleger 1988, 41 (zust. *M.Schneider*; **Unterhaltsvollstreckung**; a.M. insoweit *LG Stuttgart* Rpfleger 1990, 128); verneinend für das **Hausratsteilungsverfahren** *OLG Zweibrücken* JurBüro 1980, 300; für die einfache **Sachpfändung** *LG Baden-Baden* JurBüro 1991, 573, *LG Freiburg* JurBüro 1986, 129 und *Mümmler* JurBüro 1985, 1616.
[30] *OLG Celle* AnwBl. 1957, 264; *OLG Hamm* FamRZ 1987, 614; DAVorm. 1983, 514; *OLG Karlsruhe* AnwBl. 1982, 492; *LG Detmold* AnwBl. 1983, 35; einschränkend *OVG Hamburg* FamRZ 1988, 774.
[31] Dabei kann erheblich sein, daß der beizuordnende Rechtsanwalt bereits eingearbeitet ist, *LAG Berlin* AnwBl. 1984, 164.
[32] Vgl. *BayObLG* Rpfleger 1978, 315, 316; *OLG Karlsruhe* AnwBl. 1982, 492; *KG* FamRZ 1980, 390; *OLG Nürnberg* NJW 1980, 1054; *OLG Schleswig* DAVorm. 1985, 79; *OLG Zweibrücken* NJW-RR 1986, 615; JurBüro 1980, 300; *LG Berlin* FamRZ 1989, 209; *LG Gießen* Rpfleger 1983, 457; *LSG Stuttgart* AnwBl. 1984, 575; sehr eng *OLG Hamburg* FamRZ 1989, 525; *LSG Baden-Württemberg* KostRspr. § 118 ZPO Nr. 19 (abl. *Schneider*); vgl. auch *VGH Baden-Württemberg* VBl.BW 1989, 137.
[33] Vgl. *OLG Schleswig* DAVorm. 1987, 1004. – Zur Vertretung des **Versicherungsnehmers** durch den Anwalt des Versicherers s. *KG* NVZ 1988, 228.
[34] Vgl. *LG Oldenburg* ZIP 1991, 115 und *AG Göttingen* ZIP 1992, 636 für die Anmeldung einer Konkursforderung; a.M. insoweit *LG Hannover* AnwBl. 1985, 596; ferner *LG Düsseldorf* JurBüro 1993, 361 für den Antrag nach § 807; *LG Mainz* Rpfleger 1987, 312 für den Antrag auf Bestellung eines Ergänzungspflegers; *LG Münster* Jur-

vgl. allerdings zum *gesetzlichen Vertreter* oben Rdnr. 3. Die **Bedeutung des Rechtsstreits** wird ebenfalls zu berücksichtigen sein[35]. Im *Vaterschaftsfeststellungsverfahren*[36] und in *Ehelichkeitsanfechtungsverfahren*[37] wird die Beiordnung eines Anwalts jedenfalls für die nicht vom Jugendamt vertretene Partei in der Regel erforderlich sein[38]. Im übrigen ist der Grundsatz der »Waffengleichheit« auch hier zu berücksichtigen, so daß sich die Erforderlichkeit daraus ergeben kann, daß der Gegner zwar nicht durch einen Anwalt (→ Rdnr. 10), aber durch eine besonders qualifizierte Person vertreten wird[39].

12 Bei der Feststellung der Erforderlichkeit hat das Gericht auf der Tatbestandsseite einen **Beurteilungsspielraum, aber kein Ermessen** auf der Rechtsfolgenseite. Wenn die Voraussetzungen vorliegen, *muß* daher ein Rechtsanwalt beigeordnet werden.

d) Insbesondere: Sorgerechtsstreitigkeiten

13 Isolierte Sorgerechtsverfahren gehören zur freiwilligen Gerichtsbarkeit, so daß § 121 über § 621a, § 14 FGG nur entsprechend anwendbar ist. Ist hier der *Gegner anwaltlich vertreten*, so wird man auch der bedürftigen Partei ohne weiteres einen Rechtsanwalt beiordnen müssen, da sich die Eltern bzw. Eltern und Kind dann wie im Parteiprozeß gegenüberstehen[40] (→ Rdnr. 10). Hält man das nicht für ausreichend[41] oder ist die Gegenseite anwaltlich nicht vertreten, so muß man nach Maßgabe des zu Rdnr. 11 Gesagten die *Erforderlichkeit* prüfen. Dabei ist für den Regelfall davon auszugehen, daß ein Sorgerechtsstreit von so existenzieller Bedeutung und tatsächlich wie rechtlich so problematisch ist, daß eine Anwaltsbeiordnung ohne weiteres erforderlich erscheint[42]. Das schließt allerdings eine andere Entscheidung nicht aus[43]. Wenn etwa die Eltern einen einverständlichen Sorgerechtsvorschlag unterbreiten oder der Gegner dem Sorgerechtsantrag jedenfalls nicht entgegentritt[44], oder wenn die Sach- und

---

Büro 1993, 360 für den Antrag auf Erlaß eines Pfändungs- und Überweisungsbeschlusses; *LAG Düsseldorf* JurBüro 1989, 1447 auch für Klageerhebung bei unstreitiger Forderung. Grds. kritisch *v.Stosch-Diebitsch* NJW 1975, 152f.

[35] Vgl. *OLG Bamberg* AnwBl. 1985, 319 (Beiordnung für das Opfer einer Vergewaltigung); ähnlich *OLG Karlsruhe* AnwBl. 1982, 492. Zu **Sorgerechtsstreitigkeiten** → Rdnr. 13. – Der **Streitwert** allein kann aber nicht entscheidend sein, *OVG Münster* ZfSH 1980, 310.

[36] *OLG Düsseldorf* FamRZ 1990, 1262; *OLG Hamburg* DAVorm. 1987, 260; NJW 1971, 1414; *OLG Karlsruhe* OLGZ 1988, 127; 1984, 452f.; *OLG München* FamRZ 1979, 179; *OLG Nürnberg* DAVorm. 1979, 502; *LG Göttingen* DAVorm. 1980, 411.

[37] *OLG Bremen* FamRZ 1989, 1104 (im Einzelfall einschränkend); 1986, 189 = NJW-RR 309; JurBüro 1986, 1253; *OLG Düsseldorf* FamRZ 1987, 402; JurBüro 1986, 130; AnwBl. 1984, 455; MDR 1972, 240; *OLG Frankfurt* FamRZ 1980, 490; *OLG Hamburg* DAVorm. 1987, 260; *OLG Hamm* FamRZ 1991, 348; AnwBl. 1988, 80; 1982, 254; *OLG Köln* Rpfleger 1992, 71; *OLG Nürnberg* JurBüro 1993, 231; *OLG Zweibrücken* Rpfleger 1981, 205. – A.M. (nur in besonders gelagerten Fällen) *OLG Bamberg* NJW-RR 1990, 1407; *OLG Köln* KostRspr. ZPO § 114 Nr. 368 (L); FamRZ 1987, 401; *OLG Nürnberg* DAVorm. 1979, 502; *OLG Schleswig* JurBüro 1992, 248; FamRZ 1992, 197; DAVorm. 1987, 1003; *AG Aschaffenburg* FamRZ 1992, 1342; einschränkend auch *OLG Koblenz* DAVorm. 1991, 118.

[38] Weitergehend (auch bei Vertretung durch das Jugendamt) *OLG Düsseldorf* FamRZ 1987, 402; *OLG Nürnberg* JurBüro 1993, 231.

[39] *LG Berlin* FamRZ 1985, 107; *LSG Essen* AnwBl. 1986, 457; *Jansen* SGb. 1982, 187; *v.Maydell* NJW 1981, 1182; *Plagemann* SGb. 1982, 190; *Schneider* Anm. zu *LSG Baden-Württemberg* KostRspr. § 118 ZPO Nr. 19; MDR 1985, 531. – A.M. *OVG Hamburg* FamRZ 1988, 774.

[40] *OLG Celle* FamRZ 1989, 1107; *OLG Düsseldorf* FamRZ 1981, 696; 1980, 1066; *OLG Hamm* Rpfleger 1990, 264; FamRZ 1987, 402; 1986, 488; 1985, 623; *KG* JurBüro 1991, 403 (*Mümmler*) *OLG Koblenz* FamRZ 1985, 624; *OLG Köln* FamRZ 1987, 180; 1986, 1015; *Lemke* JurBüro 1985, 1604ff.

[41] Vgl. vor allem *OLG Hamm* FamRZ 1990, 896; 1984, 1245; *OLG Zweibrücken* FamRZ 1985, 1069 und 829.

[42] *OLG Celle* FamRZ 1989, 1107; *OLG Frankfurt* MDR 1980, 674; *KG* JurBüro 1991, 403 (*Mümmler*); *OLG Saarbrücken* AnwBl. 1990, 54; *OLG Schleswig* SchlHA 1977, 189f.; *LG Berlin* FamRZ 1987, 1285 und 503; 1985, 106; *Lemke* JurBüro 1985, 1607ff. – A.M. (grds. nicht erforderlich) *OLG Hamm* FamRZ 1990, 896; *OLG Oldenburg* AnwBl. 1983, 571; *OLG Zweibrücken* JurBüro 1982, 292; *LG Bayreuth* JurBüro 1987, 446; *LG Frankenthal* DAVorm. 1984, 322; offen *OLG Hamm* FamRZ 1987, 614; 1982, 1095; *Wax* FamRZ 1985, 17.

[43] So aber wohl *OLG Düsseldorf* FamRZ 1987, 963 (L).

[44] *OLG Bamberg* JurBüro 1989, 417; 1985, 1419; *OLG Frankfurt* FamRZ 1989, 1314f.; *OLG Hamburg* FamRZ 1989, 525; *OLG Hamm* FamRZ 1992, 1447; *KG* JurBüro 1991, 403 (*Mümmler*); *OLG Köln* FamRZ 1987, 180; *OLG Nürnberg* FamRZ 1987, 732; *Beyer* JurBüro 1989, 446; *Lemke* JurBüro 1985, 1608.

Rechtslage ausnahmsweise einmal völlig unproblematisch ist[45], kann die gebotene Gesamtabwägung im Einzelfall (→ Rdnr. 11) eine Beiordnung als nicht erforderlich erscheinen lassen.

2. Person des beizuordnenden Anwalts

a) vertretungsbereiter Wahlanwalt (Abs. 2 S. 2)

Auch hier gilt zunächst einmal der Grundsatz, daß der Partei der **Anwalt ihres Vertrauens** beizuordnen ist; zu den Einzelheiten → Rdnr. 5. Die Vorschriften über die Postulationsfähigkeit erfordern dabei an und für sich nicht, daß dieser Anwalt beim Prozeßgericht zugelassen ist (→ § 79 Rdnr. 6). § 121 Abs. 2 S. 2 schränkt die Auswahl aber für Verfahren in den alten Bundesländern (→ Rdnr. 5) insofern ein, als **nicht beim Prozeßgericht zugelassene Rechtsanwälte** nur dann beigeordnet werden können, wenn dadurch weitere Kosten, insbesondere Reisekosten, nicht entstehen[46]. Man wird es für zulässig halten können, diese Voraussetzung im Beiordnungsbeschluß dadurch zum Ausdruck zu bringen, daß man einen auswärtigen Anwalt nur »zu den Bedingungen für einen beim Prozeßgericht zugelassenen Anwalt« beiordnet[47], allerdings nur, wenn der Rechtsanwalt und die Partei auf diese Einschränkung hingewiesen worden sind und der Anwalt zugestimmt hat[48]. Stimmt er nicht zu, kann er nicht beigeordnet werden[49]. Wird er freilich ohne Zustimmung und ohne ausdrückliche[50] Beschränkung beigeordnet, sind ihm erforderliche Kosten auch dann zu ersetzen, wenn sie dadurch bedingt sind, daß er nicht am Prozeßort wohnt, aber natürlich nur nach Maßgabe des § 126 Abs. 1 S. 2 BRAGO[51] (→ Rdnr. 37). 14

b) Auswahl durch den Vorsitzenden (Abs. 4)

Ist in einem Verfahren ohne Anwaltszwang die Beiordnung eines Rechtsanwalts geboten, findet die Partei aber keinen Rechtsanwalt, der bereit wäre, ihre Rechtsangelegenheit im Hauptsacheverfahren zu vertreten, so muß ihr der Vorsitzende wieder auf ihren Antrag gemäß Abs. 4 einen Rechtsanwalt beiordnen. Insofern gilt das zu Rdnr. 6 Gesagte sinngemäß; → ferner § 78 c Rdnr. 8. 15

---

[45] Vgl. (z.T. aber sehr weitgehend) *OLG Hamm* FamRZ 1986, 83; 1984, 1245; 1982, 1095; *OLG Zweibrücken* FamRZ 1985, 1069; *Lemke* JurBüro 1985, 1608.
[46] Vgl. *BGHZ* 91, 315 = NJW 1984, 2106; für den Verwaltungsprozeß *OVG Münster* AnwBl. 1993, 300 (2 Entsch.).
[47] A.M. (ganz ablehnend) *OLG Braunschweig* AnwBl. 1985, 271; 1983, 570; *OLG Schleswig* JurBüro 1985, 1725 (alle für Verfahren mit Anwaltszwang; → aber Rdnr. 5); für das arbeitsgerichtliche Verfahren *LAG Düsseldorf* EzA § 121 ZPO Nr. 1; *Wenzel* MDR 1980, 541.
[48] *OLG Celle* AnwBl. 1981, 196; *OLG Düsseldorf* FamRZ 1993, 819; *OLG Frankfurt* FamRZ 1988, 638; *OLG Karlsruhe* FamRZ 1992, 78; 1991, 348; JurBüro 1992, 249; *OLG Koblenz* FamRZ 1985, 303; *OLG Zweibrücken* AnwBl. 1979, 440; *LG Aachen* JurBüro 1985, 1420 (zust. *Mümmler*); *LG Frankfurt* Rpfleger 1986, 402; *LG Gießen* Rpfleger 1983, 457; *LG Verden* KostRspr. § 121 ZPO Nr. 110 (krit. *v.Eicken*); *Thalmann* (vor § 114 Fn. 1), Rdnr. 28. – A.M. (Belehrung und Zustimmung unnötig) *OLG Celle* FamRZ 1991, 962; *OLG Hamm* NJW 1983, 1507; *OLG Schleswig* FamRZ 1992, 487 (Belehrung bei konkludentem Verzicht unnötig); SchlHA 1985, 127; *LG Braunschweig* JurBüro 1986, 772; *LAG Bremen* Rpfleger 1989, 71 = LAGE § 121 ZPO Nr. 3 (*Schneider*); *LAG Rheinland-Pfalz* LAGE § 121 ZPO Nr. 2; *Mümmler* JurBüro 1985, 1621. – Offen *OLG Hamm* Rpfleger 1982, 484.
[49] *OLG Düsseldorf* JurBüro 1989, 840; *LG Düsseldorf* JurBüro 1984, 1833; *AG Krefeld* JurBüro 1989, 373.
[50] Eine **stillschweigende** Beschränkung wird kaum möglich sein, *Schneider* MDR 1989, 225; vgl. aber *ArbG Hamburg* MDR 1988, 435.
[51] *OLG Düsseldorf* FamRZ 1993, 819; JurBüro 1989, 839f.; *OLG Karlsruhe* FamRZ 1992, 78; 1991, 348; JurBüro 1992, 249; *OLG Koblenz* FamRZ 1985, 303; *LG Düsseldorf* JurBüro 1984, 1833; *AG Krefeld* JurBüro 1989, 373; *Schneider* MDR 1989, 226.

IV. Wirkungen der Beiordnung

1. Umfang der Beiordnung

a) Grundsatz

16   Die Prozeßkostenhilfe selbst kann immer nur für die gesamte Instanz, nicht aber für einzelne Prozeßhandlungen bewilligt werden (→ § 119 Rdnr. 4). Grundsätzlich muß daher die Beiordnung für jede Instanz gesondert beantragt und beschlossen werden, und sie bezieht sich dann, wenn nichts anderes gesagt ist, immer auf die **gesamte Instanz** i. S. d. § 119 (→ § 119 Rdnr. 2 ff.). Dieser Grundsatz duldet in den Fällen der Beiordnung nach Abs. 1 (Anwaltszwang) keine Ausnahme. In den Fällen des Abs. 2 (erforderliche anwaltliche Vertretung; anwaltliche Vertretung des Gegners) ist eine **eingeschränkte Bewilligung nur für einzelne Prozeßhandlungen oder Verfahrenabschnitte**, etwa für eine Terminsvertretung oder einen Vergleichsabschluß[52], jedenfalls dann möglich, wenn die Partei dies selbst *beantragt*, denn es besteht, wie sich aus dem Antragserfordernis ergibt, für sie kein Zwang, sämtliche Möglichkeiten auszuschöpfen, die das Prozeßkostenhilferecht ihr bietet. Außerdem ist (nur) in den Fällen des Abs. 2 S. 1, 1. Fall eine Einschränkung durch das Gericht möglich, wenn eine Beiordnung für die gesamte Instanz *nicht erforderlich erscheint*.

b) eingeschränkte Beiordnung (Abs. 3)

17   Eine eingeschränkte Beiordnung eines (weiteren) Rechtsanwalts ist in den Fällen des Abs. 3 möglich, wenn besondere Umstände dies erfordern.

aa) Beweisaufnahme vor dem ersuchten Richter

18   Wenn die Wahrnehmung eines Termins zur Beweisaufnahme vor dem ersuchten Richter erforderlich ist, so ist es an und für sich Sache der bisher anwaltlich nicht vertretenen **Partei** oder des **ihr bereits beigeordneten Rechtsanwalts**, den Termin wahrzunehmen. Daß dort gemäß § 78 Abs. 3 kein Anwaltszwang herrscht, entbindet auch den nach Abs. 1 beigeordneten Anwalt nicht von dieser Pflicht. Zur Erstattung der *Reisekosten* → Rdnr. 38.

19   Die Partei oder der ihr bereits beigeordnete Rechtsanwalt können aber auch darauf hinwirken, daß der Partei für den Beweistermin[53] ein **besonderer Anwalt beigeordnet** wird, der dann ebenfalls die Stellung eines beigeordneten Anwalts und einen Anspruch auf Ersatz seiner Gebühren und Auslagen aus der Staatskasse nach §§ 121 ff. BRAGO erlangt. Das Gericht entscheidet über die Beiordnung **nach pflichtgemäßem Ermessen** (»kann«). Zunächst ist die *Notwendigkeit der Terminswahrnehmung durch die Partei* zu prüfen (→ § 91 Rdnr. 53). Dann kommt es darauf an, ob die Wahrnehmung durch die Partei selbst, ihren Prozeßbevollmächtigten oder einen sonstigen Vertreter (Angehörige, Geschäftsfreunde, etc.) *möglich und sachgerecht* ist oder ob ein besonderer Anwalt erforderlich ist. Die *Notwendigkeit anwaltlicher Vertretung* ist dabei keineswegs – wie bei der Frage der Erstattungsfähigkeit (→ § 91 Rdnr. 102) – ohne weiteres zu bejahen. Vielmehr müssen, wie sich aus dem Gesetzeswortlaut ergibt, **besondere Umstände** dafür sprechen. Solche Umstände können wieder (→ bereits Rdnr. 11) die *Schwierigkeiten* der Streitsache in rechtlicher oder tatsächlicher Hin-

---

[52] Vgl. *KG* MDR 1988, 787; *OLG Zweibrücken* JurBüro 1985, 1418 (abl. *Mümmler*).
[53] Für einen **Anhörungstermin** nach § 613 Abs. 1 S. 2 kann die Vorschrift entsprechend angewandt werden, *OLG Köln* FamRZ 1991, 349.

sicht sein, aber auch die *höheren Kosten*, die durch eine Reise des Prozeßbevollmächtigten entstünden.

bb) Verkehrsanwalt

Ferner kann ein besonderer Anwalt auch zur Vermittlung des Verkehrs mit dem Prozeßbevollmächtigten (Verkehrsanwalt, Korrespondenzanwalt) beigeordnet werden. Selbstverständliche Voraussetzung ist, daß ein Prozeßbevollmächtigter die Partei bereits vertritt[54]. Dazu müssen im Einzelfall **besondere Umstände** gegeben sein, die die Beiordnung eines weiteren Anwalts als Verkehrsanwalt erfordern. Die Erforderlichkeit ist dabei für die Zeit ab Antragstellung zu prüfen[55] (→ § 119 Rdnr. 27). Sie ist vor allem[56] dann zu bejahen, wenn ohne Beiordnung eines Verkehrsanwalts eine **sachgemäße Information des Prozeßbevollmächtigten gefährdet** wäre. Dies kann auch hier (→ schon Rdnr. 11) aus der außergewöhnlichen rechtlichen oder tatsächlichen *Schwierigkeit* des Prozeßstoffs folgen, aber auch aus der *mangelnden Fähigkeit der Partei*, den Prozeßbevollmächtigten sachgerecht zu informieren, sei es, daß sie zu einer eigentlich ausreichenden schriftlichen Unterrichtung nicht fähig und eine fernmündliche Unterrichtung oder eine Reise zum Prozeßbevollmächtigten[57] nicht möglich, unzumutbar oder zu kostspielig wäre[58], sei es, daß – wie vielfach in Ehesachen – von vornherein eine mündliche Unterrichtung erforderlich ist und dieser die genannten Hindernisse entgegenstehen[59] (→ auch die Ausführungen zur Erstattungsfähigkeit in § 91 Rdnr. 70 ff.; die dort genannten Kriterien gelten im allgemeinen auch hier[60]). In der *Revisionsinstanz* wird die Beiordnung eines Verkehrsanwalts regelmäßig ausscheiden müssen, da hier eine weitere Sachaufklärung nicht erforderlich ist und der Revisionsanwalt die Revisionsgründe selbst zu prüfen hat[61]. – Zu den *Gebühren* des Verkehrsanwalts → Rdnr. 36.

2. Verhältnis zur Partei

Für das Verhältnis der Partei zu dem ihr beigeordneten Rechtsanwalt gilt dasselbe wie für den Fall der Beiordnung nach § 78b. Es kann daher grundsätzlich auf die Ausführungen in § 78c Rdnr. 22ff. verwiesen werden. Besonderheiten ergeben sich nur aus den gebührenrechtlichen Folgen der prozeßkostenhilferechtlichen Beiordnung (→ Rdnr. 29ff.). Insbesondere kann der beigeordnete Rechtsanwalt die Übernahme der Vertretung nicht von einem Vorschuß abhängig machen (→ § 78c Rdnr. 25); § 78c Abs. 2 gilt hier nicht. – Zur Zurechnung des *Anwaltsverschuldens* → § 85 Rdnr. 9, 13.

---

[54] *A.M. Thalmann* (vor § 114 Fn. 1), Rdnr. 31.
[55] *OLG Düsseldorf* KostRspr. ZPO § 114 Nr. 356 (L).
[56] Vgl. auch *LG Darmstadt* JurBüro 1989, 508 (besondere Bedeutung der Vertrauensbeziehung zum Anwalt, weil der Verfahrensgegenstand Fragen aus dem Intimbereich berührt).
[57] Ausnahmsweise ist auch eine Reise des Prozeßbevollmächtigten zur Partei in Betracht zu ziehen, *OLG Düsseldorf* JurBüro 1986, 125.
[58] *OLG Bamberg* FamRZ 1990, 644; 1984, 616; *OLG Celle* NdsRpfl. 1987, 213; *KG* FamRZ 1983, 293; *OLG Karlsruhe* WM 1985, 829; *OLG Koblenz* JurBüro 1982, 773; *BayVGH* JurBüro 1988, 649. Vgl. auch *OVG Bremen* JurBüro 1985, 1421.

[59] *OLG Bamberg* FamRZ 1990, 644; JurBüro 1972, 70; *OLG Celle* FamRZ 1988, 858; *OLG Düsseldorf* FamRZ 1980, 390; *OLG Hamm* FamRZ 1986, 375; *KG* NJW 1982, 113 (L); *OLG Koblenz* MDR 1977, 233; zurückhaltender *OLG Zweibrücken* JurBüro 1984, 134; FamRZ 1980, 618; *Mümmler* JurBüro 1985, 1621; *Wax* FamRZ 1985, 17.
[60] *OLG Bamberg* FamRZ 1990, 644; JurBüro 1972, 70; *OLG Karlsruhe* WM 1985, 829; *OLG Köln* FamRZ 1982, 1226; NJW 1975, 1607; *OLG München* OLGZ 1983, 336; *BayVGH* JurBüro 1988, 649; *Beyer* FamRZ 1989, 446; *Mümmler* JurBüro 1985, 1621; *Wax* FamRZ 1985, 17.
[61] *BGH* JurBüro 1982, 1835 (zust. *Mümmler*).

V. Verfahren

1. Zuständigkeit

22 Zuständig für die Beiordnungsentscheidung ist das Gericht, das über den Prozeßkostenhilfeantrag zu entscheiden hat (→ § 117 Rdnr. 3), bei nachträglicher Beiordnung das Gericht, bei dem die Hauptsache anhängig ist oder anhängig gemacht werden soll. Das gilt auch, wenn entgegen der Regel des Abs. 2 S. 2 ein nicht beim Prozeßgericht zugelassener Rechtsanwalt beigeordnet werden soll. Wird eine die Beiordnung ablehnende Entscheidung vom *Beschwerdegericht* aufgehoben, so kann dieses den von der Partei bereits benannten Wahlanwalt auch gleich beiordnen[62]. Eine Zurückverweisung ist nur dann nötig, wenn die Person des beizuordnenden Anwalts noch nicht feststeht oder eine Entscheidung nach Abs. 4 zu treffen ist[63]. Zur Zuständigkeit für die *Auswahlverfügung* nach Abs. 4 → § 78c Rdnr. 15.

2. Antrag

23 Die Beiordnung erfolgt in den Fällen des Abs. 1 *von Amts wegen*, in allen anderen Fällen nur *auf Antrag*. Der Antrag bedarf keiner besonderen Form. Er kann entsprechend § 117 Abs. 1 S. 1, 2. Hs. schriftlich oder mündlich zur Niederschrift der Geschäftsstelle gestellt werden und mit dem Prozeßkostenhilfeantrag verbunden werden. Ob er als *stillschweigender* Antrag in dem Prozeßkostenhilfeantrag enthalten ist, ist eine Frage des Einzelfalles[64]. Bei mehreren Instanzen muß die Beiordnung für jede Instanz neu beantragt werden (→ Rdnr. 14, 33). Zum *Rechtsschutzbedürfnis* für den Antrag → § 117 Rdnr. 16, § 119 Rdnr. 34.

3. Prüfung der Voraussetzungen

24 Die Entscheidung ergeht auch hier *ohne mündliche Verhandlung* (→ § 127 Abs. 1 S. 1; → § 118 Rdnr. 20). Die Prüfung der Voraussetzungen wird im allgemeinen keine Schwierigkeiten bereiten, weil dem Prozeßgericht die erheblichen Umstände regelmäßig bereits bekannt sein werden. Das gilt auch für die »besonderen Umstände« nach Abs. 3. Sie ergeben sich im allgemeinen aus der dem Gericht bekannten Eigenart des Prozeßstoffes. Soweit es sich um persönliche Eigenschaften der Partei handelt, werden sie leicht durch vorzulegenden Schriftwechsel oder persönliche Anhörung festzustellen sein, falls nicht Lebensalter, Beruf oder sonstige Angaben im Prozeß bereits die nötigen Aufschlüsse geben. Das Gericht kann entsprechend § 118 Abs. 2 S. 1 *Glaubhaftmachung* verlangen. Vor der Entscheidung ist die Partei zu hören, falls sie in den Fällen des Abs. 1 keinen Antrag gestellt hat oder von einem gestellten Antrag abgewichen werden soll[65].

4. Entscheidung

25 Die Entscheidung über die Beiordnung ergeht – für jede Instanz gesondert (→ Rdnr. 16, 23, 35) – durch **Beschluß**, der wie die Prozeßkostenhilfeentscheidung zu begründen[66] und be-

---

[62] *OLG Köln* MDR 1983, 323 (L).
[63] *OLG Karlsruhe* MDR 1992, 1178 (das das Beschwerdegericht aber wohl auch in den Fällen des Abs. 4 entscheiden lassen will); WM 1985, 829.
[64] Bejahend z.B. *OLG Bamberg* JurBüro 1987, 139; FamRZ 1979, 528; *OLG Düsseldorf* MDR 1981, 502; *OLG Hamm* JurBüro 1978, 1565; *OLG Köln* MDR 1983,

847; *LAG Baden-Württemberg* JurBüro 1988, 904; *Hess.VGH* AnwBl. 1990, 571; vgl. auch *Thalmann* (vor § 114 Fn. 1), Rdnr. 3; verneinend *BVerwG* NVwZ-RR 1989, 666; nicht erwogen vom *BezG Cottbus* ZIP 1992, 815.
[65] *OLG Düsseldorf* FamRZ 1978, 918.
[66] *OLG Düsseldorf* FamRZ 1978, 919.

kanntzumachen ist (→ § 120 Rdnr. 2, 3). Wird dem Antrag stattgegeben, so ist vom Gericht grundsätzlich die *Beiordnung* eines bestimmten Anwalts zu beschließen. Nur in den Fällen des Abs. 4 bedarf es einer zweiten Entscheidung über die Person des auszuwählenden Anwalts. Diese *Auswahlverfügung* des Vorsitzenden kann getrennt erfolgen, da es sich rechtlich um zwei Entscheidungen handelt. Das schließt nicht aus, beide Entscheidungen miteinander zu verbinden und gemeinsam zu verkünden (→ auch § 78c Rdnr. 15). Zur *Anfechtung* des Beschlusses → § 127 Rdnr. 8.

VI. Änderung

1. Aufhebung der Prozeßkostenhilfebewilligung

Da die Anwaltsbeiordnung die Prozeßkostenhilfebewilligung voraussetzt, endet sie jedenfalls dann, wenn der Partei die Prozeßkostenhilfe nach § 124 entzogen wird. Eine Änderung nach § 120 Abs. 4 führt hingegen selbst dann nicht zur Aufhebung der Beiordnung, wenn der Partei die Begleichung aller fälligen Kosten und Gebühren auferlegt wird (→ § 120 Rdnr. 23). Zur Aufhebung der Beiordnung eines *bestimmten* Anwalts → § 78c Rdnr. 27ff. 26

2. Anwaltswechsel

Stirbt der Anwalt, verliert er seine erforderliche Postulationsfähigkeit oder fällt er aus anderen Gründen für die Vertretung aus, so hat die Partei Anspruch auf die Beiordnung eines anderen Anwalts ihrer Wahl[67]. Im übrigen kommt aber die Beiordnung eines neuen unter gleichzeitiger Entpflichtung des zuerst beigeordneten Anwalts nur in Ausnahmefällen in Betracht. Wegen der *Einzelheiten* → § 78c Rdnr. 27ff.; für die *Zuständigkeit* gilt das zu Rdnr. 22 Gesagte sinngemäß. Die Aufhebung der Beiordnung wirkt im Falle des Anwaltswechsels ex nunc. Der bisher beigeordnete Rechtsanwalt behält also seine bereits entstandenen *Gebührenansprüche*, und der neue erwirbt solche Ansprüche nur für die nach seiner Beiordnung verwirklichten Gebührentatbestände (→ Rdnr. 35). Überschneidungen sind möglich, wenn ein Gebührentatbestand nach dem Anwaltswechsel noch einmal verwirklicht wird. Für diesen Fall bestimmt § 125 BRAGO, daß ein beigeordneter Rechtsanwalt, der durch schuldhaftes Verhalten die Beiordnung eines anderen Rechtsanwalts veranlaßt, solche Gebühren, die auch für den anderen Anwalt entstehen, nicht fordern kann. Ebenso wie sein Vorgänger kann der neue Anwalt darüberhinaus bei Überschneidungen auf die entsprechenden Gebühren verzichten. Ohne seine Zustimmung muß er aber Einschränkungen seiner Ansprüche, etwa durch Beiordnung »soweit Gebühren noch nicht angefallen sind«, nicht hinnehmen[68]. 27

3. Tod der Partei

Stirbt die Partei während des Hauptsacheverfahrens, so verliert die Prozeßkostenhilfebewilligung und damit die Anwaltsbeiordnung ihre Wirkung (→ § 114 Rdnr. 14). Dem Rechtsnachfolger ist der Anwalt daher nicht beigeordnet. Wohl aber wirkt die vom Rechtsvorgänger erteilte Vollmacht nach Maßgabe des § 86 fort (→ § 86 Rdnr. 2). Wird der Anwalt auch dem Rechtsnachfolger beigeordnet, so erhält er die angefallenen Gebühren nur einmal[69]. Im 28

---

[67] *OLG Frankfurt* MDR 1988, 501.
[68] *OLG Bremen* JurBüro 1993, 51 (eingeschränkte Beiordnung aber nicht nichtig); *OLG Celle* NdsRpfl.
1990, 156; *OLG Karlsruhe* JurBüro 1991, 80; Justiz 1987, 430.
[69] *OLG München* KostRspr. § 121 BRAGO Nr. 2.

übrigen kann er Gebühren gegen die Staatskasse nur unter den Voraussetzungen des § 674 BGB erwerben, sofern die Partei nach der Beiordnung stirbt und der Anwalt vom Tod seines Mandanten nichts weiß[70].

VII. Gebühren des beigeordneten Anwalts

29 Die Rechtsfolgen der Beiordnung für die Gebührenansprüche des Rechtsanwalts sind nur teilweise in der ZPO und im übrigen in §§ 121 ff. BRAGO geregelt. Dabei ist wie folgt zu unterscheiden:

1. Ansprüche gegen die eigene Partei

30 Daß der Rechtsanwalt seiner Partei beigeordnet wird, ändert zunächst einmal nichts daran, daß er gegen sie die üblichen Gebühren- und Auslagenersatzansprüche erwirbt[71] (→ auch § 126 Rdnr. 12); davon geht auch § 130 BRAGO ausdrücklich aus, der sonst sinnlos wäre, soweit dort Ansprüche gegen die Partei genannt sind (→ Rdnr. 39). Nur kann der Anwalt diese Ansprüche, wie sich aus § 122 Nr. 3 ergibt, gegen die Partei weder gerichtlich noch außergerichtlich[72] **geltend machen**, also von ihr weder die Gebühren des § 123 BRAGO noch die Differenzgebühr[73] (§ 124 BRAGO) oder Auslagenersatz[74] (→ auch Rdnr. 37) verlangen und auch keinen Gebühren- oder Auslagenvorschuß fordern. Die Ansprüche sind also wie bei einer **Stundung** in ihrer Durchsetzbarkeit gehemmt[75] (→ auch § 122 Rdnr. 9). Macht der Rechtsanwalt gleichwohl Ansprüche geltend, handelt er standeswidrig[76]. Unzulässig ist auch die Verrechnung mit der an den Anwalt gezahlten *Streitsumme*[77] oder die »Beitreibung« durch Einbehaltung der *Handakten* (§ 50 BRAO)[78]. Auch der Verzicht des Anwalts auf seine Ansprüche gegen die Staatskasse[79] oder die Aufhebung der Beiordnung[80] ändern nichts daran, daß er gegen seinen Mandanten nicht vorgehen kann.

31 Für von dem vorstehend Gesagten abweichende **Gebührenvereinbarungen** bestimmt § 3 Abs. 4 S. 1 BRAGO ergänzend, daß durch sie eine Verbindlichkeit nicht begründet wird. Auch die Staatskasse wird daraus nicht verpflichtet. Hat aber die Partei freiwillig und ohne Vorbehalt auf die Gebührenvereinbarung geleistet, so kann nach § 3 Abs. 4 S. 2 BRAGO das Geleistete nicht deshalb zurückgefordert werden, weil eine Verbindlichkeit nicht bestand. Das Gesetz behandelt daher solche Gebührenvereinbarungen als *Naturalobligationen*[81]. Besteht der beigeordnete Rechtsanwalt auf dem Abschluß einer solchen Gebührenvereinbarung, so kann das einen triftigen Grund für die Kündigung des Mandatsverhältnisses und die Beiordnung eines anderen Anwalts (→ § 78c Rdnr. 31) abgeben[82].

32 War der beigeordnete Anwalt bereits **vor der Beiordnung als Vertrauensanwalt der Partei tätig**, so werden die aus diesem Verhältnis ihm gegen die Partei erwachsenen Ansprüche an sich nicht berührt[83]. Geleistete Vorschüsse verbleiben dem Anwalt zur Verrechnung auf die

---

[70] *LG Berlin* Rpfleger 1968, 198.
[71] *OLG Hamburg* JurBüro 1990, 1312; MDR 1985, 941; *KG* Rpfleger 1987, 333; *Mümmler* JurBüro 1987, 1652; 1986, 774. – A.M. *OLG Hamm* AnwBl. 1990, 328; *OLG Saarbrücken* JurBüro 1987, 919; *OLG Schleswig* SchlHA 1990, 196, 197; *AG Hamburg* JurBüro 1986, 773 (abl. *Mümmler*); *Lappe* Rpfleger 1984, 129; Anm. zu KostRspr. § 126 ZPO Nr. 4, 18.
[72] *OLG Nürnberg* AnwBl. 1983, 570.
[73] *OLG Hamburg* MDR 1989, 74; vgl. auch *BGH* NJW 1993, 1715 f.
[74] *OLG Schleswig* JurBüro 1989, 838.
[75] *OLG Hamburg* MDR 1985, 941; *OLG Nürnberg* AnwBl. 1983, 570.
[76] *OLG Nürnberg* JurBüro 1984, 294; *EGH München* JurBüro 1987, 1418; *Schneider* MDR 1985, 531.
[77] *EGH* 4, 156; 3, 129, 144.
[78] *EGH* 4, 156; 3, 129, 144.
[79] *OLG Düsseldorf* Rpfleger 1988, 505.
[80] *AG Lörrach* AnwBl. 1984, 458.
[81] Vgl. *OLG Düsseldorf* Rpfleger 1988, 505.
[82] *Vgl. OLG Hamm* JurBüro 1989, 508 (zust. *Mümmler*).
[83] Vgl. *OLG Frankfurt* MDR 1988, 874; *OLG Hamburg* JurBüro 1990, 1312; *LG Frankfurt* AnwBl. 1985, 271.

Tätigkeit als Vertrauensanwalt (§ 129 BRAGO), und die aus dieser Tätigkeit erwachsenen Anprüche fallen nicht unter die Stundungswirkung der Prozeßkostenhilfebewilligung, sofern nicht derselbe Gebührentatbestand nach der Beiordnung noch einmal verwirklicht wird und deshalb die daraus resultierenden Ansprüche gegen die Staatskasse zu richten sind[84]. Soweit die Vorschüsse für eine Tätigkeit *nach* der Beiordnung gezahlt waren, für die sie nunmehr nicht mehr geltend gemacht werden könnten und für die sich der Anwalt an die Staatskasse halten kann, hat er sie der Partei zu erstatten, soweit die Partei sie ihm nicht freiwillig beläßt[85]; zur Erstattung bei *rückwirkender* Beiordnung → § 119 Rdnr. 35. – Dem Gebührenanspruch des Rechtsanwalts kann allerdings ein auf Gebührenbefreiung gerichteter *Schadensersatzanspruch* entgegenstehen, wenn der Anwalt seine Pflicht, die Partei – sofern ihre Bedürftigkeit erkennbar war[86] – rechtzeitig auf die Möglichkeit eines Prozeßkostenhilfe-Antrages hinzuweisen, verletzt hat und der Partei Prozeßkostenhilfe ohne Ratenzahlung bewilligt worden wäre, so daß sie von den Anwaltsgebühren befreit gewesen wäre[87].

2. Ansprüche gegen den Gegner

Grundsätzlich erwirbt ein Rechtsanwalt keine eigenen Ansprüche gegen den Gegner seiner Partei. § 126 erlaubt aber dem beigeordneten Rechtsanwalt, seine Gebühren und Auslagen von dem in die Prozeßkosten verurteilten Gegner im eigenen Namen beizutreiben. Es handelt sich materiell-rechtlich um eine Einziehungsbefugnis und prozeßrechtlich um eine Prozeßstandschaft bezogen auf die *Erstattungsansprüche der Partei*. Zu den Einzelheiten → § 126 Rdnr. 1 ff.   33

3. Ansprüche gegen die Staatskasse

a) Grundzüge; Berechnung

Der im Wege der Prozeßkostenhilfe beigeordnete Rechtsanwalt[88] erhält seine Vergütung   34
(einschließlich der in § 128 BRAGO geregelten Vorschüsse) gemäß § 121 BRAGO aus der Staatskasse, und zwar in Verfahren vor Gerichten des Bundes aus der Bundeskasse, sonst aus der Landeskasse. Dasselbe gilt für den nach § 11a ArbGG beigeordneten Anwalt (→ Rdnr. 46). Bei einem Gegenstandswert bis zu 5000 DM bekommt der Rechtsanwalt dabei gemäß § 123 BRAGO die Regelgebühr (§ 11 BRAGO), bei einem höheren Gegenstandswert eine niedrigere Gebühr, die sich nach der Tabelle des § 123 BRAGO berechnet. Die Differenzgebühr bekommt der Anwalt nur dann, wenn die von der Partei tatsächlich eingezogenen[89] Beträge die zur Deckung der Gerichts- und Gerichtsvollzieherkosten sowie der Gebühren des § 123 BRAGO erforderliche Summe übersteigen (→ näher § 120 Rdnr. 14). Die damit verbundenen Einschränkungen und Risiken sind *verfassungsrechtlich unbedenklich*[90]. – Zur *Rechtsnatur* des Anspruchs → Rdnr. 39.

---

[84] So i.E. auch *OLG Bamberg* JurBüro 1984, 292; *OLG Hamburg* MDR 1985, 416; *KG* Rpfleger 1984, 246; *OLG München* JurBüro 1991, 96; *LG Bayreuth* JurBüro 1992, 740; *LAG Düsseldorf* JurBüro 1990, 762; *Christl* MDR 1983, 540; *Mümmler* JurBüro 1984, 641.
[85] *OLG Köln* JurBüro 1978, 869. – A.M. *RGZ* 126, 300; *RG* JW 1930, 1488 (abl. *Friedlaender*); *OLG Breslau* JW 1930, 1093 (abl. *Friedlaender*); *OLG Köln* JurBüro 1984, 1357; *OLG München* NJW 1960, 1018. – Offen *BGH* MDR 1963, 827.
[86] *OLG Köln* NJW 1986, 726.
[87] *OLG Düsseldorf* AnwBl. 1984, 444; *LG Hannover* AnwBl. 1981, 508; vgl. auch *Christl* MDR 1983, 539; *Greißinger* AnwBl. 1982, 288; *Schlee* AnwBl. 1992, 130; *Schneider* MDR 1988, 282; 1985, 531.
[88] Bei einer **Sozietät** ist nur ein einzelner Rechtsanwalt beigeordnet (→ Rdnr. 5), so daß auch nur dieser Ansprüche gegen die Staatskasse geltend machen kann, *OLG Düsseldorf* AnwBl. 1991, 233.
[89] *OLG Düsseldorf* FamRZ 1991, 358.
[90] *BVerfG* NJW 1971, 187; *OLG Bamberg* JurBüro 1986, 607; → auch Rdnr. 1. – Zur geplanten Erhöhung der Sätze des § 123 BRAGO s. *Mümmler* JurBüro 1993, 393.

b) Grundlage und Umfang der Ansprüche

35 Die Grundlage des Anspruchs gegen die Staatskasse bildet der **Beiordnungsbeschluß**. Der Rechtsanwalt kann daher grundsätzlich nur für solche Tätigkeiten Vergütung aus der Staatskasse verlangen, die er nach Wirksamkeit des Beiordnungsbeschlusses in der jeweiligen Instanz (→ Rdnr. 16) entfaltet hat[91], sofern dem Beschluß keine Rückwirkung beigelegt wurde (→ § 119 Rdnr. 27 ff.; zum *Anwaltswechsel* → Rdnr. 27). Auch fehlerhafte Beiordnungen lassen den Anspruch entstehen, solange die Entscheidung nicht nichtig ist[92]. Erforderlich ist allerdings die Begründung eines Mandatsverhältnisses zur Partei (→ § 78c Rdnr. 22) und selbstverständlich die Einleitung des Hauptsacheverfahrens, da sich die Beiordnung nur auf dieses bezieht[93]. Gemäß § 122 BRAGO bestimmt sich der Anspruch des Rechtsanwalts auch dem Umfang nach nach den Beschlüssen, durch die Prozeßkostenhilfe bewilligt und der Rechtsanwalt beigeordnet wurde. Für Angelegenheiten, die mit dem Hauptprozeß nur zusammenhängen, erhält der Rechtsanwalt daher eine Vergütung nur dann, wenn sich die Beiordnung kraft Gesetzes darauf erstreckt (§ 122 Abs. 2 und 3 BRAGO) oder wenn er ausdrücklich auch dafür beigeordnet wurde (§ 122 Abs. 3 S. 2 BRAGO), wobei den Rechtsanwalt im Rahmen der Beiordnung die Pflicht zur kostensparenden Prozeßführung trifft[94]. Zu den *Einzelheiten* → § 119 Rdnr. 2 ff.; zum *Vergleich* → § 118 Rdnr. 41, § 119 Rdnr. 7 ff.; zur *Kostenfestsetzung* → § 103 Rdnr. 22.

36 Das vorstehend Gesagte gilt auch für den **Verkehrsanwalt** (→ Rdnr. 20). Da er nur zur Vermittlung des Verkehrs zwischen der Partei und ihrem Prozeßbevollmächtigten beigeordnet wird, erstreckt sich die Beiordnung weder auf die Wahrnehmung von Beweisterminen noch auf die Teilnahme an Vergleichsverhandlungen. Er kann daher sowohl die *Beweisgebühr*[95] als auch die *Vergleichsgebühr*[96] nur dann beanspruchen, wenn die Beiordnung ausdrücklich darauf erstreckt wird.

c) Auslagen

37 Bei Auslagen des *Anwalts* (zu den Auslagen der *Partei* → § 122 Rdnr. 11) ist gemäß § 126 BRAGO grundsätzlich zu prüfen, ob sie zur sachgemäßen Wahrnehmung der Interessen erforderlich waren. Von der Vergütung sind Mehrkosten ausgeschlossen, die dadurch entstehen, daß der Anwalt seinen Wohnsitz oder seine Kanzlei nicht an dem Ort hat, an dem sich das Prozeßgericht oder eine auswärtige Abteilung des Gerichts befindet[97], es sei denn, daß ein Anwalt beigeordnet wird, der weder bei dem Prozeßgericht noch bei einem anderen Gericht zugelassen ist, das sich am Ort des Prozeßgerichts befindet[98] (§ 126 Abs. 1 S. 2 BRAGO).

---

[91] Vgl. *BGH* NJW 1992, 840; *OLG Bamberg* JurBüro 1986, 1252 und 768; *OLG Frankfurt* MDR 1988, 874; *KG* MDR 1988, 787 (Beiordnung für den Vergleichsabschluß); Rpfleger 1984, 247; FamRZ 1980, 580; *OLG München* Rpfleger 1986, 108; einschränkend für Auslagen (→ Rdnr. 37) *OLG Koblenz* JurBüro 1985, 1840.
[92] *OLG Karlsruhe* FamRZ 1991, 348; *OLG Stuttgart* Justiz 1970, 50.
[93] *OLG Koblenz* KostRspr. § 121 ZPO Nr. 49.
[94] Vgl. (z.T. sehr weitgehend) *OLG Düsseldorf* MDR 1993, 584; 1992, 1006; FamRZ 1993, 217; 1992, 457; 1990, 421 (abl. *Kleinwegener* 1065); *OLG Zweibrücken* Rpfleger 1993, 41; vgl. auch *OLG München* MDR 1993, 480f. und *OLG Saarbrücken* AnwBl. 1988, 420 (Überprüfung nur bei Rechtsmißbrauch); *OLG Karlsruhe* MDR 1992, 619 und *LAG Baden-Württemberg* JurBüro 1992, 401 f. (kein Anspruch gegen die Staatskasse bei zum Schadensersatz verpflichtender Verletzung des Anwaltsvertrages).
[95] *OLG Düsseldorf* JurBüro 1981, 563; *OLG München* AnwBl. 1989, 58.
[96] *OLG Düsseldorf* MDR 1991, 258. – A.M. in den Fällen des § 122 Abs. 3 S. 1, *OLG Düsseldorf* JurBüro 1981, 563; *OLG Frankfurt* MDR 1991, 450; *OLG Oldenburg* JurBüro 1992, 100; ganz ablehnend *OLG Oldenburg* JurBüro 1993, 155.
[97] Vgl. *OLG Bamberg* JurBüro 1986, 607; *LAG Stuttgart* DB 1990, 944.
[98] Vgl. auch *OLG Celle* NdsRpfl. 1983, 95, *OLG Schleswig* JurBüro 1985, 1662 (zust. *Mümmler*) und *OLG Zweibrücken* JurBüro 1984, 1197: Zulassung beim übergeordneten LG schließt diese Einschränkung in Familiensachen im Hinblick auf § 78 Abs. 2 S. 1 aus. – A.M. noch *OLG Schleswig* JurBüro 1981, 584 (zust. *Mümmler*).

Nicht erstattungsfähige Auslagen kann der Anwalt auch von der Partei nicht verlangen (→ Rdnr. 30), sind also aus den Gebühren zu tragen.

Bei **Reisekosten**, insbesondere Kosten, die durch die Wahrnehmung eines auswärtigen Termins entstehen, kommt es auf die Erforderlichkeit im Einzelfall an (§ 126 Abs. 1 S. 1 BRAGO). Wenn das *Prozeßgericht* selbst oder eines seiner Mitglieder als *beauftragter Richter* die Beweisaufnahme auswärts durchführt, beweist dies in der Regel die Wichtigkeit des Termins und damit die Erforderlichkeit der Reise. Führt sie der *ersuchte Richter* eines fremden Gerichts durch, so kommt es darauf an, ob aus sachlichen Gründen die Wahrnehmung des Termins gerade durch den beigeordneten Anwalt selbst geboten war[99] (→ auch § 91 Rdnr. 102). Wenn er einen *Terminsvertreter mit Untervollmacht* entsendet, ist zu prüfen, ob wenigstens diese Art der Terminswahrnehmung nach der Sachlage erforderlich war[100]. Wird ein *besonderer Anwalt* zur Wahrnehmung des Termins beigeordnet (→ Rdnr. 18), so kann nur dieser seine Kosten von der Staatskasse fordern. Wenn nicht ein bestimmter von diesen drei Wegen der Sache nach geboten ist, muß entsprechend dem zu § 91 Rdnr. 102 Ausgeführten der *billigste Weg* gewählt werden. Falls nur eine bestimmte Art dieser Vertretungen erforderlich ist, jedoch eine andere Art gewählt wird, sind die tatsächlich *entstandenen Kosten erstattungsfähig, soweit sie die Kosten der an sich erforderlichen Reise nicht übersteigen*. Nach § 126 Abs. 2 BRAGO kann das Gericht vor Antritt der Reise *auf Antrag verbindlich feststellen*, ob sie erforderlich ist. In zweifelhaften Fällen wird der beigeordnete Anwalt gut daran tun, von dieser Möglichkeit Gebrauch zu machen. Die Feststellung, daß die Reise erforderlich ist, ist für das Festsetzungsverfahren bindend. Die Entscheidung ist unanfechtbar[101].

d) Anspruchsübergang auf die Staatskasse

Soweit der Rechtsanwalt durch die Staatskasse befriedigt wird, gehen seine Vergütungsansprüche gegen die Partei und das Beitreibungsrecht nach § 126 (→ § 126 Rdnr. 25) auf die Staatskasse über (§ 130 BRAGO). Daraus ergibt sich zugleich, daß der Rechtsanwalt gegen die Staatskasse *eigene Ansprüche* hat und diese nicht etwa nur verpflichtet ist, die Ansprüche des Rechtsanwalts gegen die Partei zu befriedigen[102]. Es handelt sich zwar um öffentlichrechtliche Ansprüche, die aber – soweit §§ 121 ff. BRAGO nichts anderes sagen – denselben Regeln unterliegen wie die privatrechtlichen Ansprüche gegen die Partei und deshalb z. B. auch gemäß § 196 Abs. 1 Nr. 15 BGB nach zwei Jahren verjährt sind[103]. Gemäß § 130 Abs. 2 BRAGO gelten für die Geltendmachung der übergegangenen Ansprüche die Vorschriften über die Einziehung der Kosten des gerichtlichen Verfahrens sinngemäß. Die Ansprüche werden damit aber nicht zu Gerichtskostenforderungen nach GKG KV Nr. 1096. Bei Aufhebung der Kosten gegeneinander (§ 92 Abs. 1 S. 2) ist also der Gegner nicht etwa verpflichtet, der Staatskasse die Hälfte dieser Ansprüche zu erstatten[104], und dem Fiskus steht für sie auch keine Kostenfreiheit zu[105]. Ein *Vergleich*, in dem sich der Gegner der mittellosen Partei

---

[99] *OLG Karlsruhe* NJW 1955, 110; *OLG München* Rpfleger 1956, 28; *Friese* NJW 1955, 1500. – A.M. (stets erstattungsfähig) *OLG Düsseldorf* MDR 1957, 495.
[100] Für Erstattung *OLG Düsseldorf* MDR 1957, 495 (wenn der beigeordnete Anwalt objektiv verhindert war); *KG* JW 1936, 3588f. und 742; 1933, 1604; *OLG Koblenz* JVBl. 1959, 39; *OLG Naumburg* JW 1938, 699; *Tschischgale* NJW 1963, 1760.
[101] *OLG München* NJW 1959, 1738.
[102] *OLG Hamburg* MDR 1985, 941; *Mümmler* JurBüro 1987, 1643.

[103] *OLG Frankfurt* FamRZ 1992, 1210; *KG* Rpfleger 1988, 122; *OLG München* AnwBl. 1985, 596 (abl. *Chemnitz*); JurBüro 1984, 1830. – **A.M.** *Mümmler* JurBüro 1984, 649; für Erlöschen des Anspruchs nach bayerischem Landesrecht *VGH München* NVwZ-RR 1993, 223.
[104] *OLG Breslau* JW 1926, 268; *OLG Düsseldorf* NJW 1954, 1692; *KG* JW 1935, 799; 1925, 2151. – **A.M.** *OLG Naumburg* JW 1937, 2793.
[105] *BGH* LM § 225 BEG Nr. 1; *Mümmler* JurBüro 1984, 648; vgl. auch *BGH* NJW 1965, 538.

verpflichtet, seine Kosten selbst zu tragen (mit der Folge, daß auf die Staatskasse keine Ansprüche übergehen können), ist wirksam, solange er nicht bewußt zum Nachteil der Staatskasse geschlossen wurde[106].

4. Teilweise Prozeßkostenhilfe-Bewilligung

a) Volle Bewilligung für einen Teil des Streitgegenstandes oder einen von mehreren Ansprüchen

40 Wird die Prozeßkostenhilfe nur für einen Teil des Streitgegenstandes oder nur für einen von mehreren Ansprüchen[107] bewilligt (→ § 114 Rdnr. 44), so sind die Anwaltsgebühren von der Partei **nur in Höhe der Differenz**, also nur insoweit zu zahlen, als die Gebührensätze für den vollen Streitwert die Sätze übersteigen, die zu erheben wären, wenn nur der Teil eingeklagt wäre, für den Prozeßkostenhilfe bewilligt wurde[108] (→ auch § 122 Rdnr. 10). Bei *Auslagen*, die sich auf beide Teilstreitgegenstände beziehen, dürfte es billig und zweckmäßig sein, die Auslagenbeträge im Verhältnis des durch die Prozeßkostenhilfe gedeckten und des anderen Teilstreitgegenstandes zu teilen[109]. Dies hat sowohl für die endgültige Zahlung als auch für die Vorschußpflicht zu gelten.

b) Sonstige Aufteilung

41 Ist die Partei (nur) teilweise imstande, die Kosten des Rechtsstreits zu finanzieren, so wird ihr nicht etwa, wie im früheren Recht[110], nur teilweise Prozeßkostenhilfe bewilligt, sondern es wird ihr – unter gleichzeitiger Anordnung von Ratenzahlung oder von Zahlungen aus dem Vermögen – Prozeßkostenhilfe für den ganzen Streitgegenstand bewilligt. Also gilt auch für die Anwaltsbeiordnung nichts anderes. Die oben Rdnr. 30 dargelegten Rechtsfolgen für die Ansprüche des Rechtsanwalts gegen seine Partei gelten daher vollen Umfangs und ohne Relativierung durch die teilweise Leistungsfähigkeit der Partei.

VIII. Beiordnung eines Patentanwalts

42 Nach dem **Gesetz über die Beiordnung von Patentanwälten bei Prozeßkostenhilfe** (i. d. F. vom 7.9.1966; BGBl. I, 557, 585) kann in Patentstreitigkeiten und (in § 1 des Gesetzes genannten) verwandten Verfahren einer Partei, der Prozeßkostenhilfe bewilligt ist (→ vor § 114 Rdnr.14), auf Antrag zu ihrer Beratung und zur Unterstützung des Prozeßbevollmächtigten ein Patentanwalt beigeordnet werden, wenn und soweit es zur sachgemäßen Rechtsverfolgung oder Rechtsverteidigung *erforderlich* ist. Dabei sind gemäß § 1 Abs. 3 des Gesetzes die Vorschriften der §§ 117 Abs. 1, 119 S. 1, 121 Abs. 2 und 3, 122 Abs. 1 Nr. 1 lit. b und Nr. 3 sowie §§ 124, 126, 127 entsprechend anwendbar; wegen der Gebühren- und Auslagenerstattung aus der Staatskasse s. § 2 des Gesetzes. Die Beiordnung kann zusammen mit der Prozeßkostenhilfebewilligung oder auch selbständig erfolgen. Inländer und Ausländer sind auch hier gleichgestellt. Das »kann« des Gesetzes ist heute im Hinblick auf die verfassungsrechtlichen Rechtsschutzgarantien (→ vor § 114 Rdnr. 7 ff.) *nicht mehr als Ermessenseinräumung auszulegen*; liegen die Voraussetzungen vor, *muß* ein Patentanwalt beigeordnet werden.

---

[106] *LG Göttingen* NdsRpfl. 1967, 278; *LG Köln* JurBüro 1990, 1283 (zust. *Mümmler*); AnwBl. 1984, 624; *Mümmler* JurBüro 1984, 653.
[107] Zur Berechnung bei Bewilligung nur für einen von mehreren von demselben Anwalt vertretenen **Streitgenossen** → § 126 Rdnr. 28.
[108] BGHZ 13, 373 = NJW 1954, 1406 = JZ 581; *OLG Hamburg* MDR 1989, 74 (unter Beschränkung auf die Gebühren des § 123 BRAGO); KG JurBüro 1988, 728; *OLG Stuttgart* JurBüro 1984, 1196; *Hansens* JurBüro 1992, 715; 1988, 145; vgl. auch *Mümmler* JurBüro 1984, 643 f. – **A.M.** (prozentuale Aufteilung nach dem Verhältnis der Teilbeträge) *OLG München* JurBüro 1983, 1205; NJW 1969, 1858; *Mümmler* JurBüro 1987, 36.
[109] *OLG München* NJW 1969, 1858; *OLG Naumburg* JW 1937, 1078.
[110] *Voraufl.* § 115 Rdnr. 29 ff.

IX. Arbeitsgerichtliches Verfahren

1. Verhältnis von § 121 zu § 11a ArbGG

§ 11a ArbGG regelt die Beiordnung eines Rechtsanwalts im arbeitsgerichtlichen Verfahren und bestimmt in Abs. 3 zusätzlich, daß die Vorschriften der ZPO über die Prozeßkostenhilfe entsprechend gelten. Damit bestehen nach dem Gesetz **zwei Möglichkeiten der Anwaltsbeiordnung**, nämlich entweder die nach § 11a Abs. 1 und 2 ArbGG oder die nach § 11a Abs. 3 ArbGG i.V.m. § 121 Abs. 2 bis 4 ZPO. Die zweite Möglichkeit wird durch die erste nicht verdrängt[111]. Das ergibt sich daraus, daß die beiden Möglichkeiten der Anwaltsbeiordnung unterschiedlichen Voraussetzungen unterliegen, insbesondere bei § 11a Abs. 1 und 2 ArbGG die Erfolgsaussicht nicht geprüft wird (→ Rdnr. 48), außerdem daraus, daß die Entscheidung nach § 11a ArbGG anders als die Prozeßkostenhilfebewilligung nicht zur Befreiung von den Gerichtskosten führt[112]. Im Hinblick auf die Anwaltsbeiordnung kann daher in einem Antrag nach § 121 als minus auch ein solcher nach § 11a ArbGG enthalten sein[113]. 43

2. Anwaltsbeiordnung nach § 121

a) in der 1. Instanz

Da im arbeitsgerichtlichen Verfahren in der 1. Instanz gemäß § 11 Abs. 1 ArbGG kein Anwaltszwang besteht (→ § 78 Rdnr. 43), kann hier, sofern Prozeßkostenhilfe bewilligt ist oder bewilligt werden kann (→ Rdnr. 2), ein Rechtsanwalt nur unter den Voraussetzungen von (§ 11a Abs. 3 ArbGG i.V.m.) § 121 Abs. 2 oder 3 beigeordnet werden. Dabei ist zu beachten, daß die Verfügbarkeit gewerkschaftlichen Rechtsschutzes sowohl der Leistungsunfähigkeit entgegenstehen kann (→ § 115 Rdnr. 122) als auch der Beiordnung nach § 121 Abs. 2, wenn die Vertretung durch einen Rechtsanwalt deshalb nicht mehr erforderlich erscheint[114] (→ auch Rdnr. 11). Die *Beiordnung eines Verbandsvertreters* ist aber nicht möglich, da für diesen – anders als für den Rechtsanwalt nach § 48 BRAO – kein Kontrahierungszwang besteht (→ auch Rdnr. 1). Zur *Auswahl* des Anwalts → auch § 78c Rdnr. 32. 44

b) in der 2. Instanz

Hier herrscht gemäß § 11 Abs. 2 ArbGG auch im arbeitsgerichtlichen Verfahren Vertretungszwang (→ § 78 Rdnr. 61), so daß sich in Verfahren vor den Landesarbeitsgerichten und dem Bundesarbeitsgericht die Beiordnung im Wege der Prozeßkostenhilfe nach § 121 Abs. 1 richtet. Hier ist also stets ein *Anwalt* beizuordnen, wenn Prozeßkostenhilfe bewilligt wird. Zwar ist in der Rechtsmittelinstanz nach Maßgabe von § 11 Abs. 2 S. 2 ArbGG auch die Vertretung durch *Verbandsvertreter* zulässig. Man darf daraus aber nicht schließen, es sei § 121 Abs. 1 seinem Wortlaut nach nicht anwendbar und deshalb auch hier auf Abs. 2 zurückzugreifen mit der Folge, daß die Möglichkeit der Inanspruchnahme von Verbandsvertretern die anwaltliche Vertretung erübrige. 45

3. Anwaltsbeiordnung nach § 11a ArbGG

Wahlweise (→ Rdnr. 43) neben der Beiordnung im Prozeßkostenhilfeverfahren gestattet § 11a Abs. 1 und 2 die Beiordnung eines Rechtsanwalts für den Fall anwaltlicher Vertretung des Gegners. Es handelt sich um einen Fall begrenzter Prozeßkostenhilfe[115]. Die Vorschrift gilt, wie sich aus ihrem Wortlaut (»hat 46

---

[111] *LAG Bremen* MDR 1986, 525; *LAG Düsseldorf* AP § 11a ArbGG Nr. 2 (*Wieczorek*) = SAE 1954, 3 (abl. *Küchenhoff*); *LAG Hannover* NJW 1953, 1808 = AP 1953 Nr. 260 (*Wieczorek*); *Koch* ArbuR 1981, 49; *Kohte* DB 1981, 1178; *Lepke* DB 1981, 1927f.; *Leser* NJW 1981, 792; *Schmidt* RdA 1981, 223.
[112] *LG Berlin* MDR 1983, 852; *LAG Bremen* MDR 1986, 525.
[113] *LAG Bremen* MDR 1986, 525; *LAG Düsseldorf* JurBüro 1987, 441; *Dänzer-Vanotti* NZA 1985, 619.
[114] *Brommann* RdA 1985, 344; *Koch* ArbuR 1981, 47. – A.M. *Grunsky* ArbGG⁶, § 11a Rdnr. 2a und NJW 1984, 831.
[115] *LG Berlin* MDR 1983, 852; *LAG Düsseldorf* JurBüro 1987, 441; *Grunsky* ArbGG⁶, § 11 Rdnr. 5. Vgl. auch *BayVerfGH* BayVBl. 1991, 378.

der Vorsitzende des Arbeitsgerichts«) ergibt, nur in der 1. Instanz[116]. Die Beiordnung eines nichtanwaltlichen Verbandsvertreters ist nicht vorgesehen.

47 In ihren **Voraussetzungen** weicht sie von denen des § 121 in mehrfacher Hinsicht ab. Zunächst verlangt die Beiordnung nach § 11a Abs. 1 S. 1 einen *Antrag* der Partei[117] (→ auch Rdnr. 43 a.E.). Auf ihr Antragsrecht ist die Partei gemäß § 11a Abs. 1 S. 2 hinzuweisen. Sodann muß der *Gegner anwaltlich vertreten* sein, wobei es keine Rolle spielt, ob der Rechtsanwalt als freier Anwalt, Verbandssyndikus[118], Konkursverwalter[119] usw. tätig ist. Die Vertretung durch einen nichtanwaltlichen Verbandsvertreter reicht aber nicht. Sodann muß die Partei *außerstande sein, die Kosten des Prozesses ohne Beeinträchtigung des für sie und ihre Familie notwendigen Unterhalts zu bestreiten*. Der Gesetzgeber hat hier an den alten Armenrechtsvoraussetzungen festgehalten und davon abgesehen, die subjektiven Voraussetzungen der Prozeßkostenhilfebewilligung auch hier zu übernehmen. Dabei dürfte es sich aber um ein Redaktionsversehen handeln, so daß die zu §§ 114, 115 dargelegten Grundsätze zur Ermittlung der Leistungsfähigkeit auch hier heranzuziehen sind[120]. Außerdem ist erforderlich, daß die Partei *nicht durch einen Verbandsvertreter vertreten werden kann*[121]; zu den Verbandsvertretern → § 78 Rdnr. 46.

48 Nach § 11a Abs. 3 kann die **Anwaltsbeiordnung unterbleiben**, wenn sie *aus besonderen Gründen nicht erforderlich* ist oder das Rechtsschutzbegehren *offensichtlich mutwillig* erscheint. Hinreichende *Erfolgsaussicht* wird hingegen nicht verlangt. Allerdings wird das Rechtsschutzbegehren bei offensichtlicher Aussichtslosigkeit regelmäßig auch mutwillig erscheinen. Dabei ist freilich zu beachten, daß die Mutwilligkeit *offensichtlich* sein muß. Das ist dann der Fall, wenn das Rechtsschutzbegehren auf den ersten Blick als erfolglos erkennbar ist[122].

49 Für das **Verfahren** gilt § 118 entsprechend, da es sich um einen Fall begrenzter Prozeßkostenhilfe handelt[123] (→ Rdnr. 46). Die **Entscheidung** ergeht durch Beschluß (nur) des Vorsitzenden. Wird die Beiordnung abgelehnt, ist entsprechend § 127 Abs. 2 S. 2 die einfache **Beschwerde** statthaft. Wird das Verfahren an die ordentlichen Gerichte *verwiesen*, so entfaltet die Beiordnung dort keine Wirkung[124]. Etwas anderes gilt für Beweiserhebungen, die das Amtsgericht auf Ersuchen eines Arbeitsgerichts nach § 13 Abs. 1 S. 2 ArbGG ausführt.

4. Rechtsfolgen für den beigeordneten Anwalt

50 Auch in arbeitsgerichtlichen Verfahren besteht für den beigeordneten Anwalt **Kontrahierungszwang** nach § 48 Abs. 1 Nr. 1 BRAO. Für die **Erstattung der Gebühren und Auslagen** bestehen – auch bei der Beiordnung nach § 11a Abs. 1 ArbGG – keine Besonderheiten (§ 121 BRAGO); → Rdnr. 29ff.

§ 122 [Wirkung der Prozeßkostenhilfe]

(1) Die Bewilligung der Prozeßkostenhilfe bewirkt, daß
1. die Bundes- oder Landeskasse
a) die rückständigen und die entstehenden Gerichtskosten und Gerichtsvollzieherkosten,
b) die auf sie übergegangenen Ansprüche der beigeordneten Rechtsanwälte gegen die Partei

nur nach den Bestimmungen, die das Gericht trifft, gegen die Partei geltend machen kann,
2. die Partei von der Verpflichtung zur Sicherheitsleistung für die Prozeßkosten befreit ist,

---

[116] *LG Berlin* MDR 1983, 852; *Grunsky* ArbGG[6], § 11a Rdnr. 5; *Lepke* DB 1981, 1930; *Peters* MDR 1975, 984.
[117] Vgl. *BayVerfGH* BayVBl. 1991, 378.
[118] A.M. *LAG Düsseldorf* JurBüro 1986, 937 (Vertretung durch einen Rechtsanwalt, der nicht als solcher, sondern als Verbandsvertreter auftritt, reicht nicht); ebenso *Grunsky* ArbGG[6], § 11a Rdnr. 13.
[119] *LAG Frankfurt* und *Sabin* SAE 1955, 87.
[120] *Grunsky* ArbGG[6], § 11a Rdnr. 6; *Koch* ArbuR 1981, 49; *Kohte* DB 1981, 1178; *Lepke* DB 1981, 1930; *Leser* NJW 1981, 793; *Schmidt* RdA 1981, 223.
[121] *LAG Düsseldorf* und *Wieczorek* AP § 11a ArbGG Nr. 1; vgl. auch *Lepke* DB 1981, 1932; *Oswald* AnwBl. 1987, 484.
[122] *LAG Düsseldorf* JurBüro 1987, 441; *Lepke* DB 1981, 1931.
[123] *Grunsky* ArbGG[6], § 11a Rdnr. 17.
[124] *LG Berlin* MDR 1983, 852; *LG Weiden* NJW 1955, 69. – A.M. *Lepke* DB 1981, 1933.

3. die beigeordneten Rechtsanwälte Ansprüche auf Vergütung gegen die Partei nicht geltend machen können.

(2) Ist dem Kläger, dem Berufungskläger oder dem Revisionskläger Prozeßkostenhilfe bewilligt und ist nicht bestimmt worden, daß Zahlungen an die Bundes- oder Landeskasse zu leisten sind, so hat dies für den Gegner die einstweilige Befreiung von den in Absatz 1 Nr. 1 Buchstabe a bezeichneten Kosten zur Folge.

Gesetzesgeschichte: Neugefaßt durch das Gesetz über die Prozeßkostenhilfe vom 13.6.1980 (BGBl. I, 677; → vor § 114 Rdnr. 6).

Stichwortverzeichnis: → vor § 114 vor Rdnr. 1.

I. Überblick	1	b) Auslagenersatzansprüche der Partei	11
II. Verhältnis zur Bundes- oder Landeskasse (Abs. 1 Nr. 1)	2	III. Verhältnis zum Gegner	17
1. Betroffene Ansprüche	3	1. Wirkung auf Ansprüche des Gegners (Abs. 1 Nr. 2)	17
a) Gerichtskosten	3		
b) Gerichtsvollzieherkosten	6	2. Wirkung auf Ansprüche der Staatskasse gegen den Gegner (Abs. 2)	18
c) übergegangene Ansprüche der beigeordneten Rechtsanwälte	7		
2. Wirkung der Prozeßkostenhilfebewilligung	9	IV. Verhältnis zum beigeordneten Rechtsanwalt (Abs. 1 Nr.3)	23
a) auf die Ansprüche der Staatskasse	9		

I. Überblick[1]

§ 122 regelt die Wirkungen der Prozeßkostenhilfebewilligung auf Kostenansprüche im   1
Verhältnis zur *Staatskasse* (→ Rdnr. 2 ff.), zum *Gegner* (→ Rdnr. 17) und zum beigeordneten *Rechtsanwalt* (→ Rdnr. 23). Diese Wirkungen beschränken sich grundsätzlich auf die **Partei**, der Prozeßkostenhilfe bewilligt wurde; Streitgenossen und Streitgehilfen sind selbständig zu beurteilen (→ § 114 Rdnr. 8, 9), wobei aber zu beachten ist, daß vorschußabhängige Maßnahmen für die mittellose Partei nicht deshalb unterbleiben dürfen, weil ein anderer Streitgenosse seinen Vorschuß nicht zahlt[2]. Außerdem kommen die Wirkungen **Dritten** auch dann zugute, wenn diese für die Kostenschulden der Partei kraft Gesetzes neben ihr haften[3] (§ 54 Nr. 3 GKG; → vor § 91 Rdnr. 30), nicht hingegen Dritten, die aus einem *eigenen* Verpflichtungstatbestand zur Kostenzahlung verpflichtet sind, wie etwa derjenige Dritte, der in einem Vergleich gerichtliche oder außergerichtliche Kosten übernommen hat (§ 54 Nr. 2 GKG); → auch § 123 Rdnr. 3. – Zur Wirkung für *Rechtsnachfolger* → § 114 Rdnr. 14.

---

[1] **Lit.:** *Bach* Gerichtsvollzieherkosten und Prozeßkostenhilfe, DGVZ 1990, 166; *Dörndorfer* Kostenerstattung bei Prozeßkostenhilfe, Rpfleger 1987, 448; *Lappe* Die Raten des PKH-Siegers, MDR 1985, 463; *Mümmler* Kostenfestsetzung für die obsiegende Partei, der Prozeßkostenhilfe bewilligt ist, JurBüro 1987, 1651; *ders.* Übergang auf die Staatskasse nach § 130 BRAGO bei teilweiser Bewilligung von Prozeßkostenhilfe, JurBüro 1987, 35; *Wenzel* Reisekosten der Partei, des Wahlanwalts und des beigeordneten Anwalts im Arbeitsgerichtsprozeß, MDR 1980, 540; vgl. im übrigen vor § 114 Fn. 1, § 121 Fn. 1.

[2] *MünchKommZPO/Wax* Rdnr. 3.

[3] *OLG München* JurBüro 1984, 1701.

II. Verhältnis zur Bundes- oder Landeskasse (Abs. 1 Nr. 1)

2   Gemäß § 122 Abs. 1 Nr. 1 bewirkt die Bewilligung der Prozeßkostenhilfe, daß die Bundes- oder Landeskasse ihre Ansprüche nur nach den Bestimmungen gegen die Partei geltend machen kann, die das Gericht in der Prozeßkostenhilfeentscheidung festgesetzt hat.

1. Betroffene Ansprüche

a) Gerichtskosten

3   Die Regelung betrifft in erster Linie die Gerichtskosten (Abs. 1 Nr. 1 lit. a). Das sind die **Gebühren** und die baren **Auslagen** des Gerichts (GKG KV Nr. 1900ff.), einschließlich der Schreibgebühren für die gerichtliche Anfertigung der erforderlichen Abschriften in den Fällen der §§ 103, 253, 340a, 519a, 522a, 553a, 556 (vgl. GKG KV Nr. 1900, 1 b)[4]. Erfaßt sind sowohl die rückständigen als auch die noch entstehenden Kostenansprüche, also auch die **Vorschußansprüche** (§§ 65ff. GKG). Allerdings gehören die bei der Zwangsverwaltung nach § 161 Abs. 3 ZVG und die bei Sicherungsmaßnahmen nach § 25 ZVG vom Gläubiger zu leistenden Vorschüsse nicht hierher.

4   Auch die an **Zeugen** und **Sachverständige** zu zahlenden oder von der Staatskasse bereits gezahlten[5] Vergütungen (GKG KV Nr. 1904) fallen unter diese Regelung. Damit entfällt auch die Vorschußpflicht nach §§ 379, 402, § 68 GKG (→ § 379 Rdnr. 11)[6]. Zu den an den Sachverständigen zu zahlenden Gebühren gehören auch die Kosten, die er für die *Vorbereitung und Erstattung des Gutachtens* aufzuwenden hat[7] (§ 8 Abs. 1 Nr. 1 ZuSEG). Nur wenn mit dem Sachverständigen im Einverständnis mit der Partei eine Gebührenvereinbarung getroffen wurde, hat sich die Partei in Höhe der Differenz zwischen der gesetzlichen und der vereinbarten Vergütung an den Kosten zu beteiligen[8]. Macht die Partei selbst *von sich aus* Aufwendungen zur Ermöglichung eines Sachverständigengutachtens oder zur Vorlage eines Augenscheinsobjekts, so kann sie dafür trotz der Prozeßkostenhilfe Erstattung vom Gericht nur verlangen, wenn es sich ausnahmsweise um unumgängliche Auslagen handelt (→ Rdnr. 15), was regelmäßig nicht der Fall sein wird, sofern es der Partei möglich und zuzumuten ist, einen Auftrag durch das Gericht abzuwarten. Das Gericht ist auch nicht befugt, von der Partei derartige mit Kosten verbundenen Handlungen zu verlangen. Erläßt es dennoch eine solche Anordnung, so sollten aber in entsprechender Anwendung des § 122 Abs. 1 Nr. 1 lit. a der Partei auch ihre Auslagen vom Gericht erstattet werden[9].

5   Von den Kosten der **Zustellung im Ausland** und der **Rechtshilfe** kann die Partei nach Art. 24 des Haager Übereinkommens vom 1.3.1954 (zum Text → § 328 Rdnr. 539) und den entsprechenden Vorschriften anderer Rechtshilfeübereinkommen (→ Einl. Rdnr. 861 ff.) befreit sein.

b) Gerichtsvollzieherkosten

6   Auch die Gerichtsvollzieherkosten können nur nach Maßgabe der Bewilligungsentscheidung geltend gemacht werden[10], gleich ob es sich um die Kosten des Gerichtsvollziehers für eine *Zwangsvollstreckungsmaßnahme* handelt, für die selbst Prozeßkostenhilfe bewilligt

---

[4] Vgl. auch *OLG München* NJW 1957, 1157.
[5] *OLG Stuttgart* MDR 1984, 151; *LAG Nürnberg* LAGE § 122 ZPO Nr. 1.
[6] Vgl. aber *OLG Hamm* FamRZ 1992, 455: Vorschußpflicht bleibt für Beweisaufnahme, die das Gericht im Zuge der Amtsermittlung nicht für erforderlich hält.
[7] Vgl. *RG* JR 1925 Nr. 42.
[8] *OLG Frankfurt* JurBüro 1986, 80.
[9] **A.M.** *RG* Gruchot 41 (1897), 166.
[10] Vgl. *Bach* DGVZ 1990, 166.

wurde (→ § 119 Rdnr. 14), oder ob es um die Kosten für eine sonstige Einschaltung des Gerichtsvollziehers geht, etwa für die Kosten einer durch den Gerichtsvollzieher vollzogenen *Parteizustellung*. Auch hier kann die Amtshandlung nicht von der Zahlung eines Vorschusses abhängig gemacht werden, und nach Wirksamkeit der Bewilligung gezahlte Kosten sind zu erstatten (→ § 119 Rdnr. 35).

c) übergegangene Ansprüche der beigeordneten Rechtsanwälte

Soweit ein der bedürftigen Partei beigeordneter Rechtsanwalt durch die Staatskasse befriedigt wird, gehen seine Vergütungsansprüche gegen die Partei auf die Staatskasse über (§ 130 BRAGO; → § 121 Rdnr. 39). Ohne Sonderregelung könnte die Staatskasse diese Ansprüche gegen die Partei aber nicht geltend machen, da die Regelung des § 122 Abs. 1 Nr. 3 (→ Rdnr. 23) gemäß § 412, 404 BGB auch für die Staatskasse als Zessionarin gelten würde[11]. Deshalb bestimmt § 122 Abs. 1 Nr. 1 lit. b, daß die von den Rechtsanwälten übergegangenen Ansprüche nach denselben Regeln gegen die Partei geltend gemacht werden können wie die originären Ansprüche der Staatskasse. Näher zu den Ansprüchen des beigeordneten Rechtsanwalts → § 121 Rdnr. 29 ff.

7

Diese Bestimmung gilt auch für übergegangene **Rechte des dem Gegner beigeordneten Anwalts** gegen die (ebenfalls) mittellose Partei; § 123 wird insoweit für den Fall, daß beiden Parteien Prozeßkostenhilfe bewilligt ist, eingeschränkt[12]. Es ist zwar kaum zu begründen, daß die bedürftige Partei hier besser gestellt werden soll, nur weil auch ihr Gegner leistungsunfähig ist[13]. Dieses Ergebnis entspricht indessen dem im Wortlaut («Rechtsanwälte») und den Materialien[14] zum Ausdruck gekommenen ausdrücklichen Willen des Gesetzgebers und ist deshalb zu respektieren.

8

2. Wirkung der Prozeßkostenhilfebewilligung

a) auf die Ansprüche der Staatskasse

§ 122 bestimmt, daß die Staatskasse ihre Ansprüche nur nach den Bestimmungen gegen die Partei geltend machen kann, die das Gericht in der Prozeßkostenhilfeentscheidung festgesetzt hat. Das bedeutet, daß die Staatskasse Zahlungen auf ihre Ansprüche nur verlangen kann, wenn im Bewilligungsbeschluß Ratenzahlung oder Zahlungen aus dem Vermögen festgesetzt worden sind (→ § 120 Rdnr. 5 ff.). Im übrigen erlöschen die Ansprüche aber zunächst einmal nicht[15], sondern sie sind nur wie bei einer **Stundung** in ihrer Durchsetzbarkeit gehemmt[16]. Das gilt nicht nur, wenn Ratenzahlung angeordnet worden ist, für die noch nicht fälligen Raten, sondern es gilt auch dann, wenn der Partei Prozeßkostenhilfe ohne Ratenzahlung bewilligt worden ist. Das ergibt sich zum einen daraus, daß es der Partei unbenommen bleibt, trotz der Prozeßkostenhilfebewilligung auf die Ansprüche zu zahlen, zum anderen

9

---

[11] Vgl. *OLG Zweibrücken* Rpfleger 1989, 114.
[12] *OLG Hamburg* JurBüro 1983, 612; *OLG Stuttgart* Justiz 1986, 42 = KostRspr. § 123 ZPO Nr. 7 (abl. *v.Eikken*); *OLG Zweibrücken* Rpfleger 1989, 114; *LG Itzehoe* JurBüro 1984, 1691 (zust. *Mümmler*); *Mümmler* JurBüro 1987, 1653 und 36. – **A.M.** *BGH* KostRspr. § 123 ZPO Nr. 8 (abl. *Lappe*); *OLG Düsseldorf* Rpfleger 1986, 448; *KG* MDR 1988, 420; *OLG Köln* FamRZ 1986, 926; *OLG Oldenburg* JurBüro 1991, 1373 (abl. *Mümmler*); *OLG Schleswig* JurBüro 1991, 1207 (abl. *Mümmler*); SchlHA 1988, 67/68; *Dörndorfer* Rpfleger 1987, 448; *MünchKommZPO/Wax* Rdnr. 16.

[13] Insofern zutr. *MünchKommZPO/Wax* Rdnr. 16.
[14] Vgl. BT-Drs. 8/3068, S. 30. Die These, der dort begründete Gesetzesentwurf habe eine § 117 a.F. bzw. § 123 n. F. entsprechende Vorschrift nicht gekannt, so daß die Begründung die heutige Rechtslage nicht legitimieren könne (so z. B. *MünchKommZPO/Wax* Rdnr. 16), geht fehl, da der heutige § 123 als § 120 Abs. 3 des Entwurfs vorgesehen war.
[15] So aber wohl *AG Gladbeck* DGVZ 1989, 159.
[16] Vgl. zu **Nr. 1** *AG Frankfurt* DGVZ 1989, 191; zu **Nr. 3** *OLG Hamburg* MDR 1985, 941; *OLG Nürnberg* AnwBl. 1983, 570.

daraus, daß die Bewilligungsentscheidung gemäß § 120 Abs. 4 geändert und dann »Nachzahlung« verlangt werden kann, was schlecht zu erklären wäre, wenn die Ansprüche mit der (ratenlosen) Bewilligungsentscheidung bereits untergegangen wären. Die Ansprüche erlöschen vielmehr erst mit Erfüllung, mit Zahlung von 48 Raten (→ § 115 Rdnr. 80) oder mit Ablauf der Vierjahresfrist in §§ 120 Abs. 4 S. 3, 124 Nr. 3. – Zum *Beginn* der Wirkungen → § 119 Rdnr. 26 ff.; zur *Rückerstattung* vor der Bewilligung geleisteter Zahlungen → § 119 Rdnr. 35.

10 Ist der Partei Prozeßkostenhilfe nur **teilweise** (für einen Teil des Streitgegenstandes) bewilligt worden, so gilt das in § 121 Rdnr. 40 zur Aufteilung der Anwaltsgebühren Gesagte entsprechend: Ohne die Beschränkung des § 122 Abs. 1 Nr. 1 kann die Staatskasse ihre Ansprüche nur in Höhe der Differenz geltend machen, also mit dem Betrag, mit dem die Gebühren für den vollen Streitwert die Sätze übersteigen, die zu erheben wären, wenn nur der Teil eingeklagt wäre, für den Prozeßkostenhilfe bewilligt wurde[17].

b) Auslagenersatzansprüche der Partei

11 An und für sich sind die Wirkungen der Prozeßkostenhilfe in § 122 erschöpfend aufgezählt und können vom Gericht nicht einfach erweitert werden. Etwas anderes gilt aber zunächst für **die notwendigen Reisekosten der Partei**. Sie sind zwar in § 122 nicht genannt, und § 126 BRAGO bezieht sich nur auf die Auslagen des beigeordneten Anwalts. Nach GKG KV Nr. 1907 gehören aber zu den gerichtlichen Auslagen auch Beträge, die mittellosen Personen für die Reise zum Ort einer Verhandlung, Vernehmung oder Untersuchung und für die Rückreise gewährt werden. Damit ist zwar nur die Erstattungsfähigkeit gegenüber der Staatskasse klargestellt und kein Anspruch auf derartige Reisezuwendungen verankert. Bedenkt man jedoch den Zweck der Prozeßkostenhilfe, mittellosen Parteien eine effektive Rechtsverfolgung bzw. -verteidigung zu gewährleisten (→ vor § 114 Rdnr. 7), so ist es gerechtfertigt, einen **Anspruch aus einer entsprechenden Anwendung des § 122 Abs. 1 Nr. 1** herzuleiten[18]. Die Bewilligung solcher Reisekosten an eine Partei oder ihren gesetzlichen Vertreter[19] ist daher nicht als Justizverwaltungsakt, sondern als Akt der Rechtsprechung, nämlich als Bestandteil (→ Rdnr. 16) der Prozeßkostenhilfe zu betrachten[20].

12 Die persönliche Reise zur Wahrnehmung eines Termins muß allerdings – auch der Höhe nach[21] – **notwendig** sein, sei es, daß das Gericht die Partei geladen[22] oder gar das persönliche Erscheinen angeordnet hat[23], sei es, daß nach Bedeutung und Lage der Sache ein persönliches Auftreten aus der Sicht einer verständigen Partei erforderlich erscheint. Notwendig ist die Reise auch, wenn die Partei für eine Beweisaufnahme benötigt wird, wie bei der Parteivernehmung (§§ 445 ff.) oder bei einer persönlichen Untersuchung.

13 Auch ein **Verdienstausfall** kann erstattungsfähig sein[24]. Dabei ist nicht entscheidend, daß

---

[17] BGHZ 13, 373 = NJW 1954, 1406 = JZ 581; *OLG Bremen* KostRspr. § 54 GKG Nr. 12 (zust. *Schneider*); *OLG Koblenz* Rpfleger 1990, 38. – **A.M.** (quotale Aufteilung) *OLG Bamberg* JurBüro 1988, 1683; *OLG München* JurBüro 1988, 905.

[18] *OLG Bamberg* JurBüro 1989, 1285; 1987, 249; *OLG Düsseldorf* MDR 1991, 679; JurBüro 1989, 840 (*Mümmler*); *OLG Frankfurt* JurBüro 1990, 381; MDR 1984, 500; *OLG Koblenz* JurBüro 1988, 1721; 1982, 773; *OLG München* Rpfleger 1985, 165; *OLG Nürnberg* JurBüro 1990, 1023; *OLG Stuttgart* MDR 1985, 852; *AG Krefeld* JurBüro 1989, 372; zum alten Recht grundlegend BGHZ 64, 139 = NJW 1975, 1124 = LM § 114 Nr. 25 (*Hoegen*). – **A.M.** noch *OLG Nürnberg* JurBüro 1988, 773.

[19] *OLG Düsseldorf* JurBüro 1989, 840; *AG Krefeld* JurBüro 1989, 372.

[20] Die bundeseinheitlichen Bestimmungen über die Gewährung von Reiseentschädigungen an mittellose Personen usw. i.d.F. vom 1.8.1977 (BayJMBl. 1977, 199 = Justiz 342 = JMBl.NRW 182 = NdsRpfl. 205 = SchlHA 168) sind deshalb nicht anzuwenden.

[21] Vgl. *OLG Koblenz* JurBüro 1988, 1721.

[22] *OLG Düsseldorf* JurBüro 1989, 840.

[23] *OLG Bamberg* JurBüro 1989, 1285; 1987, 249; *OLG Düsseldorf* MDR 1991, 679; *OLG Koblenz* JurBüro 1988, 1721; 1982, 773; *OLG München* Rpfleger 1985, 165; *AG Krefeld* JurBüro 1989, 372.

[24] *OLG Stuttgart* MDR 1985, 852; Zöller/Philippi[18] Rdnr. 39. – **A.M.** *OLG Frankfurt* MDR 1984, 500; *AG*

die mittellose Partei auf den ersten Blick besser gestellt wird als die vermögende, der zunächst einmal (vgl. aber § 91 Abs. 1 S. 2; → § 91 Rdnr. 91) niemand ihren Verdienstausfall ersetzt. Vielmehr ist im Einzelfall zu fragen, ob sich die bedürftige Partei, deren Einkommen nicht einmal ausreicht, die Kosten ihres Rechtsschutzbegehrens zu tragen, durch die Aussicht auf teilweisen Ausfall des ohnehin schmalen Einkommens davon abhalten lassen muß, den Termin wahrzunehmen und dadurch diejenigen prozessualen Nachteile zu erleiden, vor denen das Prozeßkostenhilferecht gerade schützen will.

Nach denselben Grundsätzen können die Kosten einer notwendigen **Reise zum Anwalt** 14 erstattungsfähig sein. Das gilt insbesondere dann, wenn die persönliche Beratung mit einem Anwalt erforderlich ist, ein Verkehrsanwalt aber nicht beigeordnet werden kann, weil der Partei die Reise zum Prozeßbevollmächtigten zumutbar ist[25] (→ § 121 Rdnr. 20).

Auch bei **sonstigen Auslagen** der Partei, die zur gerichtlichen Rechtsverfolgung unmittelbar 15 notwendig sind, kommt eine Bewilligung des Ersatzes durch die Staatskasse in entsprechender Anwendung des § 122 Abs. 1 Nr. 1 in Betracht[26], wobei freilich an die Notwendigkeit und die unmittelbare Verknüpfung mit dem Rechtsstreit strenge Anforderungen zu stellen sind. Denn es ist nicht Sinn der Prozeßkostenhilfe, mittellosen Parteien eine besonders aufwendige Prozeßführung zu gestatten oder ihre außergerichtliche Interessenwahrnehmung zu finanzieren. Außerdem muß es sich um Aufwendungen der *Partei* handeln, da für solche des beigeordneten *Rechtsanwalts* § 126 BRAGO vorgeht (→ § 121 Rdnr. 37). Zahlungen des Anwalts können aber für die Partei erfolgen, wenn diese Kostenschuldnerin ist[27]. – Zu den Kosten für von der Partei beauftragte *Sachverständige* → Rdnr. 4.

Ist einer Partei Prozeßkostenhilfe bewilligt worden, so hat sie damit den Anspruch auf 16 Ersatz der notwendigen Auslagen **von Gesetzes wegen**. Die Erstattung ist daher nicht von einem weiteren ermächtigenden Beschluß des Gerichts abhängig, sondern regelmäßig mit dem allgemeinen Prozeßkostenhilfe-Bewilligungsbeschluß ermöglicht. Die Partei braucht sich die Ausgabe nicht vorher »genehmigen« zu lassen, sondern kann den erforderlichen Betrag gegebenenfalls vorschießen und dann Erstattung verlangen[28]. Wird diese abgelehnt, ist dagegen die **Beschwerde** nach § 127 gegeben[29], nicht der Antrag auf gerichtliche Entscheidung nach §§ 23 ff. EGGVG.

III. Verhältnis zum Gegner

1. Wirkung auf Ansprüche des Gegners (Abs. 1 Nr. 2)

An und für sich hat die Bewilligung der Prozeßkostenhilfe gemäß § 123 auf die Verpflich- 17 tung der mittellosen Partei, die dem Gegner entstandenen Ansprüche zu erstatten, keinen Einfluß (→ § 123 Rdnr. 1). Abweichend davon bestimmt Abs. 1 Nr. 2, daß die Partei von der

---

Krefeld JurBüro 1989, 372 (abl. *Mümmler*); *Münch-Komm.ZPO/Wax* Rdnr. 13.
[25] Vgl. *OLG Celle* NdsRpfl. 1987, 213; *OLG Hamm* MDR 1976, 319; *OLG Koblenz* JurBüro 1982, 773 sowie allg. *OLG Hamm* JurBüro 1982, 1407.
[26] *OLG Frankfurt* JurBüro 1990, 381 (Beweisbereitstellungskosten); *LG Stuttgart* MDR 1973, 594 und *LAG Hamm* Rpfleger 1988, 334 (abl. *Bratfisch*) = AnwBl. 1985, 276 = MDR 435 (Übersetzungskosten; a.M. insoweit *OVG Bremen* Rpfleger 1987, 386; *MünchKommZ-PO/Wax* Rdnr. 10); zu weitgehend *LG Kiel* AnwBl. 1973, 307 (Detektivkosten zur Ermittlung des Vollstreckungsschuldners).
[27] Vgl. einerseits *KG* Rpfleger 1984, 373; *LAG Hamm* AnwBl. 1985, 276 = MDR 435; andererseits *OLG Stuttgart* VersR 1979, 427 = KostRspr. § 126 BRAGO Nr. 20 (zust. *Schneider*).
[28] *OLG Bamberg* JurBüro 1989, 1285; 1987, 249; *OLG Düsseldorf* MDR 1991, 679; JurBüro 1989, 840; *OLG Nürnberg* JurBüro 1990, 1024. – A.M. *OLG Zweibrücken* JurBüro 1989, 234 (nicht mehr nach 6 Wochen); *KG* JurBüro 1992, 806 und *LAG Düsseldorf* JurBüro 1987, 1702 (vorheriger Antrag nötig).
[29] BGHZ 64, 139 = NJW 1975, 1124 = LM § 114 Nr. 25 (*Hoeren*). – A.M. (§ 128 BRAGO analog) *KG* JurBüro 1992, 806; *OLG Koblenz* JurBüro 1988, 1721; Rpfleger 1988, 79 (abl. *Meyer-Stolte*); *OLG Stuttgart* MDR 1985, 852. – Zur Beschwerde der **Staatskasse** s. *OLG Celle* NdsRpfl. 1977, 190; *OLG Nürnberg* Rpfleger 1990, 172.

Verpflichtung zur Sicherheitsleistung für die Prozeßkosten befreit ist. Diese Vorschrift bezieht sich auf die Pflicht zur Sicherheitsleistung nach §§ 110ff. und hat für den Gegner zur Folge, daß er die Ausländersicherheit nicht verlangen kann und gegen ihn der Prozeß des Ausländers, dem Prozeßkostenhilfe bewilligt wurde, ohne Rücksicht auf eine Sicherheitsleistung fortgeführt wird.

2. Wirkung auf Ansprüche der Staatskasse gegen den Gegner (Abs. 2)

18   Die Bewilligung ratenfreier Prozeßkostenhilfe für den *Kläger* – und in den Rechtsmittelinstanzen für den Rechtsmittelkläger – hat für den *Gegner* die einstweilige Befreiung von den in § 122 Abs. 1 Nr. 1 lit. a bezeichneten Kosten zur Folge, also von den rückständigen und den noch entstehenden Gerichtskosten und Gerichtsvollzieherkosten einschließlich der baren Auslagen (→ Rdnr. 3). Damit wird bezweckt, die Kostenbefreiung für den Kläger nicht über einen Erstattungsanspruch des Gegners gegen den Kläger (§ 123) zu unterlaufen. Nach den Erfolgsaussichten für die Rechtsverteidigung des Gegners wird folgerichtig nicht gefragt[30]. Praktisch beschränkt sich diese Vergünstigung auf Auslagenvorschüsse (§ 68 GKG) und Schreibauslagen (§ 56 GKG). Die Prozeßkostenhilfe zugunsten des *Beklagten* oder Rechtsmittelbeklagten wirkt sich dagegen auf den Kläger zunächst nicht aus; → näher § 123 Rdnr. 3. Die Befreiung für den Gegner setzt voraus, daß der Kläger keine Raten zahlen muß. Ist die ratenfreie Prozeßkostenhilfe erst bewilligt worden, nachdem der Gegner bereits Vorschüsse eingezahlt hat, oder waren dem Angreifer zunächst Raten auferlegt worden und ist ihm später Ratenfreiheit bewilligt worden (§ 120 Abs. 4), so genießt der Gegner die Kostenfreiheit erst ab dem Änderungszeitpunkt. Die von ihm bereits erbrachten Leistungen werden vorläufig (bis zur Kostenentscheidung) nicht erstattet[31]; zu Erstattungsansprüchen des Gegners nach Verurteilung der mittellosen Partei in die Kosten → § 123 Rdnr. 2.

19   Die einstweilige Befreiung nach Abs. 2 besteht nur, soweit der Gegner der angegriffene Teil ist. Soweit der **Gegner selbst Angreifer** ist, genießt er keine Befreiung, insbesondere nicht im Fall der **Widerklage**[32], der **Rechtsmittel**[33] und **Anschlußrechtsmittel**, es sei denn, daß die Kosten, von denen er als Angegriffener befreit ist, von denen, die er als Angreifer zu zahlen hätte, untrennbar sind[34]. Auch auf die **Zwangsvollstreckung**, soweit sie der Gegner betreibt, bezieht sich demgemäß die Befreiung nicht.

20   Stehen auf der Klägerseite **Streitgenossen**, so tritt die einstweilige Befreiung für den Gegner nur ein, wenn *allen* Streitgenossen Prozeßkostenhilfe bewilligt wurde[35], da der Schutz des mittellosen Streitgenossen eine Vorsorge vor Ansprüchen des Gegners auch gegenüber den übrigen Streitgenossen nicht verlangt.

21   Die Befreiung hat für den Gegner denselben **Umfang** wie für die mittellose Partei. Die **teilweise Bewilligung** der Prozeßkostenhilfe (→ § 114 Rdnr. 44) bewirkt die Befreiung des Gegners zu demselben Anteil, zu dem die bedürftige Partei die Vergünstigung genießt, bzw. bezüglich derjenigen Gebühren, von denen auch die leistungsunfähige Partei befreit ist.

22   Die Vergünstigung für den Gegner **endet** mit der rechtskräftigen Verurteilung des Gegners in die Kosten oder der Beendigung des Rechtsstreits ohne Entscheidung über die Kosten (→ § 125). Entziehung oder Erlöschen der Prozeßkostenhilfe[36] beseitigen die Folgen für den

---

[30] *LG Heilbronn* NJW 1952, 891.
[31] *OLG Düsseldorf* MDR 1989, 921; *OLG Hamm* MDR 1981, 143; *MünchKommZPO/Wax* Rdnr. 24. – **A.M.** *LG Berlin* AnwBl. 1980, 505 (aber für Zahlungen nach Bewilligung der Prozeßkostenhilfe für die mittellose Partei; → auch § 119 Rdnr. 35).
[32] RGZ 44, 416; *OLG Stuttgart* OLGRspr. 15 (1907), 172; *OLG Kiel* JW 1936, 2817.
[33] RGZ 24, 435; JW 1931, 1810; *OLG Hamm* Rpfleger 1960, 412; *LAG Bremen* AP § 79 GKG Nr. 1.
[34] RGZ 55, 268; *KG* OLGZ 1971, 423.
[35] *Schneider* MDR 1981, 5.
[36] Dem **Gegner** kann die Vergünstigung des § 122 Abs. 2 nicht gemäß § 124 isoliert entzogen werden, vgl. (noch zum alten Recht) *LG Heilbronn* NJW 1952, 891.

Gegner nur für die Zukunft. Durch eine Änderungsentscheidung nach § 120 Abs. 4 wird die Wirkung des § 122 Abs. 2 berührt, wenn die Partei nunmehr Raten oder Beträge aus ihrem Vermögen zahlen muß.

IV. Verhältnis zum beigeordneten Rechtsanwalt (Abs. 1 Nr. 3)

Nach § 122 Abs. 1 Nr. 3 bwirkt die Bewilligung der Prozeßkostenhilfe auch, daß der beigeordnete Rechtsanwalt seine Vergütungsansprüche gegen die Partei nicht geltend machen kann. Er muß sich vielmehr an die Staatskasse halten (§ 121 BRAGO). Zu den *Einzelheiten* → § 121 Rdnr. 30 ff. 23

§ 123 [Kostenerstattung]

Die Bewilligung der Prozeßkostenhilfe hat auf die Verpflichtung, die dem Gegner entstandenen Kosten zu erstatten, keinen Einfluß.

Gesetzesgeschichte: Früherer § 117 wurde § 123 durch das Gesetz über die Prozeßkostenhilfe vom 13.6.1980 (BGBl. I, 677; → vor § 114 Rdnr. 6).

Stichwortverzeichnis: → vor § 114 vor Rdnr. 1.

I. Grundsatz[1]

Der **Gegner der mittellosen Partei** kann ohne Rücksicht auf die Prozeßkostenhilfe seinen Kostenanspruch nach §§ 91 ff. im Verfahren der §§ 103 ff. gegen die mittellose Partei verfolgen[2], insbesondere auch hinsichtlich der *Anwaltskosten*[3]. Die mittellose Partei muß diese Kosten sofort und in einer Summe bezahlen, auch wenn ihr für die Gerichtskosten Ratenzahlung bewilligt worden ist. **Verfassungsrechtliche Bedenken** bestehen zwar nicht dagegen, daß der Gegner nicht nur nicht aus der Staatskasse befriedigt wird, sondern u. U. auch als Zweitschuldner in Anspruch genommen werden kann und deshalb das Risiko trägt, daß die Partei, der Prozeßkostenhilfe bewilligt wurde, den Kostenerstattungsanspruch nicht erfüllen kann[4]. Wohl aber bestehen Bedenken dagegen, daß sich die bedürftige Partei trotz der Prozeßkostenhilfebewilligung noch erheblichen Ansprüchen ausgesetzt sieht, was im Hinblick auf die Rechtsschutzgarantien nicht unbedenklich ist (→ vor § 114 Rdnr. 7, 11). – Zur Geltendmachung übergeleiteter Ansprüche des Gegners durch die *Staatskasse* → § 122 Rdnr. 8; zu den Kosten des *Bewilligungsverfahrens* → § 118 Rdnr. 35 ff. 1

II. Erstattung von Gerichtskosten

1. **Ausgenommen** sind von der Erstattung diejenigen Gerichtskosten, von denen der Gegner der mittellosen Partei nach § 122 Abs. 2 selbst **befreit** ist (→ § 122 Rdnr. 18, § 104 2

---

[1] Lit.: *Mümmler* Haftung des Klägers für Gerichtskosten bei Bewilligung von Prozeßkostenhilfe an den Beklagten, JurBüro 1992, 12; *Schneider* Kostenübernahme durch die arme Partei im Prozeßvergleich, MDR 1990, 408; vgl. im übrigen vor § 114 Fn. 1.
[2] Vgl. nur *OLG Düsseldorf* MDR 1991, 451; *OLG Koblenz* JurBüro 1991, 954.
[3] Dazu *OLG Hamm* AnwBl. 1973, 364 = JurBüro 1181 (die obsiegende mittellose Partei ist nicht gehindert, gegen die unterlegene mittellose Partei die vollen Kosten eines Wahlanwalts festsetzen zu lassen).
[4] Vgl. *BVerfGE* 51, 295 = NJW 1979, 2608; *OLG Hamm* MDR 1975, 412; *Mümmler* JurBüro 1992, 13.

Rdnr. 10). § 122 Abs. 2 gilt aber nur, wenn dem **Kläger** (oder Rechtsmittelkläger) Prozeßkostenhilfe bewilligt ist, der Gegner also der *Beklagte* ist.

3   2. Wenn dagegen umgekehrt dem **Beklagten** (oder Rechtsmittelbeklagten) Prozeßkostenhilfe bewilligt ist, sieht die ZPO keine Erstreckung der Wirkungen auf den Kläger vor. Er bleibt also gegenüber der Staatskasse zur Zahlung der Gerichtskosten nach § 49 S. 1 GKG verpflichtet. Auch wenn er **obsiegt** hat, könnte er an sich noch als sog. **Zweitschuldner** unter den Voraussetzungen des § 58 Abs. 2 GKG in Anspruch genommen werden. Das hätte aber zur Folge, daß der obsiegende Kläger die Erstattung dieser Kosten von dem Beklagten, dem Prozeßkostenhilfe bewilligt ist, nach § 123 verlangen kann, so daß dem Beklagten faktisch die Befreiungswirkung des § 122 Abs. 1 Nr. 1 nach Abschluß des Prozesses verloren gehen würde. Um dieses unbillige Ergebnis zu vermeiden, schreibt § 58 Abs. 2 S. 2 GKG heute[5] vor, daß **ein anderer Kostenschuldner nicht in Anspruch genommen werden soll, wenn dem nach § 54 Nr. 1 GKG haftenden Kostenschuldner Prozeßkostenhilfe bewilligt ist.** Dabei kommt es nach dem klaren Wortlaut der Vorschrift nicht darauf an, ob Prozeßkostenhilfe mit oder ohne Ratenzahlung bewilligt wurde, denn die Ratenzahlungsanordnung betrifft das Verhältnis zwischen Staatskasse und Gegner nicht. Wollte man es zulassen, daß die Staatskasse den Gegner ebenfalls ratenweise in Anspruch nehmen kann[6], könnte dieser beim Beklagten Regreß nehmen, wodurch dieser u. U. doppelt belastet würde.

4   Diese Privilegierung des Gegners gilt aber dann nicht, wenn die Partei, der Prozeßkostenhilfe bewilligt ist, die Kostenschuld ganz oder teilweise **durch Vergleich übernommen** hat. § 58 Abs. 2 S. 2 GKG schützt nach seinem eindeutigen Wortlaut nur den Entscheidungsschuldner nach § 54 Nr. 1 GKG, nicht aber den Übernahmeschuldner nach § 54 Nr. 2 GKG. Das ist verfassungsrechtlich unbedenklich (→ Rdnr. 1), denn mit der Kostenübernahme hat die leistungsunfähige Partei auf den Schutz des § 58 Abs. 2 S. 2 verzichtet. Daher kann der Gegner nunmehr gemäß §§ 49, 69 GKG als Zweitschuldner in Anspruch genommen werden und dann gegen die mittellose Partei nach § 123 vorgehen, wenn er der Staatskasse mehr bezahlt hat, als er nach dem Vergleich tragen soll[7].

5   Soweit der **Kläger** bereits **Vorschüsse bezahlt** hat, müßte es bei der Erstattungspflicht des Gegners bleiben, wenn dem Kläger kein Anspruch auf Rückzahlung gegen die Staatskasse zusteht. Das ist in der Tat die Auffassung der ganz herrschenden Meinung[8]. Diese Handhabung würde indessen den Gegner trotz Bewilligung der Prozeßkostenhilfe am Ende doch mit den Gerichtskosten belasten und stünde damit in Widerspruch zu dem von § 58 Abs. 2 S. 2 GKG verfolgten Zweck. Das Ergebnis wäre auch im Hinblick auf den Kläger unbefriedigend, weil dieser tatsächlich oft genug keine Erstattung vom mittellosen Gegner erhalten wird. Man

---

[5] Zur Rechtslage vor 1975 → *Voraufl.* § 117 Fn. 2–5.
[6] So *Mümmler* JurBüro 1981, 1145.
[7] *OLG Bamberg* JurBüro 1989, 673 (zust. *Mümmler*) und 423; 1980, 414 (zust. *Mümmler*); *OLG Celle* JurBüro 1987, 776 (zust. *Mümmler*); *OLG Düsseldorf* MDR 1991, 451; JurBüro 1989, 499; *OLG Hamburg* JurBüro 1989, 213 (zust. *Mümmler*); *OLG Hamm* Rpfleger 1979, 230; *OLG Koblenz* Rpfleger 1987, 333; JurBüro 1992, 468; 1987, 1825; MDR 1986, 243; 1985, 771; KostRspr. § 123 ZPO Nr. 16 und § 58 GKG Nr. 17 (*Schneider*); *OLG Köln* JurBüro 1992, 101 (zust. *Mümmler*); KostRspr. § 58 GKG Nr. 3 (*Lappe*); *OLG Nürnberg* JurBüro 1993, 302; *OLG Schleswig* JurBüro 1990, 1176 (zust. *Mümmler*); SchlHA 1979, 44; *OLG Stuttgart* JurBüro 1987, 1202; *OLG Zweibrücken* Rpfleger 1987, 128; *Mümmler* JurBüro 1992, 12; *Schneider* MDR 1990, 408; NJW 1980, 560. – **A.M.** nur *OLG Oldenburg* JurBüro 1988, 344 = KostRspr. § 58 GKG Nr. 53 (zust. *Schneider*).

[8] BGH Rpfleger 1989, 376 = NJW-RR 1277; MDR 1982, 307, 308; *OLG Düsseldorf* MDR 1989, 921; JurBüro 1989, 500; Rpfleger 1979, 430; KostRspr. § 58 GKG Nr. 11 (abl. *Lappe*); *OLG Frankfurt* JurBüro 1983, 1228 (de lege lata zust. *Mümmler*); *OLG Hamm* Rpfleger 1992, 206; *OLG Koblenz* JurBüro 1991, 954 f.; KostRspr. § 103 GKG Nr. 44; *OLG Köln* Rpfleger 1981, 243; *OLG München* Rpfleger 1980, 394; *OLG Schleswig* SchlHA 1979, 182; *OLG Stuttgart* JurBüro 1987, 881 = KostRspr. § 58 GKG Nr. 45 (abl. *Lappe, Schneider*); *LG Berlin* MDR 1982, 1026; *LG Krefeld* Rpfleger 1984, 479; *VG Karlsruhe* KostRspr. § 123 ZPO Nr. 23; *Mümmler* JurBüro 1992, 12; vgl. auch *Pape* Anm. zu *LG Göttingen* EWiR 1992, 929 (kein Rückzahlungsanspruch für vor Antragstellung gezahlte Vorschüsse).

sollte daher dem Kläger einen **Rückzahlungsanspruch gegen die Staatskasse** in analoger Anwendung des § 2 Abs. 4 S. 1 GKG zusprechen, wenn die mittellose Partei in die Kosten verurteilt wurde[9].

III. Hinweise

Die prozeßhindernde **Einrede der mangelnden Kostenerstattung** gilt auch gegen die leistungsunfähige Partei (→ § 269 Rdnr. 85). Von der **Sicherheitsleistung** für die Prozeßkosten ist die mittellose Partei gemäß § 122 Abs. 1 Nr. 2 befreit (→ § 122 Rdnr. 17). Wegen der Übernahme der Kosten in einem nach § 118 geschlossenen **Vergleich** → § 118 Rdnr. 37.   **6**

§ 124   [Aufhebung der Bewilligung]

Das Gericht kann die Bewilligung der Prozeßkostenhilfe aufheben, wenn
1. die Partei durch unrichtige Darstellung des Streitverhältnisses die für die Bewilligung der Prozeßkostenhilfe maßgebenden Voraussetzungen vorgetäuscht hat;
2. die Partei absichtlich oder aus grober Nachlässigkeit unrichtige Angaben über die persönlichen oder wirtschaftlichen Verhältnisse gemacht oder eine Erklärung nach § 120 Abs. 4 Satz 2 nicht abgegeben hat;
3. die persönlichen oder wirtschaftlichen Voraussetzungen für die Prozeßkostenhilfe nicht vorgelegen haben; in diesem Falle ist die Aufhebung ausgeschlossen, wenn seit der rechtskräftigen Entscheidung oder sonstigen Beendigung des Verfahrens vier Jahre vergangen sind;
4. die Partei länger als drei Monate mit der Zahlung einer Monatsrate oder mit der Zahlung eines sonstigen Betrages im Rückstand ist.

Gesetzesgeschichte: Neugefaßt durch das Gesetz über die Prozeßkostenhilfe vom 13.6.1980 (BGBl. I, 677; → vor § 114 Rdnr. 6); geändert durch G v. 9.12.1986 (BGBl. I, 2326).

Stichwortverzeichnis: → vor § 114 vor Rdnr. 1.

I. Überblick 1	4. Fehlen der persönlichen oder wirtschaftlichen Voraussetzungen (Nr. 3) 17
1. Numerus clausus der Aufhebungsgründe 1	5. Zahlungsrückstand (Nr. 4) 23
2. Ermessensvorschrift 5	III. Verfahren 27
3. Verhältnis zu § 120 Abs. 4 6	1. Zuständigkeit 27
II. Aufhebungsgründe 7	2. Rechtliches Gehör 28
1. Unrichtige Darstellung des Streitverhältnisses (Nr. 1) 7	3. Entscheidung 29
2. Unrichtige Angaben über die persönlichen oder wirtschaftlichen Verhältnisse (Nr. 2, 1. Fall) 11	IV. Wirkungen 30
	1. Keine Rückwirkung 30
	2. Verhältnis zur Staatskasse 31
3. Nichtabgabe der Erklärung nach § 120 Abs. 4 S. 2 (Nr. 2, 2. Fall) 16	3. Verhältnis zum beigeordneten Rechtsanwalt 32
	4. Verhältnis zum Gegner 34

---

[9] Ebenso *OLG Hamm* MDR 1978, 59; NJW 1977, 2081 (zust. *Markl*); *LG Bayreuth* JurBüro 1977, 1429; *LG Osnabrück* JurBüro 1978, 106 (zust. *Schneider* NJW 1979, 301); *AG Marburg* AnwBl. 1988, 248; *Lappe* NJW 1990, 2364; *Markl* GKG[2] § 58 Rdnr. 15a; *Mümmler* JurBüro 1975, 1483; *MünchKommZPO/Wax* § 122 Rdnr. 29; *Thalmann* (vor § 114 Fn. 1), Rdnr. 5; *Zöller/Philippi*[18] § 122 Rdnr. 36.

I. Überblick[1]

1. Numerus clausus der Aufhebungsgründe

1 § 124 gibt dem Gericht die Möglichkeit, die Prozeßkostenhilfebewilligung aufzuheben. Diese Möglichkeit besteht **nur in den vom Gesetz genannten Fällen**[2], also nur bei *unrichtiger Darstellung des Streitverhältnisses* (Nr. 1; → Rdnr. 7), bei *unrichtigen oder fehlenden Angaben über die subjektiven Bewilligungsvoraussetzungen* (Nr. 2; → Rdnr. 11, 16), bei *Fehlen der subjektiven Bewilligungsvoraussetzungen* (Nr. 3; → Rdnr. 17) oder bei längerem *Zahlungsrückstand* (Nr. 4; → Rdnr. 23). In allen übrigen Fällen genießt die bedürftige Partei grundsätzlich **Bestandsschutz**[3] (→ auch § 120 Rdnr. 17). Dieses Regel-Ausnahme-Verhältnis gebietet es, die Vorschrift insgesamt **eng auszulegen**[4].

2 a) Bezüglich der **objektiven Bewilligungsvoraussetzungen** (hinreichende Erfolgsaussicht, → § 114 Rdnr. 21; Mutwilligkeit, → § 114 Rdnr. 27) kommt eine Aufhebung nur unter den Voraussetzungen der Nr. 1 in Betracht. Sie ist daher insbesondere dann **nicht** möglich, wenn sich nachträglich herausstellt, daß das Gericht bei der Bewilligungsentscheidung die **Erfolgsaussichten falsch eingeschätzt** hat[5], sei es, weil sich die für die Beurteilung maßgebliche Gesetzeslage oder die höchstrichterliche Rechtsprechung geändert hat, sei es, weil die Erfolgsaussichten im Laufe des Hauptsacheverfahrens aufgrund von Beweiserhebungen oder weiterem Sachvortrag[6] schwinden oder die Sache zu Lasten der bedürftigen Partei entscheidungsreif geworden ist, sei es, weil dem Gericht bei der Beurteilung ein Fehler (Rechtsirrtum) unterlaufen war oder weil es seine Meinung nachträglich geändert hat[7].

3 b) Bezüglich der **subjektiven Bewilligungsvoraussetzungen** (aus den persönlichen und wirtschaftlichen Verhältnissen resultierende Leistungsunfähigkeit, → § 114 Rdnr. 15) ist eine Aufhebung nur nach Maßgabe von Nr. 2 und 3 möglich und kommt daher insbesondere dann **nicht** in Frage, wenn das Gericht im Nachhinein die damals bekannten, vollständig angegebenen **Verhältnisse rechtlich anders beurteilt** (→ Rdnr. 12, 20). Eine **nachträgliche Änderung** der Verhältnisse kann heute nur noch nach § 120 Abs. 4 berücksichtigt werden (→ Rdnr. 6 sowie § 120 Rdnr. 21). – Für *Rechtsnachfolger* → § 114 Rdnr. 14.

4 c) Auch eine **Verletzung von Mitwirkungspflichten** kann nur in den in § 124 aufgeführten Fällen zur Aufhebung führen. Daß die Partei nach Bewilligung der Prozeßkostenhilfe den **Hauptsacheprozeß boykottiert**, etwa indem sie den ihr beigeordneten Rechtsanwalt nicht informiert, kann daher nur mit den allgemeinen zivilprozessualen Sanktionen (Präklusion; Versäumnisurteil; Ruhen des Verfahrens etc.) geahndet werden und eine Aufhebung nicht begründen[8]. Zur Würdigung der *vor* Bewilligung an den Tag gelegten Obstruktion → § 118 Rdnr. 17.

2. Ermessensvorschrift

5 Auch wenn die Voraussetzungen des § 124 vorliegen, ist das Gericht nicht in jedem Fall zur Aufhebung verpflichtet. Vielmehr gewährt der Gesetzeswortlaut (»kann«) ein pflichtgemäß

---

[1] Lit.: → vor § 114 Fn. 1.
[2] *OLG Hamm* FamRZ 1986, 583; *OLG Oldenburg* FamRZ 1989, 301; *LAG Bremen* MDR 1990, 471.
[3] *OLG Bamberg* FamRZ 1989, 884.
[4] *OLG Frankfurt* Rpfleger 1991, 65.
[5] Vgl. *LG Limburg* AnwBl. 1979, 274 (keine Entziehung der für die Zwangsvollstreckung gewährten Prozeßkostenhilfe nach vergeblichen Vollstreckungsversuchen); *OVG Koblenz* NVwZ 1991, 596.
[6] Anders, wenn jetzt ein **anderer Sachverhalt** vorgetragen wird, *OLG Hamm* JurBüro 1977, 98.
[7] A.M. *OLG Saarbrücken* FamRZ 1979, 797 (zulässig im Anfangsstadium des Prozesses).
[8] *OLG Koblenz* NJW 1978, 2040; *OLG Schleswig* SchlHA 1980, 143 (L); *Schneider* MDR 1981, 6; *Zöller/Philippi*[18] Rdnr. 2. – A.M. *OLG Köln* MDR 1975, 236; *OLG München* AnwBl. 1954, 202; *Baumbach/Lauterbach/Hartmann*[51] Rdnr. 4.

auszuübendes Ermessen⁹. Dabei sind vor allem die Schwere des Verstoßes¹⁰, ein Verschulden der bedürftigen Partei¹¹, der Grad dieses Verschuldens¹², in schützwürdigem Vertrauen auf den Bestand der Entscheidung vorgenommene Dispositionen¹³ sowie jede sonstige Härte der Aufhebungsentscheidung für die Partei und ihre Prozeßführung zu berücksichtigen. Auch der Umstand, daß das Hauptsacheverfahren bereits abgeschlossen ist, kann in die Entscheidung einfließen (→ Rdnr. 22).

3. Verhältnis zu § 120 Abs. 4

Beide Vorschriften setzen zunächst voraus, daß überhaupt ein wirksamer Bewilligungsbeschluß vorliegt¹⁴, und schließen dessen freie Abänderbarkeit durch das Gericht aus (→ § 120 Rndr. 17). Im übrigen unterscheiden sich die Normen weniger in den Rechtsfolgen (→ Rdnr. 29, 30 und § 120 Rdnr. 21) als vielmehr in den Voraussetzungen: Während es in den Fällen des § 124 im wesentlichen darum geht, daß Prozeßkostenhilfe von Anfang an zu Unrecht bewilligt wurde, betrifft § 120 Abs. 4 die nachträglichen Veränderungen der persönlichen oder wirtschaftlichen Verhältnisse, die auch zu einer Änderung der Entscheidung zugunsten der Partei führen können, wohingegen die Aufhebung nach § 124 immer zu ihren Lasten geht.

6

II. Aufhebungsgründe

1. Unrichtige Darstellung des Streitverhältnisses (Nr. 1)

Gemäß § 117 Abs. 1 S. 2 ist in dem Antrag auf Bewilligung der Prozeßkostenhilfe das Streitverhältnis unter Angabe der Beweismittel darzustellen (→ § 117 Rdnr. 16). Wenn die Partei das Streitverhältnis unrichtig darstellt und dadurch vortäuscht, die Bewilligungsvoraussetzungen lägen vor, so kann die Bewilligung nach § 124 Nr. 1 aufgehoben werden. Nr. 1 betrifft nur die Angaben über das Streitverhältnis und damit nur die **objektiven Bewilligungsvoraussetzungen** (→ Rdnr. 2); falsche Angaben über die subjektiven Voraussetzungen werden von Nr. 2 erfaßt (→ Rdnr. 11). Es geht also um solche Angaben, die das Gericht zu der irrigen Annahme bewegt haben, das Rechtsschutzbegehren sei erfolgversprechend und nicht mutwillig.

7

a) Erforderlich ist zunächst, daß die Darstellung **objektiv** unrichtig ist. Eine solche **unrichtige Darstellung** kann darin bestehen, daß von vornherein ein unzutreffender *Sachverhalt* geschildert wird, sei es durch falsche Angaben¹⁵, sei es durch das Verschweigen offenbarungspflichtiger Tatsachen¹⁶, daß untaugliche *Beweismittel* angegeben oder zwischen Antragstellung und Bewilligungsentscheidung eingetretene Veränderungen nicht mitgeteilt werden. Auch das Verschweigen von *Einwendungen, Einreden oder Gegenbeweismitteln* kann von der Vorschrift erfaßt sein¹⁷. Dabei ist aber zu beachten, daß es nicht Aufgabe der Vorschrift

8

---

⁹ *OLG Bremen* FamRZ 1984, 412; *OLG Düsseldorf* Rpfleger 1987, 35; *OLG Hamm* Rpfleger 1992, 257; *OLG Köln* FamRZ 1988, 740; *OLG Stuttgart* FamRZ 1987, 404; JurBüro 1986, 297; *LAG Düsseldorf* JurBüro 1988, 1224; *Schneider* MDR 1985, 532; 1981, 6; *Wax* FamRZ 1985, 16f. – A.M. (Zuständigkeitsregelung) *Baumbach/Lauterbach/Hartmann*⁵¹ Rdnr. 16.
¹⁰ Vgl. *OLG Hamm* FamRZ 1986, 1015 (zu Nr. 4: Unverhältnismäßigkeit bei geringfügigem Rückstand).
¹¹ *LAG Düsseldorf* JurBüro 1988, 1224.
¹² Vgl. *OLG Köln* FamRZ 1987, 1170.
¹³ Vgl. etwa *OLG Bremen* FamRZ 1985, 728; *OLG Düsseldorf* JurBüro 1988, 1225 und 1059; 1984, 621; Rpfleger 1987, 36; *OLG Köln* FamRZ 1982, 1226 (L).
¹⁴ Vgl. *OLG Koblenz* VersR 1980, 1076: Die »Entziehung« unter Vorbehalt bewilligter Prozeßkostenhilfe gilt als endgültige Verweigerung.
¹⁵ Vgl. *ArbG Freiburg* JurBüro 1982, 1408 (zust. *Mümmler*).
¹⁶ Vgl. *OLG Koblenz* FamRZ 1985, 301; *OLG Köln* MDR 1990, 1020; FamRZ 1987, 1170.
¹⁷ *Zöller/Philippi*¹⁸ Rdnr. 9.

ist, die bedürftige Partei dazu zu zwingen, den Gegner auf seine Verteidigungsmöglichkeiten aufmerksam zu machen. Daher liegt eine unrichtige Darstellung etwa dann vor, wenn die Partei verschwiegen hat, daß sich der Gegner vorprozessual bereits auf die Einrede der Verjährung berufen hat, nicht aber dann, wenn sich der Gegner darauf bisher nicht berufen hat und sich die Partei zu diesem Punkt nicht äußert.

9   b) Durch die unrichtige Darstellung müssen die für die Bewilligung der Prozeßkostenhilfe maßgebenden **Voraussetzungen vorgetäuscht** worden sein. Das bedeutet, daß das Gericht, hätte es eine richtige Darstellung bekommen, das Rechtsschutzbegehren entweder für nicht erfolgversprechend oder für mutwillig angesehen hätte. Verlangt wird also ein **Irrtum des Gerichts** über die Bewilligungsgrundlage und die **Ursächlichkeit** der unrichtigen Darstellung für die Bewilligungsentscheidung[18]. Bezog sich die unrichtige Darstellung daher auf Umstände, die für die Beurteilung der objektiven Bewilligungsvoraussetzungen nicht wesentlich waren, so kommt eine Aufhebung nicht in Betracht, weil es an der Kausalität fehlt.

10 c) **Subjektiv** setzt die Vorschrift – wie sich aus dem Wort »vorgetäuscht« ergibt – **Vorsatz** voraus, wobei *bedingter* Vorsatz genügt[19]. Erforderlich und ausreichend ist also, daß die Partei weiß oder für möglich hält, daß ihre Darstellung unrichtig ist und die Bewilligungsvoraussetzungen deshalb nicht vorliegen. Daß die Partei wesentliche Umstände grob fahrlässig übersehen, nicht oder falsch angegeben hat, reicht nicht aus[20]. Auch einer (Täuschungs-)Absicht bedarf es nicht[21]. Zweifel hinsichtlich der subjektiven Seite dürfen nicht zu Lasten der Partei gehen (→ Rdnr. 27).

2. Unrichtige Angaben über die persönlichen oder wirtschaftlichen Verhältnisse (Nr. 2, 1. Fall)

11 Gemäß § 117 Abs. 2 sind dem Antrag auf Bewilligung der Prozeßkostenhilfe eine Erklärung der Partei über ihre persönlichen und wirtschaftlichen Verhältnisse sowie entsprechende Belege beizufügen (→ § 117 Rdnr. 17). Macht die Partei dabei absichtlich oder aus grober Nachlässigkeit unrichtige Angaben, so kann die Bewilligung aufgehoben werden.

12 a) **Objektiv** verlangt das Gesetz zunächst einmal nur **unrichtige Angaben** über die für die Beurteilung der Leistungsfähigkeit maßgeblichen Umstände. Dazu gehört auch das Verschweigen bevorstehender Verbesserungen der Einkommens- oder Vermögenslage, wenn diese Verbesserungen bei der Bewilligungsentscheidung schon hätten berücksichtigt werden können (→ § 115 Rdnr. 90), oder das Verschweigen von Umständen, die zu dem Schluß geführt hätten, daß die Partei ihre Leistungsunfähigkeit absichtlich herbeigeführt hat[22] (→ § 114 Rdnr. 20). Es kommt aber stets nur auf solche Divergenzen zwischen Darstellung und Wirklichkeit an, die im Moment der aufzuhebenden Bewilligungsentscheidung vorlagen. *Nachträgliche* Veränderungen können daher nur über § 120 Abs. 4 (→ Rdnr. 6), Änderungen in der gerichtlichen Würdigung überhaupt nicht berücksichtigt werden (→ Rdnr. 3, 20).

13 Ließe man es dabei bewenden, käme eine Aufhebung auch dann in Betracht, wenn Prozeßkostenhilfe auch bei richtigen Angaben zu bewilligen gewesen wäre; auf eine **Kausalität** zwischen der unrichtigen Angabe und der Bewilligung käme es also nicht an. Bei einer solchen Interpretation wäre die Aufhebung ausschließlich eine strafähnliche Sanktion für die unrichtige Erklärung. So ist die Vorschrift indessen nicht zu verstehen. Vielmehr geht es auch hier – wie bei Nr. 1 und Nr. 3 – darum, demjenigen die Prozeßkostenhilfe zu entziehen, der

---

[18] Vgl. *OLG Koblenz* FamRZ 1985, 301, 302; *LAG Düsseldorf* JurBüro 1986, 1097.
[19] *OLG Koblenz* FamRZ 1985, 301, 302.
[20] **A.M.** *Thalmann* (vor § 114 Fn. 1), Rdnr. 9 ff.
[21] *OLG Koblenz* FamRZ 1985, 301, 302; *Beyer* JurBüro 1989, 447.
[22] Vgl. (zu Nr. 3) auch *OLG Düsseldorf* JurBüro 1987, 1715; *OLG Koblenz* FamRZ 1985, 301, 302.

von Anfang an keinen Anspruch darauf hatte. Eine tatsächlich leistungsunfähige Partei verliert ihren Anspruch aber nicht dadurch, daß sie unrichtige Angaben macht[23]. Man wird daher verlangen müssen, daß die unrichtigen Angaben über die persönlichen oder wirtschaftlichen Verhältnisse für die Bewilligungsentscheidung wenigstens **mitursächlich** waren, die Bewilligung also bei richtigen Angaben versagt oder nur mit (stärkeren) Einschränkungen gewährt worden wäre[24] (→ auch Rdnr. 29 zur *Teilaufhebung*).

Diese Deutung beeinflußt auch das **Verhältnis von Nr. 2 und Nr. 3**. In beiden Fällen wird 14 vorausgesetzt, daß die persönlichen oder wirtschaftlichen Voraussetzungen für die konkret gewährte Bewilligung nicht vorgelegen haben. Das rechtfertigt nach dem Grundgedanken des § 124 die Aufhebung. Nr. 3 setzt dem für den Normalfall eine zeitliche Schranke (vier Jahre nach Beendigung des Verfahrens). Diese Schranke gilt nicht unter den Voraussetzungen der Nr. 2, also dann, wenn die unrichtige Bewilligungsentscheidung darauf beruht, daß die Partei über die maßgeblichen persönlichen oder wirtschaftlichen Verhältnisse absichtlich oder aus grober Nachlässigkeit unrichtige Angaben gemacht hat[25].

b) Subjektiv verlangt die Vorschrift **Absicht oder grobe Nachlässigkeit**. *Absicht* bedeutet, 15 daß die Partei wußte oder für möglich hielt, daß ihre Angaben falsch waren, und daß es ihr darauf ankam, eine ihr günstige Prozeßkostenhilfeentscheidung auch für den Fall zu erreichen, daß die Angaben nicht stimmen sollten. *Grobe Nachlässigkeit* liegt vor, wenn die Partei ohne weiteres hätte erkennen können, daß ihre Angaben unrichtig waren[26] (→ auch § 296 Rdnr. 105). Im Grunde erübrigt sich aber eine genaue Abgrenzung zwischen den beiden Begriffen. Entscheidend ist, daß die unrichtigen Angaben **nicht nur leicht fahrlässig** gemacht wurden, denn in diesen Fällen kommt nicht mehr Nr. 2, sondern nur noch Nr. 3 zum Zuge. Ist diese Schwelle überschritten, spielt der Grad des Verschuldens nur für die Ermessensentscheidung eine Rolle (→ Rdnr. 5). Zur Zurechnung eines *Vertreterverschuldens* → § 85 Rdnr. 9.

3. Nichtabgabe der Erklärung nach § 120 Abs. 4 S. 2 (Nr. 2, 2. Fall)

Hat das Gericht Anlaß zu der Annahme, daß sich die Einkommens- oder Vermögensver- 16 hältnisse einer Partei, der Prozeßkostenhilfe bewilligt worden ist, nachträglich geändert haben, so kann es die Partei nach § 120 Abs. 4 S. 2 auffordern, sich darüber zu erklären, ob eine Änderung der Verhältnisse eingetreten ist (→ § 120 Rdnr. 34). Kommt die Partei dieser Aufforderung absichtlich oder aus grober Nachlässigkeit[27] (→ Rdnr. 15) nicht nach, kann die Bewilligung ohne weitere Erhebungen aufgehoben werden. Das entspricht der für das Bewilligungsverfahren geltenden Regelung des § 118 Abs. 2 S. 4 (→ dazu § 117 Rdnr. 19, § 118 Rdnr. 17, 23). Beide Vorschriften sanktionieren die fehlende Kooperationsbereitschaft der Partei[28], die auch dann vorliegt, wenn die Partei zwar formal eine Erklärung abgibt, diese aber inhaltlich völlig unzureichend ist. Wird die Erklärung nach Aufhebung, aber vor Entscheidung in der Hauptsache *nachgereicht*, so kommt, wenn nicht die Aufhebungsentscheidung noch im Beschwerdeweg beseitigt werden kann (→ § 127 Rdnr. 21), nur ein neuer Antrag in Betracht[29] (→ Rdnr. 30), dessen Zulässigkeit sich nach den allgemeinen Grundsät-

---

[23] *BGH* FamRZ 1984, 678; *OLG Frankfurt* MDR 1992, 293.
[24] *OLG Bamberg* FamRZ 1987, 1170; JurBüro 1987, 778; *OLG Düsseldorf* JurBüro 1986, 296; *Baumbach/Lauterbach/Hartmann*[51] Rdnr. 37; *Beyer* JurBüro 1989, 447; *Schneider* MDR 1985, 532; 1981, 6; *Zöller/Philippi*[18] Rdnr. 8. – A.M. *OLG Hamm* Rpfleger 1986, 238; *OLG Köln* FamRZ 1988, 740; 1987, 1169.
[25] *OLG Bamberg* FamRZ 1987, 1170.
[26] Vgl. *OLG Bamberg* JurBüro 1989, 511; *OLG Düsseldorf* JurBüro 1986, 296; *OLG Köln* FamRZ 1988, 740.

[27] Vgl. *OLG Bamberg* JurBüro 1992, 623; FamRZ 1989, 1204; *LAG Köln* LAGE § 120 ZPO Nr. 23. – Zu weit gehend verlangt *LAG Düsseldorf* JurBüro 1989, 1448 eine zusätzliche Erinnerung des Gerichts sowie ein mindestens dreimonatiges Abwarten; dagegen zutr. *LAG Köln* JurBüro 1991, 1530.
[28] *OLG Bamberg* JurBüro 1992, 623; FamRZ 1989, 1204; *LAG Köln* Rpfleger 1991, 512.
[29] So wohl auch *Schneider* MDR 1987, 91; *Zöller/Philippi*[18] Rdnr. 10c.

zen beurteilt (→ § 117 Rdnr. 33, § 119 Rdnr. 26 ff.); zur Berücksichtigung nach Fristablauf, aber *vor* der Aufhebungsentscheidung nachgereichter Erklärungen → § 120 Rdnr. 34.

4. Fehlen der persönlichen oder wirtschaftlichen Voraussetzungen (Nr. 3)

17 Haben die persönlichen oder wirtschaftlichen Voraussetzungen für die konkrete Bewilligungsentscheidung bei deren Erlaß nicht vorgelegen, so kann die Bewilligung nach § 124 Nr. 3 aufgehoben werden. Auf den ersten Blick erlaubt diese Vorschrift die Aufhebung immer schon dann, wenn das Gericht nachträglich zu der Erkenntnis kommt, daß es damals nicht hätte bewilligen dürfen. Diese Vorstellung ist indessen in mehrfacher Hinsicht zu präzisieren.

18 a) Zunächst betrifft Nr. 3 nur die **subjektiven** Voraussetzungen (→ Rdnr. 2). Neue Erkenntnisse über Mutwilligkeit oder Erfolgsaussicht können nur in den Grenzen der Nr. 1 berücksichtigt werden.

19 b) Sodann bedarf es auch hier wieder der **Kausalität** (→ schon Rdnr. 13). Erforderlich ist, daß die Prozeßkostenhilfe nicht, nicht ohne Raten oder nur mit höheren Raten etc. hätte bewilligt werden dürfen (zur *Teilaufhebung* → Rdnr. 29). Auch deshalb können nachträgliche Änderungen der Leistungsfähigkeit nur über § 120 Abs. 4 berücksichtigt werden (→ Rdnr. 6).

20 c) Auch die Nr. 3 will dem Gericht nur die Möglichkeit geben, auf **neue Tatsachenerkenntnis** zu reagieren. Die Aufhebung kommt daher nur in Betracht, wenn das Gericht nachträglich von damals schon vorliegenden Tatsachen Kenntnis erhält, die die Beurteilung der Leistungsfähigkeit ergebnisrelevant beeinflussen. Hingegen kann das Gericht die Entscheidung **nicht** aufheben, wenn es die damals schon vollständig bekannten Tatsachen nachträglich nur **rechtlich anders würdigt**, denn in diesem Fall geht der Bestandsschutz für die Partei vor, die sich vielleicht nur im Vertrauen auf die Kostenfreiheit auf einen Prozeß eingelassen hat[30] (→ auch § 120 Rdnr. 17). Bestandsschutz ist auch dann gerechtfertigt, wenn das Gericht auf richtiger und vollständiger Tatsachengrundlage **falsche Berechnungen** anstellt[31], denn auch dies ist kein Umstand, der zu Lasten der Partei gehen darf.

21 d) Auf ein wie auch immer geartetes **Verschulden** der Partei kommt es nicht an[32]. Anders als bei Nr. 2, ist es hier unerheblich, ob die Partei die falsche Vorstellung des Gerichts über die für die Beurteilung der Leistungsfähigkeit erheblichen Tatsachen verursacht hat oder nicht. Die gelegentlich zur Abgrenzung formulierte These, bei leichter Fahrlässigkeit sei Nr. 3 anzuwenden (→ auch Rdnr. 14), darf nicht zu dem Fehlschluß verleiten, für die Anwendung der Nr. 3 sei leichte Fahrlässigkeit Voraussetzung. Allerdings kann ein Verschulden wieder für die Ermessensausübung berücksichtigt werden (→ Rdnr. 5).

22 e) Für die Aufhebung nach § 124 Nr. 3 besteht eine **zeitliche Schranke**. Die Aufhebung ist ausgeschlossen, wenn seit der rechtskräftigen Entscheidung in der Hauptsache oder der sonstigen Beendigung des Hauptsacheverfahrens **vier Jahre** vergangen sind. Das entspricht den Schranken in § 120 Abs. 4 S. 3 und § 10 GKG (→ § 120 Rdnr. 20). Angesichts der Entscheidung des Gesetzgebers, die (nicht an ein Verschulden geknüpfte) Aufhebung noch bis zu vier Jahre nach Abschluß des Hauptsacheverfahrens zuzulassen, besteht für die generelle Forderung, nach Abschluß von einer Aufhebung abzusehen[33], kein Anlaß. Wohl aber kann

---

[30] *OLG Bamberg* FamRZ 1989, 884; 1984, 1244; *OLG Düsseldorf* JurBüro 1986, 122; *OLG Frankfurt* KostRspr. ZPO § 124 Nr. 82 (L); *OLG Hamm* Rpfleger 1984, 433; *OLG München* AnwBl. 1980, 300; *OLG Oldenburg* Rpfleger 1987, 217; *OLG Stuttgart* FamRZ 1986, 1124, 1125; 1984, 723; *OLG Zweibrücken* Rpfleger 1987, 36; *Beyer* JurBüro 1989, 447; *Schneider* MDR 1985, 532. – **A.M.** *OLG Bremen* FamRZ 1985, 728; *OLG Düsseldorf* MDR 1993, 583 (wenn der Partei die Rechtswidrigkeit der Bewilligung bekannt war; → aber Rdnr. 21); *OLG Köln* FamRZ 1982, 1226 (L). – Offen *OLG Karlsruhe* FamRZ 1991, 841.

[31] **A.M.** *Zöller/Philippi*[18] Rdnr. 11.

[32] *OLG Bamberg* JurBüro 1986, 1415; *OLG Düsseldorf* JurBüro 1984, 621; *OLG Hamm* Rpfleger 1984, 433; *OLG Köln* FamRZ 1988, 741.

[33] So *Zöller/Philippi*[18] Rdnr. 15.

bei der Ermessensausübung (→ Rdnr. 5) berücksichtigt werden, daß das Verfahren bereits beendet ist und die Partei, die sich vielleicht nur im Vertrauen auf die Bewilligung auf den Prozeß eingelassen hat, die Entstehung der Kosten nicht mehr beeinflussen kann.

5. Zahlungsrückstand (Nr. 4)

Schließlich kann die Entscheidung nach Nr. 4 aufgehoben werden, wenn die Partei länger 23
als drei Monate mit der Zahlung einer Monatsrate oder mit der Zahlung eines sonstigen Betrages im Rückstand ist.

a) Voraussetzung ist zunächst der mindestens dreimonatige **Rückstand mit einer Monats-** 24
rate oder mit der Zahlung eines sonstigen Betrages, etwa eines aus dem Vermögen zu zahlenden Betrages. Aufgehoben werden kann also schon, wenn ein seit drei Monaten fälliger *Einzelbetrag* nicht gezahlt worden ist, und es wird nicht etwa verlangt, daß die Partei mit drei Monatsraten o. ä. im Rückstand ist.

b) § 124 Nr. 3 verwendet den Begriff des Verzuges nicht. Daraus wird geschlossen, daß es 25
auf ein **Verschulden** der Partei nicht ankomme; es genüge, daß sich die Partei objektiv im Rückstand befinde, und fehlendes Verschulden sei nur bei der Ermessensausübung zu berücksichtigen[34]. Für diese Ansicht spricht, daß sich das Gesetz in den übrigen Aufhebungstatbeständen ausdrücklich dazu äußert, wenn es auf ein Verschulden ankommen soll. Freilich läßt sich die fehlende Verwendung des Begriffs »Verzug« auch damit erklären, daß der Gesetzgeber nicht auf die besonderen Voraussetzungen des § 284 BGB (insbesondere die Mahnung[35], die hier keineswegs immer durch Fristbestimmung ersetzt würde) verweisen wollte. Letztlich muß den Ausschlag geben, daß die Aufhebung nach Nr. 4 eine gravierende Sanktion für die Mißachtung der richterlichen Zahlungsanordnung (§ 120 Abs. 1) darstellt. Eine solche Sanktion muß aber nach allgemeinen Grundsätzen an das Erfordernis des Verschuldens geknüpft werden. Die Aufhebung nach Nr. 4 kommt daher nur in Betracht, wenn die Partei mit der Zahlung schuldhaft im Rückstand ist[36], wobei aber leichte Fahrlässigkeit genügt[37] und hinsichtlich der Darlegungs- und Beweislast § 285 BGB analog angewandt werden kann[38].

Hat der Zahlungsrückstand seine Ursache darin, daß sich die **Einkommens- und Vermö-** 26
gensverhältnisse der Partei verschlechtert haben, so ist vorrangig zu prüfen, ob nicht eine Änderungsentscheidung nach § 120 Abs. 4 in Betracht kommt. Da die Bewilligungsentscheidung bei einer Verschlechterung der persönlichen oder wirtschaftlichen Verhältnisse rückwirkend auf den Zeitpunkt geändert werden kann, zu dem die Verschlechterung eingetreten ist (→ § 120 Rdnr. 31), kommt eine Aufhebung nach Nr. 4 wegen in diesen Zeitraum fallender Beträge nicht in Betracht[39]. Ein Verschulden wird ferner auch dann zu verneinen sein, wenn

---

[34] *Schneider* MDR 1985, 532; 1981, 6; *Zöller/Philippi*[18] Rdnr. 19; sympathisierend *OLG Hamm* Rpfleger 1992, 257.

[35] Diese verlangen aber *OLG Bamberg* JurBüro 1992, 251; *Baumbach/Lauterbach/Hartmann*[51] Rdnr. 56.

[36] Ebenso *OLG Düsseldorf* JurBüro 1987, 914; *OLG Frankfurt* FamRZ 1983, 1046; *OLG Hamm* FamRZ 1986, 1127; *OLG Köln* Rpfleger 1984, 201; *OLG Saarbrücken* JurBüro 1988, 510; *OLG Zweibrücken* JurBüro 1992, 758; Rpfleger 1992, 117; *LAG Hamm* JurBüro 1984, 1420; *OVG Saarland* JurBüro 1988, 370; *Wax* FamRZ 1985, 16.

[37] *OLG Hamm* Rpfleger 1992, 257; *OLG Zweibrücken* Rpfleger 1992, 117.

[38] *OLG Zweibrücken* KostRspr. ZPO § 124 Nr. 78 (L); vgl. auch *OLG Hamm* Rpfleger 1992, 257 und *OLG Stuttgart* JurBüro 1986, 298 (Verschulden kann unterstellt werden, wenn die Partei auf Mahnungen nicht reagiert).

[39] *OLG Bamberg* JurBüro 1992, 251; *LAG Bremen* MDR 1988, 81; *MünchKommZPO/Wax* Rdnr. 15; *Zöller/Philippi*[18] Rdnr. 19. Vgl. (zum alten Recht vor Einfügung des § 120 Abs. 4) auch *OLG Bremen* FamRZ 1984, 412; *OLG Celle* NdsRpfl. 1983, 31; *OLG Düsseldorf* JurBüro 1987, 914; Rpfleger 1987, 36; *OLG Frankfurt* FamRZ 1983, 1046; *OLG Hamm* FamRZ 1986, 1127; *KG* FamRZ 1984, 412; *OLG Köln* Rpfleger 1984, 201; *OLG Schleswig* SchlHA 1983, 128; *LG Tübingen* Rpfleger 1984, 478; *LAG Düsseldorf* JurBüro 1984, 616; *LAG Hamm* JurBüro 1984, 1420; *LAG Niedersachsen* JurBüro 1985, 1576; *OVG Saarland* JurBüro 1988, 370; *Grunsky* NJW 1980, 2045; *Schneider* MDR 1985, 532. – Rigoroser *OLG Stuttgart* FamRZ 1987, 404.

die Partei die Zahlungen in der erlaubten Erwartung einstellt, ihrem Änderungsantrag werde stattgegeben[40].

III. Verfahren

1. Zuständigkeit

27 Für die Aufhebung ist, wie bei § 120 Abs. 4 (→ § 120 Rdnr. 32), in entsprechender Anwendung des § 127 Abs. 1 S. 2 das Gericht zuständig, bei dem die Hauptsache anhängig ist[41].
Auch nach Rechtskraft der Hauptsacheentscheidung bleibt die Zuständigkeit des Gerichts bestehen (arg. § 124 Nr. 3); die Aufhebung der Bewilligung ist dann nicht etwa Sache der Justizverwaltung (→ § 120 Rdnr. 33). Die *funktionelle* Zuständigkeit liegt in den Fällen der Nr. 1 beim Richter, im übrigen, auch bei der teilweisen Aufhebung (→ Rdnr. 29), beim *Rechtspfleger* (§ 20 Nr. 4 lit. c RPflG), der die maßgeblichen Umstände in denselben Grenzen, wie sie für das Bewilligungsverfahren gelten (→ § 118 Rdnr. 22 ff.), *von Amts wegen* zu ermitteln hat. Entscheidet der Richter an Stelle des Rechtspflegers, so ist dies gem. § 8 RPflG unschädlich[42]. Ein *Antragsrecht* für die Staatskasse oder den Gegner der mittellosen Partei besteht nicht[43]. Ihr Vorbringen muß dem Gericht aber Anregung sein, Aufhebungsgründe pflichtgemäß zu prüfen. Bleiben dabei *Zweifel*, so gehen diese – von der Ausnahme analog § 285 BGB abgesehen (→ Rdnr. 25) – nicht zu Lasten der hilfsbedürftigen Partei[44].

2. Rechtliches Gehör

28 Vor der Entscheidung, die gemäß § 127 Abs. 1 S. 1 ohne mündliche Verhandlung ergeht, ist der *Partei* rechtliches Gehör zu gewähren[45]. Ein gesonderter Hinweis auf die bevorstehende Aufhebungsentscheidung[46] dürfte sich daneben erübrigen. Auch dem der Partei beigeordneten *Rechtsanwalt* ist rechtliches Gehör zu gewähren, da auch seine Rechtsstellung betroffen wird[47]. Dem *Gegner* muß – entsprechend dem in § 118 Rdnr. 8 ff. zum Bewilligungsverfahren Gesagten – nur dann rechtliches Gehör gewährt werden, wenn durch die Aufhebungsentscheidung unmittelbar in seine Rechte eingegriffen wird[48] (→ Rdnr. 34 sowie § 127 Rdnr. 12).

3. Entscheidung

29 Die Entscheidung ergeht durch *Beschluß*, der wie die Bewilligungsentscheidung zu begründen und bekanntzumachen ist (→ näher § 120 Rdnr. 2; zur *Beschwerde* → § 127 Rdnr. 8). § 329 Abs. 3 findet hier keine Anwendung, da die Aufhebungsentscheidung zwar zu Forderungen gegen die Partei führen kann (→ Rdnr. 31), aber selbst keinen Vollstreckungstitel

---

[40] Vgl. *OLG Zweibrücken* Rpfleger 1992, 117.
[41] *MünchKommZPO/Wax* Rdnr. 17.
[42] *OLG Düsseldorf* JurBüro 1986, 296; 1984, 621; *OLG Köln* FamRZ 1988, 740; *OLG Schleswig* SchlHA 1983, 60.
[43] *OLG Zweibrücken* JurBüro 1986, 1096; → auch § 118 Rdnr. 6 ff.
[44] Vgl. *OLG Düsseldorf* MDR 1993, 391 (Zweifel am Täuschungsvorsatz bei Nr. 1); *LAG Düsseldorf* JurBüro 1989, 122, 123 (Zweifel am Zugang der Aufforderung nach § 120 Abs. 4 S. 2).

[45] *OLG Bamberg* JurBüro 1992, 251; *OLG Bremen* FamRZ 1985, 728; *OLG Düsseldorf* JurBüro 1988, 1225; *LG Aachen* AnwBl. 1983, 327; *BPatG* GRUR 1986, 734; *Schneider* Anm. zu *LAG Köln* EzA § 120 ZPO Nr. 2, S. 22.
[46] Diesen verlangt *Zöller/Philippi*[18] Rdnr. 20.
[47] *OLG Bamberg* JurBüro 1992, 251; *LG Aachen* AnwBl. 1983, 327; *BPatG* GRUR 1986, 734.
[48] **A.M.** (stets zu beteiligen) *MünchKommZPO/Wax* Rdnr. 19; *Thalmann* (vor § 114 Fn. 1), Rdnr. 31. – Noch anders (gar nicht zu beteiligen) *KG* Rpfleger 1979, 152.

darstellt. *Inhaltlich* lautet die Entscheidung grundsätzlich auf Aufhebung der Bewilligungsentscheidung. Wenn aber in den Fällen der Nr. 1–3 die nachträglich bekannt gewordenen Umstände zu dem Ergebnis führen, daß der Partei damals zwar Prozeßkostenhilfe hätte bewilligt werden müssen, daß aber die Zahlung von (höheren) Raten oder von (höheren) Beträgen aus dem Vermögen hätte angeordnet werden müssen, dann kommt auch eine **Teilaufhebung** in dem Sinne in Betracht, daß die Aufhebung der ursprünglichen Entscheidung auf den »überschießenden« Teil beschränkt wird[49]. Es wird dann ausgesprochen, welche Beträge zu zahlen sind, und daß die Bewilligungsentscheidung »im übrigen« aufgehoben wird. Anderenfalls müßte die Partei darauf verwiesen werden, einen neuen Antrag zu stellen mit der Folge, daß die bisher entstandenen Kosten nicht gedeckt wären (→ § 119 Rdnr. 26), was nicht damit vereinbar wäre, daß die Partei einen (wenn auch weniger weit gehenden) Anspruch auf Prozeßkostenhilfebewilligung hatte (→ auch Rdnr. 13). *Zuständig* ist dabei in den Fällen der Nr. 2–4 insgesamt der Rechtspfleger, denn es handelt sich nicht etwa um eine völlige Aufhebung unter teilweiser Neubewilligung (so daß für letztere der Richter zuständig sein müßte)[50], sondern um eine einheitliche Entscheidung, die in § 20 Nr. 4 lit. c RPflG insgesamt dem Rechtspfleger anvertraut ist (→ Rdnr. 27), der ja im übrigen auch in den Fällen des § 120 Abs. 4 erstmals Raten festsetzen oder Raten erhöhen darf (→ § 120 Rdnr. 20, 32).

IV. Wirkungen

1. Keine Rückwirkung

Die Aufhebung wirkt nur für die Zukunft[51]. Sie hat also nicht zur Folge, daß so tun wäre, als ob Prozeßkostenhilfe nie bewilligt worden wäre, was u. a. die unliebsame Konsequenz hätte, daß der beigeordnete Rechtsanwalt an ihn erbrachte Leistungen der Staatskasse zurückzahlen müßte, da sich kaum begründen läßt, daß die rückwirkende Beseitigung im Verhältnis zum Rechtsanwalt nicht gelten soll (→ auch Rdnr. 32). Vielmehr entfallen die in § 122 genannten Bewilligungsfolgen (→ § 122 Rdnr. 9) mit Wirkung ex nunc, was allerdings im wirtschaftlichen Ergebnis für die Partei (anders aber eben für den beigeordneten Rechtsanwalt, → Rdnr. 32) gleichwohl dazu führt, daß sie die von ihr geschuldeten, aber bisher nicht durchsetzbaren fälligen (also nicht nur die künftig anfallenden) Kosten nunmehr bezahlen muß (→ auch § 120 Rdnr. 27 ff.). Die Aufhebung schließt einen *neuen Antrag* nach Maßgabe des zu § 117 Rdnr. 33 Gesagten nicht aus[52], auf den allerdings Prozeßkostenhilfe i. d. R. wieder nur ab Antragstellung bewilligt werden kann (→ § 119 Rdnr. 26 ff.).

30

2. Verhältnis zur Staatskasse

Im Verhältnis zur Staatskasse besteht die wesentlichste Aufhebungsfolge darin, daß die fälligen, aber bisher nicht oder nur in Ratenbeträgen durchsetzbaren Gerichtskosten, Gerichtsvollzieherkosten und die auf die Staatskasse übergegangenen Ansprüche der beigeord-

31

---

[49] *OLG Bamberg* FamRZ 1984, 1244; *OLG Bremen* FamRZ 1985, 728; *OLG Düsseldorf* JurBüro 1988, 1225 und 1059; 1984, 621; *OLG Hamburg* MDR 1986, 243; *OLG Köln* FamRZ 1988, 741; *OLG Schleswig* SchlHA 1983, 60; wohl auch *Zöller/Philippi*[18] Rdnr. 8, 11. – A.M. *LAG Bremen* MDR 1983, 789; *Baumbach/Lauterbach/Hartmann*[51] Rdnr. 57.
[50] A.M. unzutr. *LAG Bremen* MDR 1983, 789; *MünchKommZPO/Wax* Rdnr. 4.
[51] *OLG Bremen* 1985, 728; *OLG Düsseldorf* JurBüro 1988, 1225; Rpfleger 1982, 396; der Sache nach auch *OLG Zweibrücken* Rpfleger 1984, 115. – A.M. (Rückwirkung, aber z.T. begrenzt auf das Verhältnis der Partei zur Staatskasse) *OLG Bamberg* JurBüro 1986, 1415; *OLG Frankfurt* NJW-RR 1986, 358; *OLG Karlsruhe* FamRZ 1990, 1121; *Baumbach/Lauterbach/Hartmann*[51] Rdnr. 25; *Grunsky* NJW 1980, 2045; *MünchKommZPO/Wax* Rdnr. 11/23; nach Aufhebungsgründen differenzierend *Schneider* Anm. zu *LAG Schleswig* LAGE § 120 ZPO Nr. 10.
[52] *OLG Hamm* FamRZ 1986, 583, 584; *OLG Schleswig* SchlHA 1984, 174.

neten Rechtsanwälte nunmehr gegen die Partei in voller Höhe (oder nach Maßgabe der Neufestsetzung bei einer Teilaufhebung, → Rdnr. 29) geltend gemacht werden können (→ Rdnr. 30).

3. Verhältnis zum beigeordneten Rechtsanwalt

32 Der beigeordnete Rechtsanwalt hat Ansprüche gegen die Staatskasse erworben (→ § 121 Rdnr. 34). Die daneben (→ § 121 Rdnr. 30, 39) bestehenden Vergütungsansprüche gegen seine Partei konnte er bisher nicht geltend machen (§ 122 Abs. 1 Nr. 3). Da die Aufhebung keine rückwirkende Kraft hat, verliert der Rechtsanwalt seine bisher gegen die Staatskasse erworbenen Ansprüche nicht[53]; sie können und müssen – und zwar mit der Wirkung des § 130 BRAGO – von der Staatskasse noch befriedigt werden. Das gilt, da nach der hier vertretenen Ansicht eine Rückwirkung nicht eintritt (→ Rdnr. 30), grundsätzlich auch dann, wenn der Rechtsanwalt den Aufhebungsgrund mitverschuldet hat[54]. Bereits erbrachte Leistungen der Staatskasse hat er mit Rechtsgrund erhalten; sie müssen nicht etwa zurückgezahlt werden. Gegenüber der Partei ist die Durchsetzbarkeit durch die Aufhebungsentscheidung wiederhergestellt. Der Rechtsanwalt kann daher seine Vergütungsansprüche nunmehr wieder gegen seine Partei geltend machen und sie auch nach § 19 BRAGO festsetzen zu lassen[55].

33 Auf die dem beigeordneten Rechtsanwalt erteilte **Vollmacht** hat die Aufhebung keinen Einfluß, da die Aufhebung kein Erlöschensgrund nach § 87 ist[56] (→ § 86 Rdnr. 11).

4. Verhältnis zum Gegner

34 Wird die der bedürftigen Partei gewährte Prozeßkostenhilfe aufgehoben, so verliert auch der Gegner die für ihn mit der Bewilligung verbundenen Vorteile, insbesondere die nach § 122 Abs. 2, § 58 Abs. 2 S. 2 GKG (→ § 122 Rdnr. 18, § 123 Rdnr. 3), so daß er jetzt auch als Zweitschuldner in Anspruch genommen werden kann[57].

§ 125 [Beitreibung der Gerichtskosten vom Gegner]

(1) **Die Gerichtskosten und die Gerichtsvollzieherkosten können von dem Gegner erst eingezogen werden, wenn er rechtskräftig in die Prozeßkosten verurteilt ist.**

(2) **Die Gerichtskosten, von deren Zahlung der Gegner einstweilen befreit ist, sind von ihm einzuziehen, soweit er rechtskräftig in die Prozeßkosten verurteilt oder der Rechtsstreit ohne Urteil über die Kosten beendet ist.**

Gesetzesgeschichte: Neugefaßt durch das Gesetz über die Prozeßkostenhilfe vom 13.6.1980 (BGBl. I, 677; → vor § 114 Rdnr. 6).

Stichwortverzeichnis: → vor § 114 vor Rdnr. 1.

---

[53] *OLG Düsseldorf* Rpfleger 1982, 396; *OLG Zweibrücken* Rpfleger 1984, 115; *LG Koblenz* JurBüro 1984, 935 (*Mümmler*); *Schneider* MDR 1985, 532; 1981, 6.
[54] A.M. *LG Koblenz* JurBüro 1984, 935 (zust. *Mümmler*); *LAG Düsseldorf* JurBüro 1990, 763. – Eine andere Frage ist, ob die Staatskasse nach allgemeinen Regeln Schadensersatzansprüche gegen den Rechtsanwalt geltend machen kann, → § 121 Rdnr. 35, 39.
[55] *LG Koblenz* JurBüro 1984, 935; *Schneider* MDR 1981, 6.
[56] *RGZ* 95, 338.
[57] *OLG Düsseldorf* MDR 1989, 365; *KG* Rpfleger 1979, 152.

I. Überblick[1]

§ 125 befaßt sich mit der Frage, unter welchen Voraussetzungen der Gegner der Partei, der Prozeßkostenhilfe bewilligt wurde, wegen der Kosten in Anspruch genommen werden kann. Die Vorschrift unterscheidet insoweit zwischen denjenigen Kosten, die gemäß § 122 Abs. 1 Nr. 1 lit. a nicht gegen die hilfsbedürftige Partei geltend gemacht werden können (Abs. 1), und denjenigen, von denen der Gegner gemäß § 122 Abs. 2 selbst befreit ist (Abs. 2). § 125 ist sehr abstrakt formuliert und nur schwer verständlich. Es empfiehlt sich daher, nach der Art des Verfahrensabschlusses zu differenzieren.

II. Rechtskräftige Verurteilung des Gegners

Grundsätzlich kann der Gegner der mittellosen Partei nur in Anspruch genommen werden, wenn und soweit er *rechtskräftig* in die Kosten verurteilt ist. Eine nur vorläufig vollstreckbare Entscheidung reicht also nicht aus. Würde man von dem Erfordernis der Rechtskraft absehen, so könnte das zu dem mißlichen Ergebnis führen, daß ein Kläger, dem für die erste Instanz, in der er gewonnen hat, Prozeßkostenhilfe bewilligt wurde, dem Gegner die von diesem inzwischen bezahlten Gerichtskosten erstatten müßte, wenn das Urteil in der nächsten Instanz zugunsten des Gegners abgeändert wird. Der Kläger würde also im Ergebnis um die Vergünstigungen der Prozeßkostenhilfe gebracht, während sie ihm erhalten blieben, wenn er schon in erster Instanz abgewiesen worden wäre. Deshalb geht es auch nicht an, § 125 nur dann anzuwenden, wenn Prozeßkostenhilfe ohne Raten bewilligt wurde[2]; hier gilt das zu § 123 Rdnr. 3 a. E. Gesagte entsprechend.

Ist der Gegner rechtskräftig in die Kosten verurteilt, dann werden von ihm die **Gerichtskosten** und die **Gerichtsvollzieherkosten** eingezogen. Die *Beitreibung* erfolgt dann nach der JustizBeitrO. Soweit es sich um Kosten der Zwangsvollstreckung handelt, sind die Gerichtsvollzieherkosten zugleich mit dem zu vollstreckenden Anspruch beizutreiben (§ 788 Abs. 1). Eine Grenze zieht hier § 7 GVKG: Reicht der Erlös nicht aus, um Forderung und Gerichtsvollzieherkosten zu decken, so kann nur bis zu einem Fünftel des Erlöses zur Deckung der Gerichtsvollzieherkosten verwendet werden.

In bezug auf die **Rechtsanwaltskosten** ist zu unterscheiden. Soweit die Kosten noch nicht bezahlt sind, gilt nicht § 125, sondern § 126. Soweit die Gebühren des beigeordneten Rechtsanwalts von der Staatskasse übernommen worden sind, sind die Gebührenansprüche gemäß § 130 BRAGO auf die Staatskasse übergegangen. Diese übergegangenen Ansprüche kann die Staatskasse auch auf Grund eines nur vorläufig vollstreckbaren Titels gegen den Gegner geltend machen, da das gemäß § 126 auch der beigeordnete Rechtsanwalt selbst gekonnt hätte (→ § 126 Rdnr. 4) und der Anspruch durch den Übergang auf die Staatskasse seine rechtlichen Eigenschaften nicht verliert (→ § 121 Rdnr. 39). Die Voraussetzungen des § 125 müssen daher auch hier nicht vorliegen[3].

Dasselbe gilt auch für die **sonstigen Kosten der Partei**, die diese – sofern sie ein Rechtsschutzbedürfnis nachweisen kann (→ § 126 Rdnr. 12) – im normalen Erstattungsverfahren gegen den Gegner geltend machen kann, ohne daß es auf die Voraussetzungen des § 125 ankäme.

---

[1] Lit.: → vor § 114 Fn. 1.
[2] So aber *Mümmler* JurBüro 1981, 1146.
[3] *LG Frankenthal* JurBüro 1989, 805 (zust. *Mümmler*).

III. Rechtskräftige Verurteilung der bedürftigen Partei

6   Wird nicht der Gegner, sondern die bedürftige Partei in die Kosten verurteilt, so braucht diese gemäß §§ 122, 123 nur die Kosten des Gegners zu tragen. Von den Kosten des beigeordneten Rechtsanwalts ist sie ganz, von den Gerichts- und Gerichtsvollzieherkosten nach Maßgabe der Bewilligungsentscheidung befreit, solange diese nicht aufgehoben worden ist (§ 124). In diesen Fällen kann der Gegner von der Staatskasse gar nicht, auch nicht als Zweitschuldner in Anspruch genommen werden (§ 58 Abs. 2 S. 2 GKG; → auch § 123 Rdnr. 3).

IV. Einziehung vom Gegner bei Beendigung ohne Kostenentscheidung

7   Wird der Rechtsstreit ohne Entscheidung über die Kosten beendet, so fällt nach Abs. 2 die dem Gegner der mittellosen Partei in § 122 Abs. 2 gewährte Vergünstigung mit der Prozeßbeendigung fort, da sonst die Staatskasse zu den nach § 122 Abs. 2 gestundeten Kosten, vor allem den Auslagen für eine vom Beklagten beantragte Beweisaufnahme (§ 68 GKG), überhaupt nicht gelangen würde. Der Fall des Abs. 2 ist gegeben bei einem Vergleich (→ Rdnr. 8) sowie bei Nichtbetreiben eines ruhenden oder tatsächlich stillstehenden Verfahrens. Ob in den letzteren Fällen der Prozeß als beendet anzusehen ist, ist gegebenenfalls durch Anfrage bei den Parteien festzustellen[4], wobei ihr Schweigen entsprechend zu würdigen ist.

V. Insbesondere: Übernahme der Kosten in einem Vergleich

8   § 125 Abs. 2 gilt auch im Falle des Vergleichs. Soweit hier der **Gegner** die Kosten durch eine vor Gericht abgegebene oder dem Gericht mitgeteilte Erklärung übernommen hat, haftet er der Gerichtskasse unmittelbar aus § 54 Nr. 2 GKG. Hat die **mittellose Partei** die Kosten übernommen[5], so ist der Gegner Zweitschuldner für die ihn nach § 68 GKG treffenden Kosten (§ 69 S. 1 GKG), wobei die Haftung gemäß §§ 69 S. 1, 58 Abs. 2 S. 1 GKG mit Rücksicht auf die Mittellosigkeit der anderen Partei in der Regel begründet sein wird[6]. Die Prozeßkostenhilfe für den Kläger steht hier der Inanspruchnahme des Gegners und dessen Rückgriff gegen die bedürftige Partei nicht entgegen (→ § 123 Rdnr. 4).

§ 126 [Beitreibung der Rechtsanwaltskosten]

(1) Die für die Partei bestellten Rechtsanwälte sind berechtigt, ihre Gebühren und Auslagen von dem in die Prozeßkosten verurteilten Gegner im eigenen Namen beizutreiben.

(2) ¹Eine Einrede aus der Person der Partei ist nicht zulässig. ²Der Gegner kann mit Kosten aufrechnen, die nach der in demselben Rechtsstreit über die Kosten erlassenen Entscheidung von der Partei zu erstatten sind.

Gesetzesgeschichte: Neugefaßt durch das Gesetz über die Prozeßkostenhilfe vom 13.6.1980 (BGBl. I, 677; → vor § 114 Rdnr. 6).

---

[4] *RG* WarnRspr. 1913 Nr. 67.
[5] Was übrigens nicht als Verzicht auf die Prozeßkostenhilfe auszulegen ist, *KG* JW 1931, 1837.
[6] Vgl. *OLG Frankfurt* HRR 1930 Nr. 819; *KG* JW 1937, 578.

Stichwortverzeichnis: → vor § 114 vor Rdnr. 1.

I. Das Beitreibungsrecht des Anwalts (Abs. 1)	1	III. Kostenfestsetzung und Beitreibung	11
1. Rechtsnatur	1	1. Festsetzung auf den Namen der Partei	11
2. Rechtskräftiges oder vorläufig vollstreckbares Urteil	3	a) Kostenerstattungsansprüche der Partei	12
3. Mehrheit von Anwälten; eingeschränkte Beiordnung	5	b) Verhältnis zu § 126	13
		c) Wirkungen	14
II. Einwände des Gegners (Abs. 2)	6	2. Festsetzung zugunsten des Anwalts nach Festsetzung auf den Namen der Partei (sog. Umschreibung des Kostenfestsetzungsbeschlusses)	16
1. Einreden aus der Person der Partei	6		
2. Gegenanspruch auf Erstattung von Kosten desselben Rechtsstreits	9	3. Verfahren bei Festsetzung auf den Namen des Anwalts	23
3. Kostenteilung und Kostentrennung	10	IV. Übergang des Beitreibungsrechts auf die Staatskasse	25
		1. Anspruch der Staatskasse gegen den Gegner	25
		2. Anspruch gegen Streitgenossen der Partei	28

I. Das Beitreibungsrecht des Anwalts (Abs. 1)[1]

1. Rechtsnatur

§ 126 verleiht dem der bedürftigen Partei beigeordneten Rechtsanwalt im Umfang der Beiordnung (→ Rdnr. 5) das Recht, anstelle einer Liquidation bei der Staatskasse (→ § 121 Rdnr. 34) seine noch nicht bezahlten (→ Rdnr. 25) erstattungsfähigen Wahlanwaltsgebühren und Auslagen vom verurteilten Gegner beizutreiben. Dieses Recht ist, wie sich aus Abs. 2 ergibt, kein eigener Kostenerstattungsanspruch des Anwalts gegen den Gegner[2]. Es handelt sich vielmehr materiell-rechtlich um eine **auf die Erstattungsansprüche der Partei bezogene Einziehungsbefugnis**, prozeßrechtlich um eine Prozeßstandschaft[3], also um eine Beitreibung kraft eigenen Rechts, die in der Stellung des Überweisungsgläubigers nach § 835 eine gewisse Parallele findet[4]. Die Partei verliert danach ihren Anspruch nicht[5] (→ auch Rdnr. 12), sondern dieser ist mit dem Einziehungsrecht ihres Anwalts »belastet«, soweit und solange der Anwalt wegen seiner Gebührenansprüche noch nicht befriedigt ist. Näher zur *Konkurrenz* beider Rechte → Rdnr. 11 ff.

1

[1] Lit.: *Gaedecke* Beitreibungsrecht des Armenanwalts (1936); *Goldmann* Der Kostenerstattungsanspruch des Armenanwalts nach § 124 ZPO, JW 1932, 3575 ff.; *Habscheid/Schlosser* Das Beitreibungsrecht des Armenanwalts, ZZP 75 (1962), 302; *Kraemer* Beitreibungsrecht des Armenanwalts, ZZP 62 (1941), 294; *Lappe* Die Raten des PKH-Siegers, MDR 1985, 463; *ders.* Kostenerstattung bei Prozeßkostenhilfe, Rpfleger 1984, 129; *Mümmler* Kostenausgleichung und Festsetzung unter Berücksichtigung des § 130 BRAGO, JurBüro 1992, 453; Kostenfestsetzung für die obsiegende Partei, der Prozeßkostenhilfe bewilligt ist, JurBüro 1987, 1651; *ders.* Kostenfestsetzung nach § 126 ZPO im Falle der Beiordnung eines Prozeßbevollmächtigten und eines Verkehrsanwalts für dieselbe Partei, JurBüro 1984, 1789; *ders.* Rechtsbeziehungen des beigeordneten Rechtsanwalts zur eigenen Partei, zum erstattungspflichtigen Prozeßgegner und zur Staatskasse, JurBüro 1984, 641. – Vgl. ferner vor § 114 Fn. 1 und § 121 Fn. 1.

[2] A.M. *Lappe* MDR 1985, 463 f.; Rpfleger 1984, 129; → auch Rdnr. 12.

[3] OLG Düsseldorf Rpfleger 1986, 448. – A.M. insoweit OLG Frankfurt Rpfleger 1990, 468.

[4] Vgl. zu § 124 a.F. schon *BGHZ* 5, 251, 253 = NJW 1952, 786 = LM § 124 a.F. Nr. 1 (*Johannsen*); KG JW 1935, 797; *Goldmann* JW 1932, 3575 ff.; zum neuen Recht u. a. OLG Düsseldorf FamRZ 1990, 420, 421; Rpfleger 1986, 448; OLG Frankfurt Rpfleger 1990, 468; OLG Koblenz Rpfleger 1991, 324; 1983, 366; AnwBl. 1990, 56; MDR 1987, 1032.

[5] So noch *RG* JW 1896, 146 (gesetzlicher Forderungsübergang).

2   Das Beitreibungsrecht des Rechtsanwalts bezieht sich nur auf die noch nicht von der Partei oder der Staatskasse (→ Rdnr. 25) bezahlten **erstattungsfähigen**[6] **Gebühren und Auslagen**[7] **eines Wahlanwalts.** Die persönlichen Auslagen der Partei kann er nicht beitreiben[8]. Das Recht aus § 126 umfaßt auch den Zugriff auf die vom Gegner bestellte *Ausländersicherheit* nach § 110[9]. Die Ansprüche des Anwalts gegen die *Staatskasse* nach § 121 BRAGO (→ § 121 Rdnr. 34) werden von § 126 und seinen Einschränkungen nicht berührt[10].

2. Rechtskräftiges oder vorläufig vollstreckbares Urteil

3   Das Beitreibungsrecht des Rechtsanwalts setzt eine **Verurteilung** des Gegners in die Kosten oder – was dem gleichzustellen ist – die Kostenübernahme durch den Gegner in einem gerichtlichen **Vergleich** voraus[11]. Daß es dazu nicht kommt, kann der Anwalt aus § 126 nicht verhindern. Der von der Vorschrift erstrebte Schutz geht nicht so weit, die Partei in ihrer allgemeinen Prozeßführung zu beschränken, auch wenn dadurch ihr Kostenanspruch berührt wird. So, wie sie infolge schlechter Prozeßführung unterliegen und damit die Aussicht auf eine Kostenforderung verlieren kann, so muß der Anwalt auch andere Handlungen der Partei hinnehmen, die dazu führen, daß die Partei keinen oder nur einen eingeschränkten Kostenerstattungsanspruch erwirbt[12]. Das gilt etwa für die Kostenfolgen einer **Klagerücknahme**, einer **Erledigungserklärung**, eines **Rechtsmittels** und vor allem eines gerichtlichen oder außergerichtlichen[13] **Vergleichs**, der auch noch in der höheren Instanz geschlossen werden kann[14]. – Zu Verfügungen der Partei über den endgültig *entstandenen* Anspruch → Rdnr. 8.

4   Ein endgültiges Beitreibungsrecht hat der Rechtsanwalt erst dann erworben, wenn die Verurteilung des Gegners in die Kosten **Rechtskraft** erlangt hat oder wenn der Gegner durch Vergleich endgültig kostenpflichtig geworden ist[15]. Der Anwalt kann zwar auch schon auf der Grundlage eines nur **vorläufig vollstreckbaren Urteils** beitreiben (zur *Sicherheitsleistung* → § 103 Rdnr. 6). Er hat dann aber nur ein auflösend bedingtes Recht, das sowohl durch eine abändernde Entscheidung als auch durch einen Vergleich der Parteien (→ Rdnr. 2) in der höheren Instanz hinfällig werden kann[16]. Hat der Gegner die Kosten auf Grund des vorläufig vollstreckbaren Urteils *an den Anwalt gezahlt*, so hat er gegen diesen einen Anspruch aus § 717 Abs. 2, da eine nicht bestehende Forderung der Partei beigetrieben ist.

3. Mehrheit von Anwälten; eingeschränkte Beiordnung

5   Sind auf Seiten der prozeßkostenhilfeberechtigten Partei, insbesondere infolge Anwaltswechsels (→ § 121 Rdnr. 27), mehrere Rechtsanwälte tätig gewesen, so steht dem einzelnen Anwalt das Beitreibungsrecht nur hinsichtlich der auf ihn entfallenden erstattungsfähigen Beträge zu. Die mehreren Anwälte haben nicht etwa, wenn die Aufwendungen nur für einen

---

[6] Erstattungsfähig ist hier auch die **Umsatzsteuer** (→ § 91 Rdnr. 89), da der beigeordnete Rechtsanwalt auch der vorsteuerabzugsberechtigten Partei wegen § 122 Abs. 1 Nr. 3 keine Rechnung ausstellen kann, *OLG Düsseldorf* NJW-RR 1992, 1529.
[7] Vgl. für die Fahrtkosten des auswärtigen Anwalts (→ § 121 Rdnr. 14) *VGH Baden-Württemberg* JurBüro 1993, 542.
[8] *OLG Schleswig* JurBüro 1972, 604.
[9] *RGZ* 126, 180.
[10] *AG Nürnberg* AnwBl. 1986, 455.
[11] Es bedarf jedenfalls einer **Kostengrundentscheidung**. § 788 reicht als Grundlage nicht (*LG Berlin* Rpfleger 1979, 346), ebenso wenig § 269 Abs. 3 (*KG* MDR 1988, 420).

[12] *OLG Düsseldorf* AnwBl. 1979, 184.
[13] *BGHZ* 5, 251, 259 = NJW 1952 786 = LM § 124 a.F. Nr. 1 (*Johannsen*); *OLG Frankfurt* NJW 1969, 144; *OLG Stuttgart* MDR 1989, 744.
[14] *OLG Frankfurt* MDR 1961, 780; *OLG Schleswig* SchlHA 1961, 248. – A.M. *OLG Breslau* JW 1930, 1092; *KG* OLGRspr. 27 (1913), 56. Aber dann wäre der mittellosen Partei, wenn sie in erster Instanz im Kostenpunkt obsiegt hat, jeder Dispositionsakt in der höheren Instanz verwehrt.
[15] *OLG Karlsruhe* BadRPr. 1904, 90; *OLG Zweibrücken* BayZ 1906, 324.
[16] *OLG Koblenz* JurBüro 1982, 776.

Anwalt erstattungsfähig sind, ein konkurrierendes oder gemeinsames Recht hinsichtlich des ganzen Betrages (→ § 91 Rdnr. 109). Ist der während des Rechtsstreits beigeordnete Rechtsanwalt vorher als Vertrauensanwalt für die Partei tätig gewesen (→ § 121 Rdnr. 32), so erstreckt sich das Recht aus § 126 nur auf diejenigen Gebühren, die durch die Tätigkeit *nach* der Beiordnung oder gegebenenfalls nach dem Rückwirkungszeitpunkt (→ § 119 Rdnr. 27) erwachsen[17] (→ auch § 121 Rdnr. 35). Dasselbe gilt für die auf einzelne Gebührentatbestände beschränkte Beiordnung, etwa bei der Beiordnung für einen von mehreren Streitgenossen[18] (→ § 114 Rdnr. 8).

II. Einwände des Gegners (Abs. 2)

1. Einreden aus der Person der Partei

Abs. 2 S. 1 schließt – in verfassungskonformer Weise[19] – im Kostenpunkt jede Einrede aus der Person der mittellosen Partei gegenüber dem Anwalt aus, die nicht die *Entstehung* des Anspruchs betrifft (→ Rdnr. 3, 4), sondern sein **Erlöschen**[20]. Das gilt allerdings nur, solange der Kostenerstattungsanspruch zugunsten des Anwalts nach § 126 kraft Gesetzes »verstrickt« ist (→ Rdnr. 14). 6

Abs. 2 erfaßt diejenigen Einwendungen, mit denen eine **Tilgung des Anspruchs der Partei** durch *Leistung an sie* behauptet wird, also Zahlungen an die Partei[21], Aufrechnung mit einer – auch früher fälligen – Gegenforderung[22] (→ aber Rdnr. 9) etc. Dabei ist es gleich, ob die Tilgung einem Antrag des Rechtsanwalts auf Festsetzung der Kosten auf seinen Namen vorausging oder nicht[23], denn die »Verstrickung« besteht von Anfang an kraft Gesetzes, ist also nicht von einer Handlung des Anwalts abhängig, und sie endet erst (vorläufig) mit der Kostenfestsetzung auf den Namen der Partei (→ Rdnr. 14). Nicht gemeint sind von Abs. 2 solche Einwendungen, die eine Tilgung des **Anspruchs des Anwalts gegen seine Partei** geltend machen, etwa durch Zahlung seitens der Partei, durch Erlaß usw. Denn der Anwalt hat sein Einziehungsrecht nur, soweit und solange er Gläubiger der mittellosen Partei ist[24] (→ auch Rdnr. 1). 7

In der Beschränkung der Einreden liegt sachlich auch das relative **Verbot von Verfügungen**, die Einreden begründen könnten. Solange die zugunsten des Anwalts bestehende »Verstrickung« nicht gelöst ist (→ Rdnr. 14), kann daher die Partei über den einmal *entstandenen* Kostenerstattungsanspruch nicht mit Wirkung auch dem Anwalt gegenüber verfügen[25], auch nicht durch Vergleich[26] oder Verzicht[27] nach Rechtskraft der Kostenentscheidung. Dasselbe gilt für Verfügungen über den *künftigen* Kostenerstattungsanspruch (→ vor § 91 Rdnr. 13), die nicht dessen Entstehung verhindern (→ Rdnr. 3), sondern ihn einem Dritten zuweisen, etwa durch Abtretung vor Erlaß des Kostenurteils[28] oder durch Pfändung[29]. 8

---

[17] *OLG Düsseldorf* OLGRspr. 29 (1914), 65; *OLG München* OLGRspr. 29 (1914), 64.
[18] *BGH* NJW 1993, 1715 f.
[19] *BGH* NJW-RR 1991, 254 = KostRspr. § 126 ZPO Nr. 27 (abl. *Lappe*); vgl. zum alten Recht schon *OLG Hamm* JurBüro 1966, 323.
[20] *BGHZ* 5, 251, 259 = NJW 1952, 786 = LM § 124 a.F. Nr. 1 (*Johannsen*); *OLG Düsseldorf* FamRZ 1990, 420, 421.
[21] *OLG Hamm* AnwBl. 1982, 383.
[22] *OLG Düsseldorf* FamRZ 1990, 420, 421; AnwBl. 1979, 184; *OLG Frankfurt* Rpfleger 1990, 468; *OLG Hamburg* JurBüro 1990, 1312; *OLG Koblenz* Rpfleger 1991, 324; 1983, 366; AnwBl. 1990, 56; *OLG Stuttgart* Rpfleger 1987, 218.

[23] A.M. *OLG Schleswig* JurBüro 1979, 1206; *Zöller/Philippi*[18] Rdnr. 27 m. w. N.
[24] Vgl. *OLG Jena* ZZP 31 (1903), 334.
[25] Anders für den Fall, daß der Anwalt selbst namens der Partei aufgerechnet hat, *OLG Hamburg* JurBüro 1990, 1312. Hier wird man an eine stillschweigende Zustimmung (§ 185 BGB) denken müssen.
[26] *BGHZ* 5, 251, 259 = NJW 1952, 786 = LM § 124 a.F. Nr. 1 (*Johannsen*); *KG* JW 1934, 1798.
[27] *OLG Köln* MDR 1956, 363.
[28] *KG* JW 1936, 2165; *OLG Köln* JW 1936, 1307.
[29] *OLG Frankfurt* Rpfleger 1990, 468; *OLG Hamburg* MDR 1961, 861.

2. Gegenanspruch auf Erstattung von Kosten desselben Rechtsstreits

9 Unbeschränkt kann der erstattungspflichtige Gegner nach Abs. 2 S. 2 der Partei einen Anspruch auf Erstattung von Kosten desselben Rechtsstreits entgegensetzen, auch wenn es sich um solche einer anderen Instanz handelt[30]. Auf Prozeßkostenvorschüsse, die der Gegner der mittellosen Partei, z. B. als Ehemann der klagenden Ehefrau, gezahlt hatte, kann der nach § 126 vorgehende Anwalt aber nicht verwiesen werden[31], ebenso wenig auf Kostenerstattungsansprüche aus einem anderen Rechtsstreit[32]. Durch § 8 Abs. 1 S. 2 JBeitrO wird § 126 Abs. 2 S. 1 nicht verdrängt. Vielmehr treten die dort genannten Voraussetzungen einer zulässigen Aufrechnung als zusätzliche Erfordernisse zu § 126 Abs. 2 S. 2 hinzu[33].

3. Kostenteilung und Kostentrennung

10 Die Verrechnung der Kosten auf Grund einer Verurteilung nach § 92 oder einer Kostentrennung nach §§ 94 ff. usw. (→ § 91 Rdnr. 14) wird durch Abs. 2 selbstverständlich überhaupt nicht berührt, da diese Kosten den zu erstattenden Betrag von selbst mindern und ohne weiteres bei der Kostenfestsetzung abzuziehen sind[34] (→ § 104 Rdnr. 18). Durch eine Klage nach § 767 kann diese Verrechnung nicht geltend gemacht werden, denn es handelt sich hier nicht um eine neu entstandene Einrede.

III. Kostenfestsetzung und Beitreibung

1. Kostenfestsetzung auf den Namen der Partei

11 Die Festsetzung der Kosten kann **vom Anwalt auf seinen Namen**, aber auch **von der Partei auf ihren Namen** beantragt werden.

a) Kostenerstattungsansprüche der Partei

12 Eine Festsetzung auf den Namen der Partei kommt freilich nur in Betracht, wenn dieser überhaupt Kostenerstattungsansprüche gegen den unterlegenen Gegner zustehen können. Zweifelhaft kann das wegen §§ 122 Abs. 1 Nr. 3, 126 nur für die Anwaltskosten sein, während für alle sonstigen außergerichtlichen Kosten sicher Erstattungsansprüche geltend gemacht werden können[35]. Bezüglich der *Anwaltskosten* kann sodann über solche nicht gestritten werden, die bereits vor der Beiordnung entstanden sind und deshalb von der Prozeßkostenhilferegelung nicht erfaßt werden (→ § 121 Rdnr. 32); ihre Erstattung kann die Partei ohne weiteres verlangen[36]. Im übrigen wird allerdings die Ansicht vertreten, es ergebe sich aus § 122 Abs. 1 Nr. 3, daß die Partei ihrem Anwalt nichts schulde und ihr deshalb auch keine Kosten entstünden, die der Gegner zu erstatten habe; daraus könne gefolgert werden, daß die Partei keine eigenen Kostenerstattungsansprüche habe und § 126 dem beigeordneten Rechtsanwalt deshalb eigene Erstattungsansprüche gewähre[37]. Diese Auffassung fällt indes-

---

[30] *OLG Hamm* JurBüro 1975, 946; 1974, 234; *OLG Koblenz* JurBüro 1982, 776; *OLG Naumburg* JW 1936, 3327 (*Gaedecke*).
[31] *OLG Naumburg* JW 1936, 3327 (*Gaedecke*).
[32] *LG Berlin* AnwBl. 1983, 327.
[33] *BGH* NJW-RR 1991, 254.
[34] Vgl. dazu *OLG Dresden* JW 1937, 2796f. (*Gaedecke*); *OLG Hamburg* JW 1932, 2172; *KG* JW 1937, 2799; *OLG Koblenz* MDR 1987, 1032.
[35] Vgl. nur *Lappe* Rpfleger 1984, 129.
[36] *OLG Hamburg* JurBüro 1990, 1312.
[37] *OLG Hamm* AnwBl. 1990, 328; *OLG Saarbrücken* JurBüro 1993, 302; 1987, 919; *OLG Schleswig* SchlHA 1990, 196, 197; *AG Hamburg* JurBüro 1986, 773 (abl. Mümmler); *v. Eicken* Anm. zu KostRspr. § 126 ZPO Nr. 8, 15, 16; *Lappe* Anm. zu KostRspr. § 126 ZPO Nr. 4, 18, 26; *ders*. Rpfleger 1984, 129.

sen mit ihrer Prämisse, da § 122 Abs. 1 Nr. 3 dem Anwalt nicht die Ansprüche gegen seine Partei nimmt, sondern lediglich zu einer stundungsähnlichen Wirkung führt (→ § 121 Rdnr. 30). Die Partei schuldet also weiterhin und kann folglich auch Kostenerstattung verlangen. Daß sie im Innenverhältnis Schonung genießt, wirkt sich im Außenverhältnis zum Gegner nicht aus. Zudem ist zu berücksichtigen, daß die Partei u. U. per Ratenzahlung auch zu den Anwaltskosten beiträgt (→ § 120 Rdnr. 14). In diesen Fällen reicht es nicht aus, einen Kostenanspruch nur insoweit zu gewähren, als tatsächlich Raten auf die Anwaltskosten gezahlt sind[38], sondern es müssen auch die künftigen Raten berücksichtigt werden. Aber auch dann, wenn Prozeßkostenhilfe ohne Raten bewilligt wurde, besteht im Hinblick auf § 120 Abs. 4 ein Rechtsschutzbedürfnis für einen eigenen Kostenerstattungsanspruch der Partei[39]. Denn der Anspruch des Anwalts besteht, und ob er erfüllt wurde oder nicht, spielt für den Kostenerstattungsanspruch keine Rolle (→ § 104 Rdnr. 10). Die bedürftige Partei hier schlechter zu stellen als die vermögende, besteht kein Anlaß[40]. Das Rechtsschutzbedürfnis fehlt der Partei nur dann, wenn ihr ratenfreie Prozeßkostenhilfe bewilligt wurde, der Anwalt die niedrigere Prozeßkostenhilfegebühr (§ 123 BRAGO) aus der Staatskasse bereits erhalten hat und die Partei nur diese, nicht die Differenzgebühr festgesetzt wissen will[41]. – Zur Frage, ob die Beitreibung der Differenzkosten von der der Partei gewährten Prozeßkostenhilfe erfaßt wird, → § 119 Rdnr. 16.

b) Verhältnis zu § 126

Die Ansprüche der Partei und das Beitreibungsrecht des Rechtsanwalts bestehen grundsätzlich unabhängig voneinander. Die Partei bedarf zur Kostenfestsetzung auf ihren Namen weder der Zustimmung noch eines Verzichts des Anwalts[42]. § 1285 BGB gilt also weder unmittelbar noch entsprechend. Stellt der Anwalt den Antrag, so geschieht das **im Zweifel im Namen der Partei**[43]. Wünscht er Festsetzung auf seinen Namen, so muß er dies klar zum Ausdruck bringen[44]. 13

c) Wirkungen

Von der Zustellung des **auf den Namen der Partei lautenden Beschlusses** an kann der erstattungspflichtige Gegner mit befreiender Wirkung **an die Partei zahlen**[45] und muß eine von der Partei ihm mitgeteilte Abtretung oder sonstige Verfügung berücksichtigen[46]. Der Gegner kann die Forderung auch über § 126 Abs. 2 hinaus durch **Aufrechnung** nach den allgemeinen Regeln zum Erlöschen bringen[47]. Will sich der Anwalt sein Recht sichern und 14

---

[38] So aber *KG* AnwBl. 1983, 324; *OLG Saarbrücken* JurBüro 1986, 1877.
[39] *MünchKommZPO/Wax* Rdnr. 3.
[40] *OLG Hamburg* JurBüro 1990, 1312; *KG* Rpfleger 1987, 333 = KostRspr. § 126 ZPO Nr. 18 (abl. *Lappe*); *OLG Saarbrücken* JurBüro 1993, 303; *LG Berlin* JurBüro 1987, 765.
[41] *Mümmler* JurBüro 1987, 1652; 1986, 774.
[42] Vgl. *OLG Hamm* AnwBl. 1982, 383; *KG* JW 1937, 566; 1935, 797. – *Habscheid/Schlosser* ZZP 75 (1962), 302 wollen der Partei nur einen Befreiungsanspruch belassen und gestatten ihr deshalb nur die Erwirkung eines Festsetzungsbeschlusses zur Zahlung an den Anwalt.
[43] *OLG Bamberg* JurBüro 1978, 1401; *OLG Breslau* JW 1934, 3009; *OLG Hamm* AnwBl. 1982, 383; JurBüro 1975, 946; 1974, 234; *OLG Koblenz* JurBüro 1982, 776; *OLG Naumburg* JW 1936, 3327 (*Gaedecke*); *OLG Stuttgart* JW 1934, 1195; *AG Nürnberg* AnwBl. 1986, 455. –

A.M. (im Zweifel Rückfrage nötig) *OLG Schleswig* SchlHA 1990, 196, 197; *MünchKommZPO/Wax* Rdnr. 5.
[44] *OLG Düsseldorf* AnwBl. 1980, 379; *OLG Hamm* NJW 1968, 405.
[45] Vgl. *OLG Bremen* JurBüro 1986, 1413; *OLG Frankfurt* JurBüro 1979, 714.
[46] Vgl. allg. BGHZ 5, 251, 257 = NJW 1952, 786 = LM § 124 a.F. Nr. 1 (*Johannsen*); ferner für die **Pfändung** *OLG Hamburg* JurBüro 1983, 291; *OLG München* Rpfleger 1992, 257.
[47] *OLG Düsseldorf* FamRZ 1990, 420, 421; AnwBl. 1980, 377f.; *OLG Frankfurt* Rpfleger 1990, 468; *OLG Hamm* AnwBl. 1990, 328; 1982, 383; Rpfleger 1973, 103; *KG* Rpfleger 1977, 451; *OLG Koblenz* MDR 1987, 1032; Rpfleger 1983, 366; *OLG Schleswig* SchlHA 1990, 196, 197; JurBüro 1979, 912; *OLG Stuttgart* Rpfleger 1987, 218; *LG Berlin* AnwBl. 1983, 327; JurBüro 1983, 879; 1967, 340; *LG Bielefeld* KostRspr. § 130 BRAGO

Verfügungen der Partei verhindern, so muß er deshalb die Kostenfestsetzung alsbald seinerseits betreiben (→ Rdnr. 16). Die Festsetzung auf den Namen der Partei wirkt also **rechtsgestaltend** (konstitutiv), indem sie das Recht des Anwalts beschneidet. Mit der Festsetzung auf den Namen der Partei ist die gesetzliche pfandrechtsähnliche »Verstrickung« zugunsten des Anwalts vorerst gelöst. Die genannten Einwände sind in einem späteren Kostenfestsetzungsverfahren auf den Namen den Anwalts (→ Rdnr. 16) zu berücksichtigen, soweit sie unstreitig sind[48]. Anderenfalls sind sie nach § 767 bzw. § 775 Nr. 4, 5 geltend zu machen (→ § 104 Rdnr. 13).

15 Während über dieses Ergebnis weitgehend Einigkeit besteht, ist seine **dogmatische Grundlage** umstritten. Die h. M. vertritt den Standpunkt, der Anwalt habe die genannten Rechtsfolgen durch einen jedenfalls zeitweiligen Verzicht auf den ihm durch § 126 gewährten Schutz selbst herbeigeführt[49]. Das ist indessen keine befriedigende Lösung, denn ein Verzicht des Anwalts ist zwar möglich, wird aber kaum festzustellen sein, wenn die Festsetzung auf den Namen der Partei ohne sein Zutun erfolgt. Andere rücken den Vertrauensschutz für den Gegner in den Vordergrund[50]. Aber ob der Gegner (auf einen vermeintlichen Verzicht des Anwalts?) vertraut oder nicht, kann nicht den Ausschlag geben. Entscheidend ist vielmehr, daß die Partei auf Grund des Kostenfestsetzungsbeschlusses vollstrecken kann und daß der Gegner deshalb in der Lage sein muß, die Vollstreckung durch Leistungen mit befreiender Wirkung abzuwenden[51]. Dieser Schutz des Gegners gebietet es, § 126 einschränkend zu interpretieren und an den jeweils in der Welt befindlichen Kostenfestsetzungsbeschluß anzuknüpfen, bei Kostenfestsetzung auf den Namen der Partei also solange, bis dieser Beschluß durch einen zweiten auf den Namen des Anwalts für wirkungslos erklärt worden ist (→ Rdnr. 16, 18). Bis zu diesem Moment kann der Gegner daher – solange nicht der Tatbestand des § 242 BGB erfüllt ist – zur Abwendung der Zwangsvollstreckung auch dann noch mit befreiender Wirkung an die Partei leisten, wenn er weiß, daß die Festsetzung auf den Namen der Partei auf einem Irrtum beruht[52], oder wenn ihm bekannt ist, daß der Anwalt inzwischen Festsetzung auf seinen Namen beantragt hat[53].

2. Festsetzung zugunsten des Anwalts nach Festsetzung auf den Namen der Partei (sog. Umschreibung des Kostenfestsetzungsbeschlusses)

16 Wenn trotz § 126 der Partei gestattet wird, ihre Kosten für sich festsetzen zu lassen und damit das Recht des Anwalts einzuschränken, so nötigt das noch nicht dazu, den damit für den Anwalt eintretenden Rechtsverlust als endgültig zu betrachten. Es liegt vielmehr im Sinn des § 126, der dem Anwalt an sich den Vorrang vor der Partei zubilligt, auch dann das Recht des Anwalts zu erhalten, wenn bereits eine Festsetzung der Kosten zugunsten der Partei erfolgt war[54]. Dies kann nur durch Wiederherstellung des anwaltlichen Rechts geschehen. Diese kann schon aus Gründen der Rechtssicherheit nicht bereits an den *Antrag* des Anwalts auf eine zweite Festsetzung der Kosten geknüpft werden (→ Rdnr. 15), sondern man muß einen

---

Nr. 8 (*Schneider*); *LG Braunschweig* NdsRpfl. 1984, 12; *LG Hannover* JurBüro 1982, 612.

[48] *OLG Düsseldorf* AnwBl. 1980, 377; *OLG Hamm* AnwBl. 1982, 383, 384; Rpfleger 1973, 103; *OLG Schleswig* JurBüro 1979, 912.

[49] Vgl. *OLG Düsseldorf* AnwBl. 1980, 377; *KG* JW 1937, 566; *OLG Koblenz* Rpfleger 1991, 324; 1983, 366; AnwBl. 1990, 56; MDR 1987, 1032; *LG Berlin* JurBüro 1967, 340; *MünchKommZPO/Wax* Rdnr. 16. – Auf *Habscheid/Schlosser* ZZP 75 (1962), 316 kann sich diese Ansicht nicht berufen; dort wird lediglich der (damalige) Meinungsstand referiert.

[50] *OLG Hamm* AnwBl. 1990, 328; MDR 1987, 413; *OLG Saarbrücken* JurBüro 1987, 918.

[51] So auch *OLG Hamm* Rpfleger 1973, 103; *OLG Schleswig* SchlHA 1990, 196, 197; v. *Eicken* Anm. zu KostRspr. § 126 ZPO Nr. 8.

[52] A.M. *OLG Hamm* MDR 1987, 413; allerdings lag hier wohl treuwidriges Verhalten des Gegners vor.

[53] A.M. *OLG Saarbrücken* JurBüro 1987, 918 f.

[54] Eine **Verwirkung** dieses Rechts erscheint in Sonderfällen nicht ausgeschlossen; vgl. *Tschischgale* Rpfleger 1965, 380 gegen *LG Berlin* Rpfleger 1965, 379; a.m. auch *OLG Schleswig* SchlHA 1979, 58. .

der Verdrängung des anwaltlichen Rechts entsprechenden Akt für die Wiedererlangung dieses Rechts fordern und dieses demnach erst mit einer **Festsetzung der Kosten auf seinen Namen in einem zweiten Beschluß** eintreten lassen. Auch diese Festsetzung hat dann **rechtsgestaltende Wirkung** (→ Rdnr. 14), aber **keine Rückwirkung**. Zahlungen und sonstige Verfügungen (z.B. Aufrechnung) in der Zeit zwischen der Zustellung des ersten Beschlusses zugunsten der Partei und der des zweiten Beschlusses zugunsten des Anwalts muß dieser gegen sich gelten lassen (→ Rdnr. 14, 15).

Eine *Rechtsnachfolge* im Sinne des § 727 liegt hier nicht vor, weil dem Anwalt das Recht, die Festsetzung zu beantragen, von Anfang an zugestanden und er es nie verloren hat, während die verbindliche Feststellung des ihm zukommenden Betrages erst in dem zweiten Beschluß erfolgt und er erst durch diesen sein Recht zur zwangsweisen Beitreibung erhält. Dieses ist nicht etwa von der Partei vor dieser neuen Festsetzung auf den Anwalt übergegangen. Von einer »**Umschreibung**« des ersten Beschlusses zu reden[55], besteht demnach kein Anlaß. Ebenso wenig wäre es zu vertreten, auf den Vorgang die Umschreibungsvorschriften (§§ 727ff.) sinngemäß anzuwenden, zumal dies praktisch zu Schwierigkeiten führen könnte, insbesondere in der Frage der Zuständigkeit und wegen des Verhältnisses zur Klauselerteilung im üblichen Sinne. Abgesehen davon, daß nur eine *Teilumschreibung* in Betracht käme, weil die Partei meist *alle* ihr entstandenen Kosten einheitlich festsetzen läßt (→ Rdnr. 12), während sich der Beschluß zugunsten des Anwalts auf die Anwaltskosten beschränkt (→ Rdnr. 2), kann man dem Anwalt das Recht nicht verwehren, ebenso wie die Partei Nachforderungen zu stellen (→ § 103 Rdnr. 12). Nur an die **rechtskräftige Ablehnung** einer Festsetzung zugunsten der Partei ist der Anwalt gebunden, weil nach dem Sinn des § 126 sein Recht über das der Partei nicht hinausgeht und deshalb insoweit eine materiell-rechtliche Abhängigkeit besteht[56]. – Zur Rechtskraft → § 103 Rdnr. 12, § 104 Rdnr. 63.

Die zweite Entscheidung ist deshalb ein **selbständiger Beschluß**[57], keine Ergänzung, denn dann wären zur Vollstreckung beide Beschlüsse nötig. *Zuständig* ist der Rechtspfleger (→ § 104 Rdnr. 1). Die Festsetzung auf Fälle zu beschränken, in denen *keine Verwirrung zu befürchten* ist[58], ist nicht veranlaßt. Der zweite Beschluß darf jedoch nicht dazu führen, daß der Prozeßgegner einer *doppelten Vollstreckung* ausgesetzt wird (→ auch Rdnr. 15). Dazu muß die Festsetzung zugunsten des Anwalts ebenso in die Festsetzung zugunsten der Partei eingreifen, wie die Festsetzung zugunsten der Partei zunächst in das Recht des Anwalts aus § 126 eingegriffen hat (→ Rdnr. 14). Da in dem ersten Beschluß bereits ein Vollstreckungstitel zugunsten der Partei geschaffen ist, muß dieser in dem zweiten Beschluß, soweit er sich mit dem ersten deckt, schon um der Rechtssicherheit willen *eindeutig ausgeschaltet werden*. In Anlehnung an die Fassung eines Pfändungs- und Überweisungsbeschlusses dem Gegner zu gebieten, an den Anwalt zu zahlen, und zu verbieten, anderweitig zu verfügen und insbesondere an die Partei zu zahlen, ist selbst bei Bezugnahme auf den ersten Beschluß kaum deutlich genug. Besser wird **ausdrücklich ausgesprochen, daß der erste Beschluß durch den zweiten wirkungslos wird**, soweit er Zahlung derselben (bestimmt zu bezeichnenden) Beträge an die Partei vorsieht.

Vor dem zweiten Beschluß ist die materiell betroffene Partei zu **hören**, auch wenn sie nicht Partei dieses zweiten Verfahrens ist. Rechtsbehelfe gegen diesen Beschluß hat sie aber nicht (→ Rdnr. 23). Auch im Fall der Hauptintervention, bei der zwei Parteien dasselbe Recht gegenüber einem Dritten klageweise geltend machen, sieht die ZPO nicht einen Dreiparteienprozeß, sondern zwei Zweiparteienprozesse vor. Entsprechend muß hier die Partei, wenn sie das Beitreibungsrecht des Anwalts bestreitet, Einwendungen gegen die Erteilung der Klausel zum zweiten Beschluß für den Anwalt in einem besonderen Verfahren in sinngemäßer Anwendung der §§ 732, 768 erheben. Zur Möglichkeit einstweiliger Anordnungen zu ihrem Schutz vor drohender Vollstreckung → §§ 732 Abs. 2, 769.

Daß der Partei die **Vollstreckungsklausel** zum ersten Beschluß bereits erteilt war, hindert den Erlaß des zweiten Beschlusses nicht, und ebenso wenig die Erteilung der Klausel zu diesem Beschluß für den

---

[55] Vgl. statt vieler *OLG Düsseldorf* MDR 1993, 91.
[56] Die Ablehnung der Ersatzfähigkeit *gegenüber dem Anwalt* wirkt hingegen keine materielle Rechtskraft gegenüber einem Festsetzungsantrag der Partei, da die Parteien der beiden Verfahren verschieden sind und in dieser Richtung auch keine materielle Abhängigkeit besteht. – **A.M.** *OLG Hamm* JMBl.NRW 1969, 71.
[57] *BGHZ* 5, 251, 253/255ff. = NJW 1952, 786 = LM

§ 124a.F. Nr. 1 (*Johannsen*); ähnlich *OLG Düsseldorf* AnwBl. 1980, 377; Rpfleger 1961, 90; JMBl.NRW 1952, 96; *OLG Hamm* AnwBl. 1982, 383; KG Rpfleger 1977, 451; DR 1940, 1019; JW 1937, 566; 1936, 3586; *OLG Saarbrücken* JurBüro 1987, 918; *OLG Schleswig* JurBüro 1979, 912.
[58] *OLG Braunschweig* NJW 1950, 230; KG JW 1937, 566; 1936, 56; 1934, 239.

Anwalt. Denn es handelt sich nicht um die Erteilung einer »weiteren« Ausfertigung i. S. d. § 733, weil der zweite Beschluß ein anderer als der erste, ein selbständiger Beschluß ist. Die *Rückgabe* des ersten Beschlusses ist nicht Voraussetzung der Festsetzung zugunsten des Anwalts[59]. Die Gegenpartei kann sich gegen eine doppelte Vollstreckung dadurch schützen, daß sie gegen den ersten Beschluß mit der Klage aus § 767 vorgeht, wenn sie das Beitreibungsrecht des Anwalts anerkennt; wenn sie es dagegen bestreitet, indem sie gegen den zweiten Beschluß die üblichen Rechtsbehelfe ausnützt (→ § 104 Rdnr. 29 ff.).

21 Gegen doppelte Zahlungen in *Unkenntnis des zweiten Beschlusses* ist die Gegenpartei durch § 836 Abs. 2 ZPO, § 409 BGB gesichert, die hier sinngemäß anzuwenden sind.

22 Eine einfache »**Berichtigung**« des Kostenfestsetzungsbeschlusses durch Umschreibung vom Namen der Partei auf den des Anwalts ist unter der Voraussetzung des § 319 zulässig, sonst nicht[60].

3. Verfahren bei Festsetzung auf den Namen des Anwalts

23 Der Anwalt kann sowohl das Verfahren nach §§ 103 ff. betreiben als auch – bei Quotenverteilung – dasjenige nach § 106. Er ist in dem Verfahren und bei der sich anschließenden Vollstreckung selbst **Partei**, und zwar auf der Gläubigerseite die einzige. Dies gilt auch für die Erinnerung und die **Beschwerde**[61]. Nur der Anwalt kann Rechtsmittel einlegen, nicht auch die Partei[62]. Der Anwalt haftet für die Kosten der Festsetzung und der Beitreibung[63], da die Prozeßkostenhilfe der Partei für ihn nicht wirkt[64]. Bei Festsetzung der Kosten *auf den Namen der Partei* haftet der Anwalt dem Gerichtsvollzieher dagegen nicht für die Kosten der Beitreibung, denn diese werden dann von der Prozeßkostenhilfe erfaßt (→ § 119 Rdnr. 16). Hierin besteht u. U. das praktische Interesse des Anwalts an der Festsetzung für die Partei.

24 Auf **Einreden** des Gegners aus der Person des Anwalts ist § 767 anwendbar (→ § 104 Rdnr. 13). Einwendungen, welche die *Entstehung* des Erstattungsanspruchs in der Person der mittellosen Partei betreffen, kann der Gegner gegenüber dieser gegebenenfalls nach §§ 767, 795 geltend machen[65]. Einwendungen aus der Person der armen Partei, welche den *Fortbestand* des Anspruchs *(nach* Zustellung der »Umschreibung«) betreffen, sind dem Anwalt gegenüber nicht gestattet. – Zur Stellung der Partei und deren Gehör → Rdnr. 19.

IV. Übergang des Beitreibungsrechts auf die Staatskasse

1. Anspruch der Staatskasse gegen den Gegner

25 Nach § 130 BRAGO (→ § 121 Rdnr. 39) gehen, insoweit der Anwalt Zahlungen aus der Staatskasse erhalten hat, seine Ansprüche gegen die Partei[66] sowie gegen den erstattungspflichtigen Gegner mit allen Nebenrechten und Einreden (§§ 412, 401, 404 BGB) auf die Staatskasse über[67]. Die Ansprüche verändern durch die Legalzession ihre Rechtsnatur nicht.

---

[59] So aber *BGHZ* 5, 251, 257 trotz Betonung der Selbständigkeit; ebenso *OLG Frankfurt* JurBüro 1979, 714; *KG* Rpfleger 1977, 451; JurBüro 1966, 614. Praktisch würde damit das Recht des Anwalts vom Wohlwollen der Partei abhängig gemacht oder der Anwalt zu einer Klage gegen diese mit etwas zweifelhafter Rechtsgrundlage (§ 126?) genötigt werden, mindestens aber zur Beschaffung der Ausfertigung des ersten Beschlusses im Vollstreckungswege auf Grund des zweiten Beschlusses, wenn man hier § 836 Abs. 3 für entsprechend anwendbar hält.

[60] *KG* Rpfleger 1977, 451; JW 1937, 566; 1936, 889; *OLG Saarbrücken* JurBüro 1987, 918. – **A.M.** *OLG Braunschweig* JW 1936, 3077, das hier § 732 entsprechend anwenden will.

[61] *RGZ* 9, 389 f.

[62] *OLG Hamm* NJW 1968, 405.

[63] *KG* OLGRspr. 2 (1901), 103; *OLG Kiel* SchlHA 1914, 319; *Schneider* Anm. zu KostRspr. § 130 BRAGO Nr. 8.

[64] *LG Baden-Baden* Rpfleger 1970, 357; *Tschischgale* JR 1957, 177.

[65] Nicht durch Klage gegen den Anwalt, *BGHZ* 5, 251.

[66] Zu deren Beitreibbarkeit → § 122 Rdnr. 7. – § 130 BRAGO erfaßt *nicht* die Kostenerstattungsansprüche der *Partei* gegen den Gegner; unzutr. *Mümmler* JurBüro 1987, 1652; *MünchKommZPO/Wax* Rdnr. 3.

[67] Vgl. *OLG Düsseldorf* FamRZ 1990, 420, 421; Rpfleger 1986, 448; *OLG Koblenz* Rpfleger 1991, 324; AnwBl.

Nur die Geltendmachung geschieht gemäß § 130 Abs. 2 BRAGO nach den für die Erhebung der Gerichtskosten geltenden Vorschriften. Die erfolgte Zahlung der Staatskasse ist bei der Kostenfestsetzung für Partei oder Anwalt zu berücksichtigen[68]. – Zu den Einzelheiten → § 121 Rdnr. 39.

Inwieweit der kostenpflichtige *Gegner* der Staatskasse **Einwendungen** entgegensetzen 26 kann, bestimmt sich nach § 126 Abs. 2. Nur in diesem beschränkten Rahmen kann er ebenso aufrechnen, wie er es dem beigeordneten Anwalt gegenüber könnte[69]. Auf die ihm selbst zustehende Prozeßkostenhilfe kann er sich allerdings trotz § 123 berufen (→ § 122 Rdnr. 8).

Reicht der vom Gegner zu erstattende Betrag (z. B. bei Verteilung der Kosten) nicht aus, um 27 die Anwaltskosten voll zu decken (d. h. sowohl den für den Anwalt noch ausstehenden Betrag als auch die ihm aus der Staatskasse bereits erstattete Teilsumme), so hat bei dem Zugriff gegen den erstattungspflichtigen Gegner der **Anwalt den Vorrang vor der Staatskasse**, da der Übergang der Teilforderung auf die Staatskasse nicht zum Nachteil des Anwalts geltend gemacht werden kann[70] (§ 130 Abs. 1 S. 2 BRAGO).

2. Anspruch gegen Streitgenossen der Partei

Ein **Ausgleichsanspruch** der Staatskasse gegen Streitgenossen der mittellosen Partei besteht 28 nach § 130 BRAGO nicht[71]. Er ergibt sich aber aus § 426 BGB[72], wenn sich die Streitgenossen durch den denselben Anwalt haben vertreten lassen. In diesem Fall kann die Staatskasse von den Streitgenossen die auf sie entfallenden Quoten des verauslagten Betrages verlangen[73]. Ist den Streitgenossen selbst Prozeßkostenhilfe bewilligt worden, so gilt das nur nach Maßgabe des § 122 Abs. 1 Nr. 1 lit. b[74] (→ § 122 Rdnr. 7).

§ 127 [Entscheidungen; Rechtsmittel]

(1) ¹Entscheidungen im Verfahren über die Prozeßkostenhilfe ergehen ohne mündliche Verhandlung. ²Zuständig ist das Gericht des ersten Rechtszuges; ist das Verfahren in einem höheren Rechtszug anhängig, so ist das Gericht dieses Rechtszuges zuständig.
(2) ¹Die Bewilligung der Prozeßkostenhilfe kann nur nach Maßgabe des Absatzes 3 angefochten werden. ²Im übrigen findet die Beschwerde statt.
(3) ¹Gegen die Bewilligung der Prozeßkostenhilfe findet die Beschwerde der Staatskasse statt, wenn weder Monatsraten noch aus dem Vermögen zu zahlende Beträge festgesetzt worden sind. ²Die Beschwerde kann nur darauf gestützt werden, daß die Partei nach ihren

---

1990, 56; *OLG München* AnwBl. 1990, 167; *VGH Baden-Württemberg* JurBüro 1992, 543; *Gaedecke* Anm. zu *OLG Naumburg* JW 1936, 2167.

[68] Dazu die bundeseinheitlich geltenden Vorschriften über die Festsetzung der aus der Staatskasse zu gewährenden Vergütung für Rechtsanwälte vom 10.12.1980, Nr. 2.3; abgedr. u.a. bei *Piller/Hermann* Justizverwaltungsvorschriften, Nr. 10c. – Macht der Anwalt von einem Kostenfestsetzungsbeschluß Gebrauch, in dem dies übersehen wurde, so handelt er rechtsmißbräuchlich und muß die Gebühren zurückerstatten, *OLG Saarbrücken* JurBüro 1993, 302.

[69] *BGH* NJW-RR 1991, 254; *OLG Düsseldorf* FamRZ 1990, 420, 421; *OLG Hamm* JurBüro 1966, 323; *OLG Koblenz* AnwBl. 1990, 56; *OLG Köln* JurBüro 1987, 920 = KostRspr. § 130 BRAGO Nr. 19 (abl. *Lappe*); *OLG München* AnwBl. 1991, 167; *LG Braunschweig* NdsRpfl. 1984, 12, 13. – A.M. *OLG Zweibrücken* JurBüro 1984, 1046 (abl. *Mümmler*).

[70] S. dazu *RGZ* 126, 178; *OLG Schleswig* AnwBl. 1983, 177; *OLG Naumburg* JW 1933, 2347; *Mümmler* JurBüro 1992, 454.

[71] So wohl auch *OLG Celle* JW 1935, 61.

[72] Ebenso *Gerold/Schmidt/v.Eicken/Madert* BRAGO[11] § 130 Rdnr. 7; *Lappe* MDR 1986, 202. – **A.M.** (§ 812 BGB) *Mümmler* JurBüro 1984, 655; *Riedel/Sußbauer/Chemnitz* BRAGO[6] § 130 Rdnr. 30/35. – Ganz ablehnend *OLG Celle* JurBüro 1984, 1249. – Für die Gerichtskosten vgl. noch *Mümmler* JurBüro 1987, 36.

[73] Zur Berechnung vgl. *Ort* JVBl. 1970, 169.

[74] Vgl. *LG Berlin* Rpfleger 1992, 258.

persönlichen und wirtschaftlichen Verhältnissen Zahlungen zu leisten hat. ³Nach Ablauf von drei Monaten seit der Verkündung der Entscheidung ist die Beschwerde unstatthaft. ⁴Wird die Entscheidung nicht verkündet, so tritt an die Stelle der Verkündung der Zeitpunkt, in dem die unterschriebene Entscheidung der Geschäftsstelle übergeben wird. ⁵Die Entscheidung wird der Staatskasse nicht von Amts wegen mitgeteilt.

(4) Die Kosten des Beschwerdeverfahrens werden nicht erstattet.

Gesetzesgeschichte: Neugefaßt durch das Gesetz über die Prozeßkostenhilfe vom 13.6.1980 (BGBl. I, 677; → vor § 114 Rdnr. 6); geändert durch G v. 9.12.1986 (BGBl. I, 2326) sowie vom 17.12.1990 (BGBl. I, 2847).

Stichwortverzeichnis: → vor § 114 vor Rdnr. 1.

I. Überblick	1
II. Statthafter Rechtsbehelf	2
1. Beschwerde (Abs. 2 S. 2)	2
2. Erinnerung	4
3. Abgrenzung zu anderen Rechtsbehelfen	5
III. Beschwerdebefugnis	7
1. Partei	8
2. Staatskasse (Abs. 2 S. 2; Abs. 3)	9
3. Gegner	11
4. Beigeordneter Rechtsanwalt	13
IV. Sonstige Zulässigkeitsvoraussetzungen	14
1. Form und Frist	14
2. Abhängigkeit vom Hauptsacheverfahren	15
a) Abschluß der Instanz	15
b) Unanfechtbarkeit der Hauptsacheentscheidung	17
c) Entscheidungen des Berufungsgerichts	18
3. Wert der Beschwer	19
4. Sonstiges	20
V. Verfahren	21
1. Grundsätze	21
2. Rechtliches Gehör	22
VI. Entscheidung	23
1. Form	23
2. Inhalt	24
VII. Kosten (Abs. 4)	26
VIII. Weitere Beschwerde	27

I. Überblick[1]

1 § 127 bestimmt zunächst für das *erstinstanzliche* Prozeßkostenhilfeverfahren, daß **keine mündliche Verhandlung** erforderlich ist (Abs. 1 S. 1; näher dazu → § 118 Rdnr. 20), und regelt sodann die **Zuständigkeit** (Abs. 1 S. 2; näher dazu → § 117 Rdnr. 3, § 118 Rdnr. 19; zur Zuständigkeit für die Beschwerdeentscheidung → Rdnr. 21). Im übrigen befaßt sich die Vorschrift mit der **Beschwerde** gegen die erstinstanzliche Prozeßkostenhilfeentscheidung. – Zur *Entscheidung* über den Prozeßkostenhilfeantrag und ihre *Rechtskraft* → § 120 Rdnr. 2 ff.; zur *Untätigkeitsbeschwerde* → § 118 Rdnr. 31; zur *Prozeßkostenhilfe für das Beschwerdeverfahren* → § 114 Rdnr. 12.

---

[1] Lit.: *Behn* Zur entsprechenden Anwendung des § 575 ZPO im Prozeßkostenhilfebeschwerdeverfahren in der Sozialgerichtsbarkeit, DRiZ 1988, 331; *Chlosta* Zulässigkeit der außerordentlichen Beschwerde, NJW 1993, 2160; *Herr* Entlastungs-Rechtsprechung im Prozeßkostenhilfeverfahren, MDR 1989, 869; *Pape* Greifbare Gesetzeswidrigkeit der Versagung von Prozeßkostenhilfe, KTS 1993, 179; *Schneider* Entlastungsrechtsprechung, MDR 1989, 513; *ders.* Entlastungs-Rechtsprechung II, MDR 1989, 965; *ders.* Überlastung und Entlastung der Justiz, MDR 1989, 870; *Werner* Rechtskraft und Innenbindung zivilprozessualer Beschlüsse im Erkenntnis- und summarischen Verfahren (1983). – Vgl. im übrigen vor § 114 Fn. 1.

II. Statthafter Rechtsbehelf

1. Beschwerde (Abs. 2 S. 2)

§ 127 Abs. 2 S. 2 eröffnet gegen Entscheidungen des **Richters** im Prozeßkostenhilfeverfahren den Beschwerdeweg[2]. Das gilt auch dann, wenn die Entscheidung nicht als besonderer Beschluß ergeht, sondern in das Endurteil aufgenommen ist (→ Allg. Einl. vor § 511 Rdnr. 37). Allerdings ist nach Abs. 2 S. 1 die **Bewilligung** der Prozeßkostenhilfe als eine der Partei günstige Entscheidung grundsätzlich **unanfechtbar**; lediglich die Staatskasse kann sich nach Maßgabe des Abs. 3 dagegen wenden, daß der Partei mit der Prozeßkostenhilfebewilligung keine Monatsraten oder aus dem Vermögen zu erbringenden Beträge auferlegt worden sind (→ Rdnr. 9). Daß die der Partei günstige Entscheidung im übrigen unanfechtbar ist, ist deshalb vertretbar, weil die Interessen anderer Personen entweder nicht berührt oder doch weniger schwer betroffen sind als die der Partei bei einem ihr nachteiligen Beschluß, und weil ferner die Entscheidungen nach Maßgabe der §§ 124, 120 Abs. 4 abänderlich und demnach von begrenzter Tragweite sind (→ § 120 Rdnr. 4, 17). Auch solche Beschlüsse, die eine der Partei nachteilige **Abänderung oder Aufhebung der Bewilligungsentscheidung ablehnen**, sind nach Sinn und Zweck der Vorschrift unanfechtbar, da die Interessenlage hier nicht anders ist als bei der erstmaligen Bewilligung. – Zu den Einzelheiten → Rdnr. 7 ff.

Eine Beschwerde auch gegen die eigentlich unanfechtbare Entscheidung läßt die Praxis bei 3
»**greifbarer Gesetzwidrigkeit**« zu, wenn sie jeder gesetzlichen Grundlage entbehrt *und* inhaltlich dem Gesetz fremd, also mit der geltenden Rechtsordnung *schlechthin* unvereinbar ist[3]. Dafür genügt nicht schon jeder eindeutige Gesetzesverstoß[4] oder gar ein Ermessensfehler[5]. Vielmehr ist zu bedenken, daß die Zulassung dieses außerordentlichen Rechtsmittels letztlich nur damit gerechtfertigt werden kann, bei eindeutigen *Verfassungsverstößen* einer Aufhebung durch das Bundesverfassungsgericht durch »Selbstkorrektur« der Fachgerichte zuvorzukommen[6]. Insofern wird man strenge Maßstäbe anlegen müssen, so daß zum Beispiel nicht schon jede Rüge von *Verfahrensverstößen* den Beschwerdeweg eröffnen kann[7] (→ Allg. Einl. vor § 511 Rdnr. 44, § 567 Rdnr. 7). Das kommt allenfalls dann in Betracht, wenn dargelegt werden kann, daß es sich um eine objektiv willkürliche und deshalb schlechthin unhaltbare Entscheidung handelt. Eine Verletzung des *rechtlichen Gehörs* läßt die h. M. nicht in jedem Fall ausreichen[8], was nicht ganz unbedenklich ist. Die Ausnahmebeschwerde muß in diesen Fällen jedenfalls dann gewährt werden, wenn die ausdrückliche Bitte der Partei, ihr Gehör zu gewähren, nicht zur Kenntnis genommen wurde[9] und es keine andere Möglichkeit (etwa die Verweisung auf einen neuen Antrag) gibt, die Rechtsverletzung zu beseitigen[10]. Sehr weit

---

[2] **A.M.** (aus Abs. 2 S. 1 folge, daß **nur die Verweigerung** anfechtbar sei) *OLG Düsseldorf* FamRZ 1986, 1230. – Im strafprozessualen **Adhäsionsverfahren** geht § 404 Abs. 5 S. 3 StPO vor (*OLG Düsseldorf* JurBüro 1990, 909), ebenso bei der **Nebenklage** § 397a Abs. 2 S. 2 (*OLG Koblenz* Rpfleger 1991, 209); bei Entscheidungen der **Justizverwaltung** ist § 23 EGGVG anwendbar, *KG* NJW-RR 1993, 70 (→ auch vor § 114 Rdnr. 14).

[3] *BGHZ* 119, 372 = ZZP 106 (1993), 233 (*Braun*) = JZ 1993, 414 (*Gottwald/Semmelmayer*) = NJW 135 (krit. *Chlosta* NJW 1993, 2160); FamRZ 1989, 266; allg. *BGH* NJW 1990, 838, 840 m. w. N.

[4] *OLG Bamberg* JurBüro 1989, 842; *OLG Düsseldorf* FamRZ 1988, 1300; *LAG Bremen* MDR 1992, 269. – Unhaltbar *OLG Zweibrücken* JurBüro 1985, 1265 (greifbare Gesetzwidrigkeit bei hinausgeschobenem Ratenzahlungsbeginn; → dazu § 120 Rdnr. 7).

[5] **A.M.** *OLG Koblenz* Rpfleger 1984, 368; 1983, 175; *LAG Düsseldorf* JurBüro 1985, 609; *LAG Köln* LAGE § 127 ZPO Nr. 12; viel zu weitgehend auch *LAG Düsseldorf* JurBüro 1987, 298 (falsche Anwendung der Tabelle); 1985, 1266 (unzureichende Sachaufklärung).

[6] Vgl. *BVerfGE* 73, 327 f.; *Gottwald/Semmelmayer* JZ 1993, 416.

[7] *BGH* NJW 1990, 838, 840; zu *Zuständigkeitsmängeln* s. *LAG Düsseldorf* JurBüro 1987, 1704. – *BGHZ* 119, 372 = ZZP 106 (1993), 233 (*Braun*) = JZ 1993, 414 (abl. *Gottwald/Semmelmayer*) = NJW 135 läßt die Ausnahmebeschwerde zu, wenn einer unzulässigen (→ Rdnr. 9) Beschwerde der Staatskasse stattgegeben wurde, was über das Ziel hinausschießt.

[8] Vgl. nur *BGH* NJW 1990, 838, 840. – *LG Kiel* MDR 1986, 943 will hier auch bei Unanfechtbarkeit der Hauptsache (→ Rdnr. 17) die einfache Beschwerde nach § 127 zulassen; → auch § 104 Rdnr. 61.

[9] So *Schneider* Anm. zu *BGH* EzFamR § 63a FGG Nr. 1. Offen *BGH* FamRZ 1989, 266.

[10] *Gottwald/Semmelmayer* JZ 1993, 416; *Herr* MDR

geht es allerdings, eine greifbare Gesetzeswidrigkeit schon bei *unzulässiger Rückwirkung* der Bewilligung[11], bei *Bewilligung für das Prozeßkostenhilfeverfahren*[12] oder bei *Bewilligung ohne Antrag* (→ § 114 Rdnr. 2) anzunehmen. Dies läßt sich nur halten, wenn man im Einzelfall einen Verstoß gegen das **Willkürverbot** (Art. 3 Abs. 1 GG) feststellen kann. Daß der Staatskasse die auf »greifbare Gesetzeswidrigkeit« gestützte Beschwerde wegen § 127 Abs. 3 gar nicht zustehen soll[13], ist nicht überzeugend. Allerdings wird es der Staatskasse schwerfallen, einen (Verfassungs-)Verstoß *zu ihren Lasten* darzulegen, was erforderlich ist, da mit dieser Ausnahmeregelung nicht etwa eine Popularbeschwerde ermöglicht werden soll.

2. Erinnerung

4 Wenn der **Rechtspfleger** die einschlägigen Entscheidungen zu treffen hat (→ § 117 Rdnr. 5), so kommt als Rechtsbehelf zunächst die Rechtspflegererinnerung nach § 11 RPflG in Betracht. Diese ist im Hinblick auf Art. 101 Abs. 1 S. 2, 19 Abs. 4 GG auch dort statthaft, wo die Beschwerde gegen eine Entscheidung des Richters ausgeschlossen wäre[14]. Gemäß § 11 Abs. 1 S. 2 RPflG ist die Erinnerung dann allerdings binnen der für die sofortige Beschwerde geltenden Frist (§ 577 Abs. 2) einzulegen. Für die Erinnerung der Staatskasse gelten im übrigen für die Frist §§ 11 Abs. 1 S. 2 RpflG, 127 Abs. 3 S. 3 (→ Rdnr. 14) entsprechend.

3. Abgrenzung zu anderen Rechtsbehelfen

5 Statt einer Beschwerde kommt auch ein **neuer Antrag** in Betracht. So kann eine unzulässige Beschwerde beispielsweise Anregung zur Einleitung eines Änderungs- oder Aufhebungsverfahrens sein[15], und in der Erinnerung gegen eine auf § 124 Nr. 4 gestützte Aufhebungsentscheidung kann zugleich eine – auch noch nach Abschluß des Hauptsacheverfahrens mögliche (→ Rdnr. 8, 16) – Beschwerde gegen die Ratenzahlungsanordnung liegen[16] (→ auch § 124 Rdnr. 26). Die Beschwerde ist aber nicht – mangels Rechtsschutzbedürfnisses – deshalb unzulässig, weil auch ein neuer Bewilligungsantrag möglich wäre[17], da das nicht dem Gebot der Prozeßökonomie Rechnung trägt und auf einen neuen Antrag hin Prozeßkostenhilfe wieder erst ab Stellung dieses Antrages gewährt werden könnte, auf die Beschwerde hin hingegen ab Stellung des ersten Antrages (was zu klären eine Frage der Begründetheit, nicht

---

1989, 870; *Schneider* MDR 1989, 870. – Allerdings bestehen bei einem neuen Antrag Grenzen für die Rückwirkung (→ auch Rdnr. 5, 21).

[11] So aber *OLG Braunschweig* NdsRpfl. 1991, 295; *OLG Hamm* JurBüro 1993, 28; Rpfleger 1991, 159; FamRZ 1984, 1121; *LG Landau* Rpfleger 1985, 375; *LAG Bremen* LAGE § 127 ZPO Nr. 14 (zust. *Schneider*); *LAG Düsseldorf* JurBüro 1985, 609; *LAG Köln* EzA § 127 ZPO Nr. 7 (zust. *Schneider*); *LAG Nürnberg* JurBüro 1989, 236; vgl. auch *LAG Köln* MDR 1990, 747. – **A.M.** zutr. *OLG Düsseldorf* FamRZ 1988, 1300; *OLG Frankfurt* Rpfleger 1993, 251; *OLG Hamm* FamRZ 1992, 1451 f.

[12] So *LG Marburg* JurBüro 1988, 220; vgl. auch *LAG Düsseldorf* JurBüro 1987, 1238 (Bewilligung für ein Schiedsverfahren). – **A.M.** zutr. *OLG Zweibrücken* JurBüro 1983, 1725.

[13] So aber *OLG Bamberg* JurBüro 1990, 1642; *OLG Frankfurt* Rpfleger 1993, 251; *OLG Hamm* FamRZ 1992, 1451 f.; *LAG Schleswig* LAGE § 127 ZPO Nr. 21; *Künzl* AnwBl. 1991, 129; *MünchKommZPO/Wax* Rdnr. 25; *Pape* KTS 1993, 182 ff./185; vgl. auch *LAG Köln* MDR

1990, 747. – **A.M.** *OLG Bamberg* JurBüro 1989, 842; *OLG Düsseldorf* FamRZ 1988, 1300; *OLG Hamm* FamRZ 1984, 1121; *OLG Nürnberg* JurBüro 1992, 49 (abl. *Mümmler*); Rpfleger 1990, 172; *OLG Zweibrücken* JurBüro 1985, 1264; 1983, 1725; *LG Bielefeld* Rpfleger 1987, 433; *LG Marburg* JurBüro 1988, 220; *LAG Berlin* LAGE § 127 ZPO Nr. 17; *LAG Bremen* MDR 1992, 269; LAGE § 127 ZPO Nr. 14 (zust. *Schneider*); *LAG Düsseldorf* JurBüro 1987, 1704 und 1238; 1985, 1266 und 609; *LAG Köln* EzA § 127 ZPO Nr. 7 (zust. *Schneider*); LAGE § 127 ZPO Nr. 12; *LAG Nürnberg* JurBüro 1989, 236.

[14] *OLG Hamm* Rpfleger 1984, 322 f. – **A.M.** *LG Bielefeld* Rpfleger 1986, 406.

[15] *OLG Düsseldorf* JurBüro 1984, 621. – Zur *Abgrenzung* → § 120 Rdnr. 15.

[16] *OLG Bamberg* JurBüro 1992, 251; *OLG Bremen* FamRZ 1984, 411; *KG* FamRZ 1984, 412; *OLG Koblenz* FamRZ 1988, 1184.

[17] **A.M.** *OLG Karlsruhe* MDR 1989, 919 (bei Zurückweisung wegen unzureichender Glaubhaftmachung; → dazu auch Rdnr. 21).

der Zulässigkeit der Beschwerde ist). Deshalb kann die Partei z. B., statt einen neuen Antrag zu stellen, eine ablehnende Entscheidung mit der Beschwerde anfechten, wenn sich nachträglich herausstellt, daß die Prognose des Gerichts über die Kostenhöhe falsch war und deshalb Prozeßkostenhilfe zu Unrecht unter Berufung auf § 115 Abs. 6 (→ § 115 Rdnr. 149) verweigert wurde[18].

Eine unzulässige Beschwerde kann auch eine **Gegenvorstellung** sein[19], die zur Abhilfe durch das Gericht führen kann, dessen Entscheidung mit der unzulässigen Beschwerde angegriffen wird[20] (näher → vor § 567 Rdnr. 21, § 567 Rdnr. 21). 6

III. Beschwerdebefugnis

§ 127 Abs. 2 regelt die Anfechtungsmöglichkeiten für die Beteiligten unterschiedlich. Für die Beschwerdebefugnis ist daher zu differenzieren: 7

1. Partei

Beschwerdebefugt ist die Partei grundsätzlich nur dann, wenn ihr **Antrag auf Erlaß einer Prozeßkostenhilfebewilligung zurückgewiesen** wird, wobei eine teilweise Zurückweisung (→ § 114 Rdnr. 44) genügt[21]. Wie sich aus Abs. 2 S. 1 und dem Umkehrschluß aus Abs. 3 ergibt, kann die Partei eine Prozeßkostenhilfeentscheidung also nur dann anfechten, wenn ihr diese nachteilig ist[22]. Nachteilig ist dabei auch schon die Entscheidung, die eine Prozeßkostenhilfebewilligung mit Zahlungsauflagen verbindet. Bewilligungsentscheidung und Zahlungsanordnung bilden zwar eine Einheit (→ § 120 Rdnr. 6) und stellen für die Partei eine insgesamt noch günstige Entscheidung dar. Es lag aber nicht in der Absicht des Gesetzgebers, die Beschwerde der Partei auch insoweit auszuschließen[23], so daß sich die Partei gegen die Zahlungsanordnung jederzeit (→ Rdnr. 16) beschweren kann[24]. Außerdem kann die Partei solche Entscheidungen anfechten, mit denen sie durch eine Einzelmaßnahme beschwert wird[25], mit denen die **Bewilligungsentscheidung** gemäß § 124 **aufgehoben**[26] oder gemäß § 120 Abs. 4 zu ihrem Nachteil **geändert** wird, oder mit denen eine Änderung zugunsten der Partei abgelehnt wird[27]. Schließlich ist sie beschwerdebefugt, wenn die **Beiordnung eines Rechtsanwalts** – auch eines anderen unter gleichzeitiger Entpflichtung des zunächst beigeordneten Rechtsanwalts – abgelehnt[28] oder aufgehoben wird, oder wenn ein anderer als der von der Partei gewünschte Rechtsanwalt beigeordnet wird[29] (→ auch § 78c Rdnr. 19, 31). – Zur Anfechtbarkeit *verfahrensleitender Maßnahmen* → § 118 Rdnr. 31. 8

---

[18] Vgl. auch *Kalthoener/Büttner* (vor § 114 Fn. 1), Rdnr. 399.
[19] *OLG Frankfurt* MDR 1989, 168.
[20] Vgl. BGH NJW 1964, 771; *LAG Düsseldorf* LAGE § 124 ZPO Nr. 5.
[21] *OLG Schleswig* SchlHA 1949, 126.
[22] A. M. *OLG Düsseldorf* OLGZ 1983, 120 für den Fall, daß ein Pflegling mit dem beabsichtigten Hauptsacheverfahren nicht einverstanden ist, das der Pfleger in seinem Namen durchführen will.
[23] BT-Drs. 8/3068, 32/33.
[24] *OLG Karlsruhe* FamRZ 1992, 704; 1985, 724; *OLG Nürnberg* FamRZ 1984, 409; JurBüro 1983, 610; *OLG Schleswig* JurBüro 1991, 1371; *OLG Zweibrücken* FamRZ 1985, 301; *Grunsky* NJW 1980, 2045; *Werner* (Fn. 1), 144f.

[25] *OLG Frankfurt* JurBüro 1986, 79 (Anforderung der Sachverständigenkosten).
[26] *OLG Düsseldorf* FamRZ 1992, 87; *OLG Köln* FamRZ 1988, 740.
[27] *OLG Köln* FamRZ 1987, 962; *OLG Nürnberg* AnwBl. 1985, 219.
[28] *OLG Bamberg* JurBüro 1989, 1590; *OLG Frankfurt* FamRZ 1990, 766; *KG* OLGZ 1971, 422; *OLG Köln* JurBüro 1992, 620; *LG Göttingen* DAVorm. 1980, 411; *BFH* DB 1983, 1801.
[29] Die Beiordnung des *gewünschten* Anwalts ist nicht anfechtbar, *OLG Bamberg* JurBüro 1985, 1113; statt der Beschwerde kann dann aber ein Aufhebungsantrag gestellt werden.

2. Staatskasse (Abs. 2 S. 2; Abs. 3)

9   Die Staatskasse kann nach Maßgabe des Abs. 3 auch die der Partei günstige **Bewilligungsentscheidung** anfechten, aber nur dann, wenn für die Partei weder aus dem Einkommen zu erbringende Monatsraten noch aus dem Vermögen zu zahlende Beträge festgesetzt worden sind. Daß *überhaupt* Prozeßkostenhilfe bewilligt wurde, kann die Staatskasse ebenso wenig angreifen[30] wie die Entscheidung, daß die Prozeßkostenhilfe *rückwirkend* zu bewilligen sei[31] oder daß sie *bestimmte Kosten* mit einschließen soll[32]. Sind der Partei *Monatsraten* auferlegt worden, kann die Staatskasse nicht rügen, daß die Raten zu niedrig bemessen wurden[33] oder daß außerdem Leistungen aus dem Vermögen hätten festgesetzt werden müssen. Insofern bleibt es bei der Unanfechtbarkeit. Das gilt auch dann, wenn die Zahlungsanordnung erst auf die Erinnerung oder Beschwerde hin im Wege der Abhilfe festgesetzt wurde; die Beschwerde wird dann unzulässig[34]. Im übrigen kann die Beschwerde nur darauf gestützt werden, daß die Partei nach ihren persönlichen und wirtschaftlichen Verhältnissen[34a] zu Zahlungen imstande ist (Abs. 3 S. 2). Kann die Staatskasse das nicht schlüssig darlegen, weil die Partei ihre persönlichen und wirtschaftlichen Verhältnisse nicht hinreichend offengelegt hat, so kann die Beschwerde auch darauf gestützt werden, da § 127 Abs. 3 gerade die gründliche Ermittlung der maßgebenden Verhältnisse ermöglichen soll[35]. Im übrigen handelt es sich hierbei nur um eine Beschränkung der Anfechtungsgründe, nicht des Beschwerdegegenstandes (→ Rdnr. 24). Die Staatskasse kann also nur eine Überprüfung der subjektiven Bewilligungsvoraussetzungen erreichen. Erfolgsaussicht und Mutwilligkeit können im Rahmen der Beschwerde gegen eine der Partei günstige Entscheidung nicht überprüft werden. – Zur *Beschwerdefrist* → Rdnr. 14.

10   **Andere Entscheidungen** sind durch die Staatskasse regelmäßig nicht anfechtbar, denn durch Beschlüsse, mit denen die **Prozeßkostenhilfebewilligung verweigert**, zum Nachteil der Partei geändert oder aufgehoben wird, ist die Staatskasse nicht beschwert. Allerdings wird man die Staatskasse nach Sinn und Zweck des Abs. 3 bei **Änderungsentscheidungen** (§ 120 Abs. 4) für beschwerdebefugt ansehen müssen, wenn festgesetzt wird, daß die Partei wegen verschlechterter Vermögensverhältnisse fortan keine Zahlungen mehr aus Einkommen oder Vermögen zu erbringen habe[36]. Das muß auch dann gelten, wenn eine vom Rechtspfleger angeordnete Ratenzahlung auf die Erinnerung der Partei hin vom Richter wieder aufgehoben wird[37]. Daß die Änderung zum Nachteil der Partei nicht weit genug geht, kann die Staatskasse hingegen nicht geltend machen[38]. Auch wenn eine **Aufhebung** nach § 124 **abgelehnt** oder eine vom Rechtspfleger verfügte Aufhebung auf die Erinnerung der Partei hin vom Richter rückgängig gemacht wird, ist die Staatskasse nicht beschwerdeberechtigt, da sie sich nicht

---

[30] BGHZ 119, 372 = ZZP 106 (1993), 233 (*Braun*) = JZ 1993, 414 (zust. *Gottwald/Semmelmayer*) = NJW 135; *OLG Bamberg* JurBüro 1990, 1642; *KG* Rpfleger 1990, 908; *OLG Zweibrücken* JurBüro 1983, 1725 (auch nicht bei Bewilligung für das Prozeßkostenhilfeverfahren; **a.M.** insoweit *LG Marburg* JurBüro 1988, 220 [→ dazu Rdnr. 3 sowie § 114 Rdnr. 12]); *LAG Berlin* LAGE § 127 ZPO Nr. 17 (auch nicht im Hinblick auf die Voraussetzungen des § 116); *LAG Bremen* MDR 1992, 269. – Führt die Festsetzung von Raten allerdings über § 115 Abs. 6 dazu, daß Prozeßkostenhilfe gar nicht bewilligt werden kann, weil die **Kosten die Summe von vier Raten nicht übersteigen** (→ § 115 Rdnr. 149), so bleibt die Beschwerde der Staatskasse zulässig (→ auch Rdnr. 21), *LAG Düsseldorf* JurBüro 1989, 1439; *Beyer* JurBüro 1989, 448.
[31] Vgl. *OLG Düsseldorf* FamRZ 1988, 1300 sowie die zu Rdnr. 3 Genannten.
[32] *OLG Frankfurt* FamRZ 1988, 739; *OLG Nürnberg* Rpfleger 1990, 172.
[33] *OLG Bamberg* JurBüro 1990, 1642.
[34] *OLG Nürnberg* FamRZ 1988, 1080.
[34a] Einschließlich der Realisierung von Prozeßkostenvorschüssen (→ § 115 Rdnr. 138) oder Beleihungsmöglichkeiten (→ § 115 Rdnr. 93), *OLG München* FamRZ 1993, 821.
[35] *OLG Frankfurt* FamRZ 1992, 838; *OLG Köln* FamRZ 1992, 701.
[36] *LAG Hamm* JurBüro 1984, 1419. – **A.M.** wohl *KG* Rpfleger 1985, 166 (L).
[37] *LAG Rheinland-Pfalz* LAGE § 127 ZPO Nr. 15 und 16.
[38] *LAG Düsseldorf* JurBüro 1990, 231. – **A.M.** *OLG Düsseldorf* FamRZ 1993, 341 (unzureichende Ratenzahl); *OLG Hamm* FamRZ 1984, 724; *OLG Nürnberg* JurBüro 1992, 756; *Künzl* AnwBl. 1991, 129.

dagegen wenden kann, daß die Partei überhaupt Prozeßkostenhilfe bekommt[39] (→ Rdnr. 9). Die **Beiordnung eines Rechtsanwalts** ist zwar eine selbständige Entscheidung (→ § 121 Rdnr. 25), so daß man daran denken könnte, daß sie von § 127 Abs. 2 S. 1, Abs. 3 nicht gemeint, mithin nach Maßgabe von Abs. 2 S. 2 anfechtbar ist. In diesem Fall wäre die Staatskasse beschwerdeberechtigt, da sie die Kosten des beigeordneten Anwalts zu tragen hat. Gleichwohl wird man sagen müssen, daß auch die Beiordnungsentscheidung der Anfechtung durch die Staatskasse entzogen ist[40], da die Vorschrift der Staatskasse nicht ermöglichen will, sich gegen sie belastende Entscheidungen zu wehren, sondern nur, die »Selbstbeteiligung« der bedürftigen Partei einzufordern.

3. Gegner

Die der Partei günstige **Bewilligungsentscheidung** kann der Gegner gemäß Abs. 2 S. 1 nicht anfechten[41]. Ihm wäre es zwar wahrscheinlich lieber, wenn durch Versagung oder Entziehung der Prozeßkostenhilfe der mittellosen Partei die Prozeßführung praktisch unmöglich gemacht würde, aber dies kann nicht als schutzwürdiges Interesse anerkannt werden (→ auch § 118 Rdnr. 8 ff.). Dasselbe gilt für andere der Partei günstige Entscheidungen, etwa die Beiordnung eines Anwalts[42], die Änderung zu ihren Gunsten oder die Ablehnung einer Aufhebung oder einer ihr nachteiligen Änderung[43].   **11**

An eine Beschwerdebefugnis des Gegners kann man allenfalls dann denken, wenn im Prozeßkostenhilfeverfahren **gegen ihn selbst Entscheidungen ergehen** (z.B. eine mit § 118 Abs. 1 S. 5 unvereinbare Kostenentscheidung) oder wenn ihm **Vergünstigungen vorenthalten** werden (z.B. unberechtigt Kostenvorschüsse verlangt werden[44], → § 118 Rdnr. 28). Entscheidungen, durch die die beantragte Prozeßkostenhilfebewilligung **versagt**, zum Nachteil der Partei **geändert** oder **aufgehoben** wird, kann der Gegner mangels Beschwer nicht anfechten. Daß diese Beschlüsse auch für den Gegner Nachteile mit sich bringen, etwa weil die vorläufige Kostenbefreiung nach § 122 Abs. 2 entfällt, berechtigt den Gegner nicht zur Anfechtung, da es sich dabei nur um **Reflexwirkungen** handelt und dem Gegner ein Recht, daß der Partei im Hinblick auf diese Reflexwirkungen Prozeßkostenhilfe gewährt bzw. nicht entzogen werde, nicht zusteht.   **12**

4. Beigeordneter Rechtsanwalt

Der beigeordnete Rechtsanwalt ist in aller Regel aus eigenem Recht nicht beschwerdebefugt. Insbesondere kann er sich nicht dagegen wehren, daß der Partei die Beiordnung eines Rechtsanwalts versagt wird[45] oder daß nicht er selbst, sondern ein anderer Rechtsanwalt beigeordnet wurde (→ § 78 c Rdnr. 21). Er kann nur angreifen, daß bei der Beiordnungsentscheidung die Wahl auf ihn gefallen ist (→ § 78 c Rdnr. 20) oder daß zugleich mit der Beiordnung sein Gebührenanspruch gegen die Staatskasse beschränkt wurde[46]. Wird allerdings gemäß § 120 Abs. 3 Nr. 1 Einstellung der Ratenzahlung verfügt, obwohl die Differenz-   **13**

---

[39] A.M. *OLG Saarbrücken* Rpfleger 1987, 217; *OLG Zweibrücken* Rpfleger 1985, 166.
[40] Ebenso *OLG Düsseldorf* (3. ZS) MDR 1989, 827; (2. ZS) FamRZ 1982, 723; *KG* JurBüro 1989, 421; *OLG Koblenz* FamRZ 1985, 303; *LG Bielefeld* Rpfleger 1987, 433. – A.M. *OLG Düsseldorf* (10. ZS) MDR 1988, 61.
[41] *Grunsky* NJW 1980, 2045; *Lepke* DB 1985, 490; *Schneider* MDR 1981, 6.
[42] Dazu *Werner* (Fn. 1), 147 f.

[43] *OLG Stuttgart* JurBüro 1974, 1606; *OLG Zweibrücken* JurBüro 1986, 1096.
[44] *RGZ* 55, 269; *KG* OLGZ 1971, 424.
[45] *BGHZ* 109, 169 = NJW 1990, 836; *KG* NJW-RR 1993, 69.
[46] *OLG Hamm* Rpfleger 1982, 483; *OLG Schleswig* JurBüro 1992, 486; *LAG Bremen* LAGE § 121 ZPO Nr. 3 (zust. *Schneider*). – A.M. *OLG Düsseldorf* FamRZ 1993, 820; *OLG Schleswig* SchlHA 1985, 127.

gebühr noch nicht eingezogen und gezahlt ist (→ § 120 Rdnr. 14), so kann der Rechtsanwalt aus eigenem Recht Beschwerde einlegen[47]. Dasselbe gilt, wenn seine Beiordnung (→ § 78c Rdnr. 31) oder die Prozeßkostenhilfebewilligung selbst aufgehoben[48] oder die von ihm beantragte Aufhebung seiner Beiordnung verweigert wird[49]. Gegen die Bewilligungsentscheidung selbst steht gemäß Abs. 2 S. 1 aber auch dem Rechtsanwalt kein Rechtsbehelf zu, auch nicht wegen der (nach seiner Ansicht) zu niedrigen »Selbstbeteiligung« der Partei[50].

IV. Sonstige Zulässigkeitsvoraussetzungen

1. Form und Frist

14 Die Beschwerde des § 127 ist eine einfache i. S. d. § 567. Insoweit gelten die allgemeinen Regeln. Für die *Form* ist § 569 anzuwenden. An eine *Frist* ist die Beschwerde nicht gebunden[51]. Demgemäß ist auch die Erinnerung unbefristet, es sei denn, die Entscheidung wäre, falls sie der Richter erlassen hätte, unanfechtbar (§ 11 Abs. 1 S. 2 RPflG). Allerdings kann ein zügiges Betreiben des Beschwerdeverfahrens erforderlich sein, um andere materiell-rechtliche oder prozessuale (Klag-)Fristen zu wahren[52] (→ § 117 Rdnr. 29), und wenn die Partei zulange wartet, kann das Beschwerderecht auch verwirkt sein[53]. Das gilt auch für die Beschwerde der Staatskasse[54]. Fristgebunden ist nur die Beschwerde der **Staatskasse** nach Abs. 3, die innerhalb von drei Monaten nach Verkündung der Bewilligungsentscheidung, hilfsweise nach Übergabe an die Geschäftsstelle, eingelegt sein muß (Abs. 3 S. 3 und 4); zur *Mitteilung* der Bewilligungsentscheidung an die Staatskasse → § 120 Rdnr. 2. Diese Frist gilt auch für die Ausnahmebeschwerde der Staatskasse (→ Rdnr. 3), da die greifbare Gesetzeswidrigkeit nur die fehlende Statthaftigkeit überwindet[55]. Ob und wann die Hauptsacheinstanz beendet wurde, spielt für die Frist des Abs. 3 keine Rolle.

2. Abhängigkeit vom Hauptsacheverfahren

a) Abschluß der Instanz

15 Wie in § 119 Rdnr. 31 dargelegt, ist ein Prozeßkostenhilfeantrag nach Abschluß der Instanz unzulässig. In Fortsetzung der dort dargelegten Wertungen ist zu verlangen, daß die Partei, der Prozeßkostenhilfe versagt (→ Rdnr. 16) wurde, auch die **Beschwerde vor Abschluß der Instanz**, für die Prozeßkostenhilfe begehrt wird, einlegt[56]. Wenn allerdings die

---

[47] *OLG Bamberg* FamRZ 1988, 193; *OLG Celle* Rpfleger 1989, 290; NdsRpfl. 1988, 217; *OLG Düsseldorf* MDR 1993, 90; *OLG Frankfurt* JurBüro 1985, 1728; *OLG Hamm* FamRZ 1989, 412; *OLG Schleswig* JurBüro 1988, 742; *OLG Stuttgart* AnwBl. 1985, 49; vgl. auch *OLG Schleswig* JurBüro 1982, 454. – A.M. *OLG Düsseldorf* FamRZ 1986, 1231.
[48] Vgl. *OLG Zweibrücken* Rpfleger 1984, 115; *Lepke* DB 1985, 490. – A.M. *MünchKommZPO/Wax* Rdnr. 37; *Zöller/Philippi*[18] Rdnr. 44.
[49] *OLG Bamberg* JurBüro 1992, 622; *OLG Zweibrücken* NJW 1988, 570.
[50] *OLG Düsseldorf* JurBüro 1984, 936; *OLG Stuttgart* Rpfleger 1993, 527.
[51] Zum **Verwaltungsprozeß** vgl. wegen § 166 VwGO *OVG Münster* KostRspr. § 127 ZPO Nr. 22; zum **Sozialgerichtsverfahren** wegen § 173 SGG *LSG NRW* FamRZ 1989, 1315.
[52] *BGH* WM 1991, 1280.
[53] *OLG Bamberg* FamRZ 1990, 182; *OLG Düsseldorf* KostRspr. ZPO § 127 Nr. 172 (L); *OLG Frankfurt* FamRZ 1980, 475; *OLG Karlsruhe* FamRZ 1992, 705; *OLG Köln* JurBüro 1987, 452; *OLG Schleswig* SchlHA 1984, 174f.; 1978, 211; *Künkel* DAVorm. 1983, 351.
[54] *OLG Hamm* Rpfleger 1986, 447; MDR 1985, 592. – *OLG Hamm* JurBüro 1984, 779 will hier §§ 7 GKG, 15 KostO, 10 GVKG analog anwenden. Diese Grenze dürfte indessen unter dem Gesichtspunkt der Verwirkung zu unflexibel sein; abl. auch *LAG Düsseldorf* LAGE § 127 ZPO Nr. 9; JurBüro 1986, 135.
[55] Zutr. *Schneider* Anm. zu LAGE § 127 ZPO Nr. 14.
[56] *BayObLG* FamRZ 1984, 73; *OLG Bamberg* FamRZ 1990, 181; 1986, 701, 702; 1985, 1141; *OLG Braunschweig* JurBüro 1980, 137; *OLG Düsseldorf* NJW-RR 1990, 452; FamRZ 1978, 915; *OLG Karlsruhe* FamRZ 1990, 82; MDR 1987, 240; *OLG Oldenburg* NJW-RR 1991, 189; *OLG Schleswig* SchlHA 1976, 112; *OLG Zweibrücken* JurBüro 1988, 1718; FamRZ 1980, 909;

Prozeßkostenhilfeentscheidung (prozeßordnungswidrig, → § 118 Rdnr. 5, 29) erst zusammen mit der instanzbeendenden Hauptsacheentscheidung ergeht oder doch jedenfalls aus von der Partei nicht zu vertretenen Gründen so spät erlassen wird, daß eine Beschwerde vor Abschluß der Instanz nicht mehr möglich war, dann kann sie auch noch nach der instanzbeendenden Entscheidung eingelegt werden[57]. Voraussetzung ist allerdings, daß wenigstens der Bewilligungsantrag rechtzeitig gestellt wurde (→ § 119 Rdnr. 32), und es ist dann von der Partei zu verlangen, daß sie ohne schuldhaftes Zögern alles ihr Zumutbare unternimmt, die Beschwerde korrekt begründet und mit allen erforderlichen Unterlagen so rasch wie möglich einzureichen[58]. Daß die Hauptsacheentscheidung inzwischen *rechtskräftig* geworden ist, steht dann der Zulässigkeit der Beschwerde nicht entgegen[59] (→ auch § 119 Rdnr. 32). Zum *Wirkungszeitpunkt* in diesen Fällen → § 119 Rdnr. 27; zum *Beurteilungszeitpunkt* → § 114 Rdnr. 37 ff.

Alles dies gilt allerdings nur für die Beschwerde gegen Entscheidungen, mit denen Prozeßkostenhilfe *versagt* wurde. Eine Beschwerde, die sich nur gegen die **Ratenzahlungsanordnung** richtet, bleibt auch nach Abschluß der Instanz zulässig[60], ebenso die gegen die **Versagung der Rechtsanwaltsbeiordnung**[61]. – Zum *Verwirkungseinwand* → Rdnr. 14. **16**

b) Unanfechtbarkeit der Hauptsacheentscheidung

Auch daß gegen eine Entscheidung in der Hauptsache ein Rechtsmittel nicht gegeben wäre, kann die Beschwerde gegen die Prozeßkostenhilfeentscheidung desselben Gerichts ausschließen[62]. Zwar hat das Bundesverfassungsgericht einen solchen Grundsatz für den Verwaltungsprozeß abgelehnt, die Entscheidung aber auf die besondere Gesetzgebungsgeschichte des § 146 VwGO gestützt[63]. Die Gesetzgebungsgeschichte der ZPO spricht eher für das gegentei- **17**

VGH München NJW 1980, 2093; *BFH* BB 1986, 187 (L). – Weitergehend (stets zulässig, sofern rückwirkende Änderung der Prozeßkostenhilfe-Entscheidung begehrt wird) *OLG Bremen* FamRZ 1987, 767; *KG* FamRZ 1986, 825; *OLG Köln* FamRZ 1988, 828; *Blümler* MDR 1983, 96; *Thomas/Putzo*[18] Rdnr. 3.

[57] *BayObLG* FamRZ 1984, 73; *OLG Bamberg* FamRZ 1990, 538 und 181; 1985, 1141; *OLG Braunschweig* FamRZ 1980, 137; *OLG Bremen* FamRZ 1984, 411; *OLG Düsseldorf* NJW-RR 1990, 452; *OLG Frankfurt* MDR 1983, 137; JurBüro 1982, 774; *OLG Hamburg* FamRZ 1987, 843; 1983, 1230; *OLG Hamm* FamRZ 1984, 174 f.; *OLG Karlsruhe* NJW-RR 1989, 1465; MDR 1987, 240; 1982, 328; *OLG Koblenz* NJW 1976, 1460; *OLG Oldenburg* NJW-RR 1991, 189; *LAG Düsseldorf* JurBüro 1987, 921; 1986, 937; *OVG Hamburg* FamRZ 1987, 178; *OVG Münster* AnwBl. 1985, 54; *BFH* BB 1984, 2250; *Mümmler* JurBüro 1977, 926. – **A.M.** *OLG Düsseldorf* OLGZ 1989, 255; *OLG Frankfurt* OLGZ 1980, 77, 78.

[58] *OLG Bamberg* FamRZ 1990, 538 und 181 f.; *OLG Düsseldorf* NJW-RR 1990, 452; *OLG Hamm* JurBüro 1977, 99; *OLG Karlsruhe* MDR 1987, 240; *OLG Oldenburg* JurBüro 1988, 1064 (abl. Wosgien); *OLG Schleswig* SchlHA 1974, 174 f.; *LAG Düsseldorf* JurBüro 1987, 921; 1986, 937; *Beyer* JurBüro 1989, 448. – Weitergehend (ohne jede Einschränkung zulässig bei Bewilligungsentscheidung nach Abschluß der Instanz) *OLG Celle* MDR 1985, 591; grdls. auch *OLG Oldenburg* NJW-RR 1991, 189; *OLG München* MDR 1987, 240.

[59] *OLG Bremen* JurBüro 1987, 767; *OLG Frankfurt* MDR 1986, 857; *OLG Hamm* JurBüro 1988, 645; 1986,

1430; *OLG Köln* FamRZ 1987, 1167; *OLG Schleswig* SchlHA 1976, 183; *VGH Mannheim* FamRZ 1988, 857; *Blümler* MDR 1983, 100.

[60] *OLG Karlsruhe* FamRZ 1992, 704; 1985, 724; *OLG Schleswig* JurBüro 1991, 1371.

[61] *OLG Karlsruhe* AnwBl. 1982, 493. – **A.M.** *OLG Karlsruhe* FamRZ 1990, 82.

[62] *BGHZ* 53, 372; *BGH* KostRspr. § 127 ZPO Nr. 63 (L); *OLG Bamberg* JurBüro 1989, 842; *OLG Bremen* FamRZ 1992, 584; *OLG Celle* FamRZ 1980, 175; *OLG Düsseldorf* FamRZ 1988, 906; JurBüro 1979, 320; 1978, 258; *OLG Hamburg* FamRZ 1988, 309; *OLG Hamm* AnwBl. 1985, 386; FamRZ 1980, 386; *OLG Karlsruhe* FamRZ 1983, 1253; *OLG Koblenz* FamRZ 1989, 200; 1988, 417 (auch für die Staatskasse); *OLG Köln* FamRZ 1986, 695; *OLG Schleswig* SchlHA 1985, 156; 1982, 29; 1978, 68 und 57; *OLG Zweibrücken* MDR 1974, 1380; JurBüro 1986, 134; FamRZ 1985, 301; *LG Bielefeld* MDR 1976, 671; *LG Bochum* AnwBl. 1984, 202; *LG Bonn* MDR 1977, 674; *LG Bremen* MDR 1981, 59; *LG Düsseldorf* JurBüro 1988, 1066; 1982, 298; *LAG Düsseldorf* JurBüro 1989, 1449; 1986, 775; *BFH* AnwBl. 1985, 654; BB 1984, 2249; 1982, 1535; DB 1983, 2124; *Jost* NJW 1990, 216; *Künkel* DAVorm. 1983, 350 f.; *Schneider* MDR 1981, 798 (anders aber wohl MDR 1987, 108); *Wax* FamRZ 1980, 977; vgl. auch *LG Hannover* JurBüro 1988, 371. – **A.M.** *LG Karlsruhe* NJW 1978, 1168.

[63] *BVerfGE* 78, 97 = JZ 1988, 606; vgl. auch *Hess. VGH* KostRspr. § 127 ZPO Nr. 154 (L); anders aber Nr. 173 (L) wegen § 80 AsylVfG; ebenso *OVG Münster* Nr. 168 (L).

lige Ergebnis, da der Gesetzgeber bei der Neufassung des § 567 Abs. 3 ZPO zum Ausdruck gebracht hat, daß er diese Vorschrift in Übereinstimmung mit der bisherigen Rechtsprechung als Ausdruck eines allgemeinen Prinzips verstanden wissen wolle[64]. Da mit diesem Grundsatz allerdings nur verhindert werden soll, daß das Beschwerdegericht in einer Frage, mit der es im Hauptsacheverfahren nicht befaßt werden könnte, die Hauptsacheentscheidung des Untergerichts durch die Beschwerdeentscheidung faktisch präjudiziert, muß man eine Überprüfung der *subjektiven* Bewilligungsvoraussetzungen zulassen, da diese nicht mehr Gegenstand des Hauptsacheverfahrens sein können[65].

c) Entscheidungen des Berufungsgerichts

18   Nach § 567 Abs. 3 sind Beschwerden gegen Entscheidungen der Landgerichte im Berufungsverfahren und im Beschwerdeverfahren unzulässig. Diese Vorschrift greift hier ihrem Wortlaut nach an und für sich nicht ein, denn die Prozeßkostenhilfeentscheidung ist keine Entscheidung »im« Berufungsverfahren zur Hauptsache, sondern eine selbständige Entscheidung in einem eigenständigen Verfahren. Man muß aber berücksichtigen, daß die Unanfechtbarkeit dieser Entscheidung früher in § 127 ausdrücklich angeordnet war und nur deshalb gestrichen wurde, weil in § 567 Abs. 3 eine allgemeine Regel gleichen Inhalts eingefügt wurde[66]. Man wird daher die Vorschrift auch hier anwenden können. Nach dem ihr zugrunde liegenden Rechtsgedanken, die Gerichte zu entlasten, gilt sie dann auch für Prozeßkostenhilfeentscheidungen in Angelegenheiten der freiwilligen Gerichtsbarkeit[67]. Nur gegen Prozeßkostenhilfeentscheidungen der **Oberlandesgerichte** ist gemäß § 567 Abs. 4 die Beschwerde nicht möglich[68].

3. Wert der Beschwer

19   Die Beschwerdesumme des § 567 Abs. 2 braucht nicht erreicht zu sein, da es sich bei der Prozeßkostenhilfeentscheidung nicht um eine Entscheidung über Kosten handelt[69].

4. Sonstiges

20   **Prozeßvoraussetzungen**, die im Hauptsacheverfahren zu klären sind, müssen bei der Zulässigkeit der Beschwerde unterstellt werden, so daß z. B. die Beschwerde einer möglicherweise prozeßunfähigen Partei zulässig ist[70]. Vom **Anwaltszwang** ist die Beschwerde durch §§ 569 Abs. 2, 78 Abs. 3 befreit.

---

[64] Vgl. BT-Drs. 11/3621, S. 26. – Daß es sinnvoller gewesen wäre, dies auch gleich ins Gesetz zu schreiben, bedarf wohl keiner besonderen Begründung.

[65] Vgl. *OLG Düsseldorf* FamRZ 1978, 258; *OLG Frankfurt* FamRZ 1986, 927; *OLG Karlsruhe* FamRZ 1983, 1253; *LG Bremen* MDR 1981, 59; *LG Hamburg* MDR 1984, 1032; *LG Kiel* MDR 1986, 943; *LG Mainz* Rpfleger 1986, 279; *Zöller/Philippi*[18] Rdnr. 22. – Abl. u. a. *LAG Düsseldorf* JurBüro 1989, 1449; *Münch-KommZPO/Wax* Rdnr. 19; *Schneider* MDR 1981, 798.

[66] Vgl. nur *BayObLG* NJW-RR 1992, 829; *OLG Bremen* FamRZ 1992, 584; für den Verwaltungsprozeß *Hess.VGH* FamRZ 1992, 1100.

[67] *BayObLG* NJW-RR 1992, 828 (unter Aufgabe seiner bisherigen Gegenansicht); *OLG Bremen* FamRZ 1992, 584; *OLG Schleswig* SchlHA 1985, 29; *OLG Zweibrücken* MDR 1992, 612; OLGZ 1989, 294, 295.

[68] *BGHZ* 119, 372 = ZZP 106 (1993), 233 (*Braun*) = JZ 1993, 414 = NJW 135; VersR 1990, 217.

[69] *OLG Frankfurt* Rpfleger 1955, 79; *KG* JR 1952, 409; *OLG Stuttgart* MDR 1956, 491; *Lappe* Rpfleger 1957, 284; *Tschischgale* Rpfleger 1952, 168; *OVG Münster* KostRspr. § 146 VwGO Nr. 6. – **A.M.** *OLG Hamm* MDR 1958, 934 = Rpfleger 1959, 227 (abl. *Lappe*).

[70] *KG* OLGZ 1971, 422; *LG Mannheim* AnwBl. 1982, 23.

V. Verfahren

1. Grundsätze

Die **Zuständigkeit** richtet sich nach dem Instanzenzug in der Hauptsache, so daß über die 21
Beschwerde gegen Prozeßkostenhilfe-Entscheidungen des Familienrichters der Familiensenat des OLG befindet[71]. Für das **Verfahren** selbst gelten zunächst die allgemeinen Regeln des Beschwerdeverfahrens[72]. So kann die Beschwerde gemäß § 570 auf **neue Tatsachen und Beweise** gestützt werden. Das muß auch für das Prozeßkostenhilfeverfahren gelten. Es ist daher nicht von vornherein ausgeschlossen, einer Beschwerde stattzugeben, mit der erstmals die erforderlichen Unterlagen (→ § 117 Rdnr. 17ff.) eingereicht werden[73]. Allerdings muß insoweit berücksichtigt werden, daß die Prozeßkostenhilfe grundsätzlich erst ab dem Zeitpunkt bewilligt werden kann, zu dem der Bewilligungsantrag vollständig begründet und korrekt belegt ist (→ § 119 Rdnr. 28). Wenn zu diesem Zeitpunkt zwar nicht das Beschwerdeverfahren, wohl aber die Instanz des Hauptsacheverfahrens, für die Prozeßkostenhilfe begehrt wird, abgeschlossen ist, kann die Beschwerde keinen Erfolg mehr haben[74] (→ Rdnr. 15).

2. Rechtliches Gehör

Im Beschwerdeverfahren ist in jedem Fall dem Beschwerdeführer als formell Beteiligtem 22
rechtliches Gehör zu gewähren, außerdem stets der Partei, wenn diese nicht selbst Beschwerdeführer ist. Im übrigen kann auf die Bemerkungen zu § 118 Rdnr. 6ff. verwiesen werden.

VI. Entscheidung

1. Form

Die Entscheidung ergeht durch Beschluß, der – trotz seiner Unanfechtbarkeit (→ Rdnr. 27) 23
– kurz zu begründen ist. Die Bekanntmachung erfolgt in jedem Fall an den Beschwerdeführer, im übrigen wie die angefochtene Entscheidung (→ § 120 Rdnr. 2)

2. Inhalt

Durch die Beschwerde gegen die Gewährung der Prozeßkostenhilfe wird die **gesamte** 24
Bewilligungsentscheidung Gegenstand des Beschwerdeverfahrens. Sie kann daher in vollem Umfang nachgeprüft werden[75]. Das **Verbot der reformatio in peius** gilt aber auch hier, so daß eine Schlechterstellung des *Beschwerdeführers* durch die Beschwerdeentscheidung unzulässig ist[76]. Wendet sich also beispielsweise die Partei gegen die Höhe der ihr auferlegten Raten und kommt das Beschwerdegericht zu dem Ergebnis, daß Prozeßkostenhilfe gar nicht hätte

---

[71] Vgl. *OLG Karlsruhe* FamRZ 1993, 712.
[72] Zu den Besonderheiten im sozialgerichtlichen Verfahren s. *Behn* DRiZ 1988, 331.
[73] *OLG Düsseldorf* NJW-RR 1989, 383; *OLG Frankfurt* MDR 1992, 293; *OLG Koblenz* FamRZ 1990, 537; *LAG Düsseldorf* JurBüro 1990, 756 (unter Aufgabe früherer Rechtsprechung; *Herr* MDR 1989, 870; *Lepke* DB 1985, 490; *Schneider* MDR 1989, 870 und 513. – **A.M.** *OLG Karlsruhe* MDR 1989, 918f.; *LSG NRW* FamRZ 1989, 412 (dazu abl. *Schneider* MDR 1989, 965).

[74] *OLG Bremen* JurBüro 1987, 767; *BFH* KostRspr. ZPO § 119 Nr. 100 (L).
[75] *BayObLG* JurBüro 1991, 1231. – Anders natürlich, wenn eine *Beiordnungsentscheidung* angegriffen wird; vgl. *LAG Frankfurt* BB 1989, 1982.
[76] *BayObLG* JurBüro 1991, 1231; *OLG Bamberg* JurBüro 1990, 636; *OLG Köln* FamRZ 1987, 618; *OLG Zweibrücken* JurBüro 1983, 1720 = KostRspr. § 127 ZPO Nr. 30 (abl. *Lappe*); *Lepke* DB 1985, 490f. – Krit. *Schneider* MDR 1981, 798.

bewilligt werden dürfen, so ist die Beschwerde ohne Änderung der angefochtenen Entscheidung zurückzuweisen[77]. Unberührt bleibt die Möglichkeit der Änderung oder Aufhebung nach §§ 120 Abs. 4, 124 durch das dafür zuständige Gericht (→ § 120 Rdnr. 32, § 124 Rdnr. 27). Auch auf die nach Abs. 3 zulässige **Beschwerde der Staatskasse** hin kann die Bewilligungsentscheidung ganz aufgehoben werden, wenn sich ergibt, daß nicht nur Ratenzahlung geboten, sondern die Prozeßkostenhilfe wegen hinreichender Leistungsfähigkeit ganz zu verweigern war, da § 127 Abs. 3 S. 2 nur die Beschwerdegründe, aber nicht den Beschwerdegegenstand beschränkt[78]. Eine Aufhebung wegen mangelnder Erfolgsaussicht oder Mutwilligkeit ist aber ausgeschlossen[79].

25   Im übrigen gilt § 575[80]. Das Beschwerdegericht kann daher über die Prozeßkostenhilfebewilligung ebenso wie über die Anwaltsbeiordnung (→ § 121 Rdnr. 22) **selbst entscheiden** oder – etwa, um versagtes rechtliches Gehör nachzuholen – an das erstinstanzliche Gericht **zurückverweisen**[81]. Ist nur der Streit über die Bedürftigkeit entschieden worden, kann auch zur (erstmaligen) Prüfung der Erfolgsaussichten zurückverwiesen werden (und umgekehrt)[82]. – Zum für die Bewilligungsentscheidung maßgeblichen *Zeitpunkt* → § 114 Rdnr. 37.

VII. Kosten (Abs. 4)

26   § 127 Abs. 4 bestimmt in Übereinstimmung mit § 118 Abs. 1 S. 4, daß die Kosten des Beschwerdeverfahrens nicht erstattet werden. Zu den *Einzelheiten* → § 118 Rdnr. 39.

VIII. Weitere Beschwerde

27   Die weitere Beschwerde ist durch § 568 Abs. 2 ausgeschlossen, da § 127 sie nicht ausdrücklich zuläßt[83]. Das gilt entsprechend auch in Angelegenheiten der freiwilligen Gerichtsbarkeit[84]. Hier bleibt allenfalls die außerordentliche weitere Beschwerde wegen »greifbarer Gesetzeswidrigkeit«[85] (→ Rdnr. 3).

§ 127 a [Prozeßkostenvorschuß in Unterhaltssachen]

(1) In einer Unterhaltssache kann das Prozeßgericht auf Antrag einer Partei durch einstweilige Anordnung die Verpflichtung zur Leistung eines Prozeßkostenvorschusses für diesen Rechtsstreit unter den Parteien regeln.

(2) ¹Die Entscheidung nach Absatz 1 ist unanfechtbar. ²Im übrigen gelten die §§ 620a bis 620g entsprechend.

Gesetzesgeschichte: Eingefügt durch das 1. EheRG v. 14.6.1976 (BGBl. I, 1421).

---

[77] BayObLG JurBüro 1991, 1231.
[78] OLG Bamberg JurBüro 1988, 771; 1987, 1714; *Beyer* JurBüro 1989, 448. – **A.M.** MünchKommZPO/*Wax* Rdnr. 41.
[79] LAG Düsseldorf LAGE § 115 ZPO Nr. 18.
[80] Allg. dazu *Behn* DRiZ 1988, 331.
[81] OLG Karlsruhe FamRZ 1991, 350; *Schneider* Anm. zu EzA § 120 ZPO Nr. 2.
[82] OLG Düsseldorf FamRZ 1992, 457; *Herr* MDR 1989, 870; *Schneider* MDR 1989, 871; 1981, 6f.
[83] *Gottwald/Semmelmayer* JZ 1993, 415.
[84] BayObLG NJW-RR 1986, 935; OLG Hamm AnwBl. 1984, 103; OLG Zweibrücken MDR 1992, 612.
[85] *Gottwald/Semmelmayer* JZ 1993, 416. – **A.M.** MünchKommZPO/*Wax* Rdnr. 22.

I. Zweck der Vorschrift	1	2. Anspruch auf Prozeßkostenvorschuß	5
II. Unterhaltssachen	3	3. Verfahren	9
III. Voraussetzungen	4	4. Entscheidung	10
1. Antrag und Anhängigkeit	4	IV. Anfechtung	11

Stichwortverzeichnis: → vor § 114 vor Rdnr. 1.

I. Zweck der Vorschrift

Die Bestimmung ergänzt § 620 Nr. 9 (einstweilige Anordnung über den Prozeßkostenvorschuß in Ehesachen) und § 621f. (einstweilige Anordnung über den Kostenvorschuß in Familiensachen nach § 621 Abs. 1 Nr. 1–3, 6–9)[1]. Die Möglichkeit, in den dort nicht erfaßten Unterhaltssachen (→ Rdnr. 3) durch einstweilige Anordnung eine Verpflichtung zur Zahlung eines Prozeßkostenvorschusses aufzuerlegen, soll die **Durchsetzung von Unterhaltsansprüchen erleichtern**. Sie geht daher dem Antrag auf Erlaß einer *einstweiligen Verfügung* vor[2], und zwar auch dann, wenn ihre speziellen Voraussetzungen (→ Rdnr. 4) noch nicht vorliegen[3]. Das Rechtsschutzbedürfnis für eine *Leistungsklage* auf Zahlung des Prozeßkostenvorschusses beseitigt § 127a hingegen nicht[4] (→ auch § 620a Rdnr. 12).

§ 127a dient außerdem der **Beschleunigung des Prozeßkostenhilfeverfahrens**[5]. Wird eine einstweilige Anordnung abgelehnt oder erweist sich eine einstweilige Anordnung auf Zahlung eines Prozeßkostenvorschusses als nicht durchsetzbar, so kann Prozeßkostenhilfe beantragt werden, und es braucht nicht erst ein ordentliches Verfahren über die Verpflichtung zur Zahlung eines Prozeßkostenvorschusses durchgeführt zu werden. Im Prozeßkostenhilfeverfahren ist das Gericht nicht an eine Entscheidung gebunden, mit der die einstweilige Anordnung mangels hinreichender Erfolgsaussicht der Unterhaltssache (→ Rdnr. 7) verneint wurde[6]. Wenn aber eine einstweilige Anordnung erlassen wurde, besteht in der Regel kein Anlaß, die Leistungsfähigkeit der Partei noch einmal in Zweifel zu ziehen[7]. – Zum Verhältnis der Prozeßkostenhilfe zur Prozeßkostenvorschußpflicht im übrigen → § 115 Rdnr. 138 ff.

II. Unterhaltssachen

Die Bestimmung erfaßt Zivilprozesse über **Unterhaltsansprüche jeglicher Art**, soweit nicht § 620 Nr. 9 einschlägig ist (→ Rdnr. 1). § 127a gilt daher für Verfahren zwischen Ehegatten[8] über den Familienunterhalt (§ 1360 BGB), ebenso für Unterhaltsprozesse zwischen Eltern und Kindern, auch zwischen dem nichtehelichen Kind und seiner Mutter oder seinem Vater (nicht im Vaterschaftsfeststellungsverfahren; dort gilt § 641d), ferner für Unterhaltsverfahren zwischen sonstigen unterhaltspflichtigen Verwandten. § 127a beschränkt sich also nicht auf diejenigen Unterhaltsansprüche, für die das *Familiengericht* zuständig ist (§ 621 Abs. 1

---

[1] Die Unterhaltssachen des § 621 Abs. 1 Nr. 4 und 5 sind in § 621f. deshalb nicht erwähnt, weil hier § 127a zum Zuge kommen soll (→ auch § 621f. Rdnr. 1); vgl. auch *OLG Düsseldorf* FamRZ 1978, 427.
[2] *OLG Düsseldorf* JurBüro 1980, 770; *OLG Frankfurt* FamRZ 1979, 538; *OLG Schleswig* SchlHA 1980, 143 (L).
[3] *BGH* NJW 1979, 1508; *OLG Düsseldorf* FamRZ 1980, 175; *OLG Oldenburg* FamRZ 1978, 526; → auch § 620a Rdnr. 14. – **A.M.** *OLG Karlsruhe* FamRZ 1981, 983.
[4] *BGH* NJW 1979, 1508; *OLG Hamm* FamRZ 1978, 816.
[5] BT-Drs. 7/4361, 62.
[6] A.M. *OLG Frankfurt* KostRspr. § 127a ZPO Nr. 10; Zöller/Philippi[18] Rdnr. 3.
[7] Mit der Unanfechtbarkeit nach Abs. 2 S. 1 hat das allerdings nichts zu tun; vgl. aber *OLG Zweibrücken* FamRZ 1984, 74.
[8] *BGH* NJW 1980, 1392. – § 620 Nr. 9 geht nicht vor, denn § 620 setzt die Anhängigkeit einer *Ehesache* voraus. – Zum Prozeßkostenvorschußanspruch unter **geschiedenen Ehegatten** → § 115 Rdnr. 146.

Nr. 4, 5, → § 1 Rdnr. 64). Auch spielt es keine Rolle, ob die geltend gemachten Unterhaltsansprüche auf das Gesetz oder auf Vereinbarungen gestützt werden und ob es sich bei dem Rechtsstreit um eine Leistungsklage, eine Abänderungsklage oder um eine (ebenfalls von § 621 Abs. 1 Nr. 4 erfaßte) Vollstreckungsabwehrklage handelt[9].

III. Voraussetzungen

1. Antrag und Anhängigkeit

4 Die einstweilige Anordnung setzt den *Antrag* einer Partei voraus. Dieser ist zulässig, wenn die *Unterhaltssache anhängig* ist (nicht notwendig rechtshängig, → § 620a Rdnr. 1) oder ein *Prozeßkostenhilfegesuch* eingereicht ist[10] (§§ 127a Abs. 2 S. 2, 620a Abs. 2 S. 1). Die Zahlung des Prozeßkostenvorschusses kann nur der *Gegenpartei*, nicht Dritten auferlegt werden, und jeweils nur für die *Unterhaltssache*. Das gilt auch in Fällen der *Prozeßstandschaft*, wo nur Vorschußansprüche für oder gegen den Prozeßstandschafter geltend gemacht werden können. Eine Ausnahme ist in den Fällen des § 1629 Abs. 3 BGB zu machen, da auch der über § 127a einzufordernde Prozeßkostenvorschußanspruch ein Unterhaltsanspruch im Sinne des § 1629 Abs. 3 BGB ist[11].

2. Anspruch auf Prozeßkostenvorschuß

5 § 127a ist eine verfahrensrechtliche Vorschrift, die keinen Vorschußanspruch gewährt, sondern einen solchen voraussetzt und seine Durchsetzung regelt[12]. Die einstweilige Anordnung ist also für diejenige Fälle gedacht, in denen **nach materiellem Recht** ein Anspruch auf Prozeßkostenvorschuß besteht und darf daher nach Grund und Höhe[13] nicht ohne Berücksichtigung des materiellen Rechts (→ § 115 Rdnr. 143 ff.) erlassen werden[14]. Zur Frage des anwendbaren Rechts bei Beteiligung von *Ausländern* → § 115 Rdnr. 143. Da die einstweilige Anordnung regelmäßig zu Beginn des Unterhaltsprozesses beantragt wird und rasch darüber entschieden werden soll, werden sich die Voraussetzungen des materiellen Anspruchs nicht immer klar beurteilen lassen. Nach §§ 127a Abs. 2 S. 2, 620a Abs. 2 S. 3 soll der Antragsteller die Voraussetzungen der Anordnung *glaubhaft machen*. Bei der Entscheidung sind aber auch die Interessen des Antragsgegners und die Abgrenzung zur Prozeßkostenhilfegewährung zu bedenken. Im einzelnen ergibt sich:

6 a) Es muß glaubhaft gemacht sein, daß der Antragsteller die **Prozeßkosten nicht aufzubringen vermag** (→ § 114 Rdnr. 15 ff.) und daß der **Antragsgegner zur Zahlung des Vorschusses in der Lage** ist (→ § 115 Rdnr. 142).

7 b) Die Unterhaltssache darf **nicht aussichtslos** oder **mutwillig** sein (→ § 114 Rdnr. 21 ff., 27 ff.).

8 c) Ob zwischen den Parteien überhaupt diejenigen **Beziehungen** vorliegen, **aus denen sich der Anspruch auf Prozeßkostenvorschuß ergibt** (Ehe, Verwandtschaft), wird oft schon zu Beginn des Unterhaltsprozesses feststellbar sein, insbesondere dann, wenn die Unterhaltspflicht als solche feststeht und der Streit über Höhe und Art des Unterhalts geführt wird. In

---

[9] *OLG Düsseldorf* FamRZ 1978, 427.
[10] *BGH* NJW 1979, 1508.
[11] *MünchKommZPO/Wax* Rdnr. 12.
[12] *OLG Celle* FamRZ 1978, 784; *OLG Karlsruhe* FamRZ 1981, 1195; *OLG Oldenburg* FamRZ 1982, 384/386; *OLG Schleswig* SchlHA 1978, 19f.
[13] Dabei ist zu berücksichtigen, daß auch die Kosten des Anordnungsverfahrens einzubeziehen sind, *OLG Celle* KostRspr. § 127a ZPO Nr. 13; *OLG Frankfurt* FamRZ 1979, 732.
[14] Zur einstweiligen Anordnung in Ehesachen → § 620 Rdnr. 11; ferner *Leipold* Grundlagen des einstweiligen Rechtsschutzes (1971), 156 ff.

diesen Fällen kann die einstweilige Anordnung auf eine **Feststellung des materiellen Anspruchs** auf Prozeßkostenvorschuß gestützt werden. Es ist aber auch möglich, daß die Unterhaltspflicht als solche und damit auch die Prozeßkostenvorschußpflicht zweifelhaft ist und darüber zu Beginn des Verfahrens noch keine sichere Aussage möglich ist, so z. B. wenn die Verwandtschaft oder das Bestehen der Ehe umstritten sind, oder wenn zwischen geschiedenen Ehegatten streitig ist, ob die Voraussetzungen eines Unterhaltsanspruchs nach §§ 1569 ff. BGB vorliegen. Hielte man auch hier eine Glaubhaftmachung, verstanden als *Wahrscheinlichkeit* des Erfolgs in der Hauptsache, für erforderlich und genügend, so würde dadurch einerseits das Interesse des Antragsgegners vernachlässigt und andererseits die Gefahr einer vorzeitigen Festlegung in der Hauptsache heraufbeschworen[15]. Das Gericht sollte sich in diesen Fällen mit der Prüfung begnügen, ob der Erfolg des Antragstellers in der Hauptsache jedenfalls als *möglich* erscheint, dafür aber anderseits noch eine **Interessenabwägung** vornehmen. Dabei stehen das Interesse des Antragstellers, den Prozeß führen zu können, und das Interesse des Antragsgegners, nicht zu Unrecht zahlen zu müssen, gegenüber, und bei wichtigen Prozessen (die Prozeßkostenvorschußpflicht beschränkt sich ja auf Prozesse in persönlichen Angelegenheiten; → § 115 Rdnr. 144 f.) wird an sich meist das Interesse des Antragstellers den Vorrang verdienen. Doch bleibt zu bedenken, daß die Ablehnung einer einstweiligen Anordnung in den meisten Fällen nicht dazu führt, daß der Antragsteller von der Prozeßführung Abstand nehmen müßte, sondern lediglich dazu, daß für ihn der **Weg zur Prozeßkostenhilfe geöffnet** wird. Bei dieser Sachlage ist der Erlaß einer einstweiligen Anordnung **bei zweifelhafter Prozeßkostenvorschußpflicht abzulehnen**. Es wäre nicht gerechtfertigt, hier die Kosten der Prozeßführung der öffentlichen Hand abzunehmen und dem Antragsgegner aufzuerlegen. Der Antragsgegner könnte diese Beträge, wenn er schließlich im Unterhaltsprozeß das Nichtbestehen einer Unterhaltspflicht dartun kann und in der Hauptsache obsiegt, schon wegen der Mittellosigkeit des Antragstellers oft nicht zurückerhalten.

3. Verfahren

Zum Verfahren → § 620 a bis § 620 g, die nach § 127 a Abs. 2 S. 2 entsprechend gelten.   9

4. Entscheidung

Wenn das Gesetz in § 127 a den Ausdruck »kann« verwendet, so ist damit gesagt, daß das   10
Gericht die *Kompetenz* zum Erlaß der einstweiligen Anordnung hat, aber **kein Ermessen** eingeräumt[16]: Liegen die Voraussetzungen der einstweiligen Anordnung vor, so *muß* diese erlassen werden. Es ist auch nicht ersichtlich, auf welche sachgerechten Gründe die Ablehnung der einstweiligen Anordnung dann gestützt werden könnte. Daß dem Gericht ein gewisser Beurteilungsspielraum der Vermögenssituationen und der sonstigen *Voraussetzungen* der einstweiligen Anordnung zukommt, ergibt sich aus der Glaubhaftmachung und dem besonderen Charakter einer einstweiligen Anordnung, stellt aber kein echtes Ermessen im Sinne der Wahlfreiheit auf der *Rechtsfolgenseite* dar.

---

[15] Dazu allgemein *Leipold* (vorige Fn.), 16 ff., 83 ff. – Bei den einstweiligen Anordnungen in Ehesachen war schon früher der Hauptsacheprognose geringere Bedeutung zugemessen worden als im Verfahren über Arrest und einstweilige Verfügung, s. *Leipold* (a.a.O.), 146.

[16] Ebenso *Baumbach/Lauterbach/Hartmann*[51] Rdnr. 23.

IV. Anfechtung

11   Die Entscheidung über einen Antrag nach § 127a[17] ist – auch wenn sie in Urteilsform ergangen ist[18] – nach Abs. 2 S. 1 mit Rücksicht auf ihre begrenzte Tragweite[19] **unanfechtbar**. Dabei spielt es keine Rolle, ob die einstweilige Anordnung abgelehnt oder dem Antrag stattgegeben wurde. Das Gericht kann den Beschluß aber auf Antrag **ändern** oder **aufheben**[20] (Abs. 2 S. 2 mit § 620b Abs. 1 S. 1) oder seine **Vollziehung aussetzen**[21] (Abs. 2 S. 2 mit § 620e). Möglich bleibt allerdings nach h. M. auch hier (→ schon § 127 Rdnr. 3) die **Ausnahmebeschwerde** wegen »greifbarer Gesetzeswidrigkeit«[22].

---

[17] Ob eine solche vorliegt, ist gegebenenfalls durch Auslegung zu ermitteln. Vgl. etwa *OLG Köln* FamRZ 1988, 1300 (»Umdeutung« einer Entscheidung, mit der der Gegner der bedürftigen Partei verpflichtet wurde, Prozeßkostenhilfe-Raten zu bezahlen).
[18] *OLG Frankfurt* FamRZ 1979, 538.
[19] BT-Drs. 7/4361, 63 mit 7/650, 201.
[20] Vgl. nur *AG Charlottenburg* DAVorm. 1982, 384; *AG Schwandorf* FamRZ 1992, 336 (auch im Kostenpunkt).
[21] Vgl. nur *OLG Hamm* FamRZ 1980, 174.
[22] *MünchKommZPO/Wax* Rdnr. 24.

Dritter Abschnitt

Verfahren

Vorbemerkungen vor § 128

Stichwortregister zu den Verfahrensgrundsätzen

A. Übersicht
1. Inhalt des dritten Abschnittes ... 1
2. Allgemeine Verfahrensvorschriften an anderer Stelle ... 2

B. Grundsätze des Verfahrensablaufs
  I. Verfahrensgrundsätze ... 3
    1. Begriff ... 3
    2. Übersicht ... 6
  II. Der Anspruch auf rechtliches Gehör ... 9

Stichwortregister zum Recht auf Gehör
1. Rechtsgrundlagen ... 9
  a) Verfassungsrechtlicher Rang ... 9
  b) Rechtliches Gehör und ZPO ... 10
2. Sinn und Zweck des Anspruchs auf rechtliches Gehör ... 11
  a) Verwurzelung im Schutz der Menschenwürde ... 11
  b) Element der Verfahrensgerechtigkeit ... 12
  c) Verbindung mit dem Gleichheitsgebot ... 13
  d) Element der Verfahrensfairneß ... 14
  e) Verbindung mit dem Anspruch auf Rechtsschutz ... 15
  f) Recht auf Gehör und Effektivität des Rechtsschutzes ... 15a
3. Verhältnis des Art. 103 Abs. 1 GG zur ZPO ... 16
  a) Auslegung und Lückenfüllung ... 16
  b) Verletzung des Rechts auf Gehör ... 18
  c) Optimierung des Rechts auf Gehör ... 19
4. Vom Anspruch auf Gehör erfaßte Verfahren ... 20
  a) Geltung in allen gerichtlichen Verfahren ... 20
  b) Rechtsmittel- und Rechtsbehelfsverfahren ... 21
  c) Einzelfragen ... 21c
5. Träger des Anspruchs ... 22
  a) Jedermann ... 22
  b) Partei, Prozeßbevollmächtigter, gesetzlicher Vertreter ... 23
  c) Parteien und parteiähnliche Personen ... 24
  d) Andere Prozeßbeteiligte ... 25
  e) Rechtliches Gehör für Drittbetroffene ... 26
6. Gewährung des rechtlichen Gehörs ... 30
  a) Gelegenheit zur Stellungnahme ... 30
  b) Mündliche oder schriftliche Anhörung ... 31
  c) Hinreichende Zeit ... 32
  d) Präklusion ... 33
  e) Gegenstand der Äußerung, Information durch das Gericht ... 35
  f) Pflicht zur Kenntnisnahme ... 36
  g) Pflicht, das Vorbringen in Erwägung zu ziehen ... 38
  h) Erheblichkeit ... 40
7. Gerichtliche Hilfe ... 41
  a) Hinweispflicht ... 41
  b) Wiedereinsetzung in den vorigen Stand ... 43
  c) Prozeßkostenhilfe ... 44
8. Zeitpunkt ... 45
  a) Vor der Entscheidung ... 45
  b) Prozeßleitende Anordnungen ... 47
  c) Vollstreckungsmaßnahmen ... 48
  d) Neues Vorbringen des Gegners ... 49
9. Folgen von Verstößen ... 50
  a) Verfahrensmangel, Heilung, Verzicht ... 50
  b) Weitere Beschwerde ... 52
  c) Grenzen der Rechtsmittel und der Nichtigkeitsklage ... 53
    aa) Keine Verlängerung des Rechtsmittelzuges ... 53

Leipold IX/1993

bb) Kein Rechtsmittel bei Nichterreichen der Rechtsmittelsumme oder fehlender Zulassung	53 c	a) Begriff	75
		b) Einführung von Tatsachen	76
		c) Zugestehen und Nichtbestreiten	77
		d) Beweiserhebung	78
cc) Zulässigkeit und Grenzen der analogen Anwendung von § 513 Abs. 2	54	e) Ungünstiges Parteivorbringen	79
		f) Echte Einreden	81
		g) Rechtspolitische Würdigung	82
dd) Begrenzte Reichweite der Nichtigkeitsklage	54 b	2. Der Untersuchungsgrundsatz	86
d) Gegenvorstellung	54 c	a) Begriff	86
e) Verneinung einer Bindungswirkung, insbesondere bei Verweisungsbeschlüssen	55	b) Uneingeschränkte Geltung	87
		c) Eingeschränkte Geltung	88
		d) Untersuchungsgrundsatz ohne ausdrückliche gesetzliche Grundlage	89
f) Überprüfung von Vorentscheidungen im Rechtsmittelverfahren	56	e) Die Behandlung von Normtatsachen; Verbandsklagen nach dem AGBG	90 a
g) Nichtanerkennung eines ausländischen Urteils	57		
h) Verfassungs- und Menschenrechtsbeschwerde	58	3. Die Prüfung von Amts wegen	91
		a) Gesetzliche Regelung	91
		b) Anwendungsbereich	92
aa) Verfassungsbeschwerde zum Bundesverfassungsgericht	58	c) Tatsachenfeststellung im Bereich der Prüfung von Amts wegen	
bb) Verfassungsbeschwerde zum Bayerischen Verfassungsgerichtshof	60	aa) Einführung von Tatsachen	95
		bb) Keine Parteiverfügung über die Beweisnotwendigkeit	96
cc) Beschwerde an die Menschenrechtskommission	61	cc) Kein Freibeweis	97
III. Die Gleichheit vor dem Richter und der Anspruch auf faires Verfahren	62	dd) Besonderheiten bei der Zuständigkeitsprüfung	98
1. Die Gleichheit vor dem Richter	62	d) Revisionsinstanz	100
2. Der Anspruch auf faires Verfahren	65	VI. Die richterliche Prozeßleitung	101
		1. Begriff und Verhältnis zum Parteieinfluß	101
a) Rechtsgrundlage und Verhältnis zum Recht auf Gehör	65	2. Amtsbetrieb	103
		3. Prozeßleitung	104
b) Konkretisierung des Rechts auf faires Verfahren	66	4. Sachleitung	105
		5. Abgrenzung zu sonstigen Aufgaben des Gerichts; richterliche Rechtsanwendung	106
c) Faires Verfahren und richterliches Ermessen	67		
IV. Dispositionsmaxime	68	VII. Gestaltung der Verhandlung	109
1. Grundsatz	68	1. Verhandlungsform	109
2. Ausnahmen	71	2. Kontradiktorische und einseitige Verhandlung	110
a) vom Antragsgrundsatz	71		
b) Ausschluß von Anerkenntnis und Verzicht	74	3. Unmittelbarkeit	111
		4. Mündlichkeit	112
V. Die Grundsätze der Stoffsammlung	75		
1. Der Verhandlungsgrundsatz	75		

C. Vorschriften des Gerichtsverfassungsgesetzes über den Verfahrensablauf
  I. Öffentlichkeit ... 114
    1. Zweck und Rechtsgrundlagen ... 114
    2. Geltungsbereich ... 115
    3. Nichtöffentlichkeit kraft Gesetzes ... 117
    4. Ausschluß der Öffentlichkeit durch Gerichtsbeschluß ... 119
      a) Ausschließungsgründe ... 119
      b) Ausschließungsverfahren ... 121
      c) Veröffentlichungsverbot und Verpflichtung zur Geheimhaltung ... 122
      d) Anwesenheitsrecht der Parteien, kein Geheimprozeß ... 122a
      e) Zutrittsrecht Dritter trotz Ausschlusses der Öffentlichkeit ... 123
    5. Öffentliche Urteilsverkündung ... 124
    6. Inhalt des Öffentlichkeitsgebots ... 125
      a) Möglichkeit des Zutritts ... 125
      b) Zurückweisung einzelner Personen ... 127
      c) Nur Recht zum Zuhören ... 128
      d) Vertreter von Presse, Rundfunk, Fernsehen ... 129
    7. Rechtsfolgen bei Verstößen ... 130
  II. Sitzungspolizei ... 132
    1. Zweck ... 132
    2. Anordnungen zur Aufrechterhaltung der Ordnung ... 133
    3. Zwangsmaßnahmen ... 136
      a) Zuständigkeit ... 136
      b) Adressaten ... 137
      c) Maßnahmen bei Nichtbefolgung gerichtlicher Anordnungen ... 138
      d) Ordnungsmittel wegen Ungebühr ... 140
      e) Rechtliches Gehör ... 143
      f) Protokollierung ... 144
      g) Anfechtung ... 145
    4. Strafbare Handlungen ... 147
  III. Gerichtssprache ... 148
    1. Deutsche Gerichtssprache ... 148
    2. Sonderregelung für Sorben ... 148a
    3. Anträge in fremder Sprache ... 149
    4. Antrag auf Erteilung der Vollstreckungsklausel bei ausländischen Urteilen ... 150
    5. Fremdsprachige Urkunden ... 151
    6. Zuziehung eines Dolmetschers ... 152
    7. Protokollierung ... 154
    8. Verhandlung mit tauben oder stummen Personen ... 155
    9. Rechtsstellung des Dolmetschers ... 156
D. Prozeßhandlungen
  Stichwortregister zu den Prozeßhandlungen
  I. Begriff ... 157
    1. Prozeßhandlungen des Gerichts und der Parteien ... 157
    2. Prozeßhandlungen der Parteien ... 158
      a) Sprachgebrauch der Gesetze ... 158
      b) Funktioneller Begriff der Prozeßhandlung ... 159
      c) Einzelaspekte ... 164
  II. Arten der Prozeßhandlungen der Parteien ... 168
    1. Einseitige Prozeßhandlungen, Gesamtakte und Prozeßverträge ... 169
      a) Einseitige Prozeßhandlungen ... 169
      b) Gesamtakte ... 170
      c) Prozeßverträge ... 171
    2. Erwirkungs- und Bewirkungshandlungen ... 172
    3. Anträge, Behauptungen, Beweisführungen ... 176
    4. Willenserklärungen, Wissenserklärungen und Tathandlungen ... 177
    5. Prozeßrechtsgeschäfte ... 181
  III. Vornahme der Prozeßhandlungen ... 182
    1. Maßgebliches Recht ... 182
    2. Prozeßhandlungsvoraussetzungen ... 183
    3. Form ... 184
    4. Adressat ... 187
    5. Wirksamwerden ... 188
  IV. Auslegung und Umdeutung ... 192
    1. Auslegung ... 192
    2. Umdeutung ... 196
  V. Zeitlicher Rahmen der Prozeßhandlungen ... 198
    1. Zeitliche Grenzen ... 198
      a) Prozessuale Überholung ... 198
      b) Gesetzliche Fristen ... 199
      c) Richterliche Fristen ... 200
      d) Präklusion ... 201
    2. Verwirkung ... 203
    3. Prozeßhandlungen auf Vorrat ... 204

VI. Bedingungen	207	3. Geltendmachung des Mangels	234
1. Allgemeines	207	4. Heilung des Mangels	235
2. Unzulässige Bedingungen	208	X. Prozeßverträge	236
3. Zulässige innerprozessuale Bedingungen bei Erwirkungshandlungen	210	1. Zulässigkeit	236
		2. Prozessuale Rechtsnatur	238
		3. Abschlußvoraussetzungen	239
4. Eventuelles Tatsachenvorbringen	213	4. Inhaltliche Mängel, Willensmängel	243
5. Rechtsfolgen unzulässiger Bedingungen	218	5. Wirkungen	246
VII. Widerruf und Zurücknahme	219	6. Rechtsnachfolge in Prozeßverträge	249
1. Allgemeines	219	XI. Verbindung von Prozeßhandlungen und Rechtsgeschäften des Bürgerlichen Rechts	253
2. Noch nicht wirksame Prozeßhandlungen	220		
3. Rücknahme von Anträgen	221		
4. Widerruf tatsächlicher Behauptungen	224	1. Verbindung von Prozeßverträgen mit materiellen Verträgen	253
		2. Doppeltatbestand	254
5. Bindung an ungünstige Bewirkungshandlungen	225	3. Doppelnatur	257
6. Widerruf bei Vorliegen eines Restitutionsgrundes	226	E. Besonderheiten des Verfahrens in Arbeitssachen	
VIII. Inhaltliche Mängel, Willensmängel, Rechtsmißbrauch	227	I. Geltung und Modifizierung der zivilprozessualen Verfahrensgrundsätze	258
1. Allgemeines	227	II. Öffentlichkeit	260
2. Willensmängel	228	III. Sitzungspolizei	261
3. Rechtsmißbrauch	231	IV. Gerichtssprache	264
IX. Folge von Mängeln	232		
1. Erwirkungshandlungen	232	F. Mitwirkung des Staatsanwalts im Zivilprozeß	265
2. Bewirkungshandlungen	233		

Stichwortregister zu den Verfahrensgrundsätzen

Zum **Recht auf Gehör** s. gesondertes Stichwortregister vor Rdnr. 9

Zu den **Prozeßhandlungen** s. gesondertes Stichwortregister vor Rdnr. 157

Die Zahlenangaben beziehen sich auf die Randnummern.

Abführung zur Ordnungshaft 138
Ablehnung eines Dolmetschers 156
Absoluter Revisionsgrund 130
Abweisungsantrag 71
Allgemeine Geschäftsbedingungen 90a f.
Amtsbetrieb 103
Amtsermittlung 95
Amtsgerichtliches Verfahren 2
Amtsprinzip 71
Amtstracht 134
Anerkenntnis 70, 74
Anerkenntnisurteil 83
Anfechtung der Ehelichkeit 87, 88
Anspruch auf faires Verfahren 65 ff.
Antragserfordernis 69, 259

Anwesenheitsrecht der Parteien 122a
Arbeitsgerichtliches Verfahren 8a, 66c, 258 ff.
Aufbau des Gesetzes 2
Aufgebotsverfahren 87
Augenschein 78
Ausländische Urteile 150
Ausländisches Recht 107
Auslegung 108
Ausschließung eines Dolmetschers 156
Ausschließungsverfahren 121
Ausschluß der Öffentlichkeit 119 ff.
– arbeitsgerichtliches Verfahren 260
Ausweiskontrollen 126
Autorität des Gerichts 141

Baulandsachen 87
Bayerische Verfassung 9a, 60
Begriff des Verfahrensgrundsatzes 3
Behauptungen des Gegners 80
Behördliche Klagerechte 71
Beibringungsgrundsatz 75 ff.
Bekleidung 142
Beratung des Gerichts 115
Berichtigungsbeschluß 66c
Berücksichtigung von Amts wegen 91 ff.
Berufungszulassung 66c
Beschleunigung des Verfahrens 66b
Beschleunigungsgebot im arbeitsgerichtlichen Verfahren 8a
Beschleunigungsgrundsatz 7 f.
Beschleunigungszweck 102
Beschlußverfahren (Arbeitsgerichte) 258 f.
Beschwerde
– gegen gerichtliche Untätigkeit 66b
– gegen Ordnungsmittel 145 f.
Bestimmung von Fristen 67
Betreuung 87a
Betriebsgeheimnis 119
Beweiserhebung von Amts wegen 78
Beweiserhebungspflicht 97
Beweislast 63, 97
Beweismittel 75, 78
Beweisnotwendigkeit 96
Beweisunmittelbarkeit 111
Beweiswürdigung 106

DDR 148a, 268
Demokratiegebot 114, 114b
Deutsche Gerichtssprache 148 ff.
Dispositionsmaxime 68 ff.
– im arbeitsgerichtlichen Beschlußverfahren 259
Dolmetscher 148a, 152 ff., 156
Dolmetschereid 156
Dolmetscherkosten 148a, 153a
Dritte 90

Effektiver Rechtsschutz 3, 65
Ehefreundliche Tatsachen 88
Ehelichkeitsanfechtung 88
Ehenichtigkeitsklage 266
Ehesachen 87
Ehescheidung 88
Einführung von Tatsachen 76
Einigungsvertrag 148a
Einrede 81, 92a
Einseitige Verhandlung 110 f.
Einzelrichter 116
Entfernung aus dem Sitzungssaal 138 f.
Entmündigung 87a
Erbunwürdigkeitsklage 90
Erfahrungssätze 90a, 107
Erfindungsgeheimnis 119

Erfüllungsort 99
Erledigungserklärung 70
Ermessen des Gerichts 63, 65, 67, 101
Europäische Grundrechtsordnung 65c
Europäische Menschenrechtskonvention 65a ff., 114, 115, 120, 124, 131, 149, 153a

Faires Verfahren 65 ff., 114a
Fairneß des Verfahrens 65 ff.
Familiensachen 74, 117
Fehler des Gerichts 66
Fernsehaufnahmen 129
Formalismus 66c
Formelle Sachleitung 105
Formelle Unmittelbarkeit 111
Formelle Wahrheit 84
Formerfordernisse 66c
Fotoaufnahmen 129
Fragepflicht des Gerichts 75a, 82a
Freibeweis 97
Freies Ermessen 67
Fremdsprachige Anträge 149 ff.
Fremdsprachige Urkunden 151
Fristen 67
Fristwahrung 149

Geheimhaltungspflicht 122
Geheimnisschutz 119
Geheimprozeß 122a
Gehör s. gesondertes Stichwortverzeichnis vor Rdnr. 9
Gerichtliche Untätigkeit 66b
Gerichtssaal 126
Gerichtssprache 148 ff.
– im arbeitsgerichtlichen Verfahren 264
Gerichtsstandsvereinbarung 99
Gerichtsverfassungsgesetz 113 ff.
Geschäftsgeheimnis 119, 260
Gesetzeslücken 4
Gesetzliche Unterhaltpflicht 118
Gesetzlicher Richter 3
Geständnis 77, 96, 107
Geständnisfiktion 77, 96, 99
Gewohnheitsrecht 107
Gleichheit vor dem Richter 62 ff.
Gleichheitssatz 62 ff.
Gleichstellung nichtehelicher und ehelicher Kinder 64a
Grundsätze
– der Stoffsammlung 75 ff.
– des Verfahrensablaufs 3 ff., 113 ff., 258 ff.
Güteverhandlung 260

Hausrecht 132
Hinweispflicht des Gerichts 75a, 82a

Ideologische Angriffe gegen die Verhandlungsmaxime 82
Instanzenzug 64a
Iura novit curia 107

Kartellbeschwerde 87
Kindschaftssachen 74, 87, 117
Klagebefugnis von Verbänden 89
Klageerhebung 69
Klagerücknahme 70
Kleidung in der Verhandlung 134, 142
Kontradiktorische Verhandlung 110 f.
Kontradiktorisches Urteil 110 f.
Konzentrationsgrundsatz 8 f.
Kooperationsmaxime 82 a
Kosten des Dolmetschers 148 a, 153 a
Kostenfestsetzungsverfahren 93
Kritik am Verhandlungsgrundsatz 82

Landgerichtliches Verfahren 2
Lücken im Gesetz 4

Materielle Sachleitung 105
Materielle Unmittelbarkeit 111
Materielle Verfügungsmacht 74, 90
Materielle Wahrheit 84
Menschenrechtskonvention 65a ff., 114, 115, 120, 124, 131, 149, 153a
Mißachtung des Gerichts 141
Mißbrauch der Rechtspflege 94
Mündlichkeit 112

Nationalsozialismus 267
Nichtausschließung der Öffentlichkeit 130
Nichtbestreiten 77, 96
Nichteheliche Kinder 64a
Nichtöffentlichkeit 117 f.
Normtatsachen 90a f.

Objekt des Verfahrens 66a
Öffentliche Ordnung 119
Öffentliche Urteilsverkündung 124
Öffentlichkeit 114 ff.
– im arbeitsgerichtlichen Verfahren 260
Öffentlich-rechtliche Streitsachen 89, 266
Offizialprinzip 71
Ordnungsgeld 140
Ordnungshaft 138, 140
Ordnungsmaßnahmen 132 ff.
– im arbeitsgerichtlichen Verfahren 261 ff.
Ordnungsmittel wegen Ungebühr 140 ff.
– im arbeitsgerichtlichen Verfahren 261 ff.

Parteibetrieb 103
Parteieinfluß 68
Parteifreiheit 68, 82a
Parteiöffentlichkeit 116, 122a

Parteiverantwortung 68, 82a
Parteizustellung 103
Persönlicher Lebensbereich 119a f.
Pflichtgemäßes Ermessen 67
Photoaufnahmen 129
Platzkarten 126
Presse 129
Prinzipiencharakter 4
Privates Geheimnis 119
Privates Wissen des Richters 76
Protokollierung
– bei Ordnungsmaßnahmen 144
– in deutscher Sprache 154
Prozeßbetrieb 103
Prozeßhindernde Einreden 81
Prozeßkostenhilfe 63
Prozeßleitende Anordnung 104
Prozeßleitung 101 ff., 104
Prozeßmaximen 3 ff., 113 ff., 258 ff.
Prozeßökonomie 8a
Prozessuale Einreden 92a
Prozeßvergleich 70
Prozeßvoraussetzungen 91, 92
Prüfung von Amts wegen 91 ff.

Rechtliches Gehör s. gesondertes Stichwortregister vor Rdnr. 9
Rechtliches Gehör bei Ordnungsmaßnahmen 143
Rechtliches Interesse 92a
Rechtsanwalt 63
Rechtsanwendung 106 ff.
Rechtsfortbildungstatsachen 90a f.
Rechtspolitik 82 ff.
Rechtssätze 107
Rechtsschutzbedürfnis 92a
Rechtsstaatsprinzip 65, 114, 114b
Revisionsinstanz 100
Richterliche Frage- und Hinweispflicht 75a, 82a, 105
Richterliche Prozeßleitung 101 ff.
Richterliche Rechtsanwendung 106 ff.
Richterliches Ermessen 63, 65, 67, 101
Robe 134
Rücksichtnahme gegenüber den Verfahrensbeteiligten 66
Rügelose Einlassung 99
Ruhestörungen 142
Rundfunk 129

Sachentscheidungsvoraussetzungen 92 f.
Sachleitung 105
Sachverständigenbeweis 78
Säumnis 70, 77, 96
Scheidung 88
Schließung von Gesetzeslücken 4
Schriftliches Verfahren 112
Schwerhörigkeit 155

Sittlichkeit 119, 120a
Sitzenbleiben in der Verhandlung 142
Sitzungspolizei 132 ff.
– im arbeitsgerichtlichen Verfahren 261 ff.
Sorbische Sprache 148a
Sozial Schwächere 82a
Sozialismus 268
Sozialistisches Zivilprozeßrecht 268
Staatsanwalt 71, 117, 265 ff.
Staatshaftungsstreitigkeiten 87a
Staatssicherheit 119, 122
Statuten 107
Steuergeheimnis 119
Stoffsammlung 75 ff.
Störungen in der Verhandlung 132 ff.
Strafbare Handlungen in der Sitzung 147
Streitgegenstand 69
Streitiges Urteil 110 f.
Stumme Personen 155

Tatsachenfeststellung bei Prüfung von Amts wegen 95 ff.
Tatsachenstoff 75 ff.
Taube Personen 155
Terminsbestimmung 67, 103 f.
Tonbandaufnahmen 129
Treu und Glauben 7

Übersetzung 148, 149a ff., 156
Übersicht über die Verfahrensgrundsätze 6 ff.
Unechtes Versäumnisurteil 110a
Unentgeltlichkeit des Dolmetschers 153a
Unerwachsene Personen 127
Ungebühr 136 ff.
– im arbeitsgerichtlichen Verfahren 261 ff.
Ungünstiges Parteivorbringen 79 f.
Unmittelbarkeit 111
Untätigkeit des Richters 66b
Unterhaltsprozesse 64a, 118
Unterschrift des Anwalts 66c
Untersuchungsgrundsatz 86 f.
– im arbeitsgerichtlichen Beschlußverfahren 258
Unwahre Behauptungen 83
Unzulässigkeitstatsachen 95
Urkunden 151
Urkundenvorlage 78
Urteil nach Aktenlage 110a

Urteilsverkündung 124

Verbandsklagen 89, 90a f.
Verbandsvertreter 261
Verbot widersprüchlichen Verhaltens 66
Vereidigung des Dolmetschers 156
Vereinbarung des Erfüllungsorts 99
Verfahrensablauf 101
Verfahrensbeschleunigung 8 f., 66b
Verfahrensgrundsätze 3 ff., 113 ff., 258 ff.
Verfassungsgrundsätze 4
Verfügungsmacht 90
Verfügungsrecht der Parteien 68
Verhandlungsform 109
Verhandlungsgrundsatz 68, 75 ff.
Verhandlungsmaxime 68, 75 ff.
Verjährung 81
Verkündung des Urteils 124
Verletzung der Öffentlichkeit 130 ff.
Veröffentlichungsverbot 122
Versäumnisurteil 83, 110 f.
Verzicht 70, 74
Vollständigkeitspflicht der Parteien 75a
Vollstreckungsklausel bei ausländischen Urteilen 150
Vorbringen von Tatsachen 76

Waffengleichheit 63
Wahrheit 84
Wahrheitspflicht der Parteien 75a, 83
Widersprüchliches Verhalten des Richters 66
Wille 108
Willkürverbot 64
Würde des Gerichts 127, 141

Zeugenbeweis 78, 97, 111, 127
Zugang zum Gericht 3
Zugestehen 77, 107
Zulässigkeitsprüfung 92 ff.
Zulassung eines Rechtsmittels 66c
Zuständigkeitsprüfung 92a, 98 f.
Zuständigkeitsvereinbarung 98 f.
Zustellung von Amts wegen 103
Zutritt zur Verhandlung 125 f.
Zwangsmaßnahmen (Sitzungspolizei) 136 ff.
Zwangsversteigerung 65, 66c
Zweck des Zivilprozesses 82a

A. Übersicht

1. Inhalt des dritten Abschnitts

Im dritten Abschnitt des ersten Buches (Allgemeine Vorschriften) sind unter der nichtssagenden Überschrift »Verfahren« diejenigen **Vorschriften über den Verfahrensablauf** zusammengestellt, die allgemeine Geltung beanspruchen, also in erster Instanz sowohl vor dem   1

Amtsgericht als auch vor dem Landgericht gelten, aber ebenso in den Rechtsmittelinstanzen und auch im Bereich der besonderen Verfahrensarten anzuwenden sind. Der erste Titel (§§ 128 bis 165) ist der **mündlichen Verhandlung** gewidmet, während der zweite Titel (§§ 166 bis 213a) das Verfahren bei **Zustellungen** regelt. **Ladungen, Termine** und **Fristen** behandelt der dritte Titel (§§ 214 bis 229). Es folgt der vierte Titel (§§ 230 bis 238), der sich mit den Folgen der **Versäumung** und mit der **Wiedereinsetzung in den vorigen Stand** befaßt. Den Abschluß bildet der fünfte Titel (§§ 239 bis 252) über **Unterbrechung** und **Aussetzung** des Verfahrens.

2. Allgemeine Verfahrensvorschriften an anderer Stelle

Der **Aufbau des Gesetzes** ist nicht geglückt und trägt eher zur Verwirrung als zum Verständnis bei. Da nämlich die Vorschriften über das *landgerichtliche* Verfahren (§§ 253 bis 494a) im wesentlichen auch für das *amtsgerichtliche* Verfahren (§ 495), für die Berufungs- (§ 523) und die Revisionsinstanz (§ 557) und – soweit keine Sondervorschriften bestehen – auch für die besonderen Verfahrensarten gelten, haben sie jedenfalls heute einen ebenso *allgemeinen* Charakter wie die §§ 128 bis 252. Der Aufbau des Gesetzes hat die mißliche Folge, daß zusammengehörige Fragen an weit auseinanderliegenden Stellen des Gesetzes geregelt sind. So stehen z. B. die Vorschriften der §§ 142 bis 144 über die Beweiserhebung von Amts wegen in engem Sachzusammenhang mit der sonstigen Regelung der Beweisaufnahme in §§ 284 ff. Der Ablauf der mündlichen Verhandlung ist nicht nur in §§ 136 ff., sondern auch in § 278 geregelt. Die Folgen der Säumnis sind einerseits in §§ 230 ff., andererseits aber (was das Versäumnisurteil angeht) in §§ 330 ff. zu finden.

B. Grundsätze des Verfahrensablaufs

I. Die Verfahrensgrundsätze

1. Begriff

Obgleich sich der Begriff des **Verfahrensgrundsatzes** (man spricht gleichbedeutend von **Verfahrensrechtsgrundsätzen** oder **Prozeßmaximen**) seit langem eingebürgert hat, erweist er sich bei näherer Betrachtung als recht unklar. Während man früher vor allem den Verhandlungsgrundsatz als *die* Maxime des Zivilprozesses anführte, entwickelte sich allmählich ein ganzer Katalog von Verfahrensgrundsätzen. Erwähnt werden neben der Verhandlungsmaxime u. a. Dispositionsmaxime, Offizialmaxime, Prüfung von Amts wegen, Waffengleichheit, Gleichbehandlung, Mündlichkeit, Öffentlichkeit, Unmittelbarkeit, richterliche Aufklärungspflicht, Wahrheitspflicht, Treu und Glauben, Konzentrationsmaxime, Beschleunigungsgrundsatz, rechtliches Gehör, Anspruch auf faires Verfahren. Faßt man all dies unter dem Begriff Verfahrensgrundsatz zusammen, so geht es um nichts anderes als um die wichtigsten **Prinzipien** der ZPO und des GVG überhaupt. Es müßten dann auch der Anspruch auf (effektiven) Rechtsschutz und das Recht auf den gesetzlichen Richter hinzugefügt werden. Der Zusammenhang mit den §§ 128 ff. ZPO geht dann freilich verloren. Daher erscheint es jedenfalls im Rahmen eines Kommentars nicht sinnvoll, die genannten Prinzipien sämtlich in den Vorbemerkungen vor § 128 zu behandeln. Vielmehr wird hier ein **engerer Begriff der Verfahrensgrundsätze** verwendet, der sich auf jene Prinzipien beschränkt, die die **Verteilung der Aufgaben zwischen Richter und Parteien** sowie den **äußeren Ablauf des Verfahrens** betreffen. Daher gehören das Recht auf Zugang zum Gericht (auf effektiven Rechtsschutz, →

Einl. Rdnr. 204ff.) ebensowenig hierher wie der Anspruch auf den gesetzlichen Richter (→ Einl. Rdnr. 480ff.).

Auch im Bereich der Verfahrensgrundsätze im engeren Sinn fallen große **Unterschiede** auf. Zum Teil handelt es sich um **Verfassungsgrundsätze** (Anspruch auf rechtliches Gehör), zum anderen um ausdrücklich in der ZPO bzw. im GVG enthaltene Festlegungen (Mündlichkeit, Öffentlichkeit). Daneben stehen aber Prinzipien, die man im Gesetz nicht ausdrücklich findet (Verhandlungsmaxime, Dispositionsmaxime, Konzentrations- oder Beschleunigungsgrundsatz). Man muß sich daher die Frage stellen, was man unter einem Verfahrensprinzip verstehen will und welchem Zweck der Begriff dienen soll[1]. Es muß sich jedenfalls um Prinzipien des geltenden Rechts handeln, also um **Rechtsgrundsätze**, die entweder ausdrücklich oder stillschweigend der Verfassung[2] oder dem Gesetz entnommen oder nach dem durch Rechtsfortbildung und wissenschaftliche Analyse erreichten Entwicklungsstand als Bestandteil der Rechtsordnung angesehen werden können. Davon zu unterscheiden sind die *Zwecke* des Zivilprozesses (→ Einl. Rdnr. 4ff.), denen die Verfahrensgestaltung ihrerseits zu dienen hat. Bezogen auf die Zwecke des Zivilprozesses haben die Verfahrensmaximen instrumentalen Charakter. Der Inhalt der Verfahrensgrundsätze wird jedoch wesentlich durch die Zwecke des Verfahrens geprägt. Um die Verfahrensgrundsätze von der Fülle der Einzelregelungen abzuheben, ist der **Prinzipiencharakter** zu beachten. Es muß sich mit anderen Worten um besonders wichtige Entscheidungen des geltenden Rechts handeln. Ein Prinzip verträgt durchaus Ausnahmen[3]. Jedoch kann von einem Grundsatz nicht mehr gesprochen werden, wenn er nicht für den Regelfall Geltung beansprucht. Damit ist zugleich gesagt, daß die Verfahrensgrundsätze durchaus Bedeutung für die **Schließung von Gesetzeslücken** haben. Dies hat nichts mit deduktiver Begriffsjurisprudenz zu tun, sondern bedeutet nichts anderes als die Beachtung der grundlegenden Wertentscheidungen auf dem Gebiet der Verfahrensgestaltung. Da *Ausnahmen* von jedem Verfahrensgrundsatz von vornherein einzukalkulieren sind, kann man nicht begrifflich aus dem Prinzip deduzieren. Es muß aber jeweils die Ausnahme vom Grundsatz besonders, d.h. mit sachlichen Gesichtspunkten begründet werden. Findet man keine solche Rechtfertigung für eine Ausnahme, so hat es beim Prinzip zu bleiben. Wenn der angeblichen Verfahrensmaxime dieser grundlegende Rang nicht zukommt, dann gehört sie eben nicht zu den Verfahrensgrundsätzen.

Entgegengesetzte Prinzipien können nicht im selben Verfahren nebeneinander gelten. Es ist aber möglich, den Gesamtbereich des Zivilprozesses zu unterteilen und für die Teilgebiete jeweils verschiedene Prinzipien zu formulieren. Dem Grundsatzcharakter der Verhandlungsmaxime steht daher nicht entgegen, daß in bestimmten Verfahrensarten die Untersuchungsmaxime in Geltung ist.

2. Übersicht

Übergeordneten Rang hat im Zivilprozeß eines freiheitlichen Rechtsstaates der **Anspruch auf rechtliches Gehör**. Schon die Verankerung in der Verfassung (Art. 103 Abs. 1 GG) spricht dafür, diesen Grundsatz an erster Stelle zu nennen. Er enthält die wichtigste verfassungsrechtliche Leitidee für die Ausgestaltung des Verfahrensablaufs, d.h. vor allem für das Verhältnis zwischen dem Gericht und den Parteien. Daher wird dieser Verfahrensgrundsatz auch im folgenden an die Spitze gestellt. Verfassungsrang beanspruchen auch das **Recht auf faire**

---

[1] Dazu *Baur*, Vom Wert oder Unwert der Prozeßrechtsgrundsätze, Studi in onore di Tito Carnacini, Bd. I (1984), 26.
[2] Hierzu *Stürner* Verfahrensgrundsätze des Zivilprozesses und Verfassung, Festschr. für Baur (1981), 647.
[3] Den Wert einer möglichst reinen Durchführung der Prozeßrechtsgrundsätze betont *Baur* (Fn. 1), 33, 38.

Verfahrensführung, das vor allem vom BVerfG entwickelt wurde, und das Gebot der **Gleichbehandlung der Parteien** (sog. Waffengleichheit). Als wichtigste Ausprägung der Parteifreiheit ist sodann die **Dispositionsmaxime** zu nennen, die den Parteien in weitem Umfang die Verfügung über den Streitgegenstand einräumt. Für die Beschaffung des Tatsachenstoffes gilt (aber keineswegs ausnahmslos) der **Verhandlungsgrundsatz**. In diesem Bereich muß neben der Freiheit der Parteien gleichermaßen ihre Verantwortung, die sich in der Wahrheits- und Vollständigkeitspflicht niederschlägt, aber auch die Initiative des Gerichts (Aufklärungs- und Hinweispflicht) mitgedacht werden. Die Verantwortung für den *äußeren Fortgang* des Prozesses trägt das Gericht. Dies findet seinen Niederschlag in den Prinzipien des **Amtsbetriebs** und der **richterlichen Prozeßleitung**. Bei der näheren Ausgestaltung des Verfahrens hat sich der Gesetzgeber für die Grundsätze der **Mündlichkeit**, der **Öffentlichkeit** und **Unmittelbarkeit** entschieden.

7   **Treu und Glauben** begrenzen generell die Ausübung der Parteirechte im Zivilprozeß, prägen aber nicht in erster Linie die Aufgabenverteilung zwischen Gericht und Parteien oder den äußeren Verfahrensablauf. Daher wird dieses **allgemeine Rechts-** und damit auch **Verfahrensrechtsprinzip** (→ Einl. Rdnr. 242) hier nicht zu den Verfahrensgrundsätzen im engeren Sinn gerechnet.

8   Häufig wird auch der **Konzentrations-** oder **Beschleunigungsgrundsatz** unter den Verfahrensgrundsätzen angeführt[4]. Dies dient dem berechtigten Bestreben, die Bedeutung der Verfahrensbeschleunigung besonders hervorzuheben. Die Reformgesetzgebung zur ZPO stand in erster Linie unter dem Leitstern der Verfahrensbeschleunigung und brachte eine Reihe von Vorschriften, die diesem Ziel dienen sollen. Wenn hier der Beschleunigungsgrundsatz gleichwohl nicht als selbständige Verfahrensmaxime angesehen wird[5], dann nicht, um den Wert dieses Ziels herabzumindern, sondern weil zwischen einer *Zielvorstellung* des Gesetzgebers und einem *Verfahrensgrundsatz* im oben erläuterten Sinn wesentliche Unterschiede bestehen. Verfahrensgrundsätze sind nicht mit den gesetzgeberischen *Zielen* identisch, sondern stellen *Wege* dar, um zu den angestrebten Zielen zu gelangen. Verfahrensgrundsatz in diesem Sinne ist die Beschleunigung ebensowenig wie das Ziel, das Verfahren so zu gestalten, daß es zu einer inhaltlich möglichst gerechten Entscheidung führt.

8a Normativen Charakter gewinnt das **Beschleunigungsgebot** als Teilaspekt des verfassungsrechtlichen **Anspruchs auf faires Verfahren** (→ Rdnr. 66b), doch läßt sich auch hieraus kein eigenständiges Gestaltungsprinzip entnehmen. Selbst wenn das Beschleunigungsgebot ausdrücklich in das Gesetz aufgenommen ist, wie dies in § 9 Abs. 1 S. 1 ArbGG für das arbeitsgerichtliche Verfahren der Fall ist, lassen sich daraus kaum konkrete Folgerungen ableiten[6]. Bei der Anwendung des Verfahrensrechts hat der Richter die Beschleunigung als **Auslegungsgesichtspunkt** zu beachten, wenn auch nicht in dem Sinn, daß im Zweifel jeweils der rascheren Verfahrensgestaltung der Vorrang einzuräumen wäre, so daß etwa Beweise im Zweifel nicht zu erheben wären oder bei Wiedereinsetzungsfragen im Zweifel eine Auslegung vorzuziehen wäre, die zur Ablehnung der Wiedereinsetzung führt. Es hängt vom jeweiligen Sachzusammenhang ab, ob der Beschleunigungsgesichtspunkt tragende Bedeutung für eine bestimmte Auslegung gewinnen kann. So gesehen steht der Beschleunigungsgedanke in etwa auf derselben Ebene wie das Prinzip der **Prozeßökonomie** (→ Einl. Rdnr. 81). Auch diese gehört nicht zu den Verfahrensgrundsätzen im hier zugrundegelegten Sinn.

---

[4] So z.B. *Rosenberg-Schwab-Gottwald*[15] § 84, *Jauernig*[23] § 28; *Zeiss*[8] § 34; ausdrücklich *MünchKommZPO-G. Lüke* Einl. Rdnr. 212.

[5] S. auch *Leipold*, Verfahrensbeschleunigung und Prozeßmaximen, Festschr. für Fasching (1988), 329, 332.

[6] Näher *Leipold* (Fn. 5), 332.

II. Der Anspruch auf rechtliches Gehör[7]

Stichwortregister zum Recht auf Gehör

1. Rechtsgrundlagen 9
   a) Verfassungsrechtlicher Rang 9
   b) Rechtliches Gehör und ZPO 10

2. Sinn und Zweck des Anspruchs auf rechtliches Gehör 11
   a) Verwurzelung im Schutz der Menschenwürde 11
   b) Element der Verfahrensgerechtigkeit 12

---

[7] Aus der Lit.: *Arens* Anhörungsrüge und Gegenvorstellung, Athen – Komotini (1987) (Thrazische Juristische Abhandlungen Bd. 15); *ders.* Der Einfluß der Rechtsprechung des BVerfG auf das Zivilprozeßrecht, 40 Jahre Grundgesetz (Freiburger Ringvorlesung) (1990), 87; *A. Arndt* Das rechtliche Gehör NJW 1959, 6; *ders.* Die Verfassungsbeschwerde wegen Verletzung des rechtlichen Gehörs NJW 1959, 1297; *H. Arndt* Die Verletzung rechtlichen Gehörs in der Rechtsprechung des Bundesverfassungsgerichts DRiZ 1983, 63; *Bauer* Die Gegenvorstellung im Zivilprozeß (1990); *Baur* Der Anspruch auf rechtliches Gehör AcP 153 (1954), 393; *Benda-Weber* Der Einfluß der Verfassung im Prozeßrecht ZZP 96 (1983) 285, 300; *M. Bender* Die Befugnis des Bundesverfassungsgerichts zur Prüfung gerichtlicher Entscheidungen (1991); *Braun* Verletzung des Rechts auf Gehör und Urteilskorrektur im Zivilprozeß NJW 1981, 425, 1196; *ders.* Anhörungsrüge oder Wiederaufnahmeklage? NJW 1983, 1403; *ders.* § 323 I und III ZPO verstößt gegen das Recht auf Gehör NJW 1992, 1593; *Brüggemann* Rechtliches Gehör im Zivilprozeß JR 1969, 361; *Calavros* Urteilswirkungen zu Lasten Dritter (1978), 21; *Debernitz* Das Recht auf ein sachgerechtes Verfahren im Zivilprozeß (1987); *Deubner* Die Verfassungsbeschwerde wegen Verletzung des Anspruchs auf rechtliches Gehör als Rechtsbehelf im Zivilprozeß NJW 1980, 263; *ders.* Zur Verletzung des rechtlichen Gehörs bei fehlerhafter Anwendung von Präklusionsvorschriften (zu BVerfG, NJW 1987, 2733) NJW 1987, 2736; *Eickmann* Das rechtliche Gehör im Verfahren vor dem Rechtspfleger Rpfleger 1982, 449; *Franke* Rechtliches Gehör und Präklusion, Zur Rechtsprechung des Bundesverfassungsgerichts NJW 1986, 3049; *Frohn* Rechtliches Gehör und richterliche Entscheidung (1989); *Häsemeyer* Drittinteressen im Zivilprozeß ZZP 101 (1988), 385; *Hamann* Rechtliches Gehör AnwBl 1958, 141; *Henckel* Sanktionen bei Verletzung des Anspruchs auf rechtliches Gehör ZZP 77 (1964), 321; *ders.* Das Recht auf Entscheidung in angemessener Frist und der Anspruch auf rechtliches Gehör – Art. 6 Abs. 1 Satz 1 EMRK und das deutsche zivilgerichtliche Verfahren, Festschr. für Matscher (1993), 184; *Jauernig* Subjektive Grenzen der Rechtskraft und Recht auf rechtliches Gehör ZZP 101 (1988), 361; *Knemeyer* Rechtliches Gehör im Gerichtsverfahren in Isensee-Kirchhof, Handbuch des Staatsrechts VI (1989), § 155; *Kopp* Das rechtliche Gehör in der Rechtsprechung des Bundesverfassungsgerichts AöR 106 (1981), 604; *Krauss* Der Umfang der Prüfung von Zivilurteilen durch das BVerfG (1987), § 15; *Laufs* Gehör zu Rechtsfragen im Zivilprozeß JR 1967, 180; *Laumen* Das Rechtsgespräch im Zivilprozeß (1984), § 16 (dazu *Häsemeyer* ZZP 98 [1985], 351); *Leipold* Prozeßförderungspflicht der Parteien und richterliche Verantwortung ZZP 93 (1980), 237; *ders.* Auf der Suche nach dem richtigen Maß bei der Zurückweisung verspäteten Vorbringens ZZP 97 (1984), 395; *Lepa* Rechtsgespräch im Zivilprozeß DRiZ 1969, 5; *Lerche* Zum »Anspruch auf rechtliches Gehör« ZZP 1978 (1965), 1; *Lesser* Anspruch auf rechtliches Gehör DRiZ 1960, 420; *D. Lorenz* Der Rechtsschutz des Bürgers und die Rechtsweggarantie (1973), 230; *Marotzke* Urteilswirkungen gegen Dritte und rechtliches Gehör ZZP 100 (1987), 164; *Mauder* Der Anspruch auf rechtliches Gehör, seine Stellung im System der Grundrechte und seine Auswirkung auf die Abgrenzungsproblematik zwischen Verfassungs- und Fachgerichtsbarkeit (1986); *Ossenbühl* Verfassungsgerichtsbarkeit und Fachgerichtsbarkeit, Festschr. für H. P. Ipsen (1977), 129; *Pawlowski* Probleme des rechtlichen Gehörs bei der Veräußerung einer Streitsache JZ 1975, 681; *Röhl* Das rechtliche Gehör NJW 1953, 1531; *ders.* Das rechtliche Gehör NJW 1958, 1268; *ders.* Das rechtliche Gehör NJW 1964, 273; *Rüping* Verfassungs- und Verfahrensrecht im Grundsatz des rechtlichen Gehörs NVwZ 1985, 304 ff.; *Schilken* Rechtliches Gehör, Lexikon des Rechts – Zivilverfahrensrecht (1989), 229; *Schlosser* Gestaltungsklagen und Gestaltungsurteile (1966), 164; Beschwerdewirkungen und rechtliches Gehör JZ 1967, 431; *Schmidt-Aßmann* Verfahrensfehler als Verletzungen des Art. 103 Abs. 1 GG DÖV 1987, 1029; *E. Schneider* Rechtliches Gehör im Zivilprozeß JurBüro 1966, 1; *ders.* Der Einfluß der Rechtsprechung des Bundesverfassungsgerichts auf das Zivilprozeßrecht MDR 1979, 617; *ders.* Nochmals: Verletzung des Rechts auf Gehör und Urteilskorrektur im Zivilprozeß NJW 1981, 1196; *E. Schumann* Keine Präklusion im Beschwerdeverfahren: Das Bundesverfassungsgericht als Bundesgerichtshof NJW 1982, 1609; *ders.* Bundesverfassungsgericht, Grundgesetz und Zivilprozeß (1983), im wesentlichen = ZZP 96 (1983), 137; *ders.* Die Wahrung des Grundsatzes des rechtlichen Gehörs – Dauerauftrag für das Bundesverfassungsgericht? NJW 1985, 1134; *ders.* Die Gegenvorstellung im Zivilprozeßrecht, Festschr. für Baumgärtel (1990), 491; *Schwab/Gottwald*, Rechtliches Gehör im Verfassung und Zivilprozeß (1984), 49; *Schwartz* Gewährung und Gewährleistung des rechtlichen Gehörs durch einzelne Vorschriften der Zivilprozeßordnung (1977); *Seetzen* Die Anhörungsrüge kraft Verfassungsrechts NJW 1982, 2337; *ders.*, Anhörungsrüge oder Wiederaufnahmeklage? NJW 1984, 347; *Sendler* Anspruch auf Gehör und Effizienz richterlicher Tätigkeit – Urteilsentwurf vor mündlicher Verhandlung?, in Festschr. für Lerche (1993), 833; *Sprung-König* »Jura novit curia« und rechtliches Gehör JurBl 98 (1976), 1; *Stürner* Die Kontrolle zivilprozessualer Verfahrensfehler durch das Bundesverfassungsgericht JZ 1986, 526; *von Winterfeld* Das Verfassungsprinzip des rechtlichen Gehörs NJW 1961, 849; *Waldner*, Aktuelle Probleme des rechtlichen Gehörs im Zivilprozeßrecht, Diss. Erlangen 1983; *ders.*, Präklusion im Zivilprozeß und rechtliches Gehör NJW 1984, 2925; *ders.*, Der Anspruch auf rechtliches Gehör (1989); *ders.* Kein Verstoß von § 323 ZPO gegen das Recht auf Gehör NJW 1993, 2085; *Weth*, Die Zurückweisung verspäteten Vorbringens im Zivilprozeß (1988), § 2; *Wim-*

c) Verbindung mit dem
   Gleichheitsgebot   13
d) Element der Verfahrens-
   fairneß   14
e) Verbindung mit dem An-
   spruch auf Rechtsschutz   15
f) Recht auf Gehör und Ef-
   fektivität des Rechtsschut-
   zes   15a
3. Verhältnis des Art. 103 Abs. 1
   GG zur ZPO   16
   a) Auslegung und Lückenfül-
      lung   16
   b) Verletzung des Rechts auf
      Gehör   18
   c) Optimierung des Rechts
      auf Gehör   19
4. Vom Anspruch auf Gehör er-
   faßte Verfahren   20
   a) Geltung in allen gerichtli-
      chen Verfahren   20
   b) Rechtsmittel- und Rechts-
      behelfsverfahren   21
   c) Einzelfragen   21c
5. Träger des Anspruchs   22
   a) Jedermann   22
   b) Partei, Prozeßbevoll-
      mächtigter, gesetzlicher
      Vertreter   23
   c) Parteien und parteiähnli-
      che Personen   24
   d) Andere Prozeßbeteiligte   25
   e) Rechtliches Gehör für
      Drittbetroffene   26
6. Gewährung des rechtlichen
   Gehörs   30
   a) Gelegenheit zur Stellung-
      nahme   30
   b) Mündliche oder schriftli-
      che Anhörung   31
   c) Hinreichende Zeit   32
   d) Präklusion   33

e) Gegenstand der Äuße-
   rung, Information durch
   das Gericht   35
f) Pflicht zur Kenntnisnahme   36
g) Pflicht, das Vorbringen in
   Erwägung zu ziehen   38
h) Erheblichkeit   40
7. Gerichtliche Hilfe   41
   a) Hinweispflicht   41
   b) Wiedereinsetzung in den
      vorigen Stand   43
   c) Prozeßkostenhilfe   44
8. Zeitpunkt   45
   a) Vor der Entscheidung   45
   b) Prozeßleitende Anord-
      nungen   47
   c) Vollstreckungsmaßnah-
      men   48
   d) Neues Vorbringen des
      Gegners   49
9. Folgen von Verstößen   50
   a) Verfahrensmangel, Hei-
      lung, Verzicht   50
   b) Weitere Beschwerde   52
   c) Grenzen der Rechtsmittel
      und der Nichtigkeitsklage   53
      aa) Keine Verlängerung
          des Rechtsmittelzuges   53
      bb) Kein Rechtsmittel bei
          Nichterreichen der
          Rechtsmittelsumme
          oder fehlender Zulas-
          sung   53c
      cc) Zulässigkeit und
          Grenzen der analogen
          Anwendung von
          § 513 Abs. 2   54
      dd) Begrenzte Reichweite
          der Nichtigkeitsklage   54b
   d) Gegenvorstellung   54c
   e) Verneinung einer Bin-
      dungswirkung, insbeson-

---

mer, Die Wahrung des Grundsatzes des rechtlichen Gehörs DVBl 1985, 773; *M. Wolf* Rechtliches Gehör und die Beteiligung Dritter am Rechtsstreit JZ 1971, 405; *Zeuner* Der Anspruch auf rechtliches Gehör, Festschr. für Nipperdey (1965), Bd. I, 1013; *ders.* Rechtliches Gehör, materielles Recht und Urteilswirkungen (1974). *Zierlein,* Die Gewährleistung des Anspruchs auf rechtliches Gehör (Art. 103 Abs. 1 GG) nach der Rechtsprechung und Spruchpraxis des Bundesverfassungsgerichts DVBl 1989, 1169.
    Kommentare und Lehrbücher: *AK-GG-Wassermann*[2] Art. 103; *AK-ZPO-E. Schmidt* Einl. Rdnr. 85; *Arens-W. Lüke*[5] Rdnr. 35; *Baumbach-Lauterbach-Hartmann*[51] Grundz § 128 Rdnr. 41; *Baur-Grunsky*[7] Rdnr. 52; *A. Blomeyer* ZPR², § 16; *Bonner Kommentar zum Grundgesetz-Rüping* (Zweitbearbeitung, Stand März 1993)

Art. 103; *Grunsky*², 226 ff.; *Jarass-Pieroth* GG² Art. 103; *Jauernig* ZPR²³ § 29; *Leibholz-Rinck* Grundgesetz⁶ (Stand November 1992) Art. 103; *Maunz/Dürig/Schmidt-Aßmann* Grundgesetz (Stand 1991) Art. 103 Abs. I; *Meder* Die Verfassung des Freistaates Bayern⁴ Art. 91; *MünchKommZPO-G. Lüke* Einl. Rdnr. 114; *v. Münch-Kunig* GG² Art. 103; *Musielak* Grundkurs ZPO Rdnr. 87; *Rosenberg-Schwab-Gottwald*¹⁵ § 85; *Schellhammer* Zivilprozeß⁵ Rdnr. 11; *Schilken* Gerichtsverfassungsrecht (1990) § 11; *Schlosser* Zivilprozeßrecht I² Rdnr. 14, 295; *Schmidt-Bleibtreu-Klein*⁷ Grundgesetz (1990) Art. 103; *Schönke-Kuchinke*⁹ § 8 III; *Thomas-Putzo*¹⁸ Einl. Anm. I Rdnr. 9 ff.; *M. Wolf* Gerichtsverfassungsrecht⁵ § 28; *Zeiss*⁸ § 32; *Zöller-Greger*¹⁸ vor § 128 Rdnr. 2.

Verfahrensgrundsätze. Rechtliches Gehör   vor § 128 B II

dere bei Verweisungsbeschlüssen 55
f) Überprüfung von Vorentscheidungen im Rechtsmittelverfahren 56
g) Nichtanerkennung eines ausländischen Urteils 57
h) Verfassungs- und Menschenrechtsbeschwerde 58
aa) Verfassungsbeschwerde zum Bundesverfassungsgericht 58
bb) Verfassungsbeschwerde zum Bayerischen Verfassungsgerichtshof 60
cc) Beschwerde an die Menschenrechtskommission 61

Stichwortregister zum Recht auf Gehör

Die Zahlenangaben beziehen sich auf die Randnummern.

Abänderungsklage 40
Abgesonderte Verhandlung 40
Ablehnung
– der Beweiserhebung 37
– eines Beweisantrags 37
– eines Richters 21c, 35c, 53a
– eines Sachverständigen 53a
Ablehnungsgesuch 21c, 32a
Absoluter Verzögerungsbegriff 34
Abweisungsreife Klage 35
Aktenbeiziehung 35a
Akteneinsicht 35a, 41
Akteninhalt 36
Allgemeinkundige Tatsachen 35a
Amtliche Auskünfte 35c
Änderung der Rechtsprechung 42
Änderung einer Entscheidung 21a
Anerkennung eines ausländischen Urteils 57
Anhörungsrüge 54c
Anschrift des Zeugen 37
Anspruch auf Rechtsschutz 15
Anwalt 23f., 25
Anwaltswechsel 32b (Fn. 108)
Anwaltszwang 23, 58a (Fn. 281)
Arbeitsgerichtliches Verfahren 21c
Arrest 46
Aufhebung eines Schiedsspruchs 10
Aufklärungspflicht des Richters 41
Auflösungsklage bei GmbH 26a
Aufruf der Sache 32e
Auslagenvorschuß 37, 44
Ausländische juristische Person 22
Ausländische Partei 30, 30c
Ausländisches Urteil 57
Auslandsaufenthalt 32b
Ausnahmecharakter der Präklusionsbestimmungen 33
Ausschlußfrist 34
Äußerungsfristen 32b, 34

Bagatellverfahren 20, 53d, 58b
Bayerische Verfassung 9a, 60
Bayerischer Verfassungsgerichtshof 60
Begründung einer Entscheidung 39
Beiladung 24, 29
Beiordnung eines Rechtsanwalts 44
Beiziehung von Akten 35a
Berichterstatter 35c, 36
Berichtigung einer Entscheidung 21c
Berufungsinstanz 34a, 37
Beschleunigung des Verfahrens 33
Beschlüsse 54d ff.
Beschlußverfahren (arbeitsgerichtliches) 21c
Beschwerde 52 ff.
– an das Bundesverfassungsgericht 58 ff.
– an den Bayerischen Verfassungsgerichtshof 60
– an die Menschenrechtskommission 61
Beschwerdesumme 53c ff.
Bestimmtheitsgebot bei Fristen 32b
Bestimmung des zuständigen Gerichts 48
Beweisantrag 37
Beweisbeschluß 47
Beweisergebnisse 35a ff.
Beweiserhebung 37, 44
Beweismittel 35, 37
Beweissicherungsverfahren 21c, 46
Bezugnahme auf erstinstanzliches Vorbringen 37
Billiges Ermessen 20
Bindungswirkung 55
Briefbeförderung 43 (Fn. 211)
Bundesverfassungsgericht (Verfassungsbeschwerde) 58 ff.

Contempt of court 57

Dienstliche Äußerung eines abgelehnten Richters 35c
Dolmetscher 30c
Dritte 26 ff.

Durchlauftermin 34
Durchsuchungsanordnung 48a

Effektivität des Rechtsschutzes 15a
Eigenbedarfskündigung 37 (Fn. 182)
Eilentscheidungen 46
Einfach-gesetzliche Normen 18, 58a
Einreichung von Schriftsätzen 36, 49
Einspruch 20 (Fn. 101)
Einstweilige Anordnung 46
Einstweilige Verfügung 46
Einstweiliger Rechtsschutz 21c
Entscheidungsentwurf 45
Entscheidungsgründe 39
Entschuldigung der Verspätung 34f.
Entwurf einer Entscheidung 45
Erbunwürdigkeitsklage 28
Ergänzung einer Entscheidung 21c
Erheblichkeit des Vorbringens 40
Erkenntnisverfahren 20
Erkrankung des Anwalts 32b (Fn. 108)
Erledigung der Hauptsache 21c
Ermessen 17
Ersatzzustellung 30
Europäische Menschenrechtskonvention 9a, 30c, 61

Fachgerichtsbarkeit 52, 53e, 54e
Fachwissen des Richters 35d
Fakultativ mündliches Verfahren 20
Feriensache 30a
Finanzamtliche Auskünfte 35b
Folgen von Verstößen 50ff.
Forderungspfändung 48
Formlose Mitteilung 35e
Fragepflicht des Richters 41
Freiwillige Gerichtsbarkeit 20 (Fn. 34)
Fremdsprachige Partei 30c
Fristablauf 32bff.
Fristbestimmung 34
Fristen 32b
Fristsetzung 32b, 32d
Fristverlängerung 30b, 32b, 34, 47
Fristversäumung 43
Früher erster Termin 34
Fürsorgepflicht 34

Gegenstand der Äußerung 35ff.
Gegenvorstellung 54cff.
Geheimhaltung 35b
Geheimprozeß 35b
Gelegenheit zur Stellungnahme 30ff.
Geltungsbereich des Rechts auf Gehör 20ff.
Gerichtliche Fürsorgepflicht 34
Gerichtliche Hilfe 41ff.
Gerichtliche Hinweispflicht 34
Gerichtskundige Tatsachen 35a

Gerichtssprache 30c
Gesetzlicher Vertreter 23
Gestaltungsurteile 28
Gestaltungswirkung 26a, 28
Gleichheitsgebot 13
GmbH 26a
Großer Senat 21b
Gründe einer Entscheidung 39
Grundrecht auf Gehör 9
Grundstücksversteigerung 48
Gutachten 35b

Heilung eines Mangels 50
Hinweispflicht 34, 41f.

In Erwägung ziehen 38f.
Industrie- und Handelskammer 35b
Information durch das Gericht 35ff.

Jedermann 22
Juristische Personen 22

Kenntnisnahme 36f.
Klauselumschreibung 21c
Kostenentscheidung 52b
Kostenfestsetzungsverfahren 21c

Lückenfüllung 16

Materielle Rechtskraft 26a
Menschenrechtskommission 61
Menschenrechtskonvention 9a, 30c, 61
Menschenwürde 11
Minimum an rechtlichem Gehör 19
Mündliche Anhörung 31
Mündliches Verfahren 20, 31

Nachgelassener (nachgereichter) Schriftsatz 30b, 32b, 49, 54
Nachkonstitutionelles Recht 16, 21c (Fn. 48)
Nachlaßgläubiger 28
Nachreichung eines Schriftsatzes 32b, 49, 54
Natürliche Person 22
Nebenintervenient 24, 27, 29
Neues Vorbringen 49
Nichtanerkennung eines ausländischen Urteils 57
Nichtannahme der Revision 21c
Nichtberücksichtigung eines Beweisantrags 37
Nichtigkeitsklage 54b
Nichtrechtsfähiger Verein 22
Nichtzulassungsbeschwerde 21c

Offenkundig unrichtige Anwendung von Präklusionsvorschriften 34
Offenkundige Tatsachen 35a
Öffentliche Zustellung 30, 54b
Optimierung des Rechts auf Gehör 19

Ordre public 57

Parteiähnliche Personen 24
Parteien 24
Parteifähigkeit 22
Persönlichkeitssphäre 23a
Pfändung einer Forderung 48
Pflicht zur Kenntnisnahme 36f.
Postbeförderung 43 (Fn. 211)
Präklusion 33ff., 58a
Protokollabschrift 35a
Prozeßbevollmächtigter 23f., 25
Prozeßfähige Partei 23a
Prozeßförderungspflicht 34
Prozeßgrundrecht 9
Prozeßkostenhilfe 21c, 30a, 44f.
Prozeßkostenhilfegesuch 30a
Prozeßleitende Anordnungen 47
Prozeßunfähige Partei 23f.

Recht auf faires Verfahren 14
Rechtsansicht des Gerichts 42
Rechtsbehelfe 50ff.
Rechtsfragen 35, 39
Rechtsgespräch 42
Rechtsmittel 50ff.
Rechtsmittelbegründungsfrist 47
Rechtsmittelsumme 53cff.
Rechtsmittelverfahren 21f.
Rechtsmittelzug 53
Rechtsnachfolge 27
Rechtspflicht zur Anhörung 17
Rechtsprechungsänderung 42
Rechtsstaatlichkeit 12
Rechtsstaatsprinzip 15
Revision 21c
Richterablehnung 21c, 35c, 53a
Richterliche Durchsuchungsanordnung 48a
Richterliche Hinweispflicht 41f.

Sachkunde des Richters 35d
Sachverständige 25
Sachverständigengutachten 35bff.
Säumnis 30a, 32e
Schiedsgerichtliches Verfahren 10, 20 (Fn. 31)
Schiedsspruch 10
Schlafender Richter 36
Schranken 15a
Schriftliche Anhörung 31
Schriftliches Verfahren 20, 31, 49, 54
Schriftliches Vorverfahren 31
Schriftsatz 36, 49
Schriftsatzfristen 32b, 34
Selbstablehnung eines Richters 21c
Selbständiges Beweisverfahren 21c, 46
Sitzungspolizei 30b
Staatsangehörigkeit 22

Statistische Angaben 35a (Fn. 159)
Stellungnahme 30ff.
Streitbefangene Sache 27
Streitgenossen 24
Streitgenössischer Nebenintervenient 24, 27
Streithelfer 24
Subsidiarität der Verfassungsbeschwerde 58

Tatbestand 39
Tatsachen 35
Teilurteil 45
Terminsanberaumung 34
Terminsbestimmung 47
Terminsverlegung 32b
Terminsvorbereitung 34
Träger des Anspruchs 22ff.

Überraschungsentscheidungen 41f.
Überweisung an Zahlungs Statt 48
Überweisung zur Einziehung 48
Unanfechtbare Beschlüsse 54eff.
Unklare Frist 34
Unrechtsabwehrtendenz 12
Untersuchungsmaxime 20
Urteilsbegründung 39

Veräußerung der streitbefangenen Sache 27
Verbot von Überraschungsentscheidungen 41f.
Vereinigte Große Senate 21b
Verfahren nach billigem Ermessen 20
Verfahrensbeschleunigung 33
Verfahrensfairneß 14
Verfahrensgerechtigkeit 12
Verfahrensmangel 50
Verfassungsbeschwerde 58ff.
Verfassungskonforme Auslegung 16, 21c, 34a, 52, 53e
Verfassungsverletzung 33, 58a
Verhältnismäßigkeitsgebot bei Fristen 32b
Verhandlungsmaxime 20
Verletzung des Rechts auf Gehör 18
Versäumnisverfahren 30a
Verspätetes Vorbringen 33ff.
Verstöße 50ff.
Vertagung 30b, 32b, 56
Verweisung 21c, 45, 55
Verweisungsbeschluß 55
Verzicht 51
Verzögerung 33ff.
Vollstreckbarerklärung eines Schiedsspruchs 10
Vollstreckung 21c
Vollstreckungsmaßnahmen 48f.
Vorbehaltsurteile 40, 45
Vorbereitung des Termin 34
Vorentscheidungen 56
Vorlage

- an das Bundesverfassungsgericht 16, 21c (Fn. 48)
- an den Großen Senat 21b
- an die Vereinigten Großen Senate 21b

Vorläufige Maßnahmen 46
Vorweggenommenes Bestreiten 34
Vorwegnahme der Beweiswürdigung 37

Weitere Beschwerde 52ff.
Wiedereinsetzung in den vorigen Stand 43
Wiedereinsetzungsverfahren 21c
Wiedereröffnung der Verhandlung 30b
Willkürverbot 64
Wohnungsdurchsuchung 48a

Zeitpunkt des Gehörs 45ff.
Zeitraum 32ff.
Zeugen 25, 37

Zugang
- von Schriftsätzen 35e
- zu den Rechtsmittelgerichten 15, 21, 58a
- zum Gericht 15

Zulassung eines Rechtsmittels 53cff.
Zurückweisung verspäteten Vorbringens 33ff., 58a
Zuständigkeitsbestimmung 48
Zustellung 35e
- durch Aufgabe zur Post 30
- öffentliche 30, 54b
Zustellungsurkunde 30
Zwangsversteigerung 48
Zwangsvollstreckungsverfahren 21c, 48f.
Zweiparteienprozeß 10
Zweites Versäumnisurteil 54
Zwischenentscheidungen 45
- in Beschlußform 53a

1. Rechtsgrundlagen

a) Verfassungsrechtlicher Rang

9 Nach **Art. 103 Abs. 1 GG** hat vor Gericht jedermann Anspruch auf rechtliches Gehör. Das BVerfG betont den besonderen Rang dieses Rechts; es sieht im Recht auf Gehör ein »prozessuales Urrecht des Menschen« und ein »objektivrechtliches Verfahrensprinzip, das für ein gerichtliches Verfahren im Sinne des Grundgesetzes konstitutiv und grundsätzlich unabdingbar ist«[8]. Obgleich die Formulierungen des BVerfG insoweit schwankend sind – es spricht teils von einem Grundrecht[9] bzw. von einem Prozeßgrundrecht[10], teils aber auch von einem grundrechtsähnlichen Recht[11] bzw. von einer grundrechtsgleichen Gewährleistung[12] – sollte man nicht zögern, das Recht auf Gehör zu den Grundrechten zu zählen und es auch dem besonderen Schutz des Art. 19 Abs. 2 GG zu unterstellen[13]. Zu Art. 19 Abs. 3 GG → Rdnr. 22.

9a Auch in Art. 6 der Europäischen Menschenrechtskonvention (→ Einl. Rdnr. 206, 684) ist das Recht auf Gehör gewährleistet, ebenso in Art. 91 Abs. 1 der Bayerischen Verfassung. Dabei greift die in Art. 6 Abs. 1 EMRK enthaltene Garantie insoweit über Art. 103 Abs. 1 GG hinaus, als sie ausdrücklich den Anspruch auf faires Verfahren nennt, hierzu → Rdnr. 65. Zu den Rechtsbehelfen bei Verletzung des Anspruchs auf Gehör → Rdnr. 58.

b) Rechtliches Gehör und ZPO

10 Das Recht auf Gehör als verfahrensrechtliches Prinzip hat eine **lange Tradition**. Es sei nur an die alten Formulierungen »audiatur et altera pars« oder »Eines Mannes Rede ist keines Mannes Rede...« erinnert. In der ZPO wird das Recht auf Gehör allerdings nur in besonderen

---

[8] *BVerfGE* 55, 1, 6.
[9] *BVerfGE* 1, 332, 347; 7, 275, 278.
[10] *BVerfGE* 50, 32, 35; 53, 219, 222; 58, 353, 356; *BVerfG* FamRZ 1992, 1151. Für die Kennzeichnung als Prozeßgrundrecht auch *Maunz-Dürig/Schmidt-Aßmann* Art. 103 Abs. 1 Rdnr. 4.
[11] *BVerfGE* 61, 82, 104.

[12] *BVerfG* KTS 1992, 492.
[13] Für Anwendbarkeit des Art. 19 Abs. 1 bis 3 GG auch *Maunz/Dürig/Schmidt-Aßmann* Art. 103 Abs. 1 Rdnr. 4. – Nach *BVerfGE* 61, 82, 104 soll Art. 103 Abs. 1 GG dagegen »formell« nicht zu den Grundrechten im Sinne von Art. 19 GG gehören. Das BVerfG befaßt sich aber nicht mit Art. 19 Abs. 2 GG.

Zusammenhängen ausdrücklich erwähnt. So stellt nach § 1041 Abs. 1 Nr. 4 die Nichtgewährung des rechtlichen Gehörs einen Grund zur Aufhebung eines Schiedsspruchs (und zur Ablehnung der Vollstreckbarerklärung, § 1042 Abs. 2) dar, und nach § 1044 Abs. 2 Nr. 4 ist der Antrag auf Vollstreckbarerklärung eines ausländischen Schiedsspruchs abzulehnen, wenn der Partei im Schiedsverfahren das rechtliche Gehör nicht gewährt worden war. Beide Vorschriften lassen erkennen, daß aus der Sicht der ZPO das Recht auf Gehör **zu den wichtigsten Verfahrensgarantien zu zählen** ist. Die Pflicht des staatlichen Gerichts, die Parteien vor seiner Entscheidung zu hören, ist in der ZPO nur dort besonders angesprochen, wo man möglicherweise aufgrund der verfahrensrechtlichen Situation daran zweifeln könnte, ob eine Anhörung geboten ist. Zu erwähnen sind in diesem Zusammenhang § 99 Abs. 2 S. 2, § 118 Abs. 1 S. 1, § 225 Abs. 2, § 360 S. 4, § 387 Abs. 1, § 730, § 813a Abs. 5 S. 1, § 844 Abs. 2, § 850b Abs. 3, § 851b Abs. 2 S. 1, § 891 S. 2, § 1045 Abs. 2 S. 2, ferner für Schiedsgerichte § 1034 Abs. 1 S. 1. Daß die prinzipielle Pflicht des Gerichts, den Parteien das rechtliche Gehör zu gewähren, in der ZPO nicht ausdrücklich aufgestellt ist, beruht darauf, daß der gesamten Verfahrensgestaltung **das Recht der Parteien auf Gehör als geradezu selbstverständlich zugrunde liegt**. Ein Zweiparteienprozeß in der Form eines kontradiktorischen Verfahrens bezweckt nichts anderes, als den Parteien in sachgerechter Weise die Darlegung ihrer gegensätzlichen Standpunkte vor Gericht zu ermöglichen. So war das Recht auf Gehör als zivilprozessualer Grundsatz schon lange vor dem Grundgesetz anerkannt[14]; es ist aber durch die Verankerung in der Verfassung verstärkt und vor Verletzungen besonders gesichert worden.

2. Sinn und Zweck des Anspruchs auf rechtliches Gehör

a) Verwurzelung im Schutz der Menschenwürde

Mit Recht wird der Anspruch auf rechtliches Gehör in engen Zusammenhang mit dem durch Art. 1 Abs. 1 GG gebotenen **Schutz der Menschenwürde** gebracht[15]. Wie jeder Bürger allgemein Anspruch darauf hat, von den staatlichen Organen als Mensch betrachtet und respektiert zu werden, so erst recht in einem gerichtlichen Verfahren über seine eigenen Rechte und Pflichten. Art. 103 Abs. 1 GG enthält das Verbot, den Menschen zum Objekt eines gerichtlichen Verfahrens zu degradieren und umgekehrt das Gebot, ihn als **Subjekt des Verfahrens** zu respektieren und zur Entfaltung kommen zu lassen. Daher ist der Anspruch auf rechtliches Gehör unabhängig davon, ob die Partei einen richtigen oder auch nur vertretbaren Standpunkt zum Gegenstand des Verfahrens einnehmen will. Einschränkungen des Geltungsbereichs sind dagegen aus dem Zusammenhang mit dem Schutz der Menschenwürde nicht abzuleiten. Art. 103 Abs. 1 GG bestimmt seine Reichweite selbst und gilt z.B. auch für juristische Personen, → Rdnr. 22.

11

b) Element der Verfahrensgerechtigkeit

Dies bedeutet nicht, daß zwischen dem Anspruch auf Gehör und dem Ziel des Verfahrens, eine **gerechte Entscheidung** zu finden, kein innerer Zusammenhang bestünde. Das richtige

12

---

[14] Vgl. *RGZ* 81, 321, 324; 160, 157, 162 (unter Hinweis auf §§ 136, 139, 141, 337); *BGHZ* 48, 327, 329; *Prager* Das beiderseitige Gehör im Zivilprozeß AcP 133 (1931), 143; für den gemeinen Prozeß *Gönner* Handbuch des deutschen gemeinen Prozesses², 1. Bd. (1804) VII, 130; *Wetzell* System des ordentlichen Zivilprozesses³ (1878, Neudr. 1969) § 43, 2 (S. 522).

[15] *BVerfGE* 7, 275, 279; 9, 89, 95; *BGHZ* 48, 327, 333; *Maunz-Dürig/Schmidt-Aßmann* Art. 103 Abs. 1 Rdnr. 2f.; *Zeuner* Festschr. für Nipperdey (Fn. 7), 1015; *Brüggemann* JR 1969, 361; *D. Lorenz* (Fn. 7), 233; *Wolf*⁶ § 28 I 1. – A.M. *Ule* DVBl 1959, 537, 541; *A. Blomeyer* ZPR² § 16 I 2; *Schwartz* (Fn. 7), 12.

Recht wird nicht allein in isolierter, einsamer Gedankenarbeit des Richters gefunden, sondern kristallisiert sich am besten aufgrund eines lebendigen Dialogs zwischen Parteien und Gericht heraus. Insofern ist die Anhörung auch Voraussetzung einer richtigen Entscheidung[16]. Was das Recht auf den gesetzlichen Richter und die Unabhängigkeit des Richters für die institutionelle Seite des Prozesses bedeuten, ist das Recht auf Gehör für die Gestaltung des Verfahrensablaufs, nämlich die **zentrale verfassungsrechtliche Garantie der Verfahrensgerechtigkeit** für die Parteien. Das Recht auf Gehör ist damit ein wesentlicher Bestandteil der **Rechtsstaatlichkeit** des Prozesses[17]. Es garantiert dem Betroffenen die Möglichkeit, auf ein gerechtes Urteil hinzuwirken. Daher kann man auch von einer »Unrechtsabwehrtendenz« sprechen[18].

c) Verbindung mit dem Gleichheitsgebot

13   Das Recht auf Gehör wird für **beide** (oder mehrere) **Parteien** des Prozesses garantiert; es ist ihnen gleichmäßig und gleichberechtigt zu gewähren. Das **Gleichheitsgebot** fließt also, soweit es sich um den Verfahrensablauf handelt, in den Grundsatz der Gewährung des rechtlichen Gehörs mit ein. Näher → Rdnr. 62.

d) Element der Verfahrensfairneß

14   Als Leitidee der parteibezogenen Verfahrensgerechtigkeit schließt das Recht auf Gehör zu einem guten Teil auch Erwägungen mit ein, die man heute im Anschluß an Wendungen des anglo-amerikanischen Rechts häufig als **Recht auf faires Verfahren** (→ Rdnr. 65) kennzeichnet. Gerade durch die Gewährung des Gehörs wird das Verfahren zu einem fairen Prozeß. Angesichts des verfassungsrechtlichen Ausgangspunkts in Art. 103 Abs. 1 GG erscheint es richtig, daß Recht auf Gehör nicht eng und formal zu interpretieren, so daß stets die bloße Gelegenheit zur Äußerung genügen würde, sondern in einem inhaltlichen, auf wirksame und sinnvolle Gewährung des Gehörs gerichteten Sinn. Dies bedeutet, daß auch **richterliches Tun**, nicht bloß die *passive Hinnahme* von Äußerungen, aus Art. 103 Abs. 1 GG gefordert sein kann, → Rdnr. 41.

e) Verbindung mit dem Anspruch auf Rechtsschutz

15   Das Recht auf Gehör besteht **im gerichtlichen Verfahren**, setzt also dessen *Existenz* bereits voraus. Nach Wortlaut und Sinn ist es an sich nicht die Aufgabe des Art. 103 Abs. 1 GG und ebensowenig des Rechts auf Gehör als Prinzip der ZPO, etwas über das Recht auf *Zugang* zum Gericht, also auf Gewährung von Rechtsschutz auszusagen. Dadurch ergibt sich jedoch keine Lücke; denn das **Recht auf gerichtlichen Rechtsschutz in Zivilsachen** ist als wichtiger Bestandteil des **Rechtsstaatsprinzips** aufzufassen[19]. Zwischen dem Anspruch auf Rechtsschutz durch die staatlichen Gerichte und dem Recht auf Gehör bestehen enge Verbindungen[20]. Für den jeweiligen Verfahrensgegner ist die erstmalige Gewährung des rechtlichen Gehörs zugleich die Eröffnung des Rechtsschutzes gegenüber dem Begehren des Klägers. Auch bei Rechtsbehelfen und Rechtsmitteln können (wie sich vor allem bei der Wiedereinsetzung zeigt, → Rdnr. 43) der Anspruch auf Zugang zum Gericht und der Anspruch auf rechtliches Gehör zu

---

[16] *BVerfGE* 9, 89, 95; *Maunz-Dürig/Schmidt-Aßmann* Art. 103 Abs. 1 Rdnr. 2.
[17] Daher gehört der Grundsatz zum deutschen ordre public, *BGHZ* 48, 327, 330, → Rdnr. 57.
[18] *Baur* AcP 153 (1954), 393, 402; *Brüggemann* JR 1969, 361, 362; *M. Wolf* JZ 1971, 405, 406.

[19] *BVerfGE* 54, 277, 291, → Einl. Rdnr. 207.
[20] Dasselbe gilt für Art. 19 Abs. 4 GG im Verhältnis zu Art. 103 Abs. 1 GG; dazu *Lerche* ZZP 78 (1965), 1, 16; *D. Lorenz* (Fn. 7), 238.

einer Einheit verschmelzen. So betrachtet das BVerfG den Grundsatz des gleichen Zugangs zu den Rechtsmittelgerichten als Bestandteil des rechtlichen Gehörs in Verbindung mit dem Rechtsstaatsprinzip[21]. Der Anspruch auf Zugang zu den Gerichten und der Anspruch auf rechtliches Gehör im Verfahren ergänzen sich gegenseitig und brauchen, da sie gleichermaßen verfassungsrechtlich garantiert sind, auch nicht strikt voneinander getrennt zu werden.

f) Recht auf Gehör und Effektivität des Rechtsschutzes

Ebenso wie die Rechtsweggarantie dient auch das Recht auf Gehör der Gewährleistung eines wirkungsvollen Rechtsschutzes. Daher müssen auch die Art und Weise und das Ausmaß, in dem Gehör gewährt wird, dem Gebot der **Effektivität** genügen[22]. Andererseits kann aber das Recht auf Gehör nicht unbegrenzt gewährt werden. Obwohl Art. 103 Abs. 1 GG weder ausdrückliche Schranken noch einen Gesetzesvorbehalt enthält, kann an der Notwendigkeit und der verfassungsrechtlichen Zulässigkeit bestimmter Beschränkungen kein Zweifel bestehen[23]. Der verfassungsrechtliche Anspruch auf effektiven und hinreichend schnellen Rechtsschutz erfordert, daß die Verfahrensordnung im einzelnen festlegt, wie und bis zu welchem Zeitpunkt die Beteiligten sich äußern können. Die vom Verfahrensrecht gezogenen Grenzen für das Äußerungsrecht müssen aber durch sachliche Gründe gerechtfertigt sein[24] und dürfen die Wahrnehmung des Rechts auf Gehör nicht an Umständen scheitern lassen, die außerhalb des Verantwortungsbereichs der betroffenen Partei liegen. Im Konfliktfall muß schon auf Verfassungsebene ein Ausgleich der widerstreitenden Rechtsprinzipien, hier vor allem des Rechts auf Gehör einerseits und des Rechts auf effektiven, hinreichend zügigen Rechtsschutz andererseits, erzielt werden[25]; → auch Rdnr. 33 zur Präklusion.

15a

3. Verhältnis des Art. 103 Abs. 1 GG zur ZPO

a) Auslegung und Lückenfüllung

Sowohl die normative Ausgestaltung des Verfahrensrechts als auch das gerichtliche Verfahren im Einzelfall müssen den Anforderungen des Art. 103 Abs. 1 GG gerecht werden[26]. Die nähere Ausformung ist aber Sache der einzelnen Verfahrensordnung[27]. Welchen Personen und in welcher Weise das Gehör zu gewähren ist, richtet sich zunächst nach den Vorschriften der ZPO. Bei der Anwendung des einfach-gesetzlichen Rechts ist jedoch der Anspruch auf Gehör als übergeordnetes verfassungsrechtliches Prinzip zu beachten. Soweit die ZPO das rechtliche Gehör nicht ausdrücklich vorschreibt und nach Text und System der ZPO an sich zweifelhaft ist, ob eine Anhörung stattfinden muß, kann sich die **Pflicht zur Gewährung des rechtlichen Gehörs unmittelbar aus Art. 103 Abs. 1 GG** ergeben[28]. Lücken innerhalb der ZPO können also im Blick auf den genannten Verfassungsartikel geschlossen werden. Auch wenn der Wortlaut der ZPO das Recht auf Gehör zunächst in einer dem Art. 103 Abs. 1 GG nicht entsprechenden Weise zu versagen oder einzuschränken scheint, kann möglicherweise im Wege der **verfassungskonformen Auslegung** dem Recht auf Gehör zum Erfolg verholfen werden. Sollte dagegen der Gesetzestext im Widerspruch zu Art. 103 Abs. 1 GG den Grundsatz des rechtlichen Gehörs in einer Weise verletzen, die auch durch verfassungskonforme

16

---

[21] *BVerfGE* 74, 228, 233f.
[22] *BVerfGE* 74, 220, 224; 81, 123, 129.
[23] Näher zur Schrankenproblematik *Maunz-Dürig/ Schmidt-Aßmann* Art. 103 Abs. 1 Rdnr. 14ff.
[24] *BVerfGE* 81, 123, 129.
[25] Insoweit besteht Übereinstimmung mit *Henckel*

Festschr. für Matscher, 185, 188, 192, s. aber gegen dessen Schlußfolgerungen Fn. 127.
[26] *BVerfGE* 74, 228, 233.
[27] *BVerfGE* 74, 228, 233.
[28] Vgl. *BVerfGE* 9, 89, 96; 17, 356, 361; 21, 132, 137; 24, 56, 62; 61, 37, 41; *BGH* VersR 1982, 246.

Auslegung nicht zu beseitigen ist, so wäre die Vorschrift der ZPO verfassungswidrig. Ein mit der Sache befaßtes Gericht müßte dann gem. Art. 100 Abs. 1 GG die Entscheidung des BVerfG einholen, → § 148 Rdnr. 50 ff. (die ZPO ist wegen der Neubekanntmachung 1950, → Einl. Rdnr. 148, insgesamt nachkonstitutionelles Recht, → § 148 Rdnr. 68). Da aber die ZPO ohnehin auf dem Prinzip des rechtlichen Gehörs aufbaut, sind solche Konstellationen selten.

17 Bedeutsam ist der Einfluß des verfassungsrechtlichen Prinzips auf die Anwendung solcher Vorschriften, die dem Gericht ein **Ermessen** einräumen. Soweit die ZPO lediglich vorschreibt, eine Partei sei *tunlichst* zu hören oder *könne* gehört werden, kann sich daraus im Hinblick auf Art. 103 Abs. 1 GG eine **Rechtspflicht zur Anhörung** ergeben. Auch die Art und Weise, in der einer Partei Gelegenheit zur Stellungnahme zu geben ist, steht im einzelnen oft im Ermessen des Gerichts. Die Anwendung des Ermessens kann dann durch Art. 103 Abs. 1 GG wesentlich beeinflußt werden.

b) Verletzung des Rechts auf Gehör

18 Da die ZPO in weiten Teilen nichts anderes ist als eine Konkretisierung des rechtlichen Gehörs, sind Verstöße gegen Art. 103 Abs. 1 GG in vielen Fällen zugleich **Verletzungen einfach-gesetzlicher Normen**. Wann eine Verletzung der ZPO auch als Verstoß gegen Art. 103 Abs. 1 GG aufzufassen ist, hat für das verfassungsgerichtliche Verfahren entscheidende Bedeutung, da das BVerfG nur Verstöße gegen das GG, nicht gegen das einfache Gesetz zu überprüfen hat, → Rdnr. 58. Ein guter Teil der verfassungsgerichtlichen Entscheidungen zu den Grenzen des Rechts auf Gehör betrifft Vorgänge, deren Rechtswidrigkeit nach der ZPO klar auf der Hand liegt. Obwohl in diesen Fällen die Verknüpfung mit dem Anspruch auf Gehör für den Zivilprozeß selbst nichts eigentlich Neues bringt, wird doch immerhin die **Bedeutung des Verstoßes** gegen einfach-gesetzliche Normen unterstrichen, wenn man beachtet, daß darin zugleich eine Verletzung des Art. 103 Abs. 1 GG liegt. Auch wenn sich aus der ZPO die Pflichten des Gerichts bereits klar ergeben, folgt aus Art. 103 Abs. 1 GG die Mahnung, in solchen Fällen bei der Anwendung einfach-gesetzlicher Vorschriften besonders sorgfältig zu verfahren. Für die **Zulässigkeit von Rechtsbehelfen** innerhalb der ordentlichen Gerichtsbarkeit gewinnt die Frage, ob eine Verletzung des Rechts auf Gehör vorliegt, zunehmend an Bedeutung, zur Gegenvorstellung → Rdnr. 54c, zur weiteren Beschwerde → Rdnr. 52.

c) Optimierung des Rechts auf Gehör

19 Das Recht auf Gehör hat noch in anderer Hinsicht **unterschiedliche Bedeutung für den Zivilprozeß** einerseits und das verfassungsgerichtliche Verfahren andererseits. Das BVerfG hat nur zu untersuchen, ob eine gesetzliche Vorschrift oder die im konkreten Fall eingeschlagene gerichtliche Verfahrensweise gegen das Recht auf Gehör verstößt. Die Aussage des BVerfG, Art. 103 Abs. 1 GG gewährleiste ein *Minimum an rechtlichem Gehör*[29], erklärt sich aus diesem Zusammenhang, ist aber jedenfalls nach dem heutigen Stand der Rechtsprechung des BVerfG nicht mehr berechtigt[30]. Der Verfassungssatz bringt sowohl für den Gesetzgeber als auch für den Richter eine Leitidee, eine grundlegende Wertvorstellung für das gerichtliche Verfahren zum Ausdruck. Innerhalb des Zivilprozesses ist dem durch das Bestreben Rechnung zu tragen, das Recht auf Gehör nicht bloß in minimaler Weise zu erfüllen, sondern das

---

[29] So z.B. *BVerfGE* 7, 53, 57; 21, 132, 137.
[30] Gegen die Formel von der Minimalgarantie *Waldner*, Diss., S. 275; ders., Der Anspruch auf rechtliches Gehör, Rdnr. 513 ff.; s. auch *Leipold* ZZP Bd. 93 (1980), 237, 243.

gesamte Verfahren unter den Leitstern des Art. 103 Abs. 1 GG zu stellen und das Recht auf Gehör so gut wie möglich zu verwirklichen. Nicht die minimale, sondern die **optimale Gewährung des Rechts auf Gehör** muß also für den Richter im konkreten Verfahren (und für den Gesetzgeber) die Devise darstellen.

4. Vom Anspruch auf rechtliches Gehör erfaßte Verfahren

a) Geltung in allen gerichtlichen Verfahren

Wenn das Recht auf Gehör nach Art. 103 Abs. 1 GG ohne jede Einschränkung »vor Gericht« besteht, so bedeutet dies, daß nicht nur der gesamte Bereich der Rechtsprechung im materiellen Sinn erfaßt wird, sondern **sämtliche Verfahren**, die den staatlichen[31] Gerichten zugewiesen sind[32]. Im zivilprozessualen **Erkenntnisverfahren** ist das Recht auf Gehör generell anzuerkennen, gleich ob mündlich oder schriftlich oder fakultativ mündlich[33] verfahren wird, und unabhängig davon, ob die Verhandlungsmaxime (dazu → Rdnr. 75) oder die Untersuchungsmaxime[34] gilt. Es spielt auch keine Rolle, ob ein Verfahren auf Entscheidung durch **Urteil** oder durch **Beschluß** abzielt. Am Recht auf Gehör dürfen auch dann keine Abstriche gemacht werden, wenn das Gericht sein Verfahren nach billigem Ermessen bestimmen kann[35], wie etwa im Fall des § 495a. 20

b) Rechtsmittel- und Rechtsbehelfsverfahren

Das rechtliche Gehör ist **in sämtlichen Instanzen**, einschließlich Revisions- und Rechtsbeschwerdeverfahren, zu gewähren. Schon für den **Zugang zu den Rechtsmittelinstanzen** ergeben sich nach Ansicht des BVerfG[36] aus dem Anspruch auf rechtliches Gehör in Verbindung mit dem Anspruch auf effektiven Rechtsschutz besondere Anforderungen. Zwar ist es von Verfassungs wegen Sache des Gesetzgebers, zu entscheiden, *ob* ein Rechtsmittel statthaft ist. Wenn aber ein Rechtsmittel vorgesehen ist, müssen sich die Grundsätze über die Zulassung und Begrenzung von Rechtsmitteln durch ein besonderes Maß an Gleichheit, Klarheit und innerer Logik auszeichnen. Als eine unzumutbare, aus Sachgründen nicht mehr zu rechtfertigende Erschwerung und damit als Verletzung des Grundsatzes des gleichen Zugangs aller Bürger zu den Gerichten betrachtete es das BVerfG[37], wenn in einer Rechtsmittelbegründung durch Fernschreiben ein Formfehler gesehen und das Rechtsmittel aus diesem Grund als unzulässig verworfen wurde. 21

Vor der **Änderung einer Entscheidung** zu Lasten einer Partei ist dieser stets Gehör zu gewähren, unabhängig davon, ob neue Tatsachen oder Beweisergebnisse vorliegen[38]. Auch bevor eine Berufung durch Beschluß als **unzulässig verworfen** wird, ist dem Rechtsmittelkläger Gelegenheit zur Stellungnahme zu geben[39]. 21a

Da der Rechtsstreit durch Vorlage an den **Großen Senat** oder die Vereinigten Großen Senate des BGH nach § 132 GVG an einen anderen Spruchkörper gelangt, fordert der 21b

---

[31] Zum rechtlichen Gehör vor Schiedsgerichten z.B. BGHZ 31, 43; 85, 288, 291 = NJW 1983, 867; *BGH* NJW 1992, 2299 (dazu *Aden* NJW 1993, 1964); NJW-RR 1993, 444; näher → 1034 Rdnr. 11 ff.; vor Vereinsgerichten *BGHZ* 29, 352, 355; NJW 1975, 160; s. auch *BGHZ* 55, 381, 391.
[32] Vgl. *BVerfGE* 9, 89, 97; *Zeuner* Festschr. für Nipperdey (Fn. 7), 1013, 1019.
[33] *BVerfGE* 6, 12 = JZ 1957, 120; *BayObLGZ* 1956, 396; *OLG Hamm* JMBlNRW 1957, 117 (alle zum Beschwerdeverfahren).
[34] *BVerfGE* 7, 53, 57 = JZ 1957, 542 (*Baur*), *BVerfGE* 7, 275, 281; 75, 201, 215. – Dasselbe gilt für Verfahren der freiwilligen Gerichtsbarkeit, *BVerfGE* 19, 49, 51; 75, 201, 215; *BVerfG* NJW-RR 1993, 382; *BGH* NJW 1989, 985.
[35] Vgl. *BFH* Betrieb 1983, 1584.
[36] *BVerfGE* 74, 228, 234.
[37] *BVerfGE* 74, 228, 234.
[38] *BVerfGE* 65, 227, 234.
[39] *BGH* VersR 1982, 246; *BAG* NZA 1990, 537 = AP Nr. 15 zu § 233.

Grundsatz des rechtlichen Gehörs auch hier, den Parteien Gelegenheit zur Stellungnahme zu geben[40], und zwar stets, nicht nur dann, wenn neue rechtliche Gesichtspunkte auftauchen. Wird nach § 138 Abs. 1 S. 2 GVG ohne mündliche Verhandlung entschieden, so ist Gelegenheit zur schriftlichen Äußerung zu geben[41].

c) Einzelfragen

21c Vor einem Beschluß nach **Erledigung der Hauptsache** (§ 91 a) ist das Gehör zu gewähren[42], ebenso vor der Entscheidung über eine sofortige Beschwerde gegen einen Beschluß nach § 91 a[43]. Auch im **Kostenfestsetzungsverfahren** ist das Recht auf Gehör anzuerkennen[44], näher → § 104 Rdnr. 2. Im Verfahren über die **Prozeßkostenhilfe** gilt ebenfalls Art. 103 Abs. 1 GG[45], jedoch nicht für den Antragsgegner, soweit es um die subjektiven Voraussetzungen der Bewilligung geht. Es verstößt daher nicht gegen Art. 103 Abs. 1 GG, wenn dem Antragsgegner ein Anhörungsrecht zu den persönlichen und wirtschaftlichen Verhältnissen des Antragstellers versagt und ihm insoweit keine Akteneinsicht gewährt wird[46]. Ausführlich hierzu → § 118 Rndr. 6ff. Auch im Verfahren über ein **Ablehnungsgesuch** ist rechtliches Gehör zu gewähren[47]. Das Verfahren über die Selbstablehnung eines Richters wurde herkömmlicherweise als gerichtsinterner Vorgang gewertet, bei dem die Parteien nicht zu beteiligen seien. Dies ist indes mit Art. 103 Abs. 1 GG nicht vereinbar; vielmehr müssen, wie das BVerfG[47a] zutreffend entschieden hat, die Verfahrensbeteiligten von der Selbstanzeige unterrichtet werden und Gelegenheit zur Stellungnahme erhalten. Man muß daher entweder § 48 Abs. 2 als verfassungswidrig betrachten[48] oder diese Vorschrift (was vertretbar erscheint) in verfassungskonformer Weise dahin interpretieren, daß nur die Durchführung einer mündlichen Verhandlung ausgeschlossen ist, während die Anhörung in schriftlicher Form kraft Verfassung geboten ist. Hierzu auch → § 48 Rdnr. 4. Vor einer **Verweisung** des Rechtsstreits an ein anderes Gericht muß rechtliches Gehör zum Verweisungsantrag gewährt werden[49]. Das Recht auf Gehör gilt (für beide Parteien) im **Wiedereinsetzungsverfahren**[50], im Verfahren über die **Nichtannahme der Revision** (§ 554b)[51], desgleichen im Verfahren über die **Nichtzulassungsbeschwerde** nach § 72a ArbGG[52] sowie im arbeitsgerichtlichen **Beschlußverfahren**[53]. Auch vor der Ergänzung einer Entscheidung (§ 321) ist das Gehör zu gewähren[54], ebenso vor der Berichtigung einer Entscheidung (§§ 319f.), gleich ob sie auf Antrag oder von Amts wegen erfolgt, es sei denn, daß es sich lediglich um Formalien (wie in der Regel bei Schreib- und Rechenfehlern) handelt, deren Korrektur keine Auswirkungen auf die Rechtsstellung der Beteiligten hat[55]. Im Bereich des **einstweiligen Rechtsschutzes** (Arrest, einstweilige Verfügung, einstweilige Anordnung) muß Art. 103 Abs. 1 GG ebenfalls beachtet wer-

---

[40] *BGHZ* 13, 265, 270; *Kissel* GVG § 138 Rdnr. 3
[41] Vgl. *BGHZ* 13, 265, 270 (zu § 138 Abs. 1 GVG aF).
[42] Vgl. *BVerfGE* 67, 96, 99f. (zum finanzgerichtlichen Verfahren).
[43] *BVerfGE* 17, 265, 268f.; 34, 157, 159f.; 60, 313, 317; 64, 224, 227.
[44] *BVerfGE* 19, 148, 149; 81, 123, 127; weitere Nachw. → § 104 Fn. 2ff.
[45] *BVerfGE* 20, 280, 282 (für den Antragsteller).
[46] *BVerfG* NJW 1991, 2078; *BGHZ* 89, 65, 67.
[47] *BVerfGE* 24, 56, 62; *VGH Kassel* NJW 1969, 1399. S. auch *OLG Köln* JMBlNRW 1973, 63.
[47a] *BVerfG* NJW 1993, 2229 (zu § 30 StPO).
[48] So *Maunz/Dürig/Schmidt-Aßmann* Art. 103 GG Rdnr. 34; *Vollkommer* BGH EWiR § 48 ZPO 1/93, 929; weitere Nachweise → § 48 Fn. 8. Da die ZPO (anders als das BGB, s. dazu *BVerfGE* 32, 296, 299f.) insgesamt nachkonstitutionelles Recht ist (*BVerfGE* 8, 210,
213f.; 35, 41, 45f.; näher (→ § 148 Rdnr. 68), wäre dann eine Vorlage an das BVerfG nach Art. 100 Abs. 1 GG erforderlich. A. M. insoweit *Vollkommer* aaO, jedoch ohne die Rechtsprechung des BVerfG zur ZPO zu beachten.
[49] *BVerfGE* 61, 37 = NJW 1982, 2367; *BGHZ* 71, 69, 72, w. Rdnr. 55.
[50] *BVerfGE* 48, 206, 209; 53, 109, 114; 54, 80, 85; 61, 14, 17; 62, 320, 322; 67, 154. – Zur Gewährung der Wiedereinsetzung → Rdnr. 43.
[51] → § 554b Rdnr. 10; ferner *OLG München* MDR 1977, 673; *Schultz* MDR 1979, 110; *Baumbach-Lauterbach-Albers*[51] § 554b Rdnr. 7.
[52] *BAG* ArbuR 1980, 285 = AP § 72a ArbGG 1979 Nr. 6.
[53] *BVerfGE* 30, 406, 408.
[54] *BVerfG* RdL 1988, 157.
[55] *BVerfGE* 34, 1, 7f.; *LG Köln* Rpfleger 1987, 508.

den[56], mag auch in besonders dringenden Fällen eine nachträgliche Anhörung des Gegners genügen, → Rdnr. 46. Dasselbe gilt im **selbständigen Beweisverfahren** (Beweissicherungsverfahren)[57]. Das **Zwangsvollstreckungsverfahren** wird vom Recht auf Gehör erfaßt, soweit *Entscheidungen* (z. B. §§ 766, 793) zu treffen sind, etwa über eine einstweilige Einstellung[58]; ebenso gilt das Recht auf Gehör im Verfahren über eine **Klauselumschreibung** nach § 727[59]. Vor Vollstreckungs*maßnahmen* ist dagegen das rechtliche Gehör für den Betroffenen nicht geboten, → Rdnr. 48. Zum Gehör bei Anordnung der **Wohnungsdurchsuchung** → Rdnr. 48a. Zum rechtlichen Gehör vor Zwangsmaßnahmen im Rahmen der **Sitzungspolizei** → Rdnr. 143.

5. Träger des Anspruchs

a) Jedermann

Der Anspruch auf rechtliches Gehör ist durch Art. 103 Abs. 1 GG »jedermann« zuerkannt. 22 Damit kommt zum Ausdruck, daß es auf *Herkunft, Staatsangehörigkeit, Geschlecht* usw. *nicht ankommt*, ebensowenig wie darauf, ob es sich um eine *natürliche* oder *juristische*[60] *Person* (des privaten oder des öffentlichen Rechts, z. B. Bund, Land[61], Gemeinde usw.) handelt. Die Unterscheidung zwischen ausländischen und inländischen juristischen Personen (s. Art. 19 Abs. 3 GG) spielt im Bereich des Art. 103 Abs. 1 GG keine Rolle[62]. Auch einem *nichtrechtsfähigen Verein*, der Partei ist, steht das Recht auf Gehör zu. Die Parteifähigkeit ist insofern nicht entscheidend, als auch für den Streit über diese das rechtliche Gehör zu gewähren ist.

b) Partei, Prozeßbevollmächtigter, gesetzlicher Vertreter

Das Recht ist nicht höchstpersönlich in dem Sinn, daß es nur durch den Träger ausgeübt 23 werden könnte. Soweit ein **gesetzlicher Vertreter** bestellt ist oder zu bestellen wäre, muß diesem die Gelegenheit zur Äußerung gegeben werden. Es genügt nicht zur Wahrung des rechtlichen Gehörs, wenn allein der Prozeßunfähige beteiligt wird[63]. Soweit Anwaltszwang besteht, ist dem beim Prozeßgericht zugelassenen **Anwalt** Gelegenheit zur Äußerung zu geben, und auch in anderen Fällen dem **Prozeßbevollmächtigten**, soweit ein solcher bestellt ist. Dies ist keine grundgesetzwidrige Einschränkung des Rechts; im Gegenteil ist regelmäßig gerade das Gehör dieser Vertreter zur Erfüllung des Art. 103 Abs. 1 GG erforderlich, weil die Partei selbst das ihr gewährte Gehör gar nicht sachgemäß ausnützen könnte[64]. Der **Anwaltszwang** in zivilprozessualen Sachen verstößt nicht gegen die Verfassung[65].

---

[56] Vgl. BVerfGE 9, 89, 98; *Leipold* Grundlagen des einstweiligen Rechtsschutzes (1971), 13 Fn. 31.

[57] OLG Karlsruhe MDR 1982, 1026; LG München II ZMR 1985, 417.

[58] Das Gehör ist grundsätzlich vor der Einstellung zu gewähren, *OLG Celle* MDR 1986, 63; anders in Eilfällen, *KG* FamRZ 1988, 313; dann ist in Ausnahmefällen auch schon vor Zustellung der Vollstreckungsgegenklage eine vorläufige Einstellung zulässig, *KG* FamRZ 1990, 85 u. 86. Zu diesen Fragen auch → § 707 Rdnr. 5, zur Abänderbarkeit → § 707 Rdnr. 22.

[59] Zur Anpassung des § 730 an Art. 103 Abs. 1 GG *Münzberg* Rpfleger 1991, 161; s. auch (jedoch nicht auf Art. 103 Abs. 1 GG abstellend) *OLG Hamm* Rpfleger 1991, 161.

[60] BVerfGE 3, 359, 363; 12, 6, 8.

[61] So hat der Landesfiskus das Recht auf Gehör bei der Festsetzung der Zeugenentschädigung, *OLG Düsseldorf* NJW 1989, 311.

[62] BVerfGE 12, 6, 8; *Maunz/Dürig/Schmidt-Aßmann* Art. 103 Abs. 1 Rdnr. 31.

[63] BGHZ 84, 24, 29 = NJW 1982, 2449, 2451 = JZ 730.

[64] Zur Versagung des Gehörs durch Zurückweisung eines Vertreters s. *RGZ* 83, 1; s. ferner *BVerfGE* 9, 256, 257 = NJW 1959, 1028; *BVerfG* AP Nr. 32 zu Art. 103 GG (Nichtberücksichtigung einer vom Revisionskläger persönlich verfaßten Revisionsbegründung verstößt nicht gegen Art. 103 Abs. 1 GG).

[65] BVerfG DtZ 1992, 183, 184; BayVerfGH 6, 136, 142. Es darf aber nicht unter der Geltung der Untersuchungsmaxime (§ 12 FGG) wegen fehlender Postulations-

23a Eine andere Frage ist es, ob Art. 103 Abs. 1 GG verlangt, daß *neben* dem gesetzlichen oder gewillkürten Vertreter der **Partei selbst** auf Wunsch Gelegenheit zur Äußerung, vor allem in der mündlichen Verhandlung, gegeben wird. Die **prozeßfähige** Partei sollte neben[66] dem Prozeßbevollmächtigten grundsätzlich auf Antrag[67] zu Wort kommen, auch im Anwaltsprozeß (wie dies auch § 137 Abs. 4 vorschreibt), so daß in der Ablehnung eines persönlichen Äußerungsrechts für die Partei in der mündlichen Verhandlung im allgemeinen eine Verletzung des Art. 103 Abs. 1 GG liegt[68], solange keine besonderen Gründe (etwa erforderliche Maßnahmen der Sitzungspolizei, → Rdnr. 30) diese Ablehnung rechtfertigen. Im Hinblick auf die Verbindung des Rechts auf Gehör mit dem Prinzip der Achtung der Menschenwürde wird man den Anspruch auf persönliche Anhörung auch bei **prozeßunfähigen** natürlichen Personen dann zu bejahen haben, wenn der Prozeß die Persönlichkeitssphäre berührt und der Prozeßunfähige in der Lage ist, sich zum Prozeßgegenstand verständig zu äußern. – Über den Prozeßverlauf und den Prozeßstoff braucht das Gericht im Regelfall nur den **Prozeßbevollmächtigten zu unterrichten**, doch kann dies im Einzelfall unzureichend sein, wenn unklar ist, ob der Prozeßbevollmächtigte im konkreten Verfahrensabschnitt für die Partei vertretungsbefugt ist[69].

c) Parteien und parteiähnliche Personen

24 Daß »jedermann« den Anspruch auf Gehör besitzt, bedeutet, wie sich geradezu von selbst versteht, keineswegs, daß jeder Bürger in jedwelchem Prozeß Gehör verlangen könnte. Vielmehr muß es sich um ein Verfahren handeln, zu dessen Gegenstand eine hinreichend enge persönliche Beziehung besteht. Den Anspruch auf Gehör hat daher – so die Formel des BVerfG[70] – jeder, der am konkreten Verfahren als Partei oder in ähnlicher Stellung beteiligt ist oder unmittelbar rechtlich von dem Verfahren betroffen wird. Wer **Partei** eines Verfahrens ist, hat den Anspruch auf Gehör, gleich ob er den Prozeß über eigene Rechte und Pflichten oder in Form der Prozeßstandschaft (mag diese zulässig oder unzulässig sein) über fremde Rechtsverhältnisse führt. Bei **Streitgenossenschaft**, auch bei notwendiger (§ 62), hat jeder einzelne Streitgenosse den Anspruch auf Gehör. Personen in parteiähnlicher Stellung, die von der zu erwartenden Entscheidung möglicherweise in ihren Rechten betroffen werden, sind ebenfalls Träger des Anspruchs. Dies gilt nicht nur für den **streitgenössischen Nebenintervenienten** (§ 69), sondern mit Rücksicht auf die Interventionswirkung des § 68 auch für den **einfachen Streithelfer**[71], und zwar auch im Rechtsmittelverfahren[72]. Ebenso haben **Beigeladene** den Anspruch auf Gehör[73], → auch Rdnr. 29.

---

fähigkeit im Beschwerdeverfahren auch das erstinstanzliche Vorbringen einer Partei unberücksichtigt bleiben, *BVerfG* FamRZ 1992, 1151 (zum Verfahren über den Versorgungsausgleich).

[66] Es verstößt nicht gegen Art. 103 Abs. 1 GG, wenn im Anwaltsprozeß die erschienene, aber nicht vertretene Partei nicht gehört wird, insoweit zutreffend *BVerwG* NJW 1984, 625.

[67] Das Begehren muß aber deutlich gestellt werden, vgl. *BayVerfGH* NJW 1984, 1026.

[68] Anders die Rsp, die dazu tendiert, nur ausnahmsweise eine Verletzung des Rechts auf Gehör anzunehmen, *BayVerfGH* 14, 47, 48 = NJW 1961, 1523; *BayVerfGH* 23, 177 = BayJMBl 1971, 37; *BayVerfGH* 43, 86; NJW 1984, 1026; *BVerwG* NJW 1984, 625 (für die Revisionsinstanz); ebenso *Maunz/Dürig/Schmidt-Aßmann* Art. 103 1 Rdnr. 109. – Ein Recht auf Anordnung des persönlichen Erscheinens besteht nicht, → § 141 Rdnr. 11.

[69] *BVerfGE* 81, 123, 127 ff.

[70] BVerfGE 65, 227, 233; 75, 201, 215.

[71] Vgl. *Zeuner* Festschr. für Nipperdey (Fn. 7), 1038 (die Beschränkung durch § 67 verletzt das Recht auf Gehör nicht).

[72] Zur Beteiligung in der Berufungsinstanz *BAGE* 56, 214, 223 = MDR 1988, 345.

[73] *BVerfGE* 65, 227, 233 (zur VwGO).

d) Andere Prozeßbeteiligte

Die Mitwirkung einer Person am Verfahren bedeutet noch nicht, daß es sich um »ihr« Verfahren i. S. des Anspruchs auf Gehör handelt. **Zeugen** und **Sachverständigen** steht kein Anspruch auf Gehör zum Verfahrensgegenstand zu. Anders ist es, soweit sich das Verfahren auf ihre eigenen Rechte und Pflichten bezieht, wenn es also z.B. um die Berechtigung zur Zeugnisverweigerung oder um die Auferlegung eines Ordnungsgeldes geht. Auch der **Prozeßbevollmächtigte**, insbesondere der Rechtsanwalt, hat in der Regel keinen *eigenen* Anspruch auf Gehör; er übt vielmehr den Anspruch der Partei aus. Wenn aber z. B. vom Anwalt die Herausgabe einer Urkunde verlangt wird, § 135 Abs. 2, so geht es um seine eigene Verpflichtung und dementsprechend steht ihm dann in eigener Person das rechtliche Gehör zu.

25

e) Rechtliches Gehör für Drittbetroffene

Das Recht auf Gehör soll verhindern, daß über Rechte oder Pflichten einer Person entschieden wird, ohne daß sie selbst dazu Stellung nehmen konnte. Daher wäre es zu eng, den Anspruch auf Gehör nur denjenigen Personen zuzubilligen, die an einem gerichtlichen Verfahren bereits in einer prozessualen Rolle (d. h. »formell«) beteiligt sind. Vielmehr kann sich aus Art. 103 Abs. 1 GG auch die **Verpflichtung** ergeben, eine Person zu dem von anderen Parteien betriebenen Verfahren hinzuzuziehen, weil sie in ihrer Rechtsstellung (d. h. »materiell«) vom Ergebnis dieses Verfahrens möglicherweise **betroffen** wird[74].

26

Während über diesen Ausgangspunkt weitgehend Einigkeit herrscht[75], gehen die Meinungen darüber auseinander, wie der Kreis der hinzuzuziehenden Personen im einzelnen abzugrenzen ist. Die meisten der Fälle, bei denen eine Gewährung rechtlichen Gehörs an Dritte in Betracht kommt, liegen auf dem Gebiet des Verfahrens in Familien- und Kindschaftssachen, → dazu vor § 606 Rdnr. 20. Im gewöhnlichen Zivilprozeß beziehen sich dagegen die Urteilswirkungen in der Regel nur auf die Parteien (s. insbes. zur Rechtskraft § 325 Abs. 1). Das Recht auf Gehör wirkt sich insoweit als Schranke für eine Erstreckung der Urteilswirkungen auf Dritte aus[75a]. Nur in den wenigen Fällen, in denen die **materielle Rechtskraft** oder die **Gestaltungswirkung** eines Urteils auch die **Rechtsbeziehungen Dritter** erfaßt, kann deren Zuziehung überhaupt erwogen werden. So hat das BVerfG[76] mit Recht für den Fall der Auflösungsklage nach § 61 GmbHG aus Art. 103 Abs. 1 GG die Pflicht des Gerichts abgeleitet, einen (nicht klagenden) Mitgesellschafter vom Prozeß zu unterrichten[77], um ihm die Möglichkeit des Beitritts als streitgenössischer Nebenintervenient zu eröffnen. Ob etwas anderes gilt, wenn der **Kreis** der in Betracht kommenden Personen **nicht überschaubar** ist, ließ das BVerfG offen, ohne aber den Gedanken von der Hand zu weisen. Da Art. 103 Abs. 1 GG nicht das Funktionieren der Rechtspflege in Frage stellen darf, sollte man eine solche Unzumutbarkeitsgrenze anerkennen[78].

26a

---

[74] Grundlegend *BVerfGE* 21, 132 = NJW 1967, 492 = JZ 442 (zum Anspruch des Ehemanns der Mutter auf rechtliches Gehör in einem nach § 1595 BGB aF vom Staatsanwalt gegen das Kind geführten Ehelichkeitsanfechtungsprozeß); *BVerfGE* 60, 7 = NJW 1982, 1635 = JZ 330; ferner *BGHZ* 83, 391 = NJW 1982, 1652 = JZ 566.

[75] *Schlosser* Gestaltungsklagen und Gestaltungsurteile (1966), 172; *ders.* JZ 1967, 431; *Brüggemann* JR 1969, 361, 363. M. *Wolf* JZ 1971, 405; *Zeuner* Rechtliches Gehör, materielles Recht und Urteilswirkungen (1974), 18; *D. Lorenz* (Fn. 7), 237; *Calavros* (Fn. 7), 21; *Grunsky*² § 25 II 2 b; *Rosenberg-Schwab-Gottwald*¹⁵ § 85 II.

[75a] Vgl. *Jauernig* ZZP 101 (1988), 361, 372 ff.; → auch § 325 Rdnr. 1.

[76] *BVerfGE* 60, 7 (Fn. 74). Dazu *Marotzke* ZZP 100 (1987), 164, 208 ff. (krit. zur Beklagtenrolle der GmbH, nicht der Gesellschafter).

[77] Anders, wenn von der Kenntnis der Mitgesellschafter ausgegangen werden kann, *BGH* NJW 1986, 2051, 2052.

[78] Vgl. *Schlosser* JZ 1967, 431, 433; *Brüggemann* JR 1969, 361, 364.

27 Auch wenn ein Dritter von den Urteilswirkungen erfaßt wird, ist aber nicht immer seine Anhörung geboten. Vielmehr kann es sich aus dem Inhalt seiner rechtlichen Beziehungen zu den Prozeßparteien rechtfertigen, ihn – ohne notwendige Mitwirkung am Verfahren – an das Prozeßergebnis zu binden, ihm also eine **eigene Zuständigkeit** zur Geltendmachung der jeweiligen Rechtsposition zu versagen[79]. Dies ist z.B. für den Erwerber einer streitbefangenen Sache zu bejahen. Ohne gegen Art. 103 Abs. 1 GG zu verstoßen[80], konnte der Gesetzgeber hier vorsehen, daß der Erwerber die Sache grundsätzlich samt der »Belastung«[80a] durch die Rechtshängigkeit erwirbt und die Prozeßführung in den Händen des bisherigen Rechtsträgers verbleibt (§ 265 Abs. 2 S. 1 und 2), während der Rechtsnachfolger nur als nicht streitgenössischer (und daher von den Handlungen des Rechtsvorgängers abhängiger) Nebenintervenient teilnehmen kann, § 265 Abs. 2 S. 3. Soweit der Rechtsnachfolger hinsichtlich der Rechtshängigkeit gutgläubig war, wird er durch § 325 Abs. 2 in den Fällen vor einer Bindung an das Urteil geschützt, in denen auch materiell-rechtliche Mängel durch guten Glauben überwunden werden können, → § 325 Rdnr. 32ff.

28 **Gestaltungsurteile** können sich mittelbar auf Dritte auswirken, deren Rechtsstellung mit dem gestalteten Recht zusammenhängt. So führt z.B. eine erfolgreiche **Erbunwürdigkeitsklage** dazu, daß die Nachlaßgläubiger einen anderen Erben als Schuldner erhalten, § 2344 Abs. 1 und 2 BGB. Doch hat das materielle Recht den Erbunwürdigkeitsgründen bewußt keine ipso-iure-Wirkung zugemessen, sondern die Geltendmachung dieser Umstände bestimmten anfechtungsberechtigten Personen (§ 2341 BGB) überlassen. Daß Dritte auch das Ergebnis dieser Prozeßführung hinnehmen müssen, ohne es beeinflussen zu können, entspricht der Grundkonzeption dieser materiell-rechtlichen Regelung. Es sind daher allein der Anfechtungsberechtigte und der Anfechtungsgegner als die nach dem Zweck des materiellen Rechts für die Prozeßführung zuständigen Personen anzusehen. Auch der Umstand, daß man in diesem Fall typischerweise mit einem größeren Kreis Drittbetroffener zu rechnen hat, deren Zuziehung das Verfahren erschweren würde, spricht dafür, den Nachlaßgläubigern keinen Anspruch auf Gehör zuzubilligen. Ob im konkreten Fall nur einzelne oder mehrere Nachlaßgläubiger vorhanden sind, sollte dagegen hier nicht entscheidend sein[81].

29 Soweit das Recht auf Gehör Dritten zuzubilligen ist, genügt nicht die bloße (abstrakte) Möglichkeit des Beitritts als Nebenintervenient, da es dann vom Zufall abhängen würde, ob der Dritte von dem Verfahren Kenntnis erhält. Vielmehr hat das Gericht den Dritten **von Amts wegen** von der Anhängigkeit des Verfahrens **zu unterrichten**[82]. Daher erscheint in solchen Fällen eine **Beiladung** unter Mitteilung der Klageschrift in Analogie zu § 640e als sachgerecht. Ist die Beiladung unterblieben, so ist das Urteil auch dem Dritten zuzustellen, damit dieser gegebenenfalls Rechtsmittel einlegen kann[83].

---

[79] Überzeugend *Zeuner* (Fn. 75), 26ff., 57; *ders.* Festschr. für Nipperdey (Fn. 7), 1013, 1038. Dem stimmen zu *Schlosser* → vor § 606 Rdnr. 20; *Grunsky*[2] 25 II 2b; s. auch BGHZ 83, 391 (Fn. 74). – A.M. *M. Wolf* JZ 1971, 405; *Calavros* (Fn. 7), 32.

[80] *Zeuner* (Fn. 75), 27; *M. Wolf* JZ 1971, 405, 408; *Jauernig* ZZP 101 (1988), 361, 376ff. – A.M. *Pawlowski* JZ 1975, 681, 685; *Calavros* (Fn. 7), 70, die § 265 Abs. 2 S. 3 für verfassungswidrig halten.

[80a] Vgl. (im Anschluß an *Rosenberg*) *Jauernig* ZZP 101 (1988), 361, 376; s. auch *Rosenberg-Schwab-Gottwald*[15] § 102 III 3b.

[81] A.M. *Schlosser* JZ 1967, 431, 433.

[82] *BVerfGE* 60, 7 (Fn. 74).

[83] Vgl. BGHZ 89, 121 = NJW 1984, 353 (zu § 640e).

6. Gewährung des rechtlichen Gehörs

a) Gelegenheit zur Stellungnahme

Der Anspruch auf rechtliches Gehör ist erfüllt, wenn dem Berechtigten eine auch tatsächlich wahrnehmbare Gelegenheit zur Äußerung gegeben wurde. Eine **öffentliche Zustellung**, obwohl eine andere Zustellung ohne weiteres möglich war, und anschließende Versäumnisentscheidung verstoßen gegen Art. 103 Abs. 1 GG[84]. Wird die öffentliche Zustellung einer Klage bzw. Antragsschrift bei bekanntem Aufenthalt des Empfängers im Ausland angeordnet (§ 203 Abs. 2), so verlangt Art. 103 Abs. 1 GG die formlose Übersendung (Einschreiben mit Rückschein), soweit dies tatsächlich möglich ist[85]. Bei **Zustellungen durch Aufgabe zur Post** (§ 175 Abs. 1 S. 2 u. 3) ist die Sachlage anders, weil diese Zustellungsart erst in Betracht kommt, nachdem die Partei es unterlassen hat, einen inländischen Zustellungsbevollmächtigten zu bestellen. Art. 103 Abs. 1 GG verlangt aber, die ausländische Partei hierzu aufzufordern und sie über die Folgen einer unterlassenen Bestellung zu belehren[86]. Für den Fall der **Ersatzzustellung** (§§ 181 f.) folgert das BVerfG[87] aus Art. 103 Abs. 1 GG, die Beweiswirkung der Zustellungsurkunde gemäß § 418 (die nur durch vollen Gegenbeweis ausgeschlossen werden kann, → § 418 Rdnr. 6) dürfe sich nicht darauf erstrecken, ob der Empfänger unter der Zustellanschrift gewohnt hat (→ § 181 Rdnr. 21), doch sei es zulässig, insoweit in der Erklärung des Zustellungsbeamten ein Beweisindiz zu sehen.

30

Dagegen hängt die Zulässigkeit einer Entscheidung nicht davon ab, ob sich der Berechtigte tatsächlich geäußert, also die gebotene Gelegenheit genutzt hat[88]. Das **Versäumnisverfahren** verstößt daher nicht gegen Art. 103 Abs. 1 GG[89]. Auch wenn eine Partei persönlich am Erscheinen in der mündlichen Verhandlung gehindert ist, liegt in der Fortführung des Verfahrens keine Verletzung des Rechts auf Gehör, sofern sich die Partei vertreten lassen kann oder ihr eine zulässige schriftliche Äußerung offensteht[90]. Bei der Anwendung der Säumnisvorschriften muß aber auf die tatsächliche Möglichkeit, das Recht auf Gehör wahrzunehmen, geachtet werden, → auch Rdnr. 32. So darf kein Versäumnisurteil nach § 331 Abs. 3 ergehen, wenn der Rechtsstreit erst am selben Tag und ohne dem Gegner Gelegenheit zur Stellungnahme zu geben, zur Feriensache erklärt wurde[91]. Auch muß über ein rechtzeitig gestelltes Prozeßkostenhilfegesuch des Beklagten bzw. über die Beschwerde gegen dessen Ablehnung zuerst entschieden werden, bevor der Beklagte im Anwaltsprozeß als säumig behandelt werden darf[92], → auch § 119 Rdnr. 5, § 337 Rdnr. 8 zum schriftlichen Vorverfahren. Es kann auch gegen Art. 103 Abs. 1 GG verstoßen, wenn gegen den Kläger Versäumnisurteil ergeht, obwohl über seinen Antrag auf Prozeßkostenhilfe noch nicht entschieden ist[93], jedenfalls dann, wenn die sofortige Klageerhebung wegen einer Fristgebundenheit angezeigt war.

30a

Es bedarf nicht immer einer besonderen ausdrücklichen Aufforderung zur Äußerung; der

30b

---

[84] *BVerfG* NJW 1988, 2361; *BGH* NJW 1992, 2280 (bei mißbräuchlich erwirkter öffentlicher Zustellung ist Wiedereinsetzung in den vorigen Stand zu gewähren) = EWiR Art. 103 GG 1/92, 783 (zust. *Teubner*).
[85] *OLG Köln* FamRZ 1985, 1278 (für Ehesachen); *Geimer* Internationales Zivilprozeßrecht² (1993), Rdnr. 252; *ders.* NJW 1989, 2205; *Schack* Internationales Zivilverfahrensrecht (1991), Rdnr. 596. *Roth* → § 203 Rdnr. 16 erlegt die Mitteilungspflicht der antragstellenden Partei auf.
[86] *Hausmann* FamRZ 1989, 1289; *Geimer* Internationales Zivilprozeßrecht² Rdnr. 2113; im Ergebnis ebenso *Roth* → § 175 Rdnr. 11 unter Bezugnahme auf das Recht auf faires Verfahren.
[87] *BVerfG* NJW 1992, 224.

[88] Vgl. *BVerfGE* 5, 9; FamRZ 1956, 216 = NJW 985; MDR 1981, 470.
[89] *Maunz-Dürig/Schmidt-Aßmann* Art. 103 Abs. 1 Rdnr. 81, zum Abwesenheitsverfahren im Strafprozeß *BVerfGE* 1, 332, 346.
[90] Vgl. (zur Anfechtung der Ehelichkeit) *OLG Frankfurt* DAVorm 1988, 63 unter Aufhebung von *AG Homburg* DAVorm 1988, 63.
[91] *OLG Schleswig* SchlHA 1983, 165.
[92] *OLG Schleswig* SchlHA 1983, 165. *LSG Hamburg* JurBüro 1983, 1181 verlangt weitergehend, daß in der Sache erst entschieden wird, wenn die Entscheidung über das Prozeßkostenhilfegesuch rechtskräftig ist.
[93] Vgl. *LAG München* AnwBl 1988, 122.

Berechtigte muß sich gegebenenfalls **selbst** durch einen Antrag auf Vertagung (→ Rdnr. 32b) oder Fristverlängerung[94] oder auf Wiedereröffnung der wegen verspäteten Eintreffens bereits geschlossenen mündlichen Verhandlung[95] die **Gelegenheit verschaffen.** Unterläßt er dies aus in seiner Person liegenden Gründen wie Vergeßlichkeit, Unerfahrenheit, mangelnder Rechtskenntnis, Erregung[96] oder verhält er sich so, daß ausnahmsweise eine Äußerung zur Sicherung eines geordneten Verfahrens praktisch nicht abgewartet werden kann (zu Maßnahmen im Rahmen der **Sitzungspolizei** nach §§ 177f. GVG → Rdnr. 139, 143), so wird ihm nicht sein Recht auf Gehör vorenthalten, sondern er steht selbst der Rechtsausübung im Weg. Ein Verfahrensbeteiligter muß auch das Seinige dazu beitragen, damit ihn die Mitteilungen des Gerichts erreichen[97]. Generell sind **alle vorhandenen prozessualen Möglichkeiten auszuschöpfen,** um sich rechtliches Gehör zu verschaffen[98]. Eine Partei braucht nicht von sich aus nachzuforschen, ob sich ein von ihr eingereichter Schriftsatz bei den Akten befindet, muß aber in der mündlichen Verhandlung das Gericht auf ihr Vorbringen hinweisen, wenn erkennbar wird, daß das Gericht eingereichte Unterlagen nicht zur Kenntnis genommen hat[99]. Gewährt das Gericht einer Partei eine **Schriftsatzfrist** zur Ergänzung ihres Vorbringens, so braucht der Gegner nicht seinerseits vorsorglich einen Antrag auf Schriftsatznachlaß zu stellen; er kann vielmehr davon ausgehen, daß das Gericht neuen, erheblichen Vortrag der anderen Seite nicht ohne Gewährung des Gehörs verwerten wird[99a].

30c Das Recht auf Gehör verlangt auch, dem **Fremdsprachigen** die Wahrnehmung seines Äußerungsrechts in effektiver Weise zu ermöglichen[100]. In der mündlichen Verhandlung ist ein **Dolmetscher** hinzuzuziehen, wobei insbesondere Art. 6 Abs. 1 und Art. 14 EMRK dafür sprechen, auch im Zivilprozeß von einer Belastung der Parteien mit den Dolmetscherkosten abzusehen, näher → Rdnr. 153a.

b) Mündliche oder schriftliche Anhörung

31 Aus dem Anspruch auf rechtliches Gehör folgt kein Recht auf eine mündliche Verhandlung[101] oder Anhörung[102]; das Gehör kann **ebensogut schriftlich** gewährt werden. Auch wenn entgegen den Vorschriften der ZPO nicht mündlich, sondern schriftlich (oder umgekehrt) verfahren wurde, liegt darin allein keine Verletzung des Art. 103 Abs. 1 GG. Daher stellt auch der Erlaß eines klagabweisenden Urteils im schriftlichen Vorverfahren (sog. unechtes Versäumnisurteil) keinen Verstoß gegen das Recht auf Gehör dar, ungeachtet dessen, ob die entsprechende Auslegung des § 331 Abs. 3 zutreffend ist (dazu → § 331 Rdnr. 66ff.)[103]. Voraussetzung ist aber, daß der Kläger zuvor auf die Möglichkeit eines solchen Urteils hingewiesen wird, → § 331 Rdnr. 71 (dort Fn. 42). Soweit Schriftlichkeit oder Mündlichkeit im Ermessen des Gerichts stehen, kann ein Verstoß gegen Art. 103 Abs. 1 GG zu bejahen sein, wenn das Gericht schriftlich verfährt, obwohl es erkennen kann, daß der Berechtigte zu einer schriftlichen Stellungnahme nicht in der Lage ist. Entschließt sich das Gericht nach § 128 Abs. 2 oder 3 oder nach § 495a zum schriftlichen Verfahren, so hat es dies den Parteien

---

[94] Vgl. *BayVerfGH* Rpfleger 1963, 76; *BVerfG* MDR 1981, 470 (Grund zur Aufhebung eines Verkündungstermins ist geltend zu machen).
[95] *BVerwG* NJW 1992, 3185.
[96] *BVerwG* DRiZ 1964, 196 nimmt hier im Einzelfall (recht weitgehend) Versagung des rechtlichen Gehörs an.
[97] *BVerwG* MDR 1984, 170.
[98] *BVerfGE* 28, 10, 14; 74, 220, 225.
[99] *BVerfG* NJW 1990, 2374.
[99a] *BVerfG* NJW 1993, 2793.
[100] *Maunz/Dürig/Schmidt-Aßmann* Art. 103 Abs. 1 Rdnr. 117; *Ingerl* Sprachrisiko im Verfahren (1988), 55, 118; *Braitsch* Gerichtssprache für Sprachunkundige im Lichte des »fair trials« (1991), 267, 304; *Leipold* Zum Schutz des Fremdsprachigen im Zivilprozeß, Festschrift für Matscher (1993), 287, 291.
[101] *BVerfGE* 5, 9, 11; 9, 231; 60, 175, 210; *BayVerfGH* NJW 1991, 2078; BGHZ 102, 338, 342. – S. auch *BVerfG* NJW 1993, 2864 (kein Recht darauf, eine Nichtäußerung im schriftlichen Verfahren ergangene Entscheidung mit Einspruch anfechten zu können).
[102] *BayObLGZ* 1956, 353, 360.
[103] *BayVerfGH* NJW 1991, 2078.

mitzuteilen und ihnen vor seiner Entscheidung in der Sache selbst hinreichend Gelegenheit zur Äußerung zu geben, → auch Rdnr. 32e.

c) **Hinreichende Zeit**

Die Gelegenheit zur Stellungnahme muß derart gewährt werden, daß der Berechtigte unter Anwendung der gebotenen Sorgfalt in der Lage ist, sich sachgerecht zu äußern. Zur Beschaffung von Informationen, Durchsicht von Unterlagen, zur Überlegung und zur Ausarbeitung einer Stellungnahme muß ausreichende Zeit zur Verfügung stehen. 32

Kann eine Partei erst aufgrund einer gerichtlichen Information tätig werden (z. B. erst nach der erbetenen Mitteilung der Spruchkörperbesetzung ein Ablehnungsgesuch stellen), so darf ihr diese Möglichkeit nicht durch eine Entscheidung in der Sache selbst abgeschnitten werden[104]. 32a

Soweit die Entscheidung über Fristen, Vertagung und ähnliche Fragen durch das einfachgesetzliche Verfahrensrecht in das *Ermessen* des Gerichts gestellt ist, kann sich aus Art. 103 Abs. 1 GG die Rechtspflicht zu einer bestimmten Handhabung ergeben. So muß die Setzung von Fristen dem *Bestimmtheitsgebot* und dem *Verhältnismäßigkeitsgrundsatz* Rechnung tragen[105]. Die zu kurze Bemessung von **Äußerungsfristen**[106], auch von »nachgelassenen« Schriftsatzfristen (§ 283)[107], deren grundlose Verweigerung[107a] oder die allzu rasche Anberaumung eines Verhandlungstermins können ebenso das Recht auf Gehör verletzen wie die Ablehnung einer **Terminsverlegung** oder Vertagung[108] oder einer Fristverlängerung, obwohl die Partei dafür dringende Gründe vorgetragen hat. Das Recht auf Gehör ist durch Ablehnung einer Vertagung jedoch nicht verletzt, wenn zwar die Partei selbst verhindert ist, aber die Terminswahrnehmung durch den Prozeßbevollmächtigten möglich und ausreichend ist[109]. Auf einen längeren Auslandsaufenthalt einer Partei oder eines Prozeßbevollmächtigten muß das Gericht nicht generell Rücksicht nehmen, da in der Regel den Beteiligten zuzumuten ist, für eine ordnungsgemäße Vertretung zu sorgen. Die konkrete Handhabung kann gleichwohl das Recht auf Gehör verletzen[110]. 32b

Über einen **Antrag auf Fristverlängerung** muß entschieden werden, bevor in der Sache selbst eine Entscheidung ergeht[111]; je nach den Umständen kann auch eine zu späte ablehnende Entscheidung das Recht auf Gehör verletzen, wenn der Antragsteller mit der Ablehnung nicht ohne weiteres rechnen mußte und durch die späte Entscheidung daran gehindert wird, wenigstens eine ihm innerhalb der nicht verlängerten Frist mögliche Stellungnahme einzureichen. Wird erst durch das BVerfG die Verwerfung einer Berufung als unzulässig aufgehoben, so darf der Partei nicht der mittlerweile eingetretene Ablauf der Berufungsbegründungsfrist entgegengehalten werden[112]. 32c

---

[104] Vgl. *BVerfG* NJW 1991, 2758 (zum Strafprozeß).
[105] *Maunz-Dürig/Schmidt-Aßmann* Art. 103 Abs. 1 Rdnr. 124; s. auch *BVerwG* NJW 1992, 2042.
[106] *BVerfGE* 49, 212, 216; 65, 227, 235; *BFHE* 130, 157 = NJW 1980, 2328; *BAGE* 37, 324 = MDR 1982, 611. – Das rechtliche Gehör wird verletzt, wenn eine zur Überprüfung einer Übersetzung erforderliche Schriftsatznachfrist nicht gewährt wird, *BGH* LM Art. 103 GG Nr. 21 = MDR 1978, 46.
[107] *BAGE* 37, 324.
[107a] *BVerfG* NJW 1992, 2144.
[108] *BGHZ* 27, 163 = NJW 1958, 1186 = LM ZPO Allg. Nr. 2 (dazu *Pagendarm*, betr. Anwaltswechsel); *RGZ* 81, 321, 324; *BVerwG* MDR 1971, 951 (trotz Krankheit erfolgloser Verlegungsantrag, wobei das persönliche Erscheinen der Partei angeordnet war); *BVerwG* AP Nr. 1 zu § 227 (Urlaubsplanung); *BFH* NJW 1976, 1119; NJW 1977, 1080; *BSG* NJW 1984, 888 (plötzliche Erkrankung des Prozeßbevollmächtigten); *BVerwG* NJW 1984, 882 (Erkrankung des Anwalts kurz vor dem Termin, auch bei Sozietät); *BVerwG* NJW 1986, 339 (Anwaltswechsel wegen Erschütterung des Vertrauensverhältnisses); *BVerwG* NJW 1993, 80 (Niederlegung des Mandats). → auch § 370 Rdnr. 2. Zur Verletzung des Rechts auf Gehör durch Nichtberücksichtigung eines Antrags auf Aufhebung des Termins *BSG* NJW 1987, 919.
[109] *BVerwG* NJW 1990, 2079.
[110] Vgl. *BSG* NJW 1992, 1190 (Zustellung der Terminsladung während einer dem Gericht bekannten Abwesenheit des Prozeßbevollmächtigten).
[111] *BVerwG* NJW 1988, 1280.
[112] *BVerfGE* 74, 220.

32d   In besonders krasser Weise ist das Recht auf Gehör verletzt, wenn das Gericht eine **Frist zur Äußerung** setzt (oder eine Frist verlängert) und dann, ohne daß eine Stellungnahme eingegangen wäre, eine Entscheidung erläßt, ohne den Ablauf der Frist abzuwarten[113]. Das gilt auch dann, wenn die Fristsetzung unnötig oder sogar unzulässig war[114]. Auch wenn innerhalb der Frist bereits eine Äußerung eingegangen ist, muß der Fristablauf abgewartet werden, es sei denn, aus der Äußerung gehe klar hervor, daß sie abschließend sein solle[115]. Wurde keine Frist zur Stellungnahme zu einem Antrag oder Vorbringen des Gegners gesetzt, so muß vor der Entscheidung **angemessene Zeit abgewartet** werden[116]. Eine Verpflichtung zur Fristsetzung folgt aus dem Recht auf Gehör dagegen nicht, auch wenn eine Partei eine Rechtsmittelbegründung angekündigt hat[117].

32e   Aus dem Recht auf Gehör ergibt sich auch die Verpflichtung, bei einem angesetzten **Termin** die Sache ordnungsgemäß zum Aufruf zu bringen[118] und eine angemessene Zeit bis zum Erscheinen der Beteiligten zu warten, also nicht vorschnell Säumnis anzunehmen[119]. Wird von Amts wegen schriftliches Verfahren nach § 128 Abs. 3 angeordnet, so muß den Parteien vor der Entscheidung genügend Zeit zur Verfügung stehen, um einen Antrag auf mündliche Verhandlung stellen und sich zur Sache selbst äußern zu können[120].

d) Präklusion

33   Daß Vorbringen nach Schluß der mündlichen Verhandlung grundsätzlich nicht mehr berücksichtigt wird (§ 296a), ist mit Art. 103 Abs. 1 GG vereinbar[121], ebenso der Ausschluß eines Beweismittels nach § 356[122]; denn im Interesse effektiver Rechtsschutzgewährung darf und muß das Verfahrensrecht solche zeitliche Grenzen setzen. Auch wenn die mündliche Verhandlung noch nicht geschlossen ist (bzw. wenn im schriftlichen Verfahren an sich noch Vorbringen zulässig ist), schließt es das Recht auf Gehör nicht aus, Vorbringen als verspätet zurückzuweisen, wenn zuvor hinreichende Gelegenheit zur Äußerung bestand und davon schuldhaft kein Gebrauch gemacht wurde[123]. Daher ist der Gesetzgeber grundsätzlich berechtigt, das rechtliche Gehör im Interesse der Verfahrensbeschleunigung durch Präklusionsbestimmungen zu begrenzen[124]. Den bislang von ihm überprüften Präklusionsbestimmungen hat das BVerfG durchweg die Verfassungsmäßigkeit bescheinigt. Bei der **Auslegung und Anwendung der Präklusionsvorschriften** muß aber das Ziel, den Parteien in optimaler Weise Gehör zu gewähren und ihr Vorbringen auch zu berücksichtigen, Beachtung finden[125]. Eine

---

[113] *BVerfGE* 12, 110, 113; 23, 286; 42, 243, 247; 46, 313; 47, 102, 104; 61, 37, 41f.; 64, 224; *OLG Nürnberg* BayJMBl 1954, 212. – Zur unrichtigen Beurteilung des Fristablaufs *BVerfGE* 18, 380 = NJW 1965, 579; zu fehlerhaften Anforderungen an den fristwahrenden Eingang *BVerfGE* 52, 203 = NJW 1980, 580; *BVerfGE* 57, 117 = NJW 1981, 1951; näher → Rdnr. 189.
[114] *BVerfG* NJW 1988, 1773, 1774.
[115] *BVerwG* NJW 1992, 326.
[116] *BVerfGE* 7, 239, 240; 8, 89; 12, 6, 8; 24, 23, 25; 60, 313; *BayObLG* NJW 1974, 2322; *OLG München* MDR 1959, 308; *LAG Frankfurt* DB 1966, 1656; *OLG Schleswig* SchlHA 1970, 61; *OLG Köln* NJW-RR 1986, 1124.
[117] *OLG Köln* MDR 1984, 1033; NJW-RR 1986, 862 u. 1124; *OLG Oldenburg* MDR 1990, 1125.
[118] *BVerfGE* 42, 364, 369. Das Gericht hat dafür zu sorgen, daß die zum Termin Erschienenen vom Aufruf der Sache auch Kenntnis erhalten, *BVerwG* NJW 1986, 204.
[119] Dazu *BVerwG* NJW 1986, 206, 207; *OLG Köln* MDR 1991, 896.
[120] *BVerfGE* 64, 203 = NJW 1983, 2492.

[121] *BVerfGE* 69, 248, 253; *BVerfG* WuM 1991, 465; NJW 1992, 2217.
[122] *BVerfGE* 69, 248, 253.
[123] Vgl. *BVerfGE* 36, 92 = NJW 1974, 133 (im konkreten Fall aber Verletzung des Anspruchs auf rechtliches Gehör).
[124] *BVerfGE* 55, 72, 94; 66, 260, 264; 69, 145, 149; NJW 1993, 1635 = EuGRZ 1993, 140, 141 (auch allgemein zum Verhältnis zwischen Verfahrensbeschleunigung und Anspruch auf effektiven Rechtsschutz).
[125] Dies stellt *BVerfGE* 59, 330, 334 klar heraus, auch mit dem Hinweis, bei mehreren möglichen Auslegungen sei im Zweifel diejenige zu wählen, die der Grundrechtsnorm die stärkste Wirkung verleihe (gegen eine Präklusion im Beschwerdeverfahren, dazu krit. *E. Schumann* NJW 1982, 1609). *BVerfGE* 62, 249, 254 = NJW 1983, 1307, 1308 betont ebenfalls den »strengen Ausnahmecharakter« der Präklusionsvorschriften. Zutr. auch *BGH* NJW 1983, 822 = LM § 277 Nr. 1 (*Schmidt-Kessel*) (zu den Anforderungen an die Belehrung der Partei über die Bedeutung einer gesetzten Frist); *OLG Hamm* MDR

Zurückweisung wegen Verspätung, obwohl die Berücksichtigung nach dem erreichten Verfahrensstand an sich noch möglich wäre, ist mit Art. 103 Abs. 1 GG nur zu vereinen, wenn sie durch hinreichende Gegengründe, nämlich durch das Ziel der **Verfahrensbeschleunigung** gerechtfertigt ist. Wie zahlreiche Entscheidungen des BVerfG[126] belegen, besteht durchaus die Gefahr einer überscharfen Anwendung der Präklusionsbestimmungen. Demgegenüber hat das BVerfG mit Recht[127] immer wieder den **strengen Ausnahmecharakter** der Präklusionsbestimmungen betont[128] und in nicht wenigen Fällen in der Art und Weise, wie diese Vorschriften angewendet wurden, einen Verstoß gegen Art. 103 Abs. 1 GG gesehen. Jedoch verletzt nicht jede fehlerhafte Anwendung der Präklusionsvorschriften das Recht auf Gehör, vielmehr soll es nach Ansicht des BVerfG darauf ankommen, ob dadurch »eine verfassungsrechtlich erforderliche Anhörung nicht stattgefunden hat«[129]. Während mit dieser Formel wenig anzufangen ist[130], dient es immerhin der genaueren systematischen Erfassung, wenn das BVerfG[131] aus seiner eigenen Rechtsprechung als Kriterien einer Verfassungsverletzung die offenkundig unrichtige Rechtsanwendung, die Verletzung rechtsstaatlicher Verfahrensgrundsätze und den Mißbrauch der Präklusionsvorschriften herausstellt. Da aber diese Kriterien keineswegs abschließend gemeint sind, wird sich dieses Gebiet auch in Zukunft als verfassungsrechtliches Fallrecht weiterentwickeln. Zum Kontrollmaßstab → Rdnr. 58; zu den Einzelheiten auch → § 296 Rdnr. 8ff.

Einzelfragen: 34

Die Zurückweisung von Vorbringen wegen Verspätung verstößt insbesondere gegen Art. 103 Abs. 1 GG,
— wenn eine im Gesetz vorausgesetzte Fristbestimmung (§ 356 S. 1) unterblieben[132] oder eine Ausschlußfrist in unklarer Weise gesetzt wurde[133];
— wenn das Verhalten des Gerichts den Eindruck erweckt hat, eine beantragte Fristverlängerung werde gewährt werden[134];
— wenn früheres, nicht verspätetes Vorbringen (z. B. ein vorweggenommenes Bestreiten) unberücksichtigt geblieben ist, das die wesentlichen Punkte bereits enthielt[135];
— wenn ein früherer Vortrag angesichts des Vorbringens der Gegenseite nicht veranlaßt war[136];
— wenn das Gericht den Termin, obwohl dieser in weiter Zukunft liegt, so plant, daß in dessen Rahmen eine beantragte Beweisaufnahme aus Zeitgründen nicht erfolgen kann[137];

1983, 63 (Korrektur zu kurz bemessener Klageerwiderungsfrist durch Zulassung verspäteten Vorbringens). – Allgemein zum Spannungsverhältnis zwischen Präklusion und Anspruch auf rechtliches Gehör s. *Leipold* ZZP 93 (1980), 237, 242. *Deubner* NJW 1983, 1026, 1028 zieht dagegen den Grundsatz der Verhältnismäßigkeit als verfassungsrechtliche Schranke heran. – Zu den Einzelfragen → § 296.
[126] Nachweise → Fn. 132ff. Als Maßstab dient regelmäßig Art. 103 Abs. 1 GG. Gelegentlich sah das BVerfG in einer fehlerhaften Anwendung von Präklusionsvorschriften einen Verstoß gegen Art. 3 GG, so etwa *BVerfGE* 54, 117, 124f.
[127] Entgegen *Henckel* Festschr. f. Matscher (Fn. 7), 185, 192 ergibt sich aus dem Recht auf angemessene Verfahrensdauer (→ Rdnr. 66b) kein Anlaß zu einer Änderung dieser Rsp. Das BVerfG beanstandet Entscheidungen, bei denen die Präklusion einfach-gesetzlich fehlerhaft ausgesprochen wurde und durch den Zweck der Präklusionsbestimmungen nicht gedeckt war.
[128] *BVerfGE* 59, 330, 334; 60, 1, 6; 62, 249, 254; 63,

177, 180; 66, 260, 264; 69, 145, 149; 75, 302, 312. S. auch *BayVerfGH* NJW-RR 1993, 637, 638.
[129] *BVerfGE* 75, 302, 315 = JZ 1988, 90 (*Leipold*); *BVerfGE* 81, 97, 105; 81, 264, 273. Ähnlich im Ausgangspunkt *BayVerfGH* NJW-RR 1993, 637, 638, der aber vor allem prüft, ob die Zurückweisung von Vorbringen in vertretbarer Auslegung und Anwendung des formellen Rechts erfolgte.
[130] Dazu *Leipold* JZ 1988, 93.
[131] *BVerfGE* 75, 302, 312f.
[132] *BVerfGE* 69, 248, 254 (Verstoß gegen Art. 3 Abs. 1 GG).
[133] *BVerfGE* 60, 1.
[134] *BayVerfGH* NJW 1989, 215, 216.
[135] *BVerfG* NJW 1992, 679 = FamRZ 1991, 1283; s. auch *BVerfGE* 81, 97, 107.
[136] So etwa, wenn das Vorbringen des Klägers zu einer Gegenforderung als verspätet zurückgewiesen wird, obwohl der Beklagte erst jetzt die Aufrechnung erklärt hat, *BVerfGE* 67, 39, 42.
[137] *BVerfG* NJW 1987, 706.

– wenn das Gericht seiner eigenen Pflicht zur Terminsvorbereitung nicht nachgekommen ist[138] bzw. es unterlassen hat, die Folgen einer Verspätung durch zumutbare Vorbereitungsmaßnahmen aufzufangen[139] (näher → § 273 Rdnr. 5, → § 296 Rdnr. 71f.);
– wenn das Gericht seiner Hinweis- und Fürsorgepflicht nach §§ 139, 273 Abs. 1 S. 2 oder § 278 Abs. 3 nicht nachgekommen ist und die Verspätung des Vortrags dadurch mitverursacht wurde[140] (→ § 296 Rdnr. 73);
– wenn das Vorbringen nicht zu einer Verzögerung der Prozeßerledigung geführt haben würde[141];
– wenn offenkundig ist, daß dieselbe Verzögerung auch bei rechtzeitigem Vortrag eingetreten wäre, so insbesondere, wenn eine Zurückweisung im frühen ersten Termin erfolgte, obwohl dieser von vornherein nur als sog. Durchlauftermin angelegt war[142];
– wenn das Gericht die prozessualen Möglichkeiten (insbesondere Gewährung einer Schriftsatzfrist nach § 283 S. 1, → § 283 Rdnr. 3ff.) nicht ausschöpft, um festzustellen, ob durch Berücksichtigung des verspäteten Vorbringens eine Verzögerung eintritt[143];
– wenn die Verspätung nicht auf vorwerfbarem (pflichtwidrigem) Verhalten der Partei beruht (bzw. eine Verspätung, gemessen an der Prozeßförderungspflicht, nicht vorlag)[144];
– wenn die Begründung, mit der das Gericht eine genügende Entschuldigung verneint hat, nicht mehr vertretbar ist[145];
– wenn Vorbringen, das für die Zulassung verspäteten Vorbringens erheblich ist, nicht berücksichtigt wurde[146];
– wenn die Anwendung der Präklusionsvorschriften offenkundig unrichtig ist[147];
– wenn von den Präklusionsvorschriften in der Auslegung, die sie durch die höchstrichterliche Rechtsprechung gewonnen haben, abgewichen wird, ohne daß dies im Hinblick auf die verfassungsrechtlichen Anforderungen begründet wird[148].

Dagegen liegt ein Verstoß gegen Art. 103 Abs. 1 GG nicht schon dann vor, wenn anstelle des § 283 S. 2 fehlerhaft § 296 Abs. 1[149] oder anstelle des (zwingenden) § 296 Abs. 1 die Ermessensregelung in § 296 Abs. 2[150] angewendet wurde. Auch hat das BVerfG den sog. **absoluten Verzögerungsbegriff** (dazu → § 296 Rdnr. 49, 60ff.) grundsätzlich gebilligt[151].

34a Eine Regelung wie § 528 Abs. 3, die zur Präklusion *ohne Rücksicht darauf* führt, ob die Beachtung des Vorbringens *verzögernd* wirken würde, ist bedenklich; sie wurde aber vom BVerfG für verfassungskonform erklärt[152]. Zumindest ist bei der verfassungskonformen Auslegung der Bestimmung darauf zu achten, daß ein Ausschluß nicht verzögernd wirkenden Vorbringens soweit wie möglich vermieden wird[153]. Auch ist § 528 Abs. 3 verfassungskonform dahin auszulegen, daß eine in erster Instanz schuldlos unterlassene Entschuldigung für die Verspätung noch mit der Berufung nachgeholt werden kann[154].

---

[138] *BVerfG* NJW 1992, 680.
[139] *BVerfG* 81, 264, 273; *BVerfG* NJW 1989, 706; 1992, 299, 300; *BVerfG* Das Grundeigentum 1993, 582; ebenso *BGHZ* 75, 138, 142 = NJW 1979, 1988; *BGH* NJW 1991, 1181, 1182 u. 2760, ständige Rsp. – Zur Terminsvorbereitung in der Berufungsinstanz *Würfel* NJW 1992, 543; *Schmidt* NJW 1992, 2005.
[140] *BVerfG* 75, 183 = NJW 1987, 2003; *BVerfG* NJW 1992, 678, 679.
[141] *BVerfGE* 51, 188, 191f.; 63, 177, 180.
[142] *BVerfGE* 69, 126; s. auch *BVerfGE* 75, 302, 316; *BayVerfGH* FamRZ 1992, 76; *BGHZ* 86, 31, 39.
[143] *BVerfG* NJW 1989, 705.
[144] *BVerfGE* 75, 183, 191; *BVerfG* NJW 1989, 706f.; 1992, 680, 681. S. auch *BVerfGE* 62, 249, 254f. (Verletzung des Art. 103 Abs. 1 GG durch Zurückweisung von Vorbringen nach § 528 Abs. 1 S. 1, da die Partei – nach Ansicht des BVerfG – mangels erkennbarer Entscheidungserheblichkeit des Vorbringens in erster Instanz nicht gegen die Prozeßförderungspflicht verstoßen hatte).
[145] *BayVerfGH* NJW 1989, 215, 216.
[146] *BVerfGE* 70, 215, 218.
[147] *BVerfGE* 69, 145, 149; *BVerfG* NJW 1989, 3212; 1993, 1319 (nach den zivilprozessualen Bestimmungen unhaltbare Zurückweisung).
[148] *BVerfGE* 81, 97, 106; *BVerfG* NJW 1991, 2275, 2276; 1992, 2556.
[149] *BVerfGE* 75, 302, 315 (insoweit kritisch *Leipold* JZ 1988, 93); *BVerfG* NJW 1992, 679 = FamRZ 1991, 1283.
[150] *BayVerfGH* FamRZ 1990, 76.
[151] *BVerfGE* 75, 302, 315f. = JZ 1988, 90 (*Leipold*).
[152] A. A. *BVerfGE* 55, 72 = ZZP 94 (1981), 339; dazu *M. Wolf* ZZP 94 (1981), 310; *BGHZ* 76, 133, 138 = NJW 1980, 945. – Für Verfassungswidrigkeit *OLG Düsseldorf* NJW 1979, 1719; *Lampenscherf* MDR 1978, 365 (im Hinblick auf Art. 3 GG); *Leipold* ZZP 93 (1980) 237, 253.
[153] Vgl. *BVerfGE* 55, 72, 87; *BGHZ* 76, 133, 141 = NJW 1980, 945 (keine Zurückweisung unstreitig gewordenen Vorbringens); weitergehend *Dengler* NJW 1980, 163, 164 (keine Anwendung des § 528 Abs. 3 bei erstmaliger Vorlage einer Urkunde in der Berufungsinstanz).
[154] *BVerfGE* 75, 183.

e) Gegenstand der Äußerung, Information durch das Gericht

Der Berechtigte muß Gelegenheit haben, sich zu den **Tatsachen** und den **Rechtsfragen**[155] zu äußern, also selbst Tatsachen zu behaupten oder zu bestreiten, Beweismittel anzubieten, sich zur Beweiswürdigung zu äußern und Rechtsausführungen zu machen. Zweifelhaft ist, ob das rechtliche Gehör dem Klage- bzw. Antragsgegner grundsätzlich auch dann zu gewähren ist, wenn das Gericht die Klage bzw. den Antrag ohnehin für **abweisungsreif** hält[156]. Es dürfte hier dem Art. 103 Abs. 1 GG genügen, wenn dem Gegner die Entscheidung mitgeteilt wird. Jedenfalls könnte mangels Beschwer keine Verletzung des Rechts auf Gehör geltend gemacht werden.

Das Recht auf Gehör kann nur dann sinnvoll wahrgenommen werden, wenn dem Berechtigten der Prozeßstoff bekannt ist. Daraus folgt die Pflicht des Gerichts, umfassende Informationsmöglichkeiten zu gewähren. Das Gericht darf seiner Entscheidung **keine Tatsachen oder Beweisergebnisse zugrunde legen**, ohne den Beteiligten vorher **Gelegenheit** zu geben, sich dazu zu **äußern**[157]. Das Vorbringen des Gegners ist mitzuteilen, aber auch über Tatsachen, die das Gericht von Amts wegen berücksichtigen will oder die es als **offenkundig, d. h. gerichts-**[158] bzw. **allgemeinkundig**[159], verwerten möchte (→ § 291 Rdnr. 12), sowie von allen wesentlichen prozessualen Vorgängen[160] ist der Gehörberechtigte zu informieren. Desgleichen ist die Beiziehung von Akten mitzuteilen und Einsicht zu gewähren[161]. Verbietet die Behörde, deren Akten beigezogen werden, die Einsichtgewährung, so können diese Akten nicht verwertet werden, → § 299 Rdnr. 13. Auch die Nichterteilung einer erbetenen Protokollabschrift kann eine Verletzung des rechtlichen Gehörs darstellen[162].

Die Verwertung eines **Sachverständigengutachtens**, das einer Partei nicht zugänglich gemacht wurde, verstößt gegen Art. 103 Abs. 1 GG[163]. Die wesentlichen tatsächlichen Grundlagen eines Sachverständigengutachtens müssen offengelegt werden; andernfalls (etwa, wenn eine Partei dem Sachverständigen Unterlagen übergibt, aber deren Geheimhaltung vor dem Gegner verlangt[164], oder wenn eine Stellungnahme der Industrie- und Handelskammer auf nicht einsehbaren Unterlagen, z.B. finanzamtlichen Auskünften beruht[165]) darf das Gutachten nicht verwertet werden. Zum »Geheimprozeß« → auch Rdnr. 123a.

---

[155] Vgl. BVerfGE 9, 235f., 260; 86, 133, 144; BayVerfGH 11, 194; BVerwG DVBl 1956, 634. – Die Aussage von BSG NJW 1991, 1910, der Grundsatz des rechtlichen Gehörs schütze nur die Anhörung einer Partei zum Sachverhalt, nicht hinsichtlich ihrer Rechtsmeinung, ist unhaltbar und wird auch von den vom BSG angegebenen Belegstellen nicht gestützt.

[156] Hierzu Münzberg Rpfleger 1991, 161 zum Antrag auf Titelumschreibung; dazu auch OLG Hamm Rpfleger 1991, 161, das aber die Pflicht zur Anhörung des Antragsgegners nicht aus Art. 103 Abs. 1 GG, sondern aus dem Interesse des Antragstellers herleitet, nicht zu einer Klage auf Titelumschreibung mit der »Gefahr« des sofortigen Anerkenntnisses des Gegners genötigt zu sein.

[157] Ständige Rsp des BVerfG, z.B. BVerfGE 10, 177, 182; 13, 132, 144; 15, 214, 218; 26, 37, 40; 31, 297, 301; 81, 123, 126; BVerfG FamRZ 1993, 169.

[158] BVerfGE 10, 177 = NJW 1960, 1931 = JZ 124; BGH NJW 1963, 598; BSG NJW 1965, 221; OLG Köln Rpfleger 1985, 498.

[159] BVerfGE 12, 110, 113; 48, 206, 209; BGH NJW-RR 1993, 1123 = WM 1993, 1725 (Zahlenangaben in statistischen Jahrbüchern, auf die sich die Parteien nicht berufen haben und mit deren Verwendung sie nicht rechnen müssen, sind zum Gegenstand der mündlichen Verhandlung zu machen). – Allerdings bedarf es keines Hinweises auf allgemeinkundige Tatsachen, die allen Beteiligten mit Sicherheit gegenwärtig sind und deren mögliche Entscheidungserheblichkeit allen bekannt ist; BGHZ 31, 43, 45; BSG NJW 1979, 1063.

[160] Vgl. BGH NJW 1961, 363 = JZ 64 (Unterrichtung über eine schriftliche Mitteilung des Zeugen über das Vorhandensein von Unterlagen).

[161] BVerfGE 20, 347; OLG Schleswig SchlHA 1974, 168.

[162] OLG Celle Rpfleger 1982, 388. Die Vorenthaltung von Abschriften aus den Akten muß aber nicht notwendigerweise gegen Art. 103 Abs. 1 GG verstoßen, BVerwG NJW 1988, 1280.

[163] BVerfGE 62, 392, 396.

[164] BGH NJW 1992, 1817, 1819.

[165] OLG Düsseldorf MDR 1972, 55; BayObLG BB 1983, 524.

35c Auch zu den **Ergebnissen einer Beweisaufnahme**[166] sowie zu amtlichen Auskünften u. ä.[167] oder zur dienstlichen Äußerung eines abgelehnten Richters[168] muß die Partei Stellung nehmen können. Eine generelle Pflicht, der Partei nach der Beweisaufnahme einen beweiswürdigenden Schriftsatz nachzulassen, besteht jedoch nicht, auch nicht nach mündlicher Erläuterung eines schriftlichen Sachverständigengutachtens[169]. Führt aber die Beweisaufnahme zu einem unvorhersehbaren Ergebnis, so kann es Art. 103 Abs. 1 GG gebieten, dem allein erschienenen Anwalt Gelegenheit zur Rücksprache mit der Partei und zur Stellungnahme zu geben[170]. Einer Mitteilung eines Vermerks des Berichterstatters über das Ergebnis einer Beweisaufnahme (z. B. Sachverständigenanhörung) bedarf es jedenfalls dann nicht, wenn das Urteil unmittelbar danach verkündet wird[171].

35d Will sich das Gericht auf **eigenes, besonderes Fachwissen** stützen und deshalb etwa auf ein Sachverständigengutachten verzichten, so hat es die Parteien davon zu unterrichten und ihnen Gelegenheit zur Stellungnahme zu geben, → vor § 402 Rdnr. 30. Stützt sich der Richter entscheidend auf eine Sachkunde, die ihm konkret durch Gutachten in anderen Prozessen vermittelt wurde, so muß er dies den Parteien mitteilen und ihnen Gelegenheit zur Stellungnahme geben[172].

35e Auf welchem Wege die Information durch das Gericht zu erfolgen hat (insbesondere, ob dies in mündlicher Verhandlung oder schriftlich, durch Zustellung oder formlos, geschieht), schreibt Art. 103 Abs. 1 GG an sich nicht vor. Wenn aber, insbesondere bei formloser Zusendung, nicht feststeht, ob das Schriftstück die gehörberechtigte Person erreicht hat, so ist der Anspruch auf Gehör verletzt[173]. Das Gericht muß daher entstehenden Zweifeln am Zugang einer Mitteilung nachgehen und gegebenenfalls eine erneute Übersendung veranlassen.

f) Pflicht zur Kenntnisnahme

36 Das Recht auf Gehör ist verletzt, wenn das Vorbringen nicht zur Kenntnis des erkennenden Richters gelangt ist. Dies gilt, wenn ein **Schriftsatz** zwar bei Gericht eingegangen ist, aber **dem Richter nicht zugeleitet** wurde, wobei es auf Verschulden der Justizbediensteten nicht ankommt[174]. Nimmt ein Richter den mündlichen Parteivortrag nicht zur Kenntnis, weil er sich mit anderen Akten beschäftigt[175] oder gar eingeschlafen ist, so fehlt es an der vorschriftsmäßigen Besetzung des Gerichts (→ § 551 Rdnr. 8), aber auch an der Gewährung rechtlichen Gehörs. Dagegen verbietet Art. 103 Abs. 1 GG nicht, daß der Berichterstatter (→ § 128 Rdnr. 33) in der Beratung einen anderen, selbst nicht der Akten kundigen Richter durch mündlichen Vortrag über den Akteninhalt informiert[176]. Erst wenn dieses Verfahren dazu

---

[166] Dies gilt insbes. für Sachverständigengutachten, vgl. *BVerfGE* 15, 214, 218; 17, 86, 95; *BayObLGZ* 1973, 162. S. auch *BGH* NJW 1982, 1335 = LM § 136 Nr. 1 (bei mündlicher Anhörung eines Sachverständigen zu schwierigen medizinischen Fragen muß nach Vorliegen des Vernehmungsprotokolls Gelegenheit zur Stellungnahme – nach sachverständiger Beratung – bestehen); *BGH* NJW 1988, 2302 (das Recht auf Gehör kann, wenn im mündlich erstatteten medizinischen Gutachten neue Beurteilungen enthalten sind, auch die Berücksichtigung eines nicht nachgelassenen Schriftsatzes und die Wiedereröffnung der mündlichen Verhandlung gebieten).
[167] *BVerfGE* 19, 142 (polizeiliche Erhebungen); *BVerfG* DAR 1976, 239.
[168] *BVerfGE* 24, 56.
[169] *BGH* NJW 1991, 1547, 1548.
[170] *OLG Koblenz* NJW-RR 1991, 1087.
[171] *BGH* NJW 1991, 1547.
[172] *BGH* NJW 1991, 2824, 2825. Genau betrachtet handelt es sich dann weniger um eigene Sachkunde des Gerichts als vielmehr um eine Verwertung der in den Gutachten enthaltenen Feststellungen.
[173] Dazu *BVerfG* NJW 1991, 2757 (zur Übersendung eines Gutachtens).
[174] *BVerfGE* 34, 344; 40, 101; 48, 394; 53, 219; *BVerfG* MDR 1978, 201; *BVerfGE* 60, 96, 100; 60, 120; 61, 119, 123; 67, 199, 202; *BAG* AP Nr. 47 zu Art. 9 GG Arbeitskampf.
[175] *Maunz-Dürig/Schmidt-Aßmann* Art. 103 Abs. 1 Rdnr. 95.
[176] So auch *BVerfG* NJW 1987, 2219; *E. Schneider* DRiZ 1984, 361; *Herr* NJW 1983, 2131; *ders.*, MDR 1983, 634. – A.M. v. *Stackelberg* MDR 1983, 364; *Doehring* NJW 1983, 851; *Däubler* JZ 1984, 355.

führt, daß einem Richter bestimmtes Parteivorbringen nicht bekannt wird, ist Art. 103 Abs. 1 GG verletzt.

Das Recht auf Gehör kann durch **Nichtberücksichtigung eines Beweisantrags** eines Gehörberechtigten[177] verletzt sein. Die materiell- oder verfahrensrechtlichen Grenzen der Beweiserhebung und deren Beurteilung durch das Gericht bleiben zwar grundsätzlich unberührt[178], und aus Art. 103 Abs. 1 GG sind auch keine bestimmten Beweisregeln ableitbar[179], doch verstößt die Nichtberücksichtigung eines Beweisantrags gegen Art. 103 Abs. 1 GG, wenn sie, wie das BVerfG formuliert, im Prozeßrecht keine Stütze mehr findet[180], so etwa, wenn angebotener Beweis schlicht unbeachtet bleibt[181], wenn rechtserheblicher Vortrag samt Beweisangebot unbeachtet bleibt[182], wenn die Ablehnung der Beweiserhebung auf einer unzulässigen Vorwegnahme der Beweiswürdigung beruht[183], wenn eine Zeugenladung mangels nicht fristgerechter Zahlung des Auslagenvorschusses abgelehnt wurde, obwohl die Zahlung noch zeitig genug nachgeholt wurde[184] oder wenn nach einem vergeblichen Ladungsversuch dem Beweisführer keine Frist zur Beibringung der richtigen Anschrift des Zeugen eingeräumt wird[185]. Die Nichtberücksichtigung eines in erster Instanz geltend gemachten und unter Beweis gestellten Vorbringens, auf das in zweiter Instanz nur **global Bezug genommen** wird, verstößt im allgemeinen nicht gegen das Recht auf Gehör[186]. Etwas anderes gilt aber, wenn das vom Berufungsbeklagten global in Bezug genommene erstinstanzliche Verteidigungsvorbringen erst dadurch erheblich wird, daß das Berufungsgericht von der rechtlichen Beurteilung der Klage durch die erste Instanz abweicht[187]. 37

g) Pflicht, das Vorbringen in Erwägung zu ziehen

Das BVerfG entnimmt aus Art. 103 Abs. 1 GG weitergehend die Pflicht, das **Vorbringen in Erwägung zu ziehen**[188]. Aus der Sicht des Zivilprozeßrechts geht es dabei um die geradezu selbstverständliche, aus dem Rechtsprechungsauftrag folgende Pflicht, das Vorbringen der Parteien in rechtlicher und tatsächlicher Hinsicht zu würdigen. Verstöße dagegen betreffen die inhaltliche Richtigkeit der Entscheidung, wobei es innerhalb des Zivilprozesses, insbesondere für Rechtsmittel, regelmäßig gleichbedeutend ist, ob ein Vorbringen überhaupt nicht erwogen oder zwar erwogen, aber (bei Rechtsfragen) fehlerhaft abgelehnt oder (bei Tatsachenbehauptungen) zu Unrecht für nicht relevant oder nicht bewiesen erklärt wurde. Indem aber das BVerfG das in-Erwägung-Ziehen als Teil des rechtlichen Gehörs auffaßt, gewinnt es die Möglichkeit, bei schweren inhaltlichen Fehlern (vor allem Versehen) eine gerichtliche Entscheidung **wegen Verletzung des rechtlichen Gehörs aufzuheben**. Das BVerfG kann dann auch offenlassen, ob bestimmtes Vorbringen überhaupt nicht zur Kenntnis genommen oder jedenfalls nicht in Erwägung gezogen wurde[189]. 38

---

[177] Nicht aber durch Ablehnung eines lediglich vom Gegner gestellten Beweisantrags, *BVerfGE* 84, 82, 89. Dies dürfte für den Regelfall zutreffen; anders, wenn sich eine Partei nach dem Prozeßverlauf auf die Durchführung der Beweiserhebung verlassen konnte und daher keinen Grund hatte, auch selbst den Antrag zu stellen.
[178] *BVerfGE* 69, 141, 143f.; *BVerwG* NJW 1988, 722.
[179] *BVerfGE* 62, 392, 396.
[180] *BVerfGE* 50, 32, 36; 65, 305, 307; 69, 141, 144; *BVerfG* NJW 1990, 3259, 3260.
[181] *BVerfG* NJW 1991, 285.
[182] *BVerfG* NJW 1989, 3007; NJW 1990, 3259 (beide zur unterbliebenen Beweiserhebung über fehlende Einzugsabsicht bei Eigenbedarfskündigung; hierzu auch *BVerfG* NJW 1993, 2165).

[183] *BVerfG* JMBlNRW 1986, 114; NJW 1993, 254.
[184] *BVerfG* 69, 141, 144.
[185] *BVerfG* 65, 305, 307.
[186] *BVerfGE* 36, 92, 99; 70, 288, 295; *BVerfG* NJW 1992, 495; NJW-RR 1993, 636, 637.
[187] *BVerfGE* 36, 92, 99; 46, 315, 320 = NJW 1978, 413 (*Jekewitz*); *BVerfGE* 70, 288, 295; *BVerfG* NJW 1992, 495; NJW-RR 1993, 636, 637.
[188] Ständige Rsp., z.B. *BVerfGE* 11, 218, 220; 42, 364, 367; 47, 182, 187; NJW 1978, 989. Ebenso *BayVerfGH* 31, 238, 240; 33, 165.
[189] So z.B. *BVerfGE* 54, 43, 46; 58, 353, 357 = NJW 1982, 30.

39 Will das BVerfG nicht zu einem Superrevisionsgericht oder gar zu einer zusätzlichen Tatsacheninstanz[190] werden, so muß es von dieser Erweiterung des Anspruchs auf rechtliches Gehör zumindest einen **zurückhaltenden Gebrauch** machen. Im Regelfall geht das BVerfG davon aus, daß vom Gericht entgegengenommenes Vorbringen auch zur Kenntnis genommen und in Erwägung gezogen wurde[191]. Es müssen besondere Umstände vorliegen, aus denen sich deutlich ergibt, daß das Vorbringen nicht zur Kenntnis genommen oder bei der Entscheidung nicht erwogen wurde[192]. Auch wird aus Art. 103 Abs. 1 GG keine Pflicht des Gerichts hergeleitet, sich in den **Gründen einer Entscheidung** ausdrücklich mit sämtlichem Vorbringen auseinanderzusetzen[193]. Doch ist darauf zu achten, daß in den Entscheidungsgründen jedenfalls die Hauptpunkte des Parteivorbringens ausdrücklich angesprochen werden. Das BVerfG verlangt im Hinblick auf Art. 103 Abs. 1 GG, daß die wesentlichen, der Rechtsverfolgung oder Rechtsverteidigung dienenden Tatsachen in den Entscheidungsgründen verarbeitet werden[194]. Auch wenn versehentlich eine *rechtliche* Erwägung einer Partei übersehen wurde, kann eine Verletzung des Rechts auf Gehör vorliegen[195]. Dadurch ergeben sich aus Art. 103 Abs. 1 GG auch **Schranken gegen eine zu weitgehende Verkürzung des Tatbestands und der Entscheidungsgründe.**

h) Erheblichkeit

40 Die Partei braucht nur mit erheblichem Vorbringen gehört zu werden[196]. Die Erheblichkeit hängt sowohl vom **Prozeßrecht** als auch vom **materiellen Recht** ab. Soweit für eine bestimmte Anspruchsbegründung der Rechtsweg nicht gegeben oder das Gericht nicht zuständig ist, hat der Berechtigte dazu auch kein Recht auf Gehör. Ebensowenig ergibt sich aus Art. 103 Abs. 1 GG ein Recht, vor einem Urteil unter Vorbehalt der Aufrechnung oder im Urkunden- oder Wechselprozeß mit Vorbringen zu Wort zu kommen, das nach §§ 302, 592, 598 erst in das Nachverfahren gehört[197]. Bei Anordnung einer abgesonderten Verhandlung über bestimmte Streitpunkte (§§ 146, 280) können nicht unter Berufung auf das rechtliche Gehör andere Fragen zur Erörterung gestellt werden. Auch die durch § 323 Abs. 1 und 3 für die Abänderungsklage gezogenen Grenzen betreffen, gleich ob man die Regelung prozeß- oder materiellrechtlich einordnet, die Erheblichkeit des Vorbringens und verstoßen daher nicht gegen das Recht auf Gehör[197a]. Solange sich das Gericht selbst noch keine bestimmte Rechtsansicht gebildet hat, erstreckt sich das rechtliche Gehör auf alle Punkte, die bei objektiver Beurteilung wenigstens möglicherweise erheblich sein können[198]. Von einer bestimmten rechtlichen Würdigung ausgehend, darf das Gericht dagegen den **Prozeßstoff auf das Erhebliche begrenzen** und der Partei, die anderes ansprechen will, das Wort entziehen. Ändert das Gericht seine Ansicht, muß das Gehör vor der Entscheidung nachgeholt werden. Wenn das Gericht keine weitere Erörterung der nach seiner Ansicht unerheblichen Tatsachen- und Rechtsfragen zuläßt und sodann eine Entscheidung ergeht, so liegt darin kein Verstoß gegen das rechtliche

---

[190] So läuft *BVerfG* NJW 1992, 2217 im wesentlichen auf eine Überprüfung der Beweiswürdigung hinaus.
[191] *BVerfGE* 40, 101, 104; 47, 182, 187; 54, 43, 46.
[192] *BVerfGE* 65, 293, 295; *BVerfG* NJW 1992, 1031 (fehlerhaft angenommene Unstreitigkeit des Sachverhalts); NJW-RR 1993, 463, 464; *BayVerfGH* NJW-RR 1992, 1465.
[193] *BVerfGE* 47, 182, 187. Dies gilt auch für Schiedsgerichte, *BGH* NJW 1992, 2299. – Ein überlanger Zeitraum zwischen Verkündung und Zustellung eines Urteils verstößt allein nicht gegen Art. 103 Abs. 1 GG, *BAG* 35, 251, 258 = NJW 1982, 302.
[194] *BVerfGE* 47, 182, 189; 54, 43, 46; 58, 353, 357

(Fn. 189); 86, 133; *BVerfG* FamRZ 1992, 783; s. auch *OLG Köln* Rpfleger 1981, 408.
[195] *BVerfG* NJW-RR 1993, 383.
[196] Vgl. *BVerfGE* 9, 223, 231; 30, 173, 187; *BFH* NJW 1968, 1111; *BVerwG* WPM 1968, 379.
[197] *A. Blomeyer* ZPR² § 16 V 1 nimmt hier eine (zulässige) Ausnahme von Art. 103 Abs. 1 GG an.
[197a] A.M. *Braun* NJW 1992, 1593; *ders.* JuS 1993, 353, 357. Dagegen zutreffend *Waldner* NJW 1993, 2085; hinsichtlich § 323 Abs. 1 *Gottwald* FamRZ 1992, 1374, 1375 (dort Fn. 7).
[198] Vgl. *Maunz-Dürig/Schmidt-Aßmann* Art. 103 Abs. 1 Rdnr. 86.

Gehör, auch wenn die Rechtsansicht falsch war. Vielmehr ist die Entscheidung allein wegen des *Rechtsfehlers* anfechtbar.

7. Gerichtliche Hilfe

a) Hinweispflicht

Die oben dargestellte Pflicht des Gerichts, den Beteiligten den Prozeßstoff zur Kenntnis zu bringen, zeigt bereits, daß das Recht auf Gehör auch aktives Handeln des Gerichts, nicht bloß eine Entgegennahme der Äußerung, fordern kann. Aus dem Recht auf Gehör kann sich eine Pflicht zu **tatsächlichen oder rechtlichen Hinweisen** ergeben, wenn das Gericht erkennen kann, daß eine Partei ohne solchen Hinweis schlechterdings nicht in der Lage ist, vom Recht auf Gehör sinnvoll Gebrauch zu machen[199]. Dazu gehört es aber beispielsweise nicht, einen Rechtsanwalt über das Recht auf Akteneinsicht zu belehren[200]. Dem Zweck, die möglichst effektive Nutzung des Rechts auf Gehör zu ermöglichen, dient sowohl die Pflicht des Gerichts, nach § 278 Abs. 3 auf übersehene rechtliche Gesichtspunkte hinzuweisen, als auch die richterliche Fragepflicht zu den Tatsachenfragen und Beweismitteln nach § 139. Beide Vorschriften verpflichten den Richter heute zu einer recht weitgehenden Aktivität. Art. 103 Abs. 1 GG würde es zulassen, im Zivilprozeß in stärkerem Maße bei der Selbstverantwortung der Parteien zu verbleiben; das Recht auf Gehör **begründet keine allgemeine Frage- und Aufklärungspflicht des Gerichts**[201]. Daher kann man nicht schematisch in jedem Verstoß gegen die im einfachen Gesetzesrecht enthaltenen Hinweispflichten, insbesondere gegen § 139, eine Verletzung des rechtlichen Gehörs erblicken[202], wohl aber dann, wenn ohne den gerichtlichen Hinweis die Partei nach Lage der Dinge nicht auf den Gedanken kommen konnte, sie müsse sich zu einer bestimmten Frage äußern oder bestimmte prozessuale Initiativen ergreifen[203]. In diesem Sinne ist dem Art. 103 Abs. 1 GG ein **Verbot von Überraschungsentscheidungen** zu entnehmen.

41

Das Recht auf Gehör verlangt jedenfalls dann einen Hinweis, wenn das **Gericht** (oder die Vorinstanz) durch sein eigenes Verhalten im Verfahren zunächst den **Eindruck erweckt hatte**, es komme auf bestimmte tatsächliche oder rechtliche Fragen nicht an, und danach seine Meinung ändert[204] (bzw. wenn die höhere Instanz einen anderen Standpunkt einnimmt[205]). Gegen den Anspruch auf Gehör verstößt es auch, wenn der Entscheidung überhaupt nicht erörterte tatsächliche oder rechtliche Gesichtspunkte zugrunde gelegt werden und der Rechtsstreit damit eine Wendung erhält, mit der die Partei nach dem bisherigen Prozeßverlauf nicht rechnen konnte[206]. An den Sachvortrag dürfen nicht ohne vorherigen Hinweis Anforderungen gestellt werden, mit denen auch ein gewissenhafter Prozeßbeteiligter nach dem bisherigen Prozeßverlauf nicht zu rechnen brauchte[207]. Wenn das Gericht beabsichtigt,

42

---

[199] Übereinstimmend *Maunz-Dürig/Schmidt-Aßmann* Art. 103 Abs. 1 Rdnr. 76.
[200] *OLG Köln* NJW-RR 1986, 1124.
[201] *BVerfG* NJW 1991, 2823, 2824; NJW-RR 1993, 764, 765; *BayVerfGH* FamRZ 1992, 968; NJW 1992, 1094; NJW 1993, 518.
[202] *BVerfG* NJW 1980, 1093; BGHZ 85, 288, 292 = NJW 1983, 867; *Maunz-Dürig/Schmidt-Aßmann* Art. 103 Abs. 1 Rdnr. 77.
[203] Z. B. einen Antrag auf Wiedereinsetzung stellen, vgl. *LAG Frankfurt* NJW 1966, 800. – Dagegen keine Pflicht, eine rechtskundig vertretene Partei über klare Rechtsfolgen einer Fristversäumnis zu belehren, *BGH* VersR 1967, 1005. – Unterbleibt ein Hinweis in objektiv nicht mehr verständlicher Anwendung des Verfahrensrechts, so liegt ein Verstoß gegen das Willkürverbot des Art. 3 Abs. 1 GG vor, *BVerfG* Rpfleger 1993, 32 (krit. *Hintzen*) (zum ZVG).
[204] Vgl. *BayVerfGH* 15, 38, 40 = JZ 1963, 63, 64 (*Arndt*); *Zeuner* Festschr. für Nipperdey (Fn. 7), 1028; *Brüggemann* JR 1969, 361, 367.
[205] *BGH* NJW 1976, 474 = MDR 379 (überraschende Anwendung ausländischen Rechts durch das Berufungsgericht). – A.M. *BayVerfGH* NJW 1964, 2295.
[206] BVerfGE 86, 133, 144; *BayVerfGH* NJW 1985, 478; FamRZ 1991, 462 u. 1212; FamRZ 1992, 968; NJW 1992, 1094.
[207] BVerfGE 84, 188 = NJW 1991, 2823 (unvorhersehbare Auffassung des Gerichts, es fehle an der erforderlichen Substantiierung des Vortrags); *BVerfG* NJW-RR

von einer eigenen ständigen Rechtsprechung abzugehen, erscheint aus Art. 103 Abs. 1 GG jedenfalls dann ein Hinweis geboten[208], wenn die Partei in ihrem Vortrag erkennbar davon ausgegangen ist, es werde bei der bisherigen Rechtsprechung bleiben. Eine allgemeine Pflicht, der Partei bereits während des Verfahrens mitzuteilen, welche Rechtsansicht das Gericht seiner Entscheidung zugrunde legen wolle (dies wird mißverständlich als **Pflicht zum Rechtsgespräch** bezeichnet) **besteht dagegen nicht**[209]. So ist es auch keine Verletzung des Rechts auf Gehör, wenn sich das Gericht in der Begründung seiner Entscheidung auf ein Urteil stützt, das den Parteien nicht bekannt war[210], wenn die Rechtsfrage als solche erörtert wurde.

b) Wiedereinsetzung in den vorigen Stand

43   Die Vorschriften des Wiedereinsetzungsrechts müssen unter Beachtung des Rechts auf Gehör **ausgelegt** werden. In einer Reihe von Entscheidungen hat das BVerfG in der Ablehnung einer Wiedereinsetzung in den vorigen Stand einen Verstoß gegen Art. 103 Abs. 1 GG erblickt, weil an die Wiedereinsetzungsvoraussetzungen (§ 233) zu strenge Anforderungen gestellt wurden[211]. Dem Ziel, Verletzungen des Rechts auf Gehör innerhalb der Fachgerichtsbarkeit zu korrigieren, dient es, dann, wenn ein Rechtsmittel ohne Gewährung des rechtlichen Gehörs als unzulässig verworfen wurde, einen Wiedereinsetzungsantrag auch mit der Begründung zuzulassen, es habe **keine Fristversäumung** vorgelegen[212].

c) Prozeßkostenhilfe

44   Aus dem Recht auf Gehör folgt auch die Verpflichtung des Staates, die Wahrnehmung dieses Grundrechts nicht an unüberwindlichen finanziellen Schwierigkeiten scheitern zu lassen. Daher sind auch die Bestimmungen über die Gewährung von Prozeßkostenhilfe an Art. 103 Abs. 1 GG zu messen, → vor § 114 Rdnr. 9. Auch eine **ungerechtfertigte Ablehnung** der Gewährung von Prozeßkostenhilfe bzw. der Beiordnung eines Rechtsanwalts[213], die Entscheidung über einen Prozeßkostenhilfeantrag erst nach der Sachentscheidung[214], eine fehlerhafte Aufhebung der Prozeßkostenhilfe oder die Nichtausführung einer Beweisanord-

---

1993, 764 (nicht vorhersehbare Anforderungen an die Erklärung der Aufrechnung); s. auch *BVerfG* NJ 1993, 267 (überraschende Verurteilung zum Abdruck einer Gegendarstellung, obwohl gesetzliche Regelung fehlt).
[208] Vgl. *BVerwG* NJW 1961, 891, 1549; *BayVerfGH* 15, 38, 41 (Fn. 204); *D. Lorenz* (Fn. 7), 234 Fn. 44; *Brüggemann* JR 1969, 361, 367. Enger *Röhl* NJW 1964, 273, 277 (aber *nobile officium*); *Jagusch* NJW 1962, 1645, 1647. Weitergehend *Laumen* (Fn. 7), 254, der in dieser Frage den Anwendungsbereich des Art. 103 Abs. 1 GG mit dem des § 278 Abs. 3 gleichsetzt.
[209] *BayVerfGH* 13, 26 = NJW 1960, 1051; *BayVerfGH* 15, 38, 40 (Fn. 204); FamRZ 1992, 968; *BVerfGE* 31, 364, 370; 74, 1 = NJW 1987, 1192; *BVerfGE* 84, 188 = NJW 1991, 2823, 2824; *BVerfG* NJW-RR 1993, 764, 765; *BGH* NJW 1976, 104, 105; *BGHZ* 31, 43, 46 (für Schiedsgerichte); *Zeuner*, Festschr. für Nipperdey (Fn. 7), 1025 f.; *Laufs* JR 1967, 180; *Brüggemann* JR 1969, 361, 366; *Schwartz* (Fn. 7), 57 ff.; *Laumen* (Fn. 7), 259. – Weitergehend *Arndt* NJW 1959, 6; 1962, 25, 27; *Kubisch* NJW 1965, 1315; *Möhring-Nirk*, in 25 Jahre Bundesgerichtshof (1975), 305, 312. – S. auch *Hensen* Zum Rechtsgespräch im Zivilprozeß, in Aus dem Hamburger Rechtsleben, Walter Reimers zum 65. Geburtstag (1979), 167

(läßt offen, ob Art. 103 Abs. 1 GG zum Rechtsgespräch verpflichtet).
[210] *BSG* ZIP 1990, 524.
[211] So z. B. *BVerfGE* 50, 1; 53, 25; 54, 80; 62, 334; *BVerfG* NJW 1992, 1952 (alle zur Verzögerung der Briefbeförderung durch die Post); *BVerfGE* 37, 93 (gegen überhöhte Anforderungen an die Formulierung des Gesuchs und die Glaubhaftmachung); *BVerfGE* 62, 216 (zur Briefabholung durch die Justizbehörden); s. auch *BAGE* 24, 75, 80 (zum Verschulden).
[212] *BAG* NZA 1990, 537 = AP Nr. 15 zu § 233.
[213] Vgl. *BVerfGE* 9, 256, 259; *BVerwG* MDR 1977, 780; ZfSH 1977, 216; *Henckel* ZZP 77 (1964), 321, 325; *Zeuner*, Festschr. für Nipperdey (Fn. 7), 1034. – S. auch *BVerfGE* 56, 139, das aber nicht Art. 103 Abs. 1 GG heranzieht, sondern eine Verletzung des Gleichheitssatzes (Art. 3 Abs. 1 GG) annimmt, weil ohne vertretbare Begründung das Armenrecht für die Zwangsvollstreckung von vornherein versagt wurde. Dazu → Rdnr. 64. – In der Versagung der Anwaltsbeiordnung für das Prozeßkostenhilfeverfahren liegt keine Verletzung des Anspruchs auf rechtliches Gehör; *OLG Nürnberg* MDR 1982, 237.
[214] *BVerfG* NJW-RR 1993, 382, 383.

nung, weil ein zu Unrecht verlangter Auslagenvorschuß (§ 379) nicht bezahlt wurde[215], *können* das rechtliche Gehör verletzen. Ein Verstoß gegen Art. 103 Abs. 1 GG wird aber nicht bei jedem Fehler in diesem Bereich, sondern nur bei geradezu unvertretbaren Entscheidungen angenommen werden können. Innerhalb des Zivilprozesses kann die Verletzung des Rechts auf Gehör den Weg zur Anfechtung des Endurteils eröffnen, obwohl die Zwischenentscheidung als solche nicht mehr nachprüfbar ist, → Rdnr. 56. Zum rechtlichen Gehör innerhalb des Prozeßkostenhilfeverfahrens → Rdnr. 21.

8. Zeitpunkt

a) Vor der Entscheidung

Da der Zweck des rechtlichen Gehörs nicht zuletzt darin liegt, durch die eigene Darstellung die Entscheidung des Gerichts zu beeinflussen, muß das Gehör **vor einer gerichtlichen Entscheidung** gewährt werden, also vor dem Endurteil, einerlei ob es Prozeß- oder Sachurteil ist, auch vor einem Teilurteil, vor Zwischenentscheidungen, die nach § 318 das Gericht binden[216], und vor Vorbehaltsurteilen (→ Rdnr. 40 bei Fn. 197) ebenso wie vor Verweisungsentscheidungen (→ Rdnr. 21 u. 55) oder vor einer Entscheidung über den Antrag auf Prozeßkostenhilfe (→ Rdnr. 21c Fn. 45). Es genügt prinzipiell nicht, daß die Entscheidung anfechtbar ist und *nachträglich* das Gehör in Anspruch genommen werden kann. Es macht einen grundlegenden Unterschied (und zwar erfahrungsgemäß auch in der Wirksamkeit des Vorbringens), ob man sich zu einer bevorstehenden Entscheidung äußern oder nur nachträglich versuchen kann, ihre Aufhebung zu erreichen. Auch stellt schon die ungünstige Entscheidung als solche einen Nachteil dar, vor allem wenn sie vorläufig vollstreckbar ist. Die Anfertigung eines gerichtsinternen **Entscheidungsentwurfs** vor der abschließenden mündlichen Verhandlung verstößt dagegen nicht gegen das Recht auf Gehör[216a], ändert aber selbstverständlich nichts an der Pflicht, das spätere Vorbringen zu berücksichtigen und in Erwägung zu ziehen, → Rdnr. 36f., 38f. 45

Auch bei **vorläufigen gerichtlichen Maßnahmen** ist das Gehör grundsätzlich *vor* dem Erlaß der Entscheidung zu gewähren[217]. Der Erlaß eines **Arrests**, einer **einstweiligen Verfügung** oder **einstweiligen Anordnung** ohne vorheriges Gehör für den Antragsgegner kann nicht schon damit gerechtfertigt werden, daß gegen die Entscheidungen Widerspruch (§§ 924, 936) bzw. Aufhebungsantrag (§ 620b Abs. 2) zulässig ist und sodann das Gericht derselben Instanz über die Rechtmäßigkeit der Anordnung zu entscheiden hat. Vielmehr sind **Ausnahmen** von der vorherigen Anhörung nur zulässig, wenn andernfalls der **Zweck** der Entscheidung **gefährdet** werden könnte[218], weil die Entscheidung durch Anhörung des Gegners zeitlich zu spät käme oder der Gegner aufgrund der erhaltenen Information die Maßnahme vereiteln könnte. Eine solche Gefahr wird beim Arrest nicht selten anzunehmen sein, während es bei einstweiligen Verfügungen oder Anordnungen ganz auf den konkreten Inhalt der Verfügung ankommt. Wegen Art. 103 Abs. 1 GG dürfen sämtliche **Eilentscheidungen nicht schematisch** oder auch nur im Regelfall **ohne vorherige Anhörung** des Gegners ergehen[219], vielmehr ist jeweils eine Prüfung anhand der Umstände des konkreten Falles erforderlich. Die gesetzlichen Bestimmungen, in denen die mündliche Verhandlung generell (§ 620a Abs. 1, 46

---

[215] → Rdnr. 56 bei Fn. 275.
[216] S. auch *BVerfG* JZ 1959, 59 (krit. *Baur*) = NJW 1958, 2011 (betr. Wiedereinsetzungsgesuch).
[216a] Dazu eingehend *Sendler* (Fn. 7).
[217] *BVerfGE* 65, 227, 233.
[218] Vgl. *BVerfGE* 9, 89, 98.

[219] Hierzu, allerdings auf Art. 13 GG gestützt, auch *BVerfGE* 75, 318 (zur Anordnung des Betretens einer Wohnung durch einen Sachverständigen in einem Rechtsstreit zwischen Dritten: grundsätzlich ist die vorheriger Anhörung des Wohnungsinhabers nötig).

§ 921 Abs. 1) bzw. in dringenden Fällen (§ 937 Abs. 2) in das Ermessen des Gerichts gestellt ist, sind in diesem Sinne verfassungskonform anzuwenden, → § 921 Rdnr. 1, § 937 Rdnr. 5. Vor einer Entscheidung im **selbständigen Beweisverfahren** (Beweissicherungsverfahren) ist ebenfalls Gehör zu gewähren, doch kann die vorherige Anhörung des Gegners bei Eilbedürftigkeit unterbleiben, zumal der Beschluß nachträglich abgeändert oder aufgehoben werden kann[220].

b) Prozeßleitende Anordnungen

47 Vor prozeßleitenden Anordnungen, wie z. B. der Bestimmung des Verhandlungstermins oder einem Beweisbeschluß, braucht das rechtliche Gehör nicht gewährt zu werden, da es sich dabei nicht um Entscheidungen i. S. eines bindenden Erkenntnisses handelt. Anders ist es bei der Aussetzung, → § 148 Rdnr. 40. Auch greift Art. 103 Abs. 1 GG nicht ein, wenn eine richterliche Entscheidung **keine rechtlich geschützte Position** eines Beteiligten berührt. Gerade in prozessualen Fragen hat der Gesetzgeber hier ein gewisses Ermessen, ob und wann er einem Beteiligten eine solche Rechtsposition einräumen will. So hat z. B. der Rechtsmittelgegner keinen Anspruch darauf, daß die Begründungsfrist nicht verlängert wird, und daher steht ihm auch kein Recht auf Gehör zum Verlängerungsantrag zu, → § 519 Rdnr. 13. Erst bei mehrfacher Verlängerung ist die Anhörung des Gegners vorgeschrieben, § 225 Abs. 2. Diese Regelung ist mit Art. 103 Abs. 1 GG vereinbar.

c) Vollstreckungsmaßnahmen

48 Vor Entscheidungen im Vollstreckungsverfahren ist im Regelfall das Gehör zu gewähren, → Rdnr. 21. Vollstreckungsmaßnahmen stellen dagegen keine Entscheidungen i. e. S. dar, so daß hier die *nachträgliche* Gewährung des rechtlichen Gehörs im Rahmen der zur Verfügung stehenden Rechtsbehelfe genügt[221]. Auch vor der Anordnung der **Zwangsversteigerung** eines Grundstücks ist die Anhörung des Schuldners nicht geboten[222]. Daß auch die Bestimmung des zuständigen Gerichts nach § 2 ZVG ohne vorherige Anhörung des Schuldners soll ergehen dürfen[223], erscheint allerdings problematisch, zumal gegen die Bestimmung kein Rechtsbehelf vorgesehen ist[224]; auch im vergleichbaren Fall des § 37, auf den § 2 ZVG verweist, ist im Regelfall vorheriges Gehör zu gewähren, → § 36 Rdnr. 1, § 37 Rdnr. 1 (anders bei Arrestverfahren). Gegen § 834, der die Anhörung des Schuldners vor der *Pfändung* einer Forderung geradezu verbietet, bestehen, da es sich um eine Vollstreckungsmaßnahme handelt, keine verfassungsrechtlichen Bedenken[225]. Auch bei Verbindung der Pfändung mit einer Überweisung zur Einziehung erscheint die vorherige Anhörung nicht geboten[226]. Vor einer Überweisung an Zahlungs Statt ist jedoch wegen der sogleich damit verbundenen und durch Rechtsbehelfe nicht mehr zu beseitigenden Übertragungswirkung die Anhörung geboten[227], näher → § 835 Rdnr. 43 f.

---

[220] *OLG Karlsruhe* MDR 1982, 1026; *LG München II* ZMR 1985, 417.
[221] Vgl. *BVerfGE* 6, 300, 304 (allerdings zu § 35 BVerfGG), → vor § 704 Rdnr. 74, 80.
[222] *BGH* WM 1984, 1342 = ZIP 1984, 1540.
[223] *BGH* WM 1984, 1342; MDR 1985, 52; *Dassler-Muth* ZVG[12] § 2 Rdnr. 6; *Zeller-Stöber* ZVG[13] § 2 Rdnr. 4.3.
[224] Für Zulässigkeit der Beschwerde trotz § 37 Abs. 2 bei Verletzung des Rechts auf Gehör *Waldner* Der Anspruch auf rechtliches Gehör, Rdnr. 525.

[225] Ebenso *BayObLGZ* 1985, 397, 400. – Anders *Hager* KTS 1992, 324, 327.
[226] *Kahlke* NJW 1991, 2688; h.M. – A.M. *Hoeren* NJW 1991, 411.
[227] *Münzberg* Rpfleger 1982, 329, 333 gegen *OLG Düsseldorf* Rpfleger 1982, 192, das wegen des Anspruchs auf rechtliches Gehör die Erinnerung zulassen will. Dem *OLG Düsseldorf* zustimmend *Kahlke* NJW 1991, 2688, 2690.

Sehr zweifelhaft ist, ob dem Vollstreckungsschuldner vor einer **richterlichen Durchsu-** 48a
chungsanordnung das Recht auf Gehör zu gewähren ist[228]. Nach Ansicht des BVerfG[229] hängt
dies von den Umständen des Einzelfalls ab. Diese Auskunft erscheint unbefriedigend. Wenn
schon wegen der Bedeutung des Grundrechts aus Art. 13 GG eine richterliche Prüfung
vorzuschalten und die Verhältnismäßigkeit des vom Gläubiger beantragten Eingriffs konkret
zu prüfen ist, dann muß der Schuldner im Regelfall Gelegenheit erhalten, Stellung zu nehmen
und auf gegen die Zulässigkeit der Durchsuchung sprechende Gründe hinzuweisen. Anders
droht die richterliche Prüfung zur Farce zu werden. Der aus der Sicht des Gläubigers
erwünschte Überraschungseffekt rechtfertigt es nicht, regelmäßig von vorheriger Anhörung
des Schuldners abzusehen[230]. Auch kann eine Anhörung durch den Gerichtsvollzieher das
richterliche Gehör nicht entbehrlich machen[231]. Nur wenn im Regelfall der Schuldner vor der
Durchsuchungsanordnung gehört wird, ist es zu rechtfertigen, daß die zwangsweise Durchsuchung selbst dem Schuldner nicht mehr vorher angekündigt werden muß[232].

d) Neues Vorbringen des Gegners

Das Gehör muß zu dem **Prozeßstoff** gewährt werden, der einer gerichtlichen Entscheidung 49
zugrundegelegt werden soll. Bei **neuem Vorbringen** des Gegners oder nach einer Beweisaufnahme muß daher erneut Gelegenheit zur Äußerung geboten werden. Das mündliche Verfahren erweist sich hier als vorteilhaft, da in der letzten mündlichen Verhandlung allen Beteiligten in abschließender Weise Gehör gewährt werden kann. Im **schriftlichen Verfahren** ist nach
§ 128 Abs. 2 S. 2, Abs. 3 S. 2 ein Zeitpunkt zu bestimmen, bis zu dem Schriftsätze eingereicht
werden können. Hier kann aber ein fristgerechtes neues (und erhebliches) Vorbringen im
Hinblick auf den Grundsatz des rechtlichen Gehörs dazu führen, daß dem Gegner noch eine
zusätzliche Frist zur Stellungnahme einzuräumen oder eine mündliche Verhandlung anzusetzen ist, → § 128 Rdnr. 100. Ebenso ist bei neuem Vorbringen in einem **nachgereichten
Schriftsatz** (§ 283) dem Gegner Gelegenheit zur Stellungnahme zu geben[233].

9. Folgen von Verstößen

a) Verfahrensmangel, Heilung, Verzicht

Die Verletzung des Rechts auf Gehör stellt einen **Verfahrensmangel** dar (→ § 539 Rdnr. 7), 50
der innerhalb des Zivilprozesses mit den **gewöhnlichen Rechtsmitteln** und Rechtsbehelfen
geltend zu machen ist. Soweit das Vorbringen nach Einlegung des Rechtsbehelfs bzw. in der
durch Rechtsmittel eröffneten höheren Instanz noch in vollem Umfang berücksichtigt werden
kann[234], wird die Verletzung geheilt[235], wenn nunmehr das rechtliche Gehör gewährt wird.

Ein im voraus erklärter **Verzicht** der Partei auf das rechtliche Gehör ist nicht wirksam[236] 51
und ändert nichts an der Verpflichtung des Gerichts, das Gehör einzuräumen; denn zum einen
kann die Partei im voraus kaum überblicken, welche Konsequenzen sich aus einem solchen

---

[228] Für den Regelfall bejahend z.B. *LG Hannover* DGVZ 1986, 62; *LG Köln* JurBüro 1988, 536 u. 537.
[229] *BVerfGE* 57, 346, 358 ff.; ebenso *Rosenberg-Gaul-Schilken*[10] § 26 III 3 e, bb (S. 343) mwN.
[230] Dies gilt erst recht, wenn man ohnehin einen vorherigen Vollstreckungsversuch verlangt, so etwa *Rosenberg-Gaul-Schilken*[10] § 26 III 3 e, aa (S. 342) mwN.
[231] *LG Hannover* DGVZ 1986, 62. – A.M. *Cirullies* DGVZ 1984, 177, 179; *ders.* JurBüro 1984, 1297, 1302.
[232] So *LG Berlin* DGVZ 1988, 26.

[233] *BVerfGE* 55, 95, 99.
[234] Z. B. keine Nachholung des rechtlichen Gehörs (soweit es um Tatsachen geht) in der Rechtsbeschwerdeinstanz, *BayObLG* Rpfleger 1958, 185; 1982, 69.
[235] *BVerfGE* 5, 22, 24; 22, 282, 286; *BGH* NJW 1975, 1652; *Maunz-Dürig/Schmidt-Aßmann* Art. 103 Abs. 1 Rdnr. 149.
[236] *RGZ* 93, 155; *BayObLG* HEZ 2, 291, 292; *OLG Frankfurt* NJW 1962, 450. Dazu näher *Henckel* ZZP 77 (1964), 321, 338.

Verzicht ergeben, und zum anderen ist die Gewährung des rechtlichen Gehörs nicht nur im Parteiinteresse erforderlich, sondern auch um das Verfahren objektiv rechtsstaatlich zu gestalten. Auch besteht kein ersichtliches Bedürfnis nach einem solchen Verzicht, da es der Partei ohnehin unbenommen bleibt, ob sie die Gelegenheit zum rechtlichen Gehör wahrnehmen will, → Rdnr. 30.

b) Weitere Beschwerde

52 Soweit die ZPO unter bestimmten Voraussetzungen ein Rechtsmittel oder eine Abänderung der Entscheidung gestattet, kann Art. 103 Abs. 1 GG bei der **Auslegung** – je nach Gesetzeslage – eine Rolle spielen und dazu führen, auch bei Verletzung des rechtlichen Gehörs wegen des besonderen Gewichts dieses Fehlers das Rechtsmittel bzw. die Abänderung zuzulassen. So erscheint es wegen Art. 103 Abs. 1 GG geboten, bei einem Verstoß gegen das rechtliche Gehör einen Fall der nach § 568 Abs. 2 S. 2 zulässigen **weiteren Beschwerde** anzunehmen[237], näher → § 568 Rdnr. 10–12. Eine derartige grundrechtsorientierte Auslegung darf nicht deswegen unterbleiben, weil dem Betroffenen die Verfassungsbeschwerde zur Verfügung steht[238]. Das BVerfG sieht hierin eine für alle Gerichte gemäß § 31 Abs. 1 BVerfGG **verbindliche Interpretation** des § 568 Abs. 2[239]. Schon hier wird aber sichtbar, daß die Tendenz des Gesetzgebers, Rechtsmittel einzuschränken, in Konflikt mit dem Bestreben gerät, Verletzungen des Rechts auf Gehör innerhalb der Fachgerichtsbarkeiten zu beheben. Seit dem RechtspflegevereinfachungsG 1990 ist die weitere Beschwerde nur noch in den im Gesetz besonders genannten Fällen zulässig, § 568 Abs. 2 S. 1. Diese erste Grenze kann man nicht im Wege einer verfassungskonformen Auslegung beiseite schieben, → Rdnr. 53. Die erwähnte bisherige Rechtsprechung, auch des BVerfG, hat dadurch ihre Bedeutung weitgehend verloren, näher → § 568 Rdnr. 11.

52a Zur analogen Anwendung des § 513 Abs. 2 im **schriftlichen Verfahren** → Rdnr. 54, → § 128 Rdnr. 123a. Zur Wiedereinsetzung in den vorigen Stand → Rdnr. 43. Bei Anordnungen nach §§ 707, 719 (einstweilige Einstellung der Zwangsvollstreckung) steht demjenigen, dessen Recht auf Gehör verletzt wurde, zwar nicht die Beschwerde (→ § 707 Rdnr. 23), aber immerhin ein **Antrag auf Abänderung** zur Verfügung (→ § 707 Rdnr. 22).

52b Dagegen verbleibt es bei einem **Ausschluß der weiteren Beschwerde** gegen Entscheidungen der Landgerichte über Prozeßkosten nach § 568 Abs. 3[240].

c) Grenzen der Rechtsmittel und der Nichtigkeitsklage

aa) Keine Verlängerung des Rechtsmittelzuges

53 Die ZPO gewährt dagegen **keinen besonderen Rechtsbehelf** mit dem gegenüber ansonsten *unanfechtbaren* Entscheidungen die Verletzung des rechtlichen Gehörs geltend gemacht werden könnte. Trotz der herausragenden Bedeutung des Art. 103 Abs. 1 GG folgt aus der Verfassung nicht, daß bei einem Verstoß stets ein Rechtsbehelf oder Rechtsmittel zur Verfügung stehen müßte. Der **Rechtsmittelzug** wird durch die Behauptung, es liege eine Verletzung

---

[237] *BVerfGE* 49, 252; *KG* Rpfleger 1987, 211 = MDR 1987, 272. Dies gilt auch, wenn das rechtliche Gehör in erster und zweiter Instanz verletzt wurde; *OLG Köln* NJW 1979, 1834.
[238] *BVerfGE* 49, 252.
[239] *BVerfG* NJW 1988, 1773, 1774.

[240] *OLG Düsseldorf* Rpfleger 1970, 358 (unter Aufgabe von Rpfleger 1964, 277, wozu aber *OLG Düsseldorf* NJW-RR 1987, 1200 wieder zurückkehrt); *OLG Celle* NdsRpfl 1974, 127; *KG* Rpfleger 1980, 116 = MDR 1980, 322; *Zöller-E. Schneider*[18] § 568 Rdnr. 37.

des rechtlichen Gehörs vor, grundsätzlich **nicht verlängert**[241], → auch Allg. Einl. vor § 511 Rdnr. 66 f. Es bleibt also dabei, daß es gegen Berufungsurteile oder die Berufung als unzulässig verwerfende Beschlüsse[242] der Landgerichte, gegen Urteile des BGH und ebenso gemäß § 567 Abs. 3 S. 1 gegen Beschlüsse der Oberlandesgerichte[243] (abgesehen von den in § 567 Abs. 3 S. 2 genannten Fällen) kein Rechtsmittel gibt, mit dem eine Verletzung des Rechts auf Gehör geltend gemacht werden könnte.

Bei Zwischenentscheidungen in **Beschlußform**, die das Gesetz für unanfechtbar erklärt, wird bei Verletzung des Rechts auf Gehör teils die Anfechtung zugelassen, so bei Beschlüssen, die die Ablehnung eines Richters[244] oder eines Sachverständigen[245] für begründet erklären. Dem steht aber der klare Gesetzeswortlaut entgegen. Entschließt man sich, bei offenkundiger Verletzung des Rechts auf Gehör eine Abänderung aufgrund Gegenvorstellung zuzulassen, → Rdnr. 54, so erscheint es auch sachlich nicht geboten, in diesen Fällen ein Rechtsmittel zu gewähren. Zum Sonderfall der **Verweisungsbeschlüsse** → Rdnr. 55.

53a

bb) Kein Rechtsmittel bei Nichterreichen der Rechtsmittelsumme oder fehlender Zulassung

Auch wenn das Rechtsmittel unzulässig ist, weil eine gesetzliche **Beschwerdesumme** nicht erreicht ist[246], vermag daran die Verletzung des rechtlichen Gehörs im allgemeinen nichts zu ändern[247]. Dasselbe muß gelten, wenn ein Rechtsmittel nur bei **Zulassung** gegeben ist[248]. Mit Recht hat es der BGH[249] auch abgelehnt, bei Verletzung des rechtlichen Gehörs die Anfechtung wegen sog. greifbarer Gesetzwidrigkeit[250] zuzulassen.

53c

Unangefochten sind diese Grundsätze jedoch heute nicht mehr. Es gibt eine deutliche Tendenz in Rechtsprechung und Wissenschaft, immer dann, wenn es überhaupt (unter bestimmten Voraussetzungen) ein Rechtsmittel gegen eine Entscheidung gibt, dieses Rechtsmittel auch ohne die speziellen gesetzlichen Voraussetzungen dann zuzulassen, wenn eine Verletzung des Rechts auf Gehör vorliegt. Selbst wenn bestimmte Entscheidungen im Gesetz generell für unanfechtbar erklärt sind, wird zum Teil die Zulässigkeit eines Rechtsmittels bei Verletzung des Rechts auf Gehör bejaht, wenn es nur überhaupt eine Instanz gibt, die (in anderen Fällen) mit einem Rechtsmittel angegangen werden kann. Von Lücken oder Unklar-

53d

---

[241] *BVerfGE* 1, 437; 28, 95; 34, 6; 60, 96, 98; *BayVerfGH* 27, 109, 116; *BGHZ* 43, 19 (zu § 41p Abs. 3 PatG); NJW 1957, 713; *KG* MDR 1965, 494 (zu § 109 KO); *OLG Düsseldorf* JMBlNRW 1954, 166; NJW 1989, 311; *OLG Hamm* MDR 1965, 507; *OLG Köln* MDR 1957, 54; *OLG Schleswig* SchlHA 1954, 210; *OLG München* OLGZ 1975, 384; *OLG Celle* NdsRpfl 1956, 170; OLGZ 1975, 491; *BAG* NJW 1973, 870; AP Nr. 2 zu § 70 ArbGG 1953; *LAG Hamm* MDR 1972, 362. – A.M. *OLG Braunschweig* NJW 1953, 236; *OLG Schleswig* SchlHA 1957, 160; *OLG Neustadt* MDR 1958, 702; *OLG Hamburg* MDR 1962, 998.
[242] *OLG Frankfurt* MDR 1988, 503. – Zur Gegenvorstellung → Rdnr. 54cff.
[243] *BayObLG* NJW 1989, 44.
[244] *OLG Frankfurt* MDR 1979, 940; *Baumbach-Lauterbach-Hartmann*[51] § 46 Rdnr. 7; *Zöller-Vollkommer*[18] § 46 Rdnr. 13; *Waldner* Der Anspruch auf rechtliches Gehör, Rdnr. 526.
[245] *OLG Frankfurt* MDR 1984, 323.
[246] An solchen Beschränkungen des Rechtsmittelzuges ist der Gesetzgeber verfassungsrechtlich nicht gehindert, *BVerfG* NJW-RR 1993, 253 (auch zur Behandlung anhängiger Verfahren bei Erhöhung der Berufungssumme).

[247] *BGH* NJW 1990, 838; *LG Würzburg* JurBüro 1971, 636; *LG Freiburg* NJW-RR 1986, 616; *LG Köln* MDR 1987, 63; *LG Hannover* NJW-RR 1989, 382; *Arens* Anhörungsrüge und Gegenvorstellung, 26f.; *Waldner* Der Anspruch auf rechtliches Gehör (1989), Rdnr. 540; *Zöller-E. Schneider*[18] § 511a Rdnr. 1; *Thomas-Putzo*[18] § 513; zum arbeitsgerichtlichen Verfahren *BAG* NJW 1989, 2644. – A.M. *OLG Schleswig* NJW 1988, 67 (aufgehoben durch *BGH* aaO); *LG Frankfurt* NJW 1987, 2591; *LG Münster* NJW-RR 1989, 381; *LG Mainz* NJW-RR 1993, 128; *MünchKommZPO-Rimmelspacher* § 511a Rdnr. 8f.; s. auch *LG Zweibrücken* MDR 1980, 675 (zu § 341 Abs. 2 S. 2); insoweit zust. *Baumbach-Lauterbach-Hartmann*[51] § 341 Rdnr. 12; *Zöller-Herget*[18] § 341 Rdnr. 13.
[248] *BayObLG* NJW 1988, 72. S. auch *BGH* NJW-RR 1990, 256 (keine Erweiterung der zulassungsfreien Rechtsbeschwerde nach § 100 Abs. 3 PatG).
[249] *BGH* JZ 1986, 51, 52; NJW 1990, 838.
[250] Im allgemeinen wird diese Rechtsfigur in Zusammenhang mit der Anfechtbarkeit von Beschlüssen diskutiert, s. *BGH* NJW 1988, 49, 51.

heiten des Gesetzes kann aber in diesen Fällen nicht gesprochen werden; vielmehr ist der Wille des Gesetzgebers eindeutig. Die Spannungen erhöhen sich, weil der Gesetzgeber gerade in neuerer Zeit die Rechtsmittel zunehmend einschränkt, etwa durch Erhöhung der Berufungssumme. Er hat ferner bei der Wiedereinführung eines Bagatellverfahrens (§ 495a) die früher gegen Schiedsurteile (§ 510c aF) gegebene Nichtigkeitsklage (§ 579 Abs. 3 aF) zur Wahrung des Rechts auf Gehör gerade nicht wieder eingeführt.

53e Derart klare gesetzliche Schranken kann man jedoch nicht durch verfassungskonforme Auslegung überwinden. Man müßte dann schon so weit gehen, eine gesetzliche Regelung, die ein Rechtsmittel zwar für bestimmte Fälle, aber nicht generell bei Verletzung des Rechts auf Gehör, zuläßt, für verfassungswidrig zu erklären, etwa wegen Verletzung des Gleichheitssatzes in Verbindung mit dem Recht auf Gehör. Eine solche Aussage hat das BVerfG aber bisher nicht getroffen. Das BVerfG hält es unter dem Gesichtspunkt eines wirksamen Grundrechtsschutzes für geboten, bei Verletzung des Rechts auf Gehör ein Rechtsmittel zuzulassen, wenn die **Auslegung** der Verfahrensvorschriften dies ermöglicht[251]. Der Appell des BVerfG, Verstöße gegen das Recht auf Gehör innerhalb der Fachgerichtsbarkeiten zu beheben, kann nur beachtet werden, soweit eine Auslegung oder Analogie möglich ist, während es die Kompetenz der Gerichte überschreitet, klare gesetzliche Regeln zu mißachten[252]. Ob eine die Zulässigkeit von Rechtsmitteln erweiternde Auslegung oder Analogie möglich ist, haben die Fachgerichte zu entscheiden[253]. Auch das BVerfG[254] geht davon aus, daß die h.M. an der Unzulässigkeit der Berufung bei Nichterreichen der Berufungssumme festhält, und erwähnt dabei den klaren Gesetzeswortlaut.

cc) Zulässigkeit und Grenzen der analogen Anwendung von § 513 Abs. 2

54 § 513 Abs. 2 betrifft den Fall eines zweiten Versäumnisurteils im Zivilprozeß[255] und läßt sich nicht im Wege der Analogie auf alle anderen Verletzungen des Rechts auf Gehör übertragen, ebenso *Grunsky* → § 513 Rdnr. 20. Daran ändert es nichts[256], wenn man § 513 Abs. 2 im **schriftlichen Verfahren** auf Fälle der Verletzung rechtlichen Gehörs anwendet, → § 128 Rdnr. 123, → § 513 Rdnr. 18f. Das BVerfG hat über diese Frage nicht mit bindender Wirkung nach § 31 BVerfGG entschieden[257]; es verlangt aber, daß in diesen Fällen vor Erhebung einer Verfassungsbeschwerde der Versuch unternommen wird, die Gehörverletzung mit der Berufung geltend zu machen[258]. Die Analogie in Bezug auf das schriftliche Verfahren läßt sich rechtfertigen, weil eine Entscheidung unter Nichtbeachtung rechtzeitigen Vortrags oder unter Versagung der Gelegenheit zum Vortrag im schriftlichen Verfahren ähnliche Konsequenzen hat, wie die fehlerhafte Annahme einer zweiten Säumnis im Verfahren mit mündlicher Verhandlung[259]. Dasselbe gilt im vereinfachten Verfahren nach § 495a, wenn keine mündliche Verhandlung anberaumt wurde und auch keine tatsächlich zu nutzende Gelegenheit zur schriftlichen Äußerung bestand[260]. Einem schriftlichen Verfahren vergleichbar ist die Situation, wenn einer Partei eine **Frist zur Nachreichung** eines Schriftsatzes gemäß § 283 S. 1 gewährt wird. Wird ein fristgemäß eingereichter Schriftsatz entgegen § 283

---

[251] *BVerfGE* 49, 252, 256; 60, 96, 99; 61, 78, 80; 61, 119, 121; 64, 203, 206; *JZ* 1985, 941.
[252] Ebenso *Arens* (Fn. 247), 40; s. auch die Bedenken von *Zuck JZ* 1985, 921, 925.
[253] *BVerfG NJW* 1986, 2305.
[254] *BVerfG NJW* 1991, 2622. Das BVerfG verlangt daher nicht, daß unter dem Gesichtspunkt der Erschöpfung des Rechtswegs der Versuch gemacht wird, die Verletzung des Rechts auf Gehör trotz Nichterreichens der Berufungssumme mit der Berufung geltend zu machen.

[255] Gegen eine entsprechende Anwendung im arbeitsgerichtlichen Verfahren *BAG NJW* 1989, 2644.
[256] *LG Hannover NJW-RR* 1989, 382. – A. M. *OLG Schleswig NJW* 1988, 67, 68 (aufgehoben durch *BGH NJW* 1990, 838); *MünchKommZPO-Rimmelspacher* § 511a Rdnr. 8; *Rosenberg-Schwab-Gottwald*[15] § 85 V.
[257] *BVerfG NJW* 1986, 2305.
[258] *BVerfG NJW* 1985, 2250; 1993, 255.
[259] *LG Zweibrücken JZ* 1989, 50, 51.
[260] *LG Essen NJW-RR* 1993, 576.

S. 2 nicht berücksichtigt, so kann die darin liegende Verletzung des Rechts auf Gehör analog § 513 Abs. 2 mit der Berufung geltend gemacht werden, auch wenn die Berufungssumme nicht erreicht ist[261].

dd) Begrenzte Reichweite der Nichtigkeitsklage

Auch die **Nichtigkeitsklage** gegen rechtskräftige Urteile ist keineswegs bei jedem Verstoß gegen den Anspruch auf Gehör eingeräumt[262], sondern nur, wenn die Partei nicht ordnungsgemäß vertreten war, § 579 Abs. 1 Nr. 4. Dem wird man es jedoch gleichstellen können, wenn (bei ordnungsgemäßer öffentlicher Zustellung) eine Partei unverschuldet keine Kenntnis vom Verfahren erhielt[263].

54b

d) Gegenvorstellung

Urteile sind für das erkennende Gericht bindend (§ 318). Wegen dieser klaren gesetzlichen Regelung und wegen des hier besonders hoch einzuschätzenden Interesses an Rechtssicherheit muß es hierbei auch bei Verletzung des rechtlichen Gehörs verbleiben. Urteile können daher selbst bei klarer Verletzung des Rechts auf Gehör nicht auf **Gegenvorstellung** hin aufgehoben werden. Die nachfolgenden Erwägungen zur Gegenvorstellung beziehen sich nur auf Beschlüsse. Auch eine **Anhörungsrüge** ist nach geltendem Recht gegen Urteile nicht zulässig[264].

54c

Bei **Beschlüssen** ist im einzelnen zweifelhaft, wie weit trotz Unanfechtbarkeit die Aufhebung bzw. Abänderung durch das erkennende Gericht und damit auch die Gegenvorstellung allgemein zulässig sind, näher hierzu → § 329 Rdnr. 17ff., § 567 Rdnr. 26ff. Daß man durch generelle Zulassung der Abänderung und der Gegenvorstellung einen Weg eröffnen kann, schwerwiegende Verfahrensmängel und gerade auch die Verletzung des Anspruchs auf Gehör zu beheben, mag in unklaren Fällen ein Argument dafür sein, die Abänderbarkeit eher zu bejahen.

54d

Auch soweit Beschlüsse an sich sowohl **unanfechtbar** als auch **unabänderlich** sind, läßt es eine verbreitete Ansicht[265] heute zu, ausnahmsweise bei Verletzung des Rechts auf Gehör die Aufhebung aufgrund einer Gegenvorstellung zu gestatten. Man will damit vermeiden, daß nur die Verfassungsbeschwerde zum BVerfG (→ Rdnr. 58) zur Korrektur des Fehlers zur

54e

---

[261] *LG Dortmund* NJW 1986, 2959; *LG Hannover* NJW-RR 1989, 382.
[262] A.M. *Braun* NJW 1981, 425, 428, 1196 (analoge Anwendung des § 579 Abs. 1 Nr. 4); NJW 1983, 1403; 1984, 348. – Dagegen *E. Schneider* NJW 1981, 1196; *Seetzen* NJW 1982, 2337, 2340; 1984, 347. Nach *BVerfG* NJW 1992, 496 muß im verwaltungsgerichtlichen Verfahren vor einer Verfassungsbeschwerde der Versuch einer auf § 579 Abs. 1 Nr. 4 gestützten Nichtigkeitsklage unternommen werden, wenn geltend gemacht wird, die Teilnahme an einer mündlichen Verhandlung sei nicht möglich gewesen (für analoge Anwendung des § 579 Abs. 1 Nr. 4 in solchen Fällen *VGH Kassel* NJW 1986, 209). Gegen eine generelle analoge Anwendung des § 579 Abs. 1 Nr. 4 bei Gehörverletzung *VGH Kassel* NJW 1984, 378.
[263] *OLG Hamm* MDR 1979, 766 = FamRZ 1981, 205; *Thomas-Putzo*[18] § 579 Rdnr. 2; *MünchKommZPO-Braun* § 579 Rdnr. 19. – A.M. *Baumbach-Lauterbach-Hartmann*[51] § 579 Rdnr. 7; *Zöller-Schneider*[18] § 579 Rdnr. 7.

[264] Ebenso *E. Schumann*, Festschrift für Baumgärtel, 500; *Arens*, Anhörungsrüge und Gegenvorstellung, 40; *Braun* NJW 1983, 1403; 1984, 348. – A.M. *Seetzen* NJW 1982, 2337, 2342ff.; 1984, 347, der die Zulässigkeit einer Anhörungsrüge auch gegen unanfechtbare Urteile unmittelbar aus Art. 103 Abs. 1 GG ableiten will. *Seetzen* aaO 2338 berichtet auch über das Schicksal einer vom BVerfG seinerzeit angeregten Gesetzesänderung. Hierzu auch *Arens* aaO, 34ff.; *Zuck* JZ 1985, 921, 926.
[265] So z.B. *OLG Hamm* JurBüro 1976, 1120; *OLG Nürnberg* NJW 1979, 169; *VGH Mannheim* ESVGH 13, 102; *OLG München* AnwBl 1982, 532; ansatzweise auch *BVerfGE* 55, 1, 5 = NJW 1980, 2698; *OLG Frankfurt* NJW 1970, 715 (ohne speziell auf die Verletzung des rechtlichen Gehörs abzustellen); grundsätzlich wohl auch *OLG Bamberg* FamRZ 1986, 1011, 1013 (aber im konkreten Fall kein Rechtsschutzbedürfnis); *Zöller-E. Schneider*[18] § 567 Rdnr. 22, 27; *Baumbach-Lauterbach-Hartmann*[51] Übersicht vor § 567 Rdnr. 3. – A.M. *BAG* NJW 1971, 1823 (zu Verwerfungsbeschluß nach § 519b Abs. 2). Weiter Nachweise → Fn. 267.

Verfügung steht, selbst wenn es sich um klare gerichtliche Versehen handelt. Ob solche »Pannenhilfe« sinnvollerweise dem BVerfG zugewiesen sein soll, ist eigentlich eine Frage, die der Gesetzgeber beantworten sollte. Nachdem aber die vom BVerfG[266] verschiedentlich geforderte »Selbstkontrolle der Fachgerichtsbarkeit« nicht durch eine gesetzliche Regelung geschaffen wurde, stellt sich immer dringlicher die Frage, ob nicht bei Beschlüssen schon im Wege einer verfassungsorientierten Fortbildung des einfachen Gesetzesrechts Abhilfe geschaffen werden kann. Hierbei bietet sich ein Rückgriff auf den in § 33a und § 311a StPO enthaltenen Rechtsgedanken an[267]. Freilich muß bedacht werden, daß die Zulassung einer Gegenvorstellung gegen ansonsten unanfechtbare und unabänderliche Beschlüsse mit erheblichen Einbußen an Rechtssicherheit verbunden ist. Berücksichtigt man weiter, daß es darum geht, den Weg über die Verfassungsbeschwerde bei klaren Fehlgriffen entbehrlich zu machen, indem man den Gerichten die Selbstkorrektur von »Pannen« erlaubt, so läßt es sich rechtfertigen, eine Gegenvorstellung nur in solchen Fällen zuzulassen, in denen das Recht auf Gehör **eindeutig** verletzt ist.

54f Das Gericht ist, wenn man die Abänderbarkeit in dieser Weise **begrenzt,** nicht verpflichtet, in komplizierte Erwägungen über die nähere Ausgestaltung des Rechts auf Gehör einzutreten; solche Fragen können, auch wenn es um Beschlüsse geht, dem BVerfG vorbehalten bleiben. Auf die Offenkundigkeit stellt auch (freilich ohne nähere Begründung) das BVerfG[268] (zur Freiwilligen Gerichtsbarkeit) mit der Formulierung ab, von Verfassungs wegen liege es nahe, bei offenkundiger Verletzung des Rechts auf Gehör Gegenvorstellungen allgemein zuzulassen.

54g Entschließt man sich, die **Gegenvorstellung bei eindeutiger Verletzung des Rechts auf Gehör** zuzulassen, so ergibt sich weiter die Frage nach einer **Befristung** dieses Rechtsbehelfs. Die Gegenvorstellung ohne zeitliche Begrenzung zuzulassen, wäre mit dem Bedürfnis nach Rechtssicherheit schwer vereinbar. Man wird daher wie bei der sofortigen Beschwerde (§ 577 Abs. 2) als dem Regeltyp eines befristeten Rechtsmittels gegen Beschlüsse eine 2-Wochenfrist anzunehmen haben[269]. Zum Verfahren → § 567 Rdnr. 30.

e) Verneinung einer Bindungswirkung, insbesondere bei Verweisungsbeschlüssen

55 Aus einer Verletzung des rechtlichen Gehörs kann grundsätzlich **nicht die Wirkungslosigkeit einer Entscheidung** hergeleitet werden, es sei denn, daß es schon an der Rechtshängigkeit des Verfahrens fehlte[270]. Bei **Verweisungsbeschlüssen,** die nach Gesetz bindend und unanfechtbar sind (§ 281 Abs. 2 S. 3 u. 5), läßt die Rechtsprechung jedoch **Ausnahmen** von der Bindungswirkung und überwiegend auch von der Unanfechtbarkeit zu, wenn der Beschluß schlechterdings der gesetzlichen Grundlage entbehrt. Dazu wird auch die Verletzung des rechtlichen Gehörs gerechnet, so daß eine Anfechtung des Beschlusses zulässig ist[271] und

---

[266] Vgl. BVerfGE 42, 243, 248; 46, 185, 187.
[267] Dafür *E. Schumann* ZZP 96 (1983), 137, 209; *ders.* Festschrift für Baumgärtel, 491, 498; *Arens* Anhörungsrüge und Gegenvorstellung, 31; *Bauer* Die Gegenvorstellung im Zivilprozeß, 151 (Ergebnis); *ders.* NJW 1991, 1711; *Rosenberg-Schwab-Gottwald*[15] § 147 IV 2c; *Grunsky* → § 567 Rdnr. 28. – Dagegen *Braun* ZZP 104 (1991), 349.
[268] BVerfGE 73, 322, 329. Für den Zivilprozeß liegt, soweit bekannt, eine solche Aussage noch nicht vor. BVerfGE 60, 96 beließ es dabei, das Fehlen einer den §§ 33a, 311a StPO entsprechenden Regelung in der ZPO festzustellen.
[269] Dafür *Waldner* Der Anspruch auf rechtliches Gehör, Rdnr. 544. S. auch OVG Münster NVwZ-RR 1992, 387, das bei der Gegenvorstellung gegen einen Streitwertbeschluß § 25 Abs. 2 S. 3 GKG analog anwendet. *Bauer* Gegenvorstellung, 106ff., 121 geht dagegen de lege lata wie bei § 33a StPO von der Fristlosigkeit der Gegenvorstellung aus.
[270] *LG Tübingen* JZ 1982, 474, → vor § 578 Rdnr. 15. – Gegen Wirkungslosigkeit und für die Wiederaufnahmeklage nach § 579 Abs. 1 Nr. 4 *KG* NJW-RR 1987, 1215.
[271] *LG Köln* Rpfleger 1970, 251 (zust. *Petermann*); *LG Mannheim* MDR 1965, 582; *LG Stade* MDR 1961, 152; *E. Schumann* ZZP 96 (1983), 137, 210 (dort Fn. 277); *E. Schneider* DRiZ 1983, 24, 25. – A.M. *OLG Bremen* OLGZ 1975, 475 (zu § 102 GVG); *KG* MDR 1988, 417.

weder das angewiesene Gericht[272] noch das übergeordnete Gericht im Fall des Kompetenzkonflikts (§ 36 Nr. 6)[273] an den Verweisungsbeschluß gebunden sind. Näher → § 281 Rdnr. 30 ff.

f) Überprüfung von Vorentscheidungen im Rechtsmittelverfahren

Bei zulässigen Rechtsmitteln kann das Gericht **Vorentscheidungen** nicht prüfen, die selbständig anfechtbar sind oder die zwar an sich beschwerdefähig wären[274], durch besondere Vorschriften jedoch der Anfechtung entzogen sind, §§ 512, 548. Die Rechtsprechung hält es mit Recht für zulässig, daß das Rechtsmittelgericht »Folgerungen« aus den seiner Prüfung entzogenen Vorentscheidungen darauf untersucht, ob sie eine Verletzung des Rechts auf Gehör enthalten. So wurde z. B. eine **Verletzung des rechtlichen Gehörs** darin erblickt, daß einerseits (in unanfechtbarer Weise) das Armenrecht wegen fehlender Erfolgsaussicht (Ungeeignetheit eines Beweismittels oder Unerheblichkeit der unter Beweis gestellten Tatsachen) versagt wurde, andererseits aber die betreffende Beweiserhebung angeordnet, von einem Kostenvorschuß abhängig gemacht und wegen dessen Nichtzahlung nicht ausgeführt wurde[275]. Wird durch Ablehnung eines Vertagungsantrags das Recht auf Gehör verletzt, so kann dies die Aufhebung des Endurteils rechtfertigen[276], obwohl der ablehnende Beschluß als solcher nicht der Anfechtung unterliegt, § 227 Abs. 2 S. 3. Dasselbe gilt bei ungerechtfertigter Zurückweisung eines Parteivertreters[277]. 56

g) Nichtanerkennung eines ausländischen Urteils

Beruht ein ausländisches Urteil auf einem Verfahren, in welchem der unterlegenen Partei das rechtliche Gehör nicht gewährt wurde, so ist das Urteil gem. § 328 Abs. 1 Nr. 4 (Verstoß gegen den ordre public) nicht anzuerkennen, → § 328 Rdnr. 242. Dasselbe gilt nach Art. 27 Nr. 1 und (hinsichtlich der Verteidigungsmöglichkeit des Beklagten) Nr. 2 EuGVÜ. Ein Ausschluß einer Partei von der weiteren Teilnahme am Rechtsstreit wegen schuldhafter Nichtbefolgung gerichtlicher Anordnungen (contempt of court) braucht dagegen keinen Verstoß gegen die deutsche öffentliche Ordnung darzustellen, wenn das konkrete Verfahren rechtsstaatlichen Anforderungen genügte[278]. 57

h) Verfassungs- und Menschenrechtsbeschwerde

aa) Verfassungsbeschwerde zum Bundesverfassungsgericht

Die Verletzung des Art. 103 Abs. 1 GG kann (nach Erschöpfung des Rechtswegs, → auch Fn. 262) mit der **Verfassungsbeschwerde zum BVerfG** (Art. 93 Abs. 1 Nr. 4a GG, § 90 BVerfGG) gerügt werden, näher → vor § 578 Rdnr. 43 ff. Dabei geht das BVerfG (über das Gebot der Erschöpfung des Rechtswegs im engeren Sinn hinaus) von einem Grundsatz der 58

---

[272] *BGH* NJW 1979, 551; JZ 1982, 27; NJW 1983, 1859; FamRZ 1984, 162; *OLG Düsseldorf* OLGZ 1973, 243, 245 (zu § 102 GVG), Rpfleger 1975, 102. – A.M. *KG* MDR 1988, 417; *OLG Bremen* OLGZ 1975, 475; *E. Schumann* ZZP 96 (1983), 137, 210 (dort Fn. 277); *E. Schneider* DRiZ 1983, 24, 27; *Henckel* ZZP 77 (1964), 321, 322.
[273] BGHZ 71, 69, 72; *BGH* NJW 1979, 551; 1980, 192; BGHZ 102, 338, 341; *BGH* FamRZ 1988, 492; *BAG* AP § 36 Nr. 9 (abl. *Mes*); *OLG Schleswig* SchlHA 1979, 192; *OLG Düsseldorf* OLGZ 1973, 243, 245 (zu § 102 GVG); Rpfleger 1975, 102; *E. Schneider* DRiZ 1983, 24, 26 f. – A.M. *OLG Bremen* OLGZ 1975, 475; *E. Schumann* → § 36 Rdnr. 22 bei Fn. 70.
[274] S. dazu *Henckel* zu *BGH* JZ 1963, 290 f.; *ders.* ZZP 77 (1964), 321, 322.
[275] *BGH* LM § 548 Nr. 2; *RGZ* 160, 157.
[276] RGZ 81, 321.
[277] RGZ 83, 1.
[278] BGHZ 48, 327.

Subsidiarität der Verfassungsbeschwerde aus: Die Verfassungsbeschwerde ist nur zulässig, wenn der Gehörberechtigte alle verfügbaren prozessualen Möglichkeiten ausgeschöpft hat, um sich das Gehör zu verschaffen[279]. Hierzu auch → Rdnr. 30b.

58a Nicht jede fehlerhafte Anwendung von Bestimmungen der ZPO, die der näheren Ausgestaltung des Rechts auf Gehör dienen, ist zugleich eine **Verletzung des Art. 103 Abs. 1 GG.** Vielmehr kommt es für die Verfassungsbeschwerde nur darauf an, ob die vom Gericht gewählte Verfahrensgestaltung vor den Anforderungen des Art. 103 Abs. 1 GG bestehen kann[280]. Auch eine eindeutig fehlerhafte Auslegung verletzt nicht die Verfassung, wenn auch bei dieser Auslegung das unabdingbare Maß an Gehör gewährt wird[281]. Ein Verfassungsverstoß liegt vor, wenn ein Gericht bei der Auslegung oder Anwendung der ZPO die **Bedeutung oder die Tragweite des Anspruchs auf rechtliches Gehör verkannt hat,** insbesondere wenn die Auslegung zu einem Ergebnis führt, das, falls es in einem Gesetz enthalten wäre, zu dessen Nichtigerklärung durch das BVerfG führen müßte[282]. Diese Abgrenzung zwischen einer Verfassungsverletzung und einem bloßen Verstoß gegen das einfache Gesetz wird allerdings vom BVerfG unterschiedlich gehandhabt[283]. Die Auslegung und Anwendung der Präklusionsvorschriften unterzieht das BVerfG ausdrücklich einer strengeren Kontrolle, als dies sonst bei der Anwendung einfachen Rechts geschieht[284], zu den Einzelfragen → Rdnr. 33 ff. Auch an die Regeln über den Zugang zu den Rechtsmittelgerichten und an deren Anwendung im Einzelfall stellt das BVerfG besondere Anforderungen[285], → Rdnr. 20a. Trotz der reichhaltigen Kasuistik, die das BVerfG entwickelt hat, sind die Erfolgsaussichten einer Verfassungsbeschwerde oft schwer abzuschätzen.

58b Schon bisher war es dem BVerfG nach § 93 c S. 1 u. 2 BVerfGG aF (Senat) bzw. § 93 b Abs. 1 S. 1 Nr. 3 BVerfGG aF (Kammer) gestattet, auch eine zulässige und begründete Verfassungsbeschwerde *nicht zur Entscheidung anzunehmen,* wenn durch die Entscheidung keine Klärung einer verfassungsrechtlichen Frage zu erwarten ist (da die Rechtslage ohnehin eindeutig ist) und dem Beschwerdeführer durch die Versagung der Entscheidung kein schwerer und unabwendbarer Nachteil entsteht. Von dieser Möglichkeit der Nichtannahme hat das BVerfG bei eindeutiger Verletzung des Art. 103 Abs. 1 GG, aber geringen vermögensrechtlichen Folgen für den Betroffenen, gelegentlich[286], aber keineswegs immer[287] Gebrauch gemacht. Seit der Gesetzesänderung[287a] durch das Fünfte Gesetz zur Änderung des Gesetzes über das BVerfG vom 2. VIII. 1993, BGBl. I 1442 (Neubekanntmachung des BVerfGG s. BGBl. 1993 I 1473) ist eine Verfassungsbeschwerde **zur Entscheidung anzunehmen,** wenn ihr grundsätzlich verfassungsrechtliche Bedeutung zukommt oder wenn es zur Durchsetzung der in § 90 Abs. 1 BVerfGG genannten Rechte »angezeigt« ist; dies kann auch der Fall sein, wenn dem Beschwerdeführer durch die Versagung der Entscheidung zur Sache ein besonders schwerer Nachteil entsteht. Durch die Neuregelung wurde dem BVerfG ein noch größerer

---

[279] BVerfGE 74, 220, 225; 81, 22, 27; BVerfG NJW 1990, 107 u. 2374 (auch zu den Grenzen dieser Pflicht, → Rdnr. 30b bei Fn. 99); BVerfG NJW 1993, 51; NJW 1993, 2793 (→ Rdnr. 30b bei Fn. 99a). – Dazu allg. *M. Bender* Rügepflicht für Verfassungsverstöße vor den Fachgerichten? AöR 112 (1987), 169.

[280] BVerfGE 60, 305 = NJW 1982, 1636, 1637. – Zur Prüfungsbefugnis des BVerfG *M. Bender* (Fn. 7), insbes. 374 ff.

[281] BVerfG DtZ 1992, 183, 184 (fehlerhafte Beurteilung des Anwaltszwangs nach dem Einigungsvertrag ist keine Verletzung des Art. 103 Abs. 1 GG).

[282] BVerfGE 74, 228, 233 f.

[283] Krit. *E. Schumann* NJW 1982, 1609 in Auseinandersetzung mit BVerfGE 59, 330 = NJW 1982, 1635.

[284] BVerfGE 75, 302, 312, 314 = JZ 1988, 90 (*Leipold*); BVerfG NJW 1989, 3212; ebenso *BayVerfGH* NJW 1989, 215; FamRZ 1990, 76; NJW-RR 1993, 637, 638.

[285] BVerfGE 74, 228, 234.

[286] BVerfGE 47, 102 = NJW 1978, 631; dazu *Mußgnug* NJW 1978, 1358; BVerfGE 53, 205.

[287] Beispiele verfassungsgerichtlicher Entscheidungen in Bagatellfällen (mit eindeutigen Fehlgriffen der Zivilgerichte) im Bereich des Art. 103 Abs. 1 GG: BVerfGE 50, 32; 51, 126, 352; 54, 86, 117; 55, 95.

[287a] Dazu *Klein* NJW 1993, 2073; *Zuck* NJW 1993, 2641.

Spielraum bei der Annahme einer Verfassungsbeschwerde eingeräumt – deren Einlegung wird dadurch erst recht zum Glücksspiel.

In der **Begründung der Verfassungsbeschwerde** (§ 92 BVerfGG) muß innerhalb der Frist des § 93 BVerfGG (näher → vor § 578 Rdnr. 44) die Verletzung des Anspruchs auf rechtliches Gehör gerügt werden[288]. Hinreichend substantiiert ist diese Rüge nur, wenn außer der Verletzung des Rechts auf Gehör auch angegeben wird, was der Beschwerdeführer bei ausreichender Gewährung des rechtlichen Gehörs vorgetragen hätte[289]. 59

bb) Verfassungsbeschwerde zum Bayerischen Verfassungsgerichtshof

Da auch in der Bayerischen Verfassung (Art. 91 Abs. 1) das Recht auf Gehör garantiert ist, kommt (nach Erschöpfung des Rechtswegs, Art. 51 Abs. 1 S. 1 BayVerfGHG) gegen Entscheidungen bayerischer Gerichte auch die **Verfassungsbeschwerde zum Bayerischen Verfassungsgerichtshof** gemäß Art. 120 BayVerf in Betracht. Der Bayerische Verfassungsgerichtshof nimmt für sich die Kompetenz in Anspruch, ungeachtet des bundesrechtlichen Charakters der ZPO **zivilprozessuale Entscheidungen bayerischer Gerichte aufzuheben**[290], allerdings nicht, soweit diese aufgrund sachlicher Prüfung von einem obersten Bundesgericht geändert oder bestätigt worden sind[291]. 60

cc) Beschwerde an die Menschenrechtskommission

Art. 6 Abs. 1 der **Europäischen Menschenrechtskonvention** (→ Einl. Rdnr. 206) gewährleistet gleichfalls das Recht auf Gehör. Nach Erschöpfung des innerstaatlichen Rechtswegs steht dem Betroffenen bei Verstoß gegen diese Konvention der besondere Rechtsbehelf der **Beschwerde an die Menschenrechtskommission** zur Verfügung, → Einl. Rdnr. 684 sowie vor § 578 Rdnr. 42. 61

III. Die Gleichheit vor dem Richter und der Anspruch auf faires Verfahren

1. Die Gleichheit vor dem Richter[292]

Art. 3 Abs. 1 GG gilt nicht nur für das materielle Recht, sondern ebenso für das Prozeßrecht, → Einl. Rdnr. 506. Der **Gleichheitssatz verbietet**, wesentlich Gleiches ohne zureichenden Grund ungleich zu behandeln[293]. Ebenso gelten die Konkretisierungen dieses Satzes in Art. 3 Abs. 2 und 3 GG für den Zivilprozeß. Der Gleichheitssatz hat schon vor der Geltung 62

---

[288] *BVerfGE* 18, 85, 89.
[289] *BVerfGE* 28, 17; 66, 155, 175; 75, 201, 216.
[290] *BayVerfGH* 26, 127, 138 = NJW 1975, 301; *BayVerfGH* 27, 35, 109, 119; 29, 219; 33, 165; FamRZ 1990, 423; NJW 1993, 518; *Meder* Die Verfassung des Freistaates Bayern⁴ Art. 120 Rdnr. 39; *L. Schäfer* Die Kassation gerichtlicher Entscheidungen durch den Bayerischen Verfassungsgerichtshof, in Verfassung und Verfassungsrechtsprechung, Festschr. zum 25-jährigen Bestehen des Bayerischen Verfassungsgerichtshofs (1972), 259. – A.M. *E. Schumann* Verfassungs- und Menschenrechtsbeschwerde gegen richterliche Entscheidungen (1963), 125 ff.; *Grunsky* → vor § 578 Rdnr. 54.
[291] *BayVerfGH* 22, 124; 25, 143, 145; 26, 127, 139; 28 14, 22; *Meder* (Fn. 290) Art. 120 Rdnr. 40.
[292] Lit.: *Arens* Zur Willkürrechtsprechung des Bundesverfassungsgerichts, Keio Law Review, Commemorative Issue, Nr. 6, 1990 (Tokyo), 35; *Baumgärtel* Ausprägung der prozessualen Grundprinzipien der Waffengleichheit und der fairen Prozeßführung im zivilprozessualen Beweisrecht, Festschr. für Matscher (1993), 29. *Bötticher* Die Gleichheit vor dem Richter², auch abgedruckt in *Bötticher* Gleichbehandlung und Waffengleichheit (1979); *Fasching* Die Bedeutung des Gleichheitssatzes für das zivilgerichtliche Verfahren, Festgabe für Fasching (1993), 3; *Höfling* Das Verbot prozessualer Willkür JZ 1991, 955; *Kromer* Objektive Willkür von Gerichtsentscheidungen – BVerfGE 57, 39 und 58, 163, JuS 1984, 601; *Tettinger* Fairneß und Waffengleichheit (1984); *Vollkommer* Der Grundsatz prozessualer Waffengleichheit im Zivilprozeß – eine neue Prozeßmaxime? Festschr. für Schwab (1990), 503.
[293] Dem Gesetzgeber steht aber ein weiter Ermessensspielraum zu, vgl. allgemein *BVerfGE* 3, 58, 135; 3, 162, 182; 3, 288, 337; 4, 7, 18; 4, 219, 243, ständige Rsp.

des Art. 3 GG und auch vor der Geltung seines Vorgängers (Art. 109 Weimarer Verfassung) die Regelungen der ZPO als Grundsatz beherrscht. Seine Aufnahme in das GG als Verfassungssatz gebietet jedoch mit besonderem Nachdruck, die Vorschriften der ZPO darauf zu überprüfen, ob sie mit Art. 3 GG wirklich vereinbar sind[294], und bei der **Auslegung** zivilprozessualer Normen das Gleichheitsgebot besonders zu berücksichtigen[295], allgemein zur verfassungskonformen Auslegung → Einl. Rdnr. 64 f. Zur Verfassungsbeschwerde, die auf eine Verletzung des Art. 3 GG gestützt werden kann, → vor § 578 Rdnr. 43 ff.

63 Der allgemeine Gleichheitssatz gebietet die Gleichheit der Rechtsanwendung, aber auch die Gleichwertigkeit der prozessualen Stellung der Parteien vor dem Richter[296]. Eine besondere Ausprägung der Rechtsstaatlichkeit und des allgemeinen Gleichheitssatzes im prozessualen Bereich stellt daher der Grundsatz der **Waffengleichheit** dar[297]. Das Verfahrensrecht muß beiden Parteien in gleicher Weise das Recht zu Klagen, Anträgen, Behauptungen, Rechtsmitteln usw. geben und die prozessualen Risiken möglichst gleich verteilen. Bei der Gestaltung des Verfahrensablaufs, vor allem im Rahmen der **Ermessensausübung**, hat das Gericht darauf zu achten, daß beiden Parteien gleichwertige Möglichkeiten zur Ausübung ihrer prozessualen Rechte geboten werden[298]. Die in § 121 Abs. 2 S. 1 getroffene Regelung der Beiordnung eines Rechtsanwalts im Wege der Prozeßkostenhilfe genügt dem verfassungsrechtlichen Gebot der Waffengleichheit[299]; dieses verlangt auch nicht, § 121 Abs. 2 S. 1, Alt. 2 im Konkursverfahren entsprechend anzuwenden[300]. Zum Anwendungsbereich des § 121 Abs. 2 → § 121 Rdnr. 9, allgemein zum Gebot der Angleichung der Situation von Bemittelten und Unbemittelten bei der Verwirklichung des Rechtsschutzes[301] → vor § 114 Rdnr. 7. Anforderungen an das *materielle Recht* können aus dem Gebot der prozessualen Waffengleichheit nicht hergeleitet werden. Auch sollte dieses Gebot nicht dazu verwendet werden, auf dem Umweg über Beweislast- und Beweisführungsregeln das materielle Recht zu korrigieren. Aus Art. 3 Abs. 1 GG (und auch aus dem Gebot einer fairen Verfahrensführung) läßt sich *nicht* die Forderung ableiten, die *Beweislast* müsse *gleichmäßig* auf die Parteien verteilt sein[302].

64 Die Waffengleichheit steht letztlich auch hinter dem Anspruch auf rechtliches Gehör. Im Grunde ist das Gebot der Gleichbehandlung einschließlich der Waffengleichheit nur eine Seite des **allgemeinen Gerechtigkeitsgebotes**. Dies gilt erst recht, wenn man mit dem BVerfG dem Gleichheitssatz des Art. 3 Abs. 1 GG ein **allgemeines Willkürverbot** entnimmt. Das BVerfG folgert daraus, eine fehlerhafte Anwendung des einfach-gesetzlichen Verfahrensrechts verstoße gegen Art. 3 Abs. 1 GG, wenn sie »bei verständiger Würdigung der das Grundgesetz beherrschenden Gedanken nicht mehr verständlich ist und sich daher der Schluß aufdrängt, daß sie auf sachfremden Erwägungen beruht«[303]. Willkür liegt nach Ansicht des BVerfG[303a] erst dann vor, »wenn eine offensichtlich einschlägige Norm nicht berücksichtigt

---

[294] Beispiele einer Überprüfung von ZPO-Vorschriften anhand des Art. 3 GG: *BVerfGE* 19, 323, 326 (§ 546 aF); 35, 41, 50 (§ 232 Abs. 2 aF); 35, 348, 357 (114 Abs. 4 aF); 49, 148, 165 (§ 554b Abs. 1); 54, 277, 293 (§ 554b); 55, 72, 88 (§ 528 Abs. 3).
[295] Eine unterschiedliche Auslegung derselben Vorschrift durch verschiedene Gerichte (oder verschiedene Spruchkörper desselben Gerichts) verstößt nicht notwendig gegen Art. 3 GG, vgl. *BVerfGE* 1, 332, 345; 4, 352, 358; *BGH* NJW 1952, 1177.
[296] *BVerfGE* 69, 248, 254.
[297] *BVerfGE* 69, 126, 140.
[298] Vgl. *OLG Köln* VersR 1972, 179 (Verstoß gegen den Gleichheitssatz durch unterschiedliche Behandlung von Vertagungsanträgen).
[299] *BVerfG* NJW 1988, 2597.

[300] *BVerfG* NJW 1989, 3271.
[301] Dieses Gebot wird verletzt, wenn die Anforderungen an die Erfolgsaussichten der Rechtsverfolgung überspannt und schwierige Rechtsfragen schon im Prozeßkostenhilfeverfahren entschieden werden, *BVerfG* NJW 1991, 413; 1992, 889.
[302] Darauf läuft aber die Meinung der vier »überstimmten« Richter in *BVerfGE* 52, 131, 143 ff. hinaus. Dagegen zutr. *Stürner* NJW 1979, 2334, 2337. Gegen eine Kontrolle der objektiven Beweislast durch das BVerfG auch *Baumgärtel* Festschr. für Matscher (1993), 29, 36 f.
[303] *BVerfGE* 42, 64, 74; 54, 117, 125. – Ebenso *BayVerfGH* 1991, 2413, 2414; NJW 1993, 518.
[303a] *BVerfG* 87, 273, 279.

oder der Inhalt der Norm in krasser Weise mißdeutet wird«. Dagegen genügt selbst ein eindeutiger Fehler bei der Auslegung des Gesetzesrechts nicht, wenn die Begründung immerhin rechtlich nachvollziehbar ist, wie etwa bei einer fehlerhaften, aber vom Wortlaut des Gesetzes her verständlichen Beurteilung des Anwaltszwangs nach dem Einigungsvertrag[304]. In dieser Interpretation trägt das Willkürverbot allerdings, soweit es sich schon einfachgesetzlich um klare Fehlentscheidungen handelt, weniger dazu bei, das Zivilprozeßrecht fortzuentwickeln, sondern hat vor allem den Effekt, die **Überprüfungskompetenz** des BVerfG bei schweren Verfahrensfehlern zu begründen[305]. Insoweit besteht enge Verwandtschaft mit dem bei Rdnr. 65 dargestellten Anspruch auf faires Verfahren[306].

Aus dem Gleichheitssatz können sich auch Anforderungen an die **Ausgestaltung des Instanzenzuges** ergeben. Diese neue Dimension hat das BVerfG[307] für Art. 6 Abs. 5 GG (Gebot der Gleichstellung nichtehelicher mit ehelichen Kindern) anerkannt und eine Verpflichtung des Gesetzgebers bejaht, nichteheliche Kinder den ehelichen Kindern grundsätzlich auch bei der Ausgestaltung des Instanzenzuges in Unterhaltsstreitigkeiten gleichzustellen. Man wird aber auch sonst, d. h. im Bereich des allgemeinen Gleichheitssatzes (Art. 3 Abs. 1 GG), darauf achten müssen, ob eine unterschiedliche Gestaltung des Instanzenzuges durch nachvollziehbare sachliche Gesichtspunkte zu rechtfertigen ist, wobei freilich dem Gesetzgeber ein erheblicher Gestaltungsspielraum zuzubilligen ist. 64a

2. Der Anspruch auf faires Verfahren

a) Rechtsgrundlage und Verhältnis zum Recht auf Gehör

Das Recht auf faires Verfahren[308] wird vom BVerfG auch für den Zivilprozeß anerkannt und als »allgemeines Prozeßgrundrecht« bezeichnet[309]. Die Rechtsgrundlage sieht das BVerfG in Art. 2 Abs. 1 GG in Verbindung mit dem Rechtsstaatsprinzip. Das BVerfG[310] 65

---

[304] *BVerfG* DtZ 1992, 183, 184.
[305] Beispiele: *BVerfGE* 42, 64, 72 (willkürliche Nichtausübung des § 139, mit Sondervotum *Geiger* aaO 79 ff., der sich für die in der Tat näher liegende Anwendung des Art. 103 Abs. 1 GG ausspricht), → auch § 139 Rdnr. 37; *BVerfGE* 54, 117, 125 (willkürliche Anwendung von Präklusionsvorschriften; *BVerfGE* 56, 139, 145 (Versagung des Armenrechts ohne sachliche Rechtfertigung); *BVerfGE* 57, 39, 42 (offensichtlich sachwidrige und damit objektiv willkürliche Würdigung des Vorbringens einer Partei); *BVerfGE* 58, 163 (Urteil bejahte Beweisfälligkeit des Klägers wegen Nichtzahlung des Auslagenvorschusses, der aber dem Beklagten auferlegt worden war); *BVerfG* NJW 1983, 809 (offensichtlich fehlerhafte Kostenfestsetzung); *BVerfGE* 71, 202 (unhaltbare Verwerfung einer Berufung wegen angeblich fehlender Bezeichnung der Parteien); *BVerfG* NJW 1991, 2622 (willkürliche Tatsachenfeststellung entgegen dem unbestrittenen Parteivortrag). S. Rsp des *BVerfG* auch *E. Schumann* ZPP 96 (1983), 137, 158.
[306] *BVerfGE* 38, 105, 111 betrachtet die Waffengleichheit (im Straf- bzw. Disziplinarverfahren) als Teil des Anspruchs auf faires Verfahren.
[307] *BVerfGE* 85, 80. Das BVerfG billigt dem Gesetzgeber aber einen recht großzügig bemessenen zeitlichen Anpassungsspielraum zu und hält daher die derzeitige gesetzliche Regelung noch nicht für verfassungswidrig.
[308] Lit.: *Baumgärtel* Ausprägung der prozessualen Grundprinzipien der Waffengleichheit und der fairen Prozeßführung im zivilprozessualen Beweisrecht, Festschr.

für Matscher (1993), 29; *Benda* Formerfordernisse im Zivilprozeß und das Prinzip der Fairneß ZZP 98 (1985), 365; *Debernitz* Das Recht auf ein sachgerechtes Verfahren im Zivilprozeß (1987); *Dörr* Faires Verfahren, Gewährleistung im Grundgesetz der Bundesrepublik Deutschland (1984); *Karwacki* Der Anspruch der Parteien auf einen fairen Zivilprozeß (1984); *Krauß* Der Umfang der Prüfung von Zivilurteilen durch das Bundesverfassungsgericht (1987), 348; *Schilken* Gerichtsverfassungsrecht (1990), § 8; *E. Schumann* Bundesverfassungsgericht, Grundgesetz und Zivilprozeß ZZP 96 (1983), 137, 160; *Schwab-Gottwald* Verfassung und Zivilprozeß (1984), 61 ff.; *Stürner* Verfahrensgrundsätze des Zivilprozesses und ihre Verwirklichung, Festschr. für Baur (1981), 647, 649; *Suhr* Eine grundrechtsdogmatisch aufschlußreiche Zwangsversteigerung wegen vermögenswerter Rechte NJW 1979, 145; *Tettinger* Fairneß und Waffengleichheit (1984); *Vollkommer* Der Anspruch der Parteien auf einen fairen Zivilprozeß, Gedächtnisschr. für R. Bruns (1980), 195; *M. Wolf* Gerichtsverfassungsrecht aller Verfahrenszweige[6], § 29.
[309] *BVerfGE* 78, 123, 126; *BVerfG* NJW 1991, 3140. – Der BayVerfGH läßt offen, ob dem bayerischen Verfassungsrecht ein grundrechtlicher Anspruch auf ein faires Verfahren zu entnehmen ist, *BayVerfGH* FamRZ 1992, 969, 970. – Gegen eine Qualifizierung des Rechts auf faires Verfahren als subjektiv-rechtlichen Anspruch oder Grundrecht *M. Wolf* (Fn. 308), 280 f.
[310] Z.B. *BVerfGE* 46, 325, 334; 49, 220, 225; 51, 150, 156 (alle zum ZVG).

spricht auch vom Recht auf faire Verfahrens*führung* und wählt damit eine Formulierung, die vor allem im Hinblick auf die Bedeutung des Fairneßprinzips als Leitlinie richterlichen Ermessens (→ Rdnr. 67) treffend erscheint. In den Entscheidungen zum ZVG[311] greift das Gericht auf Art. 14 Abs. 1 GG zurück und entnimmt diesem Grundrecht einen Anspruch auf effektiven Rechtsschutz gegenüber Eingriffen, der auch den Anspruch auf faires Verfahren als wesentliche Ausprägung des Rechtsstaatsprinzips umfasse.

65a In Art. 6 Abs. 1 EMRK ist in der englischen Fassung, die neben der französischen maßgebend ist, der Gedanke der Fairneß des Verfahrens ausdrücklich angesprochen. Es heißt dort: »Everyone is entitled to a fair, public hearing...« In der deutschen Übersetzung ist daraus in recht blasser Formulierung[312] das Recht geworden, »in billiger Weise« gehört zu werden.

65b Der Anspruch auf faires Verfahren ist mit dem **Recht auf Gehör** eng verbunden. Dies kommt besonders in Art. 6 Abs. 1 EMRK zum Ausdruck, hat aber auch für das deutsche Verfassungsrecht zu gelten. Das Recht auf Gehör ist als wichtigste Ausprägung des Rechts auf faires Verfahren zu begreifen[313]. Aufgrund seiner Positivierung im GG und seiner reichen Entfaltung durch die Rechtsprechung des BVerfG steht das Recht auf Gehör im deutschen Verfassungsrecht im Vordergrund. Manche Frage, die man auch dem allgemeinen Gebot der Verfahrensfairneß zuordnen könnte, wird als Aspekt des Art. 103 Abs. 1 GG aufgefaßt. Das Recht auf Gehör wird nach dieser Betrachtungsweise nicht schon durch Einräumung einer formalen Äußerungsmöglichkeit erfüllt, sondern verpflichtet das Gericht, das Verfahren durchgängig so zu gestalten, daß die Parteien ihre Rechte auch effektiv wahrnehmen können. So verstanden, verpflichtet der Anspruch auf Gehör das Gericht nicht selten zu aktivem Tun, etwa zu Hinweisen und Fragen an die Parteien. Das weite Verständnis des Rechts auf Gehör hindert aber nicht, den Anspruch auf faires Verfahren als den übergreifenden, allgemeinen Grundsatz für die Ausgestaltung des Verfahrens[314] aufzufassen, zu dem der Anspruch auf Gehör (ebenso wie der Anspruch auf Gleichheit im Verfahren) im Verhältnis der Spezialität stehen[315].

65c Im Bereich der **EMRK** steht terminologisch das Recht auf faires Verfahren ganz im Vordergrund, wofür schon die erwähnte Formulierung des Art. 6 Abs. 1 EMRK verantwortlich ist, die nicht die Anhörung als solche, sondern die dabei zu wahrende Fairneß betont. Als Teilaspekte des Anspruchs auf faires Verfahren[316] findet man vergleichbare Wertungen, wie sie im deutschen Verfassungsrecht dem Anspruch auf Gehör zugeordnet werden, etwa das Recht zur Stellungnahme in tatsächlicher und rechtlicher Hinsicht oder das Recht zur Benennung von Beweismitteln. Im Rahmen der Entwicklung der europäischen Grundrechtsordnung wird wohl ebenfalls der Akzent auf dem Fairneß-Prinzip liegen. Auch um die deutsche Rechtsentwicklung hier gebührend mit einbringen zu können, sollte das Recht auf Gehör dem

---

[311] BVerfGE 46, 325, 334; 49, 220, 225; 51, 150, 156.
[312] Hierzu näher *Vollkommer* (Fn. 308), 206ff.; *Dörr* (Fn. 308), 72.
[313] Krit. *Krauß* (Fn. 308), 370ff., der eine Verwischung der »klaren Konturen« (?) der in den Art. 101ff. GG enthaltenen Justizrechte befürchtet; *Schilken* (Fn. 308), Rdnr. 110.
[314] Davon zu unterscheiden sind aber der verfassungsrechtliche Anspruch auf Rechtsschutzgewährung (Justizgewährungsanspruch, → Einl. Rdnr. 204ff.) und der zivilprozessuale Rechtsschutzanspruch (→ Einl. Rdnr. 214ff.). – A.M. *Vollkommer* (Fn. 308), 218f., der beide Institute im Recht auf faires Verfahren als allgemeinem Rechtsschutzgrundrecht aufgehen lassen will. Eine vergleichbare globale Betrachtungsweise findet sich bei *Karwacki* (Fn. 308), 52ff. und (auf noch höherer Abstraktionsstufe) bei *Debernitz* (Fn. 308), 289, der ein »Recht auf sachgerechtes Verfahren« als umfassendes Prozeßgrundrecht postuliert.

[315] Praktisch wirkt daher der Anspruch auf faires Verfahren innerhalb des deutschen Verfassungsrechts in der Tat als Auffanggrundrecht, so *Schwab-Gottwald* (Fn. 308), 62; *Rosenberg-Schwab-Gottwald*[15] § 1 VII (S. 7); *Schilken* Gerichtsverfassungsrecht, Rdnr. 112, oder Auffangprinzip, so *Krauß* (Fn. 308), 409.

[316] S. zur Entfaltung des Anspruchs auf faires Verfahren (bzw. auf »fair trial« oder »faire Gewährung«) nach Art. 6 Abs. 1 EMRK *Frowein-Peukert*, Kommentar zur EMRK (1985), Art. 6 Rdnr. 54ff.; *Miehsler-Vogler*, Internationaler Kommentar zur EMRK (1986), Art. 6 Rdnr. 341ff.; *Dörr* (Fn. 308), 177f.; *Peukert* Die Garantie des »fair trial« in der Straßburger Rechtsprechung, Die Auslegung des Art. 6 EMRK durch die Organe der Europäischen Menschenrechtskonvention, EuGRZ 1980, 247.

Wirkungsbereich des Anspruchs auf faires Verfahren zugeordnet und als dessen (wichtigste) Ausprägung verstanden werden.

b) Konkretisierung des Rechts auf faires Verfahren

Als verfassungsrechtliche Generalklausel ermöglicht es das Recht auf faires Verfahren dem BVerfG in flexibler (und damit freilich auch schwer vorhersehbarer) Weise einzugreifen, wenn die konkrete Verfahrensgestaltung nach seiner Ansicht den rechtsstaatlichen Anforderungen nicht genügt. Der Anwendungsbereich ist bislang wesentlich schmaler als derjenige des Rechts auf Gehör. Das BVerfG[317] formuliert als Teilinhalte des Rechts auf faires Verfahren, der Richter dürfe sich **nicht widersprüchlich verhalten,** er dürfe aus eigenen oder ihm zuzurechnenden **Fehlern** oder Versäumnissen **keine Verfahrensnachteile ableiten,** und er sei allgemein zur **Rücksichtnahme** gegenüber den Verfahrensbeteiligten in ihrer konkreten Situation verpflichtet. Darin liegt ein wertvoller Ansatz zur dogmatischen Entfaltung des Grundsatzes, der freilich dadurch beeinträchtigt wird, daß es das BVerfG dann zum Teil unterläßt, die konkrete Fallbeurteilung deutlich einem der von ihm herausgearbeiten Teilinhalte zuzuordnen[318]. 66

Aus dem Recht auf ein faires, rechtsstaatliches Verfahren folgert das BVerfG[319] auch, der in einem Gerichtsverfahren von Eingriffen in seine Rechte oder rechtlich geschützten Interessen Betroffene dürfe nicht zum bloßen Objekt des Verfahrens gemacht werden. Er müsse vielmehr auf das Verfahren Einfluß nehmen können und daher als Verfahrensbeteiligter anerkannt und mit entsprechenden prozessualen Befugnissen ausgestattet werden. Diese Aussagen hätten freilich auch aus dem Recht auf Gehör abgeleitet werden können. 66a

Für das Strafverfahren und das Verfahren nach dem OWiG entnimmt das BVerfG[320] aus dem Recht auf ein faires Verfahren auch das Gebot der **angemessenen Beschleunigung** des Verfahrens, nicht zuletzt im Interesse des Betroffenen. Es erscheint grundätzlich richtig, auch für den Zivilprozeß ein solches Beschleunigungsgebot[321] als Teilaspekt des fairen Verfahrens anzuerkennen, zumal auch in Art. 6 Abs. 1 EMRK das Recht auf ein Verfahren in angemessener Zeit verankert ist[322]. Allerdings könnte eine Verletzung dieses Rechts im Zivilprozeß nicht in vergleichbarer Weise sanktioniert werden wie im Strafprozeß oder im Verfahren nach dem OWiG, wo eine Verfahrenseinstellung oder eine Berücksichtigung der Verfahrensverzögerung beim Rechtsfolgeausspruch in Betracht kommen. Es ist aber möglich, aufgrund von Verfassungsbeschwerden prozeßverzögernde Zwischenentscheidungen (z. B. einen Aussetzungsbeschluß) aufzuheben oder auch sonst dem Richter bestimmte Verpflichtungen bei der Prozeßleitung aufzuerlegen. Außerdem sollte entsprechend § 252 die **Beschwerde gegenüber gerichtlicher Untätigkeit** zugelassen werden, wenn eine Verletzung des Rechts auf Entscheidung innerhalb angemessener Frist geltend gemacht wird[323]. 66b

Anwendungsfälle des Rechts auf faires Verfahren im Zivilprozeß aus der Rechtsprechung des BVerfG sind die Pflicht des Richters zur Vorwarnung, wenn die Unterschrift eines Anwalts als unleserlich 66c

---

[317] *BVerfGE* 78, 123, 126; *BayVerfG* NJW 1991, 3140.
[318] So heißt es z.B. in *BVerfG* NJW 1988, 2787 nach Wiedergabe der oben genannten Aussagen, sehr allgemein »gemessen an diesen Grundsätzen« hielten die angegriffenen Urteile den Verfassungsbeschwerden nicht stand. Der Sache handelt es sich wohl (auch in den Augen des BVerfG) um einen Anwendungsfall des Gebots der Rücksichtnahme auf die Verfahrensbeteiligten.
[319] *BVerfG* NJW 1992, 359.
[320] *BVerfG* NJW 1984, 967; *BVerfG* NJW 1992, 2472.

[321] Für allgemeine Geltung des Beschleunigungsgebots *Benda-Weber* ZZP 96 (1983), 285, 299. S. auch *M. Wolf* (Fn. 308), 283, der aus dem Grundsatz des fairen Verfahrens ein Gebot zur Verfahrensabwicklung ohne erhebliche Verzögerung entnimmt.
[322] Dazu *E. Schumann* Festschr. für Schwab (1990), 448, 452; *Henckel* Festschr. für Matscher (1993), 185, 192, der mit Recht auch im Rahmen des GG einen Anspruch auf Entscheidung in angemessener Frist bejaht.
[323] Dazu *Leipold* Festschr. für Kigawa (demnächst).

beanstandet werden soll, nachdem derselbe Spruchkörper diese Form der Unterschrift bisher als den Formerfordernissen genügend behandelt hat[324]; das Verbot, übertriebenen Formalismus zu praktizieren und eine Berufung allein deshalb als unzulässig zu verwerfen, weil im Schriftsatz ein falsches Datum und Aktenzeichen genannt ist, obgleich durch Beifügung der angefochtenen Entscheidung erkennbar ist, welche Entscheidung angefochten werden soll[325]. Für das **arbeitsgerichtliche Verfahren** hat das BVerfG einen Verstoß gegen die Verfahrensfairneß angenommen, wenn der Weg in die Berufungsinstanz mit der Begründung versperrt wurde, die unterbliebene Verkündung der Berufungszulassung könne durch einen späteren Berichtigungsbeschluß nicht ersetzt werden[326], oder wenn das LAG seine Entscheidung über die Zulassung der Revision nicht verkündet hat, obwohl die Verkündung nach ständiger Rechtsprechung des BAG Wirksamkeitsvoraussetzung für die Revisionszulassung ist[327]. Gegen das Recht auf faires Verfahren verstößt es nach Ansicht des BVerfG[328], wenn einem früheren Notar, der zu einer Leistung aus seinem Privatvermögen verurteilt worden ist, im Beschwerdeverfahren nach § 15 BNotO die Stellung eines Verfahrensbeteiligten und die für einen Beteiligten vorgesehenen Rechtsmittel vorenthalten werden. In den Entscheidungen zum ZVG wurde unter dem Gesichtspunkt des fairen Verfahrens vor allem die Pflicht der Gerichte herausgearbeitet, das Verfahren so zu gestalten, daß die Möglichkeiten des Vollstreckungsschutzes auch effektiv genutzt werden können[329].

c) Faires Verfahren und richterliches Ermessen

67   Das Recht auf faire Verfahrensführung gewinnt nicht zuletzt dort Bedeutung, wo das Gericht nach den Vorschriften der ZPO in der Gestaltung des Verfahrens einen Spielraum besitzt. Hier wirkt das Gebot der Fairneß als verfassungsrechtliche Leitlinie für die verfahrensrechtliche **Ermessensausübung**. Auch wenn sich das Gericht innerhalb der durch die ZPO eingeräumten Befugnisse bewegt, kann ein Verfahrensfehler vorliegen, weil die gewählte Verfahrensgestaltung den Grundsatz der prozessualen Fairneß verletzt. Dies kann z.B. bei der Bestimmung von Fristen oder der Anberaumung von Terminen ebenso der Fall sein wie bei der Trennung oder Verbindung von Verfahren (bzw. deren Unterlassung) oder beim Gebrauchmachen (bzw. Unterlassen) von den Möglichkeiten eines Zwischen-, Teil- oder Grundurteils. Ein wirklich *freies* Ermessen des Gerichts gibt es, entgegen der sowohl im Gesetzestext (z.B. §§ 3, 108 Abs. 1, § 112 Abs. 1, § 454 Abs. 1, § 510b, § 938 Abs. 1) als auch in der Literatur noch vielfach auftauchenden Formulierung nicht[330], sondern nur eine *pflichtgemäße*, nicht zuletzt an der Wahrung der Parteiinteressen auszurichtende Ermessenshandhabung. Der Verstoß gegen die prozessuale Fairneß wird durch die Anerkennung eines Anspruchs auf faire Verfahrensführung zum **Verfahrensfehler**, der schon innerhalb des Zivilprozesses im Rahmen der gewöhnlichen Rechtsbehelfe geltend gemacht werden kann.

IV. Dispositionsmaxime

1. Grundsatz[331]

68   Das Zivilprozeßrecht gewährt den **Parteien erheblichen Einfluß** auf den Ablauf des Verfahrens. Wie es im Belieben des einzelnen steht, ob er außergerichtlich seine Rechte verfolgt oder verteidigt, kann es ihm auch überlassen werden, ob er sich deshalb an das Gericht wendet. Das Allgemeininteresse fordert die Möglichkeit gerichtlichen Schutzes zur Bewährung der Rechtsordnung, nicht dagegen einen Zwang dazu, diesen Schutz auch in Anspruch zu neh-

---

[324] *BVerfGE* 78, 123.
[325] *BVerfG* NJW 1991, 3140. Ablehnend *Obert* NJW 1992, 2139.
[326] *BVerfG* NJW 1992, 1496. Das Gericht spricht hier von einem einer Schikane nahekommenden Ergebnis.
[327] *BVerfG* NJW 1991, 417.
[328] *BVerfG* NJW 1992, 359.

[329] *BVerfGE* 46, 325, 334, 49, 220, 225; 51, 150, 156.
[330] Dazu *Schiffczyk* Das »freie Ermessen« des Richters im Zivilprozeß, Diss. Erlangen (1979).
[331] Lit. → Fn. 338. – Zur Frage, inwieweit die einzelnen Elemente der Dispositionsmaxime verfassungsrechtlich garantiert sind, s. *Stürner* Festschr. für Baur (1981), 647, 650 ff.

men. Daher findet ein Zivilprozeß **nur auf Antrag** statt. Die Parteien treffen aber nicht nur die Bestimmung, ob überhaupt ein Prozeß stattfindet, sondern zugleich die Bestimmung, **worüber, mit wem, wann, in welchem Verfahren und wie lange im Instanzenweg** prozessiert wird, ob ein Prozeß ohne Urteil enden oder ob ein Urteil ohne nähere Nachprüfung aufgrund Unterwerfung ergehen soll. Während diese Verfügungsfreiheit der Parteien früher als Teil der *Verhandlungsmaxime* angesehen wurde[332], pflegt man heute den Verhandlungsgrundsatz vom Begriff her auf die Herrschaft der Parteien über den Tatsachenstoff zu begrenzen. Dagegen wird der Grundsatz des **Verfügungsrechts der Parteien über den Prozeß im ganzen** als **Dispositionsmaxime** bezeichnet[333]. Diese der Klarheit dienende begriffliche Trennung darf aber nicht darüber hinwegtäuschen, daß zwischen Dispositions- und Verhandlungsmaxime ein enger innerer Zusammenhang besteht[334]. Beides zusammen läßt sich als Prinzip der **Parteifreiheit und Parteiverantwortung** im Zivilprozeß kennzeichnen.

Im einzelnen zeigt sich die Dispositionsmaxime in folgendem: Ein zivilprozessuales Verfahren setzt zu seiner **Einleitung** eine Klage, § 253, oder ein entsprechendes Rechtsschutzgesuch seitens des Klägers oder Antragstellers voraus, z. B. Antrag auf Scheidung, § 622 Abs. 1, auf Erlaß eines Mahnbescheids, § 688, eines Arrests oder einer einstweiligen Verfügung, §§ 920, 936, auf Einleitung eines Aufgebotsverfahrens, § 947. Durch dieses Gesuch wird gleichzeitig bestimmt, **vor welchem Gericht, in welchem Verfahren** und **gegen wen** gestritten wird, und **worum** der Streit geht, → zum Streitgegenstand Einl. Rdnr. 263 ff. Auch spätere Änderungen oder Erweiterungen des Streitgegenstandes oder der Parteien gehen von einer Partei aus und sind u. U. an das Einverständnis des Gegners, gelegentlich auch des Gerichts, geknüpft, vgl. §§ 33, 256 Abs. 2, § 261 Abs. 2, §§ 263, 264. Von den seltenen Fällen der Beiladung (→ Rdnr. 29, → vor § 64 Rdnr. 2) abgesehen, kennt das deutsche Recht keine Einbeziehung Dritter durch das Gericht[335]. Ebenso wird ein unterbrochenes oder ausgesetztes Verfahren nur auf Antrag einer Partei (Aufnahme) fortgesetzt, § 250. 69

Durch Klagerücknahme, § 269, Erledigungserklärung, § 91a, oder Prozeßvergleich, § 794a Abs. 1 Nr. 1, können die Parteien einen **Rechtsstreit ohne Urteil in der Hauptsache** oder ein Rechtsmittelverfahren durch Zurücknahme des Rechtsmittels, §§ 515, 566, **beenden**. Durch Verzicht und Anerkenntnis, §§ 306, 307, können sie die richterliche Nachprüfung begrenzen und so vereinfacht eine Sachentscheidung herbeiführen. Ein Ergebnis, das einer derartigen Disposition praktisch entspricht, kann der Kläger (Widerkläger) durch Säumnis erreichen, weil dann seine Klage auf Antrag ohne weiteres als unbegründet abgewiesen wird, § 330. 70

2. Ausnahmen

a) Daß durch das **Gericht** von Amts wegen (sog. Offizialprinzip[336]) ein Verfahren eingeleitet wird, ist eine dem Zivilprozeß fremde Erscheinung. Auch Klage- oder Beteiligungsrechte des **Staatsanwalts** finden sich nur noch äußerst selten, nämlich bei der Ehenichtigkeitsklage und bei der Klage auf Feststellung des Bestehens oder Nichtbestehens einer Ehe, näher → Rdnr. 265 ff. Klagerechte anderer **Behörden** hinsichtlich privater Rechtsverhältnisse Dritter 71

---

[332] Vgl. *Leipold* JZ 1982, 441, 442 (mit Nachw. in Fn. 8).
[333] *Rosenberg-Schwab-Gottwald*[15] § 77 I; *Jauernig* ZPR[24] § 24; A. *Blomeyer* ZPR[2] § 13; *Grunsky*[2] § 3 II 1; s. schon *R. Schmidt* Lb.[2], 382 (»Dispositionsprinzip«); *Hellwig* System I § 140 II (»Parteiherrschaft«).
[334] *Grunsky*[2] § 18 III (S. 166 f.).
[335] Im Gegensatz zu anderen Rechtsordnungen, hierzu *Grunsky*, Dispositionsgrundsatz und Verfahrensbeteiligung im europäischen Vergleich, in Wege zu einem europäischen Zivilprozeßrecht, Tübinger Symposium zum 80. Geburtstag von Fritz Baur (1992), 25.
[336] Der Ausdruck wird hier nur als Gegensatz zum Antragsgrundsatz gebraucht, nicht – wie dies zuweilen geschieht – als anderer Name für den Untersuchungsgrundsatz.

sind im zivil- und arbeitsgerichtlichen Verfahren ebenfalls nur ganz ausnahmsweise zu finden[337].

72 Nur ausnahmsweise ist im Zivilprozeß der Antragsgrundsatz insofern **durchbrochen**, als im Urteil in einigen Nebenpunkten auch dann eine Entscheidung zu treffen ist, wenn es an einem Antrag der Parteien fehlt, → § 308 Abs. 2 (Kosten), § 308a (Fortsetzung eines Mietverhältnisses), §§ 708, 709 (vorläufige Vollstreckbarkeit), § 721 Abs. 1 (Räumungsfrist bei Wohnraum).

73 Klagen oder sonstige Anträge, die unzulässig oder unbegründet sind, hat das Gericht auch dann abzuweisen, wenn zwar **kein Abweisungsantrag** vorliegt, aber andererseits auch die Voraussetzungen eines Versäumnisurteils gegen den Beklagten, eines Anerkenntnisurteils oder einer Beendigung des Rechtsstreits ohne Urteil (z.B. durch Prozeßvergleich) nicht gegeben sind. Darin liegt keine Ausnahme von der Dispositionsmaxime, weil der Streit durch den Antrag des Klägers dem Gericht vorgelegt war und im Schweigen des Beklagten kein Einverständnis mit dem Klagebegehren liegt. Daher ergibt sich die Abweisungspflicht – auch ohne Antrag des Beklagten – aus dem Auftrag des Gerichts, nach Maßgabe des formellen und materiellen Rechts richtig zu entscheiden.

74 b) Die Dispositionsmaxime ist kraft Gesetzes durch **Ausschluß des Anerkenntnisses** und zum Teil auch eines Verzichts **eingeschränkt**, soweit den Parteien das **materielle Verfügungsrecht** über den dem Streitgegenstand zugrundeliegenden Anspruch fehlt und besondere Interessen der Allgemeinheit es verbieten, praktisch eine Umgehung des Verfügungsverbots durch die Art der Prozeßführung zu erlauben. So ist in Familien- (§ 617) und Kindschaftssachen (§ 640 Abs. 1) die Wirksamkeit eines Anerkenntnisses ausdrücklich ausgeschlossen. Näher → § 617 Rdnr. 3, § 640 Rdnr. 44 (auch zum Verzicht in Kindschaftssachen). Auch ohne ausdrückliche gesetzliche Regelung sind **Verzicht** und **Anerkenntnis** dann **unwirksam**, wenn das materielle Rechtsverhältnis nicht der Parteidisposition untersteht, → § 306 Rdnr. 8, § 307 Rdnr. 24. Zum Verzicht bei **Verbandsklagen** → § 306 Rdnr. 8 Fn. 12.

V. Die Grundsätze der Stoffsammlung

1. Der Verhandlungsgrundsatz 75	e) Die Behandlung von Normtatsachen; Verbandsklagen nach dem AGBG 90a
a) Begriff 75	3. Die Prüfung von Amts wegen 91
b) Einführung von Tatsachen 76	a) Gesetzliche Regelung 91
c) Zugestehen und Nichtbestreiten 77	b) Anwendungsbereich 92
d) Beweiserhebung 78	c) Tatsachenfeststellung im Bereich der Prüfung von Amts wegen 95
e) Ungünstiges Parteivorbringen 79	aa) Einführung von Tatsachen 95
f) Echte Einreden 81	bb) Keine Parteiverfügung über die Beweisnotwendigkeit 96
g) Rechtspolitische Würdigung 82	cc) Kein Freibeweis 97
2. Der Untersuchungsgrundsatz 86	dd) Besonderheiten bei der Zuständigkeitsprüfung 98
a) Begriff 86	d) Revisionsinstanz 100
b) Uneingeschränkte Geltung 87	
c) Eingeschränkte Geltung 88	
d) Untersuchungsgrundsatz ohne ausdrückliche gesetzliche Grundlage 89	

---

[337] Erwähnenswert etwa § 25 HeimarbeitsG; näher zu den Behördenklagen *Brenner* Der Einfluß von Behörden auf die Einleitung und den Ablauf in Zivilprozessen (1989).

1. Der Verhandlungsgrundsatz[338]

a) Begriff

Unter dem Verhandlungsgrundsatz versteht man nach heutigem Begriffsgebrauch, daß die 75
Beschaffung des **Tatsachenstoffs** und der **Beweismittel** in erster Linie **Sache der Parteien** ist

---

[338] Lit. zur Aufgabenverteilung zwischen Richter und Parteien, insbes. zu Verhandlungs- und Dispositionsmaxime: *Arens* Die Grundprinzipien des Zivilprozeßrechts, in Humane Justiz, Die deutschen Landesberichte zum ersten internationalen Kongreß für Zivilprozeßrecht (1977), 1; *ders.* Zur Aufklärungspflicht der nicht beweisbelasteten Partei im Zivilprozeß, ZZP 96 (1983), 1; *Baumbach* Zivilprozeß und freiwillige Gerichtsbarkeit, ZAkDR 1938, 583; *Bathe* Verhandlungsmaxime und Verfahrensbeschleunigung bei der Vorbereitung der mündlichen Verhandlung (1977); *Baur* Richtermacht und Formalismus im Verfahrensrecht, in Summum ius, summa iniuria, Ringvorlesung der Tübinger Juristenfakultät (1963), 97; *ders.* Vereinbarungen der Parteien über präjudizielle Rechtsverhältnisse im Zivilprozeß, Festschr. für Bötticher (1969), 1; *ders.* Funktionswandel des Zivilprozesses? in Tradition und Fortschritt im Recht, Festschrift zum 500jährigen Bestehen der Tübinger Juristenfakultät (1977), 159; *ders.* Funktionswandel der Gerichte? ZRP 1974, 235; *ders.* Nochmals: Zivilprozeß und Ideologie, JZ 1982, 709; *Bernhardt* Die Parteiherrschaft im Zivilprozeß, DGWR Bd. 1 (1935/36), 70; *ders.* Der Verhandlungsgrundsatz, DGWR Bd. 1 (1935/36), 422; *ders.* Die Aufklärung des Sachverhalts im Zivilprozeß, Festg. für Rosenberg (1949), 9; *Bettermann* Verfassungsrechtliche Grundlagen und Grundsätze des Prozesses JurBl 94 (1972), 57; *ders.* Hundert Jahre Zivilprozeßordnung – Das Schicksal einer liberalen Kodifikation = ZZP 91 (1978), 365; *Birk* Wer führt den Zivilprozeß – der Anwalt oder der Richter? NJW 1985, 1489; *Böhm* Der Streit um die Verhandlungsmaxime, in Jus Commune, Veröffentlichungen des Max-Planck-Instituts für Europäische Rechtsgeschichte Bd. VII (1978), 136; *Boehmer* Grundlagen der bürgerlichen Rechtsordnung 1 (1950), 109; *Bomsdorf* Prozeßmaximen und Rechtswirklichkeit, Verhandlungs- und Untersuchungsmaxime im deutschen Zivilprozeß (1971); *de Boor* Zur Reform des Zivilprozesses (1938); *ders.* Die Auflockerung des Zivilprozesses (1939); *Brehm* Die Bindung des Richters an den Parteivortrag und Grenzen freier Verhandlungswürdigung (1982); *ders.* Arbeitsteilung zwischen Gericht und Anwalt – eine ungenutzte Chance AnwBl 1983, 193; *Brinkmann* Wer führt den Zivilprozeß – der Anwalt oder der Richter? NJW 1985, 2460; *Brüggemann* Iudex statutor und iudex investigator (1968); *Bülow* Civilprozessualistische Fiktionen und Wahrheiten AcP 62(1879), 1, 75; *ders.* Das Geständnisrecht (1899), 229; *Cohn* Zur Ideologie des Zivilprozeßrechts, Erinnerungsgabe für Grünhut (1965), 31; *Costede* Scheinprozesse ZZP 82 (1969), 438; *Damrau* Die Entwicklung einzelner Prozeßmaximen seit der Reichszivilprozeßordnung von 1877 (1975); *Deubner* Gedanken zur richterlichen Aufklärungs- und Hinweispflicht, Festschr. für Schiedermair (1976), 79; *Fasselt-Rommé* Parteiherrschaft im Verfahren vor dem EuGH und dem Europäischen Gerichtshof für Menschenrechte (1993); *Gottwald* Aktive Richter – Managerial Judges, Zur Richtermacht im amerikanischen und deutschen Zivilprozeß, in: Recht in Ost und West (Tokyo 1988), 705; *Grunsky* Grundlagen², 16; *Habscheid* Richtermacht und Parteifreiheit ZZP 81 (1968), 175; *Hagen* Elemente einer allgemeinen Prozeßlehre (1972), 84; *Hahn* Kooperationsmaxime im Zivilprozeß? (1983); *ders.* Der sogenannte Verhandlungsgrundsatz im Zivilprozeß JA 1991, 319; *Hartwieg* Die Arbeitsteilung zwischen Anwälten und Richtern ZZP 96 (1983), 37 (rechtsvergleichend); *ders.* Die Kunst des Sachvortrags im Zivilprozeß, Eine rechtsvergleichende Studie zur Arbeitsweise des englischen Pleading-Systems (1988); *Häsemeyer* Parteivereinbarungen über präjudizielle Rechtsverhältnisse – zur Fragwürdigkeit der Parteidisposition als Urteilsgrundlage ZZP 85 (1972), 207; *Henckel* Prozeßrecht und materielles Recht (1970), 118; *Herr* Partei- und Amtsmaxime DRiZ 1988, 57; *v. Hippel* Wahrheitspflicht und Aufklärungspflicht der Parteien im Zivilprozeß (1939); *Jauernig* Verhandlungsmaxime, Inquisitionsmaxime und Streitgegenstand (1967); *ders.* Materielles Recht und Prozeßrecht JuS 1971, 329; *ders.* Der Bundesgerichtshof und das Zivilprozeßrecht, in: Jauernig-Roxin 40 Jahre Bundesgerichtshof (1990), 28, 35; *Jonas* Gedanken zur Prozeßreform, Verhandlungs- und Offizialmaxime DR 1941, 1697; *Kisch* Wahrheitspflicht, Verhandlungsmaxime, Eventualmaxime DJZ 1936, 913; *ders.* Private und öffentliche Belange in der bürgerlichen Rechtspflege DR 1936, 8; *Klein* Zeit- und Geistesströmungen im Prozesse (Vortrag 1901), in Reden, Vorträge/Aufsätze, Briefe, Bd. 1 (1927), 117; *Kleinfeller* Parteiherrschaft ZZP 53 (1928), 1, 129; (Bericht der) Kommission zur Vorbereitung einer Reform der Zivilgerichtsbarkeit (1961), 171; *Konzen* Verfahrensgrundsätze und familiengerichtliches Verbundprinzip JR 1978, 362, 403; *Kötz* Zur Funktionsteilung zwischen Richter und Anwalt im deutschen und englischen Zivilprozeß, Festschr. für Zajtay (1982), 277; *H. Lehmann* Zivilprozeßreform und Rechtsstaatsgedanke RheinZ Sonderheft (1924), 30; *Leipold* Zivilprozeßrecht und Ideologie – am Beispiel der Verhandlungsmaxime JZ 1982, 441; *ders.* Verfahrensbeschleunigung und Prozeßmaximen, Festschr. für Fasching (1988), 329; *Lent* Zur Beibehaltung der Verhandlungsmaxime ZAkDR 1936, 20; *ders.* Die Verteilung der Verantwortlichkeit unter Gericht und Parteien im Zivilprozeß ZZP 63 (1943), 3; *Levin* Richterliche Prozeßleitung und Sitzungspolizei in Theorie und Praxis (1913); *Linke* Parteifreiheit und Richterinitiative im Scheidungsverfahren, in Festschrift für Beitzke (1979), 269; *Lüke* Grundsätze des Verwaltungsprozesses JuS 1961, 41; *Pawlowski* Partei- und Amtsmaxime im Zivilprozeß DRiZ 1988, 334; *Prütting* Die Grundlagen des Zivilprozesses im Wandel der Gesetzgebung NJW 1980, 361; *Rümelin* Rechtspolitik und Doktrin in der bürgerlichen Rechtspflege (1926), 26; *Sauer* Allgemeine Prozeßrechtslehre (1951), 64; *Schima* Gedanken zur Zukunft des Verhandlungsgrundsatzes im Zivilprozeß, Studi in memoria di Carlo Furno (1973), 899; *Schlosser* Einverständliches Parteihandeln im Zivilprozeß (1968); *Eike Schmidt* Von der Privat- zur Sozialautonomie, JZ 1980, 153; *ders.* Die Verhandlungsmaxime als Methodenproblem, Demokratie und Recht 1984, 24; *ders.* Partei- und Amtsmaxime im Zivilprozeß DRiZ 1988, 59; *R. Schmidt* Der grundsätzliche Wandel des Erkenntnisverfahrens im

(zur rechtlichen Würdigung, die allein Sache des Gericht ist, → Rdnr. 106 ff.). Daher läßt sich gleichbedeutend und etwas anschaulicher vom **Beibringungsgrundsatz**[339] sprechen.

75a Der Verhandlungsgrundsatz gilt keineswegs uneingeschränkt im deutschen[340] Zivilprozeß, kann aber nach wie vor als dessen typische Erscheinung bezeichnet werden, die im Regelfall sein Gesicht bestimmt. Der **Anwendungsbereich** des Verhandlungsgrundsatzes wird durch den Untersuchungsgrundsatz (→ Rdnr. 86) und den Grundsatz der Prüfung von Amts wegen (→ Rdnr. 91) begrenzt. Schädlichen Auswirkungen der Verhandlungsmaxime sucht das Gesetz durch die **Wahrheits- und Vollständigkeitspflicht der Parteien** (§ 138 Abs. 1) zu begegnen. Vor allem aber ist dem **Gericht** durch die Pflicht zur Prozeßleitung (→ Rdnr. 101) und die Frage- und Hinweispflicht (§ 139) eine erhebliche **Mitverantwortung bei der Stoffsammlung** auferlegt.

b) Einführung von Tatsachen

76 Die Verhandlungsmaxime besagt, daß das Gericht **nur von den Parteien vorgebrachte Tatsachen** dem Urteil zugrundelegen darf[341]. Das Vorbringen muß ordnungsgemäß durch Vortrag in der mündlichen Verhandlung (→ § 128 Rdnr. 27) erfolgt sein[342]; nur im schriftlichen bzw. fakultativ mündlichen (→ § 128 Rdnr. 47) Verfahren genügt die bloße schriftliche Mitteilung. Auch Tatsachen, die **dem Richter privat bekannt** geworden sind, oder Tatsachen, die gelegentlich einer Beweisaufnahme zutage getreten sind[343], darf das Gericht nur berücksichtigen, wenn eine der Parteien eine entsprechende Behauptung aufstellt. (Privates Wissen des Richters muß selbst dann bei der Beweiswürdigung grundsätzlich außer Betracht bleiben, → § 286 Rdnr. 18.) Zur Berücksichtigung offenkundiger Tatsachen → § 291 Rdnr. 10 ff.

c) Zugestehen und Nichtbestreiten

77 Die Parteien entscheiden insofern über die Notwendigkeit des Beweises, als zugestandene oder nicht bestrittene Tatsachen keines Beweises bedürfen, das Gericht vielmehr gehalten ist, sie seiner Entscheidung zugrunde zu legen, § 138 Abs. 3, § 288. Zur Bindung des Gerichts bei Nichtbestreiten → § 138 Rdnr. 30a, zur Wirkung des Zugestehens → § 288 Rdnr. 19 ff. Auch die Geständnisfiktion bei Säumnis des Beklagten (§ 331 Abs. 1) ist eine Ausprägung der Verhandlungsmaxime.

Zivilprozeß der Nachkriegszeit (Verhandlungsprinzip und Instruktionsmaxime) ZZP 61 (1939), 253; *Schönfeld* Zur Verhandlungsmaxime im Zivilprozeß und in den übrigen Verfahrensarten – Die Modifikation des Prozeßrechts durch das Sozialstaatspostulat (1981); *Schönke* Grundsätze des Zivilprozesses in rechtsvergleichender Betrachtung ZAkDR 1936, 441; *Schreiber* Der Verhandlungsgrundsatz im Zivilprozeß Jura 1989, 86; *Schultzenstein* Die Untersuchungs- und die Verhandlungsmaxime in Vergleichung mit den einzelnen Prozeßarten ZZP 43 (1913), 301; *Stein* Das private Wissen des Richters (1893), 86; *Stürner* Die Aufklärungspflicht der Parteien des Zivilprozesses (1976); *ders*. Verfahrensgrundsätze des Zivilprozesses und Verfassung, Festschr. für Baur (1981), 647; *ders*. Die richterliche Aufklärung im Zivilprozeß (1982); *Stürner-Stadler* Aktive Rolle des Richters, in: *Gilles* (Hrsg.) Anwaltsberuf und Richterberuf in der heutigen Gesellschaft (1991), 173; *Volkmar* Abschied von der Verhandlungsmaxime? ZAkDR 1944, 136; *Wach* Vorträge über die Reichs-Civilproceßordnung² (1896), 52; *Wassermann* Der soziale Zivilprozeß (1978); *ders*.

Zur Zusammenarbeit zwischen Anwalt und Gericht im modernen Zivilprozeß AnwBl 1983, 481; *Weyers* Über Sinn und Grenzen der Verhandlungsmaxime im Zivilprozeß, Festg. für Esser (1975), 193; *Würthwein* Umfang und Grenzen des Parteieinflusses auf die Urteilsgrundlagen im Zivilprozeß (1977); *Zettel* Der Beibringungsgrundsatz (1977).

[339] So *Brüggemann* (Fn. 338), 107; *Zettel* (Fn. 338); *Rosenberg-Schwab-Gottwald*¹⁵ § 78 II.
[340] Rechtsvergleichend *Schlosser* ZPR I² Rdnr. 153 ff.
[341] BGH NJW 1989, 3161, 3162 = ZPP 103 (1990), 62, 64 (dazu krit. *Rüßmann*, 65, 67); BAG NJW 1984, 78, 79; OLG Hamburg WuW Entscheidungssammlung 1983, 963 (gilt auch bei Prüfung der Wirksamkeit eines Kartellvertrags); *Schlosser* ZPR I² Rdnr. 159.
[342] RGZ 41, 285, 293; JW 1903, 63; 1904, 386 u. oft.
[343] Ebenso LG Berlin NJW 1978, 1061; *Rosenberg-Schwab-Gottwald*¹⁵ § 78 II 1; *Brüggemann* (Fn. 338), 425. – A.M. *Bernhardt* Festg. f. Rosenberg (Fn. 338), 35; *Weyers* (Fn. 338), 208.

d) Beweiserhebung

Zum Beweis streitiger, nicht offenkundiger (§ 291) Tatsachen werden im Regelfall nur die **Beweise** erhoben, deren Erhebung eine **Partei beantragt** hat, vgl. § 282 Abs. 1. In diesem Bereich ist jedoch der Verhandlungsgrundsatz wesentlich dadurch aufgelockert, daß das Gericht in erheblichem Umfang auch **von Amts wegen Beweise erheben kann**. So ist es zulässig, von Amts wegen einen Augenschein einzunehmen oder Sachverständigenbeweis zu erheben (§ 144), die Vorlage von Urkunden (§ 142, s. auch §§ 102, 258 HGB) oder Akten (§ 143) oder die Vernehmung einer oder beider Parteien (§ 448, s. auch § 287 Abs. 1 S. 3) anzuordnen. Nur die Erhebung des Zeugenbeweises ist ausnahmslos von einem Parteiantrag abhängig. Die genannten Vorschriften ändern jedoch nichts daran, daß die Beweisinitiative in der Regel von den Parteien ausgeht und nach dem Gesamtbild der ZPO auch ausgehen soll. Die Beweiserhebung von Amts wegen liegt im **Ermessen des Gerichts**. Daß das Gericht nicht etwa grundsätzlich zur amtswegigen Beweiserhebung *verpflichtet* ist, macht nach wie vor einen entscheidenden Unterschied zur Untersuchungsmaxime aus.

78

e) Ungünstiges Parteivorbringen

Unerheblich ist es, von *welcher* Partei eine tatsächliche Behauptung erstmalig in den Prozeß eingeführt ist und, falls sie bewiesen ist, auf *wessen* Antrag die Beweise erhoben sind, die die Behauptung bestätigt haben. § 331 Abs. 2 bekräftigt den Grundsatz, daß jede Partei ihre eigenen (nicht widerrufenen, s. § 290) **Behauptungen gegen sich gelten lassen muß**[344], → auch § 288 Rdnr. 9. Deshalb wird eine Klage als unbegründet auch bei Säumnis des Beklagten **abgewiesen**, wenn nach dem eigenen tatsächlichen Vorbringen des Klägers der Anspruch gestundet wurde oder durch Erfüllung, Aufrechnung, Erlaß usw. erloschen ist, → § 331 Rdnr. 14, 20. Das Gericht kann den bestrittenen Einwand der Zahlung auch durch Zeugen des Klägers als bewiesen oder durch Zeugen des Beklagten als widerlegt ansehen. Bezieht sich eine Partei uneingeschränkt auf eine von ihr vorgelegte Vertragsurkunde, so sind die darin enthaltenen Vertragsklauseln auch zu ihren Ungunsten zu berücksichtigen[345].

79

Ebenso kann der Klage aufgrund von **tatsächlichen Behauptungen** stattgegeben werden, die **nur der Beklagte vorgebracht** hat, falls sie bewiesen oder vom Kläger nicht bestritten werden[346]. Ob sich der Kläger den Vortrag des Beklagten *zu eigen machen muß*, wird unterschiedlich beurteilt[347]. Dies ist sicher erforderlich, wenn der Vortrag des Beklagten außerhalb des bisherigen Streitgegenstands liegt[348]. Im übrigen kann der Kläger jedenfalls den Sachvortrag des Beklagten in erster Linie *bestreiten* (weil er sich auf einen damit unvereinbaren Sachverhalt stützt), ihn sich aber *hilfsweise zu eigen machen*[349]. Auch dann ist der Klage ohne Beweisaufnahme stattzugeben, falls die Rechtsfolgen (soweit Streitgegenstand) übereinstimmen. **Bestreitet** aber der Kläger **vorbehaltlos** den Vortrag des Beklagten (obwohl dieser dem Kläger günstig wäre), so sollte ein Klageerfolg aufgrund *dieses* Sachverhalts nicht in Betracht kommen, sondern allein entscheidend sein, ob das Vorbringen des Klägers schlüssig und zu beweisen ist; denn warum sollte man dem Kläger einen Erfolg aufnötigen, den er mit dieser tatsächlichen Begründung nicht haben will[350].

80

---

[344] *BGH* VersR 1974, 160; *RGZ* 94, 348; 95, 270; 100, 283; 103, 422; *Sobernheim* Das ungünstige Parteivorbringen (1916); *Goldschmidt* Prozeß als Rechtslage (1925, Neudruck 1962), 427 f.; *Heinemann* JR 1926, 655.
[345] *BGH* NJW 1984, 128.
[346] Vgl. *BGH* NJW 1976, 1145.
[347] Verneinend *E. Schneider* MDR 1970, 727; *Weyers* (Fn. 338), 211 ff.; *Jauernig* Festschr. für Schwab (1990), 247, 251 (anders nur, wenn das Vorbringen des Beklagten einen anderen Streitgegenstand betrifft). – A.M. *BGH* MDR 1969, 995.
[348] *Jauernig* (Fn. 347), 253; s. auch *RGZ* 151, 93, 98.
[349] *BGH* NJW 1985, 1841, 1842.
[350] Ebenso *BGH* JZ 1989, 858 = ZZP 103 (1990), 218

f) Echte Einreden

81 Daß es bei Einreden des BGB (z.B. § 222 Abs. 1, § 258 S. 2 HS 2, §§ 320, 321, 348, 478, 771, 867 S. 3, §§ 972, 1000) und bei den wenigen echten prozeßhindernden Einreden (§§ 110, 113, § 269 Abs. 4, § 1027a, → Einl. Rdnr. 317) allein auf die **Willenserklärung des Einredeberechtigten**, nicht seines Gegners, ankommt, ergibt sich aus der materiell-rechtlichen oder prozessualen Regelung des Einrederechts. Wird die Erklärung erst im Prozeß abgegeben, so fallen Abgabe und Geltendmachen im Prozeß zusammen (→ Rdnr. 254), und beides ist aus diesem Grund an die Person des Berechtigten geknüpft[351]. Mit dem Grundsatz der prozessualen Stoffsammlung, insbesondere dem bei Rdnr. 79 Erörterten, hat dies nichts zu tun; dieser gilt auch hier, so daß bei angeblich außerprozessualer Abgabe der Erklärung durch den Berechtigten die Behauptung des Gegners über diese Abgabe genügt, um die Tatsache im Prozeß zu beachten und den Gegner den ihm nachteiligen Folgen der Einrede auszusetzen. So kann zwar der Kläger bei Säumnis des Beklagten ein Versäumnisurteil erhalten, wenn er seine Klage schlüssig begründet hat, auch wenn die für eine **Verjährung** geforderte Frist bereits nach seiner eigenen Darstellung abgelaufen ist; dagegen wird ihm das Versäumnisurteil versagt, wenn er in der Klageschrift selbst behauptet, daß sich der Beklagte außerprozessual bereits auf die Verjährung berufen habe, → § 331 Rdnr. 14.

Zum Begriff der **Einrede im Sinne der ZPO** → § 146 Rdnr. 4.

g) Rechtspolitische Würdigung

82 Die Kritik am Verhandlungsgrundsatz hat eine lange Tradition. Auffällig ist der **ideologische Gehalt der Angriffe**[352], mögen sie in der Vergangenheit auf sozialistische Gedanken oder auf die nationalsozialistische Weltanschauung gestützt worden sein oder in jüngerer Zeit auf die Vorstellung eines – in erster Linie – »sozialen Zivilprozesses« gegründet werden. Darin wird der enge Zusammenhang mit dem Zweck des Zivilprozesses ebenso erkennbar wie die Verbindung mit einem bestimmten Menschenbild und einer bestimmten Staatsauffassung. Es geht bei der Abgrenzung zwischen Richtermacht und Parteieinfluß nicht um eine bloße Zweckmäßigkeitsfrage, sondern um eine **rechtspolitische Grundentscheidung**[353].

82a Wer den **Zweck des Zivilprozesses** (→ Einl. Rdnr. 4) in erster Linie im Schutz subjektiver privater Rechte sieht und grundsätzlich auf die Fähigkeit des einzelnen vertraut, sein Recht selbst (bzw. mit Hilfe eines frei gewählten Rechtsanwalts) zu vertreten, wird nicht zögern, die Verhandlungsmaxime zu verteidigen. In ihr kommt, ebenso wie in der Dispositionsmaxime, der **grundlegende Wert der Parteifreiheit und Parteiverantwortung** im Zivilprozeß zum Ausdruck. Daher ist allen Bestrebungen entgegenzutreten, die vom Zivilprozeß in erster Linie die Wahrung angeblicher Gemeinschaftsinteressen verlangen. Aber auch vor der Vorstellung, es sei die zentrale Aufgabe des Zivilprozesses, den jeweils »sozial Schwächeren« zu schützen, ist zu warnen. Der Zivilrichter hat nicht die Aufgabe, Sozialpolitik zu betreiben, sondern seine Sache ist es, das **Recht des einzelnen** zu schützen und durchzusetzen. Daß im Rahmen des jeweiligen materiellen Rechtsverhältnisses in erheblichem Maße Faktoren wie Machtungleichheit, wirtschaftliche Verhältnisse, Unerfahrenheit eine Rolle spielen, steht auf einem anderen Blatt. Ebensowenig steht der Verhandlungsmaxime entgegen, daß der Richter,

---

(dazu ausführlich, im Ergebnis zust. *Musielak*); zust. *Rosenberg-Schwab-Gottwald*[15] § 133 I 3 a (3). S. auch *BGH* WuW-Entscheidungssammlung 1983, 478. – Anders *Jauernig* (Fn. 347), 253; *ders.* ZPR[24] § 25 VI 4, der bei schlüssiger Klage das Gegenvorbringen des Beklagten als unerhebliche Verteidigung betrachtet, wenn es ebenfalls den Klageanspruch rechtfertigt.

[351] S. auch *BGHZ* 1, 234, 239.
[352] Dazu näher *Leipold* JZ 1982, 441 mwN.
[353] Dies betont *Jauernig* ZPR[24] § 25 VIII 3; *ders.* Der Bundesgerichtshof und das Zivilprozeßrecht (Fn. 338), 36.

vor allem im Rahmen seiner **Frage- und Hinweispflicht**, besonders darauf zu achten hat, daß auch die weniger erfahrene (oder weniger gut vertretene) Partei ihre Rechte effektiv wahrnehmen kann, → Rdnr. 41, 102 sowie § 139. Als Grundsatz aber ist die bürgerlich-liberale Betonung der Parteifreiheit, ergänzt durch richterliche Mitverantwortung, dem freiheitlichen, rechtsstaatlichen Zivilprozeß nach wie vor angemessen. Gerade die neueren Reformen haben die **Verantwortung der Parteien** für die rechtzeitige Beschaffung des Tatsachenstoffes unterstrichen und damit die Verhandlungsmaxime eher bekräftigt als aufgehoben. Von einer »Kooperationsmaxime«[354] zu sprechen, empfiehlt sich nicht, weil dadurch die primäre Freiheit und Verantwortlichkeit der Parteien[355] verdeckt wird. Sicher ist der Zivilprozeß auf Zusammenarbeit des Gerichts und der Parteien, gerade auch bei der Beschaffung des Tatsachenmaterials, angelegt. Dennoch aber bedarf es eines Prinzips, d.h. einer Regelung, wer denn **in erster Linie** (grundsätzlich) den Tatsachenstoff in das Verfahren einzuführen hat. Da dies nach den Einzelbestimmungen des Gesetzes und dem gesamten Sinnzusammenhang der ZPO die **Parteien** sind, ist die Verhandlungsmaxime nach wie vor in Geltung.

Sowenig man den Zusammenhang zwischen der Verhandlungsmaxime und den grundlegenden Wertungen des Zivilprozeßrechts, ja überhaupt des Bürgerlichen Rechts verkennen sollte, so sehr ist doch auch die **praktische Bewährung** dieses Grundsatzes hervorzuheben. Konkrekte Mißstände, die man dem Verhandlungsgrundsatz anlasten könnte, sind nicht erkennbar. Die Parteien sind in ihrem eigenen Interesse bestrebt, Tatsachen und Beweismittel, von denen sie sich Erfolg versprechen, möglichst vollständig dem Gericht zu unterbreiten. Davon darf man grundsätzlich eine bessere Aufklärung der Tatsachen erwarten als von einer gerichtlichen Untersuchung, jedenfalls solange dem Gericht kein eigener Ermittlungsapparat zur Verfügung steht. Im übrigen verliert der Unterschied der Prinzipien an Bedeutung, weil der Richter selbst beim Untersuchungsgrundsatz Ermittlungen von Amts wegen nur durchführt, wenn er Anhaltspunkte für eine bestimmte Gestaltung des Sachverhalts hat. Zumindest diese Anhaltspunkte müssen ihm aber in der Regel die Parteien geben. Kritisiert wurde zuweilen, daß Verhandlungs- bzw. Dispositionsgrundsatz zu einem **Versäumnisurteil** oder einem **Anerkenntnisurteil** entgegen den Ergebnissen einer **bereits durchgeführten Beweisaufnahme** führen können, ferner, daß ein Geständnis auch bei erkennbar unwahren Behauptungen für das Gericht bindend sein soll. Dergleichen dürfte in der Praxis selten sein, zumal der Einfluß des Gerichts kraft seiner Prozeßleitung sowie die Wahrheitspflicht der Parteien zu bedenken sind. Angesichts der richterlichen Frage- und Aufklärungspflicht wird es nicht dazu kommen, daß eine Partei *unabsichtlich* eine unwahre Tatsache zugesteht oder nicht bestreitet. Nicht selten wird das zunächst schwer verständliche Verhalten der Parteien durch das vernünftige Streben veranlaßt sein, zur Beschleunigung und Konzentration des Verfahrens einen Streitpunkt auszuräumen, der ihnen nicht wichtig ist. Zuweilen wollen sie aufgrund einer außergerichtlichen Einigung oder sonstiger sachgemäßer Überlegungen ein erwünschtes Ergebnis rasch durch ein Urteil bestimmten Inhalts erreichen, z.B. durch ein Versäumnisurteil. Es wird dann durch prozessuales Verhalten ein ähnliches Ergebnis erzielt, wie durch eine entsprechende materiell-rechtlich Verfügung. Daß dadurch Schaden entstünde, ist nicht ersichtlich.

Oft wird die Verhandlungsmaxime mit dem Prinzip einer nur **formellen Wahrheit** in Verbindung gebracht und demgegenüber gefordert, der Richter müsse die **materielle**, gleichsam echte **Wahrheit** erforschen. Demgegenüber muß man nüchtern feststellen, daß alle

83

84

---

[354] So z.B. *Wassermann* (Fn. 338), 109; *ders.* AnwBl 1983, 481, 482; *AK-ZPO-Schmidt* Einl. Rdnr. 53, 59f.; *AK-ZPO-Menne* vor § 278 Rdnr. 4; s. auch *Hahn* Kooperationsmaxime (Fn. 338). – Dagegen *Rosenberg-Schwab-Gottwald*[15] § 78 I 4; *Jauernig* ZPR[24] § 25 VIII 3 (S. 86); *Birk* NJW 1985, 1489, 1496; *Leipold* Festschr. f. Fasching (Fn. 338), 342; *Stürner-Stadler* (Fn. 338), 184.

[355] Zutr. *Jauernig* ZPR[24] § 25 VIII 3 (S. 86).

Stoffsammlungsmaximen die Erkenntnis der Wahrheit erstreben³⁵⁶, daß aber auch in allen Fällen diese Wahrheit eine **relative** bleibt. Die Wahrheitsfeststellung (die im übrigen keinen Selbstzweck darstellt, → Einl. Rdnr. 21) ist stets bezogen auf den verfügbaren Prozeßstoff. Auch eine richterliche Untersuchungspflicht bietet keine Gewähr dafür, daß sämtliche Tatsachen und Beweismittel gefunden und damit eine absolute Wahrheit ans Tageslicht gebracht wird. Überschätzung der Möglichkeiten des Richters und Unterschätzung bzw. Mißachtung der Parteiinitiative sind bei den Kritikern der Verhandlungsmaxime nicht selten zu finden.

85 Insgesamt ist es **weder aus ideologischen noch aus praktischen Gründen gerechtfertigt**, den **Abschied** von der richtig verstandenen Verhandlungsmaxime zu fordern.

85a Zur Frage, ob für **bestimmte Verfahrensgegenstände** über die *gesetzlich* geregelten Fälle hinaus die Geltung der Untersuchungsmaxime zu bejahen ist, → Rdnr. 89, zu den sog. **Normtatsachen** → Rdnr. 90 a.

2. Der Untersuchungsgrundsatz

a) Begriff

86 Im Gegensatz zum Verhandlungsgrundsatz überträgt der Untersuchungsgrundsatz (Inquisitionsmaxime)³⁵⁷ die **Stoffsammlung** dem **Gericht**, ohne dieses an Anträge oder das sonstige Verhalten der Parteien zu binden. Das Gericht hat darüber zu bestimmen, welche möglichen Tatsachen im Verfahren zu erörtern und inwieweit Beweise zu erheben sind. Die Untersuchungsmaxime ist für mehrere Bereiche des Zivilprozesses in unterschiedlichem Ausmaß vorgeschrieben.

b) Uneingeschränkte Geltung

87 Der Untersuchungsgrundsatz gilt für bestimmte Streitsachen uneingeschränkt, nämlich in **Ehesachen** bei Feststellungs- und Nichtigkeitsklagen, § 616 Abs. 1, § 617, in **Kindschaftssachen**, § 640 Abs. 1 (zur Anfechtung der Ehelichkeit → Rdnr. 88), für das **Aufgebotsverfahren**, § 952, Abs. 3, § 986 Abs. 3, für **Baulandsachen**, § 221 Abs. 2 BauGB, und im Beschwerdeverfahren **gegen Verfügungen der Kartellbehörden**, § 69 Abs. 1 GWB. S. ferner § 87 Abs. 1 PatG.

87a Auch für die **Entmündigung** und ihre Aufhebung sah die ZPO die Untersuchungsmaxime vor; über die 1992 an die Stelle der Entmündigung getretene Betreuung ist im von der Untersuchungsmaxime (§ 12 FGG) beherrschten Verfahren der Freiwilligen Gerichtsbarkeit zu entscheiden, s. §§ 65 ff. FGG. Das vom BVerfG³⁵⁸ für nichtig erklärte StHG sah die Untersuchungsmaxime für **Staatshaftungsstreitigkeiten** vor, § 20 Abs. 3 StHG.

c) Eingeschränkte Geltung

88 In einer weiteren Gruppe von Streitsachen ist zwar im allgemeinen nach dem Untersuchungsgrundsatz zu verfahren; **eingeschränkt** ist jedoch die Befugnis des Gerichts, **neue Tatsachen** ohne Rücksicht auf den Parteiwillen in den Prozeß einzuführen. In Verfahren auf Scheidung, Aufhebung der Ehe oder Herstellung des ehelichen Lebens gilt der Untersuchungsgrundsatz insoweit **nur für ehefreundliche Tatsachen**, § 616 Abs. 2, bei Klagen zur

---

³⁵⁶ Ebenso *Henckel* (Fn. 338), 144.
³⁵⁷ Zur Bezeichnung → Fn. 336; Lit. → Fn. 338.
³⁵⁸ *BVerfG* NJW 1983, 25 = JZ 137 = MDR 106.

Anfechtung der Ehelichkeit eines Kindes nur für die **zugunsten der Ehelichkeit** des Kindes sprechenden Tatsachen, § 640 d.

d) Untersuchungsgrundsatz ohne ausdrückliche gesetzliche Grundlage

Methodisch gesehen ist es nicht von vornherein ausgeschlossen, noch in weiteren Fällen im Wege einer Analogie die Geltung der Untersuchungsmaxime zu bejahen. Da aber die Verhandlungsmaxime nicht nur die *Regel* bildet, sondern einen *wesentlichen Bestandteil* des Grundsatzes der *Parteifreiheit* darstellt und den Zivilprozeß entscheidend prägt, bedürfte es schon ganz besonderer, zwingender Gründe, um auch in gesetzlich nicht ausdrücklich der Untersuchungsmaxime unterstellten Verfahren von der Verhandlungsmaxime abzuweichen. Wenn der Gesetzgeber bestimmte Verfahrensgegenstände dem Zivilprozeß zuweist und keine speziellen Verfahrensregeln vorschreibt, so ergibt sich daraus der **Wille des Gesetzgebers**, diese Verfahren auch der **Verhandlungsmaxime** zu unterstellen. Falls in solchen Prozessen das öffentliche oder das allgemeine Interesse besonders berührt werden, so rechtfertigt dies allein nicht, von der Verhandlungsmaxime abzugehen. Deren Geltung ist daher grundsätzlich auch bei **Verbandsklagen** nach § 13 AGBG[359] und § 13 UWG zu bejahen; denn der Gesetzgeber hat eben darauf vertraut, daß die klagebefugten Verbände die ihnen im Rahmen der Verhandlungsmaxime zustehenden Möglichkeiten zur Wahrung des allgemeinen Interesses nutzen; → aber zu den sog. Normtatsachen Rdnr. 90 a, b. Auch bei **öffentlich-rechtlichen Streitsachen**, die dem Zivilprozeß zugewiesen sind (→ Einl. Rdnr. 386) wird man ohne gesetzliche Grundlage (→ Rdnr. 87) kaum eine Ausnahme vom Verhandlungsgrundsatz anerkennen können[360].

Wirkt sich das Ergebnis eines Zivilprozesses auf die **Rechtsstellung Dritter** aus, wie dies vor allem bei Gestaltungsurteilen in Betracht kommt, so ist zu prüfen, ob diese Personen aufgrund des Rechts auf Gehör am Verfahren zu *beteiligen* sind, → Rdnr. 26. Soweit dies zu verneinen ist, kommt damit zum Ausdruck, daß die Drittbetroffenen im Verhältnis zur Prozeßführung durch die Parteien nicht als *schutzwürdig* anerkannt werden. Dann ist aber auch kein ausreichender Grund vorhanden, in derartigen Fällen die Untersuchungsmaxime anzuwenden. Die Geltung der Verhandlungsmaxime geht ferner zwar in der Regel, aber **nicht notwendig** mit der **materiellen Verfügungsmacht** der Parteien einher[361], ebenso wie umgekehrt auch in manchen Verfahren die Untersuchungsmaxime gilt, obwohl die Parteien nach materiellem Recht verfügungsbefugt sind[362]. Zwar können die Parteien im Bereich der Verhandlungsmaxime durch übereinstimmenden Tatsachenvortrag u. U. ähnliche Ergebnisse herbeiführen wie durch materielle Rechtsgeschäfte, aber zum einen hat der Gesetzgeber dies eben in Kauf genommen und zum anderen sind die Rechtswirkungen auch nicht identisch, wie sich etwa daran zeigt, daß die Rechtskraftwirkung in der Regel auf die Prozeßparteien beschränkt bleibt. Daher ist **auch bei fehlender materieller Verfügungsmöglichkeit an der Verhandlungsmaxime festzuhalten**, solange es keine gesetzlichen Einschränkungen gibt. Dies gilt insbesondere für die **Erbunwürdigkeitsklage**[363]. Daß u. U. auch einmal ein rechtsmißbräuchliches und

89

90

---

[359] Nachw. → Fn. 367.
[360] A.M. *Baumgärtel* ZZP 73 (1960), 402 (analoge Anwendung von § 618 Abs. 4 u. § 622 aF, jetzt § 612 Abs. 4 u. § 616).
[361] A.M. *A. Blomeyer* ZZP 75 (1962), 1, 13 ff. Er bejaht daher die Geltung der Untersuchungsmaxime für die Erbunwürdigkeitsklage und den Erbprätendentenstreit (für den *A. Blomeyer* auch eine Rechtskrafterstreckung annimmt, dazu → § 325 Rdnr. 85 ff.). Zust. *Grunsky*² § 18 III (S. 168); abl. *Henckel* (Fn. 338), 135.

[362] A.M. *Grunsky*² § 18 III (S. 168).
[363] KG FamRZ 1989, 675 = NJW-RR 1989, 455; *Soergel-Damrau*¹² § 2342 Rdnr. 1. – A.M. *A. Blomeyer* (Fn. 361); *ders.* ZPR² § 94 III; *v. Lübtow* Erbrecht II (1971), 740 f.; *MünchKomm-Frank*² § 2342 Rdnr. 8. – Auch die Zulässigkeit eines Anerkenntnisurteils ist zu bejahen, *KG* aaO; *LG Köln* NJW 1977, 1783; a.m. *LG Aachen* MDR 1988, 240. → auch § 307 Rdnr. 24 a. E.

daher nach Treu und Glauben (→ Einl. Rdnr. 242ff.) unzulässiges Verhalten vorliegen kann, steht auf einem anderen Blatt.

e) Die Behandlung von Normtatsachen; Verbandsklagen nach dem AGBG

90a Erst in neuerer Zeit wurde auf die besondere Stellung der sog. Normtatsachen oder Rechtsfortbildungstatsachen hingewiesen[364]. Es handelt sich dabei um Informationen, die das Gericht bei der Fortbildung des Rechts, insbesondere auch bei der in diesem Zusammenhang erforderlichen Folgenabschätzung, verwendet, nicht um tatsächliche Umstände, die den konkreten Sachverhalt betreffen, auf den sich der Rechtsstreit bezieht. Zu einem erheblichen Teil wird es sich bei den für die Rechtsfortbildung relevanten Gegebenheiten um Erfahrungssätze handeln. Für diese ist schon bisher anerkannt, daß ihre Einführung in den Prozeß und ihre Feststellung nicht den von der Verhandlungsmaxime geprägten Regeln unterstehen, → Rdnr. 107. Der Richter kann sich solches Wissen durch Sachverständige beschaffen; er kann aber auch allgemein zugängliche Auskunftsquellen, insbesondere Literatur, heranziehen; auf einen entsprechenden Parteivortrag kommt es dabei ebensowenig an wie auf Zugestehen oder Nichtbestreiten durch die Partei. Ebenso wie die Erfahrungssätze nicht der Verhandlungsmaxime unterstehen, wird man dies auch für diejenigen Normtatsachen oder Rechtsfortbildungstatsachen zu bejahen haben, die sich als Tatsachen in dem bei § 284 Rdnr. 9 erläuterten Sinne darstellen. Ein bestimmender Parteieinfluß auf solche Tatsachen wäre mit dem über den Einzelfall hinausweisenden Charakter der Rechtsfortbildung nicht vereinbar[365]. Das Gericht kann sie also von Amts wegen in das Verfahren einführen und ist an ihrer Ermittlung auch durch Nichtbestreiten oder Zugestehen seitens einer Partei nicht gehindert. Allerdings ist darauf zu achten, daß das rechtliche Gehör auch zu solchen Informationen gewährt wird[366]. Da die richterliche Rechtsfortbildung im Rahmen der Entscheidung des konkreten Rechtsstreits erfolgt und ihr Ergebnis von den Parteien zu tragen ist, müssen die Parteien Gelegenheit haben, zu den vom Gericht herangezogenen Normtatsachen Stellung zu nehmen.

90b Bei **Verbandsklagen nach dem AGBG** bejaht die h. M.[367] ohne Einschränkungen die Geltung der Verhandlungsmaxime. Da das Modell der Verbandsklage auf die privatrechtlich konzipierte Verantwortung der klagebefugten Verbände vertraut, erscheint es grundsätzlich konsequent, auch hinsichtlich der Sachverhaltsfeststellung auf die Parteiinitiative im Rahmen des Beibringungsgrundsatzes zu setzen[368]. Soweit es jedoch um Informationen geht, die nicht

---

[364] Lit.: *Döhring* Die gesellschaftlichen Grundlagen der juristischen Entscheidung (1977), 136ff.; *Lames* Rechtsfortbildung als Prozeßzweck (1993), 52ff., 121f. *Prütting* Prozessuale Aspekte richterlicher Rechtsfortbildung, Festschr. der Rechtswiss. Fakultät zur 600-Jahr-Feier der Universität Köln (1988), 305; *Rüssmann* Normtatsachen KritVJ 1991, 402; *Seiter* Beweisrechtliche Probleme der Tatsachenfeststellung bei richterlicher Rechtsfortbildung, Festschr. für Baur (1981), 573; *E. Schmidt* Der Umgang mit Normtatsachen im Zivilprozeß, Festschr. für Wassermann (1985), 807; *ders.* Richteramt und Parteilasten bei der Verbandsklage nach dem deutschen AGB-Gesetz, Festschr. für Keller (1989), 661, 668ff.

[365] So *Seiter* (Fn. 364), 589f.; *E. Schmidt* Festschr. für Wassermann (Fn. 364), 812; *ders.* Festschr. für Keller (Fn. 364), 669f.; *AK-ZPO-Schmidt* Einl. Rdnr. 77; *Rüßmann* (Fn. 364), 407ff.; *Lames* (Fn. 364), 58ff.; auch *Prütting* (Fn. 364), 318 neigt zu dieser Ansicht.

[366] *Seiter* (Fn. 364), 589; *Prütting* (Fn. 364), 318, 323; *MünchKommZPO-Prütting* § 291 Rdnr. 20; *Lames* (Fn. 364), 66f.

[367] So u.a. *Lindacher* AGB-Verbandsklage und Rechtsschutzsystem, in Justiz und Recht, Festschr. aus Anlaß des 10jährigen Bestehens der Deutschen Richterakademie (1983), 209, 215; *ders.* in Wolf-Horn-Lindacher* AGBG² § 15 Rdnr. 2f.; *Hensen* in Ulmer-Brandner-Hensen* AGBG⁶ § 15 Rdnr. 1; *MünchKomm-Gerlach*³ § 15 AGBG Rdnr. 2. – A.M. *Reinel* Die Verbandsklage nach dem AGBG (1979), 133ff.; *Göbel* Prozeßzweck der AGB-Klage und herkömmlicher Zivilprozeß (1980), 133ff.; *E. Schmidt* Festschr. für Keller (Fn. 364), 668ff.

[368] Vgl. *Leipold* Die Verbandsklage zum Schutz allgemeiner und breitgestreuter Interessen, in *Gilles* (Hrsg.), Effektivität des Rechtsschutzes und verfassungsmäßige Ordnung, Die deutschen Landesberichte zum VII. Internationalen Kongreß für Prozeßrecht in Würzburg 1983 (1983), 57, 71.

die konkreten Umstände der Verwendung von AGB, sondern deren normative Bewertung betreffen, wird man sie als Normtatsachen im soeben (→ Rdnr. 90a) erwähnten Sinn anzusehen und dem das Gericht bindenden Parteieinfluß zu entziehen haben[369].

3. Die Prüfung von Amts wegen[370]

a) Gesetzliche Regelung

Von Amts wegen zu berücksichtigen hat das Gericht nach § 56 Abs. 1 u. a. den Mangel der Parteifähigkeit, der Prozeßfähigkeit oder der Legitimation des gesetzlichen Vertreters, nach § 88 Abs. 2 den Mangel der Prozeßvollmacht (wenn kein Rechtsanwalt als Bevollmächtigter auftritt). Denselben Begriff verwendet das Gesetz in § 139 Abs. 2, der den Vorsitzenden verpflichtet, auf Bedenken hinsichtlich der von Amts wegen zu berücksichtigenden Punkte hinzuweisen, sowie in § 335 Abs. 1 Nr. 1, wonach der Antrag auf Versäumnisurteil zurückzuweisen ist, wenn es an dem erforderlichen Nachweis hinsichtlich eines von Amts wegen zu berücksichtigenden Punktes fehlt. **Von Amts wegen zu prüfen** ist die Statthaftigkeit sowie die form- und fristgerechte Einlegung und (soweit vorgeschrieben) Begründung von Einspruch (§ 341 Abs. 1), Rechtsmitteln (§ 519b Abs. 1, § 554a Abs. 1, § 574) und Wiederaufnahmeklage (§ 589 Abs. 1).

91

Ein sachlicher **Unterschied** zwischen der »Berücksichtigung« und der »Prüfung« von Amts wegen ist **nicht erkennbar**; es kann vielmehr von einem **einheitlichen Begriff der Prüfung von Amts wegen** ausgegangen werden. Mit beiden Formulierungen wird nämlich zum Ausdruck gebracht, daß dem *Parteiverhalten* bei diesen Fragen keine bestimmende Bedeutung zukommen soll. Es bedarf also keiner *Rüge* der Gegenpartei, um den Mangel der Parteifähigkeit, Prozeßfähigkeit oder die Unzulässigkeit des Rechtsmittels zu berücksichtigen. Allerdings versteht sich dies heute nahezu von selbst, da die Rechtsanwendung grundsätzlich Sache des Gerichts ohne Bindung an Parteianträge ist, soweit es sich nicht ausnahmsweise um eine echte materielle oder prozessuale Einrede (→ Rdnr. 81) handelt. Die Prüfung von Amts wegen bezieht sich aber nicht nur auf die **Rechtsanwendung**, sondern auch auf die **Stoffsammlung**. Es handelt sich um einen zwischen Verhandlungs- und Untersuchungsgrundsatz stehenden Grundsatz der Stoffsammlung, über dessen Geltungsbereich und über dessen Inhalt allerdings die Ansichten auseinander gehen.

91a

b) Anwendungsbereich

Über die im Gesetz ausdrücklich genannten Fälle hinaus gilt der Grundsatz der Prüfung von Amts wegen allgemein[371] für die Prüfung der **Zulässigkeit** des Prozesses (insbesondere der unverzichtbaren Sachentscheidungsvoraussetzungen, → Einl. Rdnr. 320, auch für die Prüfung der Gerichtsunterworfenheit[372], → Einl. Rdnr. 679), der Rechtsbehelfe und der einzelnen Prozeßhandlungen, ebenso für die Voraussetzungen einer Zurückweisung nach § 157[373]. Dies erscheint gerechtfertigt, weil die Einhaltung der Zulässigkeitsvoraussetzungen regelmäßig auch im öffentlichen Interesse geboten ist.

92

---

[369] Dazu insbes. *E. Schmidt* Festschr. für Keller (Fn. 364) 668 ff.
[370] Lit.: *von Weber* Die Prüfung von Amts wegen ZZP 57 (1933), 91; *Rimmelspacher* Zur Prüfung von Amts wegen im Zivilprozeß (1966).
[371] Ebenso *Rosenberg-Schwab-Gottwald*[15] § 78 V 1; *A. Blomeyer* ZPR² § 14 IV; *Baumbach-Lauterbach-Hartmann*[51] Grundz. vor § 128 Rdnr. 40.

[372] Insoweit für Geltung der Untersuchungsmaxime *Rosenberg-Schwab-Gottwald*[15] § 78 IV 1; *A. Blomeyer* ZPR, 1. Aufl., § 14 IV.
[373] A. M. *A. Blomeyer* ZPR, 1. Aufl., § 14 IV (Untersuchungsgrundsatz).

92a Soweit aber das Gesetz eine **echte prozessuale Einrede** vorsieht (→ Rdnr. 81 sowie Einl. Rdnr. 317), also die Berücksichtigung vom Parteiverhalten abhängig macht, wäre es sinnwidrig, hinsichtlich der Stoffsammlung den Grundsatz der Amtsprüfung anzuwenden. Hier gilt vielmehr die **Verhandlungsmaxime**. Dasselbe ist anzunehmen, soweit die Parteien durch Unterlassen der Rüge (§ 295 Abs. 1) oder durch widerspruchslose Einlassung (§ 267) auf die Zulässigkeitsfrage Einfluß nehmen können. Eine Zwischenstellung nimmt insoweit die Prüfung der **Zuständigkeit** ein, → Rdnr. 98. Ferner gibt es einzelne Zulässigkeitserfordernisse, deren tatsächliche Voraussetzungen eng mit den materiell-rechtlich relevanten Tatsachen verknüpft sein können, so etwa beim **Rechtsschutzbedürfnis** und beim **rechtlichen Interesse**[374] i. S. des § 256 Abs. 1. Hier erscheint es vertretbar (wenn auch nicht unproblematisch), zwar eine Prüfung von Amts wegen (also ohne Rücksicht auf eine Parteirüge) zu fordern, aber hinsichtlich der behaupteten tatsächlichen Voraussetzungen genauso zu verfahren wie bei materiell-rechtlichen Fragen, also das Gericht an Zugestehen, Nichtbestreiten und an die Geständnisfiktion des § 331 Abs. 2 zu binden (→ vor § 253 Rdnr. 127, § 256 Rdnr. 121).

93 Zweifelhaft ist, von welchem Grundsatz man im **Kostenfestsetzungsverfahren** hinsichtlich der Voraussetzungen des Kostenfestsetzungsanspruchs auszugehen hat. Die Untersuchungsmaxime gilt jedenfalls nicht[375]; denn nach § 103 Abs. 2, § 104 Abs. 2 hat der Antragsteller die geltend gemachten Ansätze zu behaupten und glaubhaft zu machen. Von einer Prüfung von Amts wegen[376] kann man insofern sprechen, als die Ansätze ohne Rücksicht darauf zu überprüfen sind, ob eine Rüge des Gegners vorliegt. Andererseits besteht kein Grund, einem *Geständnis* des Gegners hinsichtlich tatsächlicher Umstände die Bindungswirkung zu versagen, → § 104 Rdnr. 3, während die Nichtäußerung des Gegners die Glaubhaftmachung nicht entbehrlich macht, → § 104 Rdnr. 3, Fn. 7. Eine Besonderheit bilden Recht und Pflicht des Rechtspflegers, von Amts wegen eine *Erklärung des Prozeßgerichts* einzuholen, wenn trotz Beiziehung der Prozeßakten Zweifel über kostenrechtlich relevante Verfahrenstatsachen bestehen[377].

94 Im Bereich **materiell-rechtlicher Fragen** findet die Prüfung von Amts wegen, verstanden als Grundsatz der Stoffsammlung, keine Anwendung, auch dann nicht, wenn es um zwingendes Recht (einschließlich der materiellen Formvorschriften) geht. Hier verbleibt es bei der Verhandlungsmaxime. Besteht dagegen für das Gericht der Verdacht eines Mißbrauchs der Rechtspflege (zu sittenwidrigen, verbotenen oder gar strafbaren Zwecken), so handelt es sich dabei um eine prozeßrechtliche Frage, die nach ihrem Sinn und Zweck der Prüfung von Amts wegen zu unterstellen ist.

c) Die Tatsachenfeststellung im Bereich der Prüfung von Amts wegen

aa) Einführung von Tatsachen

95 Die Einführung von Tatsachen in den Prozeß bleibt grundsätzlich den Parteien überlassen. Amtsprüfung bedeutet nicht Amtsermittlung[378]. Es besteht keine Veranlassung, bei Tatsa-

---

[374] A.M. *Rosenberg-Schwab-Gottwald*[15] § 78 V 2 b.
[375] *Mümmler* JurBüro 1977, 918; *Baumbach-Lauterbach-Hartmann*[51] § 104 Rdnr. 4.
[376] So *OLG Frankfurt* Rpfleger 1980, 70; *Mümmler* JurBüro 1977, 917, 918; *Baumbach-Lauterbach-Hartmann*[51] § 104 Rdnr. 4.
[377] Dazu *OLG Frankfurt* Rpfleger 1980, 70; *OLG Koblenz* Rpfleger 1980, 393 (keine Bindung des Rechtspflegers an die dienstliche Äußerung des erkennenden Richters, str.).

[378] BGH NJW 1976, 149; 1982, 1467, 1468; 1989, 2064; 1991, 3095, 3096 = ZZP 104 (1991), 449, 452 (Roth); BAGE 6, 76, 80 = NJW 1958, 1699, 1700 = AP § 56 Nr. 1; RGZ 160, 338, 346, 348; *Rosenberg-Schwab-Gottwald*[15] § 78 V 2; A. *Blomeyer* ZPR[2] § 14 IV; *Grunsky*[2] § 22 I 3 (S. 203); *Baumbach-Lauterbach-Hartmann*[51] Grundz. vor § 128 Rdnr. 40; *Thomas-Putzo*[19] vor § 253 Rdnr. 12; *Jauernig* ZPR[24] § 25 X (hält die Regelung aber nicht für glücklich).

chen, welche die *Zulässigkeit* eines Verfahrens oder einer Prozeßhandlung stützen können, der interessierten Partei die Verantwortung abzunehmen und sie dem Gericht zu übertragen. Dagegen ist es **dem Gericht gestattet, für die Unzulässigkeit sprechende Tatsachen einzuführen**[379]. Wenn das Gericht nämlich auf *Bedenken* hinweist (wie dies in § 139 Abs. 2 vorgeschrieben ist), macht es nicht nur auf Rechtssätze oder einzelne Tatbestandsmerkmale, sondern auch auf Tatsachen einschließlich der Hilfstatsachen aufmerksam, die nach Ansicht des Gerichts eine Unzulässigkeit ergeben könnten. Die Bedenken des Gerichts brauchen nicht auf Parteibehauptungen zurückzugehen[380]. Wird die Klage als unzulässig abgewiesen, weil die Möglichkeit, daß die für die Unzulässigkeit sprechenden Tatsachen bestehen, nicht widerlegt sei, dann sind diese Umstände als mögliche Tatsachen Prozeßstoff geworden, also in den Prozeß eingeführt. Anders wäre das Interesse an der Einhaltung der prozessualen Ordnung nicht wirksam zu schützen.

bb) Keine Parteiverfügung über die Beweisnotwendigkeit

Die Parteien können nicht über die Beweisnotwendigkeit durch Geständnis oder Nichtbestreiten verfügen[381]. Das Geständnis ist aber im Rahmen der freien Beweiswürdigung (§ 286) als Beweisindiz zu berücksichtigen, → § 288 Rdnr. 18. Bei Säumnis des Beklagten tritt die Geständnisfiktion des § 331 Abs. 1 nicht ein[382].

96

cc) Kein Freibeweis

Die wohl noch überwiegende Ansicht nimmt an, bei der Prüfung von Amts wegen gelte anstelle des Strengbeweises der sog. **Freibeweis**[383]. Diese Ansicht ist jedoch **abzulehnen**[384], da die Einhaltung der beweisrechtlichen Vorschriften im Interesse einer zuverlässigen Tatsachenfeststellung und des Schutzes der Parteien hier ebenso wichtig erscheint wie bei materiell-rechtlich relevanten Tatsachen. Näher → vor § 355 Rdnr. 9 ff., 21 ff. Im Urkundenprozeß gelten für den Beweis nicht die Beschränkungen des § 595[385]. Beweiserhebungen von Amts wegen sind im selben Maß gestattet wie im Bereich der Verhandlungsmaxime (→ Rdnr. 78); ob die Ausübung des gerichtlichen Ermessens im Rahmen der Prüfung von Amts wegen häufiger zur Beweiserhebung von Amts wegen führt als bei materiell-rechtlich erheblichen Tatsachen, kann nicht generell beurteilt werden. Ein Grund, hier abweichend von den allgemeinen Regeln auch einen *Zeugenbeweis* von Amts wegen zu gestatten, ist nicht ersichtlich. Eine **Beweiserhebungspflicht** des Gerichts i. S. der Untersuchungsmaxime **besteht nicht**[386]. Auch die **Beweislast** der Parteien bleibt von der Prüfung von Amts wegen unberührt[387]; zur Beweislast bei den Sachentscheidungsvoraussetzungen → Einl. Rdnr. 323.

97

---

[379] Vgl. *von Weber* (Fn. 370), 94 ff. (weitergehend für Geltung der Untersuchungsmaxime hinsichtlich der Feststellung der Unzulässigkeit); *Grunsky*² § 22 I 3 (S. 203); *Zettel* Der Beibringungsgrundsatz (1977), 45, 93. – A.M. *Rimmelspacher* (Fn. 370), 152.
[380] Vgl. *Grunsky*² § 22 I 3 (S. 203).
[381] *BAGE* 6, 76, 79 f. (Fn. 378); *Jauernig* ZPR²⁴ § 25 X. Einschränkend *Grunsky*² § 22 I 3 (S. 202 f.), der das Gericht an Geständnis oder Nichtbestreiten solcher Tatsachen binden will, die gegen das Vorliegen von Prozeßvoraussetzungen sprechen; ähnl. *von Weber* (Fn. 370), 97.
[382] *BGH* NJW 1976, 149.

[383] *BGH* NJW 1951, 441 = LM § 56 Nr. 1; *BGH* NJW 1987, 2875 = ZZP 101 (1988), 294 (abl. *E. Peters*); *BAGE* 6, 76, 80 (Fn. 378); *Baumbach-Lauterbach-Hartmann*⁵¹ Einf. vor § 284 Rdnr. 9; *A. Blomeyer* ZPR² § 14 IV, § 66 II 3.
[384] Nachweise → vor § 355 Rdnr. 21 (dort Fn. 15).
[385] *RGZ* 160, 338, 346; näher → § 595 Rdnr. 5.
[386] *RGZ* 160, 338, 348. – A.M. *von Weber* (Fn. 370), 95 (hinsichtlich der Feststellung der Unzulässigkeit gelte die Untersuchungsmaxime).
[387] *RGZ* 160, 338, 347.

dd) Besonderheiten bei der Zuständigkeitsprüfung

98 Bei der Prüfung der Zuständigkeit (näher → § 1 Rdnr. 15 ff.) gilt der Grundsatz der **Prüfung von Amts wegen** uneingeschränkt nur, soweit eine Zuständigkeitsvereinbarung schlechthin ausgeschlossen ist, also in **nicht vermögensrechtlichen Streitigkeiten** und bei **ausschließlicher Zuständigkeit**, § 40 Abs. 2. Hier ist das Gericht auch nicht an Behaupten und Zugestehen bzw. Nichtbestreiten von zuständigkeitsbegründenden Tatsachen gebunden, weil sonst die Parteien auf diesem Wege doch eine Verschiebung der Zuständigkeit erreichen könnten. Ebensowenig kann in diesen Fällen bei Säumnis des Beklagten die Geständnisfiktion des § 331 Abs. 1 für die vom Kläger behaupteten zuständigkeitsbegründenden Tatsachen gelten.

99 Wird in den nicht von § 40 Abs. 2 erfaßten Fällen durch **rügelose Einlassung** nach § 39 die Zuständigkeit begründet, so kommt es auf die ursprünglichen Zuständigkeitsvoraussetzungen nicht mehr an. Denkbar ist allerdings auch, daß zwar die Zuständigkeit gerügt, einzelne für die Zuständigkeit erhebliche **Tatsachen** jedoch **zugestanden** oder nicht bestritten werden. Hier ist grundsätzlich eine **Bindung des Gerichts** zu bejahen, da den Parteien auch die weitergehende Disposition über die Zuständigkeit gestattet ist[388]. In diesem Bereich greift auch § 331 Abs. 2 ein, → § 331 Rdnr. 6. Wenn jedoch die Zuständigkeit gerügt, aber eine **Zuständigkeitsvereinbarung behauptet** ist, so sind heute angesichts des grundsätzlichen Prorogationsverbotes und seines Schutzzwecks (→ vor § 38 Rdnr. 1, 2) die Voraussetzungen einer wirksamen Gerichtsstandsvereinbarung ohne Rücksicht auf das Parteiverhalten zu prüfen (→ § 38 Rdnr. 65). Auch die Geständnisfiktion bei Säumnis des Beklagten gilt insoweit nicht mehr, § 331 Abs. 1 S. 2, ebensowenig für eine behauptete **Vereinbarung des Erfüllungsortes** i. S. des § 29 Abs. 2, → § 331 Rdnr. 6. – Zur Zuständigkeitsprüfung, wenn die tatsächlichen Voraussetzungen der Zuständigkeit mit Begründetheitsvoraussetzungen übereinstimmen, → § 1 Rdnr. 21.

d) Revisionsinstanz

100 In der Revisionsinstanz gilt für die von Amts wegen zu prüfenden Fragen nach h.M. nicht die Bindung an den im Berufungsurteil festgestellten Sachverhalt, a.M. *Grunsky* → § 561 Rdnr. 14 f. mwN.

VI. Die richterliche Prozeßleitung

1. Begriff und Verhältnis zum Parteieinfluß

101 Dispositions- und Verhandlungsmaxime überlassen es den Parteien, ob und über welchen Gegenstand ein Prozeß stattfindet, ob von Rechtsmitteln bzw. Rechtsbehelfen Gebrauch gemacht wird und welches Tatsachenmaterial dem Gericht unterbreitet wird. Die Prozeßleitung, d.h. die **Gestaltung des Verfahrensablaufs**, ist dagegen Sache des Gerichts. Schon bei Schaffung der ZPO war die richterliche Prozeßleitung als Gegengewicht zum weitreichenden Parteieinfluß gedacht[389], seither sind die **Befugnisse des Gerichts erweitert** und seine **Verantwortung** für ein konzentriertes und beschleunigtes, aber auch hinreichend gründliches Verfahren verstärkt worden. Da die zweckmäßige Gestaltung des Verfahrens stark von den konkreten Gegebenheiten abhängt, ist dem Gericht bei den prozeßleitenden Maßnahmen ein weitreichendes **Ermessen** eingeräumt. Durch die Vereinfachungsnovelle (1976) wurde dies

---

[388] Ebenso *Rosenberg-Schwab-Gottwald*[15] § 78 V 2 b; *Zeiss*[8] Rdnr. 180.

[389] Vgl. Begr. zur CPO; *Hahn* Materialien zur CPO (1880), 210.

noch unterstrichen, wie sich z.B. an der Wahl zwischen einem frühen ersten Termin oder einem schriftlichen Vorverfahren zeigt, die nach § 272 Abs. 2 an keine bestimmten Voraussetzungen gebunden ist.

Neben dem *Beschleunigungszweck* dient die richterliche Prozeßleitung auch dazu, den **Parteien** die sachgerechte Ausübung ihrer prozessualen Befugnisse zu ermöglichen. Zu den Aufgaben des Gerichts gehört es auch, die Parteien vor eigener Ungeschicklichkeit, Unerfahrenheit oder Nachlässigkeit durch entsprechende **Gestaltung des Verfahrens** und durch **richterliche Hinweise** (näher → § 139) zu **schützen**. Das Gericht muß sich jedoch insoweit auch der Grenzen seiner Verantwortung bewußt sein und sich sowohl im Interesse der Objektivität als auch der Parteifreiheit eine gewisse Zurückhaltung auferlegen. Den **richtigen Mittelweg** zu finden und den Parteien zu helfen, ohne sie zu bevormunden, macht einen guten Teil der richterlichen Kunst aus. **102**

2. Amtsbetrieb

Unter dem sog. **Prozeßbetrieb** versteht man diejenigen Maßnahmen, die den technischen Ablauf des Prozesses in Gang halten, also die Bestimmung der Termine sowie Ladungen, Zustellungen und sonstige Bekanntgaben. Während die ZPO ursprünglich vom Grundsatz eines *modifizierten Parteibetriebs* geprägt war und den Parteien in diesem Bereich erheblichen Einfluß einräumte[390], gilt heute **fast ausschließlich der Amtsbetrieb**, d.h. das Gericht hat von Amts wegen Termin zu bestimmen (§ 216), zum Termin zu laden (§§ 214, 274) und die erforderlichen Zustellungen vorzunehmen (§ 270 Abs. 1). Seit der Vereinfachungsnovelle (1976) werden auch die **Urteile von Amts wegen zugestellt** (→ § 317); zur amtswegigen Zustellung bzw. Mitteilung der Beschlüsse und Verfügungen s. § 329 Abs. 2 und 3. **Durch die Parteien zuzustellen** sind jedoch Arrestbeschluß (§ 922 Abs. 2), einstweilige Verfügung durch Beschluß (§ 936), Pfändungs- und Überweisungsbeschlüsse (§ 829 Abs. 2) sowie Vollstreckungsbescheide in besonderen Fällen (§ 699 Abs. 4 S. 2). Auch können Zustellungen als Voraussetzung der Zwangsvollstreckung durch die Parteien vorgenommen werden (§ 750 Abs. 1 S. 2). **103**

3. Prozeßleitung

Der Prozeßbetrieb stellt einen Teil der richterlichen Prozeßleitungsbefugnisse dar. Dazu gehören ferner alle Verfügungen und Entscheidungen, die den **äußeren Gang des Verfahrens** betreffen, z.B. Vertagungen sowie Aufhebung von Terminen (§§ 227, 337), Aussetzung der Verhandlung (§§ 148f.), Anordnung des Ruhens des Verfahrens (§§ 251, 251a Abs. 3), Trennung (§ 145) und Verbindung (§ 147) von Prozessen sowie die Anordnung abgesonderter Verhandlung über bestimmte Streitpunkte (§ 145 Abs. 3, § 146, § 238 Abs. 1 S. 2, § 280 Abs. 1, § 590 Abs. 2 S. 1). Bedeutsam für die Verfahrensbeschleunigung sind die vielfältigen Befugnisse des Gerichts zur Setzung von **Fristen** (z.B. § 275 Abs. 1 S. 1, Abs. 3, § 276 Abs. 1 S. 2, Abs. 3, § 283 S. 1, § 356), die Bestimmung eines **frühen ersten Termins** oder die Anordnung eines **schriftlichen Vorverfahrens** (§ 272 Abs. 2), die gerichtlichen Maßnahmen zur **Vorbereitung des Termins** (§ 273), die Anordnung des **persönlichen Erscheinens** der Parteien (§ 141). Die **prozeßleitenden Anordnungen**, zu denen auch der Beweisbeschluß gehört (→ § 359 Rdnr. 1), sind von den Entscheidungen im eigentlichen Sinn, d.h. den verbindlichen Aussprüchen des Gerichts über formelle oder materielle Fragen des Streitge- **104**

---

[390] Dazu *Damrau* (Fn. 338), 5ff.

genstands, zu unterscheiden. Zuständig für die prozeßleitenden Maßnahmen ist teils das Gericht, teils der Vorsitzende. Eine gesonderte Anfechtung ist nur zum Teil zugelassen (z. B. § 252 – Beschwerde gegen Aussetzungsbeschlüsse), während es im übrigen zur Überprüfung nur im Rahmen der Urteilsanfechtung kommen kann.

4. Sachleitung

105   Unter diesem mißverständlichen, aber in § 140 verwendeten Begriff versteht man die Anordnungen des Vorsitzenden bei der **Leitung der mündlichen Verhandlung** nach § 136, also z. B. Eröffnung der Verhandlung, Erteilung oder Entziehung des Wortes, Beendigung der Verhandlung. Auch die Erfüllung der **Frage- und Hinweispflicht** (§ 139, s. auch § 526 Abs. 2, § 566, § 669 Abs. 2) durch den Vorsitzenden ist hierher zu rechnen, ebenso die Befugnis zur Gestattung von Fragen (§ 396 Abs. 3, § 397 Abs. 2). Ein begrifflicher Unterschied dieser Kompetenzen zur Prozeßleitung in dem bei Rdnr. 104 umschriebenen Sinn besteht nicht. Innerhalb der Sachleitung nochmals zwischen *formeller* Sachleitung (§ 136 Abs. 1, 2, 4) und *materieller* Sachleitung (§ 136 Abs. 3, § 139) zu unterscheiden[391], erscheint überflüssig und eher verwirrend, da diese Begriffe vom Wortlaut her alles andere als anschaulich sind. Eher kann man die *Prozeßleitung* (im weiteren, die Sachleitung mit umfassenden Sinn) in eine formelle (nur äußerer Ablauf des Verfahrens) und eine materielle bzw. sachliche Prozeßleitung (Bemühungen zur Aufklärung des Sachverhalts) unterteilen[392], → auch § 136 Rdnr. 8.

5. Abgrenzung zu sonstigen Aufgaben des Gerichts; richterliche Rechtsanwendung

106   Die Durchführung der *Beweiserhebung*, sei es auf Antrag der Parteien oder in den gesetzlich zugelassenen Fällen auch von Amts wegen, ist ebenso Sache des Gerichts wie die *Protokollierung* (§§ 159 ff.) und die Aufrechterhaltung der Ordnung im Verhandlungstermin (sog. *Sitzungspolizei* → Rdnr. 132). Daß *Beweiswürdigung* und *rechtliche Beurteilung* sowie auf dieser Grundlage der Erlaß der Entscheidungen die wichtigsten Aufgaben des Gerichts darstellen, versteht sich von selbst. Durch die *Entscheidungen* kann auch der Prozeßablauf gestaltet werden, z. B. durch Zwischenurteil (§§ 280, 303), Teilurteil (§ 301), Vorbehaltsurteil (§§ 302, 599) oder Entscheidung über den Grund des Anspruchs (§ 304). Der ohnehin recht unscharfe Begriff der Prozeßleitung würde aber vollends aufgelöst, wenn man den Entschluß zum Erlaß dieser Entscheidungen zu den Maßnahmen der Prozeßleitung rechnen wollte.

107   Die zur Rechtsanwendung benötigten **Rechtssätze** sowie die **Erfahrungssätze** (→ § 284 Rdnr. 16 ff.) hat das Gericht, soweit sie ihm nicht bekannt sind, in freier Forschungstätigkeit zu ermitteln **(iura novit curia)**. Zur Feststellung des **ausländischen Rechts** sowie der Gewohnheitsrechte und Statuten → § 293 Rdnr. 31 ff.; zur Mitwirkung der Parteien in diesem Bereich → § 293 Rdnr. 47 ff. Zur Feststellung von Erfahrungssätzen wird vielfach die Einholung von Sachverständigengutachten erforderlich sein; zum möglichen Inhalt des Gutachtens → vor § 402 Rdnr. 12 ff.; zum Erwerb von Fachwissen durch den Richter und der dabei gebotenen Vorsicht → vor § 402 Rdnr. 32. Die **Parteien** brauchen über Rechtssätze oder Erfahrungssätze und deren Inhalt keine Behauptungen aufzustellen, insbesondere in der Klageschrift keine Rechtssätze anzuführen[393], ihr **Geständnis** ist weder auf die Feststellung dieser Sätze noch auf

---

[391] So vielfach die ältere Lit., z. B. *Seuffert* ZPO[10] (1907) § 136 Anm. 1.
[392] Diese Terminologie findet man z. B. bei *Rosenberg-Schwab-Gottwald*[15] § 79, II, III; *Schellhammer*[5] Rdnr. 496; *Zöller-Vollkommer*[18] Einl. Rdnr. 14.

[393] *RGZ* 27, 385, 387 (VZS); 129, 55, 60; 151, 93, 97. Bedenklich *RGZ* 96, 197, 200; dazu *Rosenberg* ZZP 49 (1925), 38.

ihre Anwendung von Einfluß (→ § 288 Rdnr. 7), und ein Einverständnis der Parteien über das anzuwendende Recht[394] oder die rechtliche Beurteilung[395] ist unerheblich, soweit darin nicht eine zulässige materiell-rechtliche Vereinbarung (etwa im Bereich des Schuldrechts oder des internationalen Privatrechts) zu sehen ist.

Zur rechtlichen Beurteilung gehört auch die **Auslegung**, die den objektiven Sinn einer Erklärung ermittelt. Hält man daran fest, daß es bei der Auslegung nicht darum geht, den *tatsächlichen* inneren Willen als solchen festzustellen, sondern den Willen, der in der Erklärung zum Ausdruck gekommen ist und dadurch rechtliche Geltung erlangt hat, so darf man auch nicht auf dem Wege über ein Geständnis des Willens zu einem für das Gericht bindenden Auslegungsergebnis gelangen[396]. – Eine Partei kann den Streitgegenstand und damit auch die Rechtsanwendung grundsätzlich **nicht auf eine bestimmte rechtliche Bewertung eines Sachverhalts begrenzen,** → Einl. Rdnr. 296 f. Zu Parteivereinbarungen über präjudizielle Rechtsverhältnisse → § 307 Rdnr. 8. Andererseits kann das Gesetz dem Richter in Sonderfällen, insbesondere durch die Aufgliederung des Rechtsschutzes in verschiedene Rechtswege und durch die Zuständigkeitsordnung Grenzen der Kognition vorschreiben, → Einl. Rdnr. 295. Nur ausnahmsweise ist die rechtliche Beurteilung des erkennenden Gerichts dadurch eingeschränkt, daß es bestimmte Rechtsfragen einem anderen Gericht oder einem besonderen Spruchkörper zur (bindenden) Entscheidung überlassen muß; zur Vorlage an Verfassungsgerichte → § 148 Rdnr. 50 ff., zur Vorlage an den Großen Senat des Revisionsgerichts → vor § 545 Rdnr. 7; zum Gemeinsamen Senat der obersten Gerichtshöfe des Bundes → Einl. Rdnr. 188, 578, → vor § 545 Rdnr. 9.

108

VII. Gestaltung der Verhandlung

1. Verhandlungsform

Die Verhandlungsform besagt nicht mehr, als daß die Urteilsgrundlagen nicht allein durch das Gericht, sondern durch das Zusammenwirken mehrerer Prozeßsubjekte – vor allem hinsichtlich der Stoffsammlung – erarbeitet werden[397]. Dies gilt nicht nur für den Zivilprozeß, sondern auch für andere gerichtliche Verfahren, z. B. den Strafprozeß. Mit der Verhandlungsform ist noch nichts darüber ausgesagt, wie die Aufgaben im einzelnen auf Gericht und Parteien verteilt werden, insbesondere ob für die Stoffsammlung der Verhandlungs- oder der Untersuchungsgrundsatz gilt → Rdnr. 75. Ein *Verhandeln* beider Parteien findet nicht nur im *mündlichen*, sondern auch im *schriftlichen* Verfahren statt.

109

2. Kontradiktorische und einseitige Verhandlung

Im Regelfall nehmen beide Parteien an der Verhandlung teil und treiben das Verfahren durch Anträge, Behauptungen und Gegenerklärungen voran. Die Verhandlung unter Mitwirkung beider Parteien heißt kontradiktorische Verhandlung. Trotz der Bezeichnung kontradiktorisch müssen aber die Parteien keine gegensätzlichen Anträge stellen oder sich in ihrem Vorbringen widersprechen. Auch wenn eine Partei Verzicht oder Anerkenntnis erklärt oder

110

---

[394] Vgl. RG Gruchot 58 (1914), 1050, 1052.
[395] *RGZ* 85, 163, 167 f.; JW 1925, 765.
[396] A.M. *BGH* NJW 1981, 1562 zur Testamentsauslegung; dagegen *MünchKomm-Leipold*² § 2084 Rdnr. 82. *BGH* NJW 1987, 901 = LM § 2292 Nr. 1 betont dagegen zutreffend den Unterschied zwischen Auslegung und Tatsachenfeststellung. – RG JW 1925, 765 bejahte die Bindung des Gerichts an ein Einverständnis der Parteien über den tatsächlichen Willen, wobei aber die Art der Auslegung unklar blieb. Zur Auslegung → § 284 Rdnr. 13, § 549 Rdnr. 28.
[397] Vgl. *Stein* Das private Wissen des Richters (1893), 87; *R. Schmidt* Lb ² (1906), 417; *Petschek-Stagel* Der österreichische Zivilprozeß (1963) § 69 A.

tatsächliche Behauptungen des Gegners nicht bestreitet, findet eine kontradiktorische Verhandlung statt (anders, wenn eine Partei zwar erschienen ist, sich aber nicht an der Erörterung des Rechtsstreits beteiligt, → § 333 Rdnr. 3). Der Begriff der nichtstreitigen Verhandlung i. S. des Gebührenrechts (§ 33 Abs. 1 BRAGO) weicht davon ab. Das Urteil, das auf dem Verhandeln beider Parteien beruht (auch das Anerkenntnis- oder Verzichtsurteil), ist ein **kontradiktorisches** (gleichbedeutend: streitiges) **Urteil**. Dagegen sind die gewöhnlichen Rechtsmittel gegeben. Den Gegensatz bildet das **Versäumnisurteil**, das in der Regel nur durch Einspruch anfechtbar ist. Dem Versäumnisurteil geht eine lediglich einseitige Verhandlung voraus, in der die erschienene Partei Anträge stellt und den Streitfall vorträgt, das Gericht auf etwaige Bedenken hinweist usw.

110a Es gibt aber auch Fälle, in denen **trotz einer lediglich einseitigen Verhandlung** kein Versäumnisurteil, sondern ein **kontradiktorisches Urteil** ergeht. Ein kontradiktorisches Urteil ergeht z. B., wenn zwar eine der Parteien säumig ist, die Klage aber wegen des Fehlens einer Sachurteilsvoraussetzung als unzulässig abgewiesen werden muß. Solche Urteile ergehen nicht *aufgrund*, sondern *trotz* der Säumnissituation (sog. unechte Versäumnisurteile, näher → vor § 330 Rdnr. 27 ff.). Ein kontradiktorisches Urteil ist auch die *Entscheidung nach Aktenlage bei Säumnis einer Partei* (§ 331a). Auch soweit der Erlaß eines Versäumnisurteils durch besondere Vorschriften ausgeschlossen ist (s. zu Ehe- und Kindschaftssachen § 612 Abs. 4, § 640 Abs. 1, ferner z. B. § 227 BauGB), kann auf der Grundlage einer einseitigen Verhandlung ein kontradiktorisches Urteil erlassen werden. Auch das *Urteil nach Aktenlage bei Säumnis beider Parteien* (§ 251a) gehört zu den kontradiktorischen Urteilen. Insgesamt zeigt sich, daß der Begriff des kontradiktorischen Urteils weiter greift als der Begriff der kontradiktorischen Verhandlung.

3. Unmittelbarkeit

111 Das Prinzip der Unmittelbarkeit kann in **dreifacher Bedeutung** aufgefaßt werden. Bezogen auf das **Urteil** bedeutet Unmittelbarkeit, daß die Entscheidung möglichst unter dem frischen Eindruck der Verhandlung getroffen werden soll. Die Unmittelbarkeit in diesem Sinne setzt voraus, daß nur die Richter entscheiden, die an der maßgebenden mündlichen Verhandlung mitgewirkt haben, § 309. Sie fordert weiter, daß die Entscheidung der Verhandlung möglichst auf dem Fuße folgt, § 310. In einem anderen Sinne bedeutet (formelle) **Unmittelbarkeit der Beweisaufnahme** die Ausschaltung von Zwischengliedern bei der Erhebung von Beweisen. Die Beweise sollen möglichst von dem Richter erhoben werden, der die Entscheidung zu treffen hat, → § 355 Rdnr. 3, 6, vor § 371 Rdnr. 11, § 375 Rdnr. 1. In einem dritten Sinne kann man von einer **materiellen Unmittelbarkeit des Beweises** sprechen. Dies würde bedeuten, daß der Richter nur Beweismittel verwenden darf, die geeignet sind, ihm den Sachverhalt unmittelbar zu vermitteln: also Tatzeugen, keine Zeugen vom Hörensagen; gerichtliche Vernehmung von Zeugen, keine Verwertung anderer Vernehmungsprotokolle. Die materielle Beweisunmittelbarkeit gilt jedoch **im Zivilprozeß nicht**, → § 355 Rdnr. 21.

4. Mündlichkeit

112 Im Interesse einer gründlichen und konzentrierten Erörterung der Streitsache findet die Verhandlung vor Gericht in Form einer **mündlichen Aussprache** statt, § 128 Abs. 1. Die mündliche Verhandlung wird jedoch **durch Schriftsätze vorbereitet**, §§ 129, 130. Ohne mündliche Verhandlung kann mit Zustimmung beider Parteien entschieden werden, § 128 Abs. 2. Außerdem gestattet § 128 Abs. 3 bei Streitigkeiten über vermögensrechtliche An-

sprüche von niedrigem Wert unter besonderen Voraussetzungen die Anordnung des **schriftlichen Verfahrens**. Zu allen Einzelheiten des Mündlichkeitsgrundsatzes und zu den Ausnahmen davon → § 128.

C. Vorschriften des Gerichtsverfassungsgesetzes über den Verfahrensablauf

Nachstehend werden die Vorschriften des GVG über **Öffentlichkeit, Sitzungspolizei** und **Gerichtssprache** dargestellt, da sie auf die Gestaltung der Verhandlung wesentlichen Einfluß haben. Allgemein zum GVG und zur Lit. → Einl. Rdnr. 172. Zu §§ 156 ff. GVG über **Rechtshilfe** → Einl. Rdnr. 630 ff., zu §§ 192 ff. GVG über **Beratung und Abstimmung** → § 309 Rdnr. 1 ff., zu §§ 199 ff. GVG über die **Gerichtsferien** → § 223.

113

I. Öffentlichkeit

1. Rechtsgrundlagen und Zweck	114	d) Anwesenheitsrecht der Parteien, kein Geheimprozeß	122 a
2. Geltungsbereich	115	e) Zutrittsrecht Dritter trotz Ausschlusses der Öffentlichkeit	123
3. Nichtöffentlichkeit kraft Gesetzes	117	5. Öffentliche Urteilsverkündung	124
4. Ausschluß der Öffentlichkeit durch Gerichtsbeschluß	119	6. Inhalt des Öffentlichkeitsgebots	125
a) Ausschließungsgründe	119	a) Möglichkeit des Zutritts	125
b) Ausschließungsverfahren	121	b) Zurückweisung einzelner Personen	127
c) Veröffentlichungsverbot und Verpflichtung zur Geheimhaltung	122	c) Nur Recht zum Zuhören	128
		d) Vertreter von Presse, Rundfunk, Fernsehen	129
		7. Rechtsfolgen bei Verstößen	130

1. Rechtsgrundlagen und Zweck

a) Rechtsgrundlagen

Für die mündliche Verhandlung gilt der Grundsatz der Öffentlichkeit[1], der für Zivil- und Strafprozeß in §§ 169 ff. GVG geregelt ist. Der grundsätzliche Anspruch auf eine öffentliche Verhandlung in Zivil- und Strafsachen ist in Art. 6 Abs. 1 der Europäischen Menschenrechtskonvention (EMRK) (→ Einl. Rdnr. 206, 684) verankert[2]. Im Grundgesetz ist die Öffentlich-

114

---

[1] Lit. *Alwart* Personale Öffentlichkeit (§ 169 GVG) JZ 1990, 883; *Bauer-Fröhlich* Das Anwesenheitsrecht des nicht postulationsfähigen Verkehrsanwalts bei Verhandlungen in Familiensachen FamRZ 1983, 122; *Bäumler* Das subjektiv öffentliche Recht auf Teilnahme an Gerichtsverhandlungen JR 1978, 317; *Fögen* Der Kampf um Gerichtsöffentlichkeit (1974); *Franzki* Die Öffentlichkeit der Gerichtsverhandlung DRiZ 1979, 82; *Gaul* Der Grundsatz der Öffentlichkeit im Verfahren der freiwilligen Gerichtsbarkeit, Festschr. für Matscher (1993), 111; *Gottwald* Zur Wahrung von Geschäftsgeheimnissen im Zivilprozeß BB 1979, 1780; *Wolf* Gerichtsverfassungsrecht[6] (1975) § 25; *Kissel* GVG (1981) §§ 169 ff.; *Köbl* Die Öffentlichkeit des Zivilprozesses – eine unzeitgemäße Form?, Festschr. für Schnorr von Carolsfeld (1973), 235; Bericht der Kommission für Gerichtsverfassungsrecht und Rechtspflegerrecht (1975), 150; *Scherer* Gerichtsöffentlichkeit als Medienöffentlichkeit (1979);

Schilken Gerichtsverfassungsrecht (1990) § 12; *Simotta* Überlegungen zur Öffentlichkeit im Zivilprozeß, Festschr. für Matscher (1993), 449; *Stober* Zum Informationsanspruch der Presse gegenüber Gerichten DRiZ 1980, 3; *Stürner* »Fair trial« und öffentliche Meinung JZ 1980, 1. – Zum Strafprozeß vgl. Gutachten (*Zipf*), Referate (*Dahs*, *Volk*) und Sitzungsbericht zum 54. Deutschen Juristentag (1982) über das Thema: Empfiehlt es sich, die Vorschriften über die Öffentlichkeit des Strafverfahrens neu zu gestalten, insbesondere zur Verbesserung der Rechtsstellung des Beschuldigten weitere nicht-öffentliche Verfahrensgänge zu entwickeln?, Verhandlungen des 54. Deutschen Juristentages, Bd. I Teil C (1982), Bd. II Teil K (1982).

[2] Hierzu *Matscher* Die Verfahrensgarantien der EMRK in Zivilsachen, Österreichische Zeitschrift für öffentliches Recht und Völkerrecht 1980, 1; *E. Schumann* Menschenrechtskonvention und Zivilprozeß, Festschr. für Schwab

keit der Verhandlung nicht ausdrücklich garantiert, doch ist der Grundsatz (vorbehaltlich der Ausgestaltung durch den Gesetzgeber) als Bestandteil des Demokratiegebots und des Rechtsstaatsprinzips anzusehen[3].

b) Zweck

114a   Der Grundsatz sichert – mit den Worten des EGMR[4] – die **Kontrolle** der Rechtspflege **durch die Öffentlichkeit** zum Schutz des Rechts auf ein faires Verfahren. Die Öffentlichkeit der Verhandlung wirkt dem Verdacht entgegen, daß vielleicht rechtswidrig oder unter unsachlichem Einfluß gerichtsfremder Staatsorgane oder privater Personen verfahren und entschieden werde. Dadurch werden auch das Ansehen und die Unabhängigkeit der Gerichte gestärkt.

114b   Das Öffentlichkeitsprinzip muß sich **Einschränkungen** gefallen lassen, wo ein wichtigeres Interesse an der Geheimhaltung bestimmter Angelegenheiten der Parteien oder Dritter besteht. Im Zivilprozeß hat der Öffentlichkeitsgrundsatz eine geringere praktische Bedeutung als im Strafprozeß, zumal nicht informierte Zuhörer dem Gang einer Verhandlung, in der weitgehend auf Schriftsätze Bezug genommen wird (§ 137 Abs. 3), nicht leicht folgen können. Dennoch ist vor einer Preisgabe oder wesentlichen Einschränkung des Grundsatzes entschieden zu warnen[5]. Die Öffentlichkeit des Prozesses stellt einen wertvollen Bestandteil des **Rechtsstaats-** und des **Demokratieprinzips** dar[6], der zwar in einem wohlgeordneten freiheitlich-demokratischen Gemeinwesen weniger in Erscheinung tritt, aber gleichwohl als ständig verfügbares Mittel der öffentlichen Kontrolle unentbehrlich ist und zudem in politischen Krisensituationen einen wichtigen Beitrag zur Aufrechterhaltung rechtsstaatlicher Verhältnisse leisten kann. Durch die Öffentlichkeit des Verfahrens wird auch das Verständnis für die Rolle der Justiz im demokratischen Rechtsstaat gefördert, da jederzeit zum Zwecke der Ausbildung oder der Information über Recht und Gerichtswesen gerichtliche Verhandlungen besucht werden können.

2. Geltungsbereich

115   Öffentlich ist gemäß § 169 S. 1 GVG die **Verhandlung** vor dem erkennenden Gericht einschließlich der **Verkündung** der Urteile und Beschlüsse (→ Rdnr. 124). Die gerichtliche **Beratung** und die Abstimmung über die Entscheidung sind dagegen **nicht öffentlich**, § 193 GVG (→ § 309 Rdnr. 5ff.). Die Öffentlichkeit gilt nach GVG nur, *wenn* eine mündliche Verhandlung stattfindet, dann aber **in allen Instanzen.** Aus Art. 6 Abs. 1 EMRK folgt weitergehend, daß vor einem Gericht, das über zivilrechtliche Ansprüche und Verpflichtungen oder über eine strafrechtliche Anklage zu entscheiden hat, grundsätzlich eine öffentliche Verhandlung stattfinden muß. Jedoch kann, wenn in erster Instanz eine öffentliche Verhandlung stattgefunden hat, der Zuschnitt des Rechtsmittelverfahrens das Fehlen einer solchen Verhandlung rechtfertigen[7]. Obgleich das Verfahren der **Freiwilligen Gerichtsbarkeit** von § 169

(1990), 449; *IntKommEMRK (Miehsler-Vogler)* (1986) Art. 6 Rdnr. 331ff.; *Peukert* in *Frowein-Peukert* EMRK-Kommentar (1985) Art. 6 Rdnr. 79ff.; *MünchKommZPO-Wolf* § 169 GVG Rdnr. 5ff.
[3] *Wolf*[6] § 25 I 2; *MünchKommZPO-Wolf* § 169 GVG Rdnr. 3; *Stürner* Festschr. für Baur (1981), 647, 660; *Schwab-Gottwald* Verfassung und Zivilprozeß (1984), 13f.; weniger dezidiert *Schilken* Gerichtsverfassungsrecht Rdnr. 159.
[4] *EGMR* EuGRZ 1985, 225, 229.

[5] Krit. aber im Hinblick auf den Persönlichkeitsschutz *Köbl* (Fn. 1); *Grunsky* Grundlagen[2] § 24 III; *Schwerdtner* JZ 1990, 769, 770; *Simotta* (Fn. 1), 456ff.
[6] Vgl. *BGHSt* 9, 280, 281; *BGHSt* 21, 72; *OLG Hamm* NJW 1974, 1780; *Stürner* JZ 1980, 1, 6; *ders.* Festschr. für Baur (1981), 647, 659ff.; *Wolf*[6] § 25 I 2.
[7] *EGMR* NJW 1992, 1813; ähnlich bereits *EGMR* EuGZ 1985, 228; s. auch *EGMR* Série A Nr. 134, 13ff. (insbes. zu Nr. 27 und 31).

GVG nicht erfaßt wird, ist aufgrund des Art. 6 Abs. 1 EMRK auch in **Wohnungseigentumssachen** eine öffentliche Verhandlung geboten[8], weil hier über zivilrechtliche Ansprüche entschieden wird. Im Bereich der Rechtsfürsorgeangelegenheiten in der Freiwilligen Gerichtsbarkeit (z.B. im Erbscheinsverfahren) bleibt es dagegen bei der Nichtöffentlichkeit des Verfahrens[9]. Zur Frage, ob das schriftliche Verfahren mit Art. 6 Abs. 1 EMRK vereinbar ist, → § 128 Rdnr. 8. Zu den Anforderungen des Art. 6 Abs. 1 EMRK an die Urteilsverkündung → Rdnr. 124.

Ob es sich um ein **Urteils-** oder ein **Beschlußverfahren** handelt und ob die mündliche Verhandlung obligatorisch oder fakultativ vorgeschrieben ist, spielt für das Gebot der Öffentlichkeit nach § 169 S. 1 GVG keine Rolle. Termine zur **Beweisaufnahme** vor dem erkennenden Gericht sind kraft Gesetzes zur Fortsetzung der mündlichen Verhandlung bestimmt (§ 370 Abs. 1) und unterliegen daher dem Öffentlichkeitsgebot[10]. Anders ist es, wenn der Termin bei der Anberaumung ausdrücklich auf die Beweisaufnahme beschränkt wurde[11] (zur Zulässigkeit → § 370 Rdnr. 1); dann haben nur die Parteien ein Anwesenheitsrecht (Parteiöffentlichkeit, → § 357). Die Öffentlichkeit ist auch zuzulassen, wenn ein Verhandlungstermin **außerhalb der Gerichtsstelle** (d.h. des Gerichtsgebäudes, vgl. § 219) stattfindet[12], zur Informationspflicht → Rdnr. 125. Der **Einzelrichter**, dem der Rechtsstreit zur Entscheidung (§ 348) oder zur Vorbereitung der Entscheidung (§ 524) zugewiesen wurde, ist das erkennende Gericht, so daß auch vor ihm die Öffentlichkeit zu gewährleisten ist[13]. Ein mit der Beweisaufnahme **beauftragtes Mitglied** des Gerichts ist dagegen ebensowenig erkennendes Gericht wie ein um die Beweisaufnahme **ersuchtes** anderes Gericht; in beiden Fällen gilt daher **nur die Parteiöffentlichkeit**, § 357. 116

3. Nichtöffentlichkeit kraft Gesetzes

Die Verhandlung in **Familien- und Kindschaftssachen** ist nicht öffentlich, § 170 S. 1 GVG, → vor § 606 Rdnr. 21. Soweit (z.B. bei einer Scheidung nach italienischem Recht) die Staatsanwaltschaft zu beteiligen ist, steht ihr wie jedem Verfahrensbeteiligten das Anwesenheitsrecht zu[14]. 117

Für Streitigkeiten über die gesetzliche **Unterhaltspflicht** gegenüber einem ehelichen Kind, über die durch Ehe begründete gesetzliche Unterhaltspflicht und über Ansprüche aus dem ehelichen Güterrecht (§ 23b Abs. 1 S. 2 Nr. 5, 6, 9 GVG) gilt die Nichtöffentlichkeit nur, wenn sie zusammen mit einer anderen Familiensache verhandelt werden, § 170 S. 2 GVG. 118

4. Ausschluß der Öffentlichkeit durch Gerichtsbeschluß

a) Ausschließungsgründe

In allen Verfahren kann das Gericht auf Antrag oder von Amts wegen[15] die Öffentlichkeit für die gesamte Verhandlung oder einen Teil davon ausschließen, wenn eine **Gefährdung der** 119

---

[8] *BayObLG* NJW-RR 1988, 1151, 1152; *OLG Hamm* OLGZ 1988, 185; *BayObLGZ* 1988, 436; *BayObLG* NJW-RR 1989, 1293; *Gaul* (Fn. 1), 112.
[9] *Gaul* (Fn. 1), 129.
[10] RGZ 157, 341, 343; *OLG Düsseldorf* OLGZ 1971, 185, 186.
[11] *OLG Düsseldorf* OLGZ 1971, 185, 186.
[12] RGZ 157, 341.
[13] *OLG Düsseldorf* OLGZ 1971, 185, 186f.
[14] *OLG Köln* FamRZ 1983, 922, 923.
[15] Abweichend ist im arbeitsgerichtlichen Verfahren nach § 52 S. 2 ArbGG der Ausschluß der Öffentlichkeit im Hinblick auf ein Betriebs-, Geschäfts- oder Erfindungsgeheimnis vom *Antrag* einer Partei abhängig, → Rdnr. 260.

Staatssicherheit, der **öffentlichen Ordnung**[16] oder der **Sittlichkeit**[17] zu besorgen ist (§ 172 Nr. 1 GVG), wenn wichtige **Geschäfts-, Betriebs-**[18], **Erfindungs- oder Steuergeheimnisse** zur Sprache kommen und durch deren öffentliche Erörterung überwiegende schutzwürdige Interessen verletzt würden (§ 172 Nr. 2 GVG), wenn ein **privates Geheimnis** erörtert wird, dessen unbefugte Offenbarung durch den Zeugen oder Sachverständigen mit Strafe bedroht ist (§ 172 Nr. 3 GVG), oder wenn eine **Person unter 16 Jahren** vernommen wird (§ 172 Nr. 4 GVG). Zum Ausschluß der Öffentlichkeit nach dem ZusatzAbk zum Nato-Truppenstatut Einl. Rdnr. 671. Ein gerichtliches Ermessen wird man, trotz des Wortes »kann« im Gesetzestext, in den Fällen des § 172 Nr. 2 und 3 GVG angesichts des Schutzzwecks der Vorschriften kaum annehmen können[19]; vielmehr ist bei Vorliegen der Voraussetzungen die Öffentlichkeit auszuschließen. Wenn einer Partei der gesetzlich vorgesehene Geheimnisschutz versagt wird, dürfen aus ihrer Weigerung, entsprechende Angaben zu machen, keine nachteiligen Schlüsse gezogen werden[20].

119a Nach § 171b Abs. 1 S. 1 GVG[21] kann die Öffentlichkeit ausgeschlossen werden, soweit **Umstände aus dem persönlichen Lebensbereich**[22] eines Prozeßbeteiligten, Zeugen oder Opfers zur Sprache kommen, wenn deren öffentliche Erörterung schutzwürdige Interessen verletzen würde und kein überwiegendes Interesse an der öffentlichen Erörterung besteht. Die geschützte Person kann aber dem Ausschluß der Öffentlichkeit in der Hauptverhandlung (im Zivilprozeß ist darunter zu verstehen: in einer mündlichen Verhandlung) widersprechen, § 171b Abs. 1 S. 2 GVG. Sie hat umgekehrt nach § 171b Abs. 2 GVG auch das Recht, den Ausschluß der Öffentlichkeit zu beantragen; dem muß das Gericht, wenn die gesetzlichen Voraussetzungen gegeben sind, stattgeben. Der Verfahrensabschnitt, für den nach § 171b Abs. 1 S. 1 GVG die Öffentlichkeit ausgeschlossen wird, ist im Regelfall im voraus genau zu bezeichnen; der Ausschluß kann sich aber auf die gesamte Beweisaufnahme oder die gesamte Dauer der Verhandlung (mit Ausnahme der Urteilsverkündung) erstrecken, wenn durchweg Umstände aus dem persönlichen Lebensbereich i.S. des § 171b Abs. 1 GVG zu erörtern sind[23]. Während des Ausschlusses der Öffentlichkeit nach § 171b Abs. 1 S. 1 GVG kann auch eine Augenscheinseinnahme erfolgen, die in unmittelbarem Zusammenhang mit der Zeugenaussage steht[24]; dasselbe hat für eine Urkundeneinsichtnahme (→ § 420 Rdnr. 6) zu gelten.

120 Zumindest seit die Ausschließungsgründe im Interesse des Persönlichkeitsschutzes erweitert und auch auf Umstände aus dem **persönlichen Lebensbereich** erstreckt wurden, erscheint

---

[16] Auch durch fortwährende Ruhestörung im Gerichtssaal, *RGSt* 30, 105; ferner bei Gefahr schwerer Schäden für eine Partei oder einen Zeugen, z.B. durch drohende Mißhandlungen durch Zuhörer oder Dritte, gegen die kein sicherer Schutz gewährleistet ist, *BGHSt* 3, 344; oder bei Gefahr von rechtswidrigen Verfolgungsmaßnahmen gegen einen Aussagenden oder dessen Angehörige durch eine ausländische Staatsgewalt, *BGHSt* 9, 280, 284; nicht dagegen schon deshalb, weil ein Zeuge eine falsche Berichterstattung in der Presse befürchtet, *BGHSt* 30, 193 (das gilt auch, wenn der Zeuge nur bei Ausschluß der Öffentlichkeit bereit ist, von einem Zeugnisverweigerungsrecht keinen Gebrauch zu machen). Auch genügt als Begründung des Ausschlusses nicht, daß auf eine mögliche Gesundheitsgefährdung hingewiesen wird, ohne anzugeben, inwiefern diese gerade durch die Öffentlichkeit der Vernehmung bedingt sei, *BGH* NStZ 1987, 86.

[17] Bei der Auslegung ist die Liberalisierung der Anschauungen zur öffentlichen Darstellung sexualbezogener Vorgänge zu beachten, *BGH* NJW 1992, 2436; dem Tatrichter steht bei der Bewertung ein Beurteilungsspielraum zu, *BGH* NJW 1986, 200, 201.

[18] Dazu können z.B. Bilanzen, Kalkulationen, Markt-strategien und Kundenlisten gehören, *BAGE* 48, 284, 289.

[19] Anders die h.M., *Kissel* GVG § 172 Rdnr. 2; *MünchKommZPO-Wolf* § 172 GVG Rdnr. 16.

[20] *BAGE* 48, 284, 290 (zur Darlegungslast des Arbeitgebers bei der Anpassung von Betriebsrenten).

[21] § 171b wurde durch das OpferschutzG vom 18. XII. 1986, BGBl. I 2496 eingefügt; die schon seit 1974 erfolgte Erweiterung des § 172 Abs. 1 Nr. 2 GVG (durch Aufnahme der Umstände aus dem persönlichen Lebensbereich) insbesondere im Strafprozeß als nicht ausreichend erachtet wurde. Hierzu *Odersky* Festschr. für Pfeiffer (1988), 325, 328; *Weigend* NJW 1987, 1170, 1172.

[22] Dazu gehören auch Tatsachen persönlicher Art aus dem Familienbereich *BGH* NJW 1982, 59.

[23] *BGH* NStZ 1989, 483 (gesamte Beweisaufnahme); MDR 1992, 634 (gesamte Verhandlung mit Ausnahme der Urteilsverkündung).

[24] *BGH* NStZ 1988, 190. – S. auch *BGH* Strafverteidiger 1992, 447 (Ausschluß für die Zeugenvernehmung erfaßt auch anschließende erneute Anhörung).

es nicht mehr zulässig, auf Art. 6 Abs. 1 EMRK (→ Rdnr. 114) zurückzugreifen und daraus die Berechtigung zur Ausschließung der Öffentlichkeit in weiterem Umfang herzuleiten[25]; denn §§ 171b, 172 GVG sind als *abschließende*, den Art. 6 Abs. 1 EMRK konkretisierende Regelung aufzufassen.

Die **verschiedenen Ausschließungsgründe** stehen **selbständig** nebeneinander, insbesondere ist ein Ausschluß der Öffentlichkeit nach § 172 Nr. 1 GVG wegen Gefährdung der Sittlichkeit auch dann möglich, wenn zugleich die Voraussetzungen des § 171b erfüllt sind oder wenn diese Vorschrift wegen eines Widerspruchs der geschützten Partei den Ausschluß nicht rechtfertigt[26]. 120a

b) Ausschließungsverfahren

Bereits die Verhandlung über die Ausschließung der Öffentlichkeit ist nichtöffentlich durchzuführen, wenn ein Beteiligter es beantragt bzw. das Gericht es für angemessen erachtet, § 174 Abs. 1 S. 1 GVG. Die Ausschließung erfolgt durch **Beschluß** des Gerichts (nicht durch den Vorsitzenden allein)[27], der in der Regel öffentlich zu verkünden ist[28] (näher s. § 174 Abs. 1 S. 2 GVG) und in den Fällen der §§ 171b, 172, 173 GVG den gesetzlichen Grund der Ausschließung anzugeben hat[29], § 174 Abs. 1 S. 3 GVG, zur Bedeutung für die Geltendmachung von Verstößen → Rdnr. 130a. Der Beschluß über den Ausschluß der Öffentlichkeit ist weder durch die Prozeßbeteiligten noch durch Dritte selbständig anfechtbar; dasselbe gilt für die Ablehnung eines Öffentlichkeitsausschlusses. 121

c) Veröffentlichungsverbot und Verpflichtung zur Geheimhaltung

Ist die Öffentlichkeit wegen *Gefährdung der Staatssicherheit* ausgeschlossen, so dürfen Presse, Rundfunk und Fernsehen keine Berichte über die Verhandlung und den Inhalt eines die Sache betreffenden amtlichen Schriftstücks veröffentlichen, § 174 Abs. 2 GVG. Verstöße dagegen sind nach § 353d Nr. 1 StGB strafbar. Außerdem **kann** das Gericht bei Ausschluß der Öffentlichkeit wegen Gefährdung der Staatssicherheit oder nach § 171b, § 172 Nr. 2 (zum Schutz von Geschäftsgeheimnissen[30] usw.) und 3 GVG den anwesenden Personen durch einen (anfechtbaren) Beschluß die **Geheimhaltung** der Tatsachen **auferlegen**, die durch die Verhandlung oder durch amtliche Schriftstücke zu ihrer Kenntnis gelangt sind, § 174 Abs. 3 S. 1 GVG. Zur Strafbarkeit s. § 353d Nr. 2 StGB. Zur zulässigen Information der Partei durch den Prozeßbevollmächtigten trotz eines Geheimhaltungsgebots → § 357 Rdnr. 3. 122

---

[25] Dagegen (jedenfalls in der Tendenz) bereits vor der Erweiterung der Ausschließungsgründe im GVG *BGHSt* 23, 82, 84; ferner *Schilken* Gerichtsverfassungsrecht, Rdnr. 191; *Kissel* GVG § 169 Rdnr. 80. – A.M. weiterhin *Wolf*[6] § 25 III 2a im Hinblick auf den in Art. 6 Abs. 1 MRK vorgesehenen Ausschluß der Öffentlichkeit »wenn die öffentliche Verhandlung die Interessen der Gerechtigkeit beeinträchtigen würde«; *MünchKommZPO-Wolf* § 169 GVG Rdnr. 10

[26] *BGH* NJW 1992, 2436.

[27] Vgl. *BGH* Strafverteidiger 1984, 499 (LS).

[28] Dies gilt auch, wenn nach Ausführung eines ersten Ausschließungsbeschlusses beschlossen wird, die Öffentlichkeit solle weiter ausgeschlossen bleiben, *BGH* NStZ 1985, 37.

[29] Der klare Hinweis auf die angewendete gesetzliche Bestimmung kann genügen, *BGH* NJW 1977, 964; *BGH* NJW 1982, 59; jedoch nicht, wenn die genannte Bestimmung mehrere Ausschlußgründe umfaßt, *BGH* NJW 1977, 1643; NStZ 1983, 324; Strafverteidiger 1986, 376. Daß sich der Ausschließungsgrund aus den Umständen ergibt, genügt nicht, *BGH* Strafverteidiger 1987, 516; NStZ 1989, 442. Zur Bezugnahme auf einen in derselben Hauptverhandlung vorangegangenen Beschluß s. *BGH* NJW 1982, 948.

[30] Vgl. *BAGE* 48, 284, 290.

d) Anwesenheitsrecht der Parteien; kein Geheimprozeß

122a Der Ausschluß der Öffentlichkeit berührt nicht das Recht der Prozeßparteien und ihrer Prozeßbevollmächtigten, an der gesamten mündlichen Verhandlung teilzunehmen. Einen **Geheimprozeß**[31], in dem eine Partei von der Erörterung bestimmter Tatsachen oder von einzelnen Teilen der Beweisaufnahme (entgegen § 357) ausgeschlossen bleibt, läßt das geltende Recht nicht zu. Das Recht zur Anwesenheit in der mündlichen Verhandlung und bei der Beweisaufnahme kann auch nicht auf den Prozeßbevollmächtigten (insbesondere den Rechtsanwalt) unter Ausschluß der Partei selbst begrenzt werden. Ebensowenig erlaubt es § 174 Abs. 3 GVG, den Prozeßbevollmächtigten zur Geheimhaltung von Tatsachen, die zum Prozeßstoff geworden sind, gegenüber der von ihm vertretenen Partei zu verpflichten. Ob der Gesetzgeber in der Lage wäre, einen Geheimprozeß in der einen oder anderen Gestaltung einzuführen, erscheint im Hinblick auf das Recht auf Gehör (Art. 103 Abs. 1 GG, → Rdnr. 9ff., insbes. Rdnr. 35ff.) äußerst zweifelhaft.

e) Zutrittsrecht Dritter trotz Ausschlusses der Öffentlichkeit

123 Einzelnen (nicht am Prozeß beteiligten) Personen kann trotz Ausschlusses der Öffentlichkeit der **Zutritt** zur Verhandlung **gestattet** werden, § 175 Abs. 2 GVG. Ein gesetzliches Anwesenheitsrecht haben die dienstaufsichtsführenden Richter bzw. Beamten, § 175 Abs. 3 GVG.

5. Öffentliche Urteilsverkündung

124 Auch wenn für die Verhandlung kraft Gesetzes oder durch Gerichtsbeschluß die Öffentlichkeit ausgeschlossen war, hat die **Verkündung** des Urteils, d. h. die Verlesung der Urteilsformel (§ 311 Abs. 2) bzw. die Bezugnahme auf die Urteilsformel (§ 311 Abs. 4 S. 2), **stets öffentlich** zu erfolgen, § 173 Abs. 1 GVG. Für die Verkündung der **Urteilsgründe** oder eines Teils davon kann dagegen die Öffentlichkeit unter den Voraussetzungen der §§ 171b, 172 GVG durch *besonderen* Beschluß ausgeschlossen werden, § 173 Abs. 2 GVG. Die öffentliche Verkündung des Urteils ist auch durch Art. 6 Abs. 1 S. 2 EMRK garantiert, doch legt der EGMR diese Bestimmung nicht wörtlich im Sinne einer mündlichen Verlesung des Urteils aus, sondern läßt auch andere Formen der Kundmachung nach innerstaatlichem Recht genügen, wenn dadurch Sinn und Zweck des Art. 6 Abs. 1 EMRK Rechnung getragen ist[32]. § 310 Abs. 3 erscheint mit Art. 6 Abs. 1 EMRK vereinbar (→ § 310 Rdnr. 20), während gegen § 311 Abs. 4 S. 2 Bedenken bestehen (→ § 311 Rdnr. 9).

---

[31] Vorschläge in dieser Richtung, insbesondere zum Schutz von Unternehmensgeheimnissen, bei *Stürner* Die Aufklärungspflicht der Parteien des Zivilprozesses (1976), 223ff.; *ders.* JZ 1985, 453, 458f.; *Leppin* GRUR 1984, 695, 696ff.; *Stadler* Der Schutz des Unternehmensgeheimnisses im deutschen und U.S.-amerikanischen Zivilprozeß und im Rechtshilfeverfahren (1989), 231ff.; *dies.* NJW 1989, 1202. – Dagegen *Lachmann* NJW 1987, 2207; *Marshall* Festschr. für Preu (1988), 164; *Baumgärtel* Festschr. für Habscheid (1989), 1; *Prütting-Weth* ArbuR 1990, 269; *dies.* NJW 1993, 576; *MünchKommZPO-Musielak* § 357 Rdnr. 9.

[32] *EGMR* EuGZ 1985, 225 (Zurückweisung der Revision ohne mündliche Verhandlung und ohne öffentliche Verkündung der Entscheidung zulässig); *EGMR* NJW 1986, 2177 (zur Kassation nach italienischem Recht: Zustellung des Urteilstenors und Einsichtmöglichkeit für jedermann genügen). Hierzu *Nowak-Schwaighofer* EuGRZ 1985, 725 (insbesondere zu den Auswirkungen auf das österreichische Recht).

6. Inhalt des Öffentlichkeitsgebots

a) Möglichkeit des Zutritts

Die Öffentlichkeit bedeutet die Möglichkeit **freien Zutritts Unbeteiligter** zum Verhandlungsraum. Interessenten müssen daher *Kenntnis* von Ort und Zeit der Verhandlung nehmen können. Dies wird regelmäßig durch schriftlichen Aushang im Gerichtsgebäude gewährleistet. Finden öffentliche Verhandlungen außerhalb der üblicherweise benutzten Gerichtsräume statt, sind besondere Vorkehrungen (in der Regel schriftlicher Hinweis im Gerichtsgebäude und am Verhandlungsort) zu treffen, um jedem Interessenten ohne große Schwierigkeiten die Information über Ort und Zeit der Verhandlung zu ermöglichen[33]. Die faktische Öffentlichkeit (Verhandlung auf dem Bürgersteig) genügt allein nicht[34]. Der **Zutritt** zum Verhandlungsraum darf nicht durch verschlossene Türen oder durch ein Schild »Nichtöffentliche Sitzung« verhindert werden. Wenn der verfügbare Platz erschöpft ist, ist es jedoch zulässig, weiteren Interessenten den Zutritt zu verwehren[35]. Begrenzungen können sich insbesondere bei Ortsterminen unvermeidbar ergeben[36]. Ist bei der Beweisaufnahme aus tatsächlichen Gründen die Öffentlichkeit unmöglich, so muß aber für die weitere Verhandlung und Urteilsverkündung ein anderer Ort gewählt werden[37].   125

Es besteht keine Verpflichtung, bei **großem Publikumsandrang** in einen anderen Sitzungssaal als den regelmäßig vorgesehenen zu wechseln[38]. Auch zu einer Bild- und (oder) Tonübertragung in einen anderen Gerichtssaal ist das Gericht nicht verpflichtet[39]; es spricht sogar einiges dafür, derartige Übertragungen analog § 169 S. 2 GVG für unzulässig zu halten[40]. Andererseits liegt eine Verletzung der Öffentlichkeit vor, wenn gezielt ein besonders kleiner Raum gewählt wird, um möglichst wenig Zuhörer zulassen zu müssen[41], oder wenn (und sei es auch aus Raummangel) eine gewisse Mindestgröße unterschritten wird[42]. Bei besonderem Andrang können Platzkarten ausgegeben werden, wobei grundsätzlich die zeitliche Reihenfolge der Anforderung einer Platzkarte entscheiden muß und keine Bevorzugung oder Benachteiligung bestimmter Personengruppen (z. B. Beamte, Angehörige bestimmter Parteien) erfolgen darf[43]. Zulässig erscheint es aber, Gruppen, die zur Ausbildung angemeldet werden (Studenten, Schulklassen), vorweg zu berücksichtigen, auch wenn dann nur noch wenige Plätze für andere Zuhörer übrigbleiben. **Ausweiskontrollen**[44], die Notwendigkeit der Angabe des Besuchszwecks an der Pforte des Gerichtsgebäudes[45] oder eine Durchsuchung auf Waffen sind zulässig, wenn Anhaltspunkte für eine Gefährdung der Sicherheit bestehen, → Rdnr. 134. Haben (nach einer Unterbrechung der Verhandlung) *einzelne* Personen wegen der Kontrollmaßnahmen noch nicht wieder Zutritt zum Verhandlungssaal erlangt, so liegt darin keine Verletzung der Öffentlichkeit; entscheidend ist nur, daß der Zutritt *allgemein* rechtzeitig eröffnet wird[46]. Andererseits kann die Öffentlichkeit verletzt sein, wenn nicht   126

---

[33] Vgl. *BGH*, mitgeteilt von *Dallinger* MDR 1970, 560; *OLG Hamm* NJW 1974, 1780; *OLG Stuttgart* MDR 1977, 249; *OLG Köln* Strafverteidiger 1992, 222.
[34] A.M. *OLG Hamm* NJW 1976, 122.
[35] Vgl. *BGH* NJW 1982, 947 (wer entgegen einer solchen Anordnung des Vorsitzenden eindringt, begeht Hausfriedensbruch).
[36] *RGSt* 52, 137; *RGZ* 157, 341, 344.
[37] *OLG Köln* NJW 1976, 636.
[38] *Kissel* GVG § 169 Rdnr. 26.
[39] Vgl. *BVerfGE* 87, 331, 333 = NJW 1993, 915 (auch kein Anspruch eines Journalisten hierauf aus Art. 5 Abs. 1 S. 2 GG).
[40] Vgl. *Roxin* Strafverfahrensrecht[22] § 45 A (S. 312). – Für eine »personale« Öffentlichkeit und gegen eine Massen- (Medien-) Öffentlichkeit *Alwart* JZ 1990, 883, 894.

[41] *Roxin*, Festschr. f. K. Peters (1974), 393, 398.
[42] Vgl. *BayObLG* NJW 1982, 395 (nicht ausreichend ist ein Raum, in dem sich nur *ein* Sitzplatz für Zuhörer befindet und weitere Personen auch stehend kaum Platz finden); *OLG Köln* NStZ 1984, 282 (Öffentlichkeit nicht gewahrt, wenn der vorhandene Raum durch die Verfahrensbeteiligten ausgefüllt wird und für andere Personen weder Sitz- noch Stehplätze verbleiben).
[43] *RGSt* 54, 225, 226.
[44] *BGH* NJW 1971, 157; *OLG Karlsruhe* NJW 1975, 2080 (auch Abgabe des Ausweises); *LG Berlin* MDR 1982, 154 (auch Ablichtung des Ausweises); *O. H. Schmidt* DRiZ 1971, 20. – A.M. *Roxin* (Fn. 41), 398; *ders.* JR 1976, 383.
[45] *OLG Koblenz* NJW 1975, 1333.
[46] *BGH* NJW 1981, 61.

erforderliche polizeiliche Maßnahmen einen starken *psychischen Druck* auf Interessenten ausüben, der Verhandlung fernzubleiben[47].

b) Zurückweisung einzelner Personen

127 **Unerwachsenen Personen** (→ § 181 Rdnr. 11) oder solchen Personen, die in einer der **Würde des Gerichts** nicht entsprechenden Weise erscheinen, kann nach § 175 Abs. 1 GVG der Zutritt zur Verhandlung versagt werden. Dies gilt z.B. für Zuhörer, die in betrunkenem Zustand oder in anstößiger Kleidung erscheinen, aber auch wenn durch die Art der Bekleidung oder durch mitgeführte Transparente eine Demonstration im Gerichtssaal beabsichtigt erscheint oder das Gericht beeinflußt oder gar bedroht werden soll. Zur Entfernung einzelner Zuhörer im Rahmen der Sitzungspolizei → Rdnr. 138; wird jemand **rechtswidrig zum Verlassen des Sitzungssaals veranlaßt**, so ist das Gebot der Öffentlichkeit verletzt[48]. Daß später zu hörende **Zeugen** bei der Vernehmung früher zu vernehmender Zeugen grundsätzlich nicht anwesend sein dürfen, ist in § 394 Abs. 1 ausdrücklich festgelegt. Ob das Gericht verlangen kann, daß ein Zeuge schon während der Verhandlung vor der Vernehmung den Sitzungssaal verläßt[49], erscheint mangels einer ausdrücklichen Aussage der ZPO zweifelhaft, läßt sich aber angesichts der vergleichbaren Sachlage mit einer analogen Anwendung von § 243 Abs. 2 S. 1 StPO begründen.

c) Nur Recht zum Zuhören

128 Öffentlichkeit bedeutet nur das Recht zum Zuhören nach Maßgabe der örtlichen Gegebenheiten, nicht dagegen ein Recht auf aktive Teilnahme am Verfahren[50]. Aus dem Öffentlichkeitsgebot erwächst keine Verpflichtung des Gerichts, besondere Maßnahmen zu ergreifen, um die Verständlichkeit des Gesprochenen für die anwesenden Zuhörer zu gewährleisten. Auch haben die Zuhörer kein Recht auf Einsicht in die Akten oder in Urkunden, die Gegenstand der Verhandlung sind.

d) Vertreter von Presse, Rundfunk, Fernsehen

129 Auch für die Vertreter von Presse, Rundfunk und Fernsehen gelten die Vorschriften über die Öffentlichkeit[51]. **Rundfunk- und Fernsehaufnahmen** sowie Ton- und Filmaufnahmen zum Zweck der öffentlichen Vorführung oder der Veröffentlichung ihres Inhalts sind während der Verhandlung nicht gestattet, § 169 S. 2 GVG. Zur Bedeutung für die Revision → Rdnr. 130. Über derartige Aufnahmen vor und nach der Verhandlung entscheidet der Vorsitzende in Ausübung seiner sitzungspolizeilichen Befugnisse (→ Rdnr. 132, 134); das BVerfG[52] verlangt

---

[47] Vgl. *BGH* JZ 1979, 819 = NJW 1980, 249.
[48] Vgl. *BGHSt* 17, 201. – Dagegen keine Verletzung der Öffentlichkeit, wenn jemand die Frage des Gerichts, ob er in den nächsten Minuten anwesend bleiben wolle, zum Anlaß nimmt, den Saal freiwillig zu verlassen, *BGH* NJW 1963, 166, auch nicht bei einer freiwillig befolgten Bitte des Vorsitzenden, den Sitzungssaal mit Rücksicht auf die mögliche Zeugenrolle in einem anderen Verfahren zu verlassen, *BGH* NJW 1989, 465.
[49] Bejahend *BAG* EzA § 394 Nr. 1 = BB 1988, 1330 (extensive Auslegung des § 394 unter Berücksichtigung der Handhabung im Strafprozeß). – A.M. *Baumbach-Lauterbach-Hartmann*[51] § 394 Rdnr. 1.
[50] *Kissel* GVG § 169 Rdnr. 53.
[51] Vgl. *BVerfGE* 50, 234, 241ff. (auch zur Bedeutung

des Art. 5 Abs. 1 S. 2 GG in diesem Zusammenhang). – Hierzu auch Verhandlungen des 58. Deutschen Juristentags 1990 zum Thema »Empfiehlt es sich, die Rechte der Medien präzise zu regeln und dabei den Rechtsschutz des einzelnen zu verbessern?«, insbes. Gutachten *Stürner*, Bd. I, A 41 f.; Beschlüsse, Bd. II, K 220; *Gerhardt* ZRP 1993, 377.
[52] *BVerfGE* 87, 334 = NJW 1992, 3288 (einstweilige Anordnung mit dem Inhalt, das Filmen im Sitzungssaal vor und nach der Verhandlung in angemessenem Umfang zu gestatten, und zwar vor Verhandlungsbeginn auch in Anwesenheit der Angeklagten, die hier sog. absolute Personen der Zeitgeschichte i.S. des § 23 Abs. 1 Nr. 1 KUG waren – Fall Honecker).

aber, hierbei auch die Rundfunkfreiheit (Art. 5 Abs. 1 S. 2 GG) angemessen zu berücksichtigen. **Tonbandaufnahmen,** die nicht zur öffentlichen Vorführung bestimmt sind, fallen nicht unter § 169 S. 1 GVG; das Gericht kann sie zulassen, wenn alle Beteiligten damit einverstanden sind[53]. Gewöhnliche **Photoaufnahmen** während der Verhandlung erfaßt § 169 S. 2 GVG nach dem Wortlaut nicht[54], doch legt der Schutzzweck dieser Vorschrift auch für Photos eine grundsätzlich ablehnende Haltung nahe. Die Entscheidung über die Zulassung ist zur Sitzungspolizei zu rechnen[55] (→ Rdnr. 134), wobei aber eine positive Entscheidung nur bei Zustimmung der aufzunehmenden Personen in Betracht kommt, da andernfalls deren Persönlichkeitsrechte verletzt würden.

7. Rechtsfolgen bei Verstößen

Sowohl die unzulässige Beschränkung der Öffentlichkeit als auch umgekehrt der Nichtausschluß, obwohl gesetzlich vorgeschrieben, stellen **Verfahrensfehler** dar. Sie sind mit den gewöhnlichen Rechtsmitteln geltend zu machen, die gegen die aufgrund des fehlerhaften Verfahrens ergangenen Entscheidungen statthaft sind. Eine Beschwerde gegen die Nichtzulassung der Öffentlichkeit ist nicht zulässig[56]. Für die Berufung handelt es sich um einen wesentlichen Verfahrensfehler, § 539, für die Revision um einen **absoluten Revisionsgrund,** § 551 Nr. 6, näher → § 551 Rdnr. 22. Ein absoluter Revisionsgrund liegt jedenfalls vor, wenn die Öffentlichkeit gesetzwidrig *beschränkt* wurde, während die rechtswidrige *Zulassung* (Nichtausschließung) der Öffentlichkeit nach der (nicht überzeugenden) höchstrichterlichen Rechtsprechung zum Strafprozeß (§ 338 Nr. 6 StPO) nur einen relativen Revisionsgrund darstellen soll[57], ebenso wie ein Verstoß gegen das Verbot von Rundfunk- und Fernsehaufnahmen (§ 169 S. 2 GVG)[58].

130

Für die Berechtigung des Ausschlusses der Öffentlichkeit sind nur die im Ausschließungsbeschluß genannten Ausschlußgründe (§ 174 Abs. 1 S. 3 GVG, → Rdnr. 121) maßgebend[59]. Auch Verfahrensfehler bei der Durchführung der Ausschließung (→ Rdnr. 121) wie das Unterlassen der öffentlichen Verkündung des Ausschließungsbeschlusses[60] oder eine unzureichende Angabe des Ausschließungsgrundes in dem Beschluß[61] führen zum absoluten Revisionsgrund nach § 551 Nr. 6. Der Verfahrensfehler durch gesetzwidrige Nichtzulassung der Öffentlichkeit wird nach h. M. nicht deswegen bedeutungslos, weil im konkreten Fall **niemand vergebens Zutritt begehrte**[62], ebensowenig im umgekehrten Fall (gesetzwidriger Nichtausschluß der Öffentlichkeit) dadurch, daß kein Zuhörer anwesend war[63], a. M. *Grunsky* → § 551 Rdnr. 22. Die Rechtsprechung nimmt aber eine Verletzung der Vorschriften über die Öffentlichkeit nur dann an, wenn der tatsächlich bestehende Ausschluß **dem Gericht bekannt** war bzw. bei Anwendung der gebotenen Sorgfalt vom Gericht hätte **erkannt werden müssen**[64]. Die Vorschriften über die Öffentlichkeit bestehen im öffentlichen Interesse und unterliegen daher nicht einem Parteiverzicht[65], § 295 Abs. 2; ein Verstoß wird daher **nicht durch Unterlassen der Rüge (§ 295 Abs. 1) geheilt.**

130a

---

[53] *OLG Köln* FamRZ 1983, 750; *OLG Schleswig* NStZ 1992, 399.
[54] *BGH* AfP 1970, 67; NJW 1970, 63, 64; *Maul* MDR 1970, 286.
[55] Ebenso *Maul* MDR 1970, 286; *MünchKommZPO-Wolf* § 169 Rdnr. 46.
[56] *OLG Stuttgart* ZZP 70 (1957), 382.
[57] *BGHSt* 23, 82 = NJW 1969, 2107; *BGHSt* 23, 176 = NJW 1970, 523.
[58] *BGHSt* 36, 119 = NJW 1989, 1741 = Strafverteidiger 1989, 290 (zust. *Fezer*) = JR 1990, 389 (abl. *Meurer*). Dagegen *Roxin* NStZ 1989, 376; *Alwart* JZ 1990, 883, 895.

[59] *BGH* NStZ 1987, 86 mwN.
[60] Vgl. (zum Strafprozeß) *BGH* NStZ 1985, 37; Strafverteidiger 1985, 223.
[61] Vgl. (zum Strafprozeß) *BGH* NStZ 1982, 169. Zu den Anforderungen an die Angabe des Ausschließungsgrundes → Fn. 29
[62] *RGSt* 23, 218, 220; *BayObLG* NJW 1982, 395, 396.
[63] *RG* JW 1938, 1046.
[64] *BGH* JZ 1971, 66; *BGHSt* 21, 72; *BGHSt* 22, 297; *BAG* AP § 611 BGB Direktionsrecht Nr. 24 (zust. *Schnorr von Carolsfeld*); *OLG Hamm* NJW 1970, 72.
[65] *RGZ* 157, 347.

131 Da auch Art. 6 Abs. 1 der **Europäischen Menschenrechtskonvention** die Öffentlichkeit der Verhandlung (→ Rdnr. 114 f.) und der Urteilsverkündung (→ Rdnr. 124) vorschreibt, kommt bei Verletzung der Öffentlichkeit nach Erschöpfung des innerstaatlichen Rechtswegs noch die Beschwerde an die Menschenrechtskommission in Betracht, → Einl. Rdnr. 684 sowie vor § 578 Rdnr. 56.

II. Sitzungspolizei

1. Zweck 132	gung gerichtlicher Anordnungen 138
2. Anordnungen zur Aufrechterhaltung der Ordnung 133	d) Ordnungsmittel wegen Ungebühr 140
3. Zwangsmaßnahmen 136	e) Rechtliches Gehör 143
a) Zuständigkeit 136	f) Protokollierung 144
b) Adressaten 137	g) Anfechtung 145
c) Maßnahmen bei Nichtbefol-	4. Strafbare Handlungen 147

1. Zweck

132 In den §§ 176 ff. GVG sind für Zivil- und Strafprozeß gemeinsame Vorschriften enthalten, die dem Vorsitzenden oder dem Gericht die Befugnis zu Ordnungsmaßnahmen verleihen. Der Zweck dieser sog. Sitzungspolizei[66] ist darauf gerichtet, den **Ablauf des Verfahrens vor Störungen zu sichern** und die Verhandlung so zu gestalten, wie es der Rechtsprechungsaufgabe des Gerichts entspricht. Die Sitzungspolizei ist nicht Verwaltungsaufgabe, sondern **Teil der richterlichen Gewalt** und wird daher von der richterlichen Unabhängigkeit umfaßt[67]. Innerhalb des Sitzungssaals geht die Sitzungspolizei des erkennenden Gerichts dem Hausrecht der Justizverwaltung (des Gerichtspräsidenten) vor[68]. Die praktische Bedeutung der Sitzungspolizei ist für den Zivilprozeß bislang geringer als für den Strafprozeß, weil Störungen im Zivilprozeß wesentlich seltener vorkommen.

2. Anordnungen zur Aufrechterhaltung der Ordnung

133 Nach der Generalklausel des § 176 GVG ist es Aufgabe des **Vorsitzenden** (bzw. des Einzelrichters, §§ 348, 524), die Ordnung in der Sitzung aufrechtzuerhalten. Zur Sitzung i. S. des § 176 GVG gehört nicht nur die Verhandlung im engeren Sinn, sondern auch der Zeitraum, in dem sich das Gericht unmittelbar vor und nach der Verhandlung im Sitzungssaal befindet[69]. Bei Amtshandlungen außerhalb der Sitzung des erkennenden Gerichts stehen dieselben Befugnisse dem einzelnen Richter (d. h. dem beauftragten oder ersuchten Richter)

---

[66] Lit.: *Baur* Die Würde des Gerichts JZ 1970, 247; Bericht der Kommission für Gerichtsverfassungsrecht und Rechtspflegerrecht (1975), 159; *Gilles* Contempt of Court – Ungebühr vor Gericht – Richter in eigener Sache, Gedächtnisschr. für Arens (1993), 143; *M. Rehbinder* Das Ordnungsstrafverfahren wegen Ungebühr vor Gericht MDR 1963, 640; *Rüping* Der Schutz der Gerichtsverhandlung – »Ungebühr« oder »betriebliche Ordnungsgewalt«? ZZP 88 (1975), 212; *Scheuerle* Tugendkonforme Auslegung (des § 176 GVG), Festschr. für Baur (1981), 595; *E. Schneider* Ungebühr vor Gericht MDR 1975, 622; *Schwind* »Ungebührliches« Verhalten vor Gericht und Ordnungsstrafe JR 1973, 133.

[67] Vgl. BGHSt 17, 201, 204 = NJW 1962, 1260; BGHSt 24, 329, 330 = NJW 1972, 1144, 1145; *Wolf*[6] § 26 I 1; *Kissel* GVG § 176 Rdnr. 7. – Zur Dienstaufsicht bei offensichtlichem Fehlgriff s. BGHZ 67, 184, 188 = NJW 1977, 437; dagegen *Wolf* NJW 1977, 1063.

[68] BGHSt 24, 329, 330 = NJW 1972, 1144, 1145; BGH NJW 1982, 947 (Hausfriedensbruch, wenn entgegen der Anordnung des Vorsitzenden weitere Zuhörer in den überfüllten Sitzungssaal eindringen); *Wolf*[6] § 26 I 2. Zum Verhältnis zwischen dem Hausrecht des Gerichtspräsidenten und dem Öffentlichkeitsprinzip sowie der Sitzungspolizei OVG Schleswig-Holstein SchlHA 1993, 238.

[69] Vgl. *OLG Düsseldorf* MDR 1986, 428; *Kleinknecht-Meyer* StPO[40] § 176 GVG Rdnr. 2.

zu, § 180 GVG. Den Anordnungen nach § 176 unterstehen sowohl **Zuhörer** als auch **sämtliche Verfahrensbeteiligte** (also z. B. Parteien, Zeugen, Sachverständige, aber auch Rechtsanwälte, Staatsanwälte und beisitzende Richter). Den **Inhalt der Maßnahme** hat der Vorsitzende nach seinem **Ermessen** zu bestimmen, wobei die Grenzen durch die *Erforderlichkeit* der Anordnung, um den störungsfreien Ablauf der Sitzung zu ermöglichen, und durch den Grundsatz der *Verhältnismäßigkeit*[70] gezogen werden.

Der **Vorsitzende kann** z. B. das Wort entziehen, die Ausdrucksweise oder die Lautstärke rügen, Anordnungen über die Sitzordnung treffen, auf das Verbot von Fernseh- und Rundfunkaufnahmen (§ 169 S. 2 GVG) hinweisen und Bild- und Tonaufnahmen verbieten, soweit dadurch die Ordnung gestört oder Persönlichkeitsrechte der Verfahrensbeteiligten verletzt werden, → Rdnr. 129. Ein **Rechtsanwalt**, der sich weigert, **Amtstracht** (Robe) zu tragen, konnte aufgrund des bisherigen Standesrechts (§ 11 der Grundsätze des anwaltlichen Standesrechts) für den Termin als Prozeßbevollmächtigter zurückgewiesen werden[71]. Ob dies noch gilt, nachdem das BVerfG diesen Richtlinien die rechtliche Wirkung grundsätzlich abgesprochen hat (→ vor § 78 Rdnr. 14) erscheint sehr zweifelhaft. Ist der Sitzungssaal voll besetzt, kann der Vorsitzende anordnen, keine weiteren Zuhörer einzulassen, → Rdnr. 126. Bei Anhaltspunkten für Gefahren kann der Vorsitzende Ausweiskontrollen (→ Rdnr. 126) oder die Durchsuchung von Verfahrensbeteiligten (auch Rechtsanwälten) und Zuhörern auf Waffen anordnen[72]. Der Vorsitzende kann sich der Hilfe der Justizwachtmeister bedienen, aber auch Polizeikräfte anfordern und sie im Sitzungssaal oder in Nebenräumen postieren. 134

Gegen Anordnungen des Vorsitzenden nach § 176 GVG ist (anders als nach § 140) die Anrufung des Kollegiums nicht möglich. Auch eine **Beschwerde** ist **nicht statthaft**[73], wie das bewußte Nichterwähnen des § 176 GVG in § 181 GVG zeigt. Soweit durch die Anordnung ein Verfahrensfehler begangen wurde, kann dies mit den gewöhnlichen Rechtsmitteln gegen die aufgrund des Verfahrens ergangene Entscheidung gerügt werden, so z. B. bei einer Verletzung der Vorschriften über die Öffentlichkeit (Beispiel → Fn. 73 a. E.), → Rdnr. 130. 135

3. Zwangsmaßnahmen

a) Zuständigkeit

Über Zwangsmaßnahmen wegen Nichtbefolgung richterlicher Anordnungen (§ 177 GVG) und über Ordnungsmittel wegen Ungebühr (§ 178 GVG) entscheidet der **Vorsitzende** nur, soweit sich die Maßnahmen **gegen Personen** richten, die **nicht am Verfahren beteiligt sind**. Über Sanktionen **gegen Verfahrensbeteiligte** hat dagegen das **Gericht** (also die Kammer usw.) zu entscheiden, § 177 S. 2, § 178 Abs. 2 GVG. Der Einzelrichter (§§ 348, 524) sowie der beauftragte oder ersuchte Richter (§ 180 GVG) sind für Maßnahmen gegenüber beiden Adressatenkreisen zuständig. 136

---

[70] *Kissel* GVG § 176 Rdnr. 14; s. auch *BVerfGE* 48, 118, 124.
[71] *OLG Karlsruhe* NJW 1977, 309; dies verstößt nicht gegen die Verfassung, *BVerfGE* 28, 21, 35 = NJW 1970, 851; *BayVerfGH* AnwBl 1972, 228. Zu ehrengerichtlichen Maßnahmen *BGHSt* 27, 34. – Krit. *Hohenester* ZRP 1973, 109.
[72] Vgl. *BVerfGE* 48, 118 = NJW 1978, 1048 (zur Durchsuchung von Strafverteidigern). – Darin liegt keine Verletzung der Öffentlichkeit → Rdnr. 126.

[73] *OLG Hamburg* NJW 1976, 1987; MDR 1992, 799 = NStZ 1992, 509 (keine Überprüfung gemäß §§ 23ff. EGGVG); *Kissel* GVG § 176 Rdnr. 48. – A. M. *Krekeler* NJW 1979, 185, 190; *Amelung* NJW 1979, 1687, 1691; teils auch *OLG Karlsruhe* NJW 1977, 309, das gegen die Zurückweisung eines Rechtsanwalts, der ohne Robe auftritt, die Beschwerde nach § 304 Abs. 1 StPO zuläßt. – Der unberechtigte Ausschluß eines Zuhörers wegen Mitschreibens verletzt den Öffentlichkeitsgrundsatz, *BGH* (wiedergegeben von *Holtz*) MDR 1982, 812.

b) Adressaten

137 Die Maßnahmen nach §§ 177 f. GVG können sowohl gegenüber **Unbeteiligten** (Zuhörern) als auch gegenüber **Parteien** (einschließlich **Parteivertretern**, soweit es sich nicht um Rechtsanwälte handelt, sowie Nebenintervenienten), **Zeugen** und **Sachverständigen** getroffen werden. Sonstige Verfahrensbeteiligte sind in §§ 177 f. GVG nicht genannt. Daraus ergibt sich — zumindest in Verbindung mit der Entstehungsgeschichte[74] — daß an der Verhandlung beteiligte **Rechtsanwälte** grundsätzlich **ebensowenig mit den Sanktionen** (z. B. der zwangsweisen Entfernung aus dem Sitzungssaal) **belegt** werden können[75] wie beisitzende **Richter**, Urkundsbeamte der Geschäftsstelle, der Staatsanwalt oder dem Gericht zur Ausbildung zugewiesene Rechtsreferendare. Nur in **Extremfällen** wird von der Praxis die zwangsweise Entfernung eines an der Verhandlung beteiligten Rechtsanwalts für zulässig gehalten[76], und zwar mit der Begründung, derart außergewöhnliche Situationen habe der Gesetzgeber nicht in seine Überlegungen einbezogen.

c) Maßnahmen bei Nichtbefolgung gerichtlicher Anordnungen

138 Werden die vom Vorsitzenden zur Aufrechterhaltung der Ordnung in der Sitzung getroffenen Anordnungen nicht befolgt, so kann gegen Parteien, Zeugen, Sachverständige (nicht gegen sonstige Verfahrensbeteiligte, → Rdnr. 137) und Zuhörer die **Entfernung aus dem Sitzungssaal** sowie die **Abführung zur Ordnungshaft** angeordnet werden, § 177 S. 1 GVG. Die Dauer der Ordnungshaft ist nach Stunden oder nach der Uhrzeit zu bestimmen und darf 24 Stunden nicht übersteigen. Die Maßnahmen nach § 177 GVG dienen nur der ordnungsmäßigen Durchführung der Verhandlung und sind auf das dazu notwendige Maß zu beschränken. Die Anordnungen haben keinen Strafcharakter und setzen kein Verschulden voraus[77]. Zur Anfechtung → Rdnr. 146.

139 Gegen eine **aus dem Sitzungssaal entfernte** (und nicht mehr vertretene) **Partei** kann ebenso verfahren werden, wie bei Säumnis, § 158. Der Anspruch auf rechtliches Gehör (Art. 103 Abs. 1 GG) wird durch die zwangsweise Entfernung aus dem Sitzungssaal nicht verletzt, da der Betroffene durch sein eigenes Verhalten die Einschränkung seiner prozessualen Rechte herbeigeführt hat[78], → Rdnr. 30b. Doch ist Art. 103 Abs. 1 GG bei der Anwendung des § 177 S. 1 GVG zu berücksichtigen und daher die **Entfernung nur anzuordnen**, wenn dies zur Aufrechterhaltung der Ordnung **unumgänglich** ist. Auch kann es im Hinblick auf Art. 103 Abs. 1 GG geboten sein, nicht die Säumnisfolgen anzuwenden, sondern die Verhandlung zu vertagen, so wenn die Entfernung ohne Verschulden der Partei angeordnet wurde.

d) Ordnungsmittel wegen Ungebühr

140 Gegen Parteien, Zeugen, Sachverständige (nicht gegen am Verfahren beteiligte Rechtsanwälte, → Rdnr. 137) sowie gegen nicht an der Verhandlung beteiligte Personen, die sich **in der**

---

[74] Die Streichung des § 180 GVG damaliger Fassung, der Ordnungsstrafen gegen am Verfahren beteiligte Rechtsanwälte gestattete, durch G v. 11. III. 1921, RGBl. S. 229, 230, verfolgte die Absicht, die verfahrensbeteiligten Rechtsanwälte den allgemeinen Vorschriften der §§ 177, 178 GVG zu entziehen, *OLG Köln* NJW 1968, 307.

[75] *BGHZ* 67, 184, 189 = NJW 1977, 437; *OLG Köln* NJW 1968, 307; *P. Müller* NJW 1979, 22. Die Zurückweisung als Prozeßbevollmächtigter (→ Rdnr. 134) ist von der Entfernung aus dem Sitzungssaal zu unterscheiden.

[76] *BGHZ* 67, 184, 189 (Fn. 75); *OLG Hamm* JMBlNRW 1980, 215. – A.M. *Kissel* GVG § 176 Rdnr. 41 f. mwN.

[77] *Kissel* GVG § 177 Rdnr. 1; *Ch. Mayr* in Karlsruher Kommentar zur StPO und zum GVG² § 177 GVG Rdnr. 5. – A.M. *Kleinknecht-Meyer* StPO⁴⁰ § 177 GVG Rdnr. 10.

[78] *BGHZ* 48, 327, 332.

Sitzung[79] (nicht im sonstigen mündlichen oder schriftlichen Verkehr mit Gericht oder Geschäftsstelle[80]) einer **Ungebühr** schuldig machen, kann ein **Ordnungsgeld** von 5 DM (Art. 6 Abs. 1 S. 1 EGStGB) bis 2000 DM (sowie Ordnungshaft für den Fall der Nichtbeitreibbarkeit, § 178 Abs. 1 S. 2 GVG) oder **Ordnungshaft** von einem Tag (Art. 6 Abs. 2 S. 1 EGStGB) bis zu einer Woche festgesetzt und sofort (auf Veranlassung des Vorsitzenden, § 179 GVG) vollstreckt werden, § 178 Abs. 1 S. 1 GVG. Zur Zuständigkeit → Rdnr. 136. Eine strafrechtliche Verfolgung wird dadurch nicht gehindert; kommt es zur Verurteilung, so sind Ordnungsgeld oder Ordnungshaft auf die Strafe anzurechnen, § 178 Abs. 3 GVG.

Unter den sehr allgemeinen **Begriff der Ungebühr** fallen nicht nur Verhaltensweisen, die den **ordnungsgemäßen Ablauf** der Verhandlung stören, sondern auch Handlungen, die die **Würde und Autorität des Gerichts** verletzen. Daran ist trotz mancher in neuerer Zeit geäußerter Bedenken[81] festzuhalten[82]. Es geht dabei nicht darum, in starrer Weise früher gebräuchliche Formen aufrechtzuerhalten oder, wie in einem Obrigkeitsstaat, übertriebene Ehrfurchtsbekundungen zu fordern; aber auch in einem demokratischen Rechtsstaat muß der nötige Respekt vor dem Gericht als Träger der rechtsprechenden Gewalt gewahrt bleiben. Ob man von *Würde* (vgl. § 175 Abs. 1 GVG) und *Autorität* des Gerichts oder von der *dem Gericht geschuldeten Achtung* spricht, macht dabei keinen Unterschied. Zweifellos ist der Begriff der Ungebühr **wandelbar** und manches, was früher geahndet wurde, mag heute als unbedenklich erscheinen. Auch regional (etwa zwischen Großstadt und ländlichem Gebiet) können durchaus Unterschiede bestehen. Unzulässig sind Verhaltensweisen, die – unter Berücksichtigung der allgemeinen Lebensgewohnheiten – eine **Mißachtung des Gerichts** zum Ausdruck bringen. Ungebühr kann in der Nichtbefolgung richterlicher Anordnungen (§ 176 GVG) bestehen, aber auch ohne eine solche vorhergehende Anordnung gegeben sein. 141

Ob eine Ungebühr durch Ordnungsmittel geahndet wird, steht im pflichtgemäßen **Ermessen** des Gerichts[83]. Dabei hat das Gericht die Umstände des Einzelfalls zu berücksichtigen und sich vor kleinlichen Reaktionen zu hüten. Zuweilen kann die Würde des Gerichts durch beredtes Schweigen oder durch ein besonnenes, überlegenes Wort besser geschützt werden als durch ein rasch verhängtes Ordnungsmittel. Da die Ordnungsmittel strafähnlichen (repressiven) Charakter haben, setzt ihre Verhängung **Verschulden** voraus, wobei aber Fahrlässigkeit genügt[84]. 141a

Beispiele: Als Ungebühr sind **Ruhestörungen** (Zwischenrufe, Klatschen) oder das absichtliche Zuschlagen der Tür des Sitzungssaals[85] zu werten, desgleichen tätliche Angriffe und Beleidigungen im Gerichtssaal, gleich ob sie sich gegen das Gericht (z.B. in Form beleidigender Vorwürfe), gegen Parteien, Rechtsanwälte[86], Zeugen[87] oder Zuhörer richten. Entscheidend ist nicht nur der Wortlaut, sondern auch der Ton der Äußerung. Achtungsverletzungen können auch durch sonstige Handlungen wie Grimassen oder wegwerfende Gesten begangen werden. Die Berufung auf **Wahrnehmung berechtigter Interessen** vermag ungebührliches Verhalten nicht zu rechtfertigen[88]. Anderseits braucht spontaner Beifall (Klat- 142

---

[79] Die Ordnungsmittel können grundsätzlich nur bis zum Schluß der Sitzung ausgesprochen werden, *BayObLGSt* 25, 207, 208; *OLG Stuttgart* NJW 1969, 627; *OLG Köln* MDR 1993, 906; bei mehrtägiger Verhandlung ausnahmsweise noch am folgenden Verhandlungstag, *OLG Schleswig* MDR 1980, 76.
[80] *OLG Schleswig* SchlHA 1967, 153.
[81] Vgl. *Rüping* (Fn. 66), 220; *Sarstedt* JZ 1969, 152, 153; *Gilles* (Fn. 66) 161 ff.
[82] Daran festhaltend *Baur* JZ 1970, 247, 248; *Schwind* JR 1973, 133. Eine mittlere Position bezieht *Kissel* GVG § 178 Rdnr. 10.
[83] *OLG Karlsruhe* JR 1977, 392; *M. Rehbinder* MDR 1963, 643; *Sarstedt* JZ 1969, 152 (Opportunitätsprinzip); *Schwind* JR 1973, 139. Zweifelnd *Baur* JZ 1970, 247.

[84] *OLG Hamm* Rpfleger 1951, 135; *Eb. Schmidt* Lehrkomm. zur StPO Bd. III § 178 GVG, 7; *M. Rehbinder* MDR 1963, 643; *Rüping* (Fn. 66), 223 (mwN); *Kissel* GVG § 178 Rdnr. 32. – Vorsatz verlangen *OLG Darmstadt* JW 1934, 705 (abl. *Rilk*); *OLG Schleswig* SchlHA 1962, 84; *OLG Nürnberg* BayJMBl 1963, 344; *Schwind* JR 1973, 135; *Baumbach-Lauterbach-Albers*[51] § 178 GVG Rdnr. 3.
[85] *OLG Hamm* JMBlNRW 1975, 106 (nach Urteilsverkündung).
[86] Vgl. *OLG Hamm* NJW 1963, 1791.
[87] *OLG Hamm* JMBlNRW 1954, 60.
[88] *OLG Düsseldorf* MDR 1953, 555; *OLG Hamm* JMBlNRW 1954, 60; *Schwind* JR 1973, 133, 137. – A.M. *OLG Schleswig* SchlHA 1967, 153.

schen) nach dem Vortrag eines Prozeßbevollmächtigten nicht immer eine Ungebühr darzustellen[89], und eine in hochgradiger Erregung begangene Beleidigung[90] stellt zwar Ungebühr dar, wird aber nicht notwendig geahndet werden müssen. Erscheinen im betrunkenen Zustand ist als Ungebühr zu werten[91]. An Frisur[92] und **Kleidung**[93] wird man heute angesichts der allgemeinen Sitten keine hohen Anforderungen stellen können, so daß leichte Sommerbekleidung nicht als Ungebühr zu werten ist, ebensowenig das Erscheinen ohne Jacke[94]. Beim Auftreten in Berufs- bzw. Arbeitskleidung hängt alles von den Umständen, nicht zuletzt von Art und Zustand der Bekleidung ab[95]. Ein Erscheinen in Verkleidung oder mit auffälliger Perücke, in Badekleidung oder mit nackter Brust weicht dagegen nach wie vor so sehr vom allgemein Üblichen ab, daß darin die Äußerung einer Mißachtung des Gerichts zu sehen ist. Essen, Trinken, Zeitungslesen[96] während der Verhandlung werden – je nach den Umständen, vor allem der Dauer des Verhaltens – vielfach eine Ungebühr darstellen, nicht dagegen die Anfertigung von Aufzeichnungen[97]. Ob man das **Sitzenbleiben** (trotz Aufforderung durch den Vorsitzenden) bei Eintreten des Gerichts, Vereidigung eines Zeugen oder Urteilsverkündung im Regelfall als Ungebühr werten kann[98], ist zweifelhaft geworden und wohl zu verneinen[99]. Das Gericht sollte zwar der betreffenden Person in Form einer Anregung deutlich sagen, welches Verhalten eigentlich angemessen erscheint, doch wird die Nichtbefolgung eines solchen Hinweises in der Regel nicht so gewichtig erscheinen, daß die Anordnung eines Ordnungsmittels veranlaßt wäre. Ähnliches gilt für das Weglassen von anredefähigen Titeln, während die Anrede mit dem Namen (ohne »Herr« oder »Frau«) und erst recht das Duzen nach wie vor Ungebühr darstellen.

e) Rechtliches Gehör

143 Vor der Verhängung einer Zwangs- oder Ordnungsmaßnahme ist im Hinblick auf Art. 103 Abs. 1 GG grundsätzlich das rechtliche Gehör zu gewähren[100]. Daraus folgt aber nicht die Notwendigkeit einer ausführlichen Verhandlung über die beabsichtigte Maßnahme; erforderlich ist nur, daß der Betroffene zu der ihm vorgeworfenen Verhaltensweise **Stellung nehmen kann**. Auch dies ist entbehrlich, wenn zur Abwehr des Verhaltens sofortige Maßnahmen ergriffen werden müssen, z.B. weil mit weiteren groben Ausfällen gegenüber dem Gericht gerechnet werden muß[101], oder wenn der Betroffene entgegen der Aufforderung des Vorsitzenden vor seiner Anhörung den Sitzungssaal verläßt[102]. Es genügt dann die nachträgliche Gewährung des Gehörs im Beschwerdeverfahren. Ist fehlerhaft das Gehör nicht gewährt worden, so kann der Mangel im Beschwerdeverfahren geheilt werden[103], so daß die Ordnungsmaßnahme nicht schon wegen dieses Fehlers aufgehoben werden muß.

---

[89] Vgl. *OLG Saarbrücken* NJW 1961, 890 (krit. *Händel* NJW 1961, 1176).
[90] Vgl. *OLG Bremen* NJW 1959, 952. – Zur Abgrenzung zwischen noch zu tolerierenden erregten Äußerungen und auf Herabsetzung des Gerichts gerichteten und daher als Ungebühr zu verstehenden Formulierungen vgl. *LSG Schleswig-Holstein* MDR 1984, 260.
[91] *OLG Koblenz* VRS 42 (1972), 296. Anders bei zwangsweiser Vorführung, *OLG Hamm* MDR 1966, 72.
[92] Vgl. *OLG München* NJW 1966, 1935.
[93] Vgl. *G. Schmidt* DRiZ 1968, 17 (keine Ordnungsstrafe wegen Tragens eines Minirocks); *Pardey* DRiZ 1990, 132, 135.
[94] Ob für einen auf die nächste Verhandlung wartenden Staatsanwalt strengere Anforderungen zu gelten haben (so *OLG Karlsruhe* NJW 1977, 311; dagegen *E. Schneider* JurBüro 1977, 770) erscheint zweifelhaft.
[95] Ungebühr im konkreten Fall bejahend *OLG Koblenz* MDR 1971, 324; verneinend *OLG Hamm* NJW 1969, 1919.
[96] Vgl. *OLG Karlsruhe* JR 1977, 392 (in der Regel vorherige Abmahnung erforderlich).
[97] *BGH* NStZ 1982, 389; *OLG Hamm* JMBlNW 1990, 42.

[98] So *OLG Stuttgart* Justiz 1969, 256; NJW 1969, 627; *OLG Nürnberg* JZ 1969, 150; *OLG Hamm* NJW 1975, 942.
[99] So *Sarstedt* JZ 1969, 152; *Schwind* JR 1973, 133, 137; *E. Schneider* MDR 1975, 622; *Pardey* DRiZ 1990, 132; *Wolf*[6] § 26 III 2. – Daß Vernehmungen besser im Sitzen erfolgen, betonen *Beeck-Wuttke* NJW 1969, 684.
[100] Jetzt h.M., *BayObLGSt* 25, 207; *OLG Saarbrücken* NJW 1961, 890; *OLG Neustadt* NJW 1961, 2320; *OLG Schleswig* SchlHA 1967, 152; *OLG Hamm* JMBlNW 1969, 208 = MDR 932; JMBlNW 1977, 94, 131; MDR 1978, 780; *Woesner* NJW 1959, 866; *M. Rehbinder* MDR 1963, 640, 644; *Röhl* NJW 1964, 273, 275; *Kissel* GVG § 178 Rdnr. 45. – A.M. *OLG Düsseldorf* MDR 1953, 555; *OLG Hamm* Rpfleger 1951, 135; *Kniestedt* MDR 1960, 197.
[101] Vgl. *OLG Neustadt* NJW 1961, 2320; *OLG Hamm* (alle Entsch. in Fn. 100); *Woesner* NJW 1959, 866, 868; *M. Rehbinder* MDR 1963, 640, 644.
[102] *OLG Düsseldorf* VRS 75 (1988), 48.
[103] *BayObLGSt* 25, 207. – A.M. *OLG Hamm* JMBlNRW 1969, 208; 1977, 131; *OLG Saarbrücken* NJW 1961, 890; *OLG Neustadt* NJW 1961, 2320; *Kissel* GVG § 178 Rdnr. 47, § 181 Rdnr. 17.

f) Protokollierung

Bei Festsetzung eines Ordnungsmittels wegen Ungebühr, Abführung zur Ordnungshaft oder Entfernung einer bei der Verhandlung beteiligten Person sind sowohl der Beschluß des Gerichts als auch seine Veranlassung in das Protokoll aufzunehmen, § 182 GVG. Dabei ist der **tatsächliche Hergang im einzelnen zu schildern**, nicht nur das gesetzliche Tatbestandsmerkmal anzugeben. Die Feststellung des Sachverhalts in der Begründung des Beschlusses genügt nicht[104]. Die fehlende Feststellung im Protokoll kann nicht durch eine dienstliche Äußerung des unteren Gerichts ersetzt werden[105]. Ebensowenig kann die untere oder die höhere Instanz Beweiserhebungen über den Sachverhalt durchführen, um die fehlende Feststellung im Protokoll zu ersetzen[106]. Vielmehr muß der Beschluß, wenn die Protokollierung des Anlasses fehlt oder erhebliche Lücken aufweist, in der Regel aufgehoben werden, ohne daß eine Zurückverweisung in Betracht kommt[107]. Nur dann wirkt sich der Mangel der Protokollierung nicht aus, wenn der Sachverhalt aus den Gründen des Beschlusses mit hinreichender Deutlichkeit hervorgeht und vom Betroffenen nicht bestritten wird[108].

144

g) Anfechtung

Gemäß § 181 Abs. 1 GVG ist **gegen die Festsetzung eines Ordnungsmittels** wegen Ungebühr nach § 178 oder § 180 GVG binnen einer Woche nach der Bekanntmachung[109] die **Beschwerde** zum übergeordneten **OLG** (§ 181 Abs. 3 GVG) zugelassen. Beim ersuchten Richter ist das diesem übergeordnete OLG zuständig[110]. Gegen Ordnungsmittel des BGH oder eines OLG ist die Beschwerde ausgeschlossen. Eine Rechtsmittelbelehrung ist für den Zivilprozeß nicht vorgeschrieben[111]. Bei **Fristversäumung** ist auch im Zivilprozeß Wiedereinsetzung in den vorigen Stand zulässig[112]. Das Rechtsmittel hat nach § 181 Abs. 2 GVG im Regelfall keine aufschiebende Wirkung, anders aber, wenn der beauftragte oder ersuchte Richter entschieden hat (§ 180 GVG). Das Gericht, gegen dessen Entscheidung sich das Rechtsmittel richtet, kann der Beschwerde abhelfen[113]. Das Beschwerdegericht hat die Rechts- und Tatfrage sowie das Maß des Ordnungsmittels zu überprüfen[114]; es kann in geeigneten Fällen auch nach seinem Ermessen vom Ordnungsmittel absehen[115]. Eine Zurückverweisung ist nach allgemeiner Ansicht nicht zulässig[116]; zur Aufhebung bei fehlender

145

---

[104] *OLG Düsseldorf* JMBlNRW 1971, 222; *OLG Hamm* JMBlNRW 1977, 94; *OLG Stuttgart* Justiz 1979, 347; *KG* JZ 1982, 73 = MDR 329; *Kissel* GVG § 182 Rdnr. 6. Anders *OLG Stuttgart* Justiz 1992, 146 für den Fall, daß sich die Ungebühr einer Warnehmung durch die Urkundspersonen entzieht.

[105] *LAG Bremen* JZ 1954, 643; *OLG Hamm* JMBlNRW 1977, 94; *OLG Stuttgart* Justiz 1979, 347; *LAG* Frankfurt AP Nr. 2 zu § 181 GVG.

[106] *OLG Hamm* JMBlNRW 1955, 139; *OLG Stuttgart* NJW 1969, 627, 628; *Kissel* GVG § 182 Rdnr. 5. – A.M. *OLG Bremen* JR 1951, 693 (teils zust., teils krit. *Dallinger*).

[107] *OLG Stuttgart* Justiz 1979, 347; *OLG Hamm* JMBlNRW 1977, 94; *LAG Frankfurt* AP Nr. 2 zu § 181 GVG; *KG* JZ 1982, 73; *OLG Köln* JMBl NW 1993, 116, 117; *Kissel* GVG § 182 Rdnr. 7. – A.M. *LAG Bremen* JZ 1954, 643, das eine Zurückverweisung zur Ergänzung des Protokolls für zulässig hält.

[108] *OLG Stuttgart* Justiz 1979, 347; *OLG Hamm* NJW 1963, 1791; *Kissel* GVG § 182 Rdnr. 8.

[109] Verkündung, bei Abwesenheit Zustellung, ebenso *Baumbach-Lauterbach-Albers*[51] § 181 GVG Rdnr. 2; *Zöller-Gummer*[18] § 178 GVG Rdnr. 6, § 181 GVG Rdnr. 2. – A.M. *Kissel* GVG § 178 Rdnr. 50, § 181 Rdnr. 4 (Fristbeginn erst mit der stets erforderlichen Zustellung).

[110] *OLG Schleswig* SchlHA 1962, 84.

[111] *OLG Schleswig* NJW 1971, 1321; *OLG Stuttgart* Justiz 1979, 140; *Kissel* GVG § 178 Rdnr. 51.

[112] *OLG Frankfurt* JZ 1954, 171; *OLG Frankfurt* NJW 1967, 1281 (dabei keine Zurechnung des Verschuldens des Prozeßbevollmächtigten, ebenso *OLG Köln* JMBl NW 1993, 116); *OLG Stuttgart* Justiz 1979, 140, → 577 Rdnr. 2.

[113] *OLG Düsseldorf* MDR 1977, 413; *Baumbach-Lauterbach-Albers*[51] § 181 GVG Rdnr. 3. Der Kommissionsbericht (Fn. 66), 163 empfiehlt eine Klarstellung in diesem Sinne. – A.M. *OLG Neustadt* MDR 1953, 555; *OLG München* NJW 1968, 308; *M. Rehbinder* MDR 1963, 640, 645; *Kissel* GVG § 181 Rdnr. 12.

[114] *OLG Saarbrücken* JBlSaar 1963, 171.

[115] *OLG Neustadt* NJW 1962, 602.

[116] *OLG Saarbrücken* NJW 1961, 890, 891; *OLG Hamm* JMBlNRW 1977, 94; *OLG Koblenz* MDR 1978, 693; *Kissel* GVG § 181 Rdnr. 16.

Protokollierung → Rdnr. 144. Eine Verpflichtung des erfolglosen Beschwerdeführers, Gerichtskosten zu zahlen, besteht nicht[117].

146 Gegen **Anordnungen nach § 176 GVG** ist die Beschwerde dagegen nicht statthaft (→ Rdnr. 135), ebensowenig gegen **Maßnahmen nach § 177 GVG** (Entfernung aus dem Sitzungssaal, Abführung zur Ordnungshaft)[118].

4. Strafbare Handlungen

147 Wird eine strafbare Handlung in der Sitzung begangen, so hat das Gericht (gegebenenfalls neben dem Vorgehen nach § 178 GVG) gemäß § 183 S. 1 GVG den Tatbestand festzustellen und der zuständigen Behörde das darüber aufgenommene Protokoll mitzuteilen. In geeigneten Fällen kann das Gericht nach § 183 S. 2 GVG auch die vorläufige Festnahme des Täters verfügen. Es darf jedoch keinen Haftbefehl erlassen[119].

III. Gerichtssprache[120]

1. Deutsche Gerichtssprache	148	5. Fremdsprachige Urkunden	151
2. Sonderregelung für Sorben	148a	6. Zuziehung eines Dolmetschers	152
3. Anträge in fremder Sprache	149	7. Protokollierung	154
4. Antrag auf Erteilung der Vollstreckungsklausel bei ausländischen Urteilen	150	8. Verhandlung mit tauben oder stummen Personen	155
		9. Rechtsstellung des Dolmetschers	156

1. Deutsche Gerichtssprache

148 Die Gerichtssprache ist **deutsch**[121], § 184 GVG. Die Parteien können durch Vereinbarung die Anwendung dieser Vorschrift, die von Amts wegen zu beachten ist, nicht ausschließen[122]. Sie gilt nicht nur für die mündliche Verhandlung, sondern für das **gesamte Verfahren**, also für Schriftsätze der Parteien, die gerichtlichen Entscheidungen und Protokolle usw.[123]. Der Gebrauch von Fremdwörtern oder lateinischen Fachausdrücken in den Urteilsgründen ist jedoch zulässig[124]. Auch wer der deutschen Sprache nicht mächtig ist, hat **keinen Anspruch** darauf, daß gerichtliche Entscheidungen **von Amts wegen übersetzt** werden[125]. § 184 GVG gilt grundsätzlich auch bei Prozessen über internationalrechtliche, insbesondere europarecht-

---

[117] *KG* Rpfleger 1964, 352; *Kissel* GVG § 181 Rdnr. 19; *Baumbach-Lauterbach-Albers*[51] § 181 Rdnr. 4; *Zöller-Gummer*[18] § 181 GVG Rdnr. 6. – A.M. *OLG Neustadt* NJW 1961, 885; *LAG Frankfurt* AP Nr. 2 zu § 181 GVG; *M. Rehbinder* MDR 1963, 640, 646.

[118] *RGZ* 43, 424, 427; *OLG Köln* NJW 1963, 1508; *OLG Nürnberg* MDR 1969, 600; *LAG Frankfurt* AP Nr. 2 zu § 181 GVG. – A.M. *Baumbach-Lauterbach-Albers*[51] § 177 GVG Rdnr. 4; *Wolf* NJW 1977, 1063; *Amelung* NJW 1977, 1687, 1691.

[119] *OLG Hamm* NJW 1949, 191.

[120] Lit.: *Braitsch* Gerichtssprache für Sprachunkundige im Lichte des »fair trial« (1991); *Ingerl* Sprachrisiko im Verfahren (1988); *Jessnitzer* Dolmetscher (1982), 54 (zit. *Jessnitzer*); *ders.* Dolmetscher und Übersetzer Rpfleger 1982, 365; *Lässig* Deutsch als Gerichts- und Amtssprache (1980); *Leipold* Zum Schutz des Fremdsprachigen im Zivilprozeß, Festschr. für Matscher (1993), 288; *J. Meyer* »Die Gerichtssprache ist deutsch« – auch für Ausländer? ZStW 93 (1981), 507; *E. Schneider* Deutsch als Gerichtssprache MDR 1979, 534.

[121] Auch Plattdeutsch wird als zulässig betrachtet, *OLG Oldenburg* HRR 1928, 392; *LG Osnabrück* Rpfleger 1965, 304 (abl. *Schweyer*). Dies erscheint bedenklich, soweit die Verständlichkeit für jede deutsch sprechende Person nicht gewährleistet ist. In der mündlichen Verhandlung ist Dialekt zuzulassen, wenn alle Verfahrensbeteiligten ihn verstehen.

[122] *RGSt* 67, 223; *BayObLG* NJW 1977, 1596.

[123] *RGZ* 162, 288.

[124] *BSG* MDR 1975, 697 = AP Nr. 1 zu § 184 GVG.

[125] *BayObLG* NJW 1977, 1596; *OLG Hamburg* NJW 1978, 2462; *OLG Stuttgart* NJW 1980, 1238; Rpfleger 1983, 37 = MDR 1983, 256; *OLG Frankfurt* NJW 1980, 1238; *Kissel* GVG § 184 Rdnr. 10. – A.M. *Sieg* MDR 1981, 281.

liche Gegenstände¹²⁶, doch ist gerade hier hinsichtlich der Fristwahrung durch fremdsprachige Schriftsätze Großzügigkeit angezeigt, → Rdnr. 149.

2. Sonderregelung für Sorben

Der Einigungsvertrag (Anlage I, Kapitel III, Sachgebiet A [Rechtspflege] Abschnitt III 1. r) bestimmt ausdrücklich, daß das Recht der Sorben, in den Heimatkreisen der sorbischen Bevölkerung (in der Lausitz) vor Gericht sorbisch zu sprechen, durch § 184 GVG nicht berührt wird. Das Recht, sich der sorbischen Sprache zu bedienen, ist unabhängig davon, ob die Partei auch die deutsche Sprache beherrscht. Soweit die Zuziehung eines Dolmetschers notwendig ist, weil das Gericht oder andere Verfahrensbeteiligte nicht sorbisch verstehen, sind die dadurch entstehenden Kosten dem Bereich des Gerichts zuzurechnen, also nicht den Parteien in Rechnung zu stellen¹²⁷ (zum allgemeinen Problem der Dolmetscherkosten → Rdnr. 153a). Obwohl die Formulierung im Einigungsvertrag insoweit nicht eindeutig ist, wird man nicht nur in der mündlichen Verhandlung, sondern auch in Schriftsätzen den Gebrauch der sorbischen Sprache als zulässig anzusehen haben; denn es geht nicht um den Ausgleich einer Behinderung, sondern um das Recht der sorbischen Minderheit, beim Gebrauch der eigenen Sprache zu bleiben. Dieses Recht erhält seine volle Wirksamkeit nur, wenn es auch bei schriftlichen Äußerungen gegenüber dem Gericht besteht.

148a

3. Anträge in fremder Sprache

Anträge, insbesondere Rechtsmittel, die von einer der deutschen Sprache nicht mächtigen Person in fremder Sprache schriftlich eingereicht oder zu Protokoll erklärt werden, sind nach der herrschenden, auch vom BGH¹²⁸ bestätigten strengen Auffassung **unzulässig** und **vermögen keine Frist zu wahren**. Diese Auslegung des § 184 GVG erscheint aber nicht mehr angemessen¹²⁹. Fremdsprachige Eingaben schlicht als unzulässig oder gar unbeachtlich¹³⁰ zu behandeln, wird den verfassungs- und menschenrechtlichen Garantien¹³¹ nicht gerecht. Aus dem Anspruch auf effektiven Rechtsschutz und dem Recht auf Gehör (Art. 103 Abs. 1 GG, Art. 6 Abs. 1 EMRK) in Verbindung mit dem Verbot, jemanden wegen seiner Sprache zu benachteiligen (Art. 3 Abs. 3 GG, Art. 14 EMRK), folgt zwar nicht, daß vor Gericht auch fremde Sprachen als gleichberechtigt zuzulassen wären, wohl aber, daß auch dem Fremdsprachigen eine **effektive Wahrnehmung seiner Rechte** (einschließlich der Ausnutzung von Fristen) ermöglicht werden muß.

149

Das Gericht ist stets berechtigt, wenn auch in der Regel nicht verpflichtet, **von Amts wegen** eine **Übersetzung** zu veranlassen¹³²; die Frist ist dann bereits durch die fremdsprachige Eingabe als gewahrt anzusehen. Mit dem BVerfG¹³³ ist eine Pflicht zur Übersetzung fremd-

149a

---

¹²⁶ Vgl. *BGH* NJW 1993, 71 (Verteidigung eines europäischen Patents in deutscher Sprache zulässig, auch wenn die Patentanmeldung in französischer Sprache erfolgt war).
¹²⁷ Dazu *Leipold* (Fn. 120), 289.
¹²⁸ *BGH* NJW 1982, 532; ebenso *KG* JR 1977, 129; *OLG Koblenz* FamRZ 1978, 714; *Kissel* GVG § 184 Rdnr. 5; *Zöller-Gummer*¹⁸ § 184 GVG Rdnr. 3.
¹²⁹ Die Möglichkeit einer Fristwahrung durch fremdsprachige Schriftsätze bejahen auch *LG Berlin* JR 1961, 384; *VGH München* NJW 1976, 1048; *OLG Frankfurt* NJW 1980, 1173; *E. Schneider* MDR 1979, 534; *Jessnitzer* (Fn. 120), 64; *Lässig* (Fn. 120), 100; *Löwe-Rosen-*

berg-Schäfer StPO²³ § 184 GVG Rdnr. 3; *Wieczorek*² § 184 GVG Anm. B; *MünchKommZPO-Peters* §§ 142–144 Rdnr. 17.
¹³⁰ So *KG* MDR 1986, 156.
¹³¹ Entgegen der Ansicht des BVerfG (*BVerfGE* 64, 135; *BVerfG* NVwZ 1987, 785) ist die Frage, wie der Fremdsprachige im Prozeß behandelt wird, sowohl dem Schutzbereich des Anspruchs auf rechtliches Gehör als auch des Benachteiligungsverbots nach Art. 3 Abs. 3 GG zuzurechnen. Näher s. *Leipold* (Fn. 120), 291 ff.
¹³² *E. Schneider* MDR 1979, 534, 536.
¹³³ *BVerfG* NVwZ 1987, 785 (zum Asylfolgeverfahren).

sprachiger Schriftstücke von Amts wegen (→ § 142 Rdnr. 7) jedenfalls dann zu bejahen, wenn die Partei darlegt, daß die Schriftstücke für das Verfahren bedeutsam sind und daß sie aus finanziellen Gründen keine Übersetzung beibringen kann. Wird keine Übersetzung von Amts wegen angeordnet, so sollte das Gericht als verpflichtet angesehen werden, den Fremdsprachigen zur **Nachreichung einer Übersetzung** innerhalb einer (vom Gericht zu bestimmenden) angemessenen Frist aufzufordern. Wird dem entsprochen, so ist die Frist bereits durch die ursprüngliche Einreichung des fremdsprachigen Schriftstücks als gewahrt anzusehen. Ähnliche Regeln finden sich in einigen Bestimmungen des Verwaltungsverfahrensrechts (§ 23 Abs. 4 VerwVerfG, § 87 Abs. 4 AO, § 19 Abs. 4 SGB-VwVf); der darin enthaltene Rechtsgedanke sollte auch für den Zivilprozeß übernommen werden[134].

149b Bleibt man bei der strengen Auffassung, der Eingang eines fremdsprachigen Schriftstücks könne unter keinen Umständen die Frist wahren, so ist jedenfalls **Wiedereinsetzung in den vorigen Stand** großzügig zu gewähren, indem an die Entschuldigung (§ 233) keine zu hohen Anforderungen gestellt werden[135], → § 233 Rdnr. 170 bis 172.

4. Antrag auf Erteilung der Vollstreckungsklausel bei ausländischen Urteilen

150 Für den Antrag auf Erteilung der **Vollstreckungsklausel** im Bereich des **EuGVÜ** und zwischenstaatlicher Anerkennungs- und Vollstreckungsverträge enthält § 3 Abs. 3 AVAG (→ Anh. § 723 A III 2) eine Sonderregel. Danach *kann* das Gericht dem Antragsteller aufgeben, eine (von einer zuständigen Person bestätigte) Übersetzung beizubringen, wenn der Antrag nicht in deutscher Sprache abgefaßt ist. Daraus folgt, daß sich das Gericht auch mit dem Antrag in fremder Sprache begnügen darf, sei es, daß das Gericht die Sprache beherrscht oder von sich aus eine Übersetzung anfertigen läßt.

5. Fremdsprachige Urkunden

151 § 184 GVG schließt nicht aus, daß in fremder Sprache abgefaßte **Beweisurkunden** im Original vorgelegt werden, wie dies § 420 fordert[136]; zur Vorlage einer Übersetzung → § 142 Rdnr. 7. Über die Bestätigung (Legalisation) ausländischer öffentlicher Urkunden → § 438 Rdnr. 6ff., über den Gebrauch der fremden Sprache bei **Rechtshilfeersuchen** an ausländische Behörden → Einl. Rdnr. 891.

6. Zuziehung eines Dolmetschers

152 Wird unter Beteiligung einer Person verhandelt, die der deutschen Sprache nicht mächtig ist, so ist nach § 185 Abs. 1 S. 1 GVG ein **Dolmetscher** zuzuziehen. Davon kann abgesehen werden, wenn *sämtliche Beteiligte* die von dieser Person gebrauchte fremde Sprache beherrschen, § 185 Abs. 2 GVG. Zu den *Beteiligten* gehören nicht nur die Parteien, deren gesetzliche Vertreter, Prozeßbevollmächtigte, Beistände, Streithelfer und Beigeladene, sondern auch die Gerichtspersonen (Richter, Urkundsbeamte, Staatsanwalt), ferner die Zeugen und Sachverständigen. Bei nur teilweiser Sprachunkundigkeit entscheidet das Gericht nach seinem pflichtgemäßen Ermessen, ob und in welchem Umfang die Zuziehung eines Dolmetschers geboten ist[137]. Zur Rechtsstellung des Dolmetschers → Rdnr. 156, zu den Kosten → Rdnr. 153a.

---

[134] Für analoge Anwendung bereits *Lässig* (Fn. 120), 100. – A.M. *BGHSt* 30, 182, 184; *BSG* MDR 1987, 436.
[135] So auch *BGH* NJW 1982, 532, 533.
[136] *BGH* FamRZ 1988, 827, 828; *RGZ* 9, 436; 162, 288; *RGSt* 67, 223.
[137] *BGHSt* 3, 285 = NJW 1953, 114.

Die **Sprachkundigkeit** ist nur **zu prüfen**, wenn ein Anhalt für ihren Mangel besteht, insbesondere bei allen, die erkennbar eine andere Muttersprache haben[138]. Andererseits ist die Zuziehung eines Dolmetschers bereits geboten, wenn sich **Zweifel** an der hinreichenden Sprachkenntnis ergeben. Das Gericht entscheidet über die Zuziehung eines Dolmetschers von Amts wegen. Die Entscheidung unterliegt nicht der Beschwerde, weil die Voraussetzungen des § 567 Abs. 1 nicht gegeben sind[139]. Die aufgrund der Verhandlung ergehende Entscheidung kann nicht deshalb angefochten werden, weil ein Dolmetscher ohne hinreichenden Grund zugezogen wurde; denn dadurch ist keine der Parteien in ihren Rechten verletzt. Im fehlerhaften **Unterlassen der Zuziehung** liegt dagegen ein Verfahrensverstoß[140], auf den ein Rechtsmittel gestützt werden kann, wenn auch dem Gericht bei Prüfung der Voraussetzungen ein gewisser Beurteilungsspielraum nach Lage des Falles zustehen mag[141]. In der Nichtzuziehung kann auch eine Versagung des rechtlichen Gehörs (→ Rdnr. 9 ff., 30c) liegen. Wieweit einer Partei, die der deutschen Sprache nicht mächtig ist, in Anwaltsprozessen (d. h. bei Anwaltszwang, → § 78 Rdnr. 1 ff.) der **Vortrag zu gestatten** ist, entscheidet ebenfalls das Ermessen des Gerichts, § 187 Abs. 2 GVG.

153

Die **Kosten** eines vom Gericht hinzugezogenen Dolmetschers (die Entschädigung erfolgt nach § 17 ZSEG) werden von der ganz h. M. zu den nach GKG KV Nr. 1904 letztlich von der unterlegenen Partei zu tragenden Gerichtskosten gerechnet. Diese Auffassung erscheint problematisch. Für den Strafprozeß garantiert Art. 6 Abs. 3 e EMRK ausdrücklich den Anspruch des Angeklagten auf *unentgeltliche* Zuziehung eines Dolmetschers; auch dem verurteilten Angeklagten dürfen diese Kosten nicht auferlegt werden[142]. Dem trägt GKG KV Nr. 1904 ausdrücklich Rechnung. Im arbeitsgerichtlichen Verfahren werden keine Dolmetscher- und Übersetzungskosten erhoben, wenn ein Ausländer Partei ist und die Gegenseitigkeit verbürgt ist oder wenn ein Staatenloser Partei ist, § 12 Abs. 5a ArbGG. Über diese Regeln hinausgehend erscheint es aber im Hinblick auf die verfassungs- und menschenrechtlichen Garantien zugunsten des Fremdsprachigen (→ Rdnr. 149) auch im Zivilprozeß geboten, die Parteien von den Kosten freizustellen, die durch Hinzuziehung eines Dolmetschers für die mündliche Verhandlung entstehen[143].

153a

7. Protokollierung

Die Protokollierung erfolgt stets in deutscher Sprache, doch können Aussagen und Erklärungen auch in fremder Sprache in das Protokoll aufgenommen sowie eine Übersetzung durch den Dolmetscher beigefügt werden, § 185 Abs. 1 S. 2 und 3 GVG. Zur Eidesleistung in fremder Sprache → § 481 Rdnr. 3.

154

8. Verhandlung mit tauben oder stummen Personen

Zur Verhandlung mit tauben oder stummen Personen kann das Gericht nach seinem Ermessen einen **Dolmetscher** zuziehen oder sich schriftlich verständigen, § 186 GVG. Soweit dies ohne Beeinträchtigung der Rechte eines Beteiligten angeht und sachdienlich ist, schließt diese Vorschrift bei sinngemäßer Anwendung **andere Verständigungsmittel** nicht aus, z. B. daß der Stumme Fragen mit unmißverständlichen Gesten (Kopfnicken oder -schütteln) beant-

155

---

[138] *BSG* NJW 1957, 1087.
[139] *OLG Stuttgart* NJW 1962, 540 (da Ermessensentscheidung von Amts wegen); *Kissel* GVG § 185 Rdnr. 19.
[140] Vgl. *OLG Karlsruhe* Justiz 1980, 285.
[141] Nach *OLG Frankfurt* NJW 1952, 1310 ist die Revision begründet, wenn der Begriff der Sprachkundigkeit offensichtlich verkannt wurde.
[142] Vgl. *EGMR* NJW 1979, 1091; NJW 1985, 1273 (zum Ordnungswidrigkeitenverfahren).
[143] Näher *Leipold* (Fn. 120).

wortet[144] oder daß der Taube schriftliche Fragen mündlich beantwortet[145]. Bei hochgradiger *Schwerhörigkeit* ist § 186 GVG sinngemäß anwendbar, so daß zur Verständigung eine im Umgang mit dem Beteiligten vertraute Person an Stelle eines Dolmetschers zugezogen werden kann[146], falls nicht schon die Verständigung mit Hilfe eines Hörapparates ausreicht[147]. Wieweit tauben Personen bei der mündlichen Verhandlung das **Wort zu gestatten** ist, bleibt im Anwalts- wie im Parteiprozeß dem Ermessen des Gerichts überlassen, § 187 Abs. 1 GVG. Zur Eidesleistung des Stummen → § 483.

9. Rechtsstellung des Dolmetschers

156   Dolmetscher sind Personen, die den Prozeßverkehr zwischen dem Gericht und anderen am Verfahren als Partei oder Dritte beteiligten Personen ermöglichen, indem sie wörtliche Äußerungen in eine andere Sprache oder für taube Personen in Zeichen übertragen oder Gedankenäußerungen eines Stummen sprachlichen Ausdruck geben. Der Dolmetscher ist danach kein Sachverständiger, wenn auch seine **rechtliche Stellung der des Sachverständigen angeglichen** ist. Dagegen wird der Sprachkundige als Sachverständiger tätig, wenn er den Sinn einer außerhalb des anhängigen Prozesses abgegebenen fremdsprachigen Äußerung vermittelt und sich darüber im Prozeß äußert[148]. Im Einzelfall kann ein Dolmetscher in demselben Prozeß gleichzeitig auch Sachverständiger[149] und Zeuge sein[150]. Die **Auswahl** des Dolmetschers obliegt dem Gericht[151] nach seinem Ermessen[152]. Der Dolmetscher ist nach Maßgabe des § 189 GVG zu **vereidigen**[153]. Den Dienst des Dolmetschers kann nach § 190 GVG – bei entsprechender Befähigung – auch der *Urkundsbeamte* der Geschäftsstelle wahrnehmen. Nach der Rechtsprechung darf das nur der Urkundsbeamte sein, der in der anhängigen Sache gleichzeitig das Protokoll führt[154]. Diese wenig überzeugende Ansicht[155] nötigt allerdings nur dazu, anderen Urkundsbeamten den Dolmetschereid abzunehmen; denn soweit der Dolmetscher nicht entweder der Urkundsbeamte ist oder für Übertragungen der betreffenden Art im allgemeinen vereidigt ist, muß er den in § 189 GVG bestimmten Eid leisten. Nach § 191 S. 1 GVG sind die Vorschriften über die **Ausschließung** und **Ablehnung** von Sachverständigen auf Dolmetscher entsprechend anzuwenden[156], d.h. im Zivilprozeß § 406.

---

[144] *BGHSt* 13, 366 = JZ 1960, 183 = NJW 584.
[145] *RGSt* 31, 314.
[146] *BGH* LM § 259 Abs. 2 StPO Nr. 1; entsprechend bei schweren Sprachfehlern Zuziehung eines an die Sprache Gewöhnten, *RGSt* 33, 181.
[147] *LG Freiburg* JZ 1951, 23.
[148] Zur Unterscheidung zwischen Dolmetscher und Sachverständigem *BGHSt* 1, 7; *BGH* NJW 1965, 643; *Jessnitzer* (Fn. 120), 2f.
[149] *BGH* NJW 1965, 643.
[150] *RGSt* 45, 304.
[151] Dazu *Jessnitzer* (Fn. 120), 80.
[152] *OLG Karlsruhe* Justiz 1980, 285.
[153] Zum Verstoß hiergegen *BGH* NJW 1987, 260 (keine Heilung durch Rügeverzicht; die Zeugenvernehmung, zu der Dolmetscher hinzugezogen war, muß wiederholt werden); *BSG* MDR 1993, 173 (kein absoluter Revisionsgrund).
[154] *RGSt* 2, 374; *Kissel* GVG § 190 Rdnr. 4.
[155] Dagegen *Eb. Schmidt* Lehrkomm. zur StPO Bd. III § 190 GVG Rdnr. 1
[156] Vgl. *BVerwG* NJW 1984, 2055 (Verwandte von Verfahrensbeteiligten sind nicht kraft Gesetzes als Dolmetscher ausgeschlossen); *BVerwG* NJW 1985, 757 (zur Ablehnung wegen Besorgnis der Befangenheit). S. auch *LG Köln* Strafverteidiger 1992, 460 (erfolgreich abgelehnter Dolmetscher darf nicht als Zeuge über die Einlassung des Angeklagten vernommen werden).

D. Prozeßhandlungen

Stichwortregister zu den Prozeßhandlungen

I. Begriff	157
1. Prozeßhandlungen des Gerichts und der Parteien	157
2. Prozeßhandlungen der Parteien	158
a) Sprachgebrauch der Gesetze	158
b) Funktioneller Begriff der Prozeßhandlung	159
c) Einzelaspekte	164
II. Arten der Prozeßhandlungen der Parteien	168
1. Einseitige Prozeßhandlungen, Gesamtakte und Prozeßverträge	169
a) Einseitige Prozeßhandlungen	169
b) Gesamtakte	170
c) Prozeßverträge	71
2. Erwirkungs- und Bewirkungshandlungen	172
3. Anträge, Behauptungen, Beweisführungen	176
4. Willenserklärungen, Wissenserklärungen und Tathandlungen	177
5. Prozeßrechtsgeschäfte	181
III. Vornahme der Prozeßhandlungen	182
1. Maßgebliches Recht	182
2. Prozeßhandlungsvoraussetzungen	183
3. Form	184
4. Adressat	187
5. Wirksamwerden	188
IV. Auslegung und Umdeutung	192
1. Auslegung	192
2. Umdeutung	196
V. Zeitlicher Rahmen der Prozeßhandlungen	198
1. Zeitliche Grenzen	198
a) Prozessuale Überholung	198
b) Gesetzliche Fristen	199
c) Richterliche Fristen	200
d) Präklusion	201
2. Verwirkung	203
3. Prozeßhandlungen auf Vorrat	204
VI. Bedingungen	207
1. Allgemeines	207
2. Unzulässige Bedingungen	208
3. Zulässige innerprozessuale Bedingungen bei Erwirkungshandlungen	210
4. Eventuelles Tatsachenvorbringen	213
5. Rechtsfolgen unzulässiger Bedingungen	218
VII. Widerruf und Zurücknahme	219
1. Allgemeines	219
2. Noch nicht wirksame Prozeßhandlungen	220
3. Rücknahme von Anträgen	221
4. Widerruf tatsächlicher Behauptungen	224
5. Bindung an ungünstige Bewirkungshandlungen	225
6. Widerruf bei Vorliegen eines Restitutionsgrundes	226
VIII. Inhaltliche Mängel, Willensmängel, Rechtsmißbrauch	227
1. Allgemeines	227
2. Willensmängel	228
3. Rechtsmißbrauch	231
IX. Folge von Mängeln	232
1. Erwirkungshandlungen	232
2. Bewirkungshandlungen	233
3. Geltendmachung des Mangels	234
4. Heilung des Mangels	235
X. Prozeßverträge	236
1. Zulässigkeit	236
2. Prozessuale Rechtsnatur	238
3. Abschlußvoraussetzungen	239
4. Inhaltliche Mängel, Willensmängel	243
5. Wirkungen	246
6. Rechtsnachfolge in Prozeßverträge	249
XI. Verbindung von Prozeßhandlungen und Rechtsgeschäften des Bürgerlichen Rechts	253
1. Verbindung von Prozeßverträgen mit materiellen Verträgen	254
2. Doppeltatbestand	254
3. Doppelnatur	257

Stichwortregister zu den Prozeßhandlungen

Die Zahlenangaben beziehen sich auf die Randnummern.

Abschlußvoraussetzungen von Prozeßverträgen 239 ff.
Adressat 187
Anerkenntnis 257
Anfechtung 228, 230

– von Prozeßverträgen 243
Anträge 173, 176, 178, 210 ff., 221 ff.
– Rücknahme 221 ff.
Anwaltszwang 158, 241
Anwendbares Recht 182, 239

Arglistige Täuschung 230
Arten der Prozeßhandlungen 168 ff.
Auslegung 192 ff., 218
Auswärtiger Senat 190 b

Bedingungen 207 ff.
– bei Klageerhebung 208
– bei Prozeßverträgen 237, 242
– bei Rechtsmitteln 208
Bedingungsfeindlichkeit 207 ff.
Begriff der Prozeßhandlung 157 ff.
Behauptungen 173, 176, 179
Beweisanträge 173, 176, 223
Beweisverträge 237
Bewirkungshandlungen 172 ff., 209, 225, 231, 233
Briefkasten des Gerichts 190

Deutsches Prozeßrecht 182, 239
Dispositionsakte 174
Dispositionsbefugnis 236, 246
Doppelnatur 257
Doppeltatbestand 254 ff.
Drohung 230

Effektiver Rechtsschutz 192 a
Einheit der Verhandlung 202
Einreichung 189
Einseitige Prozeßhandlungen 169
Einzelrechtsnachfolge 249
Empfänger 187
Erklärung zu Protokoll der Geschäftsstelle 188
Erklärungswert 192
Erklärungswille 229
Erledigungserklärung 170
Erwirkungshandlungen 172 ff., 210 ff., 231 f.
Eventualanträge 211
Eventuelles Tatsachenvorbringen 213 ff.

Fernschreiben 189 a
Form von Prozeßhandlungen 184 ff.
Fristen 199 f.
Funktioneller Begriff der Prozeßhandlung 159

Geheimer Vorbehalt 229
Gemeinsame Einlaufstelle 190 a
Gerichtskostenvorschuß 190 a
Gesamtakte 170
Gesamtrechtsnachfolge 249
Geschäftsfähigkeit 239 f.
Gesetzliche Fristen 199

Handlungen Dritter 167
Handlungswille 164
Heilung von Mängeln 235
Hilfsweises Vorbringen 211 f.

Inhaltliche Mängel 227 ff.
– von Prozeßverträgen 243 ff.
Innerprozessuale Bedingungen 210 ff.
Irrtum 228 ff.
Irrtumsanfechtung 230

Klagerücknahme 209
Klagerücknahmeversprechen 247

Lex fori 182, 239

Machtbereich des Gerichts 190
Mangel der Ernstlichkeit 229
Mängel von Prozeßhandlungen 232 ff.
Maßgebliches Recht 182
Materielle Verträge 253
Mündlichkeit 184

Nachtbriefkasten 189 f., 190 a

Objektiver Sinn von Prozeßhandlungen 192
Offensichtlicher Irrtum 228
Öffentliches Recht 160

Parteiprozeßhandlungen 157
Posteinlaufstelle 190 a
Postfach 190
Postulationsfähigkeit bei Prozeßverträgen 241
Präklusion 201 f.
Prozeßfähigkeit 239 f.
Prozeßförderungspflicht der Parteien 201
Prozeßhandlungen
– auf Vorrat 204
– Begriff 157 ff.
– der Parteien 157
– des Gerichts 157
– Dritter 167
Prozeßhandlungsbegriff 157 ff.
Prozeßhandlungsvoraussetzungen 183, 239 ff.
Prozeßrechtliche Verträge 160 ff., 171, 236 ff.
Prozeßrechtsgeschäfte 181
Prozeßrechtsverhältnis 160
Prozessuale Überholung 198, 243
Prozessuale Verträge 160 ff., 171, 236 ff.
Prozessuale Wirkung 159, 164 ff.
Prozeßvergleich 187 a, 257
Prozeßverträge 160 ff., 171, 236 ff.
Prozeßvollmacht 158, 187 a, 256
Prüfungsreihenfolge 214

Realakte 180
Rechtsgeschäfte des Bürgerlichen Rechts 253 ff.
Rechtsmißbrauch 231
Rechtsmittel (bedingtes) 208
Rechtsnachfolge in Prozeßverträge 249 ff.
Rechtsschutzbedürfnis 231
Restitutionsgrund 226

Richterliche Fristen 200
Rückgabe eines Schriftsatzes 191
Rücknahme 219ff.
– der Klage 209
– eines Rechtsmittels 209
Rücknahmeversprechen 247

Sachanträge 186
Scheinerklärung 229
Schikane 231
Schreibfehler 228
Schriftlichkeit 185
Sittenwidrigkeit 231
– bei Prozeßverträgen 243, 245, 248
Stillhalteabkommen 247
Strafbare Handlung 226
Streitgegenstand 213

Tathandlungen 180
Telefax 189a
Telekommunikationsmittel 189a
Treu und Glauben 231, 247

Uhrzeit des Eingangs 189a
Umdeutung 196f.
Ungünstige Bewirkungshandlungen 225
Unterlassungsverpflichtung 237, 247f.
Unwirksame Prozeßhandlungen 233
Unzulässige Bedingungen 208ff., 218
Unzulässige Rechtsausübung 231

Verbindung von Prozeßhandlungen und Rechtsgeschäften 253ff.
Verfügungsähnliche Prozeßverträge 246
Verpflichtende Prozeßverträge 162, 237, 247f.
Verwirkung 203
Verzicht 257
Vorbereitende Schriftsätze 187a
Vornahme der Prozeßhandlungen 182ff.

Wegfall der Geschäftsgrundlage bei Prozeßverträgen 243
Widerruf 219ff.
– bei Prozeßverträgen 245
– bei Vorliegen eines Restitutionsgrundes 226
– des Prozeßvergleichs 187a
– tatsächlicher Behauptungen 224
Wille 192
Willenserklärungen 177ff.
Willensmängel 227ff.
– bei Prozeßverträgen 243ff.
Wirksamwerden von Prozeßhandlungen 188ff.
Wirkung von Prozeßhandlungen 160
Wissenserklärungen 174, 180

Zeitliche Grenzen der Prozeßhandlungen 198ff.
Zeitpunkt des Eingangs 189a
Zugang 189ff.
Zurücknahme 219ff.
Zustandekommen von Prozeßverträgen 238
Zustellung 189

I. Begriff

1. Prozeßhandlungen[1] des Gerichts und der Parteien

Unter dem Begriff der **Prozeßhandlungen im weiteren Sinn** kann man (so in §§ 178, 295 Abs. 1 ZPO, § 211 Abs. 2 BGB) alle Handlungen des Gerichts, der Parteien und sonstiger Verfahrensbeteiligter zusammenfassen, die der Begründung, Führung oder Erledigung des

157

---

[1] Lit.: *Arens* Willensmängel bei Parteihandlungen im Zivilprozeß (1968); *Baumgärtel* Wesen und Begriff der Prozeßhandlung einer Partei im Zivilprozeß[2]; *ders.* Neue Tendenzen der Prozeßhandlungslehre ZZP 87 (1974), 121; *Beys* Die Bedeutung des Willens der Partei für ihre Prozeßhandlungen, Festschr. f. Fragistas, Bd. 4 (Thessaloniki 1969), 325; *ders.* Stillschweigend vorzunehmende Prozeßhandlungen? Festschr. für Baumgärtel (1990), 7; *R. Bruns* Zum Begriff der Prozeßhandlung, Festschr. f. Fragistas, Bd. 2 (Thessaloniki 1967), 71; *Bülow* Geständnisrecht (1899), 105f., 156f.; *Fasching* Die Umdeutung von Parteiprozeßhandlungen im österreichischen Zivilprozeßrecht, Festschr. für Baumgärtel (1990), 65; *Fuchsberger* Arglistige Täuschung im Zivilprozeßrecht (1930); *Gaul* Willensmängel bei Prozeßhandlungen AcP 172 (1973), 342; *ders.* »Prozessuale Betrachtungsweise« und Prozeßhandlungen in der Zwangsvollstreckung, Gedächtnisschr. für Arens (1993), 89; *Goldschmidt* Der Prozeß als Rechtslage (1925), 133ff., 362ff.; *H.-J. Hellwig* Zur Systematik des zivilprozeßrechtlichen Vertrages (1968); *K. Hellwig* Prozeßhandlung und Rechtsgeschäft, Festgabe f. Gierke, Bd. 2 (1910), 41; dazu *Stein* ZZP 41 (1911), 417; *Henckel* Prozeßrecht und materielles Recht (1970), 26; *Kern* Zur Lehre von den Prozeßhandlungen im Strafprozeß, Festschr. f. Lenel (1923), 52f.; *Kion* Eventualverhältnisse im Zivilprozeß (1971); *Klein* Bespr. *von Trutter*: Über prozessualische Rechtsgeschäfte *Grünhut* 19 (1892), 433; *Klein* Schuldhafte Parteihandlungen (1885), 27, 107; *Kohler* Die Lehre von den Parteien und von der Prozeßentwicklung, Gesammelte Beiträge zum Zivilprozeß (1894), 127 (= Gruchot 31 (1887), 276), 253; *ders.* Prozeßhandlungen mit Zivilrechtswirkung ZZP 29 (1901), 1; *Konzen* Rechtsverhältnisse zwischen Prozeßparteien (1976); *Kornblum* Zur Zulässigkeit bedingter Rechtsmitteleinlegungen, Gedächtnisschr. für Arens (1993), 221; *Lange* Willensmängel bei Prozeßhandlungen ZZP 53 (1928), 246; *Niese* Doppelfunktionelle Prozeßhandlungen (1950); *Nußbaum* Die Prozeßhandlungen

Rechtsstreits dienen. Ein derart umfassender Begriff ist jedoch **wenig ergiebig**, weil er mit den Handlungen des Gerichts und der Parteien nach ihrem Wesen und ihrer Aufgabe allzu Verschiedenes umfaßt. Der öffentlich-rechtlichen Struktur des Prozesses entsprechend, stellen die **Handlungen des Gerichts** Maßnahmen in Ausübung hoheitlicher Gewalt dar. Voraussetzungen und Wirkungen hoheitlicher Akte folgen aber grundsätzlich anderen Rechtsregeln als dies bei den Handlungen des Bürgers der Fall ist. Die **Parteihandlungen** dienen der Ausübung des subjektiv-öffentlichen Rechts auf Gewährung von Rechtsschutz[2] und unterscheiden sich daher grundlegend von den bürgerlich-rechtlichen Rechtsgeschäften. Sie stehen aber, ähnlich wie die privaten Rechtsgeschäfte, unter dem Leitbild der Freiheit und Selbstverantwortung des einzelnen Bürgers, freilich im Rahmen des öffentlich-rechtlich strukturierten Prozeßrechtsverhältnisses, das nicht nur vom Interesse der Parteien, sondern auch vom öffentlichen Interesse geprägt ist. Kern der Lehre von den Prozeßhandlungen der Parteien ist daher, wie die **Rechte der Parteien im Prozeß auszuüben** sind und welche Grenzen dafür bestehen. Diese Frage hat mit den Wirksamkeitsvoraussetzungen der gerichtlichen Handlungen so wenig gemein, daß auf eine zusammenfassende Erörterung der Prozeßhandlungen des Gerichts und der Parteien besser zu verzichten ist. Soweit im folgenden von den Prozeßhandlungen gesprochen wird, geht es stets nur um die **Prozeßhandlungen der Parteien** (bzw. sonstiger privater Verfahrensbeteiligter).

2. Prozeßhandlungen der Parteien

a) Sprachgebrauch der Gesetze

158 Wenn in den §§ 54, 67, 78 Abs. 3, 81, 83 Abs. 2, 85 Abs. 1, 230, 231 Abs. 2, 236 bis 238, 249 Abs. 2 von Prozeßhandlungen die Rede ist, so sind damit die Prozeßhandlungen der **Parteien** gemeint. Eine Begriffsbestimmung enthält die ZPO nicht. Aus den genannten Vorschriften läßt sich ableiten, daß jedenfalls alle diejenigen Handlungen als Prozeßhandlungen anzusehen sind, die unmittelbar dem Betrieb des anhängigen Prozesses dienen[3]. Ob darüber hinaus auch Handlungen *außerhalb* eines Prozesses (auch *vor* dem Prozeß) dem Begriff

---

(1908); *Orfanides* Die Berücksichtigung von Willensmängeln im Zivilprozeß (1982); *ders.* Die Berücksichtigung von Willensmängeln beim Rechtsmittelverzicht am Beispiel der arglistigen Täuschung ZZP 100 (1987), 63; *Pollak* Gerichtliches Geständnis (1893), 22 ff.; dazu *Schultze* ZZP 19 (1894), 343 f.; *Rosenberg* Stellvertretung im Prozeß (1908), 27 ff.; *Sauer* Grundlagen des Prozeßrechts² (1929), 167 ff. (dazu *Levin* Gruchot 64 (1920), 642 ff.); *ders.* Allgemeine Prozeßrechtslehre (1951); *Schiedermair* Vereinbarungen im Zivilprozeß (1935); *Schlosser* Einverständliches Parteihandeln im Zivilprozeß (1968); *E. Schumann* Die ZPO-Klausur (1981) Rdnr. 251 ff.; *Schwab* Probleme der Prozeßhandlungslehre, Festschr. für Baumgärtel (1990), 503; *Siegert* Die Prozeßhandlungen, ihr Widerruf und ihre Nachholung (1929); *Sintenis* Der simulierte Prozeß ZZP 30 (1902), 358, 384 f.; *Soehring* Die Nachfolge in Rechtslagen aus Prozeßverträgen (1968); *Teubner-Künzel* Prozeßverträge MDR 1988, 720; *Trutter* Über Prozessualische Rechtsgeschäfte (1890); *Chan Lin Tsai* Über das Verhältnis zwischen Prozeßhandlung, Rechtsgeschäft, Verwaltungsakt und Akt der freiwilligen Gerichtsbarkeit, insbesondere nach deutschem Recht, Festschr. f. Guldener (Zürich 1973), 329; *Walsmann* Der Irrtum im Prozeßrecht AcP 102 (1907), 1; *Werner* Willensmängel bei Prozeßhandlungen Grünhut 41 (1915), 337.

[2] A.M. *Henckel* (Fn. 1), 62 f.: Ausübung des materiellen subjektiven Rechts. Dazu krit. *Baumgärtel* ZZP 87 (1974), 121, 126, der auf die Gefahr hinweist, daß bei diesem Ausgangspunkt das öffentliche Interesse an der Bewährung des objektiven Rechts und des »Rechtspflegeapparats« nicht genügend berücksichtigt wird. – Eine überspitzte Trennung zwischen materiellem Recht und Prozeßrecht vermag ich entgegen *Henckel* JZ 1992, 649 in der hier vertretenen Auffassung nicht zu erkennen, und ebensowenig steht ihr entgegen, daß der Zweck des Zivilprozesses in erster Linie im Schutz subjektiver Rechte besteht, → Einl. Rdnr. 7. Daß die Prozeßhandlungen auf die Rechtsschutzgewährung bezogen sind, wird im übrigen bei den Prozeßhandlungen des Beklagten einer Leistungs-, positiven Feststellungs- oder Gestaltungsklage besonders deutlich, die regelmäßig auch nicht mittelbar der Ausübung eines materiellen subjektiven Rechts dienen.

[3] Vgl. *RGZ* 56, 334 (Handlungen, welche dem Betrieb des Verfahrens unmittelbar angehören), noch enger *RGZ* 160, 242 (das Verfahren gestaltende Willenserklärungen). *RGZ* 77, 329 geht dagegen von einem wesentlich weiteren Begriff aus → Fn. 11.

unterfallen, kann man dagegen aus den erwähnten Bestimmungen nicht ablesen. Es ist auch nicht auszuschließen, daß **je nach dem Zweck der Vorschrift ein weiteres oder engeres Verständnis** des Ausdrucks »Prozeßhandlung« angezeigt ist. So weit wie möglich wird man den Kreis der erfaßten Handlungen dort umreißen, wo der *Umfang der Prozeßvollmacht* bestimmt wird (§§ 81, 83, 85, → § 81 Rdnr. 8 ff.); denn hier sind nach dem Zweck des Gesetzes alle Handlungen gemeint, die die Partei selbst zu dem verfolgten Ziel vornehmen könnte, also auch bestimmte materiell-rechtliche Willenserklärungen, → § 81 Rdnr. 10. Soweit es dagegen um die *Grenzen des Anwaltszwangs* geht (§ 78), wird man nur die dem Gericht und dem Gegner gegenüber im Rahmen des anhängigen Rechtsstreits vorzunehmenden Handlungen erfassen[4], → § 78 Rdnr. 13, 29. Diese Beobachtung nötigt aber nicht dazu, mit verschiedenen Begriffen von Prozeßhandlungen zu arbeiten. Vielmehr ist bei der Anwendung der einzelnen Vorschriften der allgemeine Begriff nicht schematisch heranzuziehen, sondern gegebenenfalls nur ein Teil der Prozeßhandlungen, u. U. aber auch Handlungen, die keine Prozeßhandlungen sind, der jeweiligen Bestimmung zu unterstellen.

b) Funktioneller Begriff[5] der Prozeßhandlung

Das Bemühen von Rechtslehre und Rechtsprechung, die Prozeßhandlungen der Parteien schärfer begrifflich zu erfassen, hat deshalb zu unterschiedlichen Ergebnissen geführt, weil die Aufgabe einer solchen Begriffsbildung unter verschiedenen Gesichtspunkten betrachtet wurde[6]. Praktisch steht bei der Wertung der Prozeßhandlungen die Frage im Vordergrund, wieweit sie nach Prozeßrecht und wieweit sie nach anderen, etwa dem BGB zu entnehmenden Regeln zu beurteilen sind. Sicher ist es zuerst eine Aufgabe des Prozeßrechts, zu bestimmen, ob eine Handlung prozessuale Folgen hat oder nicht. Mit dieser Erkenntnis, die zwingend aus der Abgrenzung der Rechtsgebiete, hier aus der Trennung des Prozeßrechts vom materiellen Recht folgt, ist aber wenig gewonnen. Das Wesen des Zivilprozesses mit seiner Dynamik, seiner Dreiseitigkeit, seiner Unterwerfung jeder Partei unter die Gerichtsgewalt bestimmt nach Lage der Dinge nur zum Teil die prozessual erheblichen Vorgänge, zum Teil liegen jene außerhalb dieses engeren Bereichs und können daher nach Maßstäben beurteilt werden, wie sie aus dem Bürgerlichen Recht bekannt sind, so z. B. wenn man nach der Geschäftsfähigkeit bei einem Prorogationsvertrag fragt oder dessen Anfechtung in gewissen Grenzen zuläßt, → § 38 Rdnr. 51, 55. Zur Ermächtigung zur Prozeßführung → vor § 50 Rdnr. 43. Über die Grenzen und Beziehungen zwischen beiden Rechtsbereichen → näher Einl. Rdnr. 30 ff. Es gibt eine **Vielzahl unterschiedlicher prozeßbezogener Handlungen**, etwa von der Einlegung eines Rechtsmittels, die ausschließlich prozessualen Normen untersteht, bis zur vertraglichen Verpflichtung, eine Klage zurückzunehmen, für die weitgehend Vertragsgrundsätze dem BGB entnommen werden können, und bei den einzelnen Handlungen sind in verschieden starkem Grade prozessuale oder materiell-rechtliche Wertmaßstäbe zu beachten. Um der Rechtssicherheit willen oder gar aus konstruktiven Erwägungen auf ein Entweder-Oder abzukommen, wäre ein sachlich nicht zu rechtfertigender Rückfall in eine Buchstaben- und Begriffsjurisprudenz vergangener Zeiten. Umgekehrt wäre ein Begriff, der *jedes* prozessual irgendwie erhebliche Verhalten einbezöge, schon wegen seiner Weite praktisch ohne Wert. Vielmehr erscheint es am besten, **auf die charakteristische prozessuale Wirkung eines Verhaltens**[7] abzustellen, um den Kreis der Handlungen zu erfassen, die in

---

[4] Z.B. nicht den Auftrag zur Zustellung, *RGZ* (VZS) 17, 400.
[5] *Baumgärtel* Wesen und Begriff (Fn. 1), 284 ff.; ZZP 87 (1974), 121, 122.
[6] Darüber näher *Baumgärtel* Wesen und Begriff (Fn. 1), 12 ff.
[7] So vor allem *Baumgärtel* Wesen und Begriff (Fn. 1), 286 ff.; ferner *Jauernig*[24] § 30 IV. Ähnl. *A. Blomeyer*

erster Linie einer prozessualen, nicht einer materiell-rechtlichen Wertung unterworfen sind. Besonderheiten im Einzelfall können sich dann aus der unterschiedlichen sachlichen oder zeitlichen Nähe zum Prozeß ergeben. Sie sind schwer zu vermeiden, weil die Grenze zwischen materiellem und prozessualem Recht nicht starr gezogen werden kann, wenn man nicht ungerechte und sachfremde Ergebnisse hinnehmen will, → Einl. Rdnr. 27 ff.

160 Als **Prozeßhandlung** ist daher **jedes gewollte äußere Verhalten einer Partei** zu bezeichnen, **das nach seinem erkennbaren Sinn darauf abzielt, eine für die Handlung charakteristische prozeßrechtliche Wirkung herbeizuführen**[8]. Daß die hauptsächliche Wirkung auf prozessualem Gebiet liegt, wird besonders deutlich, wenn die Handlung unmittelbar ein bestimmtes *Prozeßrechtsverhältnis begründet* oder fortentwickelt. Doch sind auch Handlungen, die der *Vorbereitung* des unmittelbar prozeßbezogenen Geschehens dienen, in den Begriff der Prozeßhandlung einzubeziehen, also z.B. die Erteilung einer Prozeßvollmacht, → § 80 Rdnr. 4, sowie die Prozeßführungsermächtigung, → vor § 50 Rdnr. 43. Schon an diesen Beispielen wird deutlich, daß der Begriff der Prozeßhandlung nicht notwendig mit der Existenz eines Prozeßrechtsverhältnisses verknüpft ist. Die Rechtsordnung gestattet den Parteien zum Teil durch gewolltes Verhalten, vor allem durch Verträge, *Rechtsfolgen für künftige Prozesse* herbeizuführen, z.B. die Zuständigkeit eines Gerichts zu begründen oder auszuschließen oder die Zuständigkeit des staatlichen Gerichts durch diejenige eines Schiedsgerichts zu ersetzen. Da auch diese von den Parteien gewollten Wirkungen auf dem Gebiet des Prozeßrechts liegen, handelt es sich ebenfalls um Prozeßhandlungen. Man ist sich heute auch in anderen Fällen darüber einig, daß die rechtliche Natur eines Vertrags durch seinen *Gegenstand* bestimmt wird und z.B. verwaltungsrechtliche, verfassungsrechtliche Verträge dem öffentlichen Recht zugehören und keine bürgerlich-rechtlichen Verträge sind, → Einl. Rdnr. 354 (bei Fn. 47), auch wenn ihr Zustandekommen und ihre Rechtsbeständigkeit entsprechend den im BGB enthaltenen Vorschriften beurteilt werden. Auch die hier behandelten **prozessualen Verträge** gehören dem öffentlichen Recht an. Die Parteien stehen sich bei ihrem Abschluß zwar gleichgeordnet gegenüber, setzen aber Rechtsfolgen, die sich auf die Unterwerfung unter die Gerichtsgewalt beziehen. Das öffentliche Recht, hier das **Prozeßrecht**, bestimmt nicht nur die Grenzen der Zulässigkeit und Wirksamkeit, sondern behält auch im übrigen seine beherrschende Stellung bei. Es ist in der Lage, von den Grundsätzen des allgemeinen Vertragsrechts abweichende Regeln zu geben, z.B. besondere Formen zu fordern, § 38 Abs. 2 und 3, § 1027, die Nichtigkeit besonders zu regeln, § 1025 Abs. 2, die Anfechtung zu begrenzen, → § 38 Rdnr. 55, die Prozeßvollmacht genügen zu lassen, → § 38 Rdnr. 47, vielleicht auch statt Rechtsfähigkeit Parteifähigkeit als ausreichend anzusehen (bei der Zuständigkeitsabrede eines nicht rechtsfähigen Vereins) usw.

161 So entspricht es der Rechtslage, wenn man auch im **Abschluß prozessualer Verträge Prozeßhandlungen der Parteien**, nicht materielle Rechtsgeschäfte erblickt[9]. Im übrigen kön-

---

ZPR[2] § 30 I 1; ders. JR 1958, 37; Lent ZZP 71 (1958), 150, 153; Henckel (Fn. 1.), 27 ff., 33; *Rosenberg-Schwab-Gottwald*[15] § 63 II (vgl. aber unten Fn. 11); *Konzen* (Fn. 1), 53 f.; *MünchKommZPO-Lüke* Einl. Rdnr. 262; *Gaul* Gedächtnisschr. für Arens (Fn. 1), 121 f. (gilt auch für die Vollstreckungshandlungen). Zu andere Begriffsbestimmungen s. *Goldschmidt* (Fn. 1), 363; *Sauer* Prozeßrechtslehre (Fn. 1), 132 f.; *Siegert* (Fn. 1), 18 f., 24. Zu eng jedenfalls *Walsmann* (Fn. 1), 18 (unmittelbar auf den Prozeß einwirkend); ähnl. *Siegert* aaO (Willensäußerungen, die zum Betrieb eines bestimmten ZP in unmittelbarer Beziehung stehen); *Wieczorek*[2] § 38 B II c, § 54 A I a bezieht nur prozessuale – im Gegensatz zu außerprozessualen – Willenserklärungen ein (dazu *Schwab* NJW 1956, 1671). S. ferner *R. Bruns* (Fn. 1) und JZ 1959, 204 (den Parteien zurechenbare Handlungsformen).

[8] Vgl. die etwas ausführlichere, aber im wesentlichen übereinstimmende Definition von *Baumgärtel* Wesen und Begriff (Fn. 1), 291: »Die Parteiprozeßhandlung ist jedes äußere, auf einem bewußten Willen (Handlungswillen) beruhende Verhalten einer Partei, dessen charakteristische Wirkung entweder in der Gestaltung des Verfahrens oder in der Schaffung eines Tatbestandes besteht, der sich auf ein bestimmtes Verfahren bezieht und mit der Geltendmachung im Prozeß eine Verfahrensgestaltung herbeiführt oder verhindert.«

[9] So u.a. *Schiedermair* (Fn. 1), 167; *Baumgärtel* Wesen und Begriff (Fn. 1), 276 ff., 291; *Jauernig* ZPR[24] § 30

nen das öffentliche Recht und damit auch die ZPO verschiedene Wege gehen, um sich die von ihnen nicht geregelten Vertragsgrundsätze zu eigen zu machen. Sie können auf die Vorschriften eines anderen Rechtsgebiets, hier §§ 145 ff. BGB, ausdrücklich oder stillschweigend **verweisen**; die dargelegten Grenzen und Einschränkungen folgen dann, soweit nicht Sondervorschriften sie ausdrücklich regeln, aus einer sinngemäßen Anwendung jener Vorschriften im anderen Rechtsbereich. Die meisten einschlägigen Vorschriften sind jedoch nicht nur für das Privatrecht gegebene Normen des BGB, sondern geben gleichzeitig **allgemeine Rechtsgedanken** wieder, die in dem dargelegten Rahmen zu beachten sind, ohne daß es des Umwegs über das BGB und einer analogen Anwendung privatrechtlicher Normen im öffentlichrechtlichen Bereich bedarf. Damit entfällt aber auch der äußere Anlaß, jene Verträge schon deshalb als bürgerlich-rechtliche anzusehen, weil sie weitgehend dem Bürgerlichen Recht unterständen. Es gilt hier im Grunde nicht das bürgerlich-rechtliche, sondern das ungeschriebene öffentlich-rechtliche, zivilprozessuale Vertragsrecht, das eben mit dem bürgerlich-rechtlichen weitgehend übereinstimmt.

Verträge, durch die sich eine **Partei verpflichtet**, im anhängigen Prozeß (oder für den Fall der Anhängigkeit) eine **Prozeßhandlung vorzunehmen** (Hauptbeispiel: Klagerücknahmeversprechen, → § 269 Rdnr. 5) oder **zu unterlassen**, sind gesetzlich nicht geregelt, aber grundsätzlich im Rahmen der Parteifreiheit und unter Beachtung des zwingenden Rechts zulässig. Der Verpflichtungscharakter könnte für die materiell-rechtliche Einordnung solcher Verträge sprechen. Andererseits liegt die letztlich gewollte Wirkung auf prozessualem Gebiet, und überwiegend wird solchen Verträgen, zumindest über den Grundsatz von Treu und Glauben, bereits eine mittelbare prozessuale Wirkung zugebilligt, näher → Rdnr. 247. So macht z. B. das Klagerücknahmeversprechen in Verbindung mit dem Grundsatz von Treu und Glauben die Weiterführung der Klage unzulässig, wenn entgegen dem Versprechen die Klage nicht zurückgenommen wird, → § 269 Rdnr. 5. Berücksichtigt man diese prozessuale Wirkung, so erscheint es angemessen, auch die verpflichtenden Verträge als **Prozeßhandlungen** (Prozeßverträge), nicht als bürgerlich-rechtliche Verträge einzuordnen[10]. 162

Nach einer **anderen** häufig verwendeten **Definition** werden als Prozeßhandlungen solche *prozeßgestaltende Betätigungen* bezeichnet, die *in Voraussetzungen und Wirkungen dem Prozeßrecht unterstehen*[11]. Diese Begriffsbestimmung ist jedoch nicht geeignet, in Zweifelsfällen die Abgrenzung zu erleichtern[12]; denn ob die *Voraussetzungen* nach Prozeßrecht oder materiellem Recht zu bestimmen sind, ist zumeist gerade die Frage, die man mit Hilfe eines richtig verstandenen Prozeßhandlungsbegriffs beantworten möchte. Außerdem könnte diese Definition im Sinne eines strikten Entweder-Oder in der Beurteilung der Voraussetzungen verstanden werden, das nach geltendem Recht nicht gerechtfertigt erscheint. Daß die Voraussetzungen von Prozeßhandlungen in erster Linie nach Prozeßrecht zu beurteilen sind, schließt nicht aus, ergänzend auch auf materiell-rechtliche Grundsätze zurückzugreifen, soweit sich dies mit dem Wesen der Prozeßhandlung und der Interessenlage verträgt. Insgesamt erscheint es daher richtiger, nur auf die prozessualen *Wirkungen* abzustellen. 163

VI 5; *Nikisch* Zivilprozeßrecht[2] § 55 III 2; *Rosenberg-Schwab-Gottwald*[15] § 66 I. – S. auch zum schweizerischen Recht *Guldener* Schweizerisches Zivilprozeßrecht[3], 259, 260 Fn. 8, wo diese Frage mit der Abgrenzung der Gesetzgebungszuständigkeit zwischen Bund und Kantonen zusammenhängt. – A.M. *Teubner-Künzel* MDR 1988, 720, 723 unter Berufung auf *Eickmann* Beweisverträge im Zivilprozeß (1987), 26 ff.
[10] Ebenso *Schwab* (Fn. 1), 513; *Rosenberg-Schwab-Gottwald*[15] § 66 III 1 b, § 131 I 2; *H.J.Hellwig* (Fn. 1), 74 ff., 80. – A. M. *Baumgärtel* Wesen und Begriff (Fn. 1), 273; *ders.* ZZP 87 (1974), 121, 134; *Schiedermair* (Fn. 1), 175 ff.; *E. Schumann*, Festschr.f. Larenz zum 80. Geburtstag (1983), 571, 602; *RGZ* 160, 242.

[11] *BGHZ* 49, 384, 386; *RGZ* 77, 324, 329 (jede Handlung – Willensbetätigung – sowohl der Parteien als des Gerichts, die zur Begründung, Führung und Erledigung des Rechtsstreits dient und vom Prozeßgesetz in ihren Voraussetzungen und Wirkungen geregelt ist); *Zeiss*[8] Rdnr. 211 f.; *Thomas-Putzo*[18] Einl. Anm. III, Rdnr. 3; *Rosenberg-Schwab-Gottwald*[15] § 63 IV (folgt aber zugleich dem auf die Hauptwirkung abstellenden funktionellen Begriff, § 63 II); *Schwab* (Fn. 1), 503 ff. (hinsichtlich eines engen Begriffs der Prozeßhandlung, der nur einseitige Prozeßhandlungen, nicht die Prozeßverträge umfaßt).
[12] Vgl. *Baumgärtel* ZZP 87 (1974), 121, 123. – Zust. *MünchKommZPO-Lüke* Einl. Rdnr. 262.

c) Einzelaspekte

164 Das Wesen der Prozeßhandlung liegt nach dem Gesagten in einem **willentlichen äußeren Verhalten**, das auf eine **prozessuale Wirkung** abzielt. Dies bedarf in verschiedener Hinsicht der Präzisierung. Erforderlich ist ein **Handlungswille**[13], der nach allgemeinen Rechtsgrundsätzen[14] zu bestimmen ist. Dadurch scheidet z.B. Verhalten im bewußtlosen Zustand aus. Das Verhalten kann in einer Handlung wie in einem Dulden oder Unterlassen[15] bestehen, z.B. wenn das Gesetz an das Schweigen einer Partei die unwiderlegliche Vermutung eines Geständnisses, Einverständnisses oder eines Rügeverzichts knüpft, → §§ 138 Abs. 3, 267, 295. Es muß sich nicht um ein Verhalten der Partei persönlich handeln; es genügt, daß es der Partei zuzurechnen ist, wie z.B. der Antrag des Prozeßbevollmächtigten. Weil die prozessuale Wirkung die **charakteristische** sein muß, kommen der Kauf der Fahrkarte für eine Reise zum Termin oder zum Anwalt zu dessen Information nicht in Betracht, obwohl diese Vorgänge für die Kostenerstattung nach § 103 erheblich werden können, und ebensowenig sonstige Handlungen mit atypischen prozessualen Folgen, wie etwa die (fahrlässige oder vorsätzliche) Tötung des Gegners, die zur Erledigung eines Scheidungsprozesses führt (§ 619). Ob die Handlung *rechtmäßig* oder *unrechtmäßig* ist, ist für den Begriff der Prozeßhandlung nicht entscheidend. Eine Prozeßhandlung kann zugleich eine unerlaubte Handlung sein[16], z.B. die bewußt unwahre Tatsachenbehauptung (Prozeßlüge) zugleich ein zum Schadenersatz verpflichtender und strafbarer Prozeßbetrug, → § 138 Rdnr. 14.

165 Es begründet keinen Unterschied, ob die **prozessuale Wirkung** z.B. das Klageverfahren, das Prozeßkostenhilfeverfahren oder die Kostenfestsetzung trifft, wenn es sich nur um ein zivilprozessuales Verfahren handelt.

166 Hat eine Handlung **sowohl prozessuale als auch materiell-rechtliche Wirkungen**, so ist entscheidend, welche Wirkung die **primäre** und welche die sekundäre oder Nebenwirkung ist. Deshalb ist die Klageerhebung Prozeßhandlung trotz ihrer materiell-rechtlichen Nebenwirkungen, → § 262, während die Veräußerung der streitbefangenen Sache ein Rechtsgeschäft des Bürgerlichen Rechts bleibt, trotz der in § 265 geregelten zusätzlichen prozessualen Folgen. Über die sog. prozessual-materiellrechtlichen Mischgeschäfte, über Doppeltatbestände und über die Vornahme von Privatrechtsgeschäften im Zivilprozeß → Rdnr. 253 ff.

167 **Handlungen Dritter** gehören hierher, soweit sich der Dritte in einer *parteiähnlichen Stellung* befindet, wie z.B. der Nebenintervenient (§ 66), oder für die Partei als gesetzlicher Vertreter oder Prozeßbevollmächtigter tätig wird. Wenn ein Dritter in einem Nebenverfahren des zwischen den Parteien schwebenden Prozesses, das sich unmittelbar gegen ihn richtet, prozessuale Befugnisse im eigenen Interesse ausübt, wie z.B. der wegen unentschuldigten Ausbleibens bestrafte Zeuge, § 380, oder der wegen Ungebühr bestrafte Zuhörer, § 178 GVG, ist dieser Dritte insoweit selbst Beteiligter, und seine Handlungen sind dann ebenfalls Prozeßhandlungen.

---

[13] Dazu *Beys* (Fn. 1), 329 ff.
[14] Vgl. *Ennecerus-Nipperdey* BGB I 2[15] § 137 I mit Lit.; *Flume* BGB AT II[3] § 4, 2 a; *Larenz* BGB AT[7] § 18 I.
[15] S. schon *K. Hellwig* Prozeßhandlung (Fn. 1), 7; *Baumgärtel* Wesen und Begriff (Fn. 1), 27 f. mwN. – A.M. *Walsmann* AcP 102 (1907), 22; *Sax* ZZP 67 (1954), 23.
[16] Vgl. *Konzen* (Fn. 1), 55. – Zur Schadensersatzpflicht aus prozessualem Verhalten s. näher *Konzen* (Fn. 1), 209 ff., 284 ff., 299 ff.; *Zeiss* NJW 1967, 703; *H.-J. Hellwig* NJW 1968, 1072; *J. Blomeyer* Schadensersatzansprüche des im Prozeß Unterlegenen wegen Fehlverhaltens Dritter (1972), 37 ff.; *Henckel* (Fn. 1), 303 ff.; → auch § 138 Rdnr. 19.

II. Arten der Prozeßhandlungen der Parteien

Die Fülle der Parteiprozeßhandlungen läßt sich unter den **verschiedensten Gesichtspunkten** in eine Ordnung bringen, deren dogmatischer und praktischer Wert jedoch unterschiedlich ist und nicht überschätzt werden sollte. 168

1. Einseitige Prozeßhandlungen, Gesamtakte und Prozeßverträge

a) Einseitige Prozeßhandlungen

Einseitige Prozeßhandlungen sind diejenigen, bei denen das Handeln einer Partei das Verfahren gestaltet oder einen prozessual erheblichen Tatbestand setzt, wie z. B. die Erhebung der Klage, die Nebenintervention, die Einlegung eines Rechtsmittels, die Erteilung der Vollmacht, der Verzicht, das Anerkenntnis, die tatsächliche Behauptung, die Vorlage einer Beweisurkunde, der Zustellungsantrag, die Klagerücknahme. 169

b) Gesamtakte

In zahlreichen Fällen sind prozessuale Folgen nicht an die Prozeßhandlung einer, sondern **beider Parteien** geknüpft, sei es, daß beide einverstanden sein müssen, § 128 Abs. 2, § 349 Abs. 3, § 524 Abs. 4, daß beide sich inhaltlich entsprechende Erklärungen abgeben, § 91a[17], bzw. einen übereinstimmenden Antrag stellen, § 251 Abs. 1 S. 1, oder die eine Partei dem Antrag der anderen zustimmt oder ihre Einwilligung erklärt, § 269 Abs. 2, §§ 447, 485 Abs. 1 usw. Das Element der *Willensübereinstimmung* könnte Anlaß geben, hier von *Verträgen* zu sprechen. Daß keine *Verpflichtungen* übernommen werden, stünde nicht entgegen; denn bei Prorogation und Schiedsvertrag, die Prozeßverträge darstellen, liegen die Dinge insoweit nicht anders, und außerdem verwendet das BGB bei den dinglichen Verfügungsgeschäften ebenfalls das Modell des Vertrages. Gegen die Kennzeichnung als Vertrag spricht jedoch, daß die Erklärungen an das *Gericht*, nicht an den Gegner, zu richten sind, so daß man es nicht mit einem *Austausch* sich entsprechender Erklärungen zwischen den Parteien zu tun hat. Außerdem ist in den meisten dieser Fälle die prozessuale Rechtsfolge nicht nur von den Parteierklärungen, sondern auch noch von der Entschließung des Gerichts abhängig. Es handelt sich deshalb um **gleichlaufende**, an das Gericht gerichtete, inhaltsgleiche **Erklärungen der Parteien**, die man als **Gesamtakt**[18] bezeichnen kann. Dieser Gesamtakt besteht aus den einseitigen Erklärungen beider Parteien, von denen jede eine Prozeßhandlung darstellt und grundsätzlich nach denselben Regeln zu beurteilen ist wie einseitige Prozeßhandlungen. Die Wirkung tritt aber erst ein, wenn dem Gericht die letzte Parteierklärung vorgetragen oder eingereicht ist; bis zu diesem Zeitpunkt kann die andere Partei ihre Erklärung widerrufen, → Rdnr. 225. Auch dort, wo die Einigung vom Gesetz nur durch Vertrag vorgesehen ist, weil sie regelmäßig außerhalb des Prozesses liegt, reicht anstelle des Vertrages der Gesamtakt, wenn in der mündlichen Verhandlung oder im schriftlichen Verfahren durch Erklärungen an das Gericht der übereinstimmende Wille erkennbar wird, → § 38 Rdnr. 60. 170

---

[17] A. M. insoweit *Habscheid*, Festschr.f. Lent (1957), 153, 157 ff., der einen Vertrag annimmt.
[18] Vgl. *Schiedermair* (Fn. 1), 10 f., 27 f. (mit Lit.); *Baumgärtel* (Fn. 1), 185 f., die darauf abstellen, bei einem Prozeßvertrag wollten sich die Parteien gegenseitig Rechte gewähren, während der Gesamtakt die Befugnisse des Gerichts erweitere oder beschränke. Krit. *Schlosser* (Fn. 1), 3 ff.

c) Prozeßverträge

171 Prozeßverträge liegen dann vor, wenn die Erklärungen der Parteien gegenseitig abgegeben werden und darauf abzielen, durch die erklärte Willenseinigung einen prozessualen Erfolg herbeizuführen. Hierher gehören die Gerichtsstandsvereinbarung, § 38, und der Schiedsvertrag, § 1025, aber auch diejenigen Vereinbarungen, durch die sich eine Partei dem Gegner gegenüber zur Vornahme oder Unterlassung einer Prozeßhandlung *verpflichtet*. Eine prozeßrechtliche und materiell-rechtliche Doppelnatur weist der Prozeßvergleich auf, → Rdnr. 257. Zu den Besonderheiten der Prozeßverträge → Rdnr. 236 ff.

2. Erwirkungs- und Bewirkungshandlungen

172 Die Unterscheidung zwischen Erwirkungs- und Bewirkungshandlungen[19] ist heute weithin anerkannt[20]. Während bei den Willenserklärungen des Privatrechts regelmäßig der erstrebte Erfolg unmittelbar durch die Erklärung (bzw. die vertragliche Einigung) herbeigeführt wird und nur ausnahmsweise eine behördliche oder gerichtliche Mitwirkung nötig ist (z. B. bei Eheschließung, Auflassung, Gründung einer Aktiengesellschaft), liegen die Dinge im Prozeß, der auf das Zusammenwirken seiner Beteiligten angelegt ist, wesentlich anders. Nur in verhältnismäßig wenigen Fällen hat hier die Parteihandlung *unmittelbare* prozessuale Wirkungen. In den meisten Fällen schafft sie nur für das Gericht die *Verpflichtung*, seinerseits zu handeln. Der unmittelbare Erfolg von Prozeßhandlungen der letzteren Art ist darauf beschränkt, daß das Gericht über den Antrag zu *entscheiden* hat. Die Handlungen der ersten Gruppe werden **Bewirkungs-**, die der letzteren **Erwirkungshandlungen** genannt.

173 **Erwirkungshandlungen** sind alle Prozeßhandlungen, mit denen die Partei vom Gericht eine bestimmte **Entscheidung begehrt** oder den **Stoff zu deren Begründung liefert**. Dahin gehören insbesondere alle **Anträge und Gesuche**, sowohl die Sachanträge, d. h. diejenigen, die Inhalt und Gegenstand der begehrten Endentscheidung betreffen, → § 297 Rdnr. 3, wie die Prozeßanträge, die sich auf das Verfahren beziehen, z. B. Anträge auf Terminsbestimmung, Aussetzung, Verweisung, ferner die **Behauptungen** einschließlich der Gegenerklärungen des Gegners zu ihnen, soweit sie der Begründung der Anträge und Gesuche oder der Verteidigung gegen diese dienen, sowie der **Beweisantritt** (Beweisführung).

174 **Bewirkungshandlungen** sind dagegen Prozeßhandlungen, die **unmittelbare prozessuale Rechtswirkungen** erzeugen. Dahin gehören die Erklärungen, die von sich aus ein Verfahren oder einen Verfahrensabschnitt **eröffnen**, wie Klage, Rechtsmittel, Einspruch, Erinnerung, Widerspruch usw., ferner alle Erklärungen, die **Dispositionsakte** über prozessuale Rechte enthalten, wie Verzicht und Anerkenntnis, Rücknahmeerklärungen, Verzicht auf die Ausübung prozessualer Befugnisse, z. B. auf prozeßhindernde Einreden, auf die Geltendmachung von Verfahrensmängeln usw., weiter auch alle realen Akte wie die Vorlegung von Urkunden, die Einreichung der Vollmacht usw., und endlich alle Wissenserklärungen, → Rdnr. 180.

175 Die **Unterscheidung zwischen Bewirkungs- und Erwirkungshandlungen** hebt wichtige Aspekte der Rechtsfolgen hervor und gewinnt Bedeutung bei der Beurteilung von Widerruf, Irrtum, Bedingung usw., freilich ohne daß sich die Lösung solcher Fragen schematisch aus der Beurteilung als Bewirkungs- oder Erwirkungshandlung ableiten ließe. **Nicht immer** läßt sich die **Abgrenzung exakt** durchführen, da es Prozeßhandlungen gibt, die sowohl Elemente von

---

[19] Grundlegend *Goldschmidt* (Fn. 1), 364 f., 456 f., von dem die Begriffe stammen.
[20] So u. a. *Rosenberg-Schwab-Gottwald*[15] § 64 I, II; *A. Blomeyer* ZPR² § 30 II; *Jauernig* ZPR²⁴ § 30 III; *Arens-Lüke*[5] Rdnr. 208; *MünchKommZPO-Lüke* Einl. Rdnr. 265; *Zöller-Greger*[18] vor § 128 Rdnr. 14. Den praktischen Wert der Unterscheidung verneinen *Thomas-Putzo*[18] Einl. III Rdnr. 3; krit. auch *Mitsopoulos* ZZP 91 (1978), 113, 117.

Bewirkungs- wie von Erwirkungshandlungen in sich schließen. Dies gilt z. B. bei den übereinstimmenden Prozeßhandlungen (Gesamtakten) nach § 128 Abs. 2, § 349 Abs. 3, § 404 Abs. 4, § 447, § 524 Abs. 4, weil hier durch die Prozeßhandlungen zwar unmittelbar die Zulässigkeit einer bestimmten Verfahrensgestaltung herbeigeführt wird (insofern Bewirkungshandlung), aber die Durchführung (z. B. Wahl des schriftlichen Verfahrens) auch noch von einem Akt des Gerichts abhängt, auf den die Prozeßhandlungen hinzielen (insofern Erwirkungshandlung). Auch **Klagen** und Rechtsmittel sind Erwirkungshandlungen, soweit sie vom Gericht ein Urteil erbitten, aber Bewirkungshandlungen insofern, als eine Klage die Rechtshängigkeit mit ihren besonderen prozessualen Nebenwirkungen entstehen läßt und ein Rechtsmittel das Verfahren in die höhere Instanz bringt (Devolutiveffekt). Das **Zugestehen** von Tatsachenbehauptungen des Gegners hat neben dem auf die Erlangung der Entscheidung bezogenen Erwirkungscharakter auch bewirkende Funktion, da unmittelbar die Bindung des Gerichts begründet wird, das Vorbringen zugrundezulegen (§ 288)[21].

3. Anträge, Behauptungen, Beweisführungen

Aus dem zu Rdnr. 173 Ausgeführten ergibt sich bereits, daß sich aus den Prozeßhandlungen der Parteien die **Anträge**, getrennt nach Sach- und Prozeßanträgen, → §§ 308, 297, und die **Behauptungen**, → auch §§ 138, 253, 282, sowie die **Beweisanträge** (Beweisführungen) herausheben. Praktische Unterschiede zwischen diesen drei Gruppen ergeben sich vor allem in den Fragen des Widerrufs, der Zurücknahme, der Zurückweisung wegen Verspätung, der Änderung oder Berichtigung, → u. a. Rdnr. 219 ff. **176**

4. Willenserklärungen, Wissenserklärungen und Tathandlungen

Diese Gegenüberstellung knüpft an die *privatrechtliche* Dogmatik an, hat aber für das Prozeßrecht keineswegs dieselbe wissenschaftliche oder praktische Bedeutung. **177**

Willenserklärungen sind nicht nur diejenigen Erklärungen, die den beabsichtigten Erfolg als solchen bezeichnen, wie die Genehmigung in § 89, die Zurücknahme in §§ 269, 515, die Verzichtserklärungen in §§ 295, 391, 399, 436, 514, Verzicht (→ § 306 Rdnr. 3) und Anerkenntnis (→ § 307 Rdnr. 11), die Zustimmung in §§ 436, 485 Abs. 1, die Abstandnahme in § 596 und die Vereinbarungen in §§ 38, 224 Abs. 1. Es gehören dazu auch alle **Anträge**, einschließlich derjenigen, die die Form der Erklärung haben, wie die Rechtsmittelanträge, § 519 Abs. 3 Nr. 1, § 554 Abs. 3 Nr. 1, s. auch §§ 340, 518, 553, 587, 588, 593 usw., und der **Beweisantritt**, §§ 371, 373, 445. Auch die Anzeige der Verteidigungsabsicht (§ 276 Abs. 1 S. 1) ist zu den Willenserklärungen zu rechnen, da sie den Willen zum Ausdruck bringt (nicht nur ankündigt), ein kontradiktorisches Verfahren durchzuführen. **178**

Weiter sind auf dem Gebiet des Verhandlungsgrundsatzes (→ Rdnr. 75) systematisch zu den **Willenserklärungen** auch die **Behauptungen** zu rechnen[22]; denn hier werden die Tatsachen nur zum Prozeßstoff, wenn und weil die Parteien es *wollen*; sie können erklären, sich auf bestimmte Tatsachen nicht berufen zu wollen, sie können frühere Behauptungen zurücknehmen, beides mit der Wirkung, daß die Tatsache aus dem Prozeßstoff ausscheidet, und sie müssen sich zu bestimmten Behauptungen entschließen, wenn sie ihre Berücksichtigung erreichen wollen[23]. Die Parteibehauptung hat nicht als *Beweismittel* durch ihren Wahrheits- **179**

---

[21] S. auch *Goldschmidt* (Fn. 1), S. 494 (Bewirkungshandlung); *Rosenberg* Lb[9] § 60 I 2b (Erwirkungshandlung); *Baumgärtel* (Fn. 1), 84.
[22] *Werner* Grünhut 41 (1915), 337f., 375f. – A.M. *Goldschmidt* (Fn. 1), 365; *Arens* (Fn. 1), 177; *Beys* (Fn. 1), 338ff.; wohl auch *Henckel* (Fn. 1), 79 (dort Fn. 108).
[23] S. *Kisch*, Festschr.f. Laband (1908), 163f., 183f.; auch *OLG Jena* OLG Rsp 19 (1909), 114.

wert (als Aussage) auf die Überzeugung des Gerichts einzuwirken, sondern den **Stoff für die richterliche Beurteilung zu liefern**[24]. Sie enthält nur angesichts der Wahrheitspflicht, § 138, zugleich die Äußerung, daß die Partei nicht etwa von der Unwahrheit der von ihr aufgestellten Behauptung überzeugt ist. Insoweit ist die Behauptung Erklärung über eine subjektive Tatsache, die geeignet ist, vom Gegner und vom Gericht mehr oder weniger stark bewertet zu werden. *Willenserklärungen* sind ebenso die **Erklärungen über die tatsächlichen Behauptungen des Gegners** (Bestreiten, Zugestehen) mit Ausnahme der Erklärung mit Nichtwissen, die aber nur beschränkt zulässig ist, → § 138 Rdnr. 34.

180   Den Gegensatz zu den Willenserklärungen der Parteien bilden einerseits die **Tathandlungen** (Realakte) wie die Einreichung, Übergabe oder Vorlegung von Schriftsätzen und Urkunden, § 131 Abs. 1, § 133 Abs. 2, § 134 Abs. 1, § 135, § 142 Abs. 1, § 143, § 364 Abs. 3, § 420, die Bestellung einer Sicherheit[25], andererseits die reinen sog. **Wissenserklärungen**[26] wie etwa die Benennung an den Kläger in § 76, die Anzeige in §§ 87, 241, 244, 246, der Vortrag des Inhalts des bisherigen Verfahrens in §§ 285 Abs. 2, 526, die Mitteilung der Absicht in §§ 168, 588 Abs. 2, das Empfangsbekenntnis des Anwalts, §§ 198, 212a. Die **Behauptungen** und Erklärungen der Parteien über Tatsachen gehören dagegen hierher nur auf demjenigen Gebiet, wo anstelle des Verhandlungsgrundsatzes der Untersuchungsgrundsatz oder die Prüfung von Amts wegen gilt, → Rdnr. 86, 91, und da, wo die Partei als Auskunftsperson vernommen wird, also wie der Zeuge Beweismittel ist, §§ 445ff., 613. Die Rechtsausführungen der Parteien sind reine Wissenserklärungen, soweit nicht ausnahmsweise die Partei damit den Streitgegenstand begrenzt, → Einl. Rdnr. 296f.

5. Prozeßrechtsgeschäfte

181   In der älteren Prozeßrechtswissenschaft faßte man bestimmte prozessuale Vorgänge unter Anlehnung an das *Rechtsgeschäft* des BGB unter der Bezeichnung *Prozeßrechtsgeschäfte* (oder *prozessuale Rechtsgeschäfte*) zusammen, wobei der Kreis verschieden eng gezogen wurde[27]. Dieser Begriff ist heute nahezu allgemein als wenig fruchtbar aufgegeben[28].

III. Vornahme der Prozeßhandlungen

1. Maßgebliches Recht

182   Die Prozeßhandlungen sind grundsätzlich nach **deutschem Prozeßrecht** zu beurteilen (allgemein zum Grundsatz der lex fori → Einl. Rdnr. 736), auch wenn sie im Ausland vorgenommen sind, vgl. z.B. § 38 Rdnr. 13 (dort auch zur Anwendbarkeit des ausländischen Sachstatuts für den Abschluß einer Zuständigkeitsvereinbarung), § 80 Rdnr. 4[29], und nach

---

[24] Grundsätzlich ebenso *A. Schultze* ZZP 19 (1894), 343; *Walsmann* AcP 102 (1907), 1, 44; *Pagenstecher* Materielle Rechtskraft (1905), 444; *Wach* Grundfragen und Reform des Zivilprozesses (1914), 33.

[25] Sie ist Prozeßhandlung, s. z.B. für § 230 *KG* OLG Rsp 19 (1909), 37.

[26] *A. Blomeyer* ZPR² § 30 II 2 stellt den Willenserklärungen und Tathandlungen die Mitteilungen gegenüber; *Rosenberg-Schwab-Gottwald*¹⁵ § 64 II nennt neben Willenserklärungen und Realakten Wollenserklärungen (Willensäußerungen und Willensmitteilungen) sowie Mitteilungen.

[27] *Bunsen* ZZP 35 (1906), 401; *K. Hellwig* (Fn. 1), 75f.; *Kohler* Prozeßhandlungen (Fn. 1), 34f.; *ders.* Der Prozeß als Rechtsverhältnis (1888), 34ff., 93f.; *Siegert*

(Fn. 1), 31f., 111f.; *Süß* Wirkungsgrenzen des Anerkenntnisses (1921), 67; *Trutter* (Fn. 1), 100ff.; *Wach* AcP 64 (1881), 238.

[28] So u.a. *Rosenberg-Schwab-Gottwald*¹⁵ § 64 III; *Nikisch* Zivilprozeßrecht² § 54 I 3; *Stein* ZZP 41 (1911), 417; *Goldschmidt* (Fn. 1), 460f.; *Schiedermair* (Fn. 1), 169. – Anders *Beys* (Fn. 1), 327ff., der zwischen Prozeßrechtsgeschäften und Prozeßhandlungen ohne Rechtsgeschäftscharakter (Rechtshandlungen i. e.S.) unterscheidet. *Baumgärtel* Wesen und Begriff (Fn. 1), 290 mißt dem Begriff »Prozeßrechtsgeschäft« jedenfalls didaktisch Bedeutung zu.

[29] Privatvereinbarungen können das, anders als im Privatrecht, nicht ändern.

dem **Recht zur Zeit ihrer Vornahme,** → § 1 EGZPO Rdnr. 3 ff. (abgedruckt nach § 1048). Rechtsstaatlich bedenklich sind Gesetze, nach denen neue Formvorschriften auch auf bereits früher vorgenommene Prozeßhandlungen, insbesondere Prozeßverträge angewendet werden sollen; zu diesem Problem bei den Gerichtsstandsvereinbarungen → vor § 38 Rdnr. 5 ff., § 38 Rdnr. 20. Wie das Prozeßrecht die *Fähigkeit* und die *Befugnis* zur Vornahme der Prozeßhandlungen und die *Vertretung* dabei in §§ 51 ff., 78 ff., die *Form* sowohl für die mündlich, § 128, als auch für die schriftlich vorzunehmenden Prozeßhandlungen, §§ 253, 340, und die *Beurkundung* regelt, so bestimmt es auch die *Grenzen der Zulässigkeit* und den *Umfang der Wirkungen.* Auch wo das Prozeßgesetz keine ausdrücklichen Bestimmungen enthält, müssen die maßgebenden Normen in erster Linie aus ihm abgeleitet werden[30].

2. Prozeßhandlungsvoraussetzungen

Die *Wirksamkeit* von Bewirkungshandlungen und die *Zulässigkeit* von Erwirkungshandlungen hängen davon ab, daß die vom Prozeßrecht geforderten Prozeßhandlungsvoraussetzungen gegeben sind. Das sind die Parteifähigkeit, → § 50 Rdnr. 2, die Prozeßfähigkeit, → § 51 Rdnr. 8, bei Prozeßunfähigkeit die ordnungsgemäße gesetzliche Vertretung, → § 51 Rdnr. 22, die Postulationsfähigkeit, → § 51 Rdnr. 1, vor § 78 Rdnr. 10, § 80 Rdnr. 9, und bei gewillkürter Vertretung ist zur Wirkung gegenüber dem Vertretenen eine prozessuale Vollmacht nötig, §§ 80, 88. Das **Bürgerliche Recht** und seine Begriffe der Rechts- und Geschäftsfähigkeit sowie der Stellvertretung gelten hier **grundsätzlich nicht.** Abweichungen davon bestehen bei den Prozeßverträgen (→ Rdnr. 240) und der Ermächtigung zur Prozeßführung (→ vor § 50 Rdnr. 43). Analog § 130 Abs. 2 BGB genügt es für die Zulässigkeit bzw. Wirksamkeit einer Prozeßhandlung, wenn die Prozeßhandlungsvoraussetzungen bei Abgabe der Erklärung gegeben waren. So ist eine Berufung als zulässig anzusehen, wenn der Anwalt, der die Berufungsschrift unterzeichnet hat, bei Absendung, aber nicht mehr zum Zeitpunkt des Eingangs bei Gericht, postulationsfähig war[31]. 183

3. Form

Hinsichtlich der Form und der Art und Weise des Zustandekommens[32] sind die Vorschriften des BGB, insbesondere §§ 125 ff., auf die Prozeßhandlungen nicht anzuwenden[33]. **Mündlichkeit,** d. h. mündliche Vornahme durch eine in der Verhandlung anwesende Person, ist nötig, soweit der Grundsatz der Mündlichkeit gilt, → § 128 Rdnr. 10, 27. Aber auch außerhalb des Mündlichkeitsgrundsatzes genügt in manchen Fällen eine mündliche, formlose Mitteilung, → §§ 167, 702, 754 und die Nachweise vor § 166 Rdnr. 39 ff.; dann kann regelmäßig auch der Fernsprecher benutzt werden, und gegen die Verwendung eines Boten ist nichts einzuwenden[34]. 184

Überwiegend ist jedoch **außerhalb der mündlichen Verhandlung Schriftlichkeit** vorgeschrieben, → wegen der bestimmenden und der vorbereitenden Schriftsätze § 129 Rdnr. 4 ff., 185

---

[30] Allg. anerkannt; vgl. *RGZ* 81, 178 (Rechtsmittel); 105, 351, 355 (Verzicht auf Einspruch); s.a. *RGZ* 161, 350, 358; 162, 67; ferner *Pollak* (Fn. 1), 47 ff.; *Hellwig* Lb. I, 168; II, 37; *Walsmann* (Fn. 1) 2 ff.; *Rosenberg* (Fn. 1), 88; *MünchKommZPO-Lüke* Einl. Rdnr. 270. – A.M. *Holder* ZZP 28 (1901), 409; *RGZ* 59, 349; *OLG München* BayrZ 1909, 378; sowie *Rosenberg* (Fn. 1), 100 für die prozessualen Verträge; *Bunsen* ZZP 36 (1907), 401 ff. u. *Nußbaum* (Fn. 1), 73 für die nicht auf den Prozeßbetrieb gerichteten Handlungen.

[31] *OLG Frankfurt* MDR 1984, 763.
[32] Zum Unterschied zur Formfrage s. *Krusch* Das Wesen des Vergleichs zur Abwendung des Konkurses (1933), 105; *Baumgärtel* Wesen und Begriff (Fn. 1), 60.
[33] S. RGZ 135, 339 (zum Widerruf); zur Unterschrift → § 129 Rdnr. 8.
[34] *BAGE* 9, 172 = AP § 794 Nr. 7 (*Pohle*).

31 ff. Zum Erfordernis der Unterzeichnung → § 129 Rdnr. 8 ff., zum Telegramm, Fernschreiben, Telefax usw. → § 129 Rdnr. 9 ff. Auf die äußere Form des Schriftstücks (Brief, Postkarte, Fernschreiben) kommt es nicht an. Manche Erklärungen können oder müssen auch zu Protokoll des Urkundsbeamten der Geschäftsstelle (zur Zuständigkeit → § 129 a) abgegeben werden, s. § 44 Abs. 1, § 91 a Abs. 1 S. 1, § 118 Abs. 1, § 248 Abs. 1, § 281 Abs. 2 S. 1, § 386 Abs. 1, § 496, § 569 Abs. 2 S. 2, § 620 a Abs. 2 S. 2 usw.

186 Schriftlichkeit und Mündlichkeit sind verbunden bei **Sachanträgen**, die **verlesen** werden müssen, § 297. Häufig hat die Partei auch ein **Wahlrecht**, zur Klagerücknahme s. § 269 Abs. 2 S. 2, zur Einführung neuer Ansprüche in den Prozeß s. § 261 Abs. 2, ferner in allen Fällen, in denen formlose Mitteilung genügt, → Rdnr. 184.

4. Adressat

187 Soweit die Prozeßhandlungen in Erklärungen (im weitesten Sinn) bestehen, sind sie grundsätzlich **empfangsbedürftig**. Wer der Empfänger in dem Sinne ist, daß die Erklärung erst mit dem Zugang bei ihm rechtliche Bedeutung erlangt, ist nach Zweckmäßigkeitsgesichtspunkten verschieden geregelt. Daß das *Gericht* begrifflich Adressat aller Prozeßhandlungen wäre[35], trifft (jedenfalls bei dem heutigen Prozeßhandlungsbegriff) nicht zu. Wenn z. B. (außerhalb eines Prozesses) eine Gerichtsstandsvereinbarung oder ein Schiedsvertrag geschlossen wird, so ist nur der Gegner Adressat der Erklärung. Eher läßt sich sagen, daß wegen der Dreiseitigkeit des Prozeßrechtsverhältnisses im **Regelfall Gericht und Gegner Adressaten** der auf einen anhängigen Prozeß bezogenen Parteiprozeßhandlungen sind[36]. Manche Prozeßhandlungen erreichen bestimmte Wirkungen mit der Einreichung bei Gericht, andere Wirkungen dagegen erst mit dem Zugang an den Gegner. So begründet etwa die *Einreichung* der **Klage** (§ 253 Abs. 5) die Pflicht des Gerichts zur Terminbestimmung bzw. zur Einleitung des schriftlichen Vorverfahrens (§ 272 Abs. 2), während die Rechtshängigkeit erst durch *Zustellung an den Beklagten* eintritt (§ 253 Abs. 1, § 261 Abs. 1). Dagegen wird die Einlegung eines **Rechtsmittels** (§ 518 Abs. 1), des Einspruchs (§ 340 Abs. 1) oder des Widerspruchs gegen den Mahnbescheid (§ 694 Abs. 1) bereits durch die Einreichung beim Gericht wirksam.

187a Bei den **vorbereitenden Schriftsätzen** ist nicht nur der Gegner, sondern auch das Gericht als Adressat anzusehen; denn die Schriftsätze dienen der Information des Gerichts wie des Gegners und können das Gericht zu den Termin vorbereitenden Maßnahmen verpflichten (§ 273). Die **Prozeßvollmacht** kann durch Erklärung gegenüber dem Vertreter, dem Gegner oder dem Gericht erteilt werden, → § 80 Rdnr. 12; dasselbe gilt für die Genehmigung der Prozeßführung (§ 89 Abs. 2, § 551 Nr. 5, § 579 Abs. 1 Nr. 4), → § 89 Rdnr. 15, § 56 Rdnr. 3. In einigen Fällen sind auch **Dritte** Adressat der Prozeßhandlung, s. etwa §§ 72 ff., 840. Ob der vorbehaltene **Widerruf eines Prozeßvergleichs** dem Gericht oder dem Gegner gegenüber zu erklären ist und in welcher Form dies zu geschehen hat, → § 129 Rdnr. 8 a, richtet sich nach der getroffenen Vereinbarung[37]; liegt weder eine ausdrückliche noch eine stillschweigende Abrede vor, sollte man die Erklärung des Widerrufs formfrei gegenüber dem Gericht oder dem Gegner zulassen[38], näher → § 794 Rdnr. 63 u. 66 (zur Fristwahrung).

---

[35] *K. Hellwig* (Fn. 1), 58; *MünchKommZPO-Lüke* Einl. Rdnr. 272 für Erwirkungshandlungen.
[36] *R. Bruns* (Fn. 1), 92.
[37] So z. B. *BAG* NZA 1992, 134 (kein Widerruf gegenüber dem Gegner, wenn schriftliche Anzeige an das Gericht vereinbart war).

[38] A. M. *OVG Lüneburg* NJW 1992, 3253 (im verwaltungsgerichtlichen Verfahren Widerruf nur gegenüber dem Gericht, wenn nichts anderes vereinbart); bestätigt durch *BVerwG* NJW 1993, 2193.

5. Wirksamwerden

Das Wirksamwerden (Perfektion) von Erklärungen hängt wesentlich von deren Form und vom Empfänger ab. Erklärungen, die **in der mündlichen Verhandlung** abgegeben werden, werden gegenüber dem Gericht mit der **Vernehmung** durch das Gericht wirksam, aber ebenso gegenüber dem Gegner, wenn dieser anwesend oder jedenfalls durch Ladung, Bekanntmachung oder Verkündung des Termins zum Erscheinen veranlaßt war[39], zur Widerklage → § 261 Rdnr. 36ff., zur Bestellung des Prozeßbevollmächtigten → § 176 Rdnr. 18. Wird ein Antrag oder eine Erklärung **zu Protokoll der Geschäftsstelle** eines anderen Amtsgerichts als des zuständigen Gerichts abgegeben, so erlangt die Erklärung Wirksamkeit erst mit Eingang des Protokolls bei dem Gericht, an das die Erklärung gerichtet ist, § 129a Abs. 2 S. 2. Eine an ein unzuständiges Gericht adressierte und von diesem an das zuständige Gericht weitergeleitete Erklärung wird mit Eingang bei diesem wirksam, es sei denn, die Auslegung würde ergeben, daß die Erklärung für diesen Fall nicht gewollt ist[40].

188

Bei **schriftlichen Erklärungen** entscheidet die **Zustellung**, soweit diese gewählt wird, bei formlosen Mitteilungen der **Zugang**. Zur analogen Anwendung von § 130 Abs. 2 BGB → Rdnr. 183. Sind schriftliche Erklärungen gegenüber dem Gericht abzugeben, so sind sie diesem einzureichen, s. z.B. § 269 Abs. 2 S. 2, § 340, § 518 Abs. 1, § 519 Abs. 2. Wie das BVerfG[41] – zur Frage der Fristwahrung – entschieden hat, setzt die **Einreichung** lediglich voraus, daß das Schriftstück (innerhalb der Frist) **tatsächlich in die Verfügungsgewalt des Gerichts gelangt** ist. Die frühere h.M.[42], wonach es auf die Entgegennahme durch den dazu und zur Beurkundung des Zeitpunkts des Eingangs *befugten Beamten* ankam, ist damit überholt[43]. Sie legte (vorbehaltlich der Wiedereinsetzung in den vorigen Stand) die Verantwortung für die zutreffende Postverteilung innerhalb des Gerichts zu Unrecht dem Bürger auf und machte es, soweit das Gericht nicht besondere Vorkehrungen (Nachtbriefkasten) getroffen hatte, unmöglich, Fristen bis 24 Uhr des letzten Tages auszunützen.

189

Zu welcher **Uhrzeit** (innerhalb oder außerhalb der regulären Dienststunden) das Schriftstück beim Gericht eingegangen ist, spielt für die Wirksamkeit der Einreichung keine Rolle. Der Einwurf in einen Hausbriefkasten im Innern des Gerichtsgebäudes genügt auch, wenn mit einer Leerung am selben Tag nicht mehr zu rechnen ist[44], insbesondere nach Dienstschluß, auch wenn außerhalb des Gebäudes ein Nachtbriefkasten angebracht ist[45]; ebenso genügt der Einwurf in ein Fach, das das Empfangsgericht im Gebäude eines anderen Gerichts unterhält, auch nach Ende der angegebenen Leerungszeiten[46]. Ebenso ist ein **Fernschreiben** oder **Telefax** in dem Zeitpunkt eingegangen, in dem es im Empfängerapparat ausgedruckt wird, auch wenn dieser Zeitpunkt nach Dienstschluß liegt und die Fernschreibanlage nicht besetzt ist[47]. Die Gerichte müssen geeignete Vorkehrungen treffen, um bei außerhalb der regulären Dienststunden eintreffenden Schriftstücken den Zeitpunkt des Eingangs festzuhalten. – Näher zu den **Telekommunikationsmitteln** → § 129 Rdnr. 9ff.

189a

Allerdings ist nach wie vor zu verlangen, daß das Schriftstück **in verkehrsüblicher Weise in**

190

---

[39] *RGZ* 28, 407, 409.
[40] Vgl. *BGH* MDR 1991, 668 (zur Rechtsmittelrücknahme).
[41] *BVerfGE* 52, 203 = NJW 1980, 580; *BVerfGE* 57, 117 = NJW 1981, 1951; *BVerfGE* 69, 381, 385 = NJW 1986, 244.
[42] Z.B. *BGHZ* 2, 31; 23, 307; NJW 1973, 1082.
[43] *BGHZ* 80, 62, 63 = NJW 1981, 1216; MDR 1981, 740; 1982, 557; FamRZ 1982, 1200, 1201 = NJW 1983, 123; NJW 1990, 2822; VersR 1993, 459.
[44] *BGH* NJW 1984, 1237.
[45] *BVerfG* NJW 1991, 2076.
[46] *BAG* NJW 1986, 2728.
[47] *BGHZ* 101, 276, 280 = NJW 1987, 2586. Dabei genügt der Eingang bei einer anderen Behörde, wenn das Gericht dessen Fernschreibanschluß auf seinen amtlichen Briefbögen angegeben hatte, *BVerfG* 69, 381 = NJW 1986, 244; *BGH* aaO. – Das Fernschreiben ist auch dann wirksam und fristgerecht eingegangen, wenn es aufgrund eines Fehlers des Empfangsgeräts oder dessen fehlerhafter Handhabung unvollständig oder unlesbar ausgedruckt wurde, *BGHZ* 105, 40 = NJW 1988, 2788 = JZ 1988, 1034. Dasselbe gilt für Telefax-Geräte, *BGH* FamRZ 1991, 548.

den **Machtbereich des Gerichts** gelangt[48], also z.B. durch Einwurf in einen Briefkasten des Gerichts, auch durch Einlage in ein entsprechend bezeichnetes und vom Gericht regelmäßig geleertes Fach im Zimmer des Anwaltsvereins im Gerichtsgebäude[49], oder durch Übergabe an einen zur Annahme bereiten Gerichtsbeamten[50] im Gerichtsgebäude. Es genügt auch, wenn das Schriftstück in ein Postfach des Gerichts beim Postamt eingelegt wird[51]. Dagegen wird die Einlegung eines Benachrichtigungszettels über ein Einschreiben in das Postfach nicht als Zugang angesehen; doch ist gleichwohl rechtzeitiger Zugang anzunehmen, wenn die Sendung am Tag des Eingangs nicht abgeholt wurde, obwohl sie bei Auslieferung im normalen Postzustelldienst noch an diesem Tag an das Gericht gelangt wäre[52].

190a Die Einlieferung bei der **Posteinlaufstelle** des AG begründet nicht die Verfügungsgewalt des LG, auch wenn sich beide Gerichte im selben Gebäude befinden[53]. Mit Eingang bei einer für mehrere Gerichte **gemeinsamen Einlaufstelle**[54] oder Einwurf in einen gemeinsamen Nachtbriefkasten[55] geht das Schriftstück nach der (allerdings nicht unbedenklichen[56]) Rsp in der Regel[57] nur demjenigen Gericht zu, an das es adressiert ist. Jedoch geht das Schriftstück mit der Einreichung bei einer gemeinsamen Einlaufstelle dem zuständigen Rechtsmittelgericht zu, wenn das Aktenzeichen des Rechtsmittelverfahrens, auf das sich der Schriftsatz bezieht, richtig angegeben war, auch wenn als Gericht fehlerhaft dasjenige der ersten Instanz bezeichnet war[58] oder wenn kein Empfangsgericht bezeichnet, aber ausdrücklich gegen ein Urteil des LG Berufung eingelegt war[59]. Die Einreichung der Klageschrift bei einer gemeinsamen Gerichtskasse samt einem Scheck für den Gerichtskostenvorschuß kann fristwahrend sein, wenn die Justizverwaltung diesen Weg für den Fall einer Zahlung per Scheck vorgegeben hat[60].

190b Der Eingang bei einem **auswärtigen Senat** genügt, auch wenn sich der Schriftsatz auf ein Verfahren vor einem Senat des Stammgerichts bezieht[61]; dasselbe gilt im umgekehrten Fall, näher→ § 518 Rdnr. 3. Wird ein Schriftstück dagegen **außerhalb des Gerichts** (im räumlichen Sinn) einem Beamten oder Richter übergeben, so ist es damit nur dann bei Gericht eingereicht, wenn der Richter Dienstgeschäfte erledigt (z.B. Augenscheinseinnahme) und sich der Schriftsatz gerade auf dieses Verfahren bezieht, sonst dagegen erst, wenn der Empfänger das Schreiben in den Machtbereich des Gerichts befördert hat.

191 Das **Wirksamwerden** einer eingereichten schriftlichen Erklärung (Schriftsatz) kann **nicht**

---

[48] Dabei handelt es sich nicht um eine verfassungsrechtliche Frage, *BVerfGE* 60, 243, 246 = NJW 1982, 1804.
[49] *OLG Köln* NJW 1986, 859.
[50] Nicht an eine Putzfrau, *BAGE* 2, 116.
[51] *BGH* NJW 1986, 2646.
[52] *BAG* NJW 1986, 1373.
[53] Nicht beanstandet durch *BVerfG* 60, 243 (Fn. 48). — Dagegen genügt es nach *BVerfGE* 57, 117 = NJW 1981, 1951, wenn ein Schriftstück bei der »Postverteilungsstelle« des zuständigen Gerichts abgegeben wird, auch wenn diese – laut Aushang – nicht für Fristsachen bestimmt war.
[54] *BGH* NJW 1983, 123; VersR 1987, 486; 1988, 251; FamRZ 1990, 866; *BAG* NJW 1986, 2728; 1988, 3229; *BayObLG* NJW 1984, 1050; 1988, 714; *OLG Frankfurt* NJW 1988, 2812. – Dasselbe gilt bei Eingang per Telefax, *BGH* NJW 1990, 990. – S. auch *BGH* NJW 1990, 2822 (kein Zugang bei versehentlicher Adressierung einer Rechtsmittelbegründung an Anwaltskanzlei, an die das Schriftstück von der gemeinsamen Posteingangsstelle der Gerichte weitergeleitet wird). Nach *BGH* VersR 1993, 459 ist es aber nicht erforderlich, daß das Schriftstück für das Gericht bzw. zum Verbleib bei Gericht bestimmt ist, so daß die Weiterleitung der Berufungsschrift an den Gegner der Wahrung der Rechtsmittelfrist nicht entgegensteht.
[55] *BGH* NJW 1961, 361 = ZZP 74 (1961), 193; ZZP 74 (1961), 196. Gegen beide Entscheidungen *Jauernig* ZZP 74 (1961), 199.
[56] Eine Verfassungsbeschwerde wurde jedoch, wie *BGH* VersR 1988, 251 unter Hinweis auf *Schlee* AnwBl 1985, 254 betont, vom BVerfG nicht zur Entscheidung angenommen.
[57] Die fehlerhafte Adressierung einer Berufungsschrift an das erstinstanzliche Gericht ist unschädlich, wenn das Schriftstück bei einer nicht für das erstinstanzliche Gericht, wohl aber für das Berufungsgericht zuständigen Einlaufstelle eingereicht wurde und sich aus den Umständen ergab, daß es sich bei der Adressierung um eine versehentliche Falschbezeichnung handelte, *BGH* VersR 1981, 1183 = AnwBl 1981, 499.
[58] *BGH* NJW 1989, 590.
[59] *BGH* NJW 1992, 1047.
[60] *BGH* NJW 1984, 1239.
[61] *OLG Karlsruhe* NJW 1984, 744.

durch nachträgliche Vorgänge einfach beseitigt werden, z. B. durch Rückgabe, auch wenn sie auf Wunsch des Einreichenden erfolgt[62].

IV. Auslegung und Umdeutung

1. Auslegung

Das moderne Recht hat auf das Erfordernis des Gebrauchs bestimmter formelhafter Wendungen schon lange verzichtet. Auch Ausdrücklichkeit wird in der Regel (anders § 38 Abs. 3) nicht verlangt. Prozeßhandlungen sind vielmehr ebenso auslegungsfähig wie private Willenserklärungen[63]. Dabei sind die zur Auslegung materiell-rechtlicher Rechtsgeschäfte entwickelten Rechtsgrundsätze entsprechend heranzuziehen[64]. Wenn schon im Bürgerlichen Recht nicht ein verborgener innerer Wille den Inhalt einer Erklärung bestimmt, sondern der Wille, der nach den äußerlich in Erscheinung getretenen Umständen üblicherweise hinter diesen steht, so muß es erst recht im Zivilprozeß, der vor Unsicherheiten zu schützen ist, in erster Linie auf den **objektiven Sinn** oder **Erklärungswert** einer Äußerung ankommen[65]. Dies erfordert die Rücksichtnahme auf den Gegner wie auf das Gericht und ist der erklärenden Partei zuzumuten, die die Bedeutung ihrer Erklärung für die anderen Prozeßbeteiligten kennen und sich dessen bewußt sein muß, daß der ihr im Zivilprozeß eingeräumte Einfluß auf das Verfahren auch ihre Verantwortung für dessen wirkungsvollen Ablauf steigert[66]. Es gilt aber der allgemeine, in § 133 BGB niedergelegte Rechtsgrundsatz, daß durch Auslegung der wirkliche Wille zu erforschen und **nicht an dem buchstäblichen Sinn des Ausdrucks zu haften ist**[67]. Dabei sind alle Nebenumstände zu würdigen, die den Empfängern bekannt sind oder bekannt sein mußten, wobei zu beachten ist, daß Empfänger meist das Gericht und der Gegner sind, → Rdnr. 187.

192

Bei der Auslegung ist auch auf den **verfassungsrechtlichen Anspruch auf effektiven Rechtsschutz** und auf das Recht auf Gehör zu achten. So verletzt es den Anspruch auf wirkungsvollen Rechtsschutz, wenn ein Wiedereinsetzungsgesuch bei Versäumung der Einspruchsfrist aufgrund des Wortlauts nicht zugleich als Einspruch aufgefaßt wird, obwohl der Wille des Antragstellers erkennbar ist, das Verfahren weiterzubetreiben[68]. Auch sonst ist im Zweifel davon auszugehen, daß dasjenige gewollt ist, was nach der Interessenlage vernünftig ist und zur Zulässigkeit der Prozeßhandlung führt[68a].

192a

Weil die Auslegung nur den **in der Erklärung verkörperten Willen** beachten darf[69], ist auch hier vom **Wortlaut** auszugehen, und was diesem bei Beachtung des verkehrsüblichen Sinnes eindeutig widerspricht, kann ihm nicht durch Auslegung untergeschoben werden[70]. Die Nebenumstände können aber einen Willen erkennen lassen, der im Wortlaut nicht ausge-

193

---

[62] Vgl. *BGH* LM § 519 Nr. 14.
[63] *BAG* NJW 1982, 1174; *BVerwG* JZ 1990, 824. S. auch BGH NJW 1983, 2448; 1990, 1118.
[64] Vgl. *BVerwG* JZ 1990, 824; *OLG Saarbrücken* FamRZ 1992, 109.
[65] Vgl. *BGH* NJW 1959, 724; 1981, 2816.
[66] Im Grundsatz ebenso *RGZ* 81, 178; 105, 355; *Walsmann* 28ff.; *Sauer* Grundlagen (Fn. 1), 172 sowie Prozeßrechtslehre (Fn. 1), 136; *Siegert* (Fn. 1), 64ff.; *Lange* ZZP 53 (1928), 250f.; vgl. auch *RG* JW 1901, 838; *KG* OLG Rsp 7 (1903), 278.
[67] *BVerfG* JZ 1976, 23; *BGH* VersR 1974, 194; *BGHZ* 22, 269 = NJW 1957, 383 = LM § 222 BGB Nr. 5 (Fallenlassen eines Einwands kein Verzicht). S. auch *Baumgärtel* (Fn. 1), 112 mwN; insbes. *RGZ* 64, 67, 71; 77, 120, 127;

115, 376, 378. – A.M. noch *RG* JW 1931, 3576; 1932, 652.
[68] *BVerfG* NJW 1993, 1635. – Zur Behandlung einer sofortigen Beschwerde, mit der die Nichtversäumung der Einspruchsfrist geltend gemacht wird, als Wiedereinsetzungsantrag *LG Bochum* MDR 1985, 239.
[68a] *BGH* NJW 1993, 1925 (zum Handeln als amtlich bestellter Vertreter eines Anwalts, → 129 Rdnr. 20). S. auch *BVerfG* NJW 1993, 1380.
[69] S. *RGZ* 64, 67; auch 77, 120, 127; 103, 170.
[70] Vgl. *RG* Gruchot 29 (1885), 1089 (Scheidungsklage als Nichtigkeitsklage zu deuten); *KG* ZZP 56 (1931), 48 (Feststellungsklage nicht Antrag nach § 1045); deshalb bedenklich *KG* JW 1925, 2019 (Abweisungsantrag als Antrag auf Änderung der Kostenentscheidung).

drückt war⁷¹. Auch muß berücksichtigt werden, daß von einer rechtsunkundigen Partei nicht die Beherrschung juristischer Fachbegriffe erwartet werden kann⁷².

194 Auslegungsschwierigkeiten treten seltener auf als im materiell-rechtlichen Bereich, weil in der mündlichen Verhandlung die Möglichkeit gegeben ist, etwaige **Zweifel durch Fragen zu klären**, und der Richter zu solchen Fragen nach Maßgabe des § 139 verpflichtet ist. – Die Auslegung von Prozeßhandlungen kann auch vom **Revisionsgericht** uneingeschränkt nachgeprüft werden⁷³. Krit. hierzu *Grunsky* → § 549 Rdnr. 45.

195 Einzelfragen: Im Ausfüllen eines Vordrucks für einen Mahnbescheid oder Pfändungsbeschluß kann auch ohne entsprechenden Zusatz ein Antrag auf deren Erlaß liegen. Die Aufrechnung im Prozeß ist regelmäßig nur hilfsweise erklärt (→ § 145 Rdnr. 50) und als durch die Zulassung des Einwands bedingt anzusehen, → § 145 Rdnr. 52, 56. Eine »Beschränkung« des Klageantrags kann hinsichtlich des entfallenden Teils der Klageforderung Unterschiedliches bedeuten, nämlich Klagerücknahme nach § 269, Verzicht auf Rechtsmittel oder Klageverzicht nach § 306, Erledigungsanzeige nach § 91a, Antrag, die Verfahrensruhe nach § 251 anzuordnen, oder auch nur die Erklärung, der Antrag solle insoweit im Augenblick noch nicht gestellt werden⁷⁴. Eine ausdrückliche Beschränkung der Berufungseinlegung auf einen von mehreren Klageanträgen kann als Rechtsmittelverzicht in Bezug auf die anderen Anträge anzusehen sein⁷⁵. Zusätzliche Erklärungen können zu einer vom Buchstaben abweichenden Auslegung führen⁷⁶. Wenn die Partei sich erkennbar **versprochen** oder **verschrieben** hat, ist dies ohne weiteres zu **berichtigen**⁷⁷. Die falsche Angabe des Gerichts des ersten Rechtszugs in einer Berufungsschrift kann, obwohl sie in der Regel zur Unzulässigkeit des Rechtsmittels führt⁷⁸, auch nach Ablauf der Berufungsfrist berichtigt werden, wenn sich aus dem sonstigen Inhalt ergibt, welches Urteil angefochten werden sollte⁷⁹. Ein ausdrücklich für einen von mehreren Klägern gestellter Antrag kann aufgrund der Umstände im Wege der Auslegung als auch für einen anderen Kläger gestellt angesehen werden⁸⁰. Umgekehrt kann eine namens beider Beklagten eingelegte Berufung als Berufung nur des einen Beklagten ausgelegt werden, wenn der andere nicht beschwert ist und daher offensichtlich nur irrtümlich als Berufungskläger genannt wurde⁸¹. Zahlreiche Auslegungsfragen sind bei den einzelnen Vorschriften der ZPO behandelt: Zur Auslegung des Antrags für die Zuständigkeit → § 1 Rdnr. 17, Auslegung der Parteibezeichnung in der Klage → vor § 50 Rdnr. 8f., Erklärungen des Streitgehilfen → § 67 Rdnr. 17, Leistungs- oder Feststellungsklage → § 256 Rdnr. 107, Wiedereinsetzungsantrag → § 236 Rdnr. 3, Geständnis → § 288 Rdnr. 10, Klagerücknahme → § 269, Rdnr. 1, Bezeichnung des Rechtsmittels → § 518 Rdnr. 16, § 569 Rdnr. 4.

2. Umdeutung

196 Eine Umdeutung von Prozeßhandlungen ist nicht ausgeschlossen⁸². § 140 BGB ist zwar nicht unmittelbar anwendbar, gibt aber **einen allgemeinen Rechtsgrundsatz** wieder, der im Prozeßrecht ebenfalls Beachtung verlangt, allerdings nur, soweit er nicht mit den Aufgaben

---

⁷¹ *RG* Gruchot 50 (1906), 881, 885. S. auch *RGZ* 115, 376 (Mitschuldantrag statt der bisherigen Scheidungswiderklage als Verzicht auf Widerklageanspruch).
⁷² *BAG* NJW 1982, 1174.
⁷³ *BGHZ* 4, 334; 109, 19, 22; *BGH* NJW 1983, 2448, 2449; 1990, 1118; *BAG* AP § 11 ArbGG Nr. 26; *BAG* NJW 1982, 1174; *RGZ* 124, 130, 132; 157, 369, 387; näher → § 549 Rdnr. 44f. mwN.
⁷⁴ *BGHZ* 7, 143, 144; JZ 1958, 171 = NJW 343; *RGZ* 152, 37, 44; *BAG* AP § 514 Nr. 1 (*Pohle*).
⁷⁵ *BGH* NJW 1990, 1118.
⁷⁶ Antrag auf Beweissicherung mit der Bitte, ihm nicht stattzugeben, *RGZ* 66, 412; dem Antrag widersprechende Begründung *RGZ* 34, 417f.; JW 1902, 94; SeuffArch 62 (1907), 472; auch Anführung von Gesetzesstellen *RGZ* 86, 377, 379.
⁷⁷ *RGZ* 81, 178; 105, 311; 105, 351, 356; 125, 240; 134, 131, 133; 144, 314; JW 1913, 501 (die letzteren betr. Verwechslung der Parteirollen in der Rechtsmittelschrift).

Ähnl. *OLG Augsburg* OLG Rsp 11 (1905), 73 (versehentliche Aufführung einer Person im Rubrum der Klage); *OLG Frankfurt* OLG Rsp 17 (1908), 74 (Rechenfehler); *OLG Breslau* OLG Rsp 41 (1921), 239; *KG* JW 1937, 276; *OLG Karlsruhe* MDR 1974, 588 (Verwechslung von Ziffern des Klageantrags bei Teilanerkenntnis). Bedenklich *RG* JW 1930, 1489; dagegen *Jonas* das.
⁷⁸ *BGH* NJW 1989, 2396.
⁷⁹ *BGH* NJW 1989, 2395. S. auch *BGH* NJW-RR 1989, 859: Angabe des angefochtenen Urteils mit falschem Aktenzeichen ist unschädlich, wenn zugleich auf die beigefügte Abschrift des angefochtenen Urteils hingewiesen wird.
⁸⁰ Vgl. *BGH* NJW 1988, 128.
⁸¹ *OLG Celle* OLGZ 1990, 471 = NJW-RR 1990, 801.
⁸² *BGH* NJW 1962, 1820; 1983, 2200, 2201; 1987, 3263; *Bauer* ZPP 64 (1951), 329f.; *Rimmelspacher* JR 1987, 93, 94; *Rosenberg-Schwab-Gottwald*¹⁵ § 67 II. Zur Umdeutung im österreichischen Recht *Fasching* (Fn. 1).

und den Gegebenheiten des Zivilprozesses im Einzelfall unvereinbar ist. Die unwirksame oder unzulässige Prozeßhandlung muß den Erfordernissen einer wirksamen bzw. zulässigen Prozeßhandlung anderer Art entsprechen, und es muß der Wille der Partei feststellbar sein, bei Unwirksamkeit bzw. Unzulässigkeit der einen Prozeßhandlung die andere vorzunehmen. Die Grenze aus § 308 darf dabei in keinem Fall überschritten werden[83]. Manches, was gelegentlich als Umdeutung bezeichnet wird, ist noch eine Frage der *Auslegung*. Mit einer echten Umdeutung, d. h. der Ersetzung der von der Partei wirklich erklärten und gewollten Prozeßhandlung durch eine andere, sollte man vorsichtig sein; jedenfalls dürfen keine schutzwürdigen Interessen des Gegners entgegenstehen[84]. Das praktische Bedürfnis ist auch infolge der richterlichen Fragepflicht, § 139, geringer als im Bürgerlichen Recht.

Beispiele (wobei in den genannten Entscheidungen nicht immer ausdrücklich von Umdeutung die Rede ist): Umdeutung einer unzulässigen Abänderungsklage in eine Leistungsklage[85] oder umgekehrt einer unzulässigen Leistungsklage in eine Abänderungsklage[86], einer im Rahmen eines Prozeßkostenhilfeverfahrens eingereichten Widerklage in eine Klage[87], eines Rechtsmittels, das mangels Rechtsmittelsumme unzulässig ist, in ein Anschlußrechtsmittel[88], einer mangels rechtzeitiger Begründung unzulässigen Hauptberufung in eine Anschlußberufung[89], Umdeutung einer durch Gesetzesänderung nicht mehr statthaften Revision in Berufung[90], Aufrechterhaltung einer Berufung als sofortige Beschwerde[91] oder umgekehrt einer sofortigen Beschwerde als Berufung[92], Umdeutung einer unzulässigen Beschwerde gegen die Anordnung des selbständigen Beweisverfahrens in einen Antrag auf Aufhebung der Beweisanordnung[93], → § 490 Rdnr. 6; Behandlung eines unzulässigen Antrags auf einstweilige Verfügung als Antrag auf Einstellung oder Aufhebung der Zwangsvollstreckung[94], Umdeutung eines Antrags auf einstweilige Verfügung in einen Arrestantrag[95]. Bejaht wird auch die Umdeutung einer unzulässigen oder unbegründeten Leistungsklage in eine Feststellungsklage[96], doch ist in diesen Fällen der Feststellungsantrag als ein Weniger im Leistungsantrag enthalten, → § 256 Rdnr. 107, so daß es keiner Umdeutung bedarf und zugleich eine Teilabweisung hinsichtlich des Leistungsantrags zu erfolgen hat.

197

V. Zeitlicher Rahmen der Prozeßhandlungen

1. Zeitliche Grenzen

a) Eine Prozeßhandlung kann dadurch ausgeschlossen sein, daß der **Prozeß** bereits eine **Lage erreicht** hat, in der die Prozeßhandlung nicht mehr relevant erscheint (sog. **prozessuale Überholung**[97]) oder jedenfalls wegen des Prozeßgeschehens nicht mehr zugelassen wird. So entfällt z. B. das Ablehnungsrecht durch Einlassung in die Verhandlung vor diesem Richter, s. § 43, ebenso durch Beendigung der Instanz, → § 44 Rdnr. 5. Die Möglichkeit der Klagerücknahme ohne Einwilligung des Gegners endet mit dem Beginn der Verhandlung des Beklagten zur Hauptsache, § 269 Abs. 1.

198

b) **Gesetzliche Fristen** für die Vornahme von Prozeßhandlungen finden sich vor allem für Rechtsmittel (§§ 516, 552, 577 Abs. 2) und Rechtsbehelfe (§ 339 Abs. 1, § 692 Abs. 1 Nr. 3) sowie für die Rechtsmittelbegründung (§ 519 Abs. 2 S. 2, § 554 Abs. 2 S. 2). Die Nichtbeach-

199

---

[83] *Bauer* (Fn. 82), 343f.
[84] BGH NJW 1992, 438, 439; 1962, 1820.
[85] BGH NJW 1983, 2200; FamRZ 1986, 862; *OLG Celle* FamRZ 1990, 1390.
[86] BGH NJW 1992, 438.
[87] *OLG Frankfurt* FamRZ 1983, 203 (wenn sich aus dem Vorbringen ergibt, daß die »Widerklage« von der Durchführung der Klage unabhängig sein soll).
[88] BGH JZ 1955, 218.
[89] BGH NJW 1987, 3263; dazu ausführlich (im Ergebnis zust.) *Rimmelspacher* JR 1987, 93.
[90] BGH NJW 1962, 1820.

[91] *OLG Hamburg* ZZP 53 (1928), 281.
[92] BGH NJW 1987, 1204.
[93] *OLG Karlsruhe* MDR 1982, 1026; *LG München II* ZMR 1985, 417.
[94] *OLG Braunschweig* JW 1930, 654.
[95] *OLG Köln* NJW 1970, 1883. – Zur Umdeutung eines Antrags auf einstweilige Verfügung in einen Antrag auf einstweilige Anordnung durch den Hausratsrichter BGH JZ 1983, 73; dazu *Walter* JZ 1983, 54, 56.
[96] BGH NJW 1984, 2295 (dazu *Dunz*: Auslegungsfrage); NVwZ 1988, 760.
[97] Näher → Einl. Rdnr. 90.

tung dieser Fristen führt zur Unzulässigkeit des Rechtsmittels bzw. des Einspruchs, doch ist bei unverschuldeter Versäumung Wiedereinsetzung in den vorigen Stand möglich, § 233.

200   c) Außerdem ist der **Richter** in verschiedener Hinsicht ermächtigt, **Fristen zu bestimmen.** Die Vereinfachungsnovelle (1976) hat diese Möglichkeit im Interesse der Konzentration und Beschleunigung des Verfahrens erweitert, vgl. z.B. § 273 Abs. 2 Nr. 1, § 275 Abs. 1 S. 1, Abs. 3 und 4, § 276 Abs. 1 und 3, § 277.

201   d) **Präklusion.** – Werden **Angriffs- und Verteidigungsmittel** (zum Begriff → § 146 Rdnr. 2) erst nach Ablauf einer der soeben genannten **Fristen** vorgebracht, so sind sie nur noch zuzulassen, wenn der Rechtsstreit dadurch nicht verzögert wird oder die Partei die Verspätung zu entschuldigen vermag, § 296 Abs. 1. Will der Beklagte die **Zulässigkeit der Klage rügen,** so muß er dies grundsätzlich vor der Verhandlung zur Hauptsache tun, § 282 Abs. 3; andernfalls trifft ihn – vorbehaltlich der Entschuldigung – die Präklusion, § 296 Abs. 3. Daneben stellt das Gesetz allgemein den Grundsatz des zeitigen Vorbringens (sog. **Prozeßförderungspflicht** der Parteien) auf, § 282 Abs. 1, dessen Nichtbeachtung ebenfalls zum Ausschluß verspäteten Vorbringens führen kann, § 296 Abs. 2.

202   Mehrere Verhandlungstermine bilden insofern eine **Einheit,** als der einmal vorgetragene Prozeßstoff erhalten bleibt, → § 128 Rdnr. 34. Dagegen findet man – anders als vor der Vereinfachungsnovelle 1976 (§ 278 Abs. 1 aF) – im Gesetz nicht mehr den Grundsatz der einheitlichen mündlichen Verhandlung in dem Sinn, daß Angriffs- und Verteidigungsmittel *prinzipiell bis zum Schluß der mündlichen Verhandlung* geltend gemacht werden können, auf die das Urteil ergeht (also bei einer Mehrheit von Terminen auch noch im letzten Termin). Man kann auch nicht von der stillschweigenden unveränderten Fortgeltung dieses Grundsatzes ausgehen[98], da die Frist- und Präklusionsbestimmungen (→ Rdnr. 201) den Parteien die grundsätzliche Verpflichtung auferlegen, Angriffs- und Verteidigungsmittel **soweit wie möglich zu Beginn des Prozesses** bzw. der Verhandlung geltend zu machen. Zu den Einzelheiten der Präklusion ist auf die Kommentierung der genannten Vorschriften zu verweisen. Zur Begrenzung des Vorbringens in der Berufungsinstanz → §§ 528, 529, 530.

2. Verwirkung

203   Für nicht fristgebundene Prozeßhandlungen kann sich eine Grenze durch Verwirkung ergeben, näher → Einl. Rdnr. 258. Dabei kommt es nicht allein oder in erster Linie auf den *Zeitablauf* an, sondern vor allem auf das im Gegner erweckte *Vertrauen,* die Prozeßhandlung werde nicht mehr vorgenommen werden. Schärfer als dies häufig in der Praxis geschieht, ist zwischen der Verwirkung des *materiellen Rechts* und der Verwirkung einer *prozessualen Befugnis* zu unterscheiden[99]. Zur Verwirkung der einfachen Beschwerde → § 567 Rdnr. 20.

3. Prozeßhandlungen auf Vorrat

204   Dabei geht es um die Frage, ob Prozeßhandlungen bereits **vorsorglich** zu einem Zeitpunkt vorgenommen werden können, zu dem die Prozeßlage, auf die sich der Antrag bezieht, noch nicht eingetreten ist. Da die Prozeßhandlung für den Fall vorgenommen wird, daß im Prozeß bestimmte Ereignisse eintreten oder unterbleiben, handelt es sich um Prozeßhandlungen, die

---

[98] Vielmehr liegt in den 1976 geänderten Vorschriften eine teilweise Hinwendung zur Eventualmaxime, vgl. *Leipold* ZZP 93 (1980), 258; *Jauernig* ZPR[24] § 28 III 2; *Schulte* Die Entwicklung der Eventualmaxime (1980), 98. – A.M. *Rosenberg-Schwab-Gottwald*[15] § 81 V 1; *Bischof* Der Zivilprozeß nach der Vereinfachungsnovelle (1980) Rdnr. 166.

[99] Näher *Baumgärtel* ZZP 67 (1954), 423 f.; *Henckel* (Fn. 1), 93 f.; *Zeiss* Die arglistige Prozeßpartei (1967), 123; *Konzen* (Fn. 1), 254.

unter (innerprozessualen) **Bedingungen** stehen (→ Rdnr. 210). In manchen Fällen läßt das Gesetz solche vorweggenommenen Prozeßhandlungen ausdrücklich zu, ersichtlich im Interesse der Verfahrensbeschleunigung und der Prozeßökonomie. So ist es z.B. gestattet, den Antrag auf (schriftliches) Anerkenntnisurteil (§ 307 Abs. 2 S. 2) oder (schriftliches) Versäumnisurteil (§ 331 Abs. 3 S. 2) im schriftlichen Vorverfahren schon in der Klageschrift zu stellen. Der Antrag auf Durchführung des streitigen Verfahrens im Fall des Widerspruchs kann bereits in den Antrag auf Erlaß des Mahnbescheids aufgenommen werden, § 696 Abs. 1 S. 2.

Ein **allgemeines Prinzip** kann man daraus jedoch **nicht** herleiten, zumal das Gesetz auch Beispiele der entgegengesetzten Regelung enthält. § 699 Abs. 1 S. 2 schließt es ausdrücklich aus, den Antrag auf Erlaß des Vollstreckungsbescheids bereits vor Ablauf der Widerspruchsfrist zu stellen, → § 699 Rdnr. 4. Soweit eine gesetzliche Regelung fehlt, muß daher die *Art* der Prozeßhandlung und die *prozessuale Situation* berücksichtigt und vor allem geprüft werden, ob *Interessen des Gegners oder der Rechtspflege* einer Zulassung der vorweggenommenen Prozeßhandlung entgegenstehen. 205

Zuzulassen ist etwa der Antrag auf Rückgabe der Sicherheit (§ 109 Abs. 2) für den Fall des Fristablaufs ohne Nachweis der Klageerhebung, → § 109 Rdnr. 22. Der Antrag auf Haftanordnung, falls der Schuldner im Termin zur Abgabe der eidesstattlichen Versicherung nicht erscheint oder die Abgabe grundlos verweigert, kann bereits mit dem Antrag auf Bestimmung eines Termins zur Abgabe der Offenbarungsversicherung verbunden werden, → § 901 Rdnr. 2. *Unzulässig* ist es dagegen, vorsorglich Einspruch gegen ein möglicherweise in einem künftigen Termin ergehendes Versäumnisurteil einzulegen; *zulässig* erscheint der Einspruch vor Zustellung des verkündeten Versäumnisurteils sowie – nach Versäumung eines Termins – die Einlegung des Einspruchs für den Fall, daß ein Versäumnisurteil ergangen ist, → § 339 Rdnr. 7f. **Berufung und Revision** können zwar vor der *Zustellung* (→ § 516 Rdnr. 16), nach h. M. (abweichend *Grunsky* → § 516 Rdnr. 17) aber nicht vor *Erlaß* (Verkündung) des Urteils eingelegt werden; dasselbe gilt für die **Beschwerde** (anders *Grunsky* → § 569 Rdnr. 5). 206

VI. Bedingungen[100]

1. Allgemeines

Die §§ 158ff. BGB, die bei Rechtsgeschäften des materiellen Rechts aufschiebende und auflösende Bedingungen grundsätzlich zulassen, können nicht einfach auf den Zivilprozeß übertragen werden. Die Bedingungsfreundlichkeit des materiellen Rechts gilt vor allem für Verträge und ist dort im Prinzip interessengerecht, weil sich der Gegner nicht auf den bedingten Vertrag einzulassen braucht, wenn ihm die damit verbundene Unsicherheit nicht genehm ist. Bei einseitigen gestaltenden Rechtsgeschäften sind auch im Bürgerlichen Recht Bedingungen im Interesse des Gegners weitgehend ausgeschlossen[101]. Im Zivilprozeß kann zwar **nicht schlechthin** von einer **Bedingungsfeindlichkeit** gesprochen werden. Es muß aber jeweils geprüft werden, ob es ein **berechtigtes Interesse** an der Bedingung gibt und ob die **Unsicherheit**, zu der eine Bedingung führt, der Gegenpartei zugemutet werden kann und mit dem allgemeinen Interesse an einer konzentrierten, ökonomischen Rechtsschutzgewährung vereinbar ist. Im Ergebnis sind Bedingungen bei Prozeßhandlungen nur in **sehr viel engeren Grenzen** zulässig als im materiellen Recht. 207

---

[100] S. dazu bes. *K. Hellwig* (Fn. 1), 54f.; *Stein* DJZ 1913, 35f.; *Goldschmidt* (Fn. 1), 480f.; *Bruck* Bedingungsfeindliche Rechtsgeschäfte (1904); *Baumgärtel* (Fn. 1), 119f.; *Kion* (Fn. 1).

[101] S. zur Aufrechnung § 388 S. 2 BGB; allgemein *Larenz* Allgemeiner Teil des deutschen Bürgerlichen Rechts[7] § 25 II (S. 497); *MünchKomm-H.P.Westermann*[3] § 158 Rdnr. 28ff.

2. Unzulässige Bedingungen

208 Jeder Prozeß und auch jede Instanz bedürfen einer hinreichend sicheren **Grundlage**; denn es ist dem Gegner wie dem Gericht nicht zuzumuten, sich auf ein Verfahren einzulassen, dessen Gegenstand oder dessen Parteien nicht feststehen oder bei dem die Möglichkeit besteht, daß es sich wieder in ein rechtliches Nichts auflöst. Die Frage, ob und mit wem und worüber ein Verfahren stattfinden soll, darf also nicht durch Bedingungen offen gelassen werden[102]. Bedingungsfeindlich ist demnach die Erhebung der Klage[103]. Dies gilt auch für eine Klageerhebung unter der Bedingung, daß Prozeßkostenhilfe gewährt wird[104]. Doch sollte man es zulassen, den *Antrag auf Zustellung* der Klage unter der genannten Bedingung zu stellen, → § 117 Rdnr. 26. Die Klage muß mindestens **einen unbedingten Hauptantrag** enthalten; daneben sind Hilfsanträge zulässig, → Rdnr. 211. Unzulässig ist auch eine bedingte subjektive Klagehäufung, → vor § 59 Rdnr. 4a. Auch die **Rechtsmittel**[105] und der **Einspruch** (§ 340) müssen grundsätzlich unbedingt eingelegt werden, während die **unselbständige Anschlußberufung** hilfsweise (also unter einer innerprozessualen Bedingung, → Rdnr. 211) erhoben werden kann[106], → § 521 Rdnr. 14. Im Bereich der freiwilligen Gerichtsbarkeit wurde es zugelassen, eine Beschwerde für den Fall einzulegen, daß eine bestimmte Entscheidung bereits ergangen ist[107] oder daß einem gerichtlichen Beschluß ein bestimmter, nicht ausdrücklich formulierter Entscheidungsinhalt zuzumessen ist[108]. Soweit durch diese Verknüpfung mit in der Vergangenheit liegenden Umständen (aus diesem Grund handelt es sich nicht um Bedingungen im eigentlichen Sinn) keine Unsicherheit entsteht, wird man auch im Zivilprozeß die Zulässigkeit bejahen können. Zur Rechtsmitteleinlegung vor Erlaß einer Entscheidung → § 516 Rdnr. 17. Bedingungsfeindlich sind auch die Aufnahme eines unterbrochenen oder ausgesetzten Verfahrens (§ 250), die Nebenintervention (§ 70), die Streitverkündung[109] (§ 72), die Wahl einer bestimmten Verfahrensart, z.B. des Urkundenprozesses (§ 593 Abs. 1) und die Abstandnahme davon, → § 596 Rdnr. 2.

209 Neben den Prozeßhandlungen, die das Prozeßrechtsverhältnis konstituieren, sind im Interesse der Rechtssicherheit auch solche Prozeßhandlungen **bedingungsfeindlich**, die das **Verfahren beenden**, also z.B. die Klagerücknahme, → § 269 Rdnr. 20, die Rücknahme eines Rechtsmittels[110], → § 515 Rdnr. 11, und im wesentlichen auch die Erledigungserklärung, → § 91a Rdnr. 17. Unschädlich ist es aber, wenn die Partei eine Maßnahme des Gerichts zur »Bedingung« macht, die ohnehin notwendige Folge der Prozeßhandlung ist[111]. Bedingungsfeindlich sind ferner diejenigen Prozeßhandlungen **(Bewirkungshandlungen)**, die das Verfahren **unmittelbar gestalten** und dadurch für den Gegner eine prozessuale Situation begründen,

---

[102] S. schon *Bruck* (Fn. 100), 99f.
[103] *RGZ* 144, 72.
[104] *BGH* NJW 1972, 1373 = JR 1973, 66 (*Zeiss*); BVerwG NJW 1981, 698; *Schilken* ZPR Rdnr. 139. – A.M. *Becht* NJW 1993, 1055, der *Schilken* aaO zu Unrecht vorwirft, die h.M. außer acht zu lassen, und sich auf nicht passende Belegstellen beruft. Erst recht kann ein Rechtsmittel nicht unter der Bedingung der Gewährung von Prozeßkostenhilfe eingelegt werden, *BGHZ* 4, 54, 55; VersR 1972, 490, 491; NJW-RR 1987, 376. → auch Fn. 105, 110.
[105] *BAG* MDR 1986, 83 (gilt auch für die Nichtzulassungsbeschwerde); *OLG Karlsruhe* OLGZ 1986, 197 (Berufungsantrag gegen einen Berufungsbeklagten für den Fall des Mißerfolgs des Berufungsantrags gegen einen anderen Berufungsbeklagten ist unwirksam); *KG* FamRZ 1981, 484 (unzulässige Bedingung der Armenrechtsbewilligung). Teils a.M. *Grunsky* → § 518 Rdnr. 17, § 569 Rdnr. 5; *Kornblum* (Fn. 1).

[106] *BGH* NJW 1984, 1240. – Unzulässig ist aber die Verknüpfung mit dem Unterliegen eines nicht notwendigen Streitgenossen, *BGH* MDR 1989, 899.
[107] *KG* OLGZ 1977, 129.
[108] *BayObLGZ* 1987, 46; ähnlich *KG* OLGZ 1975, 85.
[109] *BGH* MDR 1989, 539 = NJW-RR 1989, 766.
[110] *BGH* FamRZ 1990, 147 = NJW-RR 1990, 67 (kann auch nicht von einem innerprozessualen Vorgang abhängig gemacht werden). – Dagegen läßt es *BayObLG* NJW-RR 1990, 1033 im Erbscheinsverfahren zu, die Rücknahme der weiteren Beschwerde für den Fall zu erklären, daß die beantragte Prozeßkostenhilfe versagt wird.
[111] *BGHR* ZPO § 269 Abs. 1 Einwilligung 1 (Zustimmung zur Klagerücknahme unter der Bedingung, daß das Gericht über die Kosten aller Instanzen entscheidet, ist daher wirksam).

auf die er sich verlassen können muß, also Verzicht, Anerkenntnis, Geständnis, Rügeverzicht (§ 295), Einwilligung in eine bestimmte Verfahrensgestaltung, z. B. in das schriftliche Verfahren, → § 128 Rdnr. 71, oder Einwilligung in die Klagerücknahme, → § 269 Rdnr. 15. – Zu den **Rechtsfolgen** unzulässiger Bedingungen → Rdnr. 218.

3. Zulässige innerprozessuale Bedingungen bei Erwirkungshandlungen

Anträge oder **Gesuche** an das Gericht (Erwirkungshandlungen) können in der Regel mit der Bedingung verknüpft werden, das Gericht möge nur bei Eintritt eines bestimmten **innerprozessualen Vorgangs** entscheiden[112]. Dadurch entsteht nämlich grundsätzlich kein Nachteil für das Gericht und den Gegner, sondern es wird lediglich das Begehren der Partei in eine bestimmte Reihenfolge gebracht. Im Gegenteil kann es für den Gegner und das Gericht sogar zweckmäßig sein, das eventuell beabsichtigte Vorgehen bereits im voraus zu kennen. 210

Zulässig ist insbesondere das **hilfsweise Vorbringen** für den Fall, daß das Hauptvorbringen vom Gericht nicht für erfolgreich erachtet wird. Solches Eventualvorbringen kann in *Sachanträgen*, *Prozeßanträgen* und den jeweils zur Begründung aufgestellten *tatsächlichen Behauptungen* bestehen. Ob das hilfsweise Vorbringen nur für den Fall berücksichtigt werden soll, daß das Hauptvorbringen *unbegründet* ist, oder auch dann, wenn das Hauptvorbringen *unzulässig* ist, stellt eine Frage der Auslegung des Parteiverhaltens dar. Im einzelnen zu Eventualanträgen → § 260 Rdnr. 15 ff., zur Eventualwiderklage → § 33 Rdnr. 26, zur Eventualaufrechnung → § 145 Rdnr. 50, zur eventuellen Anschlußberufung → § 521 Rdnr. 14. Die Partei hat dagegen grundsätzlich **nicht** die Möglichkeit, innerhalb desselben Antrags und Sachverhalts dem Gericht eine **Reihenfolge der rechtlichen Prüfung** vorzuschreiben, indem sie sich auf einzelne rechtliche Gesichtspunkte nur hilfsweise beruft. Anderes kann nur dort gelten, wo auch eine Beschränkung des Streitgegenstands durch den Kläger auf einen von mehreren rechtlichen Gründen zulässig ist, → Einl. Rdnr. 296; denn dann handelt es sich um *verschiedene Streitgegenstände* in zulässiger Eventualstellung. 211

Zulässig sind nur innerprozessuale Bedingungen, die sich auf die gerichtliche Beurteilung eines **anderen** als des jeweils **bedingten Sach- oder Prozeßantrags** beziehen. Dagegen kann nicht ein Antrag mit der (auflösenden) Bedingung verknüpft werden, daß ihn das Gericht für unzulässig oder unbegründet hält; denn sonst würde die notwendige Voraussetzung der gerichtlichen Prüfung und der negativen Beurteilung beseitigt und das Risiko der Antragszurückweisung vermieden. Daher geht es nicht an, *Vorbringen* unter die Bedingung zu stellen, daß es vom Gericht *nicht zurückgewiesen* wird (um auf diese Weise die Präklusion zu vermeiden und freie Bahn für die Berufungsinstanz zu haben!)[113]. Der Kläger kann nicht den Hauptsacheantrag aufrechterhalten und die Erledigungserklärung nur für den Fall abgeben, daß die Klage unzulässig oder unbegründet ist, und ebenso wenig kann sich der Beklagte hilfsweise der Erledigungserklärung für den Fall anschließen, daß die Klage nicht als von Anfang an unbegründet abzuweisen ist[114], → § 91a Rdnr. 17af. Ein *Sachverständiger* kann nicht unter der Bedingung abgelehnt werden, daß das Gutachten in bestimmter Weise gewürdigt wird[115]. Die Erklärung des Einverständnisses mit schriftlicher Zeugenaussage nach § 377 Abs. 4 aF konnte nicht unter der Bedingung abgegeben werden, daß das Gericht den 212

---

[112] Jetzt im Grundsatz h. M., vgl. (teils mit zusätzlichen Zulässigkeitskriterien) *Baumgärtel* (Fn. 1), 138; *A. Blomeyer* ZPR² § 30 VI 2; *Jauernig* ZPR²⁴ § 30 VI 6; *Rosenberg-Schwab-Gottwald*¹⁵ § 65 IV 2; *Thomas-Putzo*¹⁸ Einl. Anm. III Rdnr. 14; *Zöller-Greger*¹⁸ vor § 128 Rdnr. 20.

[113] So der Vorschlag von *Deubner* NJW 1878, 355f.

Dagegen *Leipold* ZZP 93 (1980), 252f. – Dagegen kann die materiell-rechtliche Wirkung der Prozeßaufrechnung von der Bedingung der Nichtzurückweisung abhängig gemacht werden, → § 145 Rdnr. 52, 56.

[114] OLG Düsseldorf JR 1989, 246.

[115] OLG Stuttgart NJW 1971, 1090.

Bekundungen des Zeugen folgt[116]. Auch kann ein Antrag **nicht unter der Bedingung** gestellt werden, daß das Gericht über ihn **ohne mündliche Verhandlung entscheidet**; denn ohne wirksamen Antrag käme das Gericht nicht dazu, diese Frage (in vielen Fällen eine Ermessensfrage, → § 128 Rdnr. 40) zu prüfen, und außerdem erscheint es auch hier sachgerecht, das »Risiko« einer anderen Verfahrensgestaltung beim Antragsteller zu belassen, a. M. zum Arrestantrag Grunsky → § 921 Rdnr. 2. Zu den Prozeßhandlungen auf Vorrat → Rdnr. 204.

4. Eventuelles Tatsachenvorbringen

213   Bei der Frage, ob auch Tatsachenbehauptungen in Eventualstellung zulässig sind, muß zunächst der **Zusammenhang mit dem Streitgegenstandsbegriff** beachtet werden. Wer den Streitgegenstand durch Antrag und Lebenssachverhalt begrenzt sieht, gelangt zu einem anderen Streitgegenstand, wenn derselbe Antrag auf einen anderen Lebenssachverhalt gestützt wird, → Einl. Rdnr. 270. Bei diesem Ausgangspunkt ist es konsequent, eine *Eventualstellung* des zweiten Lebenssachverhalts (nicht aber lediglich *einzelner* Tatsachen) mit der Folge zuzulassen, daß das Gericht diesen Sachverhalt erst dann zu würdigen hat, wenn der in erster Linie vorgetragene Komplex den Klageantrag nicht begründet. Geht man dagegen grundsätzlich von einem **globalen**, nur durch den **Antrag** umrissenen Streitgegenstand während des Prozesses aus, → Einl. Rdnr. 289 ff., so kann die Eventualstellung von Tatsachen in der Regel nicht aus einer Eventualstellung der Streitgegenstände hergeleitet werden. Anders ist es nur, soweit ausnahmsweise der Streitgegenstand auf bestimmte rechtliche Grundlagen **begrenzbar** ist; denn damit ist zugleich gesagt, daß ebenso wie der begrenzte Streitgegenstand auch die jeweils zugrundegelegten Tatsachen in Eventualstellung vorgetragen werden können und das Gericht an die daraus folgende Reihenfolge gebunden ist, so etwa, wenn der Herausgabeanspruch in erster Linie auf Besitz, nur hilfsweise auf Eigentum gestützt wird, → Einl. Rdnr. 296.

214   Von solchen Sonderfällen abgesehen wird man ein **Recht der Parteien, Tatsachen** in einer das Gericht bindenden **Eventualstellung vorzutragen**, jedenfalls heute grundsätzlich **nicht mehr anerkennen** können[117]. Wäre das Gericht an die Reihenfolge gebunden, so könnte dies auf ein Recht der Partei hinauslaufen, einen langwierigen Prozeß zu erzwingen, obwohl dieser bei Berücksichtigung des Eventualvorbringens frühzeitig entscheidungsreif wäre. Wie es aber den Parteien heute grundsätzlich verwehrt ist, ihren Vortrag nur schrittweise zu bringen (vgl. vor allem § 282 Abs. 1), so kann es ihnen auch **nicht gestattet** werden, dem Gericht dadurch eine **Prüfungsreihenfolge vorzuschreiben**, daß dem Tatsachenvortrag Bedingungen hinzugefügt werden. Andernfalls könnten auf diesem Wege der Sinn und Zweck der Prozeßförderungspflicht und der Präklusion umgangen werden. Aus der Verhandlungsmaxime läßt sich nichts anderes herleiten; denn das Recht, bestimmte Tatsachen *nicht* vorzutragen, bleibt unberührt, und es ist eine andere Frage, ob man die Reihenfolge der gerichtlichen Prüfung beeinflussen kann.

215   Eine Eventualstellung von Tatsachenbehauptungen ist daher nur noch dann als **zulässig** anzuerkennen, wenn das auf die jeweiligen Tatsachen gestützte Urteil **unterschiedliche Rechtswirkungen** hat[118]. Dies gilt z. B. für die in Eventualstellung zulässige Aufrechnung → § 145 Rdnr. 50, sollte aber z. B. auch für den Fall anerkannt werden, daß der Beklagte in erster Linie die Entstehung seiner Verpflichtung bestreitet, und nur hilfsweise sich mit

---

[116] *BGH* LM § 377 Nr. 4.
[117] Vgl. *Hellwig* System I § 147 III 2b (S. 434); *Baumgärtel* (Fn. 1), 135; *Kion* (Fn. 1), 108, 112; *Rosenberg-Schwab-Gottwald*[15] § 65 IV 4. – A. M. 19. Aufl. (*Pohle*) vor § 128 XI 3g (S. 674f.).
[118] *Rosenberg-Schwab-Gottwald*[15] § 65 IV 4; *Schwab* Der Streitgegenstand im Zivilprozeß (1954), 99 ff.; *Kion* (Fn. 1), 112.

Tatsachen verteidigt, aus denen sich die fehlende Fälligkeit der Verpflichtung ergeben soll[119], oder sich nur hilfsweise auf eine Zahlung (unter Vorbehalt des Bestehens der Forderung) beruft, → § 300 Rdnr. 19. Soweit die **Eventualstellung** tatsächlichen Vorbringens **unzulässig** ist, führt dies nach dem erkennbaren Parteiwillen in der Regel zur *Unbeachtlichkeit* der »Bedingung«, → Rdnr. 218, d.h. der Vortrag ist vom Gericht wie ein unbedingter Vortrag zu berücksichtigen.

Daß es dem Kläger gestattet ist, sich in erster Linie auf **einen**, in zweiter Linie (hilfsweise) auf einen **anderen, damit in Widerspruch stehenden Sachverhalt** zu stützen – aber ohne daß das Gericht an diese Reihenfolge gebunden ist – steht auf einem anderen Blatt; es geht dabei nicht um eine Eventualstellung im Sinne einer echten Bedingung. 216

Auch bei **Beweisanträgen** ist eine **Eventualstellung unzulässig**, d.h. über die Reihenfolge der Beweiserhebung entscheidet allein das Gericht. Beim Antrag auf Parteivernehmung (§ 445 Abs. 1) ergibt sich die Subsidiarität aus dem Gesetz, näher → § 445 Rdnr. 10 ff., § 450 Rdnr. 7 ff.; der Antrag kann daher für den Fall gestellt werden, daß der Beweis durch andere Beweismittel nicht vollständig geführt werden kann. 217

5. Rechtsfolgen unzulässiger Bedingungen

Wird eine Prozeßhandlung unter einer unzulässigen Bedingung vorgenommen, so kann man nicht einfach die Bedingung als nicht existent betrachten und eine unbedingte Prozeßhandlung annehmen. Dem stünde das Interesse des Gegners, möglicherweise aber auch der Wille dessen entgegen, der die bedingte Prozeßhandlung vorgenommen hat. Doch kann die **Auslegung** ergeben, daß trotz der Verwendung des Ausdrucks »hilfsweise« eine **unbedingte Prozeßhandlung gewollt** war[120]. Dies wird man bei hilfsweisem Tatsachenvortrag[121] und Beweisanträgen in der Regel annehmen können. Im übrigen aber ist eine **unzulässig bedingte Prozeßhandlung** grundsätzlich **unwirksam**[122] (soweit Bewirkungshandlung) bzw. **unzulässig**[123] (soweit Erwirkungshandlung). Sie vermag daher z.B. keine Frist zu wahren. Soweit es die prozessuale Situation zuläßt, wird das Gericht in der mündlichen Verhandlung oder auch außerhalb im Rahmen der Hinweispflicht (§ 139) durch Rückfrage festzustellen haben, ob die Partei die unzulässig bedingte Prozeßhandlung als unbedingte aufrecht zu erhalten wünscht, aber ohne daß dadurch eine *rückwirkende* Heilung eintreten könnte. 218

VII. Widerruf und Zurücknahme

1. Allgemeines

Das **Gesetz** regelt für **einige besonders wichtige Fälle**, ob und unter welchen Voraussetzungen eine Partei die von ihr vorgenommene Prozeßhandlung wieder beseitigen kann. Dabei wird bei tatsächlichen Erklärungen der Ausdruck **Widerruf** (§ 85 Abs. 1 S. 2, § 90 Abs. 2, § 290), bei Anträgen dagegen die Bezeichnung **Rücknahme** (§§ 269, 346, 515, 566) verwendet, doch braucht auf diese Unterscheidung kein Wert gelegt zu werden. Soweit ausdrückliche Vorschriften fehlen, ist **nicht auf Grundsätze des BGB**, sondern auf die **in den vorhande-** 219

---

[119] Zur unterschiedlichen Rechtskraftwirkung beim Erfolg des einen oder des anderen Einwands → § 322 Rdnr. 248; *Grunsky* ZZP 76 (1963), 170, 176 f.. – Gegen die Zulässigkeit einer Eventualstellung *Kion* (Fn. 1), 118.
[120] Vgl. *BVerfG* JZ 1976, 23 zur gleichzeitigen Einlegung zweier Rechtsmittel (Revision und Nichtzulassungsbeschwerde).
[121] Ähnlich *Hellwig* System I § 147 III 2b; *Kion* (Fn. 1), 112.
[122] So z.B. *BVerwG* NJW 1981, 698.
[123] *BGHZ* 4, 54; *BAG* NJW 1969, 446.

nen prozessualen Bestimmungen erkennbaren Wertvorstellungen zurückzugreifen und die Lücke mit deren Hilfe zu schließen. Dabei ist die jeweilige prozessuale Situation zu berücksichtigen und vor allem auf die schutzwürdigen Interessen des Gegners zu achten. Insgesamt kann man **eher** von einem **Grundsatz der Rücknehmbarkeit** (freilich mit erheblichen Einschränkungen) als von einem Prinzip der Bindung an die einmal vorgenommene Prozeßhandlung sprechen. Selbst dort, wo an sich das Stadium der Bindung erreicht ist, kann aus besonderen Gründen, vor allem im Hinblick auf Irrtum oder Täuschung des Erklärenden, die *Beseitigung* der Prozeßhandlung gestattet sein, so beim Widerruf des Geständnisses (§ 290) und bei der analogen Anwendung der Restitutionsvorschriften, → Rdnr. 226. Insoweit übernimmt der Widerruf bzw. die Rücknahme Funktionen, die im materiellen Recht durch die (auf den Zivilprozeß nicht übertragbare, → Rdnr. 228 ff.) Anfechtung von Willenserklärungen erzielt werden.

2. Noch nicht wirksame Prozeßhandlungen

220   Alle Prozeßhandlungen können widerrufen werden, solange sie noch nicht durch Zugehen beim bestimmungsgemäßen Empfänger (→ Rdnr. 187) wirksam geworden sind. Dies gilt z. B. für die *Klage*, solange sie dem Gegner *nicht zugestellt* ist. Die Einreichung einer Rücknahmeerklärung bei Gericht enthält das stillschweigende Gesuch, die noch nicht bewirkte Zustellung oder Übermittlung an den Gegner zu unterlassen[124]. Soweit Erklärungen nur in der mündlichen Verhandlung abgegeben werden können, bedeutet die schriftsätzliche Erklärung nur eine *Ankündigung*, die *keine Bindung* erzeugt[125].

3. Rücknahme von Anträgen

221   Wirksam gestellte Anträge können **nicht unbegrenzt zurückgenommen** werden, obgleich man auf den ersten Blick meinen könnte, es sei nur ein Vorteil für den Gegner, wenn z. B. die Klage oder ein Rechtsmittel zurückgenommen wird. Das Gesetz billigt aber der Gegenpartei ein **Recht auf eine Entscheidung** zu, wenn das Verfahren bereits so weit gediehen ist, daß die Position des Gegners schutzwürdig erscheint. Daher ist die **Klagerücknahme** ohne Einwilligung des Beklagten nur bis zum Beginn der mündlichen Verhandlung des Beklagten zur Hauptsache zulässig (§ 269 Abs. 1); ähnliches gilt für die Rücknahme des Antrags auf Durchführung des streitigen Verfahrens nach Mahnbescheid, § 696 Abs. 4 S. 1. Zur Klageänderung s. §§ 263 f. **Berufung** (§ 515 Abs. 1), **Revision** (§ 566) und **Einspruch** (§ 346) können ohne Einwilligung des Berufungsbeklagten usw. nur bis zum Beginn seiner mündlichen Verhandlung zurückgenommen werden.

222   In den **gesetzlich nicht geregelten Fällen** muß berücksichtigt werden, ob eine vergleichbare schutzwürdige Situation für die Gegenpartei gegeben ist. Danach wird man den **Antrag auf Erlaß des Mahnbescheids** solange für einseitig rücknehmbar halten dürfen, als der Gegner keinen Widerspruch eingelegt hat, im übrigen bis zur Abgabe nach § 696 Abs. 1, → § 693 Rdnr. 12. Der **Widerspruch gegen den Mahnbescheid** kann gleichfalls zurückgenommen werden, da der Gegner dadurch das Recht erlangt, den Vollstreckungsbescheid zu erwirken, → § 696 Rdnr. 1. Die Rücknahme des Beitritts eines **Nebenintervenienten** ist ohne die Grenzen des § 269 zulässig, → § 70 Rdnr. 7. Beim **Arrestantrag** spricht ebenfalls mehr dafür,

---

[124] S. *RAG* ArbRsp 1931, 192.
[125] Vgl. *BGH* NJW 1968, 991 zur schriftsätzlichen Äußerung, die Hauptsache sei erledigt. Nunmehr kann die Erledigungserklärung nach § 91a Abs. 1 S. 1 schriftlich abgegeben werden; widerruflich bleibt sie dann nur bis zur übereinstimmenden Erklärung des Gegners, → § 91a Rdnr. 19, 38.

in der mündlichen Verhandlung des Antragsgegners keine Grenze für die einseitige Rücknahme zu sehen, → § 920 Rdnr. 4.

Beweisanträge sind grundsätzlich uneingeschränkt **zurücknehmbar**, solange die Beweisaufnahme nicht erfolgt ist; denn dem Gegner bleibt es unbenommen, selbst den gleichen Beweisantrag zu stellen, zum Zeugenbeweis → § 399. Daß nach erfolgter Beweiserhebung ein einseitiger *Verzicht auf das Beweismittel* nicht zulässig ist, sagt § 436 ausdrücklich für die Urkundenvorlage, doch wird bei anderen Beweismitteln dasselbe gelten müssen. Aber selbst der *übereinstimmende* Verzicht auf ein bereits erhobenes Beweismittel erscheint bei den anderen Beweismitteln *unzulässig*; denn andernfalls erhielten die Parteien u. U. die Möglichkeit, das Gericht zu weiteren Beweiserhebungen zu zwingen, die angesichts des bereits vorliegenden Beweisergebnisses unnötig sind. Beim **Urkundenbeweis** kommt man angesichts des § 436 zwar nicht um die Zulässigkeit des übereinstimmenden Verzichts herum, doch bleibt die amtswegige Verwertung zulässig, → § 436 Rdnr. 2. 223

4. Widerruf tatsächlicher Behauptungen

Tatsächliche Behauptungen können grundsätzlich beliebig **widerrufen** (berichtigt, fallengelassen) oder **ergänzt** werden; davon geht auch § 264 Nr. 1 aus. Verspätetes Vorbringen kann jedoch der Präklusion unterliegen, §§ 282, 296. Wenn eine Partei eine vom Gegner behauptete, für diesen günstige Tatsache zugestanden hat, ist der **Widerruf des Geständnisses** nur noch nach Maßgabe des § 290 (Nachweis der Unrichtigkeit und des Irrtums) möglich. Dasselbe gilt für das sog. *vorweggenommene Geständnis*, d. h. für den Fall, daß die Partei eine ihr ungünstige Tatsache vorgetragen und der Gegner diese Tatsachenbehauptung übernommen hat, → § 288 Rdnr. 9. Die *eigene* (günstige) Behauptung bleibt dagegen frei widerruflich, auch wenn der Gegner sie zugestanden hat[126]. Ebenso kann eine Partei uneingeschränkt vom Bestreiten einer ihr ungünstigen Tatsache zum Nichtbestreiten oder Zugestehen übergehen. Zum Widerruf von Geständnissen und anderen tatsächlichen Erklärungen des Prozeßbevollmächtigten durch die miterschienene Partei (§ 85 Abs. 1 S. 2) → § 85 Rdnr. 5. 224

5. Bindung an ungünstige Bewirkungshandlungen

Der Partei ungünstige einseitige Bewirkungshandlungen sind grundsätzlich **unwiderruflich**, sobald die Erklärung wirksam geworden ist, so etwa – soweit einseitig zulässig – die Klagerücknahme, Scheidungsantrags-[127] oder Rechtsmittelrücknahme, → § 269 Rdnr. 20, § 515 Rdnr. 11, der Rechtsmittelverzicht gegenüber dem Gericht[128], der Rügeverzicht (§ 295), Verzicht und Anerkenntnis, → § 307 Rdnr. 43. Jedoch können, solange das Anerkenntnis- oder Verzichtsurteil nicht erlassen ist, die Wirkungen von Anerkenntnis und Verzicht durch Parteivereinbarung (Rücknahme mit Zustimmung des Gegners) beseitigt werden, → § 307 Rdnr. 45. – Bedarf es dagegen zum Eintritt der prozessualen Wirkung der Zustimmung oder Einwilligung des Gegners (Gesamtakte, → Rdnr. 170), so sollte man die Bindung erst **mit der Abgabe der gegnerischen Zustimmungserklärung** eintreten lassen (anders die bisherige Ansicht für den Fall der Klagerücknahme, → § 269 Rdnr. 20). Dies erscheint auch beim Antrag auf Ruhen des Verfahrens, § 251 Abs. 1 S. 1, angemessen, ebenso bei Verzicht auf Entscheidungsgründe[129], § 313a Abs. 1 S. 1. Dasselbe gilt für die zunächst einseitige Erklärung der 225

---

[126] *OLG Kassel* ZZP 39 (1914), 514.
[127] Dazu *OLG München* MDR 1982, 510 (Widerruf der Rücknahme des Scheidungsantrags auch mit Zustimmung des Gegners nicht zulässig).

[128] *BGH* NJW 1985, 2334; FamRZ 1986, 1089; 1988, 1158 (auch im Ehescheidungsverfahren).
[129] Für Unwiderruflichkeit auch *OLG Frankfurt* NJW 1989, 841, allerdings ohne darauf abzustellen, daß beide Parteien den Verzicht erklärt hatten.

Erledigung in der Hauptsache[130], → § 91a Rdnr. 19, 38 a. E. Selbst wenn beide Parteien dem schriftlichen Verfahren zugestimmt haben, ist nach § 128 Abs. 2 S. 1 der Widerruf bei einer wesentlichen Änderung der Prozeßlage noch zulässig, → § 128 Rdnr. 72.

6. Widerruf bei Vorliegen eines Restitutionsgrundes

226   An sich nicht widerrufliche Prozeßhandlungen können dann widerrufen werden, wenn die Voraussetzungen vorliegen, unter denen die Partei gegen das Urteil mit der Restitutionsklage (§ 580) vorgehen könnte; denn ersichtlich (§ 582) bevorzugt das Gesetz die Erledigung der Restitutionsgründe ohne besondere Klage[131]. Dagegen genügt nicht ein bloßer Verstoß des Gegners gegen die prozessuale Wahrheitspflicht[132]. In Betracht kommen von den Fällen des § 580 besonders Nr. 4 (strafbare Handlung des Gegners oder eines Parteivertreters)[133] und Nr. 7 (Auffinden eines Urteils oder einer anderen Urkunde)[134]. Unter diesen Voraussetzungen ist auch der Widerruf eines Anerkenntnisses[135] sowie des Rechtsmittelverzichts[136] oder der Rechtsmittelzurücknahme[137] zulässig, näher → § 515 Rdnr. 12, § 580 Rdnr. 16. Soweit der **Restitutionsgrund** eine **strafbare Handlung** darstellt, ist die *vorherige strafgerichtliche Verurteilung* des Täters erforderlich, § 581[138]; gegebenenfalls müßte dann das Verfahren nach § 149 ausgesetzt werden. Ebenso gelten die Beschränkungen des § 582[139]. Analog § 586 Abs. 1, Abs. 2 S. 2 muß der Widerruf innerhalb eines Monats nach Kenntnis der den Widerruf begründenden Tatsachen erklärt werden[140], spätestens aber analog § 586 Abs. 1 S. 2[141] fünf Jahre nach Vornahme der Prozeßhandlung.

VIII. Inhaltliche Mängel, Willensmängel, Rechtsmißbrauch

1. Allgemeines

227   Die Grenzen der Parteimacht sind im Zivilprozeß enger gezogen als im Bürgerlichen Recht, nicht zuletzt wegen der Dreiseitigkeit des Prozeßrechtsverhältnisses und des allgemeinen Interesses an einer effektiven Rechtspflege. Es gilt **nicht** der Grundsatz der **Vertragsfreiheit**; dies pflegt man durch den Grundsatz zum Ausdruck zu bringen, daß es keinen Konventionalprozeß (einen Prozeß, dessen Regeln die Parteien bestimmen) gebe, → Einl. Rdnr. 13. Die Grenzen der Parteiherrschaft (→ Rdnr. 68) schlagen sich in speziellen Voraussetzungen für die Klage, die Rechtsmittel und die sonstigen Prozeßhandlungen nieder. Darüber können die

---

[130] So auch *BFH/NV* (Sammlung amtlich nicht veröffentlichter Entscheidungen) 1986, 757; *BVerwG* NVwZ-RR 1992, 276.

[131] Vgl. *BGHZ* 80, 389, 394 = NJW 1981, 2193 = JR 1982, 105 (*K. Schreiber*); *BGHZ* 12, 284; *RGZ* 150, 395; 153, 69; 156, 70; *OLG Nürnberg* BayJMBl 1951, 207 u. die Rsp der folgenden Fn. S. schon *Goldschmidt* (Fn. 1), 467, 472; *Hellwig* System I, 457; h. M.

[132] *BGH* NJW 1985, 2335 = JR 1985, 424 (*Zeiss*) = ZZP 100 (1987), 77; krit. zur Begründung *Zeiss* aaO u. *Orfanides* ZZP 100 (1987), 63.

[133] Die Grenze ist enger als in § 123 BGB gezogen, da eine Täuschung den Tatbestand des Betrugs, eine Drohung den der Nötigung oder Erpressung erfüllen muß. Es kommen aber auch andere Tatbestände des StGB wie z. B. Urkundenfälschung oder Meineid in Betracht.

[134] Dazu *BGHZ* 80, 389, 395 (Fn. 131) (Privaturkunde mit der schriftlichen Erklärung einer als Zeuge in Betracht kommenden Person stellt keinen Restitutionsgrund dar).

[135] *BGHZ* 80, 389, 391 (Fn. 131); *RGZ* 156, 70.

[136] *RG* DR 1943, 620; *OLG Nürnberg* BayJMBl 1951, 207.

[137] *BGHZ* 12, 284 = NJW 1954, 676 = LM § 515 Nr. 4 (*Johannsen*) (krit. Fröhlich JR 1955, 336); *BGH* LM § 515 Nr. 10 = ZZP 72 (1959), 234; *BAG* AP § 566 Nr. 1 (*Jauernig*) = ZZP 75 (1962), 264 (*Gaul*); *Rosenberg-Schwab-Gottwald*[15] § 65 V 2c. – A.M. *Gaul* ZZP 74 (1961), 49; *ders.* ZZP 75 (1962), 267; *Grunsky* → § 515 Rdnr. 12, die nach Eintritt der Rechtskraft die Erhebung der Restitutionsklage verlangen.

[138] *BGHZ* 12, 284 (Fn. 137); *BAG* AP § 566 Nr. 1 (Fn. 137), ebenso *Arens* (Fn. 1), 71. – Zur Gegenansicht neigt *Schwab* (Fn. 1), 508.

[139] *BGH* LM § 515 Nr. 10 (Fn. 137); *BAG* AP § 566 Nr. 1 (Fn. 137).

[140] *BGHZ* 33, 73, 75 = NJW 1960, 1764 = ZZP 73 (1960), 448 (*Baumgärtel*). – A.M. *Grunsky* → § 586 Rdnr. 8.

[141] Vgl. (aber für Fristbeginn ab Rechtskraft) *BGH* LM § 515 Nr. 10 (Fn. 137). – A.M. *Grunsky* → § 586 Rdnr. 11.

Parteien nur disponieren, soweit dies gesetzlich vorgesehen ist, z.B. (in sehr begrenztem Umfang) durch Zuständigkeitsvereinbarung, → §§ 38 bis 40; zum Rügeverzicht → § 295. Soweit die Prozeßhandlung die den Parteien gezogene Grenze überschreitet, ist sie unzulässig bzw. unwirksam, → Rdnr. 232 f. Mit § 134 BGB (Nichtigkeit von Rechtsgeschäften bei Verstoß gegen gesetzliche Verbote) hat dies nichts zu tun.

2. Willensmängel

Die **für bürgerlich-rechtliche Willenserklärungen geltenden Vorschriften** über Nichtigkeit oder Anfechtbarkeit wegen Willensmängeln (§§ 116 ff. BGB) sind auf Prozeßhandlungen **weder direkt noch entsprechend anwendbar**[142]. **Offenkundige Schreibfehler**[143] und Versehen können im Rahmen der Auslegung (→ Rdnr. 192) berücksichtigt werden und eine Berichtigung der Prozeßhandlung gestatten[144]. Die Praxis geht mit Recht gelegentlich einen Schritt weiter und läßt den Widerruf bzw. die Rücknahme einer Prozeßhandlung ausnahmsweise zu, **wenn die Erklärung auf einem offensichtlichen Irrtum** beruht[145]. Hier ist allerdings ein strenger Maßstab anzulegen. Im übrigen enthält die ZPO verschiedentlich besondere Bestimmungen über die Möglichkeit, sich durch **Widerruf** bzw. **Rücknahme** von einer Prozeßhandlung wieder zu lösen, → Rdnr. 219. Diese Vorschriften berücksichtigen die prozessuale Interessenlage und können nicht einfach durch eine zusätzliche Anwendung des BGB unterlaufen werden. Hinzu kommt, daß die Parteien im Prozeß weit weniger des *Schutzes* vor Willensmängeln bedürfen als außerhalb, da die Gefahr solcher Willensmängel erheblich geringer ist und der Partei zudem erhöhte Sorgfalt bei den im Rahmen eines Prozesses (und zumeist mit rechtskundiger Beratung) abgegebenen Erklärungen zuzumuten ist. **Anders** ist die Situation allerdings bei den **Prozeßverträgen**, weshalb dort – mit gewissen Einschränkungen – die materiell-rechtlichen Vorschriften über Willensmängel Anwendung finden können, → Rdnr. 243, zur Gerichtsstandsvereinbarung → § 38 Rdnr. 55 f., zum Prozeßvergleich → § 794 Rdnr. 56, zum Schiedsvertrag → § 1025 Rdnr. 2.

Im einzelnen gilt für **Willensmängel**: Selbst bei **Fehlen des Erklärungswillens** ist die Prozeßhandlung als *wirksam* anzusehen, wenn der äußere Tatbestand jedenfalls der Partei (bzw. ihrem Vertreter) **zuzurechnen** und der Mangel des Willens für das Gericht und den Gegner nicht erkennbar ist, so bei versehentlicher Absendung der unterzeichneten Rechtsmittelschrift durch eine Bürokraft[146]; denn die Möglichkeit der *Rücknahme* genügt dem berechtigten Interesse, nicht an eine solche Prozeßhandlung gebunden zu bleiben. *Geheimer Vorbehalt* und *Scheinerklärung* können schon deshalb als lediglich theoretisch außer Betracht bleiben, weil bei sinngemäßer Anwendung von § 116 S. 2, § 117 Abs. 1 BGB nicht nur der Gegner, sondern auch das Gericht den Vorbehalt oder die Simulation kennen müßte[147]. Ein Mangel der **Ernstlichkeit**, der nachträglich festgestellt wird, kann entgegen § 118 BGB die bereits eingetretene Wirkung der Prozeßhandlung nicht rückwirkend beseitigen. Bei Erwirkungshandlungen wie Klagen kann jedoch die Feststellung des fehlenden Willens zur Abweisung führen[148].

Eine **Anfechtung wegen Irrtums** kann weder auf eine unmittelbare noch auf eine entsprechende Anwendung der Regeln des Bürgerlichen Rechts gestützt werden[149]. Die Regelung der

---

[142] Nachweise → Fn. 149.
[143] *OLG Karlsruhe* MDR 1974, 588 (zum Anerkenntnis, → § 307 Rdnr. 43); RGZ 81, 177, 179.
[144] Dazu *Orfanides* (Fn. 1), 24. – Krit. zur Berücksichtigung offenkundiger Willensmängel durch die h.M. *Arens* (Fn. 1), 53, 58 f.
[145] *LG Hannover* NJW 1973, 1757 (Widerruf einer Berufungsrücknahme, die auf dem in erster Linie vom Gegner verursachten Irrtum beruhte, die Berufung sei verspätet), → auch Einl. Rdnr. 253 Fn. 26.
[146] *OLG Karlsruhe* NJW 1975, 1933.
[147] *Sintenis* ZZP 30 (1902), 358 f.; *Pagel* Gruchot 53 (1909), 296 f.
[148] Vgl. RGZ 161, 92.
[149] BGHZ 80, 389 = NJW 1981, 2193 (Fn. 131) u. *OLG Frankfurt* NJW-RR 1988, 574 (Anerkenntnis);

Anfechtbarkeit ist dort untrennbar verquickt mit der *Haftung für den Vertrauensschaden,* § 122 BGB¹⁵⁰. Diese hat im Zivilprozeß ein nur ganz unvollkommenes Gegenstück in der Kostenhaftung für erfolglose Angriffs- und Verteidigungsmittel, z. B. in §§ 96, 97 Abs. 1, und im Ausschluß der Erstattung unnötiger Kosten, § 91. Das BGB sieht aber wegen dieser Haftung von der Frage des *Verschuldens* beim Irrtum ab, während die Prozeßordnung dieses Moment nicht vernachlässigen dürfte. Das Prozeßrecht erlaubt der Partei, soweit es die gebotene Rücksichtnahme auf die Interessen des Gegners und der Allgemeinheit gestattet, sich von einer Erklärung durch *Widerruf* oder *Rücknahme* wieder zu lösen, → Rdnr. 219, und zwar auch – aber nicht nur – in Fällen des Irrtums. Eine analoge Anwendung dieser Vorschriften auf vergleichbare Situationen ist nicht ausgeschlossen¹⁵¹. Bei **Drohung und arglistiger Täuschung** könnte am ehesten ein Bedürfnis nach analoger Anwendung der Vorschriften des BGB bestehen, doch ist in diesen Fällen ein Widerruf jedenfalls dann möglich, wenn ein **Restitutionsgrund** gegeben ist, → Rdnr. 226.

3. Rechtsmißbrauch

231 Aus dem BGB kann nicht einfach die Nichtigkeit von Prozeßhandlungen wegen Sittenwidrigkeit (§ 138 BGB) hergeleitet werden¹⁵², oder deshalb, weil die Prozeßhandlung schikanös ist, § 226 BGB¹⁵³. Doch können eigene *prozessuale* Grundsätze bzw. allgemeine, auch im Prozeßrecht geltende Rechtsprinzipien in bestimmten Fällen zur *Unbeachtlichkeit* von Prozeßhandlungen führen. Der Versuch, das *Rechtsschutzbedürfnis* als allgemeine Rechtsschutzgewährungsvoraussetzung in diesem Sinne zur Prozeßhandlungsvoraussetzung zu erheben¹⁵⁴, hat sich mit Recht nicht durchgesetzt, weil dieser unbestimmte Begriff eine unerträgliche Unsicherheit in das prozessuale Geschehen bringen würde. Auch im Prozeßrecht gilt dagegen der Grundsatz von **Treu und Glauben,** → Einl. Rdnr. 242, der freilich eher zurückhaltender als im materiellen Recht heranzuziehen ist. Dies gilt vor allem bei *Bewirkungshandlungen,* weil hier eine besonders gefährliche Rechtsunsicherheit entstehen könnte. Eher können *Erwirkungshandlungen* einen Rechtsmißbrauch und damit eine unzulässige Rechtsausübung darstellen¹⁵⁵. Auch dies muß aber vorsichtig auf Fälle eines eindeutigen, groben Mißbrauchs beschränkt bleiben. Unter diesem Gesichtspunkt kann es wesentlich sein, ob eine Prozeßhandlung *reine Schikane* darstellt, eine sittenwidrige Schädigung bezweckt oder eine

---

BGHZ 12, 284 (Rechtsmittelrücknahme); *BGH* NJW 1985, 689 u. a. 2335; 1990, 1118 (alle zum Rechtsmittelverzicht); *BFH* NJW 1970, 631; *BVerwG* NJW 1980, 135; *OLG Karlsruhe* MDR 1974, 588; *RGZ* 61, 394, 397 (Beschränkung des Rechtsmittels auf einen Streitgenossen); 81, 178 (Rechtsmittel); 105, 351, 355 (Verzicht auf Einspruch); s. auch *RGZ* 161, 350, 358; 162, 65, 67. – Abl. *Arens* (Fn. 1), 119 ff., die die Anfechtbarkeit wegen Willensmängeln bei Klage- und Rechtmittelrücknahme, Verzicht und Anerkenntnis befürwortet; *Orfanides* (Fn. 1) (für Berücksichtigung von Willensmängeln bei Anerkenntnis, Verzicht, Geständnis, Rechtsmittelverzicht und -rücknahme); *ders.* ZZP 100 (1987), 63. *Arens* stimmen im wesentlichen zu *Grunsky* Grundlagen² § 23 I; *M. Wolf* Das Anerkenntnis im Prozeßrecht (1969), 70. – Abl. *Baumgärtel* ZZP 87 (1974), 121, 127; *Gaul* AcP 172 (1972), 342, 347; *Schwab* JuS 1976, 70; *ders.* (Fn. 1), 506; *Rosenberg-Schwab-Gottwald*¹⁵ § 65 V 3; *Jauernig* ZPR²⁴ § 30 VII; *Schlosser* ZPR I² Rdnr. 316; *Zeiss*⁸ Rdnr. 218 (erwägt aber Anwendung von § 123 BGB beim Rechtsmittelverzicht, s. auch *Zeiss* JR 1985, 424 [→ Fn. 132]); *Baumbach-Lauterbach-Hartmann*⁵¹ Grundz.

§ 128 Rdnr. 56; *Henckel* (Fn. 1), 76, 86; *ders.* Festschr. f. Bötticher (1969), 173, 192; *MünchKommZPO-Lüke* Einl. Rdnr. 282.
¹⁵⁰ S. schon *K. Hellwig* (Fn.1), 61 f. – Für Anfechtbarkeit ohne Schadenshaftung *Walsmann* (Fn. 1), 70 f.; für Anwendung des § 122 BGB bei der Anfechtung der Klagerücknahme *Arens* (Fn. 1), 127 f.
¹⁵¹ Einleuchtend (aber wohl selten von praktischer Bedeutung) der Vorschlag an *Arens* (Fn. 1), 194, 204, den Widerruf eines Geständnisses analog § 290 dann zuzulassen, wenn der Zugestehende einen Irrtum in der Erklärungshandlung oder über den Erklärungsinhalt und die Unwahrheit des Geständnisses nachweist.
¹⁵² *OGHZ* 4, 279.
¹⁵³ *RGZ* 162, 65, 67.
¹⁵⁴ So *Schönke* in der 18. Aufl. dieses Komm. Einl. D und vor § 128 V 7 c. Dagegen *Pohle* Festschr. f. Lent (1957), 227, 230; *Zeiss* Die arglistige Prozeßpartei (1967), 160.
¹⁵⁵ So *BGHZ* 20, 198, 206 = NJW 1956, 990; *BGHZ* 30, 144 = JZ 1959, 633 = NJW 2207; *BGHZ* 40, 203 = NJW 1964, 203; *BGH* LM § 675 BGB Nr. 6.

prozessuale Befugnis ausschließlich zur Prozeßverschleppung[156] mißbraucht wird. Näher → Einl. Rdnr. 254 ff., wo auch zahlreiche Einzelfälle zusammengestellt sind.

IX. Folge von Mängeln

1. Erwirkungshandlungen

Weisen Prozeßhandlungen der Parteien hinsichtlich ihres **Zustandekommens oder ihres Inhalts Mängel** auf, so sind die Auswirkungen unterschiedlich, je nachdem um welche Art von Prozeßhandlungen es geht. Erwirkungshandlungen sind **unzulässig**, wenn ein verfahrensrechtlicher Mangel den Richter hindert, das mit der Handlung verfolgte Ziel inhaltlich zu prüfen, **unbegründet** dagegen, wenn die Voraussetzungen der begehrten richterlichen Entscheidung nicht vorliegen[157]. Die Kategorien der *Zulässigkeit* und *Begründetheit* gelten jedenfalls für Sach- und Prozeßanträge. Bei den *Behauptungen* und *Beweisführungen* (Beweisanträgen) genügt dagegen die Bewertung als *zulässig* und *unzulässig*[158]. Von *Begründetheit* oder *Unbegründetheit* kann man hier nur mittelbar sprechen, nämlich in Bezug auf den Erfolg der Behauptung oder der Beweisführung im Rahmen der gerichtlichen Entscheidung über einen Antrag. Die Zulässigkeit ist *vor* der Begründetheit zu prüfen, → Einl. Rdnr. 326. Die Kategorien der *Unbeachtlichkeit* oder *Unwirksamkeit* passen bei den Erwirkungshandlungen nicht; denn auch unzulässige oder unbegründete Anträge und Gesuche lösen grundsätzlich die *Pflicht zu einer Entscheidung* durch Abweisung in dem vorgeschriebenen Verfahren und in der vorgeschriebenen Form aus. Nur bei Anträgen, die zweifelsfrei in der Prozeßordnung überhaupt nicht vorgesehen sind, kann eine formlose Mitteilung genügen. Eine Bescheidungspflicht überhaupt entfällt nur in besonders liegenden Ausnahmefällen, → Einl. Rdnr. 203.

232

2. Bewirkungshandlungen

Mangelhafte Bewirkungshandlungen sind dagegen **unwirksam** (wirkungslos)[159]. Über die Wirksamkeit wird bei ihnen nur *mittelbar* entschieden, nämlich im Rahmen der Entscheidung über den gestellten Antrag[160], indem z.B. das Gericht nach einem Anerkenntnis gem. § 307 dem Antrag auf Erlaß eines Anerkenntnisurteils entweder stattgibt oder ihn ablehnt.

233

---

[156] *RGZ* 92, 230 (Ablehnungsgesuch), → § 42 Rdnr. 12.
[157] Grundlegend *Goldschmidt* (Fn. 1), 364 ff. In seiner Formulierung (S. 369) ist eine Erwirkungshandlung zulässig, »wenn sie als Mittel zur Auslösung einer Rechtsverheißung oder Abwendung einer Rechtsandrohung vom Richter – formell ›zugelassen‹, d.h. inhaltlich geprüft werden muß«, begründet dagegen, »wenn sie inhaltlich geeignet erscheint, die Verwirklichung einer Rechtsverheißung durch den Richter auszulösen oder den Vollzug einer Rechtsandrohung durch den Richter abzuwenden«. – Nach *Sauer* Allgemeine Prozeßrechtslehre (1951), 214 f.; *ders.* JR 1951, 258 sind dagegen Gültigkeit, Wirksamkeit, Zulässigkeit und Begründetheit zu prüfen. Zu den Unterschieden zur Lehre Goldschmidts s. *Niese* (Fn. 1), 102 f.
[158] Anders *Goldschmidt* (Fn. 1), der unter »Begründetheit« bei den Behauptungen die Erheblichkeit und Wahrheit (S. 430), bei den Beweisantretungen (zum Begriff S. 433) die Tauglichkeit (inhaltliche Eignung) des Beweismittels (S. 451), bei der »Beweisvorführung« (zum Begriff S. 434) die materielle Beweiskraft oder Überzeugungskraft (S. 456) versteht.
[159] *Goldschmidt* (Fn. 1), 457 verwendet die Begriffe Beachtlichkeit – Unbeachtlichkeit, in denen er die Erscheinungsform der Rechtswirksamkeit von Bewirkungshandlungen sieht.
[160] Vgl. *Goldschmidt* (Fn. 1), 457 der darauf hinweist »daß die Bewirkungshandlungen in letzter Linie gar nicht selbst Bewertungsgegenstand, sondern nur bestimmender Umstand für die Bewertung der Erwirkungshandlungen, also für deren Zulässigkeit und Begründetheit sind«.

3. Geltendmachung des Mangels

234 Soweit ein Mangel vom Gericht in einer Entscheidung nicht beachtet wurde, kann das die dadurch beschwerte Partei nur mit den statthaften und zulässigen **Rechtsmitteln** oder sonstigen Rechtsbehelfen geltend machen, nach rechtskräftiger Beendigung des Verfahrens nur noch mit der Wiederaufnahme des Verfahrens. Dabei entscheidet die Art des Rechtsmittels oder Rechtsbehelfs darüber, wieweit der Mangel noch vorgebracht werden kann. Die Grenzen sind z. B. bei der Revision enger als bei der Berufung, noch enger jedoch bei der Wiederaufnahmeklage.

4. Heilung des Mangels

235 Wieweit Mängel geheilt werden können, ist bei den einzelnen Vorschriften behandelt, ferner → § 295 sowie zur Genehmigung der Prozeßführung → § 56 Rdnr. 3, § 88 Rdnr. 19, § 89 Rdnr. 12 ff.; zur Genehmigung bei fehlender Postulationsfähigkeit[161] → § 78 Rdnr. 10.

X. Prozeßverträge[162]

1. Zulässigkeit

236 Wie bereits dargelegt (→ Rdnr. 227) gilt im Zivilprozeßrecht nicht der Grundsatz der Vertragsfreiheit. Nur in wenigen Fällen können die Parteien durch Vertrag die prozessualen Rechtsfolgen beeinflussen, die sich aus dem Gesetz ergeben. Daß die Parteien den Streitgegenstand und den Tatsachenstoff bestimmen (zu Dispositions- und Verhandlungsmaxime → Rdnr. 68, 75), hat nichts mit einem Einfluß auf die prozessualen Rechtsnormen zu tun. Von einem Grundsatz »in dubio pro libertate« kann bei solchen, *über das Prozeßrecht verfügenden Verträgen*, gleich ob sie die richterlichen Befugnisse beschränken oder erweitern sollen, *nicht* ausgegangen werden[163], da das **Prozeßrecht** als Teilgebiet des öffentlichen Rechts **grundsätzlich zwingenden Charakter** hat. Es kommt also darauf an, ob sich aus dem *Gesetz* ausdrücklich oder zumindest durch Auslegung entnehmen läßt, daß die Parteien eine *Dispositionsbefugnis* besitzen. Bei Zuständigkeitsvereinbarungen, §§ 38, 40, und dem Schiedsvertrag, §§ 1025 f., läßt das Gesetz dies ausdrücklich zu; ferner → § 108 Abs. 1, § 224 Abs. 1, § 404 Abs. 4, § 816 Abs. 1 und 2. Unwirksam sind dagegen Vereinbarungen über den Rechtsweg, → Einl. Rdnr. 407, die funktionelle Zuständigkeit, → § 38 Rdnr. 1, die Geschäftsverteilung, → § 1 Rdnr. 127, die richterliche Beweiswürdigung, → § 286 Rdnr. 20 oder die formelle und materielle Rechtskraft, → § 322 Rdnr. 222 ff.

237 Unbedenklich können sich die Parteien aber außerprozessual **vertraglich zur Vornahme oder Unterlassung von Prozeßhandlungen verpflichten**[164], soweit sie damit nicht gegen gesetzliche Verbote, die guten Sitten oder gegen der Parteidisposition entzogene Interessen der Rechtspflege verstoßen. Zur Rechtsnatur solcher Verträge → Rdnr. 162. Wirksam können danach z. B. vertragliche Verpflichtungen begründet werden, eine Klage (→ § 269 Rdnr. 5) oder ein Rechtsmittel (→ § 515 Rdnr. 36) zurückzunehmen, einen Musterprozeß

---

[161] Sie ist durch Bezugnahme seitens des postulationsfähigen Anwalts auf die durch den nicht postulationsfähigen Anwalt eingereichte Klageschrift möglich, BGHZ 111, 339 = NJW 1990, 3085.

[162] Dazu vor allem *Schiedermair* (Fn. 1); *Baumgärtel* (Fn. 1), 184 ff.; *Schlosser* (Fn. 1); *H.-J. Hellwig* (Fn. 1); *Konzen* (Fn. 1), 53 ff., 185 ff.; *Schwab* (Fn. 1), 509 ff.; *Teubner-Künzel* MDR 1988, 720.

[163] A.M. *Schlosser* (Fn. 1), 9 ff. – Dagegen *Baumgärtel* MDR 1969 173; *ders.* ZZP 87 (1974), 121, 126, 134. S. auch *H.-J. Hellwig* (Fn. 1), 81, 84 ff.

[164] BGH FamRZ 1982, 782, 784; BGHZ 38, 258 = NJW 538 (*Nirk*) = LM § 1042a Nr. 2; BGH DB 1973, 1451; JZ 1985, 1064 = NJW 1986, 198; RGZ 160, 242; *Rosenberg-Schwab-Gottwald*[15] § 66 III.

über einen Teilanspruch zu führen[165], eine bestimmte Verfahrensart, z. B. den Urkundenprozeß nicht zu wählen, → § 592 Rdnr. 19, bestimmte Beweisanträge nicht zu stellen oder Beweismittel nicht zu benutzen, → § 286 Rdnr. 133, sowie Behauptungen nicht zu bestreiten, → § 138 Rdnr. 36. Solche Verpflichtungen können grundsätzlich auch von aufschiebenden oder auflösenden **Bedingungen** abhängig gemacht werden[166]. Über Beweislastverträge → § 282 Rdnr. 133 f., 136. Beweisverträge können die Befugnis des Gerichts, Beweise von Amts wegen zu erheben (→ Rdnr. 78), nicht einschränken. Vereinbarungen, ein Versäumnisurteil nicht zu erwirken, sind nur mit Einschränkungen wirksam, → vor § 330 Rdnr. 21. Zum vertraglichen Verzicht auf die Klagbarkeit → vor § 253 Rdnr. 90 f. Eine Verpflichtung, während einer bestimmten Zeit oder bis zu einem bestimmten Ereignis eine Klage nicht zu erheben (Stillhalteabkommen), ist ebenfalls zulässig[167], → Rdnr. 247 bei Fn. 180.

2. Prozessuale Rechtsnatur

Prozeßverträge und damit auch die Willenserklärungen der Parteien, die die Einigung herbeiführen, **unterstehen grundsätzlich dem Prozeßrecht**, → Rdnr. 160. Der Unterschied von anderen Prozeßhandlungen besteht darin, daß sie als außerprozessuale, meist vorprozessuale Vereinbarungen den prozessualen Eigentümlichkeiten ferner stehen, weil das dritte Prozeßsubjekt, das Gericht, noch nicht beteiligt ist, und weil ihre Aufgabe, ein künftiges Verfahren im voraus zu ordnen, nicht unter dem Gebot der Dynamik (→ Einl. Rdnr. 87 ff.) steht. Deshalb passen manche Besonderheiten des Prozeßrechts nicht für sie. Ihr **Zustandekommen** bestimmt sich in erheblichem Umfang **nach allgemeinen Vertragsgrundsätzen**, aber keineswegs ausschließlich. Hier wie in anderen Fragen schlägt immer wieder die durch ihre Aufgabe bedingte prozessuale Wertung durch. Dies rechtfertigt es, bei ihnen ebenfalls von **Prozeßhandlungen** zu sprechen, → Rdnr. 161 f.

238

3. Abschlußvoraussetzungen

Ein Prozeßvertrag, der sich auf einen deutschen Zivilprozeß bezieht, ist in erster Linie (→ aber Rdnr. 240 a. E.) nach **deutschem Prozeßrecht** zu beurteilen, → Rdnr. 182. Bei den Vertragsparteien muß es jedenfalls genügen, daß die persönlichen **Prozeßhandlungsvoraussetzungen** (→ Rdnr. 183) wie Partei- und Prozeßfähigkeit, ordnungsgemäße gesetzliche Vertretung bei Prozeßunfähigkeit, Prozeßvollmacht bei gewillkürter Vertretung gegeben sind. Hier *stets* etwa Rechts- oder Geschäftsfähigkeit zu fordern, befiehlt weder eine gesetzliche Vorschrift, noch wäre dies sachlich zu rechtfertigen; denn wenn z. B. der nicht rechtsfähige Verein im Prozeß als Beklagter anerkennen oder auch auf ein Rechtsmittel verzichten oder dieses zurücknehmen kann, ist nicht einzusehen, warum ihm, soweit es sich um seine Prozeßführung als Beklagter handelt, vor dem Prozeß der Abschluß eines Prozeßvertrags verwehrt sein sollte, zum Schiedsvertrag, → § 1025 Rdnr. 31.

239

Andererseits muß es bei den **vor dem Prozeß** bzw. außerhalb des Prozesses **abgeschlossenen Prozeßverträgen** genügen, wenn *entweder* die persönlichen *Prozeßhandlungsvoraussetzungen oder* etwaige geringere Erfordernisse des *Bürgerlichen Rechts* hinsichtlich dieser Voraussetzungen erfüllt sind. Das Gesetz läßt diese Auslegung zu, und sie ist allein sachgerecht, weil bei der zeitlichen und sachlichen Entfernung solcher Prozeßverträge vom Prozeß

240

---

[165] Dazu *Kempf* ZZP 73 (1960), 342.
[166] *BGH* WM 1989, 868 (aufschiebend bedingte Verpflichtung zur Rechtsmittelrücknahme; auch zur treuwidrigen Vereitelung des Bedingungseintritts).

[167] *Roth* Die Einrede des bürgerlichen Rechts (1988), 320 ff. sieht auch Stundungsvereinbarungen (im Unterschied zu Fälligkeitsabreden) als Prozeßverträge dieser Art an.

ein starres Festhalten an prozessualen Erfordernissen aus rein konstruktiven Erwägungen den wirksamen Abschluß dieser Verträge unnötig erschweren und vor allem bei der nicht seltenen Verbindung prozessualer mit materiell-rechtlichen Abreden mit vermeidbaren Schwierigkeiten belasten würde. So bedarf z. B. die Zuständigkeitsvereinbarung keiner Prozeßvollmacht, → § 38 Rdnr. 47, und beschränkte Geschäftsfähigkeit genügt bei Einwilligung oder Genehmigung des gesetzlichen Vertreters, → § 38 Rdnr. 51, zum Schiedsvertrag → § 1025 Rdnr. 31. Bei einem vor dem Prozeß in Verbindung mit einem materiell-rechtlichen Vertrag abgeschlossenen Prozeßvertrag kann für die im deutschen Prozeßrecht nicht geregelten Abschlußvoraussetzungen das ausländische Sachstatut heranzuziehen sein, so bei Zuständigkeitsvereinbarungen, näher → § 38 Rdnr. 13.

241   Der vor oder außerhalb des Prozesses geschlossene Vertrag **unterliegt nicht dem Anwaltszwang**, auch wenn er einen Anwaltsprozeß betrifft[168]. Der Anwaltszwang betrifft nur das Verfahren *vor* dem Prozeßgericht, → § 78 Rdnr. 13. Hinzukommt, daß beim Abschluß des Vertrags oft noch gar nicht feststeht, vor welchem Gericht der Prozeß geführt werden muß und wo ein Anwalt demnach zugelassen sein müßte, um den Vertrag abschließen zu können. Die Postulationsfähigkeit spielt deshalb allgemein keine Rolle, auch nicht in Arbeitssachen nach § 11 ArbGG. Soweit das Prozeßrecht nicht (wie bei der Zuständigkeitsvereinbarung nach § 38 Abs. 2 und 3 und beim Schiedsvertrag, § 1027) besondere Anforderungen stellt, ist der Prozeßvertrag *formfrei*. Für das Zustandekommen und Wirksamwerden gelten **allgemeine Vertragsgrundsätze**, wie sie in §§ 145 ff., 130 f. BGB niedergelegt sind, ebenso für Auslegung (§§ 133, 157 BGB) und Umdeutung (§ 140 BGB).

242   Für den **Zeitpunkt des Abschlusses** gilt, daß der Prozeßvertrag sowohl *vor* wie *während* des Prozesses, auf den er sich bezieht, geschlossen werden kann; ist jedoch bereits eine unverrückbare prozessuale Situation[169] geschaffen, so können die Parteien dies nicht mehr durch Vertrag ändern. Dies gilt z. B. bei einer Zuständigkeitsvereinbarung nach Klage und vorbehaltloser Einlassung des Beklagten, → § 38 Rdnr. 58. **Bedingungen** sind – anders als bei den einseitigen Prozeßhandlungen → Rdnr. 207 – grundsätzlich zulässig, doch kann die bereits erreichte prozessuale Situation der Berücksichtigung einer Bedingung entgegenstehen, zur Gerichtsstandsvereinbarung → § 38 Rdnr. 57, 59, zum Schiedsvertrag § 1025 Rdnr. 2.

4. Inhaltliche Mängel, Willensmängel

243   Bei den Prozeßverträgen sind auch die **Vorschriften des BGB** hinsichtlich der Rechtswirksamkeit und Rechtsbeständigkeit **anwendbar**, weil sie allgemeinen Rechtsgrundsätzen entsprechen und unter prozessualen Gesichtspunkten in der Regel wegen der Entfernung zum Prozeß keine sachlichen Bedenken bestehen. So kann der Prozeßvertrag **sittenwidrig** sein, § 138 BGB[170], bei entsprechender Vereinbarung kann gekündigt oder der Rücktritt erklärt werden, gegebenenfalls auch bei Wegfall der Geschäftsgrundlage[171], und der Vertrag kann bei **Willensmängeln** nach §§ 116 ff. BGB nichtig sein. Auch die Anfechtung nach §§ 119 f., 123 BGB ist möglich[172], jedoch für den laufenden Prozeß gegenstandslos, wenn der Vertrag durch die prozessuale Entwicklung bereits überholt ist, zur Gerichtsstandsvereinbarung → § 38 Rdnr. 55.

---

[168] *BGH* JZ 1984, 103 = NJW 1984, 805; FamRZ 1989, 268; WM 1989, 868 (alle zur Verpflichtung zur Rechtsmittelrücknahme); JZ 1985, 1064 = NJW 1986, 198 (Vereinbarung, daß gegen ein zukünftiges erstinstanzliches Urteil nur Sprungrevision, nicht Berufung eingelegt werden darf).
[169] S. *Schiedermair* (Fn. 1), 151; *Baumgärtel* (Fn. 1), 224; *Arens* (Fn. 1), 91 ff.; *Henckel* (Fn. 1), 77 f.

[170] *BGHZ* 106, 336 = NJW 1989, 1477 (Schiedsvertrag, → § 1025 Rdnr. 23); *RGZ* 118, 171.
[171] Dazu *H.-J. Hellwig* (Fn. 1), 101 ff.
[172] *Schiedermair* (Fn. 1), 147 f.; *Baumgärtel* (Fn. 1), 118, 204 f., 224; *Arens* (Fn. 1), 85 ff.; *Rosenberg-Schwab-Gottwald*[15] § 66 IV 3.

Die **materiell-rechtliche Verfügungsbefugnis** der Parteien spielt an sich keine Rolle, weil 244
Vertragsgegenstand nicht materiell-rechtliche Ansprüche oder Rechte sind. Nur wo die ZPO
dies bestimmt, kommt es auf das Verfügungsrecht an, wie z.B. beim Schiedsvertrag → § 1025
Abs. 1. Ähnliches wird für den Verzicht auf die Klagbarkeit (→ vor § 253 Rdnr. 90) gelten.

Umgekehrt ist es mit dem Wesen der vertraglichen Verpflichtung und der damit begründe- 245
ten **Bindung** der Parteien **nicht vereinbar**, den Parteien wie bei einseitigen Prozeßhandlungen
(→ Rdnr. 219) weitgehend ein **Recht zum Widerruf** einzuräumen. Nur bei der noch nicht oder
gleichzeitig zugegangenen Willenserklärung ist der Widerruf wirksam, § 130 Abs. 1 S. 2
BGB. Das Zivilprozeßrecht kann eigene prozessuale Schranken setzen, wie dies für die
Zuständigkeitsabrede in §§ 38, 40, für den Schiedvertrag in § 1026f. geschehen ist. Soweit
die Parteien *Verpflichtungen* zu prozessualen Handlungen und Unterlassungen übernehmen,
ist als Gegenstück zur Sittenwidrigkeit eines bürgerlich-rechtlichen Vertrags als Knebelungs-
vertrag die Wirksamkeit u. U. zu verneinen, wenn die Parteien dabei nicht nur *nicht zu
übersehende Bindungen* eingehen[173], sondern wenn dadurch auch ihre *Entschlußfreiheit in
untragbarer Weise eingeschränkt* würde[174].

5. Wirkungen

Die Prozeßverträge unterscheiden sich nach ihrer Wirkung deutlich in **zwei Gruppen**[175]. 246
Wenn man davon absieht, daß jeder Prozeßvertrag zur Beachtung im Prozeß vorgetragen
werden muß, ist festzustellen, daß manche Prozeßverträge das Verfahren **unmittelbar** aus
sich heraus und ohne Rücksicht auf die besonderen Umstände des Falles **gestalten**. Eine
derartige **verfügungsähnliche Wirkung** ist aber nur dort anzunehmen, wo das Gesetz deutlich
erkennen läßt, daß es den Parteien eine solche Dispositionsbefugnis einräumt und das Gericht
an den Prozeßvertrag uneingeschränkt bindet. Dies ist in den oben genannten Fällen, insbesondere bei Gerichtsstandsvereinbarung und Schiedsvertrag der Fall. Zum Teil ist dabei
bestimmt, daß der Prozeßvertrag *einredeweise* geltend zu machen ist, also nur wirkt, wenn
sich die Partei auf ihn beruft, wie z. B. beim Schiedsvertrag, § 1027a.

Soweit Prozeßverträge nur **zur Vornahme oder zum Unterlassen prozessualer Handlungen** 247
verpflichten, ist ihre Wirkung dagegen schwächer[176]. Die Nichterfüllung bewirkt weder die
Vornahme der geschuldeten Prozeßhandlung, noch macht sie die vertragswidrig vorgenommene Prozeßhandlung ungeschehen. Eine **Klage auf Erfüllung** (Vornahme oder Unterlassung
der Prozeßhandlung) ist grundsätzlich zulässig[177] (zum Gerichtsstand des Erfüllungsorts →
§ 29 Rdnr. 3, 31 nach Fn. 151), doch wird das Rechtsschutzbedürfnis für eine gesonderte
Klage zu verneinen sein, wenn das angestrebte Ergebnis durch Geltendmachung im bereits
anhängigen Prozeß (s. sogleich) auf einfachere Weise erreicht werden kann. Die Nichterfüllung einer derartigen Pflicht ist zudem ein Vertragsbruch, der im anhängigen Prozeß als
Verstoß gegen **Treu und Glauben**[178] zu bewerten ist und auf diese Weise prozessuale Rechtsfolgen nach sich ziehen kann. Dies führt z. B. zur Abweisung der entgegen einem Rücknahmeversprechen fortgesetzten Klage (→ § 269 Rdnr. 5) oder der entgegen einer Unterlassungs-

---

173 *Schiedermair* (Fn. 1), 73 f.
174 Dazu *Nikisch* Zivilprozeßrecht[2] § 55 II 2; *Baumgärtel* (Fn.1), 190f.; *Schlosser* (Fn. 1), 44ff.; *H.-J. Hellwig*
(Fn. 1) 85; skeptisch *Rosenberg-Schwab-Gottwald*[15] § 66
III, der statt dessen auf den Bestimmtheitsgrundsatz verweist.
175 Näher s. *Schiedermair* (Fn. 1), 117f.; *Baumgärtel*
(Fn. 1), 184ff., 248ff.
176 A.M. *Schlosser* (Fn. 1), 57 (gegen die »Einrede-
theorie«), der jeweils unmittelbare prozessuale Wirkungen der Vereinbarung annimmt; ebenso *Konzen* (Fn. 1),
188ff., 195.
177 *Schlosser* (Fn. 1), 62; *H.-J. Hellwig* (Fn. 1), 127;
abl. *Konzen* (Fn. 1), 199ff., 202; *Schwab* (Fn. 1), 511. S.
auch *Schiedermair* (Fn. 1), 179; *Baumgärtel* (Fn. 1), 274.
178 Gegen die Ableitung der Einrede aus der prozessualen Arglist *Zeiss* Die arglistige Prozeßpartei (1967),
104ff.; krit. auch *Schumann* → Einl. Rdnr. 251 mwN;
Schwab (Fn. 1), 512.

verpflichtung[179], z. B. einem Stillhalteabkommen[180], erhobenen Klage sowie zur Verwerfung des vertragswidrig eingelegten Rechtsmittels[181] oder des entgegen der eingegangenen Verpflichtung nicht zurückgenommenen Rechtsmittels[182] als **unzulässig**. Diese Wirkung ist nicht nur deshalb schwächer, weil sie mittelbar eintritt, sondern auch weil der Vorwurf des Vertragsbruchs allen Einwendungen ausgesetzt ist, die nach Vertragsrecht unter Beachtung von Treu und Glauben (§ 242 BGB) dem entgegengesetzt werden können. Ferner wird der Vertragsbruch vom Gericht nur beachtet, wenn die **Partei sich auf ihn beruft**[183], d. h. daraus durch Erklärung vor Gericht Rechtsfolgen herleitet.

248 Wird dagegen entgegen einer **Unterlassungsverpflichtung** eine Klage oder ein Rechtsmittel zurückgenommen, so kann die Verletzung der vertraglichen Pflicht nicht auf dem Wege über Treu und Glauben berücksichtigt werden[184], da der Prozeß schon mit der Rücknahme beendet ist und danach kein prozessuales Verhalten des Rücknehmenden mehr vorliegt, das man über Treu und Glauben als *unzulässig* behandeln könnte. Ganz ausnahmsweise kann die Rücknahme in solchen Fällen unwirksam sein, wenn das dadurch bewirkte *Ergebnis* gegen die *guten Sitten* verstoßen würde; dies ist dann allerdings von Amts wegen zu beachten[185]. Im übrigen bleibt nur die Möglichkeit, aufgrund der Vertragsverletzung Schadensersatzansprüche (in analoger Anwendung des BGB) geltend zu machen[186].

6. Rechtsnachfolge in Prozeßverträge

249 Aus §§ 265, 325, 727 läßt sich der allgemeine Rechtsgedanke einer Bindung des Rechtsnachfolgers an die prozeßrechtliche Stellung des Vorgängers entnehmen. Dies gilt auch für die Rechtsfolgen prozessualer Verträge, näher zur Gerichtsstandsvereinbarung → § 38 Rdnr. 48, zum Schiedsvertrag → § 1025 Rdnr. 40f. Der **Gesamtrechtsnachfolger** (insbesondere der Erbe[187]) wird daher von den Folgen sowohl der verfügungsähnlichen (unmittelbar wirkenden) als auch der verpflichtenden Prozeßverträge betroffen, wenn das materielle Recht, auf das sich der Prozeßvertrag bezieht, von der Gesamtrechtsnachfolge erfaßt wird. Dasselbe wird, soweit die Prozeßführungsbefugnis auf ihn übergeht, für den Konkursverwalter gelten müssen[188]. Ob die Folgen des Prozeßvertrags für den Nachfolger günstig oder ungünstig sind, spielt keine Rolle. Auch bei **Einzelrechtsnachfolge** (insbesondere Forderungsabtretung[189]), Vertragsübernahme und befreiender Schuldübernahme[190] gilt jedenfalls für die verfügungsähnlichen Verträge nichts anderes. Es ist auch nicht veranlaßt, den Erwerber in Analogie zu § 325 Abs. 2 zu schützen, wenn er von dem Prozeßvertrag keine Kenntnis hatte[191].

250 Ob besondere **persönliche Abschlußvoraussetzungen,** die das Gesetz aufstellt, auch in der Person des Rechtsnachfolgers gegeben sein müssen, ist eine Frage der Auslegung der jeweili-

---

[179] Vgl. *BGH* NJW 1982, 2072, 2073, der von der grundsätzlichen Zulässigkeit einer Verpflichtung ausgeht, eine Vollstreckungsabwehrklage nicht zu erheben.
[180] *BGH* NJW-RR 1989, 1048.
[181] *BGH* JZ 1985, 1064 = NJW 1986, 198 (zur Einlegung der Berufung, obwohl vereinbart war, nur Sprungrevision einzulegen).
[182] *BGH* JZ 1984, 103 = NJW 1984, 805; FamRZ 1985, 48; NJW 1985, 189; FamRZ 1989, 268; WM 1989, 868; VersR 1993, 714.
[183] S. *RGZ* 159, 190 (Klagerücknahme); *BGHZ* 20, 198, 205 (Fn. 155) u. die in Fn. 182 genannten Entscheidungen (Rechtsmittelrücknahme); *BGHZ* 28, 45, 52 = JZ 1959, 91 (*Pohle*) = NJW 1958, 1397 = LM § 514 Nr. 10 (Rechtsmittelverzicht, hier liegt aber eine unmittelbare Wirkung in Analogie zu § 516 näher; differenzierend *Grunsky* → 514 Rdnr. 21f.).

[184] *BGHZ* 20, 198, 205.
[185] Vgl. *BGHZ* 20, 198, 207.
[186] S. *Konzen* (Fn. 1), 204.
[187] Dazu *MünchKomm-Leipold*² § 1922 Rdnr. 82; *Meyer-Lindemann* JZ 1982, 592, 593.
[188] *BGHZ* 24, 15; näher hinsichtlich des Schiedsvertrags → § 1025 Rdnr. 40.
[189] Zur Geltung der Gerichtsstandsvereinbarung *BGH* NJW 1980, 2022, 2023.
[190] *H.-J. Hellwig* (Fn. 1), 117ff.; *Rosenberg-Schwab-Gottwald*¹⁵ § 66 V 4, zum Schiedsvertrag → § 1025 Rdnr. 41.
[191] → § 38 Rdnr. 48 Fn. 177; *Rosenberg-Schwab-Gottwald*¹⁵ § 66 V 2; *Soehring* (Fn. 1), 32; *Ackmann* ZIP 1992, 462, 464; alle gegen *Schiedermair* (Fn. 1) 158ff.

gen Bestimmung. Jedenfalls bei den Gerichtsstandsvereinbarungen ist die Frage zu verneinen[192], → § 38 Rdnr. 7a.

Bei den **verpflichtenden Prozeßverträgen** kann dagegen angesichts ihrer grundsätzlich nur relativen Wirkung **kein automatischer Übergang** auf den Einzelrechtsnachfolger angenommen werden[193], sondern nur, wenn auch hinsichtlich des Übergangs dieses Vertrags (oder eines einzelnen Anspruchs oder einer Verpflichtung aus diesem Vertrag) entsprechende Erklärungen in analoger Anwendung des Bürgerlichen Rechts (Vertragsübernahme, Forderungabtretung, Schuldübernahme) abgegeben wurden, was allerdings je nach den Umständen auch stillschweigend geschehen kann. 251

Der **Übergang dinglicher Rechte** führt – ohne zusätzliche Vereinbarung – **nicht** zu einem Übergang der Rechtsfolgen aus Prozeßverträgen[194], die sich auf das dingliche Recht oder Ansprüche daraus beziehen; denn einer Belastung bzw. einem Bestandteil des dinglichen Rechts können die Prozeßverträge, bei denen es auch in jeder Hinsicht an Publizität fehlt, nicht gleichgestellt werden, und genau besehen sind die dinglichen Ansprüche des Erwerbers auch nicht mit denen des Rechtsvorgängers identisch. 252

XI. Verbindung von Prozeßhandlungen und Rechtsgeschäften des Bürgerlichen Rechts

1. Verbindung von Prozeßverträgen mit materiellen Verträgen

Werden Gerichtsstandsvereinbarung oder Schiedsvertrag mit einem materiell-rechtlichen Vertrag verbunden, so bleibt die Rechtsnatur davon unberührt. Ob die **Unwirksamkeit des materiellen Vertrags** auch die Unwirksamkeit des Schiedsvertrags oder der Gerichtsstandsvereinbarung zur Folge hat, richtet sich nach dem erkennbaren (hypothetischen) Parteiwillen; in der Regel ist die Frage zu **verneinen**, → § 38 Rdnr. 57, § 1025 Rdnr. 35. Umgekehrt wird auch die **Unwirksamkeit der prozessualen Vereinbarung** in der Regel **nicht** zur Unwirksamkeit des materiellen Vertrags führen, → § 1025 Rdnr. 35, wiederum vorbehaltlich eines anderen Parteiwillens. § 139 BGB, wonach die Teilnichtigkeit eines einheitlichen Rechtsgeschäfts im Zweifel zur Gesamtnichtigkeit führt, ist demnach nicht anzuwenden. 253

2. Doppeltatbestand

Materielle Rechtsgeschäfte sind vor allem insofern für den Prozeß bedeutsam, als sie den *Inhalt* der richterlichen Entscheidung bestimmen, die z. B. beim eingeklagten Werklohnanspruch davon abhängt, ob ein Werk geleistet, ob es abgeliefert, ob der Werklohn vereinbart, ob er gestundet, gezahlt oder erlassen ist. Diese materiell-rechtlichen Vorgänge können im Prozeß aber nur berücksichtigt werden, wenn sie Prozeßstoff geworden sind, → Rdnr. 75ff. Die **Einführung von Tatsachen** in den Prozeß ist ebenso wie das Vorbringen von Einwendungen, Einreden oder die Stellung von Beweisanträgen eine **Prozeßhandlung**. Sie hat nicht selten ein materiell-rechtliches Rechtsgeschäft zum Gegenstand, muß aber von ihm gesondert 254

---

[192] A.M. *LG Trier* NJW 1982, 286 = ZIP 1982, 460 (*Ackmann*), wonach sich der Erbe, der Nichtkaufmann ist, nicht auf eine vom Erblasser nach § 38 Abs. 1 wirksam abgeschlossene Gerichtsstandsvereinbarung berufen kann. Die Begründung verweist auf die Schutzbedürftigkeit des Nichtkaufmanns gegenüber Gerichtsstandsvereinbarungen, führt aber im konkreten Fall zu dem Ergebnis, daß der Erbe nicht an dem für ihn günstigen, vereinbarten Gerichtsstand seines Wohnsitzes klagen kann! –

Gegen *LG Trier* ausführlich *Meyer-Lindemann* JZ 1982, 592.

[193] Zust. *Teubner-Künzel* MDR 1988, 720, 726. – A.M. *H.-J. Hellwig* (Fn. 1), 114ff.

[194] → § 38 Rdnr. 48 Fn. 177; *Rosenberg-Schwab-Gottwald*[15] § 66 V 3; *Teubner-Künzel* MDR 1988, 720, 726: zum Schiedsvertrag → § 1025 Rdnr. 41. – A.M. *Soehring* (Fn. 1), 98ff.

werden. Das *Vorbringen* als Prozeßhandlung untersteht dem *Prozeßrecht*, das *Rechtsgeschäft* wird nach den maßgebenden Normen des *materiellen Rechts* beurteilt.

255 Daran ändert sich an sich auch nichts, wenn **dasselbe Verhalten gleichzeitig materiellrechtliches Rechtsgeschäft und Prozeßhandlung** (nämlich Vorbringen) ist, **weil das Rechtsgeschäft** (z.B. eine Kündigung[195], Aufrechnung[196], ein Angebot zum Abschluß eines Erlaßvertrags) im Prozeß erklärt wird. Es liegt dann ein **Doppeltatbestand**[197] vor, **weil dieselben Tatsachen** sowohl Tatbestände prozessualer wie materiell-rechtlicher Rechtssätze erfüllen können. Die Klage oder ein Mahnantrag können z.B. im Einzelfall als Mahnung, Kündigung, → § 257 Rdnr. 2, Anzeige, Genehmigung oder Verweigerung der Genehmigung wirken[198]. Ebenso hat die Aufnahme eines Prozesses (Teilungsmassestreit, § 10 KO) seitens des Konkursverwalters oder deren Ablehnung zugleich Wirkungen für den Bestand der Masse[199]. Nicht anders liegt der Fall, wenn ein prozessualer Verzicht oder ein Anerkenntnis nach §§ 306, 307 erklärt wird und nach dem äußeren Tatbestand wie nach dem Willen der Beteiligten ausnahmsweise ein Erlaßvertrag, § 397 BGB, oder ein Schuldanerkenntnis darin enthalten sein soll. Grundsätzlich ist dann **derselbe Sachverhalt** hinsichtlich der materiellen Rechtsfolgen nach **materiellem Recht**, hinsichtlich der prozessualen Folgen nach **Prozeßrecht** zu beurteilen.

256 Dies gilt allerdings nicht uneingeschränkt; denn die im Lebenssachverhalt begründete Einheit des Vorgangs kann zu **Modifikationen** Anlaß geben. So deckt eine Prozeßvollmacht nicht nur die Prozeßhandlung, sondern ebenso die bürgerlich-rechtliche Willenserklärung; das gilt sowohl für die Abgabe wie für den Empfang der Erklärung, z.B. bei der Prozeßaufrechnung, → § 145 Rdnr. 29. Ein Übergreifen eines prozessualen Mangels auf die materiellrechtliche Wirksamkeit und umgekehrt ist nicht völlig ausgeschlossen, bedarf aber stets der besonderen Begründung anhand des betreffenden Mangels und der Interessenlage. § 139 BGB ist nicht direkt, aber u.U. entsprechend anwendbar, zur Aufrechnung → § 145 Rdnr. 57.

3. Doppelnatur

257 Lange Zeit hat man angenommen, daß es auch zahlreiche **Handlungen mit Doppelnatur** gebe, die *sowohl* prozessual zu beurteilende *Prozeßhandlungen* als auch dem *materiellen Recht* unterstehende *Rechtsgeschäfte* seien[200]. Dazu hat man **insbesondere den Verzicht**, § 306, das Anerkenntnis, § 307, und den Prozeßvergleich, § 794 Abs. 1 Nr. 1 gerechnet, aber auch die Ausübung eines Wahlrechts, Erklärung des Rücktritts, der Aufrechnung, die Anfechtung, die Ausübung des Wiederkaufsrechts usw., die im Prozeß zum Zweck der Rechtsverfolgung oder Rechtsverteidigung erklärt werden. Auch Fälle wie z.B. die **Anfechtung im Konkurs**, §§ 29ff. KO, oder nach dem AnfechtungsG[201], sowie die **Eheaufhebung** (§ 29 EheG) und die Anfechtung der Ehelichkeit (§§ 1596, 1599 Abs. 1 BGB) wurden früher teils in

---

[195] Vgl. *OLG Hamm* NJW 1982, 452 (Kündigung eines Wohnraummietverhältnisses, Erfüllung der Schriftform des § 564a Abs. 1 BGB durch prozessualen Schriftsatz).
[196] Auch in einer Revisionsbegründung kann eine materiell-rechtliche Aufrechnungserklärung zu sehen sein, *BGH* NJW 1984, 357.
[197] *A. Blomeyer* ZPR² § 30 I 3; *Jauernig* ZPR²⁴ § 30 V; *Rosenberg-Schwab-Gottwald*[15] § 63 VI 3.
[198] S. auch RG Gruchot 48 (1904), 818 (Kündigung); RGZ 59, 150, 152 (Mängelanzeige); 64, 294f. (Ablehnung der Mängelbeseitigung durch Bestreiten des Mangels); 100, 143, 147 (Erfüllungsklage kein neues Vertragsangebot); *OLG Breslau* OLG Rsp 4 (1902), 118 (Genehmigung); *KG* OLG Rsp 15 (1907), 101 (Ablehnung eines Angebots); *OLG Braunschweig* OLG Rsp 16 (1908), 404 (Annahme eines Angebots); *BGH* LM § 816 BGB Nr. 6 (Genehmigung nach § 816 Abs. 2 BGB); *BayObLG* NJW 1981, 2197, 2199 (Kündigung eines Mietverhältnisses in Räumungsklage muß für den beklagten Mieter eindeutig erkennbar sein); *BGH* JZ 1983, 801 (Widerspruch gegen Mahnbescheid zugleich als schriftliche Zurückweisung der Gewährleistungsansprüche des Reisenden nach § 651g Abs. 2 S. 3 BGB).
[199] RGZ 27, 350, 357; 41, 134; *Jaeger-Henckel* KO⁹ § 10 Anm. 120, 123.
[200] So dieser Komm. bis zur 18. Aufl. und im wesentlichen *Kohler* ZZP 1929 (1902), 34ff.; *Wach* Hb., 577; *ders.* AcP 64 (1881), 244; *Hellmann* ZZP 44 (1914), 453f.; *Oertmann* Die Aufrechnung im deutschen Zivilprozeßrecht (1916) und zum Teil *Walsmann* (Fn. 1), 122f.
[201] RGZ 52, 334; 58, 44; 62, 197, 199 u.a.

diesem Zusammenhang genannt; heute ist anerkannt, daß hier nur Leistungs- und Gestaltungsklagen, dagegen keine materiell-rechtlichen Rechtsgeschäfte vorliegen. Hinsichtlich der Voraussetzungen ist, soweit man eine Doppelnatur bejaht, nicht ganz klar, ob sowohl die des materiellen wie die des prozessualen Rechts für jeweils nur eine Art der Wirkung erforderlich sein sollen. Wollte man die Voraussetzungen wirklich *kumulieren*, so wäre die Vornahme von Rechtsgeschäften im Prozeß unnötig erschwert. Will man aber einen Mittelweg gehen, so bleibt unklar, wieweit nun den Anforderungen des materiellen oder des Prozeßrechts im Einzelfall Rechnung getragen werden muß, und die Bezeichnungen materiellrechtlich-prozessuales Mischgeschäft oder Doppelnatur sind geeignet, in dieser Richtung falsche Vorstellungen hervorzurufen. Der Grundsatz der getrennten Beurteilung wird dagegen durch das Wort Doppeltatbestand, → Rdnr. 255, deutlich zum Ausdruck gebracht; die gewissen Einschränkungen beim Zusammenfallen von Rechtsgeschäft und Prozeßhandlung lassen sich ohnedies im Namen schwer erfassen. Die **Bezeichnung Doppelnatur ist deshalb besser zu vermeiden**, und soweit mit ihr eine notwendige Verbindung von Rechtsgeschäft und Prozeßhandlung und die generelle Forderung nach Erfüllung materieller und prozessualer Voraussetzungen aufgestellt wird, abzulehnen. Die h. L. nimmt heute **nur noch beim Prozeßvergleich** eine Doppelnatur an, → § 794 Rdnr. 6, 59. Anerkenntnis und Verzicht sind dagegen jetzt als reine Prozeßhandlungen anerkannt; die abgegebene Erklärung kann aber *zugleich* ein materielles Rechtsgeschäft enthalten, → Rdnr. 255 sowie § 306 Rdnr. 3, § 307 Rdnr. 11.

E. Besonderheiten des Verfahrens in Arbeitssachen

I. Geltung und Modifizierung der zivilprozessualen Verfahrensgrundsätze	258	II. Öffentlichkeit	260
		III. Sitzungspolizei	261
		IV. Gerichtssprache	264

I. Geltung und Modifizierung der zivilprozessualen Verfahrensgrundsätze

Das arbeitsgerichtliche Verfahren wird **weitgehend von denselben Verfahrensgrundsätzen beherrscht** wie der Zivilprozeß. Während dies für das Urteilsverfahren ausnahmslos gilt, ist das **Beschlußverfahren** durch § 83 ArbGG (Neufassung durch die Beschleunigungsnovelle vom 2.7.1979, BGBl. I S. 853, ber. S. 1036) ausdrücklich der **Untersuchungsmaxime** unterstellt. Damit wird berücksichtigt, daß die Entscheidungen im Beschlußverfahren in der Regel über den Kreis der Verfahrensbeteiligten hinaus Bedeutung haben. Das Gericht kann hier Tatsachen von sich aus in den Prozeß einführen und ist nicht an Zugestehen oder Nichtbestreiten von Tatsachen durch die Beteiligten gebunden[1]. Ein Versäumnisverfahren gibt es nicht[2]. Auch können im Beschlußverfahren sämtliche Beweise (einschließlich des Zeugenbeweises) von Amts wegen erhoben werden, § 83 Abs. 2 ArbGG. Die Untersuchungsmaxime ist aber insofern eingeschränkt, als die Verfahrensbeteiligten nach § 83 Abs. 1 S. 2 ArbGG an der Aufklärung des Sachverhalts mitzuwirken und daher auch Tatsachen vorzutragen haben[3].

258

Dagegen gilt **auch im Beschlußverfahren die Dispositionsmaxime**[4]. Der durch die Beschleu- 259

---

[1] *Grunsky* ArbGG[6] § 83 Rdnr. 6; *Matthes* in Germelmann-Matthes-Prütting ArbGG § 83 Rdnr. 93.
[2] *Grunsky* ArbGG[6] § 83 Rdnr. 8; *Molkenbur* DB 1992, 425, 429.
[3] *Grunsky*, ArbGG[6] § 83 Rdnr. 3 ff.; *Matthes* in Germelmann-Matthes-Prütting ArbGG § 83 Rdnr. 89 ff.; *Haug* Informationelle Strategien im Arbeitsrecht (1988), 94 f.

[4] *Fenn* »Effektivere Gestaltung des Beschlußverfahrens« durch vermehrte Dispositionsbefugnisse für die Beteiligten, in 25 Jahre Bundesarbeitsgericht (Festschrift, 1979), 91, 114; *ders.* Dispositions- oder Offizialmaxime im arbeitsgerichtlichen Beschlußverfahren?, Festschr. f. Schiedermair (1976), 117, 139; *Auffarth*, Festschr. f. G. Müller (1981), 3, 5 ff.; *Grunsky* ArbGG[6] § 80 Rdnr. 24. Die Ansicht, im Beschlußverfahren gelte die

nigungsnovelle 1979 eingefügte § 83a ArbGG bestätigt dies, indem er den Beteiligten gestattet, das Verfahren durch Vergleich zu beenden, soweit sie über den Gegenstand des Vergleichs verfügen können, und außerdem die Erledigungserklärung zuläßt. Auch Verzicht und Anerkenntnis sind zulässig und für das Gericht bindend, soweit den Beteiligten die Verfügung über das Recht zusteht[5]. Die Geltung der Dispositionsmaxime zeigt sich auch darin, daß das Beschlußverfahren **nur auf Antrag**[6] durchgeführt wird und der Antragsteller durch den Antrag den Streitgegenstand bestimmt[7]. Der Antrag kann in erster Instanz unbegrenzt **zurückgenommen** werden (§ 81 Abs. 2 ArbGG), in der zweiten und dritten Instanz mit Zustimmung der anderen Beteiligten (§ 87 Abs. 2 S. 3, § 92 Abs. 2 S. 3 ArbGG). Die **Änderung des Antrags** ist in den beiden ersten Instanzen zulässig, wenn die übrigen Beteiligten zustimmen oder das Gericht die Änderung für sachdienlich hält (§ 81 Abs. 3, § 87 Abs. 2 S. 3 ArbGG, nicht dagegen in der Rechtsbeschwerdeinstanz, da § 92 Abs. 2 S. 3 ArbGG nicht auf § 81 Abs. 3 ArbGG verweist[8].

II. Öffentlichkeit

260　Für das arbeitsgerichtliche Verfahren aller Instanzen ist die Öffentlichkeit **in § 52 ArbGG** (i. V. m. § 64 Abs. 7, § 72 Abs. 6 ArbGG) **selbständig geregelt**. Der Grundsatz, § 52 S. 1 ArbGG, ist derselbe wie im ordentlichen Verfahren, → Rdnr. 114. Eine geringfügige Abweichung besteht darin, daß der *Ausschluß der Öffentlichkeit*, wenn Betriebs-, Geschäfts- oder Erfindungsgeheimnisse zum Gegenstand der Verhandlung oder der Beweisaufnahme gemacht werden, anders als nach § 172 Nr. 2 GVG[9] einen *Parteiantrag* voraussetzt. Darüber hinaus kann in der nur vor dem Vorsitzenden stattfindenden *Güteverhandlung* (§ 54 ArbGG) die Öffentlichkeit aus *Zweckmäßigkeitsgründen* (also nach Ermessen des Vorsitzenden) ausgeschlossen werden, § 52 S. 3 ArbGG. Im übrigen gelten § 169 S. 2, §§ 173 bis 175 GVG entsprechend, § 52 S. 4 ArbGG.

III. Sitzungspolizei

261　Die Vorschriften des GVG über die Sitzungspolizei (→ Rdnr. 132) gelten im arbeitsgerichtlichen Verfahren entsprechend, § 9 Abs. 2 ArbGG. Die nach § 11 ArbGG zugelassenen **Verbandsvertreter genießen nicht die Sonderstellung** der Rechtsanwälte[10], → § 78 Rdnr. 66. Ihnen gegenüber ist also (anders als bei Anwälten → Rdnr. 137, 140) die Entfernung aus dem Sitzungssaal und die Verhängung von Ordnungsmitteln wegen Ungebühr zulässig.

262　Soweit nicht der Vorsitzende, sondern das Gericht über Sanktionen im Rahmen der Sitzungspolizei zu entscheiden hat (→ Rdnr. 136), muß das **voll besetzte Gericht** tätig werden, der Vorsitzende allein jedoch im Fall des § 54 ArbGG.

263　Wie die entsprechende Anwendung des § 181 Abs. 3 GVG, wonach über die **Beschwerde gegen die Festsetzung eines Ordnungsmittels** das OLG zu entscheiden hat, → Rdnr. 145, zu verstehen ist, erscheint

---

Offizialmaxime – so *Gerhard Müller* Die Ausformung des arbeitsgerichtlichen Beschlußverfahrens durch die Rechtsprechung des BAG, in Das Arbeitsrecht der Gegenwart Bd. 9 (1972), 23, 42 ff. in Auswertung der damaligen BAG-Rechtsprechung – erscheint zumindest seit der Beschleunigungsnovelle 1979 nicht mehr vertretbar.
[5] *Grunsky* ArbGG[6] § 80 Rdnr. 30.
[6] Zur Antragstellung im Beschlußverfahren *Matthes* DB 1984, 453.
[7] *Grunsky* ArbGG[6] § 80 Rdnr. 25; *Molkenbur* DB 1992, 425, 426.

[8] *Matthes* in Germelmann-Matthes-Prütting ArbGG § 92 Rdnr. 24.
[9] Dafür verlangt § 172 Nr. 2 GVG, daß es sich um ein *wichtiges* Geheimnis handelt.
[10] *LAG Berlin* ArbRsp 1927/28, 97, 98. – A.M. *LAG München* RdA 1951, 197 (*Wieczorek*); GK-ArbGG § 9 Anm. 3 c, aa; *Germelmann* in Germelmann-Matthes-Prütting ArbGG § 11 Rdnr. 92.

angesichts des dreistufigen Aufbaus der Arbeitsgerichtsbarkeit nicht ganz eindeutig. Da ein Instanzenzug an das OLG sicher nicht gemeint ist, ist in Übereinstimmung mit den allgemeinen Grundsätzen über den Beschwerdezug im arbeitsgerichtlichen Verfahren anzunehmen, daß die Beschwerde gegen den arbeitsgerichtlichen Beschluß an das **Landesarbeitsgericht** geht[11] und der Beschluß des Landesarbeitsgerichts oder des Bundesarbeitsgerichts keiner Beschwerde unterliegt (§ 181 Abs. 1 GVG, § 70 ArbGG).

IV. Die Vorschriften des GVG über die **Gerichtssprache** (→ Rdnr. 148) gelten ohne Besonderheiten, § 9 Abs. 2 ArbGG. Zur Nichterhebung von Dolmetscher- und Übersetzungskosten nach § 12 Abs. 5a ArbGG → Rdnr. 153a.   **264**

F. Mitwirkung des Staatsanwalts im Zivilprozeß

Der Staatsanwalt ist **im Regelfall** in Zivilsachen am Verfahren **nicht beteiligt**. Wo die im Rechtsstreit anzuwendenden Vorschriften, insbesondere die Rechtssätze des materiellen Rechts eine Beachtung von *Interessen Dritter und der Allgemeinheit* vorschreiben, ist es ohnehin *Pflicht des Gerichts*, bei der Anwendung des Rechts nach § 1 GVG, Art. 20 Abs. 3 GG diese Interessen zu beachten. Soweit dies im Interesse des Schutzes einzelner Personen oder zur Wahrung allgemeiner Interessen erforderlich erschien, hat das Gesetz das Gericht durch Einführung des *Untersuchungsgrundsatzes* (→ Rdnr. 86) oder des Grundsatzes der *Prüfung von Amts wegen* (→ Rdnr. 91) von der Herrschaft der Parteien über den Tatsachenstoff freigestellt und ihm in erheblichem Umfang die Einführung von Tatsachen in den Prozeß und Beweiserhebungen von Amts wegen gestattet.   **265**

Die **Beteiligung der Staatsanwaltschaft** im Zivilprozeß wurde **auf ein Minimum reduziert**[1]. Das allgemeine Mitwirkungsrecht der Staatsanwaltschaft in Ehesachen (§ 607 aF) hob das 1. EheRG (1976, → Einl. Rdnr. 157) auf. Geblieben ist nur noch das Recht der Staatsanwaltschaft zur Erhebung der **Ehenichtigkeitsklage** (§ 24 EheG, § 632), zum Beitritt zu einer solchen Klage (§ 634) und zu einer Klage auf Feststellung des Bestehens oder Nichtbestehens einer Ehe (§ 638). Ferner kommt in Verfahren nach ausländischem Recht eine Beteiligung der Staatsanwaltschaft in Betracht, z.B. im Verfahren auf Ehetrennung oder Scheidung nach italienischem Recht[2]. In den *öffentlich-rechtlichen Streitsachen*, die den ordentlichen Gerichten zugewiesen sind (→ Einl. Rdnr. 386 ff.), ist eine Beteiligung der Staatsanwaltschaft weder gesetzlich vorgesehen noch mangels hinreichenden Bedürfnisses durch Analogie zu § 607 aF[3] oder zu §§ 35 ff. VwGO zu begründen.   **266**

Ein **allgemeines Mitwirkungsrecht des Staatsanwalts** in bürgerlichen Rechtssachen, wie es **zur Zeit des Nationalsozialismus** § 1 des Gesetzes[4] vom 15. VII. 1941, RGBl. I S. 383 (→ Einl. Rdnr. 137) vorsah, »um die vom Standpunkt der Volksgemeinschaft im Verfahren oder bei der Entscheidung zu berücksichtigenden Umstände geltend zu machen«, besteht seit langem (ausdrückliche Aufhebung dieses Gesetzes in Art. 8 II Nr. 20 der Novelle 1950) nicht mehr. Damals wurde auch das Recht des Oberreichsanwalts beim Reichsgericht ersatzlos beseitigt, in rechtskräftig entschiedenen bürgerlichen Rechtssachen nach §§ 2 ff. des erwähnten Gesetzes[5] binnen eines Jahres nach Eintritt der Rechtskraft die Wiederaufnahme des Verfahrens zu beantragen, »wenn gegen die Richtigkeit der Entscheidung schwerwiegende rechtliche   **267**

---

[11] Ebenso *KG* ArbRsp 1927/28, 67; *LAG Berlin* ArbRsp 1927/28, 97; *Anthes* Der Arbeitgeber 17 (1927), 563, 565 f.; *Kissel* GVG § 181 Rdnr. 23.
[1] Zu den heutigen Mitwirkungsrechten der Staatsanwaltschaft im Zivilprozeß *Brenner* Der Einfluß von Behörden auf die Einleitung und den Ablauf von Zivilprozessen (1989), 27 ff.
[2] *OLG Köln* FamRZ 1983, 922; *MünchKommBGB-Lorenz*[2] Art. 17 EGBGB Rdnr. 107 ff.; str.
[3] Erwogen von *Baumgärtel* ZZP 73 (1960), 387, 400 für Anfechtungsklagen.

[4] Näher s. *Bülow* AcP 150 (1949), 289 f.; ferner die 16. Aufl., 3. Nachtrag (1942) vor § 128 I. Ausführlich *Popp* Die nationalsozialistische Sicht einiger Institute des Zivilprozeß- und Gerichtsverfassungsrechts, dargestellt am Beispiel des Gesetzes über die Mitwirkung des Staatsanwalts in Bürgerlichen Rechtssachen vom 15.7.1941 (RGBl. I S. 383) (1986). Die hier vertretene Bewertung dieses Gesetzes gibt *Popp* (aaO S. 368) falsch wieder.
[5] S. 16. Aufl., 3. Nachtrag (1942) vor § 578 I.

oder tatsächliche Bedenken bestehen und er wegen besonderer Bedeutung der Entscheidung für die Volksgemeinschaft die erneute Verhandlung und Entscheidung für erforderlich hält«. Derart umfassende Mitwirkungs- und Kontrollrechte der Staatsanwaltschaft sind **Ausdruck des Mißtrauens gegenüber den unabhängigen Richtern** und entspringen der ideologisch begründeten Überzeugung, die Interessen des Staates bzw. der Allgemeinheit hätten auch bei der Beurteilung privater Rechtsbeziehungen im Vordergrund zu stehen. In einem freiheitlichen Rechtsstaat, wie ihn das Grundgesetz geprägt hat, ist dafür kein Raum.

268 Auch in der sozialistisch ausgerichteten **ZPO der DDR** (1975) waren **weitestgehende Beteiligungsmöglichkeiten für den Staatsanwalt** vorgesehen[6]. Der Staatsanwalt konnte gemäß § 7 ZPO DDR »zur Wahrung der sozialistischen Gesetzlichkeit, zur Sicherung der sozialistischen Staats- und Gesellschaftsordnung, zum Schutz des sozialistischen Eigentums und der Rechte der Bürger« (in dieser Reihenfolge!) in jedem Verfahren mitwirken und Rechtsmittel einlegen (Protest gegen erstinstanzliche Urteile mit Ausnahme der Entscheidungen über die Scheidung der Ehe, § 149 ZPO DDR). Der Staatsanwalt war auch berechtigt, die Kassation einer rechtskräftigen Entscheidung sowie einer verbindlichen gerichtlichen Einigung zu beantragen, »wenn die Entscheidung oder Einigung auf einer Verletzung des Rechts beruht oder die Begründung der Entscheidung gröblich unrichtig ist«, § 160 ZPO DDR. Auf diese Weise sollte es der Staatsanwaltschaft ermöglicht werden, »die sozialistische Gesetzlichkeit als eine grundlegende Methode der Machtausübung des sozialistischen Staates in ihrer Wirksamkeit zu stärken«[7]. Seit dem Zusammenbruch des sozialistischen Zwangssystems gehören auch diese Regeln der Rechtsgeschichte an.

---

[6] Dazu *Brenner* (Fn. 1), 126 ff.   [7] *Kellner* u. a., Zivilprozeßrecht (1980), 128.

Erster Titel

Mündliche Verhandlung

Übersicht: Der *Grundsatz der Mündlichkeit* wird in § 128 Abs. 1 vorangestellt. § 128 Abs. 2 und 3 regeln das schriftliche Verfahren. §§ 129 bis 135 betreffen im wesentlichen die Vorbereitung der mündlichen Verhandlung durch *Schriftsätze*, § 129a jedoch die Abgabe von *Erklärungen zu Protokoll der Geschäftsstelle*. Aus den Vorschriften über die Leitung und Durchführung der mündlichen Verhandlung (§§ 136 bis 140) ragen § 138 (*Wahrheitspflicht der Parteien*) und § 139 (*richterliche Frage- und Hinweispflicht*) heraus. Maßnahmen zur Aufklärung des Sachverhalts sind in §§ 141 bis 144 geregelt, die richterliche Befugnis zur *Trennung und Verbindung* in §§ 145 bis 147, die *Aussetzung* in §§ 148 bis 155. Es folgen Vorschriften über die *Wiedereröffnung einer Verhandlung* (§ 156), über die *Zurückweisung einzelner Personen* (§§ 157f.) und schließlich über das *Sitzungsprotokoll* (§§ 159 bis 165).

§ 128 [Grundsatz der Mündlichkeit. Schriftliches Verfahren]

(1) Die Parteien verhandeln über den Rechtsstreit vor dem erkennenden Gericht mündlich.

(2) ¹Mit Zustimmung der Parteien, die nur bei einer wesentlichen Änderung der Prozeßlage widerruflich ist, kann das Gericht eine Entscheidung ohne mündliche Verhandlung treffen. ²Es bestimmt alsbald den Zeitpunkt, bis zu dem Schriftsätze eingereicht werden können, und den Termin zur Verkündung der Entscheidung. ³Eine Entscheidung ohne mündliche Verhandlung ist unzulässig, wenn seit der Zustimmung der Parteien mehr als drei Monate verstrichen sind.

(3) ¹Bei Streitigkeiten über vermögensrechtliche Ansprüche kann das Gericht von Amts wegen anordnen, daß schriftlich zu verhandeln ist, wenn eine Vertretung durch einen Rechtsanwalt nicht geboten ist, der Wert des Streitgegenstandes bei Einreichung der Klage eintausendfünfhundert Deutsche Mark nicht übersteigt und einer Partei das Erscheinen vor Gericht wegen großer Entfernung oder aus sonstigem wichtigen Grunde nicht zuzumuten ist. ²Das Gericht bestimmt mit der Anordnung nach Satz 1 den Zeitpunkt, der dem Schluß der mündlichen Verhandlung entspricht, und den Termin zur Verkündung des Urteils. ³Es kann hierüber erneut bestimmen, wenn dies auf Grund einer Änderung der Prozeßlage geboten ist. ⁴Die Anordnung nach Satz 1 ist aufzuheben, wenn eine der Parteien es beantragt oder wenn das persönliche Erscheinen der Parteien zur Aufklärung des Sachverhalts unumgänglich erscheint.

Gesetzesgeschichte: Bis 1900 § 119 CPO, Abs. 2 angefügt durch Nov 50 (BGBl. 1950, 455 → Einl. Rdnr. 148), Abs. 1 u. 2 geändert sowie Abs. 3 angefügt durch Vereinfachungsnovelle 1976 (BGBl. 1976 I, 3281 → Einl. Rdnr. 159), Abs. 3 Satz 1 geändert, Satz 4 neu gefaßt und Satz 5 aufgehoben durch Rechtspflege-Vereinfachungsgesetz vom 17. XII. 1990 (BGBl. 1990 I, 2847). Wertgrenze in Abs. 3 Satz 1 geändert durch Gesetz zur Entlastung der Rechtspflege vom 11. I. 1993 (BGBl. 1993 I, 50).

Stichwortregister zu § 128		
A. Grundsatz der Mündlichkeit		
I. Zweck	1	
II. Entscheidung nur aufgrund mündlicher Verhandlung	9	
1. Geltungsbereich	10	
2. Ausnahmen	14	
3. Fakultative mündliche Verhandlung	21	
III. Berücksichtigung nur des mündlich Vorgetragenen	27	
1. Umfang der Berücksichtigung	28	

2. Schriftsätzliches Vorbringen	29
3. Urkundenbeweis	31
4. Ergebnisse der Beweisaufnahme	32
5. Kein Ersatz des Parteivortrags durch den Berichterstatter	33
IV. Folgerungen	34
1. Mehrheit von Verhandlungsterminen	34
2. Richterwechsel	36
3. Fortwirkung des Verhandelten	38
V. Das fakultativ mündliche Verfahren	39
1. Verfahrenseinleitung	39
2. Wahlmöglichkeit	40
3. Verhandlungsmaxime	41
4. Verfahren ohne mündliche Verhandlung	42
5. Verfahren mit mündlicher Verhandlung	46
6. Kostenentscheidung	51
VI. Verstöße gegen das Mündlichkeitsprinzip	52
VII. Arbeitsgerichtliches Verfahren	53
1. Allgemeines	53
2. Verfahren mit fakultativer mündlicher Verhandlung	54
3. Rügeverzicht	55

B. Die Entscheidung ohne mündliche Verhandlung mit Zustimmung der Parteien (Abs. 2)

VIII. Zweck	56
1. Entstehung	56
2. Anwendungsfälle	58
3. Systematische Bedeutung	60
4. Geltungsbereich	61
IX. Die Zustimmung der Parteien	62
1. Erklärung	63
2. Umfang	66
3. Widerruf	72
X. Ermessensausübung durch das Gericht	77
1. Inhalt des Ermessens	77
2. Entscheidung mit mündlicher Verhandlung	80
3. Entschluß zu schriftlichem Verfahren, gerichtliche Anordnungen	81
4. Änderung des Entschlusses	85
5. Anfechtung	86
XI. Der Prozeßstoff bei Entscheidung ohne mündliche Verhandlung	87
1. Vorbringen in früherer mündlicher Verhandlung	88
2. Frühere Schriftsätze	89
3. Beweisergebnisse	91
4. Neue Schriftsätze	92
5. Schlußzeitpunkt und Präklusion	94
6. Unterbrechung des Verfahrens	96a
7. Richterwechsel	97
XII. Verfahren und Entscheidung ohne mündliche Verhandlung	99
1. Verfahrensgrundsätze	99
2. Zeitliche Grenze	102
3. Erlaß der Entscheidung	104
4. Kosten	106
5. Rechtsmittel	106a
XIII. Arbeitsgerichtliches Verfahren	107
1. Urteilsverfahren	107
2. Beschlußverfahren	108

C. Schriftliches Verfahren von Amts wegen (Abs. 3)

XIV. Normzweck und Gesetzesgeschichte des Abs. 3	109
1. Zweck und Entstehung der Vorschrift	109
2. Änderungen, insbesondere durch das Rechtspflegevereinfachungsgesetz 1990	110
XV. Voraussetzungen der Anordnung des schriftlichen Verfahrens	111
1. Vermögensrechtlicher Anspruch nicht über 1500 DM	111
2. Kein Anwaltszwang	112
3. Unzumutbarkeit des Erscheinens	113
4. Gerichtliches Ermessen	114
5. Entscheidung von Amts wegen	115
XVI. Die Anordnung des schriftlichen Verfahrens, Anfechtung und Aufhebung	116
1. Anordnung	116
2. Anfechtung und Aufhebung	117
XVII. Durchführung des schriftlichen Verfahrens, Endurteil und Rechtsmittel	118
1. Umfassende Schriftlichkeit	118
2. Prozeßstoff, Fristsetzungen und Präklusion	119
3. Entscheidung	122
4. Rechtsmittel	123
XVIII. Arbeitsgerichtliches Verfahren	124

Stichwortregister zu § 128

Die Zahlenangaben beziehen sich auf die Randnummern.

Abgabe 67 ff.
– Berufungsinstanz 68
– Einzelrichter an Kammer 67
– Kammer an Einzelrichter 69
Ablehnungsrecht 63, 90
Änderung der Prozeßlage 72 f., 75, 97
Aktenbeiziehung 30
Anerkenntnis 18, 34, **38**, 43, 89, 92, 96
Anfechtung (der Anordnung des schriftlichen Verfahrens) 86
Anhörung 26
Ankündigung im Schriftsatz 28, 87, 89
Anordnung des schriftlichen Verfahrens 116
– Anfechtung 86, 117
– Aufhebung 117a
Antrag 28, 89
– Wiederholung 36, 38
Anwaltsgebühren 106
Anwaltszwang 43, **63**, 112
Arbeitsgerichtliches Verfahren 53 ff., 107 f., 124 f.
– Berufungsverfahren 55, 107, 124
– Beschlußverfahren 53, 108, 125
– Beschwerdeverfahren 53
– Revisionsverfahren 55, 107, 124
– Sprungrevision 54
– Urteilsverfahren 53, 55, 107, 124
Arrest 46
Aufklärungsbeschluß 70, 80
Aufklärungspflicht 78, **101**
Ausschluß der mündlichen Verhandlung 24
Aussetzung des Verfahrens 26

Bagatellverfahren 109, 110a
Bauprozeß 58
Beauftragter Richter 12
Beiakten 52
Beisitzer (arbeitsgerichtliches Verfahren) 54, 107
Bekanntmachung 48
Beratungstermin 98 (Fn. 126)
Berichterstatter 33
Berufungsinstanz 10, 61
Berufungssumme 106a, 110, 123 ff.
Beschleunigung des Verfahrens 6
Beschluß 45, 48 f., **50**, 81, 104, **116**, 122
– Verkündung 50, 104 f., 122
– Zustellung 45, 81, 105
Beschlußverfahren (Arbeitsgerichte) 53, 108
Beschwerdegegenstand 123
Beschwerdemöglichkeit 40, 86
Besetzung des Gerichts 98
Bestimmender Schriftsatz 10a

Beweisaufnahme 11, 44, 49, 52, 91, 99
Beweisbeschluß 26a, 70
– Berufungsinstanz 68
Beweisergebnis 32
Bezugnahme 27, 30, 32, 36, 38

Dreimonatszeitraum **102 f.**, 108
Durchlauftermin 6

Ehrenamtliche Richter (Arbeitsgerichte) 107
Einheit der Verhandlungstermine 34
Einlassung des Beklagten 78
Einlassung zur Hauptsache 38, **90**
Einleitung des Verfahrens 39
Einsichtnahme (Urkunde) 31
Einstweilige Anordnung 20
Einstweilige Verfügung 46
Einzelrichter 37, 48, 52, **67 ff.**, 84
– Berufungsinstanz 68, 72
Endentscheidung 66
Endtermin (Endzeitpunkt) s. Schlußtermin
Entfernung vom Gericht 113
Entscheidung nach Lage der Akten 17
Entscheidungsreife 59, 78 f.
Erkennendes Gericht 9, 12
Erledigungserklärung 34
Ermessen 40, **77 ff.**, 114, 117a
Ersuchter Richter 12
Europäische Menschenrechtskonvention 8, 110

Fakultative mündliche Verhandlung 21 ff., **39 ff.**
– arbeitsgerichtliches Verfahren 54
Familiengericht 112
Feriensache 66, 70, 84, 102
Fortführung des Verfahrens 13
Fortwirkung (des Verhandelten) 38
Fragerecht 78
Fristsetzung 42

Gerichtsbesetzung 98
Gerichtsferien 84, 102
Gerichtsstandsvereinbarung 113
Geringwertige Streitigkeiten 5, 16, 109, 110a
Gesamtakt 65
Geschäftsstelle 48
Gesetzlicher Richter 98 (Fn. 126)
Geständnis 89 f.
Gesuch 39, 42
Glaubhaftmachung 42, 44

Haupttermin 4
Hinweispflicht 70, **101**

§ 128   Erstes Buch. Allgemeine Vorschriften. Dritter Abschnitt. Verfahren

Kammer 37, **67 ff.**
Kartelltermin 6
Klageänderung 111
Klagerücknahme 34, 90, 111
Kollegialgericht 10
Kontradiktorisches Urteil 121
Kosten 51, 106
Kostenentscheidung 51

Ladung 48

Mahnverfahren 19
Menschenrechtskonvention 8, 110
Modifizierte Mündlichkeit 1
Mündliche Verhandlung 6
Mündlichkeitsprinzip **1 ff.**, 52
– Heilung der Verletzung 52, 55
– Verletzung 52

Nachgereichter (nachgelassener) Schriftsatz 29, 52, 100
Neues Vorbringen 45
Nichtigkeitsklage 109
Nichturteil 105
Notwendige Streitgenossenschaft 64

Obligatorische mündliche Verhandlung **24 ff.**, 27

Parteiöffentlichkeit 44
Persönliches Erscheinen (Anordnung) 49
Präklusion 28, 35, 84, 90, **95**, 119
Präklusionsrüge 35
Protokoll 28, 43, 88
Prozeßhandlung 10a, 65, **92**
Prozeßleitende Anordnung 26, **70**
Prozeßstoff 32, 34, 47, 87
Prozeßverzögerung 73
Prozeßvollmacht 63

Rechtliches Gehör 2, 23, **40**, 42, 78, 94, 97, **100**, 106a, 109, 116 f., **123a f.**
Rechtsausführungen 29
Rechtsbeschwerde 53
Rechtspflegeentlastungsgesetz 5, 7, 110 f.
Rechtspfleger 12
Rechtspflegevereinfachungsgesetz 5, 110 f.
Reformgesetzgebung 5, 7, 56 f., 110 f.
Revisionsbegründung 28
Revisionsinstanz 10, 61
Richterablehnung 63, 90
Richterwechsel **36**, 38, **97 f.**
– im schriftlichen Verfahren 97 f.
Rückübertragung (Einzelrichter an Kammer) 67
Rügeverlust 90
Rügeverzicht (arbeitsgerichtliches Verfahren) 55
Ruhen des Verfahrens 26

Säumnis 34, 90, **96**, 120
Scheinurteil 105
Schiedsurteilsverfahren 109
Schlußtermin (Schlußzeitpunkt) 57, 69, 71, 81, 83 f., 92, **94 ff.**, 96a, 104, 108, **116**, 119, 123a
Schriftliche Äußerung 42
Schriftliches Verfahren 52
– mit Zustimmung der Parteien 56 ff.
– von Amts wegen 109 ff.
Schriftliches Vorverfahren 18, 96, 121
Schriftsatz 28 ff., **89 f.**
– Ankündigung 28, 87, 89
– Berichtigung 89
– Frist 100
– frühere Schriftsätze 88, **89 f.**, 119
– Mitteilung 100
– nachgelassener (nachgereichter) 29, 52, 100
– neue Schriftsätze (nach Übergang ins schriftl. Verfahren) 92 f., 119
– späterer Schriftsatz 89
– Verlesung 89
Sprungrevision (arbeitsgerichtliches Verfahren) 54
Streitgehilfe 75
Streitgenossenschaft 64
Streitwert 111, 114

Terminsbestimmung 48, **80**, 122
Terminvorbereitung 4, 5a, 13
Trennung (von Prozessen) 26, 71
Trennungsbeschluß 71

Unbestrittene Behauptungen 93
Uneigentliche Frist 102
Unterbrechung des Verfahrens 96a
Urkundenbeweis 31
Urkundenvorlage 27
Urteilsverfahren (Arbeitsgerichte) 55, 107

Verbindung von Prozessen 26
Vereinfachungsnovelle 4, 26a, **57**, 81, 83, 104 f., 108, 109
Verfahren mit mündlicher Verhandlung 46 ff.
Verfahren ohne mündliche Verhandlung 42 ff.
Verfahrensbeschleunigung 6
Verfahrenseinleitung 39
Verfahrensfehler 28, 52, 103, 105
Verfahrensfortführung 12
Verfahrensmangel 28, 52, 103, 105
Verfahrensrüge 49, 90
Verfassungsbeschwerde 123a
Vergleich 58
Verhandlungsmaxime 41, 49, 99
Verhandlungsschluß 29, **45**, 84
Verhandlungstermin 29, **34 f.**
Verkündung 104 f.
Verkündungstermin 57, 81, **82**, 108, **116**

Vermögensrechtlicher Anspruch 111
Versäumnisurteil **17**, 18, 120 f.
Versäumnisverfahren 49, 120 f.
Versorgungsausgleich 22
Verzicht 34, **38**, 43, 89, 92, 96
Vollstreckbarerklärung 46
Vorbereitender Schriftsatz 28
Vorsitzender Richter 48
– Arbeitsgericht 54, 107 f.

Wesentlicher Verfahrensmangel 52
Widerklage 111, 123
Widerruf (der Zustimmung zum schriftlichen Verfahren) 72 ff.

– arbeitsgerichtliches Verfahren 108
Wiederaufnahme 123
Wiedereröffnung der Verhandlung (des Verfahrens) 29, 94, **100,** 119 (Fn. 158)
Wiederholung des Vortrags 29

Zulässigkeitsrüge 35, 90, 95
Zusammenfassung des Vortrags 29
Zustellung 45, 105
Zustimmung der Parteien (schriftliches Verfahren) 62 ff., 97
Zwangsvollstreckung 20
Zweites Versäumnisurteil 123a

A. Der Grundsatz der Mündlichkeit

I. Zweck

Der Grundsatz der Mündlichkeit[1] der Verhandlung (zur sog. Verhandlungsform → vor § 128 Rdnr. 109) bedeutet einmal, daß das Gericht eine **Entscheidung nur aufgrund mündlicher Verhandlung** treffen darf (→ Rdnr. 9 ff.), und weiter, daß das Gericht als Prozeßstoff **nur das ihm in der mündlichen Verhandlung Vorgetragene berücksichtigen** darf (→ Rdnr. 27 ff.). Nach beiden Richtungen hin ist der Mündlichkeitsgrundsatz vielfach eingeschränkt; man kann daher nur von einer **modifizierten Mündlichkeit** sprechen.

Mit dem **Anspruch auf rechtliches Gehör** (→ vor § 128 Rdnr. 9 ff.) hängt der Grundsatz insofern eng zusammen, als die mündliche Verhandlung in der Regel das wichtigste Mittel zur Gewährung des rechtlichen Gehörs darstellt. Doch wird die Mündlichkeit nicht durch Art. 103 Abs. 1 GG gefordert; vielmehr kann das Gehör auch schriftlich gewährt werden, → vor § 128 Rdnr. 31. Ferner besagt § 128 nach seinem Buchstaben wie nach seinem Sinn nichts darüber, ob die mündliche Verhandlung mit einer oder mit beiden Parteien stattfindet. Demgemäß gilt § 128 auch bei einseitiger Verhandlung, wie sie im Säumnisfall – vorbehaltlich der Ausnahmen nach §§ 251a, 331a, → Rdnr. 17 – oder in Ehe- und Statussachen vorkommt, → auch § 330 Rdnr. 4, § 612 Rdnr. 3 ff.

Die Mündlichkeit ist nicht Selbstzweck, sondern **Mittel zu einem Zweck**, nämlich zu einer gründlichen und konzentrierten Durchführung des Verfahrens. Von den Schöpfern der ZPO

1

2

3

---

[1] Lit.: *Arens* Mündlichkeitsprinzip und Prozeßbeschleunigung im Zivilprozeß (1971); *Baur* Wege zu einer Konzentration der mündlichen Verhandlung (1966); *ders.* Die Aktivität des Richters im Prozeß, Deutsche zivil- und kollisionsrechtliche Beiträge zum IX. Internationalen Kongreß für Rechtsvergleichung in Teheran (1974), 187; *Bettermann* Hundert Jahre Zivilprozeßordnung ZZP 66 (1978), 365, 369; *K. Blomeyer-Meiss* Schriftliches und mündliches Element im Zivilprozeß, Deutsche Landesreferate zum III. Internationalen Kongreß für Rechtsvergleichung in London (1950), 461; *Baumgärtel* Das Mündlichkeitsprinzip und die hierzu bestehenden Reformversuche, insbesondere das Stuttgarter Modell JR 1973, 309; *Fezer* Die Funktion der mündlichen Verhandlung im Zivilprozeß und im Strafprozeß (1970); *Hegler* Mündlichkeit und Unmittelbarkeit im Prozeß, Rechtsgang I (1913), 192, 385; II (1916), 267; *Hendel* Wider den Niedergang der Kultur der mündlichen Verhandlung DRiZ 1992, 91;

Kip Das sog. Mündlichkeitsprinzip (1952) – dazu *Meiss* ZZP 66 (1953), 239; *Möhring-Nirk* Die mündliche Verhandlung in der Revisionsinstanz in Zivilsachen, 25 Jahre Bundesgerichtshof (Festschrift, 1975), 305; *Niederhuber* Befindet sich die Kultur der mündlichen Verhandlung wirklich im Niedergang? DRiZ 1992, 335; *Stürner* Verfahrensgrundsätze des Zivilprozesses und Verfassung, Festschr. für Baur (1981), 647, 661; *Wach* Vorträge[2] (1896), 1; *ders.* ZZP 11 (1897) Ergänzungsheft 74, 89; *ders.* Grundfragen und Reform des Zivilprozesses (1914), 76; *Walsmann* Schriftlichkeit und Mündlichkeit ZZP 61 (1939), 381. – Zur geschichtlichen Entwicklung ausführlich *Dahlmanns* in Handbuch der Quellen und Literatur der neueren europäischen Privatrechtsgeschichte, 3. Bd., Das 19. Jahrhundert, 2. Teilbd. (1982), 2615. – Zur umfangreichen Reformliteratur, die vielfach auch das Mündlichkeitsprinzip betrifft, → Einl. Rdnr. 200. Lit. zum schriftlichen Verfahren → Fn. 63.

und in den ersten Zeiten ihrer Geltung wurde sie in Theorie und Praxis in dem weit verbreiteten Glauben an die alleinige Heilkraft bestimmter Maximen **oft überschätzt** und einseitig in den Vordergrund gestellt mit der Folge, daß das Verfahren sich in eine Unzahl von Terminen, oft ohne sachlichen Gehalt, zersplitterte, das Schwergewicht sich in die vorbereitenden Schriftsätze verlagerte und die Verhandlung ein als entbehrlich empfundener Formalakt wurde. Die **spätere Gesetzgebung**, insbesondere die Nov 24 und 33, → Einl. Rdnr. 123 f., 133, haben dem Mündlichkeitsgrundsatz zu seiner wahren Bedeutung zu verhelfen versucht, indem sie sich einerseits um bessere Vorbereitung und Konzentration der mündlichen Verhandlung, Verhinderung von Vertagungen usw. bemühten, andererseits in der einverständlichen Entscheidung ohne mündliche Verhandlung um Öffnung eines Ventils zum schriftlichen Verfahren, wo dieses geeigneter zu sein schien.

4   In der Praxis erzielten diese Maßnahmen zur Vorbereitung und Konzentration nur begrenzte Erfolge. Die **Vereinfachungsnovelle 1976** (→ Einl. Rdnr. 159) setzte die Bemühungen des Gesetzgebers um Konzentration und Beschleunigung fort. Nach § 272 Abs. 1 soll der Rechtsstreit in der Regel in einem umfassend vorbereiteten Termin zur mündlichen Verhandlung (dem sog. **Haupttermin**) erledigt werden. Da aber zur **Vorbereitung dieses Termins** nach Wahl des Vorsitzenden (§ 272 Abs. 2) entweder ein früher erster Termin zur mündlichen Verhandlung oder ein schriftliches Vorverfahren stattfinden kann, kann man diese Verfahrensgestaltung nicht schlechthin als Verstärkung des Mündlichkeitsprinzips auffassen. Das schriftliche Vorverfahren und die hier, aber auch sonst, vielfältig möglichen Fristsetzungen mit der Folge einer Präklusion des nicht rechtzeitig in Schriftsätzen vorgebrachten Stoffs (§ 296 Abs. 1) verstärken in nicht unbedenklicher Weise die **Elemente der Schriftlichkeit** und können zu einer unnötigen Aufblähung des (vorsorglich vorzutragenden) Prozeßstoffs führen.

5   Neben dem schriftlichen Verfahren aufgrund der Zustimmung der Parteien, Abs. 2 (→ Rdnr. 56) besteht seit der Vereinfachungsnovelle 1976 die Möglichkeit, **bei Streitigkeiten geringeren Werts** und unter zusätzlichen Voraussetzungen **von Amts wegen ein schriftliches Verfahren** anzuordnen, Abs. 3 (→ Rdnr. 109). Das RechtspflegevereinfachungsG 1990 fügte, an den früheren, 1976 aufgehobenen § 510c anknüpfend, § 495a ein, der dem Gericht erlaubt, bis zu einem Streitwert von nunmehr 1200 DM (seit dem RechtspflegentlastungsG 1993) das Verfahren nach billigem Ermessen zu bestimmen. Danach kann insbesondere schriftlich verfahren werden. Jedoch muß auf Antrag einer der Parteien mündlich verhandelt werden, § 495a Abs. 1 S. 2.

5a Da das geltende Recht dem Gericht (bzw. dem Vorsitzenden) bei der Verfahrensgestaltung erheblichen Spielraum beläßt, hängt es nach wie vor in erster Linie von den Fähigkeiten und dem Engagement der Richter ab, ob von den Möglichkeiten der Terminsvorbereitung und von den Vorteilen einer konzentrierten mündlichen Verhandlung ein sinnvoller Gebrauch gemacht wird. Daß auch die Höhe des Geschäftsanfalls sowie die personelle und sachliche Ausstattung der Gerichte großen Einfluß auf den tatsächlichen Ablauf der Prozesse haben, sollte man bei alledem nicht übersehen.

6   In der Regel gilt nach wie vor, daß eine **mündliche Verhandlung** besser als jedes schriftliche Verfahren geeignet ist, dem Gericht ein **lebensnahes Bild** der zu beurteilenden tatsächlichen Vorgänge sowie der im Streit stehenden Interessen zu geben, ferner durch **schnelle Klärung** von Lücken oder Widersprüchen das häufige Aneinander-Vorbeireden in Schriftsätzen zu vermeiden, und schließlich die Verhandlung zu **beschleunigen** und den Prozeß verständlicher und volkstümlicher werden zu lassen. Von besonderem Wert ist die mündliche Verhandlung für nicht rechtskundige und nicht anwaltlich vertretene Parteien, die gerade hier durch richterliche Hinweise und Fragen nach § 139 (zu dessen kompensatorischer Funktion → § 139 Rdnr. 6a) davor bewahrt werden können, den Streitstoff unklar oder unvollständig

vorzutragen. Die Arbeitslast wird für alle Beteiligten nicht geringer, sondern vermehrt sich, wenn wegen Fehlens des Vortrags und einer Aussprache das Wichtige in der Flut der Schriftsätze versinkt und Unklarheiten des Vortrags nicht frühzeitig entdeckt werden. Nur die Mündlichkeit sichert auch die Öffentlichkeit des Verfahrens, → vor § 128 Rdnr. 114. Freilich kann die mündliche Verhandlung ihre Vorteile nur entfalten, wenn eine wirkliche Aussprache stattfindet und dafür auch (bei aller notwendigen Konzentration) Zeit zur Verfügung steht[2]. Sog. Kartelltermine, bei denen die mit der Sache vertrauten Prozeßbevollmächtigten nicht anwesend, sondern durch einen »Kartellanwalt« vertreten sind, werden dem Sinn und Zweck der Mündlichkeit ebenso wenig gerecht wie »Durchlauftermine«, bei denen ebenfalls von vornherein nichts anderes eingeplant ist als die Stellung der Anträge unter Bezugnahme auf die Schriftsätze.

Wieweit der Grundsatz der Mündlichkeit zu verwirklichen ist, stellt eine Frage der **prozeß-** **politischen Zweckmäßigkeit** dar[3]. In einer ganzen Reihe von Fällen schreibt die ZPO die mündliche Verhandlung nicht zwingend vor, sondern stellt sie in das Ermessen des Gerichts (fakultative mündliche Verhandlung, → Rdnr. 21ff). Zuletzt sind durch das RechtspflegevereinfachungsG 1990 im Interesse der Verfahrensvereinfachung weitere Fälle hinzugekommen (§ 91a Abs. 1 S. 1; § 281 Abs. 2 S. 2; § 937 Abs. 2, 2. Alt.; § 101 Abs. 2 S. 2 GVG)[4]. Die Erkenntnis, daß das Mündlichkeitsprinzip *kein Dogma*, sondern nur ein nach Gesichtspunkten der Zweckmäßigkeit bestimmter Weg zur besseren Rechtsfindung ist, bedeutet für die Auslegung des geltenden Rechts, daß auch Einschränkungen in Betracht kommen und in den nicht eindeutig geregelten Fällen nicht notwendigerweise die obligatorische Mündlichkeit zu gelten hat, → Rdnr. 25. 7

Durch seine Garantie der Öffentlichkeit hat Art. 6 der **Europäischen Menschenrechtskon-** **vention**, → Einl. Rdnr. 206, 684, → vor § 128 Rdnr. 144, mittelbar auch die Mündlichkeit des Verfahrens vorgeschrieben. Da die Rechte aus Art. 6 jedoch *verzichtbar* sind, stehen sie dem schriftlichen Verfahren mit *Zustimmung der Parteien* nach § 128 Abs. 2 nicht entgegen. Die in Abs. 3 vorgesehene Möglichkeit, **von Amts wegen** das schriftliche (und damit notwendigerweise nichtöffentliche) Verfahren anzuordnen, ist jedenfalls in der seit dem RechtspflegevereinfachungsG 1990 geltenden Form[5] mit Art. 6 EMRK vereinbar, da nunmehr beide Parteien nach Abs. 3 S. 4 das Recht haben, die Aufhebung der Anordnung zu beantragen und dadurch die mündliche Verhandlung herbeizuführen. 8

II. Entscheidung nur aufgrund mündlicher Verhandlung

Die Mündlichkeit beherrscht nicht den gesamten Zivilprozeß. Abs. 1[6] schreibt sie nur als *Regel* für die **Verhandlung vor dem erkennenden Gericht** vor (→ Rdnr. 10), die durch zahlreiche Ausnahmen durchbrochen ist (→ Rdnr. 14ff.); zum Teil ist die mündliche Verhandlung auch nicht obligatorisch, sondern nur fakultativ (→ Rdnr. 21ff.). 9

1. Geltungsbereich

a) Das Erfordernis der Mündlichkeit stellt Abs. 1 für die Verhandlung der Parteien vor dem erkennenden Gericht auf, d.h. für die Vorlage des Streitstoffs durch Anträge, Behaup- 10

---

[2] Hierzu *Hendel* DRiZ 1992, 91. – Teils a. M. *Niederhuber* DRiZ 1992, 335.
[3] Vgl. hierzu *Klein-Engel* Der Zivilprozeß Österreichs (1927), 220 ff.; weiter *Walsmann* (Fn. 1); *Guldener* Schweizerisches Zivilprozeßrecht³ (1979), 414; *Blomeyer-Meiss* (Fn. 1); *Sauer* Allgemeine Prozeßrechtslehre (1951), 83; *Grunsky* Grundlagen², 215.
[4] Hierzu *Hansens* NJW 1991, 953, 955 f.
[5] Zur Problematik der früher geltenden Regelung s. Voraufl. Rdnr. 8.
[6] Die Änderung des Abs. 1 durch die Vereinfachungsnovelle 1976 ist rein sprachlicher Natur.

tungen und Erklärungen der Parteien als Voraussetzung einer gerichtlichen Entscheidung. Der Grundsatz betrifft sowohl die Verhandlung vor dem **Kollegialgericht** wie vor dem **Einzelrichter**, → vor § 348 Rdnr. 4; er gilt auch für die **Berufungs- und Revisionsinstanz**[7], während im Beschwerdeverfahren die mündliche Verhandlung fakultativ ist (§ 573 Abs. 1).

10a Vom Erfordernis der mündlichen Verhandlung als Grundlage einer Entscheidung ist die Frage zu unterscheiden, ob bestimmte **Prozeßhandlungen** der Parteien *nur* in der mündlichen Verhandlung vorgenommen werden können oder auch schriftlich, hierzu → vor § 128 Rdnr. 184 ff., zu den bestimmenden Schriftsätzen → § 129 Rdnr. 4 ff. Soweit die Erklärung des Klägers durch (bestimmenden) Schriftsatz erfolgen kann, hat dies auch für eine Zustimmung des Beklagten zu gelten, so etwa für die Zustimmung zur Klagerücknahme, → § 269 Rdnr. 15, oder zur Klageänderung[8].

11 b) Den Gegensatz zur **Verhandlung der Parteien** bilden die **Beweisaufnahme**[9] und an sich auch Zwischenstreitigkeiten mit dritten Personen, für die aber in § 71 Abs. 1 S. 1, § 135 Abs. 2, § 387 Abs. 1 (§ 402) Entscheidung aufgrund mündlicher Verhandlung vorgeschrieben ist.

12 c) Den Gegensatz zur Verhandlung der Parteien **vor dem erkennenden Gericht** bilden alle Prozeßhandlungen vor dem **beauftragten** oder **ersuchten Richter** oder vor dem Urkundsbeamten der Geschäftsstelle. Beim **Rechtspfleger** ist die mündliche Verhandlung dort nötig, wo sie es auch bei einer Entscheidung durch den Richter wäre, also wenn eine Übertragung nicht stattgefunden hätte, z. B. im Verteilungsverfahren, §§ 872 ff., § 20 Nr. 14 RpflegerG. Ferner scheiden Prozeßakte aus, die von Partei zu Partei erfolgen oder von der Geschäftsstelle oder dem Zustellungsbeamten ausgehen.

13 d) Den Gegensatz zu **Entscheidungen**, die das Gericht **als erkennendes** trifft, stellen richterliche Akte dar, die lediglich die **Fortführung des Verfahrens** zum Gegenstand haben, wie die Bestimmung eines Termins, Maßnahmen zu seiner Vorbereitung, → § 273, Fristsetzungen usw., die Prozeßleitung im engeren Sinn im Unterschied zu der auch hierbei u. U. notwendig werdenden Entscheidung über die Voraussetzungen der prozeßleitenden Anordnung. Nicht unter Abs. 1 fallen ferner Akte, die nicht unmittelbar zum Verfahren und seiner Entscheidung gehören, wie z. B. Entscheidungen über Prozeßkostenhilfegesuche, Festsetzung der Geschäftsverteilung u. a. m., → auch Einl. Rdnr. 552. Da die Abgrenzung oft zweifelhaft sein kann, hat die ZPO häufig ausdrücklich eine mündliche Verhandlung obligatorisch oder fakultativ vorgeschrieben, → Rdnr. 22 bis 24.

2. Ausnahmen

14 Die Regel des Abs. 1 wird durch eine ganze Reihe von Ausnahmen durchbrochen, die in größerem oder geringerem Umfang für bestimmte Verfahrensarten oder für einzelne Entscheidungen **Schriftlichkeit** der vorausgehenden Verhandlungen vorsehen.

15 a) Nach Abs. 2 kann das Gericht in den dort bestimmten Grenzen **mit Zustimmung der Parteien** ohne mündliche Verhandlung eine Entscheidung treffen, näher → Rdnr. 56 ff.

16 b) Ferner kann das Gericht nach Abs. 3 **bei niedrigem Streitwert** (bis 1500 DM) **von Amts wegen** das schriftliche Verfahren anordnen, näher → Rdnr. 109 ff.

17 c) Für den Erlaß eines **Versäumnisurteils** (§§ 330, 331) genügt die *einseitige* mündliche Verhandlung mit der erschienenen Partei. Seit der Nov 24 kann aber das Gericht nach

---

[7] Den Wert der mündlichen Verhandlung in der Revisionsinstanz betonen *Möhring-Nirk* (Fn. 1).
[8] *BGH* NJW 1992, 2235.
[9] Diesen engeren Sinn hat das Wort Verhandlung hier und in §§ 129, 136 Abs. 4, § 137. Dagegen bedeutet es in §§ 43, 136 Abs. 1 sowie in §§ 132, 134, 160 den gesamten Inhalt des Termins einschließlich der Beweisaufnahmen und der Verkündung der Entscheidungen.

§§ 251a, 331a bei beiderseitiger oder einseitiger Säumnis auch eine kontradiktorische **Entscheidung nach Lage der Akten**, also unter Berücksichtigung auch des nur schriftlich Vorgebrachten (→ § 251a Rdnr. 13ff.) erlassen. Der gesetzgeberische Gedanke dieser Ausnahme ist letzten Endes nicht die Lockerung, sondern gerade die Stärkung der Mündlichkeit unter dem Sanktionsgesichtspunkt, daß die Parteien bei Nichterfüllung ihrer prozessualen Erscheinungslast des Vorteils verlustig gehen, ihre Behauptungen und Rechtsausführungen dem Gericht unmittelbar zu Gehör zu bringen. Es genügt, wenn das Gericht den Parteien zur mündlichen Verhandlung Gelegenheit gegeben hat, so daß das erkennende Gericht zum Erlaß einer kontradiktorischen Entscheidung befugt ist, wenn eine mündliche Verhandlung beider Parteien *stattgefunden* hat[10] oder eine oder beide Parteien in einem zur mündlichen Verhandlung bestimmten Termin *ausgeblieben* sind. Ein *Urteil* nach Lage der Akten kann jedoch nur ergehen, wenn in einem früheren Termin verhandelt worden ist, § 251a Abs. 2 S. 1, § 331a S. 2.

d) Das **schriftliche Vorverfahren** (§ 272 Abs. 2, § 276) dient an sich der Vorbereitung der mündlichen Verhandlung. Soweit aber innerhalb des schriftlichen Vorverfahrens ein Versäumnisurteil (§ 331 Abs. 3) oder ein Anerkenntnisurteil (§ 307 Abs. 2) erlassen werden kann, liegt eine Ausnahme vom Grundsatz der Mündlichkeit vor. 18

e) Das **Mahnverfahren** ist grundsätzlich schriftlich; die in § 691 Abs. 1 S. 2 vorgeschriebene Anhörung des Antragstellers zur Zurückweisung eines Mahnantrags kann mündlich oder schriftlich erfolgen. 19

f) Auch die **Zwangsvollstreckung** im engeren Sinn, d. h. soweit ein Vollstreckungsakt vorgenommen wird, fordert keine mündliche Verhandlung. Das Verfahren vor dem Vollstreckungsgericht ist fakultativ mündlich, § 764 Abs. 3. Soweit durch die Vollstreckung *Klagen* verursacht werden, gilt die Mündlichkeit (→ Rdnr. 24), bei *einstweiligen Anordnungen* ist die mündliche Verhandlung fakultativ (§ 707 Abs. 2 S. 1, § 769 Abs. 3, § 771 Abs. 3 S. 1). 20

3. Fakultative mündliche Verhandlung

Weil eine grundsätzliche Abgrenzung der Fälle, in denen das Gericht als erkennendes oder als nicht erkennendes handelt (→ Rdnr. 13), schwierig ist, hat die ZPO vielfach dort, wo sie die mündliche Verhandlung nicht für unumgänglich erachtet, **ausdrücklich ausgesprochen**, daß die Entscheidung ohne mündliche Verhandlung erfolgen kann, also die Mündlichkeit nur fakultativ ist, in anderen Zweifelsfällen dagegen ausdrücklich das Gegenteil angeordnet, also die mündliche Verhandlung für obligatorisch erklärt. 21

a) Die **mündliche Verhandlung** ist kraft positiver Vorschrift in das **Ermessen** des Gerichts gestellt, also **fakultativ**, in den Fällen der § 37 Abs. 1, § 46 Abs. 1, § 91a Abs. 1 S. 2, § 109 Abs. 3 S. 2, § 118 Abs. 1 S. 3, § 174 Abs. 1 S. 2, § 177 Abs. 2 S. 1, § 204 Abs. 1 S. 2, § 225 Abs. 1, § 248 Abs. 2, § 269 Abs. 3 S. 4, § 281 Abs. 2 S. 2, § 319 Abs. 2 S. 1, § 339 Abs. 2, § 356 S. 2, § 358a, § 360 S. 2, § 406 Abs. 4, § 431 Abs. 1 S. 2, § 490 Abs. 1, § 494a Abs. 2 S. 2, § 519b Abs. 2, § 554a Abs. 2, § 554b Abs. 3, § 573 Abs. 1, § 707 Abs. 2 S. 1, § 719 Abs. 3, § 721 Abs. 4 S. 2, § 732 Abs. 1 S. 2, § 764 Abs. 3, § 769 Abs. 3, § 771 Abs. 3 S. 1 i. V. mit § 769 Abs. 3, § 785 i.V. mit § 769 Abs. 3, § 794a Abs. 1 S. 3, § 805 Abs. 4 S. 2 i.V. mit § 769 Abs. 3, § 891 S. 1, § 921 Abs. 1, § 934 Abs. 3, § 937 Abs. 2, § 942 Abs. 4, § 947 Abs. 1 S. 2, § 1020 S. 2 i. V. mit § 947 Abs. 1 S. 2, § 1042a Abs. 1 S. 1, § 1045 Abs. 2 S. 1; 22

---

[10] Dazu genügt nicht, daß ein nicht informierter Prozeßbevollmächtigter lediglich Abweisungsantrag stellt, ohne zur Sache durch Vortrag oder wenigstens Bezugnahme auf Schriftsätze Stellung zu nehmen, *OLG Bamberg* OLGZ 1976, 351; *OLG Zweibrücken* MDR 1977, 409.

ebenso in § 101 Abs. 2 S. 2 u. § 138 Abs. 1 S. 2 GVG. Soweit über den Versorgungsausgleich als Scheidungsfolgesache getrennt entschieden wird, gilt nicht § 128, sondern § 53b Abs. 1 FGG[11], der die mündliche Verhandlung nur als Soll-Vorschrift anordnet, → auch § 628 Rdnr. 16 bei Fn. 78.

23   b) Die mündliche Verhandlung ist **ferner fakultativ**, wo Art. 103 Abs. 1 GG (→ vor § 128 Rdnr. 9, 31) oder Vorschriften der ZPO das **Gehör** einer oder beider Parteien vorschreiben, aber keine mündliche Verhandlung fordern und die Entschließung über die Art des Gehörs damit dem pflichtgemäßen Ermessen des Gerichts überlassen, so § 691 Abs. 1 S. 2, § 813a Abs. 5 S. 1, § 844 Abs. 2, § 850b Abs. 3, § 851b Abs. 2 S. 1 i. V. mit § 813a Abs. 5 S. 1, § 891 S. 2.

24   c) **Ausdrücklich** als **obligatorisch** ist dagegen die mündliche Verhandlung vorgeschrieben in § 320 Abs. 3 S. 1, § 321 Abs. 3 S. 1, § 714, § 716 i. V. mit § 321 Abs. 3 S. 1, § 924 Abs. 2 S. 2, und ausdrücklich **ausgeschlossen** im Falle des § 227 Abs. 2 S. 1 und des § 494a Abs. 1; in § 48 Abs. 2 ist das Gehör der Parteien, in § 834 die Anhörung des Schuldners ausgeschlossen und damit auch eine mündliche Verhandlung. Eine weitere Reihe von Fällen hat dadurch ihre Regelung erhalten, daß die ZPO ein Begehren auf den Weg der **Klage** verweist, §§ 578, 722, 767f., 771 usw.; denn die Klage ist die Prozeßeinleitungsform in den Fällen der obligatorischen mündlichen Verhandlung, → § 253 Rdnr. 1. Dieselbe Bedeutung hat es, wenn vorgeschrieben wird, die Entscheidung habe durch **Urteil** zu erfolgen, z.B. §§ 925 f.; denn das Urteil ist die Form der Endentscheidung aufgrund obligatorischer mündlicher Verhandlung, der Beschluß zumeist die Form bei fakultativer, → vor § 300 Rdnr. 9f.[12] Im gleichen korrespondierenden Sinn (und mit der Wirkung, daß die mündliche Verhandlung obligatorisch ist) gebrauchen alle Gesetze seit Erlaß der ZPO die Begriffe Klage und Urteil, vor allem das BGB, vgl. z. B. § 315 Abs. 3 S. 2, § 319 Abs. 1 S. 2, § 343 Abs. 1 S. 1, § 655 S. 1, § 660 Abs. 1 S. 2, § 917 Abs. 1 S. 2 BGB usw.

25   d) Gerade weil die lediglich fakultative mündliche Verhandlung in ausgesprochen kasuistischer Weise in sehr zahlreichen Einzelvorschriften vorgesehen ist, liegt es an sich näher, in allen **nicht ausdrücklich geregelten Fällen** den Umkehrschluß zu ziehen und gemäß § 128 Abs. 1 die vorherige mündliche Verhandlung für obligatorisch zu erklären[13]. Mittlerweile ist aber die ZPO zu oft und in zu unsystematischer Weise geändert worden, als daß man aus dem Schweigen des Gesetzes *zwingend* auf die obligatorische Mündlichkeit zu schließen hätte. Bei der Beurteilung der Zweifelsfälle ist zu berücksichtigen, daß § 128 Abs. 1 nur die Verhandlung vor dem erkennenden Gericht anspricht und die ZPO jedenfalls heute das Bestreben widerspiegelt, die Vorteile der Mündlichkeit effektiv zu nutzen und solche Verhandlungstermine zu vermeiden, die nur leeren Formalismus darstellen. **Kriterien** dafür, ob **in unklaren Fällen** die mündliche Verhandlung obligatorisch oder fakultativ ist, sind daher einerseits die *Vergleichbarkeit* mit einem der ausdrücklich geregelten Fälle, andererseits die *Funktion* einer mündlichen Verhandlung im Hinblick auf Voraussetzungen und Wirkungen der Entscheidung.

26   Daß eine gerichtliche Anordnung lediglich **prozeßleitenden Charakter** hat, genügt jedoch allein noch nicht, um von einer obligatorischen mündlichen Verhandlung absehen zu können;

---

[11] *OLG Hamm* FamRZ 1980, 702; *KG* FamRZ 1984, 495; *OLG Koblenz* FamRZ 1985, 1144; ebenso für das isolierte Beschwerdeverfahren *BGH* NJW 1983, 824. – Wird ohne mündliche Verhandlung entschieden, so handelt es sich nicht um ein schriftliches Verfahren nach Abs. 2, *OLG München* FamRZ 1980, 699.

[12] Der Ausdruck »Verurteilung« findet sich dagegen auch in Fällen, in denen durch Beschluß aufgrund fakultativer mündlicher Verhandlung zu entscheiden ist, vgl. § 887 Abs. 2, § 890 i. V. m. § 891.

[13] So im wesentlichen die ältere Rsp., z. B. *RGZ* 40, 375 (zu § 148); 57, 417 (zu § 275 Abs. 2 aF); *OLG Hamburg* OLG Rsp 20 (1910), 311 (zu § 150); 20 (1910), 331 (zu § 145); 23 (1911), 138 (zu § 149); *KG* OLG Rsp 25 (1912), 137 (zu § 150).

denn die Auswirkungen prozeßleitender Anordnungen auf die Rechtsstellung der Parteien können erheblich sein. So versagt eine **Aussetzung** zunächst einmal den Rechtsschutz und daher erscheint hier die vorherige mündliche Anhörung der Parteien grundsätzlich notwendig, → § 148 Rdnr. 39 (anders bei übereinstimmendem Aussetzungsantrag beider Parteien). Dagegen kann das **Ruhen des Verfahrens** aufgrund des hier erforderlichen Antrags beider Parteien ohne mündliche Verhandlung angeordnet werden, → § 251 Rdnr. 8. Bei Beschlüssen nach § 146 (zunächst Beschränkung der Verhandlung auf einzelne Angriffs- oder Verteidigungsmittel) oder nach § 280 Abs. 1 (**Anordnung der abgesonderten Verhandlung** über die Zulässigkeit) sind die Konsequenzen für die Parteien wesentlich weniger einschneidend. Andererseits ergibt sich aber der Anlaß zu solchen Anordnungen erst aus dem Verhandlungsstoff, und der Beschluß kann, wenn er aufgrund mündlicher Verhandlung ergeht, noch für denselben Termin Wirksamkeit erlangen. Es wäre also mit anderen Worten in diesen Fällen ohnehin kaum etwas für die Prozeßbeschleunigung gewonnen, wenn man einen Erlaß ohne mündliche Verhandlung zuließe. Zweifeln kann man bei **Trennung** (§ 145) und **Verbindung** (§ 147) von Prozessen. Da aber diese Beschlüsse immerhin in den Parteiwillen (verbundene bzw. getrennte Klageerhebung) eingreifen und u. U. auch zu einer Verschiebung der Zuständigkeit des Spruchkörpers (Geschäftsverteilung) führen können (→ § 145 Rdnr. 23, § 147 Rdnr. 15), erscheint es auch hier richtiger, grundsätzlich am Erfordernis der vorherigen mündlichen Verhandlung festzuhalten. Das Gericht kann dann die Zweckmäßigkeit seiner Anordnung aufgrund des in der mündlichen Verhandlung präzisierten Prozeßstoffs beurteilen, und außerdem erhalten die Parteien dadurch Gelegenheit, sich zu solchen vom Gericht beabsichtigten Beschlüssen zu äußern. Wenn allerdings zwischen den Prozeßbeteiligten keine Meinungsverschiedenheit über die zu treffende Entscheidung besteht, insbesondere wenn das Gericht einem **übereinstimmenden Antrag** (bzw. einer Anregung) der Parteien folgen will, so bedarf es auch bei Aussetzung, Trennung, Verbindung usw. keiner mündlichen Verhandlung.

Auch die **Änderung und Aufhebung von Beweisbeschlüssen** erscheint heute über § 360 hinausgehend dann ohne mündliche Verhandlung zulässig, wenn das Gericht einem übereinstimmenden Antrag der Parteien stattgeben will oder wenn lediglich eine Erweiterung der Beweisanordnung erfolgt[14]. Den **Erlaß eines Beweisbeschlusses** gestattet § 358a seit der Vereinfachungsnovelle 1976 ausdrücklich ohne vorherige mündliche Verhandlung. 26a

III. Berücksichtigung nur des mündlich Vorgetragenen

Soweit die Mündlichkeit obligatorisch gilt (also nicht im Bereich der bei Rdnr. 14ff. angeführten Ausnahmen), bedeutet dies auch, daß das Gericht **nur das mündlich Vorgetragene** bei seiner Entscheidung berücksichtigen darf (und muß). Allerdings wäre es eine zwecklose Überspannung und praktisch nicht durchführbar, nur das wirklich *mündlich* Vorgetragene, also ausschließlich das *gesprochene Wort*, als Prozeßstoff anzuerkennen. Wenn § 137 Abs. 3 S. 1 allgemein die **Bezugnahme auf Schriftstücke** gestattet, soweit keine Partei widerspricht und das Gericht sie für angemessen hält, liegt darin keine Einschränkung des Grundsatzes, sondern nur seine sachgemäße Anwendung, → § 137 Rdnr. 7. Danach besagt der Grundsatz der Mündlichkeit auf dem Gebiet seiner obligatorischen Geltung, daß *alles*, aber *nur* das **mündlich Vorgetragene oder in Bezug Genommene** den im Urteil zu berücksichtigenden Streitstoff bildet[15]. Ob der Vortrag für die Partei günstig oder **ungünstig** ist, spielt dabei 27

---

[14] Weitergehend *Thomas-Putzo*[18] § 360 Rdnr. 7, die § 360 wegen § 358a als überholt bezeichnen und die beliebige Änderung eines Beweisbeschlusses ohne mündliche Verhandlung gestatten.

[15] *BayObLG* HEZ 2, 292.

grundsätzlich keine Rolle, näher → vor § 128 Rdnr. 79f. Wenn sich daher eine Partei uneingeschränkt auf eine im Prozeß vorgelegte Vertragsurkunde bezieht, so sind die darin enthaltenen Klauseln auch zu ihren Ungunsten zu berücksichtigen[16].

1. Umfang der Berücksichtigung

28 Das Gericht hat alles zu berücksichtigen, was ihm auf diese Weise zugeführt ist, auch wenn es vorher **nicht** im vorbereitenden Schriftsatz (zu dessen Funktion → § 129 Rdnr. 31ff.) **angekündigt** war, vorbehaltlich der Präklusion, z. B. nach § 282 Abs. 2, § 296 Abs. 2. Nur die **Anträge** müssen in Schriftsätzen oder einer Anlage zum Protokoll festgelegt sein, soweit nicht der Vorsitzende die Erklärung zu Protokoll gestattet, näher → § 297. In der Revisionsinstanz müssen die nicht von Amts wegen zu berücksichtigenden **Verfahrensmängel in der Revisionsbegründung**, d. h. schriftsätzlich (§ 554), gerügt werden, → § 559 Rdnr. 10.

2. Schriftsätzliches Vorbringen

29 Nur das von den Parteien **im Termin zur mündlichen Verhandlung**[17] Vorgetragene oder nach § 137 Abs. 3 S. 1 in Bezug Genommene darf im Urteil berücksichtigt werden, **nicht** auch dasjenige, was **bloß in Schriftsätzen enthalten** ist, mögen sie vor oder nach der mündlichen Verhandlung[18] überreicht sein, → § 133 Rdnr. 11[19]. Daß **nach Schluß der mündlichen Verhandlung**, auf die das Urteil ergeht, keine Angriffs- oder Verteidigungsmittel mehr vorgebracht werden können, ist in § 296a ausdrücklich gesagt, → § 296a Rdnr. 10ff. Eine Ausnahme gilt nur, soweit das Gericht die **Nachreichung eines Schriftsatzes** gestattet hat, § 283, zum Umfang der Berücksichtigung → § 283 Rdnr. 26. Im übrigen können nach Schluß der mündlichen Verhandlung eingehende Schriftsätze insofern Berücksichtigung finden, als sie dem Gericht Anlaß geben können, die **Verhandlung wieder zu eröffnen**, näher → § 133 Rdnr. 11, → § 156, → § 283 Rdnr. 10. Die Ansicht, nachträgliche Schriftsätze seien **ohne Wiedereröffnung der mündlichen Verhandlung** insoweit zu berücksichtigen, als sie lediglich *Rechtsausführungen* enthalten oder das mündlich Vorgetragene nur *wiederholen* oder *zusammenfassen*[20], erscheint dagegen problematisch. Bei einer reinen Wiederholung ist eine »Berücksichtigung« überflüssig; es besteht aber hier wie bei einer Zusammenfassung die Gefahr, daß doch andere Nuancierungen erfolgen, zu denen sich der Gegner nicht mehr äußern konnte. Entnimmt das Gericht dem nachgereichten Schriftsatz lediglich eine allgemein zugängliche Rechtsprechungs- oder Literaturfundstelle, so ist es daran allerdings durch die Mündlichkeit ebensowenig gehindert, als wenn aus einer beliebigen anderen Quelle (Zeitschrift, Kommentar) geschöpft wird. Rechtsausführungen zum konkreten Fall sind dagegen mit Rücksicht auf den Gegner und dessen Recht auf Gehör unberücksichtigt zu lassen, oder es ist die mündliche Verhandlung wieder zu eröffnen[21].

30 Die **Bezugnahme** im Sinne des § 137 braucht nicht ausdrücklich erklärt zu werden, → § 137 Rdnr. 7. Das zulässig in Bezug genommene Vorbringen steht dem Vorgetragenen gleich, auch für § 314. **Beigezogene Akten**, deren Inhalt nicht Gegenstand der mündlichen Verhandlung war, dürfen im Urteil nicht verwertet werden[22].

---

[16] *BGH* NJW 1984, 128.
[17] Nicht im Verkündungstermin oder im reinen Beweistermin; der Beweistermin vor dem Prozeßgericht ist aber in der Regel zugleich Verhandlungstermin, → § 370.
[18] *OLG Schleswig-Holstein* SchlHA 1983, 164; *OLG Köln* MDR 1991, 988 = FamRZ 1991, 1458.
[19] Vgl. *RGZ* 59, 397; JW 1890, 79; 1899, 225; 1903, 22; *BayObLG* HEZ 2, 292.
[20] So *Walchshöfer* NJW 1972, 1028, 1029 (mwN); *BayObLG* HEZ 2, 291; *Erdsiek* NJW 1955, 339. S. auch (freilich einen Sonderfall betreffend) *BGH* NJW 1965, 297, 298.
[21] Ebenso *E. Schneider* MDR 1986, 903.
[22] *OGHZ* 2, 15 = JR 1950, 52; s. auch *BGH* NJW 1952, 305. Zu dieser Frage aus der Sicht des rechtlichen Gehörs → vor § 128 Rdnr. 35a.

3. Urkundenbeweis

Diese Grundsätze finden auf die **Beweisführung mit Urkunden** insoweit Anwendung, als die Angabe des Inhalts der vorzulegenden Urkunden einen Teil der mündlichen Parteiverhandlung bildet. Die Beweisaufnahme selbst dagegen besteht bei Urkunden in der **Einsichtnahme** des Gerichts. Hier gilt der Grundsatz der Mündlichkeit nicht; die Beweisurkunden müssen daher zwar zum Gegenstand der mündlichen Verhandlung gemacht werden[23], aber ein (wörtlicher) **Vortrag ist nicht notwendig**[24].

31

4. Ergebnisse der Beweisaufnahme

Die Ergebnisse der Beweisaufnahme vor einem beauftragten oder ersuchten Richter sind von den Parteien **vorzutragen**, § 285 Abs. 2, ebenso der Prozeßstoff der Vorinstanz in der Berufungs- und Revisionsinstanz, §§ 526, 566. Dabei handelt es sich um **bereits vorhandenen Prozeßstoff**, über dessen Berücksichtigung oder Nichtberücksichtigung als Urteilsgrundlage die Parteien nicht durch die Gestaltung ihres Vortrags disponieren können. Hier hat der Vortrag der Parteien daher nur die Bedeutung eines Referats, über dessen Vollständigkeit der Vorsitzende im Interesse einer erschöpfenden und objektiven Verhandlung und Beratung zu wachen hat[25], das aber nicht für das Urteil bestimmende Bedeutung besitzt[26]. Selbstverständlich steht auch hier die **Bezugnahme** auf die Beweisprotokolle nach § 137 Abs. 3 S. 1 dem mündlichen Vortrag gleich.

32

5. Kein Ersatz des Parteivortrags durch den Berichterstatter

Der mündliche Vortrag der Parteien darf – auch im Fall des § 526 – nicht durch den eines Berichterstatters ersetzt werden[27]. Allerdings kann ein Mitglied des Gerichts als sog. Berichterstatter, vgl. § 197 S. 3 GVG, → auch § 388f., bestellt werden. Aber das ist ein innerer Vorgang; in der Verhandlung hat der Berichterstatter als solcher keine Funktionen. Zum rechtlichen Gehör → vor § 128 Rdnr. 36. Auch schriftliche Vorarbeiten zur Vorbereitung der Urteilsberatung sind nicht verboten; nur dürfen sie in der mündlichen Verhandlung nicht an die Stelle des Parteivortrags treten.

33

IV. Folgerungen

1. Mehrheit von Verhandlungsterminen

Wird die mündliche Verhandlung nach einer Vertagung oder aus anderen Gründen, z.B. nach Beweiserhebungen durch einen beauftragten oder ersuchten Richter, in einem späteren Termin fortgesetzt, so bilden die **sämtlichen Verhandlungstermine eine Einheit** insofern, als das Vorbringen von Tatsachen und Beweismitteln in den späteren Terminen **erhalten bleibt**. Auch für die Rechtsfolgen der Säumnis stehen spätere Termine dem ersten gleich, § 332. Stets ist diejenige mündliche Verhandlung, die dem Urteil unmittelbar vorangeht, die entscheidende – aber nur in dem Sinne, daß durch die Vorgänge in ihr der frühere Prozeßstoff ganz oder teilweise unerheblich werden und sie die alleinige Urteilsgrundlage bilden kann, namentlich bei Anerkenntnis, Verzicht oder Versäumnis, Erledigungserklärung oder Klagerücknahme.

34

---

[23] *RG* JW 1900, 828; 1901, 615; 1903, 123; → auch Fn. 22.
[24] Jetzt wohl allg. Praxis. – A.M. verschiedene ältere RG-Entscheidungen, insbes. *RGZ* 4, 379; 8, 325, 327; JW 1890, 79; 1899, 225; 1903, 22.
[25] *RG* JW 1896, 411; 1898, 46.
[26] Anders ältere RG-Entscheidungen, z.B. *RGZ* 4, 369; 54, 9.
[27] *RGZ* 54, 7f.; JW 1904, 65.

§ 128 IV   Erstes Buch. Allgemeine Vorschriften. Dritter Abschnitt. Verfahren

Keineswegs aber folgt daraus, daß mit der folgenden Verhandlung der frühere Prozeßstoff unerheblich geworden ist und deshalb von Anfang an neu vorgetragen oder auch nur formell durch Bezugnahme wieder eingeführt werden müßte.

35 Wegen der verschärften **Präklusionsvorschriften** läßt sich **nicht mehr** sagen, **alle Verhandlungstermine** seien für das Vorbringen von Tatsachen und Beweismitteln **grundsätzlich gleichwertig**. Vielmehr verlangen § 282 Abs. 1, § 296 Abs. 2 das möglichst frühzeitige Vorbringen und verschaffen dadurch dem *ersten* Termin besonderes Gewicht. Alle **Zulässigkeitsrügen** müssen vom Beklagten gleichzeitig und vor der Verhandlung zur Hauptsache vorgetragen werden, § 282 Abs. 3, andernfalls droht bei verzichtbaren Rügen die Präklusion, § 296 Abs. 3.

2. Richterwechsel

36 Das Urteil darf nur von denjenigen Richtern gefällt werden, die der Verhandlung ununterbrochen beigewohnt haben. Bei einem Wechsel in der Besetzung des Gerichts muß deshalb **erneut** eine **mündliche Verhandlung** stattfinden, → §§ 309, 329 Abs. 1 S. 2, zur Wiederholung der Beweisaufnahme → § 285 Rdnr. 6, zur Mitwirkung von Ergänzungsrichtern nach § 192 Abs. 2 GVG → 309 Rdnr. 4. Das, was in der früheren Verhandlung in den Prozeß eingeführt war, bleibt aber eingeführt. Ebenso wie beim Vortrag des Prozeßstoffs der Vorinstanzen hat der Parteivortrag auch hier nur referierende Bedeutung. Inwieweit der Vortrag tatsächlich zu wiederholen oder durch Bezugnahme auf Schriftsätze usw. zu ersetzen ist, ist eine andere, im wesentlichen im Ermessen des Vorsitzenden stehende Frage. Zur Wiederholung der Anträge → Rdnr. 38.

37 Wird der Rechtsstreit dem **Einzelrichter** zur Entscheidung **übertragen**, so muß vor dem Einzelrichter eine mündliche Verhandlung stattfinden, auch wenn vor der Kammer bereits verhandelt wurde[28]. Dasselbe gilt umgekehrt bei der Rückübertragung vom Einzelrichter an die Kammer (§ 348 Abs. 4). In beiden Fällen bilden aber die Verhandlungstermine vor Einzelrichter und Kammer in dem Sinn eine Einheit, daß der vorgetragene Prozeßstoff erhalten bleibt.

3. Fortwirkung des Verhandelten

38 Sowohl für die Fälle zu Rdnr. 34 wie zu Rdnr. 36f. steht außer Streit, daß nach § 288 das bei »einer« mündlichen Verhandlung abgegebene Geständnis für den ganzen Prozeß wirkt, ferner, daß nach §§ 306, 307 dasselbe für **Anerkenntnis** und **Verzicht** gilt, endlich, daß alle Wirkungen, die das Gesetz z.B. an die **Einlassung zur Hauptsache**, §§ 39, 269, 282 Abs. 3, oder an sonstiges Verhandeln, §§ 267, 295 usw., knüpft, in Fortwirkung des einmal Verhandelten für die späteren Termine, ja sogar für die zweite Instanz, → §§ 531–533, weiter bestehen bleiben. Dies ist nur durch eine **Fortwirkung des einmal Verhandelten auch für spätere Termine** zu erklären. Selbstverständlich und unbestritten ist auch die Fortwirkung aller richterlichen Akte, Beschlüsse, Zwischen- und Teilurteile, sowie die der Beweisaufnahme. Für die praktische Gestaltung ergibt sich daraus, daß eine **Wiederholung der Anträge** und Vorträge, auch in der Form einer Bezugnahme, § 297 Abs. 2, § 137 Abs. 3, **nicht wesentlich** ist. Die Unterlassung ist keinesfalls ein Grund, ein früheres Vorbringen unbeachtet zu lassen[29]. Bei einem **Wechsel in der Besetzung des Gerichts** wird zum Teil eine Wiederholung der

---

[29] *RGZ* 31, 424f.; Gruchot 47 (1903), 1178; JW 1904, 295f.

[28] *OLG Köln* NJW 1977, 1159.

Anträge gefordert[30]. Überzeugend erscheint diese Ansicht allerdings nicht[31]; zumindest kann man im Parteiverhalten eine stillschweigende Bezugnahme auf die früher gestellten Anträge entsprechend § 297 Abs. 2 erblicken, wenn kein anderer Parteiwille erkennbar wird.

V. Das fakultativ mündliche Verfahren[32]

1. Verfahrenseinleitung

Das Verfahren bei fakultativer mündlicher Verhandlung (zum Anwendungsbereich → 39 Rdnr. 21 ff.) wird – soweit es nicht, wie etwa in § 319, von Amts wegen einzuleiten ist – durch ein **Gesuch**[33] eröffnet, das schriftlich einzureichen ist und in den besonders zugelassenen Fällen, → § 159 Rdnr. 4, sowie stets im amtsgerichtlichen Verfahren, → § 496 Rdnr. 2, zu Protokoll der Geschäftsstelle erklärt werden kann (zur Zuständigkeit in diesem Fall → § 129a). Über Begriff und Zeitpunkt der Einreichung → § 207 Rdnr. 9; über die Zulässigkeit telegraphischer u. ä. Übermittlung → § 129 Rdnr. 9 ff. Das Gesuch ist bestimmender Schriftsatz und muß deshalb vom Antragsteller oder dem Prozeßbevollmächtigten unterzeichnet sein, → § 129 Rdnr. 8.

2. Wahlmöglichkeit

Ob das Gericht auf das Gesuch mündliche Verhandlung anordnen will, steht in seinem 40 pflichtgemäßen **Ermessen**. Daß das *Gehör* des Gegners vorgeschrieben ist, wie in § 225 Abs. 2, § 844 Abs. 2, § 891 S. 2, § 1042a Abs. 1 S. 1, § 1045 Abs. 2 S. 2 oder durch unmittelbare Anwendung von Art. 103 Abs. 1 GG (→ vor § 128 Rdnr. 16), beschränkt das Ermessen nicht; denn dieser Anforderung wird in der Regel durch die Gelegenheit zu schriftlicher Erklärung genügt (→ vor § 128 Rdnr. 31). Nach der grundsätzlichen Einstellung der ZPO zur Mündlichkeit sollte das Gericht diese bevorzugen, wenn dadurch nach Art und Bedeutung der Angelegenheit und nach der Person der Beteiligten eine bessere und schnellere Entscheidung zu erwarten ist. Der Antragsteller kann weder die mündliche Verhandlung erzwingen noch sie dadurch ausschließen, daß er das Gesuch an die *Bedingung* knüpft, daß nur nach mündlicher Verhandlung oder ohne eine solche entschieden werde (→ vor § 128 Rdnr. 212, a. M. zum bedingten Arrestantrag Grunsky → § 921 Rdnr. 2). Entsprechend unterliegt auch die Anordnung der mündlichen Verhandlung **ebensowenig** der **Beschwerde**[34] wie der Beschluß, ohne solche zu entscheiden[35]. Das Gesuch kann bis zur Entscheidung (vgl. Rdnr. 45) **zurückgenommen** werden, und zwar in der für das Gesuch vorgesehenen Form oder, sofern das Gericht mündliche Verhandlung angeordnet hat, auch durch Erklärung in der Verhandlung entsprechend § 269 Abs. 2[36].

3. Verhandlungsmaxime

Je nach der Entscheidung des Gerichts ist das Verfahren rein schriftlich (→ Rdnr. 42) oder 41 in besonderer Gestalt (→ Rdnr. 46) mündlich. Aber diese Frage der *Form* des zu berücksichti-

---

[30] *BAG* NJW 1971, 1332 = AP Nr. 1 zu § 308 (zust. E. Schumann).
[31] Ebenso *Kirchner* NJW 1971, 2158; *Thomas-Putzo*[18] § 137 Rdnr. 1; *AK-ZPO-Puls* Rdnr. 7; *Zöller-Greger*[18] § 137 Rdnr. 2; *MünchKommZPO-Peters* Rdnr. 12.
[32] Dazu vgl. *Wach* Vorträge[2], 162; *G. Hoffmann* Gruchot 24 (1880), 730; *Nöldeke* ZZP 28 (1901), 430, 438; *Falkmann-Mugdan* Zwangsvollstreckung[2] (1914), 313.
[33] Nach dem Sprachgebrauch der ZPO ist *Antrag* der allgemeinere Begriff.
[34] *RGZ* 54, 348; JW 1899, 259; *KG* OLG Rsp 5 (1902), 326; *OLG München* OLG Rsp 23 (1911), 236.
[35] *RG* JW 1899, 257 f.; *OLG Colmar* OLG Rsp 17 (1908), 175; s. auch *OLG Hamburg* SeuffArch 56 (1901), 159. – A.M. *OLG München* OLG Rsp 31 (1915), 92.
[36] Vgl. *RGZ* 66, 368.

genden Vorbringens der Parteien hat nichts zu tun mit der anderen, ob die **Grundlage der Entscheidung** lediglich das Vorbringen der Parteien bildet oder ob es vom Gericht aus anderen Quellen ergänzt werden kann. Das ist die Frage der Geltung des Verhandlungsgrundsatzes, → vor § 128 Rdnr. 75, die für jeden Fall besonderer Untersuchung bedarf und bei schriftlicher Verfahrensgestaltung keine andere Antwort findet als sonst. Die **Regel** bildet auch hier die **Geltung der Verhandlungsmaxime**. Die Vorstellungen, daß es im Verfahren mit fakultativer Mündlichkeit, insbesondere bei der Beschwerde, »keine Parteien gebe« oder daß hier dem Antragsteller der Richter der Vorinstanz (bzw. in § 766 der Gerichtsvollzieher) als »Gegner« gegenüberstehe[37] oder daß der Richter als »beschließender« eine andere Aufgabe habe als die der Entscheidung im engeren Sinn[38], → vor § 300 Rdnr. 2, 7 ff., beruhen auf einer Verkennung der richterlichen Aufgabe.

4. Verfahren ohne mündliche Verhandlung

42 Ordnet das Gericht keine mündliche Verhandlung an, so erläßt es seine **Entscheidung aufgrund des Gesuchs** und seiner Unterlagen. Angemessen ist dies jedoch nur bei der **Ablehnung** des Gesuchs und in den Fällen, in denen die tatsächlichen Grundlagen ohne weiteres offenliegen oder mit dem Gesuch eine Glaubhaftmachung verbunden ist (Einstellung nach §§ 769, 771, Arrestgesuch, § 920). Wo dagegen das **Gehör des Gegners** vorgeschrieben oder angemessen ist, hat das Gericht ihn unter Mitteilung des Gesuchs oder seines wesentlichen Inhalts von Amts wegen **zur schriftlichen Äußerung aufzufordern**. Zu beachten ist aber, daß auch dort, wo die Anhörung des Gegners vorgeschrieben ist, dies im Interesse des Gegners geschehen ist, daß es also der Anhörung dann nicht bedarf, wenn sich das Gesuch als unzulässig oder von vornherein als unbegründet darstellt. Die Aufforderung kann mit oder ohne **Fristsetzung** erfolgen. Diese Fristsetzung gegenüber einer Partei hat aber in jedem Fall nur die Bedeutung einer Ankündigung, daß das Gericht nach Fristablauf die Entscheidung erlassen werde, eine Präklusivwirkung hat sie nicht. Man sollte aber dem Gericht auch das Recht zubilligen, in analoger Anwendung der Abs. 2 S. 2, Abs. 3 S. 2 in geeigneten Fällen für beide Parteien einen **Zeitpunkt zu bestimmen**, bis zu dem **Schriftsätze** eingereicht werden können. In diesem Fall sind verspätet eingehende Schriftsätze grundsätzlich nicht mehr zu berücksichtigen, → Rdnr. 94.

43 Die schriftlichen Erklärungen der Partei unterliegen dem **Anwaltszwang** nach den allgemeinen Regeln der §§ 78, 573 Abs. 2 und können nur außerhalb des Anwaltszwangs, also in der Regel im Amtsgerichtsprozeß und wenn sie von Dritten (Zeugen) ausgehen, zu Protokoll der Geschäftsstelle abgegeben werden. Alle Prozeßhandlungen können in schriftlicher Form erfolgen, z.B. auch Verzichts- und Anerkenntniserklärungen (soweit im jeweiligen Sachzusammenhang diese Parteidispositionen zulässig sind). Wiederholte schriftliche Erklärungen sind nicht ausgeschlossen; doch dürfte dann regelmäßig die Anordnung einer mündlichen Verhandlung vorzuziehen sein. An das **Unterlassen der Erklärung** knüpfen sich keine Versäumnisfolgen etwa entsprechend § 331[39]. Ein in der Erklärung enthaltenes Geständnis hat die volle Wirkung des § 288. Wird trotz Aufforderung zu tatsächlichen Behauptungen des Gegners keine Stellungnahme abgegeben, so gelten sie im Bereich der Verhandlungsmaxime als zugestanden[40], § 138 Abs. 3, ebenso wie dies im Fall des rein schriftlichen Verfahrens anzunehmen ist, → Rdnr. 93.

---

[37] Diese früher häufige Behauptung rührt von *Planck* Lb 2, 538 her, dagegen → vor § 567 Rdnr. 2.
[38] So z.B. *Kreß* JW 1910, 794 f.
[39] *RG* JW 1895, 382; *OLG Breslau* OLG Rsp 23 (1911), 222.

[40] *RG* JW 1895, 382 schloß dagegen im Wege freier Beweiswürdigung auf die Wahrheit des nichtbestrittenen Vorbringens.

Bleiben tatsächliche Behauptungen streitig, so genügt ihre *Glaubhaftmachung* nur in den 44
vom Gesetz vorgesehenen Fällen, → § 294 Rdnr. 2[41], sonst muß **Beweis** geliefert werden;
denn auch für diese Frage ist die Form des Verfahrens ohne Belang. Die Beweisaufnahme folgt
in allem, auch in den Formen, den allgemeinen Regeln. Insbesondere sind Zeugenbeweis und
Beweis durch Parteivernehmung zulässig[42], sowohl nach § 445 wie nach §§ 447, 448. Der
sogenannte *Freibeweis*, → vor § 355 Rdnr. 7 ff., ist auch hier nur dann zulässig, wenn das
auch sonst der Fall wäre. Das Fehlen der mündlichen Verhandlung rechtfertigt es auch nicht,
hier etwa von dem Grundsatz der **Parteiöffentlichkeit**, § 357, abzugehen[43].

Die **Entscheidung** ergeht durch **Beschluß**, der den Parteien von Amts wegen *zuzustellen* (so 45
in den Fällen des § 329 Abs. 2 S. 2, Abs. 3) oder *formlos mitzuteilen* ist, näher → § 329
Rdnr. 33 ff. Der Beschluß wird **existent**, wenn er durch Absendung an eine Partei nach außen
in Erscheinung getreten ist[44]; von diesem Zeitpunkt an ist das Gericht zunächst einmal an ihn
gebunden (vorbehaltlich der in manchen Fällen zulässigen Aufhebung oder Änderung durch
einen neuen Beschluß). Der Zeitpunkt der **Absendung** an eine Partei **entspricht** in diesen
Fällen dem **Schluß der mündlichen Verhandlung**[45]. Neues Vorbringen, das dem Gericht in der
Zeit *zwischen* der Beschlußfassung und der Absendung des Schriftstücks zugeht, ist zu
berücksichtigen und die Entscheidung gegebenenfalls zu ändern. Nichtberücksichtigung bildet einen Beschwerdegrund[46]. Nur wenn das Gericht einen Schlußzeitpunkt für das beiderseitige Vorbringen bestimmt hat (→ Rdnr. 42 a. E.), sind spätere Parteiausführungen nicht mehr
zu beachten. – Wegen der Kostenentscheidung → Rdnr. 51.

5. Verfahren mit mündlicher Verhandlung

Ordnet das Gericht von vornherein oder nachträglich die mündliche Verhandlung an, so 46
bedeutet dies, daß es von der ihm gestatteten Entgegennahme schriftlichen Parteivorbringens
zur Mündlichkeit übergeht, und fraglich kann nur sein, welche Besonderheiten des Verfahrens sich daraus ergeben, daß eine Anzahl von Formen, insbesondere der Erlaß eines Urteils
und das Versäumnisverfahren, von der ZPO grundsätzlich auf den Fall der *obligatorischen*
mündlichen Verhandlung beschränkt sind. **Auszuscheiden** sind hier allerdings zunächst die
Fälle des **Arrestes** und der **einstweiligen Verfügung** sowie die der Vollstreckbarerklärung von
Schiedssprüchen und von schweizerischen, italienischen und österreichischen Urteilen, weil
hier *im Fall mündlicher Verhandlung* nach ausdrücklicher Bestimmung der §§ 922, 936 f.,
1042 a und der Ausführungsbestimmungen zu den entsprechenden Vollstreckungsabkommen (→ Anh. B zu § 723) die Entscheidung durch *Urteil* zu erfolgen hat und deshalb das
regelmäßige mündliche Verfahren nach § 128 (vgl. Rdnr. 24) mit Versäumnisurteil, Einspruch, Berufung usw. stattfindet. Die gleiche Sachlage ergibt sich, wenn das **Rechtsmittelgericht**, ohne über die Zulässigkeit des Rechtsmittels zu entscheiden, die mündliche Verhandlung beschließt, → § 519 b Rdnr. 19, 27, § 555 Rdnr. 1.

In allen anderen Fällen bewirkt dagegen die Anordnung der mündlichen Verhandlung 47
nicht, daß nunmehr der Grundsatz der Mündlichkeit etwa in dem Sinne (wie bei obligatorischer Mündlichkeit, → Rdnr. 29) zu gelten hätte, daß *nur* das mündlich Vorgetragene zu
berücksichtigen wäre. Vielmehr hat die Verhandlung den Zweck der weiteren Information

---

[41] Vgl. *RG* JW 1899, 180.
[42] Vgl. auch *RGZ* 50, 368; 54, 311.
[43] A.M. *RG* JW 1898, 352; *OLG Dresden* OLG Rsp 5 (1902), 328; *OLG Breslau* OLG Rsp 33 (1916), 86; *KG* JW 1931, 3565. – Wie hier *Baumbach-Lauterbach-Hartmann*[51] Rdnr. 15.
[44] Der Beschluß muß mit Willen des Gerichts aus dem inneren Geschäftsbetrieb des Gerichts hinausgegangen sein, *BGH* Warn 1973 Nr. 285 = VersR 1974, 365; *RGZ* 160, 307, 310; *OLG Köln* MDR 1976, 497.
[45] *BGH* NJW 1968, 49, 50 (dazu *Vollkommer* NJW 1968, 1092); *BGH* AP Nr. 5.
[46] *KG* OLG Rsp 25 (1912), 132.

des Gerichts, der Aufklärung und Ergänzung des schriftlichen Akteninhalts: Die Rede ergänzt hier die Schrift. Der **schon vorliegende Prozeßstoff** kann durch die nachträgliche Anordnung mündlichen Verfahrens nicht rückwirkend diese seine rechtliche Natur wieder verlieren und zu bloßer Vorbereitung herabsinken.

48 a) Die **mündliche Verhandlung** muß **angeordnet** werden, und zwar durch *Gerichtsbeschluß* (auch durch den Einzelrichter im Rahmen seiner Entscheidungskompetenz nach §§ 348, 524), nicht durch Verfügung des Vorsitzenden[47]. Der Vorsitzende hat dann in Ausführung dieses Beschlusses den Termin anzuberaumen. Der Termin ist den Parteien durch Zustellung des die Terminsbestimmung enthaltenden Beschlusses nach der Regel des § 329 Abs. 2 S. 2 *von Amts wegen bekanntzumachen*; daneben findet eine besondere *Ladung* durch die Geschäftsstelle nach §§ 274, 497 nicht statt, näher → vor § 214 Rdnr. 12. Soweit jedoch mit der Anordnung der mündlichen Verhandlung der Übergang ins Urteilsverfahren verbunden ist (→ Rdnr. 46), gelten auch insoweit die allgemeinen Vorschriften, zum Arrest → § 922 Rdnr. 20.

49 b) Für **Form und Gang der mündlichen Verhandlung** gelten die §§ 129 bis 165[48]; insbesondere hat das Gericht auch hier auf vollständige und erschöpfende Verhandlung hinzuwirken, §§ 136, 139, und es kann auch das persönliche Erscheinen der Parteien angeordnet werden, § 141. Erscheint im Termin keiner oder nur einer der Beteiligten, so entscheidet das Gericht nach Maßgabe des ihm schriftlich oder mündlich vorgetragenen Stoffes. Es tritt beim Ausbleiben einer Partei *kein Versäumnisverfahren* nach §§ 330 ff. ein, weil die Entscheidung hier stets durch Beschluß (→ Rdnr. 50) erfolgt und die ZPO keine Versäumnisbeschlüsse kennt[49]. Der tiefere Grund ist, daß die mündliche Verhandlung hier nicht dieselbe zentrale Bedeutung hat wie bei obligatorischer Mündlichkeit und das Gericht auch das schriftlich Vorgetragene berücksichtigen darf und muß, → Rdnr. 47. Nur kann natürlich das Gericht für die tatsächliche Feststellung aus dem Wegbleiben einer Partei Schlüsse ziehen. Soweit dagegen die Parteien an der mündlichen Verhandlung teilnehmen, sind auf die Versäumung einzelner Prozeßhandlungen und die *unterlassene Rüge* von prozessualen Mängeln die Vorschriften der §§ 138, 230, 231 u. 295 anwendbar[50]. § 138 Abs. 3 gilt (im Bereich der Verhandlungsmaxime), soweit eine Tatsachenbehauptung weder schriftlich (→ Rdnr. 47) noch in der mündlichen Verhandlung bestritten wurde. Auch *nach* der mündlichen Verhandlung kann das Gericht noch schriftliche Erklärungen der Parteien zu weiterer Aufklärung einholen. Hinsichtlich der *Beweisaufnahme* gilt das oben zu Rdnr. 44 Ausgeführte.

50 c) Die aufgrund der mündlichen Verhandlung erlassenen Entscheidungen ergehen als **Beschlüsse**, → Rdnr. 24, und werden **verkündet**, nicht zugestellt, § 329 Abs. 1 S. 1. Die Wahl der unzutreffenden Form berührt aber die Existenz des Beschlusses nicht, → § 310 Rdnr. 26, § 329 Rdnr. 51.

6. Kostenentscheidung

51 Gleich ob ohne oder mit mündlicher Verhandlung entschieden wurde (→ Rdnr. 42 und 46), hat der Beschluß über die Kosten des Verfahrens zu entscheiden, soweit das Verfahren ein derart *selbständiges* ist, daß der Beschluß als Endentscheidung im Sinne des § 91 zu gelten hat[51]. Es sind dann die §§ 91 ff. anwendbar; bei *Rücknahme* eines Antrags oder Gesuchs kann

---

[47] A.M. *Baumbach-Lauterbach-Hartmann*[51] Rdnr. 11, die Gerichtsbeschluß oder prozeßleitende Verfügung des Vorsitzenden zulassen.
[48] Ebenso zu § 148 *OLG Hamburg* OLG Rsp 17 (1908), 133.
[49] Vgl. auch *RG* JW 1895, 382.
[50] So auch *RG* Gruchot 43 (1899), 1232; *OLG Dresden* SächsAnn 29 (1908), 182.
[51] Teils a.M. *Wurzer* Gruchot 64 (1920), 324.

§ 269 Abs. 3 S. 2 entsprechend herangezogen werden[52]. Näher → § 91 Rdnr. 9. Zur erfolglosen und erfolgreichen Beschwerde → § 97 Rdnr. 6, 9.

VI. Verstöße gegen das Mündlichkeitsprinzip

Die **Verletzung des Grundsatzes der Mündlichkeit**, insbesondere durch Berücksichtigung von nicht vorgetragenen, insbesondere nachgereichten Schriftsätzen (→ § 133 Rdnr. 11), durch Verwertung von Beiakten, die den Parteien nicht zugänglich gemacht waren oder nicht vorgetragen waren, → Rdnr. 30 bei Fn. 22, durch Ausfall der mündlichen Verhandlung über eine Beweisaufnahme, § 285[53], durch Entscheidung des Einzelrichters ohne mündliche Verhandlung nach der Übertragung[54], durch Anordnung des schriftlichen Verfahrens nach § 128 Abs. 2 oder 3, obwohl dessen Voraussetzungen fehlen[55], usw. stellt einen **wesentlichen Verfahrensmangel**, § 539, dar[56]. Eine **Heilung** durch Verzicht der Parteien, §§ 295, 531, ist aber zulässig[57]; denn nach § 128 Abs. 2 bildet die Mündlichkeit nicht mehr einen der Parteidisposition schlechthin entzogenen Fundamentalsatz des Verfahrens. Ein Verstoß, der nicht geheilt ist, kann mit den sonst gegebenen Rechtsmitteln geltend gemacht werden, jedoch nicht über deren Zulässigkeitsgrenzen hinaus[58]. Als Gesetzesverletzung kann er auch mit der Revision gerügt werden, bildet aber keinen absoluten Revisionsgrund[59], so daß zu prüfen ist, ob die angefochtene Entscheidung auf dem Mangel beruht, → §§ 549, 550 Rdnr. 48. Der Verstoß enthält keineswegs stets eine Verweigerung des rechtlichen Gehörs, → vor § 128 Rdnr. 31. Über die Anfechtung von Entscheidungen, die gesetzwidrig als Beschlüsse ohne mündliche Verhandlung ergangen sind, → Allg. Einl. vor § 511 Rdnr. 58.

52

VII. Arbeitsgerichtliches Verfahren

1. Allgemeines

Die obligatorische Mündlichkeit nach § 128 Abs. 1 gilt auch im arbeitsgerichtlichen **Urteilsverfahren aller Instanzen**, § 46 Abs. 2 S. 1, § 64 Abs. 6 S. 1, § 72 Abs. 5 ArbGG, ebenso im **Beschlußverfahren in der ersten Instanz** und im **Beschwerdeverfahren**, § 80 Abs. 2, § 83 Abs. 4 S. 1, § 90 Abs. 2 ArbGG, nicht dagegen im Rechtsbeschwerdeverfahren[60]. Die Beteiligten können sich jedoch schon in der ersten und zweiten Instanz **schriftlich äußern** (§ 83 Abs. 4 S. 1, § 90 Abs. 2 ArbGG). Die Anwendung des § 128 Abs. 2 und 3 ist für die erste Instanz des Urteilsverfahrens (→ Rdnr. 107, 124) ausdrücklich ausgeschlossen, § 46 Abs. 2 S. 2 ArbGG. Insgesamt bedarf das oben für die Zivilgerichte Gesagte nur in den wenigen folgenden Punkten einer Ergänzung.

53

---

[52] Ebenso *OLG Dresden* SächsAnn 27 (1906), 461 (zu § 887); *Jonas* JW 1931, 2051 (zu § 766) gegen *LG Dessau* ebenda.
[53] BGH LM § 273 BGB Nr. 6.
[54] OLG Köln NJW 1977, 1159.
[55] BGHZ 17, 118 = NJW 1955, 988 = LM Nr. 6 (*Johannsen*); BGH NJW 1992, 2146. – Ebenso, wenn de facto durch Gewährung einer Schriftsatzfrist für beide Parteien ohne deren Zustimmung ins schriftliche Verfahren übergegangen wird, OLG Köln NJW-RR 1987, 1152.
[56] So *BGHZ* 17, 118 (Fn. 55); BGH NJW 1990, 838, 839; OLG Köln NJW 1977, 1159 und schon *RGZ* 3, 378; 4, 369, 379, 420; 8, 325, 327; *Baumbach-Lauterbach-Hartmann*[51] Rdnr. 9.

[57] *RGZ* 115, 222; *OLG Nürnberg* NJW 1949, 29; *Baumbach-Lauterbach-Hartmann*[51] Rdnr. 9; *AK-ZPO-Puls* Rdnr. 8. – Anders nach früherem Recht u. a. *RGZ* 90, 356.
[58] BGH LM Nr. 4 (nicht nach Ablauf der Rechtsmittelfrist).
[59] *BGHZ* 17, 118 (Fn. 55); BGH NJW 1992, 2146, 2147; *AK-ZPO-Puls* Rdnr. 8.
[60] *BAG* SAE 1986, 190 (insoweit zust. *Natzel*) = AP § 99 BetrVG 1972 Nr. 23; *Grunsky* ArbGG[6] § 95 Rdnr. 7; *Matthes* in *Germelmann-Matthes-Prütting* ArbGG (1990), § 95 Rdnr. 9 (mündliche Verhandlung im Ermessen des BAG).

2. Verfahren mit fakultativer mündlicher Verhandlung (→ Rdnr. 39 ff.)

54 Im arbeitsgerichtlichen Verfahren aller Instanzen werden die aufgrund mündlicher Verhandlung ergehenden Beschlüsse und Verfügungen – soweit nicht der Erlaß der letzteren nach der im ArbGG in Bezug genommenen ZPO dem Vorsitzenden allein zusteht, § 136 – von dem vollbesetzten Gericht erlassen, die **nicht aufgrund mündlicher Verhandlung** ergehenden von dem **Vorsitzenden** allein, §§ 53 Abs. 1, 64 Abs. 7, § 72 Abs. 6 ArbGG. Die Entschließung des Vorsitzenden, ob er in den Fällen fakultativer Mündlichkeit die mündliche Verhandlung anordnen will, umfaßt also gleichzeitig diejenige, ob er unter Zuziehung der Beisitzer oder allein entscheiden will. Auch die nachträgliche Zulassung der **Sprungrevision** (§ 76 Abs. 1 S. 1 ArbGG) kann durch Beschluß des Vorsitzenden ohne mündliche Verhandlung erfolgen[61]. Ausnahmen von der Beschlußfassung durch den Vorsitzenden allein enthalten §§ 49 und 103 Abs. 3 ArbGG, wonach über die Ablehnung von Gerichtspersonen und Schiedsrichtern stets das Kollegium zu entscheiden hat (→ § 45 Rdnr. 5 f., § 1032 Rdnr. 46). Zur Entscheidung über die Beschwerde → vor § 567 Rdnr. 23. § 53 Abs. 1 ArbGG will aber nur die Zuziehung der ehrenamtlichen Beisitzer regeln. Für die **Zuziehung der berufsrichterlichen Beisitzer im dritten Rechtszug** besagt er nichts. Hier entscheidet deshalb grundsätzlich der Vorsitzende mit den beiden berufsrichterlichen Beisitzern[62] als sog. **kleiner Senat**, wie dies in § 74 Abs. 2 S. 3, § 77 S. 2 ArbGG für bestimmte Fälle ausdrücklich vorgesehen ist. Über die Nichtzulassungsbeschwerde ist sogar grundsätzlich unter Hinzuziehung der ehrenamtlichen Richter zu entscheiden, § 72a Abs. 5 S. 2 und 3 ArbGG. Dem Vorsitzenden des Senats allein sind nur die Anordnungen vorbehalten, die auch im Zivilprozeß dem Vorsitzenden eines Kollegiums zustehen, → § 136 Rdnr. 4, 8.

3. Rügeverzicht

55 Soweit im arbeitsgerichtlichen Verfahren eine Entscheidung ohne mündliche Verhandlung nicht zulässig ist, d. h. im **Urteilsverfahren erster Instanz**, → Rdnr. 107, geht es an sich nicht an, die bei Rdnr. 52 gerade aus § 128 Abs. 2 und 3 gezogene Folgerung auf das arbeitsgerichtliche Verfahren auszudehnen. Man kann daher in der ersten Instanz bei einem Verstoß gegen den Grundsatz der Mündlichkeit eine *Heilung* nach § 295 nicht zulassen; im Ergebnis ist dies aber praktisch ohne Bedeutung, weil das Landesarbeitsgericht **nicht** in der Lage ist, den Rechtsstreit wegen eines wesentlichen Verfahrensmangels nach § 539 **zurückzuverweisen**, § 68 ArbGG. In der **Berufungs- und Revisionsinstanz** ist dagegen wegen der Anwendbarkeit von § 128 Abs. 2 (→ Rdnr. 107) auch der Schluß auf die **Heilbarkeit eines Verstoßes** gegen die Mündlichkeit nach § 295 gerechtfertigt; dasselbe gilt wegen § 83 Abs. 4 S. 3, § 90 Abs. 2 ArbGG für die erste und zweite Instanz im Beschlußverfahren (im Rechtsbeschwerdeverfahren ist die mündliche Verhandlung ohnehin nicht obligatorisch).

---

[61] *BAGE* 39, 124 = AP §§ 22, 23 BAT Lehrer Nr. 8.   [62] S. dazu *BAGE* 1, 13.

B. Die Entscheidung ohne mündliche Verhandlung mit Zustimmung der Parteien (Abs. 2)

VIII. Zweck[63]

1. Entstehung

Die starre Folgerichtigkeit, mit der die ZPO die Mündlichkeit ursprünglich durchführte, war nicht selten ein Hemmnis für die zügige Prozeßerledigung[64]. Die Erkenntnis, daß das Mündlichkeitsprinzip keinen Selbstzweck darstellt (→ Rdnr. 3), führte zu einer **flexibleren Regelung durch die Reformgesetzgebung**. Dabei ging man davon aus, daß es der mündlichen Verhandlung dann nicht bedarf, wenn sowohl die streitenden Parteien als auch das Gericht sie für entbehrlich halten. Erstmals wurde eine Entscheidung ohne mündliche Verhandlung in § 23 der EntlVO 1915 (vom 9. IX. 1915, RGBl. S. 562, → Einl. Rdnr. 118) vorgesehen, danach in § 23a EntlVO i.d.F. der BeschleunigungsVO (vom 22. XII. 1923, RGBl. I S. 1239, → Einl. Rdnr. 122), woraus § 7 EntlVO i.d.F. der Neubekanntmachung (vom 13. V. 1924, RGBl. I S. 552) wurde. Diese Regelung wurde durch die Nov 50 (→ Einl. Rdnr. 148) dem § 128 als Abs. 2 angefügt.

56

Bei Erlaß der **Vereinfachungsnovelle 1976** wurde nicht bezweifelt, daß die Möglichkeit einer Entscheidung ohne mündliche Verhandlung in geeigneten Fällen zur Vereinfachung und Beschleunigung des Verfahrens beitragen kann. Man hob jedoch andererseits die Gefahr hervor, das **schriftliche Verfahren** könne **prozeßverzögernd** wirken, wenn es, wie dies in der Praxis teils geschehe, auch in Verfahren mit umfangreichem Prozeßstoff angewendet werde und dann – ohne den Druck eines anstehenden Termins – zu einem langwierigen Schriftsatzwechsel führe, oder wenn das Gericht das schriftliche Verfahren dazu benutze, um anstehende Entscheidungen immer wieder zurückzustellen[65]. Dem suchte die Vereinfachungsnovelle 1976 durch die **Neufassung des Abs. 2** zu steuern. Im Interesse der Konzentration des Verfahrens wurde dem Gericht die Pflicht auferlegt, »alsbald« einen *Schlußtermin* für die Einreichung von Schriftsätzen und einen *Termin zur Verkündung der Entscheidung* festzusetzen, Abs. 2 S. 2. Außerdem kann die Entscheidung ohne mündliche Verhandlung nur noch *innerhalb von drei Monaten* nach der Zustimmung der Parteien getroffen werden, Abs. 2 S. 3. Zu Abs. 3, der keine Parteizustimmung voraussetzt, → Rdnr. 109.

57

2. Anwendungsfälle

Der Kreis der für die Anwendung des Abs. 2 in Betracht kommenden Sachen ist nicht allzu groß. Die Praxis neigte zum Teil zu übertriebenem Gebrauch am falschen Platz, dem jedoch

58

---

[63] Lit.: *Auernhammer* Der Richterwechsel vor Urteilsfällung im Aktenlage- bzw. schriftlichen Verfahren ZZP 67 (1954), 256; *de Boor* Die Entscheidung nach Lage der Akten (1924); *Bull* Versäumnis im schriftlichen Verfahren JR 1961, 247; *Burchardt* Das Verfahren ohne mündliche Verhandlung – § 128 Abs. 2 ZPO (1974); *Burkhardt* Das schriftliche Verfahren im Zivilprozeß MDR 1957, 388; *Kramer* Die Säumnis im schriftlichen Verfahren NJW 1978, 1411; *Krause* Gesetzlicher Richter und schriftliches Verfahren MDR 1982, 184; *Leipold* Gerichte und Verfahren für geringfügige Streitigkeiten, in Humane Justiz, Die deutschen Landesberichte zum ersten internationalen Kongreß für Zivilprozeßrecht in Gent 1977 (1977), 91; *v. Marth* Zur Auslegung von § 7 der Entlastungsbekanntmachung LeipZ 1932, 785; *Reinberger* Entscheidung ohne mündliche Verhandlung Recht 1924, 69; *Sauerländer* Entscheidungen nach Lage der Akten und Entscheidungen ohne mündliche Verhandlung LeipZ 1924, 222; *E. Schneider* Das Recht zur Erwiderung im Verfahren ohne mündliche Verhandlung (§ 128 Abs. 2 ZPO) MDR 1979, 793.

[64] Vgl. die Verhandlungen des 31. DJT (1912), 1, 355; 3, 876; s. zu demselben Thema auch die Verhandlungen des 33. DJT (1925), 256.

[65] Begr. zum Regierungsentwurf der Vereinfachungsnovelle, BT-Drucks. 7/2729, S. 39f., 55. – *Baumgärtel-Mes* Rechtstatsachen zur Dauer des Zivilprozesses (erste Instanz) (1971), 191, 251 stellten einen gewissen Verzögerungseffekt des schriftlichen Verfahrens insofern fest, als die Entscheidungen in großem Umfang später als 90 Tage nach der Anordnung ergingen. Auch im Verfahren zweiter Instanz zeigte die (dort relativ seltene) Anordnung nach § 128 Abs. 2 eine prozeßverzögernde Wirkung: *Baumgärtel-Hohmann* Rechtstatsachen zur Dauer des Zivilprozesses (zweite Instanz) (1972), 107, 191.

die höchstrichterliche Rechtsprechung[66] und der Gesetzgeber (→ Rdnr. 57) mit Recht entgegengetreten sind. Nach seinem Sinn und Zweck soll Abs. 2 nur dort angewendet werden, wo er nach den gegebenen Verhältnissen tatsächlich zu einer **Vereinfachung und Abkürzung des Verfahrens** führt[67]. Bei *einfachen* Sachen bringt der Fortfall des Verhandlungstermins kaum eine Zeitersparnis mit sich, und bei den Sachen, bei denen sich der Streit lediglich um bestimmte klar herausgestellte *Rechtsfragen* dreht, kann die mündliche Aussprache gerade recht förderlich sein. Es bleiben z. B. die Fälle, in denen eine Beweiserhebung anzuordnen ist, aber für eine größere Zahl an sich einfacher Fragen eine *Erklärung* der einen oder anderen Partei, vielleicht auch ein Fallenlassen von Behauptungen oder ein Aufgeben des Bestreitens, *abzuwarten* ist (z. B. Bauprozeß), oder in denen der Prozeß bis auf eine auswärts zu erledigende Beweisaufnahme zu Ende geführt ist und die Entscheidung nunmehr lediglich von dem Beweisergebnis abhängt, oder in denen es z. B. darum geht, nach an sich abgeschlossener erschöpfender Verhandlung den Parteien auf ihren Wunsch noch eine Zeitspanne für *Vergleichsverhandlungen* offen zu halten[68], oder in denen ein *widerruflicher* Vergleich geschlossen ist und für den Fall des Widerrufs ohne erneute mündliche Verhandlung entschieden werden soll[69].

59 Abs. 2 kommt ferner in Frage, wenn **zweifelhaft** erscheint, ob die mündliche Verhandlung überhaupt nach dem Gesetz obligatorisch ist. Keineswegs angebracht ist es dagegen, auf den Abs. 2 zurückzugreifen, wenn ein verworrener Schriftsatzwechsel zu klären ist. Fälle, die so kompliziert sind, daß sie sich besser für ein schriftliches als für ein mündliches Verfahren eignen, sind verhältnismäßig selten. **Nicht zu billigen** ist es, für die nach einer mündlichen Verhandlung **entscheidungsreifen Sachen** das schriftliche Verfahren anzuordnen[70]. Dies widerspricht dem Wortlaut wie dem Sinn des Abs. 2 und stellt nichts anderes als eine schlecht verhüllte Umgehung des § 310 Abs. 1 dar[71], die erst recht unzulässig ist, nachdem § 310 Abs. 1 durch die Vereinfachungsnovelle 1976 zu einer grundsätzlich zwingenden Vorschrift umgestaltet wurde.

3. Systematische Bedeutung

60 Abs. 2 greift in den systematischen Aufbau des Prozesses insofern ein, als die frühere Unheilbarkeit des Verstoßes gegen den Mündlichkeitsgrundsatz fortgefallen ist, → Rdnr. 52. Eine Reihe von Vorschriften der ZPO, die in ihrer Formulierung auf dem Grundsatz der *obligatorischen mündlichen Verhandlung* aufbauen, sind bei Entscheidung ohne mündliche Verhandlung *entsprechend* anzuwenden, → z. B. §§ 139, 156, 256 Abs. 2, §§ 306, 307.

4. Geltungsbereich

61 Abs. 2 gilt ohne Einschränkung für den Anwalts- wie für den Parteiprozeß, für das Verfahren **erster Instanz** wie für das **Berufungs- und Revisionsverfahren**[72]. Für Familiensachen oder sonstige besondere Verfahrensarten ist eine Anordnung nach Abs. 2 zwar nicht ausdrücklich und schlechthin ausgeschlossen[73]; gerade für Ehesachen empfiehlt sie sich jedoch regelmäßig nicht[74]. Zum arbeitsgerichtlichen Verfahren → Rdnr. 107f.

---

[66] S. *BGHZ* 17, 118 (Fn. 55); 18, 61 = JZ 1955, 548 = NJW 1955, 1357 = LM Nr. 7 (*Johannsen*); *BGHZ* 31, 210 = JZ 1960, 215 = NJW 1960, 572; *BGH* NJW 1992, 2146; *OLG Nürnberg* MDR 1966, 244; s. auch *RGZ* 133, 218; *Kuhn* DRiZ 1953, 123.
[67] S. auch *Schoeneich* DRiZ 1952, 153.
[68] Vgl. *RAG* JW 1935, 2309.
[69] Begr. zur Vereinfachungsnovelle (Fn. 65), 39.
[70] Ebenso *BGH* NJW 1992, 2146.
[71] S. *BGHZ* 17, 118 (Fn. 55).
[72] S. hierzu *Kraemer* SJZ 1950, 301.
[73] *RGZ* 123, 333; s. auch *BGH* MDR 1971, 997; *OLG Hamburg* DAVorm 1972, 273 (beide betr. Kindschaftssachen).
[74] *OLG Koblenz* NJW 1960, 1014.

IX. Die Zustimmung der Parteien

Die Befugnis des Gerichts, ohne mündliche Verhandlung zu entscheiden, setzt die **Zustimmung**[75] der Parteien voraus. Daß schon eine **mündliche Verhandlung stattgefunden** hat, ist im Gegensatz zu § 251a Abs. 2 nicht notwendig; andererseits schließt eine vorausgegangene mündliche Verhandlung das Verfahren nach Abs. 2 nicht aus[76], → auch Rdnr. 88, wenn nicht bereits Entscheidungsreife gegeben ist, → Rdnr. 59 a. E.   62

1. Erklärung

Die Zustimmung kann **in der mündlichen Verhandlung**[77] oder **schriftlich**[78] außerhalb derselben erklärt werden. Die Prozeßvollmacht ermächtigt ohne weiteres dazu, → § 81 Rdnr. 9. Im landgerichtlichen Verfahren und in den höheren Instanzen unterliegt die Erklärung dem **Anwaltszwang**. Sie braucht keine ausdrückliche zu sein, doch muß sie eindeutig sein, und es ginge zu weit, z. B. die *Nichtbeantwortung* einer vom Gericht an die Partei gerichteten schriftlichen Anfrage, ob sie mit der Entscheidung ohne mündliche Verhandlung einverstanden sei, als Zustimmung aufzufassen[79]. – Die Zustimmungserklärung führt zum **Verlust des Ablehnungsrechts** nach Maßgabe des § 43[80], → § 43 Rdnr. 5.   63

Die Zustimmung muß **von beiden Parteien erklärt** sein, im Fall der **Streitgenossenschaft** von sämtlichen Genossen, → § 61 Rdnr. 14; nur bei der *notwendigen* Streitgenossenschaft wirkt die von dem in der mündlichen Verhandlung erschienenen Streitgenossen abgegebene Erklärung auch für den ausgebliebenen, → (auch zum Widerruf) § 61 Rdnr. 14 a. E. Der **Streitgehilfe** kann die Erklärung für die Partei abgeben, → § 67 Rdnr. 2, dagegen bedarf es seines Einverständnisses *neben* dem der unterstützten Partei nicht; der streitgenössische Streitgehilfe steht wie auch sonst dem Streitgenossen gleich, → § 69 Rdnr. 8 f. Bei Zwischenstreitigkeiten mit einem Dritten ist auch dessen Einverständnis nötig.   64

Die Erklärungen beider Parteien sind **Prozeßhandlungen**. Sie sind an das Gericht gerichtet und werden nicht zwischen den Parteien ausgetauscht; sie stellen deshalb keinen Vertrag zwischen den Parteien[81] dar, sondern einen sog. *Gesamtakt* dar, → vor § 128 Rdnr. 170.   65

2. Umfang

Die Zustimmung deckt nur **eine Entscheidung**[82], und zwar in derselben Instanz und beim selben Gericht, vor dem die Zustimmung erklärt wurde. Es ist unzulässig, sie im voraus für mehrere Entscheidungen zu erklären oder gar generell auf mündliche Verhandlung für die ganze Instanz zu verzichten. Aber nur eine **Endentscheidung** oder eine Entscheidung, die eine   66

---

[75] Bis zur Vereinfachungsnovelle 1976 sprach das Gesetz von Einverständnis; sachlich ist durch die jetzige Formulierung nichts geändert.
[76] *BGHZ* 11, 27 = NJW 1954, 266 = LM Nr. 2, 3 (*Johannsen*); *RAGE* 17, 209. – A.M. *LG Hamburg* MDR 1950, 171.
[77] *RG* JW 1933, 514.
[78] Nicht telefonisch, vgl. *BVerwG* NJW 1981, 1852 (jedenfalls dann unwirksam, wenn der Inhalt der Erklärung streitig ist); NJW 1983, 189 (telefonische Übermittlung durch das Büro des Prozeßbevollmächtigten genügt nicht); ebenso *MünchKommZPO-Peters* Rdnr. 24.
[79] S. *BGH* BB 1961, 494; *OLG München* MDR 1955, 298 = NJW 1955, 995; *Burkhardt* (Fn. 63); *Schellhammer* Zivilprozeß[5] Rdnr. 1760; *MünchKommZPO-Peters* Rdnr. 24; s. auch *OLG Zweibrücken* JurBüro 1982, 84. –

Ausdrücklichkeit fordert *Püschel* JR 1925, 896. Daß *BGHZ* 102, 338, 340 f. = NJW 1988, 1794 es für möglich hielt, im Schweigen einer Partei zu einem Verweisungsantrag (§ 281) das Einverständnis mit schriftlichem Verfahren zu sehen, wenn das Gericht auf die Möglichkeit einer solchen Schlußfolgerung ausdrücklich hingewiesen hatte, erscheint nicht verallgemeinerungsfähig (nunmehr erklärt § 281 Abs. 2 S. 2 die Verweisung ohne mündliche Verhandlung für zulässig, schon zum bisherigen Recht Vorauﬂ. § 281 Rdnr. 19 bei Einverständnis der Parteien mit der Verweisung).
[80] *OLG München* MDR 1980, 145.
[81] So auch *Rosenberg-Schwab-Gottwald*[15] § 109 I 1 b; *Jauernig* ZPR[24] § 70 II; allg. M.
[82] H.M., s. *BGHZ* 17, 118, 123 (Fn. 55) und die folgenden Fn.; ebenso Begr. (Fn. 65), 55.

Endentscheidung wesentlich sachlich vorbereitet, verbraucht das Einverständnis, nicht dagegen z. B. die Erklärung zur Feriensache[83].

67 Die **Abgabe vom Einzelrichter an die Kammer** wertete das RG als inneren Vorgang des Gerichts, so daß die Zustimmung vor dem Einzelrichter auch eine Entscheidung ohne mündliche Verhandlung durch das Kollegium deckte, wenn die Sache ohne mündliche Verhandlung an dieses abgegeben wurde[84]. Zumindest seitdem der Einzelrichter durch die Nov 1974 (→ Einl. Rdnr. 154) in seiner Funktion weitgehend verselbständigt wurde, erscheint diese Ansicht nicht mehr zwingend. Wenn das Verfahren nach § 348 Abs. 1 dem Einzelrichter zur Entscheidung übertragen wurde, brauchen die Parteien in der Regel mit einer Rückübertragung an die Kammer nicht zu rechnen und dementsprechend besteht vom *Parteiwillen* her **kein Grund**, ihre gegenüber dem Einzelrichter erklärte Zustimmung zu einer Entscheidung ohne mündliche Verhandlung auch auf ein späteres Verfahren vor der Kammer zu erstrecken[85]. **Die Zustimmung wirkt also nicht vor der Kammer**. Es kann durchaus sachgerecht sein, auch in Fällen, in denen vor dem *Einzelrichter* eine erneute Verhandlung entbehrlich erscheint, vor der *Kammer* erneut zu verhandeln, wenn eine Rückübertragung erfolgt. Im übrigen zeigt auch § 348 Abs. 4, wonach die Parteien vor einer Rückübertragung zu hören sind, daß dieser Beschluß jedenfalls heute eine über ein Internum des Gerichts hinausreichende Bedeutung hat.

68 Beim **Einzelrichter in der Berufungsinstanz** liegen die Dinge weniger eindeutig, da dieser nach wie vor weitgehend die Funktion hat, die Entscheidung des Kollegiums vorzubereiten, § 524 Abs. 1 S. 1. Andererseits weisen auch seine Kompetenzen zu entscheidungsvorbereitenden Maßnahmen (z.B. Beweisbeschlüssen und Beweisaufnahmen im Rahmen des § 524 Abs. 2 S. 2) und zu abschließenden Entscheidungen (in den Fällen des § 524 Abs. 3 und 4) erheblichen Umfang auf und geben dem Verfahren vor dem Einzelrichter einen eigenständigen Charakter. Deshalb erscheint es auch hier angebracht, der vor dem Einzelrichter erklärten Zustimmung der Parteien **lediglich Wirkung für das einzelrichterliche Verfahren** zuzubilligen. – Andererseits sind (und zwar sowohl im Fall des § 348 wie des § 524) keine stichhaltigen Gründe dagegen ersichtlich, einer Zustimmung **erweiterte Wirkung** zuzugestehen, wenn die Parteien ausdrücklich erklären, auch für den Fall der Übertragung an die Kammer mit einer Entscheidung ohne mündliche Verhandlung einverstanden zu sein. Der Parteiwille ist dann eindeutig, und das Gericht ist ja ohnehin nicht gezwungen, von der damit gebotenen Möglichkeit Gebrauch zu machen, noch nach Übertragung an das Kollegium eine Entscheidung ohne mündliche Verhandlung zu erlassen.

69 Mit Rücksicht auf den Parteiwillen und die Unterschiede zwischen Kollegium und Einzelrichter erscheinen auch im umgekehrten Fall dieselben Grundsätze angezeigt. Danach wirkt die **vor der Kammer** oder dem **Senat** erklärte Zustimmung **nicht mehr nach Übertragung an den Einzelrichter**, es sei denn, die Parteien hätten das Einverständnis ausdrücklich auch für diesen Fall erklärt. – Zur Bedeutung des Schlußzeitpunkts (Abs. 2 S. 2) im Rahmen des § 348 Abs. 3 → § 348 Rdnr. 22.

70 Die Zustimmung **überdauert prozeßleitende Anordnungen**, die auch außerhalb des schriftlichen Verfahrens ohne mündliche Verhandlung ergehen könnten, wie eine Fristsetzung für Beweismittel, § 356, die Ergänzung eines Beweisbeschlusses, § 360, Fristverlängerungen, § 225, die Erklärung zur Feriensache (§ 200 Abs. 3 und 4 GVG)[86] und ebenso einen Aufklä-

---

[83] *BGHZ* 17, 118, 123 (Fn. 55); *BGH LM* § 407 BGB Nr. 3.
[84] *RG JW* 1932, 646 (krit. *Lemberg*).
[85] So im Ergebnis bereits vor der Novelle 1974 *BGHZ* 18, 61; *OLG Nürnberg* MDR 1966, 245; 1969, 849, ebenso *Thomas-Putzo*[18] Rdnr. 28; a.M. *MünchKomm-*

ZPO-Peters Rdnr. 28, der aber in der Rückübertragung eine wesentliche Änderung der Prozeßlage sieht, die zum Widerruf der Zustimmungserklärung berechtigt, Abs. 2 S. 1.
[86] *MünchKommZPO-Peters* Rdnr. 28.

rungsbeschluß, § 273 Abs. 1 S. 2, Abs. 2 Nr. 1[87], der die einzige Form darstellt, in der im schriftlichen Verfahren das Gericht seine Frage- und Hinweispflicht (§§ 139, 278 Abs. 3) ausüben kann. Dagegen wird wohl allgemein angenommen, daß nach einem **Beweisbeschluß** die Zustimmung ihre **Wirkung verliert**, so daß nach Beweiserhebung mündlich zu verhandeln ist, § 285[88], soweit nicht das schriftliche Verfahren zwischen Beweisanordnung und -erhebung vereinbart war.

Die Zustimmung kann **nicht auf einen Teil des Anspruchs beschränkt** werden, weil dies zur in sich widerspruchsvollen und praktisch schwierigen Gabelung eines einheitlichen Verfahrens in ein mündliches und gemischt-schriftliches führen würde[89]; gegebenenfalls muß dann ein Trennungsbeschluß ergehen, § 145. **Unzulässig** sind ferner eine **bedingte Einwilligung**[90] – nicht aber eine Rechtsbedingung[91] – und eine Beschränkung des Einverständnisses auf eine Entscheidung durch bestimmte Richter[92] (zu Einzelrichter und Kollegium → aber Rdnr. 67 ff.) oder eine Entscheidung bestimmter Art, z. B. einen Beweisbeschluß[93]; das Einverständnis ist dann in der Regel unwirksam → vor § 128 Rdnr. 218. Unzulässig ist auch eine *Befristung* durch die Partei dahin, daß nur der bis zu einem bestimmten Zeitpunkt eingehende Prozeßstoff berücksichtigt werden dürfe (zur Festlegung des Schlußzeitpunkts durch das Gericht → Rdnr. 83), während keine Bedenken gegen den Zusatz bestehen, daß das Einverständnis erst von einem bestimmten Zeitpunkt an gelten solle[94]. 71

3. Widerruf

Nach Abs. 2 S. 1 i. d. F. der Vereinfachungsnovelle 1976 ist die Zustimmung der Parteien **nur bei einer wesentlichen Änderung der Prozeßlage widerruflich**. Damit schloß sich der Gesetzgeber[95] einer schon vorher vielfach (auch in diesem Kommentar) vertretenen Meinung[96] an. Die Gegenansicht[97], die den Parteien einen *freien* (voraussetzungslosen) Widerruf gestatten wollte, wurde durch das Wort »nur« abgelehnt. Dagegen bedeutet die Formulierung nicht, daß der Widerruf, soweit er schon nach allgemeinen Grundsätzen zulässig ist, ausgeschlossen wäre. Die Zustimmung kann daher, auch ohne wesentliche Änderung der Prozeßlage, so lange zurückgenommen werden, als sie noch nicht wirksam geworden ist, d. h. bis auch die andere Partei ihre Zustimmung erklärt hat, und außerdem stets dann, wenn ein Restitutionsgrund vorliegt[98], → vor § 128 Rdnr. 226. Ein *voraussetzungsloser Widerruf* ist den Parteien weder *einzeln* noch *gemeinschaftlich* gestattet. Dies widerspräche dem Bestreben des Gesetzes nach Konzentration und Zielstrebigkeit des Verfahrens und wäre auch dem Gericht gegenüber, das sich auf die Lage eingestellt hat, nicht vertretbar. Da es sich anderer- 72

---

[87] S. *de Boor* (Fn. 63), 32, 67; nicht ganz klar *BGHZ* 31, 210, 214 f. (Fn. 66; betr. Aufklärungs- und Beweisbeschluß).

[88] S. *BGHZ* 31, 210, 214 f. (Fn. 66); ebenso Begr. (Fn. 65), 55. – Das Urteil beruht aber nicht auf dem Verstoß, wenn die Parteien gar nicht behaupten, daß sie nach der Beweisaufnahme das Wort begehrt hätten, und nicht angeben, was sie vorgetragen hätten, *BGH JZ* 1956, 535 = BB 1956, 575 = LM § 273 BGB Nr. 6.

[89] Auch keine Beschränkung auf die Kosten, solange die Hauptsache noch anhängig ist, *OLG Köln* HEZ 2, 61.

[90] S. *BGHZ* 18, 61, 62 (Fn. 66) u. schon *RGZ* 151, 193.

[91] Z. B. Widerruf eines Prozeßvergleichs, weil ohne diesen das Verfahren überhaupt beendet ist, s. dazu *Witte* NJW 1955, 1465.

[92] A. M. *Kann* JW 1924, 385.

[93] *BGH* LM Nr. 8; offen gelassen in *BGHZ* 18, 61, 62 (Fn. 66); *RG* JW 1932, 646. Ebenso schon *Kann* ZZP 54 (1929), 98.

[94] *RGZ* 151, 163.

[95] Begr. (Fn. 65), 55.

[96] *BGHZ* 11, 27, 32 (Fn. 76); *OLG Celle* MDR 1954, 302; 19. Aufl. § 128 IX 3. In späteren Entscheidungen wurde die freie Widerruflichkeit abgelehnt, aber offen gelassen, ob bei wesentlicher Änderung der Prozeßlage ein Widerruf zuzulassen sei, so *BGHZ* 28, 278 = NJW 1959, 244 = MDR 1959, 201 (zust. *Bötticher* MDR 1959, 566); *BGH* NJW 1962, 1819 = MDR 1962, 897 = LM Nr. 16; LM Nr. 23 = NJW 1970, 1458; AP Nr. 6; *BAG* AP Nr. 7 (unter Aufgabe der in Fn. 97 wiedergegebenen Rsp); *BSG* MDR 1965, 1029.

[97] *BAGE* 12, 56 = NJW 1962, 509 = AP Nr. 2 (krit. *Bötticher*) (zur späteren Rsp des BAG → Fn. 96); *Volkmar* JW 1924, 17; *de Boor* (Fn. 63), 25; *A. Blomeyer* ZPR¹ § 56 I 1 u. a.

[98] Ebenso für beide Fälle *Rosenberg-Schwab-Gottwald*[15] § 109 I 1 c (3).

seits um eine Erklärung mit einer gewissen Dauerwirkung handelt, ist es gerechtfertigt, den Parteien den Widerruf zu gestatten, wenn sich die wesentlichen Grundlagen des Entschlusses geändert haben. Der Widerruf kann in diesem Fall **von jeder Partei einzeln erklärt** werden, wobei der Grund anzugeben ist. – Abs. 2 S. 1 wurde vom BGH[99] mit Recht analog auf den Widerruf des Einverständnisses mit der Entscheidung durch den **Einzelrichter** in der Berufungsinstanz (§ 524 Abs. 4) angewendet; dasselbe hat für § 349 Abs. 3 (Einverständnis mit der Entscheidung durch den Vorsitzenden der Kammer für Handelssachen) zu gelten, → § 349 Rdnr. 41.

73 Als **wesentliche Änderung der Prozeßlage** ist es insbesondere anzusehen, wenn der Schriftsatzwechsel einen nicht zu erwartenden Umfang angenommen hat, wenn der Prozeßstoff erhebliche Änderungen erfahren hat (z. B. durch neue Sachanträge, andere Beweisanträge, wesentlich abweichenden Tatsachenvortrag, einen Hinweis des Gerichts auf bisher nicht erkannte rechtliche Gesichtspunkte[100], § 278 Abs. 3) oder wenn sonst Unklarheiten entstanden sind oder ein Richterwechsel stattgefunden hat, → Rdnr. 97. Das Gericht sollte **keinen zu engen Maßstab** an den Widerrufsgrund anlegen, aber darauf achten, daß der Widerruf nicht zum Zweck der *Prozeßverzögerung* erfolgt.

74 Für die **Erklärung des Widerrufs** gilt das zu Rdnr. 63 Ausgeführte entsprechend. Ein Antrag auf Terminsanberaumung wird regelmäßig als stillschweigender Widerruf anzusehen sein.

75 Der **Streitgehilfe** kann die von *ihm* (→ Rdnr. 64) abgegebene Zustimmungserklärung widerrufen. Dagegen erscheint es problematisch, ihm auch das Recht zum Widerruf der *Parteierklärung* zuzubilligen, da hier die Gefahr des Widerspruchs zum Willen der Partei überwiegt. Die »wesentliche Änderung der Prozeßlage« ist ein recht unbestimmter Begriff, und solange die Partei schweigt, wird man davon ausgehen können, daß sie es bei der Entscheidung ohne mündliche Verhandlung belassen möchte.

76 Auch **ohne Widerruf** der Zustimmung durch eine Partei kann das **Gericht** von sich aus entgegen der ursprünglichen Absicht **mündliche Verhandlung anordnen**, → Rdnr. 85.

X. Ermessensausübung durch das Gericht

1. Inhalt des Ermessens

77 Bei Zustimmung der Parteien kann das Gericht die sich aus der prozessualen Situation jeweils ergebende nächste Entscheidung (Endurteil, Zwischenurteil, Beweisbeschluß) ohne mündliche Verhandlung erlassen. Ob das Gericht von dieser Befugnis Gebrauch macht, steht in seinem **pflichtgemäßen Ermessen**. An die Zustimmung der Parteien ist es nicht gebunden. Vielmehr hat das Gericht sorgfältig unter eigener Verantwortung zu prüfen, ob der Verzicht auf die mündliche Verhandlung nach dem Zweck der Vorschrift (→ Rdnr. 56, 58 f.) angebracht ist.

78 a) Hat **noch keine mündliche Verhandlung stattgefunden**, ist zunächst zu prüfen, ob feststeht, was die Parteien behauptet haben, ob dies bestritten ist und gegebenenfalls ob und welche Beweise die Parteien angetreten haben. Ehe es eine Entscheidung erläßt, muß das Gericht weiter prüfen, ob es seiner Aufklärungspflicht genügt hat oder von seinem Fragerecht Gebrauch machen muß, → § 139 Rdnr. 10 ff., und ob den Parteien das rechtliche Gehör gewährt war. Erst wenn nach den vorliegenden Schriftsätzen Entscheidungsreife besteht, kann eine Entscheidung erlassen werden. Ein schriftliches Verfahren kommt danach regelmäßig erst in Frage, wenn wenigstens eine **Einlassung des Beklagten** vorliegt. Wenn noch keine Entscheidungsreife besteht, muß das Gericht erwägen, ob durch einen *weiteren Schrift-*

---

[99] *BGHZ* 105, 270 = NJW 1989, 229.   [100] *Zöller-Greger*[18] Rdnr. 12; *Baumbach-Lauterbach-Hartmann*[51] Rdnr. 23.

satzwechsel die bestehenden Lücken, Widersprüche oder Zweifel wirklich ohne mündliche Verhandlung geklärt werden können. Es kann dann das schriftliche Verfahren auch mit einem Aufklärungsbeschluß beginnen; doch werden gerade derartige Unklarheiten häufig besser durch mündliche Aussprache ausgeräumt.

b) Hat eine **mündliche Verhandlung bereits stattgefunden** und ist die Sache *entscheidungs-* 79 *reif*, so wäre der Übergang in ein schriftliches Verfahren nur zum Zweck eines Entscheidungserlasses *unzulässig*, → Rdnr. 59. Nach einer mündlichen Verhandlung ist also zu prüfen, ob über die Behauptungen der Parteien, die Gegenerklärung des Gegners, Beweisanträge, Sachanträge oder Prozeßbitten überhaupt noch *Unklarheiten* bestehen und sich zu deren Behebung das schriftliche Verfahren mehr empfiehlt als die mündliche Verhandlung.

2. Entscheidung mit mündlicher Verhandlung

Lehnt das Gericht trotz der vorliegenden Zustimmung der Parteien eine Entscheidung ohne 80 mündliche Verhandlung ab, so **bestimmt es Termin zur mündlichen Verhandlung**. Die Terminsbestimmung kann mit einem Aufklärungsbeschluß verbunden werden. Dagegen wäre es unzulässig, lediglich eine Entscheidung ohne mündliche Verhandlung abzulehnen und die Fortführung des Verfahrens vom *Antrag* einer Partei auf Terminsbestimmung abhängig zu machen.

3. Entschluß zu schriftlichem Verfahren, gerichtliche Anordnungen

a) Allgemeines

Einen ausdrücklichen Beschluß, daß eine Entscheidung ohne mündliche Verhandlung 81 ergehen soll, schreibt das Gesetz an sich nicht vor. Seit der Vereinfachungsnovelle 1976 muß[101] aber das Gericht alsbald (nach Vorliegen der Zustimmungserklärungen) den *Schlußzeitpunkt* für die Einreichung von Schriftsätzen und den *Termin zur Verkündung der Entscheidung* bestimmen. In diesem **Beschluß**, der den Parteien wegen der darin enthaltenen Terminsbestimmung zuzustellen ist (§ 329 Abs. 2 S. 2), kommt zumindest *stillschweigend* der Entschluß des Gerichts zum Ausdruck, ohne mündliche Verhandlung zu entscheiden. Um der Klarheit willen ist es empfehlenswert, dies im Beschluß auch *ausdrücklich* zum Ausdruck zu bringen[102].

b) Bestimmung des Verkündungstermins

Die (obligatorischen, → Fn. 101) Anordnungen nach Abs. 2 S. 2 sind vor allem dann von 82 Bedeutung, wenn der Erlaß eines *Urteils* ohne mündliche Verhandlung in Betracht kommt. Das Gesetz schreibt sie aber *ausnahmslos* vor, also auch, wenn andere Entscheidungen (z. B. ein Beweisbeschluß) zu erwarten sind. Hinsichtlich des Verkündungstermins hängt dies damit zusammen, daß sowohl **Urteile** (§ 310 Abs. 2 wurde insoweit durch die Vereinfachungsnovelle 1976 geändert) als auch **sonstige Entscheidungen**, die aufgrund des Abs. 2 ohne mündliche Verhandlung ergehen, **zu verkünden** sind[103]. Nur bei solchen Beschlüssen, die schon unabhängig von Abs. 2 nicht der vorherigen mündlichen Verhandlung bedürfen, bleibt es bei der Regelung des § 329 Abs. 2. Der Verkündungstermin darf wegen Abs. 2 S. 3 **nicht weiter als**

---

[101] *BGH* FamRZ 1986, 885 (Verstoß dagegen ist aber kein absoluter Revisionsgrund).
[102] So auch *Schellhammer* (Fn. 79) Rdnr. 1761.
[103] Ebenso *Rosenberg-Schwab-Gottwald*[15] § 109 I 2 d; zum Beweisbeschluß *Thomas-Putzo*[18] § 359 Rdnr. 1.

drei **Monate** (seit dem Wirksamwerden der letzten Zustimmungserklärung) **hinausgeschoben** werden. Zu Verstößen hiergegen → Rdnr. 103.

c) Schlußzeitpunkt für Schriftsätze

83 Ob auch die Bestimmung eines Schlußzeitpunkts für die Einreichung von Schriftsätzen *stets* erforderlich ist, könnte man mit der Erwägung bezweifeln, daß in manchen Fällen ein weiterer Parteivortrag vor der zu erwartenden Entscheidung nicht erforderlich und auch nicht beabsichtigt sei. Andererseits macht der Gesetzestext keine Ausnahme und stellt die Anordnung nicht in das gerichtliche Ermessen. Auch in der Begründung zur Vereinfachungsnovelle 1976 wurde davon ausgegangen, daß die Bestimmung des Endzeitpunkts nicht nur vor Urteilen erfolgt[104]. Da die Anordnung der Klarheit dient und außerdem kaum jemals sicher ist, ob die Parteien nicht doch noch etwas vortragen, spricht im Ergebnis mehr dafür, auch die Bestimmung des Endzeitpunkts **in allen Fällen als obligatorisch anzusehen**.

84 Der festgelegte **Endzeitpunkt entspricht**, wenn ein Urteil ergeht, dem **Schluß der mündlichen Verhandlung** und gewinnt dann vor allem für Rechtskraft und Präklusion (→ § 322 Rdnr. 228 ff. sowie § 767 Abs. 2) Bedeutung. Schon daraus, aber auch aus der Formulierung des Abs. 2 S. 2 folgt, daß ein **einheitlicher, für beide Parteien geltender Zeitpunkt** festzusetzen ist[105]. Das Gericht kann aber zusätzlich (also *innerhalb* der Zeitspanne bis zum Schlußzeitpunkt) **Fristen** für Klageerwiderung oder Replik des Klägers entsprechend § 275 Abs. 3, 4 oder zur Erklärung über bestimmte Punkte entsprechend § 273 Abs. 2 Nr. 1 setzen[106]. Die Überschreitung dieser Fristen kann dann zur *Präklusion* nach § 296 Abs. 1 führen. Der Schlußzeitpunkt hingegen schließt, wenn ohne mündliche Verhandlung ein Urteil ergeht, späteres Vorbringen gemäß § 296a aus und kann bei anderen Entscheidungen für das spätere Urteil eine Präklusion nach § 282 Abs. 1, § 296 Abs. 2 zur Folge haben[107], → Rdnr. 94f. Zur Bedeutung für den Ausschluß einer Übertragung des Rechtsstreits auf den Einzelrichter → § 348 Rdnr. 22. – Fällt der vom Gericht bestimmte Schlußzeitpunkt in die Gerichtsferien, so wird, wenn nicht schon eine Feriensache nach § 200 Abs. 2 GVG vorliegt, regelmäßig eine Bestimmung zur Feriensache (§ 200 Abs. 3, 4 GVG) anzunehmen sein; andernfalls müßte wohl die Hemmung der Frist nach § 223 Abs. 1 bejaht werden. Zum Dreimonatszeitraum des Abs. 2 S. 3 → Rdnr. 102.

4. Änderung des Entschlusses

85 Das Gericht ist an seine Entschließung, mit oder ohne mündliche Verhandlung zu entscheiden, **nicht gebunden** (allgemein zur Abänderbarkeit prozeßleitender Anordnungen → § 329 Rdnr. 18). Wurde mündliche Verhandlung anberaumt, so kann, solange der Termin noch nicht stattgefunden hat, doch noch das Verfahren ohne mündliche Verhandlung durchgeführt werden. Praktisch wird ein Wechsel eher im umgekehrten Fall in Betracht kommen, wenn sich entgegen den ursprünglichen Erwartungen zeigt, daß die Entscheidungsreife im schriftlichen Verfahren nicht (oder nicht rechtzeitig im Hinblick auf Abs. 2 S. 3) erzielt werden kann. Die Anordnungen nach Abs. 2 S. 2 sind dann zugleich mit der Anberaumung der mündlichen Verhandlung aufzuheben.

---

[104] BT-Drucks. 7/2729, 55.
[105] A.M. *Schellhammer* (Fn. 79) Rdnr. 1761; *Baumbach-Lauterbach-Hartmann*[51] Rdnr. 27; *Zöller-Greger*[18] Rdnr. 18.
[106] Begr. BT-Drucks. 7/2729, 55; *Bender-Belz-Wax* Das Verfahren nach der Vereinfachungsnovelle und vor dem Familiengericht (1977) Rdnr. 215; *Kramer* NJW 1978, 1411, 1415.
[107] Vgl. Begr. BT-Drucks. 7/2729, 55. – Wird ein rechtzeitig eingereichter Schriftsatz nicht berücksichtigt, so ist das Recht auf Gehör verletzt, *BVerfG* Rpfleger 1982, 478 (zu Abs. 3 S. 2); allg. → vor § 128 Rdnr. 36.

5. Anfechtung

Der ausdrückliche oder stillschweigende Entschluß des Gerichts, ohne oder nur aufgrund 86
einer mündlichen Verhandlung zu entscheiden, kann auf Gegenvorstellung aufgehoben werden, → Rdnr. 85, **unterliegt aber nicht der Beschwerde**, selbst wenn ein besonderer Beschluß darüber ergangen ist[108] (a.M. *Grunsky* → § 567 Rdnr. 16); denn § 128 Abs. 2 sieht weder einen *Antrag* der Parteien auf eine Entscheidung ohne mündliche Verhandlung vor – ihre Zustimmungserklärung ist der Sache nach nicht mehr als ein Verzicht auf die mündliche Verhandlung – noch gibt er den Parteien ein *Anrecht* auf Entscheidung ohne diese. Verfahrensfehler (z.B. schriftliches Verfahren ohne Zustimmung) sind im Rahmen der **Anfechtung** des Urteils geltend zu machen. Ein absoluter Revisionsgrund liegt in einer fehlerhaften Anordnung des schriftlichen Verfahrens nicht[109], → Rdnr. 52.

XI. Der Prozeßstoff bei Entscheidung ohne mündliche Verhandlung

Wenn § 128 Abs. 2 gestattet, daß eine Entscheidung ohne mündliche Verhandlung ergeht, 87
so bedeutet dies *negativ*, daß es zur **Einführung des Prozeßstoffes** der mündlichen Verhandlung nicht bedarf. *Positiv* liegt darin, daß das, was schon Prozeßstoff war, so, wie es eingeführt ist, Prozeßstoff bleibt, → Rdnr. 88, daß ferner das bisher von den Parteien nur *schriftsätzlich Angekündigte*, aber mangels Vortrags in der mündlichen Verhandlung noch nicht Prozeßstoff Gewordene nunmehr Prozeßstoff wird, → Rdnr. 89, und daß gegebenenfalls auch *weiterer schriftsätzlicher Vortrag* Prozeßstoff werden kann, → Rdnr. 92.

1. Vorbringen in früherer mündlicher Verhandlung

Das Gericht hat das in einer früheren mündlichen Verhandlung (durch Vortrag oder 88
Bezugnahme auf Schriftsätze) Vorgebrachte zu berücksichtigen, gleichviel ob es in den bei den Gerichtsakten befindlichen Schriftstücken, in Protokollen oder Protokollanlagen niedergelegt ist. Bei Abweichung des mündlich Vorgetragenen von dem Inhalt *vorausgegangener* Schriftsätze ist demnach das erstere maßgebend[110]; ein Zurückgreifen auf die Schriftsätze ist insoweit unstatthaft. Dem in einer früheren Verhandlung Vorgetragenen steht das bereits früher gemäß Abs. 2 oder § 251a (→ § 251a Rdnr. 13f.) in den Prozeß Eingeführte gleich. Zum Richterwechsel → Rdnr. 97.

2. Frühere Schriftsätze

Das bisher nur **schriftsätzlich Angekündigte** wird mit dem Übergang zum schriftlichen 89
Verfahren **in den Prozeß eingeführt**. Insoweit fällt also das Erfordernis mündlichen Vortrags fort. Dies gilt ohne Einschränkung auch für diejenigen angekündigten Erklärungen, die im gewöhnlichen Verfahren kraft besonderer Vorschrift der Verlesung oder des Vortrags in der mündlichen Verhandlung bedürfen, → insbesondere § 297 Rdnr. 16 (Anträge), § 306 Rdnr. 5 (Verzicht), § 307 Rdnr. 17 (Anerkenntnis). Bei Widersprüchen zwischen schriftsätzlichen Erklärungen derselben Partei ist der **spätere Schriftsatz maßgebend**. Dies gilt nicht nur für die Berichtigung und Ergänzung tatsächlicher Behauptungen, sondern auch für solche Erklärungen, die, wenn sie in der mündlichen Verhandlung abgegeben worden wären, *bindend* oder nur beschränkt widerruflich gewesen wären (Anerkenntnis, Geständnis usw.); denn die

---

[108] S. *de Boor* (Fn. 63), 34f.; wohl h.M.
[109] BGH NJW 1992, 2146.

[110] Ebenso *BGH* MDR 1956, 473, 474; *de Boor* (Fn. 63), 43.

Einführung angekündigten Streitstoffes kann sich nur auf solche Erklärungen beziehen, die im Zeitpunkt des Übergangs zum schriftlichen Verfahren *noch angekündigt* sind. Ein in einem früheren Schriftsatz enthaltenes, in einem späteren aber widerrufenes Geständnis hat daher außer Betracht zu bleiben[111]. Eine nur scheinbare Ausnahme bilden diejenigen Erklärungen, die auch im gewöhnlichen Verfahren schon durch Zustellung eines Schriftsatzes wirksam werden, insbesondere die während des Prozesses erhobenen Ansprüche, § 261 Abs. 2.

90 Dagegen kann das **bisherige Unterlassen einer Erklärung** auf das bis zum Übergang in das schriftliche Verfahren nur schriftsätzlich Angekündigte nicht dem Schweigen auf bereits Vorgetragenes gleichgestellt werden. Daher geht es nicht an, die Nichtbeantwortung einer schriftlich angekündigten Behauptung als Geständnis anzusehen, § 138 Abs. 3, oder gar an die Versäumung einer vom Gericht zur Erklärung gesetzten Frist Versäumnisfolgen nach §§ 330 f.[112] (anders im schriftlichen Vorverfahren, → § 331 Abs. 3) oder die Möglichkeit einer Entscheidung nach §§ 251 a, 331 a[113] zu knüpfen[114]. Soweit dagegen das Gesetz nicht an die Unterlassung, sondern an ein bestimmtes Handeln Präklusionswirkungen und dergleichen knüpft, steht die schriftliche Erklärung der in der mündlichen Verhandlung abgegebenen Erklärung gleich. Die **vorbehaltlose schriftsätzliche Einlassung zur Hauptsache** kann daher nach § 282 Abs. 3, § 296 Abs. 3 zum Verlust der verzichtbaren Zulässigkeitsrügen führen, ebenso kann sie nach § 39 die Zuständigkeit begründen und bewirken, daß eine Klagerücknahme nur noch mit Einwilligung des Beklagten möglich ist, → § 269 Rdnr. 10. Will eine Partei diese Wirkung der Zustimmungserklärung in Verbindung mit früherem rein schriftsätzlichem Vorbringen zur Hauptsache verhindern, so muß **bei Abgabe der Zustimmungserklärung die prozessuale Rüge vorgetragen** (oder zumindest vorbehalten[115] und vor neuem Hauptsachevortrag geltend gemacht) werden, → § 39 Rdnr. 4. Zum Rügeverlust nach § 295 → § 295 Rdnr. 31, zum Verlust des Ablehnungsrechts → Rdnr. 63.

3. Beweisergebnisse

91 Das Ergebnis von Beweisaufnahmen ist zu berücksichtigen, ohne daß es eines mündlichen oder schriftlichen Vortrags durch die Parteien bedarf, näher → § 285 Rdnr. 11, § 286 Rdnr. 16.

4. Neue Schriftsätze

92 Es können und müssen aber auch nach dem Übergang in das schriftliche Verfahren **neu eingereichte Schriftsätze berücksichtigt** werden[116]; denn das Verfahren soll ja gerade eine mündliche Verhandlung ersetzen. Dies ergibt sich auch eindeutig aus dem Gesetz, da Abs. 2 S. 2 dem Gericht aufgibt, einen Schlußzeitpunkt für die Einreichung von Schriftsätzen zu bestimmen. **Alle Prozeßhandlungen,** für die sonst die Vornahme in mündlicher Verhandlung vorgeschrieben ist, können nun schriftlich erfolgen, so z. B. auch Verzicht (§ 306) und Anerkenntnis (§ 307). Rücknahme oder Widerruf einer Prozeßhandlung sind nur im selben Umfang zulässig, wie dies auch bei in mündlicher Verhandlung vorgenommenen Erklärungen möglich wäre, → vor § 128 Rdnr. 219. – Wenn der **Schriftsatzwechsel auszuufern droht,** hat jede Partei nach Abs. 2 S. 1 das Recht, ihre Zustimmungserklärung wegen Änderung der

---

[111] A. M. *de Boor* (Fn. 63), 58.
[112] So *Levin* DJZ 1924, 14.
[113] So *Sauerländer* LeipZ 1924, 225.
[114] Ebenso *de Boor* (Fn. 63), 28.
[115] BGH NJW 1970, 198 = LM § 274 Abs. 1 Nr. 4.
[116] Ebenso BGHZ 11, 27 (Fn. 76); 28, 278, 281 (Fn. 96); BGH NJW 1970, 198 (Fn. 115); RGZ 151, 193; BAG NJW 1962, 126 (abl. *Thomas* NJW 1962, 836) = SAE 1962, 165 (zust. *Fenn*) = AP § 72 ArbGG Streitwertrevision Nr. 11 (zust. *Pohle*); OLG Stuttgart MDR 1957, 746; *A. Blomeyer* ZPR[2] § 56 I 2; *Jauernig* ZPR[24] § 70 II; *Rosenberg-Schwab-Gottwald*[15] § 109 I 2 c (1).

prozessualen Situation zu widerrufen. Außerdem ist das Gericht berechtigt, von sich aus zum mündlichen Verfahren zurückzukehren, → Rdnr. 85.

Es sind nicht nur die in den neuen Schriftsätzen aufgestellten **Behauptungen** sowie das **Bestreiten, Zugestehen** und sonstige Gegenerklärungen zu berücksichtigen, sondern es ist jetzt – anders als beim Schriftsatzwechsel vor Übergang in das schriftliche Verfahren – auch § 138 Abs. 3 anzuwenden, so daß **nicht bestrittene Behauptungen als zugestanden anzusehen** sind. Im Zweifel hat das Gericht seine Fragepflicht gemäß § 139 auszuüben. 93

5. Schlußzeitpunkt und Präklusion[117]

Die früher streitige Frage, bis zu welchem Zeitpunkt das Gericht Schriftsätze zu berücksich- 94 tigen hat, ist nun durch Abs. 2 S. 2 dahingehend entschieden, daß der vom Gericht obligatorisch (→ Rdnr. 83) festzusetzende Schlußzeitpunkt maßgebend ist. Ergeht ein *Urteil*, so ist das nach diesem Zeitpunkt eingehende Vorbringen gemäß § 296a grundsätzlich nicht mehr zu berücksichtigen. Das Gericht ist aber berechtigt (und durch den Grundsatz des **rechtlichen Gehörs** u. U. gehalten, näher → Rdnr. 100), entsprechend § 296a S. 2, § 156 das Verfahren *wieder zu eröffnen*, d. h. einen neuen Schlußzeitpunkt zu bestimmen, freilich nur innerhalb der Frist des Abs. 2 S. 3. Auch für die zeitlichen Grenzen der Rechtskraft (→ § 322 Rdnr. 228ff.) ist der nach Abs. 2 S. 2 festgelegte Zeitpunkt maßgebend. Ist (fehlerhaft) die Festsetzung eines solchen Zeitpunkts unterblieben, so entspricht dem Schluß der mündlichen Verhandlung erst der Zeitpunkt des Erlasses[118], also jetzt der Verkündung der Entscheidung.

Auch im schriftlichen Verfahren kann **Parteivorbringen als verspätet zurückgewiesen** 95 **werden**, und zwar nach § 296 Abs. 1 (§ 528 Abs. 1), soweit Fristen gemäß § 273 Abs. 2 Nr. 1, § 275 Abs. 3 u. 4 gesetzt waren (→ Rdnr. 84), sonst gemäß § 296 Abs. 2 (§ 528 Abs. 2) i. V. mit § 282 Abs. 1 sowie bei Zulässigkeitsrügen gemäß § 296 Abs. 3 (→ Rdnr. 90).

Versäumnisfolgen können dagegen nicht eintreten[119], da die §§ 330ff. nur die Säumnis in 96 der mündlichen Verhandlung und § 331 Abs. 3 nur das schriftliche Vorverfahren betreffen. Für eine entsprechende Anwendung der Säumnisregeln dürfte auch kein praktisches Bedürfnis bestehen, zumal bei Nichtbestreiten § 138 Abs. 3 gilt, → Rdnr. 93, und sowohl Anerkenntnis als auch Verzicht schriftlich erklärt werden können, → Rdnr. 89, 92. Zur selben Frage bei Abs. 3 → Rdnr. 120f. Daß auch bei Nichtäußerung einer Partei durch ein kontradiktorisches Urteil, nicht durch ein mit Einspruch anfechtbares Versäumnisurteil entschieden wird, verstößt nicht gegen den Gleichheitssatz oder das Recht auf Gehör[119a].

6. Unterbrechung des Verfahrens

Dem Schluß der mündlichen Verhandlung i. S. des § 249 Abs. 3 ist der nach Abs. 2 S. 2 96a (oder Abs. 3 S. 2) festgesetzte Schlußzeitpunkt gleichzusetzen, → § 249 Rdnr. 26. Tritt also die Unterbrechung, z. B. durch Tod einer nicht durch einen Prozeßbevollmächtigten vertretenen Partei, § 239 Abs. 1, § 246 Abs. 1, nach diesem Zeitpunkt ein, so kann gleichwohl gemäß § 249 Abs. 3 die aufgrund des schriftlichen Verfahrens zu erlassende Entscheidung verkündet werden. Bei Unterbrechung nach Abgabe der Zustimmungserklärungen zum schriftlichen Verfahren, aber vor dem Schlußzeitpunkt nach Abs. 2 S. 2, muß dagegen zuerst die Aufnahme durch den Rechtsnachfolger erfolgen[120].

---

[117] Dazu *Kramer* NJW 1978, 1411, 1414.
[118] Vgl. (zum früheren Recht) *BGH* LM Nr. 17 = NJW 1966, 52; *BGH* NJW 1970, 198 (Fn. 115).
[119] So auch *Kramer* NJW 1978, 1411, 1413; *Rosenberg-Schwab-Gottwald*[15] § 109 I 2e; *Baumbach-Lauter-*

bach-Hartmann[51] Rdnr. 30; *Thomas-Putzo*[18] Rdnr. 35. – A.M. *AG St. Blasien* MDR 1984, 590; *Bull* JR 1961, 247; *Lüke* Fälle zum Zivilverfahrensrecht Bd. 1 (1979), 43.
[119a] *BVerfG* NJW 1993, 2864.
[120] Vgl. *BSG* NJW 1991, 1909. – Anders *BFH* NJW

7. Richterwechsel

97 § 309 ist im schriftlichen Verfahren nicht anwendbar[121], → § 309 Rdnr. 17. Ein Richterwechsel zwischen einer zunächst durchgeführten mündlichen Verhandlung und einer späteren Entscheidung, die gemäß Abs. 2 ohne mündliche Verhandlung ergeht, ist also grundsätzlich **unschädlich**[122]. Dies gilt auch, wenn der Richterwechsel zwischen dem Zeitpunkt der Zustimmungserklärungen und dem Erlaß der Entscheidung stattgefunden hat[123]. Allerdings kann das nur mündlich vorgetragene, nicht in den Akten festgehaltene Parteivorbringen nicht berücksichtigt werden, wenn ein Richterwechsel stattgefunden hat[124]. Es ist dann Sache der Parteien, ihren Vortrag durch Schriftsätze zu ergänzen. Sie sollten daher von einem Richterwechsel unterrichtet werden, der nach den Zustimmungserklärungen der Parteien erfolgt. Andernfalls kann der Anspruch auf rechtliches Gehör verletzt sein. Der Richterwechsel nach Abgabe der Zustimmungserklärungen ist, wenn zuvor bereits mündlich verhandelt worden war und die Gefahr besteht, daß der Prozeßstoff der mündlichen Verhandlung nicht voll berücksichtigt werden kann, als wesentliche Änderung der Prozeßlage i. S. des Abs. 2 S. 1 zu bewerten[125], so daß jede Partei durch Widerruf ihrer Zustimmung erzwingen kann, daß vor dem Gericht in der neuen Besetzung mündlich verhandelt wird. Auch für das Gericht selbst kann ein Richterwechsel Anlaß sein, entgegen dem gefaßten Beschluß (zur Abänderbarkeit → Rdnr. 85) doch nicht ohne mündliche Verhandlung zu entscheiden.

98 Soweit es um die **ordnungsgemäße Besetzung des Gerichts** geht, ist die Zusammensetzung des Gerichts in der dem Urteil zugrundeliegenden *letzten Beratung* maßgebend[126].

XII. Verfahren und Entscheidung ohne mündliche Verhandlung

1. Verfahrensgrundsätze

99 a) Daß die Mündlichkeit durch Schriftlichkeit ersetzt wird, läßt alle **sonstigen Verfahrensgrundsätze unberührt**. Im Bereich der **Verhandlungsmaxime** (→ vor § 128 Rdnr. 75) kann das Gericht auch bei schriftlichem Verfahren nur die von den Parteien vorgetragenen Tatsachen verwerten. Werden durch eine Beweisaufnahme neue Tatsachen bekannt, so darf sie das Gericht auch hier nicht von sich aus zum Prozeßstoff machen, sondern es muß (gegebenenfalls durch schriftliche Aufforderung) den Parteien Gelegenheit geben, sich dazu zu äußern und sich auf diese Tatsachen zu berufen. Eine derartige Verfahrensentwicklung kann auch Anlaß geben, doch eine mündliche Verhandlung anzuberaumen.

100 b) Der Grundsatz des **rechtlichen Gehörs** (→ vor § 128 Rdnr. 9) muß auch im schriftlichen Verfahren sorgfältig beachtet werden. Die Zustimmung der Parteien nach Abs. 2 S. 1 rechtfertigt keine Einschränkungen. Da jede Partei Gelegenheit haben muß, zum Vorbringen des

---

1991, 2792, der für das finanzgerichtliche Verfahren (in dem keine dem Abs. 2 S. 2 entsprechende Vorschrift gilt) für § 249 Abs. 3 genügen läßt, daß die Zustimmungserklärungen vor der Unterbrechung abgegeben wurden.
[121] *BGH* LM § 309 Nr. 3 (*Wax*) = NJW-RR 1992, 1065. Zust. *Ulrich* EWiR 1992, 699.
[122] *BGH* LM § 309 Nr. 3 (Fn. 121); BGHZ 11, 27 (Fn. 76); *BGH* LM § 551 Nr. 48 = MDR 1968, 314; *BAG* AP Nr. 2 = NJW 1962, 509; *Volmer* NJW 1970, 1300; *Rosenberg-Schwab-Gottwald*[15] § 109 I 2c (2); *Zöller-Greger*[18] Rdnr. 15; *MünchKommZPO-Peters* Rdnr. 35; *Baumbach-Lauterbach-Hartmann*[51] Rdnr. 29; *AK-ZPO-Puls* Rdnr. 14; s. auch *BVerwG* NVwZ 1990, 58. – A.M. *Auernhammer* ZZP 67 (1954), 256, 261; *Krause* MDR 1982, 184; *Jauernig* ZPR[24] § 70 II; *Arens-Lüke*[5] Rdnr. 378; *Schilken* ZPR Rdnr. 372.

[123] *BGH* FamRZ 1957, 370, 371.
[124] *BGH* LM § 309 Nr. 3 (Fn. 121); *Johannsen* zu *BGH* LM Nr. 2,3 (= BGHZ 11, 27); ebenso wohl *BGH* NJW 1956, 945; s. auch *BVerwG* DRiZ 1970, 331.
[125] So auch (sogar generell) *Ulrich* EWiR 1992, 699, 700.
[126] *BGH* LM § 551 Nr. 48 (Fn. 122). Dazu krit. *Krause* MDR 1982, 184 im Hinblick auf die Anforderungen des Art. 101 Abs. 1 S. 2 GG (gesetzlicher Richter). Eine gewisse Freiheit in der Bestimmung des Beratungstermins (mit denkbaren Auswirkungen auf die Besetzung) ist aber aus der Sicht des gesetzlichen Richters ebenso hinzunehmen wie der Spielraum bei der Ansetzung einer mündlichen Verhandlung.

Gegners Stellung zu nehmen, hat das Gericht die Zustellung bzw. die formlose Mitteilung der Schriftsätze (§ 270 Abs. 2) zu überprüfen. Die notwendige Gewährung des rechtlichen Gehörs kann gerade im schriftlichen Verfahren zu Schwierigkeiten führen, wenn beide Seiten wiederholt Neues vortragen. Nützlich kann die Untergliederung der Schriftsatzfrist des Abs. 2 S. 2 sein, → Rdnr. 84. Geht kurz vor Ablauf der nach Abs. 2 S. 2 festgelegten Frist ein Schriftsatz mit neuem, erheblichem (und nicht zurückzuweisendem, → Rdnr. 95) Vorbringen ein, so muß **dem Gegner rechtliches Gehör gewährt** werden[127], und zwar indem in entsprechender Anwendung des § 283 eine **zusätzliche**, über den nach Abs. 2 S. 2 bestimmten Termin hinausreichende **Schriftsatzfrist** eingeräumt wird, wenn eine Stellungnahme sonst unmöglich wäre[128]. Dabei darf die Frist des Abs. 2 S. 3 (→ Rdnr. 102) jedoch nicht überschritten werden[129]; gegebenenfalls ist die Verhandlung wieder zu eröffnen (§ 156) und mündliche Verhandlung anzuberaumen. Der nachgelassene Schriftsatz ist zu berücksichtigen, soweit er durch das Vorbringen des Gegners veranlaßt ist, näher → § 283 Rdnr. 26.

c) Die **richterliche Hinweis- und Aufklärungspflicht** nach § 139 gilt auch im schriftlichen Verfahren, ebenso die Hinweispflicht nach § 278 Abs. 3. Beidem kann das Gericht schriftlich Rechnung tragen, doch sollte stets erwogen werden, ob nicht doch eine mündliche Verhandlung zweckmäßiger ist als umfangreiche schriftliche Aufklärungsbemühungen. 101

2. Zeitliche Grenze

Die Entscheidung ohne mündliche Verhandlung darf nach Abs. 2 S. 3 nur innerhalb eines Zeitraums von **drei Monaten seit der Zustimmung der Parteien** (genauer seit dem Wirksamwerden der letzten Zustimmungserklärung) ergehen. Kann diese zeitliche Grenze nicht eingehalten werden, muß mündliche Verhandlung anberaumt werden. Dies kann nicht durch eine erneute Zustimmung der Parteien zur Entscheidung ohne mündliche Verhandlung vermieden werden[130]. Wenn eine mündliche Verhandlung stattgefunden hat, ist allerdings im späteren Verlauf des Verfahrens eine erneute Zustimmung nach Abs. 2 S. 1 möglich. In den **Gerichtsferien** läuft der Dreimonatszeitraum, wenn nicht eine Feriensache gegeben ist, wegen § 200 Abs. 1 GVG (→ § 223 Rdnr. 7) nicht ab[131], wohl aber unmittelbar danach; denn es handelt sich nicht um eine Frist, die nach § 223 Abs. 1 gehemmt würde, sondern um eine uneigentliche Frist i. S. des → vor § 214 Rdnr. 17 f., 30, → § 223 Rdnr. 14 Gesagten. Zum Schlußzeitpunkt für Schriftsätze → Rdnr. 84. 102

Ein **Verstoß** gegen Abs. 2 S. 3 führt nicht zur Unwirksamkeit der Entscheidung. Es handelt sich vielmehr um einen mit den gewöhnlichen Rechtsmitteln geltend zu machenden Verfahrensfehler, auf dem aber das Urteil in der Regel nicht beruhen wird[132] (anders vielleicht bei erheblicher Überschreitung, wenn damit auch die Erinnerung an die frühere mündliche Verhandlung oder Beweisaufnahme verblaßt sein kann). 103

---

[127] *BayVerfGHE* 37, 97; *BVerfGE* 50, 280. Das BVerfG ließ offen, wie dieses Gehör im Regelfall zu gewähren ist und ob von der anderen Partei zu verlangen ist, daß sie sich noch nach Ablauf der Schriftsatzfrist in der bis zum Verkündungstermin verbleibenden Zeit äußert. Aber selbst wenn die Zeit dazu ausreicht, kann man dies von der Partei wegen des nach Abs. 2 S. 2 festgelegten Schlußzeitpunkts kaum erwarten. Die Gewährung des rechtlichen Gehörs erfordert also eine gerichtliche Aktivität, eben in Form der Einräumung einer zusätzlichen Schriftsatzfrist.

[128] Ähnl. *E. Schneider* MDR 1979, 793, 794 (Einräumung der Gelegenheit zur Stellungnahme bis zum Verkündungstermin).
[129] A.M. *E. Schneider* MDR 1979, 793, 795.
[130] Ebenso *Bender-Belz-Wax* (Fn. 106) Rdnr. 215 a. E.
[131] Ebenso *Zöller-Greger*[18] Rdnr. 20.
[132] So im konkreten Fall auch *BGH* NJW 1992, 2146. Vgl. *Putzo* NJW 1977, 1, 4; *E. Schneider* MDR 1979, 793, 795.

3. Erlaß der Entscheidung

104 Hierzu gilt insofern nichts Besonderes, als seit der Vereinfachungsnovelle 1976 alle gemäß Abs. 2 ohne mündliche Verhandlung ergehenden Entscheidungen **zu verkünden** sind (zur Ladung → § 214) und die Verkündung nicht durch Zustellung der Urteilsformel o. ä. ersetzt werden kann. Dementsprechend gilt auch für die Bindung des Gerichts an seine Entscheidung nichts anderes als sonst, → § 318, § 329 Rdnr. 17 ff. Urteile müssen bei Verkündung entsprechend § 310 Abs. 2 vollständig abgefaßt sein[133], ohne daß man hier noch darauf abstellen sollte, ob das Urteil sogleich bei Erreichen des Schlußzeitpunkts nach Abs. 2 S. 2 oder erst später verkündet wird. Die Verkündung ist auch für **Beschlüsse** vorgeschrieben (→ Rdnr. 82), mit Ausnahme solcher, die generell nicht der vorausgehenden mündlichen Verhandlung bedürfen und daher schon unabhängig von Abs. 2 gemäß § 329 Abs. 1 nicht verkündet werden müssen.

105 Wird das Urteil (bzw. der Beschluß) **nicht verkündet, sondern zugestellt** (wie in den Fällen des § 310 Abs. 3) oder wird (wie dies bis zur Vereinfachungsnovelle 1976 zulässig war) nur die Urteilsformel zugestellt, so ist das Urteil dennoch als **wirksam** anzusehen, d. h. der Mangel kann nur mit den gewöhnlichen Rechtsmitteln geltend gemacht werden[134], allg. → § 310 Rdnr. 4, 26 sowie vor § 578 Rdnr. 4. Im allgemeinen wird das Urteil inhaltlich nicht auf dem Verfahrensfehler beruhen[135]. Nur wenn das Urteil (bzw. der Beschluß) **weder verkündet noch zugestellt** ist, handelt es sich um eine nicht existente Entscheidung **(Nichturteil)**. Ist aber der Anschein eines wirksamen Urteils entstanden (indem z. B. eine Ausfertigung erteilt wurde), so sind auch hier die normalen Rechtsmittel statthaft; das Scheinurteil ist dann stets aufzuheben, → Allg. Einl. vor § 511 Rdnr. 44 ff.

4. Kosten

106 Das Verfahren ohne mündliche Verhandlung steht sowohl hinsichtlich der Gerichtskosten als auch hinsichtlich der Anwaltsgebühren (§ 35 BRAGO) dem mündlichen Verfahren gleich.

5. Rechtsmittel

106a Für die Anfechtung der aufgrund schriftlichen Verfahrens getroffenen Entscheidung gelten die allgemeinen Vorschriften. Soweit die Berufungssumme von derzeit 1500 DM (§ 511a Abs. 1 S. 1) nicht erreicht ist, kann bei Verletzung des Rechts auf Gehör gleichwohl analog § 513 Abs. 2 Berufung eingelegt werden, näher → Rdnr. 123a.

XIII. Arbeitsgerichtliches Verfahren

1. Urteilsverfahren

107 Im Urteilsverfahren erster Instanz ist die Anwendung des § 128 Abs. 2 durch § 46 Abs. 2 S. 2 ArbGG ausdrücklich ausgeschlossen, nicht dagegen für das **Berufungs- und Revisionsver-**

---

[133] Vgl. *Putzo* NJW 1977, 1, 3.
[134] *OLG Frankfurt* MDR 1980, 320 im Anschl. an *BGHZ* 14, 39 (GZS); 17, 118; *BAGE* 17, 286 = NJW 1966, 175; *Thomas-Putzo*[18] § 310 Rdnr. 5. – A.M. *OLG Frankfurt* FamRZ 1978, 430 (Scheinurteil, das mit den gewöhnlichen Rechtsmitteln anfechtbar, aber schon wegen des Mangels aufzuheben ist) unter Bezugnahme auf *RGZ* 133, 215; *BGHZ* 10, 346, die aber durch die genannte neuere Rsp überholt sind; *OLG Schleswig* SchlHA 1978, 161; *OLG Koblenz* GRUR 1989, 75 = WRP 1988, 389; *Baumbach-Lauterbach-Hartmann*[51] Rdnr. 35.
[135] Vgl. *BGHZ* 14, 39, 52; 17, 118, 122; *BAGE* 17, 286, 289.

fahren, weil in § 64 Abs. 6, § 72 Abs. 5 ArbGG eine entsprechende Bestimmung über die Nichtanwendbarkeit fehlt und § 64 Abs. 7, § 72 Abs. 6 ArbGG nicht auf § 46 ArbGG verweisen[136]. Im allgemeinen wird hier aber noch seltener als im ordentlichen Verfahren Anlaß bestehen, von der Vorschrift Gebrauch zu machen. Ein **Urteil** ohne mündliche Verhandlung kann nur in **voller Besetzung** der Kammer (des Senats), also unter Mitwirkung der ehrenamtlichen Richter, erlassen werden[137]. Der Erlaß eines Beweisbeschlusses ohne mündliche Verhandlung liegt dagegen in der Hand des Vorsitzenden bzw. (in der dritten Instanz) des Vorsitzenden und der beiden berufsrichterlichen Beisitzer, näher → Rdnr. 54.

2. Beschlußverfahren

Im Beschlußverfahren läßt § 83 Abs. 4 S. 3 ArbGG ausdrücklich eine Entscheidung des Gerichts (nicht des Vorsitzenden allein) ohne mündliche Verhandlung mit Einverständnis der Beteiligten zu. Dasselbe gilt gemäß § 90 Abs. 2 ArbGG für die zweite Instanz, während in der dritten Instanz die Mündlichkeit ohnehin nicht obligatorisch ist, → Rdnr. 53. § 83 Abs. 4 S. 3 ArbGG, der durch G vom 21. V. 1979 (BGBl. I S. 545) eingefügt wurde, entspricht im wesentlichen dem Wortlaut des § 128 Abs. 2 *vor* der Vereinfachungsnovelle 1976. Daraus wird man, da auch nicht ergänzend auf § 128 Abs. 2 verwiesen ist, schließen dürfen, daß die im jetzigen § 128 Abs. 2 enthaltenen *Einschränkungen* (obligatorische Bestimmung eines Endtermins für Schriftsätze und eines Verkündungstermins gemäß Abs. 2 S. 2, Dreimonatsgrenze nach Abs. 2 S. 3) für das arbeitsgerichtliche Beschlußverfahren *nicht* gelten sollen[138]. Die *Widerruflichkeit der Zustimmung* sollte dagegen ebenso beurteilt werden, wie dies jetzt in Abs. 2 S. 1 ausdrücklich vorgesehen ist[139].

108

C. Schriftliches Verfahren von Amts wegen (Abs. 3)

XIV. Normzweck und Gesetzesgeschichte[140] des Abs. 3

1. Zweck und Entstehung der Vorschrift

Seit der **Vereinfachungsnovelle 1976** (→ Rdnr. 4f.) kann das Gericht unter den Voraussetzungen des Abs. 3 von Amts wegen das schriftliche Verfahren anordnen. Die Vorschrift verfolgt in erster Linie den **Zweck, den Parteien die Rechtsverfolgung bzw. Rechtsverteidigung zu erleichtern**[141]. Deswegen ist die Anordnung nur zulässig, wenn einer Partei das Erscheinen vor Gericht nicht zuzumuten ist. Daneben hat Abs. 3 die Funktion, nicht nur den **Aufwand** der Parteien, sondern auch den **des Gerichts** in einem vernünftigen Verhältnis zum Streitwert des Verfahrens zu halten[142]. Dies findet seinen Niederschlag in der Begrenzung des

109

---

[136] Ebenso *Germelmann* in Germelmann-Matthes-Prütting ArbGG § 46 Rdnr. 23, § 64 Rdnr. 95; für Zulässigkeit des schriftlichen Verfahrens nach Abs. 2 in der Berufungsinstanz auch *Grunsky* ArbGG[6] § 64 Rdnr. 37; GK-ArbGG-*Stahlhacke* § 64 Rdnr. 124.
[137] Ebenso *Grunsky* ArbGG[6] § 64 Rdnr. 37; *Germelmann* in Germelmann-Matthes-Prütting ArbGG § 64 Rdnr. 95.
[138] Die Begründung zur Beschleunigungsnovelle zum ArbGG, BT-Drucks. 8/1567, 37 gibt darüber keinen Aufschluß; man war sich wohl der 1976 erfolgten Änderung des § 128 Abs. 2 ZPO nicht bewußt. Gegen die Verbindlichkeit der Dreimonatsgrenze nach Abs. 2 S. 3 im Beschlußverfahren auch *Matthes* in Germelmann-Matthes-Prütting ArbGG § 83 Rdnr. 115.

[139] So auch *Grunsky* ArbGG[6] § 83 Rdnr. 26.
[140] Dazu näher *Wollschläger* in Blankenburg-Leipold-Wollschläger (Hrsg.) Neue Methoden im Zivilverfahren (1991), 13, 30ff.
[141] Rechtstatsächliche Angaben zur Effektivität bei *Wollschläger* (Fn. 140), 61ff.
[142] Vgl. Begr. BT-Drucks. 7/2729, 40, wonach Abs. 3 die Arbeit des Gerichts in Fällen mit geringerem Streitwert erleichtern und (vor allem) die Parteien entlasten soll. – Es trifft daher nicht zu, daß Abs. 3 *allein* dem Parteiinteresse dient (so aber *Kramer* NJW 1978, 1411, 1413).

Anwendungsbereichs auf vermögensrechtliche Streitigkeiten mit einem Wert bis zu 1500 DM. Das **Schiedsurteilsverfahren** des früheren § 510c, nach dem das Gericht bis zu einem Streitwert von 50 DM das Verfahren nach seinem Ermessen und damit auch schriftlich gestalten konnte[143], wurde durch die Vereinfachungsnovelle 1976 nicht zuletzt deshalb aufgehoben, weil man es angesichts des neuen § 128 Abs. 3 für entbehrlich hielt[144]. Von einem Bagatellverfahren kann man freilich bei der geltenden Wertgrenze von 1500 DM nur noch bedingt sprechen. Leider hat der Gesetzgeber auch bei schweren Mängeln wie insbesondere bei Verletzung des Rechts auf Gehör weder ein ordentliches Rechtsmittel eingeräumt noch die Nichtigkeitsklage eröffnet (wie sie gegen Schiedsurteile nach § 510c aF bis 1976 bei Verletzung des Rechts auf Gehör zur Verfügung stand, § 579 Abs. 3 aF). Zum Teil läßt sich aber mittels einer analogen Anwendung des § 513 Abs. 2 helfen, → Rdnr. 123a.

2. Änderungen, insbesondere durch das Rechtspflegevereinfachungsgesetz 1990

110   Die in Abs. 3 enthaltene Wertgrenze wurde durch das RechtspflegevereinfachungsG 1990 auf 1200 DM, durch das Gesetz zur Entlastung der Rechtspflege 1992 auf 1500 DM erhöht (deckungsgleich mit der jetzigen Berufungssumme, § 511a). Die ursprünglich in Abs. 3 S. 4 vorgesehene Möglichkeit, auch ohne Einverständnis der Parteien Zeugen schriftlich zu befragen, wurde durch das RechtspflegevereinfachungsG 1990 durch den neu gefaßten § 377 Abs. 3 allgemein eröffnet, so daß Abs. 3 S. 4 gestrichen werden konnte. Ferner kann seither nach Abs. 3 S. 4 jede Partei durch entsprechenden Antrag bewirken, daß eine mündliche Verhandlung stattfindet, während Abs. 3 S. 5 in der Fassung der Vereinfachungsnovelle 1976 dieses Recht nur der Partei zugesprochen hatte, zu deren Gunsten die Anordnung des schriftlichen Verfahrens erfolgt war. Durch die Neufassung wurden die Bedenken beseitigt, die gegen die Vereinbarkeit mit Art. 6 Abs. 1 EMRK (Garantie einer öffentlichen Verhandlung) bestanden, → Rdnr. 8.

110a   Das RechtspflegevereinfachungsG 1990 machte darüber hinaus den rechtspolitisch in der Tat problematischen[145] Verzicht auf ein Bagatellverfahren nicht nur rückgängig, sondern verfiel in das andere Extrem, die Wertgrenze für ein solches vereinfachtes Verfahren bedenklich hoch anzusetzen. Der nunmehr eingefügte § 495 a[146] erlaubt dem Gericht, bis zu einem Streitwert von jetzt (seit dem RechtspflegeentlastungsG 1992) 1200 DM sein Verfahren nach billigem Ermessen zu bestimmen, also auch schriftlich zu verfahren, solange nicht eine der Parteien die mündliche Verhandlung beantragt, § 495 Abs. 1 S. 2. Praktische Bedeutung besitzt Abs. 3 daher zur Zeit nur noch für Streitwerte zwischen 1200 und 1500 DM; eine Streichung der Vorschrift im Hinblick auf § 495a wäre naheliegend.

XV. Voraussetzungen der Anordnung des schriftlichen Verfahrens

1. Vermögensrechtlicher Anspruch nicht über 1500 DM

111   Zum Begriff des vermögensrechtlichen Anspruchs, der auch für Abs. 3 maßgebend ist, → § 1 Rdnr. 43ff. Der Wert des Streitgegenstands ist nach §§ 2ff. zu bestimmen, → § 2 Rdnr. 39, 61. Ausdrücklich stellt Abs. 3 S. 1 auf den **Zeitpunkt der Einreichung der Klage** ab, worunter zu verstehen ist, daß spätere Wertveränderungen bei gleichbleibendem Streitge-

---

[143] Näher s. 19. Aufl. § 510c IV.
[144] Begr. BT-Drucks. 7/2729, 86.
[145] Näher s. Voraufl. Rdnr. 110.
[146] Die Bestimmung geht auf den vom Bundesrat vorgelegten Entwurf eines Gesetzes zur Entlastung der Zivilgerichte zurück, zur Begründung s. BT-Drucks. 11/4155, 10; abl. Gegenäußerung der Bundesregierung aaO, 20; Beschlußempfehlung des Bundestagsrechtsausschusses BT-Drucks. 11/8283, 48.

genstand unerheblich sind[147]. Durch Klageänderung, -erweiterung (auch neue Ansprüche, zur Zusammenrechnung → § 5), teilweise Klagerücknahme oder durch eine Widerklage, deren Wert über 1500 DM liegt[148], kann das Verfahren nach Abs. 3 nachträglich zulässig oder unzulässig werden; im letzteren Fall ist die Anordnung von Amts wegen aufzuheben (zur Zulässigkeit der Aufhebung über den Wortlaut des Abs. 3 S. 4 hinaus → Rdnr. 117a).

2. Kein Anwaltszwang

Mit der Formulierung, es dürfe keine Vertretung durch einen Rechtsanwalt geboten sein, kommt zum Ausdruck, daß Abs. 3 **nur außerhalb des Anwaltszwangs**[149], also nur vor dem *Amtsgericht* (mit Ausnahme des Familiengerichts in den Fällen des § 78 Abs. 2) angewendet werden kann, *nicht vor dem Landgericht* in den Fällen, für die es ohne Rücksicht auf den Streitwert zuständig ist (z.B. § 71 Abs. 2, 3 GVG) und deren Wert daher unter 1500 DM liegen kann, und erst recht nicht in den *höheren Instanzen*. Dagegen ist es nicht der Sinn des Gesetzes, daß das Gericht im konkreten Fall zu prüfen habe, ob nach dem Inhalt des Rechtsstreits eine Vertretung durch Anwälte *zweckmäßig* erscheint[150]. Gegen diese Auslegung spricht sowohl der Wortlaut (»geboten«) als auch die Begründung[151]. Es bleibt sowohl im schriftlichen als auch im mündlichen Verfahren den Parteien überlassen, ob sie sich außerhalb des Anwaltszwangs durch einen Anwalt vertreten lassen, und es wäre wenig sinnvoll, wollte sich das Gericht zur Zweckmäßigkeit der Anwaltsvertretung etwa in der Begründung seiner Anordnung nach Abs. 3 äußern. Ob sich das Verfahren aufgrund des Schwierigkeitsgrades und der Bedeutung für die Parteien für das schriftliche Verfahren eignet, ist im übrigen ohnehin im Rahmen des gerichtlichen Ermessens zu berücksichtigen, → Rdnr. 114.

112

3. Unzumutbarkeit des Erscheinens

Als wichtigen Grund, der das Erscheinen für eine Partei unzumutbar machen kann, nennt das Gesetz beispielhaft die **große Entfernung vom Gericht**. Man dachte bei den Arbeiten am Gesetzentwurf ursprünglich vor allem an *ungünstige Gerichtsstandsvereinbarungen*[152], doch ist diese Gefahr durch die heutige Fassung der §§ 38 ff. (→ vor § 38 Rdnr. 1 f.) weitgehend gebannt. Neben der Entfernung (wobei die örtlichen Verkehrsverhältnisse zu berücksichtigen sind) kommen auch **persönliche Umstände** wie hohes Alter oder Krankheit einer Partei in Betracht. Ob ein wichtiger Grund beim Kläger, beim Beklagten oder bei beiden vorliegt, spielt keine Rolle. Auch ohne zusätzlichen Grund kann das Erscheinen der Parteien allein schon wegen des niedrigen Streitwerts und des daraus resultierenden **Mißverhältnisses zwischen Aufwand und Nutzen** unzumutbar sein, dies vor allem bei Streitwerten im unteren Teil des von Abs. 3 erfaßten Bereichs.

113

---

[147] So auch *Thomas-Putzo*[18] Rdnr. 38.
[148] Weitergehend *E. Schumann* NJW 1982, 1262 (auch schon, wenn die Streitwerte der Klage und Widerklage zusammengerechnet über der Wertgrenze [damals 500 DM] liegen).
[149] Ebenso *Rosenberg-Schwab-Gottwald*[15] § 109 II 1 b; *Bender-Belz-Wax* (Fn. 106) Rdnr. 216; *Thomas-Putzo*[18] Rdnr. 38; *Schilken* ZPR Rdnr. 374.
[150] A.M. *Baumbach-Lauterbach-Hartmann*[51] Rdnr. 37; *Zöller-Greger*[18] Rdnr. 22a; *AK-ZPO-Puls* Rdnr. 27; *MünchKommZPO-Peters* Rdnr. 39.

[151] BT-Drucks. 7/2729, 55. Dort wird ausdrücklich gesagt, Abs. 3 S. 1 mache das schriftliche Verfahren davon abhängig, daß es sich um einen Prozeß vor dem Amtsgericht handelt. Daß man die Vorschrift nicht den besonderen Bestimmungen über das amtsgerichtliche Verfahren (§§ 495 ff.) zugeordnet hat, ist aus dem Sachzusammenhang mit § 128 Abs. 1 und 2 zu erklären.
[152] Vgl. BT-Drucks. VI/790, 40; 7/2729, 55.

4. Gerichtliches Ermessen

114   Auch wenn die Voraussetzungen des Abs. 3 S. 1 gegeben sind, liegt es im pflichtgemäßen Ermessen des Gerichts, ob das schriftliche Verfahren angeordnet wird. Dabei hat das Gericht angesicht des konkreten Prozeßstoffs zu erwägen, welchen Nutzen eine mündliche Verhandlung bringen kann und diesen mit den Nachteilen für eine oder beide Parteien abzuwägen[153]. Auch eine vom Streitwert als durchschnittlichem Indikator abweichende besondere *Bedeutung* des Prozesses für eine Partei kann es nahelegen, einer mündlichen Verhandlung und der darin möglichen intensiveren Erörterung der Tatsachen und Rechtsfragen den Vorrang zu geben. Da letztlich ohnehin das gerichtliche Ermessen entscheidet, brauchen an die Unzumutbarkeit keine überhöhten Anforderungen gestellt zu werden; anderenfalls – bei Unzumutbarkeit im strengsten Sinne des Wortes – wäre ein Ermessensspielraum nicht mehr denkbar.

5. Entscheidung von Amts wegen

115   Eines Parteiantrags bedarf es nicht, doch kann das Gericht im Rahmen der Ermessensausübung den *Wunsch* einer oder gar beider Parteien, ohne mündliche Verhandlung zu entscheiden, berücksichtigen. Andererseits wird die Anordnung analog Abs. 3 S. 4 zu unterbleiben haben, wenn eine Partei vorbeugend erklärt, sie beantrage eine mündliche Verhandlung.

XVI. Die Anordnung des schriftlichen Verfahrens, Anfechtung und Aufhebung

1. Anordnung

116   Das schriftliche Verfahren wird durch **Gerichtsbeschluß** angeordnet, der keiner vorherigen mündlichen Verhandlung bedarf und vor dem auch wegen des prozeßleitenden Charakters und der Abänderbarkeit (→ Rdnr. 117f.) die Gewährung rechtlichen Gehörs nicht obligatorisch erscheint[154]. Oft wird aber nicht schon aufgrund der Klageschrift, sondern erst nach Eingang der Klageerwiderung beurteilt werden können, ob das schriftliche Verfahren angemessen ist. Das Gericht kann dann die Zustellung der Klageschrift mit dem Hinweis verbinden, die Anordnung des schriftlichen Verfahrens werde erwogen. Die Anordnung kann auch noch ergehen, nachdem bereits eine mündliche Verhandlung stattgefunden hat. Eine *Begründung* ist nicht vorgeschrieben, erscheint aber (in knapper Form) zweckmäßig. Stets ist gemäß Abs. 3 S. 2 sogleich mit der Anordnung der **Zeitpunkt festzulegen, der dem Schluß der mündlichen Verhandlung entspricht**, bis zu dem also Schriftsätze eingereicht werden können (zum rechtlichen Gehör → Fn. 107), sowie auch bereits der **Termin zur Verkündung des Urteils**. Dies verwundert, da darüber, *wann* Entscheidungsreife erzielt sein wird, zu Beginn eines Prozesses oft keine verläßliche Prognose möglich ist. Da aber Abs. 3 S. 3 eine **neue Festlegung** des Schlußzeitpunkts oder des Verkündungstermins bei Änderung der Prozeßlage zuläßt, entstehen aus dieser Regelung keine unüberwindlichen Schwierigkeiten.

2. Anfechtung und Aufhebung

117   Gegen den Anordnungsbeschluß ist **kein Rechtsmittel** zulässig. Jedoch ist nach Abs. 3 S. 4 die Anordnung aufzuheben, wenn eine der Parteien[155] dies beantragt. Den Parteien muß im

---

[153] Dazu *OLG Karlsruhe* MDR 1991, 1195.
[154] *Thomas-Putzo*[18] Rdnr. 42; *Zöller-Greger*[18] Rdnr. 24.
[155] Abs. 3 S. 4 wurde insoweit durch das Rechtspflegevereinfachungs G 1990 geändert. Zuvor war die Anordnung nur auf Antrag derjenigen Partei aufzuheben, zu deren Gunsten sie ergangen war.

Hinblick auf das Recht auf Gehör genügend Zeit zur Verfügung stehen, um diesen Antrag stellen zu können[156], → auch vor § 128 Rdnr. 32ff.

Von Amts wegen hat das Gericht die Anordnung **aufzuheben**, wenn es das persönliche 117a
Erscheinen einer Partei für unumgänglich hält, um den Sachverhalt aufzuklären, Abs. 3 S. 4 a. E. Darüber hinaus ist (allerdings ohne daß dies im Wortlaut des Gesetzes zum Ausdruck käme) auch aus anderen Gründen eine Aufhebung der Anordnung **nach Ermessen** des Gerichts zulässig[157].

XVII. Durchführung des schriftlichen Verfahrens, Endurteil und Rechtsmittel

1. Umfassende Schriftlichkeit

Anders als nach Abs. 2 bewirkt die Anordnung gemäß Abs. 3, daß nicht nur die *nächste* 118
Entscheidung ohne mündliche Verhandlung stattfindet, sondern das **gesamte Verfahren schriftlich** abläuft (sofern die Anordnung nicht aufgehoben wird → Rdnr. 117a). Eine zeitliche Grenze wie in Abs. 2 S. 3 besteht im schriftlichen Verfahren nach Abs. 3 nicht.

2. Prozeßstoff, Fristsetzungen und Präklusion

Von der Anordnung an gilt für den Prozeßstoff das bei Rdnr. 87ff. Ausgeführte entspre- 119
chend. Das Vorbringen in **früheren mündlichen Verhandlungen** oder in **vor der Anordnung eingereichten Schriftsätzen** ist ebenso zu berücksichtigen wie **neuer schriftlicher Vortrag**. Letzterer ist grundsätzlich nur bis zu dem nach Abs. 3 S. 2 festgelegten Schlußzeitpunkt[158] zulässig, § 296a, doch ist das Gericht (ebenso wie im Verfahren nach Abs. 2, → Rdnr. 84) nicht gehindert, innerhalb des vorgesehenen Zeitraums beiden Parteien Fristen entsprechend § 273 Abs. 2 Nr. 1, § 275 Abs. 3 u. 4 zu setzen, an deren Überschreitung sich Präklusionsfolgen gemäß § 296 Abs. 1 knüpfen können. Auch § 296 Abs. 2 u. 3 sind anwendbar.

Ein **Versäumnisverfahren** ist **nicht vorgesehen** und es besteht dafür auch keine Notwendig- 120
keit, da das Gericht eine streitige Endentscheidung aufgrund des vorliegenden Prozeßstoffs erlassen kann, auch wenn sich eine Partei trotz hinreichender Gelegenheit überhaupt nicht geäußert hat[158a]. Insbesondere ist bei Schweigen zum Tatsachenvortrag des Gegners § 138 Abs. 3 anzuwenden, → auch Rdnr. 93. Freilich kann gemäß § 139 vor einer solchen Entscheidung eine nochmalige Aufforderung an die betreffende Partei zur Stellungnahme angezeigt erscheinen und u. U. auch die Anberaumung eines mündlichen Termins – wenn man nicht ohnedies (wie bei Rdnr. 116 empfohlen) die Anordnung erst nach Vorliegen einer Klageerwiderung trifft und damit das Problem vermeidet.

Die Vorschriften über das **schriftliche Vorverfahren** (§ 276) gelten **nicht**, da dieses Vorver- 121
fahren der Vorbereitung des mündlichen Verhandlungstermins dient und die Schriftlichkeit ohnehin bereits aufgrund der Anordnung nach Abs. 3 gilt. § 276 analog anzuwenden, um bei fehlender Verteidigungsanzeige ein Versäumnisurteil gemäß § 276 Abs. 1 S. 1, § 331 Abs. 3

---

[156] *BVerfGE* 64, 203 (zur bis 1990 [zur Änderung → Rdnr. 110] geltenden Regelung, wonach nur die begünstigte Partei das Recht hatte, die Aufhebung der Anordnung zu bewirken).
[157] So Begr. BT-Drucks. 7/2729, 40, 55f., wobei als Grund für die Aufhebung beispielhaft die »schleppende Mitarbeit« einer oder beider Parteien im schriftlichen Verfahren genannt ist; ebenso *Rosenberg-Schwab-Gottwald*[15] § 109 II 2; *MünchKommZPO-Peters* Rdnr. 42.

[158] Für die Wiedereröffnung des Verfahrens gilt das bei Rdnr. 94 Gesagte entsprechend; s. dazu AG St. Blasien MDR 1983, 497.
[158a] Daß durch kontradiktorisches, nicht durch ein mit Einspruch anfechtbares Versäumnisurteil entschieden wird, verstößt weder gegen den Gleichheitssatz noch gegen das Recht auf Gehör, *BVerfG* NJW 1993, 2864.

erlassen zu können¹⁵⁹, erscheint nicht sinnvoll¹⁶⁰, da ohnehin durch kontradiktorisches Urteil entschieden werden kann und das Versäumnisurteil wegen der Möglichkeit des Einspruchs verfahrensverzögernd wirken könnte. Zur entsprechenden Frage bei Abs. 2 → Rdnr. 96.

3. Entscheidung

122 Anders als nach Abs. 2 brauchen im Verfahren nach Abs. 3 **Beschlüsse nicht verkündet** zu werden¹⁶¹. Dies spiegelt sich auch im Wortlaut des Abs. 3 S. 2 wider, der die Terminsanberaumung nur für die Verkündung des *Urteils* vorschreibt. Urteile müssen auch im Verfahren nach Abs. 3 stets verkündet werden.

4. Rechtsmittel

123 Da die Berufungssumme 1500 DM beträgt (§ 511a Abs. 1 S. 1), ist die **Berufung regelmäßig unzulässig**. Anders ist es, wenn der Wert des *Beschwerdegegenstands* über 1500 DM liegt, weil z. B. Klage und Widerklage zusammenzurechnen sind → § 5 Rdnr. 37 oder weil sich der Wert des Streitgegenstands (→ Rdnr. 111) nach Klageerhebung entsprechend erhöht hat. Die Wiederaufnahme des Verfahrens ist nur unter den allgemeinen Voraussetzungen der §§ 579, 580 statthaft.

123a Daß damit auch bei schwersten Verstößen, vor allem bei Verletzung des rechtlichen Gehörs, zumeist kein zivilprozessuales Rechtsmittel zur Verfügung steht, sondern nur noch die Verfassungsbeschwerde, ist angesichts der Klarheit der Gesetzeslage und des gesetzgeberischen Willens ohne Eingreifen des Gesetzgebers für den Regelfall nicht zu ändern, → vor § 128 Rdnr. 53. Jedoch sind, wie dies auch vom BVerfG¹⁶² in verschiedenen Fällen als möglich und naheliegend bezeichnet wurde, **§ 513 Abs. 2 S. 1 und 2 analog** anzuwenden, wenn im schriftlichen Verfahren nach Abs. 2 oder 3 das **Recht auf Gehör verletzt** wurde¹⁶³. Mit dieser Begründung ist eine Berufung ohne Erreichung der Berufungssumme des § 511a z. B. dann zuzulassen, wenn die gemäß Abs. 3 S. 2 festgelegte Frist zur Einreichung von Schriftsätzen schuldlos versäumt wurde, wenn eine rechtzeitig eingereichte Klageerwiderung nicht berücksichtigt¹⁶⁴ oder der festgelegte Schlußzeitpunkt nicht abgewartet wurde¹⁶⁵ oder wenn Sachvortrag einer Partei im Urteil als unstreitig behandelt wird, ohne daß der Gegner darauf noch hätte erwidern können¹⁶⁶. Mit dieser analogen Anwendung des § 513 Abs. 2 kann auch der besonderen Gefährlichkeit (was die Gewährung des rechtlichen Gehörs angeht) des schriftlichen Verfahrens Rechnung getragen werden. Nach der neueren Rechtspre-

---

¹⁵⁹ So *Kramer* NJW 1978, 1411, 1414; *Rosenberg-Schwab-Gottwald*¹⁵ § 109 II 3 c. Für die Zulässigkeit eines Versäumnisurteils auch *AG St. Blasien* MDR 1983, 497.
¹⁶⁰ Ebenso *Baumbach-Lauterbach-Hartmann*⁵¹ Rdnr. 42; *MünchKommZPO-Peters* Rdnr. 46; *Thomas-Putzo*¹⁸ Rdnr. 46; *Zöller-Greger*¹⁸ Rdnr. 27.
¹⁶¹ *Kramer* NJW 1978, 1411, 1412; *Rosenberg-Schwab-Gottwald*¹⁵ § 109 II 3 c.
¹⁶² Näher → Fn. 163–165; ferner *BVerfGE* 64, 203, 206.
¹⁶³ *LG Kiel* AnwBl 1984, 502; *LG Frankfurt* NJW 1985, 1171; *LG Zweibrücken* JZ 1989, 50; *LG Aachen* MDR 1992, 899; *Kramer* NJW 1978, 1411, 1416; *Kahlke* NJW 1985, 2231, 2234f.; *Waldner* Der Anspruch auf rechtliches Gehör (1989), 153f.; *Lüke* (Fn. 119), 45; *Rosenberg-Schwab-Gottwald*¹⁵ § 109 II N 4; *Baumbach-Lauterbach-Hartmann*⁵¹ Rdnr. 34f.; *Zöller-Greger*¹⁸ Rdnr. 19, 28; *MünchKommZPO-Peters* Rdnr. 47; *AK-ZPO-Puls* Rdnr. 37; *Thomas-Putzo*¹⁸ Rdnr. 48. – A. M. *LG Bonn* JZ 1984, 855 = NJW 1985, 1170; *LG Konstanz* Justiz 1988, 481; *LG Flensburg* NJW-RR 1990, 127. Eine Verfassungsbeschwerde gegen das Urteil des *LG Bonn* aaO wurde gemäß § 93 c S. 2 BVerfGG nicht zur Entscheidung angenommen, *BVerfGE* 72, 119, 121 = NJW 1986, 2305. Dabei stellte das BVerfG klar, daß keine nach § 31 BVerfGG *bindende* Rechtsprechung zur Zulassung der Berufung im schriftlichen Verfahren vorliegt, so daß es Sache der Zivilgerichte ist, zu entscheiden, ob eine solche Auslegung (bzw. Analogie) möglich ist.
¹⁶⁴ *BVerfGE* 60, 96, 99; 61, 119, 121 bezeichnet die analoge Anwendung des § 513 Abs. 2 als möglich und von Verfassungs wegen naheliegend. S. aber zum Fehlen einer Bindungswirkung nach § 31 BVerfGG *BVerfGE* 72, 119, 121 (Fn. 163).
¹⁶⁵ *BVerfGE* 61, 78, 80 (mögliche und von Verfassungs wegen naheliegende Lösung).
¹⁶⁶ *LG Zweibrücken* JZ 1989, 50.

chung des BVerfG[167] muß die beschwerte Partei im allgemeinen[168] zunächst versuchen, die Verletzung des Rechts auf Gehör im schriftlichen Verfahren mit der auf die analoge Anwendung des § 513 Abs. 2 gestützten Berufung geltend zu machen, da sonst die Verfassungsbeschwerde aufgrund ihrer Subsidiarität (§ 90 Abs. 2 BVerfGG) unzulässig ist.

Aus dem Gesagten folgt aber nicht, daß auch im Verfahren mit mündlicher Verhandlung die Berufung ohne Erreichen der Berufungssumme immer dann zulässig wäre, wenn eine Verletzung des Rechts auf Gehör geltend gemacht wird, näher hierzu → vor § 128 Rdnr. 53. **123b**

XVIII. Arbeitsgerichtliches Verfahren

Gemäß § 46 Abs. 2 S. 2 ArbGG findet § 128 Abs. 3 im **Urteilsverfahren** erster Instanz **keine Anwendung**. Dasselbe gilt für die Berufungs- und Revisionsinstanz[169], weil § 64 Abs. 6 und § 72 Abs. 5 ArbGG auf die Vorschriften der ZPO über Berufung und Revision verweisen, während § 128 Abs. 3 in der Berufungs- und Revisionsinstanz schon im Zivilprozeß nicht anwendbar ist (→ Rdnr. 112). **124**

Auch im **Beschlußverfahren** aller Instanzen gilt die Vorschrift nicht[170], da § 83 Abs. 4, § 87 Abs. 2, § 92 Abs. 2 ArbGG weder darauf verweisen noch eine ähnliche Regelung enthalten. **125**

§ 129 [Vorbereitende Schriftsätze]

(1) In Anwaltsprozessen wird die mündliche Verhandlung durch Schriftsätze vorbereitet.
(2) In anderen Prozessen kann den Parteien durch richterliche Anordnung aufgegeben werden, die mündliche Verhandlung durch Schriftsätze oder zu Protokoll der Geschäftsstelle abzugebende Erklärungen vorzubereiten.

Gesetzesgeschichte: Bis 1900 § 120 CPO. Änderungen RGBl. 1933 I, 780; BGBl. 1976 I, 3281.

I. Normzweck und Entstehungsgeschichte	1	3. Unterzeichnung und Schriftsatz	12
1. Unterschied zwischen vorbereitenden und bestimmenden Schriftsätzen	1	a) Standort der Unterschrift, Blankounterschrift	12
2. Veränderte Bedeutung der vorbereitenden Schriftsätze	2	b) Unterschrift auf gleichzeitig eingereichtem anderen Schriftstück	14
3. Vorbereitende Schriftsätze im Parteiprozeß	3	c) Unterschrift auf später oder früher eingereichtem Schriftstück	15
II. Bestimmende Schriftsätze	4	d) Kein Ersatz durch persönliche Überbringung	16
1. Begriff und anwendbare Vorschriften	4	4. Person des Unterzeichnenden	17
2. Notwendigkeit der Unterzeichnung	8	5. Handschriftliche Unterzeichnung	21
a) Grundsatz	8	a) Namenszug	21
b) Telekommunikationsmittel	9	b) Schriftbild	23
c) Bewertung	10	c) Herstellung der Unterschrift	27
		6. Rechtsfolgen eines Mangels	29
		a) Fristgebundene Schriftsätze	29

---

[167] *BVerfG* (1. Kammer des 2. Senats) NJW 1993, 255. Ebenso bereits *BVerfG* (Vorprüfungsausschuß) NJW 1985, 2250; *BVerfGE* 72, 119, 121; anders noch *BVerfGE* 61, 119; *BayVerfGHE* 37, 97, 99; 41, 113, 115 f.

[168] Anders, wenn feststeht, daß das zuständige Gericht die analoge Anwendung des § 513 Abs. 2 ablehnt.

BVerfG (1. Kammer des 1. Senats) NJW 1993, 255 (Anm. der Schriftleitung).

[169] A. M. *Germelmann* in Germelmann-Matthes-Prütting ArbGG § 46 Rdnr. 23.

[170] Ebenso im Ergebnis *Philippsen-Schmidt-Schäfer-Busch-Schwab* NJW 1977, 1133.

b) Nicht fristgebundene Schriftsätze	30	5. Vorbereitende Schriftsätze im Parteiprozeß	39
III. Vorbereitende Schriftsätze	31	6. Kosten	41
1. Funktion	31	IV. Arbeitsgerichtliches Verfahren	42
2. Wirksamwerden des Vortrags	32	1. Verfahren vor LAG und BAG	42
3. Zugleich bestimmende und vorbereitende Schriftsätze	33	2. Verfahren vor dem Arbeitsgericht	43
4. Vorbereitende Schriftsätze im Anwaltsprozeß	35		

I. Normzweck und Entstehungsgeschichte[1]

1. Unterschied zwischen vorbereitenden und bestimmenden Schriftsätzen

1 Die Schriftsätze werden in vorbereitende[2] und bestimmende[3] unterteilt. Während die *bestimmenden* Schriftsätze unmittelbar der Vornahme von Prozeßhandlungen dienen, → Rdnr. 4, liegt die Funktion der *vorbereitenden* Schriftsätze (→ Rdnr. 31) darin, dem Gericht und dem Gegner den Streitstoff schon vor der mündlichen Verhandlung zu unterbreiten und so die Grundlage für einen zügigen Verfahrensablauf zu schaffen.

2. Veränderte Bedeutung der vorbereitenden Schriftsätze

2 § 129 bezieht sich nur auf die **vorbereitenden Schriftsätze**. Deren **Bedeutung** hat sich im Zuge der Entwicklung verändert. Anfangs war in Abs. 1, 2. HS ausdrücklich ausgesprochen, die Nichteinreichung vorbereitender Schriftsätze ziehe keine sachlichen Nachteile nach sich. Diese Bestimmung wurde durch die Novelle 1933 (→ Einl. Rdnr. 133) gestrichen; denn nach dem damals eingefügten § 279 Abs. 2 aF (jetzt → § 296 Abs. 2) konnten **Angriffs- und Verteidigungsmittel zurückgewiesen** werden, die **nicht rechtzeitig** durch vorbereitenden Schriftsatz **mitgeteilt** worden waren. Durch die Vereinfachungsnovelle 1976 (→ Einl. Rdnr. 159) hat die Bedeutung der vorbereitenden Schriftsätze weiter zugenommen, da in vielen Fällen Fristen für die Einreichung von Schriftsätzen eingeführt (§ 273 Abs. 2 Nr. 1,

---

[1] Lit.: *Alexander-Katz* Schriftsätze und Anwaltszwang (1883); *Buckenberger* Die Einlegung von Rechtsmitteln mit Hilfe moderner Kommunikationswege NJW 1983, 1475; *Dempewolf* Zum Erfordernis der eigenhändigen Unterschrift bei Anträgen im Zwangsvollstreckungsverfahren MDR 1977, 801; *Ebnet* Rechtsprobleme bei der Verwendung von Telefax NJW 1992, 2985; *Hagen* Berufungsbegründung und Anwaltsunterschrift, Kritische Betrachtungen zum Beschluß des OLG Saarbrücken v. 20.11.1969, SchlHA 1973, 57; *Hohmann* Telekommunikation in der Rechtspraxis NJW CoR (Computerreport der NJW) 1989, 28; *Holzhauer* Die eigenhändige Unterschrift (1973) 262 ff.; *Krapp* Das Tatbestandserfordernis der Unterschrift nach § 130 Nr. 6 ZPO JurBüro 1977, 11; *Kunz-Schmidt* Das Unterschriftserfordernis für bestimmende Schriftsätze im Zivilprozeß (1985); *dies.* NJW 1987, 1296; *Michel* Der Schriftsatz des Anwalts im Zivilprozeß (1991); *Redeker* Die Benutzung von technischen Medien zur Einlegung von Rechtsmitteln CR (Computer und Recht) 1986, 489; *E. Schneider* Förmlichkeiten der Einlegung und Begründung von Rechtsmitteln MDR 1979, 1; *ders.* Unterschriftsmängel und Wiedereinsetzung MDR 1988, 747; *Späth* Ist die handschriftliche Unterzeichnung notwendige Formvoraussetzung für die Wirksamkeit bestimmender Schriftsätze? VersR 1972, 24; *ders.* Nochmals: Die »schriftliche« Abfassung bestimmender Schriftsätze VersR 1974, 625; *ders.* »Soll«-Bestimmungen im Verfahrensrecht – ihre unterschiedliche Auslegung und deren Folgen VersR 1978, 605; *Steinborn* Rechtsmitteleinlegung und -begründung durch Telekommunikationsmittel IuR (Informatik und Recht) 1987, 340; *Vollkommer* Formenstrenge und prozessuale Billigkeit (1973); *Weber-Grellet* Klageerhebung »i. A.« – zur Genese eines Rechtssatzes DStR 1989, 524; *Westerhoff* Vom Sinn prozessualer Formen und Formvorschriften JR 1986, 269; *Wolf* Die Verwendung eines Fernkopierers zur Dokumentübermittlung NJW 1989, 2592.

[2] *Michel* (Fn. 1), 6 hält für die rein vorbereitenden Schriftsätze die Bezeichnung »einfache Schriftsätze« für zutreffender.

[3] Der Ausdruck stammt schon aus den Motiven (vgl. *Hahn* Materialien Bd. 1, 126, 254, 297), s. zum Begriff auch *RGZ* 151, 82, 83; *Gemeinsamer Senat der Obersten Gerichtshöfe des Bundes BGHZ* 75, 340, 343 (Fn. 118).

§ 275 Abs. 1, 3, 4, §§ 276, 277) und die **Präklusionsvorschriften verschärft** wurden (§ 296 Abs. 1, §§ 527, 528).

3. Vorbereitende Schriftsätze im Parteiprozeß

Durch die Vereinfachungsnovelle 1976 wurde **Abs. 2**, der zuvor nur die *Zulässigkeit* vorbereitender Schriftsätze auch im Parteiprozeß aussprach, **neu gefaßt**. Seither kann das Gericht den Parteien außerhalb des Anwaltsprozesses die Vorbereitung der mündlichen Verhandlung durch Schriftsätze oder durch Erklärung zu Protokoll der Geschäftsstelle **zur Pflicht machen**, → Rdnr. 39. 3

II. Bestimmende Schriftsätze

1. Begriff und anwendbare Vorschriften

a) Für zahlreiche wichtige Verfahrenshandlungen schreibt das Gesetz vor, daß sie **in schriftlicher Form vorzunehmen** sind (bzw. jedenfalls vorgenommen werden können). Diese Schriftsätze, die man bestimmende nennt, kündigen nicht nur das Vorbringen in der mündlichen Verhandlung an, sondern **enthalten unmittelbar die Erklärung** der Partei und geben ihr die für die rechtlichen Wirkungen wesentliche Erscheinungsform. Mit der Einreichung des bestimmenden Schriftsatzes beim Gericht oder mit der Zustellung an den Gegner (je nach der gesetzlichen Regelung, → vor § 128 Rdnr. 188 f.) ist die darin enthaltene **Prozeßhandlung vollzogen** und kann nur nach den vor § 128 Rdnr. 191, 219 ff. dargestellten Grundsätzen geändert oder zurückgenommen werden. 4

b) Es **gehören dazu** vor allem die **Schriftsätze, die das Verfahren im ganzen oder einen einzelnen Abschnitt eröffnen** oder nach Unterbrechung wieder aufnehmen, insbesondere **Klage** (Scheidungsantrag), Einspruchs-, Widerspruchsschrift, Rechtsmittelschriften sowie die Rechtsmittelbegründungsschriften, §§ 253, 281, 340, 518, 519, 522a, 553, 554, 556, 587, 622, 694, 700 Abs. 3, 924, sowie §§ 70, 73, 236, 250, 320, 321, ferner die **Schriftsätze**, die durch **Zurücknahme der Klage** usw. das Verfahren oder die Instanz **beenden**, §§ 269 Abs. 2, 515 Abs. 2 S. 2, 566, 346 sowie die verfahrenseinleitenden Gesuche auf dem Gebiet des fakultativ mündlichen Verfahrens, → § 128 Rdnr. 39. 5

c) Kommt es zur Anordnung eines **schriftlichen Verfahrens** gemäß § 128 Abs. 2, 3 oder zu einer **Entscheidung nach Aktenlage** gemäß § 251a, so liegt hierin ein rückwirkender Übergang zu einem gemischt mündlich-schriftlichen Verfahren und das bisher (im mündlichen Verfahren) nur schriftsätzlich Angekündigte erlangt nunmehr seine volle Wirkung, → § 128 Rdnr. 89, 119, § 251a Rdnr. 20. Im Verfahren mit fakultativer Mündlichkeit und im schriftlichen Verfahren verwischen sich die Unterschiede zwischen vorbereitenden und bestimmenden Schriftsätzen, weil **alles schriftlich Vorgetragene sogleich wirksam** wird. Die strengeren Anforderungen für *bestimmende* Schriftsätze, nämlich das Erfordernis der Unterzeichnung, sollten aber auf diejenigen Schriftsätze beschränkt bleiben, die auch im Verfahren mit mündlicher Verhandlung bestimmenden Charakter haben[4], insbesondere auf fristwahrende Schriftsätze. 6

d) Das Gesetz enthält keine *allgemeine* Vorschrift über Inhalt und Form der bestimmenden Schriftsätze. Es gibt aber für verschiedene bestimmende Schriftsätze den **notwendigen Inhalt** an (§ 253 Abs. 2, 3, § 340 Abs. 2, § 518 Abs. 2, 3, § 519 Abs. 3, 4, § 522a Abs. 3, 7

---

[4] Ähnlich *Baumbach-Lauterbach-Hartmann*[51] Rdnr. 43.

§ 553 Abs. 1, § 554 Abs. 3, 4, § 556 Abs. 2) und erklärt in den meisten dieser Fälle außerdem »die allgemeinen Vorschriften über die vorbereitenden Schriftsätze«, d. h. die §§ 130 bis 132, ausdrücklich für **anwendbar** (§ 253 Abs. 4, § 518 Abs. 4, § 519 Abs. 5, § 522a Abs. 3, § 553 Abs. 2, § 554 Abs. 5, § 556 Abs. 2). Auch wo dies nicht besonders gesagt ist, erscheint die entsprechende Anwendung der §§ 130 bis 132 auf bestimmende Schriftsätze sachgerecht.

2. Notwendigkeit der Unterzeichnung

a) Grundsatz

8 Nach ständiger Rechtsprechung des RG[5] und des BGH[6] sowie (mit Abschwächungen → Rdnr. 14, 27, 28) der Obersten Gerichtshöfe der anderen Gerichtsbarkeiten[7], der die h. M.[8] zustimmt, **müssen bestimmende Schriftsätze grundsätzlich eigenhändig unterzeichnet sein**. Dies gilt vor allem, aber nicht nur[9] für *fristwahrende* bestimmende Schriftsätze im *Anwaltsprozeß*: Sie müssen **von einem bei dem Prozeßgericht zugelassenen Rechtsanwalt eigenhändig unterschrieben** sein. Daß die Unterschrift bei bestimmenden Schriftsätzen ein *Wirksamkeitserfordernis* darstellt und nicht nur wie bei den vorbereitenden Schriftsätzen (§ 130 Nr. 6) durch *Sollbestimmung* vorgeschrieben ist, steht allerdings nicht ausdrücklich im Gesetz. Aus § 126 BGB kann man die Notwendigkeit der Unterschrift nicht herleiten, da diese Vorschrift nur für materiell-rechtliche Willenserklärungen, nicht für Prozeßhandlungen gilt[10]. Schon das RG[11] verwies aber darauf, der Gesetzgeber habe die Notwendigkeit der Unterschrift des Anwalts bei bestimmenden Schriftsätzen im Anwaltsprozeß für selbstverständlich erachtet und deshalb von einer ausdrücklichen Vorschrift abgesehen. Der BGH[12] stützt sich außerdem auf § 519b, der bei einem Mangel der gesetzlichen Form die Verwerfung der Berufung als unzulässig verlange und es daher nicht zulasse, einem Teil der Formvoraussetzungen, nämlich dem Unterschriftserfordernis, lediglich den Charakter einer Sollvorschrift beizulegen. Den **Zweck der Unterschrift** sah das RG darin, klarzustellen, »daß es sich bei dem Schriftsatz nicht um einen Entwurf, sondern um eine prozessuale Erklärung handelt, daß sie von dem unterzeichneten Rechtsanwalt herrührt und daß dieser für ihren Inhalt die Verantwortung übernimmt«[13]. Das Formerfordernis verfolgt also das Ziel, dem Gericht und dem Gegner Klarheit über den *Urheber* der Erklärung und über deren *Ernstlichkeit* zu verschaffen, dient aber auch dem Zweck, eine *Umgehung* der Bestimmungen über den *Anwaltszwang* zu vermeiden[14].

8a Die Notwendigkeit der Unterzeichnung gilt auch für den **Einspruch**[15] gegen Versäumnisur-

---

[5] Grundlegend *RGZ* 31, 375, 377; 151, 82 (*Großer Zivilsenat*); ferner *RGZ* 46, 375; 65, 81; 119, 62; 126, 257; 140, 72; 152, 23, 27.
[6] *BGH* NJW 1980, 291 = JR 205 (zust. *Zeiss*); NJW 1982, 1467; VersR 1980, 331 (abl. *Späth*); ferner *BGHZ* 37, 156; *BGH* LM § 519 Nr. 63 = MDR 1971, 576; NJW 1967, 2310; 1975, 1705; 1976, 2263.
[7] *BAGE* 3, 55 = NJW 1956, 1413; *BAGE* 28, 1 = NJW 1976, 1285; *BAG* AP § 518 Nr. 48 (insoweit zust. *Grunsky*); *BVerwGE* 13, 141 = NJW 1962, 555; *BVerwG* NJW 1989, 1174; *BSGE* 6, 256; 16, 240, 242; 37, 279, 280 = NJW 1974, 1727; *BFHE* 96, 381 = JZ 1970, 254; *BFHE* 98, 233; 104, 497, einschränkend *BFHE* 111, 278 = NJW 1974, 1582 (Großer Senat), → Rdnr. 14 bei Fn. 50.
[8] *Rosenberg-Schwab-Gottwald*[15] § 65 II 2c; *Zeiss*[8] § 37 Rdnr. 228; *Baumbach-Lauterbach-Hartmann*[51] Rdnr. 9; *Thomas-Putzo*[18] Rdnr. 6; *Wieczorek*[2] Anm. A II; *Zöller-Greger*[18] § 130 Rdnr. 5; *MünchKommZPO-Peters* Rdnr. 9ff.; *Hagen* SchlHA 1973, 57; *Krapp* JurBüro

1977, 11; für anwaltliche Schriftsätze übereinstimmend *Holzhauer* (Fn. 1), 273ff. – A. M. *Kunz-Schmidt* NJW 1987, 1296 (verfassungswidrige Rechtsfortbildung).
[9] Vgl. *BGHZ* 92, 251, 254 = NJW 1985, 328 (auch für nicht fristgebundene Schriftsätze wie Klageerhebung, Streitverkündung; auch soweit kein Anwaltszwang besteht, wenn der Schriftsatz von einem Anwalt stammt). Zur späteren Heilung → Rdnr. 15.
[10] Vgl. Gemeinsamer Senat der Obersten Gerichtshöfe des Bundes *BGHZ* 75, 340, 348 (Fn. 118); *BFHE* (Großer Senat) 111, 278, 284 = NJW 1974, 1582, 1583.
[11] *RGZ* 151, 82, 84 unter Hinweis auf *Hahn* Materialien Bd. 1, 255.
[12] *BGH* NJW 1980, 291 (Fn. 6) im Anschluß an *Hagen* SchlHA 73, 57f.
[13] *RGZ* 151, 82, 84.
[14] *RGZ* 151, 82, 85.
[15] *BGHZ* 101, 134 = NJW 1987, 2588 = JR 1988, 419 (abl. *Teske*); *LG Freiburg* Rpfleger 1984, 323; *LG Ham-*

teil oder Vollstreckungsbescheid (→ § 700 Rdnr. 4) und für den Widerspruch gegen einen Mahnbescheid[16] (→ § 694 Rdnr. 3). Wurde vereinbart, ein **Prozeßvergleich** könne mit Schriftsatz zum Gericht bzw. schriftlich gegenüber dem Gericht (zum Adressaten → vor § 128 Rdnr. 187a) widerrufen werden, so ist ebenfalls die Unterschrift erforderlich[17], während ohne solche Bestimmung von der Formfreiheit der Erklärung auszugehen ist, → § 794 Rdnr. 63.

b) **Telekommunikationsmittel**[18]

Um die Nutzung des telegraphischen Verkehrs zu ermöglichen, ließ es bereits das RG[19] zu, ein **Rechtsmittel** durch **Telegramm** einzulegen, wobei auch die telefonische Aufgabe des Telegramms für ausreichend erachtet wurde. Die Rechtsprechung des BGH folgte dieser Auffassung[20] und ließ folgerichtig auch die Übermittlung durch **Fernschreiben**[21] und – dem technischen Fortschritt Rechnung tragend – durch **Telebrief**[22] (eine Telekopie, die vom Empfangspostamt auf postalischem Weg an den Adressaten weitergeleitet wird) und **Telefax**[23] zu. Die Übermittlung muß aber unter Ausschluß privater Personen oder Einrichtungen als Zwischenempfänger erfolgen[24]. Die Fernkopie muß also unmittelbar an das Rechtsmittelgericht oder an ein Postamt der Deutschen Bundespost gesendet und von dort dem Rechtsmittelgericht auf postalischem Wege zugeleitet werden[25]. Dagegen wird es als zulässig erachtet, das Telefax nicht vom Fernkopieranschluß der Bundespost oder des Prozeßbevollmächtigten, sondern vom Privatanschluß eines Dritten abzusenden[26].

Auf das Erfordernis der eigenhändigen **Unterschrift** muß beim Telegramm aufgrund der Eigenheiten des telegraphischen Verkehrs verzichtet werden; es muß aber eine Unterzeichnung in dem Sinn vorliegen, daß der Name desjenigen, der die Erklärung abgibt, am Schluß der telegraphischen oder fernschriftlichen Nachricht mit übermittelt wird[27]. Es genügt nicht, daß sich aus dem Telegramm in irgendeiner Form entnehmen läßt, welcher Rechtsanwalt für den Text verantwortlich ist[28]. Bei der Telekopie (Telefax) bzw. dem Telebrief kann die Unterschrift hingegen mit übertragen werden. In diesen Fällen ist es deshalb erforderlich, daß

9

9a

---

burg NJW 1986, 1997. – A.M. *LG Karlsruhe* VersR 1973, 852; *LG Heidelberg* NJW-RR 1987, 1213; *Zöller-Vollkommer*[18] § 700 Rdnr. 5.
[16] *LG München II* NJW 1987, 1340 (jedenfalls bei Einreichung durch einen Bevollmächtigten); offenlassend BGHZ 101, 134, 140 (Fn. 15). – A.M. *MünchKommZPO-Holch* § 694 Rdnr. 10; *Zöller-Vollkommer*[18] § 694 Rdnr. 2.
[17] *BAG* NJW 1989, 3035 = AP § 794 Nr. 39 (abl. *Vollkommer*); *OLG München* NJW 1992, 3042; *LAG München* DB 1989, 836 (LS); *LAG Köln* AnwBl 1990, 626; *LAG Düsseldorf* DB 1990, 1672 (LS) = BB 1990, 562 (wobei Paraphe, → Rdnr. 22, nicht genügt).
[18] Hierzu *Buckenberger* NJW 1983, 1475; *Borgmann* AnwBl 1985, 196; *Redeker* CR (Computer und Recht) 1986, 489; *Steinborn* IuR (Informatik und Recht) 1987, 340; *Wolf* NJW 1989, 2592; *Hohmann* NJW-CoR (Computerreport der NJW) 1989, 28; *Ebnet* NJW 1992, 2985. – Gegen die Zulassung der Telekommunikationsmittel *Kunz-Schmidt* NJW 1987, 1296, 1301.
[19] RGZ 139, 45, 47 (gewohnheitsrechtliche Fortbildung der Bestimmungen über die Rechtsmitteleinlegung), 151, 82, 86.
[20] Vgl. *BGH* NJW 1965, 1862; BGHZ 79, 314, 315; *BGH* NJW 1986, 2646; *BAG* AP Nr. 1.

[21] *BGH* GRUR 1955, 29; NJW 1966, 1077; BGHZ 79, 314, 316 = NJW 1981, 1618; BGHZ 97, 283.
[22] BGHZ 87, 63 = NJW 1983, 1498; *BFH* NJW 1983, 2464 (LS); *BAG* NJW 1984, 199; BAGE 50, 348 = NJW 1986, 1778 (LS); *OLG Karlsruhe* NJW 1986, 2773; *LAG Schleswig-Holstein* NJW-RR 1989, 441; *BVerwG* NJW 1987, 2098; NJW 1989, 2641 (LS) = NVwZ 1989, 637. – Auch die Übermittlung einer Vollmacht kann durch Telebrief erfolgen, *BFH* NJW 1989, 2646.
[23] *BGH* NJW 1989, 589; 1990, 188; 1993, 1655; BAGE 53, 105 = NJW 1987, 341; *BayVerfGH* NJW 1993, 1125.
[24] BGHZ 79, 314 = NJW 1981, 1618; *BGH* NJW 1989, 589; *OLG Hamburg* NJW 1989, 3167; *BAG* NJW 1984, 199; BAGE 65, 255 = NJW 1990, 3165.
[25] Kritisch hierzu *Buckenberger* NJW 1983, 1475; *Wolf* NJW 1989, 2592, 2593; *Ebnet* NJW 1992, 2986.
[26] BAGE 61, 201 = NJW 1989, 1822 = CR 1989, 709 (zust. *Troschke*) unter Aufhebung von *LAG Hamm* NJW 1988, 3286. Zust. *Wolf* NJW 1989, 2592, 2593; *Ebnet* NJW 1992, 2985, 2986; *Baumbach-Lauterbach-Hartmann*[51] Rdnr. 22.
[27] *BGH* NJW 1966, 1077.
[28] Dazu tendiert aber *BAG* AP § 518 Nr. 48; dagegen mit Recht *Grunsky*, Anm. AP § 518 Nr. 48.

die Kopiervorlage von einem postulationsfähigen Rechtsanwalt unterzeichnet wird und die beim Rechtsmittelgericht eingehende Kopie diese Unterschrift wiedergibt[29].

9b Nach jetzt h. M.[30] gelten die oben genannten Ausnahmen von der Notwendigkeit einer eigenhändigen Unterschrift auch für **Rechtsmittelbegründungsschriften** (nicht nur für die Rechtsmitteleinlegung). Das BVerfG[31] sieht in der Verwerfung eines Rechtsmittels mit der Begründung, es sei nur fernschriftlich begründet worden, einen Verstoß gegen den Grundsatz des gleichen Zugangs aller Bürger zu den Gerichten.

9c Eine telegraphisch übermittelte Nachricht ist dem Gericht schon dann zugegangen, wenn das Empfangspostamt sie telefonisch an das Gericht durchgegeben hat und ein amtlicher Vermerk darüber angefertigt worden ist[32]. Auch die Einsortierung des Telegramms in ein Postfach des Gerichts beim Postamt genügt zur Fristwahrung[33]. Ein Telebrief wahrt die Frist, wenn er an deren letzten Tag bei Gericht eingeht[34]. Eine fernschriftlich oder durch Telefax übermittelte Rechtsmittelschrift gilt noch dann als fristgerecht, wenn sie am letzten Tag der Frist bis 24.00 Uhr in dem Empfangsgerät des Gerichts ausgedruckt wird, und zwar auch dann, wenn dieser Zeitpunkt nach Dienstschluß liegt[35]. Der rechtzeitige Eingang auf dem Empfangsgerät einer anderen Justizbehörde reicht dann für die Fristwahrung aus, wenn das zuständige Gericht die Telex- bzw. Telefax-Nummer dieser Behörde im Briefkopf angibt[36]. Auf den rechtzeitigen Zugang einer umfangreichen Fernmeldenachricht bei Gericht kann der Absender nur vertrauen, wenn das Gericht ein Empfangsgerät besitzt oder das Empfangspostamt den Ausdruck in noch offener Frist weiterleitet[37]. Ein unleserliches oder verstümmelt eingehendes Fernschreiben bzw. Telefax ist als bei Gericht zugegangen anzusehen, wenn die Ursache für die Unleserlichkeit in der Sphäre des Empfängers gelegen hat[38].

c) Bewertung

10 Entgegen der von verschiedenen Autoren[39] mit Nachdruck geäußerten **Kritik** ist jedenfalls für fristwahrende Schriftsätze im Anwaltsprozeß **an der grundsätzlichen Notwendigkeit der eigenhändigen Unterzeichnung** durch den zugelassenen Anwalt **festzuhalten**. Die von der formstrengen Auffassung verfolgten Ziele, die Rechtsklarheit zu sichern und die persönliche Verantwortung des Rechtsanwalts für den fristwahrenden Schriftsatz außer Zweifel zu stellen, verdienen nach wie vor Zustimmung. Die Zulassung der Rechtsmitteleinlegung und -begründung durch Telegramm oder Fernschreiben ohne eigenhändige Unterzeichnung stellt

---

[29] *BGH* NJW 1990, 188; 1993, 1655 (auch zu den Anforderungen an die Ausgangskontrolle); *BSG* MDR 1985, 1053 = NJW 1986, 1778 (LS); *BAGE* 50, 348 = NJW 1986, 1778 (LS); *OLG München* NJW 1992, 3042 (zum Vergleichswiderruf); *OLG Naumburg* NJW 1993, 2543, 2544.
[30] *BGHZ* 97, 283 = NJW 1986, 1759; *BGH* NJW 1990, 188; *BAGE* 50, 348 = NJW 1986, 1778; *BVerwG* NJW 1989, 2641; *OLG Karlsruhe* NJW 1986, 2773; *Baumbach-Lauterbach-Hartmann*[51] Rdnr. 45; *Münch-KommZPO-Peters* Rdnr. 16; *Thomas-Putzo*[18] Rdnr. 12. – A.M. Vorauf. Rdnr. 9.
[31] *BVerfGE* 74, 228 = NJW 1987, 2067. – A.M. noch *BayVerfGHE* 39, 42 = JZ 1986, 101.
[32] *BGH* JZ 1953, 179 (*Schönke*); *BGHSt* 14, 233 = NJW 1960, 1310.
[33] *BGH* NJW 1986, 2646.
[34] *LAG Schleswig-Holstein* NJW-RR 1989, 441 f.
[35] *BGH* NJW 1987, 2586; *LAG Hamm* LAGE § 518 Nr. 3.
[36] *BVerfGE* 69, 381; zust. *Redeker* CR (Computer und Recht) 1986, 489; *BGH* NJW 1987, 2586. Wird von der Telefonvermittlung des Gerichts auf Anfrage eine falsche Telefax-Nummer genannt und deshalb die Frist nicht gewahrt, so ist Wiedereinsetzung zu gewähren, *BGH* NJW 1989, 589.
[37] *BGH* NJW 1983, 1498.
[38] *BGHZ* 105, 40 = NJW 1988, 2788 (Fernschreiben); *BGH* FamRZ 1991, 548 (Telefax); *Ebnet* NJW 1992, 2987.
[39] *Vollkommer* Formenstrenge (Fn. 1), insbesondere 260 ff.; *ders.* NJW 1970, 1051; JZ 1970, 256, 655; *Späth* VersR 1972, 24; 1974, 625; 1977, 339; 1978, 605; *E. Schneider* MDR 1979, 1; 1988, 747; *AK-ZPO-Puls* Rdnr. 10 ff.; *Schilken* ZPR Rdnr. 214; teils krit. auch 19. Aufl. (*Pohle*) § 129 I 2; *Jonas* JW 1936, 1758. *Holzhauer* (Fn. 1) 273 hält für nicht-anwaltliche Schriftsätze in Ausnahmefällen die eigenhändige Unterzeichnung für entbehrlich.
Aus der Rsp s. vor allem *OLG Saarbrücken* NJW 1970, 434, 1051 (zust. *Vollkommer*; abl. *Brandenburg*) = AnwBl 1953 (zust. *Chemnitz*), s. dazu auch *Roth-Stielow* NJW 1970, 2057.

zwar eine gewisse Inkonsequenz dar, die es aber nicht rechtfertigt, das Unterschriftserfordernis insgesamt aufzugeben. Es besteht auch kaum die Gefahr, daß die Möglichkeit telegraphischer Rechtsmitteleinlegung zur Umgehung des Unterschriftserfordernisses genutzt wird. Bei den neueren Übermittlungsmöglichkeiten (Telebrief, Telefax) kann dem Unterschriftserfordernis (anders als beim Telegramm) durch die mit zu übermittelnde Kopie der Unterschrift Rechnung getragen werden. Insofern läßt sich nicht sagen, daß die fortschreitende technische Entwicklung das Unterschriftserfordernis überholt erscheinen lasse; vielmehr genügt es, die Anforderungen an die technischen Möglichkeiten anzupassen. Grundsätzlich kann von einem **Rechtsanwalt** verlangt werden, daß er seine **Verantwortung für den bestimmenden Schriftsatz** durch eine ordnungsgemäße Unterschrift kundtut. Andererseits sollte die Formenstrenge auch nicht übertrieben werden. So ist der Rechtsprechung zuzustimmen, wenn sie unter besonderen, für den Formzweck *gleichwertigen* Umständen die Wirksamkeit des fristwahrenden Schriftsatzes bejaht hat, obwohl das Unterschriftserfordernis bei strengster Interpretation vielleicht nicht erfüllt gewesen wäre, vgl. die bei Rdnr. 13, 14, 15, 27 genannten Beispiele. Außerdem sollten im **Parteiprozeß** bei Schriftsätzen einer nicht anwaltlich vertretenen Partei **weniger strenge Anforderungen** gestellt werden, zumal dort das Ziel entfällt, die Verantwortlichkeit des Anwalts klarzustellen. Auf dieser Erwägung beruht es, daß außerhalb der Zivilgerichtsbarkeit zum Teil großzügigere Maßstäbe angelegt werden[40]. Die zivilgerichtliche Rechtsprechung bezieht sich dagegen auf den Anwaltsprozeß bzw. auf den Parteiprozeß, der mit anwaltlicher Vertretung geführt wird.

Nachteilige Folgen von Versehen, die weder die Partei noch ihr Prozeßbevollmächtigter (§ 85 Abs. 2) verschuldet hat, können durch **Wiedereinsetzung in den vorigen Stand (§ 233)** beseitigt werden, → Rdnr. 29. **11**

3. Unterzeichnung und Schriftsatz

a) Standort der Unterschrift, Blankounterschrift

Die Unterzeichnung muß den Inhalt der Erklärung **räumlich decken**, d.h. sie muß hinter bzw. unter dem Text stehen[41]. **Ergänzungen**, deren Einfügung im nachhinein von dem Unterzeichner selbst oder auf dessen Weisung in einen schon unterzeichneten Text erfolgen, sind ebenso wirksam wie die weisungsgemäße Verwertung einer **Blankounterschrift**[42]. **12**

Die Schriftform ist auch dann gewahrt, wenn *neben* dem nicht unterschriebenen Originalschriftsatz gleichzeitig eine beglaubigte **Abschrift**, Zweitschrift o.ä. eingereicht wird und der Beglaubigungsvermerk bzw. die **Zweitschrift ordnungsgemäß** vom Verfasser der Urschrift **unterzeichnet** ist[43], wobei für das Schriftbild die gleichen Anforderungen wie bei einer Unterzeichnung der Urschrift gelten, → Rdnr. 21 ff. Es schadet auch nichts, wenn *nur* eine ordnungsgemäß unterzeichnete Abschrift, Zweitschrift usw. eingereicht wird[44], wie es über- **13**

---

[40] S. z.B. *BFHE (Großer Senat)* 111, 278, 285 f. (→ Fn. 50); *Gemeinsamer Senat der Obersten Gerichtshöfe des Bundes* BGHZ 75, 340, 345 (→ Fn. 118).
[41] BFHE 96, 381 (Unterzeichnung des Rubrums genügt nicht) = NJW 1970, 1151 = JZ 254 (abl. *Vollkommer*), BGH, Urt. v. 22.4.60, IV ZR 294/59 (nicht veröffentlicht, aber wiedergegeben bei *Johannsen* LM § 519 Nr. 45; *Vollkommer* JZ 1970, 256 Fn. 1).
[42] BGH ZZP 80 (1967), 315 (zust. *Kuchinke*) = MDR 1966, 232 = NJW 351. – A.M. *Schultzenstein* ZZP 27 (1900), 514, 519; *Schellhammer*[5] Rdnr. 27 (in der Regel unwirksam). Bedenken gegen eine allgemeine Zulässigkeit von Blanko-Unterschriften bei Rechtsmittel- und Rechtsmittelbegründungsschriften äußert BAG NJW 1983, 1447. Unterbleibt durch ein Versehen des Büropersonals die Verwendung der Blankounterschrift, so setzt eine Wiedereinsetzung in den vorigen Stand voraus, daß eine auf den Einzelfall bezogene Anleitung und Überwachung durch den Anwalt erfolgte, *BAG* NJW 1983, 1447; *OLG München* NJW 1989, 1166.
[43] BGH NJW 1980, 291 (Fn. 6); BGHZ 92, 251, 254; VersR 1993, 459; *BAG* AP Nr. 12 zu § 4 TVG Geltungsbereich (insoweit zust. *Kraft*) = NJW 1973, 1343 (LS); *RG* JW 1930, 2953; 1938, 2237; BFH BB 1977, 1690. Dies gilt selbst dann, wenn das unterzeichnete Stück zurückgegeben wurde, *BGH* LM § 519 Nr. 14 = ZZP 67 (1954), 312; *OLG Schleswig* VersR 1983, 65.
[44] Vgl. RGZ 119, 62, 63 f.

haupt auf **die Bezeichnung des Schriftsatzes** als »Urschrift«, »Abschrift«, »begl. Abschrift«, »für das Gericht« usw. oder darauf, ob vor der Unterschrift der Vermerk gez.» angebracht ist, **nicht ankommt.**

b) Unterschrift auf gleichzeitig eingereichtem anderen Schriftstück

14 Befindet sich die Unterschrift nicht auf dem Schriftsatz (insbesondere auf der Rechtsmittelbegründungsschrift), sondern auf einem **Begleitschreiben**, so reicht dies jedenfalls aus, wenn das Begleitschreiben mit der Rechtsmittelbegründung *fest verbunden* ist[45]; es erscheint aber sachgerecht, generell die Unterzeichnung des Begleitschreibens genügen zu lassen[46]. Allerdings wird die **Bezugnahme** auf einen beigefügten, von einem nicht beim Berufungsgericht zugelassenen Anwalt unterzeichneten Schriftsatz nicht als ausreichende Berufungsbegründung anerkannt[47], ebensowenig die Bezugnahme in der Klageschrift auf ein von der Partei unterschriebenes Prozeßkostenhilfegesuch[48], während die von der Partei selbst eingereichte Anspruchsbegründung in dem sich an einen Mahnbescheid anschließenden Rechtsstreit vor dem LG als hinreichende Klagebegründung angesehen wird[49]. Es sind dies aber weniger Probleme des Unterschriftserfordernisses als der inhaltlichen Anforderungen an die Klageschrift (§ 253 Abs. 2) bzw. die Berufungsbegründung (§ 519 Abs. 2 Nr. 2), weil in diesen Fällen klar ist, daß die in Bezug genommene Schrift *nicht* vom vertretenden Anwalt stammt. Es brauchen daher aus dieser Rsp keine Schlußfolgerungen für den Fall des unterschriebenen Begleitschreibens und der nicht unterschriebenen Klage oder Rechtsmittelbegründung gezogen zu werden. Nach Ansicht des Großen Senats des **BFH**[50] genügt es, wenn zwar nicht die Revisionsbegründungsschrift, wohl aber das (nicht fest verbundene) **Anschreiben** von einem dazu Berechtigten handschriftlich unterzeichnet ist und kein Zweifel besteht, daß die nicht unterzeichnete Begründung von dem berechtigten Anwalt gefertigt und bewußt eingereicht wurde. Der BFH rechtfertigt diese weniger strenge Ansicht vor allem damit, daß im Verfahren nach der FGO kein Anwaltszwang herrsche, so daß hier die Unterschrift nicht die Funktion habe, die Verantwortung des Anwalts zum Ausdruck zu bringen, doch erscheint die Übernahme dieser Ansicht auch für den Anwaltsprozeß angemessen. Selbst im *Parteiprozeß* ist es aber nicht als wirksame Unterzeichnung anzusehen, wenn der nicht unterzeichneten Klageschrift eine von der Partei unterschriebene **Prozeßvollmacht** beiliegt[51]. Eine Zusendung des Schriftsatzes durch Einschreiben oder Einschreiben mit Rückschein vermag das Unterschriftserfordernis ebenfalls nicht zu ersetzen[52].

c) Unterschrift auf später oder früher eingereichtem Schriftstück

15 Nach Ansicht des BGH genügt es nicht, wenn in einem **späteren** (innerhalb der Frist) eingereichten **Schriftsatz** die *Meinung* des Anwalts zum Ausdruck kommt, er habe das Rechtsmittel durch den früheren (nicht unterzeichneten) Schriftsatz begründet[53]. Zumindest

---

[45] BGH NJW 1986, 1760 = JZ 1986, 650. Recht eng BGH VersR 1973, 636 (nicht ausreichend, wenn die nicht unterschriebene Berufungsbegründung der ordnungsgemäß unterzeichneten Berufungsschrift beigeheftet ist).
[46] Ebenso *MünchKommZPO-Peters* Rdnr. 13 bei loser Verbindung durch Büroklammer – aber auf diese sollte man dann auch keinen Wert legen.
[47] BGHZ 7, 170 = NJW 1953, 259 (LS) = LM § 519 Nr. 9 (*Johannsen*).
[48] BGHZ 22, 254.
[49] BGHZ 84, 136 = NJW 1982, 2002.

[50] BFHE 111, 278 = NJW 1974, 1582.
[51] BAGE 28, 1 = NJW 1976, 1285, 1991 (abl. *Martens*) = AP § 4 KSchG 1969 Nr. 1 (abl. *Vollkommer*); BAGE 52, 263, 267 = NJW 1986, 3224. – A.M. *LSG Celle* NJW 1971, 775, 776 = AnwBl 286 (LS, zust. *Späth*); *LAG Nürnberg* ARSt 1984, 16.
[52] BVerwG NJW 1991, 120. – Zu den vom BVerwG anerkannten Ausnahmen vom Erfordernis der eigenhändigen Unterschrift zusammenfassend BVerwG NJW 1989, 1175.
[53] BGHZ 37, 156.

ist aber in solchen Fällen zu prüfen, ob nicht der spätere, fristgerecht eingereichte Schriftsatz selbst als Rechtsmittel usw. ausgelegt werden kann[54]. Läßt man bei der ursprünglichen Einreichung ein unterzeichnetes Begleitschreiben genügen (wie hier, → Rdnr. 14, vertreten), so sollte es auch reichen, wenn eine (fristgerecht eingereichte) spätere, ordnungsgemäß unterschriebene Schrift auf den nicht ordnungsgemäß unterzeichneten Schriftsatz Bezug nimmt. Außerhalb des Anwaltszwangs hat der BGH[55] bei einem nicht fristgebundenen Schriftsatz, der nicht unterzeichnet war, mit Recht eine spätere Heilung des Mangels bejaht, wenn aufgrund eines späteren, unterzeichneten Schriftsatzes kein vernünftiger Zweifel mehr bestand, daß auch der frühere Schriftsatz vom Willen des Anwalts getragen war. Ebenso wurde zu einer Kündigungsschutzklage entschieden, bei der sich aus einem innerhalb der Klagefrist eingereichten, unterzeichneten Schriftsatz ergab, daß auch die nicht unterzeichnete Klage mit Wissen und Willen des Anwalts eingereicht worden war[56]. Es genügt auch umgekehrt die **Bezugnahme auf ein bereits eingereichtes und ordnungsgemäß unterzeichnetes Schriftstück**, selbst wenn es sich an anderer Stelle der Akten befindet[57], nicht dagegen der Hinweis auf in *anderer* Sache eingereichte Schriftsätze[58].

d) Kein Ersatz durch persönliche Überbringung

Die fehlende Unterschrift kann **nicht dadurch ersetzt** werden, daß der **Prozeßbevollmächtigte** den Schriftsatz **persönlich in den Gerichtseinlauf bringt**[59]. Ließe man dies zu, so entstünde eine allzu große Rechtsunsicherheit, da später kaum mehr feststellbar wäre, wer den Schriftsatz eingereicht hat; denn die Identität des Einreichenden wird nicht geprüft und in der Regel erfolgt auch kein entsprechender Aktenvermerk.

4. Person des Unterzeichnenden

Aus der Unterzeichnung muß zu entnehmen sein, wer für die Erklärung verantwortlich ist[60]. Der Unterzeichnende muß nicht mit demjenigen identisch sein, der den Schriftsatz *verfaßt* hat[61]. Es ist zulässig, den Entwurf einer Rechtsmittelbegründungsschrift unterschriftsreif durch andere Personen (wissenschaftliche Mitarbeiter, Korrespondenzanwälte usw.) erstellen zu lassen[62]. Mit der Unterschrift übernimmt der Unterzeichnende regelmäßig die volle Verantwortung für den Inhalt des Schriftsatzes[63]; es kommt dabei nicht darauf an, ob er den Schriftsatz nur flüchtig gelesen hat[64]. Die Aussage, es liege – trotz korrekter Unterzeichnung – keine ordnungsgemäße Berufungsbegründungsschrift vor, wenn Form und Inhalt des Schriftsatzes das Fehlen einer eigenverantwortlichen Prüfung durch den unterzeichnenden Anwalt klar erkennen lassen, wenn also der Schriftsatz erkennbar unbesehen unterschrieben wurde[65], wurde durch die neuere Rsp (→ Fn. 63, 64) zwar nicht aufgegeben, kann aber nur ganz ausnahmsweise gelten, insbesondere, wenn geradezu eine Distanzierung vom Inhalt des

16

17

---

[54] So konnte im Fall *BGH* LM § 338 Nr. 1 die spätere Erklärung selbst als Einspruch gewertet werden. Dies betont zutreffend *BGHZ* 37, 156, 160.
[55] *BGHZ* 92, 251 = NJW 1985, 328.
[56] *LAG Hamm* DB 1990, 1876 (LS).
[57] So zur Berufungsbegründung durch Bezugnahme auf die Armenrechtsgesuch *RGZ* 145, 266; *BGH* LM § 519 Nr. 11; LM § 48 Abs. 2 EheG Nr. 14 (stillschweigende Bezugnahme genügt).
[58] *RGZ* 145, 266, 268; *RAG* ArbRsp 30, 171.
[59] *BGH* NJW 1980, 291 (Fn. 6); VersR 1980, 765; 1983, 271; *OLG München* NJW 1979, 2570 = MDR 1980, 61; *OLG Köln* MDR 1966, 848; *BVerwG* NJW

1966, 1043. – A.M. *OLG Frankfurt* NJW 1977, 1246 = VersR 339 (zust. Späth); *Baumbach-Lauterbach-Hartmann*[51] Rdnr. 40; *Vollkommer* (Fn. 1) 296.
[60] Z. B. *BGH* MDR 1971, 576 = VersR 665.
[61] *BGH* VersR 1972, 787; *RGZ* 65, 81, 84.
[62] *BGH* NJW 1989, 3022.
[63] *BGH* NJW 1989, 394 = WUB VII A. § 130 1.89 (*Huff*); NJW 1989, 3022 = *BAG* AP § 518 Nr. 54 = NZA 1988, 175.
[64] *BGH* NJW 1989, 3022.
[65] Wiedergegeben in *BGH* NJW 1989, 394, 395 unter Bezugnahme auf *BGH* JR 1954, 463; s. auch *BGH* VersR 1969, 617; 1972, 787.

Schriftsatzes erkennbar ist. Klar ist jedenfalls, daß Zusätze, welche die **Verantwortung des Unterzeichnenden** für den Inhalt der Schrift ablehnen oder einschränken, dieser ihre Wirkung nehmen[66]. Hierunter fällt es aber nicht, wenn der unterzeichnende Prozeßbevollmächtigte durch einen Zusatz darauf hinweist, daß ein anderer, ebenfalls prozeßbevollmächtigter Anwalt die Rechtsmittel- oder Rechtsmittelbegründungsschrift abgefaßt hat[67].

18   Die Unterschrift muß von demjenigen und mit dem Namen dessen erfolgen, der die **Erklärung** (im eigenen oder im fremden Namen) **abgibt**. Im Parteiprozeß sind dies die **Partei** (bei juristischen Personen die vertretungsberechtigten natürlichen Personen[68]) oder ihr Prozeßbevollmächtigter, im Anwaltsprozeß ein **beim Prozeßgericht zugelassener Anwalt**[69] (auch wenn er nur als **Unterbevollmächtigter**, § 52 BRAO, handelt[70]), sein nach § 53 BRAO allgemein bestellter **Vertreter** (→ Rdnr. 20, → § 78 Rdnr. 33 ff.)[71] oder der **Abwickler** einer Kanzlei nach § 55 BRAO (→ Rdnr. 20, → § 78 Rdnr. 36).

19   An der richtigen Person des Unterzeichnenden fehlt es auch dann, wenn ein beim Berufungsgericht **nicht zugelassener Anwalt** mit dem Namen des zugelassenen Prozeßbevollmächtigten in dessen Auftrag eine Berufungsschrift unterschreibt[72]. Nicht ordnungsgemäß ist im allgemeinen die Unterzeichnung, die zwar von einer postulationsfähigen Person, aber mit dem **Zusatz »im Auftrag«**, also nur als Erklärungsbote erfolgt[73]. Gleiches gilt (selbst im Parteiprozeß) für die Unterschrift eines nicht bevollmächtigten *Kanzleiangestellten* des Prozeßbevollmächtigten[74].

20   Dagegen ist die Unterschrift des amtlich bestellten Vertreters eines Anwalts mit dem **Zusatz »i. V.«** wirksam[75], wenngleich ein derartiger **Zusatz zum Namen**, aus dem sich die Eigenschaft des Unterzeichners als Vertreter[76] oder Abwickler[77] ergibt, nicht erforderlich ist. Dies gilt auch für die Postulationsfähigkeit[78]. Wegen der **Prüfung** des Bestehens der Vollmacht → § 80 Rdnr. 21 ff., der Postulationsfähigkeit → § 88 Rdnr. 1 a, 21.

5. Handschriftliche Unterzeichnung

a) Namenszug

21   Die von der Rechtsprechung verlangte Handschriftlichkeit erfordert, daß der **Namenszug einer natürlichen Person** von dieser unmittelbar auf der eingereichten Urkunde vollzogen wird. Die **Bewegung des Schreibens** muß als solche auf das Schriftstück übertragen werden[79]. Der Namenszug muß also von einem mit der Hand geführten Schreibgerät auf das Papier

---

[66] BAG AP § 518 Nr. 42 = BB 1978, 1573 = DB 2372 = NJW 1979, 183 (LS) (zu einem Beglaubigungsvermerk, der nur die Übereinstimmung der Abschrift mit der von einer anderen Person stammenden Schrift bezeugt); RGZ 65, 81, 85; JW 1935, 777; ObArbG Rheinland-Pfalz AP 51 Nr. 195 (zust. *Wieczorek*), s. auch RG JW 1927, 2136.
[67] BAG AP § 518 Nr. 54 = NJW 1987, 3279.
[68] BGH NJW 1966, 1077 = MDR 399 (Unterzeichnung mit dem Namen der vertretungsberechtigten Person nötig; der Firmenname allein genügt nicht).
[69] BGHZ 7, 170, 174; 37, 156; RGZ 151, 82; 164, 390, 395 ff.; BAG AP § 518 Nr. 11 u. 42.
[70] BAG NJW 1990, 2706.
[71] BGH AnwBl 1982, 246.
[72] BGH MDR 1976, 569 = JurBüro 1045 = VersR 689, 830. Wie der BGH betont, genügt hier – anders als im Bereich der Schriftform nach § 126 BGB – nicht die Unterzeichnung mit dem Namen des Vertretenen, weil der Unterzeichnende mangels Postulationsfähigkeit nicht zur Vertretung befugt ist.

[73] BGH NJW 1988, 210; BAG AP § 518 Nr. 11 = DB 1967, 1904. – A. M. *Weber-Grellet* DStR 1989, 524. – Der Zusatz »i. A.« schadet aber nicht, wenn der unterzeichnende Anwalt selbst zu den Prozeßbevollmächtigten gehört, BGH NJW 1993, 2056.
[74] BFHE 101, 349 = BStBl 1971 II, 329 = BB 989 (abl. *Woerner*).
[75] OLG Koblenz MDR 1991, 1097.
[76] → § 78 Rdnr. 35 mit Fn. 104. Jedenfalls genügt es, wenn das Handeln als amtlich bestellter Vertreter einmal im konkreten Prozeß zum Ausdruck gebracht wurde, BGH NJW 1991, 1175, bzw. sich hinreichend deutlich aus den Umständen ergibt, BGH NJW 1993, 1925.
[77] Vgl. BGH NJW 1966, 1362; VersR 1973, 470.
[78] BAG EzA § 518 Nr. 20 = AP § 518 Nr. 38 = BB 1977, 899 (LS) = DB 1564 (LS).
[79] BGH NJW 1962, 1505, 1506 f. = DB 836.

gesetzt werden, während die *mittelbare* Wiedergabe des Namenszugs durch Vorgänge mechanischer, chemischer oder sonstwie technischer Art nicht genügt, → Rdnr. 27.

Erforderlich ist grundsätzlich die **Unterzeichnung mit voll ausgeschriebenem Familiennamen**. Bei einem Doppelnamen sollte man den ersten Teil genügen lassen, wenn keine Zweifel an der Identität bestehen[80]. Erkennbar gewollte **Abkürzungen** (Handzeichen, Abzeichnung, Kürzel, **Paraphe**) werden **nicht als Unterschrift anerkannt**[81]. Zur Abgrenzung zwischen Unterschrift und Paraphe stellt der BGH auf den im *äußeren Erscheinungsbild* zum Ausdruck kommenden Willen zur Abkürzung bzw. zum Hervorbringen einer Unterschrift ab[82]. Keine Unterschrift ist danach eine abgekürzte Buchstabenreihenfolge[83]. Der Mangel kann auch nicht durch einen hinzugesetzten *Stempelaufdruck des vollen Namens* beseitigt werden[84]. Ein *Handzeichen* soll auch dann nicht als Unterschrift anerkannt werden, wenn durch Heranziehung anderer Umstände ermittelt werden kann, daß eine Unterzeichnung beabsichtigt war[85]. Bei gerichtlicher oder notarieller Beglaubigung ersetzt ein Handzeichen jedoch die volle Namensunterschrifts[86]. Ein *Fingerabdruck* stellt keine wirksame Unterzeichnung dar[87]. – Dieselben Anforderungen sind an die **Unterzeichnung einer Entscheidung** durch Richter[88] oder Rechtspfleger[89] zu stellen, → auch § 315 Rdnr. 1; sie gelten auch für die Unterzeichnung des Empfangsbekenntnisses nach § 212 a[90]. 22

b) Schriftbild

Die Rechtsprechung betont mit Recht, daß die Anforderungen, die an das **Schriftbild** einer wirksamen Unterschrift zu stellen sind, nicht überspannt werden dürfen[91]. Das Recht auf Zugang zu den Gerichten, insbesondere den Rechtsmittelgerichten, das als Bestandteil des Rechtsstaatsprinzips anzusehen und auch durch Art. 6 Abs. 1 EMRK garantiert ist, darf nicht an formalistischen Anforderungen an die Qualität der Unterschrift scheitern, wenn an der Unterzeichnung selbst nach den Umständen kein Zweifel besteht. Die Europäische Menschenrechtskommission[92] hat die rigide Anwendung des Unterschriftserfordernisses in einem deutschen Strafprozeß bereits einmal als bedauerlich bezeichnet (ohne eine Verletzung der EMRK zu bejahen). Soll eine bislang vom Gericht akzeptierte Form der Unterzeichnung nunmehr beanstandet werden, so verlangt der Grundsatz des fairen Verfahrens (→ vor § 128 Rdnr. 65), den betroffenen Anwalt hierauf zunächst hinzuweisen und erst nach einer solchen Vorwarnung die geänderten Anforderungen zu stellen[93]. 23

Die im folgenden wiedergegebenen Anforderungen sollten im Zweifel zugunsten der Bejahung einer wirksamen Unterschrift interpretiert werden. Die Unterschrift **braucht nicht lesbar zu sein**[94]. Wesensmäßiger Bestandteil einer Unterschrift soll jedoch der **individuelle** 23a

---

[80] *OLG Frankfurt* NJW 1989, 3030. – *BAG* NJW 1988, 2822 läßt den ersten Teil und die Abkürzung des zweiten Teils mit den beiden Anfangsbuchstaben genügen (Aufhebung von *LAG Köln* NZA 1987, 716, das den vollen Doppelnamen verlangte).
[81] *BGH* in ständiger Rsp NJW 1989, 588; 1985, 1227; 1982, 1467; VersR 1983, 273, 274; NJW 1975, 1705 = Rpfleger 351 (abl. *Vollkommer*); NJW 1967, 2310 = GRUR 1968, 108 (zust. *Hoepffner*); *BAG* AP § 130 Nr. 1; *RGSt* 37, 81; *BFH* NJW 1987, 343.
[82] Präzisierend *BGH* NJW 1994, 55; s. auch *BGH* NJW 1967, 2310 (Fn. 81); NJW 1975, 1705, 1706 (Fn. 81); VersR 1974, 864; MDR 1960, 396 (Fn. 94); NJW 1992, 243.
[83] *BGH* NJW 1967, 2310 (Fn. 81); VersR 1968, 1143 = Rpfleger 1969, 87.
[84] *BGHZ* 57, 160, 164 = NJW 1972, 50 = Rpfleger 90 (abl. *Vollkommer* 82ff.).

[85] *BGH* NJW 1967, 2310, 2311 (Fn. 81); BGHZ 57, 160, 165 (Fn. 84).
[86] *OLG Breslau* OLG Rsp 33 (1916), 84; *Wieczorek*² Anm. II a 1.
[87] *OLG Frankfurt* RzW 1966, 371.
[88] *KG* NJW 1988, 2807; *OLG Oldenburg* NJW 1988, 2812.
[89] *OLG Köln* NJW 1988, 2805.
[90] *OLG Hamm* NJW 1989, 3289.
[91] *BGH* Rpfleger 1976, 127 (zust. *Vollkommer*) = VersR 489; *BayVerfGH* NJW 1976, 182; *SG Freiburg* AnwBl 1981, 123.
[92] *EKMR* NJW 1989, 579.
[93] *BVerfGE* 78, 123 = NJW 1988, 2787.
[94] *BGH* NJW 1987, 1333; 1989, 588; 1975, 1705, 1706 (Fn. 81); MDR 1960, 396 = LM § 170 Nr. 8 = ZZP 73 (1960), 237; MDR 1964, 747 = Rpfleger 211; *BGHSt* 12, 317 = NJW 1959, 734; *OLG Düsseldorf* NJW 1956, 923.

Charakter des Schriftbildes sein, welcher die Unterscheidungsmöglichkeit gegenüber anderen Unterschriften gewährleiste und die Nachahmung durch einen beliebigen Dritten zumindest erschwere[95].

24 **Undeutlichkeiten** und Verstümmelungen schaden demnach nicht, sofern ein Schriftzug vorliegt und einzelne Buchstaben erkennbar sind[96]. Als wirksam wird auch ein Schriftgebilde angesehen, bei dem jedenfalls die **Entstehung aus Buchstaben**, ein solcher selbst aber nicht klar erkennbar ist[97], wenn nur die Deutung des Gebildes als Schriftzug möglich ist[98], wozu allerdings ein Mindestmaß an Ähnlichkeit mit Schrift erforderlich ist[99]. Dies ist sicherlich der Fall, wenn jemand, der den Namen kennt, diesen aus dem Schriftbild[100], bzw. einzelne Buchstaben erkennt und mittels dieser Grundlage den Namen herauslesen kann[101].

25 **Keine wirksame Unterschrift** stellen eine gekrümmte Linie[102], ein Haken[103] oder willkürliche Punkte, Striche und Schnörkel[104] dar, wie auch eine Unterzeichnung mit einer auf- und abführenden Strichfolge ohne jede Buchstabenähnlichkeit[105] oder die Kombination zweier waagrechter und zweier senkrechter Striche sowie eines Punktes o. ä. unzureichend ist[106].

26 **Handschriftliche Blockschrift** sollte man, wenn es sich um die Unterzeichnung durch einen Nichtanwalt handelt, ausreichen lassen.

c) Herstellung der Unterschrift

27 Die Rechtsprechung fordert durch das Gebot der Handschriftlichkeit die Herstellung der Unterschrift **ohne Zuhilfenahme technischer (mechanischer, chemischer usw.) Hilfsmittel**[107]. Damit wird nicht nur eine *maschinenschriftliche* Unterzeichnung[108], sondern auch die Verwendung von *Namensstempeln*, auch wenn sie den Schriftzug wiedergeben (Faksimilestempel)[109], ausgeschlossen. Der **BGH** geht davon aus, daß die Unterschrift stets auf dem eingereichten Schriftstück vollzogen sein muß, so daß auch die Einreichung einer **Fotokopie** des unterschriebenen Schriftsatzes **nicht genügt**[110]. Hiervon abweichend hat das **BVerwG** eine im mechanischen Abdruckverfahren vervielfältigte Unterschrift akzeptiert[111] und die Einreichung einer **Fotokopie** der eigenhändig unterschriebenen Klageschrift in einem Umschlag mit handschriftlicher Absenderangabe (außerhalb des Anwaltszwangs) als wirksame Klageschrift **anerkannt**[112]. Auch eine nur im **Matrizenverfahren** hergestellte Unterschrift wurde vom

---

[95] *BGH* NJW 1982, 1467 (Fn. 81); 1975, 1705, 1706 (Fn. 81); 1974, 1090 (Fn. 102); 1967, 2310 (Fn. 81); MDR 1960, 396 (Fn. 94); VersR 1975, 927; 1982, 973; 1985, 59 f.; *BAG* DB 1981, 2183 = NJW 1982, 1016 (LS).
[96] *BGH* NJW 1982, 1467 (Fn. 81); 1976, 2263 = Rpfleger 296 (abl. *Vollkommer*); 1974, 1090 (Fn. 102); VersR 1971, 373; 1975, 927; BB 1970, 52; *BSG* NJW 1975, 1799.
[97] *BGH* NJW 1994, 55; 1975, 1705 (Fn. 81); VersR 1983, 555; *LG Heidelberg* VersR 1978, 357. *BGH* NJW 1987, 1333, 1334 u. 1989, 588 lassen offen, ob einzelne Buchstaben des geschriebenen Namens wenigstens andeutungsweise erkennbar sein müssen, was z. B. *BGH* JurBüro 1984, 215; *BFH* NJW 1987, 343; *OLG Karlsruhe* Justiz 1983, 258 ausdrücklich verlangen. Man sollte sich mit der Erkennbarkeit eines Schriftzuges begnügen.
[98] *BGH* Rpfleger 1976, 127 (Fn. 91); VersR 1991, 117 = MDR 1991, 223; NJW 1992, 243.
[99] *BSG* MDR 1970, 961.
[100] *BGH* VersR 1983, 273, 274; *BAG* DB 1981, 2183 = NJW 1982, 1016 (LS); AP § 518 Nr. 38.
[101] *BSG* NJW 1975, 1799; *OLG Bamberg* JurBüro 1993, 89.
[102] *BGH* NJW 1974, 1090 = JR 381 (*Bassenge*) = MDR 663 = LM § 130 Nr. 6.
[103] *BFH* BB 1984, 1089.
[104] *BGH* NJW 1976, 2263 = Rpfleger 296 (abl. *Vollkommer*).
[105] *LG Heidelberg* VersR 1978, 357.
[106] *OLG Hamm* JurBüro 1981, 1413; *BGH* VersR 1982, 973.
[107] *BGH* NJW 1962, 1505, 1506 f. – Gegen die Rsp Voraufl. (*Pohle*) Anm. I 2 (S. 711).
[108] *RGZ* 151, 82, 85; *BFHE* 106, 4; JZ 1970, 654 (abl. *Vollkommer*); *OLG Koblenz* VersR 1982, 275 (LS); *BVerwG* MDR 1984, 343.
[109] *BGH* NJW 1976, 966; 1962, 1505, 1507; JR 1955, 266 = LM § 518 Abs. 1 Nr. 3; RGZ 46, 375; 151, 82 = JW 1936, 1757 (abl. *Jonas*); *BFH* NJW 1970, 1439; DB 1975, 88; *LG Aurich* Rpfleger 1984, 323. – A.M. *BSG* NJW 1965, 2127; *KG* JW 1927, 527 (zust. *OLG Saarbrücken* NJW 1970, 434, → Fn. 39); *LG Frankfurt* NJW 1971, 1947.
[110] *BGH* NJW 1962, 1505; 1984, 2890 (zur Einwilligung in die Sprungrevision, § 566 a Abs. 2). – A.M. *LAG Nürnberg* NJW 1983, 2285 (zur Einspruchsschrift).
[111] *BVerwGE* 36, 296 = NJW 1971, 1054.
[112] *BVerwG* NJW 1974, 1262; s. auch *LSG Schleswig* MDR 1979, 436 (im Ergebnis aber die Wirksamkeit verneinend → Fn. 115).

BAG[113] und vom BFH[114] anerkannt. Diesen **Erweiterungen** ist im *Parteiprozeß* zuzustimmen, wenn an der eigenhändigen Unterzeichnung auf dem kopierten bzw. vervielfältigten Original oder auf der Matrize ebensowenig Zweifel bestehen wie daran, daß die Fotokopie mit Willen des Urhebers bei Gericht eingereicht wurde[115]. Eine Durchschrift, auf der die Unterschrift mittels Kohlepapier abgedruckt ist, genügt jedenfalls im Parteiprozeß[116], sollte aber auch im Anwaltsprozeß als ausreichend angesehen werden, da es auf das Schreibgerät nicht ankommt[117].

Bei fristwahrenden bestimmenden Schriftsätzen einer **Körperschaft** oder **Anstalt des öffentlichen Rechts** oder einer Behörde läßt es der Gemeinsame Senat der Obersten Gerichtshöfe des Bundes ausreichen, wenn der in Maschinenschrift wiedergegebene Name des Verfassers mit einem **Beglaubigungsvermerk** des zuständigen Bediensteten (auch ohne Dienstsiegel) versehen ist, jedoch nur in denjenigen Verfahrensordnungen, die *keinen Vertretungszwang* für die genannten öffentlich-rechtlichen Organisationsformen vorsehen[118]. 28

6. Rechtsfolgen eines Mangels

a) Fristgebundene Schriftsätze

Fehlt eine formgerechte Unterzeichnung, so liegt keine wirksame Prozeßhandlung vor. Bei **fristwahrenden Schriftsätzen** (insbesondere den Rechtsmittel- und Rechtsmittelbegründungsschriften) ist die Unterzeichnung **von Amts wegen zu prüfen**, wobei aber auch hier (allgemein → vor § 128 Rdnr. 95) keine Amtsermittlung der Tatsachen stattfindet[119]. Durch Verzicht auf die Rüge bzw. Unterlassung der Rüge kann der Mangel in diesem Bereich **nicht geheilt** werden[120]. Hiervon abweichend bejaht jedoch das BAG[121] bei einer innerhalb der Frist des § 3 KSchG eingereichten, aber nicht unterzeichneten **Kündigungsschutzklage** die fristwahrende Heilung durch rügelose Einlassung nach § 295. Wenn die Unterschrift seit langem in derselben Form erfolgte und bisher vom Gericht nicht beanstandet wurde, muß vor Anwendung der strengeren Anforderungen im Hinblick auf das Recht auf faires Verfahren ein Hinweis gegeben werden, → Rdnr. 23. Geschieht dies nicht, so ist gegen die Fristversäumung Wiedereinsetzung in den vorigen Stand zu gewähren[122]. Eine fristwahrende **Nachholung** der Unterschrift ist **nur innerhalb der Frist** möglich, während einer späteren Unterzeichnung keine rückwirkende Kraft zukommt[123]. Bei unverschuldeten Mängeln verbleibt schließlich noch die **Wiedereinsetzung in den vorigen Stand**[124], → § 233 Rdnr. 79. 29

---

[113] So für ein Massenverfahren (Kündigungsschutzklagen von über 200 Belegschaftsangehörigen, wobei ein Teil der Klageschriften eigenhändig und handschriftlich unterzeichnet war) *BAGE* 30, 86, 100ff. = DB 1978, 1501 = NJW 1979, 233 = SAE 1980, 129 = EzA § 102 BetrVerfG 1972 Nr. 33 (*Herschel*).
[114] *BFH* DB 1975, 88.
[115] An dieser Voraussetzung fehlte es in *LSG Schleswig* MDR 1979, 436.
[116] *OLG Karlsruhe* FamRZ 1988, 82.
[117] Ähnlich wird im Erbrecht eine durchgepauste Unterschrift als ausreichende Unterzeichnung eines eigenhändigen Testaments betrachtet, *BGHZ* 47, 68; *Leipold* Erbrecht[10] Rdnr. 236.
[118] *BGHZ* 75, 340 = NJW 1980, 172 = DB 839 = Rpfleger 12.

[119] *BGH* NJW 1982, 1467 (Fn. 81).
[120] *BGHZ* 65, 46, 48 = NJW 1975, 1704 = MDR 1014; *RGZ* 152, 23, 27.
[121] *BAGE* 52, 263 = NJW 1986, 3224 (Aufgabe von *BAGE* 1, 272; 28, 1).
[122] *BGH* VersR 1975, 927. – A.M., aber vor *BVerfGE* 78, 123 (Fn. 93), *LG Düsseldorf* MDR 1988, 149. – Die Nichtbeachtung der Anforderungen an die Unterschrift stellt aber dann, wenn die im Text genannte Besonderheit des längeren, unbeanstandeten Gebrauchs vorliegt, ein Verschulden dar, das die Wiedereinsetzung in den vorigen Stand ausschließt, *BGH* NJW 1987, 957.
[123] *BGH* VersR 1980, 331 (abl. *Späth*).
[124] *BGH* NJW 1962, 1248 = LM § 233 (B) Nr. 5. Ausführlich *Vollkommer* (Fn. 1), 317ff.; → auch Fn. 122.

b) Nicht fristgebundene Schriftsätze

30 Bei nicht fristgebundenen Schriftsätzen, vor allem bei der Klageschrift im gewöhnlichen Zivilprozeß, kann der in der Nichtunterzeichnung liegende Verfahrensmangel durch **Nachholung** beseitigt[125], aber auch durch **Verzicht** des Gegners oder **Unterlassung der Rüge** trotz Kenntnis des Mangels **geheilt** werden, § 295 Abs. 1[126].

III. Vorbereitende Schriftsätze

1. Funktion

31 Durch die vorbereitenden Schriftsätze **kündigt** die Partei ihren **Vortrag für die mündliche Verhandlung an** und beugt dadurch einer möglichen Präklusion (→ Rdnr. 36) vor. Die vorbereitenden Schriftsätze dienen der Instruktion von Gegner und Gericht (→ auch § 133 Rdnr. 9), um das Verfahren möglichst in einem umfassend vorbereiteten Termin (§ 272 Abs. 1) zu erledigen. Daneben bilden sie im Rahmen der üblichen Bezugnahme (→ § 137 Rdnr. 7) zugleich die Grundlage der mündlichen Verhandlung selbst und erleichtern die Feststellung des Tatbestands durch das Sitzungsprotokoll (vgl. § 160 Abs. 3 Nr. 1 bis 3, Abs. 5, sowie auch §§ 297, 510a) und im Urteil (§ 313 Abs. 2). Vorbereitende Schriftsätze können grundsätzlich nur bis zum Schluß der mündlichen Verhandlung[127] eingereicht werden, näher → § 133 Rdnr. 11.

2. Wirksamwerden des Vortrags

32 Zum Prozeßstoff wird der Schriftsatzinhalt durch den Vortrag in der mündlichen Verhandlung oder dadurch, daß er in Bezug genommen wird, → § 137 Rdnr. 7. Zuvor ist das Vorbringen im prozessualen Sinn grundsätzlich noch nicht in vollem Sinne wirksam[128] (während damit verbundene materiell-rechtliche Rechtsgeschäfte, → vor § 128, Rdnr. 255 bereits wirksam werden können, soweit dies dem erkennbaren Parteiwillen entspricht; anders bei der Aufrechnung, → § 145 Rdnr. 29). Allerdings führt auch das schriftsätzliche Vorbringen bereits rechtliche Wirkungen herbei[129], etwa die Wahrung der Fristen, deren Nichteinhaltung zur Präklusion (→ Rdnr. 36) führen kann (§ 296 Abs. 1), und es bildet, auch wenn zuvor keine mündliche Verhandlung stattgefunden hat, bereits die Grundlage für die Einführung in den Sach- und Streitstand durch den Vorsitzenden im Haupttermin, § 278 Abs. 1 S. 1. Der Inhalt der vorbereitenden Schriftsätze entfaltet ferner bei einem *Versäumnisurteil* gemäß § 331 Abs. 3 oder einem *Anerkenntnisurteil* gemäß § 307 Abs. 2 (beides im *schriftlichen Vorverfahren*) und bei einem vor dem Termin erlassenen *Beweisbeschluß* gemäß § 358a bereits *entscheidungsbestimmende* Bedeutung.

3. Zugleich bestimmende und vorbereitende Schriftsätze

33 Die meisten der **bestimmenden Schriftsätze** sollen außer ihrem verbindlichen und begriffswesentlichen Inhalt darüber hinaus **zugleich als vorbereitende** dienen, → § 253 Abs. 4, § 340 Abs. 3 S. 1, § 518 Abs. 4, § 519 Abs. 5 § 522a Abs. 3, § 553 Abs. 2, § 554 Abs. 5, § 556 Abs. 2 S. 3, § 588 Abs. 2, § 622 Abs. 2 S. 2, § 697 Abs. 1 und § 70 Abs. 2, § 236 Abs. 1.

---

[125] *LG Nürnberg-Fürth* JurBüro 1979, 606.
[126] *BGHZ* 65, 46 (Fn. 120).
[127] Zur Übergabe von Schriftsätzen im Termin *Mayer* NJW 1985, 937.
[128] *OLG München* NJW 1979, 2570.
[129] Vgl. *Schlosser* ZPR² Rdnr. 34; *Leipold* ZZP 93 (1980), 237, 262.

Zu den Fällen, in denen beide Arten von Schriftsätzen durch **Erklärungen zu Protokoll der** 34
Geschäftsstelle ersetzt werden können → § 129 a, § 159 Rdnr. 4; zum Übergang ins schriftliche
Verfahren → Rdnr. 6.

4. Vorbereitende Schriftsätze im Anwaltsprozeß (Abs. 1)

a) Im Anwaltsprozeß (→ § 78) sind die Parteien zur Mitteilung vorbereitender Schriftsätze 35
verpflichtet. Dies gilt auch für Fälle eines Zwischenstreits. Zum mitzuteilenden Inhalt § 130,
zu Anlagen → §§ 131, 133, zu den zu wahrenden Fristen → § 132.

b) Das **Unterlassen einer schriftsätzlichen Ankündigung** hindert zunächst nicht die Einfüh- 36
rung des Vorbringens in den Prozeß in der mündlichen Verhandlung. Ein Verstoß gegen die
Pflicht zur rechtzeitigen Mitteilung (§ 282 Abs. 2) kann jedoch die **Zurückweisung** gemäß
§ 296 Abs. 2 zur Folge haben. Bei Nichteinhaltung einer Frist ist verspätetes Vorbringen nach
Maßgabe des § 296 Abs. 1 zurückzuweisen. Außerdem kann bei unterbliebener rechtzeitiger
Ankündigung des tatsächlichen Vorbringens dem Gegner die **Nachreichung eines Schriftsatzes** gemäß § 283 **gestattet werden.**

Anträge auf Versäumnisurteil oder eine Entscheidung nach Lage der Akten (§ 331 a) sind 37
nach § 335 Abs. 1 Nr. 3 **zurückzuweisen,** wenn der nicht erschienenen Partei Anträge oder
tatsächliches mündliches Vorbringen nicht rechtzeitig durch Schriftsatz mitgeteilt sind.

Erfordert ein schuldhafter Verstoß gegen § 129 eine **Vertagung** wegen ungenügender 38
Vorbereitungsmöglichkeit des Gegners oder des Gerichts, so können der Partei nach § 95 die
dadurch veranlaßten **Kosten auferlegt werden,** → § 95 Rdnr. 3. Ferner kommt als Sanktion
eine **Verzögerungsgebühr** in Betracht, § 34 GKG (→ § 95 Rdnr. 4).

5. Vorbereitende Schriftsätze im Parteiprozeß (Abs. 2)

a) Im Parteiprozeß sind vorbereitende Schriftsätze **gesetzlich nicht vorgeschrieben.** Über 39
ihre schon zuvor bestehende *Zulässigkeit* hinaus (§ 129 Abs. 2 aF) kann aber seit der
Vereinfachungsnovelle 1976 nach Abs. 2 durch Beschluß des Gerichts oder Verfügung des
Vorsitzenden **den Parteien** außerhalb des Anwaltszwangs **aufgegeben werden,** die mündliche
Verhandlung durch Schriftsätze oder durch Erklärungen zu Protokoll der Geschäftsstelle
vorzubereiten. Mit Hilfe einer solchen Anordnung kann auch vor dem Amtsgericht das
schriftliche Vorverfahren gewählt werden[130]. Während *Schriftsätze* für die anwaltlich vertretene oder hinreichend gewandte Partei in Betracht kommen, verbleibt im übrigen die Möglichkeit der *Erklärung zu Protokoll*, die gemäß § 129a bei *jedem* Amtsgericht abgegeben
werden kann. Es erscheint weder zweckmäßig noch zulässig[131], durch die Anordnung eine
Vorbereitung entweder *nur* durch Schriftsätze oder *nur* durch Protokollerklärung vorzuschreiben, da § 496 beide Möglichkeiten nebeneinander zur Wahl stellt und auch der Wortlaut des § 129 Abs. 2 nicht darauf hindeutet, daß das Gericht dies einschränken könnte.

b) Wurde eine **Vorbereitung angeordnet,** so gilt bei **Verstößen** hiergegen in vollem Um- 40
fang das bei Rdnr. 36ff. Gesagte. **Ohne derartige Anordnung** beschränken sich dagegen die
Folgen einer unterlassenen schriftsätzlichen Ankündigung darauf, daß ein **Versäumnisurteil**
oder eine Entscheidung nach Aktenlage unterbleiben und daß die Nachreichung eines Schriftsatzes (§ 283) gestattet werden kann. Dagegen kommt eine Verpflichtung zum Kostenersatz
nach § 95 oder eine **Präklusion** nach § 296 Abs. 2 i.V. mit § 282 Abs. 2 (→ § 296 Rdnr. 97)

---

[130] Vgl. Begr. zur Vereinfachungsnovelle, BT-Drucks. 7/2729, 56.
[131] Ebenso wohl *MünchKommZPO-Peters* Rdnr. 3. – A.M. *Zöller-Herget*[18] § 496 Rdnr. 1; *Baumbach-Lauterbach-Hartmann*[51] Rdnr. 53.

nicht in Betracht[132], weil das Gesetz keine Pflicht zur Vorbereitung durch Schriftsätze aufgestellt hat, → auch § 282 Rdnr. 22. Werden Fristen für Schriftsätze gesetzt, so liegt darin zugleich eine stillschweigende Anordnung gemäß Abs. 2 (→ § 273 Rdnr. 23), ebenso in der Anordnung des schriftlichen Vorverfahrens (→ § 272 Rdnr. 12).

6. Kosten

41 Die Kosten der vorbereitenden Schriftsätze werden durch die Prozeßgebühr des Anwalts, § 31 Abs. 1 Nr. 1 BRAGO, abgegolten.

IV. Arbeitsgerichtliches Verfahren

1. Verfahren vor LAG und BAG

42 **Anwaltsprozeß** im Sinne der ZPO ist auch, trotz der Abschwächung, die der Anwaltszwang in § 11 Abs. 2 ArbGG gefunden hat, → § 78 Rdnr. 61 ff., das Verfahren vor LAG und BAG. Die Verpflichtung zur schriftsätzlichen Vorbereitung der mündlichen Verhandlung besteht daher auch hier, mag im Einzelfall der Prozeßbevollmächtigte ein Anwalt oder ein Verbandsvertreter sein. Dies gilt sowohl im Urteilsverfahren als auch im Beschlußverfahren (§ 80 Abs. 2 ArbGG).

2. Verfahren vor dem Arbeitsgericht

43 Im Verfahren vor dem Arbeitsgericht sind vorbereitende Schriftsätze in gleicher Weise wie im amtsgerichtlichen Verfahren *zulässig*. Auch ist eine **Anordnung gemäß Abs. 2** (zur Ergänzung der nach § 56 Abs. 1 S. 2 Nr. 1 ArbGG zu ergreifenden Maßnahmen) möglich. Die Bedeutung dieser Möglichkeit erscheint gering, da die Bestimmungen über das schriftliche Vorverfahren nicht anwendbar sind, § 46 Abs. 2 S. 2 ArbGG. Zur *Vorbereitung der Güteverhandlung* dürfte eine Anordnung gemäß Abs. 2 ohnehin insoweit ausscheiden, als der Beklagte in der Regel *nicht* aufgefordert werden soll, sich zur Klage schriftlich zu äußern, § 47 Abs. 2 ArbGG[133]. – Zur Heilung der fehlenden Unterzeichnung einer **Kündigungsschutzklage** → Rdnr. 29.

§ 129a [Erklärungen zu Protokoll]

(1) Anträge und Erklärungen, deren Abgabe vor dem Urkundsbeamten der Geschäftsstelle zulässig ist, können vor der Geschäftsstelle eines jeden Amtsgerichts zu Protokoll abgegeben werden.

(2) ¹Die Geschäftsstelle hat das Protokoll unverzüglich an das Gericht zu übersenden, an das der Antrag oder die Erklärung gerichtet ist. ²Die Wirkung einer Prozeßhandlung tritt frühestens ein, wenn das Protokoll dort eingeht. ³Die Übermittlung des Protokolls kann demjenigen, der den Antrag oder die Erklärung zu Protokoll abgegeben hat, mit seiner Zustimmung überlassen werden.

Gesetzesgeschichte: Eingefügt durch Vereinfachungsnovelle 1976, BGBl. 1976 I 3281.

---

[132] Zur Präklusion *BVerfG* NJW 1989, 706, 707; 1989, 3212; 1993, 1319.

[133] Vgl. *Lorenz* BB 1977, 1003.

I. Zweck der Vorschrift

1. Der Gesetzgeber[1] wollte durch § 129a denjenigen Parteien und sonstigen Verfahrensbeteiligten die **Rechtsverfolgung bzw. Rechtsverteidigung erleichtern,** die sich im Bezirk eines anderen Gerichts als des Gerichts aufhalten, an das ihre Anträge oder Erklärungen zu richten sind. Darüber hinaus dachte man auch an diejenigen Personen, die sich im Bezirk eines vom Sitz des Landgerichts weit entfernten Amtsgerichts aufhalten und sich an das übergeordnete Landgericht wenden wollen. Daneben sollte durch § 129a die bereits vorher bestehende Praxis der Amtsgerichte, Anträge entgegenzunehmen und weiterzuleiten, auf eine klare Rechtsgrundlage gestellt und der Rechtssuchende durch die ausdrückliche Gesetzesbestimmung besser über diese Möglichkeit informiert werden. Dadurch wollte man dazu beitragen, **Zugangsbarrieren** zum Gericht **abzubauen.**

2. Die Möglichkeit, sich an jedes beliebige Amtsgericht zu wenden, gilt nur für solche Anträge und Erklärungen, die vor dem Urkundsbeamten der Geschäftsstelle abgegeben werden können. Prozeßhandlungen, für die diese Voraussetzung zutrifft, sind gemäß § 78 Abs. 3 auch dann **vom Anwaltszwang freigestellt,** wenn sie an das LG oder höhere Gerichte gerichtet sind, → § 78 Rdnr. 21, und im selben Bereich gilt dann auch § 129a. Ob im konkreten Verfahren ein Anwalt oder die Partei selbst tätig wird, spielt keine Rolle. Bei Prozeßhandlungen, die vom Anwaltszwang erfaßt sind, ist dagegen von vornherein kein Raum für die Anwendung der Vorschrift; hier hielt der Gesetzgeber mit Recht eine besondere Hilfe durch die örtliche Geschäftsstelle für entbehrlich.

II. Anwendungsbereich

1. Die Bestimmung ist auf alle in der ZPO geregelten Verfahrensarten anwendbar[2]. So sind Erklärungen zu Protokoll der Geschäftsstelle nicht nur im Erkenntnisverfahren und im Vollstreckungsverfahren zulässig, sondern auch bei der Sicherheitsleistung, im Verfahren über die Gewährung von Prozeßkostenhilfe, im Mahnverfahren, beim einstweiligen Rechtsschutz und im Aufgebotsverfahren.

2. Dem § 129a vergleichbar ist § 11 FGG. Danach können Anträge und Erklärungen im Bereich der Freiwilligen Gerichtsbarkeit zu Protokoll der Geschäftsstelle des zuständigen Gerichts oder jedes Amtsgerichts erfolgen. In den **Familiensachen** nach § 621 Abs. 1 Nr. 1 bis 3, 6, 7, 9 ist jedoch gemäß § 621a Abs. 1 S. 2 nicht § 11 FGG, sondern § 129a anzuwenden. § 129a gilt dort auch für die Einlegung der Beschwerde und der weiteren Beschwerde nach § 621e Abs. 3, → § 621e Rdnr. 8 a.E.

3. Hinsichtlich der **Person des Erklärenden** besteht keine Beschränkung. Umfaßt werden sowohl Anträge und Erklärungen der Parteien bzw. der Prozeßbevollmächtigten (zum Anwaltszwang s. Rdnr. 2) als auch *Dritter,* die in irgendeiner Weise, etwa als Zeugen, an einem Verfahren beteiligt sind[3]. Hierzu zählen auch der Streithelfer, der Sachverständige oder sonstige Beteiligte. Wo der Erklärende seinen Wohnsitz oder ständigen Aufenthaltsort hat und ob ihm auch zuzumuten wäre, sich unmittelbar an das zuständige Gericht zu wenden, spielt keine Rolle.

4. Inhalt der Erklärung. – § 129a regelt (anders als § 11 FGG) selbst nicht, *welche* Anträge und Erklärungen vor dem Urkundsbeamten der Geschäftsstelle zu Protokoll gegeben werden können, sondern setzt die Zulässigkeit der Erklärung zu Protokoll voraus. Diese muß also aus *anderen* Vorschriften hergeleitet werden. Es werden alle Äußerungen und Mitteilungen

---

[1] Begründung zur Vereinfachungsnovelle, BT-Drucks. 7/2729, 56.
[2] Begr. (Fn. 1), 56.
[3] Begr. (Fn. 1), 56.

erfaßt, die überhaupt vor dem Urkundsbeamten der Geschäftsstelle abgegeben werden dürfen.

7 Dies sind zunächst die vom Gesetz **ausdrücklich genannten Fälle,** in denen die Erklärung auch zu Protokoll der Geschäftsstelle (→ § 159 Rdnr. 4) zulässig ist, vgl. § 44 Abs. 1, § 109 Abs. 3 S. 1, § 118 Abs. 1 S. 2, § 129 Abs. 2, § 248 Abs. 1, § 381 Abs. 2, § 386 Abs. 1, § 389 Abs. 1 (§ 402), § 406 Abs. 2 S. 3, § 486 Abs. 4, § 496, § 569 Abs. 2 S. 2, § 573 Abs. 2 S. 2, § 630 Abs. 2 S. 2, § 641r S. 1, § 696 Abs. 4 S. 2, § 697 Abs. 4 S. 2 (§ 700 Abs. 3 S. 2), § 702 Abs. 1 S. 1, § 715 Abs. 2, § 920 Abs. 3, § 924 Abs. 2 S. 3 (§ 936), § 947 Abs. 1 S. 1, § 952 Abs. 2.

8 Erfaßt werden aber auch diejenigen Erklärungen, bei denen – ohne daß dies im Gesetz ausdrücklich gesagt wäre – die Abgabe zu Protokoll der Geschäftsstelle für zulässig zu erachten ist, weil **keine besondere Form vorgeschrieben** ist, so z. B. Erklärungen (Gesuche) nach § 37 (→ § 37 Rdnr. 1), § 103 (→ § 103 Rdnr. 17), § 104 (→ § 104 Rdnr. 31), § 576 Abs. 1 (→ § 576 Rdnr. 4), § 732 Abs. 1 S. 1 (→ § 732 Rdnr. 9).

9 Daneben gehören hierher auch alle diejenigen Fälle, in denen der **Urkundsbeamte in der Sache selbst zuständig** ist, wie z. B. nach § 706, § 724 Abs. 2, § 797 Abs. 1, § 797a Abs. 1.

10 5. Außerdem gilt § 129a auch im Rahmen derjenigen Verfahrensgesetze, die ergänzend **auf die ZPO verweisen,** wie z. B. § 72 KO und § 115 VerglO sowie im Bereich des ZVG, und zwar wiederum sowohl in den Fällen, in denen die Abgabe einer Erklärung zu Protokoll der Geschäftsstelle ausdrücklich zugelassen ist (z. B. § 139 S. 2 KO, § 67 Abs. 1 S. 1 VerglO) als auch dort, wo keine besondere Form vorgeschrieben und daraus auch die Zulässigkeit der Abgabe zu Protokoll der Geschäftsstelle herzuleiten ist, so z. B. für den Konkursantrag, § 103 KO.

III. Pflicht zur Aufnahme der Erklärung

11 1. Zuständig ist **jedes Amtsgericht,** das sich im Geltungsbereich der ZPO befindet. Welche Abteilung der als Einheit zu verstehenden Geschäftsstelle des Amtsgerichts[4] die Protokollierung vorzunehmen hat (zweckmäßigerweise die »Rechtsantragsstelle«[5]), bestimmt der Präsident bzw. aufsichtführende Richter. Es handelt sich bei diesen Anordnungen um eine Aufgabe der Justizverwaltung, nicht um einen Teil des Geschäftsverteilungsplans i. S. v. § 21e GVG; denn dieser betrifft nur die Verteilung der richterlichen Geschäfte[6]. Fehlt eine entsprechende interne Aufgabenzuweisung, so ist jeder einzelne Urkundsbeamte der Geschäftsstelle zuständig[7]. Wer mit den Aufgaben eines Urkundsbeamten der Geschäftsstelle betraut werden kann, richtet sich nach § 153 GVG und den dazu erlassenen bundes- und landesrechtlichen Ausführungsbestimmungen. Zur Zuständigkeit des Rechtspflegers s. § 24 RPflG.

12 2. Umfang der Pflicht. – Jedes Amtsgericht ist verpflichtet, die Anträge und Erklärungen zu Protokoll entgegenzunehmen. Der Erklärende bzw. sein Vertreter müssen »vor der Geschäftsstelle« erscheinen; daraus ist zu folgern, daß keine Pflicht zur Protokollierung telefonischer Erklärungen besteht[8].

13 Eine sachliche **Prüfungsberechtigung** besitzt der Urkundsbeamte der Geschäftsstelle **grundsätzlich nicht.** Dies heißt jedoch nicht, daß sich die Protokollierungspflicht auf die wörtliche Aufnahme einer Erklärung beschränkt. Der Urkundsbeamte der Geschäftsstelle hat nach dem Zweck der Vorschrift dem Erklärenden, soweit dies erforderlich erscheint, bei der

---

[4] *Kissel* GVG (1981) § 153 Rdnr. 4.
[5] *Kissel* (Fn. 4) § 153 Rdnr. 4.
[6] *Thomas-Putzo*[18] § 21e GVG, Rdnr. 12; *Zöller-Gummer*[18] § 21e GVG Rdnr. 33; *Kissel* (Fn. 4) § 153 Rdnr. 14.
[7] Anders *Baumbach-Lauterbach-Hartmann*[51] Rdnr. 7

(es sei zumindest diejenige Geschäftsstelle zuständig, die den Vorgang bearbeiten müßte, wenn das Verfahren bei diesem Amtsgericht anhängig wäre).
[8] Ebenso *Zöller-Greger*[18] Rdnr. 2.

Abfassung behilflich zu sein[9], ohne aber den sachlichen Inhalt der Erklärung selbst gestalten zu dürfen. Das Ziel ist die Wiedergabe der Äußerung. Deren Protokollierung darf **nur in Ausnahmefällen abgelehnt** werden. So ist bei eindeutig beleidigenden oder sonst nach ihrem Inhalt strafbaren Erklärungen die Verweigerung der Protokollierung zulässig. Eine Ablehnung wegen einer (trotz Hilfeleistung des Urkundsbeamten nicht behebbaren) Unverständlichkeit, Verworrenheit, Fehlen jeden vernünftigen Anlasses (Querulanten) oder übermäßigen Umfangs der Erklärung kommt ausnahmsweise in Betracht[10], wenn in der Inanspruchnahme der Protokollierung ein Mißbrauch der Rechtspflege liegt.

3. Über den **Inhalt** des vom Urkundsbeamten der Geschäftsstelle aufzunehmenden **Protokolls** enthält die ZPO keine Vorschriften. Insbesondere gilt nicht § 160, der sich nur auf das Sitzungsprotokoll bezieht. Es versteht sich aber, daß im Protokoll neben der Erklärung selbst auch Ort und Datum, das Gericht, der Urkundsbeamte und der Erklärende bezeichnet werden sollten. Der Urkundsbeamte hat das Protokoll zu unterzeichnen. Die Unterschrift des Erklärenden (mit dem Vermerk vorgelesen bzw. zur Durchsicht vorgelegt und genehmigt) ist zweckmäßig, wenn auch zur Wirksamkeit der Erklärung nicht unbedingt erforderlich. Im einzelnen → § 159 Rdnr. 7.

4. Als **Rechtsbehelf** gegen die abgelehnte oder fehlerhafte Protokollierung kommt nur die Dienstaufsichtsbeschwerde in Betracht. Eine Anrufung des Prozeßgerichts nach § 576 ist nicht zulässig, da es sich nicht um eine »Entscheidung« des Urkundsbeamten im Sinne dieser Vorschrift handelt und der Urkundsbeamte hier auch nicht dem Prozeßgericht zugeordnet ist. Ebensowenig liegt eine mit der Beschwerde nach § 567 Abs. 1 anfechtbare gerichtliche Entscheidung vor[11]. Führt die unberechtigte Ablehnung der Protokollierung (oder eine verzögerte Übermittlung) zur Fristversäumung, so kann dies eine **Wiedereinsetzung in den vorigen Stand** (§ 233) begründen. Auch Schadensersatzansprüche wegen Amtspflichtverletzung (§ 839 BGB, Art. 34 GG) sind denkbar.

IV. Übermittlung der Erklärung

1. **Übersendungspflicht des Gerichts.** – Die Geschäftsstelle muß das Protokoll nach Abs. 2 S. 1 unverzüglich, also ohne schuldhafte Verzögerung (§ 121 Abs. 1 S. 1 BGB), an das Gericht übersenden, welches bei der Protokollaufnahme als Adressat bezeichnet wurde. Der Urkundsbeamte kann – je nach Sachlage – Hinweise geben, an welches Gericht die Erklärung zu richten ist; letztlich ist aber die Entscheidung des Erklärenden maßgebend. Die Dringlichkeit des Anliegens ist bei der Reihenfolge der Bearbeitung zu berücksichtigen.

2. **Selbstübermittlung.** – Für Eilfälle, in denen die amtliche Übermittlung zu lange dauern könnte, sieht Abs. 2 S. 3 die Möglichkeit vor, daß der Erklärende die Übermittlung selbst besorgt, also das ihm ausgehändigte Protokoll per Post, persönlich oder mit Hilfe eines Boten an das Empfangsgericht weiterleitet. Aus dem Schutzzweck der Vorschrift und ihrer Formulierung (kein Antrag erforderlich) folgt die Berechtigung, ja sogar die Verpflichtung des Urkundsbeamten, auf die Möglichkeit der Selbstübermittlung **hinzuweisen**[12], wenn für ihn Anhaltspunkte bestehen, daß die gerichtliche Übersendung zu spät kommen könnte. Der Erklärende kann jedoch zur Selbstübermittlung nicht gezwungen werden. Andererseits hat er ein Recht darauf, die Übersendung selbst durchzuführen, auch wenn der Urkundsbeamte dies nicht für zweckmäßig hält.

---

[9] Vgl. *Kissel* (Fn. 4) § 153 Rdnr. 17; *RG* JW 1925, 2779 (zum Strafprozeß).
[10] A. M. *AK-ZPO-Puls* Rdnr. 6; *MünchKommZPO-Peters* Rdnr. 6.
[11] A.M. *Baumbach-Lauterbach-Hartmann*[51] Rdnr. 20.
[12] Vgl. Begr. (Fn. 1), 56.

V. Eintritt der Wirksamkeit

18 Die Vorschrift erleichtert die Abgabe der Erklärung, ändert aber nichts an der gerichtlichen Zuständigkeit als Adressat der Erklärung. Dementsprechend stellt Abs. 2 S. 2 klar, daß die Erklärung erst wirksam werden kann, wenn das Protokoll **dem Empfangsgericht zugeht** (dazu näher → vor § 128 Rdnr. 189). Bestimmte Wirkungen, insbesondere die Fristwahrung, können aber dann immer noch daran scheitern, daß das vom Erklärenden benannte Gericht nicht zuständig ist[13]. Wird die Übersendung des Protokolls durch das Gericht verzögert, ist bei Fristversäumung Wiedereinsetzung nach § 233 zu gewähren.

19 **VI. Gebühren und Auslagen** sind mangels entsprechender Vorschriften für die Aufnahme der Erklärung und die Übersendung des Protokolls nicht zu entrichten[14].

VII. Arbeitsgerichtliches Verfahren

20 1. Im arbeitsgerichtlichen **Urteilsverfahren** aller Instanzen gilt § 129a aufgrund der allgemeinen Verweisung in § 46 Abs. 2, § 64 Abs. 6, § 72 Abs. 5 ArbGG entsprechend. Die entsprechende Anwendung bedeutet (wie auch sonst), daß das **Arbeitsgericht** im Rahmen der anzuwendenden Vorschrift an die Stelle des Amtsgerichts tritt. Aus § 129a folgt also für das arbeitsgerichtliche Verfahren, daß diejenigen Anträge und Erklärungen, deren Abgabe vor dem Urkundsbeamten der Geschäftsstelle zulässig ist, vor der Geschäftsstelle (§ 7 ArbGG) eines **jeden Arbeitsgerichts** zu Protokoll abgegeben werden können[15].

21 2. Dagegen folgt aus § 129a **nicht**, daß auch vor der Geschäftsstelle eines **Amtsgerichts** Erklärungen zu Protokoll gegeben werden könnten, die an die *Arbeitsgerichte* gerichtet sind. Für diejenigen Amtsgerichte, die außerhalb des Sitzes eines Arbeitsgerichts liegen, gilt nichts anderes. Die Gegenmeinung[16], die sich auf § 13 Abs. 1 S. 2 ArbGG in Verbindung mit § 129a stützt, berücksichtigt nicht, daß die in § 13 Abs. 1 S. 2 ArbGG vorgesehene Gewährung von Rechtshilfe ein Rechtshilfeersuchen (§ 157 GVG) des Arbeitsgerichts voraussetzt. Dem kann man es nicht gleichstellen, wenn sich ein Verfahrensbeteiligter von sich aus an das Amtsgericht wendet und dort eine Erklärung an das Arbeitsgericht zu Protokoll geben möchte. Für ein Rechtshilfeersuchen aber ist regelmäßig schon deshalb kein Raum, weil angesichts der Möglichkeit schriftlicher Erklärungen kein hinreichendes Bedürfnis für die Einschaltung des Amtsgerichts erkennbar ist. Übrigens wäre die Zulassung einer Erklärungsabgabe bei den Amtsgerichten auch im Ergebnis wenig befriedigend, da der Urkundsbeamte beim Amtsgericht mit den Besonderheiten arbeitsgerichtlicher Sachen in der Regel nicht vertraut sein wird.

22 3. Im arbeitsgerichtlichen **Beschlußverfahren** ist § 129a ebenfalls in dem Sinn anzuwenden, daß die Abgabe von Erklärungen zu Protokoll der Geschäftsstelle (dazu gehört auch der verfahrenseinleitende Antrag, § 81 Abs. 1 ArbGG) bei jedem Arbeitsgericht möglich ist[17]. Zwar ist in § 80 Abs. 2 ArbGG die Vorschrift § 129a ZPO nicht ausdrücklich angesprochen, aber man geht auch sonst davon aus, daß über die ausdrücklich genannten Bestimmungen hinaus dieselben Verfahrensregeln wie im Urteilsverfahren anzuwenden sind, soweit nicht aus den Bestimmungen des ArbGG über das Beschlußverfahren zumindest mittelbar etwas anderes hervorgeht[18]. Die Anwendung des § 129a und die damit verbundene Erleichterung für den Antragsteller fügen sich aber hier ohne Schwierigkeiten ein. Insbesondere ist aus § 81 Abs. 1 und § 82 ArbGG nichts anderes zu entnehmen; denn die Zuständigkeitsregelung für das Beschlußverfahren wird durch die Anwendung des § 129a nicht angetastet.

---

[13] Ebenso *Baumbach-Lauterbach-Hartmann*[51] Rdnr. 14.
[14] Ebenso *Zöller-Greger*[18] Rdnr. 4.
[15] Insoweit übereinstimmend *Lorenz* BB 1977, 1000, 1003.

[16] *Philippsen* u. a. NJW 1977, 1133; *Lorenz* BB 1977, 1000, 1003.
[17] A.M. *Philippsen* u. a. NJW 1977, 1133.
[18] Vgl. *Grunsky* ArbGG[6] § 80 Rdnr. 13; *Germelmann-Matthes-Prütting* ArbGG (1990) § 80 Rdnr. 42.

§ 130 [Inhalt der Schriftsätze]

Die vorbereitenden Schriftsätze sollen enthalten:
1. die Bezeichnung der Parteien und ihrer gesetzlichen Vertreter nach Namen, Stand oder Gewerbe, Wohnort und Parteistellung; die Bezeichnung des Gerichts und des Streitgegenstandes; die Zahl der Anlagen;
2. die Anträge, welche die Partei in der Gerichtssitzung zu stellen beabsichtigt;
3. die Angabe der zur Begründung der Anträge dienenden tatsächlichen Verhältnisse;
4. die Erklärung über die tatsächlichen Behauptungen des Gegners;
5. die Bezeichnung der Beweismittel, deren sich die Partei zum Nachweis oder zur Widerlegung tatsächlicher Behauptungen bedienen will, sowie die Erklärung über die von dem Gegner bezeichneten Beweismittel;
6. in Anwaltsprozessen die Unterschrift des Anwalts, in anderen Prozessen die Unterschrift der Partei selbst oder desjenigen, der für sie als Bevollmächtigter oder als Geschäftsführer ohne Auftrag handelt.

Gesetzesgeschichte: Bis 1900 § 121 CPO.

I. Bedeutung der Vorschrift[1]

§ 130 gilt für alle vorbereitenden Schriftsätze (→ § 129 Rdnr. 1, 31), auch die im Parteiprozeß. Es handelt sich jedoch um eine bloße **Sollvorschrift**, deren Nichteinhaltung nichts an der Beachtlichkeit des Schriftsatzes ändert. Unvollständige Angaben in vorbereitenden Schriftsätzen können aber zur späteren Zurückweisung des Vorbringens führen, → § 129 Rdnr. 36, 40. Soweit der vorbereitende Schriftsatz zugleich bestimmenden Charakter hat, → § 129 Rdnr. 33, müssen die dafür geltenden besonderen Vorschriften beachtet werden. 1

Keine sachliche Bedeutung hat die unrichtige oder fehlende Angabe des **Aktenzeichens**, die auch nicht zu dem durch § 130 vorgeschriebenen Inhalt gehört. Für einen fristgerecht bei Gericht eingegangenen Schriftsatz ist es unerheblich, ob er aufgrund falschen Aktenzeichens nicht innerhalb der Frist in die bereits angelegte Akte eingeordnet werden konnte[2]. **Nachteile für die Partei** können sich aber dadurch ergeben, daß wegen falscher, nicht zwingend geforderter Angaben die wirksame Zustellung unterbleibt oder sich derart verzögert, daß sie nicht mehr als »demnächst erfolgt« im Sinne des § 270 Abs. 3 anzusehen ist[3], → § 270 Rdnr. 47. 2

Die **Rückgabe** eines Schriftsatzes wegen **äußerlicher Mängel** (z. B. Unlesbarkeit, sinnentstellende Schreibfehler) erscheint nicht zulässig[4], da der Schriftsatz immerhin eingereicht ist und sich andernfalls Zweifel über Inhalt und Zeitpunkt des Vortrags ergeben können. Jedoch können derartige Mängel dazu führen, daß der Schriftsatz bzw. einzelne Teile nicht zu berücksichtigen sind. Das Gericht hat aber zunächst die Partei aufzufordern, den Mangel zu beheben und eine korrigierte Fassung des Schriftsatzes einzureichen. Zur Bezeichnung der 3

---

[1] Lit. → § 129 Fn. 1.
[2] *BGH* VersR 1982, 673; s. auch *BGH* NJW 1974, 48; *OLG Köln* Rpfleger 1979, 219 (Widerspruch im Ordnungswidrigkeitsverfahren).
[3] Vgl. *BGH* NJW 1974, 48; BGHZ 32, 114, 118f. = NJW 1960, 1006, 1007; *OLG Zweibrücken* OLGZ 1978, 108, 109.
[4] A.M. *Baumbach-Lauterbach-Hartmann*[51] Rdnr. 31, der in krassen Fällen der Unleserlichkeit oder bei allzu vielen Diktat- oder Schreibfehlern das Original mit der Aufforderung zurückreichen will, einen lesbaren Schriftsatz einzureichen, und nur eine Kopie in der Gerichtsakte belassen will. Dagegen auch *AK-ZPO-Puls* Rdnr. 3; *MünchKommZPO-Peters* Rdnr. 15. Eher könnte man, um die unleserlichen oder unverständlichen Passagen zu kennzeichnen, eine Kopie verwenden und diese zurücksenden.

Anlagen → Rdnr. 5. Ein Schriftsatz, dessen wesentliche Teile unleserlich sind, vermag keine Frist zu wahren. Beleidigende Äußerungen in einem Schriftsatz ändern nichts daran, daß der sonstige Inhalt zu berücksichtigen ist[5].

II. Inhaltserfordernisse im einzelnen

4   Nr. 1 bestimmt vor allem den Inhalt des **Schriftsatzrubrums**[6]. Die Angabe der ladungsfähigen Anschrift des Beklagten und des Klägers[7] gehört zu den zwingenden Erfordernissen der Klageschrift. Fehlt es hieran und wird der Mangel nach gerichtlicher Aufforderung nicht behoben, so ist die Klage unzulässig. Näher zur Bezeichnung der Parteien[8] → vor § 50 Rdnr. 8, § 253 Rdnr. 31 ff., zur Berichtigung durch die Parteien → vor § 50 Rdnr. 9, § 264 Rdnr. 60 ff., durch das Gericht → § 313 Rdnr. 10. Darüber, wer Partei ist → vor § 50 Rdnr. 2 ff. Einer Bezeichnung der *Prozeßbevollmächtigten* bedarf es, anders als bei gesetzlichen Vertretern, nicht[9]. Das *Gericht* wird durch Adresse und (wenn möglich) Angabe des Spruchkörpers benannt (→ auch § 253 Rdnr. 41).

5   Der **Streitgegenstand** braucht nur allgemein bezeichnet zu werden, z. B. »wegen Herausgabeanspruchs« oder »wegen Kaufpreisforderung«. Da die Angabe dazu dienen kann, Verwechslungen der Prozesse auszuschließen, ist sie bei allen vorbereitenden Schriftsätzen zweckmäßig[10]. Die Zahl der dem Schriftsatz beigefügten **Anlagen** anzugeben, erscheint empfehlenswert (Nr. 1 a. E.). Dies muß aber nicht im Rubrum geschehen; vielmehr hat es sich als zweckmäßig erwiesen, die Anlagen durchzunumerieren und an den jeweiligen Stellen des Schriftsatzes darauf hinzuweisen[11]. Die Numerierung der Anlagen erfolgt am besten fortlaufend (also nicht in jedem Schriftsatz neu beginnend), wobei es vorteilhaft erscheint, den Nummern der vom Kläger eingereichten Anlagen ein »K«, denen des Beklagten ein »B« voranzustellen. Fehlt es an der Numerierung und ist dadurch der Inhalt des Vorbringens unklar, so hat das Gericht der Partei Gelegenheit zur Beseitigung des Mangels zu geben[12].

6   Zu Nr. 2. Die Trennung der Nrn. 2 und 3 soll zum Ausdruck bringen, daß die Angabe der tatsächlichen Verhältnisse keinen Teil der Anträge bildet, § 297 also auf sie nicht anwendbar ist. Eine **Bezugnahme auf Schriftsätze** ist aber sowohl bei der Stellung der Anträge (§ 297 Abs. 2) als auch hinsichtlich des tatsächlichen Vorbringens (unter den Voraussetzungen des § 137 Abs. 3, näher → § 137 Rdnr. 7) zulässig. Die **Anträge** (zu denen sowohl die Sach- wie auch die Prozeßanträge[13] gehören, anders als bei § 297, → § 297 Rdnr. 3 ff.) sollten klar herausgehoben und vom tatsächlichen Vorbringen abgesetzt werden. Zum Inhalt des Klageantrags → § 253 Rdnr. 46 ff.

---

[5] Vgl. *BFH* NJW 1993, 1352. – Zur Zulässigkeit eines Ablehnungsgesuchs trotz beleidigenden Inhalts → § 42 Rdnr. 12.
[6] Hierzu ausführlich *Michel* (§ 129 Fn. 1), 24 ff.
[7] *BGHZ* 102, 332 = NJW 1988, 2114 = ZZP 101 (1988), 457 (abl. *Zeiss*); *Nierwetberg* NJW 1988, 2059; *Kleffmann* NJW 1989, 1142, 1143; ebenso für den Widerkläger *OLG Karlsruhe* Justiz 1988, 363; zum Einspruchsführer *OLG Düsseldorf* NJW-RR 1993, 1150. Anders kann es sein, wenn schutzwürdige Geheimhaltungsinteressen entgegenstehen (BGHZ 102, 332, 336), doch sind hieran strenge Anforderungen zu stellen (*KG* OLGZ 1991, 465).
[8] Unzureichend ist z. B. bei Anträgen auf einstweilige Verfügungen die Bezeichnung des Gegners (wechselnde Hausbesetzer) als unbekannt, *OLG Köln* NJW 1982, 1888; *LG Krefeld* NJW 1982, 289; *LG Hannover* NJW 1981, 1455, es sei denn in Verbindung mit einer anderen, zur Identifizierung ausreichenden Kennzeichnung, vgl. *Raeschke-Kessler* NJW 1981, 663 unter Hinweis auf eine Entscheidung des LG Düsseldorf; krit. hierzu *Christmann* DGVZ 1984, 101.
[9] *BGH* VersR 1973, 86; *Zöller-Greger*[18] Rdnr. 2.
[10] A.M. *Michel* (§ 129 Fn. 1), 29, der die Angabe, mit Ausnahme der Klageschrift, für überflüssig erklärt.
[11] Vgl. *Michel* (§ 129 Fn. 1), 45 f.
[12] Vgl. *OLG Karlsruhe* NJW-RR 1987, 126. Spitze Bemerkungen (hier: Hinweis auf Anleitungsbücher für junge Rechtsanwälte) sollten dabei unterbleiben.
[13] Vgl. *Michel* JuS 1982, 114; *OLG Koblenz* OLGZ 1975, 379, 383 (Antrag auf Sachverständigenladung gemäß § 411 Abs. 3).

Zu Nr. 3. Die Angabe der **tatsächlichen Verhältnisse** erfordert, daß der beabsichtigte 7
Vortrag in den **wesentlichen Punkten** vollständig dargestellt wird. Überflüssige oder weitschweifige Darlegungen sind dabei zu vermeiden. Es muß aber auch an die Gefahr gedacht werden, daß spätere Ergänzungen des Vortrags präkludiert werden, → § 296. Die geordnete Darlegung der Tatsachen in einem vorbereitenden Schriftsatz kann nicht durch eine pauschale Bezugnahme auf Anlagen ersetzt werden. Deren wesentlicher Inhalt muß vielmehr zusammengefaßt im Schriftsatz selbst wiedergegeben werden[14]. Zur erforderlichen Substantiierung des Klagegrundes → § 253 Rdnr. 123 ff.

Rechtsausführungen der Parteien fordert die ZPO im allgemeinen nicht[15] (→ vor § 128 8
Rdnr. 107), anders aber § 554 Abs. 3 Nr. 3 für die Revisionsbegründung. Sie sind jedoch zur Vorbereitung der richterlichen Rechtsfindung nützlich und erwünscht. Wenn die Parteien schon in den vorbereitenden Schriftsätzen ihren Rechtsstandpunkt darlegen, wird es dem Gericht erleichtert, die Streitsache auch in rechtlicher Hinsicht mit den Parteien zu erörtern (§ 139 Abs. 1 S. 2, näher → § 139 Rdnr. 26 ff.) und die Parteien auf übersehene rechtliche Gesichtspunkte hinzuweisen, § 278 Abs. 3.

Zu Nr. 4. Die Erklärung über die **tatsächlichen Behauptungen des Gegners** soll erkennen 9
lassen, welche Tatsachen als bestritten und welche als zugestanden angesehen werden können. Dies ist auch für die gerichtlichen Maßnahmen zur Vorbereitung der mündlichen Verhandlung von Bedeutung, → § 273 Rdnr. 18 ff.

Zu Nr. 5. Durch die genaue und vollständige Bezeichnung der **Beweismittel** (Benennung 10
der Zeugen mit ladungsfähigen Anschriften, genaue Bezeichnung der Urkunden usw.) wird deren rechtzeitige Bereitstellung zum mündlichen Termin (§ 273 Abs. 2) ermöglicht. Darüber hinaus gestattet es § 358a, schon *vor* der mündlichen Verhandlung einen *Beweisbeschluß* zu fassen und in bestimmten Fällen auch bereits *auszuführen*. Die Erklärung über die vom Gegner bezeichneten Beweismittel kann die Anordnung von Beweiserhebungen ersparen, deren Unzulässigkeit (z. B. bei vereinbarten Beweismittelbeschränkungen, → § 286 Rdnr. 133) sich sonst vielleicht erst in der mündlichen Verhandlung ergeben würde.

Zu Nr. 6. Während die **Unterschrift** bei den *bestimmenden* Schriftsätzen wesentlich ist, → 11
§ 129 Rdnr. 8, wird sie bei den *vorbereitenden* nur als **Sollvorschrift** gefordert. Das bedeutet, daß der Schriftsatz trotz Fehlens der Unterschrift zu beachteten ist, wenn keine begründeten Zweifel darüber bestehen, um wessen Erklärung es sich handelt und ob die Erklärung auch abgegeben werden sollte[16]. Ratsam ist es freilich, auch hier die bei § 129 Rdnr. 12 ff. dargelegten Grundsätze über das Erfordernis der Unterschrift zu beachten.

III. Arbeitsgerichtliches Verfahren

§ 130 gilt auch im arbeitsgerichtlichen Urteils- und Beschlußverfahren aller Instanzen, wie sich aus 12
§ 46 Abs. 2 S. 1, § 64 Abs. 6 S. 1, § 72 Abs. 5, § 80 Abs. 2, § 87 Abs. 2, § 92 Abs. 2 ArbGG zumindest sinngemäß ergibt. Zur Bedeutung der Schriftsätze im arbeitsgerichtlichen Verfahren → § 129 Rdnr. 42 f.

---

[14] *OLG Schleswig* MDR 1976, 50 = SchlHA 11 (unzulässige allgemeine Bezugnahme auf Gutachten); *OLG Düsseldorf* MDR 1993, 798.
[15] Eine andere Frage ist, inwieweit der Prozeßbevollmächtigte seinem Mandanten gegenüber materiell-rechtlich verpflichtet ist, dem Gericht Rechtsausführungen zu unterbreiten, dazu vgl. *BGH* NJW 1974, 1865, 1866.
[16] Unter diesen Voraussetzungen ist der Schriftsatz auch gebührenrechtlich als eingereicht (§ 32 BRAGO) anzusehen, a. M. *OLG München* MDR 1982, 418.

§ 131 [Beifügung von Urkunden]

(1) Dem vorbereitenden Schriftsatz sind die in den Händen der Partei befindlichen Urkunden, auf die in dem Schriftsatz Bezug genommen wird, in Urschrift oder in Abschrift beizufügen.

(2) Kommen nur einzelne Teile einer Urkunde in Betracht, so genügt die Beifügung eines Auszugs, der den Eingang, die zur Sache gehörende Stelle, den Schluß, das Datum und die Unterschrift enthält.

(3) Sind die Urkunden dem Gegner bereits bekannt oder von bedeutendem Umfang, so genügt ihre genaue Bezeichnung mit dem Erbieten, Einsicht zu gewähren.

Gesetzesgeschichte: Bis 1900 § 122 CPO.

1   I. Die **Beifügung von Urkunden** (zum Begriff[1] → vor § 415 Rdnr. 1 ff.), auf die in einem Schriftsatz Bezug genommen ist, dient der Vorbereitung des Termins und soll dem Gegner ermöglichen, sich in der mündlichen Verhandlung über die Urkunden zu erklären, → §§ 134 f.[2]. Erfaßt werden Urkunden, die sich auf *sachliche* und auf *prozessuale* Fragen, insbesondere die Prozeßvoraussetzungen, beziehen. Beizufügen sind alle in Gebrauchsabsicht[3] genannten Urkunden. Aus dem Schriftsatz muß also der Wille hervorgehen, die Urkunde zu benutzen, während die bloße Erwähnung der Existenz einer Urkunde noch keine Beifügungspflicht auslöst[4]. Beizufügen sind sowohl die zur Beweisführung, als auch die zum Zweck des Tatsachenvortrags in Bezug genommenen Urkunden[5].

2   Die Urkunden müssen sich **in den Händen der Partei** befinden. Mittelbarer Besitz *kann* genügen[6], → § 421 Rdnr. 5; ebenso reicht Besitz des gesetzlichen Vertreters in dieser Eigenschaft, → § 421 Rdnr. 3, nicht dagegen sonstiger Besitz eines gesetzlichen Vertreters oder Streitgehilfen ohne mittelbaren Besitz der bezugnehmenden Partei[7]. § 131 (und ebenso § 134) ist nach seinem Zweck auch auf den (einfachen oder streitgenössischen) **Streitgehilfen** anzuwenden, wenn er sich in einem von ihm eingereichten Schriftsatz auf eine Urkunde in seinen Händen bezieht[8], nicht aber, wenn sich die Urkunde in den Händen der Partei befindet[9]. Im Sinne des *Urkundenbeweisrechts* ist dagegen der Streitgehilfe *Dritter*, soweit es sich nicht um den streitgenössischen Streithelfer auf der Seite des Gegners der beweisführenden Partei handelt, → § 67 Rdnr. 21, § 69 Rdnr. 11, § 421 Rdnr. 2 f.

3   Die **Unterlassung der Beifügung** hat dieselben Folgen wie die der Mitteilung von vorbereitenden Schriftsätzen überhaupt, → § 129 Rdnr. 36. Der Gegner muß zu einem Vortrag, der sich auf nicht zugänglich gemachte Urkunden stützt, nicht schweigen, ist aber berechtigt, pauschal zu bestreiten[10]. Weitergehende Folgen einer unterlassenen Beifügung sehen (unter den dort genannten Voraussetzungen[11]) § 427 für Beweisurkunden und § 593 Abs. 2 S. 1, § 597 Abs. 2 für den Urkundenprozeß vor. Besonderheiten gelten für die Abgabe der

---

[1] Dazu *Schreiber* Die Urkunde im Zivilprozeß (1982), 19 ff.
[2] Zum Zweck der Vorschrift s. auch *Schreiber* (Fn. 1), 50 ff.
[3] *Schreiber* (Fn. 1), 97 ff.
[4] *Schreiber* (Fn. 1), 98, 119. Der Sache nach meinen wohl auch *AK-ZPO-Puls* Rdnr. 1; *MünchKommZPO-Peters* Rdnr. 1 nichts anderes.
[5] *Schreiber* (Fn. 1), 97 ff., 119; *Michel* (§ 129 Fn. 1), 42 f.
[6] Hierzu ausführlich *Schreiber* (Fn. 1), 123 ff.
[7] Im Ausgangspunkt weitergehend *Schreiber* (Fn. 1), 45 ff., 53, 61, 72, der im Rahmen der §§ 131, 134, 135, 142, 273 Abs. 2 Nr. 1 vom formellen Parteibegriff abweichen und jeden einbeziehen will, der Prozeßhandlungen in diesem Prozeß vornehmen kann, also insbesondere den Prozeßvertreter und den Streithelfer, freilich nur, wenn er sich auf die Urkunden bezogen hat (aaO 122).
[8] Insoweit ist *Schreiber* (Fn. 1), 122 zuzustimmen.
[9] A.M. *Schreiber* (Fn. 1), 122.
[10] BGH VersR 1980, 850.
[11] A.M. *Schreiber* (Fn. 1), 149, der § 427 analog bei Nichtbeachtung des § 131 heranziehen will.

Prozeßvollmacht zu den Gerichtsakten, → § 80 Rdnr. 34ff., und für das Aufgebotsverfahren, § 996 Abs. 1 S. 1, § 1001.

II. Unter dem **vorbereitenden Schriftsatz** ist nicht die dem Gegner zuzustellende Abschrift, sondern die **Urschrift** des vorbereitenden Schriftsatzes zu verstehen, die bei den Gerichtsakten verbleibt, §§ 170, 190, 208, → auch § 133 Rdnr. 1. Die Vorschrift des Abs. 1 besagt, daß auch der *Urschrift* die Urkunden nur in *einfacher* (§ 170 gilt nur für zuzustellende Schriftstücke) *Abschrift*[12] beigefügt werden müssen. Dies ist, namentlich bei wichtigeren Urkunden (Wechseln usw.), ebenso üblich wie zweckentsprechend. Die Einreichung der Urschrift befreit nicht von der Verpflichtung, für den Gegner eine Abschrift gemäß § 133 Abs. 1 S. 1 beizufügen[13]. 4

Soweit die Parteien durch Anwälte vertreten sind, werden die **Kosten** für die Abschriften oder Ablichtungen nicht durch die Prozeßgebühr (§ 31 Abs. 1 Nr. 1 BRAGO) abgegolten, sondern können gesondert in Rechnung gestellt werden (§ 27 Abs. 1 S. 1 BRAGO) und sind dann auch erstattungsfähig[14]. 5

Wegen der **Übersetzung** fremdsprachlicher Urkunden → § 142 Rdnr. 7. 6

III. Die **Einschränkungen** in Abs. 2 und 3 sollen übermäßigen Schreib- bzw. Kopierkosten entgegenwirken. Dies wird vor allem dadurch erreicht, daß Urkunden, deren Inhalt dem Gegner **bekannt** ist, dem Schriftsatz nicht beigefügt zu werden brauchen. Von **bedeutendem Umfang** können z.B. die Ausarbeitungen eines Bilanzprüfers sein[15]. Abs. 3 trifft auch den Fall, daß der bedeutende Umfang sich durch eine größere Anzahl kleinerer Urkunden ergibt. 7

§ 132 [Fristen für Schriftsätze]

(1) ¹Der vorbereitende Schriftsatz, der neue Tatsachen oder ein anderes neues Vorbringen enthält, ist so rechtzeitig einzureichen, daß er mindestens eine Woche vor der mündlichen Verhandlung zugestellt werden kann. ²Das gleiche gilt für einen Schriftsatz, der einen Zwischenstreit betrifft.

(2) ¹Der vorbereitende Schriftsatz, der eine Gegenerklärung auf neues Vorbringen enthält, ist so rechtzeitig einzureichen, daß er mindestens drei Tage vor der mündlichen Verhandlung zugestellt werden kann. ²Dies gilt nicht, wenn es sich um eine schriftliche Gegenerklärung in einem Zwischenstreit handelt.

Gesetzesgeschichte: Bis 1900 § 123 CPO. Änderung BGBl. 1950, 533.

I. Zweck und Geltungsbereich

1. Die **Zwischenfristen** (→ vor § 214 Rdnr. 24) des § 132 (Zeitraum zwischen Zustellung und schon anberaumtem Termin) sollen dem Gegner für den Regelfall (also unabhängig davon, wieviel Zeit im konkreten Fall erforderlich erscheint) eine **hinreichende Terminsvor**- 1

---

[12] Zu den Abschriften zählen auch Fotokopien, insoweit zutreffend *LG Hamburg* AnwBl 1974, 355.
[13] A.M. (jedoch vor der Änderung des § 133 Abs. 1 S. 1 durch die Vereinfachungsnovelle 1976, → § 133 Rdnr. 2) *LG Köln* ZMR 1970, 371 (L) = WuM 1969, 150 (L).
[14] *OLG München* MDR 1983, 233; *OLG Frankfurt* JurBüro 1979, 1509; 1981, 384; *LG Karlsruhe* JurBüro 1988, 1666 (*Mümmler*); *OLG Stuttgart* MDR 1988, 500; *LG Berlin* MDR 1982, 327; *LG Darmstadt* AnwBl 1982, 217. – A.M. *OLG Hamburg* AnwBl 1978, 430 (abl. *H. Schmidt*); MDR 1981, 58; MDR 1981, 593; JurBüro 1988, 731 (*Mümmler*); *OLG Koblenz* JurBüro 1988, 1665 (*Mümmler*). – Näher → § 91 Rdnr. 52d mwN.
[15] *OLG Hamburg* JurBüro 1973, 1065.

§ 132 I, II   Erstes Buch. Allgemeine Vorschriften. Dritter Abschnitt. Verfahren

bereitung ermöglichen. Sie gelten nur für die rein vorbereitenden Schriftsätze, → § 129 Rdnr. 1, 31. Die in § 132 genannten Fristen sind auch bei **Zustellung von Anwalt zu Anwalt** (§ 198) zu beachten, auf den Zeitpunkt der Einreichung der Abschrift bei Gericht (§ 133 Abs. 2, → § 133 Rdnr. 3) kommt es dabei nicht an.

2   2. Soweit für diese Schriftsätze kraft Gesetzes oder aufgrund richterlicher Anordnung **besondere Fristen** bestehen, sind diese und die Rechtsfolgen ihrer Versäumung (Zurückweisung wegen Verspätung nach Maßgabe des § 296 Abs. 1) neben § 132 zu beachten. Seit der Vereinfachungsnovelle 1976 gilt dies vor allem für die Eingangsphase des Prozesses. So kann, wenn ein früher erster Termin anberaumt wird, nach § 275 Abs. 1 S. 1 eine Frist für die **Klageerwiderung** gesetzt werden. Wählt der Vorsitzende hingegen das schriftliche Vorverfahren (§ 276), so steht der Anwendbarkeit des § 132 zunächst die fehlende Terminsanberaumung entgegen, die erst nach Abschluß des schriftlichen Vorverfahrens erfolgt. Alleinige Bedeutung hat § 132 für eine Klageerwiderungsschrift jedoch noch im Fall des § 275 Abs. 1 S. 2 (Aufforderung zur *unverzüglichen* Mitteilung der Verteidigungmittel) und für eine Replik des Klägers, wenn Verhandlungstermin nach § 272 Abs. 3 bestimmt und dem Kläger keine Frist nach § 275 Abs. 4, 2. Alt. oder § 276 Abs. 3 gesetzt wurde.

3   3. Für **bestimmende Schriftsätze** wie z.B. Klage und Rechtsmittel, auch wenn sie zugleich vorbereitende sind (→ § 129 Rdnr. 33), **gilt § 132 nicht.** Hier sind in § 274 Abs. 3, § 520 Abs. 3 S. 2, § 555 Abs. 2, § 604 Abs. 2 besondere Einlassungs- bzw. Zwischenfristen festgesetzt. Bei Widerklage, Klageänderung und Klageerweiterung gilt aber § 132, nicht § 274 Abs. 3 → § 261 Rdnr. 37, § 274 Rdnr. 9. Für den Urkunden- und Wechselprozeß enthält § 593 Abs. 2 eine Sondervorschrift. Wegen der Eigenart des vorläufigen Rechtsschutzes gilt § 132 nicht im Arrest- und einstweiligen Verfügungsverfahren[1].

4   4. Auf den **Parteiprozeß** ist § 132 nur bei einer Anordnung nach § 129 Abs. 2 anwendbar[2], dann aber auch entsprechend für *Erklärungen zu Protokoll* der Geschäftsstelle zur Vorbereitung der mündlichen Verhandlung[3].

II. Inhalt des Schriftsatzes, praktische Auswirkungen, Verstöße

5   1. Außer den neuen Tatsachen gehören zu dem **neuen Vorbringen** namentlich Beweismittel, Beweiseinreden, Anträge, insbesondere Änderungen des Klageantrags i. S. v. § 264 Nr. 2[4] und Erhebung eines neuen Anspruchs in dem bereits anhängigen Verfahren[5]; auch Einwendungen, die keine besondere Begründung verlangen, weil sie sich auf das Gesetz stützen, wie z.B. die der Verjährung, gehören hierher, da auch ihre Beantwortung eine Vorbereitung erfordern kann. Dagegen fallen reine Rechtsausführungen nicht unter § 132.

6   2. Bei Schriftsätzen über einen **Zwischenstreit** unter den Parteien (§ 303) oder mit Dritten (§§ 71, 135, 387 ff.) gilt das Erfordernis des Abs. 1 nur für Schriftsätze, die neues Vorbringen zu einem bereits bestehenden Zwischenstreit enthalten, Abs. 1 S. 2. Die *Gegenerklärung* zu einem solchen Schriftsatz ist dagegen durch Abs. 2 S. 2 von der Beachtung einer Zwischenfrist befreit.

7   3. Zur **Einhaltung der Zwischenfrist** des Abs. 1 ist der Eingang des Schriftsatzes mindestens elf Tage vor dem Termin, im Falle einer Gegenerklärung nach Abs. 2 sieben Tage vor der mündlichen Verhandlung ratsam[6]. Eine **Fristverlängerung** kommt nur indirekt[7] durch

---

[1] *Baumbach-Lauterbach-Hartmann*[51] Rdnr. 3; *Thomas-Putzo*[18] Rdnr. 2.
[2] Ebenso *AK-ZPO-Puls* Rdnr. 1. – Für Geltung nur im Anwaltsprozeß *Baumbach-Lauterbach-Hartmann*[51] Rdnr. 3; *Zöller-Greger*[18] Rdnr. 1; *Thomas-Putzo*[18] Rdnr. 1.
[3] So wohl auch *Thomas-Putzo*[18] § 335 Rdnr. 5.
[4] RGZ 15, 390, 392f.
[5] *Rosenberg-Schwab-Gottwald*[15] § 98 I 2a, b.
[6] So *Bender-Belz-Wax* Das Verfahren nach der Vereinfachungsnovelle (1977), Rdnr. 59.
[7] A.M. *MünchKommZPO-Peters* Rdnr. 5, der eine Verlängerung durch Fristsetzung nach § 275 Abs. 1 S. 1, Abs. 3, § 276 Abs. 3 für möglich hält. Es sind dies aber

eine Terminsverlegung, § 227, eine **Abkürzung** nach § 226 in Betracht, → § 226 Rdnr. 1 f.

4. Die **verspätete Zustellung** eines Schriftsatzes hat dieselben Folgen wie die gänzliche Unterlassung der schriftsätzlichen Ankündigung: Einem *Versäumnisurteil* gegen den Beklagten steht § 335 Abs. 1 Nr. 3 entgegen; nach § 283 kann die *Nachreichung* eines Schriftsatzes gestattet werden. Näher → § 129 Rdnr. 36 ff., § 283 Rdnr. 11 f. Die rechtzeitige Mitteilung i. S. v. § 282 Abs. 2 ist ein eigenständiges Erfordernis neben § 132. Für die **Zurückweisung** nach § 296 Abs. 2 kommt es auf die Verletzung des § 282 Abs. 2 an; die bloße Nichteinhaltung der Schriftsatzfrist des § 132 genügt nicht[8], → § 296 Rdnr. 100. 8

III. Im **arbeitsgerichtlichen Verfahren** findet § 132 ebenfalls Anwendung, § 46 Abs. 2, § 64 Abs. 6, § 72 Abs. 5 ArbGG, vor dem Arbeitsgericht allerdings nur, soweit eine Anordnung nach § 129 Abs. 2 ergangen ist (→ § 129 Rdnr. 43). 9

§ 133 [Einreichung von Schriftsätzen und Abschriften]

(1) ¹Die Parteien sollen den Schriftsätzen, die sie bei dem Gericht einreichen, die für die Zustellung erforderliche Zahl von Abschriften der Schriftsätze und deren Anlagen beifügen. ²Das gilt nicht für Anlagen, die dem Gegner in Urschrift oder in Abschrift vorliegen.

(2) Im Falle der Zustellung von Anwalt zu Anwalt (§ 198) haben die Parteien sofort nach der Zustellung eine für das Prozeßgericht bestimmte Abschrift ihrer vorbereitenden Schriftsätze und der Anlagen auf der Geschäftsstelle niederzulegen.

Gesetzesgeschichte: Bis 1900 § 124 CPO. Änderungen RGBl. 1927 I 75, BGBl. 1950, 455, 1976 I 3281.

I. Gerichtsakten und Verbleib der Urschrift

§ 133 setzt ebenso wie die §§ 80, 299 die Einrichtung von **Gerichtsakten**[1] voraus. Bei diesen befinden sich im Parteiprozeß und grundsätzlich auch im Anwaltsprozeß die **Urschriften** aller Schriftsätze. Nur im Fall der Zustellung von Anwalt zu Anwalt gemäß § 198 bleiben die Urschriften bei den Anwälten. Zu den Gerichtsakten kommen dann nur die Abschriften (Abs. 2), → Rdnr. 6. Die Bereitstellung der Akten zum Termin ist Sache des inneren Dienstes[2]. 1

II. Abschriften bei Zustellung durch das Gericht (Abs. 1)

1. Abs. 1 stellt klar, daß die Anfertigung der zur gerichtlichen Zustellung erforderlichen **Abschriften von Schriftsätzen** grundsätzlich **Sache der Parteien** ist. Dies gilt nicht nur für Schriftsätze, die förmlich *zuzustellen* sind, sondern auch, soweit nach § 270 Abs. 2 S. 1 die *einfache Mitteilung* genügt. Durch die Vereinfachungsnovelle 1976 wurde (im Interesse der besseren Vorbereitung der mündlichen Verhandlung und der Beschleunigung des Verfah- 2

Fristen mit anderen Rechtsfolgen, die § 132 nicht berühren, → auch § 283 Rdnr. 14.

[8] *BGH* NJW 1989, 716, 717 (*Deubner*).
[1] S. dazu die AktenO v. 28. 11. 1934, Amtliche Sonderveröffentlichung der DJ 1934 Nr. 6. Textwiedergabe bei *Langes-Imgenberg* Aktenordnung³ (1960). Zu den zahlreichen bundes- und landesrechtlichen Änderungen und Ergänzungen s. die Fundstellennachweise bei *Piller-Hermann*, Justizverwaltungsvorschriften, Stand April 1993, Nr. 1). Im übrigen ist auf die Veröffentlichung der AktenO in der jeweils geltenden Fassung durch die Justizverwaltungen zu verweisen.
[2] *KG* OLG Rsp 15, 151.

rens³) die Verpflichtung zur Einreichung von Abschriften in Abs. 1 S. 1 ausdrücklich auf die **Anlagen** zu den Schriftsätzen erstreckt, andererseits aber die Ausnahme des Abs. 1 S. 2 eingefügt.

3   2. Als Ordnungsvorschrift bestimmt Abs. 1 S. 1, daß die Parteien den Schriftsätzen, die sie bei Gericht einreichen, die für die Zustellung **erforderliche Zahl von Abschriften** der Schriftsätze und deren Anlagen **beifügen sollen**. Die erforderliche Zahl von Abschriften ergibt sich aus der Zahl der Personen, an die zugestellt werden muß. § 133 schreibt nicht vor, daß neben der Abschrift für den Prozeßbevollmächtigten eine weitere für die Partei selbst einzureichen ist, doch ist dies zweckmäßig und weitgehend üblich⁴. – Zur Zustellung an einen gemeinsamen Vertreter oder Zustellungsbevollmächtigten → §§ 189, 208, zur Zustellung an Dritte im Scheidungs- und Scheidungsfolgenverfahren → § 624 Abs. 4.

4   3. Die Einreichung von Abschriften ist nach Abs. 1 S. 2 überflüssig, soweit Anlagen zum Schriftsatz **dem Gegner** bereits in Urschrift oder Abschrift **vorliegen**. Darauf ist im Schriftsatz hinzuweisen⁵, da die Geschäftsstelle die Abschriften sonst anfertigt, → Rdnr. 5. Die Einschränkung des S. 2 findet keine Anwendung auf den Fall, daß die Urschrift gemäß § 131 *zu den Gerichtsakten eingereicht* wurde⁶.

5   4. **Unterlassen** es die Parteien, die erforderlichen Abschriften beizufügen, so hat sie die Geschäftsstelle gegen Erstattung der Schreibgebühren (GKG Kostenverzeichnis Nr. 1900 Ziff. 1 b) anfertigen zu lassen oder sie von der Partei nachzufordern.

III. Die Niederlegung der Abschriften bei Zustellung von Anwalt zu Anwalt (Abs. 2)

6   1. § 133 Abs. 2 bezieht sich lediglich auf die **vorbereitenden Schriftsätze** im Anwaltsprozeß, soweit diese **von Anwalt zu Anwalt** (§ 198) zugestellt werden. Die übrigen Schriftsätze kommen ohnehin gemäß Abs. 1 zu den Gerichtsakten.

7   2. Die **Niederlegung der Abschrift**, die vom Anwalt nicht beglaubigt zu sein braucht⁷, hat **sofort** nach der Zustellung, also ohne schuldhafte Verzögerung, zu erfolgen. Die Übersendung eines Zustellungsnachweises (§ 198 Abs. 2) an das Gericht ist nicht generell vorgeschrieben; vielmehr ist die Zustellung nach § 198 Abs. 1 S. 4 nur dann nachzuweisen, wenn dies für die gerichtliche Entscheidung erforderlich ist. Daher kann die Übersendung der Abschrift an das Gericht (mit dem Hinweis, es werde von Anwalt zu Anwalt zugestellt) bereits **gleichzeitig mit der Absendung an den Anwalt** erfolgen.

8   3. **Unterbleibt** die Niederlegung der Abschrift oder geschieht sie **nicht rechtzeitig,** so kann das Gericht selbst bei rechtzeitiger Zustellung an den Gegner den Termin mit Rücksicht auf seine eigene Vorbereitung von Amts wegen vertagen (§ 227) und gegebenenfalls die Kostenfolgen des § 95 und § 34 GKG aussprechen. Dagegen sind sachliche Nachteile, etwa die Nichtberücksichtigung von Anträgen, ausgeschlossen⁸.

IV. Bedeutung der vorbereitenden Schriftsätze für das Gericht

9   1. Die Schriftsätze bilden die Grundlage für die nach § 273 vom Vorsitzenden bzw. einem von ihm beauftragten Mitglied des Gerichts (Berichterstatter) zu treffenden **vorbereitenden**

---

³ Vgl. zur Begründung BT-Drucks. VI/790, 41, 7/5250, 7.
⁴ Zur Erstattungsfähigkeit der Kosten *OLG München* Rpfleger 1982, 438; *OLG Karlsruhe* AnwBl 1986, 546.
⁵ *Bender-Belz-Wax* Das Verfahren nach der Vereinfachungsnovelle (1977) Rdnr. 208.

⁶ So aber (jedoch vor Änderung des Abs. 1 durch die Vereinfachungsnovelle 1976) *LG Köln* ZMR 1970, 371 (LS) = WuM 1969, 150 (LS).
⁷ *Baumbach-Lauterbach-Hartmann*⁵¹ Rdnr. 8.
⁸ *OLG Marienwerder* SeuffArch 50 (1895), 224.

Maßnahmen. Es ist daher **Amtspflicht** des Vorsitzenden bzw. des Berichterstatters, sich mit dem **Inhalt der Schriftsätze** alsbald nach ihrem Eingang vertraut zu machen, um die vorbereitenden Anordnungen erlassen zu können, näher → § 273. Den übrigen Mitgliedern steht die Einsicht frei; in dieser Hinsicht besteht auch keine Ausnahme bezüglich der ehrenamtlichen Richter im arbeitsgerichtlichen Verfahren. Wann und wo die Akten dazu zur Verfügung zu stellen sind, ist eine Frage des inneren Dienstes.

2. Einer **Beratung** des Gerichts *vor* der mündlichen Verhandlung (Vorberatung) stehen keine Bedenken entgegen, wenn sie den Charakter hat, den Termin vorzubereiten oder über entsprechende Maßnahmen zu befinden[9]. Die endgültige Beratung i.S.v. § 194 GVG wird dadurch nicht ersetzt.

V. Schriftsätze nach Schluß der mündlichen Verhandlung

In der Zeit zwischen dem Schluß der mündlichen Verhandlung und dem Verkündungstermin eingereichte Schriftsätze sind nur zu berücksichtigen, wenn das Gericht die **Nachreichung** des Schriftsatzes **gestattet** hatte, → § 283. Im übrigen ist nach Schluß der mündlichen Verhandlung für vorbereitende Schriftsätze entsprechend ihrer Aufgabe kein Raum mehr, → auch § 128 Rdnr. 29. Sie müssen jedoch **dem Gegner** nach § 270 Abs. 2 **mitgeteilt** werden. Zu den Rechtsfolgen solchen verspäteten Vorbringens → § 296a. Verspätete Schriftsätze den Parteien *zurückzugeben*[10] oder jedenfalls nicht zu den Akten zu nehmen[11], geht nicht an, zumal sie das Gericht als Anregung ansehen kann, die mündliche Verhandlung wieder zu eröffnen[12], → § 156 Rdnr. 1, → § 283 Rdnr. 10. Zu den Fällen, in denen die Wiedereröffnung der mündlichen Verhandlung sogar geboten ist (insbesondere, wenn andernfalls das Recht auf Gehör verletzt wäre[13]), → § 156 Rdnr. 2ff. Wegen des Verfahrens ohne mündliche Verhandlung → § 128 Rdnr. 83, 94.

§ 134 [Einsicht von Urkunden]

(1) Die Partei ist, wenn sie rechtzeitig aufgefordert wird, verpflichtet, die in ihren Händen befindlichen Urkunden, auf die sie in einem vorbereitenden Schriftsatz Bezug genommen hat, vor der mündlichen Verhandlung auf der Geschäftsstelle niederzulegen und den Gegner von der Niederlegung zu benachrichtigen.

(2) ¹Der Gegner hat zur Einsicht der Urkunden eine Frist von drei Tagen. ²Die Frist kann auf Antrag von dem Vorsitzenden verlängert oder abgekürzt werden.

Gesetzesgeschichte: Bis 1900 § 125 CPO. Änderung RGBl. 1927 I 175.

I. Zweck und Anwendungsbereich

Der **Prozeßgegner** der Partei (zum Streitgehilfen → § 131 Rdnr. 2), die sich auf eine Urkunde bezogen hat, erhält durch § 134 die Möglichkeit, sich über die **Echtheit** der ihm

---

[9] Für die Zulässigkeit und Notwendigkeit einer Vorberatung *Bender-Belz-Wax* (Fn. 5) Rdnr. 97; *Schellhammer* Zivilprozeß⁵ Rdnr. 424.
[10] So *Buchholz* NJW 1955, 535. – Dagegen *Erdsiek* NJW 1955, 939; *AK-ZPO-Puls* Rdnr. 7; *MünchKomm-ZPO-Peters* Rdnr. 8.
[11] *OLG Düsseldorf* OLG Rsp 37, 134; *Schumann* JW 1933, 814, 815.
[12] *Buchholz, Erdsiek* (Fn. 10); s. auch *Bull* DRiZ 1955, 220f.
[13] *BGH* NJW 1988, 2302, 2303.

gemäß § 131 mitgeteilten Urkunde auf eigene Initiative, also unabhängig von einer ebenfalls möglichen gerichtlichen Anordnung, → § 142 Rdnr. 1, zu **informieren**[1]. Im Unterschied zu § 142 ist hier am Merkmal der **Bezugnahme** festzuhalten; denn das Argument aus § 273 zur gerichtlichen Vorbereitungspflicht (→ § 142 Rdnr. 2) paßt nicht für die Befugnis der Partei zur Urkundeneinsicht.

2   Die **Niederlegungs- und Benachrichtigungspflicht** gilt sowohl für den Anwalts- wie auch für den Parteiprozeß. Niederzulegen sind nicht nur Beweisurkunden, sondern alle in Bezug genommenen Urkunden, → § 131 Rdnr. 1, auch die Vollmachtsurkunde, wenn diese nicht bereits zu den Gerichtsakten abgegeben wurde, § 80. Anstelle der Niederlegung auf der Geschäftsstelle kann die Urkunde unter Rechtsanwälten auch gemäß § 135 mitgeteilt werden[2].

II. Fristen und Versäumung

3   Wann die **Aufforderung** nach Abs. 1 mit Rücksicht auf den bevorstehenden Termin und die dreitägige Frist des Abs. 2 noch **rechtzeitig** ist, bestimmt sich nach den Umständen des einzelnen Falles. Die **Frist zur Einsichtnahme** (Abs. 2) beginnt mit dem Zugang der Benachrichtigung von der Niederlegung. Sie kann auf Antrag des Niederlegenden verkürzt, auf Antrag des Gegners verlängert werden, Abs. 2 S. 2.

4   Eine **verspätete** oder **unterlassene Niederlegung und Benachrichtigung** hat die bei § 129 Rdnr. 36 ff. dargestellten Folgen[3]. Auch die **unterlassene Aufforderung oder Einsichtnahme** hat keinen sachlichen Rechtsnachteil (etwa Ausschluß der Vorlagepflicht nach § 423) zur Folge. Wurde die Einsichtnahme innerhalb der Frist des Abs. 2 versäumt, so erscheint dennoch eine *Zurückweisung* späterer Einwendungen gemäß § 296 Abs. 2 nicht gerechtfertigt[4]. § 134 Abs. 1 gibt der Partei prozessuale Befugnisse *vor* der mündlichen Verhandlung (und Abs. 2 begrenzt sie), aber es entspricht nicht dem Zweck der Vorschrift, die Partei zur Nutzung dieser Rechte durch drohende Präklusionsfolgen anzuhalten. Nimmt man aber keine solche Sorgfaltspflicht an, so kann das Unterlassen der Aufforderung oder der Einsichtnahme auch nicht als grobe Nachlässigkeit im Sinne des § 296 Abs. 2 gewertet werden.

III. Verfahren

5   Die Aufforderung und die Benachrichtigung von der Niederlegung können **formlos** ergehen, → vor § 166 Rdnr. 39, und unterliegen nicht dem Anwaltszwang, → § 78 Rdnr. 29 Fn. 96.

6   Die **Niederlegung** hat auf der Geschäftsstelle des Prozeßgerichts zu geschehen. Ein Recht auf Versendung an ein auswärtiges Gericht zwecks Einsichtnahme hat der Gegner nicht. Ob es überhaupt zulässig ist, einem solchen Antrag stattzugeben, erscheint zweifelhaft[5], praktisch spricht jedenfalls die mit der Versendung verbundene Verlustgefahr dagegen[6].

7   Nach **Ablauf der Frist für die Einsichtnahme** ist die Urkunde der Partei zurückzugeben, sofern nicht das Gericht eine weitergehende Anordnung gemäß § 142 Abs. 2 trifft, → § 142 Rdnr. 6.

---

[1] Zum Zweck der Vorschrift s. auch *Schreiber* Die Urkunde im Zivilprozeß (1982), 50 ff.
[2] *Schreiber* (Fn. 1), 43; *Thomas-Putzo*[18] Rdnr. 1.
[3] Weitergehend *Schreiber* (Fn. 1), 149, der § 427 analog anwenden will.
[4] Ebenso *AK-ZPO-Puls* Rdnr. 5. – A.M. *Baumbach-Lauterbach-Hartmann*[51] Rdnr. 13; *MünchKommZPO-Peters* Rdnr. 6; *Thomas-Putzo*[18] Rdnr. 1; *Zöller-Greger*[18] Rdnr. 3.
[5] Bejahend Voraufl. Rdnr. 6; *MünchKommZPO-Peters* Rdnr. 3.
[6] *Zöller-Greger*[18] Rdnr. 3; *AK-ZPO-Puls* Rdnr. 8 verlangen daher die Zustimmung der Partei, die die Urkunde niedergelegt hat.

§ 135 [Mitteilung von Urkunden unter Rechtsanwälten]

(1) Den Rechtsanwälten steht es frei, die Mitteilung von Urkunden von Hand zu Hand gegen Empfangsbescheinigung zu bewirken.
(2) Gibt ein Rechtsanwalt die ihm eingehändigte Urkunde nicht binnen der bestimmten Frist zurück, so ist er auf Antrag nach mündlicher Verhandlung zur unverzüglichen Rückgabe zu verurteilen.
(3) Gegen das Zwischenurteil findet sofortige Beschwerde statt.

Gesetzesgeschichte: Bis 1900 § 126 CPO.

I. Unmittelbare Übermittlung

Die Mitteilung (Übermittlung) von **Urkunden unmittelbar von Anwalt zu Anwalt**, die neben der Niederlegung gemäß § 134 wahlweise zur Verfügung steht (→ § 134 Rdnr. 2), gilt für den Anwalts- wie für den Parteiprozeß, mögen die Anwälte am Gerichtssitz wohnen oder nicht. 1

Zum **Nachweis der Mitteilung** genügt das mit Datum und Unterschrift versehene Empfangsbekenntnis, § 198. Die **Übermittlung** kann in beliebiger Weise geschehen. Die **Rückgabe** hat binnen der bestimmten, d.h. der dreitägigen gesetzlichen, § 134, oder einer von dem übergebenden Anwalt etwa gesetzten *längeren* Frist zu erfolgen. Die gesetzliche Frist kann auf Antrag von dem Vorsitzenden verlängert oder abgekürzt werden, § 134 Abs. 2 S. 2. 2

II. Verfahren bei verzögerter Rückgabe

Das Verfahren gegen den säumigen Anwalt bildet wie in den §§ 71, 387 einen **Zwischenstreit mit einem Dritten** und richtet sich nach den §§ 132, 214, 216, 217 bzw. §§ 495 ff. Für die Ladung gelten die §§ 214 und 497. Die Entscheidung erfolgt aufgrund mündlicher Verhandlung zwischen der einen Partei und dem Anwalt der Gegenpartei in seiner Eigenschaft als Dritter, und zwar durch **Zwischenurteil**, § 303, gegen das die sofortige Beschwerde (§ 577) stattfindet. Die sofortige Beschwerde ist auch gegen eine Erstentscheidung der Bezirksgerichte (in den neuen Bundesländern) gegeben, s. Einigungsvertrag Anlage I, Kapitel III, Sachgebiet A: Rechtspflege, Abschnitt III, 5. d, S. 2. Ein Versäumnisverfahren ist nicht vorgesehen. Zur Entscheidung ist sowohl der **Einzelrichter** nach § 348 als auch der Vorsitzende der Kammer für Handelssachen zuständig, → § 349 Rdnr. 33. 3

Der säumige Anwalt ist im Fall seines **Unterliegens** persönlich sowohl zur Rückgabe der Urkunde wie zur Erstattung der Kosten des Zwischenstreits zu verurteilen. Unverzügliche Rückgabe bedeutet *sofortige* Rückgabe[1]. Daher ist es zur Vermeidung von Mißverständnissen nicht empfehlenswert, den Zusatz »unverzüglich« in die Entscheidungsformel aufzunehmen[2]. Wird der **Antrag abgewiesen**, so trägt die Partei, in deren Namen der Antrag gestellt wurde, die Kosten. Das Zwischenurteil ist nach § 794 Abs. 1 Nr. 3 sofort vollstreckbar, die Beschwerde hat keine aufschiebende Wirkung, § 572. Die **Zwangsvollstreckung** geschieht nach Maßgabe des § 883. Das Verfahren ist **gebührenfrei**. Für die Gerichtskosten folgt dies aus § 1 Abs. 1, § 11 Abs. 1 GKG und der fehlenden Erwähnung im Kostenverzeichnis zum 4

---

[1] Unverzüglich ist also nicht im Sinne von § 121 Abs. 1 S. 1 BGB zu verstehen, *Baumbach-Lauterbach-Hartmann*[51] Rdnr. 12; *Wieczorek*[2] Anm. B II b.

[2] A.M. *Furtner* Das Urteil im Zivilprozeß[5] 370.

GKG, für die Anwaltsgebühren aus § 37 Nr. 3 BRAGO. Im **Beschwerdeverfahren** fallen allerdings Gebühren nach Nr. 1181 Kostenverzeichnis zum GKG und § 61 Abs. 1 Nr. 1 BRAGO an.

III. Haftung

5   § 135 hat **nur prozessuale Bedeutung**; die Haftung sowohl des empfangenden Anwalts für Verschulden usw., insbesondere bei fruchtloser Vollstreckung, § 893, wie die des mitteilenden Anwalts seiner Partei gegenüber bestimmt sich nach bürgerlichem Recht.

IV. Anwendung auf Prozeßagenten und Verbandsvertreter in Arbeitssachen

6   Das Verfahren nach § 135 hat mit der berufsrechtlichen Stellung der Anwälte nicht unmittelbar zu tun. Die entsprechende Anwendung der Vorschriften auf **Prozeßagenten** (→ § 157 Rdnr. 12) und im Verfahren in **Arbeitssachen** auf **Verbandsvertreter** erscheint daher zulässig.

§ 136 [Prozeßleitung durch den Vorsitzenden]

(1) Der Vorsitzende eröffnet und leitet die mündliche Verhandlung.

(2) Er erteilt das Wort und kann es demjenigen, der seinen Anordnungen nicht Folge leistet, entziehen.

(3) Er hat Sorge zu tragen, daß die Sache erschöpfend erörtert und die Verhandlung ohne Unterbrechung zu Ende geführt wird; erforderlichenfalls hat er die Sitzung zur Fortsetzung der Verhandlung sofort zu bestimmen.

(4) Er schließt die Verhandlung, wenn nach Ansicht des Gerichts die Sache vollständig erörtert ist, und verkündet die Urteile und Beschlüsse des Gerichts.

Gesetzesgeschichte: Bis 1900 § 127 CPO.

I. Stellung und Vertretung des Vorsitzenden[1]

1   1. Der Vorsitzende hat in der mündlichen Verhandlung im wesentlichen die Aufgaben der sog. **Sachleitung** (zum Begriff → vor § 128 Rdnr. 105), also der Leitung und Gestaltung des Verfahrensablaufs nach §§ 136, 139, 396 Abs. 3, § 397 Abs. 2, § 526 Abs. 2, § 566. Die Entscheidung über den Ausschluß der Öffentlichkeit obliegt dagegen dem Gericht, → vor § 128 Rdnr. 119 ff. Auch die **Aufrechterhaltung der Ordnung** in der Sitzung (Sitzungspolizei, §§ 176 ff. GVG) ist Sache des Vorsitzenden, doch hat über Zwangsmaßnahmen und die Festsetzung von Ordnungsmitteln gegen Personen, die an der Verhandlung beteiligt sind, das Gericht zu beschließen (§ 177 S. 2, § 178 Abs. 2 GVG), näher → vor § 128 Rdnr. 132 ff. Solange ein Verfahren vor dem **Einzelrichter** anhängig ist (§§ 348, 524), hat dieser die Befugnisse des Vorsitzenden.

2   2. Der **Vorsitzende** ist bei der Ausübung der ihm zugewiesenen Befugnisse von den Beisitzern unabhängig. Nur wenn seine Anordnung von einer bei der Verhandlung beteiligten Person **als unzulässig beanstandet** wird, hat das **Gericht** nach § 140 zu entscheiden. In dieser

---

[1] Dazu *Kleinfeller* Die Funktionen des Vorsitzenden und sein Verhältnis zum Gericht (1885); *Levin* Richterliche Prozeßleitung und Sitzungspolizei in Theorie und Praxis (1913), 92 ff.

Funktion untersteht der Vorsitzende nicht der Nachprüfung durch das obere Gericht, d. h. es ist keine Beschwerde statthaft. Anders ist es bei den Entscheidungen des Vorsitzenden außerhalb der mündlichen Verhandlung, → Rdnr. 9. Zur Frage, ob die *Anfechtung des Endurteils* auf die Unzulässigkeit einer Anordnung des Vorsitzenden in der mündlichen Verhandlung gestützt werden kann, → § 140 Rdnr. 5.

3. Der Vorsitzende kann in der Verhandlung **einzelne der ihm obliegenden Aufgaben,** z. B. die Einführung in den Sach- und Streitstand im Haupttermin (§ 278 Abs. 1), die rechtliche und tatsächliche Erörterung (§ 139 Abs. 1 S. 2, § 278 Abs. 2 S. 2) oder die Zeugenvernehmung unter Beibehaltung des Vorsitzes **einem der Beisitzer** (insbesondere dem Berichterstatter) **übertragen.** In der Wahl ist er frei und kann sowohl von äußeren Umständen (alphabetische Reihenfolge, Dienstalter) wie von persönlicher Eignung (z. B. besonderer Vertrautheit mit den zu beurteilenden Lebensverhältnissen oder den auftauchenden Rechtsfragen) ausgehen. Eine grundgesetzwidrige Richterentziehung liegt darin nicht, soweit nicht ein willkürliches Zuweisen richterlicher Befugnisse aus sachfremden Erwägungen festzustellen wäre[2]. Dagegen ist die Übertragung der *Leitung* der Verhandlung auf einen anderen nur als *Vertretung* im Vorsitz möglich. Es ist aber unbedenklich, daß der Vorsitzende, wenn er lediglich an der Führung des Vorsitzes verhindert ist (z. B. weil er aus gesundheitlichen Gründen nicht laut sprechen kann), in dieser Funktion durch das zum regelmäßigen Vertreter bestellte bzw. dienstälteste Mitglied gemäß § 21f. Abs. 2 GVG vertreten wird, selbst aber als *Beisitzer* fungiert, da er nach §§ 75, 122, 139 GVG »Mitglied« der Kammer oder des Senats ist[3].

3

II. Leitung der mündlichen Verhandlung

Der Vorsitzende hat die Verhandlung nach dem Aufruf, § 220 Abs. 1, zu **eröffnen** und zu **leiten,** d. h. das Wort zu erteilen, für die Einhaltung der gesetzlichen Form und Reihenfolge, § 137, zu sorgen, im Interesse erschöpfender Erörterung die Fragepflicht des § 139 in erster Linie auszuüben, im Haupttermin in den Sach- und Streitstand einzuführen (§ 278 Abs. 1), gegebenenfalls auf bislang übersehene rechtliche Gesichtspunkte hinzuweisen (§ 278 Abs. 3), für ununterbrochenen Fortgang der Verhandlung zu sorgen bzw. etwaige Pausen[4] anzuordnen usw. Leitgedanke hat dabei die umfassende Gewährung des **Rechts auf Gehör** zu sein, hierzu → vor § 128 Rdnr. 9ff., doch hat der Vorsitzende auch für eine zügige, konzentrierte Verhandlung zu sorgen[5]. Dem Vorsitzenden obliegt auch die Verantwortung für das Protokoll, vgl. §§ 163f. Der Vorsitzende kann die Parteien anweisen, ihr Vorbringen zunächst auf den einen oder anderen Punkt zu richten, und so auch die innere Reihenfolge gestalten; er kann nach Abs. 2 der Partei wie dem gesetzlichen Vertreter, dem Bevollmächtigten und dem Beistand, auch wenn sie Anwälte sind, wegen Nichtbefolgung seiner auf die Sachleitung oder auf die Handhabung der Sitzungspolizei bezüglichen Anordnungen (→ vor § 128 Rdnr. 133f.) **das Wort entziehen.** Im Gegensatz zu der nur vom Gericht auszusprechenden Untersagung der weiteren Verhandlung, § 157, schließt die Entziehung des Wortes nicht aus, daß es der Partei später wieder erteilt wird, und wirkt nicht über die Verhandlung hinaus. Das während der Entziehung des Wortes Gesagte ist unwirksam. Weitergehende prozessuale Nachteile (Fiktion des Nichterscheinens, § 333, oder der Nichtabgabe von Erklärungen) kommen nur bei Untersagung der weiteren Verhandlung (§ 157) bzw. Entfernung aus dem Sitzungssaal (§ 158) durch das Gericht in Frage. Im übrigen → zur Sitzungspolizei vor § 128 Rdnr. 132ff.

4

---

[2] § 21g Abs. 2 GVG (früher § 69 Abs. 2 GVG) betrifft nur die Besetzung der Kammern, nicht die Bestimmung eines Berichterstatters, *Koebel* JZ 1965, 244f.

[3] Vgl. *RGSt* 10, 318; 18, 302; 23, 99.

[4] Mit einer Unterbrechung des Verfahrens nach §§ 239ff. hat eine solche Unterbrechung der Verhandlung nichts zu tun, *RAG* JW 1934, 1204.

[5] Vgl. *OVG Münster* NJW 1990, 1749.

III. Schluß der mündlichen Verhandlung und Verkündung der Entscheidungen

5   1. Der **Schluß der Verhandlung im einzelnen Termin** liegt in der Hand des **Vorsitzenden** (→ § 220 Rdnr. 15), der sich aber zuvor darüber zu vergewissern hat, ob das **Gericht** die Sache für vollständig erörtert hält. Ist das Gericht mit der Maßnahme des Vorsitzenden nicht einverstanden, kann es die Wiedereröffnung der Verhandlung beschließen, § 156. Die Parteien haben kein Recht auf weitere Erteilung des Wortes nach Schluß der Verhandlung[6]. Vollständig erörtert ist die Sache, wenn das Gericht Entscheidungsreife, § 300, für ein End- oder Zwischenurteil oder für einen Beweisbeschluß annimmt oder eine Aussetzung des Verfahrens oder eine Vertagung für angezeigt hält oder infolge Unterbrechung des Verfahrens, Zurücknahme der Klage, Vergleich usw. die weitere Verhandlung für gegenstandslos erachtet. Der Schluß der Verhandlung im einzelnen Termin ist, wie sich z. B. bei der Vertagung zeigt, nicht notwendig gleichbedeutend mit dem **Schluß der gesamten mündlichen Verhandlung.** Dieser ist erst zulässig, wenn der Rechtsstreit zur Endentscheidung reif ist[7] oder wenn er ohne Entscheidung beendet ist, z. B. durch Klagerücknahme oder Prozeßvergleich.

6   Der **Schluß der Verhandlung** bedarf keiner *ausdrücklichen* Erklärung. Er kann darin zum Ausdruck kommen, daß sich das Gericht zur Beratung zurückzieht oder daß ein Urteil, Beweisbeschluß, Verkündungstermin oder die Vertagung verkündet wird, aber auch durch den Übergang zu einer anderen Sache, wenn ein Gerichtsbeschluß nicht in Frage steht, z. B. bei Unterbrechung oder wenn beim Aufruf niemand erscheint oder die allein erschienene Partei keine Anträge stellt. Mit dem Schluß der Verhandlung treten für die nicht erschienene Partei die Wirkungen der Säumnis ein, §§ 220, 231, 330 ff., näher, auch zur Frage, wielange gewartet werden muß, → § 220 Rdnr. 13 ff. Zur **Wiedereröffnung** einer geschlossenen mündlichen Verhandlung → § 156.

7   2. Auch die **Verkündung der Urteile und Beschlüsse** ist nach Abs. 4 Sache des Vorsitzenden. Daraus folgt nicht, daß die *Besetzung* des Gerichts bzw. die Person des Vorsitzenden bei der Verkündung mit der Besetzung in der letzten mündlichen Verhandlung übereinstimmen müßte; denn § 309 bezieht sich nur auf die *Beschlußfassung*, nicht auf die Verkündung[8]. Näher über die Beratung und Abstimmung → § 309 Rdnr. 1 ff., über die Verkündung der Urteile und Beschlüsse → §§ 310 bis 312, 329, über die Anberaumung neuer Termine → §§ 218, 227, 370 usw., über den Schluß der mündlichen Verhandlung als Zeitabschnitt im Prozeß → §§ 296 a, 323 Abs. 2, § 611 Abs. 1, § 767 Abs. 2. Wegen des dem Schluß der mündlichen Verhandlung entsprechenden Zeitpunkts bei der Entscheidung ohne mündliche Verhandlung → § 128 Rdnr. 83 f., 94, 119.

IV. Aufgaben des Vorsitzenden außerhalb der mündlichen Verhandlung

8   1. Dem Vorsitzenden sind auch außerhalb der mündlichen Verhandlung zahlreiche Funktionen übertragen, so z. B. die **Verteilung der Geschäfte im Kollegium,** §§ 21 g, 192 Abs. 2 GVG, §§ 361, 524 Abs. 1 S. 2 ZPO, oder die **Bestellung eines Vertreters für eine Partei,** §§ 57 f., 121 Abs. 4. Zu erwähnen sind ferner Maßnahmen der **formellen Prozeßleitung** wie namentlich die Anberaumung von Terminen, §§ 216, 361, die Bestimmung über Einlassungs- und Ladungsfristen usw., § 134 Abs. 2, § 226, § 239 Abs. 3, § 244 Abs. 2, § 274 Abs. 3, § 519 Abs. 2, § 554 Abs. 2, die Wahl zwischen der Bestimmung eines **frühen ersten Termins** oder der Anordnung des **schriftlichen Vorverfahrens** (§ 272 Abs. 2) sowie die vielfältigen **Fristsetzungen** zur Vorbereitung des frühen ersten Termins (§ 275) bzw. im schriftlichen

---

[6] Vgl. *OLG Köln* NJW 1975, 788.
[7] *RG* HRR 1931 Nr. 1968; *KG* OLGZ 1977, 479, 481.
[8] *BGH* DB 1968, 1622.

Vorverfahren (§ 276), die Anordnung über das einzelrichterliche Verfahren in der Berufungsinstanz, § 524 Abs. 1 S. 1, der Verkehr mit anderen Behörden, §§ 202, 362 f. Aber auch Akte der **materiellen Prozeßleitung** stehen dem Vorsitzenden zu, wie die **vorbereitenden Anordnungen** nach § 273 Abs. 2, zuweilen auch wirkliche **Entscheidungen**, meist über prozessuale Punkte, so über die Befreiung von der Vorauszahlung der Kosten gemäß § 65 Abs. 7 Nr. 3, 4 GKG[9], in den beiden Fällen des § 944 und des § 105 Abs. 3 GVG aber auch die Entscheidung des Rechtsstreits selbst »anstatt des Gerichts«.

2. In allen diesen Fällen handelt der Vorsitzende kraft gesetzlichen Rechts als ein **selbständiges Organ des Gerichts** (als Gerichtsbehörde) unabhängig vom Kollegium. Das Verfahren vor ihm ist für den Anwaltszwang Verfahren vor dem Landgericht, usw., → auch § 78 Rdnr. 24, und gegen seine Entscheidung findet die **Beschwerde** an das seinem Gericht übergeordnete Gericht in demselben Umfang (§ 567) statt, wie wenn das Kollegium entschieden hätte; es ist also hier nicht das Kollegium anzurufen. Anders zu beurteilen ist das Verhältnis des Vorsitzenden zum Kollegium in der Sitzung, → Rdnr. 2 sowie § 140. 9

Wegen der Stellung des Vorsitzenden und des Kollegiums bei der **Beratung und Abstimmung** → § 309 Rdnr. 1 ff. 10

3. Ist das Verfahren dem **Einzelrichter** übertragen, so übt dieser die Funktionen des Vorsitzenden aus, → § 348 Rdnr. 1. 11

V. Arbeitsgerichtliches Verfahren

§ 136 gilt im Verfahren aller Instanzen, § 53 Abs. 2, § 64 Abs. 7, § 72 Abs. 6 ArbGG. Wegen des Erlasses der *nicht aufgrund mündlicher Verhandlung* ergehenden Beschlüsse durch den *Vorsitzenden* allein (§ 53 Abs. 1 ArbGG) → 128 Rdnr. 54. 12

§ 137 [Gang der mündlichen Verhandlung]

(1) Die mündliche Verhandlung wird dadurch eingeleitet, daß die Parteien ihre Anträge stellen.
(2) Die Vorträge der Parteien sind in freier Rede zu halten; sie haben das Streitverhältnis in tatsächlicher und rechtlicher Beziehung zu umfassen.
(3) [1]Eine Bezugnahme auf Schriftstücke ist zulässig, soweit keine der Parteien widerspricht und das Gericht sie für angemessen hält. [2]Die Vorlesung von Schriftstücken findet nur insoweit statt, als es auf ihren wörtlichen Inhalt ankommt.
(4) In Anwaltsprozessen ist neben dem Anwalt auch der Partei selbst auf Antrag das Wort zu gestatten.

Gesetzesgeschichte: Bis 1900 § 128 CPO. Änderung RGBl. 1924 I 135.

I. Normzweck

§ 137 regelt die **Durchführung** der in § 128 angeordneten **Mündlichkeit**, → § 128 Rdnr. 27. Die Vorschrift umschreibt den wesentlichen Inhalt der mündlichen Verhandlung und verfolgt das Ziel, die Vorzüge der Mündlichkeit (→ § 128 Rdnr. 6) zu nutzen, zugleich aber überflüssi- 1

---
[9] *OLG Hamm* AnwBl 1990, 46.

ge mündliche Darlegungen zu vermeiden. Deshalb wird in erheblichem Umfang die **Bezugnahme auf Schriftstücke** gestattet. Die Bestimmung gilt sowohl für den Anwalts- wie für den Parteiprozeß. Im Interesse einer vollständigen Erörterung der Sache und der angemessenen Gewährung des rechtlichen Gehörs läßt Abs. 4 auch im Anwaltsprozeß die **Partei selbst auf Antrag zu Wort kommen.**

II. Stellung der Anträge

2 1. Wenn nach Abs. 1 die mündliche Verhandlung **durch die Antragstellung der Parteien eingeleitet** wird, so bedeutet dies, daß ohne Anträge keine mündliche Verhandlung im Rechtssinne vorliegt[1] und auch der sonstige Vortrag einer Partei keine Wirksamkeit erlangt. Eine kontradiktorische Entscheidung aufgrund einer »Verhandlung« ohne Anträge stellt einen Verfahrensmangel dar. Dagegen verlangt Abs. 1 nicht, daß der Termin sogleich mit der Antragstellung beginnt. Es kann durchaus zunächst eine tatsächliche und rechtliche Erörterung stattfinden, und oft wird dies zweckmäßig sein, um die Möglichkeiten einer gütlichen Einigung abzuklären oder auch, damit die Parteien besser beurteilen können, welche Anträge sachgerecht sind. Auch die **Einführung in den Sach- und Streitstand**, die das Gericht im Haupttermin vorzunehmen hat (§ 278 Abs. 1), steht nicht in einer gesetzlich vorgeschriebenen zeitlichen Reihenfolge zur Antragstellung und kann daher, je nach Zweckmäßigkeit, vor oder nach der Stellung der Anträge erfolgen[2].

3 2. **Die Form der Antragstellung** richtet sich sowohl im Anwalts- als auch im Parteiprozeß nach § 297. Danach ist sowohl die *Verlesung* aus vorbereitenden Schriftsätzen oder aus einer dem Protokoll als Anlage beizufügenden Schrift als auch die *Bezugnahme auf Schriftsätze* und bei Gestattung durch den Vorsitzenden auch die *mündliche Erklärung* der Anträge zu Protokoll zulässig. Wirksam gestellte Anträge brauchen in späteren Terminen **nicht wiederholt** zu werden; zur Frage, ob dies auch bei einem Richterwechsel gilt, → § 128 Rdnr. 38.

4 3. Werden **lediglich die Anträge gestellt**, so stellt dies noch **kein Verhandeln** im Sinne des § 333 dar[3], soweit nicht (was in der Regel anzunehmen ist) damit eine zumindest stillschweigende Bezugnahme auf den in Schriftsätzen enthaltenen Sachvortrag verbunden ist, näher → § 333 Rdnr. 7. Es darf dann kein streitiges Urteil ergehen[4]. In der bloßen Stellung der Anträge liegt auch **kein Verhandeln zur Hauptsache** im Sinne der §§ 39, 282 Abs. 3, § 345.

5 4. Mit der Stellung der Anträge entsteht die **Verhandlungsgebühr** des Rechtsanwalts, § 31 Abs. 1 Nr. 2 BRAGO[5].

III. Weitere Verhandlung

6 1. Der die **weitere Verhandlung** regelnde Abs. 2 wird ergänzt durch § 278 Abs. 1 (Einführung in den Sach- und Streitstand durch das Gericht, → Rdnr. 2) und vor allem durch § 139 Abs. 1 S. 2, wonach der Vorsitzende das **Sach- und Streitverhältnis mit den Parteien zu erörtern** hat. Dasselbe schreibt § 278 Abs. 2 S. 2 für die Fortsetzung der Verhandlung im

---

[1] *OLG München* MDR 1985, 943; 1989, 552; *OLG Koblenz* NJW-RR 1991, 1087.
[2] Jetzt h. M., *BGHZ* 109, 41, 44; *AK-ZPO-Puls* Rdnr. 2ff.; *Baumbach-Lauterbach-Hartmann*[51] Rdnr. 6; *MünchKommZPO-Peters* Rdnr. 2; *Thomas-Putzo*[18] Rdnr. 1. – Für zeitlichen Vorrang der Einführung in den Sach- und Streitstand *Baur* ZZP 91 (1978), 329; *Bischof* NJW 1977, 1896, 1899f.; *ders.* Der Zivilprozeß nach der Vereinfachungsnovelle (1980) Rdnr. 154; *Rosenberg-Schwab-Gottwald*[15] § 106 III 4.

[3] *OLG Bamberg* OLGZ 1976, 351, 353; *OLG Zweibrücken* MDR 1977, 409; OLGZ 1983, 329; *OLG Schleswig-Holstein* SchlHA 1986, 91; *OLG Düsseldorf* JurBüro 1988, 382.
[4] *OLG Zweibrücken* OLGZ 1983, 329; *OLG Schleswig-Holstein* SchlHA 1986, 91; *OLG Düsseldorf* JurBüro 1988, 382.
[5] Erörterung ohne Antragstellung löst die Erörterungsgebühr aus, § 31 Abs. 1 Nr. 4 BRAGO.

Haupttermin nach einer Beweisaufnahme vor. In der Erörterungspflicht liegt einmal die Pflicht des Vorsitzenden, sich aktiv an der Aussprache zu beteiligen, und weiter die Pflicht, gemeinsam mit den Parteien den Prozeßstoff tatsächlich und rechtlich aufzuklären, → § 139 Rdnr. 10 ff., 25 ff. Die mündliche Verhandlung ist hiernach die sich **zwischen dem Gericht und den Parteien**, nicht lediglich die sich *vor* dem Gericht zwischen den Parteien vollziehende Aussprache. Im Anwaltsprozeß wird die Erörterung allerdings häufig vor allem im wechselseitigen, vom Gericht entgegenzunehmenden Vortrag der Parteien bestehen, während im amtsgerichtlichen Verfahren je nach der Person der Verhandelnden nicht selten eine intensive Befragung der Parteien geboten sein kann. Der **Parteivortrag kann nicht** durch den Vortrag eines Gerichtsmitglieds **ersetzt werden**[6], auch nicht durch die gerichtliche Einführung in den Sach- und Streitstand nach § 278 Abs. 1[7], aber die Parteien werden dann kürzer und konzentrierter vortragen können.

2. Nach Abs. 2 sind die Parteivorträge **in freier Rede** zu halten. Gegen Ablesen kann der Vorsitzende erforderlichenfalls nach § 136 Abs. 2 einschreiten. Sowohl im Anwalts- wie im Parteiprozeß gestattet jedoch Abs. 3 anstelle des mündlichen Vortrags die **Bezugnahme auf Schriftstücke**, d.h. Schriftsätze, Beweisurkunden, Gutachten, Entscheidungen in anderen Verfahren[8] usw., sofern sie das Gericht für angemessen hält und keine der Parteien widerspricht, auch im Versäumnisverfahren. Nur das mündlich Vorgetragene oder in Bezug Genommene bildet den vom Gericht zu berücksichtigenden Streitstoff, → § 128 Rdnr. 27 ff. Die Bezugnahme ist eines der wichtigsten Mittel, den Grundsatz der Mündlichkeit verständig durchzuführen, indem sie die Verhandlung auf die wesentlichen Streitpunkte und Zweifelsfragen konzentriert und damit diese fördert, langatmige, entbehrliche Ausführungen dagegen erspart. Die leider häufig anzutreffende Bezugnahme en bloc »auf die Schriftsätze« mit allen ihren Sachanträgen, Prozeßbitten, Behauptungen und Beweisanträgen sowie dem Gegenvorbringen aller Art verstößt sowohl gegen § 137 Abs. 3 wie gegen § 128 Abs. 1 und ist deshalb unzulässig, wenn sie nicht mindestens mit der Bereitschaft zum Vortrag der wesentlichen Punkte verbunden ist[9]. *Ausdrücklichkeit* der Bezugnahme wird *nicht gefordert*. Im Zweifel wird durch Antragstellung und anschließendes Verhandeln der gesamte bis zum Termin angefallene Akteninhalt zum Gegenstand der mündlichen Verhandlung gemacht[10]. 7

3. Der **Inhalt** der in Bezug genommenen Schriftsätze gilt ebenso wie der Inhalt der von der Partei bejahten Fragen des Richters (→ Rdnr. 6) **als mündlich vorgetragen** oder erklärt im Sinne der §§ 288[11], 313 Abs. 2, §§ 314, 331, 526 usw. (zur Verletzung des Anspruchs auf rechtliches Gehör durch Nichtberücksichtigung von global in Bezug genommenem Vorbringen der Vorinstanz → vor § 128 Rdnr. 37). 8

4. Wegen des Vortrags von **Beweisurkunden** → § 128 Rdnr. 31. 9

IV. Unmittelbare Parteiausführungen im Anwaltsprozeß

1. Abs. 4 gibt der Partei für den Anwaltsprozeß das im Parteiprozeß selbstverständliche 10 **Recht zu eigenen Ausführungen**, d.h. zum Vortrag in tatsächlicher und rechtlicher Beziehung. Das Recht besteht aber im Anwaltsprozeß nur neben dem Anwalt, also nicht, wenn der

---

[6] Vgl. *RGZ* 54, 7.
[7] *Baumbach-Lauterbach-Hartmann*[51] Rdnr. 23.
[8] So gilt auch bei Bezugnahme auf ein Strafurteil dessen Inhalt als vorgetragen, *OLG Koblenz* AnwBl 1990, 215.
[9] Noch weniger genügt eine Bezugnahme auf Druckschriften ohne Angaben der rechtlich erheblichen Stellen verbunden mit dem Antrag, ein Sachverständiger möge diese heraussuchen, *BGH* LM Nr. 1 = NJW 1956, 1878;

ebenso wenig reichen allgemeine Behauptungen, verbunden mit der Bezugnahme auf ein umfangreiches Gutachten, aus dem die entscheidenden Tatsachen erst herausgesucht werden müßten, vgl. *OLG Schleswig* MDR 1976, 50; ferner *LG Kiel* SchlHA 1978, 68 (unzureichende Bezugnahme auf Buchhaltungsunterlagen).
[10] *BGH* LM § 129 Nr. 1 = WM 1981, 798; *OLG Hamm* WM 1990, 1105, 1106.
[11] *OLG Hamm* WM 1990, 1105, 1106.

§ 137 IV   Erstes Buch. Allgemeine Vorschriften. Dritter Abschnitt. Verfahren   704

Anwalt im Termin nicht anwesend ist[12]. Die Partei kann selbst, ohne Vermittlung des Anwalts, **das Wort beantragen**. Im Haupttermin soll das Gericht die persönlich erschienenen Parteien von sich aus hören, § 278 Abs. 1 S. 2. Ein Zweckmäßigkeitsermessen ist dem Gericht bei der Erteilung des Wortes nicht eingeräumt[13], soweit es sich nicht um taube oder der deutschen Sprache nicht mächtige Personen handelt, § 187 GVG (→ vor § 128 Rdnr. 155). Aber das Gericht kann bei **mangelnder Fähigkeit** den weiteren Vortrag untersagen, § 157 Abs. 2, und der Vorsitzende kann der Partei das Wort entziehen, § 136 Abs. 2, wenn ihre Ausführungen nicht zur Sache gehören. Wegen des Falles, daß die Partei und der Anwalt *widersprechende Erklärungen* abgeben → § 78 Rdnr. 41, § 85 Rdnr. 5.

11   2. Eine allgemeine Verpflichtung, die persönlichen Erklärungen in das **Sitzungsprotokoll** aufzunehmen, besteht nicht; diese Erklärungen sind von den Aussagen bei einer Parteivernehmung (zu protokollieren nach § 160 Abs. 3 Nr. 4) scharf zu scheiden[14]. Zur Zweckmäßigkeit der Protokollierung im Einzelfall → § 141 Rdnr. 23.

12   3. Wer **Partei** ist, ergibt sich aus dem → vor § 50 Rdnr. 7ff. Ausgeführten. Ist die Partei prozeßunfähig, so steht das Recht aus § 137 dem *gesetzlichen Vertreter* zu, → § 51 Rdnr. 22ff. Zum eigenen Recht der prozeßunfähigen Partei → vor § 128 Rdnr. 23a. Bei der gesetzlichen Vertretung prozeßfähiger Personen sind, soweit nicht § 53 eingreift, der Vertreter und der Vertretene befugt, die Parteirechte auszuüben, → auch § 53 Rdnr. 11ff. Der *Streitgehilfe* hat nach § 67 dieselben Rechte wie die Partei.

13   4. Inwieweit **anderen Personen** (die nicht Prozeßbevollmächtigte sind), z.B. Beamten, Angestellten der Partei oder dem Verkehrsanwalt der Partei[15] oder von ihr gestellten privaten Sachverständigen das Wort zu technischen Erläuterungen usw. zu gestatten ist, steht im **Ermessen des Gerichts**[16]; ein Recht darauf hat die Partei nicht, ebensowenig kann aus § 137 oder aus § 90 Abs. 1, der einen Beistand nur für den Parteiprozeß vorsieht (→ § 90 Rdnr. 2), für das Gericht ein Verbot entnommen werden[17]. Die *Angaben dieser Personen* stehen den Erklärungen der Partei gleich, wenn sie die anwesende Partei ersichtlich wie ihre eigenen Erklärungen gelten lassen will. Als *Beweismittel* können die Angaben solcher Hilfspersonen nicht bewertet werden, solange sie nicht etwa als Zeugen vernommen werden. Zum Vertreter gemäß § 141 Abs. 3 S. 2 → § 141 Rdnr. 25ff.

14   5. **Patentanwälten** ist in Streitsachen über Ansprüche aus Rechtsverhältnissen, die im PatG, GebrauchsmusterG, WarenZG, ArbeitnehmererfindungenG, GeschmacksmusterG oder SortenschutzG geregelt sind, das **Wort zu gestatten**, ebenso in anderen Streitsachen, wenn bestimmte ähnliche Fragen bedeutsam werden, § 4 Abs. 1, 2 Patentanwaltsordnung vom 7. IX. 1966, BGBl. I 557; über die Rechte der *Patentassessoren* s. § 156 Patentanwaltsordnung. Zur *Vertretung* der Parteien durch Patentanwälte vor dem BGH s. dagegen § 3 Abs. 2 Nr. 3 Patentanwaltsordnung, § 121 PatG.

15   6. Wird das **Recht der Partei** durch den Vorsitzenden **verletzt**, so ist die **Entscheidung des Gerichts** nach § 140 anzurufen[18]. Enthält diese eine Gesetzesverletzung, so kann sie mit dem Rechtsmittel gegen das Endurteil nach §§ 512, 548 gerügt werden[19]. In der Ablehnung der von der Partei beantragten[20] persönlichen Anhörung ohne rechtfertigenden Grund wird

---

[12] *BVerwG* NJW 1984, 625.
[13] *RG* JW 1903, 397; *BayVerfGH* JR 1962, 77 = MDR 1961, 747 = NJW 1961, 1523.
[14] Vgl. *RGZ* 149, 63.
[15] *OLG München* NJW 1964, 1480; NJW 1966, 2069, 2070.
[16] *BGH* VersR 1967, 585 (dagegen Recht auf Anhörung eines privaten Sachverständigen, wenn sich das Gericht auf dessen schriftliche Darlegungen stützen will).
[17] S. auch *Rosenberg* Stellvertretung im Prozeß (1908), 24 Fn. 1 (der darin allerdings einen Beistand i. S. d.

§ 90 sieht); *Hellwig* ZZP 39 (1909), 367; *Kann* JW 1920, 983; *Bergerfurth* Der Anwaltszwang und seine Ausnahmen[2] (1988) Rdnr. 143 (bei allseitigem Einverständnis); *Baumbach-Lauterbach-Hartmann*[51] Rdnr. 42. – A.M. wohl *RGZ* 102, 331.
[18] *RG* JW 1903, 397.
[19] *RG* Gruchot 52 (1908), 143.
[20] Die Partei muß ihren Wunsch, selbst zu Wort zu kommen, deutlich zum Ausdruck bringen, vgl. *BayVerfGH* NJW 1984, 1026.

regelmäßig (obwohl der Anwaltszwang als solcher nicht gegen Art. 103 Abs. 1 GG verstößt, → vor § 128 Rdnr. 23) eine **Verletzung des Anspruchs auf rechtliches Gehör** liegen, näher, auch zur prozeßunfähigen Partei, → vor § 128 Rdnr. 23a.

V. Arbeitsgerichtliches Verfahren

§ 137 ist auch im Verfahren in Arbeitssachen anzuwenden. Dabei gilt Abs. 4 im Verfahren vor dem LAG ohne Unterschied, ob die Parteien durch Anwälte oder Verbandsvertreter, § 11 Abs. 2 ArbGG, vertreten sind, → § 129 Rdnr. 42. Entgegen § 137 Abs. 1 *beginnt* nach § 54 Abs. 1 S. 1 ArbGG die mündliche Verhandlung bereits mit der *Güteverhandlung* vor dem Vorsitzenden, ohne daß sogleich zu deren Beginn die Anträge gestellt werden müßten[21]. Die Klagerücknahme ist nach § 54 Abs. 2 S. 1 ArbGG bis zum Stellen der Anträge ohne Einwilligung des Beklagten zulässig. § 39 S. 1 und § 282 Abs. 3 S. 1 gelten in der Güteverhandlung nicht, § 54 Abs. 2 S. 3 ArbGG.   16

§ 138 [Wahrheits- und Erklärungspflicht]

(1) Die Parteien haben ihre Erklärungen über tatsächliche Umstände vollständig und der Wahrheit gemäß abzugeben.

(2) Jede Partei hat sich über die von dem Gegner behaupteten Tatsachen zu erklären.

(3) Tatsachen, die nicht ausdrücklich bestritten werden, sind als zugestanden anzusehen, wenn nicht die Absicht, sie bestreiten zu wollen, aus den übrigen Erklärungen der Partei hervorgeht.

(4) Eine Erklärung mit Nichtwissen ist nur über Tatsachen zulässig, die weder eigene Handlungen der Partei noch Gegenstand ihrer eigenen Wahrnehmung gewesen sind.

Gesetzesgeschichte: Bis 1900 § 129 CPO. Änderung RGBl. 1933 I 780, 821.

Stichwortregister zu § 138

I. Die Wahrheits- und Vollständigkeitspflicht 1	b) Geltung für Prozeßbevollmächtigte 13
1. Allgemeines 1	c) Sanktionen 14
a) Zweck der Vorschrift, prozessuale Rechtspflicht 1	d) Kein Festhalten an unwahrer Parteibehauptung 15
b) Pflicht zur subjektiven Wahrheit 2	e) Vollstreckungsschutz 16
c) Vollständigkeitspflicht 3	f) Keine Ungebühr 17
d) Verbot der Unwahrheit zugunsten der Partei 5	g) Wiederaufnahmeklage 18
e) Geltungsbereich 6	4. Materiell-rechtliche Folgen unwahrer Prozeßbehauptungen 19
2. Umfang der Pflicht 7	a) Schadensersatzpflicht 19
a) Erfaßte Tatsachen 7	b) Widerruf und Unterlassung 20
b) Bestreiten 8	II. Die Erklärungspflicht 21
c) Grenzen 9	1. Gegenstand, keine allgemeine Aufklärungspflicht 22
3. Prozessuale Folgen der Verletzung der Pflicht 10	2. Inhalt 24
a) Nichtberücksichtigung der Behauptung 11	3. Bestreiten und Zugestehen 25
	a) Bestreiten 26
	b) Zugestehen 30

---

[21] Ebenso *Grunsky* ArbGG[6] § 54 Rdnr. 4; *Germelmann-Matthes-Prütting* ArbGG § 54 Rdnr. 29.

4. Nichtbestreiten	31	IV. Arbeitsgerichtliches Verfahren	38
5. Grenzen der Anwendbarkeit	33	1. Urteilsverfahren, Arbeitsunfä-	
6. Erklärung mit Nichtwissen	34	higkeitsbescheinigung	38
III. Vertragliche Abreden	37	2. Beschlußverfahren	39

Stichwortregister zu § 138

Die Zahlenangaben beziehen sich auf die Randnummern.

Abtretung 34a
Affirmative Litiskontestation 31a
Allgemeine Aufklärungspflicht 22 ff.
Amerikanisches Recht 23a
Anerkennungsvertrag 37
Anwalt 13
Arbeitsgerichtliches Verfahren 38 f.
Arbeitsunfähigkeitsbescheinigung 38
Augenscheinsbeweis 22
Ausforschungsbeweis 11
Ausländische Rechtsordnungen 23a

Begriff der Erklärung 2
Behauptungslast 22a, 28a
Bejahende Einlassung 31a
Beschlußverfahren (Arbeitsgerichte) 39
Bestreiten 8, 26 ff., 29, 31 ff.
Betrug 14
Beweislast 22a, 28a
– beim Widerrufsanspruch 20 (Fn. 36)
Beweiswürdigung 10, 22a
Bewußt unwahre Behauptung 10, 12
Bewußt unwahres Geständnis 5
Bindung des Gerichts
– an Geständnis 30
– an nichtbestrittene Tatsachen 31 ff.

Datenschutz 23
Discovery 23a
Durchbrechung der Rechtskraft 19

Ehrenrührige Tatsachenbehauptungen 28
Ehrenschutz 20 ff.
Eigene Handlungen der Partei 34
Einführung der Wahrheitspflicht 1
Einlassung des Beklagten 7
Einlassungsverweigerung 27
Entstehungsgeschichte 1
Erfüllung 7b
Erkenntnisverfahren 6
Erklärung 2
– mit Nichtwissen 34 ff.
Erklärungspflicht 21 ff.
Erkrankung des Arbeitnehmers 28a
Erlaß 7b

Eventualverhältnis 2

Forderungsabtretung 34a
Freie Beweiswürdigung 22a

Gegenbehauptungen 26
Generelle Aufklärungspflicht 22 ff.
Geschäftlicher Ruf 28
Geständnis 5, 30
Geständnisfiktion 27, 29, 31 ff., 35

Haftpflichtversicherer 34a
Heimliche Tonbandaufnahme 20a (Fn. 42)
Hilfspersonen 34a

Information des Prozeßbevollmächtigten 36
Informationelle Selbstbestimmung 23
Informationsmöglichkeiten 34a f.
Insiderwissen 28

Kindschaftsprozeß 11
Klauselerteilungsverfahren 33
Konkludentes Geständnis 30
Konzentration 2
Krankheit des Arbeitnehmers 28a
Kündigung eines Arbeitsverhältnisses 28a
Kurzerkrankungen 28a

Last 1, 24
Lohnfortzahlungsprozeß 38
Löschung einer Tonbandaufnahme 20a (Fn. 42)

Mahnverfahren 6
Materiell-rechtliche Auskunftspflichten 22, 23
Materiell-rechtliche Folgen unwahrer Prozeßbehauptungen 19 ff.
Materielle Rechtskraft 19
Mögliche Tatsachen 11

Nachholen des Bestreitens 31b
Nachverfahren 31b
Neues Vorbringen des Gegners 36
Nichtbestreiten 31 ff.
Nichtwissen 8
Novelle 1933 1

Objektive Unwahrheit 10

Pauschales Bestreiten 27
Pflicht
– zur subjektiven Wahrheit 2
– zur Vollständigkeit 3
Plausibilitätskontrolle 11
Positive Überzeugung vom Gegenteil 8
Pretrial discovery 23a
Prozeßbetrug 14, 18
Prozeßbevollmächtigter 13, 36
Prozeßkostenhilfeverfahren 6
Prozeßlüge 2
Prozessuale Aufklärungspflicht 22 f.
Prüfung von Amts wegen 33

Recht auf informationelle Selbstbestimmung 23
Rechtsanwalt 13
Rechtshemmende Tatsachen 7b
Rechtskraft 19
Rechtsmißbrauch 5
Rechtsnachfolge in der Zwangsvollstreckung 33
Rechtspflicht der Parteien 1
Rechtsschutzbedürfnis im Zweitprozeß 20a
Rechtsvernichtende Tatsachen 7b
Richterliche Schadensschätzung 7a
Rufschädigende Tatsachenbehauptungen 28

Säumnis 12
Schadensersatzpflicht 19
Schadensschätzung 7a
Schlüssigkeit 4
Schriftliches Verfahren 6
Schriftsatzfrist 27
Schutzgesetz 19
Sekundäre Behauptungslast 28a
Sich widersprechende Behauptungen 2
Sittenwidrigkeit 19
Strafbare Handlung 9
Strafsanktion 14
Streitwert 33
Stundung 7b
Subjektive Unwahrheit 2, 10
Subjektive Wahrheit 2
Substantiierung 4, 29
– des Bestreitens 28

Tatsachenkomplex 7
Tonbandaufnahme 20a (Fn. 42)

Umfang der Wahrheits- und Vollständigkeitspflicht 7 ff.
Unehrenhafte Tatsache 9, 28
Ungebühr 17
Ungünstige Behauptungen des Gegners 5
Unterlassung
– einer Parteibehauptung 20a
– einer Zeugenaussage 20a
Unterlassungsanspruch 20 ff.
Untersuchungsmaxime 33
– im arbeitsgerichtlichen Beschlußverfahren 39
Urkundenvorlage 22
US-amerikanisches Recht 23a

Verbot der Prozeßlüge 2
Vereinbarungen 37
Verhandlungsgrundsatz 1, 7, 7b
Verletzung der Wahrheitspflicht 10 ff.
Versäumnisverfahren 12
Versicherer 34a
Vertragliche Abreden 37
Verweigerung der Einlassung 27
Verzögerungsgebühr 14
Vollständigkeitspflicht 3
Vollstreckungsklausel 33
Vollstreckungsschutz 16
Vorlage
– von Augenscheinsobjekten 22
– von Urkunden 22
Vorsorgliches Bestreiten 27

Wahrheitsfindung 1
Wahrheitspflicht 1 ff.
Wahrnehmung berechtigter Interessen 20
Wahrnehmung der Partei 34
Wahrscheinliche Tatsachen 11
Widerklage 7b
Widerruf falscher Behauptungen 15, 20 ff., 28
Widerruf von Prozeßhandlungen 18
Widerrufsanspruch
– gegen Partei 20 ff.
– gegen Zeugen 20a
Wissen von Hilfspersonen 34a

Zedent 34a
Zessionar 34a
Zugang eines Schreibens 34 (Fn. 104)
Zugestehen 30
Zwangsvollstreckung 6
Zweitprozeß 20a

I. Die Wahrheits- und Vollständigkeitspflicht[1]

1. Allgemeines

1 a) Die **Wahrheitspflicht der Parteien** wurde durch die Novelle 1933 (→ Einl. Rdnr. 133) in das Gesetz aufgenommen[2]. Damit wurde eindeutig die früher teilweise vertretene Auffassung abgelehnt, daß die Partei prozessual zur Aufstellung unwahrer Behauptungen befugt sei und es stets dem Gegner überlassen bleiben müsse, die Lüge zu bekämpfen. Die Wahrheits- und Vollständigkeitspflicht stellt eine echte prozessuale **Rechtspflicht der Parteien,** nicht nur eine prozessuale Last dar[3] (→ Einl. Rdnr. 233, 237f.); denn das Gesetz will die Parteien zur Erfüllung der Pflicht anhalten und stellt es – anders als bei prozessualen Lasten – den Parteien nicht frei, den Anforderungen nicht nachzukommen und dafür ungünstige Rechtsfolgen auf sich zu nehmen. Die ausdrückliche Hervorhebung der Wahrheits- und Vollständigkeitspflicht besitzt grundsätzliche Bedeutung für die Zielsetzung des Zivilprozesses. In ihr kommt zum Ausdruck, daß die im Zivilprozeß geltende Verhandlungsmaxime keinen Widerspruch zur Wahrheitsfindung darstellt, sondern auf der Vorstellung beruht, daß die weitgehenden Parteirechte in Verbindung mit der Parteiverantwortung den geeigneten Weg zur Feststellung des wahren Sachverhalts darstellen, soweit dies für die Rechtsschutzgewährung erforderlich ist, → vor § 128 Rdnr. 82ff.

2 b) Als ein an die Parteien gerichteter Gesetzesbefehl kann die Vorschrift, ebenso wie beim Zeugen, nur die **Pflicht zur subjektiven Wahrheit** aussprechen: Die Partei darf nicht Erklärungen über tatsächliche Umstände abgeben, die nach ihrer eigenen Kenntnis und Überzeugung den Tatsachen nicht entsprechen. Die Wahrheitspflicht ist also eine Pflicht zur *Wahrhaftigkeit*, ein *Verbot der Prozeßlüge*. Sie bedeutet *nicht,* daß nur solche Behauptungen zulässig

---

[1] Lit.: *Arens* Zur Aufklärungspflicht der nicht beweisbelasteten Partei im Zivilprozeß ZZP 96 (1983), 1; *Bernhardt* Die Aufklärung des Sachverhalts im Zivilprozeß, Festschr. für *Rosenberg* (1949), 9, 24; *ders.* Wahrheitspflicht und Geständnis im Zivilprozeß JZ 1963, 245; *J. Blomeyer* Schadensersatzansprüche des im Prozeß Unterlegenen wegen Fehlverhaltens Dritter (1972); *Blunck* Das einfache Bestreiten unter dem Gesichtspunkt der Erklärungslast (§ 138 Abs. 2 ZPO) MDR 1969, 99; *Brehm* Die Bindung des Richters an den Parteivortrag und Grenzen freier Verhandlungswürdigung (1982), 157; *Cohn* Zur Wahrheitspflicht und Aufklärungspflicht der Parteien im deutschen und englischen Zivilprozeßrecht, in Festschr. für *Fritz von Hippel* (1967), 41; *Costede* Scheinprozesse ZZP 82 (1969), 438, 443; *B. Fischer* Divergierende Selbstbelastungspflichten nach geltendem Recht (1989), 20; *P. Gottwald* Zur Wahrung von Geschäftsgeheimnissen im Zivilprozeß BB 1979, 1780; *Häsemeyer* Schadenshaftung im Zivilrechtsstreit (1979); *Henckel* Prozeßrecht und materielles Recht (1970), 146, 296; *Herr* Partei- und Amtsmaxime DRiZ 1988, 57; *Fritz von Hippel* Wahrheitspflicht und Aufklärungspflicht der Parteien im Zivilprozeß (1939); *Hopt* Schadensersatz wegen unberechtigter Verfahrenseinleitung (1968); *Kisch* Wahrheitspflicht, Verhandlungsmaxime, Eventualmaxime DJZ 1936, 913; *Konzen* Rechtsverhältnisse zwischen Prozeßparteien (1976), 284; *Lange* Bestreiten mit Nichtwissen NJW 1990, 3233; *Lent* Wahrheitspflicht der Partei im Zivilprozeß JW 1933, 2674; *ders.* Die Wahrheits- und Vollständigkeitspflicht im Zivilprozeß ZAkDR 1938, 196; *ders.* Wahrheitspflicht und Aufklärungspflicht im Zivilprozeß (1942); *G. Lüke* Der Informationsanspruch im Zivilrecht JuS 1986, 2; *Münzberg* Geständnis, Geständnisfiktion und Anerkenntnis im Klauselerteilungsverfahren NJW 1992, 201; *Niese* Doppelfunktionelle Prozeßhandlungen (1950), 69; *Olzen* Die Wahrheitspflicht der Parteien im Zivilprozeß ZZP 98 (1985), 403; *Pagenstecher* Bemerkungen über die Wahrheitspflicht im Zivilprozeß ZAkDR 1935, 973; *Peters* Auf dem Wege zu einer allgemeinen Prozeßförderungspflicht der Parteien? Festschr. für Schwab (1990), 399; *Schlosser* Die lange deutsche Reise in die prozessuale Moderne JZ 1991, 599; *ders.* Das Bundesverfassungsgericht und der Zugang zu den Informationsquellen im Zivilprozeß NJW 1992, 3275; *E. Schneider* Die Substantiierungslast beim Bestreiten MDR 1962, 361; *ders.* Prozessuale Folgen wahrheitswidrigen Vorbringens? DRiZ 1963, 342; *ders.* Die Unstreitigkeits-Fiktion des § 138 ZPO MDR 1968, 813; *ders.* Schriftsatznachlaß, um der Geständnisfiktion des § 138 Abs. 3 ZPO zu entgehen? JurBüro 1975, 1026; *Staud* Die Umgestaltung des Erkenntnisverfahrens DR 1935, 570; *Stürner* Die Aufklärungspflicht der Parteien des Zivilprozesses (1976) (zit. *Stürner*); *ders.* Parteipflichten bei der Sachverhaltsaufklärung im Zivilprozeß ZZP 98 (1985), 237; *Titze* Die Wahrheitspflicht im Zivilprozeß, Festschr. für *Schlegelberger* (1936), 165; *Welzel* Die Wahrheitspflicht im Zivilprozeß (1935); *Würthwein* Umfang und Grenzen des Parteieinflusses auf die Urteilsgrundlagen im Zivilprozeß (1977), 26, 35, 59.

[2] Vorbild für die ausdrückliche Aufstellung der Wahrheitspflicht war § 178 der österreichischen ZPO. – Zum ideologischen Hintergrund der Diskussion um die Wahrheitspflicht vor ihrer Verankerung im Gesetz vgl. *Brehm* (Fn. 1), 160; zur geschichtlichen Entwicklung *Olzen* ZZP 98 (1985), 403ff.

[3] *Rosenberg* ZZP 72 (1959), 333 gegen *Wieczorek*[2] § 138 Anm. A II.

wären, die die Partei *als wahr kennt*⁴. Um rechtserhebliche tatsächliche Verhältnisse im Prozeß klären zu lassen, ist die Partei genötigt, bestimmte Behauptungen über diese aufzustellen, näher → Rdnr. 11 sowie vor § 128 Rdnr. 76. Die Partei kann daher im **Eventualverhältnis** Behauptungen aufstellen, die sich widersprechen⁵, solange sie nicht von der Unwahrheit der einen überzeugt ist, → auch vor § 128 Rdnr. 213, 216, § 260 Rdnr. 18ff. Dabei muß aber das Verhältnis der einander ausschließenden Behauptungen zueinander klargestellt werden; unterbleibt dies (auch nach dem erforderlichen richterlichen Hinweis), so genügt der in sich widersprüchliche Vortrag nicht den Anforderungen des Abs. 1 und bildet auch keine ausreichende Grundlage für eine Beweiserhebung⁶. Der Kläger kann sich auch von seinem Sachvortrag abweichende tatsächliche Behauptungen des Beklagten hilfsweise zu eigen machen⁷. Unter den Begriff der **Erklärung** fallen sowohl Behauptungen wie das Bestreiten. Immer müssen sich die Erklärungen auf *Tatsachen* (nicht auf Rechtsfragen) beziehen, weil nur tatsächliche Behauptungen wahr oder unwahr sein können; zum Begriff der Tatsache → § 284 Rdnr. 9ff., § 288 Rdnr. 5ff., ferner → Rdnr. 31 bei Fn. 91.

c) Wenn das Gesetz hier in Verbindung mit der Wahrheitspflicht die **Pflicht zur Vollständigkeit** aufstellt, so ist damit nicht der Grundsatz der Konzentration ausgesprochen, der vom Gesetz an anderer Stelle behandelt ist (§§ 282, 296, 296a, 519, 527ff.), sondern ähnlich wie bei der Zeugnispflicht (»...und nichts verschwiegen habe«, § 392 S. 3) nur gesagt, daß die durch Verschweigung von Einzelheiten entstellte Darstellung der unwahren gleichsteht. Die Vollständigkeitspflicht besteht nur im Rahmen der Wahrheitspflicht, → Rdnr. 7ff. Die Vollständigkeitspflicht kann nicht dazu führen, daß das Gericht Prozeßstoff berücksichtigen darf, der von keiner Partei vorgebracht worden ist⁸. Sie rechtfertigt auch weder allein noch in Verbindung mit anderen Vorschriften eine *allgemeine Aufklärungspflicht* der nicht behauptungs- und beweisbelasteten Prozeßpartei, → Rdnr. 22.

Abs. 1 regelt nicht die Frage, ob die vorgetragenen Tatsachen in dem Sinn vollständig sind, daß sie die **Klage** bzw. die **Rechtsverteidigung rechtfertigen;** vielmehr geht es dabei um Fragen der hinreichenden *Substantiierung* der Klage (→ § 253 Rdnr. 125), der *Schlüssigkeit* aufgrund der materiell-rechtlichen Tatbestandsvoraussetzungen (→ Rdnr. 7, → § 253 Rdnr. 127f.) und der Beweiswürdigung. Aus Abs. 2 kann sich jedoch die Notwendigkeit ergeben, das Bestreiten zu substantiieren, → Rdnr. 28.

d) Der Grundsatz des Abs. 1 betrifft nach Sinn und Zweck nur die **Unwahrheit zugunsten der Partei:** ihr *ungünstige* gegnerische Behauptungen gegen sich gelten zu lassen oder ihr günstige Gegenbehauptungen nicht vorzubringen, ist die Partei regelmäßig nicht gehindert⁹, und ebenso kann sie einen ihrer Überzeugung entsprechenden Sachvortrag aufrechterhalten und sich gleichzeitig gegnerische Behauptungen, die sie nicht für wahr hält, die aber ihren Antrag begründen, zu eigen machen¹⁰, → vor § 128 Rdnr. 80. Grenzen können sich aus dem Gesichtspunkt des Rechtsmißbrauchs ergeben (→ Einl. Rdnr. 242ff. sowie vor § 128 Rdnr. 231); zum bewußt unwahren Geständnis in Zusammenwirken mit dem Gegner → § 288 Rdnr. 23. Von solchen Fällen und vom Geständnis unmöglicher oder offenkundig unwahrer Tatsachen abgesehen, ist aber auch das bewußt unwahre Geständnis wirksam, näher → § 288 Rdnr. 21ff.

---

⁴ *BGH* NJW 1968, 1233; WM 1985, 736, 737; *OLG Bamberg* BayJMBl 1952, 132; *Rosenberg-Schwab-Gottwald*¹⁵ § 65 VIII 4.
⁵ *BGHZ* 19, 390 = NJW 1956, 631 = LM Nr. 1 (*Johannsen*); *BGH* MDR 1959, 834 = LM § 260 Nr. 9; NJW-RR 1987, 1318 (Haftung aus Vertragsschluß im eigenen Namen oder aus § 179 BGB).
⁶ *BGH* MDR 1988, 133.

⁷ *BGH* NJW 1985, 1841, 1842; ZZP 103 (1990), 218 (*Musielak*) = JZ 1989, 858.
⁸ A.M. *Bernhardt* (Fn. 1), 35.
⁹ Ebenso *Thomas-Putzo*¹⁸ Rdnr. 7. – A.M. *Bernhardt* (Fn. 1), 29f.; *Martens* JuS 1974, 785, 788; MünchKommZPO-*Peters* Rdnr. 13; AK-ZPO-*Schmidt* Rdnr. 26.
¹⁰ *BGHZ* 19, 390 (Fn. 5); *BGH* MDR 1956, 10; *BGH* LM Nr. 12 = MDR 1969, 995.

6 e) Die Vorschrift gilt trotz ihrer Stellung im Gesetz nicht nur für die mündliche Verhandlung, sondern **auch für schriftsätzliche Erklärungen** und für das **schriftliche Verfahren**; sie bezieht sich nicht nur auf das Erkenntnisverfahren, sondern auf das gesamte zivilprozessuale Verfahren, z.B. auch auf das Prozeßkostenhilfeverfahren, das Mahnverfahren und die Zwangsvollstreckung. Zur Anwendung des Abs. 3 im Klauselerteilungsverfahren und im Verfahren nach § 891 → Rdnr. 33.

2. Umfang der Pflicht

7 a) **Wie weit** der **Kläger** bei der Darstellung des für den Rechtsstreit voraussichtlich **wesentlichen Tatsachenkomplexes** zu gehen hat, bestimmt sich im wesentlichen nach dem auf den Verhandlungsgrundsatz abgestimmten Aufbau der materiell-rechtlichen Tatbestände. Auf welche Normen er sich mit Hilfe des entsprechenden Tatsachenvortrags stützt, ist Sache des Klägers. So kann er sein Eigentum aus einer Vermutung, z.B. § 1006 BGB, herleiten, ohne seinen Eigentumserwerb (jedenfalls zunächst, näher → § 292 Rdnr. 13) durch tatsächliche Behauptungen zu belegen. Von verschiedenen Klagegründen kann er nur einen oder einige vortragen. Der **Vortrag des Gegners** kann es erforderlich machen, den eigenen Tatsachenvortrag zu ergänzen, wenn andernfalls Unklarheiten entstehen und dadurch der Schluß auf die Entstehung des vom Kläger behaupteten Rechts nicht mehr gerechtfertigt ist. Dagegen ist der Kläger nicht etwa aufgrund der Wahrheits- und Vollständigkeitspflicht verpflichtet, darüber hinausgehende Einzelheiten vorzutragen, um dem Beklagten dadurch die Einlassung auf das Klagebegehren zu erleichtern[11]. Zur Substantiierung des Klagegrundes als Erfordernis der ordnungsgemäßen Klageerhebung → § 253 Rdnr. 125.

7a Geringere Anforderungen an die Darlegung gelten im Bereich des § 287, doch müssen auch hier Tatsachen vorgetragen werden, die als Grundlage der **richterlichen Schadensschätzung** geeignet sind[12], näher → § 287 Rdnr. 25.

7b **Rechtshemmende und rechtsvernichtende Tatsachen** braucht der Kläger, der ein Recht geltend macht, im Geltungsbereich des Verhandlungsgrundsatzes grundsätzlich nicht vorzutragen; denn dafür trägt der Beklagte die Behauptungs- und Beweislast, → § 282 Rdnr. 40 ff. Die Wahrheitspflicht greift hier aber insofern ein, als der Kläger nicht Tatsachen verschweigen darf, von deren rechtshemmender oder rechtsvernichtender Wirkung er selbst überzeugt ist[13]. Ein Kläger, der auf Leistung klagt und dabei die ihm bekannte Erfüllung oder die von ihm selbst für wirksam erachtete Erlaß- oder Stundungsabrede verschweigt, verstößt gegen die Wahrheitspflicht. Die Pflicht geht aber nicht so weit, seinerseits die Tatsachen vorzubringen, aus denen – allerdings nach Ansicht des Klägers zu Unrecht – der Gegner die Tilgung der Forderung oder den Erlaß, die Stundung usw. folgert, oder auch Tatsachen, die nur für die Beurteilung der Glaubwürdigkeit des klägerischen Vortrags bedeutsam sind[14]. Es mag unter dem Gesichtspunkt der Prozeßökonomie angemessen sein, schon in der Klage auf die *voraussichtlichen* Einwendungen des Gegners und ihre Tatbestände einzugehen; das Unterlassen ist aber kein Verstoß gegen die Wahrheits- und Vollständigkeitspflicht. Die Vorschrift des § 253 Abs. 2 Nr. 2 (»Grund des erhobenen Anspruchs«, → § 253 Rdnr. 123 ff.) hat durch § 138 Abs. 1 keine Erweiterung erfahren. Eine Partei braucht auch nicht die Tatsachen vorzutragen, die der anderen Partei die Grundlagen für die Erhebung einer Widerklage geben[15]. Auch der

---

[11] *BGH* NJW 1991, 2707, 2709; 1992, 2427, 2428; *OLG Hamburg* NJW-RR 1990, 63.
[12] *BGH* NJW 1991, 3277, 3278.
[13] A.M. *Sauer* Allgemeine Prozeßrechtslehre (1951), 176.
[14] *BGH* MDR 1967, 475.
[15] RGZ 156, 269.

Beklagte wird durch Abs. 1 nicht verpflichtet, *alle* ihm bekannten Verteidigungstatsachen vorzubringen[16], auch soweit er sich darauf nicht stützen will.

b) **Bestreiten** i. S. des Gesetzes ist das nur äußerlich in die Form einer Wissenserklärung gekleidete Verlangen, daß die vom Gegner vorgebrachte Behauptung, ihre Erheblichkeit vorausgesetzt, zum Gegenstand einer Beweisaufnahme gemacht wird. Es handelt sich also um eine prozessuale Willenserklärung, → vor § 128 Rdnr. 179. Grund des Bestreitens können sowohl die *positive Überzeugung vom Gegenteil* als auch *Nichtwissen*, wie endlich alle dazwischenliegenden Stufen eines stärkeren oder schwächeren Zweifels sein. Das Bestreiten braucht unter diesen Gesichtspunkten nicht von vornherein näher begründet zu werden; ein Verstoß gegen die Wahrheitspflicht liegt nur dann vor, wenn die Partei von der Richtigkeit der vom Gegner vorgetragenen Tatsachen überzeugt ist, aber trotzdem bestreitet. Zu der u. U. bestehenden Pflicht, das Bestreiten im einzelnen zu substantiieren → Rdnr. 28.

c) Die Erfüllung der Wahrheitspflicht hat dort ihre **Grenze**, wo die Partei eine ihr zur *Unehre* gereichende Tatsache oder eine von ihr begangene *strafbare Handlung* offenbaren müßte[17]. Diese Einschränkung ist auch aus verfassungsrechtlichen Gründen geboten[18].

3. Prozessuale Folgen der Verletzung der Pflicht

a) Das Gericht hat **Behauptungen und Bestreitungen**, die es für subjektiv unwahr, d. h. für eine in voller Kenntnis ihrer Unwahrheit abgegebene Erklärung hält, **unberücksichtigt** zu lassen[19]. Praktisch hat diese Erkenntnis im allgemeinen (→ jedoch Rdnr. 12) keine Bedeutung, weil eine Behauptung oder ein Bestreiten schon dann unberücksichtigt bleibt, wenn die *objektive* Unwahrheit feststeht. Daher besteht in der Regel kein Anlaß, darüber hinaus noch zu fragen, ob die Behauptung auch *subjektiv* unwahr ist und damit unter Verstoß gegen § 138 Abs. 1 aufgestellt wurde. – Bei der *Beweiswürdigung* sind die Parteierklärungen und das Parteiverhalten zu berücksichtigen, aber man kann nicht § 286 Abs. 1 S. 1 geradezu als Sanktion für die Verletzung der Wahrheitspflicht betrachten und handhaben[20].

Häufig muß die Partei **Tatsachen behaupten**, über die sie eine genauere Kenntnis gar nicht haben kann, die sie vielmehr nach Lage der Verhältnisse nur für **wahrscheinlich oder möglich hält**; sie ist dazu genötigt, um eine Beweisaufnahme darüber zu erwirken[21]. Zu Behauptungen im Eventualverhältnis → Rdnr. 2. Ein Verstoß gegen die Wahrheitspflicht liegt erst vor, wenn die Partei ihrerseits von dem *Gegenteil* ihrer Behauptung *überzeugt* ist, und das kann das Gericht regelmäßig nicht ohne Prüfung dieser Behauptungen feststellen. Die Praxis hat versucht[22], mit § 138 Abs. 1 das Problem des **Ausforschungsbeweises** zu lösen, bei dem man sich früher u. U. damit behalf, daß man mangelnde Ernstlichkeit annahm; der ungenügend unterrichtete Prozeßbevollmächtigte stellt von sich aus, ohne Unterlagen dafür zu haben, z. B. im Kindschaftsprozeß Behauptungen über weitere Fälle von Mehrverkehr auf o. ä. Daß die Partei keine greifbaren Anhaltspunkte für ihre Behauptung hat, macht aber an sich noch keinen Verstoß gegen die Wahrheitspflicht des Abs. 1 aus[23]. Es erscheint auch problematisch, Tatsachenbehauptungen nur dann zu beachten (und gegebenenfalls in die Beweisaufnahme

---

[16] *BGH* LM Nr. 13 = MDR 1970, 833.
[17] *BVerfGE* 56, 37, 44; *RGZ* 156, 269; *RGSt* 72, 22; *OLG Kassel* JW 1937, 2768; *LG Koblenz* MDR 1975, 766; *Maunz/Dürig/Schmidt-Aßmann* GG (Stand 1991) Art. 103 Abs. 1 Rdnr. 89. – A. M. *Martens* JuS 1974, 785, 789; *Stürner* (Fn. 1), 174, 192 (Ergebnis); *Münch-KommZPO-Peters* Rdnr. 15.
[18] Vgl. *BVerfGE* 56, 37, 41 ff.
[19] Vgl. *RG* JW 1936, 2135.
[20] A. M. *KG* JR 1978, 378.
[21] Zust. *BGH* NJW 1968, 1233; ebenso *BGH* WM 1985, 736, 737; *OLG Hamburg* NJW-RR 1990, 63. – Auch an die Substantiierung des Tatsachenvortrags dürfen dann keine unzumutbaren Anforderungen gestellt werden, vgl. z. B. *OLG Schleswig* NJW 1983, 347. Vgl. auch *Olzen* ZZP 98 (1985), 403, 426, der eine Kennzeichnung solcher Tatsachen als Vermutung verlangt, dies aber als substantiierten Vortrag genügen läßt.
[22] Vgl. hierzu *RG* JW 1936, 2135, 2228; *RAG* 17, 295; *Bernhardt* (Fn. 1), 26 f.
[23] Vgl. *Brehm* (Fn. 1), 170, 173, 176.

darüber einzutreten), wenn sie einer Plausibilitätskontrolle[24] seitens des Gerichts standhalten. Immerhin kann das Fehlen jeglicher tatsächlicher Anhaltspunkte den Schluß auf die (auch subjektive) Unwahrheit zulassen oder u. U. einen Beweisantrag als rechtsmißbräuchlich erscheinen lassen[25], dazu und zum Ausforschungsbeweis → auch § 282 Rdnr. 40 ff.

12   Selbständige Bedeutung kann (anders als im Regelfall, → Rdnr. 10) der Verstoß gegen die Wahrheitspflicht gewinnen, soweit er dazu führt, eine sonst bestehende **Bindung des Gerichts an das Parteiverhalten zu beseitigen**. Da das Gericht als Lüge erkannte tatsächliche Behauptungen nicht zu berücksichtigen hat, ist in solchen Fällen eine Ausnahme von der Versäumniswirkung nach § 331 Abs. 1 anzunehmen. Dagegen genügt es hierzu nicht, daß das Gericht aufgrund einer vor der Säumnis erfolgten Beweisaufnahme Zweifel an der Wahrheit der Behauptung hat oder sie für widerlegt hält[26], → § 331 Rdnr. 5, § 370 Rdnr. 6. Bestreitet der Gegner eine bewußt unwahre Behauptung nicht (Abs. 3) oder gesteht er sie gar zu, so wird das Gericht gerade wegen § 138 Abs. 1 darauf hinweisen dürfen, daß nach seiner Ansicht ein Verstoß gegen die Wahrheitspflicht vorliegt. Bleibt dann der Gegner dennoch bei seinem Verhalten, so ist der Parteiherrschaft über den Tatsachenstoff grundsätzlich der Vorrang vor der Wahrheitspflicht einzuräumen, soweit nicht entweder ein Rechtsmißbrauch (insbesondere zu Lasten Dritter) vorliegt (→ § 288 Rdnr. 23) oder die zugestandene Tatsache unmöglich oder offenkundig unwahr ist (→ § 288 Rdnr. 21 f.). Wegen *Eventualbehauptungen* → Rdnr. 2.

13   b) Die Vorschrift ist auch für das **Verhältnis des Prozeßbevollmächtigten zur Partei** wesentlich: Der Prozeßbevollmächtigte darf sich Behauptungen des Mandanten, von deren Unwahrheit er überzeugt ist, nicht zu eigen machen[27]. Ein Verstoß würde standesrechtlich zu ahnden sein. Dabei kann sich der Anwalt auch nicht damit entlasten, daß er die Erklärungen lediglich als »im Auftrag der Partei vorgetragen« abgibt. Umgekehrt kann das Nichtvorbringen tatsächlicher Behauptungen, von deren Unwahrheit der Anwalt überzeugt ist, für ihn niemals eine Haftung gegenüber seinem Auftraggeber begründen.

14   c) Von einer **Strafsanktion,** etwa in der Form einer Kostenfolge oder Strafgebühr, hat das Gesetz **abgesehen,** einmal weil die von vornherein als Lüge erkannte Behauptung unberücksichtigt bleibt, → Rdnr. 10, im übrigen aber, weil die Beweisaufnahme in aller Regel nur zur Feststellung der objektiven, nicht auch einer subjektiven Unwahrheit führen wird und über die für den unmittelbaren Prozeßzweck benötigte Tatsachenermittlung hinaus schwerlich nach der subjektiven Seite ausgedehnt werden könnte. Die **Verzögerungsgebühr** nach § 34 GKG kann auch dann verhängt werden, wenn das Gericht zwar keine bewußte Unwahrheit, wohl aber Leichtfertigkeit annimmt. In der Aufstellung bewußt unwahrer Behauptungen[28] kann auch ein **Prozeßbetrug** liegen; wenn dessen Strafbarkeit auch nicht durch die Wahrheits-

---

[24] Dafür *Stürner* Aufklärungspflicht (Fn. 1), 117 ff. Entscheidend für die Beurteilung ist freilich, welche Anforderungen man an die Plausibilitätskontrolle stellt. Schließt man nur das völlig Abwegige aus (so *Stürner* aaO, 123), so geht dies wohl nicht über die auch hier für zulässig gehaltene Rechtsmißbrauchskontrolle hinaus.
[25] Vgl. *BGH* NJW 1968, 233, der allerdings den Verstoß gegen Abs. 1 (wegen willkürlicher Vermutung) und die Rechtsmißbräuchlichkeit des Beweisantrags als dieselbe Begründung auffaßt; ferner *BGH* LM § 282 Nr. 1; JZ 1985, 183, 184 (krit. *Stürner*); NJW 1991, 2707, 2708; 1992, 1967, 1968. – Dagegen *MünchKommZPO-Peters* Rdnr. 8 ff.
[26] Wurde durch die Beweisaufnahme die Unwahrheit der Behauptung eindeutig bestätigt, so *kann* dies den Schluß zulassen, daß die Aufrechterhaltung der Behauptung nunmehr auch subjektiv unwahr ist, → § 370

Rdnr. 6. Das muß aber nicht so sein: ist beispielsweise die Behauptung nach Auffassung des Gerichts durch Zeugenaussagen widerlegt, denen es Glauben schenkt, so braucht die Aufrechterhaltung der Behauptung durch die Partei keine subjektive Unwahrhaftigkeit zu sein. Das Erfordernis der subjektiven Unwahrheit behält also auch in diesem Zusammenhang seine Bedeutung. – A. M. *Henckel* JZ 1992, 645, 649.
[27] *BGH* NJW 1952, 1148. Aber in der Regel keine Pflicht, einen Meineid im Termin zu verhindern *BGHSt* 4, 327 = NJW 1953, 1720.
[28] Auch durch Verschweigen von Tatsachen kann ein Prozeßbetrug begangen werden, vgl. *OLG Zweibrücken* NJW 1983, 694. – Näher s. die Kommentare zum StGB, z. B. *Schönke-Schröder-Cramer* StGB[24] § 263 Rdnr. 51, 69 ff.

pflicht des § 138 Abs. 1 erst begründet sein dürfte, ist doch wohl die Erkenntnis der Strafbarkeit durch diese Bestimmung nicht unwesentlich gefördert worden, → § 580 Rdnr. 15.

d) Es entspricht **nicht** dem Sinn der Vorschrift, eine Partei (gewissermaßen als Strafe) etwa an einer unter Verletzung der Wahrheitspflicht **aufgestellten Behauptung festzuhalten;** jede Partei kann ihre falschen Behauptungen widerrufen[29], solange keine Geständniswirkung (→ § 288 Rdnr. 19) eingetreten ist. Stellt eine Partei mit dem Widerruf der unrichtigen Behauptung zugleich neue Behauptungen auf, so ist zu prüfen, wieweit von der Zurückweisungsbefugnis gemäß § 296 Gebrauch zu machen ist. 15

e) Der Partei mit Rücksicht auf die bei dem Verstoß gegen die Wahrheitspflicht bewiesene Unzuverlässigkeit hernach den **Vollstreckungsschutz** nach §§ 765a, 813a usw. zu **versagen,** mag u. U. angezeigt sein, sollte aber keineswegs als Regel gelten. 16

f) Die Verletzung der Wahrheitspflicht *allein* bedeutet **keine Ungebühr,** die nach § 178 GVG (→ vor § 128 Rdnr. 140ff.) zu bestrafen wäre. 17

g) Ein Verstoß des Gegners gegen die Wahrheitspflicht führt nicht zur Widerruflichkeit bindender Prozeßhandlungen[30]; anders, wenn ein Restitutionsgrund vorliegt, → vor § 128 Rdnr. 226. Zur **Wiederaufnahmeklage** wegen Prozeßbetrugs → § 580 Rdnr. 15. 18

4. Materiell-rechtliche Folgen unwahrer Prozeßbehauptungen

a) Schadensersatzpflicht. – Die Wahrheitspflicht soll unrichtige Entscheidungen verhindern und dient damit nicht nur dem allgemeinen Interesse an gerechter Rechtspflege, sondern auch dem Schutz des Gegners vor einem falschen Urteil. Daher ist § 138 als **Schutzgesetz** i. S. von § 823 Abs. 2 BGB anzusehen[31], allerdings nur, soweit es um bewußt unwahre Behauptungen[32] (→ Rdnr. 2) und um Schäden gerade durch die unrichtige Entscheidung des Rechtsstreits geht[33]. Auch aus § 823 Abs. 2 BGB i. V. m. § 263 StGB kann sich – bei Prozeßbetrug – ein Schadensersatzanspruch ergeben, ebenso aus § 826 BGB bei vorsätzlicher, sittenwidriger Schädigung[34]. Soweit jedoch das Urteil **rechtskräftig** geworden ist, scheitern alle diese Ersatzansprüche an der materiellen Rechtskraft, da damit auch die Richtigkeit der Entscheidung zwischen den Parteien feststeht, → § 322 Rdnr. 262f.[35], so daß kein Schaden durch die Entscheidung bejaht werden kann. Anderes gilt erst, wenn das Urteil auf Wiederaufnahmeklage hin aufgehoben wurde (→ § 580 Rdnr. 15) oder wenn eine Durchbrechung der Rechtskraft über § 826 BGB wegen sittenwidriger Erschleichung des Urteils angenommen werden kann. Dies sollte aber nur bejaht werden, wenn die inhaltliche Unrichtigkeit der Entscheidung und ihre sittenwidrige Herbeiführung evident sind, näher → § 322 Rdnr. 268ff., insbesondere Rdnr. 279. 19

---

[29] RG ZAkDR 1937, 536.
[30] BGH NJW 1985, 2335 (zum Rechtsmittelverzicht).
[31] *J. Blomeyer* (Fn. 1), 49; *Hopt* (Fn. 1), 270; *Konzen* (Fn. 1), 285; *Weigelt* Stellt § 138 Abs. 1 der neuen ZPO ein Schutzgesetz i. S. v. § 823 Abs. 2 BGB dar? DJZ 1943, 533; *Rosenberg-Schwab-Gottwald*[15] § 65 VIII 7c. – A.M. *Baumbach-Lauterbach-Hartmann*[51] Rdnr. 65; *Grunsky*[2], 183 Fn. 57; *Häsemeyer* (Fn. 1), 29, *Weimar,* Haftung des Sachverständigen bei fehlerhaftem Gutachten VersR 1955, 263, 264; wohl auch *Henckel* (Fn. 1), 297f.
[32] *J. Blomeyer* (Fn. 1), 45; *Rosenberg-Schwab-Gottwald*[15] § 65 VIII 4; *Thomas-Putzo*[18] Rdnr. 3. – A.M. *Hopt* (Fn. 1), 272.
[33] *Konzen* (Fn. 1), 286. – A.M. *J. Blomeyer* (Fn. 1), 43 Fn. 121.

[34] Zu weitgehend *Dölle* Pflicht zur redlichen Prozeßführung, Festschr. für Riese (1964), 279, 291, der Schadensersatzansprüche unmittelbar aus der Verletzung einer von ihm angenommenen Pflicht der Parteien zu redlicher Prozeßführung herleiten will. Damit wird jedoch, wie *Zeiss* NJW 1967, 703, 707 Fn. 55 zutreffend hervorhebt, das Haftungssystem des geltenden Rechts verlassen.
[35] Ebenso *J. Blomeyer* (Fn. 1), 50. – Wie *Häsemeyer* (Fn. 1), 141 zutreffend ausführt, gilt dies nicht für die Ansprüche auf Ersatz von Begleitschäden (z.B. für gesundheitliche Schäden durch beleidigende Äußerungen im Rahmen des Prozesses), weil diese Ansprüche nicht von der Unrichtigkeit der rechtskräftigen Feststellung abhängen.

20 **b) Widerruf und Unterlassung.** – Wird *außerhalb* eines Prozesses eine ehrverletzende Tatsachenbehauptung aufgestellt, so kommen Ansprüche auf Unterlassung, auf Widerruf (bei Nachweis der Unwahrheit) oder auch auf sogenannten eingeschränkten Widerruf (Erklärung, eine Behauptung nicht aufrechterhalten zu können, da sie nicht erweislich ist) in Betracht[36]. Ob diese Ansprüche auch dann bestehen, wenn eine **ehrverletzende Behauptung** gegenüber dem Gericht **im Rahmen eines Zivilprozesses** aufgestellt wurde, erscheint aus verschiedenen Gründen zweifelhaft. Die prozessuale Behauptung bezweckt, die Tatsache zum Prozeßstoff zu machen und gegebenenfalls eine Beweiserhebung darüber herbeizuführen. Darin liegt nicht notwendig eine Aussage über die *Wahrheit*, sondern nicht selten nur die Erklärung des Behauptenden, er halte es für möglich, daß sich die Dinge so zugetragen haben. Wollte man solchen Vortrag unterbinden, so ginge das über die Wahrheitspflicht hinaus (→ Rdnr. 2, 11) und würde die Rechtsverfolgung bzw. Rechtsverteidigung erheblich beschränken[37]. Außerdem würde, soweit man Widerrufs- oder Unterlassungsansprüche zuläßt, die *Entscheidung über die Wahrheit* der Behauptung in der Regel *in einen anderen Prozeß verlagert*[38]. Solange die Unwahrheit einer prozessualen, zur Rechtswahrung erforderlichen und geeigneten Behauptung nicht feststeht und die behauptende Partei bei der Aufstellung der Behauptung die gebotene Sorgfalt (keine leichtfertige Behauptung) beachtet hat[39], ist die Behauptung als **Wahrnehmung berechtigter Interessen** i.S. des § 193 StGB anzusehen und daher gerechtfertigt[40].

20a Diese Begründung reicht aber allein nicht, um die Verfolgung von Widerrufs- und Unterlassungsansprüchen in einem zweiten Prozeß auszuschließen; denn sobald der *Nachweis der Unwahrheit* in diesem zweiten Prozeß gelungen wäre, könnte die Aufrechterhaltung der Behauptung nicht mehr durch § 193 StGB gerechtfertigt werden[41]. Im Hinblick auf die besondere Struktur der Prozeßbehauptung und auf den Schutzzweck des Widerrufs- bzw. Unterlassungsanspruchs wird man aber dennoch mit der ständigen Rsp des BGH[42] einen **Zweitprozeß wegen fehlenden Rechtsschutzbedürfnisses**[43] **ausschließen** müssen, wenn und soweit durch die Klärung im Erstprozeß ein hinreichender Schutz erzielt wird. Dies ist anzunehmen, wenn die Behauptung Tatsachen betrifft, die im Erstprozeß wenigstens möglicherweise rechtserheblich sind; denn dann ist damit zu rechnen, daß das Gericht im Erstprozeß die Wahrheit der Behauptung zu klären hat, und dem Gegner ist im Regelfall zuzumuten, sich mit dieser Klärung zufriedenzugeben bzw. zunächst abzuwarten, ob es im Erstprozeß zu einer solchen Klärung kommt[44]. Aus denselben Gründen ist auch für eine Klage einer

---

[36] *MünchKommBGB-Schwerdtner*[2] § 12 Rdnr. 322 ff., 337 ff.; *Palandt-Thomas*[52] Einf. vor § 823 Rdnr. 18 ff., 26 ff.; *Erman-Ehmann*[9] Anhang zu § 12 Rdnr. 432 ff.; *Erman-Schiemann*[9] vor § 823 Rdnr. 23. – Die Unterscheidung zwischen Ansprüchen auf uneingeschränkten und eingeschränkten Widerruf mit jeweils unterschiedlicher Beweislast ist sehr problematisch; man sollte besser einen einheitlichen Anspruch auf Rücknahme der Behauptung gewähren, näher s. *Leipold* Festschr. f. Hubmann (1985), 271, 276 ff.; → auch § 286 Rdnr. 57 f.

[37] *OLG Köln* MDR 1968, 921 (*Baumgärtel*). Ähnlich *E. Helle* Die Rechtswidrigkeit der ehrenrührigen Behauptung NJW 1961, 1896, 1898; *OLG Hamburg* MDR 1969, 142, die eine Verletzung des rechtlichen Gehörs, Art. 103 Abs. 1 GG, annehmen. – Ausführlich zum gesamten Problemkreis *J. Helle* Die Begrenzung des zivilrechtlichen Schutzes der Persönlichkeit und der Ehre gegenüber Äußerungen in rechtlich geordneten Verfahren GRUR 1982, 207.

[38] *OLG Köln* MDR 1968, 921 f.; *E. Helle* NJW 1961, 1896, 1899.

[39] *Konzen* (Fn. 1), 320.

[40] *BVerfG* NJW 1991, 29; *Baumgärtel* Die Klage auf Vornahme, Widerruf oder Unterlassung einer Prozeßhandlung in einem bereits anhängigen Prozeß, Festschr. für Schima (Wien 1969), 41, 57; *v. Falck* Anm. zu *BGH* GRUR 1969, 236, 240.

[41] *BGH* NJW 1971, 284, 285 = GRUR 175 (*v. Falck*); *Konzen* (Fn. 1), 321; *E. Helle* NJW 1961, 1896, 1897; *J. Helle* GRUR 1982, 207, 209.

[42] *BGH* NJW 1962, 243 = JZ 1962, 486 (*Weitnauer*); NJW 1971, 284, 285; 1977, 1681, 1682; 1986, 2502, 2503 = JZ 1986, 1057 (*Walter*); NJW 1987, 3138; 1988, 1016; 1992, 1314, 1315. – Dasselbe gilt grundsätzlich für Werturteile, *BGH* LM § 823 (Ah) BGB Nr. 46 = MDR 1973, 304. – Zulässig ist dagegen nach *BGH* JZ 1988, 304 (abl. *Walter*) eine Klage auf Löschung einer heimlichen Tonbandaufnahme, die in einem anderen Prozeß als Beweismittel benutzt werden soll.

[43] So *BGH*, z.B. WM 1987, 1114, 1115; NJW 1992, 1314, 1315. Dagegen nimmt *Walter* JZ 1986, 614, 618; *ders.* JZ 1986, 1059 Fehlen der Klagbarkeit an. Für Unbegründetheit der Klage *Helle* NJW 1987, 233.

[44] *OLG Karlsruhe* AnwBl 1969, 160, 162.

Prozeßpartei bzw. des Beschuldigten im Strafprozeß[45] gegen einen Zeugen auf Widerruf einer Aussage[46] (oder auf Zahlung eines Schmerzensgeldes) regelmäßig das Rechtsschutzbedürfnis zu verneinen. Dieselben Regeln sind auch auf eine **Widerklage** auf Unterlassung einer Parteibehauptung oder Zeugenaussage[47] anzuwenden. Darin liegt ein gewisses Opfer für den Betroffenen, das aber im Interesse der Rechtschutzgewährung zu verlangen ist.

Ein **selbständig einklagbarer Widerrufs- oder Unterlassungsanspruch** sollte danach gegenüber prozessualen Behauptungen nur[48] bejaht werden, wenn eine ehrverletzende Behauptung zwar *im Rahmen* des Prozesses aufgestellt wurde, aber *mit dem Prozeßgegenstand offensichtlich nichts zu tun hat*[49], oder wenn eine ehrenrührige Tatsache nicht nur *im* Prozeß, sondern zugleich *außerhalb* des Prozesses verbreitet wurde[50]. Auch Dritten, die im Erstprozeß keine Möglichkeit haben, ihre Interessen zu wahren, wird man die Ehrenschutzklagen nicht wegen fehlenden Rechtsschutzbedürfnisses versagen können[51], doch wird der Begründetheit solcher Klagen nicht selten der Rechtfertigungsgrund der Wahrnehmung berechtigter Interessen (§ 193 StGB)[52] entgegenstehen. Nach Beendigung des Prozesses wird man das Rechtsschutzbedürfnis nur[53] dann zu bejahen haben, wenn im Prozeß keine Klärung erfolgt ist und sich die Wirkungen der Tatsachenbehauptungen nicht mit dem Prozeß erschöpft haben. 20b

II. Die Erklärungspflicht

Nach Abs. 2 hat sich jede Partei über die vom Gegner behaupteten Tatsachen (zum Begriff → § 284 Rdnr. 9ff.) **in der mündlichen Verhandlung zu erklären**. Die vorherige *schriftsätzliche Ankündigung* ist keine allgemeine Wirksamkeitsvoraussetzung des Vortrags in der mündlichen Verhandlung, doch kann die Unterlassung der Ankündigung zur Zurückweisung gemäß § 296 Abs. 1 (i. V. m. den dort genannten Fristsetzungen) bzw. § 527 oder gemäß § 282 Abs. 2, § 296 Abs. 2 führen; denn auch das Bestreiten (und erst recht die Aufstellung von Gegenbehauptungen) gehört zu den Verteidigungsmitteln, § 282 Abs. 1. 21

1. Keine allgemeine Aufklärungspflicht

Die Erklärungspflicht bezieht sich nur auf die **vom Gegner behaupteten Tatsachen**[54]. Dies geht aus dem Wortlaut des Abs. 2 hervor und spiegelt sich auch in der Rechtsfolge wider, die Abs. 3 für die Nichtbefolgung der Erklärungspflicht vorsieht: Es sind dann die vom Gegner behaupteten Tatsachen als zugestanden anzusehen. Unberührt bleibt aber, daß es jeweils 22

---

[45] *BGH* NJW 1986, 2502 = JZ 1986, 1057 (*Walter*). Dazu *Helle* NJW 1987, 233.
[46] *BGH* WM 1987, 1114; NJW 1965, 1803 (zum Verwaltungsverfahren); *OLG Düsseldorf* NJW 1987, 3268 (zu eidesstattlicher Versicherung).
[47] *BGH* WM 1987, 1114. Hierzu auch → § 301 Rdnr. 6 (dort Fn. 13).
[48] Anders *Konzen* (Fn. 1), 322, der einen Zweitprozeß zulassen will, soweit der Kläger einen »sinnvollen Beweis für eine bewußte Unwahrheit der gegnerischen ehrverletzenden Prozeßbehauptung antreten kann«.
[49] *BGH* LM § 823 (Ah) BGB Nr. 46 = MDR 1973, 304; *Baumgärtel* (Fn. 40), 41, 56; *E. Helle* NJW 1961, 1896, 1899; *J. Helle* GRUR 1982, 207, 217; ähnl. *OLG Schleswig* SchlHA 1969, 61, 63; offenlassend *BGH* NJW 1971, 284, 285. - A.M. *MünchKommBGB-Schwerdtner*² § 12 Rdnr. 358, der während des Erstprozesses Unterlassungs- und Widerrufsansprüche ohne jede Ausnahme ausschließen will.

[50] *BGH* NJW 1992, 1314; *J. Blomeyer* (Fn. 1), 46; *J. Helle* GRUR 1982, 207, 221.
[51] Offenlassend *BGH* NJW 1986, 2502. Die Zulässigkeit bejahend *Walter* JZ 1986, 1060; verneinend *BGH* LM § 823 (Ah) BGB Nr. 46 = MDR 1973, 304; *OLG Düsseldorf* NJW 1987, 2522; *OLG Hamm* NJW 1992, 1329; *Helle* NJW 1987, 233; *MünchKommBGB-Schwerdtner*² § 12 Rdnr. 357.
[52] Dazu *BVerfG* NJW 1991, 29.
[53] A.M. *Walter* JZ 1986, 614, 618; ders. JZ 1986, 1059, der nach rechtskräftigem Abschluß des Erstverfahrens die Zulässigkeit von Ehrenschutzklagen prinzipiell bejaht. *Helle* NJW 1987, 234 verneint dagegen Ehrenschutzansprüche auch nach Abschluß des Erstverfahrens. Im konkreten Fall bejaht das Rechtsschutzbedürfnis nach beendetem Erstverfahren *AG Dortmund* FamRZ 1992, 179 (aber Klage wegen § 193 StGB unbegründet).
[54] *BGH* NJW 1983, 2879, 2880.

Sache der behauptungs- und beweisbelasteten Partei ist, die zu ihren Gunsten sprechenden rechtsbegründenden bzw. rechtshindernden oder rechtsvernichtenden Tatsachen substantiiert vorzutragen. Eine **Aufklärungspflicht** der nicht behauptungs- und beweisbelasteten Partei in dem Sinn, daß sie auf Aufforderung des Gegners oder gar von sich aus *alle* ihr bekannten nachteiligen Tatsachen offenlegen müßte, läßt sich aus § 138 nicht herleiten. Auch allgemeine Erwägungen vermögen eine solche **generelle Aufklärungspflicht der Partei nicht zu rechtfertigen**[55]. Sie ist auch vom **BGH**[56] (in Übereinstimmung mit der im folgenden dargelegten Argumentation) abgelehnt worden. Dabei hat der BGH[57] den Grundsatz bekräftigt, daß keine Partei gehalten ist, dem Gegner für seinen Prozeßsieg das Material zu verschaffen, über das er nicht schon von sich aus verfügt. Daß im Zivilprozeß die Wahrheitsermittlung wesentliche Bedeutung hat, erlaubt nicht den Schluß, die Parteien seien generell zu dem Verhalten verpflichtet, das am besten der Wahrheitsfindung diene[58]. Denn die Feststellung der Wahrheit ist kein Selbstzweck (→ Einl. Rdnr. 21), sondern Mittel zum Zweck der Rechtsschutzgewährung durch ein möglichst gerechtes Urteil. Weder die Aufgabe der Wahrheitsfindung noch auch das Rechtsstaatsprinzip hindern den Gesetzgeber daran, den Zivilprozeß der *Verhandlungsmaxime* zu unterstellen und es in erster Linie den *Parteien* zu überlassen, die notwendigen Tatsachenbehauptungen aufzustellen und die Beweismittel zu benennen. Darauf beruht auch die Regelung der Behauptungs- und Beweislast im Zivilprozeß. Ob eine Partei *Ansprüche* gegen die andere auf Erteilung von *Auskünften, Rechnungslegung, Herausgabe von Unterlagen* usw. hat, ist eine Frage des materiellen Rechts. Das materielle Recht enthält darüber eine Reihe ausdrücklicher Vorschriften (so z. B. §§ 260, 402, 444, 666, 681, 713, 1379, 2057, 2127, 2314 BGB) und darüber hinaus kann je nach dem Inhalt des Rechtsverhältnisses und der Interessenlage der Gesichtspunkt von Treu und Glauben[59] solche Pflichten rechtfertigen[60]. Eine **allgemeine Auskunftspflicht** kennt das materielle Recht jedoch nicht[61], und es ist nicht Sache des **Prozeßrechts,** sie einzuführen. Vielmehr bauen die einschlägigen Vorschriften der ZPO auf den materiell-rechtlichen Pflichten der Parteien auf, ohne sie prinzipiell zu erweitern. Dies zeigt sich z. B. bei der Regelung der Pflicht zur Urkundenvorlage, die nur besteht, wenn nach Bürgerlichem Recht ein Vorlegungsanspruch besteht (§ 422)

---

[55] A.M. *Stürner* (Fn. 1), 378 (Ergebnis), der eine prozessuale Verpflichtung der nicht risikobelasteten (d. h. nicht behauptungs- und beweisbelasteten) Partei annimmt, alles zur Aufklärung des Sachverhalts Notwendige zu tun; s. auch *Stürner* ZZP 98 (1985), 237. Voraussetzung ist nach Stürner eine plausible Rechtsbehauptung der risikobelasteten Partei; die Plausibilität ergibt sich für ihn entweder aus schlüssigem substantiiertem Vortrag oder (bei typischer Sachverhaltsunkenntnis) aus Anhaltspunkten, welche die aufgestellte Rechtsbehauptung als möglich erscheinen lassen, *Stürner* ZZP 104 (1991), 208, 210 (dort Fn. 13). Grundsätzlich zustimmend *Henckel* ZZP 92 (1979), 100; *Schlosser* Zivilprozeßrecht I² Rdnr. 426 ff.; *Schaaff* Discovery und andere Mittel der Sachverhaltsaufklärung im englischen Pre-Trial-Verfahren im Vergleich zum deutschen Zivilprozeß (1983), 129 ff.; *Koller* VersR 1990, 553, 558; s. auch *AKZPO-Schmidt* Rdnr. 5, 17 ff.; eine allgemeine prozessuale *Mitwirkungspflicht* bejaht *Peters* Festschr. für Schwab (1990), 399, 407, wobei er sich u. a. auf § 138 Abs. 1 und 2 stützt. – Gegen Stürner ausführlich *Arens* ZZP 96 (1983), 1, 16 ff.; im wesentlichen abl. auch *Gottwald* ZZP 92 (1979), 366; *Prütting* Gegenwartsprobleme der Beweislast (1983), 137 ff.; *G. Lüke* JuS 1986, 2, 3; *Winkler von Mohrenfels* Abgeleitete Informationsleistungspflichten im deutschen Zivilrecht (1986), 210 ff.; *Rosenberg-Schwab-Gottwald*[15] § 117 VI 2.

[56] *BGH* NJW 1990, 3151 = JR 1991, 413 (zust. *Schreiber*) = ZZP 104 (1991), 203 (abl. *Stürner*); ebenso *BGHZ* 116, 47, 56 = NJW 1992, 1817, 1819. Dagegen *Schlosser* JZ 1991, 599.

[57] *BGH* NJW 1990, 3151; ebenso bereits *BGH* WM 1958, 961, 962.

[58] A.M. *Stürner* (Fn. 1), 60 f.

[59] Zu den Voraussetzungen eines nicht auf eine besondere Bestimmung gestützten materiell-rechtlichen Auskunftsanspruchs *BGH* NJW 1990, 3151, 3152. Danach muß zwischen dem Berechtigten und dem Verpflichteten eine besondere rechtliche Beziehung bestehen, ein Leistungsanspruch also im allgemeinen dem Grunde nach bereits feststehen. Ferner ist erforderlich, daß der Berechtigte in entschuldbarer Weise über den Umfang seines Rechts im Ungewissen ist und sich die erforderlichen Auskünfte nicht auf zumutbare Weise selbst beschaffen kann, während der Verpflichtete hierzu unschwer in der Lage ist.

[60] Dazu *MünchKommBGB-Keller*² § 260 Rdnr. 7 ff. mwN; *Winkler von Mohrenfels* (Fn. 55), 33 ff. – Daß das materielle Recht der richtige Standort des Problems ist, betonen auch *Gottwald* ZZP 92 (1979), 364, 366 ff.; *Arens* ZZP 96 (1983), 1, 21 ff.; *G. Lüke* JuS 1986, 2, 3; *Prütting* (Fn. 55), 138.

[61] Sie ergibt sich auch nicht aus § 242 BGB, *BGH* NJW 1990, 3151, 3152; NJW 1978, 1002.

oder wenn eine Partei selbst auf die in ihren Händen befindliche Urkunde Bezug genommen hat (§ 423). Entsprechend ist z. B. auch beim Augenscheinsbeweis keine generelle prozessuale Pflicht zur Vorlage von Augenscheinsobjekten anzuerkennen, → vor § 371 Rdnr. 28. Nach wie vor sind also z. B. einem sog. Ausforschungsbeweis verfahrensrechtliche Grenzen gesetzt, → § 284 Rdnr. 40 ff.

Die Ablehnung einer *allgemeinen* prozessualen Aufklärungspflicht schließt aber nicht aus, die Nähe einer Prozeßpartei zu Tatsachen und Beweis und die Möglichkeit der Informationsgewinnung bei der Beurteilung der **Behauptungs- und Beweislast** zu berücksichtigen, → zur Umkehr der Beweislast § 286 Rdnr. 120 ff., doch müssen solche von den allgemeinen Regeln abweichende Beweislastnormen sehr viel *konkreter* anhand der *jeweiligen Rechtsbeziehungen* und der *Interessenlage* entwickelt werden. Auch im Rahmen der freien Beweiswürdigung (§ 286) ist das Verhalten der Partei vor und während des Prozesses zu berücksichtigen, → § 286 Rdnr. 120. Ferner kann die Partei, die eine Tatsachenbehauptung des Gegners bestreitet, genötigt sein, dieses Bestreiten im einzelnen zu substantiieren, → Rdnr. 28 f. Alle diese Rechtsfolgen bleiben aber deutlich hinter einer allgemeinen Aufklärungspflicht der Parteien zurück. 22a

Auch im Rahmen des **materiellen Rechts** erscheint es nach wie vor gerechtfertigt, **keine generelle Auskunfts- oder Offenlegungspflicht anzuerkennen**. Es sollte grundsätzlich zur Freiheit des einzelnen gehören, zu entscheiden, über welche seiner Angelegenheiten er reden und über welche er schweigen will. Dies gilt (vorbehaltlich einer besonderen Rechtsgrundlage) auch, wenn es um Umstände geht, aus denen ein anderer Ansprüche herleiten könnte. Sonst käme man zu einem allgemeinen Transparenzgebot, ja sogar zu einer generellen Verpflichtung, sich selbst zu belasten. So lassen sich aus dem Prinzip des Rechtsstaats, aus den Grundwerten der Freiheit und der Menschenwürde ebensogut Argumente *gegen* wie *für*[62] eine allgemeine Aufklärungspflicht gewinnen. Auch das vom BVerfG[63] anerkannte Recht auf informationelle Selbstbestimmung und die starke Betonung des Datenschutzes in der gegenwärtigen Rechtsentwicklung werden auf den Zivilprozeß nicht ohne Auswirkungen bleiben. Insoweit erscheint die hier vertretene Ansicht, die Informationspflichten nur unter besonderen, in erster Linie materiell-rechtlichen Voraussetzungen bejaht, durchaus zeitgemäß. 23

An dieser Einschätzung ändert es auch nichts[64], wenn in **ausländischen Rechtsordnungen** sehr weitgehende prozessuale Aufklärungspflichten der Parteien bestehen. Was insbesondere die (in vieler Hinsicht sehr problematische) pretrial discovery[65] des US-amerikanischen Rechts angeht, so müssen, ehe man eine Übernahme empfiehlt oder hieraus jedenfalls Argumente für das deutsche Recht gewinnen will, auch die grundlegenden Unterschiede der Prozeßsysteme beachtet werden, also etwa die Verknüpfung der discovery mit dem jury-System[66] des amerikanischen Rechts sowie die dortige Befragung der Zeugen durch Anwälte, nicht durch den Richter. Eine Kombination mit dem durch die aktive Rolle des Richters gekennzeichneten deutschen Prozeß erscheint daher problematisch[67]. 23a

---

[62] So *Stürner* (Fn. 1), 31 f. Dagegen auch *Winkler von Mohrenfels* (Fn. 55), 212 f. – *Schlosser* NJW 1992, 3275 will aus *BVerfG* NJW 1992, 1875 (die Entscheidung betraf freilich die Zulässigkeit der Einrichtung einer Fangschaltung durch die Post und die prozessuale Verwertbarkeit der so gewonnenen Erkenntnisse) und anderen Entscheidungen des BVerfG Argumente zugunsten eines »prozessualen Menschenrechts auf Zugang zu den Informationsquellen« herleiten.
[63] Grundlegend *BVerfGE* 65, 1, 43; ferner etwa *BVerfGE* 78, 77, 84.

[64] A.M. *Schlosser* JZ 1991, 599; *ders.* NJW 1992, 3275; *Stürner* ZZP 104 (1991), 208, 216.
[65] Dazu *Junker* Discovery im deutsch-amerikanischen Rechtsverkehr (1987), 42 ff.; *Schack* Einführung in das US-amerikanische Zivilprozeßrecht (1988), 39 ff. Zum englischen Recht *Schaaff* (Fn. 55), 33 ff.
[66] Vgl. *Schack* (Fn. 65), 55 ff.; *Hay* Einführung in das amerikanische Recht[3] (1990), 56 f.
[67] Hierzu ausführlich *Reitz* ZZP 104 (1991), 381, 395 f.

2. Inhalt

24 Sachlich handelt es sich bei der Erklärungspflicht nicht um eine echte Pflicht, auch nicht um eine Präklusion mit Verteidigungsrechten[68], sondern um eine **Last**, → Einl. Rdnr. 233, die die Partei auf sich nehmen muß, um einen ihr günstigen Erfolg zu erreichen; denn ihr droht der **Rechtsnachteil**, daß die Behauptung des Gegners keines Beweises bedarf, d. h. ohne Prüfung ihrer Wahrheit dem Urteil zugrundegelegt wird. Das Gesetz drückt dies in Abs. 3 in der Form einer **Fiktion des Geständnisses** und damit der Verweisung auf § 288 aus, näher → Rdnr. 31.

3. Bestreiten und Zugestehen

25 Ob eine Partei bestimmte Tatsachenbehauptungen des Gegners bestreitet, zugesteht oder weder zugesteht noch bestreitet (Fall des bloßen Nichtbestreitens, → Rdnr. 31) hat das Gericht, soweit Unklarheiten bestehen, durch Auslegung (→ vor § 128 Rdnr. 192) der Gesamtheit der Äußerungen einer Partei und unter Berücksichtigung ihres sonstigen prozessualen Verhaltens festzustellen. Zweifel muß das Gericht durch Fragen, § 139, u. U. unter Wiedereröffnung der Verhandlung, § 156, und in geeigneten Fällen auch mittels einer Anordnung des persönlichen Erscheinens, § 141, zu klären versuchen.

26 a) **Bestreiten.** – Wie aus Abs. 3 hervorgeht, braucht das Bestreiten *nicht ausdrücklich* zu erfolgen, sondern kann sich sinngemäß **aus dem sonstigen Verhalten** der Partei, insbesondere aus der Aufstellung von **Gegenbehauptungen** ergeben. Zur Rechtsnatur des Bestreitens → Rdnr. 8. Ist die (rechtserhebliche) Tatsache bestritten, so sind die angebotenen Beweise zu erheben bzw. zunächst die beweispflichtige Partei zur Abgabe von Beweismitteln aufzufordern.

27 Will eine Partei **bestreiten**, so muß sie sich zu den **einzelnen Tatsachenbehauptungen**[69] des Gegners äußern. Ein *pauschales* Bestreiten (»Alles was nicht ausdrücklich zugestanden ist, wird bestritten«) genügt nicht[70]. Wenn der Anwalt des Beklagten zwar Klageabweisung beantragt, aber erklärt, mangels Information zu den (rechtzeitig mitgeteilten, § 282 Abs. 2) Behauptungen des Klägers keine substantiierten Ausführungen machen zu können, so ist das kein wirksames Bestreiten, so daß in der Regel Abs. 3 (Geständnisfiktion) anzuwenden ist[71]. Gegenüber einem erst im Termin überreichten Schriftsatz mit neuem Vorbringen, zu dem der Gegner nicht sogleich im einzelnen Stellung nehmen kann, genügt dagegen das pauschale (vorsorgliche) Bestreiten in Verbindung mit einem Antrag auf Gewährung einer Schriftsatzfrist (§ 283)[72], um die sofortige Wirkung des Abs. 3 auszuschalten. Die Partei hat aber auch gegenüber verspätetem Vorbringen kein Recht, die Einlassung zu verweigern[73]; bestreitet sie mangels Information nur pauschal, ohne einen Antrag nach § 283 zu stellen, so tritt die Geständniswirkung nach Abs. 3 ein[74]. Zum Verhältnis zwischen § 283 und einer Zurückweisung wegen Verspätung → § 283 Rdnr. 3 ff.

28 Ob und inwieweit zur Wirksamkeit eines Bestreitens die **Hinzufügung positiver Angaben**, insbesondere einer Gegendarstellung, erforderlich ist, ist weitgehend Frage des Einzelfalles[75]. Vielfach wird (schon mangels genauerer Kenntnis) eine nähere **Substantiierung des Bestrei-**

---

[68] S. näher *Goldschmidt* (Fn. 1), 81 f., 100.
[69] Z. B. zu den einzelnen Positionen, aus denen sich der Forderungsbetrag des Klägers zusammensetzt, *OLG Köln* MDR 1975, 848.
[70] *OLG Schleswig* SchlHA 1981, 189. S. auch *Doms* MDR 1991, 498.
[71] A. M. *OLG Frankfurt* MDR 1969, 578 (abl. *E. Schneider*, dem zust. *OLG Frankfurt* NJW 1974, 1473).
[72] Auf diese Möglichkeit hat das Gericht gegebenenfalls nach § 139 hinzuweisen, *OLG Köln* VersR 1989, 278, 279.
[73] *OLG München* OLGZ 1979, 479; *KG* NJW 1983, 580.
[74] *BGH* NJW 1985, 1539, 1543; *OLG Schleswig* NJW 1986, 856 (*Deubner*).
[75] A. M. *Blunck* MDR 1969, 99, der das einfache Bestreiten grundsätzlich für unerheblich hält.

tens von der Partei nicht verlangt werden können[76]. In anderen Fällen wird, namentlich, wenn es sich um eigene Handlungen oder Wahrnehmungen handelt, von dem Bestreitenden gefordert werden müssen, daß er der Behauptung des Gegners positive Gegenangaben gegenüberstellt[77], widrigenfalls die Annahme begründet ist, daß er dies unterläßt, weil er sonst lügen müßte. Hierher gehört auch der Fall, daß der Urheber einer **ehrenrührigen oder den geschäftlichen Ruf schädigenden Tatsachenbehauptung** die nähere Substantiierung im Prozeß unterläßt, obwohl sie ihm ohne weiteres möglich sein müßte[78]. Die Unrichtigkeit der Behauptung hat zwar der Widerrufskläger zu behaupten und zu beweisen (→ § 286 Rdnr. 57f.), aber das Bestreiten (also die angebliche Richtigkeit der Behauptung) hat der Beklagte je nach Sachlage zu erläutern. Wer bei seinen Behauptungen selbst Details angegeben und erhöhte Glaubwürdigkeit (Insiderwissen) für sich in Anspruch genommen hat, muß dann auch dem in die Einzelheiten gehenden Sachvortrag des Widerrufsklägers substantiiert entgegentreten[79].

Verlangt man eine derartige Substantiierung des Bestreitens, so heißt dies nichts anderes, als daß auch dem Gegner der primär behauptungs- und beweisbelasteten Partei eine gewisse **sekundäre Behauptungslast** auferlegt wird[80]. Dies erscheint vor allem dort gerechtfertigt, wo die primär behauptungsbelastete Partei eine nähere Kenntnis der Tatsachen weder besitzt noch erlangen kann, während der Gegner die Kenntnis besitzt und ihm nähere Angaben zuzumuten[81] sind[82]. Der Behauptungslast wird dann mit einer allgemeinen Behauptung genügt, und es ist Sache des Gegners, wenn er diese bestreiten will, die entgegenstehende Tatsachenlage im einzelnen zu schildern. Begründet z.B. der Arbeitgeber eine Kündigung damit, der Arbeitnehmer sei vertragswidrig nicht zum Dienst erschienen, so kann der Arbeitnehmer den Vorwurf der Vertragswidrigkeit seines Fernbleibens nicht einfach pauschal bestreiten, sondern er muß die Gründe im einzelnen angeben, die ihn an der Erbringung der Arbeitsleistung gehindert haben[83]. Die *Beweislast* geht dadurch nicht auf den Bestreitenden über; so hat im genannten Beispiel der Arbeitgeber zu beweisen, daß der Arbeitnehmer entgegen seinen Behauptungen arbeitsfähig gewesen sei[84]. Wenn der Arbeitgeber eine Kündigung mit einer negativen Gesundheitsprognose begründet, die er aus häufigen Kurzerkrankungen in der Vergangenheit herleitet, so muß der Arbeitnehmer darlegen, weshalb die Besorgnis weiterer Erkrankungen ungerechtfertigt sein soll; hierzu genügt es in der Regel, wenn der Arbeitnehmer die behandelnden Ärzte von der Schweigepflicht entbindet[85].

28a

Fehlt die nach den Umständen zumutbare nähere **Substantiierung**, so ist das Bestreiten **nicht wirksam**. Die Tatsache ist dann auch nicht zugestanden, doch greift die *Geständnisfiktion* des Abs. 3 ein[86], → Rdnr. 31.

29

b) **Zugestehen**. – Auch das *Geständnis* von Tatsachen kann **nicht nur ausdrücklich,** sondern auch konkludent erklärt werden. Es muß aber ein Geständniswille zumindest konkludent zum Ausdruck gebracht werden[87]; das bloße Stillschweigen auf gegnerische Behauptun-

30

---

[76] Vgl. *BGH* LM Nr. 22 = JZ 1985, 908; NJW-RR 1990, 78, 81; *RG* JW 1911, 184; *OLG Düsseldorf* NJW 1970, 2217, 2218.
[77] Vgl. *RG* JW 1912, 199; *BGH* AP § 87c HGB Nr. 14.
[78] Vgl. *BGH* NJW 1974, 1710. – Zu den Anforderungen an die Substantiierungspflicht einer Partei, die behauptet eine Druckschrift (Tagebuch) sei gefälscht, s. *BGH* NJW 1981, 2062, 2064.
[79] *BGH* LM Nr. 23 = JZ 1987, 684 (erweiterte Substantiierungspflicht).
[80] Dazu *Gottwald* BB 1979, 1780, 1782; *Peters* Festschr. für Schwab (1990), 399, 401; *MünchKomm-ZPO-Peters* Rdnr. 22 (andere Verteilung der Behauptungslast aufgrund der Prozeßförderungspflicht in Verbindung mit der Wahrheits- und Vollständigkeitspflicht).

[81] Z.B. nicht gegenüber gänzlich ungeordnetem und unklarem Vortrag, *BGH* NJW-RR 1990, 78.
[82] Vgl. *BGH* NJW 1974, 1822; 1983, 687, 688; 1986, 3193, 3194; 1987, 1201; 1987, 2008, 2009; 1989, 161, 162; 1990, 3151, 3152; *OLG Hamm* FamRZ 1990, 641. – Hierzu auch (krit. zur Begründung) *Winkler von Mohrenfels* (Fn. 55), 215ff.
[83] *BAG* NJW 1977, 167.
[84] *BAG* (Fn. 83)
[85] *BAG* NJW 1990, 2340. S. auch *BAG* NJW 1990, 2341 (zur Darlegungslast für den Kausalzusammenhang zwischen Arbeitsbedingungen und Erkrankung).
[86] *BGH* NJW 1986, 3193, 3194; *OLG Köln* MDR 1975, 848.
[87] *BGH* NJW 1991, 1683.

gen genügt nicht[88]. So kann z. B. je nach Lage des Falles in der Erklärung, eine Behauptung »nicht bestreiten zu wollen«, u. U. ein Geständnis liegen[89], → § 288 Rdnr. 10. Ein konkludent erklärtes Geständnis ist ein wirkliches Geständnis i. S. d. §§ 288 ff., 532, d. h. es ist (anders als beim bloßen Nichtbestreiten, → Rdnr. 31) sofort **bindend,** kann nur unter den besonderen Voraussetzungen des § 290 widerrufen werden und ist auch für die Berufungsinstanz wirksam[90].

4. Nichtbestreiten

31 Ergibt sich aus den Erklärungen und dem Verhalten der Partei weder ein Geständnis noch ein ausdrückliches oder stillschweigendes Bestreiten oder ist die Erklärung trotz Ausübung der Fragepflicht nach § 139 Abs. 1 unterblieben oder verweigert worden, kommt es nach Abs. 3 zur **Fiktion des Geständnisses.** Dies gilt **nur für tatsächliche Erklärungen**, nicht für deren rechtliche Beurteilung[91]. Wird ein bereits bestrittenes Vorbringen lediglich wiederholt, so löst das Schweigen des Gegners nicht die Geständnisfiktion nach Abs. 3 aus[92].

31a Aus der Geständnisfiktion ergibt sich, daß das Gericht die nicht bestrittenen Tatsachen ebenso zugrundezulegen hat, wie wenn sie nach § 288 zugestanden wären. Abs. 3 begründet wie § 288 eine **Bindung des Gerichts**; es ist nicht berechtigt, für nicht bestrittene Tatsachen einen Beweis zu verlangen, weil es Zweifel an der Wahrheit der behaupteten Tatsachen hat (abgesehen von Fällen eines kollusiven Zusammenwirkens der Parteien zu Lasten Dritter, → § 288 Rdnr. 23). Diese Bindung entspricht dem Wortlaut und dem aus der Entstehungsgeschichte zu entnehmenden Sinn der §§ 138 Abs. 3, 288. Man hat sich bei Schaffung der ZPO bewußt dagegen ausgesprochen, es dem gerichtlichen Ermessen zu überlassen, ob eine nicht bestrittene Behauptung als zugestanden anzusehen ist[93]. Die ZPO steht vielmehr im Gegensatz zum gemeinen Prozeß und auch in Abweichung vom französischen Recht, das das Schweigen der freien Würdigung des Gerichts überläßt, auf dem Standpunkt der sog. bejahenden Einlassung (Präjudiz der affirmativen Litiskontestation)[94]. In diesem Sinne, d. h. als gerichtliche Bindung an das Nichtbestreiten, ist die gesetzliche Regelung von der ganz h. M. bisher[95] stets verstanden worden. Bei richtiger Handhabung der richterlichen Frage- und Hinweispflicht (§ 139) sollten sich daraus auch keine Gefahren für prozeßunerfahrene Parteien ergeben können[96].

31b Die zunächst nichtbestreitende Partei ist aber durch Abs. 3 nicht gehindert, die vom Gegner behauptete Tatsache im späteren Verlauf des Prozesses doch noch zu bestreiten[97]. Die **Rechtsfolgen** der Fiktion nach Abs. 3 treten im Gegensatz zum wirklichen Geständnis (→ Rdnr. 30) erst mit dem Schluß der (letzten) mündlichen Verhandlung endgültig ein, da bis dahin (§ 296 a) die bisher unterbliebene oder verweigerte Erklärung in jedem neuen Termin der ersten oder der Berufungsinstanz, selbst nach erfolgter Zurückverweisung, §§ 538 f., 565, 566 a, ohne die Voraussetzungen des § 290 **nachgeholt** werden kann (→ § 288 Rdnr. 3),

---

[88] *BGH* NJW 1987, 1947, 1948.
[89] Aber nur unter besonderen Umständen, → § 288 Rdnr. 10 Fn. 25 sowie *BGH* NJW 1983, 1496.
[90] Ebenso *RG* JW 1897, 417.
[91] *BGH* NJW 1958, 1968 (kein Geständnis der Nichtigkeit eines Vertrags, den beide Parteien mit verschiedener Begründung angefochten haben); *BGH* NJW 1991, 296 (zur zeichenrechtlichen Benutzungshandlung).
[92] *OLG Schleswig* SchlHA 1978, 68.
[93] Begründung zur CPO, *Hahn,* Materialien, Bd. 2, 1. Abteilung, S. 214.
[94] Vgl. zur Begründung *Pagenstecher* Zur Lehre von der materiellen Rechtskraft (1905), 248 f.; *Hegler* Beiträge zur Lehre vom prozessualen Anerkenntnis und Verzicht (1903), 228 f.
[95] A. M. jedoch *AK-ZPO-Schmidt* Rdnr. 67; *E. Schmidt* DRiZ 1988, 60.
[96] Hierauf wurde schon in der Begründung zur CPO (Fn. 93) hingewiesen.
[97] *BGH* NJW 1991, 1683; BGHZ 12, 49, 51; *BGH* NJW 1982, 183 = JR 1982, 333 (*Schreiber*); *BGH* NJW 1983, 1496, 1497; ganz h. M. – A.M. *OLG München* MDR 1984, 321 = ZIP 1984, 76, das dem § 138 Abs. 3 eine zu weitgehende Bedeutung (völlige Gleichstellung mit einem Geständnis) beimißt. Dagegen auch *Gerhardt* ZZP 99 (1986), 492, 495.

allerdings vorbehaltlich einer Zurückweisung wegen Verspätung, §§ 296, 527, 528. Auch im Nachverfahren kann das Bestreiten nachgeholt werden[98].

Die Wirkung des Abs. 3 gilt nur für die **im Termin anwesende und verhandelnde Partei** (vgl. § 334); im Fall der gänzlichen Versäumung des Termins oder des Nichtverhandelns gelten dagegen die Bestimmungen der §§ 330 ff., 542. Wegen des Verfahrens ohne mündliche Verhandlung → § 128 Rdnr. 90, 93, zum Verfahren mit fakultativer mündlicher Verhandlung → § 128 Rdnr. 43, ferner → § 251 a Rdnr. 16 und → § 283 Rdnr. 28. **32**

5. Grenzen der Anwendbarkeit

Nicht nur im Bereich der **Untersuchungsmaxime** (→ vor § 128 Rdnr. 86), sondern auch, soweit der Verhandlungsgrundsatz zugunsten der **Prüfung von Amts wegen** ausgeschlossen ist, findet weder das echte noch das fingierte Geständnis Anwendung, → vor § 128 Rdnr. 96. Auch Parteiangaben über den *Streitwert* binden das Gericht nicht (→ § 2 Rdnr. 90) und dementsprechend ist hier auch Abs. 3 nicht anzuwenden[99]. Dagegen gilt Abs. 3 im Verfahren nach § 891[100], → § 891 Rdnr. 2. Ob man Abs. 3 im **Klauselerteilungsverfahren** nach § 727 anwenden kann, wenn der Gegner angehört wird und das Vorbringen zur Rechtsnachfolge nicht bestritten ist, ist umstritten[101]; gegen die Anwendbarkeit (anders als bei einem Geständnis nach § 288) spricht entscheidend, daß es sich hier nicht um ein kontradiktorisches Verfahren mit Darlegungslast des Schuldners handelt[102]. **33**

6. Erklärung mit Nichtwissen

Durch die Last der Erklärung muß die Partei zu einem bestimmten Entschluß darüber kommen, wie sie sich zu den tatsächlichen Behauptungen des Gegners erklären will. Sie kann zugestehen, bestreiten oder sich mit Nichtwissen erklären. Das letztere steht in der Wirkung, d. h. der nunmehr eintretenden Notwendigkeit der Beweiserhebung, dem Bestreiten gleich. Als besondere Form des Bestreitens gestattet Abs. 4 die Erklärung mit Nichtwissen nur dem Gegner der Partei, welche die Behauptungslast trägt; Abs. 4 ermöglicht also nicht etwa, der (primären) Darlegungslast durch eine Erklärung mit Nichtwissen zu genügen[103]. Die bloße Erklärung mit Nichtwissen ist **unzulässig**, soweit es sich nach der Behauptung des Gegners um **eigene Handlungen** der antwortenden Partei (bzw. ihres gesetzlichen Vertreters) oder um Tatsachen handelt, die **Gegenstand ihrer Wahrnehmung** gewesen sind[104]. **34**

Abgesehen vom gesetzlichen Vertreter kann man das **Wissen von Hilfspersonen** nicht einfach der Partei zurechnen, doch ist sie, ehe sie mit Nichtwissen bestreiten darf, gehalten, die ihr zugänglichen Informationen im eigenen Bereich und bei für sie tätig gewordenen Personen einzuholen[105]. Auch dem direkt in Anspruch genommenen **Haftpflichtversicherer** **34a**

---

[98] *BGHZ* 82, 115 = *NJW* 1982, 183 = *JR* 333 (zust. *K. Schreiber*) (zum Bestreiten der Urkundenechtheit).
[99] *OLG Stuttgart* Justiz 1969, 226.
[100] Nach ordnungsgemäßer Anhörung, *OLG Düsseldorf* NJW-RR 1991, 1088.
[101] Verneinend *OLG Zweibrücken* OLGZ 1991, 93; *OLG Stuttgart* Rpfleger 1990, 519; *OLG Oldenburg* Rpfleger 1992, 490; *OLG Köln* MDR 1993, 381; *OLG Nürnberg* MDR 1993, 685; *Joswig* Rpfleger 1991, 144, 145; *Münzberg* NJW 1992, 201, 204 ff.; *Rosenberg-Gaul-Schilken* ZVR[10] § 16 V 3 (S. 209); *Münzberg* → § 726 Rdnr. 19 (dort Fn. 70). – Bejahend *OLG Celle* Rpfleger 1989, 467; *OLG Köln* Rpfleger 1990, 264; JurBüro 1991, 1000; *OLG Koblenz* Rpfleger 1990, 518; *OLG Düsseldorf* Rpfleger 1991, 465; *LG Mönchengladbach* Rpfleger 1990, 264; *LG Bremen* Rpfleger 1991, 465; *Bruns-Peters*[3] § 9 I 3, II 3. – Offenlassend *OLG Saarbrücken* Rpfleger 1991, 161 (ausdrückliches Zugestehen genügt jedenfalls).
[102] Näher *Münzberg* NJW 1992, 201, 204 f.
[103] *BGH* NJW 1989, 161, 162.
[104] Etwa um den Zugang eines Schreibens an die Partei, vgl. *BVerfG* NJW 1992, 2217; *Brause* NJW 1989, 2520.
[105] *BGHZ* 109, 205 = NJW 1990, 453 (bei einander widersprechenden Darstellungen durch eine für die Partei tätig gewordene Firma bleibt Bestreiten mit Nichtwissen zulässig); dazu *Lange* NJW 1990, 3233, 3234 f.; *LG Frankfurt* NJW-RR 1991, 378.

ist es verwehrt, mit Nichtwissen zu bestreiten, soweit dies dem Versicherten selbst nicht möglich wäre; der Versicherer muß sich um die entsprechenden Auskünfte durch den Versicherten bemühen[106]. Dem **Zessionar** einer Forderung das Bestreiten mit Nichtwissen in analoger Anwendung von § 404 BGB generell nur im selben Umfang zu gestatten, in dem auch der Zedent mit Nichtwissen hätte bestreiten können[107], erscheint zu weitgehend. Der Zessionar muß aber darlegen, daß er seine Informationsmöglichkeiten ausgeschöpft hat.

35 Die **unzulässige Erklärung mit Nichtwissen** zieht die **Fiktion des Geständnisses** (Abs. 3) nach sich. Die Partei muß also, wenn sie Behauptungen über ihre eigenen Handlungen oder über Tatsachen, die Gegenstand ihrer Wahrnehmung gewesen sind, infolge mangelnder Erinnerung an den fraglichen Vorgang nicht ohne Beweiserhebung gegen sich gelten lassen will, die Tatsache unter Hinweis hierauf bestreiten. Hat die Partei, was allerdings zu verlangen ist[108], die ihr zumutbaren Informationsmöglichkeiten im eigenen Bereich ausgeschöpft und gleichwohl die Sachlage nicht klären können, so liegt in dem Bestreiten auch keine Kollision mit der Wahrheitspflicht nach Abs. 1, → Rdnr. 2. Wohl aber wäre es ein Verstoß gegen diese, wenn die Partei die Behauptung des Gegners bei der näheren Erklärung wider besseres Wissen als *falsch*, statt nur als *unbekannt* bestreitet.

36 **Fehlende Information des Prozeßbevollmächtigten** durch die Partei vermag eine Erklärung mit Nichtwissen gegenüber rechtzeitig mitgeteilten Behauptungen des Gegners nicht zu rechtfertigen, → Rdnr. 27. Bei *neuem Vorbringen* des Gegners ist gegebenenfalls zu vertagen (§ 227) oder die Nachreichung eines Schriftsatzes zu gestatten (§ 283).

III. Vertragliche Abreden

37 Vereinbarungen der Parteien, eine Tatsache im Prozeß nicht oder unter bestimmten Voraussetzungen[109] **nicht bestreiten zu wollen** (sog. Anerkennungsvertrag), sind im Bereich des Verhandlungsgrundsatzes nicht ausgeschlossen, allg. → vor § 128 Rdnr. 237. Dem abredewidrigen Bestreiten kann dann der Gegner den Verstoß gegen die Vereinbarung in Verbindung mit dem Grundsatz von Treu und Glauben mit der Wirkung entgegensetzen, daß das Gericht das Bestreiten nicht berücksichtigen darf[110], → vor § 128 Rdnr. 247, → auch § 286 Rdnr. 132 ff.

IV. Arbeitsgerichtliches Verfahren

1. Urteilsverfahren, Arbeitsunfähigkeitsbescheinigung

38 Im Urteilsverfahren gilt § 138 ebenso wie im Zivilprozeß. Hat der Arbeitnehmer eine **ärztliche Arbeitsunfähigkeitsbescheinigung** vorgelegt, so nützt es dem Arbeitgeber im Lohnfortzahlungsprozeß nichts, die krankheitsbedingte Arbeitsunfähigkeit nach Abs. 4 mit Nichtwissen zu bestreiten. Das BAG[111] billigt, gestützt auf § 3 LohnFG, der ärztlichen Arbeitsunfähigkeitsbescheinigung einen »hohen Beweiswert« zu, den der Arbeitgeber nur durch Behauptung (und bei Bestreiten durch den Arbeinehmer: Beweis) von konkreten Tatsachen erschüt-

---

[106] *OLG Frankfurt* NJW 1974, 1473. – Dagegen *MünchKommZPO-Peters* Rdnr. 29.
[107] So *OLG Köln* VersR 1992, 78, 79.
[108] Hierzu ausführlich *Lange* NJW 1990, 3233.
[109] Zur Vereinbarung »Postschein statt Quittung« → § 286 Rdnr. 134.
[110] Vgl. *Sachse* ZZP 54 (1929), 409 ff. (mit Lit.); *Schiedermair* Vereinbarungen im Zivilprozeß (1935), 120. –

A. M. *Hegler* (Fn. 94), 124 ff. sowie (soweit nicht der Beweis des Gegenteils vorbehalten ist); *Baumgärtel* Prozeßhandlungen einer Partei im Zivilprozeß (1957), 252 f., 258.
[111] BAG in ständiger Rspr., zuletzt *BAG* NZA 1993, 23 gegen *LAG München* NJW 1989, 998.

tern kann, aus denen sich Zweifel an der krankheitsbedingten Arbeitsunfähigkeit ergeben. Weitergehend soll, wenn sich der Arbeitnehmer bei Aufenthalt in einem anderen EG-Staat krank gemeldet hat, nach Auffassung des EuGH[112] den vom Träger der sozialen Sicherheit des Wohn- oder Aufenthaltsorts getroffenen ärztlichen Feststellungen über Beginn und Dauer der Arbeitsunfähigkeit sogar eine rechtliche und tatsächliche Bindungswirkung im Lohnfortzahlungsprozeß zukommen, wenn der Arbeitgeber den Arbeitnehmer nicht durch einen Arzt seiner Wahl hat untersuchen lassen. Diese Ansicht ist jedoch mit dem Anspruch des Arbeitgebers auf effektiven Rechtsschutz schwerlich vereinbar[113].

2. Beschlußverfahren

Im Beschlußverfahren ist wegen der dort gemäß § 83 ArbGG geltenden Untersuchungsmaxime (→ vor § 128 Rdnr. 258) für die Anwendung des Abs. 3 kein Raum[114]; das Gericht ist weder an Nichtbestreiten noch an Zugestehen von Tatsachen durch die Beteiligten gebunden. 39

§ 139 [Richterliche Frage- und Hinweispflicht]

(1) ¹Der Vorsitzende hat dahin zu wirken, daß die Parteien über alle erheblichen Tatsachen sich vollständig erklären und die sachdienlichen Anträge stellen, insbesondere auch ungenügende Angaben der geltend gemachten Tatsachen ergänzen und die Beweismittel bezeichnen. ²Er hat zu diesem Zwecke, soweit erforderlich, das Sach- und Streitverhältnis mit den Parteien nach der tatsächlichen und der rechtlichen Seite zu erörtern und Fragen zu stellen.
(2) Der Vorsitzende hat auf die Bedenken aufmerksam zu machen, die in Ansehung der von Amts wegen zu berücksichtigenden Punkte obwalten.
(3) Er hat jedem Mitglied des Gerichts auf Verlangen zu gestatten, Fragen zu stellen.

Gesetzesgeschichte: Bis 1900 § 130 CPO. Änderung RGBl. 1924 I 135.

Stichwortregister zu § 139

I. Allgemeines	
1. Zweck	1
2. Entstehungsgeschichte	2
3. Geltungsbereich und verwandte Vorschriften	3
II. Reichweite und allgemeine Schranken der richterlichen Frage- und Hinweispflicht	5
1. Verhältnis zur Parteifreiheit und Parteiverantwortung	5
2. Geltung auch bei anwaltlicher Vertretung; kompensatorische Funktion	6
3. Gleichbehandlung der Parteien und Unparteilichkeit des Richters	7
4. Pflichtcharakter und Beurteilungsspielraum	9
III. Gegenstand und Inhalt der Frage- und Hinweispflicht	10
1. Aufklärung des erheblichen tatsächlichen Vorbringens	11
2. Beweismittel	16
3. Anträge	19
4. Prüfung von Amts wegen	21
5. Sonstige prozessuale Hinweise	22
6. Hinweise auf andere Klagegründe oder Einwendungen und Einreden	23

---

[112] EuGH NJW 1992, 2687 = EuZW 1992, 480 (Abele).
[113] Näher hierzu Leipold Festschrift für Kissel (1994), 555 ff.
[114] Ebenso Grunsky ArbGG⁶ § 83 Rdnr. 6; Germelmann-Matthes-Prütting ArbGG § 83 Rdnr. 93.

IV. Die Mittel zur Aufklärung	25	3. Abweisung der Klage bei mangelnder Substantiierung	34
1. Tatsächliche und rechtliche Erörterung	26	VI. Verstöße des Gerichts	35
2. Fragen	28	1. Keine Zurückweisung wegen Verspätung	35
V. Rechtsfolgen nicht beantworteter Fragen	32	2. Bedeutung für die Rechtsmittelinstanzen	36
1. Bedeutung für die Entscheidung	32	3. Verfassungsverletzung	37
2. Zurückweisung wegen Verspätung	33	VII. Arbeitsgerichtliches Verfahren	38

Stichwortregister zu § 139

Die Zahlenangaben beziehen sich auf die Randnummern.

Ablauf von Fristen 22
Ablehnung wegen Besorgnis der Befangenheit 7a, 23f., 27
Abtretungserklärung 23
Abweisung angebrachtermaßen 34
Akten (beigezogene) 14
Aktive Mitwirkung des Richters 1
Aktivlegitimation 12 (Fn. 44), 23, 26b (Fn. 134)
Amtsermittlungspflicht 18
Amtsgerichtliches Verfahren 2, 4, 22
Amtspflichtverletzung 20a (Fn. 96), 21 (Fn. 107)
Anfechtung 24
Anordnung des persönlichen Erscheinens 25
Anschein der Parteilichkeit 8
Anspruch auf rechtliches Gehör 37
Anspruchshäufung 19a, 20
Anträge 19ff.
Anwaltlich nicht vertretene Partei 6a, 19b, 22, 24a
Anwaltliche Vertretung 6f., 19b
Anwaltsprozeß 3
Arbeitsgerichtliches Verfahren 38
Aufklärungsmaxime 5a
Aufklärungspflicht 1, 5a
Aufrechnung 11 (Fn. 35), 24
Ausländische Entscheidung 19a (Fn. 74)
Ausländisches Recht 26

Befangenheit 7a, 23f., 27
Behauptungslast 15
Beigezogene Akten 14
Beisitzer 30
Besorgnis der Befangenheit 7a, 23f., 27
Bestimmtheit
– des Antrags 19a
– einer Klage 21
Beurteilungsspielraum 9
Beweisantritt 16ff.
Beweisbeschluß 16a

Beweiserhebung von Amts wegen 18
Beweislast 15
Beweismittel 16ff.
Bezugnahme auf Anlagen 11
Blutgruppenuntersuchung 16a
Bundesverfassungsgericht 8, 37

Dispositionsmaxime 1, 5, 6a, 19

Ehrenamtliche Richter im arbeitsgerichtlichen Verfahren 38
Eigenverantwortung der Parteien 20a
Einreden 24
Einwendungen 13
Entstehungsgeschichte 2
Erforderlichkeit einer Aufklärungsmaßnahme 9
Ergänzende Vorschriften 4
Erledigung der Hauptsache 19a
Ermessen des Gerichts 9
Erweiterung der Klage 20

Faires Verfahren 37
Fakultative mündliche Verhandlung 3
Formerfordernisse 21
Fragen
– der Beisitzer 30
– der ehrenamtlichen Richter 38
– der Parteien 31
– des Gerichts 28ff.
Fristablauf 22

Gegenstand der Frage- und Hinweispflicht 10ff.
Geltungsbereich 3ff.
Gerichtsmitglieder 30
Geringwertige Streitsachen 3
Gestaltungsrechte 24
Gewohnheitsrecht 26
Gleichbehandlung der Parteien 7ff., 20
Grundgesetz 37

Hilfsantrag 20a
Hilfsweise Äußerung 12
Hinweis auf rechtliche Gesichtspunkte 4

Inhalt der Frage- und Hinweispflicht 10 ff.

Kartellanwalt 25
Klageänderung 20a
Klageerweiterung 20
Klagegründe 13, 23
Klagehäufung 19a, 20
Kompensatorische Funktion 6a
Kostenfestsetzungsverfahren 3
Kosteninteresse der Partei 21

Materiell-rechtliche Voraussetzungen 21

Nebenverfahren 3
Neue Klagegründe 13
Neutralität des Richters 7 ff., 20
Nicht anwaltlich vertretene Partei 6a, 19b, 22, 24
Nicht verlesener Antrag 19a
Nichtbeantwortung von Fragen 32
Nichtigkeit eines Rechtsgeschäfts 21

Ordnungsgemäße Zustellung 21
Örtliche Zuständigkeit 4, 12, 22

Parteifreiheit 1, 5
Parteiprozeß 3
Parteiverantwortung 1, 5
Parteivernehmung 16a
Parteivorbringen 5a, 7
Patenterteilungsverfahren 3b
Persönliches Erscheinen der Partei 25
Pflichtcharakter 9
Präklusion 22 (Fn. 112), 33, 35
Prozeßgegenstand 5, 19a
Prozeßkostenhilfeverfahren 3
Prozeßleitung 10
Prozessuale Rügen 22
Prozeßvollmacht 21
Prozeßvoraussetzungen 21
Prüfung von Amts wegen 21

Rechtliche Gesichtspunkte 4, 26a
Rechtliche Erörterung 26 ff.
Rechtliches Gehör 37
Rechtsansicht des Gerichts 26b
Rechtsanwalt 24a
Rechtsausführungen der Parteien 26
Rechtsbegriffe 11
Rechtsbehauptungen 11
Rechtsgespräch 26b
Rechtshängigkeit 21
Rechtskraft der Klagabweisung 34
Rechtsmitteleinlegung 21

Rechtsmittelinstanzen 36 f.
Rechtsnachfolge während des Rechtsstreits 19a
Rechtsschutzinteresse 21
Rechtsunkundige Partei 6a, 19b
Reichweite der Frage- und Hinweispflicht 5 ff.
Revision 3, 36a
Rücktritt 24
Rügelose Einlassung 4, 22

Sachdienliche Anträge 19
Sachliche Zuständigkeit 4, 22
Sachverständigenbeweis 17 f.
Scheidung 26b (Fn. 134)
Schlüssigkeit 6, 11, 34
Schranken der Frage- und Hinweispflicht 5 ff.
Schriftliches Verfahren 3
Schriftliches Vorverfahren 3a
Schriftsätzlich angekündigter Antrag 19a
Schutz des Schwächeren 6a
Schutzzweck der Norm 21 (Fn. 107)
Sorgfaltspflicht der Partei 29
Sozialstaatsprinzip 6a, 24a
Statuten 26
Streitgegenstand 5, 19a
Streitiges Interesse 20
Stufenklage 20a
Substantiierung 6, 11, 34
Substanzloses Vorbringen 12 (Fn. 40)

Tatsachenkomplex 7
Tatsachenstoff 5a
Tatsächliche Erörterung 26
Tatsächliches Vorbringen 11 ff.
Telefonische Aufklärungsbemühungen 10a
Terminsvorbereitung 4, 10

Umfang der Belehrungspflicht 19b
Umfragegutachten 16 (Fn. 58)
Unbestimmte Anträge 19a, 34
Unechtes Versäumnisurteil im schriftlichen Vorverfahren 3a
Unerfahrene Partei 6a
Ungünstige Tatsachen 15
Unklare Anträge 19a
Unklares Bestreiten 13
Unklares Vorbringen 11 ff.
Unparteilichkeit des Richters 7 ff., 10a
Unschlüssigkeit 6, 11, 34
Unterlassungsverfügung 20 (Fn. 87)
Untersuchungsmaxime 16
Unvertretbare Rechtsansicht des Gerichts 26a
Unvollständige Anträge 19a
Unvollständiges Klagevorbringen 13
Unzuständigkeit 4

Veränderte Prozeßlage 19a
Verfassungsbeschwerde 37

Verfassungsverletzung 37
Verhandlungsmaxime 1, 5a, 6a, 14, 19
Verjährung 24 f.
Verkennung rechtlicher Gesichtspunkte 19a
Verpflichtung des Gerichts 9
Verspätetes Vorbringen 22 (Fn. 112), 33, 35
Verstöße des Gerichts 35 ff.
Verteidigungsvorbringen 23 ff.
Vertretung durch Anwalt 6 f.
Verwandte Vorschriften 4
Verzichtbare prozessuale Rügen 22
Vollstreckbarerklärung (ausländische Entscheidung) 19a (Fn. 74)
Vorbereitung des Termins 4, 10
Vorsitzender 10, 30

Wesentlicher Mangel des Verfahrens 36

Wettbewerbsprozeß 16 (Fn. 58)
Wiedereinsetzungsgesuch 35
Wiedereröffnung der Verhandlung 35
Willkürverbot 37
Würdigung des Vorbringens 17

Zeugen 16 ff.
Zinsanspruch 20
Zurückbehaltungsrecht 24
Zurückverweisung 36
Zurückweisung wegen Verspätung 22 (Fn. 112), 33, 35
Zuständigkeit 4, 22
Zustellung 21
Zwangsversteigerung 3b, 8
Zweck der richterlichen Frage- und Hinweispflicht 1

I. Allgemeines[1]

1. Zweck

1   Die **starke Betonung der richterlichen Frage- und Hinweispflicht**, kurz, aber mißverständlich (→ Rdnr. 5a) zumeist Aufklärungspflicht genannt, gehört zu den Grundentscheidungen des Gesetzgebers und prägt den Charakter des deutschen Zivilprozesses in erheblichem Maß. Parteifreiheit und Parteiverantwortung, die sich in der Dispositions- und der Verhandlungsmaxime, aber auch im Verbot der Prozeßverzögerung niederschlagen, werden von der ZPO weder als absolute noch als isolierte Prinzipien verstanden. Das Gesetz geht nicht davon aus, der Richter habe nur über die Einhaltung der prozessualen Regeln zu wachen, im übrigen aber lediglich den von den Parteien von sich aus unterbreiteten Prozeßstoff als passiver Beobach-

---

[1] Lit.: *von Bassewitz* Grenzen der Rechtsfindungsressourcen und richterliche Fürsorge DRiZ 1982, 458; *Bernhardt* Die Aufklärung des Sachverhalts im Zivilprozeß, Festschr. für Rosenberg (1949), 9, 36; *Brehm* Die Bindung des Richters an den Parteivortrag und Grenzen freier Verhandlungswürdigung (1982), insbes. 69 ff., 208 ff.; *Borck* Grenzen richterlicher Formulierungshilfe bei Unterlassungsverfügungen, Einige Bemerkungen zu den Vorschriften der §§ 139, 308, 938 ZPO WRP 1977, 457; *Deubner* Gedanken zur richterlichen Aufklärungs- und Hinweispflicht, Festschr. für Schiedermair (1976), 79; *Flieger* Zuständigkeitsfragen und richterliche Hinweispflicht NJW 1979, 2603; *Greger* Richterliche Hinweispflicht im Anwaltsprozeß NJW 1987, 1182; *Henckel* Prozeßrecht und materielles Recht (1970), 125 ff. (zit. Henckel); *ders.* Die Verantwortung der Verfahrensbeteiligten für die Beschleunigung des Zivilprozesses, Festschr. für Schima (1969), 205; *Hensen* Zum Rechtsgespräch im Zivilprozeß, in: Aus dem Hamburger Rechtsleben, Walter Reimers zum 65. Geburtstag (1979), 167; *Hermisson* Richterlicher Hinweis auf Einrede- und Gestaltungsmöglichkeiten NJW 1985, 2558; *Kuchinke* Freiheit und Bindung des Zivilrichters in der Sachaufklärung, in: Arbeiten zur Rechtsvergleichung Bd. 30 (1966), 15; *ders.* Die vorbereitende richterliche Sachaufklärung (Hinweispflicht) im Zivil- und Verwaltungsprozeß JuS 1967, 295; *Laumen* Das Rechtsgespräch im Zivilprozeß (1984); *Lent* Wahrheits- und Aufklärungspflicht im Zivilprozeß (1942); *Lepa* Rechtsgespräch im Zivilprozeß DRiZ 1969, 5; *Levin* Richterliche Prozeßleitung und Sitzungspolizei in Theorie und Praxis (1913), 108 ff.; *A. Mayer* Zurückweisung eines nicht unter Beweis gestellten verspäteten Vorbringens? NJW 1983, 858; *Peters* Das richterliche Fragerecht JW 1938, 1432; *E. Peters* Richterliche Hinweispflichten und Beweisinitiativen im Zivilprozeß (1983); *Prütting* Die Grundlagen des Zivilprozesses im Wandel der Gesetzgebung NJW 1980, 361; *Riedel* Das Postulat der Unparteilichkeit des Richters – Befangenheit und Parteilichkeit – im deutschen Verfassungs- und Verfahrensrecht (1980), 166 ff., 169 ff., 184 ff.; *E. Schneider* Die richterliche Aufklärungspflicht (§ 139 ZPO) MDR 1968, 721; *ders.* Beiträge zum neuen Zivilprozeßrecht (Teil III) MDR 1977, 969; *ders.* Befangenheit des auf Verjährungsablauf hinweisenden Richters? MDR 1979, 974; *ders.* Die Ausschaltung des § 139 ZPO NJW 1986, 971; *ders.* Richterliche Hinweispflicht und Präklusion MDR 1991, 707; *Seelig* Die prozessuale Behandlung materiellrechtlicher Einreden – heute und einst – (1980); *Siegert* Die §§ 139, 286 und 287 ZPO in der neuesten Rechtsprechung des Bundesgerichtshofs NJW 1958, 1025; *Stürner* Die richterliche Aufklärung im Zivilprozeß (1982); *Wach* Vorträge über die Reichs-Civilproceßordnung[2] 72; *Wassermann* Der soziale Zivilprozeß (1978), 110; *Wyluda* Die Sachverhaltsaufklärung im Prozeß SchlHA 1981, 181.

ter entgegenzunehmen, um allein auf dieser Grundlage schließlich die Entscheidung zu fällen. Vielmehr ist dem Gericht durch die richterliche Frage- und Hinweispflicht aufgegeben, sich in die Äußerungen der Parteien klärend, fragend und helfend einzuschalten. Diese **aktive Mitwirkung des Richters an der Verhandlung** des Rechtsstreits dient sowohl dem Ziel einer inhaltlich gerechten Entscheidung als auch dem Interesse an einem zügigen und konzentrierten Verfahrensablauf.

2. Entstehungsgeschichte[2]

Die richterliche Frage- und Hinweispflicht ist **keine Erfindung der letzten Jahre** oder Jahrzehnte, sondern war im Kern von Anfang an im Gesetz enthalten. Nach § 130 CPO (später § 139 ZPO) hatte nämlich der Vorsitzende »durch Fragen darauf hinzuwirken, daß unklare Anträge erläutert, ungenügende Angaben der geltend gemachten Tatsachen ergänzt und die Beweismittel bezeichnet, überhaupt alle für die Feststellung des Sachverhältnisses erheblichen Erklärungen abgegeben werden«. § 130 Abs. 2 und 3 CPO hatten bereits den Inhalt des heutigen § 139 Abs. 2 und 3. Für das *amtsgerichtliche Verfahren* gab § 464 CPO (später § 503 ZPO) etwas umfassender dem Gericht auf, bei der mündlichen Verhandlung »dahin zu wirken, daß die Parteien über alle erheblichen Tatsachen sich vollständig erklären und die sachdienlichen Anträge stellen«. Durch die *Novelle 1909* (→ Einl. Rdnr. 115) kam für das *amtsgerichtliche Verfahren* die Verpflichtung des Gerichts hinzu, »das Sach- und Streitverhältnis mit den Parteien zu erörtern« (§ 502 Abs. 1). Die *Novelle 1924* (→ Einl. Rdnr. 123) fügte die aus dem amtsgerichtlichen Verfahren stammenden Erweiterungen in § 139 ein und gab der Vorschrift die noch heute (und zwar für alle Verfahren) geltende Fassung.

2

3. Geltungsbereich und verwandte Vorschriften

a) Die Vorschrift gilt sowohl im **Partei-** als auch im **Anwaltsprozeß** (→ Rdnr. 6), und zwar in allen Instanzen (auch vor dem Revisionsgericht[3]) und in sämtlichen Verfahrensarten der ZPO. Über den Wortlaut hinaus ist § 139 auch im **schriftlichen Verfahren** nach § 128 Abs. 2 oder 3 anzuwenden, → § 128 Rdnr. 101; denn der Zweck der Vorschrift greift dort genauso ein. Dasselbe gilt im Verfahren mit **fakultativer mündlicher Verhandlung**, → § 128 Rdnr. 21 ff., auch wenn schriftlich verfahren wird. Wird bei Streitsachen geringen Werts das Verfahren gemäß § 495a Abs. 1 schriftlich gestaltet, so ist ebenfalls § 139 anzuwenden; das in § 495a Abs. 1 S. 1 eingeräumte billige Ermessen bei der Verfahrensgestaltung erlaubt es nicht, beim Umfang der Frage- und Hinweispflicht Abstriche zu machen. Auch in **Nebenverfahren** wie dem Kostenfestsetzungsverfahren[4] oder dem Prozeßkostenhilfeverfahren[5] ist die Vorschrift anwendbar.

3

Hält man es für zulässig, im **schriftlichen Vorverfahren** ein sog. unechtes Versäumnisurteil gegen den Kläger wegen fehlender Sachentscheidungsvoraussetzungen oder Unschlüssigkeit der Klage zu erlassen[6], so müssen dem Kläger vorher die nach § 139 bzw. § 278 Abs. 3 gebotenen Hinweise schriftlich im selben Umfang gegeben werden, wie dies bei einer mündlichen Verhandlung erforderlich wäre[7]. Es spricht allerdings mehr dafür, ein Urteil gegen den

3a

---

[2] Dazu *Stürner* (Fn. 1) Rdnr. 3f.; *Bettermann* ZZP 91 (1978), 365, 389; ausführlich (auch zur Entwicklung von Rsp. und Lit.) *E. Peters* (Fn. 1), 4ff.
[3] Dazu *Möhring-Nirk* Die mündliche Verhandlung in der Revisionsinstanz für Zivilsachen, in: Festschrift 25 Jahre Bundesgerichtshof (1975), 305, 313.
[4] *OLG Hamburg* JurBüro 1973, 554.
[5] Vgl. *BGH* VersR 1970, 258; *OLG Schleswig* SchlHA 1982, 71 (Aufforderung, näher bezeichnete Belege über die wirtschaftlichen Verhältnisse vorzulegen).
[6] So *OLG Celle* OLGZ 1980, 11 = NJW 1980, 2140 (zust. *Kniestedt*) (dazu auch *Geffert* NJW 1980, 2820: entgegen *OLG Celle* aaO keine Entscheidung gem. § 331 Abs. 3 nach Mahnbescheid und Widerspruch); *Baumbach-Lauterbach-Hartmann*[51] § 331 Rdnr. 21; *Thomas-Putzo*[18] § 331 Rdnr. 5; *Rosenberg-Schwab-Gottwald*[15] § 107 IV 2; *Jauernig* ZPR[24] § 66 III 4; *Bischof* Der Zivilprozeß nach der Vereinfachungsnovelle (1980) Rdnr. 122; *Bergerfurth* JZ 1978, 298, 299f.
[7] Vgl. *Kramer* NJW 1977, 1657; *Thomas-Putzo*[18] § 331 Rdnr. 6; *Bergerfurth* JZ 1978, 298, 299f.; *Engels* AnwBl 1979, 205, 207; *Tempel* Mustertexte zum Zivilprozeß, Bd. I[3], 436. – A.M. *Jauernig* ZPR[24] § 66 III 4.

Kläger im schriftlichen Vorverfahren mangels Rechtsgrundlage von vornherein auszuschließen[8] (näher → § 331 Rdnr. 66ff.), und ein Argument für diese Ansicht ist dann auch, daß auf diese Weise der Wirkungsbereich der §§ 139, 278 Abs. 3 am besten gewahrt bleibt.

3b Da § 139 einen allgemeinen Rechtsgedanken des Verfahrensrechts wiedergibt, ist auch eine **entsprechende Anwendung** außerhalb des zivilprozessualen Erkenntnisverfahrens möglich, soweit dort eine vergleichbare Verfahrenssituation gegeben ist. So wird § 139 im Verfahren der Zuschlagserteilung nach dem ZVG[9], aber auch im Patenterteilungsverfahren vor dem Deutschen Patentamt[10] entsprechend angewendet.

4 b) **Ergänzend** tritt § 273 Abs. 1 S. 2, Abs. 2 Nr. 1 hinzu, der dem Gericht bzw. dem Vorsitzenden aufgibt, schon bei der **Vorbereitung des Verhandlungstermins** auf rechtzeitige und vollständige Erklärung der Parteien hinzuwirken. Eine besondere Pflicht zum Hinweis auf solche **rechtliche Gesichtspunkte**, die von einer Partei **übersehen** oder für **unerheblich gehalten** wurden, ergibt sich aus § 278 Abs. 3 (zum Verhältnis dieser Vorschrift zu § 139 → § 278 Rdnr. 25). Ferner schreibt § 504 dem Richter für das **amtsgerichtliche Verfahren** vor, den Beklagten auf eine bestehende sachliche oder örtliche **Unzuständigkeit** und auf die Folgen einer rügelosen Einlassung hinzuweisen; ohne diesen Hinweis wird die Zuständigkeit nicht durch rügelose Verhandlung des Beklagten zur Hauptsache begründet, § 39 S. 2.

II. Reichweite und allgemeine Schranken der richterlichen Frage- und Hinweispflicht

1. Verhältnis zur Parteifreiheit und Parteiverantwortung

5 Der Sinn der richterlichen Hinweis- und Fragepflicht besteht in der **Hilfe für die Parteien**, nicht dagegen darin, den Parteien die freie Entscheidung und die eigene Verantwortung abzunehmen[11]. Da im Zivilprozeß die Dispositionsmaxime gilt, ist es nicht Sache des Richters, auf die Parteien dahingehend einzuwirken, daß sie bestimmte Streitigkeiten dem Gericht unterbreiten oder dies unterlassen[12]. Erst **innerhalb** des von den Parteien zumindest grob umrissenen **Streitgegenstands** greift die Pflicht des Gerichts ein, auf die Stellung sachdienlicher Anträge zur Erreichung des von den Parteien ersichtlich gewollten prozessualen Ziels hinzuwirken.

5a Auch die **grundsätzliche Verantwortung der Parteien für den Tatsachenstoff**, wie sie im Bereich der **Verhandlungsmaxime** (→ vor § 128 Rdnr. 75ff.) gilt, darf nicht durch die Handhabung des § 139 zunichte gemacht werden. Der Richter hat weder Druck auf die Parteien auszuüben, bestimmte Tatsachen vorzutragen oder nicht vorzutragen, noch anzuregen, ganz andere Sachverhaltskomplexe in den Prozeß einzuführen. Vielmehr geht es auch hinsichtlich der Tatsachen darum, innerhalb des von den Parteien gezogenen Rahmens auf Klarheit und Vollständigkeit der Erklärungen und Angabe der Beweismittel hinzuwirken. Die richterliche Aufklärungspflicht darf nicht dazu verwendet werden, unter der Hand die Untersuchungsmaxime einzuführen[13]. Insoweit kann der Ausdruck »Aufklärungspflicht«, der sich weitgehend

---

[8] *OLG Nürnberg* NJW 1980, 460; *Putzo* NJW 1977, 2; *Zöller-Herget*[18] § 331 Rdnr. 13; *E. Schumann* NJW 1982, 1272.
[9] *BVerfGE* 42, 64, 78; *BVerfG* Rpfleger 1993, 32 (Hintzen); *OLG Hamm* Rpfleger 1986, 441; 1987, 469; *OLG Oldenburg* Rpfleger 1989, 381. Dazu *Muth* Rpfleger 1986, 417 (gegen Überdehnung des Anwendungsbereichs); *Zeller-Stöber* ZVG[13] Einl. Rdnr. 24; *Dassler-Schiffhauer* ZVG[12] § 85a Rdnr. 38.
[10] So z.B. *BPatG* GRUR 1982, 34, 35.

[11] Ebenso *Henckel* (Fn. 1), 128; *Grunsky*[2] § 19 IV (S. 178).
[12] Daher ergibt sich auch aus der Dispositionsmaxime eine Grenze für die Handhabung des § 139; a. M. *Henckel* (Fn. 1), 129.
[13] Zutr. *Stürner* Die Aufklärungspflicht der Parteien des Zivilprozesses (1976), 62ff.; *ders.* (Fn. 1) Rdnr. 13; *Bettermann* ZZP 91 (1978), 365, 389f.; *Kniestedt* NJW 1980, 2141, 2142. – *Deubner* (Fn. 1), 85f. will dagegen der Verhandlungsmaxime keinerlei Einfluß auf die Inter-

eingebürgert hat, mißverständlich sein; genauer ist es, von der **richterlichen Frage- und Hinweispflicht** zu sprechen[14]. **Aufzuklären** ist nicht der *Sachverhalt* als solcher, also die außerprozessuale Tatsachenlage, sondern das Objekt der Aufklärung stellt der **Parteivortrag** dar. Es ist durch das Gericht zu klären, wie die Partei ihren Vortrag im einzelnen meint, und es ist auf Widersprüche oder Unvollständigkeiten innerhalb des Vortrags hinzuweisen. Daher kann – gerade angesichts des § 139 – keine Rede davon sein, daß im Zivilprozeß bereits im wesentlichen eine »Aufklärungsmaxime« den Verhandlungsgrundsatz abgelöst habe[15].

2. Geltung auch bei anwaltlicher Vertretung; kompensatorische Funktion

An welche Partei sich der Richter mit Fragen oder Hinweisen zu wenden hat, ergibt sich aus der **konkreten Prozeßsituation**. Entscheidend ist, in wessen Vortrag oder Anträgen Unklarheiten, Unvollständigkeiten, Widersprüche usw. jeweils auftreten, und natürlich kann dies während des Prozeßverlaufs wechseln, so daß einmal diese, einmal jene Seite (oder auch beide) als Adressat richterlicher Aufklärungsbemühungen in Betracht kommen. Ob die Partei **anwaltlich vertreten** ist oder nicht, macht keinen *prinzipiellen* Unterschied aus[16]; denn schließlich gilt die gesetzliche Vorschrift heute mit demselben Wortlaut sowohl für den Anwalts- als auch für den Parteiprozeß (zur Entstehungsgeschichte → Rdnr. 2). Unzutreffend ist daher die (generelle) Aussage, das Gericht sei nicht verpflichtet, den anwaltlich vertretenen Kläger darauf hinzuweisen, daß das Klagevorbringen nicht substantiiert und daher nicht schlüssig sei[17]. Vielmehr ist auch gegenüber einem anwaltlich vertretenen Kläger ein solcher Hinweis geboten, wenn der Sachvortrag darauf hindeutet, daß eine unbeabsichtigte Unvollständigkeit des Tatsachenvortrags vorliegt, näher → Rdnr. 11 ff. Daran kann es fehlen, wenn schon der Gegner die mangelnde Substantiierung bzw. Schlüssigkeit gerügt und der Kläger gleichwohl keine ergänzenden Behauptungen vorgetragen hat[18]; denn daraus kann sich ergeben, daß der Kläger nicht mehr vortragen kann oder will.

Bei der Beurteilung des Einzelfalls kann sich aber durchaus auswirken, daß eine Partei nicht anwaltlich vertreten und nicht rechtskundig ist[19]; denn unter diesen Voraussetzungen ist eher mit ungewollten Unklarheiten und Unvollständigkeiten zu rechnen. Die konkrete Prozeßsituation kann und wird nicht selten so beschaffen sein, daß die richterliche Aufklärung besonders einer **unerfahrenen** oder **geschäftlich weniger gewandten Partei** zugute kommt. Diese **kompensatorische Funktion** des § 139 ist berechtigt und erwünscht, aber sie bedeutet *nicht*, daß die richterliche Aufklärungspflicht von vornherein als Instrument des *Sozialstaats*

---

pretation des § 139 zugestehen. – Für eine zurückhaltende Auslegung der Hinweispflicht *von Bassewitz* DRiZ 1982, 458, 460.

[14] Vgl. *Baur* Richterliche Hinweispflicht und Untersuchungsgrundsatz, in: Rechtsschutz im Sozialrecht, Beiträge zum ersten Jahrzehnt der Rechtsprechung des Bundessozialgerichts (1965), 35 Fn. 2; *Bettermann* (Fn. 13); *Kuchinke* JuS 1967, 295, 296 Fn. 5; *Grunsky*² § 19 IV (S. 178 Fn. 28).

[15] A.M. *Bender-Schumacher*, Erfolgsbarrieren vor Gericht, Eine empirische Untersuchung zur Chancengleichheit im Zivilprozeß (1980), 118. Vgl. dazu *Leipold* JZ 1982, 441, 447.

[16] Insoweit ebenso *E. Schneider* JurBüro 1977, 1500; *ders.* MDR 1977, 969, 971; *Wassermann* (Fn. 1), 119 ff.; *E. Peters* (Fn. 1), 141 ff.; *MünchKommZPO-Peters* Rdnr. 13; *Laumen* (Fn. 1), 198 ff.; *Bern* Verfassungs- und verfahrensrechtliche Probleme anwaltlicher Vertretung im Zivilprozeß (1992), 112 ff.

[17] So aber *BGH* NJW 1984, 310 (abl. *Deubner*) = JZ 1984, 191 (abl. *E. Peters*); dagegen *OLG Frankfurt* NJW 1989, 722; *OLG Schleswig* NJW 1986, 3146; *E. Schneider* NJW 1986, 971; *ders.* MDR 1989, 1069 (mit dem wohl zutreffenden Hinweis, die Entscheidung sei mittlerweile auch innerhalb der Rechtsprechung des BGH überholt; s. z.B. *BGH* NJW-RR 1993, 569, 570 = MDR 1993, 469, 470). S. auch *Greger* NJW 1987, 1182 (Leitsatz der BGH-Entscheidung zu weitgehend).

[18] *BGH* NJW 1984, 310 (Fn. 17) stützt sich auch auf diese Erwägung. Insoweit zust. *E. Peters* JZ 1984, 193; abl. *Deubner* NJW 1984, 311.

[19] Davon geht die Rspr durchgehend aus, z.B. *BGHZ* 25, 66, 72; *BGH* Rpfleger 1977, 359; *LG Oldenburg* MDR 1973, 680; zust. *Stürner* (Fn. 1) Rdnr. 17 f. – Generell gegen eine Differenzierung *Bern* (Fn. 16) 161.

zur Förderung der sozial schwächeren Partei aufzufassen und allein oder in erster Linie aus diesem Gesichtspunkt zu interpretieren wäre[20]. Die Aufgabe des Zivilrichters ist nicht, *Sozialhilfe* zu betreiben, sondern **dem Recht zur Verwirklichung zu verhelfen**, gleich ob es dem vermögenden oder dem wirtschaftlich schwachen Bürger zusteht. Im Bereich des materiellen Rechts spielt der soziale Schutzgedanke eine wichtige Rolle, aber er ist auch dort nicht das einzige und oberste Prinzip. Erst recht wird der Zivilprozeß in erster Linie vom Rechtsstaatsprinzip und nur ergänzend (und vor allem auf bestimmten Gebieten, z. B. dem Recht der Prozeßkostenhilfe) von sozialstaatlichen Erwägungen (allgemein → Einl. Rdnr. 520) getragen. Sähe man es anders, könnte es generell nicht bei der Dispositions- und Verhandlungsmaxime bleiben. Im Bereich des § 139 aber spricht entscheidend gegen ein in erster Linie sozialstaatliches Verständnis, daß nach dem Zweck der Vorschrift die konkrete (und durchaus wechselnde) prozessuale Situation, nicht die allgemeine soziale Lage der Partei maßgeblich ist. Fordert man den *Schutz des Schwächeren* und versteht man unter dem »Schwächeren« lediglich den, der im konkreten Prozeß besonders der richterlichen Hilfe bedarf[21], so besteht zwar der Sache nach kein Unterschied zur hier vertretenen Ansicht, doch ist die Ausdrucksweise zumindest sehr mißverständlich, da sie einerseits auf eine Verknüpfung mit der »sozialen Schwäche« hindeutet und andererseits den falschen Eindruck einer für den gesamten Prozeß ein für allemal feststehenden Rollenverteilung erweckt.

3. Gleichbehandlung der Parteien und Unparteilichkeit des Richters[22]

7 Die Frage- und Hinweispflicht gebietet dem Gericht, sich aktiv in die Verhandlung einzuschalten und führt geradezu unvermeidlich zu einer Einbuße an Distanz gegenüber dem prozessualen Handeln der Parteien. Die Hinweise und Fragen des Gerichts können der angesprochenen Partei helfen, ihren Vortrag wirksamer und sachgerechter zu gestalten. Daß das Gericht bei der Erfüllung der Frage- und Hinweispflicht oft zum erkennbaren Nutzen einer Partei tätig wird, ist daher nicht zu leugnen. Andererseits muß aber die Verpflichtung des Gerichts zur **Gleichbehandlung** der Parteien (→ vor § 128 Rdnr. 62) und zur **Unparteilichkeit** sorgfältig beachtet werden. Dagegen würde das Gericht verstoßen, wenn es sich bei seinen Fragen und Hinweisen von dem Ziel leiten ließe, die Anträge und den Prozeßstoff so zurechtzurücken, daß dem Interesse einer bestimmten Partei zum Erfolg verholfen werden kann. Die Pflicht zur Gleichbehandlung und zur Neutralität verbietet dem Gericht, sich zum Sachwalter oder Berater einer Partei zu machen. Auch aus diesem Grund (zur Verhandlungsmaxime → Rdnr. 5) muß das Gericht **im Rahmen des Parteivorbringens** bleiben und sich auf dessen Klärung und Vervollständigung beschränken. Hinweise des Gerichts, eine Partei könne auch *weitergehende*[23] oder *andere* materielle Rechte einklagen oder ihr prozessuales Begehren auf einen bislang nicht vorgetragenen *anderen Tatsachenkomplex* stützen oder durch bestimmte materielle Rechtsgeschäfte den gewünschten rechtlichen Erfolg erzielen, sind durch § 139 nicht mehr gedeckt.

7a Verstößt der Richter gegen die **Gebote der Gleichbehandlung** und der **Neutralität**, so kann dies die **Besorgnis der Befangenheit** (→ § 42 Rdnr. 2, 11) begründen. Da § 139 keine exakten Grenzen der Aufklärungspflicht enthält, kann man Zweifelsfälle nicht einfach mit der Formel beantworten, alles was durch die richterliche Frage- und Hinweispflicht gedeckt sei, könne nicht gegen die Unparteilichkeit verstoßen und die Besorgnis der Befangenheit begründen.

---

[20] A.M. *Wassermann* (Fn. 1), z.B. 110ff. Dazu krit. *Leipold* JZ 1982, 441, 446f.; *E. Peters* (Fn. 1), 107f.
[21] *Bender* ZRP 1974, 235, 236 sowie JZ 1982, 709, 711 (Erwiderung auf die Kritik von *Leipold* JZ 1982, 441, 446f. unter erfreulicher Klarstellung bzw. Abschwächung der in ZRP 1974, 235 aufgestellten Thesen).
[22] Dazu eingehend *Stürner* (Fn. 1) Rdnr. 19ff.
[23] Vgl. *KG* FamRZ 1990, 1006 (abl. *E. Peters*).

Vielmehr muß das **Gebot der Neutralität** in die **Interpretation des § 139** mit einfließen[24]. So gesehen stellt die Verpflichtung zur Unparteilichkeit umgekehrt eine Schranke für die richterliche Frage- und Hinweispflicht dar. Dagegen läßt sich nicht generell sagen, daß *alle* Hinweise, zu denen der Richter *nicht* nach § 139 verpflichtet ist, die *Besorgnis der Befangenheit* begründen; denn es ist damit noch nicht gesagt, daß das richterliche Verhalten den Eindruck der Parteilichkeit erweckt. Außerdem ist dem Gericht bei der Anwendung des § 139 ein gewisser Spielraum zuzubilligen → Rdnr. 9. Zu Einzelfragen → vor allem Rdnr. 23 ff.

Daß bei der Handhabung des § 139 die **richterliche Unparteilichkeit** zu beachten ist, zieht auch das BVerfG[25] nicht in Zweifel. Das BVerfG betont jedoch, die Unparteilichkeit sei **kein wertfreies Prinzip**, sondern an den Grundwerten der Verfassung orientiert. Das BVerfG gab im konkreten Fall der Pflicht des Gerichts den Vorrang, auf eine sachgerechte Entscheidung im Rahmen der Gesetze unter dem Blickpunkt materialer, wertorientierter Gerechtigkeit hinzuwirken. Bei der Würdigung dieser Entscheidung ist zu beachten, daß sie das *Zwangsversteigerungsverfahren* betrifft, also ein Verfahren, das einen besonders schwerwiegenden Eingriff in das verfassungsmäßig geschützte Eigentum (Art. 14 GG) mit Hilfe staatlicher Organe zum Inhalt hat. Für die Handhabung des § 139 im gewöhnlichen Zivilprozeß ergibt sich daraus kein Anlaß zu einer grundsätzlichen Neuorientierung[26]. An anderer Stelle hat das BVerfG[27] erneut betont, das Gericht habe bei der Anwendung des § 139 **jeden Anschein der Parteilichkeit zu vermeiden** und sei daher im zivilprozessualen Erkenntnisverfahren grundsätzlich nicht gehalten, den Vortrag einer Partei zum Nachteil des Gegners schlüssig zu machen oder ihr eine zutreffende Antragsbegründung in die Hand zu geben.

4. Pflichtcharakter und Beurteilungsspielraum

Wie sich aus der Formulierung »hat dahin zu wirken« ergibt, ist es eine **Amtspflicht** des Gerichts, sich um die Klärung des Sach- und Streitverhältnisses zu bemühen. Wenn also eine von der Partei ungewollte Unklarheit oder Unvollständigkeit besteht, so **muß das Gericht** die erforderlichen **Hinweise geben** bzw. **Fragen stellen**. Insofern kann man nicht von einem echten Ermessen im Sinne einer Wahlfreiheit des Gerichts sprechen, ob es tätig werden will oder nicht. Ob aber eine Unklarheit oder Unvollständigkeit im Parteivortrag gegeben ist bzw. ob sie ungewollt ist und die Partei daher überhaupt des Hinweises bedarf, muß das Gericht aufgrund der konkreten Prozeßsituation und der erkennbaren Umstände des Einzelfalls beurteilen. Da sich diese Einschätzung der **Erforderlichkeit einer Aufklärungsmaßnahme** einer genauen begrifflichen Festlegung entzieht und andererseits die konkrete Prozeßlage für ein Rechtsmittelgericht auch nicht mehr im vollen Umfang rekonstruierbar ist, entspricht es dem Zweck des § 139, hier dem Vorderrichter einen gewissen **Beurteilungsspielraum** einzuräumen[28]. Ein Verstoß gegen § 139 durch Unterlassen einer Aufklärungsmaßnahme ist daher erst dann anzunehmen, wenn man an der Erforderlichkeit eines Hinweises oder einer Frage vernünftigerweise nicht zweifeln konnte. Aus dem Beurteilungsspielraum hinsichtlich der

---

[24] So der Sache nach z. B. *OLG Düsseldorf* NJW 1993, 2542. – A. M. *MünchKommZPO-Peters* Rdnr. 15.
[25] *BVerfGE* 42, 64, 78 (→ Fn. 164).
[26] In dieser Richtung aber *Vollkommer* Rpfleger 1976, 394; krit. dagegen *Stürner* (Fn. 1) Rdnr. 22.
[27] *BVerfGE* 52, 131, 161 = NJW 1979, 1925, 1928 = JZ 1979, 596, 599. Der Kritik, die *Vollkommer* Festschr. für Schwab (1990), 503, 520 (dort Fn. 120) an der Berufung auf diese Äußerung des BVerfG übt, vermag ich nicht zu folgen.

[28] Übereinstimmend *Grunsky*² § 19 IV (S. 179); ähnlich im Ausgangspunkt *Stürner* (Fn. 1) Rdnr. 27 ff., der aber die Grenzen eines richterlichen Spielraums letztlich enger zieht. – Anders *Brehm* (Fn. 1), 220, der ein über die Hinweispflicht hinausgehendes Hinweisrecht ablehnt. – Völlig gegen einen Beurteilungsspielraum *E. Peters* (Fn. 1), 106; *MünchKommZPO-Peters* Rdnr. 7.

Erforderlichkeit ergibt sich, daß neben den Fällen einer eindeutigen *Verpflichtung* zu Aufklärungsmaßnahmen ein **weiterer Bereich** anzuerkennen ist, in dem Aufklärungsmaßnahmen *zulässig* sind, es aber letztlich der pflichtgemäßen Einschätzung durch den Richter überlassen bleibt, ob er solche Maßnahmen ergreift.

III. Gegenstand und Inhalt der Frage- und Hinweispflicht

10 Die Frage- und Hinweispflicht ist ein wesentlicher Teil der **Prozeßleitung**, genauer der sog. Sachleitung → vor § 128 Rdnr. 105. Sie obliegt in erster Linie dem **Vorsitzenden**, ist ihm aber, wie sich aus Abs. 3 ergibt, nicht ausschließlich vorbehalten. Fragen und Hinweise nach § 139 sind (wie auch § 273 Abs. 2 Nr. 1 bestätigt, hierzu → § 273 Rdnr. 20) bereits zur Vorbereitung des Termins zulässig; im Interesse der Konzentration und Beschleunigung des Verfahrens wird es häufig zweckmäßig sein, nicht erst im Termin von § 139 Gebrauch zu machen, → auch Rdnr. 29.

10a **Telefonische Aufklärungsbemühungen** des Gerichts sollten im Interesse der Unparteilichkeit und der vollständigen Information des Gegners vermieden werden[29], ohne daß man sie generell für unzulässig erklären müßte. Erscheint aus Zeitgründen ein Telefonanruf geboten, etwa, damit der Prozeßbevollmächtigte noch rechtzeitig Informationen einholen kann, so sollte dies nur als Vorabmitteilung eines dann schriftlich folgenden Hinweises geschehen, und auf diesem Schriftstück sollte (auch für den Gegner) der Telefonanruf vermerkt werden.

10b Das **Ziel der Aufklärung** ist die Klarstellung und Vervollständigung des Inhalts des *tatsächlichen Vorbringens*, → Rdnr. 11, einschließlich der *Beweismittel*, → Rdnr. 16, darüber hinaus die Klarstellung des von den Parteien mit ihren *Anträgen* verfolgten Prozeßziels, → Rdnr. 19, sowie die Information der Parteien über Bedenken hinsichtlich der *von Amts wegen zu beachtenden Fragen*, → Rdnr. 21. Dagegen erstreckt sich die Hinweispflicht in der Regel **nicht** auf *sonstige prozessuale Rügen* (→ Rdnr. 22) und ebensowenig auf mögliche *neue Klagebegründungen oder Einwendungen und Einreden*, → Rdnr. 23ff.

1. Aufklärung des erheblichen tatsächlichen Vorbringens

11 a) Die Aufklärungspflicht erstreckt sich darauf, **unklares Vorbringen**, insbesondere unrichtige Parteibezeichnungen[30], sich selbst widerstreitende[31], zu allgemein gehaltene[32] oder in ihrer Tragweite nicht klar ersichtliche Behauptungen oder solche, hinsichtlich deren Ehrlichkeit oder Ernstlichkeit Zweifel bestehen[33], klarzustellen, ferner Differenzen zwischen dem Vorgetragenen und dem schriftsätzlich Angekündigten aufzuklären[34] und die nähere tatsächliche Begründung des zum Angriff oder zur Verteidigung dienenden Vorbringens, namentlich die **Auflösung von Rechtsbehauptungen und Rechtsbegriffen in Tatsachen** (→ § 284 Rdnr. 13f.) zu veranlassen. Hält das Gericht den Sachvortrag für unvollständig und daher für **unsubstantiiert**, so ist die Partei in der Regel (→ aber Rdnr. 12) darauf hinzuweisen[35]. Dies gilt auch gegenüber der anwaltlich vertretenen Partei, → Rdnr. 6f. Zur Substantiierung des Bestreitens → § 138 Rdnr. 27ff. Des Hinweises bedarf es auch, wenn das Gericht die **Bezug-**

---

[29] So auch *AK-ZPO-Schmidt* Rdnr. 56.
[30] Vgl. *OLG Hamm* MDR 1977, 940; RGZ 71, 232a.E., 157, 375; *RAG* ArbRS 29, 11; *Kisch* Parteiänderung im Zivilprozeß (1912), 592.
[31] *RG* JW 1902, 214; *BAG* RdA 1973, 277 (LS); *BGH* WM 1979, 587.
[32] Vgl. *BGH* LM § 233 Nr. 13a.E.
[33] *RGZ* 102, 290.

[34] *RG* JW 1911, 945; WarnRsp 14 (1921), Nr. 229; s. andererseits *RG* JW 1912, 198.
[35] *OLG Köln* OLGZ 1974, 478; *OLG Frankfurt* NJW 1989, 722; *OLG Düsseldorf* NJW 1993, 2543. – Dies gilt insbesondere, wenn die Vorinstanz und der Gegner bislang keine Einwände gegen die Substantiierung geäußert hatten, *BGH* MDR 1993, 469 = NJW-RR 1993, 569 (zur Aufrechnung).

nahme auf Anlagen eines Schriftsatzes für unzureichend hält[36] oder wenn diese Anlagen fehlen[37], ebenso, wenn in einer Berufungsschrift das angefochtene Urteil nicht bestimmt genug bezeichnet ist und sich die laut Berufungsschrift beigefügte Kopie des angefochtenen Urteils nicht bei den Akten befindet[38].

b) Die Frage- und Hinweispflicht besteht **nur** insoweit, als für das Gericht nach den Verhältnissen des Einzelfalles **Zweifel hinsichtlich des Parteivorbringens** bestehen[39]. Sie greift demnach nicht Platz, wenn die Partei gar keine Behauptung aufgestellt hat, die einen Anlaß oder einen Anhaltspunkt zu einer Fragestellung gibt[40], oder wenn das Gericht nach den Umständen auch ohne Fragestellung zu der Annahme berechtigt ist, daß die Partei die Tatsache gar nicht behaupten kann oder will[41]. Hier ist dem Richter ein gewisser **Beurteilungsspielraum** (→ Rdnr. 9) zuzugestehen. Dagegen kann sich eine Fragepflicht daraus ergeben, daß das Gericht zu einer *von keiner Seite vorausgesehenen Tatsachenwürdigung* gelangt, aufgrund derer weitere Tatsachen erst erheblich werden[42], oder daß das Gericht entgegen der in einem Hinweis- und Beweisbeschluß zum Ausdruck kommenden Ansicht eine Forderung als nicht bestritten ansieht[43]. Äußert sich der Beklagte nur zur örtlichen Zuständigkeit, so wird, jedenfalls bei anwaltlicher Vertretung, in der Regel kein Anlaß zu der Frage bestehen, ob er sich nicht wenigstens hilfsweise zur Sache äußern wolle[44], es sei denn, daß ein erkennbares Versehen vorliegt. 12

Die Frage- und Hinweispflicht geht **nicht** so weit, etwa die Parteien zur Aufstellung **ganz neuer Klagegründe oder Einwendungen** zu veranlassen[45], → auch Rdnr. 23. Anders, wenn es sich darum handelt, aus *unvollständigem Klagevorbringen* oder *unklarem Bestreiten* (vor allem durch die nicht von einem Anwalt vertretene Partei) klarzustellen, worauf sie überhaupt hinaus will. Ein gewisses Maßhalten ist für den Richter hier allerdings geboten, da eine zu starke Hilfestellung einer Partei gegenüber unter Umständen für den Gegner die Ablehnung des Richters rechtfertigen kann, → § 42 Rdnr. 11. Die Fragepflicht besteht ferner dann **nicht**, wenn die Partei **bereits anderweit**, z. B. durch das Vorbringen des Gegners[46], Befragung in der unteren Instanz[47] oder durch Belehrung in den Urteilsgründen des Vorderrichters **auf die Mängel ihres Vorbringens hingewiesen** ist[48], ferner dann nicht, wenn das Gericht mit Rücksicht auf die Unbestimmtheit des Parteivorbringens von der Aussichtslosigkeit weiterer Aufklärungsversuche überzeugt ist[49]. 13

c) Die Aufklärungspflicht des Gerichts hat sich innerhalb der sich aus dem **Verhandlungsgrundsatz** (→ vor § 128 Rdnr. 75 ff.) ergebenden Grenzen zu halten. Ein Recht oder gar eine Pflicht des Gerichts, Tatsachen einzubeziehen, die *nicht von einer Partei behauptet* wurden, kann sich aus § 139 nicht ergeben. Daher ist es auch **nicht Aufgabe des Gerichts, beigezogene** 14

---

[36] *OLG Schleswig* MDR 1976, 50.
[37] *BGH* VersR 1970, 258 (unvollständiges Armenrechtsgesuch); *OLG Köln* Computer und Recht 1992, 546, 547 (fehlende Mängelliste).
[38] *BGH* NJW 1991, 2081.
[39] *LG Aachen* NJW 1966, 207 (wird Aufrechnung vorgebracht?).
[40] S. auch *BGH* LM Nr. 3; *NJW* 1982, 1708, 1710 (substanzloses Vorbringen; abl. *Deubner* NJW 1982, 1711; wie *BGH* aaO auch *OLG Düsseldorf* NJW 1993, 2543); *BAG* SAE 57, 15 = AP Nr. 1 (*Pohle*); RGZ 97, 243; 101, 136; 104, 417; RG DR 1942, 2187; KG NJW 1974, 1003 (offensichtlich unvollständiges Wiedereinsetzungsgesuch).
[41] RGZ 7, 369; 8, 372; *JW* 1900, 57; 1903, 22; 1906, 114; *BGH* LM Nr. 3.
[42] *BGH* VersR 1967, 1095; GRUR 1967, 592.
[43] *OLG Köln* VersR 1977, 844 (LS). – Eine Hinweispflicht besteht auch, wenn das Gericht nach Hinweisbeschluß und Beweiserhebung seine Entscheidung auf einen anderen, bisher nicht erörterten Gesichtspunkt stützen will, *OLG Hamm* MDR 1993, 270 = NJW-RR 1993, 894.
[44] A. M. *OLG Celle* NdsRpfl 1973, 178. – Recht weitgehend bejaht *OLG Düsseldorf* MDR 1993, 1008 = NJW-RR 1993, 1341 eine Hinweispflicht, wenn ein Beklagter wegen Zweifeln an der Identität und Aktivlegitimation des Klägers zunächst auf sonstigen Sachvortrag verzichtete.
[45] RGZ 91, 268; 102, 263, 266; 109, 69; HRR 1931 Nr. 869; JW 1937, 35, 2220. – Dazu *E. Peters* (Fn. 1), 132 ff.
[46] *BGH* NJW 1980, 223, 224; NJW 1984, 310, 311 (dazu → Rdnr. 6); *OLG Koblenz* NJW-RR 1988, 662.
[47] *BGH* NJW 1958, 1590; RGZ 98, 293.
[48] RGZ 87, 246; 92, 256. S. auch *RAG* ArbRS 21, 49.
[49] Vgl. *RG* Gruchot 60 (1916), 878.

Akten daraufhin zu überprüfen, ob sich daraus (von den Parteien nicht behauptete) **Tatsachen** ergeben, die das Begehren einer Partei stützen könnten[50].

15   d) Die Aufklärungsbemühung des Gerichts hat sich grundsätzlich an die **Partei** zu richten, welche die **Behauptungs- und Beweislast** für die betreffenden Tatsachen trägt[51]. Trägt allerdings eine Partei von sich aus Tatsachen vor, die für sie **ungünstig** sind (z.B. der Kläger Tatsachen, aus denen sich der Wegfall seines Anspruchs ergibt), so hat das Gericht bei *Unklarheiten* auch insoweit nachzufragen. Auf eine *Ergänzung* solchen Tatsachenvortrags durch die nicht behauptungsbelastete Partei hat das Gericht dagegen nicht hinzuwirken[52]. In der *Verwertung* ungünstiger Behauptungen ohne besonderen Hinweis liegt kein Verstoß gegen § 139[53].

2. Beweismittel

16   a) Das Gericht hat bezüglich der beweisbedürftigen Parteibehauptungen auf eine **klare Beweisantretung** durch die **beweisbelastete Partei** hinzuwirken, insbesondere darauf, daß bisher ungenügende Beweisanträge vervollständigt werden[54], auch bei nicht genügend bestimmter bzw. mehrdeutiger[55] Angabe des Beweisthemas[56] oder der Person des Zeugen[57]. Ein Hinweis ist daher erforderlich, wenn eine Partei die Absicht, einen Beweisantrag zu stellen, erkennen ließ, aber davon absah, weil sie davon ausging, der Rechtsstreit sei ohne Beweisaufnahme entscheidungsreif[58]. Zur Fristsetzung → § 356. Dagegen muß die Beurteilung der Frage, ob besser dieser oder jener Zeuge zu benennen ist, mindestens bei der Vertretung durch Anwälte den Parteien überlassen bleiben[59]. Ob die Anregung des Vorsitzenden, die Vernehmung eines weiteren Zeugen zu beantragen, die Besorgnis der Befangenheit (→ § 42 Rdnr. 11) begründet[60], hängt von den Umständen des Einzelfalls ab.

16a   Es besteht in der Regel jedenfalls *keine Pflicht* des Gerichts, nach der Aufnahme der angebotenen Beweise, wenn das Gericht sie für erfolglos erachtet, die Partei zu **neuem Beweisantritt**[61] oder im umgekehrten Fall die Gegenpartei zum Antritt ihr dienlicher *Gegenbeweise*[62] zu veranlassen. Anders kann es sein, wenn die Partei keinen Anlaß hat, daran zu zweifeln, daß die vorgelegten Beweismittel[63] genügen. Ein Hinweis ist auch erforderlich, wenn die Unterlassung eines sonst üblichen Beweisantrags (wie etwa auf Blutgruppenuntersuchung) nur auf einem *Versehen* des Prozeßbevollmächtigten beruhen kann[64]. Auch kann ein Hinweis auf die Notwendigkeit weiterer Beweisantritte (bzw. weiteren Tatsachenvortrags) geboten sein, wenn die Beweisaufnahme die Behauptungen des Beweisführers bestätigt hat und dieser nach dem bisherigen Prozeßverlauf davon ausgehen konnte, das Beweisergebnis werde für eine ihm günstige Entscheidung genügen[65]. Wurde Zeugenbeweis und Partei-

---

[50] Vgl. *BGH* GRUR 1974, 715 (betr. Patenterteilungsakten); *BGH* VersR 1968, 58 (betr. Strafakten).
[51] *Stürner* (Fn. 1) Rdnr. 12 (S. 17).
[52] Etwas weitergehend *Stürner* (Fn. 1) Rdnr. 66 (S. 53) (aber nicht, wenn die Partei den Sinn der – ihr ungünstigen – Frage nicht erkennt).
[53] *OLG Köln* MDR 1970, 597.
[54] Vgl. *LAG Frankfurt* AP 50 Nr. 143 (Anregung, sich auf einen Arbeitsvertrag zu berufen, der Bestandteil der als Beweismittel herbeigezogenen Personalakten ist).
[55] *OLG Stuttgart* Justiz 1975, 197 (LS).
[56] *BAG* AP Nr. 3 (zust. *E. Schumann*); *RGZ* 97, 207; JW 1905, 87, 542; WarnRsp 17 (1925), Nr. 156; JR 1925 Nr. 41. Sehr weitherzig *RGZ* 77, 244.
[57] *BAG* NJW 1977, 727 (auch bei Benennung eines Zeugen »NN«) = AP § 373 Nr. 1 (einschränkend *Stephan*: nicht wenn der Beweisantrag erkennbar »ins Blaue hinein« gestellt wurde).

[58] Vgl. *OLG München* MDR 1992, 365 (zum Umfragegutachten im Wettbewerbsprozeß, hierzu auch → § 144 Rdnr. 2 a. E.).
[59] *ObGerBritZ* JR 1950, 52 = BB 1949, 322.
[60] Verneinend *OLG Frankfurt* NJW 1976, 2025.
[61] *RG* JW 1908, 684; 1910, 750f.; 1914, 313. S. auch *BayObLGZ* 1975, 311, 317. – A.M. *Lepa* DRiZ 1969, 5, 7; *Deubner* (Fn. 1), 82.
[62] *RGZ* 93, 152; JW 1937, 35. Auch nicht zu Behauptungen oder Beweisangeboten zur Glaubwürdigkeit (wirtschaftliches Interesse) eines Zeugen; *BAG* AP § 162 Nr. 1.
[63] Etwa die zur Glaubhaftmachung vorgelegten eidesstattlichen Versicherungen, vgl. *BGH* MDR 1984, 485 (Nr. 45).
[64] *BayObLG* Rpfleger 1949, 471; *BGH* LM Nr. 3. S. auch *A. Mayer* NJW 1983, 858.
[65] *BGH* NJW 1989, 2756.

vernehmung beantragt, so wird das Gericht nach Durchführung der Zeugenvernehmung, wenn sich die Partei nicht eindeutig äußert, durch Frage klären müssen, ob der Antrag auf Parteivernehmung aufrecht erhalten bleibt[66], → auch § 445 Rdnr. 11. Wird ein gefaßter *Beweisbeschluß nicht ausgeführt*, so müssen die Parteien darauf hingewiesen und ihnen Gelegenheit zur Stellung anderer Beweisanträge gegeben werden[67].

b) Die Aufklärungspflicht beschränkt sich auf die Tatsachenbehauptungen und die Beweismittel. Die **Würdigung** des Parteivorbringens wie der Beweisaufnahme braucht in der Regel **nicht** zum Gegenstand der **Erörterung** gemacht zu werden; das Gericht ist insbesondere nicht verpflichtet, den Parteien seinen Eindruck hinsichtlich der Glaubwürdigkeit von Zeugen usw. bekanntzugeben[68]. Eine von keiner Seite vorhergesehene Tatsachenwürdigung kann jedoch zur Hinweispflicht führen, → Rdnr. 12 Fn. 42, ebenso eine *vom Erstgericht abweichende Würdigung* eines Sachverständigengutachtens durch das Berufungsgericht, wenn die *Parteien* die erstinstanzliche Würdigung nicht angegriffen hatten[69], oder eine abweichende Würdigung einer Zeugenaussage in erster Instanz, wenn das Berufungsgericht den Zeugen nicht von sich aus erneut vernehmen will[70]. 17

c) Durch § 139 wird dagegen **nicht geregelt, ob** das Gericht einen **beantragten Beweis zu erheben hat** (→ § 284 Rdnr. 51 ff.), **wann** es im Verfahren mit Verhandlungsmaxime zur **Beweiserhebung von Amts wegen** (→ § 142 Rdnr. 1, § 144 Rdnr. 3, § 448 Rdnr. 4, 12), insbesondere zur Erhebung eines Sachverständigenbeweises (→ vor § 402 Rdnr. 25 ff.), verpflichtet ist und welchen Umfang die Amtsermittlungspflicht nach § 616 Abs. 1, § 640 Abs. 1 hat (→ § 616 Rdnr. 9, § 640 Rdnr. 33 ff.). Diese Fragen haben mit der richterlichen Aufklärungspflicht im Sinne des § 139 (→ Rdnr. 5a) nichts zu tun[71]. Ein Hinweis kann aber erforderlich sein, wenn das Gericht von einer nach den Umständen zu erwartenden Beweiserhebung von Amts wegen absehen will, → § 144 Rdnr. 2 a. E. 18

3. Anträge

a) Das Gericht hat dafür zu sorgen, daß die Parteien **sachdienliche Anträge** stellen. Auch hiermit ist nicht gemeint, daß den Parteien im Widerspruch mit Dispositions- und Verhandlungsgrundsatz andere Klagegründe und Einwendungen an die Hand zu geben wären[72]. Der Ton liegt vielmehr auf dem *sachdienlich*: Die Parteien sollen durch Rechtsbelehrung angehalten werden, aus ihrem Vorbringen den für die Erreichung ihres **Prozeßzieles** richtigen Schluß zu ziehen. Hier ist der Begriff sachdienlich im *subjektiven* Sinn zu verstehen, während er in § 263 im objektiven Sinn verstanden werden muß, → § 263 Rdnr. 12[73]. Dies gilt bei Sach- wie bei Prozeßanträgen (anders als bei § 297, → § 297 Rdnr. 3); zu Beweisanträgen → Rdnr. 16. 19

In Betracht kommen die Aufforderung, **unvollständige** oder **nicht hinreichend bestimmte Anträge** zu präzisieren[74], unklare oder widersprüchliche Anträge zu verbessern[75], aber auch Hinweise auf solche Anträge (innerhalb des Prozeßgegenstands → Rdnr. 20), die infolge **Verkennung der rechtlichen Gesichtspunkte** oder aus Versehen nicht vorgebracht sind[76], oder 19a

---

[66] BGH FamRZ 1993, 413, 414; OLG Oldenburg NJW-RR 1990, 125.
[67] OLG Köln MDR 1972, 520 (LS).
[68] Vgl. RG JW 1912, 540.
[69] BGH VersR 1977, 733, 734.
[70] BGH NJW 1981, 580, 581; 1985, 3078.
[71] A. M. wohl OLG Köln VersR 1973, 43 (LS); 1977, 577 (LS).
[72] OGHZ 1, 16, 18; → auch Rdnr. 23.
[73] Dagegen anscheinend für Gleichbehandlung BGHZ 3, 213.
[74] RGZ 130, 264, 267; JW 1910, 239; 1912, 591, 592;

LAG Baden-Württemberg BB 1969, 917 (betr. Kündigungsschutzklage). – S. auch BGH NJW 1993, 1801, 1802 (Hinweis auf die Notwendigkeit eines konkretisierenden Antrags bei Vollstreckbarerklärung einer im Tenor nicht genügend bezeichneten ausländischen Entscheidung).
[75] OLG Köln NJW 1973, 1848; BSG MDR 1969, 89.
[76] RGZ 8, 372; JW 1902, 126, 310; KG NJW 1983, 580, 581 (Hinweis auf Antrag nach § 283); OLG Stuttgart BB 1982, 864 (Erstreckung der Kündigungsschutzklage auf erneute Kündigung); LG Oldenburg MDR 1973, 680. Vgl. auch RGZ 22, 219f.; WarnRspr 17 (1925), Nr. 156; BGHZ 3, 213; zu eng RGZ 158, 48f.

die schriftsätzlich angekündigt, aber versehentlich nicht verlesen wurden[76a], ferner die Anregung zum Übergang von einer Klageart zur anderen, der Hinweis auf die Notwendigkeit der anderweitigen Fassung von Anträgen infolge **veränderter Prozeßlage**, z. B. im Fall der Rechtsnachfolge während des Rechtsstreits, § 265[77], oder der Erledigung der Hauptsache[78]. Ist die Partei bei der Formulierung des Antrags einer Anregung des erstinstanzlichen Gerichts gefolgt, so muß das Gericht höherer Instanz der Partei einen Hinweis geben, wenn es den Antrag für rechtlich bedenklich hält[79]. In Fällen der **Anspruchshäufung** kann es erforderlich sein klarzustellen, in welcher Höhe und, sofern die Summe der Ansprüche den Klagebetrag übersteigt, in welcher Reihenfolge die einzelnen Ansprüche geltend gemacht werden[80].

19b Der **Umfang der Belehrungspflicht** wird verschieden sein, je nachdem ob **Anwälte**[81] oder **rechtsunkundige Parteien** verhandeln[82]. Im ersteren Fall wird es in der Regel insoweit keiner Belehrung bedürfen, als sich die Folgen bestimmter prozessualer Erklärungen ohne weiteres aus dem Gesetz ergeben[83] oder die Möglichkeit eines bestimmten Antrags klar zutage liegt[84]. Bei der rechtsunkundigen Partei kann im Zusammenhang mit einer klärenden Frage auch ein Hinweis auf die Kostenfolgen des einen oder des anderen prozessualen Verhaltens geboten sein[85].

20 b) Das Bemühen des Gerichts um sachdienliche Anträge muß sich **innerhalb des von den Parteien unterbreiteten streitigen Interesses**[86] halten. Gerade hier wirkt sich die Pflicht zu Gleichbehandlung und Neutralität aus; das Gericht muß auch das *Interesse des Gegners* berücksichtigen[87]. Es ist nicht Sache des Gerichts, auf die Möglichkeit *weitergehender Sachanträge* hinzuweisen[88], etwa darauf, daß neben der Hauptsache auch Zinsen verlangt werden könnten[89], oder die Erhebung zusätzlicher, auf ein anderes Ziel gerichteter Klagen (Klagehäufung, Widerklage) erst anzuregen[90]. Hat allerdings das Gericht *selbst* (z. B. durch nur teilweise Bewilligung der Prozeßkostenhilfe wegen ansonsten fehlender Erfolgsaussicht) die *Beschränkung* eines Antrags hervorgerufen, so kann sich eine Hinweispflicht ergeben, wenn das Gericht zu einer anderen Beurteilung gelangt[91].

20a **Zu weit** ginge die Anregung, einen **neuen Antrag aus einem bisher nicht vorgetragenen Sachverhalt** durch Klageänderung[92] oder Stufenklage[93] zu erheben, während die Anregung zu einer Klageänderung, die dem bereits zuvor verfolgten Prozeßziel dient, geboten sein kann[94]. Es kann auch erforderlich sein klarzustellen, ob ein **Hilfsantrag** weiterhin gestellt wird[95], oder einen dem Klageziel entsprechenden Hilfsantrag anzuregen[96]. In allen diesen Fällen muß aber auch die **Eigenverantwortung der Parteien** berücksichtigt werden. Daher erscheint es zu weitgehend, eine Pflicht zum Hinweis auf jede im Sinne des § 263 sachdienli-

---

[76a] *LG Saarbrücken* NJW-RR 1993, 830.
[77] *RG* JW 1905, 27; 1908, 407; 1921, 1548.
[78] Vgl. *RG* JW 1912, 914.
[79] *BGH* FamRZ 1984, 165, 166.
[80] *RGZ* 157, 327.
[81] S. z. B. *BGH* LM § 13 StVO Nr. 6 (betr. Entlastungsbeweis nach § 831 Abs. 1 S. 2 BGB); *BGH* Rpfleger 1977, 359.
[82] *LG Oldenburg* MDR 1973, 680.
[83] Vgl. *RGZ* 92, 256.
[84] *BGH* LM § 56 Nr. 1. – Gegenbeispiel: *OLG Schleswig* NJW 1982, 2783 (Verletzung des § 139, weil der Anwalt des Klägers nicht auf die Notwendigkeit hingewiesen wurde, Verurteilung zur Zahlung an den Kläger und dessen Ehefrau zu beantragen).
[85] Vgl. *OLG Köln* JurBüro 1987, 729 (zur Anerkennung der Vaterschaft).
[86] Der zunächst gestellte Antrag zieht dabei keine strenge Grenze, vgl. *Henckel* (Fn. 1), 130.
[87] *OLG Köln* OLGZ 1976, 239. Zu den Grenzen der Aufklärungspflicht bei Anträgen auf Unterlassungsverfügungen *Borck* WRP 1977, 457.
[88] *BAG* AP §§ 22, 23 BAT Nr. 46 (keine Pflicht, auf mögliche Klageerweiterung hinzuweisen).
[89] *OLG Köln* MDR 1972, 779. – A. M. *Laumen* (Fn. 1), 212; *AK-ZPO-Schmidt* Rdnr. 27.
[90] *OLG Frankfurt* NJW 1986, 389. – Sehr weitgehend für eine Hinweispflicht *E. Peters* (Fn. 1), 138 ff.; *MünchKommZPO-Peters* Rdnr. 48.
[91] *OLG Köln* MDR 1975, 148.
[92] *BGH* FamRZ 1958, 275 = LM § 2271 BGB Nr. 7; s. auch *Kuchinke* JuS 1967, 295, 298 f.
[93] *OLG Köln* OLGZ 1976, 239. – Für den Regelfall a. M. *Stürner* (Fn. 1) Rdnr. 57.
[94] Vgl. *Henckel* (Fn. 1), 130 ff.; *Stürner* (Fn. 1) Rdnr. 55 f.
[95] *RG* ZZP 60 (1936/37), 130.
[96] *RGZ* 169, 353, 356 (Anregung, bei Amtspflichtverletzung Geldersatz, nicht Naturalrestitution zu beantragen).

che Klageänderung anzunehmen⁹⁷. Liegt die rechtliche Bedeutung bestimmter Tatsachen und die daraus folgende Zweckmäßigkeit eines anderen oder eines zusätzlichen Antrags zur Erreichung desselben Prozeßziels auf der Hand, so ist es jedenfalls der anwaltlich vertretenen Partei gegenüber keine Pflichtverletzung, wenn das Gericht nicht besonders darauf hinweist⁹⁸.

4. Prüfung von Amts wegen

Hinsichtlich der von Amts wegen zu berücksichtigenden Punkte (→ vor § 128 Rdnr. 91) hat der Vorsitzende die Partei auf die vorhandenen Bedenken »aufmerksam zu machen«, was mit dem »Hinwirken« des Abs. 1 sachlich übereinstimmt. Gemeint sind diejenigen **prozessualen Erfordernisse**, die von Amts wegen zu *berücksichtigen* bzw. (was gleichbedeutend ist, → vor § 128 Rdnr. 91) zu *prüfen* sind⁹⁹, also die unverzichtbaren Prozeßvoraussetzungen (→ Einl. Rdnr. 318, § 56 Rdnr. 5), z.B. die Rechtshängigkeit¹⁰⁰, das Rechtsschutzinteresse¹⁰¹, auch etwa die Zulässigkeit (z.B. hinreichende Bestimmtheit¹⁰²) einer Leistungsklage oder einer Feststellungsklage, die rechtzeitige Einlegung oder Begründung eines Rechtsmittels¹⁰³, die ordnungsgemäße Zustellung¹⁰⁴, soweit diese von Amts wegen zu prüfen ist, → vor § 166 Rdnr. 28, oder die Prozeßvollmacht, sofern nicht ein Rechtsanwalt als Bevollmächtigter auftritt, § 88 Abs. 2. Daß durch eine Genehmigung des vollmachtlosen Handelns (→ § 89 Rdnr. 13 ff.) einem Rechtsmittel Zulässigkeit bzw. Begründetheit genommen werden können, steht der Hinweispflicht nicht entgegen¹⁰⁵. **Materiell-rechtliche Voraussetzungen**, deren Nichterfüllung die Nichtigkeit eines Rechtsgeschäfts zur Folge hätte, z.B. Formerfordernisse (§ 125 BGB), werden dagegen **von Abs. 2 nicht erfaßt**¹⁰⁶, doch können Hinweise darauf im Rahmen der **rechtlichen Erörterung** (Abs. 1 S. 2) bzw. nach § 278 Abs. 3 geboten sein, → Rdnr. 26a Fn. 130. Es begründet keinen Unterschied, ob der **Mangel** von der Partei noch **behoben werden kann** oder nicht. Man sollte eine Hinweispflicht nach Abs. 2 in solchen Fällen auch nicht deshalb verneinen, weil der Hinweis lediglich den Zweck haben könne, die Partei zur Rücknahme des Antrags zu veranlassen und es nicht der Zweck des § 139 sei, das Kostenintéresse der Partei zu schützen¹⁰⁷. Eine *Ermittlung* von Amts wegen findet nicht statt, näher → vor § 128 Rdnr. 95.

21

5. Sonstige prozessuale Hinweise

In der Regel ist es **nicht Aufgabe des Gerichts**, die Parteien auf die Möglichkeit **verzichtbarer prozessualer Rügen** aufmerksam zu machen¹⁰⁸. Im **amtsgerichtlichen Verfahren** ist jedoch

22

---

⁹⁷ So aber *E. Peters* (Fn. 1), 128 ff.; *MünchKomm-ZPO-Peters* Rdnr. 31. Hierzu auch → Rdnr. 19.
⁹⁸ *BGHZ* 7, 208, 211 = NJW 1952, 1410 (keine Pflicht zum Hinweis auf Schadensersatzantrag, wenn Herausgabeklage am Nachweis des Besitzes scheitert) mag aus diesem Grunde zutreffend sein, ähnlich *Stürner* (Fn. 1) Rdnr. 55 (S. 46).
⁹⁹ Vgl. *RGZ* 68, 186.
¹⁰⁰ *BGH* NJW 1989, 2064.
¹⁰¹ A. M. *OLG Koblenz* MDR 1988, 966 (zum Rechtsschutzinteresse für ein Rechtsmittel); *LG Koblenz* VersR 1988, 361; → auch Fn. 107. – Gegen *OLG Koblenz* auch *MünchKommZPO-Peters* Rdnr. 57 (dort Fn. 168).
¹⁰² Vgl. *BGH* NJW 1982, 1042 (a. E.); *BGHZ* 79, 76, 79.
¹⁰³ *BGH* VersR 1974, 1021 (zur rechtzeitigen Einlegung); *BGH* VersR 1976, 192 (zur rechtzeitigen Begründung).

¹⁰⁴ *BGH* NJW 1976, 149.
¹⁰⁵ A. M. *OLG Köln* Rpfleger 1976, 101 (wenn die weitere Beschwerde nur wegen des Verfahrensmangels nach § 568 Abs. 2 zulässig ist).
¹⁰⁶ Ebenso *MünchKommZPO-Peters* Rdnr. 59. – A. M. *Thomas-Putzo*¹⁸ Rdnr. 11; *Laumen* (Fn. 1), 154 f. (dazu krit. *Häsemeyer* ZZP 98 [1985], 351, 353); 19. Aufl. dieses Kommentars Anm. II 3.
¹⁰⁷ So aber *OLG Koblenz* MDR 1988, 966; *LG Koblenz* VersR 1988, 361. Eine andere Frage ist allerdings, ob in solchen Fällen aus dem Unterbleiben des Hinweises Schadensersatzansprüche wegen Amtspflichtverletzung hergeleitet werden können (dies war Gegenstand der beiden genannten Entscheidungen); insoweit könnte man den Schutzzweck der Norm (§ 139 Abs. 2) in der Tat verneinen.
¹⁰⁸ *BGH* NJW 1958, 104 (zu § 295); *Laumen* (Fn. 1), 226 ff.

stets auf die fehlende örtliche und sachliche **Zuständigkeit** und auf die Folgen einer rügelosen Einlassung hinzuweisen, §§ 504, 39 S. 2. Im Einzelfall kann **auch sonst ausnahmsweise ein Hinweis geboten** sein[109], vor allem, wenn ein offenbares Mißverständnis der prozessualen Situation durch die Partei vorliegt. Dergleichen wird bei einer nicht anwaltlich vertretenen Partei eher in Betracht kommen als sonst[110]. Es kann auch angezeigt sein, die Parteien auf den vom Gericht angenommenen *Umfang seiner Zuständigkeit* (z. B. hinsichtlich konkurrierender Anspruchsgrundlagen) besonders hinzuweisen[111]. Ein Hinweis der Parteien auf *drohende Rechtsnachteile*, die sich an den Fortgang des Verfahrens, insbesondere an den Ablauf von Fristen knüpfen, ist nicht allgemein vorgeschrieben, § 231, kann aber im konkreten Fall angezeigt sein[112]. Zur *Belehrungspflicht* bei der Setzung einer *Frist* für die Klageerwiderung → § 276 Abs. 2, § 277 Abs. 2.

6. Hinweise auf andere Klagegründe oder Einwendungen und Einreden

23   a) Die Frage- und Hinweispflicht des Gerichts besteht nur im Rahmen des von den Parteien unterbreiteten Streitstoffs, → Rdnr. 5 f., 20. Nach nicht *ausdrücklich* geltend gemachten Klagegründen oder Einwendungen und Einreden hat das Gericht zu fragen, wenn das Parteivorbringen *Anhaltspunkte* in dieser Richtung enthält und es darum geht *klarzustellen*, welche Angriffs- und Verteidigungsmittel die Partei geltend macht. Zu Hinweisen auf die Möglichkeit **anderer Klagebegründungen**[113] oder **anderen Verteidigungsvorbringens**[114] als dem von den Parteien wenigstens in Umrissen vorgetragenen Material ist das Gericht **nicht verpflichtet**, auch nicht, wenn der Gedanke naheliegt, die Partei bzw. ihre Berater hätten solche Möglichkeiten nicht erkannt. § 139 legt dem Gericht **keine allgemeine Beratungs- oder gar Fürsorgepflicht** auf. Hinweise, die eindeutig über die Klärung und Vervollständigung des von der Partei Vorgetragenen hinausgehen, werden vielfach die **Besorgnis der Befangenheit** (→ § 42 Rdnr. 2, 11) begründen, weil dadurch der Eindruck entsteht, das Gericht wolle einseitig einer Partei zum Erfolg verhelfen. Ob die Besorgnis der Befangenheit begründet ist, wenn das Gericht dem Kläger, dessen Aktivlegitimation bestritten wurde, aufgibt, vorsorglich eine **Abtretungserklärung vorzulegen**[115], wird davon abhängen, ob im Vorbringen des Klägers bereits *Anhaltspunkte* für eine erfolgte Abtretung enthalten waren (dann keine Befangenheit) oder ob das Gericht dem Kläger bewußt nahelegt, sich die Forderung erst *abtreten zu lassen*[116].

24   b) Diese **Grenzen gelten auch**, soweit das materielle Recht **Gestaltungsrechte** gewährt (z. B. Anfechtung, Rücktritt, Aufrechnung) oder **echte Einreden** enthält[117]. Dabei läßt sich auch nicht überzeugend nach dem materiellen Gerechtigkeitsgehalt dieser Gegenrechte differenzieren[118]; wäre die Berücksichtigung aus Gerechtigkeitsgründen zwingend geboten, so müßte das materielle Recht von Amts wegen zu beachtende Einwendungen vorsehen. Es ist

---

[109] Also unter Umständen vor dem LG ein Hinweis auf die Unzuständigkeit, → § 39 Rdnr. 3. – A.M. *Stürner* (Fn. 1) Rdnr. 91.
[110] Vgl. *BGHZ* 25, 66, 72.
[111] Vgl. *Flieger* NJW 1979, 2603, 2604.
[112] So *kann* der Hinweis auf eine beabsichtigte Zurückweisung von verspätetem Vorbringen geboten sein, um der Partei Gelegenheit zu geben, die Verspätung zu entschuldigen; vgl. *Deubner* NJW 1979, 880; *ders.* JuS 1982, 174, 176; *Thomas-Putzo*[18] § 296 Rdnr. 42.
[113] *RG* SeuffArch 65 (1910), 336; *RGZ* 109, 69, 70; *Lepa* DRiZ 1969, 5, 8.
[114] *RG* DR 1940, 2187, 2188; JW 1902, 444 (Nr. 3); *Lepa* DRiZ 1969, 5, 8.

[115] Bejahend *OLG Frankfurt* NJW 1970, 1884; zust. *Dittmar* NJW 1971, 56; abl. *E. Schneider* NJW 1970, 1884.
[116] Zutr. *Dittmar* NJW 1971, 56.
[117] Generell a.M. *E. Peters* (Fn. 1), 135 ff.; *MünchKommZPO-Peters* Rdnr. 40 ff.; *Laumen* (Fn. 1), 219 ff.; *AK-ZPO-Schmidt* Rdnr. 34.
[118] A.M. *Hermisson* NJW 1985, 2558, der eine Hinweispflicht auf Verjährung und Aufrechnungsmöglichkeit verneint, sie aber bei Anfechtung, Kündigung, Rücktritt, Zurückbehaltungsrecht und Stundung bejaht.

Sache der Parteien (und ihrer Rechtsberater), aufgrund der ihnen bekannten Tatsachen das Bestehen solcher Rechte festzustellen und sich dann, soweit ihnen dies zweckmäßig erscheint, zur Ausübung bzw. zur Geltendmachung zu entschließen. Wenn nicht das Parteivorbringen **Anhaltspunkte** enthält, die es zu klären gilt, ist also das Gericht nicht verpflichtet, auf die Möglichkeit einer Aufrechnung, der Geltendmachung eines **Zurückbehaltungsrechts**[119] (z.B. nach §§ 273, 320 BGB) oder auf die mögliche Einrede der **Verjährung**[120] (§ 222 BGB) hinzuweisen, vielmehr können solche Hinweise (wenn sie sich nicht z.B. gegenüber beiden Parteien ausgleichen) die Ablehnung wegen **Besorgnis der Befangenheit** begründen[121].

Freilich ist gerade die Frage, ob der Richter auf die **Verjährung** hinweisen darf, sehr umstritten[122]. Die Notwendigkeit einer *sozialstaatlichen Gestaltung* des Zivilprozesses gibt nicht zu einer anderen Beurteilung Anlaß[123]. Dem Prinzip des sozialen Rechtsstaats ist in erster Linie dadurch zu entsprechen, daß auch die sozial schwächere Partei den *Zugang* zum Gericht und zur Vertretung durch einen *Rechtsanwalt* erhält. Im übrigen ist nicht gesagt, daß das unbeabsichtigte Übersehen einer Einrede, insbesondere der Verjährung, etwas mit der sozialen Lage der Partei zu tun hat. Bei der **anwaltlich nicht vertretenen Partei** wird man im Einzelfall bei der Erwägung, ob ihr Vorbringen Anhaltspunkte für die Geltendmachung der Verjährung enthält, einen großzügigeren Maßstab anlegen, aber weiter sollte man im Interesse der Unparteilichkeit des Gerichts auch ihr gegenüber nicht gehen. Allerdings könnte es sein, daß die Ausgestaltung gerade der **Verjährung als echte Einrede** nicht mehr zeitgemäß ist. Der tiefere Grund dieser Regelung lag wohl darin, daß man es ganz dem Schuldner überlassen wollte, ob er die Berufung auf die Verjährung (auch moralisch) für angemessen hielt. Die Einrede war in erster Linie als Schutz für denjenigen gedacht, der mit der gegnerischen Forderung wegen des Zeitablaufs nicht mehr gerechnet hatte und eben dies durch die Geltendmachung der Verjährung zum Ausdruck bringt. Heute muß man wohl davon ausgehen, daß nahezu jeder Schuldner, der vom Ablauf der Verjährung erfährt, sich dieser Verteidigungsmöglichkeit bedient und dies von vornherein für moralisch unbedenklich hält bzw. solche Erwägungen gar nicht erst anstellt. Aber derartige Überlegungen müßten erst einmal zu einer Änderung des *materiellen* Rechts führen[124]; sie dürften nicht gewichtig genug sein,

24a

---

[119] *BGH* NJW 1969, 691, 693. – A.M. *Hermisson* NJW 1985, 2560, 2561.

[120] *RG* DR 1940, 2187, 2188; *OLG Köln* MDR 1979, 1027; *OLG Bremen* NJW 1979, 2215; *OLG Hamburg* MDR 1984, 672; *LG Darmstadt* MDR 1982, 236; *Franzki* NJW 1979, 12; *Stürner* (Fn. 1) Rdnr. 78 ff.; *Prütting* NJW 1980, 361, 364; *Brehm* (Fn. 1), 223 ff.; *Hermisson* NJW 1985, 2558, 2562; *MünchKomm-v.Feldmann*[2] § 222 Rdnr. 2; *Thomas-Putzo*[18] Rdnr. 10; *Wieczorek*[2] Anm. B III b; *Zöller-Greger*[18] Rdnr. 11; *Jauernig* ZPR[24] § 25 VII 7; *Rosenberg-Schwab-Gottwald*[15] § 78 III 1 b; differenzierend *Baumbach-Lauterbach-Hartmann*[51] Rdnr. 89, § 42 Rdnr. 38 f. (Hinweis, aber kein Ratschlag). – A.M. *OLG Köln* MDR 1990, 158; *LG Braunschweig* NdsRpfl 1979, 146; *LG Frankfurt* MDR 1980, 145; *LG Hamburg* NJW 1984, 1904; *Wassermann* (Fn. 1), 119; *E. Schneider* MDR 1977, 969, 974; NJW 1979, 974; *Rogge* DRiZ 1984, 266; *Seelig* (Fn. 1), 109 ff.; *Wacke-Seelig* NJW 1980, 1170; *Grunsky* AcP 131 (1981), 564, 566; *Bender* JZ 1982, 709, 710; *Bender-Belz-Wax* Das Verfahren nach der Vereinfachungsnovelle und vor dem Familiengericht (1977) Rdnr. 10; *Zöller-Vollkommer*[18] § 42 Rdnr. 27; *Koch* NJW 1966, 1648 (für das amtsgerichtliche Verfahren gegenüber einer offensichtlich rechtsunkundigen Partei); *Riedel* (Fn. 1), 183 f.; *E. Peters* (Fn. 1), 137 f.; *MünchKommZPO-Peters* Rdnr. 45; *Laumen* (Fn. 1), 219 ff.; *E. Schmidt* DRiZ 1988, 59, 61.

[121] *OLG Hamburg* MDR 1984, 672; *OLG Bremen* NJW 1986, 999 (jedenfalls bei anwaltlicher Vertretung); *LG Berlin* NJW 1986, 1000. – A.M. *OLG Köln* MDR 1990, 158; *LG Hamburg* NJW 1984, 1904; *E. Schneider* NJW 1986, 1316; *LG Darmstadt* MDR 1982, 236 (kein Ablehnungsgrund, wenn der Richter auf die Verjährung hinweist, weil er sich dazu – in Übereinstimmung mit der in Fn. 120, 2. Hälfte wiedergegebenen Ansicht – für verpflichtet glaubt); ebenso *Hermisson* NJW 1985, 2558, 2562; dieser Ansicht zuneigend *Bork* → § 42 Rdnr. 11 Fn. 58.

[122] → Fn. 120. – Eine von *Seelig* (Fn. 1), 79 ff. im Jahre 1979 durchgeführte Meinungsumfrage bei einer allerdings sehr begrenzten Zahl von Richtern ergab recht unterschiedliche Ansichten, wobei sich aber die Mehrheit gegen die Zulässigkeit eines richterlichen Hinweises auf die Verjährung aussprach.

[123] Das Sozialstaatsprinzip wird vor allem von *Wassermann* (Fn. 1), 117 ff. ins Feld geführt; s. auch *LG Braunschweig* NdsRpfl. 1979, 146, 147; *Wacke-Seelig* NJW 1980, 1170, 1171; *E. Schmidt* JZ 1980, 153, 157; *E. Schneider* MDR 1982, 237. – Dagegen zutr. *OLG Bremen* NJW 1979, 2215; *LG Darmstadt* MDR 1982, 236; *Prütting* NJW 1980, 361, 364; *Brehm* (Fn. 1), 224.

[124] Daß in der Bejahung einer Hinweispflicht letztlich ein Angriff gegen die materiell-rechtliche Einredekonzeption liegt, hebt *Prütting* NJW 1980, 361, 364 mit Recht hervor. *F. Peters-Zimmermann* Verjährungsfristen, in Gutachten und Vorschläge zur Überarbeitung des Schuld-

den im BGB getroffenen Regelungen bereits ohne Eingreifen des Gesetzgebers die Gefolgschaft zu versagen[125].

IV. Die Mittel zur Aufklärung

25   Der **Vorsitzende** hat in Erfüllung der vorstehend umgrenzten Frage- und Hinweispflicht, soweit erforderlich, das Sach- und Streitverhältnis mit den Parteien nach der tatsächlichen und rechtlichen Seite zu erörtern und Fragen zu stellen. Ein wesentliches Hilfsmittel ist dabei die **Anordnung des persönlichen Erscheinens** der Parteien, → § 141. Von erforderlichen Hinweisen darf nicht deshalb Abstand genommen werden, weil eine Partei im Termin durch einen sog. Kartellanwalt vertreten ist[126].

1. Tatsächliche und rechtliche Erörterung

26   Erörterung (→ auch § 137 Rdnr. 6) und Fragestellung bilden keine Gegensätze. Es steht im Ermessen des Vorsitzenden, ob er seinen Bedenken hinsichtlich der aufklärungsbedürftigen Punkte in der Form präziser *Fragen* oder in der Weise Ausdruck geben will, daß er sie zum Gegenstand der »Erörterung«, also der *gegenseitigen Aussprache* zwischen Gericht und Parteien, macht. Die Aussprache hat, soweit erforderlich, die tatsächliche wie die rechtliche Seite des Streitverhältnisses zu umfassen. **Rechtliche Ausführungen** der Parteien sind zwar an sich nicht unbedingt notwendig, da das Gericht die Rechtssätze von sich aus zu kennen bzw. zu ermitteln und anzuwenden hat, → vor § 128 Rdnr. 107. Das Gericht kann die Parteien jedoch auffordern, **Nachweise über ausländische Rechtsnormen**, Gewohnheitsrecht und Statuten im Sinne des § 293 beizubringen (→ § 293 Rdnr. 48), ist aber dazu insofern nicht generell *verpflichtet*, als es die Rechtslage auch von Amts wegen ermitteln kann[127], → § 293 Rdnr. 31 ff. Eine **Hinweispflicht** besteht, wenn das Berufungsgericht entgegen dem erstinstanzlichen Richter und den Parteien zur **Anwendbarkeit ausländischen Rechts** gelangt[128].

26a   Im übrigen empfiehlt es sich in der Regel, mindestens im Anwaltsprozeß, allgemein die für die Entscheidung des Streitfalls in Betracht kommenden **rechtlichen Gesichtspunkte mit den Parteien zu erörtern**[129]. Es entspricht dies dem Wesen der Erörterung, dem unmittelbaren Zusammenwirken von Gericht und Parteien mit dem gemeinsamen Ziel der Rechtsfindung. Wie sich nunmehr ausdrücklich aus der Ergänzung des § 139 durch **§ 278 Abs. 3** ergibt, hat das Gericht auf rechtliche Gesichtspunkte, die eine Partei **übersehen** oder für **unerheblich gehalten hat**, besonders hinzuweisen[130] und der Partei Gelegenheit zur Stellungnahme zu geben. Dies gilt, entgegen der Stellung des § 278 Abs. 3 im Gesetz, *auch außerhalb des Haupttermins*[131], näher → § 278 Rdnr. 27. Bei der Beurteilung, ob der Tatrichter seiner Hinweispflicht genügt hat, ist von seinem Rechtsstandpunkt auszugehen, ohne daß es auf dessen Richtigkeit ankäme[132]. Eine Pflicht des Gerichts zum Hinweis auf seine unvertretbare

---

rechts, Bd. 1 (1981), 77, 263 f. schlagen vor, an der Einredelösung festzuhalten, bejahen aber andererseits ein Hinweisrecht des Richters wegen der Nähe der Verjährung zur Verwirkung und zu den Ausschlußfristen (beides von Amts wegen zu beachten). Der Abschlußbericht der Kommission zur Überarbeitung des Schuldrechts, hrsgg. vom Bundesministerium der Justiz (1992), 100 f. bleibt ebenfalls bei der Einredelösung. *Brehm* (Fn. 1), 223 f. hält die Wertung des materiellen Rechts nach wie vor für zutreffend und betont mit Recht, daß die Erfüllung einer verjährten Forderung nicht der Gerechtigkeit zuwiderläuft.
[125] A.M. *Schlosser* JuS 1966, 257, 268, der sich schon nach geltendem Recht dafür ausspricht, peremptorische Einreden von Amts wegen zu beachten.

[126] *OLG Düsseldorf* NJW 1991, 1498.
[127] Vgl. *RGZ* 80, 267.
[128] *BGH* NJW 1976, 474.
[129] Vgl. *Rosenberg* ZZP 49 (1925), 68 ff.; *Levin* (Fn. 1), 122 ff.; *Bernhardt* (Fn. 1), 20 ff.; *Brumby* JR 1956, 177; *Hensen* (Fn. 1) (mit praktischen Hinweisen).
[130] Z. B. auf die von den Parteien nicht erkannte Nichtigkeit eines Vertrages, *BGH* WPM 1979, 587.
[131] *OLG München* MDR 1981, 502; *Thomas-Putzo*[18] § 278 Rdnr. 3; *Zöller-Greger*[18] § 278 Rdnr. 8.
[132] *BGH* NJW-RR 1990, 340, 341.

Rechtsansicht anzunehmen[133], macht keinen Sinn; eine solche Rechtsansicht darf der Entscheidung nicht zugrunde gelegt werden. In der **höheren Instanz** ist ein Hinweis u. a. dann angebracht, wenn ein rechtlicher Gesichtspunkt dem höheren Richter erheblich erscheint, auf den die unteren Instanzen nicht eingegangen sind, vor allem wenn es sich um prozessuale Fragen handelt und etwaige Mängel entweder behoben werden könnten, oder wenigstens ihre sachliche Prüfung und Entscheidung angezeigt wäre.

Aus § 139 folgt eine Rechtspflicht, das Streitverhältnis nach der rechtlichen Seite zu erörtern, insoweit, als es sich um die Erfüllung der Hinweispflicht, insbesondere um die Hinwirkung auf **sachdienliche Anträge** oder auf eine vom Standpunkt der abweichenden Rechtsauffassung noch notwendige **Ergänzung des tatsächlichen Vorbringens**[134] oder der **Beweismittel**[135] handelt (»zu diesem Zwecke«). Dagegen liegt nicht schon deshalb ein Verstoß gegen § 139 oder eine Versagung des rechtlichen Gehörs vor, weil der Vorsitzende es unterlassen hat, in einem allgemeinen **Rechtsgespräch**[136] die **Rechtsansicht des Gerichts im voraus mitzuteilen** und zur Diskussion zu stellen[137]. Es kann dies zwar im Einzelfall zweckmäßig sein, aber ein gesetzlicher Zwang dazu besteht – abgesehen von § 278 Abs. 3 und von besonderen Situationen – nicht, näher → vor § 128 Rdnr. 42.

26b

Soweit das **Gericht zu erkennen gibt**, wie es den Fall tatsächlich oder rechtlich beurteilt, handelt es sich regelmäßig (auch ohne ausdrückliche Hervorhebung) um eine **vorläufige Beurteilung**, deren Mitteilung keine Ablehnung des Richters wegen Besorgnis der Befangenheit begründet[138].

27

2. Fragen

a) Die Fragen haben sich stets auf **bestimmte Tatsachen, Erklärungen und Anträge** zu richten, die nach den Vorträgen der Parteien erheblich und notwendig erscheinen. Sie können sich an die *Partei* persönlich, an den *Prozeßbevollmächtigten* oder auch an einen *Parteivertreter* gemäß § 141 Abs. 3 S. 2[139] richten. Die Fragen müssen ihrem Inhalt und ihrer Tragweite nach für die Parteien verständlich sein; es ergibt sich demgemäß häufig die Notwendigkeit, die sie veranlassenden **Bedenken darzulegen**[140] und kenntlich zu machen, welche Verwendung die Antwort finden soll[141]. Mit der **allgemeinen Frage**, »ob noch weiteres vorgebracht werden könne«, ist **dem § 139 nicht genügt**[142].

28

b) Wurde eine bestimmte Frage bereits schriftlich zur Vorbereitung des Termins gestellt (→ Rdnr. 10), so braucht sie in der Regel im Verhandlungstermin **nicht wiederholt** zu werden[143]. Erfolgen **Fragen oder Hinweise erst im Termin**, so ist der Partei angemessene **Gelegenheit einzuräumen**, ihr Vorbringen zu ergänzen, sei es durch Einräumung einer

29

---

[133] So *LG Hamburg* NJW 1988, 215. Hierzu auch → Rdnr. 36.
[134] Vgl. *BGH* VersR 1967, 1095. – S. auch *OLG Düsseldorf* VersR 1975, 616 (LS) (Pflicht zum Hinweis bei offensichtlich unrichtiger Rechtsansicht einer Partei, die zu verkürztem Tatsachenvortrag geführt hat); *OLG Düsseldorf* NJW 1983, 634 (*Deubner*) (Hinweispflicht, wenn das Gericht wegen fehlender Aktivlegitimation abweisen will, obwohl der Kläger nach dem Prozeßverlauf davon ausgehen konnte, weiterer Vortrag dazu sei nicht erforderlich); *OLG Frankfurt* FamRZ 1985, 823 (Hinweispflicht, wenn statt einvernehmlicher Scheidung eine streitige Scheidung in Betracht kommt).
[135] Vgl. *BGH* NJW 1982, 581 (weist das Berufungsgericht nicht rechtzeitig auf seine von der Ansicht des Erstgerichts abweichende rechtliche Beurteilung hin, müssen die pauschal in Bezug genommenen Beweisanträge aus dem ersten Rechtszug beachtet werden).
[136] Bei der Diskussion über das »Rechtsgespräch« kommt es sehr darauf an, was man unter diesem Begriff versteht. Ein Rechtsgespräch i. S. einer rechtlichen Erörterung verlangt § 139 in weitem Umfang, während eine Vorausmitteilung der Rechtsansicht des Gerichts im Regelfall nicht geboten ist. Eingehend zu diesen Fragen *Laumen* (Fn. 1), insbes. 189ff.; dazu *Häsemeyer* ZZP 98 (1985), 351. Zum Recht auf Gehör → vor § 128 Rdnr. 42.
[137] So auch *BGH* NJW 1991, 704; *LG Frankfurt* IPRax 1992, 241, 243.
[138] *KG* FamRZ 1979, 322.
[139] Vgl. *OLG Hamburg* MDR 1974, 678 (auch wenn der Vertreter zugleich als Zeuge benannt ist).
[140] *RG* Gruchot 60 (1916), 994; *OLG Schleswig* NJW 1982, 2783. Vgl. auch *RG* JW 1915, 37.
[141] *RG* JW 1911, 328; Gruchot 1960, 875.
[142] *RGZ* 36, 350.
[143] *OLG Hamm* MDR 1969, 59.

Schriftsatzfrist unter den Voraussetzungen des § 283 oder durch Anberaumung eines neuen Termins[144]. Dies gilt jedoch nicht, wenn von der Partei im Rahmen der ihr obliegenden *Sorgfaltspflicht* (§ 282 Abs. 1) und im Hinblick auf das *bisherige Prozeßgeschehen* (z. B. Rügen durch den Gegner) verlangt werden konnte, sich auf die Bedenken einzustellen und sich dementsprechend bereits auf den Termin vorzubereiten[145].

30 c) Durch Abs. 3 ist den **Gerichtsmitgliedern** ein **Recht zur unmittelbaren Fragestellung** an die Parteien eingeräumt (vgl. § 396 Abs. 3, § 402), dessen Ausübung ihre Amtspflicht ist. Das Mitglied hat zwar vorher den Vorsitzenden um die Erteilung des Wortes zu bitten; die Frage selbst aber braucht dem Vorsitzenden nicht mitgeteilt zu werden, und diesem steht auch eine Entscheidung über die Zulässigkeit oder Zweckmäßigkeit der Frage nicht zu. Ebensowenig ist das Gericht ohne eine Beanstandung von Seiten eines Beteiligten (§ 140) zu einer Entscheidung hierüber berufen, → auch § 140 Rdnr. 2. Die Befugnis des Mitglieds geht den sich aus § 176 GVG und § 136 Abs. 2 ergebenden Befugnissen des Vorsitzenden vor[146].

31 d) Die **Parteien** haben **kein Recht**, an den Gegner Fragen zu stellen; die Zulassung hängt vom **Ermessen des Vorsitzenden** ab, bei Ablehnung greift § 140 Platz[147].

V. Rechtsfolgen nicht beantworteter Fragen und Hinweise

1. Bedeutung für die Entscheidung

32 Ein **besonderer Rechtsnachteil** ist für den Fall der Nichtbeantwortung einer gestellten Frage **nicht angedroht**. Bleibt das Angriffs- oder Verteidigungsvorbringen trotz der gerichtlichen Hinweise unklar, unschlüssig oder nicht hinreichend unter Beweis gestellt, so ergeben sich die Folgen für die Entscheidung aus den jeweils anzuwendenden materiellen und prozessualen Rechtssätzen. Soweit sich die Fragen auf nähere Angaben über streitige Tatsachen beziehen, entscheidet das Gericht nach *freier Überzeugung* (§ 286), welche *Folgerungen* aus der Nichtbeantwortung zu ziehen sind[148].

2. Zurückweisung wegen Verspätung

33 Die *verspätete Beantwortung* kann zur **Zurückweisung** des Angriffs- oder Verteidigungsmittels nach näherer Maßgabe der §§ 296, 527, 528 führen.

3. Abweisung der Klage bei mangelnder Substantiierung

34 Eine Abweisung der Klage durch **Prozeßurteil** als unzulässig (früher sprach man auch von »Abweisung angebrachtermaßen«) ohne Entscheidung und Rechtskraft in der Sache selbst ist nur statthaft beim Fehlen von Prozeßvoraussetzungen, → Einl. Rdnr. 314ff., 326, auch bei nicht beseitigten Mängeln der Klageerhebung, → § 253 Rdnr. 171ff. Ausgeschlossen ist sie dagegen, wie § 139 zeigt, wegen **mangelnder Substantiierung**, d. h. wegen ungenügender Angabe der Klagetatsachen mit der Folge der **Unschlüssigkeit** der Klage. Denn wird trotz der Ausübung der Fragepflicht der Mangel nicht beseitigt, so ist die unschlüssige Klage ebenso **sachlich unbegründet**, wie es eine *Einrede* ist, die der Beklagte nicht mit Tatsachen belegt hat.

---

[144] *OLG München* OLGZ 1979, 355; *OLG Schleswig* SchlHA 1982, 29; NJW 1983, 347 (zust. *Deubner*); NJW 1986, 3146; *OLG Düsseldorf* NJW 1971, 1707; *OLG Hamm* AnwBl 1984, 93.
[145] Vgl. *BGH* JZ 1975, 448, 449; *RG* JW 1911, 284.
[146] So auch *Levin* (Fn. 1), 112.
[147] Vgl. dazu *Levin* (Fn. 1), 115ff.
[148] A.M. *Wach* (Fn. 1), 75, der jede Würdigung des Schweigens ausschließen wollte.

Sie ist deshalb **als unbegründet**, d. h. mit voller Rechtskraftwirkung in der Sache selbst, wegen mangelnder tatsächlicher Begründung **abzuweisen**[149]. Eine Abweisung als unzulässig wegen Verstoßes gegen § 253 Abs. 2 Nr. 2 wäre nur in dem (praktisch wohl seltenen) Fall zulässig, daß es infolge *völliger Unbestimmtheit* des Antrags und ungenügender Begründung an der Möglichkeit jeglicher Identifizierung des Anspruchs fehlt[150], → § 253 Rdnr. 129. Hat sich das Gericht, wenn auch fehlerhafterweise, erkennbar auf eine Abweisung einer unschlüssigen Klage als *unzulässig* beschränkt, also über das Bestehen des Anspruchs nicht entscheiden wollen, so ist der Anspruch rechtskräftig nicht als solcher verneint, so daß er mit hinreichender Begründung erneut eingeklagt werden kann[151].

VI. Verstöße des Gerichts

1. Keine Zurückweisung wegen Verspätung

Erst wenn das Gericht seiner Frage- und Hinweispflicht genügt hat, ist es berechtigt, zu Lasten der substantiierungs- oder beweispflichtigen Partei zu entscheiden[152], nötigenfalls nach Wiedereröffnung der Verhandlung[153], § 156. Parteivorbringen darf nicht als verspätet zurückgewiesen werden (§ 296, § 528 Abs. 2), wenn das Gericht derselben oder der vorhergehenden Instanz einen gebotenen Hinweis unterlassen oder nicht rechtzeitig gegeben und daher die Verspätung mit zu verantworten hat[154], → § 296 Rdnr. 73, 106. Bis zur Entscheidung über ein Wiedereinsetzungsgesuch können unklare Angaben trotz § 234 erläutert bzw. ergänzt werden, wenn das Gericht insoweit nach § 139 hätte rückfragen müssen[155]. 35

2. Bedeutung für die Rechtsmittelinstanzen

Hat das Gericht den ihm zustehenden Beurteilungsspielraum (→ Rdnr. 9) überschritten und die ihm obliegende Frage- und Hinweispflicht nicht erfüllt, so liegt darin ein **wesentlicher Mangel des Verfahrens** und eine für das Urteil ursächliche Verletzung des Gesetzes[156]. Das berechtigte Streben nach Beschleunigung darf nicht zu einer Vernachlässigung der Aufklärungspflicht führen. Die Rüge ist aber *nur begründet*, wenn das Gericht *hätte erkennen müssen*, daß die Parteien etwa nötige Behauptungen und Beweismittel hätten beibringen können und wollen[157]. Der Verstoß gegen § 139 durch das erstinstanzliche Gericht kann die *Zurückverweisung* gemäß § 539 rechtfertigen[158], → § 539 Rdnr. 7. Dabei ist aber die Frage, ob ein Verfahrensfehler durch Verletzung der richterlichen Frage- und Hinweispflicht vorliegt, allein aufgrund des materiell-rechtlichen Standpunkts des Gerichts erster Instanz zu 36

---

[149] *BGH* NJW 1989, 393, 394; *RGZ* 10, 175, 405; 12, 402; SeuffArch 64 (1909), 79; *BayObLG* SeuffArch 48 (1893), 341. Vgl. hierzu auch *Oertmann* Die Aufrechnung im Deutschen Zivilprozeßrecht (1916), 233 ff. – Über die Abweichung im Urkundenprozeß (§ 597 Abs. 2) → § 597 Rdnr. 3, 8.
[150] Vgl. *RG* JW 1916, 845.
[151] Vgl. *RGZ* 50, 383; 52, 325. – Offenlassend *BGH* NJW 1989, 393, 394 (Einschränkung der Rechtskraft jedenfalls nur bei erkennbarem Willen des Prozeßgerichts, eine erneute Klageerhebung vorzubehalten).
[152] Ebenso *OLG Köln* OLGZ 1974, 478; -JurBüro 1969, 645.
[153] Vgl. *BGHZ* 53, 245, 262 = NJW 1970, 946, 947; *BGH* WM 1979, 587 (Wiedereröffnung geboten, wenn das Gericht durch einen nachgelassenen Schriftsatz er-

kennt, daß es zuvor seiner Fragepflicht nicht nachgekommen ist); *BGH* NJW 1993, 134.
[154] *BVerfGE* 75, 183, 188; *BGH* NJW 1989, 717, 718; *E. Schneider* MDR 1991, 707.
[155] *BGH* NJW 1991, 1359; R + S 1993, 238; anders bei von vornherein erkennbar unklarem oder ergänzungsbedürftigem Vortrag, *BGH* NJW 1991, 1892; 1992, 697.
[156] So *RG* von jeher ständig, z. B. *RGZ* 68, 186; 84, 204; 94, 140.
[157] *BGH* LM Nr. 3; *BAG* AP Nr. 1 (*Pohle*); s. auch *A. Mayer* NJW 1983, 858.
[158] *BGH* LM § 539 Nr. 18 = NJW-RR 1991, 256; *OLG Düsseldorf* NJW 1970, 2217; *OLG München* OLGZ 1973, 362; *OLG Köln* NJW 1973, 1848; VersR 1974, 1089 (LS); *KG* VersR 1973, 1145; *OLG Frankfurt* NJW 1989, 722.

beantworten[158a]. Es geht daher nicht an, aus eindeutigen Fehlern in der materiellen Rechtsanwendung einen Verstoß gegen § 139 und damit einen Verfahrensfehler zu machen[158b], etwa, wenn das Gericht eine nach dem Tatsachenvortrag der Partei erwägenswerte, aber auch von der Partei nicht angesprochene Anspruchsgrundlage im Urteil nicht näher geprüft und zuvor auch nicht mit den Parteien erörtert hat[159], oder gar, indem man eine Pflicht des Gerichts zum Hinweis auf seine unvertretbare Rechtsansicht bejaht, damit die Partei auf den Rechtsirrtum hinweisen kann[160]. Wenn das Gericht erkennt, daß seine Rechtsansicht unvertretbar ist, darf es diese Auffassung dem Urteil keinesfalls zugrunde legen.

36a   Die Partei, die den Verfahrensmangel geltend macht, muß darlegen, welchen Vortrag sie aufgrund des unterbliebenen Hinweises unterlassen hat[161]. Ebenso setzt eine auf die Verletzung des § 139 gestützte **Revision** voraus, daß die Partei im einzelnen angibt, was sie auf die unterlassene Frage hätte vorbringen können[162]. Das gilt auch dann, wenn die Revision aus anderen Erwägungen begründet ist und zu prüfen ist, ob nach § 565 Abs. 3 Nr. 1 die Sache wegen angeblicher Verletzung des § 139 gegenüber dem Revisionsbeklagten in der unteren Instanz noch nicht entscheidungsreif ist und deshalb zurückverwiesen werden muß[163].

3. Verfassungsverletzung

37   Nach Ansicht des BVerfG[164] kann in besonderen Fällen die Nichtausübung der Frage- und Hinweispflicht gegen Art. 3 Abs. 1 GG in Gestalt des **Willkürverbots** (→ vor § 128 Rdnr. 64) verstoßen, nämlich dann, wenn die fehlerhafte Anwendung des Gesetzes auf Erwägungen beruht, die bei verständiger Würdigung der das Grundgesetz beherrschenden Gedanken nicht mehr verständlich sind[165]. In einer anderen Entscheidung bejahte das BVerfG[166] einen Verstoß gegen den Anspruch auf rechtliches Gehör (Art. 103 Abs. 1 GG), wenn das Gericht ohne vorherigen Hinweis Anforderungen an den Sachvortrag stellt, mit denen die Partei nach dem bisherigen Prozeßverlauf in keiner Weise zu rechnen brauchte. Art. 103 Abs. 1 GG (→ vor § 128 Rdnr. 14, 41f.) oder das Recht auf faires Verfahren[167] (→ vor § 128 Rdnr. 65) erscheinen in der Tat als verfassungsrechtliche Kontrollmaßstäbe näherliegend als Art. 3 Abs. 1 GG. Zu den Einzelheiten → vor § 128 Rdnr. 41f. Im einen wie im anderen Fall kann der Mangel nach Erschöpfung des Rechtswegs mit der Verfassungsbeschwerde zum BVerfG (allgemein → vor § 578 Rdnr. 43ff.) geltend gemacht werden. Es kann aber nicht in *jedem* Verstoß gegen § 139 zugleich eine Verletzung der Verfassung gesehen werden; denn die Anforderungen des § 139 und des § 278 Abs. 3 gehen über das verfassungsrechtlich vorgeschriebene Maß richterlicher Aktivität hinaus[168], → vor § 128 Rdnr. 41.

[158a] *BGH* NJW 1993, 2318. Allg. → § 539 Rdnr. 2 mwN.
[158b] Zutreffend *BGH* NJW 1991, 704; 1993, 2318.
[159] So *OLG Köln* MDR 1984, 151.
[160] So aber *LG Hamburg* NJW 1988, 215. Es besteht jedoch, wie *BGH* NJW 1991, 704 zutreffend hervorhebt, keine Pflicht des Gerichts, die Parteien auf seine Rechtsansicht hinzuweisen, um sich von ihnen eines besseren belehren zu lassen.
[161] *BGH* MDR 1988, 490.
[162] *BGH* MDR 1988, 309; *BAG* AP § 322 Nr. 8; *BAG* 13, 340, 344: *BAG* AP § 15 KSchG 1969 Nr. 1; *RG* JW 1931, 1795. – S. auch zur Revisionsrüge *Siegert* NJW 1958, 1025.
[163] *BAG* AP Nr. 2 (*Pohle*).
[164] *BVerfGE* 42, 64 = NJW 1976, 1391; *BVerfG* NJW 1993, 1699 = Rpfleger 1993, 32 (*Hintzen*); s. auch *BayVerfGH* NJW 1992, 1094. Dem BVerfG zust. *Vollkommer* Rpfleger 1976, 393; 1982, 1, 3; *E. Schneider* MDR 1977, 353; abl. *Jauernig* ZPR²⁴ § 25 VII 7. Zur Bedeutung dieser Entscheidung → auch Rdnr. 8.
[165] Eine zweifelsfrei fehlerhafte Anwendung einfachen Rechts genügt allein noch nicht, *BVerfGE* 67, 90; → auch vor § 128 Rdnr. 64.
[166] *BVerfGE* 84, 188; s. auch *BVerfG* NJW-RR 1993, 764 (nicht vorhersehbare Anforderungen an eine Aufrechnungserklärung).
[167] So *OLG Schleswig* NJW 1986, 3146, 3147.
[168] Davon geht auch das *BVerfG* aus, *BVerfGE* 66, 116, 147; 67, 90, 96; 84, 188, 190; ebenso *BayVerfGH* NJW 1992, 1094.

VII. Arbeitsgerichtliches Verfahren

Die Geltung des § 139 im arbeitsgerichtlichen Verfahren aller Instanzen folgt aus § 46 **38**
Abs. 2, § 64 Abs. 6, 7, § 72 Abs. 5, 6 ArbGG. Die **ehrenamtlichen Richter** haben gemäß § 53
Abs. 2 ArbGG, soweit die mündliche Verhandlung und die auf sie ergehenden Entscheidungen in Frage stehen, die gleiche Stellung wie die richterlichen Beisitzer der Zivilkammer. Sie haben also insbesondere das **Recht der unmittelbaren Fragestellung** nach Abs. 3 (→ Rdnr. 30)[169] und haben bei der Entscheidung darüber, ob die Sache vollständig geklärt ist, § 136 Abs. 4, mitzuwirken, → ferner § 140 Rdnr. 6. Wegen der *nicht aufgrund mündlicher Verhandlung* ergehenden Beschlüsse (§ 53 Abs. 1 ArbGG) → § 128 Rdnr. 54. Zu den *Rechtsmittelbelehrungen* im arbeitsgerichtlichen Verfahren (§ 9 Abs. 5, § 59 S. 3 ArbGG) → § 317 Rdnr. 34 und → § 339 Rdnr. 15.

§ 140 [Beanstandung von Prozeßleitung oder Fragen]

Wird eine auf die Sachleitung bezügliche Anordnung des Vorsitzenden oder eine von dem Vorsitzenden oder einem Gerichtsmitgliede gestellte Frage von einer bei der Verhandlung beteiligten Person als unzulässig beanstandet, so entscheidet das Gericht.

Gesetzesgeschichte: Bis 1900 § 131 CPO.

I. Anwendungsbereich

Der **Vorsitzende** ist in Ausübung der Sachleitung (zum Begriff → Rdnr. 105 vor § 128), also **1**
der Befugnis zur Leitung und Gestaltung der mündlichen Verhandlung (§§ 136, 139, 396 Abs. 3, § 397 Abs. 2, § 526 Abs. 2, § 566), zwar zunächst unabhängig, doch unterliegen seine Anordnungen, wenn sie beanstandet werden, der **Überprüfung durch das gesamte Gericht**. Dasselbe gilt von den Gerichtsmitgliedern (Beisitzern), soweit sie Fragen stellen (→ § 139 Rdnr. 30). Da der Einzelrichter (§§ 348, 524), solange ihm das Verfahren übertragen ist, die Funktionen des Gerichts und des Vorsitzenden in sich vereinigt (→ § 348 Rdnr. 1), ist für eine Anwendung des § 140 im Verhältnis von Einzelrichter und Kollegium kein Raum (→ § 350 Rdnr. 1).

Die Entscheidung des Gerichts kann von jeder als Partei, Streitgehilfe, gesetzlicher Vertre- **2**
ter, Bevollmächtigter, Zeuge usw. bei der Verhandlung beteiligten Person, die durch die Anordnung beschwert ist, **beantragt** werden. Die übrigen Mitglieder des Gerichts können jedoch Anordnungen und Fragen des Vorsitzenden ebenso wie dieser die Fragen der beisitzenden Richter nicht beanstanden, da die einzelnen Richter insoweit selbständig sind, → § 139 Rdnr. 30; die Richter sind also (ähnlich wie in § 158) nicht als »bei der Verhandlung beteiligte Personen« i. S. des § 140 anzusehen[1].

Beanstandungsfähig sind nur **in der mündlichen Verhandlung** getroffene Anordnungen **3**
oder gestellte Fragen. Anordnungen und Fragen des Vorsitzenden *außerhalb der mündlichen Verhandlung* fallen nicht unter § 140[2], gleich ob sie zur Vorbereitung der mündlichen

---

[169] Vgl. dazu *Franke* ArbGer 33 (1928), 55 ff.

[1] *v. Bülow* Gruchot 26 (1882), 582 ff. (unter Hinweis auf die Entstehungsgeschichte); *Baumbach-Lauterbach-Hartmann*[51] Rdnr. 8; *Thomas-Putzo*[18] Rdnr. 4; vgl. auch RG JW 1910, 114 (das Gericht kann nicht von sich aus nach § 140 entscheiden). – A.M. *Levin* Richterliche Prozeßleitung und Sitzungspolizei (1913), 113, wohl auch *Wieczorek*[2] Anm. A I a.

[2] LAG Düsseldorf EzA § 83 ArbGG Nr. 10 (zust. *Dütz*); OLG Karlsruhe OLGZ 80, 62, 63; *Wieczorek*[2] Anm. B 1. – Für eine Anrufung des Gerichts nach § 140 bei vorbereitenden Maßnahmen des Vorsitzenden nach

Verhandlung, § 273 Abs. 2 (→ § 273 Rdnr. 14, 40), im fakultativ mündlichen Verfahren (→ § 128 Rdnr. 39) oder im schriftlichen Verfahren nach § 128 Abs. 2 und 3 erfolgen. Auch für Anordnungen, die der Vorsitzende außerhalb der mündlichen Verhandlung über die Gewährung von **Akteneinsicht**, über Aushändigung oder Übersendung der Akten trifft, erscheint die Anwendung des § 140 nicht angezeigt[3]. Außerhalb der mündlichen Verhandlung hat der Vorsitzende eine *selbständige Stellung* (→ § 136 Rdnr. 8f.); außerdem würde hier die Anwendung des § 140 das Verfahren erheblich komplizieren, während innerhalb der Verhandlung die Entscheidung des Gerichts nur geringen Mehraufwand bedeutet. Soweit nicht gegen die Entscheidung des Vorsitzenden die Beschwerde nach § 567 statthaft ist (→ § 136 Rdnr. 9), sind daher Anordnungen und Fragen des Vorsitzenden außerhalb der mündlichen Verhandlung nur zusammen mit dem Endurteil anfechtbar[4].

II. Inhalt der Überprüfung

4   Die **Beanstandung** kann nur die von richterlicher Seite gestellten **Fragen**, vgl. § 397 Abs. 3, und die auf die Sachleitung bezüglichen **Anordnungen** des Vorsitzenden betreffen, einschließlich der ausdrücklichen Ablehnung von Anträgen und Fragen, nicht dagegen reine *Unterlassungen*. Die Beanstandung findet nur insofern statt, als die **rechtliche Unzulässigkeit** der Anordnung oder Frage behauptet wird. Für die Entscheidung, ob eine an die Partei gerichtete Frage als zulässig anzusehen ist, werden die Vorschriften über das Zeugnisverweigerungsrecht, insbesondere § 384, einen gewissen Anhalt geben; zur Zulässigkeit von Fragen an den Zeugen → auch § 396 Rdnr. 6ff. Über die *Zweckmäßigkeit* oder Erheblichkeit dagegen hat das Gericht nicht zu entscheiden.

III. Verfahren, Anfechtung

5   Die gerichtliche Entscheidung muß in der mündlichen Verhandlung (ohne Einhaltung der Form des § 297, → § 297 Rdnr. 9) **beantragt** werden. Da das Gericht aufgrund mündlicher Verhandlung zu befinden hat, findet eine **Beschwerde** gegen die Entscheidung nach § 140 **nicht statt**[5], § 567 Abs. 1. Die Entscheidung kann aber zusammen mit dem Endurteil angefochten werden (§§ 512, 548)[6]. Wird *kein Gerichtsbeschluß herbeigeführt*, so soll nach Ansicht des RG ein Rechtsmittel gegen das Urteil *nicht* auf die Unzulässigkeit einer Anordnung des Vorsitzenden gestützt werden können[7]. Dies läßt sich mit § 295 Abs. 1 begründen[8], kann dann aber nur bei verzichtbaren Verfahrensfehlern gelten, § 295 Abs. 2.

IV. Arbeitsgerichtliches Verfahren

6   Im arbeitsgerichtlichen Verfahren aller Instanzen wirken die ehrenamtlichen Richter bei den nach § 140 ergehenden Entscheidungen mit, § 53 Abs. 2 bzw. § 64 Abs. 7, § 72 Abs. 6 i. V. m. § 53 Abs. 2 ArbGG.

---

§ 273 Abs. 2 (§ 272b aF) *Hoffmann* DGWR 1936, 284, 285; *Baur* ZZP 66 (1953), 209, 222.
[3] *OLG Schleswig* Rpfleger 1976, 108. – A. M. *BGH* LM § 193 BEG 1956 Nr. 2 = MDR 1973, 580.
[4] *OLG Karlsruhe* OLGZ 1980, 62, 63.
[5] *BGH* NJW 1990, 840.

[6] *RG* JW 1910, 114; *OLG Schleswig* Rpfleger 1976, 108.
[7] *RG* JW 1910, 114; ebenso *Thomas-Putzo*[18] Rdnr. 5; *Baumbach-Lauterbach-Hartmann*[51] Rdnr. 13.
[8] *Zöller-Greger*[18] Rdnr. 3; vgl. auch *RG* JW 1903, 397.

§ 141 [Anordnung des persönlichen Erscheinens]

(1) ¹Das Gericht soll das persönliche Erscheinen beider Parteien anordnen, wenn dies zur Aufklärung des Sachverhalts geboten erscheint. ²Ist einer Partei wegen großer Entfernung oder aus sonstigem wichtigen Grunde die persönliche Wahrnehmung des Termins nicht zuzumuten, so sieht das Gericht von der Anordnung ihres Erscheinens ab.

(2) ¹Wird das Erscheinen angeordnet, so ist die Partei von Amts wegen zu laden. ²Die Ladung ist der Partei selbst mitzuteilen, auch wenn sie einen Prozeßbevollmächtigten bestellt hat; der Zustellung bedarf die Ladung nicht.

(3) ¹Bleibt die Partei im Termin aus, so kann gegen sie Ordnungsgeld wie gegen einen im Vernehmungstermin nicht erschienenen Zeugen festgesetzt werden. ²Dies gilt nicht, wenn die Partei zur Verhandlung einen Vertreter entsendet, der zur Aufklärung des Tatbestandes in der Lage und zur Abgabe der gebotenen Erklärungen, insbesondere zu einem Vergleichsabschluß, ermächtigt ist. ³Die Partei ist auf die Folgen ihres Ausbleibens in der Ladung hinzuweisen.

Gesetzesgeschichte: Bis 1900 § 132 CPO. Änderungen durch Nov 09 (RGBl. 1909, 475, → Einl. Rdnr. 115): Abs. 2 angefügt; Nov 24 (RGBl. 1924 I 135, → Einl. Rdnr. 123f.): Abs. 1 geändert, Abs. 3 angefügt; VO v. 17. VI. 1933 (RGBl. I 394, → Einl. Rdnr. 125 Nr. 9): Abs. 2 geändert; EGStGB 1974 (BGBl. I 469, → Einl. Rdnr. 152 Nr. 6): Abs. 3 S. 1 geändert; Vereinfachungsnovelle 1976 (BGBl. I 3281, → Einl. Rdnr. 159): Abs. 1 geändert.

I. Normzweck	1
1. Aufklärung des Sachverhalts, Gegengründe	1
2. Kein Beweismittel	2
3. Keine gerichtliche Inquisitionstätigkeit, Wahrung der Funktion der Anwälte	3
4. Unterschied zum Güteversuch	4
5. Ordnungsgeldsanktion	5
II. Die Anordnung	6
1. Anwendungsbereich	6
2. Adressat	7
3. Inhalt	9
4. Entscheidung von Amts wegen, kein Anspruch der Partei	11
5. Maßstab	12
6. Partei im Ausland	12a
7. Form	13
8. Anfechtung	15
9. Kosten	16
III. Ladung	17
1. Persönliche Ladung der Partei	17
2. Unterrichtung des Prozeßbevollmächtigten und des Gegners	18
3. Ladung der Partei als Prozeßsubjekt	19
IV. Die Befragung der Partei	20
1. Notwendigkeit anwaltlicher Vertretung im Anwaltsprozeß	20
2. Stellung der Fragen	22
3. Bedeutung der Parteierklärungen, Protokollierung	23
4. Keine Erklärungspflicht, aber Erklärungslast	24
V. Entsendung eines Vertreters	25
1. Zweck	25
2. Eignung des Vertreters	27
3. Ermächtigung des Vertreters	28
a) Inhalt	28
b) Nachweis	30
4. Kosten	31
VI. Nichterscheinen der Partei	32
1. Berücksichtigung bei der Beweiswürdigung	32
2. Sanktionen	33
a) Inhalt	33
b) Verschuldenserfordernis	34
c) Gerichtliches Ermessen	35
d) Beschwerde	36
e) Auferlegung von Kosten	38
f) Güteversuch	39
g) Ehe- und Kindschaftssachen	40
VII. Arbeitsgerichtliches Verfahren	41
1. Zuständigkeit und Voraussetzungen der Anordnungen	42
2. Ladung, Kosten	46
3. Folgen des Nichterscheinens	48
a) Ordnungsgeld	48
b) Zurückweisung des Prozeßbevollmächtigten	49

I. Normzweck[1]

1. Aufklärung des Sachverhalts, Gegengründe

1 Die Anordnung des persönlichen Erscheinens der Parteien dient ihrer Befragung zur **Aufklärung des Sachverhalts**. Das Bedürfnis nach einer derartigen Befragung kann sich aus Unklarheiten im Vortrag eines Prozeßbevollmächtigten, aus Lücken oder Widersprüchen ergeben. Die Befragung hat den Zweck **klarzustellen**, welche bestimmten **Behauptungen** oder Gegenbehauptungen eine Partei aufstellt, und dient damit der genauen **Ermittlung des unstreitigen Sachverhalts** sowie der genauen **Festlegung der tatsächlichen Behauptungen**, über die gegebenenfalls Beweis zu erheben ist. Die persönliche Anhörung der Parteien kann erheblich zur **Beschleunigung des Prozesses** beitragen[2], da der Informationsaufwand zwischen Partei und Anwalt entfällt. Deswegen hat die Vereinfachungsnovelle die Vorschrift von einer Kann- in eine **Sollbestimmung** umgewandelt[3], aber nach wie vor nur unter der Voraussetzung, daß die Anordnung zur Aufklärung des Sachverhalts **erforderlich** erscheint. Die Anordnung hat also **nicht generell oder in der Regel** zu erfolgen[4], sondern dann, wenn sie unter Berücksichtigung der Art des Streitgegenstands und des Inhalts des bisherigen Vortrags (bzw. der schriftsätzlichen Angaben) zweckmäßig erscheint. Dabei ist zu bedenken, daß das persönliche Erscheinen **erheblichen Aufwand für die Partei** bedeuten kann und die Prozeßbevollmächtigung auch zu dem Zweck zugelassen ist, den Parteien das eigene unmittelbare Betreiben des Prozesses weitgehend abzunehmen. Bei manchen Streitigkeiten kann die persönliche Anwesenheit der Parteien auch prozeßerschwerend wirken. Abs. 1 S. 2 trägt den **Gegengründen** Rechnung und verbietet die Anordnung – obwohl sie an sich zur Aufklärung des Sachverhalts geboten erscheint – wenn das persönliche Erscheinen einer Partei wegen weiter Entfernung oder aus anderem wichtigen Grund nicht zuzumuten ist.

2. Kein Beweismittel

2 Aufklärung des Sachverhalts durch Anhörung der Parteien bedeutet, die *Parteibehauptungen* klarzustellen und zu vervollständigen, **nicht aber, streitige Tatsachen aufgrund der Parteiausführungen als festgestellt oder widerlegt zu behandeln**. Die persönliche Anhörung der Parteien kann den Kreis der streitigen Tatsachen reduzieren, weil die Parteien bei unmittelbarer Befragung vielleicht ungünstige Sachverhalte eher einräumen als in Schriftsät-

---

[1] Lit.: *Brehm* Die Bindung des Richters an den Parteivortrag und Grenzen freier Verhandlungswürdigung (1982); *Burger* Unter welchen Voraussetzungen kann im Zivilprozeß ein Ordnungsgeld gegen eine unentschuldigt ausgebliebene Partei, deren persönliches Erscheinen angeordnet wird, festgesetzt werden? MDR 1982, 91; *Levin* Richterliche Prozeßleitung und Sitzungspolizei in Theorie und Praxis (1913), 130ff.; *Meyke* Zur Anhörung der Parteien im Zivilprozeß MDR 1987, 358; *Polyzogopoulos* Parteianhörung und Parteivernehmung in ihrem gegenseitigen Verhältnis (1976); *M. J. Schmid* Verhängung eines Ordnungsgeldes nach § 141 Abs. 3 ZPO JR 1981, 8; *ders*. Nochmals: Unter welchen Voraussetzungen kann im Zivilprozeß ein Ordnungsgeld gegen eine unentschuldigt ausgebliebene Partei, deren persönliches Erscheinen angeordnet war, festgesetzt werden? MDR 1982, 632; *E. Schneider* Anordnung des persönlichen Erscheinens einer Partei und Säumnisstrafe MDR 1975, 185; *Vonderau* Anordnung des persönlichen Erscheinens von juristischen Personen NZA 1991, 335; *Wach* Grundfragen und Reform des Zivilprozesses (1914), 28ff.

[2] Dies betonen u.a. OLG Koblenz JurBüro 1979, 442; *Bender-Belz-Wax* Das Verfahren nach der Vereinfachungsnovelle und vor dem Familiengericht (1977) Rdnr. 21; *Burger* MDR 1982, 91, 92; *Kollhosser* ZZP 91 (1978), 102, 106.

[3] Vgl. Begr. zur Vereinfachungsnovelle BT-Drucks. 7/2729, 56. Die weiteren dort enthaltenen Änderungsvorschläge (zur Entsendung eines Vertreters) wurden vom Bundestagsrechtsausschuß nicht übernommen, s. BT-Drucks. 7/5250, 7.

[4] Krit. zu einer routinemäßigen Anhörung auch *Brehm* (Fn. 1) z.B. 40, 234f.; *M. J. Schmid* MDR 1982, 632, 633; *Niederhuber* DRiZ 1992, 335, 337. – Anders in der Tendenz OLG Stuttgart JZ 1978, 689, 690; *Hartmann* NJW 1978, 1457, 1458; *Franzki* NJW 1979, 9, 11; *Nagel* Funktion und Zuständigkeit des Richters, in: Humane Justiz, Die Deutschen Landesberichte zum ersten internationalen Kongreß für Zivilprozeßrecht in Gent 1977 (1977), 53, 61; *Bender-Belz-Wax* (Fn. 2) Rdnr. 21; *Schellhammer* Zivilprozeß[5] Rdnr. 430; *Hendel* DRiZ 1992, 91, 95.

zen. Der Beweis streitig gebliebener Tatsachen wird aber nicht durch die Parteianhörung ersetzt[5]. § 286 Abs. 1 S. 2, der dem Gericht aufgibt, bei der Beweiswürdigung den gesamten Inhalt der Verhandlungen zu berücksichtigen, erlaubt es zwar, die Äußerungen einer Partei bei ihrer Anhörung (wie auch sonst im Parteivortrag) bei der Beweiswürdigung zu berücksichtigen[6], gestattet aber nicht, schlicht danach zu entscheiden, welche Parteibehauptungen dem Gericht mehr oder weniger glaubwürdig erscheinen[7] (→ vor § 445 Rdnr. 4). Andernfalls wären die eingehenden Regeln über Beweismittel und Beweiserhebung weitgehend sinnlos. Da die Anhörung nach § 141 nicht dem Beweis dient, ist sie **von der Parteivernehmung**, die ein Beweismittel darstellt, **scharf zu scheiden**[8]. Die **Parteivernehmung** ist in der ZPO (§§ 445 ff.) als **subsidiäres Beweismittel** ausgestaltet worden, und es ist nicht der Zweck des § 141, die dort gezogenen Grenzen etwa zu umgehen[9]. Wenn es sich darum handelt, einen persönlichen Eindruck von einer Partei zur Beurteilung ihrer Glaubwürdigkeit zu gewinnen, kann dies nicht durch Anhörung nach § 141, sondern nur durch Parteivernehmung geschehen[10]. Ist ein Beweis durch Parteivernehmung nach §§ 445 ff. zulässig und geboten, so muß ein Beweisbeschluß ergehen (→ § 450 Rdnr. 1), der gegebenenfalls sofort auszuführen ist[11]. Eine **Beweisgebühr** entsteht nur bei formeller Parteivernehmung. Die Anhörung einer oder beider Parteien nach § 141 löst dagegen keine Beweisgebühr aus (§ 31 Abs. 1 Nr. 3 BRAGO), selbst wenn die protokollierte Erklärung im Urteil verwertet wird[12].

Die Rsp verwischt jedoch diese Grenze[13]. So hält der BGH zwar daran fest, die Parteianhörung sei im Gegensatz zur Parteivernehmung kein Beweismittel[14], so daß es rechtsfehlerhaft sei, die Angaben bei der Anhörung als Parteivernehmung zu würdigen[15], doch läßt er es zu, Tatsachenfeststellungen allein aufgrund des Vortrags der Parteien und ohne Beweiserhebung zu treffen[16] oder einer Parteierklärung den Vorzug vor den Bekundungen eines Zeugen zu geben[17]. Daß in solchen Fällen keine Parteivernehmung durchgeführt wird, ist problematisch. Statt auf die Parteivernehmung zu verzichten, sollte man lieber die Anforderungen an die im Rahmen des § 448 erforderliche »Anfangswahrscheinlichkeit« (→ § 448 Rdnr. 2) nicht überspannen und sich insoweit damit begnügen[18], daß das Vorbringen der Partei plausibel erscheint[19].

2a

---

[5] *BGH* MDR 1967, 834 = LM Nr. 3, *Polyzogopoulos* (Fn. 1), 111 ff., insbesondere 113.
[6] *BGH* NJW 1992, 1558, 1559.
[7] Ebenso *BGH* FamRZ 1989, 839, 841. – A.M. *Kollhosser* (Fn. 2), 104. Bedenklich *BGH* FamRZ 1968, 241, 244; LM § 286 (B) Nr. 4 = ZZP 65 (1952), 270.
[8] *BGH* MDR 1967, 834 = LM Nr. 3, FamRZ 1968, 241; NJW 1969, 428 (dazu → Rdnr. 23 bei Fn. 52); KTS 1975, 111, 113; RGZ 149, 63; *Bernhardt* Festg. für Rosenberg (1949), 40 f.; *Kraemer* ZZP 64 (1951), 162; MünchKommZPO-*Peters* Rdnr. 1 ff.; zum Verhältnis zu § 619 aF (= § 613 nF) *Göppinger* ZZP 73 (1960), 59.
[9] *Brehm* (Fn. 1), 230 ff.
[10] Vgl. OLG Karlsruhe MDR 1958, 109; *Zimmermann*[2] Rdnr. 4.
[11] Ebenso OLG Stuttgart JZ 1978, 689, 690.
[12] OLG Stuttgart MDR 1981, 945; 1986, 860 = VersR 1987, 318; OLG Düsseldorf JurBüro 1983, 712 (zust. *Mümmler*); OLG Koblenz JurBüro 1983, 866 = VersR 1983, 467 (auch nicht, wenn eine als Zeuge geladene Person als Vertreter der Partei nach Abs. 3 S. 2 gehört wird); OLG München JurBüro 1984, 1359; OLG Karlsruhe Justiz 1986, 125; OLG Hamm MDR 1987, 417 = Rpfleger 1986, 70. – A.M. OLG Frankfurt JurBüro 1983, 1331 (abl. *Mümmler*); KG Rpfleger 1985, 507 (wenn Parteierklärung »zum Beweismittel erhoben«); OLG München v. 1. IV. 1993, 11 W 1108/93, Juris Dok. Nr. 504 665. – Bei der Anhörung nach § 613 (→ Rdnr. 6) entsteht dagegen die Beweisgebühr aufgrund der ausdrücklichen Bestimmung in § 31 Abs. 1 Nr. 3 BRAGO.
[13] Hierzu, die Praxis billigend, *Meyke* MDR 1987, 358. Auch *AK-ZPO-Schmidt* §§ 141–144 Rdnr. 7 f. zeigt Verständnis für die praktische Annäherung von Parteianhörung und Parteivernehmung. De lege ferenda empfehlen eine Verschmelzung beider Institute *Polyzogopoulos* (Fn. 1), 144 ff.; *Kollhosser* ZZP 91 (1978), 102, 106.
[14] BGHR ZPO § 141 Anhörung 1 u. 2; *BGH* NJW 1992, 1558, 1559.
[15] *BGH* NJW-RR 1988, 394, 395 = WM 1987, 1562.
[16] BGHR ZPO § 141 Würdigung 1; BGHZ 83, 13, 20 f. (aber nur in Ausnahmefällen).
[17] BGHR ZPO § 141 Anhörung 2.
[18] Abweichend von der → § 448 Rdnr. 2 vertretenen Ansicht.
[19] Entgegen *BGH* NJW-RR 1991, 983 = MDR 1992, 137 = VersR 1991, 917 (dazu krit. *Hansen* VersR 1992, 23); NJW-RR 1992, 920, 921 = VersR 1992, 867. Beachtenswert erscheint der Vorschlag von *Nagel*, Festschr. für Habscheid (1989), 195, 202 f., de lege ferenda auf die Subsidiarität der Parteivernehmung zu verzichten. Die klare Trennung der Parteivernehmung von der Parteianhörung will *Nagel* durchaus beibehalten.

2b Bei diesem Ausgangspunkt wäre dann auch in den **Kfz-Diebstahlsfällen** (Klage gegen die Versicherung) eine Parteivernehmung des Klägers der richtige Weg, während sich die Praxis zum Teil mit widerspruchsfreien Angaben im Rahmen einer Parteianhörung nach § 141 begnügt, wenn die Partei zuverlässig und vertrauenswürdig erscheint[20]. Daß in diesen Fällen dem Kläger, der den Diebstahl des Fahrzeugs geltend macht, eine Beweiserleichterung zugestanden wird (Beweis des »äußeren Bildes« des Kfz-Diebstahls genügt), hat dagegen mit der Unterscheidung zwischen Parteianhörung und Parteivernehmung an sich nichts zu tun.

2c Wenn es jedoch nach materiellem Recht auf die »plausible Darlegung« einer Partei über ihre innere Einstellung ankommt[21], bedarf es zu deren Feststellung keiner Parteivernehmung, weil die Äußerung der Partei als solche die relevante Tatsache darstellt.

3. Keine gerichtliche Inquisitionstätigkeit, Wahrung der Funktion der Anwälte

3 Die Aufklärung des Sachverhalts durch persönliche Anhörung der Parteien ist **nicht als gerichtliche Inquisitionstätigkeit zu verstehen**. Die grundsätzliche Parteifreiheit und Parteiverantwortung für den Vortrag des Sachverhalts, wie sie im Bereich der Verhandlungsmaxime (→ vor § 128 Rdnr. 75) gilt, darf nicht dadurch unterlaufen werden, daß aus der Anhörung unter der Hand eine Vernehmung wird[22] und die Parteien faktisch ihres Rechts beraubt werden, einerseits bestimmte Tatsachen oder Tatsachenkomplexe nicht vorzutragen, andererseits aber auch solche Tatsachenbehauptungen aufzustellen, deren positive Wahrheit sie zwar persönlich nicht bezeugen können, für die sie aber immerhin Anhaltspunkte zu haben glauben[23]. Es ist auch **nicht der Sinn** des § 141, die **Anwälte beiseite zu schieben**, um im unmittelbaren Gespräch mit den Parteien rasch zu einer nach dem (vielleicht oberflächlichen) Eindruck des Gerichts vernünftigen Lösung zu kommen[24]. Dem Anwalt muß, auch bei persönlicher Anwesenheit der Parteien, die Möglichkeit gegeben sein, die Interessen seines Mandanten im Rahmen des rechtlich Zulässigen wahrzunehmen und die Partei nicht etwa unter dem Eindruck der Autorität des Gerichts vorschnell resignieren zu lassen.

4. Unterschied zum Güteversuch

4 Die Anhörung nach § 141 ist von der Anordnung des persönlichen Erscheinens beider Parteien zu einem **Güteversuch** (→ § 279) zu unterscheiden. Das schließt aber nicht aus, daß die Gelegenheit einer Anhörung nach § 141 zu einem Güteversuch benutzt wird bzw. daß schon bei der Anordnung sowohl der Zweck des § 141 Abs. 1 verfolgt als auch die Möglichkeit einer gütlichen Einigung ins Auge gefaßt wird.

---

[20] Vgl. *BGH* NJW-RR 1991, 983 (Fn. 19); NJW-RR 1992, 920 (Fn. 19); *OLG Köln* R+S 1991, 156, 221, 367. Wenn nach *OLG Köln* R+S 1992, 114 eine persönliche Anhörung des Klägers zum Versicherungsfall nicht in Betracht kommt, weil er aufgrund seines bisherigen Vorbringens nicht als zuverlässig und vertrauenswürdig angesehen werden kann, so macht dies die Grenzverschiebung zwischen Anhörung und Beweiserhebung besonders deutlich.

[21] Vgl. *OLG Frankfurt* VersR 1988, 57 zur plausiblen Darlegung eines Entscheidungskonflikts bei vollständiger Risikoaufklärung vor einer ärztlichen Behandlung. Hier ist die persönliche Anhörung regelmäßig geboten, *BGH* NJW 1990, 2928.

[22] Bedenken gegen eine Befragung ohne Rücksicht auf die Behauptungs- und Beweislast äußert *Stürner* Die Aufklärungspflicht der Parteien des Zivilprozesses (1976), 66; ders. Die richterliche Aufklärung im Zivilprozeß (1982) Rdnr. 12 (S. 18).

[23] *Brehm* (Fn. 1), 236f.

[24] Vgl. *Brehm* (Fn. 1), 39, 46.

5. Ordnungsgeldsanktion

§ 141 enthält eine wichtige Ergänzung der dem **Gericht** zur Erfüllung seiner **Aufklärungspflicht**, § 139, gegebenen Befugnisse. Die Richtermacht erfuhr durch die Einfügung der **Sanktion** im Abs. 3 (Nov 24, seit 1974 Ordnungsgeld) eine weitere Stärkung. Durch die Ordnungsgeldsanktion ist klargestellt, daß die Anordnung des persönlichen Erscheinens nicht nur eine Last zur Folge hat, die die Partei zur Vermeidung prozessualer Nachteile auf sich zu nehmen hat (wie z.B. die »Erklärungspflicht«, → § 138 Rdnr. 24), sondern eine dem Staat gegenüber bestehende wirkliche **Pflicht** (→ Einl. Rdnr. 237 ff.). Zur Äußerungslast → dagegen Rdnr. 24.

II. Die Anordnung

1. Anwendungsbereich

Die Anordnung kann nicht nur im **Klageverfahren**, sondern auch dort ergehen, wo die **mündliche Verhandlung nur fakultativ** ist, aber vom Gericht angeordnet wurde → § 128 Rdnr. 49. Im Verfahren über die Bewilligung der **Prozeßkostenhilfe** findet dagegen keine mündliche Verhandlung in dem von § 141 vorausgesetzten Sinn statt, so daß die Vorschrift hier nicht anwendbar ist. Die Parteien können dort zwar nach § 118 Abs. 1 S. 3 zur mündlichen Erörterung geladen werden (und zwar analog § 279 Abs. 2 S. 1 auch persönlich), aber die Sanktion des § 141 Abs. 3 gilt nicht, ebensowenig bei der Anhörung des Gegners nach § 118 Abs. 1 S. 1, → § 118 Rdnr. 14. Für **Ehe- und Kindschaftssachen** geben die §§ 613, 640 Abs. 1 Sondervorschriften, die zum Teil von § 141 abweichen[25].

2. Adressat

Die Anordnung kann sich an die **Partei** richten, → vor § 50 Rdnr. 2, bei juristischen Personen und prozeßunfähigen Parteien nur an ihren **gesetzlichen Vertreter**[26], → § 51 Rdnr. 22 f., auch an den **streitgenössischen Streitgehilfen**, → § 69 Rdnr. 10[27], nicht aber an den gewöhnlichen Streitgehilfen, da letzterer nur prozessuale Befugnisse zur Unterstützung der Partei, aber nicht die *Stellung* einer Partei und daher auch nicht deren prozessuale Pflichten hat → § 67 Rdnr. 21[28]. Die Anordnung begründet **keine Einlassungspflicht** für den Beklagten und kann ihrer Aufgabe entsprechend nicht gegen eine Partei ergehen, die eine Einlassung ablehnt. Als **vorbereitende Maßnahme** kann sie jedoch nach § 273 Abs. 2 Nr. 3 schon erfolgen, auch wenn sich der Beklagte noch nicht geäußert hat[29], weil vor dem Termin mit einer Einlassung gerechnet werden muß; zur Ordnungsgeldfestsetzung → Rdnr. 33 bei Fn. 75.

Die Anordnung des persönlichen Erscheinens wird sich, wenn sie angezeigt erscheint, **meist an beide Parteien** richten, damit im unmittelbaren Gespräch die erwünschte Aufklärung

---

[25] Soweit das FGG gilt, ist § 141 nicht anwendbar; teils wird angenommen, daß das persönliche Erscheinen einer Partei nach § 33 FGG durchgesetzt werden kann, so *OLG Stuttgart* FamRZ 1986, 705 (Versorgungsausgleichsverfahren); *OLG Bremen* FamRZ 1989, 306 (Hausratsverfahren); offenlassend *OLG Zweibrücken* FamRZ 1987, 392 (*Gottwald*) (Regelung der elterlichen Sorge).
[26] Anders *Vonderau* NZA 1990, 336, 337 (Anordnung an die juristische Person, aber Ladung an den – namentlich zu bezeichnenden – gesetzlichen Vertreter). – A.M.

auch *Rosenberg-Schwab-Gottwald*[15] § 44 III 1 b (Ladung der prozeßunfähigen Partei nach § 141 zulässig).
[27] *Walsmann* Die streitgenössische Nebenintervention (1905), 203.
[28] A.M. *Mendelsohn-Bartholdy* RheinZ 1912, 321. – Anders im Zwischenstreit über die Zulässigkeit der Streithilfe, in dem der Streitgehilfe selbst Partei ist.
[29] *OLG Celle* JurBüro 1969, 1218 = NdsRpfl 1970, 17; *OLG Köln* JurBüro 1976, 1112.

erzielt werden kann. Es ist aber auch zulässig, das persönliche Erscheinen **nur einer Partei** anzuordnen[30], wenn nur in ihrem Vortrag Unklarheiten bestehen. Der Wortlaut des Abs. 1 S. 1 will dies nicht ausschließen, und auch aus Abs. 1 S. 2 wird erkennbar, daß die Ladung nur *einer* Partei angemessen sein kann.

3. Inhalt

9   Es muß ausdrücklich das **persönliche Erscheinen** der Parteien angeordnet werden, um deutlich zu machen, daß die Vertretung durch einen Prozeßbevollmächtigten nicht genügt. Da die Pflicht zum Erscheinen und die Ordnungsgeldsanktion des Abs. 3 nur bei einer Anordnung nach § 141 gelten, nicht bei der persönlichen Ladung zu einem Güteversuch (§ 279 Abs. 2), sind **Zweck** (Aufklärung des Sachverhalts) und **Rechtsgrundlage** in der Anordnung anzugeben[31]. Zugleich ist in der Ladung auf die mögliche Verhängung **eines Ordnungsgeldes** bei Ausbleiben der Partei hinzuweisen, Abs. 3 S. 3, aber auch auf die zulässige **Entsendung eines Vertreters** in den Grenzen des Abs. 3 S. 2. Fehlen diese Angaben, ist die Festsetzung eines Ordnungsgeldes unzulässig.

10   Die Anordnung geschieht zweckmäßig und üblich in **allgemeiner Form** ohne Formulierung bestimmter Fragen; es ist aber auch zulässig, den **Gegenstand der Anhörung** genauer zu kennzeichnen[32] bzw. die Anordnung mit einem Aufklärungsbeschluß (§ 273 Abs. 2 Nr. 1) zu verbinden.

4. Entscheidung von Amts wegen, kein Anspruch der Partei

11   Die Anordnung ergeht von Amts wegen; ein Antragsrecht ist den Parteien nicht eingeräumt. Sie haben **keinen Anspruch auf die Anordnung**, auch nicht nach Art. 103 Abs. 1 GG, weil ihnen nach h.M. rechtliches Gehör i. S. des Grundgesetzes regelmäßig bereits dadurch gewährt wird, daß ihren Prozeßbevollmächtigten Gelegenheit zur Äußerung in der mündlichen Verhandlung gegeben wird[33]. Auch wenn man aus Art. 103 Abs. 1 GG grundsätzlich (vorbehaltlich berechtigter Gegengründe im konkreten Fall) ein Recht der Partei herleitet, persönlich zu Wort zu kommen, → vor § 128 Rdnr. 23a, ändert sich für § 141 nichts; denn die Parteien haben auch ohne gerichtliche Anordnung das Recht zum Erscheinen und zum eigenen Vortrag, § 137 Abs. 4, § 278 Abs. 1 S. 2, → auch § 85 Abs. 1 S. 2. Zur Anfechtung bei unterbliebener Anordnung → Rdnr. 15.

5. Maßstab

12   Die Anordnung steht im pflichtgemäßen **Ermessen** des Gerichts, im Fall des § 273 Abs. 2 Nr. 1 in dem des Vorsitzenden oder des von ihm bestimmten Mitglieds des Prozeßgerichts. Die Umwandlung der früheren Kann- in eine **Sollvorschrift** durch die Vereinfachungsnovelle 1976 hat das gerichtliche Ermessen nicht beseitigt. Die Formulierung »wenn dies zur Aufklärung des Sachverhalts geboten erscheint« läßt ebenfalls erkennen, daß das Gericht nach **Zweckmäßigkeitserwägungen** zu entscheiden hat. Ermessensfehlerhaft ist die Anordnung,

---

[30] Davon geht auch die Begründung zur Vereinfachungsnovelle aus, BT-Drucks. 7/2729, 56.
[31] *OLG Köln* NJW 1974, 1003; *OLG Frankfurt* BB 1981, 149; *KG* Grundeigentum 1982, 613; *OLG Karlsruhe* Justiz 1987, 185. – A.M. *OLG München* MDR 1978, 147; *KG* MDR 1983, 235 = JR 1983, 156 (*J. Walter*); *Burger* MDR 1982, 91, 92.
[32] Dies empfiehlt *E. Schneider* MDR 1975, 185, 186; ders. NJW 1979, 987, 988; s. auch bereits *Hein* Identität der Partei 1 (1918), 284 Fn. 32.
[33] *BayVerfGH* 23, 177 = BayJMBl. 71, 36 (auch wenn sich die Partei in Strafhaft befindet).

wenn es keinerlei Veranlassung zur weiteren Sachaufklärung durch Fragen an die Partei gab[34]. Zur Anfechtung → Rdnr. 15. Nach Abs. 1 S. 2 **hat die Anordnung zu unterbleiben**, wenn der Partei wegen weiter Entfernung (gemeint ist nach wie vor die Entfernung ihres Aufenthaltsorts vom Gerichtssitz) oder aus sonstigen wichtigen Gründen die persönliche Wahrnehmung des Termins **nicht zugemutet** werden kann. So sehr auch die persönliche Aussprache mit den Parteien der Aufklärung des Streitfalls oft förderlich sein wird, darf das Gericht doch nicht außer acht lassen, daß das Gesetz die Parteien im kollegialgerichtlichen Verfahren verpflichtet und ihnen im amtsgerichtlichen Verfahren das Recht gibt, sich eines *Prozeßbevollmächtigten* zu bedienen; die Notwendigkeit der Anordnung des persönlichen Erscheinens bedarf daher stets der Prüfung.

6. Partei im Ausland

Wegen Abs. 1 S. 2 wird eine Anordnung des persönlichen Erscheinens gegenüber einer Partei, die sich im Ausland aufhält, in der Regel nicht in Betracht kommen[35]. Hält das Gericht gleichwohl die Anordnung für geboten, so erscheint die persönliche Ladung durch einfachen Brief nur zulässig, wenn das Recht des Empfangsstaates dies gestattet[36]. Im übrigen hat die Zustellung im Wege der internationalen Rechtshilfe zu erfolgen, wobei jedoch in beiden Fällen der Hinweis auf die möglichen Rechtsfolgen (Ordnungsgeld) bei Nichterscheinen unterbleiben sollte, da darin eine unzulässige Ausübung deutscher Gerichtsgewalt auf fremdem Staatsgebiet gesehen werden könnte[37]. Näher zur internationalen Zustellung → § 199. Eine Anhörung nach § 141 im Wege der internationalen Rechtshilfe ist im Gesetz nicht vorgesehen[38].

12a

7. Form

Die Anordnung erfolgt, wenn sie aufgrund einer mündlichen Verhandlung ergeht, durch **Beschluß des Gerichts**, ebenso in den Fällen der §§ 251a, 331a; außerhalb der mündlichen Verhandlung dagegen durch **Verfügung des Vorsitzenden** oder des von ihm bestimmten Mitglieds des Gerichts nach § 273 Abs. 2 Nr. 3.

13

Einem **ersuchten oder beauftragten Richter** darf die Befragung nicht übertragen werden, auch nicht bei tatsächlichen Hindernissen, großer Entfernung usw.[39], weil es sich um einen Teil der mündlichen Verhandlung handelt, die ausschließlich vor dem Prozeßgericht stattfindet[40]. Auch dadurch unterscheidet sich die Befragung vom **Güteversuch** nach § 279 Abs. 1 S. 2. S. ferner die abweichenden Sonderregeln für **Ehe- und Kindschaftssachen** in § 613 Abs. 1 S. 2, § 640 Abs. 1. Zur Partei im Ausland → Rdnr. 12a.

14

---

[34] *OLG Köln* JR 1969, 25.
[35] Vgl. *Geimer* NJW 1989, 2204, 2205.
[36] Etwa gemäß Art. 10a) Haager Zustellungsübereinkommen, → § 199 Rdnr. 66. Zum deutschen Vorbehalt (der aber nur den umgekehrten Fall der Zustellung in Deutschland betrifft) → § 199 Rdnr. 37.
[37] Zu diesen vor allem im Zusammenhang mit dem deutsch-amerikanischen Rechtsverkehr diskutierten, aber noch weitgehend ungeklärten Fragen *Geimer*, Internationales Zivilprozeßrecht² (1993), Rdnr. 426ff.; *Leipold* Lex fori, Souveränität, Discovery – Grundfragen des Internationalen Zivilprozeßrechts (1989), 63ff. (für Differenzierung zwischen Anordnungen an die Partei und an Dritte).

[38] Anders bei § 613, dazu *OLG Hamm* NJW 1989, 2203 (*Geimer*).
[39] Auch nicht, wenn aus diesen Gründen ein Zeuge vom ersuchten Richter vernommen wird und die Partei ihm »gegenübergestellt« werden soll; dies kann nur nach §§ 445, 448 geschehen, → Rdnr. 2. – Insoweit a.M. *LAG Frankfurt* AP Nr. 1 = ArbuR 1963, 186.
[40] *RG* SeuffArch 64 (1909), 242; *OLG Braunschweig* SeuffArch 55 (1900), 461; *Zöller-Greger*[18] Rdnr. 2; *Thomas-Putzo*[18] Rdnr. 2. – A.M. *OLG Köln* MDR 1986, 152 (zum beauftragten Richter); *OLG Zweibrücken* JW 1919, 518; *OLG Hamburg* JW 1930, 1089; *Baumbach-Lauterbach-Hartmann*[51] Rdnr. 50. Offenlassend *OLG Karlsruhe* MDR 1958, 109.

8. Anfechtung

15 Eine **Beschwerde gegen die Anordnung** findet **nicht** statt[41]. Die Zulässigkeit der Anordnung unterliegt jedoch stets der Nachprüfung bei der Beschwerde gegen die Festsetzung eines Ordnungsgelds, → Rdnr. 36, und gegebenenfalls (soweit aus dem Nichterscheinen der Partei Schlußfolgerungen gezogen wurden, → Rdnr. 32) bei der **Anfechtung des Endurteils**. Gegen das **Unterlassen der Anordnung** gibt es keinen Rechtsbehelf (auch nicht wenn eine Partei die Anordnung beantragt hatte[42]). Zweifelhaft ist, ob eine ermessensfehlerhafte Nichtanordnung als Gesetzesverletzung mit Rechtsmitteln gegen die Entscheidung gerügt werden kann, die aufgrund des Verfahrens ohne Anhörung der Partei ergeht. Dies wird man für die Nichtanordnung des persönlichen Erscheinens des Gegners[43] ausnahmsweise bejahen können, wenn die persönliche Anhörung angesichts der Sachlage für eine vollständige Beweiswürdigung unverzichtbar erscheint. Der Rüge, es hätte das persönliche Erscheinen der eigenen Partei angeordnet werden müssen, steht in der Regel entgegen, daß die Partei auch ohne gerichtliche Anordnung erscheinen und sich (auch im Anwaltsprozeß, § 137 Abs. 4) äußern kann[44]. Eine Rechtsverletzung wird man hier nur annehmen können, wenn die Partei (bzw. ihr Prozeßbevollmächtigter) von sich aus nach dem bisherigen Prozeßverlauf nicht auf den Gedanken kommen konnte, daß das persönliche Erscheinen sinnvoll sein könnte, so daß ein richterlicher Hinweis (§ 139 Abs. 1) geboten gewesen wäre.

9. Kosten

16 Einer **mittellosen Partei** können in analoger Anwendung der Vorschriften über die Prozeßkostenhilfe (gegebenenfalls als teilweise Bewilligung der Prozeßkostenhilfe) die notwendigen Reisekosten aus der Staatskasse gezahlt werden, näher → § 122 Rdnr. 11 ff. – Bei der **Kostenerstattung** durch die kostenpflichtige Partei gelten für Reisekosten und Zeitversäumnis des Gegners gemäß § 91 Abs. 1 S. 2 die Vorschriften des ZSEG entsprechend[45], → § 91 Rdnr. 69a, 92.

III. Ladung

1. Persönliche Ladung der Partei

17 Die persönliche Ladung der Partei, Abs. 2, ist das notwendige Korrelat der unter Ordnungsgeldsanktion gestellten Pflicht zum Erscheinen. Diejenige Person, deren Erscheinen angeordnet wird, also die Partei oder ihr gesetzlicher Vertreter, ist von Amts wegen zu laden, gleichviel, ob der Beschluß verkündet wird oder nicht. Diese persönliche Ladung zwecks Aufklärung des Sachverhalts steht im Gegensatz zu der Ladung derselben Partei (als Prozeßsubjekt) zur mündlichen Verhandlung, → Rdnr. 19. Die Ladungsfrist ist nur bei der letzteren einzuhalten, → § 217 Rdnr. 6[46]. Da die Ladung keinen Teil des Beschlusses oder der Verfügung (§ 273 Abs. 2 Nr. 3) bildet, sondern nachfolgt, ist sie (wie in § 377 Abs. 1) von der Geschäftsstelle aufgrund des Beschlusses anzufertigen und von Amts wegen mitzuteilen; nach Abs. 2 S. 2 Schlußhalbs. genügt Übermittlung durch **einfachen Brief**.

---

[41] Ebenso *LAG Berlin* EzA § 141 Nr. 1.
[42] *LAG Baden-Württemberg* DB 1970, 840.
[43] Insoweit offenlassend *RAG* ArbRsp 1930, 236.
[44] So *RAG* ArbRsp 1930, 236. – Dagegen bejaht *LG Berlin* DAR 1991, 151 = VRS 80 (1991), 419 eine Verletzung der richterlichen Aufklärungspflicht (§ 139), weil das persönliche Erscheinen der Partei (unfallbeteiligter Fahrer), die das Urteil anficht, nicht angeordnet wurde.

[45] Dazu *OLG Nürnberg* Rpfleger 1979, 234 (zum Begriff der Hausfrau i. S. des § 2 Abs. 3 ZSEG).
[46] A. M. *LAG Frankfurt* AP 50 Nr. 245 (abl. *Volkmar*). – Zur Nichteinhaltung der Ladungsfrist gegenüber der Partei als Prozeßsubjekt → Fn. 73.

In der Ladung ist der **Grund der Anordnung** (→ Rdnr. 9) anzugeben und auf die **Folgen des** 17a
Ausbleibens hinzuweisen, Abs. 3 S. 3. Dazu gehört auch die Information über die Möglichkeit, unter den Voraussetzungen des Abs. 3 S. 2 einen **Vertreter zu entsenden**. War die Partei bei der Verkündung des Beschlusses persönlich zugegen, so reicht regelmäßig sofortige mündliche Mitteilung aus. Die Ladung ergeht **an die Partei selbst** auch dann, wenn sie einen Prozeßbevollmächtigten bestellt hat (anders als nach § 176). Dem Erfordernis des Abs. 2 ist genügt, wenn der die Ladung enthaltende Brief unter der Anschrift der Partei zur Post gegeben und nach den postalischen Dienstvorschriften übermittelt ist; letzteres ist vorbehaltlich der Glaubhaftmachung des Gegenteils ohne weiteres daraus zu folgern, daß der Brief nicht als unzustellbar zurückgekommen ist. Eine Übersendung des Briefes »zu eigenen Händen« o. ä. ist nicht erforderlich. Demgemäß ist auch, wenn das Gericht aus irgendeinem Grund die förmliche Zustellung der Ladung angeordnet hat, die *Ersatzzustellung* nicht ausgeschlossen und auch dann wirksam, wenn der Prozeßbevollmächtigte Ersatzperson nach §§ 181 ff. ist. Liegen die Voraussetzungen der öffentlichen Zustellung vor, so ist die Anordnung praktisch ausgeschlossen.

2. Unterrichtung des Prozeßbevollmächtigten und des Gegners

Der Prozeßbevollmächtigte sowie der Gegner erhalten Kenntnis von der Anordnung des 18
Abs. 1: entweder durch die Verkündung des Beschlusses oder durch die nach §§ 329, 176 an sie zu bewirkende Mitteilung des nicht verkündeten Beschlusses, → Rdnr. 19, oder die Benachrichtigung von der Verfügung nach § 273 Abs. 2 Nr. 3, s. § 273 Abs. 4 S. 1, § 176[47].

3. Ladung der Partei als Prozeßsubjekt

Unabhängig von der persönlichen Ladung nach Abs. 2 ist wie sonst die Ladung der Partei 19
als Prozeßsubjekt nach §§ 214, 497 zu bewirken, soweit sie nicht durch die Verkündung des Termins nach § 218 unnötig ist oder bei einer Anordnung in nicht verkündeter Entscheidung, z. B. im Fall fakultativer mündlicher Verhandlung (→ § 128 Rdnr. 48) oder bei einer Verlegung nach § 227 oder im Fall des § 370 Abs. 2 usw., statt einer Ladung der Beschluß oder die Bekanntmachung des Termins von Amts wegen zuzustellen ist, → vor § 214 Rdnr. 12 ff. Die Verkündung kann wie sonst wirksam auch in Abwesenheit der Partei oder ihres Prozeßbevollmächtigten erfolgen, §§ 312, 329 Abs. 1. Die Ladung oder der Beschluß ist nach § 176 dem **Prozeßbevollmächtigten** zuzustellen.

IV. Die Befragung der Partei

1. Notwendigkeit anwaltlicher Vertretung im Anwaltsprozeß

Im Anwaltsprozeß kann die Anhörung der erschienenen Partei nicht durchgeführt werden, 20
wenn sie von ihrem Anwalt nicht begleitet ist, obwohl sie als Prozeßsubjekt (→ Rdnr. 19) ordnungsgemäß geladen war; denn mit der Partei kann hier nicht mündlich verhandelt werden, und weil sie **nicht ordnungsgemäß vertreten** ist, kann auf Antrag bei sonst gegebenen Voraussetzungen ein Versäumnisurteil, §§ 330 ff., gegen sie ergehen oder eine Entscheidung nach Lage der Akten, § 331 a. § 367 Abs. 1 gilt für die Befragung nicht, weil sie keine Beweisaufnahme ist, → Rdnr. 2.

---

[47] *OLG Köln* MDR 1975, 320.

§ 141 IV, V   Erstes Buch. Allgemeine Vorschriften. Dritter Abschnitt. Verfahren

21 Während im Anwaltsprozeß das Erscheinen des Prozeßbevollmächtigten nötig ist, kommt es im **Parteiprozeß** auf dessen Anwesenheit nicht an, da hier die Partei selbst postulationsfähig ist.

21a Zur Bedeutung der **Parteierklärungen** → Rdnr. 23.

2. Stellung der Fragen

22 Die Fragen an die Partei persönlich zu stellen, ist Aufgabe des **Vorsitzenden**. Weil es sich der Sache nach um die Ausübung der Fragepflicht nach § 139 handelt, haben nach § 139 Abs. 3 auch die **Beisitzer** ein Fragerecht, → § 139 Rdnr. 30. Die Befragung muß sich in den Grenzen des § 139 halten, → § 139 Rdnr. 5 f. Suggestivfragen sind auch hier unzulässig. Es versteht sich, daß das Gericht auf das Sprach- und Verständnisniveau der Partei achten und sie hinreichend zu Wort kommen lassen muß[48].

3. Bedeutung der Parteierklärungen, Protokollierung

23 Zur Bewertung der Erklärungen, insbesondere ihrem Vorrang bei Widersprüchen gegenüber denen des Prozeßbevollmächtigten → § 78 Rdnr. 41, § 85 Rdnr. 5[49]. Die Angaben der Partei sind (auch im Anwaltsprozeß) unmittelbar als **Parteivorbringen** zu verwerten; sie brauchen nicht erst vom Anwalt übernommen zu werden[50]. Eine **Protokollierung** der Parteierklärungen ist nicht vorgeschrieben[51], wird aber oft zweckmäßig sein. Die Parteien können die Protokollierung gemäß § 160 Abs. 4 verlangen. Bei einer *Parteivernehmung* ist dagegen die Protokollierung nach § 160 Abs. 3 Nr. 4 vorgeschrieben. Es geht aber nicht an, schlicht durch Protokollierung aus der Anhörung nach § 141 eine Parteivernehmung zu machen[52]; vielmehr muß der Parteivernehmung ein sie anordnender Beweisbeschluß vorausgehen, → Rdnr. 2.

4. Keine Erklärungspflicht, aber Erklärungslast

24 Eine Erklärungspflicht besteht für die Partei oder ihren Vertreter nicht, zumal sie keiner Einlassungspflicht unterliegt, → Rdnr. 7. Ein Schweigen oder unzulängliche Erklärungen können ihr jedoch **nachteilig** sein, weil dann Behauptungen oder Beweisangebote wegen ungenügender Substantiierung unbeachtlich bzw. unzulässig bleiben können, und ihr Verhalten kann sich auch bei der Beweiswürdigung nach § 286 im Einzelfall zu ihrem Schaden auswirken, → auch Rdnr. 32. Insofern trägt die Partei auch eine Erklärungslast.

V. Entsendung eines Vertreters

1. Zweck

25 Einen Ersatz für das persönliche Erscheinen der Partei bildet nach Abs. 3 S. 2 die **Entsendung eines Vertreters**, der zur Aufklärung des Tatbestands in der Lage und zur Abgabe der gebotenen Erklärungen, insbesondere zu einem Vergleichsabschluß, ermächtigt ist. Die Vorschrift hat vor allem die Prozesse größerer Unternehmen im Auge; sie soll dem Inhaber oder

---

[48] Dies betont *AK-ZPO-Schmidt* §§ 141–144 Rdnr. 16f.
[49] *BGH* LM Nr. 2 = ZZP 71 (1958), 104; NJW 1982, 1997, 1998, ferner → § 78 Fn. 122.
[50] *MünchKommZPO-Peters* Rdnr. 6.
[51] *BGH* NJW 1951, 110 = LM § 1 HaftpflG Nr. 2; RGZ 149, 64.
[52] Insoweit bedenklich *BGH* NJW 1969, 428.

Vorstand die Möglichkeit bieten, den ebenso oder häufig genauer unterrichteten **Angestellten** an seiner Statt dem Gericht als Auskunftsperson zur Verfügung zu stellen. Das Gericht hat keine Möglichkeit, von sich aus einen Vertreter zu laden. Es kann zweckmäßig sein, die Partei auf das Recht zur Entsendung eines geeigneten Vertreters hinzuweisen[53]. Daß der Vertreter zu der Partei in einem Angestellten-, Verwandschafts- oder sonstigen Zugehörigkeitsverhältnis steht, ist nicht erforderlich. Der Gegner hat kein Recht, den Vertreter zurückzuweisen[54].

Die Anhörung des Vertreters dient ebenso wie die der Partei selbst lediglich der **Aufklärung**, das heißt der Erläuterung und Ergänzung des Parteivorbringens; sie ist **nicht Beweismittel**, das heißt Mittel für die Erforschung der Wahrheit. Soll die Kenntnis des Vertreters als Erkenntnisquelle benutzt werden, so bedarf es seiner Vernehmung als Zeuge. 26

2. Eignung des Vertreters

Der Vertreter muß **zur Aufklärung** des Tatbestands **in der Lage** sein. Daß aber etwa nur solche Personen als Vertreter zugelassen wären, deren Sachkenntnis auf eigener unmittelbarer Wahrnehmung der aufklärungsbedürftigen tatsächlichen Vorgänge beruht, verlangt das Gesetz nicht[55]. Die Entsendung einer erst im Hinblick auf die Auskunfterteilung informierten Person wird dagegen in der Regel nicht genügen, weil damit der wesentliche Zweck der Anhörung nach § 141, die Ausschaltung der sich durch die Einschiebung von Mittelspersonen ergebenden Fehlerquellen, nicht erreicht wird. Für den **Prozeßbevollmächtigten** gelten dieselben Grundsätze[56]; er kommt als Vertreter i. S. v. Abs. 3 S. 2 in Betracht, wenn er über den Sachverhalt schon unabhängig vom Prozeß (z. B. durch Teilnahme an Vertragsverhandlungen) informiert ist, aber auch dann, wenn er im Hinblick auf den Prozeß so umfassende Informationen erhalten hat, daß auch die Partei in keiner Hinsicht ein besseres Aufklärungsmittel wäre[57]. Dies wird aber nur ausnahmsweise der Fall sein; die »normale« Unterrichtung des Prozeßbevollmächtigten genügt hier nicht[58], ebensowenig die bloße Information über die schriftsätzlichen Erklärungen der Partei[59]. 27

Ob das Gericht eine hinreichende Vertretung nach Abs. 3 S. 2 annimmt, wirkt sich bei der Frage der Festsetzung eines **Ordnungsgelds** aus und ist – ebenso wie das hinsichtlich der Festsetzung des Ordnungsgelds eingeräumte Ermessen, → Rdnr. 35 – aus dem Aufklärungszweck des § 141 unter Berücksichtigung des konkreten Sachverhalts und des Verhandlungsablaufs zu beurteilen. Die Festsetzung von Ordnungsgeld gegen die Partei, weil der erschienene Vertreter nicht hinreichend informiert ist, setzt nicht voraus, daß das Gericht bei der Ladung mitgeteilt hat, welche Fragen es zu stellen beabsichtigt[60]. 27a

3. Ermächtigung des Vertreters

a) **Inhalt.** – Der Vertreter muß **zur Abgabe der gebotenen Erklärungen**, das heißt in erster Linie zur Beantwortung der vom Gericht gestellten Fragen, **ermächtigt** sein. Damit ist es nicht zu vereinen, wenn sich der Vertreter der Beantwortung einer Frage durch Berufung auf eine 28

---

[53] Dies empfiehlt *Vonderau* NZA 1991, 336, 338 bei Großunternehmen.
[54] *OLG München* NJW 1984, 807, 808.
[55] Ebenso *OLG Düsseldorf* MDR 1963, 602.
[56] *Reinberger* ZZP 49 (1925), 378 (gegen *KG* aaO); *E. Schneider* MDR 1975, 185, 186.
[57] Vgl. *OLG Düsseldorf* MDR 1962, 602; *OLG München* MDR 1978, 147. – A.M. (Prozeßbevollmächtigter könne nur Vertreter nach Abs. 3 S. 2 sein, wenn er aus eigenem Wissen Angaben machen könne) *OLG Hamm*

JW 1930, 3864; *LAG Frankfurt* NJW 1965, 1042 (ferner müsse der Prozeßbevollmächtigte auf diese Kenntnis in der Verhandlung hinweisen); *LAG Hamm* MDR 1972, 362, 363.
[58] Vgl. *OLG Köln* MDR 1972, 787 (verlangt außerdem Hinweis des Prozeßbevollmächtigten auf seine besondere Kenntnis); *KG* MDR 1983, 235 (Fn. 31).
[59] *OLG Stuttgart* JZ 1978, 689.
[60] *OLG Frankfurt* NJW 1991, 2090. – A.M. *OLG München* MDR 1978, 147.

ihm von der Partei erteilte Weisung entzieht. Auf den Vertreter in diesem Fall einzuwirken, ist das Gericht jedoch nicht befugt; es kann vielmehr, weil in diesem Fall der Vertreter dem Erfordernis des Abs. 3 S. 2 nicht genügt, nur die sich aus dem Nichterscheinen der Partei ergebenden Folgerungen ziehen. – Die **von dem Vertreter abgegebenen Erklärungen**, insbesondere auch Geständnisse, haben die gleiche Wirkung, wie wenn sie die Partei selbst abgegeben hätte, → Rdnr. 23. Der Vertreter hat auch das Anwesenheitsrecht bei Beweisaufnahmen (§ 357)[61].

29 Da die persönliche Anwesenheit der Parteien bei der mündlichen Verhandlung, auch wenn das Erscheinen nur zur Aufklärung des Sachverhalts angeordnet ist, dem Gericht häufig Anlaß zu einem Güteversuch geben wird, erachtet das Gesetz die Entsendung eines Vertreters nur dann als einen vollwertigen Ersatz für das persönliche Erscheinen der Partei, wenn der Vertreter auch **zu einem Vergleichsabschluß ermächtigt** ist. Anerkenntnis oder Verzicht braucht die Ermächtigung dagegen nicht zu umfassen[62]. Die Vorschrift will dem vorbeugen, daß ein Vergleich in dem Verhandlungstermin nur deshalb nicht zustande kommt, weil der Prozeßbevollmächtigte sich scheut, ohne persönliches Einverständnis der Partei den Vergleich zu schließen. Durch die Zustimmung des Vertreters zu dem Vergleich wird der Prozeßbevollmächtigte stets seinem Auftraggeber gegenüber gedeckt. Eine Ermächtigung, die im Innenverhältnis mit der Weisung verknüpft ist, nicht von der Vollmacht zum Abschluß eines Vergleichs Gebrauch zu machen, genügt nicht[63]; ebenso ist eine Ermächtigung, die nur zum Abschluß eines **Vergleichs unter Widerrufsvorbehalt** berechtigt, nach dem Zweck der Vorschrift in der Regel nicht als ausreichend anzusehen[64], da durch die Anordnung des persönlichen Erscheinens gerade auch die Chance zu einer endgültigen Streitbereinigung eröffnet werden soll. Wenn allerdings für die Partei selbst (bzw. für ihren gesetzlichen Vertreter oder das Organ einer juristischen Person, → Rdnr. 7) ein unwiderruflicher Vergleichsabschluß aus tatsächlichen oder rechtlichen Gründen (z. B. wegen der Beteiligung eines Dritten) unzumutbar wäre[65], dann sollte man auch eine entsprechend begrenzte Ermächtigung des Vertreters genügen lassen.

30 b) **Nachweis.** – Der neben dem Prozeßbevollmächtigten auftretende Vertreter gemäß Abs. 3 S. 2 braucht seine Ermächtigung regelmäßig **nicht durch Vollmacht nachzuweisen**[66]. Einer solchen bedarf es nur im Fall des Vergleichsabschlusses, wenn die dem Prozeßbevollmächtigten erteilte Vollmacht gemäß § 83 beschränkt ist; die dem Vertreter zum Vergleichsabschluß erteilte Vollmacht umfaßt hier selbstverständlich auch die Ermächtigung dazu, dem Prozeßbevollmächtigten Vergleichsvollmacht zu erteilen. Soll der Vertreter im Parteiprozeß auch für die Partei verhandeln, so hat er, wenn es sich nicht um einen Rechtsanwalt handelt, wie jeder andere Terminsvertreter seine Vollmacht nachzuweisen, § 88 Abs. 2.

4. Kosten

31 Die dem Vertreter erwachsenen Kosten sind in derselben Weise erstattungsfähig wie Kosten der Partei[67].

---

[61] *OLG München* NJW 1984, 807, 808.
[62] A. M. *OLG München* MDR 1992, 513 = NJW-RR 1992, 827.
[63] *OLG Bremen* MDR 1988, 417; *Vonderau* NZA 1991, 336, 338.
[64] A.M. *MünchKommZPO-Peters* Rdnr. 22.
[65] Vgl. *LG Hanau* VersR 1978, 1049 (in einem solchen Fall ist die Ermächtigung des Vertreters nicht deshalb als unzureichend anzusehen, weil er lediglich einen widerruflichen Vergleich geschlossen hat). S. auch *LAG Nürnberg* ARSt 1989, 179.
[66] Ebenso *Hübner* ZZP 55 (1930), 108.
[67] *OLG Koblenz* JurBüro 1977, 99 = VersR 1976, 1163 (LS); JurBüro 1977, 1004 = Rpfleger 1976, 325; *OLG Frankfurt* JurBüro 1979, 1519; *KG* MDR 1985, 148 (LS) = JurBüro 1985, 1882 (LS) (soweit die Kosten auch bei eigener Wahrnehmung des Termins entstanden wären).

VI. Nichterscheinen der Partei

1. Berücksichtigung bei der Beweiswürdigung

Bleibt die geladene Partei aus und hat sie auch keinen Vertreter nach Abs. 3 entsandt, so 32 kann das Gericht bei der Beweiswürdigung **Schlüsse aus diesem Verhalten** ziehen, § 286[68]. Das setzt aber ordnungsgemäße Ladung nach Abs. 2 (→ Rdnr. 17) voraus.

2. Sanktionen

a) **Inhalt.** – Gegen die ausgebliebene Partei[69], die keinen Vertreter nach Abs. 3 S. 2 33 entsandt hat, kann nach Abs. 3 S. 1 **Ordnungsgeld** festgesetzt werden wie gegen einen nicht erschienenen Zeugen, also Ordnungsgeld in Höhe von 5 bis 1000 DM, § 380, Art. 6 Abs. 1 EGStGB. Die **Haftstrafe** ist dagegen (auch wenn das Ordnungsgeld nicht beigetrieben werden kann[70]) **unzulässig**[71]. Wurde der gesetzliche Vertreter geladen, so ist das Ordnungsgeld gegen diesen festzusetzen[72]. Die Festsetzung des Ordnungsgeldes ist nur zulässig, wenn Ladung und Terminsbestimmung ordnungsgemäß sind[73]. Dazu gehört auch die Angabe des Zwecks (Aufklärung des Sachverhalts) und der Rechtsgrundlage[74], → Rdnr. 9, da die Ladung zu einem Güteversuch nicht strafbewehrt ist. Weil die Aufklärungsbefugnis des Gerichts nur gegenüber der Partei besteht, die verhandeln will, also insbesondere nicht gegenüber dem Beklagten, der sich auf die Klage nicht eingelassen hat → Rdnr. 7, ist die Festsetzung von Ordnungsgeld gegen eine Partei, die sich *nicht eingelassen* hat, nicht statthaft[75].

b) **Verschuldenserfordernis.** – Wegen der Strafähnlichkeit setzt die Verhängung eines 34 Ordnungsgelds **Verschulden der Partei** voraus. Aus demselben Grund ist aber der Partei auch das Verschulden des *Prozeßbevollmächtigten* nicht nach § 85 Abs. 2 zuzurechnen[76]; denn bei strafähnlichen Sanktionen ist allein auf die persönliche Verantwortung abzustellen. Ebenso kommt es, wenn ein von der Partei bestellter Vertreter nicht erscheint, darauf an, ob die Partei dies verschuldet hat[77].

c) **Gerichtliches Ermessen.** – Soweit die Festsetzung eines Ordnungsgelds zulässig ist, steht 35 sie (anders als nach § 380 Abs. 1 S. 2 gegenüber dem ausgebliebenen Zeugen) **im pflichtgemäßen Ermessen** des Gerichts[78]. Bei der Ausübung dieses Ermessens, die im Beschluß zu

---

[68] Ebenso *Baumbach-Lauterbach-Hartmann*[51] Rdnr. 30; *Thomas-Putzo*[18] Rdnr. 5. – Offenlassend OLG Frankfurt BB 1981, 149.

[69] Dem Ausbleiben steht es gleich, wenn sich die Partei vorzeitig entfernt, *OLG Köln* JMBlNRW 1970, 20; *OLG Frankfurt* JurBüro 1989, 1309 (zu § 613).

[70] Zur Vollstreckung → § 890 Rdnr. 44 ff. sowie *Mümmler* JurBüro 1975, 579.

[71] *OLG Karlsruhe* OLGZ 1984, 450; *OLG Düsseldorf* JurBüro 1986, 613; *OLG Köln* FamRZ 1993, 338 = OLGZ 1993, 362.

[72] *Hartung* JR 1925, 127. – A.M. *Vonderau* NZA 1991, 336, 339. – Der Vertreter nach Abs. 3 S. 2 kann wegen seines Nichterscheinens selbst nicht mit Ordnungsgeld belegt werden, weil er vom Gericht gar nicht geladen ist, ebenso *Vonderau* NZA 1991, 336, 339; *Wieczorek*[2] Anm. D III a. Sein Nichterscheinen kann jedoch zur Bestrafung der Partei führen, → Rdnr. 34.

[73] *OLG Hamm* EzA § 141 Nr. 2 (keine ausreichende richterliche Unterzeichnung der Terminsbestimmung). – Die Festsetzung eines Ordnungsgeldes hat auch dann zu unterbleiben, wenn bei der Ladung der Partei als Prozeßsubjekt (→ Rdnr. 19, nicht bei der persönlichen Ladung → Rdnr. 17) die Ladungsfrist nicht eingehalten wurde; *OLG Zweibrücken* FamRZ 1982, 1097 (zu § 613).

[74] *OLG Karlsruhe* Justiz 1987, 185.

[75] *OLG Celle* JurBüro 1969, 1218 = NdsRpfl 1970, 17; NJW 1970, 1689; *OLG Köln* JurBüro 1976, 1112. – A.M. *Burger* MDR 1982, 91, 94 sowie (jedoch zu § 613 Abs. 2) *OLG Düsseldorf* FamRZ 1981, 1096.

[76] *OLG Bamberg* MDR 1982, 585 = JurBüro 1890; *OLG Celle* NdsRpfl 1988, 164, 165; *E. Schneider* NJW 1979, 987; *M. J. Schmid* JR 1981, 8, 9; *MünchKomm-ZPO-Peters* Rdnr. 5; *Thomas-Putzo*[18] Rdnr. 5; *Grunsky* ArbGG[6] § 51 Rdnr. 14. – A.M. *OLG Stuttgart* JZ 1978, 689, 690; *OLG Köln* NJW 1978, 2515; *LG Münster* WRP 1984, 302; *Vonderau* NZA 1991, 336, 339; *Baumbach-Lauterbach-Hartmann*[51] Rdnr. 55; *Zimmermann*[2] Rdnr. 8. – Zur Mitteilung des Prozeßbevollmächtigten, die Partei brauche nicht zu erscheinen s. *LAG Frankfurt* BB 1979, 891 (LS) (die Partei sei dadurch nur entschuldigt, wenn sie erkennbar geschäftsunerfahren sei); *LAG Frankfurt* ArbuR 1987, 245 (LS) (derartige Mitteilung durch Kanzleiangestellte entschuldigt nicht).

[77] *OLG Celle* NdsRpfl 1988, 164.

[78] Ebenso u.a. *OLG Köln* JurBüro 1976, 1112; *OLG Schleswig-Holstein* JurBüro 1978, 283.

begründen ist⁷⁹, ist vom Zweck des § 141 auszugehen, die Aufklärung des Sachverhalts zu erleichtern und zu beschleunigen (→ Rdnr. 1); denn die Ordnungsgeldsanktion hat demselben Zweck zu dienen. Dagegen leuchtet es zumindest heute nicht mehr ein, die Festsetzung des Ordnungsgeldes als *Mittel zur Wahrung der gerichtlichen Autorität* zu verstehen⁸⁰. An der früher von diesem Kommentar⁸¹ geprägten und von der Rechtsprechung⁸² vielfach übernommenen Formel, es sei darauf abzustellen, ob Grund zu der Annahme besteht, daß in dem Nichterscheinen eine bewußte Mißachtung des Gerichts zum Ausdruck kommt, kann daher nur eingeschränkt festgehalten werden, nämlich insofern, als dem Verschuldensgrad, vor allem dem Vorliegen von Vorsatz, Bedeutung zukommt. Vom **Aufklärungszweck** ausgehend, wird die Festsetzung eines Ordnungsgeldes um so eher in Betracht kommen, je deutlicher eine vorsätzliche Prozeßverschleppung oder eine grobe Nachlässigkeit der Partei (bezogen auf die Prozeßverzögerung) erkennbar ist, kaum dagegen, wenn das Nichterscheinen auf einem (wenn auch leicht fahrlässigen) Mißverständnis beruht⁸³ oder wenn die Partei Grund zu der Annahme hatte, sie könne ohnehin durch die Anhörung nichts Neues beitragen⁸⁴.

35a Andererseits verliert die Festsetzung des Ordnungsgeldes ihren Sinn und hat daher zu **unterbleiben**, wenn sich das Ausbleiben der Partei **nicht verfahrenserschwerend** (insbesondere verfahrensverzögernd) ausgewirkt hat⁸⁵, also z.B., wenn der Prozeßbevollmächtigte alle gestellten Aufklärungsfragen beantworten konnte (oder hätte beantworten können)⁸⁶, wenn sich die Anhörung der Partei ohnehin als **entbehrlich** erwies⁸⁷ (etwa aufgrund neuer Schriftsätze), wenn aufgrund des Verhandlungstermins entschieden werden konnte⁸⁸, wenn die nichterschienene Partei zugleich den Anwalt veranlaßt hat, dem Termin fernzubleiben, so daß Versäumnisurteil gegen sie ergehen konnte⁸⁹, oder wenn im Termin der Prozeß nichtstreitig beendet wurde (Prozeßvergleich⁹⁰, Klagerücknahme⁹¹ usw.).

35b Da die sanktionierte Erscheinungspflicht der Partei in der ZPO eher einen **Fremdkörper** darstellt und negative Folgen des Ausbleibens die Partei ohnehin in anderer Weise treffen können (Unschlüssigkeit oder Unklarheit des Vortrags gehen zu ihren Lasten), empfiehlt es sich, von der Befugnis zur Festsetzung eines Ordnungsgelds nur **zurückhaltend Gebrauch zu machen**⁹².

36 d) **Beschwerde**. – Gegen die Festsetzung des Ordnungsgeldes ist entsprechend § 380 Abs. 3 die **Beschwerde** statthaft⁹³. Dies gilt auch gegenüber Erstentscheidungen der **Bezirksgerichte** in den neuen Bundesländern, Einigungsvertrag Anlage I, Kapitel III, Sachgebiet A: Rechtspflege, Abschnitt III, 5. d, S. 2. Im Rahmen dieser Beschwerde ist auch die Zulässigkeit

---

⁷⁹ *OLG Köln* FamRZ 1992, 334; *LAG Bremen* MDR 1993, 1007 = BB 1993, 1952 (LS).
⁸⁰ Ebenso *OLG München* MDR 1978, 147; *OLG Düsseldorf* JurBüro 1986, 613; *OLG Celle* NdsRpfl 1988, 164; *OLG Köln* FamRZ 1993, 338 = OLGZ 1993, 362; *E. Schneider* MDR 1975, 185, 187; *M.J. Schmid* JR 1881, 8.
⁸¹ 19. Aufl., § 141 V 3.
⁸² So z.B. *OLG Düsseldorf* MDR 1963, 602; *OLG Schleswig-Holstein* JurBüro 1978, 283.
⁸³ *OLG Schleswig-Holstein* JurBüro 1978, 283, 285.
⁸⁴ So auch *LG Berlin* MDR 1990, 638.
⁸⁵ *OLG Celle* NdsRpfl 1988, 164; *OLG Köln* FamRZ 1992, 334; *Burger* MDR 1982, 91, 93. – A.M. *KG* MDR 1983, 235 (Fn. 31); *OLG Bremen* MDR 1988, 417; *OLG München* MDR 1992, 513 = NJW-RR 1992, 827; *M.J. Schmid* MDR 1982, 632 (der die Erschwerung der Sachaufklärung nur als *einen* Gesichtspunkt bei der Ermessensausübung betrachtet); *J. Walter* JR 1981, 158.
⁸⁶ *OLG Köln* NJW 1974, 1003; *OLG München* MDR 1978, 147.
⁸⁷ *OLG Frankfurt* BB 1981, 149.

⁸⁸ *OLG Frankfurt* NJW-RR 1986, 997.
⁸⁹ *LAG Hamm* MDR 1984, 347 (gilt für den Kläger wie für den Beklagten).
⁹⁰ *LAG Frankfurt* NJW 1965, 1042; *LAG Düsseldorf* EzA Nr. 3 (auch nicht sogleich bei Widerrufsvergleich; dagegen *Vonderau* NZA 1991, 336, 339).
⁹¹ *LAG Baden-Württemberg* NZA 1987, 827 (LS).
⁹² *LAG Berlin* AP Nr. 2 = BB 1979, 891 (LS); *OLG Schleswig-Holstein* JurBüro 1978, 283; *OLG Düsseldorf* JurBüro 1986, 613; *LAG Baden-Württemberg* NZA 1987, 827 (LS) (im allgemeinen nicht); *OLG Köln* FamRZ 1992, 334; *LAG Bremen* MDR 1993, 1007; *Zöller-Greger*¹⁸ Rdnr. 11. *Thomas-Putzo*¹⁸ Rdnr. 5 empfehlen weitergehend, von der Ordnungsgeldfestsetzung überhaupt keinen Gebrauch zu machen. – Vgl. auch *OLG München* MDR 1992, 513 = NJW-RR 1992, 827; *OLG Köln* FamRZ 1993, 338, 339 = OLGZ 1993, 362, 364; *M.J. Schmid* JR 1981, 8, 9; *MünchKommZPO-Peters* Rdnr. 24.
⁹³ *LAG Frankfurt* NJW 1965, 1042; *KG* OLGZ 69, 36; *OLG Köln* JMBlNRW 1970, 20; *LAG Hamm* JurBüro 1970, 884; *Volkmar* AP 50 Nr. 245.

der *Anordnung* des persönlichen Erscheinens zu überprüfen, einschließlich der Frage, ob diese ermessensfehlerhaft war[94]. Das Beschwerdegericht hat ferner die Ausübung des Ermessens über die Festsetzung des Ordnungsgelds in vollem Umfang nachzuprüfen[95].

§ 381 ist ebenfalls entsprechend anzuwenden, so daß bei genügender **Entschuldigung** das Ordnungsgeld nicht festzusetzen bzw. bei nachträglicher Entschuldigung die Festsetzung aufzuheben ist. Die nachträgliche Entschuldigung steht wahlweise neben der Beschwerde zur Verfügung[96]. 37

e) **Auferlegung von Kosten.** – Die durch das Ausbleiben verursachten Kosten können der nicht erschienenen Partei (anders als beim Zeugen, § 380 Abs. 1 S. 1) *nicht* durch Beschluß auferlegt werden[97]. Jedoch kommen Kostenfolgen – unabhängig von einer etwaigen Ordnungsgeldfestsetzung – nach § 95 sowie § 34 GKG in Betracht[98]. – Die **Kosten eines erfolgreichen Beschwerdeverfahrens** gegen die Festsetzung eines Ordnungsgeldes sind analog §§ 46 OWiG, 467 StPO der Staatskasse aufzuerlegen[99]. 38

f) **Güteversuch.** – Wurde das persönliche Erscheinen der Partei für einen Güteversuch angeordnet, ist die Festsetzung eines Ordnungsgelds unzulässig, da § 279 Abs. 2 S. 2 nicht auf § 141 Abs. 3 verweist. 39

g) **Ehe- und Kindschaftssachen.** – In Ehe- und Kindschaftssachen stehen dem Gericht gegen die Parteien zur Erzwingung des persönlichen Erscheinens die gleichen Zwangsmittel wie gegen Zeugen – mit Ausnahme der Haftstrafe – zur Verfügung, § 613 Abs. 2, § 640 Abs. 1. Hier ist auch die **zwangsweise Vorführung** zulässig. Dagegen ist im Fall des Ausbleibens der Partei in dem zur **Parteivernehmung** nach §§ 445, 447, 448 bestimmten Termin für eine Ordnungsgeldfestsetzung kein Raum, → § 454 Rdnr. 1. 40

VII. Arbeitsgerichtliches Verfahren

Die Regelung in §§ 51, 64 Abs. 7 ArbGG lehnt sich eng an die zivilprozessualen Bestimmungen an, weist aber auch einige Unterschiede dazu auf. Da § 51 ArbGG als lex specialis selbst angibt, inwieweit § 141 im arbeitsgerichtlichen Verfahren anzuwenden ist, kann man nicht § 51 Abs. 1 ArbGG und § 141 Abs. 1 nebeneinander anwenden[100]. 41

1. Zuständigkeit und Voraussetzungen der Anordnung

Im **Urteilsverfahren** vor Arbeitsgericht und Landesarbeitsgericht (§ 64 Abs. 7 ArbGG) kann der **Vorsitzende** gemäß § 51 Abs. 1 S. 1 ArbGG das persönliche Erscheinen der Parteien in jeder Lage des Rechtsstreits anordnen. Dasselbe gilt im **Beschlußverfahren** erster und zweiter Instanz, § 80 Abs. 2, § 87 Abs. 2 ArbGG[101]. Im Gegensatz zu § 141 Abs. 1 S. 1 handelt es sich nicht um eine Soll-Bestimmung[102]. Daß die Anordnung zur Vorbereitung der 42

---

[94] OLG Köln JR 1969, 25.
[95] OLG Köln JurBüro 1976, 1112. – A.M. *J. Walter* JR 1983, 158.
[96] OLG Köln JMBlNRW 1969, 164; 1970, 20; *E. Schneider* MDR 1975, 185, 187.
[97] OLG Köln NJW 1972, 1999; MDR 1974, 240; FamRZ 1993, 338; OLG Schleswig-Holstein JurBüro 1978, 283; LAG Berlin AP Nr. 2 (Fn. 92).
[98] OLG Oldenburg Rpfleger 1965, 316.
[99] OLG Bamberg MDR 1982, 585 = JurBüro 1890 (Nr. 804); JurBüro 1890 (Nr. 803); OLG Hamm MDR 1980, 322. – A.M. (die letztlich unterlegene Partei trägt die gemäß § 11 ZSEG entstehenden Kosten) *LAG Frankfurt* MDR 1982, 612; OLG Karlsruhe Justiz 1977, 97;

OLG Düsseldorf Rpfleger 1979, 467; OLG Frankfurt MDR 1984, 322.
[100] So aber *Germelmann-Matthes-Prütting* ArbGG § 51 Rdnr. 2.
[101] Ebenso *Vonderau* NZA 1991, 336; *Matthes* in *Germelmann-Matthes-Prütting* ArbGG § 80 Rndr. 52. – A.M. *Germelmann* in *Germelmann-Matthes-Prütting* ArbGG § 51 Rdnr. 5, der die ausdrückliche Erwähnung der Vorschriften über das persönliche Erscheinen der Partei in § 80 Abs. 2 ArbGG nicht beachtet.
[102] *Philippsen-Schmidt-Schäfer-Busch-Schwab* NJW 1977, 1133; *Grunsky* ArbGG⁶ § 51 Rdnr.; GK-ArbGG (Stand 1991) § 51, Anm. 1.

streitigen Verhandlung ergehen kann, ist in § 56 Abs. 1 Nr. 3 ArbGG besonders zum Ausdruck gebracht; ebenso kann aber auch schon für die *Güteverhandlung* (§ 54 Abs. 1 ArbGG) das persönliche Erscheinen der Parteien angeordnet werden. Freilich kann die persönliche Anwesenheit der Parteien eine gütliche Einigung auch erschweren[103].

43 Anders als im Zivilprozeß liegt die Anordnung, wie sich aus § 51 Abs. 1 S. 1 ArbGG ergibt, stets in der Hand des **Vorsitzenden** allein, auch wenn sie aufgrund mündlicher Verhandlung ergeht.

44 Eine weitere Abweichung liegt darin, daß die nach § 51 Abs. 1 S. 2 ArbGG unter der Ordnungsgeldsanktion des § 141 Abs. 3 stehende Anordnung nicht nur zur Aufklärung des Sachverhalts, sondern schlechthin, also **auch zur Vornahme eines Güteversuchs** (§ 57 Abs. 2 ArbGG, § 279) zulässig ist[104].

45 Wenn in § 51 Abs. 1 S. 1 ArbGG vom persönlichen Erscheinen »der Parteien« die Rede ist, so bedeutet dies (ebenso wie bei § 141 Abs. 1 S. 1, → Rdnr. 8) **nicht**, daß stets das Erscheinen **beider Parteien** angeordnet werden müßte[105]; vielmehr steht dies im Ermessen des Vorsitzenden, und auch wenn nur das Erscheinen einer Partei angeordnet wurde, gelten bei deren Ausbleiben die Sanktionen nach § 141 Abs. 3 und § 51 Abs. 2 ArbGG.

2. Ladung, Kosten

46 Die Anordnung ist gemäß § 51 Abs. 1 S. 2 ArbGG nach § 141 Abs. 2 u. 3 auszuführen, dazu → Rdnr. 17. Die Partei ist in der Ladung auch auf die **Folgen** des Ausbleibens nach § 51 Abs. 2 S. 1 ArbGG (→ Rdnr. 49) **hinzuweisen**[106]. Dies folgt aus der Verweisung in § 51 Abs. 2 S. 2 ArbGG auf § 141 Abs. 3 S. 3. Da die Ordnungsgeldsanktion (anders als im Zivilprozeß) auch bei der Anordnung zum Zweck eines Güteversuchs gilt, hängt die Ordnungsmäßigkeit der Ladung nicht davon ab, daß der Grund der Anordnung angegeben wird[107].

47 Die obsiegende Partei hat im Verfahren erster Instanz **keinen Anspruch auf Entschädigung wegen Zeitversäumung**, § 12a Abs. 1 S. 1 ArbGG. Dies gilt auch, wenn das persönliche Erscheinen angeordnet wurde, → § 91 Rdnr. 113.

3. Folgen des Nichterscheinens

48 a) **Ordnungsgeld.** – Für die erste wie für die zweite Instanz (§ 64 Abs. 7 ArbGG) gilt gemäß § 51 Abs. 1 S. 2 ArbGG der § 141 Abs. 3 entsprechend, d.h. es kann durch das Gericht (unter Mitwirkung der ehrenamtlichen Richter[108]) gegen die ausgebliebene Partei, sofern nicht ein den Erfordernissen des § 141 Abs. 3 S. 2 genügender Vertreter zur Verhandlung entsandt ist, **Ordnungsgeld** wie gegen einen nicht erschienenen Zeugen festgesetzt werden (→ Rdnr. 33).

49 b) **Zurückweisung des Prozeßbevollmächtigten.** – Außerdem hat im Verfahren erster Instanz nach § 51 Abs. 2 S. 1 ArbGG der Vorsitzende die Befugnis, die **Zulassung eines Prozeßbevollmächtigten abzulehnen**, wenn durch das unbegründete Ausbleiben der Partei (nach ordnungsgemäßer Ladung einschließlich des Hinweises auf die Rechtsfolgen des Nicht-

---

[103] Dies betont *J.-H. Bauer* NJW 1988, 958 insbesondere für Kündigungsschutzklagen.
[104] Ebenso *LAG Hamm* MDR 1972, 362.
[105] Ebenso *Dersch-Volkmar* ArbGG⁶ § 51 Rdnr. 14; *Grunsky* ArbGG⁶ § 51 Rdnr. 4.
[106] Ebenso *LAG Hamm* ArbuR 1991, 220 = DB 1991, 1684; *Germelmann-Matthes-Prütting* ArbGG § 51 Rdnr. 16.

[107] *LAG Nürnberg* ARSt 1989, 179.
[108] *LAG Bremen* MDR 1993, 1007 = BB 1993, 1952 (LS); vgl. auch *LSG Baden-Württemberg* Breithaupt 1991, 789 (zum sozialgerichtlichen Verfahren); *GK-ArbGG* (Stand 1991) § 51 Anm. 2; *Germelmann-Matthes-Prütting* ArbGG § 51 Rdnr. 24. – A.M. Vorausfl. Rdnr. 48.

erscheinens, → Rdnr. 46) der Zweck der Anordnung vereitelt werden würde; dies gilt nicht, wenn der erschienene Bevollmächtigte den Erfordernissen des § 141 Abs. 3 S. 2 entspricht, d.h. die zur Aufklärung des Tatbestands gebotenen Erklärungen abgeben kann und zum Abschluß eines Vergleichs ermächtigt ist. Der Ausdruck »unbegründet« in § 51 Abs. 2 ArbGG muß mit »ohne genügende Entschuldigung«, § 381, gleichbedeutend angesehen werden. »Vereitelt« ist der Zweck der Anordnung, wenn ohne das persönliche Erscheinen der ausgebliebenen Partei die Sachaufklärung nicht möglich ist oder der in Aussicht genommene Güteversuch[109] nicht unternommen werden kann. Auch im **Beschlußverfahren** ist die Vorschrift nach § 80 Abs. 2 ArbGG anwendbar[110].

Ob der Vorsitzende von der Befugnis nach § 51 Abs. 2 ArbGG Gebrauch machen will, steht ebenso in seinem **Ermessen** wie die Festsetzung eines Ordnungsgeldes; schon mit Rücksicht auf den der ausgeschlossenen Partei unter Umständen drohenden materiellen Rechtsverlust ist hier allerdings besondere Vorsicht geboten. Überhaupt kann man bezweifeln, ob diese Sanktion angemessen und sinnvoll ist, vor allem, wenn die Konsequenz ein (mit Einspruch anfechtbares) Versäumnisurteil ist (→ Rdnr. 50). Selbst **verfassungsrechtliche Bedenken** (Recht auf Gehör, Art. 103 Abs. 1 GG) liegen keineswegs fern. So spricht einiges dafür, von der Befugnis zur Nichtzulassung des Prozeßbevollmächtigten keinen Gebrauch zu machen. **49a**

Eine selbständige **Anfechtung** dieses Beschlusses mit der Beschwerde ist nicht gegeben[111], wie aus § 567 Abs. 1 folgt. Ebenso ist durch die ausdrückliche Zuweisung der Entscheidung an den Vorsitzenden die Anwendung des § 140 ausgeschlossen. Weist der Vorsitzende den Prozeßbevollmächtigten nach § 51 Abs. 2 S. 1 ArbGG zurück, so gilt die Partei als **nicht erschienen**; es kann demnach, die sonstigen Erfordernisse[112] vorausgesetzt, auf Antrag gegen sie Versäumnisurteil oder nach Maßgabe des § 331a Entscheidung nach Lage der Akten ergehen. Im Rahmen der Berufung (gegen ein Urteil nach Lage der Akten oder gegen ein zweites Versäumnisurteil, §§ 345, 513 Abs. 2) hat das Berufungsgericht die Anordnung des ersten Richters auf Zulässigkeit und Angemessenheit **nachzuprüfen**. Eine Zurückverweisung an die untere Instanz ist aber nicht zulässig, § 68 ArbGG. **50**

§ 142 [Anordnung der Urkundenvorlegung]

(1) Das Gericht kann anordnen, daß eine Partei die in ihren Händen befindlichen Urkunden, auf die sie sich bezogen hat, sowie Stammbäume, Pläne, Risse und sonstige Zeichnungen vorlege.
(2) Das Gericht kann anordnen, daß die vorgelegten Schriftstücke während einer von ihm zu bestimmenden Zeit auf der Geschäftsstelle verbleiben.
(3) Das Gericht kann anordnen, daß von den in fremder Sprache abgefaßten Urkunden eine Übersetzung beigebracht werde, die ein nach den Richtlinien der Landesjustizverwaltung hierzu ermächtigter Übersetzer angefertigt hat.

Gesetzesgeschichte: Bis 1900 § 133 CPO. Änderungen RGBl. 1927 I 175, BGBl. 1950, 533.

---

[109] Man kann daher kaum annehmen, daß die Vorschrift in der Güteverhandlung nicht anwendbar ist, a.M. *Germelmann-Matthes-Prütting* ArbGG § 51 Rdnr. 28; dagegen *Vonderau* NZA 1991, 336, 340. Es wird sich aber gerade hier im allgemeinen nicht empfehlen, von der Zurückweisungsmöglichkeit Gebrauch zu machen.

[110] *Grunsky* ArbGG⁶ § 80 Rdnr. 36. – A.M. *Germelmann-Matthes-Prütting* ArbGG § 80 Rdnr. 52.
[111] A.M. *Grunsky* ArbGG⁶ § 51 Rdnr. 11, der § 380 Abs. 3 analog anwenden will.
[112] Dazu gehört die ordnungsgemäße Ladung der Partei, *LAG Hamm* EZA § 345 Nr. 3.

I. Zweck[1]

1   Im Interesse der vollständigen Sachaufklärung und der Beschleunigung des Verfahrens braucht das Gericht nicht abzuwarten, welche Urkunden die Parteien von sich aus zum Zweck des Beweises (§ 420) vorlegen, sondern kann selbst die Initiative ergreifen und die Vorlage anordnen. Die vorgelegten Urkunden sind dann **Beweismittel** i. S. v. §§ 415ff. Die Anordnung des Gerichts ist für die Parteien eine wertvolle Hilfe, weil sie ihnen deutlich macht, welche Urkunden das Gericht für bedeutsam hält. Die Befugnis geht über den Rahmen einer eng verstandenen Verhandlungsmaxime hinaus und gestattet dem Gericht eine **Beweiserhebung von Amts wegen**. Dies gilt erst recht, seit die Einschränkung »auf die sie (die Partei) sich bezogen hat« als weggefallen anzusehen ist, → Rdnr. 2. Dagegen gestattet § 142 dem Gericht **nicht** die Einführung **neuer Tatsachen**[2], auf die sich keine Partei (wenigstens stillschweigend, etwa durch Vorlage der Urkunde, ohne eine Einschränkung zu machen) berufen hat. Das Gericht ist **nicht zur Beweiserhebung von Amts wegen verpflichtet**, vielmehr steht die Anordnung, wie das »kann« deutlich zum Ausdruck bringt, im (weit aufzufassenden) **gerichtlichen Ermessen**[3]. Das Gericht hat nach § 139 Abs. 1 S. 1 die Partei zum Beweisantritt aufzufordern. Ein besonderer Hinweis an die Partei, daß das Gericht keine Beweiserhebung von Amts wegen durchführen werde, kann geboten sein, wenn die Partei nach den Umständen insbesondere aufgrund des Prozeßverlaufs oder der sonstigen Praxis des Gerichts damit rechnen konnte, daß eine Beweiserhebung, falls überhaupt erforderlich, von Amts wegen erfolgen werde, → § 144 Rdnr. 2. Im übrigen bleibt es bei der Parteiverantwortung. Keine Partei kann sich auf die Beweiserhebung von Amts wegen verlassen, und eine nicht erfolgte gerichtliche Anordnung stellt grundsätzlich (von ganz besonders gelagerten Ausnahmefällen abgesehen) keinen Verfahrensfehler dar, auf den ein Rechtsmittel gestützt werden könnte. Das Gericht braucht in der Regel im Urteil auch nicht zu begründen, warum es keine amtswegige Beweiserhebung durchgeführt hat[4]. – Zur Parteivernehmung → § 448 Rdnr. 12; zum Augenscheins- und Sachverständigenbeweis → § 144 Rdnr. 4.

II. Vorlegung von Urkunden usw.

2   Die Vorlegung von **Stammbäumen, Plänen, Rissen** und sonstigen Zeichnungen kann nach Abs. 1 angeordnet werden, auch wenn die Parteien sie *nicht in Händen* und sich nicht darauf bezogen hat, d. h. auch dann, wenn sie erst angefertigt werden müssen[5]. Die Vorlage von **sonstigen Urkunden** dagegen kann das Gericht nur verlangen, wenn diese sich *in den Händen der Partei*[6] befinden. Wenn das Gesetz erfordert, daß die Partei auf die Urkunden **Bezug genommen** haben müsse, so ist dieses Erfordernis im Hinblick auf die seinerzeit in § 272b aF Abs. 2 Nr. 1 und heute in § 273 Abs. 2 Nr. 1 getroffene Regelung auch hier grundsätzlich als **fortgefallen zu betrachten**[7], zur Anordnung an die nicht beweisbelastete Partei → jedoch

---

[1] Lit.: *Peters* Richterliche Hinweispflichten und Beweisinitiativen im Zivilprozeß (1983), 145 f.; *Schöpflin* Die Beweiserhebung von Amts wegen im Zivilprozeß (1992).

[2] Ebenso *Prütting* NJW 1980, 361, 363; *Zöller-Greger*[18] Rdnr. 1; → auch Rdnr. 3.

[3] Vgl. *BAG* AP §§ 22, 23 BAT 1975 Nr. 60; *Habscheid* ZZP 96 (1983), 306, 309; *Peters* (Fn. 1), 146. – A.M. *Schöpflin* (Fn. 1), 161 (Ergebnis).

[4] A.M. *Peters* (Fn. 1), 146; *MünchKommZPO-Peters* §§ 142–144 Rdnr. 7.

[5] *Baumbach-Lauterbach-Hartmann*[51] Rdnr. 8. – A.M. *Wieczorek*[2] Anm. A I. – Die Vorlegung von Stammbäumen usw., die die Partei weder in Händen hat noch anzufertigen vermag, kann dagegen nicht angeordnet werden, vgl. *Schreiber* Die Urkunde im Zivilprozeß (1982), 134.

[6] Dazu → § 421 Rdnr. 5; dort auch zur recht weiten Auslegung dieses Merkmals. Es wegen § 273 Abs. 2 Nr. 1 als entfallen zu betrachten bei *Schöpflin* (Fn. 1), 237, überzeugt nicht, da auch § 273 Abs. 2 Nr. 1 nach seinem Zweck eine Zugriffsmöglichkeit der Partei auf die Urkunde unterstellt.

[7] *BAG* DB 1976, 1020 = AP Nr. 24 zu § 1 TVG Tarifverträge Bau; *Schreiber* (Fn. 5) 77 f.; *Prütting* NJW 1980, 361, 363; *Schöpflin* (Fn. 1), 234 f.; *E. Schneider* MDR 1992, 20; *Thomas-Putzo*[18] Rdnr. 1. Im Ergebnis ebenso

Rdnr. 3 a. E. Hinsichtlich der *Handelsbücher* der Parteien ist das Gericht schon nach § 258 Abs. 1 HGB auch ohne Bezugnahme befugt, ihre Vorlegung als Beweismittel anzuordnen[8], und bezüglich des *Tagebuchs des Handelsmäklers* sogar dann, wenn dieser nicht Partei ist (§ 102 HGB). Hat ein **Streitgehilfe** auf die Urkunde Bezug genommen, so kann *ihm* die Vorlegung der in seinen Händen befindlichen Urkunde aufgegeben werden, nicht der Partei selbst, → § 131 Rdnr. 2.

Da § 142 der vollständigen Sachaufklärung dient, wird eine Anordnung **nicht** in Betracht kommen, wenn der wesentliche Inhalt der Urkunde **unstreitig** ist[9], es sei denn, der Sachverhalt bliebe ohne Einsicht in die Urkunde trotz beiderseitig übereinstimmenden Parteivortrags für das Gericht unklar. Bei **unsubstantiierten Behauptungen** darf die Anordnung der Urkundenvorlage nicht dazu erfolgen, der Partei erst das Material zur Aufstellung eines substantiierten Vortrags zu verschaffen[10]. Im übrigen wird es sich aber nicht vermeiden lassen, daß über die Vorlage von Urkunden, Zeichnungen usw. einer Partei auch weitere Unterlagen zur Aufstellung von Behauptungen zukommen. Befindet sich die Urkunde usw. nicht in den Händen der behauptungs- und beweisbelasteten Partei, sondern in denen des **Gegners,** wird man eine Vorlegungsanordnung nur unter den zusätzlichen Voraussetzungen der §§ 422, 423 zulassen können[11]. Über das **Recht der Parteien** auf die Vorlegung und über diese selbst → §§ 420, 422 f., 434 f. 3

III. Anordnung

Die Anordnung nach § 142 Abs. 1 ergeht durch **Beschluß** aufgrund mündlicher Verhandlung; außerhalb der mündlichen Verhandlung kann die Vorlegung durch den Vorsitzenden oder ein von ihm bestimmtes Mitglied des Gerichts mittels Verfügung nach § 273 Abs. 2 Nr. 1 aufgegeben werden. Eine Begründung erscheint angesichts des prozeßleitenden Charakters nicht erforderlich[12]. Die Beschwerde findet gegen die Anordnung nicht statt. Die Anordnung bedarf keines *Antrags* seitens der Parteien, wird dieser aber gestellt und *abgelehnt*, ist hiergegen die Beschwerde statthaft[13]. 4

Die **Vorlegung** hat in einem Termin vor dem Prozeßgericht zu erfolgen; es kann aber auch entsprechend § 434 Vorlegung vor einem beauftragten oder ersuchten Richter angeordnet werden, weil es sich hier um einen Akt der Beweisaufnahme handelt. Die Anordnung kann nicht erzwungen werden; ihre Nichtbefolgung hat keinen Rechtsnachteil in der Sache zur Folge, ist aber bei der Beurteilung der Tatfrage nach § 286 frei zu würdigen[14], wobei § 427 als Anhalt dienen kann[15]. Insoweit scheidet auch eine Auferlegung von Kosten nach § 95 oder einer Verzögerungsgebühr nach § 34 GKG aus[16]. Erfolgt dagegen die **Vorlage verspätet,** kann eine Anwendung von § 95 ZPO, § 34 GKG (→ § 95 Rdnr. 3, 4) ebenso wie eine Präklusion nach § 296 Abs. 2, § 528 Abs. 2, § 615 Abs. 1 in Betracht kommen[17]. 5

MünchKommZPO-Peters §§ 142–144 Rdnr. 11. – A. M. *Baumbach-Lauterbach-Hartmann*[51] Rdnr. 9; *Rosenberg-Schwab-Gottwald*[15] § 121 IV 1.
[8] Vgl. dazu *Siegel* Die Vorlegung von Urkunden im Prozeß (1904), 98 ff.; *Schreiber* (Fn. 5), 78.
[9] OLG Köln JMBlNRW 1966, 285. - Auch bei an sich unstreitigem Sachverhalt können Urkunden zur genaueren Aufklärung bzw. zum besseren Verständnis von Amts wegen beigezogen und verwertet werden, BAGE 31, 40.
[10] BAG DB 1976, 1020 = AP Nr. 24 zu § 1 TVG Tarifverträge Bau.
[11] *Schreiber* (Fn. 5), 78, 86; *Zöller-Greger*[18] Rdnr. 2. –

A. M. *Schöpflin* (Fn. 1), 236 f.; *MünchKommZPO-Peters* §§ 142–144 Rdnr. 10 (von einer allgemeinen prozessualen Mitwirkungspflicht ausgehend, dazu → § 138 Rdnr. 22 ff).
[12] A. M. *Baumbach-Lauterbach-Hartmann*[51] Rdnr. 24.
[13] OLG Köln JMBlNRW 1966, 285.
[14] OLG Marienwerder OLG Rsp 3 (1901), 438.
[15] Vgl. *Siegel* (Fn. 8), 97. – Ähnlich *Schreiber* (Fn. 5), 149, der § 427 analog anwendet.
[16] OLG Marienwerder OLG Rsp 3 (1901), 438; *Wieczorek*[2] Anm. A II.
[17] *Schreiber* (Fn. 5), 158 f. u. 171 f.

IV. Zurückbehaltung auf der Geschäftsstelle

6   Die Zurückbehaltung auf der Geschäftsstelle nach Abs. 2 kann nicht nur für nach Abs. 1 auf Anordnung vorgelegte Urkunden, sondern **für alle Schriftstücke** bestimmt werden, die vor oder in der Verhandlung **vorgelegt** sind[18]. Die Anordnung erfolgt nach Abs. 2 durch einen **Beschluß** des Gerichts, kann aber entsprechend § 273 Abs. 2 Nr. 1 auch außerhalb der mündlichen Verhandlung durch den **Vorsitzenden** oder ein von ihm bestimmtes Mitglied des Gerichts verfügt werden[19]. Zugleich muß die Zeit kalendermäßig oder nach der Prozeßlage bestimmt werden, sofern nicht ein Fall des § 443 vorliegt. Davon abgesehen haben die Parteien das Recht, die von ihnen überreichten Urkunden, die nicht Bestandteile der Gerichtsakten werden (→ § 299 Rdnr. 6, § 420 Rdnr. 5), auch vor der Erledigung des Rechtsstreits zurückzufordern[20]. Die Entscheidung über ein **Rückgabebegehren** trifft das Gericht ohne notwendige mündliche Verhandlung[21] durch Beschluß. Wird der Rückgabeantrag abgelehnt, ist die Beschwerde statthaft (§ 567). Der Anspruch auf Rückgewähr ist kein privatrechtlicher aus der Verwahrung, sondern ein öffentlich-rechtlicher; denn die Annahme ist Ausübung der Gerichtsbarkeit[22]. Mit Beendigung des Prozesses ist die Tätigkeit des Prozeßgerichts abgeschlossen; von diesem Zeitpunkt an ist es daher Sache der Justizverwaltung, über Rückgabegesuche zu entscheiden[23].

V. Übersetzung

7   Ob das Gericht von der vorlegenden Partei die Beibringung einer Übersetzung von den **in fremder Sprache abgefaßten Urkunden,** nicht bloß denjenigen des Abs. 1, verlangen will, steht nach Abs. 3 in seinem **Ermessen**[24]. Soweit es selbst der Fremdsprache mächtig ist, kann es die Urkunde auch ohne Übersetzung als Beweismittel verwerten[25]. Zwangsmittel können auch hier nicht angewendet werden; das Gericht darf jedoch, wenn seine Anordnung nicht befolgt wird, die Urkunde unberücksichtigt lassen. Es kann aber auch nach § 144 die Anfertigung der **Übersetzung von Amts wegen anordnen.** Dies erscheint jedenfalls dann geboten, wenn die Partei dartut, daß sie aufgrund finanzieller Notlage keine Übersetzung beibringen kann und darlegt, daß die Schriftstücke für das Verfahren erheblich sind[26].

8   Persönliche Vernehmung des Übersetzers ist nicht erforderlich. Die Übersetzung gilt als richtig und vollständig, wenn dies von einem Übersetzer bescheinigt wird, der dazu nach den Richtlinien der Landesjustizverwaltung ermächtigt ist[27]. Die Bescheinigung soll auf die Übersetzung gesetzt sein, Ort und Tag der Übersetzung sowie die Stellung des Übersetzers angeben und mit seiner Unterschrift versehen sein, § 2 VO zur Vereinfachung des Verfahrens auf dem Gebiet des Beurkundungsrechts vom 21.10.1942, RGBl. I 609. Wegen der in fremder Sprache ausgestellten Vollmacht → § 80 Rdnr. 29.

9   Die Anordnung erfolgt ohne notwendige mündliche Verhandlung durch **Gerichtsbeschluß** oder als vorbereitende Maßnahme durch Verfügung des **Vorsitzenden** oder eines von ihm bestimmten Mitglieds des Prozeßgerichts nach § 273 Abs. 2 (→ § 273 Rdnr. 19). Soweit der Antrag einer Partei auf Anordnung der Beibringung einer Übersetzung durch die Gegenpartei

---

[18] *OLG Kassel* ZZP 44 (1914), 271 f.
[19] *Baumbach-Lauterbach-Hartmann*[51] Rdnr. 22.
[20] *RG* JW 1905, 438 = SeuffArch 61 (1906), 36 f.; *OLG Dresden* SächsAnn 25 (1904), 375; *OLG Kassel* ZZP 44 (1914), 271 f.
[21] *RG* JW 1905, 438 (Fn. 20).
[22] A. M. *RGZ* 51, 219 f.
[23] Vgl. *Gundlach* JW 1926, 2423 f. – A.M. *Wieczorek*² Anm. B II (auch nach Prozeßbeendigung habe das Gericht zu entscheiden, das die Akten hat, also das erstinstanzliche Gericht oder bei Revisionsakten das Revisionsgericht).
[24] *RGZ* 9, 430, 436; 162, 282, 287.
[25] *BGH* FamRZ 1988, 827, 828; *RGZ* 162, 282, 287; *Jessnitzer* Dolmetscher (1982), 67.
[26] *BVerfG* NVwZ 1987, 785; → auch vor § 128 Rdnr. 149a.
[27] Zu den unterschiedlichen landesrechtlichen Regeln s. *Jessnitzer* (Fn. 25), 22 ff., *ders.* Rpfleger 1982, 365, 366.

abgelehnt wird, findet die **Beschwerde** statt (§ 567). Die Partei kann sich aber die Übersetzung der Urkunde auch selbst anfertigen lassen. Die **Erstattung der Kosten** hierfür ist unabhängig davon, ob die Übersetzung nach Abs. 3 vom Gericht angeordnet wurde oder nicht[28], sondern folgt den allgemeinen Grundsätzen des § 91 (→ § 91 Rdnr. 33, 55).

§ 143 [Anordnung der Vorlegung der Prozeßakten]

Das Gericht kann anordnen, daß die Parteien die in ihrem Besitz befindlichen Akten vorlegen, soweit diese aus Schriftstücken bestehen, welche die Verhandlung und Entscheidung der Sache betreffen.

Gesetzesgeschichte: Bis 1900 § 134 CPO.

I. Normzweck und Beschränkung auf die Prozeßakten

§ 143 dient der Komplettierung von Partei- und Gerichtsakten. Soweit beispielsweise ein 1
im Verfahren gewechselter Schriftsatz verlorengegangen ist oder Gericht oder Gegenpartei nicht erreicht hat, soll mittels § 143 die **Vervollständigung der Akten** erreicht werden können[1]. Gegenstand der Vorlegungsanordnung sind deshalb nicht wie in § 142 (noch) nicht zu den Prozeßakten gehörige Schriftstücke, sondern die *Prozeßakten* selber, also nur Schriftstücke, die von der Partei entweder **in der Prozeßführung schon benutzt** oder zumindest für diese **bestimmt** sind[2]. Korrespondenzen zwischen Partei und Anwalt, Instruktionen, Privatgutachten und andere, Privatgeheimnisse enthaltende Urkunden können dagegen zurückbehalten werden[3].

II. Voraussetzungen der Anordnung und Verfahren

Eine **Bezugnahme** (oder eine Vorlagepflicht der nicht beweisbelasteten Partei) ist **nicht** 2
Voraussetzung für die Anordnung[4]. Die Schriftstücke müssen sich aber **im Besitz** der Parteien befinden, was der Formulierung »sich in den Händen befinden« gleich zu achten ist (→ § 421 Rdnr. 5). Die Anordnung erfolgt in der mündlichen Verhandlung durch Gerichtsbeschluß, zur Vorbereitung des Termins kann sie auch außerhalb der mündlichen Verhandlung nach § 273 Abs. 1 ergehen. Die Vorlegung kann auch *wiederholt* angeordnet werden. Ein Rechtsnachteil ist mit der Nichtbefolgung der Anordnung nicht verknüpft.

---

[28] *OLG Frankfurt* MDR 1981, 58; *LG Freiburg* NJW 1961, 736; *E. Schneider* JurBüro 1967, 689, 690.
[1] *Endemann* Der Deutsche Zivilprozeß 1. Bd. (1878), Anm. zu § 134; *Schreiber* Die Urkunde im Zivilprozeß (1982), 86 ff.
[2] Die Praxis beachtet diese Einschränkung nicht immer, so z. B. BAGE 51, 59, 100 (Beiziehung von betrieblichen Aktenvorgängen, die der Kläger bearbeitet hat, im Streit über die tarifliche Eingruppierung des Klägers); → auch Fn. 3.
[3] Vgl. *Endemann* (Fn. 1); *Levin* Richterliche Prozeßleitung und Sitzungspolizei (1913), 138; unklar BAG AP § 70 BAT Nr. 4 (Bl. 6), das die Vorlegung von *Personalakten* generell nach § 143 anordnen möchte. Eine Anordnung nach § 143 ist aber nur möglich, wenn die Personalakten bereits von einer Partei in die Prozeßakten eingebracht sind, ansonsten kommt nur eine Anordnung nach § 142 Abs. 1 in Betracht. – Dagegen kann die Vorlegung solcher Korrespondenzen, deren *Kosten* die Partei erstattet haben will, gefordert werden.
[4] *Schreiber* (Fn. 1) 89.

III. Andere Akten

3   Unter § 143 fallen **nicht die Akten von nicht prozeßbeteiligten Behörden** oder von Beamten[5]. Diese können aber nach § 273 Abs. 2 Nr. 2 sowie nach § 432 auf Antrag des Beweisführers beigezogen werden.

IV. Verwendung der Parteiakten

4   Auch wenn das Gericht aufgrund des § 143 die Parteiakten eingefordert hat, darf es die darin enthaltenen Urkunden und Schriftsätze für die Entscheidung nur benutzen, soweit sie durch die mündliche Verhandlung zum Prozeßstoff geworden sind, → § 128 Rdnr. 27 ff.

§ 144 [Augenschein, Sachverständige]

(1) Das Gericht kann die Einnahme des Augenscheins sowie die Begutachtung durch Sachverständige anordnen.

(2) Das Verfahren richtet sich nach den Vorschriften, die eine auf Antrag angeordnete Einnahme des Augenscheins oder Begutachtung durch Sachverständige zum Gegenstand haben.

Gesetzesgeschichte: Bis 1900 § 135 CPO.

I. Zweck[1]

1   Das Gericht ist zu einer Anordnung nach § 144 nicht nur befugt, wenn es sich um seine **Information**, d. h. um die Aufklärung *unbestrittener* Tatsachen[2] handelt, sondern auch zum Zwecke des Beweises *streitiger* und noch nicht festgestellter Tatsachen. § 144 enthält somit eine Einschränkung des Verhandlungsgrundsatzes (→ vor § 128 Rdnr. 75 ff., 78).

II. Ermessen

2   Die Einnahme des **Augenscheins** und die Begutachtung durch **Sachverständige** (näher → vor § 402 Rdnr. 25 ff.) können nach dem Ermessen des Gerichts **von Amts wegen** auch ohne konkreten Beweisantrag[3] in jeder Lage des Rechtsstreits, auch in höherer Instanz, angeordnet werden. Demgegenüber verbleibt dem Gericht bei **beantragtem** Beweis durch **Augenschein** kein Ermessensspielraum (→ § 371 Rdnr. 1). Die Hinzuziehung von **Sachverständigen** obliegt auch bei Vorliegen eines *Parteiantrags* dem richterlichen Ermessen; soweit von der Partei der Beweis durch Sachverständige beantragt ist, hat das Gericht besonders sorgfältig zu prüfen, ob es bei seiner Entscheidung auf die Hinzuziehung von Sachverständigen verzichten kann (→ vor § 402 Rdnr. 26). Anders ist es, soweit die Untersuchungsmaxime (Amtsermitt-

---

[5] Vgl. *Zerna* DAVorm 1970, 362.
[1] Lit. zum Augenscheinsbeweis → vor § 371 Fn. 1, zum Sachverständigenbeweis → vor § 402 Fn. 1. – Aus der älteren Lit.: *Heusler* Die Grundlagen des Beweisrechtes AcP 62 (1879), 209, 266 ff.; *Kreß* Der Mensch als Gegenstand des Augenscheins im Zivilprozeß BayrZ 1909, 10, 13; *Levin* Richterliche Prozeßleitung und Sitzungspolizei (1913), 139 ff.; *Stein* Das private Wissen des Richters (1983), 95 f.; *Wach* Vorträge[2] (1896), 77 ff., 198 ff.; *Wendt* Beweis und Beweismittel AcP 63 (1880), 254, 265 ff.
[2] Vgl. *BAG* AP §§ 22, 23 BAT Nr. 90 (a. E.); *BAGE* 36, 261, 272 f.; *BAG* AP §§ 22, 23 BAT 1975 Nr. 60 u. 61.
[3] *BGHZ* 66, 62, 68 = NJW 1976, 715, 716.

lung) gilt, → vor § 128 Rdnr. 87; so z.B. für die Gutachteneinholung zum Zweck des **Vaterschaftsbeweises,** → vor § 371 Rdnr. 21 ff., → § 640 Rdnr. 33 ff. – Sieht das Gericht davon ab, von Amts wegen ein Sachverständigengutachten einzuholen, so ist es erforderlich, die Partei darauf hinzuweisen (§ 139) und ihr Gelegenheit zu geben, einen Beweisantrag zu stellen, wenn sie nach den Umständen davon ausgehen konnte, ein Gutachten sei nicht erforderlich oder werde von Amts wegen eingeholt werden[4].

Das Gericht **kann** nach § 144 von Amts wegen die Zuziehung von Sachverständigen oder Augenscheinseinnahme anordnen. Es ist also hierzu nicht verpflichtet und kann es in der Regel den Parteien überlassen (Hinweis nach § 139, → auch Rdnr. 2 a. E.), entsprechende Beweisanträge zu stellen[5]. Zu den gesetzlichen Bestimmungen, die eine **Verpflichtung** zur Zuziehung von Sachverständigen vorsehen → vor § 402 Rdnr. 26. Wäre ein entsprechender Beweisantrag der Partei abzulehnen (→ § 284 Rdnr. 51 ff. sowie zum Ausforschungsbeweis → § 284 Rdnr. 40 ff.), kommt auch eine Anordnung nach § 144 in der Regel nicht in Betracht[6]. Das Gericht ist trotz eines nach § 296 Abs. 1 oder Abs. 2 wegen Verspätung **zurückzuweisenden Beweisantrags** nicht gehindert, von Amts wegen Augenschein oder Sachverständigenbeweis zu erheben. Wenn aber der Anlaß oder die Möglichkeit (Kenntnis vom Augenscheinsobjekt) einer solchen Beweiserhebung erst aus dem verspäteten Beweisantrag folgt, ist eine Beweiserhebung von Amts wegen kaum angezeigt, da sie dem Sinn der Präklusion widerspräche. Beim Sachverständigenbeweis sind dagegen die Grenzen des Ermessens enger zu ziehen; merkt das Gericht erst jetzt, daß ihm die erforderliche Sachkunde fehlt, ist – ungeachtet der Präklusion – ein erforderlicher Sachverständigenbeweis von Amts wegen zu erheben[7]. Anders liegt es, wenn es wegen Nichtberücksichtigung verspäteten Tatsachenvortrags auf die Sachkunde nicht ankommt. 3

Die Ausübung des Ermessens durch das Tatsachengericht unterliegt der **Überprüfung durch das Revisionsgericht** nur insoweit, als Voraussetzungen und Grenzen des Ermessens nicht richtig beurteilt worden sind[8] (→ §§ 549, 550 Rdnr. 20). Von der Ermessensausübung dagegen zu trennen ist die Frage, ob ein Verstoß gegen Grundsätze der **Beweiswürdigung** vorliegt, wenn das Gericht ohne Zuziehung eines Sachverständigen oder ohne Einnahme eines Augenscheins[9] zu einem bestimmten Entscheidungsergebnis gelangt. Will z.B. das Berufungsgericht von den aufgrund eigener Ortskenntnis getroffenen Feststellungen des Landgerichts über die Gefährlichkeit einer Unfallstelle abweichen, kann es sich dabei nicht ohne Einnahme eines Augenscheins (oder Zuziehung eines Sachverständigen) lediglich auf die Auswertung von Lichtbildern stützen, die die Unfallstelle nicht aus dem Blickwinkel des Verunglückten zeigen[10]. Mittelbar wird aber in diesem Zusammenhang zum Teil kurzerhand von einer Pflicht zur Beweiserhebung ausgegangen, ohne den grundsätzlichen Vorrang der Parteiinitiative zu beachten[11]. Wird von der Einholung eines Sachverständigengutachtens nach § 144 abgesehen, obwohl es um Fragen geht, die im allgemeinen ohne besondere Sachkunde nicht beurteilt werden können, so muß das Gericht eine Begründung dafür liefern, also z.B. 4

---

[4] *BGH* NJW 1991, 493, 495 (betr. Meinungsforschungsgutachten im Wettbewerbsprozeß); s. auch *BGH* NJW 1987, 591 (betr. Auslegung einer Vertragsklausel in englischer Sprache).
[5] *OLG Frankfurt* NJW-RR 1993, 169 = MDR 1993, 81; *Peters* Richterliche Hinweispflichten und Beweisinitiativen im Zivilprozeß (1983), 146.
[6] Vgl. *BGHZ* 5, 302, 307 (keine Verpflichtung des Gerichts zur Anordnung); *Zöller-Greger*[18] Rdnr. 2 (Anordnung untunlich).
[7] Vgl. *BGH* NJW 1982, 2317, 2319 (a. E.).
[8] Das *BAG* spricht von beschränkt überprüfbarem Ermessen (Überschreiten des Ermessensbereichs bzw. Ermessensmißbrauch), vgl. *BAGE* 34, 158, 173 = AP §§ 22, 23 BAT 1975 Nr. 36; *BAG* AP §§ 22, 23 BAT 1975 Nr. 22 (Bl. 4); *BAGE* 29, 364, 379 = AP §§ 22, 23 BAT 1975 Nr. 2 (Bl. 6); *BAG* AP §§ 22, 23 BAT 1975 Nr. 60; für nicht nachprüfbares Ermessen bezüglich der Anordnung der Augenscheinseinnahme *BGHZ* 66, 63, 68.
[9] Vgl. etwa *BGH* NJW 1992, 2019 (zur Notwendigkeit einer Ortsbesichtigung, um einen persönlichen Eindruck von der umstrittenen Lärmbeeinträchtigung zu gewinnen).
[10] Vgl. *BGH* LM § 286 (B) Nr. 27 = MDR 1969, 132.
[11] So z.B. *OLG Oldenburg* MDR 1991, 546.

darlegen, weshalb es sich eine überdurchschnittliche Sachkunde zutrauen durfte[12], näher → vor § 402 Rdnr. 30, 34.

5   Auf die Einsichtnahme von **Urkunden** ist, wenn auch begrifflich die Urkunde nur eine Unterart der Augenscheinsobjekte ist, § 144 nicht anwendbar (zur Abgrenzung von Urkunde und Augenscheinsobjekt → vor § 371 Rdnr. 5 f., vor § 415 Rdnr. 1), vielmehr gelten §§ 142 f. Über die sog. **formlose Besichtigung** → vor § 371 Rdnr. 2.

III. Anordnung und weiteres Verfahren

1. Anordnung

6   Die Anordnung erfolgt aufgrund mündlicher Verhandlung durch **Beschluß des Gerichts**. Außerhalb der mündlichen Verhandlung ist es zulässig, durch **Verfügung des Vorsitzenden** oder eines von ihm bestimmten Mitglieds des Gerichts die Vorlage von Augenscheinsobjekten anzuordnen (§ 273 Abs. 1 S. 1, Abs. 2 Nr. 1) oder Sachverständige zur mündlichen Verhandlung zu laden (§ 273 Abs. 2 Nr. 4). Soll dagegen die Beweiserhebung bereits vor der mündlichen Verhandlung **ausgeführt** werden, so bedarf es eines vom Gericht zu erlassenden **Beweisbeschlusses** nach § 358 a.

2. Weiteres Verfahren

7   Das Verfahren bestimmt sich nach den §§ 371 f., 402 ff. Daneben kommen die allgemeinen Vorschriften über die Beweisaufnahme, insbesondere § 357 zur Anwendung. Auch bei der Zuziehung des Sachverständigen von Amts wegen ist seine Aufgabe auf die Tatsachenfrage und die Erfahrungssätze (→ vor § 402 Rdnr. 7 ff.) zu beschränken, während ihm die rechtliche Beurteilung nicht überlassen werden darf[13]. Bei der Beweiswürdigung ist das Gericht genauso zu einer kritischen Auseinandersetzung mit dem Gutachten verpflichtet wie bei einem auf Antrag erhobenen Sachverständigenbeweis[14], → § 412 Rdnr. 2 ff. § 379 dagegen ist nur auf den beantragten Sachverständigenbeweis anwendbar[15]. Soweit die Zuziehung des Sachverständigen von Amts wegen angeordnet wird, kann deshalb seine **Ladung nicht von der Zahlung eines Vorschusses abhängig** gemacht werden. Ein Auslagenvorschuß kann aber nach § 68 Abs. 3 S. 1 GKG erhoben werden[16] (unanwendbar im arbeitsgerichtlichen Verfahren wegen § 12 Abs. 4 S. 2 ArbGG), doch darf seine Zahlung ebenfalls nicht zur *Bedingung* für die Durchführung der Beweisaufnahme gemacht werden[17]. Der Vorschuß ist gegebenenfalls beizutreiben. Zahlen die Parteien bei angetretenem Sachverständigenbeweis den Auslagenvorschuß nicht, sollte dies zwar nicht alleiniger Anlaß dafür sein, die Zuziehung des Sachverständigen von Amts wegen anzuordnen[18], doch muß diese Möglichkeit jedenfalls erwogen werden[19]. **Zwangsmittel** zur Beschaffung der Augenscheinsobjekte stehen dem Gericht **nicht** zu Gebote (ebensowenig wie den Parteien, → vor § 371 Rdnr. 31); es kann nur

---

[12] Das gilt besonders im Arzthaftungsprozeß, *OLG Stuttgart* VersR 1991, 229. S. auch *OLG Düsseldorf* MDR 1984, 1033, das, in der Formulierung zu weitgehend, für den Arzthaftungsprozeß sogar von einer Anlehnung an das Amtsermittlungsverfahren spricht.
[13] *BAG* AP §§ 22, 23 BAT Nr. 77 (Bl. 6) (*Göller*) = RdA 1974, 125; *BAG* AP §§ 22, 23 BAT 1975 Nr. 60, 61, 109, 129.
[14] Vgl. *BAG* AP §§ 22, 23 BAT 1975 Nr. 61.
[15] *BGH* FamRZ 1969, 477, 478; LM § 379 Nr. 1; *RGZ* 109, 66.
[16] Unterläßt das Gericht eine solche Anordnung, kann der Kostenbeamte sie nachholen, es sei denn, das Gericht hat ausdrücklich erklärt, daß ein Auslagenvorschuß nicht zu erheben sei, *OLG München* JurBüro 1970, 423.
[17] Vgl. *BGH* MDR 1976, 396 = GRUR 1976, 213 (*Pietzcker*); *OLG Saarbrücken* DAVorm 1976, 273; *E. Schneider* JurBüro 1976, 1294, 1295.
[18] *OLG Düsseldorf* MDR 1974, 321 (LS); *Peters* (Fn. 5), 146.
[19] Vgl. *OLG Köln* JMBlNRW 1984, 33.

aus der Weigerung der Partei Schlüsse bei der Beweiswürdigung ziehen, → vor § 371 Rdnr. 32 ff.

§ 145 [Prozeßtrennung, Aufrechnung]

(1) Das Gericht kann anordnen, daß mehrere in einer Klage erhobene Ansprüche in getrennten Prozessen verhandelt werden.
(2) Das gleiche gilt, wenn der Beklagte eine Widerklage erhoben hat und der Gegenanspruch mit dem in der Klage geltend gemachten Anspruch nicht in rechtlichem Zusammenhang steht.
(3) Macht der Beklagte die Aufrechnung einer Gegenforderung geltend, die mit der in der Klage geltend gemachten Forderung nicht in rechtlichem Zusammenhang steht, so kann das Gericht anordnen, daß über die Klage und über die Aufrechnung getrennt verhandelt werde; die Vorschriften des § 302 sind anzuwenden.

Gesetzesgeschichte: Bis 1900 § 136 CPO. Änderung RGBl 1898, 256, 410.

I. Zweck und Anwendungsbereich	1
1. Zweck	1
2. Anwendungsbereich	2
II. Voraussetzungen der Trennung nach Abs. 1 und 2	5
1. Mehrere Ansprüche in einer Klage	5
2. Widerklage ohne rechtlichen Zusammenhang mit der Klage	6
3. Keine Entscheidungsreife	7
4. Verhältnis zur Verweisung	9
5. Zwingend vorgeschriebene Verbindung	11
III. Die Anordnung	12
1. Zuständiger Spruchkörper	12
2. Pflichtgemäßes Ermessen	13
3. Anordnung von Amts wegen nach mündlicher Verhandlung	16
4. Beschluß	17
5. Anfechtung	18
IV. Wirkungen der Trennung	19
1. Aufspaltung in eine Mehrheit von Prozessen	19
2. Örtliche und internationale Zuständigkeit	21
3. Sachliche Zuständigkeit	22
4. Geschäftsverteilung	23
5. Rechtsmittelstreitwert	24
6. Gebührenstreitwert	25
V. Die Aufrechnung	26
1. Rechtsnatur	27
a) Erklärung der Aufrechnung außerhalb des Prozesses	27
b) Aufrechnungserklärung im Prozeß	28
2. Prozessuale Voraussetzungen	30
a) Grundsatz	30
b) Zuständigkeit und Rechtsweg	32
c) Deutsche Gerichtsbarkeit	37
d) Internationale Zuständigkeit	39
3. Aufrechnung und Rechtshängigkeit	42
a) Prozessuale Wirkungen der Rechtshängigkeit	43
b) Materiell-rechtliche Wirkungen der Rechtshängigkeit	46
4. Gerichtliche Prüfung und Entscheidung, Erledigungserklärung	47
a) Prüfungsreihenfolge	47
b) Erledigungserklärung	49
5. Eventualaufrechnung	50
a) Zulässigkeit und Inhalt	50
b) Beendigung des Rechtsstreits durch Klagerücknahme, Prozeßvergleich, Anerkenntnis- oder Verzichtsurteil	53
6. Zurückweisung des Aufrechnungseinwands	54
a) Voraussetzungen	54
b) Wirkungen	55
c) Zurückweisung einzelner Tatsachen oder Beweismittel	61
7. Die im Prozeß nicht vorgebrachte Aufrechnung	62
VI. Die Trennung bei der Aufrechnung (Abs. 3)	63
1. Zweck und Anwendungsbereich des Abs. 3	63

2. Voraussetzungen der Trennung	64	4. Trennung in der Berufungsinstanz	71
a) Gegenforderung ohne rechtlichen Zusammenhang mit der Klageforderung	64	5. Anfechtung der Anordnung	72
		VII. Arbeitsgerichtliches Verfahren	73
b) Hilfsweise Aufrechnung und eventuelle Widerklage	66	1. Fortdauer der Zuständigkeit kraft Zusammenhangs auch nach einer Trennung	74
3. Wirkungen der Trennung	67		
a) Spruchreife Klageforderung	68	2. Widerklage	75
b) Spruchreife Gegenforderung	69	3. Aufrechnung	76

I. Zweck und Anwendungsbereich[1]

1. Zweck

1 Die Prozeßtrennung ist eine Maßnahme der **Prozeßleitung**, → vor § 128 Rdnr. 104. Sie dient dazu, das Verfahren **übersichtlicher** zu gestalten und einer **Verzögerung** des gesamten Verfahrens **entgegenzuwirken**[2].

2. Anwendungsbereich

2 a) Abs. 1 behandelt die **Trennung mehrerer Ansprüche**, die in einer Klage geltend gemacht sind. Abs. 2 betrifft die **Trennung von Klage und Widerklage**. Der bisher einheitliche Prozeß wird dadurch in zwei – auch für die Urteilsfällung – selbständige Teile gespalten. Abs. 3 regelt die Abtrennung der Verhandlung über einen einzelnen Streitpunkt, nämlich den **Aufrechnungseinwand**. Auch dadurch wird der Prozeß gespalten, aber in zwei insofern *unselbständige Teile*, als im ersten allenfalls eine vorläufige Entscheidung ergehen kann (§ 302), während die Schlußentscheidung erst im zweiten Verfahrensabschnitt erlassen wird.

3 b) Im übrigen gestattet § 145 die **Ausscheidung einzelner Streitpunkte nicht**. Dagegen sieht § 146 die getrennte Verhandlung über **einzelne**, denselben Anspruch betreffende **selbständige Angriffs- und Verteidigungsmittel** vor. § 280 gestattet die abgesonderte Verhandlung über die Zulässigkeit der Klage. § 150 regelt die Trennung der vom Gericht nach § 147 verbundenen Prozesse. Zur speziellen Regelung der Lösung des Verbundes von Scheidungs- und Folgesachen → § 628[3].

4 c) § 145 gilt unmittelbar nur im **Erkenntnisverfahren**, kann aber in vergleichbaren Fällen **analog** angewendet werden, so z. B. im *Zwangsvollstreckungsverfahren*, wenn wegen eines Anspruchs in einem einheitlichen Antrag die Pfändung und Überweisung mehrerer Forderungen des Schuldners gegen verschiedene Drittschuldner beantragt wurde[4]. Ebenso kann im Verfahren auf Abgabe der *eidesstattlichen Versicherung*, wenn sich der Widerspruch des Schuldners nur auf einen Teil der Vollstreckungsforderung bezieht, analog § 145 der widerspruchsfreie Teil abgetrennt und insoweit das Offenbarungsverfahren fortgesetzt werden[5].

---

[1] Lit.: *Hübler* Die Trennungsbefugnis des Civilrichters (1902); *Levin* Richterliche Prozeßleitung und Sitzungspolizei (1913), 100f.; *E. Schneider* Verfahrensverbindung (§ 147 ZPO) und Verfahrenstrennung (§ 145 ZPO) MDR 1974, 7. – Lit. zur Aufrechnung und zu Abs. 3 → Fn. 40.
[2] Vgl. *Hahn* 2 (1880), 128f., 171, 216.
[3] Um eine Abtrennung i. S. des Abs. 1 handelt es sich dabei nicht, → § 628 Rdnr. 15; vgl. auch *OLG Oldenburg* NJW 1979, 989.
[4] *KG* Rpfleger 1976, 327; *LG Berlin* Rpfleger 1993, 167.
[5] *LG Oldenburg* Rpfleger 1981, 363.

II. Voraussetzungen der Trennung nach Abs. 1 und 2

1. Mehrere Ansprüche in einer Klage

Die Trennung nach Abs. 1 kann angeordnet werden, wenn in einer Klage mehrere Ansprüche erhoben sind. Unter dem Anspruch i. S. der ZPO ist der **Streitgegenstand** zu verstehen. Diesen bilden das Begehren des Klägers auf Ausspruch einer Rechtsfolge (Verurteilung, Feststellung, Rechtsgestaltung) und die Berechtigung dieses Antrags, → Einl. Rdnr. 263 ff., 288, im Gegensatz zu den nur durch Einrede (→ § 146 Rdnr. 4) vorgebrachten rechtlichen Gesichtspunkten. **Mehrere Ansprüche** sind dann in einer Klage erhoben, wenn eine ursprüngliche subjektive Klagenhäufung (Streitgenossenschaft) nach §§ 59 f. oder eine objektive nach § 260 oder beides vorliegt. Dem steht die nachträgliche Klagenhäufung gleich. Zur Zwischenfeststellungsklage → § 256 Rdnr. 160. Die Trennung ist auch dann zulässig, wenn die Ansprüche wirtschaftlich eine Einheit bilden, wie z. B. bei Gesamtschuldverhältnissen (→ auch § 5 Rdnr. 10) oder wenn sie in rechtlichem Zusammenhang (zu diesem Begriff → § 33 Rdnr. 17 ff.) oder in einem materiell-rechtlichen Abhängigkeitsverhältnis zueinander stehen; eine Trennung wird jedoch in diesen Fällen in der Regel nicht zweckentsprechend sein. In den Fällen der **notwendigen Streitgenossenschaft** (§ 62) ist eine Trennung sogar rechtlich ausgeschlossen[6] (ähnlich wie dort auch ein Teilurteil gegen einzelne Streitgenossen ausscheidet, → § 62 Rdnr. 37 sowie § 301 Rdnr. 10), ebenso (auch wenn man hier einfache Streitgenossenschaft annimmt, → § 62 Rdnr. 13) bei der Klage gegen den Kraftfahrzeug-Haftpflichtversicherer und den Versicherten[7]. Die Ansprüche dürfen **nicht im Eventualverhältnis** stehen (Haupt- und Hilfsantrag, näher → § 260 Rdnr. 15 ff.), weil durch die Trennung der Hilfsantrag in einen unbedingten Antrag verwandelt und damit die von der Partei zulässigerweise gesetzte Bedingung zunichte gemacht würde[8]. Ist derselbe Anspruch nur **mehrfach begründet**, so ist eine Trennung nach § 145 nicht zulässig; es kann höchstens nach § 146 abgesonderte Verhandlung angeordnet werden[9].

2. Widerklage ohne rechtlichen Zusammenhang mit der Klage

Die **Trennung von Klage und Widerklage** ist nach Abs. 2 dann **ausgeschlossen**, wenn die beiden prozessualen Ansprüche in **rechtlichem Zusammenhang** stehen (über diesen Begriff → § 33 Rdnr. 17 ff.). Zur Trennung von **Feriensachen** und Nichtferiensachen → § 223 Rdnr. 22 f. Verlangt man als Zulässigkeitsvoraussetzung *jeder* Widerklage einen Zusammenhang mit dem Klageanspruch oder mit den dagegen vorgebrachten Verteidigungsmitteln, so bleibt für eine Trennung nach Abs. 2 kaum noch Raum[10]. Sie wäre immerhin z. B. dann zulässig, wenn der Anspruch der Widerklage mit solchen Verteidigungsmitteln gegen die Klage zusammenhängt, die nicht aus demselben Rechtsverhältnis wie der Klageanspruch stammen, → § 33 Rdnr. 19. Nach richtiger und heute auch herrschender Ansicht (→ § 33 Rdnr. 6 f.) ist dagegen der Zusammenhang zwischen Klage und Widerklage keine allgemeine Zulässigkeitsvoraussetzung der Widerklage, sondern nur Voraussetzung des besonderen Gerichtsstands der Widerklage nach § 33. **Nicht konnexe Widerklagen** sind danach **zulässig**,

---

[6] Ebenso *Wieczorek*[2] Anm. A II b 12; *MünchKomm-ZPO-Peters* Rdnr. 11.
[7] OLG Koblenz VRS 64 (1983), 174.
[8] BGH MDR 1979, 296 = FamRZ 215, 216; MDR 1982, 43; OLG Neustadt JR 1960, 344.
[9] BGH NJW 1961, 72 = MDR 29 = GRUR 79 (*Moser v. Filseck*); *E. Schneider* MDR 1974, 7; *Mühl* NJW 1954, 1655, 1667.

[10] Nach *Rosenberg-Schwab-Gottwald*[15] § 98 II 2c braucht der Zusammenhang im Rahmen des § 33 jedoch kein rechtlicher zu sein (dagegen → § 33 Rdnr. 17), so daß nach dieser Ansicht ein Unterschied zu § 145 Abs. 2 (und ein gewisser Anwendungsbereich für die Trennung) verbleiben würde.

unterliegen aber der **Abtrennbarkeit** nach Abs. 2. Bei einer nach § 256 Abs. 2 erhobenen Inzidentwiderklage (Zwischenfeststellungswiderklage) ist die Trennung nach Abs. 2 des Zusammenhangs wegen ausgeschlossen, ebenso bei einer eventuellen Widerklage, → § 33 Rdnr. 26 f. und oben Rdnr. 5. Sind **in einer Widerklage mehrere Ansprüche** erhoben, so ist, weil die Widerklage sachlich eine Klage ist (→ § 33 Rdnr. 33 ff.), jeder Anspruch für die Trennung selbständig zu beurteilen[11]. Die Anwendung des Abs. 2 ist bei Vorliegen des § 506 Abs. 1 unzulässig, d.h. das Amtsgericht muß sich in einem solchen Fall für den gesamten Rechtsstreit für unzuständig erklären und diesen an das Landgericht verweisen[12].

3. Keine Entscheidungsreife

7   Der Rechtsstreit darf **noch nicht so weit verhandelt** sein, daß einer der Ansprüche oder die Klage oder Widerklage **zur Endentscheidung reif** wäre, sei es zur Prozeßabweisung (→ § 33 Rdnr. 9 ff., 33 ff., § 260 Rdnr. 48) oder zur sachlichen Entscheidung; denn in allen diesen Fällen hat nach § 301 Teilurteil über den entscheidungsreifen Teil unter Ausschluß der Befugnis nach § 145 zu ergehen[13].

8   Auch wenn sämtliche Ansprüche gleichzeitig entscheidungsreif werden, ist eine **Abtrennung lediglich zum Zweck der Urteilsfällung nicht zulässig.** Geschieht dies dennoch, so sind die mehreren Urteile hinsichtlich des Rechtsmittelstreitwerts (→ Rdnr. 24) als einheitliche Entscheidung anzusehen[14].

4. Verhältnis zur Verweisung

9   Liegen die **Voraussetzungen einer Verweisung** nach § 281 ZPO oder § 17a Abs. 2 GVG usw. für den *gesamten* Rechtsstreit vor, ist diese Entscheidung auszusprechen, und eine vorherige Trennung kommt nicht in Betracht. Ist also z.B. die amtsgerichtliche Zuständigkeitsgrenze durch zulässige ursprüngliche oder nachträgliche Klagenhäufung überschritten und die sachliche Zuständigkeit gerügt worden, so ist nach § 281 der **gesamte Prozeß** auf Antrag an das LG zu verweisen (→ § 506 Rdnr. 4) bzw. (ohne Verweisungsantrag) die Klage insgesamt als unzulässig abzuweisen. Dagegen darf hier nicht getrennt und dadurch die amtsgerichtliche Zuständigkeit erst herbeigeführt werden. Das gilt sowohl dann, wenn die amtsgerichtliche Zuständigkeit nur durch die Zusammenrechnung der Streitwerte (§ 5) überschritten wird, als auch dann, wenn einer der Ansprüche bereits für sich betrachtet über der Zuständigkeitsgrenze liegt. Bei **unzulässiger Verbindung** hat dagegen die **Trennung** Vorrang. Zur Trennung durch das LG → Rdnr. 22. Sind die Voraussetzungen der Verweisung (z.B. örtliche Unzuständigkeit oder vom Streitwert unabhängige sachliche Unzuständigkeit) nur für *einen* der mehreren Ansprüche oder nur für die Klage oder die Widerklage gegeben, so muß jedoch erst die Trennung angeordnet werden, ehe die Verweisung ausgesprochen werden kann. Doch liegt in der Verweisung wegen eines Anspruchs regelmäßig der stillschweigende Ausspruch der Trennung. Wenn dagegen die Voraussetzungen des § 506 Abs. 1 erfüllt sind, so ist eine Abtrennung nach § 145 unzulässig, → Rdnr. 6. Zur Verweisung wegen

---

[11] Mehrere mit der Klage rechtlich zusammenhängende Widerklageansprüche können aber nicht in analoger Anwendung des Abs. 1 voneinander getrennt werden, *Hübler* (Fn. 1), 53 ff.
[12] Zust. *Nieder* MDR 1979, 10, 12.
[13] So auch *RGZ* 49, 401; *BGH* NJW 1957, 183 (Fn. 14).

[14] *BGH* NJW 1957, 183 = ZZP 70 (1957), 124 = LM Nr. 1; *BAG* AP Nr. 1 zu § 611 BGB (Gruppenarbeitsverhältnis) = BB 1972, 221 (LS); RGZ 142, 255, 257; *OLG Köln* VersR 1972, 285 = JMBlNRW 175.

eines von mehreren Klagegründen, → Einl. Rdnr. 295 a. E.; hier scheidet eine Prozeßtrennung aus[15].

Zur Abtrennung von Ansprüchen bei der **Kammer für Handelssachen**, soweit es an deren Zuständigkeit fehlt, → § 1 Rdnr. 132. Die Zivilkammer ist dagegen bei Klagehäufung von **Handelssache** und **Nichthandelssache** für den gesamten Rechtsstreit zuständig; sie kann in einem solchen Fall auch nach Trennung die Nichthandelssache nicht an die Kammer für Handelssachen verweisen[16]. 10

5. Zwingend vorgeschriebene Verbindung

Eine Trennung ist dort **unzulässig**, wo die Verbindung der Klagen zwingend vorgeschrieben ist, → § 147 Rdnr. 12. 11

III. Die Anordnung

1. Zuständiger Spruchkörper

Die Trennung wird durch einen **Beschluß des Gerichts** angeordnet, also bei Kollegialgerichten durch das Kollegium, nicht durch den Vorsitzenden. Jedoch kann der **Einzelrichter** die Trennung für einen bei ihm schwebenden Prozeß verfügen. Dies ergibt sich für den Einzelrichter im ersten Rechtszug aus seinen seit der Vereinfachungsnovelle 1976 umfassenden Befugnissen in den ihm übertragenen Prozessen, § 348, für den Einzelrichter im Berufungsverfahren aus dem Sachzusammenhang mit den ihm nach § 524 zustehenden Befugnissen[17]. Auch der **Vorsitzende der Kammer für Handelssachen** ist über den Wortlaut von § 349 hinaus als befugt anzusehen, selbständig über die Trennung eines bisher nur von ihm bearbeiteten Prozesses zu entscheiden[18], da die Aufzählung in § 349 lückenhaft ist, diese Vorschrift aber den Vorsitzenden ermächtigen soll, eine erschöpfende Vorbereitung der Schlußverhandlung vor der Kammer durchzuführen, → § 349 Rdnr. 5. 12

2. Pflichtgemäßes Ermessen

Die Trennung steht innerhalb der gesetzlichen Schranken (→ Rdnr. 5ff.) in der Regel im pflichtgemäßen Ermessen des Gerichts. Die Trennung *muß* jedoch angeordnet werden, wenn die Anspruchshäufung als solche unzulässig ist, → vor § 59 Rdnr. 9, § 147 Rdnr. 13, § 260 Rdnr. 50ff. Unzulässig ist (zumindest entsprechend § 260) auch die Verbindung von mehreren Ansprüchen, die **teils Familien-, teils Nichtfamiliensachen** sind, in einer Klage, so daß auch hier die Trennung zwingend vorgeschrieben ist[19]. Dasselbe gilt für den Fall einer Widerklage vor dem Familiengericht, die auf einen nicht familienrechtlichen Anspruch gestützt ist; nach der Trennung ist der Rechtsstreit, soweit er den Widerklageanspruch betrifft, abzugeben bzw. zu verweisen[20]. 13

---

[15] *BGH* MDR 1983, 296 (für den Fall, daß eine der verschiedenen sachlich-rechtlichen Begründungen das Verfahren zur Familiensache machen würde).
[16] Näher *Gaul* JZ 1984, 57, 61.
[17] Ebenso *Baumbach-Lauterbach-Albers*[51] § 524 Rdnr. 11; *Zöller-E. Schneider*[18] § 524 Rdnr. 48; vgl. auch (zu § 349 aF) *OLG Stuttgart* Rpfleger 1974, 118.
[18] *Baumbach-Lauterbach-Hartmann*[51] § 349 Rdnr. 16; *Zöller-Greger*[18] § 349 Rdnr. 2; *Rosenberg-Schwab-Gottwald*[15] § 110 III 4 b.

[19] *BGH* NJW 1979, 426 u. 659; *OLG Hamm* FamRZ 1993, 438, 439. Jedoch ist auch hier die Trennung unzulässig, wenn die beiden Ansprüche in einem Eventualverhältnis geltend gemacht werden. Hier hat zunächst das für den Hauptanspruch zuständige Gericht über diesen zu entscheiden; weist es ihn ab, so erfolgt Verweisung (Abgabe) an das für den Hilfsanspruch zuständige Gericht, *BGH* MDR 1982, 43; MDR 1980, 565 = FamRZ 554.
[20] *OLG Düsseldorf* FamRZ 1982, 511, 513 (wird die Widerklage jedoch erst in der Berufungsinstanz erhoben,

14 Zur Behandlung einer **Widerklage im Urkundenprozeß** → § 595 Rdnr. 1. Zur Trennung von **Feriensachen** und Nichtferiensachen → § 223 Rdnr. 22f.

15 Bei der Entscheidung ist zu prüfen, wieweit der unter Rdnr. 1 angegebene Zweck eine Trennung verlangt. Daß die Parteien durch die Trennung unter Umständen eine **Instanz verlieren**, weil sie die Rechtsmittelsumme nicht mehr erreichen, ist eine vom Gesetzgeber gesehene und in Kauf genommene Folge[21] und daher kein entscheidender Gesichtspunkt für oder gegen die Trennung[22].

3. Anordnung von Amts wegen nach mündlicher Verhandlung

16 Die **Trennung setzt keinen Antrag einer Partei voraus**[23], sondern wird von Amts wegen angeordnet. Sie kann in jedem Stadium des Verfahrens, auch in der Berufungsinstanz[24] erfolgen. Eine **vorherige mündliche Verhandlung** ist grundsätzlich erforderlich[25]. Anders ist es in den Fällen des schriftlichen Verfahrens nach § 128 Abs. 2 und 3, § 331a. Außerdem ist die mündliche Verhandlung dann entbehrlich, wenn beide Parteien mit der Trennung einverstanden sind, dazu → § 128 Rdnr. 26. Stets ist vor dem Beschluß rechtliches Gehör zu gewähren[26].

4. Beschluß

17 Die Entscheidung ergeht durch **Beschluß**, der zu verkünden ist und einer Begründung bedarf[27]. Ergeht der Beschluß ohne mündliche Verhandlung, so genügt formlose Mitteilung. Ausnahmsweise kann eine Trennung auch ohne ausdrückliche Anordnung im schlüssigen Verhalten des Gerichts gesehen werden[28], wenn die Gesamtumstände diesen Schluß rechtfertigen, z. B. bei Verweisung, → Rdnr. 9. Einer Anordnung nach Abs. 1 bedarf es nicht, wenn beim **Übergang vom Mahnverfahren zum Streitverfahren** gegen verschiedene Beklagte diese Verfahren bei verschiedenen Gerichten anhängig werden[29].

5. Anfechtung

18 Der Beschluß ist **nicht selbständig** – etwa mit der Beschwerde – **anfechtbar**[30]. Er kann jedoch nach §§ 512, 548 mit der Berufung oder Revision gegen die auf ihm beruhende Endentscheidung angegriffen werden[31].

Zur **Aufhebung** des Beschlusses → § 150 Rdnr. 3.

---

muß sie als unzulässig abgewiesen werden; Trennung und Verweisung kommen dann nicht in Betracht).

[21] *RGZ* 6, 416, 417.
[22] *E. Schumann*, Anm. zu BAG AP Nr. 22 zu § 72 ArbGG (Streitwertrevision); *MünchKommZPO-Peters* Rdnr. 7.
[23] Die Ablehnung einer Anregung zur Trennung bedarf daher keines besonderen Beschlusses, *RG* JW 1909, 316 (zu § 145 Abs. 3).
[24] *BGH* NJW 1979, 426 = FamRZ 215; vgl. auch für das Beschwerdeverfahren *BGH* NJW 1979, 659.
[25] *BGH* NJW 1957, 183 (Fn. 14); *Zöller-Greger*[18] Rdnr. 6; *Thomas-Putzo*[18] Rdnr. 3; *MünchKommZPO-Pe-*

ters Rdnr. 8; *Rosenberg-Schwab-Gottwald*[15] § 81 III 1a. – A.M. *KG* JW 1937, 2465; *Baumbach-Lauterbach-Hartmann*[51] Rdnr. 5.
[26] *MünchKommZPO-Peters* Rdnr. 8.
[27] *OLG Koblenz* VRS 64 (1983), 174, 176; *MünchKommZPO-Peters* Rdnr. 9.
[28] *Jaedeke* JW 1937, 3013, 3015; *Baumbach-Lauterbach-Hartmann*[51] Rdnr. 5; a.M. für die vergleichbare Vorschrift § 73 FGO *BFH* DStR 1974, 151.
[29] *KG* Rpfleger 1970, 405.
[30] *OLG München* NJW 1984, 2227; *OLG Frankfurt* NJW-RR 1992, 32.
[31] *OLG Koblenz* VRS 64 (1983), 174, 176.

IV. Wirkungen der Trennung

1. Aufspaltung in eine Mehrheit von Prozessen

Von dem Erlaß des Beschlusses an wird der ursprünglich einheitliche Prozeß **in eine** 19 **Mehrheit von Prozessen gespalten,** von denen jeder nach gesonderter Verhandlung durch besonderes Urteil nach § 300, nicht durch Teilurteil nach § 301 zu erledigen ist. Eine bisher bestehende **Streitgenossenschaft** kann dadurch **enden.** Es ist so zu verfahren, als ob bezüglich der mehreren Ansprüche oder der Klage und Widerklage selbständig Klage erhoben wäre. Nach Ausspruch der Trennung kann, falls sie im Termin zur mündlichen Verhandlung erfolgt, sofort in demselben Termin über die nunmehr selbständigen Klagen verhandelt werden[32]. Geschieht dies nicht und ist auch in dem Beschluß die Bestimmung eines Termins zur weiteren Verhandlung über die getrennten Verfahren unterblieben, so sind §§ 216, 497 anzuwenden.

Die **vorbereitenden Schriftsätze** behalten ihre Bedeutung für die getrennten Prozesse. 20 Dasselbe gilt für die bisherigen **Prozeßergebnisse** (Prozeßhandlungen, Beweisaufnahmen). Von der Trennung an sind besondere Prozeßakten anzulegen. Die **Rechtshängigkeit** dauert fort.

2. Örtliche und internationale Zuständigkeit

Die örtliche Zuständigkeit, auch wenn sie nur nach § 33[33] oder nach § 36 Nr. 3 entstanden 21 ist, wird grundsätzlich **nicht berührt,** § 261 Abs. 3 Nr. 2. Dasselbe gilt für die **internationale Zuständigkeit,** z. B. nach Art. 6 Nr. 1 EuGVÜ[34], → auch Einl. Rdnr. 794, 808c.

3. Sachliche Zuständigkeit

Auf die sachliche Zuständigkeit hat die Trennung, auch wenn die Zuständigkeit des Land- 22 gerichts nur durch die Klagenhäufung (§ 5) entstanden ist, grundsätzlich **keinen Einfluß,** → § 4 Rdnr. 8. Etwas anderes gilt jedoch, wenn die Klagenhäufung als solche unzulässig ist[35]. Hier ist nach der Trennung der Zuständigkeitsstreitwert für jede Klage getrennt festzustellen → § 5 Rdnr. 5, vor § 59 Rdnr. 9, § 260 Rdnr. 51, und die Zulässigkeit der Klage unter diesem Gesichtspunkt zu prüfen. Andernfalls könnte man durch eine unzulässige Klagenhäufung die landgerichtliche Zuständigkeit begründen. Liegt in einem solchen Fall die landgerichtliche Zuständigkeit nach der Trennung für eine oder mehrere der Klagen nicht mehr vor, so ist der jeweilige Prozeß auf Antrag des Klägers an das Amtsgericht zu verweisen oder, wenn kein Verweisungsantrag gestellt wird, diese Klage als unzulässig abzuweisen. Als zuständigkeitsbegründende *rügelose Verhandlung zur Hauptsache* (§ 39) kommt in diesem Fall nur eine Verhandlung nach der Trennung der Verfahren in Betracht.

4. Geschäftsverteilung

Die Trennung von ursprünglich zulässig verbundenen Klagen **führt nicht zur Zuständigkeit** 23 **eines anderen Spruchkörpers** für einen der getrennten Prozesse. Zwar ist zweifelhaft, ob man

---

[32] *Hein* Identität der Partei I (1918), 263 Fn. 8.
[33] Z. B. bei einer Widerklage, die nur mit den Verteidigungsmitteln gegen die Klage in Zusammenhang steht, → Rdnr. 6. Im allgemeinen wird dagegen eine Abtrennung im Fall des § 33 ohnehin ausscheiden, da ein rechtlicher Zusammenhang i. S. des Abs. 2 vorliegt.
[34] *Geimer* WM 1979, 350, 358.
[35] Ebenso *MünchKommZPO-Peters* Rdnr. 13.

§ 261 Abs. 3 Nr. 2 auf die Geschäftsverteilung anwenden kann[36]. Jedoch würde sonst, da die Trennung im *Ermessen* des Gerichts steht, die Bestimmung des zuständigen Spruchkörpers letztlich vom richterlichen Ermessen abhängen. Dies würde aber gegen das *Gebot des gesetzlichen Richters* gemäß Art. 101 Abs. 1 S. 2 GG (→ Einl. Rdnr. 480) verstoßen (zum ähnlichen Problem bei der Verbindung → § 147 Rdnr. 15). Wurde jedoch **wegen Unzulässigkeit der Verbindung** getrennt, so ist nach der Trennung der für jeden der einzelnen Prozesse nach dem Geschäftsverteilungsplan zuständige Spruchkörper zur Entscheidung berufen. Andernfalls könnte eine Partei durch unzulässige Verbindung die Geschäftsverteilung beeinflussen (zum selben Problem bei der sachlichen Zuständigkeit → Rdnr. 22).

5. Rechtsmittelstreitwert

24 Die Berechnung des Rechtsmittelstreitwerts (§§ 511 a, 546) erfolgt nach der Trennung für jeden Prozeß gesondert. Daher kann die Trennung zur *Unanfechtbarkeit* führen[37]. Etwas anderes gilt jedoch, wenn die Trennung unzulässigerweise lediglich zum Zweck getrennter Urteilsfällung erfolgte, → Rdnr. 8.

6. Gebührenstreitwert

25 Die Gerichts- und Anwaltsgebühren sind nach der Trennung für jedes Verfahren nach seinem neuen Streitwert **besonders zu berechnen**[38], werden aber nicht doppelt erhoben, soweit es sich um gleichartige Gebühren handelt[39]. Bereits entstandene Gebühren werden nicht beeinträchtigt, jedoch auf die neu berechneten gleichartigen Gebühren **angerechnet**. Dabei sind sie nach dem Verhältnis der Streitwerte auf die verschiedenen Verfahren zu verteilen. Für die Parteien kann die Trennung den Rechtsstreit verteuern; denn die Addition der Gebühren aus den getrennten Prozessen mit den niedrigeren Streitwerten ergibt einen höheren Betrag als die Gebühren aus dem ursprünglichen Gesamtstreitwert, da die Gebühren nicht proportional mit dem Streitwert, sondern in geringerem Maße wachsen.

V. Die Aufrechnung[40]

26 In Abs. 3 ist nur die **Abtrennung der Verhandlung** über die Aufrechnung geregelt, dazu → Rdnr. 63. Wegen des Sachzusammenhangs werden hier zunächst diejenigen **allgemeinen Fragen der Aufrechnung**

---

[36] Verneinend BGH NJW 1977, 1736; 1981, 2464, 2465; *Zöller-Greger*[18] § 261 Rdnr. 12. – Der Geschäftsverteilungsplan kann vorsehen, daß die Abgabe durch den nicht zuständigen Spruchkörper an einen anderen Spruchkörper nur bis zu einem bestimmten Zeitpunkt zulässig ist, → § 1 Rdnr. 127.

[37] RGZ 6, 416; zur ähnlichen Problematik beim Teilurteil vgl. *de Lousanoff* Zur Zulässigkeit des Teilurteils gem. § 301 ZPO (1979), 141, 149 ff.

[38] Vgl. OLG Frankfurt JurBüro 1987, 1231 (auch zur Kostenfestsetzung bei ursprünglicher, dann durch Trennung beendeter Streitgenossenschaft: Festsetzung der vor Trennung entstandenen Verhandlungsgebühr gegenüber einem der beiden ursprünglichen Streitgenossen nur zur Hälfte).

[39] OLG Düsseldorf MDR 1959, 851.

[40] Lit.: *Baumgärtel* Wesen und Begriff der Prozeßhandlung einer Partei im Zivilprozeß (1957, 2. unveränderte Aufl. 1972), 161; *Bettermann* Beschwer und Beschwerdewert, Streitwert und Kostenverteilung bei der Prozeßaufrechnung NJW 1972, 2285; *A. Blomeyer* Außerprozessuale Aufrechnung und Prozeßaufrechnung ZZP 88 (1975), 439; *Böttcher* Die »Selbstexekution« im Wege der Aufrechnung und die Sicherungsfunktion des Aufrechnungsrechts, Festschr. für Schima (Wien 1969), 95; *Braun* Die Aufrechnung des Klägers im Prozeß ZZP 89 (1976), 93; *Drygala* Auswirkungen der Neuregelung der §§ 17, 17a GVG auf die Prozeßaufrechnung im Arbeitsrecht NZA 1992, 294; *Eccius* Die eventuelle Aufrechnung Gruchot 42 (1898), 15, 233; *Ehlers* Die Aufrechnung im öffentlichen Recht JuS 1990, 777; *Eickhoff* Inländische Gerichtsbarkeit und internationale Zuständigkeit für Aufrechnung und Widerklage (1985); *Geib* Theorie der gerichtlichen Compensation (1897); *ders.* Besprechung von Stölzel Schulung für die civilistische Praxis, 2. Teil, ZZP 24 (1898), 462; *Gernhuber* Die Erfüllung und ihre Surrogate, Handb. des Schuldrechts Bd. 3 (1983), § 12; *Grunsky* Die unzulässige Prozeßaufrechnung JZ 1965, 391; *Habscheid* Über die Rechtsfolgen der fehlgeschlagenen Prozeßaufrechnung ZZP 76 (1963), 371; *Häsemeyer* Die sogenannte »Prozeßaufrechnung« – eine dogmatische Fehlakzentuierung, Festschr. für F. Weber (1975), 215; *Heckelmann* Die Rechtshängigkeit bei der Prozeßaufrechnung NJW 1972, 1350; *Henckel* Materiellrechtliche Folgen der unzulässigen Prozeßaufrechnung ZZP 74 (1961), 165; *Hübler* Die Trennungsbefugnis des Civilrichters (1902), 56; *Kawano* Der prozessual unberücksichtigte Aufrechnungseinwand und seine materi-

als Verteidigungsmittel dargestellt, zu denen die ZPO keine besonderen Vorschriften enthält. An anderer Stelle geregelt sind das **Urteil unter Vorbehalt der Aufrechnung** (→ § 302) und **die materielle Rechtskraft** hinsichtlich der aufgerechneten Gegenforderung (→ § 322 Rdnr. 166 ff.). Zur Aufrechnung gegen eine **Kostenforderung** (insbesondere im Kostenfestsetzungsverfahren) bzw. mit einer Kostenforderung gegen den Klageanspruch → § 104 Rdnr. 14 ff., zur Aufrechnung im Betragsverfahren → § 304 Rdnr. 21 f., 51, in der Berufungsinstanz → § 530 Rdnr. 12 ff., im Urkundenprozeß → § 598 Rdnr. 3. Zum **Streitwert** bei der Aufrechnung → § 5 Rdnr. 44 ff.; zur **Kostenentscheidung** bei Aufrechnung → § 91 Rdnr. 14.

1. Rechtsnatur

a) Erklärung der Aufrechnung außerhalb des Prozesses

Die außerhalb eines Rechtsstreits erklärte, also außerprozessuale Aufrechnung ist nach §§ 387 ff. BGB ein **einseitiges, empfangsbedürftiges Rechtsgeschäft**, durch das der Schuldner erklärt, die Aufhebung des Forderungsrechts des Gläubigers durch Aufopferung seines eigenen Forderungsrechts vorzunehmen. Sie bewirkt, daß die Forderungen, soweit sie sich decken, rückwirkend als in dem Zeitpunkt **erloschen** gelten, in dem sie aufrechnungsfähig geworden sind, § 389 BGB. Der Eintritt dieser materiell-rechtlichen Wirkungen ist **allein nach materiellem Recht zu beurteilen**; nur ihr *Vorbringen* im Prozeß sowie ihr *Beweis* bestimmen sich nach Prozeßrecht, → vor § 128 Rdnr. 254 f. Das Vorbringen stellt nur ein **Verteidigungsmittel** (zum Begriff → § 146 Rdnr. 2) dar, → Rdnr. 30.

27

b) Aufrechnungserklärung im Prozeß

Wird die Aufrechnung als sog. **Prozeßaufrechnung** im Prozeß erklärt, so bleibt sie rechtsgeschäftliche Willenserklärung[41]. Durch die Erklärung im Prozeß wird sie aber zugleich in den Prozeß eingeführt. Die einheitliche Erklärung stellt deshalb rechtlich einen **Doppeltatbestand** dar (die rechtsgeschäftliche Willenserklärung und deren Geltendmachen im Prozeß, → vor

28

---

ellen Folgen ZZP 94 (1981), 1; *Kion* Eventualverhältnisse im Zivilprozeß (1971), 27; *Kohler* Kompensation und Prozeß ZZP 20 (1894), 1; *ders.* Die Aufrechnung nach dem Bürgerlichen Gesetzbuche ZZP 24 (1898), 1; *Leonhard* Die Aufrechnung (1896); *Lindacher* Prozeßaufrechnung und »Rechtshängigkeit« JZ 1972, 429; *G. Lüke* Aufrechnung im Verwaltungsprozeß mit einer zivilprozessualen Gegenforderung, Gedächtnisschr. für Geck (1989), 493 ff.; *Lüke-Huppert* Durchblick: Die Aufrechnung JuS 1971, 165; *Mittenzwei* Rechtshängigkeit der im Prozeß zur Aufrechnung gestellten Forderung? ZZP 85 (1972), 466; *ders.* Streitwert und Kostenverteilung bei der Prozeßaufrechnung im Prozeß Festschr. für H. Lehmann (1956) Bd. 2, 765; *Niklas* Die Klägeraufrechnung MDR 1987, 96; *Novak* Zur prozessualen Aufrechnungseinrede des österreichischen Rechts JurBl 1951, 504; *Oertmann* Die Aufrechnung im deutschen Zivilprozeßrecht (1916, Neudruck 1969); *Pagenstecher* Über die Eventualaufrechnung im Prozeß (1922, erweiterter Sonderabdruck aus RheinZ 1911, 73 ff.); *Pawlowski* Die Gegenaufrechnung des Klägers im Prozeß ZZP 104 (1991), 249; *Pfizer* Die Aufrechnung im Prozeß und Prozeßkosten ZZP 26 (1899), 43; *Redlich* Die Rechtskraft der Entscheidung über die Gegenforderung im Falle der Aufrechnung ZZP 25 (1899), 357; *Rimmelspacher* Materiellrechtlicher Anspruch und Streitgegenstandsprobleme (1970), 324; *Rupp* Zur Aufrechnung mit rechtswegfremden Forderungen im Prozeß NJW 1992, 3274; *Schenke-Ruthig* Die Aufrechnung mit rechts-

wegfremden Forderungen im Prozeß NJW 1992, 2505 u. NJW 1993, 1374; *Eike Schmidt* Die Prozeßaufrechnung im Spannungsfeld von Widerklage und prozessualer Einrede ZZP 87 (1974), 29; *E. Schneider* Die Aufrechnung gegen rechtshängige Teilforderungen MDR 1958, 823; *Schollmeyer* Die Compensationseinrede im deutschen Reichs-Civilproceß (1884); *ders.* Noch einmal die Rechtshängigkeit der zum Zweck der Aufrechnung geltend gemachten Gegenforderung Gruchot 31 (1887), 222; *K. Schreiber* Prozeßvoraussetzungen bei der Aufrechnung ZZP 90 (1977), 395; *ders.* Grundprobleme der Prozeßaufrechnung JA 1980, 344; *E. Schumann* Die ZPO-Klausur (1987) Rdnr. 281; *Schwab* Bemerkungen zur Prozeßaufrechnung, Festschr. für Nipperdey (1965) Bd. I, 939; *Siber* Compensation und Aufrechnung (1899); *Stölzel* Schulung für die civilistische Praxis[5] (1914) Bd. 2, 2; *ders.* Zur Verständigung über die Eventualaufrechnung ZZP 24 (1898), 50; *Teubner-Prange* Die Rechtshängigkeit einer Aufrechnungsforderung JR 1988, 401; *Varvitsiotis* Einführung in die Rechtsnatur der Aufrechnungseinrede in Zivilprozeß (1987); *Wach* Prozeßvollmacht und Einrede der Aufrechnung ZZP 27 (1900), 1; *Weismann* Die Aufrechnung nach dem Bürgerlichen Gesetzbuche ZZP 26 (1899), 1.

[41] *Baumgärtel* (Fn. 40), 161, 165 (mwN); *Schwab* (Fn. 40), 939, 941, 956; *Lüke-Huppert* JuS 1971, 165, 168; *Rosenberg-Schwab-Gottwald*[15] § 105 II 1; *A. Blomeyer* ZPR[2] § 60 II; *Jauernig*[24] § 30 V, h. M. – Zur Gegenansicht → Fn. 50.

§ 128 Rdnr. 255), der hinsichtlich der materiell-rechtlichen Folgen nach materiellem, hinsichtlich der prozessualen Folgen nach Prozeßrecht zu beurteilen ist. Das Geltendmachen ist *Prozeßhandlung*, seine Wirksamkeit untersteht den bei vor § 128 Rdnr. 182 ff. dargelegten Grundsätzen hinsichtlich der Form, des Wirksamwerdens, der Vollmacht → § 81 Rdnr. 10 usw. Ob die ordnungsgemäß Prozeßstoff gewordene Aufrechnungserklärung *materiell-rechtlich* wirksam ist, bestimmt sich dagegen nach materiellem Recht, so z. B. ob Aufrechnungsverbote entgegenstehen, welche Forderung bei einer Mehrzahl von Forderungen getroffen wird, s. § 396 BGB[42], wieweit mit Forderungen eines Dritten aufgerechnet werden kann usw. Daß eine **Klage auf künftige Leistung** vom Prozeßrecht zugelassen ist, §§ 257 f., besagt noch nichts über die materielle Wirksamkeit der Aufrechnung gegenüber einer solchen Klageforderung[43]. Die materiellrechtlich wirksame Erklärung kann **prozessual unzulässig** sein (zur Zurückweisung wegen Verspätung → Rdnr. 54), umgekehrt kann der prozessual ordnungsgemäß vorgebrachten Erklärung die materiell-rechtliche Wirksamkeit fehlen.

28a Obgleich § 145 Abs. 3 nur von der Aufrechnung durch den Beklagten spricht, kommt auch eine **Aufrechnung durch den Kläger** in Betracht. Zur Rechtskraftwirkung in diesen Fällen → § 322 Rdnr. 177 f. Die Aufrechnung durch den Kläger ist unbedenklich zulässig, wenn es um eine (auf Feststellung des Nichtbestehens einer Forderung des Beklagten gegen den Kläger gerichtete) negative Feststellungsklage geht, wobei eine Trennung entsprechend Abs. 3 zulässig erscheint, nicht dagegen der Erlaß eines Vorbehaltsurteils nach § 302, da dieses dem Schutz des Klägers vor einer Prozeßverzögerung dient, während es hier der Kläger selbst ist, der aufrechnet. Problematischer ist die **Gegenaufrechnung des Klägers,** also eine Aufrechnung des Klägers (mit einer anderen Forderung als der Klageforderung oder mit einem nicht eingeklagten Teil der Klageforderung) gegen die Forderung, mit der der Beklagte bereits gegen die Klageforderung aufgerechnet hat. Beruft sich der Kläger auf eine eigene *vor* der Aufrechnung durch den Beklagten erfolgte Aufrechnung, so ist dies zu berücksichtigen; denn wenn durch die Aufrechnung des Klägers bereits die Gegenforderung des Beklagten erloschen war, ist die Berufung des Beklagten auf seine eigene spätere Aufrechnung unbegründet[44]. Ob die Aufrechnung durch den Kläger zum Erlöschen der Forderung des Beklagten geführt hat, ist nach § 396, § 366 Abs. 2, § 367 BGB zu beurteilen[45]. Das eigentliche Problem liegt aber darin, ob der Kläger noch *nach* der Aufrechnung durch den Beklagten gegenaufrechnen kann. Dies wird zum Teil bejaht[46], weil wegen der Eventualstellung der Aufrechnung durch den Beklagten zunächst deren materiell-rechtliche Wirkung noch nicht eingetreten (bzw. im Verfahren nicht zu beachten) sei. Dies wäre einleuchtend, wenn man die Eventualaufrechnung als *aufschiebend* bedingte Aufrechnung anzusehen hätte. Damit bekäme aber die Annahme, bei der Eventualaufrechnung handle es sich um eine materiell-rechtlich bedingte oder jedenfalls in der Schwebe befindliche Aufrechnung eine Tragweite, die vom Sinn und Zweck der Eventualstellung her nicht gerechtfertigt erscheint und aus einer Konstruktion, die die Zulässigkeit der Eventualaufrechnung erklären soll, unerwartete Nachteile für den Beklagten herleitet. Der Beklagte will nicht einen Schwebezustand in dem Sinn herbeiführen, daß der Kläger noch auf die Gegenforderung soll einwirken können, sondern er will durch die

---

[42] Dazu *E. Schneider* MDR 1988, 928.
[43] Soweit nach materiellem Recht die Aufrechnung zwar derzeit nicht möglich ist (z. B. mangels Fälligkeit der Gegenforderung), wohl aber bei Eintritt der Fälligkeit der Klageforderung, kann sich der Beklagte schon gegenüber der Klage auf künftige Leistung auf die spätere Aufrechnungsmöglichkeit berufen und dadurch die Klageabweisung erreichen, BGHZ 38, 122, 129 = NJW 1963, 244, 246 = JZ 475, 477; *Moos* Die Klage auf künftige Leistung (1902), 71 ff.; *Oertmann* (Fn. 40), 88 f. (entsprechende Anwendung des § 770 BGB); *Hellwig* System 1, § 103 a I 2 (S. 267); *E. Schumann* Festschr. f. Larenz zum 80. Geburtstag (1983), 571, 595 f.; *Baumann-Lauterbach-Hartmann*[51] Einf. vor §§ 257–259 Rdnr. 4; *Zöller-Greger*[18] § 257 Rdnr. 7. Näher → § 257 Rdnr. 1.
[44] Vgl. (zur Aufrechnung durch den Kläger mit einem nicht eingeklagten Teil seiner Forderung) BGH NJW 1967, 34; BGHZ 56, 312, 314.
[45] Dazu *Niklas* MDR 1987, 96, 97 f.
[46] *Braun* ZZP 89 (1976), 93, 97 ff.; *Pawlowski* ZZP 104 (1991), 249, 269.

Eventualstellung nur vermeiden, daß er die Gegenforderung endgültig verbraucht, obwohl die Klageforderung nicht besteht oder darüber jedenfalls nicht entschieden wird. Auch bei der Unterbrechung der Verjährung zeigt sich, daß abgesehen von der Eventualstellung die Wirkungen der Aufrechnung bereits zum Zeitpunkt ihres Vorbringens im Prozeß eintreten, → Rdnr. 46. Insgesamt kommt man daher mit der Annahme einer *auflösenden* Bedingung[47] zu interessengerechteren Ergebnissen. Die nach der Eventualaufrechnung erfolgte Gegenaufrechnung des Klägers bleibt dann in der Regel prozessual unbeachtlich[48], weil sich entweder schon die Klageforderung als nicht bestehend erweist, oder weil die Eventualaufrechnung durch den Beklagten aufgrund ihrer materiell-rechtlichen Wirkung[49] vorrangig zu berücksichtigen ist.

Um Schwierigkeiten und Härten der getrennten Beurteilung als Prozeßhandlung und als materielles Rechtsgeschäft zu umgehen, sahen früher manche in der Prozeßaufrechnung einen Antrag an das Gericht, **im Richterspruch** gestaltend die Aufrechnung zu vollziehen[50]. Insbesondere bei Unzulässigkeit des Antrags läge dann eine wirksame Aufrechnungserklärung nicht vor. Diese richterliche Aufrechnung ist jedoch dem Recht des BGB und der ZPO fremd. Eine andere Frage ist es, ob die **Einheitlichkeit des Lebensvorgangs** nicht doch dazu führt, daß die Vornahme im Prozeß in gewissen Grenzen auch auf die Beurteilung der rechtsgeschäftlichen Wirksamkeit »abfärbt« und dabei zur Beachtung prozessualer Wertmaßstäbe nötigt. So ist anerkannt, daß die *Prozeßvollmacht* auch die Abgabe und Entgegennahme der rechtsgeschäftlichen Erklärung deckt, → § 81 Rdnr. 10. Zur *Eventualaufrechnung* → Rdnr. 50. Wenn ferner eine Partei für die rechtsgeschäftliche Erklärung die Form einer Prozeßhandlung wählt, so will sie im Zweifel, daß die **Wirksamkeit** hinsichtlich der Form und der Art des Zustandekommens wie bei einer Prozeßhandlung eintritt, also **durch Erklärung in der mündlichen Verhandlung**, nicht schon durch Aufnahme in einen vorbereitenden Schriftsatz, der daher nur im schriftlichen Verfahren genügt[51]. Grundsätzlich aber ist die erst im Prozeß erklärte Aufrechnung nicht anders zu behandeln als die außerprozessuale Aufrechnung. 29

2. Prozessuale Voraussetzungen

a) Grundsatz

Das Vorbringen der Aufrechnung ist **Verteidigungsmittel** gegenüber der Klage und führt **nicht** dazu, die Gegenforderung unabhängig von der Anhängigkeit des Klagebegehrens zum **Streitgegenstand** zu machen (zur Rechtshängigkeit → Rdnr. 42). Endet die Rechtshängigkeit der *Klage*, so kann auch über die *Gegenforderung*, mit der aufgerechnet wurde, nicht entschieden werden. Die Klage begrenzt auch den *Umfang*, in dem die aufgerechnete Gegenforderung Prozeßstoff werden kann, nämlich höchstens zu dem Betrag, den die Klageforderung ausmacht. Die Geltendmachung der **Aufrechnung unterscheidet sich damit wesentlich von der Erhebung einer Widerklage** aufgrund der Gegenforderung. Daher ist es nicht gerecht- 30

---

[47] Dafür (allerdings nicht im Hinblick auf das Problem der Gegenaufrechnung durch den Kläger) *Schlosser* Zivilprozeßrecht I[2] Rdnr. 325. – Für die Beurteilung als aufschiebende Bedingung dagegen *Musielak* Grundkurs ZPO, Rdnr. 266 (dort Fn. 100).
[48] So auch *Thomas-Putzo*[18] Rdnr. 30; *Zöller-Greger*[18] Rdnr. 13.
[49] Wobei auch hier die Regelung in § 396, § 366 Abs. 2, § 367 BGB zu beachten ist, *Niklas* MDR 1987, 96, 98.

[50] So insbesondere *Nikisch* (Fn. 40); *Novak* (Fn. 40), 507f.; *Larenz* Schuldrecht I, bis zur 9. Aufl. (1968), § 27 III c (S. 330 Fn. 2); ähnliche Ansätze schon bei *Kohler* ZZP 24 (1898), 1, 18; *Hellwig* Lb I, 242, System 1, 432, 661; *Pagenstecher* Zur Lehre von der materiellen Rechtskraft (1900), 490f.
[51] *Nikisch* (Fn. 40), 783 (mwN in Fn. 54, 55); s. auch *Wach* ZZP 27 (1900), 1, 15; *Hellwig* Lb I, 243.

fertigt[52], die Aufrechnung als »unentwickelte Widerklage« zu bezeichnen[53] und dadurch die Anwendung von Vorschriften über die Widerklage nahezulegen.

31   Die **Prozeßhandlungsvoraussetzungen** (→ vor § 128 Rdnr. 183) müssen für die in der Geltendmachung der Aufrechnung liegende Prozeßhandlung gegeben sein. Dagegen beziehen sich die **Sachentscheidungsvoraussetzungen** (Prozeßvoraussetzungen, → Einl. Rdnr. 311) unmittelbar nur auf die Zulässigkeit einer Klage, nicht auf Verteidigungsmittel. Vielmehr sind gegen eine zulässige Klage grundsätzlich alle Verteidigungsmittel, die nach materiellem Recht in Betracht kommen, auch verfahrensrechtlich zulässig, wenn sich nicht aus dem Verfahrensrecht eine besondere Beschränkung entnehmen läßt. Die ZPO enthält keine Vorschrift, wonach die Sachentscheidungsvoraussetzungen auch für die Aufrechnung vorliegen müßten. Eine analoge Anwendung der Bestimmungen über die Sachentscheidungsvoraussetzungen auf die Geltendmachung der Aufrechnung ist jedoch nicht von vornherein ausgeschlossen. Für eine solche Analogie könnte sprechen, daß über die aufgerechnete Gegenforderung immerhin eine *rechtskräftige Entscheidung* ergehen kann, § 322 Abs. 2. Andererseits muß berücksichtigt werden, daß die analoge Anwendung von Sachentscheidungsvoraussetzungen die Geltendmachung der Aufrechnung verhindern oder zumindest erschweren kann und damit in Konflikt zum materiell-rechtlichen Zweck der Aufrechnung kommt. Auch mit den prozessualen Zielen der Konzentration und Beschleunigung des Verfahrens gerät man in Widerstreit, wenn durch analoge Anwendung von Prozeßvoraussetzungen der Beklagte genötigt wird, die Gegenforderung in einem anderen Prozeß vor einem anderen Gericht geltend zu machen. Als **Grundsatz** sollte daher gelten, daß die **Sachentscheidungsvoraussetzungen** einer Klage für die mit der Aufrechnung geltend gemachte Gegenforderung **nicht erforderlich** sind. Ausnahmen davon erscheinen lediglich bei der Zulässigkeit des Rechtswegs (→ Rdnr. 33) und bei der internationalen Zuständigkeit (→ Rdnr. 39) geboten. Dagegen kommt es auf die örtliche und sachliche Zuständigkeit für die Gegenforderung nicht an (→ Rdnr. 32), ebensowenig z.B. auf die Erstattung der Kosten aus einem früheren Verfahren über die Gegenforderung (§ 269 Abs. 4), auf die Klagbarkeit (→ vor § 253 Rdnr. 87 ff.) oder das Rechtsschutzbedürfnis hinsichtlich der Gegenforderung.

b) Zuständigkeit und Rechtsweg

32   Die Zulässigkeit des Aufrechnungseinwands hängt *nicht* davon ab, ob das Gericht zur Entscheidung über die Gegenforderung berufen wäre, wenn die Gegenforderung durch *Klage* (oder Widerklage) verfolgt würde. Mit Recht fragt daher die h.M. **nicht** nach der **sachlichen und örtlichen Zuständigkeit** in diesem Fall, selbst wenn sonst für die Gegenforderung eine andere *ausschließliche* Zuständigkeit begründet wäre[54]. Das Verhältnis zwischen den **ordentlichen Gerichten** und denen für **Arbeitssachen** (allgemein → § 1 Rdnr. 140) kann zwar seit der Änderung des § 48 ArbGG nicht mehr generell wie eine Zuständigkeitsfrage behandelt

---

[52] Ebenso *Weth* Die Zurückweisung verspäteten Vorbringens im Zivilprozeß (1988), 73.
[53] So neuerdings vor allem *Eike Schmidt* ZZP 87 (1974), 29, 33; *K. Schreiber* ZZP 90 (1977), 395, 398 ff. im Anschluß an *Schollmeyer* Compensationseinrede (Fn. 40), 26 ff. sowie Gruchot 31 (1887), 222, 247. *Bettermann* NJW 1972, 2285, 2287 spricht von einer »unterentwickelten Widerklage«; *Mittenzwei* ZZP 85 (1972), 466, 484 von einer »unselbständigen Widerklage«. Weitere Nachw. zu den Auffassungen, welche die Prozeßaufrechnung stark in die Nähe der Widerklage rücken, bei *K. Schreiber* ZZP 90 (1977), 399 Fn. 28.
[54] RGZ 35, 381 (zu § 893 Abs. 2); *K. Schreiber* ZZP 90 (1977), 395, 408; *Habscheid* ZZP 76 (1963), 371, 379 f. (jedenfalls in der Regel, anders eventuell, wenn sich aus der gesetzlichen Regelung einer ausschließlichen Zuständigkeit zugleich ein Verbot der Aufrechnung vor einem anderen Gericht entnehmen lasse). – BGHZ 60, 85, 88 (Fn. 86) läßt offen, ob dies auch bei anderer ausschließlicher Zuständigkeit für die Gegenforderung gilt. – Auch für den Fall einer anderen ausschließlichen örtlichen oder sachlichen Zuständigkeit kraft *Vereinbarung* sollte nichts anderes gelten (a.M. *K. Schreiber* aaO, 410 für die Vereinbarung der ausschließlichen Zuständigkeit des LG), anders allerdings bei Vereinbarungen über die internationale Zuständigkeit, → Rdnr. 41.

werden, so daß die hierauf abstellende Begründung einer wechselseitigen Entscheidungskompetenz zweifelhaft geworden ist[55]. Es dürfte aber kaum der Zweck dieser Gesetzesänderung gewesen sein, die bisher h. M. zu korrigieren, die aufgrund der sachlichen Nähe von Zivil- und Arbeitsgerichten eine Aufrechnung mit Forderungen aus dem jeweils anderen Zweig der Gerichtsbarkeit für zulässig hielt. Gegenforderungen, die vor den Arbeitsgerichten eingeklagt werden müßten, können nach dieser nach wie vor zutreffend erscheinenden Ansicht[56] vor den ordentlichen Gerichten zur Aufrechnung gestellt werden, und es kann von diesen darüber entschieden werden; dasselbe gilt im umgekehrten Fall[57]. Erst recht muß dies gelten, wenn eine Klage die Gegenforderung nach der **Geschäftsverteilung** vor ein anderes Spruchorgan brächte[58]. Auch im Verhältnis zwischen einem Spruchkörper der allgemeinen streitigen Zivilgerichtsbarkeit und dem **Familiengericht**[59] oder dem Gericht der **Freiwilligen Gerichtsbarkeit**[60] (jedenfalls in sog. echten Streitsachen) sollte wechselseitig die Kompetenz zur Entscheidung über eine aufgerechnete Gegenforderung aus dem anderen Bereich bejaht werden. Eine Aussetzung nach § 148 (nach richterlichem Ermessen) kommt dann nur in Betracht, wenn beim Familiengericht usw. bereits ein Rechtsstreit über die aufgerechnete Forderung anhängig ist[61]. Die → Rdnr. 33a dargelegte erweiternde Anwendung des § 148 kann hierher nicht übertragen werden, da sie sich nur aus dem Fehlen der Entscheidungskompetenz hinsichtlich der Gegenforderung rechtfertigen läßt. Zur Aufrechnung mit oder gegen eine Kostenforderung → § 104 Rdnr. 14 ff.

Bedenklich wäre es dagegen, dem ordentlichen Gericht eine gegebenenfalls nach § 322 Abs. 2 der Rechtskraft fähige Entscheidung über die Gegenforderung auch dann zu gestatten, wenn diese im **Rechtsweg der Verwaltungs-, Sozial- oder Finanzgerichtsbarkeit** eingeklagt werden müßte. Allerdings ist durch die Neufassung des § 17 Abs. 2 GVG den Gerichten eines Rechtswegs die Kompetenz zugewiesen worden, unter sämtlichen rechtlichen Gesichtspunkten über den Rechtsstreit zu entscheiden. Zum Teil wird angenommen, aufgrund dieser Regelung sei nunmehr (abgesehen von den Fällen des § 17 Abs. 2 S. 2 GVG[61a]) auch jedes Gericht befugt, über zur Aufrechnung gestellte Gegenforderungen aus einem anderen Rechts- 33

---

[55] Vgl. *ArbG Passau* NZA 1992, 428 (LS); *Mayerhofer* NJW 1992, 1603, 1604, die mit Recht gleichwohl an der bisherigen Ansicht zur Aufrechnung im Verhältnis der ordentlichen Gerichte und der Arbeitsgerichte festhalten, sowie *Schenke-Ruthig* NJW 1992, 2505, 2509; *Drygala* NZA 1992, 294, 296, die aber wegen § 17 Abs. 2 GVG die Aufrechnung mit Forderungen aus einem anderen Rechtsweg jetzt generell zulassen wollen, hierzu → Rdnr. 33.

[56] *ArbG Passau* NZA 1992, 428 (LS); *Mayerhofer* NJW 1992, 1603, 1604; *Palandt-Heinrichs*[52] § 388 Rdnr. 5.

[57] Ebenso *BGHZ* 26, 304 = NJW 1958, 543 = ArbuR 1958, 82 (*Dietz*) = LM § 322 Nr. 22 (*Rietschel*) = AP Nr. 1 zu § 390 BGB (*Tophoven*); *BGHZ* 60, 85, 88 (Fn. 86); *BAG* AP Nr. 43 zu § 256 ZPO (zust. *E. Schumann*) = SAE 67, 27 (zust. *Pohle*) = NJW 1966, 1771; *OLG Stuttgart* MDR 1957, 689; *Mammey* JR 1954, 134; s. schon *RG* Gruchot 52 (1908), 1158; *Oertmann* (Fn. 40), 67. – A.M. für den Fall der Aufrechnung vor dem ordentlichen Gericht mit einer Forderung aus dem Bereich der Arbeitsgerichtsbarkeit *OLG Celle* AP Nr. 1 zu § 263 ZPO = NdsRpfl 1955, 227, das Aussetzung zuläßt, sowie *Grunsky* ArbGG[6] § 2 Rdnr. 11 f., 14 f.; *ders.* JZ 1965, 391, 392, 398 (Vorbehaltsurteil, dann Verweisung an das ArbG); *Rimmelspacher* AcP 174 (1974), 509, 545; *MünchKommZPO-Peters* Rdnr. 34.

[58] Zur Aufrechnung vor der für Patentstreitsachen zuständigen Kammer mit einer Forderung, über die bei Klage eine andere Zivilkammer zu entscheiden hatte, s. *BGH* AP Nr. 1 zu § 5 ArbNErfG (*Volmer*). – Zur Aufrechnung vor dem Amtsgericht mit Schadensersatzansprüchen aus Patentverletzung *Ulrich* NJW 1958, 1128.

[59] *BGH* FamRZ 1989, 166 = MDR 1989, 238; *BayObLG* 1985, 219, 222 = FamRZ 1985, 1057, 1059; *OLG Köln* FamRZ 1992, 450.

[60] Die Entscheidung auch über die Gegenforderung ist z.B. zulässig bei einer Aufrechnung vor dem Prozeßgericht mit einer Forderung, die an sich in das WEG-Verfahren gehört, *BGHZ* 78, 57, 62 = NJW 1980, 2466 = MDR 1981, 43; ebenso bei einer Aufrechnung vor dem Landwirtschaftsgericht mit einer Forderung, die im Zivilprozeß erhoben einklagen wäre, *BGHZ* 40, 338 = NJW 1964, 863 = MDR 310. – Im Notariatskostenverfahren nach §§ 156, 157 KostO wird dagegen die Aufrechnung mit einer streitigen Gegenforderung, die nicht mit der Amtstätigkeit des Notars zusammenhängt, für unzulässig gehalten: *KG* DNotZ 1973, 42 = Rpfleger 1972, 272; ZZP 86 (1973), 441 (*Grunsky*) = DNotZ 1973, 634.

[61] A. M. *OLG Köln* FamRZ 1992, 450, 451; wohl auch *BGH* FamRZ 1989, 166, 167.

[61a] *BVerwG* NJW 1993, 2255 (daher im Verwaltungsrechtsstreit keine Entscheidungskompetenz über Aufrechnung mit einer Schadensersatzforderung wegen Amtspflichtverletzung nach Art. 34 GG, § 839 BGB, wenn diese nicht rechtskräftig festgestellt oder unbestritten ist).

weg zu entscheiden⁶². Durch § 17 Abs. 2 GVG soll vermieden werden, daß über ein und denselben prozessualen Anspruch mehrere Zweige der Gerichtsbarkeit zu entscheiden haben. Geht es aber um mehrere Ansprüche, also um Klagehäufung, so ist § 17 Abs. 2 GVG nicht anzuwenden, vielmehr verbleibt es dann gegebenenfalls bei der unterschiedlichen Rechtswegzuständigkeit für jeden dieser Ansprüche⁶³. Dem wird man aber die Situation bei der Aufrechnung gleichzustellen haben. Daher ist an der bisherigen h. M. festzuhalten, die bei Aufrechnung mit einer (streitigen, → Rdnr. 34) Forderung aus dem Bereich der Verwaltungs-, Sozial- oder Finanzgerichtsbarkeit die Entscheidungskompetenz des ordentlichen Gerichts über diese Forderung verneint⁶⁴.

33a Dies kann aber nicht dazu führen, die Aufrechnung mit einer in einem anderen Rechtsweg einzuklagenden Forderung für *unwirksam* zu erklären. Sonst liefe die prozessuale Rechtsweggliederung auf ein materiell-rechtliches Aufrechnungsverbot hinaus, das der Aufgabe prozessualer Regelungen, das materielle Recht zu verwirklichen, widerspräche, und über die vom zuständigen materiellen Recht z.B. in §§ 392ff. BGB, § 226 AO 1977 getroffenen Bestimmungen weit hinausginge⁶⁵. Die Praxis hat jedoch einen **vermittelnden Weg** gefunden. Die gerichtliche Prüfung, ob die Aufrechnung wirksam ist, zerfällt in drei Teilfragen: Erstens ob Klageforderung und Gegenforderung entstanden waren und bis zur Aufrechnungserklärung fortbestanden hatten, zweitens ob beide Forderungen allgemein und im Verhältnis zueinander aufrechenbar waren, drittens ob die Aufrechnung wirksam erklärt ist. Die Entscheidung über das Entstehen und Fortbestehen der Gegenforderung bis zur Aufrechnung kann das Prozeßgericht dem zuständigen Gericht des anderen Rechtswegs überlassen, indem es sein **Verfahren** nach § 148 (→ § 148 Rdnr. 38) bis zur Entscheidung des anderen Gerichts **aussetzt**. Das Erstgericht ist dazu nach dem Sinn und Zweck der Rechtswegregeln und im Hinblick auf § 322 Abs. 2 **verpflichtet**⁶⁶. Die Pflicht besteht auch dann, wenn ein Verfahren im anderen Rechtsweg noch nicht anhängig ist; dann ist dem Beklagten hierfür eine **Frist zu**

---

⁶² So *Schenke-Ruthig* NJW 1992, 2505; 1993, 1374; *Schilken* ZZP 105 (1992), 88, 90; *Drygala* NZA 1992, 294, 297 (Analogie zu § 17 Abs. 2 GVG); *Baur-Grunsky*⁷ Rdnr. 135 (S. 112); *Baumbach-Lauterbach-Hartmann*⁵¹ § 17 GVG Rdnr. 6; *Kopp* VwGO⁹ § 40 Rdnr. 45. – An der bisherigen Auffassung halten dagegen fest *Rupp* NJW 1992, 32, 74; *Jauernig* ZPR²⁴ § 45 III; *Mayerhofer* NJW 1992, 1603, 1604; *Thomas-Putzo*¹⁸ § 17 GVG Rdnr. 7; *Zöller-Gummer*¹⁸ § 17 GVG Rdnr. 10; *Zimmermann*² Rdnr. 9; *Palandt-Heinrichs*⁵² § 388 Rdnr. 5. Allgemein offenlassend *BVerwG* (Fn. 61a).

⁶³ *BGHZ* 114, 1, 2 = ZZP 105 (1992), 83 (*Schilken*).

⁶⁴ *BGHZ* 16, 124, 134 = NJW 1955, 497 = LM § 148 Nr. 2 (*Lindenmaier*) (dazu krit. *Baur* JZ 1955, 303, 305), s. auch *BGHZ* 21, 18, 29 f. = NJW 1956, 1356 = LM § 767 Nr. 9 (*Rothe*); zust. *Häsemeyer* (Fn. 40), 230; *BVerwG* NJW 1987, 2530, 2532; *Baumbach-Lauterbach-Hartmann*⁵¹ Rdnr. 17; *Zöller-Greger*¹⁸ Rdnr. 19; *Thomas-Putzo*¹⁸ Rdnr. 24; *MünchKommZPO-Peters* Rdnr. 31, 33; aus der älteren Lit. vgl. *Kohler* ZZP 20 (1894), 44 f.; *Redlich* ZZP 25 (1899), 394; *Hübler* (Fn. 40), 89 f.; *Stölzel* Schulung (Fn. 40), 2, 224. – A.M. (Zuständigkeit des Gerichts, vor dem aufgerechnet wird, kraft Sachzusammenhangs) *Baur* Festschr. für v. Hippel (1967), 1, 10, 25; *Eike Schmidt* ZZP 87 (1974), 29, 42 f.; *Rosenberg-Schwab-Gottwald*¹⁵ § 105 IV 6; *Schlosser* Zivilprozeßrecht I² Rdnr. 328; *Schilken* Zivilprozeßrecht Rdnr. 441.

⁶⁵ Im allgemeinen können auch privat- und öffentlich-rechtliche Forderungen gegeneinander aufgerechnet werden, *BGHZ* 5, 354 = NJW 1952, 785; *BGHZ* 16, 124, 127 (Fn. 64) mwN. S. aber zur Unzulässigkeit der Aufrechnung, wenn die Gegenforderung erst vom Verwaltungsgericht rechtsgestaltend festzustellen ist, *BGHZ* 5, 354, oder wenn sie bei Forderungen aus Geschäftsbesorgung gegen Treupflichten verstößt, *BGHZ* 16, 124, 137; vgl. auch *RGZ* 160, 60; *BGHZ* 14, 346 = NJW 1954, 1722; *BGH* LM § 387 BGB Nr. 13a (*Johannsen*).

⁶⁶ *BGHZ* 16, 138 (Fn. 64); 21, 29 (Fn. 64), dies gilt entsprechend für Gerichte anderer Rechtswege *BVerwG* NJW 1987, 2530; *BSG* NJW 1963, 1844; *OVG* Hamburg MDR 1951, 314; *G. Lüke* (Fn. 40), 493 ff.; s. auch *Mühl* NJW 1955, 1461 f.; *Ehlers* JuS 1990, 777, 782. Das RG ging wohl von einem Ermessen des Gerichts aus, ob es über die Gegenforderung selbst entscheiden oder nach § 148 aussetzen wolle, vgl. *RGZ* 77, 411; 80, 371; 155, 243, 245 f.; 157, 106, 120; zu dieser Rsp *BGHZ* 16, 124, 130, für Aussetzung nach Ermessen auch *OLG Celle* NdsRpfl 1955, 227 (Fn. 57). Auch nach *Henckel* ZZP 74 (1961), 165, 186 liegt die Aussetzung im pflichtgemäßen Ermessen des Gerichts; wird nicht ausgesetzt, so ist nach seiner Ansicht die Aufrechnung aus prozessualen Gründen unzulässig und daher auch materiell-rechtlich unwirksam (→ Fn. 111). – Gegen die Aussetzungslösung *Grunsky* JZ 1965, 391, 398; *ders.* ZZP 86 (1973), 443, 448; *ders.* Grundlagen² § 15 IV (S. 153) (Verweisung an das zuständige Gericht zur Entscheidung über die Gegenforderung); *KG* ZZP 86 (1973), 441 (Fn. 60) (Entscheidung ohne Rücksicht auf die Aufrechnung, dafür Zulässigkeit der Vollstreckungsgegenklage, um die Aufrechnung geltend zu machen).

setzen[67]. Eine entsprechende **Klage auf Feststellung** des früheren Bestehens der Gegenforderung ist trotz deren Erlöschens durch die Aufrechnung zulässig, weil gerade der bereits anhängige Prozeß das rechtliche Interesse ergibt, und die Einrede der Rechtshängigkeit steht ihr ebenso wenig entgegen, → Rdnr. 44. Besteht zwischen Klageforderung und Gegenforderung kein rechtlicher Zusammenhang, so kann das Gericht ein **Vorbehaltsurteil** (§ 302) erlassen und erst das Nachverfahren aussetzen[67a]. Auf diese Weise vermag es einer Prozeßverschleppung entgegenzuwirken. Dagegen geht es nicht an, ohne Vorbehalt zu verurteilen, weil die Gegenforderung nach Ansicht des Gerichts offensichtlich unbegründet ist[68]; denn dies haben die Gerichte des zuständigen Rechtswegs zu beurteilen. Erst wenn die Berufung auf die angebliche Gegenforderung geradezu rechtsmißbräuchlich erscheint, kann anderes gelten. Wird innerhalb der Frist die **Klage nicht erhoben,** so hat das Gericht ohne Berücksichtigung der Gegenforderung zu entscheiden, die dann auch nicht rechtskräftig aberkannt ist und daher im zulässigen Rechtsweg weiterhin geltend gemacht werden kann[69]. Die materielle Wirkung der Aufrechnung ist dann entsprechend dem → Rdnr. 54 ff. Ausgeführten zu verneinen.

Der **Aussetzung bedarf es jedoch nicht,** wenn die Gegenforderung aus dem anderen Rechtsweg bereits **außer Streit** steht, und erst recht nicht, wenn im anderen Rechtsweg bereits eine **rechtskräftige Entscheidung** über die Gegenforderung ergangen ist[70]. 34

Die zweite und dritte der bei Rdnr. 33a erwähnten Fragen können dagegen nur von *einem* Gericht beantwortet werden, wenn man der Aufrechnung nicht praktisch die Anerkennung versagen will. Wer dem **Prozeßgericht** die Beantwortung dieser Fragen in Beziehung auf die Gegenforderung verwehrt, müßte sie ihm folgerichtig auch bei einer späteren Vollstreckungsgegenklage und ebenso dem Gericht, bei dem diese Gegenforderung einzuklagen wäre, in Beziehung auf die Klageforderung verweigern. Wenn aber zum Schutz der materiell-rechtlichen Aufrechnungsmöglichkeit ein Gericht entscheiden muß, bleibt als zweckmäßige Lösung nur die, dem Gericht, vor dem geklagt und der Aufrechnungseinwand erhoben ist, diese Prüfung zu überlassen[71]. Es hat also die **Aufrechenbarkeit** und die **Wirksamkeit der Aufrechnungserklärung** zu prüfen. 35

Zur Aufrechnung, wenn nur für die Klage- oder nur für die Gegenforderung ein **Schiedsgericht** vereinbart wurde, → § 302 Rdnr. 4, § 1025 Rdnr. 37. 36

c) Deutsche Gerichtsbarkeit[72]

Gegenüber der Klage eines Exterritorialen ist nach Völkervertragsrecht bzw. Völkergewohnheitsrecht eine *Widerklage* jedenfalls dann zulässig, wenn sie nur zur Abwehr des klägerischen Angriffs dient oder mit der Klage in unmittelbarem Zusammenhang steht[73], → § 33 Rdnr. 34. Daraus ist zu folgern, daß die **Aufrechnung** mit einer (privatrechtlichen) Gegenforderung gegen den Exterritorialen ebenfalls zulässig ist, auch wenn eine selbständige Klage aus der Gegenforderung am Fehlen der deutschen Gerichtsbarkeit scheitern würde. Zweifeln kann man, ob dies für die Aufrechnung mit Gegenforderungen jeglicher Art gilt oder 37

---

[67] *BGHZ* 16, 140 (Fn. 64) mwN.
[67a] Vgl. *BVerwG* NJW 1993, 2255.
[68] So aber *VGH Mannheim* NVwZ 1990, 684, 685. Hierzu krit. *Schenke-Ruthig* NJW 1992, 2505, 2509 (die selbst aber eine umfassende Entscheidungskompetenz bejahen, → Rdnr. 33 bei Fn. 62).
[69] *BGHZ* 16, 124, 140; *Ehlers* JuS 1990, 777, 783.
[70] *BGHZ* 16, 124, 128 (Fn. 64); *RGZ* 80, 372 (bei rechtskräftiger Abweisung); *BVerwG* NJW 1987, 2530; *Henckel* ZZP 74 (1961), 165, 185. – A.M. *Grunsky* JZ 1965, 391, 393.

[71] S. dazu *BGHZ* 16, 124 (Fn. 64).
[72] Dazu *Baade* Aufrechnung und Widerklage im Völkerrecht, Jahrbuch für Internationales Recht, Bd. 16 (1956), 178; *Eickhoff* (Fn. 40), 73 ff.
[73] Mit *Eickhoff* (Fn. 40), 41 ff. wird man allerdings über eine bloße Abwehr des klägerischen Angriffs hinausgehende Widerklagen, die hoheitliches Handeln vom Gegenstand haben, ausschließen müssen und auch die Aufrechnung mit solchen Gegenforderungen als unzulässig anzusehen haben.

nur für solche Gegenforderungen, die mit dem Klageanspruch *in Zusammenhang* stehen. Da die Aufrechnung nur der Verteidigung bis zur Höhe der Klageforderung dient und es auch nicht dem Zweck der Exterritorialität entspricht, die materiell-rechtliche Zulässigkeit der Aufrechnung zu durchkreuzen, verdient die erstgenannte, weitergehende Auffassung den Vorzug[74]. Die persönliche **Exterritorialität** des Klägers und Aufrechnungsgegners stellt also **kein Hindernis** für die Verteidigung mittels Aufrechnung dar[75].

38 Wenn dagegen der *Sachverhalt*, auf den die Gegenforderung gestützt wird, nicht zum Gegenstand der Entscheidung eines inländischen Gerichts gemacht werden kann (**sachliche Exemtion**), wie dies z.B. im Rahmen des Besatzungsrechts nach dem Zweiten Weltkrieg vorkam, so kann sich daraus auch ein **Verbot** für das deutsche Gericht ergeben, die **Aufrechnung** mit einer solchen Forderung zu berücksichtigen, und zwar sogar gegenüber einem Kläger, der selbst nicht exemt ist[76].

d) Internationale Zuständigkeit

39 Ob die Geltendmachung der Aufrechnung vor einem deutschen Gericht dadurch gehindert wird, daß dem deutschen Gericht für eine Klage aufgrund dieser Forderung die internationale Zuständigkeit fehlt, ist weder im innerstaatlichen Recht noch in den maßgeblichen Staatsverträgen, insbesondere im EuGVÜ[77] (→ Einl. Rdnr. 781), ausdrücklich geregelt. Für die Zulässigkeit des Aufrechnungseinwands[78] spricht an sich das Interesse des Beklagten, eine materiell wirksame Aufrechnung in möglichst effektiver Weise geltend machen zu können. Andererseits bedeutet es für den Kläger jedenfalls bei Forderungen, die mit der Klageforderung sachlich nichts zu tun haben, eine erhebliche Härte, hierüber den Rechtsstreit beim international unzuständigen (meist – aus der Sicht des Klägers – ausländischen) Gericht führen zu müssen. Auch die Beobachtung, daß in anderen Rechtsordnungen die Geltendmachung der Gegenforderung nicht selten in Form einer Widerklage erfolgen muß[79], spricht dafür, im Interesse einer Harmonisierung die **internationale Zuständigkeit** für die Gegenforderung grundsätzlich **auch bei der Aufrechnung zu verlangen**[80]. Darf das Gericht mangels internatio-

---

[74] Daß es wie *Baade* (Fn. 72), 183 f. ausführt, in vielen Rechtsordnungen (insbesondere im anglo-amerikanischen Recht) keine außerprozessuale Aufrechnung gibt, könnte aus völkerrechtlicher Sicht allerdings ein Argument dafür sein, sie – soweit nach materiellem Recht zulässig – gegenüber einem Exterritorialen nur im selben Umfang zu gestatten wie die Widerklage. Zwingend erscheint dieser Schluß jedoch nicht. *Baade* (Fn. 72), 178 und 197 teilt selbst ein Urteil des Supreme Court der USA mit, in dem die Aufrechnung (bzw. die Widerklage zum Zweck der Aufrechnung) mit nicht konnexen Gegenforderungen trotz der Immunität des Klägers (ausländischer Staat) für zulässig erklärt wurde.

[75] Auch *Eickhoff* (Fn. 40), 85 ff. bejaht die Aufrechnungsmöglichkeit gegenüber Diplomaten, Konsuln usw., soweit nicht mit einer hoheitlich zu qualifizierenden Forderung aufgerechnet wird.

[76] *BGHZ* 19, 341 = *NJW* 1956, 546; *BGHZ* 60, 85, 88 (Fn. 86). Der BGH erklärt die Berücksichtigung des Aufrechnungseinwands in allgemeiner Formulierung für unzulässig, wenn für die aufgerechnete Forderung die deutsche Gerichtsbarkeit nicht gegeben ist. Ebenso *Münch-Komm-v. Feldmann*² § 387 Rdnr. 14 c; *Soergel-Kegel* BGB¹¹ vor Art. 7 EGBGB Rdnr. 442.

[77] Eine eindeutige Stellungnahme des EuGH fehlt. *EuGH* Slg. 1985, 787 = *NJW* 1985, 2893 = *IPRax* 1986, 27 läßt aber erkennen, daß der EuGH von der Notwendigkeit der internationalen Zuständigkeit für die Gegenforderung ausgeht. *EuGH* IPRax 1986, 232 (dazu *Geimer* IPRax 1986, 208) läßt es nicht zu, eine Vollstreckungsgegenklage innerhalb der Zuständigkeit nach § 16 Nr. 5 EuGVÜ auf die Aufrechnung mit einer Forderung zu stützen, die vor den Gerichten dieses Vertragsstaates nicht selbständig eingeklagt werden könnte. S. hierzu auch *BGH NJW* 1993, 2753 = *MDR* 1993, 1012 = LM EGÜbk Nr. 39 (abl. *Wolf*), der einerseits die Rsp des EuGH als Beleg für die Erforderlichkeit der internationalen Zuständigkeit hinsichtlich der Gegenforderung anführt, andererseits betont, daß die Frage, so wie sie dem BGH vorlag, vom EuGH noch nicht entschieden wurde. Eine Vorlage an den EuGH hielt der BGH gleichwohl für entbehrlich, weil die richtige Anwendung des Gemeinschaftsrechts offenkundig sei.

[78] *Kropholler* in Handbuch des Internationalen Zivilverfahrensrechts I (1982), Rdnr. 439; *v. Hoffmann* AWD 1973, 168 f.; Voraufl. Rdnr. 39. – Offen gelassen von *OLG Frankfurt* NJW 1967, 501, 502 (*Haug*) = OLGZ 67, 13, 15.

[79] Zu den verschiedenen Aufrechnungs- und Widerklagesystemen in England und Frankreich *Eickhoff* (Fn. 40), 34 ff.

[80] So nunmehr *BGH* NJW 1993, 2753 (Fn. 77), insbes. zum EuGVÜ (dazu auch → Fn. 77); *J. Schröder* Internationale Zuständigkeit (1971), 595 ff.; *Geimer* NJW 1973, 951; *ders.* IPRax 1986, 208, 212; *Eickhoff* (Fn. 40), 164 ff. (internationale Zuständigkeit in Form der »Erkenntniszuständigkeit« muß gegeben sein, soweit über das Bestehen der Gegenforderung ein Erkenntnisverfahren erforder-

naler Zuständigkeit nicht über die Gegenforderung entscheiden, so hat es die Aufrechnung unberücksichtigt zu lassen[81]. Seine Entscheidung steht dann aber einer gesonderten Geltendmachung der Gegenforderung nicht entgegen[82]; die materiell-rechtliche Wirkung der prozessual nicht beachteten Aufrechnung ist entsprechend dem → Rdnr. 54 ff. Ausgeführten zu verneinen.

Auch wenn grundsätzlich die internationale Zuständigkeit für die Gegenforderung zu verlangen ist, so ist – und dadurch ist das Ergebnis auch im Hinblick auf die Interessen des Beklagten akzeptabel – das für die Klageforderung zuständige Gericht dann befugt, im Rahmen des Aufrechnungsvorbringens die Gegenforderung zu prüfen und darüber zu entscheiden, wenn es für eine **Widerklage** aufgrund der Gegenforderung international zuständig wäre[83], sei es nach § 33 (bei Zusammenhang des Gegenanspruchs mit dem Klageanspruch, → § 33 Rdnr. 41) oder aufgrund Art. 6 Nr. 3 EuGVÜ (bei einer Widerklage, die auf denselben Vertrag oder Sachverhalt wie die Klage gestützt wird, → § 33 Rdnr. 42). Die internationale Zuständigkeit für die zur Aufrechnung gestellte Gegenforderung ist außerdem bei **rügeloser Einlassung** des Klägers entsprechend § 39 (→ § 39 Rdnr. 2) oder Art. 18 EuGVÜ[84] zu bejahen. Ferner ist die Berücksichtigung der Aufrechnung mit einer **unbestrittenen** oder **rechtskräftig festgestellten Gegenforderung** unabhängig von der internationalen Zuständigkeit für ihre klageweise Geltendmachung als zulässig anzusehen[85]. 40

In den Fällen, in denen für die Geltendmachung der Gegenforderung aufgrund einer **Zuständigkeitsvereinbarung** die Gerichte eines anderen Staates **ausschließlich zuständig** sind, geht die Rechtsprechung schon seit längerem davon aus, in einer solchen Zuständigkeitsvereinbarung könne zugleich ein vertraglich vereinbartes Verbot liegen, sich vor dem unzuständigen Gericht auf die Aufrechnung zu berufen[86]. Dasselbe wurde auch für Zuständigkeitsvereinbarungen nach Art. 17 Abs. 1 EuGVÜ angenommen. Der EuGH[87] stellte hierzu fest, Art. 17 Abs. 1 EuGVÜ schließe nicht die Möglichkeit aus, die Aufrechnung mit einer Forderung, die mit der Klageforderung in Zusammenhang stehe, trotz einer auf ein anderes Gericht lautenden Gerichtsstandsvereinbarung zu berücksichtigen, wenn dies mit Wortlaut und Sinn der Gerichtsstandsvereinbarung vereinbar sei. Der BGH[88] hat im Anschluß hieran die zu prüfende internationale Zuständigkeitsvereinbarung als prozessuales Aufrechnungsverbot ausgelegt. Ob durch eine Vereinbarung der ausschließlichen internationalen Zuständigkeit die Aufrechnung vor einem danach unzuständigen Gericht ausgeschlossen wird, hängt somit vom Inhalt der Vereinbarung und, wenn dieser unklar ist, von der **Auslegung** ab. Es dem Parteiwillen zu überlassen, ob die Zuständigkeitsvereinbarung nur die Geltendmachung im Wege der Klage oder auch die Aufrechnung erfassen soll, erscheint weiterhin sachgerecht. Wenn man aber mit der neueren Rechtsprechung des BGH (→ Rdnr. 39) grundsätzlich für die Aufrechnung die internationale Zuständigkeit hinsichtlich der Gegenforderung verlangt, so erscheint es konsequent, eine Vereinbarung einer ausschließlichen Zuständigkeit *im Zweifel* 41

---

lich ist); *Grunsky* Grundlagen[2] § 15 IV (S. 154); *Schack* Internationales Zivilprozeßrecht (1991) Rdnr. 355 a.E.; *Jauernig* ZPR[24] § 45 III; *Zöller-Greger*[18] Rdnr. 19; *MünchKommZPO-Peters* Rdnr. 37.
[81] BGH NJW 1993, 2753 (Fn. 77).
[82] BGH NJW 1993, 2753 (Fn. 77); *Geimer* IPRax 1986, 208, 214.
[83] Davon geht auch der *BGH* (Fn. 80) aus; ebenso *J. Schröder* (Fn. 80), 597; *Schack* (Fn. 80), Rdnr. 355; *MünchKommZPO-Peters* Rdnr. 37; ähnlich *Geimer* NJW 1973, 951, 952 (bei Konnexität).
[84] *EuGH* Slg. 1985, 787 (Fn. 77); *BGH* NJW 1993, 1399; auch *BGH* (Fn. 80) geht hiervon aus.
[85] *J. Schröder* (Fn. 80), 597 f.; *MünchKomm-v. Feld-*

mann[2] § 387 Rdnr. 14 c nach Fn. 181; *Eickhoff* (Fn. 80), 167; *Schack* (Fn. 80), Rdnr. 355.
[86] BGHZ 60, 85 = NJW 1973, 421 = AWD 1973, 165 (*v. Hoffmann*) = ZZP 86 (1973), 329 (*Walchshöfer*) = JR 1973, 202 (*Zeiss*); *BGH* LM § 38 Nr. 18 = NJW 1973, 422 (LS) = AWD 1973, 167 (*v. Hoffmann*) = ZZP 86 (1973), 332 (*Walchshöfer*); *BGH* NJW 1981, 2644, 2645; *Kropholler* (Fn. 78), Rdnr. 590.
[87] *EuGH* Slg. 1978, 2133 = RIW/AWD 1978, 814 = NJW 1979, 1100 (LS); zust. *Kropholler* Europäisches Zivilprozeßrecht, Kommentar zum EuGVÜ[4], Art. 17 Rdnr. 94 f.
[88] *BGH* NJW 1979, 2477 = WM 1979, 978.

so auszulegen, daß sie auch der Aufrechnung vor einem anderen Gericht entgegensteht[89]. Jedenfalls für den Fall, daß für den aufgerechneten Anspruch gegen den Kläger dessen Heimatgerichte als ausschließlich zuständig vereinbart wurden, hat der BGH[90] schon bisher in der Regel die Auslegung im Sinne eines Aufrechnungsverbotes für angemessen erklärt. Soweit in der Gerichtsstandsvereinbarung ein Aufrechnungsverbot liegt, wird es nach der Ansicht des BGH[90a] auch nicht dadurch beseitigt, daß der ausländische Kläger ein nach der Abrede für die Klage international unzuständiges deutsches Gericht angerufen und der Beklagte sich rügelos darauf eingelassen hat. Je nach Lage des Einzelfalles könnte aber hier eine stillschweigende Aufhebung der Zuständigkeitsvereinbarung auch hinsichtlich der Gegenforderung vorliegen oder die Berufung des Klägers auf die Zuständigkeitsvereinbarung als treuwidrig anzusehen sein.

41a Die Vereinbarung einer anderen ausschließlichen internationalen Zuständigkeit für die Gegenforderung steht, wenn nicht im konkreten Fall eine andere Auslegung angezeigt erscheint, auch einer Aufrechnung mit konnexen Forderungen im Sinne des § 33 oder des Art. 6 Nr. 3 EuGVÜ (→ Rdnr. 40) entgegen. Läßt sich jedoch der Kläger auf eine ungeachtet der entgegenstehenden Zuständigkeitsvereinbarung geltend gemachte Aufrechnung **rügelos** ein (§ 39 bzw. Art. 18 EuGVÜ), so wird dadurch das Gericht auch für die Entscheidung über die Aufrechung zuständig[90b]. Wenn die **Gegenforderung unstreitig** oder bereits **rechtskräftig festgestellt** ist, wird man (entsprechend dem → Rdnr. 40 a.E. Ausgeführten) in der Zuständigkeitsvereinbarung regelmäßig kein Hindernis für die Berücksichtigung der Aufrechnung sehen können, es sei denn, sie wäre als auch für einen solchen Fall geltender materiellrechtlicher Ausschluß der Aufrechnung aufzufassen.

3. Aufrechnung und Rechtshängigkeit

42 Durch das Vorbringen des Aufrechnungseinwands wird die Gegenforderung nach h. M. **nicht rechtshängig**[91], obgleich über die aufgerechnete Forderung rechtskräftig entschieden werden kann, § 322 Abs. 2. Gegen die Begründung der Rechtshängigkeit durch Aufrechnung spricht schon, daß die ZPO nach Wortlaut und Systematik scharf zwischen Klageerhebung und Vorbringen eines Verteidigungsmittels unterscheidet, den Aufrechnungseinwand zu den Verteidigungsmitteln (Einwendungen) zählt, die Rechtshängigkeit aber grundsätzlich nur an die *Klageerhebung* anknüpft. Wie bereits ausgeführt (→ Rdnr. 30), ist die Geltendmachung der Aufrechnung von der Widerklage zu unterscheiden; dementsprechend sind auch die

---

[89] Ebenso *Kropholler* (Fn. 87), Rdnr. 95; *ders.* (Fn. 78), Rdnr. 590. – A.M. *Geimer* NJW 1973, 952; *ders.* Internationales Zivilprozeßrecht² (1993), Rdnr. 1779; *v. Hoffmann* AWD 1973, 169; *Gottwald* IPRax 1986, 10, 12; *MünchKommZPO-Gottwald* IZPR Art. 17 EuGVÜ Rdnr. 58; *Schack* (Fn. 80), Rdnr. 460.
[90] BGHZ 60, 85, 91 (Fn. 86); *BGH* LM § 38 Nr. 18; NJW 1979, 2477 (Fn. 88); *Kropholler* (Fn. 78), Rdnr. 591.
[90a] *BGH* NJW 1981, 2644, 2645; ebenso *Kropholler* (Fn. 78), Rdnr. 593. – A.M. *von Falkenhausen* RIW 1982, 386, 388 (Verstoß des Klägers gegen Treu und Glauben); *Gottwald* IPRax 1986, 10, 13.
[90b] *EuGH* Slg. 1985, 787 (Fn. 77); *BGH* NJW 1993, 1399. Ebenso *Geimer* NJW 1973, 951, 952; *Gottwald* IPRax 1986, 10, 13; *MünchKommZPO-Gottwald* IZPR Art. 17 EuGVÜ Rdnr. 58; *Kropholler* (Fn. 87), Art. 18 Rdnr. 19.
[91] Wie hier *BGHZ* 57, 242 = LM § 263 Nr. 13 (*Rietschel*) = NJW 1972, 450 = JR 336 (*Zeiss*) = ZZP 85 (1972), 485 (*Bettermann*); *BGH* LM § 535 BGB Nr. 70; *BGH* NJW 1977, 1687; *BAG* WM 1974, 792; *RGZ* 18, 408; 27, 296, 299; *OLG Celle* NdsRpfl 1955, 227 (Fn. 57); *Petersen* Gruchot 30 (1886), 1, 44; 31 (1887), 535; *Redlich* ZZP 25 (1899), 376f.; *Oertmann* (Fn. 40), 143ff.; *Baumgärtel* JuS 1966, 187, 189; *Grunsky* Grundlagen² § 15 I 1; *Jauernig* ZPR²⁴ § 45 III; *Schönke-Kuchinke*⁹ § 48 Anm. II; *Musielak* Grundkurs ZPO, Rdnr. 268; *Baumbach-Lauterbach-Hartmann*⁵¹ Rdnr. 15; *Thomas-Putzo*¹⁸ Rdnr. 20; *MünchKommZPO-Peters* Rdnr. 29; *Zöller-Greger*¹⁸ Rdnr. 18; *Rosenberg-Schwab-Gottwald*¹⁵ § 105 IV 2. – A.M. (hinsichtlich des Einwands der Rechtshängigkeit) *Bettermann* Rechtshängigkeit und Rechtsschutzform (1949), 84; *ders.* ZZP 85 (1972), 486; *Häsemeyer* (Fn. 40), 232ff.; *Eike Schmidt* ZZP 87 (1974), 29, 39; *A. Blomeyer* ZPR² § 60 I 1a; *Schilken* Zivilprozeßrecht Rdnr. 439; für einen teilweisen Eintritt von Rechtshängigkeitswirkungen auch *Mittenzwei* ZZP 85 (1972), 466 sowie die in Fn. 95 Genannten.

Prozeßvoraussetzungen für die Gegenforderung grundsätzlich nicht erforderlich. Die Vorschriften über die Rechtshängigkeit passen auch nicht für die Gegenforderung und würden zu sachlich bedenklichen Ergebnissen führen.

a) Prozessuale Wirkungen der Rechtshängigkeit

§ 261 Abs. 3 Nr. 1 gilt für die Geltendmachung der Gegenforderung durch Aufrechnung nicht, d.h. der Aufrechnungseinwand kann auch **auf eine bereits rechtshängige Forderung gestützt** werden[92]. Es ist kein Grund ersichtlich, warum die bezüglich der Gegenforderung bereits erhobene Klage eine nach materiellem Recht zulässige Aufrechnung bzw. (was weitgehend auf dasselbe hinausliefe) ihre prozessuale Geltendmachung hindern sollte. Andererseits kann man dem Aufrechnenden auch nicht zumuten, seine selbständige Klage etwa zurückzunehmen, da er nicht sicher sein kann, ob der Aufrechnungseinwand überhaupt zur Prüfung der Gegenforderung führen wird (nämlich z.B. dann nicht, wenn die Klage zurückgenommen oder als unzulässig abgewiesen wird oder wenn sich schon die Klageforderung als unbegründet erweist, → Rdnr. 47). Daher entfällt durch die Aufrechnung im Prozeß auch nicht das *Rechtsschutzbedürfnis* für die Leistungsklage aus der Gegenforderung[93]. Die selbständige Klage wird aber zweckmäßigerweise **ausgesetzt**[94], bis über den Aufrechnungseinwand entschieden ist, → § 148 Rdnr. 26. Umgekehrt den Prozeß auszusetzen, in dem die Aufrechnung geltend gemacht wird, wäre nicht sinnvoll, weil dann im Rahmen der Leistungsklage (wenn der Anspruch an sich begründet war) geprüft werden müßte, ob die Aufrechnung zum Erlöschen des Anspruchs geführt hat.

43

Es kann auch **dieselbe Forderung** zur **Aufrechnung** gestellt und hilfsweise zum Gegenstand einer **Widerklage** gemacht werden, → Rdnr. 66 sowie § 33 Rdnr. 27 (Fn. 80). Nach dem Vorbringen des Einwands der Aufrechnung kann die Gegenforderung auch **in einem gesonderten Prozeß rechtshängig gemacht** werden[95]; auch hier empfiehlt sich die **Aussetzung** dieses Verfahrens bis zur Entscheidung über den Aufrechnungseinwand. Von praktischer Bedeutung ist die Klage auf Feststellung des früheren Bestehens der Gegenforderung in einem anderen Rechtsweg, die zulässig ist, → Rdnr. 33a. Eine selbständige Klage aus der Gegenforderung kann aber nicht unter der **Bedingung** erhoben werden, daß der Aufrechnungseinwand im anderen Prozeß unzulässig oder unbegründet ist, zur Bedingungsfeindlichkeit der Klage → vor § 128 Rdnr. 208.

44

Dieselben Grundsätze gelten im **internationalen Zivilprozeßrecht** (näher zur internationalen Rechtshängigkeit → § 261 Rdnr. 11ff.), so daß grundsätzlich aus einer in dem einen Staat zur Aufrechnung gestellten Forderung eine Klage zulässig bleibt, die bei gegebener internationaler Zuständigkeit auch in einem anderen Staat anhängig gemacht werden kann. Im Bereich des EuGVÜ führt die Aufrechnung, ungeachtet der weiten Auslegung des Art. 21 EuGVÜ durch den EuGH[96], ebenfalls nicht zur Rechtshängigkeit; Art. 21 EuGVÜ greift also

44a

---

[92] Nachweise → Fn. 91; ferner für Zulässigkeit der Aufrechnung *OLG Dresden* SächsArch 6 (1896), 216; *OLG München* SeuffArch 61 (1906), 5; *KG* JW 1918, 570; *Schilken* Zivilprozeßrecht Rdnr. 439.

[93] *Zeiss*[8] Rdnr. 395; *Teubner-Prange* JR 1988, 401, 405; *Schilken* Zivilprozeßrecht Rdnr. 439.

[94] Ebenso *Zöller-Greger*[18] Rdnr. 18a. – A.M. *MünchKommZPO-Peters* Rdnr. 30.

[95] Nachweise → Fn. 91. Ohne sich *generell* für die Begründung der Rechtshängigkeit durch Aufrechnung auszusprechen, bejahen *hier* den Einwand der Rechtshängigkeit *Heckelmann* NJW 1972, 1350, 1351; *Rimmelspacher* (Fn. 40), 324, 328; *K. Schreiber* JA 1980, 344, 347; *Zeiss*[8] Rdnr. 395; *ders.* JR 1972, 337f.; *Teubner-Prange* JR 1988, 401, 404. – *Schlosser* Zivilprozeßrecht I[2] Rdnr. 326 verneint für die Geltendmachung der Gegenforderung in einem selbständigen Prozeß das Rechtsschutzbedürfnis; *Lindacher* JZ 1972, 429, 430 verneint die Zulässigkeit der neuen Klage und läßt offen, ob der Grund im Rechtshängigkeitseinwand oder im Fehlen des Rechtsschutzbedürfnisses liegt.

[96] *EuGH* Slg. 1987, 4861. Zur Tragweite dieser Entscheidung *Leipold* Gedächtnisschr. für Arens (1993), 227, 228ff.

im Regelfall nicht ein[97]. Eine Ausnahme wird man dann machen können, wenn der Aufrechnende im Erstprozeß die Klageforderung nicht bestreitet. Nach deutschem Recht fehlt dann für eine gesonderte Klage aus der Gegenforderung das Rechtsschutzbedürfnis, während man auf der Ebene des EuGVÜ dessen Art. 21 anwenden kann[98]. Im übrigen erscheint eine Aussetzung durch das als zweites angerufene Gericht wegen Sachzusammenhangs nach Art. 22 EuGVÜ zulässig.

45   Eine Anwendung des § 261 Abs. 3 Nr. 2 **(Fortdauer der Zuständigkeit)** kommt schon deshalb **nicht in Betracht**, weil nach der *Zuständigkeit* des Gerichts für die Gegenforderung nicht gefragt wird, soweit diese nicht klageweise geltend gemacht wird, → Rdnr. 32. Es besteht ferner kein Anlaß, die **Änderung des Aufrechnungseinwands** wie eine Klageänderung von der Einwilligung des Gegners oder der Sachdienlicherklärung durch das Gericht nach § 263 abhängig zu machen. Der Beklagte kann den Einwand (unabhängig von den Klagerücknahmeregeln[99]) jederzeit **fallenlassen**[100], kann aber auch weitere Aufrechnungen ungehindert vorbringen, allerdings belastet mit der Gefahr der Zurückweisung nach § 296 (→ § 296 Rdnr. 37), § 530 Abs. 2. § 265 mit seinen Vorschriften über die Folgen einer **Abtretung** des geltend gemachten Anspruchs paßt für die aufgerechnete Gegenforderung ebenfalls nicht.

b) Materiell-rechtliche Wirkungen der Rechtshängigkeit

46   Ob und inwieweit die materiell-rechtlichen Wirkungen der Rechtshängigkeit auch durch Geltendmachung der Aufrechnung im Prozeß eintreten, ist eine Frage des materiellen Rechts und deshalb hier nicht im einzelnen zu erörtern. § 209 Abs. 2 Nr. 3 BGB bestimmt, daß die **Verjährung** durch die Geltendmachung der Aufrechnung **unterbrochen** wird; diese Unterbrechung dauert (auch im Fall der Trennung nach § 145 Abs. 3) bis zur rechtskräftigen Entscheidung oder anderweitigen Erledigung des Prozesses fort, § 215 Abs. 1 BGB. Die Unterbrechung der Verjährung tritt auch bei **Eventualaufrechnung** ein, und zwar bei Erlaß eines Grundurteils bis zur rechtskräftigen Entscheidung im Betragsverfahren[101]. Die Unterbrechung wird **nicht dadurch gehindert**, daß die Aufrechnung aus prozessualen oder materiellen Gründen unzulässig bzw. unwirksam ist[102]. Dies gilt jedenfalls dann, wenn dem richtigen Schuldner gegenüber der Rechtsverfolgungswille durch die Prozeßaufrechnung hinreichend deutlich gemacht wurde[103]. Bei **Stillstand des Prozesses** beendet die letzte Prozeßhandlung die Unterbrechung, § 215 Abs. 1, § 211 Abs. 2 BGB. **Endet** der Prozeß ohne Entscheidung über die Aufrechnung, weil die Klage aus anderen Gründen abgewiesen oder die Einrede fallen gelassen wird, so bleibt die Unterbrechung durch Leistungs- oder Feststellungsklage binnen sechs Monaten erhalten, § 215 Abs. 2 BGB. Die übrigen Wirkungen der Rechtshängigkeit treten dagegen nur insoweit ein, als sie an *jede* gerichtliche Geltendmachung geknüpft sind, → § 262 Rdnr. 1.

---

[97] *OLG Hamm* IPRax 1986, 233; *OLG München* IPRax 1988, 164. – Offenlassend *OLG Koblenz* EuZW 1991, 158.
[98] Näher *Leipold* (Fn. 96), 247f.
[99] A. M. *E. Schmidt* ZZP 87 (1974), 29, 41.
[100] *BGHR* § 387 BGB Prozeßaufrechnung 2. Die erst im Prozeß erklärte Aufrechnung ist bei Rücknahme entsprechend dem → Rdnr. 54ff. Gesagten auch materiellrechtlich als unwirksam anzusehen (so auch BGH aaO.; *Schellhammer* ZPR[5] Rdnr. 320f.). Bezieht sich die Rücknahme der prozessualen Geltendmachung auf eine außerhalb des Prozesses erklärte Aufrechnung, so gilt das → Rdnr. 62 zur nicht vorgebrachten Aufrechnung Ausgeführte entsprechend.
[101] *BGH* NJW 1980, 2303 = JR 1981, 61 (*K. Schreiber*).
[102] *BGHZ* 83, 260, 271 (mwN) = NJW 1982, 1516.
[103] *BGHZ* 80, 222, 227 (zum Fall der fehlenden Gegenseitigkeit, weil die Klageforderung eine Gesamthandsforderung war) = NJW 1981, 1953.

4. Gerichtliche Prüfung und Entscheidung, Erledigungserklärung

a) Prüfungsreihenfolge

Das Gericht hat in jedem Fall **zuerst zu prüfen**, ob die **Klageforderung an sich begründet** 47 gewesen war[104]. Es ist unzulässig, das ursprüngliche Bestehen der Klageforderung offen zu lassen und die Klage deshalb abzuweisen, weil die Klageforderung jedenfalls durch die Aufrechnung unbegründet geworden sei, → auch § 300 Rdnr. 18. **Verneint** das Gericht bereits das Bestehen der **Klageforderung**, so ist die Klage als unbegründet abzuweisen, ohne daß über die Aufrechnung zu entscheiden wäre. Ist dagegen, da sich die Klageforderung (abgesehen von der Aufrechnung) als bestehend erwiesen hat, über die **Gegenforderung** zu entscheiden, so nimmt diese Entscheidung gemäß § 322 Abs. 2 an der **Rechtskraft** des Urteils teil, → § 322 Rdnr. 166 ff. Dies gilt sowohl dann, wenn das Gericht das **Nichtbestehen** der Gegenforderung festgestellt und daher der Klage stattgegeben hat, als auch, wenn es wegen begründeter Aufrechnung die Klage abgewiesen hat. Im zuletzt genannten Fall wird das Nicht*mehr*bestehen der Forderung rechtskräftig festgestellt, näher → § 322 Rdnr. 168 f. Zur **Kostenentscheidung** → § 91 Rdnr. 14. – Zur hilfsweisen Aufrechnung neben dem Vorbringen einer materiell-rechtlichen Einrede → Rdnr. 51.

War bei einer **Teilklage** bereits *vor* dem Prozeß gegenüber der Gesamtforderung mit einer 48 niedrigeren Gegenforderung aufgerechnet, so ist grundsätzlich nur der von der Aufrechnung **nicht betroffene Rest** des Gesamtbetrags geltend gemacht, so daß der Einwand der Aufrechnung diesen Restbetrag nicht trifft, demnach unbegründet ist, und jede Prüfung der Gegenforderung sich erübrigt[105]. Anders ist es, wenn erst *nach* Einklagen eines Teilbetrags innerhalb oder außerhalb des Prozesses die Aufrechnung erklärt wurde; hier kann der Kläger den Beklagten mit dem Aufrechnungseinwand **nicht** auf den **nicht eingeklagten Teil** seiner Forderung verweisen[106].

b) Erledigungserklärung

Erklären die Parteien im Hinblick auf die Aufrechnung die **Hauptsache übereinstimmend** 49 **für erledigt**, so ist weder über die Klage- noch über die Gegenforderung zu entscheiden, sondern lediglich eine Kostenentscheidung nach billigem Ermessen (§ 91a Abs. 1 S. 1) zu treffen[107]; denn die Wirksamkeit der *übereinstimmenden* Erledigungserklärung hängt nicht davon ab, ob tatsächlich eine Erledigung eingetreten ist, → § 91a Rdnr. 18. Eine **einseitige Erledigungserklärung** durch den Kläger (→ § 91a Rdnr. 37 ff.) ist dagegen nur wirksam, wenn die Aufrechnung (innerhalb oder außerhalb des Prozesses) erst nach Klageerhebung erklärt wurde und die Klage bis dahin zulässig und begründet war, → § 91a Rdnr. 6. Dagegen ist die einseitige Erledigungserklärung durch den Kläger *unwirksam*, wenn die Klageforderung schon unabhängig von der Aufrechnung nicht bestand; hier ist die Klage als unbegründet abzuweisen, → § 91a Rdnr. 42.

---

[104] Beweiserhebungstheorie im Gegensatz zur heute nicht mehr vertretenen Klagabweisungstheorie. S. etwa *BGH* ZZP 69 (1965), 429; NJW 1974, 2000, 2002; *BGHZ* 80, 97, 99; *Rosenberg-Schwab-Gottwald*[15] § 105 II 2b; *Jauernig* ZPR[24] § 45 II 1; *Musielak* Grundkurs ZPO, Rdnr. 264.

[105] *BGH* LM § 18 Abs. 1 Ziff. 3 UmstG Nr. 25; *RGZ* 129, 63, 66; *E. Schneider* MDR 1958, 823 mwN.

[106] *BGH* (Fn. 105); *RGZ* 80, 393; *BAG* AP Nr. 1 zu § 90a HGB (*Hefermehl*).

[107] Vgl. *OLG Neustadt* ZZP 71 (1958), 255 (Kostenpflicht des Beklagten, der während des Prozesses von anderen Gläubigern Gegenforderungen erworben und damit aufgerechnet hat); s. auch *LG Köln* WuM 1987, 232.

5. Eventualaufrechnung

a) Zulässigkeit und Inhalt

50 Wird die Aufrechnung erst im Prozeß und **neben anderem Verteidigungsvorbringen** geltend gemacht, so geschieht dies nur **hilfsweise,** d. h. für den Fall, daß das sonstige Verteidigungsvorbringen nicht erfolgreich ist. Über die **Zulässigkeit** dieser sogenannten Hilfsaufrechnung (Eventualaufrechnung) besteht Einigkeit[108]. Über die genauere Begründung, insbesondere darüber, ob und inwieweit bei der Eventualaufrechnung eine echte Bedingung vorliegt, kann man geteilter Meinung sein. Soweit eine echte Bedingung anzunehmen ist, wird die Annahme einer **auflösenden Bedingung** dem Willen des Beklagten besser gerecht als eine aufschiebende Bedingung, → Rdnr. 28 a. Soweit es um die **Prozeßhandlung** (Vorbringen der Aufrechnung) geht, wäre eine Bedingung jedenfalls als innerprozessuale zu qualifizieren und entsprechend dem vor § 128 Rdnr. 210 ff. Gesagten als zulässig zu erachten. Als solche innerprozessuale Bedingung der Prozeßhandlung könnte man die Überzeugung des Richters vom Bestehen der Klageforderung auffassen, die ein künftiges ungewisses Ereignis darstellt. Genau besehen ist aber eine solche Bedingung *überflüssig,* weil der Richter nach heutiger Ansicht ohnehin zunächst das Bestehen der Klageforderung zu prüfen hat, → Rdnr. 47. Diese Reihenfolge der Prüfung ergibt sich stets dann, wenn der Beklagte die Klageforderung schon unabhängig von der Aufrechnung bestreitet und setzt nicht voraus, daß der Beklagte insoweit eine besondere »Bedingung« setzt. Nicht für die Prozeßhandlung, wohl aber für die **rechtsgeschäftliche Erklärung** der Aufrechnung könnten sich Bedenken gegen die Eventualaufrechnung ergeben, weil die Aufrechnung nach § 388 S. 2 BGB bedingungsfeindlich ist. Soweit aber der Beklagte die Wirksamkeit vom tatsächlichen Bestehen der Klageforderung abhängig macht, setzt er nur in *überflüssiger,* aber sachlich nicht zu beanstandender Weise zur »Bedingung«, was kraft Gesetzes Wirksamkeitsvoraussetzung, nicht aber ein künftiges, ungewisses Ereignis ist. Insoweit liegt also eine *Bedingung im Rechtssinne nicht vor*[109].

51 Anders ist es allerdings, wenn der Beklagte zwar das Bestehen der Klageforderung nicht bestreitet, sich aber in erster Linie auf eine **materiell-rechtliche Einrede** (z. B. Stundung oder Verjährung der Klageforderung) und nur hilfsweise auf die Aufrechnung beruft. Da nach materiellem Recht die Aufrechnung auch gegen eine einredebehaftete Forderung möglich ist (gemäß § 387 BGB kommt es lediglich auf die Erfüllbarkeit dieser Forderung an), ergibt sich hier die Prüfungsreihenfolge erst aus dem (zumindest stillschweigend geäußerten) **Willen** der aufrechnenden Partei. Hier liegt zwar keine Verknüpfung der Aufrechnung mit einem künftigen ungewissen Ereignis, wohl aber eine sog. **Gegenwartsbedingung** (Aufrechnung nur für den Fall der Unbegründetheit der Einrede) vor[110]. Ob die Voraussetzungen dieser Gegenwartsbedingung erfüllt sind, steht jedoch an sich objektiv fest und klärt sich jedenfalls alsbald im Prozeß, so daß für den Gegner keine unzumutbare Ungewißheit entsteht. Trotz § 388 S. 2 BGB ist daher eine solche Eventualaufrechnung **zuzulassen,** so daß die erklärte Aufrechnung **materiell-rechtlich unwirksam** ist, wenn sich die in erster Linie geltend gemachte Einrede als begründet erweist.

52 Dem Interesse des Beklagten und seinem zumindest stillschweigend erklärten Willen

---

[108] RGZ 57, 97, 101; 79, 24, 26; 97, 269, 273; *A. Blomeyer* ZPR² § 60 I (S. 309), II 3 (S. 313); *Rosenberg Schwab-Gottwald*¹⁵ § 105 II 2; *Oertmann* (Fn. 40), 265 ff.

[109] RGZ 97, 269, 273; Motive zum Entwurf des BGB, Bd. 2, 108 (= *Mugdan* Materialien zum BGB, Bd. 2, 59); *A. Blomeyer* ZPR² § 60 II 3; *Schwab* (Fn. 40), 939, 947; *Rosenberg-Schwab-Gottwald*¹⁵ § 105 II 2 b (S. 636); *Kion* (Fn. 40), 27, 34; *Gernhuber* (Fn. 40), 286; *Münch-*

KommZPO-Peters Rdnr. 22. – Nimmt man dagegen eine echte Bedingung an, so ist schon an dieser Stelle mit einer restriktiven Auslegung des § 388 S. 2 BGB (→ Rdnr. 52) zu helfen, so z. B. *Arens-Lüke*⁵ Rdnr. 214; *Musielak* Grundkurs ZPO, Rdnr. 265.

[110] *Schwab* (Fn. 40), 939, 946 f.; *MünchKommZPO-Peters* Rdnr. 23; s. auch *Kion* (Fn. 40), 34.

entspricht es darüber hinaus, die erst im Prozeß erfolgte Aufrechnung auch materiell-rechtlich **nur für den Fall** zu erklären, **daß auch das Vorbringen im Prozeß zulässig ist und nicht durch das Gericht zurückgewiesen wird.** Bei dieser Verknüpfung mit der prozessualen Zulässigkeit kann man kaum leugnen, daß es sich um eine Bedingung im Rechtssinne handelt. Eine einengende, **diese Bedingung zulassende Auslegung** des § 388 S. 2 BGB erscheint jedoch geboten[111], weil die durch diese Bedingung entstehende Unsicherheit über die materiell-rechtliche Wirksamkeit der Aufrechnung im anhängigen Prozeß geklärt wird und daher dem Aufrechnungsgegner zugemutet werden kann. Wenn bei prozessualer Unzulässigkeit einschließlich Nichtzulassung oder Zurückweisung die Prozeßaufrechnung auch als rechtsgeschäftliche Erklärung **wegen Nichteintritts der Bedingung unwirksam** ist, wird das Problem einer prozessual erfolglosen, aber materiell-rechtlich wirksamen Aufrechnung vermieden. Der Beklagte kann dann seine unverbrauchte Gegenforderung in einem neuen Prozeß einklagen.

b) Beendigung des Rechtsstreits durch Klagerücknahme, Prozeßvergleich, Anerkenntnis- oder Verzichtsurteil

Mit der Annahme einer (zumindest stillschweigenden) *Bedingung* sind auch die Fälle einer **Beendigung des Rechtsstreits ohne Urteil** oder durch Urteil besonderer Art sachgerecht zu lösen. Die im Prozeß erklärte Aufrechnung ist auch dadurch bedingt, daß der Kläger die Klage **nicht zurücknimmt**[112]; denn das wird er im allgemeinen nur tun, wenn seine Klage auch ohnedies unbegründet war, während er zweckmäßig Erledigung der Hauptsache anzeigt, falls erst die Aufrechnung die Klageforderung erlöschen läßt, → Rdnr. 49. Entsprechende Bedingungen sind ein **Prozeßurteil** sowie ein **Prozeßvergleich**, der ausnahmsweise keine materiell-rechtliche Regelung enthält. Wenn dagegen der Prozeßvergleich, wie in aller Regel, auch das streitige materiell-rechtliche Verhältnis der Parteien ordnet, hängt es von seinem, notfalls durch Auslegung zu ermittelnden Inhalt ab, ob er die Wirksamkeit der Aufrechnung anerkennt oder vertraglich beseitigt. Entsprechend ist es eine Frage der Auslegung bei **Anerkenntnis- und Verzichtsurteilen**, die regelmäßig von der Auslegung der Anerkenntnis- oder Verzichtserklärung der Partei abhängt, ob das Urteil auch den Aufrechnungseinwand umfaßt und daher das Nichtbestehen (bzw. Nichtmehrbestehen) der Gegenforderung feststellt. Soweit dies nicht der Fall ist, ist die im Prozeß erklärte Aufrechnung wiederum (wegen Nichteintritts einer jedenfalls stillschweigend gesetzten Bedingung) nicht nur prozessual, sondern auch **materiell-rechtlich** als **nicht wirksam** geworden anzusehen.

6. Zurückweisung des Aufrechnungseinwands

a) Voraussetzungen

Da das Vorbringen der Aufrechnung ein Verteidigungsmittel ist, kann es **in erster Instanz** zur Nichtzulassung bzw. Zurückweisung dieser Einwendung nach § 296 Abs. 1 oder 2 kommen, wenn die Zulassung den Prozeß verzögern würde, → § 296 Rdnr. 37. Voraussetzung ist weiterhin, daß die Aufrechnung ohne hinreichende Entschuldigung erst nach Ablauf einer der

53

54

---

[111] Vgl. *Baumgärtel* (Fn. 40), 165; *Schlosser* Zivilprozeßrecht I² Rdnr. 324; *Musielak* Grundkurs ZPO, Rdnr. 269; *Gernhuber* (Fn. 40), 286. Zum selben Ergebnis führt die entsprechende Anwendung des § 139 BGB (→ Fn. 115) oder die Annahme eines materiell-rechtlichen Satzes, wonach die Aufrechnung unwirksam ist, wenn sie in einem Zeitpunkt erklärt wird, in dem sie prozessual nicht mehr zulässig vorgebracht werden kann, so *Henckel* ZZP 74 (1961), 165, 184.

[112] Ebenso *MünchKomm-v. Feldmann*² § 388 Rdnr. 4. – A.M. *Schwab* (Fn. 40), 939, 950.

in § 296 Abs. 1 genannten Fristen vorgebracht wurde, oder daß eine grob nachlässige Verspätung vorliegt, § 296 Abs. 2. In der **Berufungsinstanz** ist die erstmals vorgebrachte Einwendung der Aufrechnung nur zuzulassen, wenn der Kläger einwilligt oder das Gericht die Geltendmachung für sachdienlich erachtet, § 530 Abs. 2, näher → § 530 Rdnr. 12 ff.

b) Wirkungen

55   Wird der in erster Instanz als verspätet zurückgewiesene Aufrechnungseinwand in zweiter Instanz wiederholt, so richtet sich die Zulassung nach § 530 Abs. 2, → § 530 Rdnr. 17. Ob ein in erster oder zweiter Instanz zurückgewiesener Aufrechnungseinwand noch im Rahmen der **Vollstreckungsgegenklage** (§ 767 Abs. 1) geltend gemacht werden kann, erscheint im Hinblick auf die in § 767 Abs. 2 gezogene Grenze zweifelhaft[113]. Obwohl der Beklagte seine Gegenforderung selbständig einklagen kann (→ Rdnr. 56 ff.), kann die Möglichkeit der Vollstreckungsgegenklage für ihn vorteilhaft sein. Fällt nämlich der Kläger des Erstprozesses in Konkurs, so könnte für den Beklagten auf diese Weise die Sicherungsfunktion der Aufrechnung erhalten bleiben. Soweit man die zurückgewiesene Aufrechnung als *materiell-rechtlich* unwirksam ansehen kann (→ Rdnr. 56 f.) und außerdem, wie es richtig erscheint, im Rahmen des § 767 Abs. 2 nicht auf das Entstehen der *Aufrechnungslage*, sondern auf den Zeitpunkt der (wirksamen) *Aufrechnungserklärung* abstellt (→ § 767 Rdnr. 32, 37), wäre es an sich denkbar, die Vollstreckungsgegenklage zu gewähren. Mit dem Beschleunigungs- und Konzentrationszweck, den gerade die Vereinfachungsnovelle 1976 durch die neugefaßten Präklusionsvorschriften besonders unterstrichen hat, wäre dies jedoch nicht zu vereinen[114]. Zumindest hat dies dann zu gelten, wenn die Zurückweisung wegen *unentschuldigter Verspätung* nach § 296 Abs. 1 oder 2 erfolgte. Wurde dagegen die Aufrechnung in der *Berufungsinstanz* nach § 530 Abs. 2 nicht zugelassen, so erscheint der Ausschluß der Vollstreckungsgegenklage nicht ganz unproblematisch, vor allem wenn man an die Aufrechnung mit Forderungen denkt, die der Beklagte erst nach Abschluß der ersten Instanz erlangt hat bzw. die erst jetzt fällig und damit aufrechenbar geworden sind. Die richtige Abhilfe ist aber, in diesen Fällen regelmäßig die *Sachdienlichkeit* i. S. v. § 530 Abs. 2 zu bejahen, → § 530 Rdnr. 20.

56   Andererseits würde es **über den Zweck der Präklusionsbestimmungen hinausgehen**, wenn die Zurückweisung nicht nur die Geltendmachung der Aufrechnung hindern, sondern dem Aufrechnenden auch noch seine **Gegenforderung nehmen** könnte. Diese Folge hätte mit der Prozeßbeschleunigung nichts mehr zu tun, und es gibt auch keinen Grund dafür, dem Aufrechnenden etwa eine solche Konsequenz als eine Art Strafe aufzuerlegen. Also muß es dem Beklagten, dessen Aufrechnungseinwand zurückgewiesen wurde, **unbenommen bleiben, die von ihm behauptete Gegenforderung später selbständig einzuklagen**. Aus der *Rechtskraft* des Urteils im ersten Prozeß ergeben sich dafür *keine Hindernisse*, da wegen der Zurückweisung des Aufrechnungseinwands über die Gegenforderung nicht entschieden wurde und daher keine Rechtskraftwirkung nach § 322 Abs. 2 eintreten kann. Die Geltendmachung der Gegenforderung könnte aber scheitern, wenn man die Aufrechnung ungeachtet

---

[113] Verneinend *OLG Düsseldorf* MDR 1983, 586 (zu § 530 Abs. 2); *Rosenberg-Schwab-Gottwald*[15] § 105 III 2 a; *Häsemeyer* (Fn. 40), 226; *Otto* Die Präklusion (1970), 46 Fn. 77; *Baumbach-Lauterbach-Hartmann*[51] § 767 Rdnr. 53; → auch § 767 Rdnr. 25, 35. – A.M. *Grunsky* JZ 1965, 391, 395; *ders.* Grundlagen² § 15 IV (S. 153); ausführlich 19. Aufl. (*Pohle*) VI 2 a, γ (S. 746). – *Habscheid* ZZP 76 (1963), 371, 376, 379 billigt dem Beklagten, dessen im Prozeß erklärte Aufrechnung zurückgewiesen wurde, einen Bereicherungsanspruch (wegen Nichterreichung des Leistungszwecks) zu, der im Wege der Vollstreckungsgegenklage geltend gemacht werden könne.

[114] Dieses Argument gilt nicht, wenn die Aufrechnung nicht wegen Verspätung zurückgewiesen wurde, sondern wegen fehlender Zuständigkeit des Gerichts unberücksichtigt blieb. Daher kann man dort die Zulassung der Vollstreckungsgegenklage eher vertreten, wenn man von der h.M. für richtig gehaltene Aussetzungslösung ablehnt, → *KG* (Fn. 66 a. E.).

ihrer Zurückweisung *materiell-rechtlich für wirksam hält* und daher annimmt, die Forderung sei gemäß § 389 BGB durch die Aufrechnungserklärung erloschen. Dieses höchst unbefriedigende Ergebnis läßt sich für den Fall der erst im Prozeß erklärten Aufrechnung dadurch **vermeiden**, daß man in der prozessualen Zulassung des Einwands eine zumindest stillschweigend gesetzte und trotz § 388 S. 2 BGB wirksame **Bedingung** für die materiell-rechtliche Aufrechnungserklärung erblickt, → Rdnr. 52.

Ein anderer gangbarer Weg besteht darin, bei der im Prozeß erklärten Aufrechnung die materiell-rechtliche Erklärung und das prozessuale Vorbringen des Aufrechnungseinwands **als Einheit aufzufassen** und darauf den allgemeinen, insbesondere in § 139 BGB zum Ausdruck kommenden Rechtsgedanken anzuwenden[115]. Man kann dann die **Unwirksamkeit auch der materiell-rechtlichen Aufrechnungserklärung**[116] bejahen, weil nach dem Willen des Erklärenden die materiell-rechtliche Wirkung nur für den Fall gewollt war, daß auch die prozessuale Zulässigkeit gegeben ist. Sowohl die Annahme einer Bedingung als auch die analoge Anwendung des § 139 BGB stellen letztlich auf den *Willen* des Erklärenden ab, so daß es im Grunde ohne Belang ist, welchen dieser beiden Wege man vorzieht. 57

Weder durch Annahme einer stillschweigenden Bedingung noch durch analoge Anwendung des § 139 BGB kann man jedoch die zurückgewiesene Aufrechnung dann für materiell-rechtlich unwirksam erklären, wenn sie bereits **vor dem Prozeß** und auch ohne erkennbaren Bezug zu einem bevorstehenden Prozeß **erklärt** wurde. Hier dem Aufrechnenden den Verlust der Gegenforderung aufzubürden, erscheint aber **genauso unbefriedigend** wie bei der erst während des Prozesses erklärten Aufrechnung[117]. Zudem ist hier erst recht kein Grund ersichtlich, dem Gegner, der schon vor dem Prozeß mit der Aufrechnung konfrontiert worden war, einen solchen Gewinn zuzusprechen. Die Aufrechnung hat auch in diesem Fall ihren **Zweck verfehlt** und sollte daher nicht zum Erlöschen der Gegenforderung führen können[118]. Eine Lösung bestünde darin, aus der Funktion der Aufrechnung einen **ergänzenden materiell-rechtlichen Rechtssatz** abzuleiten, der bei einer endgültigen Zurückweisung im Prozeß auch die materiell-rechtliche Wirksamkeit der Aufrechnung beseitigt[119]. Da aber eine solche Verknüpfung der materiellen mit der prozessualen Ebene von der Denkweise des materiellen Rechts abweicht (dieses stellt auf die für sich als existierend betrachteten Tatsachen, nicht auf die prozessuale Verwirklichung ab), liegt es näher, die Lösung aus dem **Prozeßrecht** heraus zu entwickeln. 58

Hier bietet sich die **Rechtskraft des Urteils** im ersten Prozeß als Anknüpfungspunkt an[120]. 59

---

[115] *Schwab* (Fn. 40), 939, 953; *Rosenberg-Schwab-Gottwald*[15] § 105 III 2 a; *Lüke-Huppert* JuS 1971, 165, 169.
[116] Dafür im Ergebnis, aber ohne genauere Begründung auch *Rosenberg* ZZP 59 (1935), 229; *Jauernig* ZPR[24] § 45 III.
[117] *Häsemeyer* (Fn. 40), 216; *A. Blomeyer* ZZP 88 (1975), 439; *Kawano* ZZP 94 (1981), 1, 27; *Jauernig* ZPR[24] § 45 III; *MünchKommZPO-Peters* Rdnr. 27 f. – Andere halten dagegen den Verlust der Gegenforderung für angemessen, wenn die Aufrechnung bereits vor dem Prozeß erklärt und im Prozeß das Vorbringen als verspätet zurückgewiesen wurde, so *Rosenberg-Schwab-Gottwald*[15] § 105 III 2b; *Pawlowski* ZZP 104 (1991), 249, 261 ff.; s. auch *Nikisch* (Fn. 40), 773. Auch *Habscheid* (Fn. 113) beschränkt seinen Lösungsvorschlag auf die erst im Prozeß erklärte Aufrechnung.
[118] Vgl. *Häsemeyer* (Fn. 40), 223.
[119] Einen derartigen Weg schlägt *Henckel* (→ Fn. 111) ein, aber nur für den Fall der bereits verspätet *erklärten* Aufrechnung; zust. *Gernhuber* (Fn. 40), 258 f. Auch *Kawano* ZZP 94 (1981), 1, 23 ff. sucht die Lösung letztlich im materiellen Recht, da er, wenn der Aufrechnungseinwand aus prozessualen Gründen zurückgewiesen wurde, ein Recht zum Widerruf der Aufrechnungserklärung bejaht. Mit dem BGB ist dies jedoch kaum zu vereinbaren. – *Häsemeyer* (Fn. 40), 223, 225 leitet aus den *materiell-rechtlichen* Funktionen der Aufrechnung ab, daß bei Zurückweisung des Aufrechnungsvorbringens zugleich die Gegenforderung zur anderweitigen Durchsetzung freigegeben werde, bezieht aber in seine Argumentation auch die *Rechtskraft* des Urteils ein (aaO 223, 227), so daß der Unterschied zur hier vertretenen Begründung gering erscheint.
[120] Ebenso *A. Blomeyer* ZZP 88 (1975), 439; *ders.* ZPR[2] § 89 VI 2 b; *Münzberg* → § 767 Rdnr. 39; s. auch *Geimer* IPrax 1986, 208, 214. Auch *MünchKommZPO-Peters* Rdnr. 28 stimmt dem Ausgangspunkt zu, glaubt aber, auf eine genauere Bestimmung des Gegenstands der Rechtskraft verzichten zu können. – *Varvitsiotis* (Fn. 40), 95 ff., 187 ff. sieht in der Rechtskraft eine auflösende Rechtsbedingung für die außer- oder innerprozessuale Aufrechnung.

Wenn der Kläger des ersten Prozesses, in dem der Aufrechnungseinwand zurückgewiesen wurde, sich gegenüber der selbständig eingeklagten Gegenforderung mit dem Vorbringen verteidigt, diese Forderung sei durch die Aufrechnung bereits erloschen, so setzt er sich **mit dem rechtskräftigen Urteil in Widerspruch.** Im Hinblick auf die Interessenlage der beiden Prozeßparteien kann man hier zum rechtskräftigen Inhalt des Urteils im ersten Prozeß durchaus die Feststellung rechnen, daß die **damalige Klageforderung nicht durch Aufrechnung erloschen** ist. Damit kann man zugleich als rechtskräftig festgestellt ansehen, daß auch die **Gegenforderung nicht durch Aufrechnung weggefallen** ist. Zwar bestehen angesichts der engen Umgrenzung der Rechtskraft, von der das Gesetz in § 322 Abs. 1 ausgeht, im allgemeinen Bedenken, den Rechtskraftinhalt durch *Schlußfolgerungen* zu erweitern. Die Parteien sollen nicht später mit rechtskräftigen Feststellungen überrascht werden, an die sie im ersten Prozeß nicht zu denken brauchten, weil diese Fragen nicht im Mittelpunkt des damaligen Streits standen. Von *überraschenden* Folgerungen kann aber im hier erörterten Zusammenhang nicht die Rede sein. Vielmehr ist es die geradezu selbstverständliche und für die Parteien unmittelbar einsichtige Konsequenz aus dem Ergebnis des ersten Prozesses, daß, wenn das Bestehen der Klageforderung festgestellt und der Beklagte zur Erfüllung verurteilt wurde, dann auch die behauptete Gegenforderung nicht durch eine vorherige Aufrechnung mit der damaligen Klageforderung erloschen sein kann.

60 Hindert bereits die **Rechtskraft** des ersten Urteils den damaligen Kläger daran, sich im zweiten Prozeß auf ein Erlöschen der Gegenforderung durch Aufrechnung zu berufen, so wird es *entbehrlich*, die Lösung aus Treu und Glauben zu entnehmen. Allerdings kann man in dem Verhalten des früheren Klägers und jetzigen Beklagten, der einerseits das ohne Berücksichtigung der Aufrechnung ergangene Urteil für sich in Anspruch nimmt, sich aber andererseits auf das Erlöschen der Gegenforderung durch Aufrechnung berufen will, einen **Verstoß gegen Treu und Glauben** erblicken[121]. Aber nicht nur mit Treu und Glauben, sondern vor allem mit dem ersten Urteil setzt sich der frühere Kläger und jetzige Beklagte in Widerspruch, und dies kommt, wie gesagt, besser zum Ausdruck, wenn man die Lösung aus dem Rechtskraftgesichtspunkt herleitet. Übrigens gelten diese Erwägungen zur Rechtskraft auch für den Fall der erst **im Prozeß erklärten** und dann zurückgewiesenen Aufrechnung, der aber auch schon mit den oben bei Rdnr. 56 f. dargelegten Erwägungen befriedigend gelöst werden kann.

c) Zurückweisung einzelner Tatsachen oder Beweismittel

61 Von der Zurückweisung des Aufrechnungseinwands insgesamt ist die Nichtzulassung bzw. Zurückweisung *einzelner* verspäteter Tatsachen oder Beweismittel zu unterscheiden, die zur Begründung des rechtzeitig geltend gemachten Aufrechnungseinwands vorgetragen wurden. Die Zurückweisung richtet sich insoweit in erster Instanz ebenfalls nach § 296 Abs. 1 und 2, in der Berufungsinstanz nach § 527 bzw. § 523 i.V. mit § 296 Abs. 2. Eine derartige Zurückweisung ändert nichts daran, daß der Aufrechnungseinwand wie sonst zu **berücksichtigen** und gegebenenfalls darüber zu **entscheiden** ist. Wenn dabei die Gegenforderung verneint wird (z. B. wegen fehlender schlüssiger Tatsachenbehauptungen oder wegen mangelnden Beweises), so greift die **Rechtskraftwirkung** nach § 322 Abs. 2 ein[122]. Die aberkannte Gegenforderung kann dann **nicht mehr selbständig eingeklagt werden.** Die bei Rdnr. 56 ff. angestellten Erwägungen gelten hier also nicht.

---

[121] So 19. Aufl. (*Pohle*) VI 2a δ a. E. (S. 747); *Lüke-Huppert* JuS 1971, 165, 169 Fn. 54. *OLG Frankfurt* MDR 1984, 239; *Zöller-Greger*[18] Rdnr. 16; *Knöringer* NJW 1977, 2336, 2339 f.

[122] *BGHZ* 33, 236; *BGH* MDR 1986, 843; 1987, 1019;

7. Die im Prozeß nicht vorgebrachte Aufrechnung

Ähnliche Probleme wie bei einem aus prozessualen Gründen zurückgewiesenen Aufrechnungseinwand ergeben sich, wenn eine außerhalb des Prozesses (sei es vor oder während des Verfahrens) erklärte Aufrechnung **nicht im Prozeß vorgetragen** wurde. Da in einem solchen Fall über die Gegenforderung nicht entschieden wurde, kann einer selbständigen Klage aus dieser Forderung keine Rechtskraftwirkung nach § 322 Abs. 2 entgegenstehen. Doch könnte man einwenden, die Aufrechnung habe, wenn sie materiell-rechtlich zulässig war und wirksam erklärt wurde, zum Erlöschen der Gegenforderung gemäß § 389 BGB geführt. Was bei Rdnr. 59 zur Rechtskraft einer verurteilenden Entscheidung im ersten Prozeß ausgeführt wurde, gilt aber auch hier: Mit der Feststellung des Bestehens der damaligen Klageforderung ist zugleich als **festgestellt** anzusehen, daß die damalige **Klageforderung nicht durch Aufrechnung erloschen** ist, und dies wiederum steht einer Feststellung im neuen Prozeß entgegen, die **Gegenforderung** sei durch eine derartige Aufrechnung entfallen[123]. Auch hier wird es bei dieser Lösung entbehrlich, die Berufung des Beklagten im zweiten Prozeß auf das Erlöschen der jetzigen Klageforderung erst an **Treu und Glauben** scheitern zu lassen[124]. Die gelegentlich angenommene Parallele zum Fall der in einem Prozeß nicht geltend gemachten Erfüllung der Forderung erscheint gerade im Hinblick auf die materielle Rechtskraft des Urteils im ersten Prozeß nicht überzeugend. Wer nämlich eine solche – angeblich vor dem für die Rechtskraft maßgeblichen Zeitpunkt erbrachte – Leistung zurückfordert, setzt sich mit dem rechtskräftigen Inhalt des Urteils in Widerspruch: Läge eine Erfüllung vor, so hätte das Bestehen der Forderung nicht mehr festgestellt werden können. Es liegt also mit anderen Worten in der Geltendmachung dieses Anspruchs die **Behauptung der Unrichtigkeit des ersten Urteils,** und gerade dies wird durch die materielle Rechtskraft verwehrt, näher → § 322 Rdnr. 263. Dagegen ist es bei der nicht vorgetragenen Aufrechnung nicht der damalige Beklagte, der nun seine Gegenforderung geltend macht, sondern der damalige *Kläger*, der sich **mit dem ersten Urteil in Widerspruch setzt,** wenn er sich gegenüber der Klage aus der Gegenforderung auf deren Erlöschen und damit auf die Unrichtigkeit des ersten Urteils beruft.

VI. Die Trennung bei der Aufrechnung (Abs. 3)

1. Zweck und Anwendungsbereich des Abs. 3

Abs. 3 trägt dem Bedürfnis Rechnung, den Prozeß **gegen Verschleppung** durch weit ausgreifende, mit der Klage nicht im Zusammenhang stehende Verteidigungen zu schützen. Dieses Bedürfnis kann an sich auch bei **anderen Einreden** (i. S. des Prozeßrechts → § 146 Rdnr. 4) bestehen, mit denen ein Gegenrecht verteidigungsweise geltend gemacht wird, insbesondere bei der Einrede der Zurückbehaltung. Aber die Trennung nach § 145 Abs. 3, die Vorbehaltsentscheidung nach § 302 und die beschränkte Zulassung in der Berufungsinstanz nach § 530 Abs. 2 gelten ebenso wie die Ausdehnung der Rechtskraft nach § 322 Abs. 2 nach dem klaren Wortlaut des Gesetzes nur bei der Aufrechnung, und wegen der Besonderheiten der Aufrechnung **verbietet sich auch die entsprechende Anwendung** auf andere Einreden[125].

---

[123] Übereinstimmend *Münzberg* → § 767 Rdnr. 39; ähnlich *Häsemeyer* (Fn. 40), 227 (→ Fn. 119).
[124] So 19. Aufl. (*Pohle*) VI 2a, δ (S. 747), dazu → Rdnr. 60.
[125] H. M., *RGZ* 8, 364; 15, 421; 73, 54; *Thomas-Putzo*[18] Rdnr. 10; *Zöller-Greger*[18] Rdnr. 25. – A.M. *Baumbach-Lauterbach-Hartmann*[51] Rdnr. 24 (für das Zurückbehaltungsrecht bei sich gegenüberstehenden fälligen Geldforderungen).

2. Voraussetzungen der Trennung

a) Gegenforderung ohne rechtlichen Zusammenhang mit der Klageforderung

64 Wird die Aufrechnung geltend gemacht, so *kann* getrennte Verhandlung angeordnet werden, wenn die Klageforderung und die Gegenforderung **nicht in rechtlichem Zusammenhang** (→ § 33 Rdnr. 17f., § 302 Rdnr. 2) stehen[126]. Zusammenhang mit anderen *Verteidigungsmitteln* (→ § 33 Rdnr. 19) ist unerheblich. – Besteht der Zusammenhang mit der Klageforderung, so kann das Gericht die Aufrechnung nur als *selbständiges Verteidigungsmittel* nach § 146 behandeln.

65 Die **getrennte Verhandlung** kann ohne Rücksicht darauf angeordnet werden, ob die Aufrechnung schon *vor* dem Prozeß oder erst *im* Prozeß **erklärt** wurde, und ob die Gegenforderung dem *Beklagten* zusteht oder mit der Forderung eines *Dritten* oder gegen einen Dritten in zivilrechtlich zulässiger Weise aufgerechnet wird[127]. Die Abtrennung ist auch dann statthaft, wenn die Aufrechnung nur **als aufschiebende Einrede** nach § 770 Abs. 2, §§ 1137, 1211 BGB geltend gemacht wird[128]. Es darf aber weder die Klageforderung noch die Gegenforderung **entscheidungsreif** sein. Denn wäre es die Klageforderung, so müßte sofort entweder die Klage abgewiesen werden oder ein Vorbehaltsurteil nach § 302 ergehen[129]. Wäre dagegen die Gegenforderung nach Grund und Betrag[130] zur Entscheidung reif, so könnte über sie doch nicht entschieden werden, solange nicht das Bestehen der Klageforderung festgestellt wäre, → Rdnr. 47 sowie § 300 Rdnr. 18.

b) Hilfsweise Aufrechnung und eventuelle Widerklage

66 Wird dieselbe Gegenforderung zur **hilfsweisen Aufrechnung** und zur **eventuellen Widerklage** verwendet[131] (zur Zulässigkeit → Rdnr. 44), so kann bei fehlendem rechtlichen Zusammenhang zwischen Klageforderung und Gegenforderung gemäß Abs. 2 und 3 *getrennte Verhandlung* über die Klage einerseits, die Aufrechnung und die Widerklage andererseits angeordnet werden, jedoch nur mit den Wirkungen des Abs. 3. Dagegen kann, soweit die mit der Widerklage eingeklagte und der zur Aufrechnung gestellte Betrag sich decken, wegen des Eventualverhältnisses die **Widerklage** nicht nach Abs. 2 **von der Aufrechnung getrennt** werden (vgl. zur Unzulässigkeit einer Trennung bei Eventualansprüchen Rdnr. 5). Wegen eines **überschießenden Betrags** kann erst recht Widerklage erhoben werden, allerdings nicht bedingt durch die Unwirksamkeit der Aufrechnung. Hier wäre eine **Abtrennung** der Widerklage nach Abs. 2 zwar rechtlich zulässig, aber regelmäßig unzweckmäßig.

3. Wirkungen der Trennung

67 Die Anordnung der Trennung (zum Verfahren → Rdnr. 12 ff.) hat die **Wirkung**, daß nunmehr über die Klageforderung und über ihr Erlöschen durch die Aufrechnung **gesondert verhandelt wird**.

---

[126] Enger wirtschaftlicher Zusammenhang genügt, wenn die Durchsetzung des Anspruchs ohne Berücksichtigung der Gegenforderung Treu und Glauben widerspräche, *BGHZ* 25, 360, 364 = NJW 58, 18; s. auch *Oertmann* (Fn. 40), 179. Zwischen privat- und öffentlich-rechtlichen Ansprüchen besteht regelmäßig kein rechtlicher Zusammenhang; *BGHZ* 16, 124, 141 (Fn. 64).

[127] S. auch *RGZ* 27, 296.
[128] *Oertmann* (Fn. 40), 177.
[129] *RGZ* 24, 425; *RGZ* (VZS) 31, 2.
[130] RG JW 1901, 616; → auch § 304 Rdnr. 6.
[131] Dazu *E. Schumann* (Fn. 40) Rdnr. 283.

a) Spruchreife Klageforderung

Wird bei der getrennten Verhandlung zuerst die **Klageforderung spruchreif**, so ist über sie, 68
wenn sie als begründet anzusehen ist, **unter Vorbehalt zu entscheiden**, näher → § 302. Wird
dagegen die Klageforderung als *unbegründet* erkannt, so ist die Klage *ohne Vorbehalt
abzuweisen*, wodurch sich auch die Verhandlung über die Aufrechnung erübrigt.

b) Spruchreife Gegenforderung

Wird die Gegenforderung früher spruchreif, so ist nach § 303 **für ein Zwischenurteil kein** 69
Raum[132], da kein Zwischenstreit über eine prozessuale Frage vorliegt, → § 303 Rdnr. 5. Auch
eine *Aussetzung* nach § 148 kommt mangels zweier selbständiger Prozesse nicht in Frage[133].
Daher hat das Gericht in diesem Fall nur die Möglichkeit, die Trennung nach § 150 *wieder
aufzuheben*; denn die Aufrechnung darf zur Abweisung der Klage nur dann verwendet
werden, wenn die Klageforderung als bestehend anerkannt ist, → Rdnr. 47 sowie § 300
Rdnr. 18.

Daraus ergibt sich zugleich, daß im Falle des Abs. 3 das Verfahren **nicht in zwei selbstän-** 70
dige Prozesse gespalten wird[134]. Wenn also die Trennung angeordnet und der nächste Termin
zur Verhandlung über die Klageforderung vorgesehen ist, so ist er dennoch im Hinblick auf
das **Versäumnisverfahren** als **Termin hinsichtlich des gesamten Prozesses** anzusehen. Die
Säumnis des Klägers kann zur Abweisung der Klage nach § 330, die Säumnis des Beklagten
unter den Voraussetzungen des § 331 zur Verurteilung führen. Eine Verurteilung durch
Versäumnisurteil unter Vorbehalt der Aufrechnung[135] erscheint insofern nicht gerechtfertigt,
als eben in diesem Termin keinerlei wirksames Verteidigungsvorbringen des säumigen Beklagten, auch keine Geltendmachung der Aufrechnung, vorliegt. Wird umgekehrt ein Termin
anberaumt, in dem bereits über die **Gegenforderung verhandelt** werden soll, obwohl noch
keine Entscheidung über die Klageforderung vorliegt, so bezieht sich auch dieser Termin auf
den **Prozeß als Ganzes** und bei Säumnis kann ohne Einschränkung eine Klageabweisung oder
eine Verurteilung durch Versäumnisurteil ergehen[136]. Darauf sollte allerdings bei der Anberaumung eines solchen Termins besonders **hingewiesen** werden, zumal auch die Ansicht
vertreten wird, in einem nur zur Verhandlung über die Aufrechnungsforderung bestimmten
Termin sei ein Versäumnisurteil unzulässig[137]. Gerade dieses Ergebnis stünde aber mit dem
Ziel des Abs. 3, Prozeßverschleppungen zu bekämpfen, in Widerspruch. – Ist ein **Vorbehaltsurteil** erlassen worden, so kann im Nachverfahren ein Versäumnisurteil ergehen, näher →
§ 302 Rdnr. 26.

4. Trennung in der Berufungsinstanz

Die Trennung kann auch in der Berufungsinstanz angeordnet werden, und zwar sowohl dann, wenn 71
das erstinstanzliche Urteil über die Forderung und die Gegenforderung **entschieden** hat, als auch dann,
wenn die Aufrechnung **erst in der Berufungsinstanz geltend gemacht** worden ist, → § 530 Rdnr. 17 f.; zur

---

[132] Anders *Oertmann* (Fn. 40), 185 f., der das Verfahren bezüglich der Aufrechnung bei Trennung als Zwischenstreit ansieht.
[133] So auch *Oertmann* (Fn. 40), 184; *Hübler* (Fn. 40),
103.
[134] Vgl. *E. Schumann* (Fn. 40) Rdnr. 283.
[135] Dagegen *Hübler* (Fn. 40), 102. – A.M. *Oertmann*
(Fn. 40), 184.
[136] Ähnlich *Hübler* (Fn. 40), 93 ff., 102, der zwar getrennte Verhandlungstermine zuläßt, die Säumnisfolgen
aber stets auf den ganzen Rechtsstreit bezieht; *Wieczorek*[2] Anm. D IV a. – A.M. *Oertmann* (Fn. 40), 185 (Versäumniszwischenurteil über den Aufrechnungseinwand).
[137] So *Baumbach-Lauterbach-Hartmann*[51] Rdnr. 21;
Thomas-Putzo[18] Rdnr. 9. – *Zöller-Greger*[18] Rdnr. 24 sieht
es im Hinblick auf die Einheit des Prozesses als unzulässig
an, in einem der derart getrennten Verfahren durch Versäumnisurteil zu erkennen.

Zurückweisung nach § 530 Abs. 2 → Rdnr. 54 sowie § 530 Rdnr. 12 ff. Die abgetrennte Verhandlung ist **nicht etwa an das Gericht erster Instanz zu verweisen**, sondern als Teil der Berufungsverhandlung durchzuführen[138].

72   5. Zur **Anfechtung** der Anordnung → Rdnr. 18.

VII. Arbeitsgerichtliches Verfahren

73   § 145 gilt **uneingeschränkt**; hervorzuheben ist lediglich folgendes:

1. Fortdauer der Zuständigkeit kraft Zusammenhangs auch nach einer Trennung

74   Die Trennung berührt, ebenso wie bei Rdnr. 21 f. zur örtlichen und sachlichen Zuständigkeit dargelegt, die einmal begründete **Zuständigkeit der Arbeitsgerichte** nicht. Es gilt in dieser Hinsicht auch keine Ausnahme bezüglich solcher Ansprüche, für die die arbeitsgerichtliche Zuständigkeit nur nach § 2 Abs. 3 ArbGG durch die Klagenhäufung und den rechtlichen oder unmittelbaren wirtschaftlichen **Zusammenhang** begründet ist (näher → § 1 Rdnr. 204). Für eine Verweisung des abgetrennten Prozesses an das ordentliche Gericht ist daher kein Raum.

2. Widerklage

75   Nach § 2 Abs. 3 ArbGG genügt zur Begründung der arbeitsgerichtlichen Zuständigkeit für die Widerklage bereits der **unmittelbare wirtschaftliche Zusammenhang** mit dem Klageanspruch, → § 1 Rdnr. 206, § 33 Rdnr. 40. Es ist daher theoretisch möglich, wenn auch praktisch kaum empfehlenswert, daß danach zwar die *Zuständigkeit* für die Widerklage begründet ist, das Arbeitsgericht aber wegen fehlenden *rechtlichen* Zusammenhangs die Widerklage nach § 145 Abs. 2 *abtrennt*. Die arbeitsgerichtliche Zuständigkeit für die Widerklage würde davon unberührt bleiben.

3. Aufrechnung

76   Zur Aufrechnung mit einer nicht zur Zuständigkeit der Arbeitsgerichte gehörenden Gegenforderung → Rdnr. 32.

§ 146 [Beschränkung auf einzelne Angriffs- und Verteidigungsmittel]

Das Gericht kann anordnen, daß bei mehreren auf denselben Anspruch sich beziehenden selbständigen Angriffs- und Verteidigungsmitteln (Klagegründen, Einreden, Repliken usw.) die Verhandlung zunächst auf eines oder auf einige dieser Angriffs- und Verteidigungsmittel zu beschränken sei.

Gesetzesgeschichte: Bis 1900 § 137 CPO.

I. Die Beschränkung der Verhandlung auf einzelne selbständige Angriffs- und Verteidigungsmittel ... 1	3. Selbständige Angriffs- und Verteidigungsmittel ... 4
1. Zweck ... 1	a) Begriff ... 4
2. Angriffs- und Verteidigungsmittel ... 2	b) Zweck des Erfordernisses der Selbständigkeit ... 7
a) Begriff ... 2	c) Bedeutung ... 8
b) Bedeutung ... 3	

---

[138] Vgl. *RGZ* 28, 414.

II. Die Anordnung	9	III. Wirkung	12
1. Voraussetzungen	9	1. Konkretisierung der Prozeßförderungspflicht	12
2. Form	11	2. Bedeutung für die Berufung	13

I. Die Beschränkung der Verhandlung auf einzelne selbständige Angriffs- und Verteidigungsmittel

1. Zweck

Durch die Beschränkung der Verhandlung nach § 146 kann das Gericht eine zweckmäßige Gruppierung und innere Reihenfolge des Parteivorbringens erzwingen. Über Zusammengehöriges zusammen und über Nichtzusammengehöriges getrennt zu verhandeln, dient der **Übersichtlichkeit** des Verfahrens[1]. Die hierdurch erreichte **Konzentration** des Vorbringens zu einzelnen Streitpunkten kann bei komplizierten Sachverhalten zu einer **Beschleunigung** des Prozesses führen. Dagegen hat die Beschränkung bei einfachem Streitstoff eher gegenteilige Wirkung und sollte deshalb dort unterbleiben[2]. Seit der *Abschaffung des materiellen Zwischenurteils* über selbständige Angriffs- und Verteidigungsmittel durch die Novelle 1924 (→ Einl. Rdnr. 123) fehlt es an der mit der Beschränkungskompetenz des Gerichts korrespondierenden[3] Vorabentscheidungskompetenz durch Zwischenurteil (§ 303 aF)[4]. Die Bestimmung des § 146 wird deshalb heute teilweise als überflüssig neben § 136 angesehen[5]. Wenngleich die einzelnen Schritte nicht mehr durch bindendes Zwischenurteil abgeschlossen werden können, verbleibt doch die Möglichkeit für das Gericht, sich nach Abschluß der Verhandlung über einzelne Angriffs- und Verteidigungsmittel intern sein »Urteil« zu bilden[6], das allerdings unter dem Vorbehalt weiteren zulässigen Vorbringens zu diesem Streitpunkt (→ Rdnr. 12) steht. Ein Unterschied zur Anordnung des *Vorsitzenden* gemäß § 136 liegt darin, daß ein Beschluß nach § 146 nur mit der Endentscheidung angefochten werden kann (→ Rdnr. 11), während gegen die Anordnung des Vorsitzenden zunächst die Entscheidung des Gerichts (§ 140) zu beantragen ist. 1

2. Angriffs- und Verteidigungsmittel

a) Begriff

Unter Angriffs- und Verteidigungsmitteln[7] versteht das Gesetz alle Prozeßhandlungen, die zum Zwecke der inhaltlichen Bestimmung der richterlichen Entscheidung vorgenommen werden, mit Ausnahme derjenigen, die nicht *Mittel* des Angriffs bzw. der Verteidigung, sondern selbst *Angriff* oder *Verteidigung* sind. Eine beispielhafte, nicht abschließende **Aufzählung** der Angriffs- und Verteidigungsmittel enthält (im Zusammenhang mit der Prozeßförderungspflicht der Parteien) § 282 Abs. 1, → auch § 282 Rdnr. 10 f. Demnach gehören dazu insbesondere Behauptungen, Bestreiten, Einwendungen, Einreden, Beweismittel und Be- 2

---

[1] *Hahn* 2 (1880), 128 u. 216.
[2] *Hahn* (Fn. 1), 128 f.; *Thomas-Putzo*[18] Rdnr. 1.
[3] Allerdings war ein Beschränkungsbeschluß nach § 146 nach h. M. nicht Voraussetzung für den Erlaß eines Zwischenurteils nach § 303 aF, und umgekehrt konnte trotz Beschränkungsbeschluß ein Zwischenurteil unterbleiben, vgl. *Kleinfeller* ZPO[2] (1910), 236; *Gaupp-Stein*[4] (1901), § 146 III a. E.
[4] *Sonnen* JW 1925, 735 nannte § 146 deshalb eine »völlig stumpfe Waffe«; *Bettermann* ZZP 79 (1966), 392, 400 bezeichnet die Belassung des § 146 ohne § 303 aF als inkonsequent.
[5] *Baumbach-Lauterbach-Hartmann*[51] Rdnr. 1.
[6] *Bettermann* (Fn. 4), 400.
[7] Dazu BGH NJW 1982, 1533, 1534; *Weth* Die Zurückweisung verspäteten Vorbringens im Zivilprozeß (1988), 67 ff.

weiseinreden. Erfaßt werden Behauptungen und Erklärungen *tatsächlicher* und *rechtlicher* Art (→ Rdnr. 6), mögen sie dem materiellen Recht oder dem Prozeßrecht angehören, einschließlich der auf den *Beweis* bezüglichen Erklärungen. Verteidigungsmittel sind z. B. die Aufrechnung[8] oder die Geltendmachung der Anfechtung[9]. Zu den Verteidigungsmitteln gehören auch die Anträge auf Einräumung eines Verurteilungsvorbehalts, z. B. auf Gestattung der Vollstreckungsabwendung nach § 712 Abs. 1[10]. **Keine Angriffsmittel**, sondern den **Angriff** selbst stellen hingegen dar die Klage, Klageerweiterung[11], Klageänderung[12], Widerklage[13], der Rechtsmittelantrag (→ auch § 96 Rdnr. 4) oder eine Aufgliederung des Streitgegenstandes[13a]. Auch ein mit einem Anschlußrechtsmittel gestellter Antrag ist Angriff, nicht Angriffsmittel[14]. **Nicht Verteidigungsmittel**, sondern selbst **Verteidigung** sind der Abweisungsantrag oder der Antrag auf Verwerfung oder Zurückweisung eines Rechtsmittels. Außerdem sind **Anträge zu Prozeßleitung und Prozeßbetrieb** keine Angriffs- und Verteidigungsmittel, so z. B. Anträge auf Verlängerung oder Verkürzung von Fristen (§ 224 Abs. 2, § 554 Abs. 2 S. 2), Vertagung (§ 227), Aussetzung (§ 148, § 246 Abs. 1) oder auf Erklärung zur Feriensache (§ 200 Abs. 3, 4 GVG).

b) Bedeutung

3 Bedeutung kommt dem Begriff des Angriffs- und Verteidigungsmittels vor allem im Zusammenhang mit der *Prozeßförderungspflicht* der Parteien und den *Präklusionsmöglichkeiten* durch das Gericht zu (§§ 282, 296, 296a, 527, 528, 615)[15]. Außerdem taucht er bei den Befugnissen des unselbständigen Streithelfers (§ 67) sowie bei den Wirkungen der Streithilfe auf (§ 68). Ein Zusammenhang des Gegenanspruchs mit einem Verteidigungsmittel gegen die Klage ist geeignet, den besonderen Gerichtsstand der Widerklage zu begründen (§ 33). Weiterhin kommt dem Begriff im Rahmen von §§ 96, 100 kostenrechtliche Bedeutung zu. Letztlich soll das Gericht bei der Abfassung des Tatbestandes die vorgebrachten Angriffs- und Verteidigungsmittel darstellen (§ 313 Abs. 2).

3. Selbständige Angriffs- und Verteidigungsmittel

a) Begriff

4 Selbständige Angriffs- und Verteidigungsmittel, für die in §§ 146, 289 besondere Rechtsregeln aufgestellt werden, sind Tatbestände, die *für sich* kraft Rechtssatzes rechtsbegründend, -hindernd, -vernichtend oder -erhaltend wirken[16]. Es gehören hierher jede selbständige – d. h. von einem anderen kumulativen oder hilfsweisen Vorbringen unabhängige – Begründung eines Begehrens, insbesondere jeder selbständige Klagegrund[17], die einzelnen Posten bei

---

[8] *BGH* NJW 1984, 1964, 1967.
[9] *BAG* NZA 1985, 130, 131 = AP § 340 Nr. 3.
[10] *Wolff* ZZP 64 (1951), 97, 103 (auch über weitere Fälle).
[11] *BGH* ZZP 69 (1956), 429, 430; *BGH* WM 1975, 827 (für Übergang von Feststellungs- auf Leistungsantrag).
[12] *BGH* LM § 264 Nr. 6; *OLG Karlsruhe* NJW 1979, 879 (krit. *Deubner*); *OLG Celle* VersR 1970, 352; *RG* JW 1939, 173.
[13] *BGH* NJW 1981, 1217 mwN; *Rosenberg-Schwab-Gottwald*[15] § 98 II 2 a.
[13a] *BGH* NJW 1993, 1393 (zu § 528 Abs. 1).
[14] Im Ergebnis ebenso *BGHZ* 83, 371, 376 = NJW 1708, 1709. Der BGH bezeichnet zwar die unselbständige Anschlußberufung in terminologisch mißverständlicher Weise als Angriffs*mittel* (ebenso *BGH* NJW 1954, 109, 110 sowie – für die unselbständige Anschlußrevision – *BGHZ* 80, 146, 149 = NJW 1981, 1790), will aber damit nur zum Ausdruck bringen, daß die unselbständige Anschlußberufung kein echtes Rechtsmittel ist (dazu → § 521 Rdnr. 3).
[15] *E. Schneider* MDR 1977, 793, 794 f.; *Knöringer* NJW 1977, 2336 f.
[16] *BGHZ* 39, 333 ff. mwN; *BGH* LM § 41 p PatG Nr. 26 = MDR 1974, 399; *BGH* NJW 1980, 1794; *RG* HRR 1939, 576.
[17] *RGZ* 3, 388, 390; *RG* JW 1900, 657 f.; für neugefaßte Patentansprüche *BGH* LM § 41 p PatG Nr. 25 = NJW 1974, 48.

Berechnungen[18], jede einzelne **Einrede** im Sinne des Prozeßrechts[19]. Die **Terminologie der ZPO** weicht hier vom BGB ab[20]. Unter den Begriff **der Einrede im Sinne der ZPO** fällt der Vortrag von Tatsachen, welche die Voraussetzungen einer Gegennorm erfüllen[21], also nicht nur die *Einreden,* sondern auch die *Einwendungen* im Sinne des BGB. Es kommt demnach nicht darauf an, ob die rechtshindernde, rechtshemmende oder rechtsvernichtende Wirkung nur durch eine entsprechende Willensäußerung des Berechtigten ausgelöst wird (Einrede im Sinne des BGB) oder auch ohne derartige Erklärung ipso iure eintritt. (Der Begriff der **Einwendung im Sinne der ZPO** umfaßt dagegen sowohl die Einreden im Sinne der ZPO als auch jegliches sonstige prozessuale oder materielle Verteidigungsvorbringen, z.B. das bloße Bestreiten der Behauptungen des Gegners.)

Auch die **Replik**[22] des Klägers und die Duplik[23] des Beklagten sowie **bedingende Rechtsverhältnisse**, ferner die einzelnen Prozeßvoraussetzungen (→ Einl. Rdnr. 314), die prozeßhindernden Einreden (→ Einl. Rdnr. 317), das auf die Zulässigkeit eines Rechtsmittels bezügliche Vorbringen sowie die einzelnen Revisionsgründe zählen zu den selbständigen Angriffs- und Verteidigungsmitteln. 5

Dagegen gehören **nicht zu den selbständigen, sondern zu den unselbständigen Angriffs- und Verteidigungsmitteln** die einzelnen Elemente eines einheitlichen Klagegrundes[24], einzelne Tatsachen[25], Anhaltspunkte oder Beweisanzeichen, aus denen erst mittelbar auf das Vorliegen der Voraussetzungen für den Eintritt einer bestimmten Rechtsfolge geschlossen werden kann[26], Beweismittel[27] und Beweiseinreden, die Einwendungen gegen die Wahrheit oder Schlüssigkeit der vom Gegner behaupteten Tatsachen (Klageleugnung)[28] und alle bloßen Rechtsausführungen[29] einschließlich derjenigen über die Geltung von Rechtssätzen[30]. Die Frage der Sachbefugnis kann selbständig sein, sofern bei Rechtsnachfolge und in ähnlichen Fällen (→ z.B. § 62 Rdnr. 14 ff. verbunden mit § 59 Rdnr. 1) über die subjektive Beziehung des Anspruchs unabhängig von seiner Existenz entschieden werden kann. 6

---

[18] *RGZ* 21, 340, 342 ff.; *RG JW* 1897, 232; 1899, 534, 535.
[19] *BGH* NJW 1951, 275 (Rücktritt); *RGZ* 94, 312 (Verjährung); 102, 394 (Kenntnis i.s.v. § 460 S. 1 BGB); 109, 201, 204 (Scheingeschäft); 160, 338, 343 (Aufrechnung); 170, 328, 332 (Sittenwidrigkeit); *RG* Warn 1908, 551 = SeuffArch 64, 79 (Verzicht); *RG* JR (B) 1925, 1688 (Erfüllung); *RG* Warn 1930, 128 (Verwirkung); *RG* HRR 1933, 1537 (Mitverschulden); *RG* HRR 1936, 298 (Drohung).
[20] S. zum folgenden insbes. *A. Blomeyer* ZPR § 59 I 3; *Rosenberg-Schwab-Gottwald*[15] § 104; *Jahr* Die Einrede des bürgerlichen Rechts JuS 1964, 125, 218, 293 (304 f.); *Roth* Die Einrede des Bürgerlichen Rechts (1988), 37 f. Aus der älteren Lit. s. *Langheineken* Anspruch und Einrede (1903), 43 ff., 272 (mit umf. Lit.-Übers.), 350 ff.; *Friedenthal* Einwendung u. Einrede (1898) (in Fischer, Abhandlungen zum Privatrecht und Civilprozeß des Deutschen Reiches I, 5); *Hellwig* Lb I (1903), 184, 248 ff.
[21] Vgl. *Rosenberg-Schwab-Gottwald*[15] § 104 II 2.
[22] Eine Replik liegt vor, wenn der Kläger gegenüber einem selbständigen Verteidigungsmittel des Beklagten (z.B. Einrede der beschränkten Geschäftsfähigkeit) weitere Tatsachen vorträgt, die dennoch seinen Anspruch erhalten sollen (z.B. Genehmigung durch den gesetzlichen Vertreter).

[23] Von einer Duplik spricht man, wenn der Beklagte einer Replik des Klägers (z.B. Bestätigung des anfechtbaren Rechtsgeschäfts) Tatsachen entgegensetzt, die (auch wenn die Tatsachenbehauptungen des Klägers zutreffen) die Einrede (im Beispiel: die Anfechtung) begründet erscheinen lassen (z.B. fehlende Geschäftsfähigkeit bei der Bestätigung).
[24] *RG JW* 1912, 1107 (Verschulden bei § 823 Abs. 1 BGB).
[25] *RG JW* 1927, 374.
[26] *BGH* NJW 1980, 1794 (»Zwischentatbestand«); *BGH* GRUR 1979, 220, 221; *BGH* GRUR 1964, 201, 202 = LM § 41p PatG Nr. 2; *Möhring* GRUR 1972, 250.
[27] *BGH* NJW 1982, 1535 (Beweisantrag); *BGH* LM § 41p PatG Nr. 26 = MDR 1974, 399.
[28] *BGH* JZ 1977, 102; *BGHZ* 12, 49; *OLG Köln* NJW 1973, 1847; *RGZ* 60, 366 ff.; *Wach* Vorträge[2] 38.
[29] *Weth* (Fn. 7), 91 f. will dagegen Rechtsausführungen von vornherein nicht zu den Angriffs- und Verteidigungsmitteln rechnen. Richtig ist, daß Rechtsausführungen nicht der Zurückweisung wegen Verspätung unterliegen, → § 296 Rdnr. 42.
[30] *RG JW* 1896, 412; 1898, 217; 1900, 411 f.

b) Zweck des Erfordernisses der Selbständigkeit

7 Das Erfordernis der Selbständigkeit erklärt sich daraus, daß eine dem Verfahrensfortgang dienende Beschränkung nur dort sinnvoll erscheint, wo ein von anderen Verfahrensteilen *unabhängiges Teilergebnis* gefunden werden kann. Vor der Novelle 1924 diente das Erfordernis auch dazu, die Beschränkung der Verhandlung nur dort zuzulassen, wo das Ergebnis dieser Verhandlung für die Instanz bindend durch Zwischenurteil festgestellt werden konnte (§ 303 aF).

c) Bedeutung

8 Bedeutung erlangt der Begriff des selbständigen Angriffs- und Verteidigungsmittels außerhalb des § 146 im Rahmen des § 289, sowie im Zusammenhang mit dem Revisionsgrund in § 551 Nr. 7[31], → § 551 Rdnr. 25 ff. Weiterhin kommt dem Begriff bei der Frage der beschränkten Revisionszulassung eine gewisse Bedeutung zu, näher → § 546 Rdnr. 25.

II. Die Anordnung

1. Voraussetzungen

9 Die Anwendung des § 146 setzt voraus, daß in der Verhandlung eine Mehrheit selbständiger Angriffs- oder Verteidigungsmittel in bezug auf ein und dasselbe Begehren geltend gemacht ist; es genügt, wenn nur *einem* selbständigen Angriffsmittel ein selbständiges Verteidigungsmittel gegenübersteht, so daß zuerst über den Klagegrund, dann über die Einrede verhandelt werden kann. Die Beschränkung ist aber auch bei *mehreren Ansprüchen* und bei der *Aufrechnung* nicht ausgeschlossen, wenn das Gericht von der Trennung nach § 145 keinen Gebrauch macht. Auch der Vorabentscheidung über den Grund (§ 304) kann eine Beschränkung der Verhandlung auf den *Grund des Anspruchs* vorausgehen, → § 304 Rdnr. 7. An verwandten Vorschriften ist § 280 Abs. 1 zu nennen, der die abgesonderte Verhandlung über die Zulässigkeit der Klage gestattet. S. ferner § 238 Abs. 1 S. 2 (Beschränkung des Verfahrens auf die Verhandlung und Entscheidung über den Wiedereinsetzungsantrag), § 590 Abs. 2 S. 1 (abgesonderte Verhandlung über Grund und Zulässigkeit der Wiederaufnahme).

10 Die Beschränkung erfordert keinen Antrag einer Partei, sondern wird **von Amts wegen** angeordnet. Der Beschluß setzt grundsätzlich **vorherige mündliche Verhandlung** voraus[32], → § 128 Rdnr. 26; in der Regel wird er ohnehin innerhalb des Anfangsstadiums einer mündlichen Verhandlung ergehen.

2. Form

11 Die Beschränkung erfolgt durch **Beschluß**, der zu verkünden ist; wenn dieser ohne mündliche Verhandlung ergeht (→ Rdnr. 10) genügt formlose Mitteilung. Ausnahmsweise kann der Beschluß auch in einem schlüssigen Verhalten des Gerichts zum Ausdruck kommen[33], ähnlich → § 145 Rdnr. 9, 17, → § 147 Rdnr. 17. Der Beschluß ist **nicht selbständig** – etwa mit der Beschwerde – anfechtbar[34]. Er kann jedoch nach §§ 512, 548 mit der Berufung oder der Revision gegen die Endentscheidung angegriffen werden.

---

[31] *BGHZ* 39, 333, 337 f. = *NJW* 1963, 2272; *BGH* LM § 41p PatG Nr. 2, 25, 26; *RG* HRR 1933, 1537; *Rosenberg-Schwab-Gottwald*[15] § 143 VII 7.

[32] Ebenso *Thomas-Putzo*[18] Rdnr. 1.
[33] Vgl. *RG* DR 1939, 879.
[34] *OLG Stuttgart* ZZP 69 (1956), 67.

III. Wirkung

1. Konkretisierung der Prozeßförderungspflicht

Die Beschränkung der Verhandlung auf den einzelnen im Beschluß bezeichneten Streitpunkt konkretisiert die Prozeßförderungspflicht der Parteien (§ 282 Abs. 1) und macht ihnen deutlich, daß sie sich zunächst auf den betreffenden Punkt beschränken müssen und dürfen. Vorbringen zu anderen Streitpunkten kann zunächst unterbleiben, ohne daß eine Zurückweisung wegen Verspätung zu befürchten wäre. Eine *Aufhebung* der Anordnung ist entsprechend § 150 jederzeit möglich. Auch nach Übergang zu anderen Streitpunkten ist *weiteres Vorbringen* zu den abgeschichteten Punkten nicht abgeschnitten, freilich vorbehaltlich einer Präklusion (§ 296 Abs. 2). Das Verfahren wird durch die Beschränkung nicht in mehrere selbständige Prozesse gespalten, sondern *bleibt einheitlich*. Es sind deshalb auf die Fortsetzung des Verfahrens die allgemeinen Grundsätze über den Prozeßbetrieb (→ vor § 128 Rdnr. 103) anwendbar. Das Gericht ist nicht befugt, einen Termin etwa *nur* zur Verhandlung über einzelne selbständige Angriffs- und Verteidigungsmittel zu bestimmen[35]. Trotz Beschränkung der Verhandlung nach § 146 hat daher bei *Entscheidungsreife* sofort Endurteil nach § 300 zu ergehen[36]. Im Falle der **Säumnis** ist demgemäß auch stets das Versäumnisurteil nach §§ 330 ff. oder die Entscheidung nach Lage der Akten (§§ 251a, 331a) über den gesamten Streitstoff zu erlassen[37]. 12

2. Bedeutung für die Berufung

Ist das Endurteil erster Instanz aufgrund einer nach § 146 *beschränkten Verhandlung* ergangen (z.B. Klageabweisung wegen Verjährung), so gelangt dennoch durch die **Berufung** der *ganze Rechtsstreit* in die zweite Instanz, → § 537 Rdnr. 8. Daß es nach Ansicht des Berufungsgerichts auf *andere Punkte* (z.B. Entstehung des Anspruchs) ankommt, über die in erster Instanz nicht verhandelt wurde, rechtfertigt nicht die Zurückverweisung[38], näher → § 538 Rdnr. 13, § 539 Rdnr. 2. 13

§ 147 [Prozeßverbindung]

Das Gericht kann die Verbindung mehrerer bei ihm anhängiger Prozesse derselben oder verschiedener Parteien zum Zwecke der gleichzeitigen Verhandlung und Entscheidung anordnen, wenn die Ansprüche, die den Gegenstand dieser Prozesse bilden, in rechtlichem Zusammenhang stehen oder in einer Klage hätten geltend gemacht werden können.

Gesetzesgeschichte[1]: Bis 1900 § 138 CPO.

I. Zweck	1	2. Keine Entscheidungsreife	4
		3. Zusammenhang	5
II. Voraussetzungen der Verbindung	2	4. Erkenntnisverfahren	8
1. Anhängigkeit bei demselben Gericht	2	5. Gleiche Prozeßart, Rechtsmittelinstanzen	9

---

[35] *Troll* Versäumnisurteil (1887), 142 ff. schließt dies bereits aus dem Wortlaut »Verhandlung« beschränken und nicht »Termin« beschränken in § 146.
[36] *RGZ* 17, 349, 350; *RG* JW 1901, 7; *RG* Warn 1908, 551 (Fn. 19).
[37] *RGZ* 36, 425, 428; *Troll* (Fn. 35), 142 ff.; *Wach* Vorträge[2], 39.
[38] *RG* Warn 1908, 551 (Fn. 19); BGHZ 50, 25 = LM § 538 Nr. 12 (*Rietschel*) = NJW 1968, 1234; LM § 538 Nr. 15 = NJW 1978, 1430; ferner → § 538 Fn. 22, 23.

6. Aufgebotsverfahren	10	IV. Wirkungen der Verbindung	22
7. Gerichtliches Ermessen; Fälle eines Zwangs zur Verbindung oder Verbots der Verbindung	11	1. Auf das Verfahren allgemein	22
		2. Auf die Streitwerte	25
		a) Rechtsmittelstreitwert	25
III. Anordnung der Verbindung	14	b) Zuständigkeitsstreitwert	26
1. Beschluß des Gerichts; Anhängigkeit bei mehreren Spruchkörpern	14	c) Gebührenstreitwert	27
		V. Aufhebung der Verbindung	29
2. Verfahren	18	VI. Arbeitsgerichtliches Verfahren	30
3. Anfechtung, weiteres Verfahren	19		

I. Zweck

1 Die Verbindung[2] nach § 147 ist eine **Maßnahme der Prozeßleitung**, → vor § 128 Rdnr. 104. Sie stellt das Gegenstück einer Trennung nach § 145 Abs. 1 dar. Durch § 147 ist dem Gericht eine Möglichkeit an die Hand gegeben, mehrere Prozesse derselben oder verschiedener Parteien zu verbinden, wo es dies zur Wahrheitsfindung, zur Verfahrensbeschleunigung oder aus sonstigen prozeßökonomischen Gründen für **zweckmäßig** hält. Arbeit und Kosten können durch Verbindung mehrerer Prozesse insbesondere in solchen Fällen erspart werden, in denen sich eine gemeinsame Verhandlung, Beweisaufnahme und Entscheidung anbietet, weil **derselbe Sachverhalt** für sämtliche anhängigen Prozesse ganz oder teilweise entscheidungserheblich ist[3].

II. Voraussetzungen der Verbindung

1. Anhängigkeit bei demselben Gericht

2 Es müssen **mehrere Prozesse bei demselben Gericht anhängig** sein. Es reicht aus, daß dieses Gericht mit den mehreren Verfahren *befaßt* ist. Die einzelnen Klagen brauchen noch nicht *rechtshängig* (§§ 261, 253) zu sein[4]. Es genügt, daß sie bei verschiedenen, aber *gleichartigen Spruchkörpern* (Abteilungen, Kammern, Senaten), → § 1 Rdnr. 126, desselben Gerichts schweben, näher zu den Voraussetzungen der Verbindung in diesem Fall → Rdnr. 15. Bei *ungleichartigen Spruchkörpern* (andersartige Besetzung, andere Verfahrensvorschriften, andere Aufgabenzuweisung) ist dagegen eine Verbindung nicht ohne weiteres möglich, weil die richterliche Anordnung aufgrund des § 147 nicht die Kraft hat, besondere Verfahrensvorschriften durch Überweisung oder Abgabe einer Sache an einen anderen Spruchkörper auszuschalten. Das gilt insbesondere für das Verhältnis zwischen Zivilkammern und **Kammern für Handelssachen** (§§ 96 ff. GVG), → § 1 Rdnr. 131. Bei gegebenen Voraussetzungen (einerseits Antrag des Klägers nach § 96 Abs. 1 GVG oder des Beklagten nach § 98 Abs. 1 GVG bzw. andererseits bei Verweisung an die Zivilkammer Antrag des Beklagten gem. § 97 Abs. 1 GVG) könnte jedoch durch Verweisung oder Abgabe an einen Spruchkörper die Grundlage für die Verbindung durch diesen geschaffen werden; über Ausnahmen → Rdnr. 12.

---

[1] Vgl. auch *Hahn* 2 (1880), 172, 176, 217, 567.
[2] Dazu *E. Schneider* Verfahrensverbindung (§ 147 ZPO) und Verfahrenstrennung (§ 145 ZPO) MDR 1974, 7 ff.; *Gaedeke* Verbindung mehrerer Verfahren JW 1937, 3013.
[3] Nach *E. Schneider* (Fn. 2) bietet die Praxis verhältnismäßig wenig Anlaß, die Verbindungsmöglichkeit zu nutzen. *AK-ZPO-Göring* Rdnr. 1 empfiehlt dagegen, von der Verbindungsmöglichkeit regen Gebrauch zu machen.
[4] *Rosenberg-Schwab-Gottwald*[15] § 100 I; *Thomas-Putzo*[18] Rdnr. 1; *Zöller-Greger*[18] Rdnr. 2.

Der **Einzelrichter** kann Prozesse verbinden, die ihm nach § 348 zur Entscheidung übertragen wurden, → Rdnr. 14. Auch wenn die Verfahren bei Einzelrichtern aus verschiedenen Zivilkammern anhängig sind, ist die Verbindung (wie sonst bei Anhängigkeit vor verschiedenen gleichartigen Spruchkörpern desselben Gerichts) zulässig, allerdings nur, wenn die Parteien sich damit einverstanden erklären, → Rdnr. 15. Zweifelhaft erscheint dagegen, ob eine Verbindung auch dann erfolgen kann, wenn einer der Prozesse dem **Einzelrichter** zur Entscheidung übertragen wurde, während der andere vor derselben oder einer anderen **Zivilkammer** schwebt. Diese Frage kann sich vor allem dann stellen, wenn nach der Übertragung eines Prozesses auf den Einzelrichter ein zweiter Rechtsstreit anhängig wird, der mit dem ersten in engem Sachzusammenhang steht und dessen Übertragung auf den Einzelrichter durch § 348 Abs. 1 Nr. 1 oder Nr. 2 ausgeschlossen ist oder jedenfalls nicht sachgerecht erscheint. Die unterschiedliche Besetzung der befaßten Spruchkörper und die weitgehende Verselbständigung des Einzelrichters in der ersten Instanz durch die Neuregelung 1974 sprechen entscheidend **gegen die Zulässigkeit einer Verbindung.** Vor allen Dingen ergibt sich aus § 348 Abs. 4 das Bestreben des Gesetzgebers, den einmal an den Einzelrichter gelangten Prozeß grundsätzlich auch dort zu belassen. Zweckmäßigkeitserwägungen sollen also allein keinen Grund für eine Rückübertragung an die Kammer darstellen. Daher kann man dem § 147 nicht gut den Vorrang vor § 348 Abs. 4 einräumen; denn auch eine Verbindung nach § 147 beruht schließlich entscheidend auf Erwägungen der Zweckmäßigkeit im Einzelfall. Eine Verbindung mit einem vor der Kammer (oder einer anderen Kammer → Rdnr. 15) anhängigen Verfahren ist demnach erst zulässig, wenn **zuvor eine Rückübertragung** nach § 348 Abs. 4 auf die Kammer erfolgt ist[5]. Dabei kann eine wesentliche Änderung der Prozeßlage i. S. d. § 348 Abs. 4 darin liegen, daß vor der Kammer ein Prozeß anhängig wird, der mit dem vor dem Einzelrichter anhängigen Verfahren sachlich eng zusammenhängt. Es muß aber dann immer noch hinzukommen, daß im Hinblick auf diesen zweiten Prozeß nunmehr dem vor dem Einzelrichter anhängigen Verfahren grundsätzliche Bedeutung zuzusprechen ist. Zur Frage, ob eine von § 348 Abs. 4 nicht gedeckte Rückübertragung durch Rügeverzicht geheilt werden kann → § 348 Rdnr. 44.

2. Keine Entscheidungsreife

Der zu verbindende Prozeß darf **noch nicht entscheidungsreif** sein, weil dann eine weitere Verhandlung nicht nötig wäre, § 147 aber gerade eine *gemeinsame Verhandlung* bezweckt[6]. Einer Verbindung entscheidungsreifer Prozesse steht auch § 300 entgegen, nach dem bei Entscheidungsreife zwingend Endurteil zu ergehen hat.

3. Zusammenhang

Die Ansprüche i. S. der ZPO, → § 145 Rdnr. 5, Einl. Rdnr. 263 ff., die in den mehreren Prozessen erhoben sind, müssen entweder **in rechtlichem Zusammenhang,** → § 33 Rdnr. 17 ff., stehen oder es müssen die **Voraussetzungen der Geltendmachung in einer Klage,** → §§ 59 ff., 260, vorliegen. Mehrere Ansprüche, die teils Familiensache, teils Nichtfamiliensache sind, können in einer Klage nicht verbunden werden. Dies ergibt eine zumindest entsprechende Anwendung des § 260, die durch die Regelung in § 621 und die Verschiedenheit der Rechtsmittelzüge geboten ist[7].

---

[5] Ebenso wohl *Wieczorek*[2] § 348 Anm. B I c.
[6] *BGH* LM Nr. 1 = NJW 1957, 183 = ZZP 70 (1957), 124.
[7] *BGH* NJW 1979, 426 = FamRZ 215 (im konkreten Fall wurde allerdings Klagehäufung zugelassen, da der Rechtsstreit vor der Rechtsänderung am 1. VII. 1977 rechtshängig geworden war); *BGH* MDR 1982, 43.

6   Daß die Prozesse zwischen denselben **Personen** schweben, ist nicht erforderlich[8]. Zweifelhaft ist, inwieweit bei einer »**Widerklage**« mit **Drittbeteiligung** noch Raum für eine Verbindung nach § 147 vorhanden ist. Der BGH löst die Frage, ob Dritte aktiv oder passiv an einer Widerklage beteiligt sein können, nach den Regeln der nachträglichen Parteiänderung[9], näher zur parteierweiternden Widerklage → § 33 Rdnr. 29 ff. Soweit eine zulässige Drittwiderklage erhoben wurde, ist kein Raum für § 147, da nicht *mehrere* Prozesse vorliegen. Soweit die Drittwiderklage unzulässig ist, kann eine Verbindung der »unzulässigen Widerklage« als eigenständiges Verfahren mit dem ursprünglichen Verfahren erfolgen. Allerdings dürfte das Gericht, wenn es eine parteierweiternde Widerklage mangels Sachdienlichkeit (entsprechend § 263) nicht zuläßt, auch an einer Verbindung dieser Klage mit der ursprünglichen nach § 147 gehindert sein, da es dann an der objektiven Grundlage (Sachdienlichkeit) für die Ermessensausübung bei § 147 mangelt[10], → Rdnr. 11.

7   Die Möglichkeit einer **Verbindung** nach § 147 kann schwerlich als *Begründung für die Zulässigkeit* einer **parteierweiternden Widerklage** entsprechend § 263 herangezogen werden[11]. Denn die Voraussetzungen und Wirkungen beider Rechtsinstitute sind durchaus verschieden. Während bei entsprechender Anwendung des § 263 das Gericht durch die Einwilligung der anderen Prozeßbeteiligten, bzw. bei Vorliegen der Sachdienlichkeit, gezwungen ist, die Widerklage zuzulassen und es somit zu einer Verbindung kraft Gesetzes aufgrund der subjektiven Klagehäufung in der Widerklage des Beklagten kommt[12], verbleibt dem Gericht bei § 147, auch bei Vorliegen der oben genannten Voraussetzungen, ein *Ermessen*. Auch die unterschiedliche *Wirkung* spricht gegen eine Vergleichbarkeit. Bei der zulässig erhobenen Widerklage ist eine Trennung nur nach § 145 Abs. 2 möglich, während die Verbindung nach § 147 grundsätzlich jederzeit gemäß § 150 wieder aufgehoben werden kann.

4. Erkenntnisverfahren

8   Die Verbindung kann in zivilprozessualen **Erkenntnisverfahren**[13] **aller Art** angeordnet werden, auch im Urkunden- und Wechselprozeß oder in Verfahren auf Erlaß eines Arrests oder einer einstweiligen Verfügung; wegen Ausnahmen → Rdnr. 13. Dagegen ist eine Verbindung *mehrerer Kostenfestsetzungsverfahren* aus getrennt geführten Prozessen nicht statthaft[14]. Die Verbindung kann in jedem Stadium des Verfahrens, auch in der **Berufungs-** oder **Revisionsinstanz** erfolgen. Voraussetzung ist aber, daß in jedem einzelnen Verfahren das entsprechende Rechtsmittel zulässig ist[15].

5. Gleiche Prozeßart

9   Aus § 260 folgt, daß für alle Prozesse die **gleiche Prozeßart** gegeben sein muß, → vor § 59 Rdnr. 7. Deshalb ist eine Verbindung des Urkundenprozesses mit dem Nachverfahren zum Zwecke der gleichzeitigen Verhandlung und Entscheidung unzulässig[16]. Ebensowenig ist eine

---

[8] *BGH* LM Nr. 7 zu § 5 = NJW 1969, 699; im Gesetzgebungsverfahren war dies ein Streitpunkt, vgl. *Hahn* 2 (1880), 547.
[9] *BGHZ* 40, 185 = NJW 1964, 44; *BGH* NJW 1971, 466; *BGH* ZZP 86 (1973), 67 = JR 1973, 18 (*Fenge*).
[10] Zur Problematik *BGH* ZZP 86 (1973), 67 ff.
[11] So aber teilweise *BGHZ* 40, 185 (Fn. 9).
[12] Vgl. auch *OLG München* Rpfleger 1968, 232.
[13] Auf das Zwangsvollstreckungsrecht kann der Rechtsgedanke des § 147 wegen des anderen Verfahrensinhalts nur mit Vorsicht übertragen werden. Für Verbindung mehrerer Pfändungsverfahren auf Antrag desselben Gläubigers gegen denselben Schuldner (Pfändung des Arbeitseinkommens beim selben Drittschuldner) *LG Detmold* Rpfleger 1991, 427. – Zur Trennung → § 145 Rdnr. 4.
[14] *OLG Hamm* Rpfleger 1980, 439; *OLG Celle* NdsRpfl 1987, 283. – Anders *KG* JurBüro 1985, 137 = MDR 1984, 590 für den Fall, daß im gerichtlichen Vergleich (im Arrestverfahren) ein anderer Rechtsstreit (Hauptsacheklage) mitverglichen wurde.
[15] *BGH* NJW 1977, 1152.
[16] *BGH* NJW 1978, 44; *KG* OLG Rsp 33, (1916), 76.

Verbindung zwischen dem vorläufigen Rechtsschutzverfahren und dem Hauptprozeß zulässig[17]. Dagegen ist die Verbindung einer Einzelklage und einer Verbandsklage (z.B. nach AGBG) zulässig[18], da die Verbandsklage keine besondere Verfahrensart darstellt und für sie auch die gewöhnlichen Verfahrensgrundsätze gelten, → vor § 128 Rdnr. 89.

6. Aufgebotsverfahren

Im Aufgebotsverfahren gelten für die Verbindung mehrerer Aufgebote erleichterte Voraussetzungen, → § 959. **10**

7. Gerichtliches Ermessen; Fälle eines Zwangs zur Verbindung oder Verbots der Verbindung

Im Regelfall steht die Anordnung im **Ermessen des Gerichts**[19]. Damit ist ihm eine gewisse **11** Freiheit in der Beurteilung der Frage eingeräumt, ob die Verbindung der sachlich richtigen Entscheidung nützt und prozeßwirtschaftlich ist[20]. Das Ermessen ist aber auch hier ein gebundenes und unterliegt dem Willkürverbot. Das Gericht hat daher nicht nur die Voraussetzungen des § 147 (→ Rdnr. 2ff.) zu beachten. Eine Ablehnung der Verbindung, nur weil die Zahl der Geschäftsnummern sich dadurch verringert oder aus ähnlichen sachfremden Erwägungen ist daher unzulässig. Auch das Erreichen oder Nichterreichen einer bestimmten Rechtsmittelsumme stellt keinen sachlichen Gesichtspunkt für die Ermessensausübung dar[21]. Einerlei ist hierbei, ob die Gründe ausgesprochen werden oder verhüllt den Beschluß oder dessen Ablehnung veranlaßt haben.

Ein **Zwang zur Verbindung** besteht ausnahmsweise bei § 517 S. 2 für das Berufungsverfahren, bei § 623 Abs. 1 S. 1 (§ 629 Abs. 1) für Scheidungs- und Folgesachen, sowie gemäß **12** § 643 a Abs. 4 bei mehreren Abänderungsklagen nach § 643 a Abs. 1[22]. Ebenso ist die Verbindung gesetzlich vorgeschrieben bei mehreren Anfechtungs-[23] oder mehreren Nichtigkeitsprozessen nach § 246 Abs. 3 S. 3, § 249 Abs. 2 S. 1, § 250 Abs. 3 S. 1[24], § 251 Abs. 3, § 253 Abs. 2, § 254 Abs. 2 S. 1, § 257 Abs. 2 S. 1, § 275 Abs. 4 S. 1 AktG und nach § 51 Abs. 3 S. 5, § 96, § 112 Abs. 1 S. 3 GenG. Ist in den erstgenannten Fällen der eine der Prozesse bei der *Zivilkammer*, der andere bei der *Kammer für Handelssachen* anhängig, so sind beide bei der *Zivilkammer* zu verbinden, weil diese im Regelfall zuständig ist, und die bei der Zivilkammer anhängige Sache nur auf Antrag an die Kammer für Handelssachen gebracht werden könnte.

Umgekehrt **untersagen** Art. 59 § 5 der **Einheitlichen Rechtsvorschriften für den Vertrag über die** **13** **internationale Eisenbahnbeförderung von Personen und Gepäck (CIV)**, BGBl. 1985 II 178, und Art. 62 § 5 der **Einheitlichen Rechtsvorschriften für den Vertrag über die internationale Eisenbahnbeförderung von Gütern (CIM)**, BGBl. 1985 II 224[25], eine Verbindung des Entschädigungs- und Rückgriffsverfahrens.

---

[17] *OLG Karlsruhe* Justiz 1968, 475.
[18] A.M. *Sieg* VersR 1977, 489, 494.
[19] *BAG* AP Nr. 22 zu § 72 ArbGG 1953 (Streitwertrevision) (*Schumann*); ebenso für § 113 SGG *BSG* MDR 1973, 967.
[20] Zur Verbindung von Massenklagen vgl. *Stürner* JZ 1978, 499, 500.
[21] *Schumann* in Anm. zu BAG AP Nr. 22 zu § 72 ArbGG 1953 (Streitwertrevision); *BSG* MDR 1973, 967. Wie das *BSG* mit Recht hervorhebt, ist es nicht Aufgabe des Gerichts, die Prozeßverbindung als Instrument zur Veränderung des Rechtsmittelsystems zu benutzen.
[22] Entsprechend anzuwenden bei entgegengesetzten Abänderungsklagen nach § 323, die denselben Titel und denselben Zeitraum betreffen, *OLG Zweibrücken* FamRZ 1988, 420, 421. Zur Verbindung von Abänderungs- und Nachforderungsklage *OLG Zweibrücken* FamRZ 1993, 440.
[23] Analog ist die Verbindung mehrerer Anfechtungsklagen gegen ein und denselben Wohnungseigentümerbeschluß geboten, *LG Frankfurt* NJW-RR 1987, 1423.
[24] *OLG Hamburg* Die AG 1971, 403.
[25] Beide in Kraft seit 1.V. 1985, BGBl. II 1001, als Anhang A und B des Übereinkommens über den internationalen Eisenbahnverkehr (COTIF), BGBl. 1985 II 144.

Über Verbote in Ehesachen → § 610 Abs. 2, § 633 Abs. 1, in Kindschaftssachen → § 640 c S. 1. Ebenso ist eine Verbindung von **Binnenschiffahrtssachen,** die nicht Rheinschiffahrtssachen sind, mit diesen nach § 16 des Gesetzes über das gerichtliche Verfahren in Binnenschiffahrtssachen vom 27. IX. 1952, BGBl. I 641 verboten[26].

III. Anordnung der Verbindung

1. Beschluß des Gerichts; Anhängigkeit bei mehreren Spruchkörpern

14   Die Verbindung wird durch einen **Beschluß des Gerichts** angeordnet, also bei Kollegialgerichten durch das Kollegium, nicht durch den Vorsitzenden; wohl aber kann der **Einzelrichter** sie für die bei ihm schwebenden Prozesse verfügen. Dies ergibt sich für den Einzelrichter im ersten Rechtszug aus seinen seit der Vereinfachungsnovelle umfassenden Befugnissen für die ihm übertragenen Prozesse, § 348, für den Einzelrichter im Berufungsverfahren kraft Sachzusammenhangs mit den ihm nach § 524 zustehenden Befugnissen[27]. Zur Verbindung im Verhältnis Einzelrichter – Zivilkammer → Rdnr. 3. – Auch der **Vorsitzende der Kammer für Handelssachen** ist über den Wortlaut von § 349 hinaus befugt, selbständig über die Verbindung mehrerer bisher nur von ihm bearbeiteter Prozesse zu entscheiden[28], da die Aufzählung in § 349 lückenhaft ist, diese Vorschrift aber den Vorsitzenden ermächtigen soll, eine erschöpfende Vorbereitung der Schlußverhandlung vor der Kammer durchzuführen, → § 349 Rdnr. 5.

15   Bei **Anhängigkeit** der Prozesse **vor verschiedenen gleichartigen** (→ Rdnr. 2) **Spruchkörpern desselben Gerichts** läßt die bisherige allgemeine Meinung eine Verbindung ohne weiteres zu[29]. Dagegen bestehen Bedenken, weil durch einen solchen Beschluß einer der verbundenen Prozesse an einen anderen Spruchkörper gelangt. Es würde also (soweit nicht ausnahmsweise die Verbindung gesetzlich vorgeschrieben ist, → Rdnr. 12) durch eine gerichtliche Ermessensentscheidung, nämlich den Verbindungsbeschluß, die **Geschäftsverteilung** im konkreten Fall beeinflußt. Das ist mit dem Anspruch der Parteien auf den **gesetzlichen Richter** (Art. 101 Abs. 1 GG, dazu näher → Einl. Rdnr. 480ff.) kaum zu vereinen; zumindest würde es sich aus der Sicht dieses justitiellen Grundrechts um eine unbefriedigende Regelung handeln. Andererseits ginge es, obwohl der Gesetzeswortlaut eine solche Auslegung zuließe, zu weit, eine Verbindung generell *nur* dann zuzulassen, wenn die beiden Prozesse beim selben Spruchkörper anhängig sind oder wenn die Verbindung gesetzlich vorgeschrieben ist (→ Rdnr. 12); denn es können auch sonst durchaus berechtigte Gründe, die auch im Interesse der Parteien liegen, für eine Verbindung sprechen. Als vermittelnde Lösung erscheint es daher angemessen, die Verbindung von Prozessen bei verschiedenen (gleichartigen) Spruchkörpern über die Fälle gesetzlich vorgeschriebener Verbindung hinaus nur dann für zulässig zu erachten, **wenn alle Parteien dieser Verbindung zustimmen**[30]. Dann ergeben sich auch aus dem Gesichtspunkt des gesetzlichen Richters keine Bedenken, weil sich dessen Anforderungen gegen den Staat richten, aber einem Einfluß der Parteien auf die Zuständigkeit und die Geschäftsverteilung nicht entgegenstehen.

16   In dem erörterten Fall ist ein *gemeinsamer Beschluß* oder eine Mehrzahl von Beschlüssen aller beteiligten Spruchkörper vom Gesetz weder vorgeschrieben noch sachlich geboten[31]. Eine interne Fühlungnahme ist aber unentbehrlich, schon weil eine etwaige Entscheidungsrei-

---

[26] *BGHZ* 45, 241.
[27] *Zöller-Schneider*[18] § 524 Rdnr. 48; *Baumbach-Lauterbach-Albers*[51] § 524 Rdnr. 11.
[28] *Zöller-Greger*[18] § 349 Rdnr. 2; *Baumbach-Lauterbach-Hartmann*[51] § 349 Rdnr. 16; *Rosenberg-Schwab-Gottwald*[15] § 110 III 4 b.
[29] *Baumbach-Lauterbach-Hartmann*[51] Rdnr. 6; *Thomas-Putzo*[18] Rdnr. 1; ebenso *BSG* AP Nr. 1 (wobei aber alle Beteiligten die Verbindung angeregt hatten).
[30] Zust. *Zöller-Greger*[18] Rdnr. 2; *MünchKommZPO-Peters* Rdnr. 8.
[31] *BSG* AP Nr. 1.

fe (→ Rdnr. 4) nur der jeweils mit der Sache befaßte Spruchkörper sachgemäß beurteilen kann. Den **Beschluß** erläßt der Spruchkörper, an den die mehreren Sachen nach der Geschäftsverteilung gekommen wären, wenn von Anfang an nur eine gemeinsame Klage erhoben worden wäre. Bei gegensätzlicher Parteistellung in den verschiedenen Prozessen wird die eine Sache Klage, die andere Widerklage; als zuständig ist dann das mit der künftigen Klage befaßte Spruchorgan anzusehen, also dasjenige, vor dem zunächst geklagt worden war.

Der **Beschluß** muß zu erkennen geben, daß er die Prozesse **verbinden will.** Zwar ist eine Verbindung auch ohne ausdrückliche Anordnung aufgrund eines *schlüssigen Verhaltens* möglich[32], aber auch nur dann, wenn die Gesamtumstände einen solchen Schluß rechtfertigen. Die Bewilligung der Prozeßkostenhilfe für mehrere Prozesse in einem einheitlichen Beschluß reicht dazu nicht aus[33]. Ebensowenig genügt allein die Tatsache, daß über mehrere selbständige Rechtsbehelfe in einem einheitlichen Beschluß entschieden wurde, ohne das Hinzutreten weiterer Umstände für die Annahme, daß eine stillschweigende Verbindung vorliegt[34]. Auch wenn sich ein Gericht in einem einheitlichen Beschluß hinsichtlich zweier Verfahren für unzuständig erklärt, liegt darin keine Verbindung dieser Verfahren, sondern lediglich eine vorübergehende Maßnahme, die der tatsächlichen Vereinfachung dient[35], → auch Rdnr. 22.

17

2. Verfahren

Die Verbindung setzt **keinen Antrag** der Parteien voraus, sondern wird **von Amts wegen** angeordnet[36]. Obwohl die Verbindung eine prozeßleitende Anordnung darstellt, erscheint die **vorherige mündliche Verhandlung** grundsätzlich obligatorisch[37]. Die Gegenmeinung[38] verweist auf die Lockerung des Mündlichkeitsgrundsatzes durch die Novelle 1924, berücksichtigt aber nicht genügend, daß die Prozeßverbindung aus der Sicht der Parteien erhebliche Bedeutung haben kann, so daß es sinnvoll erscheint, die Parteien vorher anzuhören. Die vorherige mündliche Verhandlung ist jedoch entbehrlich, wenn die Parteien übereinstimmend die Verbindung beantragen bzw. sich mit dieser einverstanden erklären, → § 128 Rdnr. 26. Der Beschluß ist zu *verkünden*; wenn er (ausnahmsweise) ohne mündliche Verhandlung ergeht, genügt *formlose Mitteilung*.

18

3. Anfechtung, weiteres Verfahren

Der Beschluß ist **nicht selbständig** – etwa mit der Beschwerde – **anfechtbar**[39]. Ausnahmsweise kommt eine Beschwerde in Betracht, wenn die Verbindung deshalb unzulässig ist, weil beide Verfahren unterschiedlichen Prozeßarten angehören (z.B. einstweiliges Verfügungsverfahren und Hauptprozeß), → Rdnr. 9, und die Verbindung im Hinblick auf die besondere Natur des einen Verfahrens (Eilverfahren) einer Aussetzung gleichkommt, so daß die Beschwerde entsprechend § 252 gegeben ist[40]. Der Beschluß kann jedoch nach §§ 512, 548 mit

19

---

[32] *KG* Rpfleger 1970, 36 mwN.
[33] *KG* JW 1937, 2781.
[34] *KG* Rpfleger 1970, 36; *KG* JW 1937, 2465; vgl. auch zur gemeinsamen Behandlung mehrerer Anträge in *einem* Beschluß *BayObLGZ* 1967, 25, 29 (betr. Wohnungseigentumssachen).
[35] *BGH* NJW 1980, 192.
[36] Vgl. hierzu Begr. des Entwurfs der CPO bei *Hahn* 2 (1880), 172, 217.
[37] *RGZ* 24, 367; wohl auch *RGZ* 142, 255, 257; *Rosenberg-Schwab-Gottwald*[15] § 81 III 1a; *AK-ZPO-Döring* Rdnr. 5.

[38] *KG* JW 1937, 2465; *Kiel* HRR 1929 Nr. 657; *Gaedeke* JW 1937, 3013, 3014; *Baumbach-Lauterbach-Hartmann*[51] Rdnr. 13.
[39] *RGZ* 24, 367; *OLG für Hessen* (Kassel) HEZ 2, 367; *LAG Hamm* MDR 1970, 710; *LAG Frankfurt* DB 1988, 2656 (LS); auch bei Ablehnung einer angeregten Verbindung ist die Beschwerde unzulässig *BAG* AP Nr. 22 zu § 72 ArbGG = BB 1973, 755; *BSG* MDR 1973, 967.
[40] *OLG Karlsruhe* Justiz 1968, 175.

Berufung oder Revision gegen das auf ihm beruhende Endurteil angegriffen werden. Kommt es für die Zulässigkeit eines Rechtsmittels auf den Streit- oder Beschwerdewert an, so kann die Zulässigkeit grundsätzlich nicht darauf gestützt werden, daß die Prozeßverbindung unterblieben ist und dadurch der Wert nicht erreicht wurde[41]. Da die Verbindung als prozeßleitende Anordnung im Ermessen des anordnenden Gerichts steht, ist die **Überprüfung** durch das Obergericht nur beschränkt (Willkür) möglich[42]. Wenn in Rede steht, eine Verbindung sei aus sachfremden Erwägungen verfügt oder abgelehnt worden, kommt nach Ausschöpfung des Zivilrechtsweges eine Verfassungsbeschwerde wegen Entzugs des gesetzlichen Richters (Art. 101 Abs. 1 S. 2 GG) in Betracht, näher → Einl. Rdnr. 480, 501 sowie vor § 578 Rdnr. 43 ff.

20   Wird der Verbindungsbeschluß in einem für alle Prozesse anberaumten Termin verkündet, so kann das **Verfahren** in dem nunmehr einheitlichen Prozeß **sofort** durch weitere Verhandlung **fortgesetzt** werden. Das Gericht kann aber auch in einem Verbindungsbeschluß einen neuen Termin zur weiteren Verhandlung bestimmen oder diesen gesondert von Amts wegen anberaumen, → vor § 214 Rdnr. 3 ff.

21   Wenn die Verbindung Prozesse mit **anderen Parteien** und vor **anderen Spruchkörpern** erfaßt, muß der Beschluß den anderen Parteien, wenn ihn der bisher zuständige Richter nicht bereits im bisherigen Verfahren bekanntgegeben hat, von Amts wegen mit der Terminsbestimmung zugestellt oder gesondert mitgeteilt werden.

IV. Wirkungen der Verbindung

1. Auf das Verfahren allgemein

22   Die Wirkung der Verbindung besteht in der **gleichzeitigen Verhandlung und Entscheidung,** d. h. gemeinsamen Terminen, Beweisaufnahmen und Entscheidungen, wodurch tatsächlich widerstreitende Urteile ausgeschlossen sind. Eine Verbindung *nur* zum Zwecke gleichzeitiger Verhandlung bei getrennter Entscheidung gestattet § 147 nicht[43]. Andererseits verbietet § 147 nicht, daß das Gericht zur Vereinfachung des Verfahrens mehrere Prozesse *vorübergehend* rein tatsächlich *gemeinsam verhandelt*[44]; die Rechtsfolgen einer Verbindung sind damit nicht gewollt und treten auch nicht ein. Ob eine derartige Anordnung aber nicht doch die gemeinsame Entscheidung einschließen will, ist eine vom Revisionsgericht nachprüfbare Frage der Auslegung[45]. Bei dieser Auslegung sind die gesamten Umstände maßgebend[46], wobei im Zweifel von einer Verbindung zur Verhandlung *und* Entscheidung auszugehen ist, wenn nicht nach dem für die Parteien erkennbaren Willen des Gerichts kein Zweifel darüber bestehen kann, daß eine Verbindung nur zum Zweck einer »gleichzeitigen Verhandlung«, nicht aber mit den Wirkungen des § 147 vorliegt[47]. Soweit das **Gericht trotz einer Verbindung gemäß § 147 getrennt entscheidet,** ohne die Verbindung vorher in zulässiger Weise gelöst zu haben (§ 150), ist für die Frage der Statthaftigkeit eines Rechtsmittels von einem einheitlichen Spruch auszugehen[48].

23   Durch die Verbindung werden die vorher selbständigen Prozesse derart **zu einem Prozeß vereinigt,** als ob von vornherein die Klagen gehäuft oder eine Widerklage erhoben gewesen

---

[41] Vgl. *BAG* AP Nr. 22 zu § 72 ArbGG 1953 (Streitwertrevision) (*Schumann*).
[42] *BAG* (Fn. 41) zur Ablehnung der Verbindung.
[43] *OLG Köln* DAR 1973, 188; *OLG Köln* VersR 1973, 285; *RGZ* 142, 255.
[44] *BGH* LM Nr. 1 = NJW 1957, 183 = ZZP 70 (1957), 124; *KG* Rpfleger 1970, 36; *OLG München* RPfleger 1990, 184.

[45] *BGH* LM Nr. 1 (Fn. 44); *RGZ* 49, 401; 142, 255; vgl. auch für § 73 Abs. 1 FGO *BFH* BB 1980, 250.
[46] *KG* Rpfleger 1970, 36 mwN.
[47] *BGH* (Fn. 44); *OLG Bamberg* JurBüro 1986, 219; *OLG München* RPfleger 1990, 184. – Gegen eine solche Auslegungsregel *MünchKommZPO-Peters* Rdnr. 15.
[48] *BGH* (Fn. 44); *RGZ* 49, 401; 142, 255.

wäre⁴⁹. Dem steht nicht entgegen, daß bei **Spruchreife** des einen Prozesses *vor* dem anderen das ergehende Urteil nicht Teilurteil, sondern reines Endurteil nach § 300 Abs. 2 ist. In diesem Endurteil ist hinsichtlich des ursprünglich selbständigen Prozesses eine Aufhebung der Verbindung enthalten⁵⁰. Der praktische Grund dafür ist, daß die ohne oder gegen den Willen der Parteien geschaffene Verbindung dann endgültig gelöst werden muß, wenn das Bedürfnis dazu nicht mehr besteht. Das Endurteil ist bezüglich der *Rechtsmittelsumme* selbständig zu beurteilen, was zur Folge haben kann, daß für die gesonderten Urteile die Rechtsmittelsumme nicht erreicht wird⁵¹. Jedoch gestattet nur die *vorzeitige Spruchreife* eines der verbundenen Prozesse den Erlaß eines Urteils gemäß § 300 Abs. 2. Unzulässig ist es dagegen, wenn nur zum Zweck der Urteilsfällung eine Trennung erfolgt. Geschieht dies dennoch, so sind diese Urteile als einheitliche Entscheidung aufzufassen⁵².

Durch die Vereinigung der Verfahren werden die Kläger oder Beklagten der verbundenen Prozesse **Streitgenossen** mit allen sich daraus für die Prozeßführung und insbesondere für die Beweisaufnahme ergebenden Wirkungen, darüber → § 61 Rdnr. 7 ff., § 62 Rdnr. 26 ff., § 100 Rdnr. 1 ff. So ist z. B. eine *Zeugenvernehmung* eines Streitgenossen mit Wirkung nur für einen der verbundenen Prozesse unzulässig; statthaft ist nur Parteivernehmung, soweit deren Voraussetzungen gegeben sind⁵³. Ausnahmsweise ist eine Zeugenvernehmung zulässig, falls ein Streitgenosse über Tatsachen vernommen wird, die ausschließlich den anderen Streitgenossen betreffen⁵⁴. Es kann durch die Verbindung der Mangel getrennter Klageerhebung, → § 59 Rdnr. 1, § 62 Rdnr. 14 ff., 25 geheilt werden. 24

2. Auf die Streitwerte⁵⁵

a) Rechtsmittelstreitwert

Für die Berechnung des Rechtsmittelstreitwerts sind (aber nur bei einer echten Verbindung, → Rdnr. 22) die Streitwerte nach § 5 **zusammenzurechnen**⁵⁶, → § 5 Rdnr. 2, 20, § 511a Rdnr. 30, § 546 Rdnr. 39. Dies gilt auch dann, wenn das Gericht, ohne die Verbindung zulässigerweise aufzuheben, → Rdnr. 23, zur gleichen Zeit bzw. in engem zeitlichen Zusammenhang getrennte Urteile erlassen hat⁵⁷. Die Zusammenrechnung ist auch bei verschiedenen Parteirollen *möglich*⁵⁸. Voraussetzung der Zusammenrechnung ist, daß in der Vorinstanz die Verbindung erfolgte, nicht erst durch das Rechtsmittelgericht, → Rdnr. 8 bei Fn. 15. 25

b) Zuständigkeitsstreitwert

Auf die sachliche Zuständigkeit hat die Verbindung grundsätzlich keinen Einfluß. Ausnahmsweise kommt jedoch eine Auswirkung der Zusammenrechnung in Betracht, falls sie den bisherigen Mangel der Zuständigkeit des Landgerichts heilt, → § 4 Rdnr. 8, § 5 Rdnr. 2. Ebenso hat die Verbindung Auswirkungen auf die sachliche Zuständigkeit, wenn sich der Kläger die Zuständigkeit des Amtsgerichts durch Zerlegung seines Anspruches *erschlichen* 26

---

⁴⁹ *BGH* (Fn. 44); *RGZ* 44, 419, 420, ständige Rsp.
⁵⁰ *BGH* (Fn. 44).
⁵¹ Vgl. zur ähnl. Problematik beim Teilurteil *de Lousanoff* Zur Zulässigkeit des Teilurteils gemäß § 301 ZPO (1979), 141, 149 ff.
⁵² *BGH* (Fn. 44).
⁵³ *OLG Köln* DAR 1973, 188; *LAG Hamm* MDR 1970, 710.
⁵⁴ *BAGE* 24, 355 = JZ 1973, 58; *OLG Düsseldorf* MDR 1971, 56; *KG* OLGZ 77, 244.

⁵⁵ Dazu *E. Schneider* MDR 1974, 7, 9.
⁵⁶ *BGH* (Fn. 44); *RGZ* 5, 355; 6, 416; 49, 401, 402; *RG* JW 1899, 696.
⁵⁷ *BGH* (Fn. 44); *RGZ* 142, 255, 257; so auch *BAG* AP Nr. 1 zu § 611 BGB (Gruppenarbeitsverhältnis) = BB 1972, 221.
⁵⁸ Vgl. *BGH* LM Nr. 7 zu § 5 = NJW 1969, 699 (jedenfalls bei übereinstimmendem Rechtsgrund).

hat, → Einl. Rdnr. 250, § 1 Rdnr. 12. Hier sind die mehreren Teilklagen zu verbinden und auf Antrag an das Landgericht zu verweisen bzw. (wenn kein Verweisungsantrag gestellt wird) als unzulässig abzuweisen, → § 1 Rdnr. 14, § 2 Rdnr. 32, § 506 Rdnr. 17 (dort auch zu § 112 GenG). Wenn dagegen das Amtsgericht *zulässigerweise* erhobene Teilklagen verbindet, darf es sich nicht deshalb für unzuständig erklären, weil der zusammengerechnete Streitwert die Zuständigkeitsgrenze überschreitet.

c) Gebührenstreitwert

27   Für die Berechnung der Gebühren für Akte, die *nach* der Verbindung vorgenommen werden, sind die Streitwerte nach § 5 **zusammenzurechnen**[59], → § 5 Rdnr. 2. Jedoch bleiben die bis zur Verbindung in jedem einzelnen Verfahren nach dem jeweiligen Streitwert berechneten allgemeinen Verfahrensgebühren unberührt; d. h. ihr getrennter Ansatz bleibt bestehen[60]. Daß dabei dem Rechtsanwalt, der sowohl vor als auch nach der Verbindung tätig ist, ein Wahlrecht zusteht, ob er die bereits vorher nach den einzelnen Gegenstandswerten erwachsenen **Prozeßgebühren** (§ 31 Abs. 1 Nr. 1 BRAGO) oder lediglich eine Prozeßgebühr aus dem addierten Wert verlangen will[61], ist insofern ohne praktische Bedeutung, als die Summe der Einzelgebühren regelmäßig höher sein wird[62].

28   War *vor* der Verbindung nur in *einem* der Prozesse verhandelt worden und wird *nach* Verbindung über den *verbundenen* Streitgegenstand verhandelt, fällt außer der durch die frühere Verhandlung bereits entstandenen **Verhandlungsgebühr** für die Verhandlung nach der Verbindung eine Verhandlungsgebühr aus den zusammengerechneten Werten beider Sachen an, auf die aber die bereits zuvor entstandene Gebühr voll anzurechnen ist[63]. Dies hat auch zu gelten, wenn bereits in beiden verbundenen Prozessen verhandelt worden war, aber nach der Verbindung der Streitwert erhöht wurde[64]. – Ist nicht eindeutig, ob verschiedene Prozeßverfahren *vor* oder *nach* Bewilligung der **Prozeßkostenhilfe** und Beiordnung verbunden worden sind, so ist für die Berechnung der Gebühren des für die Verfahren beigeordneten Rechtsanwaltes von getrennten Prozessen auszugehen[65].

V. Aufhebung der Verbindung

29   Das Gericht kann die Verbindung grundsätzlich **jederzeit** gemäß § 150 **wieder aufheben**, → § 150 Rdnr. 1 ff. Wird der eine der verbundenen Prozesse vor dem anderen zur Endentschei-

---

[59] Vgl. *OLG Bamberg* JurBüro 1986, 219 (die Zulässigkeit der Verbindung ist im Kostenfestsetzungsverfahren nicht zu überprüfen). – Anders ist es, wenn keine Prozeßverbindung, sondern nur eine vorübergehende gemeinsame Verhandlung (→ Rdnr. 22) vorliegt, *OLG München* Rpfleger 1990, 184. – Im übrigen sind die Voraussetzungen des § 5 zu beachten, also insbesondere keine Zusammenrechnung bei wirtschaftlicher Einheit, → § 5 Rdnr. 6 ff.
[60] BGHR ZPO § 147 Streitwert 1; *OLG Köln* VersR 1992, 518; *OLG München* Rpfleger 1986, 279; NJW 1957, 67; *OLG Bamberg* JurBüro 1976, 774; *Schneider* NJW 1979, 846, 850; a. A. für Prozeßgebühr bei getrennt eingereichten und zugestellten wechselseitigen Ehescheidungsklagen *KG* MDR 1978, 678 = Rpfleger 270.
[61] *Hessisches VGH* JurBüro 1987, 1359 (*Mümmler*); *Riedel-Sußbauer* BRAGO[6] § 31 Rdnr. 33.
[62] Vgl. *Mümmler* JurBüro 1987, 1360.
[63] *KG* Rpfleger 1973, 441; *OLG Zweibrücken* JurBüro 1981, 699 u. 793; *OLG Stuttgart* JurBüro 1982, 1670 (abl. *Mümmler*); *OLG Köln* JurBüro 1987, 380; *Riedel-Sußbauer* BRAGO[6] § 31 Rdnr. 33. – Nach anderer Ansicht ist die neu entstandene Gebühr in dem Verhältnis zu kürzen, das dem Anteil des Streitwerts der einen Sache, in der vor Verbindung verhandelt worden war, an dem zusammengerechneten Streitwert entspricht, so *OLG Düsseldorf* Rpfleger 1978, 427; *OLG Frankfurt* Rpfleger 1958, 197 = NJW 1958, 554 (zust. *Tschischgale*); *Gerold-Schmidt-von Eicken-Madert* BRAGO[11] § 31 Rdnr. 71. – Eine dritte Berechnungsmethode wendet *OLG Koblenz* JurBüro 1986, 1523 an, die vom Streitwert der bereits zuvor verhandelten Sache abzieht und nach dem restlichen Streitwert die zusätzliche Verhandlungsgebühr berechnet. – Offenlassend BGHR ZPO § 147 Prozeßverbindung 1.
[64] *OLG München* Rpfleger 1986, 279.
[65] *OLG Hamm* JurBüro 1979, 865.

dung reif, muß eine Trennung nach § 300 Abs. 2 erfolgen. Diese geschieht dann stillschweigend durch den Erlaß des Endurteils, → Rdnr. 23.

VI. Arbeitsgerichtliches Verfahren

§ 147 gilt auch im **Verfahren für Arbeitssachen** (§ 46 Abs. 2 ArbGG). Der Verbindung steht nicht generell entgegen, daß die Prozesse bei verschiedenen Kammern des Arbeitsgerichts anhängig sind, näher → Rdnr. 15. Dagegen scheidet eine Verbindung dann aus, wenn über einen der geltend gemachten Ansprüche im *Urteilsverfahren* (§§ 46 ff. ArbGG) und über den anderen im *Beschlußverfahren* (§§ 80 ff. ArbGG) zu entscheiden ist[66]. Die Verbindung eines beim Arbeitsgericht schwebenden Rechtsstreits mit einem beim ordentlichen Gericht anhängigen ist selbstverständlich ausgeschlossen, weil verschiedene Gerichte beteiligt sind.

30

---

[66] *Bulla* RdA 1978, 209 ff.; *Grunsky* ArbGG[6] § 80 Rdnr. 7 mwN.

§ 148 [Aussetzung wegen Vorgreiflichkeit]

Das Gericht kann, wenn die Entscheidung des Rechtsstreits ganz oder zum Teil von dem Bestehen oder Nichtbestehen eines Rechtsverhältnisses abhängt, das den Gegenstand eines anderen anhängigen Rechtsstreits bildet oder von einer Verwaltungsbehörde festzustellen ist, anordnen, daß die Verhandlung bis zur Erledigung des anderen Rechtsstreits oder bis zur Entscheidung der Verwaltungsbehörde auszusetzen sei.

Gesetzesgeschichte: Bis 1900 § 139 CPO; sprachlich geändert BGBl. 1950, 535; → Einl. Rdnr. 148.

Stichwortverzeichnis → *Unterbrechungs- und Aussetzungsschlüssel* in Rdnr. 30 vor § 239.

I. Allgemeines	c) Verstoß gegen Landesverfassung ... 57
1. Bedeutung ... 1	d) Gemeinsamkeiten der Normenkontrollsituationen zu a) – c) ... 58
2. Funktion ... 4	aa) Gerichtliche Überzeugung ... 59
3. Anwendungsbereich	bb) Vertragsgesetze; Besatzungsrecht ... 61
a) Verfahren mit Entscheidungscharakter ... 7	cc) Europäisches Gemeinschaftsrecht ... 62
b) Aussetzungsgründe ... 11	dd) Vorkonstitutionelles Recht ... 66
c) Analoge Anwendung ... 13	e) Qualifikation von allgemeinen Regeln des Völkerrechts ... 71
d) Einflußmöglichkeiten der Parteien ... 18	f) Weitergeltung als Bundesrecht ... 74
e) Umgehungsversuche ... 19	3. Entscheidungserheblichkeit ... 76
f) Aussetzung nach § 614 ... 20	a) Abschließende Entscheidungen ... 77
II. Aussetzung wegen eines Zivilprozesses	b) Eilverfahren ... 79
1. Voraussetzungen ... 21	c) Prozeßkostenhilfeverfahren ... 81
a) Präjudizialität ... 22	d) Voraussetzungen ... 82
b) Identität ... 25	aa) Subsidiarität der Normenkontrolle ... 84
c) Verschiedene Personen ... 28	bb) Verhältnis zu einfachgesetzlichen Verfahrensvorschriften ... 88
d) Anhängigkeit ... 29	cc) Zurückverweisungsfälle ... 90
2. Ermessen und Zwang zur Aussetzung	dd) Sachverhaltsermittlung des vorlegenden Gerichts ... 91
a) Eilbedürftige Verfahren; Sonderverfahren; Verfahrensverbindung ... 30	ee) Konkurrenz zur Vorlage nach Art. 177 EG-Vertrag ... 92
b) § 96 Abs. 2 GWB ... 33	4. Aussetzung des Verfahrens ... 93
c) Beschränkte Vorfragenkompetenz ... 38	5. Bevorstehen einer gesetzlichen Neuregelung ... 99
3. Entscheidung; Verfahren ... 39	6. Vorlage an das Bundesverfassungsgericht ... 100
4. Wirkung ... 43	
5. Anfechtung ... 44	
6. Außerkrafttreten; Aufhebung ... 49	
III. Aussetzung wegen eines verfassungsgerichtlichen Verfahrens	
A. Richtervorlagen nach Art. 100, 126 GG	
1. Richterliches Prüfungsrecht und Verwerfungskompetenz ... 50	
2. Voraussetzungen	
a) Verstoß gegen Grundgesetz ... 53	
b) Verstoß gegen Bundesrecht ... 55	

7. Unterlassene Vorlage	105
8. Anfechtung; Aufhebung; Gegenstandsloswerden; Ende der Aussetzung	106
9. Das Verfahren des Verfassungsgerichts	111
10. Erneute Vorlage	113
11. Vorlagekonkurrenz zwischen Bundes- und Landesverfassungsgericht	114
B. Landesrechtliche Normenkontrolle	115
C. Weitere verfassungsgerichtliche Verfahren	117
IV. Aussetzung wegen eines Verwaltungsverfahrens oder eines Verwaltungsgerichtsverfahrens	
1. Allgemeines	119
2. Voraussetzungen	
a) Anhängigkeit	120
b) Tatbestandswirkung	121
c) Einzelfälle	123
3. Ermessen und Zwang	125
V. Aussetzung wegen anderer Verfahren	
1. Aussetzung wegen Verfahren der freiwilligen Gerichtsbarkeit	127
a) Speziell geregelte Fälle	128
b) Echte Streitsachen	129
c) Klassische Verfahren	130
d) Gemeinsamkeiten	132
2. Aussetzung wegen arbeitsgerichtlicher Verfahren	133
3. Aussetzung wegen Verfahren vor sonstigen besonderen Gerichten	134
4. Aussetzung wegen schiedsgerichtlicher Verfahren	135
VI. Internationale Aussetzung	
1. Gründe	136
2. Aussetzung wegen eines anderen Verfahrens	137
3. Sonstige internationale Aussetzung	139
A. Aussetzung wegen Verfahren im Ausland	
1. Allgemeines	140
2. Die lex-fori-Regel	141
3. Aussetzung bei Identität oder Konnexität eines ausländischen Verfahrens	
a) Identischer Streitgegenstand	142
b) Besonderheiten im Bereich des EuGVÜ und des Lugano Übereinkommens	
aa) Texte	145
bb) Funktion; Anwendungsbereich	149
c) Bilaterale Verträge	152
aa) Deutsch-tunesischer Vertrag	153
bb) Deutsch-norwegischer Vertrag	154
cc) Deutsch-israelischer Vertrag	155
dd) Deutsch-spanischer Vertrag	156
d) Europäisches Übereinkommen über Staatenimmunität	157
4. Aussetzung in EuGVÜ-Anerkennungsfällen	
a) Art. 30 EuGVÜ	158
b) Art. 38 EuGVÜ	162
5. Weitere Aussetzung aufgrund bilateraler Anerkennungs- und Vollstreckungsverträge	
a) Deutsch-britisches Abkommen	165
b) Deutsch-belgisches Abkommen	166
c) Deutsch-griechisches Abkommen	167
6. Aussetzung im Rahmen der internationalen Schiedsgerichtsbarkeit	168
a) Genfer Abkommen zur Vollstreckung ausländischer Schiedssprüche	169
b) UN-Übereinkommen über die Anerkennung und Vollstreckung ausländischer Schiedssprüche	170
c) Gesetz zum Übereinkommen zur Beilegung von Investitionsstreitigkeiten	171
d) Europäisches Übereinkommen über die internationale Handelsschiedsgerichtsbarkeit	173
7. Aussetzung in sonstigen Anerkennungsfällen	174
B. Aussetzung wegen zwischenstaatlicher Verfahren	
1. Allgemeines	176
2. Aussetzung wegen Verfahren vor dem Europäischen Gerichtshof (EuGH)	177

a) Aussetzung außerhalb von Vorabentscheidungen	178	bb) Vorlage nach EuGVÜ-Auslegungsprotokoll	206
b) Rechtsquellen des Vorabentscheidungsverfahrens	181	h) Verfahren der Vorlage an den EuGH	207
c) Zum Begriff der »Vorabentscheidung«	186	i) Aussetzung des Verfahrens; Anfechtung; Anfechtbarkeit der Nichtvorlage und Nichtaussetzung; Ende der Aussetzung	210
d) Zweck der Vorabentscheidung	187		
e) Gültigkeitsvorlage und Interpretationsvorlage	188	3. Aussetzung wegen Verfahren vor den Organen der Menschenrechtskonvention	214
f) Voraussetzungen der Vorabentscheidung		C. Aussetzung nach dem NATO-Truppenstatut	215
aa) Vorlageberechtigtes Gericht	190	D. Sonstige internationale Aussetzung	216
bb) Entscheidungserheblichkeit	191	VII. Aussetzung eines Verfahrens in Arbeitssachen	
cc) Verfahrensstadium	192	1. Allgemeines	217
dd) Gültigkeitsvorlage	193	2. Aussetzung der Lohnklage wegen einer Kündigungsschutzklage	218
ee) Interpretationsvorlage	195		
ff) Bindungswirkungen der Entscheidung des EuGH	197	3. Aussetzung der Weiterbeschäftigungsklage wegen einer Kündigungsschutzklage	219
gg) Vorlagekonkurrenzen	200		
g) Befugnis und Verpflichtung zur Vorabentscheidung		4. Aussetzung des Kündigungsrechtsstreits wegen eines Verfahrens über die Zustimmung der Hauptfürsorgestelle	220
aa) Vorlage nach Montan-, EG- und Euratomvertrag	202	5. Sonstiges	221

I. Allgemeines[1]

1. Bedeutung

1   Aussetzung der Verhandlung bedeutet den Stillstand des betreffenden Prozesses kraft richterlicher Anordnung. Dabei macht es keinen sachlichen Unterschied, daß das Gesetz in § 148 sowie in den §§ 149 (156) die Aussetzung der *Verhandlung* und in den §§ 151, 152 f., 154, 155 und den §§ 246 ff., 614, 640 f. diejenige des *Verfahrens* vorsieht (zur Aussetzung im allgemeinen → Rdnr. 14 ff. vor § 239). Die §§ 148 ff. regeln die Aussetzung eines Zivilprozesses mit Rücksicht auf ein präjudizielles anderes zivilprozessuales Verfahren (§ 148, → Rdnr. 22 ff.), ein Strafverfahren (§ 149) sowie auf Verwaltungs-, verwaltungsgerichtliche oder verfassungsgerichtliche Verfahren (→ Rdnr. 119 ff., → Rdnr. 50 ff.).

2   Die Regelung ist als abschließend gedacht; doch ist eine analoge Anwendung im Einzelfall gleichwohl nicht ausgeschlossen (→ Rdnr. 13). Zu beachten ist ferner, daß das Gesetz für ähnlich gelagerte Fälle zahlreiche Sondervorschriften kennt. Neben den §§ 65, 151–155, 246–249, 614 (→ Rdnr. 20), 640 f. ZPO (→ Rdnr. 17) sind vor allem zu nennen § 96 Abs. 2 GWB (→ Rdnr. 33 ff.), § 46 Abs. 2 WEG, § 638 Abs. 2 RVO, §§ 140 PatG, 19 GebrMG, Art.

---

[1] Lit.: *Mittenzwei* Die Aussetzung des Prozesses zur Klärung von Vorfragen (1971)(mit Bespr. *Habscheid* FamRZ 1974, 670); *Schultz* MDR 1983, 101; *E. Schneider* JurBüro 1979, 785 ff.; 967 ff. – Speziellere Literatur findet sich zur Aussetzung wegen verfassungsgerichtlicher (→ Rdnr. 50) und zwischenstaatlicher (→ Rdnr. 177) Verfahren.

VIII Abs. 8 NATO-Truppenstatut (→ Rdnr. 215), § 97 Abs. 5 ArbGG (→ Rdnr. 222) sowie das konkrete Normenkontrollverfahren des Art. 100 GG (→ Rdnr. 50 ff.).

Eine Aussetzungspflicht des Gerichts kann sich auch ohne eine ausdrückliche gesetzliche Vorschrift ergeben, wenn ihm ausnahmsweise die Vorfragenkompetenz fehlt. So liegt es trotz § 17 Abs. 2 S. 1 GVG n. F. vor allem bei der Aufrechnung mit Gegenforderungen, die in einen anderen Rechtsweg gehören (näher → Rdnr. 26, 38; → § 145 Rdnr. 33). 3

2. Funktion

Die Norm will eine doppelte Prüfung derselben Frage in mehreren Prozessen verhindern. So liegt es vor allem, wenn eine Vorfrage des anhängigen Prozesses in einem anderen Rechtsstreit zu untersuchen ist (→ Rdnr. 22). Daneben trifft § 148 auch diejenigen Fälle, in denen die bestehende Rechtshängigkeit mehrerer Prozesse über denselben Streitgegenstand ausnahmsweise nicht verhindern kann (→ Rdnr. 25 f.). Mit der Aussetzung werden Ergebnisse des einen Prozesses für ein anderes Verfahren verwertbar gemacht. Dadurch wird einmal die eigene Sachentscheidung des Gerichts erleichtert und verbessert. Zum anderen wird die Prozeßwirtschaftlichkeit gefördert, weil den Parteien und dem Gericht die Mühen und Kosten einer doppelten gerichtlichen Prüfung der Tatsachen- und Rechtslage erspart werden[2]. Schließlich wird die Gefahr beseitigt oder wenigstens gemindert, daß in derselben Frage von verschiedenen Gerichten einander widersprechende Entscheidungen getroffen werden. 4

Der Gesetzgeber hat die Aussetzungsmöglichkeit bewußt an bestimmte Voraussetzungen gebunden (→ Rdnr. 7ff.; 21 ff.), weil der laufende Zivilprozeß durch die Aussetzung möglicherweise unangemessen verzögert werden kann. Das abzuwartende andere Verfahren kann sich u. U. lange hinziehen. Damit ist der Justizgewährungsanspruch der Parteien berührt (→ Rdnr. 14). Doch ist eine eintretende Prozeßverzögerung grundsätzlich der hinzunehmende Preis für die genannten Vorteile einer Aussetzung (→ Rdnr. 4). 5

Die Aussetzung der Verhandlung steht nach dem Zweck der Norm im pflichtgemäßen Ermessen des Gerichts (→ Rdnr. 30 ff.). Dieses Ermessen kann sich aber im Einzelfall zu einem Ablehnungs- oder Aussetzungszwang verdichten. Ferner sehen Sondernormen für bestimmte Vorfragen einen Aussetzungszwang vor, → näher § 151 (Ehenichtigkeit), § 152 (Aufhebbarkeit einer Ehe), § 153 (Ehelichkeit eines Kindes, Vaterschaftsanerkennung), § 154 (Bestehen einer Ehe, eines Eltern- und Kindesverhältnisses oder der elterlichen Sorge). 6

3. Anwendungsbereich

a) Verfahren mit Entscheidungscharakter

Aussetzungsfähig ist nur ein Verfahren, in dem eine *Entscheidung* zu treffen ist. Das folgt aus Wortlaut und Sinn des § 148. Dabei ist es gleichgültig, ob in dem betreffenden zivilprozessualen Verfahren im Klage- oder Beschlußverfahren entschieden wird (z. B. Beschwerdeverfahren, Kostenfestsetzung). Wurde nach § 17a Abs. 3 GVG eine Vorabentscheidung getroffen, so muß das Gericht der ersten Instanz mit seiner Hauptsacheentscheidung die Unanfechtbarkeit der Vorabentscheidung abwarten und nach § 148 analog aussetzen[3]. Es besteht Aussetzungszwang (→ Rdnr. 30, 38). Unerheblich ist es, ob ein mündliches oder ein schriftli- 7

---

[2] Dazu *OLG Düsseldorf* NJW 1985, 1966, 1967 (zu §§ 927, 936).

[3] *Zöller/Gummer*[18] § 17a GVG Rdnr. 8; *Kissel* NJW 1991, 945, 949 li. Sp. (sonst aber → Rdnr. 12).

ches Verfahren durchgeführt wird oder in welchem Verfahrensstadium sich der Prozeß befindet. § 148 findet auch Anwendung im Beschwerdeverfahren des Patentgerichts[4].

8 Eine Aussetzung ist nach dem Gesagten auch in der höheren Instanz möglich. In der Berufungsinstanz bestehen dabei keine besonderen Einschränkungen. In der Revisionsinstanz ist eine Aussetzung gleichfalls möglich, wenn diese nicht der Einführung neuer Tatsachen dienen soll[5]. Doch kann der Rechtsstreit auch in der Revisionsinstanz ausgesetzt werden, wenn etwa ein Elektrizitätsversorgungsunternehmen nach Verkündung des auf die Beseitigung der Überspannung eines Grundstücks mit einer Stromleitung gerichteten Berufungsurteils ein Enteignungsverfahren für die Leitung einleitet[6]. Ausnahmen kennt der Patentverletzungsstreit, weil dort der Ausgang eines patentrechtlichen Nichtigkeitsverfahrens auch noch in der Revisionsinstanz zu beachten ist[7]. Das Revisionsgericht darf unter den Voraussetzungen des § 148 ohne weiteres aussetzen und zwar auch vor der Entscheidung über die Annahme der Revision gem. § 554b[8]. Die Vernichtung des Patents muß aber nicht bloß möglich, sondern vielmehr wahrscheinlich sein (→ Rdnr. 24)[9].

9 Maßnahmen der *Zwangsvollstreckung* können schon deshalb nicht ausgesetzt werden, weil es sich dabei nicht um Entscheidungen i. S. des § 148 handelt. Der Schuldner könnte durch eine Aussetzung zudem in den Genuß eines außerordentlichen Vollstreckungsschutzes kommen, den das Gesetz an anderer Stelle abweichend geregelt hat. Die ZPO sieht dafür regelmäßig allein die Aufhebung, die einstweilige Einstellung oder den Aufschub von Vollstreckungsmaßnahmen vor. Abgesehen von § 813a ist ihr das Institut der Aussetzung auf diesem Gebiet unbekannt[10]. Umgekehrt ist auch das Verfahren über den Pfändungsantrag des Gläubigers bei der Pfändung von Sozialleistungen nicht nach § 148 auszusetzen, sondern der Antrag zurückzuweisen, solange das Rentenverfahren noch läuft und kein bestandskräftiger Rentenbescheid vorliegt[11]. Dagegen ist eine Aussetzung im Erinnerungs- oder Beschwerdeverfahren nicht ausgeschlossen; sie wird aber nur selten angebracht sein. Die Aussetzungsmöglichkeit ist deshalb zu bejahen, weil der erste Gläubigerzugriff dadurch nicht behindert wird[12]. Ausgesetzt werden können auch die Urteilsverfahren der §§ 771 und 767[13]. Eine Aussetzung der Vollstreckungsgegenklage des Konkursverwalters wegen des Einwandes der lediglich drohenden Masseunzulänglichkeit ist nur mit einer Anordnung nach § 769 sinnvoll[14] (unten → Rdnr. 23).

10 Eine Aussetzung des *Mahnverfahrens* kommt allenfalls dann in Betracht, wenn es um die Zurückweisung des Mahnantrags geht. In einer Reihe von Verfahren ist eine Aussetzung zwar nicht ausdrücklich verboten; doch ist sie nach dem Zweck dieser Verfahren und dem Sinn des § 148 grundsätzlich abzulehnen (→ Rdnr. 30 ff.).

b) Aussetzungsgründe

11 Aufgrund der in § 148 getroffenen Regelung kann die Aussetzung lediglich mit Rücksicht auf eine in einem anderen Verfahren zu erwartende Entscheidung angeordnet werden. Im

---

[4] Beispiel: *BPATG* Mitt. 1992, 28.
[5] *BGH* MDR 1983, 574; ZMR 1973, 268, 269; GRUR 1958, 75 *(Heine)*; BayObLG NJW-RR 1992, 968 (weitere Beschwerde); *BAG* AP § 898 RVO Nr. 10 *(G. Hueck)*; *MünchKommZPO/Peters* (1992) Rdnr. 3; *Baumbach/Lauterbach/Hartmann*[51] Rdnr. 21 ältere Nachw. in der Voraufl. in Fn. 3.
[6] *BGH* WM 1992, 1422 (→ Rdnr. 125).
[7] *BGH* GRUR 1987, 284; 1951, 70; *RGZ* 148, 400, 401 f.
[8] *BGHZ* 81, 397, 399 mit Anm. *Bruchhausen* LM § 148 ZPO Nr. 8; *Hesse* Mitt. 1979, 82.
[9] *BGH* GRUR 1987, 284; *OLG Düsseldorf* GRUR 1979, 636, 637.
[10] *Pohle* MDR 1955, 210 (gegen *OLG Hamm* MDR 1954, 686); LG Landshut NJW 1953, 1518.
[11] A. A. LG Ulm Rpfleger 1992, 120.
[12] *MünchKommZPO/Peters* (1992) Rdnr. 4.
[13] *OLG Frankfurt a.M.* JurBüro 1990, 652; *OLG Braunschweig* NdsRpfl 1959, 20; *Mittenzwei* (Fn. 1) 138.
[14] Zutreffend *Wellensieck* EWiR 1986, 1255 zu *BAG* ZIP 1986, 1338 (obiter dictum).

direkten Anwendungsbereich der Norm sind nur ein Rechtsstreit i.S. der ZPO und nur Verwaltungsbehörden in deren Geltungsbereich gemeint. Das schließt eine sinngemäße Anwendung aber nicht gänzlich aus (→ Rdnr. 13 ff.).

Unzulässig ist eine Aussetzung daher, wenn Entscheidungen in demselben Prozeß oder deren Rechtskraft abgewartet werden sollen (aber → Rdnr. 7). Auch kommt eine Aussetzung nicht in Betracht, wenn der andere Rechtsstreit bei demselben Spruchkörper des Gerichts anhängig ist. Zu nennen sind ferner etwa ein selbständig angefochtenes Teil- oder Vorbehaltsurteil nach den §§ 302, 599[15] oder ein Zwischenurteil nach §§ 280, 304. Diese praktisch seltene Verfahrenslage kann entstehen, wenn das Gericht auf Antrag angeordnet hat, es sei zur Hauptsache oder über den Betrag zu verhandeln (§§ 280 Abs. 2 S. 2, 304 Abs. 2 Alt. 2), und nunmehr aussetzen will. Von derartigen Fällen abgesehen muß das Betragsverfahren nicht schon deshalb ausgesetzt werden, weil gegen das rechtskräftige Grundurteil Verfassungsbeschwerde erhoben worden ist[16]. Es darf auch in dem Berufungsverfahren gegen das Vorbehaltsurteil die Entscheidung der ersten Instanz im Nachverfahren nicht abgewartet werden[17]. Ein Rechtsmittelverfahren über ein angefochtenes Teilurteil darf schon deshalb nicht nach § 148 ausgesetzt werden, weil ein Teilurteil unzulässig ist, wenn es vom Rest des noch anhängigen Verfahrens abhängig ist (näher → § 301 Rdnr. 8). Das gilt auch dann, wenn etwa in einem Haftpflichtprozeß gegen den Versicherungsnehmer und den Versicherer die Klage gegen den Versicherer durch Teilurteil abgewiesen wurde[18]. Vielmehr muß das Teilurteil als unzulässig aufgehoben und wegen Verfahrensfehlers zurückverwiesen werden. In anderem Zusammenhang kann es wegen versicherungsrechtlicher Klagen auch nicht ohne weiteres zu einer Aussetzung wegen Rechtskrafterstreckung im Rahmen von § 3 Nr. 8 PflVG kommen. § 3 Nr. 8 PflVG hebt die Geständnisfiktion in bezug auf den säumigen Schädiger nicht erst mit Rechtskraft des Urteils auf, das die Klage gegen den Kfz-Haftpflichtversicherer abweist. Vielmehr tritt diese Folge schon dann ein, wenn das Berufungsurteil gegen den Versicherer gleichzeitig mit dem gegen den säumigen Schädiger ergeht und zweifelsfrei nicht revisibel ist. § 148 kann nicht angewendet werden[19]. Auch die Widerklage ist im Verhältnis zur Klage kein anderer Rechtsstreit. Eine Aussetzungsmöglichkeit besteht auch dann nicht, wenn sie im Hinblick auf Umstände vorgenommen werden soll, die denselben Anspruch betreffen. So liegt es etwa, wenn die Klage auf Zustimmung zur Mieterhöhung wegen des nachträglichen Mieterhöhungsverlangens (§ 2 Abs. 3 S. 2 des Gesetzes zur Regelung der Miethöhe) ausgesetzt werden soll[20]. Ausgesetzt werden darf auch nicht bei zwei gleichen Mieterhöhungsverlangen im Abstand von Jahresfrist[21].

c) Analoge Anwendung

In rechtsähnlichen Fällen ist eine analoge Anwendung der Aussetzungsnorm geboten, wenngleich sie an sich als abschließende Regelung gedacht ist (→ Rdnr. 2; allgemein zu den Voraussetzungen einer Analogie → Einl. Rdnr. 47, 52 ff., 92 ff.). So ist § 148 im Falle des Rechtsentscheids nach § 541 entsprechend anzuwenden. Unter den sonst gegebenen Voraussetzungen des § 148 kann die Aussetzung ferner nicht nur angeordnet werden, wenn die

---

[15] *RG* SeuffArch 52 (1897) 352; JW 1896, 694; a. A. *Brox*, in: Recht im Wandel, FS 150 Jahre C. Heymanns Verlag (1965) 121, 128.
[16] Zutr. *OLG Nürnberg* NJW-RR 1990, 767.
[17] *RG* JW 1901, 158; 1897, 146.
[18] *Thomas/Putzo*[18] Rdnr. 11; a. A. *OLG Düsseldorf* NJW 1974, 2010 (zust. aber *E. Schneider* JurBüro 1979, 790).

[19] *OLG Karlsruhe* VersR 1991, 539, 540 gegen *OLG Celle* VersR 1988, 1286; wie hier auch *Freyberger* VersR 1991, 842 f. und *Reiff* VersR 1990, 113.
[20] *AG Lübeck* WuM 1983, 51, 52 re. Sp.; *Barthelmess* WuM 1983, 63, 66; *Baumbach/Lauterbach/Hartmann*[51] Rdnr. 8.
[21] *LG Berlin* ZMR 1985, 130 mit zust. Anm. *Schultz*.

Entscheidung der dort genannten »Verwaltungsbehörde«, sondern auch, wenn diejenige eines Verwaltungsgerichts oder eines Verfassungsgerichts (→ Rdnr. 50 ff.) abzuwarten ist. Bei Erlaß der CPO hatte die Verwaltungsgerichtsbarkeit noch nicht die heutige Bedeutung und war zudem von der Verwaltung weitgehend nicht deutlich geschieden[22]. Auch die Verfassungsgerichtsbarkeit (→ Einl. Rdnr. 570) war damals noch nicht ausgeprägt[23]. Teilweise hat sie nur Aufgaben übernommen, die früher der Verwaltung oder den Verwaltungsgerichten zugewiesen waren[24]. Darüber hinaus kann § 148 in sinngemäßer Anwendung zur Aussetzung wegen anderer, auch ausländischer Verfahren usw. führen (→ Rdnr. 140 ff.).

14 Jenseits der methodisch gesicherten Voraussetzungen einer Analogie (→ Rdnr. 13) ist die Anordnung der Aussetzung nur im Wege einer richterlichen Rechtsfortbildung zu rechtfertigen (zu den Voraussetzungen → Einl. Rdnr. 94). Die vielfach herangezogenen Gründe der Billigkeit oder Zweckmäßigkeit der Aussetzung reichen jedoch für eine Rechtsfortbildung nicht aus. An diese sind hohe Anforderungen zu stellen, weil eine Partei einen Anspruch auf Durchführung des Verfahrens innerhalb eines angemessenen, nicht übermäßig langen Zeitraumes hat. Dieser Anspruch entspringt dem Gebot eines effektiven Rechtsschutzes sowie dem Art. 6 Abs. 1 MRK (→ Rdnr. 5)[25].

15 Demnach kann ein Prozeß grundsätzlich nicht zu dem Zweck ausgesetzt werden, erst die Voraussetzungen für die Zulässigkeit oder Begründetheit einer Klage zu schaffen, die an sich zur Abweisung reif ist[26]. So ist etwa bei fehlender Genehmigung eine Klage als (derzeit) unzulässig abzuweisen, wenn der zugrundeliegende Vertrag gegen Art. VIII Abschnitt 2 (b) des Bretton-Woods-Abkommens verstößt[27]. Doch kann das Verwerfen der Restitutionsklage als derzeit unzulässig durch eine Aussetzungsanordnung vermieden werden[28]. Auch darf im umgekehrten Fall nicht ausgesetzt werden, wenn der Erfolg einer zulässigen und begründeten entscheidungsreifen Klage wieder beseitigt werden soll[29], insbesondere um in dem anderen Verfahren neue Angriffs- oder Verteidigungsmittel zu erlangen oder Akten zu beschaffen[30]. Überhaupt darf ein entscheidungsreifer Rechtsstreit nicht ausgesetzt werden[31]. So ist etwa der Rechtsstreit über die Zustimmung zur Untervermietung auch während eines Räumungsrechtsstreites gleichwohl entscheidungsreif[32]. Denkbar sind nur eng umgrenzte Ausnahmen für außergewöhnliche Fälle, wie wenn etwa ein aufgetretener Mangel sonst später nicht mehr bereinigt werden könnte. So hat der BGH ein Verfahren ausgesetzt, damit bei dem Vormundschaftsgericht die Aufhebung einer wirksamen, aber nicht rechtmäßigen Pflegerbestellung beantragt wird[33]. Es darf nicht zu dem Zweck ausgesetzt werden, eine erwartete künftige (nicht rückwirkende) gesetzliche Regelung abzuwarten, selbst wenn sie bereits verkündet ist[34]. Anders liegt es, wenn das Bundesverfassungsgericht eine gesetzliche Regelung für

---

[22] Zur Entstehungsgeschichte der Norm s. § 2 EGGVG mit Mot., Kommissionsprotokolle zum GVG 577 = *Hahn* 1, 755; *LAG Frankfurt a. M.* NJW 1949, 632.
[23] Zur Entwicklung *Benda/Klein* Lehrbuch des Verfassungsprozeßrechts (1991) Rdnr. 3 ff.; *Robbers* Die historische Entwicklung der Verfassungsgerichtsbarkeit JuS 1990, 257; *Hoke* Verfassungsgerichtsbarkeit in den deutschen Ländern in der Tradition deutscher Staatsgerichtsbarkeit, in: *Starck/Stern* Landesverfassungsgerichtsbarkeit Teilband I (1983), 25 ff.; zur Verfassungsbeschwerde *E. Schumann* Verfassungsbeschwerde (Grundrechtsklage) zu den Landesverfassungsgerichten, in: Landesverfassungsgerichtsbarkeit aaO Teilband II (1983), 149, 162 ff.
[24] So schon *Pohle* Festgabe f. Rosenberg (1949), 145 ff., 154 ff.
[25] *E. Schumann* Bundesverfassungsgericht, Grundgesetz und Zivilprozeß (1983), 28 = ZZP 96 (1983), 137, 163 sowie → Einl. Rdnr. 514; *Dütz* Rechtsstaatlicher Gerichtsschutz im Privatrecht (1970), 186 f.; *Werner* Rechts-kraft und Innenbindung zivilprozessualer Beschlüsse im Erkenntnis- und summarischen Verfahren (1983), 100.
[26] *OLG Köln* OLGZ 1991, 352, 356; (aber → § 149 Rdnr. 8); *OLG Hamburg* FamRZ 1983, 643 (nicht rückwirkende Entscheidung des Vormundschaftsgerichts nach § 1612 Abs. 2 S. 2 BGB); *OLG Bamberg* BayJMBl 1952, 132; *OLG Koblenz* DRZ 1949, 421; RGZ 12, 70, 71.
[27] *OLG München* JZ 1991, 370, 371.
[28] Anders *OLG Köln* OLGZ 1991, 352 ff. (→ § 149 Rdnr. 8).
[29] *OLG Karlsruhe* FamRZ 1985, 1070 f.; *OLG Celle* MDR 1959, 132, 133; *LG Wiesbaden* NJW 1985, 2770.
[30] *OLG Nürnberg* BayJMBl 1959, 19.
[31] *OLG Karlsruhe* Die Justiz 1988, 363, 364.
[32] *LG Berlin* NJW-RR 1992, 13.
[33] BGHZ 41, 303, 310.
[34] *OLG Hamm* NJW 1976, 2352 (LS); *OLG München* FamRZ 1976, 634 (*Dieckmann*); *OLG Celle* NJW 1966, 668.

ungültig erklärt hat und bei anhängigem Verfahren das Bevorstehen einer gesetzlichen Neuregelung abgewartet werden soll (näher → Rdnr. 99). Auch wird man eine Aussetzung zulassen müssen, wenn die künftige, konkret zu erwartende gesetzliche Regelung eine Rückwirkung anordnet[35] (zu rückwirkenden behördlichen oder verwaltungsgerichtlichen Entscheidungen → Rdnr. 122). In entsprechender Weise hat das Bundesverfassungsgericht bei verfassungswidrigem gesetzgeberischen Unterlassen die Aussetzung bejaht[36].

Aus den genannten Gründen verbietet sich auch eine Aussetzung im Hinblick auf eine in einem Parallelprozeß zu erwartende Entscheidung (→ Rdnr. 28, aber auch → Rdnr. 97)[37]. Das Gesetz sieht keine Aussetzung des Verfahrens allein aufgrund von Zweckmäßigkeitsgründen vor[38]. Es läßt sich daher nicht allgemein begründen, daß die Parteien durch die Abrede eines Musterprozesses Abhängigkeit i.S. von § 148 schaffen könnten[39]. Eine analoge Anwendung von § 148 scheidet auch aus, wenn die höchstrichterliche Klärung einer Musterfrage bevorsteht und die aussetzungsbedingte Verzögerung zumutbar ist[40]. Bedeutung haben Musterprozesse im finanzgerichtlichen Verfahren gewonnen, wobei sich die betreffenden Senate nicht durchweg einig sind[41]. In den Fällen von Musterprozessen können im Einzelfall aber die Voraussetzungen einer Vertagung nach § 227 oder der Anordnung des Ruhens des Verfahrens nach § 251 gegeben sein. Nicht zu helfen vermag § 148 auch bei verbandsmäßig organisierten Massenklagen[42]. Schließlich kann auch ein Rechtsstreit über ein Mieterhöhungsverlangen durch das AG nicht deshalb ausgesetzt werden, weil in naher Zukunft eine Entscheidung eines höheren Gerichts über die Wirksamkeit des betreffenden Mietspiegels zu erwarten ist[43]. 16

Eine gegenüber § 148 erweiterte Aussetzungsmöglichkeit findet sich in § 640f. Danach kommt es zu einer Aussetzung von Amts wegen, wenn in einem Kindschaftsprozeß ein Gutachten wegen des Alters des Kindes noch nicht erstattet werden kann und die Einholung bei Abschluß der Beweisaufnahme im übrigen beschlossen ist (→ Rdnr. 1 f.)[44]. 17

d) Einflußmöglichkeiten der Parteien

Die Parteien können über die Rechtsfolgen des § 148 nicht disponieren. Sind sie jedoch mit einer Aussetzung einverstanden, ohne daß deren gesetzliche Voraussetzungen gegeben sind, so kann der gewünschte Stillstand des Verfahrens dadurch erreicht werden, daß das Ruhen des Verfahrens nach § 251 beantragt wird (näher → § 251 Rdnr. 3 ff.). Auch können die Voraussetzungen einer Vertagung gegeben sein, ohne daß dazu das Einvernehmen der Parteien allein genügen würde (§ 227 Abs. 1 S. 2 Nr. 3). 18

e) Umgehungsversuche

Auch jenseits des Bereiches einer analogen Anwendung von § 148 (→ Rdnr. 13 ff.) wird vielfach versucht, unter Umgehung der Aussetzungsvorschriften den Erfolg einer nicht zulässigen Aussetzung zu erreichen. So wird etwa eine Vertagung verfügt, obwohl deren Voraus- 19

---

[35] *Kloepfer* Vorwirkung von Gesetzen (1974) 68; a.A. OLG Düsseldorf NJW 1949, 628; *G. Lüke* NJW 1976, 1826, 1827 Fn. 9.
[36] BVerfGE 15, 46, 74 u.ö.; dazu auch *E. Schumann* AöR 88 (1963), 331, 345.
[37] BGH NJW 1983, 2496; KG OLGZ 1967, 199, 204.
[38] So in anderem Zusammenhang auch OLG Celle ZMR 1986, 120.
[39] A.A. *MünchKommZPO/Peters* (1992) Rdnr. 9.
[40] A.A. *Koch* Prozeßführung im öffentlichen Interesse (1983), 145 f.; gegen eine Aussetzung im Falle eines beim BFH anhängigen Musterprozesses auch *BFH* BB 1990, 1896.
[41] Z.B. *BFH* BB 1992, 340, 341 einerseits und *BFH* BB 1992, 263, 264 andererseits (zu anhängigen Verfassungsbeschwerden); a. *BFH* BB 1993, 2079.
[42] Anders *Stürner* JZ 1978, 499, 501.
[43] LG Berlin GrundE 1991, 573.
[44] Zum früheren Streitstand *Mittenzwei* (Fn. 1), 162.

setzungen nicht vorliegen (insbes. §§ 227, 377)[45], oder es wird die Terminierung hinausgeschoben[46]. Ebenso liegt es, wenn eine Beweiserhebung angeordnet, ihre Ausführung aber unangemessen hinausgeschoben wird und dgl.[47]. Will das Gericht mit derartigen Maßnahmen lediglich einen Stillstand des Verfahrens auf unbestimmte Zeit erreichen, so handelt es sich in Wahrheit um unzulässige Aussetzungen. So liegt es etwa auch bei einer Aussetzung wegen der Nichtverfügbarkeit eines Zeugen[48]. Diese unzulässigen Aussetzungen unterliegen der Anfechtung nach § 252 (→ Rdnr. 44). Unschädlich ist es, wenn sie sich der irreführenden Form einer unanfechtbaren Vertagung, einer Fristsetzung oder ähnlichem bedienen, oder ihnen eine rechtliche Begründung überhaupt nicht gegeben wird.

f) Aussetzung nach § 614

20   Eine von § 148 verschiedene Funktion (dazu → Rdnr. 4) haben die Regelungen über die Aussetzung von Verfahren auf Herstellung des ehelichen Lebens (§ 614 Abs. 1) und auf Scheidung (§ 614 Abs. 2). Ziel dieser Norm ist die Versöhnung der Ehegatten bei noch nicht endgültig gescheiterten Ehen[49]. Fehlen die Voraussetzungen von § 614 ZPO, so hilft das materielle Recht mit § 1568 BGB.

II. Aussetzung wegen eines Zivilprozesses

1. Voraussetzungen

21   § 148 gestattet die Aussetzung nur unter der Voraussetzung, daß die Entscheidung des Rechtsstreits ganz oder zum Teil von dem Bestehen oder Nichtbestehen eines Rechtsverhältnisses abhängt, das den Gegenstand eines anderen anhängigen Rechtsstreits bildet. »Rechtsstreit« meint die Entscheidung in der Sache, nicht lediglich die Kostenentscheidung[50]. Ausreichend ist eine teilweise Abhängigkeit, wobei die Aussetzung dann auf den betreffenden Teil zu beschränken ist[51]. Hauptbeispiel ist wohl die Widerklage[52]. Ist ein anderes Verfahren noch nicht anhängig, so kommt eine Aussetzung nicht in Betracht (Ausnahme → Rdnr. 38). Es kann daher nicht mit dem Ziel ausgesetzt werden, auf eine Partei Druck auszuüben, einen anderen Rechtsstreit erst in Gang zu setzen[53].

a) Präjudizialität

22   Die erforderliche Abhängigkeit (Präjudizialität) ist gegeben, wenn das betreffende Rechtsverhältnis in dem auszusetzenden Prozeß als Vorfrage für die Entscheidung über den Klagegrund, vor allem die Sachbefugnis[54], oder für die Entscheidung über eine hier erhobene Einrede, Replik usw. oder eine Prozeßvoraussetzung in Betracht kommt. Zugleich muß das Rechtsverhältnis den Gegenstand des anderen anhängigen Zivilprozesses bilden. Es ist nicht erforderlich, daß eine Rechtskraftwirkung besteht (auch → Rdnr. 28)[55]. Ausreichend ist es

---

[45] Dazu *BGH* NJW 1983, 2496; w. Nachw. in Fn. 19 der Voraufl.
[46] Dazu *OLG Karlsruhe* Die Justiz 1988, 363, 364.
[47] *MünchKommZPO/Peters* (1992) Rdnr. 5; *Schiedermair* FamRZ 1955, 282, 283; *Göppinger* ZZP 68 (1955), 140, 156; *LG Bonn* NJW 1962, 1626 gegen *LG Stuttgart* ZZP 69 (1956), 46; a.M. auch *OLG Frankfurt a.M.* NJW 1963, 912 (Beweiserhebung nach 9 Monaten).
[48] Dazu *OLG Oldenburg* OLGZ 1991, 451.
[49] Ausführlich *H. Roth*, in: *Rolland* HzFamR (1993) § 614 Rdnr. 1; *BVerfGE* 55, 134, 144.
[50] Zu § 91a s. *OLG Hamm* GRUR 1990, 225 (LS); *OLG Köln* WRP 1982, 236.
[51] *RGZ* 24, 382; *BAG* MDR 1991, 1071 Nr. 59 (Möglichkeit des Teilurteils).
[52] *RG* JW 1899, 175f.
[53] *OLG Karlsruhe* FamRZ 1992, 830, 831.
[54] *RG* JW 1909, 45; *OLG Köln* JMBlNRW 1954, 62; *KG* OLGRsp 19, 88, 89.
[55] *OLG Köln* NJW-RR 1988, 1172; *BFH* BB 1992, 340, 341 (zu § 74 FGO; insoweit übereinstimmend *BFH* BB 1992, 263, 264; zu der Uneinigkeit der Senate *Broder-*

vielmehr, daß ein lediglich rechtlicher oder tatsächlicher Einfluß besteht. Im patentrechtlichen Einspruchsverfahren liegt Vorgreiflichkeit zu einer Entscheidung im parallelen europäischen Patenterteilungsverfahren nicht vor[56]. Nach dem Normzweck des § 148 reicht es aber nicht aus, wenn sich der tatsächliche Einfluß in der Ausstrahlungswirkung von Beweiswürdigungen auf den auszusetzenden Prozeß zeigt[57]. Die Möglichkeit einander widersprechender Entscheidungen ist für die Aussetzung weder erforderlich noch genügend[58]. Dabei geht es etwa um Prozesse, die Teilbeträge derselben Forderung betreffen[59], um verschiedene Patentanmeldungen[60] oder um die Ausschließungsklage gegen einen Gesellschafter und die Klage auf Auflösung der Gesellschaft[61]. In aller Regel ist eine Aussetzung des Verfahrens bei einander widersprechenden Entscheidungen aber zweckmäßig[62], wenn die Voraussetzungen des § 148 ansonsten vorliegen. Wird in einem Bauprozeß Regreß geltend gemacht, wenn der vom Kläger gegen einen Dritten geführte Prozeß, der dem Regreß zugrunde liegt, noch nicht beendet ist, so ist der Regreßprozeß zweckmäßigerweise auszusetzen. Keinesfalls darf aber die Regreßklage als zur Zeit unbegründet abgewiesen werden[63].

Nicht ausreichend für eine Aussetzung ist es auch, daß der an sich entscheidungsreife Rechtsstreit durch den anderen Prozeß gegenstandslos werden könnte[64]. Ebenso liegt es, wenn für den entscheidungsreifen Prozeß nicht der Inhalt, sondern die Existenz der in dem anderen Prozeß ergehenden Entscheidung von Bedeutung ist. Aus diesem Grunde darf der Anfechtungsprozeß nicht ausgesetzt werden, bis der Gläubiger ein Urteil (Ausnahme: § 5 AnfG) erlangt hat (§ 2 AnfG) oder bis ein vorliegendes Urteil beseitigt ist[65]. Unzulässig ist daher auch eine Aussetzung zur Erlangung der Sachbefugnis durch Anfechtung[66]. Möglich ist dagegen die Aussetzung eines Aktivprozesses des Konkursverwalters, bis der Rechtsstreit zwischen diesem und dem Gemeinschuldner über die Massezugehörigkeit des Rechts entschieden ist[67]. Eine Aussetzung des konkursrechtlichen Anfechtungsprozesses nach § 148 ZPO kommt auch bis zu der Entscheidung des Feststellungsprozesses nach § 146 KO in Betracht, wenn die streitig gebliebenen Forderungen mit denjenigen Forderungen identisch sind, deren Befriedigung oder Besicherung Gegenstand des Anfechtungsprozesses sind[68]. Die Leistungsklage eines Massegläubigers gegen den Konkursverwalter wurde wegen des fehlenden Rechtsschutzbedürfnisses als (zur Zeit) unzulässig abgewiesen, wenn die Gefahr der vom Konkursverwalter geltend gemachten Masseunzulänglichkeit bestand (oben Rdnr. 9). Eine Aussetzung nach § 148 kommt danach nicht in Betracht[69]. Vorzuziehen ist aber wohl die entsprechende Anwendung der §§ 2014 BGB, 780ff. ZPO[70]. Eine Aussetzung hat nicht zur Voraussetzung, daß die Entscheidung des Rechtsstreits ohne Feststellung des präjudiziellen Rechtsverhältnisses unmöglich wäre[71]. Eine Aussetzung ist stets unstatthaft, wenn das präjudizielle Rechtsverhältnis für die Entscheidung des Rechtsstreits keine Rolle mehr spielt. So

---

sen JuS 1992, 353 f.); RG Warn. 1908 Nr. 669; JW 1910, 581; LG Mainz VersR 1979, 334; a. A. RG JW 1907, 676; KG OLGRsp 29, 68.
[56] BPatGE 28, 4, 6.
[57] Zöller/Greger[18] Rdnr. 5; RG Gruchot 66, 473, 475; a. A. Baumbach/Lauterbach/Hartmann[51] Rdnr. 2.
[58] A. A. RG Gruchot 45, 369 f.
[59] LG Hannover JurBüro 1988, 528; OLG Nürnberg MDR 1963, 507; auch OLG Köln NJW 1958, 106; OLG Celle MDR 1958, 776; RG WarnRspr 1908, Nr. 400; JW 1910, 581; KG OLGRsp 19, 89.
[60] BPatGE 12, 141, 143.
[61] OLG Frankfurt a. M. BB 1971, 1479.
[62] BGH NJW-RR 1986, 1060, 1061 (Regreßklage).
[63] BGH NJW-RR 1986, 1060, 1061 m. zust. Anm. Voltz WuB VII A. § 148 ZPO 1. 86.
[64] RG JW 1901, 34; 1902, 359, 360; LG Stuttgart DAVorm 1972, 347.

[65] Kuttner Die privatrechtlichen Nebenwirkungen der Zivilurteile (1908), 250ff. (mit ähnlichen Fällen); ferner Geib AcP 119 (1921), 157, 276 f.; OLG Königsberg OLGRsp 13, 122.
[66] RGZ 61, 150, 153. – Insgesamt a. A. Voß ZZP 40 (1910), 217, 265.
[67] Jaeger/Henckel KO[9] § 10 Rdnr. 50.
[68] K. Schmidt NJW 1988, 3149 (zu § 32 a KO).
[69] LAG Köln KTS 1985, 563 (m. zust. Anm. Uhlenbruck).
[70] H. Roth Die Einrede des Bürgerlichen Rechts (1988), 197, 198; Henckel AP § 60 KO Nr. 1.
[71] Vgl. RGZ 37, 373, 375; RG SächsArch 8, 98, 100; ferner LAG Hamm MDR 1978, 789; a. A. RG JW 1897, 367; 1898, 2, 4f.

liegt es etwa, wenn eine ausgesprochene Kündigung sozial ungerechtfertigt ist. Dann kommt es auf die Rechtmäßigkeit des Zustimmungsbescheides der Hauptfürsorgestelle nicht mehr an[72]. Präjudizialität ist auch dann zu verneinen, wenn Gegenstand zweier Prozesse des Klägers gegen den Beklagten ein Anspruch auf Räumung und Herausgabe ist, in den verschiedenen Prozessen aber jeweils unterschiedliche Kündigungsgründe geltend gemacht werden[73].

24   Im Patentverletzungsverfahren (sowie auch im Warenzeichenverletzungsverfahren)(→ Rdnr. 8) gilt für den Maßstab der Präjudizialität gegenüber den allgemeinen Grundsätzen eine Abweichung. Dort ist eine Aussetzung erst dann zulässig, wenn eine hinreichende Wahrscheinlichkeit für die im Patentverletzungsstreit als Vorfrage zu beurteilende Nichtigkeit des Klagepatentes (Warenzeichens) besteht[74]. Vergleichbare Grundsätze gelten im Eilverfahren[75]. Andernfalls würde das dem Patentinhaber verliehene Verbotsrecht auf verfahrensrechtlichem Wege suspendiert. Unzulässig ist es, eine Beweisaufnahme allein zur Klärung der Frage durchzuführen, ob der Patentverletzungsstreit im Hinblick auf die Nichtigkeitsklage auszusetzen ist[76]. Das ausgesetzte Patentverletzungsverfahren ist jedoch fortzuführen, wenn das Bundespatentgericht das Ruhen des Nichtigkeitsverfahrens anordnet[77]. Der Ersatzprozeß nach § 717 Abs. 2 kann bis zur Rechtskraft des aufhebenden Urteils ausgesetzt werden (→ § 717 Rdnr. 47; a. A. *LAG Köln* MDR 1993, 684).

b) Identität

25   Von der in § 148 gemeinten Präjudizialität (→ Rdnr. 22 ff.) ist die Identität mehrerer Ansprüche zu unterscheiden. Wird ein bereits anhängiger Anspruch in einem anderen Rechtsstreit im Wege der Klage oder der Widerklage geltend gemacht, ist in dem zweiten Rechtsstreit der Einwand der Rechtshängigkeit (§ 261) begründet. Dort kommt es damit zur Prozeßabweisung. Von dieser Entscheidung hängt diejenige des ersten Prozesses jedoch nicht ab[78]. Eine Aussetzung ist aber dann zulässig, wenn ausnahmsweise trotz identischer materiellrechtlicher Ansprüche der Einwand der Rechtshängigkeit nicht begründet ist.

26   Insbesondere kann daher der Prozeß, in dem die Aufrechnung mit einer rechtshängigen Forderung geltend gemacht wird, ausgesetzt werden. Auch kann das Prozeßgericht der streitigen Gerichtsbarkeit aussetzen, wenn in seinem Verfahren mit Unterhalts- und Zugewinnausgleichsforderungen aufgerechnet wird und umgekehrt[79]. Umgekehrt kann aber auch der Prozeß ausgesetzt werden, in dem die Gegenforderung selbständig geltend gemacht ist (→ § 145 Rdnr. 43, 44). Fehlt für die zur Aufrechnung gestellte Gegenforderung dagegen die Rechtswegzuständigkeit, so herrscht Aussetzungszwang, ggf. unter Fristsetzung (→ Rdnr. 3 und → Rdnr. 38).

27   Für das Zusammentreffen von negativer Feststellungsklage und entsprechender Leistungsklage gilt folgendes[80]: Ist die Leistungsklage bereits erhoben worden, so ist die negative Feststellungsklage wegen anderweitiger Rechtshängigkeit als unzulässig abzuweisen (→ *E. Schumann* § 261 Rdnr. 62). Wird nach der negativen Feststellungsklage eine entsprechen-

---

[72] *LAG Mainz* NJW 1978, 2263; zust. *Rotter* NJW 1979, 1319.
[73] *OLG Celle* ZMR 1986, 120.
[74] *BGH* GRUR 1987, 284; 1958, 179, 180; *OLG Köln* NJW-RR 1986, 935 (Aussetzung, wenn Warenzeichenabteilung des DPA Löschung des Klagezeichens angeordnet hat); *OLG Düsseldorf* GRUR 1981, 212; 1979, 637; *OLG Hamburg* Mitt. 1977, 219; *LG Düsseldorf* Mitt. 1988, 91; zur Aussetzung wegen unübersichtlicher Schutzrechtslage *OLG München* GRUR 1990, 352, 353.
[75] *OLG Frankfurt a. M.* GRUR 1989, 932 (LS).
[76] *OLG München* Mitt. 1970, 100.
[77] *OLG Frankfurt a. M.* Mitt. 1989, 180.
[78] RGZ 26, 367, 369f.; 3, 401, 403; *RG* JW 1896, 355f.; *OLG Köln* NJW 1958, 106; *KG* OLGRsp 11, 68 u. a.
[79] *OLG München* FamRZ 1985, 84, 85; ferner *OLG Köln* FamRZ 1992, 450, 451; *Metzenthin* JA 1989, 204 zu *BGH* WM 1988, 1834.
[80] Dazu *E. Herrmann* JR 1988, 376; auch *OLG Düsseldorf* WRP 1984, 548.

de Leistungsklage vor einem anderen Gericht erhoben, so empfiehlt es sich wegen der Rechtskraftwirkung des Feststellungsurteils für den Leistungsprozeß, das Verfahren über die selbständige Leistungsklage auszusetzen (näher → *E. Schumann* § 256 Rdnr. 126 und → § 261 Rdnr. 62).

c) Verschiedene Personen

Es kommt für die Zulässigkeit der Aussetzung nicht darauf an, ob der andere Rechtsstreit, um dessentwillen ausgesetzt werden soll, zwischen denselben oder anderen Parteien schwebt[81]. Sind die übrigen Voraussetzungen gegeben, kann daher das Verfahren allen Streitgenossen gegenüber ausgesetzt werden, wenn auch nur einer von ihnen an dem anderen Rechtsstreit beteiligt ist[82]. Erforderlich ist hierbei jedoch, daß das Rechtsverhältnis in dem anderen Prozeß den unmittelbaren Streitgegenstand, nicht bloß eine Vorfrage bildet (demgegenüber → Rdnr. 22)[83], oder doch, wie bei der Aufrechnung, dort rechtskräftig entschieden wird (§ 322 Abs. 2)[84]. Es kommt nicht darauf an, ob diese Entscheidung eine Feststellung im engeren Sinne oder eine Rechtsgestaltung (→ vor § 253 Rdnr. 39ff.) ist. Das ergibt sich aus der Regelung der §§ 151ff. Stets unzulässig ist es aber, den Prozeß aus Zweckmäßigkeitsgründen auszusetzen, damit der Ausgang eines Parallelverfahrens mit anderen Parteien abgewartet werden kann (→ Rdnr. 16).

28

d) Anhängigkeit

Nach dem Wortlaut des § 148 muß der andere Rechtsstreit zur Zeit der Aussetzung bereits anhängig sein; Rechtshängigkeit ist dagegen nicht erforderlich[85]. Unerheblich ist es, ob der andere Rechtsstreit vor oder erst nach dem auszusetzenden Verfahren anhängig geworden ist. Es muß jedoch der andere Prozeß noch anhängig sein[86]. Wegen eines *Mahnverfahrens* sollte regelmäßig nicht ausgesetzt werden. Vielmehr ist abzuwarten, ob es zu einem Streitverfahren kommt[87].

29

2. Ermessen und Zwang zur Aussetzung

a) Eilbedürftige Verfahren; Sonderverfahren; Verfahrensverbindung

Im Anwendungsbereich des § 148 hängt es (anders als in den Fällen der §§ 151ff.) von dem *pflichtgemäßen Ermessen* des Gerichts ab, ob es die Aussetzung von Amts wegen anordnen will[88]. Den Parteien steht kein Recht auf Aussetzung zu. Umgekehrt ist das Gericht durch den Verzicht der Parteien auf Aussetzung nicht gebunden[89]. Maßgebend für die Entscheidungsbildung des Gerichts ist insbesondere die Aussicht auf eine baldige Erledigung des anderen Rechtsstreits und das Beschleunigungsbedürfnis des auszusetzenden Prozesses[90]. Dieses Be-

30

---

[81] *BGH* NJW-RR 1986, 1060, 1061 (Regreßprozeß); *OLG Nürnberg* BayJMBl 1956, 131.
[82] RGZ 65, 66, 68; *KG* OLGRsp 17, 132.
[83] *RG* JW 1903, 23.
[84] *OLG Dresden* SeuffArch 63 (1908), 473; a. A. *BayObLG* BlfRA 72, 119; *KG* JW 1918, 570.
[85] *MünchKommZPO/Peters* (1992) Rdnr. 11; a. A. *LG Stuttgart* ZZP 71 (1958), 292.
[86] Vgl. RGZ 71, 68, 74.
[87] *MünchKommZPO/Peters* (1992) Rdnr. 11; *Baumbach/Lauterbach/Hartmann*[51] Rdnr. 7.

[88] *BAG* BB 1992, 1930, 1932; NJW 1968, 565, 566 (»freies« Ermessen); *OLG Schleswig* FamRZ 1978, 153.
[89] Etwa RGZ 91, 94, 95.
[90] Vgl. *BGH* WM 1992, 1422, 1423 (Verwaltungsverfahren); NJW 1983, 514, 516 (Scheidungsverfahren); *OLG Köln* MDR 1977, 938 (Entscheidung im Schlußurteil); *OLG Dresden* OLGRsp 14, 224, 225 (Besitzprozeß); *LAG Mainz* NJW 1978, 2263 (Kündigungsschutzklage).

dürfnis überwiegt auch, wenn z. B. ein vorgreifliches Rentenverfahren den Unterhaltsanspruch nur in geringem Umfang beeinflußt[91]. Ausgesetzt werden kann dagegen der Prozeß gegen den selbstschuldnerischen Bürgen mit dem Ziel, das Verfahren gegen den Hauptschuldner abzuwarten[92]. Dagegen ist eine Aussetzung abzulehnen, wenn beide Verfahren verbunden werden können[93].

31   Bei eilbedürftigen Verfahren scheidet eine Aussetzung regelmäßig aus. Dazu gehören Verfahren auf Erlaß eines Arrestes, einer einstweiligen Verfügung oder einer einstweiligen Anordnung nach §§ 620 ff.[94]. Gleiches gilt grundsätzlich für die Verfahren auf Aufhebung derartiger Anordnungen auf Widerspruch[95]. Doch ist im Rahmen des Aufhebungsverfahrens der §§ 927, 936 eine Aussetzung auch dann möglich, wenn das Hauptsacheverfahren in erster Instanz erfolglos geblieben ist und es nunmehr in der Berufungsinstanz schwebt[96]. Auch kommt die Aussetzung eines Aufhebungsverfahrens wegen veränderter Umstände auch sonst wegen Vorgreiflichkeit des Erkenntnisverfahrens durchaus in Betracht[97]. Auch Urkunden- und Wechselprozesse sind beschleunigungsbedürftig und können bis zu dem Erlaß eines Vorbehaltsurteils grundsätzlich nicht ausgesetzt werden (→ § 595 Rdnr. 6)[98]. Im umgekehrten Fall gilt das Gesagte allerdings nicht. So kann ein anderer Rechtsstreit wegen der Anhängigkeit einer einstweiligen Verfügung usw. ausgesetzt werden, weil das Beschleunigungsziel dieser Verfahren nicht berührt wird[99]. Erforderlich ist aber wie auch sonst, daß die Entscheidung im Verfahren der einstweiligen Verfügung usw. vorgreiflich i. S. von § 148 ist. Deshalb scheidet eine Aussetzung im Verhältnis von einstweiliger Verfügung und Hauptsacheprozeß grundsätzlich aus (aber → Rdnr. 31 am Anfang)[100].

32   Nicht ausgesetzt werden kann ein Prozeßkostenhilfeverfahren, weil es ebenfalls in besonderem Maße auf Beschleunigung ausgerichtet ist[101]. Die Bewilligung der Prozeßkostenhilfe kann jedoch versagt werden, wenn eine vermögende Partei mit ihrem Antrag bis zur Erledigung des anderen Prozesses warten würde: In diesem Fall wäre die Rechtsverfolgung der mittellosen Partei zur Zeit mutwillig (→ § 114 Rdnr. 35). *Wegen* eines Prozeßkostenhilfeverfahrens kann eine Aussetzung nicht angeordnet werden, weil es sich bei diesem nicht um einen Zweiparteienstreit handelt. Das Verfahren führt vielmehr nur zu einer begrenzten Sachprüfung und nicht zu einer in der Sache maßgebenden Entscheidung[102]. – Zur Aussetzung eines Mahnverfahrens, → Rdnr. 10; zur Aussetzung *wegen* eines Mahnverfahrens, → Rdnr. 29 a. E.

b) § 96 Abs. 2 GWB

33   Die Norm begründet einen Zwang zur Aussetzung für den Fall, daß die Entscheidung eines Rechtsstreits ganz oder teilweise von einer Entscheidung nach dem GWB abhängt, die von einer danach zuständigen Kartellbehörde, einem Kartellsenat oder einem anderen nach diesem Gesetz zuständigen Gericht zu treffen ist[103].

---

[91] *OLG Schleswig* SchlHA 1978, 117.
[92] A.A. *KG* ZPP 54 (1929), 331 f. (insoweit abl. Anm. *Reichel*).
[93] *OLG Koblenz* NJW-RR 1986, 742; *LAG Hamm* MDR 1984, 173; *OLG Nürnberg* BayJMBl 1956, 131; *K. Schmidt* NJW 1979, 409, 411.
[94] *OLG Frankfurt a. M.* FamRZ 1985, 409, 410 (§ 620); GRUR 1981, 905, 907; *Baumbach/Lauterbach/Hartmann*[51] Rdnr. 14; *MünchKommZPO/Peters* (1992) Rdnr. 3; *AK-ZPO-Göring* (1987) Rdnr. 5; *Teplitzky* DRiZ 1982, 41, 42; a.A. *LG Berlin* WRP 1971, 535 sowie (in Ausnahmefällen) *OLG Frankfurt a. M.* WM 1982, 754 f.; offengelassen in *RGZ* 54, 33, 35.
[95] A.A. *LG Köln* ZZP 70 (1957), 137.

[96] *OLG Düsseldorf* NJW 1985, 1966, 1967 m. N. der Gegenauffassung.
[97] Abl. *OLG München* MDR 1986, 681.
[98] *RG* DR 1939, 328 (zu Ausnahmen); *OLG Hamm* NJW 1976, 246, 247; *OLG München* OLGRsp 37, 108.
[99] Offengelassen von *OLG Köln* WRP 1973, 597, 598; a. A. *E. Schneider* JurBüro 1979, 785, 793.
[100] Ebenso *Baumbach/Lauterbach/Hartmann*[51] Rdnr. 13.
[101] *OLG München* MDR 1988, 783; großzügiger *MünchKommZPO/Peters* Rdnr. 3.
[102] *E. Schneider* JurBüro 1979, 785, 787.
[103] Näher *BGH* NJW 1993, 64, 67; *OLG Hamm* MDR 1986, 769 m. abl. Stellungnahme *K. Schmidt* WuW 1986,

Der weitgehende Aussetzungszwang ist nicht durchweg sachgerecht. Deshalb hat die **34** Praxis nach Wegen zu einer Einschränkung der Aussetzung gesucht[104]. So wird derjenigen Partei, die kartellrechtliche Einwendungen in dem betreffenden Verfahren vorbringt, eine gesteigerte Darlegungslast auferlegt. Sie muß im einzelnen den Sachverhalt vortragen, der die Anwendbarkeit kartellrechtlicher Bestimmungen fordert[105].

Wegen § 96 Abs. 2 S. 2 GWB ist – anders als bei § 148 ZPO (→ Rdnr. 29) – die Anhängig- **35** keit eines anderen Verfahrens nicht erforderlich. Der Aussetzungszwang ist nicht auf Entscheidungen beschränkt, die Anordnungen von Kartellbehörden nachprüfen[106]. Vielmehr gilt er bei allen Entscheidungen und Teilentscheidungen, für die ein Kartellgericht ausschließlich zuständig ist. Die nach § 96 Abs. 1 GWB begründete ausschließliche Zuständigkeit richtet sich den allgemeinen Grundsätzen entsprechend (→ Einl. Rdnr. 346; → § 1 Rdnr. 17) nach dem erhobenen Anspruch. Nicht maßgebend sind die Einwendungen des Gegners oder die Art der zu erörternden Rechtsfragen[107]. Die von § 96 Abs. 2 S. 1 GWB geforderte Abhängigkeit von der Entscheidung eines Kartellgerichts besteht nicht, wenn mehrere Klagegründe vorgebracht sind, bereits nach einem von ihnen entschieden werden kann und allein die anderen Gründe oder bei einem Hilfsvorbringen nur dieses in die ausschließliche Zuständigkeit des Kartellgerichts fällt. Dagegen wird die zum Hauptvorbringen bestehende Aussetzungspflicht nicht dadurch beseitigt, daß nur nach hilfsweisem Vorbringen ohne Aussetzung entschieden werden könnte[108].

Die Aussetzungspflicht entfällt, wenn das Prozeßgericht selbst für Kartellsachen zuständig **36** ist[109]. Ebenso liegt es wohl, wenn die nach den Normen des GWB zu entscheidende Frage zwischen den Parteien unstreitig ist und das Prozeßgericht nach sorgfältiger Prüfung wegen unzweifelhafter Sach- und Rechtslage eine Aussetzung nicht für erforderlich hält[110]. Das gilt auch dann, wenn die an der kartellrechtlichen Frage interessierte Partei die präjudizielle Entscheidung nicht herbeiführt (auch § 96 Abs. 2 S. 2 GWB) und Gericht sowie Gegenpartei von der Vereinbarkeit eines Vertrages mit dem GWB ausgehen[111]. Vergleichbar ist der Fall, daß sich die kartellrechtliche Vorfrage nur auf einen hypothetischen Sachverhalt bezieht und damit nicht in die Zuständigkeit der Kartellgerichte fällt[112]. Für Arrest- und andere Eilverfahren scheidet die Aussetzung nach den allgemeinen Grundsätzen (→ Rdnr. 30ff.) und auch deshalb aus, weil darin noch nicht endgültig über den Anspruch entschieden wird[113]. Die Vollziehung ist dann aber von einer (u. U. hohen) Sicherheitsleistung abhängig zu machen. Nicht etwa ist umgekehrt eine einstweilige Verfügung unzulässig. § 96 Abs. 2 GWB beabsichtigt nicht, den Rechtsschutz zu beschneiden[114].

Eine Aussetzungspflicht des Revisionsgerichts (→ Rdnr. 8) besteht nicht, wenn die Tatsa- **37** chen, aus denen sie hergeleitet werden könnte, von dem Vorderrichter nicht als erwiesen angesehen und hiergegen keine erfolgreichen Revisionsrügen erhoben worden sind[115]. Wenn das Instanzgericht unter Verstoß gegen das Aussetzungsgebot über eine kartellrechtliche

---

812; *K. Schmidt*, in: Immenga/Mestmäcker GWB² § 96 Rdnr. 1, 4ff.; *Emmerich* Kartellrecht⁶ 503; *Möschel* Das Recht der Wettbewerbsbeschränkungen (1983) Rdnr. 1153f.; *K. Schmidt* NJW 1977, 10; *Keilholz* NJW 1977, 1330.
[104] Z.B. *Leo* GRUR 1959, 463ff.; *Bock* LM § 96 GWB Nr. 4 zu BGHZ 30, 186.
[105] *OLG Düsseldorf* WuW 1971, 728.
[106] BGH NJW 1958, 1395; *v. Gamm* NJW 1959, 964, 965.
[107] BGH NJW 1958, 1395.
[108] *K. Schmidt* (o. Fn. 103) § 96 Rdnr. 16m. N.
[109] BGHZ 31, 162.
[110] BGHZ 30, 186.
[111] *OLG Hamm* WuW 1981, 731, 732.

[112] So BGHZ 30, 89, 97f. m. Anm. *Rietschel* LM § 1041 Nr. 12 für ein Verfahren nach § 1042 Abs. 2, § 1041 Abs. 1 Nr. 2 ZPO, wenn der relevante Sachverhalt vor dem Inkrafttreten des GWB lag; zust. *Harmsen* GRUR 1959, 496f.
[113] OLG Hamm WuW/E OLG 3208 = GRUR 1984, 603 (LS); NJW 1959, 2020 m. Anm. *v. Gamm* (nur bei Sicherheitsleistung); OLG Köln WRP 1976, 714, 720; OLG Frankfurt a.M. NJW 1958, 1637; LG Essen BB 1959, 285; *Leipold* Grundlagen des einstweiligen Rechtsschutzes (1971), 139f.; *Hadding* ZHR 130 (1967), 1, 8f.; *v. Gamm* NJW 1959, 964, 965; a.A. LG Frankfurt a.M. BB 1959, 211.
[114] A.A. LG Bochum BB 1959, 210, 211.
[115] BGH GRUR 1960, 33, 35 m. zust. Anm. *Droste*.

§ 148 II   1. Buch: Allgemeine Vorschriften

Vorfrage entschieden hat, so kann dieser Verfahrensverstoß nur mit der in §§ 566, 529 Abs. 2 enthaltenen Einschränkung im Rechtsmittelverfahren geltend gemacht werden[116]. § 96 Abs. 2 GWB verdrängt die Aussetzungsmöglichkeit nach § 148 ZPO nicht. Letztere kommt etwa in Betracht, wenn die Entscheidung außerdem von einem Patentnichtigkeitsverfahren abhängt[117]. – Zur Aussetzung nach EG-Kartellrecht → Rdnr. 180.

c) Beschränkte Vorfragenkompetenz

38   Ein Aussetzungszwang kann sich auch ohne eine dies ausdrücklich anordnende Norm ergeben, wenn das Prozeßgericht ausnahmsweise keine eigene Entscheidung über eine Vorfrage treffen kann[118]. So liegt es vor allem bei der Aufrechnung mit Gegenforderungen, die in einen anderen Rechtsweg gehören (→ § 145 Rdnr. 33)[119]. Die Neufassung von § 17 Abs. 2 S. 1 GVG durch das 4. VwGOÄndG vom 17.12.1990 (BGBl. I 2809) hat daran nichts geändert. Bei der Aufrechnung handelt es sich nicht um einen »rechtlichen Gesichtspunkt« i. S. von Abs. 2 S. 1, sondern um ein selbständiges Gegenrecht. Eine Analogie zu § 17 Abs. 2 S. 1 GVG ist nicht möglich, da sich dort der Sachzusammenhang objektiv durch den einheitlichen Streitgegenstand ergibt, wogegen er bei der Aufrechnung durch die Handlung einer Partei geschaffen würde. Dies ist in gleicher Weise unzulässig wie eine Vereinbarung über den Rechtsweg[120]. – Zum Aussetzungszwang wegen einer Vorabentscheidung nach § 17a Abs. 3 GVG (→ Rdnr. 7). Ein Aussetzungszwang wurde auch bejaht, wenn eine Sachentscheidung nicht möglich ist, weil deren Voraussetzungen im vorliegenden Verfahren nicht geklärt werden können[121].

3. Entscheidung; Verfahren

39   Die Entscheidung kann oder muß (→ Rdnr. 30 ff.) von Amts wegen angeordnet werden und setzt keinen entsprechenden Antrag voraus. Dem Grundsatz nach muß wie in den Fällen der §§ 65, 614 mündlich verhandelt werden[122]. § 248 Abs. 2 kann nicht analog angewendet werden[123]. Davon gelten Ausnahmen im schriftlichen Verfahren (§ 128 Abs. 2, 3; §§ 251a; 331a), im Verfahren mit fakultativ mündlicher Verhandlung (→ § 128 Rdnr. 39 ff.) und für den Fall, daß die Parteien übereinstimmend die Aussetzung beantragen.

40   Den Parteien ist vorher stets rechtliches Gehör zu gewähren (→ Rdnr. 47 vor § 128; a. A. *Grunsky* → § 573 Rdnr. 3)[124]. Anders als die üblichen prozeßleitenden Anordnungen entfaltet die Aussetzung weiterreichende Wirkungen, weil sie regelmäßig den Rechtsschutz im anhängigen Rechtsstreit für eine u. U. erhebliche Zeit versagt[125].

---

[116] *BGHZ* 37, 194, 196.
[117] *OLG Düsseldorf* GRUR 1981, 212.
[118] *Rosenberg/Schwab/Gottwald*[15] § 127 II 3.
[119] Z.B. *BVerwGE* 77, 19, 25 (§ 94 VwGO analog); *BVerwG* NJW 1993, 2255; dazu *Lüke* Aufrechnung im Verwaltungsprozeß mit einer zivilprozessualen Gegenforderung, in: Verfassungsrecht und Völkerrecht (1989), 493 ff.; *BFH* DStR 1985, 774 Nr. 360 (Aufrechnung mit zivilgerichtlicher Forderung vor Finanzprozeß).
[120] Ebenso *Rupp* NJW 1992, 3274; *Jauernig* ZPR[23] § 45 III a.E; *Zöller/Gummer*[18] § 17 GVG Rdnr. 10; *MünchKommZPO/Peters* (1992) § 145 Rdnr. 33; *Thomas/Putzo*[18] § 145 Rdnr. 24; a.A. *Baur/Grunsky* ZPR[7] Rdnr. 135; *P. Schlosser* ZPR I[2] Rdnr. 328; *Baumbach/Lauterbach/Albers*[51] § 17 GVG Rdnr. 6; *Schenke/Ruthig* NJW 1992, 2505; *Drygala* NZA 1992, 294 (zum arbeitsgerichtlichen Verfahren).

[121] *BGHZ* 97, 135, 145 f. (Zahlungsanspruch des Leasinggebers vor Entscheidung über Wandelungsklage des Leasingnehmers); auch *BAG* BB 1992, 1930, 1932.
[122] *RGZ* 40, 373, 374 f.; *LG Köln* JMBlNRW 1978, 66; *LG Mönchengladbach* MDR 1960, 501; *MünchKommZPO/Peters* Rdnr. 13; a. A. *RGZ* 29, 383 (zu § 149); *RG* SeuffArch 50 (1895), 452 (zu § 148); *OLG München* NJW 1968, 2150; *Thomas/Putzo*[18] Rdnr. 2; *Baumbach/Lauterbach/Hartmann*[51] Rdnr. 35; *Stier* JZ 1960, 354 f.
[123] A. A. *v. Maltzahn* GRUR 1985, 163, 171 f.; *Stier* JZ 1960, 354 f.
[124] *BPatG* GRUR 1977, 679; *Baumbach/Lauterbach/Hartmann*[51] Rdnr. 36; *v. Maltzahn* GRUR 1985, 163, 172.
[125] *Stier* JZ 1960, 354.

Die Entscheidung ergeht als Beschluß, der nach § 329 bekannt gemacht wird. Der Ausset- 41
zungsbeschluß enthält keine Kostenentscheidung. Die endgültig unterlegene Partei trägt die
entstehenden Kosten mit[126]. Der Streitwert des Aussetzungsverfahrens richtet sich nach § 3
(→ § 3 Rdnr. 41 »Aussetzung des Verfahrens«). Bei Kollegialgerichten ist der Aussetzungsbeschluß durch das Kollegium zu erlassen. Der Einzelrichter ist zuständig, solange das
Verfahren bei ihm schwebt. Bei der Kammer für Handelssachen entscheidet nach § 349
Abs. 2 Nr. 3 der Vorsitzende. Die Anordnung ist bis zum Schluß der mündlichen Verhandlung möglich[127].

Der Aussetzungsbeschluß ist wenigstens kurz zu begründen, wenngleich die Praxis vielfach 42
in rechtswidriger Weise anders verfährt[128]. Die Begründungspflicht folgt aus dem Rechtsstaatsprinzip (Art. 20 Abs. 2, 3 GG). Zudem muß die nächsthöhere Instanz (§ 252) nachprüfen können, ob das aussetzende Gericht sein Ermessen pflichtgemäß ausgeübt hat (→
Rdnr. 30; → Rdnr. 48).

4. Wirkung

Die Wirkungen der Aussetzung folgen aus § 249. Aus der Aussetzung selbst ergibt sich 43
nicht, daß das Gericht an die in dem anderen Verfahren ergehende Entscheidung gebunden
wäre. Das Gericht ist zudem in der Entscheidung der Vorfrage frei, wenn es eine Aussetzung
abgelehnt hat[129]. Eine Bindung an die ergangene Entscheidung kann sich jedoch aus den
allgemeinen Rechtsgrundsätzen über Urteilswirkungen, insbesondere die materielle Rechtskraft (→ § 322), oder aus Sondervorschriften ergeben. Die Gerichtskosten sind wegen fehlender Verfahrensbeendigung im Rechtszug nicht fällig[130].

5. Anfechtung

Für die Anfechtung gilt § 252. Gegen die Anordnung der Aussetzung findet nach § 252 Alt. 44
1 die einfache Beschwerde statt. Das gilt auch dann, wenn sich die Anordnung hinter einem
anderen prozessualen Institut wie z.B. einer Vertagung oder der Verweigerung einer Terminsanberaumung verbirgt (→ Rdnr. 19)[131]. Dabei ist es unerheblich, ob sie mit einer Beweisanordnung verbunden ist[132]. Gegen die Ablehnung der Aussetzung findet nach § 252 Alt. 2
die sofortige Beschwerde statt. Enthält die Beschwerde gegen den Aussetzungsbeschluß
neuen Tatsachen- oder Rechtsvortrag, so muß die Nichtabhilfeentscheidung begründet werden[133].

Der Beschluß kann nicht mit Berufung oder Revision gegen das Endurteil (§§ 512, 548) 45
angefochten werden[134]. Das gilt auch dann, wenn das Gericht die Beschwerde gegenstandslos
gemacht hat, indem es nach Ablehnung der Aussetzung sofort ein Urteil erlassen hat (→ § 252
Rdnr. 4, 9; → § 567 Rdnr. 15; → § 575 Rdnr. 2)[135]. Freilich ist ein derartiges Verfahren in der
Regel unangemessen. Die Beschwerde wird noch nicht dadurch gegenstandslos, daß ein
Versäumnisurteil erlassen und dagegen Einspruch eingelegt wurde. Das ergibt sich aus
§ 342[136].

---

[126] Dazu *OLG Koblenz* FamRZ 1973, 376, 377;
E. Schneider JurBüro 1979, 785.
[127] Auch *RG* JW 1900, 390.
[128] Zutr. *MünchKommZPO/Peters* (1992) Rdnr. 15;
Baumbach/Lauterbach/Hartmann[51] Rdnr. 37; *v. Maltzahn* GRUR 1985, 169, 173.
[129] Dazu *RGZ* 70, 80, 90f.
[130] *LAG Hamm* DB 1987, 2264.

[131] Richtig *OLG Karlsruhe* Die Justiz 1988, 363, 364.
[132] A. A. *LG Berlin* JR 1964, 185; *LG Stuttgart* ZZP 69
(1956), 46.
[133] *LAG Düsseldorf* LAGE ZPO § 148 Nr. 21.
[134] *RGZ* 29, 340; 18, 186, 188.
[135] *RGZ* 36, 401, 403; 29, 340; *RG* Gruchot 50, 1094,
1098.
[136] *RGZ* 46, 385, 387; → auch § 252 Rdnr. 9.

46 Dem Gericht steht es zudem frei, ohne besonderen Beschluß die Aussetzung lediglich in den Gründen des Endurteils abzulehnen[137]. In diesem Fall muß gegen die Ablehnung der Aussetzung mit dem Rechtsmittel gegen das Urteil vorgegangen werden. Dabei kommt lediglich die Berufung in Betracht. Wegen § 567 Abs. 4 S. 1 können Anordnung und Ablehnung der Aussetzung nicht im Wege der Revision gerügt werden (aber → Rdnr. 47), weil auch ein entsprechender Beschluß unanfechtbar wäre[138]. Hat das Landgericht als Berufungs- oder Beschwerdegericht ausgesetzt, so gilt § 567 Abs. 3 S. 1. In gleicher Weise ist wegen § 567 Abs. 3 S. 1 kein Rechtsbehelf gegeben, wenn das Landgericht als Berufungs- oder Beschwerdegericht eine Aussetzung abgelehnt hat.

47 Bei fehlerhafter Ablehnung der Aussetzung gelten Besonderheiten im Anwendungsbereich von § 96 Abs. 2 GWB. Ein Verstoß gegen den dort geregelten Aussetzungszwang (→ Rdnr. 33 ff.) kann in den Grenzen des § 529 auch in der Revision gerügt werden (→ Rdnr. 37)[139].

48 Hat das Gericht über Anordnung oder Ablehnung der Aussetzung nach seinem Ermessen entschieden (→ Rdnr. 30 ff.), so ist das höhere Gericht auf die Überprüfung beschränkt, ob die Voraussetzungen der Entscheidung (→ Rdnr. 21 ff.) verkannt worden sind oder ob sich das Untergericht von sachfremden Erwägungen hat leiten lassen (→ Rdnr. 30)[140]. Ein Rechtsfehler liegt auch dann vor, wenn bei der Entscheidung erhebliche Umstände außer Acht gelassen worden sind[141]. Das Ausgangsgericht, dessen Aussetzungsbeschluß aufgehoben worden ist, ist an die Auffassung des Beschwerdegerichts gebunden[142]. Eine weitere Beschwerde ist im Rahmen des § 252 wegen § 567 Abs. 3 S. 1 und §§ 567 Abs. 4 S. 1, 568 Abs. 2 S. 1 ausgeschlossen.

6. Außerkrafttreten; Aufhebung

49 Mit der endgültigen Beendigung des Verfahrens, um dessentwillen ausgesetzt wurde, tritt das Ende der Wirkungen der Aussetzung insofern von selbst ein, als jetzt Parteihandlungen wieder wirksam vorgenommen werden können (→ § 150 Rdnr. 5). Zur Fortsetzung des Verfahrens ist ein gesonderter Aufhebungsbeschluß (§ 150) in bezug auf die Aussetzung nicht erforderlich, weil diese ohnehin mit Rücksicht auf ein anderes Verfahren angeordnet worden ist und dies in dem Beschluß zum Ausdruck gebracht werden muß[143]. Eine Aufnahme nach § 250 ist nicht erforderlich. Das gilt auch dann, wenn eine Fristberechnung nach § 249 Abs. 1 anzustellen ist[144]. Insoweit bedarf es auch keiner Terminsanberaumung zur Fortsetzung des Verfahrens durch das Gericht[145]. Freilich wird sich die Anberaumung eines Termins meist als zweckmäßig erweisen.

---

[137] LG Wiesbaden NJW 1985, 2770; Baumbach/Lauterbach/Hartmann[51] Rdnr. 37.
[138] BGH LM § 252 ZPO Nr. 1; die frühere teils abweichende Rechtsprechung des RG ist überholt.
[139] BGHZ 37, 194 ff.
[140] Dazu LAG München MDR 1989, 673; OLG Düsseldorf NJW 1985, 1966, 1967; KG GrundE 1984, 1171; LG Freiburg ZZP 68 (1955), 303; LG Stuttgart JZ 1953, 765.
[141] So BayObLG DWW 1990, 94 (LS)(zum Wohnungseigentumsverfahren).

[142] LAG Frankfurt a. M. ARST 1987, 142 (LS).
[143] BGHZ 106, 295, 298; OLG Hamburg ZZP 76 (1963), 476; Thomas/Putzo[18] Rdnr. 14.
[144] BGHZ 106, 295, 298 f.; BGH LM § 249 ZPO Nr. 2; MünchKomm/ZPO/Peters (1992) Rdnr. 19; Zöller/Greger[18] Rdnr. 8; a. A. → Voraufl. Rdnr. 49.
[145] Zum Zusammentreffen von Aufhebungsantrag und Beschwerde s. Schultz Vollstreckungsbeschwerde (1911), 487 f.

III. Aussetzung wegen eines verfassungsgerichtlichen Verfahrens

A. Richtervorlagen nach Art. 100, 126 GG[146]

1. Richterliches Prüfungsrecht und Verwerfungskompetenz

Nach Art. 100 Abs. 1 GG hat ein Gericht, das ein Gesetz, auf dessen Gültigkeit es bei der Entscheidung ankommt, für verfassungswidrig hält, die Entscheidung des zuständigen Verfassungsgerichts einzuholen. Art. 100 Abs. 1 GG setzt daher voraus, daß dem Fachgericht ein umfassendes richterliches Prüfungsrecht (Prüfungskompetenz; Prüfungszuständigkeit) für die Wirksamkeit, insbesondere die Verfassungsmäßigkeit, von Rechtsnormen zukommt. Dagegen besteht eine Verwerfungskompetenz der Fachgerichte lediglich in dem durch die Art. 100, 126 GG gezogenen Rahmen (näher → Einl. Rdnr. 461). Es kommt daher im einzelnen Zivilprozeß zu einer Teilung der Rechtsanwendung. Das Prozeßgericht (Ausgangsgericht) muß bei fehlender Verwerfungskompetenz nach Art. 100 Abs. 1 GG sein Verfahren aussetzen und die seiner Entscheidung entzogene Rechtsfrage dem Verfassungsgericht vorlegen. Dieses entscheidet mit bindender Wirkung für das Ausgangsgericht, an das die Sache zurückgelangt[147]. Das Verfahren vor dem Verfassungsgericht wird als »konkrete« oder »inzidente« Normenkontrolle (Richtervorlage) bezeichnet (zur abstrakten Normenkontrolle → Rdnr. 117). Diese konkrete Normenkontrolle ist als Inzidentkontrolle in den Zivilprozeß eingefügt und bedeutet, daß die Normenkontrolle des Zivilgerichts im Wege der Vorfrage durchgeführt wird. Hingegen prüft das Verfassungsgericht nach Vorlage die Norm gerade umgekehrt als Hauptfrage. Die konkrete Normenkontrolle tritt in fünf Fällen (→ Rdnr. 53–75)[148] auf, die zum Teil an gemeinsame Voraussetzungen geknüpft sind (→ Rdnr. 58–70). Drei Fälle betreffen Art. 100 Abs. 1 GG (→ Rdnr. 53–57), ein Fall den Art. 100 Abs. 2 GG (→ Rdnr. 71) und ein weiterer Fall den Art. 126 GG (→ Rdnr. 74). Die Verfahren vor dem Ausgangsgericht und vor dem Verfassungsgericht sind in den verschiedenen Angelegenheiten im wesentlichen gleich geregelt (→ Rdnr. 93 ff.). 50

Im Anwendungsbereich der Sonderregelungen der Art. 100 und Art. 126 GG werden die allgemeinen Aussetzungsvorschriften der §§ 148 ff. ZPO verdrängt[149], auch wenn dasselbe Gericht mehrfach vorlegen muß. – Zur Aussetzung wegen anderer verfassungsgerichtlicher Verfahren, → Rdnr. 117 f. 51

Nach § 33 BVerfGG kann das Bundesverfassungsgericht auch seinerseits bei ihm schwebende Verfahren bis zur rechtskräftigen Erledigung eines Zivilprozesses aussetzen. Praktisch wird es nicht vorkommen, daß mit Verfassungsgericht und Ausgangsgericht beide Gerichte jeweils gleichzeitig ihr Verfahren aussetzen. Diese Handhabung liefe auf eine Rechtsverwei- 52

---

[146] Aus dem neueren Schrifttum: *Pestalozza* Verfassungsprozeßrecht³ (1991) § 13 (S. 202 ff.); *Benda/Klein* Lehrbuch des Verfassungsprozeßrechts (1991) Rdnr. 691 ff.; *Umbach/Clemens* Bundesverfassungsgerichtsgesetz (1992); *Schlaich* Das Bundesverfassungsgericht² (1991) Rdnr. 126 ff.; *Löwer* Zuständigkeiten und Verfahren des Bundesverfassungsgerichts, in: *Isensee/Kirchhof* (Hrsg.), Handbuch des Staatsrechts (Band II)(1987), 737, 781 ff.; *Bettermann* Die konkrete Normenkontrolle und sonstige Gerichtsvorlagen, in: Bundesverfassungsgericht und Grundgesetz, Festgabe aus Anlaß des 25jährigen Bestehens des Bundesverfassungsgerichts (1976), 323 ff.; *Klein* Verfassungsprozeßrecht – Versuch einer Systematik an Hand der Rechtsprechung des Bundesverfassungsgerichts AöR 108 (1983), 410 ff.; 561 ff. – Zu den hohen Zulässigkeitsanforderungen an die Vorlage im Steuerrecht *Kapp* DStZ 1991, 691 und *Sangmeister* DStZ 1991, 581.

[147] Eine Aufstellung der Aussetzungs- und Vorlagebeschlüsse im Rahmen der »zivilprozessualen Rechtsprechung« des Bundesverfassungsgerichts findet sich bei *E. Schumann* Bundesverfassungsgericht, Grundgesetz und Zivilprozeß (1983), 12 Fn. 35 = ZZP 96 (1983), 147 Fn. 35.q.

[148] Auf die z.T. abweichenden Zählungen in der Literatur kommt es nicht an, weil es sich dabei um bloße Unterschiede in der systematischen Aufarbeitung handelt, z.B. *Benda/Klein* (1991) Rdnr. 692.

[149] OLG Frankfurt a. M. NJW 1955, 547 (LS); LG Köln JMBlNRW 1954, 7; *Höhn* NJW 1961, 443; a. A. *Frowein* NJW 1961, 1091.

gerung hinaus. Sollte der Fall gleichwohl eintreten, besteht kein Grund, die Aussetzung des Zivilprozesses aufzuheben[150]. Die geschilderte prozessuale Situation verleiht dem Zivilgericht nicht die fehlende Verwerfungskompetenz (→ Rdnr. 50).

2. Voraussetzungen

a) Verstoß gegen Grundgesetz

53   Das Ausgangsgericht legt an das Bundesverfassungsgericht vor, weil es Bundesrecht (Art. 100 Abs. 1 S. 1 Alt. 2 GG) oder Landesrecht (Art. 100 Abs. 1 S. 2 Alt. 1 GG) wegen Verstoßes gegen das Grundgesetz für verfassungswidrig hält. Es muß sich dabei um nachkonstitutionelle Gesetze handeln (→ Rdnr. 66 ff.). Vorlagefähig und vorlagepflichtig sind nur Gesetze im formellen Sinn (Parlamentsgesetze), so daß insbesondere Rechtsverordnungen ausscheiden[151].

54   *Erweitert* wird die Regel des formellen Gesetzes auf die Vorlagefähigkeit von gesetzesvertretenden Verordnungen[152] und auf Parlamentsbeschlüsse, die einem Staatsvertrag zustimmen, ohne als förmliches Gesetz zu ergehen[153]. *Eingeschränkt* wird diese Regel für »satzungsvertretende Gesetze«, die der Funktion nach Satzungen gleichgestellt werden, obgleich es sich um Parlamentsgesetze handelt. Insoweit wurde die Vorlagefähigkeit – wohl zu Unrecht – verneint[154].

b) Verstoß gegen Bundesrecht

55   Das Zivilgericht legt an das Bundesverfassungsgericht vor, weil es Landesrecht für unvereinbar mit Bundesrecht hält (Art. 100 Abs. 1 S. 2 Alt. 2 GG). Bei dem betreffenden Landesrecht muß es sich gleichfalls um nachkonstitutionelle Gesetze (→ Rdnr. 66 ff.) handeln. Ferner muß das Landesrecht ein Gesetz im formellen Sinne sein (→ Rdnr. 53)[155]. Eine Landesverordnung unterfällt auch dann nicht dem Verwerfungsmonopol des Bundesverfassungsgerichts, wenn es um ihre Vereinbarkeit mit einer Bundesverordnung geht[156].

56   Bundesrecht als Prüfungsmaßstab kann sowohl ein Gesetz im formellen Sinn als auch eine Rechtsverordnung sein (Art. 100 Abs. 1 S. 2 GG)[157]. Das Landesrecht muß für unvereinbar gehalten werden mit bereits geltendem Bundesrecht. Eine Unvereinbarkeit von älterem Landesrecht mit späterem Bundesrecht genügt daher nicht. Das Bundesverfassungsgericht ist nur zuständig, wenn das Landesgesetz im Verhältnis zum widersprechenden Bundesrecht das spätere Recht darstellt[158]. Wenn das kollidierende Bundesgesetz erst später geschaffen wird, kann dem Landesgesetzgeber nicht der Vorwurf der Verfassungsverletzung gemacht werden. In derartigen Fällen ist eine Vorlage unzulässig. Das Ausgangsgericht hat eine Inzidenzkontrolle vorzunehmen und das Landesgesetz ggf. nicht anzuwenden.

---

[150] Anders insoweit *Geiger* DRiZ 1951, 172, 173; *Maunz/Schmidt-Bleibtreu/Klein/Ulsamer* Bundesverfassungsgerichtsgesetz 3. Aufl. 1992 § 33 Rdnr. 3.
[151] *BVerfGE* 1, 184, 189 ff.; 52, 1, 16; ständige Rspr.
[152] *BVerfGE* 52, 1, 16 f. (Verordnung aus dem Jahre 1944).
[153] *BVerfGE* 37, 271, 283.
[154] *BVerfGE* 70, 35, 57 f. (»Hamburgische Bebauungsplangesetze«); abl. *Pestalozza*³ § 13 II (S. 206 Fn. 24); *Benda/Klein* (1991) Rdnr. 713.

[155] *BVerfGE* 19, 282, 287 f.
[156] *BVerfGE* 1, 202, 207.
[157] *BVerfGE* 1, 202, 207; 1, 283, 292; *Bettermann* (oben Fn. 146), 346; *E. Schumann* (oben Fn. 147), 11 Fn. 30 = ZZP 96 (1983), 146 Fn. 30.
[158] *BVerfGE* 10, 124, 127 f.; 65, 359, 373; *Benda/Klein* (1991) Rdnr. 725.

c) Verstoß gegen Landesverfassung

Das Ausgangsgericht hält Landesrecht im formellen Sinn für unvereinbar mit dem Verfassungsrecht desselben Landes (Art. 100 Abs. 1 S. 1 GG). In derartigen Fällen geht die betreffende landesrechtliche Normenkontrolle durch das Landesverfassungsgericht teils weiter, indem sie auch vorkonstitutionelles Recht und Rechtssätze im materiellen Sinn umfaßt (→ Rdnr. 115). 57

d) Gemeinsamkeiten der Normenkontrollsituation zu a) – c)

Für die genannten drei Fälle der Richtervorlage (→ Rdnr. 53–57) gelten gemeinsam darzustellende Grundsätze, die in jedem Vorlageverfahren zu beachten sind. 58

aa) Gerichtliche Überzeugung

Das *Ausgangsgericht* muß die Norm mit der maßgeblichen höherrangigen Norm für unvereinbar halten (Richtervorlage). Nicht vorlageberechtigt sind die Verfahrensbeteiligten. Vielmehr steht dieses Recht nur Bundes- und Landesgerichten jeder Fachgerichtsbarkeit zu. Auch der Rechtspfleger ist kein »Gericht«[159]. Er muß nach § 5 Abs. 1 Nr. 2 RPflG dem Richter vorlegen, wenn er ein Gesetz für verfassungswidrig hält. Nicht vorlageberechtigt sind auch private Schiedsgerichte sowie die kirchlichen Gerichte[160]. 59

Das vorlegende Gericht muß von der Ungültigkeit überzeugt sein und darf nicht lediglich an der Gültigkeit des Gesetzes zweifeln[161]. An der erforderlichen Überzeugung fehlt es, wenn das Gericht eine verfassungskonforme Auslegung für möglich hält[162]. Ferner muß die Gültigkeit der Norm entscheidungserheblich sein (ausführlich → Rdnr. 76 ff.). Gleichgültig ist es, ob die zu prüfende Norm nach Ansicht des Ausgangsgerichts formell nicht ordnungsgemäß als Gesetz erlassen ist oder inhaltlich einer der genannten ranghöheren Normen widerspricht. Deshalb ist eine Vorlage auch dann zulässig, wenn die Frage streitig ist, ob das als entscheidungserheblich angesehene Gesetz überhaupt besteht[163]. Geeigneter Vorlagegegenstand ist auch eine zwischenzeitlich aufgehobene Norm, wenn sie im anhängigen Verfahren noch Rechtswirkungen entfaltet[164]. Die Unvereinbarkeit kann sich sowohl aus einem Widerspruch mit ausdrücklichen Vorschriften der ranghöheren Norm wie mit tragenden Grundsätzen des Verfassungsrechts ergeben[165]. Dazu zählen insbesondere das Rechtsstaats-, Bundesstaats-, Demokratie- und das Sozialstaatsprinzip, aber auch der Grundsatz der Verhältnismäßigkeit und die Bundestreue. Die Rechtsprechung nimmt an, daß selbst das Grundgesetz auf einen Widerspruch zum überpositiven Recht oder zu einem Verfassungsprinzip höheren Ranges überprüft werden könne[166]. 60

bb) Vertragsgesetze; Besatzungsrecht

Völkerrechtliche Verträge können nicht vorgelegt werden, wohl aber die im innerstaatlichen Ratifikationsverfahren ergangenen Zustimmungs- oder Vertragsgesetze[167]. Das gleiche 61

---

[159] *BVerfGE* 30, 170, 172; 61, 75, 77.
[160] *Benda/Klein* (1991) Rdnr. 703.
[161] *BVerfGE* 1, 184, 189; 9, 237, 240; 66, 265, 269f.; 68, 337, 343; 79, 256, 263; 80, 54, 59; *BVerfG* FamRZ 1992, 781 (zum Streitwert für das Sorgerechtsverfahren als Scheidungsfolgesache); ferner *BGH* NJW 1993, 588, 589.
[162] *BVerfGE* 68, 337, 344; 76, 100, 105; 78, 20, 24.
[163] *BVerfGE* 42, 263, 281.
[164] *BVerwG* NVwZ 1992, 682, 685 re. Sp.
[165] *BVerfGE* 1, 14, 32f.; 30, 1, 19 und ständig.
[166] *BVerfGE* 3, 225, 233.
[167] *BVerfGE* 12, 281, 288; 14, 1, 6; 29, 348, 358; 30, 272, 280; 37, 191, 197; 63, 131, 140; 68, 337, 343; 72, 200, 238.

gilt für Zustimmungsgesetze zu Staatsverträgen zwischen Bundesländern oder zwischen Bund und Ländern[168]. *Fortgeltendes Besatzungsrecht*[169] ist nicht Gegenstand der konkreten Normenkontrolle noch ihr Prüfungsmaßstab[170].

cc) Europäisches Gemeinschaftsrecht

62   Das Europäische Gemeinschaftsrecht ist als Prüfungsmaßstab ausgeschlossen[171]. *Primäres Gemeinschaftsrecht* unterliegt nur insoweit der Prüfung durch das Bundesverfassungsgericht, als das deutsche Zustimmungsgesetz zum Vertrag Prüfungsgegenstand ist[172]. Das Bundesverfassungsgericht überprüft aber nach wie vor, ob sich der Europäische Gerichtshof an die von Art. 24 Abs. 1 GG gesetzten Grenzen hält, auch wenn sie diesen nicht binden[173]. Unter primärem Gemeinschaftsrecht versteht man die Grundverträge der Europäischen Gemeinschaft einschließlich ihrer Anlagen, Annexe und Protokolle sowie deren spätere Änderungen und Ergänzungen[174]. Von besonderer Bedeutung sind die einheitliche Europäischen Akte vom 28.2.1986 (BGBl. II 1102; ABl EG 1987 Nr. L169/1) und der Vertrag über die Europäische Union vom 7.2.1992. Der Vertrag sollte nach Art. R Abs. 2 ursprünglich am 1.1.1993 in Kraft treten (jetzt BGBl. II 1993, 1947).

63   Problematisch ist nach wie vor die Überprüfung des *sekundären* (abgeleiteten) Gemeinschaftsrechts durch das Bundesverfassungsgericht. Darunter versteht man das aufgrund der Europaverträge von den Gemeinschaftsorganen erlassene Recht[175]. Dazu gehören Verordnungen und allgemeine Entscheidungen, Einzelfallentscheidungen, Richtlinien und Empfehlungen, ungekennzeichnete Rechtshandlungen des Rates oder der Kommission. Zu letzteren zählen auch die von den Gemeinschaftsorganen für sich selbst erlassenen Verfahrens- und Geschäftsordnungen. Ferner sind zu nennen allgemeine Programme sowie interorgane Vereinbarungen.

64   Das Bundesverfassungsgericht[176] hat sekundäres Gemeinschaftsrecht zunächst am Maßstab der Grundrechte des Grundgesetzes kontrolliert und ggf. für unanwendbar erklären wollen, solange der Integrationsprozeß der Gemeinschaft noch nicht so weit fortgeschritten ist, daß das Gemeinschaftsrecht einen parlamentarisch beschlossenen Grundrechtskatalog enthält. Im »Solange II-Beschluß« vom 22.10.1986[177] wurde die vorangegangene Rechtsprechung teilweise revidiert. Das Bundesverfassungsgericht hat die eigene Jurisdiktionskompetenz zugunsten des EuGH zurückgenommen, indem es entsprechende Vorlagen nach Art. 100 GG als unzulässig behandelt. Gleichwohl nimmt das Bundesverfassungsgericht wohl weiterhin seine Zuständigkeit an, sekundäres Gemeinschaftsrecht zu überprüfen. Derzeit wird das lediglich nicht praktisch, weil das Gericht die gemeinschaftlichen Maßstäbe als ausreichend erachtet[178]. Die tragende Begründung lautet: »Solange die Europäischen Ge-

---

[168] BVerfGE 63, 131, 140 (Staatsvertrag über den Norddeutschen Rundfunk).
[169] Art. 7 des Vertrages über die abschließende Regelung in bezug auf Deutschland vom 12.9.1990 (BGBl. II 1318) ändert daran nichts; dazu etwa auch *Blumenwitz* NJW 1990, 3041, 3047.
[170] BVerfGE 3, 368, 376f.; 8, 99, 101f.; *Benda/Klein* (1991) Rdnr. 740; *Pestalozza*[3] Rdnr. 15.
[171] BVerfGE 31, 145, 174f.; *Bettermann* (oben Fn. 146), 346.
[172] BVerfGE 52, 187; *E. Schumann* ZZP 78 (1965), 77, 121.
[173] BVerfGE 75, 223ff.; BVerfG NJW 1993, 3047, 3052 (»Maastricht«).
[174] *E. Schumann* ZZP 78 (1965), 77, 118; *Bleckmann* Europarecht[5] (1990) Rdnr. 237f.; *Oppermann* Europarecht (1991) Rdnr. 394ff.; *Schweitzer/Hummer* Europarecht[4] (1992), 47f.
[175] Dazu *E. Schumann* ZZP 78 (1965), 77, 118.
[176] BVerfGE 37, 271 (»Solange Beschluß I«); dazu etwa *Steinberger* in: FS Doehring (1989), 951, 957ff.
[177] BVerfGE 73, 339; grundsätzlich zust. etwa *H.P. Ipsen* EuR 1987, 1; *T. Stein* in: FS Zeidler II (1987), 1711; *Hilf* EuGRZ 1987, 1; *Vedder* NJW 1987, 526; *Scherer* JA 1987, 483; *Heinz* DÖV 1987, 851; *Kloepfer* JZ 1988, 1089; *Maidowski* JuS 1988, 114; ferner *Groß* Jura 1991, 575; *A. Weber* in: 175 Jahre Oberlandesgericht Oldenburg (1989), 699; *Niebler* in: FS Lukes (1989), 495.
[178] So mit Recht die Interpretation bei *Pestalozza*[3] § 33 (S. 661); *Schlaich*[2] (oben Fn. 146) Rdnr. 134.

meinschaften, insbesondere die Rechtsprechung des Gerichtshofs der Gemeinschaften einen wirksamen Schutz der Grundrechte gegenüber der Hoheitsgewalt der Gemeinschaften generell gewährleistet, der dem vom Grundgesetz als unabdingbar gebotenen Grundrechtsschutz im wesentlichen gleichzuachten ist, zumal den Wesensgehalt der Grundrechte generell verbürgt, wird das BVerfG seine Gerichtsbarkeit über die Anwendbarkeit von abgeleitetem Gemeinschaftsrecht, das als Rechtsgrundlage für ein Verhalten deutscher Gerichte und Behörden im Hoheitsbereich der Bundesrepublik Deutschland in Anspruch genommen wird, nicht mehr ausüben und dieses Recht mithin nicht mehr am Maßstab der Grundrechte des Grundgesetzes überprüfen; entsprechende Vorlagen nach Art. 100 I GG sind somit unzulässig«. Das Bundesverfassungsgericht[179] hat zwischenzeitlich verdeutlicht, daß es angerufen werden kann, wenn der EuGH bei Richtlinien den vom Grundgesetz als unabdingbar gebotenen Grundrechtsstandard nicht verwirklichen sollte.

Nach richtiger Ansicht ist eine Prüfungszuständigkeit des Bundesverfassungsgerichts nach Art. 100 Abs. 1 GG überhaupt nicht gegeben, da es sich bei dem sekundären Gemeinschaftsrecht um eine vom nationalen Recht verschiedene Rechtsordnung handelt[180]. Dem deutschen Richter bleibt die Vorlage nach Art. 177 EG-Vertrag an den EuGH. Verstößt die Norm gegen die durch das Gemeinschaftsrecht gewährten Grundrechte, so wird die Norm vom EuGH für nichtig erklärt. Wird ein Grundrechtsverstoß durch den EuGH verneint, so muß das sekundäre Gemeinschaftsrecht der Entscheidung zugrunde gelegt werden. Dagegen ist es dem Zivilgericht versagt, sekundäres Gemeinschaftsrecht sowie Akte der Organe der Europäischen Gemeinschaft auf ihre Vereinbarkeit mit den Grundrechten des GG zu überprüfen[181]. Mit Inkrafttreten des Vertrages über die Europäische Union vom 7.2.1992 (oben Rdnr. 62) hat das Problem weiter an Schärfe verloren, weil in Art. F Abs. 2 die Respektierung der Grundrecht durch die Union vertraglich niedergelegt ist[182]. 65

dd) Vorkonstitutionelles Recht

Vorkonstitutionelles Recht ist im Verfahren des Art. 100 GG nicht vorlagefähig[183]. Dabei handelt es sich um vor dem 23.5.1949, 24 Uhr (Inkrafttreten des Grundgesetzes) verkündete Gesetze. Das Grundgesetz ist am 23.5.1949, 24 Uhr gemäß Art. 145 Abs. 2 GG in Kraft getreten[184]. Das Gesagte gilt in gleicher Weise für landesgesetzliche (auch landesverfassungsrechtliche) Normen[185]. Ist Bundesrecht Maßstab des Bundesverfassungsgerichts nach Art. 100 Abs. 1 S. 2 Alt. 2 GG, so gelten dieselben Grundsätze[186]. In den genannten Fällen gilt daher die sogenannte lex-posterior-Regel. Als Bundesrecht fortgeltendes Recht kommt als Prüfungsmaßstab (→ Rdnr. 56) erst ab 7.9.1949 in Betracht[187], dem Tag des ersten Zusammentritts des Bundestages. 66

Jedes Gericht ist daher berechtigt, vorkonstitutionelles Recht als mit dem Grundgesetz für unvereinbar zu erklären und damit in eigener Zuständigkeit zu verwerfen[188]. Ist Landesrecht 67

---

[179] BVerfG NJW 1990, 974; 1993, 3047, 3052; Di Fabio NJW 1990, 947.
[180] In diese Richtung Vedder NJW 1987, 526, 529; Hilf EuGRZ 1987, 1, 7; dagegen Di Fabio NJW 1990, 947; Herdegen EuGRZ 1989, 309; Henrichs EuGRZ 1989, 237; Benda/Klein (1991) Rdnr. 734; umfassend dazu Streinz Bundesverfassungsgerichtlicher Grundrechtsschutz und Europäisches Gemeinschaftsrecht (1989), insbes. 285 ff.
[181] BVerfG NJW 1987, 3077 im Anschluß an BVerfGE 73, 339 (»Solange-II«); ebenso BVerwG NJW 1991, 651, 652; Benda/Klein (1991) Rdnr. 738; a.A. Rupp JZ 1987, 241, 242.
[182] Ebenso Ress JuS 1992, 985, 990; zu Art. 23 GG n.F. s. Gesetz zur Änderung des Grundgesetzes v. 21.12.1992, BGBl. I 2086.
[183] BVerfGE 2, 124, 131; 3, 45, 48; 4, 331, 341; 10, 129, 131; 32, 296, 299; 60, 135, 149 f.; 66, 248, 254; 67, 348, 361 f.; 71, 224, 227 f.
[184] Jauernig JZ 1989, 615.
[185] BVerfGE 4, 214, 217.
[186] BVerfGE 10, 124, 128; 60, 135, 153; 65, 359, 373.
[187] BVerfGE 2, 136.
[188] BVerfGE 2, 124, 129.

der Prüfungsgegenstand, so bezieht sich die Unvereinbarerklärung auf Bundesrecht. Die landesrechtliche Normenkontrolle, die auch vorkonstitutionelles Recht und Normen im nur materiellen Sinne (Verordnungen, Satzungen) umfassen kann (→ Rdnr. 115), geht teils weiter.

68 Ausnahmsweise kann auch vorkonstitutionelles Recht im Vorlageverfahren des Art. 100 GG als Prüfungsgegenstand angesehen werden, wenn es der nachkonstitutionelle Gesetzgeber in seinen Willen aufgenommen und damit bestätigt hat[189]. Dazu ist erforderlich, daß der nachkonstitutionelle Gesetzgeber seinen konkreten Bestätigungswillen im Gesetz selbst zu erkennen gegeben hat, oder daß sich zumindest ein solcher Wille aus dem engen sachlichen Zusammenhang zwischen unveränderten und geänderten Normen objektiv erschließen läßt[190]. Eine Norm wird demnach nicht schon dadurch nachkonstitutionell, daß sie zusammen mit anderen (neuen) Vorschriften zusammenfassend aufgrund einer Ermächtigung des Gesetzgebers im Gesetzblatt neu bekannt gemacht wird[191]. Überhaupt hilft eine Neubekanntmachung durch die Exekutive nichts[192]. Dagegen handelt es sich nicht lediglich um eine deklaratorische Klarstellung des Gesetzestextes, wenn der Gesetzgeber das vorkonstitutionelle Recht als Gesetz neu beschließt. Die ZPO ist danach nachkonstitutionelles Recht, wenngleich hier der Wille des Gesetzgebers durch das BVerfG recht pauschal behauptet wurde[193]. Anders als die Neubekanntmachung bedeutet eine neue Verkündung, daß der Gesetzgeber nicht lediglich die vorgenommenen Einzeländerungen, sondern auch die in der Gesamtfassung enthaltenen unveränderten Teile als geltendes Recht ansieht[194].

69 Zur »Verjüngung« kann es auch dadurch kommen, daß eine neue nachkonstitutionelle Vorschrift auf die alte Norm verweist[195]. Die Verweisung muß nicht ausdrücklich geschehen, wenn das neue Recht in der Sache altes Recht voraussetzt[196]. Doch genügt die Verweisung auf eine alte Norm, die nur die zeitliche Geltung des neuen Rechts regelt, nicht[197]. Problematisch ist es, wenn der Gesetzgeber nur Teile eines vorkonstitutionellen Gesetzes ändert oder neu faßt. Das Bundesverfassungsgericht[198] verlangt, daß altes und neues Gesetz einem begrenzten und daher überschaubaren Rechtsgebiet angehören und ein enger sachlicher Zusammenhang zwischen veränderten und unveränderten Normen besteht. Handelt es sich um ein umfangreicheres altes Gesetz, und nimmt das neue Gesetz nur kleinere Korrekturen vor, so wird der unveränderte Rest nicht ohne weiteres zum nachkonstitutionellen Recht[199]. Nicht ausreichend ist es, daß eine Rechtsverordnung altes Recht in ihren Willen aufgenommen hat[200]. Die genannten Fälle einer »sachlichen Rezeption« sind bisweilen nicht klar voneinander abzugrenzen, wozu auch unklare Formulierungen des Bundesverfassungsgerichts selbst beitragen. So liegt eine Bestätigung vorkonstitutionellen Rechtes noch nicht vor, wenn der Gesetzgeber die Norm als solche hinnimmt und ihre Aufhebung oder sachliche Änderung unterläßt, ohne sie in ihrer Geltung bestätigen zu wollen[201].

70 Mit dem sich vergrößernden Zeitabstand zum Inkrafttreten des Grundgesetzes werden sich die Anforderungen an die Aufnahme in den gesetzgeberischen Willen zunehmend verrin-

---

[189] BVerfGE 6, 55, 65; 11, 126, 129; 32, 296, 299; 52, 1, 17; 60, 135, 149; 63, 181, 187; 64, 217, 220 ff.; 66, 248, 254 ff.; 70, 126, 130 (zu § 40 Abs. 1 VVG); 71, 224, 227 f. (zu § 606b Nr. 1 ZPO).
[190] BVerfGE 11, 126, 129 ff.; 52, 1, 17; 63, 181, 188; 64, 217, 220 ff.; 70, 126, 130; 71, 224, 227 f.
[191] BVerfGE 8, 210, 213.
[192] Fälle bei *Maunz/Schmidt-Bleibtreu/Klein/Ulsamer* (oben Fn. 150) § 80 Rdnr. 73 ff.
[193] BVerfGE 8, 210, 213 f.; 35, 41, 45 f.; 78, 77, 83; dazu auch *Benda/Klein* (1991) Rdnr. 721 Fn. 96; *Bettermann* (oben Fn. 146), 334; *E. Schumann* (oben Fn. 147), 12 Fn. 33 = ZZP 96 (1983), 147 Fn. 33.

[194] Dazu BVerfGE 63, 181, 188; 64, 217, 220 ff.; 70, 126, 130.
[195] BVerfGE 32, 296, 300; 64, 217, 221 f.; 70, 126, 130 f.; näher *Pestalozza*³ § 13 II (S. 208).
[196] *Pestalozza*³ § 13 II (S. 209 Fn. 39).
[197] BVerfGE 16, 343, 346.
[198] BVerfGE 11, 126, 131 f.; 32, 296, 300; 63, 181, 188 ff.; 64, 217, 220 ff.; 66, 248, 256.
[199] BVerfGE 64, 217, 223; 70, 126, 132.
[200] BVerfGE 12, 341, 353.
[201] BVerfGE 32, 296, 299 (zu § 1300 BGB).

gern, da der Gesetzgeber immer mehr Gelegenheit hat, den vorläufigen Zustand der Hinnahme zu beenden. Es läßt sich daher heute wohl schon von einer gewissen Vermutung für die Aufnahme in den Willen des Gesetzgebers sprechen[202]. Daraus ergibt sich eine Hinwendung zum Verwerfungsmonopol des Bundesverfassungsgerichts.

e) Qualifikation von allgemeinen Regeln des Völkerrechts

Nach Art. 100 Abs. 2 GG findet eine Normenkontrolle ferner statt, wenn dem Gericht zweifelhaft ist, ob eine Regel des Völkerrechts Bestandteil des Bundesrechts ist und ob sie unmittelbare Rechte und Pflichten für den einzelnen erzeugt (Art. 25 GG)[203]. Es handelt sich bei Art. 100 Abs. 2 GG um das verfassungsprozessuale Gegenstück zu Art. 25 GG. Das Bundesverfassungsgericht[204] spricht von der Gewährleistungsfunktion des Art. 100 Abs. 2 GG zugunsten der allgemeinen Regeln des Völkerrechts. 71

Es genügen (objektive) ernst zu nehmende »Zweifel« des Gerichts[205] über den Umfang und die Tragweite einer allgemeinen Regel des Völkerrechts[206]. Nicht ausreichend sind Zweifel über die Verpflichtung zweier Staaten aus einem völkerrechtlichen Vertrag oder über seine Gültigkeit für ausländische Behörden[207]. Beweisbeschlüsse reichen als Entscheidungen (→ Rdnr. 78) im Verfahren nach Art. 100 Abs. 2 GG dann aus, wenn die beabsichtigte Beweiserhebung die Gefahr einer Völkerrechtsverletzung gegenüber dem fremden Staat mit sich bringt[208]. 72

Die Vorlagepflicht besteht trotz des mißverständlichen Wortlauts von Art. 100 Abs. 2 GG auch dann, wenn es um Regeln geht, die sich nicht an den einzelnen wenden[209]. Das Ausgangsgericht braucht objektiv bestehende Zweifel nicht zu teilen[210]. Andererseits reicht es aus, wenn es nachvollziehbar zweifelt[211]. In dem Vorlagebeschluß müssen die Zweifel, die das Gericht entweder selbst hat oder auf die es gestoßen ist, gemäß §§ 84, 80 Abs. 2 BVerfGG dargelegt werden[212]. 73

f) Weitergeltung als Bundesrecht

Endlich muß das Verfahren ausgesetzt und dem Bundesverfassungsgericht vorgelegt werden, wenn Meinungsverschiedenheiten darüber bestehen, ob Recht als Bundesrecht fortgilt (Art. 126 GG; § 86 Abs. 2 BVerfGG). Dabei meint Art. 126 GG mit »Recht« Rechtsnormen jeglicher Art, also auch Rechtsverordnungen und Satzungen[213]. Das Ausgangsgericht hat dagegen in eigener Kompetenz zu prüfen, ob eine Norm überhaupt gilt[214] und von welchem Zeitpunkt an[215]. 74

Die in Art. 126 GG genannten Meinungsverschiedenheiten setzen keinen Streit der Parteien voraus. Es reicht aus, ist aber auch erforderlich, daß das Ausgangsgericht die Fortgeltung als Bundesrecht ernstlich bezweifelt[216], oder daß beachtliche abweichende Ansichten in der 75

---

[202] Dazu BVerfGE 63, 181, 188; 66, 248, 255; Benda/Klein (1991) Rdnr. 722.
[203] Zum Verfahren Pestalozza³ § 14 I (S. 214ff.); Benda/Klein (1991) Rdnr. 850ff.; Löwer (oben Fn. 146), 737, 811ff.; Münch JZ 1964, 163.
[204] BVerfGE 46, 342, 363; 75, 1, 11.
[205] Dazu BVerfGE 75, 1, 11; BGH NJW 1991, 929, 931; BFHE 157, 39, 44; BFH JZ 1965, 21, 23 (Wengler); Pestalozza³ § 14 I (S. 216); unklar KG NJW 1991, 2501, 2504.
[206] BVerfGE 15, 25, 31; 16, 27, 32; 23, 288, 318; 64, 1, 13.
[207] BVerfGE 4, 319, 321.

[208] BVerfGE 46, 342, 360.
[209] BVerfGE 64, 1, 14; Pestalozza³ § 14 II (S. 220).
[210] BVerfGE 23, 288, 315ff.; 64, 1, 14f.; 75, 1, 11.
[211] Pestalozza³ § 14 II (S. 221).
[212] Dazu BVerfGE 46, 342, 358.
[213] BVerfGE 28, 119, 132f.
[214] BVerfGE 3, 354, 356; 3, 368, 373f.; 4, 214, 216; 16, 82, 89; 16, 329, 331. – BVerfGE 11, 89, 94 prüft dies aber als Vorfrage.
[215] BVerfGE 4, 358, 368.
[216] BVerfGE 4, 358, 369; auch E. Schumann Verfassungs- und Menschenrechtsbeschwerde gegen richterliche Entscheidungen (1963), 72f.

Literatur oder in der Rechtsprechung eines Verfassungsgerichts vertreten werden[217]. Ausreichend sind auch abweichende Rechtsauffassungen anderer Verfassungsorgane[218].

3. Entscheidungserheblichkeit

76 In allen genannten fünf Fällen (→ Rdnr. 53–75) muß für die Entscheidung des Ausgangsgerichts *Entscheidungserheblichkeit* gegeben sein. In der Richtervorlage des Art. 100 Abs. 1 GG (Fälle a – c, → Rdnr. 53–57) muß es für die Entscheidung des Ausgangsgerichts auf die Gültigkeit der Norm, in der Richtervorlage des Art. 100 Abs. 2 GG (Fall e, → Rdnr. 71–73) auf die Geltung der Völkerrechtsregel, und in der Richtervorlage des Art. 126 GG (Fall f, → Rdnr. 74–75) auf die Qualifikation als Bundesrecht ankommen (Einzelheiten → Rdnr. 82 ff.)[219].

a) Abschließende Entscheidungen

77 Die Aussetzung ist bei Entscheidungserheblichkeit von Endurteilen[220] oder den ihnen gleichgestellten Vorbehaltsurteilen (§§ 302, 599) nötig. Das gleiche gilt von Zwischenurteilen, die bindend und abschließend für den Prozeß einzelne Streitfragen zwischen den Parteien oder gegenüber Dritten entscheiden, z.B. im Falle der §§ 280, 303, 304 oder §§ 71, 135, 387)[221]. Der Eingriff in die Rechtsposition kann dabei eine entscheidende Rolle spielen (a.A. → Voraufl. Rdnr. 75)[222].

78 Entscheidungserheblichkeit fehlt bei Maßnahmen, durch die das gerichtliche Verfahren noch nicht im gegebenen Rechtszug abgeschlossen wird. Das ist insbesondere bei Anordnungen rein prozeßleitender Natur, wie bei einem Beweisbeschluß, der Fall (aber oben → Rdnr. 72)[223]. Eine Vorlage kann ausnahmsweise dann zulässig sein, wenn es sich um einen besonders schweren Eingriff in Rechte oder schutzwürdige Interessen eines Beteiligten handelt[224]. In diesen Fällen tritt der Gedanke der *Subsidiarität* der Verfassungsgerichtsbarkeit zurück. Abgesehen davon ist die Normenkontrolle solange nicht geboten, wie der Fortgang des Verfahrens dazu führen kann, daß es auf die Gültigkeit der in Rede stehenden Norm (usw.) nicht mehr ankommt. Unzulässig ist daher eine Vorlage, wenn sich das Ausgangsgericht auf diesem Wege eine Beweisaufnahme ersparen will[225]. Weitere Ausnahmen läßt das Bundesverfassungsgericht zu, wenn die Vorlagefrage von allgemeiner und grundsätzlicher Bedeutung für das Gemeinwohl ist und deshalb ihre Entscheidung als dringlich erscheint[226]. Verfassungsprozessual lassen sich diese Ausnahmen auf die analoge Anwendung von § 90 Abs. 2 S. 2 BVerfGG stützen.

---

[217] BVerfGE 7, 18f., 23.
[218] Benda/Klein (1991) Rdnr. 837.
[219] Dazu Pestalozza³ § 13 II (S. 210ff.: Art. 100 Abs. 1 GG); § 14 II (S. 221f.: Art. 100 Abs. 2 GG); § 16 III (S. 233: Art. 126 GG); Zimmer NJW 1960, 1892. – Zu Art. 100 Abs. 1 GG: BVerfGE 63, 1, 24; 65, 308, 315; 67, 26, 33f.; 68, 311, 316; 72, 91, 102; 78, 306, 316; 86, 71, 76; auch BVerfG NVwZ 1992, 682. – Zu Art. 100 Abs. 2 GG; BVerfGE 15, 25, 30; 46, 342, 358; 75, 1, 12. – Zu Art. 126 GG: BVerfGE 28, 119, 138; 33, 206, 213 ff.
[220] Zu Endentscheidungen der Fachgerichte BVerfGE 76, 100, 104; 79, 240, 243.
[221] BVerfGE 63, 1, 21f. (Pflegerbestellung zu verfahrensrechtlichen Zwecken); Stern AöR 91 (1966), 223,

228; Benda/Klein (1991) Rdnr. 760; Pestalozza³ § 13 II (S. 210).
[222] Pohle JZ 1961, 376.
[223] BVerfGE 11, 330, 335; 47, 146, 152ff.; 50, 108, 113.
[224] Pohle JZ 1961, 376; BVerfGE 79, 256, 266 (zu § 1596 Abs. 1 Nr. 2 BGB).
[225] BVerfGE 11, 330, 334f.; 34, 118, 127; 47, 146, 152f.; 50, 108, 113; 79, 256, 264ff. (Lockerung der Anforderungen bei Eingriffen in den Grundrechtsbereich).
[226] BVerfGE 47, 146, 157ff. (»Schneller Brüter«).

b) Eilverfahren

In Eilverfahren wie Arresten, einstweiligen Verfügungen (§§ 916 ff.), einstweiligen Anordnungen (§§ 620 ff.) oder Einstellungen nach §§ 707, 719 usw. besteht keine Vorlagepflicht. Hier reicht die Normenkontrolle im Verfahren der Hauptsache aus[227]. Die durch die Vorlagepflicht im Eilverfahren ansonsten eintretende Verzögerung könnte allerdings durch eine einstweilige Anordnung (§ 32 BVerfGG) des angerufenen Verfassungsgerichts kompensiert werden. Dagegen steht jedoch der Gedanke der Subsidiarität[228]. Das bedeutet eine einschränkende Auslegung von Art. 100 Abs. 1, 2 und Art. 126 GG. Gerechtfertigt wird sie durch die Eilbedürftigkeit der genannten Maßnahmen und den Anspruch der Parteien auf effektiven Rechtsschutz[229]. 79

In Ausnahmefällen muß aber auch in Eilfällen ausgesetzt und vorgelegt werden. So liegt es, wenn das Ausgangsgericht Normen für ungültig hält, die das Verfahren des einstweiligen Rechtsschutzes selbst betreffen, z.B. indem sie etwa den Rechtsschutzantrag unzulässig machen[230]. In gleicher Weise ist zu verfahren, wenn die vorläufige Regelung die endgültige Entscheidung ganz oder weitgehend vorwegnehmen und damit etwas zusprechen würde, worauf nach Auffassung des vorlegenden Gerichts wegen der Verfassungswidrigkeit der zugrundeliegenden Norm kein im Hauptverfahren durchsetzbarer Anspruch besteht[231]. Ebenso liegt es, wenn sich an das Verfahren des einstweiligen Rechtsschutzes kein Hauptsacheverfahren anschließt[232]. 80

c) Prozeßkostenhilfeverfahren

Vergleichbare Grundsätze gelten auch für das Prozeßkostenhilfeverfahren (auch → Rdnr. 32). Wegen § 114 werden die Erfolgsaussichten der beabsichtigten Rechtsverfolgung nur summarisch geprüft. Deshalb kann die Gültigkeit eines Gesetzes erst im Hauptverfahren abschließend beurteilt werden[233]. 81

d) Voraussetzungen

Nach Wortlaut und Sinn von Art. 100 Abs. 1 S. 1 GG muß es auf die Gültigkeit des Gesetzes »ankommen« (→ Rdnr. 76). Die Vorlage an das Verfassungsgericht ist nur gerechtfertigt, wenn feststeht, daß sie für die Entscheidung im Ausgangsverfahren unerläßlich ist (→ auch Rdnr. 76)[234]. Es ist nicht ausreichend, daß die Gültigkeit des Gesetzes möglicherweise erheblich werden könnte. Keine Erheblichkeit besteht z.B. bei einer vorgelegten Sachnorm, wenn der Rechtsweg zum Ausgangsgericht unzulässig ist[235]. Ein Gesetz ist auch dann nicht entscheidungserheblich, wenn feststeht, daß es aufgrund entgegenstehenden Gemeinschaftsrechts nicht angewandt werden darf[236] (auch → Rdnr. 91). Dem Gemeinschaftsrecht 82

---

[227] BVerfGE 46, 43, 51; BVerfG NJW 1992, 2749, 2750; OVG Berlin NVwZ 1992, 1227, 1228; Bettermann (oben Fn. 146) 355 f.; Benda/Klein (1991) Rdnr. 764; Maunz/Schmidt-Bleibtreu/Klein/Ulsamer BVerfGG § 80 Rdnr. 251 ff.; v. Mutius VerwArch 68 (1977), 197, 207 f.; Goerlich JZ 1983, 57; Urban NVwZ 1989, 433.
[228] A.A. Pestalozza JuS 1978, 312 ff.; ders. NJW 1979, 1341 f.; ferner VG Berlin LKV 1991, 44 (Weiterbestehen der Akademie der Wissenschaften).
[229] Hierzu BVerfG NJW 1992, 2749, 2750; E. Schumann (oben Fn. 147), 25 ff. = ZZP 96 (1983), 160 ff.
[230] Benda/Klein (1991) Rdnr. 764; Bettermann (oben Fn. 146), 356; Pestalozza JuS 1978, 314.
[231] BVerfGE 46, 43, 51 (vorläufige Aufnahme in den juristischen Vorbereitungsdienst); BVerfG NJW 1992, 2749, 2750.
[232] BVerfGE 63, 131, 141 (Gegendarstellungsanspruch gegenüber dem Norddeutschen Rundfunk); OVG Münster NVwZ 1991, 501.
[233] Bettermann (oben Fn. 146) 356.
[234] BVerfGE 11, 330, 335; 63, 1, 22; 78, 201, 204; BFHE 162, 450, 457.
[235] Dazu BVerfGE 2, 380, 389; 67, 26, 34 f.; näher Scholler/Bross AöR 103 (1978), 148 ff.
[236] BVerfG NJW 1992, 964 (Nachtarbeitsverbot für Arbeiterinnen); dazu Kollatz DWiR 1992, 70; Hanau EWiR 1992, 357; Löwisch/Schwerdle JZ 1992, 916.

kommt gegenüber widerstreitendem nationalen Recht der Anwendungsvorrang zu, ohne daß ein Widerspruch zur Nichtigkeit der nationalen Bestimmungen führte[237].

83 Grundsätzlich ist Entscheidungserheblichkeit dann anzunehmen, wenn das Gericht im Ausgangsverfahren bei Ungültigkeit der Norm im Tenor anders entscheiden müßte als bei dessen Gültigkeit[238]. Das Abstellen auf den Tenor allein ist aber nicht immer ausreichend. Entscheidend sind vielmehr Inhalt und Wirkung der Entscheidung, die auch bei identischer Urteilsformel verschieden sein können. Deshalb ist eine Richtervorlage zulässig, wenn eine mögliche Alternativbegründung die Rechtskraftwirkungen der zu treffenden Entscheidung im Unklaren lassen und aus diesem Grund ein weiterer Rechtsstreit hervorgerufen werden würde[239]. Entsprechendes gilt wegen der unterschiedlichen Rechtskraftwirkungen, wenn eine Klage als unzulässig oder wegen Ungültigkeit der gesetzlichen Anspruchsgrundlage als unbegründet abzuweisen ist. Deshalb ist eine Richtervorlage über Normen, welche die Zulässigkeit der Klage oder eines Rechtsbehelfs betreffen, unabhängig davon statthaft, ob die Klage oder der Rechtsbehelf erfolgreich sind[240]. Ausreichend ist es, wenn die Ungültigkeit der Norm für Inhalt und Wirkung der Entscheidung von wenigstens rechtlich mittelbarer Bedeutung ist. Deshalb ist die Vorlage zulässig, wenn das Ausgangsgericht eine Norm für ungültig hält, von deren Geltung die Gültigkeit oder Ungültigkeit des unmittelbar entscheidungserheblichen Rechtssatzes abhängt[241]. Folgt eine für verfassungswidrig erachtete Rechtslage aus dem Zusammenwirken mehrerer Einzelregelungen, und ließe sich der etwa bestehende verfassungsrechtliche Mangel durch eine Änderung der einen oder der anderen Einzelregelung beheben, so kann grundsätzlich jede der betreffenden Normen zur Prüfung gestellt werden[242]. Besonderheiten sind zu beachten, wenn der Gesetzgeber einen Gleichheitsverstoß im Rahmen seines Gestaltungsspielraumes auf verschiedene Weise heilen kann. Sieht das Bundesverfassungsgericht in diesen Fällen von einer Nichtigerklärung ab und erklärt die Norm lediglich für mit dem Grundgesetz für unvereinbar, so hat das vorlegende Gericht das Ausgangsverfahren weiterhin auszusetzen, bis der Gesetzgeber die verfassungswidrige Norm durch eine mit der Verfassung vereinbare Regelung ersetzt hat[243]. Bei der gleichheitswidrigen Begünstigung einer bestimmten Personengruppe durch das Gesetz ist es besonders im Steuerrecht dazu gekommen, daß die Richtervorlage unzulässig sein kann, wenn das BVerfG die beanstandete Norm für nichtig erklärt, dagegen zulässig, wenn es nur die Unvereinbarkeit der Norm mit dem Grundgesetz ausspricht. Bei einer an Art. 19 Abs. 4 GG orientierten Auslegung des Art. 100 Abs. 1 GG sollte jedoch die Vorlage in beiden Fällen als zulässig angesehen werden[244]. Das paßt zu der angeführten Rechtsprechung, wonach Richtervorlagen auch sonst für zulässig gehalten werden, wenn sich die Gültigkeit des betreffenden Gesetzes zwar nicht im Tenor, wohl aber in den Gründen auswirkt. Vorlagen werden ferner für unzulässig gehalten, wenn der Richter lediglich beanstandet, der Gesetzgeber habe eine am Verfahren nicht beteiligte Personengruppe zu Unrecht bei der Gewährung einer Leistung berücksichtigt[245].

---

[237] *BVerwG* NVwZ 1992, 783, 784.
[238] Etwa *BVerfGE* 7, 171, 173; 10, 258, 261; 13, 97, 103; 37, 328, 334; 65, 265, 277; 66, 100, 105; 67, 26, 33f.; 68, 311, 316; 72, 91, 102; 74, 182, 193; 78, 306, 316; 79, 245, 249; 80, 59, 65; 86, 52, 56.
[239] *BVerfGE* 13, 97, 103f.; 18, 353, 360; 47, 146, 162; 63, 1, 24f.
[240] *BVerfGE* 22, 106, 109.
[241] *BVerfGE* 2, 341, 345; 20, 312, 316f.; 32, 260, 267; *Scholler/Bross* AöR 103 (1978), 148, 152.

[242] *BVerfG* NJW 1992, 1673.
[243] *BVerfG* BB 1992, 2124, 2132 (Verfassungswidrigkeit des Grundfreibetrages; dort auch zu Ausnahmen); ferner *BVerfGE* 64, 158, 168; 66, 1, 16, 17; 71, 39, 49f.; 84, 233, 237.
[244] *Völlmeke* NJW 1992, 1345ff.
[245] *BVerfGE* 66, 100, 105f.; 67, 239, 243f.

aa) Subsidiarität der Normenkontrolle

Eine Vorlage ist erst dann zulässig, wenn das Ausgangsgericht davor allen anderen erheblichen Parteibehauptungen nachgeht und ggf. die angebotenen Beweise erschöpft[246]. Im Bereich und in den Grenzen des Untersuchungsgrundsatzes oder der Prüfung von Amts wegen (→ Rdnr. 91ff. vor § 128) sind alle anderen Möglichkeiten auszuschöpfen, die zu einer Entscheidung ohne Vorlage an das Verfassungsgericht führen könnten. Auf Hilfsbehauptungen oder Hilfsanträge (→ Rdnr. 207ff. vor § 128) darf das Gericht allerdings erst eingehen, wenn über den Hauptantrag, ggf. nach einer durch diesen veranlaßten Vorlage, entschieden worden ist. 84

Auch im Normenkontrollverfahren erstrecken sich Kompetenzbeschränkungen nicht auf Vorfragen (allgemein → Einl. Rdnr. 350). Das Bundesverfassungsgericht darf also selbst die Entscheidungserheblichkeit als Vorfrage ohne Begrenzung auf den bei der Normenkontrolle geltenden Prüfungsmaßstab (→ Rdnr. 53 -57; → Rdnr. 71; → Rdnr. 74) beurteilen[247]. Dafür spricht auch, daß das Erfordernis der Erheblichkeit für das Verfassungsgericht eine Sachentscheidungsvoraussetzung ist. Gleichwohl stellt das Bundesverfassungsgericht nicht auf sein eigenes Verständnis von der Entscheidungserheblichkeit, sondern auf die Rechtsauffassung des vorlegenden Gerichts ab[248]. Das gilt gleichermaßen für materiellrechtliche wie für verfahrensrechtliche Vorschriften[249]. Auf diese Weise wird ein negativer Interpretationskonflikt zwischen Ausgangsgericht und Verfassungsgericht verhindert. Würde das Bundesverfassungsgericht aufgrund seiner eigenen Auffassung die Entscheidungserheblichkeit verneinen und die Vorlage damit als unzulässig ansehen, so stünde das Ausgangsgericht in einem Entscheidungsdilemma: Nach seiner eigenen Auffassung bestünde Entscheidungserheblichkeit, und an die vom Bundesverfassungsgericht vorgenommene inzidente Auslegung der einfachgesetzlichen Vorschriften, die der Fragestellung der Unzulässigkeit der Vorlage zugrundeliegt, wäre es nicht gebunden[250]. Die Rechtsauffassung des vorlegenden Gerichts kann daher maßgeblich sein, selbst wenn sie im Widerspruch zur Rechtsprechung des Bundesverfassungsgerichts steht[251]. Im Ergebnis stellt das Bundesverfassungsgericht freilich an die Erheblichkeitsbehauptung des Ausgangsgerichts äußerst hohe Anforderungen, was die Auseinandersetzung mit der höchstrichterlichen Rechtsprechung und wichtigen Literaturmeinungen anbelangt. Insbesondere muß das vorlegende Gericht sich mit den Möglichkeiten einer verfassungskonformen Auslegung der vorgelegten Norm auseinandersetzen, wenn eine solche Lösung naheliegt[252] (näher → Rdnr. 101). 85

Das Bundesverfassungsgericht hält sich in zwei Fällen nicht an die Rechtsauffassung des vorlegenden Gerichts gebunden: Einmal liegt es so, wenn diese offensichtlich unhaltbar ist[253]. Gleichbehandelt wird der Fall der Unhaltbarkeit der Tatsachenwürdigung[254]. Neuerdings wird bisweilen auch die erweiterte Formulierung gebraucht: »Offensichtlich unhaltbar oder nicht nachvollziehbar«[255]. Das ist Ausdruck einer auch sonst zu beobachtenden deutlichen Verschärfung der Zulässigkeitsvoraussetzungen der Richtervorlage durch das Bundesverfas- 86

---

[246] BVerfGE 70, 219, 228.
[247] BVerfGE 50, 108; 53, 257, 287; 58, 153 (fehlende Entscheidungserheblichkeit); *E. Schumann* (oben Fn. 147) 44 = ZZP 96 (1983), 179.
[248] BVerfGE 2, 189, 190f.; 43, 27, 31; 46, 268, 283; 49, 202; 50, 112; 55, 207, 225; 57, 295, 315, 66, 270, 281; 69, 150, 159; 72, 51, 60; 74, 182, 193; 78, 165, 272; 79, 245, 249; 81, 40, 49; NJW 1993, 2733.
[249] BVerfGE 2, 380, 389; 18, 241, 251; 67, 26, 35.
[250] *Löwer* (oben Fn. 146), 737, 790f.
[251] BVerfGE 15, 105, 111.
[252] Beispiele etwa in BVerfGE 68, 311, 318; 79, 245, 249ff.; 80, 96, 102f.; BVerfG NJW 1992, 1951.
[253] Beispiele: BVerfGE 2, 380, 389; 3, 225, 237; 7, 171, 175; 13, 31, 35f.; 18, 274, 280f.; 31, 47; 63, 1, 26f.; 65, 132, 137; 67, 202, 206; 68, 155, 169; 72, 51, 60ff.; 78, 25, 30f.; 78, 104; 78, 165, 172; 81, 40, 49; 82, 198, 205; 84, 348, 357f.; 86, 52, 56 (Sorgerechtsregelung).
[254] BVerfGE 78, 165, 172.
[255] BVerfGE 79, 245, 249; 81, 40, 49ff.

sungsgericht[256]. Trotz des unbestimmten Kriteriums[257] ist die gemachte Einschränkung sachgerecht, weil sie auf die Einhaltung der Kompetenzverteilung zwischen Ausgangsgericht und Verfassungsgericht abzielt. Nach dem Gesagten liegt auch dann keine Entscheidungserheblichkeit vor, wenn das Gericht seiner Vorlage einen konstruierten Sachverhalt zugrunde legt[258].

87 Zum anderen soll es nicht auf die Rechtsauffassung des vorlegenden Gerichts ankommen, wenn die Entscheidungserheblichkeit auf verfassungsrechtlichen Erwägungen (Vorfragen) beruht[259]. Für die Auslegung des Grundgesetzes ist in erster Linie das Bundesverfassungsgericht berufen. Eine Verpflichtung des Verfassungsgerichts zu einer derartigen Prüfung besteht jedoch nicht. Im Einzelfall kann es aus prozeßwirtschaftlichen Erwägungen heraus geboten sein, die Nachprüfung verfassungsrechtlicher Fragen nicht auf die im Rahmen der Zulässigkeit der Vorlage zu behandelnde Entscheidungserheblichkeit zu erstrecken, damit das Bundesverfassungsgericht nicht gleichermaßen oder noch mehr als in der Entscheidung über die Hauptsache belastet wird[260]. Die Inanspruchnahme der Kompetenz für verfassungsrechtliche Vorfragen ist nicht unproblematisch, weil die Zulässigkeitsprüfung dadurch oftmals mit schwierigen materiellrechtlichen Erwägungen belastet wird. Das Bundesverfassungsgericht hat sich denn auch bereits mit mehreren Entscheidungen in die Nähe eines Revisionsgerichts begeben[261] und damit das Verhältnis von Ausgangs- und Vorlageverfahren verschoben.

bb) Verhältnis zu einfachgesetzlichen Verfahrensvorschriften

88 Klärungsbedürftig ist das Verhältnis von Art. 100 Abs. 1, 2 GG und Art. 126 GG zu den Vorlagen im Rahmen von einfachgesetzlichen Verfahrensvorschriften (§§ 132 GVG; 2 RsprEinhG [→ Einl. Rdnr. 578, 188 und 471]; § 45 Abs. 3, 4 ArbGG; § 541 ZPO [→ Einl. Rdnr. 189]). Grundsätzlich sind derartige Vorlagen unzulässig, wenn sie allein darauf abzielen, im Rahmen z. B. der Beantwortung einer grundsätzlichen Frage nach § 132 GVG die Verfassungsmäßigkeit eines Gesetzes zu klären. Dadurch würde das in Art. 100 GG vorausgesetzte Verwerfungsmonopol des Bundesverfassungsgerichts umgangen. Hält der Richter eine Norm für verfassungswidrig und fehlt ihm die Verwerfungsbefugnis (→ Rdnr. 50), so kann diese Frage nur durch das Bundesverfassungsgericht oder ein Landesverfassungsgericht (→ Rdnr. 115), nicht aber von einer anderen richterlichen Instanz geklärt werden[262]. Normenkontrollanträge eines mit einer derartigen Vorlage angerufenen Gerichts (Spruchkörpers) sind deshalb unzulässig[263].

89 Die Vorlage an ein höheres Gericht ist aber zulässig, wenn das angerufene Gericht nicht über die Gültigkeit oder Ungültigkeit einer Norm befinden soll, für die ein Verwerfungsmonopol der Verfassungsgerichtsbarkeit besteht. So liegt es, wenn das vorlegende Gericht eine Vorschrift abweichend von anderen Entscheidungen auslegen will, aber in dieser Auslegung für verfassungswidrig hält[264]. Dem steht es gleich, wenn sich die Vorlage auf die Frage der Entscheidungserheblichkeit beschränkt. In den genannten Fällen hat die Vorlage im Rahmen der einfachgesetzlichen Verfahrensvorschriften Vorrang mit der Folge, daß die Vorlage an

---

[256] Ebenso die Einschätzung von *Pestalozza*³ § 13 I (S. 202 mit Fn. 3).
[257] Krit. deshalb *Scholler/Bross* AöR 103 (1978), 148, 151.
[258] BVerfGE 66, 226, 231f.
[259] BVerfGE 46, 268, 284; 48, 29, 38; 63, 1, 27; 67, 26, 35; 69, 150, 159; 78, 165, 172; 79, 245, 249; dazu *Geiger* EuGRZ 1984, 409.
[260] BVerfGE 63, 1, 27.
[261] BVerfGE 69, 150; insbes. 67, 26, 34f.; krit. zu letzterer Entscheidung mit Recht *Geiger* EuGRZ 1984, 409f.; *Sachs* DVBl 1985, 1106, 1109f.; *Löwer* (oben Fn. 146) 782f.; *Benda/Klein* (1991) Rdnr. 780; zust. *Aretz* JZ 1984, 918, 922f.; *Schlaich*² (oben Fn. 146) Rdnr. 146.
[262] Dazu BVerfGE 6, 222, 230ff.; 22, 311, 316; BVerwG NJW 1962, 459; *Stern* AöR 91 (1966), 223, 237.
[263] BVerfGE 6, 222, 233 (Antrag des Großen Senats für Zivilsachen des BGH).
[264] *Ulsamer* BayVBl 1980, 519, 520.

das Verfassungsgericht nach Art. 100 GG unzulässig wäre. Uneingeschränkt zulässig sind auch Vorlagen an den Großen Senat usw., wenn die Vereinbarkeit vorkonstitutioneller oder untergesetzlicher Rechtssätze mit dem Grundgesetz geklärt werden soll. Insoweit kommt die Verwerfungskompetenz allein den Fachgerichten zu (→ Rdnr. 53)[265].

cc) Zurückverweisungsfälle

Verweist ein Rechtsmittelgericht an das untere Gericht zurück und bejaht es in seinem Urteil ausdrücklich oder stillschweigend die Verfassungsmäßigkeit einer Norm, so ist das untere Gericht an diese Auslegung gebunden und darf nicht nach Art. 100 GG vorlegen[266]. Überhaupt soll eine Vorlage unzulässig sein, wenn das vorlegende Gericht nicht eine Gesetzesvorschrift, sondern nur dessen Auslegung durch das im Instanzenzug übergeordnete Gericht für verfassungswidrig hält[267]. Damit wird das Vorlageverfahren aber in nicht zulässiger Weise entwertet. Ebenso liegt es, wenn das Rechtsmittelgericht die Norm nur in einer bestimmten Auslegung für verfassungswidrig gehalten hat. In diesem Fall wurde die betreffende Rechtsvorschrift im übrigen vom Rechtsmittelgericht wenigstens stillschweigend als verfassungsmäßig angesehen. Deshalb wäre eine Vorlage des unteren Richters nach Art. 100 GG mit der Begründung, die Vorschrift sei insgesamt als verfassungswidrig anzusehen, unzulässig[268].

90

dd) Sachverhaltsermittlung des vorlegenden Gerichts

Das vorlegende Gericht muß die für die Entscheidungserheblichkeit und die Prüfung der Verfassungswidrigkeit maßgebenden Umstände ausreichend aufklären und in der Begründung des Vorlagebeschlusses (→ Rdnr. 100) in einer für das Bundesverfassungsgericht nachprüfbaren Weise im einzelnen angeben (→ Rdnr. 101)[269]. Damit werden unnötige oder leichtfertige Vorlagen vermieden (→ Rdnr. 76). Die Vorlage ist danach unzulässig, wenn durch sie eine Beweisaufnahme erspart werden soll (→ Rdnr. 78, 84). Anders liegt es nur bei den Vorlagen von Obergerichten, die den Sachverhalt nicht selbst feststellen können. Deren Vorlagen sind auch dann zulässig, wenn nach weiterer Aufklärung in der Tatsacheninstanz die Möglichkeit besteht, daß die vorgelegte Norm nicht mehr entscheidungserheblich ist[270]. Überhaupt muß das Verfahren vor einer Vorlage in möglichst weitem Umfang gefördert werden.

91

Die Vorlage muß die entscheidungserheblichen Tatsachen im einzelnen feststellen und darf sich nicht mit einem summarischen Hinweis begnügen[271]. Das Sammeln des Tatsachenstoffes ist nach den einschlägigen Verfahrensordnungen Sache des Ausgangsgerichts und nicht Sache des Bundesverfassungsgerichts. Ein Verstoß gegen die Aufklärungspflicht liegt auch darin, daß der Richter den Rechtsstreit bereits vor der mündlichen Verhandlung aussetzt und vorlegt, obwohl er sich über die Entscheidungserheblichkeit der Norm hat noch kein Urteil bilden können[272]. Eine Vorlage ist in diesem Verfahrensstadium nur dann möglich, wenn bereits vor der mündlichen Verhandlung mit Sicherheit vorhersehbar ist, daß die betreffende Norm entscheidungserheblich sein wird[273].

---

[265] BVerfGE 6, 222, 242; a. A. wohl Kissel GVG (1981) § 136 Rdnr. 10.
[266] BVerfGE 2, 406, 412; 12, 67, 72f.; 42, 91, 95; 65, 132, 140; 68, 352, 358 (zu § 61 IRG).
[267] BVerfGE 22, 373, 377; 68, 337, 345; 78, 20, 24f.; 80, 54ff.; dazu Lippold DVBl 1989, 140.
[268] BVerfGE 65, 132.
[269] BVerfGE 66, 265, 268.

[270] BVerfGE 24, 119f.; 42, 42, 52f.; 47, 146, 157; a. A. Scholler/Bross AöR 103 (1978), 148, 153 ff.
[271] BVerfGE 7, 135, 138 f.; 18, 186, 192; 80, 68, 71; dagegen Schick NJW 1965, 730, 731.
[272] BVerfGE 15, 211, 213; 25, 269, 276; 51, 401, 404 f.
[273] BVerfGE 17, 148, 152; 79, 256, 264; krit. Benda/Klein (1991) Rdnr. 771.

ee) Konkurrenz zur Vorlage nach Art. 177 EG-Vertrag

92 Das Bundesverfassungsgericht hält eine Vorlage nach Art. 100 Abs. 1 GG für zulässig, auch wenn das Fachgericht zugleich befugt wäre, sich nach Art. 177 EG-Vertrag an den EuGH zu wenden. Dieser entscheidet nicht über die Vereinbarkeit einer Norm mit dem Grundgesetz[274]. Das entspricht der Lösung des Konkurrenzproblems einer Vorlage an das Landes- und Bundesverfassungsgericht (→ Rdnr. 114). Anders liegt es aber, wenn feststeht, daß die betreffende Norm wegen entgegenstehenden Gemeinschaftsrechts nicht angewendet werden darf (→ Rdnr. 82).

4. Aussetzung des Verfahrens

93 Sind die Voraussetzungen von Art. 100 GG oder Art. 126 GG gegeben, so trifft das Zivilgericht eine Pflicht zur Aussetzung des Verfahrens. Deshalb ist es unzulässig, einen Vorlagebeschluß an das Bundesverfassungsgericht zu erlassen, gleichwohl aber nicht auszusetzen und im Ausgangsverfahren unter Vorbehalt der Nachprüfung durch das Bundesverfassungsgericht zu entscheiden[275]. Eine Vorlage an den Großen Senat eines Obersten Gerichtshofes kommt ebenfalls nicht in Frage (→ Rdnr. 88). Unzulässig ist auch eine Verweisung an das Verfassungsgericht[276]. Die Anordnung der Aussetzung des Verfahrens ergeht von Amts wegen und ist von Anträgen der Parteien unabhängig (§ 80 Abs. 3 BVerfGG). Art. 100 Abs. 1 GG hindert das Gericht aber nicht daran, vor der im Hauptsacheverfahren einzuholenden Entscheidung des Bundesverfassungsgerichts vorläufigen Rechtsschutz zu gewähren, wenn das im Interesse eines effektiven Rechtsschutzes geboten erscheint und die Hauptsache dadurch nicht vorweggenommen wird (→ Rdnr. 79).

94 Die Vorlagepflicht wird nicht dadurch beseitigt, daß das zuständige Verfassungsgericht mit denselben Fragen durch Vorlagen in anderer Sache bereits befaßt ist[277]. Die Mehrvorlage ist sinnvoll, weil sie dem Bundesverfassungsgericht die Gründe verdeutlichen kann, die gegen die Gültigkeit eines Gesetzes sprechen. Zudem ist für das Ausgangsgericht ungewiß, wie die Vorlagen anderer Gerichte im Ergebnis ausgehen werden. Das Verfassungsgericht kann mehrere bei ihm anhängige Verfahren über die Gültigkeit derselben Norm verbinden[278].

95 Eine davon zu unterscheidende Frage ist es, ob ein Gericht die Aussetzung des Verfahrens im Hinblick auf ein anderweitiges Normenkontrollverfahren anordnen kann, in dem die Gültigkeit einer für den auszusetzenden Prozeß entscheidungserheblichen Norm geprüft wird. Ein vergleichbares Problem liegt darin, ob im Hinblick auf ein anderweitiges Verfassungsbeschwerdeverfahren ausgesetzt werden kann (→ Rdnr. 117). Die Problematik taucht stets dann auf, wenn die Verfassungsbeschwerde ein anderes Verfahren (andere Parteien) betrifft oder dieselbe Partei unmittelbar gegen das Gesetz Verfassungsbeschwerde erhebt und gleichzeitig den Rechtsweg beschreitet[279]. Zwei Fallgruppen sind voneinander zu scheiden, was in Rechtsprechung und Literatur vielfach nicht deutlich geschieht:

96 Ist das Ausgangsgericht zu der Überzeugung gelangt, daß die Rechtsvorschrift ungültig ist, so muß stets ausgesetzt und nach Art. 100 GG vorgelegt werden, weil ihm die Verwerfungsbefugnis fehlt. Aussetzung und Vorlage an das Bundesverfassungsgericht sind notwendig miteinander verbunden. Wenn die Voraussetzungen von Art. 100 GG vorliegen, ist die

---

[274] BVerfGE 69, 174, 182 f.; ferner EuGH EuZW 1992, 770, 773.
[275] BVerfGE 34, 320 f.; dazu Pestalozza³ § 13 II (S. 205 mit Fn. 21); Bettermann (oben Fn. 146) 367 f.
[276] Dazu BayVerfGH VerfGHE 6, 131, 135.
[277] Ebenso OLG Köln NJW 1961, 2269, 2271; Benda/Klein (1991) Rdnr. 709; Pestalozza JuS 1981, 649 ff.; Schlaich² (oben Fn. 146) Rdnr. 151; Millgramm Jura 1983, 354; E. Schumann (oben Fn. 147) 54 ff. = ZZP 96 (1983), 189 f.
[278] BVerfGE 18, 219.
[279] So im Fall von BVerfGE 3, 58.

schlichte Aussetzung ohne Vorlage unzulässig. Art. 100 GG gestattet nur dem vorlegenden Gericht eine Aussetzung²⁸⁰.

Wenn das Gericht dagegen die Voraussetzungen für eine Vorlage an das Bundesverfassungsgericht als nicht gegeben ansieht, etwa weil es die Vorschrift für verfassungsmäßig hält oder lediglich Zweifel an der Verfassungsmäßigkeit hat (oben → Rdnr. 60), so scheidet eine Vorlage nach Art. 100 GG aus und dem Gericht ist eine eigene Entscheidung in der Sache nicht verwehrt²⁸¹. Anstelle einer eigenen Entscheidung kann das Gericht aber auch in analoger Anwendung des § 148 nach seinem pflichtgemäßen Ermessen (oben → Rdnr. 30) sein Verfahren aussetzen und die Entscheidung des Bundesverfassungsgerichts abwarten²⁸² (aber auch Rdnr. 16). In der Finanzgerichtsbarkeit²⁸³ wird sogar eine Aussetzungspflicht für derartige und vergleichbare Fälle (anhängige Verfassungsbeschwerde) erwogen. Besonderheiten sind wohl im arbeitsgerichtlichen Verfahren zu beachten, weil dort im Rahmen der Ermessensentscheidung des Gerichts das Beschleunigungsgebot des § 9 Abs. 1 S. 1 ArbGG zu gewichten ist²⁸⁴. Es finden sich auch ablehnende Stimmen, die eine Aussetzungsmöglichkeit außerhalb von Art. 100 GG verneinen²⁸⁵. Bei der hier bejahten Aussetzung handelt es sich um eine entsprechende Anwendung, weil die allgemeine Gültigkeit einer gesetzlichen Bestimmung kein Rechtsverhältnis i.S. des § 148 darstellt, sondern eine bloße Rechtsfrage bedeutet²⁸⁶. Die analoge Anwendung des § 148 ZPO rechtfertigt sich aus der Bindungswirkung des § 31 Abs. 2 BVerfGG. 97

Vor der Aussetzungsentscheidung muß das Gericht mündlich verhandeln und den Parteien rechtliches Gehör gewährt haben. Es gelten die dargelegten Grundsätze sinngemäß (→ Rdnr. 39ff.). Aussetzung und Vorlage sind jedoch bei einem entsprechenden Mangel nicht nichtig. Rechtsgrundlage der Aussetzung ist nicht die ZPO (abgesehen von dem Fall oben → Rdnr. 97), sondern Art. 100 Abs. 1 S. 1 GG selbst. 98

5. Bevorstehen einer gesetzlichen Neuregelung

In analoger Anwendung des § 148 ist auch dann auszusetzen, wenn das Bundesverfassungsgericht eine Norm bereits für verfassungswidrig i.S. einer bloßen Unvereinbarkeit mit dem Grundgesetz (→ Rdnr. 83) erklärt hat und jetzt eine gesetzliche Neuregelung abgewartet wird²⁸⁷ (→ oben Rdnr. 83). Oftmals ordnet das Bundesverfassungsgericht diese Aussetzungsverpflichtung in der Entscheidung selbst an. Geschieht das lediglich in den Gründen und nicht 99

---

²⁸⁰ *Pestalozza*³ § 13 II (S. 205); *Benda/Klein* (1991) Rdnr. 709; *Zöller/Greger*¹⁸ Rdnr. 3; *MünchKommZPO/Peters* (1992) Rdnr. 24; *W. Gerhardt* ZZP 98 (1985), 354, 355; *OLG Düsseldorf* NJW 1993, 1661 (obiter dictum); a.A. *BAG* NJW 1988, 2558 re. Sp. unten (abl. *Leipold* SAE 1989, 263).

²⁸¹ Zutr. *BFH* BB 1992, 764, 766 li. Sp. sub 2 b der Gründe; zuletzt *BFH* BB 1993, 854.

²⁸² So unter bestimmten Voraussetzungen *BFH* BB 1993; 854; 1992, 764ff. (zur Parallelvorschrift des § 74 FGO); auch *BFH* BB 1992, 1196, 1197; 1992, 2206; *LG Berlin* GrundE 1985, 827; *Skouris* NJW 1975, 713ff. (ausführlich); *W. Gerhardt* ZZP 98 (1985), 354, 355.

²⁸³ *BFH* BB 1992, 340ff.; Abgrenzungsentscheidung *BFH* BB 1993, 854.

²⁸⁴ Für Aussetzung *LAG Köln* LAGE § 148 ZPO Nr. 19 m. abl. Anm. *E. Schneider* (auszusetzendes Beschlußverfahren bei anhängigem Normenkontrollverfahren); gegen eine Aussetzung *LAG Düsseldorf* LAGE § 148 ZPO Nr. 16.

²⁸⁵ So *OLG Celle* NJW 1978, 1983, 1984 li. Sp. unten sub III der Gründe; wohl auch für das FGG-Verfahren *BayObLG* NJW-RR 1991, 1220, 1221; *Bassenge/Herbst* FGG/Rpfl⁶ (1992) § 12 FGG Anm. II 4a; *Benda/Klein* (1991) Rdnr. 710.

²⁸⁶ Offengelassen von *BFH* BB 1992, 764, 766 li. Sp.; wie hier *OLG Düsseldorf* NJW 1993, 1661.

²⁸⁷ *BayObLG* NJW-RR 1991, 1220, 1221 (zu § 1771 S. 1 BGB); ebenso *BVerfGE* 82, 126, 155 (zu § 622 Abs. 2 BGB); *BVerfG* NJW 1991, 1944, 1946 a. E.; zu der Möglichkeit eines Teilurteils in diesen Fällen *BAG* MDR 1991, 1071 (Nr. 59); für eine Aussetzung bis zur gesetzlichen Neuregelung *BAG* MDR 1991, 1071 (Nr. 60); ebenso *LAG Baden-Württemberg* LAGE § 622 BGB Nr. 18; *ArbG Hagen* DB 1992, 587 (tarifliche Kündigungsregelung); gegen eine Aussetzung aber *LAG Niedersachsen* BB 1990, 2264 mit Anm. *Buchner* EWiR 1991, 453; *Blanke* ArbuR 1991, 1ff., 12; ferner zu der umstrittenen Diskussion im Anschluß an *BVerfGE* 82, 126: *Koch* NZA 1991, 50ff.; *Kraushaar* NJW 1991, 1764, 1765ff. (gegen § 148); dagegen auch *LAG Frankfurt a. M.* BB 1985, 1198; *LAG Berlin* DB 1984, 1994; *ArbG Herne* DB 1987, 443; ausführlich zu Gleichheitsverstößen in Tarifverträgen *Sachs* RdA 1989, 25ff.

§ 148 III   1. Buch: Allgemeine Vorschriften   848

im Tenor, so bleibt die Bindungswirkung fraglich. Wegen der allgemeinen Verbindlichkeit verfassungsgerichtlicher Entscheidungen (§ 31 BVerfGG) ist auch das aussetzende Gericht an die in einem anderen Verfahren getroffene Entscheidung des Bundesverfassungsgerichts gebunden.

6. Vorlage an das Bundesverfassungsgericht

100 Mit der Aussetzung ist gleichzeitig die Entscheidung des Bundesverfassungsgerichts (oder des Landesverfassungsgerichts → Rdnr. 57) einzuholen (→ Rdnr. 96). Die Vorlage ist zu begründen und muß nach § 80 Abs. 2 BVerfGG angeben, inwiefern von der Gültigkeit der Rechtsvorschrift die Entscheidung des Gerichts abhängt (→ Rdnr. 76, → Rdnr. 82 ff.) und mit welchen übergeordneten Rechtsnormen die Vorschrift unvereinbar ist[288]. Das Bundesverfassungsgericht legt zunehmend strenge Maßstäbe an die entsprechende Begründung des vorlegenden Gerichts zum Erfordernis der Entscheidungserheblichkeit an. Daran scheitern zahlreiche Vorlagen[289] (zu den Bedenken → Rdnr. 104).

101 Das Bundesverfassungsgericht (*BVerfGE* 77, 259, 261)[290] stellt folgende Anforderungen an den Vorlagebeschluß: »Der Vorlagebeschluß muß aus sich heraus ohne Beiziehung der Akten verständlich sein und mit hinreichender Deutlichkeit erkennen lassen, daß das vorlegende Gericht bei Gültigkeit der Regelung zu einem anderen Ergebnis käme als im Falle ihrer Ungültigkeit und wie es dieses Ergebnis begründen würde ... Der verfassungsrechtliche Prüfungsmaßstab muß angegeben, die für die Überzeugung des Gerichts von der Verfassungswidrigkeit wesentlichen rechtlichen Erwägungen müssen erschöpfend dargelegt sein ... § 80 Abs. 2 Satz 1 BVerfGG verlangt zudem, daß sich das vorlegende Gericht eingehend mit der Rechtslage auseinandersetzt und dabei die in der Literatur und Rechtsprechung entwickelten Rechtsauffassungen berücksichtigt, die für die Auslegung der zur Prüfung gestellten Norm von Bedeutung sind ...«. Ferner gehört dazu (auch) die Erörterung einer verfassungskonformen Auslegung, wenn offensichtlich mehrere Auslegungsmöglichkeiten in Betracht kommen, die zu unterschiedlich starken Eingriffen in grundrechtlich geschützte Positionen führen und den verfassungsrechtlichen Bedenken des vorlegenden Gerichts nicht in gleicher Weise ausgesetzt sind[291]. Richten sich die Bedenken des Ausgangsgerichts gegen eine Vorschrift, von deren Anwendung die Entscheidung nicht allein abhängt, muß es die weiteren, mit ihr in Zusammenhang stehenden Vorschriften jedenfalls dann in seine rechtlichen Erwägungen einbeziehen, wenn sie die zur Prüfung gestellte Norm in einer Weise ergänzen, daß sie nur zusammen mit ihr die entscheidungserhebliche Regelung bilden[292]. Ggf. muß sogar auf die Gründe eingegangen werden, die im Gesetzgebungsverfahren für eine bestimmte gesetzliche Regelung maßgebend waren[293].

102 Mit gegenläufiger Tendenz werden Vorlagebeschlüsse durch das Bundesverfassungsgericht aber auch erst »zulässig gemacht«, indem sie ausgelegt, ergänzt, erweitert oder beschränkt

---

[288] Näher zum Inhalt und zum Umfang der Begründung *Maunz/Schmidt-Bleibtreu/Klein/Ulsamer* BVerfGG 3. Aufl. 1992 § 80 Rdnr. 293 ff.; → sogleich Rdnr. 101.
[289] Eindrucksvolle Zahlen bei *Benda/Klein* (1991) Rdnr. 757 Fn. 184; *Pestalozza*³ § 13 II (S. 204 f.); zur eigenen Einschätzung *BVerfGE* 78, 165, 178.
[290] Etwa *BVerfGE* 47, 109, 114 f.; 65, 308, 316; 66, 265, 269 f.; 68, 311, 316; 69, 185, 187; 71, 255, 266 f.; 74, 182, 192 f.; 76, 100, 104 f.; 77, 259, 261; 78, 201, 204; 79, 240, 243 f.; 245, 249 f.; 80, 68, 72 (in Abweichung von 25, 198, 204); zuletzt 80, 182, 185; 81, 275 ff.; 83, 111, 116; 363, 374 f.; 84, 160, 165 ff.; 85, 165 f.; 85, 329, 333 ff.; *BVerfG* FamRZ 1992, 1036 f. (Versorgungsausgleich); 1992, 781; NJW 1991, 2412; 1991, 1877; DtZ 1993, 209 (Art. 235 § 1 Abs. 1 EGBGB).
[291] *BVerfGE* 85, 329, 333 ff.; 80, 68, 72; auch 68, 336, 343 f.; *BVerfG* NJW 1993, 2733.
[292] *BVerfG* FamRZ 1992, 781; *BVerfGE* 80, 96, 100 f.; 83, 111, 116; NJW 1993, 2733.
[293] *BVerfGE* 77, 259, 262; 78, 201, 204.

Roth VIII/1993

werden²⁹⁴. Bisweilen läßt es das Bundesverfassungsgericht²⁹⁵ auch zu, daß ein unzulässiger Vorlagebeschluß durch das Ausgangsgericht nachgebessert wird. Das Gericht läßt die Zulässigkeit dahinstehen, wenn die Vorlage offensichtlich unbegründet ist²⁹⁶

Das Bundesverfassungsgericht stellt wegen der Vorlage als solcher²⁹⁷, der Angabe des Prüfungsgegenstandes²⁹⁸ sowie der Angabe des Prüfungsmaßstabes²⁹⁹ nicht in erster Linie auf den Tenor des Vorlagebeschlusses, sondern maßgeblich auf den Sinn des Beschlusses insgesamt ab, wie er sich auch aus dessen Begründung ergibt. Die Bezugnahme auf die Darlegungen eines anderen Gerichts genügt allerdings nicht³⁰⁰. Die Akten des Verfahrens sind nach § 80 Abs. 2 S. 2 BVerfGG beizufügen. Die Vorlage geht unmittelbar an das Verfassungsgericht. Sie ist keine Justizverwaltungsangelegenheit, sondern eine Rechtssache. Bei Kollegialgerichten kann sie nur vom Kollegium ausgehen, nicht dagegen vom Vorsitzenden³⁰¹. Der Einzelrichter darf nur vorlegen, wenn es sich um eine Norm handelt, über deren Anwendung er allein zu entscheiden hat³⁰². 103

Mit Eingang der Vorlage bei dem Bundesverfassungsgericht wird das verfassungsgerichtliche Zwischenverfahren anhängig, wobei die Vorlage ein verfahrenseinleitender Antrag i. S. von § 23 Abs. 1 BVerfGG ist. Das Bundesverfassungsgericht³⁰³ begründet seine strengen Anforderungen (→ Rdnr. 100) mit dem Justizgewährungsanspruch der Beteiligten, weshalb eine Verzögerung des Rechtsstreits durch die Vorlage vermieden werden solle. Diese Rechtsprechung ist aber auch bei Berücksichtigung der hohen Arbeitsbelastung des Gerichts verfassungsrechtlich bedenklich, soweit die Zulässigkeit als Steuerungsmittel für den Arbeitsanfall benutzt wird. Das Prozeßrecht trägt solche Begründungen ohnehin nicht. Vorbildlich ist demgegenüber die Haltung des EuGH (→ Rdnr. 177 ff.). 104

7. Unterlassene Vorlage

Legt ein Gericht nicht vor, obgleich die Voraussetzungen des Art. 100 GG vorliegen, so liegt darin ein Verfassungsverstoß. Verletzt wird das Recht der Verfahrensbeteiligten auf den gesetzlichen Richter gemäß Art. 101 Abs. 1 S. 2 GG, wenn die Vorlage objektiv willkürlich unterlassen wurde³⁰⁴. Die betroffene Partei kann sich dagegen nach Erschöpfung der Instanz mit der Verfassungsbeschwerde wehren. In Bayern ist etwa auch eine Verfassungsbeschwerde an den bayer. Verfassungsgerichtshof möglich, obgleich es sich um ein bundesrechtlich geregeltes Verfahren handelt³⁰⁵. 105

8. Anfechtung; Aufhebung; Gegenstandsloswerden; Ende der Aussetzung

Die Aussetzung kann in entsprechender Anwendung von § 252 grundsätzlich mit der Beschwerde angefochten werden³⁰⁶. Doch ist eine Anfechtung von Aussetzungs- und Vorla- 106

---

²⁹⁴ Etwa BVerfGE 65, 308, 316; 66, 248, 253 f.; 291, 302; 72, 66, 75; 75, 246, 259 f.; 76, 130, 138; 77, 340, 343; 79, 87, 97; 81, 363, 375 (Präzisierung); BVerfG NJW 1993, 1057 (Einschränkung); Benda/Klein (1991) Rdnr. 787 ff.
²⁹⁵ BVerfGE 46, 268; 80, 96, 102; 82, 156, 158 (Begründung unterblieb gleichwohl).
²⁹⁶ BVerfGE 53, 100, 106; 59, 36, 46; 66, 248, 256 ff.; 76, 100, 105; 79, 223, 231.
²⁹⁷ BVerfGE 2, 266, 269.
²⁹⁸ BVerfGE 4, 387, 396 f.; 16, 306, 316; 53, 257, 287.
²⁹⁹ BVerfGE 13, 167, 169; 56, 1, 11 f.
³⁰⁰ BVerfGE 22, 175, 177.
³⁰¹ BVerfGE 1, 80; 16, 305; Reuß DVBl 1973, 748, 749.

³⁰² BVerfGE 8, 252; 54, 159, 164.
³⁰³ BVerfGE 78, 165, 178; ausführlich Funk SGb 1989, 89; ferner W. Schmidt, in: Geschichtliche Rechtswissenschaft, Freundesgabe Söllner (1990), 505 ff. (zur Tenorierung).
³⁰⁴ BVerfGE 13, 132, 143; 73, 339, 366; 75, 223, 245; dazu Rodi DÖV 1989, 750; zu Art. 177 EG-Vertrag ebenso BVerfG NJW 1992, 678 (EuGH als gesetzlicher Richter).
³⁰⁵ S. auch VerfGHE 42, 94, 98; 27, 109, 113 ff.; anders etwa in Hessen, HessStGH StAnzHess 1989, 1661, 1663.
³⁰⁶ So teils mit Einschränkung Bettermann (oben Fn. 146) 370 ff.; Brüggemann MDR 1952, 185 f.; Henrichs MDR 1952, 528, 529 f.; a. A. die h. L., OLG Düsseldorf NJW 1993, 411; OLG Frankfurt a. M. FamRZ 1980,

gebeschlüssen nur in engen Grenzen möglich: Statthaft ist eine Beschwerde etwa, wenn der Beschluß von einem Rechtspfleger (→ Rdnr. 59) oder anstelle des Kollegiums (→ Rdnr. 103) vom Vorsitzenden ausgeht. Anfechtbar ist auch ein Beschluß, der wegen bloßer Zweifel oder Bedenken des Ausgangsgerichts (→ Rdnr. 60) vorlegt. Ebenso liegt es, wenn mit Rechtsverordnung oder Satzung dem Bundesverfassungsgericht eine untergesetzliche Vorschrift (→ Rdnr. 53–57) zur Prüfung unterbreitet wird. Anfechtbar sind wohl auch Beschlüsse, die wegen ihrer Formmängel die Vorlage unzulässig machen (→ Rdnr. 101). Unstatthaft ist eine Beschwerde aber wohl dann, wenn es um vorkonstitutionelle Rechtssätze geht, weil für die Formel von der »Aufnahme in den Willen des nachkonstitutionellen Gesetzgebers« die Prüfungskompetenz des Bundesverfassungsgerichts gegeben ist (→ Rdnr. 68). Um Einbrüche in die Kompetenz des Bundesverfassungsgerichts zu vermeiden, wird man die Überprüfungsbefugnis des Beschwerdegerichts im wesentlichen auf die hier aufgezählten Materien beschränken müssen.

107 Eine Anfechtung kann daher nicht auf das Argument gestützt werden, das Ausgangsgericht habe zu Unrecht die Verfassungswidrigkeit der zu prüfenden Norm angenommen oder die Gültigkeit der betreffenden Norm sei für die Entscheidung nicht erheblich (→ Rdnr. 76). Die Beurteilung von Verfassungswidrigkeit und Entscheidungserheblichkeit ist Sache des erkennenden Gerichts (→ Rdnr. 85) und in Ausnahmefällen diejenige des Bundesverfassungsgerichts (→ Rdnr. 86, 87). Dagegen fehlt dem Beschwerdegericht in dieser Verfahrenslage die Beurteilungskompetenz. Zudem könnte die abweichende Auffassung des Beschwerdegerichts bei Aufhebung der Aussetzung das Ausgangsgericht bei dem zu erlassenden Sachurteil doch nicht binden. Zu unsicher ist die Einschränkung, eine Anfechtung komme in Betracht, wenn die Auffassung des Ausgangsgerichts »zweifellos unrichtig« sei[307]. Die maßgebende Beurteilung liegt hier bei dem Bundesverfassungsgericht[308].

108 Grundsätzlich kann das Prozeßgericht einen Aussetzungs- und Vorlagebeschluß auch wieder nach § 150 aufheben[309]. Das kommt in Betracht, wenn eine zunächst zulässige Vorlage durch den weiteren Fortgang des Ausgangsrechtsstreits gegenstandslos geworden ist, weil keine Entscheidung mehr zu treffen ist. So liegt es etwa bei Antragsrücknahme oder Rechtsänderung[310]. Ebenso ist zu verfahren, wenn die Entscheidungserheblichkeit wegen nachträglich eingetretener Umstände zweifelhaft wird oder wegfällt[311]. In diesem Fall hat das vorlegende Gericht eine angemessene Frist zur Prüfung, ob es die Vorlage aufheben oder ändern will. In derartigen Fällen wird in die Kompetenz des Bundesverfassungsgerichts nicht eingegriffen, weil das Zwischenverfahren vor ihm nicht isoliert vom Ausgangsverfahren zu sehen ist. Vielmehr hat das Zwischenverfahren einen unlösbaren Bezug zum konkreten Rechtsstreit.

109 Das prozessuale Verhalten der Parteien kann direkt zur Aufhebung des Aussetzungs- und Vorlagebeschlusses beitragen. Zu denken ist an die beiderseitige Erklärung der Erledigung der Hauptsache, an einen Prozeßvergleich, an die Klagerücknahme mit Zustimmung des Gegners sowie an Anerkenntnis und Verzicht. Ferner kann sich der Rechtsstreit auch durch eine Klageänderung auf einen Klagegrund, der nicht mit einer verfassungswidrigen Norm in Zusammenhang steht, von der Frage der Verfassungswidrigkeit einer Rechtsnorm vollständig lösen. Durch diese Vorgänge wird der Aussetzungs- und Vorlagebeschluß prozessual überholt, da die betreffende Norm jetzt nicht mehr entscheidungserheblich ist. Gegen die Aufhebung des Vorlagebeschlusses durch das Ausgangsgericht bestehen daher keine Bedenken. Das

---

178; *OLG Köln* MDR 1970, 852; *Benda/Klein* (1991) Rdnr. 799; *Maunz/Schmidt-Bleibtreu/Klein/Ulsamer* BVerfGG § 80 Rdnr. 305; *Schäfer* NJW 1954, 409, 410; *Arndt* DVBl 1952, 1, 4; *Neidhard* JZ 1952, 266, 267.
[307] A. A. Voraufl. → Rdnr. 105.
[308] Dazu ferner *BGHZ* 5, 217, 238 ff.
[309] *Bettermann* (oben Fn. 146), 372.
[310] *BVerfGE* 14, 140, 142; 29, 325, 326; auch 49, 217, 219.
[311] *BVerfGE* 51, 161, 163.

Bundesverfassungsgericht hat denn auch stets die Mitteilung des Ausgangsgerichts akzeptiert, die Normenkontrollvorlage habe sich erledigt[312]. Ansonsten müßte die Vorlage jetzt als unzulässig angesehen werden (→ Rdnr. 108 a. E.).

Die Wirkungen der Aussetzung enden mit erfolgreicher Anfechtung (→ Rdnr. 106) und Aufhebung (→ Rdnr. 108, 109). Ferner enden sie bei einer Entscheidung des Bundesverfassungsgerichts. Dabei bleibt es sich gleich, ob es die Vorlagefrage beantwortet, die Vorlage als unzulässig zurückgewiesen oder für gegenstandslos erklärt hat (auch → Rdnr. 49)[313]. Der Rechtsstreit wird dann bei dem Ausgangsgericht weitergeführt. Aus Gründen der Rechtssicherheit wird man die deklaratorische Aufhebung des Aussetzungsbeschlusses als zulässig ansehen müssen. **110**

9. Das Verfahren des Verfassungsgerichts

Das Verfahren des Bundesverfassungsgerichts ist in den §§ 80 ff., 83, 86 Abs. 2 BVerfGG näher geregelt und im Rahmen dieses Kommentars nicht näher darzustellen. Den Beteiligten (Parteien, Streitgehilfen) des Zivilprozesses ist Gelegenheit zur Äußerung zu geben. Gleichwohl sind sie nicht Verfahrensbeteiligte[314]. Dabei führt eine erst nach dem Erlaß des Aussetzungs- und Vorlagebeschlusses begründete Beteiligteneigenschaft nicht zur Äußerungsberechtigung nach § 82 Abs. 3 BVerfGG[315]. So liegt es etwa in Fällen einer nachträglichen Nebenintervention. Die Beteiligten sind zur mündlichen Verhandlung zu laden und ihren anwesenden Prozeßbevollmächtigten ist das Wort zu erteilen (§ 82 Abs. 3 Alt. 2 BVerfGG). Das Ausgangsgericht ist an dem Zwischenverfahren vor dem Verfassungsgericht nicht Beteiligter[316]. Das Bundesverfassungsgericht kann nach § 82 Abs. 4 BVerfGG oberste Gerichtshöfe des Bundes und oberste Landesgerichte um Mitteilung ersuchen, wie und aufgrund welcher Erwägungen sie das Grundgesetz in der streitigen Frage bisher ausgelegt haben, ob und wie sie die in ihrer Gültigkeit streitige Rechtsvorschrift in ihrer Rechtsprechung angewendet haben und welche damit zusammenhängenden Rechtsfragen zur Entscheidung anstehen. Es kann sie ferner ersuchen, ihre Erwägungen zu einer für die Entscheidung erheblichen Rechtsfrage darzulegen. Es hat den Äußerungsberechtigten Kenntnis von der Stellungnahme zu geben (§ 82 Abs. 4 S. 3 BVerfGG). Nunmehr kennt § 81a BVerfGG n. F. eine gespaltene Entscheidung über Richtervorlagen. Die Zuständigkeit der Kammern ist auf die Entscheidung über unzulässige Anträge ausgeweitet worden. Ausgenommen sind die Vorlagen der obersten Gerichtshöfe des Bundes[317]. **111**

Die im Zivilprozeß bewilligte Prozeßkostenhilfe erstreckt sich nicht auf das Normenkontrollverfahren vor dem Bundesverfassungsgericht. Ob sie vom Gericht bewilligt werden kann, ist in einigen Entscheidungen offengelassen worden[318], aber möglich[319]. **112**

10. Erneute Vorlage

Im Rahmen von § 31 Abs. 1 und 2 BVerfGG sind die Fachgerichte an den Richterspruch gebunden, soweit eine Rechtsvorschrift Gegenstand einer Entscheidung im Verfahren der konkreten Normenkontrolle vor dem Bundesverfassungsgericht war (→ § 322 Rdnr. 306 ff.). Erneute Vorlagen mit dem Ziel, die Gültigkeit der Norm abermals durch das Bundesverfas- **113**

---

[312] *BVerfGE* 29, 325, 326 f.; 49, 217, 219.
[313] *Bettermann* (oben Fn. 146), 368.
[314] *BVerfGE* 79, 257.
[315] *BVerfGE* 49, 217.
[316] *BVerfGE* 3, 225; auch 3, 358; *Greiff* DRiZ 1954, 138.
[317] Dazu *Klein* NJW 1993, 2073, 2076. Bekanntmachung der Neufassung vom 11.8.1993, BGBl. I, 1473.
[318] *BVerfGE* 11, 330, 336; 31, 212, 218; im Grundsatz bejahend *Maunz/Schmidt-Bleibtreu/Klein/Ulsamer* BVerfGG § 82 Rdnr. 18b.
[319] *BVerfGE* 79, 252.

sungsgericht überprüfen zu lassen, sind daher unzulässig. Auch für die Entscheidungen des Bundesverfassungsgerichts gelangen die allgemeinen Regeln des Prozeßrechts über die Rechtskraft von Entscheidungen zur Anwendung. Allerdings hindert die Rechtskraft eine Berufung auf neue Tatsachen nicht, die erst nach der früheren Entscheidung entstanden sind. Deshalb ist auch eine erneute Vorlage nach Art. 100 GG möglich, wenn der vorlegende Richter in seiner Begründung »neue Tatsachen dartut, die geeignet sind, eine von der früheren Entscheidung des Bundesverfassungsgerichts abweichende Entscheidung zu ermöglichen«[320]. In vergleichbarer Richtung formuliert etwa auch der bayer. Verfassungsgerichtshof. Danach ist eine erneute Vorlage zulässig, wenn ein grundlegender Wandel der Lebensverhältnisse oder der allgemeinen Rechtsauffassung eingetreten ist[321].

11. Vorlagekonkurrenz zwischen Bundes- und Landesverfassungsgericht

114 Verstößt ein landesrechtliches formelles Gesetz zugleich gegen eine Vorschrift des Grundgesetzes und eine Bestimmung der Landesverfassung, so ergibt sich eine Doppelspurigkeit der Vorlagen[322]. Das Bundesverfassungsgericht und die h. L. in der Literatur gehen von einem Gleichrang der Vorlagen aus. Keine der beiden Vorlagen genießt einen Vorrang. Das Ausgangsgericht kann wählen, ob es nur an das Bundesverfassungsgericht, nur an das Landesverfassungsgericht oder an beide zugleich vorlegt[323]. Die Gegenauffassung[324] verneint für die Bundesvorlage die Entscheidungserheblichkeit nach Art. 100 Abs. 1 GG, wenn die Gültigkeitsfrage im Landesbereich noch nicht geklärt wurde. Danach soll über die Vorlage zunächst und allein das Landesverfassungsgericht entscheiden und eine Vorlage an das Bundesverfassungsgericht erst dann zulässig sein, wenn das Landesverfassungsgericht die Norm für vereinbar mit dem Landesverfassungsrecht hält[325]. Im Verhältnis von Bundesverfassungsgericht und Landesverfassungsgerichten ist jedoch der Grundsatz der Subsidiarität nicht anwendbar (auch → Rdnr. 105 a. E.).

B. Landesrechtliche Normenkontrolle[326]

115 Das Landesrecht sieht zum Teil eine weitergehende konkrete Normenkontrolle vor. So wird z. B. das Prüfungsmonopol des Landesverfassungsgerichts auch auf vorkonstitutionelles Recht[327] und auf Rechtssätze im materiellen Sinn wie Rechtsverordnungen[328] und Satzun-

---

[320] *BVerfGE* 33, 199, 204; 65, 179, 181; 82, 189, 205; 84, 348, 358; insbes. 87, 341 mit Bespr. *Sachs* JuS 1993, 865; zust. *Menger* VerwArch 64 (1973), 89, 92f.; *Wenig* DVBl 1973, 345, 348f. (mit anderer Begründung); *Benda/Klein* (1991) Rdnr. 1246ff.

[321] *VerfGHE* 5, 166, 167; 17, 1, 2; kurz angesprochen auch durch *BerlVerfGH* NJW 1993, 513, 514.

[322] Zur Konkurrenz der Vorlagen: *Friesenhahn* Zur Zuständigkeitsabgrenzung zwischen Bundesverfassungsgerichtsbarkeit und Landesverfassungsgerichtsbarkeit, in: Bundesverfassungsgericht und Grundgesetz, Festgabe aus Anlaß des 25jährigen Bestehens des Bundesverfassungsgerichts Band 1 (1976), 748, 779ff.; *Geiger* Die Bundesverfassungsgerichtsbarkeit in ihrem Verhältnis zur Landesverfassungsgerichtsbarkeit und ihre Einwirkung auf die Verfassungsordnung der Länder, in: FS *Laforet* (1952), 251, 264f.; *Groschupf* Richtervorlagen zu den Landesverfassungsgerichten, in: Landesverfassungsgerichtsbarkeit Teilband II (hrsg. von *Starck/Stern* [1983]), 85, 97ff.; *Pohle* Verfassungsbeschwerde und Normenkontrolle nach Bundes- und nach Landesrecht (1953) 56; *E. Schumann* Einwirkungen des Bundesrechts auf die Zuständigkeiten des Bayerischen Verfassungsgerichtshofs, in: Verfassung und Verfassungsrechtsprechung, FS zum 25jährigen Bestehen des Bayerischen Verfassungsgerichtshofs (1972), 282, 294ff.; *Stern* Nahtstellen zwischen Bundes- und Landesverfassungsgerichtsbarkeit BayVBl 1976, 547, 549ff.; *Tilch* Inhaltsgleiches Bundes- oder Landesverfassungsrecht als Prüfungsmaßstab, in: Landesverfassungsgerichtsbarkeit Teilband II (hrsg. von *Starck/Stern* [1983]), 551, 563ff.

[323] *BVerfGE* 2, 380, 388f.; 7, 77, 82f.; 17, 172, 180; 23, 353, 364f.; 36, 342, 368; 55, 207, 224f.; 69, 174, 182f.; zust. *Benda/Klein* (1991) Rdnr. 790; *Pestalozza*³ § 13 III (S. 213); *VerfGH Nordrhein-Westfalen* OVGE 16, 315, 317; *Bettermann* (oben Fn. 146), 349; *Friesenhahn* (oben Fn. 322), 781f.; *Maunz/Schmidt-Bleibtreu/Klein/Ulsamer* BVerfGG § 80 Rdnr. 25.

[324] Voraufl. Rdnr. 115.

[325] Voraufl. Rdnr. 115 m. w. Nachw.

[326] Ausführlich *Groschupf* (oben Fn. 322) 85ff.; *Pestalozza*³ 372ff.

[327] Zum bayerischen Recht *BayVerfGH* VerfGHE 9, 158, 163; 10, 15, 18.

[328] *BayVerfGH* VerfGHE 22, 136, 137; *HessStGH* EGVGH 19, 140, 141f.

gen³²⁹ erstreckt (→ Einl. Rdnr. 465). Art. 100 GG steht dem nicht entgegen, auch wenn dadurch der Begriff »Gesetz« in dieser Vorschrift des Grundgesetzes eine je unterschiedliche Bedeutung erhält (→ Einl. Rdnr. 466)³³⁰. Gegen eine derartige Ausweitung der Vorlagepflicht bestehen auch keine kompetenzrechtlichen Bedenken (→ Rdnr. 39 vor § 578). Für die Vorlage selbst gelten nicht die §§ 80 ff. BVerfGG, sondern die entsprechenden landesrechtlichen Vorschriften: *Baden-Württemberg:* Art. 68 Abs. 1 Nr. 3 Verf., 51 StGHG vom 13.12.1954 GBl 171; *Bayern:* Art. 65, 92 Verf., Art. 2 Nr. 5, 50 VfGHG vom 10.5.1990 (GVBl 122, ber. 231); *Berlin:* Art. 72 Abs. 2 Nr. 3 Verf., § 14 Nr. 5, § 46 VerfGHG vom 8.11.1990 (GVBl 2246), geändert durch Gesetz vom 11.12.1991 (GVBl 280); *Bremen:* Art. 142 Verf., § 1 Nr. 2 StGHG i. d. F. vom 12.5.1964 (SaBremR 1102-a-1), § 4 VerfahrensO vom 17.3.1956 (SaBremR 1102-a-2); *Hamburg:* Art. 64 Abs. 2, Art. 65 Abs. 2 Nr. 4 Verf., 44 ff. VerfGG i. d. F. vom 23.3.1982 (GVBl 59), zuletzt geändert durch das 1. ÄndG vom 5.7.1990 (GVBl 145); *Hessen:* Art. 133 Verf., §§ 41 ff. StGHG vom 12.12.1947 (GVBl 1948, 3, ber. 122); *Niedersachsen:* Art. 54 Nr. 4 Verf., 38 ff. StGHG vom 31.3.1955 (Nieders. GVBl Sb I 17), zuletzt geändert durch Gesetz vom 19.5.1993 (Nieders. GVBl 107); *Nordrhein-Westfalen:* Art. 75 Nr. 4 Verf., § 50 VerfGHG vom 14.12.1989 (GVNW 708); *Rheinland-Pfalz:* Art. 130 Abs. 3 Verf., §§ 24 ff. VerfGHG vom 23.7.1949 (GVBl 285, ber. 585); zuletzt geändert durch Gesetz vom 10.11.1992 (GVBl 317); *Saarland:* Art. 97 Nr. 3 Verf. (i. d. F. des Gesetzes Nr. 1251 vom 25.10.1989)(ABl 1570), § 47 VGHG i. d. F. vom 19.11.1982 (ABl 917). – Zu *Schleswig-Holstein* → Rdnr. 116. – Die neuen Länder arbeiten derzeit Verfassungen aus. Zu nennen sind: *Brandenburg:* Art. 112, 113 Nr. 3 Verf. vom 20.8.1992, GVBl f. d. Land Brandenburg Teil I, S. 298; *Sachsen-Anhalt:* Art. 75 Nr. 5 Verf. vom 16.7.1992, GVBl S. 600 ff.; *Sachsen:* Art. 81 Abs. 1 Nr. 3 Verf. vom 27.5.1992, Sächs. GVBl S. 243 (dazu *Sacksofsky* NVwZ 1993, 235); *Mecklenburg-Vorpommern* GVBl 1993 S. 371 ff.

Schleswig-Holstein besitzt kein eigenes Verfassungsgericht. Es hat von der Möglichkeit des Art. 99 GG Gebrauch gemacht, die eigenen Verfassungsstreitigkeiten durch das Bundesverfassungsgericht entscheiden zu lassen, obgleich die Landesverfassung nicht auch von der konkreten Normenkontrolle spricht³³¹. In *Schleswig-Holstein* hat daher der Ausgangsrichter das Bundesverfassungsgericht auch dann anzurufen, wenn es um den Verstoß einer Norm gegen die Landesverfassung geht³³². 116

C. Weitere verfassungsgerichtliche Verfahren

Auch in anderen als in den unter A (→ Rdnr. 50 ff.) und B (→ Rdnr. 115 f.) dargestellten Fällen kann ein Verfahren vor einem Verfassungsgericht und die dabei ergehende Entscheidung für einen Zivilprozeß von Bedeutung sein. Das gilt insbesondere, wenn eine im Zivilprozeß anwendbare Norm mit einer Verfassungsbeschwerde nach Art. 93 Abs. 1 Nr. 4a, b GG, §§ 90 ff. BVerfGG angefochten ist, vom Verfassungsgericht nach Art. 93 Abs. 1 Nr. 1 GG (Organklage) ausgelegt oder auf ihre Vereinbarkeit mit einer ranghöheren Norm nach Art. 93 Abs. 1 Nr. 2 GG (abstrakte Normenkontrolle) oder nach Art. 93 Abs. 1 Nr. 3 GG (Bund-/Länderklage) geprüft wird. Der Prüfungsbereich des Verfassungsgerichts geht hier u. U. erheblich weiter, weil er z. B. auch Rechtsverordnungen des Bundes nach Art. 93 Abs. 1 Nr. 2 GG erfaßt³³³. – Zur Verfassungsbeschwerde (→ Einl. Rdnr. 570 und → Rdnr. 34 ff. vor § 578). Auch können Verfahren vor einem Landesverfassungsgericht bei einem Zivilprozeß 117

---

³²⁹ *BayVerfGH* VerfGHE 25, 27, 35; 42, 98, 101.
³³⁰ *BVerfGE* 4, 178, 188 f.; *VerfGH Rheinland-Pfalz* JZ 1951, 693 mit Anm. *Schäfer.*
³³¹ Verfassung i.d.F. vom 13.6.1990 (GVOBl 391); *BVerfGE* 7, 77, 83; *Pestalozza*³ § 32 I (S. 646 f.).
³³² *BVerfGE* 7, 77, 83.
³³³ *BVerfGE* 1, 126; 7, 120.

von Bedeutung werden. So liegt es z.B. für eine gegen einen Landesrechtssatz eingelegte Landesverfassungsbeschwerde (Grundrechtsklage, Popularklage). In allen genannten Fällen kommt eine Aussetzung des Zivilprozesses nach der allgemeinen Regel des § 148 in Frage, die in diesen rechtsähnlichen Fällen entsprechend anzuwenden ist. Die Darlegungen von oben → Rdnr. 93 ff. gelten entsprechend (auch → Rdnr. 13). Es genügt danach, daß in den betreffenden verfassungsgerichtlichen Verfahren für den Zivilprozeß präjudizielle Fragen geprüft werden[334].

118 Eine besondere Aussetzungsvorschrift besteht in Hessen. Nach § 48 Abs. 4 HessStGHG darf ein Beschwerdeführer, der zum StHG eine Grundrechtsklage (Verfassungsbeschwerde) gegen eine Entscheidung eines hessischen Gerichts einlegt und gleichzeitig diese Entscheidung mit einem bundesrechtlichen Rechtsbehelf angegriffen hat, beantragen, daß das bundesrechtliche Rechtsmittelverfahren ausgesetzt wird[335].

IV. Aussetzung wegen eines Verwaltungsverfahrens oder eines Verwaltungsgerichtsverfahrens

1. Allgemeines

119 § 148 gestattet die Aussetzung auch wegen eines Verfahrens, das vor einer Verwaltungsbehörde oder vor einem Verwaltungsgericht (→ Rdnr. 13) schwebt. Für diese Aussetzungsmöglichkeit gilt grundsätzlich das zu → Rdnr. 21 ff. Bemerkte. Hervorhebung verdienen die nachstehenden Abweichungen und Besonderheiten.

2. Voraussetzungen

a) Anhängigkeit

120 Nach dem Wortlaut des § 148 und der dort gemachten Unterscheidung zu einem Rechtsstreit wird nicht verlangt, daß das andere Verfahren bereits anhängig ist (→ Rdnr. 29). Die Aussetzung kann daher auch dann angeordnet werden, wenn das Verfahren der Verwaltung oder des Verwaltungsgerichts erst in Gang gesetzt werden soll[336]. Das ist etwa der Fall, wenn ein Bescheid der Landesjustizverwaltung nach Art. 7 § 1 FamRÄndG erwirkt werden soll[337].

b) Tatbestandswirkung

121 Eine Aussetzung nach § 148 darf hier wie auch sonst (→ Rdnr. 15) nicht mit dem Ziel angeordnet werden, erst die Voraussetzungen der Zulässigkeit oder der Begründetheit einer Klage herbeizuführen oder wieder zu beseitigen. Wird im Hinblick auf einen Verwaltungsakt oder eine behördliche Entscheidung ausgesetzt, die eine Tatbestandswirkung für das Zivilgericht entfaltet (→ Rdnr. 125 f.), so führt die Bindungswirkung gleichwohl nicht zu einem Aussetzungsverbot[338]: Mit der Aussetzung setzt sich das Gericht nicht über eine bestehende

---

[334] So für den Fall einer anhängigen Verfassungsbeschwerde etwa *BFH* BB 1990, 2034 mit zust. Anm. *Felix* und abl. Anm. *Woerner* BB 1990, 2179 (zu § 74 FGO); NJW 1992, 2312 (senatsinterner Geschäftsverteilungsplan); zu den Grenzen *BFH* BB 1993, 854.

[335] Die Gültigkeit von § 48 Abs. 4 wird bejaht von *HessStGH* NVwZ 1990, 552; näher *Pestalozza*³ § 27 II Rdnr. 32.

[336] A.A. *Mittenzwei* (Fn. 1), 152 (keine Aussetzung vor Anhängigkeit).

[337] *BGH* NJW 1983, 514 (§ 151 analog); 1975, 1072.

[338] Wie hier *Mussgnug* Öffentlich-rechtliche Vorfragen im Zivilprozeß, in: FS zum 125jährigen Bestehen der Juristischen Gesellschaft zu Berlin (1984), 479, 488 ff.; a.A. *Schultz* MDR 1983, 101 f. (zu § 90 Abs. 3 BSHG); *LG Hannover* MDR 1982, 586; *OLG Schleswig* FamRZ

Tatbestandswirkung hinweg, sondern ermöglicht nur, daß nach dem Ende der Aussetzung im weiteren Verfahren eine Beurteilung dieser Tatbestandswirkung durch die hier zuständigen Instanzen möglich ist, etwa eine Änderung des Verwaltungsakts oder seine Aufhebung. Deshalb kommt es nicht entscheidend darauf an, ob ein Rechtsbehelf gegen den Verwaltungsakt aufschiebende Wirkung hat oder nicht[339].

Ein Indiz für die Aussetzungsmöglichkeit bietet die Unterscheidung danach, ob die behördliche oder verwaltungsgerichtliche Entscheidung die Rechtslage rückwirkend (ex tunc) oder nur mit Wirkung für die Zukunft (ex nunc) umgestaltet. Bei einer Umgestaltung ex tunc ist die Aussetzung stets möglich, aber nicht geboten[340]. Bei Entscheidungen mit Wirkungen ex nunc wird in der Regel nicht auszusetzen sein, weil das Gericht aufgrund der gegenwärtigen und nicht mehr (ex tunc) veränderbaren Sach- und Rechtslage zu entscheiden hat. Doch sind davon Ausnahmen denkbar, wenn mit der Aussetzung das Gebot der Prozeßwirtschaftlichkeit (→ Rdnr. 4) gefördert und eine sinnvolle Ordnung des gesamten verfahrensrechtlichen Komplexes gesichert wird[341]. So ist es weithin anerkannt, daß eine Klage im ordentlichen Rechtsweg nicht als zur Zeit unzulässig abgewiesen werden muß, wenn zunächst in einem Vorverfahren der Anspruch von einer Verwaltungsbehörde geprüft werden muß (→ Einl. Rdnr. 431, 413, 436)[342]. 122

c) Einzelfälle

Verneint wurde wegen fehlender Abhängigkeit die Aussetzung eines Rechtsstreits um die Zahlung einer Rente aus der privaten Zusatzversicherung wegen eines Rechtsstreits des Versicherungsnehmers vor dem Sozialgericht über die Bewilligung einer Rente aus der gesetzlichen Rentenversicherung[343]. Ebenso wurde mit Recht nicht ausgesetzt, um eine Entscheidung des Sozialversicherungsträgers über den Antrag einer Partei abzuwarten, ihr Rückgriffsansprüche zu erlassen (§ 76 Abs. 2 Nr. 3 SGB IV)[344]. In vergleichbarer Weise wurde auch ein Unterhaltsprozeß im Hinblick auf ein vom Gläubiger anhängig gemachtes Sozialgerichtsverfahren wegen der Bewilligung einer Erwerbsunfähigkeitsrente nicht ausgesetzt[345]. Für die Aussetzung eines Unterhaltsprozesses bei angegriffener Überleitungsanzeige gemäß § 90 BSHG sollte entscheidend darauf abgestellt werden, ob eine Aufhebung im Verwaltungsrechtszug zu erwarten ist[346]. Nicht ausgesetzt wurde ein Rechtsstreit wegen eines anhängigen Preisstellenverfahrens[347]. Keine Aussetzung ist möglich, bis die Kartellbehörde den Vertrag nach § 18 GWB für unwirksam erklärt[348]. Nicht ausgesetzt werden sollte auch, wenn eine Härte i.S. von § 91 Abs. 3 BSHG geltend gemacht wird[349]. Nicht ausgesetzt wurde auch der Patentverletzungsstreit wegen eines Patentrücknahmeverfahrens[350] oder eines Zwangslizenzverfahrens[351]. Beide Entscheidungen wirken ex nunc (aber → Rdnr. 122). Anders liegt es für das Patentnichtigkeitsurteil[352]. 123

1978, 153; auch *OLG Hamm* FamRZ 1988, 633 (zur Aussetzung eines Unterhaltsrechtsstreits wegen der Anfechtung der Überleitungsanzeige nach § 90 BSHG); wie hier *BAG* BB 1992, 1930, 1932.
[339] A.A. *OLG Hamm* FamRZ 1988, 633; *LG Hannover* MDR 1982, 586; *Schultz* MDR 1983, 101, 102.
[340] Dazu *Mittenzwei* (Fn. 1), 122.
[341] *MünchKommZPO/Peters* (1992) Rdnr. 12; a.A. → Voraufl. Rdnr. 133.
[342] Dazu auch *Brenner* Der Einfluß von Behörden auf die Einleitung und den Ablauf von Zivilprozessen (1989); *Preibisch* Außergerichtliche Vorverfahren in Streitigkeiten der Zivilgerichtsbarkeit (1982), 163 ff.
[343] *OLG Hamm* VersR 1985, 132 (LS).
[344] *LG Wiesbaden* NJW 1985, 2770; a.A. *Hüffer* VersR 1984, 197, 200.

[345] *OLG Karlsruhe* FamRZ 1985, 1070, 1071; in entgegengesetzter Richtung *OLG Düsseldorf* FamRZ 1981, 52, 53.
[346] Abgelehnt wurde die Aussetzung von *OLG Hamm* FamRZ 1988, 633; *OLG Zweibrücken* NJW 1986, 730; *LG Münster* NJW 1984, 1188, 1189; dafür aber *Löwer* VR 1986, 361 ff.
[347] *LG Berlin* MM 1986, Nr. 2, 45 (Möblierungszuschlag); a.A. *KG* MM 1991, 161; *AG Schöneberg* GrundE 1990, 1089 (§ 11 Abs. 6 AM VOB).
[348] *OLG Hamburg* WuW 1979, 354; ferner *BGH* NJW 1960, 41 (keine Aussetzung auch nach § 96 Abs. 2 GWB).
[349] A.A. *OLG Nürnberg* MDR 1980, 1028.
[350] *RGZ* 70, 312 f.
[351] *OLG Karlsruhe* GRUR 1956, 436.
[352] Dazu *RGZ* 123, 113, 115.

124 Ausgesetzt werden kann aber ein Rechtsstreit bis zur Entscheidung der Kommission der Europäischen Gemeinschaft bei Zweifeln an der Vereinbarkeit einer Vertriebsbindung mit Art. 85 EG-Vertrag[353]. Eine Aussetzung kommt auch in einem Räumungsrechtsstreit in Betracht, wenn das betreffende Studentenwohnheim die Wohndauer durch Verwaltungsakt verlängert (verwaltungsrechtliche Zweistufen-Theorie)[354]. Die Erfolgsaussichten des Verwaltungsrechtsstreits hat das Zivilgericht im Rahmen seiner Ermessensausübung zu prüfen. Grundsätzlich geboten ist auch die Aussetzung eines Nichtigkeitsverfahrens (→ § 151 Rdnr. 3), damit die Landesjustizverwaltung nach Art. 7 § 1 FamRÄndG die Wirksamkeit einer ausländischen Ehescheidung feststellen kann[355]. Es ist von Amts wegen nach § 148 auszusetzen. Für die analoge Anwendung des § 151 ist kein Raum. Der BGH hält eine Aussetzung von Amts wegen dann nicht für erforderlich, wenn die Nichtanerkennung der ausländischen Entscheidung offensichtlich ist. Diese Einschränkung ist nicht gerechtfertigt, weil Art. 7 § 1 Abs. 8 FamRÄndG positiven und negativen Feststellungen die gleichen Bindungswirkungen zuerkennt[356]. Als Folge der sogenannten »Warteschleifenentscheidung« des Bundesverfassungsgerichts[357] wurde die Aussetzung von arbeitsgerichtlichen Verfahren vertreten, bis über die organisatorische Auflösungsentscheidung im Rahmen des Art. 13 EinigungsV entschieden war[358]. Das ordentliche Gericht kann einen Kündigungsrechtsstreit betreffend einen Feuerversicherungsvertrag mit einer öffentlichen Feuerversicherungsanstalt aussetzen, damit im Verwaltungsverfahren die Vorfrage geklärt werden kann, ob die Anstalt den Vertrag hätte ablehnen können[359]. Ausgesetzt wurde auch bei einem Anspruch auf rückwirkenden Erlaß des streitigen Anspruchs durch das Finanzamt[360].

3. Ermessen und Zwang

125 Für die Aussetzungsentscheidung maßgebend ist das pflichtgemäße richterliche Ermessen (→ Rdnr. 30 ff.)[361]. Im vorliegenden Zusammenhang ist jedoch die Zahl der Fälle größer, in denen das Gericht zur Aussetzung verpflichtet ist, weil es eine Vorfrage nicht selbst entscheiden darf, sondern die bindende Entscheidung der Verwaltungsbehörde oder des Verwaltungsgerichts abwarten muß:

126 In erster Linie zu nennen ist die Aufrechnung mit einer in den Verwaltungsrechtsweg gehörenden Gegenforderung (→ Rdnr. 38). – Zur Bindung des Richters an Verwaltungsakte (über deren Grenzen und einzelne Fälle → Einl. Rdnr. 555 ff.), zur Bindung an Entscheidungen der Verwaltungsgerichte (→ 322 Rdnr. 295 ff.)[362], zur Aussetzung bis zur Entscheidung der Kartellbehörde nach § 96 GWB (→ Rdnr. 33 ff.).

---

[353] *BGH* NJW 1985, 2895, 2896 m. Anm. *Lehmpfuhl* GRUR 1985, 1061 (»Grundig-Vertriebsbindungssystem«); ausführlich *K. Schmidt* FS Quack (1991), 669 ff. m. N.

[354] *LG Mainz* WuM 1988, 27 (im entschiedenen Fall aber abgelehnt).

[355] So *OLG Karlsruhe* FamRZ 1991, 92, 93 (aber § 151 analog); *Basedow* StAZ 1977, 6; → *E. Schumann* § 328 Rdnr. 406 (§ 148).

[356] Gegen *BGH* NJW 1983, 514 daher *Basedow* IPRax 1983, 278, 281; *Bürgle* IPRax 1983, 281 ff.; *Schack* IZVR (1991) Rdnr. 898; *Martiny* in Hdb. IZVR III/1 Kap. I (1984) Rdnr. 1664; a. A. → Voraufl. Rdnr. 164.

[357] *BVerfG* NJW 1991, 1667.

[358] So *Germelmann* Die prozessuale Überprüfbarkeit der Auflösungsentscheidung nach Art. 13 EinigungsV NZA 1991, 629 ff., 633; gegen die Einordnung der Auflösungsentscheidung als Verwaltungsakt *BVerwG* ZIP 1992, 1277; *BAG* BB 1992, 2509 f. (vorzugswürdig).

[359] *BGH* VersR 1988, 73, 75.

[360] *OLG Schleswig* SchlHA 1950, 194.

[361] *BGH* WM 1992, 1422, 1423 (→ Rdnr. 8); *BAG* BB 1992, 1930, 1932.

[362] *H. Roth*, in UTR Band 12 (1990), 329, 331 ff.

V. Aussetzung wegen anderer Verfahren

1. Aussetzung wegen Verfahren der freiwilligen Gerichtsbarkeit

Die Möglichkeit der Aussetzung wegen eines Verfahrens der fG ist in § 148 nicht ausdrücklich angesprochen. Gleichwohl wird die Möglichkeit einer Aussetzung von der heute ganz h. L.[363] bejaht, weil sich die Regelungsprobleme von den übrigen anerkannten Fällen nicht oder kaum unterscheiden. Die Voraussetzungen einer Analogie liegen daher vor. Einheitliche Grundsätze lassen sich nicht aufstellen; vielmehr ist wegen der Verschiedenheit der Verfahrensgegenstände nach den unterschiedlichen Verrichtungen der fG zu unterscheiden. **127**

a) Speziell geregelte Fälle

In einigen Fällen hat der Gesetzgeber eine Aussetzung zwingend vorgeschrieben. So lag es beim Streit über die Umstellung von Hypotheken im Zusammenhang des § 6 Abs. 5 der 40. DurchVO zum Umstellungsgesetz[364]. In anderen Fällen hängt die Aussetzung nach dem Vorbild von § 148 ZPO von dem pflichtgemäßen Ermessen des Prozeßgerichts ab. Der wichtigste Fall dazu ist § 46 Abs. 2 WEG[365]. Aus diesen sondergesetzlichen Regelungen kann nicht im Wege eines argumentum e contrario der Schluß gezogen werden, wonach eine Aussetzung im übrigen unstatthaft ist. **128**

b) Echte Streitsachen

Wegen echter privatrechtlicher Streitsachen der fG (→ Einl. Rdnr. 451) darf jedenfalls nach § 148 ausgesetzt werden. Dazu bedarf es wohl noch nicht einmal einer analogen Anwendung der Norm, weil es sich wegen der Rechtskraftfähigkeit der betreffenden Beschlüsse durchaus um einen »anderen anhängigen Rechtsstreit« i. S. von § 148 handelt[366]. Zudem beruht die Zuweisung dieser Angelegenheiten in das fG-Verfahren meist auf Zweckmäßigkeitserwägungen und hat mit der Aussetzungsfrage nichts zu tun[367]. Möglich ist daher auch die Aussetzung der Anfechtungsklage des Aktionärs gegen einen Hauptversammlungsbeschluß mit dem Ziel, den Ausgang des fG-Grundsätzen unterliegenden Auskunftsverfahrens nach § 132 AktG abzuwarten[368]. Zu denken ist auch an die Aussetzung eines Herausgabeprozesses wegen eines Zuteilungsverfahrens nach der Hausratsverordnung[369] (auch → Rdnr. 122). § 148 ist sinngemäß auch bei den öffentlich-rechtlichen Streitsachen der fG (→ Einl. Rdnr. 451) anzuwenden. **129**

c) Klassische Verfahren

In den Angelegenheiten der vorsorgenden fG (→ Einl. Rdnr. 451) kann § 148 grundsätzlich entsprechend angewendet werden. Oftmals werden die im Vordergrund stehenden Gestaltungsentscheidungen des Richters oder des Rechtspflegers das Prozeßgericht binden. In **130**

---

[363] *BGHZ* 41, 303, 310 (Wirksamkeit einer Pflegerbestellung); *OLG Hamburg* FamRZ 1983, 634; *OLG Düsseldorf* NJW 1950, 434 (Aufgebot zum Zweck einer Todeserklärung); *Thomas/Putzo*[18] Rdnr. 9; *Baumbach/Lauterbach/Hartmann*[51] Rdnr. 7; *MünchKommZPO/Peters* (1992) Rdnr. 20 ff.; *Zöller/Greger*[18] Rdnr. 10; *Baur* FGG (1955) I § 2 B VI 2 b; ältere Nachw. in der Vorauft. in Fn. 215.
[364] Dazu *OLG Celle* NJW 1951, 767.
[365] Z.B. *OLG Köln* NJW-RR 1988, 1172.
[366] Für eine analoge Anwendung jedoch die → Vorauft. Rdnr. 143.
[367] Z.B. *BGHZ* 6, 385, 398 (Vertragshilfegesetz vom 26.3.1952, BGBl I 198).
[368] Ausführlich W. *Lüke* ZGR 1990, 657 ff., 663 ff; auch *Ebenroth/Wilken* BB 1993, 1818.
[369] *MünchKommZPO/Peters* (1992) Rdnr. 21.

derartigen Fällen besteht eine gewisse Ähnlichkeit zu der Aussetzung wegen verwaltungsgerichtlicher Verfahren (oben → Rdnr. 119 ff.), so daß es auch in diesem Bereich nicht entscheidend darauf ankommt, ob die Gestaltungsentscheidungen der fG ex tunc oder ex nunc wirken (→ Rdnr. 122)[370]. So kann ein Rechtsstreit wegen der Durchführung eines Aufgebotsverfahrens zum Zweck der Todeserklärung ausgesetzt werden[371]. Auch kann die Verhandlung im Rechtsstreit des unverheirateten Kindes gegen die Eltern auf Unterhaltsleistung in Geld ausgesetzt werden, bis das Vormundschaftsgericht eine Regelung nach § 1612 Abs. 2 S. 2 BGB getroffen hat[372]. Nicht auszusetzen ist aber wegen eines Erbscheinverfahrens, da der Zivilprozeß diesem vorgeht. Die Entscheidung des Nachlaßgerichts ist nicht vorgreiflich für den Zivilprozeß[373]. Unerheblich ist es, ob die Parteien des Rechtsstreits unmittelbar um die Erbfolge streiten[374].

131   Eine Aussetzung kommt grundsätzlich nicht in Betracht, wenn eine Beurkundung oder ein Registereintrag oder eine Löschung im Register (→ Einl. Rdnr. 451) vorzunehmen sind. Es handelt sich dabei nicht um Entscheidungen i. S. von § 148 (→ Rdnr. 7 ff.). Gegen eine analoge Anwendung wird häufig sprechen, daß die Aussetzung nicht dazu verwendet werden darf, einer Partei erst Klagegründe oder Einwendungen oder entsprechende Beweisurkunden zu verschaffen (→ Rdnr. 15, → Rdnr. 122). Doch ist eine Aussetzung nicht gänzlich unmöglich (→ a. A. Voraufl. Rdnr. 144).

d) Gemeinsamkeiten

132   In den genannten Fällen sind die oben → Rdnr. 21 ff. dargelegten Grundsätze entsprechend zu beachten. Ein Amtsverfahren der fG braucht noch nicht anhängig zu sein, damit eine Aussetzung möglich wird[375]. Insoweit gilt nichts anderes als für Verwaltungssachen (→ Rdnr. 120).

2. Aussetzung wegen arbeitsgerichtlicher Verfahren

133   Ein Zivilprozeß kann in analoger Anwendung des § 148 nach den vorstehend zu → Rdnr. 21 ff. dargelegten Grundsätzen auch wegen eines arbeitsgerichtlichen Verfahrens ausgesetzt werden. Unerheblich ist es, daß § 48 ArbGG i. d. F. des Gesetzes vom 17.12.1990 (BGBl I 2809) zivilprozessuale und arbeitsgerichtliche Verfahren verschiedenen Rechtswegen zuweist (→ *H. Roth* § 11 Rdnr. 8). Was für die von § 148 erfaßte Verwaltungsgerichtsbarkeit gilt, muß erst recht für den dem Zivilprozeß eng verwandten Arbeitsgerichtsprozeß gelten. Das Gesagte hat nicht nur Bedeutung für ein Urteils-, sondern auch für ein Beschlußverfahren in Arbeitssachen (→ § 1 Rdnr. 214 ff.). – Zum umgekehrten Fall der Aussetzung eines Verfahrens in Arbeitssachen → Rdnr. 217 ff.

3. Aussetzung wegen Verfahren vor sonstigen besonderen Gerichten

134   Ein Zivilprozeß kann in sinngemäßer Anwendung von § 148 auch mit Rücksicht auf ein Verfahren vor einem sonstigen besonderen Gericht (→ dazu Einl. Rdnr. 610 ff., 620 ff.) ausgesetzt werden. Das ist z. B. möglich wegen eines Verfahrens vor dem Bundespatentgericht (zu Patentsachen → Rdnr. 8, → Rdnr. 24).

---

[370] Beispiel in *BGHZ* 41, 303 (Aufhebung einer fehlerhaften Pflegerbestellung).
[371] *OLG Düsseldorf* NJW 1950, 434.
[372] *OLG Hamburg* FamRZ 1983, 643 (bei rückwirkender Regelung); → Rdnr. 15.
[373] *OLG Köln* OLGZ 1986, 210, 213 (zur örtlichen Zuständigkeit); *OLG Nürnberg* BayJMBl 1959, 19.
[374] *KG* OLGZ 1975, 355.
[375] *BGHZ* 41, 303, 310 am Ende.

4. Aussetzung wegen schiedsgerichtlicher Verfahren

§ 148 kommt entsprechend zur Anwendung, wenn ein Verfahren vor einem Schiedsgericht schwebt, weil der zu erwartende Schiedsspruch nach § 1040 unter den Parteien die Wirkungen eines rechtskräftigen gerichtlichen Urteils hat[376]. Zwischen in- und ausländischen Schiedssprüchen besteht kein grundsätzlicher Unterschied, weil die ZPO beide im wesentlichen gleichstellen will und ausländische und inländische Schiedssprüche oftmals schwer voneinander abzugrenzen sind (→ § 1044 Rdnr. 10). Bei ausländischen Schiedsverfahren wird aber seltener auszusetzen sein, wenn eine längere Verfahrensdauer zu erwarten oder diese nicht zu übersehen ist. Diese Umstände sind bei der Ermessensausübung zu berücksichtigen (→ Rdnr. 30). – Zur Aussetzung des Anerkennungs- und Vollstreckungsverfahrens über ausländische Schiedssprüche und in weiteren Fällen (→ Rdnr. 168 ff.). – Zur Aussetzung eines schiedsgerichtlichen Verfahrens (→ § 1034 Rdnr. 39).

135

VI. Internationale Aussetzung

1. Gründe

Eine Aussetzungsmöglichkeit oder eine Aussetzungspflicht kommt auch bei Rechtsstreitigkeiten mit internationalem Bezug in Betracht. Vorrangig sind die von der Bundesrepublik Deutschland abgeschlossenen Verträge (insbes. EuGVÜ) maßgebend (→ Rdnr. 145 ff.). Im übrigen beurteilt sich die Aussetzung stets nach deutschem Recht (→ Rdnr. 141). Das folgt aus dem das Verfahrensrecht beherrschenden Grundsatz der lex fori. Für die Aussetzungsgründe kann danach unterschieden werden, ob die Aussetzung im Hinblick auf ein anderes Verfahren oder aus anderen Gründen geschehen soll.

136

2. Aussetzung wegen eines anderen Verfahrens

Eine Aussetzung kommt in Betracht, wenn außerhalb der Bundesrepublik Deutschland ein Prozeß bereits anhängig ist (→ Rdnr. 140 ff.). Ferner ist eine Aussetzung zu erwägen, wenn ein fremdes Urteil anzuerkennen ist, gegen das im Urteilsstaat ein Rechtsbehelf eingelegt wurde (→ Rdnr. 158 ff.; 162 ff.; 165 ff.). Anlaß zur Aussetzung kann auch ein vor dem Gerichtshof der Europäischen Gemeinschaft (EuGH) bereits schwebendes Verfahren sein (→ Rdnr. 177 ff.). Das gleiche gilt für ein Verfahren im Rahmen der Menschenrechtskonvention (→ Rdnr. 214).

137

Die internationale Aussetzung setzt nicht notwendigerweise ein bereits anhängiges anderes Verfahren voraus, sondern kann auch dazu führen, daß ein Verfahren erst anhängig wird. So liegt es etwa bei der Vorabentscheidung. Aufgrund der Vorschriften des EG-Vertrages, des Montanvertrages, des Euratomvertrages und des Auslegungsprotokolls zum EuGVÜ kann (muß) der Zivilrichter aussetzen und dem EuGH vorlegen (näher → Rdnr. 181 ff.). Dagegen ist das Gericht erster Instanz nach Art. 168 a Abs. 1 S. 2 EG-Vertrag nicht für Vorabentscheidungen nach Art. 177 EG-Vertrag zuständig. Der Vertrag über die Europäische Union vom 7.2.1992 (→ Rdnr. 62) wird zwar zu einer Änderung der Norm führen, ändert aber an dieser Sachlage nichts. Auch andere völkerrechtliche Verträge sehen eine vergleichbare Aussetzung und die Anrufung einer zwischenstaatlichen Instanz vor (→ Rdnr. 176).

138

---

[376] *OLG Koblenz* AcP 150 (1949), 457, 459; *OLG Jena* SeuffArch 42 (1887), 89; *Mittenzwei* (Fn. 1), 154.

3. Sonstige internationale Aussetzung

139 Zum Bereich der internationalen Aussetzung wird herkömmlich auch die Aussetzung im Zusammenhang mit dem Truppenstatut gezählt (→ Rdnr. 215). Ferner kann es zu einer internationalen Aussetzung bei Problemen der internationalen Zustellung und der internationalen Zuständigkeit kommen (→ Rdnr. 216).

A. Aussetzung wegen Verfahren im Ausland

1. Allgemeines

140 Die Aussetzung wegen Verfahren vor ausländischen Gerichten oder Behörden ist für einige Sonderfälle geregelt. Jenseits dieser Einzelregelungen muß heute wegen der zunehmenden Dichte des internationalen Rechtsverkehrs die Möglichkeit der analogen Anwendung von § 148 bejaht werden, weil Rechtsähnlichkeit anzunehmen ist[377]. Die Analogie scheidet nicht deshalb aus, weil die internationale Aussetzung in § 148 nicht vorgesehen ist und wohl auch nicht eröffnet werden sollte. Es handelt sich um eine nachträglich aufgetretene planwidrige Lücke im Gesetz. Die analoge Anwendung bedeutet, daß stets das richterliche Ermessen (→ Rdnr. 30 ff.) entscheidet. Das ergibt sich aus der häufig entstehenden Ungewißheit über Art und Dauer eines ausländischen Verfahrens (→ schon Rdnr. 135).

2. Die lex-fori-Regel

141 Die Aussetzung eines vor einem deutschen Gericht schwebenden Verfahrens beurteilt sich aufgrund der das Verfahrensrecht beherrschenden lex-fori-Regel (→ Einl. Rdnr. 831 ff.) stets nach deutschem Recht, auch wenn auf den Fall selbst ausländisches Recht zur Anwendung kommt[378]. Der deutsche Richter ist deshalb keinem Aussetzungszwang unterworfen, selbst wenn das ausländische Recht für einen Rechtsstreit vor den dortigen Gerichten einen solchen Zwang kennt. Unerheblich ist es auch, wenn die betreffende fremde Rechtsordnung die Aussetzung nicht als prozessuales, sondern als materiellrechtliches Institut qualifiziert. Maßgebend ist stets die Qualifikation nach deutschem Recht, wonach Befugnisse und Pflichten eines Richters eine verfahrensrechtliche Regelung darstellen (→ Einl. Rdnr. 737)[379]. Unerheblich ist es auch, wenn das ausländische Verfahrensrecht Vorschriften kennt, die zwar nicht von »Aussetzung« sprechen, gleichwohl aber inhaltlich darauf hinauslaufen, daß ein Verfahren nicht weiter betrieben wird (→ auch Rdnr. 19). Der deutsche Richter ist aber nicht daran gehindert, in seiner Ermessensentscheidung (→ Rdnr. 30 ff.) derartige Aussetzungsmöglichkeiten nach ausländischem Recht zu berücksichtigen. Dem Grundsatz nach läuft aber die Aussetzung eines Verfahrens wegen eines ausländischen Verfahrens nach den gleichen Regeln ab, wie sie oben → Rdnr. 21 ff. näher beschrieben wurden.

---

[377] Zu starr die Formulierung von *Wieczorek*[2] Bem. D.
[378] Vgl. *Riezler* Internationales Zivilprozeßrecht (1949), 253; davon geht als selbstverständlich aus auch *Schack* IZVR (1991) Rdnr. 764.

[379] Allgemein dazu *H. Roth* Die Reichweite der lex-fori-Regel im internationalen Zivilprozeßrecht, in: FS Stree/Wessels (1993), 1045 ff.

3. Aussetzung bei Identität oder Konnexität eines ausländischen Verfahrens

a) Identischer Streitgegenstand

Haben der ausländische und der deutsche Prozeß denselben Streitgegenstand, so kommt eine Aussetzung des deutschen Verfahrens nicht in Betracht, wenn das fremde Urteil anzuerkennen ist. Vielmehr muß dann die inländische Klage als unzulässig abgewiesen werden (→ § 261 Rdnr. 11 ff., 23), wenn das ausländische Verfahren früher in Gang gesetzt worden war[380]. Eine Aussetzung nach § 148 ist ferner nicht möglich, wenn über den identischen Streitgegenstand im Ausland bereits entschieden wurde und die Voraussetzungen für eine Anerkennung nach § 328 vorliegen. Die neue Klage ist dann als unzulässig abzuweisen (→ E. Schumann § 328 Rdnr. 8).

142

Führt die ausländische Rechtshängigkeit jedoch nicht zur Klageabweisung, so geht der Prozeß ohne Rücksicht auf diese Rechtshängigkeit weiter. Eine Aussetzung ist jedoch nicht ausgeschlossen[381]. Stets ist zu klären, ob und ggf. welche Bindungswirkungen die im Ausland ergehende Entscheidung für die im inländischen Prozeß zu fällende Entscheidung haben kann[382]. Eine generelle Bejahung der Zulässigkeit der Aussetzung sprengt die Voraussetzungen einer Analogie zu § 148[383].

143

Wenn die ausländische Entscheidung erst nach einem besonderen Verfahren wie z. B. nach Art. 7 § 1 FamRÄndG in Ehesachen anerkannt wird, ist die Aussetzung des neuen inländischen Verfahrens nach § 148 bis zur Durchführung des Anerkennungsverfahrens regelmäßig geboten (→ Rdnr. 124).

144

b) Besonderheiten im Bereich des EuGVÜ und des Lugano Übereinkommens

aa) Texte

Im Verhältnis der Gerichte der Bundesrepublik Deutschland zu den Gerichten der Mitgliedstaaten des EuGVÜ vom 27.9.1968 (BGBl 1972 II 774) i. d. F. des 2. Beitrittsübereinkommens vom 25.10.1982 (BGBl 1988 II 453)[384] sind Art. 21 und Art. 22 EuGVÜ zu beachten. Diese Normen regeln die Aussetzung eines deutschen Verfahrens, wenn vor einem EuGVÜ-Gericht derselbe Streitgegenstand anhängig ist (Art. 21 Abs. 2 EuGVÜ) oder eine Klage schwebt, die mit dem deutschen Rechtsstreit in Zusammenhang steht (Art. 22 EuGVÜ). Das EuGVÜ gilt seit 3.10.1990 auch für die neuen Bundesländer und in ganz Berlin[385]. Intertemporale Probleme werden in entsprechender Anwendung von Art. 54 EuGVÜ gelöst.

145

---

[380] *BGH* FamRZ 1992, 1058, 1059; *OLG Frankfurt a. M.* IPRax 1988, 24; *E. Schumann* IPRax 1988, 13.

[381] Dazu *BGH* WM 1986, 115 (Aussetzung soll aber trotz anderweitiger Rechtshängigkeit möglich sein) m. Anm. *Welter* WuB VII A § 261 ZPO 1.86; *OLG Karlsruhe* FamRZ 1970, 410 (Aussetzung des späteren inländischen Verfahrens nur bei Vorliegen eines besonderen Bedürfnisses); weitergehend *Kerameus* Rechtsvergleichende Bemerkungen zur internationalen Rechtshängigkeit, in: FS K.-H. Schwab (1990), 257 ff., 266; *Geimer* NJW 1984, 527, 528; *Geimer/Schütze* Internationale Urteilsanerkennung 1 (2. Halbband 1984) 1659; *Schack* IZVR (1991) Rdnr. 764; *Nagel* Internationales Zivilprozeßrecht³ (1991) Rdnr. 723; *Habscheid* RabelsZ 31 (1967), 254, 266 ff. (generelle Zulässigkeit der Aussetzung gemäß § 148 analog).

[382] *OLG Frankfurt a.M.* NJW 1986, 1443 m. Anm. *Nagel* IPRax 1986, 282; auch *Löber* IPRax 1986, 283.

[383] *E. Schumann* FS Kralik (Wien) (1986), 301, 311;

großzügiger *Schack* IZVR (1991) Rdnr. 764; *Kerameus* (o. Fn. 381), 266.

[384] Das Übereinkommen ist in der jetzigen Fassung für die Bundesrepublik Deutschland am 1.4.1989 im Verhältnis zu Belgien, Frankreich, Griechenland, Irland, Italien, Luxemburg, den Niederlanden und Dänemark (außer Grönland) in Kraft getreten (Bek. vom 15.2.1989 BGBl II 214). Seit dem 1.10.1989 gilt es in dieser Fassung auch im Verhältnis zum Vereinigten Königreich (Bek. vom 24.8.1989 BGBl. II 752); abgedruckt bei *Jayme/Hausmann* Internationales Privat- und Verfahrensrecht⁶ (1992) Nr. 71.

[385] Näher *Kropholler* Europäisches Zivilprozeßrecht⁴ (1993) Einl. Rdnr. 7; zu intertemporalen Problemen *H. Roth* Änderungen und Angleichungen im Zivilverfahrens-, Insolvenz- und Gerichtsverfassungsrecht, in: *Jayme/Furtak* (Hrsg.), Der Weg zur deutschen Rechtseinheit (1991) 175 ff., 179 ff.; *H. Roth* JZ 1992, 194 f.

146 Zu beachten sind die bevorstehenden Änderungen der Art. 21, 22 EuGVÜ (→ Rdnr. 147). Die Normen lauten in der jetzigen gültigen Fassung:

Art. 21. (1) Werden bei Gerichten verschiedener Vertragsstaaten Klagen wegen desselben Anspruchs zwischen denselben Parteien anhängig gemacht, so hat sich das später angerufene Gericht von Amts wegen zugunsten des zuerst angerufenen Gerichts für unzuständig zu erklären.

(2) Das Gericht, das sich für unzuständig zu erklären hätte, kann die Entscheidung aussetzen, wenn der Mangel der Zuständigkeit des anderen Gerichts geltend gemacht wird.

Art. 22. (1) Werden bei Gerichten verschiedener Vertragsstaaten Klagen, die im Zusammenhang stehen, erhoben, so kann das später angerufene Gericht die Entscheidung aussetzen, solange beide Klagen im ersten Rechtszug anhängig sind.

(2) Das später angerufene Gericht kann sich auf Antrag einer Partei auch für unzuständig erklären, wenn die Verbindung im Zusammenhang stehender Verfahren nach seinem Recht zulässig ist und das zuerst angerufene Gericht für beide Klagen zuständig ist.

(3) Klagen stehen im Sinne dieses Artikels im Zusammenhang, wenn zwischen ihnen eine so enge Beziehung gegeben ist, daß eine gemeinsame Verhandlung und Entscheidung geboten erscheint, um zu vermeiden, daß in getrennten Verfahren widersprechende Entscheidungen ergehen können.

147 *Portugal* und *Spanien* haben am 26.5.1989 in Donostia-San Sebastian mit den 10 Mitgliedstaaten des 2. Beitrittsübereinkommens (→ Rdnr. 145) das 3. Beitrittsübereinkommen abgeschlossen[386] (ABl. EG 1989 Nr. L 285, 1). Die Bundesrepublik Deutschland hat das Übereinkommen gezeichnet, aber bisher noch nicht ratifiziert. Mit einer baldigen Ratifikation ist zu rechnen. Art. 21 wird danach folgende Fassung haben:

Art. 21. (1) Werden bei Gerichten verschiedener Vertragsstaaten Klagen wegen desselben Anspruchs zwischen denselben Parteien anhängig gemacht, so setzt das später angerufene Gericht das Verfahren von Amts wegen aus, bis die Zuständigkeit des zuerst angerufenen Gerichts feststeht.

(2) Sobald die Zuständigkeit des zuerst angerufenen Gerichts feststeht, erklärt sich das später angerufene Gericht zugunsten dieses Gerichts für unzuständig.

Art. 22 EuGVÜ wird durch das 3. Beitrittsabkommen nur in Abs. 1 im deutschen Wortlaut redaktionell angepaßt. Das Wort »Entscheidung« wird durch das Wort »Verfahren« ersetzt. In der Sache ändert sich nichts.

148 Das *Lugano Übereinkommen* über die gerichtliche Zuständigkeit und die Vollstreckung gerichtlicher Entscheidungen in Zivil- und Handelssachen wurde am 16.9.1988 zwischen den Mitgliedstaaten der EG und den Rest-EFTA-Staaten Finnland, Island, Norwegen, Österreich, Schweden und der Schweiz geschlossen (ABl. EG Nr. L 319 vom 25.11.1988, 9)[387]. Es lehnt sich inhaltlich eng an das EuGVÜ i. d. F. des 3. Beitrittsübereinkommens (→ Rdnr. 147) an. Seine Art. 21 und 22 stimmen wörtlich mit der Fassung von oben → Rdnr. 147 überein. Das Lugano Übereinkommen gilt noch nicht für die Bundesrepublik Deutschland[388].

---

[386] Text bei *Jayme/Hausmann*[6] (Fn. 384) Nr. 75a; Bericht von *Almeida Cruz/Desantes Real/Jenard* in ABl. EG Nr. C 189 vom 28.7.1990, 35ff.; zum Stand der Ratifikation *Jayme/Kohler* IPRax 1992, 346; *Kropholler* (vorige Fn.) Art. 63 Rdnr. 3.

[387] Text bei *Jayme/Hausmann*[6] (vorige Fn.) Nr. 76; Bericht *Möller* ABl. EG Nr. C 189 vom 28.7.1990, 57ff.

[388] S. *Isenburg-Epple* Die Berücksichtigung ausländischer Rechtshängigkeit nach dem Europäischen Gerichtsstands- und Vollstreckungsübereinkommen vom 27.9.1968 (1991), 42.

bb) Funktion; Anwendungsbereich

Die Art. 21, 22 EuGVÜ (→ Rdnr. 146) wollen Doppelprozesse, vor allem aber einander widersprechende Entscheidungen vermeiden[389]. Gelöst wird das Problem nach dem Grundsatz der Priorität. Es ist für die Anwendung der Art. 21 und 22 EuGVÜ unerheblich, ob die Gerichte der Vertragsstaaten ihre Zuständigkeit aus den Normen des EuGVÜ oder aus dem autonomen staatlichen Recht herleiten[390]. Die Verfahren müssen lediglich in verschiedenen Vertragsstaaten anhängig gemacht worden sein, ohne daß es auf den Wohnsitz der Parteien ankommt[391]. Art. 21 EuGVÜ verlangt keine Anerkennungsprognose[392] (→ Rdnr. 142). Eine Antragsbefugnis nach Art. 21 Abs. 2 EuGVÜ besteht allerdings nicht, wenn das zuletzt angegangene Gericht nach Art. 16 EuGVÜ ausschließlich zuständig ist (Art. 23 EuGVÜ)[393]. Der Begriff der Anhängigkeit bei Art. 21 EuGVÜ wird i. S. der Rechtshängigkeit verstanden[394]. Für das Gericht besteht lediglich die Alternative zwischen der Unzuständigkeitserklärung nach Abs. 1 und der Aussetzung nach Abs. 2[395]. Das später angerufene Gericht darf die Zuständigkeit des zuerst angerufenen Gerichts nicht selbst prüfen.

149

Die Rechtshängigkeit i. S. von Art. 21 EuGVÜ wird vertragsautonom interpretiert. Danach hat eine Kaufpreisklage den Vorrang vor der später erhobenen negativen Feststellungsklage und umgekehrt[396].

150

Art. 22 EuGVÜ schafft keinen Gerichtsstand kraft Sachzusammenhangs, sondern setzt die Zuständigkeit des später angerufenen Gerichts voraus[397]. Bei Art. 21 Abs. 2 und Art. 22 Abs. 1 EuGVÜ richtet sich das Verfahren der Aussetzung im einzelnen nach staatlichem Prozeßrecht[398]. Freilich besteht bei Art. 21 Abs. 2 Aussetzungszwang (→ Rdnr. 149 a. E.). Art. 21 Abs. 2 EuGVÜ setzt Klagen zwischen denselben Parteien voraus[399]. Anders liegt es bei Art. 22 EuGVÜ[400]. Der von Art. 22 EuGVÜ geforderte Zusammenhang wird bisweilen i. S. der Vorgreiflichkeit des § 148 ZPO verstanden[401]. Große Unterschiede dürften wegen des gemeinsamen Regelungszwecks (Art. 22 Abs. 3 EuGVÜ, → Rdnr. 4) nicht bestehen. Art. 22 EuGVÜ gilt nur für die Gerichte der ersten Instanz[402].

151

c) Bilaterale Verträge

Einige bilaterale Anerkennungs- und Vollstreckungsverträge regeln ähnlich wie Art. 21 EuGVÜ (→ Rdnr. 145 ff.) die Aussetzung im Hinblick auf ein ausländisches Verfahren mit demselben Streitgegenstand.

152

aa) Deutsch-tunesischer Vertrag

Art. 44 Abs. 1 des deutsch-tunesischen Vertrags vom 19.7.1966 (Text → § 328 Rdnr. 858) läßt die Aussetzung eines Verfahrens zu, wenn zwischen denselben Parteien und wegen

153

---

[389] Näher *Jayme/Kohler* IPRax 1992, 346.
[390] *Kropholler*[4] vor Art. 21 Rdnr. 2.
[391] *EuGH* NJW 1992, 3221 f.; ferner *Linke* RIW 1991, Beilage 5 S. 9; *OLG Köln* NJW 1991, 1427; dazu *Isenburg-Epple* IPRax 1992, 69 (zust.).
[392] *Schack* IZVR (1991) Rdnr. 761; *Kropholler*[4] Art. 21 Rdnr. 12; *OLG Köln* NJW 1991, 1427, 1428; unrichtig *Schütze* RIW 1975, 78, 79.
[393] *Schack* IZVR (1991) Rdnr. 761; *Bülow/Böckstiegel/Müller* Internationaler Rechtsverkehr in Zivil- und Handelssachen (Stand: 14. LfG 1991/1992) 606. 171; offengelassen durch *EuGH* NJW 1992, 3221.
[394] *BGH* NJW 1986, 662 m. weiterführender Anm. *Jayme* IPRax 1987, 295; *OLG Hamm* EWS 1993, 122.

[395] *EuGH* NJW 1992, 3221, 3222; *OLG Köln* NJW 1991, 1427, 1428.
[396] *EuGHE* 1987, 4861 (Gubisch Maschinenfabrik/Palumbo); dazu *Schack* IPRax 1989, 139 f.; *Mansel* IPRax 1990, 214, 216; *Linke* RIW 1991 Beilage 5, S. 9; auch *H. Roth* IPRax 1992, 67; *OLG Köln* NJW 1991, 1427.
[397] *EuGHE* 1981, 1671 (Elefanten Schuh/Jacqmain) m. Anm. *Leipold* IPRax 1982, 222, 224 f.
[398] *Kropholler*[4] Art. 21 Rdnr. 17; Art. 22 Rdnr. 5.
[399] *OLG Köln* NJW 1991, 1427.
[400] *Kropholler*[4] Art. 22 Rdnr. 3.
[401] *OLG Hamm* NJW 1983, 523, 524.
[402] Dazu *OLG München* IPRax 1988, 164, 166; zur Verjährungsfrist *BGH* WM 1993, 1102.

desselben Gegenstandes im anderen Vertragsstaat ein Verfahren bereits anhängig ist. Zu beachten ist, daß Art. 44 Abs. 2 des Vertrages im Eilverfahren sowohl den Einwand der Rechtshängigkeit als auch die Aussetzungsmöglichkeit versagt.

bb) Deutsch-norwegischer Vertrag

154 Eine vergleichbare Bestimmung für die Aussetzung bei Streitgegenstandsidentität enthält Art. 21 des deutsch-norwegischen Anerkennungs- und Vollstreckungsvertrags vom 17.6.1977 (BGBl. 1981 II 341):
    Art. 21 (1) Die Gerichte eines Staates haben die Entscheidung abzulehnen oder, wenn sie es für zweckmäßig erachten, das Verfahren auszusetzen, falls ein Verfahren zwischen denselben Parteien und wegen desselben Gegenstandes in dem anderen Staat bereits anhängig ist und in diesem Verfahren eine Entscheidung ergehen kann, die in dem Staat, in dem das zuletzt angerufene Gericht seinen Sitz hat, anzuerkennen sein wird.
    (2) Jedoch können bei den Gerichten eines jeden Staates die in seinem Recht vorgesehenen einstweiligen Maßnahmen einschließlich solcher, die auf eine Sicherung gerichtet sind, beantragt werden, und zwar ohne Rücksicht darauf, welches Gericht mit der Hauptsache befaßt ist.
    Der Vertrag wird mit Inkrafttreten des Lugano Übereinkommens (→ Rdnr. 148) nach Maßgabe von dessen Art. 55 ersetzt. Bedeutung behält er aber insoweit für diejenigen Angelegenheiten, auf die sich das Lugano Übereinkommen nicht bezieht (Art. 56 des Lugano Übereinkommens).

cc) Deutsch-israelischer Vertrag

155 Fast identisch ist die Aussetzung in Art. 22 des deutsch-israelischen Anerkennungs- und Vollstreckungsvertrags vom 20.7.1977 (BGBl. 1980 II 925) geregelt:
    Art. 22 (1) Die Gerichte in dem einen Staat werden auf Antrag einer Prozeßpartei die Klage zurückweisen oder, falls sie es für zweckmäßig erachten, das Verfahren aussetzen, wenn ein Verfahren zwischen denselben Parteien und wegen desselben Gegenstandes in dem anderen Staat bereits anhängig ist und in diesem Verfahren eine Entscheidung ergehen kann, die in ihrem Staat nach den Vorschriften dieses Vertrages anzuerkennen sein wird.
    (2) Jedoch können in Eilfällen die Gerichte eines jeden Staates die in ihrem Recht vorgesehenen einstweiligen Maßnahmen, einschließlich solcher, die auf eine Sicherung gerichtet sind, anordnen, und zwar ohne Rücksicht darauf, welches Gericht mit der Hauptsache befaßt ist.

dd) Deutsch-spanischer Vertrag

156 Schließlich kennt Art. 21 des deutsch-spanischen Anerkennungs- und Vollstreckungsvertrags vom 14.11.1983 (BGBl. 1987 II 35), in Kraft getreten am 18.4.1988 (Bekanntmachung vom 23.3.1988, BGBl. II 375) eine vergleichbare Aussetzungsregelung:
    Art. 21 (1) Die Gerichte in dem einen Vertragsstaat werden gegebenenfalls die Klage zurückweisen oder, falls sie es für zweckmäßig erachten, das Verfahren aussetzen, wenn ein Verfahren zwischen denselben Parteien und wegen desselben Gegenstandes vor einem Gericht des anderen Vertragsstaates bereits anhängig ist und in diesem Verfahren eine Entscheidung ergehen kann, die in ihrem Staat nach den Vorschriften dieses Vertrages anzuerkennen sein wird.
    (2) Jedoch können in Eilfällen die Gerichte eines jeden Vertragsstaates die in ihrem Recht vorgesehenen einstweiligen Maßnahmen einschließlich solcher, die auf die Sicherung gerich-

tet sind, anordnen, und zwar ohne Rücksicht darauf, welches Gericht mit der Hauptsache befaßt ist.

Der Vertrag wird mit Inkrafttreten des 3. Beitrittsübereinkommens (→ Rdnr. 147) nach Maßgabe von dessen Art. 18 ersetzt. Er ist jedoch weiterhin von Bedeutung für diejenigen Rechtsgebiete, auf die sich das EuGVÜ nicht bezieht (Art. 56 EuGVÜ → Rdnr. 147).

d) Europäisches Übereinkommen über Staatenimmunität

Schließlich findet sich eine ähnliche Regelung in Art. 19 des Baseler Europäischen Übereinkommens über Staatenimmunität vom 16.5.1972 (BGBl. 1990 II 35). Das Übereinkommen ist für die Bundesrepublik Deutschland am 16.8.1990 im Verhältnis zu Belgien, Luxemburg, den Niederlanden, Österreich, der Schweiz, dem Vereinten Königreich und Zypern in Kraft getreten (Bekanntmachung vom 24.10.1990, BGBl. II 1400)[403]. 157

4. Aussetzung in EuGVÜ-Anerkennungsfällen

Das europäische Prozeßrecht sieht in folgenden Fällen eine Aussetzung vor:

a) Art. 30 EuGVÜ

Art. 30 EuGVÜ gilt für das Anerkennungsverfahren der Inzidentanerkennung nach Art. 26 Abs. 3 EuGVÜ und will verhindern, daß ausländische Entscheidungen zu einem Zeitpunkt anerkannt werden müssen, in dem noch die Möglichkeit besteht, daß sie im Urteilsstaat aufgehoben oder abgeändert werden. Nach Abs. 2 kommt es in Irland und im Vereinten Königreich auf die Einstellung der Vollstreckung an. Das 3. Beitrittsübereinkommen (→ Rdnr. 147) paßt Abs. 2 ohne Änderungen in der Sache redaktionell an. Art. 30 ist deshalb erforderlich, weil das EuGVÜ in Abweichung von anderen Vorschriften über die Anerkennung ausländischer Urteile (→ § 328 Rdnr. 110 f.) die Anerkennung auch von noch nicht formell rechtskräftigen Entscheidungen sichert. 158

Der Begriff »ordentlicher Rechtsbehelf« wird durch den EuGH vertragsautonom bestimmt[404]. Er versteht darunter jeden Rechtsbehelf, »der zur Aufhebung oder Abänderung der dem Anerkenntnis- oder Klauselerteilungsverfahren nach dem Übereinkommen zugrunde liegenden Entscheidung führen kann und für dessen Einlegung im Urteilsstaat eine gesetzliche Frist bestimmt ist, die durch die Entscheidung selbst in Lauf gesetzt wird«. Ordentliche Rechtsmittel sind demnach Berufung, Revision, sofortige Beschwerde oder der Einspruch gegen ein Versäumnisurteil[405]. Dazu rechnen auch die französische und italienische Kassationsbeschwerde[406]. Nach der Definition des EuGH zählen zu den ordentlichen Rechtsbehelfen solche nicht, die entweder von Ereignissen abhängen, die im Zeitpunkt des Entscheidungserlasses unvorhersehbar waren, oder von einem Tätigwerden Dritter, falls diese sich den durch die ursprüngliche Entscheidung ausgelösten Lauf der Rechtsbehelfsfrist nicht entgegenhalten zu lassen brauchen. Kein ordentlicher Rechtsbehelf ist deshalb ein Rechtsmittel im Bereich der Wiederaufnahme[407]. 159

---

[403] Stand der Ratifikation bei *Jayme/Hausmann*[6] Nr. 69.
[404] *EuGHE* 1979, 2175 (Industrial Diamond Supplies/Riva).
[405] Zu eng *Geimer/Schütze* Internationale Urteilsanerkennung Band I 1. Halbband (1983), 1214 Fn. 96 (im deutschen Recht nur Berufung, Revision und Beschwerde).

[406] Nachw. bei *Kropholler*[4] Art. 30 Rdnr. 3 Fn. 5; *MünchKomm/ZPO/Gottwald* (1992) Art. 30 EuGVÜ Rdnr. 4.
[407] *OLG Karlsruhe* IPRax 1987, 171, 172 m. Anm. *Mezger* 146.

160 Art. 30 EuGVÜ ist weit auszulegen. Darunter fällt auch das nach italienischem Recht von Amts wegen durchzuführende Bestätigungsverfahren zur Überprüfung eines im Eilverfahren vorab ergangenen Arrestbefehls[408]. Auch der Widerspruch gegen den Arrest oder die einstweilige Verfügung fällt nicht schon deshalb aus dem Begriff des ordentlichen Rechtsbehelfs heraus, weil er nicht fristgebunden ist. Vielmehr sollte es auf das Erfordernis der Fristgebundenheit nur dann ankommen, wenn ein Rechtsbehelf im Zeitpunkt der Befassung des Zweitgerichts noch nicht eingelegt ist. Ist dagegen der Rechtsbehelf bereits eingelegt, so ist die Möglichkeit einer Aufhebung oder Abänderung bereits so konkret, daß auf das Fristerfordernis verzichtet werden kann[409].

161 Die Aussetzung kann nach Art. 30 EuGVÜ nach pflichtgemäßem Ermessen (→ Rdnr. 30 ff.) von Amts wegen und aufgrund mündlicher Verhandlung (→ Rdnr. 39) angeordnet werden. Das Aussetzungsverfahren selbst richtet sich nach deutschem Prozeßrecht. Die Aussetzung endet mit der Entscheidung über den ordentlichen Rechtsbehelf. Das Gericht ist nicht verpflichtet, die Zulässigkeit[410] oder die Erfolgsaussicht des eingelegten Rechtsbehelfs zu prüfen. Doch sollte der Richter im Rahmen seiner Ermessensausübung vorher die Anerkennungsfähigkeit der ausländischen Entscheidung nach Art. 27 EuGVÜ prüfen[411].

b) Art. 38 EuGVÜ

162 Nach Art. 38 Abs. 1 EuGVÜ besteht eine weitere Aussetzungsmöglichkeit im Rahmen des Rechtsbehelfsverfahrens über eine Vollstreckbarkeitserklärung (Art. 36 f. EuGVÜ) eines im EuGVÜ-Ausland ergangenen Urteils. Diese Befugnis entspricht dem Art. 30 EuGVÜ (→ Rdnr. 158) und will wie dieser der Gefahr vorbeugen, daß das noch nicht formell rechtskräftige Urteil auf Rechtsmittel hin (→ Rdnr. 159 ff.) geändert wird. Die Norm wird in Deutschland durch § 37 AVAG ergänzt. Art. 38 wird im 3. Beitrittsübereinkommen (→ Rdnr. 147) ohne Änderung in der Sache im deutschen Wortlaut redaktionell angepaßt. Setzt das Gericht aus, so kommt nach Art. 39 EuGVÜ nur eine Sicherungsvollstreckung in Betracht. Der ordentliche Rechtsbehelf muß im konkreten Fall zulässig sein[412]. Dem EuGH ist die Vorlagefrage gestellt worden[413], ob das Gericht von den in Art. 38 EuGVÜ genannten Befugnissen nur Gebrauch machen kann, wenn der Antrag des Rechtsbehelfsführers auf Gründe gestützt wird, die im Verfahren vor dem ausländischen Gericht nicht vorgebracht wurden oder nicht vorgebracht werden konnten, weil sie dem Rechtsbehelfsführer damals noch nicht bekannt waren, oder ob es auch Gründe sein können, die das ausländische Gericht seiner Entscheidung bereits zugrunde legen konnte. Der EuGH hat in ersterem Sinne entschieden.

163 In aller Regel wird sich nicht die Aussetzung empfehlen, sondern die Anordnung einer Sicherheitsleistung nach Abs. 3, da dadurch die Interessen des Urteilsschuldners hinreichend gewahrt werden[414]. Für Entscheidungen in Irland oder im Vereinten Königreich gilt nach Abs. 2 jeder in dem Urteilsstaat mögliche Rechtsbehelf als ordentlicher Rechtsbehelf.

164 Anders als Art. 30 EuGVÜ gestattet Art. 38 EuGVÜ die Aussetzung nur auf Antrag des Schuldners, der den Rechtsbehelf eingelegt hat (Art. 36 f. EuGVÜ). Es ist auch ausreichend, wenn im Urteilsstaat die Frist für den ordentlichen Rechtsbehelf noch nicht verstrichen ist. Die Entscheidung über den Aussetzungsantrag ergeht aufgrund mündlicher Verhandlung,

---

[408] *BGH* NJW 1986, 3026, 3027 m. abl. Anm. *Linke* RIW 1986, 997 (zu Art. 38 EuGVÜ).
[409] So in der Sache *OLG Hamm* RIW 1985, 973 m. zust. Anm. *Linke; Kropholler*[4] Art. 30 Rdnr. 4; a. A. → Voraufl. Fn. 232.
[410] Für Art. 38 EuGVÜ → Rdnr. 162; *Schütze* AWD 1977, 103.

[411] Vorsichtigere Formulierung bei *Kropholler*[4] Art. 30 Rdnr. 5.
[412] *Kropholler*[4] Art. 38 Rdnr. 2; →a. A. Voraufl. Rdnr. 174.
[413] *EuGH* Rs 183/90 *van Dalfsen/van Loon;* Mitteilung bei *Kropholler*[4] Art. 38 Rdnr. 1; Rev. crit. 1992, 117.
[414] *OLG Düsseldorf* MDR 1985, 151.

wenn nicht das auszusetzende Verfahren Ausnahmen vom Grundsatz der Mündlichkeit gestattet (→ Rdnr. 39)[415]. Im übrigen gilt für das Verfahren das in → Rdnr. 161 Ausgeführte.

5. Weitere Aussetzung aufgrund bilateraler Anerkennungs- und Vollstreckungsverträge

Einige bilaterale Anerkennungs- und Vollstreckungsverträge enthalten vergleichbare Aussetzungsmöglichkeiten wie die Art. 30, 38 EuGVÜ. Diese Abkommen sind im Anwendungsbereich des EuGVÜ wegen dessen Art. 55 ersetzt.

a) Deutsch-britisches Abkommen

Art. III (2) des deutsch-britischen Vollstreckungsabkommens (Text → § 328 Rdnr. 609) 165
gibt dem deutschen Gericht eine Aussetzungsmöglichkeit, wenn ein in Großbritannien ergangenes Urteil mit einem Rechtsbehelf angegriffen wurde oder eine Rechtsbehelfsfrist noch nicht abgelaufen ist[416]. Ergänzend gilt § 5 des Ausführungsgesetzes vom 28.3.1961 (BGBl. I 301)(Text → § 723 Anhang B V 2). Dieses Ausführungsgesetz gilt nach § 35 AVAG weiter.

b) Deutsch-belgisches Abkommen

In vergleichbarer Weise sieht Art. 10 Abs. 2 des deutsch-belgischen Abkommens (Text → 166
§ 723 Anhang B III) eine Aussetzungsbefugnis des deutschen Richters vor[417].

c) Deutsch-griechisches Abkommen

Ähnlich regelt Art. 10 Abs. 2 des deutsch-griechischen Vollstreckungsvertrages (Text → 167
§ 723 Anhang B VI) die Aussetzung des Verfahrens über die Vollstreckbarerklärung.

6. Aussetzung im Rahmen der internationalen Schiedsgerichtsbarkeit

Mehrere multilaterale Verträge über die internationale Schiedsgerichtsbarkeit enthalten 168
Vorschriften über die Aussetzung eines inländischen Verfahrens. Maßgebend dafür sind ähnliche Gründe, wie sie oben → Rdnr. 145–167 dargelegt worden sind. Die dargestellten Vorschriften gelten nur für Prozesse vor den staatlichen Gerichten. Dagegen wird nicht dargestellt, inwieweit ein Schiedsgericht aussetzen kann (→ § 1034 Rdnr. 39).

a) Genfer Abkommen zur Vollstreckung ausländischer Schiedssprüche

Art. 3 des Genfer Abkommens zur Vollstreckung ausländischer Schiedssprüche vom 169
26.9.1927[418] läßt unter den dort genannten Voraussetzungen die Aussetzung des Anerkennungs- oder Vollstreckungsverfahrens nach richterlichem Ermessen zu. Das Abkommen gilt wegen Art. VII Abs. 2 des UN-Übereinkommens vom 10.6.1958 (→ Rdnr. 170) nur noch im Verhältnis zu den Bahamas, Bangladesch, Malta, Mauritius, Myanmar, Pakistan, Portugal sowie Anguilla und ist für die Bundesrepublik Deutschland so gut wie obsolet[419].

---

[415] A. A. *Bülow/Böckstiegel/Müller* 14. LfG. Juni 1991/März 1992, Art. 38. 606, 256.
[416] Dazu *Baumbach/Lauterbach/Albers*[51] Schlußanhang V B 5 Art. III Rdnr. 1; *Geimer/Schütze* Internationale Urteilsanerkennung Band II (1971), 382; *Bülow/Böckstiegel* II 702.15 Fn. 95ff.
[417] Zu dem Abkommen *Nagel* Internationales Zivilprozeßrecht[3] (1991) Rdnr. 875.
[418] Text bei *Jayme/Hausmann*[6] Nr. 118.
[419] *P. Schlosser* → § 1044 Anhang vor Rdnr. 1.

b) UN-Übereinkommen über die Anerkennung und Vollstreckung ausländischer Schiedssprüche

170 Art. VI des UN-Übereinkommens über die Anerkennung und Vollstreckung ausländischer Schiedssprüche vom 10.6.1958 (Text → § 1044 Anhang Rdnr. 87) sieht die Aussetzung des Verfahrens über die Zulassung der Vollstreckung vor. Abhängig ist sie davon, daß bei der zuständigen Behörde bereits ein Antrag gestellt worden ist, den Schiedsspruch aufzuheben. Es handelt sich um eine Sondervorschrift zu § 148 ZPO, die ein weites Aussetzungsermessen vorsieht[420].

c) Gesetz zum Übereinkommen zur Beilegung von Investitionsstreitigkeiten

171 Das Washingtoner Übereinkommen zur Beilegung von Investitionsstreitigkeiten zwischen Staaten und Angehörigen anderer Staaten vom 18.3.1965 (BGBl. 1969 II 371)[421] ist für die Bundesrepublik Deutschland am 18.5.1969 in Kraft getreten (Bekanntmachung vom 30.5.1969 BGBl. II 1191)(Weltbank-Übereinkommen). Das dazu ergangene deutsche Gesetz vom 25.2.1969 (BGBl. II 369) sieht in Art. 3 eine Aussetzung desjenigen Verfahrens vor, in dem die Zulässigkeit der Zwangsvollstreckung aus dem Schiedsspruch festgestellt werden soll. Voraussetzung ist hier, daß die Zwangsvollstreckung des Schiedsspruches nach Art. 50 Abs. 2 S. 3, Art. 51 Abs. 4 oder Art. 52 Abs. 5 des Übereinkommens ausgesetzt wird.

Art. 3 des deutschen Gesetzes lautet:

172 Wird die Zwangsvollstreckung des Schiedsspruchs ausgesetzt (Artikel 50 Abs. 2 Satz 3, Artikel 51 Abs. 4, Artikel 52 Abs. 5 des Übereinkommens), so ist auf Antrag des Schuldners das Verfahren, in dem die Zulässigkeit der Zwangsvollstreckung festgestellt wird, auszusetzen oder die Zwangsvollstreckung einstweilen einzustellen. Endet die Aussetzung der Vollstreckung des Schiedsspruches, so wird das Verfahren, in dem die Zulässigkeit der Zwangsvollstreckung festgestellt wird, auf Antrag fortgesetzt; das Vollstreckungsgericht entscheidet auf Antrag des Gläubigers über die Fortsetzung des Zwangsvollstreckungsverfahrens.

d) Europäisches Übereinkommen über die internationale Handelsschiedsgerichtsbarkeit

173 Andere Gesichtspunkte sind für die Aussetzung nach Art. 6 Abs. 3 des Europäischen Übereinkommens über die internationale Handelsschiedsgerichtsbarkeit vom 21.4.1961 (Text → § 1044 Anhang Rdnr. 113) berücksichtigt worden. Sie betrifft nicht das Anerkennungs- oder Vollstreckbarerklärungsverfahren, sondern die Gleichzeitigkeit der Verfahren vor dem Schiedsgericht und dem staatlichen Gericht mit demselben Streitgegenstand oder der Klage auf Feststellung, daß die Schiedsvereinbarung nicht bestehe, nichtig oder hinfällig geworden sei. Art. 6 Abs. 3 des Übereinkommens löst den Konflikt so, daß das später angerufene Gericht eines Vertragsstaates die Entscheidung über die Zuständigkeit des Schiedsgerichts auszusetzen hat, bis der Schiedsspruch ergangen ist. Anders liegt es, wenn ein wichtiger Grund entgegensteht[422].

---

[420] Zur Problematik → P. *Schlosser* Anhang § 1044 Rdnr. 87.

[421] Zur Bedeutung → P. *Schlosser* vor § 1044 Rdnr. 40 ff. (dort mit unrichtiger Datumsangabe).

[422] Näher → P. *Schlosser* Anhang § 1044 Rdnr. 117 ff.

7. Aussetzung in sonstigen Anerkennungsfällen

In sonstigen Anerkennungsfällen läßt es sich im Wege einer Gesamtanalogie zu den staatsvertraglich geregelten Fällen (→ Rdnr. 158 ff.; → 165 ff.) rechtfertigen, eine Aussetzung deshalb anzuordnen, weil die anzuerkennende oder für vollstreckbar zu erklärende Entscheidung im Urteilsstaat angefochten wurde. Soweit ein ausländisches noch nicht formell rechtskräftiges Urteil anerkannt werden darf (→ *E. Schumann* § 328 Rdnr. 110), kann ausgesetzt werden, wenn im Urteilsstaat ein ordentlicher Rechtsbehelf eingelegt wurde (zum EuGVÜ → Rdnr. 159, 162; zu bilateralen Verträgen → Rdnr. 165–167). 174

Wird für die Anerkennung formelle Rechtskraft verlangt (zum Streitstand → *E. Schumann* § 328 Rdnr. 110), so kann eine Aussetzung gleichwohl möglich sein, wenn die formell rechtskräftige Entscheidung mit Rechtsbehelfen angegriffen wird, die von der prozessualen Funktion her unserer Wiederaufnahme oder Wiedereinsetzung entsprechen. So liegt es jedenfalls, wenn das deutsche Gericht keinerlei Zweifel hat, daß der ausländische außerordentliche Rechtsbehelf erfolgreich sein wird. Auch in anderen Fällen kann eine Aussetzung gerechtfertigt sein (→ zurückhaltender Voraufl. Rdnr. 181). 175

B. Aussetzung wegen zwischenstaatlicher Verfahren

1. Allgemeines

Die Ausführungen zu den Verfahren vor Gerichten oder Behörden fremder Staaten (→ Rdnr. 140) gelten sinngemäß auch für Verfahren vor zwischenstaatlichen Gerichten (→ auch Einl. Rdnr. 681–704) und vor internationalen Behörden. So haben die deutschen Gerichte in bestimmten Fällen ihr Verfahren auszusetzen und das Schiedsgericht des Österreichisch-Deutschen Vermögensvertrages (dazu → Einl. Rdnr. 704) nach dessen Art. 110 Abs. 1 anzurufen[423]. Die entsprechende Anwendung von § 148 spielt hier freilich eine noch geringere Rolle, weil die Zahl derartiger Einrichtungen begrenzt ist und für die wichtigsten Fälle Sonderregelungen gelten (sogleich → Rdnr. 181 ff.). Auch hier (→ Rdnr. 140, 135) ist bei Ausübung des richterlichen Ermessens mit Rücksicht auf die lange oder doch ungewisse Dauer solcher Verfahren Vorsicht geboten. 176

2. Aussetzung wegen Verfahren vor dem Europäischen Gerichtshof (EuGH)[424]

Für den deutschen Zivilprozeß ist die Zuständigkeit des Gerichtshofes der Europäischen Gemeinschaft (EuGH) von wachsender praktischer Bedeutung. Das gilt insbesondere für die 177

---

[423] Vgl. *BGH* Warn 1974 Nr. 76.
[424] Lit. → Einl. Rdnr. 682 Fn. 3. – Insbes. zur Vorabentscheidung: *Arnold* Gesetzlicher Richter (Art. 101 Abs. 1 S. 2 GG) und Pflicht zur Vorlage an den Europäischen Gerichtshof (Art. 177 Abs. 3 EWGV), in: FS Neumayer (1985) 17; *Basse* Das Verhältnis zwischen der Gerichtsbarkeit des Gerichtshofes der Europäischen Gemeinschaften und der deutschen Zivilgerichtsbarkeit (1967); *Beckmann* Probleme des Vorabentscheidungsverfahrens nach Art. 177 EWG-Vertrag (1988); *Briguglio* Zur Vorlage gemäß Art. 177 EWG-Vertrag nach einer Zurückverweisung vom Revisions-/Kassationsgericht an das untergeordnete Gericht, in: FS Habscheid (1989), 47; *Carl* EG-Grundrechtsschutz durch Vorlage zur Vorabentscheidung?, in: Grundrechtsschutz im nationalen und internationalen Recht, *v. Simson* zum 75. Geburtstag (1983), 229; *Clausnitzer* Die Vorlagepflicht an den EuGH – Zum (mangelnden) Rechtsschutz gegen Verstöße letztinstanzlicher Gerichte NJW 1989, 641; *Colneric* Vorlagepflicht nach EG-Recht bei Normenkontrolle über Frauenquote BB 1991, 1118; *Daig* Auslegung und Anwendung von Art. 177 EWG-Vertrag durch den Gerichtshof der Europäischen Gemeinschaften, in: FS Kutscher (1981), 79; *Dänzer-Vanotti* Unzulässige Rechtsfortbildung des Europäischen Gerichtshofs RIW 1992, 733; *Dauses* Das Vorabentscheidungsverfahren nach Art. 177 EWG-Vertrag (1986); *Ehle* Zum Rechtsschutz und Verfahren im Europäischen Gemeinschaftsrecht AgrarR 1989 Beilage Nr. 2 S. 11 ff.; *Ende* Nochmals: Vorlagepflicht des Bundesverfassungsgerichts an den EuGH bei Normenkontrolle über Frauenquote BB 1992, 489; *Erichsen/Weiß* System des europäischen Rechtsschutzes Jura 1990, 586 ff.; *Everling* Das Vorabentscheidungsverfahren vor dem Gerichtshof der Europäischen Gemeinschaften

Vorabentscheidungen bestimmter Fragen des Rechts der Europäischen Gemeinschaft, aus denen das Recht oder die Pflicht des Prozeßgerichts folgen, einen Zivilprozeß auszusetzen und die Frage dem EuGH vorzulegen. Berücksichtigt wird die Rechtslage nach dem nunmehr in Kraft getretenen Vertrag über die Europäische Union vom 7.2.1992[425], der den EG-Vertrag fortgeschrieben hat und Textanpassungen des Montanvertrages (EGKS-Vertrag) und des Euratomvertrages gebracht hat (zur alten Rechtslage → Einl. Rdnr. 682f.).

a) Aussetzung außerhalb von Vorabentscheidungen

178   Neben der Zuständigkeit des EuGH für die Vorabentscheidung auf Vorlage eines nationalen Gerichts (→ Rdnr. 181 ff.) gibt es auch noch weitere – seltenere – Situationen, in denen ein deutscher Zivilrichter wegen eines Verfahrens vor dem EuGH aussetzen kann. Kraft seiner – nunmehr eingeschränkten erstinstanziellen – Zuständigkeit (z.B. nach Art. 178 EG-Vertrag[426]) kann der EuGH mit Streitigkeiten befaßt sein, die auch einmal mit einem anhängigen Zivilprozeß in Zusammenhang stehen können. In derartigen Fällen ist § 148 analog anzuwen-

(1986); *ders.* Zur Funktion des Gerichtshofs bei der Rechtsangleichung in der Europäischen Gemeinschaft, in: FS Lukes (1989), 359ff.; *ders.* Zur Auslegung des durch EG-Richtlinien angeglichenen nationalen Rechts ZGR 1992, 376, 389ff.; *ders.* Justiz im Europa von morgen DRiZ 1993, 5, 10ff.; *Fuß* Die Verantwortung der nationalen Gerichte für die Wahrung des europäischen Gemeinschaftsrechts, in: Gedächtnisschrift Sasse (1981), Band I, 171; *Habscheid* Der deutsche Richter und der Europäische Gerichtshof, in: FS von der Heydte (1977) (1. Halbband), 205; *Johannes* Der Bundesgerichtshof, ein Vauban der Festung Europa? BB 1989, 1627; *Keil/Wagner* Verschmelzungsrecht und Art. 177 EWG-Vertrag ZIP 1989, 214ff.; *Kirchhof* Der Europäische Gerichtshof als gesetzlicher Richter i.S. des Gesetzgebers DStR 1989, 551; *Kirchhoff* Die Bedeutung des Europäischen Gerichtshofs für Europa und für die einzelnen Marktteilnehmer DB 1989, 2261; *Knopp* Über die Aufgabenteilung zwischen dem Europäischen Gerichtshof und den nationalen Gerichten bei der Auslegung des Gemeinschaftsrechts, in: FS Möhring (1965) 449; *Koenigs* Vorlagepflicht nach EG-Recht bei Normenkontrolle über Frauenquote BB 1991, 1634; *Lenz/Beisse/Merz/Wiegand* Das Zusammenwirken der europäischen Gerichte und der nationalen Gerichtsbarkeit (1989); *Matthies* Zur Auslegung des Gemeinschaftsrechts im Vorlageverfahren (Art. 177 EWG-V), in: Gedächtnisschrift Constantinesto (1983) 471ff.; *Meier G.* Zur Einwirkung des Gemeinschaftsrechts auf nationales Verfahrensrecht im Falle höchstrichterlicher Vertragsverletzungen EuZW 1991, 1ff.; *Pietrek* Verbindlichkeit von Vorabentscheidungen nach Art. 177 EWG-Vertrag (1989); *Reiter* Verschränkung europäischer und deutscher Gerichtsbarkeit ZfSH/SGB 1990, 10; *Rengeling* Gemeinschaftsrecht und nationaler Rechtsschutz – Unter besonderer Berücksichtigung der Rechtsprechung des Europäischen Gerichtshofes und deutscher Gerichte, in: Gedächtnisschrift Sasse (1981), (1. Halbband), 197; *Rodi* Vorlageentscheidungen, gesetzlicher Richter und Willkür DÖV 1989, 750; *Schilling* Art. 24 Abs. 1 GG, Art. 177 EWGV und die Einheit der Rechtsordnung Der Staat 29 (1990), 161; *Schlemmer-Schulte* Gemeinschaftlicher vorläufiger Rechtsschutz und Vorlagepflicht EuZW 1991, 307; *K. Schmidt* EG-Gruppenfreistellung und nationale Gerichtsbarkeit, in: FS Quack (1991) 669; *Schmeiding/Schohe* Umgehung der Vorlagepflicht nach Art. 177 Abs. 3 EWG-Vertrag durch Nichtzulassung des letzten Rechtsmittels?, in: FS Gaedertz (1992), 525; *E. Schumann* Das Verhältnis des deutschen Richters zum Gerichtshof der Europäischen Gemeinschaften – Die Anwendung von Gemeinschaftsrecht durch deutsche Gerichte ZZP 78 (1965), 77; *J. Schwarze* Die Befolgung von Vorabentscheidungen des Europäischen Gerichtshofs durch deutsche Gerichte (1988); *ders.* Grundzüge und neuere Entwicklung des Rechtsschutzes im Recht der Europäischen Gemeinschaft NJW 1992, 1065; *Seidel* Die Praxis der Bundesregierung und der anderen Mitgliedstaaten in Verfahren, vor allem Vorabentscheidungsverfahren, vor dem Gerichtshof der Europäischen Gemeinschaften, in: Schwarze (Hrsg.) Der Europäische Gerichtshof als Verfassungsgericht und Rechtsschutzinstanz (1983), 95ff.; *Steindorff* Vorlagepflicht nach Art. 177 Abs. 3 EWGV und Europäisches Gesellschaftsrecht ZHR 156 (1992) 1; *Streil* Das Vorabentscheidungsverfahren als Bindeglied zwischen europäischer und nationaler Rechtsprechung, in: *J. Schwarze* (Hrsg.), Der Europäische Gerichtshof als Verfassungsgericht und Rechtsschutzinstanz (1983) 69; *Tomuschat* Die gerichtliche Vorabentscheidung nach den Verträgen über die europäischen Gemeinschaften (1964); *Voß* Erfahrungen und Probleme bei der Anwendung des Vorabentscheidungsverfahrens nach Art. 177 EWGV EuR 1986, 95; *Zimmermann* Durchsetzung der Vorlagepflicht nach Art. 177 Abs. 3 EWG-Vertrag mittels deutschen Verfassungsrechts, in: FS Doehring (1989) 1033. – Ferner die Darstellungen bei *Bleckmann* Europarecht[4] (1992) Rdnr. 611ff.; *Oppermann* Europarecht (1991) Rdnr. 650ff.; *Schweitzer/Hummer* Europarecht[4] (1992) 150ff.; *Grabitz/Wohlfarth* Kommentar zum EWG-Vertrag (Stand: November 1988) Art. 177; *HandKomm-EWGV/Hailbronner* (1991) Art. 177; *Krück*, in: von der Groeben/Thiesing/Ehlermann Kommentar zum EWG-Vertrag[4] (1991) (dort auch zahlreiche Nachweise der ausländischen Literatur); *Geiger* EG-Vertrag (1993) Art. 177.

[425] Gesetz zum Vertrag vom 7.2.1992 über die Europäische Union vom 28.12.1992, BGBl II 1251.

[426] Soweit nicht das Gericht erster Instanz nach Art. 168a EG-Vertrag wegen Art. 3 Abs. 2 des Beschlusses des Rates zur Errichtung eines Gerichts erster Instanz der Europäischen Gemeinschaften vom 24.10.1988 (ABl. EG Nr. C 215/1 vom 21.8.1989) zuständig ist. – Zur neuerlichen Erweiterung der Zuständigkeit: EuZW 1993, 427.

Vorabentscheidung bestimmter Fragen des Rechts der Europäischen Gemeinschaft, aus denen das Recht oder die Pflicht des Prozeßgerichts folgen, einen Zivilprozeß auszusetzen und die Frage dem EuGH vorzulegen. Berücksichtigt wird die Rechtslage nach dem nunmehr sollte, daß derselbe Streitgegenstand sowohl vor dem EuGH als auch vor einem Zivilgericht anhängig ist[427].

Häufiger wird wohl eine Aussetzung in analoger Anwendung von § 148 ZPO wegen eines 179 Verfahrens vor dem Gericht erster Instanz nach Art. 168a EG-Vertrag in Betracht kommen. Seine erstinstanzliche Zuständigkeit folgt aus Art. 3 des Beschlusses des Rates[428]. So könnte der für ein deutsches Zivilgericht präjudizielle Akt eines Gemeinschaftsorgans vor dem Gericht erster Instanz der Europäischen Gemeinschaft mit Nichtigkeitsklage angefochten sein (Art. 168a EG-Vertrag i.V.m. Art. 173 Abs. 2 EG-Vertrag, Art. 3 Abs. 1 Buchst. c des Beschlusses des Rates)[429]. Wie bei der Anfechtung eines präjudiziellen Verwaltungsaktes vor dem erstinstanzlichen Verwaltungsgericht der Zivilprozeß ausgesetzt werden kann (→ Rdnr. 119ff.), so bestehen keine Bedenken, in einem derartigen Fall das zivilgerichtliche Verfahren bis zur Entscheidung des Gerichts erster Instanz auszusetzen. Nicht damit verwechselt werden darf, daß dieses Gericht nach Art. 168a Abs. 1 Satz 2 EG-Vertrag nicht für Vorabentscheidungen nach Art. 177 EG-Vertrag zuständig ist. Eine Aussetzung ist wohl auch bei identischem Streitgegenstand möglich. Dem Art. 168a EG-Vertrag nachgebildet sind Art. 32d des Montanvertrages und Art. 140a des Euratomvertrages.

In analoger Anwendung von § 148 ist eine Aussetzung auch zulässig und geboten, wenn ein 180 präjudizielles Verfahren vor der Kommission anhängig ist[430].

b) Rechtsquellen des Vorabentscheidungsverfahrens

Für die Aussetzung eines Zivilprozesses und die Vorlage an den EuGH sind folgende 181 Vorschriften des Gemeinschaftsrechts maßgebend:

Art. 41 Montanvertrag[431]

Der Gerichtshof allein entscheidet, und zwar im Wege der Vorabentscheidung, über die 182 Gültigkeit von Beschlüssen der Hohen Behörde und des Rates, falls bei einem Streitfall vor einem staatlichen Gericht diese Gültigkeit in Frage gestellt wird.

Art. 177 EG-Vertrag[432]

Der Gerichtshof entscheidet im Wege der Vorabentscheidung 183
a) über die Auslegung dieses Vertrages,
b) über die Gültigkeit und die Auslegung der Handlungen der Organe der Gemeinschaft *und der EZB,*

---

[427] *E. Schumann* ZZP 78 (1965), 77, 90 bei Fn. 62, 91 Fn. 62a, 92.
[428] Oben Fn. 426; Lit.: *H. Jung* Das Gericht erster Instanz der Europäischen Gemeinschaften (1991); *ders.* EuR 1992, 246ff. (auch de lege ferenda); *Lenaerts* EuR 1990, 228; *Müller-Huschke* EuGRZ 1989, 213; *Rabe* NJW 1989, 3041.
[429] Die Verfahrensordnung des Gerichts Erster Instanz der Europäischen Gemeinschaften vom 2.5.1991 ist abgedruckt in ABl. EG Nr. L 136/1, v. 30.5.1991 bereinigt ABl. EG Nr. L 193/44.
[430] EuGHE 1974, 51, 63; BGH NJW 1985, 2895,
2896; *Markert* AWD 1966, 41, 46; *E. Schumann* ZZP 78 (1965), 77, 129f.; *Basse* (oben Fn. 424) 227; zu einer zu erwartenden Einzel- oder Gruppenfreistellung ausführlich *K. Schmidt* (o. Fn. 424), 678f.; a.A. *Ullrich* Das Recht der Wettbewerbsbeschränkungen des Gemeinsamen Marktes und die einzelstaatliche Zivilgerichtsbarkeit (1971) 177ff.
[431] Unverändert durch den Vertrag über die Europäische Union vom 7.2.1992 (→ oben Rdnr. 177).
[432] In der Fassung des Vertrages über die Europäische Union vom 7.2.1992; die Änderung ist durch Kursivdruck gekennzeichnet.

c) über die Auslegung der Satzungen der durch den Rat geschaffenen Einrichtungen, soweit diese Satzungen dies vorsehen.

Wird eine derartige Frage einem Gericht eines Mitgliedstaates gestellt und hält dieses Gericht eine Entscheidung darüber zum Erlaß seines Urteils für erforderlich, so kann es diese Frage dem Gerichtshof zur Entscheidung vorlegen.

Wird eine derartige Frage in einem schwebenden Verfahren bei einem einzelstaatlichen Gericht gestellt, dessen Entscheidungen selbst nicht mehr mit Rechtsmitteln des innerstaatlichen Rechts angefochten werden können, so ist dieses Gericht zur Anrufung des Gerichtshofes verpflichtet.

Art. 150 Euratomvertrag[433]

184   Der Gerichtshof entscheidet im Wege der Vorabentscheidung
a) über die Auslegung dieses Vertrags,
b) über die Gültigkeit und die Auslegung der Handlungen der Organe der Gemeinschaft,
c) über die Auslegung der Satzungen der durch den Rat geschaffenen Einrichtungen, soweit diese Satzungen nicht etwas anderes bestimmen.

Wird eine derartige Frage einem Gericht eines Mitgliedstaates gestellt und hält dieses Gericht eine Entscheidung darüber zum Erlaß seines Urteils für erforderlich, so kann es diese Frage dem Gerichtshof zur Entscheidung vorlegen.

Wird eine derartige Frage in einem schwebenden Verfahren bei einem einzelstaatlichen Gericht gestellt, dessen Entscheidungen selbst nicht mehr mit Rechtsmitteln des innerstaatlichen Rechts angefochten werden können, so ist dieses Gericht zur Anrufung des Gerichtshofes verpflichtet.

EuGVÜ-Auslegungsprotokoll; Lugano Abkommen

185   Das Protokoll betreffend die Auslegung des EuGVÜ enthält ebenfalls eine Vorabentscheidung[434]. Der Text des Protokolls ist abgedruckt in → Einl. Rdnr. 931; zum Inhalt → Einl. Rdnr. 809. Zu beachten ist, daß das Protokoll in der durch das 2. Beitrittsübereinkommen vom 25.10.1982 (→ Rdnr. 145) geänderten Fassung für die Bundesrepublik Deutschland am 1.4.1989 im Verhältnis zu Belgien, Frankreich, Irland, Italien, Luxemburg, den Niederlanden, Griechenland und Dänemark (außer Grönland) in Kraft getreten ist (Bekanntmachung vom 15.12.1989, BGBl. II 214). Es gilt in dieser Fassung seit dem 1.10.1989 auch für das Vereinigte Königreich (Bekanntmachung vom 24.8.1989, BGBl. II 752).

Im Bereich des Lugano Abkommens (→ Rdnr. 148) gibt es keine entsprechende Auslegungsbefugnis des EuGH. Das Protokoll Nr.2[435] über die einheitliche Auslegung des Übereinkommens sieht lediglich gewisse organisatorische Maßnahmen vor.

c) Zum Begriff der »Vorabentscheidung«

186   Die wiedergegebenen Artikel der verschiedenen Verträge (→ Rdnr. 181 ff.) verwenden den Begriff »Vorabentscheidung« nicht in dem Sinne, wie ihn die ZPO etwa in ähnlicher Formulierung in § 304 gebraucht. Die ZPO meint mit Vorabentscheidung die teilweise

---

[433] Unverändert durch den Vertrag über die Europäische Union vom 7.2.1992 (→ oben Rdnr. 177).

[434] Eine Auflistung der durch den EuGH entschiedenen Verfahren findet sich bei *Kropholler*[4] 510 f.; *Linke* RIW 1991, Beilage Nr. 5.

[435] Protokoll vom 16.9.1988, ABl. EG Nr. L 319 vom 25.11.1988 S. 31; abgedruckt auch bei *Jayme/Hausmann*[6] Nr. 76.

Entscheidung über die Klage durch dieselbe Richterbank, die später auch die Schluß-(End-)entscheidung treffen wird. Dagegen versteht das Gemeinschaftsrecht unter »Vorabentscheidungsverfahren« ein selbständiges (prinzipales) Verfahren vor dem EuGH. Dieses ist von einem anderen Rechtsstreit losgelöst und beginnt erst nach Aussetzung dieses Rechtsstreits und aufgrund der Vorlage der Rechtsfrage an den EuGH[436].

d) Zweck der Vorabentscheidung

Die Vorabentscheidungsnormen (→ Rdnr. 181 ff.) beruhen auf dem im Gemeinschaftsrecht angelegten Nebeneinander zwischen dem einzelstaatlichen Gerichtssystem und der Gerichtsbarkeit des EuGH. Einerseits haben die Gerichte der Mitgliedstaaten in vielfältiger Weise primäres und sekundäres Gemeinschaftsrecht anzuwenden (zu den Begriffen → oben Rdnr. 62 und 63). Andererseits fehlt dem EuGH die Befugnis, die Entscheidungen der einzelstaatlichen Gerichte zu überprüfen. Das Vorabentscheidungsverfahren will der Gefahr unterschiedlicher Interpretationen des Gemeinschaftsrechts vorbeugen. Dieses prozessuale Zwischenverfahren bildet das verfahrensrechtliche Bindeglied zwischen der supranationalen Gerichtsbarkeit des EuGH und den nationalen Gerichten: Der nationale Prozeß wird ausgesetzt und die betreffende Rechtsfrage wird dem EuGH im Wege der Vorabentscheidung vorgelegt. Die Regeln über die Vorabentscheidung spiegeln daneben auch die Pflicht der einzelstaatlichen Gerichte wider, für die volle und in den Mitgliedstaaten einheitliche Wirkungsweise des Gemeinschaftsrechts zu sorgen[437]. Der EuGH sieht im Vorabentscheidungsverfahren dementsprechend ein Instrument für die Zusammenarbeit zwischen ihm und den nationalen Gerichten[438].

187

e) Gültigkeitsvorlage und Interpretationsvorlage

Das Gemeinschaftsrecht kennt mit Gültigkeitsvorlage und Interpretationsvorlage zwei Arten der Vorabentscheidung. Eine *Gültigkeitsvorlage* ist im EG-Vertrag (→ Rdnr. 183), im Montanvertrag (→ Rdnr. 182) und im Euratomvertrag (→ Rdnr. 184) vorgesehen. Mit ihr wird dem EuGH die Frage unterbreitet, ob eine Vorschrift des Gemeinschaftsrechts oder eine Maßnahme von Gemeinschaftsorganen aufgrund des Gemeinschaftsrechts gültig ist. Der Vertrag über die Europäische Union (→ Rdnr. 177) will mit Art. 177 Buchst. b EG-Vertrag n. F. die Gültigkeitsvorlage auf die EZB erweitern. Die Gültigkeitsvorlage weist in ihrer Struktur eine Verwandtschaft auf mit der konkreten Normenkontrolle des GG (→ Rdnr. 50 ff.). Sofern ein nationales Gericht zur Gültigkeitsvorlage verpflichtet ist, fehlt ihm die Verwerfungskompetenz gegenüber dem betreffenden Gemeinschaftsrecht oder dem einzelnen Gemeinschaftsakt (zur Verwerfungskompetenz auch → Rdnr. 50).

188

Die *Interpretationsvorlage* (Auslegungsvorlage) ist im EGVertrag (→ Rdnr. 183) und im Euratomvertrag (→ Rdnr. 184) ausdrücklich vorgesehen. Dagegen kennt der Montanvertrag (→ Rdnr. 182) eine Interpretationsvorlage vom Wortlaut her nicht. Doch ist der Europäische Gerichtshof nicht nur für die Beurteilung der Gültigkeit, sondern gleichwohl auch für die Auslegung von Beschlüssen der Hohen Behörde und des Rates der EGKS zuständig[439]. Die

189

---

[436] Vgl. *E. Schumann* ZZP 78 (1965) 77, 99; *Krück,* in: von der Groeben/Thiesing/Ehlermann (oben Fn. 424) Art. 177 Rdnr. 7 f.

[437] Vgl. *EuGHE* 1978, 629, 645; dazu *H. P. Ipsen* EuR 1979, 223; *Fuß* (oben Fn. 424), 185 ff.; *Rengeling* (oben Fn. 424), 197 ff.; *Everling* (o. Fn. 424), DRiZ 1993, 5, 10 ff.

[438] Jüngst *EuGH* RIW 1992, 768 m. N.; rechtstatsächlicher Befund bei *J. Schwarze* (o. Fn. 424), Befolgung, 37 ff.

[439] *EuGHE* 1990 I 495, 522 ff..

Interpretationsvorlage bedeutet eine im deutschen Prozeßrecht seltene Beschränkung der richterlichen Auslegungskompetenz. Sie ist notwendig, weil eine Überordnung des EuGH über die nationalen Gerichte und damit ein Rechtsmittelzug zu ihm nicht zu verwirklichen war (→ Rdnr. 187). Eine Auslegungsfrage kann (muß) dem EuGH im Interesse der Einheitlichkeit der Auslegung des primären und sekundären Gemeinschaftsrechts (→ Rdnr. 62, 63) vorgelegt werden. Ist ein nationales Gericht zu einer Interpretationsvorlage verpflichtet, so ist ihm die Auslegungskompetenz gegenüber dem Gemeinschaftsrecht genommen.

f) Voraussetzungen der Vorabentscheidung

aa) Vorlageberechtigtes Gericht

190 Eine Vorabentscheidung ist nur möglich, wenn das Gericht eines Mitgliedstaates den EuGH durch Vorlage der Sache anruft. Neben dem Prozeßrichter ist auch der Richter der fG zur Vorlage befugt[440]. Nicht vorlageberechtigt sind private Schiedsgerichte, auch wenn sie nicht nach Billigkeit, sondern nach Gesetz zu entscheiden haben[441]. Vorlageberechtigt ist aber ein tarifvertragliches Schiedsgericht, das nach dem Gesetz letztinstanzlich entscheidet[442]. Staatliche Gerichte haben ein Vorlagerecht im Rahmen ihrer Mitwirkungskompetenz innerhalb des schiedsgerichtlichen Verfahrens z. B. nach den §§ 1036, 1041 ff. Der niederländische Streitsachenausschuß für medizinische Angelegenheiten soll gleichfalls zur Vorlage berechtigt sein, weil er seine Aufgaben mit Zustimmung und unter Mitwirkung der Behörden wahrnimmt und seine Entscheidungen faktisch als endgültig hingenommen werden[443]. Nicht vorlageberechtigt sind die Parteien des Ausgangsverfahrens, die Organe der Gemeinschaft, Verwaltungsbehörden der Mitgliedstaaten, Gerichte dritter Staaten und internationale Gerichtshöfe. Vorlageberechtigt ist aber ein Gericht, das für ein mit der Gemeinschaft assoziiertes überseeisches Land oder Gebiet zuständig ist[444]. Zulässig ist eine Vorlage auch, wenn die Beantwortung der Vorlagefrage dem Ausgangsgericht die Feststellung erlaubt, ob das Recht eines anderen Mitgliedstaates als desjenigen, dem das vorlegende Gericht angehört, mit Gemeinschaftsrecht vereinbar ist[445]. Es muß sich immer um eine unabhängige staatliche Instanz handeln, die auf gesetzlicher Grundlage Rechtsstreitigkeiten zu entscheiden hat, für die sie nach dem Gesetz zuständig ist. Unerheblich ist es allerdings, wenn das Gericht in dem Ausgangsverfahren auch bestimmte Funktionen wahrzunehmen hat, die keinen Rechtsprechungscharakter im engeren Sinne aufweisen[446].

bb) Entscheidungserheblichkeit

191 Die Gültigkeits- oder Auslegungsfrage (→ Rdnr. 188) muß entscheidungserheblich sein (zum Begriff → Rdnr. 76). Es muß eine in den Zuständigkeitsbereich des EuGH fallende Frage für die Entscheidung des Zivilprozesses in dem Sinne wesentlich sein, daß ihre unterschiedliche Beantwortung zu verschiedenen Entscheidungen des Gerichts führt. Der EuGH ist auch zuständig für die Auslegung von aufgrund des EG-Vertrages ausgesprochenen Empfehlungen[447]. Der nicht bindende Charakter einer gemeinschaftsrechtlichen Handlung steht einer Entscheidung des EuGH über die Auslegung dieser Handlung nicht entgegen[448]. Zulässig sind auch Vorabentscheidungsersuchen, in denen es um die Bestimmung des Gemeinschaftsrechts

---

[440] *BayObLG* ZIP 1992, 842, 843.
[441] *EuGHE* 1982, 1095, 1109 ff.
[442] *EuGHE* 1989, 3199, 3224.
[443] *EuGHE* 1981, 2311, 2328.
[444] *EuGHE* 1990 I, 4647, 4670.
[445] *EuGHE* 1989, 3891, 3913.
[446] *EuGHE* 1987, 2545, 2567.
[447] *EuGHE* 1989, 4407, 4419; *EuGH* RIW 1993, 252, 253.
[448] *EuGH* RIW 1993, 252, 253.

in dem besonderen Fall geht, daß das nationale Recht eines Mitgliedstaates auf den Inhalt dieser Bestimmung verweist, um festzulegen, welche Vorschriften auf einen auf das Gebiet dieses Staates beschränkten Sachverhalt anwendbar sind[449]. In den Zuständigkeitsbereich des EuGH fallen auch Bestimmungen, die der durch ein Assoziierungsabkommen zwischen der Gemeinschaft und einem Drittstaat geschaffene Assoziierungsrat zur Durchführung dieses Abkommens erläßt[450]. Dabei ist es Sache des nationalen Ausgangsgerichts, über die Frage der Entscheidungserheblichkeit zu befinden[451]. Der Gerichtshof kann gegen den Willen des vorlegenden Gerichts den Gegenstand der Vorlagefrage erweitern[452]. Der EuGH entscheidet nicht über nationale Rechtsfragen. Das ist dem EuGH weder zuzumuten, noch fällt es in seine Kompetenzen, da ihm – anders als z. B. dem Bundesverfassungsgericht (→ Rdnr. 85) – keine umfassende Vorfragenkompetenz gegenüber der Frage der Entscheidungserheblichkeit zukommt[453]. Wegen des Beurteilungsmonopols der nationalen Gerichte ist eine Revision begründet, wenn eine Vorlage an den EuGH in Betracht kommt, aber eine weitere Sachaufklärung nötig ist, damit die Erheblichkeit endgültig beurteilt werden kann[454]. Der EuGH ist (anders als das Bundesverfassungsgericht → Rdnr. 101 ff.) ganz außerordentlich großzügig und sieht eine Vorlage nur in seltenen Fällen offenkundig fehlender Entscheidungserheblichkeit als unzulässig an[455]. So ist eine Vorlage selbst dann als zulässig beurteilt worden, wenn das vorlegende Gericht im gegenwärtigen Verfahrensstadium noch nicht abschließend festgestellt hat, welche gemeinschaftsrechtlichen Vorschriften Anwendung finden[456].

Dagegen wird ein Vorabentscheidungsersuchen nicht beantwortet, das zu einem Zeitpunkt gestellt wird, in dem das Verfahren vor dem Ausgangsgericht bereits abgeschlossen ist[457]. Unzulässig ist die Vorlage, wenn sich die Streitfrage ausschließlich auf nationales Recht bezieht[458] oder sonst keinen Bezug zum Gemeinschaftsrecht aufweist[459]. Auch ist es nicht Aufgabe des Gerichts, beratende Stellungnahmen zu allgemeinen oder hypothetischen Fragen abzugeben[460]. Insgesamt betrachtet werden Vorlagen nur dann nicht beantwortet, wenn das betreffende Gemeinschaftsrecht offensichtlich irrtümlich herangezogen wurde oder kein echter Rechtsstreit vorliegt[461]. Ebenso liegt es, wenn das wahre Anliegen des Fragestellers weder aus den Gründen der Vorlageentscheidung noch aus den Prozeßakten deutlich wird[462]. Nach dem Sprachgebrauch des EuGH darf das Verfahren des Art. 177 EG-Vertrag nicht zweckwidrig angewendet werden[463]. Möglicherweise zeichnet sich aber in jüngster Zeit eine Verschärfung der Anforderungen ab[464].

---

[449] *EuGHE* 1991 I 127, 128 (Gründe nicht wiedergegeben).
[450] *EuGHE* 1990 I 3461; 3501; auch *EuGH* RIW 1993, 252, 253.
[451] Jüngst wieder *EuGHE* 1990 I, 4003, 4017; *EuGH* RIW 1992, 768, 769; EuZW 1992, 701 f.
[452] *EuGHE* 1989, 5987.
[453] *EuGHE* 1988, 2041, 2074; 1987, 3697, 3715; 1986, 1425, 1460; 1983, 583, 595; 1982, 3415, 3429; 1981, 3045, 3062; 1980, 273, 281; 1969, 309; 1963, 5, 24; *HandKommEWGV/Hailbronner* (1991) Art. 177 Rdnr. 11; *Krück*, in: *von der Groeben/Thiesing/Ehlermann*⁴ Art. 177 Rdnr. 53 ff.; *Bleckmann*⁵ Rdnr. 626; *Oppermann* (1991) Rdnr. 657.
[454] *BSG* NJW 1974, 1637, 1638.
[455] *EuGHE* 1968, 679, 690; *EuGH* RIW 1992, 768, 769 mit Anm. *Pott* DWiR 1992, 338 sowie Bespr. *Ebenroth/Neiß* BB 1992, 2085, 2089 f.; *Oppermann/Hiermaier* JuS 1980, 789; *Streil* (oben Fn. 424), 85. – Zu den Unterschieden zu der Praxis des BVerfG s. *Ress* FS Jahr (1993), 339; *Prütting* GS Arens (1993), 348.
[456] *EuGH* NJW 1992, 2407.
[457] *EuGHE* 1988, 2041, 2074; *EuGH* NJW 1993, 776, 777.
[458] *EuGHE* 1975, 2147, 2151; *BFH* RIW 1992, 332, 333; *BGH* ZIP 1993, 762 (Nichtannahmebeschluß).
[459] *EuGHE* 1980, 771.
[460] *EuGHE* 1981, 3045, 3063; 1980, 745, 759 f.; *EuGH* RIW 1992, 768, 769.
[461] Dazu *EuGHE* 1990 I, 4003, 4018.
[462] *EuGHE* 1982, 2953, 2963; *Krück*, in: *von der Groeben/Thiesing/Ehlermann*⁴ Art. 177 Rdnr. 63.
[463] *EuGHE* 1990 I, 3763, 3794; 1990 I 4003, 4018.
[464] *EuGH* RIW 1992, 768 mit Anm. *Pott* DWiR 1992, 338 f. und Bespr. *Ebenroth/Neiß* BB 1992, 2085, 2089 f.

cc) Verfahrensstadium

192 Es ist weitgehend unerheblich, in welchem Verfahrensstadium der Zivilrichter vorlegt. Vielmehr liegt es weithin im Ermessen des Zivilgerichts, wie weit es das Verfahren fördern will und den Sachverhalt aufklärt, um die Erheblichkeit der Vorlagefrage zu beurteilen[465]. Sehr viel strenger ist vergleichsweise das Bundesverfassungsgericht bei der Vorlage nach Art. 100 GG (→ Rdnr. 78, 84). Aus Gründen der Prozeßökonomie sollte aber stets zunächst das Verfahren so weit wie möglich gefördert werden.

dd) Gültigkeitsvorlage

193 Bei der Gültigkeitsvorlage (→ Rdnr. 188) ist es für die Bejahung der Vorlagebefugnis notwendig, daß bei dem vorlegenden Gericht gegen die Gültigkeit von Beschlüssen oder andere Handlungen der Gemeinschaft Bedenken bestehen. Der Ausgangsrichter muß also nicht von der Ungültigkeit des betreffenden Aktes überzeugt sein (anders bei der konkreten Normenkontrolle des Art. 100 Abs. 1 GG → Rdnr. 60). Die Vorlagebefugnis entfällt nicht bereits durch die innerstaatlichen Bestimmungen über die Bindung an die Rechtsauffassung des Rechtsmittelgerichts (z.B. §§ 565 Abs. 2 ZPO; 126 Abs. 5 FGO)[466]. Anders ist die Situation wiederum bei der Richtervorlage nach Art. 100 GG (→ Rdnr. 90).

194 Eine Vorlage an den EuGH ist aber entbehrlich, wenn über die Gültigkeit eines Aktes keine ernsthaften Zweifel bestehen können[467]. Die Vorlage wegen angeblicher Ungültigkeit des primären Gemeinschaftsrechts (→ zur Terminologie Rdnr. 62) ist unzulässig, weil es als Prüfungsmaßstab nicht Prüfungsgegenstand sein kann. Unstatthaft sind Gültigkeitsvorlagen ferner, wenn sie Akte (Einzelakte) oder Vorschriften prüfen lassen wollen, die nicht von Gemeinschaftsorganen stammen. Prüfungsmaßstab für den Gemeinschaftsakt ist lediglich das Gemeinschaftsrecht und nicht nationales Recht. Das gilt auch für deutsches Verfassungsrecht (→ Rdnr. 64f.). Auch Völkerrecht scheidet als Prüfungsmaßstab aus, es sei denn, der einzelne Bürger kann sich auf dessen Bestimmungen berufen[468].

ee) Interpretationsvorlage

195 Die Voraussetzungen der Interpretationsvorlage (→ Rdnr. 189) sind den Erfordernissen der Gültigkeitsvorlage (→ Rdnr. 193) vergleichbar. Es müssen über die zutreffende Auslegung einer Vorschrift des primären oder sekundären Gemeinschaftsrechts Unklarheiten bestehen. Nicht vorgelegt zu werden braucht, soweit es sich um klare Normen handelt (»acte-clair-Doktrin«)[469]. Freilich ist das wegen der strengen Anforderungen des EuGH[470] eher mißverständlich formuliert. Möglich und geboten sind auch Vorabentscheidungsverfahren

---

[465] *EuGHE* 1987, 2545, 2568; 1984, 2727, 2745; 1981, 735, 748; ausführlich *Voß* (o. Fn. 424), EuR 1986, 95, 99.

[466] *EuGHE* 1974, 33, 38f.; ebenso *Rengeling* (oben Fn. 424), 210f.; ferner *Briguglio* (o. Fn. 424), 47ff.

[467] *BVerfG* RIW 1989, 823; *BGH* RIW 1989, 745 (zu § 340a AktG); *OLG Zweibrücken* VerkMitt 1979, Nr. 31; *E. Schumann* ZZP 78 (1965), 77, 110. Entsprechendes gilt für die Interpretationsvorlage → Rdnr. 195.

[468] *EuGHE* 1972, 1219, 1227 (zu Art. XI des Allgemeinen Zoll- und Handelsabkommens); ferner *Daig* (oben Fn. 424), 88.

[469] Dazu *BVerfG* RIW 1989, 823; *BGHZ* 110, 47, 68ff. (Lehre von der »verdeckten Sacheinlage«, im entschiedenen Fall aber sehr zweifelhaft), gleichwohl gehalten von *BVerfG* DB 1991, 2230; ausführlich dazu *Steindorff* ZHR 156 (1992) 1ff.; *BVerwGE* 66, 29, 38; *BSG* SozSich 1991, 352 (LS) (im Anschluß an *EuGHE* 1982, 3415, 3430); MDR 1970, 454; *BFH* RIW/AWD 1976, 115; *BayObLG* ZIP 1992, 841, 843; *Bleckmann*[5] Rdnr. 620; Hand-KommEWGV/*Hailbronner* (1991) Art. 177 Rdnr. 34; *Keil/Wagner* (o. Fn. 424), ZIP 1989, 214, 217; *Schiller* RIW 1988, 452; *Spetzler* RIW 1989, 362; *E. Schumann* ZZP 78 (1965), 77, 109f.; auch *LAG Berlin* DB 1992, 44, 45; für strenge Anforderungen mit Recht *Briguglio* (o. Fn. 424), 47ff.; zum Verhältnis von Art. 177 EG-Vertrag zu § 96 Abs. 2 GWB *K. Schmidt* (o. Fn. 424), 679f.

[470] *EuGHE* 1982, 3415, 3430f.

wegen ungeschriebenen Gemeinschaftsrechts[471]. Stets muß das vorlegende Gericht bei der Beurteilung der Auslegungsbedürftigkeit auch berücksichtigen, ob bei den Gerichten der anderen Mitgliedstaaten und beim EuGH in gleicher Weise Gewißheit über den Inhalt der Norm besteht[472]. Nicht alles, was dem staatlichen Richter als klar erscheint, ist tatsächlich geklärt. Gemeinschaftsrecht unterliegt zudem häufig nicht den nationalen Auslegungsregeln und ist europäisch (autonom) zu interpretieren (→ Einl. Rdnr. 786 zum EuGVÜ). Besonders häufig ist das der Fall bei der im EuGVÜ-Auslegungsprotokoll (→ Rdnr. 206) vorgesehenen Interpretationsvorlage wegen der Vorschriften des EuGVÜ. Hier sollte der deutsche Zivilrichter dem EuGH lieber einmal eine Vorlage zuviel unterbreiten als durch Nichtvorlage die Gefahr unterschiedlicher Auslegung des EuGVÜ herbeizuführen (→ Einl. Rdnr. 809). Auch im Bereich des Art. 177 EG-Vertrag sollte die Vorlagefreudigkeit insbesondere des Bundesgerichtshofs deutlich zunehmen[473]: in dubio pro praesentatione[474].

Der BGH[475] verneint eine Vorlagepflicht nach Art. 177 Abs. 2 EG-Vertrag, wenn die Entscheidung des deutschen Gerichts zwar von der Auslegung einer EG-Vorschrift abhängt, der EuGH die für die Auslegung wesentlichen Fragen aber bei der Auslegung einer anderen Vorschrift bereits beantwortet hat. In vergleichbarer Weise wurde nicht vorgelegt, wenn die betreffende Norm zwar noch nicht an den Bestimmungen des EG-Vertrages gemessen, die erforderliche Auslegung vom EuGH aber in anderem Zusammenhang bereits vorgenommen wurde[476]. Will ein OLG eine Vorschrift der EG im gleichen Sinne auslegen wie der EuGH, so ist es hieran nicht dadurch gehindert, daß ein anderes OLG die Vorschrift anders ausgelegt hat[477]. Es bedarf keiner Vorlegung nach § 121 Abs. 2 GVG. Nach der – zweifelhaften – Rechtsprechung des Bundesverfassungsgerichts[478] ist Art. 101 Abs. 1 S. 2 GG dann nicht verletzt, wenn ein Gericht die Vorlageverpflichtung nach Art. 177 Abs. 3 EG-Vertrag mit rechtlich nachvollziehbarer und sachlich einleuchtender Begründung verneint und sich begründete Zweifel an der Richtigkeit der Auslegung der gemeinschaftsrechtlichen Frage durch das Gericht nicht aufdrängen. Eine Verletzung von Art. 101 Abs. 1 S. 2 GG liegt aber dann vor, wenn mögliche Gegenauffassungen zu der entscheidungserheblichen Frage des Gemeinschaftsrechts gegenüber der vom Gericht vertretenen Meinung eindeutig vorzuziehen sind. Das bedeutet dann einen Verstoß gegen das Willkürverbot. Gegen derartige Verletzungen der Vorlagepflicht ist die Verfassungsbeschwerde wegen Verstoßes gegen Art. 101 Abs. 1 S. 2 GG gegeben, weil der EuGH gesetzlicher Richter ist (unten → Rdnr. 212).

ff) Bindungswirkungen der Entscheidung des EuGH

Wenn der EuGH über eine Gültigkeits- oder Interpretationsvorlage entschieden hat, entsteht hierdurch eine Bindung für das vorlegende Gericht und die mit dem Ausgangsverfahren etwa künftig noch befaßten gerichtlichen Instanzen[479]. Die Vorabentscheidung erwächst

---

[471] *Steindorff* ZHR 156 (1992), 1, 14 ff.
[472] Insoweit enge Voraussetzungen bei *EuGHE* 1982, 3415, 3430; zust. *Streil* (oben Fn. 424), 73 f.; *Dauses* (oben Fn. 424), 75; *Everling* (oben Fn. 424), 48 ff.; *Krück*, in: *von der Groeben/Thiesing/Ehlermann*⁴ Art. 177 Rdnr. 71; *Merz* in *Lenz* (o. Fn. 424), 39, 44.
[473] Zweifelhafte Fälle werden diskutiert durch *Johannes* BB 1989, 1627, 1631 f. (zu *BGH* BB 1989, 935); *Steindorff* ZHR 156 (1992) 1 ff. (zu *BGHZ* 110, 47); *D. Schroeder* GRUR 1989, 674 (zu *BGH* GRUR 1989, 673); *Timm* EWiR 1990, 321 (zu *BGH* ZIP 1990, 168 »DAT/Altana II«); *Schloßmacher* DStR 1990, 254 (zu *BFH* NJW 1989, 2214); *Meilicke* DB 1990, 1173 (zu *BGHZ* 110, 47); *Werner* WuB II A § 340a AktG 4.90 (zu

BGH ZIP 1990, 168 »DAT/Altana II«); *Pfeiffer* ZBB 1992, 1, 8 (zu *BGHZ* 113, 207 und *BGH* ZIP 1991, 786).
[474] *Everling* ZGR 1992, 377, 391.
[475] *BGH* NJW 1986, 659.
[476] *ArbG Offenbach* DB 1992, 844 (zu einer Betriebsvereinbarung).
[477] *BGH* NJW 1985, 2904.
[478] *BVerfG* RIW 1989, 823; NJW 1988, 1456; krit. *Clausnitzer* NJW 1989, 641.
[479] *EuGHE* 1988, 355, 375; 1977, 163, 183; *BVerfGE* 75, 223; 52, 187, 200; *HandKommEWGV/Hailbronner* (1991) Rdnr. 44; *Krück*, in: *von der Groeben/Thiesing/Ehlermann*⁴ Art. 177 Rdnr. 88; *Basse* (oben Fn. 424), 269 f.; *Lutter* ZZP 86 (1973), 107, 135; *Dauses* (o.

formell und materiell in Rechtskraft und schließt daher eine erneute Vorlage des betreffenden Gerichts grundsätzlich aus[480]. Eine Ausnahme gilt dann, wenn ein Interesse an der erneuten Beantwortung einer bereits gestellten Frage besteht, weil Umfang oder Folgen einer festgestellten Ungültigkeit unklar geblieben sind[481].

198   Über die eben genannte Bindungswirkung hinaus, welche die am Ausgangsstreit beteiligten Gerichte betrifft, entfaltet die Entscheidung des EuGH – wenigstens – eine tatsächliche präjudizielle Wirkung in ähnlich gelagerten Verfahren vor anderen Gerichten. Dem EuGH ist die Auslegung des Vertrages zugewiesen und die innerstaatlichen Gerichte haben das Gemeinschaftsrecht in der aktuellen Entwicklung anzuwenden[482]. Der Rechtsprechung des EuGH zur Auslegung von Gemeinschaftsrecht kann – wenngleich nur undeutlich – entnommen werden, daß innerstaatliche Gerichte von einer Auslegung nicht abweichen dürfen, die das Gericht einer bestimmten gemeinschaftlichen Rechtsnorm gegeben hat[483]. Nach dem erreichten Stand des Gemeinschaftsrechts können daher auch nationale Gerichte, die nach Art. 177 Abs. 2 EG-Vertrag nicht zur Vorlage verpflichtet sind, das Gemeinschaftsrecht nicht abweichend vom Gerichtshof auslegen (→a.A. Voraufl. Rdnr. 214). Das Vorabentscheidungsurteil wirkt grundsätzlich ex tunc. In Einzelfällen kann der EuGH jedoch in seinem Urteil aus Gründen der Rechtssicherheit selbst feststellen, daß sich die Wirkung einer Entscheidung auf die Zukunft beschränkt[484]. Bei Gültigkeitsvorlagen (→ Rdnr. 193) kann der EuGH die Wirkung der Ungültigkeitserklärung in analoger Anwendung von Art. 174 Abs. 2 EG-Vertrag zeitlich begrenzen[485].

199   Jenseits des Streits um die dogmatische oder faktische Einordnung der Bindungswirkung ist sicher, daß eine Entscheidung des EuGH jedenfalls insoweit für andere Rechtsstreitigkeiten eine Bedeutung entfaltet, als eine Vorlage an den EuGH entbehrlich ist, wenn das innerstaatliche Gericht seiner Ansicht folgt[486]. Dies gilt unbeschadet der Möglichkeit, die Sache dem EuGH vorzulegen, wenn das nationale Gericht dessen Rechtsprechung erneut überprüft haben will. Das Gemeinschaftsrecht kennt keine Bindungen des EuGH an frühere Entscheidungen[487]. Deshalb muß erneut vorgelegt werden, wenn der Rechtsprechung des EuGH nicht gefolgt werden soll, obgleich die Frage schon entschieden ist[488]. Wenn ein Gericht der Rechtsprechung des EuGH folgt, so ist auch die Anrufung eines Großen Senats unzulässig, wenn sich ein Senat dem EuGH in der Auslegung des Gemeinschaftsrechts anschließen will[489].

gg) Vorlagekonkurrenzen

200   Die Möglichkeit einer Nichtigkeitsklage nach Art. 173 EG-Vertrag schließt ein gleichzeitiges oder späteres Vorabentscheidungsersuchen nicht aus[490]. Vorabentscheidungsverfahren und Nichtigkeitsklage haben eine unterschiedliche Funktion. Wenn es daher bei einer Klage

---

Fn. 424), 104; *Everling* (o. Fn. 424), Vorabentscheidungsverfahren 61; *Schilling* (o. Fn. 424), Der Staat 1990, 161, 163; *BVerfG* NJW 1993, 3047.
[480] *EuGHE* 1986, 947, 952 f.
[481] *EuGHE* 1981, 1191, 1215.
[482] Dazu *Everling* DVBl 1985, 1201; *Pescatore* BayVBl 1987, 33, 42; *HandKommEWGV/Hailbronner* (1991) Art. 177 Rdnr. 45; *Krück,* in: *von der Groeben/Thiesing/Ehlermann*⁴ Art. 177 Rdnr. 88.
[483] Z.B. *EuGHE* 1980, 1237, 1260; auch *BGH* NJW 1964, 152, 155; *Pietrek* (o. Fn. 424), 294 ff.; ander aber die h.L., etwa *Dauses* (o. Fn. 424), 104; *Everling* (o. Fn. 424) Vorabentscheidungsverfahren 66; *Schilling* (o. Fn. 424), Der Staat 1990, 161, 167.

[484] *EuGHE* 1990 I, 1889, 1955 f.; 1988, 355, 375; 1980, 1237, 1261; *Daig* (oben Fn. 424), 92 f.; Nachw. bei *Beckmann* (o. Fn. 424), 112 ff.
[485] *EuGHE* 1986, 1, 26 f.
[486] *EuGHE* 1981, 1191, 1214 f.; *BGH* GRUR 1970, 482 m. Anm. *Hefermehl*; *BayObLG* ZIP 1992, 842, 844; *OLG Karlsruhe* NJW 1980, 2032 (LS); *LAG Köln* LAGE § 1 LohnfG Nr. 27; *Streil* (oben Fn. 424), 78 ff.
[487] *BayObLG* ZIP 1992, 842, 844.
[488] *BayObLG* ZIP 1992, 842, 844; *Behrens* IPRax 1989, 354, 361; *Grabitz/Wohlfarth* EWGV (Stand: 1990) Art. 177 Rdnr. 71.
[489] *BSG* NJW 1974, 1063.
[490] *EuGHE* 1987, 2289, 2338.

vor einem innerstaatlichen Gericht für die Entscheidung des Rechtsstreits auf die Gültigkeit der Handlung eines Gemeinschaftsorgans ankommt, so kann der EuGH um Vorabentscheidung ersucht werden. Es muß nicht geprüft werden, ob der Kläger des Ausgangsverfahrens die Entscheidung unmittelbar vor dem EuGH anfechten kann.

Eine Vorlage an deutsche Gerichte, etwa an den Großen Senat eines Obersten Gerichtshofes oder an das Bundesverfassungsgericht, kann die Vorlage an den EuGH nicht ersetzen[491]. Doch ist ein Gesetz nicht entscheidungserheblich i. S. von Art. 100 Abs. 1 GG, wenn aufgrund einer Entscheidung des EuGH feststeht, daß es aufgrund entgegenstehenden Gemeinschaftsrechts nicht angewandt werden darf[492] (auch oben → Rdnr. 92 und 82).   201

g) Befugnis und Verpflichtung zur Vorabentscheidung

aa) Vorlage nach Montan-, EG- und Euratomvertrag

Zur Vorlage nach dem Montan-, EG- und Euratomvertrag (oben → Rdnr. 181 ff.) ist jeder Prozeßrichter befugt (zum Schiedsrichter → Rdnr. 190). Eine Pflicht zur Vorlage an den EuGH besteht bei der Gültigkeitsvorlage nach Art. 41 Montanvertrag. Bei den Vorlagen nach dem EG- und dem Euratomvertrag besteht nach Art. 177 Abs. 3 EG-Vertrag, Art. 150 Abs. 3 Euratomvertrag eine Vorlagepflicht, wenn eine Entscheidung zu erlassen ist, die im konkreten Einzelfall nicht mehr mit Rechtsmitteln des deutschen Rechts angefochten werden kann (konkrete Auffassung)[493]. Das ergibt sich aus dem Erfordernis eines effektiven Rechtsschutzes. Abzulehnen ist daher die abstrakte Betrachtungsweise, wonach es nicht auf die Unanfechtbarkeit der betreffenden Entscheidung ankommt, sondern Art. 177 Abs. 3 EG-Vertrag und Art. 150 Abs. 3 Euratomvertrag nur die Obersten Gerichtshöfe des Bundes betreffen[494]. Nach beiden Auffassungen müssen Oberste Bundesgerichte selbstverständlich immer vorlegen. Im Ergebnis sind die Unterschiede der konkreten und der abstrakten Auffassung aber wohl nicht allzu groß[495]. Über die sich aus der Vorlage für die Anwendung des übrigen nationalen Rechts ergebenden Folgen haben die vorlegenden Gerichte in eigener Zuständigkeit zu entscheiden. Deshalb kann es etwa zu einer Aussetzung der Vollziehung bis zur Klärung einer Vorabentscheidung kommen[496]. Ferner kann in analoger Anwendung von § 148 ausgesetzt werden (auch → Rdnr. 97).   202

Die Vorlagepflicht wird nicht dadurch ausgeschlossen, daß noch andere Rechtsbehelfe wie Einspruch, Wiederaufnahme des Verfahrens oder die Verfassungsbeschwerde gegeben sind. Auf der anderen Seite begründet sich die Vorlagepflicht nicht schon daraus, daß das Prozeßgericht letzte Tatsacheninstanz ist. Recht und Pflicht zur Vorlage bestehen in allen zivilprozessualen Verfahren, in denen eine Entscheidung ergeht.   203

In Eilverfahren wie Arrestverfahren oder Verfahren der einstweiligen Verfügung ist eine Vorlage zulässig. Es besteht jedoch keine Vorlagepflicht unter der Voraussetzung, daß die Entscheidung für das Gericht der Hauptsache keine Bindungswirkung entfaltet, und daß jede   204

---

[491] Vgl. *EuGH* EuZW 1992, 770, 773.
[492] *BVerfG* NJW 1992, 964 (»Nachtarbeitsverbot für Arbeiterinnen«) im Anschluß an *BVerfGE* 75, 223, 240 ff.; mit umgekehrter Tendenz wohl die Voraufl. → Rdnr. 215.
[493] H.L., *BayVerfGH* NJW 1985, 2894; *BayObLG* ZIP 1992, 842, 843; *Dauses* (oben Fn. 424), 71; *HandKomm-EWGV/Hailbronner* (1991) Art. 177 Rdnr. 28; *Grabitz/ Wohlfarth* Art. 177 Rdnr. 49; *Krück*, in: *von der Groeben/Thiesing/Ehlermann*[4] Art. 177 Rdnr. 64f.; *Hab-*

scheid (oben Fn. 424), 213; *E. Schumann* ZZP 78 (1965) 77, 102f.; *Everling* ZGR 1992, 377, 390; *Lenz* (o. Fn. 424), 5 *ders.* NJW 1993, 2664.
[494] So etwa *Bleckmann*[5] Rdnr. 616, der die abstrakte Theorie zu Unrecht als h.L. bezeichnet; ebenso *Reiter* ZfSH/SGB 1990, 10, 16.
[495] Mit Recht *Oppermann* (1991) Rdnr. 655.
[496] *BFH* EuZW 1992, 284; ferner *EuGH* RIW 1991, 345.

Partei das Hauptverfahren einleiten kann, in dem die Frage des Gemeinschaftsrechts erneut geprüft wird[497].

205 Im Bereich von Art. 177 Abs. 2 EG-Vertrag, 150 Abs. 2 Euratomvertrag liegt die Aussetzung im pflichtgemäßen Ermessen des Gerichts. Doch kann sich auch insoweit über den Wortlaut von Abs. 3 hinaus eine Vorlagepflicht ergeben[498]. So liegt es, wenn die Gültigkeit einer Handlung von Gemeinschaftsorganen in Frage gestellt wird. Die Entscheidung über die Gültigkeit einer Handlung eines Gemeinschaftsorgans bleibt dem EuGH vorbehalten[499]. Umgekehrt kommt dem nationalen Gericht die Befugnis zu, innerstaatliche Rechtsvorschriften, deren Gemeinschaftswidrigkeit geltend gemacht wird, vorläufig in ihrer Wirkung zu suspendieren, bis der EuGH über eine Vorlage nach Art. 177 EG-Vertrag entschieden hat. Auch darf ein nationales Gericht, das in einem bei ihm anhängigen, das Gemeinschaftsrecht betreffenden Rechtsstreit, zu der Auffassung gelangt, dem Erlaß einstweiliger Anordnungen stehe nur eine Vorschrift des nationalen Rechts entgegen, diese Vorschrift nicht anwenden[500].

bb) Vorlage nach EuGVÜ-Auslegungsprotokoll

206 Die Befugnisse und Verpflichtungen zur Vorlage aufgrund des EuGVÜ-Auslegungsprotokolls sind abweichend geregelt (→ Einl. Rdnr. 809). Eine Vorlagepflicht besteht für die in Art. 2 Nr. 1 genannten Obersten Gerichtshöfe des Bundes (Art. 3 Abs. 1). Den anderen Gerichten ist die Vorlage freigestellt. Dagegen ist den erstinstanzlichen Gerichten keine Vorlagemöglichkeit eingeräumt (→ Einl. Rdnr. 809). Die für die Vorlageverpflichtung nach Art. 177 Abs. 3 EG-Vertrag entwickelten Grundsätze gelten auch für die Vorlage nach dem EuGVÜ-Auslegungsprotokoll[501].

h) Verfahren der Vorlage an den EuGH

207 Im gegebenen Fall hat das Gericht von Amts wegen die Vorlage anzuordnen. Eine Anordnung des Vorsitzenden reicht hingegen nicht aus. Anträge oder ein Verzicht der Parteien sind insoweit ohne Bedeutung. Den Parteien selbst steht kein Vorlagerecht zu (→ Rdnr. 190)[502]. Die Vorlage geschieht im Beschlußwege. Der Beschluß muß die Rechtsfrage klar bezeichnen und auch die Erheblichkeit (→ Rdnr. 191) darlegen. Vorzulegen ist dem EuGH nur die abstrakt gestellte Rechtsfrage. Möglicher Gegenstand des Vorlagebegehrens ist allein die in dem Ersuchen des Gerichts abstrakt zu formulierende Frage nach der Gültigkeit oder der Auslegung von Gemeinschaftsrecht[503]. Dagegen ist die Anwendung des Gemeinschaftsrechts auf den Einzelfall ausschließlich Sache des vorlegenden Gerichts[504]. Der EuGH ist deshalb nicht dafür zuständig, über die Vereinbarkeit der betreffenden innerstaatlichen Rechtsvorschrift mit dem Gemeinschaftsrecht zu entscheiden[505]. Kommt das nationale Gericht (etwa nach dem Vorabentscheidungsverfahren) zu dem Ergebnis, daß eine innerstaatliche Vorschrift im Widerspruch zu Vorschriften des europäischen Rechts steht, so ist die innerstaatliche Vorschrift nicht anzuwenden[506]. Die Gerichte müssen nicht etwa die Aufhebung durch

---

[497] *EuGHE* 1982, 3723, 3734; 1977, 957, 972; *BVerfG* NVwZ 1992, 360.
[498] Anders wohl *BVerwG* Buchholz 402.26 § 12 AufenthaltsG/EWG Nr. 7.
[499] *EuGHE* 1987, 4199, 4230 ff.
[500] *EuGH* EuZW 1990, 355 (»Factortame«); 1991, 313 (»Süderdithmarschen«); dazu *Schlemmer/Schulte* EuZW 1991, 307; *Schroeder/Toboll* EWiR 1990, 783; *HandKommEWGV/Hailbronner* Art. 177 Rdnr. 37.
[501] *BGHZ* 109, 29, 35 (sehr weitherzige Anwendung der acte-clair-Doktrin).

[502] *EuGHE* 1962, 1033, 1042 f.; auch *Kirchhoff* (o. Fn. 424), DB 1989, 2263.
[503] Dazu *EuGHE* 1978, 2347, 2368; 1969, 295, 301.
[504] *EuGHE* 1990 I 285, 304.
[505] *EuGHE* 1984, 3435, 3451; 1990 I, 4243, 4260; *EuGH* RIW 1992, 945, 946; EuZW 1992, 701; RIW 1993, 775; *Erichsen/Weiß* (o. Fn. 424), 590.
[506] *EuGH* EuZW 1991, 217, 218; *BAG* NJW 1992, 1125, 1127; *Wißmann* DB 1989, 1922, 1924.

den Gesetzgeber abwarten. Die Sachlage ist also gänzlich anders als bei der Normenkontrolle des Art. 100 Abs. 1 GG, wo nur das Bundesverfassungsgericht die Verfassungswidrigkeit eines Gesetzes feststellen kann (→ Rdnr. 50ff.). Der EuGH gibt dem vorlegenden Gericht alle Kriterien für die Auslegung des Gemeinschaftsrechts an die Hand, damit es über die Vereinbarkeit der betreffenden Vorschriften mit dem maßgeblichen Gemeinschaftsrecht befinden kann[507]. Gleichwohl sind nach dem Gesagten die Feststellung der entscheidungserheblichen Tatsachen und die sich ergebenden rechtlichen Schlußfolgerungen für die zu fällende Entscheidung[508] sowie die Auslegung und die Anwendung innerstaatlicher Rechtsvorschriften[509] ausschließlich Sache des vorlegenden Gerichts und können dem EuGH nicht zur Beantwortung vorgelegt werden.

Anders als das Bundesverfassungsgericht (→ Rdnr. 101) ist der EuGH bei Verstößen der vorlegenden Gerichte gegen die genannten Grundsätze äußerst großzügig: Soweit überhaupt eine Beantwortung der gestellten Frage möglich ist, wird sie in eine allgemeine abstrakte Formulierung umgedeutet[510]. Das geht sogar so weit, daß im Einzelfall statt der gewünschten Auslegung die Gültigkeit und umgekehrt geprüft wird. Eine Entscheidung wird lediglich dann abgelehnt, wenn offensichtlich kein Zusammenhang zwischen der von dem Gericht erbetenen Auslegung des Gemeinschaftsrechts oder Prüfung der Gültigkeit einer Vorschrift des Gemeinschaftsrechts und der Wirklichkeit oder dem Gegenstand des Ausgangsrechtsstreits besteht[511]. 208

Die Vorlage wird vom Vorlagegericht unmittelbar dem EuGH zugeleitet. Es bedarf nicht des Weges über Obere Gerichte, Justizverwaltung oder diplomatische Kanäle. 209

i) **Aussetzung des Verfahrens; Anfechtung; Anfechtbarkeit der Nichtvorlage und Nichtaussetzung; Ende der Aussetzung**

Der anhängige Zivilprozeß ist gleichzeitig mit der Vorlage auszusetzen (→ auch Rdnr. 93ff. zur Aussetzung bei der konkreten Normenkontrolle). Eine Aussetzung nach § 148 ohne gleichzeitige Vorlage ist im Hinblick auf ein bei dem EuGH anhängiges Vorabentscheidungsverfahren nur möglich, wenn es um die gleiche Rechtsfrage geht (*OLG Düsseldorf* NJW 1993, 1661). Die Entscheidung über die Kosten des Vorabentscheidungsverfahrens ist nach Art. 104 § 5 Abs. 1 EuGHVfO[512] Sache des deutschen Ausgangsgerichts. In besonderen Fällen kann der EuGH im Rahmen der Prozeßkostenhilfe eine Beihilfe bewilligen (Art. 104 § 5 Abs. 2 EuGHVfO). 210

Eine – nach der ZPO zu beurteilende – Anfechtung des Aussetzungsbeschlusses ist praktisch kaum möglich, da die für die Vorlage an den EuGH erheblichen Auslegungs- oder Gültigkeitszweifel und die Entscheidungserheblichkeit der Beurteilung durch das Rechtsmittelgericht entzogen sind (→ auch Rdnr. 106ff.)[513]. Nach der Rechtsprechung des EuGH[514] läßt auch eine Anfechtung der Vorlageentscheidung seine Kompetenz unberührt. 211

---

[507] *EuGHE* 1987, 2963, 2977; 1990 I, 4243, 4260; *EuGH* RIW 1992, 945, 946.
[508] *EuGHE* 1986, 1047, 1060; 1985, 2235, 2246; 1982, 1331, 1346.
[509] *EuGHE* 1986, 1457, 1460; 1986, 1047, 1060; 1984, 2539, 2545.
[510] Z.B. *EuGHE* 1986, 247, 254; 1986, 1207, 1212; 1979, 975, 984; 1966, 281, 301; 1964, 417, 431; *Knopp* (oben Fn. 424); *Lutter* ZZP 86 (1973), 107, 134; *Hand-KommEWGV/Hailbronner* Art. 177 Rdnr. 9; *Bleckmann*[5] Rdnr. 629f.; *Grabitz/Wohlfarth* (1990) Art. 177 Rdnr. 32; *Everling* (oben Fn. 424), 53 ff.; *ders.* ZGR 1992, 377, 389; *Oppermann* (1991) Rdnr. 658.

[511] *EuGHE* 1990 I 191, 195.
[512] Verfahrensordnung des Gerichtshofes der Europäischen Gemeinschaften vom 19.6.1991, ABl. EG Nr. L 176/7 v. 4.7.1991.
[513] So *OLG Köln* WRP 1977, 734; *E. Schumann* ZZP 78 (1965), 77, 112 f.; *Ehle* NJW 1963, 2202 ff.; *Habscheid* (oben Fn. 424), 210; ferner *Bleckmann*[5] Rdnr. 632 (Anfechtung möglich); *Oppermann* Rdnr. 660 (Anfechtung ausgeschlossen).
[514] *EuGHE* 1978, 629, 643; 1962, 101, 110.

§ 148 VI 1. Buch: Allgemeine Vorschriften

212   Die Ablehnung der Aussetzung des innerstaatlichen Verfahrens und damit die unterbliebene Anrufung des EuGH ist im Wege des Rechtsmittels gegen die Endentscheidung anfechtbar[515]. Dagegen ist eine Beschwerde gegen die Ablehnung unzulässig[516]. Wird gegen die Vorlagepflicht aus Art. 177 Abs. 3 EG-Vertrag willkürlich verstoßen, so ist die Garantie des gesetzlichen Richters in Art. 101 Abs. 1 S. 2 GG verletzt, da der EuGH gesetzlicher Richter i. S. dieser Vorschrift ist[517]. Eine Verfassungsbeschwerde führt deshalb in derartigen Fällen bei zu bejahender Willkür zur Aufhebung der gerichtlichen Entscheidung[518]. Das ist aber bislang eher selten geschehen[519], weil das BVerfG allzu großzügig verfährt. Die Frage der Vorlagepflicht nach Abs. 3 ist auch bei einer Nichtannahmeentscheidung nach § 554b ZPO voll durchzuprüfen[520]. Hat das OLG die Revision nicht zugelassen und eine Vorlage unterlassen, so ist wohl eine gemeinschaftsrechtliche Verpflichtung des BGH anzunehmen, die Revision zuzulassen. Darüber ist derzeit ein von der Kommission eingeleitetes Vertragsverletzungsverfahren anhängig[521].

213   Das nationale Gericht kann den Vorlagebeschluß aufheben[522]. Mit einer solchen Aufhebung sowie auch mit der Beendigung des Ausgangsverfahrens wie z. B. durch Klagerücknahme oder Prozeßvergleich wird das Verfahren vor dem EuGH hinfällig[523]. Das vorlegende Gericht kann auch eine Aussetzung des Vorabentscheidungsverfahrens beantragen. Die Aussetzung endet ferner, wenn das Vorabentscheidungsverfahren vor dem EuGH beendet ist. Das kann geschehen durch eine Sachentscheidung, die als Urteil oder in den Fällen des Art. 104 § 3 EuGHVfO als Beschluß ergehen kann. Ebenso liegt es, wenn die Vorlage als unzulässig zurückgewiesen wird.

3. Aussetzung wegen Verfahren vor den Organen der Menschenrechtskonvention

214   Der Zivilprozeß kann in analoger Anwendung von § 148 ferner ausgesetzt werden, wenn vor den Organen der Europäischen Konvention zum Schutze der Menschenrechte und Grundfreiheiten (näher → Einl. Rdnr. 684)[524] ein Verfahren schwebt, das für die Entscheidung vorgreiflich ist. Möglich ist das etwa bei einem Anspruch aus Staatshaftung (→ Einl. Rdnr. 387) wegen eines Verstoßes gegen die Europäische Menschenrechtskonvention, wenn wegen der Rechtmäßigkeit des Eingriffsaktes ein Verfahren vor dem Europäischen Gerichtshof für Menschenrechte oder vor der Europäischen Kommission für Menschenrechte schwebt. Handelt es sich um einen geltend gemachten vermögensrechtlichen Anspruch, so kann die Aussetzung abgelehnt werden, weil der betreffenden Partei die Menschenrechtsbeschwerde zusteht (→ Einl. Rdnr. 684, → Rdnr. 42 ff. vor § 578). In diesem Fall könnte bei einem Erfolg der Menschenrechtsbeschwerde eine Wiedergutmachung den Vermögensnachteil ausgleichen (→ Einl. Rdnr. 684 a. E.).

---

[515] Dazu *E. Schumann* ZZP 78 (1965), 77, 113; *Dauses* JZ 1979, 125, 128.
[516] *Everling* DRiZ 1993, 5, 12.
[517] BVerfG NJW 1992, 678; BVerfGE 82, 159, 194; 75, 223; 73, 339, 366 ff.; dazu *Arnold* (o. Fn. 424), 17, 23; zur uneinheitlichen Handhabung *Carl* (o. Fn. 424), 229 ff.; *Ehle* (oben Fn. 424), 14; ausführlich *Rodi* (o. Fn. 424), DÖV 1989, 750 ff.
[518] BVerfG NVwZ 1991, 53; BVerfGE 73, 339; BayVfGH NJW 1985, 2894; dazu *Meilicke* BB 1992, 969 (krit.); *Wölker* EuGRZ 1988, 97 ff.; *Clausnitzer* NJW 1989, 641 (krit.); *G. Meier* (o. Fn. 424), EuZW 1991, 13; *Geiger* (o. Fn. 424), Art. 177 Rdnr. 38.
[519] BVerfGE 75, 223.
[520] BVerfGE 75, 223 ff.

[521] Dazu *Meier* EuZW 1991, 11; *Schmeding/Schohe* Umgehung der Vorlagepflicht nach Art. 177 Abs. 3 EWG-Vertrag durch Nichtzulassung des letzten Rechtsmittels?, in: FS *Gaedertz* (1992), 525.
[522] EuGHE 1978, 629, 643; → Rdnr. 108 (zur konkreten Normenkontrolle).
[523] *Lutter* ZZP 86 (1973), 107, 139, → Rdnr. 108 ff.
[524] Die Konvention gilt für die Bundesrepublik Deutschland, Irland, Liechtenstein, Norwegen, Österreich, Malta, Frankreich, Schweiz, Dänemark (mit Grönland), Island, Luxemburg, Schweden, Großbritannien, Nordirland, Türkei, Niederlande, Belgien, Italien, Zypern, Portugal, Spanien, San Marino, Finnland und – erneut – für Griechenland.

C. Aussetzung nach dem NATO-Truppenstatut

Entsteht Streit darüber, ob eine Handlung eines Mitglieds der Truppe oder des zivilen Gefolges in Ausübung des Dienstes begangen worden ist, oder ob die Benutzung eines Fahrzeugs der Streitkräfte unbefugt war, so ist das Prozeßgericht nach Art. VIII Abs. 8 NATO-Truppenstatut (→ Einl. Rdnr. 665) i. V. m. Art. 41 Abs. 11 Zusatzabkommen – NATO-Truppenstatut (→ Einl. Rdnr. 666) verpflichtet, eine Bescheinigung der Streitkräfte, die Entscheidung eines Schiedsrichters oder dergl. einzuholen. Dadurch tritt ein tatsächlicher Stillstand des Verfahrens bis zur Beschaffung dieses Erfordernisses oder dem Ablauf der dafür gesetzten Fristen ein. Eine Aussetzung des Verfahrens zu diesem Zweck ist zwar nicht ausdrücklich vorgeschrieben, wird aber in analoger Anwendung des § 148 angeordnet. Dadurch wird den Parteien die Verhandlung darüber und eine Beschwerdemöglichkeit eröffnet (→ Rdnr. 44). 215

D. Sonstige internationale Aussetzung

Eine Aussetzung ist in bestimmten Fällen auch dann zulässig (geboten), wenn sie nicht mit Rücksicht auf ein (anhängiges oder erst zu beginnendes) fremdes Verfahren geschieht. So kann eine Verfahrensaussetzung eine internationale Rechtsverweigerung vermeiden, wenn Zweifel über das Vorliegen der internationalen Zuständigkeit bestehen (näher → Einl. Rdnr. 778 und 763 a. E.[525]). Wegen Art. 20 Abs. 2 EuGVÜ (Text → Einl. Rdnr. 909) muß das Zivilgericht aussetzen, wenn sich die Klage gegen eine Person richtet, die in einem anderen Vertragsstaat wohnt und sich nicht auf die Klage eingelassen hat, sofern und solange der Nachweis der Zustellung der Klage fehlt (→ auch § 199 Rdnr. 36). Eine vergleichbare Regelung enthält Art. 15 Abs. 1 des Haager Übereinkommens über die Zustellung gerichtlicher und außergerichtlicher Schriftstücke im Ausland in Zivil- und Handelssachen (Text → § 199 Rdnr. 66). Dort muß das Verfahren ausgesetzt werden, falls der Nachweis der Zustellung der Klage fehlt (auch → § 199 Rdnr. 30). 216

VII. Aussetzung eines Verfahrens in Arbeitssachen

1. Allgemeines

Für die Aussetzung von Verfahren in Arbeitssachen gelten nach §§ 46 Abs. 2, 64 Abs. 6, 72 Abs. 5 ArbGG die §§ 148ff. ZPO entsprechend. Deshalb kann grundsätzlich auf die bisherigen Ausführungen verwiesen werden. Bei der richterlichen Ermessensentscheidung über die Aussetzung (→ Rdnr. 30ff.) ist jedoch in besonderem Maße der arbeitsrechtliche Beschleunigungsgrundsatz des § 9 Abs. 1 S. 1 ArbGG zu gewichten[526]. Folgende Fallgruppen verdienen besondere Hervorhebung: 217

2. Aussetzung der Lohnklage wegen einer Kündigungsschutzklage

Besonders häufig geht es um die Aussetzung der Lohnklage wegen einer Kündigungsschutzklage. Ein Teil der Rechtsprechung übt hier mit Recht Zurückhaltung und lehnt die 218

---

[525] *Kropholler* in Hdb. IZVR I (1982) Kap. III Rdnr. 190, 242.   [526] Dazu *BAG* BB 1992, 1930, 1932.

Aussetzung in der Regel ab[527]. Vorgreiflichkeit ist aber nicht zu leugnen[528]. Die Aussetzung ist jedenfalls dann abzulehnen, wenn der Arbeitnehmer im Kündigungsschutzprozeß bereits in zwei Instanzen obsiegt hat[529]. Doch wird in der Rechtsprechung die Lohnfortzahlungsklage bis zum rechtskräftigen Abschluß der Kündigungsschutzklage häufig ausgesetzt[530].

3. Aussetzung der Weiterbeschäftigungsklage wegen einer Kündigungsschutzklage

219   Auch die Aussetzung einer Weiterbeschäftigungsklage wegen einer Kündigungsschutzklage kommt regelmäßig nur in engen Grenzen in Betracht[531]. Deshalb scheidet eine Aussetzung in aller Regel aus, wenn die Weiterbeschäftigungsklage nach einem obsiegenden Urteil im Kündigungsschutzprozeß erhoben wird[532]. Zurückhaltend ist auch die Rechtsprechung des BAG[533]. Ein Aussetzungszwang besteht nicht.

4. Aussetzung des Kündigungsrechtsstreits wegen eines Verfahrens über die Zustimmung der Hauptfürsorgestelle

220   Der Kündigungsrechtsstreit wird in der Regel nicht nach § 148 ausgesetzt werden, wenn die zuständige Behörde die Anerkennung abgelehnt hat und die Entscheidung angefochten worden ist[534]. Die Rechtsprechung verfolgt insgesamt mit Recht eine einschränkende Tendenz[535] und stellt auf das pflichtgemäße Ermessen des Gerichts ab[536].

5. Sonstiges

221   Die Aussetzung nach § 148 spielt auch bei individuellen Rechtsstreitigkeiten im Hinblick auf vorgreifliche betriebsverfassungsrechtliche oder tarifvertragliche Rechtsverhältnisse eine Rolle[537]. Eine Aussetzung durch das Arbeitsgericht kommt auch dann in Betracht, wenn es auf die Entscheidung durch das Sozialgericht ankommt, wie etwa bei der Frage der Beitragspflicht von Abfindungen[538].

222   Nach § 97 Abs. 5 ArbGG ist ein *Beschlußverfahren* auszusetzen, wenn die Entscheidung des Rechtsstreits davon abhängt, ob eine Vereinigung tariffähig oder ob die Tarifzuständigkeit der Vereinigung gegeben ist. Besteht über die Tariffähigkeit oder Tarifzuständigkeit der Vereinigung allseitige Übereinstimmung, so braucht das Gericht nicht nach § 97 Abs. 5 ArbGG auszusetzen[539]. Auszusetzen sind auch Urteilsverfahren. Ausgesetzt werden muß

---

[527] So *LAG Nürnberg* NZA 1987, 211; *LAG Köln* NZA 1986, 404; *LAG Düsseldorf* EzA § 148 ZPO Nr. 13; gegen eine Aussetzung auch *Vossen* RdA 1989, 96 ff., 101; *Winderlich* BB 1992, 2071; anders *Heinze* DB 1985, 111, 121 f.
[528] *LAG Frankfurt a. M.* LAGE § 148 ZPO Nr. 18; *LAG Rheinland-Pfalz* LAGE § 148 ZPO Nr. 15.
[529] *LAG Köln* NZA 1986, 140 (LS).
[530] Etwa *ArbG Lingen* NZA 1989, 234; weitere Nachw. bei *Winderlich* BB 1992, 2071.
[531] Dazu *LAG Frankfurt a. M.* LAGE § 148 ZPO Nr. 17; dagegen *Grunsky* NZA 1987, 295; ferner *ArbG Berlin* BB 1988, 1828 (LS); *Blanke* ArbuR 1987, 257 ff.; *Falkenberg* DB 1987, 1534, 1536 (gegen eine Aussetzung); *Berkowsky* BB 1986, 795, 797 (für eine Aussetzung); zum Weiterbeschäftigungsanspruch des gekündigten Schwerbehinderten *Arendt* DB 1985, 1287 ff.
[532] *LAG Köln* LAGE § 148 ZPO Nr. 23.
[533] BAGE 48, 122, 158 (= NJW 1985, 2968, 2974)(Großer Senat); anders *Heinze* DB 1985, 111, 125.

[534] *LAG Frankfurt a. M.* LAGE § 15 SchwbG 1986 Nr. 2; gegen eine Aussetzung auch *LAG Mainz* NJW 1978, 2263; *Rotter* NJW 1979, 1319; ferner dazu *Corts/Hege* SAE 1983, 7 ff.
[535] Zur Möglichkeit der Restitutionsklage bei rückwirkender Feststellung der Schwerbehinderteneigenschaft BAG BB 1992, 1930, 1932 re. Sp.; NJW 1985, 1485 m. Anm. *Gaul* AP § 12 SchwbG Nr. 13.
[536] BAG BB 1992, 1930, 1932 in Abweichung von BAGE 34, 275; *LAG Köln* NZA 1992, 766 (LS).
[537] *Dütz* Das Arbeitsrecht der Gegenwart 20 (1983) 33, 41, 58 f.; *Gaul/Bartenbach* NZA 1985, 341, 343 (Aussetzung des Klageverfahrens wegen eines Anfechtungsverfahrens nach § 76 Abs. 5 S. 4 BetrVG).
[538] Dazu mit unterschiedlichen Ergebnissen *ArbG Hannover* BB 1990, 928 (LS) gegen *ArbG Hamburg* BB 1990, 141.
[539] *Germelmann/Matthes/Prütting* ArbGG (1990) § 97 Rdnr. 11.

auch dann, wenn in einem Verfahren nach § 97 Abs. 5 ArbGG die Tariffähigkeit eines Mitgliedsverbandes eines Verfahrensbeteiligten rechtserheblich ist. Nicht ausgesetzt wird dagegen bei Streit um die Parteifähigkeit, die von der Tariffähigkeit nicht abhängt.

Ein Beschlußverfahren kann auch jenseits der Regelung in § 97 Abs. 5 ArbGG nach § 148 ZPO ausgesetzt werden. Eine Rolle spielt das vor allem für die Frage, ob ein Verfahren über die Besetzung einer Einigungsstelle (§ 98 ArbGG) ausgesetzt werden kann, wenn ein Beschlußverfahren über die Zuständigkeit der Einigungsstelle schwebt. Das ist der Fall, weil es entscheidend darauf ankommt, daß die Aussetzung die Gefahr einander widersprechender Entscheidungen vermindern kann (→ Rdnr. 4)[540]. Die Gegenauffassung lehnt die Aussetzung des Bestellungsverfahrens zu Unrecht unter Hinweis darauf ab, in dem Verfahren nach § 98 ArbGG werde nur die offensichtliche Unzuständigkeit der Einigungsstelle geprüft[541]. Ein auf Durchführung der Betriebsvereinbarung (Sozialplan) gerichtetes Beschlußverfahren kann nach § 148 wegen eines die Wirksamkeit der Betriebsvereinbarung betreffendes Beschlußverfahrens ausgesetzt werden[542]. 223

Bei Kündigungsschutzklagen ist eine Aussetzung bis zur Entscheidung über einen Antrag auf nachträgliche Zulassung der verspäteten Klage (§ 5 KSchG) weder erforderlich noch zulässig[543]. 224

Ein Antrag auf Tatbestandsberichtigung, der sich gegen ein Berufungsurteil richtet, das die Revision nicht zugelassen hat, ist nach § 148 ZPO auszusetzen, bis feststeht, ob eine Nichtzulassungsbeschwerde nach § 72a ArbGG eingelegt wird und Erfolg hat[544]. Der Feststellungsstreit eines Leiharbeitnehmers über das Bestehen eines fiktiven Arbeitsverhältnisses zum Entleiher (Art. 1 § 10 Abs. 1 AÜG) darf nicht bis zur Erledigung eines von dem Verleiher gegen den Leiharbeitnehmer eingeleiteten Rechtsstreits über die Feststellung des Bestehens eines Arbeitsverhältnisses zwischen Verleiher und Leiharbeitnehmer ausgesetzt werden[545]. 225

Zur Aussetzung eines Zivilprozesses *wegen* eines Verfahrens in Arbeitssachen, → Rdnr. 133. 226

§ 149 [Aussetzung bei Verdacht einer Straftat]

Das Gericht kann, wenn sich im Laufe eines Rechtsstreits der Verdacht einer Straftat ergibt, deren Ermittlung auf die Entscheidung von Einfluß ist, die Aussetzung der Verhandlung bis zur Erledigung des Strafverfahrens anordnen.

Gesetzesgeschichte: Bis 1900 § 140 CPO. Sprachlich neu gefaßt BGBl. 1974 I 469 (→ Einl. Rdnr. 152): »strafbare Handlung« ersetzt durch »Straftat«. Sachlich unverändert seit Erlaß der CPO.

---

[540] Etwa *LAG Rheinland-Pfalz* LAGE § 98 ArbGG 1979 Nr. 9; *LAG Düsseldorf* DB 1979, 994; *Dietz/Richardi* BetrVG⁶ 2 (1982) § 76 Rdnr. 54; *Dütz* SAE 1983, 249, 250ff.; *D. Gaul* BB 1978, 1067f.; ZfA 1979, 97, 115ff.; EzA § 76 BetrVG 1972 Nr. 33; zu möglichen Mißbräuchen *Bauer* NZA 1992, 433 ff.
[541] So *BAGE* 37, 102f.; *LAG Hamm* EzA § 148 ZPO Nr. 5; *LAG Düsseldorf* DB 1981, 1783; *Germelmann/Matthes/Prütting* ArbGG (1990) § 98 Rdnr. 14; *Grunsky* AP Nr. 11 zu § 76 BetrVG 1972; *ders.* ArbGG⁶ § 98 Rdnr. 2; *Lepke* BB 1982, 2191, 2193.

[542] *LAG Frankfurt a. M.* BB 1988, 77 (LS); ferner *Lepke* BB 1982, 2191 ff.
[543] *Vollkommer* NJW 1963, 319; a. A. die h. L., *LAG Hamm* NZA 1990, 310 (LS); *LAG Berlin* LAGE § 5 KSchG Nr. 38; *LAG Mannheim* BB 1952, 144; *Lepke* BB 1982, 2191, 2192.
[544] *LAG Köln* MDR 1985, 171.
[545] *LAG Baden-Württemberg* EzAÜG Nr. 254.

§ 149 I, II   1. Buch: Allgemeine Vorschriften

Stichwortverzeichnis → *Unterbrechungs- und Aussetzungsschlüssel* in Rdnr. 30 vor § 239.

I. Normzweck	1
II. Voraussetzungen	
1. Verdacht einer Straftat	2
2. Im Laufe des Rechtsstreits	3
3. Strafverfahren	4
4. Verdacht	5
5. Einfluß	6
III. Verfahren; Entscheidung	
1. Verfahren	9
2. Ermessen	10
IV. Grenze und Ende der Aussetzung	11

I. Normzweck[1]

1   Die Aussetzung nach § 149 soll es dem Zivilgericht ermöglichen, Ermittlungen und Ausgang eines Strafverfahrens abzuwarten. Die Norm beruht auf vergleichbaren Erwägungen wie § 148 (→ § 148 Rdnr. 4). Die Aussetzung hängt jedoch von davon etwas abweichenden Voraussetzungen ab. Zu beachten ist, daß das strafgerichtliche Urteil den Zivilrichter nicht bindet (§ 14 Abs. 2 Nr. 1 EGZPO). Deshalb bleibt ihm die Aufgabe eigenverantwortlicher Beweiswürdigung (§ 286) nicht erspart. Gleichwohl wird sie oftmals erleichtert, da das Zivilverfahren wegen der Verhandlungsmaxime trotz der bestehenden Initiativmöglichkeiten nach den §§ 139, 142–144, 448 zur Wahrheitsermittlung weniger geeignet ist als der vom Untersuchungsgrundsatz beherrschte Strafprozeß[2].

II. Voraussetzungen

1. Verdacht einer Straftat

2   Es muß sich der Verdacht einer Straftat ergeben haben. Dabei ist es gleichgültig, ob sie eine Partei wie Kläger oder Beklagten oder einen sonstigen Prozeßbeteiligten wie einen Zeugen oder einen Dritten (→ Rdnr. 5) betrifft. Unerheblich ist es auch, ob die Straftat von Amts wegen oder im Wege der Privatklage zu verfolgen ist[3]. Die bloße Behauptung einer Partei genügt jedoch nicht[4]. Macht das Gericht gleichwohl von § 149 Gebrauch, so kann es zur Ablehnung wegen Befangenheit kommen[5]. Es muß sich um einen Verdacht des Richters handeln, wobei gewisse tatsächliche Anhaltspunkte erforderlich sind. So liegt es z.B., wenn schon ein Haftbefehl vorliegt[6]. Im übrigen kommt es wohl auf die Voraussetzungen von § 152 Abs. 2 StPO an[7].

2. Im Laufe des Rechtsstreits

3   Es kann ausgesetzt werden, wenn sich dieser Verdacht »im Laufe des Rechtsstreits« ergibt. Nach dem Wortlaut wird die Aussetzung auch dann ermöglicht, wenn sich der Verdacht erst während des Prozesses zeigt. Genauso möglich ist die Aussetzung freilich, wenn ein solcher Verdacht schon seit Beginn des Rechtsstreits besteht oder schon vorher bestanden hat[8]. Die

---

[1] *Gaul* Die Grenzen der Bindung des Zivilgerichts an Strafurteile, in: FS Fasching (1988), 157.
[2] *OLG Stuttgart* NJW 1991, 1556 m. zust. Anm. *Lippert*; *OLG Köln* VersR 1989, 1201; *Zöller/Greger*[18] Rdnr. 1; einschränkend *MünchKommZPO/Peters* (1992) Rdnr. 1.
[3] *LG Bielefeld* JR 1951, 378 m. abl. Anm. *A. Langer*.
[4] RGZ 15, 427f.; *OLG Frankfurt a. M.* NJW-RR 1986, 1319.
[5] *OLG Frankfurt a. M.* NJW-RR 1986, 1319; ferner *LG Würzburg* MDR 1985, 850 (nicht zutreffend).
[6] *LAG Frankfurt a. M.* DB 1992, 48.
[7] *MünchKommZPO/Peters* (1992) Rdnr. 3.
[8] *OLG Frankfurt a. M.* MDR 1982, 675; *OLG Köln* MDR 1973, 680 (LS); 1967, 772f.

Regeln über die Aussetzung sind einer analogen Anwendung zugänglich (→ § 148 Rdnr. 13 ff.), und die prozessuale Interessenlage ist bei dem anfänglichen Verdacht nicht anders als bei einem späteren Verdacht. So liegt es etwa, wenn der Zivilprozeß eine unerlaubte Handlung betrifft, die zugleich eine Straftat wie z. B. ein fahrlässig herbeigeführter Verkehrsunfall oder eine Brandstiftung sein kann. In vergleichbarer Weise ist etwa bei § 256 Abs. 2 der Begriff «im Laufe des Prozesses» nicht als Einschränkung gedacht (→ § 256 Rdnr. 139). Auch schließt der verwendete Begriff nicht aus, daß die Straftat schon vor Prozeßbeginn begangen wurde[9]. In der Revisionsinstanz ist eine Aussetzung wegen des Verdachts einer falschen Zeugenaussage vor dem Instanzgericht nicht veranlaßt, weil die Ermittlung einer Straftat nur auf die Beweiswürdigung von Einfluß sein kann. Diese ist aber Sache des Tatsachengerichts[10].

3. Strafverfahren

Unter den Begriff des Strafverfahrens fallen auch Ordnungswidrigkeitenverfahren, nicht jedoch ehrengerichtliche, dienststrafrechtliche oder parlamentarische (Untersuchungs-) Verfahren[11]. Das Strafverfahren braucht noch nicht anhängig zu sein. So kann der Zivilrichter auch aussetzen und die Akten zur Prüfung an den Staatsanwalt zuleiten. Das Strafverfahren darf aber nicht von vornherein aussichtslos oder bereits beendet sein (→ Rdnr. 3). Im letzteren Fall gilt § 273 Abs. 2 Nr. 2. 4

4. Verdacht

Der Verdacht wird sich in der Regel gegen eine Prozeßpartei oder gegen einen sonstigen Prozeßbeteiligten wie z. B. einen Zeugen richten. Ausreichend ist aber auch der Verdacht gegen einen Dritten wie z. B. einen Erfüllungs- oder Verrichtungsgehilfen oder den Dritten des § 123 Abs. 2 BGB[12]. Deren Verhalten ist häufig für den Zivilprozeß bedeutsam und macht daher die Aussetzungsmöglichkeit sinnvoll. Weder Wortlaut noch Normzweck des § 149 verbieten die Einbeziehung Dritter. 5

5. Einfluß

Die Ermittlung im Strafverfahren muß auf die Entscheidung des Zivilgerichts von Einfluß sein[13]. In der Regel handelt es sich dabei um einen Einfluß auf die Beweiswürdigung[14], weil der Zivilrichter an Urteile der Strafgerichte nicht gebunden ist (→ Rdnr. 1). Eine Aussetzung ist nicht zulässig, wenn nicht die tatsächliche Aufklärung des Sachverhalts, sondern die Beurteilung einer Rechtsfrage in Rede steht[15]. § 149 findet auch im arbeitsgerichtlichen Verfahren Anwendung[16]. Ausreichend ist die Möglichkeit eines Einflusses, so wie dem Zivilrichter die Dinge zur Zeit der Aussetzungsentscheidung bekannt sind. Stets aber muß das Strafverfahren überhaupt geeignet sein, den Inhalt der zivilgerichtlichen Entscheidung zu beeinflussen. Das ist z. B. zu verneinen, wenn im Betragsverfahren eine Straftat vorgebracht wird, die nur den Grund des Anspruchs betrifft[17]. Ebenso liegt es, wenn im Revisionsverfah- 6

---

[9] Vgl. *OLG Frankfurt a. M.* MDR 1982, 675.
[10] *BayObLG* FamRZ 1992, 975, 976 (Rechtsbeschwerde).
[11] Vgl. *LAG Berlin* ArbRsp 31, 48 mit Anm. *Volkmar*.
[12] *Zöller/Greger*[18] Rdnr. 2; a.A. *MünchKommZPO/ Peters* (1992) Rdnr. 3; *Baumbach/Lauterbach/Hartmann*[51] Rdnr. 4; *Thomas/Putzo*[18] Rdnr. 1.

[13] Dazu *OLG Hamm* MDR 1979, 764; *OLG Düsseldorf* JMBlNRW 1960, 151.
[14] Dazu *KG* MDR 1983, 139; *OLG Neustadt* MDR 1954, 176; *Gaul* FS Fasching (1988), 157, 165.
[15] *OLG Düsseldorf* MDR 1985, 239.
[16] Einzelheiten bei *Lepke* BB 1982, 2191, 2193.
[17] Auch *RGZ* 35, 412.

ren (→ Rdnr. 3) die vom Revisionsgericht nicht zu ändernde Beweiswürdigung durch das Berufungsgericht angegriffen wird (zur Berücksichtigung von Restitutionsgründen → § 561 Rdnr. 11 f.). Ein Einfluß ist auch dann zu verneinen, wenn das Vorbringen einer Straftat für die zivilrechtliche Rechtsfolge ohne Bedeutung ist. Dann kann das Zivilgericht dahingestellt sein lassen, ob eine Straftat vorliegt oder nicht. So liegt es z. B., wenn der Anspruch ohnehin aus Vertrag oder Bereicherung begründet ist. In gleicher Weise kommt eine Aussetzung wegen des Verdachts einer versuchten vorsätzlichen Gebührenüberhebung nicht in Betracht, wenn in einem Gebührenrechtsstreit nur die gesetzlichen Gebühren des Anwalts gefordert werden[18]. Ausreichend ist es, wenn sich der Einfluß daraus ableitet, daß gegenüber einem im laufenden Zivilrechtsstreit vernommenen maßgeblichen Zeugen der Verdacht des Meineids oder der Falschaussage aufgekommen ist.

7 Ausgesetzt werden darf auch dann, wenn im Zivilprozeß derselbe Sachverhalt zu beurteilen ist, der den Verdacht einer Straftat begründet (→ auch Rdnr. 3)[19]. § 14 Abs. 2 Nr. 1 EGZPO (→ Rdnr. 1) bietet dafür kein Gegenargument[20], weil die Norm dem Zivilrichter nicht verbietet, aus einem Strafverfahren oder einem Strafurteil im Rahmen der freien Beweiswürdigung (§ 286) Schlüsse zu ziehen. Das Abwarten des Strafverfahrens kann einen sonst im Zivilprozeß notwendigen Sachverständigenbeweis entbehrlich machen. Der Grundsatz der Prozeßökonomie legt eine Aussetzung hier besonders nahe, weil eine Verdoppelung der schon im Strafprozeß erstatteten aufwendigen Gutachten vermieden werden kann[21].

8 § 149 kann entsprechend angewendet werden, wenn es neben der Begehung der Straftat auf ein Strafurteil als Tatbestandsmerkmal einer Vorschrift wie z. B. bei § 581 ankommt[22]. In derartigen Fällen geht es um die Tatbestandswirkung eines Strafurteils (→ auch § 322 Rdnr. 300 ff.). Die Gegenansicht zwingt dazu, z. B. die Restitutionsklage abzuweisen, obgleich das Strafurteil in nächster Zukunft ergeht und Rechtskraft erlangen kann. Der jetzt geführte Zivilprozeß müßte dann noch einmal begonnen werden. Die Aussetzungsmöglichkeit stützt sich hier auf ähnliche Erwägungen wie die Beachtung von Restitutionsgründen bei Prozeßhandlungen (→ Rdnr. 226 vor § 128). Die lediglich entsprechende Anwendung darf davon absehen, daß es nicht um den inhaltlichen Einfluß eines Strafverfahrens oder eines Strafurteils auf den Zivilprozeß geht, den § 149 in seinem direkten Anwendungsbereich regelt. Allerdings reicht nur die begründete Aussicht aus, daß eine solche Tatbestandswirkung eintreten wird. Auch für § 149 ist im übrigen der Grundsatz zu beachten, daß die Aussetzung nicht erst die Gründe für eine bislang unzulässige oder unbegründete Klage schaffen darf (→ § 148 Rdnr. 15).

III. Verfahren; Entscheidung

1. Verfahren

9 Das Gericht entscheidet über die Aussetzung von Amts wegen. Deshalb kommt es nicht darauf an, ob eine Partei die Straftat geltend macht oder nicht. Das Verfahren ist notwendig als mündliches durchzuführen. Im übrigen gelten für Verfahren, Entscheidung, Wirkung und Anfechtung die Ausführungen zu oben → § 148 Rdnr. 39 ff. sinngemäß.

---

[18] *LG Frankfurt a. M.* AnwBl 1989, 671.
[19] *OLG Köln* VuR 1988, 109; MDR 1973, 680 (LS); *OLG Frankfurt a. M.* MDR 1982, 675; *OLG Hamburg* MDR 1975, 669 f.; *Thomas/Putzo*[18] Rdnr. 2; *Zöller/Greger*[18] Rdnr. 1; *Gaul* FS Fasching (1988), 157, 165.
[20] A. A. *OLG Celle* NJW 1969, 280; *LG Bonn* JZ 1957, 281; *Wieczorek*[2] Bem. A I.

[21] Etwa *OLG Köln* VuR 1988, 109.
[22] *LG Landshut* FamRZ 1956, 291; wohl auch *BGHZ* 33, 73, 76; *MünchKommZPO/Peters* (1992) Rdnr. 7; a. A. *OLG Köln* OLGZ 1991, 352 ff.; *RGZ* 35, 412 f.; *OLG Düsseldorf* JMBlNRW 1960, 151; *OLG München* FamRZ 1956, 292; *AK/ZPO/Göring* (1987) Rdnr. 4; *Zöller/Greger*[18] Rdnr. 3; *Thomas/Putzo*[18] Rdnr. 3.

2. Ermessen

Bei der Aussetzung handelt es sich nach dem Wortlaut von § 149 um eine Ermessensentscheidung[23]. Das Gericht entscheidet nach pflichtgemäßem Ermessen. Dabei muß es den möglichen Nachteil einer Verzögerung durch eine Aussetzung mit dem voraussichtlichen Vorteil abwägen, den eine Verwertung des Strafverfahrens und des Strafurteils für das zivilprozessuale Verfahren bringt (→ § 148 Rdnr. 30 ff.). Daher scheidet bei Eilverfahren eine Aussetzung im allgemeinen aus. So kommt es etwa nicht zu einer Aussetzung bei einer familienrechtlichen einstweiligen Anordnung[24], im Urkunden- und Wechselprozeß, oder bei Arrest und einstweiliger Verfügung (→ § 925 Rdnr. 16). In vergleichbarer Weise ist von einer Aussetzung abzusehen, wenn ein besonderes Interesse besteht, bald einen Vollstreckungstitel zu erhalten[25]. In der Regel ist auch die Aussetzung eines Arzthaftungsprozesses bis zum Abschluß eines gegen den beklagten Arzt eingeleiteten Strafverfahrens untunlich[26]. Geeignet ist eine Aussetzung aber etwa in Versicherungssachen bei dem Verdacht einer Unfallmanipulation[27]. Der Aussetzungsbeschluß muß begründet werden[28] und erkennen lassen, daß und welche Interessenabwägung stattgefunden hat[29]. 10

IV. Grenze und Ende der Aussetzung

Die Grenze für die Aussetzung bildet die Erledigung des Strafverfahrens. Diese tritt ein, wenn das Strafverfahren durch rechtskräftige Verurteilung oder Freispruch, durch Einstellung des Verfahrens durch das Gericht nach §§ 153 ff. StPO oder durch die Staatsanwaltschaft nach § 170 Abs. 2 StPO oder durch Zurücknahme der Privatklage nach § 391 StPO beendet wird. Ebenso liegt es bei einer Einstellung des Verfahrens durch den Tod des Privatklägers nach § 393 Abs. 1 StPO oder des Angeklagten oder durch die Ablehnung der Eröffnung des Hauptverfahrens nach § 204 StPO (vgl. § 211 StPO). Das Gericht kann auch schon vorher die Aussetzung wieder nach § 150 aufheben, namentlich wenn das Strafverfahren z.B. wegen Flucht des Beschuldigten vorläufig eingestellt ist. Hier wird sich oftmals sogar eine Verpflichtung zur Aufhebung ergeben[30]. Hat der Richter ausgesetzt, so ist er gleichwohl nicht an das Strafurteil gebunden[31]. 11

§ 150 [Aufhebung von prozeßleitenden Anordnungen]

Das Gericht kann die von ihm erlassenen, eine Trennung, Verbindung oder Aussetzung betreffenden Anordnungen wieder aufheben.

Gesetzesgeschichte: Bis 1900 § 141 CPO.

Stichwortverzeichnis → *Unterbrechungs- und Aussetzungsschlüssel* in Rdnr. 30 vor § 239.

I. Aufhebung der Trennung und Verbindung		2. Zuständigkeit	2
		3. Beschluß	3
1. Allgemeines	1	4. Beschwerde	4

---

[23] Dazu *OLG Köln* VuR 1988, 109; *OLG Hamburg* MDR 1975, 669f.; *LG Berlin* DAVorm. 1969, 105.
[24] *OLG Stuttgart* ZZP 68 (1955) 396.
[25] *OLG Nürnberg* BayJMBl 1963, 345.
[26] *OLG Stuttgart* NJW 1991, 1556 m. zust. Anm. *Lippert*; *OLG Köln* VersR 1989, 518, 519; 1989, 1201.
[27] *Goerke* VersR 1990, 707, 710.
[28] *OLG Köln* VersR 1989, 518; *LG Berlin* AnwBl 1992, 325.
[29] *OLG Düsseldorf* NJW 1980, 2534; *OLG Hamburg* MDR 1975, 669f.; *LG Berlin* AnwBl 1992, 325.
[30] *LAG Nürnberg* ARST 1988, 164 (LS).
[31] *Gaul* FS Fasching (1988), 157, 165.

II. Beendigung der Aussetzung
1. Fallgestaltungen
 a) Von selbst eintretende Beendigung ... 5
 b) Beendigung kraft Gesetzes ... 7
 c) Beendigung durch Aufhebungsbeschluß ... 8
2. Aufhebungsbeschluß ... 10
3. Beschwerde ... 11

I. Aufhebung der Trennung und Verbindung

1. Allgemeines

1   Das Gericht (nicht: der Vorsitzende) kann die Aufhebung der Trennung und Verbindung (§§ 145, 147) jederzeit nach pflichtgemäßem Ermessen anordnen. Voraussetzung dafür ist aber die Erforderlichkeit einer weiteren Verhandlung. Die Aufhebung ist daher unzulässig, wenn die Sache bereits entscheidungsreif ist[1]. Sind Trennung oder Verbindung gesetzlich vorgeschrieben, so kommt eine Ermessensentscheidung nicht in Betracht.

2. Zuständigkeit

2   Das Gericht kann nur die von ihm selbst erlassenen Anordnungen aufheben. Eine Trennung kann nur solange aufgehoben werden, als die getrennten Prozesse bei ihm anhängig sind. Daher darf das Berufungsgericht, bei dem nur eines der getrennten Verfahren angefochten ist, die Trennung weder nach § 512 noch nach § 539 aufheben[2]. Dagegen kann die in erster Instanz beschlossene Verbindung auch durch das Berufungsgericht aufgehoben werden[3].

3. Beschluß

3   Die Aufhebung der Trennung (§ 145) oder der Verbindung (§ 147) wird im Beschlußwege angeordnet. Grundsätzlich ist dazu mündliche Verhandlung erforderlich. Ausnahmen dazu finden sich in den Fällen des § 128 Abs. 2 und 3 sowie der §§ 251a, 331a. Einer mündlichen Verhandlung bedarf es auch dann nicht, wenn ein übereinstimmender Antrag der Parteien auf Prozeßtrennung oder -verbindung vorliegt (→ § 128 Rdnr. 26). Keine genügende Form der Trennung ist eine bloße Sonderung der Formeln innerhalb eines einheitlichen Urteils[4]. Bei Aufhebung der Trennung muß ein betreffender Beschluß in jedem der getrennten Prozesse ergehen.

4. Beschwerde

4   Die Anordnung der Aufhebung einer Trennung oder Verbindung oder die Ablehnung eines hierauf gerichteten Antrags kann nicht mit der Beschwerde angefochten werden (vgl. § 567)[5]. Jedoch kann ein derartiger Beschluß des Gerichts mit der Revision gegen das Endurteil angegriffen werden, wenn für seinen Erlaß die gesetzlichen Voraussetzungen nicht gegeben waren.

---

[1] Dazu *RGZ* 49, 401 f.
[2] *Zöller/Greger*[18] Rdnr. 1.
[3] Vgl. *RGZ* 49, 401 f.
[4] *RGZ* 49, 401, 402.
[5] *RGZ* 24, 367.

II. Beendigung der Aussetzung

1. Fallgestaltungen

Der durch die Aussetzung bewirkte Stillstand des Prozesses endet auf dreierlei Arten:

a) Von selbst eintretende Beendigung

Die Aussetzung endet von selbst mit Eintritt des im Aussetzungsbeschluß angegebenen Beendigungstatbestandes. War die Aussetzung gem. § 148 angeordnet, so endet sie von selbst mit der Erledigung des Rechtsstreits, um dessentwillen sie angeordnet war (→ § 148 Rdnr. 49). Im Falle des § 65 endet sie mit der rechtskräftigen Entscheidung über die Hauptintervention, im Anwendungsbereich des § 149 mit der Erledigung des Strafverfahrens und in den Fällen der §§ 151–154 mit der Erledigung des Nichtigkeits-, Aufhebungs- oder Feststellungsprozesses. Bei § 151 endet die Aussetzung zudem mit fruchtlosem Ablauf der in dem Aussetzungsbeschluß bestimmten Frist. Ebenso liegt es im Anwendungsbereich von § 614[6].

Für die Fristberechnung kommt es nicht auf eine Aufnahme nach § 250 an (→ § 148 Rdnr. 49)[7]. Gleichwohl bleibt eine deklaratorische Aufnahme aus Gründen der Rechtssicherheit zulässig.

b) Beendigung kraft Gesetzes

Die Hemmung des Prozesses endet kraft Gesetzes durch die im freien Entschluß der Partei stehende Aufnahmehandlung im Fall des § 246.

c) Beendigung durch Aufhebungsbeschluß

Im Falle des § 247 endet die Aussetzung durch Aufhebungsbeschluß (→ § 247 Rdnr. 5). Wenn die Anordnung der Aussetzung im pflichtgemäßen Ermessen des Gerichts stand (§§ 65, 148f.), so steht auch die Aufhebung des Beschlusses im pflichtgemäßen gerichtlichen Ermessen. Im Einzelfall kann sich auch ein Aufhebungszwang ergeben (→ § 149 Rdnr. 11)[8]. Im Falle der nach gerichtlichem Ermessen angeordneten Aussetzung steht die Aufnahme des Rechtsstreits nicht zur Disposition der Parteien, da § 250 nur die Form der Aufnahme, nicht aber ihre Statthaftigkeit regelt[9]. Auf das gerichtliche Ermessen kommt es auch bei Vorliegen der in den §§ 151–154 bezeichneten Tatbestände an, wenn die Aussetzung nicht auf Antrag, sondern nach § 148 von Amts wegen geschehen ist (auch → § 155 Rdnr. 1).

Lag ein Fall der notwendigen Aussetzung nach den §§ 151–153 vor, so kann die Aussetzung nur aufgehoben werden, wenn das Betreiben des Nichtigkeits- oder Aufhebungsprozesses verzögert wird (§ 155). In allen Fällen notwendiger Aussetzung auf Antrag muß zudem das Einverständnis des früheren Antragstellers vorliegen[10].

---

[6] Dazu *H. Roth*, in: Rolland HzFamR (1993) § 614 Rdnr. 19.
[7] BGHZ 106, 295, 298f.; BFHE 162, 208, 210; a.A. → Voraufl. Rdnr. 9.
[8] LAG Nürnberg ARST 1988, 164 (vorläufig eingestelltes Strafverfahren).
[9] BFHE 162, 208, 210.
[10] OLG Dresden LeipZ 12 (1918) 1094; *MünchKommZPO/Peters* (1992) Rdnr. 1; *AK/ZPO/Göring* (1987) § 148 Rdnr. 2. – A.A. *Hein* Identität der Partei. Eine dogmatische Untersuchung mit Beiträgen zur Systematik des Zivilprozeßrechts und zur Lehre von der Urteilsnichtigkeit (1918), 1, 226 Fn. 23 a.E., 24, der in diesen Fällen § 150 anwenden will.

2. Aufhebungsbeschluß

10   Der Aufhebungsbeschluß ergeht grundsätzlich aufgrund einer vorhergehenden mündlichen Verhandlung (→ § 148 Rdnr. 39; zu Ausnahmen → § 148 Rdnr. 39). Dafür bleibt es sich gleich, ob die Aufhebung von Amts wegen ergeht oder eine Partei sie beantragt. Für die Anberaumung des Termins gelten die §§ 216, 497. In diesem Termin kann sich an die Aufhebung die weitere Verhandlung sofort anschließen.

3. Beschwerde

11   Der Beschluß über die Aufhebung der Aussetzung ist mit sofortiger Beschwerde, die Ablehnung der beantragten Aufhebung mit einfacher Beschwerde anfechtbar (§ 252)[11] (→ § 252 Rdnr. 6 und 7).

§ 151 [Aussetzung bei Vorgreiflichkeit der Entscheidung über Ehenichtigkeit]

Hängt die Entscheidung eines Rechtsstreits davon ab, ob eine Ehe nichtig ist, so hat das Gericht, wenn die Nichtigkeit nur im Wege der Nichtigkeitsklage geltend gemacht werden kann, auf Antrag das Verfahren auszusetzen und, falls die Nichtigkeitsklage noch nicht erhoben ist, eine Frist zur Erhebung der Klage zu bestimmen. Ist die Nichtigkeitsklage erledigt oder wird sie nicht vor dem Ablauf der bestimmten Frist erhoben, so ist die Aufnahme des ausgesetzten Verfahrens zulässig.

Gesetzesgeschichte: Eingefügt RGBl. 1898 I 256 (→ Einl. Rdnr. 113).

Stichwortverzeichnis → *Unterbrechungs- und Aussetzungsschlüssel* in Rdnr. 30 vor § 239.

I. Allgemeines zu den §§ 151–155 1	IV. Aufnahme des ausgesetzten Verfahrens 8
II. Recht und Pflicht zur Aussetzung 2	
III. Anhängigkeit der Nichtigkeitsklage 6	V. Entscheidung nach der Aufnahme 9

I. Allgemeines zu den §§ 151–155

1   Dem Gericht muß es möglich sein, rechtsgestaltende Entscheidungen im Ehe- und Statusprozeß zu berücksichtigen. Hängt die Entscheidung von dem Bestehen einer Ehe, der Ehelichkeit eines Kindes, eines Eltern- und Kindesverhältnisses oder der elterlichen Sorge ab, so reicht die Aussetzungsmöglichkeit des § 148 nicht aus[1]. Diese Norm macht die Aussetzung wegen eines präjudiziellen Rechtsverhältnisses (→ § 148 Rdnr. 22 ff.) einerseits vom pflichtgemäßen Ermessen des Gerichts, andererseits von der Anhängigkeit (→ § 148 Rdnr. 29) eines Rechtsstreits über die Vorfrage abhängig. Über die genannten Statusverhältnisse ist eine inzidente Entscheidung aber entweder verboten oder doch unangemessen. Deshalb machen die §§ 151–155 die Aussetzung auf Antrag obligatorisch. Das gilt für den Fall eines schon schwebenden Prozesses (§§ 152, 153) oder unabhängig davon (§§ 151, 154). § 155 gibt

---

[11] Dazu *OLG Dresden* LeipZ 12 (1918), 1094.

[1] *MünchKommZPO/Peters* (1992) §§ 151, 152 Rdnr. 1.

zudem für die Fälle der §§ 151–153 dem Gericht die Befugnis zur Aufhebung der Aussetzung. Für das Verständnis der Präjudizialität gilt das zu → § 148 Rdnr. 22 ff. Ausgeführte.

II. Recht und Pflicht zur Aussetzung

Die Nichtigkeit einer Ehe (§§ 16 ff. EheG) kann nur im Wege der Nichtigkeitsklage nach § 23 EheG geltend gemacht werden (§§ 631 ff. ZPO). Die Klagebefugnis ergibt sich aus § 24 EheG. Das Gericht darf dem Nichtigkeitsprozeß nicht vorgreifen. Dabei ist es gleichgültig, ob es sich um die Ehe der Parteien oder einer von ihnen oder um die Ehe dritter Personen handelt (arg. § 636 a). Bildet die Nichtigkeit einer Ehe die Vorfrage für die Entscheidung des anhängigen Prozesses, so kann das Gericht wegen § 23 EheG darüber weder verhandeln lassen noch auch selbst bloß in den Gründen darüber entscheiden. Es hat auf Antrag auszusetzen (§ 151). Wird ein entsprechender Antrag nicht gestellt, so kann das Gericht nach pflichtgemäßem Ermessen nach § 148 aussetzen, wenn eine Nichtigkeitsklage schon anhängig ist. In diesem Fall wird man wohl sogar einen Aussetzungszwang zu erwägen haben[2]. Dieses Ergebnis folgt aus der Wertung des § 23 EheG. Die an der Nichtigkeit interessierte Partei wird den Antrag indessen wohl stets stellen, da andernfalls die Nichtigkeit unberücksichtigt bleiben müßte. Gegebenenfalls ist ein richterlicher Hinweis nach § 139 veranlaßt. Zur Antragstellung berechtigt sind beide Parteien sowie etwaige Streitgehilfen.

Hängt die Entscheidung des Prozesses von einem laufenden Ehescheidungsverfahren (→ § 152 Rdnr. 2) ab, so kommt § 151 nicht zur Anwendung. Auch eine Analogie zu § 152 scheidet wegen fehlender Rechtsähnlichkeit aus[3]. Vielmehr kann allenfalls nach pflichtgemäßem Ermessen des Gerichts in Anwendung von § 148 ausgesetzt werden. Auch insoweit besteht aber kein Aussetzungszwang[4]. Dort ist zudem § 627 Abs. 2 zu beachten. Ist ein ausländisches Ehescheidungsverfahren anhängig, so kommt ebenfalls eine Aussetzung nach § 148 in Betracht (→ § 148 Rdnr. 143). Ist ein ausländisches Ehescheidungsurteil schon ergangen, so muß nach § 148 ausgesetzt werden (→ § 148 Rdnr. 144). Das Entscheidungsmonopol der Landesjustizverwaltung ist stets zu respektieren. Ebenso liegt es, wenn der auszusetzende Rechtsstreit selbst ein Nichtigkeitsverfahren betrifft (→ § 148 Rdnr. 124).

§ 151 ist ferner nicht anwendbar, wenn es um die Geltendmachung einer Nichtehe geht (§§ 11, 13 EheG). Hier kommt es zu einer Aussetzung nach § 154 oder zu einer entsprechenden Feststellungsklage[5].

Das Erfordernis der mündlichen Verhandlung sowie die Wirkung und die Anfechtung des Beschlusses richten sich nach den Grundsätzen von oben → § 148 Rdnr. 39 ff.

III. Anhängigkeit der Nichtigkeitsklage

Nach dem Wortlaut des § 151 ZPO erfordert die Aussetzung nicht, daß die Nichtigkeitsklage nach § 23 EheG bereits erhoben ist. Wenn sie noch nicht erhoben ist, so hat das Gericht derjenigen Partei, die aus der Nichtigkeit Rechte herleitet oder Einreden auf sie gründet, auf Antrag eine Frist zur Erhebung der Klage zu bestimmen (§ 151 S. 1 Alt. 2). Diese richterliche Frist können die Parteien durch Vereinbarung verkürzen (§ 224 Abs. 1). Auf Antrag einer der Parteien kann sie auch durch das Gericht verlängert oder verkürzt werden (§ 224 Abs. 2).

---

[2] *MünchKommZPO/Peters* (1992) §§ 151, 152 Rdnr. 2; a. A. *AK/ZPO/Göring* (1987) Rdnr. 1; → Voraufl. Rdnr. 4.
[3] Anders *MünchKommZPO/Peters* (1992) §§ 151, 152 Rdnr. 7.
[4] A. A. *MünchKommZPO/Peters* (1992) §§ 151, 152 Rdnr. 7.
[5] Dazu *LG Hamburg* FamRZ 1973, 602; *Zöller/Greger*[18] Rdnr. 3.

Eine Fristsetzung kommt aber nur dann in Betracht, wenn die betreffende Partei klagebefugt ist. So liegt es nicht in den Fällen der ausschließlichen Klagebefugnis des Staatsanwalts, wenn die Ehe schon aufgelöst ist (§ 24 Abs. 1 S. 2 EheG). Eine Aussetzung nach § 151 kommt hier nur dann in Betracht, wenn die Nichtigkeitsklage von dem Staatsanwalt bereits erhoben ist. Keine gesetzliche Grundlage besteht für eine Fristsetzung an die Parteien, damit eine Klageerhebung durch die Staatsanwaltschaft angeregt wird[6].

7   Ist die Nichtigkeitsklage bereits anhängig, so kommt es nicht darauf an, ob eine der Parteien des auszusetzenden Rechtsstreits an ihr beteiligt ist. Vielmehr wirkt das Urteil, sofern es bei Lebzeiten der Ehegatten rechtskräftig wird, gem. § 636 a für und gegen alle.

IV. Aufnahme des ausgesetzten Verfahrens

8   Die Aufnahme geschieht in der Form des § 250. Sie ist zulässig, wenn die Nichtigkeitsklage erledigt ist. Die Erledigung tritt ein durch rechtskräftiges Urteil, durch Rücknahme der Klage oder durch den Tod des Ehegatten (§ 619)[7]. Die Aufnahme des ausgesetzten Verfahrens ist nach § 151 S. 2 ferner zulässig, wenn die Klage nicht vor dem Ablauf der bestimmten Frist erhoben wird. Den Fristablauf hat ggf. die die Aufnahme betreibende Partei nachzuweisen. Eine Erledigung tritt nicht ein, wenn die Nichtigkeitsklage vom Staatsanwalt zu Lebzeiten beider Ehegatten erhoben worden ist und ein Ehegatte stirbt (§ 636 S. 1). Bei einer Verzögerung des Nichtigkeitsprozesses kann die Aussetzung nach § 155 auf Antrag aufgehoben werden. Soll ein auf Antrag einer Partei ergangener Aussetzungsbeschluß aufgehoben werden, so bedarf es hierzu ihres Einverständnisses (→ § 150 Rdnr. 9).

V. Entscheidung nach der Aufnahme

9   Nach der Aufnahme ist der anhängige Rechtsstreit zu entscheiden. Die Ehe ist wegen § 23 EheG als gültig zu behandeln, wenn sie nicht rechtskräftig für nichtig erklärt worden ist. Ist ein Scheidungsverfahren mit Rücksicht auf ein Nichtigkeitsverfahren ausgesetzt worden und wird die Ehe (nach Zustellung des Scheidungsantrags) für nichtig erklärt, so kann das Scheidungsverfahren daraufhin einseitig für erledigt erklärt werden[8].

§ 152   [Aussetzung wegen Aufhebbarkeit der Ehe]

Hängt die Entscheidung eines Rechtsstreits davon ab, ob eine im Wege der Aufhebungsklage angefochtene Ehe aufhebbar ist, so hat das Gericht auf Antrag das Verfahren auszusetzen. Ist der Rechtsstreit über die Aufhebungsklage erledigt, so findet die Aufnahme des ausgesetzten Verfahrens statt.

Gesetzesgeschichte: Eingefügt RGBl. 1898 I 256 (→ Einl. Rdnr. 113). Änderung RGBl. 1938 I 923 (→ Einl. Rdnr. 141), das Wort »Anfechtungsklage« ersetzt durch »Aufhebungsklage«.

---

[6] A.A. *Zöller/Greger*[18] Rdnr. 2; *AK/ZPO/Göring* (1987) Rdnr. 2; *Baumbach/Lauterbach/Hartmann*[51] Rdnr. 3; *MünchKommZPO/Peters* (1992) §§ 151, 152 Rdnr. 4.

[7] Dazu näher *H. Roth*, in: Rolland HzFamR (1993) § 619 Rdnr. 1 ff.
[8] *OLG Düsseldorf* FamRZ 1992, 961.

Stichwortverzeichnis → *Unterbrechungs- und Aussetzungsschlüssel* in Rdnr. 30 vor § 239.

I. Normzweck	1	III. Voraussetzung der obligatorischen Aussetzung	3
II. Aufhebung der Ehe	2	IV. Aufnahme des ausgesetzten Verfahrens	6

I. Normzweck

Die Aussetzung in den statusrechtlichen Fragen ist deshalb in den §§ 151–155 abweichend von § 148 geregelt, weil eine Inzidenzentscheidung über Statusverhältnisse im gewöhnlichen Zivilprozeß vermieden werden soll (→ § 151 Rdnr. 1). Das Gericht muß von der Gültigkeit der Ehe ausgehen, bis sie durch rechtskräftiges Aufhebungsurteil (§ 29 EheG) aufgehoben worden ist. 1

II. Aufhebung der Ehe

Die Ehe wird wie bei der Scheidung durch Urteil aufgehoben (§ 29 EheG). Für eine Aufhebung ist kein Raum, wenn die Ehe schon durch Scheidung oder Tod anderweitig aufgelöst worden ist. Die Aufhebungsklage steht nur dem Ehegatten (§§ 30 ff., 39 EheG), im Falle des § 30 Abs. 1 S. 2 EheG dem gesetzlichen Vertreter zu. Die Norm des § 152 ZPO ist durch § 40 der 1. DurchfVO zum EheG (RGBl. 1938 I 923) bestätigt worden, obgleich die Vorschrift praktisch bedeutungslos ist. Ihr Anwendungsbereich erschöpft sich wohl in der Verweisung auf sie in § 153: Die Eheaufhebung beendet ebenso wie die Ehescheidung eine Ehe ohne Rückwirkung. Demnach hängt die Entscheidung eines Zivilprozesses regelmäßig ebensowenig von der Aufhebungs- wie von der Scheidungsklage ab (aber → § 151 Rdnr. 3)[1]. Deshalb war offenbar auch ein entsprechender Aussetzungszwang bei Scheidungsklagen vom Gesetz nicht eingeführt. § 152 ist aus den genannten Gründen nicht analogiefähig und darf nicht entsprechend auf den Fall eines laufenden Ehescheidungsverfahrens angewendet werden (→ § 151 Rdnr. 3). Insoweit gilt vielmehr die Ermessensregel des § 148. 2

III. Voraussetzung der obligatorischen Aussetzung

Das Bestehen der aufhebbaren Ehe muß für die Entscheidung des auszusetzenden Rechtsstreits von ausschlaggebender Bedeutung sein (→ Rdnr. 2; → § 148 Rdnr. 22 ff.). Das ist jedenfalls nicht der Fall bei der Klage der Ehefrau auf Unterhalt für die Dauer des Aufhebungsprozesses[2]. Dies gilt sowohl für die Ehe unter den Parteien als auch zwischen einer der Parteien und einem Dritten oder nur unter dritten Personen. Werden Aufhebungsklage und Scheidungsverfahren in demselben Rechtsstreit verhandelt, so ist die Aussetzung des Scheidungsverfahrens wegen des Verbots der Verfahrensspaltung nicht statthaft[3]. 3

Im Unterschied zur Rechtslage bei § 151 muß die Aufhebungsklage bereits erhoben worden sein. Das bedeutet Rechtshängigkeit (§§ 253, 261). Für eine Fristsetzung entsprechend § 151 ist bei § 152 kein Raum. Vielmehr muß die Ehe vor Erhebung der Aufhebungsklage als gültig behandelt werden. In diesem Fall kommt es auch nicht zur Aussetzung nach § 148, da dort ein anhängiger Rechtsstreit vorausgesetzt wird. 4

---

[1] *Wieczorek*[2] Bem. A I, B·
[2] *OLG Hamm* JW 1922, 514.
[3] *H. Roth*, in: Rolland HzFamR (1993) § 614 Rdnr. 24.

§ 152 III–§ 153 I   1. Buch: Allgemeine Vorschriften

5   Ist ein Antrag gestellt, so besteht nach § 152 Aussetzungszwang. Antragsberechtigt sind die Parteien sowie etwaige Streitgehilfen. Wird ein Antrag bei rechtshängigen Aufhebungsverfahren nicht gestellt, so ist eine Aussetzung von Amts wegen nach § 148 nicht ausgeschlossen. Doch wird das selten praktisch werden (→ Rdnr. 2). – Für den Beschluß gilt das oben zu → § 148 Rdnr. 39 ff. Ausgeführte entsprechend.

IV. Aufnahme des ausgesetzten Verfahrens

6   Nach Satz 2 ist die Aufnahme nach Erledigung des Aufhebungsprozesses statthaft. Damit ist jede Art der Beendigung des Prozesses gemeint. Ist ein Urteil ergangen, so wirkt es für und gegen alle. Wird der Rechtsstreit durch Zurücknahme der Klage beendet, so ist die Ehe im wiederaufgenommenen Prozeß als gültig anzusehen. Erledigt sich der Aufhebungsprozeß durch Tod eines Ehegatten (§ 619), so ist das Gericht nach Aufnahme des Rechtsstreits befugt, in eigener Zuständigkeit über die Aufhebbarkeit der Ehe aufgrund der einschlägigen Vorschriften zu entscheiden. Das bedeutet keine Entscheidung im Rahmen seines pflichtgemäßen Ermessens[4]. Vielmehr muß das Gericht wie in den Fällen der §§ 1933 S. 2, 2077 Abs. 1 S. 3, 2279 Abs. 2 BGB kraft eigener Vorfragenkompetenz prüfen, ob im Zeitpunkt des Todes der Klageantrag auf Aufhebung der Ehe berechtigt war. Es muß also selbst darüber befinden, ob die Voraussetzungen der §§ 30 ff. EheG in diesem Zeitpunkt vorgelegen haben.

§ 153   [Aussetzung wegen Anfechtbarkeit der Ehelichkeit eines Kindes]

Hängt die Entscheidung eines Rechtsstreits davon ab, ob ein Kind, dessen Ehelichkeit im Wege der Anfechtungsklage angefochten worden ist, nichtehelich ist oder ob ein Mann, dessen Anerkennung der Vaterschaft im Wege der Anfechtungsklage angefochten worden ist, der Vater ist, so gelten die Vorschriften des § 152 entsprechend.

Gesetzesgeschichte: Eingefügt RGBl. 1898 I 256 (→ Einl. Rdnr. 113). Änderung BGBl. 1969 I 1243 (→ Einl. Rdnr. 151): »unehelich« ersetzt durch »nichtehelich« und eingefügt: »oder ob ein Mann, dessen Anerkennung der Vaterschaft im Wege der Anfechtungsklage angefochten worden ist, der Vater ist«.

Stichwortverzeichnis → *Unterbrechungs- und Aussetzungsschlüssel* in Rdnr. 30 vor § 239.

I. Normzweck		1	IV. Tod des Mannes im Anfechtungsprozeß	5
II. Anfechtung der Ehelichkeit eines Kindes		2	V. Tod des Kindes im Anfechtungsprozeß	7
III. Anfechtung der Anerkennung der Vaterschaft		4	VI. Fehlender Aussetzungsantrag	8

I. Normzweck

1   Die Ehelichkeit eines Kindes und die Vaterschaft (§§ 1593, 1600a – o BGB) werden ausschließlich im Statusverfahren (§§ 640 ff. ZPO) festgestellt. Beide Fragen sind damit der Vorfragenkompetenz des entscheidenden Gerichts entzogen. Die Aussetzungsmöglichkeit des § 148 reicht daher nicht aus (→ § 151 Rdnr. 1). Das gilt für positive wie für negative

---
[4] So aber *Baumbach/Lauterbach/Hartmann*[51] Rdnr. 3.

Inzidenzentscheidungen. Die häufigsten Fälle des § 153 ZPO sind Unterhaltsprozesse und Klagen aus §§ 829, 832 BGB.

II. Anfechtung der Ehelichkeit eines Kindes

Die Anfechtung der Ehelichkeit eines Kindes richtet sich nach den §§ 1593ff. BGB, §§ 640 Abs. 2 Nr. 2, 640a ff. ZPO. Die angebliche Nichtehelichkeit des Kindes muß Vorfrage des auszusetzenden Prozesses sein. So liegt es auch bei der Klage des Kindes auf Unterhalt für die Dauer des Anfechtungsprozesses[1]. Unter den gegebenen Voraussetzungen gilt nach § 153 die Regelung des § 152 entsprechend. Es ist nicht erforderlich, daß in dem auszusetzenden Prozeß das Kind, dessen Ehelichkeit angefochten wird, selbst Partei ist; ebensowenig müssen es die Eltern sein.

Verfahren auf Erlaß einstweiliger Verfügungen, Arrestverfahren oder einstweilige Anordnungen (§§ 935, 940, 916, 620) dürfen nicht ausgesetzt werden, da sie nur zu vorläufigen Regelungen führen und die Aussetzung sich nicht mit deren Eilbedürftigkeit verträgt (→ auch § 148 Rdnr. 31 und → § 149 Rdnr. 10)[2]. Doch sollte auf Zahlung des notwendigen Betrags auf begrenzte Zeit und nicht nur auf Hinterlegung (§ 938 Abs. 1) erkannt werden[3]. Dadurch wird nur der einen Partei geschadet, ohne daß der anderen viel geholfen wäre. Unrichtig ist die Annahme, daß bei einer einstweiligen Verfügung mit zulässigem Aussetzungsantrag mangels Eilbedürftigkeit der Verfügungsgrund entfällt[4].

III. Anfechtung der Anerkennung der Vaterschaft

Die Anerkennung der nichtehelichen Vaterschaft ist in den §§ 1600a ff. BGB geregelt. Sie kann ihrerseits nach den §§ 1600g ff. BGB, §§ 640 Abs. 2 Nr. 3, 640a ff. ZPO angefochten werden. Ist das Bestehen der nichtehelichen Vaterschaft präjudiziell, so kann ebenfalls nach den §§ 153, 152 ausgesetzt werden.

IV. Tod des Mannes im Anfechtungsprozeß

Stirbt der Mann vor Rechtskraft des Urteils, so tritt keine Erledigung gem. § 619 ein, wenn zur Zeit seines Todes seine Eltern oder ein Elternteil noch leben (§ 640g). In diesem Fall kann von den oben genannten Personen der Anfechtungsprozeß aufgenommen werden (→ auch § 640g Rdnr. 7 und 8). Dadurch scheidet eine Aufnahme des wegen des Anfechtungsprozesses ausgesetzten Verfahrens entsprechend § 152 aus. Wird allerdings der Anfechtungsprozeß nicht innerhalb der Jahresfrist des § 640g Abs. 3 aufgenommen, so ist er als erledigt anzusehen. Nunmehr ist eine Aufnahme des ausgesetzten Verfahrens möglich, als ob es den eingangs genannten Personenkreis nicht gegeben hätte (→ sogleich Rdnr. 6).

Leben weder seine Eltern noch ein Elternteil, so hat sich der Rechtsstreit über die Anfechtungsklage erledigt, und es findet die Aufnahme des ausgesetzten Verfahrens statt. In diesem Fall hat das Gericht des anhängigen Prozesses von der Ehelichkeit auszugehen oder bei Anfechtung der Anerkennung von der nichtehelichen Vaterschaft.

---

[1] KG JR 1955, 469 (zust. *A. Blomeyer*); OLG Nürnberg BayJMBl 1951, 113; *Zwiebler* JR 1953, 328.
[2] H.L., OLG Hamm FamRZ 1987, 1188, 1189; OLG Frankfurt a.M. FamRZ 1985, 409, 410; LG Stuttgart NJW 1954, 37 (krit. *Lent*); *Thomas/Putzo*[18] Rdnr. 1; *Zöller/Greger*[18] Rdnr. 2; *Baumbach/Lauterbach/Hartmann*[51] Rdnr. 2; *MünchKommZPO/Peters* (1992) Rdnr. 4; *AK/ZPO/Göring* (1987) Rdnr. 2; LG Krefeld MDR 1970, 148; a.A. LG Köln JMBlNRW 1957, 29; *Rosenberg/Schwab/Gottwald*[15] § 127 II 4.
[3] So aber LG Aurich MDR 1965, 142; LG Stuttgart NJW 1954, 37, 38.
[4] Dafür aber OLG Düsseldorf FamRZ 1982, 1229, 1230; *Thomas/Putzo*[18] Rdnr. 1; wie hier *MünchKommZPO/Peters* (1992) Rdnr. 4.

V. Tod des Kindes im Anfechtungsprozeß

7   Die Aussetzung endet, wenn das Kind verstorben ist (arg. § 640 Abs. 1, § 619). Bei dem Tod des Kindes kommt es umgekehrt nicht mehr zu einer Aussetzung[5].

VI. Fehlender Aussetzungsantrag

8   Die durch die Aussetzung begünstigte Partei wird regelmäßig, ggf. auf richterlichen Hinweis (§§ 139, 278 Abs. 3), den erforderlichen Aussetzungsantrag stellen. Wird ein Antrag gleichwohl nicht gestellt, so ist § 148 einschlägig. Vergleichbar wie bei § 151 (→ dort Rdnr. 2) wird aber ein Aussetzungszwang anzunehmen sein[6], damit eine Inzidenzentscheidung vermieden bleibt. Der Unterschied zum direkten Anwendungsbereich des § 152 ergibt sich aus der Rückwirkung der Anfechtung im Gegensatz zu der lediglich auf die Zukunft bezogenen Wirkung der Eheaufhebung (→ § 152 Rdnr. 2). Da § 152 lediglich über § 153 entsprechend angewendet wird, schadet die Annahme eines Aussetzungszwangs nicht.

§ 154 [Aussetzung wegen Streit um das Bestehen einer Ehe oder eines Kindesverhältnisses]

(1) Wird im Laufe eines Rechtsstreits streitig, ob zwischen den Parteien eine Ehe bestehe oder nicht bestehe, und hängt von der Entscheidung dieser Frage die Entscheidung des Rechtsstreits ab, so hat das Gericht auf Antrag das Verfahren auszusetzen, bis der Streit über das Bestehen oder Nichtbestehen der Ehe im Wege der Feststellungsklage erledigt ist.

(2) Diese Vorschrift gilt entsprechend, wenn im Laufe eines Rechtsstreits streitig wird, ob zwischen den Parteien ein Eltern- und Kindesverhältnis bestehe oder nicht bestehe oder ob der einen Partei die elterliche Sorge für die andere zustehe oder nicht zustehe, und von der Entscheidung dieser Fragen die Entscheidung des Rechtsstreits abhängt.

Gesetzesgeschichte: Eingefügt RGBl. 1898 I 256 (→ Einl. Rdnr. 113). Änderung BGBl. 1979 I 1061: in Abs. 2: »elterliche Gewalt über« ersetzt durch »elterliche Sorge für« durch Art. 9 § 2 des Gesetzes zur Neuregelung des Rechts der elterlichen Sorge.

Stichwortverzeichnis → *Unterbrechungs- und Aussetzungsschlüssel* in Rdnr. 30 vor § 239.

I. Normzweck 1	IV. Antragserfordernis 4
II. Fallgruppen 2	V. Anhängigkeit der Klage und Frist 5
III. Voraussetzungen für die Aussetzung nach Absatz 1 3	VI. Aussetzung nach Absatz 2 6

I. Normzweck

1   § 154 regelt diejenigen Fälle, in denen das Bestehen einer in Ansehung der Form gültigen Ehe unter den Beteiligten streitig wird, ohne daß § 151 zur Anwendung gelangt. Ein Konkurrenzverhältnis zu § 152 kann nicht auftreten, weil die Eheaufhebung nur für die Zukunft

---

[5] *Zöller/Greger*[18] Rdnr. 2; *Baumbach/Lauterbach/Hartmann*[51] Rdnr. 1.

[6] Zutr. *MünchKommZPO/Peters* (1992) Rdnr. 2.

wirkt. Auch § 154 will eine Inzidenzentscheidung des erkennenden Gerichts ausschließen. Das Verfahren auf Bestehen oder Nichtbestehen einer Ehe ist als Statusprozeß (§ 638 i. V. m. §§ 633 ff., 606 Abs. 1 S. 1) durch das Familiengericht zu entscheiden (§ 23 b Abs. 1 S. 2 Nr. 1 GVG).

II. Fallgruppen

In Absatz 1 ist das Bestehen oder Nichtbestehen einer Ehe zwischen den Parteien die Vorfrage des auszusetzenden Prozesses. Das nach § 638 ergehende Urteil wirkt nach dessen Satz 2 für und gegen alle. In Absatz 2 ist Vorfrage des auszusetzenden Prozesses das Bestehen oder Nichtbestehen eines Eltern-Kind-Verhältnisses (gleich, ob ehelich oder nichtehelich) zwischen den Parteien oder das Bestehen oder Nichtbestehen der elterlichen Sorge einer Partei für die andere. Für diese Feststellungsklage gelten die §§ 640 Abs. 1, 2 Nr. 1, 4, 640 a ff.

III. Voraussetzungen für die Aussetzung nach Absatz 1

Zwischen den Parteien muß als Vorfrage streitig sein, ob sie miteinander verheiratet sind[1]. So kann es liegen bei einem Streit über die Formgültigkeit einer vor dem 1.8.1938 geschlossenen, nicht in das Heiratsregister eingetragenen Ehe. Ferner gehört hierher der Fall, daß es wegen des Verlustes des Standesregisters usw. zweifelhaft ist, ob eine Eheschließung tatsächlich stattgefunden hat, wenn der Eheschließungsakt nach ausländischem Recht zu beurteilen ist. Vergleichbar liegt es, wenn tatsächlich oder rechtlich zweifelhaft ist, ob eine formgerecht geschlossene Ehe für nichtig erklärt oder aufgelöst ist, z. B. durch eine Scheidung im Ausland.

IV. Antragserfordernis

§ 154 erfordert einen Antrag. Wird er nicht gestellt, so kommt § 148 zur Anwendung, wenn ein Feststellungsprozeß anhängig ist. Man wird auch hier wohl Aussetzungszwang bejahen müssen, damit einander widersprechende Entscheidungen verschiedener Gerichte vermieden werden (schon → § 151 Rdnr. 2, → § 153 Rdnr. 8). Die Wertung des § 638 S. 2 beansprucht Vorrang[2]. Ist ein Feststellungsprozeß nicht anhängig und wird auch kein Antrag gestellt, so sieht § 154 anders als § 151 S. 1 keine Fristsetzung zur Klageerhebung vor. In diesem Fall entscheidet das Gericht selbst über das Bestehen der Ehe. Die Zwischenfeststellungsklage nach § 256 Abs. 2 ist nicht statthaft, weil sie die gleiche Art des Verfahrens voraussetzt (→ § 256 Rdnr. 6 f.).

V. Anhängigkeit der Klage und Frist

Die Feststellungsklage braucht noch nicht anhängig zu sein. Der Festsetzung einer Frist bedarf es anders als im Fall des § 151 nicht (→ Rdnr. 4). Wird der Prozeß verzögert, so wird weder das ausgesetzte Verfahren aufgenommen (§ 155) noch der Aussetzungsbeschluß nach § 150 aufgehoben. Die am Fortgang des ausgesetzten Prozesses interessierte Partei kann selbst die Ehefeststellungsklage erheben und beschleunigt betreiben. Im übrigen gilt wegen des Antrags usw. das zu oben → § 148 Rdnr. 39 ff. Bemerkte.

---

[1] A. A. *Hein* Identität der Partei. Eine dogmatische Untersuchung mit Beiträgen zur Systematik des Zivilprozeßrechts und zur Lehre von der Urteilsnichtigkeit (1918), 1, 226.

[2] *MünchKommZPO/Peters* (1992) Rdnr. 2.

VI. Aussetzung nach Absatz 2

6   Die streitige Vorfrage für eine Aussetzung nach Absatz 2 muß die Feststellung des Bestehens eines Eltern-Kind-Verhältnisses zwischen den Parteien oder die Frage der elterlichen Sorge der einen Partei für die andere sein. Die Aussetzung bei Anfechtung der Ehelichkeit beurteilt sich nach § 153 und gehört nicht hierher. Hauptfälle sind Unterhaltsansprüche[3].

7   Zu einer Aussetzung kommt es nur, wenn die streitige Frage noch durch gerichtliche Entscheidung i.S. des Antragstellers geklärt werden kann. Liegt über sie bereits eine rechtskräftige und abschließende Entscheidung vor, ist für eine Aussetzung nach § 154 grundsätzlich kein Raum. In diesem Fall kommt eine Aussetzung nur noch dann in Betracht, wenn die streitige Frage durch Wiederaufnahme des bereits abgeschlossenen Verfahrens erneut zur Entscheidung gestellt werden kann. Es müssen also die Voraussetzungen für ein Wiederaufnahmeverfahren vorliegen[4].

8   Unter Absatz 2 fällt auch der Streit über die Wirksamkeit oder Unwirksamkeit einer Vaterschaftsanerkennung nach § 640 Abs. 2 Nr. 1 HS 2. Das gilt aber nur, wenn es sich um einen Streit zwischen den Parteien handelt. Wird zwischen einer Partei und einem Dritten gestritten, so kommt § 148 zur Anwendung[5]. Im übrigen gilt für Absatz 2 das zu Absatz 1 Ausgeführte (→ Rdnr. 3 ff.) entsprechend.

§ 155   [Aufhebung der Aussetzung]

In den Fällen der §§ 151 bis 153 kann das Gericht auf Antrag die Anordnung, durch die das Verfahren ausgesetzt ist, aufheben, wenn die Betreibung des Rechtsstreits, der zu der Aussetzung Anlaß gegeben hat, verzögert wird.

Gesetzesgeschichte: Eingefügt RGBl. 1898 I 256 (→ Einl. Rdnr. 113). Änderungen RGBl. 1938 I 923 (→ Einl. Rdnr. 141), BGBl. 1969 I 1243 (→ Einl. Rdnr. 151).

Stichwortverzeichnis → *Unterbrechungs- und Aussetzungsschlüssel* in Rdnr. 30 vor § 239.

I. Allgemeines	1	IV. Aufhebung der Aussetzung	5
II. Verfahren bei Verzögerung	2	V. Weiteres Verfahren	6
III. Voraussetzungen der Aufhebung	4		

I. Allgemeines

1   In den Fällen der §§ 151–153 handelt es sich um eine antragsgebundene Zwangsaussetzung (→ § 151 Rdnr. 1). In den Angelegenheiten der §§ 151–154 bleibt es den Parteien unbenommen, den Rechtsstreit in der Form des § 250 aufzunehmen. Daneben gibt § 155 für die Fälle der §§ 151–153 (nicht: § 154) die Möglichkeit, bei Verzögerung des anderen Prozesses die Aufhebung des Aussetzungsbeschlusses zu beantragen. Im Anwendungsbereich des § 154 richtet sich die Aufhebung nach § 150[1]. Ist in den Fällen der §§ 151–153 nicht

---

[3] Beispiel *OLG Karlsruhe* Die Justiz 1971, 182; ferner *Siehr* FamRZ 1971, 398; *BGH* LM § 640 ZPO Nr. 6; *Gaul* FamRZ 1959, 334 ff.
[4] *OLG Düsseldorf* DAVorm. 1975, 376.
[5] *Zöller/Greger*[18] Rdnr. 3.

[1] Dazu *Werner* Rechtskraft und Innenbindung zivilprozessualer Beschlüsse im Erkenntnis- und summarischen Verfahren (1983), 114.

auf Antrag, sondern von Amts wegen nach § 148 ausgesetzt worden, so ist auch wieder eine Aufhebung nach § 150 möglich (→ § 150 Rdnr. 8). Ist dagegen in den Fällen der §§ 151–153 auf Antrag ausgesetzt worden, so richtet sich die Aufhebung nicht nach § 150, sondern nach § 155 (→ § 150 Rdnr. 8, 9)[2].

II. Verfahren bei Verzögerung

Bei einer Verzögerung kann die am Fortgang des ausgesetzten Prozesses interessierte Partei den Nichtigkeits-, Aufhebungs- oder Anfechtungsprozeß selbst betreiben, wenn sie in diesem Prozeß selbst Partei ist, sei es auch mit einem dritten Gegner. Ist sie in diesem Prozeß nicht Partei (→ § 151 Rdnr. 2; → § 152 Rdnr. 3; → § 153 Rdnr. 2), so kann sie derjenigen Partei, an deren Sieg sie ein rechtliches Interesse hat, auch als streitgenössischer Streithelfer nach § 69 beitreten. Ein solches rechtliches Interesse des Beitretenden ergibt sich schon wegen der Rechtskraftwirkung für und gegen alle (§§ 636a, 640h). 2

Das geschilderte Vorgehen ist mit Kosten und Mühen verknüpft. Deshalb gewährt § 155 der Partei – zusätzlich zu den aufgezeigten Möglichkeiten – das Recht, die Aufhebung der Aussetzung zu beantragen. Dadurch wird aber die Streithilfe im präjudiziellen Prozeß nicht ausgeschlossen. 3

III. Voraussetzungen der Aufhebung

Das Gericht darf nur auf Antrag einer der Parteien oder beider Parteien entscheiden. Das präjudizielle Verfahren (der Nichtigkeits-, Aufhebungs- oder Anfechtungsprozeß) muß in objektivem Sinne verzögert worden sein. Nach dem Normzweck ist die Aufhebung auch dann möglich, wenn keine einer Partei vorwerfbare Verzögerung vorliegt, sondern lediglich der präjudizielle Prozeß so ungewöhnlich lange Zeit beansprucht, daß die Aussetzung einer Partei selbst unter Berücksichtigung der Gegnerinteressen nicht zuzumuten ist. § 155 spricht weder von einer schuldhaften Verzögerung (anders z.B. § 296), noch läßt er sich als Vergeltungsnorm verstehen[3]. Steht – ausnahmsweise – von vornherein fest, daß die Verfahrensaussetzung den Rechtsstreit unzumutbar verzögern wird, so wird man entgegen dem Wortlaut der §§ 151 ff. dem Gericht die Möglichkeit geben müssen, eine Aussetzung abzulehnen[4]. 4

IV. Aufhebung der Aussetzung

Das Gericht entscheidet über den – ggf. nach § 139 anzuregenden – Aufhebungsantrag nach pflichtgemäßem Ermessen. Wenn es eine Verzögerung des präjudiziellen Prozesses feststellt, wird es dem Antrag in aller Regel stattgeben. Es herrscht gleichwohl kein Aufhebungszwang[5]. Die dem Gesetzeswortlaut widersprechende gegenteilige Auffassung läßt unter Umständen eine Situation entstehen, in der das Gericht zu der Aufhebung der Aussetzung gezwungen ist, obwohl die Voraussetzungen der §§ 151–153 ungeachtet der Verzögerung immer noch vorliegen. Wenn das Gericht dem Antrag stattgibt, so bedeutet das eine Entscheidung über einen Antrag. Dagegen liegt darin nicht wie in § 151 eine Aufnahme des Verfahrens. Für das Verfahren und die Möglichkeit der Beschwerde gilt das in → § 150 Rdnr. 10 f. Ausgeführte entsprechend. 5

---

[2] A.A. *MünchKommZPO/Peters* (1992) Rdnr. 5.
[3] Wie hier *KG* JR 1955, 469 (zust. *A. Blomeyer*); a.A. *MünchKommZPO/Peters* (1992) Rdnr. 1; *Zöller/Greger*[18] Rdnr. 1.

[4] *KG* JR 1955, 469 (*A. Blomeyer*).
[5] *Wieczorek*[2] Bem. B; *Rosenberg/Schwab/Gottwald*[15] § 127 II 4; a.A. *Baumbach/Lauterbach/Hartmann*[51] Rdnr. 2.

V. Weiteres Verfahren

6 Wird der Aussetzungsbeschluß aufgehoben, so ist in dem fortzusetzenden Prozeß die Ehe als gültig und das Kind als ehelich anzusehen, da das Gericht zu einer eigenen Entscheidung über die Nichtigkeit, Anfechtung oder Aufhebung nicht befugt ist. Daraus ergibt sich, daß nur diejenige Partei, der diese Annahme günstig ist, ein Interesse an dem Antrag des § 155 hat. Die Rechtskraft des ergehenden Urteils bleibt unberührt, auch wenn das betreffende Statusurteil später entgegengesetzt ausgeht. Auch eine Wiederaufnahme ist ausgeschlossen[6]. Das ist hinnehmbar, weil der Justizgewährungsanspruch der Parteien des Ausgangsprozesses Vorrang hat.

§ 156 [Wiedereröffnung der Verhandlung]

Das Gericht kann die Wiedereröffnung einer Verhandlung, die geschlossen war, anordnen.

Gesetzesgeschichte: Bis 1900 § 142 CPO.

Stichwortverzeichnis → *Unterbrechungs- und Aussetzungsschlüssel* in Rdnr. 30 vor § 239.

I. Voraussetzung der Wiedereröffnung	
1. Ermessensvorschrift ... 1	a) Prozeßvergleich; Erledigung des Verfahrens ... 9
2. Verpflichtung zur Wiedereröffnung ... 2	b) Restitutions-, Nichtigkeits- und Wiedereinsetzungsgründe ... 10
a) Lückenhafte Verhandlung; Verletzung der Aufklärungspflicht ... 3	c) Anwaltswechsel ... 12
b) Verletzung des Anspruchs auf rechtliches Gehör ... 4	d) Neue erhebliche Parteibehauptungen ... 13
c) Sonstige Versäumnisse des Gerichts ... 6	4. Wiedereröffnung und Parteianträge ... 14
d) Ausscheiden eines Richters ... 7	5. Schriftliches Verfahren (§ 128 Abs. 2 und 3) ... 16
3. Ermessensgeleitete Wiedereröffnung ... 8	II. Verfahren ... 17
	III. Neue Verhandlung ... 20
	IV. Verstöße ... 21

I. Voraussetzung der Wiedereröffnung

1. Ermessensvorschrift

1 Die Wiedereröffnung einer geschlossenen mündlichen Verhandlung (§ 136 Abs. 4) steht nach dem Wortlaut des § 156 im Ermessen des Gerichts. Die Rechtsprechung von Reichsgericht[1] und Bundesgerichtshof[2] hat dies immer wieder betont, aber das Ermessen i. S. eines pflichtgemäßen Ermessens interpretiert[3]. Ein Ermessen wird selbst dann eingeräumt, wenn dem Gericht nach Schluß der mündlichen Verhandlung Tatsachen unterbreitet werden, die

---

[6] *MünchKommZPO/Peters* (1992) Rdnr. 4.
[1] RGZ 102, 262, 266; RG HRR 1927 Nr. 744; Seuff-Arch 73 (1918), 377, 379.
[2] *BGH* NJW 1988, 2302, 2303; *BGHZ* 30, 60, 65 f.; zweifelnd aber *BGHZ* 53, 245, 262 (»Anastasia«). – Für Ermessen grundsätzlich auch *BFH* BB 1992, 1547, 1548; dazu *Sangmeister* BB 1992, 1535 ff.
[3] *BGH* NJW 1988, 2302, 2303; ferner *BGH* WM 1992, 1451, 1455.

möglicherweise einen Restitutionsgrund bilden könnten[4]. Gleichwohl hat die Rechtsprechung der beiden Gerichte anerkannt, daß es in einzelnen Situationen einen Anspruch der Prozeßpartei auf Wiedereröffnung der Verhandlung gibt. Ebenso wurde bejaht, daß ein Gericht in manchen Fällen die Verhandlung von Amts wegen wiedereröffnen muß. Das gilt insbesondere bei Lückenhaftigkeit der bisherigen Verhandlung und mangelhafter Ausübung des richterlichen Fragerechts. Es ist aufgrund der neueren Rechtsentwicklung nicht zu verkennen, daß sich die Fälle häufen, in denen das Gericht zu einer Wiedereröffnung für verpflichtet gehalten wird. Dies gilt insbesondere im Lichte des Rechtes der Parteien auf rechtliches Gehör (Art. 103 Abs. 1 GG). Gleichwohl sollte man im Interesse des Rechtsfriedens und der Rechtssicherheit weiterhin vom Grundsatz des pflichtgemäßen Ermessens ausgehen[5] und sowohl die Fälle der Verpflichtung zur Wiedereröffnung (→ Rdnr. 2 ff.) als auch diejenigen der ermessensgeleiteten Wiedereröffnung (→ Rdnr. 8 ff.) auf das Vorliegen klar gelagerter und rechtlich konturierbarer Fallgruppen beschränken. Andernfalls könnte jede Partei den Erlaß einer Entscheidung und damit das Ende des Rechtsstreits durch das Einreichen eines Schriftsatzes mit schlüssigen Behauptungen immer wieder verhindern[6]. Deshalb muß es auch dann bei der Ermessensentscheidung bleiben, wenn eine Prozeßpartei neue Beweisanträge stellt und das Beweiserbieten nicht auf einer ungenügenden Sachverhaltsaufklärung oder Prozeßförderungspflicht des Gerichts zurückzuführen ist[7].

2. Verpflichtung zur Wiedereröffnung

Die Verpflichtung zur Wiedereröffnung besteht in folgenden Fallgruppen, die nur in vorsichtiger Fallbildung erweitert werden sollten (→ Rdnr. 1 a. E.): 2

a) Lückenhafte Verhandlung; Verletzung der Aufklärungspflicht

Das Gericht muß die Wiedereröffnung von Amts wegen anordnen, wenn sich nachträglich 3 ergibt, daß die bisherige Verhandlung lückenhaft (→ § 128 Rdnr. 27–33)[8] und die Ausübung des Fragerechts (§ 139) geboten war[9]. So liegt es etwa, wenn nachträglich gestellte Beweisanträge darauf beruhen, daß das Gericht seine richterliche Aufklärungspflicht nach §§ 139, 278 Abs. 3 verletzt hat[10]. Zur Wiedereröffnung zwingt insbesondere die in § 278 Abs. 3 niedergelegte Pflicht zum Hinweis auf rechtliche Gesichtspunkte, falls das Gericht bisher einen Hinweis unterließ. Das gilt auch dann, wenn sich dieser rechtliche Gesichtspunkt erst in der Beratung ergeben hat und das Gericht keinerlei Vorwurf trifft, daß es hierauf bisher in der mündlichen Verhandlung nicht eingegangen ist (näher → § 278 Rdnr. 61). Auch Versäumnisse und sonstige Ungeschicklichkeiten des Gerichts begründen eine Pflicht zur Wiedereröffnung[11].

---

[4] *BGHZ* 30, 60, 66; a.A. *Walchshöfer* NJW 1972, 1028, 1030.
[5] Mit anderer Tendenz *MünchKommZPO/Peters* (1992) Rdnr. 2.
[6] *BGHZ* 53, 245, 263 f. (»Anastasia«); ausführlicher *Gaul* FamRZ 1960, 320 ff.
[7] *BGH* NJW 1993, 134; *E. Schneider* MDR 1990, 122, 123.
[8] *RGZ* 102, 262, 266; *BGHZ* 30, 60, 65; *BGH* NJW 1993, 134; VersR 1974, 1127, 1128; *BAG* DB 1970, 2223 (LS).

[9] *RGZ* 102, 262, 266; *BGHZ* 30, 60, 65; *BGH* NJW 1993, 134; LM § 156 ZPO Nr. 1 a; *OLG Zweibrücken* NJW 1993, 473, 474; *OLG Köln* NJW-RR 1990, 1341, 1343; MDR 1975, 148; *Deubner* NJW 1980, 263, 265 m. Fn. 14.
[10] *BayVerfGH* NJW 1984, 1026, 1027; *BGH* WM 1979, 587, 588; *OLG Köln* MDR 1980, 674; NJW 1980, 2361, 2362; NJW 1971, 495 (LS) (Anwaltswechsel); vgl. auch *BFH* DB 1974, 460; *E. Schneider* MDR 1990, 122, 123.
[11] *BGH* NJW 1993, 134.

b) Verletzung des Anspruchs auf rechtliches Gehör

4 Eine Wiedereröffnung ist auch dann geboten, wenn der Anspruch einer Partei auf rechtliches Gehör (→ Rdnr. 9–61 vor § 128) verletzt ist und diese Verletzung durch eine Wiedereröffnung geheilt werden kann[12]. So liegt es etwa, wenn sich in der Beratung zeigt, daß einer Partei ein gegnerischer Schriftsatz versehentlich nicht zugestellt wurde[13]. Auch in anderen Situationen kann sich zeigen, daß der Gegner hätte gehört werden müssen[14]. Das Gericht ist verantwortlich dafür, daß der Grundsatz des rechtlichen Gehörs eingehalten wird[15]. Deshalb kommt es nicht darauf an, ob die Ursache für eine verspätete Zuleitung eines Schriftsatzes in einem Versehen der Geschäftsstelle lag. Wenn nachgereichte Schriftsätze nur Rechtsausführungen enthalten, so sind nach deren Kenntnisnahme Ausführungen des Gerichts darüber hinaus, daß kein Anlaß zur Wiedereröffnung der mündlichen Verhandlung besteht, nicht notwendig[16].

5 Die Pflicht zur Wiedereröffnung ist besonders ernst zu nehmen, wenn die ergehende Entscheidung mit normalen Rechtsmitteln der ZPO nicht mehr angreifbar ist. Sonst wird die in ihrem Recht auf rechtliches Gehör verletzte Partei in aller Regel Verfassungsbeschwerde erheben. Allerdings verlangen die Verfassungsgerichte mit Recht, daß die betroffene Partei sich zunächst darum bemühen muß, Grundrechtsverstöße innerhalb der Zivilgerichtsbarkeit selbst zu beseitigen. Der Beschwerdeführer muß alle sich bietenden Mittel nutzen, um sich rechtliches Gehör zu verschaffen. Dazu gehört auch die Beantragung einer Schriftsatzfrist nach § 283[17]. Zudem muß dargelegt werden, was der Beschwerdeführer im Falle der Wiedereröffnung vorgetragen hätte. Doch braucht der Gegner einer unzulässig vortragenden Partei nicht vorsorglich für den Fall Stellung zu nehmen, daß sich das Gericht über zwingendes Verfahrensrecht hinwegsetzt. § 156 steht einem derart erweiterten Umfang der gesetzlichen Prozeßförderungspflicht entgegen.

c) Sonstige Versäumnisse des Gerichts

6 Eine Pflicht zur Wiedereröffnung besteht auch dann, wenn durch Versäumnis oder Ungeschicklichkeiten des Gerichts oder durch andere Umstände im Verfahren bis zum Schluß der mündlichen Verhandlung eine vollständige und sachgerechte Erklärung der Parteien unterblieb[18]. So liegt es etwa, wenn die Vorgänge in der mündlichen Verhandlung so unklar waren, daß ein Prozeßbevollmächtigter von ihrer Schließung nichts bemerkte[19]. Auch muß das Gericht im Interesse eines möglichst umfassenden Verhandlungs- und Entscheidungsverbundes wiedereröffnen, wenn es den Eindruck erweckt hat, daß es noch nicht über den Scheidungsantrag entscheide und die Partei dadurch von der Antragstellung in einer Folgesache abgehalten hat[20]. Auch ist die Wiedereröffnung nicht dadurch ausgeschlossen, daß ein Fehler einer dritten, prozeßfremden Person vorliegt (zur Geschäftsstelle → Rdnr. 4). So liegt es, wenn ein Schriftsatz bei der Beförderung durch die Bundespost abhanden kommt[21]. Stellt sich erst nach einer mündlichen Verhandlung heraus, daß zwar dem Gericht rechtzeitig ein Schriftsatz einer Partei zuging, wegen der Zerstörung auf dem Postweg aber nicht dem

---

[12] *BayVerfGH* BayVBl 1987, 157; *VerfGHE* 37, 79, 83; *BGH* NJW 1988, 2302, 2303 (Arzthaftungsprozeß).
[13] Vgl. *BVerfGE* 60, 96, 100.
[14] *BVerfGE* 61, 14, 17, 37, 41; 62, 320, 321, 322; 62, 392, 396; *BVerfG* NJW 1993, 2793f.
[15] *BayVerfGH* BayVBl 1987, 157.
[16] *BayVerfGH* BayVBl 1987, 157.
[17] Ferner in diesem Zusammenhang *BayVerfGH* BayVBl 1987, 157.

[18] *BGH* NJW 1993, 134 (→ Rdnr. 3 a.E.); *OLG Köln* NJW-RR 1990, 1341, 1342 (unzulässige Überraschungsentscheidung); *OLG Schleswig* OLGZ 1981, 245, 247; *E. Schneider* MDR 1990, 122, 123.
[19] *BSG* NJW 1966, 1478, 1479.
[20] *OLG Koblenz* FamRZ 1990, 769, 770f.
[21] S. → Wiedereinsetzungsschlüssel »Abhandenkommen (Urkunden, Schriftsätze usw.)« § 233 Rdnr. 64.

Gegner, so muß wiedereröffnet werden. Das gilt jedenfalls dann, wenn in dem Schriftsatz wesentliche Punkte enthalten sind und diese in der mündlichen Verhandlung nicht im einzelnen zur Sprache kamen.

d) Ausscheiden eines Richters

Wegen § 309 muß ferner wiedereröffnet werden, wenn ein Richter zwischen Verhandlungsschluß und Entscheidung (Schluß der Beratung) verstorben oder in anderer Weise ausgeschieden ist[22]. Eine beschlossene Entscheidung kann aber von anderen Richtern verkündet werden.

7

3. Ermessensgeleitete Wiedereröffnung

Soweit nach dem Gesagten ein Zwang zur Wiedereröffnung nicht besteht, steht ihre Anordnung im pflichtgemäßen Ermessen des Gerichts. Diese ermessensgeleitete Wiedereröffnung ist für die nachfolgenden Fallgruppen weithin anerkannt. Bei der Herausbildung neuer Fallgruppen ist aber mit Zurückhaltung zu verfahren (→ Rdnr. 1).

8

a) Prozeßvergleich; Erledigung des Verfahrens

Regen beide Parteien die Wiedereröffnung an, damit der Rechtsstreit durch Prozeßvergleich oder beiderseitige Erledigungserklärung beendet werden kann, so sollte das Gericht dem Wunsch grundsätzlich stattgeben. Eine derartige übereinstimmende Beendigung des Rechtsstreits dient dem Rechtsfrieden meistens mehr als eine richterliche Entscheidung[23]. Zudem erspart sich das Gericht ein Urteil.

9

b) Restitutions-, Nichtigkeits- und Wiedereinsetzungsgründe

Eine vergleichbar deutlich abgrenzbare Fallgruppe (→ Rdnr. 1) ist gegeben, wenn das Gericht in der Beratung erkennt, daß ein Rechtsbehelf gegen die zu erlassende Entscheidung deshalb Erfolg hätte, weil nach der letzten mündlichen Verhandlung Tatsachen vorgetragen wurden, welche die Aufhebbarkeit der zu treffenden Entscheidung rechtfertigen. Dazu zählt vor allem das Vorliegen eines Restitutionsgrundes[24]. Bisweilen wird hier auch Wiedereröffnungszwang angenommen[25]. Oftmals wird das Gericht aber von dem behaupteten Restitutionsgrund nicht ohne weiteres überzeugt sein, sondern in diesem Verfahrensstadium lediglich Zweifel haben, die es nicht über § 156 klären muß. In aller Regel ist es aber wenig sinnvoll, ein Urteil zu erlassen, das später auf ein Rechtsmittel hin oder wegen § 580 aufgehoben werden muß. So liegt es z. B., wenn eine Partei vorbringt, eine entscheidungserhebliche Urkunde gefunden zu haben (§ 580 Nr. 7b). § 156 ist Argumenten der Prozeßökonomie in gleicher Weise zugänglich wie das Revisionsrecht. Dort können nach richtiger Ansicht Wiederaufnahmegründe auch in der Revisionsinstanz berücksichtigt werden (→ Einl. Rdnr. 82).

10

Vergleichbare Erwägungen zur Wiedereröffnung gelten, wenn eine Partei nach geschlossener mündlicher Verhandlung Nichtigkeitsgründe vorträgt wie etwa die fehlende Vertretung

11

---

[22] Dazu *RGZ* 16, 417, 419; *RG JW* 1901, 250; auch *Sangmeister* DStZ 1989, 25 (finanzgerichtliches Verfahren).
[23] Zu der Friedensfunktion des Prozeßvergleichs → Einl. Rdnr. 11 sowie *M. Wolf* ZZP 89 (1976), 260, 263 f.

[24] Dazu *BGHZ* 30, 60, 66; *Henke* JR 1960, 86; *Gaul* FamRZ 1960, 320 ff.
[25] *MünchKommZPO/Peters* (1992) Rdnr. 7; *E. Schneider* MDR 1990, 122, 123.

der Prozeßpartei im Verfahren (§ 579 Abs. 1 Nr. 4). In aller Regel sollte auch bei dem Vorliegen von Wiedereinsetzungsgründen wiedereröffnet werden. Stellt der Anwalt einer Partei erst nach der geschlossenen mündlichen Berufungsverhandlung einen Wiedereinsetzungsantrag hinsichtlich der versäumten Berufungsfrist, so ist es sinnvoll, die mündliche Berufungsverhandlung wieder zu eröffnen. Andernfalls müßte die Berufung als unzulässig verworfen und anschließend der Wiedereinsetzung gegen die versäumte Berufungsfrist stattgegeben werden.

c) Anwaltswechsel

12   Im Einzelfall kann auch ein Anwaltswechsel zur Wiedereröffnung des Verfahrens führen. Zwar besteht anders als beim Richterwechsel (→ Rdnr. 7) kein Zwang zur Wiedereröffnung, wenn nach der mündlichen Verhandlung und vor der Entscheidung ein Anwaltswechsel eintritt. In den allermeisten Fällen ist dieser Wechsel für das Verfahren auch ohne Bedeutung. Insbesondere bei unverschuldetem Anwaltswechsel sollte aber die mündliche Verhandlung wiedereröffnet werden. So liegt es z. B., wenn dem früheren Anwalt in der letzten mündlichen Verhandlung eine schriftsätzliche Stellungnahme eingeräumt wurde, nunmehr durch den Tod des bisherigen Anwalts ein Anwaltswechsel eintritt, und der neue Rechtsanwalt in Unkenntnis der Einzelheiten der geschlossenen mündlichen Verhandlung nicht in der Lage ist, einen nachgelassenen Schriftsatz (§ 283) zu fertigen[26].

d) Neue erhebliche Parteibehauptungen

13   Neues erhebliches Parteivorbringen (→ Rdnr. 1) darf nicht gegen die Wertungen der Präklusionsvorschriften (§ 296) zu einer Wiedereröffnung führen[27]. Zwar läßt § 296a S. 2 die §§ 156, 283 unberührt. Doch kommt die Wiedereröffnung im Anwendungsbereich des § 296 Abs. 1 nicht und in den Ermessensfällen des Abs. 2 nur ganz ausnahmsweise in Betracht[28].

4. Wiedereröffnung und Parteianträge

14   Besteht ein Zwang zur Wiedereröffnung (→ Rdnr. 2 ff.), so handelt das Gericht von Amts wegen. Entsprechende Parteianträge sind rechtlich bloße Anregungen. Nachträglich eingereichte, nicht nachgelassene Schriftsätze (§ 283), sind an sich unbeachtlich[29]. Jedenfalls kann keine Partei durch Antrag die Wiedereröffnung erzwingen[30]. Dem entspricht es, daß die Parteien grundsätzlich kein Recht auf Wiedereröffnung haben. Das gilt auch dann, wenn Neues vorgebracht werden soll (→ Rdnr. 13). – Zu den Ausnahmen → Rdnr. 2 ff.

15   Es entspricht der wohl h. L.[31], daß das Gericht in der Regel nicht verpflichtet ist, auf Anträge der Parteien auf Wiedereröffnung der mündlichen Verhandlung einzugehen, die zwischen dem Schluß der Verhandlung und der Verkündung einer Entscheidung bei ihm einlaufen. Gestellte Anträge brauchen nicht durch besonderen Beschluß abgelehnt zu werden[32]. Da neues, nicht nachgelassenes (§ 283), Parteivorbringen nicht zum prozessual wirksamen Par-

---

[26] Ferner *BVerwG* NJW 1986, 339; *OLG Köln* MDR 1971, 495 (LS).
[27] *MünchKommZPO/Peters* (1992) Rdnr. 9; ferner *OLG Düsseldorf* NJW-RR 1987, 509.
[28] *MünchKommZPO/Peters* (1992) Rdnr. 9.
[29] Vgl. *BayObLG* HEZ 2, 291, 293; *OLG Nürnberg* NJW 1949, 29.
[30] Dazu *BGH* NJW 1979, 2109, 2110; *OLG Köln* MDR 1971, 308.
[31] RGZ 102, 263, 266; *RG* JW 1908, 202.
[32] Insoweit a. A. *BFH* BB 1992, 1547, 1548.

teivortrag gehört, ist es auch nicht in den Tatbestand des Urteils aufzunehmen, so daß auch eine Tatbestandsberichtigung ausscheidet[33]. Ausreichend, aber auch erforderlich ist es, daß in den Gründen auf solche Anträge wenigstens kurz eingegangen wird und im Fall der Ablehnung darin die angestellten Erwägungen bekanntgegeben werden[34]. Das Gericht wird auch dann kurz in den Gründen Stellung nehmen müssen, wenn die Wiedereröffnung nicht ausdrücklich beantragt worden ist, sich entsprechende Erwägungen jedoch aufdrängen[35]. Das folgt neben verfassungsrechtlichen Erwägungen schon daraus, daß die Ablehnung der Wiedereröffnung revisibel ist und die Gründe der Ermessensausübung überprüfbar sein müssen. Es muß deutlich werden, daß das Gericht von dem ihm eingeräumten Ermessen Gebrauch gemacht hat. Auf bloße Rechtsausführungen braucht das Gericht aber nicht einzugehen[36]. Obgleich § 156 in seiner Anwendung im Bereich des einfachen Rechts liegt, muß das Verfassungsgericht überprüfen können, ob bei der Ermessensentscheidung das Recht auf rechtliches Gehör verkannt wurde[37]. Die Parteien können keine Terminsbestimmung veranlassen[38]. Zur Behandlung verspäteter Schriftsätze auch → § 133 Rdnr. 11.

5. Schriftliches Verfahren (§ 128 Abs. 2 und 3)

Für das schriftliche Verfahren ergeben sich keine Besonderheiten, solange die Partei die vom Gericht nach § 128 Abs. 2 Satz 2 gesetzte Frist, bis zu der Schriftsätze eingereicht werden können, und den nach § 128 Abs. 3 Satz 2 bestimmten Zeitpunkt, der dem Schluß der mündlichen Verhandlung entspricht, einhält. Das bisher Ausgeführte gilt entsprechend, wenn eine Partei nach diesem Zeitpunkt einen Schriftsatz verspätet einreicht (→ § 128 Rdnr. 94 und 119).   16

II. Verfahren

Die Wiedereröffnung der Verhandlung wird von Amts wegen durch Gerichtsbeschluß angeordnet. Das kann unmittelbar nach der geschlossenen mündlichen Verhandlung oder in dem anberaumten besonderen Verkündungstermin (§ 329 Abs. 1 Satz 1) geschehen. In gleicher Weise wird verfahren, wenn die neue Verhandlung wegen eines Richterwechsels (→ Rdnr. 7) erforderlich ist. Der Wiedereröffnungsbeschluß ist unanfechtbar. Eine Beschwerde ist wegen § 567 unstatthaft. Ein etwa ergangener Ablehnungsbeschluß (→ Rdnr. 15) unterliegt gleichfalls nicht der Anfechtung. Trotz ihrer Unanfechtbarkeit sind beide Beschlüsse zu begründen[39]. Der Wiedereröffnungsbeschluß kann auch in konkludenter Form ergehen, etwa durch Verkündung eines Aufklärungs- oder Beweisbeschlusses anstelle eines Urteils oder durch Anberaumung eines neuen Verhandlungstermins.   17

Sind beide Parteien anwesend, so kann sich die neue Verhandlung sofort anschließen. Wenn eine Partei nicht (mehr) anwesend ist, so kann der erschienene Gegner nicht mit Erfolg den Erlaß eines Versäumnisurteils beantragen: Diejenige Partei, die sich nach dem Schluß der mündlichen Verhandlung entfernt, oder die in einem Verkündungstermin nicht erscheint, ist nicht säumig gem. §§ 136, 220 Abs. 2 i. V. m. §§ 310, 329 Abs. 1 Satz 2, 330ff., weil der Verkündungstermin nicht mehr zur Verhandlung bestimmt ist[40]. In diesem Fall kann der neue   18

---

[33] *OLG Köln* MDR 1991, 988.
[34] *BSG* AnwBl 1974, 270; wohl auch *BGH* NJW 1988, 2302, 2303; noch weitergehend *BFH* BB 1992, 1547, 1548 (begründeter gesonderter Beschluß); *MünchKommZPO/Peters* (1992) Rdnr. 13; a.A. *RG* JW 1902, 543; *OLG Köln* JurBüro 1969, 1107f.; → Voraufl. Rdnr. 18.
[35] *BFH* BB 1992, 1547, 1548; 1986, 519.

[36] *BayVerfGH* BayVBl 1987, 157.
[37] Dazu *BayVerfGH* VerfGHE 37, 79, 83f.
[38] *OLG München* SeuffBl 72 (1907), 1004, 1005.
[39] Für den Wiedereröffnungsbeschluß *Baumbach/Lauterbach/Hartmann*[51] Rdnr. 11; a.A. *Sangmeister* DStZ 1989, 25, 33 (für das finanzgerichtliche Verfahren).
[40] *RGZ* 41, 377; *MünchKommZPO/Peters* (1992) Rdnr. 15.

Termin nicht auf den Zeitpunkt der Verkündung selbst angesetzt werden[41], obwohl es bei verkündeten Terminen einer Ladungsfrist nicht bedarf. Wenn sich die neue Verhandlung nicht sofort anschließt, so darf das Gericht nicht ohne Verhandlung in der Sache entscheiden[42].

19   Der Wiedereröffnungsbeschluß kann unmittelbar nach der geschlossenen mündlichen Verhandlung oder in einem anberaumten besonderen Verkündungstermin verkündet werden (§ 329 Abs. 1 S. 1). Anstelle der Verkündung kann der Beschluß auch zugestellt werden, da er nicht aufgrund einer mündlichen Verhandlung ergeht (arg. § 329 Abs. 1 S. 1). Im Beschluß muß die Terminsbestimmung enthalten sein. Deshalb ist auch bei fehlender Verkündung förmlich zuzustellen (§ 329 Abs. 2 S. 2).

III. Neue Verhandlung

20   Durch die Wiedereröffnung wird die geschlossene Verhandlung in ihrem ganzen Umfang von neuem eröffnet. Sie kann sich auf alle schon verhandelten Punkte erstrecken, und es können auch solche neuen Angriffs- und Verteidigungsmittel geltend gemacht werden, welche die betreffende Partei ohne den Schluß der mündlichen Verhandlung hätte vorbringen dürfen[43]. Erscheint die früher säumige Partei nach der Wiedereröffnung, so kann sie die Wirkungen der Säumnis abwenden. Erscheint sie vor Erlaß des Versäumnisurteils, aber nach dem Schluß der mündlichen Verhandlung, so kann sie eine Wiedereröffnung nicht verlangen[44]. In diesem Fall ist das Versäumnisurteil zu erlassen, das wie sonst auch durch Einspruch oder ggf. durch Berufung nach § 513 Abs. 2 angefochten werden kann. Anders liegt es in den Fällen der §§ 335, 337.

IV. Verstöße

21   Ein Verstoß des Gerichts gegen § 156 kann nur zusammen mit dem Urteil als Verfahrensfehler in der Berufungsinstanz voll angefochten werden[45]. Ggf. kommt es zu einer Zurückverweisung. In der Revisionsinstanz kann gerügt werden, daß die Ablehnung der Wiedereröffnung mit rechtsfehlerhaften Erwägungen begründet ist oder zwar Kenntnis von einer Anregung genommen, das Gericht sein Ermessen aber nicht ausgeübt hat[46]. In der fehlerhaften Anwendung des § 156 kann auch ein Verstoß gegen das rechtliche Gehör liegen. Dann ist die Verfassungsbeschwerde gegeben (→ Rdnr. 5).

§ 157 [Ausgeschlossene Bevollmächtigte und Beistände; Untersagung des Vortrags; Prozeßagenten]

(1) Mit Ausnahme der Mitglieder einer Rechtsanwaltskammer sind Personen, die die Besorgung fremder Rechtsangelegenheiten vor Gericht geschäftsmäßig betreiben, als Bevollmächtigte und Beistände in der mündlichen Verhandlung ausgeschlossen. Sie sind auch dann ausgeschlossen, wenn sie als Partei einen ihnen abgetretenen Anspruch geltend machen und nach der Überzeugung des Gerichts der Anspruch abgetreten ist, um ihren Ausschluß von der mündlichen Verhandlung zu vermeiden.

---

[41] Dazu *RGZ* 6, 364.
[42] *RGZ* 41, 377 f.
[43] *BGH* JZ 1979, 645, 646; *G. Lüke* JuS 1981, 503, 505; *MünchKommZPO/Peters* (1992) Rdnr. 16.
[44] S. auch *OLG Dresden* SächsAnn 30, 501.
[45] Dazu *OLG Köln* NJW-RR 1990, 1341, 1343 (§ 539); *OLG Zweibrücken* MDR 1989, 268, 269.
[46] So wohl *BGH* NJW 1988, 2302, 2303; 1986, 1867, 1868 re. Sp.; *BFH* BB 1992, 1547, 1548.

(2) Das Gericht kann Parteien, Bevollmächtigten und Beiständen, die nicht Mitglieder einer Rechtsanwaltskammer sind, wenn ihnen die Fähigkeit zum geeigneten Vortrag mangelt, den weiteren Vortrag untersagen. Diese Anordnung ist unanfechtbar.

(3) Die Vorschrift des Absatzes 1 ist auf Personen, denen das mündliche Verhandeln vor Gericht durch Anordnung der Justizverwaltung gestattet ist, nicht anzuwenden. Die Justizverwaltung soll bei ihrer Entschließung sowohl auf die Eignung der Person als auch darauf Rücksicht nehmen, ob im Hinblick auf die Zahl der bei dem Gericht zugelassenen Rechtsanwälte ein Bedürfnis zur Zulassung besteht.

Gesetzesgeschichte: Bis 1900 § 143 CPO. Änderungen RGBl. 1898 I 256 (→ Einl. Rdnr. 113), RGBl. 1909 I 475 (→ Einl. Rdnr. 115), RGBl. 1933 I 522 (→ Einl. Rdnr. 125). In Abs. 1 Satz 1 »Rechtsanwälte« ersetzt durch »Mitglieder einer Rechtsanwaltskammer«, ebenso in Abs. 2 S. 1 durch Fünftes Gesetz zur Änderung der Bundesgebührenordnung für Rechtsanwälte BGBl. 1980 I 1503.

I. Bedeutung	1
II. Verhältnis des § 157 zum Rechtsberatungsgesetz; Gesetzestext der §§ 1, 3, 5, 6 RBerG	3
III. Zur mündlichen Verhandlung zugelassene Personen	7
1. Mitglieder einer Rechtsanwaltskammer (Abs. 1)	8
2. Patentanwälte	11
3. Zugelassene Prozeßagenten	12
IV. Von der mündlichen Verhandlung ausgeschlossene Personen	
1. Besorgung fremder Rechtsangelegenheiten	17
a) Vermieter- oder Mietervereine	18
b) Hochschullehrer	19
c) Notare	20
2. Fremdheit	21
3. Geschäftsmäßiges Betreiben	22
4. Betreiben vor Gericht, § 67 Abs. 2 GWB	25
5. Mündliche Verhandlung	27
V. Forderungseinziehung im eigenen Namen (Abs. 1 S. 2)	29
VI. Ausschluß von der mündlichen Verhandlung	
1. Ausschluß kraft Gesetzes; Prüfung von Amts wegen; Strengbeweis	32
2. Zulassungsstreit	34
VII. Zurückweisung wegen mangelnder Fähigkeit zum Vortrag (Abs. 2)	
1. Voraussetzungen	36
2. Unanwendbarkeit	37
3. Ermessen	38
VIII. Verfahren in Arbeitssachen	
1. Ausschluß von der mündlichen Verhandlung	40
2. Untersagung nach § 157 Abs. 2	42
3. Rechtsbehelf gegen die Untersagung	43
4. Verbandsvertreter	44
5. Vertretung von Gastarbeitern	45
IX. Kommunalrechtliches Vertretungsverbot	46
X. Ausländische Rechtsanwälte	47
1. Rechtsanwaltsdienstleistungsgesetz (RADG)	48
2. Aufnahme in die Rechtsanwaltskammer (§§ 206, 207 BRAO)	50
3. Rechtshilfegesuche	52

I. Bedeutung

Nach seinem Normzweck will § 157 eine möglichst gute Ordnung des mündlichen amtsgerichtlichen Verfahrens sichern[1]. Für das landgerichtliche Verfahren ist die Vorschrift wegen des dort herrschenden Anwaltszwangs nicht von Bedeutung[2]; sie gilt daher nur im Parteiprozeß (arg. § 78). Für die *neuen Bundesländer* gelten einstweilen noch Besonderheiten (→ § 78 Rdnr. 4). Der Ausschluß von der mündlichen Verhandlung nach Abs. 1 gilt kraft Gesetzes, wogegen für die Untersagung nach Abs. 2 eine gerichtliche Anordnung erforderlich ist. § 157

1

---

[1] *VGH Baden-Württemberg* JurBüro 1990, 519.   [2] *Zöller/Greger*[18] Rdnr. 2.

§ 157 I, II   1. Buch: Allgemeine Vorschriften   910

bedeutet lediglich eine verfahrensrechtliche Ordnungsvorschrift und hat keinen wettbewerbsrechtlichen Bezug[3].

2   § 157 Abs. 1 betrifft lediglich das Auftreten in der mündlichen Verhandlung (→ Rdnr. 1). Die Stellung als Prozeßbevollmächtigter wird im übrigen nicht berührt[4]. Daher gelten die Beschränkungen im schriftlichen Verfahren mit dem Gericht nicht[5]. Zustellungen und formlose Mitteilungen sind nach § 176 an den betreffenden Prozeßbevollmächtigten und nicht an die Partei zu richten.

II. Verhältnis des § 157 zum Rechtsberatungsgesetz; Gesetzestext der §§ 1, 3, 5, 6 RBerG

3   Das RBerG vom 13.12.1935 (RGBl. I 1478; Änderungen zuletzt BGBl 1989 I 2135) mit Ausführungsverordnung vom 13.12.1935 (RGBl. I 1481) und vom 3.4.1936 (RGBl. I 359) sowie weiteren Ausführungsverordnungen (→ Voraufl. Rdnr. 1 Fn. 1)[6] regelt die Besorgung fremder Rechtsangelegenheiten und macht sie von einer behördlichen Erlaubnis abhängig (Einzelheiten → Voraufl. Rdnr. 1 mit Fn. 1 ff.). Die Erlaubnis wird auf Antrag nur demjenigen erteilt, der die erforderliche Zuverlässigkeit, persönliche Eignung und genügende Sachkunde besitzt. Eine Bedürfnisprüfung findet entgegen Art. 1 § 1 Abs. 2 RBerG nach h. L. nicht statt[7]. Auch sonst ist das Gesetz schon in Teilen mit der Verfassung als unvereinbar erklärt worden[8].

4   Das RBerG regelt jegliche geschäftsmäßige Besorgung fremder Rechtsangelegenheiten, nicht nur das in § 157 betroffene Auftreten vor Gericht. Die Zulassung als Prozeßagent i. S. des § 157 Abs. 3 ZPO (→ Rdnr. 12) setzt daher die behördliche Erlaubnis nach Art. 1 § 1 RBerG voraus[9]. Die fehlende erforderliche Erlaubnis kann bei Offenkundigkeit dazu führen, daß das Gericht den Bevollmächtigten von der mündlichen Verhandlung zurückweisen kann[10]. Möglich ist sogar auch eine Zurückweisung vom ganzen Verfahren[11]. Grundsätzlich aber bewirkt der Mangel der nach dem RBerG erforderlichen Erlaubnis zur Besorgung fremder Rechtsangelegenheiten keine Unfähigkeit zur Prozeßvertretung, also keine Unwirksamkeit der Prozeßvollmacht (→ Einzelheiten in § 79 Rdnr. 4). Eine Erlaubnisfreiheit nach dem RBerG gibt noch keinen Anspruch auf die Zulassung zur mündlichen Verhandlung[12]. Auch vermag die bloße nach dem RBerG erteilte Erlaubnis an dem ipso iure eintretenden Ausschluß von der mündlichen Verhandlung nichts zu ändern.

5   Als das speziellere und jüngere Gesetz kann das RBerG zur Auslegung des § 157 herangezogen werden[13]. Nach dem Gesagten erlaubt also die Zulassung als Rechtsbeistand nach Art. 1 § 1 RBerG (→ Rdnr. 4) für sich allein noch nicht das mündliche Verhandeln vor Gericht (§ 157 Abs. 1), ist aber Voraussetzung für eine Zulassung als Prozeßagent nach § 157 Abs. 3, dem das mündliche Verhandeln gestattet ist. Damit erweitert § 157 Abs. 3 die Befugnisse des nach dem RBerG zugelassenen Rechtsbeistandes[14].

---

[3] *OLG Köln* AnwBl 1988, 493; *LG Nürnberg-Fürth* Rbeistand 1989, 128; a. A. *LG Freiburg* Rbeistand 1989, 130 (Ausnahme: Gefälligkeit für Verwandte).
[4] *LAG Hamm* BB 1976, 555; auch *KG* NJW 1991, 1304 (WEG-Verwalter, → Rdnr. 22).
[5] Anders möglicherweise bei § 73 Abs. 6 GG.
[6] Teilweise abgedruckt in *Schönfelder* Nr. 99b.
[7] *BVerwGE* 2, 85, 86; *OVG Hamburg* DVBl. 1950, 752; *OVG Lüneburg* NdsRpfl. 1951, 166; *Naumann* JZ 1951, 423, 431 (nicht unzweifelhaft).
[8] Zu Art. 1 § 1 Abs. 1 S. 2 RBerG a.F.: *BVerfG* vom 5.5.1987, BGBl. I 2501 (fehlender Sachbereich der Versicherungsberatung).
[9] *Zöller/Greger*[18] Rdnr. 1.
[10] *VGH Kassel* AnwBl 1969, 408.
[11] *LSG Stuttgart* AnwBl 1976, 175; ferner *BayObLG* NJW-RR 1992, 1343, 1344 (fG-Verfahren: Konstitutiver Beschluß mit Zukunftswirkung außerhalb von § 157).
[12] *Baumbach/Lauterbach/Hartmann*[51] Rdnr. 4.
[13] *Zöller/Greger*[18] Rdnr. 1.
[14] *MünchKommZPO/Peters* (1992) Rdnr. 3.

Art. 1 RBerG

§ 1 (1) Die Besorgung fremder Rechtsangelegenheiten, einschließlich der Rechtsberatung und der Einziehung fremder oder zu Einziehungszwecken abgetretener Forderungen, darf geschäftsmäßig – ohne Unterschied zwischen haupt- und nebenberuflicher oder entgeltlicher und unentgeltlicher Tätigkeit – nur von Personen betrieben werden, denen dazu von der zuständigen Behörde die Erlaubnis erteilt ist. Die Erlaubnis wird jeweils für einen Sachbereich erteilt:

1. Rentenberatern,
2. Versicherungsberatern[15] für die Beratung und außergerichtliche Vertretung gegenüber Versicherern
   a) bei der Vereinbarung, Änderung oder Prüfung von Versicherungsverträgen,
   b) bei der Wahrnehmung von Ansprüchen aus dem Versicherungsvertrag im Versicherungsfall,
3. Frachtprüfern für die Prüfung von Frachtrechnungen und die Verfolgung der sich hierbei ergebenden Frachterstattungsansprüche,
4. vereidigten Versteigerern, soweit es für die Wahrnehmung der Aufgaben als Versteigerer erforderlich ist,
5. Inkassounternehmern für die außergerichtliche Einziehung von Forderungen (Inkassobüros),
6. Rechtskundigen in einem ausländischen Recht für die Rechtsbesorgung auf dem Gebiet dieses Rechts und des Rechts der Europäischen Gemeinschaften.

Sie darf nur unter der der Erlaubnis entsprechenden Berufsbezeichnung ausgeübt werden.

(2) Die Erlaubnis darf nur erteilt werden, wenn der Antragsteller die für den Beruf erforderliche Zuverlässigkeit und persönliche Eignung sowie genügende Sachkunde besitzt *und das Bedürfnis nicht bereits durch eine hinreichende Zahl von Rechtsberatern gedeckt ist*[16].

§ 3 Durch dieses Gesetz werden nicht berührt:
1. die Rechtsberatung und Rechtsbetreuung, die von Behörden, von Körperschaften des öffentlichen Rechts im Rahmen ihrer Zuständigkeit ausgeübt wird;
2. die Berufstätigkeit der Notare und sonstigen Personen, die ein öffentliches Amt ausüben, sowie der Rechtsanwälte und Patentanwälte;
3. die Berufstätigkeit der Prozeßagenten (§ 157 Abs. 3 der Zivilprozeßordnung);
4. die Besorgung von Rechtsangelegenheiten auf dem Gebiete des Versorgungswesens ...;
5. die Besorgung von Rechtsangelegenheiten auf dem Gebiet des Patent-, Gebrauchsmuster-, Topographieschutz- und Warenzeichenwesens in den in den §§ 177, 178 und 182 der Patentanwaltsordnung bestimmten Grenzen;
6. die Tätigkeit als Zwangsverwalter, Konkursverwalter oder Nachlaßpfleger sowie die Tätigkeit sonstiger für ähnliche Aufgaben behördlich eingesetzter Personen;
7. die Tätigkeit von Genossenschaften, genossenschaftlichen Prüfungsverbänden und deren Spitzenverbänden sowie von genossenschaftlichen Treuhand- und ähnlichen genossenschaftlichen Stellen, soweit sie im Rahmen ihres Aufgabenbereichs ihre Mitglieder, die ihnen angehörenden genossenschaftlichen Einrichtungen oder die Mitglieder oder Einrichtungen der ihnen angehörenden Genossenschaften betreuen;

---

[15] Nr. 2 eingefügt durch das Gesetz zur Änderung des Berufsrechts der Rechtsanwälte und der Patentanwälte vom 13.12.1989 (BGBl. I 2135).

[16] S. Fn. 7 und → Rdnr. 3.

8. die außergerichtliche Besorgung von Rechtsangelegenheiten von Verbrauchern durch für ein Bundesland errichtete, mit öffentlichen Mitteln geförderte Verbraucherzentralen im Rahmen ihres Aufgabenbereichs.

§ 5 Die Vorschriften dieses Gesetzes stehen dem nicht entgegen,
1. daß kaufmännische oder sonstige gewerbliche Unternehmer für ihre Kunden rechtliche Angelegenheiten erledigen, die mit einem Geschäft ihres Gewerbebetriebs in unmittelbarem Zusammenhang stehen;
2. daß öffentlich bestellte Wirtschaftsprüfer sowie *vereidigte Bücherrevisoren* in Angelegenheiten, mit denen sie beruflich befaßt sind, auch die rechtliche Bearbeitung übernehmen, soweit diese mit den Aufgaben des Wirtschaftsprüfers oder *Bücherrevisors* in unmittelbarem Zusammenhang steht;
3. daß Vermögensverwalter, Hausverwalter und ähnliche Personen, die mit der Verwaltung in unmittelbarem Zusammenhang stehenden Rechtsangelegenheiten erledigen.

§ 6 (1) Die Vorschriften dieses Gesetzes stehen ferner dem nicht entgegen,
1. daß Angestellte Rechtsangelegenheiten ihres Dienstherrn erledigen;
2. daß Angestellte, die bei Personen oder Stellen der in den §§ 1, 3 und 5 bezeichneten Art beschäftigt sind, im Rahmen dieses Anstellungsverhältnisses Rechtsangelegenheiten erledigen.
(2) Die Rechtsform des Angestelltenverhältnisses darf nicht zu einer Umgehung des Erlaubniszwangs mißbraucht werden.

III. Zur mündlichen Verhandlung zugelassene Personen

7   Im Parteiprozeß kann sich nach § 79 jede Partei durch eine prozeßfähige Person vertreten lassen (zu den neuen Bundesländern → § 78 Rdnr. 4). § 157 läßt zur mündlichen Verhandlung folgende Personen zu:

1. Mitglieder einer Rechtsanwaltskammer (Abs. 1)

8   Zu den Mitgliedern der Rechtsanwaltskammer zählen die Rechtsanwälte und solche natürlichen Personen, die nach § 209 BRAO[17] in die Rechtsanwaltskammer aufgenommen worden sind (qualifizierte Rechtsbeistände)(zu den ausländischen Rechtsanwälten → Rdnr. 47 ff.). Dazu gehören auch die allgemeinen Vertreter des Anwalts (§§ 53, 161 BRAO, → § 78 Rdnr. 33) sowie die Abwickler (§ 55 BRAO)(→ § 78 Rdnr. 36). Nicht dazu zählen aber ein in Untervollmacht seines Rechtsanwalts vor dem Amtsgericht auftretender Bürovorsteher[18] oder andere in Untervollmacht eines Mitgliedes der Rechtsanwaltskammer tätige Personen. Rechtsbeistände, die Mitglieder einer Rechtsanwaltskammer geworden sind, bedürfen daher keiner behördlichen Zulassung zum Auftreten in der mündlichen Verhandlung[19].

9   Ausgenommen vom Verbot des § 157 Abs. 1 sind ferner die dem Anwalt zur Ausbildung überwiesenen Gerichtsreferendare (Stationsreferendare). Nach § 59 Abs. 2 S. 1 BRAO ist auf den Referendar, der unter Beistand des Rechtsanwalts die Ausführung der Parteirechte übernimmt, § 157 Abs. 1, 2 ZPO nicht anzuwenden. Das gleiche gilt nach Satz 2, wenn der

---

[17] § 209 BRAO wurde neu gefaßt durch das Gesetz vom 13.12.1989 (BGBl. I 2135); Abs. 1 S. 4 wurde angefügt durch das Gesetz vom 29.1.1991 (BGBl. I 150).
[18] A. A. *LG Oldenburg* NJW 1958, 1930 m. zust. Anm. *Schorn* Rpfleger 1958, 382; vgl. auch *LG Hagen* JurBüro 1957, 128; auch → § 78 Rdnr. 59 (anders als hier); → Rdnr. 22.
[19] *LSG Bayern* Rbeistand 1991, 27 m. Anm. *Hoechstetter*.

Referendar den Rechtsanwalt in Fällen vertritt, in denen eine Vertretung durch einen Rechtsanwalt nicht geboten ist. Das für den Stationsreferendar Gesagte gilt nicht für den frei mitarbeitenden Nebentätigkeitsreferendar. Dieser ist vielmehr von der mündlichen Verhandlung ausgeschlossen und daher zurückzuweisen (→a. A. *Bork* § 78 Rdnr. 59). Das gilt selbst dann, wenn er nur als Beistand nach § 90 auftritt. Zwar spricht § 59 Abs. 2 BRAO nur von »Referendar«. Doch ergibt sich aus dem systematischen Zusammenhang mit § 59 Abs. 1 BRAO eindeutig, daß nur die Stationsreferendare gemeint sind[20]. Auch gebührenrechtlich bestehen Unterschiede zwischen dem Stations- und dem Nebentätigkeitsreferendar[21] (§ 4 BRAGO, → auch § 91 Rdnr. 96).

Nach § 156 Abs. 2 BRAO sollen Gerichte einen Rechtsanwalt, der entgegen einem Berufs- oder Vertretungsverbot vor ihnen auftritt, zurückweisen. Der Rechtsanwalt ist also nicht kraft Gesetzes vom Verhandeln vor Gericht ausgeschlossen (→ § 78 Rdnr. 39). Sachlich besteht zwischen dem Verstoß gegen das Vertretungsverbot und dem Verstoß gegen die Ordnung im Falle des § 158 S. 1 eine gewisse Parallele. Der Fall des Vertretungsverbotes nach § 156 Abs. 2 BRAO ist daher prozessual nach der Vorschrift des § 158 ZPO zu behandeln (→ § 158 Rdnr. 2). 10

2. Patentanwälte

Nach § 97 Abs. 1 PatG kann sich im Verfahren vor den Patentgerichten ein Beteiligter jederzeit durch einen Bevollmächtigten vertreten lassen. In Sachen des gewerblichen Rechtsschutzes sind zum Auftreten als Rechtsvertreter in der mündlichen Verhandlung nach § 4 PatAnwO (i. d. F. vom 22.10.1987, BGBl. I 2299) Patentanwälte zugelassen (→ Vorbem. § 78 Rdnr. 5, 6). 11

3. Zugelassene Prozeßagenten

Die Regelung des § 157 Abs. 1 gilt nicht für die von der Justizverwaltung nach § 157 Abs. 3 zugelassenen Prozeßagenten einschließlich deren Unterbevollmächtigte. Die Zulassung zu der mündlichen Verhandlung[22] setzt die Erlaubnis nach dem RBerG voraus (→ Rdnr. 5) und bedeutet die Erweiterung dieser Erlaubnis auf die mündliche Verhandlung (→ Rdnr. 5). Die Erlaubnis muß entweder bereits erteilt worden sein oder wenigstens gleichzeitig erteilt werden[23]. Die Erlaubnis eröffnet nicht den Zutritt zur Verhandlung bei sämtlichen Amtsgerichten, sondern wird für ein Amtsgericht, unter Umständen auch für mehrere Amtsgerichte, erteilt. Freilich wird man den zum Prozeßbevollmächtigten bestellten Rechtsbeistand auch zur Wahrnehmung von Beweisterminen vor anderen Amtsgerichten für befugt erachten müssen. 12

Die Justizverwaltung darf die Erlaubnis sowohl sachlich, z. B. auf Sachen bestimmter Art, oder mit einem bestimmten Streitwert, wie zeitlich beschränken und auch widerruflich erteilen. In Konsequenz aus Art. 1 § 1 Abs. 1 Satz 2 RBerG muß die Behörde die Erlaubnis auf das Sachgebiet der Teilerlaubnis nach dem RBerG beschränken[24]. Die Zulassung gestattet auch das Auftreten in Untervollmacht eines Rechtsbeistandes. Das gilt auch dann, wenn 13

---

[20] Ganz h. L.: *Zöller/Greger*[18] Rdnr. 2; *MünchKommZPO/Peters* (1992) Rdnr. 4; *Baumbach/Lauterbach/Hartmann*[51] Rdnr. 8; undeutlich *Rosenberg/Schwab/Gottwald*[15] § 29 II 2.
[21] Ferner *LG München I* Rpfleger 1968, 59.

[22] Zum Zeitpunkt der Entscheidung s. *OLG Nürnberg* MDR 1970, 933 (Sachlage bei der Beschlußfassung).
[23] *OLG Hamm* OLGZ 1980, 265.
[24] *Zöller/Vollkommer*[18] Vor § 78 Rdnr. 9.

14 Die Zulassung steht im pflichtgemäßen Ermessen der Justizverwaltung[26]. Zu prüfen sind Eignung (Abs. 3 S. 2)[27] und ein bestehendes Bedürfnis (Abs. 3 S. 2) im Hinblick auf die bei dem Gericht zugelassenen Rechtsanwälte. § 157 Abs. 3 S. 2 ZPO wird nicht durch § 2 der AV des Reichsministers vom 23.3.1935 (DJ 486) eingeengt, weil diese Vorschrift wegen eines Verkündungsfehlers kein geltender Rechtssatz ist[28]. Die Bedürfnisprüfung ist mit Art. 12 GG vereinbar[29]. Zu der erforderlichen Eignung gehört auch die Fähigkeit des Bewerbers, gerichtliche Termine wahrzunehmen[30]. Ein Bedürfnis kann auch dann zu bejahen sein, wenn eine bereits ausreichende Zahl von Rechtsanwälten zugelassen ist, diese aber nicht in der Lage sind, die Rechtsverfolgung einer bestimmten Bevölkerungsgruppe voll wahrzunehmen. So kann die Zulassung eines sprachkundigen Prozeßagenten geboten sein, wenn in einem Bezirk eine größere Zahl von Ausländern ansässig ist, welche die deutsche Sprache nicht beherrschen und denen keine ausreichende Zahl von Rechtsanwälten zur Verfügung steht, die sich mit ihnen in der Muttersprache verständigen können[31]. Dagegen läßt sich ein Bedürfnis nicht damit bejahen, daß Prozeßagenten geringere Gebühren als ein Rechtsanwalt erheben[32].

15 Bei fehlendem Bedürfnis steht der Justizverwaltungsbehörde kein Ermessensspielraum zu; vielmehr muß sie die Zulassung stets versagen[33]. Nach der Gegenmeinung soll bei Ablehnung der Zulassung allein wegen fehlenden Bedürfnisses ein Ermessensfehler vorliegen, der den Verwaltungsakt rechtswidrig mache[34]. Die Versagung der Zulassung ist ein Justizverwaltungsakt und kann daher nach § 23 EGGVG angefochten werden (→ Einl. Rdnr. 437)[35]. Geht es jedoch um die Zulassung bei anderen Gerichten als denen des ordentlichen Rechtswegs, wie z.B. um die Zulassung als Prozeßagent bei den Sozialgerichten, so ist der Verwaltungsrechtsweg gegeben[36]. Auch ist gegen die Versagung nach dem RBerG (→ oben Rdnr. 3) der Verwaltungsrechtsweg einschlägig[37]. Diese Rechtswegspaltung ist de lege ferenda nicht wünschenswert.

16 § 157 gilt für alle der ZPO unterstellten Verfahren, wobei das ZVG als Bestandteil der ZPO zu behandeln ist (§ 869 ZPO). – Über die Gebühren der Prozeßagenten → § 91 Rdnr. 66; über die Unzulässigkeit einer Beiordnung im Verfahren über die Prozeßkostenhilfe → § 116 Rdnr. 20.

IV. Von der mündlichen Verhandlung ausgeschlossene Personen

1. Besorgung fremder Rechtsangelegenheiten

17 Das Auftreten vor Gericht i. S. des § 157 Abs. 1 stellt immer eine Rechtsangelegenheit dar. Auf eine Abgrenzung des Begriffes »Rechtsangelegenheit« von demjenigen der wirtschaftli-

---

[25] *LG Duisburg* JMBlNRW 1955, 87.
[26] *BGH* MDR 1968, 221 (zur unbeschränkten Zulassung von Prozeßagenten in Entschädigungssachen).
[27] *VGH München* Rbeistand 1988, 221 (auch, wenn schon nach dem RBerG überprüft) (Sozialgerichtsverfahren); *OLG Nürnberg* MDR 1970, 933.
[28] *OLG Düsseldorf* Rpfleger 1979, 142; auch *BGH* NJW 1967, 927, 930 mit Anm. *Jessen*.
[29] *BVerfGE* 41, 378, 391f.; 10, 185, 192ff.; *BVerwG* NJW 1959, 546; 1955, 1532, 1533 mit Anm. *Reuß*; *BSG* AnwBl 1971, 353 (für das Verfahren vor den Sozialgerichten).
[30] *VGH München* Rbeistand 1988, 221 (Beamter mit Nebentätigkeitsgenehmigung als Prozeßagent) gegen *VG München* Rbeistand 1987, 200.
[31] *BGHZ* 77, 202, 204 ff.

[32] *BGHZ* 77, 209, 211 f.; *OLG Nürnberg* AnwBl 1971, 354.
[33] H.L., *OLG Hamm* OLGZ 1980, 120; *AK/ZPO/Göring* (1987) Rdnr. 4; *MünchKommZPO/Peters* (1992) Rdnr. 7; dahingestellt durch *BGHZ* 77, 209, 212; a.A. noch *OLG Hamm* AnwBl 1967, 360, 361f.
[34] *OLG Koblenz* Rbeistand 1987, 44 m. Anm. *Hoechstetter* (Schwerbehinderter); *OLG Celle* NdsRpfl 1967, 150, 151; u. a.
[35] *BVerwG* NJW 1969, 2218; *OLG Hamm* OLGZ 1966, 506; *OLG Celle* NdsRpfl 1963, 106; *OLG Frankfurt a.M.* MDR 1962, 828; *OLG Schleswig* SchlHA 1962, 104.
[36] *BVerwGE* 40, 112 ff.
[37] *BGHZ* 83, 350, 356; *BGHSt* 28, 199, 203; krit. *Zöller/Vollkommer*[18] Vor § 78 Rdnr. 9.

chen Angelegenheit, die für die Auslegung des RBerG Bedeutung hat, kommt es im Anwendungsbereich des § 157 nicht an.

a) Vermieter- oder Mietervereine

Für das Eingreifen von § 157 Abs. 1 kommt es auf eine vorhandene Erlaubnis nach dem RBerG nicht an. Daher ist auch ein Bevollmächtigter eines Vermieter- oder Mietervereins (oder eines Haus- und Grundeigentümervereins) vom Vortrag in der mündlichen Verhandlung ausgeschlossen[38]. Eine Vertretung außerhalb der mündlichen Verhandlung ist aber zulässig[39]. 18

b) Hochschullehrer

Hochschullehrer sind im Zivilprozeß den Rechtsanwälten (→ Rdnr. 8) nicht gleichgestellt, sofern sie die Prozeßvertretung geschäftsmäßig betreiben. Sie bedürfen für die Prozeßvertretung der Erlaubnis nach § 157 Abs. 3 ZPO und damit der Erlaubnis nach dem RBerG (→ Rdnr. 12, 5). Wegen § 7 Nr. 11 BRAO können sie als Beamte nicht Mitglied einer Rechtsanwaltskammer sein. Anders als (möglicherweise) in anderen Rechtswegen (§§ 138 StPO, 392 AO, 40 BDO, 67 VwGO, 22 BVerfGG) ist ihnen auch die erlaubnisfreie Prozeßvertretung vor den Zivilgerichten nicht durch Gesetz oder Gewohnheitsrecht gestattet[40]. 19

c) Notare

Notare sind den Rechtsanwälten (→ Rdnr. 8) nur innerhalb ihres notariellen Aufgabenbereiches gleichgestellt. Dazu zählt nicht die einseitige Tätigkeit für einen von mehreren Beteiligten[41]. 20

2. Fremdheit

Fremd ist jede Angelegenheit, die nicht zugleich eine solche der Prozeßpartei selbst ist. Man wird eine Rechtsangelegenheit dann als fremd anzusehen haben, wenn sie die eigene Rechtsposition des Bevollmächtigten, vom wirtschaftlichen Standpunkt aus betrachtet, nicht betrifft[42]. Eine Ausdehnung erfährt der Begriff »fremd« bei der Forderungseinziehung (→ Rdnr. 29). Fremdheit liegt auch dann vor, wenn eine Person oder ein Unternehmen wirtschaftlich oder kraft eines internen Rechtsverhältnisses zu der Partei an der Rechtsangelegenheit beteiligt ist. Deshalb ist Fremdheit auch dann zu bejahen, wenn ein Erlaubniszwang nach dem Rechtsberatungsgesetz, z.B. nach Art. 1 § 6 oder § 3 Nr. 7, nicht besteht. Aus den genannten Gründen sind daher die Angestellten von Versicherungsunternehmen (Regulierungsbeamte)[43] sowie genossenschaftliche Treuhandstellen und dergleichen[44] vom Auftreten 21

---

[38] *LG Aachen* AnwBl 1983, 528; *LG Kiel* AnwBl 1978, 478; *AG Mülheim* AnwBl 1977, 69 (Anm. *Chemnitz*); a. A. *LG Flensburg* MDR 1975, 408; *AG Miesbach* WuM 1977, 215; ausführlich *Triendl* Rbeistand 1984, 207.
[39] *LG Lübeck* SchlHA 1968, 187.
[40] Zum Streitstand *BVerfG* NJW 1988, 2535; *BVerwG* NJW 1988, 220; *LG Mannheim* NJW 1991, 1195, 1196; *VGH München* NJW 1988, 2553 (25. Senat); *OVG Koblenz* NJW 1988, 2555; *Ostler* AnwBl 1987, 263; *Willms* NJW 1987, 1302; *Chemnitz* NJW 1987, 2421;

Bornemann MDR 1985, 192; anders *VGH München* NJW 1988, 2554 (20. Senat); 1987, 460 (9. Senat)(keine Erlaubnis nach dem RBerG erforderlich).
[41] *OLG Stuttgart* NJW 1964, 1034 (LS); *Zöller/Greger*[18] Rdnr. 2.
[42] *BayObLG* NJW-RR 1992, 1343, 1344 (fG-Verfahren).
[43] *BGH* NJW 1961, 1113 (zur Rechtsschutzversicherung); *LG Bayreuth* AnwBl 1960, 200.
[44] *LG Altona* JW 1937, 1436 mit Anm. *G. Schulz*.

in der gerichtlichen Verhandlung ausgeschlossen. Doch kann im Haftpflichtprozeß vor dem Amtsgericht der Haftpflichtversicherer den bei ihm versicherten Beklagten durch einen Angestellten (Regulierungsbeamten) vertreten lassen[45].

3. Geschäftsmäßiges Betreiben

22 Das erforderliche geschäftsmäßige Betreiben setzt die Selbständigkeit der Betätigung voraus. Deshalb reicht die Tätigkeit in einem Angestelltenverhältnis grundsätzlich (→ Rdnr. 21) nicht aus[46]. Gleichwohl ist der Ausschluß eines Bürovorstehers zulässig, der für seinen Anwalt einen Termin wahrnimmt[47]. Dieses Ergebnis folgt aus der eigenständigen Wertung der bestehenden Ausnahmen für »Mitglieder einer Rechtsanwaltskammer« (→ Rdnr. 8). Ein wiederholtes Auftreten bedeutet zudem den Vorwurf der Standeswidrigkeit. Im übrigen ist aber auf die Person des Dienstherrn abzustellen. Deshalb handelt entsprechend der Wertung von Art. 1 § 5 Nr. 3 RBerG (→ Text oben Rdnr. 6) nicht geschäftsmäßig der Hausverwalter in Prozessen, die mit seiner Hausverwaltung in unmittelbarem Zusammenhang stehen[48]. Nach § 157 Abs. 1 sind aber Prozeßhandlungen von Angestellten einer Wohnungsverwaltungsgesellschaft ausgeschlossen[49].

23 Zur Selbständigkeit muß die Absicht des Handelnden hinzutreten, die betreffende Betätigung in gleicher Art zu wiederholen und sie dadurch zu einem dauernden oder doch wenigstens zu einem wiederkehrenden Bestandteil seiner Beschäftigung zu machen[50]. Schon die erste von derartigen Tätigkeiten kann genügen[51]. Eine gewisse tatsächliche Häufigkeit der Betätigung ist nicht erforderlich[52].

24 Entsprechend der in Art. 1 § 1 RBerG geregelten Gleichstellung ist es auch für § 157 ZPO unerheblich, ob es sich um eine haupt- oder nebenberufliche Tätigkeit, ein entgeltliches oder ein unentgeltliches Handeln dreht. Nicht zu fordern ist auch Gewerbsmäßigkeit[53]. Deutsche Behörden oder Beamte, die aufgrund einer öffentlich-rechtlichen Verpflichtung tätig werden, wie z.B. Sozialhilfeamt oder Amtsvorstand, handeln nicht geschäftsmäßig. Das folgt aus der Wertung von Art. 1 § 3 Nr. 1 RBerG. Zweifelhaft ist das aber, wenn ein städtischer Beamter im Auftrag seines Dienstherrn einen städtischen Angestellten im Zivilprozeß vor dem Amtsgericht vertritt. Nach vereinzelter Ansicht liegt hier Geschäftsmäßigkeit vor. Daher ist der Beamte von der mündlichen Verhandlung selbst dann ausgeschlossen, wenn die Stadt gem. Art. 1 § 3 Nr. 1 RBerG zur Besorgung der Rechtsangelegenheiten ihres Arbeitnehmers berechtigt sein sollte[54]. – Zu ausländischen Stellen (Konsulaten) → Rdnr. 45. Ob jemand die Besorgung fremder Rechtsangelegenheiten vor Gericht geschäftsmäßig betreibt, wird durch das Gericht im Wege des Strengbeweises festgestellt (→ Rdnr. 34).

---

[45] Ausführlich *BGHZ* 38, 71 ff. m. abl. Anm. *Schorn* NJW 1963, 1007; zust. *Baumbach/Lauterbach/Hartmann*[51] Rdnr. 13.
[46] *BGHZ* 38, 71, 75.
[47] A.A. die h.L., *LG Hagen* AnwBl 1977, 68, 69 (obiter dictum); *LG Oldenburg* NJW 1958, 1930 m. zust. Anm. *Schorn* Rpfleger 1958, 382; *AK/ZPO/Göring* (1987) Rdnr. 3; *MünchKommZPO/Peters* (1992) Rdnr. 12; *Zöller/Greger*[18] Rdnr. 4; *Baumbach/Lauterbach/Hartmann*[51] Rdnr. 12.
[48] *MünchKommZPO/Peters* (1992) Rdnr. 12; *Zöller/Greger*[18] Rdnr. 4; enger *KG* NJW 1991, 1304 (nur dann kein Ausschluß, wenn der WEG-Verwalter selbst Wohnungseigentümer ist oder persönliche Angelegenheiten betreibt [zum streitigen fG-Verfahren]) m. Anm. von *Münstermann-Schlichtmann u. a.* in WohnungsEigentümer 1991, 8ff.

[49] *LG Aachen* Rbeistand 1988, 49.
[50] Vgl. *RGSt* 72, 313, 315; *BVerwG* AnwBl 1988, 302 (mit Anm. *Chemnitz*); *OLG Düsseldorf* WM 1993, 150, 152; *OLG Karlsruhe* AnwBl 1989, 244; *BayObLG* MDR 1984, 1048; *OLG Hamburg* MDR 1951, 693, 694 mit Anm. *Marquardt*.
[51] *BVerwG* AnwBl 1988, 302; *OLG Karlsruhe* AnwBl 1989, 244; *Baumbach/Lauterbach/Hartmann*[51] Rdnr. 10.
[52] Vgl. *OLG Hamburg* MDR 1951, 693; a.A. *OVG Münster* MDR 1952, 443.
[53] *AG München* WM 1993, 440, 441 re. Sp.
[54] Vgl. zu Recht *LG Duisburg* AnwBl 1976, 175 m. zust. Anm. *Chemnitz*.

4. Betreiben vor Gericht; § 67 Abs. 2 GWB

Das Betreiben »vor Gericht« bedeutet das persönliche Auftreten. Dabei betrifft § 157 25
Abs. 1 nur das Auftreten in der mündlichen Verhandlung und berührt die Stellung des
Prozeßbevollmächtigten im übrigen nicht (→ Rdnr. 2). Einer Umgehung des § 157 Abs. 1
durch eine Einverständniserklärung nach § 128 Abs. 2 S. 1 kann das Gericht jederzeit dadurch begegnen, daß es von der Befugnis zur Entscheidung ohne mündliche Verhandlung
keinen Gebrauch macht (dazu → § 128 Rdnr. 77).

Nach § 67 Abs. 2 GWB ist auf Antrag eines Beteiligten einem mit schriftlicher Vollmacht 26
versehenen öffentlich bestellten Wirtschaftsprüfer oder einer anderen sachkundigen Person
das Wort zu gestatten. § 157 Abs. 1 und 2 ZPO ist nach der ausdrücklichen Regelung nicht
anzuwenden.

5. Mündliche Verhandlung

Der in § 157 Abs. 1 gebrauchte Begriff der mündlichen Verhandlung wird umfassend 27
verstanden. Eingeschlossen sind mündliche Verhandlungen gleich welcher Art einschließlich
der Beweisaufnahmetermine[55]. Der Begriff umfaßt daher die Streitverhandlung, die Termine
vor dem beauftragten und ersuchten Richter[56], den Termin zur mündlichen Aussprache im
Verfahren über die Prüfung der Bewilligung der Prozeßkostenhilfe (§ 118 Abs. 1 S. 3 HS 1)
sowie die im Verfahren mit fakultativ mündlicher Verhandlung (→ § 128 Rdnr. 39–51)
angeordnete Verhandlung. Der Beweistermin zur Erledigung eines ausländischen Ersuchens
gehört nicht hierher (→ Rdnr. 52). Der Richter kann daher insbesondere einen ausländischen
Anwalt als Parteivertreter zulassen. Die Justizverwaltung kann dem Gericht auch entsprechende Weisungen geben, da die Rechtshilfe dem Ausland gegenüber Verwaltungssache ist
(→ Einl. Rdnr. 888). Auch der Versteigerungs- und der Verteilungstermin (§§ 66, 105 ZVG)
zählen hierher. Anders liegt es, wenn es im Versteigerungstermin bloß um die Abgabe von
Geboten geht, weil darin kein Verhandeln vor Gericht liegt.

In zeitlicher Hinsicht erstreckt sich die mündliche Verhandlung nicht lediglich auf die Zeit 28
ab Stellung der Sachanträge (§ 137). Der Verhandlungstermin (§ 216) beginnt bereits mit
dem Aufruf zur Sache (§ 220 Abs. 1). Für die mündliche Verhandlung reicht es daher aus,
wenn sich die Beteiligten nur in irgendeiner Weise zum Rechtsstreit äußern[57].

V. Forderungseinziehung im eigenen Namen (Abs. 1 Satz 2)

Abs. 1 S. 2 erweitert den Begriff »fremd« für die Forderungseinziehung. Die Norm ist im 29
Lichte von Art. 1 § 1 RBerG auszulegen (→ Rdnr. 5)[58] und umfaßt daher jede Abtretung von
Forderungen zu Einziehungszwecken. Es kommt also nicht darauf an, ob es sich nur um ein
Inkassoverhältnis oder um eine Vollabtretung ohne jede weitere Beteiligung des Zedenten am
Einziehungsrisiko handelt. Die Form der Vollabtretung befreit deshalb den Inkassounternehmer nicht von dem Verbot des Abs. 1 Satz 1. Auch die Vollabtretung an eine Person, welche
die erforderliche Erlaubnis nach dem Rechtsberatungsgesetz nicht besitzt, stellt einen Verstoß
und nicht bloß eine Umgehung gegen das Verbot dar. Dagegen ist nicht »fremd« i. S. von

---

[55] *VGH Baden-Württemberg* JurBüro 1990, 519.
[56] *OLG Marienwerder* JW 1933, 1272; a. A. *OLG Düsseldorf* JW 1933, 1426 (LS) Nr. 15.
[57] Zutr. *VGH Baden-Württemberg* JurBüro 1990, 519 f.

[58] Im Ergebnis gleich, aber abweichend in der Begründung → Voraufl. Rdnr. 71.

Abs. 1 die auch wirtschaftlich gewollte Vollabtretung, z.B. zur Sicherheit, zahlungshalber oder an Zahlungs statt[59].

30 Dem Einziehungszessionar ist das Auftreten in eigener Person als Partei verboten. Dabei ist es gleichgültig, ob die Forderung durch Klage, Widerklage oder im Wege des Arrestes oder der einstweiligen Verfügung geltend gemacht wird. Die Norm kommt ebenfalls zur Anwendung, wenn der Zessionar als Streitgehilfe auftritt[60]. Für den Zessionar muß daher in dieser Verhandlung ein Prozeßbevollmächtigter oder ein Terminsvertreter auftreten[61].

31 Weitere Wirkungen als die genannten hat der Ausschluß nach Abs. 1 S. 2 nicht. Der Ausgeschlossene bleibt weiterhin Partei und kann durch Abtretung des Anspruchs, entweder an den früheren Gläubiger oder an einen anderen, seine Parteistellung nicht verlieren. Er muß daher den Prozeß durchführen und sich durch eine nicht ausgeschlossene Partei vertreten lassen. Der Ausgeschlossene hat daneben die Möglichkeit, gem. § 265 Abs. 2 mit Zustimmung des Gegners aus dem Prozeß als Partei auszuscheiden. Ansonsten ist eine Klage des Ausgeschlossenen als unzulässig abzuweisen[62]. – Zu Inkassobüros mit einer Genehmigung nach Art. 1 § 1 Abs. 1 S. 2 Nr. 5 RBerG → vor § 78 Rdnr. 5.

VI. Ausschluß von der mündlichen Verhandlung

1. Ausschluß kraft Gesetzes; Prüfung von Amts wegen; Strengbeweis

32 Im Anwendungsbereich des § 157 Abs. 1 ist der vom Verbot Betroffene von der mündlichen Verhandlung kraft Gesetzes ausgeschlossen. Das Nichtvorliegen der Merkmale des § 157 Abs. 1 wird von Amts wegen (→ Rdnr. 91 und 92 vor § 128) mit Strengbeweis (→ Rdnr. 97 vor § 128) geprüft. – Zum Zulassungsstreit → Rdnr. 34 f. Ein in der mündlichen Verhandlung gleichwohl gestellter Antrag ist unwirksam[63].

33 Aufgrund des ipso iure wirkenden Ausschlusses ist die Partei als rechtlich nicht vertreten und daher als nicht erschienen anzusehen. Das Gericht hat daher die Möglichkeit, auf Antrag sofort ein Versäumnisurteil zu erlassen. Das gilt auch im Falle der Zession nach Abs. 1 Satz 2. Doch handelt es sich dort um ein unechtes Versäumnisurteil, weil die Klage unzulässig ist (→ Rdnr. 31 a. E.). Das Gericht sollte aber für die nicht vertretene Partei unbillige Härten vermeiden. Es wird daher häufig zweckmäßig sein, dem Beteiligten nach entsprechender Aufklärung zunächst die Möglichkeit der Abhilfe durch kurze Terminsvertagung zu verschaffen[64]. Der kraft Gesetzes ausgeschlossene Rechtsbeistand erhält keine Vergleichsgebühr[65] oder Verhandlungsgebühr[66].

2. Zulassungsstreit

34 Wenn wegen der Voraussetzungen des Abs. 1 Streit herrscht, so muß der erschienene Vertreter zu der Verhandlung über diesen Punkt zugelassen werden. Gegen den deklaratorischen Ausschlußbeschluß, mit dem die Wirkung des Abs. 1 festgestellt wird, findet in analoger Anwendung des § 567 die Beschwerde statt. Beschwerdeberechtigt ist immer nur die betroffene Partei, nicht jedoch der Prozeßbevollmächtigte, da diesem die Beschwer fehlt[67].

---

[59] *Zöller/Greger*[18] Rdnr. 3; *Baumbach/Lauterbach/Hartmann*[51] Rdnr. 13; *MünchKommZPO/Peters* (1992) Rdnr. 11; *AK/ZPO/Göring* (1987) Rdnr. 3.
[60] KG OLGRsp 40, 422, 423.
[61] Zum Abtretungsvertrag ferner LG Traunstein JurBüro 1991, 947 m. Anm. *Mümmler;* LG Düsseldorf JurBüro 1990, 1288; *LG Köln* JurBüro 1990, 1286, 1287; ausführlich *Rehse/Urbanski* Rbeistand 1989, 23 ff.
[62] OLG Nürnberg BayJMBl 1953, 272.
[63] LG Aachen Rbeistand 1988, 49.
[64] LG Hagen AnwBl 1977, 68, 69.
[65] LG Aurich Rbeistand 1987, 146.
[66] VG Minden Rbeistand 1989, 222 mit abl. Anm. Hoechstetter.
[67] *H.L.;* OLG Schleswig SchlHA 1956, 203; *LG Münster* WuM 1963, 47; *LG Duisburg* JMBlNRW 1955, 87;

Der Beschluß lautet auf Feststellung, daß der Vertreter von der mündlichen Verhandlung ausgeschlossen ist. Entsprechend entscheidet die h. L. in der Frage der Beschwerde im arbeitsgerichtlichen Verfahren (→ Rdnr. 43). Wird die mit besonderem Beschluß ausgesprochene Zurückweisung nicht mit der Beschwerde angefochten, so ist sie wegen § 512 der Nachprüfung des Berufungsgerichts entzogen[68]. Wird durch Beschluß festgestellt, daß der Vertreter von der mündlichen Verhandlung nicht ausgeschlossen ist, so ist eine Beschwerde dagegen nicht statthaft. Das gilt auch für den Fall von Abs. 1 S. 2[69].

Ergeht im Zulassungsstreit kein besonderer Beschluß, sondern wird die Zurückweisung nur 35 als Begründung einer anderen Entscheidung ausgesprochen, so muß sie mit dem gegen die betreffende Entscheidung gegebenen Rechtsbehelf angefochten werden. Dies gilt auch dann, wenn zwar ein besonderer Beschluß, aber im unmittelbaren Anschluß daran eine andere Entscheidung, wie z. B. ein Versäumnisurteil, ergangen ist.

VII. Zurückweisung wegen mangelnder Fähigkeit zum Vortrag (Abs. 2)

1. Voraussetzungen

Die Untersagung des weiteren Vortrags wegen mangelnder Fähigkeit setzt voraus, daß die 36 Partei (oder deren gesetzlicher Vertreter) nach §§ 78 Abs. 3, 79, 137 Abs. 4 oder 141 das Wort erhalten hat. Die Norm gilt nicht nur für den Partei-, sondern auch für den Anwaltsprozeß. Abs. 2 gilt neben der Partei und ihrem gesetzlichen Vertreter auch für Bevollmächtigte, die als solche auftreten (→ Rdnr. 2 vor § 78), und für Beistände (§ 90). Auf die in → Rdnr. 8 genannten Personen ist Abs. 2 nicht anwendbar. Anwälten kann der weitere Vortrag also auch dann nicht untersagt werden, wenn ihnen die Fähigkeit zum geeigneten Vortrag fehlt. Gleichgültig ist es, ob den genannten Personen die Fähigkeit zum geeigneten Vortrag überhaupt oder nur in der einzelnen Verhandlung, z. B. wegen Erregung, abzusprechen ist. Es muß sich im Sinne einer Auslegung nach den Maßstäben des rechtlichen Gehörs (Art. 103 Abs. 1 GG) um schwerwiegende Mängel handeln, durch welche die Verhandlung tiefgreifend gestört wird[70]. Dazu zählen etwa Trunkenheit, Schreien, beharrliches Weiterreden trotz Wortentzuges, politische Monologe usw.[71] Dagegen bildet mangelnde Gewandtheit in der freien Rede an sich noch keinen Grund zur Zurückweisung (→ auch § 137 Rdnr. 7)[72].

2. Unanwendbarkeit

Abs. 2 kommt nicht zur Anwendung, wenn die Unfähigkeit der Partei usw. auf der 37 fehlenden Beherrschung der deutschen Sprache beruht. Vielmehr ist dann nach § 185 GVG ein Dolmetscher beizuziehen (→ Rdnr. 152 vor § 128). Nur in Anwaltsprozessen kann bei solchen Parteien der Vortrag nach pflichtgemäßem Ermessen des Gerichts untersagt werden (§ 187 Abs. 2 GVG). Für taube oder stumme Personen gelten die §§ 186, 187 Abs. 1 GVG (→ Rdnr. 155f. vor § 128).

Thomas/Putzo[18] Rdnr. 3; *Zöller/Greger*[18] Rdnr. 6; *MünchKommZPO/Peters* (1992) Rdnr. 15; *AK/ZPO/Göring* (1987) Rdnr. 7; a.A. *OLG Düsseldorf* NJW 1959, 1373 (keine Beschwerde); *OLG Stuttgart* Die Justiz 1964, 38; *LSG Nordrhein-Westfalen* Rbeistand 1989, 126, 127f., *LG Landshut* AnwBl 1967, 125.

[68] Vgl. *RAG* ArbRsp 30, 252, 253 mit Anm. *Volkmar*.
[69] *BayObLGZ* 1967, 208 (Zwischenverfügung); *OLG*

Schleswig SchlHA 1960, 205; *LG Wuppertal* VersR 1978, 776.
[70] *MünchKommZPO/Peters* (1992) Rdnr. 17.
[71] *MünchKommZPO/Peters* (1992) Rdnr. 17.
[72] Dazu auch *BFH* DB 1985, 474 (zu § 62 Abs. 2 FGO) (Zurückweisung, wenn Beistand auf unbestimmte Zeit die Rechte des Auftraggebers nicht wahrnehmen kann).

3. Ermessen

38 Das Untersagen des weiteren Vortrags steht im pflichtgemäßen Ermessen des Gerichts. Die Entscheidung des Vorsitzenden allein genügt nicht. Die Gerichte sollten bei der Ermessensausübung großzügig verfahren, damit Verstöße gegen das rechtliche Gehör vermieden bleiben. Ebenso wie bei Abs. 1 (→ Rdnr. 32) gilt für Abs. 2 die Prüfung von Amts wegen mit Strengbeweis. Allerdings handelt es sich um eine erheblich vereinfachte Prüfung, weil es im Fall des Abs. 2 vor allem um den eigenen unmittelbaren Eindruck des Gerichts geht. Unrichtig ist daher die Annahme eines Freibeweises[73]. Der (gebührenfreie) Beschluß, der eine Zurückweisung ausspricht oder ablehnt, unterliegt nicht der Anfechtung. Für den Untersagungsbeschluß spricht das Abs. 2 S. 2 ausdrücklich aus. Das Gesagte gilt unabhängig davon, ob es sich um die Ausübung des in Abs. 2 S. 1 eingeräumten Ermessens handelt, oder um das Vorliegen der gesetzlichen Voraussetzungen. Die von dem Beschluß betroffene Partei hat damit auch dann nicht die Beschwerde des § 567 Abs. 1, wenn ein Fall der Untersagungsmöglichkeit objektiv überhaupt nicht vorlag[74].

39 Der Beschluß kann durch das Gericht jederzeit selbst wieder aufgehoben werden. Eine Beschwerde im Dienstaufsichtsweg ist ausgeschlossen. An eine ausgesprochene Untersagung darf sich nicht sofort der Erlaß eines Versäumnisurteils gegen die nunmehr unvertretene Partei anschließen. Das folgt aus § 158 Satz 2. Das Gericht hat daher zu vertagen und verfährt im neuen Termin nach § 158. Erscheint die Partei in dem neuen Termin nicht und wird sie auch nicht vertreten, so ergeht auf Antrag ein Versäumnisurteil. Wird dagegen Einspruch nach § 338 eingelegt und im daraufhin stattfindenden Termin der Partei oder dem für sie auftretenden Bevollmächtigten erneut der weitere Vortrag untersagt, so kann nach § 345 ein technisch zweites Versäumnisurteil erlassen werden.

VIII. Verfahren in Arbeitssachen

1. Ausschluß von der mündlichen Verhandlung

40 Aufgrund der in § 11 Abs. 3 ArbGG getroffenen Regelung sind im Verfahren vor dem Arbeitsgericht mit Ausnahme der Rechtsanwälte Personen, welche die Besorgung fremder Rechtsangelegenheiten vor Gericht geschäftsmäßig betreiben, als Bevollmächtigte und Beistände in der mündlichen Verhandlung ausgeschlossen[75]. § 157 Abs. 1 Satz 2 und Abs. 2 ist entsprechend anzuwenden. Zu derartigen Personen gehört auch ein Steuerbevollmächtigter[76]. Ebenso liegt es für den angestellten Bürovorsteher eines Rechtsanwalts[77]. Eine Ermessensentscheidung des Gerichts kommt nicht in Betracht (→ § 78 Rdnr. 43ff.). Seit der Neuregelung durch das Gesetz vom 18.8.1980 (BGBl. I 1503) erstreckt sich der Ausschluß ebenso wie bei § 157 Abs. 1 (→ Rdnr. 2) lediglich auf die mündliche Verhandlung. Gleichwohl nimmt das BAG[78] an, daß die Parteien sich vor den Arbeitsgerichten auch außerhalb der mündlichen Verhandlung von Rechtsbeiständen nicht vertreten lassen können. Danach soll im Arbeitsgerichtsverfahren die Erteilung der Prozeßvollmacht an einen Rechtsbeistand unwirksam sein, so daß eine durch diesen unterzeichnete Klage unzulässig ist. Diese Auffassung ist nach dem eindeutigen Wortlaut von § 11 Abs. 3 S. 1 ArbGG unhaltbar. Deshalb kann der Prozeßagent

---

[73] *MünchKommZPO/Peters* (1992) Rdnr. 18; a.A. *Thomas/Putzo*[18] Rdnr. 8; *AK/ZPO/Göring* (1987) Rdnr. 8

[74] *KG* KGBl 1926, 120; a.A. *KG* Rsp 25, 85, 86; 40, 423; *OLG Köln* DRiZ 1930, 493f.; *Baumbach/Lauterbach/Hartmann*[51] Rdnr. 23.

[75] Zu Mitarbeitern von Konzernobergesellschaften aber *LAG Hamm* NZA 1992, 1050 (LS).

[76] *BAG* AP § 11 ArbGG (1953) Nr. 36.

[77] A. A. *LAG München* LAGE § 11 ArbGG 1979 Nr. 8 (Geschäftsmäßigkeit verneint).

[78] *BAG* NZA 1989, 151f.

oder Beistand außerhalb der mündlichen Verhandlung für die Partei tätig werden, Schriftsätze einreichen und Zustellungen entgegennehmen[79]. Eine Ausnahme von dem Ausschluß von der mündlichen Verhandlung gilt nach § 11 Abs. 3 S. 2 ArbGG für die Verbandsvertreter. Die Frage der Zulässigkeit einer Prozeßvertretung vor dem Arbeitsgericht ist unter Heranziehung der Wertungen von § 157 ZPO und nicht allein unter Anwendung von § 11 ArbGG zu entscheiden[80]. Deshalb sind wie im ordentlichen Zivilprozeß (→ Rdnr. 9) Nebentätigkeitsreferendare von der Vertretung ausgeschlossen[81].

Die Zulassung als Prozeßagent oder Rechtsbeistand durch die Justizverwaltung deckt nicht die Vertretung vor den Gerichten für Arbeitssachen. Das gilt nach dem eindeutigen Wortlaut von § 11 Abs. 3 ArbGG auch für die Kammermitglieder nach § 209 BRAO[82].

Nach § 11 Abs. 3 S. 1 HS 2 ArbGG findet § 157 Abs. 1 S. 2 ZPO über die Zurückweisung 41 des Zessionars entsprechende Anwendung (→ Rdnr. 29).

2. Untersagung nach § 157 Abs. 2

Auch im arbeitsgerichtlichen Verfahren kann nach § 11 Abs. 3 S. 1 HS 2 ArbGG i. V. m. 42 § 157 Abs. 2 ZPO neben den Parteien auch Bevollmächtigten und Beiständen, denen die Fähigkeit zum gerichtlichen Vortrag mangelt, der weitere Vortrag untersagt werden. Eine Ausnahme besteht nach § 11 Abs. 3 S. 2 ArbGG für die Verbandsvertreter.

3. Rechtsbehelf gegen die Untersagung

Tritt in der mündlichen Verhandlung für eine Partei ein nach § 11 ArbGG vor dem 43 Arbeitsgericht ausgeschlossener Vertreter auf, so hat der Vorsitzende die Verhandlung mit ihm abzulehnen. Die h. L. läßt wie im Falle des § 157 (→ Rdnr. 34) die Beschwerde gegen die Zurückweisung zu[83]. Beschwerdeberechtigt ist aber nur die Partei, nicht auch der Prozeßbevollmächtigte selbst (→ Rdnr. 34)[84]. Die Zulassung des Prozeßbevollmächtigten kann von dem Gegner stets nur zusammen mit dem Endurteil und nicht im Wege der selbständigen Beschwerde gerügt werden[85].

4. Verbandsvertreter

Der Verbandsvertreter[86] hat die ihm in § 11 Abs. 3 S. 2 i. V. m. Abs. 1 S. 2 und 3, Abs. 2 44 S. 2 ArbGG eingeräumte Sonderstellung nur in der Arbeitsgerichtsbarkeit, nicht auch vor den ordentlichen Gerichten. Die Beweisaufnahme durch das ersuchte Amtsgericht nach § 13 Abs. 1 S. 2 ArbGG gehört zum arbeitsgerichtlichen Verfahren mit den dargestellten Besonderheiten. Anders liegt es dagegen bei dem Arrestverfahren vor dem Arrestgericht der Zwangsbereitschaft (→ § 919 Rdnr. 17f.).

---

[79] Zutr. *Germelmann/Matthes/Prütting* ArbGG (1990) § 11 Rdnr. 41; *Brehm* RdA 1990, 73 ff.; *Grunsky* AP § 11 ArbGG 1979 Prozeßvertreter Nr. 10; a. A. Voraufl. → Rdnr. 101.
[80] A. A. *BAG* VersR 1991, 935, 936.
[81] A. A. *BAG* VersR 1991, 935, 936; *Brehm* EzA § 11 ArbGG 1979 Nr. 7; *Winterstein* NZA 1988, 574 ff.; wie hier *LAG Köln* LAGE § 11 ArbGG 1979 Nr. 4.
[82] Insoweit ebenso *BAG* NZA 1989, 151 f.; a. A. *LAG Köln* LAGE § 11 ArbGG 1979 Nr. 5.

[83] *LAG Berlin* ArbRsp 30, 85, 86 mit Anm. *Volkmar*; a. A. *LAG Frankfurt a. M.* NJW 1965, 74; *Germelmann/Matthes/Prütting* ArbGG (1990) § 11 Rdnr. 43.
[84] Insoweit auch *Germelmann/Matthes/Prütting* ArbGG (1990) § 11 Rdnr. 43; a. A. *LAG Dresden* ArbRsp 30, 133 mit Anm. *Volkmar*.
[85] Auch → Rdnr. 34; *LAG Altona* JW 1930, 1118.
[86] Einzelheiten bei *Germelmann/Matthes/Prütting* ArbGG (1990) § 11 Rdnr. 54 ff.; 108 ff.; 117 ff.

5. Vertretung von Gastarbeitern

45 § 11 Abs. 3 ArbGG (und § 157 ZPO) verbietet die Vertretung von Gastarbeitern durch Bedienstete der Botschaft oder des Konsulats. Es handelt sich insoweit um ein geschäftsmäßiges Handeln (→ Rdnr. 24) einer ausländischen Behörde. Die in Art. 1 § 3 Nr. 1 RBerG (→ Text Rdnr. 6) genannten Behörden sind nur deutsche Bundes-, Länder- oder Gemeindebehörden. Die Tätigkeit fremder Behörden aufgrund ausländischer Rechtsvorschriften ist dagegen nicht privilegiert. Ausnahmen gelten nur bei staatsvertraglichen Regelungen (→ § 78 Rdnr. 60).

IX. Kommunalrechtliches Vertretungsverbot

46 Im Zivilprozeß ist die Zurückweisung eines Bevollmächtigten wegen eines bestehenden kommunalrechtlichen Vertretungsverbotes nicht möglich. Insbesondere ist es nicht statthaft, einen Rechtsanwalt von der Vertretung im Zivilprozeß zurückzuweisen, weil er einem solchen Verbot zuwiderhandelt. Die Existenz derartiger Vertretungsverbote in den Gemeindeordnungen der Bundesländer[87] vermag eine Zurückweisung schon deshalb nicht zu rechtfertigen, weil die ZPO als Bundesrecht dem Landesrecht gem. Art. 31 GG vorgeht. Wenn der Bundesgesetzgeber für diesen Fall die Zurückweisung eines Prozeßbevollmächtigten für erforderlich hält, muß er eine ausdrückliche gesetzliche Regelung im Bundesrecht vornehmen oder einen landesrechtlichen Vorbehalt aussprechen. Die Zurückweisung eines Rechtsanwalts stellt einen schwerwiegenden Eingriff in dessen Berufstätigkeit und zugleich in das mit Erlaß der CPO geltende Recht der Prozeßparteien auf freie Anwaltschaft dar. Deshalb bedarf es einer ausdrücklichen Entscheidung des Bundesgesetzgebers, wenn ein bei dem Gericht zugelassener Rechtsanwalt trotz vorhandener Postulationsfähigkeit im Einzelfall von der Vertretung in einem Prozeß ausgeschlossen werden soll. Ein die ZPO derogierendes Gewohnheitsrecht läßt sich für diese Fallgruppe ebenfalls nicht feststellen[88]. Für den Bereich des arbeitsgerichtlichen Verfahrens (→ Rdnr. 40ff.) gelten vergleichbare Überlegungen. Auch für den Verwaltungsprozeß, wo die h. L. ein Vertretungsverbot respektiert[89], hat das Bundesverfassungsgericht lediglich entschieden, daß ein *etwa* vorhandenes Verbot nicht gegen das Grundgesetz verstößt. Nicht entschieden worden ist jedoch, ob in der Verwaltungsgerichtsbarkeit tatsächlich ein Vertretungsverbot gilt[90].

X. Ausländische Rechtsanwälte

47 § 157 ist im allgemeinen auf ausländische Rechtsanwälte anzuwenden, wenn sie in einem Zivilprozeß auftreten. Sie stehen einem deutschen Rechtsanwalt grundsätzlich nicht gleich und haben in aller Regel lediglich dieselbe prozessuale Stellung einer Person, die nicht deutscher Rechtsanwalt ist.

1. Rechtsanwaltsdienstleistungsgesetz (RADG)

48 Eine wichtige Regelung für in einem EG-Mitgliedstaat niedergelassene Anwälte, die in der Bundesrepublik Deutschland vorübergehend i.S. einer grenzüberschreitenden Dienstlei-

---

[87] Nachw. in der Voraufl. in Fn. 63.
[88] Dazu *BVerfGE* 34, 293, 303 (Strafprozeß) m. Anm. *E. Schumann* JZ 1973, 311; wie hier auch *W. Gerhardt* ZZP 98 (1985), 354, 355.
[89] Dazu *BVerfGE* 41, 231; 52, 42, 57; 56, 99; 61, 68; auch *BVerfG* NJW 1988, 694 (Kommunaler Innenbereich); *VGH Baden-Württemberg* BB 1993, 1690.
[90] *BVerfGE* 52, 42, 46f. in Ergänzung zu *BVerfGE* 41, 231ff.; ferner *BVerfGE* 61, 68 (Verwaltungsprozeß).

stung die Tätigkeit eines Rechtsanwalts ausüben, enthält das »Gesetz zur Durchführung der Richtlinie des Rates der Europäischen Gemeinschaften vom 22. März 1977 zur Erleichterung der tatsächlichen Ausübung des freien Dienstleistungsverkehrs der Rechtsanwälte« vom 16.8.1980 (BGBl. I 1453) i. d. F. des Änderungsgesetzes vom 14.3.1990 (BGBl. I 479), zuletzt geändert durch das EWR-Ausführungsgesetz vom 27.4.1993 (BGBl. I 512) (»Rechtsanwaltsdienstleistungsgesetz-RADG«). Bei der Ausübung ihrer Tätigkeiten, soweit sie mit der Vertretung im Bereich der Rechtspflege zusammenhängen, haben sie die Rechte und Pflichten eines deutschen Rechtsanwalts, soweit diese nicht die Zugehörigkeit zu einer Rechtsanwaltskammer, den Wohnsitz sowie die Kanzlei betrefffen (§ 3 RADG). Das RADG ist abgedruckt in → Rdnr. 21 vor § 78.

Die Neufassung geht auf eine Entscheidung des EuGH[91] zurück. Für das im Rahmen des 49 § 157 ZPO interessierende Auftreten im Parteiprozeß (→ Rdnr. 1) wurde durch den EuGH ein Verstoß gegen die Art. 59, 60 EG-Vertrag festgestellt, soweit der dienstleistende Rechtsanwalt dazu verpfichtet wurde, »im Einvernehmen mit einem in der Bundesrepublik Deutschland ansässigen Rechtsanwalt zu handeln, selbst wenn nach deutschem Recht kein Anwaltszwang besteht«. Das bedeutet, daß der dienstleistende EG-Anwalt im Anwendungsbereich des § 157 einem deutschen Rechtsanwalt gleichsteht (→ Rdnr. 8). Das in § 4 RADG (Text → Rdnr. 21 vor § 78) geforderte Einvernehmen gilt nur im Anwaltsprozeß.

2. Aufnahme in die Rechtsanwaltskammer (§§ 206, 207 BRAO)

Über die oben → Rdnr. 48 f. bezeichneten Möglichkeiten hinaus sind in einem EG-Mitglied- 50 staat zugelassene Rechtsanwälte berechtigt, sich in eine deutsche Rechtsanwaltskammer aufnehmen zu lassen und im Anschluß daran binnen drei Monaten (§ 207 Abs. 3 BRAO) unter ihrer ausländischen Berufsbezeichnung (sowie den Möglichkeiten des § 207 Abs. 4 BRAO) im Bezirk ihrer Rechtsanwaltskammer eine Kanzlei zu eröffnen (§§ 206, 207 i. d. F. des Gesetzes vom 13.12.1989 BGBl. I 2135). Allerdings dürfen sie nach § 206 Abs. 1 BRAO die geschäftsmäßige Besorgung fremder Rechtsangelegenheiten nur auf dem Gebiet ausländischen und internationalen Rechts betreiben. Mit dieser Einschränkung ist der EG-Anwalt i. S. des § 157 für den Parteiprozeß einem deutschen Rechtsanwalt gleichgestellt (näher → Rdnr. 22 ff. vor § 78).

Für Angehörige anderer Staaten ergibt sich eine entsprechende eingeschränkte Regelung 51 aus § 206 Abs. 2 BRAO. Für diese Anwälte ist unter den weiteren Voraussetzungen des Abs. 2 die Befugnis zur Rechtsbesorgung auf das Recht des Herkunftsstaates beschränkt, wenn die Gegenseitigkeit mit dem Herkunftsstaat verbürgt ist (→ Rdnr. 24 vor § 78).

3. Rechtshilfegesuche

Bei der Erledigung ausländischer Gesuche um Rechtshilfe sind ausländische Rechtsanwälte 52 zuzulassen. Der Beweistermin zur Erledigung eines ausländischen Ersuchens gehört nicht unter § 157 (→ oben Rdnr. 27).

---

[91] *EuGH* NJW 1988, 887; ferner *Rabe* AnwBl. 1992, 146.

§ 158 [Versäumung aufgrund zwangsweiser Entfernung]

Ist eine bei der Verhandlung beteiligte Person zur Aufrechterhaltung der Ordnung von dem Ort der Verhandlung entfernt worden, so kann auf Antrag gegen sie in gleicher Weise verfahren werden, als wenn sie freiwillig sich entfernt hätte. Das gleiche gilt im Falle des § 157 Abs. 2, sofern die Untersagung bereits bei einer früheren Verhandlung geschehen war.

Gesetzesgeschichte: Bis 1900 § 140 CPO; Änderung RGBl. 1933 I 821; sachlich unverändert seit Erlaß der CPO.

I. Entfernung Beteiligter 1	5. Zeuge oder Sachverständiger 6
II. Fälle	6. Vertretungsverbot gegen einen Rechtsanwalt 7
1. Parteiprozeß 2	
2. Anwaltsprozeß 3	III. Untersagung des Vortrags und Zurückweisung (Satz 2) 8
3. Parteivernehmung 4	
4. Beistand (§ 90) 5	IV. Verfahren in Arbeitssachen 10

I. Entfernung Beteiligter

1   Der Vorsitzende hat nach § 177 GVG (→ Rdnr. 138 ff. vor § 128) u. a. die Befugnis, die bei der Verhandlung beteiligten Personen aus dem Sitzungszimmer oder von dem sonstigen Ort der Verhandlung zu entfernen, wenn sie den zur Aufrechterhaltung der Ordnung getroffenen Anordnungen nicht Folge leisten. Zu den beteiligten Personen i. S. des § 158 zählen Parteien, Parteivertreter und Beistände, die nicht Rechtsanwälte sind (→ zu letzteren Rdnr. 137 vor § 128), sowie Zeugen und Sachverständige. Die prozeßrechtlichen Folgen einer solchen Entfernung treten nach § 158 nur auf Antrag ein und stehen im pflichtgemäßen Ermessen des Gerichts. Das Gericht kann auch vertagen und die Kosten der schuldigen Person auferlegen (§§ 95, 380). Gegen die Vertagung findet keine Beschwerde statt.

II. Fälle

1. Parteiprozeß

2   Ist im Parteiprozeß die Partei, ihr gesetzlicher Vertreter oder ihr Bevollmächtigter aus der Verhandlung entfernt worden und hat die entfernte Person bereits verhandelt (→ § 333 Rdnr. 1), so ergeht bei Spruchreife ein kontradiktorisches Urteil. Hat sie noch nicht verhandelt, so ist auf Antrag ein Versäumnisurteil oder eine Entscheidung nach Lage der Akten gem. § 331 a zu erlassen. Ist zweifelhaft, ob die Partei schon verhandelt hatte, so bleibt nur die Vertagung. Nach § 367 ist die Beweisaufnahme in Abwesenheit der Partei gleichwohl möglich, wenn die Partei aus einer Verhandlung entfernt wurde, die ausschließlich zur Beweisaufnahme stattfand.

2. Anwaltsprozeß

3   Erscheint im Anwaltsprozeß neben dem Anwalt auch die Partei selbst und wird diese entfernt, so verliert sie nur die Möglichkeit, selbst das Wort nach § 137 Abs. 4 zu ergreifen. Bei einer (nur in Extremfällen zulässigen) Entfernung des Anwalts trotz Anwesenheit der

neben ihm erschienenen Partei gilt das in → Rdnr. 2 Ausgeführte entsprechend; ferner → Rdnr. 7.

3. Parteivernehmung

Wird die Partei aus der zu ihrer Vernehmung oder Beeidigung bestimmten Verhandlung entfernt, so steht es im freien Ermessen des Gerichts, aus ihrem Verhalten auf die Verweigerung der Aussage zu schließen (§ 454 Abs. 1). Erforderlichenfalls hat das Gericht einen neuen Verhandlungstermin anzuberaumen (§ 454 Abs. 2).

4

4. Beistand (§ 90)

Wird der Beistand einer Partei entfernt, so hat das lediglich zur Folge, daß die Partei in der Verhandlung nicht durch ihn unterstützt werden kann. Ggf. sollte aber vertagt werden. Dies gilt etwa im Falle einer Unbeholfenheit der Partei.

5

5. Zeuge oder Sachverständiger

Wird ein Zeuge oder Sachverständiger entfernt, so können die in den §§ 380, 390, 409 für das Nichterscheinen angedrohten Folgen gegen ihn ausgesprochen werden, sofern seine weitere Vernehmung erforderlich erscheint. Dazu ist kein Antrag erforderlich.

6

6. Vertretungsverbot gegen einen Rechtsanwalt

Ist gegen einen Rechtsanwalt ein Vertretungsverbot erlassen worden, so gilt § 156 Abs. 2 BRAO. Wird er zurückgewiesen, so ist der Fall nach § 158 zu behandeln (→ § 157 Rdnr. 10). Es gilt daher das oben → Rdnr. 2, 3 Ausgeführte entsprechend.

7

III. Untersagung des Vortrags und Zurückweisung (Satz 2)

§ 158 S. 2 betrifft nur den Fall der Untersagung nach § 157 Abs. 2 wegen mangelnder Fähigkeit zum Vortrag. Die Folgen richten sich nach dem zu oben → Rdnr. 2–7 Aufgeführten. Die Untersagung des Vortrags und die Zurückweisung sind stets nur auf Antrag möglich. Als weitere Voraussetzung verlangt Satz 2, daß die Untersagung bereits in irgendeinem früheren Termin ausgesprochen worden sein muß und im gegenwärtigen Termin von neuem eine Untersagung stattgefunden hat. Nicht ausreichend ist das bloße Wiederauftreten derselben Person in dem gegenwärtigen Termin. Vielmehr muß sie zunächst erneut zum Wort zugelassen worden sein, da der Mangel der Fähigkeit zum geeigneten Vortrag nur für eine einzelne Verhandlung vorliegen kann. Zudem besteht die Möglichkeit, daß das Gericht bei anderer Besetzung zu einer gegenteiligen Auffassung kommt.

8

Die Untersagung muß sich gegen dieselbe Person richten. § 158 findet daher keine Anwendung, wenn für die im früheren Termin zurückgewiesene Partei jetzt ein Bevollmächtigter erscheint oder umgekehrt nach der Zurückweisung des Bevollmächtigten ein anderer oder die Partei selbst auftritt. Kommt es in diesen Fällen wiederum zu einer Untersagung, so ist neuerlich zu vertagen.

9

IV. Verfahren in Arbeitssachen

10 § 158 kommt auch in der Arbeitsgerichtsbarkeit zur Anwendung. Die Verbandsvertreter nach § 11 ArbGG sind den Mitgliedern einer Rechtsanwaltskammer aber nicht gleichgestellt (→ auch § 78 Rdnr. 46 ff.; → Rdnr. 261 vor § 128). Für die Zurückweisung des Prozeßbevollmächtigten bei Nichtbefolgung der Anordnung des persönlichen Erscheinens gilt das zu → § 141 Rdnr. 48 f. Ausgeführte.

§ 159 [Protokollaufnahme]

(1) Über die mündliche Verhandlung und jede Beweisaufnahme ist ein Protokoll aufzunehmen. Für die Protokollführung ist ein Urkundsbeamter der Geschäftsstelle zuzuziehen, wenn nicht der Vorsitzende davon absieht.

(2) Absatz 1 gilt entsprechend für Verhandlungen, die außerhalb der Sitzung vor Richtern beim Amtsgericht oder vor beauftragten oder ersuchten Richtern stattfinden.

Gesetzesgeschichte: § 159 neu gefaßt BGBl. 1974 I 3651 (→ Einl. Rdnr. 154); § 159 Abs. 1 S. 1 n. F. war früher § 145 CPO; geändert RGBl. 1927 I 175 (→ Einl. Rdnr. 125); § 159 Abs. 2 n. F. (vormals § 165 a. F.) war früher § 151 CPO; geändert RGBl. 1927 I 175 (→ Einl. Rdnr. 125); 1927 I 334 (→ Einl. Rdnr. 125).

Stichwortverzeichnis → *Protokollschlüssel* unten Rdnr. 30 ff.

I. Allgemeines	1	V. Absehen von der Zuziehung eines Urkundsbeamten (§ 159 Abs. 1 S. 2)	
II. Arten der Protokolle			
1. Sitzungsprotokolle	2	1. Anwendungsbereich	17
2. Protokolle außerhalb der Sitzung	3	2. Protokollführungspflicht des Vorsitzenden	18
3. Erklärung zu Protokoll der Geschäftsstelle	4	VI. Verhandlungen außerhalb der Sitzung (§ 159 Abs. 2)	
a) Zuständige Stelle	5	1. Protokollierungspflicht	22
b) Form	7	2. Anwendungsbereich	23
c) Urkundsbeamter der Geschäftsstelle	9	VII. Beweiskraft; Protokollmängel; Wirksamkeit von Prozeßhandlungen	
4. Gerichtsvollzieherprotokolle	10	1. Beweiskraft	24
III. Notwendigkeit des Sitzungsprotokolls	11	2. Rechtsbehelfe; Protokollmängel	25
IV. Abfassung des Protokolls		3. Wirksamkeit von Prozeßhandlungen	28
1. Sitzungsprotokoll	12	VIII. Arbeitsgerichtliches Verfahren	29
2. Nachträgliches Anfertigen	13	IX. Protokollschlüssel	30
3. Urkundsbeamter	16		

I. Allgemeines

1 § 159 bis § 165 wurden neu gefaßt durch das Gesetz zur Entlastung der Landgerichte und zur Vereinfachung des gerichtlichen Protokolls vom 20.12.1974 (BGBl. I 3651), in Kraft seit 1.1.1975[1]. Teilweise neu gefaßt wurde § 160 a durch das Rechtspflege-Vereinfachungsgesetz

---

[1] Literatur: *Franzki* DRiZ 1975, 97; *Holtgrave* DB 1975, 821; *Petersen* SchlHA 1975, 23; *Putzo* NJW 1975, 185, 188; *Schuster* BB 1975, 539, 543.

vom 17.12.1990 (BGBl. I 2847), in Kraft getreten seit 1.4.1991[2]. Die letztgenannte Änderung hat eine weitere Vereinfachung der Protokollierung bewirkt. Die §§ 159 bis 165 gelten nicht unmittelbar im WEG-Verfahren[3].

II. Arten der Protokolle

Die ZPO unterscheidet vier Arten von Protokollen (→ Rdnr. 2–10). Daneben ist in der Sache auch die Zustellungsurkunde (→ § 190 Rdnr. 1) ein Protokoll.

1. Sitzungsprotokolle

Sitzungsprotokolle sind Protokolle über die mündliche Verhandlung (§ 159 Abs. 1 S. 1 Alt. 1). Gesetzliche Regelungen finden sich in den §§ 159–165, 297 Abs. 1 S. 2, 3, 313 Abs. 2 S. 2, 314 S. 2, 415 und 419. Für das amtsgerichtliche Verfahren gelten zudem die §§ 495, 495a Abs. 2 S. 2[4] und § 510a. Daneben sind zu nennen die §§ 78, 80 ZVG (→ § 160 Rdnr. 2). Nach § 80 ZVG ist nicht der tatsächliche Hergang im Termin, sondern ausschließlich der protokollierte Vorgang für die Zuschlagserteilung maßgebend[5]. Der für die Protokollierung nach § 159 Abs. 1 S. 2 zuständige Urkundsbeamte der Geschäftsstelle darf der Beratung nicht beiwohnen (§ 193 GVG; → § 309 Rdnr. 5). Eine Ausnahme besteht nur für diejenigen Personen, die bei dem Gericht zu ihrer juristischen Ausbildung beschäftigt sind, wenn der Vorsitzende deren Anwesenheit gestattet hat (→ § 309 Rdnr. 5). Schriftstücke, welche die Abstimmung betreffen, wie z. B. Separatvoten, können bei den Akten aufbewahrt werden (§ 299 Abs. 3, → § 299 Rdnr. 3 ff.).

2

2. Protokolle außerhalb der Sitzung

Daneben kennt die ZPO Protokolle über Verhandlungen, die außerhalb der Sitzung vor dem Richter am Amtsgericht (§ 159 Abs. 2 Alt. 1) oder vor beauftragten oder ersuchten Richtern stattfinden (§ 159 Abs. 2 Alt. 2). Einschlägige Vorschriften finden sich in den §§ 118 Abs. 1 S. 3 HS 2 (794 Abs. 1 Nr. 1), § 288 Abs. 1.

3

3. Erklärung zu Protokoll der Geschäftsstelle

In der ZPO sind ferner vorgesehen Protokolle der Geschäftsstelle i. S. einer Beurkundung von Parteierklärungen, die sonst in Schriftsätzen niederzulegen wären. Dabei ist es gleichgültig, ob diese dem Gericht einzureichen oder dem Gegner zuzustellen sind. Die »Erklärung zu (zum) Protokoll (vor) der Geschäftsstelle« läßt das Gesetz in folgenden Fällen zu: §§ 44 Abs. 1 HS 2, 109 Abs. 3 S. 1, 117 Abs. 1 S. 1 HS 2, 118 Abs. 1 S. 2, 248 Abs. 1 HS 2, 381 Abs. 2, 386 Abs. 1, 389 Abs. 1, 402, 406 Abs. 2 S. 3, 486 Abs. 4, 496 (als allgemeine Vorschrift für das amtsgerichtliche Verfahren), 569 Abs. 2 S. 2, 573 Abs. 2 S. 2, 715 Abs. 2, 920 Abs. 3, 924 Abs. 2 S. 3, 936, 947 Abs. 1 S. 1, 952 Abs. 2 ZPO; §§ 139 S. 2 KO, 5 Abs. 3 S. 1 GKG; 11 FGG. Dazu treten auch ohne ausdrückliche Vorschrift die Fälle der §§ 37, 104, 576, 732 (→ siehe die Bemerkungen dazu). Die betreffenden Erklärungen sind wegen § 78 Abs. 3 stets vom Anwaltszwang befreit.

4

---

[2] Dazu *Hansens* NJW 1991, 953, 955.
[3] *BayObLG* JurBüro 1989, 243; *KG* NJW-RR 1989, 842.
[4] Eingefügt durch das Rechtspflege-Vereinfachungsgesetz vom 17.12. 1990 (BGBl. I 2847).

[5] *LG Oldenburg* Rpfleger 1985, 311, 312 m. abl. Anm. *Schiffhauer;* zu den Anforderungen an die Verlegung einer Versteigerungsverhandlung weniger streng *LG Oldenburg* Rpfleger 1990, 470, 471.

a) Zuständige Stelle

5 Abzugeben ist diese Erklärung vor der Geschäftsstelle desjenigen Gerichts, an das das Gesuch gerichtet wird oder vor dem zu verhandeln ist. Daneben ist die Erklärung zu Protokoll einer anderen Geschäftsstelle zulässig (§ 129a Abs. 1). Doch tritt nach § 129a Abs. 2 S. 2 die Wirkung einer Prozeßhandlung erst mit dem Eingang bei der Geschäftsstelle des Gerichts ein, an das die Erklärung gerichtet ist (→ § 129a Rdnr. 18; zur Unterzeichnung → unten Rdnr. 7). Geht in diesem Fall die Erklärung erst nach Ablauf einer einzuhaltenden Frist bei dem Gericht ein, so können freilich die Voraussetzungen einer Wiedereinsetzung in den vorigen Stand gegeben sein (§ 233). Die Entgegennahme und Weiterleitung von Erklärungen gehört zu den allgemeinen Amtspflichten der Amtsgerichte (→ § 129a Rdnr. 11, 12 und 16). Es spielt dabei keine Rolle, wo der Erklärende wohnt (→ § 129a Rdnr. 5). Ferner ist an die Pflicht der Behörden zu gegenseitiger Amtshilfe zu denken. Deshalb muß dem Ersuchen eines anderen Gerichts an das Amtsgericht des Wohnsitzes stattgegeben werden, eine Erklärung aufzunehmen, deren Abgabe vor dem Urkundsbeamten der Geschäftsstelle zulässig ist. Ausnahmen können sich nur bei dem Vorliegen besonderer Gründe ergeben. Es handelt sich dabei nicht um eine Angelegenheit der Rechtshilfe[6]. Deshalb entscheiden bei Differenzen die Stellen der Dienstaufsichtsbehörde.

6 Die Erklärung zu richterlichem Protokoll ersetzt als weitergehende Form die Erklärung zu Protokoll der Geschäftsstelle[7]. Das gilt in erster Linie für das Sitzungsprotokoll (→ Rdnr. 2).

b) Form

7 Die ZPO enthält keine besondere Vorschrift über die Form der Erklärung zu Protokoll der Geschäftsstelle. Jedenfalls muß aber die vom Urkundsbeamten der Geschäftsstelle aufgenommene und unterzeichnete Erklärung ergeben, was der vor ihm Erschienene erklärt hat[8]. Die vom Urkundsbeamten gefertigte Niederschrift braucht nur von ihm unterzeichnet zu werden. Es ist aber üblich und in der Regel zweckmäßig, wenn auch der Erklärende unterschreibt. Zu empfehlen ist dieses Vorgehen insbesondere dann, wenn der Urkundsbeamte die Erklärung entgegennimmt und anschließend weiterleitet (→ Rdnr. 5). Damit wird der Möglichkeit einer gegenteiligen Beurteilung der Erklärung entgegengewirkt, ohne daß sie freilich ganz vermieden werden könnte.

8 Die Niederschrift einer durch Fernsprecher mitgeteilten Erklärung ist nicht geboten und wegen der damit verbundenen Gefahren, wie z.B. einer Täuschung über die Person des Erklärenden oder eines Hörfehlers, auch nicht anzuraten (→ auch § 129a Rdnr. 12). Rechtlich unzulässig ist aber ein solches Vorgehen nicht, so daß die Protokollerklärung prozessual wirksam ist[9]. Vereinzelt wurde denn auch angenommen, daß gegen einen Vollstreckungsbescheid telefonisch Einspruch eingelegt werden kann[10].

---

[6] S. auch *OLG Colmar* OLGRsp 11, 336; *OLG Celle* OLGRsp 18, 378f.
[7] *OLG Kassel* OLGRsp 29, 136; *OLG Köln* LeipZ 28, 1643u. a. – A.A. *RG* Gruchot 38 (1894), 175, 176; *OLG Hamm* NJW 1966, 1519; *OLG Dresden* JW 1933, 552 mit abl. Anm. *A. Kaufmann.*.
[8] Auch → Rdnr. 6.
[9] A.A. *RGSt* 38, 282; *OLG Hamburg* Rsp 37, 146, 147;
OLG Dresden JW 1929, 2773 (LS); *OLG Frankfurt a.M.* NJW 1953, 1118, 1119; *BGH* NJW 1960, 1310, 1311a.E.; *BVerwG* NJW 1964, 831, 832; *BFH* NJW 1965, 174, 175.
[10] *LG Aschaffenburg* NJW 1969, 280; dazu *Vollkommer* Formenstrenge und prozessuale Billigkeit (1973), 205, 212 Fn. 70, 213 Fn. 71, 214 Fn. 75, 305.

c) Urkundsbeamter der Geschäftsstelle

Die Stellung des Urkundsbeamten wird durch den im Jahre 1979 neu gefaßten § 153 GVG geregelt. Neben der Beurkundung weisen ihm die §§ 168, 208 ff., 274 Abs. 1, 299, 317 Abs. 3, 377, 402, 576, 706, 724 Abs. 2, 753 Abs. 2, 797 Abs. 1 weitere Aufgaben zu. Sein Verhältnis zum Rechtspfleger ist in § 26 RpflG geregelt. § 24 RpflG überträgt dem Rechtspfleger zudem Geschäfte der Geschäftsstelle.

4. Gerichtsvollzieherprotokolle

Schließlich sieht die ZPO auch Gerichtsvollzieherprotokolle vor. Der Gerichtsvollzieher hat nach § 762 über jede Vollstreckungshandlung ein Protokoll aufzunehmen. Nach § 826 genügt zur Pfändung bereits gepfändeter Sachen die in das Protokoll aufzunehmende Erklärung des Gerichtsvollziehers, daß er die Sachen für seinen Auftraggeber pfände[11].

III. Notwendigkeit des Sitzungsprotokolls

§ 159 Abs. 1 S. 1 ordnet für jede mündliche Verhandlung die Aufnahme eines Protokolls an. Das gilt für alle Termine vor dem Prozeßgericht, auch wenn nur eine Beweisaufnahme oder eine Vertagung oder Verkündung[12] stattfinden. Ist keine der Parteien erschienen, so mag eine bloße Aktennotiz genügen. Ebenso liegt es, wenn die Verhandlung, z.B. wegen einer Unterbrechung des Verfahrens, nicht stattfinden kann. Die Aufnahme in das Protokoll ist Sache des zugezogenen Urkundsbeamten. Ausnahmsweise handelt der Vorsitzende selbst, wenn er nach § 159 Abs. 1 S. 2 von der Zuziehung absieht (→ Rdnr. 17). – Zu Protokollen über Verhandlungen außerhalb der Sitzung (→ Rdnr. 3, → Rdnr. 22 f.; zu vorläufigen Aufzeichnungen durch Aufzeichnungshilfen → § 160a Rdnr. 2).

IV. Abfassung des Protokolls

1. Sitzungsprotokoll

Das Sitzungsprotokoll ist in der mündlichen Verhandlung in den Fällen des § 160 Abs. 3 Nr. 1, 3, 4, 5, 8, 9 und, wenn es zu Protokoll erklärte Anträge enthält, selbst niederzuschreiben (→ § 160 Rdnr. 12). Dieses Erfordernis erklärt sich daraus, daß es in diesem in § 162 genannten Umfang in der mündlichen Verhandlung den Beteiligten vorzulesen oder zur Durchsicht vorzulegen ist. Im Falle der vorläufigen Aufzeichnung nach § 160a genügt es nach § 162 Abs. 1 S. 2 allerdings, wenn diese Aufzeichnungen vorgelesen oder abgespielt werden. Damit ist klargestellt, daß entgegen der bis 1974 geltenden Regelung für das gesamte Protokoll die vorläufige Aufzeichnung genügt[13]. Es ist aber in den genannten Fällen stets unzulässig, den Text in Stichworten zu notieren oder ihn in freier Rede ergänzend vorzutragen und ihn dann erst später durch das endgültig ausformulierte Protokoll zu ersetzen. Das gilt auch dann, wenn diese Übertragung wortgetreu sein sollte. Der auf diese Weise hergestellte Protokolltext ist nicht verlesen worden, so daß die vom Gesetz geforderte Sicherheitsgarantie nicht erfüllt ist[14]. Der verlesene Text muß jedenfalls Bestandteil des späteren, bis dahin noch unfertigen Protokolls oder seiner Anlage sein. Erst recht entspricht ein nachträglich aus dem Gedächtnis gefertigtes Protokoll nicht den Anforderungen.

---

[11] Dazu etwa *Behr* NJW 1992, 2738, 2742.
[12] *Holtgrave* DB 1975, 821.
[13] *Zöller/Stöber*[18] § 162 Rdnr. 4.
[14] Insoweit noch von Bedeutung *BGHZ* 14, 381, 396; *MünchKommZPO/Peters* (1992) Rdnr. 8.

2. Nachträgliches Anfertigen

13 Das Protokoll ist über die Verhandlung anzufertigen und deshalb nicht notwendig in ihr (§ 160a Abs. 2). Auch außerhalb der vorläufigen Aufzeichnung nach § 160a kann die Protokollierung nach der Sitzung nachgeholt werden, soweit das Protokoll andere Teile enthält, oder wenn es nur aus nicht zu verlesenden Teilen besteht (§ 160 Abs. 1 Nr. 1–5, 160 Abs. 3 Nr. 6 und 7)[15]. Neben dem nachträglichen Anfertigen eines Protokolls ist es auch zulässig, ein Ersatzstück für ein abhanden gekommenes Protokoll zu fertigen. Für gerichtliche Urkunden gilt insoweit die VO über die Ersetzung zerstörter oder abhanden gekommener gerichtlicher oder notarieller Urkunden vom 18.6.1942 (BGBl III 315–4) weiter.

14 Schwierigkeiten ergeben sich, wenn der Urkundsbeamte oder im Falle seiner Nichtzuziehung (→ Rdnr. 17) der Vorsitzende in der Zwischenzeit ausfällt und deshalb kein Protokoll im Rechtssinne vorhanden ist (→ Rdnr. 20).

15 Ausnahmen von der Protokollierungspflicht sind in § 161 geregelt (Einzelheiten → § 161 Rdnr. 6ff.).

3. Urkundsbeamter

16 Der Urkundsbeamte hat das Protokoll in eigener Verantwortung selbst zu verfassen. Gleichwohl ist ein Diktieren durch den Vorsitzenden nicht ausgeschlossen und auch weithin üblich und sinnvoll. So liegt es vor allem bei Zeugen- und Parteivernehmungen oder der Feststellung des Ergebnisses eines Augenscheins sowie bei der Aufnahme von Urteilen und Beschlüssen in das Protokoll. Stets muß aber die letzte Verantwortlichkeit des Urkundsbeamten für die Richtigkeit des Protokolls gewahrt bleiben. Bei unauflösbaren Meinungsverschiedenheiten zwischen Urkundsbeamtem und Richter muß im Protokoll die Auffassung des Urkundsbeamten niedergelegt werden. Der Vorsitzende hat seine abweichende Auffassung durch einen Zusatz festzustellen[16]. In keinem Fall darf der Urkundsbeamte entgegen seiner Überzeugung etwas im Protokoll feststellen, nur weil es der Vorsitzende anordnet (→ § 160 Rdnr. 8).

V. Absehen von der Zuziehung eines Urkundsbeamten (§ 159 Abs. 1 S. 2)

1. Anwendungsbereich

17 Die Vorschrift gilt sowohl für Verhandlungen vor den Kollegialgerichten als auch im amtsgerichtlichen Verfahren und im Verfahren vor dem Einzelrichter (§§ 348ff.). Ferner ist sie anwendbar in den Bagatellsachen des § 495a. Entscheidet das Gericht nach § 495a Abs. 1 ohne mündliche Schlußverhandlung, so kommt es nicht zu einer Sitzungsniederschrift.

2. Protokollführungspflicht des Vorsitzenden

18 Der Vorsitzende entscheidet allein nach seinem Ermessen, ob er von der Befugnis des § 159 Abs. 1 S. 2 Gebrauch macht. In diesem Fall führt er das Protokoll selbst und bestimmt dessen Inhalt. Die Justizverwaltung ist verpflichtet, Protokollführer und technisches Gerät in ausreichender Zahl zur Verfügung zu stellen[17]. Allerdings entscheidet die Justizverwaltung darüber, welcher Beamte oder Angestellte mit dieser Aufgabe betraut wird. Der Vorsitzende

---

[15] *OLG Saarbrücken* NJW 1972, 61, 62.
[16] *Zöller/Stöber*[18] § 159 Rdnr. 4.
[17] *BGH* NJW 1988, 417; *Baumbach/Lauterbach/Hartmann*[51] Rdnr. 3; *Franzki* DRiZ 1975, 97.

trägt die alleinige Verantwortung für das Protokoll und muß es selbst unterschreiben. Es ist jedoch zulässig, daß er sich zur Herstellung des Protokolls eines Justizbediensteten als Schreibkraft bedient, oder daß ein Beisitzer diese Hilfe leistet. Es handelt sich dabei um eine rein tatsächliche technische Hilfeleistung für den Vorsitzenden.

Die ZPO regelt nicht, in welcher Weise der Vorsitzende »davon absieht«, einen Protokoll- 19
führer heranzuziehen. Es ist ausreichend, wenn sich gem. § 160 Abs. 1 Nr. 2 indirekt aus dem Protokoll ergibt, daß von der Hinzuziehung eines Protokollbeamten abgesehen worden ist. Zur Vermeidung von Mißverständnissen empfiehlt es sich aber, die Entscheidung des Vorsitzenden in den Akten oder im Eingang des Protokolls zu vermerken. Die funktionelle Zuständigkeit für die Entscheidung liegt nach Abs. 1 S. 2 allein bei dem Vorsitzenden. Es ist aber jedenfalls sinnvoll, sich im Kollegium zu dieser Frage zu besprechen. Die Entscheidung ist an keine Voraussetzung gebunden und liegt daher im freien Ermessen des Vorsitzenden. Sie bedarf keiner Begründung und kann jederzeit – auch noch während des laufenden Termins – geändert werden.

Wenn ein Urkundsbeamter nicht hinzugezogen wird, ist die Unterschrift des Vorsitzenden 20
unentbehrlich. Bei einer Sitzung vor dem Kollegium kann sie durch die Unterschrift des ältesten Beisitzers nach § 163 Abs. 2 S. 1 HS 1 ersetzt werden. Der nicht hinzugezogene Urkundsbeamte, der lediglich nach § 163 Abs. 1 S. 2 HS 2 die in seiner Abwesenheit gefertigten Tonaufnahmen in das Protokoll zu übertragen hatte, kann den verhinderten Richter nicht in der Unterschrift vertreten (→ § 163 Rdnr. 11).

Aus dem Wortlaut des § 159 Abs. 1 S. 2 läßt sich nicht ableiten, daß die alleinige Unter- 21
schrift des Vorsitzenden stets als Abschluß des Protokolls ausreicht und der Mangel der Unterschrift des als zugezogen aufgeführten Urkundsbeamten unschädlich wäre. – Zur Wirkung von Protokollmängeln → Rdnr. 25 ff.

VI. Verhandlungen außerhalb der Sitzung (§ 159 Abs. 2)

1. Protokollierungspflicht

Findet eine Verhandlung vor dem Amtsgericht oder vor einem beauftragten oder ersuchten 22
Richter außerhalb der Sitzung statt, so muß gleichfalls protokolliert werden. Wegen der Verweisung auf Abs. 1 ist auch bei solchen Verhandlungen ein Urkundsbeamter hinzuzuziehen (zur Bedeutung für die vorschriftsmäßige Besetzung des Gerichts → § 551 Rdnr. 5 ff.). Nach § 153 Abs. 4 S. 1 GVG bestimmen die Dienstvorschriften, ob bei Lokalterminen der Urkundsbeamte eines anderen Gerichts zugezogen werden kann. Auch im Falle des Abs. 2 kann der Vorsitzende entsprechend Abs. 1 S. 2 von der Zuziehung absehen[18]. Der Vorsitzende entscheidet allein, ob zur Protokollaufnahme ein Urkundsbeamter hinzugezogen oder ein Aufnahmegerät verwendet wird. Es handelt sich um eine richterliche Entscheidung, die einer dienstaufsichtlichen Würdigung und Weisung nicht unterworfen ist[19]. Die Form des Protokolls bestimmt sich auch bei Verhandlungen nach Abs. 2 nach den §§ 160–164, insbesondere auch nach § 160a Abs. 1. Daher richtet sich auch die Beweiskraft nach § 165 (→ § 165 Rdnr. 2).

---

[18] Dazu *RGZ* 114, 1.   [19] *BGH* NJW 1978, 2509, 2510.

2. Anwendungsbereich

23 Verhandlungen der in Abs. 2 gemeinten Art sind aufgeführt in den §§ 279 Abs. 1 S. 2, 361, 362, 372 Abs. 2, 375, 389, 398 Abs. 2, 400, 402, 405, 434, 479, 486, 492 und 613 Abs. 1 S. 2. Ferner zählt hierher auch die Abnahme der eidesstattlichen Versicherung (§§ 899–903, 914, 915).

VII. Beweiskraft; Protokollmängel; Wirksamkeit von Prozeßhandlungen

1. Beweiskraft

24 Ein den §§ 159 ff. entsprechendes Protokoll erbringt vollen Beweis der darin bezeugten Wahrnehmungen (§§ 415, 418). Für die Förmlichkeiten der mündlichen Verhandlung kommt der Beweiskraft des Protokolls nach § 165 exklusive Wirkung zu (→ § 165 Rdnr. 2). Für den Inhalt von Parteierklärungen, die im Tatbestand des Urteils festgestellt sind[20], gilt § 314 S. 1. Dieser Beweis kann nach § 314 S. 2 nur durch das Sitzungsprotokoll entkräftet werden. Das Protokoll geht also dem Tatbestand des Urteils vor. Zudem wahrt das Protokoll gem. § 127a BGB jede materiellrechtliche Form. Bei offenbaren Lücken des Protokolls muß durch Auslegung ermittelt werden, was es bezeugt[21]. Bei einer ordnungsgemäßen Berichtigung (→ § 164 Rdnr. 1 ff.) tritt die berichtigte Fassung an die Stelle der ursprünglichen Fassung. Soweit sich beide Fassungen nicht widersprechen, ergänzt die berichtigte die ursprüngliche Fassung (→ auch § 165 Rdnr. 11).

2. Rechtsbehelfe; Protokollmängel

25 Werden die Formvorschriften des § 160 Abs. 1 verletzt oder fehlt ein Protokoll gänzlich, so können diese Mängel mit Rechtsmitteln nur insoweit gerügt werden, als das Urteil auf dem Mangel beruht (§ 549)[22]. Das kann beispielsweise bei Protokollen des ersuchten oder beauftragten Richters der Fall sein.

26 Protokollmängel i. S. von Verstößen gegen die §§ 159 ff. lassen die Folgen der §§ 415, 418 nicht eintreten. Gleichwohl beseitigen sie die Beweiskraft des Protokolls nicht schlechthin. Vielmehr hat das Gericht – vorbehaltlich der Bestimmung des § 165 (→ Rdnr. 24) – frei zu beurteilen, welcher Beweiswert einem mangelhaften Protokoll beizulegen ist (auch → §§ 415, 419). Werden Zweifel an der Vollständigkeit der Niederschrift über eine Zeugenaussage geäußert, so müssen die den Zweifel begründenden Tatsachen als verfahrensrechtliche Umstände vorgetragen und im Wege des Freibeweises festgestellt werden. Die Beweiskraft des Protokolls als einer öffentlichen Urkunde ist zu erschüttern. Dazu reicht die bloße Behauptung, der Zeuge habe sich über die protokollierte Aussage hinaus noch zu einem weiteren Punkt geäußert, nicht aus[23]. Für äußere Mängel, Einschaltungen, Lücken usw. gilt § 419[24]. Vergleichbar liegt es bei einander widersprechenden Feststellungen von Richter und Urkundsbeamten, falls beide verantwortlich beurkunden (oben → Rdnr. 16; → § 163 Rdnr. 4).

27 Offenbare Unrichtigkeiten, wie z.B. Schreibfehler und dgl. beurteilen sich nach § 164 (→ § 164 Rdnr. 1 ff.). Das Sitzungsprotokoll ist nicht unrichtig, wenn es den im Sitzungssaal

---

[20] Dazu *BGH* NJW 1992, 2148, 2149 li. Sp.
[21] *BGHZ* 26, 340 ff., 343.
[22] *BAG* AP § 162 ZPO a. F. Nr. 1 mit Anm. *Pohle*; *RG* JW 1905, 233.
[23] *OLG Karlsruhe* Die Justiz 1988, 363.
[24] Ferner *RGSt* 1, 241, 245; 27, 169 (Unterpunktieren einer unterstrichenen Stelle); *RG* JW 1930, 1069 (mit Anm. *Alsberg*); *BGH* NJW 1985, 1782, 1783; zur Unvollständigkeit des Protokolls wegen eines Defekts des Tonbandgerätes *BVerwG* Buchholz 310 § 105 VwGO Nr. 46.

anwesenden Prozeßbevollmächtigten nicht aufführt, weil dieser erklärt hat, er werde in der mündlichen Verhandlung nicht auftreten[25]. Soweit § 165 nicht entgegensteht, kann der Gegenbeweis sowohl der Fälschung wie der Unrichtigkeit der im Protokoll bezeugten Wahrnehmungen durch Beweismittel jeder Art geführt werden (§§ 415 Abs. 2, 418 Abs. 2).

3. Wirksamkeit von Prozeßhandlungen

Abgesehen vom Prozeßvergleich (→ § 160 Rdnr. 14) haben Verstöße gegen Protokollierungsvorschriften keinen Einfluß auf die Wirksamkeit von Prozeßhandlungen wie Rechtsmittelverzicht, Anerkenntnis und von sonstigen einseitigen Prozeßhandlungen, da diese zu ihrer Wirksamkeit nicht der Protokollierung bedürfen[26] (→ § 162 Rdnr. 11; zum gerichtlichen Vergleich → § 160 Rdnr. 14; → auch § 164 Rdnr. 5; zur Klagerücknahme → § 160 Rdnr. 28; zum Rechtsmittelverzicht → § 160 Rdnr. 29; zum Anerkenntnis [Verzicht] → § 160 Rdnr. 15). Eine Ausnahme besteht auch für das vor dem beauftragten oder ersuchten Richter abgegebene Geständnis (§§ 288, 361, 362, → § 160 Rdnr. 18). Bei unrichtiger Beurkundung kann sich ein Schadensersatzanspruch nach den Grundsätzen der Staatshaftung ergeben[27]. 28

VIII. Arbeitsgerichtliches Verfahren

Nach den §§ 46 Abs. 2, 64 Abs. 6, 72 Abs. 5 ArbGG gelten die §§ 159–165 ZPO für das Verfahren in Arbeitssachen in allen Instanzen (→ § 160 Rdnr. 37). Die Einrichtung von Geschäftsstellen regelt § 7 ArbGG. 29

IX. Protokollschlüssel

Abfassung: → § 159 Rdnr. 12 ff.
Absehen von der Zuziehung eines Urkundsbeamten: → § 159 Rdnr. 17 ff.
Anerkenntnis: → § 160 Rdnr. 13, 15;
– Mängel bei der Protokollierung: → § 159 Rdnr. 28, → § 162 Rdnr. 11.
Anhörung der Beteiligten: → § 164 Rdnr. 6.
Anlage zum Protokoll: → § 160 Rdnr. 35.
Anträge: → § 160 Rdnr. 16.
– auf Parteivernehmung: → § 160 Rdnr. 18.
– der Partei auf Protokollergänzung: → § 160 a Rdnr. 9.
Arbeitsgerichtliches Verfahren: → § 159 Rdnr. 29, → § 160 Rdnr. 37.
Arten des Protokolls: → § 159 Rdnr. 2 ff.
Aufbewahrung vorläufiger Aufzeichnungen: → § 160 a Rdnr. 11 ff., → § 161 Rdnr. 9.
Aufzeichnung auf Tonträger: → »Tonaufzeichnung«.
Aufzeichnung auf Datenträger: → § 160 a Rdnr. 2.
Aufzeichnung in Kurzschrift: → § 160 a Rdnr. 2.

Ausnahmen von der Protokollierungspflicht: → § 161 Rdnr. 1, 6 ff.
Aussagen von Zeugen und Sachverständigen: → § 160 Rdnr. 19 ff., → § 165 Rdnr. 1.
Beauftragter Richter: → § 159 Rdnr. 22 ff., → § 161 Rdnr. 2.
Beisitzer: → § 159 Rdnr. 20, → § 164 Rdnr. 11.
Berichterstattervermerk: → § 160 Rdnr. 19, → § 161 Rdnr. 9.
Berichtigung des gerichtlichen Vergleichs: → »Prozeßvergleich«.
Berichtigung des Protokolls (§ 164): → § 159 Rdnr. 24, → § 164 Rdnr. 1, → § 165 Rdnr. 5, 11.
– Anhörung → § 164 Rdnr. 6.
– Ausnahmen → § 164 Rdnr. 8.
– bei dem gerichtlichen Vergleich: → § 164 Rdnr. 5.
– bei Verhinderung: → § 164 Rdnr. 13.
– Beteiligter: → § 164 Rdnr. 7.

---

[25] LSG Rheinland-Pfalz ZfSH 1976, 366.
[26] *BGHZ* 107, 142, 145 f. (»Anerkenntnis«); *BGH NJW-RR* 1986, 1328 (»Rechtsmittelverzicht«); *NJW* 1984, 1465 (»Rechtsmittelverzicht«); *BVerwG Buchholz* 310 § 92 VwGO Nr. 7 (»Klagerücknahme«); *OVG Nord-rhein-Westfalen* DÖV 1990, 795 (LS) (»Klagerücknahme«); *OLG Karlsruhe* FamRZ 1989, 645 (»Anerkenntnis«); 1984, 401, 402 (»Anerkenntnis«); *OLG Frankfurt a. M.* AnwBl 1988, 118, 119 (»Anerkenntnis«).
[27] RGZ 129, 37.

§ 159 IX   1. Buch: Allgemeine Vorschriften   934

- Form: → § 164 Rdnr. 9, 18.
- Pflicht zur: → § 164 Rdnr. 4.
- prozessuale Voraussetzungen: → § 164 Rdnr. 3 ff.
- Rechtsbehelfe: → § 164 Rdnr. 14 ff.
- Unrichtigkeiten: → § 164 Rdnr. 3.
- Unterschrift: → § 164 Rdnr. 10 ff.

Beschlüsse: → § 160 Rdnr. 33.
Beschwerde im Berichtigungsverfahren: → § 164 Rdnr. 14 ff.
Beteiligte: → »Berichtigung des Protokolls«.
Beweis durch das Protokoll (§ 165): → § 165 Rdnr. 1 ff.
- Beweiskraft: → § 159 Rdnr. 24, → § 160 Rdnr. 1, 7, 36, → § 162 Rdnr. 11, → § 165 Rdnr. 11 ff.
- Beweismittel: → § 165 Rdnr. 11.
- Beweisregel: → § 165 Rdnr. 2, 11.
- Beweis von Förmlichkeiten: → § 165 Rdnr. 2, 6 ff.
- Entkräftung: → § 165 Rdnr. 14 ff.
- Mangel: → § 159 Rdnr. 25 ff., → § 165 Rdnr. 17.
- Wirksamkeit von Prozeßhandlungen: → § 159 Rdnr. 28.
- Beweisanträge: → § 160 Rdnr. 3.

Beweiskraft: → »Beweis durch das Protokoll«.
Beweismittel: → »Beweis durch das Protokoll«.
Beweisregel: → »Beweis durch das Protokoll«.

Diktat: → § 162 Rdnr. 6, 14.

Einwendungen gegen das Protokoll: → § 162 Rdnr. 8 ff.
Einzelrichter: → § 159 Rdnr. 17, → § 160 Rdnr. 23, → § 161 Rdnr. 4.
Entbehrlichkeit der Aufnahme im Protokoll (§ 161): → § 161 Rdnr. 6 ff.
Entscheidung: → § 160 Rdnr. 24 f.
Erklärung
- zu Protokoll der Geschäftsstelle: → § 159 Rdnr. 4.
- zu richterlichem Protokoll: → § 159 Rdnr. 6.

Ersatzprotokoll: → § 159 Rdnr. 13.
Ersuchter Richter
- Anwendbarkeit des § 161: → § 161 Rdnr. 2.
- Rechtsmittel gegen das Protokoll: → § 159 Rdnr. 25.

Fälschung: → § 159 Rdnr. 27, → § 165 Rdnr. 14 ff.
Form
- bei Berichtigung des Protokolls: → § 164 Rdnr. 9, 18.
- der Erklärung zu Protokoll der Geschäftsstelle: → § 159 Rdnr. 7.

Förmlichkeiten: → »Beweis durch das Protokoll«.

Gegenbeweis: → § 159 Rdnr. 27, → § 165 Rdnr. 11.
Genehmigung (§ 162): → § 162 Rdnr. 8.
Gerichtlicher Vergleich: → »Prozeßvergleich«.
Geständnis: → § 160 Rdnr. 18.

Klagerücknahme: → § 160 Rdnr. 28.
Kurzschrift: → § 160 a Rdnr. 2.

Löschung von Tonaufzeichnungen: → § 161 Rdnr. 13.

Mängel
- allgemein: → «Protokollmängel».
- äußere: → § 165 Rdnr. 17.

Nachholen der Unterschrift: → «Unterschrift (§ 163)».
Nachträgliches Anfertigen: → § 159 Rdnr. 13.

Öffentlichkeit: → § 160 Rdnr. 2, → § 165 Rdnr. 2, 8.

Parteivernehmung: → § 160 Rdnr. 18.
Pflicht *zur Berichtigung des Protokolls*: → »Berichtigung des Protokolls (§ 164)«.
Protokoll
- Abhandenkommen: → § 159 Rdnr. 13.
- Arten: → § 159 Rdnr. 2 ff.
- Aufnahme: → § 159 Rdnr. 11.
- über Anschlußpfändung: → § 159 Rdnr. 10, → § 826 Rdnr. 5.
- des beauftragten oder ersuchten Richters: → § 159 Rdnr. 22, → § 161 Rdnr. 2, → § 288 Rdnr. 15, → § 362 Rdnr. 5, → § 389 Rdnr. 1.
- Ersatzstück: → § 159 Rdnr. 13.
- des Gerichtsvollziehers: → § 159 Rdnr. 10, → § 762 Rdnr. 1, → § 763 Rdnr. 2, → § 825 Rdnr. 10.
- Inhalt: → § 160 Rdnr. 1.
- im Mahnverfahren: → § 702 Rdnr. 1.
- des Richters: → § 159 Rdnr. 6.
- im schiedsgerichtlichen Verfahren: → § 1034 Rdnr. 33.
- Zustellung: → § 160 a Rdnr. 16.
- Protokollberichtigung: → «Berichtigung des Protokolls (§ 164)».

Protokollergänzung: → § 160 Rdnr. 34.
Protokollführer
- Absehen von Zuziehung: → § 159 Rdnr. 17 ff.

Protokollführungspflicht des Vorsitzenden: → § 159 Rdnr. 18.
Protokollierung: → § 161 Rdnr. 1.
- Antrag: → § 160 Rdnr. 30 ff.
- Antragsberechtigte: → § 160 Rdnr. 30.

Protokollierungspflicht: → § 160 Rdnr. 8.
- Ausnahmen: → § 160 Rdnr. 22.

Protokollmängel: → § 159 Rdnr. 25 ff., → § 160 Rdnr. 14, 15, 28, 29, → § 162 Rdnr. 11, → § 165 Rdnr. 17.
- Mängel beim Vorlesen oder Genehmigen: → § 162 Rdnr. 11, 15.

Prozeßvergleich: → § 159 Rdnr. 28, → § 160 Rdnr. 14, 15, → § 794 Rdnr. 3 ff.
- Berichtigung: → § 164 Rdnr. 5.
- Vollstreckungstitel: → § 160 Rdnr. 14.
- Protokollmängel: → § 159 Rdnr. 28, → § 162 Rdnr. 11, 15.

Rechtsbehelfe: → § 159 Rdnr. 25.
Rechtsbehelfe im Berichtigungsverfahren: → § 164 Rdnr. 14 ff.
Rechtsmittelverzicht: → § 159 Rdnr. 28, → § 160 Rdnr. 29.
Richter: → »Beisitzer«, → »Einzelrichter«, → »Erklärung«, → »Protokoll«, → »Unterzeichnung«, → »Verhinderung«.
- beauftragter Richter: → «Protokoll».
- ersuchter Richter: → «Protokoll».
- Richterbank: → § 165 Rdnr. 8.
- Richterwechsel: → § 161 Rdnr. 2 a. E.

Sachanträge: → § 160 Rdnr. 16, → § 165 Rdnr. 8, 10.
Sachverständige: → § 164 Rdnr. 7.
Sitzungsprotokoll: → § 159 Rdnr. 2, → § 165 Rdnr. 1 ff.
- Abfassung: → § 159 Rdnr. 12.
- Nachträgliches Anfertigen: → § 159 Rdnr. 13.
- Notwendigkeit: → § 159 Rdnr. 11.

Streitgehilfe: → § 164 Rdnr. 7.
Streitverkündungsempfänger: → § 164 Rdnr. 7.

Telefonische Mitteilungen: → § 159 Rdnr. 8.
Tonaufzeichnung: → § 160 a Rdnr. 2, 3.
- Aufbewahrung: → § 160 a Rdnr. 11 ff.
- Aufzeichnung: → § 160 a Rdnr. 3.
- Löschen: → § 160 a Rdnr. 14 ff.
- Lückenhaftigkeit: → § 160 a Rdnr. 5, 8.
- Pflicht zum Abspielen: → § 162 Rdnr. 6, 12, 14.
- Recht auf Abhören: → § 160 a Rdnr. 18 ff.
- Überspielen auf andere Tonträger: → § 160 a Rdnr. 20.

Unmittelbare Aufzeichnung: → § 160 a Rdnr. 3, → § 162 Rdnr. 12.
Unrichtigkeiten: → »Berichtigung des Protokolls (§ 164)«.
Unterschrift (§ 163)
- Befugnis: → § 163 Rdnr. 2 ff.
- des Beisitzers: → § 163 Rdnr. 10, → § 164 Rdnr. 11.
- bei Berichtigung des Protokolls: → § 164 Rdnr. 10 ff.

- Nachholen: → § 163 Rdnr. 2.
- des Protokolls: → § 162 Rdnr. 9, → § 163 Rdnr. 1.
- des Richters: → § 163 Rdnr. 2.
- des Urkundsbeamten: → § 163 Rdnr. 4.
- bei Verhinderung: → § 163 Rdnr. 10.
- des Vorsitzenden: → § 159 Rdnr. 18, → § 163 Rdnr. 10.

Unterzeichnung: → »Unterschrift«.
Urkundsbeamter: → § 159 Rdnr. 16.
- Absehen von Zuziehung: → § 159 Rdnr. 17 ff.

Urteil: → § 160 Rdnr. 24.
Urteilstatbestand: → § 165 Rdnr. 3, 4, 13.

Verhandlungen außerhalb der Sitzung: → § 159 Rdnr. 22 ff.
Verhandlungsprotokoll: → »Protokoll«.
Verhinderung *des Richters*
- bei Berichtigung des Protokolls: → § 164 Rdnr. 13.
- bei Unterzeichnung des Protokolls: → § 163 Rdnr. 10 ff.
- Grund der Verhinderung: → § 163 Rdnr. 13.

Verhinderung *des Urkundsbeamten*
- bei Berichtigung des Protokolls: → § 164 Rdnr. 13.
- bei Unterzeichnung des Protokolls: → § 163 Rdnr. 12.

Verlesen des Protokolls: → § 162 Rdnr. 2 ff.
- Entbehrlichkeit: → § 162 Rdnr. 4, 14.
- Mängel: → § 159 Rdnr. 25 ff., 28, → § 162 Rdnr. 11, 14.
- Verzicht der Beteiligten: → § 162 Rdnr. 14.

Verwendung von Kurzschrift: → »Kurzschrift«.
Verzicht: → § 160 Rdnr. 15, 29.
Vorläufige Aufzeichnung (§ 160a)
- Abkürzungen: → § 160 a Rdnr. 2.
- Aufbewahrung: → § 160 a Rdnr. 11 ff.
- Ausnahme von der Anhörung: → § 164 Rdnr. 8.
- Datenträger: → § 160 a Rdnr. 2.
- Ergänzung: → § 160 a Rdnr. 9 f.
- Genehmigung: → § 162 Rdnr. 8.
- Kurzschrift: → § 160 a Rdnr. 2.
- Mittel: → § 160 a Rdnr. 2 f.
- Protokoll: → § 159 Rdnr. 12, → § 160 a Rdnr. 1.
- Tonaufnahme: → § 160 a Rdnr. 3.
- Verantwortlichkeit für den Inhalt: → § 163 Rdnr. 5, 6.

Vorlegen zur Durchsicht: → § 162 Rdnr. 3.
- Entbehrlichkeit: → § 162 Rdnr. 4.
- Mangel: → § 159 Rdnr. 25, → § 162 Rdnr. 11.

Wirksamkeit von Prozeßhandlungen: → § 159 Rdnr. 28.

Zeugen: → § 164 Rdnr. 7.
Zurücknahme von Rechtsmitteln: → § 160 Rdnr. 28.

§ 160 [Inhalt des Protokolls]

(1) Das Protokoll enthält
1. den Ort und den Tag der Verhandlung;
2. die Namen der Richter, des Urkundsbeamten der Geschäftsstelle und des etwa zugezogenen Dolmetschers;
3. die Bezeichnung des Rechtsstreits;
4. die Namen der erschienenen Parteien, Nebenintervenienten, Vertreter, Bevollmächtigten, Beistände, Zeugen und Sachverständigen;
5. die Angabe, daß öffentlich verhandelt oder die Öffentlichkeit ausgeschlossen worden ist.

(2) Die wesentlichen Vorgänge der Verhandlung sind aufzunehmen.

(3) Im Protokoll sind festzustellen
1. Anerkenntnis, Anspruchsverzicht und Vergleich;
2. die Anträge;
3. Geständnis und Erklärung über einen Antrag auf Parteivernehmung sowie sonstige Erklärungen, wenn ihre Feststellung vorgeschrieben ist;
4. die Aussagen der Zeugen, Sachverständigen und vernommenen Parteien; bei einer wiederholten Vernehmung braucht die Aussage nur insoweit in das Protokoll aufgenommen zu werden, als sie von der früheren abweicht;
5. das Ergebnis eines Augenscheins;
6. die Entscheidungen (Urteile, Beschlüsse und Verfügungen) des Gerichts;
7. die Verkündung der Entscheidungen;
8. die Zurücknahme der Klage oder eines Rechtsmittels;
9. der Verzicht auf Rechtsmittel.

(4) Die Beteiligten können beantragen, daß bestimmte Vorgänge oder Äußerungen in das Protokoll aufgenommen werden. Das Gericht kann von der Aufnahme absehen, wenn es auf die Feststellung des Vorgangs oder der Äußerung nicht ankommt. Dieser Beschluß ist unanfechtbar; er ist in das Protokoll aufzunehmen.

(5) Der Aufnahme in das Protokoll steht die Aufnahme in eine Schrift gleich, die dem Protokoll als Anlage beigefügt und in ihm als solche bezeichnet ist.

Gesetzesgeschichte: § 160 neu gefaßt durch Gesetz vom 20.12.1974, BGBl. I 3651 (→ Einl. Rdnr. 154). § 160 Abs. 1 n.F., vormals § 159 Abs. 2 a.F., war früher § 145 CPO, geändert RGBl. 1927 I 175 (→ Einl. Rdnr. 125). § 160 Abs. 2, 3 n.F., vorher § 160 a.F., war früher § 146 CPO, geändert RGBl. 1933 I 780 (→ Einl. Rdnr. 133). § 160 Abs. 3 a.F. ist jetzt neuer Abs. 5. Jetziger Abs. 4 neu eingefügt durch Gesetz vom 20.12.1974, BGBl. I 3651 (→ Einl. Rdnr. 154).

Stichwortverzeichnis → *Protokollschlüssel* in § 159 Rdnr. 30 ff.

I. Normzweck; Allgemeines 1	IV. Die einzelnen Vorgänge (Abs. 3)
II. Formvorschriften (Abs. 1) 2	1. Bedeutung 10
III. Wesentliche Vorgänge (Abs. 2)	2. Zu Nr. 1 13
1. Begriff 3	3. Zu Nr. 2 16
2. Protokollierungspflicht 8	4. Zu Nr. 3 18
	5. Zu Nr. 4 19
	6. Zu Nr. 5 23

7. Zu Nr. 6	24	2. Vorgänge oder Äußerungen	31
8. Zu Nr. 7	26	3. Entscheidung über den Antrag	33
9. Zu Nr. 8	28	VI. Anlage zum Protokoll (Abs. 5)	35
10. Zu Nr. 9	29	VII. Verhältnis von § 160 zum Tatbestand	36
V. Protokollierungsantrag nach Abs. 4			
1. Antragsberechtigte; Form und Frist der Antragstellung	30	VIII. Verfahren in Arbeitssachen	37

I. Normzweck; Allgemeines

§ 160 legt den Inhalt des Protokolls (→ § 159 Rdnr. 1 ff.) näher fest. Abs. 1 bestimmt, welche Begleitumstände in das Protokoll aufzunehmen sind. Abs. 2 meint mit der Aufnahme der wesentlichen Vorgänge den Hergang (und nicht den Inhalt) der Verhandlung. Für den Inhalt liefert, soweit das Protokoll schweigt, nach § 314 der Tatbestand des Urteils den Beweis (→ Rdnr. 7)[1]. Abs. 3 betrifft die Feststellungen im einzelnen (zur Bedeutung → § 159 Rdnr. 24 ff.; 28). Abs. 4 regelt den Antrag auf Protokollierung, und Abs. 5 betrifft die Fälle der Protokollanlage. 1

II. Formvorschriften (Abs. 1)

Abs. 1 Nr. 1–5 enthält die wichtigsten Formalien der Verhandlung. Bei ihrer Einhaltung ist besonders sorgfältig zu verfahren. Im Protokoll ist nach *Nr. 1* im Falle der Verlegung der Sitzung in einen anderen als den in der Ladung angegebenen Raum festzuhalten, daß ein entsprechender Anschlag am ursprünglich vorgesehenen Sitzungsraum angebracht war. Eine Rolle hat das vor allem im Versteigerungsverfahren gespielt (→ § 159 Rdnr. 2)[2]. Das Protokoll muß nach *Nr. 2* zusätzlich zu den mit Namen anzuführenden Richtern auch die Namen der etwa nach § 192 Abs. 2 GVG zugezogenen Ergänzungsrichter enthalten. Die Unterschrift des Einzelrichters ersetzt seine Benennung im Text (→ § 165 Rdnr. 8)[3]. Nach *Nr. 3* ist der Rechtsstreit zu kennzeichnen (Aktenzeichen) und nach *Nr. 4* sind die Namen der Beteiligten anzugeben. Soweit in bestimmten Ehesachen (§§ 634, 638) der Staatsanwalt mitwirken kann, ist sein Name auch dann anzugeben, wenn er nicht als Partei auftritt. Bei der Angabe des Vertreters muß nicht nur die gesetzliche Vertretung geklärt werden, sondern jede Art einer Vertretung, wie z. B. in § 141 Abs. 3 S. 2[4]. Wenn das Protokoll einen Vollstreckungstitel darstellt, sind wegen § 313 Abs. 1 Nr. 1 die Parteien an sich mit voller Anschrift zu bezeichnen. Es ist aber wohl mit einer verbreiteten Praxis auch ein kurzes Rubrum und die Entnahme der übrigen Angaben aus der Klageschrift zulässig, wenn eine vollstreckbare Ausfertigung hergestellt werden muß[5]. Bei Zeugen und Sachverständigen ist die Angabe des Zeitpunktes der Entlassung nicht notwendig, weil sich die Uhrzeit regelmäßig aus dem von dem Richter unterzeichneten Gebührenanweisungsformular entnehmen läßt. Geladene Zeugen sind immer aufzuführen, auch soweit sie nicht vernommen wurden. Zu den Angaben nach *Nr. 5* finden sich Einzelheiten in → Rdnr. 114–131 vor § 128. Normen über die Öffentlichkeit betreffen die §§ 169 ff. GVG. Nicht ausreichend ist ein Vermerk, wonach keine an der Verhandlung unbeteiligte Person anwesend sei[6]. Der Vermerk »Öffentliche Sitzung« beweist, daß öffentlich verhandelt worden ist[7]. 2

---

[1] *BGH* NJW 1991, 2084, 2085.
[2] *LG Oldenburg* Rpfleger 1990, 470, 471.
[3] Vgl. *RGZ* 50, 15, 16 ff.
[4] *Baumbach/Lauterbach/Hartmann*[51] Rdnr. 4.
[5] *Baumbach/Lauterbach/Hartmann*[51] Rdnr. 4; strenger *Zöller/Stöber*[18] Rdnr. 2.
[6] *Baumbach/Lauterbach/Hartmann*[51] Rdnr. 5.
[7] *OLG Köln* NJW-RR 1986, 560.

III. Wesentliche Vorgänge (Abs. 2)

1. Begriff

3   Mit den wesentlichen Vorgängen ist der äußere Hergang der Verhandlung gemeint (→ Rdnr. 1)[8] Dazu zählen z.B. die Eröffnung der Verhandlung, die Verlesung der Sachanträge oder die Bezugnahme darauf (§ 297 Abs. 2)(→ Rdnr. 16), die Verlesung von Prozeßanträgen (→ auch Rdnr. 16), der allgemeine Gegenstand der Parteivorträge, die Eidesleistungen sowie der Schluß und die Wiedereröffnung der Verhandlung. Unter § 160 Abs. 3 Nr. 2 fallen die gestellten Beweisanträge[9]. Wenn ein Beweisantrag nicht protokolliert worden ist, begründet das Protokoll gem. § 415 Abs. 1 den vollen Beweis dafür, daß er nicht gestellt wurde. Zulässig ist aber nach § 415 Abs. 2 der Gegenbeweis, daß das Protokoll insoweit unvollständig ist. Ferner gehören dazu die Verhandlung der Parteien über das Ergebnis der Beweisaufnahme (§ 285 Abs. 1) und die erneute Erörterung des Sach- und Streitstandes (§ 278 Abs. 2 S. 2)[10]. Die wesentlichen Vorgänge der Verhandlung i.S. von § 160 Abs. 2 gehören zu den für die mündliche Verhandlung vorgeschriebenen Förmlichkeiten, die nach § 165 nur durch das Protokoll bewiesen werden können, soweit sie zur Nachprüfbarkeit des Verfahrenshergangs von dem Rechtsmittelgericht benötigt werden[11]. Anzugeben ist auch, daß die Parteien streitig verhandeln[12].

4   Aus Abs. 1, 3 und 4 geht hervor, was sonst noch als wesentlich i.S. von Abs. 2 anzusehen ist. Im übrigen bestimmt darüber der Zweck des Protokolls[13]. Das Protokoll muß alles enthalten, was zur Kennzeichnung der Sache gegenüber einem anderen Prozeß, zur Nachprüfbarkeit des Verfahrenshergangs sowie zur Klärung aller wesentlichen Anträge, sonstigen Erklärungen und Vorgängen von einem Beteiligten und insbesondere von der höheren Instanz benötigt wird[14].

5   Wenn es um die Gewährung des rechtlichen Gehörs geht (Art. 103 Abs. 1 GG), sind auch Vermerke über Hinweise nach §§ 139, 278 Abs. 3 ZPO angebracht, jedenfalls immer empfehlenswert (→ § 278 Rdnr. 53). Floskelhafte Wendungen, wie z.B. »Das Sach- und Streitverhältnis wurde mit den Beteiligten erörtert«, sind für sich allein wegen ihrer Unschärfe nicht zu der Entscheidung geeignet, ob das Gericht den Grundsatz des rechtlichen Gehörs beachtet oder verletzt hat. Das gilt insbesondere dann, wenn diese Wendungen im Protokoll schon vorgedruckt sind[15]. Die Präzisierung (Einschränkung) des Beweisthemas gehört nicht zu den Förmlichkeiten, sondern zum Inhalt der Verhandlung[16]. Erörterungen über Zuständigkeitsfragen müssen gleichfalls nicht protokolliert werden[17]. Das gleiche gilt auch für die Uhrzeit des Aufrufes[18].

6   Die Tatsache der Erörterung der Streit- und Rechtslage sollte im Protokoll angegeben werden, soweit sie gebührenrechtlich von Bedeutung sein kann (→ zur Frage des rechtlichen Gehörs Rdnr. 5)[19]. Nach richtiger Auffassung kann die Erörterungsgebühr aber auch dann erwachsen, wenn sich aus dem Protokoll nicht ausdrücklich ergibt, daß die Sache erörtert worden ist[20]. Bei fehlender Protokollangabe ist jedenfalls für den Rechtsanwalt der Nachweis schwierig, ob eine Erörterung tatsächlich stattgefunden hat. Die Erörterungsgebühr (§ 31 Abs. 1 Nr. 4 BRAGO) erhält er nur, wenn dies feststeht. Für den Rechtsanwalt ist diese

---

[8] Dazu *BGH* NJW 1991, 2084, 2085; 1990, 121, 122; *BSG* NJW 1969, 1503.
[9] *BSG* Breithaupt 1988, 872.
[10] *BGH* NJW 1990, 121, 122.
[11] *BGH* NJW 1990, 121, 122.
[12] *Herpers* DRiZ 1974, 225, 226.
[13] Dazu *OLG Frankfurt a.M.* MDR 1989, 550.
[14] *Baumbach/Lauterbach/Hartmann*[51] Rdnr. 1.
[15] *BSG* NJW 1991, 1909 (Nr. 34).
[16] *BGH* NJW 1991, 2084, 2085.
[17] *OLG Koblenz* JurBüro 1979, 1661.
[18] *OLG Köln* NJW-RR 1992, 1022.
[19] *MünchKommZPO/Peters* (1992) Rdnr. 2; *Zöller/Stöber*[18] Rdnr. 3.
[20] *OLG Düsseldorf* MDR 1989, 751; *OLG Hamburg* JurBüro 1985, 411, 412.

Gebühr von Bedeutung, weil die Verhandlungsgebühr nach § 31 Abs. 1 Nr. 2 BRAGO erst mit dem Stellen der Anträge entsteht (→ § 137 Rdnr. 5). Nach dem Wortlaut des § 137 Abs. 1 beginnt erst von diesem Zeitpunkt an die mündliche Verhandlung. Die h. L. läßt die Verhandlungsgebühr erst dann entstehen[21]. Vorgeschrieben ist ein solcher Protokollvermerk freilich nicht[22].

Der Inhalt der abgegebenen Erklärungen gehört nicht zu dem äußeren Hergang (→ Rdnr. 1)[23]. Diesen beurkundet nach § 314 S. 1 der Tatbestand des Urteils. Die Beweiskraft des Tatbestands wird aber wiederum gem. §§ 314 S. 2, 313 Abs. 2 S. 2 durch das Sitzungsprotokoll entkräftet. Die Fälle, in denen auch der Inhalt von Erklärungen in das Protokoll aufzunehmen ist, sind im einzelnen besonders geregelt (§ 160 Abs. 3, § 297 Abs. 1 S. 3, § 510a).

7

2. Protokollierungspflicht

Die wesentlichen Vorgänge i. S. von Abs. 2 (→ Rdnr. 3) sind von Amts wegen stets in das Protokoll aufzunehmen. Die Verantwortung dafür trägt letztlich der zugezogene Urkundsbeamte (→ § 159 Rdnr. 16). Das schließt aber ein Diktat des Vorsitzenden bis in alle Einzelheiten hinein nicht aus. In allen Fällen steht der unmittelbaren Aufnahme in das Protokoll die Aufnahme in eine Schrift gleich, die dem Protokoll als Anlage beigefügt und auf die in dem Protokoll entsprechend verwiesen ist. Eine Protokollierungspflicht besteht unabhängig davon, ob die voraussichtliche Entscheidung anfechtbar ist oder nicht.

8

Das Gericht ist nicht darauf beschränkt, lediglich die wesentlichen Vorgänge i. S. des Abs. 2 in das Protokoll aufzunehmen. Vielfach empfiehlt es sich aber, mehr in das Protokoll aufzunehmen als vorgeschrieben ist. Das gilt vor allem für Vorgänge in der Verhandlung, die eine mögliche Ablehnung wegen Befangenheit rechtfertigen können. Nicht notwendig ist aber die Aufnahme dessen, was nur theoretisch möglicherweise von Bedeutung werden könnte[24]. – Zur Beweiskraft und zu Protokollmängeln (→ § 159 Rdnr. 24 ff.).

9

IV. Die einzelnen Vorgänge (Abs. 3)

1. Bedeutung

Abs. 3 enthält einen Katalog der vom Gesetz als wesentlich angesehenen Vorgänge. Wie Abs. 2 zeigt, ist die Aufzählung nicht abschließend. Anders als Abs. 2 regelt Abs. 3 aber in erster Linie den aufzunehmenden Inhalt von Erklärungen (→ Rdnr. 7 a. E.), insbesondere Abs. 3 Nr. 4. Die unter Abs. 3 Nr. 1–9 angeführten Punkte sind von Amts wegen im Protokoll festzustellen (zu den Anlagen → Rdnr. 35).

10

Auch rechtsgeschäftliche Erklärungen der Parteien sind lediglich nach Maßgabe der ZPO zu beurkunden. Auf die außerhalb des Prozesses dafür geltenden Regeln kommt es nicht an. Die Wirksamkeit materiellrechtlicher Erklärungen richtet sich nach materiellem Recht. Dieses bestimmt auch darüber, ob solche Erklärungen den Formvorschriften entsprechen (→ Rdnr. 253–257 vor § 128).

11

Nach § 162 Abs. 1 müssen die Feststellungen zu § 160 Abs. 3 Nr. 1, 3, 4, 5, 8 und 9 sowie zu

12

---

[21] *Swolana/Hansens* BRAGO[7] (1991) § 31 Rdnr. 12; *Riedel/Sußbauer* BRAGO[6] (1988) § 31 Rdnr. 47; *Hartmann* Kostengesetze[25] (1993) § 31 BRAGO Rdnr. 3; amtliche Begründung zu § 31 Abs. 1 Nr. 4 BRAGO, BT-Drucks. 7/3243 S. 8.

[22] *OLG Düsseldorf* MDR 1989, 751 (LS)(Prüfung unabhängig von der Protokollierung).
[23] *BGH* NJW 1991, 2084, 2085.
[24] *Baumbach/Lauterbach/Hartmann*[51] Rdnr. 6.

Protokoll erklärte Anträge verlesen und genehmigt werden (→ § 159 Rdnr. 12). Das schließt aber vorläufige Aufzeichnungen nicht aus (§ 162 Abs. 1 S. 2).

2. Zu Nr. 1

13 Unter Nr. 1 fallen Anerkenntnis (§ 307), Verzicht (§ 306) und Prozeßvergleich (§ 794 Abs. 1 Nr. 1). Der gerichtlich protokollierte Vergleich ersetzt nach § 127a BGB die notarielle Beurkundung. Nach § 925 Abs. 1 S. 3 BGB kann auch eine Auflassung in einem gerichtlichen Vergleich erklärt werden. Die Anerkennung der Vaterschaft im Statusprozeß zu Protokoll nach § 641c erfordert in analoger Anwendung von § 160 Abs. 3 Nr. 1 und Nr. 3 Vorlesung und Genehmigung nach § 162[25].

14 Ein *gerichtlicher Vergleich* ist nur dann wirksam und bildet nur dann einen förmlichen Vollstreckungstitel, wenn er den Formerfordernissen des § 162 Abs. 1 genügt (→ § 159 Rdnr. 28)[26]. Ein unwirksamer Vergleich kann auch nicht Grundlage einer Kostenfestsetzung sein[27]. Die Parteien können auf die genannten Erfordernisse nicht verzichten. Daher ist ein vorläufig auf Tonband aufgezeichneter Prozeßvergleich unwirksam und bildet keinen Vollstreckungstitel, wenn die Parteien auf das nochmalige Abspielen verzichtet haben[28]. Unwirksam ist auch ein Prozeßvergleich, der den Parteien ausweislich des Protokollinhalts weder vorgelesen noch zur Durchsicht vorgelegt wurde (§ 162 Abs. 1), sondern lediglich »laut diktiert und genehmigt« worden ist[29]. Jedoch liegt ein wirksamer Prozeßvergleich vor, wenn der Richter zwischenzeitlich an ein anderes Gericht versetzt worden ist. Er kann die unter einem Prozeßvergleich versäumte Unterschrift nachholen[30]. Nicht ausreichend ist es auch, wenn das Gericht den Parteien durch Beschluß einen Vergleichsvorschlag macht, die Parteien diesen schriftsätzlich annehmen und der Urkundsbeamte auf die Beschlußausfertigung den Vermerk setzt: »Dieser Vergleichsvorschlag wurde durch schriftliche Erklärungen der Parteien vom ... angenommen«[31]. Besonderheiten gelten, wenn die Parteien dem Gericht einen schriftlich abgefaßten außergerichtlichen Vergleich als Anlage übergeben. In diesem Fall muß im Protokoll die Übergabe, der Verzicht auf die Verlesung und die Erklärung aufgenommen werden, daß sich die Parteien nach Maßgabe des Vergleichs verpflichten. Insoweit muß das Protokoll vorgelesen werden. Die bloße Anheftung an das Protokoll ohne Verlesen dieser Vorgänge genügt dagegen nicht[32]. Einem nicht ordnungsgemäß protokollierten Vergleich kann gleichwohl materiellrechtliche Wirkung zukommen[33]. Wird in einem Prozeßvergleich auf Schriftstücke Bezug genommen, so liegt nur dann ein wirksamer Vollstreckungstitel vor, wenn die Schriftsätze dem Protokoll nach § 160 Abs. 5 als Anlage beigefügt sind[34]. Das gilt auch dann, wenn es sich um die Bezugnahme auf eine notarielle Urkunde handelt. »Feststellen« des Vergleichs bedeutet die wörtliche Wiedergabe des gesamten Vergleichsinhalts[35].

15 Der Verstoß gegen § 162 Abs. 1 kann auch nicht dadurch ausgeglichen werden, daß über den Abschluß des Vergleichs Beweis erhoben wird: Für den Prozeßvergleich ist die ordnungsgemäße Protokollierung Wirksamkeitsvoraussetzung. Anders liegt es bei den einseitigen Prozeßhandlungen wie Anerkenntnis und Verzicht. Sie sind auch ohne Protokollierung wirksam. Ggf. muß ihre Abgabe auf andere Weise nachgewiesen werden (→ § 159 Rdnr. 28; → § 162 Rdnr. 11).

---

[25] *OLG Hamm* FamRZ 1988, 101.
[26] *BGHZ* 16, 388, 390; *BGH* NJW 1984, 1465, 1466; → § 794 Rdnr. 27.
[27] *LG Berlin* VersR 1988, 302 (LS).
[28] *LG Braunschweig* MDR 1975, 322.
[29] *KG* Rpfleger 1973, 325 m. abl. Bespr. *Vollkommer* Rpfleger 1973, 269 (noch zum alten Recht).
[30] A. A. *OLG Stuttgart* OLGZ 1976, 241, 243 m. abl. Anm. *Vollkommer* Rpfleger 1976, 257 ff.
[31] *Zöller/Stöber*[18] Rdnr. 5.
[32] *Zöller/Stöber*[18] Rdnr. 5.
[33] *BGH* NJW 1985, 1962.
[34] *OLG Zweibrücken* NJW-RR 1992, 1408.
[35] *BayObLG* Wohnungseigentümer 1989, 183 (LS).

Ein schriftsätzlich angekündigtes prozessuales Anerkenntnis kann ohne ausdrückliche Protokollierung dadurch wirksam werden, daß in der mündlichen Verhandlung auf die Schriftsätze pauschal Bezug genommen wurde. Die erforderliche Bezugnahme kann sich für die Berufungsinstanz aus dem Tatbestand (§ 314) des erstinstanzlichen Urteils ergeben[36].

3. Zu Nr. 2

Mit den Anträgen der Nr. 2 sind nach h.L.[37] Sachanträge, nicht dagegen Prozeßanträge gemeint. Deshalb fallen unter Nr. 2 nicht der Antrag auf Klageabweisung, Rechtsmittelzurückweisung, Kostenentscheidung nach § 269 Abs. 3 S. 2, § 515 Abs. 3, Vertagungsanträge usw. Doch ist wegen der Prozeßanträge eine Protokollierung nach Abs. 2 zu prüfen (→ Rdnr. 3 ff.). Nicht zu protokollieren sind auch Erklärungen der Parteien zur Zuständigkeit des Gerichts und darauf bezogene Anträge[38]. 16

Bei Sachanträgen muß im Protokoll vermerkt werden, in welchen Formen (§ 297) sie gestellt worden sind[39]. Sachanträge können nach § 297 Abs. 1 S. 3 auch zu Protokoll erklärt werden. Sie sind nach § 162 Abs. 1 vorzulesen oder zur Durchsicht vorzulegen. Bei vorläufiger Aufzeichnung (§ 160 a) reicht es aus, wenn nach § 162 Abs. 1 S. 2 vorgelesen oder abgespielt wird. Vorlesen, Vorlage oder Abspielen sind nach § 162 Abs. 1 S. 3 ebenso wie die Genehmigung oder erhobene Einwendungen zu vermerken. Wenn für die Antragstellung auf ein Schriftstück Bezug genommen wird, so ist es für die Protokollierung ausreichend, daß das Schriftstück als Anlage zu dem Protokoll genommen und darin auf die Anlage verwiesen wird (§ 160 Abs. 5). Für den Inhalt des Klageantrags geht das Sitzungsprotokoll dem Urteilstatbestand vor (§ 314)[40]. Der Protokollinhalt erbringt Beweis dafür, daß die Anträge so und nicht anders gestellt worden sind[41]. 17

4. Zu Nr. 3

Von Amts wegen sind das Geständnis (§ 288) und die Erklärung über einen Antrag auf Parteivernehmung (§§ 446, 447) in das Protokoll aufzunehmen. Wenn das Geständnis vor dem beauftragten oder ersuchten Richter (§§ 361, 362, 375) abgegeben wird, so ist die Feststellung im Protokoll nach § 288 Abs. 1 Wirksamkeitsvoraussetzung. Vor dem Prozeßgericht gilt das aber nicht (→ § 159 Rdnr. 28)[42]. Sonstige Erklärungen sind nur dann aufzunehmen, wenn ihre Feststellung, wie z.B. bei einer Zeugnisverweigerung nach § 389 Abs. 1, vorgeschrieben ist. Gemeint ist vor allem die von dem Vorsitzenden vorzunehmende Prüfung, ob Erklärungen entscheidungserheblich sind[43]. Im amtsgerichtlichen Prozeß gilt für sonstige Erklärungen einer Partei § 510a. Für die Aufnahme in das Protokoll sind die Wertungen des § 160 Abs. 2 zu beachten[44]. Wird das Geständnis nicht zu Protokoll genommen, so greift in der Regel § 314 S. 1 ein. Der Tatbestand nimmt den Inhalt der vorbereitenden Schriftsätze in Bezug und macht damit deren Inhalt einschließlich des Geständnisses zu einem Teil des Tatbestands[45]. 18

---

[36] *OLG Hamm* WRP 1992, 252, 253 unter Bezugnahme auf *BGH* NJW 1984, 1465.
[37] *BVerwG* NJW 1988, 1228 (Parteiwechsel); *OLG Düsseldorf* NJW 1991, 1492, 1493 (Rüge der internationalen Zuständigkeit); MDR 1990, 561 (Vertagungsantrag); *OLG Koblenz* JurBüro 1974, 1269, 1270; *OLG München* NJW 1964, 361, 362 (Vertagungsantrag); a.A. *MünchKommZPO/Peters* (1992) Rdnr. 4.
[38] *OLG Hamm* AnwBl 1974, 276.
[39] *MünchKommZPO/Peters* (1992) Rdnr. 5.
[40] Dazu *BGH* NJW 1992, 311, 312; *BVerwG* NJW 1988, 1228; *BAG* NJW 1971, 1332; *OLG Stuttgart* WRP 1974, 172.
[41] *BAG* NJW 1991, 1630, 1631 (dort aber Vertagungsantrag).
[42] *OLG Hamm* WM 1990, 1105; *OLG Braunschweig* MDR 1976, 673.
[43] Insoweit auch *Zöller/Stöber*[18] Rdnr. 7.
[44] *MünchKommZPO/Peters* (1992) Rdnr. 7.
[45] *E. Schneider* MDR 1991, 297, 299 re. Sp.

5. Zu Nr. 4

19 In das Protokoll aufzunehmen sind die Aussagen der Zeugen und Sachverständigen sowie der vernommenen Partei (§§ 445 ff.)[46]. Das gleiche gilt im Falle des § 613, wenn die Aussage Beweiszwecken dient[47]. Die Aussagen sind ausführlich oder im Auszug in direkter oder indirekter Rede im Protokoll niederzuschreiben[48]. Wenn das Gericht ein Sachverständigengutachten nur mündlich erstatten läßt, so müssen die Darlegungen des Sachverständigen vollständig in das Protokoll aufgenommen werden. Andernfalls ist dem Berufungsgericht eine Überprüfung nicht möglich[49]. Eine an sich erforderliche Protokollierung von Zeugen- und Sachverständigenaussagen kann durch eine von der Beweiswürdigung getrennte Darstellung im Urteil oder durch einen Berichterstattervermerk über das Ergebnis der Beweisaufnahme, auf den im Urteil Bezug genommen wird, ersetzt werden[50]. Eine wörtliche Wiedergabe der Aussagen empfiehlt sich insbesondere bei einer Beeidigung (§§ 391, 410, 452). Wird eine Aussage im weiteren Verlauf des Verfahrens berichtigt, so sollten gleichfalls die ursprüngliche und die berichtigte Fassung in wörtlicher Rede wiedergegeben werden. Ansonsten ist die Beweiswürdigung nach § 286 erschwert. Für mündlich erteilte amtliche Auskünfte wird Nr. 4 entsprechend angewendet[51]. Vorzugswürdig ist es, wenigstens die wichtigsten Inhalte der Aussage in wörtlicher Rede wiederzugeben. Freilich ist stets zu bedenken, daß auch die wörtliche Wiedergabe durch den Vorsitzenden diktiert und damit inhaltlich eingefärbt oder gar verfälscht werden kann[52]. Wegen § 160 Abs. 4 S. 3 kann die Partei eine wörtliche Wiedergabe der Aussage nicht erzwingen. Die genannten Gefahren vermeidet der Einsatz eines Tonaufnahmegeräts (§ 160 a). Eine vorläufig auf Tonträger aufgenommene Aussage einer Partei oder eines Zeugen, die zu einem wesentlichen Teil unverständlich ist, kann allerdings nicht Grundlage für eine Überprüfung des darauf beruhenden Urteils im Rechtsmittelverfahren sein[53]. Nr. 4 kommt auch zur Anwendung bei summarischen Verfahren wie dem Arrest und der einstweiligen Verfügung und ferner sonst, wo es sich nur um Glaubhaftmachung handelt (§ 294)[54]. Die Beurkundung sichert die Aussage für etwaige Rechtsmittel und mögliche Wiederaufnahmeverfahren und wird der zunehmenden Bedeutung der summarischen Verfahren gerecht. Nr. 4 ist auch auf »Aussagen« durch Körpersprache anzuwenden, wie z. B. das unwillkürliche Kopfnicken eines Zeugen bei der Aussage des nächsten Zeugen[55]. Nr. 4 gilt auch im Berufungsverfahren. Eine (erste) Sachverständigenaussage muß daher entweder protokolliert, in einem Berichterstattervermerk niedergelegt oder im Urteil deutlich getrennt von der Beweiswürdigung erwähnt werden[56]. Eine von dem beauftragten oder ersuchten Richter durchgeführte Beweisaufnahme wird im Wege des Urkundenbeweises durch Auswertung des Protokolls verwertet. Deshalb muß ein von dem Einzelrichter gewonnener Eindruck protokolliert werden[57].

20 Erklärungen nach § 141, welche die Partei bei einer persönlichen Anhörung zur Aufklärung des Sachverhalts abgegeben hat, fallen nicht unter Nr. 4 und brauchen daher nicht protokolliert zu werden[58]. Nr. 4 betrifft den Fall der Parteivernehmung zu Beweiszwecken

---

[46] Dazu *BGH* FamRZ 1989, 157, 158.
[47] *BGH* MDR 1962, 552.
[48] Wohl auch *BGH* MDR 1978, 826 m.Anm. *E. Schneider*.
[49] *LG Hagen* WuM 1989, 438, 439.
[50] *BGH* NJW 1991, 1547, 1549 li. Sp.; 1972, 1673.
[51] *BVerwG* NJW 1988, 2491, 2492.
[52] *MünchKommZPO/Peters* (1992) Rdnr. 8; *Baumbach/Lauterbach/Hartmann*[51] Rdnr. 11; *Scheuerle* ZZP 66 (1953), 306; auch *BGH* NJW 1984, 2039 (Durchführung und Würdigung von Zeugenvernehmungen im Ausland).
[53] *BVerwG* Buchholz 310 § 105 VwGO Nr. 46 (Kriegsdienstverweigererprozeß); MDR 1977, 604.
[54] A. A. *LG Bonn* JMBlNRW 1956, 7.
[55] Zutr. *Baumbach/Lauterbach/Hartmann*[51] Rdnr. 12.
[56] *BGH* VersR 1989, 189.
[57] *BGH* NJW 1991, 1302; ferner *OLG Köln* FamRZ 1992, 200, 201 (zum FGG-Verfahren).
[58] *BGH* FamRZ 1989, 157, 158; VersR 1962, 281; NJW 1951, 110; *RGZ* 149, 63, 64; → § 141 Rdnr. 22.

i.S. der §§ 445 f. Die persönliche Anhörung hat informatorischen Charakter und soll das Parteivorbringen lediglich ergänzen (→ § 141 Rdnr. 23).

Wenn die Protokollierung einer Partei- oder Zeugenaussage entgegen § 160 Abs. 3 Nr. 4 unterbleibt, so kann dies zu einem Mangel im Tatbestand (§ 313 Abs. 1 Nr. 5) führen, den das Revisionsgericht sogar von Amts wegen berücksichtigen muß[59]. Deshalb muß das Gericht bei unterbliebener Protokollierung die Aussagen wenigstens im Tatbestand des Urteils feststellen, soweit sie für die Entscheidung notwendig sind. Führt die unterlassene Protokollierung zu einem derartigen Mangel im Tatbestand, weil die tatsächlichen Unterlagen der Entscheidung nicht in vollem Umfang ersichtlich sind, so kommt § 295 nicht zur Anwendung[60]. Auch das Bundesverwaltungsgericht[61] hält die im Hinblick auf die Sicherung des tatsächlichen Entscheidungsstoffes getroffene gesetzliche Regelung für die Aufnahme der Parteiaussagen im Protokoll über die mündliche Verhandlung für zwingend und der Parteidisposition entzogen. Im übrigen sind aber die Vorschriften der §§ 160, 160a, 162 verzichtbar[62]. 21

Die Protokollierungspflicht nach Nr. 4 erfährt nach dessen HS 2 bei einer wiederholten Vernehmung Ausnahmen. Es genügt die Verweisung auf die frühere Protokollierung. Im Protokoll festgestellt werden müssen lediglich die Abweichungen der jetzigen Aussage von der früheren. Nicht anwendbar ist Nr. 4 HS 2, wenn es um die erste mündliche Befragung des Sachverständigen geht, die der Ergänzung und Erläuterung des schriftlichen Gutachtens dient[63]. Als wiederholte Vernehmung ist auch die Aussage nach einer im selbständigen Beweisverfahren (§§ 485 ff.) vorgenommenen Protokollierung anzusehen. Aus § 161 ergeben sich noch weitere Ausnahmen von der Protokollierungspflicht. 22

6. Zu Nr. 5

Unter dem nach Nr. 5 in das Protokoll aufzunehmenden Ergebnis eines Augenscheins sind die Sinneswahrnehmungen des Richters zu verstehen. Dazu gehören nicht die für das Beweisthema gezogenen Schlußfolgerungen[64]. Das Augenscheinsprotokoll braucht aber nicht auf die Wiedergabe des äußeren Ablaufes eines Ortstermins beschränkt zu werden, sondern soll auch den subjektiven Eindruck des Richters wiedergeben. Dieser Eindruck ist den Parteien gem. § 162 mitzuteilen. Ansonsten scheidet eine Verwertung des Protokolls bei einem Richterwechsel aus[65]. Berichte des Einzelrichters über Wahrnehmungen bei der Augenscheinseinnahme, die nicht nach § 160 Abs. 3 Nr. 5, § 162 niedergelegt sind, dürfen vom Kollegium nicht verwendet werden (→ Rdnr. 9 vor § 371)[66]. Hat ein beauftragter Richter das Ergebnis seines Augenscheins in einem Vermerk niedergelegt, der den Parteien bekanntgegeben und von ihnen nicht beanstandet worden ist, so entfaltet der Vermerk volle Beweiskraft auch dann, wenn der Richter inzwischen ausgeschieden ist[67]. Bei einem Richterwechsel kann das Ergebnis eines früheren Augenscheins im Wege des Urkundsbeweises durch Beiziehung des Augenscheinsprotokolls verwertet werden. Eindrücke, die nicht in das Protokoll aufgenommen worden sind und zu denen die Parteien auch keine Stellung nehmen konnten, dürfen aber nach einem Richterwechsel nicht verwertet werden[68]. Ausnahmen von der Protokollierungspflicht beim Augenschein sind in § 161 Abs. 1 Nr. 1 vorgesehen. Mängel sind nach § 295 heilbar, wenn die Parteien die Möglichkeit hatten, sie zu rügen[69]. Skizzen oder Maßangaben empfehlen sich häufig bei Unfällen oder der Besichtigung von Räumlichkeiten. 23

---

[59] *BGHZ* 40, 84, 85 ff.
[60] *BGH* NJW 1987, 1200, 1201; VersR 1989, 189.
[61] *BVerwG* NVwZ 1985, 182; einschränkend NJW 1988, 579.
[62] Dazu → *Leipold* § 295 Rdnr. 11.
[63] *BGH* VersR 1989, 189.
[64] *RG* JW 1902, 588.
[65] *Zöller/Stöber*[18] Rdnr. 9.
[66] *RG* HRR 39 Nr. 514.
[67] *BGH* NJW 1972, 1202.
[68] *BGH* WM 1992, 1712, 1714.
[69] *BGH* WM 1992, 1712, 1714.

7. Zu Nr 6

24 »Entscheidungen« sind alle Urteile und Beschlüsse. Zu Nr. 6 gehören auch die bloß prozeßleitenden Anordnungen oder sonstigen Verfügungen des Gerichts. Verfügungen des Vorsitzenden, wie z.B. nach § 136, fallen nicht unter Nr. 6; es kann sich aber um einen wesentlichen Vorgang i.S. von § 160 Abs. 2 handeln. Dazu zählt etwa das Schließen der Verhandlung. Im Falle des Einzelrichters sind alle Verfügungen gemeint, die er als Gericht trifft. Nicht dazu gehören seine Verfügungen als Vorsitzender, es sei denn, sie betreffen einen wesentlichen Vorgang nach Abs. 2. In diesem Fall muß wie bei dem Vorsitzenden protokolliert werden. Bei Urteilen ist nur die Formel festzustellen. Bei dem abgekürzten Urteil des § 313b Abs. 2 genügt die Bezugnahme »nach Klageantrag«. Das Protokoll kann insoweit auch auf eine Anlage nach § 160 Abs. 5 verweisen. Ausführungen zur Protokollierung im Zusammenhang einer Ungebühr sowie von in der Sitzung begangenen strafbaren Handlungen nach §§ 182, 183 GVG finden sich in → Rdnr. 144 und 147 vor § 128.

25 In Bagatellverfahren braucht das Urteil Entscheidungsgründe nicht zu enthalten, wenn ihr wesentlicher Inhalt in das Protokoll aufgenommen worden ist (§ 495a Abs. 2 S. 2). Die der Reinschrift des Protokolls beigefügte Anlage braucht nicht mit der bei der Verkündung vorhandenen Niederschrift identisch gewesen zu sein[70].

8. Zu Nr. 7

26 Die Verkündung der Urteile und Beschlüsse ist in den §§ 310 ff., 329 ZPO; §§ 169, 173 GVG geregelt. Der Gegenbeweis ist unzulässig (→ § 165 Rdnr. 2). Als Beurkundung der Verkündung genügt die Feststellung, daß die Entscheidung »erlassen« worden ist[71]. Ausreichend ist die Protokollierung, daß »anliegendes Urteil verkündet« worden ist, selbst dann, wenn das zu Zweifeln über die gewählte Form der Verlautbarung führt[72]. Es muß aber stets klar sein, welche Entscheidung gemeint ist[73]. Wegen § 312 Abs. 1 ist die Angabe nicht erforderlich, ob die Parteien anwesend waren. In der Protokollierungsfrage ist zu unterscheiden, ob ein Urteil verkündet worden ist und damit existiert, und wie Verkündung und Urteilsexistenz bewiesen werden können[74]. Solange die Verkündung fehlt, ist die Entscheidung nur als Entwurf anzusehen[75]. Die Protokollierung selbst kann aber in angemessener Zeit mit der Folge der Heilung nach § 295 nachgeholt werden[76]. Die Wirksamkeit der Verkündung wird nicht durch den späteren Austausch der dem Protokoll als Anlage beigefügten Entscheidungen (beglaubigte Abschrift statt der ursprünglichen Urschrift) beeinträchtigt[77]. Nicht ausreichend ist die bloße Feststellung, daß ein Tonträger abgespielt wurde. Deshalb wird die Fünfmonatsfrist nach den §§ 516, 552 oder eine sich an die Verkündung anschließende Rechtsbehelfsfrist wie in den §§ 336, 577 Abs. 2 S. 1 nicht in Lauf gesetzt[78]. Die Beweiskraft des Protokolls wird nicht dadurch beeinträchtigt, daß der die Verkündung beurkundende Protokollteil nur von dem blinden vorsitzenden Richter unterschrieben worden ist, weil der zur mündlichen Verhandlung zugezogene Urkundsbeamte an der Urteilsverkündung nicht teilgenommen hat[79].

27 Der Verkündungsvermerk nach § 315 Abs. 3 ersetzt die Protokollierung der Verkündung nach § 160 Abs. 3 Nr. 7 nicht[80]. Es fehlt an einer ordnungsgemäßen Protokollierung, wenn

---

[70] BGH NJW 1985, 1782, 1783.
[71] RGZ 17, 420; BGH NJW 1985, 1782; Jauernig NJW 1986, 117.
[72] BGH NJW 1985, 1782.
[73] BGH FamRZ 1990, 507; RG JW 1905, 115f.
[74] Jauernig NJW 1986, 117 re. Sp.
[75] OLG Zweibrücken FamRZ 1992, 972, 973; OGHZ 1, 1, 2.
[76] OLG Zweibrücken FamRZ 1992, 972, 973.
[77] OGHZ 1, 235, 236.
[78] Vgl. LG Frankfurt a. M. Rpfleger 1976, 257.
[79] BFH BStBl. II, 1984, 532.
[80] BGH FamRZ 1990, 507; VersR 1989, 604; OLG Zweibrücken FamRZ 1992, 972, 973.

der Gegenstand der Verkündung weder aus dem Protokoll noch aus den zulässigen Anlagen hervorgeht[81]. Die Verkündung muß stets unabhängig davon protokolliert werden, ob sie in demselben Termin oder in einem späteren Termin stattfindet[82]. Das Protokoll braucht keine Angabe darüber zu enthalten, welche der beiden Verkündungsarten (§ 311 Abs. 2 S. 1 oder § 311 Abs. 4 S. 2) gewählt worden ist[83]. Im Falle des § 311 Abs. 4 S. 2 ist eine mündliche Bezugnahme entbehrlich. Ausreichend ist es, daß zur Zeit der Protokollierung eine schriftliche Urteilsformel vorliegt (arg. § 2260 Abs. 2 S. 3 BGB)[84]. Nach der höchstrichterlichen Rechtsprechung muß, abgesehen von den Fällen des § 311 Abs. 2 S. 2, die Urteilsformel zur Zeit der Verkündung schriftlich vorliegen[85].

9. Zu Nr. 8

In das Protokoll aufzunehmen sind die Zurücknahme der Klage (§ 269) sowie die Zurücknahme von Rechtsmitteln (§§ 515, 566). Zu letzteren gehört auch die Beschwerde. Eine etwa erforderliche Einwilligung ist gleichfalls zu protokollieren[86]. Diese Einwilligung braucht aber nicht vorgelesen und genehmigt zu werden, wenngleich sich das in aller Regel empfiehlt[87]. Wird die Zurücknahme nicht ordnungsgemäß durch das Gericht protokolliert, so hat das auf deren Wirksamkeit gleichwohl keinen Einfluß (→ § 159 Rdnr. 28; → § 162 Rdnr. 11)[88]. Wird über die Wirksamkeit einer Klagerücknahme gestritten, so ist durch Urteil zu entscheiden (→ § 269 Rdnr. 41). Eine Protokollvereinfachung findet sich dazu in § 161 Abs. 1 Nr. 2. Ist klärungsbedürftig, ob überhaupt eine Rücknahme gewollt war, so empfiehlt sich ebenfalls ein Protokollvermerk über die durchgeführte Klärung. 28

10. Zu Nr. 9

Zu protokollieren ist ferner der Verzicht auf ein Rechtsmittel (§§ 514, 566). Dazu gehört auch die Beschwerde (→ Rdnr. 28). Für den außergerichtlichen vertraglichen Rechtsmittelverzicht gilt das Gesagte nicht[89]. Der Rechtsmittelverzicht ist wirksam, auch wenn es an einer ordnungsgemäßen Protokollierung fehlt (→ § 159 Rdnr. 28). Im übrigen gelten die Ausführungen zu → Rdnr. 28 entsprechend. 29

V. Protokollierungsantrag nach Abs. 4

1. Antragsberechtigte; Form und Frist der Antragstellung

Antragsberechtigt ist jede in Abs. 1 Nr. 4 aufgeführte Person sowie der Staatsanwalt, soweit er am Verfahren beteiligt ist (→ Rdnr. 2). Der Antrag ist nicht an eine Form gebunden. Er kann bis zum Schluß der mündlichen Verhandlung, aber nicht mehr danach gestellt werden[90]. 30

---

[81] BGH FamRZ 1990, 507.
[82] Dazu auch *OLG Stuttgart* AnwBl 1989, 232.
[83] BGH NJW 1985, 1782; *Baumbach/Lauterbach/Hartmann*[51] Rdnr. 15.
[84] *Jauernig* NJW 1986, 117, 118.
[85] *BGH* NJW 1985, 1782, 1783; mit Recht a. A. für den Fall des § 311 Abs. 2 S. 1 *Jauernig* Das fehlerhafte Zivilurteil (1958), 73; *ders.* NJW 1986, 117.
[86] So *Franzki* DRiZ 1975, 97, 98.

[87] *Franzki* DRiZ 1975, 97, 98; a. A. *MünchKomm-ZPO/Peters* (1992) Rdnr. 15.
[88] BSG MDR 1981, 612; *LSG Baden-Württemberg* Die Justiz 1980, 453; a. A. *LSG Rheinland-Pfalz* ZfSH 1976, 151, 152.
[89] Dazu BGH JZ 1984, 103.
[90] Dazu *BVerwG* NJW 1963, 730 (zu § 105 Abs. 2 VwGO); auch *RG* SeuffArch 58 (1903), 372; *OLG Frankfurt a. M.* MDR 1989, 550 re. Sp.

2. Vorgänge oder Äußerungen

31   Zu den »Vorgängen« zählt alles, was für das Verfahren von Bedeutung sein kann. Dazu gehören z. B. bestimmte Gesten oder Reaktionen eines Prozeßbeteiligten während der Verhandlung oder während der Beweisaufnahme. Ebenso liegt es bei Zwischenfällen oder für das Verhalten von nicht am Prozeß beteiligten Personen. Im Anwendungsbereich des Abs. 4 braucht es sich nicht um »wesentliche Vorgänge« i. S. von Abs. 2 zu handeln (dazu → Rdnr. 3 ff.), da letztere ohnehin nach Abs. 2 von Amts wegen in das Protokoll aufzunehmen sind.

32   Für die aufzunehmenden »Äußerungen« ist es gleichgültig, ob sie von einem Prozeßbeteiligten oder von einem Prozeßfremden ausgehen (→ Rdnr. 31). Äußerungen können z. B. Erklärungen der Parteien bei der informatorischen Anhörung nach § 141 sein, oder die in einem Vergleichsgespräch abgegebenen Erklärungen.

3. Entscheidung über den Antrag

33   Über die Aufnahme in das Protokoll entscheidet der Vorsitzende. Dagegen muß die Ablehnung des Antrags durch das Gericht beschlossen werden (Abs. 4 S. 2). Sie ist nur zulässig, wenn es auf die Feststellung des Vorgangs oder der Äußerung nicht ankommt. Entschieden wird nach § 160 Abs. 4 S. 3 HS 1 durch unanfechtbaren Beschluß. Der Beschluß ist nach Abs. 4 S. 3 HS 2 in das Protokoll aufzunehmen und muß wenigstens eine kurze Begründung enthalten. Das bedeutet, daß der Inhalt des gestellten Protokollierungsantrages in grobem Umriß in das Protokoll aufgenommen werden muß[91]. Vor der Entscheidung ist dem Prozeßgegner rechtliches Gehör zu gewähren.

34   Der Beschluß ist auch dann unanfechtbar, wenn das Gericht die Voraussetzungen seines Ermessens verkannt oder die Aufnahme in das Protokoll ohne jede gesetzliche Grundlage abgelehnt hat. Damit ist die einfache Beschwerde nach § 567 Abs. 1 nicht gegeben[92]. Unanfechtbar ist auch ein Beschluß, mit dem ein Antrag auf Protokollberichtigung abgelehnt wurde[93]. Dem Beteiligten bleibt es im Falle der Ablehnung aber unbenommen, die betreffenden Erklärungen oder Vorgänge auf schriftlichem Wege in die Verfahrensakten einzuführen.

VI. Anlage zum Protokoll (Abs. 5)

35   Abs. 5 gilt für alle Fälle des § 160 und ist nicht auf die Angelegenheiten des Abs. 3 beschränkt[94]. Es muß aus dem Protokoll selbst ersichtlich sein, daß es eine Anlage besitzt. Die Anlage selbst sollte als solche gekennzeichnet (überschrieben) sein. Doch handelt es sich dabei nicht um ein Wirksamkeitserfordernis. Ausreichend, aber auch erforderlich ist es, daß das Protokoll den Hinweis enthält, ihm sei eine Anlage beigefügt[95]. Keine Anlage zum Protokoll bedeuten vorbereitende Schriftsätze, welche die Partei im Termin überreicht, und auf die sich das Protokoll nicht bezieht[96]. Zulässige Anlagen (Abs. 5) nehmen an der Beweiskraft des Protokolls teil (§§ 165, 314 S. 2)[97].

---

[91] A. A. *Thomas/Putzo*[18] Rdnr. 13.
[92] H. L., *Thomas/Putzo*[18] Rdnr. 13; *Zöller/Stöber*[18] Rdnr. 14; a. A. *Baumbach/Lauterbach/Hartmann*[51] Rdnr. 21.
[93] *OLG Hamm* NJW 1989, 1680.
[94] Einschränkend wohl *Thomas/Putzo*[18] Rdnr. 14.
[95] BGH FamRZ 1990, 507; BGHZ 10, 327, 329f.
[96] RG JW 1903, 65.
[97] RG JW 1907, 146.

VII. Verhältnis von § 160 zum Tatbestand

Der Tatbestand des Urteils liefert gem. § 314 S. 1 Beweis für das mündliche Parteivorbringen. Das gilt etwa auch für die nach § 160 Abs. 3 Nr. 1 in das Sitzungsprotokoll aufzunehmenden Anerkenntnisse, Anspruchsverzichte und Vergleiche. Das bedeutet nicht, daß diese Erklärungen nur durch das Protokoll bewiesen werden können. Schweigt das Protokoll hierzu in fehlerhafter Weise, so läßt sich die Abgabe der betreffenden Erklärungen durch den Tatbestand beweisen (auch → Rdnr. 7, → Rdnr. 1)[98]. Der Inhalt der von den Parteien gestellten Sachanträge ist von der Beweisregel des § 314 ausgenommen, weil diese nach § 160 Abs. 3 Nr. 2 in das Protokoll aufzunehmen sind[99]. 36

VIII. Verfahren in Arbeitssachen

Die §§ 159–165 gelten auch für das Protokoll in Arbeitssachen (→ § 159 Rdnr. 29). Für den Arbeitsgerichtsprozeß enthält § 55 Abs. 3 ArbGG die Sondervorschrift, daß der Antrag der Parteien auf Entscheidung durch den Vorsitzenden des Arbeitsgerichts ohne Zuziehung der Beisitzer in die Niederschrift aufzunehmen ist. Im Protokoll ist zu vermerken, daß nunmehr eine streitige Verhandlung stattfindet[100]. Unterbleibt die Aufnahme in das Protokoll, so gilt das zu → § 165 Rdnr. 2 Ausgeführte. Die Rechtslage ist dann die gleiche, wie wenn der Antrag überhaupt nicht gestellt worden wäre. Das Urteil ist damit so zu behandeln, als hätte es ein nicht vorschriftsmäßig besetztes Gericht erlassen. Dieser Mangel muß mit der Berufung geltend gemacht werden. Ist das Urteil nicht berufungsfähig, so kann die Nichtigkeitsklage nach § 579 Abs. 1 Nr. 1 erhoben werden. 37

§ 160 a [Vorläufige Aufzeichnung]

(1) Der Inhalt des Protokolls kann in einer gebräuchlichen Kurzschrift, durch verständliche Abkürzungen oder auf einem Ton- oder Datenträger vorläufig aufgezeichnet werden.

(2) Das Protokoll ist in diesem Fall unverzüglich nach der Sitzung herzustellen. Soweit Feststellungen nach § 160 Abs. 3 Nr. 4 und 5 mit einem Tonaufnahmegerät vorläufig aufgezeichnet worden sind, braucht lediglich dies in dem Protokoll vermerkt zu werden. Das Protokoll ist um die Feststellungen zu ergänzen, wenn eine Partei dies bis zum rechtskräftigen Abschluß des Verfahrens beantragt oder das Rechtsmittelgericht die Ergänzung anfordert. Sind Feststellungen nach § 160 Abs. 3 Nr. 4 unmittelbar aufgenommen und ist zugleich das wesentliche Ergebnis der Aussagen vorläufig aufgezeichnet worden, so kann eine Ergänzung des Protokolls nur um das wesentliche Ergebnis der Aussagen verlangt werden.

(3) Die vorläufigen Aufzeichnungen sind zu den Prozeßakten zu nehmen oder, wenn sie sich nicht dazu eignen, bei der Geschäftsstelle mit den Prozeßakten aufzubewahren. Aufzeichnungen auf Ton- oder Datenträger können gelöscht werden,
1. soweit das Protokoll nach der Sitzung hergestellt oder um die vorläufig aufgezeichneten Feststellungen ergänzt ist, wenn die Parteien innerhalb eines Monats nach Mitteilung der Abschrift keine Einwendungen erhoben haben;
2. nach rechtskräftigem Abschluß des Verfahrens.

---

[98] *OLG Düsseldorf* NJW 1991, 1492, 1493.
[99] *BVerwG* NJW 1988, 1228.
[100] *Germelmann/Matthes/Prütting* ArbGG (1990) § 55 Rdnr. 33.

§ 160a I, II   1. Buch: Allgemeine Vorschriften

Gesetzesgeschichte: § 160a neu eingefügt durch Gesetz vom 20.12.1974 (BGBl. I 3651)(→ Einl. Rdnr. 145); Abs. 1 neu gefaßt sowie Abs. 3 Satz 2 geändert durch das Rechtspflege-Vereinfachungsgesetz vom 17.12.1990 (BGBl. I 2847).

Stichwortverzeichnis → *Protokollschlüssel* in § 159 Rdnr. 30.

I. Normzweck ... 1	IV. Aufbewahrung der vorläufigen Aufzeichnungen (Abs. 3 S. 1) ... 11
II. Arten der vorläufigen Aufzeichnung ... 3	V. Löschen von Ton- und Datenträgeraufzeichnungen (Abs. 3 S. 2) ... 14
III. Nachträgliche Protokollherstellung	VI. Akteneinsicht; Abhörungs- und Ableserecht ... 18
1. Unverzügliche Herstellung ... 6	
2. Ausnahmen ... 8	
3. Ergänzung ... 9	

I. Normzweck

1 § 160a gestattet die vorläufige Aufzeichnung des Protokollinhalts (→ § 160) unter Verwendung der in Abs. 1 genannten Aufzeichnungshilfen. Deshalb braucht in der Sitzung noch keine endgültige Langschriftfassung hergestellt zu werden. Vielmehr ist das Protokoll nach § 159 Abs. 1 S. 1 nur »über« die Sitzung erforderlich (→ § 159 Rdnr. 13). Es ist zulässig, den Protokollinhalt zur Gänze (auch den Prozeßvergleich)[1] oder in beliebigen Teilen nach Anordnung des Vorsitzenden aufzuzeichnen. Deshalb ist auch die spätere Übertragung einer vorläufig aufgezeichneten Urteilsformel in Reinschrift und deren Verbindung mit dem Protokoll als Protokollanlage zulässig. Ein auf diese Weise nachträglich hergestelltes Protokoll ist mit der erhöhten Beweiskraft des § 165 ausgestattet[2].

2 »Gebräuchliche Kurzschrift« ist das Stenogramm, ohne daß sich das Gesetz auf eine bestimmte Kurzschrift festlegt. Dazu gehört jedenfalls die deutsche Einheitskurzschrift. Andere Kurzschriften können verwendet werden, wenn sie an dem betreffenden Gericht gebräuchlich sind. Das ist der Fall, wenn sie von einer Reihe von Personen benutzt werden. »Verständliche Abkürzungen« sind langschriftliche Abkürzungen. Das Rechtspflege-Vereinfachungsgesetz vom 17.12.1990 (BGBl. I 2847) läßt auch den Datenträger als Mittel der vorläufigen Aufzeichnung zu. Das Protokoll kann daher auch mit Hilfe eines Schreibautomaten (unter Benutzung von Textbausteinen) bereits während der Verhandlung aufgezeichnet und häufig unmittelbar danach ausgedruckt werden[3]. Ansonsten ist die Art des Ton- oder Datenträgers beliebig. Es kann sich sowohl um Schreibautomaten mit einem Bildschirmlesegerät oder um den Computer mit seinem Speicher auf Diskette oder Festplatte handeln[4].

II. Arten der vorläufigen Aufzeichnung

3 Die gesamte Sitzung kann einmal unmittelbar (und wortgetreu) und ohne Unterbrechung von Eröffnung bis Schluß aufgezeichnet werden. So liegt es etwa, wenn von Beginn bis Ende ein Tonaufnahmegerät mitläuft. Vorgeschrieben ist eine solche Verfahrensweise nicht. Bei Zeugenaussagen ist sie vielmehr wegen der Weitschweifigkeit vieler Zeugen, der schwierigen Identifizierung der Personen, die Zwischenfragen gestellt oder beantwortet haben, eher untunlich[5]. Die Parteien haben ohnehin keinen Anspruch auf ein vollständiges Wortproto-

---

[1] BGH NJW 1985, 1782, 1783.
[2] BGH NJW 1985, 1782, 1783 re. Sp.
[3] Hansens NJW 1991, 953, 955.
[4] Baumbach/Lauterbach/Hartmann[51] Rdnr. 5.
[5] Franzki DRiZ 1975, 97, 99; Zöller/Stöber[18] Rdnr. 3.

koll[6] (arg. § 160 Abs. 4 S. 2). Die Zeugen brauchen einer Aufzeichnung auf einem Tonträger nicht zuzustimmen. Eine Persönlichkeitsverletzung liegt darin nicht, weil der Zeuge dazu verpflichtet ist, in öffentlicher Sitzung auszusagen. Die Tonaufnahme bedeutet dabei gegenüber dem Wortstenogramm keinen Unterschied[7]. Wenn die Aussagen einer Partei oder eines Zeugen unmittelbar auf einen Tonträger aufgezeichnet werden, kann daneben auf ein zusammenfassendes Diktat des Richters verzichtet werden[8]. Es besteht keine Pflicht, die unmittelbar aufgezeichneten Aussagen abzuspielen[9].

Der Richter hat auch die – vorzuziehende – Möglichkeit (→ Rdnr. 3; → § 159 Rdnr. 16), **4** die Vorgänge und Erklärungen zusammenzufassen und zu diktieren. Das hindert nicht daran, daß z.B. ein wichtiger Teil der Zeugenaussage in wörtlicher Rede diktiert wird. Unrichtig ist die Behauptung, das Gesetz meine mit dem Ausdruck »vorläufig« nicht nur die Art der Aufzeichnung, sondern auch deren Inhalt[10]. Danach würde sich an eine knappe Zusammenfassung einer Zeugenaussage durch den Richter eine Ergänzung durch die vollständige wörtliche Zeugenaussage nach Abs. 2 S. 3 anschließen können. Diese Ergänzung müßte dann aber aus dem Gedächtnis von Protokollführer und Richter geschehen und ist deshalb verboten. Ein derartiges Protokoll hat keine Beweiskraft nach § 165[11]. Die Parteien haben lediglich die Möglichkeit nach § 160 Abs. 4 S. 1. Hat sich der Vorsitzende nach seinem pflichtgemäßen Ermessen dazu entschieden, nicht nach → Rdnr. 3 zu verfahren, sondern die Vorgänge und Erklärungen zusammenfassend zu diktieren und wird darüber ein Protokollvermerk nach Abs. 2 S. 2 gefertigt, so sind die nach Abs. 2 S. 3 zu ergänzenden Feststellungen lediglich das Diktat des Richters. Andere Ergänzungsmöglichkeiten sind auch gar nicht vorhanden. Oftmals nicht empfehlenswert, wenngleich nicht unzulässig, ist eine Handhabung in der Weise, daß eine Partei bei einer Parteivernehmung Beginn und Ende der Ausführungen sowie die Antworten auf die Fragen des Gerichts selbst bestimmen kann, indem sie den Handschalter am Mikrofon des Diktiergeräts betätigt. Jedenfalls liegt darin kein Verstoß gegen den Anspruch auf rechtliches Gehör[12].

Ist eine Partei- oder Zeugenaussage, die vorläufig auf Tonträger aufgezeichnet worden ist, **5** zu einem wesentlichen Teil unverständlich oder unvollständig, so fehlt die Grundlage für eine Überprüfung des darauf beruhenden Urteils in der Revisionsinstanz[13]. Nach § 313 Abs. 2 S. 2 soll wegen der Einzelheiten des Sach- und Streitstandes auf Protokolle verwiesen werden. Ist das geschehen, das Protokoll aber größtenteils unverständlich oder unvollständig, so fehlt es an einer Niederschrift. Deshalb ist der Tatbestand des Urteils lückenhaft. Das Revisionsgericht hat daher das Urteil aufzuheben und zurückzuverweisen. Eine fehlerhafte Protokollierung nach § 160a muß sofort in der mündlichen Verhandlung beanstandet werden, da ein Befangenheitsantrag ansonsten wegen § 43 nicht erfolgreich sein kann. Auch sonst können Protokollierungsmängel wenigstens bei anwaltlich vertretenen Parteien nur gerügt werden, wenn sie bei der nächsten mündlichen Verhandlung, die sich auch unmittelbar an die Beweisaufnahme anschließen kann, beanstandet werden[14]. Doch wird eine Urteilsaufhebung wohl nicht in Betracht kommen, wenn die nach § 160a vorläufig aufgezeichnete Tonbandaufzeichnung der Aussage eines Sachverständigen wegen eines technischen Defekts nicht in das schriftliche Protokoll aufgenommen werden kann.

---

6 Dazu *Zöller/Stöber*[18] Rdnr. 2.
7 *MünchKommZPO/Peters* (1992) Rdnr. 2; *Baumbach/Lauterbach/Albers*[51] § 169 GVG Rdnr. 5; *Kissel* GVG (1981) § 169 GVG Rdnr. 72ff.; a.A. → Voraufl. Rdnr. 3 Fn. 2.
8 *BVerwG* NJW 1976, 1282 (arg. § 162 Abs. 2).
9 *BVerwG* NJW 1976, 1282.

10 So aber *Baumbach/Lauterbach/Hartmann*[51] Rdnr. 1.
11 Z.B. *Zöller/Stöber*[18] Rdnr. 2.
12 *BVerwG* Buchholz 11 Art. 103 Abs. 1 GG Nr. 33 (Kriegsdienstverweigerer).
13 *BVerwG* MDR 1977, 604.
14 *BVerwG* Buchholz 310 § 105 VwGO Nr. 40, 41.

III. Nachträgliche Protokollherstellung

1. Unverzügliche Herstellung

6 Die vorläufige Aufzeichnung nach Abs. 1 bedeutet noch nicht das Protokoll im Rechtssinn. Vielmehr muß das Protokoll nach Abs. 2 erst noch nach der Sitzung hergestellt werden (→ § 159 Rdnr. 13). Abs. 2 S. 1 verlangt dabei die unverzügliche Herstellung. Dieser Begriff ist in Anlehnung an § 121 Abs. 1 S. 1 BGB zu bestimmen[15]. Das Gericht hat daher nach dem Schluß der mündlichen Verhandlung die Protokolle ohne schuldhaftes Zögern herzustellen. Andere Angelegenheiten sind möglichst zurückzustellen[16]. Bei einer verzögerlichen Behandlung ist die Dienstaufsichtsbeschwerde nach § 26 Abs. 2 DRiG gegeben. Möglicherweise ist auch ein Amtshaftungsanspruch nach Art. 34 GG, § 839 BGB begründet. Das nachträglich angefertigte Protokoll muß alle nach § 160 vorgeschriebenen Angaben enthalten[17].

7 Verstößt das Gericht gegen das Erfordernis der »Unverzüglichkeit« oder nimmt es die vorläufigen Aufzeichnungen unter Verstoß gegen Abs. 3 nicht zu den Prozeßakten, oder bewahrt es sie nicht bei der Geschäftsstelle auf, so ist die Zuverlässigkeit des Protokolls als des wichtigsten Belegs für ein ordnungsgemäßes Verfahren weitgehend entwertet. Gleichwohl genießt auch ein solches Protokoll die erhöhte Beweiskraft des § 165[18].

Der Urkundsbeamte der Geschäftsstelle hat die Pflicht, die Übertragung zu prüfen und deren Richtigkeit durch Unterschrift zu bestätigen. Das gilt auch dann, wenn er in der Verhandlung nicht zugezogen war[19]. Den Vorsitzenden trifft lediglich eine Mitverantwortung[20]. Hat der Urkundsbeamte das Protokoll ohne Funktionsbezeichnung unterschrieben, so kann dieser Mangel auch noch während eines Revisionsverfahrens behoben werden[21].

2. Ausnahmen

8 Nach § 160a Abs. 2 S. 2 müssen Aussagen von Zeugen, Sachverständigen oder vernommenen Parteien oder die Wahrnehmungen bei einem Augenschein (§ 160 Abs. 3 Nr. 4 und 5), die auf ein Tonaufnahmegerät aufgezeichnet worden sind, nicht unverzüglich übertragen werden. Vielmehr kann nur in das Protokoll aufgenommen werden, daß die Aussagen oder das Ergebnis des Augenscheins auf einem Tonträger festgehalten sind. Die Ausnahme gilt nach der eindeutigen Regelung des Abs. 2 S. 2 nicht, wenn die Aufzeichnungen in einer Kurzschrift[22], mit Hilfe von Abkürzungen oder mit einem Datenträger vorgenommen worden sind. In diesen Fällen muß stets unverzüglich übertragen werden. Bei unvollständigen oder unverständlichen Aufzeichnungen auf Tonträger gilt das zu oben → Rdnr. 5 Ausgeführte.

3. Ergänzung

9 Die erwähnten Feststellungen von oben → Rdnr. 8, die mit einem Tonaufnahmegerät vorläufig aufgezeichnet wurden, müssen nach Abs. 2 S. 3 trotz Abs. 2 S. 2 in das Protokoll übertragen werden, wenn ein entsprechender Antrag der Partei auf Protokollergänzung vorliegt. Der Antrag kann nach Abs. 2 S. 3 nur bis zum rechtskräftigen Abschluß des Verfahrens gestellt werden. Dabei kommt es auf die Beendigung des Prozesses insgesamt an. Nach

---

[15] E. Schneider JurBüro 1975, 130.
[16] E. Schneider JurBüro 1975, 130.
[17] Dazu LG Frankfurt a. M. Rpfleger 1976, 257.
[18] BGH NJW 1985, 1282, 1283 re. Sp.
[19] Dazu BVerwG NJW 1977, 264.
[20] BVerwG NJW 1977, 264.
[21] BVerwG NJW 1977, 264.
[22] Zöller/Stöber[18] Rdnr. 5; Baumbach/Lauterbach/Hartmann[51] Rdnr. 9; a.A. E. Schneider JurBüro 1975, 130.

der gesetzgeberischen Absicht soll diese Regelung der Verfahrensbeschleunigung dienen[23]. In diesem zeitlichen Rahmen ist dem Antrag der Partei zwingend stattzugeben, soweit nicht die Ausnahmen des § 161 eingreifen. Es muß der gesamte Inhalt der Tonaufnahme aufgenommen werden, wenn nicht die Voraussetzungen des Abs. 2 S. 4 vorliegen. Daran ist festzuhalten, auch wenn mit dieser Handhabung der Rationalisierungseffekt der Vorschrift eingeschränkt wird. Das Protokoll ist ferner zu ergänzen, wenn das Rechtsmittelgericht die Ergänzung anfordert (Abs. 2 S. 3 Alt. 2).

Werden die Aussagen von Zeugen, Sachverständigen oder Parteien gem. § 160 Abs. 3 Nr. 4 (nicht: Nr. 5) unmittelbar aufgenommen wie z. B. durch wortgetreue Aufzeichnung im Wege des Mitlaufenlassens eines Tonaufnahmegeräts, und ist gleichzeitig das wesentliche Ergebnis der Aussagen vorläufig aufgezeichnet worden, so kann nach Abs. 2 S. 4 eine Protokollergänzung nur um dieses Ergebnis verlangt werden. Die Parteien haben daher keinen Anspruch auf ein vollständiges Wortprotokoll. Wohl aber kann das Rechtsmittelgericht die Herstellung eines vollständigen Wortprotokolls anfordern[24]. Ausreichend ist es für Satz 4, daß die betreffende Aussage vollständig fixiert ist, sei es auf Ton- oder auf Datenträger[25]. Nach § 313 Abs. 2 S. 2 kann im Tatbestand des Urteils auf die vorläufigen Aufzeichnungen Bezug genommen werden, da diese nachträglich in das Protokoll aufgenommen werden können. Der vorherigen Bekanntmachung eines Berichterstattervermerks bedarf es nicht[26]. Die Folgen einer unverständlichen oder unvollständigen Tonaufzeichnung ergeben sich aus oben → Rdnr. 5. 10

IV. Aufbewahrung der vorläufigen Aufzeichnungen (Abs. 3 S. 1)

Die angeordnete Aufbewahrung sichert, daß eine nachträgliche Übertragung in das Protokoll (→ Rdnr. 9) und eine Protokollberichtigung nach § 164 möglich bleiben. Diese Aufzeichnungen sind weder Bestandteil des Protokolls selbst noch auch Protokollanlagen[27]. Die vorläufige Aufzeichnung nach § 160a hat auch keine Beweiskraft. Einzelheiten über die Aufbewahrung, insbesondere von Tonträgern, regeln die Landesjustizverwaltungen. Soweit einschlägige Vorschriften fehlen oder nicht ausreichen, ist die AktO anwendbar. 11

Vorläufige Aufzeichnungen werden grundsätzlich in den Prozeßakten verwahrt, soweit sie sich dazu eignen (Abs. 3 Satz 1 Alt. 1). Dazu zählen etwa das Stenogramm, die verständlichen Abkürzungen des Abs. 1 und Ton- oder Datenträger (Disketten), soweit sie in einer Hülle vor Beschädigungen geschützt und zu den Akten genommen werden können. Die vorläufigen Aufzeichnungen werden dadurch nicht zu Protokollanlagen (→ Rdnr. 11). 12

Vorläufige Aufzeichnungen, die wegen fehlender Eignung nicht zu den Prozeßakten genommen werden können, sind nach Abs. 3 S. 1 Alt. 2 bei der Geschäftsstelle zusammen mit den Prozeßakten aufzubewahren. Dazu zählen vor allem Tonaufnahmen auf (unhandlichen) Platten, Tonbänder, Toncassetten usw. Wenn die vorläufige Aufzeichnung auf der Festplatte eines Computers gespeichert wird, so verlangt der Zweck von Abs. 3 S. 1 Alt. 2 gleichwohl die Herstellung einer gesondert verwahrbaren Diskette, die ggf. auch zu den Prozeßakten genommen werden kann (→ Rdnr. 12). Das gilt selbst dann, wenn die Kapazität der Festplatte noch nicht erschöpft ist[28]. Die geforderte Aufbewahrung »mit den Prozeßakten« (Abs. 3 S. 1 Alt. 2) ist einschränkend auszulegen. Deshalb ist eine Verwahrung in enger räumlicher Verbindung mit den Prozeßakten nicht erforderlich[29]. Möglich ist vielmehr auch eine Sam- 13

---

[23] Krit. dazu *Franzki* DRiZ 1975, 97, 99.
[24] *Wieczorek*[2] Bem. B III 62; *H. J. Schmidt* NJW 1975, 1308.
[25] Insoweit auch *Baumbach/Lauterbach/Hartmann*[51] Rdnr. 12.
[26] *Zöller/Stöber*[18] Rdnr. 6.
[27] *Zöller/Stöber*[18] Rdnr. 7; *Baumbach/Lauterbach/Hartmann*[51] Rdnr. 13.
[28] Zutr. *Baumbach/Lauterbach/Hartmann*[51] Rdnr. 13.
[29] Vgl. *Franzki* DRiZ 1975, 97 ff., 100.

melverwahrung bei einer Geschäftsstelle. Die Aufzeichnungen müssen nicht beigefügt werden, wenn die Akten dem Gericht vorliegen oder in der Kanzlei bearbeitet werden. Das gilt auch dann, wenn die Akten an ein anderes Gericht versandt werden[30]. Wohl aber sind vorläufige noch aufzubewahrende Aufzeichnungen mit in das Archiv zu nehmen, wenn die Prozeßakten archiviert werden[31]. Doch wird eine derartige Handhabung wegen der bestehenden Archivvorschriften eher selten praktisch.

V. Löschen von Ton- und Datenträgeraufzeichnungen (Abs. 3 S. 2)

14   Das Löschen von Ton- oder Datenträgeraufzeichnungen ist nur unter einer der beiden in Abs. 3 S. 2 Nr. 1 und 2 genannten Voraussetzungen zulässig. Wegen der Mitverantwortlichkeit des Vorsitzenden für das volle Protokoll ist es von Rechts wegen geboten, daß Urkundsbeamter und Vorsitzender gemeinsam über die Löschung befinden[32]. Weder bestimmt der Vorsitzende allein[33] noch entscheidet der Urkundsbeamte unabhängig von ihm[34].

15   Nach rechtskräftigem Abschluß des Verfahrens (Abs. 3 S. 2 Nr. 2) dürfen die vorläufigen Aufzeichnungen unter Beachtung von → Rdnr. 14 jederzeit gelöscht werden.

16   Im übrigen sind die Voraussetzungen der Löschung in Abs. 3 S. 2 Nr. 1 geregelt. Danach dürfen die Parteien innerhalb eines Monats nach Mitteilung der Abschrift keine Einwendungen vorgebracht haben. Die Protokollabschrift wird den Parteien oder deren Prozeßbevollmächtigten (§ 176) von Amts wegen formlos mitgeteilt. Da die Mitteilung keine Verfügung darstellt, ist eine Zustellung nach § 329 Abs. 2 S. 2 nicht erforderlich[35]. Doch sollte die Geschäftsstelle den Zeitpunkt der Absendung stets zur Fristenkontrolle notieren. Wird entgegen Abs. 3 vorläufig gelöscht, so kann eine Entscheidung auf diesem Verstoß nur beruhen, wenn Anlaß besteht, an der Richtigkeit der Wiedergabe oder der Deutung einer protokollierten Aussage oder der protokollierten Ergebnisse einer Augenscheinseinnahme zu zweifeln[36].

17   Wenn eine vorläufige Ton- oder Datenträgeraufzeichnung einmal gelöscht ist, so müssen die Parteien den Inhalt des geschriebenen Protokolls hinnehmen. Nicht rechtzeitig vorgebrachte Einwendungen bedeuten daher einen konkludenten Rügeverzicht nach § 295[37]. Der Ablauf der Monatsfrist von Abs. 3 S. 2 Nr. 1 beschränkt daher die Protokollrüge. Werden Einwendungen rechtzeitig vorgebracht, so müssen die Aufzeichnungen bis zum endgültigen Verfahrensabschluß verwahrt bleiben. Unerheblich ist es also, wenn die dem betreffenden Protokoll zugrunde liegende Verhandlung z.B. zu einem rechtskräftigen Zwischenurteil geführt hat.

VI. Akteneinsicht; Abhörungs- und Ableserecht

18   Das Gesetz regelt die Frage nicht, ob den Parteien ein Recht zusteht, die auf Tonträger gemachten Aufzeichnungen abzuhören oder die auf Datenträger (Diskette) gespeicherten Aufzeichnungen (über Bildschirm) einzusehen. Grundsätzlich muß ein derartiges Recht bejaht werden, weil andernfalls Protokoll und Urteilstatbestand nicht nachgeprüft werden könnten. Zudem könnten sich die Parteien auch nicht über Anträge auf Protokollergänzung

---

[30] *Baumbach/Lauterbach/Hartmann*[51] Rdnr. 13; *Franzki* DRiZ 1975, 97, 100; a.A. → Voraufl. Rdnr. 17.
[31] *Baumbach/Lauterbach/Hartmann*[51] Rdnr. 13.
[32] Abgeschwächte Formulierungen bei *Baumbach/Lauterbach/Hartmann*[51] Rdnr. 16; Voraufl. → Rdnr. 18 (der Vorsitzende »soll« zustimmen).
[33] So aber *Zöller/Stöber*[18] Rdnr. 8.
[34] A.A. *MünchKommZPO/Peters* (1992) Rdnr. 7.
[35] *Thomas/Putzo*[18] Rdnr. 5; *Baumbach/Lauterbach/Hartmann*[51] Rdnr. 15; *Zöller/Stöber*[18] Rdnr. 8; *MünchKommZPO/Peters* (1992) Rdnr. 7; a.A. *H.J. Schmidt* NJW 1975, 1308, 1309.
[36] *BVerwG* NJW 1988, 2491, 2492.
[37] *E. Schneider* JurBüro 1975, 130, 131.

nach § 160a Abs. 2 S. 3 oder auf Protokollberichtigung nach § 164 klar werden[38]. Doch müssen die Parteien von ihrem Recht innerhalb der in Abs. 3 S. 2 Nr. 1 bezeichneten Monatsfrist Gebrauch machen[39].

Abhörungs- und Einsichtsrechte bestehen für die Partei und ihren Anwalt aber nur auf der Geschäftsstelle. Das in § 299 niedergelegte Recht auf Akteneinsicht gibt nicht die Befugnis, Ton- oder Datenträgeraufzeichnungen von der Geschäftsstelle ausgehändigt zu bekommen und sie zuhause oder in der Kanzlei abzuhören oder abzulesen. Die Gefahr der Löschung oder der Verfälschung wäre ansonsten nicht ausreichend zu kontrollieren. Die Justizverwaltung hat die organisatorischen Voraussetzungen für ein Abhören oder Ablesen in der Geschäftsstelle z. B. durch das Aufstellen von Bildschirmen zu schaffen. 19

Es bleibt aber möglich, Tonaufzeichnungen auf einen dem Prozeßbeteiligten gehörenden eigenen Tonträger zu überspielen oder den Inhalt eines Datenträgers auf eine eigene Diskette zu übernehmen. Geschehen darf das ausschließlich auf der Geschäftsstelle und nur unter der Voraussetzung, daß der Vorgang nicht mit technischen Gefahren verbunden ist. Es muß stets die Zustimmung aller Prozeßbeteiligten hinzukommen, deren Aussagen und Erklärungen aufgezeichnet worden sind. Daneben bedarf es des Einverständnisses des Vorsitzenden. Das erfordert der Vorrang des Persönlichkeitsrechts und der Schutz des gesprochenen Wortes. In derartigen Fällen bleiben die Aufzeichnungen nicht im Verfügungsbereich des Gerichts, sondern gelangen in verkörperter Gestalt in die unkontrollierbare Verfügungsgewalt anderer Personen[40]. 20

Vergleichbare Grundsätze gelten auch für das Anfertigen eigener Aufzeichnungen durch nicht dem Gericht angehörende Personen im Gerichtssaal. Das gilt insbesondere für das Benutzen eigener Tonaufzeichnungsgeräte, ohne darauf beschränkt zu sein. Ohne die Zustimmung aller Beteiligten (Richter, Anwälte, Parteien, Zeugen usw.) sind derartige Aufzeichnungen wegen des Persönlichkeitsrechtes der Prozeßparteien unstatthaft. Für Anwälte und Prozeßparteien gelten keine Besonderheiten, auch wenn sie die gewünschten Aufzeichnungen damit begründen, diese für die weitere Prozeßvorbereitung zu benötigen. Das gilt auch, wenn und solange das Gericht selbst die Verhandlung auf Tonträger aufnimmt[41]. Die – für sich allein nicht ausreichende – Zustimmung des Vorsitzenden wird nach pflichtgemäßem Ermessen erteilt und kann selbst dann verweigert werden, wenn die übrigen Prozeßbeteiligten zustimmen[42]. 21

§ 161 [Entbehrlichkeit der Aufnahme in das Protokoll]

(1) Feststellungen nach § 160 Abs. 3 Nr. 4 und 5 brauchen nicht in das Protokoll aufgenommen zu werden,
1. wenn das Prozeßgericht die Vernehmung oder den Augenschein durchführt und das Endurteil der Berufung oder der Revision nicht unterliegt;
2. soweit die Klage zurückgenommen, der geltend gemachte Anspruch anerkannt oder auf ihn verzichtet wird, auf ein Rechtsmittel verzichtet oder der Rechtsstreit durch einen Vergleich beendet wird.

(2) In dem Protokoll ist zu vermerken, daß die Vernehmung oder der Augenschein durchgeführt worden ist. § 160a Abs. 3 gilt entsprechend.

---

[38] *MünchKommZPO/Peters* (1992) Rdnr. 8; *Zöller/Stöber*[18] Rdnr. 9.
[39] *Franzki* DRiZ 1975, 97, 101.
[40] *MünchKommZPO/Peters* (1992) Rdnr. 9.
[41] *MünchKommZPO/Peters* (1992) Rdnr. 10; *Baum-bach/Lauterbach/Albers*[51] § 169 GVG Rdnr. 5; a. A. *Zöller/Stöber*[18] Rdnr. 9.
[42] *OLG Düsseldorf* NJW 1990, 2898f. (Aufzeichnung auf Tonträger im Strafprozeß).

Gesetzesgeschichte: Bis 1900 § 147 CPO. Änderungen RGBl. 1933 I 780 (→ Einl. Rdnr. 133), BGBl. 1974 I 3651 (→ Einl. Rdnr. 154).

Stichwortverzeichnis → *Protokollschlüssel* in § 159 Rdnr. 30.

I. Normzweck 1	IV. Fehlerhaft unterlassene Protokollierung 9
II. Anwendungsbereich	
1. Ausgeschlossene Anwendung 2	V. Vermerk im Protokoll (Abs. 2 S. 1) 12
2. Fakultativ mündliche Verhandlung 3	VI. Aufbewahrung vorläufiger Aufzeichnungen (Abs. 2 S. 2) 13
3. Verfahren vor dem Einzelrichter 4	
4. Verfahren vor dem Kollegium 5	VII. Verhältnis zu den Vorschriften über den Urteilsinhalt (Tatbestand) 14
III. Entbehrlichkeit des Protokolls	
1. Abs. 1 Nr. 1 6	
2. Abs. 1 Nr. 2 7	

I. Normzweck

1 Für die in § 161 Abs. 1 Nr. 1 und 2 genannten prozessualen Situationen wird von der Regel des § 160 Abs. 3 Nr. 4 und Nr. 5 abgewichen, weil sich insoweit die Niederschrift von Zeugen-, Sachverständigen- und Parteiaussagen sowie der Wahrnehmungen bei einem Augenschein erübrigt. Eine Protokollierung stellte sich in diesem Zusammenhang oftmals als überflüssiger Formalismus dar (zur Bedeutung des Protokolls → § 159 Rdnr. 1 ff.). Sind die Voraussetzungen von § 161 gegeben, so liegt die Entscheidung über die Aufnahme in das Protokoll im freien Ermessen des Gerichts. Das Gericht sollte dabei behutsam verfahren, weil den Parteien in den Fällen von Nr. 1 oftmals die Kontrollmöglichkeit genommen wird und Berichtigungsanträge nach § 164 ausscheiden. § 161 kommt auch dann zur Anwendung, wenn es sich um inhaltlich schwierige Aussagen handelt, wie z.B. bei einem verwickelte Vorgänge darstellenden Gutachten. In derartigen Fällen sollte daher regelmäßig protokolliert werden[1].

II. Anwendungsbereich

1. Ausgeschlossene Anwendung

2 Die Beweisaufnahme muß nach Abs. 2 Nr. 1 vor dem Prozeßgericht stattfinden. Deshalb findet § 161 keine Anwendung für das Protokoll des beauftragten oder ersuchten Richters[2]. Neben dem Wortlaut der Vorschrift ergibt sich das aus dem Normzweck, weil nur die eigenen Wahrnehmungen aller Richter des erkennenden Gerichts ein Inhaltsprotokoll ersetzen können[3]. Hat die Beweisaufnahme nicht vor dem Prozeßgericht stattgefunden, so haben die Parteien nach § 285 Abs. 2 das Ergebnis der Beweisaufnahme aufgrund der Beweisverhandlungen vorzutragen (→ § 285 Rdnr. 6). In aller Regel werden sie sich hierbei auf das Protokoll über die Vernehmung oder über den Augenschein beziehen. Sind die Feststellungen nach § 160 Abs. 3 Nr. 4, 5 in fehlerhafter Weise unterblieben, weil § 161 Abs. 1 Nr. 1 fälschlich

---

[1] Dazu *BGHZ* 21, 59, 62 m. Anm. *Fischer* LM ZPO § 161 Nr. 4; *MünchKommZPO/Peters* (1992) Rdnr. 2.
[2] Allg. M.; *Thomas/Putzo*[18] Rdnr. 2; *MünchKomm-ZPO/Peters* (1992) Rdnr. 4; *Baumbach/Lauterbach/Hartmann*[51] Rdnr. 1; *Zöller/Stöber*[18] Rdnr. 3.
[3] S. auch *BVerwG* DVBl 1990, 1354 (Normenkontrollverfahren nach § 47 VwGO).

außerhalb des Bereichs des Prozeßgerichts angewendet wurde, so hat die Beweisaufnahme nur einen sehr beschränkten Wert. Sie kann nur berücksichtigt werden, wenn diejenigen Richter der Schlußverhandlung beiwohnen, welche die Vernehmung oder den Augenschein selbst durchgeführt haben. Aus den genannten Gründen ist auch ein nach § 161 Abs. 1 Nr. 1 gefertigtes Protokoll bei einem Richterwechsel nicht mehr hinreichend.

2. Fakultativ mündliche Verhandlung

§ 161 gilt entsprechend im Verfahren mit fakultativ mündlicher Verhandlung (→ § 128 Rdnr. 39–51), soweit eine Beschwerde nicht stattfindet (§ 567 Abs. 3, 4). **3**

3. Verfahren vor dem Einzelrichter

§ 161 kommt auch zur Anwendung im Verfahren vor dem streitentscheidenden Einzelrichter (§ 348). Einer Protokollierung bedarf es dagegen vor dem Einzelrichter der Berufungsinstanz (§ 524), der die Entscheidung lediglich vorbereitet[4]. Für das später erkennende Kollegium könnte nur die eigene Wahrnehmung sämtlicher Richter das Protokoll ersetzen (auch → Rdnr. 2). Soweit hingegen der zweitinstanzliche Einzelrichter nach § 524 Abs. 4 mit Einverständnis der Parteien den Rechtsstreit selbst entscheidet, kommt § 161 in gleicher Weise zur Anwendung wie im Falle des § 348. Für einen Richterwechsel gilt das zu → Rdnr. 2 a. E. Ausgeführte. **4**

4. Verfahren vor dem Kollegium

Im Falle der Beweisaufnahme vor dem Kollegium wird trotz § 161 auf die Protokollierung nicht immer verzichtet werden können (→ Rdnr. 1), da bei einem Richterwechsel (→ Rdnr. 2 a. E.) die nicht protokollierte Aussage unverwertbar ist. Der Protokollierungsmangel kann in diesem Fall auch durch einen Verzicht der Parteien nicht geheilt werden, da die Verwertung einer nicht protokollierten Aussage nach einem Richterwechsel kein Verfahrensmangel i. S. von § 295 ist, sondern ein Fehler der Urteilsfällung[5]. **5**

III. Entbehrlichkeit des Protokolls

1. Abs. 1 Nr. 1

§ 161 Abs. 1 Nr. 1 setzt voraus, daß das ergehende Endurteil nicht mit der Berufung oder Revision angreifbar ist. Das ist einmal der Fall, wenn Berufung oder Revision nicht statthaft sind (§§ 511, 545; → Rdnr. 7 Allg. Einl. vor § 511). Ebenso liegt es, wenn die erforderliche Berufungssumme (§ 511a) nicht erreicht wird und einer der Ausnahmefälle im Zusammenhang des § 511a (→ § 511a Rdnr. 23) nicht vorliegt[6]. Schließlich gehört darunter der Fall, daß das Gericht gem. § 546 die Revision nicht zulassen wird. Solange noch nicht entschieden ist, ob das Rechtsmittel zugelassen wird, kann § 161 Abs. 1 Nr. 1 nicht angewendet werden. Abs. 1 Nr. 1 ist auch dann einschlägig, wenn es an der erforderlichen Beschwer (→ Rdnr. 9 Allg. Einl. vor § 511) fehlt. So liegt es, wenn die eine Partei obsiegt hat und die andere Partei **6**

---

[4] *MünchKommZPO/Peters* (1992) Rdnr. 4.
[5] *RGZ* 14, 379, 382; 17, 344, 348; *RG* SeuffArch 59 (1904), 34; *RG* JW 1938, 1538; *BGH* ZZP 65 (1952), 267; *BFH* NJW 1966, 1480.
[6] *Thomas/Putzo*[18] Rdnr. 2.

deshalb nicht Berufung oder Revision einlegen kann, weil ihre Beschwer unter der Berufungs- oder Revisionssumme liegt. Bestehen am Streitwert Zweifel, so sollte der Richter von der Möglichkeit des § 161 nicht Gebrauch machen. Die genannten Voraussetzungen müssen nicht bei beiden Parteien zugleich vorliegen. Ausreichend ist es, wenn z. B. der einen Partei die Beschwer fehlt und die andere die Berufungssumme nicht erreicht.

2. Abs. 1 Nr. 2

7   Feststellungen nach § 160 Abs. 3 Nr. 4 und 5 brauchen ferner nicht in das Protokoll aufgenommen zu werden, wenn der gesamte Rechtsstreit entweder durch Klagerücknahme (§ 269), Anerkenntnis (§ 307), Verzicht (§ 306), Rechtsmittelverzicht (§§ 514, 566) oder Prozeßvergleich beendet wird. Auf den Fall der Rücknahme eines Rechtsmittels ist § 161 Abs. 1 Nr. 2 analog anzuwenden[7]. In gleicher Weise gilt § 161 Abs. 1 Nr. 2 entsprechend bei der beiderseitigen Erledigung der Hauptsache und im Falle des Verzichts oder der Zurücknahme des Einspruchs (§ 346) gegen ein Versäumnisurteil[8]. Wahrscheinlich hat der Gesetzgeber übersehen, daß es außer den im Gesetzestext genannten Formen auch diese aufgeführten Möglichkeiten gibt, einen Rechtsstreit ohne Endurteil zu beenden.

8   Wird der Rechtsstreit durch einen der erwähnten Vorgänge lediglich teilweise beendet, so besteht die Protokollierungspflicht nur für diejenigen Feststellungen weiter, die den nichterledigten Teil betreffen. Das setzt freilich deren Abgrenzungsmöglichkeit voraus[9]. Wenn sich die entsprechenden Feststellungen nicht ausgliedern lassen, so muß uneingeschränkt protokolliert werden.

IV. Fehlerhaft unterlassene Protokollierung

9   Liegen die Voraussetzungen von § 161 Abs. 1 nicht vor, so ist eine gleichwohl unterlassene Protokollierung der Feststellungen nach § 160 Abs. 3 Nr. 4 und 5 prozessual fehlerhaft. Die Parteien können über § 161 Abs. 1 Nr. 1 nicht disponieren[10]. Allerdings läßt es die Rechtsprechung zu, daß eine an sich nach § 160 Abs. 3 Nr. 4 erforderliche Protokollierung von Zeugen- oder Sachverständigenaussagen durch deren Wiedergabe im Urteil ersetzt werden kann, wenn dabei (und sei es auch nur unrichtig in den Gründen) klar zwischen dem Inhalt und der Würdigung der Aussagen unterschieden wird. Ferner muß der gesamte irgendwie für die Entscheidung bedeutsame Inhalt der Aussagen ohne weiteres erkennbar sein[11]. Ferner ist eine Ersetzung durch einen Berichterstattervermerk über das Ergebnis der Beweisaufnahme, auf den im Urteil Bezug genommen wird, möglich[12]. Die Aufzeichnung des Berichterstatters muß den Parteien vor der Urteilsverkündung mitgeteilt werden. Doch ist eine Verwertung im Urteil ohne Mitteilung an die Parteien zulässig, wenn das Urteil noch am Tage der Beweiserhebung verkündet worden ist[13].

10 Lediglich unter den gegebenen Voraussetzungen ist ein Verstoß gegen §§ 161, 160 Abs. 3 Nr. 4 gem. § 295 dadurch zu heilen, daß die Parteien nach geschehener Beweisaufnahme mündlich verhandelt haben, ohne die unterlassene Protokollierung zu rügen[14]. Andernfalls führt die unterlassene Protokollierung zu einem Mangel im Tatbestand des Urteils, weil die tatsächlichen Unterlagen der Entscheidung nicht in vollem Umfang ersichtlich sind. Ein

---

[7] *Franzki* DRiZ 1975, 97, 100.
[8] In BT-Drucks. 7/2729 v. 5.11.1974 S. 60 wird allgemein auf den Abschluß des Rechtsstreits »auf andere Weise als durch Endurteil« abgestellt.
[9] *Thomas/Putzo*[18] Rdnr. 3; *Baumbach/Lauterbach/Hartmann*[51] Rdnr. 1.
[10] Dazu *BVerwG* NVwZ 1985, 182; *BGH* NJW 1987, 1200 f.
[11] *BGH* NJW 1987, 1200 f.
[12] *BGH* NJW 1991, 1547, 1548 f.
[13] *BGH* NJW 1991, 1547, 1549.
[14] *BGH* NJW 1987, 1200 f.

derartiger Mangel unterliegt aber nicht der für die Anwendung des § 295 erforderlichen Disposition der Parteien, da das Revisionsgericht dann seine Aufgabe nicht wahrnehmen kann, die Anwendung des Rechts auf den festgestellten Sachverhalt zu überprüfen[15] (großzügiger die Vorauf. → Rdnr. 10).

Ist nach dem Gesagten eine Heilung nach § 295 ausnahmsweise möglich, so muß die Partei 11 den Mangel bei der nächsten mündlichen Verhandlung rügen, wobei die Rüge ausdrücklich oder schlüssig erhoben werden kann. Der Ausdruck »nächste mündliche Verhandlung« bedeutet nicht unbedingt einen neuen Termin, sondern kann auch eine Verhandlung sein, die sich an die Beweisaufnahme, in der nicht protokolliert wurde, unmittelbar anschließt (vgl. § 370 Abs. 1). Durch Nichtrüge geht das Rügerecht verloren[16].

V. Vermerk im Protokoll (Abs. 2 S. 1)

Im Protokoll ist nach Abs. 2 S. 1 zu vermerken, daß die Vernehmung oder der Augenschein 12 durchgeführt wurden. Anzugeben sind die Namen der vernommenen Personen und der Umstand, ob sie eidlich oder unbeeidet vernommen worden sind. Ein Berichterstattervermerk (→ Rdnr. 9) muß den Parteien mitgeteilt werden, damit sie zu ihm Stellung nehmen können[17]. Wegen Art. 103 Abs. 1 GG muß der Vermerk den Parteien so rechtzeitig mitgeteilt werden, daß sie ihn verwerten können. Über den Inhalt der Vernehmung sagt der Vermerk des Abs. 2 S. 1 nichts aus. Wenn die Protokollierung nach Abs. 1 entbehrlich ist, so muß sich das Gericht mit dem Beweisergebnis gleichwohl in den Gründen auseinandersetzen.

VI. Aufbewahrung vorläufiger Aufzeichnungen (Abs. 2 S. 2)

Für die Aufbewahrung vorläufiger Aufzeichnungen und für die Löschung von Tonaufzeich- 13 nungen gilt wegen § 161 Abs. 2 S. 2 die Vorschrift des § 160a Abs. 3 entsprechend, obwohl im Anwendungsbereich von § 161 eine Übertragung in das Protokoll oder dessen Ergänzung nicht in Betracht kommt. Die Aufzeichnungen sind bei den Prozeßakten oder bei der Geschäftsstelle zu verwahren, nicht etwa im Schreibtisch des Richters[18].

VII. Verhältnis zu den Vorschriften über den Urteilsinhalt (Tatbestand)

§ 161 gilt nur für die Protokollierung. Im Rahmen ihres Anwendungsbereiches (außerhalb 14 → Rdnr. 9ff.) bedeutet die Norm nicht, daß das Gericht im Tatbestand seines Urteils in vergleichbarer Weise auf tatsächliche Angaben verzichten dürfte[19]. Eine Vereinfachung für die Entscheidungsgründe enthält § 495a Abs. 2 S. 2. Das Gericht muß deshalb den wesentlichen Inhalt der Vernehmung oder des Augenscheins in den Tatbestand seines Urteils aufnehmen (näher → § 313 Rdnr. 30ff.). Eine Bezugnahme gem. § 313 Abs. 2 S. 2 scheidet wegen der fehlenden Protokollierung gerade aus. Ausnahmen gelten nur, wenn nach besonderen Bestimmungen, wie z. B. nach den §§ 313a Abs. 1, 313b Abs. 1, auf einen Tatbestand verzichtet werden darf. Dazu gehört auch § 495a Abs. 2 S. 1. Unzulässig ist es, die Wiedergabe von Feststellungen nach § 160 Abs. 3 Nr. 4 und 5 mit der Begründung zu unterlassen, § 161 hätte die Protokollierung nicht geboten[20]. Vielmehr regeln die §§ 313ff. abschließend,

---

[15] *BGH* NJW 1987, 1200f.; großzügiger *BVerwG* NJW 1988, 579, 580; strenger aber *BVerwG* NVwZ 1986, 748.
[16] Vgl. *BVerwG* NJW 1988, 579; 1977, 313, 314.
[17] Dazu *BGH* NJW 1972, 1673 (Abgrenzungsentscheidung: *BGH* NJW 1991, 1547, 1549); LM ZPO § 554 Nr. 23; ferner *Mezger* NJW 1961, 1701ff.

[18] *Baumbach/Lauterbach/Hartmann*[51] Rdnr. 7.
[19] Vgl. *BGHZ* 40, 84ff.
[20] So aber *BVerwG* NJW 1977, 313, 314; *Schmitz* DRiZ 1976, 312, 313; wie hier *Franzki* DRiZ 1975, 97, 100.

welche Feststellungen in ein Urteil gehören und in welchen Fällen von einem Tatbestand abgesehen werden kann.

§ 162 [Genehmigung des Protokolls]

(1) Das Protokoll ist insoweit, als es Feststellungen nach § 160 Abs. 3 Nr. 1, 3, 4, 5, 8, 9 oder zu Protokoll erklärte Anträge enthält, den Beteiligten vorzulesen oder zur Durchsicht vorzulegen. Ist der Inhalt des Protokolls nur vorläufig aufgezeichnet worden, so genügt es, wenn die Aufzeichnungen vorgelesen oder abgespielt werden. In dem Protokoll ist zu vermerken, daß dies geschehen und die Genehmigung erteilt ist oder welche Einwendungen erhoben worden sind.

(2) Feststellungen nach § 160 Abs. 3 Nr. 4 brauchen nicht abgespielt zu werden, wenn sie in Gegenwart der Beteiligten unmittelbar aufgezeichnet worden sind; der Beteiligte, dessen Aussage aufgezeichnet ist, kann das Abspielen verlangen. Soweit Feststellungen nach § 160 Abs. 3 Nr. 4 und 5 in Gegenwart der Beteiligten diktiert worden sind, kann das Abspielen, das Vorlesen oder die Vorlage zur Durchsicht unterbleiben, wenn die Beteiligten nach der Aufzeichnung darauf verzichten; in dem Protokoll ist zu vermerken, daß der Verzicht ausgesprochen worden ist.

Gesetzesgeschichte: § 148 CPO. Änderungen BGBl. 1974 I 3651 (→ Einl. Rdnr. 154).

Stichwortverzeichnis → *Protokollschlüssel* § 159 Rdnr. 30.

I. Normzweck	1	V. Prozessuale Mängel	11
II. Vorlesen und Vorlegen zur Durchsicht (Abs. 1 S. 1)	2	VI. Ausnahmen vom Grundsatz (Abs. 2)	
III. Vorläufige Aufzeichnungen (Abs. 1 S. 2)	6	1. Unmittelbare Aufzeichnung (Abs. 2 S. 1)	12
		2. Diktat (Abs. 2 S. 2)	14
IV. Genehmigung; Einwendungen (Abs. 1 S. 3)	8		

I. Normzweck

1   Das in § 162 geregelte Verlesen sowie dessen Ersatzformen bezwecken, die Richtigkeit der getroffenen Feststellungen durch die Beteiligten überprüfen zu lassen[1]. Die erteilten Genehmigungen sichern und bestätigen die Richtigkeit der Aufzeichnungen. Vorgebrachte Einwendungen führen eine erneute Überprüfung durch das Gericht herbei und bekräftigen die Feststellungen im übrigen.

II. Vorlesen und Vorlegen zur Durchsicht (Abs. 1 S. 1)

2   Das Vorlesen des Protokolls (allgemein zum Zweck des Protokolls → § 159 Rdnr. 1) ist nur vorgeschrieben für die Feststellungen nach § 160 Abs. 3 Nr. 1, 3, 4, 5, 8 und 9 sowie die nach § 297 Abs. 1 S. 3 zu Protokoll erklärten Anträge. Dabei bleibt es sich gleich, ob diese in

---

[1] *BGH* NJW 1984, 1465, 1466.

Anlagen enthalten sind (§ 160 Abs. 5) oder nicht. § 162 Abs. 1 S. 1 meint die endgültige Niederschrift in Langschrift (arg. S. 2), nicht lediglich eine als Entwurf dienende Aufzeichnung (auch → § 159 Rdnr. 13). Gleichwohl ist die Sitzungsniederschrift im Stadium des Verlesens noch Entwurf (arg. § 163)[2]. Nicht ordnungsgemäß protokolliert ist ein Rechtsmittelverzicht, der lediglich laut diktiert und genehmigt, aber nicht vorgelesen worden ist[3]. Gleichwohl ist er wirksam (→ § 159 Rdnr. 28)[4], da lediglich festgestellt werden muß, daß er erklärt worden ist.

Die Vorlesung des Protokolls kann dadurch ersetzt werden, daß es den einzelnen Beteiligten zur Durchsicht vorgelegt wird. Vorlegen und Vorlesen müssen gleichermaßen vor dem Schluß der mündlichen Verhandlung geschehen. Unterbleibt dies gleichwohl, so kann der Mangel durch Nachholung nach Schluß der mündlichen Verhandlung geheilt werden. Dazu muß das Verfahren wiedereröffnet werden. Die Beteiligten sind im Falle des Abs. 1 die Parteien und deren Vertreter. Zeugen und Sachverständige sind Beteiligte nur in Ansehung ihrer Aussagen. 3

Das Vorlesen ist dann entbehrlich, wenn sich ein Beteiligter vorher entfernt hat und dies festgestellt wird. Ebenso liegt es, wenn das vorzulesende Schriftstück von einer der Parteien bereits vorgelesen ist, wie es insbesondere bei § 297 der Fall ist[5]. Abweichendes gilt, wenn ein Vergleich überreicht und vorgetragen worden ist. Das reicht nicht als »zur Durchsicht vorgelegt« aus[6]. Keinen Ersatz für die Vorlesung bildet das laute Diktieren des Protokolls[7]. 4

Die Parteien können über die Pflicht des Gerichts zur Vorlesung nicht disponieren. Ihr Verzicht kann deshalb das Gericht nicht von der Pflicht zur Vorlesung entbinden. Das gilt für den vorherigen Verzicht der Parteien[8]. Gleichwohl findet § 295 Abs. 1 Anwendung. Ein Mangel kann daher sowohl bei Zeugenaussagen wie bei Parteierklärungen durch den nachträglichen Verzicht der Parteien auf die Formvorschrift geheilt werden. Ebenso liegt es bei einem Unterlassen der Rüge nach § 295[9]. 5

III. Vorläufige Aufzeichnungen (Abs. 1 S. 2)

Ist der Inhalt des Protokolls (§ 160) nach § 160a nur vorläufig aufgezeichnet worden, so müssen diese Aufzeichnungen nach § 162 Abs. 1 S. 2 vorgelesen oder abgespielt werden. Ein lautes Diktieren der vorläufigen Aufzeichnung reicht nicht aus[10]. So liegt es selbst dann, wenn das Diktat genehmigt wurde[11]. Ausnahmen ergeben sich aus Abs. 2 S. 2 (→ Rdnr. 14). Ein Verzicht der Parteien auf das Vorlesen oder Abspielen ist unbeachtlich[12]. Doch ist eine Heilung nach § 295 möglich (→ Rdnr. 5). Eine Ausnahme bildet der Prozeßvergleich. 6

Wenn das Gericht das Protokoll nicht nur nach Abs. 1 S. 2 vorläufig aufzeichnet, sondern daneben ein Protokoll führt, muß hinsichtlich dieses Protokolls zusätzlich nach Abs. 1 Satz 1 verfahren werden. Es muß daher den Beteiligten vorgelesen oder vorgelegt werden[13]. Das Gesagte gilt auch dann, wenn sich die parallele Aufzeichnung nur auf einzelne Teile der Verhandlung oder auf besondere Erklärungen bezieht. 7

---

[2] BGH NJW 1984, 1465, 1466; a.A. wohl Voraufl. → Rdnr. 1.
[3] OLG Celle NdsRpfl. 1981, 197, 198.
[4] BGH NJW-RR 1986, 1327, 1328.
[5] Dazu RG Gruchot 53 (1909), 722.
[6] A.A. RG Gruchot 53 (1909), 722, 723.
[7] BAG AP ZPO § 162 Nr. 1 m.Anm. Pohle; LG Bonn NJW 1957, 1239, 1240; aber auch E. Schneider MDR 1963, 973, 974; Wiesenthal DRiZ 1959, 181 (je zum alten Recht).

[8] RGZ 133, 215, 218; 135, 118, 119.
[9] So auch RGZ 12, 436, 438.
[10] OVG Münster NJW 1976, 1228, 1229 (zu § 162 a.F.).
[11] OLG Saarbrücken FamRZ 1992, 109, 110; OLG Schleswig SchlHA 1980, 72, 73; OVG Münster NJW 1976, 1228, 1229.
[12] Vgl. OLG Frankfurt a.M. FamRZ 1980, 907.
[13] BVerwG NJW 1983, 2275.

IV. Genehmigung; Einwendungen (Abs. 1 S. 3)

8 Zusätzlich zu dem Vorlesen oder dem Vorlegen zur Durchsicht (→ Rdnr. 2 ff.) oder dem Vorlesen oder Abspielen (→ Rdnr. 6) ist auch die Genehmigung der betreffenden Beteiligten zu protokollieren. Für die Genehmigung reicht stets Mündlichkeit aus. Die Genehmigung muß nach Abs. 1 S. 3 stets im Protokoll vermerkt werden. Das gilt auch für die Tatsache des Vorlesens und deren Ersatzformen. Nach der Rechtsprechung genügt dafür die Formel »vorgelesen und genehmigt«. Ausreichend sind auch entsprechende eindeutige Abkürzungen wie »v. u. g.« oder »v. g.«[14].

9 Die Beteiligten unterschreiben das Sitzungsprotokoll nicht. Das gilt auch dann, wenn das Protokoll ein Rechtsgeschäft privatrechtlicher Art enthält, für das außerhalb des Prozesses die Unterschrift nach § 126 BGB erforderlich wäre.

10 Aus § 162 Abs. 1 S. 3 geht hervor, daß die Gültigkeit des Protokolls nicht davon abhängt, ob die Beteiligten das Protokoll genehmigen oder beanstanden, indem sie Einwendungen erheben. Auch die betroffene Prozeßhandlung ist nicht allein deshalb unwirksam[15]. Erhobene Einwendungen sind nach Abs. 1 S. 3 im Protokoll zu vermerken, wenn ihnen nicht sofort abgeholfen wird. Es steht im pflichtgemäßen Ermessen des Gerichts, in welchem Umfang das geschieht. Über die inhaltliche Rechtfertigung der Einwendungen entscheidet das Prozeßgericht. Es kann daher die Einwendungen auch zurückweisen und die nicht genehmigte Prozeßhandlung als wirksam ansehen[16]. Auch darf das Gericht trotz verweigerter Genehmigung eine Zeugenaussage verwerten, ohne zu einer erneuten Vernehmung verpflichtet zu sein[17].

V. Prozessuale Mängel

11 Die prozessualen Folgen einer mangelhaften oder fehlenden Vorlesung oder einer Vorlage zur Durchsicht für das Urteil richten sich nach den oben → § 159 Rdnr. 26 niedergelegten Grundsätzen. Wird § 162 Abs. 1 nicht beachtet, so fehlt dem Protokoll die Beweiskraft als öffentliche Urkunde (→ § 159 Rdnr. 26)[18]. Entsteht über die Wirksamkeit einer Prozeßhandlung demzufolge Streit, so muß darüber eine Beweisaufnahme stattfinden. Anders als bei dem gerichtlichen Vergleich (→ § 160 Rdnr. 14)[19] tritt bei den einseitigen Prozeßhandlungen keine Unwirksamkeit ein (→ § 159 Rdnr. 28). Ist ein Prozeßvergleich in einem Protokoll so niedergelegt worden, wie ihn die Parteien nach Vorlesung genehmigt haben, so scheidet eine Berichtigung nach § 164 wegen offenbarer Unrichtigkeit aus, wenn einer Partei bei dem vereinbarten Betrag ein Rechenfehler unterlaufen ist[20]. Im Statusprozeß des § 641 c erfordert auch die Anerkennung der Vaterschaft zu Protokoll die Vorlesung und Genehmigung der protokollierten Erklärung in analoger Anwendung der §§ 160 Abs. 3 Nr. 1, 162[21]. Bestreitet der Gegner das Vorliegen der Prozeßhandlung, so muß der Beweis ihrer Vornahme anders als durch das Protokoll geführt werden. Die genannten Grundsätze gelten auch für die Wirksamkeit einer nach § 630 Abs. 2 erklärten Zustimmung zur Scheidung[22].

---

[14] Vgl. *RGZ* 53, 150 (»v.g.u.«).
[15] *BGH* NJW 1984, 1465, 1466.
[16] *BGH* NJW 1984, 1465, 1466.
[17] *BVerwG* NJW 1986, 3154, 3157 im Anschluß an *BGH* NJW 1984, 1465, 1466.
[18] *BHG* NJW 1984, 1465, 1466; *OLG Saarbrücken* FamRZ 1992, 109, 111 li. Sp.
[19] *BayObLG* WohnungsEigentümer 1989, 183; *LG Berlin* VersR 1988, 302 (LS).
[20] *OLG Frankfurt a.M.* MDR 1986, 152, 153.
[21] *OLG Hamm* OLGZ 1988, 80, 82.
[22] *OLG Saarbrücken* FamRZ 1992, 109 ff.

VI. Ausnahmen vom Grundsatz (Abs. 2)

Abs. 2 enthält Ausnahmen vom Grundsatz des Vorlesens, der Vorlage oder des Abspielens nach Abs. 1. Die Entbehrlichkeit ist gegeben im Falle einer unmittelbaren Aufzeichnung nach Abs. 2 S. 1 (→ sogleich Rdnr. 12) sowie eines Diktats nach Abs. 2 S. 2 (→ Rdnr. 14).

1. Unmittelbare Aufzeichnung (Abs. 2 S. 1)

Wenn die Aussagen von Zeugen, Sachverständigen oder vernommenen Parteien (§ 160 Abs. 3 Nr. 4) in deren Gegenwart unmittelbar auf Tonträger aufgezeichnet worden sind, so erübrigt sich nach § 162 Abs. 2 S. 1 ein Abspielen. Das bedeutet eine Ausnahme von § 162 Abs. 1 S. 2, weil auch die in § 162 Abs. 2 S. 1 genannte unmittelbare Aufzeichnung eine vorläufige Aufzeichnung i. S. von § 162 Abs. 1 S. 2 i. V. m. § 160a Abs. 1 ist. Ein zusammenfassendes Diktat des Richters ist nicht erforderlich[23]. Abs. 2 S. 1 gilt nicht für Kurzschriftaufnahmen[24]. Da eine Pflicht zum Abspielen unmittelbar aufgezeichneter Aussagen nicht besteht, ist auch ein Verzicht auf das Abspielen nicht erforderlich[25]. Abs. 2 S. 1 HS 2 räumt lediglich demjenigen Beteiligten, dessen Aussage aufgezeichnet ist, ein Recht ein, das Abspielen zu verlangen. Eine richterliche Hinweispflicht (§ 139) besteht jedenfalls dann nicht, wenn die Partei anwaltlich vertreten ist[26]. Ein richterlicher Hinweis ist aber in allen Fällen angebracht, auch wenn er nicht rechtlich zwingend ist.

Die Ausnahme des § 162 Abs. 2 S. 1 gilt nur für Feststellungen nach § 160 Abs. 3 Nr. 4, also für die Aussagen von Zeugen, Sachverständigen und vernommenen Parteien. Bei anderen unmittelbar aufgenommenen Feststellungen gilt § 162 Abs. 2 S. 1 dagegen nicht. Vielmehr ist für diese Feststellungen (§ 160 Abs. 3 Nr. 1, 3, 8, 9) § 162 Abs. 1 einschlägig.

2. Diktat (Abs. 2 S. 2)

Wenn die Aussagen der Zeugen, Sachverständigen und der vernommenen Parteien (§ 160 Abs. 3 Nr. 4) sowie das Ergebnis eines Augenscheins (§ 160 Abs. 3 Nr. 5) in Gegenwart der Beteiligten diktiert werden, so kann das Vorlesen, das Abspielen oder die Vorlage zur Durchsicht nach dem freien Ermessen des Gerichts unterbleiben, wenn die Beteiligten darauf verzichtet haben (Abs. 2 S. 2 HS 1). Der Verzicht ist von allen Beteiligten[27] zu erklären und darf nach Wortlaut und Zweck der Norm erst nach der Aufzeichnung abgegeben werden. Jedenfalls bei anwaltlicher Vertretung ist ein stillschweigender Verzicht nicht ausgeschlossen, wenngleich auch das Gericht in diesem Fall stets ausdrücklich fragen sollte. Dagegen ist bei einem rechtsunkundigen Zeugen ein stillschweigender Verzicht lediglich fiktiv und daher abzulehnen[28]. Ein nachträglicher Verzicht reicht nicht aus, wenn das Gericht die Aussage oder das Ergebnis des Augenscheins nicht in Gegenwart aller Beteiligten diktiert hat[29].

Der Verzicht ist nach § 162 Abs. 2 S. 2 HS 2 im Protokoll zu vermerken. Die Unterschrift der Beteiligten ist nicht erforderlich. Abkürzungen wie z.B. »auf V. verz.« sind zulässig. Ausreichend ist auch »nach Diktat genehmigt«. Allerdings sollte von dieser Fassung Abstand genommen werden, weil die Formulierung durchaus zu Zweifeln Anlaß geben kann[30]. Fehlt die Feststellung des Verzichts im Protokoll, so entfaltet es keine Beweiskraft als öffentliche Urkunde (§§ 415, 418). Das Gericht sollte stets den Verzicht aller Beteiligten im Protokoll

---

[23] BVerwG NJW 1976, 1282.
[24] BVerwG NJW 1976, 1283; auch Buchholz 310 § 105 VwGO Nr. 40.
[25] BVerwG NJW 1976, 1282.
[26] BVerwG NJW 1976, 1282.

[27] H.J. Schmidt NJW 1975, 1308; Putzo NJW 1975, 185, 188.
[28] A.A. Baumbach/Lauterbach/Hartmann[51] Rdnr. 7.
[29] Dazu auch BVerwG NJW 1976, 1283.
[30] Zutr. Thomas/Putzo[18] Rdnr. 4.

ausdrücklich feststellen. Dabei muß im Protokoll auch erscheinen, daß »alle« Beteiligten verzichtet haben[31]. Trotz eines erklärten Verzichts ist es bisweilen empfehlenswert, wichtige Aussagen oder Ergebnisse eines Augenscheins noch einmal durch Genehmigung der Parteien absichern zu lassen. Das gilt vor allem bei Aussagen, die beeidet werden sollen (§§ 391, 410, 452).

16 Der Verzicht des § 162 Abs. 2 S. 2 ist auf die in § 160 Abs. 3 Nr. 4 und 5 genannten Angelegenheiten beschränkt. In anderen Fällen greift die Ausnahme nicht ein. Deshalb darf sie nicht erweiternd ausgelegt werden.

§ 163 [Unterzeichnung des Protokolls]

(1) Das Protokoll ist von dem Vorsitzenden und von dem Urkundsbeamten der Geschäftsstelle zu unterschreiben. Ist der Inhalt des Protokolls ganz oder teilweise mit einem Tonaufnahmegerät vorläufig aufgezeichnet worden, so hat der Urkundsbeamte der Geschäftsstelle die Richtigkeit der Übertragung zu prüfen und durch seine Unterschrift zu bestätigen; dies gilt auch dann, wenn der Urkundsbeamte der Geschäftsstelle zur Sitzung nicht zugezogen war.

(2) Ist der Vorsitzende verhindert, so unterschreibt für ihn der älteste beisitzende Richter; war nur ein Richter tätig und ist dieser verhindert, so genügt die Unterschrift des zur Protokollführung zugezogenen Urkundsbeamten der Geschäftsstelle. Ist dieser verhindert, so genügt die Unterschrift des Richters. Der Grund der Verhinderung soll im Protokoll vermerkt werden.

Gesetzesgeschichte: Früher § 149 CPO. Änderungen RGBl. 1924 I 135 (→ Einl. Rdnr. 123), 1927 I 175 (→ Einl. Rdnr. 125). Neugefaßt durch Gesetz vom 20.12.1974, BGBl. I 3651 (→ Einl. Rdnr. 154).

Stichwortverzeichnis: → *Protokollschlüssel* in § 159 Rdnr. 30.

I. Bedeutung	1	III. Fehler	9
II. Unterzeichnung	2	IV. Verhinderung	10

I. Bedeutung

1 Mit der Unterschrift übernehmen Vorsitzender und Urkundsbeamter gemeinsam die Verantwortung für die Richtigkeit und die Vollständigkeit des Protokolls[1]. Die Unterzeichnung des Protokolls ist Voraussetzung für seine Beweiskraft (§§ 165, 415). Das Protokoll ist als einheitliche Urkunde herzustellen (zum Protokoll allgemein → § 159 Rdnr. 1).

II. Unterzeichnung

2 In der Regel wird das Protokoll durch den Vorsitzenden oder den allein tätigen Richter (Richter am Amtsgericht; Einzelrichter nach § 348; beauftragter [§ 361] oder ersuchter [§ 362] Richter) und durch den Urkundsbeamten der Geschäftsstelle unterzeichnet. Eine Nachholung ist möglich, so daß eine bislang versäumte Unterschrift auch noch im Rechtsmittelverfahren nachgetragen werden kann[2].

---

[31] *MünchKommZPO/Peters* (1992) Rdnr. 6.
[1] BGH VersR 1989, 604.

[2] Dazu BGH VersR 1989, 604; NJW 1958, 1237; *Vollkommer* Formenstrenge und prozessuale Billigkeit (1973), 301 bei Fn. 33, 410f.

Der Richter ist stets zur Unterschrift befugt, wenn er dem Gericht noch angehört. Das ist der 3
Fall, wenn er inzwischen einem anderen Spruchkörper (Kammer, Senat) desselben Gerichts
zugeordnet worden ist[3]. Die Unterschrift kann aber auch dann wirksam nachgeholt werden,
wenn er zwischenzeitlich in ein anderes richterliches Amt bei einem anderen Gericht versetzt
worden ist[4]. Zwar ist die Unterzeichnung eine richterliche Handlung, die vom Verfassungsgebot der Gesetzlichkeit des Richters umfaßt ist (→ Einl. Rdnr. 480). Doch führte die Gegenmeinung oftmals zu zufälligen Ergebnissen, wenn es dem ausscheidenden Richter nicht mehr
rechtzeitig gelingt, zu unterschreiben. Ist aber der bisherige Richter überhaupt nicht mehr als
Richter tätig, weil er z. B. zur Staatsanwaltschaft oder in den Ministerialdienst übergewechselt
oder ganz aus dem Staatsdienst ausgeschieden ist, so fehlt ihm die Unterzeichnungsbefugnis.
Eine gleichwohl vorgenommene Unterschrift ist unwirksam[5]. Die dargestellten Grundsätze
gelten auch für den Urkundsbeamten. Deshalb ist etwa die Unterschrift des Urkundsbeamten
unter einem Berichtigungsvermerk gem. § 164 Abs. 3 S. 2 auch dann zulässig, wenn der
Beamte an ein anderes Gericht abgeordnet ist[6].

Wenn zwischen dem Vorsitzenden und dem Urkundsbeamten der Geschäftsstelle Mei- 4
nungsverschiedenheiten bestehen, die nicht sofort behoben werden können, so hat ein jeder
das Recht, im Protokoll seine eigene Auffassung neben der des anderen selbständig zum
Ausdruck zu bringen[7]. Beide haben nämlich ihre Wahrnehmung unter eigener Verantwortung zu bekunden (§ 348 StGB). Andernfalls wird die Unterschrift verweigert. In derartigen
Fällen kommt dem Protokoll nicht die Beweiskraft des § 165 zu (→ § 159 Rdnr. 27).

Bei vorläufigen Aufzeichnungen ist der Richter für die inhaltliche Richtigkeit und Vollstän- 5
digkeit des Protokolls mitverantwortlich[8]. Vorläufige Aufzeichnungen werden nicht Anlagen
zum Protokoll; das Protokoll ist vielmehr eine einheitliche Urkunde. Der Vorsitzende ist aber
nicht verpflichtet, die vorläufigen Aufzeichnungen im einzelnen auf ihre Richtigkeit und
Vollständigkeit zu überprüfen. Es ist ausreichend, wenn er das Protokoll im Gesamtzusammenhang auf seine inhaltliche Richtigkeit und Vollständigkeit durchsieht. Dabei kann er sich
auf eine Kontrolle nach seinem Gedächtnis und nach vorhandenen eigenen Aufzeichnungen
beschränken[9]. Der Vorsitzende muß aber dann den Einzelheiten nachgehen, wenn ihm
Widersprüche zu seinen Erinnerungen auffallen oder ihm sonst Zweifel kommen. In diesem
Fall muß er sich mit den vorläufigen Aufzeichnungen im einzelnen befassen und ggf. Rücksprache mit dem Urkundsbeamten nehmen[10].

Der zur Protokollführung zugezogene (→ § 159 Rdnr. 16) Urkundsbeamte der Geschäfts- 6
stelle, der die vorläufigen Aufzeichnungen angefertigt hat, bestätigt durch seine Unterschrift
die richtige Aufnahme und die inhaltlich richtige und vollständige Übertragung der vorläufigen Aufzeichnungen in das endgültige Protokoll[11]. Das gilt auch und gerade für die Richtigkeit stenographischer Aufzeichnungen. Neben seinem Namen hat er auch die Funktionsbezeichnung, die über die Erfüllung der Anforderungen des § 163 Abs. 1 Aufschluß gibt,
anzuführen. Die Unterschrift (oder die Funktionsbezeichnung) können auch noch in der
Revisionsinstanz nachgeholt werden[12].

Wenn der Urkundsbeamte nicht selbst mit der Aufzeichnung befaßt war, weil hierzu ein 7
Tonaufnahmegerät verwendet wurde, so hat er nach Abs. 1 S. 2 HS 1 durch seine Unterschrift

---

[3] *OLG Stuttgart* OLGZ 1976, 241, 243 m. abl. Anm.
Vollkommer Rpfleger 1976, 257.
[4] H.L., *OLG München* OLGZ 1980, 465, 467 (obiter
dictum); *OLG Schleswig* SchlHA 1960, 145, 146; *Thomas/Putzo*[18] § 315 Rdnr. 1; *MünchKommZPO/Peters*
(1992) Rdnr. 5; *Zöller/Stöber*[18] Rdnr. 8; unklar *Baumbach/Lauterbach/Hartmann*[51] Rdnr. 5; a. A. *OLG Stuttgart* OLGZ 1976, 241, 243; → Voraufl. Rdnr. 3.
[5] *OLG München* OLGZ 1980, 465, 468; a. A. *Vollkommer* NJW 1968, 1309, 1310 (zu § 315).

[6] *OLG Hamm* OLGZ 1979, 376, 381.
[7] Dazu *OLG Dresden* SächsAnn 25, 79 ff.; *MünchKommZPO/Peters* (1992) Rdnr. 3.
[8] *BVerwG* NJW 1977, 264; BT-Drucks. 7/2729 S. 62.
[9] BT-Drucks. 7/2729 S. 62; *Franzki* DRiZ 1975, 97,
100 (auch zu den Risiken der Regelung).
[10] *MünchKommZPO/Peters* (1992) Rdnr. 2.
[11] Begründung BT-Drucks. 7/2729 S. 62; *Thomas/Putzo*[18] Rdnr. 1.
[12] *BVerwG* NJW 1977, 264.

nur die Richtigkeit der Übertragung zu bestätigen[13]. Das gilt auch dann, wenn er nicht zur Sitzung zugezogen war (Abs. 1 S. 2 HS 2)[14]. Neben der Unterschrift ist hier zur Klarstellung der Zusatz »für die Richtigkeit der Übertragung« erforderlich[15].

8   Richter und Urkundsbeamter müssen nicht gleichzeitig unterzeichnen. Es entspricht der herkömmlichen und zulässigen Arbeitsteilung, daß der Urkundsbeamte das Protokoll anfertigt und zuerst unterzeichnet. Im Anschluß daran kommt es zu einer Überprüfung des Gerichts in den Grundzügen (→ Rdnr. 5) mit anschließender Unterschrift. Die Unterschrift des Urkundsbeamten ist dagegen nicht erforderlich, wenn er lediglich das Stenogramm des Richters in Reinschrift überträgt[16].

III. Fehler

9   Sind Stellen des Protokolls unleserlich oder unvollständig oder enthält es Lücken, so würdigt das Gericht den Inhalt frei. Zulässig ist der Beweis für die Unrichtigkeit der Übertragung[17]. Die Berichtigung richtet sich nach § 164. Zur Unterschrift befugt ist auch ein blinder vorsitzender Richter, auch wenn er allein unterschreibt[18].

IV. Verhinderung

10 Wenn bei Kollegialgerichten der Vorsitzende an der Unterzeichnung verhindert ist, so unterschreibt nach der in Abs. 2 S. 1 HS 1 getroffenen Regelung für ihn der nach Dienstjahren älteste Richter[19]. Zwar versteht der übliche Sprachgebrauch unter »Alter« das Lebensalter und nicht das Dienstalter. Doch gilt im Kollegium die Hierarchie des Dienstalters (§ 21f Abs. 2 S. 2, § 197 GVG). Erst bei gleichem Dienstalter unterschreibt der an Lebensjahren ältere. Das läßt sich auf eine Analogie zu § 21h, § 21f Abs. 2 S. 2 GVG stützen. Wenn der betreffende Beisitzer ebenfalls verhindert ist, so muß der dienstjüngere Beisitzer für beide unterschreiben. Abs. 2 S. 1 regelt nur die Reihenfolge, ohne den dienstjüngeren Beisitzer auszuschließen[20].

11 Wenn nur ein Richter tätig geworden ist (→ Rdnr. 2), so genügt bei seiner Verhinderung nach Abs. 2 S. 1 HS 2 die Unterschrift des Urkundsbeamten der Geschäftsstelle, falls dieser zugezogen war. War der Urkundsbeamte nicht zugezogen, so kann er den verhinderten Richter nicht in der Unterschrift vertreten (→ § 159 Rdnr. 20). Deshalb genügt auch nicht die Unterschrift des lediglich zum Zweck der Überprüfung der Richtigkeit der Übertragung nach § 163 Abs. 1 S. 2 tätig gewordenen Urkundsbeamten. In diesem Fall kommt ein Protokoll nicht zustande[21].

12 Ist der zugezogene Urkundsbeamte der Geschäftsstelle verhindert, so genügt nach Abs. 2 S. 2 die alleinige Unterschrift des Richters. Die Regelung hat ihren Grund in der beiderseitigen Verantwortung für die Richtigkeit des Protokolls nach Abs. 1 S. 1 (→ Rdnr. 1). Wenn der Richter ebenfalls verhindert ist, so kommt auch in diesem Fall ein Protokoll nicht zustande[22]. »Richter« i.S. von Abs. 2 S. 2 ist der Vorsitzende oder der nach Abs. 2 S. 1 HS 1 für ihn unterschreibende Beisitzer[23].

---

[13] Dazu Begründung BT-Drucks. 7/2729 S. 62.
[14] Dazu *Franzki* DRiZ 1975, 97, 100.
[15] *Franzki* DRiZ 1975, 97, 100.
[16] *Zöller/Stöber*[18] Rdnr. 3.
[17] *Thomas/Putzo*[18] Rdnr. 1 a.E.
[18] BFHE 140, 514, 515.
[19] Ebenso *MünchKommZPO/Peters* (1992) Rdnr. 6; *Zöller/Stöber*[18] Rdnr. 4; *Baumbach/Lauterbach/Hartmann*[51] Rdnr. 6.

[20] *MünchKommZPO/Peters* (1992) Rdnr. 6; *Zöller/Stöber*[18] Rdnr. 4.
[21] BT-Drucks. 7/2729 S. 63; *MünchKommZPO/Peters* (1992) Rdnr. 6.
[22] BT-Drucks. 7/2729 S. 63; *MünchKommZPO/Peters* (1992) Rdnr. 8.
[23] BT-Drucks. 7/2729 S. 62f.

Nach Abs. 2 S. 3 soll der Grund der Verhinderung im Protokoll vermerkt werden. Es **13** handelt sich dabei um eine bloße Ordnungsvorschrift[24]. Wenn der Vermerk unterbleibt, so ist das Protokoll gleichwohl wirksam. Der Vermerk lautet etwa: »zugleich für den wegen Erkrankung an der Unterschrift verhinderten Vorsitzenden«[25].

§ 164 [Berichtigung des Protokolls]

(1) Unrichtigkeiten des Protokolls können jederzeit berichtigt werden.

(2) Vor der Berichtigung sind die Parteien und, soweit es die in § 160 Abs. 3 Nr. 4 genannten Feststellungen betrifft, auch die anderen Beteiligten zu hören.

(3) Die Berichtigung wird auf dem Protokoll vermerkt; dabei kann auf eine mit dem Protokoll zu verbindende Anlage verwiesen werden. Der Vermerk ist von dem Richter, der das Protokoll unterschrieben hat, oder von dem allein tätig gewesenen Richter, selbst wenn dieser an der Unterschrift verhindert war, und von dem Urkundsbeamten der Geschäftsstelle, soweit er zur Protokollführung zugezogen war, zu unterschreiben.

Gesetzesgeschichte: Eingefügt durch BGBl. 1974 I 3651 (→ Einl. Rdnr. 154), Änderung BGBl. 1976 I 3281 (→ Einl. Rdnr. 159). § 164 a. F. wurde zu § 165 n. F.

Stichwortverzeichnis → *Protokollschlüssel* in § 159 Rdnr. 30.

I. Anwendungsbereich; Entstehungsgeschichte ... 1	IV. Berichtigung
II. Voraussetzungen	1. Form ... 9
1. Unrichtigkeiten ... 3	2. Unterschrift ... 10
2. Pflicht zur Berichtigung ... 4	3. Verhinderung von Richter und Urkundsbeamten ... 13
3. Gerichtlicher Vergleich ... 5	4. Rechtsbehelfe ... 14
III. Anhörung der Beteiligten (Abs. 2)	a) Sachrügen ... 15
1. Anhörung ... 6	b) Konsequenzen der Unanfechtbarkeit ... 17
2. Beteiligte ... 7	c) Verfahrensrügen ... 18
3. Ausnahmen ... 8	

I. Anwendungsbereich; Entstehungsgeschichte

§ 164 regelt die Berichtigung des Protokolls (allgemein zum Protokoll → § 159 Rdnr. 1). **1** Vor der Neufassung der Vorschrift war die Protokollberichtigung bereits von der Rechtsprechung entwickelt worden (→ 19. Aufl. § 159 III 3).

Neben den ausdrücklich genannten Unrichtigkeiten meint § 164 auch Unvollständigkeiten. **2** Es können Form wie Inhalt in jedem Teil des Protokolls betroffen sein. So können etwa Beteiligtennamen falsch geschrieben oder verwechselt worden, die Adressen unrichtig angegeben, die Sitzung irrtümlich als nicht-öffentlich bezeichnet oder ein in der Sitzung zu Protokoll gestellter Antrag nicht im Protokoll aufgenommen sein. Vergleichbar liegt es, wenn eine Zeugenaussage ganz oder zum Teil irreführend oder unrichtig wiedergegeben worden ist[1].

---

[24] *Thomas/Putzo*[18] Rdnr. 2 a. E.; *MünchKommZPO/Peters* (1992) Rdnr. 9.

[25] *MünchKommZPO/Peters* (1992) Rdnr. 9; auch *Baumbach/Lauterbach/Hartmann*[51] Rdnr. 8.

[1] Dazu *MünchKommZPO/Peters* (1992) Rdnr. 1.

II. Voraussetzungen

1. Unrichtigkeiten

3   Unrichtigkeiten (Unvollständigkeiten) können jederzeit auf Antrag oder von Amts wegen berichtigt werden[2]. Eine Berichtigung ist auch noch nach der Einlegung eines Rechtsmittels möglich[3]. Man wird eine Berichtigung selbst dann noch zulassen müssen, wenn das Rechtsmittelgericht schon aufgrund des noch nicht berichtigten Protokolls entschieden hat, sofern seine Entscheidung noch nicht in Rechtskraft erwachsen ist[4]. Anders als bei § 319 brauchen die Unrichtigkeiten nicht offenbar zu sein[5]. Zwischen dem zugezogenen Urkundsbeamten und dem Richter muß Einigkeit darüber bestehen, daß eine Unrichtigkeit vorliegt. Sind nicht beide von der Unrichtigkeit überzeugt, so scheidet eine Berichtigung aus[6]. Erklärt eine rechtsunkundige Partei, sie sei trotz ihrer Anwesenheit gleichwohl nicht aufgerufen worden, so ist diese Äußerung als Antrag auf Berichtigung des Protokolls anzusehen[7]. § 164 ZPO gilt auch für das Protokoll der Zwangsversteigerung gem. §§ 869 ZPO, 78 ZVG[8].

2. Pflicht zur Berichtigung

4   Anders als es der Wortlaut des § 164 nahelegt, steht die Berichtigung des Protokolls nicht im Ermessen des Gerichts. Vielmehr besteht eine Verpflichtung zur Berichtigung, wenn das Protokoll erweislich unrichtig ist[9]. Der Wortlaut der Norm bedeutet kein Ermessen, sondern legt die Zuständigkeit fest. Es muß auch dann berichtigt werden, wenn die Auswirkung der Berichtigung derzeit unerheblich oder nicht überschaubar ist.

3. Gerichtlicher Vergleich

5   Berichtigt werden kann auch ein Protokoll, in dem ein gerichtlicher Vergleich festgestellt ist[10]. Ein Prozeßvergleich, der in einem Protokoll so niedergelegt ist, wie ihn die Parteien auf Vorlesen genehmigt haben, kann nicht nach § 164 berichtigt werden, wenn einer Partei bei dem vereinbarten Betrag ein Rechenfehler unterlaufen ist[11]. Es kann daher nur berichtigt werden, wenn sich nachträglich herausstellt, daß der im Protokoll wiedergegebene Wortlaut von dem vorgelesenen und genehmigten Wortlaut abweicht. Berichtigt werden kann auch noch nach Ablauf der Vergleichswiderrufsfrist. Vor der Berichtigung liegt bei Protokollierungsfehlern und schwerwiegenden Protokollmängeln kein vollstreckungsfähiger Titel vor (→ § 159 Rdnr. 28). Vollstreckungsorgane können eine Berichtigung zwar anregen, dürfen sie aber nicht selbst vornehmen, da Fragen des Erkenntnisverfahrens allein dem erkennenden Richter vorbehalten sind[12]. – Zur Wirkung auf den Prozeß (→ § 794 Rdnr. 17). Wenn die Parteien ihre in einem gerichtlichen Vergleich abgegebenen Erklärungen abändern, so darf nicht berichtigt werden. Vielmehr ist ein Nachtragsprotokoll aufzunehmen. Dazu muß die mündliche Verhandlung wiedereröffnet werden (§ 156).

---

[2] *OLG München* OLGZ 1980, 465, 466.
[3] *BVerwG* MDR 1981, 166.
[4] *OLG Hamm* OLGZ 1979, 376, 381.
[5] *OLG München* OLGZ 1980, 465, 466; *OLG Hamm* OLGZ 1979, 376, 380.
[6] Dazu *VGH München* BayVBl 1989, 566, 567; *OLG Saarbrücken* NJW 1972, 61, 62 re. Sp.
[7] *BVerfGE* 42, 364, 369.
[8] *OLG Hamm* OLGZ 1979, 376, 380.
[9] *MünchKommZPO/Peters* (1992) Rdnr. 3; auch *Kanzleiter* DNotZ 1990, 478, 484 (nachträgliche Berichtigung notarieller Urkunden).
[10] H.L., *OLG Koblenz* Rpfleger 1969, 137; *Wieczorek*[2] Bem. B II a; *Thomas/Putzo*[18] Rdnr. 2.
[11] *OLG Frankfurt a. M.* MDR 1986, 152, 153.
[12] *OLG Frankfurt a. M.* FamRZ 1980, 907 f..

III. Anhörung der Beteiligten (Abs. 2)

1. Anhörung

Vor der Berichtigung sind nach Abs. 2 die Beteiligten zu hören. Diese Anhörung dient der 6
Sachaufklärung und gewährleistet das rechtliche Gehör (Art. 103 Abs. 1 GG)[13]. Zudem wird dadurch das Erinnerungsvermögen der Urkundspersonen an die Vorgänge in der mündlichen Verhandlung aufgefrischt[14]. Die Anhörung ist nicht notwendigerweise mündlich. Sie muß den Beteiligten stets eine ausreichende Überlegungsfrist gewähren.

2. Beteiligte

Beteiligte sind nach Abs. 2 Alt. 1 zunächst die Parteien. Soweit es um die Berichtigung einer 7
protokollierten Aussage geht, sind Beteiligte auch der betreffende Zeuge oder Sachverständige. Beteiligte sind wegen § 68 ferner der Streitgehilfe und wegen § 74 Abs. 1 auch der Streitverkündungsempfänger. Betroffen ist daneben auch der untätig gebliebene Streitverkündungsempfänger (§ 74 Abs. 2)[15].

3. Ausnahmen

Bei offensichtlichen Übertragungsfehlern aus der allein genehmigten vorläufigen Aufzeich- 8
nung (§ 160a) wie z.B. einem Stenogramm kann von einer Anhörung nach § 164 Abs. 2 abgesehen werden[16].

IV. Berichtigung

1. Form

Berichtigt wird nach § 164 Abs. 3 S. 1 HS 1 durch einen Vermerk auf dem Protokoll. Es 9
ergeht also kein Beschluß. Wird gleichwohl die Beschlußform gewählt, so ist das freilich unschädlich[17]. Bei dem Vermerk handelt es sich in der Sache um eine Richtigstellung[18]. Der Vermerk wird entweder auf dem Protokoll selbst angebracht, z.B. am Rande oder am Schluß, oder auch auf einer Anlage, auf die dann im Protokoll verwiesen werden muß (Abs. 3 S. 1 HS 2). Ein bestimmter Wortlaut ist für den Vermerk nicht vorgeschrieben. Es muß aber stets deutlich erkennbar sein, daß eine Berichtigung vorliegt (... »wird berichtigt« ... oder ähnlich). Sind die Parteien oder Prozeßbevollmächtigten schon im Besitz eines Protokolls, so genügt die Übersendung der Berichtigung.

2. Unterschrift

Der Vermerk muß durch den Richter unterschrieben werden, der das ursprüngliche Proto- 10
koll unterzeichnet hat sowie durch den nach § 159 Abs. 1 S. 2 verantwortlichen Urkundsbeamten (§ 164 Abs. 3 S. 2). Der Einzelrichter (§ 348) hat den Berichtigungsvermerk auch dann

---

[13] *OLG Hamm* OLGZ 1979, 376 ff., 383.
[14] *OLG Celle* MDR 1961, 1021, 1022.
[15] *MünchKommZPO/Peters* (1992) Rdnr. 4; a.A. *Zöller/Stöber*[18] Rdnr. 4.
[16] *Zöller/Stöber*[18] Rdnr. 4; *Franzki* DRiZ 1975, 97, 101.
[17] *OLG Hamm* Rpfleger 1984, 193.
[18] Dazu *BGH* VersR 1986, 487, 488; *OLG Hamm* Rpfleger 1984, 193.

zu unterschreiben, wenn er selbst an der Unterzeichnung des ursprünglichen Protokolls verhindert war. Doch muß er an der Sitzung teilgenommen haben. Zu unterschreiben ist gemeinsam (nicht gleichzeitig) auf dem berichtigten Protokoll, nicht bloß auf der berichtigten Anlage. Ist der Urkundsbeamte nur im Rahmen des § 163 Abs. 1 S. 2 tätig geworden, so muß er nur unterschreiben, soweit bloße Übertragungsfehler zu berichtigen sind. Der Urkundsbeamte unterschreibt auch, wenn er an der Unterzeichnung des ursprünglichen Protokolls verhindert war.

11 Ist das zu berichtigende Protokoll gem. § 163 Abs. 2 S. 1 von dem Beisitzer unterzeichnet worden, weil der Vorsitzende verhindert war, so sollte auch die Berichtigung durch den Beisitzer vorgenommen werden und nicht durch den Vorsitzenden[19]. Andernfalls könnte der Eindruck entstehen, daß der Beisitzer nachträglich durch den Vorsitzenden korrigiert wird. Durch die vorgeschlagene Handhabung bleibt die Verantwortlichkeit für das Protokoll insgesamt in denselben Händen[20].

12 Nicht in § 164 Abs. 3 S. 2 aufgeführt sind die Verhinderungsfälle, wie sie in vergleichbarer Weise in § 163 Abs. 2 geregelt sind. Wegen der Vergleichbarkeit der prozessualen Lage ist die Regelung des § 163 Abs. 2 im Rahmen des § 164 Abs. 3 S. 2 entsprechend anzuwenden. Ist daher der allein tätige Richter oder der Urkundsbeamte verhindert, so reicht es aus, wenn nur der jeweils andere das Berichtigungsprotokoll unterzeichnet[21]. Es genügt also eine Unterschrift. Es muß hingenommen werden, daß bei Verhinderung aller beteiligten Richter auch der Urkundsbeamte allein das Protokoll berichtigen kann. Diese Befugnis entspricht seiner Verantwortlichkeit für das Protokoll (→ § 159 Rdnr. 16). Fehlt es an den erforderlichen Unterschriften, so hat das berichtigte Protokoll nicht die Beweiskraft einer öffentlichen Urkunde.

3. Verhinderung von Richter und Urkundsbeamten

13 Eine Berichtigung scheidet aus, wenn sowohl der Richter als auch der Urkundsbeamte verhindert sind. Eine wirksame Berichtigung ist dann überhaupt nicht möglich. Eine beiderseitige Verhinderung ist aber nicht schon dann gegeben, wenn Richter oder Urkundsbeamter an ein anderes Gericht versetzt werden (→ § 163 Rdnr. 3; → a. A. Voraufl. Rdnr. 13). Für die Befugnis zur Berichtigung gilt das gleiche wie für diejenige, das Protokoll zu unterschreiben. Die Unterschriftsbefugnis fehlt daher, wenn z. B. der Richter zum Staatsanwalt ernannt worden und der Urkundsbeamte aus dem Justizdienst ausgeschieden ist (→ § 163 Rdnr. 3)[22]. Sofern die Berichtigung nach dem Gesagten ausgeschlossen ist, bleibt der gegen die innere Beweiskraft der Urkunde zu führende Gegenbeweis zulässig (§ 415 Abs. 2)[23].

4. Rechtsbehelfe

14 Für die Rechtsbehelfe im Berichtigungsverfahren muß unterschieden werden, ob sie sich gegen den sachlichen Inhalt der Berichtigung richten (→ sogleich Rdnr. 15 ff.), oder ob sich der Beschwerdeführer gegen Verfahrensfehler im Berichtigungsverfahren wendet (→ Rdnr. 18).

---

[19] Ebenso *Franzki* DRiZ 1975, 97, 101.
[20] Ebenso *MünchKommZPO/Peters* (1992) Rdnr. 9.
[21] H.L., *Thomas/Putzo*[18] Rdnr. 3; *MünchKommZPO/ Peters* (1992) Rdnr. 9; *Zöller/Stöber*[18] Rdnr. 6; *Baumbach/Lauterbach/Hartmann*[51] Rdnr. 8; a. A. *Franzki* DRiZ 1975, 97, 101.

[22] *OLG Koblenz* MDR 1986, 593 (Ausscheiden des Protokollführers aus dem Justizdienst); *OLG München* OLGZ 1980, 465, 467.
[23] *OLG München* OLGZ 1980, 465, 468.

a) Sachrügen

Nach h. L.[24] ist die Beschwerde gegen eine Berichtigung mit dem Vorbringen, die Berichtigung sei sachlich unzutreffend, unstatthaft. Das übergeordnete Gericht ist zu einer Überprüfung nicht imstande, da es an der Sitzung nicht teilgenommen hat[25]. Das Beschwerdegericht kann den richtigen Protokollinhalt nicht bestimmen. Aus diesem Grunde ist die gelegentlich gegebene weitere Begründung entbehrlich, es fehle bei der Protokollberichtigung an einer gerichtlichen Entscheidung, weil sie durch das Anbringen eines Vermerks i. S. einer tatsächlichen Handlung geschehe (→ Rdnr. 9)[26]. 15

Eine Beschwerde ist auch in dem – häufigeren – umgekehrten Fall unstatthaft, daß eine Protokollberichtigung abgelehnt wird, weil nach Überzeugung der maßgebenden Personen (→ Rdnr. 10) keine Unrichtigkeit des Protokolls vorliegt. Auch in diesem Falle ist die höhere Instanz zu einer Festlegung des richtigen Protokollinhalts nicht in der Lage[27]. Die Protokollierung und deren Berichtigung sind allein Sache des Instanzrichters und seines Protokollführers. Es gehört zudem nicht zu den Aufgaben des Beschwerdegerichts, die Beweiskraft des Protokolls (§ 165) zu ändern, solange nicht eine Protokollfälschung (§ 165 S. 2) erwiesen ist. Es handelt sich um unvertretbare Verfahrenshandlungen, so daß dem übergeordneten Gericht die Entscheidungskompetenz fehlt. Ein Verfassungsverstoß liegt in der Verweigerung eines Rechtsbehelfs nicht. Wegen der unterschiedlichen Rechtsbehelfe ist es untunlich, Protokoll und Urteil in einem Beschluß zu berichtigen. 16

b) Konsequenzen der Unanfechtbarkeit

Die Unanfechtbarkeit der Berichtigung (→ Rdnr. 15) oder der Nichtberichtigung (→ Rdnr. 16) des Protokolls stellt die Beteiligten nicht rechtlos. Vielmehr können sie sich gegen die Verwertung des Protokolls in dem betreffenden Verfahren wehren. Die Richtigkeit des Protokolls ist in demjenigen Verfahren zu prüfen, in dem es auf den Inhalt des Protokolls ankommt[28] (auch → Rdnr. 13 a. E.). 17

c) Verfahrensrügen

Nach h. L. ist eine Beschwerde statthaft, wenn eine beantragte Protokollberichtigung als unzulässig abgelehnt wird. Diese Beschwerde zielt nicht auf den Inhalt des Protokolls. Sie will lediglich erreichen, daß der untere Richter zur sachlichen Nachprüfung angewiesen wird[29]. Der Beschwerdeführer muß nicht nachweisen, daß ihn das Protokoll in seiner jetzigen Fassung beschwert, da ein unrichtiges Protokoll von Amts wegen (→ Rdnr. 4) berichtigt werden muß. Eine Beschwerdemöglichkeit wird man auch dann annehmen müssen, wenn die Ablehnung der Berichtigung allein durch den Richter oder den Urkundsbeamten ausgesprochen wird. Die der gemeinsamen Verantwortung entsprechende Ablehnungsentscheidung 18

---

[24] *BAG* NJW 1965, 931, 932; *LAG Düsseldorf* JurBüro 1987, 628 (aber: fehlende Anhörung, → Rdnr. 19); *OLG Hamm* OLGZ 1979, 376, 384; *OLG Frankfurt a. M.* OLGZ 1974, 301, 302.
[25] BT-Drucks. 7/2729 v. 5.11.1974, 63.
[26] So aber *OLG Hamm* OLGZ 1979, 376, 384 (freilich als zusätzliches Argument).
[27] *BAG* NJW 1965, 931, 932; *OLG Hamm* NJW 1989, 1680; *OLG Nürnberg* MDR 1963, 603; *OLG Düsseldorf* JMBlNRW 1952, 249; *LSG Bremen* SozSich 1987, 223 (LS); a. A. *OLG Koblenz* MDR 1986, 593 (einfache Beschwerde).
[28] *OLG Hamm* OLGZ 1979, 376, 384.
[29] *VGH München* BayVBl 1989, 566 (aber: Begründetheitsfrage); *OLG München* OLGZ 1980, 465; *OLG Celle* MDR 1961, 1021, 1022; *OLG Koblenz* Rpfleger 1969, 137; *LAG Hamm* MDR 1988, 172; *LSG Bremen* SozSich 1987, 223 (LS); offengelassen von *OLG Hamm* NJW 1989, 1680.

wird in Beschlußform mitgeteilt und muß von denselben Personen unterschrieben werden, die eine Berichtigung zu unterzeichnen hätten[30].

19   Im umgekehrten Fall ist die Beschwerde gegen eine vorgenommene Protokollberichtigung statthaft, wenn die prozessualen Voraussetzungen für eine Protokollberichtigung fehlen[31]. So liegt es etwa, wenn die Berichtigung von einer Person durchgeführt wurde, die nicht zur Berichtigung des Protokolls (allein) befugt war[32], oder wenn eine Berichtigung ohne Anhörung der Beteiligten (→ Rdnr. 6) vorgenommen wurde. In letzterem Fall muß aber hinzukommen, daß die angegriffene Entscheidung auf diesem Fehler beruht oder doch hierauf beruhen kann[33].

§ 165   [Beweis durch Protokoll]

Die Beachtung der für die mündliche Verhandlung vorgeschriebenen Förmlichkeiten kann nur durch das Protokoll bewiesen werden. Gegen seinen diese Förmlichkeiten betreffenden Inhalt ist nur der Nachweis der Fälschung zulässig.

Gesetzesgeschichte: § 165 sprachlich geringfügig geändert durch BGBl. 1974 I 3651 (→ Einl. Rdnr. 154). § 165 n. F., vormals § 164 a. F., war früher § 150 CPO.

Stichwortverzeichnis → *Protokollschlüssel* in § 159 Rdnr. 30.

I. Systematik 1	III. Die Beweisregel
II. Beweis von Förmlichkeiten	1. Beweiskraft 11
1. Anwendungsbereich 6	2. Entkräftung 14
2. Förmlichkeiten 7	3. Sonstige Vorgänge und äußere Mängel 17

I. Systematik

1   § 165 regelt nur einen Teilausschnitt aus dem Bereich der Beweiskraft des Protokolls. Ein den §§ 159 ff. entsprechendes Protokoll erbringt vollen Beweis der darin bezeugten Wahrnehmungen nach § 415 Abs. 1, § 418 Abs. 1 (→ § 159 Rdnr. 24). Bei diesen Normen handelt es sich um Beweisregeln (§ 286 Abs. 2), die den § 286 Abs. 1 ausschließen. So unterfällt etwa der streitige Inhalt einer protokollierten Zeugenaussage (§ 160 Abs. 3 Nr. 4) der Beweisregel des § 415 Abs. 1, die Protokollfeststellung eines Augenscheins (§ 160 Abs. 3 Nr. 5) dem § 418 Abs. 1. Zulässig bleibt der Gegenbeweis nach § 415 Abs. 2 und nach § 418 Abs. 2. Der Anwendungsbereich von § 165 ist auf den genannten Gebieten nicht berührt (→ Rdnr. 17).

2   Eine Sondernorm zu den §§ 415, 418 bedeutet § 165 S. 1, soweit es um den Nachweis der vorgeschriebenen Förmlichkeiten der Verhandlung geht (→ Rdnr. 6). So liegt es z. B. bei der Frage, ob öffentlich verhandelt worden ist (§ 160 Abs. 1 Nr. 5). Insoweit bedeutet § 165 zwar ebenfalls eine Beweisregel i. S. des § 286 Abs. 2, die § 286 Abs. 1 ausschließt. Anders als bei

---

[30] *Baumbach/Lauterbach/Hartmann*[51] Rdnr. 12; a. A. *Zöller/Stöber*[18] Rdnr. 10 (keine Mitwirkung des Urkundsbeamten); offengelassen von *LAG Hamm* MDR 1988, 172.
[31] Ebenso *OLG Koblenz* Rpfleger 1969, 137; *LAG Düsseldorf* LAGE § 164 ZPO Nr. 1 (sofortige Beschwerde bei offenkundigem Mangel); *Thomas/Putzo*[18] Rdnr. 5;
Zöller/Stöber[18] Rdnr. 11; insoweit auch *Baumbach/Lauterbach/Hartmann*[51] Rdnr. 14; a. A. *OLG Hamm* Rpfleger 1984, 193; OLGZ 1979, 376, 383 f.; offengelassen von *OLG Hamm* NJW 1989, 1680.
[32] *LAG Hamm* MDR 1988, 172; *LAG Düsseldorf* LAGE § 164 ZPO Nr. 1.
[33] *LAG Düsseldorf* JurBüro 1987, 628.

§ 415 Abs. 2, § 418 Abs. 2 kann der Gegenbeweis nach § 165 S. 2 aber nur dahin geführt werden, daß das Protokoll gefälscht ist (→ Rdnr. 14). § 165 S. 2 ist daher lex specialis zu § 415 Abs. 2 und § 418 Abs. 2. Hat das Protokoll dagegen äußere Mängel (→ Rdnr. 17), so kommt § 165 Satz 1 und 2 nicht zur Anwendung. Vielmehr stellt dann § 419 den Grundsatz der freien Beweiswürdigung (§ 286 Abs. 1) wieder her.

Soweit es um das mündliche Parteivorbringen, etwa um die Tatsache eines gestellten Antrags geht, kann sich der Antrag sowohl im Protokoll (§ 160 Abs. 3 Nr. 2) als auch im Tatbestand (§ 313 Abs. 2 S. 1) finden. Der Tatbestand ist eine öffentliche Urkunde nach § 418 Abs. 1. Seine Beweiskraft wird durch die Beweisregel (§ 286 Abs. 2) des § 314 S. 1 auf das Vorbringen der Parteien in der mündlichen Verhandlung fixiert. Auch diese Beweisregel schließt die Anwendung des § 286 Abs. 1 insoweit aus. § 314 S. 2 erschwert den Gegenbeweis über die Anforderungen des § 418 Abs. 2 hinaus, da er nur durch ausdrückliche Feststellung im Sitzungsprotokoll geführt werden kann. In diesem Fall nimmt das Sitzungsprotokoll einer widersprechenden Bekundung im Tatbestand die Beweiskraft, sofern nicht § 165 S. 2 eingreift. 3

Werden Beweisergebnisse z. B. nach § 160 Abs. 3 Nr. 4 sowohl im Protokoll aufgeführt (→ Rdnr. 1) als auch in dazu widersprechender Weise im Tatbestand, so kommt weder § 165 S. 1 (→ Rdnr. 2) noch § 314 S. 1 (→ Rdnr. 3) zur Anwendung. Es handelt sich weder um Förmlichkeiten der Verhandlung noch um mündliches Parteivorbringen. Maßgebend ist gleichwohl das Protokoll (→ § 314 Rdnr. 5). Ist von einer Feststellung nach § 160 Abs. 3 Nr. 4 gem. § 161 im Protokoll abgesehen worden und ist z. B. die Zeugenaussage im Tatbestand wiedergegeben, so haben die Feststellungen keine Beweiskraft nach § 314 S. 1. Wohl aber genießen sie Beweiskraft nach der Beweisregel des § 418 Abs. 1 mit der Möglichkeit des erleichterten Gegenbeweises nach § 418 Abs. 2 (→ § 314 Rdnr. 5). 4

Der Fälschungsnachweis nach § 165 S. 2 (→ Rdnr. 2) läßt sich nur schwer führen. In diesen Fällen hilft lediglich die Protokollberichtigung nach § 164, die aber nicht mit Rechtsbehelfen erzwungen werden kann (→ § 164 Rdnr. 16). 5

II. Beweis von Förmlichkeiten

1. Anwendungsbereich

§ 165 ZPO (vergleichbar § 274 StPO) betrifft den Beweis für die Förmlichkeiten der mündlichen Verhandlung (→ Rdnr. 2). Gemeint ist ihr äußerer Hergang. Den Gegensatz dazu bedeutet der Inhalt der mündlichen Verhandlung. § 165 gibt für seinen Anwendungsbereich eine gesetzliche Beweisregel (§ 286 Abs. 2) und stellt daher eine Ausnahme von dem in § 286 Abs. 1 niedergelegten Grundsatz der freien Beweiswürdigung dar (→ Rdnr. 2). Zudem ist § 165 S. 2 auch eine Sonderregelung zu den Vorschriften des § 415 Abs. 2 und des § 418 Abs. 2 (→ Rdnr. 2). § 165 kommt auch in seinem Regelungsbereich bei einer offensichtlichen Lückenhaftigkeit der Protokollierung nicht zur Anwendung. In diesem Fall ist in freier Beweiswürdigung (§ 286 Abs. 1) zu ermitteln, welcher tatsächliche Vorgang der unvollständigen Protokollierung zugrundeliegt (→ auch oben Rdnr. 2 a. E., → § 159 Rdnr. 26)[1]. Weist das Protokoll äußere Mängel auf, so gilt § 419 (→ Rdnr. 2). Bei Protokollmängeln i. S. von Verstößen gegen die §§ 159 ff. gilt das zu oben → § 159 Rdnr. 26 Ausgeführte. 6

---

[1] *BGHZ* 26, 340, 343; *BGH* NJW 1990, 121, 122; VersR 1986, 487; *OLG Frankfurt a. M.* FamRZ 1982, 809, 810 re. Sp.

2. Förmlichkeiten

7 Zu den Förmlichkeiten zählen alle Handlungen des Gerichts und der im Prozeß als Partei auftretenden Personen, die zur Durchführung der Grundsätze über die Verfassung der Gerichte und über die Form des Verfahrens dienen wie z. B. Öffentlichkeit oder Mündlichkeit. Dabei ist es gleichgültig, ob die einzelne Vorschrift wesentlich ist oder nicht.

8 In den Anwendungsbereich von § 165 fallen Feststellungen nach § 160 Abs. 1 und 2, soweit letztere zur Nachprüfbarkeit des Verfahrensherganges von dem Revisionsgericht benötigt werden[2]. Im einzelnen gehört hierher die Besetzung der Richterbank (§ 160 Abs. 1 Nr. 2). Dabei kommt es nicht nur auf die Zahl, sondern auch auf die Namen der Richter an[3]. Eine Nennung ohne Einschränkung beweist die Anwesenheit während der ganzen Sitzung, nicht nur ein zeitweiliges Erscheinen[4]. Dazu zählen auch die Zuziehung des Urkundsbeamten der Geschäftsstelle (§ 160 Abs. 1 Nr. 2) und die Mitwirkung des Staatsanwalts (→ § 160 Rdnr. 2)[5], die Öffentlichkeit der Verhandlung[6] oder ihre Ausschließung[7]. Ferner ist zu nennen die Angabe, daß und ob von den als Parteien Erschienenen mündlich verhandelt worden ist[8]. Ob ein Verhandeln i. S. von § 333 vorliegt, beweist das Protokoll nicht[9]. Hingegen gehören dazu der Vortrag der Parteien über eine Beweisaufnahme nach § 285 Abs. 2, § 526[10] sowie das Verlesen der Anträge im Anwaltsprozeß[11]. Von der Beweiskraft wird nicht nur die Tatsache des Stellens, sondern auch die Feststellung des Inhalts des Antrags erfaßt[12]. § 165 unterfällt auch die Verkündung der Entscheidungen (§ 160 Abs. 3 Nr. 7)[13] samt der Angabe, daß die Gründe mündlich (nicht) eröffnet sind[14]. Der Verkündungsvermerk nach § 315 Abs. 3 ersetzt das nach § 165 S. 1, § 160 Abs. 3 Nr. 7 erforderliche Verkündungsprotokoll nicht[15]. Ebenso zählen dazu Feststellungen nach § 297. Zu den Förmlichkeiten nach § 160 Abs. 2 gehören die wesentlichen Vorgänge der Verhandlung, soweit sie zur Nachprüfbarkeit des Verfahrenshergangs von dem Rechtsmittelgericht benötigt werden. Darunter fallen die Verhandlung der Parteien über das Ergebnis der Beweisaufnahme (§ 285 Abs. 1) und die erneute Erörterung des Sach- und Streitstandes (§ 278 Abs. 2 S. 2)[16]. Das BAG[17] läßt Prozeßanträge unter § 160 Abs. 3 Nr. 2 fallen. Bei Prozeßanträgen greift der Grundsatz der freien Beweiswürdigung ein, soweit nicht § 160 Abs. 2 gilt (→ § 160 Rdnr. 16)[18].

9 Nicht unter § 165 fallen Feststellungen nach § 160 Abs. 3 Nr. 1, 3, 8, 9[19], also der Inhalt von Parteierklärungen, sowie von Partei-, Zeugen-[20] und Sachverständigenaussagen (§ 160 Abs. 3 Nr.4), Feststellungen beim Augenschein (§ 160 Abs. 3 Nr. 5) und der Inhalt von Entscheidungen (§ 160 Abs. 3 Nr. 6). Nicht zu § 165 gehören auch die Förmlichkeiten der Beweisaufnahme[21] oder der Beratung[22], der Hinweis, daß eine tatsächliche oder rechtliche

---

[2] Zu Abs. 2: *BGH* NJW 1990, 121, 122.
[3] A.A. *OGHZ* 1, 286, 288.
[4] *RGZ* 142, 383, 387f.; a.A. *BAGE* 5, 170, 172 m.abl. Anm. *Lukes* AP § 165 ZPO Nr. 1.
[5] Vgl. für den Strafprozeß *OLG Bremen* NJW 1975, 1793.
[6] Auch *RAG* ArbRspr 29, 310 m.Anm. *Volkmar*; *OLG Köln* NJW-RR 1986, 560.
[7] *RG* JW 1904, 209, 210; aber auch *BGHZ* 26, 340ff. (Lückenhaftigkeit des Protokolls).
[8] *OLG Colmar* ZZP 33 (1904), 286, 287; a. A. *BVerwG* DÖV 1985, 579, 580 (amtliche Auskünfte).
[9] Vgl. *OLG Braunschweig* SeuffArch 65 (1910), 423; ferner *OLG München* OLGRspr 23, 137.
[10] *OLG Hamm* AnwBl 1970, 291 (äußerer Vorgang der Verhandlung).
[11] *OLG München* OLGRspr 23, 137, 138.
[12] *RGZ* 146, 133, 143f.
[13] *BGH* VersR 1989, 604; NJW 1985, 1782, 1783;

RGZ 107, 142, 143f.; *BFHE* 140, 514, 515 (blinder Richter); *OGHZ* 1, 2.
[14] *BAGE* 2, 358, 360 m.Anm. *B. Walter* SAE 1957, 103 und *Pohle* AP § 319 ZPO Nr. 3.
[15] *BGH* VersR 1989, 604.
[16] *BGH* NJW 1990, 121, 122.
[17] *BAG* NJW 1991, 1630, 1631 (hilfsweise gestellter Verweisungsantrag); aber oben → § 160 Rdnr. 16.
[18] *OLG Koblenz* MDR 1975, 63; auch *OLG Hamm* Rpfleger 1974, 327 (Erklärungen zur Zuständigkeit des Gerichts).
[19] Vgl. *BGH* NJW 1984, 1465f. (zum Rechtsmittelverzicht); *RGZ* 10, 366f. (zum Klageverzicht), → § 159 Rdnr. 28.
[20] *BGH* NJW 1982, 1052, 1053.
[21] *RG* SeuffArch 61 (1906), 175.
[22] So auch *RGSt* 3, 266f.; 17, 287, 288; *BSG* SozR 1500 § 160 SGG Nr. 57 (Beratung).

Erörterung stattgefunden hat[23], die Identität der erschienenen Personen mit denjenigen, für die sie sich ausgeben[24], die Wirksamkeit der Prozeßvollmacht bei Auftreten eines Prozeßvertreters und die Feststellung, daß eine bestimmte Parteierklärung von dem im Protokoll angeführten Anwalt abgegeben ist[25]. Ferner fällt nicht unter § 165 ein vor dem Prozeßgericht in der mündlichen Verhandlung erklärtes Geständnis (§ 160 Abs. 3 Nr. 3)[26]. Anders liegt es aber bei einem Geständnis vor dem ersuchten oder beauftragten Richter (→ § 159 Rdnr. 28, → § 160 Rdnr. 18). Nicht zu den für die mündliche Verhandlung vorgeschriebenen Förmlichkeiten i. S. von § 165 gehört wohl auch die Feststellung, daß der Inhalt beigezogener Akten zum Gegenstand der mündlichen Verhandlung gemacht worden ist.

Aus dem Anwendungsbereich von § 165 fällt die beiderseitige Erledigungserklärung heraus[27]. Diese Erklärungen stellen keine Sachanträge dar, auf die sich § 160 Abs. 3 Nr. 2 allein bezieht (→ § 160 Rdnr. 16f.). Es handelt sich nicht um einen Antrag, sondern um das Fallenlassen eines Antrags. Das Gericht trifft hierbei keine Entscheidung zur Hauptsache, sondern entscheidet nach § 91a nur noch über die Kosten. Abzulehnen ist daher die gegenteilige Auffassung[28], welche die Erledigungserklärung als Klageänderung und damit als Sachantrag auffaßt. Diese Meinung berücksichtigt nicht ausreichend, daß den beiderseitigen Erledigungserklärungen prozeßbeendende Wirkung zukommt.

III. Die Beweisregel

1. Beweiskraft

Wenn im weiteren Verlauf des Rechtsstreits über die Wahrung der Förmlichkeiten Streit entsteht oder diese auch ohne ein Bestreiten der Parteien von Amts wegen zu prüfen sind (→ Rdnr. 91 vor § 128), so können sie nur durch das Sitzungsprotokoll und seine Anlagen (→ § 160 Rdnr. 35) bewiesen werden. Andere Beweismittel, wie z.B. die Vernehmung von Gerichtspersonen oder Anwälten, sind ausgeschlossen. Anders liegt es lediglich, wenn der Streit in einem anderen Verfahren entsteht, etwa in einem Prozeß auf Schadensersatz gegen den Anwalt oder gegen eine der Gerichtspersonen oder in einem Strafprozeß[29]. Die ordnungsgemäß durchgeführte Berichtigung des Protokolls nach § 164 steht dem Protokoll gleich (auch → Rdnr. 5)[30]. Ist eine Förmlichkeit beurkundet, so ist sie als gewahrt anzusehen. Ist sie nicht beurkundet, gilt sie nicht als gewahrt (zur Urteilsverkündung → § 160 Rdnr. 26). So liegt es insbesondere auch dann, wenn ein Protokoll nicht angefertigt worden ist[31]. Für die Auslegung unvollständiger Niederschriften gelten die Ausführungen zu → § 159 Rdnr. 24. In beiden Richtungen ist ein Gegenbeweis nach § 415 Abs. 2, § 418 Abs. 2 unzulässig. Nur der Beweis der Fälschung ist nach § 165 S. 2 geeignet, die Beweiswirkung zu entkräften[32]. Abhilfe schaffen kann im übrigen nur die Berichtigung nach § 164 (→ Rdnr. 5). Zur Widerlegung seiner Beweiskraft genügen Zweifel an der Richtigkeit des Protokolls nicht. Noch nicht einmal die Wahrscheinlichkeit seiner Unrichtigkeit reicht aus[33] (→ Rdnr. 16).

Die erhöhte Beweiskraft des § 165 bezieht sich nur auf die Feststellung von Förmlichkei-

---

[23] *OLG Düsseldorf* Rpfleger 1977, 457 (Nr. 405); *BVerwG Buchholz* 310 § 104 VwGO Nr. 20.
[24] Vgl. *RGSt* 46, 112, 113; *Thomas/Putzo*[18] Rdnr. 3; ferner *Hein* Identität der Partei. Eine dogmatische Untersuchung mit Beiträgen zur Systematik des Zivilprozeßrechts und zur Lehre von der Urteilsnichtigkeit, Erster Band (1918), 101.
[25] *OLG Hamm* SJZ 1949, 552 f. m. Anm. *Beitzke*.
[26] *OLG Braunschweig* MDR 1976, 673.
[27] *OVG Berlin* NJW 1970, 486; *Thomas/Putzo*[18] Rdnr. 2.
[28] *Zöller/Stöber*[18] Rdnr. 2.
[29] So *RG Gruchot* 39 (1895), 997, 1003 (zu § 274 StPO); ferner *RGZ* 142, 383, 387 f.; *KG* OLGRsp 25, 293.
[30] Vgl. *OLG Frankfurt a.M.* OLGZ 1974, 301, 302.
[31] *RG* JW 1915, 592 Nr. 26.
[32] Dazu *BAGE* 17, 21, 23.
[33] *OLG Saarbrücken* NJW 1972, 61, 62 re. Sp.

ten, nicht dagegen auf die im Protokoll festgestellten Schlußfolgerungen aus einem äußeren Hergang. Dabei geht es um Rechtsfragen, die frei zu würdigen sind[34].

13 Der Grundsatz der Beweiskraft des Protokolls erfährt eine Modifizierung durch die Norm des § 314 (→ Rdnr. 3 f.). Danach erbringt der Urteilstatbestand den vollen Beweis für das mündliche Parteivorbringen, der nur durch das Sitzungsprotokoll entkräftet werden kann[35]. Für diese Entkräftung ist aber nur Raum bei einem Widerspruch zwischen dem Tatbestand und dem positiven Inhalt des Protokolls. Die positive Feststellung im Tatbestand wird dagegen nicht durch das Schweigen des Protokolls widerlegt[36] (auch → Rdnr. 4). Für die Bestimmung des Inhalts des Klageantrages geht das Sitzungsprotokoll einem erkennbar unrichtigen Urteilstatbestand vor[37].

2. Entkräftung

14 Die Beweiskraft des Protokolls kann nach S. 2 nur durch den Nachweis der Fälschung oder durch eine ordnungsgemäße Berichtigung nach § 314 beseitigt werden. Das Gesagte gilt allein für den weiteren Verlauf des Rechtsstreits selbst. Daher ist im Verfahren nach § 19 BRAGO und im Kostenerstattungsverfahren der Gegenbeweis zulässig[38]. Fälschung ist die wissentlich falsche Beurkundung oder die nachträgliche Verfälschung. Nicht erforderlich ist ihre Strafbarkeit oder die Feststellung durch Strafurteil (§§ 348, 267 StGB). Zudem wäre sie nach § 14 Abs. 2 Nr. 1 EGZPO für den Zivilrichter nicht bindend. Nicht ausreichend ist der Nachweis des Irrtums oder der Unvollständigkeit[39]. Ebensowenig genügt der Nachweis der fahrlässig falschen Beurkundung, z. B. durch ein versehentliches Durchstreichen in den Formularen.

15 Der Gegenbeweis der Protokollfälschung kann mit allen zulässigen Beweismitteln geführt werden. Dabei dürfen die Anforderungen an die Darlegungslast der Parteien nicht überspannt werden. Sie sind in solchen Fällen fast stets auf bloße Indizien für den objektiven und auf Schlußfolgerungen für den subjektiven Tatbestand angewiesen[40].

16 Zur Zerstörung der Beweiskraft des Protokolls reicht auch eine große Wahrscheinlichkeit, daß es falsch sei, nicht aus (→ Rdnr. 11 a. E.)[41]. Ist eine von Amts wegen zu prüfende Förmlichkeit eingehalten, im Protokoll aber versehentlich etwas Gegenteiliges eingetragen worden, so ist davon auszugehen, daß die Förmlichkeit nicht erfüllt worden ist[42]. Das gilt auch dann, wenn ihre Einhaltung von keinem der Prozeßbeteiligten in Frage gestellt wird. In Extremfällen neigt die Rechtsprechung aber dazu, ein lückenhaftes Protokoll anzunehmen (→ Rdnr. 6)[43]. Einem nicht ordnungsgemäßen Protokoll kann die Beweiskraft des § 165 auch nicht durch Parteivereinbarung oder das Unterlassen einer Rüge (§ 295) verliehen werden[44].

3. Sonstige Vorgänge und äußere Mängel

17 Für Feststellungen, die nicht unter die in → Rdnr. 6–8 genannten Förmlichkeiten fallen, findet § 165 keine Anwendung. Deshalb kann der Gegenbeweis (§ 415 Abs. 2, § 418 Abs. 2) in jeder Weise geführt werden (→ Rdnr. 1). Möglich ist etwa auch eine Erklärung des Anwalts oder der betreffenden Urkundspersonen[45]. Das Gesagte gilt vorbehaltlich der Beweiskraft des Urteilstatbestandes (§ 314). Äußere Mängel im Protokoll beurteilen sich nach § 419 (→ Rdnr. 2 a. E.). – Zu Mängeln im Protokoll → auch § 159 Rdnr. 25 ff.

---

[34] *Zöller/Stöber*[18] Rdnr. 3.
[35] Vgl. *OLG Stuttgart* WRP 1974, 172.
[36] *RG* JW 1927, 1931; *BVerwG* NJW 1988, 1228; → § 314 Rdnr. 5.
[37] *BGH* NJW 1992, 311, 312; auch *BVerwG* NJW 1988, 1228; *BAG* NJW 1971, 1332.
[38] *BGH* LM ZVG § 80 Nr. 1; *OLG Frankfurt a. M.* JurBüro 1978, 446, 447 m. Nachw.
[39] Vgl. auch *RGSt* 7, 388.
[40] Beispiel bei *BGH* NJW 1985, 1782, 1783 f.
[41] *OLG Saarbrücken* NJW 1972, 61, 62 re. Sp.
[42] A. A. *OGHZ* 1, 286, 288.
[43] *BGHZ* 26, 340, 343.
[44] *ArbG Stade* AP § 163a ZPO a. F. Nr. 1 (einschränkend aber Anm. *Pohle*).
[45] Vgl. *OLG München* OLGRsp 23, 137.

Zweiter Titel

Verfahren bei Zustellungen

Vorbemerkungen vor § 166

I. Bedeutung	
1. Begriff; Funktion	1
2. Parteibetrieb und Amtsbetrieb in der gesetzlichen Entwicklung	
a) 1877–1950	4
b) Vereinfachungsnovelle 1976	5
c) Arbeitssachen	7
d) Rechtspflege-Vereinfachungsgesetz 1990	8
3. Systematik des Zweiten Titels; Gesetzgebungsstil	9
II. Anwendungsbereich von Amts- und Parteibetrieb	
1. Zustellung von Schriftsätzen	12
2. Zustellung von Urteilen, Beschlüssen u. a.	13
3. Zustellung in der Zwangsvollstreckung	18
4. Zustellung auf dem falschen Wege	19
III. Zustellungsarten	20
IV. Zustellungsmängel	23
1. Wirksamkeit des Zustellungsaktes	25
2. Heilung	28
V. Stellung des Gerichtsvollziehers	30
1. Örtlicher Geschäftskreis	33
2. Handeln kraft Amtspflicht	34
3. Vertreter oder Bote der Partei	35
4. Gebühren	36
VI. Formlose Mitteilungen	39
VII. Zustellungen außerhalb des Zivilprozesses	42
VIII. Internationale Zustellung	
1. Begriff	43
2. Entbehrlichkeit	44
3. Arten der internationalen Zustellung	47
4. Eingehende Ersuchen	48
5. Erledigung eingehender Ersuchen aufgrund von Staatsverträgen	49
a) Erfordernis eines Zustellungsantrages	53
aa) Direkter Geschäftsverkehr	54
bb) Unmittelbarer Verkehr	55
cc) Konsularischer Weg	56
dd) Diplomatischer Weg	57
b) Ablehnung der Zustellung	58
c) Vollzug der Zustellung	59
6. Erledigung eingehender Ersuchen bei Nichtbestehen von Staatsverträgen	62
7. Zustellung an Mitglieder der NATO-Streitkräfte und der Bundeswehr	63
8. Zustellung an ausländische Rechtsanwälte	64
IX. Zustellungsschlüssel	65

Stichwortverzeichnis → *Zustellungsschlüssel* unten Rdnr. 65.
Staatenverzeichnis zur internationalen Zustellung → § 199.

I. Bedeutung

1. Begriff; Funktion[1]

Der Zweite Titel (§§ 166–213a) des Dritten Abschnittes über das Verfahren ist dem 1 Verfahren bei Zustellungen als einem wichtigen Teil des Prozeßbetriebes (→ Rdnr. 103 vor § 128) gewidmet. Zustellung bedeutet die in der gesetzlich vorgeschriebenen Form geschehe-

---

[1] Spezialliteratur zu Einzelfragen: *Hohmann* Die Übermittlung von Schriftstücken in der Zivil-, Verwaltungs- und Finanzgerichtsbarkeit (1977); *Pfennig* Die internationale Zustellung in Zivil- und Handelssachen

ne und beurkundete Übergabe eines Schriftstückes². Dabei ist die Beurkundung ein notwendiger Bestandteil der Zustellung³. Daneben kennt das Gesetz auch formlose Mitteilungen, die ohne Beurkundung vorgenommen werden (→ Rdnr. 39 ff.). Die Zustellung ist keine selbständige Prozeßhandlung. Zu Form, Art und Weise des Zustandekommens und über das Wirksamwerden von Prozeßhandlungen der Parteien → Rdnr. 184 ff. vor § 128.

2   Die Normen über die Zustellung dienen auch dem Recht auf Gehör (→ auch Rdnr. 30 ff. vor § 128), weil sie in vielen Fällen garantieren, daß eine Prozeßpartei die für sie bestimmten Schriftstücke des Gegners oder des Gerichts in einem formalisierten Verfahren übergeben erhält⁴. Daneben wird eine Kenntnisnahme aber auch in manchen Fällen nur fingiert (§§ 182, 186, 203–206, 175 Abs. 1 S. 3). Insoweit hat die Zustellung die weitere Funktion, die Möglichkeit der Kenntnisnahme i. S. einer urkundlichen Feststellung von Tatsache, Art und Zeit der Bekanntgabe festzulegen⁵. Auf diese Weise wird eine Entlastung des Prozesses bewirkt und der reibungslose und faire Prozeßablauf gesichert (→ Einl. Rdnr. 5). Der Prozeß wird weitgehend von unfruchtbaren Streitigkeiten über die Kenntnisnahme von Urkunden oder über den Zeitpunkt eines Zugangs befreit.

3   Zustellungsvorschriften bedeuten keinen Selbstzweck. Deshalb entspricht es der heutigen Prozeßauffassung (→ Einl. Rdnr. 78 ff.), daß Verstöße gegen das Zustellungsrecht heilbar sind (§ 187 S. 1), wenn sich der Zustellungszweck trotz Gesetzesverstoßes verwirklicht hat (→ Rdnr. 28 f.).

2. Parteibetrieb und Amtsbetrieb in der gesetzlichen Entwicklung

Die ZPO hatte in ihrer ursprünglichen Fassung den Prozeßbetrieb (→ Rdnr. 1) und damit die Verantwortung für den Fortgang des Prozesses im wesentlichen der Verantwortung der Parteien überlassen⁶.

a) 1877–1950

4   Durch die Novellengesetzgebung wurde der Parteibetrieb in wachsendem Umfang durch die Einführung des Amtsbetriebs ersetzt. Die Novelle 1909 (→ Einl. Rdnr. 115) hat den Amtsbetrieb in dem amtsgerichtlichen Verfahren für die Terminsbestimmung, Ladung und Zustellung eingeführt (§§ 495 ff.). Ferner wurde das Verfahren bei der Einlegung von Rechtsmitteln⁷ und dem Einspruch denselben Grundsätzen unterstellt. Die Novelle 1924 (→ Einl. Rdnr. 123) hat den Amtsbetrieb auf die Termine und Fristen erweitert und damit die Verantwortung für den Fortgang des Rechtsstreits im wesentlichen dem Gericht übertragen. Keine weiteren Änderungen haben sich insoweit durch die Novelle 1933 ergeben (→ Einl. Rdnr. 133). § 2 der 4. VereinfachungsVO (→ Einl. Rdnr. 142) hat den Amtsbetrieb auf das Verfahren vor den Landgerichten erweitert. Vorbild hierfür waren die Vorschläge im Entwurf einer ZPO von 1931 (→ Einl. Rdnr. 128). Diese Regelung hat die Novelle 1950 (→ Einl. Rdnr. 148) in den §§ 214, 216, 261a (jetzt aufgehoben), § 261b (jetzt § 270) beibehalten.

(1988); *P. Schlosser* FS Matscher (1993), 387 ff.; *Schmitz* Fiktive Auslandszustellung. Die Fiktion der Zustellung von Hoheitsakten an im Ausland wohnende Empfänger aus verfassungsrechtlicher und völkerrechtlicher Sicht (1980); *Volbers* Fristen und Termine⁷ (1993).
² BGH NJW 1978, 1858.
³ MünchKommZPO/v. Feldmann (1992) § 166 Rdnr. 1.
⁴ BVerfG NJW 1988, 2361; 1984, 2567, 2568; Bay-

VerfGHE 34, 154 ff.; BGH FamRZ 1992, 1056, 1057; *Schwartz* Gewährung und Gewährleistung des rechtlichen Gehörs durch einzelne Vorschriften der Zivilprozeßordnung (1977), 64; *H. Roth* IPRax 1990, 90 ff.
⁵ Zöller/Stöber¹⁸ Vor § 166 Rdnr. 1; zu eng die Voraufl. → Rdnr. 4.
⁶ S. → Rdnr. 103 vor § 128.
⁷ Für die Revision bereits die Novelle 1905, → Einl. Rdnr. 114.

b) Vereinfachungsnovelle 1976

Die Vereinfachungsnovelle 1976 (→ Einl. Rdnr. 159) ist den eingeschlagenen Weg weitgehend zu Ende gegangen und hat auch für die Urteile die Zustellung von Amts wegen eingeführt. Die frühere in § 317 Abs. 1 und § 496 Abs. 1 a. F. enthaltene Regelung hatte es den Parteien ermöglicht, wegen der Disposition über die Zustellung ohne Zeitdruck über das weitere Vorgehen zu verhandeln. Einen vergleichbaren Effekt erreicht jetzt § 317 Abs. 1 S. 3 mit dem Hinausschieben der Zustellung.

Nach dem erklärten Ziel[8] der Vereinfachungsnovelle 1976 sollte im Regelfall der Lauf der Rechtsmittelfrist möglichst früh beginnen. Auf diese Weise wird der Rechtsfrieden durch einen raschen Eintritt der Rechtskraft endgültig wiederhergestellt. Als weitere positive Aspekte treten hinzu die sichere Feststellung der Amtszustellung aus den Gerichtsakten und eine erwünschte Vereinheitlichung der Verfahrensordnungen[9]. Dementsprechend lassen sämtliche modernen Prozeßordnungen die Zustellung der Urteile nur im Amtsbetrieb zu (§§ 50 Abs. 1 ArbGG; 116 Abs. 1 S. 2, 56 Abs. 2 VwGO; 135, 63 Abs. 2 SGG; 104, 53 Abs. 2 FGO; 94 Abs. 1 S. 3, 106 PatG und §§ 130, 50 Abs. 2 des [gescheiterten] Entwurfes einer VwPO)[10]. Der Parteibetrieb ist nur noch in Einzelvorschriften vorgesehen (→ Rdnr. 14 ff.).

c) Arbeitssachen

Das ArbGG war für Arbeitssachen bereits im Jahre 1926 nach dem Vorbild des § 32 GewGerG (→ Einl. Rdnr. 182) über die Regelungen der Mutterprozeßrechtsordnung hinausgegangen, indem es für das erstinstanzliche Verfahren die Urteilszustellung im Amtsbetrieb eingeführt hatte. Im Jahre 1953 wurde diese Regelung auf die weiteren Rechtszüge erweitert (§§ 50 Abs. 1, 64 Abs. 7, 72 Abs. 6 ArbGG).

d) Rechtspflege-Vereinfachungsgesetz 1990

Das Rechtspflege-Vereinfachungsgesetz vom 17.12.1990 (BGBl. I 2847) hat mit der teilweisen Neufassung der Vorschriften über Zustellungen im Ausland (§§ 276 Abs. 1 S. 3, 641 n S. 4, 642 a Abs. 2 S. 2, → § 175 Rdnr. 15), der öffentlichen Zustellung (§§ 204–206) und der Zustellung an Gefangene (§ 211 Abs. 1 S. 1) eine andere Stoßrichtung verfolgt, die mit der Abgrenzung von Partei- und Amtsbetrieb allenfalls am Rande zu tun hat (§ 276 Abs. 1 S. 3)[11].

3. Systematik des Zweiten Titels; Gesetzgebungsstil

Der Zweite Titel des Ersten Buches der ZPO (§§ 166–213 a) ist im ganzen unverändert geblieben, obwohl nach dem jetzt erreichten Rechtszustand die Zustellung von Amts wegen praktisch und zahlenmäßig die Zustellung im Parteibetrieb bei weitem überwiegt. Demgegenüber hat die Gesetzessystematik die Vorschriften über die Zustellung auf Betreiben der Parteien (§§ 166–207) vorangestellt und die Zustellung von Amts wegen (§§ 208–213 a) erst im Anschluß daran geregelt. Dabei erklärt § 208 die §§ 166–207 auf die von Amts wegen zu bewirkenden Zustellungen für entsprechend anwendbar, soweit sich aus den §§ 209–213 a nichts Abweichendes ergibt.

Die jetzige Anordnung beruht noch auf dem Rechtszustand von 1879, der die Zustellung im

---

[8] Begründung zum Regierungsentwurf BT-Drucks. 7/2729 v. 5.11.1974, S. 43 sowie Bericht der Kommission für das Zivilprozeßrecht (1977), 105 und zur Vorbereitung einer Reform der Zivilgerichtsbarkeit (1961), 258.
[9] Dazu *Hohmann* (Fn. 1), 177 ff.
[10] Weitere Sondervorschriften bei *MünchKommZPO/v. Feldmann* (1992) § 166 Rdnr. 4 ff.
[11] Zu den Änderungen *Hansens* NJW 1991, 953, 954.

Parteibetrieb noch als die Regelform kannte (→ Rdnr. 4). Die Novelle 1950 (→ Rdnr. 4) hat mit Recht davon abgesehen, eine Umstellung nur der systematischen Folgerichtigkeit wegen vorzunehmen. Diese wäre mit erheblichen Änderungen des Gesetzestextes verbunden gewesen[12]. Freilich ist nach der Vereinfachungsnovelle 1976 (→ Rdnr. 5) die Umkehrung des Verhältnisses der beiden Zustellungsarten nunmehr endgültig abgeschlossen und sollte jetzt auch im Gesetz ihren Niederschlag finden. Eine derartige Korrektur hatte bereits der Entwurf 1931 (→ Einl. Rdnr. 128) vorgeschlagen[13].

11 Der Gesetzgebungsstil zeichnet sich im Zustellungsrecht durch eine hohe Regelungsdichte mit jetzt 50 Paragraphen aus. Gerade im internationalen Zustellungsrecht hat das dazu geführt, daß die Einhaltung der technischen Zustellungsregeln bisweilen zum Selbstzweck geworden ist und der Zweck der Zustellungsregeln (→ Rdnr. 2) aus dem Blickfeld zu geraten droht[14]. Es wäre wünschenswert, das komplizierte und unübersichtliche Zustellungsrecht de lege ferenda zu vereinfachen und damit häufige Fehlerquellen zu vermeiden (→ Rdnr. 23). Bedauerlich ist es insbesondere, daß es im Zivilprozeßrecht keine förmliche Zustellung durch Einschreiben gegen Rückschein gibt, so daß der Tag der Zusendung einer Einschreibesendung nicht für eine Zustellung maßgebend sein kann[15]. Es schießt aber über das Ziel hinaus, wenn von mit dem deutschen Prozeßrecht nicht ausreichend vertrauten Autoren von den »Quisquilien« und »Kinkerlitzchen« des deutschen Zustellungsrechts gesprochen wird[16]. Dabei wird der Gerechtigkeitsgehalt der Zustellungsregeln (→ Rdnr. 2) verkannt.

II. Anwendungsbereich von Amts- und Parteibetrieb

1. Zustellung von Schriftsätzen

12 Schriftsätze und sonstige Erklärungen von Parteien und Dritten (§ 70) sind im amtsgerichtlichen und landgerichtlichen Verfahren gleichermaßen von Amts wegen zuzustellen oder formlos mitzuteilen (→ Rdnr. 39). Das folgt aus § 270 Abs. 1 und Abs. 2.

2. Zustellung von Urteilen, Beschlüssen u. a.

13 *Urteile* werden in beiden Verfahrensarten im Wege der Amtszustellung nach § 317 Abs. 1 S. 1, § 270 Abs. 1 zugestellt. Diese Regelung gilt für alle Urteile. Mit der Zustellung des Urteils ist vor allem der Beginn der Rechtsmittelfrist verbunden (→ § 516 Rdnr. 4 ff., → § 522 Rdnr. 1). Nach § 310 Abs. 3 ist zudem bei den nach Maßgabe der §§ 307 Abs. 2, 331 Abs. 3 ohne mündliche Verhandlung ergehenden Versäumnis- und Anerkenntnisurteilen die Verkündung durch die Zustellung ersetzt.

14 Urteile werden auch im Verfahren der einstweiligen Verfügung und des Arrestes von Amts wegen zugestellt (näher → § 922 Rdnr. 26). Zu den seltenen – aber in der Praxis wichtigen – Ausnahmen zugunsten einer Parteizustellung gehören die §§ 922 Abs. 2, 936, die aber nur für Beschlüsse und auch hier nur für die Zustellung an den Schuldner gelten.

15 *Beschlüsse* des Gerichts und *Verfügungen des Vorsitzenden* werden, soweit sie nicht verkündet werden, ebenfalls von Amts wegen nach § 329 Abs. 2 und 3 entweder zugestellt oder formlos mitgeteilt. Ebenso liegt es für den Kostenfestsetzungsbeschluß (§ 104), sofern er

---

[12] Vgl. *Bülow* SJZ 1950, 718.
[13] Vgl. §§ 143 ff. des Entwurfs und die Erläuterungen dazu (S. 301).
[14] Zutr. *Schack* Internationales Zivilverfahrensrecht (1991) Rdnr. 588; zur Klage über die Kompliziertheit und Unübersichtlichkeit des Zustellungsrechts auch Rosenberg/Schwab/Gottwald[15] § 76 II; *A. Blomeyer* ZPR² § 32; *Oertmann* ZZP 48 (1920), 437.
[15] BGH NJW 1987, 1707, 1708; für das europäische Prozeßrecht dagegen *EuGH* EuZW 1991, 475 (Nichtigkeitsklage).
[16] So aber *Sandrock* RIW 1987 Beil. 2, S. 9.

nicht auf das Urteil gesetzt ist (§ 105 Abs. 1 S. 2). Das gleiche gilt für den Mahnbescheid nach § 693. Vollstreckungsbescheide werden nach § 699 Abs. 4 von Amts wegen zugestellt, wenn nichts anderes beantragt ist (§ 699 Abs. 4 S. 2) oder die Auslagen für die Zustellung nicht gezahlt worden sind (→ § 699 Rdnr. 9ff.).

Terminsbekanntmachungen (§§ 216, 497, → Rdnr. 28ff. vor § 214) und Ladungen der Zeugen und Sachverständigen sowie der Parteien bei Anordnung des persönlichen Erscheinens oder zu ihrer Vernehmung ergehen ebenfalls stets von Amts wegen (§§ 377, 402, 141 Abs. 2, 450 Abs. 1)(zur formlosen Mitteilung → Rdnr. 39). Der Schiedsspruch (§ 1039) wird stets gem. §§ 166ff. auf Betreiben des Schiedsgerichts zugestellt (→ auch § 1039 Rdnr. 9).   16

Im arbeitsgerichtlichen Verfahren sind die Urteile in allen Rechtszügen von Amts wegen zuzustellen oder mitzuteilen (§§ 50 Abs. 1, 64 Abs. 7, 72 Abs. 6 ArbGG).   17

3. Zustellung in der Zwangsvollstreckung

In der Zwangsvollstreckung wird im Parteibetrieb zugestellt, soweit Zustellungen nicht unter eine der vorher angeführten Vorschriften fallen. Das gilt vor allem für den Pfändungs- und Überweisungsbeschluß (§§ 829, 835 [846, 857], 930), die Verzichtserklärung nach § 843 und die Pfändungsbenachrichtigung nach § 845. Dazu treten diejenigen Zustellungen, die der Einleitung der Zwangsvollstreckung dienen (§§ 750f., 756, 765). Das gilt insbesondere auch für die Zustellung der Vergleiche (§ 794 Abs. 1 Nr. 1), der vollstreckbaren Urkunden (§ 794 Abs. 1 Nr. 5), der Vollstreckungsklauseln und Hinterlegungsquittungen (§§ 795, 750f.). Dagegen müssen die nichtverkündeten Beschlüsse und die selbständigen Kostenfestsetzungsbeschlüsse (§ 794 Abs. 1 Nr. 2) von Amts wegen zugestellt werden, damit sie existent werden (§ 329 Abs. 3).   18

4. Zustellung auf dem falschen Wege

Soweit diese Ordnung nicht auf ausdrücklicher Vorschrift beruht, ist wegen der näheren Begründung auf die einzelnen Paragraphen zu verweisen. Ist demnach auf dem falschen Wege zugestellt worden, so löst die Zustellung die vom Gesetz an sie geknüpften Wirkungen wie Fristlauf, Zulässigkeit der Zwangsvollstreckung usw. nicht aus (→ Rdnr. 23, → § 317 Rdnr. 1)[17]. Doch besteht die Möglichkeit einer Heilung des Mangels (→ § 187, → § 295).   19

III. Zustellungsarten

Für die Zustellung im Parteibetrieb (§§ 699 Abs. 4 S. 2, 750 Abs. 1 S. 2, 845, 922 Abs. 2) ist der Gerichtsvollzieher (→ Rdnr. 21) das zuständige Zustellungsorgan. Daran ändert nichts, daß der Geschäftsstelle unter Umständen die Vermittlung zufällt (§ 168). Bei der Zustellung von Amts wegen (→ Rdnr. 22) ist die Geschäftsstelle das Zustellungsorgan (§ 209).   20

Der Gerichtsvollzieher (→ Rdnr. 20) kann die Ausführung der Zustellung selbst vornehmen oder durch die Post vornehmen lassen (§§ 193ff.). Die Geschäftsstelle (→ Rdnr. 20) muß sich dazu entweder des Gerichtswachtmeisters oder der Post bedienen (§ 211). Bei der Zustellung an einen Gefangenen steht ein Beamter der Justizvollzugsanstalt dem Gerichtswachtmeister gleich (§ 211 Abs. 1 S. 1 HS 2). Die Zustellung durch die Post ist demnach eine beiden Zustellungsarten gemeinsame Unterart. Gemeinsame Unterarten sind ferner die   21

---

[17] *OLG Celle* NdsRpfl 1950, 77.

Zustellung durch Aufgabe zur Post (§§ 175, 192, 213), durch Ersuchen von Behörden bei der Zustellung im Ausland (§§ 199 ff.), die Zustellung von Anwalt zu Anwalt (§ 198) und die öffentliche Zustellung (§§ 203 ff.).

22 Auf die Zustellung von Amts wegen beschränkt ist die Zustellung gegen Empfangsbescheinigung des Anwalts, Notars oder Gerichtsvollziehers usw. (§ 212a). Das gleiche gilt für die Aushändigung an der Amtsstelle nach § 212b. Zustellungen durch Notare sind im Geltungsbereich der ZPO unzulässig.

IV. Zustellungsmängel

23 Die Zustellung erweist sich aufgrund ihrer komplizierten Regelungstechnik (→ Rdnr. 11) trotz zahlreicher Reformen und Erleichterungen immer wieder als häufige Fehlerquelle[18]. Die bisherigen Tendenzen zur Vereinfachung des Zustellungsrechts und zur Beseitigung von Fehlerquellen haben noch keine nachhaltige Abhilfe zu schaffen vermocht (→ Rdnr. 11). Immerhin sind zu nennen der weitgehende Übergang zur Amtszustellung (→ Rdnr. 4 ff.) und die Abschaffung des Zustellungserfordernisses mit dem Übergang zur formlosen Bekanntmachung (→ Rdnr. 39 ff.).

24 An die Zustellung knüpfen sich weitreichende Rechtsfolgen. Zu nennen sind vor allem der Beginn der Rechtsmittelfrist, der Ersatz für die Verkündung, die Einleitung der Zwangsvollstreckung u. a. Deshalb sind die Wirksamkeit einer Zustellung, die Heilung von Mängeln und der Verzicht auf die Rüge derartiger Mängel für die Praxis von erheblicher Bedeutung.

1. Wirksamkeit des Zustellungsaktes

25 Die Wirksamkeit des Zustellungsaktes hängt von der Einhaltung der Vorschriften über den Weg der Zustellung (→ Rdnr. 19) und über ihre Ausführung einschließlich ihrer Beurkundung (→ § 190 Rdnr. 4 f.) ab. Das Gesetz selbst unterscheidet im Bereich der Zustellung nicht zwischen wesentlichen und unwesentlichen Normen. Insofern entspricht es nicht der Wertung der ZPO, eine Regelung des Zustellungsrechts als »unwesentlich« zu charakterisieren[19].

26 Es gibt allerdings gesetzliche Erfordernisse (→ § 190 Rdnr. 4, → § 194 Rdnr. 9), welche die Beweissicherung für den Zustellungsempfänger betreffen, und die im Hinblick auf die Zustellung kein Wirksamkeitserfordernis darstellen. Soweit zwingende Normen nicht durch das Wort »müssen« bezeichnet werden, sind sie dadurch ausgedrückt, daß die einzelnen Übermittlungsformen als diejenigen Vorgänge bezeichnet werden, die den Zustellungsakt selbst i. S. seines Begriffes ausmachen, durch welche die Zustellung geschieht. So liegt es bei den §§ 170, 171 usw. Andererseits wird in § 188 Abs. 4 für gewisse Ausnahmefälle die Wirksamkeit der Zustellung besonders ausgesprochen. Nach der Modellvorstellung des Gesetzes hängt daher die Wirksamkeit der Zustellung nicht davon ab, ob der Adressat ungeachtet des Mangels eine mehr oder weniger zuverlässige Kenntnis von dem Inhalt des Schriftstücks hat. Vielmehr ist die formlose, wenn auch erweisliche Mitteilung an die Partei keine Zustellung (auch → § 170 Rdnr. 32, → § 190 Rdnr. 1, → § 187 Rdnr. 1).

27 Diese auf einer gewissen Überbewertung formaler Erfordernisse beruhende Regelung hat durch die Änderung des § 187 mit der Verordnung vom 9.10.1940 (RGBl. I 1340) (→ Einl. Rdnr. 141) eine wesentliche Abschwächung erfahren. Nach § 187 S. 1 kann das Gericht sowohl bei mangelndem Nachweis des Zustellungsaktes wie auch bei Verletzung zwingender

---

[18] Rechtstatsächliche Untersuchungen bei *Hohmann* (Fn. 1), 134 ff.
[19] Ebenso *Rosenberg/Schwab/Gottwald*[15] § 76 II 2; anders *Baumbach/Lauterbach/Hartmann*[51] Übers. § 166 Rdnr. 12.

Zustellungsvorschriften die Zustellung als ordnungsgemäß bewirkt ansehen (→ Bemerkungen zu § 187). Ausgenommen sind nach § 187 S. 2 lediglich diejenigen Fälle, in denen durch die Zustellung eine Notfrist in Lauf gesetzt wird. – Zu Mängeln der Beurkundung → § 190 Rdnr. 4f.

2. Heilung

Die Zustellung ist keine selbständige Prozeßhandlung, sondern dient nur als Mittel zu deren Vornahme (→ Rdnr. 1). Deshalb hängt die Heilungsmöglichkeit einer ungültigen Zustellung durch Verzicht oder Verlust des Rügerechts nach § 295 Abs. 1 davon ab, welche Eigenschaften die durch die Zustellung zur Existenz gelangende Handlung oder die durch sie in Lauf zu setzende oder zu wahrende Frist oder die durch sie zu wahrende Form (§§ 750, 829) hat. Daher ist § 295 Abs. 1 anwendbar bei der Erhebung der Klage (→ § 253 Rdnr. 181) und bei der Wahrung gewöhnlicher Fristen. Betrifft der Zustellungsakt dagegen einen von Amts wegen zu prüfenden Punkt (→ Rdnr. 91 vor § 128), so ist nach § 295 Abs. 2 den Parteien jede Disposition entzogen[20]. Dasselbe gilt grundsätzlich für diejenigen Zustellungen, welche die formale Vorbedingung der Zwangsvollstreckung bilden (→ § 750 Rdnr. 8) oder durch die ein Pfändungspfandrecht begründet werden soll (§ 829). Häufig kann aber über § 187 S. 1 eine Heilung eintreten (→ siehe dort). Auch im Anwendungsbereich des § 270 Abs. 3 ist eine Heilung nach § 295 Abs. 1 möglich (→ § 270 Rdnr. 21). 28

Die vorstehend dargestellten Grundsätze kommen auch dann zur Anwendung, wenn der Mangel darauf beruht, daß die Zustellung in den Fällen der §§ 171, 173, 176, 210a statt an den Adressaten an einen Vertreter gerichtet ist, der keine Vollmacht oder andere Vertretungsmacht hat. Ebenso liegt es, wenn die Übergabe in den Fällen der §§ 181, 183f. an eine nach dem Gesetz nicht legitimierte Ersatzperson bewirkt worden ist. Neben § 295 kommt eine Genehmigung des vollmachtlosen Handelns durch den Adressaten in Betracht. Das bedeutet eine Analogie zu den Regelungen in §§ 89, 551 Nr. 5, 579 Nr. 4 (→ § 56 Rdnr. 3, → § 89 Rdnr. 13)[21]. Ohne ausschlaggebende Bedeutung ist es, daß die Entgegennahme der Zustellung kein selbständiger Akt der Prozeßführung des Empfängers ist[22]. Eine Genehmigung kommt auch in Betracht, wenn der Auftrag zur Zustellung ohne Vollmacht erteilt ist (→ § 167). 29

V. Stellung des Gerichtsvollziehers

Nach § 166 ist der Gerichtsvollzieher zur Besorgung der im Parteibetrieb zu erledigenden Zustellungen (→ Rdnr. 21) bestellt[23]. Die Erwähnung der Ladungen in § 154 GVG ist gegenstandslos, da der Gerichtsvollzieher nicht lädt. Das gleiche gilt für die Bezugnahme des § 9 Abs. 2 ArbGG auf Zustellungs- und Vollstreckungsbeamte. Nach Bundesrecht ist der Gerichtsvollzieher ein den Parteien bei der Zustellung zur Verfügung stehender Beamter, der Amtshandlungen vornimmt. § 154 GVG hat aber den Landesjustizverwaltungen in der Regelung der Dienst- und Geschäftsverhältnisse der Gerichtsvollzieher in weitem Umfang Freiheit gelassen. In den neuen Bundesländern können mit den Aufgaben des Gerichtsvollziehers geeignete Angestellte betraut werden (Einigungsvertrag Anlage I Kapitel III Sachgebiet A Abschnitt III Maßgabe q Absatz 2). 30

---

[20] Ebenso *BGH* LM ZPO § 198 Nr. 1; NJW 1952, 934, 935; *RGZ* 99, 140, 141; 103, 334, 338f. u. ö.

[21] A.A. → Voraufl. Rdnr. 30; wie hier *Rosenberg* Stellvertretung im Prozeß (1908), 620ff., 984; ähnlich *RGZ* 9, 66, 69.

[22] Wie hier *Thomas/Putzo*[18] Vorbem. § 166 Rdnr. 15; *Rosenberg/Schwab/Gottwald*[15] § 76 II 3a; anders *RG* Gruchot 38 (1894), 1220, 1223; KG JW 1917, 819; *A. Blomeyer*[2] ZPR § 32 I 2.

[23] Ältere Literatur dazu in der Voraufl. → Fn. 20.

31 Die Länder haben sich weitgehend auf bundeseinheitliche Grundsätze geeinigt und diese jeweils mit Ergänzungen als landesrechtliche Ordnungen in Kraft gesetzt. Zu nennen sind die Geschäftsanweisung für Gerichtsvollzieher (GVGA) vom 1.3.1954 in der ab 1.4.1980 geltenden bundeseinheitlichen Fassung mit den §§ 1—273 mit späteren Änderungen und Ergänzungen[24]. Landesrechtliche Sonderregelungen sind entweder als §§ 274 ff. GVGA oder als Ergänzungsbestimmungen (o. ä.) erlassen[25]. Ähnlich verhält es sich mit der Gerichtsvollzieherordnung (GVO). Sie liegt in einer bundeseinheitlichen Neufassung seit 1.4.1980 mit späteren Änderungen und Ergänzungen vor[26]. In den einzelnen Bundesländern wurde die Neufassung der GVO jeweils durch Erlasse eingeführt und entsprechend den Änderungen der GVO ergänzt und angepaßt.

32 Der Gerichtsvollzieher regelt nach § 45 Abs. 1 GVO seinen Geschäftsbetrieb grundsätzlich nach eigenem pflichtgemäßen Ermessen und genießt daher ein großes Maß an Selbständigkeit und Freiheit. Er muß nach § 46 GVO an seinem Amtssitz auf eigene Kosten halten ein Geschäftszimmer und kann nach §§ 49 ff. GVO Büro- und Schreibhilfen beschäftigen und diese in gewissem Rahmen ausbilden. Nach §§ 2, 3 GVO ist seine Dienstbehörde das Amtsgericht. Sein unmittelbarer Dienstvorgesetzter ist der aufsichtsführende Richter des Amtsgerichts. Amtssitz ist der Sitz seiner Dienstbehörde.

1. Örtlicher Geschäftskreis

33 Die Ordnung des örtlichen Geschäftskreises und damit der örtlichen Zuständigkeit ist Angelegenheit der Landesjustizverwaltung (→ § 166 Rdnr. 2). Der Gerichtsvollzieherbezirk deckt sich grundsätzlich mit dem Amtsgerichtsbezirk. Sind bei einem Amtsgericht mehrere Gerichtsvollzieher beschäftigt, so weist der aufsichtsführende Richter jedem von ihnen einen örtlich begrenzten Bereich (Gerichtsvollzieherbezirk) zu und regelt die Verteilung bestimmter Aufgaben. Das Nähere ist in § 16 GVO niedergelegt. Nach §§ 33 ff. GVO ist eine Verteilungsstelle eingerichtet, die eingehende Aufträge an den zuständigen Gerichtsvollzieher weiterleitet, wenn sich der Gläubiger nicht unmittelbar an ihn wendet[27]. Das Überschreiten der örtlichen Zuständigkeit macht die Amtshandlung des Gerichtsvollziehers nicht unwirksam. Das ergibt sich aus der Wertung des § 512a. Wenn dort eine unrichtig bejahte örtliche Zuständigkeit in einer gerichtlichen Entscheidung grundsätzlich der Nachprüfung entzogen ist, so muß dieser Grundsatz erst recht bei den weniger wichtigen Akten des Gerichtsvollziehers gelten. Ein Verstoß dagegen kann aber ggf. mit einem Rechtsbehelf gerügt werden (→ § 753 Rdnr. 3). Die Zustellung durch einen nach § 155 GVG von der Amtsausübung ausgeschlossenen Gerichtsvollzieher ist unwirksam (→ Rdnr. 25).

2. Handeln kraft Amtspflicht

34 Der Gerichtsvollzieher ist Beamter[28]. Seine Zustellungsakte sind als Ausübung der staatlichen Gerichtsbarkeit Amtshandlungen. Er steht daher bei Zustellungen unter dem Schutz des § 113 StGB[29]. Nach § 203 Abs. 3 darf er Zustellungen in der Wohnung eines Exterritorialen

---

[24] Neuester Stand: 6. Änderung der GVGA, z.B. Bekanntmachung des Bayer. Staatsministeriums der Justiz vom 30.3.1992, BayJMBl 1992, 60.
[25] Der Text der GVGA ist abgedruckt z.B. bei Piller/Hermann Justizverwaltungsvorschriften, 3. Aufl. 1992 (Stand: April 1993) unter Nr. 9d. Die Ergänzungsvorschriften der Länder sind in den Anhängen I, II, III, V, VI, VII, VIII usw. nach Nr. 9d abgedruckt.
[26] Stand: 6. Änderung der GVO, z.B. Bekanntmachung des Bayer. Staatsministeriums der Justiz vom 30.3.1992, BayJMBl 1992, 58. Die GVO ist auch abgedruckt bei Piller/Hermann (vorige Fn.) unter Nr. 9c; die ergänzenden Bestimmungen der Länder finden sich in den Anhängen II ff. zu Nr. 9c.
[27] Zur Amtshaftung für Verschulden der Verteilungsstelle s. RGZ 79, 216 ff.
[28] Ältere Literatur in der Voraufl. Fn. 29.
[29] RGSt 41, 82 ff.

usw. nicht vornehmen (→ näher Einl. Rdnr. 655 ff.). Der Gerichtsvollzieher handelt als selbständiges Organ der Gerichtsbarkeit und nicht als »Unterorgan« des Gerichts.

Durch die Inanspruchnahme des Gerichtsvollziehers wird zwischen ihm und dem Gläubiger kein privatrechtliches Vertragsverhältnis begründet, wenngleich die ZPO von »Auftrag« spricht (§§ 166–168, auch §§ 753 ff.). Der »Auftrag« ist lediglich der Anlaß für die Ausübung der Amtsgewalt und bedeutet den verfahrensrechtlichen Antrag. Das gilt auch insoweit, als der Gerichtsvollzieher nach Gesetz oder Dienstanweisung den Anordnungen der Partei Folge zu leisten hat. Es handelt sich um einen Ausfluß der Dispositionsmaxime. Bei eiligen, eine Frist wahrende Zustellungen treffen den Gerichtsvollzieher Erkundigungspflichten[30]. Nach dem Gesagten handelt der Gerichtsvollzieher stets kraft Amtspflicht in Ausübung hoheitlicher Gewalt und nicht kraft privatrechtlicher Verpflichtung[31]. Deshalb besteht auch keine vertragliche Haftung gegenüber der Partei. Vielmehr finden die Vorschriften über die Amtspflichtverletzung (§ 839 BGB i. V. m. Art. 34 GG) Anwendung, so daß der Staat haftet[32] (ferner → § 166 Rdnr. 6).

3. Vertreter oder Bote der Partei

Der Gerichtsvollzieher ist bei der Zustellung in der Regel nur Bote der Partei[33]. Das gilt gleichermaßen für die Zustellung von Urteilen wie von Erklärungen. Unerheblich ist, daß § 167 von der »Ermächtigung« spricht. Auftrag und Vollmacht werden in der ZPO auch sonst nicht deutlich geschieden (vgl. § 87). Ausnahmsweise findet im Fall des § 840 auch eine Vertretung der Partei sowohl bei der Aufforderung an den Drittschuldner als auch bei Entgegennahme seiner Erklärungen statt.

35

4. Gebühren

Die Gebühren des Gerichtsvollziehers regelt das »Gesetz über Kosten der Gerichtsvollzieher« (GvKostG) vom 26.7.1957 (BGBl. I 887) mit nachfolgenden Änderungen[34]. Für die neuen Bundesländer kennt Anlage I Kapitel III Sachgebiet A Abschnitt III Nr. 23 Maßgabe a eine Ermäßigungsvorschrift für die Gebühren. Der Gebührenanspruch steht der Staatskasse zu; der Gerichtsvollzieher ist an den Gebühren nur beteiligter Beamter. Zu dem GvKostG sind bundeseinheitliche Kostengrundsätze (GvKostGr) ergangen. Sie stammen vom 1.3.1976 mit späteren Änderungen und Ergänzungen[35]. Nach § 5 GvKostG wird die Tätigkeit des Gerichtsvollziehers von der Zahlung eines die Gebühren und baren Auslagen voraussichtlich deckenden Betrages abhängig gemacht.

36

Bei Streitigkeiten über den Gebührenansatz wird nach Maßgabe des § 766 Abs. 2 ZPO oder § 9 GvKostG auf Erinnerung im Beschlußverfahren entschieden. Der ordentliche Klageweg ist ausgeschlossen. Eingezogen werden die Gebühren nach § 1 Abs. 1 Nr. 7 JBeitrO (→ Einl. Rdnr. 199).

37

Im arbeitsgerichtlichen Verfahren findet in allen Instanzen das GvKostG unmittelbar mit der Maßgabe Anwendung, daß der Gerichtsvollzieher Gebührenvorschüsse nicht erheben darf (§ 12 Abs. 4 S. 3 ArbGG). Dagegen sind Auslagenvorschüsse nicht ausgeschlossen.

38

---

[30] S. *RGZ* 91, 179.
[31] *RGZ* (VZS) 82, 85 ff. (aber ausdrücklich nur für die Zwangsvollstreckung); auch *RGZ* 128, 81, 85; 161, 109, 111; *Baumbach/Lauterbach/Albers*[51] Übers. § 154 GVG Rdnr. 3.
[32] Vgl. ferner *RGZ* 102, 166 ff.
[33] *RGZ* (VZS) 48, 409, 413; a. A. *Rosenberg* Stellvertretung im Prozeß (1908), 199, 518 f.; → auch Einl. Rdnr. 53.
[34] Zur Weisungsbefugnis des Dienstherrn bei der Kostenerhebung *BVerwGE* 65, 278, 280; → Einl. Rdnr. 196.
[35] Abgedruckt bei *Piller/Hermann*, Justizverwaltungsvorschriften, 3. Aufl. 1992 (Stand: Juni 1992) Nr. 9b.

VI. Formlose Mitteilungen

39   Die ZPO sieht neben den Zustellungen in zahlreichen Fällen einfache Mitteilungen (»Anzeigen«, »Benachrichtigungen«, »Mitteilungen« usw.) seitens des Gerichts, der Geschäftsstelle oder der Partei vor. Diese Mitteilungen können formlos geschehen, ohne daß es deren Beurkundung bedarf. Im einzelnen sind zu nennen die Fälle der §§ 73 S. 2, 105 Abs. 1 S. 3, 134 Abs. 1, 188 Abs. 3, 226 Abs. 3 HS 2, 251a Abs. 2 S. 3, 360 S. 4, 362 Abs. 2 HS 2, 364 Abs. 4 S. 1, 365 S. 2, 386 Abs. 4, 693 Abs. 3, 694 Abs. 2 S. 2, 695 S. 1, 733 Abs. 2, 986 Abs. 5, 988 S. 3.

40   Dazu sind aufgrund der ZustellungsVO vom 17.6.1933 (RGBl. I 394) die weiteren Fälle getreten, in denen die Zustellung von Amts wegen durch die einfache Mitteilung ersetzt ist. Es handelt sich um die Angelegenheiten der §§ 104 Abs. 1 S. 4, 141 Abs. 2 S. 2 HS 2 (dagegen aber § 450 Abs. 1 S. 2), 270 Abs. 2 S. 1, 329 Abs. 2 S. 1, 357 Abs. 2 S. 1, 377 Abs. 1 S. 2, 497 Abs. 1 S. 1, 696 Abs. 1 S. 3, 900 Abs. 2 S. 2, Abs. 3 S. 2.

41   Die besondere Form der Mitteilung durch eingeschriebenen Brief nach § 251a Abs. 1 S. 3 a. F. wurde im Zuge der Vereinfachungsnovelle (→ Einl. Rdnr. 159) beseitigt und durch eine formlose Mitteilung ersetzt (→ Rdnr. 39). § 176 findet auf diese Mitteilungen Anwendung (→ § 176 Rdnr. 7). Wird eine formlose Mitteilung übersandt, obwohl hätte förmlich zugestellt werden müssen, so kann dieser Mangel u. U. nach § 187 geheilt werden (→ § 187 Rdnr. 7).

VII. Zustellungen außerhalb des Zivilprozesses

42   Die Vorschriften der ZPO über die Zustellung gelten auch für das Verfahren in Arbeitssachen (§§ 46 Abs. 2 S. 1, 64 Abs. 6 S. 1, 72 Abs. 5 ArbGG, ferner § 9 Abs. 2 ArbGG; → dazu oben Rdnr. 7 und Rdnr. 17; → § 166 Rdnr. 7). Sie gelten ferner mit größeren oder geringeren Abweichungen in Strafsachen (§ 37 StPO), im Konkurs (§ 72 KO), im Vergleichsverfahren (§ 118 VerglO), weiter für die Zwangsversteigerung usw. (§§ 3 ff. ZVG), die freiwillige Gerichtsbarkeit (§ 16 FGG) und bei Vollstreckungen nach der JBeitrO (§ 3). Auch in § 132 BGB wird auf die Vorschriften der ZPO verwiesen. Eine selbständige Regelung hat das Verwaltungszustellungsgesetz vom 3.7.1952 (BGBl. I 379) mit nachfolgenden Änderungen getroffen. Daran lehnen sich die §§ 56 Abs. 2 VwGO, 63 Abs. 2 SGG, 53 Abs. 2 FGO und § 127 PatG an. Das Zustellungsrecht ist damit Teil einer allgemeinen Verfahrenslehre. Eine Angleichung des Zustellungsrechts in den verschiedenen Verfahrensordnungen ist wünschenswert[36].

VIII. Internationale Zustellung[37]

Staatenverzeichnis → § 199.

1. Begriff

43   Internationale Zustellung bezeichnet sowohl die grenzüberschreitende Zustellung sowie diejenigen Zustellungen, für die völkerrechtliche Vorschriften eingreifen. Dazu gehört z. B.

---

[36] Dazu *H. Roth* JZ 1990, 761; *Pohle* zu *OVG Münster* ZZP 79 (1966), 467; *Hohmann* (Fn. 1), 177ff.; auch → Einl. Rdnr. 200.

[37] Literatur: *Gottwald* Die Stellung des Ausländers im Prozeß, in: *Habscheid/Beys* (Hrsg.) Grundfragen des Zivilprozeßrechts (1991) 7, 20ff.; *Hausmann* Zustellung durch Aufgabe zur Post an Parteien mit Wohnsitz im Ausland IPRax 1988, 140; *Hök* Zur Zustellung durch Aufgabe zur Post im internationalen Rechtsverkehr – Eine Bestandsaufnahme JurBüro 1989, 1217; *Mansel* Zu-

die Zustellung an Gerichtsfreie (Exterritoriale) oder an Mitglieder ausländischer Truppen usw. Zum Problemkreis der internationalen Zustellung zählen auch die Fragen einer inländischen Zustellung mit Wirkung im Ausland (insbes. § 175 Abs. 1 S. 3). Zu nennen ist weiter die öffentliche Zustellung (§ 203 Abs. 2).

2. Entbehrlichkeit

Es bedarf nach § 160 GVG keiner Rechtshilfe, soweit Zustellungen für deutsche Gerichte 44 auf deutschem Gebiet vorzunehmen sind, auch wenn es sich um die Zustellung in einem anderen Bundesland der Bundesrepublik Deutschland handelt (→ Einl. Rdnr. 629 ff.).

Im Interesse einer schnelleren und billigeren Erledigung (→ Einl. Rdnr. 859) empfiehlt sich 45 stets die Prüfung, ob die an sich zulässige Zustellung im Ausland nicht entbehrlich ist. So liegt es etwa im Anwendungsbereich des § 175. Können allerdings Urteile im Ausland nicht vollstreckt werden, wenn sie nach § 175 Abs. 1 S. 3 zugestellt werden, ist zweckmäßigerweise der Weg des § 199 zu beschreiten. Im Einzelfall kann der Justizgewährungsanspruch der Parteien diese Zustellung auch zwingend erfordern[38]. In diesem Fall darf der Antrag auf Auslandszustellung nicht zurückgewiesen werden[39].

In manchen Fällen sieht bereits das Gesetz – freilich in höchst problematischer Weise – von 46 der umständlichen Auslandszustellung ab. So liegt es im Anwendungsbereich der §§ 829 Abs. 2 S. 4, 835 Abs. 3 S. 1. Manchmal verzichtet die ZPO auch bei einem Auslandsbezug auf die Zustellung oder die Vornahme der entsprechenden Prozeßhandlung. Zu nennen sind die Fälle der §§ 841, 844 Abs. 2, 875 Abs. 2. Im übrigen regelt die ZPO nur Zustellungen, die auf Ersuchen deutscher Gerichte in Verfahren nach der ZPO im Ausland auszuführen sind (→ § 199 ff.).

3. Arten der internationalen Zustellung

Im internationalen Zustellungsrecht muß wie auch sonst bei der internationalen Rechtshilfe 47 (allgemein → Einl. Rdnr. 851 ff.) unterschieden werden, welche Art der Zustellung vorliegt. Einmal kann es sich um eine Zustellung handeln, die aufgrund eines ausländischen Ersuchens im Inland zu bewirken ist (»eingehende Zustellungsersuchen«, → Einl. Rdnr. 852). Zum anderen kann ein Gericht der Bundesrepublik Deutschland eine Zustellung im Ausland für notwendig halten (»ausgehende Zustellungsersuchen«, → Einl. Rdnr. 852). Der nachfolgende Text setzt sich vor allem (aber nicht nur) mit eingehenden Zustellungsersuchen auseinander. Es wird die Zustellungstätigkeit deutscher Rechtspflegeorgane betrachtet, wenn ein ausländisches Gericht im Inland eine Zustellung veranlassen will. Die umgekehrte Problematik der ausgehenden Zustellungsersuchen wird im Schwerpunkt bei → § 199 behandelt. Dort wird das Verfahren näher dargestellt, wenn ein inländisches Gericht im Ausland zustellen will.

---

stellung einer Klage in Sachen »Tschernobyl« IPRax 1987, 210; *Pardey* Die Zustellung eines Versäumnisurteils an den nicht postulationsfähigen Anwalt des im Ausland befindlichen Beklagten ZIP 1985, 462; *Pfeil-Kammerer* Deutsch-amerikanischer Rechtshilfeverkehr in Zivilsachen (1987); *Pfennig* Die internationale Zustellung in Zivil- und Handelssachen (1988); *H. Roth* Wert und Unwert von Fiktionen im internationalen Zivilprozeßrecht (§ 175 Abs. 1 S. 3 ZPO) IPRax 1990, 90; *Sandrock* Das Gesetz zur Neuregelung des internationalen Privatrechts und die internationale Schiedsgerichtsbarkeit RIW 1987, Beilage 2; *P. Schlosser* Legislatio in fraudem legis internationalis – Eine kritische Studie zu Problemen des grenzüberschreitenden Zustellungswesens in: FS Stiefel (1987),

683; *ders.* Die internationale Zustellung zwischen staatlichem Souveränitätsanspruch und Anspruch der Prozeßpartei auf ein faires Verfahren, in: FS Matscher (1993), 387 ff.; *Schmitz* Fiktive Auslandszustellung (1980); *Schumacher* Zustellung nach Art. 27 EuGVÜ IPRax 1985, 265; *Stürner* Förmlichkeit und Billigkeit bei der Klagzustellung im Europäischen Zivilprozeß JZ 1992, 325; *ders.* Europäische Urteilsvollstreckung nach Zustellungsmängeln, in: FS Nagel (1987), 446.

[38] *LG Osnabrück* DAVorm. 1964, 208.
[39] *H. Roth* IPRax 1990, 90, 91 Fn. 26; *LG Berlin* NJW 1989, 1434 f.; *Schack* Internationales Zivilverfahrensrecht Rdnr. 614; im Ergebnis zu eng *OLG München* IPRax 1988, 163, 164 (Italien).

4. Eingehende Ersuchen

48 Die deutsche Gerichtsbarkeit steht in weitem Umfang ausländischen Gerichten zur Erledigung von Zustellungen im Inland zur Verfügung (»eingehende Ersuchen«, → Rdnr. 47). Die Rechtshilfe im Verhältnis zum Ausland, zu der auch die Erledigung von Zustellungsanträgen gehört, ist an anderer Stelle (→ Einl. Rdnr. 851 ff.) im allgemeinen behandelt. Verwaltungsanordnungen mit zahlreichen Hinweisen enthält die ZRHO (→ Einl. Rdnr. 855)[40].

5. Erledigung eingehender Ersuchen aufgrund von Staatsverträgen

49 Zustellungsersuchen werden weitgehend auf der Grundlage von völkerrechtlichen Verträgen erledigt. Die nachfolgend genannten Verträge gelten nach Art. 11 EinigungsV auch für die neuen Bundesländer[41]. Rechtshilfeverträge, welche die ehemalige DDR abgeschlossen hat, spielen keine Rolle mehr. Von der Seite der Bundesrepublik Deutschland wurde im BGBl. II gem. Art. 12 Abs. 1 des EinigungsV jeweils deren Erlöschen mit der Herstellung der Einheit Deutschlands am 3.10.1990 festgestellt[42]. Auf die theoretischen Streitfragen über die Art und Weise des Erlöschens kommt es praktisch nicht mehr an[43]. Der heute wichtigste Vertrag für die internationale Zustellung ist das »Haager Übereinkommen über die Zustellung gerichtlicher und außergerichtlicher Schriftstücke im Ausland in Zivil- oder Handelssachen« vom 15.11.1965 (BGBl. 1977 II 1453, Text → § 199 Rdnr. 66). Das Übereinkommen ist für die Bundesrepublik Deutschland am 26.6.1979 im Verhältnis zu Ägypten, Barbados, Belgien, Botswana, Dänemark, Finnland, Frankreich, Israel, Japan, Luxemburg, Malawi, den Niederlanden, Norwegen, Portugal, Schweden, der Türkei, dem Vereinigten Königreich und den Vereinigten Staaten in Kraft getreten[44]. Es gilt ferner[45] seit 1.7.1981 für die Seyschellen[46], für Antigua und Barbuda[47], seit 24.1.1982 für Italien[48], seit 1.6.1982 für die (ehemalige) Tschechoslowakei[49], seit 1.6.1983 für Zypern[50], seit 18.9.1983 für Griechenland[51], seit 3.8.1987 für Spanien[52], seit 1.5.1989 für Kanada[53], seit 1.8.1989 für Pakistan[54] und seit 1.1.1992 für China[55]. Das Abkommen ersetzt nach seinem Art. 22 im Verhältnis zu Ägypten, Belgien, Dänemark, Finnland, Frankreich, Israel, Italien, Japan, Luxemburg, den Niederlanden, Norwegen, Portugal, Schweden, Spanien, der (ehemaligen) Tschechoslowakei (→ § 199 Rdnr. 13) und der Türkei die Art. 1–7 des »Haager Übereinkommens über den Zivilprozeß« vom 1.3.1954 (→ dazu sogleich Rdnr. 50).

50 Das »Haager Übereinkommen über den Zivilprozeß« vom 1.3.1954 (Text → § 328 Rdnr. 507 ff., Art. 1–7 → § 199 Rdnr. 67) regelt in seinen Art. 1–7 gleichfalls die internationale Zustellung. Es ist am 1.1.1960 für die Bundesrepublik Deutschland im Verhältnis zu Belgien, Dänemark, Finnland, Frankreich, Italien, Luxemburg, den Niederlanden, Norwe-

---

[40] Rechtshilfeordnung für Zivilsachen (ZRHO) vom 19.10.1956, zuletzt geändert durch Bekanntmachung vom 27.2.1992, BayJMBl 1992, 43. – Die ZRHO ist u. a. abgedruckt bei *Piller/Hermann* Justizverwaltungsvorschriften, unter Nr. 3g (Stand: April 1993) sowie in einer selbständig erschienenen Loseblattausgabe (Stand: 17. Ergänzungslieferung 1992).
[41] *H. Roth* in: Jayme/Furtak (Hrsg.) Der Weg zur deutschen Rechtseinheit. Internationale und interne Auswirkungen im Privatrecht (1991), 175 ff., 182.
[42] Diese Erklärungen finden sich aufgelistet bei *Baumbach/Lauterbach/Albers*[51] Schlußanhang V Übersicht Rdnr. 2 Fn. 1; ferner *Pirrung* IPRax 1992, 408.
[43] Wie hier *Pirrung* IPRax 1992, 408.
[44] Bekanntmachung vom 21.6.1979 BGBl. II 779 und vom 23.6.1980, BGBl. II 907.

[45] Die Einleitung → Rdnr. 869 befindet sich auf dem Stand von Oktober 1979.
[46] BGBl. II 1029.
[47] BGBl. 1987 II 614.
[48] BGBl. II 522.
[49] BGBl. II 722 (näher zu deren Nachfolgestaaten → § 199 Rdnr. 13).
[50] BGBl. 1984 II 506.
[51] BGBl. II 575.
[52] BGBl. II 613.
[53] BGBl. II 807.
[54] BGBl. 1990 II 1650.
[55] BGBl. II 146.

gen, Österreich, Schweden und der Schweiz in Kraft getreten. Es gilt ferner für Spanien, Jugoslawien (ehemalig, → § 199 Rdnr. 6), Polen, Ungarn, Tschechoslowakei (ehemalig, → § 199 Rdnr. 13), Vatikanstadt (Heiliger Stuhl), Sowjetunion (ehemalig, → § 199 Rdnr. 6, auch → Rdnr. 54, 57), Portugal, Israel, Japan, Rumänien, Marokko, Türkei, Libanon und Suriname (näher → Einl. Rdnr. 863). Seit 16.11.1981 gilt es ferner für Ägypten[56] und seit 9.7.1988 für Argentinien[57]. Wegen der in → Rdnr. 49 angeführten Gründe gelten die Art. 1–7 heute nur noch im Verhältnis zu Jugoslawien (ehemalig), dem Libanon, Marokko, Österreich, Polen, Rumänien, der Schweiz, der Sowjetunion (ehemalig), Suriname, der Vatikanstadt, Ungarn und Argentinien (→ § 199 Rdnr. 6).

Das »Haager Übereinkommen über den Zivilprozeß« vom 17.7.1905 (RGBl. 1909, 409) gilt heute nur noch im Verhältnis zu *Island*. Im übrigen ist es wegen Art. 29 des »Haager Übereinkommens über den Zivilprozeß« vom 1.3.1954 (→ Rdnr. 50) durch dieses Abkommen ersetzt worden (auch → Einl. Rdnr. 866; abgedruckt → § 199 Rdnr. 68). 51

Neben den genannten Abkommen sind noch weitere Einzel- und Zusatzvereinbarungen zu nennen (abgedruckt in → § 199 Rdnr. 70 ff., 79 ff.), welche die Zustellung noch weiter vereinfachen. Ein Staatenverzeichnis zur internationalen Zustellung findet sich bei → § 199. 52

a) Erfordernis eines Zustellungsantrages

Die Abkommen stimmen hinsichtlich des Verfahrens im wesentlichen überein. Doch lassen sich wegen der zu beachtenden Formalien vier Typen von Zustellungsanträgen, geordnet nach dem betreffenden Antragsteller, unterscheiden. 53

aa) Direkter Geschäftsverkehr

Der einfachste Weg ist der direkte Geschäftsverkehr zwischen den Behörden, wobei der Zustellungsantrag direkt von einer ausländischen Behörde gestellt werden kann. Dieser Weg besteht aufgrund weitergeltender zusätzlicher bilateraler Vereinbarungen mit Belgien, Dänemark, Frankreich, Luxemburg, den Niederlanden, Österreich, der Schweiz, Liechtenstein und Norwegen (→ Einl. Rdnr. 865, 890 a. E., → § 199 Rdnr. 7 [dort auch zu den abgedruckten Fundstellen]). Diese Art des Rechtshilfeverkehrs macht ca. 80% aller Fälle aus. Welche ausländischen Behörden zur Antragstellung berechtigt sind, bestimmt sich nach dem jeweiligen Abkommen. Im Verhältnis zu Dänemark, den Niederlanden, Österreich, der Schweiz und Norwegen sind das alle gerichtlichen Behörden. Im Verhältnis zu Belgien, Frankreich und Luxemburg sind es nur die Behörden der Staatsanwaltschaft. Mit Liechtenstein wurde dasselbe Verfahren wie mit der Schweiz vereinbart. Verzeichnisse der in Betracht kommenden Behörden finden sich in den Anlagen zur ZRHO (→ Einl. Rdnr. 855) zu den betreffenden im Länderteil aufgeführten Staaten. Die Zustellungsanträge sind an den Präsidenten des Landgerichts zu richten oder aber an den Präsidenten des Amtsgerichts, wenn die Zustellung im Bezirk eines Amtsgerichts zu erledigen ist, das dessen Dienstaufsicht unterliegt. Die Anträge aus Österreich, der Schweiz und aus Liechtenstein sind jedoch unmittelbar an das Amtsgericht zu richten. Das gleiche gilt in Eilfällen für Rechtshilfeersuchen aus Belgien (§ 57 Abs. 2 ZRHO). – Im Verkehr mit ausländischen Rheinschiffahrtsgerichten (→ Einl. Rdnr. 622) gilt nichts Abweichendes. Art. 40 RheinSchAbk (BGBl. 1952 I 645; 1966 II 560) bestimmt nur die Pflicht zur Rechtshilfe, ordnet aber nicht den unmittelbaren Verkehr an. 54

---

[56] BGBl. II 1028. [57] BGBl. II 939.

bb) Unmittelbarer Verkehr

55 Das Haager Zustellungsübereinkommen 1965 (→ Rdnr. 49) kennt den unmittelbaren Verkehr. Der Antrag wird nach Art. 3 von der zuständigen Behörde des Ursprungsstaates an die zentrale Behörde des ersuchten Staates gerichtet. In der Bundesrepublik Deutschland wurden entsprechend Art. 18 des Zustellungsübereinkommens durch § 1 des Ausführungsgesetzes vom 22.12.1977 (BGBl. I 3105, Text → § 199 Rdnr. 69) mit Ausnahme von Hamburg und Bremen die jeweiligen Landesjustizverwaltungen als zentrale Behörden bestimmt (§ 9 Abs. 4 S. 2 ZRHO). Dem Zustellungsantrag ist nach dem Haager Zustellungsübereinkommen 1965 (→ Rdnr. 49) und nach dem Haager Übereinkommen 1954 (→ Rdnr. 50) das zuzustellende Schriftstück in zwei Stücken beizufügen (Art. 3 Abs. 2 S. 2 und Art. 3 Abs. 1). Wird dieses Erfordernis nicht beachtet, so wird der Zustellungsantrag aber nicht abgelehnt. Mit Belgien, Frankreich, den Niederlanden und Österreich bestehen formlose Vereinbarungen, wonach es gegenseitig nicht beanstandet werden soll, wenn nur ein Exemplar des zuzustellenden Schriftstücks übersandt wird[58]. Nach den Zusatzvereinbarungen mit Belgien (Art. 3 Abs. 3, abgedruckt → § 199 Rdnr. 70), Dänemark (Art. 3 Abs. 2 S. 3, abgedruckt → § 199 Rdnr. 71), Frankreich (Art. 3 Abs. 2, abgedruckt → § 199 Rdnr. 72), Norwegen (Art. 3 Abs. 3, abgedruckt → § 199 Rdnr. 75), Polen (→ § 199 Rdnr. 6, 7) und der Schweiz (Art. 2 Abs. 2 S. 2, abgedruckt → § 199 Rdnr. 78) sowie den Niederlanden (Art. 3 Abs. 3, abgedruckt § 199 Rdnr. 74) muß die ersuchte Behörde auch eine fehlende Übersetzung beschaffen[59]. Wird das Ersuchen von der zentralen Behörde nicht selbst erledigt, so leitet sie es an das zuständige Amtsgericht weiter (vgl. § 57 Abs. 4 ZRHO).

cc) Konsularischer Weg

56 Der konsularische Weg ist der regelmäßige Geschäftsweg des Haager Übereinkommens 1954 (Art. 1 Abs. 1, → Rdnr. 50). Dieser Weg ist deutlich umständlicher und zeitraubender als der unmittelbare Verkehr, wie ihn das Haager Zustellungsübereinkommen 1965 vorsieht (→ Rdnr. 49, 55). Dabei wird der Zustellungsantrag durch den fremden Konsul gestellt, an den sich das ausländische Gericht oder die Privatperson zu wenden hat. Im Anwendungsbereich des konsularischen Weges ist das Gesuch von dem Konsul an den Präsidenten des Landgerichts oder an den Präsidenten des Amtsgerichts zu richten, wenn die Zustellung im Bezirk eines Amtsgerichts zu erledigen ist, das der Dienstaufsicht eines Amtsgerichtspräsidenten untersteht (§ 1 AusfG zu den Haager Abkommen 1954 und 1905)(Text des AusführungsG zum Übereinkommen 1954 → § 199 Rdnr. 69a und → § 328 Rdnr. 550).

dd) Diplomatischer Weg

57 Den Gipfel der Umständlichkeit bildet schließlich der diplomatische Weg (→ Einl. Rdnr. 890). Er führt über die ausländische Botschaft an das Außenministerium. Er ist heute mit Rumänien, (wohl) den Nachfolgestaaten der ehemaligen UdSSR[60] und Vatikanstadt vorgesehen. Die Möglichkeit ist generell gegeben im Anwendungsbereich des Haager Übereinkommens 1954 (→ Rdnr. 50) durch den Vorbehalt des Art. 1 Abs. 3. Im Rahmen von Art. 9 Abs. 2 des Haager Zustellungsübereinkommens 1965 (→ Rdnr. 49) ist dieser Weg nur

---

[58] *Bülow/Böckstiegel/Geimer/Schütze,* Internationaler Rechtsverkehr in Zivil- und Handelssachen (Stand: 14. Lfg. Juni/März 1992) 100.13 Fn. 39; 101.5 Fn. 20.

[59] *Bülow/Böckstiegel/Geimer/Schütze* (vorige Fn.)

101.5 Fn. 23; ferner *OLG Düsseldorf* IPRsp 1978, 381, 382 (Belgien).

[60] S. → § 199 Rdnr. 6 Fn. 6.

noch bei außergewöhnlichen Umständen zugelassen. Er kommt etwa in Frage für die Zustellung an Diplomaten oder an ausländische Staaten[61].

b) Ablehnung der Zustellung

Nach Art. 13 Abs. 1 des Haager Zustellungsübereinkommens 1965 (→ Rdnr. 49), Art. 4 des Haager Übereinkommens 1954 (→ Rdnr. 50) sowie Art. 4 des Haager Übereinkommens über den Zivilprozeß 1905 (→ Rdnr. 51) kann die Erledigung eines Zustellungsantrags nur abgelehnt werden, wenn sie geeignet erscheint, Hoheitsrechte oder die Sicherheit Deutschlands zu gefährden. Art. 13 Abs. 2 des Haager Zustellungsübereinkommens 1965 macht noch die Einschränkung, daß der ersuchte Staat seine Ablehnung nicht darauf stützen kann, daß er nach seinem Recht die ausschließliche Zuständigkeit seiner Gerichte in Anspruch nimmt oder ein Verfahren nicht kennt, das dem entspricht, für das der Antrag gestellt wird. Die Entscheidung darüber steht den Organen der Justizverwaltung zu, denen bei direktem Geschäftsverkehr (→ Rdnr. 54) in Zweifelsfällen der Antrag vorzulegen ist (§ 59 ZRHO, auch → Einl. Rdnr. 88 und 893). Gegen die Ablehnung der Zustellung ist der Antrag auf gerichtliche Entscheidung nach §§ 23 ff. EGGVG (→ Einl. Rdnr. 437) zulässig, weil es sich um die Regelung einer Angelegenheit auf dem Gebiet des Zivilprozesses handelt[62]. Daneben besteht die Möglichkeit einer Dienstaufsichtsbeschwerde. Abgelehnt wird insbesondere die Zustellung von Zahlungsverboten (Pfändungs- und Überweisungsbeschlüsse) an inländische Drittschuldner, da darin ein Eingriff in die inländische Gerichtsbarkeit gesehen wird (dazu → § 829 Rdnr. 24, → § 59 Abs. 3 S. 2 Nr. 1 ZRHO). Doch beruht die Auffassung der Praxis auf einem zu weit getriebenen Souveränitätsverständnis[63]. Im Anwendungsbereich der §§ 23 ff. EGGVG ist Antragsgegner die zentrale Behörde und nicht das Amtsgericht, das die Zustellung nach § 4 Abs. 2 AusfG zum Haager Zustellungsübereinkommen 1965 vorgenommen hat. Der ausländische Kläger ist nicht Verfahrensbeteiligter[64].

c) Vollzug der Zustellung

Im Anwendungsbereich des Haager Zustellungsübereinkommens 1965 (→ Rdnr. 49) kann die zentrale Behörde (→ Rdnr. 55) die Zustellung selbst durch die Post erledigen lassen, wenn die Voraussetzungen des Art. 5 Abs. 1 Buchst. a vorliegen. Das folgt aus § 4 AusfG (Text → § 199 Rdnr. 69). Diese Regelung wird wiederholt in § 66 Abs. 3 ZRHO. Nach § 4 Abs. 1 S. 3 AusfG sind die Vorschriften der ZPO über die Zustellung von Amts wegen (§§ 208 ff.) entsprechend anzuwenden. Im übrigen ist nach § 4 Abs. 2 AusfG das Amtsgericht zuständig, in dessen Bezirk die Zustellung vorzunehmen ist (§ 66 Abs. 1 ZRHO). Die Zustellung selbst wird durch die Geschäftsstelle des Amtsgerichts bewirkt (§ 4 Abs. 2 S. 2 AusfG). Auch im Anwendungsbereich des Haager Übereinkommens 1954 (→ Rdnr. 50) wird nach § 2 Abs. 2 AusfG die Zustellung durch die Geschäftsstelle des Amtsgerichts bewirkt. Das gleiche gilt nach § 1 Abs. 2 AusfG auch für das Haager Übereinkommen über den Zivilprozeß 1905 (→ Rdnr. 51).

58

59

---

[61] *Pfennig* (Fn. 37) 112, 119; *Schack* Internationales Zivilverfahrensrecht Rdnr. 603; *Hess* RIW 1989, 254, 258.
[62] OLG Düsseldorf RIW 1992, 846; OLG Frankfurt a. M. RIW 1991, 417; OLG München RIW 1989, 483; JZ 1981, 538; OLG Köln RIW 1988, 55 (ausgehende Ersuchen); krit. *Puttfarken* NJW 1988, 2155.

[63] Ebenso *Schack* Internationales Zivilverfahrensrecht Rdnr. 983; a.A. Voraufl. → Rdnr. 56; *Mülhausen* WM 1986, 957, 959 (freilich mehr referierend).
[64] OLG Düsseldorf RIW 1992, 846 ff.

60 Als Vollzug der Zustellung genügt nach Art. 5 Abs. 2 des Haager Zustellungsübereinkommens 1965 (→ Rdnr. 49), Art. 2 S. 2 des Haager Übereinkommens 1954 (→ Rdnr. 50) und Art. 2 S. 2 des Haager Übereinkommens über den Zivilprozeß 1905 (→ Rdnr. 51) die einfache Übergabe des Schriftstücks, wenn der Empfänger zur Annahme bereit ist. Der Nachweis geschieht entweder durch beglaubigtes Empfangsbekenntnis des Empfängers oder durch ein Zustellungszeugnis der zustellenden Behörde. Das ist die Geschäftsstelle des Amtsgerichts im Anwendungsbereich von Art. 5 des Haager Übereinkommens 1954 (§ 2 Abs. 2 S. 2 AusfG) sowie von Art. 5 des Haager Übereinkommens über den Zivilprozeß 1905 (§ 1 Abs. 2 AusfG). Die Form des Nachweises ist in Art. 5 Abs. 2 des Haager Übereinkommens 1954 und Art. 5 Abs. 2 des Haager Übereinkommens über den Zivilprozeß 1905 geregelt (dazu §§ 74 ff. ZRHO). Im Anwendungsbereich des Haager Zustellungsübereinkommens 1965 stellt nach § 5 AusfG diejenige Behörde das Zeugnis aus, die auch die Zustellung durchführt. Das ist die zentrale Behörde oder die Geschäftsstelle des Amtsgerichts nach Maßgabe von § 4 AusfG. Auf die formlose Zustellung finden die Vorschriften der Zivilprozeßordnung über die Zustellung keine Anwendung (§ 68 ZRHO). Feststellungen nach §§ 23 ff. EGGVG sind auch dann zulässig, wenn die Zustellung bereits vorgenommen wurde und das Zustellungszeugnis erteilt ist. Dem Zeugnis kommt nur eine klarstellende Bedeutung, nicht dagegen eine konstitutive Funktion zu[65].

61 Wenn der Empfänger trotz vorgeschriebener Belehrung (§ 69 Abs. 3 ZRHO) nicht zur Annahme bereit ist, so werden Schriftstücke, die in deutscher Sprache abgefaßt oder von einer beglaubigten deutschen Übersetzung begleitet sind, auch in den Formen der förmlichen deutschen Zustellung nach §§ 208 ff. zugestellt. Möglich ist deshalb auch der Weg der Ersatzzustellung oder eine besondere Zustellung in einer der deutschen Gesetzgebung nicht zuwiderlaufenden Form (Art. 5 Abs. 1 Buchst. b Haager Zustellungsübereinkommen 1965; Art. 3 Abs. 2 Haager Übereinkommen 1954 und Haager Übereinkommen über den Zivilprozeß 1905). Zur Beglaubigung der Übersetzung trifft Art. 3 Abs. 3 des Haager Übereinkommens 1954 eine Regelung. In den Zusatzabkommen mit Dänemark und Schweden (→ § 199 Rdnr. 7) sind Erleichterungen wie die Beglaubigung durch einen vereidigten Dolmetscher vorgesehen. Die förmliche Zustellung wird zudem auch auf Wunsch der ersuchenden Stelle bewirkt. Der Nachweis wird im Falle der förmlichen Zustellung nur durch Zustellungszeugnis erbracht (Art. 6 Haager Zustellungsübereinkommen 1965, Art. 5 Haager Übereinkommen 1954, Art. 5 Haager Übereinkommen über den Zivilprozeß 1905, § 5 AusfG, § 2 Abs. 2 AusfG, §§ 76 f. ZRHO). Die Postzustellungsurkunde ist im internationalen Rechtshilfeverkehr nicht als Zustellungsnachweis zu verwenden (§ 74 Abs. 1 ZRHO). Sie bleibt nach § 80 ZRHO bei den Vorgängen des ersuchten Gerichts. Das Zustellungszeugnis wird nach dem Vordruck ZRH 4 erteilt (abgedruckt nach § 100 ZRHO). Die formlose Übergabe (→ Rdnr. 60) steht außerhalb der ZPO (dazu § 68 ZRHO). Der Nachweis der formlosen Zustellung richtet sich nach § 75 ZRHO mit den Vordrucken ZRH 2 und ZRH 3.

6. Erledigung eingehender Ersuchen bei Nichtbestehen von Staatsverträgen

62 Soweit Staatsverträge nicht bestehen (→ Rdnr. 49), wird Zustellungsanträgen, den internationalen Gepflogenheiten entsprechend, aufgrund gegenseitigen Entgegenkommens stattgegeben (§ 3 Abs. 1 Nr. 2 ZRHO). Einzelheiten ergeben sich aus dem Länderteil der ZRHO[66]. In

---

[65] OLG Düsseldorf RIW 1992, 846; OLG Frankfurt a. M. IPRax 1992 (= RIW 1991, 417, 418) mit abl. Anm. *Stadler* 147; ferner BGH RIW 1993, 673, 674.

[66] Stand vom 27.2.1992, BayJMBl 1992, 43 ff. (o. Fn. 40). – Dort findet sich auch ein Verzeichnis der Staaten als Übersicht über die Möglichkeiten des Rechtshilfeverkehrs mit dem Ausland. Eine Länderübersicht über die Rechtshilfebeziehungen findet sich nach dem Stand von 1979 in der → Einl. Rdnr. 860.

diesem vertragslosen Rechtshilfeverkehr ist eine förmliche Zustellung unzulässig (§ 70 Abs. 2 ZRHO). Damit entfällt sowohl die Möglichkeit einer Zwangszustellung nach § 186 wie diejenige einer Ersatzzustellung nach §§ 181 ff. (vgl. § 68 Abs. 2 S. 2 und 3 ZRHO).

7. Zustellung an Mitglieder der NATO-Streitkräfte und der Bundeswehr

Die Zustellungen an Mitglieder usw. der NATO-Streitkräfte nach Art. 32 ZusatzAbkNTS richten sich nach den in der → Einl. Rdnr. 666 und 668 dargestellten Vorschriften und Grundsätzen. Für die Ausführung der Zustellung an Soldaten der Bundeswehr gibt es keine eigenen Rechtsnormen. Zu beachten ist der Erlaß des Bundesministers der Verteidigung über Zustellungen, Ladungen, Vorführungen und Zwangsvollstreckungen in der Bundeswehr i. d. F. vom 16.3.1982 (VMBl 1982, 130). Dazu finden sich Ausführungen in → § 214 Rdnr. 9. Der Erlaß ist abgedruckt in → § 214 Rdnr. 10.

63

8. Zustellung an ausländische Rechtsanwälte

Das Rechtsanwaltsdienstleistungsgesetz (RADG) i. d. F. vom 14.3.1990 (BGBl. I 479) (abgedruckt → vor § 78 Rdnr. 21) enthält in seinem § 5 eine besondere Zustellungsvorschrift. Zustellungen, die sich an Anwälte aus den Mitgliedstaaten der EG richten, die nach Maßgabe dieses Gesetzes in der Bundesrepublik Deutschland als Rechtsanwälte aufzutreten berechtigt sind, werden nach § 5 des Gesetzes ausgeführt (auch → § 157 Rdnr. 48 f.; → § 174 Rdnr. 9). Demzufolge hat der ausländische Anwalt einen Zustellungsbevollmächtigten zu benennen. Wird ein Zustellungsbevollmächtigter nicht benannt, so gilt nach § 5 S. 3 n. F. in den in § 4 Abs. 1 aufgeführten Verfahren der Rechtsanwalt, mit dem einvernehmlich gehandelt wird, als Zustellungsbevollmächtigter. Kann nicht an einen im Geltungsbereich dieses Gesetzes wohnhaften Rechtsanwalt zugestellt werden, so wird an die Partei zugestellt.

64

IX. Zustellungsschlüssel

Abschrift → »Gegenstand der Zustellung«
Amtsbetrieb → Rdnr. 4 ff.; 10 vor § 166
– Abgrenzung → Rdnr. 12 ff. vor § 166
– Arten der Zustellung → Rdnr. 20 ff. vor § 166
– Auslagen und Gebühren → § 208 Rdnr. 3
– Aufgaben der Geschäftsstelle → § 209 Rdnr. 1
– Entsprechende Anwendung der §§ 166–207 → § 208 Rdnr. 2
– Hauptunterschiede zu der Zustellung im Parteibetrieb → § 208 Rdnr. 1
Anwaltsprozeß → § 166 Rdnr. 3 ff., s. auch »Zustellung an den Prozeßbevollmächtigten« und »Zustellung von Anwalt zu Anwalt«
Arten der Zustellung → Rdnr. 20 ff. vor § 166
Auftrag zur Zustellung → § 166 Rdnr. 3 ff.
– im Anwaltsprozeß → § 166 Rdnr. 3 ff.
– im arbeitsgerichtlichen Verfahren → § 166 Rdnr. 7
– im Parteiprozeß → § 166 Rdnr. 6
Ausfertigung → »Gegenstand der Zustellung«
Ausland → »Zustellung im Ausland« sowie »Internationale Zustellung«

Beglaubigung → § 170 Rdnr. 12 ff., 23 ff.
– Berechtigung dazu im Parteibetrieb → § 170 Rdnr. 27 ff.; bei Amtszustellung → § 210 Rdnr. 1 f.
– Mangel der Beglaubigung → § 170 Rdnr. 32
Begriff der Zustellung → Rdnr. 1 vor § 166
Behörde → § 171 Rdnr. 8
Bescheinigung des Zustellungszeitpunktes → § 213 a Rdnr. 1

class action → § 199 Rdnr. 20

Ersatz der Übergabe durch Niederlegung → § 182 Rdnr. 1
– Arten der Niederlegung → § 182 Rdnr. 2
– Mitteilung darüber → § 182 Rdnr. 3
Ersatzzustellung → § 181 Rdnr. 1, → § 171 Rdnr. 2.
– bei Ablehnung der Zustellung durch Adressaten → § 181 Rdnr. 9
– an einen Angehörigen → § 181 Rdnr. 12; → § 171 Rdnr. 3

65

- an den Aufsichtsrat einer Aktiengesellschaft → § 184 Rdnr. 8
- an Behörde → § 184 Rdnr. 4
- an Ersatzpersonen → § 181 Rdnr. 10 ff.
- an Erwachsene → § 181 Rdnr. 11
- an die Ersatzperson einer Ersatzperson → § 181 Rdnr. 16
- Familie → § 181 Rdnr. 12
- an Generalbevollmächtigten oder Prokuristen → § 173 Rdnr. 3 ff.
- an Gewerbetreibenden in seinem Geschäftslokal → § 183 Rdnr. 3
- an Gewerbegehilfe → § 183 Rdnr. 8
- an Hauswirt oder Vermieter → § 181 Rdnr. 16 f.
- an einen Nachbarn → § 182 Rdnr. 6
- an den Prozeßgegner des Zustellungsempfängers → § 185 Rdnr. 2
- an Gehilfen eines Rechtsanwalts, Notars, Gerichtsvollziehers → § 183 Rdnr. 14
- Mitteilung über die Niederlegung → § 182 Rdnr. 3 ff.
- an Soldaten → Rdnr. 63 vor § 166, → § 181 Rdnr. 19
- an den Streithelfer → § 185 Rdnr. 4

Feiertage → § 188 Rdnr. 2 f.
Fernschreiben → § 207 Rdnr. 10
Formlose Mitteilung → Rdnr. 39 ff. vor § 166

Gegenstand der Zustellung → § 170 Rdnr. 3
- Ausfertigung → § 170 Rdnr. 7
Gemeinde → § 171 Rdnr. 8
- Beglaubigte Abschrift → § 170 Rdnr. 12
Gerichtsvollzieher → Rdnr. 30 ff. vor § 166
- Beamter → Rdnr. 34 vor § 166
- Gebühren → Rdnr. 36 ff. vor § 166
- Örtlicher Geschäftskreis → Rdnr. 33 vor § 166
- Vertreter der Partei → Rdnr. 35 vor § 166
Geschäftsstelle → § 168 Rdnr. 1 ff.
- Stellung → § 168 Rdnr. 2
- Pflichten → § 168 Rdnr. 6
- Gewerbetreibender → «Ersatzzustellung»

Hauptintervention → § 178 Rdnr. 4
Heilung → § 187 Rdnr. 1 ff., → auch Rdnr. 28 f. vor § 166
- Anwendungsbereich des § 187 → § 187 Rdnr. 2 ff.
- von Notfristen → § 187 Rdnr. 23 ff.
- bei Verstoß gegen § 188 → § 188 Rdnr. 8
- Voraussetzungen der Heilung → § 187 Rdnr. 2 ff.

Inhalt der Zustellungsurkunde → § 191 Rdnr. 4 ff.
Internationale Zustellung
- Begriff → Rdnr. 43 vor § 166

- Eingehende Ersuchen → Rdnr. 47 ff. vor § 166
- Ausgehende Ersuchen → § 199 Rdnr. 1 ff.
- Deutsch-britisches Abkommen über den Rechtsverkehr → § 199 Rdnr. 79
- Haager Übereinkommen über den Zivilprozeß 1905 → Rdnr. 51 vor § 166, → § 199 Rdnr. 8, 68
- Haager Übereinkommen 1954 → Rdnr. 50 vor § 166, → § 199 Rdnr. 6, 67
- Haager Zustellungsübereinkommen 1965 → Rdnr. 49 vor § 166, → § 199 Rdnr. 5, 13 ff., 66
- Staatenverzeichnis → § 199 am Anfang

Kaufmann → § 171 Rdnr. 14
Körperschaft → § 171 Rdnr. 8
Kostenfestsetzungsbeschluß → Rdnr. 15 vor § 166

Mängel der Zustellung → Rdnr. 23 ff. vor § 166
- Fehlerhaft beglaubigte Abschrift → § 170 Rdnr. 32, 33 ff.
- bei einer Amtszustellung → § 211 Rdnr. 4 ff.
- Fehlende Berechtigung zum Empfang → § 173 Rdnr. 11
- beim Empfangsbekenntnis im Fall einer Zustellung von Amts wegen → § 212 a Rdnr. 6
- bei Doppelvertretung → § 171 Rdnr. 10 ff.
- bei einer Postzustellung → § 194 Rdnr. 9
- bei einer nicht an den Prozeßbevollmächtigten geschehenen Zustellung → § 176 Rdnr. 31
- bei einer Zustellung der Rechtsmittelschrift → § 210 a Rdnr. 12
- bei der öffentlichen Zustellung einer Ladung → § 205 Rdnr. 9
- bei Ausführung der öffentlichen Zustellung → § 204 Rdnr. 18
- Mangelhafte Zustellungsurkunde → § 190 Rdnr. 4 ff.
- Wesentliche und unwesentliche Normen → Rdnr. 25 vor § 166
- Mahnbescheid → Rdnr. 15 vor § 166
Mitteilung → »Formlose Mitteilung«
Nachtzeit → »Zustellung zur Nachtzeit«
Niederlegung → »Ersatz der Übergabe durch Niederlegung«

Öffentliche Zustellung → Rdnr. 1 ff. vor § 203
- Anheftung an die Gerichtstafel → § 204 Rdnr. 11
- bei unbekanntem Aufenthalt des Zustellungsgegners → § 203 Rdnr. 6 ff.
- Ausführung → § 204 Rdnr. 10 ff.
- im Ausland → § 203 Rdnr. 13 ff.
- Bewilligung → § 204 Rdnr. 2 ff.
- an einen Exterritorialen → § 203 Rdnr. 17
- Fristwahrung → § 207 Rdnr. 1
- Inhalt der Urkunde → § 205 Rdnr. 1 ff.

- an ein Mitglied der NATO-Streitkräfte → § 203 Rdnr. 3 und Rdnr. 63 vor § 166
- Regelungszweck → § 203 Rdnr. 1 ff.
- Rückdatierung bei Notfristen → § 207 Rdnr. 1
- Voraussetzungen → § 203 Rdnr. 4 ff., 13 ff.

Offene Handelsgesellschaft → § 171 Rdnr. 11, 14
Ort der Übergabe → § 180 Rdnr. 4 ff.

Parteibetrieb → Rdnr. 4 ff. vor § 166
- Aufgabe der Partei → § 169 Rdnr. 1
- Post → «Zustellung durch die Post» und → «Zustellung durch Aufgabe zur Post»
- Rechtliches Gehör → § 181 Rdnr. 2 und → § 203 Rdnr. 1

Punitive damages Klagen → § 199 Rdnr. 20

Rechtszug → § 176 Rdnr. 1, 8 ff.
- Umfang → § 176 Rdnr. 8 ff.

Remise au parquet → § 199 Rdnr. 25
Samstage (Sonnabende) → § 188 Rdnr. 4
Sonntage → § 188 Rdnr. 4
Staatenimmunität → § 203 Rdnr. 13

Telebrief → § 207 Rdnr. 10
Telegramm → § 207 Rdnr. 10
Telekopierer → § 207 Rdnr. 10
»Tschernobyl-Klagen« → § 203 Rdnr. 13

Verein → § 171 Rdnr. 8
Vereinfachte Zustellung → § 211 Rdnr. 1
Vollstreckungsbescheid → Rdnr. 15 vor § 166

Zustellung von Anwalt zu Anwalt → § 198 Rdnr. 1 ff.
- Anwendungsbereich → § 198 Rdnr. 4
- Bescheinigung des zustellenden Anwalts → § 198 Rdnr. 28
- Empfangsbekenntnis → § 198 Rdnr. 14 ff.
- Unterschied zur gewöhnlichen Zustellung → § 198 Rdnr. 2
- Verfahren → § 198 Rdnr. 7 ff.
- Voraussetzungen → § 198 Rdnr. 3

Zustellung an mehrere Adressaten mit gemeinsamem Vertreter → § 189 Rdnr. 1, → »Zustellungsempfänger«

Zustellung durch Aufgabe zur Post → § 175 Rdnr. 1, 19 ff.
- bei Unterlassen der Benennung des Zustellungsbevollmächtigten → § 175 Rdnr. 10 ff.
- ohne Zustellungsurkunde → § 213 Rdnr. 1

Zustellung durch Aushändigung an der Amtsstelle → § 212 b Rdnr. 1

Zustellung im Ausland → § 199 Rdnr. 1 ff.
- an einen exterritorialen Deutschen → § 200 Rdnr. 1
- an einen fremden Staat → § 203 Rdnr. 13
- Gesuch → § 199 Rdnr. 42

- Haager Zustellungsübereinkommen 1965 → § 199 Rdnr. 13, Text → § 199 Rdnr. 66
- Zuständigkeit → § 202 Rdnr. 2
- Zustellungszeugnis → § 202 Rdnr. 5 ff.

Zustellung durch die Post → § 193 Rdnr. 1 ff. und § 194 Rdnr. 1 ff.
- Aushändigung an die Post → § 194 Rdnr. 1
- Aushändigung durch den Postbediensteten → § 194 Rdnr. 1
- beim Fehlen eines Postbestelldienstes → § 195 a Rdnr. 1 ff.
- Datumsvermerk → § 195 Rdnr. 5
- Fensterumschlag → § 194 Rdnr. 3
- Haftung der Post → § 193 Rdnr. 4
- Nachsendung → § 195 Rdnr. 7
- Postsperre → § 195 Rdnr. 2
- Rechtsstellung des Postbediensteten → § 195 Rdnr. 2
- bei einer Postvollmacht → § 195 Rdnr. 2

Zustellung an den Prozeßbevollmächtigten → § 176 Rdnr. 1 ff.
- Begriff des Prozeßbevollmächtigten → § 176 Rdnr. 14
- Begriff der Instanz → § 176 Rdnr. 8
- Bestellung des Prozeßbevollmächtigten → § 176 Rdnr. 17
- Ende des Rechtszuges → § 176 Rdnr. 9
- Erlöschen der Prozeßvollmacht → § 176 Rdnr. 25
- Vertretungsverbot → § 176 Rdnr. 30
- Verweisung des Rechtsstreits → § 176 Rdnr. 16, 29

Zustellung bei Nichtvorhandensein eines Prozeßbevollmächtigten → § 210 a Rdnr. 8 ff.

Zustellung im Rechtshilfeverfahren → Rdnr. 47 vor § 166

Zustellung bei Vertretungsverbot → § 210 a Rdnr. 11

Zustellung in der Zwangsvollstreckung → Rdnr. 18 vor § 166

Zustellung außerhalb der ZPO → Rdnr. 42 vor § 166

Zustellung zur Nachtzeit → § 188 Rdnr. 1 ff.
- Anwendungsbereich → § 188 Rdnr. 1
- Begriff der Nachtzeit → § 188 Rdnr. 5
- Erlaubnis zur Zustellung → § 188 Rdnr. 6
- Heilung → § 188 Rdnr. 8
- Ungültigkeit der Zustellung → § 188 Rdnr. 8

Zustellungsbevollmächtigter → § 174 Rdnr. 1
- Antrag der Gegenpartei → § 174 Rdnr. 6
- Benennung → § 175 Rdnr. 1, → auch sogleich das Unterstichwort »Unterbleiben der Benennung«
- Bestellung aufgrund einer gerichtlichen Anordnung → § 174 Rdnr. 2

- Erlöschen der Legitimation des Zustellungsbevollmächtigten → § 175 Rdnr. 7 und 23
- Pflicht zur Bestellung, wenn die Partei im Inland wohnt → § 174 Rdnr. 2ff., wenn die Partei im Ausland wohnt → § 174 Rdnr. 8ff.
- Substitutionsrecht → § 175 Rdnr. 7
- Unterbleiben der Benennung → § 175 Rdnr. 10ff.
- Vollmachterfordernis → § 175 Rdnr. 7

Zustellungsempfänger → § 171 Rdnr. 2
- Generalbevollmächtigte und Prokuristen → § 173 Rdnr. 3f. und 5
- bei prozeßfähiger Partei → § 171 Rdnr. 6
- bei prozeßunfähiger Person → § 171 Rdnr. 7ff.
- bei mehreren Vertretern → § 171 Rdnr. 10ff.
- an die Eltern → § 171 Rdnr. 3, 10
- bei Gesamtprokura → § 171 Rdnr. 10

Zustellungsurkunde → § 190 Rdnr. 1, → § 191 Rdnr. 1 (Inhalt), → 195 Rdnr. 3
- bei einer Zustellung von Amts wegen → § 212 Rdnr. 2
- Beweiskraft → § 190 Rdnr. 2ff.
- Übergabe einer beglaubigten Abschrift → § 190 Rdnr. 7ff.

Zustellungsvermerk → § 212 Rdnr. 3

I. Zustellung auf Betreiben der Parteien

§ 166 [Zustellungen durch Gerichtsvollzieher]

(1) Die von den Parteien zu betreibenden Zustellungen erfolgen durch Gerichtsvollzieher.

(2) In dem Verfahren vor den Amtsgerichten kann die Partei den Gerichtsvollzieher unter Vermittlung der Geschäftsstelle des Prozeßgerichts mit der Zustellung beauftragen. Das gleiche gilt in Anwaltsprozessen für Zustellungen, durch die eine Notfrist gewahrt werden soll.

Gesetzesgeschichte: Bis 1900 § 152 CPO. Änderungen: RGBl. 1898, 369; Abs. 2 sprachlich geändert: RGBl. I 1927, 334 (→ Einl. Rdnr. 125).

Stichwortverzeichnis → *Zustellungsschlüssel* in Rdnr. 65 vor § 166.

I. Anwendungsbereich	1	III. Zustellungsantrag	
II. Gerichtsvollzieherzuständigkeit	2	1. Anwaltsprozeß	3
		2. Parteiprozeß	6
		IV. Arbeitsgerichtsverfahren	7

I. Anwendungsbereich

1 Die §§ 166ff. regeln die Zustellung im Parteibetrieb systematisch an erster Stelle[1]. Das entspricht der früheren Bedeutung des Parteibetriebs (→ Rdnr. 4ff. vor § 166), trägt aber dem jetzigen Anwendungsbereich der Zustellung von Amts wegen nicht länger Rechnung (→ Rdnr. 10 vor § 166). Die Zustellung im Parteibetrieb hat heute nur noch einen kleinen Anwendungsbereich (→ Rdnr. 14ff., 20 vor § 166). Die Zustellungswege sind in → Rdnr. 21 vor § 166 näher aufgeführt. Der Gerichtsvollzieher kann die Zustellung eines Schriftstückes ablehnen, dessen Inhalt wegen einer äußeren Einwirkung nicht mehr klar erkennbar ist[2]. Die Heilungsmöglichkeiten bei Nichteinhaltung der vorgeschriebenen förmlichen Zustellung ergeben sich aus → § 187 Rdnr. 7.

---

[1] Dazu *Adrian* DGVZ 1965, 101. [2] *AG Itzehoe* DGVZ 1985, 122.

II. Gerichtsvollzieherzuständigkeit

Nach § 166 Abs. 1 scheint die Gerichtsvollzieherzuständigkeit im Bereich der Zustellung 2
auf Betreiben der Parteien beherrschend zu sein. In der Praxis steht jedoch wegen § 197 die
Zustellung durch die Post im Vordergrund (→ § 197 Rdnr. 1). Die Landesjustizverwaltungen
bestimmen in ihren Dienstvorschriften den örtlichen Zuständigkeitsbereich des Gerichtsvollziehers (→ Rdnr. 33 vor § 166). Das Überschreiten der örtlichen Zuständigkeit macht die
Zustellungshandlung des Gerichtsvollziehers jedoch nicht unwirksam (→ Rdnr. 33 vor
§ 166). Davon abgesehen kann jeder deutsche Gerichtsvollzieher die Zustellung durch die
Post innerhalb der Bundesrepublik Deutschland bewirken (§§ 193, 194). Zudem kann jede
Geschäftsstelle den Gerichtsvollzieher eines anderen Bezirks mit der Vornahme der Zustellung beauftragen (→ § 193 Rdnr. 2 und → § 196 Rdnr. 1). Die für die Beglaubigung maßgebenden Grundsätze sind in → § 170 Rdnr. 23 dargestellt.

III. Zustellungsantrag

1. Anwaltsprozeß

Der Gerichtsvollzieher wird nicht von Amts wegen, sondern gem. § 167 nur auf Antrag 3
(»Auftrag« → Rdnr. 35 vor § 166) tätig. Im Anwaltsprozeß (§ 78 Abs. 1) muß der Gerichtsvollzieher regelmäßig unmittelbar beauftragt werden (§ 166 Abs. 2 S. 2). Nicht unter die
Privilegierung des § 166 Abs. 2 S. 1 fällt das Verfahren vor den Amtsgerichten, soweit sie als
Familiengerichte tätig werden. Dort herrscht in den Fällen des § 78 Abs. 2 Anwaltszwang.
Zwar handelt es sich um ein »Verfahren vor den Amtsgerichten« im Sprachgebrauch des
§ 166 Abs. 2 S. 1. Doch war der dem Gesetz vorgegebene Gegensatz zwischen dem amtsgerichtlichen Verfahren und dem Anwaltsprozeß früher sachlich gleichbedeutend mit dem
Begriffspaar »Parteiprozeß« und »Anwaltsprozeß«. Mit der Einführung der Familiengerichte
war keine Änderung des so verstandenen sachlichen Inhalts dieser Regelung gewollt. Mit den
»Verfahren vor den Amtsgerichten« ist also dasjenige nach den §§ 495 ff. gemeint[3].

Das Verfahren vor einem beauftragten oder ersuchten Richter innerhalb eines anhängigen 4
Anwaltsprozesses (→ Rdnr. 3) gehört ebenfalls zum Anwaltsprozeß. Nach Abs. 2 bildet den
Gegensatz nur das Verfahren vor den Amtsgerichten.

Im Anwaltsprozeß läßt Abs. 2 S. 2 die Vermittlung der Geschäftsstelle nur zu, wenn durch 5
die Zustellung eine Notfrist gewahrt werden soll. Die Vorschrift ist gegenstandslos, weil es
keine Notfristen (§ 223 Abs. 3) mehr gibt, die durch eine Parteizustellung gewahrt werden
könnten. Vielmehr wird in allen denkbaren Fällen (→ § 207 Rdnr. 1) von Amts wegen
zugestellt.

2. Parteiprozeß

Nach Abs. 2 S. 1 kann die Partei im amtsgerichtlichen Verfahren ohne Anwaltszwang (zu 6
den Familiengerichten → Rdnr. 3) den Gerichtsvollzieher entweder unmittelbar »beauftragen« oder sich der Vermittlung der Geschäftsstelle bedienen. Die Vorschrift ist für das
Erkenntnisverfahren obsolet, da für den in Betracht kommenden Fall einer Parteizustellung
des Vollstreckungsbescheids (§ 699 Abs. 4) eine Vermittlung durch die Geschäftsstelle nach
§ 699 Abs. 4 S. 3 HS 2 ausgeschlossen ist. Die Wahrung einer Notfrist kommt hier nicht in

---

[3] So auch *MünchKommZPO/v. Feldmann* (1992)
Rdnr. 28.

Frage. Abs. 2 S. 1 behält dagegen Bedeutung für eine mögliche Vermittlung der Geschäftsstelle des Vollstreckungsgerichts in der Zwangsvollstreckung (→ Rdnr. 18 vor § 166). Stellung und Pflichten des Urkundsbeamten sind in → § 168 Rdnr. 6 dargestellt.

IV. Arbeitsgerichtsverfahren

7   Das Arbeitsgerichtsverfahren der ersten Instanz kennt keine Zustellung im Parteibetrieb (vgl. § 50 ArbGG → Rdnr. 7 vor § 166). Doch bedürfen arbeitsgerichtliche Vergleiche zur Einleitung der Zwangsvollstreckung der Zustellung im Parteibetrieb (→ § 750 Rdnr. 43 f.). Im Verfahren der höheren Instanzen finden die §§ 166 ff. Anwendung. Die sich daraus ergebenden Besonderheiten sind dargestellt in → § 170 Rdnr. 35, → § 174 Rdnr. 15, → § 198 Rdnr. 32.

§ 167   [Zustellungsantrag der Partei]

(1) **Die mündliche Erklärung einer Partei genügt, um den Gerichtsvollzieher zur Vornahme der Zustellung, die Geschäftsstelle zur Beauftragung eines Gerichtsvollziehers mit der Zustellung zu ermächtigen.**
(2) **Ist eine Zustellung durch den Gerichtsvollzieher bewirkt, so wird bis zum Beweis des Gegenteils angenommen, daß sie im Auftrag der Partei erfolgt sei.**

Gesetzesgeschichte: Bis 1900 § 153 CPO. Sprachliche Änderung des Abs. 1 RGBl. I 1927, 334 (→ Einl. Rdnr. 125).

Stichwortverzeichnis → *Zustellungsschlüssel* in Rdnr. 65 vor § 166.

I. Prozeßhandlung		II. Widerlegbare Vermutung (Abs. 2)	
1. Form	1	1. Bedeutung	3
2. Anwaltszwang	2	2. Bedeutung außerhalb eines Prozesses	4

I. Prozeßhandlung

1. Form

1   Die Erteilung des »Auftrags« (→ Rdnr. 35 vor § 166) ist als Prozeßhandlung (→ Rdnr. 157 vor § 128) eine Wirksamkeitsvoraussetzung der Zustellung, bedarf aber nach Abs. 1 S. 1 keiner Form. Sie kann daher auch durch konkludente Handlungen, z. B. durch Zusendung des zuzustellenden Urteils, herbeigeführt werden. Zudem kann ein ursprünglich fehlender Auftrag durch eine nachträgliche Genehmigung der Partei ersetzt werden (→ § 191 Rdnr. 6). Allerdings muß der Auftrag im Hinblick auf die Person des Adressaten unzweideutig sein (→ § 171 Rdnr. 2). – Zum Ersuchen der Vermittlung durch die Geschäftsstelle → § 168 Rdnr. 1 ff.

2. Anwaltszwang

2   Die Erklärung des Abs. 2 S. 1 unterliegt nicht dem Anwaltszwang. Deshalb kann sie auch von einem anderen Anwalt als dem Prozeßbevollmächtigten[1] ausgesprochen werden. Vor-

---
[1] Vgl. auch *RGZ* (VZS) 17, 392 u. ö.

aussetzung ist, daß ihm dazu Vollmacht erteilt[2] oder ein vollmachtloses Handeln genehmigt wird. In vergleichbarer Weise kann auch die Geschäftsstelle für die Partei handeln, selbst wenn die Voraussetzungen für eine Vermittlung nach § 166 Abs. 2 (→ § 166 Rdnr. 6) nicht vorliegen[3].

II. Widerlegbare Vermutung (Abs. 2)

1. Bedeutung

Abs. 2 enthält zugunsten des Auftraggebers die widerlegbare Vermutung, daß der Gerichtsvollzieher aufgrund eines Zustellungsauftrages zugestellt hat. Deshalb braucht der Gerichtsvollzieher dem Zustellungsadressaten den Auftrag nicht nachzuweisen. Der Adressat trägt vielmehr die Beweislast dafür, daß kein Auftrag vorlag. Nach seiner Funktion gilt Abs. 2 nicht zuungunsten der auftraggebenden Partei. Darauf kann es bei Meinungsverschiedenheiten über den Gebührenanspruch ankommen. Die Zustellung ist mangelhaft, wenn ihr kein Auftrag zugrundeliegt und eine Genehmigung nicht erteilt wurde (→ Rdnr. 25 f. vor § 166). 3

2. Bedeutung außerhalb eines Prozesses

§ 167 Abs. 2 ZPO gilt wegen der Verweisung des § 132 Abs. 1 S. 2 BGB auch außerhalb eines Prozesses, etwa bei der Zustellung einer Kündigung. § 167 Abs. 2 regelt aber nur die Förmlichkeit der Zustellung[4]. Deshalb wird durch § 167 Abs. 2 ZPO die materiellrechtliche Regelung des § 174 BGB nicht berührt, wonach bei einem einseitigen Rechtsgeschäft durch einen Bevollmächtigten die Vorlage der Urschrift seiner Vollmacht erforderlich ist. 4

§ 168 [Zustellungsauftrag der Geschäftsstelle]

Insoweit eine Zustellung unter Vermittlung der Geschäftsstelle zulässig ist, hat diese einen Gerichtsvollzieher mit der erforderlichen Zustellung zu beauftragen, sofern nicht die Partei erklärt hat, daß sie selbst einen Gerichtsvollzieher beauftragen wolle; in Anwaltsprozessen ist die Erklärung nur zu berücksichtigen, wenn sie in dem zuzustellenden Schriftsatz enthalten ist.

Gesetzesgeschichte: Bis 1900 § 154 CPO. Änderungen RGBl. 1898, 369, sprachlich geändert RGBl. I 1927, 334 (→ Einl. Rdnr. 125).

Stichwortverzeichnis → *Zustellungsschlüssel* in Rdnr. 65 vor § 166.

I. Funktion	1	IV. Erforderlichkeit der Zustellung	5
II. Vertretung	2	V. Pflichten der Geschäftsstelle	6
III. Ausschlußerklärung	3	VI. Zur Bedeutung der Formel »ich stelle selbst zu«	7

---

[2] S. *RGZ* 52, 367 f.; auch *RG* Gruchot 55 (1911), 118.
[3] *RGZ* 47, 397, 400.
[4] *BGH* NJW 1981, 1210; ferner *BGHZ* 67, 271, 277.

I. Funktion

1 Sobald eine Zustellung erforderlich (→ Rdnr. 5) und die Vermittlung zulässig ist (→ § 166 Rdnr. 6), kommt es zu einer Vermittlung der Geschäftsstelle nach § 168 kraft Gesetzes. Dadurch wird der Partei die Sorge für die Zustellung abgenommen. Trotz einer äußerlichen Ähnlichkeit mit der Zustellung von Amts wegen handelt es sich um eine Zustellung im Parteibetrieb. Dementsprechend werden die tatsächlichen Voraussetzungen wie Name und Anschrift des Adressaten von der zustellenden Partei ermittelt[1].

II. Vertretung

2 Die Geschäftsstelle handelt bei der Vermittlung des Auftrags an den Gerichtsvollzieher als Vertreter der Partei, da sie für diese eine Prozeßhandlung vornimmt (→ § 167 Rdnr. 1)[2]. Diese Vertretung bedeutet aber keine rechtsgeschäftliche Stellvertretung. Insoweit vergleichbar dem Gerichtsvollzieher (→ Rdnr. 34f. vor § 166) handelt es sich um einen Teil der gesetzlichen Amtspflichten der Geschäftsstelle. Sie bleibt auch bei dieser Tätigkeit Organ des Gerichts. Aus den genannten Gründen ist der Urkundsbeamte an besondere Anweisungen der Parteien nicht gebunden (→ § 196 Rdnr. 1). Für sein Versehen haftet der Staat aus § 839 BGB i. V. m. Art. 34 GG[3]. Im Einzelfall kommt die Wiedereinsetzung in den vorigen Stand in Betracht (§ 233).

III. Ausschlußerklärung

3 Nach § 168 HS 1 a. E. kann die Partei die gesetzliche Pflicht der Geschäftsstelle zur Vermittlung dadurch ausschließen, daß sie von vornherein oder nachträglich[4] erklärt, selbst einen Gerichtsvollzieher beauftragen zu wollen. Doch ist heute kaum mehr vorstellbar, daß eine Partei, die für eine Parteizustellung das Schriftstück gleichwohl bei Gericht eingereicht hat, erklärt, sie wolle selbst zustellen. Die Norm entstammt der Zeit der obligatorischen Parteizustellung[5] (→ Rdnr. 4ff. vor § 166). Für die Zustellung von Vollstreckungsbescheiden hat § 168 gleichfalls keine Bedeutung, da eine Vermittlung durch die Geschäftsstelle nach § 166 Abs. 2 S. 1 nicht möglich ist (→ § 166 Rdnr. 6; → a. A. Voraufl. Rdnr. 4; → § 699 Rdnr. 11). Im Anwaltsprozeß ist § 168 ohnehin obsolet (→ § 166 Rdnr. 5).

4 Veranlassen Geschäftsstelle und Partei die Zustellung, so liegen zwei wirksame Zustellungen vor, von denen es auf die frühere ankommt[6].

IV. Erforderlichkeit der Zustellung

5 Für den Bereich der Zwangsvollstreckung (→ Rdnr. 18 vor § 166) ergibt sich ohne weiteres aus der Stellung des Gesuchs, wann eine Zustellung erforderlich ist. Ansonsten ist eine Erklärung darüber nötig, ob zugestellt werden soll, weil eine Zustellung nicht ohne weiteres im Interesse der Parteien liegt. Das gilt etwa bei Arrestbefehlen (→ § 922 Rdnr. 5). Die Erklärung braucht nur zu ergeben, daß zugestellt werden soll. Die Vermittlung der Geschäftsstelle tritt von selbst ein. Die Geschäftsstelle hat die Partei zur Erklärung zu veranlassen (→

---

[1] *LG Berlin* MDR 1971, 400.
[2] S. auch *Rosenberg* Stellvertretung im Prozeß (1908), 520f.
[3] RGZ 17, 391; 46, 323; 47, 397f.; 51, 258f.; 79, 216 u. a.
[4] *OLG Rostock* OLGRsp 5, 53.
[5] *MünchKommZPO/v. Feldmann* (1992) Anm.
[6] *Zöller/Stöber*[18] Rdnr. 5; *MünchKommZPO/v. Feldmann* (1992) Anm.

§ 139 Rdnr. 3), da andernfalls bei rechtsunkundigen Parteien das Verfahren zum Stillstand käme.

V. Pflichten der Geschäftsstelle

Hat die Geschäftsstelle zu vermitteln, so braucht sie das Schriftstück auf seine formale Ordnungsmäßigkeit hin nicht zu überprüfen. So liegt es etwa hinsichtlich der Angabe der Prozeßbevollmächtigten usw. Im übrigen liegt es im Ermessen der Geschäftsstelle, ob sie einen Gerichtsvollzieher beauftragen oder selbst die Zustellung durch die Post veranlassen will (→ § 196 Rdnr. 1). Auf die Entschließung ist § 197 anwendbar. Die Partei haftet unmittelbar für die Gebühren und Auslagen des Gerichtsvollziehers. Dieser kann deshalb nach § 5 GvKostG einen Vorschuß verlangen.   6

VI. Zur Bedeutung der Formel »ich stelle selbst zu«

Der sich in Anwaltsschriftsätzen findende Satz »ich stelle selbst zu«, ist in seiner Bedeutung nicht unzweifelhaft. Darin kann die Erklärung nach § 168 HS 1 a. E. liegen[7]. Die Regel ist das aber aus den oben → Rdnr. 3 angeführten Gründen nicht. Vielmehr wird damit meistens nicht die förmliche Zustellung i. S. dieser Norm gemeint sein, sondern die formlose Übermittlung. Eher zutreffend ist deshalb die Bemerkung «Gegner hat Abschrift»[8]. Empfehlenswert ist eine Rückfrage der Geschäftsstelle.   7

§ 169 [Schriftstücke zum Zustellungsauftrag]

(1) Die Partei hat dem Gerichtsvollzieher und, wenn unter Vermittlung der Geschäftsstelle zuzustellen ist, dieser neben der Urschrift des zuzustellenden Schriftstücks eine der Zahl der Personen, denen zuzustellen ist, entsprechende Zahl von Abschriften zu übergeben.

(2) Die Zeit der Übergabe ist auf der Urschrift und den Abschriften zu vermerken und der Partei auf Verlangen zu bescheinigen.

Gesetzesgeschichte: Bis 1900 § 155 CPO. Sprachliche Änderungen RGBl. I 1927, 334 (→ Einl. Rdnr. 125).

Stichwortverzeichnis → *Zustellungsschlüssel* in Rdnr. 65 vor § 166.

I. Bedeutung	1	III. Vermerk und Bescheinigung (Abs. 2)	5
II. Zustellung an mehrere Personen	4		

I. Bedeutung

Die Partei hat dem Gerichtsvollzieher oder der Geschäftsstelle nach Abs. 1 die Urschrift des zuzustellenden Schriftstücks zu übergeben[1]. Die Übergabe einer beglaubigten Abschrift reicht nicht aus. Nach § 190 Abs. 4 geht die Urschrift an den Zustellenden zurück, nachdem   1

---

[7] So *Baumbach/Lauterbach/Hartmann*[51] Rdnr. 2.
[8] So *MünchKommZPO/v. Feldmann* (1992) Anm.

[1] Dazu *LG Münster* DGVZ 1989, 186, 187.

der Gerichtsvollzieher mit ihr gem. § 190 Abs. 2 die Zustellungsurkunde verbunden hat. Die in Abs. 1 a. E. genannten Abschriften sind für den oder die Zustellungsempfänger bestimmt.

2 Bei zuzustellenden Urteilen kann die »Urschrift« i. S. des Abs. 1 nur die Ausfertigung nach § 317 Abs. 3 sein, weil die Urschrift des Urteils im Gerichtsakt verbleibt. Für die Zustellung einer gerichtlichen Entscheidung ist daher als Urschrift im Verhältnis zwischen den Parteien die Ausfertigung anzusehen. In diesem Fall der Zustellung von Ausfertigungen ist neben der Anzahl der den Zustellungsempfängern entsprechenden Ausfertigungen noch eine weitere Ausfertigung erforderlich, die in der erwähnten Art und Weise (→ Rdnr. 1) mit der Zustellungsurkunde verbunden an den Auftraggeber zurückzugeben ist.

3 Reicht die Partei entgegen von Abs. 1 nicht die geforderten Abschriften ein, so können Gerichtsvollzieher oder Geschäftsstelle die Abschriften gegen Bezahlung anfertigen (§ 26 GVGA)(vgl. § 36 Abs. 1 Nr. 2 GvKostG; § 64 GKG; Nr. 1900 Kostenverzeichnis). Sofern der Erfolg nicht etwa wegen drohenden Fristenablaufs vereitelt wird, kann zunächst auch Nachlieferung verlangt werden (§ 26 Nr. 2 Satz 4 GVGA). Das Vollstreckungsgericht kann den Gerichtsvollzieher zur Fertigung der Abschriften anweisen[2]. Das Anfertigen der Abschriften darf grundsätzlich nicht abgelehnt werden, da dadurch der Justizgewährungsanspruch der Partei vereitelt werden kann. Auf die einschränkenden Voraussetzungen von § 26 Nr. 2 GVGA kommt es dabei nicht entscheidend an[3].

II. Zustellung an mehrere Personen

4 Hat eine Partei mehrere Vertreter, so genügt die Übergabe eines einzigen Exemplars, soweit ein einheitlicher Zustellungsakt möglich ist (§ 189 Abs. 1)[4]. Unzulässig ist die Zustellung an mehrere Personen durch ein einziges, bei ihnen umlaufendes Exemplar[5]. Das gilt auch für die Zustellung an Ehegatten. Eine wirksame Zustellung liegt aber wenigstens gegenüber derjenigen Person vor, die das auszuhändigende Schriftstück mit dem Auftrag erhalten hat, dieses an die anderen weiterzuleiten[6]. Eine Übergabe i. S. von § 170 liegt nicht vor, wenn der Gerichtsvollzieher das Schreiben lediglich vorzeigt, um es alsdann selbst weiterzuleiten (→ § 170 Rdnr. 3). Eine Zustellung in einem Exemplar ist dagegen möglich, wenn einer Person in mehrfacher Eigenschaft zugestellt wird (→ § 189 Rdnr. 3).

III. Vermerk und Bescheinigung (Abs. 2)

5 Der Vermerk und die Bescheinigung über die Zeit der Übergabe nach Abs. 2 erleichtern der beauftragenden Partei den Beweis des Zeitpunkts der Übergabe, da sie die Urschrift wieder zurückerhält (→ Rdnr. 1). Der Vermerk auf der Abschrift klärt den Gegner über den maßgebenden Zeitpunkt auf. Anderes als die Zeit der Übergabe braucht nicht bescheinigt zu werden[7]. Allerdings ist der ursprüngliche Zweck des Abs. 2, den erleichterten Nachweis der Einhaltung von Notfristen zu sichern und die Zeit des Eingangs von Prozeßschriften sicherzustellen, weithin entfallen[8]. Deshalb hängt jedenfalls die Wirksamkeit der Zustellung von dem Vermerk und der Bescheinigung nicht ab. Der Beweis der Übergabe wie auch der Gegenbeweis gegen die Bescheinigung können auch durch andere Beweismittel geführt werden[9] (§ 418 Abs. 2).

---

[2] *MünchKommZPO/v. Feldmann* (1992) Rdnr. 1; a. A. *AG Berlin-Charlottenburg* DGVZ 1981, 42, 44.

[3] *MünchKommZPO/v. Feldmann* (1992) Rdnr. 1; *AG Berlin-Tiergarten* DGVZ 1983, 78; *KG* OLGZ 1985, 82 ff., 85 (abl. zu §§ 23 ff. EGGVG).

[4] Vgl. *RG* JW 1903, 397 (Nr. 3).

[5] *BAG* AP § 187 ZPO Nr. 4 (krit. *J. Blomeyer*).

[6] *J. Blomeyer* AP § 187 ZPO Nr. 4 (vorige Fn.); a. A. *MünchKommZPO/v. Feldmann* (1992) Rdnr. 11.

[7] *RG* JW 1904, 66 (Nr. 31); vgl. auch *RG* JW 1914, 98, 99 re. Sp.

[8] Richtig *MünchKommZPO/v. Feldmann* (1992) Rdnr. 2.

[9] *OLG Bamberg* SeuffArch 59, 290.

§ 170 [Ausführung der Zustellung]

(1) Die Zustellung besteht, wenn eine Ausfertigung zugestellt werden soll, in deren Übergabe, in den übrigen Fällen in der Übergabe einer beglaubigten Abschrift des zuzustellenden Schriftstücks.

(2) Die Beglaubigung wird von dem Gerichtsvollzieher, bei den auf Betreiben von Rechtsanwälten oder in Anwaltsprozessen zuzustellenden Schriftstücken von dem Anwalt vorgenommen.

Gesetzesgeschichte: Bis 1900 § 156 CPO. Sprachliche Änderung des Abs. 2 BGBl. 1950, 533 (→ Einl. Rdnr. 148).

Stichwortverzeichnis → *Zustellungsschlüssel* in Rdnr. 65 vor § 166.

I. Funktion	1
II. Übergabe	3
III. Urschrift, Ausfertigung, beglaubigte Abschrift	
1. Urschrift	4
2. Ausfertigung	7
3. Abschrift	12
4. Anwendungsbereich	16
a) Übergabe von Ausfertigungen	17
b) Übergabe von Abschriften	18
c) Verwechslungen	20
IV. Beglaubigung (Abs. 2)	
1. Form	23
2. Berechtigung zur Beglaubigung	
a) Anwalt	27
b) Gerichtsvollzieher	30
c) Urkundsbeamter der Geschäftsstelle	31
3. Beglaubigungsmängel	32
V. Abweichungen zwischen Urschrift, Ausfertigung oder Abschrift	33
VI. Besonderheiten im arbeitsgerichtlichen Verfahren	35
VII. Gebühren	36

I. Funktion

Abs. 1 legt fest, worin der Zustellungsakt selbst besteht. Die Norm bezeichnet als Zustellung den körperlichen Akt der Aushändigung, nämlich die Übergabe eines Schriftstücks (vgl. §§ 175, 182, 189, 190 Abs. 3, 191 Nr. 5, 194, 195). Unter dem »zuzustellenden Schriftstück« (Abs. 1 a. E.) ist nicht das körperlich zu übergebende Schriftstück (→ Rdnr. 3) gemeint, sondern dasjenige, dessen Mitteilung an den Gegner in Frage steht[1]. Niemals wird die Urschrift des zuzustellenden Schriftstücks übergeben (→ § 169 Rdnr. 1). Die Vorschrift betrifft die Parteizustellung, gilt aber auch für die Amtszustellung (§ 208). Die Funktionen des Gerichtsvollziehers werden insoweit von dem Urkundsbeamten der Geschäftsstelle, dem Gerichtswachtmeister und dem Postbediensteten wahrgenommen (zum arbeitsgerichtlichen Verfahren → Rdnr. 35).

§ 170 Abs. 2 (→ Rdnr. 23 ff.) legt die funktionelle Zuständigkeit für eine erforderliche Beglaubigung fest.

II. Übergabe

Gegenstand der Übergabe sind nicht die Urschrift (→ Rdnr. 4), sondern teils Ausfertigungen (→ Rdnr. 7), teils beglaubigte Abschriften (→ Rdnr. 12) des zuzustellenden Schriftstücks.

---
[1] Unrichtig daher *Zöller/Stöber*[18] Rdnr. 1.

Die Übergabe muß der Person des Empfängers gegenüber bewirkt werden, nicht notwendigerweise in seine Hand. Nicht ausreichend sind das bloße Vorzeigen, das Einwerfen in einen Briefkasten oder das Niederlegen in der Wohnung in Abwesenheit des Adressaten[2]. Eine wirksame Zustellung liegt auch dann nicht vor, wenn der Gerichtsvollzieher das Schriftstück aus Versehen wieder mitnimmt (auch → § 198 Rdnr. 7)[3]. Übergabe ist stets die Aushändigung des Schriftstückes zum Verbleib. Doch hindert eine Annahmeverweigerung wegen § 186 die Wirksamkeit der Zustellung nicht. Der Zustellungsbeamte muß die Übergabe selbst vornehmen und darf nur in seinem Bezirk tätig werden. Eine Zustellung im Umlaufverfahren reicht ebenfalls nicht als Zustellung an alle aus (→ § 169 Rdnr. 4). Bei der unmittelbaren Zustellung durch den Gerichtsvollzieher ist – anders als bei den Zustellungen durch die Post und bei der Zustellung von Amts wegen (§§ 194, 196, 211) – die Übergabe eines verschlossenen Briefumschlages nach dem Gesetz nicht erforderlich. Gleichwohl sind dahingehende Dienstvorschriften zulässig. Ein Verstoß dagegen hat aber auf die Wirksamkeit der Zustellung keinen Einfluß[4].

III. Urschrift, Ausfertigung, beglaubigte Abschrift

1. Urschrift

4   Die Urschrift ist das von dem Verfasser eigenhändig unterzeichnete Schriftstück. Jeder Ausfertigung und jeder Abschrift muß eine Urschrift zugrundeliegen. Nach der Urschrift muß beglaubigt werden (oben → Rdnr. 5). Die Zustellungsurkunde ist nach § 190 Abs. 2 mit der Urschrift zu verbinden und wird der beauftragenden Partei zurückgesandt (→ § 169 Rdnr. 1). Deshalb wird die Urschrift selbst nicht zugestellt. Möglich, aber ungewöhnlich ist die Herstellung mehrerer Urschriften (→ Rdnr. 20).

5   Bei gerichtlichen Entscheidungen bleibt die Urschrift stets bei den Akten. Ähnlich liegt es bei dem Schiedsspruch nach § 1039 Abs. 3. Eine wiederholt angefertigte Urschrift kommt dort nicht in Betracht. Für die Zustellung gerichtlicher Entscheidungen ist daher zwischen den Parteien die Ausfertigung (→ Rdnr. 7) als Urschrift anzusehen (→ § 169 Rdnr. 2). Zu beglaubigen ist daher nach der Ausfertigung. – Zu Abweichungen zwischen Urschrift und Ausfertigung (→ Rdnr. 33f.).

6   Bei einem zuzustellenden Schriftsatz ersetzt die Zustellung der Urschrift diejenige der vorgesehenen beglaubigten Abschrift[5]. Ebenso liegt es, wenn versehentlich die Urschrift einer gerichtlichen Entscheidung hinausgegeben und diese zugestellt wurde.

2. Ausfertigung

7   Eine Ausfertigung ist nach ganz h.L. eine in gesetzlich bestimmter Form gefertigte Abschrift, die dem Zweck dient, die bei den Akten verbleibende Urschrift nach außen zu vertreten[6]. Doch ist das insofern nicht ganz richtig, weil das Gesetz nichts darüber enthält, wie eine Ausfertigung aussehen muß. Deshalb kann genaugenommen nicht von »gesetzlich bestimmter Form« gesprochen werden[7]. Meistens handelt es sich um die Abschrift einer öffentlichen Urkunde, insbesondere einer gerichtlichen Entscheidung. Die Zustellung von Ausfertigungen nach Abs. 1 ist nur in bestimmten Fällen vorgesehen (→ Rdnr. 17).

---

[2] *RGZ* 6, 341, 343; *OLG Braunschweig* SeuffArch 52, 458; *KG* OLGRsp 37, 110, 111.
[3] A.A. *RG* JW 1915, 364; *MünchKommZPO/v. Feldmann* (1992) Rdnr. 11.
[4] *Baumbach/Lauterbach/Hartmann*[51] Rdnr. 2.
[5] *MünchKommZPO/v. Feldmann* (1992) Rdnr. 2.
[6] Z.B. *OVG Münster* NJW 1992, 1187f.
[7] Zutr. *MünchKommZPO/v. Feldmann* (1992) Rdnr. 3 gegen *BGH* NJW 1981, 2345, 2346.

Für Form und Inhalt einer Ausfertigung haben sich weithin gesicherte Grundsätze heraus- **8** gebildet, die vor allem die Rechtsprechung erarbeitet hat. Eine zu Zustellungszwecken hergestellte Ausfertigung muß die Urschrift regelmäßig wortgetreu und richtig wiedergeben[8]. Die Ausfertigung kann in der Urschrift fehlende Festsetzungen nicht ersetzen. Deshalb reicht es nicht aus, wenn das Gericht es der Geschäftsstelle überläßt, das Urteil zeitlich nach der Unterzeichnung zu vervollständigen[9]. An einer wortgetreuen Wiedergabe der Urschrift fehlt es dann, wenn die zugestellte Ausfertigung die Unterschrift eines Richters wiedergibt, der das Urteil nicht selbst unterschrieben hat[10]. Bei einer Ausfertigung in Durchschlagspapier ist es unschädlich, wenn die in der Urschrift fettgedruckte Bezeichnung des Gerichts, das Landeswappen und das Gerichtssiegel fehlen[11].

Zum Inhalt der Ausfertigung gehört bei gerichtlichen Entscheidungen der Entscheidungs- **9** tenor[12] nebst Verkündungsvermerk[13]. Doch macht ein auf der Ausfertigung fehlender Verkündungsvermerk die Zustellung nicht unwirksam[14]. Die Ausfertigung muß erkennen lassen, daß die Urschrift überhaupt unterschrieben ist. Deshalb ist es nicht ausreichend, wenn die Namen der unterschreibenden Richter in Maschinenschrift ohne einen weiteren Zusatz in Klammern angegeben sind. In diesem Fall läßt sich nicht mit Sicherheit erkennen, ob die Richter das Urteil wirklich unterschrieben haben[15]. Ausreichend ist aber die Formulierung »gez.« in Verbindung mit den in Klammern gesetzten Namen der Richter (oder ohne Klammern)[16]. Nicht ausreichend ist dagegen die Form »gez. Unterschrift«[17]. Daraus läßt sich zwar erkennen, daß die Urschrift unterschrieben ist, nicht aber, welche Richter unterschrieben haben. Am empfehlenswertesten ist die bloße Wiedergabe der Namen der Richter, die unterschrieben haben, und zwar ohne Klammerzusatz[18]. Unschädlich ist es, daß der Name zwischen Bindestrichen (Gedanken- oder Trennungsstrichen) angegeben ist[19]. Auch bei der Unterzeichnung für einen verhinderten durch einen anderen beteiligten Richter muß die Ausfertigung erkennen lassen, wer das Urteil tatsächlich unterschrieben hat. Es muß daher klargestellt werden, welcher Richter Urteil und Vertretungszusatz unterschrieben hat[20]. Erst recht unzulässig ist es, wenn in der Ausfertigung die Unterschrift eines verhinderten Richters wiedergegeben ist, dessen Unterschrift der Vorsitzende ersetzt hat[21]. Im Ausnahmefall des § 317 Abs. 4 sind die dort niedergelegten Anforderungen zu beachten.

Die Ausfertigung wird erst durch den Ausfertigungsvermerk zu einer öffentlichen Urkun- **10** de. Bei seinem Fehlen ist die Zustellung unwirksam[22]. Heilungsmöglichkeiten richten sich nach den zu → § 187 Rdnr. 8ff. entwickelten Grundsätzen. Erst der Ausfertigungsvermerk bezeugt die Übereinstimmung der Ausfertigung mit der bei den Akten verbleibenden Urschrift. Eine bestimmte äußere Form ist für den Ausfertigungsvermerk nicht vorgesehen. Stets empfiehlt es sich, auf die Abschrift die Überschrift »Ausfertigung« zu setzen. Der Ausfertigungsvermerk kann etwa lauten: »Für den Gleichlaut der Ausfertigung mit der Urschrift« oder ähnlich wie »Ausgefertigt« oder »Für die Ausfertigung«[23]. Die Übereinstimmung mit

---

[8] *BGH* NJW 1981, 2345, 2346; BB 1993, 1174 (Unwirksamkeit der Zustellung, wenn sich der Ausfertigungsvermerk auf einen Urteilsentwurf bezieht); *OVG Münster* NJW 1992, 1187, 1188; *OLG Köln* MDR 1990, 346; *OLG Hamm* MDR 1989, 465.
[9] *OVG Münster* NJW 1992, 1187, 1188; auch *OLG Köln* MDR 1990, 346 (Haftbefehl).
[10] *OLG Hamm* MDR 1989, 465; *OLG Karlsruhe* Die Justiz 1989, 171 (Strafurteil); großzügiger für einen Vergleich *OLG Karlsruhe* Die Justiz 1986, 407.
[11] *BGH* VersR 1985, 551.
[12] *BGH* VersR 1978, 155.
[13] *MünchKommZPO/v. Feldmann* (1992) Rdnr. 4.
[14] *BGH* ZIP 1993, 74, 75.
[15] *BGH* FamRZ 1990, 1227; NJW 1975, 781 (m. abl. Anm. *Vollkommer* ZZP 88 [1975], 330, 334).

[16] *BGH* NJW 1975, 781; *Thomas/Putzo*[18] Rdnr. 2.
[17] *BGH* NJW 1975, 781.
[18] *BGH* NJW-RR 1987, 377; NJW 1975, 781, 782.
[19] *BGH* FamRZ 1990, 1227.
[20] *BGH* NJW 1978, 217; *MünchKommZPO/v. Feldmann* (1992) Rdnr. 4.
[21] Auch → Rdnr. 8.
[22] *BGHZ* 100, 234, 237ff.; *BGH* NJW-RR 1993, 956; ferner auch *Sachse* StAZ 1989, 360 (zu den Anforderungen an eine Eintragung in Personenstandsbücher durch den Standesbeamten).
[23] *Thomas/Putzo*[18] Rdnr. 1; *MünchKommZPO/Feldmann* (1992) Rdnr. 5.

der Urschrift muß daher in dem Ausfertigungsvermerk nicht ausdrücklich angesprochen werden[24]. Empfehlenswert ist dies aber allemal. Nicht ausreichend ist die Abkürzung »F.d.R.d.A.«, weil unter »A.« im allgemeinen »Abschrift« verstanden wird[25]. Unabdingbar ist es, daß der Vermerk von dem Urkundsbeamten der Geschäftsstelle unterschrieben ist und mit dem Gerichtssiegel versehen wird (§ 317 Abs. 3, aber → Fn. 32). Die Zustellung einer nicht mit Rechtsbehelfsbelehrung versehenen Ausfertigung eines Vollstreckungsbescheids (Vordruck § 703c) oder einer beglaubigten Abschrift der Ausfertigung ist wirksam und setzt die Einspruchsfrist in Lauf[26]. Fehlt die Unterschrift des Urkundsbeamten, so liegt lediglich der Entwurf einer Ausfertigung vor[27]. Die Zustellung eines solchen Entwurfes genügt § 170 nicht und ist daher unwirksam. Die Unterschrift muß nicht lesbar sein, aber kennzeichnend und individuell[28]. Ein Unterschriftsstempel genügt genausowenig wie die bloße maschinenschriftliche Namensangabe[29]. Die Bezeichnung »als Urkundsbeamter der Geschäftsstelle« ist stets empfehlenswert. Sie ist aber entbehrlich, wenn der Unterschrift die Dienstbezeichnung beigefügt ist und sich aus den geltenden Bestimmungen ergibt, daß Beamte dieser Dienststellung Urkundsbeamte der Geschäftsstelle sind[30]. Die Unterschrift des Urkundsbeamten muß nicht auch noch ihrerseits beglaubigt werden[31]. Anstelle des in § 317 Abs. 3 genannten Gerichtssiegels genügt ein Gerichtsstempel für die Wirksamkeit der Zustellung[32]. Orts- und Datumsangabe sind nicht nötig[33]. Der Ausfertigungsvermerk ist gültig, auch wenn er nicht von der Person unterzeichnet ist, die als Urkundsbeamter der Geschäftsstelle maschinenschriftlich genannt ist. Der Vermerk muß aber den eindeutigen Hinweis enthalten, daß die Ausfertigung von einer dazu legitimierten Person erteilt worden ist[34].

11 Wird eine Ausfertigung übergeben, so kann eine andere Ausfertigung die Urschrift vertreten.

3. Abschrift

12 Die beglaubigte Abschrift (Abs. 1 HS 2) bezeugt, daß sie mit der Urschrift (oder ihrer Ausfertigung) übereinstimmt[35]. Die Abschrift muß das zuzustellende Schriftstück wortgetreu und vollständig wiedergeben. Für den Fall des abgekürzten Urteils ist § 317 Abs. 2 zu beachten. Es macht keinen Unterschied, ob das Exemplar, das der Zustellungsempfänger erhält, die Abschrift einer abgekürzten Urteilsausfertigung ist oder eine Abschrift, welche die Partei von einer vollständigen Urteilsausfertigung unter Fortlassen des Tatbestandes und der Entscheidungsgründe hergestellt hat[36].

13 Gewisse Besonderheiten ergeben sich bei der beglaubigten Abschrift gerichtlicher Entscheidungen. Da die Urschrift bei den Akten verbleibt (→ § 169 Rdnr. 2), wird die beglaubigte Abschrift in aller Regel von der Urteilsausfertigung hergestellt[37]. Eine Rolle spielt das vor allem bei der Zustellung von Urteilen im Parteibetrieb (§ 750 Abs. 1 S. 2, → § 750 Rdnr. 29) sowie bei der Zustellung von einstweiligen Verfügungen und Arresten (§ 922 Abs. 2, § 936).

---

[24] *BGH* VersR 1969, 709, 710.
[25] *BGH* NJW 1963, 1307, 1309 re. Sp.; 1959, 2117, 2119.
[26] *OLG Karlsruhe* NJW-RR 1987, 895; a. A. *LG Darmstadt* NJW 1986, 1945.
[27] BGHZ 100, 234, 236; *BGH* NJW 1991, 1116.
[28] Dazu *BGH* NJW 1988, 713; ZIP 1993, 74, 75.
[29] *BGH* NJW 1991, 1116.
[30] *BGH* NJW 1961, 783 (LS).
[31] Ferner *BGH* VersR 1977, 257 (anwaltschaftliche Beglaubigung).
[32] *BGH* ZIP 1993, 74, 75; VersR 1985, 551; RGZ 46, 364.
[33] *BGH* VersR 1985, 503.
[34] *BGH* ZIP 1993, 74 mit zust. Anm. *Schuschke* EWiR § 317 ZPO 1/92, 1245.
[35] *BGH* NJW-RR 1987, 395, 396; *BVerwG* NJW 1987, 1159 (ausländische Urkunde).
[36] *BGH* VersR 1976, 492, 493; RGZ 101, 253f.; *OLG Hamburg* OLGRsp 40, 423; *OLG Dresden* SeuffArch 74, 91, 93; *KG* DR 1939 Teil A, 1335; a. A. *OLG München* OLGRsp 39, 49, 50; *OLG Bamberg* OLGRsp 40, 423.
[37] Enger die Formulierung bei *MünchKommZPO/v. Feldmann* (1992) Rdnr. 4.

Die bei der Zustellung zu übergebende beglaubigte Abschrift der Urteilsausfertigung muß die Unterschriften der Richter und auch den Ausfertigungsvermerk des Urkundsbeamten mit dessen Unterschrift aufführen (→ Rdnr. 7 ff., zu Erleichterungen sogleich → Rdnr. 14). Andernfalls setzt die Zustellung die Rechtsmittelfrist nicht in Lauf. Im einzelnen gilt folgendes:

Für die Unterschrift der Richter gilt das zu oben → Rdnr. 9 Ausgeführte[38]. Auch bei einem abgekürzten Urteil (§ 317 Abs. 2 S. 2) muß sie daher die Unterschriften der Richter umfassen[39]. Die Abschrift muß (in gleicher Weise wie eine Ausfertigung) in allen wesentlichen Teilen leserlich sein[40]. Die beglaubigte Abschrift einer Ausfertigung muß auch die Ausfertigungserklärung (Ausfertigungsvermerk)(→ Rdnr. 10) enthalten[41]. Bei Verstößen richten sich die Heilungsmöglichkeiten nach den zu unten → § 187 Rdnr. 8f. dargestellten Grundsätzen. Der Hinweis auf das dem Ausfertigungsvermerk beigefügte Gerichtssiegel (§ 317 Abs. 3) ist aber entbehrlich[42]. Der Grundsatz wortgetreuer Wiedergabe wird auch nicht für die sich auf der Ausfertigung befindende Unterschrift (§ 317 Abs. 3) des Urkundsbeamten gefordert. Im Gegensatz zur Wiedergabe der Unterschriften der Richter reicht es aus, wenn durch den Vermerk »gez. Unterschrift« auf das Vorhandensein einer Unterschrift des Urkundsbeamten hingewiesen wird[43]. Nicht ausreichend ist es aber, wenn der Name des Urkundsbeamten lediglich in Klammern gesetzt wird, da damit unklar bleibt, ob er unterschrieben hat[44]. Der (nicht erforderliche) Hinweis auf das Gerichtssiegel kann zudem mit »L.S.« abgekürzt werden (Landessiegel)[45]. Der Verkündungsvermerk darf ebenfalls fehlen (§ 315 Abs. 3)[46]. 14

»Abschriften« sind auch mechanische Vervielfältigungen, insbesondere auch Fotokopien[47]. Für den Beglaubigungsvermerk ist eine besondere Form nicht vorgeschrieben (Einzelheiten → Rdnr. 23). 15

4. Anwendungsbereich

§ 170 legt nicht fest, in welchen Fällen Ausfertigungen (→ Rdnr. 7) und in welchen Fällen lediglich beglaubigte Abschriften (→ Rdnr. 12) zu übergeben sind. Die ZPO kennt ausdrückliche Regelungen lediglich für die Ladung von Zeugen und Sachverständigen (§§ 377, 402) sowie für die Zustellung des Schiedsspruches (§ 1039 Abs. 2). 16

a) Übergabe von Ausfertigungen

Es steht weithin außer Streit und entspricht der gerichtlichen Praxis, daß von Amts wegen zuzustellende Urteile, Beschlüsse des Gerichts und Verfügungen des Vorsitzenden in Ausfertigung zu übergeben sind[48]. Die Heilung von Fehlern richtet sich nach den Ausführungen zu unten → Rdnr. 21. 17

---

[38] Vgl. *BGH* NJW 1965, 104, 105.
[39] *BGH* Rpfleger 1973, 15.
[40] *BayObLG* MDR 1982, 501.
[41] *BGHZ* 100, 234, 237f. (obiter) unter Hinweis auf *RGZ* 159, 25, 26; *BGHZ* 24, 116, 118; *BGH* VersR 1974, 1129, 1130; *OLG Celle* WRP 1993, 181; *OLG Hamburg* GRUR 1990, 151; *OLG Karlsruhe* WRP 1989, 744, 745; *OLG Hamm* NJW-RR 1988, 1535; OLGZ 1979, 357; einschränkend *OLG Koblenz* WRP 1991, 671ff. (durch Urteil erlassene einstweilige Verfügung).
[42] *BGH* NJW 1965, 104, 105.
[43] *BGH* NJW 1965, 104, 105; 1963, 1307, 1309 li. Sp.; *RGZ* 164, 52, 56.
[44] *BGH* NJW 1975, 781 re. Sp.
[45] *OLG Hamburg* GRUR 1990, 151.
[46] *BGHZ* 8, 303, 309; *BGH* ZIP 1993, 74, 75 re. Sp.
[47] *BGH* NJW 1974, 1383, 1384; 1961, 2307 li. Sp.
[48] *RGZ* 109, 132 und ständig; a. A. wohl *OLG Bremen* RzW 1953, 8.

b) Übergabe von Abschriften

18 In allen übrigen Fällen sind beglaubigte Abschriften zu übergeben. Das gilt vor allem für die Zustellung der Urteile im Parteibetrieb[49] (→ § 317 Rdnr. 2), wie sie als Voraussetzung für eine Zwangsvollstreckung durch den Gläubiger genügt (§ 750 Abs. 1 S. 2, → § 750 Rdnr. 29 ff.). Das Original der Ausfertigung bleibt mit dem Zustellungsnachweis versehen bei der zustellenden Partei. Ebenso liegt es bei der Zustellung von Beschlußverfügungen und von im Beschlußwege ergangenen Arresten im Falle der §§ 922 Abs. 2, 936[50]. Die Parteien stellen dort also beglaubigte Abschriften der Ausfertigung zu. Es reicht nicht aus, wenn etwa dem Schuldner bei einer Beschlußverfügung eine beglaubigte Abschrift einer einfachen Abschrift des Beschlusses zugestellt wird[51]. Im Falle der Zwangsvollstreckung des Rechtsnachfolgers des Gläubigers aus der auf ihn umgeschriebenen Vollstreckungsklausel muß die beglaubigte Abschrift der Urkunde, aus der die Rechtsnachfolge hervorgeht, zugestellt werden. Im Falle der Rechtsnachfolge durch Erbfolge ist eine beglaubigte Abschrift der Erbscheinsausfertigung zuzustellen. Dagegen reicht die Zustellung einer Abschrift einer beglaubigten Erbscheinsabschrift nicht aus[52].

19 Soll eine der in § 296 Abs. 1 vorgesehenen Präklusionsfristen gesetzt werden, so muß nach §§ 329 Abs. 1 S. 2, 317 Abs. 3, 170 Abs. 1 eine beglaubigte Abschrift der fristsetzenden richterlichen Verfügung zugestellt werden[53].

c) Verwechslungen

20 Die Zustellung ist gültig, wenn statt einer beglaubigten Abschrift eine (zweite) Ausfertigung[54] oder die Urschrift[55] übergeben wurden. Ebenso liegt es, wenn statt der Ausfertigung eine vorhandene (zweite) Urschrift übergeben wird (→ Rdnr. 4)[56].

21 Umgekehrt gilt das nicht mit der gleichen Sicherheit. So wurde zu § 1039 a. F. vertreten, die Übergabe einer beglaubigten Abschrift des Schiedsspruches könne nicht die Übergabe der Ausfertigung ersetzen. Seit der Neufassung durch das Gesetz vom 25.7.1986 (BGBl I 1142) wird sich das nicht mehr vertreten lassen, weil das Ausfertigungserfordernis der Parteidisposition unterliegt[57]. Wenn bei einem von Amts wegen zuzustellenden Urteil, einem Beschluß oder einer entsprechenden Verfügung statt der Ausfertigung (→ Rdnr. 17) nur eine beglaubigte Abschrift zugestellt wird, soll nach h. L. die Zustellung wirksam sein[58]. Das ist zutreffend, weil das Gesetz ohnehin nicht ausdrücklich die Zustellung einer Ausfertigung verlangt.

22 Wird eine beglaubigte Abschrift übersandt, die den Anforderungen nicht genügt (→ Rdnr. 13 ff.), so ist es für die Wirksamkeit der Zustellung nicht ausreichend, daß der Zustellungsadressat die gleichzeitig übersandte Ausfertigung einsehen kann[59].

---

[49] Vgl. *RGZ* 3, 435, 437; *Bischof* NJW 1980, 2235, 2237.
[50] *OLG Koblenz* WRP 1991, 671; NJW-RR 1987, 509, 510; *OLG Hamburg* GRUR 1990, 151.
[51] *OLG Hamm* GRUR 1992, 133 (LS).
[52] *LG Aachen* Rpfleger 1990, 520.
[53] *BGH* NJW 1980, 1960; 1980, 1167.
[54] *BGH* NJW 1959, 885.
[55] *RGZ* 4, 425, 426; 15, 411; 46, 358, 362 (zu § 198).

[56] *OLG Dresden* SächsAnn 28, 462 (zu § 1039); a. A. *OLG Frankfurt a. M.* OLGRsp 6, 148.
[57] A. A. *Zöller/Geimer*[18] § 1039 Rdnr. 8 (nur notariell beglaubigte Abschrift); ausführlich zum Ganzen *Sandrock* RIW 1987 Beil. 2, S. 7.
[58] *Bischof* NJW 1980, 2235 ff.; *Thomas/Putzo*[18] Rdnr. 9; *MünchKommZPO/v. Feldmann* (1992) Rdnr. 7.
[59] *BGH* VersR 1971, 470; großzügiger *OLG Hamm* NJW-RR 1988, 1535.

IV. Beglaubigung (Abs. 2)

1. Form

Die übergebene Abschrift muß beglaubigt sein (Abs. 1). Das Gesetz schreibt dafür keine besondere Form vor. Ausreichend ist es, daß sich der Beglaubigungswille unzweideutig auf den Inhalt der ganzen Abschrift einschließlich der Anlagen erstreckt[60] (→ Rdnr. 12). Dabei ist es gleichgültig, an welcher Stelle der Schrift der Beglaubigungsvermerk steht[61]. Der BGH[62] läßt es genügen, wenn sich der Beglaubigungsvermerk aus einer mit der Fotokopie verbundenen Zustellungsbescheinigung ergibt. Voraussetzung ist aber, daß sich der Beglaubigungsvermerk unzweideutig auf die beigefügte Entscheidung erstreckt und mit dieser zu einer Einheit verbunden ist. Dabei soll das Heften mit Faden, Anleimen oder sogar mit einer Heftklammer[63] genügen. Die Verbindung mit einer Büroklammer genügt dagegen nicht, weil hier die körperliche Verbindung ohne Gewaltanwendung zu lösen ist[64]. Die Unterschrift unter dem Zustellungsvermerk deckt die Beglaubigung dann, wenn sie auf diese Bezug nimmt[65].   23

Ein ausdrücklicher Beglaubigungsvermerk ist nicht erforderlich. Bei seinem Fehlen genügt es, wenn die Abschrift mit »beglaubigte Fotokopie« überschrieben und der Zustellungsvermerk handschriftlich unterzeichnet ist[66]. Die (falsche) Überschrift »Einfache Abschrift« schadet nichts[67]. Selbst die bloße Unterschrift kann genügen, wenn sie keine andere Bedeutung als die Beglaubigung der Abschrift haben kann[68]. Auch in diesem Fall ist der Zweck der beglaubigten Abschrift erfüllt, wonach derjenige, der die Beglaubigung vornimmt, erklärt, die zuzustellende Abschrift sei von ihm mit der in seinem Besitz befindlichen Ausfertigung (Urschrift) verglichen worden und stimme mit dieser völlig überein. Dagegen ist eine Blankobeglaubigung, z.B. einer noch nicht vollständig hergestellten Fotokopie, unzulässig[69]. Um Mißverständnisse auszuschließen, sollte man sich die Mühe machen, auf die Abschrift (Fotokopie) die Überschrift zu setzen »Beglaubigte Abschrift« und den Vermerk »Für die Richtigkeit der Abschrift« o. ä. auszuschreiben[70].   24

Eine eigenhändige und identifizierbare Unterschrift der beglaubigenden Person ist stets erforderlich[71]. Eine Paraphe (Namensabkürzung) genügt nicht. Ebensowenig reicht eine Stempelung des Namens im Beglaubigungsvermerk aus[72]. Dieses Erfordernis ist auch sonst nicht verzichtbar[73] (auch → § 129 Rdnr. 27). Eine Datierung ist wünschenswert, aber nicht erforderlich[74]. Auch der Ort der Erteilung braucht nicht ersichtlich zu sein. Bei der Beglaubigung durch eine Behörde ist das Dienstsiegel nicht erforderlich (stets aber wünschenswert), weil es für die Beglaubigung an einer vergleichbaren Vorschrift wie in § 317 Abs. 3 für die Urteilsausfertigung fehlt[75]. Im Falle der Parteizustellung eines Urteils (→ Rdnr. 18) muß der beglaubigten Abschrift eine Ausfertigung des Urteils zugrunde gelegen haben. Die Abschrift einer Abschrift genügt nicht[76]. Eine nicht beglaubigte Ablichtung erfüllt im Urkundenprozeß nicht die gesetzlichen Voraussetzungen dieser Verfahrensart[77].   25

---

[60] Vgl. *BGHZ* 31, 32, 36 f.; auch *OLG Hamburg* GRUR 1990, 151.
[61] *OLG Düsseldorf* VersR 1969, 671.
[62] *BGH* NJW 1974, 1383, 1384.
[63] *BGH* NJW 1974, 1383, 1384.
[64] Dazu auch *Winterstein* DGVZ 1991, 185, 186; ferner *LG Verden* Rpfleger 1983, 490 mit Anm. Schriftleitung.
[65] *BGHZ* 36, 62, 64 m.Anm. *Johannsen* LM § 170 ZPO Nr. 9; im Anschluß daran *BGH* VersR 1974, 909.
[66] *BGH* VersR 1974, 884.
[67] *BGH* NJW 1974, 1383, 1384.
[68] *BGH* NJW 1971, 659 (Rechtsanwalt).
[69] *BGH* NJW 1973, 1973 m. abl. Anm. *Vollkommer*; *RGZ* 6, 361 ff.
[70] So auch der Vorschlag von *Thomas/Putzo*[18] Rdnr. 4.
[71] *BGH* NJW 1976, 2263, 2264.
[72] *BGH* Rpfleger 1976, 296 m. abl. Anm. *Vollkommer*.
[73] *BGHZ* 24, 116; *BGH* NJW 1976, 2263, 2264; ferner NJW 1952, 934.
[74] *OLG Kassel* OLGRsp 13, 125, 126.
[75] *OLG Frankfurt a.M.* MDR 1981, 150.
[76] Allg. M.
[77] *OLG Düsseldorf* MDR 1988, 504 (Urkundenprozeß).

26 Bei Ladungen muß stets auch die Terminsbestimmung beglaubigt sein. Die Beglaubigung der Abschrift des Terminsvermerks auf der Vorderseite einer Klageschrift usw. gilt zwar nicht als Beglaubigung dieser letzteren[78], doch genügt die Beglaubigung der Klageschrift zugleich als solche des Terminsvermerks[79]. Anders liegt es nur, wenn die Beglaubigung vor der Terminsbestimmung geschehen ist[80].

2. Berechtigung zur Beglaubigung

a) Anwalt

27 Bei der Zustellung auf Betreiben eines Anwalts sowie im Anwaltsprozeß wird nach Abs. 2 die Beglaubigung durch den »Anwalt« vorgenommen. Danach ist zur Beglaubigung in jedem Fall der Anwalt befugt, der die Zustellung betreibt (z.B. im Falle des § 198). Im Anwaltsprozeß ist außerdem der als Prozeßbevollmächtigter tätige Anwalt zur Beglaubigung berufen, auch wenn die Zustellung nicht von ihm, sondern von einem anderen Anwalt oder der Partei selbst betrieben wird[81]. Der Anwaltszwang erstreckt sich nicht auf das Betreiben der Zustellung (→ § 78 Rdnr. 29). Der Prozeßbevollmächtigte darf deshalb im Anwaltsprozeß einen anderen Anwalt mit der Zustellung beauftragen. Andernfalls ergäbe die besondere Erwähnung des Anwaltsprozesses in Abs. 2 keinen Sinn. Im Zustellungsauftrag liegt auch der Beglaubigungsauftrag. Die Beglaubigungsbefugnis ist gleichwohl nicht auf den die Zustellung betreibenden Rechtsanwalt beschränkt[82]. Die Beglaubigung durch den Bürovorsteher ist unzulässig[83].

28 § 170 erlegt dem Anwalt keine öffentlich-rechtliche Urkundsfunktion auf[84]. Seine Erklärung ist aber einer amtlichen Beglaubigung gleichgestellt[85]. Dabei beschränkt sich die Beglaubigungsfunktion nach § 170 auf Zustellungen in den der ZPO unterstehenden Verfahren[86]. Gleichgültig ist es, ob das zuzustellende Schriftstück eine gerichtliche Entscheidung oder eine vollstreckbare Urkunde[87] ist oder sonst einen anderen Inhalt hat. Die Anwaltsbeglaubigung bei der Ausfertigung abgekürzter Urteile ist in § 317 Abs. 4 S. 2 vorgesehen. – Für die Zustellung von Amts wegen (→ § 210 Rdnr. 2).

29 Die an sich vorgesehene Beglaubigung durch den Anwalt kann durch eine Beglaubigung des Gerichtsvollziehers ersetzt werden[88]. Dabei muß es sich nicht notwendig um den zustellenden Gerichtsvollzieher handeln[89]. Insoweit gelten die Ausführungen von oben → Rdnr. 27 entsprechend. Auf diese Weise wird der Umweg einer erneuten Vorlage an den Anwalt erspart, ohne daß er aber von der Beglaubigung ausgeschlossen wäre[90]. Die Dienstvorschriften entscheiden, ob der Gerichtsvollzieher zu einer Beglaubigung verpflichtet ist[91]. Soweit Zustellungen in Ehe- und Familienstandsprozessen auf Betreiben des Staatsanwalts bewirkt werden (→ Rdnr. 266 vor § 128), richtet sich die Beglaubigung nach den für die Staatsanwaltschaft geltenden Dienstvorschriften[92].

---

[78] *OLG Dresden* SächsAnn 22, 67.
[79] Hierzu ferner *OLG Kassel* OLGRsp 13, 125; *OLG Zweibrücken* BayRZ 1908, 294 u. a.; teilweise abweichend *BayObLG* BlfRA 60 (1895), 200 f.; 62 (1897), 387 f.
[80] Vgl. auch *RG* Gruchot 45 (1901), 1099, 1102 f.
[81] Dazu *Jonas* JW 1929, 2543; ferner *RGZ* 164, 52 ff.
[82] *RGZ* 164, 52, 55.
[83] *KG* OLGRsp 37, 191.
[84] *BGHZ* 92, 76, 79; *BayObLG* SeuffArch 59, 35, 36.
[85] *BGH* NJW 1952, 934.
[86] Vgl. *BGHZ* 92, 76, 79; *RGZ* 56, 374, 377; *KG* OLGRsp 19, 350, 351; *OLG Düsseldorf* NJW 1949, 789.
[87] *Stemmer* und *Jonas* JW 1929, 2542 f. (gegen *LG München* I aaO); *LG Krefeld* JW 1930, 581.
[88] Vgl. *RGZ* 8, 346 f.
[89] Anders *RG* JW 1891, 178, 179; *MünchKommZPO/v. Feldmann* (1992) Rdnr. 15.
[90] *OLG Breslau* OLGRsp 1, 17, 18.
[91] Ferner *RGZ* 46, 323, 326 f.; 46, 399 ff.
[92] *RGZ* 33, 365; *RG* JW 1897, 561 (Nr. 2).

b) Gerichtsvollzieher

Im übrigen hat der Gerichtsvollzieher die Beglaubigung vorzunehmen (Abs. 2 HS 1). Das gilt namentlich bei der Zustellung durch Vermittlung der Geschäftsstelle (§ 166 Abs. 2, § 168). Ebenso liegt es, wenn die Beglaubigung des Schriftstücks oder des Terminsvermerks durch den Anwalt oder durch die Geschäftsstelle unterblieben ist (vgl. auch § 26 Nr. 3a GVGA)[93]. Wenn der Urkundsbeamte die Beglaubigung unterläßt, so kann darin ein die Amtshaftung begründendes Verschulden liegen[94]. Mindestens in den Fällen der Vermittlung der Geschäftsstelle ist für die Partei damit ein die Wiedereinsetzung begründender Umstand gegeben (§ 233). Auch die Beglaubigungsfunktion des Gerichtsvollziehers ist auf die Zustellung beschränkt. Eine nach § 170 Abs. 2 beglaubigte Abschrift (auch durch den Urkundsbeamten) eines prozessualen Schriftsatzes wahrt die Schriftform für die Kündigung eines Mietvertrages nicht[95].

c) Urkundsbeamter der Geschäftsstelle

Wenn die Geschäftsstelle nach § 196 S. 1 die Post unmittelbar um Bewirkung der Zustellung ersucht, so nimmt der Urkundsbeamte der Geschäftsstelle nach § 196 S. 2 HS 2 die Beglaubigung des Schriftstücks sowie auch diejenige des Terminsvermerks vor[96].

3. Beglaubigungsmängel

Die Beglaubigung (→ Rdnr. 23) ist ein Teil des Zustellungsaktes. Ihr Fehlen oder ein Mangel machen die Zustellung wirkungslos in dem in → Rdnr. 25 ff. vor § 166 dargestellten Sinn[97]. Der Mangel kann aber nach § 187 S. 1 geheilt werden (→ § 187 Rdnr. 8f.), sofern nicht nach § 187 S. 2 durch die Zustellung der Lauf einer Notfrist in Gang gesetzt werden soll.

V. Abweichungen zwischen Urschrift, Ausfertigung oder Abschrift

Weichen die Urschrift des Urteils und die Ausfertigung voneinander ab, so kommt es grundsätzlich auf die Ausfertigung an[98]. Für den Empfänger gilt das, was er erhalten hat, weil dessen Inhalt allein für seine Entschließungen maßgebend sein kann. Der Empfänger kann sich daher auf die Ausfertigung verlassen, wenn die Abweichung von der Urschrift zu seinen Gunsten wirkt. Zu seinen Lasten gehende Verschiedenheiten braucht der Zustellungsempfänger dagegen nicht hinzunehmen, weil das Gericht nicht einseitig von seiner eigenen Entscheidung abweichen darf[99]. Bei Abweichungen der Urteilsausfertigung von der bei den Gerichtsakten befindlichen Urschrift sind Mängel der Urschrift auf die Wirksamkeit der Zustellung ohne Einfluß, wenn sie aus der Ausfertigung nicht ersichtlich sind (→ auch § 315 Rdnr. 15 ff.). Eine Zustellung ist unwirksam, wenn sich aus der Ausfertigung nicht erkennen läßt, ob ein Urteil oder ein Beschluß vorliegt[100]. Wenn der wesentliche Inhalt der getroffenen Entscheidung aus der Ausfertigung entnommen werden kann, machen Ungenauigkeiten und Unrich-

---

[93] *RG* Gruchot 45 (1901), 1099, 1102; *Winterstein* DGVZ 1991, 185, 186.
[94] *RGZ* 51, 258 ff.; *OLG Marienwerder* OLGRsp 4, 216 ff.
[95] *AG Braunschweig* WuM 1990, 153; dazu auch *BGH* WM 1986, 1419, 1420.
[96] S. auch *RGZ* 45, 415 ff.; 46, 399 ff.; *RG* JW 1900, 117 ff.
[97] *RGZ* 6, 361, 362; 8, 346, 347; 99, 140; *BGHZ* 24, 116, 118; 55, 251, 252; *BGH* NJW 1952, 934, 935 u. a. m.; *OLG Hamm* JMBlNRW 1953, 200; *OLG Frankfurt a. M.* Rpfleger 1991, 449 m. Anm. *Teubner* EWiR 1991, 1035 (Zustellung einer unbeglaubigten Beschlußabschrift).
[98] *BGHZ* 67, 284, 288; *RGZ* (VZS) 82, 422, 424 ff.; *OLG Kassel* JR 1950, 603.
[99] *MünchKommZPO/v. Feldmann* (1992) Rdnr. 2.
[100] *OLG Düsseldorf* OLGZ 1979, 454, 455 f.

tigkeiten nebensächlicher Art sowie eine schlechte Qualität der Ausfertigung die Zustellung nicht unwirksam[101]. Es kommt darauf an, ob jemand, der mit dem Streitstoff vertraut ist, der Urteilsausfertigung die Beschwer und die tragenden Entscheidungsgründe entnehmen kann[102].

34 Unrichtigkeiten in der Abschrift beurteilen sich im wesentlichen nach den gleichen Grundsätzen wie Unrichtigkeiten in der Ausfertigung (→ Rdnr. 33). Die Zustellung ist unwirksam, wenn zwischen dem zuzustellenden Schriftstück und der übergebenen Abschrift so starke Abweichungen bestehen, daß der Zustellungsadressat den wesentlichen Inhalt der Urschrift nicht mehr zweifelsfrei zu erkennen vermag[103]. Ein wesentlicher Fehler liegt etwa vor, wenn die Abschrift (oder Ausfertigung) die Unterschrift eines Richters ausweist, der selbst nicht unterschrieben hat[104]. Ebenso liegt es, wenn der Tenor krasse Abweichungen enthält[105] oder im Falle weitgehender Unleserlichkeit[106]. Dagegen schadet bloße schwere Lesbarkeit nicht. Ebenso führen unvollständige Gründe zu Unwirksamkeit, wenn sich die Partei nicht über die Einlegung eines Rechtsmittels schlüssig werden kann[107].

VI. Besonderheiten im arbeitsgerichtlichen Verfahren

35 § 170 ZPO gilt wegen § 46 Abs. 2, § 64 Abs. 6, § 72 Abs. 5 ArbGG im Verfahren in Arbeitssachen entsprechend. Die vor den Arbeitsgerichten oder Landesarbeitsgerichten zur Prozeßführung befugten Verbandsvertreter (§ 11 ArbGG) sind aber den Rechtsanwälten nicht gleichgestellt und daher nicht zur Beglaubigung befugt[108]. Das ergibt sich im Umkehrschluß aus § 50 Abs. 2 ArbGG, der lediglich die §§ 183 Abs. 2, 212a ZPO auf die zur Prozeßvertretung zugelassenen Verbandsvertreter für entsprechend anwendbar erklärt. Auch der durch das Arbeitsgerichtsgesetz-Änderungsgesetz vom 26.6.1990 (BGBl. I 1206) eingefügte Abs. 3 verweist lediglich auf § 211 ZPO. Im Bereich des Zustellungsverfahrens findet sich daher nur eine teilweise Angleichung der rechtlichen Stellung der Verbandsvertreter an die Rechtsanwälte. Dementsprechend dürfen auch Prozeßagenten nach § 157 nicht beglaubigen. Eine Ausdehnung auf sie wird auch sonst nicht befürwortet.

VII. Gebühren

36 Der Gerichtsvollzieher erhält nach § 16 Abs. 7 GvKostG eine Gebühr von 1,– DM für die Seite bei Beglaubigungen[109]. Für die persönliche Zustellung beträgt die Gebühr 4,– DM (§ 16 Abs. 2 GvKostG) und bei Erfolglosigkeit im Falle des § 16 Abs. 4 GvKostG 3,– DM. Bei einer Beglaubigung durch den Rechtsanwalt fällt keine besondere Gebühr an. Nach § 37 Nr. 7 BRAGO gehört die Zustellung von Entscheidungen zum Rechtszug. Beglaubigt der Urkundsbeamte der Geschäftsstelle, so wird nach § 2 Abs. 1 JVKostO i. V. m. Gebührenverzeichnis Nr. 1b eine Seitengebühr von 1,– DM, mindestens 10,– DM erhoben.

---

[101] *BGHR* ZPO § 170 Abs. 1 Urteilsausfertigung 1; BGH ZIP 1993, 74, 75; VersR 1980, 771, 772; RGZ 61, 394, 395f.; 159, 25, 26.
[102] *BGHR* ZPO § 170 Abs. 1 Urteilsausfertigung 1; BGH ZIP 1993, 74, 75.
[103] *BGH* VersR 1980, 771, 772; 1977, 329, 330; *BayObLGZ* 1982, 90, 92; *OLG Düsseldorf* OLGZ 1979, 454, 455; *MünchKommZPO/v. Feldmann* (1992) Rdnr. 10; *Thomas/Putzo*[18] Rdnr. 12; *Baumbach/Lauterbach/Hartmann*[51] Rdnr. 14.
[104] *OLG Hamm* MDR 1989, 465.
[105] *BGH* LM ZPO § 170 Nr. 14.
[106] *BayObLGZ* 1982, 90, 92 (defektes Kopiergerät).
[107] *MünchKommZPO/v. Feldmann* (1992) Rdnr. 10.
[108] *MünchKommZPO/v. Feldmann* (1992) Rdnr. 18.
[109] Dazu *Winterstein* DGVZ 1991, 185f.

§ 171 [Zustellung an Vertreter]

(1) Die Zustellungen, die an eine Partei bewirkt werden sollen, erfolgen für die nicht prozeßfähigen Personen an ihre gesetzlichen Vertreter.

(2) Bei Behörden, Gemeinden und Korporationen sowie bei Vereinen, die als solche klagen und verklagt werden können, genügt die Zustellung an die Vorsteher.

(3) Bei mehreren gesetzlichen Vertretern sowie bei mehreren Vorstehern genügt die Zustellung an einen von ihnen.

Gesetzesgeschichte: Bis 1900 § 157 CPO.

Stichwortverzeichnis → *Zustellungsschlüssel* in Rdnr. 65 vor § 166.

I. Funktion ... 1	V. Zustellung an prozeßunfähige Personen ... 7
II. Zustellungsadressat; Zustellungsempfänger; Zustellungsveranlasser; Partei ... 2	1. Behörden; Gemeinden; Körperschaften; Vereine ... 8
III. Gesetzliche Vertretung bei der Zustellung ... 5	2. Mehrere Vertreter (»Vorsteher«) ... 10
IV. Zustellung an die Partei ... 6	VI. Adressatenbezeichnung ... 14
	VII. Mängel ... 15

I. Funktion

Eine Zustellung an eine prozeßunfähige Partei (§ 51 Abs. 1 §§ 52, 53) ist grundsätzlich unwirksam (→ Rdnr. 25 ff. vor § 166)[1], weil der Prozeßunfähige seine prozessualen Rechte nicht wahrnehmen kann. Zwar werden auch auf diese Weise zugestellte Urteile rechtskräftig, wie sich aus § 579 Abs. 1 Nr. 4 ergibt, doch will das Gesetz Schwierigkeiten mit § 171 von vornherein vermeiden. Zuzustellen ist daher stets an den gesetzlichen Vertreter[2]. 1

II. Zustellungsadressat; Zustellungsempfänger; Zustellungsveranlasser; Partei

Die §§ 171, 173–178 legen den Adressaten der Zustellung fest. *Zustellungsadressat* ist die Person, an die zugestellt werden soll (§ 191 Nr. 3) und die als Adressat bezeichnet ist. Zustellungsadressat ist demnach die unvertretene prozeßfähige Partei oder ihr gleichstehende Personen. Das ist der gesetzliche Vertreter bei prozeßunfähigen Parteien (§ 171). Ferner sind Zustellungsadressaten der Zustellungsbevollmächtigte (§§ 174 f.) oder der Prozeßbevollmächtigte (§§ 176–178, 210a). Zu unterscheiden vom Zustellungsadressaten ist der *Zustellungsempfänger* als diejenige Person, der tatsächlich zugestellt worden ist (§ 191 Nr. 4). Das ist die Person, der anstelle des Adressaten das Schriftstück tatsächlich übergeben worden ist oder im Falle von § 191 Nr. 5 übergeben werden sollte (→ auch § 191 Rdnr. 7 ff., 9 ff.). Im Falle der Ersatzzustellung (§§ 181–185) sind daher Zustellungsadressat und Zustellungsempfänger verschiedene Personen. *Zustellungsveranlasser* ist die Person, für die zugestellt werden soll (§ 191 Nr. 2). *Partei* ist im Falle des § 171 der Prozeßunfähige selbst. 2

Im Einzelfall kann die Partei auch Zustellungsempfänger ihres Zustellungsadressaten sein. So liegt es etwa, wenn der gesetzliche Vertreter einer 17jährigen Partei, die als »erwachsener 3

---

[1] *RGZ* 121, 63, 64.   [2] S. dazu → Rdnr. 5.

Hausgenosse« i. S. von § 181 anzusehen ist, nicht angetroffen wird und die Partei als Zustellungsempfänger (§ 181) im Wege der Ersatzzustellung das für den Zustellungsadressaten bestimmte Schriftstück übergeben erhält[3].

4   Die Zustellung muß an den gesetzlichen Vertreter (§ 171 Abs. 1) in dieser Eigenschaft gerichtet werden. Schuldet etwa ein Elternteil mit dem Kind als Gesamtschuldner, so wirkt eine an den Vater gerichtete Zustellung nicht auch über § 171 Abs. 1 gegen das Kind, wenn nicht erkennbar ist, daß der Vater – auch – als dessen gesetzlicher Vertreter gemeint war[4].

III. Gesetzliche Vertretung bei der Zustellung

5   Die in den §§ 171, 173 bezeichneten Personen sind für die Entgegennahme der Zustellung unabhängig von ihrem Willen gesetzliche Vertreter der Partei. Unerheblich ist es, ob sie zugleich wie im Falle des § 171 Abs. 1 und in sonstigen Fällen (→ § 173 Rdnr. 2ff.) namens der Partei den Prozeß führen können. Es handelt sich im Anwendungsbereich der §§ 171, 173 nur um die Voraussetzungen einer einzelnen Prozeßhandlung. Deshalb kann eine solche Vertretungsmacht auch vorliegen, wo es an der Möglichkeit oder der Ermächtigung zur Prozeßführung fehlt[5]. Von Bedeutung ist das für solche Zustellungen, die dem Prozeßbeginn vorangehen oder die bei der Klagezustellung die Rechtshängigkeit erst begründen sollen. Auf Zustellungen in einem anhängigen Prozeß sind dagegen die §§ 171, 173 nur anwendbar, soweit nicht die §§ 174–178 und § 210a abweichende Bestimmungen enthalten.

IV. Zustellung an die Partei

6   Ist die Partei prozeßfähig (§§ 51 ff.), so muß vorbehaltlich der Anwendung des § 173 und des § 176 an sie selbst zugestellt werden. Sie ist selbst Zustellungsadressat (→ Rdnr. 2). Bei mehreren Streitgenossen muß an jeden von ihnen zugestellt werden (§§ 59 ff.). So liegt es auch, wenn ein Ehegatte allein oder neben dem anderen Ehegatten Partei ist. Das Gesagte gilt auch, wenn ein Einzelkaufmann unter seiner Firma Partei ist (→ § 50 Rdnr. 18)(zur Übergabe in diesem Fall → § 180 Rdnr. 3). Der Partei stehen im Hinblick auf die Zustellung auch Dritte gleich, z.B. der Streitgehilfe, der Streitverkündungsempfänger, der mittelbare Besitzer im Falle des § 76 usw. Auch bei BGB-Gesellschaften (z.B. Anwaltssozietät) muß im Falle der allgemeinen Vertretungsregelung an alle Gesellschafter zugestellt werden[6]. § 171 gilt nicht bei der Zustellung an Zeugen und Sachverständige.

V. Zustellung an prozeßunfähige Personen

7   Die Regel des Abs. 1 findet auf alle prozeßunfähigen Personen Anwendung, seien es natürliche oder juristische Personen (→ § 51 Rdnr. 11 ff.). Bei Kommanditgesellschaften (§ 161 HGB), die nicht prozeßfähig sind (GmbH & Co KG), ist an den Geschäftsführer der GmbH als Zustellungsadressaten zuzustellen[7]. Die Zustellung hat daher stets an ihre gesetzlichen Vertreter (→ § 51 Rdnr. 29 ff.) zu geschehen[8]. Das gilt auch dann, wenn die Klage sich gerade gegen ihre Bestellung richtet. Fehlt ein gesetzlicher Vertreter, so ist die Zustellung unmöglich, wenn nicht ein Prozeßpfleger nach § 57 bestellt wird. Die Zustellung an den

---

[3] *BGH* Rpfleger 1973, 129; *H. Roth* JZ 1987, 895 ff.; *S. W. Frank* JurBüro 1983, 481 ff., 485.
[4] *LG Frankfurt a. M.* NJW 1976, 757.
[5] RGZ 69, 298, 303 f. u. a.
[6] Z.B. *AG Köln* DGVZ 1988, 123.
[7] *BayObLG* BB 1989, 171.
[8] Zur Zustellung an den Minderjährigen im Zwangsversteigerungsverfahren siehe *Kunz* ZblJugR 1981, 196, 197 f.

Gemeinschuldner ist nicht schon wegen der Konkurseröffnung unwirksam[9]. Abs. 1 kennt zwei Einschränkungen (→ sogleich Rdnr. 8 ff.).

1. Behörden; Gemeinden; Körperschaften; Vereine

Nach Abs. 2 reicht bei Behörden, Gemeinden, Körperschaften (»Korporationen«, → § 17 Rdnr. 2 und → Einl. Rdnr. 54a. E.) sowie den dort genannten Vereinen die Zustellung an die »Vorsteher« aus. Bei Vereinen genügt es, wenn sie auch nur passiv parteifähig sind (→ § 50 Rdnr. 3 ff., → 19 ff.)[10]. Das gilt auch dann, wenn die »Vorsteher« überhaupt nicht oder nicht im betreffenden Fall[11] die gesetzlichen Vertreter sind. Für die Zustellung der Klage an den minderjährigen Vereinsvorstand gilt das zu → § 79 Rdnr. 1 Ausgeführte. Das maßgebende materielle Recht oder die Satzung[12] bestimmen, wer der »Vorsteher« ist. Es ist nicht wesentlich, daß die Behörde in der Anschrift bezeichnet ist[13]. Für Stiftungen, Anstalten und andere Vermögensmassen i. S. des § 17 Abs. 1 bleibt es dagegen bei der Regel von § 171 Abs. 1. Das gleiche gilt für den Fiskus[14]. Bei Entschädigungsansprüchen nach dem StrEG (→ Einl. Rdnr. 402) greift für Zustellungen in Bayern die Vertretungsverordnung ein (→ § 18 Rdnr. 52). Der Justizminister wird durch den Generalstaatsanwalt bei dem Oberlandesgericht vertreten[15].

8

Im arbeitsgerichtlichen Beschlußverfahren ist die Regel des Abs. 2 entsprechend für den Vorsitzenden des Gesamtbetriebsrates anzuwenden (§§ 80 Abs. 2, 50 ff., 46 Abs. 2 ArbGG)[16]. Der Vorsitzende ist berechtigt, Zustellungen an den Gesamtbetriebsrat entgegenzunehmen.

9

2. Mehrere Vertreter (»Vorsteher«)

Abs. 3 gilt für alle Fälle von Abs. 1 und Abs. 2. Bei mehreren Vertretern und Vorstehern genügt die Zustellung an einen von ihnen, auch wenn nur alle zusammen vertreten dürfen[17]. Abs. 3 ist insbesondere anwendbar, wenn mehrere Personen als Vertreter vorhanden sein sollen, tatsächlich aber derzeit nicht vorhanden sind[18]. Die in § 171 Abs. 3 getroffene Regelung ist verfassungsgemäß[19]. Die Norm kommt auch zum Tragen, wenn an einen Minderjährigen zugestellt wird, der von seinen Eltern gemeinschaftlich nach § 1629 Abs. 1 S. 2 BGB vertreten wird[20]. Schließlich gilt Abs. 3 auch bei Gesamtprokura[21]. Im materiellen Recht finden sich ähnliche Vorschriften in den §§ 28 Abs. 2, 1629 Abs. 1 S. 2 HS 2 BGB; § 125 Abs. 2 S. 3 HGB; § 78 Abs. 2 S. 2 AktG[22]; § 35 Abs. 2 S. 3 GmbHG.

10

Abs. 3 gilt für den Fiskus[23], die OHG, die KG[24], die Genossenschaft[25], die GmbH[26] sowie für die Aktien- und die Kommanditgesellschaft auf Aktien[27]. § 171 Abs. 3 findet auch

11

---

[9] KG Rpfleger 1990, 310, 311.
[10] RGZ 69, 298, 300; RG JW 1903, 236.
[11] So auch RG Gruchot 50 (1906), 1061, 1063; J. Hager NJW 1992, 352, 353 (zu BGH NJW-RR 1991, 926).
[12] Vgl. RGZ 69, 298, 300.
[13] KG DR 1940, 1482.
[14] RGZ 67, 75.
[15] BGH MDR 1983, 1002.
[16] BAG AP § 47 BetrVG 1972 Nr. 2.
[17] Vgl. ferner OLG Hamburg OLGRsp 29, 261.
[18] OLG Hamm OLGRsp 27, 25, 26.
[19] BVerfGE 67, 208, 211 f.
[20] Vgl. BFH BB 1974, 1103 (für § 7 Abs. 3 VwZG); LG Ravensburg Rpfleger 1975, 370; Jakobs DGVZ 1976, 122.

[21] BGH Warn 1978 Nr. 205; → § 173 Rdnr. 5.
[22] Dazu etwa Meyer-Landrut in GroßkommAktG³ § 78 Anm. 15.
[23] RGZ 67, 75, 77 (obiter dictum).
[24] Thomas/Putzo[18] Rdnr. 1.
[25] OLG Düsseldorf NJW 1987, 2523; Baumbach/Lauterbach/Hartmann[51] Rdnr. 7 (entgegen der dort vertretenen Auffassung hat das OLG Düsseldorf aaO Abs. 3 nicht übersehen).
[26] Baumbach/Lauterbach/Hartmann[51] Rdnr. 7; auch K.-J. Puls JuS 1987, 47 re. Sp.
[27] Vgl. J. Hager NJW 1992, 352 ff. (Aktiengesellschaft).

Anwendung bei der Zustellung an Personengesellschaften und Personengesellschafter als Drittschuldner des Pfändungs- und Überweisungsbeschlusses. Deshalb reicht im Anwendungsbereich des § 171 Abs. 3 die Zustellung an einen der persönlich haftenden Gesellschafter aus[28]. § 185 ist im Rahmen des § 171 Abs. 3 nicht anwendbar[29]. § 171 Abs. 3 gilt nicht für die BGB-Gesellschaft, da Abs. 2 stets ein parteifähiges Gebilde voraussetzt. Die Parteifähigkeit der BGB-Gesellschaft wird von der h. L. zu Recht verneint[30]. Die Zustellung an einen der BGB-Gesellschafter reicht daher nicht aus[31]. Werden die Aktiengesellschaft, Kommanditgesellschaft auf Aktien oder die Genossenschaft durch Vorstand und Aufsichtsrat vertreten (§§ 246 Abs. 2 S. 2, 249 Abs. 1 S. 1, 251 Abs. 3, 255 Abs. 3, 257 Abs. 2 S. 1, 275 Abs. 4 S. 1, 278 Abs. 3 AktG; § 51 Abs. 3 S. 2 GenG), so verlangt die h. L.[32] die gesonderte Anwendung des § 171 Abs. 3 ZPO auf beide Organe. Es muß also an ein Mitglied des Vorstandes und an eines des Aufsichtsrates zugestellt werden, damit der Zweck der Doppelvertretung gewahrt bleibt. Die unrichtige Angabe des Rechtsgrundes bei einer Vertretung schadet nicht, wenn nur zu erkennen ist, wer Vertreter und wer Partei ist[33]. Wird bei einer Klage des Vorstandes die AG allein durch den Aufsichtsrat vertreten (§ 112 AktG), so genügt nach § 171 ZPO die Zustellung an ein Aufsichtsratsmitglied. Das gilt auch gegenüber ausgeschiedenen Vorstandsmitgliedern[34].

12 Abs. 3 kann entsprechend angewendet werden, wenn mehrere Testamentsvollstrecker oder dgl. zu gemeinsamer Verwaltung bestellt sind und man in ihnen nicht gesetzliche Zwangsvertreter, sondern Parteien kraft Amtes sieht (→ Rdnr. 26 vor § 50)[35].

13 Im Anwendungsbereich des Abs. 3 bestimmt der Zustellungsauftrag, an welchen von den mehreren gesetzlichen Vertretern oder Vorstehern zuzustellen ist. Wird eine bestimmte Weisung nicht gegeben, so trifft das Zustellungsorgan die Wahl nach § 171 Abs. 3.

VI. Adressatenbezeichnung

14 Es ist Sache des Auftraggebers (Zustellungsveranlassers), den richtigen Adressaten zu bezeichnen[36]. Der Gerichtsvollzieher darf sich auf die Richtigkeit des im Titel genannten Vertreters verlassen[37]. Bei Kaufleuten (OHG) genügt nach §§ 17 Abs. 2, 124 HGB die Firma. Der Auftraggeber hat ferner anzugeben, ob an den Prozeßgegner selbst oder an einen gesetzlichen Vertreter oder in einem anhängigen Prozeß an den Prozeßbevollmächtigten oder Zustellungsbevollmächtigten zuzustellen ist. Doch ist die Angabe des Vorstehers (→ Rdnr. 8) in der Adresse nicht erforderlich[38].

VII. Mängel

15 Die Nichtbeachtung des § 171 macht die Zustellung ungültig (→ Rdnr. 25 ff. vor § 166). Das gilt in gleicher Weise für die Zustellung an einen unrichtigen gesetzlichen Vertreter wie für die Zustellung an die nicht prozeßfähige Partei selbst[39]. Eine Zustellung ist selbst dann unwirksam, wenn irrtümlich dem Prozeßunfähigen selbst zugestellt werden soll und nunmehr

---

[28] Dazu *Ahrens* ZZP 103 (1990), 34, 35.
[29] *BGH* NJW 1984, 57 f.
[30] Nachw. bei *MünchKomm/Ulmer*² § 718 Rdnr. 42.
[31] *Rosenberg/Gaul/Schilken*¹⁰ § 55 I 1; a. A. *Ahrens* ZZP 103 (1990), 34, 51 f.
[32] *BGHZ* 32, 114, 119 m. Anm. *Fischer* LM ZPO § 171 Nr. 1; auch *J. Hager* NJW 1992, 352, 353.
[33] *RGZ* 14, 127, 142 f.; 107, 161, 164 f. u. ö.
[34] *BGH* NJW-RR 1991, 926 m. krit. Besprechung von *J. Hager* NJW 1992, 352 ff.
[35] *OLG Hamburg* HGZ 30, 286, 287 re. Sp.
[36] S. auch *OLG Dresden* SächsAnn 23, 281; *OLG Colmar* ZZP 40 (1910) 491 f. u. a.; *Schlee* AnwBl 1988, 582, 583.
[37] *Winterstein* DGVZ 1991, 17, 21.
[38] So auch *RGZ* 69, 298, 300.
[39] Dazu *OLG Karlsruhe* FamRZ 1973, 272 m. Anm. *Bosch*; *OLG Marienwerder* SeuffArch 56, 421.

das Schriftstück dem gesetzlichen Vertreter ausgehändigt wird, weil der Prozeßunfähige nicht angetroffen wird[40]. Die Heilungsmöglichkeiten richten sich nach § 187 S. 1.

Gleichwohl laufen Rechtsmittel- und Einspruchsfristen bei der Zustellung von Urteilen, Versäumnisurteilen und Vollstreckungsbescheiden, wenn unter Verstoß gegen § 171 an eine aus dem zuzustellenden Titel nicht erkennbar prozeßunfähige Partei selbst zugestellt wird. Das gilt selbst dann, wenn der Zustellungsveranlasser die Prozeßunfähigkeit kannte. Dieses Ergebnis rechtfertigt sich aus dem Bedürfnis nach Rechtsfrieden und Rechtssicherheit. Der Prozeßunfähige wird geschützt durch die Möglichkeit der Nichtigkeitsklage wegen mangelhafter Vertretung (§§ 578 Abs. 1, 579 Abs. 1 Nr. 4, 586 Abs. 3, 584 Abs. 2 (→ § 56 Rdnr. 2)[41]. 16

Der Einwand der Nichtbeachtung des § 171 bedeutet keine Zulässigkeitsrüge i.S. von § 282 Abs. 3 und auch keine prozeßhindernde Einrede[42]. 17

§ 172 [aufgehoben]

Bis 1900 § 158 CPO. § 172 betraf die Zustellung an Unteroffiziere und Mannschaften der Wehrmacht und war ersetzt durch die WehrmachtszustellungsVO vom 13.3.1940 (RGBl. I 501), die durch KontrRG Nr. 34 Art. III aufgehoben worden ist. Wegen Zustellungen in der Bundeswehr → Rdnr. 63 vor § 166.

§ 173 [Zustellung an Bevollmächtigte]

Die Zustellung erfolgt an den Generalbevollmächtigten sowie in den durch den Betrieb eines Handelsgewerbes hervorgerufenen Rechtsstreitigkeiten an den Prokuristen mit gleicher Wirkung wie an die Partei selbst.

Gesetzesgeschichte: Bis 1900 § 159 CPO.

Stichwortverzeichnis → *Zustellungsschlüssel* in Rdnr. 65 vor § 166.

I. Funktion	1	VI. Andere Bevollmächtigte		
II. Gleichstellung mit gesetzlichen Vertretern	2	1. Für die Instanz bestellter Bevollmächtigter	7	
III. Generalbevollmächtigter	3	2. Bevollmächtigung nach außerprozessualen Tatbeständen	8	
IV. Prokurist	5	3. Sonstige Prozeßbevollmächtigte; Zustellungsbevollmächtigte	9	
V. Regelung im VAG	6	VII. Beweis; Mangel der Vollmacht; Zustellungsmängel	11	

I. Funktion

Nach § 173 können die für die Partei bestimmten Zustellungen auch an einen Bevollmächtigten bewirkt werden[1]. Ebenso wie bei § 171 (→ Rdnr. 2) ist im Anwendungsbereich des 1

---

[40] Vgl. *OLG Karlsruhe* FamRZ 1973, 272.
[41] *BGHZ* 104, 109, 111f. (Vollstreckungsbescheid) (mit Nachw. der Gegenauffassung), mit Anm. *K. Schmidt* JuS 1989, 145; *Orfanides* ZZP 102 (1989), 371ff.; *Gerth* WuB VII A § 700 ZPO 1.88 (krit.); ebenso *AG Stuttgart* JurBüro 1989, 1747f.; a.A. z.B. *LG Berlin* MDR 1988, 588, 589.

[42] Zum Begriff *H. Roth* Stichwort »Einwendung« LdR 13/190 sub C; → Einl. Rdnr. 317.
[1] Dazu *BGHR* ZPO § 173 Zustellungsbevollmächtigter 1.

§ 173 Zustellungsadressat nicht die Partei, sondern der Generalbevollmächtigte oder der Prokurist (§ 191 Nr. 3)[2]. § 173 schließt nicht aus, daß an weitere Personen wirksam zugestellt wird, welche die Partei nur zum Empfang von Zustellungen bevollmächtigt hat (→ Rdnr. 9)[3]. Die Zustellung an Generalbevollmächtigte und Prokuristen steht mit derjenigen an die Partei und an die Sonderbevollmächtigten (→ Rdnr. 9) zur Wahl. Sobald jedoch nach Anhängigkeit eines Rechtsstreits ein Prozeßbevollmächtigter nach § 176 bestellt ist, kann an die genannten Personen nicht mehr zugestellt werden.

II. Gleichstellung mit gesetzlichen Vertretern

2   Der Generalbevollmächtigte und der Prokurist werden dem gesetzlichen Vertreter i. S. des § 171 lediglich insoweit gleichgestellt, als sie jedem Dritten gegenüber kraft Gesetzes als Vertreter der Partei für die Zustellung gelten (aber → Rdnr. 1 a. E.). Von Bedeutung ist dabei vor allem die Klagezustellung. Die Stellung eines Zustellungsadressaten (→ Rdnr. 1) kommt ihnen unabhängig davon zu, ob sie zur Vertretung der Partei in dem konkreten Prozeß berufen sind. Ausreichend ist es, daß der Gegenstand des Rechtsstreits in den Kreis ihrer Vermögens- oder Geschäftsvertretung gehört. Es ist deshalb unerheblich, ob die Generalvollmacht auch die Prozeßführung mit umfaßt[4]. Auch kommt es nicht darauf an, ob der Prokurist Einzel- oder Gesamtprokura hat[5]. Die Zulässigkeit oder Wirksamkeit der Zustellung hängt zudem nicht davon ab, ob der Bevollmächtigte bereit ist oder sich weigert, eine in diesen Rahmen fallende Zustellung entgegenzunehmen[6]. Der Gerichtsvollzieher kann sich auf die Richtigkeit eines im Titel genannten Vertreters verlassen[7].

III. Generalbevollmächtigter

3   Generalbevollmächtigter ist, wer zur Verwaltung aller oder eines größeren oder selbständigen Komplexes von Vermögensangelegenheiten berufen ist[8]. In Wohnungseigentumssachen ist eine Zustellung an den Verwalter, der zugleich Wohnungseigentümer ist, als Zustellungsvertreter anderer Wohnungseigentümer nur dann wirksam, wenn für ihn eindeutig erkennbar ist, daß ihm auch in dieser Eigenschaft zugestellt werden soll[9] (→ § 189 Rdnr. 2). Die Bestellung zum Generalbevollmächtigten kann auch stillschweigend oder im Wege der Duldung geschehen[10]. Wenn der Generalbevollmächtigte zugleich der zustellende Gläubiger ist, so ist die Zustellung an ihn nicht ausgeschlossen, weil § 185 lediglich für die Ersatzzustellung gilt[11]. Keine Generalbevollmächtigung liegt vor, wenn nur für ein bestimmtes einzelnes Recht oder ein Rechtsverhältnis ein Vertreter bestellt ist. Ein Versicherungs-Generalagent fällt nicht unter § 173[12].

4   Bei nicht-vermögensrechtlichen Streitigkeiten ist § 173 oftmals unanwendbar wie z. B. in Ehe- und Kindschaftssachen (vgl. §§ 609, 640 Abs. 1). Im übrigen richtet sich die Anwendbarkeit der Norm nach der Zulässigkeit einer Generalvollmacht im materiellen Recht. Soweit das materielle Recht eine Generalvollmacht auch für nicht-vermögensrechtliche Angelegenheiten anerkennt, sollte das Prozeßrecht (→ Einl. Rdnr. 68) diese Entscheidung auch bei § 173

---

[2] Str., wie hier *Rosenberg/Schwab/Gottwald*[15] § 74 II 2; *MünchKommZPO/v. Feldmann* (1992) Rdnr. 2; BVerwG DVBl 1958, 208; a.A. *Baumbach/Lauterbach/Hartmann*[51] Rdnr. 3; *Thomas/Putzo*[18] Rdnr. 1 (Zustellungsadressat sei die vertretene Partei).
[3] BGHR ZPO § 173 Zustellungsbevollmächtigter 1; *Rosenberg* Stellvertretung im Prozeß (1905) 633ff.
[4] S. auch RGZ 69, 298, 303f.
[5] OLG Stettin OLGRsp 3, 122.
[6] *Breetzke* DRZ 1950, 536, 537 re. Sp.
[7] *Winterstein* DGVZ 1991, 17, 21.
[8] RGZ 67, 22, 24; 69, 298, 301 f.; RG WarnRsp 12 Nr. 183; OLG Zweibrücken SeuffArch 63, 327, 328 u. a.
[9] *BayObLG* WuM 1988, 332 (LS 1).
[10] LG Frankfurt a. M. TransportR 1991, 32.
[11] *MünchKommZPO/v. Feldmann* (1992) Rdnr. 2; a. A. LG Frankfurt a. M. Rpfleger 1988, 72.
[12] *Baumbach/Lauterbach/Hartmann*[51] Rdnr. 1.

anerkennen. Deshalb bestehen gegen eine Anwendung des § 173 bei einer Generalvollmacht in urheberrechtlichen Angelegenheiten oder bei sonstigen Streitigkeiten aus dem allgemeinen Persönlichkeitsrecht keine Bedenken[13].

IV. Prokurist

Die Zustellung nach § 173 ZPO ist auch an einen Prokuristen möglich (§§ 48 ff. HGB). Der Prokurist ist zu einer Empfangnahme bei jedem Prozeß befugt, der durch den Betrieb des Handelsgewerbes hervorgerufen wird. Die Beschränkung des § 49 Abs. 2 HGB ist für die Anwendung des § 173 ZPO unerheblich (→ Rdnr. 2)[14]. Bei einer Gesamtprokura gilt § 171 Abs. 3 entsprechend (→ § 171 Rdnr. 10). Im Falle des § 50 Abs. 3 HGB beschränkt sich die Legitimation auf den Betrieb der Niederlassung[15]. Der Handlungsbevollmächtigte (§ 54 HGB) fällt nicht unter § 173 ZPO.

5

V. Regelung im VAG

Empfangsvollmacht haben auch die in § 106 Abs. 3 VAG genannten Hauptbevollmächtigten ausländischer Versicherungsunternehmen. Unerheblich ist es, daß anders als in § 106 Abs. 2 Nr. 3 VAG a. F. eine ausdrückliche Ermächtigung nicht mehr genannt ist.

6

VI. Andere Bevollmächtigte

1. Für die Instanz bestellter Bevollmächtigter

Nach § 176 muß nach Anhängigkeit des Rechtsstreits und in manchen Fällen auch die Klage nach § 178 an den für die Instanz bestellten Bevollmächtigten zugestellt werden. § 176 geht dem § 173 vor (→ § 176 Rdnr. 1 f.). Soweit trotz § 176 an die Partei selbst zugestellt werden darf oder es sich um eine Zustellung handelt, die den Rechtsstreit erst anhängig machen soll, kann auch an diejenigen Personen zugestellt werden, die für den konkreten Rechtsstreit oder gerade zur Empfangnahme von Zustellungen bevollmächtigt sind. Ebenso liegt es für eine Zustellung außerhalb des Rechtsstreits, z. B. bei der Streitverkündung.

7

2. Bevollmächtigung nach außerprozessualen Tatbeständen

§ 173 schließt die Zustellung an andere (Sonder-) Bevollmächtigte der Partei nicht aus. Diejenigen Personen, die eine auf außerprozessuale Tatbestände gegründete Vollmacht haben, sind unter → § 80 Rdnr. 16 im einzelnen aufgeführt. Es handelt sich namentlich um den Handlungsbevollmächtigten, dem die Befugnis zur Prozeßführung erteilt ist, den geschäftsführenden Gesellschafter, den Korrespondentreeder, Schiffer, den Vertreter des ausländischen Inhabers von Patenten[16] u. dgl. Diese Personen sollten nicht ihrerseits als »Generalbevollmächtigte« angesehen werden, weil dadurch der Begriff der Generalvollmacht als einer allgemeinen Vollmacht konturenlos wird. Diese Bezeichnung ist nicht nötig, um die Zulässigkeit der Zustellung an die Sonderbevollmächtigten zu erklären.

8

---

[13] *Baumbach/Lauterbach/Hartmann*[51] Rdnr. 2; a. A. *Thomas/Putzo*[18] Rdnr. 1.
[14] *Thomas/Putzo*[18] Rdnr. 2.
[15] Dazu *OLG Stettin* OLGRsp 3, 122.
[16] Dazu *RGZ* 42, 92 ff.

3. Sonstige Prozeßbevollmächtigte; Zustellungsbevollmächtigte

9 Zu den genannten Personen tritt der Prozeßbevollmächtigte einer Partei in einem anderen Rechtsstreit hinzu, soweit seine Vollmacht ihn auch gegenüber Klagen Dritter legitimiert (§§ 81 f., → § 178 Rdnr. 4). Das gleiche gilt für denjenigen, dem die Partei in Erwartung des drohenden Prozesses Vollmacht dafür erteilt hat, bevor er nach § 176 »bestellt« ist[17]. Zu nennen ist schließlich der *Zustellungsbevollmächtigte*. Das ist derjenige, den die Partei zum Empfang der für sie bestimmten Schriftstücke bevollmächtigt hat. Die Abgabe einer Erklärung zu Gerichtsprotokoll genügt. Die Kenntnis auf Seiten des Bevollmächtigten oder die Entgegennahme der Zustellung im Bewußtsein ihres Bestehens sind nicht erforderlich[18]. Wenn die Partei nach § 174 eine solche Vollmacht erteilen muß, so kann sie diese auch vor der Anordnung des Gerichts freiwillig erteilen. Es steht nichts entgegen, wenn sie die Zustellungsvollmacht über die Grenzen des § 174 hinaus erteilt[19].

10 Die Zustellung an die oben → Rdnr. 7–9 aufgezählten Personen steht mit Ausnahme von § 176 immer zur Wahl mit der Zustellung an die Partei selbst oder an die in § 173 Abs. 1 bezeichneten Vertreter.

VII. Beweis; Mangel der Vollmacht; Zustellungsmängel

11 Diejenige Partei, die aus der Zustellung Rechte für sich herleitet, hat ggf. zu beweisen, daß die Generalvollmacht oder Prokura zur Zeit der Zustellung bestand. Im Regelfall wird das die betreibende Partei sein. Bei den beschränkten Vollmachten (→ Rdnr. 7ff.) muß neben dem Bestehen der Vollmacht bewiesen werden, daß sie den betreffenden Prozeß umfaßt[20]. Fehlt die Vollmacht oder reicht ihr Umfang nicht aus, so ist die Zustellung ungültig in dem oben → Rdnr. 25 ff. vor § 166 dargelegten Sinn[21]. Die Heilung des Mangels richtet sich nach den Grundsätzen von → oben Rdnr. 28 f. vor § 166 und → unten § 187 Rdnr. 1 ff.

12 Unwesentliche Mängel der Zustellungsurkunde beeinträchtigen die Wirksamkeit der Zustellung nicht. So kann es etwa bei Falschbezeichnungen im Falle der Zustellung an Zustellungsempfänger liegen.

§ 174 [Notwendigkeit eines Zustellungsbevollmächtigten]

(1) **Wohnt eine Partei weder am Ort des Prozeßgerichts noch innerhalb des Amtsgerichtsbezirks, in dem das Prozeßgericht seinen Sitz hat, so kann das Gericht, falls sie nicht einen in diesem Ort oder Bezirk wohnhaften Prozeßbevollmächtigten bestellt hat, auf Antrag anordnen, daß sie eine daselbst wohnhafte Person zum Empfang der für sie bestimmten Schriftstücke bevollmächtige. Diese Anordnung kann ohne mündliche Verhandlung ergehen. Eine Anfechtung des Beschlusses findet nicht statt.**

(2) **Wohnt die Partei nicht im Inland, so ist sie auch ohne Anordnung des Gerichts zur Benennung eines Zustellungsbevollmächtigten verpflichtet, falls sie nicht einen in dem durch den ersten Absatz bezeichneten Ort oder Bezirk wohnhaften Prozeßbevollmächtigten bestellt hat.**

Gesetzesgeschichte: Bis 1900 § 160 CPO.

---

[17] S. auch *Rosenberg* (oben Fn. 3), 636; → § 176 Rdnr. 21.
[18] BGH VersR 1974, 548.
[19] RGZ 107, 161, 165; vgl. *Rosenberg* (oben Fn. 3), 636.
[20] S. auch *BayObLG* 1, 380, 384.
[21] Dazu *RGZ* 67, 22 f.; 69, 298, 301 f.

Stichwortverzeichnis → *Zustellungsschlüssel* in Rdnr. 65 vor § 166.

I. Funktion	1	5. Anwendbarkeit der Norm auf einen bei dem Prozeßgericht zugelassenen Anwalt	7
II. Inlandsfälle (Abs. 1)	2		
1. Wohnung	3		
2. Nichtbestellung eines Prozeßbevollmächtigten	4	III. Auslandsfälle (Abs. 2)	8
3. Anwendungsbereich	5	IV. Zustellungsbevollmächtigter (Abs. 1 und 2)	12
4. Verfahren	6	V. Arbeitsgerichtliches Verfahren	15

I. Funktion

Der wenig bedeutsame Abs. 1 schafft im Interesse einer zügigen Prozeßführung für Inlandsprozesse die Möglichkeit, auf Antrag die Bevollmächtigung einer Partei herbeizuführen, wenn bei der Zustellung mit Schwierigkeiten zu rechnen ist. Der wichtigere Abs. 2 kennt für Auslandsfälle die Pflicht der Partei zur Benennung eines Zustellungsbevollmächtigten, damit eine Prozeßverschleppung vermieden wird[1]. Diese Pflicht folgt ohne Antrag oder gerichtliche Aufforderung aus dem Gesetz. Die §§ 174, 175 gelten auch für die Zustellung des Schiedsspruchs nach § 1039[2].

II. Inlandsfälle (Abs. 1)

Wenn die Partei in der Bundesrepublik Deutschland wohnt, so ist sie nach Abs. 1 nur auf besondere Anordnung des Gerichts zur Bestellung eines Zustellungsbevollmächtigten verpflichtet. Abs. 1 schließt nicht aus, daß sie zu einer solchen Bestellung in anderen Fällen berechtigt ist (→ § 173 Rdnr. 9)[3]. Ein Zustellungsbevollmächtigter kann damit stets bestellt werden, auch wenn die Voraussetzungen der Norm nicht vorliegen. Die Anordnung setzt voraus, daß nach dem pflichtgemäßen Ermessen des Gerichts ein Bedürfnis dafür vorliegt. Das ist etwa dann anzunehmen, wenn sich die Zustellung durch die Post (§§ 193 ff.) als zu unsicher oder als zu zeitraubend erweist. Heutzutage ist eher an Fälle zu denken, in denen die Partei ihren Aufenthaltsort nicht preisgibt und sich nur unter einer Postfachnummer meldet[4].

1. Wohnung

Abs. 1 setzt voraus, daß die Partei weder am Ort des Prozeßgerichts noch innerhalb des Amtsgerichtsbezirks wohnt, in dem das Prozeßgericht seinen Sitz hat. Der Ort des Prozeßgerichts ist neben dem Amtsgerichtsbezirk mit Rücksicht auf diejenigen Fälle genannt, in denen das Prozeßgericht den Sitz außerhalb seines eigenen Bezirks hat (vgl. § 604 Abs. 2). Wenn die Partei einen gesetzlichen Vertreter hat, so entscheidet dessen Wohnort. § 174 ist auch dann nicht anwendbar, wenn der Vorsteher (§ 171 Abs. 2), der Generalbevollmächtigte oder der Prokurist (§ 173) der Partei ihre Wohnungen innerhalb des Bezirks haben. Diese Personen stehen wegen der Zustellung der Partei gleich, weil sie Zustellungsadressaten sind (→ § 171 Rdnr. 2, → § 173 Rdnr. 1).

---

[1] *Hahn* Bd. II 226.
[2] *Sandrock* RIW 1987, Beil. 2, S. 7.
[3] *LG Hagen* WuM 1988, 281.
[4] *MünchKommZPO/v. Feldmann* (1992) Rdnr. 1.

2. Nichtbestellung eines Prozeßbevollmächtigten

4   Zu der in → Rdnr. 3 genannten Voraussetzung muß hinzukommen, daß die Partei nicht einen am Sitz des Gerichts oder im Amtsgerichtsbezirk des Ortes wohnhaften Prozeßbevollmächtigten bestellt hat. Der Nichtbestellung eines Prozeßbevollmächtigten steht es gleich, wenn der Bevollmächtigte nicht mehr an dem Ort oder in dem Bezirk wohnt. So liegt es auch, wenn sein Aufenthalt unbekannt wird (vgl. § 177). Nicht darunter gehört der Fall des § 244[5].

3. Anwendungsbereich

5   § 174 ist grundsätzlich in allen Verfahren der ZPO anwendbar und gilt auch ab dem wirksamen Widerruf der Prozeßvollmacht (§ 87 Abs. 1). Im Mahnverfahren gilt § 174 ebenfalls[6]. Das Verfahren muß bereits anhängig geworden sein. Eine Anordnung nach § 174 zum Zweck der Zustellung der Klage ist ausgeschlossen.

4. Verfahren

6   Die gerichtliche Anordnung setzt einen Antrag der Gegenpartei voraus. Dieser Antrag kann schon vor der ersten Verhandlung gestellt werden. In dem Antrag hat die Partei das für die Anordnung erforderliche Bedürfnis (→ Rdnr. 2) darzulegen. Er ist aber auch noch später möglich, etwa in der höheren Instanz. Über den Antrag kann nach § 174 Abs. 1 S. 2 ohne mündliche Verhandlung entschieden werden (→ § 128 Rdnr. 39 ff.). Wenn ein Prozeßbevollmächtigter bestellt ist, so ist der Beschluß wegen § 176 an diesen zuzustellen. Es entscheidet nach § 20 Nr. 7a RPflG der Rechtspfleger des Gerichts, bei dem der Rechtsstreit anhängig ist (→ Anhang zu § 576)[7]. Gegen seine Entscheidung ist die Erinnerung nach § 11 RPflG gegeben, die zum Richter führt. Der richterliche Beschluß ist auch dann unanfechtbar (§ 174 Abs. 1 S. 3), wenn der Antrag zurückgewiesen wird (§ 11 Abs. 2 S. 3 RPflG).

5. Anwendbarkeit der Norm auf einen bei dem Prozeßgericht zugelassenen Anwalt

7   Nicht unter § 174 gehört der Fall, daß der Prozeßbevollmächtigte ein bei dem Prozeßgericht zugelassener Anwalt ist. Das gilt auch dann, wenn dieser weder am Ort des Prozeßgerichts noch im Amtsgerichtsbezirk des Prozeßgerichts wohnt (auswärtiger Simultananwalt). Für den Anwalt kommt es nicht auf die Wohnung, sondern auf die Kanzlei am Ort des Gerichts seiner Zulassung an, die er grundsätzlich dort einzurichten hat. Wird er von dieser Pflicht befreit, so muß er an dem Gerichtsort einen dort wohnhaften ständigen Zustellungsbevollmächtigten bestellen. Im Falle der Simultanzulassung bei Gerichten an verschiedenen Orten wird am Ort des Gerichts seiner ersten Zulassung bestellt (§§ 30 Abs. 1, 27 Abs. 2 S. 2, 29 BRAO). Nach § 30 Abs. 2 BRAO kann an den Zustellungsbevollmächtigten von Anwalt zu Anwalt nach §§ 198, 212a ZPO wie an einen Rechtsanwalt zugestellt werden. Ist die Bestellung unterblieben oder die Zustellung an den Zustellungsbevollmächtigten nicht ausführbar, so kann durch Aufgabe zur Post nach §§ 175, 192, 213 ZPO unter der Adresse des Anwalts zugestellt werden (§ 30 Abs. 3 BRAO).

---

[5] *RG* JW 1905, 178.
[6] S. → § 175 Rdnr. 13.

[7] Dazu *Hansens* Rpfleger 1991, 133, 136.

III. Auslandsfälle (Abs. 2)

Wenn die Partei im Ausland wohnt (→ Rdnr. 1), so treten die Verpflichtung zur Benennung **8** eines Zustellungsbevollmächtigten und die Anwendung des § 175 nach § 174 Abs. 2 kraft Gesetzes ein, sofern nicht ein dem Abs. 1 entsprechender(→ Rdnr. 4) Prozeßbevollmächtigter bestellt ist oder der Fall von → Rdnr. 7 vorliegt. Voraussetzung ist, daß sich für die Partei keine der nach § 171 und § 173 ihr gleichstehende Person (→ Rdnr. 3) im Inland befindet. Unerheblich ist es dagegen, ob die Partei Inländer oder Ausländer ist (→ Einl. Rdnr. 827). Gleichgültig ist es ferner, ob der dem Abs. 1 entsprechende bestellte Prozeßbevollmächtigte bei dem Prozeßgericht zugelassen ist oder nicht. Hat etwa die im Ausland wohnhafte Partei einen Rechtsbeistand am Gerichtssitz bestellt, so greift Abs. 2 auch nicht nach Verweisung des Rechtsstreits an das Landgericht ein[8]. Auch wenn der Prozeß in eine höhere Instanz gelangt, braucht kein Zustellungsbevollmächtigter benannt zu werden, wenn für die erste Instanz am Sitz des Prozeßgerichts ein Prozeßbevollmächtigter bestellt worden war[9].

Eine besondere Zustellungsvorschrift enthält § 5 RADG i. d. F. vom 14.3.1990 (BGBl I **9** 479) für Zustellungen, die sich an Anwälte aus den Mitgliedstaaten der EG richten, die in der Bundesrepublik Deutschland als Rechtsanwälte aufzutreten berechtigt sind (→ Rdnr. 64 vor § 166).

Soll im Bereich des EuGVÜ vollstreckt werden, so muß nach Art. 33 Abs. 2 S. 1 EuGVÜ **10** der Antragsteller im Bezirk des angerufenen Gerichts ein Wahldomizil begründen oder nach S. 2 (im deutschen Recht) einen Zustellungsbevollmächtigten benennen. Einzelheiten dazu enthält § 4 AVAG vom 30.5.1988 (BGBl. I 662)[10].

Im Anwendungsbereich von § 174 Abs. 2 ist es gleichgültig, ob die Klage der Partei im **11** Inland oder durch Ersuchen der ausländischen Behörde oder öffentlich[11] zugestellt war. Auch nach Abs. 2 kann erst nach der Klagezustellung die Benennung eines Zustellungsbevollmächtigten verlangt werden[12]. § 174 Abs. 2 setzt ein bestehendes Prozeßrechtsverhältnis voraus[13]. Die Einlegung eines Widerspruchs gegen einen Mahnbescheid (§ 688 Abs. 3) zieht diese Pflicht jetzt im Anwendungsbereich des EuGVÜ wegen § 34 Abs. 3 S. 2, 3 AVAG mit sich. Nach dessen S. 3 gilt § 175 ZPO mit der Maßgabe, daß der Zustellungsbevollmächtigte innerhalb der Widerspruchsfrist zu benennen ist[14]. Liegen die Voraussetzungen des Abs. 2 bei dem Kläger oder Antragsteller vor, so muß er den Zustellungsbevollmächtigten sofort in der Klage, dem Mahngesuch usw. benennen (→ § 175 Rdnr. 3). Sind die Partei und der von ihr bestellte Prozeßbevollmächtigte im Ausland ansässig, so muß gem. § 176 an den Prozeßbevollmächtigten zugestellt werden. In diesem Fall kommen aber die §§ 174 Abs. 2, 175 zur Anwendung, so daß bei Vorliegen der Voraussetzungen durch Aufgabe zur Post unter der Adresse des Prozeßbevollmächtigten zugestellt werden kann[15].

IV. Zustellungsbevollmächtigter (Abs. 1 und 2)

Der i. S. von Abs. 1 und 2 zu bestellende Zustellungsbevollmächtigte ist kein Prozeßbevoll- **12** mächtigter[16]. Ist ein Zustellungsbevollmächtigter einmal bestellt worden, so kann nicht nachträglich an der Wirksamkeit der Zustellung mit der Begründung gezweifelt werden, die

---

[8] *MünchKommZPO/v. Feldmann* (1992) Rdnr. 4; a.A. *OLG Naumburg* JW 1925, 2357 m.abl. Anm. *Sonnen.*
[9] *RGZ* 103, 334, 337.
[10] Dazu *Kropholler*⁴ Art. 33 Rdnr. 8 m. Nachw.
[11] *LG Berlin* KGBl 20, 17.
[12] *BGHZ* 58, 177, 179; *LG Frankfurt a.M.* IPRax 1990, 177 m.Anm. *H. Roth* IPRax 1990, 161, 162.
[13] *OLG Köln* MDR 1986, 243, 244.
[14] Anders zur alten Rechtslage *OLG München* NJW 1989, 234; ferner dazu *H. Roth* IPRax 1990, 90, 91.
[15] *BGH* MDR 1963, 829, 830 (LS); auch *Sandrock* RIW 1987, Beil. 2, 8 (zu § 1039).
[16] Dazu *KG* NJW 1987, 1338, 1339; ferner *LG Hagen* WuM 1988, 281 (Mieterverein).

Bestellung sei nicht erforderlich gewesen[17]. Das folgt schon daraus, daß es der Partei unbenommen bleibt, auch außerhalb der Voraussetzungen des § 174 einen Zustellungsbevollmächtigten zu bestellen (→ § 173 Rdnr. 9). Prozeßfähigkeit (§ 79) ist nicht erforderlich. Deshalb kann auch eine juristische Person oder eine Behörde zum Zustellungsbevollmächtigten bestellt werden. Die Angabe eines Postfachs bedeutet aber noch nicht die Benennung des Postamtsvorstehers als Zustellungsbevollmächtigten[18]. Aus dem Zusammenhang von Abs. 1 und 2 geht hervor, daß der Zustellungsbevollmächtigte in allen Fällen des § 174 am Ort des Prozeßgerichts oder in dem Amtsgerichtsbezirk, in dem das Prozeßgericht seinen Sitz hat, wohnhaft sein muß[19]. Der Zustellungsbevollmächtigte ist als solcher nur zu der Empfangnahme der für die Partei bestimmten Schriftstücke bevollmächtigt[20]. Mehrere Streitgenossen werden nach § 174 selbständig behandelt. Es besteht keine Verpflichtung zur Bestellung eines gemeinsamen Zustellungsbevollmächtigten. Der Streitgehilfe steht der Partei gleich.

13 § 185 gilt für den Fall des Zustellungsbevollmächtigten nicht (→ § 185 Rdnr. 4). Deshalb ist eine Zustellung gültig, wenn sie an den Zustellungsbevollmächtigten der beiderseitigen Prozeßbevollmächtigten bewirkt worden ist[21].

14 Nach dem Vorbild von § 34 Abs. 3 S. 2 AVAG ist eine Belehrung über die Benennung eines Zustellungsbevollmächtigten im Anwendungsbereich des § 174 Abs. 2 ZPO stets angebracht[22]. Wird ein Zustellungsbevollmächtigter nicht benannt, so richten sich die Rechtsfolgen nach § 175 Abs. 1 S. 2 und 3. Als Zustellungsbevollmächtigter kann auch eine Personenmehrheit bestellt werden[23].

V. Arbeitsgerichtliches Verfahren

15 § 174 kommt im arbeitsgerichtlichen Verfahren entsprechend (§§ 46 Abs. 2, 64 Abs. 6, 72 Abs. 5 ArbGG) zur Anwendung (→ § 78 Rdnr. 43ff.). Das bedeutet, daß an die Stelle des Amtsgerichtsbezirks der Bezirk des Arbeitsgerichts und im Falle des § 17 Abs. 2 ArbGG derjenige der Kammer tritt.

§ 175 [Zustellungsbevollmächtigter; Zustellung durch Aufgabe zur Post]

(1) Der Zustellungsbevollmächtigte ist bei der nächsten gerichtlichen Verhandlung oder, wenn die Partei vorher dem Gegner einen Schriftsatz zustellen läßt, in diesem zu benennen. Geschieht das nicht, so können alle späteren Zustellungen bis zur nachträglichen Benennung in der Art bewirkt werden, daß der Gerichtsvollzieher das zu übergebende Schriftstück unter der Adresse der Partei nach ihrem Wohnort zur Post gibt. Die Zustellung wird mit der Aufgabe zur Post als bewirkt angesehen, selbst wenn die Sendung als unbestellbar zurückkommt.

(2) Die Postsendungen sind mit der Bezeichnung «Einschreiben» zu versehen, wenn die Partei es verlangt und zur Zahlung der Mehrkosten sich bereit erklärt.

Gesetzesgeschichte: Bis 1900 § 175 CPO.

---

[17] *Zöller/Stöber*[18] Rdnr. 1; *MünchKommZPO/v. Feldmann* (1992) Rdnr. 1 a. E.; *Baumbach/Lauterbach/Hartmann*[51] Rdnr. 1.
[18] *OLG Hamburg* NJW 1970, 104; *MünchKommZPO/ v. Feldmann* (1992) Rdnr. 1; a. A. *C.-D. Schumann* NJW 1969, 2185.
[19] *BGH* NJW 1961, 1067; a. A. für Abs. 2 *OLG Frankfurt a. M.* NJW 1960, 1954.

[20] Vgl. *RGZ* 30, 389ff.
[21] *RGZ* 157, 168, 169f.; ferner *LG Kaiserslautern* Rpfleger 1993, 256.
[22] *Schack* IZVR (1991) Rdnr. 599; *Hausmann* IPRax 1988, 140, 143.
[23] *LG Kaiserslautern* Rpfleger 1993, 256.

Stichwortverzeichnis → *Zustellungsschlüssel* in Rdnr. 65 vor § 166.

I. Bedeutung	1
II. Benennung des Zustellungsbevollmächtigten	
1. Zeitpunkt; Benennung	3
2. Vollmachterteilung; Bestellung eines Prozeßbevollmächtigten; Widerruf	7
3. Befugnis des Gerichts (Gegners) zur Zustellung	9
III. Folgen der Unterlassung	10
1. Versäumnisurteile	11
2. Mahnverfahren	13
3. Weitere Änderungen durch das Rechtspflege-Vereinfachungsgesetz	15
4. Staatsvertragliche Regelungen; Art. IV Abs. 1 des Protokolls vom 27.9.1968 zum EuGVÜ	16
5. Wahlrecht	18
IV. Zustellung durch Aufgabe zur Post	19
1. Parteiadresse	20
2. Zeitpunkt; Form	22
V. Beendigung	23
VI. Weitere Fälle	24
VII. Zustellungsmängel	25

I. Bedeutung[1]

§ 175 Abs. 1 S. 1 legt den Zeitpunkt fest, bis zu dem die Partei den nach den Voraussetzungen des § 174 Abs. 1 oder § 174 Abs. 2 zu bestellenden Zustellungsbevollmächtigten (→ § 174 Rdnr. 12) zu bestellen hat (→ Rdnr. 3). § 175 Abs. 1 S. 2, 3 bestimmt die Rechtsfolge, wenn die Benennung eines Zustellungsbevollmächtigten unterbleibt. § 175 Abs. 1 S. 3 ordnet im Wege der Fiktion eine Inlandszustellung an, die mit der Aufgabe zur Post bewirkt ist. Die Norm regelt in ihrem direkten Anwendungsbereich die Parteizustellung, gilt aber auch trotz des mißverständlichen Wortlauts für den wichtigeren Bereich der Zustellung von Amts wegen[2]. Die Fassung des § 175 Abs. 1 S. 1 beruht noch auf altem Recht, wonach Schriftsätze von den Parteien zugestellt wurden. § 175 kommt auch für die Zustellung an exterritoriale Deutsche zur Anwendung. Die Norm wird nicht durch § 200 verdrängt[3]. Daneben ist § 175 ZPO von Bedeutung für das Vollstreckbarerklärungsverfahren der Art. 31 ff. EuGVÜ (Art. 33 Abs. 2 S. 2 EuGVÜ i. V. m. § 4 Abs. 1 S. 2 AVAG)(→ § 174 Rdnr. 10).

1

§ 175 muß wegen der bisweilen harten Folgen für die ausländische Partei am Verfahrensprinzip der prozessualen Fairneß orientiert ausgelegt werden[4]. Die höchstrichterliche Rechtsprechung wendet die Norm dagegen nicht einschränkend an, hilft der ausländischen Partei ggf. aber mit dem Institut der Wiedereinsetzung in den vorigen Stand[5]. Mit der gebotenen einschränkenden Auslegung insbesondere für die Bestimmung der Einspruchsfrist nach § 339 Abs. 2 ZPO (→ Rdnr. 11) bei der Zustellung eines Versäumnisurteils oder eines Vollstreckungsbescheides (→ Rdnr. 13 f.) verstößt die Norm weder gegen Völkerrecht[6] noch auch gegen Art. 7 EG-Vertrag[7].

2

---

[1] Ausführlich *Hök* Zur Zustellung durch Aufgabe zur Post im internationalen Rechtsverkehr – Eine Bestandsaufnahme JurBüro 1989, 1217 ff.; zu § 127 PatG s. *BGH* RIW 1993, 594.
[2] *OLG München* NJW 1989, 234; *OLG Köln* MDR 1986, 243 f.
[3] *OLG Köln* MDR 1986, 243, 244.
[4] Näher *H. Roth* IPRax 1990, 90 ff.
[5] *BGH* RIW 1992, 398; → Rdnr. 11.
[6] So aber *Schmitz*, 165 ff.; abl. *H. Roth* IPRax 1990, 90, 93.
[7] So *P. Schlosser* FS Stiefel (1987), 683, 689 f.; dagegen *H. Roth* IPRax 1990, 90, 93; insoweit wie hier *OLG München* IPRax 1990, 111, 112.

II. Benennung des Zustellungsbevollmächtigten

1. Zeitpunkt; Benennung

3 Der Zustellungsbevollmächtigte ist von der betreffenden Partei »bei der nächsten gerichtlichen Verhandlung« zu benennen. Nach dem Normzweck ist damit die mündliche Verhandlung, nicht etwa eine Beweisaufnahme gemeint. Wenn der im Ausland ansässige Anwalt einer im Ausland ansässigen Partei einem Anwalt am Sitz des Prozeßgerichts in Entschädigungssachen Untervollmacht erteilt, bestellt er ihn im Zweifel danach zugleich zum Zustellungsbevollmächtigten[8]. Die Bestellung ist auch stillschweigend möglich. So liegt es aber nicht, wenn anstelle eines bestellten Justizangestellten bei dessen Abwesenheit üblicherweise ein anderer die Zustellung annimmt[9].

4 Maßgeblicher Zeitpunkt ist im Fall des § 174 Abs. 1 (→ § 174 Rdnr. 2) die erste Verhandlung nach Verkündung oder Zustellung der gerichtlichen Anordnung. Im Falle des § 174 Abs. 2 (→ § 174 Rdnr. 8) ist es die erste mündliche Verhandlung, in der der im Ausland Wohnhafte aufzutreten hat.

5 Die »Benennung« ist kein Rechtsgeschäft i. S. der Erteilung der Zustellungsvollmacht[10], sondern eine Prozeßhandlung[11]. Die Benennung selbst ermächtigt nicht zur Unterbevollmächtigung. Sie kann widerrufen werden und wird durch den Tod des Bevollmächtigten (→ Rdnr. 7) unwirksam.

6 Läßt die zur Benennung verpflichtete Partei vorher einen Schriftsatz zustellen (Parteizustellung), so hat die Benennung bereits in diesem Schriftsatz zu geschehen. § 175 gilt entsprechend für die Zustellung von Amts wegen (→ Rdnr. 1) wie im Rahmen des § 270 Abs. 1, im Mahnverfahren und bei Anträgen in der Zwangsvollstreckung. Kommt also eine Zustellung durch die Partei nicht in Betracht, so muß der Zustellungsbevollmächtigte sinngemäß in dem ersten dem Gericht eingereichten Schriftsatz, Gesuch usw. benannt werden[12]. Bei der Einlegung eines Widerspruchs gegen einen Mahnbescheid handelt es sich nicht um einen dem Gegner zuzustellenden Schriftsatz, da dieser nach § 695 davon nur in Kenntnis gesetzt werden muß. Auch die Übersendung der Abschrift des Widerspruchs meint keine Zustellung i. S. des § 175[13]. Gleichwohl kann natürlich im Widerspruchsschreiben ein Zustellungsbevollmächtigter benannt werden, was noch nicht die Bestellung als Prozeßbevollmächtigter i. S. von § 176 bedeuten muß[14]. Im Anwendungsbereich des EuGVÜ muß jetzt nach § 34 Abs. 3 S. 3 AVAG ein Zustellungsbevollmächtigter bereits innerhalb der Widerspruchsfrist benannt werden (→ Rdnr. 14).

2. Vollmachterteilung; Bestellung eines Prozeßbevollmächtigten; Widerruf

7 Die Benennung des Zustellungsbevollmächtigten ist Prozeßhandlung (→ Rdnr. 5) und folgt deren Regeln. Es bedarf daneben weder einer besonderen rechtsgeschäftlichen Vollmacht noch auch einer Annahme durch den Benannten. Diesem steht kein Substitutionsrecht zu[15]. Entsprechend zur Anwendung kommen die §§ 86, 87. Wenn die Partei zunächst einen Zustellungsbevollmächtigten nach § 175 und nachträglich einen Prozeßbevollmächtigten bestellt, so erlischt wegen § 176 die Legitimation des Zustellungsbevollmächtigten[16]. Wird

---

[8] BGH VersR 1963, 482.
[9] RG DR 1944, 342, 343.
[10] So aber *Thomas/Putzo*[18] Rdnr. 2.
[11] *MünchKommZPO/v. Feldmann* (1992) Rdnr. 1 geht von einer Doppelnatur aus.
[12] OLG Köln MDR 1986, 243, 244.
[13] OLG München NJW 1989, 234 (aber zu § 36 Abs. 3 AG-EuGVÜ a. F., → jetzt Rdnr. 13 f.).
[14] KG NJW 1987, 1338, 1339.
[15] A. A. *Rosenberg* Stellvertretung im Prozeß (1908), 860.
[16] *Sandrock* RIW 1987 Beil. 2, 7 Fn. 52.

die Benennung des Zustellungsbevollmächtigten widerrufen, so liegt es wie wenn eine Benennung nicht stattgefunden hätte. § 177 kommt nicht zur Anwendung. Ebenso ist zu entscheiden, wenn die Zustellung an die benannte Person nicht vollzogen werden kann.

Aus § 210a Abs. 2 geht hervor, daß die Benennung auf die Instanz beschränkt werden kann. Nach § 178 gehört die Zwangsvollstreckung zur ersten Instanz. Dagegen wirkt eine unbeschränkte Benennung ohne Begrenzung auf die Instanz für den ganzen Prozeß fort, sofern sie nicht widerrufen oder ein Prozeßbevollmächtigter bestellt wird. 8

3. Befugnis des Gerichts (Gegners) zur Zustellung

Durch die Benennung der betreffenden Partei erhalten Gericht und Gegner die Befugnis, dem Zustellungsbevollmächtigten zuzustellen. Gleichwohl bleibt die Zustellung auf dem gewöhnlichen Weg nach §§ 171 ff. zulässig. 9

III. Folgen der Unterlassung

Nach § 175 Abs. 1 S. 2 können alle späteren Zustellungen durch Aufgabe zur Post bewirkt werden, wenn die Benennung nach der gerichtlichen Anordnung (§ 174 Abs. 1) oder ohne diese (§ 174 Abs. 2) unterbleibt. Für die Anwendung des § 175 wird aber stets ein bereits vorhandenes Prozeßrechtsverhältnis vorausgesetzt, so daß § 175 nicht für die prozeßeinleitende Zustellung gilt. Allerdings tritt im Arrestverfahren die Rechtshängigkeit bereits mit der Einreichung des Antrags und nicht erst mit der Zustellung ein. Gleichwohl kann ein Arrestbefehl im Falle des § 922 Abs. 2 nicht im Wege der Aufgabe zur Post zugestellt werden, da sonst ein Verstoß gegen das Recht auf rechtliches Gehör vorläge[17]. § 175 Abs. 1 S. 2 erfaßt alle Zustellungen, auch diejenigen der Urteile sowie die Zustellungen von Amts wegen (→ Rdnr. 1). Damit wird die Zustellung an eine im Ausland wohnende Partei (§ 174 Abs. 2) im Wege der Fiktion ermöglicht[18]. 10

1. Versäumnisurteile

§ 175 gilt auch für Versäumnisurteile[19], die im Wege des § 331 Abs. 1 ergehen[20]. Da es sich nach § 175 Abs. 1 S. 3 um eine Inlandszustellung handelt, legt die Rechtsprechung die zweiwöchige Einspruchsfrist des § 339 Abs. 1 zugrunde und läßt keine großzügigere gerichtliche Bestimmung nach § 339 Abs. 2 zu[21]. Da indessen die Zweiwochenfrist des § 331 Abs. 1 oftmals abgelaufen sein wird, bevor die ausländische Partei das Versäumnisurteil wirklich erhalten hat, ist die Einspruchsfrist nach § 339 Abs. 2 zu bemessen. Das Urteil ist vorher in die entsprechende Landessprache zu übersetzen, und es ist das Einschreiben gegen internationalen Rückschein zu wählen[22]. Dadurch werden die unausweichlich eingehenden Wiedereinsetzungsgesuche weitgehend vermieden[23]. Zudem ist der im Ausland wohnenden Partei trotz der nach § 174 Abs. 2 von Gesetzes wegen eintretenden Verpflichtung zur Bestellung eine 11

---

[17] *H. Roth* IPRax 1990, 161, 162 zu *LG Frankfurt a. M.* IPRax 1990, 177.
[18] *BGH* FamRZ 1988, 827f.; *BGHZ* 98, 263, 266f.; *Hausmann* IPRax 1988, 140 ff.
[19] *BGH* NJW 1983, 884.
[20] Dazu *OLG München* IPRax 1990, 111 m. Bespr. *H. Roth* IPRax 1990, 90, 91.
[21] *BGH* RIW 1992, 398; aber offengelassen in *BGH* NJW 1992, 1700, 1701 (X. Senat); *OLG München* IPRax 1990, 111; *OLG Köln* MDR 1986, 243, 244; DIV-Gutachten ZfJ 1987, 471, 472 (Italien).
[22] So oder vergleichbar *Schack* IZVR (1991) Rdnr. 599; *ders.* ZZP 100 (1987), 442, 444 ff.; *Hausmann* IPRax 1988, 140, 141.
[23] Auf diese Weise will aber *BGH* RIW 1992, 398 helfen; dagegen *H. Roth* ZZP 106 (1993), 123 ff.

entsprechende gerichtliche Aufforderung (Belehrung) zu erteilen[24]. Das entspricht einem allgemeinen Rechtsgedanken, wie er in § 34 Abs. 3 S. 2 AVAG und in § 15 S. 3 VwVfG zum Ausdruck gekommen ist. Diese Handhabung ist bereits in der gerichtlichen Praxis weitgehend verbreitet und entspricht allein dem Recht der ausländischen Partei auf ein faires Verfahren. Wird dementsprechend eine längere Einspruchsfrist bestimmt und liegt ein Formblatt bei, das im Widerspruch zu der Entscheidung nur eine Zweiwochenfrist vorsieht, so werden Beginn und Lauf der Frist nicht gehindert. Es gilt allenfalls die längere Frist[25].

12   Nach früherer Rechtslage konnte im schriftlichen Vorverfahren (§ 331 Abs. 3) ein Versäumnisurteil im Wege der Aufgabe zur Post nach § 175 Abs. 1 S. 2 nur dann zugestellt werden, wenn der Beklagte vorher (→ Rdnr. 6) einen Schriftsatz hatte zustellen lassen und hierbei keinen Zustellungsbevollmächtigten benannt hatte[26]. Doch genügte als entsprechender Schriftsatz die Anzeige der Verteidigungsabsicht[27]. Durch den mit dem Rechtspflege-Vereinfachungsgesetz vom 17.12.1990 (BGBl. I 2847) geänderten § 276 Abs. 1 S. 3 ist jetzt die Zustellung eines schriftlichen Versäumnisurteils (oder Anerkenntnisurteils nach § 307 Abs. 2) stets nach § 175 Abs. 1 S. 2 möglich[28].

2. Mahnverfahren

13   Im Mahnverfahren schied nach früherer Rechtslage die Anwendung von § 175 Abs. 1 S. 2 grundsätzlich aus, weil der Mahnbescheid als das einleitende Schriftstück und der Vollstreckungsbescheid im Wege der Rechtshilfe zugestellt werden mußten. Vor Erlaß des Vollstreckungsbescheids findet weder eine mündliche Verhandlung statt noch läßt der Beklagte dem Kläger einen Schriftsatz zustellen[29]. Schon wegen § 697 Abs. 2 S. 2 i. V. m. § 276 Abs. 1 S. 3 HS 2 n. F. kann jetzt auch der Vollstreckungsbescheid durch Aufgabe zur Post zugestellt werden[30].

14   Im Anwendungsbereich (§ 35 AVAG) des AVAG vom 30.5.1988 (BGBl. I 662, überwiegend in Kraft getreten am 30.5.1988) gilt nach § 34 Abs. 3 S. 3 AVAG § 175 ZPO mit der Maßgabe entsprechend, daß der Zustellungsbevollmächtigte bereits innerhalb der Widerspruchsfrist zu benennen ist. Im Bereich des EuGVÜ und im Verhältnis zu Norwegen, Israel und Spanien ist damit jetzt die Zustellung des Vollstreckungsbescheides durch Aufgabe zur Post mit den Wirkungen des § 175 Abs. 1 S. 3 erlaubt, wenn der ausländische Antragsgegner nicht innerhalb der Widerspruchsfrist einen Zustellungsbevollmächtigten benennt[31]. BGHZ 98, 263 ff. ist damit überholt[32].

3. Weitere Änderungen durch das Rechtspflege-Vereinfachungsgesetz

15   Neben der jetzt möglichen vereinfachten Zustellung eines im schriftlichen Verfahren ergangenen Versäumnisurteils (§ 331 Abs. 3)(→ Rdnr. 12), Anerkenntnisurteils (§ 307

---

[24] *Schack* IZVR (1991) Rdnr. 599; *Hausmann* IPRax 1988, 140, 143; *ders.* FamRZ 1989, 1288, 1289; *H. Roth* IPRax 1990, 90, 93; wohl auch (aber undeutlich) *BGH* NJW 1983, 884; a.A. → Voraufl. Rdnr. 8; *BGH* MDR 1963, 486; *MünchKommZPO/v. Feldmann* Rdnr. 2; *Thomas/Putzo*[18] Rdnr. 4; wie hier aber jetzt *Baumbach/Lauterbach/Hartmann*[51] Rdnr. 3.
[25] *BGH* NJW 1992, 1700, 1701.
[26] Dazu *BGH* NJW 1979, 218; *OLG München* IPRax 1988, 164 ff.
[27] *H. Roth* IPRax 1990, 90, 91.
[28] Richtig *Zöller/Greger*[18] § 276 Rdnr. 5; *Stöber*[18] § 175 Rdnr. 2; widersprüchlich *MünchKommZPO/v. Feldmann* (1992) Rdnr. 1; auch *Baumbach/Lauterbach/Hartmann*[51] Rdnr. 1; übersehen von *Thomas/Putzo*[18] Rdnr. 7; ohne Problemsicht *MünchKommZPO/Prütting* (1992) § 276 Rdnr. 33.
[29] Zur alten Rechtslage *BGHZ* 98, 263, 268 f. m. Anm. *Schack* ZZP 100 (1987), 442, 444 ff.; *Hausmann* IPRax 1988, 140; *Geimer* EWiR § 175 ZPO 1/87, 1987, 93, 94; *P. Schlosser* JR 1987, 159, 160; *Welter* WuB VII B 1 Art. 5 EuGVÜ 1.87 (krit.).
[30] Ferner *Zöller/Greger*[18] § 276 Rdnr. 8; auch *Hök* JurBüro 1991, 1145 ff., 1605 ff.
[31] *Hök* JurBüro 1989, 159, 162; *H. Roth* IPRax 1990, 90, 91; *MünchKommZPO/v. Feldmann* (1992) Rdnr. 1.
[32] Übersehen von *Thomas/Putzo*[18] Rdnr. 7 f.; *Baumbach/Lauterbach/Hartmann*[51] Rdnr. 1.

Abs. 2)(→ Rdnr. 12) sowie des Vollstreckungsbescheides innerhalb und außerhalb des EuGVÜ (→ Rdnr. 13 und 14) sind Zustellungen durch Aufgabe zur Post jetzt auch in den Fällen der §§ 641n S. 4 und 642a Abs. 2 S. 2 möglich[33] (vereinfachtes Verfahren zur Abänderung von Unterhaltstiteln und Verfahren über den Regelunterhalt nichtehelicher Kinder).

4. Staatsvertragliche Regelungen; Art. IV Abs. 1 des Protokolls vom 27.9.1968 zum EuGVÜ

Die Fiktion der Inlandszustellung ist mit den abgeschlossenen Staatsverträgen vereinbar, insbesondere mit dem Haager Zustellungsübereinkommen 1965 (→ Rdnr. 49 vor § 166) und dem Haager Übereinkommen 1954 (→ Einl. Rdnr. 862; → Rdnr. 50 vor § 166). Insbesondere Art. 1 Abs. 1 des Haager Zustellungsübereinkommens 1965 spricht von Zustellungen in das Ausland und will damit nur Zustellungsakte im Ausland regeln. § 175 verstößt nicht gegen die genannten Abkommen, weil er verfahrenseinleitende Schriftstücke gerade nicht betrifft (ausführlich → § 199 Rdnr. 21)[34]. Allerdings haben gerade die nach Art. 24 des Haager Zustellungsübereinkommens 1965 fortgeltenden bilateralen Vereinbarungen, die den Rechtsverkehr noch weiter vereinfachen sollen, zu Unzuträglichkeiten geführt, soweit in ihnen die Möglichkeit einer auf dem Postweg geschehenen Zustellung nicht vorgesehen ist. So ist der direkte Postweg in den deutsch-belgischen (→ Text § 199 Rdnr. 70), deutsch-französischen (→ Text § 199 Rdnr. 72) und deutsch-niederländischen (→ Text § 199 Rdnr. 74) Vereinbarungen nicht erwähnt, was im Verhältnis zu Belgien schon zu einer Unwirksamkeit der Zustellung geführt hat[35]. In derartigen Fällen muß auf Wunsch der Partei förmlich zugestellt werden, weil andernfalls ihr Justizgewährungsanspruch verletzt ist. **16**

Für den Bereich des EuGVÜ enthält Art. IV Abs. 1 des Protokolls v. 27.9.1968 i. d. F. v. 25.10.1982 (ABlEG 1978 Nr. L 304, 93; BGBl. 1972 II 808; 1983 II 818) die Regelung, daß Zustellungen an eine in dem Hoheitsgebiet eines anderen Vertragsstaates befindliche Person nach den völkerrechtlichen Vereinbarungen zwischen den Vertragsstaaten geschehen sollen. Daraus läßt sich aber nicht der Schluß ziehen, daß Urteile oder Vollstreckungsbescheide innerhalb der EG nicht mehr dem § 175 unterliegen sollen[36]. Weder Wortlaut noch Entstehungsgeschichte legen eine so weitgehende Deutung nahe. **17**

5. Wahlrecht

Unterbleibt die erforderliche Benennung, so kann das Gericht (die Partei) den Weg des § 175 wählen, ohne daß jedoch so verfahren werden müßte. Vielmehr bleibt etwa bei der Partei mit ausländischem Wohnsitz (§ 174 Abs. 2) der gewöhnliche internationale Zustellungsweg nach § 199 und den völkerrechtlichen Vereinbarungen offen[37]. Wenn damit zu rechnen ist, daß die Anerkennung der Entscheidung wegen des eingeschlagenen Weges im Ausland auf Schwierigkeiten stößt, sollte nicht nach § 175 verfahren, sondern im Rechtshilfeweg zugestellt werden. Regelmäßig beinhaltet der Justizgewährungsanspruch der Partei das Recht auf förmliche Auslandszustellung nach § 199[38]. Andernfalls würde die Partei im Ergebnis rechtlos gestellt. **18**

---

[33] Dazu *Hansens* NJW 1991, 953, 954.
[34] OLG München NJW 1987, 3086 re. Sp.; *Stürner* JZ 1992, 325, 328; *Hausmann* IPRax 1988, 140, 143.
[35] LG Berlin NJW 1989, 1434 f.; *Nagel* IPRax 1986, 116.
[36] So aber *Stürner* JZ 1992, 325, 329 gegen *BGHZ* 98, 263, 266 (Italien); wie hier im Ergebnis OLG München NJW 1983, 527 (LS)(Italien).

[37] RGZ 57, 334, 335; RG Gruchot 44 (1900), 1163; OLG Celle OLGRsp 15, 264.
[38] A.A. OLG München NJW 1987, 3086; dagegen *H. Roth* IPRax 1990, 90, 91 Fn. 26; LG Berlin NJW 1989, 1434 f.

IV. Zustellung durch Aufgabe zur Post

19 Die in § 175 geregelte Zustellung durch Aufgabe zur Post unterscheidet sich von der Zustellung durch die Post (§ 194) dadurch, daß nach § 175 Abs. 1 S. 3 mit der Aufgabe zur Post als zugestellt gilt. Abs. 1 S. 3 betont den fiktiven Charakter der Zustellung, da die Rechtsfolge auch dann eintritt, wenn die Sendung als unzustellbar zurückkommt. Es ist selbst dann wirksam zugestellt, wenn die Sendung erwiesenermaßen nicht an ihre Adresse gelangt ist. Dagegen erfordert die Zustellung durch die Post eine beurkundete Übergabe durch den Postboten. Die Zustellung durch Aufgabe zur Post wird schon mit der Übergabe an die Post, also am Ort der Aufgabe und damit stets im Inland vollzogen (→ Einl. Rdnr. 841)[39]. Das bedeutet aber gegen die h.L. nicht, daß stets § 339 Abs. 1 und nicht dessen Abs. 2 Anwendung finden müßte (→ Rdnr. 11).

1. Parteiadresse

20 Die Aufgabe zur Post geschieht unter der Adresse der Partei. Sie ist grundsätzlich Zustellungsadressat. Die Auslandsadresse muß den Namen des Bestimmungslandes enthalten[40]. Doch darf dabei nicht übertrieben werden. Entgegen der höchstrichterlichen Rechtsprechung ist deshalb eine Zustellung auch dann wirksam, wenn dem Bestimmungsort »New York N.Y.« der Zusatz »USA« fehlt[41]. Die Landesangabe kann auch fehlen, wenn z.B. eine Sendung von Deutschland aus nach Zürich oder Rom geht, ohne daß noch das Land angegeben wäre[42]. Jedenfalls reicht für Spanien der Zusatz »E«, der für »España« steht[43]. Die Aufgabe zur Post kann auch an die der Partei nach §§ 171 ff. gleichgestellten Personen adressiert werden. Im Falle des § 176 darf zur Post nur unter der Adresse ihres (den Erfordernissen des § 174 Abs. 1 nicht genügenden) Prozeßbevollmächtigten aufgegeben werden[44].

21 Das Schriftstück muß nach dem Wohnort der Partei aufgegeben werden. Eine Änderung des Wohnorts braucht solange nicht berücksichtigt zu werden, bis sie dem Gericht oder dem Gegner angezeigt ist[45]. Die Folgen eines Fehlers in der Angabe des Wohnortes hat die die Zustellung betreibende Partei (§ 191 Nr. 2) zu tragen[46].

2. Zeitpunkt; Form

22 Die Zustellung durch Aufgabe zur Post wird bei Zustellungen auf Betreiben der Partei durch den Gerichtsvollzieher bewirkt (§ 47 GVGA). Die Einschaltung eines Gerichtsvollziehers empfiehlt sich auch bei einem Schiedsgericht (§ 1039)[47]. In den Fällen des § 196 kann eine unmittelbare Erledigung durch die Geschäftsstelle schwerlich beanstandet werden. Die Aufgabe selbst besteht in der Übergabe an die Post durch Einwurf in den Briefkasten. Die Sendung muß verschlossen sein, wenngleich das vom Gesetz nicht ausdrücklich vorgeschrieben ist. Der Zeitpunkt der Zustellung bestimmt sich nach dem Einwurf, nicht dagegen nach der Leerung[48]. Die Übergabe eines eingeschriebenen Briefes an die Post ist nur unter den Voraussetzungen des Abs. 2 erforderlich, aber im Falle der Auslandszustellung stets empfeh-

---

[39] BGH RIW 1992, 398; BGHZ 98, 263, 266f.; RGZ 57, 334, 336 u.a.; a.A. OLG Hamburg OLGRsp 13, 155.
[40] BGHZ 73, 388, 390f. und Portmann LM § 209 BEG Nr. 120.
[41] MünchKommZPO/v. Feldmann Rdnr. 2 gegen BGHZ 73, 388; großzügiger auch OLG Köln MDR 1986, 243, 244.
[42] In diese Richtung OLG Köln MDR 1986, 243, 244.
[43] OLG Köln MDR 1986, 243, 244.
[44] BGH MDR 1963, 829, 830 (LS).
[45] OLG Köln OLGZ 1986, 216, 219 (nicht abgedruckt in MDR 1986, 243).
[46] BGHZ 73, 388; BayObLG Rpfleger 1978, 446, 447 (auch zu § 203).
[47] Sandrock RIW 1987 Beil. 2, 9 (auch zu einer dringend gewünschten Novellierung).
[48] So Karger ZZP 50 (1926), 198; a.A. die Erwiderung von Friedrichs ZZP 50 (1926), 199f.

lenswert (→ Rdnr. 11). Bei der Auslandszustellung kann der Urkundsbeamte nach pflichtgemäßem Ermessen wählen, ob er die Einschreibesendung veranlassen will. Das gilt auch für den Einschreibebrief gegen Rückschein[49]. Die Frankierung ist selbstverständlich; doch macht ihr Fehlen die Zustellung nicht unwirksam. Die aufzunehmende Zustellungsurkunde muß den Vorschriften des § 192 entsprechen. Bei einer Zustellung von Amts wegen (→ Rdnr. 1) ist § 213 zu beachten. Diese gesetzlichen Förmlichkeiten sind streng einzuhalten[50]. Der entsprechende Vermerk kann auch erst nach dem Zustellungsvorgang gefertigt werden.

V. Beendigung

Die Befugnis zur Zustellung nach § 175 endet, sobald die Partei nachträglich einen Zustellungsbevollmächtigten oder einen in dem betreffenden Bezirk wohnhaften Prozeßbevollmächtigten (→ Rdnr. 7) bestellt. Das gleiche gilt, wenn die Partei anzeigt, daß sie ihren Wohnort an den Ort des Prozeßgerichts oder in den Amtsgerichtsbezirk des § 174 Abs. 1 S. 1 verlegt hat. So liegt es auch, wenn der Prozeß in die höhere Instanz gelangt. Einer nochmaligen Anordnung nach § 174 Abs. 1 bedarf es nicht. 23

VI. Weitere Fälle

Neben § 175 sind weitere Fälle der Zustellung durch die Aufgabe zur Post enthalten in den §§ 276 Abs. 1 S. 3 HS 2 n. F. (zu den weitreichenden Konsequenzen → Rdnr. 12 ff.), 641 n S. 4 HS 2, 642a Abs. 2 S. 2, 244 Abs. 2 S. 3; 697 Abs. 2 S. 2, 829 Abs. 2 S. 4, 835 Abs. 3 S. 1 ZPO; 77 Abs. 1 KO; 30 Abs. 3 BRAO (→ § 174 Rdnr. 7); 118 Abs. 1 S. 1 VerglO[51]; 4 ff. ZVG. Außerdem sind zu nennen § 34 Abs. 3 S. 3 AVAG (→ Rdnr. 14) und § 5 RADG (→ § 174 Rdnr. 9, → Rdnr. 64 vor § 166). Daneben kennen die öffentlich-rechtlichen Verfahrensordnungen gleichfalls das Institut des Zustellungsbevollmächtigten. 24

VII. Zustellungsmängel

Wenn die gesetzlichen Voraussetzungen für die Zustellung durch Aufgabe zur Post nicht gegeben sind, so ist der Zustellungsakt wirkungslos (→ Rdnr. 25 ff. vor § 166)[52]. 25

§ 176 [Zustellung an Prozeßbevollmächtigte]

Zustellungen, die in einem anhängigen Rechtsstreit bewirkt werden sollen, müssen an den für den Rechtszug bestellten Prozeßbevollmächtigten erfolgen.

Gesetzesgeschichte: Bis 1900 § 162 CPO.

Stichwortverzeichnis → *Zustellungsschlüssel* in Rdnr. 65 vor § 166.

I. Normzweck	1	2. Formlose Mitteilungen und Bekanntmachungen	7
II. Anwendungsbereich		III. Rechtszug	8
1. Prozeßarten; Instanzen; Anwalts- und Parteiprozeß	4	1. Beginn; Ende	9

---

[49] Dazu *BGH* NJW 1987, 1707, 1708; ferner *LG Krefeld* Rpfleger 1990, 266 (Großbritannien) (Einschreiben).
[50] *BGH* NJW 1987, 1707.
[51] Dazu *LG Hannover* AnwBl 1986, 246 ff.
[52] *BGHZ* 98, 263, 269.

2. Zeitraum zwischen den Instanzen	11	V. Erlöschen der Zustellungspflicht	
3. Selbständiger Rechtszug	12	1. Zurückweisung des Bestellten; Erlöschen der Vollmacht	25
IV. Prozeßbevollmächtigter		2. Ende des Rechtszuges	27
1. Begriff; Abgrenzung	14	3. Fehlende Postulationsfähigkeit	29
2. Vertretendürfen	16	VI. Folgen der Unterlassung	31
3. Bestellung	17	VII. Arbeitsgerichtliches Verfahren	32

I. Normzweck[1]

1 Es handelt sich um eine zwingende Prozeßrechtsnorm, die für alle im Laufe des anhängigen Rechtsstreits anfallenden Zustellung die Pflicht begründet, die Zustellung statt an die Partei an deren Prozeßbevollmächtigten zu richten. Anhängigkeit ist hier wie sonst zu verstehen und bedeutet nicht Rechtshängigkeit[2]. Die Wirkungen der Zustellung treffen unmittelbar die Partei[3]. Die Norm beruht sowohl auf Praktikabilitätserwägungen als auch auf Ausprägungen der Privatautonomie. Sie bezweckt dagegen nicht vorrangig den Schutz der vertretenen Partei. Die Partei hat mit der Vollmachterteilung das Betreiben des Prozesses aus der Hand gegeben[4] und mit dem Prozeßbevollmächtigten diejenige Person bestellt, in dessen Hand sich alle Fäden des Prozesses vereinigen sollen[5]. Der Regelung liegt die gesetzgeberische Modellvorstellung zugrunde, daß der bestellte Prozeßbevollmächtigte für die übertragene Aufgabe am geeignetsten ist. Dabei wird vom Gesetz in Kauf genommen, daß die Partei für sie persönlich wichtige Nachrichten nicht oder nicht rechtzeitig erhält. Die gesetzliche Regelung ist auch bei auftretenden Interessenkollisionen zu respektieren. Gleichwohl ist bei der Streitwertfestsetzung die vertretene Partei persönlich zu hören, wenn deren Prozeßbevollmächtigter die Streitwerterhöhung beantragt[6]. Nach dem genannten Normzweck kann Prozeßbevollmächtigter nur derjenige sein, der für die Führung des Rechtsstreits im Ganzen bestellt ist (→ Rdnr. 14 f.).

2 § 176 betrifft nur den Zustellungszwang innerhalb eines schon anhängigen (→ Rdnr. 1) Rechtsstreits (aber → Rdnr. 7 a. E.). Die notwendige Zustellung einer Klage an den Prozeßbevollmächtigten ist in den Ausnahmefällen des § 178 vorgesehen. Ansonsten kann die Zustellung der Klage statt an die Partei oder an die ihr gleichgestellten Zustellungsadressaten (§§ 171, 173) auch an einen etwa schon bestellten Prozeßbevollmächtigten geschehen (→ § 173 Rdnr. 7). Ein Zwang dazu besteht nicht.

3 § 176 wird durch § 177 für den Fall des unbekannten Aufenthalts des Prozeßbevollmächtigten und durch die Klarstellung des § 178 über den Umfang des Rechtszugs nach § 176 ergänzt (→ Rdnr. 9 ff.).

II. Anwendungsbereich

1. Prozeßarten; Instanzen; Anwalts- und Parteiprozeß

4 § 176 gilt in allen Instanzen für alle Verfahrensarten einschließlich der Eilverfahren[7], der Mahnverfahren[8] und der Zwangsvollstreckung[9]. Die Norm wird durch die Regelungen des

---

[1] *Rosenberg* Stellvertretung im Prozeß (1908), 960 ff.
[2] *BGH* NJW 1991, 295 f.
[3] *BGH* FamRZ 1992, 1056, 1057.
[4] Insoweit auch *Pardey* ZIP 1985, 462, 464.
[5] RGZ 10, 345, 346; 103, 334, 336; 149, 157, 162; BGHZ 65, 41, 45; OLG Frankfurt a. M. NJW-RR 1986, 587 f.; *Hahn* Band II 227 f.
[6] Dazu → *H. Roth* § 2 Rdnr. 78.
[7] OLG Frankfurt a. M. NJW-RR 1986, 587.
[8] OLG Zweibrücken MDR 1979, 235 (→ § 690 Rdnr. 4).
[9] OLG Celle DGVZ 1971, 74.

NATO-Truppenstatuts sowie den dazu ergangenen Ausführungsbestimmungen nicht geändert oder eingeschränkt. Wenn nach § 176 zugestellt werden kann, so ist eine Mitwirkung militärischer Dienststellen nicht erforderlich[10]. Doch kann die bei der Zwangsvollstreckung in Form einer Bankbürgschaft zu erbringende Sicherheitsleistung durch Zustellung der Bürgschaftsurkunde an den Schuldner selbst geschehen[11], damit hier der Umweg über den Anwalt vermieden bleibt. Eine Ausnahme von § 176 gilt für das Schiedsgerichtsverfahren (§ 1039 Abs. 2), wo an den Prozeßbevollmächtigten zugestellt werden kann, aber nicht muß (→ § 1039 Rdnr. 9). Für die Zwangsvollstreckung enthält § 900 Abs. 3 S. 1 eine weitere Ausnahme wegen des Termins zur Abgabe einer eidesstattlichen Versicherung. Weitere Sondernormen bestehen für die Anordnung des persönlichen Erscheinens der Partei (§§ 141 Abs. 2 S. 2, 273 Abs. 4 S. 2, 279 Abs. 2 S. 2) sowie für die Ladung zur Parteivernehmung (§ 450 Abs. 1 S. 2). Dort ist die Zustellung an die Partei oder an den Schuldner selbst zu bewirken. In den Fällen von § 141 und § 450 gilt jedoch noch daneben § 176 (→ § 141 Rdnr. 19, → § 450 Rdnr. 4). Im Fall des § 246 i. V. m. § 239 Abs. 2 und Abs. 3 muß an die Partei und an den Prozeßbevollmächtigten zugestellt werden (→ § 246 Rdnr. 10). Daneben findet § 176 mindestens Anwendung in den echten Streitsachen der freiwilligen Gerichtsbarkeit (→ Einl. Rdnr. 450 ff.)[12].

Zur Anwendung kommt § 176 im Anwalts- wie im Parteiprozeß[13], wobei es keinen Unterschied macht, daß die Partei selbst Anwalt ist[14]. § 176 findet auf alle Zustellungen Anwendung, gleichgültig, ob sie auf Betreiben des Gegners oder von Amts wegen geschehen. Die Norm erfaßt weiter auch solche Zustellungen, die außerhalb des Anwaltszwanges durch das eigene Handeln der Partei[15] oder durch das Handeln eines anderen Vertreters veranlaßt sind. Das gleiche gilt für solche Zustellungen, die eine an die Partei selbst gerichtete Aufforderung zum Gegenstand haben (→ Ausnahmen Rdnr. 4).

Keine Anwendung findet § 176, wenn nach dem Recht eines Mitgliedstaates des Haager Übereinkommens 1954 (Text → § 328 Rdnr. 507 ff., → § 199 Rdnr. 67) an die Partei selbst und nicht an ihren Prozeßbevollmächtigten zugestellt werden muß[16]. Das gilt auch für entsprechende Fallgestaltungen bei den sonstigen einschlägigen völkerrechtlichen Verträgen (→ Rdnr. 49 ff. vor § 166). Hat der Botschafter eines fremden Staates mit Vertretungsmacht einen Prozeßbevollmächtigten für ein deutsches Verfahren bestellt, so ist nach § 176 die Klage an diesen und nicht im Wege der Auslandszustellung zuzustellen[17].

2. Formlose Mitteilungen und Bekanntmachungen

Nach dem Normzweck (→ Rdnr. 1) gilt § 176 nicht nur für die förmliche Zustellung, sondern in gleicher Weise entsprechend auch für die zu bewirkenden formlosen Mitteilungen und Bekanntmachungen (→ Rdnr. 39 ff. vor § 166)[18]. Analog anzuwenden ist § 176 auch auf Zustellungen und formlose Mitteilungen vor Eintritt der Anhängigkeit, wenn sie durch ein von dem Prozeßbevollmächtigten eingereichtes Gesuch veranlaßt werden. Das ist z. B. der Fall bei den §§ 37, 46, 490.

---

[10] *AG Bad Vilbel* DGVZ 1985, 122.
[11] *LG Bochum* Rpfleger 1985, 33.
[12] Z. B. *BGH* NJW 1991, 2086; 1953, 222 (LS); 1952, 1136 (LS); LM ZPO § 176 Nr. 3; weitergehend *KG* NJW-RR 1993, 187; Rpfleger 1985, 193; zurückhaltender *OLG Hamm* Rpfleger 1992, 114f.; *OLG Köln* OLGZ 1991, 403, 405.
[13] *OLG Hamburg* NJW-RR 1988, 1277, 1278 li. Sp.
[14] Auch *BayObLG* BlfRA 60, 60.
[15] Vgl. *KG* OLGRsp 15, 261.
[16] *BGH* NJW 1976, 478, 480 re. Sp.
[17] *LAG Köln* LAGE § 176 ZPO Nr. 1.
[18] S. auch *RGZ* 149, 157, 162.

III. Rechtszug

8 Nach § 176 muß an den »für den Rechtszug« bestellten Prozeßbevollmächtigten zugestellt werden. Das Gesetz kennt keine Legaldefinition des »Rechtszuges« der Instanz. Im Anwendungsbereich des § 176 sowie bei § 390 Abs. 2 bedeutet der Rechtszug die Gesamtheit der Verhandlung des Rechtsstreits vor dem Gericht einer bestimmten Ordnung hinsichtlich des Rechtsmittelzuges. Erweitert oder wenigstens klargestellt wird der Umfang des Rechtszuges in § 178 S. 1 (→ § 178 Rdnr. 1). In den Fällen der Verweisung oder der Abgabe des Rechtsstreits an ein anderes Gericht derselben Ordnung (§§ 281, 506, 697, 700) hört das verweisende oder abgebende Gericht allerdings auf, Prozeßgericht zu sein. Gleichwohl bleibt der Rechtsstreit i. S. des § 176 in demselben (ersten) Rechtszug anhängig.

1. Beginn; Ende

9 Der Rechtszug beginnt mit der Zustellung oder Einreichung der ihn begründenden Prozeßhandlung (Klage, Antrag, Rechtsmittel) und endet mit der Zustellung (nicht: Verkündung) des Schlußurteils[19] oder, wenn die Berufung oder Revision vor Urteilszustellung eingelegt werden, mit Beginn der höheren Instanz. Die Zustellung, welche die Rechtsmittelfrist in Lauf setzt, gehört danach stets zum Verfahren des unteren Rechtszuges[20]. Deshalb muß stets an den Prozeßbevollmächtigten des Rechtszuges zugestellt werden, in dem das Urteil erlassen ist. Darin besteht Einigkeit[21]. Das gilt auch dann, wenn ein Anwalt des höheren Rechtszuges schon bestellt ist[22]. Im übrigen ist die Frage, wann die Instanz ihr Ende findet, umstritten. Nach manchen Autoren endet die Instanz, wenn ein statthaftes Rechtsmittel eingelegt oder die Rechtsmittelfrist verstrichen und das Urteil rechtskräftig geworden ist[23]. Für die hier zu entscheidende Frage ist der Streit aber ohne Auswirkungen. Für die Ladung zum Termin usw. sollen die Verfahren über zwei Rechtsmittel gegen dasselbe Urteil, die beide noch anhängig sind, zu derselben höheren Instanz gehören, wenn auch nur für eines von ihnen bereits ein Anwalt der höheren Instanz bestellt ist[24].

10 Nach dem Gesagten tritt Unterbrechung nach § 244 ein, wenn im Anwaltsprozeß der Anwalt vor der Zustellung des Urteils stirbt (→ § 244 Rdnr. 5) oder er die Vertretungsfähigkeit verliert (näher → § 244 Rdnr. 7ff.). Der untere Rechtszug wird nicht dadurch beendet, daß ein rechtsmittelfähiges Zwischenurteil (§ 280 Abs. 2, § 304 Abs. 2), ein Teilurteil oder ein bedingtes Endurteil[25] erlassen werden. Wohl aber eröffnet das Rechtsmittel gegen ein solches Urteil einen neuen Rechtsmittelzug. Dann ist der Prozeß in zwei Rechtszügen anhängig. Die Zurückverweisung regelt sich nach den Ausführungen zu → § 178 Rdnr. 2.

2. Zeitraum zwischen den Instanzen

11 Die hier vertretene Bestimmung des Rechtszuges (→ Rdnr. 9) bewirkt einen instanzenfreien Zeitraum zwischen der Zustellung der Entscheidung und der ihr nachfolgenden Einlegung des Rechtsmittels oder bis zum Eintritt der Rechtskraft (→ Rdnr. 9). Dieser Zeitraum zwischen den Rechtszügen gehört zum unteren Rechtszug, wie auch mittelbar aus der in § 943

---

[19] BGHZ 111, 104, 107, 109.
[20] So auch RGZ 10, 345, 346f.; 13, 310, 311; 19, 394, 397; 39, 398, 399; insbesondere RGZ (VZS) 41, 426, 427ff.
[21] Thomas/Putzo[18] Rdnr. 4; Baumbach/Lauterbach/Hartmann[51] Rdnr. 18; Zöller/Stöber[18] Rdnr. 12; Münch-KommZPO/v. Feldmann (1992) Rdnr. 7; K. H. Schwab FS Schnorr von Carolsfeld (1972), 445, 447f.
[22] RGZ 9, 366, 367ff.
[23] So Thomas/Putzo[18] Rdnr. 4.
[24] RGZ 120, 187.
[25] Vgl. RG Gruchot 61 (1917), 487.

getroffenen Regelung hervorgeht[26]. Die in dieser Zeit etwa nötig werdenden Zustellungen sind daher an den Prozeßbevollmächtigten des unteren Rechtszuges zu richten. Das gilt vor allem in den Fällen der §§ 319–321. Der Prozeßbevollmächtigte hat auch der Partei von der Urteilszustellung Mitteilung zu machen[27]. – Zum Arrest (→ § 919 Rdnr. 6). Gleichwohl kann die Aufnahme eines nach Urteilsverkündung und vor Einlegung eines Rechtsmittels unterbrochenen Verfahrens zusammen mit der Rechtsmitteleinlegung in einem Schriftsatz erklärt werden, der bei dem höheren Gericht eingereicht wird[28].

3. Selbständiger Rechtszug

Einen selbständigen Rechtszug gegenüber dem Hauptsacheverfahren bildet auch das Verfahren bei Arrest und einstweiliger Verfügung (→ § 178 Rdnr. 4). Zustellungen im Rahmen dieser Verfahren können, müssen aber nicht an den Prozeßbevollmächtigten des Hauptverfahrens gerichtet werden. Das Zwangsvollstreckungsverfahren gehört nach § 178 S. 2 zum ersten Rechtszug, soweit es sich um ein Verfahren vor dem Vollstreckungsgericht handelt (→ § 178 Rdnr. 5). Im übrigen bildet die Zwangsvollstreckung, wie z.B. bei vollstreckbaren Urkunden, einen selbständigen Rechtszug, so daß § 176 nicht zwingend ist. **12**

Das Kostenfestsetzungsverfahren ist ein Teil des ersten Rechtszuges[29]. Auch im Kostenfestsetzungsverfahren nach einem Anwaltsprozeß reicht bei der Kündigung des Anwaltsvertrages dem Gegner gegenüber die bloße Anzeige des Erlöschens der Vollmacht aus. Der Anzeige der Bestellung eines anderen Anwalts bedarf es nicht[30]. Hat der Anwalt im Kostenfestsetzungsverfahren dem Gericht die Niederlegung des Mandats angezeigt, so bleibt er auch nicht über § 87 Abs. 2 für die Zustellung bevollmächtigt[31]. § 176 kommt grundsätzlich auch zur Anwendung im Verfahren zur Festsetzung der Vergütung nach § 19 BRAGO. § 19 Abs. 2 S. 3 BRAGO verweist insoweit auf die für das Kostenfestsetzungsverfahren geltenden Bestimmungen der ZPO. Das Gesagte gilt aber nur, soweit die Bestellung gerade zweifelsfrei auch für dieses Verfahren geschehen ist[32]. An den neu bestellten Prozeßbevollmächtigten für die Hauptsache muß in Anwendung des § 176 demnach nur zugestellt werden, wenn er auch für das Festsetzungsverfahren bestellt ist. Ansonsten ist an die Partei selbst zuzustellen. Die Auslegung kann ergeben, daß die Bestellung für ein selbständiges Beweisverfahren auch für das Hauptsacheverfahren gelten soll[33]. **13**

IV. Prozeßbevollmächtigter

1. Begriff; Abgrenzung

Zuzustellen ist nach § 176 an den bestellten »Prozeßbevollmächtigten«. Prozeßbevollmächtigter i.S. der Norm ist nur, wer zur Führung des Rechtsstreits im Ganzen bestellt worden ist[34]. Dabei ist es gleichgültig, ob seine Vertretungsmacht auf einer Prozeßvollmacht im engeren Sinne (→ § 80 Rdnr. 4ff.) oder auf einem außerprozessualen Tatbestand (→ § 80 Rdnr. 16ff.) beruht, wie z.B. bei dem Prokuristen[35]. Den Gegensatz zum Prozeßbevollmäch- **14**

---

[26] So *RGZ* 68 (VZS), 247, 250ff. (zu § 246); 158, 195, 196.
[27] *BGHZ* 2, 205, 206.
[28] *BGHZ* 111, 104, 109; a.A. → Voraufl. § 250 Rdnr. 3; näher → § 250 Rdnr. 5.
[29] Zu möglichen Schranken *BVerfG* NJW 1990, 1104f.
[30] *OLG Schleswig* JurBüro 1987, 1547.
[31] A.A. *OLG Bremen* NJW-RR 1986, 358f.

[32] S. auch *BVerfG* NJW 1990, 1104f.; *KG* Rpfleger 1979, 275; *OLG Stuttgart* Die Justiz 1976, 470f.; *OLG Hamm* JurBüro 1978, 285; a.A. *KG* JurBüro 1968, 802.
[33] *OLG Düsseldorf* MDR 1991, 1197, 1198.
[34] *BGH* MDR 1985, 30 (Baulandsache); *KG* Rpfleger 1985, 193 (fG-Verfahren).
[35] A.A. *Hellwig* Lb 2 S. 406; s. dagegen *Rosenberg* (Fn. 1), 655; → § 173 Rdnr. 5.

tigten bilden die nur für einzelne Handlungen Bevollmächtigten, wie z. B. der Terminsbevollmächtigte (→ § 83 Rdnr. 6)[36], der Verkehrsanwalt oder der Zustellungsbevollmächtigte (→ § 173 Rdnr. 9). Da die Zustellungswirkungen die Partei treffen (→ Rdnr. 1), muß der Prozeßbevollmächtigte wie diese in der Lage sein, von dem zuzustellenden Schriftstück Kenntnis zu nehmen und sein Verhalten darauf einzurichten. Deshalb ist die Zustellung an den früheren Kanzleisitz des Prozeßbevollmächtigten grundsätzlich unwirksam[37]. Etwas anderes gilt freilich bei Arglist.

15 Zu § 176 gehört auch der von dem Prozeßbevollmächtigten nach § 81 für den höheren Rechtszug bestellte Bevollmächtigte[38]. Nicht hierher zählt der Unterbevollmächtigte i. S. des § 81 für den Regelfall, daß der Prozeßbevollmächtigte seine Stellung beibehält (→ § 81 Rdnr. 16)[39]. Nichts anderes ergibt sich, wenn der Unterbevollmächtigte im Rubrum irrtümlich als Prozeßbevollmächtigter angegeben ist[40]. Umgekehrt wird die Zustellung an die Partei nicht dadurch gültig, daß der bestellte (→ Rdnr. 17) Prozeßbevollmächtigte im Urteil nicht genannt ist[41]. Hat der zeitweise verhinderte Anwalt einen Vertreter nach § 53 BRAO, so muß während der Dauer der Bestellung an diesen zugestellt werden[42]. Eine Ersatzzustellung in der Kanzlei des verhinderten Anwalts (§ 183 Abs. 2) ist unzulässig, wenn der Stellvertreter diese nicht benutzt. Gleichwohl verliert der Anwalt durch diese öffentlich-rechtliche Stellvertretung nicht die Befugnis zum eigenen Handeln. Eine Zustellung an ihn ist daher auch während der Vertretung gültig[43]. Das gilt auch für eine Ersatzzustellung. Allein diese Auffassung entspricht auch den praktischen Bedürfnissen.

2. Vertretendürfen

16 Prozeßbevollmächtigte kann jede Person sein, welche die erforderliche umfassende Vollmacht hat (→ Rdnr. 14). Da der Prozeßbevollmächtigte kein Anwalt sein muß und § 176 keine Unterscheidung zwischen Partei- und Anwaltsprozeß macht, ist es nicht erforderlich, daß der Prozeßbevollmächtigte rechtlich in der Lage ist, die Prozeßvertretung zu führen. Im Anwaltsprozeß können demgemäß ein bei dem Gericht nicht zugelassener Anwalt mit Prozeßvollmacht oder ein Nichtanwalt durchaus bestellte Prozeßvertreter sein. Ebenso liegt es im arbeitsgerichtlichen Verfahren für Personen, die den Erfordernissen des § 11 ArbGG nicht entsprechen[44]. § 176 ist in Fällen dieser Art demnach anwendbar[45]. Das gilt für nicht bei dem Prozeßgericht zugelassene Anwälte[46], bei einer Verweisung nach § 281[47], einer Abgabe nach § 696[48] oder bei einem Erlöschen der Zulassung als Rechtsanwalt[49]. Aus den gleichen Gründen kann auch ein Mieterverein Prozeßbevollmächtigter sein, obgleich er nach § 157 Abs. 1 als Bevollmächtigter in der mündlichen Verhandlung ausgeschlossen ist[50]. Die höchstrichterliche Rechtsprechung fordert für die Zustellung an einen bei dem Prozeßgericht nicht zugelassenen Anwalt, daß er von der Partei speziell zur Inempfangnahme von Zustellungen bevollmächtigt wird[51].

---

[36] *BayObLG* SeuffArch 57, 160.
[37] *BGH* FamRZ 1992, 1056, 1057.
[38] *RGZ* 22, 397, 398.
[39] *BAG* AP § 176 ZPO Nr. 1; *RGZ* 11, 368f. u. ö.
[40] *RG* Gruchot 33 (1889), 1176; 36 (1892), 1226f.
[41] *OLG Dresden* SächsAnn 21, 263.
[42] *RG* JW 1904, 145.
[43] Vgl. auch *RG* JW 1916, 1340 m. Anm. *Kaufmann*; *BayObLG* SeuffArch 51, 95, 96.
[44] Ebenso im Ergebnis, aber mit abweichender Begründung *BAG* NJW 1977, 2326 (LS 3).
[45] H.L., *OLG Karlsruhe* WRP 1987, 44, 46; im Ergebnis auch *OLG Düsseldorf* NJW-RR 1987, 1214; 1986, 799; *OLG München* NJW 1970, 1609; *OLG Celle* Rpfleger 1969, 63 (dazu *Mes* aaO 40); *Thomas/Putzo*[18] Rdnr. 2; *MünchKommZPO/v. Feldmann* (1992) Rdnr. 3; a. A. *BGH* MDR 1985, 30; *OLG Hamburg* GRUR 1981, 90, 91; → Voraufl. Rdnr. 17 (aber mit gleichem Ergebnis).
[46] *OLG Düsseldorf* NJW-RR 1986, 799, 800; zur Widerklage s. ferner *OLG Koblenz* JurBüro 1989, 1130; a. A. *Pardey* ZIP 1985, 462, 464.
[47] *OLG Köln* MDR 1976, 50 (zu § 276 a. F.); im Ergebnis auch FamRZ 1985, 1278 (Mandatsniederlegung).
[48] *OLG Düsseldorf* NJW-RR 1987, 1214.
[49] *OLG München* NJW 1970, 1609 (im Ergebnis).
[50] Im Ergebnis ebenso *LG Hagen* WuM 1988, 281; → § 157 Rdnr. 18.
[51] *BGH* VersR 1984, 873.

3. Bestellung

§ 176 gilt für den für den Rechtszug »bestellten« Prozeßbevollmächtigten. Damit ist 17 gemeint, daß dem Gegner (im Falle der Parteizustellung) oder dem Gericht von dem Vertretungsverhältnis Kenntnis gegeben wird, weil die Zustellungspflicht des § 176 (→ § 176 Rdnr. 1) ohne diese Kenntnis nicht bestehen kann[52]. Die Bestellung ist damit nicht gleichbedeutend mit der Erteilung der Vollmacht[53]. Hat sich der Anwalt selbst ausdrücklich oder durch schlüssiges Handeln bestellt, so liegt eine Bestellung i.S. des § 176 selbst dann vor, wenn es wegen der Geschäftsunfähigkeit des Vollmachtgebers an der Prozeßvollmacht fehlt[54]. Die Vollmacht kann von dem Gericht im Anwaltsprozeß wegen § 88 Abs. 2 nicht ohne Rüge geprüft werden. Im Mahnverfahren bedarf es wegen § 703 S. 1 keines Vollmachtsnachweises.

Die Bestellung i.S. der Kenntnisverschaffung (→ Rdnr. 17) setzt keine besonders darauf 18 ausgerichtete Mitteilung voraus[55]. Erforderlich ist aber ein Verhalten der Partei oder des Vertreters, das dem Gericht diese Kenntnis vermittelt. Dem Gegner gegenüber (→ Rdnr. 17) genügt die Mitteilung von der Bevollmächtigung[56] oder der Einreichung der Prozeßvollmacht (§ 80) in einem zugestellten Schriftsatz oder in der mündlichen Verhandlung selbst im Falle der Abwesenheit. Die Mitteilung an das Gericht reicht bei einer Parteizustellung nicht aus[57] (→ Rdnr. 17). Anzuknüpfen ist vielmehr jeweils an die Kenntnis des Zustellenden[58]. Man wird es aber ausreichen lassen können, daß die Anwälte auf eine Abmahnung geantwortet und im Wege der Gegenabmahnung negative Feststellungsklage angedroht haben[59]. Im übrigen reicht die vorgerichtliche Tätigkeit eines Anwalts grundsätzlich nicht aus[60]. Zu berücksichtigen ist aber die in einer Schutzschrift enthaltene Bestellung eines bei Gericht zugelassenen Anwalts im späteren Verfügungsverfahren[61]. Ausreichend ist im übrigen das tatsächliche Auftreten oder auch das sonstige Tätigwerden des Vertreters als Prozeßbevollmächtigter. Dabei kann es sich etwa um die Unterzeichnung von zugestellten Schriftsätzen[62] oder um die Wahrnehmung von Terminen handeln[63].

Dem Gericht[64] gegenüber genügt zu der erforderlichen Kenntnisvermittlung das Überreichen der Vollmacht[65], das Einreichen von (vorbereitenden) Schriftsätzen und vor allem das Auftreten vor Gericht. Nach dem Gesagten kann sich ein Rechtsanwalt in einem anhängigen Verfahren auch selbst formfrei zum Prozeßbevollmächtigten bestellen[66]. Das gilt auch dann, wenn er keine Prozeßvollmacht hat[67]. Das Interesse der Partei, für die ein nichtbevollmächtigter Rechtsanwalt aufgetreten ist, wird durch die Anfechtungsmöglichkeit des Urteils sowie durch Ersatzansprüche gegen den Rechtsanwalt hinreichend gewahrt[68]. Ist lediglich ohne

---

[52] Vgl. *BGHZ* 61, 308, 310, 311 (Streitverfahren der fG); *RGZ* 5, 358, 360; 9, 346, 347; 14, 348, 351; 16, 352, 355; 18, 395, 396; *KG* NJW 1987, 1338, 1339; *OLG Hamburg* NJW-RR 1988, 1277, 1278.
[53] *BGH* VersR 1991, 936, 938; *BGHZ* 61, 308, 310f.; *BAG* JZ 1963, 559 m.Anm. *Scheuerle* und *Pohle* AP § 322 ZPO Nr. 9; schon *RGZ* 18, 395, 396; *RG* Gruchot 35 (1891), 1178, 1179; *OLG Hamburg* NJW-RR 1988, 1277, 1278 li. Sp.
[54] *BGH* NJW 1987, 440.
[55] *BGHZ* 61, 308, 311; *BGH* VersR 1992, 1244, 1245; NJW-RR 1986, 286, 287; *RGZ* 18, 395, 396; *RG* Gruchot 48 (1904), 393, 394.
[56] *OLG Hamburg* OLGRsp 27, 60, 61.
[57] *OLG Hamburg* NJW-RR 1987, 1277, 1278; *OLG Frankfurt a.M.* NJW-RR 1986, 587.
[58] *OLG Hamburg* NJW-RR 1987, 1277f.
[59] *OLG Hamm* EWiR 1991, 1247 (*Ulrich*).
[60] *BGH* MDR 1981, 126; *OLG Frankfurt a.M.* JurBüro 1987, 1832 (dort aber Schutzschrift); *OLG Hamburg* NJW-RR 1993, 958 (Zustellungsbevollmächtigter).
[61] *OLG Karlsruhe* WRP 1987, 44, 46 (unabhängig davon, ob Postulationsfähigkeit vorliegt); *OLG Frankfurt a.M.* NJW-RR 1986, 587; *OLG Düsseldorf* WRP 1982, 531; für die Zustellung an die Partei aber V. *Deutsch* GRUR 1990, 327ff., 329f.; *Melullis* WRP 1982, 249ff.
[62] Vgl. *RGZ* 14, 333.
[63] *BGH* VersR 1979, 255; *RGZ* 38, 406, 408; 67, 149f.; *OLG München* BayZ 1906, 324 (re. Sp.); *KG* ZZP 55 (1930), 416 m. Anm. *Friedlaender*.
[64] Zum Versäumnisurteil im schriftlichen Vorverfahren vor Zustellung s. *Zugehör* NJW 1992, 2261.
[65] Z.B. *BGH* DtZ 1991, 409.
[66] *BGH* VersR 1986, 371.
[67] *BGH* WM 1992, 1451, 1456 li. Sp.; VersR 1991, 936, 938; NJW 1987, 440; VersR 1986, 993, 994.
[68] *BGH* WM 1992, 1451, 1456 li. Sp.

nähere Angaben im Rubrum der Klageschrift der gegnerische Prozeßbevollmächtigte angeführt, so reicht das für eine Kenntnis des Gerichts noch nicht aus[69]. In derartigen Fällen ist stets eine Rückfrage geboten[70].

20 Der Bestellung steht die einstweilige Zulassung nach § 89 gleich. Nicht ausreichend ist dagegen die Beiordnung im Wege der Prozeßkostenhilfe nach § 121[71] sowie im Falle des § 78b. Die Aufforderung an die Partei[72], sich nach Abschluß des Rechtsstreits über eine Änderung ihrer persönlichen und wirtschaftlichen Verhältnisse zu erklären, unterfällt nicht dem Anwendungsbereich des § 176. Eine Bestellung ist naturgemäß entbehrlich bei dem sich selbst vertretenden Anwalt (§ 78)[73].

21 Der erforderlichen Kenntnis (→ Rdnr. 17) steht grundsätzlich das Kennenmüssen nicht gleich[74]. Die Partei trifft keine Nachforschungspflicht[75]. Deshalb bedarf es einer Bestellung in dem vorbezeichneten Sinn auch dann, wenn einer Person im voraus Prozeßvollmacht erteilt ist (→ § 173 Rdnr. 9; auch → § 210a Rdnr. 1), oder wenn sie diese aufgrund eines vorprozessualen Tatbestandes besitzt, der dem Gegner bekannt ist. So liegt es insbesondere im Falle des Prokuristen (→ § 173 Rdnr. 5). Eine Erkundigungspflicht wird man lediglich dann anzunehmen haben, wenn der Prozeßbevollmächtigte in der mündlichen Verhandlung in Abwesenheit des zum Erscheinen veranlaßten Gegners bestellt wurde[76].

22 Für Zustellungszwecke ist eine besondere Prüfung der Vollmacht weder erforderlich noch auch zulässig. Ist daher der Prozeßbevollmächtigte in der bezeichneten Weise bestellt worden, so ist er von dem Gericht und von dem Gegner solange als Bevollmächtigter nach § 176 zu behandeln, bis er nach § 88 zurückgewiesen ist[77]. Das gilt insbesondere im Amtsgerichtsprozeß für die Ladung des Klägers, wenn die Klage ohne Beifügung der Vollmacht eingereicht ist.

23 Die erforderliche Kenntnis (→ Rdnr. 17) muß zu dem Zeitpunkt bestehen, in dem der Auftrag zur Zustellung erteilt wird[78]. So liegt es auch für die Auslandszustellung im Parteibetrieb[79]. Bei der Zustellung von Amts wegen ist der Zeitpunkt maßgebend, in dem die Geschäftsstelle nach § 211 verfährt[80]. Wird die Kenntnis später erlangt, so besteht keine Pflicht zu einer nachträglichen Änderung des Auftrags oder des Verfahrens[81]. Der für die Kenntnis maßgebende Zeitpunkt ist entscheidend für die Gültigkeit der Zustellung.

24 Ist der zum Prozeßbevollmächtigten bestellte Anwalt Mitglied einer Sozietät, so kann angenommen werden, daß jedes Sozietätsmitglied zur Entgegennahme der Zustellungen berechtigt sein soll[82]. In diesen und in anderen Fällen können für eine Partei mehrere Prozeßbevollmächtigte bestellt sein. Im Hinblick auf § 84 (→ § 84 Rdnr. 3) genügt die Zustellung an einen von ihnen[83].

---

[69] Zutr. *OLG Hamburg* MDR 1991, 259 m. Nachw.
[70] *BVerfG* NJW 1987, 2003 re. Sp.
[71] *BGH* VersR 1991, 936, 937 re. Sp.; *OLG Schleswig* SchlHA 1949, 366.
[72] S. auch → Rdnr. 4.
[73] *RG* Gruchot 48 (1904), 393.
[74] Die Rechtsprechung entscheidet verschiedentlich anders, aber ohne praktische Folgerungen, z.B. *OLG Frankfurt a. M.* JurBüro 1987, 1832; NJW-RR 1986, 587.
[75] *OLG Frankfurt a. M.* JurBüro 1987, 1832, 1833.
[76] So auch *OLG Köln* RhArch 104, 157.
[77] *OLG Zweibrücken* MDR 1982, 586.
[78] *OLG Hamburg* NJW-RR 1988, 1277, 1278; *OLG Frankfurt a. M.* NJW-RR 1986, 587.
[79] *OLG Hamburg* NJW-RR 1988, 1277, 1278.
[80] *BGH* NJW-RR 1986, 287; *OLG Hamburg* NJW-RR 1988, 1277, 1278; *LG Köln* NJW 1986, 1179, 1180 (auch zur Beweislast).
[81] *BGH* NJW 1981, 1673, 1674; *OLG Hamburg* NJW-RR 1988, 1277, 1278; Abgrenzungsfall *OLG Köln* NJW 1983, 460 (LS); *OLG Breslau* JW 1926, 1602 m. Anm. *Striemer*; *LG Berlin* JR 1949, 580.
[82] *BGH* NJW 1980, 999 li. Sp.; MDR 1969, 1001.
[83] *BVerfG* NJW 1990, 1104, 1105; *BGH* VersR 1986, 371; WM 1992, 1451, 1456 li. Sp.; *BAG* DB 1986, 1080 (LS).

V. Erlöschen der Zustellungspflicht

1. Zurückweisung des Bestellten; Erlöschen der Vollmacht

Die Zustellungspflicht nach § 176 endet mit der Zurückweisung des Bestellten nach § 88[84]. 25
Das gleiche gilt mit dem Ausscheiden aus der Stellung des Prozeßbevollmächtigten nach dem Erlöschen der Vollmacht. Die Mandatsniederlegung (§ 87 Abs. 2) oder die Kündigung der anderen Seite führen im Falle des Parteiprozesses erst mit der Anzeige an den Gegner (§ 87 Abs. 1 HS 1) zur Beendigung der Zustellungspflicht. Im Anwaltsprozeß ist nach § 87 Abs. 1 HS 2 außerdem die Anzeige der Bestellung eines anderen Anwalts erforderlich (→ § 87 Rdnr. 6)[85]. Im Parteiprozeß sind ferner Amtszustellungen nicht mehr an den bestellten Prozeßbevollmächtigten zu bewirken, wenn dieser dem Gericht die Beendigung des Mandats mitgeteilt hat[86]. Vergleichbar liegt es für den Parteiprozeß, wenn die Partei gegenüber dem Gericht eindeutig erkennen läßt, daß sie im weiteren Verfahren nicht mehr durch ihren Prozeßbevollmächtigten vertreten sein will. Entsprechendes gilt für das nachfolgende Zwangsvollstreckungsverfahren[87]. § 176 ist auch dann nicht anwendbar, wenn das Mandat noch vor der förmlichen Zustellung der Klageschrift niedergelegt wird[88]. Die bloße spätere Beendigung des Mandats berührt demnach als solche die Wirksamkeit der Zustellung nicht[89]. Das Gesagte gilt auch dann, wenn es nur noch um die Zustellung eines den Rechtszug abschließenden Urteils geht[90].

In allen anderen Fällen des Erlöschens (→ § 86 Rdnr. 6) ist eine der Bestellung (→ Rdnr. 17) 26
entsprechende Kundgebung an das Gericht[91] oder an den Gegner erforderlich. Das gleiche gilt nach manchen Gerichten und Autoren auch bei dem Verlust der Postulationsfähigkeit während eines Anwaltsprozesses[92]. Das bloße Auftreten eines anderen Anwalts in späteren Terminen beendet die Bestellung des früheren nicht[93]. Bei Ablauf der im Falle der einstweiligen Zulassung nach § 89 gesetzten Frist ist die Ladung zu dem neuen Termin dem Zugelassenen zuzustellen (→ § 89 Rdnr. 7). Die §§ 177, 210a Abs. 2 regeln den Fall, daß der Aufenthalt des Prozeßbevollmächtigten unbekannt wird. Nach § 176 ist auch dann an den Prozeßbevollmächtigten zuzustellen, wenn er zwar mitteilt, er kenne den Aufenthalt seines Mandanten nicht, sein Mandat aber auch nicht niedergelegt.

2. Ende des Rechtszuges

Die Pflicht zur Zustellung nach § 176 endet nicht ohne weiteres mit dem Ende des 27
Rechtszuges, für den der Prozeßbevollmächtigte bestellt wurde, wenngleich der Wortlaut der Norm insoweit mehrdeutig ist. Aus der Regelung der Zustellung in § 210a ergibt sich der Grundsatz, daß neben der dort genannten Rechtsmittelschrift auch weitere Zustellungen des oberen Rechtszuges solange an den Prozeßbevollmächtigten des nächst unteren Rechtszuges bewirkt werden müssen, als in dem höheren Rechtszug ein Prozeßbevollmächtigter nicht vorhanden ist. Dabei ist es gleichgültig, ob noch keiner bestellt oder der bestellte wieder fortgefallen ist[94]. In der Revisionsinstanz ist, abgesehen von dem Fall der Sprungrevision des § 566a, nicht an den Prozeßbevollmächtigten der ersten Instanz zuzustellen, weil das nicht

---

[84] S.o. → Rdnr. 22.
[85] *BGH* VersR 1986, 993, 994; NJW 1980, 999; *BayVerfG* VerfGHE 41, 51 ff., 53 (Verfassungsmäßigkeit bejaht); *OLG Karlsruhe* Die Justiz 1973, 21 (LS).
[86] *BGH* NJW 1991, 295, 296.
[87] *LG Trier* Rpfleger 1988, 29.
[88] Offengelassen von *BGH* NJW 1991, 295, 296.
[89] *BGH* WM 1992, 1451, 1456.
[90] *BGH* NJW 1975, 120, 121.
[91] *KG* OLGRsp 11, 69.
[92] Dazu → § 86 Rdnr. 10, aber → oben Rdnr. 16.
[93] *RG* Gruchot 28 (1884), 1127, 1128; 31 (1887), 1160.
[94] *RGZ* 103, 334, 336; *OLG Breslau* JW 1926, 1602 m. Anm. *Striemer*.

der »nächst untere« Rechtszug ist[95]. Die Zustellungen vor Einlegung des Rechtsmittels gehören ohnehin zum unteren Rechtszug (→ Rdnr. 9, 11).

28 An die Partei selbst ist erst zuzustellen, wenn der Prozeßbevollmächtigte des unteren Rechtszuges weggefallen ist[96]. Das Gesagte gilt namentlich für die Zustellung des Versäumnisurteils in dem höheren Rechtszug an den dort unvertretenen Rechtsmittelbeklagten[97] und für die Zustellungen in dem Beschwerderechtszug[98]. Ebenso liegt es im Kostenfestsetzungsverfahren. Mit dem Übergang in den höheren Rechtszug wird die Vollmacht des früheren Rechtsanwalts nur beschränkt und nicht beendet (→ § 86 Rdnr. 9).

3. Fehlende Postulationsfähigkeit

29 Hat die Partei von vornherein einen Anwalt bestellt, der bei dem betreffenden Gericht nicht zugelassen ist, so muß gleichwohl an ihn nach § 176 zugestellt werden (→ Rdnr. 16). Das gleiche gilt im arbeitsgerichtlichen Verfahren für Personen, die nach § 11 ArbGG nicht zur Prozeßvertretung befähigt sind. In vergleichbarer Weise ist § 176 anwendbar, wenn der Anwalt zunächst postulationsfähig war und der Rechtsstreit an ein anderes Gericht verwiesen oder abgegeben wird (§§ 281, 506, 696, 700, → Rdnr. 16). Schließlich ist § 176 auch dann anwendbar, wenn die Postulationsfähigkeit verlorengeht, weil der Anwalt seine Zulassung von einem Gericht zu einem anderen verändert. Das Risiko einer solchen Veränderung darf nicht der Partei aufgebürdet werden. Wenn der Aufenthalt des Prozeßbevollmächtigten unbekannt ist, so kann wegen der Vergleichbarkeit der Sachverhalte § 210a Abs. 2 entsprechend angewendet werden.

30 Ist gegen den Anwalt nach § 150 BRAO ein Vertretungsverbot erlassen, ein Vertreter nach § 161 BRAO aber nicht bestellt worden, so kann nach § 155 Abs. 5 S. 2 BRAO dem Anwalt trotz des Verbots wirksam zugestellt werden.

VI. Folgen der Unterlassung

31 Wird entgegen § 176 an die Partei selbst oder an eine andere Person als dem Prozeßbevollmächtigten zugestellt, so ist die Zustellung unwirksam[99]. Eine Heilung ist unter den Voraussetzungen des § 187 S. 1 möglich (→ dort § 187 Rdnr. 11)[100]. Weiter kann eine derartige Zustellung auch nach § 295 (zu den Grenzen → Rdnr. 28 vor § 166) geheilt werden[101].

VII. Arbeitsgerichtliches Verfahren

32 Im Verfahren für Arbeitssachen ist § 176 gleichfalls anwendbar. Insbesondere muß dort an Personen, die den Erfordernissen des § 11 ArbGG nicht entsprechen, zugestellt werden (→ Rdnr. 16; a. A. → Voraufl. Rdnr. 42). Voraussetzung ist freilich die umfassende Vollmacht (→ Rdnr. 14)[102]. Für die Verweisung nach §§ 281 ZPO, 48 ArbGG, 17a, b GVG gilt das zu oben (→ Rdnr. 29) Ausgeführte entsprechend.

---

[95] Auch → § 178.
[96] S. auch *RG* JW 1897, 629, 630.
[97] *RGZ* 103, 334, 336 f.
[98] *KG* OLGRsp 15, 261.
[99] *BGHZ* 61, 308, 310; *BGH* NJW 1991, 2086; NJW-RR 1986, 286, 287; FamRZ 1984, 368, 369; *RG* JW 1902, 42; *KG* JW 1936, 3335; *OLG Hamm* OLGZ 1991, 450 f.; *OLG Celle* GRUR 1989, 541.
[100] *BGH* FamRZ 1984, 368, 369; *OLG Hamm* OLGZ 1991, 450 f.; *OLG Karlsruhe* WRP 1987, 44, 46; 1986, 166, 167; a. A. für die Vollziehungsfrist des § 929 Abs. 2 *OLG Celle* GRUR 1989, 541.
[101] *BGH* FamRZ 1984, 368, 369.
[102] A. A. insbesondere *Jonas* ArbRsp 30, 37.

§ 177 [Unbekannter Aufenthalt des Prozeßbevollmächtigten]

(1) Ist der Aufenthalt eines Prozeßbevollmächtigten unbekannt, so hat das Prozeßgericht auf Antrag die Zustellung an den Zustellungsbevollmächtigten, in Ermangelung eines solchen an den Gegner selbst zu bewilligen.

(2) Die Entscheidung über den Antrag kann ohne mündliche Verhandlung erlassen werden. Eine Anfechtung der die Zustellung bewilligenden Entscheidung findet nicht statt.

Gesetzesgeschichte: Eingefügt durch Gesetz vom 17.5.1898, RGBl. 256, zunächst als § 162a. § 177 seit der Neubekanntmachung vom 20.5.1898, RGBl. 410ff. (→ Einl. Rdnr. 113).

Stichwortverzeichnis → *Zustellungsschlüssel* in Rdnr. 65 vor § 166.

I. Normzweck; Bedeutung 1	3. Entscheidung; Mitteilung 4
II. Bewilligungsverfahren	4. Fristenverlängerung; Rückdatierung; Wiedereinsetzung 6
1. Antrag; unbekannter Aufenthalt 2	
2. Fakultativ mündliche Verhandlung 3	III. Verstöße 7

I. Normzweck; Bedeutung

Die Norm ergänzt § 176 und § 178 für den Fall, daß der Aufenthalt des Prozeßbevollmächtigten, an den zugestellt werden muß, nicht zu ermitteln ist. Nach dem Normzweck des § 177 sollen Scheinbestellung und Prozeßverschleppung vermieden werden. § 177 ist nur im Anwendungsbereich des § 176 einschlägig und gilt nicht, wenn mit der Aufgabe zur Post (§ 175 Abs. 1 S. 2 ZPO, § 30 Abs. 3 BRAO) oder der Ersatzzustellung (§ 183 Abs. 2 ZPO) eine andere Zustellungsart möglich ist. Für den Fall der Klageerhebung (→ § 173 Rdnr. 7ff.) kommt § 177 gleichfalls nicht zur Anwendung, weil dort die Zustellung an die Partei selbst mit derjenigen an den Prozeßbevollmächtigten zur Wahl steht. Ein gleichwohl gestellter Antrag ist gegenstandslos. Es kommt nicht darauf an, ob es sich um einen Anwalt handelt oder nicht. Kommt eine an den Prozeßbevollmächtigten gerichtete Ladung zur mündlichen Verhandlung mit dem Vermerk zurück, der Empfänger sei unbekannt verzogen, so trifft das Gericht keine Ermittlungspflicht hinsichtlich des Aufenthalts. Bei einem Rechtsanwalt dürfte sich aber ein Anruf unter der angegebenen Telefonnummer oder eine Rückfrage bei der zuständigen Rechtsanwaltskammer empfehlen. Die Vorschrift hat (derzeit)[1] wenig praktische Bedeutung und ist im übrigen gesetzestechnisch verunglückt. Sie verlangt einen besonderen Gerichtsbeschluß, anstatt nach dem Vorbild des § 210a Abs. 2 einfach von der Anwendung des § 176 abzusehen. 1

II. Bewilligungsverfahren

1. Antrag; unbekannter Aufenthalt

Im Falle der von § 177 direkt betroffenen Parteizustellung ist stets ein Antrag des betreibenden Teiles erforderlich. Bei der Zustellung von Amts wegen (§ 208) wird § 177 entspre- 2

---

[1] S. *Sydow/Busch/Krantz/Triebel* Anm. 1; Münch-KommZPO/*v. Feldmann* (1992) Rdnr. 1.

chend angewendet. Dort entfällt das Antragserfordernis (→ § 208 Rdnr. 2). Neben dem Antrag nach § 177 ist wahlweise der Weg des § 174 gegeben (→ § 174 Rdnr. 2). Voraussetzung für einen erfolgreichen Antrag ist, daß der Aufenthalt des Prozeßbevollmächtigten unbekannt ist. Das ist nach § 203 der Fall, wenn er sich objektiv der Kenntnis entzieht (→ § 203 Rdnr. 6f.).

2. Fakultativ mündliche Verhandlung

3   Das Verfahren richtet sich nach den Regeln der fakultativ mündlichen Verhandlung (→ § 128 Rdnr. 39ff.). § 177 Abs. 1 sieht auch die Bewilligung der Zustellung an den Zustellungsbevollmächtigten (→ § 174 Rdnr. 2) vor. Ein Zustellungsbevollmächtigter kann gem. § 174 neben dem Prozeßbevollmächtigten von der Partei bestellt worden sein. Auch ist an den Fall des § 30 Abs. 3 BRAO zu denken[2]. Gleichwohl ist es kaum vorstellbar, daß diese Alternative praktisch wird. In den genannten Fällen kann nach § 174 jede unter § 176 fallende Zustellung an den dazu bestellten Zustellungsbevollmächtigten bewirkt werden. Die Zustellung an die Partei selbst wird auch dann bewilligt, wenn der Zustellungsbevollmächtigte des Prozeßbevollmächtigten nicht erreichbar ist. Vergleichbar der öffentlichen Zustellung (→ § 204 Rdnr. 2) betrifft die Bewilligung immer nur den einzelnen Zustellungsakt.

3. Entscheidung; Mitteilung

4   Es entscheidet nach § 20 Nr. 7b RpflG der Rechtspfleger. Gegen seine Entscheidung findet nach § 11 Abs. 1 S. 1 RpflG die unbefristete Erinnerung statt. Die richterliche Bewilligung ist in allen Fällen nach § 177 Abs. 2 S. 2 ZPO i. V. m. § 11 Abs. 2 S. 3 RpflG unanfechtbar. Gegen eine ablehnende Entscheidung des Gerichts ist nach § 567 Abs. 1 die einfache Beschwerde gegeben. Die Bewilligung ist gebührenfrei. Soweit das LG als Berufungs- oder Beschwerdegericht entschieden hat, ist die Beschwerde nach § 567 Abs. 3 S. 1 unzulässig.

5   Der ohne mündliche Verhandlung erlassene Beschluß müßte an sich den Parteien nach § 329 Abs. 2 S. 1 formlos von Amts wegen mitgeteilt werden. Zulässig und zweckmäßig ist es aber, den Beschluß in entsprechender Anwendung des § 188 Abs. 3 lediglich der antragstellenden Partei auszuhändigen, die ihn dem Gegner im Parteibetrieb mit dem zuzustellenden Schriftstück zu übermitteln hat.

4. Fristenverlängerung; Rückdatierung; Wiedereinsetzung

6   Eine Verlängerung von Fristen oder eine entsprechende Anwendung von § 207 durch Rückdatierung der Zustellung auf den Zeitpunkt des Antrags ist ausgeschlossen. Möglich bleibt aber eine Wiedereinsetzung in den vorigen Stand bei Notfristen und den anderen in § 233 genannten Fristen.

III. Verstöße

7   Eine Zustellung an die Partei ist wirkungslos, wenn die Voraussetzungen des § 177 nicht vorliegen. Doch ist eine Heilung nach § 187 S. 1 möglich.

---

[2] *MünchKommZPO/v. Feldmann* (1992) Rdnr. 2; a. A. *Wieczorek*[2] Bem. A II.

§ 178 [Umfang des Rechtszuges nach § 176]

(1) Als zu dem Rechtszug gehörig sind im Sinne des § 176 auch diejenigen Prozeßhandlungen anzusehen, die das Verfahren vor dem Gericht des Rechtszuges infolge eines Einspruchs, einer Aufhebung des Urteils dieses Gerichts, einer Wiederaufnahme des Verfahrens oder eines neuen Vorbringens in dem Verfahren der Zwangsvollstreckung zum Gegenstand haben. Das Verfahren vor dem Vollstreckungsgericht ist als zum ersten Rechtszug gehörig anzusehen.

Gesetzesgeschichte: Bis 1900 § 163 CPO. Sprachliche Änderung durch Gesetz vom 17.5.1898, RGBl. 256, → Einl. Rdnr. 113.

Stichwortverzeichnis → *Zustellungsschlüssel* in Rdnr. 65 vor § 166.

I. Funktion 1	III. Verfahren vor dem Vollstreckungs-
II. Rechtszug (S. 1)	gericht (S. 2) 6
1. Aufgeführte Fälle 2	
2. Weitere Fälle 4	

I. Funktion

§ 178 kommt im wesentlichen klarstellende Funktion für den Umfang des Rechtszugs nach 1 § 176 zu (→ § 176 Rdnr. 3). Gesetzestechnisch ist die Norm in die Form einer Fiktion gekleidet. Der Sache nach bedeutet § 178 S. 1 eine Erweiterung des Umfangs des Rechtszuges über § 176 hinaus (→ § 176 Rdnr. 8). Damit sollen bestimmte Zustellungen zwingend an den für den betreffenden Rechtszug bestellten Prozeßbevollmächtigten bewirkt werden (→ § 176 Rdnr. 1). S. 2 betrifft das Zwangsvollstreckungsverfahren (→ Rdnr. 6). § 178 enthält keine erschöpfende Aufzählung.

II. Rechtszug (S. 1)

1. Aufgeführte Fälle

Zum Rechtszug gehört nach S. 1 das Verfahren vor dem Gericht des Rechtszuges infolge 2 des Einspruchs (§§ 338 ff., 700). Das ist eine überflüssige Klarstellung, weil der Einspruch ohnehin keinen neuen Rechtszug eröffnet. Ferner zählt dazu das wiederholte Verfahren nach einer Aufhebung des Urteils und Zurückverweisung nach §§ 538 f., 564 f., 566 a (575 analog). Nach einer Sprungrevision ist § 178 nur anwendbar bei einer Zurückverweisung an das Landgericht. Anders liegt es, wenn nach § 566 a Abs. 5 an das Oberlandesgericht zurückverwiesen wurde. Die für die Zurückverweisung geltende Regelung ist nicht auch umgekehrt auf den Fall der Wiederholung des höheren Rechtszuges wegen eines zweiten Rechtsmittels entsprechend anzuwenden (→ § 210 a Rdnr. 1). Genannt ist in S. 1 weiter das Verfahren infolge einer Wiederaufnahme (§§ 578 ff.), obgleich sie durch eine selbständige Klage eingeleitet wird (→ § 585 Rdnr. 2)[1]. Für den im Vorprozeß im Wege der Prozeßkostenhilfe beigeordneten Anwalt läßt sich eine Ausnahme von § 178 nicht rechtfertigen. Deshalb muß auch die Wiederaufnahmeklage an ihn und nicht an die mittellose Partei selbst zugestellt werden[2].

---
[1] *RG* JW 1937, 2222 (auch in Ehesachen).   [2] Ferner *Gruber* JW 1938, 921, 922.

3 Zum Rechtszug zählt ferner das Verfahren infolge eines neuen Vorbringens in dem Verfahren der Zwangsvollstreckung, sofern es sich vor dem Prozeßgericht des betreffenden Rechtszuges abspielt. Es handelt sich um die Verfahren nach §§ 887 ff. und um die Klagen der §§ 731, 767 f.[3], 781 ff.

2. Weitere Fälle

4 § 178 bezieht sich nicht auf alle Fälle eines weiteren Verfahrens vor dem Gericht des Rechtszuges, auf das sich nach §§ 81, 82 die Vollmacht des Bevollmächtigten des Rechtszuges erstreckt[4]. Aus dieser Erstreckung folgt lediglich, daß die Zustellungen an den Prozeßbevollmächtigten bewirkt werden dürfen (→ § 173 Rdnr. 1). Dazu besteht aber kein Zwang, solange er nicht auch für diese Verfahren nach § 176 bestellt ist. Das Gesagte gilt auch für die Hauptintervention. Es darf lediglich die Zustellung der Hauptintervention an die im Hauptprozeß bestellten Prozeßbevollmächtigten bewirkt werden[5], weil hier ein Dritter in das Verfahren eingreift. In vergleichbarer Weise dürfen Zustellungen im Rahmen eines Arrestverfahrens oder einer einstweiligen Verfügung an den Prozeßbevollmächtigten des Hauptverfahrens gerichtet werden, ohne daß dazu ein Zwang bestünde[6].

5 Ähnliches gilt auch für alle Prozesse aus Anlaß der Zwangsvollstreckung, die sich nicht vor dem Gericht des Rechtszuges als solchem abspielen und bei denen hinzukommt, daß die Bestellung des Prozeßbevollmächtigten nicht dem klagenden Dritten gegenüber geschehen ist. Das sind die Fälle der §§ 771 ff., 805, 810 Abs. 2, 878[7]. § 178 meint nur solche Verfahren, die sich zwischen denselben Parteien abspielen. Diese Prozesse unter Hinzutreten Dritter fallen auch dann nicht unter § 178, wenn die Vollmacht lediglich für die Zwangsvollstreckung erteilt ist[8]. Weiter bezieht sich § 178 nicht auf diejenigen Verfahren, die sich an ein schiedsgerichtliches Verfahren anknüpfen. Es handelt sich insbesondere um die Aufhebungsklage und das Vollstreckbarerklärungsverfahren (§§ 1041 ff.).

III. Verfahren vor dem Vollstreckungsgericht (S. 2)

6 Nach S. 2 gehört zum ersten Rechtszug das ganze Zwangsvollstreckungsverfahren, soweit es sich vor dem Vollstreckungsgericht abspielt. Das sind die Fälle der §§ 764, 766, 789, 822 f., 828 ff. So liegt es auch dann, wenn die Vollstreckung aus einem von dem höheren Gericht erlassenen Urteil oder aus einem bei diesem erwirkten sonstigen Vollstreckungstitel (Prozeßvergleich) betrieben wird[9]. Im Anwendungsbereich des S. 2 müssen die Zustellungen nach § 176 stets an den Prozeßbevollmächtigten des ersten Rechtszuges bewirkt werden, wenn ein solcher bestellt war. Es ist gleichgültig, ob er entfernt wohnt oder nicht. Der Prozeßbevollmächtigte ist nach § 174 nicht verpflichtet, einen Zustellungsbevollmächtigten zu bestellen. Eine unmittelbare Zustellung an die Partei selbst ist nur nach § 900 Abs. 3 S. 1 bei der Ladung zur eidesstattlichen Versicherung vorgesehen. Wird für die Zwangsvollstreckung oder in einem vor dem Vollstreckungsgericht durchgeführten neuen Prozeß ein anderer als der ursprüngliche Prozeßbevollmächtigte bestellt, so ist auf ihn nunmehr § 176 anwendbar[10]. Will die Partei erkennbar nicht mehr durch ihren Prozeßbevollmächtigten vertreten werden, so ist an sie persönlich zuzustellen.

---

[3] *OLG Posen* SeuffArch 67, 114; *OLG Hamburg* HGZ 46, 84.
[4] S. auch → Rdnr. 1.
[5] *MünchKommZPO/v. Feldmann* (1992) Rdnr. 8; a. A. RGZ 15, 428 f.; → Voraufl. Rdnr. 4.
[6] RGZ 45, 364, 366; *OLG Dresden* SächsAnn 30, 494; *OLG Frankfurt a. M.* HRR 1929 Nr. 47 u. a.
[7] *Thomas/Putzo*[18] Rdnr. 2; *Zöller/Stöber*[18] Rdnr. 3; *MünchKommZPO/v. Feldmann* (1992) Rdnr. 6.
[8] Dazu auch *OLG Stettin* OLGRsp 19, 148, 150.
[9] *OLG Schleswig* SchlHA 1957, 205, 206 (Prozeßvergleich); *LG Köln* DGVZ 1990, 121, 122 (Prozeßvergleich) (anders aber für ein Urteil).
[10] *LG Trier* Rpfleger 1988, 29.

§ 179 [aufgehoben]

Gesetzesgeschichte: Bis 1900 § 164 CPO. Fortgefallen durch Gesetz vom 1.6.1909, RGBl. 475, → Einl. Rdnr. 115 a. E.; jetzt § 210 a.

§ 180 [Ort der Zustellung]

Die Zustellungen können an jedem Ort erfolgen, wo die Person, der zugestellt werden soll, angetroffen wird.

Gesetzesgeschichte: Bis 1900 § 165 CPO. Abs. 2 aufgehoben durch § 7 Abs. 3 der 4. VereinfVO (→ Einl. Rdnr. 142).

Stichwortverzeichnis → *Zustellungsschlüssel* in Rdnr. 65 vor § 166.

I. Normzweck	1	III. NATO-Truppenstatut; Bundeswehr	6
II. Übergabe	3		

I. Normzweck

§ 180 vermeidet den überflüssigen Umweg einer Zustellung unter der angegebenen Zustellungsadresse, wenn der Zustellungsbeamte den Zustellungsadressaten i.S. der §§ 171, 173–178 antrifft und sicher identifizieren kann. Wird § 180 nicht beachtet, so ist eine Ersatzzustellung durch Niederlegung nach § 182 unzulässig. Die Zustellung ist in diesem Fall und auch sonst wegen Nichtbefolgung von § 180 ungültig (→ Rdnr. 25 ff. vor § 166)[1]. 1

§§ 180–188 bestimmen den Ort und die Zeit der Übergabe der Abschrift oder Ausfertigung (→ § 170 Rdnr. 1) und die Person, an welche die Übergabe oder das Verfahren, das an die Stelle einer nicht ausführbaren Übergabe tritt, bewirkt wird. Diese Normen gelten für alle Zustellungsadressaten der §§ 171, 173–178 und machen keinen Unterschied zwischen Inländern und Ausländern. 2

II. Übergabe

In der Regel ist an den Zustellungsadressaten (→ § 171 Rdnr. 2) selbst zu eigenen Händen zu übergeben. Ist als Adressat nur die Firma des Einzelkaufmanns oder einer sonstigen firmenberechtigten Person (z.B. §§ 4 AktG, 4 GmbHG) angegeben (→ § 50 Rdnr. 18), so muß der Inhaber oder eine als Zustellungsadressat nach §§ 171, 173 berechtigte Person ermittelt werden. Zugestellt werden muß wegen § 182 nach § 180 auch dann, wenn dem Zustellungsveranlasser ein – wenngleich nicht ständiger – Aufenthalt des nach unbekannt abgemeldeten Zustellungsgegners bekannt ist. Wird ein vergeblicher Zustellungsversuch nach den §§ 180, 181 nicht unternommen, so kann insbesondere nicht durch Niederlegung zugestellt werden[2]. 3

An den Zustellungsadressaten kann an jedem in der Bundesrepublik Deutschland gelegenen Ort übergeben werden, wo er sich antreffen läßt. Die Zustellung ist also auch außerhalb 4

---

[1] *RGZ* 17, 409, 410.   [2] *LG Aachen* MDR 1991, 451 (maschinell bearbeitetes Mahnverfahren).

einer Ortschaft, z.B. an Waldarbeiter an ihrer Arbeitsstelle, an Bauern auf dem Felde usw., möglich. Auf Wohnsitz, polizeiliche Meldung (oben → Rdnr. 3)[3] oder Gerichtsstand kommt es nicht an. In den meisten Fällen wird freilich in der Wohnung (→ § 181 Rdnr. 4ff.) oder im Geschäftslokal (→ § 183 Rdnr. 9f.) zugestellt werden.

5 Der Adressat, der an dem betreffenden Ort eine Wohnung oder ein Geschäftslokal hat, kann die außerhalb dieser Örtlichkeiten versuchte Zustellung nicht zurückweisen. Vielmehr muß er die Zustellung an jeder Stelle dulden, an der er angetroffen wird, auch z.B. auf der Straße. Wird die Annahme verweigert, so richten sich die Rechtsfolgen nach § 186. Nach § 27 S. 2 GVGA sollen zwar für die Zustellung schonende Mittel eingesetzt werden wie die Wahl eines angemessenen Ortes (also nicht etwa die Kirche oder die Sauna) sowie eine passende Gelegenheit, die unter »Vermeidung überflüssigen Aufsehens eine ungehinderte und sichere Übergabe und Annahme der Schriftstücke gewährleisten«. Doch knüpfen sich an eine Verletzung meist keine Konsequenzen. Die Zustellung ist vielmehr grundsätzlich gültig. Allerdings sind Situationen vorstellbar, in denen eine verfassungskonforme Anwendung (→ Einl. Rdnr. 65) die Zustellung verbietet und die Verweigerung der Annahme erlaubt. So liegt es etwa bei einer Zustellung während eines Gottesdienstes (Art. 4 GG) oder während einer Trauerfeierlichkeit für nahe Angehörige auf dem Friedhof (Art. 1, 2 Abs. 1 GG).

III. NATO-Truppenstatut; Bundeswehr

6 Die Zustellung an Mitglieder der Truppe, des zivilen Gefolges oder deren Angehörige richtet sich nach Art. 36 Abs. 2 Zusatz – AbkNTS (Text → Einl. Rdnr. 666, Erläuterung → Einl. Rdnr. 668 sowie → § 203 Rdnr. 3). Besonderheiten gelten auch für die Zustellung an Soldaten der Bundeswehr und kasernierte Angehörige der Bereitschaftspolizei sowie des Bundesgrenzschutzes (→ § 181 Rdnr. 19).

§ 181 [Ersatzzustellung an Hausgenossen, Hauswirt oder Vermieter]

(1) Wird die Person, der zugestellt werden soll, in ihrer Wohnung nicht angetroffen, so kann die Zustellung in der Wohnung an einen zu der Familie gehörenden erwachsenen Hausgenossen oder an eine in der Familie dienende erwachsene Person erfolgen.

(2) Wird eine solche Person nicht angetroffen, so kann die Zustellung an den in demselben Hause wohnenden Hauswirt oder Vermieter erfolgen, wenn sie zur Annahme des Schriftstücks bereit sind.

Gesetzesgeschichte: Bis 1900 § 166 CPO.

Stichwortverzeichnis → *Zustellungsschlüssel* in Rdnr. 65 vor § 166.

I. Funktion	1	
II. Voraussetzungen		
1. Wohnung	4	
2. Nichtantreffen	8	
III. Geeignete Ersatzpersonen	10	
1. Erwachsene Hausgenossen	11	
2. Dienende Personen	14	
3. Übergabe in der Wohnung	15	
4. Hauswirt; Vermieter (Abs. 2)		
a) Gemeinsames	16	
b) Hauswirt	17	
c) Vermieter	19	
d) Keine Ersatzzustellung	20	
IV. Nachweis	21	

---

[3] *BGH* VersR 1986, 705.

I. Funktion

Die §§ 181–185 regeln die Ersatzzustellung. In ihrem Anwendungsbereich sind Zustellungsadressat (§ 191 Nr. 3)(→ § 171 Rdnr. 2) und Zustellungsempfänger (§ 191 Nr. 4)(→ § 171 Rdnr. 2) verschiedene Personen. Eine Ausnahme bildet lediglich die Niederlegung nach § 182. Die Ersatzzustellung entfaltet sofort und unmittelbar Wirkungen gegenüber dem Zustellungsadressaten, auch wenn dieser das übergebene oder niedergelegte (§ 182) Schriftstück später nicht erhält. Diese Wirkungen treten kraft Gesetzes ein. Entgegen der h. L.[1] ist es nicht erforderlich, insoweit von einer »gesetzlichen Vertretung« des Zustellungsadressaten durch den Zustellungsempfänger für die Entgegennahme der Zustellung zu sprechen. Für § 182 paßt das ohnehin nicht, und in den übrigen Fällen ist der Rückgriff auf Vertretungsregelungen irreführend. Einigkeit besteht darüber, daß ein Verschulden des Zustellungsempfängers die Wiedereinsetzung (§ 233) nicht ausschließt. Eine Ersatzzustellung ist unzulässig, wenn der Zustellungsadressat verstorben ist.

Die Ersatzzustellung ist für den Zustellungsadressaten eine unsichere Art der Zustellung. Gleichwohl ist sie häufig und in der Praxis auch nicht zu entbehren. Ein Verstoß gegen das rechtliche Gehör (Art. 103 Abs. 1 GG, → Rdnr. 9 ff. vor § 128) liegt nicht vor, solange der in § 182 niedergelegte Subsidiaritätsgrundsatz respektiert wird[2]. Im übrigen sind aber die verschiedenen Arten der Ersatzzustellung gleich zu bewerten und die Zustellung gem. § 181 vor derjenigen nach § 182 verfassungsrechtlich nicht zu bevorzugen[3]. Sind die Voraussetzungen des § 181 eingehalten, so wird die Rechtsverteidigung des Schuldners durch die Ersatzzustellung nicht in verfassungswidriger Weise beschränkt. Wirksamkeitsvoraussetzung der Ersatzzustellung ist aber, daß der Zustellungsadressat unter der Zustellungsanschrift tatsächlich wohnt, also in der bezeichneten Wohnung in der Regel lebt und auch schläft[4] (→ Rdnr. 4 ff.).

Die Vornahme der Ersatzzustellung steht im pflichtgemäßen Ermessen des zustellenden Beamten. Er kann statt dessen auch den Versuch der Übergabe in Person nach § 180 wiederholen, wenn dadurch eine Verzögerung nicht eintritt. Die Gültigkeit der Zustellung (→ Rdnr. 25 ff. vor § 166) hängt von der Einhaltung der Grenzen und der innerhalb der §§ 181–185 zu beachtenden Reihenfolge ab[5]. Die Heilung von Mängeln richtet sich nach den in → § 187 Rdnr. 16 niedergelegten Grundsätzen. Doch reicht es aus, wenn die Ersatzzustellung nach der einen Art wirksam ist, auch wenn der Zustellungsbeamte nach einer anderen Art zustellen wollte[6]. Ist die zuzustellende Urkunde einem Hausgenossen übergeben worden, so ist die Zustellung auch wirksam, wenn in der Zustellungsurkunde eine andere Person als Zustellungsempfänger aufgeführt ist[7]. Es ist stets ausreichend, wenn die Zustellungsurkunde erkennen läßt, daß eine Ersatzzustellung vorgenommen wurde, und daß an eine Person übergeben wurde, der das zugestellte Schriftstück wirksam zugestellt werden konnte. So liegt es etwa auch, wenn der Postbeamte den Empfänger als Hausgenossen und nicht (richtig) als Hauswirt angesehen hat[8].

---

[1] *Rosenberg* Stellvertretung im Prozeß (1908), 544, 553; *Thomas/Putzo*[18] Rdnr. 1; *BSG* NJW 1963, 1645; *MünchKommZPO/v. Feldmann* (1992) Rdnr. 1; Bedenken auch bei *A. Blomeyer*[2] ZPR § 32 I 2.
[2] *OLG Bamberg* FLF 1985, 29.
[3] *BVerfGE* 25, 158, 165.
[4] *BVerfG* NJW 1992, 224, 225; *BGH* NJW 1978, 1858 (verneint bei knapp zweimonatiger Strafverbüßung).
[5] *RGZ* 87, 412 ff.
[6] *BayVerfGH* Rpfleger 1964, 75.
[7] *OLG Hamm* NJW-RR 1987, 1279.
[8] *OLG Schleswig* SchlHA 1991, 66 (Schwiegervater); enger *FG Düsseldorf* EFG 1989, 443, 444; dazu *Dietz* DB 1989, 2045 (auch zur Gestaltung der Postzustellungsurkunde).

II. Voraussetzungen

1. Wohnung

4 Aus § 181 läßt sich wohl als Regel herleiten, daß an den Zustellungsadressaten grundsätzlich in seiner Wohnung zugestellt werden soll. Doch steht die Möglichkeit des § 181 mit derjenigen des § 183 zur Wahl. Daneben wird die Zustellungspflichtigkeit durch § 180 erweitert. Eine Ersatzzustellung nach § 181 ist aber im Falle des § 180 nicht möglich. Sie ist nur zulässig, wenn die Person, der zugestellt werden soll, in ihrer Wohnung nicht angetroffen wird. Ein Wohnsitz im Ausland hindert die Zustellung in einer in der Bundesrepublik gelegenen Wohnung nicht[9]. Einer natürlichen Person kann ein Schriftstück im Wege der Ersatzzustellung nicht im Geschäftslokal einer GmbH zugestellt werden, selbst wenn der Zustellungsadressat Geschäftsführer der GmbH ist[10].

5 *Wohnung* ist diejenige Räumlichkeit, die der Zustellungsadressat zur Zeit der Zustellung tatsächlich, wenn auch nur vorübergehend, zum Wohnen, nicht nur zum Aufenthalt, benutzt[11]. Entscheidend ist für die Abgrenzung gegenüber der Arbeitsstätte usw. die Benutzung zum Schlafen[12]. Doch sind wohl eng umgrenzte Ausnahmefälle vorstellbar[13]. So kann es etwa liegen, wenn sich der Adressat in der »Wohnung« von montags bis freitags in der Zeit von 8.00 Uhr bis 17.00 Uhr aufhält. Bei Studenten ist die Wohnung i. S. des § 181 in der Regel am Studienort und nicht am Wohnsitz der Eltern[14]. Auf den wirklichen oder abgeleiteten Wohnsitz[15] oder auf die polizeiliche Anmeldung[16] kommt es nicht an. Zur Auslegung des § 181 kann daher nicht Art. 4 OECD MustAbK herangezogen werden. Wohnung kann sein ein Haus, ein Schiff, ein Wohnwagen usw. Auch Nebengebäude gehören dazu[17]. Gleichgültig ist es, ob der Adressat selbst Inhaber der Wohnung ist oder sie in seiner Eigenschaft als Familienmitglied, Hausangestellter, Besuchsgast usw. teilt[18]. Wohnung ist daher auch das Zimmer eines Durchreisenden im Gasthof, das Krankenhauszimmer oder die Gefängniszelle usw. Nicht ausreichend sind Besitz oder Eigentum an einer zum Wohnen geeigneten Räumlichkeit, wenn dort nicht gewohnt wird. Von dem Erfordernis der tatsächlichen Benutzung der Wohnung kann aber abgesehen werden, wenn der Zustellungsadressat für das Vorhandensein einer Wohnung einen Rechtsschein setzt[19]. Die Rechtsfolgen aus der Herbeiführung eines Rechtsscheins werden aber dadurch überwunden, daß dem Zustellungsveranlasser die richtige Wohnung bekannt ist[20]. Überhaupt darf eine ordnungsgemäße Zustellung nicht treuwidrig vereitelt werden[21].

6 Es ist im wesentlichen eine Tatfrage, inwieweit durch kürzere oder längere Abwesenheit die gewöhnlich zum Wohnen benutzte Räumlichkeit die Eigenschaft als Wohnung verliert.

---

[9] *OLG Köln* NJW-RR 1989, 443, 444.
[10] *OLG Zweibrücken* DGVZ 1991, 56.
[11] *BVerfG* NJW 1992, 224, 225; *BGH* NJW 1992, 1963; NJW-RR 1986, 1083; NJW 1985, 2197; 1978, 1858; *BVerwG* NJW 1991, 1904; Buchholz 303 § 181 ZPO Nr. 2, 4; *BFH* NJW 1988, 1999, 2000; *BayObLG* NJW-RR 1988, 509; *VGH München* NJW 1991, 1249, 1250; *OLG Düsseldorf* VRS 79 (1990), 20; FamRZ 1980, 718, 719; *OLG Köln* NJW-RR 1989, 443, 444 (aber einschränkend); *Schüler* DGVZ 1979, 1 ff.; *Schultzenstein* ZZP 48 (1920), 213 ff.; ferner zu der Ersatzzustellung noch *App* ZKF 1991, 247 (Vollstreckung von Kommunalabgaben); *Weingärtner* VBlBW 1989, 9 ff. (Zustellung im Verwaltungsprozeß); *Schlee* AnwBl 1987, 544.
[12] *BVerfG* NJW 1992, 224, 225 li. Sp.; *BGH* NJW 1988, 713; 1985, 2197; *RG* JW 1912, 1106; *BFH* BStBl II 1988, 97; *BVerwG* NJW 1991, 1904; *KG* DGVZ 1966, 59; *BayObLG* JR 1961, 271; *OLG Düsseldorf* NJW-RR 1987, 894, 895; *OLG Kiel* OLGRsp 29, 72; *LG Berlin* ZMR 1988, 337 (LS); anders jedoch *OLG Köln* NJW-RR 1989, 443, 444 (keine entscheidende Bedeutung).
[13] Vgl. *OLG Köln* NJW-RR 1989, 443.
[14] *LG Ellwangen* Strafverteidiger 1985, 496.
[15] *BGH* NJW 1978, 1858 re. Sp.; *BAG* AP § 182 ZPO Nr. 1; *BayObLG* JR 1961, 271; *RG* SeuffArch 47 (1892), 96; Gruchot 38 (1894), 494; *OLG Dresden* OLGRsp 33, 149; *KG* ZZP 55 (1930), 268, 269.
[16] *BGH* WM 1992, 286, 287; NJW-RR 1986, 1083.
[17] *RGZ* 54, 240 f. (Schloß).
[18] So auch *RGZ* 34, 392, 397 f.; ferner *RG* JW 1901, 750; *OLG Karlsruhe* OLGRsp 2, 422, 423.
[19] *OLG Düsseldorf* FamRZ 1990, 75; *FG Münster* NJW 1985, 1184; so wohl auch der Fall von *OLG Köln* NJW-RR 1989, 443, 444.
[20] *OLG Frankfurt a. M.* NJW 1985, 1910; auch *BGH* NJW-RR 1986, 1083.
[21] *BVerwG* NVwZ 1987, 793 (Wehrpflichtiger); *OLG Düsseldorf* FamRZ 1990, 75.

Eine Geschäftsreise ändert an der Eigenschaft als Wohnung nichts. Sie ändert sich auch nicht dadurch, daß längere Umbau- und Renovierungsarbeiten durchgeführt werden[22]. Es kommt vielmehr entscheidend darauf an, daß sich der Mittelpunkt des Lebens in eine andere Räumlichkeit verlagert[23]. Die Aufgabe der Wohnung setzt neben einem dahingehenden Willen einen Aufgabeakt voraus, der für einen mit den Verhältnissen vertrauten Beobachter erkennbar sein muß. Es ist nicht erforderlich, daß alle Merkmale beseitigt werden, die den Anschein erwecken könnten, die Wohnung werde beibehalten. Zu nennen sind z. B. die fehlende Anzeige bei der Meldebehörde, das Fehlen eines Nachsendeantrags, Belassen des Namensschildes an der Tür u. dgl.[24]. Der Inhaber kann auch weiterhin im Besitz eines Schlüssels sein. Ferner darf die Wohnung sogar noch eingerichtet bleiben. Die Wohnungseigenschaft geht umgekehrt nicht dadurch verloren, daß der Zustellungsadressat an einer anderen Stelle eine Wohnung in dem dargelegten Sinne hat. Vielmehr sind auch zwei oder mehrere Wohnungen möglich[25]. Ein Wochenendhaus ist aber regelmäßig keine Wohnung i. S. des § 181. Eine enge Auslegung der Norm ist wegen der nachteiligen Wirkungen der Ersatzzustellung für den Adressaten geboten[26]. Die Eigenschaft einer Wohnung geht auch nicht bei einem vorübergehenden Getrenntleben von Familienangehörigen, insbesondere bei einer auswärtigen Arbeit, verloren. Es ist vielmehr Tatfrage, ob der vorübergehend Abwesende die Wohnung seiner Angehörigen noch als die seinige beibehalten hat. Die entscheidenden Gesichtspunkte sind Dauer der Abwesenheit, Häufigkeit der Besuche zu Hause und dgl. mehr[27]. Vergleichbar liegt es bei einem Wohnsitzwechsel, wenn der Wohnungsinhaber schon abgereist, die Familie aber noch zurückgeblieben ist. Jedenfalls kann die Wohnung auch bei längerer Abwesenheit ihrer Bestimmung erhalten bleiben, wenn eine Rückkehr zu erwarten ist[28]. So läßt ein vorübergehender Krankenhausaufenthalt die Wohnungseigenschaft unberührt[29]. Verläßt ein Arbeitnehmer aber die Bundesrepublik Deutschland für sechs Monate, so ist eine Ersatzzustellung nach § 181 unwirksam[30].

Bei einer länger dauernden Strafhaft verliert der Inhaftierte seine bisherige Wohnung i. S. des § 181. Deshalb ist eine dort stattfindende Ersatzzustellung, z. B. an die dort weiter wohnende Ehefrau, unwirksam. Anhaltspunkt für eine noch unerhebliche Abwesenheitsdauer darf wohl der durchschnittliche Jahresurlaub eines Arbeitnehmers sein[31]. Die Rechtsprechung geht mit Recht überwiegend davon aus, daß eine zweimonatige Strafhaft und mehr zum Verlust der Wohnung führt[32]. Nach dem Gesagten ist die Ersatzzustellung während der Verbüßung einer einmonatigen Strafhaft wirksam[33]. Für die Untersuchungshaft gelten vergleichbare Grundsätze[34]. Es kommt auf die tatsächliche Zeitdauer an und nicht auf die gesamte Dauer der Untersuchungshaft. Zu unsicher ist es, auf die »fortdauernde persönliche Beziehung« zu der Wohnung abzustellen[35].

7

---

[22] *BayObLG* NJW-RR 1988, 509.
[23] *BGH* NJW 1985, 2197 (Klinikaufenthalt wegen Alkoholismus); *BVerwG* Buchholz 303 § 181 ZPO Nr. 4; *OLG Zweibrücken* MDR 1984, 762 (Abgrenzung zu *BGH* NJW 1978, 762).
[24] *BGH* NJW 1988, 713, 714; *LG Berlin* ZMR 1989, 337 (LS).
[25] *BGH* NJW 1988, 713, 714; *OLG Köln* NJW-RR 1989, 443.
[26] *OLG Celle* DGVZ 1992, 40.
[27] Vgl. *OLG Kiel* SchlHA 1916, 167.
[28] *OLG Kiel* OLGRsp 29, 72; *KG* JW 1929, 3173 mit Anm. *Geiershöfer*.
[29] *OLG Frankfurt a. M.* NJW 1985, 1910; *OLG Zweibrücken* MDR 1984, 762 (zweimonatiger stationärer Klinikaufenthalt).

[30] *LAG Düsseldorf* LAGE § 182 ZPO Nr. 2.
[31] *BGH* NJW 1978, 1858.
[32] *BGH* NJW 1978, 1858; *BFH* BStBl II 1988, 97, 98 (nicht nur kurzfristig); *OLG Düsseldorf* NJW-RR 1987, 894, 895 (mehrmonatige Haft); FamRZ 1980, 718, 719 (mehrmonatig); *OLG München* NJW-RR 1987, 895 (neun Monate in Haft); JurBüro 1990, 528 (mehrmonatige Haft); *OLG Hamm* DGVZ 1978, 23 (vier Monate Strafhaft); *LG Hagen* NJW 1980, 1703 (sechs Monate Strafhaft).
[33] Zu eng *BGH* NJW 1951, 931.
[34] *VGH Hessen* FamRZ 1992, 831 (LS).
[35] So aber *OLG Karlsruhe* Strafverteidiger 1985, 291 (aber wohl obiter dictum).

2. Nichtantreffen

8   Nach Abs. 1 ist Voraussetzung für die Ersatzzustellung, daß der Adressat in seiner gegenwärtigen[36] Wohnung (→ Rdnr. 4 ff.) nicht angetroffen wird. Für die Feststellung und Beurkundung (§ 191 Nr. 4) genügt eine Erkundigung bei Hausgenossen. Die Beweiskraft der Zustellungsurkunde nach § 418 Abs. 1 erstreckt sich aber nicht darauf, daß der Zustellungsadressat unter der Zustellungsanschrift wohnt oder nicht wohnt. Die Erklärung des Zustellungsbeamten begründet immerhin ein beweiskräftiges Indiz dafür, dessen Wirkung nur durch eine plausible und schlüssige Darstellung des Zustellungsadressaten entkräftet werden kann[37]. Wohl aber erstreckt sich die Beweiskraft der Zustellungsurkunde darauf, daß der zustellende Beamte unter der ihm angegebenen Anschrift den Adressaten persönlich nicht angetroffen hat, noch auch eine zur Entgegennahme einer Ersatzzustellung in Betracht kommende Person und daß er die Benachrichtigung über die Niederlegung an dem angegebenen Tag in den Hausbriefkasten gelegt hat (→ Rdnr. 16)[38].

9   Es ist nicht von Bedeutung, ob der Adressat anwesend oder abwesend ist[39]. Vielmehr ist es für die Ersatzzustellung ausreichend, wenn dem Zustellungsbeamten der Zutritt aus irgendwelchen Gründen nicht gewährt wird, z.B. wegen Krankheit oder einer anderweitigen Beschäftigung. § 186 kommt zur Anwendung, wenn der Adressat zwar angetroffen wird, die Zustellung aber ablehnt[40]. Das Gesetz verlangt keine wiederholte Nachfrage. Hat der Adressat neben der Wohnung an demselben Ort ein Geschäftslokal, so ist die Ersatzzustellung in der Wohnung nicht von einem vorangehenden Versuch der Zustellung in dem Geschäftslokal (§ 183) abhängig[41] (→ § 183 Rdnr. 1).

III. Geeignete Ersatzpersonen

10 Unter den dargestellten Voraussetzungen kann nach pflichtgemäßem Ermessen (→ Rdnr. 3) an die in § 181 genannten Personen übergeben werden, sofern diese nicht Prozeßgegner des Adressaten sind (§ 185).

1. Erwachsene Hausgenossen

11 Erwachsen i. S. des § 181 Abs. 1 bedeutet nicht Volljährigkeit. Auf der anderen Seite ist es auch nicht ausreichend, wenn der betreffenden Person die richtige Weiterleitung des zugestellten Schriftstücks an den Adressaten zugetraut werden kann. Erwachsen ist sie nur, wenn sie i. S. des Sprachgebrauches aufgrund ihrer körperlichen Entwicklung als erwachsen zu gelten hat (arg. § 885 Abs. 2). Unter Umständen reicht auch schon ein 14jähriger aus[42]. Als Ersatzperson kommt auch eine minderjährige Person in Betracht, an deren gesetzlichen Vertreter als Zustellungsadressaten (§ 171) zugestellt werden muß[43].

12 Zu der Familie zählt der Hausgenosse, wenn er rechtlich zu den durch Ehe, Verwandtschaft oder Schwägerschaft zur Einheit verbundenen Personen gehört[44] und außerdem dauernd mit

---

[36] Vgl. *OLG Köln* OLGRsp 2, 253, 254; *OLG Kiel* OLGRsp 29, 72.
[37] *BVerfG* NJW-RR 1992, 1084, 1085; NJW 1992, 224, 225; *BGH* WM 1992, 286, 287; NJW 1992, 1963; FamRZ 1990, 143; *LG Berlin* MDR 1987, 503; *Graßhof* FS Merz (1992), 133 ff., 143; offengelassen von *OLG Hamburg* DWW 1990, 236.
[38] *BVerfG* NJW 1992, 224, 225.
[39] *BVerwG* NJW 1962, 70 (zu § 183); *RG* WarnRsp 1908 Nr. 553 (zu § 183).
[40] Vgl. auch *RGZ* 17, 403, 406.

[41] So schon *KG* JW 1931, 1106 mit Anm. *Heilberg*.
[42] *AG Tempelhof-Kreuzberg* JR 1957, 425, 426; a. A. *Schüler* DGVZ 1970, 81 (nicht vor 15 Jahren); ferner *RGZ* 14, 338 f. (11 Jahre verneint); *OLG Hamm* NJW 1974, 1150 (LS) (17jähriger bejaht); *BSG* MDR 1977, 82, 83 (15jähriger bejaht); zu weitgehend *AG Stade* Rbeistand 1987, 35 (9 1/2 Jahre).
[43] *BGH* Rpfleger 1973, 129; → § 171 Rdnr. 3; *H. Roth* JZ 1987, 895 ff.
[44] Insoweit zutreffend *BFH* NJW 1982, 2895.

dem Adressaten zusammen wohnt. Für § 181 reicht es nicht aus, wenn der Hausgenosse in demselben Haus eine eigene abgeschlossene Wohnung (Einliegerwohnung) bewohnt. Der frühere Ehegatte gehört nach der Scheidung nicht mehr zur Familie[45]. Auch ein Alleinstehender kann zur Familie gehörende Hausgenossen haben, wie z.B. ein Pflegekind[46]. Es spielt keine Rolle, ob ein Kind nur mit einem der Ehegatten verwandt ist.

Unter bestimmten Voraussetzungen genügt ein tatsächlicher Verband. Dazu gehört etwa das bereits erwähnte Pflegekind (→ Rdnr. 12). Nach richtiger Auffassung zählt hierzu auch jedenfalls der nichteheliche Lebensgefährte, wenn der Adressat nicht nur mit ihm, sondern mit einer Familie zusammen lebt[47]. Darüber hinaus genügt für eine Ersatzzustellung aber auch eine nur aus zwei Personen bestehende Lebensgemeinschaft[48]. Unerheblich ist es für die Wirksamkeit der Zustellung in diesen Fällen, wenn auf der Postzustellungsurkunde vermerkt wird, daß das Schriftstück der »Ehefrau« übergeben wurde[49]. Nicht unter § 181 fallen jedoch bloße Haushalts- und Wirtschaftsgemeinschaften wie z.B. Wohngemeinschaften. Eine Ersatzzustellung ist im übrigen auch bei gleichgeschlechtlichen Lebensgemeinschaften möglich[50]. 13

2. Dienende Personen

Geeignete Ersatzpersonen sind nach Abs. 1 auch in der Familie dienende erwachsene Personen. Dabei kann es sich einmal um Hausangestellte im engeren Sinne handeln. Darunter fällt aber auch das Leisten höherer Dienste wie bei Erzieherinnen, Privatsekretären u. dgl.[51]. Die Norm muß erweiternd auch auf Junggesellenhaushalte angewendet werden, so daß z.B. die Haushälterin eines katholischen Geistlichen unter Abs. 1 fällt[52]. Sie gilt aber nicht für die von einem Zwangsverwalter in Dienst genommene Angestellte[53]. Dagegen fällt unter Abs. 1 auch der in der Familie lebende Handlungs- oder Gewerbegehilfe[54]. Notwendig ist ein dauerndes Dienstverhältnis, wobei es auf die Art der Vergütung nicht ankommt[55]. So gehört unter Abs. 1 etwa die regelmäßig bei dem Adressaten gegen Stundenlohn arbeitende Putzfrau[56]. Entscheidend ist die Regelmäßigkeit, so daß § 181 auch dann zur Anwendung gelangt, wenn die Dienste aus Gefälligkeit oder aufgrund eines faktischen Verhältnisses erbracht werden[57]. Nicht erforderlich ist es, daß die betreffende Person in dem Hause wohnt oder sie gerade im Dienste des Adressaten steht. Ausreichend ist vielmehr ein Anstellungsverhältnis in der Familie, zu dessen Gemeinschaft der Adressat gehört[58]. Bei der durch Mahnbescheid eingeleiteten Drittschuldnerklage gegen den Arbeitgeber soll der Vollstreckungsbescheid nicht wirksam an den Schuldner im Wege des § 181 zugestellt werden können, da § 185 entsprechend zur Anwendung kommt[59]. Das ist aber schwerlich zutreffend (→ § 829 Rdnr. 56). Ausreichend ist es, wenn die dienende Person Post in einer gemeinsamen Postempfangsstelle von Klinik und Wohnung des Klinikträgers in Empfang nimmt[60]. 14

---

[45] *BVerwG* DVBl 1958, 208; *OLG Hamm* MDR 1981, 602.
[46] *OVG Hamburg* NJW 1988, 1807, 1808.
[47] *BGHZ* 111, 1ff. m. zust. Anm. *H. Roth* JZ 1990, 761f.; *Orfanides* ZZP 104 (1991), 71ff.; *K. Schreiber* JR 1990, 508f. (teils krit.); *FG Hamburg* NJW 1985, 512; ferner dazu *Drischler* SCHS.ZTG 1991, 83; *K. Schmidt* JuS 1990, 669; a.A. *OLG Stuttgart* MDR 1988, 518; → Voraufl. Rdnr. 11, Fn. 18; *W. Gerhardt* ZZP 98 (1985), 355f.; *MünchKommZPO/v. Feldmann* (1992) Rdnr. 13.
[48] Offengelassen in *BGHZ* 111, 1, 7; dafür *H. Roth* JZ 1990, 761f.; *David* DGVZ 1988, 162f.; *Mayer/Rang* NJW 1988, 811f.; a.A. *Thomas/Putzo*[18] Rdnr. 6; *OLG München* NJW-RR 1986, 862; *BGH* NJW 1987, 1562m. im Ergebnis zust. Anm. *Wendisch* NStZ 1987, 470; *AG Germersheim* DGVZ 1987, 46.
[49] *FG Hamburg* NJW 1985, 512.
[50] *OVG Hamburg* NJW 1988, 1807, 1808; *H. Roth* JZ 1990, 761f.
[51] *RGZ* 54, 240f.; *VGH München* NJW 1991, 1249, 1250 (Privatsekretäre).
[52] *BayVerfGH* Rpfleger 1964, 75; *OVG Hamburg* NJW 1988, 1807, 1808.
[53] *OLG Königsstein* JW 1931, 2148.
[54] *KG* KGBl 1903, 77.
[55] S. *RG* JW 1937, 1663 (Stundenlohn).
[56] *FG Berlin* NJW 1986, 344; *RG* JW 1937, 1663.
[57] *VGH München* NJW 1991, 1249, 1250; *OLG Hamm* JurBüro 1982, 1142.
[58] *RGZ* 34, 392, 398; *OLG Karlsruhe* OLGRsp 2, 422f.; *FG Berlin* NJW 1986, 344.
[59] *LAG Rheinland-Pfalz* LAGE § 185 ZPO Nr. 1.
[60] *VGH München* NJW 1991, 1249, 1250.

3. Übergabe in der Wohnung

15 Den genannten Personen kann nach Wortlaut und Zweck des § 181 nur zugestellt werden, wenn sie »in« der Wohnung des Zustellungsadressaten angetroffen werden. Eine Übergabe an sie außerhalb der Wohnung ist ungültig, auch wenn sie angenommen wird. Wird dagegen von den Ersatzpersonen die Annahme in der Wohnung verweigert, so kommt § 186 zur Anwendung. § 181 Abs. 1 verlangt anders als Abs. 2 keine Annahmebereitschaft.

4. Hauswirt; Vermieter (Abs. 2)

a) Gemeinsames

16 Die in Abs. 2 vorgesehenen weiteren Ersatzpersonen, wie Hauswirt oder Vermieter, sind lediglich subsidiäre Zustellungsempfänger. An sie darf nur zugestellt werden, wenn keine der in Abs. 1 genannten Personen angetroffen wird. Das ist nach § 191 Nr. 4 zu beurkunden. Die im pflichtgemäßen Ermessen des Zustellungsbeamten stehende Ersatzzustellung nach Abs. 2 steht unter der doppelten Voraussetzung, daß diese selbst im Hause wohnen und zur Annahme bereit sind. Wird die Annahme verweigert, so ist nicht nach § 186, sondern nach § 182 zu verfahren. Die polizeiliche Anmeldung reicht etwa bei Schiffern nicht[61]. Der Zustellungsbeamte ist ferner nicht verpflichtet, sich nach dem ihm unbekannten und nicht zweifelsfrei erkennbaren Hauswirt oder Vermieter zu erkundigen[62].

b) Hauswirt

17 Hauswirt i. S. des Abs. 2 ist neben dem Eigentümer oder Nutznießer des Hauses auch dessen Stellvertreter gegenüber den Mietern, wie der Hausverwalter, Portier u. dgl. (auch § 30 Nr. 2 S. 4 GVGA)[63]. Der im wesentlichen nur mit der Kontrolle des Hauseingangs oder sonst mit Dienstleistungen rein technischer Art betraute Pförtner gehört aber nicht hierher[64].

18 Bei Gefangenen ist der Anstaltsleiter (§ 156 StVollzG) als Hauswirt zu behandeln (ferner § 30 Nr. 2 S. 3 Nr. 3 GVGA). Dem steht ein sonst dazu befugter Beamter des Aufsichtsdienstes gleich[65]. Bei Patienten ist »Hauswirt« i. S. des Abs. 2 der Vorstand des Krankenhauses (Heilanstalt)[66] oder der mit der Erledigung von Vorstandsgeschäften betraute Vertreter oder Angestellte[67].

c) Vermieter

19 Vermieter i. S. von Abs. 2 ist auch der Untervermieter und derjenige, der den Gebrauch der Wohnung aufgrund eines anderen Vertragsverhältnisses als der Miete gewährt. Bei Hausangestellten ist das der Dienstherr und bei den Arbeitnehmern der Arbeitgeber, wenn sie bei ihm wohnen. So liegt es etwa bei Landarbeitern oder Schiffern. Bei Soldaten in Truppenunterkünften gilt das Gesagte an sich entsprechend für den Einheitsführer. Doch ist für diesen allgemein der Kompaniefeldwebel zum Vertreter bestimmt[68]. Maßgebend ist im einzelnen ein Erlaß des Bundesverteidigungsministers (→ Rdnr. 63 vor § 166)[69]. Der Wehrdienst als

---

[61] *LAG Mainz* MDR 1966, 707 m. Anm. *E. Schneider*.
[62] *LG Hamburg* MDR 1966, 931.
[63] *RG* JW 1919, 678, teils krit. dazu die Anm. *Lemberg*.
[64] *RG* JW 1938, 2681.
[65] *BayObLG* VersR 1985, 741, 742; *FG Berlin* EFG 1985, 320 (Briefamt der Untersuchungshaftanstalt).
[66] *RGZ* 152, 360, 362; *OLG Stuttgart* Die Justiz 1967, 316.
[67] *OLG Stuttgart* JurBüro 1975, 390.
[68] *Thomas/Putzo*[18] Rdnr. 12.
[69] Dazu *LG Essen* NJW 1961, 1586 gegen *Lipschütz* DRiZ 1957, 216.

solcher hebt die Wohnungseigenschaft der bisherigen Wohnung nicht auf[70]. Für einen Zeitsoldaten der Bundeswehr soll aber der Dienstort die Wohnung sein[71]. Bei kasernierten Angehörigen der Bereitschaftspolizei und des Bundesgrenzschutzes ist dem diensttuenden Innendienstleiter oder dessen Stellvertreter zuzustellen, soweit sie nicht eine eigene Wohnung im Kasernenbereich haben (§ 30 Nr. 2 GVGA i. V. m. § 3 Abs. 1 BadWüGVGA; § 3 BayErgGVGA; § 277 HessGVGA). An Asylbewerber kann die Ersatzzustellung in der zentralen Anlaufstelle für Asylbewerber bewirkt werden, wenn er tatsächlich dort wohnt[72].

d) Keine Ersatzzustellung

Eine Ersatzzustellung an die Familienangehörigen oder Bediensteten des Hauswirtes, Vermieters oder Anstaltsvorstehers oder an einen Angehörigen des Anstaltspersonals ist unzulässig[73]. Eine analoge Anwendung würde gegen den numerus clausus der Ersatzzustellungsmöglichkeiten verstoßen. Anderes gilt nur, wenn den Angestellten usw. stellvertretend für den Hauswirt u. dgl. bestimmte Aufgaben bei der Verwaltung des Hauses übertragen sind. 20

IV. Nachweis

Die Zustellungsurkunde (§ 190) beweist nach § 418 Abs. 1 bis zur Widerlegung nach Abs. 2, ob eine Person Hausgenosse und erwachsen ist, ob sie in der Familie dient[74], ob sie Hauswirt ist oder ob der Adressat persönlich angetroffen wurde (→ Rdnr. 8). Zunächst werden diese Fragen durch den zustellenden Beamten aufgrund seiner Wahrnehmungen entschieden. Die Beweiskraft der Zustellungsurkunde erstreckt sich aber nicht darauf, ob der Adressat unter der Zustellungsanschrift wohnt (→ Rdnr. 4ff., 8). Das Gericht ist bei der Prüfung der Gültigkeit der Zustellung an die Auffassung des Beamten nicht gebunden[75]. Aus der Zustellungsurkunde muß ein vergeblicher Zustellungsversuch nach §§ 180, 181 eindeutig hervorgehen. Ansonsten ist eine Ersatzzustellung unwirksam[76]. 21

§ 182 [Ersatzzustellung durch Niederlegung]

Ist die Zustellung nach diesen Vorschriften nicht ausführbar, so kann sie dadurch erfolgen, daß das zu übergebende Schriftstück auf der Geschäftsstelle des Amtsgerichts, in dessen Bezirk der Ort der Zustellung gelegen ist, oder an diesem Ort bei der Postanstalt oder dem Gemeindevorsteher oder dem Polizeivorsteher niedergelegt und eine schriftliche Mitteilung über die Niederlegung unter der Anschrift des Empfängers in der bei gewöhnlichen Briefen üblichen Weise abgegeben oder, falls dies nicht tunlich ist, an die Tür der Wohnung befestigt oder einer in der Nachbarschaft wohnenden Person zur Weitergabe an den Empfänger ausgehändigt wird.

Gesetzesgeschichte: Bis 1900 § 167 CPO. Änderungen durch Gesetz vom 9.12.1927, RGBl. I 175 und durch VO vom 17.6.1933, RGBl. I 394, → Einl. Rdnr. 125.

---

[70] Vgl. *OLG München* NJW-RR 1991, 1470 (str.) (zum Grundwehrdienst).
[71] *OLG Düsseldorf* JurBüro 1992, 54 (aber mit anfechtbarer Begründung).
[72] *OVG Koblenz* NVwZ 1989, 496, 497.
[73] *BVerwG* NVwZ 1986, 842; *RGZ* 152, 360, 362f.;

OLG Colmar OLGRsp 25, 143 (Pförtner der Heilanstalt); auch § 30 Nr. 2 S. 4 GVGA.
[74] S. *KG* KGBl 1903, 77.
[75] *RGZ* 14, 338; a. A. *KG* KGBl 1903, 77.
[76] *LG Aachen* MDR 1991, 451.

Stichwortverzeichnis → *Zustellungsschlüssel* in Rdnr. 65 vor § 166.

I. Anwendungsbereich; Normzweck	1	III. Mitteilung über die Niederlegung	3
II. Niederlegung; Wahlrecht	2	IV. Beweis	8

I. Anwendungsbereich; Normzweck

1   Die Ersatzzustellung durch Niederlegung ist eine subsidiäre Zustellungsform und setzt voraus, daß eine Zustellung nach § 180[1] und § 181 nicht durchführbar ist. Es handelt sich um eine Zugangsfiktion. Die Voraussetzungen sind nur gegeben, wenn der Zustellungsadressat (→ § 171 Rdnr. 2) in seiner Wohnung (→ § 181 Rdnr. 5) nicht angetroffen wird, und wenn eine Ersatzzustellung nach näherer Maßgabe des § 181 Abs. 1 oder Abs. 2 nicht möglich ist[2]. Nach dem Normzweck soll aus Gründen der Rechtssicherheit der Zeitpunkt der Zustellung nachgewiesen werden können, an den sich wichtige außergerichtliche und prozessuale Wirkungen knüpfen[3]. Eine zulässige Zustellung nach § 182 hat die gleiche Wirkung wie die Übergabe an den Zustellungsadressaten selbst. Die Vorschrift entspricht der Verfassung[4]. Die für den Adressaten wegen der Zustellungsfiktion bestehenden Risiken werden durch die Möglichkeiten der Wiedereinsetzung in den vorigen Stand ausgeglichen[5]. Eine Ersatzzustellung nach § 182 ist auch bei schwerwiegenden Folgen zulässig[6]. Die Anforderungen an die Wiedereinsetzung in den vorigen Stand dürfen wegen Art. 103 Abs. 1 GG nicht überspannt werden[7]. Das gilt vor allem für die Beteiligung von Ausländern[8]. An den Ausführungsmöglichkeiten des § 182 fehlt es, wenn die Ersatzzustellung entweder unmöglich ist oder doch nach dem verständigen Ermessen des Zustellungsbeamten nicht als angemessen erscheint. Ferner wird die gesetzliche Zulässigkeit der Ersatzzustellung nach § 182 vorausgesetzt[9]. Einen vorangehenden Versuch der Zustellung im Geschäftslokal des Zustellungsadressaten (§ 183) oder eine Erkundigung dort verlangt das Gesetz nicht. Wird der Versuch aber unternommen, so kann erst nach einem erneuten Zustellungsversuch in der Wohnung (§ 181) von der Niederlegung nach § 182 Gebrauch gemacht werden. § 182 findet auf die Zustellung im Geschäftslokal (§§ 183, 184) keine Anwendung (→ § 183 Rdnr. 1)[10]. Sind Wohn- und Geschäftsanschrift identisch, so kann das Zustellungsorgan wählen, ob in der Wohnung mit der Möglichkeit der Ersatzzustellung nach § 182 oder im Geschäftslokal mit der Ersatzzustellung nach § 183 zugestellt werden soll (→ auch § 183 Rdnr. 1). Der Niederlegung steht nicht entgegen, daß der Zustellungsadressat verreist ist und die Post gebeten hat, alle Zugänge an den Absender zurückzusenden (aber → Rdnr. 5)[11]. Die Heilung von Mängeln richtet sich nach den Grundsätzen von → Rdnr. 28 vor § 166 und → § 187 S. 1[12]. § 185 ist auf die Zustellung nach § 182 nicht anwendbar[13].

---

[1] *VGH Kassel* NJW 1990, 1500, 1501.
[2] *BGH* NJW 1985, 2197; VersR 1974, 809; RGZ 87, 412, 413f.; *BVerwG* NJW 1991, 1904; *OLG München* NJW-RR 1987, 895.
[3] Dazu *BVerwG* NJW 1991, 1904 re. Sp.; *BFH* NJW 1988, 1999, 2000.
[4] *BayVerfGHE* 41, 113, 117; *BayObLG* JurBüro 1990, 484.
[5] *BVerwG* NJW 1991, 1904; *BayObLG* JurBüro 1990, 484.
[6] *OLG Düsseldorf* Stbg 1990, 341 (Ausschließung eines Steuerberaters).
[7] *LAG Köln* LAGE § 233 ZPO Nr. 5 (zu § 59 ArbGG).
[8] Auch → § 233.
[9] RGZ 30, 426, 429 (zu § 188).
[10] *BGH* RIW 1993, 673, 674; JR 1969, 61; NJW 1976, 149; ferner *OLG Köln* MDR 1990, 1021 mit Anm. *E. Schneider; OVG Bremen* NJW 1986, 2132; *LAG Düsseldorf* EzA § 183 ZPO Nr. 1; *LAG Saarbrücken* JBSaar 1966, 13, 14; *LG Aschaffenburg* DGVZ 1992, 13.
[11] *BayObLGSt* 1956, 213.
[12] Vgl. auch *OVG Jena* DRZ 1947, 33.
[13] *OLG Celle* NdsRpfl 1989, 294, 295; zu einem Ausnahmefall *LG Fulda* Rpfleger 1987, 27 (kaum richtig).

II. Niederlegung; Wahlrecht

Zwischem den in § 182 aufgezählten vier Niederlegungsarten hat der Zustellungsbeamte 2
die Wahl. § 31 Nr. 2 S. 2 GVGA empfiehlt diejenige Form, die dem Adressaten am bequemsten zugänglich ist. In der Praxis hat die Niederlegung bei der Postanstalt die größte Bedeutung. Die Niederlegung muß bei dem Postamt der Wohnsitzgemeinde geschehen. Dies gilt auch dann, wenn ein anderes Postamt Zustellpostamt ist[14]. Die Niederlegung ist wohl nur wirksam, wenn der Name des Adressaten auf dem Briefumschlag der niedergelegten Sendung im wesentlichen korrekt geschrieben worden ist. Die in § 182 angeführten Behörden sind zur Annahme, Aufbewahrung und Ausantwortung der niedergelegten Schriftstücke verpflichtet[15]. Die Begriffe Gemeinde- und Polizeivorsteher sind nicht bundesrechtlich bestimmt. Daher obliegt es den Ländern, die in § 182 vorgesehenen Funktionen verwaltungsrechtlich in das Behördensystem des jeweiligen Landes einzuordnen[16]. Mit der Niederlegung bei der Post hat die Sendung ihre Eigenschaft als Zustellbrief verloren. Hat der Adressat um Nachsendung der eingegangenen Briefe ersucht, so ist die Sendung wie ein gewöhnlicher Brief nachzusenden (→ Rdnr. 5). Dadurch ändert sich am Zustellungszeitpunkt nichts.

III. Mitteilung über die Niederlegung

Die Mitteilung über die Niederlegung bedeutet die schriftliche Anzeige, daß das zu übergebende Schriftstück[17] und die Zustellungsurkunde an dem bezeichneten Ort niedergelegt 3
seien. Die Mitteilung muß mit der Anschrift des Zustellungsadressaten versehen werden und ist in erster Linie »in der bei gewöhnlichen Briefen üblichen Weise« (abstrakte Betrachtungsweise) abzugeben. Im übrigen ist aber der Inhalt des Benachrichtigungszettels durch das Gesetz nicht vorgeschrieben. Es muß sich lediglich zweifelsfrei ergeben, daß ein zuzustellendes Schriftstück für den Empfänger bei einem bestimmten Postamt zur Abholung bereit liegt. Das Datum des Zustellungsversuchs und das Aktenzeichen der niedergelegten Sendung sind Postinterna, deren Fehlen die Wirksamkeit der Zustellung nicht berührt[18]. Die Mitteilung ist postalisch so zu behandeln wie ein gewöhnlicher Brief. Die »übliche Weise« bestimmt sich nach den Anforderungen des § 182 und nicht nach postalischen Dienstanweisungen oder dem in den AGB der Deutschen Bundespost Postdienst niedergelegten Postbenutzungsrecht[19]. Wenn aber eine nach den maßgebenden AGB unübliche Art und Weise der Übermittlung nicht von Wissen und Duldung des Adressaten umfaßt ist, so ist sie ungültig. Regelmäßig ist die Mitteilung in den an der Tür oder dgl. befindlichen Briefkasten oder Briefeinwurf zu werfen[20]. Eine nachträgliche Zusendung des Benachrichtigungszettels durch die Post genügt nicht[21]. Das Schriftstück kann stattdessen auch zwischen Schwelle und Tür hindurchgeschoben werden, falls dies bei dem Adressaten nach der sonst geübten *konkreten Handhabung* auch sonst üblich ist[22]. Es ist daher stets ausreichend, wenn sich die Mitteilung konkret nach der von dem Postzusteller bei dem einzelnen Empfänger praktizierten und von diesem akzeptierten oder hingenommenen Übung richtet (konkrete Betrachtungsweise)[23]. Ist ein Briefkasten nicht vorhanden, so kann ganz ausnahmsweise auch die Ablage vor der Wohnungstür genügen[24]. Als generelle Lösung ist das aber unter verfassungsrechtlichen Gesichts-

---

[14] *BFH* BB 1988, 1881 (LS); *VGH Hessen* DÖV 1986, 618 (LS); *LG Hamburg* MDR 1985, 167.
[15] Einzelheiten regeln die AGB der Deutschen Bundespost Postdienst (Vfg. Amtsblatt 10.5.1991, 1017, Anlage).
[16] *RGZ* 122, 290, 291.
[17] *VGH Baden-Württemberg* Die Justiz 1980, 363.
[18] Auch → Rdnr. 25 vor § 166.

[19] *BVerwG* NJW 1985, 1179; *BFH* DStR 1985, 46 (zur früheren PostO).
[20] *OLG Hamm* JMBlNRW 1981, 68.
[21] *AG Haßfurt* DGVZ 1989, 74 f.
[22] *OLG Koblenz* NStE § 37 StPO (Nr. 10).
[23] *BFH* NJW 1988, 1999, 2000; *BVerwG* NJW 1985, 1179.
[24] *BVerwG* NJW 1985, 1179, 1180 (sehr weitgehend).

punkten bedenklich. Ausreichend ist auch der Einwurf in einen offenen gemeinsamen Hausbriefkasten[25]. Es ist auch sonst nicht zu beanstanden, wenn die Mitteilung in einem nicht verschließbaren Briefkasten eingelegt wird[26]. Die Anforderungen an die Gewährung der Wiedereinsetzung in den vorigen Stand sind in derartigen Fällen streng[27].

4 Das Einlegen der Mitteilung in das Postschließfach des Zustellungsadressaten genügt nach dem Gesagten nicht[28]. Erst recht ist nicht ausreichend das Einlegen in das Postschließfach der Ehefrau[29]. Dasselbe gilt für das Einlegen in ein Postfach oder für das Zuordnen zu den postlagernden Sendungen. In allen genannten Fällen ist die Ersatzzustellung unwirksam.

5 Ist ein Nachsendeantrag gestellt, so muß die Mitteilung des § 182 nicht nachgesandt werden[30]. Vielmehr ist wegen der Wichtigkeit einer eindeutigen Bestimmung des Zustellungszeitpunktes auch hier die Abgabe der Mitteilung in der Wohnung zulässig[31]. Der Empfänger kann die sich hieraus ergebenden Nachteile durch einen besonderen Postzustellungsauftrag beschränken[32]. Für die Frage der Wirksamkeit der Ersatzzustellung ist das aber unerheblich (auch → Rdnr. 2).

6 Ist eine Mitteilung nach → Rdnr. 3 nicht möglich, weil etwa ein Briefkasten fehlte, oder unsachgemäß, so kann der Zustellungsbeamte gem. § 182 nach seiner Wahl die Anzeige entweder an der Tür befestigen oder an eine in der Nachbarschaft wohnende annahmebereite Person zur Weitergabe an den Empfänger aushändigen. Doch sollte die Befestigung an der Tür erst nachrangig versucht werden, wenn die Aushändigung an einen Nachbarn nicht möglich ist (auch § 31 Nr. 3 S. 3 GVGA). Die Türbefestigung kann etwa durch Klebeband oder Reißzwecke bewirkt werden[33]. Das Einklemmen oder Einschieben der Mitteilung in einen seitlichen Türspalt ist nicht ausreichend, weil erfahrungsgemäß bereits geringfügige Bewegungen einer Tür ausreichen, ein Blatt herausfallen zu lassen[34]. Ein Gartentor ist einer Wohnungstür nicht ohne weiteres gleichzusetzen, da der Zettel damit dem beliebigen Zugriff Dritter sowie Witterungseinflüssen preisgegeben wird[35].

7 Für die Gültigkeit der Zustellung ist wesentlich, daß in einer der bezeichneten Formen mitgeteilt worden ist. Daher ist es gleichgültig, ob und wann die Mitteilung in die Hand des Adressaten gelangt ist und er von ihr Kenntnis erhält[36]. Bei der Ladung zur mündlichen Verhandlung trifft das Gericht keine besondere Nachforschungspflicht dahingehend, ob die Ladung rechtzeitig zur Kenntnis genommen worden ist[37]. Die Zustellung besteht aus den beiden Akten der Mitteilung und der Niederlegung und ist daher erst mit dem letzten der beiden Akte vollendet[38]. Es kommt daher nicht auf den Zeitpunkt an, wann das niedergelegte Schriftstück tatsächlich ausgehändigt wurde[39]. Für die Beurkundung gilt § 191 Nr. 4 HS 3. Die Beurkundung kann im Falle des § 195 auch von zwei Postbeamten in der Weise vorgenommen werden, daß der Zusteller nur beurkundet, den Empfänger nicht angetroffen und einen Benachrichtigungszettel hinterlassen zu haben, wogegen die Beurkundung der Zustellung durch Niederlegung von dem Postbeamten vorgenommen wird, an dessen Schalter das

---

[25] *LG Bielefeld* DWW 1989, 225; *BVerwG* NJW 1988, 578.
[26] *BayObLG* NJW-RR 1988, 509.
[27] *LG Bielefeld* DWW 1989, 225.
[28] *BFH* BB 1983, 822 (LS); *BayObLG* NJW 1963, 600, 601; offengelassen durch *VGH Kassel* NJW 1990, 1500, 1501.
[29] *BayObLG* Rpfleger 1963, 386 mit abl. Anm. *Lappe;* offengelassen durch *BayObLGZ* 1980, 266, 269.
[30] *BFH* NJW 1988, 1999, 2000; a.A. *VGH München* BB 1972, 295.
[31] *BVerwG* NJW 1991, 1904 re. Sp.; *BFH* NJW 1988, 1999, 2000; *BayObLGZ* 1980, 266, 269.
[32] Dazu ferner *BVerwG* NJW 1991, 1904; *BFH* NJW 1988, 1999, 2000.
[33] *VGH Kassel* NJW 1990, 1500, 1501.
[34] *VGH Kassel* NJW 1990, 1500, 1501 (Aussiedlerhof); *BFH* BB 1981, 230.
[35] *BVerfG* NJW 1988, 817 (deshalb erhebliche Bedenken).
[36] *BVerwG* NJW 1991, 1904; *BayObLG* JurBüro 1990, 484; *OLG Köln* FamRZ 1992, 1082; *FG Niedersachsen* EFG 1986, 412 (LS).
[37] *BFH* BB 1989, 903, 904.
[38] *BVerwG* NJW 1991, 1904; *BFH* NJW 1988, 1999, 2000.
[39] *BGH* NJW-RR 1992, 315.

Schriftstück zur Abholung bereitgehalten wird. Die gängigen Formulare sehen eine derartige Beurkundung auch vor[40]. Wenn an einem Samstag niedergelegt wurde, so ist dieser Tag für die Zustellung entscheidend, auch wenn die Sendung wegen der eingeschränkten Öffnungszeiten der Post erst am darauffolgenden Montag abgeholt werden konnte. § 222 Abs. 2 findet keine Anwendung.

IV. Beweis

Der Beweis für den beurkundeten Zustellungsvorgang wird durch die Postzustellungsurkunde nach § 418 Abs. 1 erbracht. Der Gegenbeweis nach § 418 Abs. 2 kann nur in der Weise geführt werden, daß jede Möglichkeit der Richtigkeit der Urkunde ausgeschlossen wird[41]. Der in den neueren Formularen enthaltene Vordruck »wie bei gewöhnlichen Briefen üblich – in den Hausbriefkasten eingelegt« begründet vollen Beweis (§ 418) dafür, daß der Postzusteller die vorgesehene Mitteilung in den Hausbriefkasten eingelegt hat[42]. Der bloße Vortrag, keinen Niederlegungszettel gefunden zu haben, reicht für einen erfolgreichen Wiedereinsetzungsantrag nicht aus. Der Zustellungsbeamte muß sich selbst von den tatsächlichen Voraussetzungen für die Zustellung durch Niederlegung überzeugen und darf das nicht Dritten überlassen[43]. Wenn der in der Zustellungsurkunde vorgedruckte Text über die Mitteilung durchgestrichen ist, so kann die Postzustellungsurkunde nicht mehr nachträglich vervollständigt werden, wenn die Urkunde schon an das Gericht zurückgelangt war[44]. Geht aus der Urkunde nicht eindeutig hervor, daß ein vergeblicher Zustellungsversuch nach § 181 unternommen worden ist, so ist die Zustellung unwirksam[45]. Auch muß aus der Postzustellungsurkunde deutlich werden, daß die schriftliche Mitteilung geschehen ist[46]. Zeichnet der die Zustellungszeit beurkundende Postbeamte nur durch Paraphe ab, so ist die Zustellung unwirksam[47]. Wird die Mitteilung an einen Nachbarn ausgehändigt, so muß die Zustellungsurkunde dessen Namen und Anschrift enthalten[48].

8

§ 183 [Ersatzzustellung im Geschäftsraum]

(1) Für Gewerbetreibende, die ein besonderes Geschäftslokal haben, kann, wenn sie in dem Geschäftslokal nicht angetroffen werden, die Zustellung an einen darin anwesenden Gewerbegehilfen erfolgen.
(2) Wird ein Rechtsanwalt, ein Notar oder ein Gerichtsvollzieher in seinem Geschäftslokal nicht angetroffen, so kann die Zustellung an einen darin anwesenden Gehilfen oder Schreiber erfolgen.

Gesetzesgeschichte: Bis 1900 § 168 CPO. Änderung des Abs. 2 durch Gesetz vom 17.5.1898, RGBl. 256, → Einl. Rdnr. 113.

---

[40] *LAG Hamm* MDR 1986, 172 (zu Formblatt AVR 41).
[41] *LAG Schleswig-Holstein* ARST 1986, 172; *BVerwG* NJW 1985, 1179, 1180.
[42] *BGH* VersR 1986, 787 (aber mit weitergehender Formulierung); ähnlich auch *BVerwG* NJW 1986, 2127, 2128; *BSG* SozSich 1989, 125 (LS); *BayObLG* JurBüro 1990, 484; NJW-RR 1988, 509; *FG Saarland* EFG 1990, 395; überholt *BFH* DStR 1985, 46 (zur alten Fassung der Postzustellungsurkunde); zum Vorliegen ungewöhnlicher Umstände s. *OLG Köln* FamRZ 1992, 1082; auch *AG Minden* DWW 1989, 225.
[43] *OLG Zweibrücken* MDR 1985, 1048.
[44] *BGH* DGVZ 1991, 115, 116; zur eindeutigen Berichtigung zutreffend *BVerwG* ARCHIV PF 1985, 267; mit Anm. *H. G. Schneider*.
[45] *LG Aachen* MDR 1991, 451 (Nr. 451).
[46] *BVerwG* NVwZ 1985, 337.
[47] *LAG Düsseldorf* LAGE § 195 ZPO Nr. 1.
[48] *OLG Hamburg* MDR 1993, 685.

Stichwortverzeichnis → *Zustellungsschlüssel* in Rdnr. 65 vor § 166.

I. Anwendungsbereich 1	4. Personalgesellschaften; Kapitalgesellschaften 6
II. Nicht angetroffener Gewerbetreibender 2	5. Gewerbegehilfen 8
III. Gewerbetreibender	IV. Geschäftslokal 9
1. Begriff 3	V. Gewerbegehilfe 11
2. Scheingewerbe 4	VI. Geschäftslokal des Rechtsanwalts usw. (Abs. 2) 13
3. Mehrzahl von Personen 5	VII. Arbeitssachen 15

I. Anwendungsbereich

1   Die §§ 183, 184 betreffen die Ersatzzustellung im Geschäftslokal. Diese steht unabhängig von der Ersatzzustellung des § 181 in der Wohnung (→ § 181 Rdnr. 1) zur Wahl. Der Zustellungsbeamte kann nach seinem pflichtgemäßen Ermessen den einen oder den anderen Weg wählen (auch → § 182 Rdnr. 1). Er kann auch den anderen Weg einschlagen, wenn der zuerst gewählte erfolglos geblieben ist. Ist aber die Zustellung nach § 183 vergeblich gewesen, so darf nicht nach § 182 niedergelegt werden. § 182 ist vielmehr auf die Fälle der §§ 180, 181 beschränkt (→ § 182 Rdnr. 1 m. Nachw.)[1]. Die im Anwendungsbereich des § 183 verbotene Niederlegung nach § 182 wird auch nicht dadurch zu einer wirksamen Ersatzzustellung, daß der Zustellungsbeamte das Geschäftslokal fälschlich als Wohnung angesehen hat. § 183 findet auch auf Zustellungen Anwendung, die mit dem Gewerbe oder dem Beruf nichts zu tun haben[2].

II. Nicht angetroffener Gewerbetreibender

2   Die Ersatzzustellung nach § 183 setzt voraus, daß der Gewerbetreibende im Geschäftslokal nicht angetroffen wird. Auf die Anwesenheit kommt es nicht an. Es gelten dazu die oben → § 181 Rdnr. 9 dargestellten Grundsätze. Nicht begründbar ist eine Einschränkung dahingehend, daß ein regelmäßiger Kontakt zu dem betreffenden Gewerbegehilfen nötig ist[3]. Ggf. muß durch Aussetzung des Verfahrens geholfen werden, wenn z.B. der Zustellungsgegner im Ausland inhaftiert ist. § 183 kann dagegen – anders als § 184 – nicht eingreifen, wenn der Gewerbetreibende zwar angetroffen wird, aber an der Annahme verhindert ist[4]. Die Ersatzzustellung nach § 183 ist auch bei unbekanntem Aufenthalt des Zustellungsadressaten zulässig, sofern er nur das Geschäftslokal nicht aufgegeben hat. Sie konkurriert also mit der öffentlichen Zustellung nach § 203 oder dem Antrag nach § 177. Wenn die Annahme verweigert wird, so greift § 186 ein. § 183 ist auf die Zustellung von Anwalt zu Anwalt (§ 198) nicht anzuwenden.

III. Gewerbetreibender

1. Begriff

3   Gewerbetreibender ist im Anwendungsbereich des § 183, wer i.S. des gewöhnlichen Sprachgebrauchs ein Gewerbe, d. h. eine auf Erwerb gerichtete Tätigkeit für eigene Rechnung

---

[1] *LAG Düsseldorf* EzA § 183 ZPO Nr. 1.
[2] *RGZ* 16, 349, 351; *BAG* AP § 183 ZPO Nr. 4 mit Anm. *Zeiss*.
[3] So aber *LG Freiburg* JurBüro 1980, 1427.
[4] *RGZ* 17, 403, 406.

betreibt[5]. Die betreffende Person braucht nicht unter die Gewerbeordnung zu fallen (arg. § 183 Abs. 2), so daß auch Freiberufler dazu zählen wie Ärzte[6], Apotheker, Journalisten, Patentanwälte, Künstler, Schriftsteller usw. In den Kernbereich fallen freilich das Handelsgewerbe und der Fabrikbetrieb. Ferner zählen hierzu die Anwaltskanzlei, das Amt des Notars und das Büro des Gerichtsvollziehers. Doch sind insoweit die Besonderheiten des Abs. 2 zu beachten (→ Rdnr. 13 ff.). Hierher gehören auch Pächter und Nießbraucher.

2. Scheingewerbe

Wer sich als Gewerbetreibender ausgibt, ohne ein solcher zu sein, z. B. durch Aushang eines Geschäftsschildes o. ä., muß sich eine Zustellung nach § 183 Abs. 1 gefallen lassen[7]. Dabei wird als Betriebsinhaber auch derjenige behandelt, der zum Schein für einen anderen einen Gewerbebetrieb anmeldet, sich aber um die Führung des eröffneten Betriebes nicht kümmert. In diesem Fall sind dem Scheininhaber auch Betriebsverlegungen zuzurechnen[8]. 4

3. Mehrzahl von Personen

Es ist gleichgültig, ob das Gewerbe von einem einzelnen oder von einer Mehrzahl von Personen, z. B. von einer BGB-Gesellschaft betrieben wird. Es muß dann an den Gewerbegehilfen des Adressaten oder an einen gemeinschaftlichen Gewerbegehilfen zugestellt werden. Bei vereinigten Anwälten muß an den gemeinschaftlichen Gehilfen zugestellt werden[9]. Dabei ist das Innenverhältnis der Anwälte gleichgültig[10]. Nicht wirksam ist die Zustellung an einen der anderen Teilhaber, besonders bei der Anwaltssozietät[11]. 5

4. Personalgesellschaften; Kapitalgesellschaften

Bei Personalgesellschaften (OHG, KG) kann auch für einen persönlichen Gesellschafter (Komplementär) in seinen persönlichen Angelegenheiten an die Gewerbegehilfen der Gesellschaft zugestellt werden, sofern er sein Gewerbe dort gewöhnlich betreibt[12]. Das gilt aber nicht, wenn z. B. der Gesellschafter der Leiter einer auswärtigen Zweigniederlassung ist[13]. Dann bleibt aber an dieser Zweigniederlassung eine Ersatzzustellung möglich. 6

Dem Geschäftsführer einer GmbH kann nicht im Wege der Ersatzzustellung nach § 183 in den Geschäftsräumen der GmbH zugestellt werden, wenn die Zustellung an ihn persönlich gerichtet ist[14]. Das gilt selbst dann, wenn er Alleingesellschafter oder Hauptgesellschafter der GmbH ist[15]. Gewerbetreibende ist vielmehr die Kapitalgesellschaft. Der Gewerbebetrieb der GmbH ist aber kein solcher der Gesellschafter oder Geschäftsführer. Das gilt auch für kleinere Gesellschaften, deren Geschäftsführer nach außen als Inhaber des Gewerbebetriebs auftreten[16]. Das Gesagte trifft auch bei dem Alleingesellschafter der GmbH, der zugleich Geschäfts- 7

---

[5] *LG Kaiserslautern* Strafverteidiger 1987, 55, 56.
[6] *BSG* MDR 1977, 700.
[7] *BAG* AP § 183 ZPO Nr. 4 mit Anm. *Zeiss; OLG Köln* NJW-RR 1989, 355; Rpfleger 1973, 175, 176; *OLG Dresden* SeuffArch 67, 474; Abgrenzungsentscheidung *BGH* NJW-RR 1993, 1083.
[8] *OLG Köln* NJW-RR 1989, 355.
[9] *RGZ* 16, 349, 350; ferner 24, 416; *RG* JW 1906, 566.
[10] *OLG München* OLGRsp 29, 74, 75 a. E.
[11] S. *RAG* JW 1936, 2179 mit Anm. *Oppermann*; *OLG München* OLGRsp 15, 104.

[12] Vgl. *RGZ* 16, 349, 350; *BAG* AP § 191 ZPO Nr. 2 mit zust. Anm. *E. Schumann*; dazu auch *Winterstein* DGVZ 1991, 17, 21.
[13] *OLG Hamburg* OLGRsp 29, 72, 73.
[14] *BGHZ* 97, 341, 343; *BayObLGZ* 1985, 20, 22; *BayObLGSt* 1985, 113, 114; *OLG Zweibrücken* DGVZ 1991, 56.
[15] *BGHZ* 97, 341, 343.
[16] A. A. *BVerwG* MDR 1974, 337, 338; offengelassen von *BGHZ* 97, 341, 343; *BayObLGZ* 1985, 20, 22 und *OLG Zweibrücken* DGVZ 1991, 56.

führer ist, zu[17]. Einer natürlichen Person kann im Wege der Ersatzzustellung nur nach § 181 Abs. 1 und 2, § 182 zugestellt werden oder aber in ihrem eigenen Geschäftslokal nach § 183[18]. Wird an den Geschäftsführer einer GmbH in seiner Eigenschaft als deren Vertreter (§ 171) zugestellt, so gilt § 184.

5. Gewerbegehilfen

8   Gewerbetreibender ist nur der Inhaber des Betriebes. Die Gewerbegehilfen müssen sich in ihren eigenen Angelegenheiten nach § 180 eine persönliche Zustellung im Geschäftslokal gefallen lassen. Das gilt auch für die Prokuristen. Eine Ersatzzustellung kann nach § 181 nur in ihrer Wohnung bewirkt werden.

IV. Geschäftslokal

9   Unter Geschäftslokal sind die Räumlichkeiten zu verstehen, in denen der Gewerbetreibende zur Zeit der Zustellung regelmäßig seinen Berufsgeschäften nachgeht[19]. Es reicht aus, wenn dies nur vorübergehend geschieht, z.B. während einer Messe. Eine Niederlassung im Rechtssinne wird nicht vorausgesetzt. Unerheblich ist es, ob eine etwa erforderliche Anmeldung bei den zuständigen Behörden vorgenommen wurde. Keine Rolle spielt es daher auch, ob der Gewerbetreibende selbst die rechtlichen Voraussetzungen für die betreffende geschäftliche Tätigkeit besitzt (z.B. bei Berufsverboten). Gleichgültig ist es, ob die Tätigkeit generell oder im Einzelfall unzulässig ist oder wegen der Zweckentfremdung von Wohnraum oder eines Verstoßes gegen Arbeitsschutzvorschriften in den betreffenden Räumen überhaupt nicht ausgeübt werden darf.

10 Das »besondere« Geschäftslokal braucht sich nicht abgesondert außerhalb der Wohnung zu befinden. Es muß lediglich ein zu dem besonderen Zweck des Geschäfts bestimmter und benutzter Raum sein. Liegt das besondere Geschäftslokal innerhalb der Wohnung, so kommen die §§ 181 und 183 nebeneinander zur Anwendung. So kann die Ersatzzustellung sowohl an die Gewerbegehilfen als auch an die in § 181 bezeichneten Personen bewirkt werden (→ § 182 Rdnr. 1)[20]. Sind Geschäftslokal und Wohnung getrennt, so kann dagegen im Geschäftslokal nur an die darin anwesenden Gehilfen oder Schreiber, nicht aber an einen Familienangehörigen oder an eine andere der in § 181 genannten Personen wirksam zugestellt werden[21]. Umgekehrt gilt das gleiche.

V. Gewerbegehilfe

11 Gewerbegehilfe ist, wer dauernd in dem betreffenden Gewerbe angestellt ist[22]. Gleichgültig ist es, ob er Hausgenosse i. S. von § 181 ist oder nicht, oder ob er gegen Bezahlung i. S. eines festen Betrages oder Werklohnes, als Auszubildender[23] oder Praktikant oder ohne Bezahlung arbeitet. Der Gewerbegehilfe muß weder volljährig noch auch erwachsen sein i. S. des § 181 (dazu → § 181 Rdnr. 11)[24]. Ausreichend ist es, wenn der Gehilfe zur Zeit der Zustellung

---

[17] *OLG Hamm* GRUR 1992, 888; NJW 1984, 2372 (LS); *LG Kaiserslautern* Strafverteidiger 1987, 55, 56; *Noack* DGVZ 1983, 129; a.A. → Voraufl. Rdnr. 3.
[18] *OLG Zweibrücken* DGVZ 1991, 56.
[19] *RGZ* 16, 349; *OLG Köln* NJW-RR 1988, 355.
[20] *RGZ* 10, 359, 360; *RG* DR Teil A 1939, 2175; ferner *VGH München* NJW 1991, 1249, 1250 (gemeinsame Postempfangsstelle für Privatwohnung und Klinik eines Arztes).
[21] *RGZ* 10, 359, 361; *RG* JW 1898, 350; *LG Aschaffenburg* DGVZ 1992, 13.
[22] *OLG Köln* NJW-RR 1989, 355.
[23] *Thomas/Putzo*[18] Rdnr. 4.
[24] *BVerwG* NJW 1962, 70, 71.

anwesend ist, ohne daß er durch seine Dienststellung angewiesen sein müßte, sich in dem Geschäftslokal aufzuhalten[25].

Keine Gewerbegehilfen sind Fabrikarbeiter, Boten, Putzfrauen[26], Pförtner[27] usw. Ebensowenig fallen darunter Agenten und Provisionsreisende (Handelsvertreter). Nicht dazu gehört auch die Ehefrau, die während der (haftbedingten) Abwesenheit des Ehemannes in den Büroräumen nach dem Rechten sieht und umgekehrt[28].

VI. Geschäftslokal des Rechtsanwalts usw. (Abs. 2)

Geschäftslokal des Anwalts ist seine Kanzlei. Deshalb genügt ein den Anwälten allgemein zur Verfügung gestelltes Anwaltszimmer im Gerichtsgebäude (Anwaltshalle) nicht[29]. Betroffen sind durch Abs. 2 nur die dort aufgeführten Anwälte, Notare und Gerichtsvollzieher. Nicht hierher gehören daher die nichtanwaltschaftlichen Prozeßbevollmächtigten sowie der Justitiar des Arbeitgebers[30].

Bei den genannten Personen kann sowohl an den »Gehilfen« als auch an den »Schreiber« zugestellt werden. Wird eine solche Person nicht angetroffen, so ist eine Niederlegung nach § 182 ausgeschlossen[31]. Vorausgesetzt wird ein dauerndes Dienstverhältnis vergleichbar den zum Geschäftsbetrieb dargestellten Grundsätzen (→ Rdnr. 11). Es genügen aber wohl auch Halbtagskräfte, die etwa für den Empfang und für den Telefondienst zuständig sind. Ein Dienstvertrag ist nicht erforderlich, so daß auch ein Referendar im Vorbereitungsdienst darunter fällt. Eine Zustellung an den Sozius ist unzulässig (→ Rdnr. 5). Unwirksam ist die Zustellung an den Bürovermieter des Anwalts[32]. Ebenso liegt es ferner für eine Zustellung außerhalb des Geschäftslokals, z. B. im Gerichtsgebäude, auf der Straße oder in der Wohnung des Gehilfen, Bürovorstehers usw. Eine Heilung nach § 187 S. 1 ist unter den dort geregelten Voraussetzungen möglich.

VII. Arbeitssachen

§ 183 Abs. 2 findet auch in Arbeitssachen Anwendung. Nach § 50 Abs. 2, § 64 Abs. 7 ArbGG kann im Verfahren vor den Arbeits- und Landesarbeitsgerichten an die Vertreter des § 11 ArbGG im Wege der Ersatzzustellung nach § 183 Abs. 2 ZPO an deren Gehilfen oder Schreiber zugestellt werden. Im übrigen ist § 183 Abs. 2 im arbeitsgerichtlichen Verfahren ebenso auszulegen wie im Zivilprozeß. Der Arbeitsgerichtsprozeß kennt insoweit keine sachlich bedingten Besonderheiten. Deshalb ist eine Ersatzzustellung nach § 183 Abs. 2 an den als Prozeßbevollmächtigten bestellten Justitiar nicht möglich[33].

§ 184 [Ersatzzustellung bei juristischen Personen]

(1) Wird der gesetzliche Vertreter oder der Vorsteher einer Behörde, einer Gemeinde, einer Korporation oder eines Vereins, dem zugestellt werden soll, in dem Geschäftslokal während der gewöhnlichen Geschäftsstunden nicht angetroffen oder ist er an der Annahme

---

[25] Vgl. *RGZ* 4, 425, 427f.
[26] *RG* JW 1936, 3312; *RAG* ArbRsp 31, 16 mit Anm. *Volkmar.*
[27] *LAG Baden-Württemberg* AP § 183 ZPO Nr. 3.
[28] *OLG Düsseldorf* WM 1977, 1334, 1135.
[29] *OLG Düsseldorf* OLGZ 1965, 325.
[30] A.A. *BAG* AP § 183 ZPO Nr. 5 mit abl. Anm. *E. Schumann.*
[31] *OVG Bremen* AnwBl 1986, 538.
[32] *OLG Braunschweig* NJW 1950, 440.
[33] A.A. *BAG* AP § 183 ZPO Nr. 5 m.abl. Anm. *E. Schumann.*

§ 184 I, II   1. Buch: Allgemeine Vorschriften   1060

verhindert, so kann die Zustellung an einen anderen in dem Geschäftslokal anwesenden Beamten oder Bediensteten bewirkt werden.

(2) Wird der gesetzliche Vertreter oder der Vorsteher in seiner Wohnung nicht angetroffen, so sind die Vorschriften der §§ 181, 182 nur anzuwenden, wenn ein besonderes Geschäftslokal nicht vorhanden ist.

Gesetzesgeschichte: Bis 1900 § 169 CPO.

Stichwortverzeichnis → *Zustellungsschlüssel* in Rdnr. 65 vor § 166.

I. Funktion 1	4. Nichtantreffen; Verhinderung 5
II. Voraussetzungen	5. Zustellung an ein Mitglied des
1. Geschäftslokal 2	Aufsichtsrates 8
2. Gewöhnliche Geschäftsstunden ... 3	II. Ersatzzustellung in der Wohnung
3. Beamte; Bedienstete 4	(Abs. 2) 9

I. Funktion

1   § 184 gestaltet den § 183 für die Zustellung an juristische Personen[1] und Behörden mit Abweichungen im einzelnen näher aus. Daneben gilt die Vorschrift auch für Personenhandelsgesellschaften[2]. Diese unterfallen daher sowohl dem § 183 (→ § 183 Rdnr. 6) als auch dem § 184[3]. § 184 ist im Zusammenhang mit § 171 zu sehen, dessen Anwendung die Norm voraussetzt[4]. Eine Zustellung an eine juristische Person muß grundsätzlich an deren gesetzliche Vertreter nach § 171 bewirkt werden[5]. Zustellungsadressaten sind also die in § 171 Abs. 1 und 2 genannten gesetzlichen Vertreter und Vorsteher (→ § 171 Rdnr. 8; → auch § 17 Rdnr. 2; → Einl. Rdnr. 54 a.E.). Die gewöhnliche Zustellungsform ist die Zustellung an den Vertreter oder Vorsteher in Person im Geschäftsraum oder in Person in der Wohnung nach §§ 171, 180. § 184 betrifft die Ersatzzustellung an den im Geschäftslokal anwesenden Bediensteten oder Beamten. Die in § 36 Nr. 3 Abs. 3 GVGA vorgesehene Möglichkeit, daß das Schriftstück unverschlossen übergeben wird, verstößt nicht gegen höherrangiges Recht[6]. Eine Ersatzzustellung in der Wohnung ist nach § 184 Abs. 2 nur möglich, wenn ein besonderer Geschäftsraum fehlt. § 184 meint nach seinem Sinn solche gesetzlichen Vertreter, die sich während der Geschäftsstunden im Geschäftslokal aufzuhalten pflegen[7] (→ zum Aufsichtsrat Rdnr. 8). Gegenüber § 183 ergeben sich folgende Abweichungen:

II. Voraussetzungen

1. Geschäftslokal

2   Die Ersatzzustellung im Geschäftslokal darf nur während der gewöhnlichen Geschäftsstunden stattfinden. Es muß sich um das Geschäftslokal derjenigen Handelsgesellschaft handeln, der zugestellt werden soll. Bei einer GmbH & Co KG ist das das Geschäftslokal der Kommanditgesellschaft und nicht dasjenige der Komplementär-GmbH[8]. Im übrigen richten sich die

---

[1] *BFH* NVwZ 1989, 694, 695.
[2] *BayObLG* DB 1988, 1210 (GmbH & Co KG); *KG* OLGRsp 17, 137 (KG).
[3] *MünchKommZPO/v. Feldmann* (1992) Rdnr. 1.
[4] *BayObLG* DB 1988, 1210.
[5] *Stellwaag* DGVZ 1989, 37.
[6] Dazu näher *Zeiss* DGVZ 1984, 81 ff.
[7] BGHZ 107, 296, 299; a.A. *OLG Celle* ZIP 1989, 511 f.

Anforderungen an das Vorhandensein eines Geschäftslokals nach dem zu oben → § 183 Rdnr. 9 Ausgeführten. Geschätslokal einer Handelsgesellschaft ist demnach der Ort der Geschäftsführung, nicht dagegen die Fabrik als solche. Gleichgültig ist es aber, ob es sich um das Geschäftslokal des Hauptgeschäftes oder einer Zweigniederlassung handelt[9]. Geschäftslokal ist der gesamte für den Bürodienst der Behörde oder der Gemeinde usw. bestimmte Raum[10], also auch die Registratur oder das Sekretariat der Behörde. Bei Zustellungen an den Vorsitzenden des Gesamtbetriebsrates (→ § 171 Rdnr. 9) kann Geschäftslokal die Posteingangsstelle des Arbeitgebers sein[11]. Gewisse Besonderheiten gelten bei Behörden mit verschiedenen Geschäftsbereichen. So konnte an den Oberpräsidenten in Fürsorgeerziehungssachen nur in den Diensträumen des Provinzialverbandes zugestellt werden[12].

2. Gewöhnliche Geschäftsstunden

Die gewöhnlichen Geschäftsstunden[13] richten sich nach der örtlichen Geschäftssitte. Man wird es aber auch ausreichen lassen können, wenn während der individuellen Geschäftsstunden zugestellt wird[14]. Auch wird man es genügen lassen können, wenn mit der Vollstreckung gegen Ende der normalen Geschäftsstunden begonnen wird und die Vollstreckung darüber hinaus andauert[15]. Bei öffentlichen Behörden ist die Dienstordnung maßgebend. Eine Zustellung ist auch zulässig, wenn der Betrieb samstags im wesentlichen ruht, aber ein Eildienst oder dergleichen eingerichtet ist[16]. 3

3. Beamte; Bedienstete

Bediensteter ist jede Person, die im Dienst der betreffenden Korporation steht, sofern sie auch mit der Entgegennahme von Postsendungen betraut ist[17]. Es reicht nicht aus, daß der Bedienstete im Privatdienst des Vorstehers steht[18]. Eine Reihenfolge ist nicht vorgeschrieben. 4

4. Nichtantreffen; Verhinderung

Die Ersatzzustellung ist zulässig, wenn der Zustellungsadressat nicht angetroffen wird. Anders als bei § 183 (→ § 183 Rdnr. 2) ist sie ferner zulässig, wenn der Vertreter usw. an der Annahme verhindert ist. Dabei kommt es nicht darauf an, ob das Hindernis objektiv begründet ist. 5

In der Zustellungsurkunde ist nach § 191 Nr. 3 der Vertreter als Zustellungsadressat bezeichnet. Die Rechtsprechung läßt es aber ausreichen, wenn im Falle eines Anfechtungsprozesses (§ 246 Abs. 2 S. 2 AktG) lediglich die Gesellschaft in der Zustellungsurkunde bezeichnet wird. Als Zustellungsadressaten kämen nur die Vorstandsmitglieder in Betracht, da die Mitglieder des Aufsichtsrats in aller Regel im Geschäftslokal der Gesellschaft keinen Geschäftsraum hätten[19]. Verallgemeinern läßt sich diese Aussage aber wohl nicht. So wurde die Zustellung an eine GmbH & Co KG mit Recht als unwirksam angesehen, weil in der Zustellungsurkunde (§ 191 Nr. 3) der Geschäftsführer der Komplementär-GmbH nicht als Zustellungsadressat angegeben war[20]. 6

---

[8] *BayObLG* DB 1988, 1210.
[9] *RGZ* 109, 265, 267.
[10] *BFH* NVwZ 1989, 694, 695.
[11] *BAG* AP § 47 BetrVG 1972 Nr. 2.
[12] *KG* DR 1940, 1482f.
[13] Dazu *RGZ* 21, 388, 389f.
[14] So *Stellwaag* DGVZ 1989, 37, 38; offengelassen durch *RGZ* 21, 388, 390.
[15] Dazu *OLG Düsseldorf* AfP 1985, 56, 58 (Presseorgan).
[16] *OVG Koblenz* NJW 1966, 1769 (arbeitsfreier Samstag einer Brauerei).
[17] *BFH* NVwZ 1989, 694, 695.
[18] *PrOVG* 70, 279, 292 (Haushälterin des Pfarrers).
[19] *BGHZ* 107, 296, 299.
[20] *BayObLG* BB 1989, 171.

7 Im finanzgerichtlichen Verfahren wird an Behörden in jeder Zustellungsart an deren Vorsteher zugestellt. Es bedarf in der Empfängerbezeichnung keines Zusatzes wie »zu Händen des Vorstehers«[21].

5. Zustellung an ein Mitglied des Aufsichtsrates

8 § 184 kommt nicht zur Anwendung bei der Zustellung der Klage aus § 246 Abs. 2 S. 2 AktG (usw.) an ein Mitglied des Aufsichtsrates der Aktiengesellschaft (→ auch § 171 Rdnr. 11)[22]. Das ergibt sich aus dem tragenden Gedanken des § 184 (→ Rdnr. 1 a. E.), der auf Aufsichtsratsmitglieder nicht paßt. Sie gehen ihrer Tätigkeit für die Gesellschaft im Geschäftslokal kaum nach. Die Anfechtungsklagen sind den Mitgliedern des Aufsichtsrates vielmehr nach §§ 180 ff. zuzustellen[23] (auch → Rdnr. 9).

III. Ersatzzustellung in der Wohnung (Abs. 2)

9 Nach Abs. 2 darf gegenüber dem Vertreter oder Vorsteher einer Behörde usw. eine Ersatzzustellung in der Wohnung nach §§ 181 oder 182 nur stattfinden, wenn ein besonderes Geschäftslokal nicht vorhanden ist[24]. Ist dagegen ein Geschäftslokal vorhanden, so darf in der Wohnung nur zu eigenen Händen nach §§ 180, 186 zugestellt werden[25]. An Mitglieder des Aufsichtsrates (→ Rdnr. 8) kann hingegen immer nach § 181, § 182 zugestellt werden, weil auf sie § 184 keine Anwendung findet.

10 Als Konsequenz der in Abs. 2 getroffenen Regelung ist eine Ersatzzustellung zunächst überhaupt nicht möglich, wenn in dem Geschäftslokal niemand angetroffen wird[26]. Die Vorschrift ist daher rechtspolitisch verfehlt[27]. Doch hat die Rechtsprechung für den Zustellungsveranlasser mit Recht Erleichterungen geschaffen. Findet der Zustellungsbeamte bei wiederholten Zustellungen das Geschäftslokal dauernd geschlossen vor, so darf er davon ausgehen, daß ein solches zur Zeit nicht vorhanden ist. Deshalb kann nach § 184 Abs. 2 verfahren werden[28]. Das gilt erst recht, wenn die Geschäftsräume aufgegeben sind[29].

11 Im übrigen geht § 184 ersichtlich davon aus, daß eine juristische Person ein als solches gekennzeichnetes und während der gewöhnlichen Geschäftsstunden besetztes Geschäftslokal unterhält. Deshalb kann eine Zustellung bei einem Fehlen dieser Voraussetzungen nicht verhindert werden. Eine Räumlichkeit, die nicht als Geschäftslokal gekennzeichnet und während der gewöhnlichen Geschäftsstunden nicht besetzt ist, ist kein Geschäftslokal i. S. des § 184[30]. Ansonsten könnten juristische Personen eine wirksame Zustellung verhindern.

§ 185 [Keine Ersatzzustellung an Gegner]

Die Zustellung an eine der in den §§ 181, 183, 184 Abs. 1 bezeichneten Personen hat zu unterbleiben, wenn die Person an dem Rechtsstreit als Gegner der Partei, an welche die Zustellung erfolgen soll, beteiligt ist.

---

[21] BFHE 142, 547, 548.
[22] BGHZ 107, 296, 299; RGZ 83, 414; a. A. OLG Celle ZIP 1989, 511; zust. Günther EWiR 1989, 425.
[23] So im Falle von BGHZ 107, 296, 299; dazu ferner Hirte EWiR 1989, 843.
[24] Dazu OLG Dresden SächsAnn 15, 180; KG OLGRsp 17, 137.
[25] Dazu RG JW 1901, 784f.
[26] Ferner BayObLG WuM 1988, 332.
[27] Zutr. Stellwaag DGVZ 1989, 37, 39.
[28] OLG Köln MDR 1990, 1021 m. zust. Anm. E. Schneider; AK/ZPO/Göring (1987) Rdnr. 4; Stellwaag DGVZ 1989, 37, 39.
[29] Winterstein DGVZ 1991, 17, 21.
[30] OLG Koblenz RIW 1988, 739 re. Sp.

Gesetzesgeschichte: Eingefügt durch Gesetz vom 17.5.1898, RGBl. 156 zunächst als § 169a. § 185 seit der Neubekanntmachung vom 20.5.1898 (RGBl. 410ff.), → Einl. Rdnr. 113.

Stichwortverzeichnis → *Zustellungsschlüssel* in Rdnr. 65 vor § 166.

I. Normzweck	1	2. Erlaubte Zustellung	4
II. Anwendungsbereich		3. Objektives Vorliegen der Gegnerstellung	5
1. Verbotene Zustellung	2		

I. Normzweck

§ 185 will im Bereich der Zustellungen an Ersatzpersonen möglichen Interessenkollisionen Rechnung tragen. Mit ihr soll die ohnehin schon risikoreiche Zustellung an Ersatzpersonen dort verhindert werden, wo wegen einer Interessenkollision die Gefahr der Nichtaushändigung noch größer ist. Die Norm gilt *nicht* auch für die Hauptzustellung nach § 173. Deshalb kann ein Gläubiger wirksam an sich selbst als Vertreter des Schuldners zustellen lassen[1]. § 185 hat streng formalen Charakter und ist nicht auf Fälle anwendbar, in denen es nicht um eine Ersatzzustellung geht. Deshalb ist die Zustellung eines Vollstreckungsbescheides an eine GmbH auch dann wirksam, wenn an einen Mitgeschäftsführer übergeben wird (§ 171 Abs. 3), der zugleich Zedent der abgetretenen Forderung ist[2]. Auch erfaßt § 185 schon nach seinem Wortlaut nicht die Zustellung durch Niederlegung nach § 182, wenn z.B. die schriftliche Benachrichtigung über die Niederlegung einem in der Nachbarschaft wohnenden Angehörigen des Prozeßgegners ausgehändigt wird[3]. Eine analoge Anwendung des § 185 auf den Fall der Ersatzzustellung durch Niederlegung ist auch dann ausgeschlossen, wenn Prozeßgegner und Zustellungsadressat dieselbe Wohnung innehaben und die zu hinterlassende Mitteilung durch Einwurf in den gemeinsamen Briefkasten geschieht[4]. Folge eines Verstoßes gegen § 185 ist regelmäßig die Unwirksamkeit der Zustellung (→ Rdnr. 25ff. vor § 166; → § 829 Rdnr. 122). Doch ist eine Heilung nach § 187 S. 1 möglich. Soweit aber die in § 185 genannten Fälle der Ersatzzustellung betroffen sind, kann die Vorschrift erweiternd ausgelegt werden[5]. In Wohnungseigentumssachen kann § 185 auf den Verwalter Anwendung finden[6].

1

II. Anwendungsbereich

1. Verbotene Zustellung

Verboten ist in den Fällen der §§ 181, 183, 184 Abs. 1 die Ersatzzustellung an den Gegner des Zustellungsadressaten, d. h. regelmäßig an die betreibende Partei selbst. Bei einer Ersatzzustellung an Hausgenossen, Hausangestellte, Hauswirte, Vermieter, Gewerbegehilfen, Schreiber, Beamte oder Bedienstete der Behörde usw. besteht, wenn diese Personen Prozeßgegner des Zustellungsadressaten sind, die Gefahr, daß die Aushändigung an den Adressaten unterbleibt. Gegner sind alle Personen, zwischen denen und dem Zustellungsadressaten ein konkreter Interessenkonflikt besteht. Das wurde auch für einen Untergebrach-

2

---

[1] A. A. *LG Frankfurt a. M.* Rpfleger 1988, 72; *Thomas/Putzo*[18] Rdnr. 1; *Baumbach/Lauterbach/Hartmann*[51] Rdnr. 1.
[2] *BVerfGE* 67, 208, 212; *BGH* NJW 1984, 57 f. m. zust. Anm. *Zeiss* ZZP 97 (1984), 209; ferner *K.J. Puls* JuS 1987, 47 f.
[3] *OLG Celle* NdsRpfl 1989, 294, 295.
[4] A. A. *LG Fulda* MDR 1987, 149, 150.
[5] *BGH* NJW 1984, 57 f.; weiter dagegen *BAG* AP § 829 ZPO Nr. 7 mit zust. Anm. *Walchshöfer* (→ § 829 Rdnr. 56).
[6] *BayObLGZ* 1989, 342 ff.

ten und das die Unterbringung betreibende psychiatrische Landeskrankenhaus bejaht[7]. Insoweit ist die Zustellung an den Leiter oder Stellvertreter der Krankenhausverwaltung eingeschränkt (→ § 181 Rdnr. 18). Es kann auch um die Zustellung an den getrenntlebenden Ehegatten in einer Ehesache gehen[8]. Die Vorschrift gilt auch, wenn die Zustellung von Amts wegen (§ 208) oder auf Betreiben eines Streitgehilfen oder eines Streitgenossen der einen oder der anderen Partei geschieht.

3   Die Ersatzzustellung ist auch verboten, wenn der Zustellungsempfänger selbst am Ausgang des Rechtsstreits unmittelbar beteiligt ist, wie z. B. die mit dem Gegner in Gütergemeinschaft lebende Ehefrau[9]. Das Verbot erfaßt auch nahe Familienangehörige des Gegners, wie Kinder, Brüder, z. B. die Tochter im Scheidungsprozeß[10]. Ferner greift § 185 ein, wenn die Ersatzzustellung gegenüber einer Person vorgenommen wird, die wegen ihrer Position vom Gegner weisungsabhängig ist und sämtliche Schriftstücke, auch Zustellungen, an den Gegner zu übergeben hat[11]. So liegt es etwa für das Verhältnis von Hausmeister und Prokurist.

2. Erlaubte Zustellung

4   Möglich bleibt die Ersatzzustellung an Streitgenossen oder Streitgehilfen des Empfängers oder bei der Zustellung an den Prozeßbevollmächtigten (§ 176)(→ § 174 Rdnr. 13), die Übergabe an die Partei selbst, z. B. als Hauswirt des Prozeßbevollmächtigten, an den eigentlich zuzustellen wäre. § 185 kann nicht analog angewendet werden, wenn gem. § 171 Abs. 1 die Eltern als gesetzliche Vertreter des minderjährigen Beklagten Zustellungsadressaten sind, jedoch wegen deren Abwesenheit die Ersatzzustellung an den – »erwachsenen« – minderjährigen Beklagten selbst nach § 181 Abs. 1 bewirkt wird (→ § 171 Rdnr. 3). Eine Ersatzzustellung nach § 181 kann solange an den Minderjährigen bewirkt werden, wie er nicht in einem Prozeß Gegner seines gesetzlichen Vertreters ist. § 185 untersagt nur die Ersatzzustellung an Personen, die als Gegner des Zustellungsadressaten an dem Rechtsstreit beteiligt sind[12]. § 185 gilt auch nicht für den Fall des Zustellungsbevollmächtigten (→ § 174 Rdnr. 13). – Zum Drittschuldner (→ § 829 Rdnr. 56)[13].

3. Objektives Vorliegen der Gegnerstellung

5   Das Verbot des § 185 mit seiner Unwirksamkeitsfolge greift auch dann ein, wenn der Zustellungsbeamte die Gegnerstellung weder kannte noch kennen mußte[14]. Wird durch Übergabe eines verschlossenen Briefes zugestellt, so ist es Sache des Gerichtsvollziehers oder der Geschäftsstelle, durch einen Vermerk auf dem Briefumschlag die Person zu bezeichnen, an die nicht zugestellt werden darf.

6   Nach § 191 Nr. 4 muß in der Zustellungsurkunde der Grund ersichtlich gemacht werden, wenn eine der hier genannten Personen wegen § 185 übergangen wurde.

---

[7] *OLG Stuttgart* BWNotZ 1989, 91.
[8] Vgl. auch *OLG Hamburg* IPRax 1992, 38, 40; dazu *Rauscher* IPRax 1992, 14 ff., 17.
[9] *RGZ* 35, 429, 430 f.; *KG* OLGRsp 40, 365, 366.
[10] Dazu *Baumbach/Lauterbach/Hartmann*[51] Rdnr. 2; *Thomas/Putzo*[18] Rdnr. 2; a. A. *Wieczorek*[2] Bem. B II.
[11] *BAG* AP § 185 ZPO Nr. 1 mit zust. Anm. *Grunsky*; *OLG Karlsruhe* Rpfleger 1984, 25 f. (Sekretärin).

[12] *BGH* VersR 1973, 156.
[13] Anders als dort etwa *LAG Rheinland-Pfalz* LAGE § 185 ZPO Nr. 1; *AG Cochem* DGVZ 1989, 77; → Rdnr. 1 a. E.
[14] Vgl. *BAG* AP § 185 ZPO Nr. 1 mit Anm. *Grunsky*.

§ 186 [Zustellung bei Verweigerung der Annahme]

Wird die Annahme der Zustellung ohne gesetzlichen Grund verweigert, so ist das zu übergebende Schriftstück am Ort der Zustellung zurückzulassen.

Gesetzesgeschichte: Bis 1900 § 170 CPO.

Stichwortverzeichnis → *Zustellungsschlüssel* in Rdnr. 65 vor § 166.

I. Fiktion	1	III. Berechtigte Verweigerung	4
II. Unberechtigte Verweigerung	2		

I. Fiktion

Bei unberechtigter Verweigerung der Annahme ist die Zustellung mit dem Zurücklassen 1 des betreffenden Schriftstücks an dem betreffenden Ort bewirkt[1]. Dieses steht der Übergabe gleich. Der Adressat kann damit eine wirksame Zustellung nicht willentlich verhindern. Deshalb kann es sich im Einzelfall auch empfehlen, empfangsbedürftige Willenserklärungen anstatt durch Einschreiben mit Rückschein durch den Gerichtsvollzieher zustellen zu lassen[2]. Liegt ein gesetzlicher Weigerungsgrund vor (→ Rdnr. 4ff.), so ist die Zustellung unwirksam. Eine Heilung ist nach § 187 S. 1 möglich.

II. Unberechtigte Verweigerung

Die Verweigerung kann von der Partei selbst oder von den ihr gleichgestellten Zustellungs- 2 adressaten ausgehen (§§ 171, 173–178). Es kann ferner von einem möglichen Zustellungsempfänger verweigert werden, an den die Ersatzzustellung bewirkt werden soll, wie in den Fällen der §§ 181 Abs. 1, 183, 184. Ausgenommen sind der Hauswirt und der Vermieter nach § 181 Abs. 2 sowie der nicht empfangsbereite Nachbar im Falle des § 182 (→ § 182 Rdnr. 6). Verweigerung und Zurücklassung sind nach § 191 Nr. 5 zu beurkunden. Die Angabe eines Grundes verlangt § 191 Nr. 5 dagegen nicht.

Als Ort der Zurücklassung gilt jeder nach §§ 180–184 zulässige Ort. Das Schriftstück wird 3 meistens in den Briefkasten geworfen werden, unter der Tür durchgeschoben, an die Tür geheftet oder auch schlicht vor die Tür gelegt werden können. Eine Übergabe an beliebige Dritte ist jedoch unzulässig[3].

III. Berechtigte Verweigerung

Ein gesetzlicher Grund für die Verweigerung der Annahme der Zustellung liegt vor, wenn 4 die Voraussetzungen für die Ersatzzustellung nach §§ 181–184 fehlen. So liegt es etwa, wenn der betreffende Zustellungsempfänger nicht zur Entgegennahme einer Ersatzzustellung berechtigt ist oder die Zustellung im Falle des § 184 außerhalb der gewöhnlichen Geschäftsstunden versucht wird. Das gleiche gilt, wenn entgegen § 185 an den Gegner zugestellt werden soll.

---

[1] *Thomas/Putzo*[18] Rdnr. 3.
[2] *Terlau* GemWW 1987, 554.
[3] *Zöller/Stöber*[18] Rdnr. 1.

5   Die Annahme darf ferner verweigert werden, wenn die Zustellung durch den Gerichtsvollzieher entgegen § 188 zur Nachtzeit oder an einem Sonn- oder Feiertag versucht wird.
6   Schließlich kann verweigert werden, wenn die Zustellung nicht an die Person adressiert ist, an die sie bewirkt wird, oder wenn sonst Zweifel an der Person des Zustellungsadressaten bestehen. Auch müssen die Geschäftsnummern auf der Aktendurchschrift des zuzustellenden Schriftstückes und auf der Postzustellungsurkunde übereinstimmen[4] (§ 195 Abs. 2).

§ 187   [Heilung von Zustellungsmängeln]

Ist ein Schriftstück, ohne daß sich seine formgerechte Zustellung nachweisen läßt, oder unter Verletzung zwingender Zustellungsvorschriften dem Prozeßbeteiligten zugegangen, an den die Zustellung dem Gesetz gemäß gerichtet war oder gerichtet werden konnte, so kann die Zustellung als in dem Zeitpunkt bewirkt angesehen werden, in dem das Schriftstück dem Beteiligten zugegangen ist. Dies gilt nicht, soweit durch die Zustellung der Lauf einer Notfrist in Gang gesetzt werden soll.

Gesetzesgeschichte: Eingefügt durch Gesetz vom 17.5.1898, RGBl. 256, zunächst als § 170a. § 187 seit der Neubekanntmachung vom 20.5.1898, RGBl. 410ff., → Einl. Rdnr. 113. Änderungen durch die VO vom 9.10.1940, RGBl. I 1340 (→ Einl. Rdnr. 141). Hieran hat die Novelle 1950 (→ Einl. Rdnr. 148) festgehalten.

Stichwortverzeichnis → *Zustellungsschlüssel* in Rdnr. 65 vor § 166.

I. Normzweck 1	2. Ermessensausübung 19
II. Heilungsvoraussetzungen	3. Zeitpunkt 21
1. Beabsichtigtes Zugehen 3	IV. Notfristen als Ausnahme (S. 2)
2. Fehlender Zustellungsnachweis (S. 1 Alt. 1) 5	1. Notfristen u. a. 23
3. Verletzung zwingender Zustellungsvorschriften (S. 1 Alt. 2) 6	2. Ingangsetzung 24
a) Gewöhnliche Übersendung 7	3. Gespaltene Anwendung des S. 2 25
b) Abschriften; Ausfertigungen 8	V. Internationale Zustellung 26
c) Amts- und Parteizustellung; insbesondere § 929 10	1. Eingehende Ersuchen 27
d) Verstöße gegen § 176; § 212a 11	2. Ausgehende Ersuchen 28
e) Unrichtige Adressierung 14	3. Aufgabe zur Post; öffentliche Zustellung 30
f) Unterlassene oder fehlerhafte Beurkundung 15	4. Europäischer Zivilprozeß (Art. 27 Nr. 2 EuGVÜ)
g) Fehlerhafte Ersatzzustellung 16	a) Heilung nach dem Recht des Urteilsstaates 31
III. Pflichtgemäßes richterliches Ermessen 17	b) Verstöße gegen nationales Zustellungsrecht 32
1. Zuständigkeit 18	c) Verstöße gegen Völkervertragsrecht 33

I. Normzweck[1]

1   § 187 mildert die Folgen, die sich aus den häufigen Fehlerquellen des unübersichtlichen und komplizierten Zustellungsrechts ergeben (→ Rdnr. 11, 23 vor § 166). § 187 S. 1 will die

---

[4] *FG Düsseldorf* EFG 1985, 152.
[1] *Güntzel* Die Fehlerhaftigkeit von Prozeßhandlungen der Partei im Zivilprozeß und die Möglichkeit ihrer Heilung (Diss. Marburg 1966), 18ff.; *H. Hagen* JZ 1972, 505,

Geltendmachung von Zustellungsmängeln ausschließen, wenn der Zweck der Zustellung, dem Empfänger eine zuverlässige Kenntnis von dem zuzustellenden Schriftstück zu verschaffen, auf andere Weise erreicht ist[2]. § 187 gilt neben dem Erkenntnisverfahren auch im Vollstreckungsverfahren[3]. Nach h.L. ist eine Zustellung ungültig, deren formgerechte Ausführung nicht nachzuweisen oder bei der eine der gesetzlichen Formvorschriften verletzt ist (→ Rdnr. 25ff. vor § 166). § 187 beschränkt die Heilung eines Zustellungsmangels auf diejenigen Zustellungen, die von dem hierfür zuständigen Organ gewollt waren, aber fehlerhaft ausgeführt wurden und dennoch ihren Adressaten erreichten[4]. Die Möglichkeit der Heilung besteht bei der Zustellung von Schriftstücken jeder Art. Sie ist nicht auf bestimmte Arten von Mängeln beschränkt und es kann das Zugehen des Schriftstückes in jeder Weise dargetan werden. Das Hinwegsehen über den Mangel ist nach S. 1 in das pflichtgemäße Ermessen des Gerichts (auch des Revisionsgerichts) gestellt[5]. Nach S. 2 ist eine Heilung bei der Ingangsetzung von Notfristen und damit vergleichbaren Fristen (→ Rdnr. 23ff.) ausgeschlossen. § 187 ist im Zusammenhang mit anderen Heilungsmöglichkeiten zu sehen. So kann ein Zustellungsmangel unter bestimmten Voraussetzungen (→ Rdnr. 28 vor § 166) auch durch Rügeverzicht nach § 295 geheilt werden. Dadurch können zustellungsbedürftige Prozeßhandlungen trotz fehlender oder mangelhafter Zustellung wirksam werden. Das hat aber keinen Einfluß auf den Lauf von Fristen. Dabei ist die Heilung einer unwirksamen Zustellung auch möglich durch eine formlose Genehmigung des Zustellungsadressaten, rückwirkend auch bei Notfristen, wenn an eine gesetzlich nicht vorgesehene Ersatzperson zugestellt wird (→ Rdnr. 29 vor § 166). § 187 betrifft jede Art förmlich zuzustellender Schriftstücke[6]. Das gilt auch im Rahmen des § 43 ZVG oder im Verfahren der eidesstattlichen Versicherung[7]. In gleicher Weise findet die Norm im Vergleichsverfahren Anwendung[8].

Der Anwendungsbereich des § 187 ist weit zu fassen[9]. § 187 wollte den ursprünglichen Rechtszustand durchgreifend ändern. § 187a.F. sah früher die Möglichkeit der Heilung, abgesehen vom Fall der Nichtrüge nach § 295, nur in ganz eingeschränktem Umfang vor. Sie war allein bei Ladungen gegeben, auf Verstöße gegen die Vorschriften über die Ersatzzustellung beschränkt und an ein Parteigeständnis über den Empfang des Schriftstückes geknüpft. 2

II. Heilungsvoraussetzungen

1. Beabsichtigtes Zugehen

Eine Heilung kann in den beiden der in § 187 S. 1 geregelten Alternativen nur eintreten, 3 wenn eine Zustellung beabsichtigt war. Die Zustellung muß von dem Gericht wenigstens angeordnet oder irgendwie in die Wege geleitet worden sein. Es reicht deshalb nicht aus, wenn der gegnerische Anwalt vor einer Zustellungsanordnung des Gerichts der Akte ein Doppel des Schriftstückes entnimmt[10]. Ausreichend ist es hingegen, wenn eine Klage entgegen der richterlichen Anordnung nur formlos mitgeteilt wurde[11]. Dagegen genügt es nicht,

---

508; *E. Schneider* JurBüro 1966, 451, 454f.; *Schlee* AnwBl 1987, 544, 545 (im Zusammenhang mit Haftpflichtfragen); *Scholtz* DStR 1986, 182; *Staud* DJ 1940, 1182; *Vollkommer* Formenstrenge und prozessuale Billigkeit (1973), 361ff.
[2] BGH NJW 1989, 1154, 1155; OLG Köln GRUR 1987, 404, 405.
[3] LG Aachen NJW-RR 1989, 1344.
[4] LG Aachen NJW-RR 1989, 1344; LG Hechingen DGVZ 1986, 188.
[5] BGH NJW 1992, 2235, 2236 re. Sp.

[6] OLG Celle Rpfleger 1991, 166, 167; OLG Düsseldorf Rpfleger 1989, 36 m. Anm. *Meyer-Stolte.*
[7] OLG Frankfurt a.M. Rpfleger 1991, 449 m. Anm. *Teubner* EWiR 1991, 1035.
[8] LG Hannover AnwBl 1986, 246.
[9] BGH NJW 1989, 1154, 1155; *E. Schneider* JurBüro 1966, 451, 455; a.A. insoweit VGH Kassel NJW 1987, 1903.
[10] OLG Köln FamRZ 1986, 278, 279 m.Anm. *Becker-Eberhard* (insbes. 281); jüngst BGH FamRZ 1993, 309.
[11] BGH NJW 1956, 1878, 1879.

wenn die Klage formlos zur Stellungnahme zu dem Antrag des Klägers auf Gewährung von Prozeßkostenhilfe mitgeteilt wurde[12].

4   Das zu übergebende Schriftstück muß demjenigen, an den es dem Gesetz gemäß gerichtet war oder gerichtet werden konnte, tatsächlich zugegangen sein. Gemeint ist damit der Zustellungsadressat (§ 191 Nr. 3)[13]. Der richtige Adressat muß daher, gleich durch wen und in welcher Weise, in den Besitz des Schriftstückes gekommen sein. § 187 S. 1 ist auch bei Verstößen gegen Art. 32 des Zusatzabkommens zum NATO-Truppenstatut vom 18.8.1961 (BGBl. II 1245) anzuwenden, wonach über die Verbindungsstelle zuzustellen ist[14]. Eine bloße Unterrichtung über den Inhalt des Schriftstücks genügt nicht[15]. Daher reicht ein Zugehen der Erklärung i. S. des BGB nicht immer aus[16]. Nicht genügend ist auch die Übermittlung einer Abschrift oder Ablichtung, z.B. durch den unrichtigen Adressaten, der das Schriftstück zurückbehalten hat. In diesem Fall ist der Adressat nicht in Besitz des Schriftstückes gekommen. Auch die anderweitige Beschaffung eines inhaltlich gleichlautenden Schriftstückes ist nicht ausreichend. So liegt es bei der selbst beschafften Urteilsausfertigung anstelle der vom Gegner bei der Urteilszustellung zu übergebenden Abschrift[17]. Die Tatsache und der Zeitpunkt des Zugehens an den Adressaten können mit allen zulässigen Beweismitteln bewiesen werden.

2. Fehlender Zustellungsnachweis (S. 1 Alt. 1)

5   § 187 S. 1 Alt. 1 meint den Fall, wenn feststeht oder nachgewiesen ist, daß der richtige Adressat in den Besitz des Schriftstückes gelangt ist, sich andererseits ein formgerechter Zustellungsakt nicht nachweisen läßt, aber auch eine Mißachtung von Formvorschriften nicht bewiesen ist. Der betreffende Nachweis kann nicht nur durch die Zustellungsurkunde, sondern auch durch andere Beweismittel erbracht werden (→ § 190 Rdnr. 4). Kein Fall des S. 1 Alt. 1 liegt vor, wenn erwiesen ist, daß ein formgerechter Zustellungsakt nicht stattgefunden hat. Vielmehr ist dann gegen zwingende Vorschriften des Zustellungsrechts verstoßen worden, und es liegt die zweite Alternative des Satz 1 vor (→ sogleich Rdnr. 6).

3. Verletzung zwingender Zustellungsvorschriften (S. 1 Alt. 2)

6   Es muß gegen zwingende Zustellungsvorschriften i. S. des zu → oben Rdnr. 26 vor § 166 Ausgeführten verstoßen worden sein. Verstöße gegen nicht zwingende Vorschriften, wie sie in → § 190 Rdnr. 1 und → § 194 Rdnr. 8 genannt sind, berühren die Wirksamkeit der Zustellung nicht und bedürfen daher keiner Heilung. § 187 ist weit auszulegen und im übrigen auch analogiefähig (→ Rdnr. 2). Insbesondere gehören folgende Fälle hierher:

a) Gewöhnliche Übersendung

7   Zwingendes Recht ist verletzt, wenn statt der erforderlichen Zustellung eine gewöhnliche Übersendung stattgefunden hat. So kann es etwa im Anwendungsbereich der Pfändung

---

[12] BGHZ 7, 268, 270.
[13] Anders *Thomas/Putzo*[18] Rdnr. 6.
[14] Ebenso *LG Aachen* NJW-RR 1990, 1344; *Baumbach/Lauterbach/Hartmann*[51] Schlußanhang III Art. 32 Rdnr. 1 f.; *Mümmler* JurBüro 1987, 1301, 1311.
[15] *BGH* NJW 1992, 2099, 2100; *OLG Köln* GRUR 1987, 404, 405; *VGH Kassel* NJW 1987, 1903; *LAG Baden* MDR 1952, 43, 44.
[16] *LAG Frankfurt a. M.* AP § 187 ZPO Nr. 3; *OLG Nürnberg* MDR 1982, 238.
[17] *LAG Baden* MDR 1952, 43; *VGH Kassel* NJW 1987, 1903 (Übermittlung einer Abschrift oder Ablichtung).

liegen[18] oder im Falle der Klageerhebung durch eingeschriebenen Brief[19]. Bei einer Vorpfändung (§ 845) muß aber der Gerichtsvollzieher mitwirken, sonst ist eine Heilung nach § 187 nicht möglich. So liegt es etwa bei dem Zusenden oder Einwerfen lediglich durch den Gläubiger[20]. Oftmals wird in derartigen Fällen ein Umgehen des § 845 liegen, damit ein Rangvorteil verschafft wird. Dadurch darf aber der rechtstreue Rangkonkurrent nicht benachteiligt werden.

b) Abschriften; Ausfertigungen

Unter S. 1 Alt. 2 fällt die Zustellung einer nicht beglaubigten Abschrift[21] ebenso wie die Zustellung einer nicht ordnungsgemäßen Ausfertigung, wenn diese inhaltlich dem zuzustellenden Schriftstück entsprochen hat. Beide Male soll es sich (→ Voraufl. Rdnr. 9) um einen fehlerhaften Zustellungsakt (Zustellungsvorgang) handeln. Dagegen soll § 187 S. 1 nicht unmittelbar anwendbar sein, wenn nicht der Zustellungsakt, sondern das zuzustellende Schriftstück selbst mangelhaft war (→ Voraufl. Rdnr. 9 Fn. 8)[22]. So wurde entschieden, wenn auf der zugestellten beglaubigten Beschlußabschrift der Ausfertigungsvermerk fehlte[23]. Der BGH deutet eine Unterscheidung zwischen einfachen Zahlungstiteln und gerichtlichen Verboten mit Eingriff in die Handlungsfreiheit an[24]. In letzterem Fall soll eine Heilungsmöglichkeit grundsätzlich ausgeschlossen sein. 8

M.E. ist eine Unterscheidung nach der Wirkung der Zustellung in § 187 nicht angelegt. Insbesondere besteht kein Anlaß für ein Sonderprozeßrecht der einstweiligen Verfügung[25]. Daneben ist die Unterscheidung zwischen Mängeln des Zustellungsvorganges und solchen des Schriftstückes selbst in der Sache nicht gerechtfertigt und vom Wortlaut des § 187 her nicht zwingend geboten. Wegen der erforderlichen Eröffnung eines weiten Anwendungsbereiches des § 187 (→ Rdnr. 2) sollten über diese Norm Fehler jeder Art geheilt werden können, auch solche des Zustellungsgegenstandes[26] (auch → Rdnr. 10). 9

c) Amts- und Parteizustellung; insbesondere § 929

S. 1 Alt. 2 erfaßt die Zustellung von Amts wegen anstatt auf Betreiben der Parteien und umgekehrt[27]. So liegt es etwa, wenn ein Arrestbeschluß, eine Beschlußverfügung oder ein 10

---

[18] S. *LG Hamburg* MDR 1954, 425.
[19] *OLG Celle* NdsRpfl 1947, 78, 80.
[20] Im Grundsatz ebenso *AG Kassel* JurBüro 1985, 1738 (aber Nachholung durch Gerichtsvollzieher mit Pfändungsvorrang [zweifelhaft]); *LG Hechingen* DGVZ 1986, 188, 189; *LG Koblenz* DGVZ 1984, 58; *E. Schneider* DGVZ 1983, 33, 35; a.A. *LG Marburg* DGVZ 1983, 25, 26.
[21] *BGH* NJW 1965, 104 (in Wirklichkeit aber wohl Mangel des Schriftstückes selbst; die Richtigkeit der genannten Entscheidung wird angezweifelt durch *BGHZ* 100, 234, 238 ff.); → sogleich Rdnr. 9.
[22] Offenlassend *BGHZ* 100, 234, 238 f. (Sonderfall der Untersagungsverfügung der Kartellbehörde).
[23] *OLG Hamm* NJW 1978, 831 m. abl. Anm. *W. Kramer*; *LG Braunschweig* DGVZ 1982, 75; anders *OLG Hamm* OLGZ 1979, 357.
[24] *BGHZ* 100, 234 ff.; krit. dazu *Niederleithinger* EWiR 1987, 691, 692.
[25] So aber im Ergebnis deutlich *OLG Karlsruhe* WRP 1989, 744, 745 (Unterlassungsverfügung) m. w. Nachw. im Anschluß an *BGHZ* 100, 234 ff.

[26] Ebenso *OLG Stuttgart* NJW-RR 1989, 1534; *OLG Nürnberg* WRP 1988, 498 (LS); *KG* WuW/E OLG 3591–3592 f.; *OLG Karlsruhe* WRP 1987, 44, 45; *BayObLGZ* 1986, 540, 542; *Thomas/Putzo*[18] Rdnr. 5; *Zöller/Stöber*[18] Rdnr. 7 (differenzierend); *MünchKommZPO/v. Feldmann* (1992) Rdnr. 3; offengelassen durch *BGHZ* 100, 234 ff. (aber mit eher zurückhaltender Tendenz); a.A. dagegen *OLG Karlsruhe* WRP 1992, 339 f. (fehlerhafte Beglaubigung einer Unterlassungsverfügung); 1989, 744, 745 (fehlender Ausfertigungsvermerk auf der beglaubigten Abschrift einer Beschlußverfügung); *OLG Koblenz* WRP 1991, 671, 674 (Beschlußverfügung mit fehlerhaft beglaubigter Abschrift unter Berufung auf *BGHZ* 100, 234 ff.); *OLG Hamm* WPR 1989, 262, 263 (fehlerhafte Ausfertigung einer Unterlassungsverfügung mit unrichtiger Richterunterschrift); OLGZ 1988, 467 (aber Sonderfall); *Wieczorek*[2] Bem. A I b.
[27] *OLG Celle* NdsRpfl 1950, 77; *OLG Hamm* NJW 1955, 873, 874; a.A. *OLG Hamm* MDR 1992, 78 (Verbotsverfügung nach § 929 Abs. 2); WRP 1989, 262, 263 (aber letztlich offengelassen).

Pfändungs- und Überweisungsbeschluß (näher → § 829 Rdnr. 58) von Amts wegen zugestellt werden. Für die Vollziehungsfrist des § 929 Abs. 2 ist § 187 S. 1 auf die Zustellung an den Antragsgegner anwendbar, da lediglich eine Frist gewahrt, aber nicht in Gang gesetzt wird. Zudem handelt es sich nicht um eine Notfrist (→ näher § 929 Rdnr. 3)[28]. Für die bei der Vollziehung erforderliche Zustellung findet § 187 S. 2 demgemäß keine Anwendung[29]. Unanwendbar ist § 187 dagegen, wenn anstatt der für die Fristwahrung nach § 929 Abs. 3 erforderlichen Zustellung im Parteibetrieb noch einmal von Amts wegen zugestellt wird. Eine Heilung würde den Zweck einer solchen Parteizustellung vereiteln, die dem Schuldner zeigen soll, daß der Gläubiger von seinem Titel Gebrauch machen werde (zum Streitstand → § 929 Rdnr. 21).

d) Verstöße gegen § 176; § 212 a

11 Eine Heilung nach § 187 S. 1 Alt. 2 ist möglich, wenn die Partei, an welche die Zustellung fälschlicherweise unmittelbar gerichtet war (§ 176), das Schriftstück an ihren Prozeßbevollmächtigten als den richtigen Zustellungsadressaten weitergibt[30]. So kann es auch im umgekehrten Fall im Disziplinarverfahren liegen, wenn fälschlicherweise dem Rechtsanwalt zugestellt worden ist[31]. Wenn die Partei die Weitergabe unterläßt, so ist eine Heilung freilich nicht möglich. Das gilt auch dann, wenn die Tätigkeit des Prozeßbevollmächtigten vor allem in der Weitergabe des Schriftstücks an die Partei oder deren Verständigung von der Zustellung an ihn bestanden hätte. So liegt es etwa bei der Zustellung des Schuldtitels für den Beginn der Zwangsvollstreckung nach § 750. In derartigen Fällen muß ebenfalls die ordnungsgemäße Beratung und Unterstützung durch den Anwalt gesichert sein.

12 Wird ein Rechtsanwalt erst durch eine spätere Bevollmächtigung zu einem Prozeßbevollmächtigten und gelangt er gleichwohl bereits vorher in den Besitz eines zuzustellenden Schriftstückes, so reicht es aus, wenn er das Schriftstück im Zeitpunkt der Bevollmächtigung noch in Besitz hat[32].

13 Bei der Zustellung nach § 212a kann der Mangel des Empfangswillens des Rechtsanwalts nicht nach § 187 S. 1 geheilt werden[33], wenn er das Schriftstück zurückweist. Die bloße Kenntnisnahme reicht nicht aus. Für eine Anwendung des § 187 genügt es aber, wenn der Anwalt seine Empfangsbereitschaft konkludent zum Ausdruck bringt, indem er sich etwa durch Schriftsatz auf das empfangene Schriftstück einläßt[34].

e) Unrichtige Adressierung

14 Unter § 187 S. 1 gehört die Zustellung an einen unrichtig bezeichneten Zustellungsadressaten, wie z.B. bei einer Namensverwechselung oder einem Schreibfehler. Ebenso liegt es bei

---

[28] Ebenso im Ergebnis, wenngleich mit teils unterschiedlicher Begründung: *OLG Stuttgart* NJW-RR 1989, 1534; *OLG Karlsruhe* WRP 1989, 744, 745 li. Sp.; 1986, 166, 167; *OLG München* MDR 1986, 944 (mit anderer Begründung); *OLG Nürnberg* WRP 1988, 498 (LS); NJW 1976, 1101; *OLG Frankfurt a.M.* OLGZ 1981, 99; *OLG Köln* WRP 1989, 226; *LG Köln* NJW-RR 1989, 191; *Zöller/Vollkommer*[18] Rdnr. 14; *Thomas/Putzo*[18] Rdnr. 2; *Baumbach/Lauterbach/Hartmann*[51] Rdnr. 15; a.A. *OLG Celle* GRUR 1989, 541 (Bedeutung der Vollziehungsfrist); *OLG Koblenz* GRUR 1987, 319, 320; 1980, 943, 944; *Wedemeyer* NJW 1979, 293, 294; *Fritze* FS Schiedermair (1975), 141, 151; zum Ganzen auch *Ulrich* WRP 1990, 651, 655; *Spätgens* in: Hdb. des Wettbewerbsrechts (1986) § 86 Rdnr. 20 (wie hier).

[29] Ferner *Nerée* WRP 1978, 524.

[30] *BGH* NJW 1984, 926f.; *OLG Hamm* MDR 1992, 78 (zu § 929 Abs. 2); *OLG Celle* JurBüro 1968, 490; *LG Köln* NJW-RR 1989, 191; *E. Schneider* JurBüro 1966, 451, 456.

[31] Vgl. *VGH Kassel* NJW 1987, 1903.

[32] *BGH* NJW 1989, 1154, 1155 m.krit. Anm. *E. Schneider* WuB VII A § 212a ZPO 1.89.

[33] *BGH* NJW 1989, 1154.

[34] *BGH* NJW 1989, 1154. – Zur Terminsladung an den Rechtsbeistand nach § 212a *OLG Düsseldorf* Rpfleger 1989, 36 m. Anm. *Meyer-Stolte*.

der Zustellung an den früheren Prozeßbevollmächtigten nach Anwalts- oder Parteiwechsel. Der Fall wird dann praktisch, wenn der Empfänger die ersichtlich für einen anderen Adressaten bestimmte Sendung an diesen weitergibt.

f) Unterlassene oder fehlerhafte Beurkundung

Heilbar sind sowohl die fehlerhafte Beurkundung des Zustellungsaktes wie auch das gänzliche Unterlassen einer Beurkundung. Einer Heilung bedarf es aber nur, wenn zwingende Beurkundungserfordernisse verletzt worden sind. Ansonsten ist die Zustellung ohnehin wirksam (→ Rdnr. 6). 15

g) Fehlerhafte Ersatzzustellung

Heilbar ist ferner die fehlerhafte Ersatzzustellung[35]. So liegt es z.B., wenn im Falle des § 181 an einen dort nicht aufgeführten Zustellungsempfänger zugestellt worden ist, das Schriftstück aber gleichwohl in die Hand des Adressaten gelangt. Nicht ausreichend ist es, wenn die Mutter eines minderjährigen Beklagten die fälschlich an diesen persönlich gerichtete Klageschrift im verschlossenen Umschlag entgegennimmt und an ihn weitergibt[36]. 16

III. Pflichtgemäßes richterliches Ermessen

Das Gericht entscheidet von Amts wegen nach seinem pflichtgemäßen Ermessen[37], ob über einen Mangel der in → Rdnr. 5ff. aufgeführten Art hinwegzusehen ist. Ein Antrag der Partei ist dazu nicht erforderlich. 17

1. Zuständigkeit

Die Beurteilung, ob der Mangel als geheilt angesehen werden kann, obliegt grundsätzlich dem Tatrichter. Zuständig ist dasjenige Gericht, das nach der jeweiligen Prozeßlage im Rahmen einer anderweitig zu treffenden Entscheidung oder Anordnung mit der Frage der Wirksamkeit eines Zustellungsaktes befaßt ist. Das ist etwa das Prozeßgericht, wenn es über den Antrag auf Erlaß eines Versäumnisurteils oder das Vollstreckungsgericht, das über eine auf § 750 gestützte Erinnerung (§ 766) gegen einen Vollstreckungsakt zu entscheiden hat. Im Einzelfall kann auch das Revisionsgericht die Entscheidung treffen, wenn eine gegenteilige Ausübung des Ermessens fehlerhaft wäre[38]. Im Verfahren des § 23 EGGVG ist diese Überprüfung grundsätzlich ebenfalls möglich (→ Rdnr. 27). 18

2. Ermessensausübung

Das Gericht hat nach pflichtgemäßem Ermessen zu entscheiden (→ Rdnr. 17). Dagegen kann § 187 nicht als Mußvorschrift ausgelegt werden[39]. Sobald nämlich das Gericht trotz Vorliegens der Voraussetzungen des § 187 Bedenken oder Zweifel hat, ob der Prozeßbetei- 19

---

[35] Vgl. *OVG Jena* DRZ 1947, 33.
[36] *OLG Karlsruhe* FamRZ 1973, 272, 273.
[37] *BGHZ* 7, 268, 270 (»freies« Ermessen); *BGH* NJW 1992, 2235, 2236 (pflichtgemäßes Ermessen); FamRZ 1984, 368, 370; MDR 1983, 1002; *KG* OLGZ 1974, 328, 331.

[38] *BGH* NJW 1992, 2235, 2236 m. Anm. *Grunsky* LM ZPO § 91a Nr. 59.
[39] A. A. *Geimer* NJW 1972, 1624 zu *BGH* NJW 1972, 1004.

ligte das Schriftstück so rechtzeitig erhalten hat, wie das notwendig ist, darf es von der Befugnis des § 187 keinen Gebrauch machen.

20 Die Entscheidung hat zu berücksichtigen, daß die Zustellung nicht prozessualer Selbstzweck ist und der Mangel regelmäßig unschädlich ist, wenn der Zustellungszweck, die einwandfreie Bekanntgabe des zuzustellenden Schriftstückes, anderweitig erreicht worden ist (→ Rdnr. 1). Eine besondere Rolle spielt das für § 750. In aller Regel darf eine eingeleitete Zwangsvollstreckungsmaßnahme wegen eines Zustellungsfehlers nicht aufgehoben werden. Der Schuldner hat kein Anrecht darauf, aus dem Versehen anderer Stellen Vorteile für sich zu ziehen[40]. Dem steht nicht entgegen, daß auch Dritte durch die Anerkennung als wirksame Zustellung betroffen werden[41]. Die Abhängigkeit ihrer Rechtsstellung von einer wirksamen Zustellung an eine Partei räumt ihnen kein unentziehbares Recht auf Wahrung aller Förmlichkeiten gegenüber der Partei ein. Anders kann zu entscheiden sein, wenn Parteien oder Dritte sich bereits auf die Unwirksamkeit der Zustellung eingestellt hatten und das Verfahren auf dieser Grundlage lange Zeit fortgeführt oder umgekehrt als unterbrochen angesehen worden war[42]. Zudem muß eine Bestätigung dieser Annahme in der Weise hinzutreten, daß sich die rückwirkende Anerkennung als einer wirksamen Zustellung als unzumutbar darstellt. Das kann insbesondere der Fall sein, wenn in unbilliger Weise Rechte entzogen würden.

3. Zeitpunkt

21 Bei Anerkennung der Wirksamkeit der Zustellung ist nach dem Wortlaut des § 187 S. 1 als Zustellungszeitpunkt der Augenblick maßgebend, in dem der Adressat das Schriftstück tatsächlich erhalten hat. Wenn sich nicht sofort bestimmen läßt, wann dem Adressaten das Schriftstück zugegangen ist, etwa bei Verstößen gegen § 176 (→ Rdnr. 11)[43] oder gegen Normen der Ersatzzustellung (→ Rdnr. 16), so muß der Zeitpunkt angenommen werden, in dem der Adressat den Besitz zweifelsfrei erhalten hat. Dabei können alle zulässigen Beweismittel herangezogen werden (→ Rdnr. 4 a. E.).

22 Wenn der Zeitpunkt für die Wirksamkeit der Zustellung keine Rolle spielt, so kann er dahingestellt bleiben. Das Gericht muß also nicht stets den Zeitpunkt des Zugangs feststellen. Die höchstrichterliche Rechtsprechung entscheidet anders, kommt aber zu ähnlichen Ergebnissen. Nach ihr soll das Gericht auf denjenigen Zeitpunkt abstellen dürfen, in dem das Schriftstück spätestens in die Hände des Adressaten gelangt ist[44]. Oftmals ist aber der Zeitpunkt von entscheidender Bedeutung, z.B. wenn sich an den Zugang der Lauf von nicht unter S. 2 fallenden Fristen (→ Rdnr. 10) anknüpft. Wird etwa eine Partei unter Verstoß gegen § 176 direkt geladen (→ Rdnr. 11), so muß möglicherweise der Zeitpunkt des Zugangs des Schriftstücks bei dem Prozeßbevollmächtigten aufgeklärt werden, wenn anders das Einhalten der Ladungsfrist nach § 217 nicht geklärt werden kann. Doch genügt auch hier die Feststellung eines Zeitpunkts, zu dem der richtige Adressat jedenfalls im Besitz des Schriftstücks war, sofern dann die Ladungsfrist eingehalten wurde. Es ließe sich mit dem Normzweck des weit auszulegenden § 187 (→ Rdnr. 1, 2) nicht vereinbaren, eine Heilung scheitern zu lassen, wenn es auf den konkreten Zugangszeitpunkt prozessual nicht ankommt.

---

[40] *OLG Stuttgart* NJW-RR 1989, 1534, 1535.
[41] *OLG Düsseldorf* ZZP 72 (1959), 262, 263.
[42] S. *Pohle* Anm. zu BAG AP § 187 ZPO Nr. 2.
[43] Dazu *LG Köln* NJW-RR 1989, 191.
[44] *BGH* NJW 1984, 926, 927.

IV. Notfristen als Ausnahme (S. 2)

1. Notfristen u. a.

Die fehlerhaftete Zustellung bleibt unwirksam, soweit durch die Zustellung der Lauf einer Notfrist in Gang gesetzt werden soll. Notfristen sind nur diejenigen Fristen, die im Gesetz ausdrücklich so bezeichnet sind (§ 223 Abs. 3, → § 223 Rdnr. 47 ff.). Das Gesagte gilt auch für die Zustellung eines Versäumnisurteils nach § 310 Abs. 3[45]. Doch ist der Geltungsbereich von S. 2 seinem Zweck entsprechend über den zu engen Wortlaut hinaus auf Fälle zu erweitern, in denen ein vollständiger und endgültiger Verlust eines Anspruchs oder Rechtsmittels nicht von einer richterlichen Ermessensentscheidung abhängen darf. Deshalb werden (wie in § 233) Rechtsmittelbegründungsfristen[46], die Fünfmonatsfristen der §§ 516, 552[47] und Klagefristen[48] sinngemäß wie Notfristen behandelt. Darunter fällt auch die Bezeichnung einer Sache als Feriensache, die eine Rechtsmittelbegründungsfrist in Lauf setzt[49]. Auch die in § 296 Abs. 1 aufgezählten Fristen fallen wie die Präklusionsfrist des § 356 unter § 187 S. 2, da die Gefahr des Rechtsverlustes besteht[50]. Zustellungsmängel können daher nicht geheilt werden, wenn durch die Zustellung Präklusionsfristen in Gang gesetzt werden[51]. Unter § 187 S. 2 fällt auch die Monatsfrist des § 629 a Abs. 3 S. 1[52]. Ebenso liegt es, wenn die Frist für eine sofortige Beschwerde im Verfahren der freiwilligen Gerichtsbarkeit in Gang gesetzt werden soll[53]. Auch § 59 S. 1 ArbGG hat eine Notfrist zum Gegenstand[54]. Methodisch ist die weite Auslegung einer Ausnahmevorschrift wie S. 2 nicht ausgeschlossen, soweit sie sich innerhalb des Normzwecks hält (→ Einl. Rdnr. 95 sub d). – Zur Vollziehungsfrist im Anwendungsbereich des § 929 → Rdnr. 10. In eng umgrenzten Einzelfällen kann es einer Partei auch im Rahmen von § 187 S. 2 verwehrt sein, sich auf den Formmangel zu berufen (§ 242 BGB). So liegt es bei einer Paraphe als Unterschrift im Falle des § 212 a[55]. § 187 S. 2 wurde ferner angewendet auf die Widerspruchsfrist des § 142 Abs. 2 FGG[56]. Dispositionsmöglichkeiten der Parteien bestehen nicht (*BGH* NJW-RR 1993, 1083).

2. Ingangsetzung

Die dargestellte (→ Rdnr. 23) entsprechende Anwendung von § 187 S. 2 ist nur möglich, wenn es sich um die Ingangsetzung von Fristen handelt. Dagegen fehlt es an der Vergleichbarkeit, wenn bereits mit der Zustellung – für den Fall ihrer Wirksamkeit – erhebliche Rechtsfolgen verbunden sind. So liegt es z. B. für den Eigentumsübergang bei Zustellung eines Enteignungsbeschlusses[57]. § 187 S. 2 kommt auch dann nicht zur Anwendung, wenn die Zustellung eine Notfrist wahren und nicht erst in Gang setzen soll[58]. So liegt es etwa bei der Klagefrist gem. Art. 12 Abs. 3 Ausführungsgesetz – NATO-Truppenstatut (→ Einl. Rdnr. 667)[59]. Deshalb können Notfristen auch dann gewahrt sein, wenn der Zustellungsnachweis fehlt (→

---

[45] *OLG Zweibrücken* DGVZ 1991, 56.
[46] *Thomas/Putzo*[18] Rdnr. 2; *Baumbach/Lauterbach/Hartmann*[51] Rdnr. 14; *H. Hagen* SchlHA 1973, 57, 59; a. A. *BAGE* 5, 103 m. abl. Anm. *Pohle* AP § 187 ZPO Nr. 2.
[47] *BGHZ* 32, 370, 373; *BGH* MDR 1960, 388.
[48] *BGHZ* 14, 11, 13; Abgrenzungsentscheidung *BGHZ* 17, 348, 353 f.
[49] *BGHZ* 28, 398 f.; *Zöller/Stöber*[18] Rdnr. 10.
[50] *BGHZ* 76, 236, 239 f. m. Anm. *Girisch* LM § 329 ZPO Nr. 8; *BGH* NJW 1989, 227, 228 m. Anm. *Ulrich* EWiR 1989, 101; *OLG Frankfurt a. M.* MDR 1979, 764.
[51] *OLG Düsseldorf* MDR 1985, 852 f.
[52] *OLG Köln* FamRZ 1987, 1059, 1060; offengelassen durch *OLG Frankfurt a. M.* FamRZ 1986, 1122, 1123 m. Anm. *Bergerfurth* FamRZ 1987, 177.
[53] *BayObLG* WuM 1988, 332 (LS 3).
[54] Dazu *LAG Rheinland-Pfalz* LAGE § 185 ZPO Nr. 1.
[55] *OLG Hamm* NJW 1989, 3289.
[56] *BayObLGZ* 1986, 540, 542 f.
[57] *BGHZ* 17, 348, 353 f.
[58] Dazu *BGH* MDR 1983, 1002 (§ 13 Abs. 1 S. 2 StrEG); *OLG Stuttgart* NJW-RR 1989, 1534; insoweit richtig auch *OLG Celle* Die AG 1989, 209, 211 (zu § 246 Abs. 1 AktG).
[59] *OLG Zweibrücken* OLGZ 1978, 108.

§ 187 IV, V   1. Buch: Allgemeine Vorschriften

Rdnr. 5) oder gegen zwingende Zustellungsvorschriften verstoßen wurde (→ Rdnr. 6). Zustellungen, die Notfristen wahren wollen, sind daher der Heilung zugänglich, weil sie der Regel des S. 1 unterfallen[60].

3. Gespaltene Anwendung des Satz 2

25   An eine Zustellung können sich unterschiedliche Rechtsfolgen knüpfen. Deshalb ist es möglich, daß Zustellungsmängel über § 187 S. 2 nicht geheilt werden, weil Notfristen in Gang gesetzt werden sollen, gleichwohl für andere Rechtsfolgen Wirksamkeit anzunehmen ist. So kann z. B. eine Zustellung, die eine Berufungsfrist in Gang setzen sollte, nicht über § 187 S. 2 geheilt werden. Trotzdem ist eine Heilung nach § 187 S. 1 möglich, soweit es um die Voraussetzungen des § 750 geht oder die Vollziehungsfrist des § 929 Abs. 3 gewahrt werden soll[61]. Bei Zustellungen mit Doppelfunktion kann es demnach zu einer Teilwirksamkeit kommen.

V. Internationale Zustellung

26   Im Bereich der internationalen Zustellung muß für die Heilungsmöglichkeiten grundsätzlich nach verschiedenen Situationen unterschieden werden (auch → § 199 Rdnr. 3 ff.). Zudem tritt im Bereich des EuGVÜ die Problematik des Art. 27 Nr. 2 hinzu (→ Rdnr. 31).

1. Eingehende Ersuchen

27   Für eine vom Ausland veranlaßte und einen dortigen Zivilprozeß betreffende fehlerhafte Zustellung im Inland (»eingehende Ersuchen«)(zum europäischen Zivilprozeß → Rdnr. 31) gilt nach dem Grundsatz der lex fori (→ Einl. Rdnr. 736) das deutsche Zivilprozeß- und deshalb das deutsche Zustellungsrecht. Nicht anders liegt es auch, wenn die Zustellung aufgrund von völkerrechtlichen Vereinbarungen geschieht, wie z. B. nach dem Haager Zustellungsübereinkommen 1965 (dazu → Rdnr. 49 vor § 166). So verweist Art. 5 Abs. 1 Buchst. a dieses Abkommens ebenfalls auf das nationale (deutsche) Zustellungsrecht[62]. Trotz inländischer Zustellung bleibt aber das Recht des Urteilsstaates, also das ausländische Prozeßrecht einschließlich der einschlägigen völkerrechtlichen Verträge für die Beurteilung der Heilung maßgebend[63]. Die Frage der ordnungsgemäßen Zustellung ist im Anerkennungsverfahren ohne Bindung an die Beurteilung des ausländischen Gerichts zu entscheiden. Im Geltungsbereich völkerrechtlicher Vereinbarungen muß unterschieden werden, wenn es z. B. um eingehende Ersuchen nach dem Haager Zustellungsübereinkommen 1965 geht (→ Rdnr. 49 vor § 166). So bestimmt sich m. E. die Heilungsmöglichkeit nach § 187, wenn bei der Zustellung in Deutschland gegen deutsches autonomes Zustellungsrecht, z. B. gegen § 171 oder § 182 verstoßen worden ist. Das Völkervertragsrecht verweist nämlich in Art. 5 Abs. 1 Buchst. a auch auf das nationale Heilungsrecht des Zustellungsstaates[64]. Zu prüfen ist die Heilungsmöglichkeit vom Anerkennungsrichter im Vollstreckungs- oder Anerkennungsverfahren nach

---

[60] Auch → oben Rdnr. 10.
[61] Ebenso *OLG Stuttgart* NJW-RR 1989, 1534 (zu § 929 Abs. 3); *LG Düsseldorf* DGVZ 1987, 75; *Thomas/Putzo*[18] Rdnr. 10; *Mes* Rpfleger 1969, 40, 42.
[62] Dazu *EuGH* RIW 1993, 65f. (*Minalmet/Brandeis*) m. Anm. *Stürner* JZ 1993, 358; *OLG Frankfurt a.M.* IPRax 1992, 166, 168.
[63] *BGH* NJW 1993, 598, 600 mit Anm. *K. Otte* EWiR

§ 328 ZPO 1/93, 201 (zum Anerkennungsverfahren des § 328 Abs. 1 Nr. 2); *Schack* IZVR (1991) Rdnr. 616; *ders.* JZ 1993, 621; krit. *P. Schlosser* FS Matscher (1993), 387, 394.
[64] So auch erwogen von *OLG Frankfurt a.M.* IPRax 1992, 166, 168; → a. A. Voraufl. Rdnr. 42; verkannt von *BGH* RIW 1993, 673, 675.

§ 328 Abs. 1 Nr. 2, §§ 722, 723. Es gibt keinen einleuchtenden Grund, weshalb bei einem eingehenden Ersuchen die Anwendung des § 187 im Rahmen der Anerkennung nach § 328 Abs. 1 Nr. 2 abgelehnt werden sollte, wenn der deutsche Beklagte das Schriftstück nachweislich erhalten hat[65]. Insoweit steht entgegenstehendes Völkerrecht nicht im Wege. Im Verfahren nach §§ 23 ff. EGGVG (→ Rdnr. 18) soll eine Heilung nach § 187 ebensowenig festgestellt werden können wie bei der Erteilung des Zustellungszeugnisses[66]. Bei Zustellungsmängeln könnte also das OLG die ausstellende Stelle anweisen, kein Zustellungszeugnis zu erteilen. Doch ist das Gesagte so unzweifelhaft nicht. Eine Heilung wird jedenfalls dann über § 187 angenommen werden können, wenn eine andere Entscheidung fehlerhaft wäre[67]. Das soeben Ausgeführte gilt freilich nicht, wenn gegen die Vorschriften des betreffenden völkerrechtlichen Vertrages verstoßen worden ist und dieser keine Heilungsmöglichkeit vorsieht. So liegt es etwa im Rahmen des Haager Zustellungsübereinkommens 1965, wenn eine Klageschrift nach Art. 5 Abs. 1 nicht in deutscher Sprache abgefaßt ist[68]. Hier darf nicht auf § 187 zurückgegriffen werden.

2. Ausgehende Ersuchen

Für vom Inland ausgehende Ersuchen, die einen Zivilprozeß in der Bundesrepublik Deutschland betreffen, gelten grundsätzlich die Zustellungsvorschriften des betreffenden fremden Staates (→ Rdnr. 27). 28

Gleichwohl bleibt trotz der Zustellung im Ausland das Recht des Urteilsstaates, also deutsches Prozeßrecht einschließlich der einschlägigen völkerrechtlichen Verträge, für die Beurteilung der Wirksamkeit der Zustellung und der Heilung maßgebend (→ Rdnr. 27). Deshalb darf, soweit Völkervertragsrecht wie die einschlägigen Haager Abkommen nicht entgegensteht, ein inländisches Gericht unter Anwendung des § 187 den ausländischen Zustellungsfehler als geheilt ansehen[69]. Entgegen der abweichenden Auffassung des BGH[70] wird dadurch weder gegen Völkerrecht noch gegen die Grundsätze des internationalen Zivilprozeßrechts verstoßen. Völkerrecht ist nicht verletzt, weil für die Anwendung von § 187 S. 1 von der Maßgeblichkeit des ausländischen Zustellungsrechts und deshalb auch von der Verletzung zwingenden Rechts ausgegangen wird. Damit wird ein fremder Hoheitsakt nicht ausländischem Zustellungsrecht unterworfen. Vielmehr wird die Regelung des ausländischen Rechts, wonach sein Hoheitsakt unwirksam ist, respektiert und zum Anlaß der Anwendung des § 187 gemacht. Der das internationale Zivilprozeßrecht nach wie vor beherrschende Grundsatz der lex fori (→ Einl. Rdnr. 736) steht auch nicht entgegen, weil das ausländische Prozeßrecht mit seiner Unwirksamkeitsfolge beachtet wird und den Anlaß für die Anwendung des § 187 im inländischen Verfahren bildet. Immerhin kommt jetzt auch nach der Rechtsprechung § 187 zur Anwendung, wenn der Rechtsanwalt des im Ausland ansässigen Beklagten die Schriftstücke im Inland erhält[71]. 29

---

[65] Nicht entschieden in *BGH* NJW 1993, 598, 600 li. Sp.; offengelassen durch *BGH* NJW 1990, 3090 (Vorlagebeschluß *KG* FamRZ 1988, 641).
[66] *OLG Karlsruhe* OLGZ 1985, 201, 203.
[67] Zweifelnd auch *OLG Frankfurt a.M.* IPRax 1992, 166, 168 re. Sp.
[68] Zutreffend *BGH* NJW 1993, 598ff. (deutsch-amerikanischer Rechtshilfeverkehr) (a.A. → *E. Schumann* § 328 Rdnr. 186); wie hier *Stürner* JZ 1992, 325, 332; *Rauscher* IPRax 1992, 71; abl. *Geimer* LM § 328 ZPO Nr. 42 (Anwendung des § 187 im Anerkennungsstadium); *P. Schlosser* FS Matscher (1993), 387, 396; referierend *Coester-Waltjen* JK 93, ZPO § 328/2.

[69] So auch *MünchKommZPO/v. Feldmann* (1992) Rdnr. 6; *Riezler* Internationales Zivilprozeßrecht (1949), 689; *Schack* IZVR (1991)Rdnr. 618; *ders.* ZZP 100 (1987), 442 ff.; *Linke* Internationales Zivilprozeßrecht (1990) Rdnr. 239; *Schlemmer* Internationaler Rechtshilfeverkehr (1970), 41; *Bernstein* FS Ferid (1978), 75, 81 f.; *Bökelmann* JR 1972, 424; *Geimer* NJW 1972, 1624; offengelassen von *LG Frankfurt a.M.* NJW 1990, 652.
[70] BGHZ 98, 263, 270; 58, 177, 179 ff.; einschränkend aber *BGH* NJW 1989, 1154, 1155.
[71] *BGH* NJW 1989, 1154, 1155.

3. Aufgabe zur Post; öffentliche Zustellung

30 § 187 kommt stets zur Anwendung, wenn zwar der Zustellungsadressat im Ausland wohnt, es sich aber um eine Zustellung durch Aufgabe zur Post handelt (§ 175). In diesem Fall geht es um eine Inlandszustellung, und es liegt von vornherein ein inländischer Hoheitsakt vor. Dasselbe gilt bei der öffentlichen Zustellung gegenüber einer im Ausland wohnenden Person. Bei Inlandszustellungen steht kein Verstoß gegen das Völkervertragsrecht inmitten[72].

4. Europäischer Zivilprozeß (Art. 27 Nr. 2 EuGVÜ)[73]

a) Heilung nach dem Recht des Urteilsstaates

31 Das EuGVÜ regelt weder die Zustellung selbst noch die Heilung von Zustellungsmängeln. Nach der Rechtsprechung des EuGH richtet sich – vergleichbar der Rechtslage außerhalb des EuGVÜ (→ Rdnr. 27f.) – die *Heilung* nach dem Recht des Urteilsstaates einschließlich der dort geltenden völkerrechtlichen Verträge[74]. Die beiden in Art. 27 Nr. 2 EuGVÜ genannten Voraussetzungen müssen kumulativ gegeben sein[75]. Dementsprechend beurteilt sich die Frage, ob die Zustellung ordnungsgemäß geschehen ist, nach Maßgabe des Rechts des Urteilsstaates einschließlich der dort geltenden völkerrechtlichen Verträge[76]. Die Vorschriften über die Zustellung sind Teil des Verfahrens vor dem Gericht des Urteilsstaates. Nach Art. IV Abs. 1 des Protokolls vom 27.9.1968 (ABl.EG 1978 Nr. L 304, 93) werden gerichtliche und außergerichtliche Schriftstücke, die in einem Vertragsstaat ausgefertigt sind und einer in dem Hoheitsgebiet eines anderen Vertragsstaates befindlichen Person zugestellt werden sollen, nach den zwischen den Vertragsstaaten geltenden Übereinkommen oder Vereinbarungen übermittelt. Im wesentlichen handelt es sich um das Haager Zustellungsübereinkommen 1965, das mit Ausnahme von Irland im Verhältnis zu allen EuGVÜ-Staaten in Kraft ist (→ Rdnr. 49 vor § 166), und die weiterbestehenden bilateralen Zusatzübereinkommen (→ Rdnr. 54 vor § 166). Das Abstellen auf das Recht des Urteilsstaates entspricht grundsätzlich der Rechtslage außerhalb des EuGVÜ (→ oben Rdnr. 27). Im Rahmen des Art. 27 Nr. 2 EuGVÜ ist die Prüfung, ob das verfahrenseinleitende Schriftstück ordnungsgemäß zugestellt worden ist, sowohl dem Gericht des Urteilsstaates als auch dem Gericht des Vollstreckungsstaates übertragen worden[77]. Der Vollstreckungsstaat prüft nach dem Recht des Urteilsstaates einschließlich der dort geltenden völkerrechtlichen Verträge[78].

b) Verstöße gegen nationales Zustellungsrecht

32 Die dargestellten Grundsätze bedeuten aber nicht, daß bei eingehenden Ersuchen z.B. einer im Rahmen des § 184 fehlerhaften Ersatzzustellung nach § 182 jetzt stets eine Heilungsmöglichkeit nur nach ausländischem (z.B. englischem) Zustellungsrecht oder nach dem

---

[72] So auch *BGH* NJW 1989, 1154, 1155.
[73] Lit.: *S. Braun* Der Beklagtenschutz nach Art. 27 Nr. 2 EuGVÜ (1992), 90ff.; grundlegend *Stürner* JZ 1992, 325ff.; *Rauscher* IPRax 1992, 71ff.
[74] *EuGH* 3.7.1990, *Lancray/Peters* Slg. 1990 I 2725, 2750 m. Anm. *Rauscher* IPRax 1991, 155 (auf Vorlagebeschluß *BGH* WM 1988, 1617); im Anschluß an die Entscheidung des EuGH *BGH* WM 1991, 1050, 1051 (Vorlagebeschluß); 1992, 286, 288; NJW 1991, 641 (deutschfranzösischer Rechtsverkehr)(das Urteil im Verfahren zu *EuGH* Slg. 1990 I 2725).
[75] *EuGH* Slg. 1990 I 2725, 2747; RIW 1993, 65f.; zust.

Jayme NJW 1991, 3077; a.A. *Schumacher* IPRax 1985, 265.
[76] *OLG Saarbrücken* RIW 1993, 418, 419 (Belgien); *OLG Frankfurt a.M.* IPRax 1992, 90, 91m. Bespr. *Rauscher* 71; RIW 1987, 627; IPRsp 1987 Nr. 157; *OLG Koblenz* RIW 1988, 476; *OLG Düsseldorf* IPRax 1985, 289; *Pfennig* 86; *Linke* IPRax 1986, 409f.
[77] *EuGH* Slg. 1990 I 2725, 2749f.; 1982, 2723, 2736; *Stürner* JZ 1992, 325, 326.
[78] *OLG Saarbrücken* RIW 1993, 418, 419; *OLG Koblenz* IPRax 1992, 35, 36.

Haager Zustellungsübereinkommen 1965 selbst beurteilt werden müßte[79]. Vielmehr richtet sich die Heilung von Zustellungsfehlern im europäischen Zivilprozeß nach dem Recht des ersuchten Zustellungsstaates, soweit z. B. das Haager Zustellungsübereinkommen 1965 oder bilaterale Abkommen auf die Zustellungsformen des ersuchten Staates verweisen (z. B. Art. 5 Abs. 1 Buchst. a des Haager Übereinkommens 1965) und die Zustellung nach diesen Formen vertragsgemäß versucht worden ist (vergleichbar → Rdnr. 27)[80]. Der BGH[81] hätte im entschiedenen Fall also Heilungsmöglichkeiten des deutschen Rechts prüfen müssen (§ 187). Das Haager Zustellungsübereinkommen 1965 verweist insoweit auf deutsches Prozeßrecht. Es ging nicht um Verstöße gegen Völkervertragsrecht(→ Rdnr. 33), sondern gegen nationales Zustellungsrecht. Die hier vertretene Auffassung verstößt daher nicht gegen die Rechtsprechung des EuGH[82].

c) Verstöße gegen Völkervertragsrecht

Heilbar sind bei eingehenden Ersuchen auf die genannte Weise (→ Rdnr. 32) aber nur Verstöße gegen deutsches nationales Zustellungsrecht, nicht dagegen Verstöße gegen Völkervertragsrecht (→ Rdnr. 27). Ist also das Haager Zustellungsübereinkommen 1965 versehentlich gar nicht angewendet worden oder fehlt entgegen Art. 5 Abs. 3 die deutsche Übersetzung[83], so kann § 187 nicht helfen[84]. In gleicher Weise kommt § 187 nicht zur Anwendung, wenn im Rahmen des deutsch-französischen Vertrags (abgedruckt → § 199 Rdnr. 72) nach dessen Art. 3 Abs. 2 keine deutsche Übersetzung beigefügt war und eine solche auch nicht beschafft wurde. Eine Heilungsmöglichkeit ist selbst dann ausgeschlossen, wenn der Erklärungsempfänger der französischen Sprache in vollem Umfang mächtig ist[85]. Mit Recht hat daher der BGH für ein eingehendes Ersuchen aus Frankreich, dem eine deutsche Übersetzung nicht beigefügt war, eine Heilungsmöglichkeit nach dem deutsch-französischen Vertrag wie nach dem anwendbaren Haager Zustellungsübereinkommen 1965 ausgeschlossen, weil eine solche in diesen Verträgen nicht vorgesehen ist[86]. Ein allgemeines europäisches Rechtsprinzip, wonach ein Zustellungsmangel stets geheilt ist, wenn der Beklagte das zuzustellende Schriftstück tatsächlich erhalten hat, entbehrt der Grundlage[87]. Die Rechtslage nach Art. 27 Nr. 2 EuGVÜ entspricht daher im wesentlichen derjenigen nach § 328 Abs. 1 Nr. 2 ZPO, wie sie insbesondere im Verhältnis zu den USA maßgebend ist[88]. 33

Im Anwendungsbereich der formlosen Zustellung kann die Zustellung von verfahrenseinleitenden Schriftstücken an den zur Annahme bereiten Empfänger auch ohne die Beifügung einer deutschen Übersetzung bewirkt werden. Insoweit stellt sich die Frage einer Heilungsmöglichkeit nicht[89]. 34

---

[79] So aber *BGH* WM 1991, 1050, 1051 f. (im konkreten Fall nicht von Bedeutung); RIW 1993, 673, 674 f.; abl. m. Recht *Stürner* JZ 1992, 325, 331. – Der Vorlagebeschluß des *BGH* wurde durch *EuGH* RIW 1993, 65 beantwortet.
[80] So mit Recht *Stürner* JZ 1992, 325, 331.
[81] *BGH* WM 1991, 1050; vergleichbar RIW 1993, 673, 674 f.; abl. *Rauscher* IPRax 1993, 376.
[82] *EuGH* Slg. 1990 I 2725, 2750.
[83] Insoweit a. A. *Schack* (1991) IZVR Rdnr. 618.
[84] Zutr. *Stürner* JZ 1992, 325, 331.
[85] Großzügiger *OLG Hamm* RIW 1988, 131, 133.
[86] *BGH* NJW 1991, 641; zust. *Stürner* JZ 1992, 325, 331; abl. *Stade* NJW 1993, 184.
[87] So im Ergebnis *EuGH* Slg. 1990 I 2725, 2748; *Kropholler*[4] Art. 27 Rdnr. 30; *Stürner* JZ 1992, 325 ff.; a. A. *Geimer/Schütze* § 140 V 1; *Linke* RIW 1986, 409, 412 f.
[88] Zutreffend *BGH* NJW 1993, 598, 599 f.
[89] Beispiel *OLG Saarbrücken* RIW 1993, 418, 419 (deutsch-belgischer Rechtshilfeverkehr).

§ 188 [Zustellung zur Nachtzeit und an Sonn- und Feiertagen]

(1) Zur Nachtzeit sowie an Sonntagen und allgemeinen Feiertagen darf eine Zustellung, sofern sie nicht durch Aufgabe zur Post bewirkt wird, nur mit richterlicher Erlaubnis erfolgen. Die Nachtzeit umfaßt in dem Zeitraum vom 1. April bis 30. September die Stunden von neun Uhr abends bis vier Uhr morgens und in dem Zeitraum vom 1. Oktober bis 31. März die Stunden von neun Uhr abends bis sechs Uhr morgens.

(2) Die Erlaubnis wird von dem Vorsitzenden des Prozeßgerichts erteilt; sie kann auch von dem Amtsrichter, in dessen Bezirk die Zustellung erfolgen soll, und in Angelegenheiten, die durch einen beauftragten oder ersuchten Richter zu erledigen sind, von diesem erteilt werden.

(3) Die Verfügung, durch welche die Erlaubnis erteilt wird, ist bei der Zustellung abschriftlich mitzuteilen.

(4) Eine Zustellung, bei der die Vorschriften dieses Paragraphen nicht beobachtet sind, ist gültig, wenn die Annahme nicht verweigert ist.

Gesetzesgeschichte: Bis 1900 § 171 CPO. Änderungen durch Gesetz vom 17.5.1898, RGBl. 256, → Einl. Rdnr. 113.

Stichwortverzeichnis → *Zustellungsschlüssel* in Rdnr. 65 vor § 166.

I. Anwendungsbereich	1	IV. Mängel (Abs. 4); Heilung	8
II. Allgemeine Feiertage	2	V. Kosten	9
III. Erlaubnis	6		

I. Anwendungsbereich

1 Das in Abs. 1 geregelte Verbot der Zustellung an Sonn- und allgemeinen Feiertagen und zur Nachtzeit gilt nach der systematischen Stellung der Norm nur für die Zustellung durch den Gerichtsvollzieher oder Gerichtswachtmeister[1]. Für die Zustellung durch Aufgabe zur Post (§ 175), durch den Postbediensteten (§ 195) oder für die Übergabe an die Post (§ 194) ist der Anwendungsbereich der Norm nicht eröffnet. Ebenso liegt es für die Niederlegung nach § 182, weil für sie der Normzweck der Vermeidung von Belästigungen nicht paßt[2].

II. Allgemeine Feiertage

2 Das Bundesrecht legt den 3. Oktober (Tag der Deutschen Einheit) aufgrund von Art. 2 Abs. 2 Einigungsvertrag vom 31.8.1990 (BGBl II 889, 890) als gesetzlichen Feiertag fest. Im übrigen regelt das Landesrecht die allgemeinen Feiertage durch die jeweiligen Feiertagsgesetze[3]: *Baden-Württemberg*: Gesetz i. d. F. der Bek. vom 28.11.1970 (GBl. 1971, 1), zuletzt geändert durch Gesetz vom 18.7.1983 (GBl. 369); *Bayern*: Feiertagsgesetz vom 21.5.1980 (BayRS 1131–3-J), geändert durch Gesetz vom 27.12.1991 (GVBl. 491); *Berlin*: Gesetz vom 28.10.1954 (GVBl. 615), geändert durch Gesetz vom 17.7.1966 (GVBl. 1030); *Brandenburg*: Feiertagsgesetz vom 21.3.1991 (GVBl. 44); *Bremen*: Gesetz vom 12.11.1954 (SaBremR 113-c-1), zuletzt geändert durch Gesetz vom 13.10.1992 (GBl. 607); *Hamburg*: Gesetz vom

---

[1] Zu Vollziehungsbeamten des Finanzamts *App* DStZ 1992, 273.
[2] *AG Lemgo* Rpfleger 1988, 490 mit abl. Anm. *Schauf*.
[3] Zur Verfassungsmäßigkeit *Scholtissek* WRP 1992, 151.

16.10.1953 (HambSLR 113-a), zuletzt geändert durch Gesetz vom 19.3.1991 (GVBl. 82); *Hessen:* Gesetz i. d. F. der Bek. vom 29.12.1971 (GVBl. I 343), geändert durch Gesetz vom 15.5.1974 (GVBl. I 241); *Mecklenburg-Vorpommern:* Feiertagsgesetz vom 18.6.1992 (GVOBl. 342); *Niedersachsen:* Gesetz i. d. F. vom 29.4.1969 (GVBl. 113), zuletzt geändert durch Gesetz vom 17.4.1991 (GVBl. 200); *Nordrhein-Westfalen:* Gesetz i. d. F. der Bek. vom 23.4.1989 (GV NW 222); *Rheinland-Pfalz:* Gesetz vom 15.7.1970 (GVBl. 225), geändert durch Gesetz vom 5.10.1990 (GVBl. 289); *Saarland:* Gesetz vom 18.2.1976 (AmtsBl. 213), geändert durch Gesetz vom 8.4.1992 (Amtsbl. 510); *Sachsen-Anhalt:* Gesetz vom 22.5.1992 (GVBl. 356); *Schleswig-Holstein:* Gesetz i. d. F. vom 30.6.1969 (GVOBl. 112), zuletzt geändert durch Gesetz vom 30.10.1981 (GVOBl. 239). Neben § 188 sind die Feiertagsregelungen auch noch von Bedeutung im Rahmen der §§ 216 Abs. 3, 222 Abs. 2, 3, 761 Abs. 1 ZPO sowie für § 193 BGB und Art. 72 WG.

Allgemeine Feiertage sind in allen Ländern der Bundesrepublik Deutschland der Neujahrstag (1. Januar), Karfreitag, Ostermontag, der 1. Mai (Tag der Arbeit), der Himmelfahrtstag (Christi Himmelfahrt), Pfingstmontag, der 3. Oktober (Tag der Deutschen Einheit) (→ Rdnr. 2) sowie der 1. und 2. Weihnachtsfeiertag. Unterschiedliche landesrechtliche Regelungen finden sich für die katholischen Feiertage Heilige Drei Könige (Epiphanias)(6. Januar), Fronleichnam, Mariä Himmelfahrt (15. August), Allerheiligen (1. November) sowie für den evangelischen Buß- und Bettag. In den neuen Bundesländern mit überwiegend evangelischer Bevölkerung tritt das Reformationsfest hinzu. Soweit in den neuen Bundesländern keine Feiertagsgesetze erlassen worden sind, gilt die Verordnung über die Einführung gesetzlicher Feiertage vom 16.5.1990 (GBl. DDR I 248). Das ist derzeit der Fall für Sachsen und Thüringen. Jüdische Feiertage zählen nicht als allgemeine Feiertage. Das gleiche gilt etwa für die Feiertage anderer Konfessionen. Im Stadtkreis Augsburg tritt das Friedensfest hinzu (8. August).

Sonnabende (Samstage) sind den gesetzlichen Feiertagen i. S. des § 188 nicht gleichgestellt. Das Fristablaufgesetz vom 10.8.1965 (→ ferner § 216 Rdnr. 30) hat daran nichts geändert. Ein Tag wird auch nicht zu einem allgemeinen Feiertag i. S. der §§ 188, 222 usw. durch die Verwaltungsanordnung, daß die Behörden nur Sonntagsdienst zu leisten haben[4]. Auch berührt ein Abkommen der Anwälte über Geschäftsschluß zu bestimmten Tageszeiten die Gültigkeit der Zustellung nicht[5].

Die »Nachtzeit« nach § 188 Abs. 1 S. 1 ist in Abs. 1 S. 2 legaldefiniert.

III. Erlaubnis

Die Erteilung der Erlaubnis steht im pflichtgemäßen Ermessen des Rechtspflegers (§ 188 Abs. 2 ZPO i. V. m. § 20 Nr. 7c RpflG). Veranlaßt ist die Erlaubnis nur in Eilfällen bei besonderer Dringlichkeit. Die Erlaubnis kann auch inhaltlich näher bestimmt werden, z. B. für die Zustellung nur an bestimmten Nachtstunden oder nur tagsüber an einem Sonntag. Neben die Zuständigkeit des Rechtspflegers des Prozeßgerichts tritt wahlweise die Rechtspflegerzuständigkeit des jeweiligen Gerichts nach Abs. 2 HS 2. Der Rechtspfleger ist also in allen vom Gesetz genannten Fällen zuständig (auch § 13 Nr. 2 GVGA). Ihm fallen insoweit auch die Aufgaben des Vorsitzenden zu[6]. Eine Anpassung an § 166 GVG n. F. ist unterblieben. Soll ein Arrestbefehl zur Nachtzeit oder an Sonn- und Feiertagen vollzogen werden, so ist nicht das Arrestgericht, sondern das Amtsgericht als Vollstreckungsgericht zuständig[7].

Für die Parteizustellung ist ein Antrag erforderlich, der durch die Partei oder durch den

---

[4] Vgl. *RG* JW 1937, 3043.
[5] *RG* JW 1910, 713 (Nr. 20).
[6] *OLG München* MDR 1979, 408.
[7] *OLG Frankfurt a. M.* RIW 1990, 582.

Gerichtsvollzieher gestellt werden kann. Eine mündliche Verhandlung findet nicht statt. Bei einer Zustellung von Amts wegen kann die Erlaubnis auch von Amts wegen eingeholt werden[8]. Die Verfügung wird schriftlich erteilt und einem Antragsteller formlos ausgehändigt. Bei der Zustellung ist nach Abs. 3 eine Abschrift der Verfügung mitzuteilen, die nicht beglaubigt sein muß. Gegen die Entscheidung des Rechtspflegers ist nach § 11 Abs. 1 S. 1 RpflG die unbefristete Erinnerung statthaft. Gegen die gerichtliche Entscheidung findet nach § 567 die Beschwerde statt, soweit der Antrag abgelehnt wurde. Im übrigen ist die Entscheidung unanfechtbar. Zu beachten ist § 567 Abs. 3.

IV. Mängel (Abs. 4); Heilung

8   Wird § 188 verletzt, etwa durch Zustellung zur Unzeit oder durch das Unterlassen der Mitteilung nach Abs. 3, so ist die Zustellung nur unwirksam, wenn die Annahme verweigert wird (Abs. 4). Abs. 4 ist lex specialis zu § 187 und macht diese Heilungsvorschrift unanwendbar[9]. Ansonsten wäre § 188 Abs. 4 im Anwendungsbereich des § 187 S. 1 überflüssig, was dem Gesetzgeber nicht unterstellt werden kann. Überdies spricht für die hier vertretene Auffassung auch die systematische Stellung des § 187 vor § 188. Heilungstatbestand ist bei § 188 Abs. 4 nur die Annahme des Schriftstücks, wobei eine vorherige Belehrung nicht erforderlich ist. Eine Heilung tritt nach § 188 Abs. 4 – anders als nach § 187 S. 2 – auch dann ein, wenn durch die Zustellung der Lauf einer Notfrist beginnt.

V. Kosten

9   Gerichts- und Anwaltsgebühren entstehen nicht. Für den Rechtsanwalt gehört das Verfahren zum Rechtszug (§ 37 Nr. 3 BRAGO). Die Gerichtsvollziehergebühren für die Zustellung (§ 16 GvKostG) verdoppeln sich, wenn der Gerichtsvollzieher zur Nachtzeit oder an einem Sonn- oder Feiertag tätig werden muß (§ 34 GvKostG).

§ 189   [Anzahl der Ausfertigungen oder Abschriften]

(1) Ist bei einer Zustellung an den Vertreter mehrerer Beteiligter oder an einen von mehreren Vertretern die Übergabe der Ausfertigung oder Abschrift eines Schriftstücks erforderlich, so genügt die Übergabe nur einer Ausfertigung oder Abschrift.

(2) Einem Zustellungsbevollmächtigten mehrerer Beteiligter sind so viele Ausfertigungen oder Abschriften zu übergeben, als Beteiligte vorhanden sind.

Gesetzesgeschichte: Bis 1900 § 172 CPO.

Stichwortverzeichnis → *Zustellungsschlüssel* in Rdnr. 65 vor § 166.

I. Grundsatz	1	III. Zustellungsbevollmächtigter (Abs. 2)	4
II. Mehrere Beteiligte (Abs. 1)	2	IV. Kosten	5

---

[8] *Thomas/Putzo*[18] Rdnr. 4.   [9] *Zöller/Stöber*[18] Rdnr. 4; a.A. *Wieczorek*[2] Bem. C.

I. Grundsatz

Dem Grundsatz nach muß jeder Adressat der Zustellung ein Exemplar des betreffenden Schriftstücks erhalten. Davon macht § 189 aus Vereinfachungszwecken eine Ausnahme, wenn an mehrere Personen zugestellt werden soll, die einen gemeinsamen (gesetzlichen – § 171) oder rechtsgeschäftlich bestellten Vertreter haben. In diesem Fall braucht nur eine einzige Abschrift oder Ausfertigung übergeben zu werden. Für die Vervielfältigung hat dann der Vertreter zu sorgen. Ebenso liegt es für mehrere Vertreter (→ Rdnr. 3). 1

II. Mehrere Beteiligte (Abs. 1)

Abs. 1 Alt. 1 trifft den Fall, wenn sich mehrere Zustellungsakte dadurch vereinigen, daß mehrere Beteiligte einen gemeinsamen Vertreter haben, an den die Zustellung nach dem zu den §§ 171, 173, 176, 178 Ausgeführten geschehen kann oder muß. Hauptbeispiel ist der Verwalter von Wohnungseigentum. Er ist Verfahrensbevollmächtigter (§ 27 Abs. 2 WEG) i.S. von § 189 Abs. 1 ZPO, so daß die Übergabe nur einer Abschrift oder Ausfertigung genügt[1]. Der Hinweis auf den Wortlaut von § 27 Abs. 2 Nr. 3 WEG verfängt nicht, weil diese Norm im Gesamtzusammenhang des § 27 Abs. 2 WEG mit der dort niedergelegten übergreifenden Vertreterstellung gesehen werden muß. Die Gegenauffassung ist bei großen Wohnungseigentümergemeinschaften auch gänzlich unpraktikabel und widerstreitet dem Vereinfachungszweck des Abs. 1. Entsprechendes gilt für den Treuhänder einer Bauherrengemeinschaft, der mit umfassender Vollmacht ausgestattet ist und für diese nach außen auftritt[2]. Dementsprechend genügt auch hier die Übergabe nur einer Abschrift. 2

Ebenso liegt es, wenn mehrere Vertreter einen Beteiligten vertreten (Abs. 1 Alt. 2). Das gilt nach § 171 Abs. 3 sowohl für gesetzliche Vertreter als auch im übrigen für rechtsgeschäftlich bestellte Vertreter (z.B. § 176). Entsprechend ist zu verfahren, wenn einer Person sowohl in ihrer Eigenschaft als Partei als auch als Vertreter einer anderen Partei zugestellt wird[3]. Wenn aber mehrere Streitgenossen je besondere Vertreter bestellt haben, so ist jedem von ihnen eine Ausfertigung oder Abschrift zu übergeben. 3

III. Zustellungsbevollmächtigter (Abs. 2)

Für den Zustellungsbevollmächtigten (§§ 174, 175) gilt § 189 Abs. 1 nicht. Er ist durch Abs. 2 von der Vereinfachung ausgeschlossen und wird nach den sonst geltenden Grundsätzen behandelt (→ Rdnr. 1). Es sind also dem Zustellungsbevollmächtigten mehrerer Beteiligter so viele Abschriften oder Ausfertigungen zu übergeben, als Beteiligte vorhanden sind. Bei einem Verstoß gegen Abs. 2 ist eine Heilung nach § 187 S. 1 möglich. Die Unterscheidung von Abs. 1 und 2 wird dadurch gerechtfertigt, daß der Vertreter i.S. von Abs. 1 selbständig eigene Willenserklärungen abgeben kann, wogegen dem Zustellungsbevollmächtigten diese Befugnis nicht zukommt. Somit muß eine genaue Unterrichtung der Verfahrensbeteiligten gewährleistet sein[4]. 4

---

[1] H.L., *BGHZ* 78, 166, 172 ff.; *BGH* WuM 1985, 33, 35; *OVG Bremen* NJW 1985, 2660 (LS); *Thomas/Putzo*[18] Rdnr. 1; *MünchKommZPO/v. Feldmann* (1992) Rdnr. 1; *Girisch* LM § 27 WEG Nr. 3; *Mansel* in: FS Bärmann/Weitnauer (1990), 472 ff.; a.A. → Voraufl. Rdnr. 1 Fn. 2; *AG Essen* ZMR 1986, 24 f.; *Kellmann* NJW 1981, 284; *Guthardt-Schulz* ZMR 1980, 191.

[2] *OLG München* JurBüro 1987, 704 f. im Anschluß an *BGHZ* 78, 166.

[3] *MünchKommZPO/v. Feldmann* (1992) Rdnr. 1; *Usadel* Rpfleger 1974, 416; a.A. *OLG Breslau* OLGRsp 19, 172.

[4] Insoweit zutr. *AG Essen* ZMR 1986, 24, 25.

IV. Kosten

5   Im Falle des § 189 Abs. 2 ZPO liegt gebührenrechtlich nach § 16 Abs. 6 GvKostG nur eine Zustellung vor. Schreibauslagen werden jedoch für jede Abschrift der Zustellungsurkunde nach § 36 Abs. 1 Nr. 1 HS 2 GvKostG erhoben.

§ 190   [Zustellungsurkunde]

(1) Über die Zustellung ist eine Urkunde aufzunehmen.
(2) Die Urkunde ist auf die Urschrift des zuzustellenden Schriftstückes oder auf einen mit ihr zu verbindenden Bogen zu setzen.
(3) Eine durch den Gerichtsvollzieher beglaubigte Abschrift der Zustellungsurkunde ist auf das bei der Zustellung zu übergebende Schriftstück oder auf einen mit ihm zu verbindenden Bogen zu setzen. Die Übergabe einer Abschrift der Zustellungsurkunde kann dadurch ersetzt werden, daß der Gerichtsvollzieher den Tag der Zustellung auf dem zu übergebenden Schriftstück vermerkt.
(4) Die Zustellungsurkunde ist der Partei, für welche die Zustellung erfolgt, zu übermitteln.

Gesetzesgeschichte: Bis 1900 § 173 CPO. Änderungen durch Gesetz vom 17.5.1898, RGBl 256 und durch Gesetz vom 12.11.1950, BGBl. 455, → Einl. Rdnr. 148.

Stichwortverzeichnis → *Zustellungsschlüssel* in Rdnr. 65 vor § 166.

I. Normzweck 1	IV. Verbindung mit der Urschrift (Abs. 2); Übermittlung an den Auftraggeber (Abs. 4) 6
II. Beweiskraft 2	
III. Mängel 4	V. Übergabe der beglaubigten Abschrift (Abs. 3) 7

I. Normzweck

1   Zustellung bedeutet die beurkundete Übergabe (→ Rdnr. 1 vor § 166). Die Beurkundung i. S. der Aufnahme einer Zustellungsurkunde ist demnach Teil des Zustellungsaktes selbst und begründet erst die Zustellung. Eine den Vorschriften der ZPO im übrigen entsprechende Übergabe ohne Aufnahme einer Urkunde ist keine Zustellung im Rechtssinne[1]. § 190 ergänzt damit § 170, der den Zustellungsakt betrifft (→ § 170 Rdnr. 1). Die Regelung des Abs. 1 und die strengen Voraussetzungen des § 191 hätten keinen Sinn, wenn die Zustellungsurkunde lediglich auf die Funktion eines Beweismittels beschränkt wird (→ Rdnr. 2 f.). Ist daher eine Zustellungsurkunde überhaupt nicht oder formell mangelhaft (→ § 191 Rdnr. 4 ff.) aufgenommen worden, so macht das die Zustellung in dem oben → Rdnr. 25 vor § 166 dargelegten Sinn unwirksam[2]. Doch ist dieser Mangel nach § 187 S. 1 heilbar (→ § 187 Rdnr. 15). Die Wirksamkeit einer Zustellung wird aber nicht dadurch beeinträchtigt, daß die Zustellungsurkunde lediglich unwesentliche Mängel aufweist. Nur wesentliche Mängel machen die Zustellung im Ganzen unwirksam. Unwesentliche Unrichtigkeiten der Zustellungsurkunde sind

---

[1] *RGZ* 11, 402, 404; 124, 22 ff. u. a.
[2] *BGHZ* 8, 314, 316 ff.; *BGHR* ZPO § 191 Nr. 4 Niederlegungsvermerk 1; *RGZ* 124, 22; *BayObLG* Seuff-Arch 42, 465, 466; *OLG Dresden* JW 1917, 775.

daher unschädlich, wenn die Ordnungsgemäßheit des Zustellungsherganges auf andere Weise nachgewiesen werden kann (→ Rdnr. 4)[3]. Anwendbar ist § 190 sowohl für den Partei- wie auch für den Amtsbetrieb (§ 208).

II. Beweiskraft

Die Zustellungsurkunde begründet als öffentliche Urkunde nach §§ 415, 418 vollen Beweis der darin bezeugten Tatsachen (näher → § 191 Rdnr. 3). Die Zustellungsurkunde beweist als öffentliche Urkunde bis zum Beweis des Gegenteils die Ordnungsgemäßheit der Zustellung. Nach § 418 Abs. 1 begründet die Postzustellungsurkunde vollen Beweis dafür, daß der Zusteller im Falle der Ersatzzustellung die vorgesehene Mitteilung in den Hausbriefkasten eingelegt hat[4]. Der Inhalt der Urkunde kann aber durch Gegenbeweis nach § 415 Abs. 2, § 418 Abs. 2 durch jedes zulässige andere Beweismittel entkräftet werden, wenn ein Vorgang unrichtig beurkundet ist (→ § 191 Rdnr. 3)[5]. So liegt es, wenn Vorgänge oder Wahrnehmungen nicht oder unrichtig in die Urkunde aufgenommen worden sind[6].

Mit der unbedingten Notwendigkeit der Aufnahme der Urkunde (→ Rdnr. 1) ist es gleichwohl nach der anderen Richtung hin vereinbar, daß die formgerechte Zustellung, d. h. die beurkundete Übergabe[7] (→ Rdnr. 1), auch durch andere Beweismittel dargetan und nach freier Überzeugung festgestellt wird. So kann es liegen, wenn der betreibenden Partei die Zustellungsurkunde verlorengegangen ist, oder wenn der Zustellungsadressat den Beweis zu führen hat, namentlich im Säumnisverfahren[8]. Die ZPO kennt keine Norm, wonach die formgerechte Zustellung nur durch die Zustellungsurkunde oder ihre Abschrift bewiesen werden könnte.

III. Mängel

Aus den vorhin gemachten Darlegungen geht hervor, daß ein unrichtiger Inhalt der Zustellungsurkunde, insbesondere ein falsches Datum[9], dem erweislich ordnungsgemäß vollzogenen Zustellungsakt seine Wirkung nicht nimmt. Jeder für die Zustellung notwendige Vorgang, der nicht oder nicht richtig beurkundet ist, kann durch jedes zulässige andere Beweismittel bewiesen werden (→ § 187 Rdnr. 5). Wesentliche Unrichtigkeiten in der Beurkundung führen jedoch zur Unwirksamkeit der Zustellung durch Übergabe an den Empfänger (→ Rdnr. 1; → § 191 Rdnr. 1). Nach h.L. ist die Zustellung unwirksam, wenn die Urkunde entgegen § 190 Abs. 1 überhaupt nicht aufgenommen wurde oder wenn einer der Bestandteile des § 191 Nr. 1–7 fehlt[10]. Die Heilungsmöglichkeit richtet sich nach → § 187 Rdnr. 6. Äußere Mängel der Urkunde werden nach § 419 beurteilt.

Die Zustellung bleibt wirksam, wenn die Anforderungen des § 190 Abs. 2–4 nicht beachtet werden[11]. Ebenso liegt es, wenn die Zustellungsurkunde im einzelnen unrichtig ist, wie z. B. ein falsches Datum nach § 191 Nr. 1 usw. (näher → § 191 Rdnr. 5). In diesem Fall muß mit anderen Beweismitteln das wirkliche Datum bewiesen werden[12]. Unerheblich sind auch bloße Ungenauigkeiten der Zustellungsurkunde, wenn sich aus dem Zusammenhang die notwendigen Elemente des § 191 herleiten lassen[13].

---

[3] *BGHR* ZPO § 191 Nr. 4 Personenbezeichnung 1.
[4] *BSG* SozSich 1989, 125 (LS).
[5] *RGZ* 4, 433, 434; 17, 403, 405; 19, 423, 427; *RG* JW 1900, 410.
[6] *RGZ* 17, 411, 413 f.
[7] S. → Rdnr. 1; *BGH* NJW 1981, 1613, 1614 li. Sp.
[8] *RGZ* 12, 364, 365; 31, 432 f.; *RG* JW 1898, 640; 1899, 163; 1900, 15 (Nr. 19).
[9] *OLG Frankfurt a.M.* OLGZ 1976, 310; a.A. *OLG Hamm* NJW 1975, 2209 (abl. *Schulte*); JMBlNRW 1981, 68, 69.
[10] *BGH* Rpfleger 1989, 417 (zu § 191 Nr. 4); *Thomas/ Putzo*[18] Rdnr. 6.
[11] Dazu *RGZ* 133, 365, 368.
[12] Z.B. *OLG Frankfurt a.M.* Rpfleger 1976, 223.
[13] *BGH* LM § 191 ZPO Nr. 2.

IV. Verbindung mit der Urschrift (Abs. 2); Übermittlung an den Auftraggeber (Abs. 4)

6   Wenn die Zustellung in der Übergabe einer beglaubigten Abschrift (→ § 170 Rdnr. 12) besteht, so hat der Gerichtsvollzieher nach Abs. 2 die Zustellungsurkunde mit der Urschrift zu verbinden. Diese Verbindung bedeutet kein Wirksamkeitserfordernis der Zustellung, weil sie dem vorher schon vollendeten Zustellungsakt erst zeitlich nachfolgt (→ Rdnr. 5)[14]. Wenn eine Ausfertigung zugestellt werden soll (→ § 170 Rdnr. 7), befindet sich die Urschrift nicht in den Händen der Partei und damit auch nicht in den Händen des Gerichtsvollziehers. In diesem Fall ist Abs. 2 ebensowenig wie bei der Zustellung von Amts wegen anwendbar. Die Zustellungsurkunde muß daher nach Abs. 4 alleine an den Auftraggeber übersandt werden. Dagegen ist im Fall der möglichen Verbindung nach Abs. 2 die mit der Urschrift des Schriftstückes verbundene Urschrift der Zustellungsurkunde an die Partei zu übermitteln. Bei der Zustellung von Amts wegen ist die Urschrift der Zustellungsurkunde nach § 212 Abs. 2 der Geschäftsstelle zu übersenden.

V. Übergabe der beglaubigten Abschrift (Abs. 3)

7   Die Übergabe der beglaubigten Abschrift der Zustellungsurkunde (Abs. 3 S. 1) mit dem verbundenen Schriftstück soll dem Adressaten den Nachweis der Zustellung, ihres Zeitpunkts und des Zustellungsverfahrens sichern. Das ist von Bedeutung namentlich für den Säumnisfall. Trotz dieser Bedeutung und des als Mußvorschrift ausgestalteten Abs. 3 S. 1 (§ 195 Abs. 2) ist die Übergabe der beglaubigten Abschrift der Zustellungsurkunde kein Wirksamkeitserfordernis für die Zustellung (→ Rdnr. 5). Die Zustellung ist gültig, sofern nur die Zustellungsurkunde aufgenommen ist. Es kommt daher für die Wirksamkeit nicht darauf an, wenn dem Empfänger versehentlich gar keine oder eine unbeglaubigte oder unvollständige Abschrift der Zustellungsurkunde oder das leere Formular einer solchen übergeben wurde[15]. Weicht die Abschrift der Zustellungsurkunde von der Urschrift ab, so ist die Urschrift maßgebend, vorbehaltlich der Berufung des Adressaten auf die Abschrift (auch → § 170 Rdnr. 33ff.)[16].

8   Nach Abs. 3 S. 2 kann die Übergabe der Abschrift der Zustellungsurkunde dadurch ersetzt werden, daß der Gerichtsvollzieher den Tag der Zustellung auf der zu übergebenden Sendung vermerkt. Diese Ausnahme dient Vereinfachungszwecken. Es sollte aber nicht danach verfahren werden, sondern nach dem Regelfall von S. 1. Andernfalls kann der Zustellungsadressat die Wirksamkeit der Zustellung nur in erschwerter Weise nachprüfen[17].

§ 191   [Inhalt der Zustellungsurkunde]

Die Zustellungsurkunde muß enthalten:
1. Ort und Zeit der Zustellung;
2. die Bezeichnung der Person, für die zugestellt werden soll;
3. die Bezeichnung der Person, an die zugestellt werden soll;
4. die Bezeichnung der Person, der zugestellt ist; in den Fällen der §§ 181, 183, 184 die Angabe des Grundes, durch den die Zustellung an die bezeichnete Person gerechtfertigt

---

[14] Ferner *RGZ* 52, 11, 14.
[15] *RGZ* 52, 11, 13f.; 133, 365, 368; ferner *RG* JW 1903, 176.
[16] *RGZ* 124, 22, 27 a.E.
[17] *Thomas/Putzo*[18] Rdnr. 3; *Rosenberg/Schwab/Gottwald*[15] § 75 II 1 c.

wird; wenn nach § 182 verfahren ist, die Bemerkung, wie die darin enthaltenen Vorschriften befolgt sind;
5. im Falle der Verweigerung der Annahme die Erwähnung, daß die Annahme verweigert und das zu übergebende Schriftstück am Ort der Zustellung zurückgelassen ist;
6. die Bemerkung, daß eine Ausfertigung oder eine beglaubigte Abschrift des zuzustellenden Schriftstücks und daß eine beglaubigte Abschrift der Zustellungsurkunde übergeben oder der Tag der Zustellung auf dem zu übergebenden Schriftstück vermerkt ist;
7. die Unterschrift des die Zustellung vollziehenden Beamten.

Gesetzesgeschichte: Bis 1900 § 174 CPO. Änderungen durch Gesetz vom 17.5.1898, RGBl. 256 und durch Gesetz vom 12.11.1950, BGBl. 455; → Einl. Rdnr. 148.

Stichwortverzeichnis → *Zustellungsschlüssel* in Rdnr. 65 vor § 166.

I. Normzweck	1
II. Berichtigung	2
III. Beweisumfang	3
IV. Einzelerfordernisse	
1. Ort und Zeit (Nr. 1)	4
2. Zustellungsveranlasser (Nr. 2)	6
3. Zustellungsadressat (Nr. 3)	7
4. Zustellungsempfänger (Nr. 4)	9
5. Annahmeverweigerung (Nr. 5)	12
6. Übergabe; Vermerk (Nr. 6)	13
7. Unterschrift (Nr. 7)	14
V. Auslagen	15

I. Normzweck

§ 191 regelt den notwendigen Inhalt der Zustellungsurkunde. Die Norm ergänzt § 190 Abs. 1. Die einzelnen Erfordernisse des Inhalts der Zustellungsurkunde sind in gleicher Weise Teile des Zustellungsaktes wie die Aufnahme der Urkunde selbst (→ § 190 Rdnr. 1). Ein wesentlicher Mangel macht daher die Zustellung ungültig (→ § 190 Rdnr. 1)[1]. Unrichtigkeiten und Ungenauigkeiten, die aus dem Gesamtzusammenhang aufzuklären sind, schaden nicht (→ § 190 Rdnr. 5)[2]. Es dürfen aber nicht alle für die Zustellung vorgedruckten Zeilen durchstrichen sein[3]. 1

II. Berichtigung

Eine Berichtigung der Zustellungsurkunde ist möglich, auch wenn – anders als bei dem gerichtlichen Protokoll (§ 164) – eine ausdrückliche gesetzliche Regelung nicht vorhanden ist. Die Berichtigung geschieht durch einen entsprechend unterschriebenen Vermerk auf der Urkunde. Zuständig dafür ist der Zustellungsbeamte, sofern er dazu aus seiner Erinnerung in der Lage ist. Einfaches Streichen, Radieren oder dgl. reicht nicht aus[4]. Auch muß ein örtlicher und zeitlicher Zusammenhang mit dem Zustellungsvorgang gewahrt bleiben. Die nachträgliche Berichtigung oder Ergänzung ist daher nur zulässig bis zur Absendung nach § 190 Abs. 4 oder § 212 Abs. 2[5]. Die Zustellung ist unwirksam, wenn mehrere Zustellungsvermerke eingetragen werden, die einander ausschließen[6]. Eine Zustellungsurkunde darf nicht für mehrere Zustellversuche an unterschiedlichen Zustellorten verwendet werden. 2

---

[1] *BGHR* ZPO § 191 Nr. 4 Personenbezeichnung 1; *BAG* WM 1979, 503, 504.
[2] *BGH* LM § 191 ZPO Nr. 2; *RGZ* 24, 416, 418; 109, 265, 267 f.; *RG* JW 1906, 566.
[3] *AG Lübeck* SchlHA 1955, 130.
[4] Auch → Rdnr. 1.
[5] *BGH* NJW 1990, 176, 177 li. Sp.; *Thomas/Putzo*[18] Rdnr. 1.
[6] *VGH Kassel* NJW 1990, 467.

III. Beweisumfang

3 Die Zustellungsurkunde begründet als öffentliche Urkunde nach §§ 415, 418 vollen Beweis der darin bezeugten Tatsachen (→ § 190 Rdnr. 2). Bewiesen werden namentlich Ort und Zeit der Übergabe, die Person des Empfängers, seine Erklärungen usw. Doch erstreckt sich die Beweiskraft nicht darauf, daß der Zustellungsadressat unter der angegebenen Wohnung wohnt (näher → § 181 Rdnr. 8). Unerheblich ist es, wer die einzelnen Angaben in der Zustellungsurkunde einsetzt. Doch muß der zustellende Beamte eigenhändig unterschreiben (→ Rdnr. 14), damit er Gewähr für die Richtigkeit der Angaben bietet[7]. Der Beweis der Unrichtigkeit der Angaben ist zulässig (§ 415 Abs. 2, § 418 Abs. 2) und kann mit Beweismitteln jeder Art geführt werden (→ § 190 Rdnr. 2). Für den Gegenbeweis genügt aber die bloße Glaubhaftmachung i. S. einer Erschütterung der gerichtlichen Überzeugung nicht, so z. B. die eidesstattliche Versicherung, man habe keinen Benachrichtigungszettel im Briefkasten vorgefunden. Vielmehr muß die Beweiswirkung der Urkunde vollständig entkräftet werden[8].

IV. Einzelerfordernisse

1. Ort und Zeit (Nr. 1)

4 Mit Ort der Zustellung ist wie in § 174, § 180 die Gemeinde (→ § 180 Rdnr. 4) gemeint. Wenn in der Urkunde nur dieser Ort, nicht aber Straße und Hausnummer genannt werden, so liegt in der Annahme einer ordnungsgemäßen Zustellung durch persönliche Übergabe in der Wohnung kein Verstoß gegen Art. 103 Abs. 1 GG. Die Räumlichkeit muß nur angegeben werden, soweit sie bei der Ersatzzustellung der §§ 181–184 nach § 191 Nr. 4 nötig ist[9]. Ebenso liegt es, wenn der Adressat mit Rücksicht auf den Ort der Übergabe die Annahme verweigert (§ 180) (§ 191 Nr. 5).

5 Als Zeit der Zustellung genügt die Bezeichnung des Tages[10]. Bei der Ersatzzustellung nach § 184 kann aber die Angabe nötig werden, ob die Zustellung während der gewöhnlichen Geschäftsstunden stattgefunden hat. Im übrigen kann die Angabe der Stunde wenigstens zweckmäßig sein, soweit es der materielle Zweck der Zustellung erfordert, wie z. B. bei den §§ 804 Abs. 3, 829. Ebenso liegt es, wenn eine nach Stunden berechnete Frist wie in § 604 Abs. 2 und 3 zu wahren ist. Ein Gültigkeitserfordernis liegt darin aber nicht. Ist die Angabe der Zustellungszeit offensichtlich unrichtig (z. B. versehentlich falscher Monat), so fehlt damit noch nicht das Erfordernis der Zeit[11]. Vielmehr kann mit anderen Beweismitteln das wirkliche Datum bewiesen werden (→ § 190 Rdnr. 5). Wenn das Datum allerdings ganz fehlt, so ist die Zustellung unwirksam, es sei denn, die Urkunde wurde rechtzeitig ergänzt (→ Rdnr. 2, → § 190 Rdnr. 4).

2. Zustellungsveranlasser (Nr. 2)

6 Es ist stets ausreichend, daß die Partei (auch Streitgenosse, Streitgehilfe usw.) bezeichnet ist, für die zugestellt werden soll. Für nicht genannte Streitgenossen ist die Zustellung nicht wirksam[12]. Anstelle der Parteiangabe kann auch vermerkt werden, daß die Zustellung für den Prozeßbevollmächtigten oder in dessen Auftrag vollzogen wurde. Auch daraus geht hinreichend deutlich hervor, daß die Zustellung für die Partei vorgenommen wird[13]. Nicht erforder-

---

[7] *BAG* AP § 191 ZPO Nr. 2 mit zust. Anm. *E. Schumann.*
[8] Auch → § 190 Rdnr. 2.
[9] Vgl. *OLG Dresden* SächsAnn 26, 533.
[10] *BGH* NJW 1984, 57; *RG* JW 1902, 215.
[11] Auch → § 190 Rdnr. 4, 5.
[12] *RG* DR 1942, 230f.
[13] *BGH* NJW 1965, 104; *RGZ* (VZS) 17, 392, 400f.

lich ist die Angabe der Person, die den Auftrag erteilt hat[14]. Wenn eine andere Person als die Partei oder deren Prozeßbevollmächtigter als Auftraggeber genannt wird, so ist dem Formerfordernis der Nr. 2 Genüge getan. Die inhaltliche Gültigkeit der Zustellung beurteilt sich freilich danach, ob diese Person durch Vollmacht oder nachträgliche Genehmigung der zuständigen Person zu der Zustellung ermächtigt war (→ § 167 Rdnr. 1)[15]. Unschädlich ist es, wenn der Zustellungsveranlasser richtig, aber in falscher Eigenschaft bezeichnet ist. Selbst eine unrichtige Bezeichnung der betreffenden Person schadet nicht, wenn kein Anlaß zu der Annahme besteht, daß der Empfänger über den Zustellungsveranlasser im unklaren war[16].

3. Zustellungsadressat (Nr. 3)

Nr. 3 meint den Zustellungsadressaten in dem in → § 171 Rdnr. 2 dargelegten Sinn. Das 7 sind die Partei oder ihr gesetzlicher Vertreter (§ 171) usw., der Prozeßbevollmächtigte (§ 176) oder der Zustellungsbevollmächtigte (§ 174). Der Vertreter, insbesondere der Prozeßbevollmächtigte, ist selbst Zustellungsadressat (→ § 171 Rdnr. 2). Deshalb ist er in der Urkunde aufzuführen. Einer Angabe, für welche Person der Vertreter die Zustellung entgegennehmen soll[17], bedarf es nur, wenn die Zustellung nur gegenüber einem von mehreren Vertretenen erfolgen soll. Eine falsche Bezeichnung des gesetzlichen Vertreters, Prozeßbevollmächtigten usw. schadet nicht, wenn an der Person des Zustellungsadressaten kein Zweifel besteht. Wird an eine juristische Person zugestellt, so ist nach dem Gesagten deren Vertreter als Zustellungsadressat aufzuführen[18]. Die Bezeichnung der vertretenen Partei allein genügt nicht[19], weil sie nicht Zustellungsadressat i.S. der Nr. 3 ist. Doch verfährt die höchstrichterliche Rechtsprechung bei der Zustellung an den Vertreter einer Behörde oder Gemeinde überaus großzügig. In deren Geschäftslokal (§ 184 Abs. 1) wird man die Bezeichnung als Behörde als ausreichend anzusehen haben, weil hier stets nur deren Vorsteher (§ 171 Abs. 2) als Zustellungsadressat in Betracht kommt[20]. Der BGH läßt es bei der Zustellung an eine Aktiengesellschaft (Anfechtungsklage) gem. § 184 Abs. 1 ausreichen, daß lediglich die Gesellschaft in der Zustellungsurkunde bezeichnet wird, weil nur die Vorstandsmitglieder als Adressaten in Betracht kämen[21]. Unbedenklich ist das nicht. Auch bei Personalhandelsgesellschaften sind deren gesetzliche Vertreter anzugeben.

Die Bezeichnung muß nach Name oder Firma (§ 17 Abs. 2 HGB), Stand oder Gewerbe so 8 deutlich sein, daß über die Identität des Adressaten kein Zweifel besteht[22]. Steht die Identität fest, so macht die unrichtige Angabe einzelner Kennzeichen, z.B. des Vornamens, die Zustellung nicht unwirksam (→ Rdnr. 1). Ebensowenig ist das bei der Beifügung eines unzutreffenden Zusatzes der Fall. Insbesondere im Falle des § 84 ist die Angabe mehrerer Personen statthaft[23]. Nicht ausreichend ist das Zeugnis eines Generalkonsulats, das die bloße Aussage enthält, ein Schriftstück sei im Amtsbezirk an einem bestimmten Tage zugestellt worden[24]. In diesem Falle fehlen die erforderlichen Angaben über die Form der Zustellung und die Person des Adressaten. Für die Zustellung eines Scheidungsverbundurteils ist Zustellungsadressat der bei der Entscheidung über den Versorgungsausgleich zu beteiligende Träger

---

[14] *RGZ* (VZS) 17, 392, 402; *RG* WarnRsp 14 Nr. 313; a.A. *OLG Naumburg* JW 1932, 115 mit abl. Anm. *Roquette*.
[15] Vgl. *RGZ* 17, 411f., 414; 24, 418; 30, 389, 392; 33, 399, 401; a.A. *RGZ* 52, 367f.
[16] *BGH* ZZP 67 (1964), 59, 60f.
[17] *RG* JW 1899, 37.
[18] *BayObLG* BB 1989, 171; *KG* Rpfleger 1976, 222.
[19] A.A. anscheinend *Rosenberg* Stellvertretung im Prozeß (1908), 531.
[20] Vgl. ferner *RGZ* 107, 161, 164f.
[21] *BGHZ* 107, 296, 299.
[22] *ArbG Berlin* MDR 1981, 84 (»Wolff« statt »Wolf«); *Kleffmann* NJW 1989, 1142, 1143.
[23] *RGZ* 24, 416; *RG* JW 1890, 46 (Nr. 4); 1906, 566 (Nr. 36).
[24] *FG Düsseldorf* EFG 1988, 267 (zu § 14 Abs. 4 VwZG).

der gesetzlichen Rentenversicherung oder Versorgungslast und nicht die jeweilige kontoführende Stelle[25]. Bei »namenlosen« Besitzstörern (Hausbesetzer, Unternehmensblockierer) ist eine wirksame Zustellung nicht möglich[26].

4. Zustellungsempfänger (Nr. 4)

9 Die Person, welcher zugestellt ist, ist diejenige, der das Schriftstück übergeben ist (→ § 171 Rdnr. 2). Die Angabe ist auch dann erforderlich, wenn die Übergabe nach § 180 an den Zustellungsadressaten (Nr. 3) selbst bewirkt worden ist. Er ist dann als Zustellungsadressat (Nr. 3) und als Zustellungsempfänger (Nr. 4) aufzuführen[27]. Es genügt die Angabe »selbst« oder »persönlich«. Davon abgesehen regelt Nr. 4 die Ersatzzustellungen nach §§ 181 ff.

10 Der Zustellungsempfänger ist namentlich zu bezeichnen[28], sofern nicht dessen Identität, wie z.B. bei »dem Ehegatten«, dem einzigen Hausangestellten usw., feststeht. Das Formerfordernis ist erfüllt, wenn eine Person als Empfänger aufgeführt worden ist. Die Unrichtigkeit der Bezeichnung wie z.B. Schreiber A statt Schreiber B, macht den Zustellungsakt nicht unwirksam (→ § 190 Rdnr. 4 f.)[29]. Auch ist die Ersatzzustellung etwa wirksam, wenn das zuzustellende Schriftstück dem Schwiegervater des nicht angetroffenen Zustellungsadressaten übergeben worden ist und der Postbeamte diesen als zur Familie gehörenden Hausgenossen (§ 181 Abs. 1), anstatt richtigerweise als Hauswirt (§ 181 Abs. 2) angesehen hat[30]. Gleichwohl darf grundsätzlich in der Urkunde nicht offenbleiben, ob die Sendung an einen Hausgenossen oder an einen Hausangestellten übergeben wurde[31]. Für die Wirksamkeit der Ersatzzustellung ist aber immer nur entscheidend, daß das Schriftstück einer Person übergeben worden ist, die nach § 181 für die Entgegennahme zuständig war[32]. Es schadet dann auch nicht, wenn die als Zustellungsempfängerin fungierende Lebensgefährtin (→ § 181 Rdnr. 13) in der Zustellungsurkunde als »Ehefrau« bezeichnet wurde[33].

11 Die Urkunde muß stets erkennen lassen, daß eine Ersatzzustellung vorgenommen worden ist[34]. Für die in § 191 Nr. 4 HS 2 aufgezählten Fälle der §§ 181, 183, 184 ist der Grund anzugeben, weshalb das Schriftstück nicht an den Zustellungsadressaten übergeben werden konnte. Doch schadet die Angabe eines unrichtigen Grundes nicht, wenn die Zustellung durch andere Beweismittel als ordnungsgemäß nachweisbar ist. Im Falle der Niederlegung nach § 182 muß nach § 191 Nr. 4 HS 3 die Art der Niederlegung sowie die Mitteilung über die Niederlegung vermerkt werden[35]. Dabei muß als Voraussetzung für eine wirksame Zustellung aus der Zustellungsurkunde hervorgehen, ob und auf welche Weise eine vergebliche Zustellung nach den §§ 180, 181 versucht worden ist[36]. Dazu gehört auch der Vermerk, wie diese Mitteilung bewirkt und welchem Nachbarn sie ggf. ausgehändigt wurde[37]. Unwirksam ist die Zustellung, wenn aus der Urkunde nicht eindeutig erkennbar wird, daß die schriftliche Mitteilung geschehen ist[38]. Unschädlich ist es, wenn Ort und Bezeichnung des Postamts nicht genannt werden, bei dem niedergelegt ist, wenn der betreffende Ort nur eine Postanstalt hat[39].

---

[25] *OLG Schleswig* FamRZ 1987, 958.
[26] Dazu *Christmann* DGVZ 1984, 101 ff.; anders *Kleffmann* NJW 1989, 1142 ff.
[27] Zu Vertauschungen BGHR ZPO § 191 Nr. 4 Personenbezeichnung 1 (Übergabe an Zustellungsbevollmächtigten).
[28] *OLG Karlsruhe* OLGRsp 2, 422, 424.
[29] Dazu BAG AP § 191 ZPO Nr. 2 (*E. Schumann*); RG JW 1930, 3310; *OLG Hamm* MDR 1987, 941.
[30] *OLG Schleswig* SchlHA 1991, 66.
[31] *FG Düsseldorf* EFG 1989, 443, 444; dazu *Dietz* DB 1989, 2045.
[32] *OLG Hamm* NJW-RR 1987, 1279.
[33] *FG Hamburg* NJW 1985, 512; *OLG Hamm* NJW-RR 1987, 1279 (Mutter oder Schwester des Zustellungsadressaten wird als »Ehefrau« bezeichnet).
[34] BGH LM § 181 ZPO Nr. 1; RAG JW 1939, 504; *OLG Hamm* NJW 1974, 658 (LS); JMBlNRW 1960, 138, 139.
[35] *OLG Bremen* NJW 1955, 643.
[36] *LG Aachen* MDR 1991, 451 (maschinell bearbeitetes Mahnverfahren).
[37] *OLG Hamburg* MDR 1993, 685; *Pohle* zu OVG Münster ZZP 79 (1966), 467, 469.
[38] *BVerwG* NVwZ 1985, 337.
[39] *BayObLG* NStE § 37 StPO Nr. 4.

5. Annahmeverweigerung (Nr. 5)

Gemeint sind die Fälle des § 186. Zu beurkunden ist die Tatsache der Verweigerung sowie die Zurücklassung des Schriftstücks. Damit ist nicht beurkundet, daß der Zustellungsadressat am Zustellungsort wohnt[40]. 12

6. Übergabe; Vermerk (Nr. 6)

Es geht um die Übergabe einer Ausfertigung oder einer beglaubigten Abschrift des zuzustellenden Schriftstückes (§ 170) und einer beglaubigten Abschrift der Zustellungsurkunde (§ 190 Abs. 3 S. 1) oder das Anbringen des Zustellungsvermerks nach § 190 Abs. 3 S. 2. Der Inhalt des zuzustellenden Schriftstückes und seiner etwaigen Anlagen braucht nicht angegeben zu werden, weil die Identität durch die Verbindung der Zustellungsurkunde mit der Urschrift (§ 190 Abs. 2) festgestellt wird. Wenn aber die Urschrift nicht in Händen des Gerichtsvollziehers ist (→ § 190 Rdnr. 6), so muß der Inhalt angegeben werden, weil dann nur die Zustellungsurkunde nach § 190 Abs. 4 getrennt übersandt wird. 13

7. Unterschrift (Nr. 7)

Die Unterschrift des Zustellungsbeamten ist unabdingbar, ansonsten ist die Zustellung unwirksam[41]. Es ist mit Nr. 4 und Nr. 7 vereinbar, wenn die Zustellung von zwei Postbediensteten in der Weise aufgenommen wird, daß der Zusteller nur beurkundet, den Empfänger nicht angetroffen und einen Benachrichtigungszettel hinterlassen zu haben, wogegen die Zustellung durch Niederlegung durch denjenigen Postbeamten beurkundet wird, an dessen Schalter das Schriftstück zur Abholung bereitgehalten wird[42]. Die Abzeichnung mit einer Paraphe genügt nicht[43]. Die Unterschrift kann auch noch nach der Übergabe nachgeholt werden. Dies gilt aber nur solange, bis nicht das zuzustellende Schriftstück an den Auftraggeber oder an die zustellende Behörde zurückgegangen ist[44]. Eine Unterschrift des Empfängers ist stets entbehrlich. 14

V. Auslagen

Die Auslagen berechnen sich nach §§ 35 f. GvKostG. 15

§ 192 [Zustellungsurkunde bei Aufgabe zur Post]

Ist die Zustellung durch Aufgabe zur Post (§ 175) erfolgt, so muß die Zustellungsurkunde den Vorschriften des vorstehenden Paragraphen unter Nummern 2, 3, 7 entsprechen und außerdem ergeben, zu welcher Zeit, unter welcher Adresse und bei welcher Postanstalt die Aufgabe geschehen ist.

Gesetzesgeschichte: Bis 1900 § 175 CPO.

---

[40] Ferner *LG Berlin* MDR 1987, 503 (zur Niederlegung).
[41] RGZ 124, 22, 27; *OLG Frankfurt a. M.* NJW 1993, 3079.
[42] Richtig *LAG Hamm* LAGE § 182 ZPO Nr. 1.
[43] *LAG Düsseldorf* LAGE § 195 ZPO Nr. 1.
[44] BGH LM § 195 ZPO Nr. 2; NJW 1981, 874, 875 m. abl. Anm. *Klässel* Rpfleger 1981, 289.

Stichwortverzeichnis → *Zustellungsschlüssel* in Rdnr. 65 vor § 166.

I. Anwendungsbereich	1	III. Abgrenzung zu § 193	3
II. Abweichungen von § 191	2		

I. Anwendungsbereich

1 § 192 ist nur auf die Zustellung durch Aufgabe zur Post auf Betreiben einer Partei anwendbar (§ 175)[1]. Sie gilt nicht für die Zustellung von Amts wegen (§ 208). Dort trifft § 213 eine Sonderregelung. Nach § 213 S. 2 bedarf es der Aufnahme einer Zustellungsurkunde nicht. § 192 ist die Ausführungsvorschrift zu § 175.

II. Abweichungen von § 191

2 § 192 ist erforderlich, weil § 191 nur zu einem Teil paßt. § 192 betrifft lediglich den Inhalt der Urkunde, wogegen § 190 auch für die Zustellung durch Aufgabe zur Post gilt. Im einzelnen ist nach § 190 eine Urkunde aufzunehmen, welche die betreibende Partei und den Zustellungsadressaten nach § 191 Nr. 2 und 3 bezeichnet. Ferner enthält sie Zeit, Postanstalt und Adresse der Aufgabe. Schließlich muß durch den Zustellungsbeamten unterzeichnet werden. Nach § 190 Abs. 3 ist ferner eine beglaubigte Abschrift dieser Urkunde in Verbindung mit der aufzugebenden Schrift in den Briefumschlag einzuschließen (vgl. § 47 Nr. 2 GVGA). Dabei handelt es sich aber nicht um einen notwendigen Teil der Zustellung (→ § 190 Rdnr. 7). Die Urschrift geht nach § 190 Abs. 4 an die betreibende Partei samt dem Einlieferungsschein zurück, wenn die Sendung eingeschrieben wurde (§ 175 Abs. 2).

III. Abgrenzung zu § 193

3 § 192 hat nichts zu tun mit der Zustellung durch die Post nach den §§ 193 ff. Bei der Zustellungsart der §§ 175, 192 ist die Zustellung bereits mit dem Einwurf in den Briefkasten ausgeführt (fiktive Zustellung). Im Falle der §§ 193 ff. ist die Zustellung erst ausgeführt mit der Aushändigung an den Empfänger durch die Post.

§ 193 [Zustellung durch die Post]

Zustellungen können auch durch die Post erfolgen.

Gesetzesgeschichte: Bis 1900 § 176 CPO. § 5 der 1. KriegsmaßnahmenVO (→ Einl. Rdnr. 142) i. V. m. § 6 der hierzu ergangenen DurchführungsVO (→ Einl. Rdnr. 142) hatte die Zustellung durch die Post durch einfache Aufgabe zur Post ersetzt. Diese Regelung wurde ausdrücklich aufgehoben durch die Novelle 1950 (Art. 8 Abs. 2 Nr. 27, 29), → Einl. Rdnr. 148.

Stichwortverzeichnis → *Zustellungsschlüssel* in Rdnr. 65 vor § 166.

I. Anwendungsbereich	1	II. Haftung der Post	4

---

[1] *Thomas/Putzo*[18] Rdnr. 1.

I. Anwendungsbereich

Die Zustellung durch die Post nach § 193 ist im Parteibetrieb wegen § 197 der Regelfall. **1**
Das gleiche gilt wegen § 197 auch für die Zustellung durch die Post im Amtsbetrieb nach § 211 S. 1. Die Zustellung durch die Post (§§ 193–197 [Parteibetrieb], §§ 211 ff. [Amtsbetrieb], → auch Rdnr. 20 ff. vor § 166) findet nur innerhalb der Bundesrepublik Deutschland (§ 20 S. 3, 4 GVGA), aber dabei auch innerhalb desselben Ortes statt. Die Post führt die Zustellung nach § 1 der Postdienstverordnung (PostV) vom 24.6.1991 (BGBl. 1991 I 1372) i. V. mit ihren Allgemeinen Geschäftsbedingungen für den Briefdienst (Inland) aus. Maßgebend sind im einzelnen die »Besonderen Versandbedingungen für Postaufträge« (Anlage 2c). Für die Wirksamkeit der Zustellungsformen kommt es jedoch allein auf die Regelungen der ZPO an.

§ 193 besagt lediglich, daß der Gerichtsvollzieher, der nach § 166 Abs. 1 mit der Parteizu- **2**
stellung betraut ist, sich für die Durchführung der Zustellung der Post bedienen darf. Nicht etwa darf die Partei die Post unmittelbar angehen[1]. Nach § 194 ist jeder deutsche Gerichtsvollzieher befugt, die Zustellung durch die Post vornehmen zu lassen. Die betreibende Partei hat die Wahl zwischen der Zustellung durch den Gerichtsvollzieher selbst und derjenigen durch die Post nach § 193 auf Veranlassung des Gerichtsvollziehers (§ 194). Erteilt die betreibende Partei keine Anweisungen, so trifft diese Wahl der Gerichtsvollzieher oder die Geschäftsstelle nach § 196. Geht es um die Postzustellung bei Zustellungen von Amts wegen (§§ 208 ff.), so hat die Geschäftsstelle nach § 211 die Wahl, durch Gerichtswachtmeister oder durch die Post (wie regelmäßig) zustellen zu lassen.

Die Post stellt auch zu an untergebrachte, festgenommene, in Straf- oder Untersuchungs- **3**
haft befindliche oder sonst inhaftierte Personen. Dazu bestehen nähere Ausführungsvorschriften der Länder für die Zustellung in Justizvollzugsanstalten.

II. Haftung der Post

Das Verfahren der Post bestimmt sich nach den »Besonderen Versandbedingungen für **4**
Postaufträge« nebst Beilagen und den sonstigen Vorschriften der Bundespostverwaltung (vgl. § 39 Nr. 5 GVGA). Die «Deutsche Bundespost Postdienst» haftet nach § 16 Abs. 1 PostG i. d. F. vom 3.7.1989, BGBl. I 1449 dem Auftraggeber sowie dem Zustellungsempfänger unter den Voraussetzungen des § 839 BGB i. V. m. Art. 34 GG für Schäden, die bei der Durchführung der förmlichen Zustellung im Postbetrieb entstehen[2]. Im Postauftragsdienst bei förmlicher Zustellung betätigt sich die Post weiterhin hoheitlich. Jenseits der förmlichen Zustellung gelten die allgemeinen Haftungsbestimmungen des PostG[3].

§ 194 [Zustellungsersuchen durch Gerichtsvollzieher]

(1) **Wird durch die Post zugestellt, so hat der Gerichtsvollzieher die zuzustellende Ausfertigung oder die beglaubigte Abschrift des zuzustellenden Schriftstücks verschlossen der Post mit dem Ersuchen zu übergeben, die Zustellung einem Postbediensteten des Bestimmungsortes aufzutragen. Die Sendung muß mit der Anschrift der Person, an die zugestellt werden soll,**

---

[1] Vgl. dazu *OVG Berlin* JZ 1975, 273; *LG Hannover* ARCHIV PF 1985, 269 mit Anm. *H. G. Schneider*.
[2] Dazu *BGHZ* 111, 334, 336; *MünchKommZPO/v. Feldmann* Anm. a. E.; *Palandt/Thomas*[52] § 839 Rdnr. 141; *Baumbach/Lauterbach/Hartmann*[51] Rdnr. 2; *Allgaier* VersR 1991, 636, 637.
[3] Zur Postreform allgemein *Schatzschneider* NJW 1989, 2371.

sowie mit der Bezeichnung des absendenden Gerichtsvollziehers und einer Geschäftsnummer versehen sein.

(2) Der Gerichtsvollzieher hat auf dem bei der Zustellung zu übergebenden Schriftstück zu vermerken, für welche Person er es der Post übergibt, und auf der Urschrift des zuzustellenden Schriftstücks oder auf einem mit ihr zu verbindenden Bogen zu bezeugen, daß die Übergabe in der im Absatz 1 bezeichneten Art und für wen sie geschehen ist.

Gesetzesgeschichte: Bis 1900 § 177 CPO. Änderungen durch Gesetz vom 17.5.1898, RGBl. 256 und durch VO vom 17.6.1933, RGBl. 394.

Stichwortverzeichnis → *Zustellungsschlüssel* in Rdnr. 65 vor § 166.

I. Getrennte Zustellungsakte	1	III. Beurkundung (Abs. 2)	8
II. Übergabe an die Post (Abs. 1)	3	IV. Formulierung	10

I. Getrennte Zustellungsakte

1   Die Zustellung durch die Post nach § 193 vollzieht sich nach § 194 in zwei voneinander zu scheidenden Akten. Auseinanderzuhalten sind die Übergabe des Schriftstücks durch den Gerichtsvollzieher an die Postanstalt nach § 194 oder durch die Geschäftsstelle nach den §§ 196, 211 und die Aushändigung durch den Postbediensteten (§ 195 [Parteizustellung], § 212 [Amtszustellung]). Die Zustellung im engeren Sinn wird erst durch die Aushändigung bewirkt und legt daher den maßgeblichen Zeitpunkt fest. Bei der hier dargestellten Zustellung auf Betreiben der Parteien sind über jeden der beiden Akte besondere Urkunden aufzunehmen. Anders liegt es bei der Zustellung von Amts wegen, wo § 211 Abs. 2 den § 194 Abs. 2 ausdrücklich ausschließt.

2   Das in § 194 allein geregelte erste Teilstück der Übergabe an die Post ist demnach keine Zustellung. Sie ist daher auch zur Nachtzeit oder an Sonn- und Feiertagen zulässig (§ 188). Es ist auch gleichgültig, ob der Gerichtsvollzieher die Übergabe in eigener Person ausführt oder damit einen Gehilfen betraut.

II. Übergabe an die Post (Abs. 1)

3   S. 1 regelt das unabdingbare »Ersuchen« des Gerichtsvollziehers an die Post zusammen mit der Übergabe des zuzustellenden Schriftstückes[1]. Da die Urschrift an den Zustellungsveranlasser zurückgeht, ist der Post eine Ausfertigung (→ § 170 Rdnr. 7) oder eine beglaubigte Abschrift (→ § 170 Rdnr. 12) zu übergeben. Nach Nr. 1.1 Abs. 3 der »Besonderen Versandbedingungen für Postaufträge«[2] muß der Gerichtsvollzieher das zuzustellende Schriftstück in einen Umschlag stecken und diesen verschließen. Das ist der »innere Umschlag« i.S. von Nr. 1.3 der »Besonderen Versandbedingungen für Postaufträge«. Für diesen Umschlag ist ein amtliches Muster zu verwenden[3]. Dabei kann auch ein sog. Fensterbriefumschlag gebraucht werden[4]. Bei diesem Fensterbriefumschlag kann der Tag der Zustellung (§ 195 Abs. 2 S. 2) auf dem Umschlag vermerkt werden, auch wenn der Zustellungsadressat nicht aus dem Umschlag selbst, sondern nur aus dem Schriftstück erkennbar ist und damit nach Entnahme

---

[1] *LG Hannover* ARCHIV PF 1985, 269.
[2] Früher § 39 Abs. 2, 3 PostO.
[3] Beilage 2 der »Besonderen Versandbedingungen für Postaufträge«.
[4] *LG Krefeld* Rpfleger 1980, 71; Nr. 1.3 S. 3 der »Besonderen Versandbedingungen für Postaufträge«.

des Schriftstückes der Adressat nicht aus dem Umschlag selbst ersichtlich bleibt. Ein Verschluß durch das Dienstsiegel ist nicht erforderlich.

Nach § 194 Abs. 1 S. 2 muß auf dem inneren Umschlag (→ Rdnr. 3) die Anschrift der Person stehen, an die zugestellt werden soll (§ 191 Nr. 3), die Bezeichnung des absendenden Gerichtsvollziehers sowie die Geschäftsnummer. Das Fehlen der Geschäftsnummer bedeutet wegen ihrer Identifizierungsfunktion die Unwirksamkeit der Zustellung[5]. Das Dienstsiegel des Gerichtsvollziehers ist nicht erforderlich. Bei Besorgnis einer Ersatzzustellung nach § 185 muß der Gerichtsvollzieher auf dem inneren Umschlag zusätzlich einen entsprechenden Vermerk anbringen (→ § 185 Rdnr. 5). 4

Dem auf die genannte Weise fertiggestellten inneren Umschlag ist nach Nr. 1.1 Abs. 3 Nr. 2 ein vorbereitetes Formblatt zur Zustellungsurkunde nach dem amtlichen Muster der Beilage 3 der »Besonderen Versandbedingungen für Postaufträge« beizufügen (s. auch § 39 Nr. 3 S. 2 GVGA). Den Entwurf zu der von dem Postbediensteten aufzunehmenden Zustellungsurkunde fügt der Gerichtsvollzieher dem inneren Umschlag offen bei und bereitet ihn soweit wie möglich vor (§ 39 Nr. 3 S. 1 und 3 GVGA; Nr. 1.4 Abs. 1 der »Besonderen Versandbedingungen für Postaufträge«). 5

Den inneren Umschlag (→ Rdnr. 3 und 4) sowie die vorbereitete Zustellungsurkunde (→ Rdnr. 5) steckt der Gerichtsvollzieher nach Nr. 1.1 Abs. 2 der »Besonderen Versandbedingungen für Postaufträge« in einen Umschlag nach amtlichem Muster. Das ist der »äußere Umschlag«. Dieser Brief muß die Anschrift des Zustellungspostamtes tragen (Nr. 1.2 Abs. 2 S. 1 der »Besonderen Versandbedingungen für Postaufträge«). 6

Das »Ersuchen« des § 194 Abs. 1 S. 1 bedeutet kein gesondertes Anschreiben oder einen ausdrücklichen Antrag. Vielmehr reicht es aus, daß der Gerichtsvollzieher oder eine von ihm beauftragte Person den verschlossenen äußeren Umschlag mit Inhalt in einen Briefkasten einwirft oder bei einer Postannahmestelle abgibt (Nr. 1.1 Abs. 2 S. 2 der »Besonderen Versandbedingungen für Postaufträge«). 7

III. Beurkundung (Abs. 2)

Nach § 194 Abs. 2 ist über die Übergabe an die Post durch den Gerichtsvollzieher eine Urkunde aufzunehmen. Diese Urkunde ist in Urschrift auf die Urschrift des zuzustellenden Schriftstückes oder auf einen mit ihr zu verbindenden Bogen zu setzen. Eine fehlende Verbindung macht die Zustellung aber nicht unwirksam. Insoweit liegt der Fall ähnlich wie bei § 190[6]. § 190 ist im übrigen aber im Rahmen des § 194 unanwendbar. Die Bezeugung auf der Urschrift, daß und für wen die Übergabe an die Post geschehen ist, ist zwar eine öffentliche Urkunde, aber keine Zustellungsurkunde im Rechtssinne. Anders als bei § 190 Abs. 2 ist es daher nicht notwendig, daß dem Zustellungsadressaten eine beglaubigte Abschrift dieses Übergabezeugnisses ausgehändigt wird[7]. Vielmehr wird der Zweck, den Adressaten davon in Kenntnis zu setzen, wer die Zustellung betreibt (§ 191 Nr. 2), auf andere Weise erreicht: Nach § 194 Abs. 2 S. 1 hat der Gerichtsvollzieher auf der zu übergebenden Ausfertigung oder der beglaubigten Abschrift (→ Rdnr. 3) den Auftraggeber zu bezeichnen. Ein Gültigkeitserfordernis ist darin jedoch nicht zu sehen[8]. Vergleichbar ist zu entscheiden bei Angabe der falschen Person, wie z. B. derjenigen des Prozeßbevollmächtigten des Auftraggebers, wenn über den wahren Veranlasser keine Zweifel bestehen[9]. 8

---

[5] *OLG Nürnberg* NJW 1963, 1207, 1208 (zu § 3 Abs. 1 S. 2 VwZG).
[6] S. auch → § 190 Rdnr. 6.
[7] *RGZ* 14, 392; 15, 411, 412; *RG* JW 1894, 278 (Nr. 3); 1896, 597 (Nr. 6).
[8] *OLG Jena* OLGRsp 1, 214 f.; a. A. *Thomas/Putzo*[18] Rdnr. 4.
[9] *BGH* NJW 1965, 104.

9 Das Übergabezeugnis des § 194 Abs. 2 muß den Adressaten beinhalten, die Angabe der auf der Sendung befindlichen Geschäftsnummer (→ Rdnr. 4) i.S. der Ordnungsnummer des Zustellungsregisters und die Bezeichnung der betreibenden Partei (§ 191 Nr. 2). Nach § 191 Nr. 6 ist auch die Angabe erforderlich, daß die in dem inneren Umschlag enthaltene Abschrift beglaubigt war. Auf die genannte Weise enthält die Urkunde des § 194 Abs. 2 i.V. mit der nach § 195 aufzunehmenden eigentlichen Zustellungsurkunde alle sieben Nummern des § 191. Die Angabe des Übergabedatums an die Postanstalt ist zweckmäßig und auch in den Dienstanweisungen vorgeschrieben, aber für die Wirksamkeit der Zustellung nicht erforderlich. Maßgebend für die Zustellung ist ausschließlich der Zeitpunkt der Aushändigung an den Empfänger (→ Rdnr. 1; → § 195 Abs. 1)[10]. Kein Wirksamkeitserfordernis ist auch die Bezeugung, daß der im Abs. 2 HS 1 vorgeschriebene Vermerk gemacht sei[11]. Auch die Unterschrift des Gerichtsvollziehers unter der Urkunde ist für die Wirksamkeit des Zustellungsaktes nicht notwendig[12]. Überhaupt wird man annehmen müssen, daß das Übergabezeugnis des § 194 Abs. 2 sogar ganz fehlen kann, ohne daß die Zustellung dadurch unwirksam wird[13].

IV. Formulierung

10 Das Postübergabezeugnis (Postübergabeurkunde) des Abs. 2 kann etwa so formuliert werden[14]: »Beglaubigte Abschrift (→ Rdnr. 3) vorstehenden Schriftstückes[15] habe ich heute (→ Rdnr. 9) im Auftrag von Herrn A ... in ... in einem (mit meinem Dienstsiegel [→ Rdnr. 3 a. E.]) verschlossenen («innerer Umschlag», → Rdnr. 3) mit der Geschäftsnummer ... bezeichneten (→ Rdnr. 4) und mit folgender Adresse (→ Rdnr. 4): Herrn B ... versehenen Brief zum Zweck der Zustellung an den bezeichneten Empfänger der Postanstalt zu ... mit dem Ersuchen (→ Rdnr. 7) übergeben, die Zustellung einem Postboten des Bestimmungsamtes aufzutragen. Den Namen meines Auftraggebers habe ich auf dem für den Empfänger bestimmten Schriftstück vermerkt« (→ Rdnr. 9). ..., den ..., Gerichtsvollzieher beim Amtsgericht (→ Rdnr. 9).

§ 195 [Verfahren bei Zustellung durch die Post]

(1) Die Zustellung durch den Postbediensteten erfolgt nach den Vorschriften der §§ 180 bis 186.

(2) Über die Zustellung ist von dem Postbediensteten eine Urkunde aufzunehmen, die den Vorschriften des § 191 Nr. 1, 3 bis 5, 7 entspricht und die Übergabe der ihrer Anschrift und ihrer Geschäftsnummer nach bezeichneten Sendung sowie der Abschrift der Zustellungsurkunde bezeugen muß. Die Übergabe einer Abschrift der Zustellungsurkunde kann dadurch ersetzt werden, daß der Postbedienstete den Tag der Zustellung auf der Sendung vermerkt; er hat dies in der Zustellungsurkunde zu bezeugen.

(3) Die Urkunde ist von dem Postbediensteten der Postanstalt und von dieser dem Gerichtsvollzieher zu überliefern, der mit ihr nach der Vorschrift des § 190 Abs. 4 zu verfahren hat.

---

[10] Dazu *OLG Augsburg* OLGRsp 1, 216, 217.
[11] *OLG Augsburg* OLGRsp 1, 216; ferner § 45 GVGA.
[12] *OLG Jena* JW 1932, 1157.
[13] *MünchKommZPO/v. Feldmann* (1992) Rdnr. 3; *Zöller/Stöber*[18] Rdnr. 3; *Baumbach/Lauterbach/Hartmann*[51] Rdnr. 7.

[14] Im Anschluß an *Zöller/Stöber*[18] Rdnr. 3.
[15] Das ist die an den Zustellungsveranlasser zurückzuleitende Urschrift.

Gesetzesgeschichte: Bis 1900 § 178 CPO. Änderungen des Abs. 2 durch VO vom 17.6.1933, RGBl. 394 und durch Gesetz vom 12.9.1950, BGBl. 455, → Einl. Rdnr. 148.

Stichwortverzeichnis → *Zustellungsschlüssel* in Rdnr. 65 vor § 166.

I. Funktion	1	III. Übersendung der Urkunde; Nachsendung (Abs. 3)	6
II. Aufnahme der Urkunde (Abs. 2)	3	IV. Telegramm	8

I. Funktion

§ 195 ergänzt den § 194 und betrifft den eigentlichen Zustellungsakt bei der Zustellung 1 durch die Post auf Ersuchen des Gerichtsvollziehers (§ 193). § 195 Abs. 2 ist lex specialis zu § 190. Zudem ändert § 195 Abs. 2 in dem darin aufgeführten Umfang die Erfordernisse des § 191 ab und paßt sie an die Eigenheiten der Postzustellung an. Für den eigentlichen Zustellungsakt tritt der Postbedienstete an die Stelle des Gerichtsvollziehers. Er ist daher ebensowenig wie dieser (→ Rdnr. 35 vor § 166) Vertreter der zustellenden Partei. Der Postbedienstete vertritt vielmehr den Gerichtsvollzieher. Gleichwohl ist die Ausschlußnorm des § 155 GVG auf den Postbeamten nicht entsprechend anwendbar, weil er von dem Inhalt des zu übergebenden Schriftstückes keine Kenntnis erhält (→ Rdnr. 3).

Nach § 195 Abs. 1 gelten für den Postbediensteten die Vorschriften der §§ 180–186 über 2 die Ausführung der Zustellung. Eine sogenannte Postvollmacht ermächtigt ihn daher nicht, von der gesetzlich geforderten Reihenfolge der Ersatzzustellungen abzuweichen[1]. Allerdings kann in ihr eine Zustellungsvollmacht (→ § 174 Rdnr. 12) liegen[2]. Ebensowenig berechtigt ihn die Postsperre des § 121 KO, die Zustellung anstatt an den Gemeinschuldner an den Konkursverwalter zu bewirken. Vielmehr ist dann die Zustellung durch die Post nicht ausführbar (vgl. § 21 Nr. 5 GVGA). Die Postsperre läßt aber Zustellungen unberührt, welche die Konkursmasse nicht betreffen[3]. § 188 ist in § 195 nicht aufgeführt. Für die Zustellungszeit sind ausschließlich die Postdienstvorschriften maßgebend. Ein Verstoß gegen die Dienstvorschriften berührt aber die prozessuale Gültigkeit der Zustellung nicht. Diese beurteilt sich alleine nach den Vorschriften der ZPO.

II. Aufnahme der Urkunde (Abs. 2)

Die Aufnahme der Postzustellungsurkunde durch den Postbediensteten und ihr in Abs. 2 3 beschriebener Inhalt sind Wirksamkeitsvoraussetzung der Zustellung (→ § 190 Rdnr. 4, → § 191 Rdnr. 1). Die Heilungsmöglichkeiten beurteilen sich nach → § 187 Rdnr. 5. § 191 Nr. 2 ist in § 195 Abs. 2 deshalb nicht aufgeführt, weil sich die Angabe der betreibenden Partei schon aus der Urkunde des § 194 ergibt (→ § 194 Rdnr. 8)[4]. Diese Angabe rührt aus dem Wissen des Gerichtsvollziehers her, der nach § 194 Abs. 2 einen entsprechenden Vermerk auf dem zu übergebenden Schriftstück anzubringen hat, bevor er es in dem inneren Umschlag verschließt (→ § 194 Rdnr. 3). An die Stelle der Beurkundung der Übergabe des Schriftstücks nach § 191 Nr. 6 tritt nach § 195 Abs. 2 die Bezeugung der Übergabe der Sendung durch den

---

[1] A. A. *OLG Marienwerder* OLGRsp 9, 93.
[2] *Thomas/Putzo*[18] Rdnr. 1; *MünchKommZPO/v. Feldmann* (1992) Rdnr. 1.
[3] *BayObLGSt* 1979, 25 (Ordnungswidrigkeitenverfahren).
[4] Dazu ferner *RGZ* 14, 392, 393; 15, 411, 412; *RAG* ArbRsp 31, 296 (falscher Absendervermerk).

Gerichtsvollzieher, weil der Postbedienstete von dem Inhalt der im »inneren Umschlag« (→ § 194 Rdnr. 3) verschlossenen Sendung keine Kenntnis erhält. Die Identität der nach § 194 abgesandten Sendung und der nach § 195 übergebenen Sendung wird durch die Angabe über die Anschrift und die Geschäftsnummer dargetan. Die Geschäftsnummer muß so gebildet werden, daß sich aus ihr der Inhalt der zugestellten Sendung ergibt. Auf der Zustellungsurkunde muß die Geschäftsnummer angegeben sein; andernfalls ist die Zustellung unwirksam[5]. Das ist insbesondere in der Finanzgerichtsbarkeit erheblich geworden, wo eine Steuernummer ohne identifizierende Zusätze nicht als Geschäftsnummer angesehen wird[6]. Die Geschäftsnummer ist die ausschlaggebende urkundliche Beziehung zwischen dem zuzustellenden Schriftstück und der über die Zustellung zu fertigenden Urkunde. Ausreichend ist es aber, wenn der fragliche Vorgang derart durch Zahlen oder Buchstaben gekennzeichnet ist, daß der Empfänger das Kuvert der Sendung eindeutig dem Vorgang zuordnen kann[7].

4 Nach § 195 Abs. 2 S. 1 hat der Postbedienstete eine Abschrift der Zustellungsurkunde zu übergeben. Wenn der Gerichtsvollzieher (in der Praxis selten) so verfahren will, muß er in den äußeren Umschlag zusätzlich eine vorbereitete Abschrift der Zustellungsurkunde stecken. Die Übergabe der Abschrift ist von dem Postbeamten zu beurkunden. Die Übergabe der Abschrift, die – anders als im Falle des § 190 Abs. 3 – nicht beglaubigt zu sein braucht, ist für die Wirksamkeit der Zustellung nicht erforderlich (→ § 190 Rdnr. 7).

5 In der Regel wird jedoch nach § 195 Abs. 2 S. 2 verfahren, der eine vergleichbare Funktion hat wie § 190 Abs. 3 S. 2 (→ § 190 Rdnr. 8). Danach kann die Übergabe einer Abschrift der Zustellungsurkunde durch einen Vermerk ersetzt werden. S. 2 ist durch die Novelle 1950 (→ Einl. Rdnr. 148) eingefügt worden. Der Vermerk ist auf dem verschlossenen inneren Umschlag (→ § 194 Rdnr. 3) anzubringen. Ein abweichender Eingangsstempel des Anwaltsbüros ist unmaßgeblich[8]. Ein unterlassener oder unrichtiger Vermerk macht die Zustellung nicht unwirksam. Erst recht ist so zu entscheiden, wenn der Vermerk des Zustellungstages auf der Sendung bezüglich des Jahres nicht lesbar ist[9]. Jedoch werden die in § 187 S. 2 bezeichneten und ihnen gleichgestellten Fristen (→ § 187 Rdnr. 23) nicht in Lauf gesetzt[10]. Die Zustellung von Amts wegen ist in § 212 geregelt.

III. Übersendung der Urkunde; Nachsendung (Abs. 3)

6 In der Zustellungsurkunde ist auf der Formularrückseite der Absender bezeichnet. Auf diese Weise kann die Postanstalt die Zustellungsurkunde an den Gerichtsvollzieher (oder an die Geschäftsstelle) zurücksenden. Der Postbedienstete sendet die Zustellungsurkunde getrennt an die Postanstalt zurück, da er nicht in Besitz der Urschrift ist. Die Postanstalt übermittelt die Urkunde sodann dem Gerichtsvollzieher oder im (selteneren) Fall des § 196 der Geschäftsstelle. Von dort aus übermittelt der Gerichtsvollzieher die Zustellungsurkunde samt der von ihm gefertigten Urkunde des § 194 Abs. 2 mit der Urschrift des zugestellten Schriftstücks nach § 190 Abs. 4 dem Auftraggeber. Bei der Zustellung von Amts wegen kommt die Zustellungsurkunde zu den Akten.

7 Wenn der Zustellungsadressat seinen Aufenthalts- oder Wohnort verändert hat, so verbie-

---

[5] H.L., *VGH München* BayVBl 1988, 658, 659; *OLG Düsseldorf* MDR 1984, 76, 77; *VG Köln* DAR 1990, 310, 311; *VG Stuttgart* InfAuslR 1991, 103, 104; auch *App* ZKF 1991, 247, 248 (zu § 3 VwZG); a.A. *Wieczorek*[2] Bem. C I.
[6] BFHE 165, 5, 8; 160, 103, 106f. mit Anm. *Rößler* DStZ 1991, 155; *FG Karlsruhe* NVwZ 1986, 160; auch *FG Hessen* EFG 1988, 331 (mehrere Schriftstücke); *FG Düsseldorf* EFG 1985, 152.
[7] *VGH München* BayVBl 1986, 372.
[8] BGH VersR 1984, 761, 762.
[9] *FG Hessen* EFG 1988, 51, 52.
[10] BGHZ 67, 355 ff. (Gemeinsamer Senat der Obersten Gerichtshöfe des Bundes)(zur Revision); BGH VersR 1964, 746, 747; im Anschluß daran zu vergleichbaren Fällen *BVerwG* NJW 1980, 1482; 1983, 1076; *BVerwG Buchholz* 310 § 108 VwGO Nr. 210; BFHE 153, 388, 391; 148, 542, 544; 148, 404.

tet die ZPO eine Nachsendung durch die Post nicht. Bei dem nicht verzogenen, in seiner Wohnung nicht angetroffenen Adressaten kann eine Ersatzzustellung vorgenommen werden. Wenn der Adressat einen Nachsendeantrag gestellt hat, müssen weder das Schriftstück noch die Mitteilung über dessen Niederlegung bei dem Postamt nachgesendet werden[11].

IV. Telegramm

Eine Zustellung durch Telegramm ist nicht möglich. Sie scheitert daran, daß die für den Adressaten bestimmte Ausfertigung des Telegramms nicht mit dem Beglaubigungsvermerk versehen werden kann.   8

§ 195 a [Fehlender Postbestelldienst]

Findet nach der Wohnung oder dem Geschäftsraum, in denen zugestellt werden soll, ein Postbestelldienst nicht statt, so wird die Sendung bei der zuständigen Postanstalt hinterlegt. Die Postanstalt vermerkt auf der Zustellungsurkunde und auf der Sendung den Grund und den Zeitpunkt der Niederlegung. Das Gericht kann die Zustellung als frühestens mit dem Ablauf einer Woche seit dieser Niederlegung bewirkt ansehen, wenn anzunehmen ist, daß der Empfänger in der Lage gewesen ist, sich die Sendung aushändigen zu lassen oder sich über ihren Inhalt zu unterrichten.

Gesetzesgeschichte: Eingefügt durch Verordnung vom 9.10.1940, RGBl. I 1340 und beibehalten durch Gesetz vom 20.9.1950, BGBl. I 455, → Einl. Rdnr. 148.

Stichwortverzeichnis → *Zustellungsschlüssel* in Rdnr. 65 vor § 166.

I. Normzweck	1	III. Gerichtliche Entscheidung	4
II. Zustellung durch die Post	2		

I. Normzweck

Die nur selten zur Anwendung kommende Vorschrift will Schwierigkeiten begegnen, die   1 sich vereinzelt bei der Zustellung an Bewohner von Gebirgshütten (Almhütten), von im Winter nicht zugänglichen Inseln (z.B. wissenschaftliche Stationen auf Vogelinseln) u. ä. ergeben haben. Die Norm knüpft an die Vermutung an, daß außerhalb des Postbestelldienstes wohnhafte Personen in aller Regel selbst in gewissen Abständen für die Abholung ihrer Post oder für telefonische Verständigung sorgen werden.

II. Zustellung durch die Post

§ 195a gilt nur für die Zustellung durch die Post (§ 193), nicht für diejenige durch den   2 Gerichtsvollzieher. Dieser muß sich also auch zu entlegenen Almhütten hinaufbemühen. Dabei bleibt es sich gleich, ob für den Aufenthaltsort des Adressaten überhaupt kein Postbestelldienst besteht, oder ob er nur zeitweilig eingestellt ist. Das Empfangspostamt hinterlegt

---

[11] *LSG Mainz* BB 1980, 890 (LS); → § 182 Rdnr. 5.

die eingegangene Sendung bei sich (S. 1), indem es sie zur Verfügung des Adressaten zurückhält. Die Zustellungsurkunde wird mit einem Vermerk über Grund und Zeitpunkt der Hinterlegung an die absendende Stelle zurückgesandt.

3   Der Vermerk (→ Rdnr. 2) ist nach S. 2 auf der Zustellungsurkunde und auf der Sendung, also dem inneren Umschlag (→ § 194 Rdnr. 3), anzubringen. Die Hinterlegung kann ausschließlich bei der zuständigen Postanstalt, nicht jedoch an einem anderen Ort geschehen, weil es sich bei § 195 a nicht um eine Niederlegung i. S. des § 182 handelt. Eine entsprechende Mitteilung scheidet naturgemäß aus, weil dem Postbediensteten die entlegene Wohnung oder der Geschäftsraum nicht zugänglich sind.

III. Gerichtliche Entscheidung

4   Die Zustellungswirkung tritt bei § 195 a anders als bei § 182 nicht von selbst ein. Vielmehr bedarf es nach S. 3 für das Eintreten der Zustellungsfiktion (... kann ... als ... bewirkt ansehen) einer gerichtlichen Entscheidung. Diese Entscheidung liegt im pflichtgemäßen Ermessen desjenigen Gerichts, das über die Ordnungsgemäßheit der Zustellung zu befinden hat. Das kann z. B. das mit einem Antrag auf Erlaß eines Versäumnisurteils befaßte Prozeßgericht oder u. U. mit Rücksicht auf § 750 das Vollstreckungsgericht sein. Ein Parteiantrag ist dazu nicht erforderlich. Möglich ist ein besonderer Beschluß, gegen den nach Maßgabe des § 567 Abs. 1 die Beschwerde statthaft ist. Eine Beschwerde ist wegen § 567 Abs. 3 S. 1 unzulässig, soweit das Landgericht als Berufungs- oder als Beschwerdegericht entschieden hat. Häufiger wird das Gericht jedoch in den Entscheidungsgründen mitentscheiden.

5   In der Ermessensentscheidung ist unter Würdigung der Verhältnisse zu schätzen, ob und wann der Empfänger in der Lage gewesen ist, sich die Sendung aushändigen zu lassen oder sich über ihren Inhalt anderweitig zu unterrichten. Diese Prüfung muß besonders sorgfältig vorgenommen werden, weil der Adressat in keiner anderen Weise über die Hinterlegung unterrichtet ist. Das richterliche Ermessen ist dahin eingeschränkt (S. 3), daß die Zustellung als frühestens mit dem Ablauf einer Woche seit der Niederlegung bewirkt angesehen werden kann.

6   § 195 a gilt auch für Notfristen. Anders als im Anwendungsbereich des § 187 S. 2 handelt es sich nicht um eine fehlerhafte Zustellung, die erst geheilt werden müßte.

7   Im Fall des § 177 kommt § 195 a nicht zur Anwendung. Steht fest, daß der Zustellungsadressat das Schriftstück erhalten hat, so ist die Heilungsmöglichkeit des § 187 eröffnet[1]. Ist eine Wohnung vorhanden, nach der kein Postbestelldienst stattfindet, sowie ein Geschäftslokal, in welches die Post zugestellt wird, so soll § 195 a gleichwohl Anwendung finden[2]. Man wird hier aber wohl mit Rücksicht auf Art. 103 Abs. 1 GG einen Zustellungsversuch im Geschäftslokal verlangen müssen[3].

§ 196 [Zustellungsersuchen durch die Geschäftsstelle]

Insoweit eine Zustellung unter Vermittlung der Geschäftsstelle zulässig ist, kann diese unmittelbar die Post um Bewirkung der Zustellung ersuchen. In diesem Fall gelten die Vorschriften der §§ 194, 195 für die Geschäftsstelle entsprechend; die erforderliche Beglaubigung nimmt der Urkundsbeamte der Geschäftsstelle vor.

---

[1] *Baumbach/Lauterbach/Hartmann*[51] Rdnr. 2.
[2] *Zöller/Stöber*[18] Rdnr. 1.
[3] Ebenso *Zöller/Stöber*[18] Rdnr. 1.

Gesetzesgeschichte: Bis 1900 § 179 CPO. Änderungen durch Gesetz vom 9.7.1927 und die in dessen Ausführung ergangene Verordnung vom 30.11.1927 (RGBl. I 175, 334), → Einl. Rdnr. 125.

Stichwortverzeichnis → *Zustellungsschlüssel* in Rdnr. 65 vor § 166.

I. Anwendungsbereich	1	II. Beglaubigung (S. 2 HS 2)	4

I. Anwendungsbereich

Nach § 166 Abs. 2 S. 1 kommt die Zustellung unter Vermittlung der Geschäftsstelle nur noch im Parteiprozeß vor den Amtsgerichten vor. In der Praxis ist sie selten[1]. Der Urkundsbeamte bestimmt nach seinem pflichtgemäßen Ermessen, ob er die Zustellung durch den Gerichtsvollzieher, der dann wiederum durch die Post zustellen kann (§§ 193, 194), oder unmittelbar durch die Post bewirken will. Die Dienst- oder Geschäftsanweisungen[2] sehen das Ersuchen an die Post aber regelmäßig nur bei Gefahr in Verzug vor. Die Kostenfrage (§ 197) stellt sich nicht, weil sie sich nur auf die Unterscheidung der Ausführung bezieht. 1

Die Geschäftsstelle ist nicht Beauftragter der Partei (→ § 168 Rdnr. 2). Deshalb ist ein abweichender Wille der Partei unerheblich. Das Ersuchen an die Post entspricht demjenigen des § 194 (→ § 194 Rdnr. 3). Es braucht daher nicht durch den Urkundsbeamten persönlich zu geschehen, sondern kann auch etwa durch einen Gerichtsboten bewirkt werden. Die Gerichtskosten richten sich nach GKG KV Nr. 1175. 2

Nach S. 2 HS 1 gelten die §§ 194, 195 entsprechend. Es ist daher dort anstatt »Gerichtsvollzieher« jeweils »Geschäftsstelle« zu lesen. Für die Amtszustellung gilt § 211. 3

II. Beglaubigung (S. 2 HS 2)

Nach S. 2 HS 2 nimmt der Urkundsbeamte der Geschäftsstelle die Beglaubigung der Abschrift (§ 170) des zuzustellenden Schriftstückes (§ 194 Abs. 1 S. 1) vor. Diese Vorschrift ergänzt den § 170 Abs. 2. 4

§ 197 [Mehrkosten durch Gerichtsvollzieher]

Ist eine Zustellung durch einen Gerichtsvollzieher bewirkt, obgleich sie durch die Post hätte erfolgen können, so hat die zur Erstattung der Prozeßkosten verurteilte Partei die Mehrkosten nicht zu tragen.

Gesetzesgeschichte: Bis 1900 § 180 CPO.

Stichwortverzeichnis → *Zustellungsschlüssel* in Rdnr. 65 vor § 166.

I. Normzweck	1	II. Voraussetzungen	2

---

[1] S. → § 166 Rdnr. 6; → § 168 Rdnr. 1.
[2] Eine Fundstellenübersicht dazu findet sich z.B. bei *Piller/Hermann* Justizverwaltungsvorschriften (Stand: Juni 1992) unter AktW 1.

I. Normzweck

1 Die Norm bevorzugt im Anwendungsbereich der Zustellung im Parteibetrieb die Zustellung durch die Post (§ 193). Für die Zustellung im Amtsbetrieb ist § 197 ohne Bedeutung. Auch eine analoge Anwendung ist nicht möglich. Die Vorschrift gehört systematisch zum Fünften Titel (Prozeßkosten: §§ 91 ff.). Die durch die Beauftragung des Gerichtsvollziehers bewirkten Mehrkosten werden durch § 197 als nicht zur zweckentsprechenden Rechtsverfolgung i. S. des § 91 Abs. 1 S. 1 notwendig angesehen. § 197 ist der Hauptgrund dafür, daß die Zustellung durch die Post nach § 193 im Anwendungsbereich der Parteizustellung in der Praxis den Regelfall bildet.

II. Voraussetzungen

2 Hat der Gerichtsvollzieher die Übergabe selbst ausgeführt (§ 166), obgleich die Zustellung durch die Post nach den §§ 193 ff. zulässig war, ihr kein Hindernis entgegenstand und sie den Zweck ebensogut erreicht hätte, so werden die Mehrkosten nicht erstattet. Ein genügender Grund für die Ausführung durch den Gerichtsvollzieher liegt vor, wenn die Sache besonders wichtig oder dringlich oder der Zustellungsadressat nur schwierig zu ermitteln ist[1]. Ebenso kann es liegen, wenn sich in dem betreffenden Bezirk Fehlleistungen von Postbediensteten bei der Zustellung häufen. Insbesondere bei der Ersatzzustellung nach den §§ 182, 183, 184 kann das vorkommen. Ebenso zählt unter § 197 der Fall des § 195 a.

3 § 197 zeigt als Kostenvorschrift, daß § 166 Abs. 1 entgegen der systematischen Stellung die Zustellung durch den Gerichtsvollzieher nicht als Regel ansieht. Vielmehr bildet die Zustellung durch die Post nach den §§ 193 ff. den Regelfall.

4 Unabhängig von § 197 hat der Auftraggeber die Wahl, ob er im Parteibetrieb durch den Gerichtsvollzieher oder durch die Post (aber: § 194) zustellen lassen will. Wenn eine entsprechende Bestimmung nicht getroffen wird, entscheidet der Gerichtsvollzieher nach pflichtgemäßem Ermessen darüber, auf welche Art und Weise zugestellt wird. Die Wertung des § 197 legt dabei die Zustellung durch die Post nahe. Für die Kosten gilt § 16 GvKostG.

§ 198 [Zustellung von Anwalt zu Anwalt]

(1) Sind die Parteien durch Anwälte vertreten, so kann ein Schriftstück auch dadurch zugestellt werden, daß der zustellende Anwalt das zu übergebende Schriftstück dem anderen Anwalt übermittelt (Zustellung von Anwalt zu Anwalt). Auch Schriftsätze, die nach den Vorschriften dieses Gesetzes von Amts wegen zuzustellen wären, können statt dessen von Anwalt zu Anwalt zugestellt werden, wenn nicht gleichzeitig dem Gegner eine gerichtliche Anordnung mitzuteilen ist. In dem Schriftsatz soll die Erklärung enthalten sein, daß er von Anwalt zu Anwalt zugestellt werde. Die Zustellung ist dem Gericht, sofern dies für die von ihm zu treffende Entscheidung erforderlich ist, nachzuweisen.

(2) Zum Nachweis der Zustellung genügt das mit Datum und Unterschrift versehene schriftliche Empfangsbekenntnis des Anwalts, dem zugestellt worden ist. Der Anwalt, der zustellt, hat dem anderen Anwalt auf Verlangen eine Bescheinigung über die Zustellung zu erteilen.

---

[1] S. *RGZ* 91, 179, 181.

Gesetzesgeschichte: Bis 1900 § 181 CPO. Änderungen durch Gesetz vom 17.5.1898, RGBl. 256 und durch Gesetz vom 12.9.1950, → Einl. Rdnr. 148.

Stichwortverzeichnis → *Zustellungsschlüssel* in Rdnr. 65 vor § 166.

I. Normzweck	1
II. Eigenheiten	2
III. Voraussetzungen	3
IV. Anwendungsbereich (Abs. 1 S. 2–4)	
1. Erweiterungen	4
2. Klageänderung	5
3. Berufungs- und Berufungsbegründungsschriftsätze	6
V. Verfahren	
1. Übergabe	7
2. Entgegennahme	
a) Mitwirkung	9
b) Persönliche Inempfangnahme	10
c) Vertretung in der Kenntnisnahme	11
d) Verweigerte Mitwirkung	13
3. Empfangsbekenntnis	
a) Gültigkeitserfordernis	14
b) Zeitpunkt	15
c) Unterschrift	18
d) Individualisierende Angaben	22
e) Form	23
4. Beweiskraft	24
VI. Gegenbescheinigung (Abs. 2 S. 2)	28
VII. Kosten	31
VIII. Arbeitsgerichtliches Verfahren	32

I. Normzweck

Die Zustellung von Anwalt zu Anwalt, wie sie in Abs. 1 S. 1 legal definiert ist, stellt im Anwendungsbereich der Zustellung auf Betreiben der Parteien (Ausnahme: Abs. 1 S. 2–4) eine Vereinfachung gegenüber der üblichen Zustellung durch den Gerichtsvollzieher (§ 166 Abs. 1) oder durch die Post (§ 193) dar. Gerechtfertigt ist sie durch das Vertrauen, das man dem Rechtsanwalt als einem Organ der Rechtspflege (§ 1 BRAO) entgegenbringen darf[1]. Allerdings ist sie in der Praxis durchaus fehleranfällig. Es ist auch zu beobachten, daß § 212a (§ 198) nicht selten als Mittel dazu benutzt wird, die mit der Zustellung beginnende Rechtsmittelfrist durch Vor- und Rückdatierung willkürlich zu beeinflussen[2]. Der direkte Anwendungsbereich des § 198 ist wegen der stark zurückgedrängten Parteizustellung in der ZPO eher gering (→ dazu Rdnr. 4ff. vor § 166). Von praktisch weit größerer Bedeutung ist daher § 212a, der dem § 198 für die Amtszustellung nachgebildet ist (→ § 212a Rdnr. 1). Die reichhaltig angefallene Rechtsprechung ist daher überwiegend zu § 212a und nicht zu § 198 ergangen. § 212a baut aber weitgehend auf dem Modell des § 198 auf und setzt diese Norm wegen § 208 voraus. Deshalb ist § 198 der traditionelle Ort der Kommentierung auch der zu § 212a ergangenen Rechtsprechung und Literatur geblieben. 1

II. Eigenheiten[3]

Von der gewöhnlichen Zustellung im Parteibetrieb durch den Gerichtsvollzieher (§ 166 Abs. 1) oder – häufiger – durch die Post (§ 193) unterscheidet sich die Zustellung von Anwalt zu Anwalt dadurch, daß eine amtliche Urkundsperson fehlt. Wird ein Gerichtsvollzieher eingeschaltet und mit der Vermittlung nach § 198 beauftragt, so übergibt dieser das Schrift- 2

---

[1] *BGH* NJW 1990, 2125; *Hahn* Band II 223.
[2] *BGH* NJW 1992, 512, 513; *OLG Düsseldorf* Strafverteidiger 1990, 345; *LAG Köln* MDR 1987, 699, 690.
[3] Vgl. *Borgmann* AnwBl 1975, 396; *Deubner* JuS 1987, 735f.; *Francke* ZZP 5 (1882) 381ff.; *Krasney* Soz-Vers 1974, 201; *Lübbert* JVBl. 1959, 48; *Quandt* JurBüro 1960, 14; *Sachse* StAZ 1991, 323; *Schlee* AnwBl 1986, 450, 451; *Schwendy* DRiZ 1977, 46; *Späth* DStZ 1991, 261 (zu § 5 Abs. 2 VwZG); *Vollkommer* Rpfleger 1972, 82; *Werthauer* NJW 1955, 781.

stück in der Regel nur, ohne es zuzustellen (§ 49 GVGA). Zugestellt und damit von § 198 abgewichen wird nur, wenn die Zustellung von Anwalt zu Anwalt scheitert (§ 49 Nr. 4 GVGA). Die Kosten folgen § 16 Abs. 1 S. 2 GvKostG[4]. Die ein unabdingbares Element eines wirksamen Zustellungsaktes bildende Beurkundung geschieht durch das Empfangsbekenntnis des empfangenden Anwalts. Das Bekenntnis bedeutet keinen Dispositionsakt. Ein Widerruf ist ausgeschlossen[5]. Auch ist eine Anfechtung der prozessualen Empfangserklärung wegen Irrtums aus Gründen der Rechtssicherheit und Rechtsklarheit unzulässig[6]. Ist die Zustellungswirkung einmal eingetreten, so kann der Fristenlauf nicht mehr geändert werden. Ein innerer Vorbehalt, die Zustellungsfrist noch nicht in Lauf setzen zu wollen, nimmt einer bereits vollzogenen Zustellung nicht die Wirkung, auch wenn sie später beurkundet wird (→ Rdnr. 15)[7]. Das Empfangsbekenntnis ist eine private Zeugnisurkunde i. S. des § 416[8]. Deren Beweiskraft ist aber abweichend von § 286 und von § 416 durch § 198 Abs. 2 S. 1 dahin verstärkt, daß der Inhalt der Erklärung voll bewiesen ist (→ Rdnr. 24 ff.)[9]. Das Empfangsbekenntnis ist einer öffentlichen Urkunde gleichgestellt und erbringt vollen Beweis für die Zustellung, wobei aber der Gegenbeweis zulässig ist (näher → Rdnr. 24 ff.). § 198 Abs. 2 ist ebenso wie § 212a eine gesetzliche Beweisregel i. S. des § 286 Abs. 2[10]. Bei deren Anwendung kommt es also auf die richterliche Überzeugungsbildung nicht an. Das Empfangsbekenntnis hat dieselbe Bedeutung wie die Zustellungsurkunde des § 190[11].

III. Voraussetzungen

3 § 198 ist anwendbar, wenn beide Parteien durch Anwälte vertreten sind oder sich der Anwalt als Partei, Konkursverwalter usw. selbst vertritt[12]. Diese Form der Zustellung ist auch im Amtsgerichtsprozeß zulässig. Deshalb findet sie auch statt, wenn die Anwälte nicht am Gerichtssitz wohnen und nicht bei dem Prozeßgericht zugelassen sind[13]. Das ist namentlich der Fall bei Rechtsanwälten verschiedener Instanzen oder auch dann, wenn die Partei dem Anwalt bereits gekündigt hat, sofern er noch als ihr Vertreter aufgetreten ist und dem Gegner das Erlöschen der Vertretungsbefugnis noch nicht angezeigt hat (§ 87)[14].

IV. Anwendungsbereich (Abs. 1 S. 2—4)

1. Erweiterungen

4 Nach Abs. 1 S. 2 können von Anwalt zu Anwalt auch Schriftsätze zugestellt werden, die nach den Vorschriften der ZPO von Amts wegen zuzustellen wären (→ Rdnr. 5). Diese Erweiterung wurde durch die Novelle 1950 (→ Einl. Rdnr. 148) anläßlich des Übergangs zum Amtsbetrieb auch im Anwaltsprozeß eingeführt. Doch muß nach Abs. 1 S. 2 HS 2 von Amts wegen zugestellt werden, wenn dem Gegner gleichzeitig eine gerichtliche Anordnung mitzuteilen ist. Das betrifft vor allem die Terminsladung nach § 274 Abs. 2. Die Zustellung von Anwalt zu Anwalt ist bei Zustellungen nach § 132 BGB ausgeschlossen (→ § 108 Rdnr. 26)[15].

---

[4] Dazu *OLG Celle* OLGRsp 3, 124.
[5] *OLG Marienwerder* OLGRsp 1, 315, 317.
[6] *BGH* NJW 1974, 1469, 1470; → Rdnr. 230 vor § 128.
[7] *BGH* VersR 1985, 142, 143 f.
[8] *BGH* NJW 1990, 2125 re. Sp.; vgl. *RGZ* 15, 373, 374; a. A. *BGH* NJW 1987, 1335 (öffentliche Urkunde nach § 418); VersR 1985, 142, 143.
[9] *BGH* NJW 1990, 2125; *RGZ* 15, 373 f.
[10] *BGH* NJW 1990, 2125, 2126 (zu § 212a).
[11] *BGH* NJW 1990, 2125 f.
[12] *BGH* VersR 1985, 142, 143.
[13] BGHZ 31, 32, 35.
[14] BGHZ 31, 32, 35.
[15] *LG Aurich* DGVZ 1990, 10; a. A. *OLG Koblenz* WM 1993, 1431, 1432; *OLG Frankfurt a. M.* JZ 1978, 198 (Zustellung einer Prozeßbürgschaft); *LG Hannover* DGVZ 1989, 141; *LG Aachen* MDR 1988, 238; *LG Mannheim* DGVZ 1988, 187; *AG Freiburg* DGVZ 1989, 46.

In dem Schriftsatz soll nach Abs. 1 S. 3 die Erklärung enthalten sein, daß er von Anwalt zu Anwalt zugestellt werde. Es handelt sich um eine bloße Sollvorschrift, deren Verletzung nicht zur Unwirksamkeit der Zustellung führt[16]. Nach Abs. 1 S. 4 ist die Zustellung nachzuweisen, sofern das für die zu treffende Entscheidung erforderlich ist. Die Form des Nachweises richtet sich nach den Ausführungen → unten Rdnr. 23.

2. Klageänderung

Auch im Falle einer Klageänderung bedarf es keiner förmlichen Amtszustellung, um die Rechtshängigkeit zu bewirken. Vielmehr genügt die Zustellung von Anwalt zu Anwalt nach § 198[17]. Wirksam ist dann auch die schriftsätzlich erklärte Einwilligung in die Klageänderung[18]. 5

3. Berufungs- und Berufungsbegründungsschriftsätze

Rechtsmittelschriftsätze fallen an sich unter den Wortlaut von § 198 Abs. 1 S. 2, da sie nach § 270 Abs. 1 von Amts wegen zugestellt werden und anders als bei § 271 Abs. 2 dem Gegner keine gerichtliche Anordnung mitgeteilt wird. Das gilt insbesondere für Berufungs- und Berufungsbegründungsschriftsätze, ohne daß sich aus § 133 Abs. 2 etwas anderes ergäbe. Gleichwohl folgt aus den §§ 518 Abs. 1, 553 Abs. 1 S. 1, 569 Abs. 1, 519 Abs. 2 S. 1, 554 Abs. 2 S. 1, daß diese Schriftsätze stets zur Zustellung bei Gericht eingereicht werden müssen, so daß § 198 Abs. 1 S. 2 auf sie nicht anwendbar ist[19]. 6

V. Verfahren

1. Übergabe

Das betreffende Schriftstück muß dem Anwalt in Zustellungsabsicht zum Verbleib übergeben werden[20]. Das Schriftstück ist also zum Zweck der Zustellung in Urschrift, beglaubigter Abschrift oder in Ausfertigung (§ 170) zu übermitteln. Der Zustellungswille ist im Falle des § 212a auch dann gegeben, wenn bei einer an beide Parteien bewirkten Urteilszustellung der Zustellungsempfänger irrtümlich die für die Gegenpartei bestimmte Urteilsausfertigung erhält[21]. Es ist nicht ausreichend, wenn das zu übergebende Schriftstück nur zur Rückgabe unter Quittungsleistung übersandt wird[22]. Es schadet aber nicht, wenn statt der gewollten beglaubigten Abschrift eine Ausfertigung übergeben wird[23]. Desgleichen ist es unerheblich, wenn eine mit dem Namen des Vertreters der Gegenpartei versehene Ausfertigung übergeben wird[24]. Wenn eine Ausfertigung zugestellt wird, so bedarf sie keiner Beglaubigung des Rechtsanwalts[25]. Der Anwalt muß im übrigen handschriftlich beglaubigen[26]. Die Hingabe kann durch die Post, das Abholfach, durch Boten oder auf sonstige Weise bewirkt werden, z. B. auch durch Vermittlung des Gerichtsvollziehers (→ Rdnr. 2). 7

Mit der zuzustellenden beglaubigten Abschrift oder Ausfertigung wird in der Regel der sogenannte Zustellungsvermerk verbunden. Dabei handelt es sich um ein Schriftstück, das die 8

---

[16] *BGHZ* 14, 342, 344; *BGH* NJW 1990, 122, 124.
[17] *BGH* NJW 1992, 2235, 2236 re. Sp.; *BGHZ* 17, 234, 235 f.
[18] *BGH* NJW 1992, 2235, 2236 re. Sp.
[19] Wie hier *MünchKommZPO/v. Feldmann* (1992) Rdnr. 8; *Zöller/Stöber*[18] Rdnr. 5; offenlassend *OLG Frankfurt a. M.* JurBüro 1988, 340, 341.
[20] *BGH* FamRZ 1990, 866; NJW-RR 1989, 57, 58.
[21] *BGH* VersR 1987, 258.
[22] *BGH* LM § 198 ZPO Nr. 1; auch *OLG München* NJW-RR 1986, 1383, 1384.
[23] *BGH* NJW 1959, 885.
[24] *BGHZ* 30, 335 m. Anm. *Johannsen* LM § 212a ZPO Nr. 3.
[25] *BGH* VersR 1977, 257.
[26] *BGH* NJW 1952, 934.

Hingabe der Abschrift oder Ausfertigung zum Zweck der Zustellung vermerkt und damit den Hingabewillen zum Ausdruck bringt. Dieser Vermerk ist aber keine Wirksamkeitsvoraussetzung[27]. Ausreichend ist etwa die Beigabe des Formulars für das Empfangsbekenntnis. Der Zustellungswille fehlt aber, wenn bloß formlos zur Information übersandt werden soll. Abs. 1 S. 3 betrifft den erörterten Fall nicht direkt, da er nur die fakultative Zustellung des S. 2 regelt. Die Vorschrift bringt aber den Rechtsgedanken in allgemein gültiger Form zum Ausdruck.

2. Entgegennahme

a) Mitwirkung

9   Auf Seiten des Anwalts muß die Kenntnis von der Zustellungsabsicht vorhanden sein sowie der Wille, das in seinen Gewahrsam gelangte Schriftstück als zugestellt anzunehmen[28]. Er muß also bei der Zustellung mitwirken und den Entgegennahmewillen zum Ausdruck bringen. Die Zustellung ist unwirksam, wenn der Wille, nicht annehmen zu wollen, zum Ausdruck gebracht ist[29]. Der Mangel des Empfangswillens kann nicht nach § 187 S. 1 geheilt werden[30]. Der Anwalt ist prozeßrechtlich zur Mitwirkung nicht verpflichtet, unabhängig von der Beurteilung seines Verhaltens nach Standesrecht[31]. Die willentliche Mitwirkung des Anwalts ist daher stets unerläßlich[32]. Eine stillschweigende Annahme reicht grundsätzlich nicht aus[33]. Aufgrund eines ausgefüllten und unterschriebenen Empfangsbekenntnisses kann aber vermutet werden, daß der Empfänger das Schriftstück als zugestellt annehmen wollte. Ausreichend ist es, wenn die Empfangsbereitschaft konkludent zum Ausdruck gebracht wird[34].

b) Persönliche Inempfangnahme

10   Die für die Zustellung wesentliche persönliche Inempfangnahme liegt erst dann vor, wenn der Anwalt selbst von dem für ihn erlangten Gewahrsam Kenntnis bekommt[35]. Es hat also lediglich vorbereitenden Charakter, wenn das Schriftstück in seinen Machtbereich gelangt, entgegengenommen und den allgemeinen Anweisungen entsprechend büromäßig durch das Kanzleipersonal (insbesondere: Eingangsstempel) bearbeitet wird[36]. Eine Ersatzzustellung oder das Verfahren nach § 186 sind stets ausgeschlossen.

c) Vertretung in der Kenntnisnahme

11   Der Anwalt muß Kenntnis haben von der Zustellungsabsicht des zustellenden Anwalts[37]. Kenntnisnahme von dem Inhalt des betreffenden Schriftstücks ist allerdings nicht erforder-

---

[27] *BGHZ* 14, 342, 344; *BGH NJW* 1959, 885; *Thomas/Putzo*[18] Rdnr. 5.
[28] *BGHZ* 30, 335, 336; *BGH NJW* 1992, 512; *NJW-RR* 1989, 57, 58; *VersR* 1985, 142, 143; *OLG Düsseldorf JurBüro* 1988, 529.
[29] *BGH NJW-RR* 1989, 57, 58; *VersR* 1977, 1130, 1131; *MDR* 1964, 832; a. A. *LG Gießen MDR* 1972, 875.
[30] *BGH NJW* 1989, 1154.
[31] *BGH NJW-RR* 1989, 57, 58 m. zust. Anm. *v. Feldmann* FamRZ 1989, 494; *RGZ* 98, 241, 243; *RG DR* 1940, 1326 (LS); *OLG Naumburg JW* 1936, 2174; *OLG Königsberg JW* 1919, 461.
[32] *BGHZ* 14, 342, 345; *BGH VersR* 1985, 142, 143; 1983, 876; 1968, 580, 581; *BAG AP* § 212a ZPO Nr. 3 mit Anm. *E. Schumann; E. Schneider* WuB VII A. § 212a ZPO Nr. 1.89.

[33] *BGHZ* 30, 299, 301f. m. Anm. *Mezger* LM ZPO § 198 Nr. 8.
[34] *BGH NJW* 1989, 1154; *VersR* 1978, 763f.
[35] *BGH VersR* 1979, 258; *NJW* 1979, 2566; *RGZ* 8, 328, 332f.; 109, 341, 343; *RG JW* 1931, 3542; *DR* 1940, 1326 (LS); *OLG Koblenz OLGZ* 1976, 355, 356; *KG OLGRsp* 20, 394f.; *JW* 1924, 1612 mit Anm. *Geiershöfer; OLG Bremen JurBüro* 1982, 1250.
[36] *BGH FamRZ* 1992, 168; *NJW* 1991, 42 m. zust. Anm. *Smid/Schöpf* NJ 1991, 79; *OLG Nürnberg NJW* 1992, 1177f. (zu § 5 Abs. 2 VwZG); *OLG Düsseldorf JurBüro* 1988, 529.
[37] *BGH VersR* 1972, 151; → Rdnr. 9.

lich. Insoweit genügt die Möglichkeit zu einer inhaltlichen Prüfung[38]. Nicht erforderlich ist es ferner, daß der Anwalt im Zeitpunkt der Unterzeichnung noch im Besitz des Schriftstücks ist. Dem Anwalt stehen gleich sein nach § 53 BRAO bestellter Vertreter sowie ein nach § 30 BRAO bestellter ständiger Zustellungsbevollmächtigter[39]. Doch kann ein bei dem Amtsgericht und bei dem Landgericht zugelassener Rechtsanwalt, der seine Kanzlei am Ort des Amtsgerichts unterhält, an dem davon verschiedenen Ort des Landgerichts einen dort tätigen Justizwachtmeister nicht als ständigen Zustellungsbevollmächtigten bestellen. Da die Zustellung in der Kanzlei des Rechtsanwalts bewirkt werden kann, ist eine analoge Anwendung des § 30 BRAO nicht geboten[40]. Dem Anwalt steht ferner gleich ein anderer bei demselben Gericht zugelassener Anwalt, den der Prozeßbevollmächtigte ausdrücklich oder schlüssig allgemein bevollmächtigt hat, in seiner Abwesenheit für ihn Zustellungen von Anwalt zu Anwalt entgegenzunehmen[41]. Nicht hierher gehört ein Dritter, den der Anwalt für einen Einzelfall zur Ausstellung des Empfangsbekenntnisses bevollmächtigt hat[42].

Ein Rechtsreferendar kann zur Ausstellung des Empfangsbekenntnisses nicht besonders ermächtigt werden. Die höchstrichterliche Rechtsprechung hat die Möglichkeit einer derartigen Ermächtigung eines Rechtsreferendars durch den Anwalt (noch) nicht positiv bejaht[43]. Wenn ein Stationsreferendar bei einem Arbeitgeberverband oder einer Gewerkschaft nach § 11 Abs. 1 ArbGG allgemein zur Prozeßführung ermächtigt ist, ist eine Zustellung an ihn außer in dem Fall, daß er amtlich bestellter Vertreter ist, denkbar[44]. 12

d) Verweigerte Mitwirkung

Der Zustellungsversuch nach § 198 ist gescheitert, wenn der Anwalt die Annahme oder die Ausstellung des Empfangsbekenntnisses verweigert hat. Für den sich weigernden Anwalt oder dessen Partei knüpfen sich daran keine nachteiligen prozessualen Wirkungen. Ersatzzustellungen nach §§ 181 ff. oder die Anwendung des § 186 sind unzulässig[45]. Freilich besteht eine standesrechtliche Pflicht zur Mitwirkung an diesem vereinfachten und billigen Verfahren, so daß der Gegner im Zweifel auf ihre Erfüllung vertrauen kann[46]. Hat der Anwalt durch widerspruchslose Annahme in Kenntnis der Zustellungsabsicht des Gegners sein Einverständnis mit dessen Vorgehen gezeigt und damit stillschweigend die Annahme der Zustellungsofferte zum Ausdruck gebracht, so ist er auch prozeßrechtlich zur wahrheitsgemäßen Beurkundung des Empfangs und seines Zeitpunkts verpflichtet[47]. 13

3. Empfangsbekenntnis

a) Gültigkeitserfordernis

§ 198 Abs. 2 verlangt ebenso wie § 212a ein schriftliches, mit Datum und Unterschrift versehenes Empfangsbekenntnis des Anwalts. Dieses Bekenntnis hat eine zweifache Funktion. Es dient einmal dem Nachweis der Zustellung (→ Rdnr. 24 ff.) und ist zum anderen ein unverzichtbares Wirksamkeitserfordernis für die Zustellung[48]. Ohne das Empfangsbekennt- 14

---

[38] *BGH* FamRZ 1992, 168; VersR 1962, 979; RGZ 156, 385, 387; *KG* OLGRsp 20, 394 f.
[39] *BGH* NJW 1982, 1649, 1650; *Johannsen* LM § 198 ZPO Nr. 9.
[40] Dazu *BGH* NJW 1982, 1649, 1650.
[41] *RG* ZZP 55 (1930) 142, 144 mit zust. Anm. *Rosenberg*; a. A. *KG* JW 1917, 819.
[42] *BGH* NJW 1982, 1649, 1650 (offengelassen); *OLG Schleswig* SchlHA 1982, 1570; *OLG Stuttgart* Die Justiz 1978, 137.

[43] Vgl. *BGHZ* 14, 342, 346; *BGH* VersR 1970, 466.
[44] *BAG* NJW 1976, 991 (LS) mit Anm. der Schriftleitung.
[45] *OLG Kiel* SeuffArch 48, 100; *OLG Dresden* SächsArch 7, 642.
[46] *RG* JW 1899, 176; SeuffArch 58, 472.
[47] Vgl. *RGZ* 8, 328, 332 f.; *RG* JW 1899, 176; ferner *OLG Dresden* SächsArch 7, 642.
[48] *BGH* NJW 1992, 2235, 2236; 1989, 838; 1987, 2679, 2680; NJW-RR 1987, 1151; 1986, 1254; BGHZ 57,

nis oder im Falle seiner mangelhaften Ausstellung liegt keine gültige Zustellung vor (→ Rdnr. 25 ff. vor § 166). Eine Heilungsmöglichkeit nach § 187 S. 1 ist aber nicht ausgeschlossen[49]. In besonders gelagerten Ausnahmefällen können Formmängel auch nach Treu und Glauben überwunden werden[50].

b) Zeitpunkt

15 Maßgebender Zeitpunkt für die Gültigkeit der Zustellung ist die den Anforderungen entsprechende willentliche Entgegennahme durch den Anwalt (→ Rdnr. 9)[51]. Übersendung (→ Rdnr. 7 f.) und Empfangnahme (→ Rdnr. 9 f.) werden also zu einem gültigen Zustellungsakt erst rückwirkend durch die Erteilung des Empfangsbekenntnisses. Es ist gleichgültig, ob dieses sofort nach der Übergabe oder erst später ausgestellt wird[52]. Ein zeitlicher Zusammenhang mit der Entgegennahme des Schriftstückes ist nicht erforderlich[53]. Ein nachgeholtes Empfangsbekenntnis wirkt auch dann auf den Zeitpunkt zurück, in dem das Schriftstück entgegengenommen worden ist, wenn dadurch ein vorher eingelegtes Rechtsmittel unzulässig wird[54]. Das Gesagte gilt auch für die Amtszustellung nach § 212a. Es kommt nicht auf den Zeitpunkt des Eingangs des Bekenntnisses bei dem zustellenden Anwalt an, sondern auf das Empfangsbekenntnis selbst[55].

16 Als Zeitpunkt des Empfanges ist der Zeitpunkt anzugeben, in dem der Anwalt von der Tatsache des Zugangs Kenntnis erhält und sich entschließt, das Schriftstück zu behalten und den Empfang zu bestätigen[56]. Auf den Zeitpunkt der Ausstellung des Empfangsbekenntnisses kommt es nicht an. Wesentlich ist allein die Angabe des Zeitpunkts des Empfangs[57]. Die Gültigkeit der Urkunde wird nicht dadurch in Frage gestellt, daß dieses Datum nach der Fassung der Urkunde den Zeitpunkt der Ausstellung nicht deckt: »Ich habe in Sachen ... den Schriftsatz von ... am 1.4.1993 empfangen. RA X«. Die Rechtsprechung hat es mit Recht für unerheblich gehalten, daß das Wort »Datum« im Text des § 198 Abs. 2 S. 1 sprachlich wohl nur i. S. der Ausstellung verstanden werden kann. Die Angabe eines unrichtigen Datums läßt die Wirksamkeit der Zustellung unberührt[58] (→ Rdnr. 17).

17 Fehlt im Empfangsbekenntnis die vorgeschriebene Angabe des Datums ganz, so liegt eine wirksame Zustellung nicht vor[59]. Ein Empfangsbekenntnis kann aber durch den Zustellungsempfänger noch nachträglich erstellt oder vervollständigt werden[60]. Dazu darf aber nicht der Geschäftsstellenbeamte ermächtigt werden[61]. Ein unleserlicher Datumsstempel wird so angesehen, als fehle das Datum ganz[62]. Es ist jedoch auch im Anwendungsbereich des § 198 möglich, daß ein von einem Rechtsanwalt bereits unterzeichnetes Empfangsbekenntnis, bei dem das Datum versehentlich nicht eingetragen war, an diesen mit der Bitte um Vervollständigung zurückgesandt wird. Wird es dem zustellenden Anwalt jetzt wieder nach Eintragung des Datums zugeleitet, so liegt eine vollständige Zustellungsurkunde vor, die nicht nach § 419 zu beurteilen ist. Ein unrichtiges Datum verstößt nicht gegen die gesetzliche Formvorschrift und läßt daher die Wirksamkeit der Zustellung unberührt[63] (zur Beweiskraft → Rdnr. 24 ff.).

160, 162 ff.; 35, 236, 237; 30, 299, 303 ff.; *RGZ* 150, 392, 394; *RG* JW 1936, 926, 927; a. A. früher *OLG Hamburg* JW 1935, 2910 mit abl. Anm. *Carl* 3317; *OLG Karlsruhe* NJW 1954, 1287, 1288; *OLG Neustadt* NJW 1953, 791; *LG Gießen* MDR 1972, 875.
[49] *BGH* NJW 1992, 2235, 2236 re. Sp. (Zustimmung zur Klageänderung).
[50] *OLG Hamm* VersR 1990, 675 (Paraphe statt Unterschrift) mit abl. Anm. *Späth*.
[51] *BGH* VersR 1974, 1026; 1971, 1176.
[52] *BGH* NJW-RR 1992, 1150; NJW 1981, 462, 463; *RGZ* 150, 392, 394.
[53] *BGH* FamRZ 1992, 168.
[54] *BGHZ* 35, 236, 239 m. Anm. *Johannsen* LM § 212a ZPO Nr. 4; *BAG* AP § 212a ZPO Nr. 4 m. Anm. *Mes*; auch *OLG Düsseldorf* JurBüro 1988, 529.
[55] *BGH* NJW 1990, 2125 re. Sp. (zu § 212a).
[56] *BGHZ* 35, 236, 239; ferner *RGZ* 156, 385, 387.
[57] *RGZ* 156, 385, 387; *RG* JW 1936, 926, 927.
[58] *BGH* NJW 1991, 709 (Strafprozeß); *BGHZ* 35, 236, 238 (Zivilprozeß).
[59] *BGHZ* 35, 236, 238.
[60] *BGH* NJW-RR 1986, 1254.
[61] Offengelassen in *BGH* NJW-RR 1986, 1254.
[62] *BGH* NJW-RR 1986, 1254.
[63] *BGHR* ZPO § 212a Empfangsbekenntnis 3; *BGH*

Überdies kann der Anwalt das Datum nachträglich berichtigen. In diesem Fall ist für den Fristbeginn das berichtigte Datum maßgebend, wenn das Gericht von dessen Richtigkeit überzeugt ist[64]. Anders entschieden wird z. T. zu Unrecht für die unrichtige Datumsangabe in der Postzustellungsurkunde[65].

c) Unterschrift

Das Empfangsbekenntnis muß von dem Anwalt selbst oder seinem berufenen Vertreter (→ Rdnr. 11) ausgestellt sein und die Unterschrift des Anwalts oder seines Vertreters tragen. Die Unterschrift eines Kanzleiangestellten genügt nicht[66]. Der *BGH* fordert einen sich als Unterschrift ausweisenden, die Identität des Ausstellers hinreichend kennzeichnenden Schriftzug[67]. Eine Paraphe genügt ebensowenig[68] wie ein Faksimilestempel[69]. Anders kann nicht gesichert werden, daß der Anwalt die unabdingbare persönliche Kenntnisnahme selbst beurkundet und nicht etwa in unzulässiger Weise einem Dritten, wie einer Kanzleiangestellten, überlassen hat. Das Gesagte gilt erst recht bei der Verwendung eines normalen Stempels. Lediglich für die §§ 233 ff. ist es wichtig, daß das Datum einer Urteilszustellung sogleich in den Handakten vermerkt wird[70]. 18

Wenn der Vertreter unterschrieben hat (→ Rdnr. 18), so braucht diese Eigenschaft nicht kenntlich gemacht zu sein[71]. Bei Zweifeln über den Umfang der Vollmacht gelten die Rechtsgrundsätze der Duldungs- und Anscheinsvollmacht[72]. 19

Die Zustellung ist solange noch nicht wirksam, bis das unterschriebene Empfangsbekenntnis zurückgegeben wird. Ungültig ist die Zustellung, wenn die Unterschrift vor der Zurückgabe von dem Rechtsanwalt durchgestrichen wurde[73]. 20

Das Empfangsbekenntnis kann auch bei einem nach § 150 BRAO ausgesprochenen Vertretungsverbot ausgestellt werden. Seine Erteilung bedeutet keinen schriftlichen Verkehr i.S. des § 155 Abs. 3 BRAO. Im Falle des § 30 Abs. 2 BRAO kann der Zustellungsbevollmächtigte den Empfang bestätigen. 21

d) Individualisierende Angaben

Das Empfangsbekenntnis muß so abgefaßt sein, daß die Identität des übergebenen Schriftstücks außer Zweifel steht[74]. Wenn diese Voraussetzung erfüllt ist, so schaden Ungenauigkeiten, etwa bei Angabe des Aktenzeichens, nicht[75]. Unerheblich ist es, ob es die Rechtsnatur des zu übergebenden Schriftstückes wie z. B. die Übergabe einer Urschrift, einer Ausfertigung oder einer Abschrift fehlerfrei bezeichnet[76]. Ohne Bedeutung für die Wirksamkeit der Zustellung ist es ferner, wenn im Empfangsbekenntnis dreier Beklagter nur ein Beklagter genannt ist. Vielmehr erschöpft sich die Parteiangabe darin, die Identität des zugestellten Urteils 22

NJW-RR 1992, 1150, 1151; NJW 1991, 709; *BGHZ* 35, 236, 238; *BGH* LM § 233 ZPO Nr. 37; *RGZ* 51, 163 f.; *RG* JW 1925, 1490.
[64] *BGH* NJW 1991, 709, 710.
[65] S. → § 191 Rdnr. 5.
[66] *BGH* NJW 1987, 2679, 2680.
[67] *BGH* VersR 1993, 337; NJW-RR 1992, 1150; NJW 1985, 2651, 2652; VersR 1985, 503; 1978, 944; NJW 1974, 1383; VersR 1974, 1223, 1224; auch *BGH* HFR 1990, 389 (Unschädlichkeit der Unleserlichkeit); krit. gegenüber dieser Formenstrenge *Vollkommer* Rpfleger 1972, 82 ff.
[68] *BGH* EzFamR ZPO § 212a Nr. 1; VersR 1985, 503; 1981, 57; 1981, 839; 1968, 1143; *OLG Hamm* VersR

1990, 675 m. abl. Anm. *Späth* (aber Wirksamkeit nach § 242 BGB).
[69] *BGH* NJW 1989, 838; a. A. *OLG Stuttgart* OLGZ 1970, 478, 480; *KG* OLGZ 1969, 37 (offenlassend).
[70] *BGH* VersR 1987, 564; → Wiedereinsetzungsschlüssel § 233 Rdnr. 64 »Zustellungen« (Rdnr. 84).
[71] *RG* Gruchot 47 (1903) 1153, 1155; JW 1904, 145 re. Sp.
[72] *BGH* VersR 1978, 626; NJW 1975, 1652, 1653.
[73] Dazu *OLG Nürnberg* MDR 1976, 939; *OLG Frankfurt a. M.* NJW 1973, 1888, 1889.
[74] *BGH* VersR 1970, 624.
[75] *BGH* VersR 1976, 1155 f.; NJW 1969, 1297.
[76] *BGH* NJW 1963, 1307, 1308 re. Sp.

sicherzustellen[77]. Das Empfangsbekenntnis kann sowohl auf die Urschrift gesetzt als auch in einer besonderen Zustellungskarte oder sonstwie ausgestellt werden. Unerheblich ist es auch, auf welchem Weg es an den zustellenden Anwalt zurückgelangt.

e) Form

23 Die Ausstellung ist nicht an eine bestimmte Form gebunden[78]. Deshalb muß nicht unbedingt gerade das üblicherweise beigefügte Empfangsbekenntnis ausgefüllt werden[79]. Nicht erforderlich ist insbesondere die Verwendung des Wortes »Zustellung«[80]. Ferner ist es auch ausreichend, wenn in der von dem Anwalt unterzeichneten Antrags- oder Berufungsschrift der Tag der Zustellung ausdrücklich angegeben wird[81]. Ebenso kann es für die Einwilligung in eine auf dem Weg des § 198 übersandten Klageänderung liegen. Deshalb bedarf es nicht des Umwegs über § 187 S. 1, um das »fehlende« Empfangsbekenntnis unschädlich sein zu lassen[82].

4. Beweiskraft

24 Das Empfangsbekenntnis liefert den vollen Beweis für die Zustellung, insbesondere für das Datum der Zustellung[83]. Das datierte und unterschriebene Empfangsbekenntnis (→ Rdnr. 14 ff.) hat dieselbe Bedeutung wie eine Zustellungsurkunde nach § 190 und erbringt wie dieses Beweis für die Entgegennahme des darin bezeichneten Schriftstücks als zugestellt und für den Zeitpunkt dieser Entgegennahme[84]. Ein im Empfangsbekenntnis überstempeltes Datum bildet einen äußeren Mangel. Demnach begründet die Urkunde nicht mehr vollen Beweis für das Zustellungsdatum (§§ 419, 286). Das Gericht entscheidet vielmehr nach seiner Überzeugung, ohne daß der Urkunde jede Beweiskraft genommen wäre[85].

25 Der Gegenbeweis der Unrichtigkeit der in dem Empfangsbekenntnis enthaltenen Angaben ist zulässig[86]. Der Gegenbeweis kann sowohl von dem Rechtsanwalt geführt werden, dem zugestellt worden ist, als auch von demjenigen, der zugestellt hat. Diese Auffassung läßt sich auf eine analoge Anwendung von § 418 Abs. 2 stützen. An den Gegenbeweis sind strenge Anforderungen zu stellen, damit nicht einer Umgehung der Rechtsmittelfristen Tür und Tor geöffnet wird[87]. Doch kann im Einzelfall der Nachweis mit Hilfe von Zeugenaussagen und anderslautenden Vermerken in der Handakte geführt werden[88]. Nicht erforderlich ist der Nachweis der Fälschung. Andererseits ist der Gegenbeweis nicht schon dann erbracht, wenn lediglich die Möglichkeit einer Unrichtigkeit dargetan wird, also z. B. die Richtigkeit der Datumsangabe im Empfangsbekenntnis erschüttert ist. Vielmehr muß § 212a (§ 198 Abs. 2) vollständig entkräftet und damit jede Möglichkeit der Richtigkeit der Empfangsbestätigung ausgeschlossen werden[89].

26 Der Gegenbeweis gegen den Inhalt des Empfangsbekenntnisses ist unbeschränkt zulässig. Meistens handelt es sich um die unrichtige Datierung des Empfangs[90]. Nachträgliche Ände-

---

[77] *BGH* VersR 1987, 988, 989.
[78] *BGH* VersR 1985, 551.
[79] *BGH* NJW-RR 1992, 1150; FamRZ 1990, 866, 867; *BAG* RdA 1971, 319 (LS); *OLG Köln* JurBüro 1980, 1888 f.
[80] *BGH* NJW 1969, 1298, 1299.
[81] *BGH* VersR 1993, 337; NJW-RR 1992, 1150; FamRZ 1990, 866, 867; NJW 1987, 2679, 2680.
[82] So aber *BGH* NJW 1992, 2235, 2236.
[83] *BGH* NJW 1991, 42; 1990, 2125; 1987, 1335; 1987, 325; VersR 1986, 470.
[84] *BGH* NJW 1990, 2125.
[85] *BGH* NJW 1992, 512, 513; MDR 1987, 821.
[86] *BGH* NJW 1990, 2125; *LAG Köln* MDR 1987, 699.
[87] *BGH* NJW 1987, 1335; 1987, 325; VersR 1986, 470; 1985, 142, 143.
[88] *BGH* NJW 1987, 325.
[89] *BGH* NJW 1990, 2125, 2126.
[90] *BGH* NJW 1990, 2125; 1979, 2566; 1974, 1469, 1470; VersR 1972, 255.

rungen können an dem Beweiswert nichts ändern[91]. Der Gegenbeweis kann sich zudem auf den Mangel der in der Urkunde bezeugten Beglaubigung der zugestellten Abschrift[92] sowie darauf beziehen, daß überhaupt keine Zustellung stattgefunden habe[93]. So kann es liegen, wenn dem Zustellungsadressaten schon vor oder gleichzeitig mit dem zu übergebenden Schriftstück ein Widerruf zugegangen ist[94]. Dem Gegenbeweis zugänglich ist auch die Tatsache, daß nur eine abgekürzte, anstelle der bezeugten vollständigen Urteilsausfertigung übergeben sei[95].

Ist ein Empfangsbekenntnis einmal ausgestellt worden, so können die Tatsache, daß es ausgestellt wurde, und sein Inhalt im Falle des Verlustes durch Beweismittel jeder Art erwiesen werden[96]. Die Wirksamkeit des Zustellungsaktes wird durch einen unrichtigen Inhalt des Empfangsbekenntnisses, z. B. ein falsches Datum, nicht berührt (→ Rdnr. 16 f.). Auf den Zustellungsvermerk auf dem übergebenen Schriftstück (→ Rdnr. 8) kommt es nicht an[97]. 27

VI. Gegenbescheinigung (Abs. 2 S. 2)

Die in § 198 Abs. 2 S. 2 genannte Gegenbescheinigung hat eine ähnliche Funktion wie § 190 Abs. 3. Mit ihr hat der Empfängeranwalt eine Urkunde über den Empfang der Zustellung in Händen[98]. Der zustellende Anwalt ist auf Verlangen des empfangenden Anwalts zur Erteilung der Gegenbescheinigung »über die Zustellung« verpflichtet. Es handelt sich um eine mit Datum und Unterschrift versehene Erklärung, daß er den genau bezeichneten Schriftsatz zugestellt habe. In der Regel ist es freilich nicht möglich, dem zuzustellenden Schriftstück die vollständige Bescheinigung gleich mitzusenden, da dem zustellenden Rechtsanwalt das Zustellungsdatum im Normalfall erst später bekannt wird. Eine Hingabe des Empfangsbekenntnisses Zug um Zug gegen die Aushändigung der Gegenbescheinigung läßt sich aber bei Einschaltung eines Gerichtsvollziehers erreichen (→ Rdnr. 2). Dieser kann nach § 49 Nr. 2 S. 4 GVGA das offengelassene Zustellungsdatum selbst einsetzen. 28

Die Gegenbescheinigung kann mit der Beglaubigung in einem erteilt werden[99], darf aber dann das Datum der Beglaubigung nur tragen, wenn es mit demjenigen der vollzogenen Zustellung (→ Rdnr. 28) übereinstimmt[100]. Die Beweiskraft der Gegenbescheinigung steht derjenigen des Empfangsbekenntnisses nicht gleich, sondern liegt im freien gerichtlichen Ermessen[101]. In aller Regel wird sie gleichwohl ausreichen[102]. Der Gegenbeweis ist möglich und kann namentlich durch das Empfangsbekenntnis geführt werden, das im Zweifel maßgebend ist[103]. Der empfangende Anwalt kann seine Mitwirkung zur Zustellung nach § 198 von der Ausstellung der Gegenbescheinigung abhängig machen (→ Rdnr. 28 a. E.). 29

Die Gegenbescheinigung bildet keine Voraussetzung für die Wirksamkeit der Zustellung[104]. Es ist auch unschädlich, wenn sie einen unrichtigen Inhalt hat[105]. Frei zu würdigen (§ 286) ist die Beweiskraft eines Duplikats der Empfangsurkunde, die der Empfänger für sich selbst angefertigt hat. Eine Gegenbescheinigung wird auch bei im Amtsbetrieb zuzustellenden Schriftsätzen, die von Anwalt zu Anwalt zugestellt werden, zu erteilen sein (§ 198 Abs. 1 30

---

[91] *BGH* VersR 1968, 309; ferner *RGZ* 79, 197, 199; *RG* JW 1925, 1490; 1936, 2407; 1937, 3045, 3046; *BAG* AP § 92 ArbGG 1953 Nr. 14; NJW 1971, 671.
[92] Vgl. *BGH* VersR 1974, 1001.
[93] Ferner *RGZ* 51, 163; 79, 197, 199; *RG* JW 1932, 110; *BGH* LM ZPO § 198 Nr. 1. – A. A. *Pagenstecher* Zur Lehre von der materiellen Rechtskraft (1905), 190 ff.
[94] Vgl. *RGZ* 150, 392, 394.
[95] *BGH* LM ZPO § 198 Nr. 10.
[96] *BGH* VersR 1977, 424; *RGZ* 14, 348, 349.
[97] *LG Berlin* JR 1951, 27.
[98] *LG Berlin* JR 1951, 27 f.
[99] *RG* Gruchot 47 (1903), 1153, 1154.
[100] So auch *OLG Jena* ThürBl 55, 249 ff.
[101] *OLG Jena* ThürBl 55, 249 ff.
[102] S. auch *RG* JW 1927, 1310 re. Sp.; *OLG Karlsruhe* JW 1932, 2175.
[103] *RG* Gruchot 47 (1903), 1153, 1155; *OLG Schleswig* SchlHA 1974, 60; *OLG Rostock* OLGRsp 6, 393; *OLG Jena* ThürBl 55, 249 ff.
[104] *BGH* VersR 1962, 550; *LG Berlin* JR 1951, 27.
[105] *BGHZ* 31, 32, 34.

S. 2). Dies gilt, obwohl dort der Empfänger überhaupt keine Zustellungsurkunde erhält und für den Fall der Amtszustellung § 212a eine Gegenbescheinigung der Geschäftsstelle nicht vorsieht (→ § 212a Rdnr. 8).

VII. Kosten

31 Entstehende Mehrkosten, die dadurch entstehen, daß anstatt von Anwalt zu Anwalt durch den Gerichtsvollzieher oder durch die Post zugestellt wird, könnten gem. § 91 vom Ersatz an sich ausgeschlossen werden. Doch ist einmal zu bedenken, daß der Gegner zur Ausstellung eines Empfangsbekenntnisses nicht verpflichtet ist (→ Rdnr. 13). Zum anderen ist auch eine Ersatzzustellung im Falle der Zustellung von Anwalt zu Anwalt nicht möglich. Deshalb kann der betreibenden Partei nicht leicht ein Vorwurf gemacht werden, wenn sie den sichereren Weg wählt[106].

VIII. Arbeitsgerichtliches Verfahren

32 Für beteiligte Anwälte gilt § 198 im Verfahren vor dem Landesarbeitsgericht und dem Bundesarbeitsgericht unmittelbar. Dagegen ist eine entsprechende Anwendung auf die Verbandsvertreter des § 11 ArbGG ausgeschlossen[107]. Das Ergebnis folgt bereits daraus, daß § 170 Abs. 2 ZPO auf Verbandsvertreter nicht anwendbar ist. Außerdem ist § 198 ZPO in § 50 Abs. 2 ArbGG nicht aufgeführt.

§ 199 [Zustellung im Ausland; internationale Zustellung]

Eine im Ausland zu bewirkende Zustellung erfolgt mittels Ersuchens der zuständigen Behörde des fremden Staates oder des in diesem Staate residierenden Konsuls oder Gesandten des Bundes.

Gesetzesgeschichte: Bis 1900 § 182 CPO.

Stichwortverzeichnis → *Zustellungsschlüssel* in Rdnr. 65 vor § 166.

Staatenverzeichnis: Die nachfolgenden Angaben beziehen sich auf Randnummern (»Rdnr.«) dieses Paragraphen; Zahlen ohne Paragraphenziffer betreffen also die Kommentierung von § 199. Soweit auf weitere Vorschriften des Zustellungsrechts verwiesen wurde, ist der betreffende Paragraph hinzugefügt oder, wie bei Hinweisen auf die Vorbemerkungen vor § 166, wie üblich angegeben worden: »vor § 166«.

Argentinien → Rdnr. 6, → vor § 166 Rdnr. 50
Ägypten → Rdnr. 13, 51, → vor § 166 Rdnr. 49, 50
Anguilla → Rdnr. 79
Antigua → Rdnr. 13, 33, 62, 79 → vor § 166 Rdnr. 49

Australien → Rdnr. 79
Bahamas → Rdnr. 79
Barbados → Rdnr. 13, 79 → vor § 166 Rdnr. 49
Barbuda → Rdnr. 13, 33, 62, 79 → vor § 166 Rdnr. 49
Belgien → Rdnr. 7, 13, 33, 35, 36, 47, 51, → vor § 166 Rdnr. 49, 50, 54, 55

---

[106] S. auch *RGZ* 40, 410, 411; E. Schneider JurBüro 1966, 103, 105; → § 91 Rdnr. 88.

[107] *LAG Düsseldorf* JurBüro 1986, 615, 616.

Bélice (Belize) → Rdnr. 79
Bermuda → Rdnr. 79
Bosnien und Herzegowina → Rdnr. 6 Fn. 4
Botsuana (Botswana) → Rdnr. 13, 33, 62, → vor § 166 Rdnr. 49
Britische Jungferninseln → Rdnr. 79
Brunei → Rdnr. 79
China → Rdnr. 13, 33, 35, 51, → vor § 166 Rdnr. 49
Dänemark → Rdnr. 13, 33, 35, 36, 7, → vor § 166 Rdnr. 49, 50, 54, 55, 61
DDR (ehemalige) → vor § 166 Rdnr. 49
Dominika → Rdnr. 79
Falklandinseln → Rdnr. 79
Fidschi → Rdnr. 79
Finnland → Rdnr. 13, 51, → vor § 166 Rdnr. 49, 50
Frankreich → Rdnr. 7, 13, 25, 33, 35, 36, 51, → vor § 166 Rdnr. 49, 50, 54, 55
Gambia → Rdnr. 79
Gibraltar → Rdnr. 79
Gilbert-Inseln → Rdnr. 79
Grenada → Rdnr. 79
Griechenland → Rdnr. 9, 13, 33, 36, 52, → vor § 166 Rdnr. 49
Großbritannien und Nordirland → Rdnr. 9, → Rdnr. 13, 79
GUS-Staaten → Rdnr. 6, 55, → vor § 166 Rdnr. 50, 57
Guyana → Rdnr. 79
Hongkong → Rdnr. 79
Irland → Rdnr. 14, 36
Island → Rdnr. 8, → vor § 166 Rdnr. 51
Israel → Rdnr. 13, 35, → vor § 166 Rdnr. 49, 50
Italien → Rdnr. 13, 25, 36, → vor § 166 Rdnr. 49, 50
Jamaika → Rdnr. 79
Japan → Rdnr. 13, 33, → vor § 166 Rdnr. 49, 50
Jemen → Rdnr. 79
Jugoslawien (ehemaliges) → Rdnr. 6, → vor § 166 Rdnr. 50
Kaimaninseln → Rdnr. 79
Kanada → Rdnr. 13, 33, 35, 79 → vor § 166 Rdnr. 49
Kenia → Rdnr. 79
Kiribati → Rdnr. 79
Kroatien → Rdnr. 6 Fn. 4
Lesotho → Rdnr. 79
Libanon → Rdnr. 6, → vor § 166 Rdnr. 50
Liechtenstein → Rdnr. 7, 9, 47, → vor § 166 Rdnr. 54
Luxemburg → Rdnr. 7, 13, 33, 35, 36, 51, → vor § 166 Rdnr. 49, 50, 54
Malawi → Rdnr. 13, 79, → vor § 166 Rdnr. 49
Malaysia → Rdnr. 79
Malta → Rdnr. 79
Marokko → Rdnr. 6, 9, → vor § 166 Rdnr. 50

Mauritius → Rdnr. 79
Moldawien → Rdnr. 6 Fn. 6
Montserrat Rdnr. 79
NATO-Truppen → Rdnr. 12
Nauru → Rdnr. 79
Neuseeland → Rdnr. 79
Ngwane → Rdnr. 79, → »Swasiland«
Niederlande → Rdnr. 7, 13, 33, 35, 36, → vor § 166 Rdnr. 49, 50, 54, 55
Nigeria → Rdnr. 79
Norwegen → Rdnr. 7, 13, 33, 35, 51, → vor § 166 Rdnr. 49, 50, 54, 55
Österreich → Rdnr. 6, 7, → vor § 166 Rdnr. 50, 54, 55
Pakistan → Rdnr. 13, 33, 35, 51, → vor § 166 Rdnr. 49
Polen → Rdnr. 6, → vor § 166 Rdnr. 50
Portugal → Rdnr. 13, 33, 35, 51, → vor § 166 Rdnr. 49, 50
Rumänien → Rdnr. 6, 55, → vor § 166 Rdnr. 50, 57
Russische Föderation → Rdnr. 6 Fn. 6
Salomonen → Rdnr. 79
Sambia → Rdnr. 79
Schweden → Rdnr. 7, 13, 51, 62, → vor § 166 Rdnr. 49, 50, 61
Schweiz → Rdnr. 6, 7, → vor § 166 Rdnr. 50, 54, 55
Seyschellen → Rdnr. 13, 33, 79, → vor § 166 Rdnr. 49
Sierra Leone → Rdnr. 79
Singapur → Rdnr. 79
Slowakische Republik → Rdnr. 13
Slowenien → Rdnr. 6 Fn. 4
Somalia → Rdnr. 79
Sowjetunion → »GUS-Staaten«, → »Russische Föderation«
Spanien → Rdnr. 13, 33, 35, → vor § 166 Rdnr. 49, 50
Suriname → Rdnr. 6, → vor § 166 Rdnr. 50
St. Christopher-Nevis-Anguilla → Rdnr. 79
St. Helena → Rdnr. 79
St. Lucia → Rdnr. 79
St. Vincent → Rdnr. 79
Swasiland (Ngwane) → Rdnr. 79
Tansania → Rdnr. 79
Trinidad → Rdnr. 79
Tobago → Rdnr. 79
Tonga → Rdnr. 79
Tschechische Republik → Rdnr. 13
Tschechoslowakei (ehemalige) → Rdnr. 13, 33, 51, → vor § 166 Rdnr. 49, 50
Türkei → Rdnr. 9, 10, 13, 31, 33, 35, 51, 52, → vor § 166 Rdnr. 49, 50
Turks- und Caicos Inseln → Rdnr. 79
Tunesien → Rdnr. 9, 53 a. E.
Ungarn → Rdnr. 6, → vor § 166 Rdnr. 49, 50

Vatikanstadt → Rdnr. 6, 55, → vor § 166 Rdnr. 50, 57
Vereintes Königreich → Rdnr. 13, 33, 35, 36, 52, 55, 62, 79, → vor § 166 Rdnr. 49
Vereinigte Staaten von Amerika → Rdnr. 13, 33, 35, 53, 57, → vor § 166 Rdnr. 49

Zypern → Rdnr. 13, 33, 35, 79, → vor § 166 Rdnr. 49
– Britische Militärstützpunkte auf Zypern → Rdnr. 79

I. Überblick zur internationalen Zustellung	
1. Zustellungsarten bei Auslandsbezug	1
2. Zustellungswege	3
3. Rechtsquellen der internationalen Zustellung	
a) Haager Zustellungsübereinkommen 1965	5
b) Haager Übereinkommen 1954	6
c) Zusatzvereinbarungen zur weiteren Vereinfachung des Rechtsverkehrs	7
d) Haager Übereinkommen über den Zivilprozeß 1905	8
e) Bilaterale Rechtshilfeabkommen	9
f) Vertragsloser Rechtshilfeverkehr	11
g) NATO-Truppenstatut	12
II. Haager Zustellungsübereinkommen 1965	13
1. Verhältnis zu früheren Abkommen	14
2. Ziel des Übereinkommens	15
3. Anwendungsbereich	18
a) Vertragsautonome Auslegung	19
b) Punitive-damages-Klagen; class action	20
4. Auslandszustellung; Inlandszustellung	21
5. Exklusivität für die Auslandszustellung; remise au parquet	
a) Exklusivität	24
b) Remise au parquet	25
6. Ablehnungsgründe	26
7. Beklagtenschutz (Art. 15, 16)	30
8. Art. 20 Abs. 2, 3 EuGVÜ; Art. 15 Haager Zustellungsübereinkommen 1965	36
9. Verbotene Direktzustellungen	37
10. Muster	41
III. Gesuch der Prozeßpartei	42
IV. Ersuchen des Gerichts	45
V. Ersuchen der Konsuln und Gesandten	49
1. Befugnisse der deutschen Konsuln oder diplomatischen Vertreter	50
2. Selbstvornahme in eigener Zuständigkeit	51
3. Antragsbefugnis der Konsuln (Art. 1 Abs. 1 S. 1 Haager Übereinkommen 1954)	55
4. Wahl des Übermittlungsweges	56
VI. Prüfung des Ersuchens	58
VII. Ausführung der Zustellung	60
VIII. Anhang (Texte)	
1. Haager Zustellungsübereinkommen 1965	66
2. Haager Übereinkommen 1954	67
3. Haager Übereinkommen über den Zivilprozeß 1905	68
4. Ausführungsgesetze zu den Haager Übereinkommen	69
5. Zusatzvereinbarungen zur weiteren Erleichterung des Rechtshilfeverkehrs	
a) Belgien	70
b) Dänemark	71
c) Frankreich	72
d) Luxemburg	73
e) Niederlande	74
f) Norwegen	75
g) Österreich	76
h) Schweden	77
i) Schweiz	78
6. Bilaterale selbständige Abkommen	
a) Deutsch-britisches Abkommen	79
b) Griechenland	80
c) Liechtenstein	81
d) Türkei	82

I. Überblick zur internationalen Zustellung

1. Zustellungsarten bei Auslandsbezug[1]

Die Zustellung im Ausland bedeutet die Zustellung außerhalb der Bundesrepublik Deutschland (→ Einl. Rdnr. 841). Bestellt daher der vertretungsberechtigte Botschafter eines fremden Staates für ein deutsches Verfahren einen Prozeßbevollmächtigten, so wird an diesen zugestellt und nicht im Wege der Auslandszustellung[2]. Behandelt werden hier also im Schwerpunkt (aber nicht nur) die »ausgehenden Ersuchen« (→ Begriff Rdnr. 47 vor § 166). Die aus dem Ausland »eingehenden Ersuchen« sind behandelt oben → Rdnr. 43 ff. vor § 166.

Die Zustellung im Ausland kann nur nach den §§ 199, 200, 202 einschließlich der bestehenden völkerrechtlichen Verträge bewirkt werden. Bei ausländischen Adressaten steht die Zustellung durch Aufgabe zur Post unter den besonderen Voraussetzungen des § 175 neben der Zustellung im hier behandelten Sinne zur Wahl (→ Einzelheiten § 175 Rdnr. 3 ff., 18). Es handelt sich bei § 175 um eine zulässige fiktive Inlandszustellung (→ § 175 Rdnr. 10, 16), die durch das Rechtspflege-Vereinfachungsgesetz 1990 noch erweitert wurde (→ Rdnr. 8 vor § 166). Wenn die Zustellung im Ausland nach den §§ 199 ff. samt den bestehenden völkerrechtlichen Verträgen nicht ausführbar ist, so tritt die öffentliche Zustellung nach § 203 Abs. 2 ein. In den Fällen der §§ 841, 844 Abs. 2, 875 Abs. 2 ist eine Zustellung nicht erforderlich, wenn sie im Ausland vollzogen werden müßte (→ vor § 166 Rdnr. 46). Das Mahnverfahren findet nach § 688 Abs. 3 ZPO nur statt, soweit das AVAG das vorsieht. Die §§ 274 Abs. 3 S. 3, 339 Abs. 2 enthalten besondere Vorschriften über die Bestimmung der Einlassungs- und Einspruchsfrist für diejenigen Fälle, in denen im Ausland zugestellt werden muß.

2. Zustellungswege

Die Zustellung an einen Empfänger im Ausland (internationale Zustellung; Requisitorialzustellung)[3] kennt im Verfahren der internationalen Rechtshilfe vier Wege (zu eingehenden Ersuchen → Rdnr. 53 ff. vor § 166): Der einfachste (und in der Praxis häufigste) Weg ist derjenige des direkten Geschäftsverkehr zwischen den Behörden der beteiligten Staaten (→ Rdnr. 54 vor § 166, → unten Rdnr. 7, 47). Etwas komplizierter ist der unmittelbare Verkehr nach dem Haager Zustellungsübereinkommen 1965 (→ Rdnr. 55 vor § 166, → Rdnr. 7, 13). Eine Steigerung bedeutet der konsularische Weg über den Konsul der Bundesrepublik Deutschland an die zur Entgegennahme zuständige ausländische Stelle (→ Einl. Rdnr. 890, → Rdnr. 56 vor § 166, → Rdnr. 6), wie er vom Haager Übereinkommen 1954 vorgesehen ist. Am umständlichsten ist der diplomatische Weg entweder über die deutsche Auslandsvertretung an des Ministerium des Auswärtigen des ersuchten Staates oder über das Auswärtige Amt in Bonn an die diplomatische Vertretung des ersuchten Staates (→ Einl. Rdnr. 890, → Rdnr. 57 vor § 166).

Der im Einzelfall einzuschlagende Weg hängt von den zwischen der Bundesrepublik Deutschland und dem jeweiligen ausländischen Staat abgeschlossenen Verträgen ab. Maßgeblich ist vor allem die beiderseitige Mitgliedschaft in den multilateralen Verträgen des Haager Zustellungsübereinkommens 1965 (→ Rdnr. 49 vor § 166) und des Haager Übereinkommens 1954 (→ Rdnr. 50 vor § 166).

---

[1] Literatur: → Einl. Rdnr. 851; → Rdnr. 43 Fn. 37 vor § 166.
[2] *LAG Köln* LAGE § 176 ZPO Nr. 1.
[3] Vgl. *Schmitz* Fiktive Auslandszustellung (1980), 14 f.

3. Rechtsquellen der internationalen Zustellung

Neben den §§ 199, 200, 202 kommen für die internationale Zustellung in erster Linie wichtige völkerrechtliche Verträge in Betracht.

a) Haager Zustellungsübereinkommen 1965

5   Das wichtigste Übereinkommen der Praxis ist das Haager Zustellungsübereinkommen vom 15.11.1965 und das hierzu geltende Ausführungsgesetz (→ Einl. Rdnr. 869, → Rdnr. 49 vor § 166, → Text des Übereinkommens → Rdnr. 66, → Text des Ausführungsgesetzes Rdnr. 69, näher → Rdnr. 13 ff.).

b) Haager Übereinkommen 1954

6   Wichtig für die Praxis ist zudem das Haager Abkommen vom 1.3.1954 (→ Einl. Rdnr. 862, → Rdnr. 50 vor § 166, Text → Rdnr. 67, → Text des Ausführungsgesetzes Rdnr. 69). Aus den oben → Rdnr. 49 vor § 166 angeführten Gründen gilt es heute nur noch zwischen der Bundesrepublik Deutschland und Argentinien, *Jugoslawien* (ehemaliges)[4], Libanon, Marokko, Österreich, Polen[5], Rumänien, Schweiz, *Sowjetunion* (ehemalige)[6], Suriname, Ungarn und Vatikanstadt (zu den genauen Zeitpunkten des Inkrafttretens und zu den Fundstellen → Rdnr. 50 vor § 166)[7].

c) Zusatzvereinbarungen zur weiteren Vereinfachung des Rechtshilfeverkehrs

7   Zusatzvereinbarungen zu den Haager Zivilprozeßübereinkommen, die auch heute noch in Kraft sind (→ Rdnr. 54 vor § 166), bestehen mit Belgien, Dänemark, Frankreich, Luxemburg, den Niederlanden, Norwegen, Österreich, Schweden und der Schweiz (→ sämtlich mit Fundstellen abgedruckt unten Rdnr. 70 ff.) (zu Liechtenstein → Rdnr. 47 a.E.; Text des Vertrages → Rdnr. 81); – zu Polen → Rdnr. 6 Rn. 5.

d) Haager Übereinkommen über den Zivilprozeß 1905

8   Das Haager Übereinkommen vom 17.7.1905 (→ Einl. Rdnr. 866, → vor § 166 Rdnr. 51, → Text Rdnr. 68) gilt heute nur noch zwischen der Bundesrepublik Deutschland und Island weiter.

e) Bilaterale Rechtshilfeabkommen

9   Die oben → Rdnr. 7 genannten Zusatzvereinbarungen ergänzen lediglich die mit den Vertragspartnern bestehenden Haager Übereinkommen und führen zu einer weiteren Vereinfachung des Rechtsverkehrs. Daneben bestehen zwischen der Bundesrepublik Deutschland und weiteren Staaten bilaterale Einzelverträge über Rechtshilfe nebst den jeweiligen

---

[4] *Slowenien* ist am 25. 6. 1991 Vertragspartei geworden (BGBl.) 1993 II 934); zu *Bosnien-Herzegowina* BGBl. 1994 II 83; zu *Kroatien* BGBl. 1993 II 1936.
[5] Angewendet wird jetzt schon die noch nicht in Kraft getretene »Vereinbarung zur weiteren Erleichterung des Rechtsverkehrs« (Hinweis in WiRO 1993, 63).
[6] Heute handelt es sich um die *Russische Föderation* (BGBl. 1992 II 1016). – Fundstellennachweis B 286 (Stand: 31. 12. 1992, »Sowjetunion, ehemalige«, »Russische Föderation«) und *Moldawien* (Preliminary Document No 24 [Mai 1993] der Haager Konferenz für internationales Privatrecht); zu *Lettland* BGBl. 1993 II 1936; zu *Belarus* BGBl. 1994 II 83.
[7] Die Übersicht bei *Jayme/Hausmann*[6] Nr. 102 Fn. 7 führt als Vertragsstaat Argentinien nicht auf.

Ausführungsgesetzen zu diesen Verträgen. Es handelt sich um sogenannte selbständige Rechtshilfeabkommen. Diese Abkommen sind aufgeführt in → Einl. Rdnr. 880, 881. Ferner enthält der Länderteil der ZRHO jeweils Angaben zu bestehenden bilateralen Verträgen. Das deutsch-britische Abkommen über den Rechtsverkehr ist abgedruckt → unten Rdnr. 79. Ferner sind abgedruckt die Verträge mit Griechenland → Rdnr. 80, Liechtenstein → Rdnr. 81, der Türkei → Rdnr. 82 sowie der deutsch-tunesische Rechtsschutz-, Rechtshilfe-, Anerkennungs- und Vollstreckungsvertrag von 1966 unten → § 328 Rdnr. 775 ff. Zu erwähnen ist ferner der derzeit noch nicht in Kraft getretene Vertrag vom 29.10.1985 (BGBl. 1988 II 1055) mit Marokko.

Die selbständigen bilateralen Verträge (→ Rdnr. 9) zwischen der Bundesrepublik Deutschland und einem anderen Staat greifen meist ein, wenn dieser Staat nicht Partei der Haager Übereinkommen ist. Es kommt aber auch vor, daß sich der internationale Rechtshilfeverkehr sowohl nach einem Haager Übereinkommen als auch nach einem bilateralen Rechtshilfevertrag richtet. So liegt es z. B. mit der Türkei (→ Einl. Rdnr. 880, → Text unten Rdnr. 82). Wenn sich die Regelungen nicht decken, sind in derartigen Fällen die jeweils für die Durchführung der Rechtshilfe günstigeren Bestimmungen anzuwenden. 10

f) Vertragsloser Rechtshilfeverkehr

Zahlreiche Staaten gewähren Rechtshilfe ohne vertragliche Grundlage. Die betreffenden Staaten ergeben sich aus dem Länderteil der ZRHO (→ auch Einl. Rdnr. 885)[8]. 11

g) NATO-Truppenstatut

Besondere Zustellungsvorschriften finden sich im Anwendungsbereich des NATO-Truppenstatuts vom 19.6.1951 (→ Einl. Rdnr. 665, 668). Klageschriften, gerichtliche Verfügungen usw. werden den Mitgliedern einer Truppe, eines zivilen Gefolges oder Angehörigen über eine Verbindungsstelle zugestellt, die von jedem Entsendestaat errichtet oder bestimmt wird (Art. 32 Abs. 1 a Zusatzabkommen – NATO-Truppenstatut, Text → Einl. Rdnr. 666). Einzelheiten ergeben sich aus → Einl. Rdnr. 668, → Rdnr. 63 vor § 166. Die Heilung von Mängeln richtet sich nach § 187. 12

II. Haager Zustellungsübereinkommen 1965[9]

Das wichtigste Übereinkommen für den internationalen Zustellungsverkehr ist heute das »Haager Übereinkommen über die Zustellung gerichtlicher und außergerichtlicher Schriftstücke im Ausland in Zivil- oder Handelssachen« vom 15.11.1965 (→ Einl. Rdnr. 869; → Rdnr. 49 vor § 166; Text → Rdnr. 66). Vertragsstaaten sind Ägypten, Antigua und Barbuda, Barbados, Belgien, Botsuana, China, Dänemark, Finnland, Frankreich, Griechenland, Israel, Italien Japan, Kanada, Luxemburg, Malawi, die Niederlande, Norwegen, Pakistan, Portugal, Schweden, Seychellen, Spanien, Tschechische Republik und die Slowakische Republik[10], 13

---

[8] Erschienen auch als selbständige Textausgabe.
[9] Lit.: *Arnold* JZ 1971, 19; *Böckstiegel/Schlafen* NJW 1978, 1073; *Bülow/Böckstiegel/Geimer/Schütze* Internationaler Rechtsverkehr in Zivil- und Handelssachen (Stand: Juni 1991) Nr. 350 ff.; *Heidenberger/Barde* RIW 1988, 683; *Hök* JurBüro 1991, 1145; *Junker* JZ 1989, 121; *Nagel* IZVR³ Rdnr. 570 ff.; *Pfeil/Kammerer* Deutsch-amerikanischer Rechtshilfeverkehr in Zivilsachen (1987) 9 ff.; *Pfennig* Die internationale Zustellung in Zivil- und Handelssachen (1988); *Schack* IZVR (1991) Rdnr. 605 ff.; *Stürner* JZ 1992, 325; *Stürner/Stadler* IPRax 1990, 157; *Welp* RabelsZ 54 (1990) 364; ferner Denkschrift BT-Drucks. 8/217 S. 38 ff., → auch vor § 166 Rdnr. 42 Fn. 37.

[10] Zu den Nachfolgestaaten Tschechische Republik und Slowakische Republik s. Preliminary Document (o. Fn. 6) u. BGBl. 1993 II 2164.

Türkei, Vereinigtes Königreich, Vereinigte Staaten von Amerika und Zypern (Einzelheiten → Rdnr. 49 vor § 166).

1. Verhältnis zu früheren Abkommen

14 Das Haager Zustellungsübereinkommen 1965 enthält eine selbständige und zum Teil neuartige Regelung der Zustellung im Ausland[11]. Es handelt sich also nicht nur um eine Überarbeitung des Haager Übereinkommens 1954 (→ Rdnr. 6). Im EG-Bereich sind mit Ausnahme Irlands alle EG-Staaten Mitglieder des Übereinkommens. Das Haager Zustellungsübereinkommen 1965 ersetzt nach seinem Art. 22, soweit es sich auch um Vertragsstaaten des Haager Übereinkommens 1954 (→ Rdnr. 6) handelt, die Art. 1-7 des Haager Übereinkommens 1954. Nach seinem Art. 24 (Text → Rdnr. 66) bleiben jedoch die geschlossenen Zusatzvereinbarungen (→ Rdnr. 7) zu dem Haager Übereinkommen über den Zivilprozeß 1905 (→ Rdnr. 8) und zu dem Haager Übereinkommen 1954 (→ Rdnr. 6) in Kraft, es sei denn, daß die Vertragsstaaten etwas anderes vereinbaren. Das ist bislang nicht der Fall[12].

2. Ziel des Übereinkommens

15 Es ist das wichtigste Ziel des neuen Abkommens, den umständlichen konsularischen Weg (→ Rdnr. 3) durch einen neuen, effektiveren und kürzeren Übermittlungsweg zu ersetzen. Zudem soll den anglo-amerikanischen Rechtsvorstellungen Rechnung getragen werden. Weiter sollen auch die Nachteile der remise au parquet (→ Rdnr. 25) gemildert werden[13]. Die Verkürzung der Übermittlungswege wurde erreicht, indem jeder Mitgliedstaat eine zentrale Behörde zu bestimmen hat, an die sich das zuständige Gericht des Ursprungsstaates unmittelbar wenden kann (Art. 2). Die Bundesrepublik Deutschland hat von der in Art. 18 Abs. 3 eingeräumten Möglichkeit Gebrauch gemacht und die Einrichtung einer zentralen Behörde für jedes Bundesland ermöglicht (vgl. § 1 AusfG, → Text Rdnr. 69). Das Ausführungsgesetz hat nur für eingehende Zustellungsanträge, nicht aber für ausgehende Ersuchen Bedeutung. Der Bund hat die Einrichtung der zentralen Behörden den Ländern überlassen. Dort sind inzwischen die zentralen Behörden bestimmt worden (Bekanntmachung des Auswärtigen Amtes vom 21.6.1979, BGBl. III 779) sowie für die neuen Bundesländer (Bekanntmachung vom 11.3.1993, BGBl. II 703)[14].

---

[11] Ausführlich Denkschrift zum Übereinkommen, BT-Drucks 8/217 S. 38–50; BT-Drucks. 8/1212 (Rechtsausschuß-Bericht); *Welp* RabelsZ 54 (1990), 364 (zur Sitzung der Expertenkommission der Haager Konferenz für internationales Privatrecht vom 17.–20.4.1989).

[12] Vgl. auch *Jayme/Hausmann*[6] Nr. 110 Fn. 1–3.

[13] *Nagel* IPRax 1992, 150.

[14] Baden-Württemberg: Das Justizministerium Baden-Württemberg, D-70173 Stuttgart
Bayern: Das Bayerische Staatsministerium der Justiz, D-80335 München
Berlin: Der Senator für Justiz, D-10825 Berlin
Brandenburg: Das Ministerium der Justiz des Landes Brandenburg, D-14473 Potsdam
Bremen: Der Präsident des Landgerichts Bremen, D-28195 Bremen
Hamburg: Der Präsident des Amtsgerichts Hamburg, D-20354 Hamburg
Hessen: Der Hessische Minister der Justiz, D-65185 Wiesbaden
Mecklenburg-Vorpommern: Der Minister der Justiz, Bundes- und Europaangelegenheiten, D-19053 Schwerin
Niedersachsen: Der Niedersächsische Minister der Justiz, D-30169 Hannover
Nordrhein-Westfalen: Der Justizminister des Landes Nordrhein-Westfalen, D-40190 Düsseldorf
Rheinland-Pfalz: Das Ministerium der Justiz, D-55116 Mainz
Saarland: Der Minister für Rechtspflege, D-66119 Saarbrücken
Sachsen: Das Sächsische Staatsministerium der Justiz, D-01097 Dresden
Sachsen-Anhalt: Das Ministerium der Justiz des Landes Sachsen-Anhalt, D-39116 Magdeburg
Schleswig-Holstein: Der Justizminister des Landes Schleswig-Holstein, D-24103 Kiel
Thüringen: Das Justizministerium Thüringen, D-99094 Erfurt

Die Zentralen Behörden der Vertragsstaaten und derjenigen Staaten, auf die sich das 16
Haager Zustellungsübereinkommen 1965 infolge von Erstreckungserklärungen ebenfalls
bezieht, sind in Bekanntmachungen veröffentlicht und finden sich jeweils im Länderteil der
ZRHO bei den betreffenden Staaten abgedruckt. Ein Verzeichnis der Vertretungen der
Bundesrepublik Deutschland im Ausland findet sich in der Bekanntmachung vom 18.12.1990
(BAnz. Nr. 234a – Beilage) und ein Verzeichnis der konsularischen Vertretungen der Bundesrepublik Deutschland in der Bekanntmachung vom 8.5.1991 (BAnz. Nr. 85a – Beilage).

Für ausgehende Ersuchen richtet sich der Zustellungsweg von dem ersuchenden Gericht 17
über die Prüfungsstelle des § 9 ZRHO, die sich dann wiederum unmittelbar an die zentrale
Behörde des ersuchten Staates wendet (vgl. Art. 3, Text → Rdnr. 66).

3. Anwendungsbereich

Nach Art. 1 Abs. 1 betrifft das Haager Zustellungsübereinkommen 1965 »Zivil- oder 18
Handelssachen«. Der Begriff wurde aus dem Haager Übereinkommen 1954 und dem Haager
Übereinkommen über den Zivilprozeß 1905 übernommen und ist in seiner Auslegung kontinental geprägt.

a) Vertragsautonome Auslegung

Wegen der teils ganz unterschiedlichen Abgrenzungen von Privat-, Verwaltungs- und 19
Strafrecht scheidet nach dem Zweck des Abkommens eine Qualifikation nach dem Recht des
ersuchenden oder des ersuchten Staates in gleicher Weise aus wie eine kumulative Anwendung beider Rechte. Vorzuziehen ist vielmehr eine vertragsautonome Auslegung des Begriffes mit liberaler weiter Handhabung, jedoch unter Ausklammerung des Steuerrechts[15].

b) Punitive-damages-Klagen; class action

Art. 1 erfaßt auch die sogenannten »punitive-damages-Klagen« des US-amerikanischen 20
Rechts, die privatstrafeähnlichen Charakter haben[16]. Sie müssen daher in Deutschland unabhängig von der Prognose ihrer Anerkennungsfähigkeit zugestellt werden[17]. Trotz ihres Strafcharakters sind sie als «Zivil- oder Handelssachen» anzusehen. Exzessive Urteile sind im
Anerkennungsverfahren zu überprüfen[18]. Zuzustellen ist auch eine «class action», also eine
dem amerikanischen Recht eigentümliche Art der Popularklage, wo einzeln aufgeführte
Kläger eine Vielzahl von nicht angeführten Geschädigten repräsentieren[19]. Für eine Überprüfung von Zulässigkeits- und Begründetheitsfragen ist im Zustellungsverfahren grundsätzlich
kein Raum. Die Prüfungsmöglichkeit des ersuchten Staates ist auf den Inhalt der Klageschrift
nebst den Begleitpapieren beschränkt. Dabei genügen auch Klagen, die den Streitstoff nur
grob umreißen. Eine Anhörung über Umstände und Zusammenhänge des Verfahrens findet
nicht statt[20]. Eine auf Art. 13 Abs. 1 des Übereinkommens gestützte Ablehnung der Zustel-

---

[15] *Welp* RabelsZ 54 (1990), 364, 366 (Bericht über die einstimmige Meinung der Expertenkommission); *Schack* IZVR Rdnr. 605.
[16] Zur Verfassungsmäßigkeit im US-amerikanischen Recht s. die Entscheidung des Supreme Court: Pacific Mutual Life Insurance Company v. Haslip, 111 S. Ct. 1032 (1991); dazu *Stadler* IPRax 1992, 147 Fn. 4; *Beucher* RIW 1992, 893; *Vorpeil* RIW 1992, 851.
[17] Jetzt h.L.: *OLG München* WM 1992, 1465, 1466; NJW 1989, 3102 m.Anm. *Greger; OLG Düsseldorf* RIW 1992, 846ff.; *OLG Frankfurt a.M.* RIW 1991, 417 mit

Anm. *Stadler* IPRax 1992, 147; *Stürner/Stadler* IPRax 1990, 157; *Schack* IZVR Rdnr. 605; ferner *Böhmer* NJW 1990, 3049.
[18] Dazu jetzt grundlegend BGH NJW 1992, 3096; *H. Koch* NJW 1992, 3073; *Schack* ZZP 106 (1993), 104ff.; ferner *Siehr* RIW 1991, 705ff.
[19] OLG Frankfurt a.M. RIW 1991, 417, 419 li. Sp.; *Stiefel/Stürner* VersR 1987, 829ff.
[20] OLG Düsseldorf RIW 1992, 846, 848 gegen *Wölki* RIW 1985, 530, 534.

lung scheidet grundsätzlich aus (→ Rdnr. 27)[21]. Eine Zustellung kann daher nur bei einem sich aus der Klage selbst ergebenden ersichtlichen Mißbrauch oder einer greifbaren Unverhältnismäßigkeit abgelehnt werden[22]. Auch in den anderen Vertragsstaaten des Übereinkommens werden punitive-damages-Klagen durchweg zugestellt[23].

4. Auslandszustellung; Inlandszustellung

21   Das Haager Abkommen kommt nur zur Anwendung, wenn ein Schriftstück »zum Zweck der Zustellung in das Ausland zu übermitteln ist«. Auf Inlandszustellungen finden die Vorschriften daher keine Anwendung. Das Übereinkommen greift nicht in das innerstaatliche Zustellungsrecht ein. Es sagt nichts darüber aus, ob eine Zustellung im Ausland geschehen muß. Vielmehr bestimmt sich allein nach dem Recht des Gerichts, vor dem ein Verfahren schwebt, in welchen Fällen die Zustellung im Ausland bewirkt werden muß[24]. Die Vertragsstaaten müssen also nicht nach dem Haager Abkommen eine Auslandszustellung durchführen, wenn sie nach ihrem nationalen Recht die Zustellung im Inland bewirken können[25]. So hat auch der amerikanische Supreme Court[26] entschieden und den Zustellungsdurchgriff über eine 100%ige US-Tochter auf die deutsche Muttergesellschaft ermöglicht. Der Tatbestand der Auslandszustellung wird also durch das nationale IZVR festgestellt; das Haager Zustellungsübereinkommen regelt im Falle der Auslandszustellung den Vollzug[27].

22   In Konsequenz dieser Auffassung läßt das Übereinkommen daher die fiktive Inlandszustellung durch Aufgabe zur Post nach § 175 oder die öffentliche Bekanntmachung nach § 203 Abs. 2 unberührt. Allerdings sollte man nicht billigen, daß die Vertragsstaaten durch entsprechende Ausgestaltung des nationalen Rechts das Haager Zustellungsübereinkommen praktisch leerlaufen lassen können. Vor allem dürfen die Art. 15, 16 des Übereinkommens bei verfahrenseinleitenden Schriftsätzen nicht durch eine fingierte Inlandszustellung verdrängt werden[28]. Die Entscheidung des Supreme Court (→ Rdnr. 21) liegt wohl schon an der Grenze[29].

23   Im Bereich des EuGVÜ ergibt sich aus Art. IV Abs. 1 des Protokolls 1968/1982 (→ Text Einl. Rdnr. 920) nichts anderes. Damit werden fiktive Inlandszustellungen an Ausländer nicht unzulässig. Insbesondere bedeutet Art. IV Abs. 1 nicht, daß Urteile und Vollstreckungsbescheide innerhalb der EG nicht mehr nach § 175 zugestellt werden dürften (→ Rdnr. 36)[30].

5. Exklusivität für die Auslandszustellung; remise au parquet

a) Exklusivität

24   Liegt der Tatbestand einer Auslandszustellung i.S. von Art. 1 des Übereinkommens vor (→ Rdnr. 21), so findet das Zustellungsübereinkommen ausschließlich Anwendung. Es ist daher

---

[21] Ausführlich *OLG Düsseldorf* RIW 1992, 846 ff.
[22] Erwogen von *OLG Frankfurt a.M.* RIW 1991, 417, 418.
[23] *Böhmer* NJW 1990, 3049, 3051.
[24] *Junker* JZ 1989, 121, 122; Denkschrift (oben Fn. 9), 38, 40; unrichtig der brief amicus curiae der deutschen Bundesregierung im »Schlunk-Fall« (unten Fn. 26), mitgeteilt durch *Heidenberger* in RIW 1988, 90, 91; abl. dazu *P. Schlosser* FS Stiefel (1987), 683, 687 Fn. 8 b.
[25] *OLG Düsseldorf* IPRax 1985, 289 m. krit. Anm. *Schumacher* 265; *Stürner* JZ 1992, 325, 327; *Junker* JZ 1989, 121, 122 f.; ausführlich *H. Koch* IPRax 1989, 313 f.; *Schack* IZVR Rdnr. 612.
[26] Volkswagenwerk AG v. Schlunk, 108 S. Ct. 2104, 2111; dazu *Heidenberger/Barde* RIW 1988, 683; *Junker* JZ 1989, 121 ff.; *H. Koch* IPRax 1989, 313; *Böhmer* NJW 1990, 3049; *H. Roth* ZZP 106 (1993), 123, 125.
[27] *Stürner* JZ 1992, 325, 327.
[28] M.E. zutreffend *Stürner* JZ 1992, 325, 328; a.A. *Junker* JZ 1989, 121 ff.
[29] *Stürner* JZ 1992, 325, 328; krit. zu der Entscheidung die Mehrzahl der Expertenkommission, s. *Welp* RabelsZ 54 (1990), 364, 366.
[30] A.A. *Stürner* JZ 1992, 325, 329 li. Sp.

bei der Zustellung auf dem Gebiet des anderen Vertragsstaates ausschließlich nach diesem Übereinkommen vorzugehen[31]. Das bedeutet, daß nach Deutschland nur förmlich unter Vermittlung deutscher Behörden mit Übersetzung zugestellt werden kann oder im Falle der Annahmebereitschaft durch einfache Übergabe ohne Übersetzung (→ Rdnr. 38)(Art. 5 Abs. 2, 3 des Übereinkommens). Vertragswidrig sind demnach die Direktzustellung oder die Übersendung unübersetzter Klagen. Diese Fälle sind nicht heilbar, weil die Art. 15, 16 des Übereinkommens keine vollstreckungsrechtlichen Heilungstatbestände sind (ausführlich → § 187 Rdnr. 33)[32].

b) Remise au parquet

Schwierig zu beurteilen ist die remise au parquet, die Zustellung durch Niederlegung der Ladung bei dem Staatsanwalt[33]. Die Ordnungsmäßigkeit der Klagezustellung beurteilt sich aufgrund des von dem Gericht des Urteilsstaates anwendbaren Rechts einschließlich der bestehenden völkerrechtlichen Verträge, also insbesondere auch des Haager Zustellungsübereinkommens[34]. Diese Art der fiktiven Zustellung kennt insbesondere das französische Zustellungsrecht (auch etwa Italien und die Beneluxstaaten). Der eigentliche Zustellungsakt besteht in der Übergabe des zuzustellenden Schriftstückes durch den Gerichtsvollzieher an die zuständige (französische) Staatsanwaltschaft, womit sie auch bewirkt ist. Dieser abgeschlossene Zustellungsakt wird dem Beklagten durch die Staatsanwaltschaft auf dem nach dem Haager Zustellungsübereinkommen 1965 vorgesehenen Übermittlungsweg mitgeteilt. Zusätzlich übermittelt der Gerichtsvollzieher eine weitere beglaubigte Kopie durch Einschreiben gegen Rückschein. Es handelt sich um eine fiktive Inlandszustellung nach französischer Qualifikation. Gleichwohl verstößt nach manchen Autoren diese Zustellung gegen Art. 1 des Haager Zustellungsübereinkommens 1965, da es sich um eine Auslandszustellung handele. Danach wäre für verfahrenseinleitende Schriftstücke die remise au parquet im Ergebnis abgeschafft[35]. Richtig ist es aber wohl, die Ordnungsgemäßheit der Zustellung zu bejahen und die Lösung über den auf die remise au parquet zugeschnittenen Art. 15 Abs. 1 zu versuchen[36]. Die Benachrichtigung der Art. 685 Abs. 2, 686 cpc n.F. fällt unter Art. 15 Abs. 1[37], so daß sie in deutscher Sprache übermittelt werden muß. Ist das nicht der Fall, so scheidet eine Heilung nach § 187 aus (→ § 187 Rdnr. 33)[38]. Es kann daher wirksam zugestellt werden, wenn die Mitteilung über die bewirkte Zustellung nach Art. 685 cpc nach dem Haager Zustellungsübereinkommen oder dem bestehenden Zusatzabkommen mit Frankreich geschieht (→ Rdnr. 7)[39]. Anders zu beurteilen ist die remise au parquet während eines laufenden Verfahrens. Insoweit steht ein Verstoß gegen die Wertungen des Art. 15 Haager Zustellungsübereinkommen 1965 nicht in Frage. Wenn also die Zustellung eines Urteils in Frankreich im Wege der remise au parquet geschieht, so ist die Übermittlung einer Übersetzung an die betreffende Partei nicht erforderlich[40]. Insofern ist die Zulässigkeit der fiktiven Inlandszustellung nicht anders zu beurteilen als diejenige nach § 175.

---

[31] Denkschrift (oben Fn. 9) 38, 41; *Junker* JZ 1989, 121, 123; *Rauscher* IPRax 1991, 155, 157; *Stürner* FS Nagel (1987), 446, 450; ebenso *Supreme Court* Volkswagenwerk AG v. Schlunk, 108 S. Ct. 2104, 2111 (→ Rdnr. 21).
[32] *BGH* NJW 1993, 598; 1991, 641, 642 li. Sp.; *Stürner* JZ 1992, 325, 332; *Rauscher* IPRax 1991, 155, 159.
[33] Dazu *LG Hamburg* RIW 1991, 767 f.; BT-Drucks. 8/ 1212 S. 2; *Baur/Stürner* Zwangsvollstreckungs-, Konkurs- und Vergleichsrecht (Fälle und Lösungen), 6. Aufl. 1989, Fall 26 (S. 157 ff.); *Rauscher* IPRax 1991, 155, 157 f.; *Geimer* IPRax 1988, 271, 272.
[34] *EuGH* Slg. 1990 I, 2725, 2750 (*Lancray/Peters*);
auch *OLG Koblenz* IPRax 1988, 97 m.Anm. *Dubois* 85; *OLG Düsseldorf* IPRax 1985, 289 m.Anm. *Schumacher* 265, 266; *OLG Frankfurt a. M.* RIW 1987, 627.
[35] So etwa *Baur/Stürner* (oben Fn. 33), 163; *Schumacher* IPRax 1985, 265 ff.; dagegen *Stade* NJW 1993, 184, 185.
[36] *Schack* IZVR Rdnr. 610m. Nachw.
[37] *Schack* IZVR Rdnr. 611m. Nachw.
[38] Dazu auch *BGH* WM 1988, 1208, 1210; krit. *Baur/Stürner* (oben Fn. 33), 165.
[39] So wohl auch *Stürner* JZ 1992, 325, 329.
[40] *OLG Oldenburg* IPRax 1992, 169 m.Anm. *Nagel* 150; *Pfennig* 127 f.

6. Ablehnungsgründe

26 Ist der Antrag auf Zustellung formell mangelhaft, z. B. weil verschiedene Anlagen fehlen, so muß die ersuchte Behörde nach Art. 4 die ersuchende Stelle unverzüglich unterrichten und dabei die Einwände einzeln anführen. So ist etwa bei offensichtlich manipulierten Klagen zu verfahren, die Schwärzungen oder Überdeckungen von Teilen bei Kopien aufweisen[41]. Anders liegt es, wenn sich das Rechtshilfeersuchen nur auf Teile der bei dem Prozeßgericht eingereichten Klage bezieht und das deutlich zum Ausdruck gebracht wird[42]. Zudem werden formelle Ablehnungsgründe weithin durch die Einschaltung der Prüfstellen und die vereinheitlichten Antragsformulare vermieden (→ Rdnr. 41).

27 Im übrigen ist eine Ablehnung des Ersuchens nach Art. 13 Abs. 1 nur zulässig, wenn der ersuchte Staat durch die Erledigung seine Hoheitsrechte oder seine Sicherheit für gefährdet hält. Die Auslegung dieser Begriffe obliegt grundsätzlich den einzelnen Vertragsstaaten[43]. Der Vorbehalt ist nicht identisch mit dem verfahrensrechtlichen ordre public, wie er im Anerkennungsrecht maßgebend ist. Die Norm ist eng zu interpretieren und beschränkt sich auf besonders gravierende Fälle[44]. Insbesondere kann Art. 13 Abs. 1 nicht dazu dienen, die Zustellung von punitive-damages-Klagen abzulehnen (→ Rdnr. 20).

28 Art. 13 Abs. 2 schränkt die Ablehnungsgründe gegenüber dem Haager Übereinkommen 1954 noch dadurch ein, daß die Erledigung nicht allein aus dem Grunde abgelehnt werden darf, weil der ersuchte Staat nach seinem Recht die ausschließliche Zuständigkeit seiner Gerichte für die Sache in Anspruch nimmt oder ein Verfahren nicht kennt, das dem entspricht, für das der Antrag gestellt wird. Das Zustellungsübereinkommen 1965 trennt deutlich zwischen der internationalen Rechtshilfe und der internationalen Zuständigkeit[45]. Selbstverständlich ist, daß durch die Zustellung die Möglichkeit einer nachfolgenden Verweigerung der Anerkennung und Vollstreckung des in derselben Sache ergangenen Urteils im ersuchten Staat nicht präjudiziert wird[46].

29 Art. 1 Abs. 2 kennt einen formellen Ablehnungsgrund bei unbekannter Anschrift des Empfängers. Die zentrale Behörde des ersuchten Staates hat nicht die Pflicht, die Anschrift des Empfängers zu erforschen.

7. Beklagtenschutz (Art. 15, 16)

30 Die Art. 15, 16 des Haager Zustellungsübereinkommens 1965 dienen einem erweiterten Beklagtenschutz. Insonderheit sind sie darauf zugeschnitten, für den Beklagten die Auswirkungen der remise au parquet (→ Rdnr. 25) abzumildern. Aus Art. 15 Abs. 1 läßt sich wohl nur der Schluß ziehen, daß das Haager Übereinkommen die remise au parquet einerseits als ordnungsgemäße Zustellungsform hinnimmt[47], andererseits aber dazu zwingt, daß die – an sich nicht den eigentlichen Zustellungsakt betreffenden – Mitteilungen (→ Rdnr. 25) den Förmlichkeiten des Übereinkommens unterworfen werden und damit in die deutsche Sprache übersetzt werden müssen. Insgesamt handelt es sich um eine Übermittlung »zum Zweck der Zustellung in das Ausland«[48]. Die Gegenauffassungen, welche die remise au parquet im Ergebnis für abgeschafft halten[49] oder mit entgegengesetzter Tendenz die fiktive Inlandszu-

---

[41] *Stadler* IPRax 1992, 147 Fn. 3.
[42] *OLG Frankfurt a. M.* RIW 1991, 417, 418 f.
[43] Dazu *Geimer* ZZP 103 (1990), 477, 488.
[44] Richtig *OLG Düsseldorf* RIW 1992, 846, 847; *Stadler* IPRax 1992, 147, 150; *Pfennig* 96 ff.; Beispiele in § 59 Abs. 3 Nr. 3 ZRHO; zur Entstehungsgeschichte des Vorbehalts *Pfeil-Kammerer*, 64 f.
[45] Dazu *Nagel*³ Rdnr. 580.
[46] *OLG Düsseldorf* RIW 1992, 846, 847; *Böckstiegel/Schlafen* NJW 1978, 1073, 1074.
[47] *Nagel* IPRax 1992, 150.
[48] So *Schumacher* IPRax 1985, 265, 266 f.; a. A. *Nagel* IPRax 1992, 150 f.
[49] *Baur/Stürner* (oben Fn. 33), 163.

stellung im Ganzen respektieren[50], schießen über das Ziel hinaus. Es muß hingenommen werden, daß ein ungelöster prozeßrechtsdogmatischer Rest bleibt. Allein auf diese Weise wird gesichert, daß Art. 15 Abs. 1 nicht leerläuft, was die Vertragspartner sicher ebenfalls nicht gewollt haben. *Schack*[51] unterstellt zwar die Benachrichtigung richtig dem Art. 15 Abs. 1, hält aber die Verletzung der Aussetzungspflicht für unbedeutend für die Beurteilung der Ordnungsgemäßheit der Zustellung. Die durch die remise au parquet ermöglichte fiktive Zustellung kann dann dazu führen, daß gegen einen Beklagten, der seinen Wohnsitz außerhalb des Urteilsstaates hat, ein Versäumnisurteil ergeht, bevor er von der Einleitung eines gerichtlichen Verfahrens Kenntnis erlangt hat[52].

Nach Art. 15 Abs. 1 Buchst. a muß das Verfahren ausgesetzt werden, bis der Nachweis erbracht ist, daß dem Beklagten das Schriftstück in einer nach dem Recht des ersuchten Staates anerkannten Form zugestellt ist, oder daß nach Buchst. b das Schriftstück dem Beklagten selbst oder in seiner Wohnung nach einem anderen in diesem Übereinkommen vorgesehenen Verfahren übergeben worden ist. Eine Aussetzung kommt aber nicht mehr in Betracht, sobald sich die beklagte Partei auf das Verfahren eingelassen hat. Das gilt auch dann, wenn die ordnungsgemäße Zustellung eines verfahrenseinleitenden Schriftstückes ungeklärt ist[53]. In diesem Falle ist das rechtliche Gehör gewährt, das Art. 15 Abs. 1 sicherstellen will. Die Mitteilung im Rahmen der remise au parquet unterfällt den Formalitäten des Haager Zustellungsübereinkommens, da Art. 15 ansonsten leerlaufen würde[54]. Wird demnach eine Übersetzung nicht beigefügt, so ist die Zustellung unwirksam und auch nicht nach § 187 ZPO heilbar (→ § 187 Rdnr. 33), weil bei einer Verletzung des Haager Zustellungsübereinkommens 1965 eine Heilungsmöglichkeit nicht vorgesehen ist[55] (a. A. wohl → Voraufl. Rdnr. 36). Art. 15 Abs. 1 schließt den Fortgang des Verfahrens aus. Da Zustellungen in die Türkei erfahrungsgemäß längere Zeit in Anspruch nehmen, verhindert Art. 15 Abs. 1, daß bereits nach vier Monaten nach Absendung des Ersuchens eine öffentliche Zustellung nach § 203 Abs. 2 veranlaßt wird[56]. 31

Art. 15 Abs. 1 richtet sich nur gegen die Nachteile der fiktiven Zustellung im Gerichtsstaat in denjenigen Fällen, in denen eine Auslandszustellung nach dem Übereinkommen vorzunehmen ist. Hat dagegen die in den Formen des Empfangsstaates vorgenommene Zustellung fiktiven Charakter, so ist das nach Art. 15 Abs. 1 grundsätzlich unschädlich[57]. 32

Nach Art. 15 Abs. 2 kann jeder Vertragsstaat erklären, daß seine Richter auch dann entscheiden können, wenn ein Zeugnis über die Zustellung oder die Übergabe nicht eingegangen ist, falls die Voraussetzungen des Art. 15 Abs. 2 Buchstabe a – c kumulativ gegeben sind. Von dieser Ermächtigung haben Gebrauch gemacht Antigua, Barbuda, Belgien, Botsuana, China, Dänemark, Frankreich, Griechenland, Japan, Kanada, Luxemburg, die Niederlande, Norwegen, Pakistan, Portugal, Spanien, die Tschechoslowakei (ehemalig), die Türkei, das Vereinigte Königreich, die Vereinigten Staaten, Zypern, die Seyschellen, und jetzt auch die Bundesrepublik Deutschland[58]. 33

Nach Art. 15 Abs. 3 wird der Richter an der Anordnung einstweiliger Maßnahmen in dringenden Fällen nicht gehindert. Das bedeutet, daß Art. 15 Abs. 1 im Verfahren der einstweiligen Verfügung nicht anwendbar ist[59]. 34

Art. 16 ergänzt schließlich den Beklagtenschutz in der Weise, daß das Prozeßgericht Wiedereinsetzung in den vorigen Stand bewilligen kann, wenn die Rechtsmittelfristen verstri- 35

---

[50] *Schack* IZVR Rdnr. 612.
[51] *Schack* IZVR Rdnr. 611.
[52] S. die Fälle von *BGH* WM 1988, 1208; *OLG Düsseldorf* IPRax 1985, 289; dazu *Stürner* JZ 1992, 325, 329; *Dubois* IPRax 1988, 85.
[53] *BGH* NJW 1987, 592, 593.
[54] *Rauscher* IPRax 1991, 155, 158; → Rdnr. 25.
[55] Wie *Stürner* JZ 1992, 325, 334.
[56] *OLG Hamm* NJW 1989, 2203 m. Anm. *Geimer*.
[57] *Böckstiegel/Schlafen* NJW 1978, 1073, 1075.
[58] Bekanntmachung vom 11.3.1993, BGBl. II 704; zur alten Rechtslage *OLG Hamm* NJW 1989, 2203.
[59] *Schack* IZVR Rdnr. 611.

8. Art. 20 Abs. 2, 3 EuGVÜ; Art. 15 Haager Zustellungsübereinkommen 1965

36 Das Haager Zustellungsübereinkommen 1965 gilt mit Ausnahme Irlands für alle Mitgliedstaaten des EuGVÜ. Im Verhältnis dieser Vertragsstaaten zueinander tritt es daher an die Stelle von Art. 20 Abs. 2 EuGVÜ. Im Verhältnis der Bundesrepublik Deutschland zu Belgien, Frankreich, Griechenland, Italien, Luxemburg, den Niederlanden, Dänemark und dem Vereinigten Königreich schützt daher jetzt Art. 15 Abs. 1 des Übereinkommens den in der Bundesrepublik Deutschland ansässigen Beklagten vor den Gefahren der remise au parquet. Die Übermittlung nach dem Haager Zustellungsübereinkommen 1965 zwischen den EuGVÜ-Staaten (außer Irland) stellt auch noch einmal Art. IV Abs. 1 des Protokolls vom 27.9.1968 fest (Texte → Einl. Rdnr. 920). Die Zustellung durch Aufgabe zur Post (§ 175) wird dadurch im EuGVÜ-Bereich nicht ausgeschlossen (→ Rdnr. 23)[61].

9. Verbotene Direktzustellungen

37 Art. 10 des Übereinkommens sieht in Buchst. a die unmittelbare Auslandszustellung durch Übersendung durch die Post vor. Weitere Methoden der unmittelbaren Auslandszustellung kennen Art. 8 und die übrigen Teile des Art. 10. Die Bundesrepublik Deutschland hat den Vorschriften über die direkte Zustellung aber widersprochen und läßt in § 6 S. 2 des Ausführungsgesetzes (→ Text Rdnr. 69) eine Zustellung nach Art. 10 wegen des damit verbundenen Eingriffs in die deutschen Hoheitsrechte überhaupt nicht zu. In gleicher Weise kommt auch eine Direktzustellung nach Art. IV Abs. 2 des Protokolls vom 27.9.1968 (→ Rdnr. 36) nicht in Betracht, da die Bundesrepublik widersprochen hat (BGBl. 1973 II 60). Auch in den bestehenden bilateralen Vereinbarungen hat die Bundesrepublik Deutschland Zustellungen durch Konsul, durch die Post oder im Direktverkehr der fremden Partei mit deutschen Behörden nicht zugelassen. Eine Ausnahme kennt lediglich der – freilich weitgehend obsolete – Art. 6 des deutsch-britischen Abkommens (Text → Rdnr. 79)[62]. Das deutsch-britische Abkommen ist nach Art. 25 des Haager Zustellungsübereinkommens 1965 unberührt geblieben[63]. Auch der in Art. 5 b des deutsch-britischen Abkommens vorgesehene Weg darf bei einer Zustellung von der Bundesrepublik Deutschland in das Vereinigte Königreich und umgekehrt nicht gewählt werden. Diese Zustellungsart (durch einen Vertreter, agent) ist grundsätzlich nur für Zustellungen innerhalb des Vereinigten Königreichs möglich. Die Unzulässigkeit einer Zustellung im Ausland auf diese Weise ergibt sich für die betreffenden Staatsangehörigen aus dem Eingangssatz von Art. 5[64]. Art. 7 des deutsch-britischen Abkommens gestattet zudem den unmittelbaren Verkehr zwischen der englischen Partei und deutschen Zustellungsorganen. In Deutschland ist das der Gerichtsvollzieher und nicht der Rechtspfleger (§ 166 ZPO)[65].

38 Nach dem Gesagten kann an deutsche Bürger in Deutschland grundsätzlich nur in zwei

---

[60] Eine Erklärung nach Art. 16 Abs. 3 haben abgegeben Belgien, China, Dänemark, Frankreich, Israel, Kanada, Luxemburg, die Niederlande, Norwegen, Pakistan, Portugal, Spanien, die Türkei, das Vereinigte Königreich (hinsichtlich Schottlands), die Vereinigten Staaten, Zypern und jetzt auch die Bundesrepublik Deutschland (Bekanntmachung vom 11.3.1993, BGBl. II 704).
[61] BGH NJW 1987, 592, 593.
[62] Postzustellung ist nur noch in Ausnahmefällen möglich, *Stürner* JZ 1992, 325, 330 Fn. 52.

[63] Dazu *OLG Frankfurt a. M.* IPRax 1992, 90, 91 m. unrichtiger Begründung zu Art. 6 des deutsch-britischen Abkommens; richtig dagegen *Rauscher* IPRax 1992, 71, 72m. Fn. 6; *Bülow/Böckstiegel/Geimer/Schütze* 520.14 sub Fn. 70.
[64] Dazu näher *Bülow/Böckstiegel/Geimer/Schütze* 520.14 sub Fn. 69.
[65] Dazu *OLG Karlsruhe* OLGZ 1985, 201, 202 (Kanada).

Formen unter Vermittlung deutscher Behörden vertragskonform zugestellt werden: Zulässig ist einmal die förmliche Zustellung mit Übersetzung[66]. Daneben ist nach Art. 5 Abs. 2 des Haager Zustellungsübereinkommens 1965 die formlose Übergabe ohne beigefügte Übersetzung bei Empfangsbereitschaft (§ 68 Abs. 2 S. 1 ZRHO), Belehrung und vorheriger Einsichtnahme (§ 69 Abs. 3 ZRHO) möglich. Die Nichtbeachtung der ZRHO allein bedeutet aber keinen Verstoß gegen Völkervertragsrecht und insbesondere keine fehlende Ordnungsmäßigkeit nach Art. 27 Nr. 2 EuGVÜ[67].

Ausgeschlossen ist damit insbesondere die anglo-amerikanische Praxis, Zustellungen auf privatem Wege vorzunehmen (Rule 4 [i] der Federal Rules of Civil Procedure): Im Falle einer bejahten Auslandszustellung wird dieser Weg durch das insoweit exklusive Haager Zustellungsübereinkommen 1965 (→ Rdnr. 24) versperrt[68]. 39

Umgekehrt bleibt eine Zustellung in das Ausland (ausgehendes Ersuchen) zulässig, wenn nicht der Bestimmungsstaat ebenfalls widersprochen hat (Art. 10 Buchstabe a). Das ist z.B. im Verhältnis zu Spanien nicht der Fall[69]. Die USA haben die Zustellung einer durch Einschreiben mit Rückschein übersandten deutschen Klageschrift als wirksam angesehen[70]. 40

10. Muster

Dem mit dem Haager Übereinkommen verfolgten Vereinfachungszweck dienen vor allem die nach Art. 3 vorgeschriebenen Muster für den Antrag[71]. Nach Art. 7 müssen die vorgedruckten Teile des Musters in englischer oder französischer Sprache abgefaßt sein. Die Eintragungen können dann nach Art. 7 Abs. 2 in der Sprache des ersuchten Staates oder wiederum in englischer oder französischer Sprache gemacht werden. 41

III. Gesuch der Prozeßpartei

Wird im Parteibetrieb zugestellt, so ist für die internationale Zustellung ein Gesuch der Partei erforderlich, das an den Vorsitzenden des Prozeßgerichts oder an den Einzelrichter zu richten ist (→ § 202 Rdnr. 3). Im Parteiprozeß kann das Gesuch auch zu Protokoll der Geschäftsstelle gestellt werden (→ § 496 Rdnr. 2). Die Rückdatierung der Zustellungswirkungen richten sich nach den zu → § 207 Rdnr. 6ff. niedergelegten Grundsätzen. Dem Gesuch der Partei muß entsprochen werden. Der Richter darf es nicht etwa deshalb ablehnen, weil er die fiktive Zustellung nach § 175 für ausreichend oder weil er die Zustellung sonst aufgrund der gegebenen Prozeßlage für unnötig hält[72]. Die Gefahren trägt allein die Partei. Wird das Gesuch abgelehnt, so findet dagegen die einfache Beschwerde des § 567 Abs. 1 statt. 42

Im Falle der Zustellung von Amts wegen ist ein Gesuch der Partei nicht erforderlich. Vielmehr ist, ggf. auf Anregung der Geschäftsstelle, nach den §§ 199, 202 zu verfahren (→ § 209 Rdnr. 1). 43

---

[66] Art. 5 Abs. 1, 3 des Übereinkommens 1965 i. V. m. § 3 des Ausführungsgesetzes sowie in den betreffenden bilateralen Zusatzabkommen (→ Texte Rdnr. 70ff.): Art. 3 (Belgien); Art. 3 (Dänemark); Art. 3 (Frankreich) (dazu *BGH* NJW 1991, 641, 642); Art. 3 (Luxemburg); Art. 3 (Niederlande); Art. 3 (Großbritannien); Art. 3 (Griechenland).
[67] Näher *Baur/Stürner* (oben Fn. 33), 165 (aber mit m. E. nicht unzweifelhaften Folgerungen).
[68] US *Supreme Court* Volkswagenwerk AG v. Schlunk 108 S. Ct. 2104, 2111; auch *OLG Frankfurt a. M.* IPRax 1992, 90, 91 (Deutschland-England: Zustellung mit Brief) mit Anm. *Rauscher* aaO 71f.
[69] Dazu *AG Bonn* NJW 1991, 1430 mit Anm. *Geimer; Bindseil* NJW 1991, 3071.
[70] Ackermann v. Levine 788 F. 2 d 830, 838ff. (2nd Cir. 1986); dazu *Schack* IZVR Rdnr. 608; *Geimer* IZVR[2] (1993) Rdnr. 418.
[71] Abgedruckt nach § 100 der ZRHO.
[72] *OLG Celle* OLGRsp 15, 264; *H. Roth* IPRax 1990, 90, 91 Fn. 26.

§ 199 III, IV   1. Buch: Allgemeine Vorschriften

44 Dem Parteigesuch (→ Rdnr. 42) sind entsprechend § 169 die Urschrift und die auszuhändigende beglaubigte Abschrift oder Ausfertigung nebst Beilagen beizufügen. Der erforderlichen Übermittlung in zwei Stücken (Art. 3 Abs. 2 Haager Zustellungsübereinkommen 1965, Art. 3 Abs. 1 Haager Übereinkommen 1954 [→ Rdnr. 66, 67], Art. 5 Abs. 2 Haager Übereinkommen über den Zivilprozeß 1905 [→ Rdnr. 68]) wird durch die beglaubigte Abschrift genügt. Beglaubigt wird nach § 170 Abs. 2 durch den Rechtsanwalt, da ein Gerichtsvollzieher hierbei nicht eingeschaltet wird, ansonsten nach den §§ 196, 210 durch den Urkundsbeamten der Geschäftsstelle.

IV. Ersuchen des Gerichts

45 Der Vorsitzende (§ 202) bestimmt aufgrund der bestehenden Staatsverträge, auf welchem der nach § 199 möglichen Wege die Zustellung bewirkt werden soll. Bei nichtvertraglichem Rechtshilfeverkehr wird die Bestimmung nach pflichtgemäßem Ermessen getroffen. Wird der Weg des § 199 begangen, so ist die nach Art. 10 Buchst. a Haager Zustellungsübereinkommen 1965, Art. 6 Abs. 1 Nr. 1 Haager Übereinkommen 1954 und Art. 6 Abs. 1 Nr. 1 Haager Übereinkommen über den Zivilprozeß 1905 vorgesehene unmittelbare Zusendung durch die Post nicht gangbar. Zudem ist der Weg des Art. 10 Buchstabe c des Haager Übereinkommens 1965, Art. 6 Abs. 1 Nr. 2 des Haager Übereinkommens 1954 und Art. 6 Abs. 1 Nr. 2 des Haager Übereinkommens über den Zivilprozeß 1905 (eigene Besorgung durch die Partei im Ausland) nach deutschem Recht bei der Zustellung (anders § 364) überhaupt nicht zulässig. Gleichwohl kann das betreffende Auslandsrecht eine derartige Zustellung als wirksam ansehen. Die Bundesrepublik Deutschland hat nach Art. 21 Abs. 2 Buchst. a des Haager Zustellungsübereinkommens 1965 ihren Widerspruch gegen die Benutzung der in Art. 8 und 10 vorgesehenen Übermittlungswege erklärt (Bek. v. 21.6.1979, BGBl. II 779).

46 Für die technische Durchführung des Ersuchens enthält die ZRHO (→ Einl. Rdnr. 855) eingehende Hinweise und Verwaltungsanordnungen. Sie geben (auch im jeweiligen Länderteil) für die meisten ausländischen Staaten die Bestimmungen über Weg, Form und Beförderung des Ersuchens, über die Kosten, wegen derer vielfach besondere Abmachungen bestehen, Verzeichnisse der Konsulate, Adressen der betreffenden ausländischen Stellen usw. Hilft die ZRHO nicht weiter, so muß bei der betreffenden Landesjustizverwaltung angefragt werden.

47 Soweit direkter Geschäftsverkehr zwischen den Behörden der beteiligten Staaten besteht (→ Rdnr. 3 und 7; → Rdnr. 54 vor § 166), sind die Ersuchen des § 199 (Zustellungsanträge) an die betreffende ausländische Behörde zu richten. Der direkte Geschäftsverkehr findet aufgrund der oben → Rdnr. 7 aufgeführten Einzel- und Zusatzvereinbarungen mit den genannten Staaten statt. Zwischen der Bundesrepublik Deutschland und dem *Fürstentum Liechtenstein* besteht zwar kein Rechtshilfevertrag. Doch gewähren die beiden Staaten einander aus allgemeinem völkerrechtlichem Entgegenkommen Rechtshilfe in demselben Umfang, wie es zwischen den Justizbehörden der Bundesrepublik Deutschland und der Schweiz der Fall ist (BAnz. 1959 Nr. 73 vom 17.4.1959, 1; → Text unten Rdnr. 81). Die in Betracht kommenden Behörden finden sich jeweils abgedruckt im Länderteil der ZRHO, ferner → Einl. Rdnr. 890ff. Zu Art. 1 Abs. 1 Nr. 1 der deutsch-belgischen Vereinbarung (Text → Rdnr. 70) vertritt die belgische Rechtsprechung anscheinend die Auffassung, daß die Zustellung zu dem Zeitpunkt erfolgt ist, in dem der Präsident des Landgerichts oder der Präsident des Amtsgerichts das Schriftstück erhält. Diese Folge der in Belgien geltenden »remise au parquet« ist von dem Abkommen nicht gewollt[73].

---

[73] Dazu *Moons* RIW 1989, 903ff.

Findet kein direkter Geschäftsverkehr statt, so ist das Ersuchen im regelmäßigen unmittelbaren Geschäftsverkehr im Rahmen von Art. 3 Abs. 1 des Haager Zustellungsübereinkommens 1965 an die Zentrale Behörde des ersuchten Staates zu richten (→ Rdnr. 17). Soweit auch der unmittelbare Geschäftsverkehr nicht stattfindet, ist der deutsche Konsul oder der diplomatische Vertreter (Botschafter, Gesandter) um die Zustellung zu ersuchen (→ Rdnr. 49 ff.). Im Anwendungsbereich des Haager Zustellungsübereinkommens 1965 ist nach dessen Art. 9 Abs. 1 der konsularische Weg zugelassen. Es handelt sich aber nicht um die regelmäßige Übermittlungsform. Der umständliche diplomatische Weg ist schließlich zu wählen, wenn der konsularische Weg nicht zugelassen ist, oder wenn tatsächliche oder rechtliche Schwierigkeiten es angezeigt erscheinen lassen (§ 6 Abs. 2, 3 ZRHO). Das Haager Zustellungsübereinkommen 1965 läßt in Art. 9 Abs. 2 den diplomatischen Weg nur bei außergewöhnlichen Umständen zu. 48

V. Ersuchen der Konsuln und Gesandten

Die Zustellung auf Antrag des Konsuls des ersuchenden Staates an die von dem ersuchten Staat zu bezeichnende Behörde ist der regelmäßige Weg nach Art. 1 des Haager Übereinkommens 1954 (→ Rdnr. 6). 49

1. Befugnisse der deutschen Konsuln oder diplomatischen Vertreter

Der deutsche Konsul oder diplomatische Vertreter kann entweder zur Übermittlung des Zustellungsantrages an ausländische Behörden befugt sein oder aber zur eigenen Zustellung. Die jeweiligen Befugnisse der Auslandsvertretungen bestimmen sich nach den bestehenden Staatsverträgen und nach dem Recht des Staates, in dem zugestellt werden soll (→ sogleich Rdnr. 51). Detaillierte Angaben finden sich jeweils im Länderteil der ZRHO. Fundstellen der im folgenden genannten Verträge sind in → Einl. Rdnr. 656 und Rdnr. 860 ff. angeführt. Nach Art. 5 Buchst. j des Wiener Übereinkommens über konsularische Beziehungen vom 24.4.1963 (BGBl. II 1585, → Einl. Rdnr. 656) gehört die Zustellung zu den konsularischen Aufgaben, soweit dies geltenden internationalen Übereinkünften entspricht oder die Zustellung bei deren Fehlen mit den Gesetzen und den sonstigen Rechtsvorschriften des Empfangsstaates vereinbar ist. Die Beachtung dieser Befugnisse ist für die Gültigkeit einer Zustellung nach deutschem Recht aber nicht Voraussetzung. Vielmehr ist jede Zustellung wirksam, die durch einen Konsul oder einen diplomatischen Vertreter im Ausland ausgeführt oder auf deren Ersuchen durch eine ausländische Behörde vorgenommen wird. Das folgt aus den §§ 2, 16 des Konsulargesetzes vom 11.9.1974 (BGBl. I 2317, dazu §§ 12, 13 ZRHO)[74]. 50

2. Selbstvornahme in eigener Zuständigkeit

Die Erledigung von Zustellungsanträgen in eigener Zuständigkeit ist den konsularischen und diplomatischen Vertretern nach Art. 8 des Haager Zustellungsübereinkommens 1965, Art. 6 Abs. 1 Nr. 3, Abs. 2 S. 2 des Haager Übereinkommens 1954 und Art. 6 Abs. 1 Nr. 3 des Haager Übereinkommens über den Zivilprozeß 1905 stets gestattet, wenn an einen Deutschen ohne Anwendung von Zwang zugestellt werden soll. Im übrigen ist die Selbstvornahme nur zulässig, wenn ein besonderes Abkommen besteht oder der fremde Staat nicht 51

---

[74] Abgedruckt bei *Bülow/Böckstiegel/Geimer/Schütze* F I 800.1–4.

widerspricht⁷⁵. Die Bundesrepublik Deutschland hat der Anwendung des in Art. 8 des Haager Zustellungsübereinkommens 1965 vorgesehenen Übermittlungsweges in § 6 S. 1 Ausführungsgesetz (→ Text Rdnr. 69) widersprochen. Daher ist eine Zustellung durch diplomatische oder konsularische Vertreter nach Art. 8 nur zulässig, wenn das Schriftstück einem Angehörigen des Absendestaates zuzustellen ist⁷⁶. In Art. 2 der Zusatzvereinbarung mit Schweden (→ Rdnr. 7; → Text Rdnr. 77) ist bestimmt, daß an alle Personen mit Ausnahme der dortigen Staatsangehörigen zugestellt werden darf. In Finnland kann die deutsche Botschaft in Helsinki formlose Zustellungen ohne Rücksicht auf die Staatsangehörigkeit des Zustellungsempfängers erledigen (Länderteil ZRHO Finnland sub II).

52 Ferner ist die Befugnis zur formlosen Zustellung an eigene Staatsangehörige in Art. 17 des Vertrages mit der Türkei (→ Hinweise Einl. Rdnr. 881, → Text Rdnr. 82) und in Art. 6 des Rechtsverkehrsabkommens mit Griechenland (→ Text Rdnr. 80) vorgesehen. Nach Art. 5 Buchst. a und b des deutsch-britischen Rechtsverkehrsabkommens (Text → Rdnr. 79) können die deutschen Konsulate in Großbritannien und Nordirland die formlose Zustellung an die dort genannten Adressaten selbst bewirken. Das gleiche gilt für die britischen Kolonien und Besitzungen sowie für den sonstigen Geltungsbereich des Abkommens (→ Rdnr. 79). – Ferner Art. 19a VI des deutsch-britischen Konsularvertrages (→ auch Rdnr. 37).

53 Aus dem Länderteil der ZRHO geht im einzelnen hervor, inwieweit die konsularischen und diplomatischen Vertreter zur Selbstvornahme befugt sind, wenn keine vertraglichen Abmachungen bestehen. Zweifelhaft ist die Annahme, es habe sich partikulares Völkergewohnheitsrecht dahingehend gebildet, daß die Konsuln stets Zustellungen an Angehörige des Entsendestaates vornehmen dürften⁷⁷. In den USA können die deutschen Konsuln die Zustellung an jeden Adressaten selbst durchführen. Eine vergleichbare Regelung kennt Art. 16 des deutsch-tunesischen Vertrages (Text → § 328 Rdnr. 813).

54 Führt die Auslandsvertretung die Zustellung im Wege der zulässigen Selbstvornahme aus (→ Rdnr. 51), so kann nur formlos zugestellt werden. Die Zustellung kann also nur bewirkt werden, wenn der Empfänger zur Annahme bereit ist. Bei der formlosen Zustellung handelt es sich gleichwohl um eine voll gültige Zustellung i.S. der ZPO (vgl. auch § 32 Abs. 4 S. 2 ZRHO). Der Nachweis wird gem. § 202 Abs. 2 durch das Zustellungszeugnis der ersuchten Auslandsvertretung geführt. Die Gebühren bestimmen sich nach dem Auslandskostengesetz vom 21.2.1978 (BGBl. I 301) und nach der Auslandskostenverordnung vom 7.1.1980 (BGBl. I 21).

3. Antragsbefugnis der Konsuln (Art. 1 Abs. 1 S. 1 Haager Übereinkommen 1954)

55 Nach Art. 1 Abs. 1 des Haager Übereinkommens 1954 und Art. 1 Abs. 1 des Haager Übereinkommens über den Zivilprozeß 1905 sind die Konsuln zum Antrag auf Zustellung durch die von dem ersuchten Staat bezeichneten Behörden befugt. Das gilt nur dann nicht, wenn der fremde Staat verlangt hat, daß der Zustellungsantrag auf diplomatischem Wege an ihn gerichtet werde. Ein derartiges Verlangen nach Art. 1 Abs. 3 des Haager Übereinkommens 1954 haben Rumänien, die Sowjetunion (ehemalig) und Vatikanstadt gestellt. Der konsularische Weg ist ferner nach Art. 3 des deutsch-britischen Rechtsverkehrsabkommens vorgesehen. Gleichgültig ist es, ob der Konsul den Zustellungsantrag auf Ansuchen des Gerichts von sich aus stellt oder er den vom Gericht gefertigten Antrag der ausländischen

---

[75] S. *Oesterholt/Smit* Federal Republic of Germany, in: *Smit* International Co-operation in Litigation: Europe (Den Haag 1965, p. 171, 196).
[76] Außer der Bundesrepublik Deutschland haben den Widerspruch nach Art. 8 Abs. 2 erklärt Ägypten, Belgien, China, Frankreich, Luxemburg, Norwegen, Pakistan, Portugal, Tschechoslowakei (ehemalig) und die Türkei.
[77] So aber *Nagel* FS Constantopulos (Thessaloniki) 1974, 4, 469, 482.

Behörde übermittelt. Die Gebühren richten sich nach § 3 des Ausführungsgesetzes zum Haager Übereinkommen 1954 und nach § 2 des Ausführungsgesetzes zum Haager Übereinkommen über den Zivilprozeß 1905 (→ Text Rdnr. 69) sowie den entsprechenden Vorschriften der Ausführungsbestimmungen zu den anderen Verträgen, die konsularischen Verkehr vorsehen.

4. Wahl des Übermittlungsweges

§ 13 ZRHO gibt Hinweise, welche Auswahlkriterien bei dem einzuschlagenden Übermittlungsweg zu beachten sind. So könnte etwa ein ausgehendes Ersuchen auf Zustellung an einen Deutschen nach Frankreich theoretisch (1.) nach Art. 3 des Haager Zustellungsübereinkommens 1965 an die Zentrale Behörde gerichtet werden, (2.) nach Art. 1 Abs. 1 Nr. 2 der deutsch-französischen Zusatzvereinbarung an die betreffende Staatsanwaltschaft bei dem Gericht erster Instanz, in deren Zuständigkeitsbereich sich der Empfänger aufhält, (3.) nach Art. 9 Abs. 1 des Haager Zustellungsübereinkommens 1965 an den deutschen Konsul, der den Antrag an den zuständigen Staatsanwalt als die von Frankreich bestimmte Behörde stellt, und (4.) nach Art. 8 Abs. 1 des Haager Zustellungsübereinkommens 1965 an den deutschen Konsul zur Erledigung in eigener Zuständigkeit. Nach § 13 Abs. 2 ZRHO ist hier – selbstverständlich – der einfachste Weg nach 2. zu wählen. 56

Bei einer Zustellung z.B. in die USA wird nach § 13 Abs. 3 ZRHO regelmäßig von der Beauftragung des Konsuls in eigener Zuständigkeit abzusehen sein und der Weg des Art. 3 des Haager Übereinkommens 1965 gewählt werden (Zentrale Behörde im Länderteil der ZRHO »Vereinigte Staaten« sub II 2 a). 57

VI. Prüfung des Ersuchens

Nach § 27, § 9 Abs. 1 ZRHO sind die an die ausländischen Behörden oder an deutsche Auslandsvertretungen gerichteten richterlichen Ersuchen (§ 202 Abs. 1 ZPO) den Prüfungsstellen vorzulegen. Das sind für Amts- und Landgericht der Landgerichts-, ggf. der Amtsgerichtspräsident, für Oberlandesgerichte oder Oberstes Landesgericht deren Präsidenten. Das Gesagte gilt wegen § 27 ZRHO auch dann, wenn der direkte Verkehr mit ausländischen Behörden zugelassen ist. Die Prüfungsstelle hat nach § 28 ZRHO festzustellen, ob die Bestimmungen der Staatsverträge und der ZRHO eingehalten sind. Für die Zustellung von Pfändungsbeschlüssen an Drittschuldner im Ausland gilt das zu → § 829 Rdnr. 24 Gesagte. 58

Wird die Weiterleitung abgelehnt, so ist der Antrag auf gerichtliche Entscheidung nach §§ 23 ff. EGGVG zulässig (→ Einl. Rdnr. 437). Nach § 29 ZRHO leitet die Prüfungsstelle nach der Prüfung und ggf. der Beseitigung von Mängeln den Zustellungsantrag an das örtlich zuständige Konsulat, im unmittelbaren Verkehr an die für die Erledigung zuständige ausländische Behörde usw. oder an die zuständige diplomatische Vertretung weiter. Die Prüfungsstelle erhebt nach § 50 ZRHO eine Gebühr nach Nr. 3 Buchst. a des Gebührenverzeichnisses zur Justizverwaltungskostenordnung[78]. 59

VII. Ausführung der Zustellung

Die ausländische Behörde vollzieht die Zustellung nach dem Recht ihres Staates einschließlich des für sie bindenden Völkervertragsrechts. Dabei kommt es nicht darauf an, ob es sich um ein direktes oder unmittelbares Ersuchen oder um ein durch den Konsul oder auf 60

---

[78] Abgedruckt im Schönfelder unter Nr. 120.

diplomatischem Wege übermitteltes Ersuchen handelt. Der ausländischen Behörde kann keine Weisung über die Ausführung der Zustellung erteilt werden. In den Vertragsstaaten des Haager Zustellungsübereinkommens 1965 darf die Zustellung nur unter den Voraussetzungen des Art. 13 abgelehnt werden. Das gleiche gilt nach Art. 4 des Haager Übereinkommens 1954 und nach Art. 4 des Haager Übereinkommens über den Zivilprozeß 1905.

61 Nach Art. 5 Abs. 2 des Haager Zustellungsübereinkommens 1965, Art. 2 des Haager Übereinkommens 1954 und Art. 2 des Haager Übereinkommens über den Zivilprozeß 1905 kann sich die ersuchte Behörde regelmäßig darauf beschränken, die Zustellung durch Übergabe an den Empfänger zu bewirken, sofern er zur Annahme bereit ist. Die Zustellung ist unwirksam, wenn die Annahmebereitschaft des Empfängers fehlt[79]. Der Wunsch nach förmlicher Zustellung nach Art. 5 des Haager Zustellungsübereinkommens 1965 ist wohl nicht bindend[80].

62 Nach Art. 5 Abs. 3 des Haager Zustellungsübereinkommens 1965 verlangen Antigua, Barbuda, Botsuana und das Vereinigte Königreich eine englische, Schweden eine schwedische und die Bundesrepublik Deutschland nach § 3 des Ausführungsgesetzes eine deutsche Übersetzung des zuzustellenden Schriftstückes. Lediglich die formlose Übergabe nach Art. 5 Abs. 2 des Haager Zustellungsübereinkommens 1965 bedarf keiner Übersetzung[81].

63 Der Zeitpunkt der Zustellung richtet sich nach § 207, der Nachweis der Zustellung nach § 202.

64 Die Heilungsmöglichkeiten nach § 187 beurteilen sich bei Mängeln der internationalen Zustellung nach den zu → § 187 Rdnr. 28 ff.; 31 ff. dargestellten Grundsätzen.

65 Für die Kosten sind maßgebend GKG KV 1912 i. V. m. §§ 98 ff. ZRHO und dessen Länderteil. Für den Bereich des Haager Zustellungsübereinkommens 1965 gilt dessen Art. 12. Die Einforderung des Kostenvorschusses regeln § 68 GKG und § 56 ZRHO.

VIII. Anhang

66 **1. Haager Übereinkommen vom 15.11.1965 über die Zustellung gerichtlicher und außergerichtlicher Schriftstücke im Ausland in Zivil- oder Handelssachen (Vertragspartner und Zeitpunkte des Inkrafttretens → vor § 166 Rdnr. 49).**

Art. 1
Dieses Übereinkommen ist in Zivil- oder Handelssachen in allen Fällen anzuwenden, in denen ein gerichtliches oder außergerichtliches Schriftstück zum Zweck der Zustellung in das Ausland zu übermitteln ist.
Das Übereinkommen gilt nicht, wenn die Anschrift des Empfängers des Schriftstücks unbekannt ist.

Kapitel I
Gerichtliche Schriftstücke

Art. 2
Jeder Vertragsstaat bestimmt eine Zentrale Behörde, die nach den Artikeln 3 bis 6 Anträge auf Zustellung von Schriftstücken aus einem anderen Vertragsstaat entgegenzunehmen und das Erforderliche zu veranlassen hat.

---

[79] *OLG München* NJW 1972, 2186, 2188.
[80] *Baur/Stürner* (oben Fn. 33) Fall 26, 165 gegen *BGH* WM 1988, 1208, 1210 (m. zust. Anm. *Schütze* VII B 1. WuB Art. 27 EuGVÜ 1.88 sub 3).
[81] Dazu *Stürner* JZ 1992, 325, 330.

Jeder Staat richtet die Zentrale Behörde nach Maßgabe seines Rechts ein.

Art. 3

Die nach dem Recht des Ursprungsstaats zuständige Behörde oder der nach diesem Recht zuständige Justizbeamte richtet an die Zentrale Behörde des ersuchten Staates einen Antrag, der dem diesem Übereinkommen als Anlage beigefügten Muster entspricht, ohne daß die Schriftstücke der Legalisation oder einer anderen entsprechenden Förmlichkeit bedürfen.

Dem Antrag ist das gerichtliche Schriftstück oder eine Abschrift davon beizufügen. Antrag und Schriftstück sind in zwei Stücken zu übermitteln.

Art. 4

Ist die Zentrale Behörde der Ansicht, daß der Antrag nicht dem Übereinkommen entspricht, so unterrichtet sie unverzüglich die ersuchende Stelle und führt dabei die Einwände gegen den Antrag einzeln an.

Art. 5

Die Zustellung des Schriftstücks wird von der Zentralen Behörde des ersuchten Staates bewirkt oder veranlaßt, und zwar

a) entweder in einer der Formen, die das Recht des ersuchten Staates für die Zustellung der in seinem Hoheitsgebiet ausgestellten Schriftstücke an dort befindliche Personen vorschreibt,

b) oder in einer besonderen von der ersuchten Stelle gewünschten Form, es sei denn, daß diese Form mit dem Recht des ersuchten Staates unvereinbar ist.

Von dem Fall des Absatzes 1 Buchstabe b abgesehen, darf die Zustellung stets durch einfache Übergabe des Schriftstücks an den Empfänger bewirkt werden, wenn er zur Annahme bereit ist.

Ist das Schriftstück nach Absatz 1 zuzustellen, so kann die Zentrale Behörde verlangen, daß das Schriftstück in der Amtssprache oder einer der Amtssprachen des ersuchten Staates abgefaßt oder in diese übersetzt ist.

Der Teil des Antrags, der entsprechend dem diesem Übereinkommen als Anlage beigefügten Muster den wesentlichen Inhalt des Schriftstücks wiedergibt, ist dem Empfänger auszuhändigen.

Art. 6

Die Zentrale Behörde des ersuchten Staates oder jede von diesem hierzu bestimmte Behörde stellt ein Zustellungszeugnis aus, das dem diesem Übereinkommen als Anlage beigefügten Muster entspricht.

Das Zeugnis enthält die Angaben über die Erledigung des Antrags; in ihm sind Form, Ort und Zeit der Erledigung sowie die Person anzugeben, der das Schriftstück übergeben worden ist. Gegebenenfalls sind die Umstände anzuführen, welche die Erledigung verhindert haben.

Die ersuchende Stelle kann verlangen, daß ein nicht durch die Zentrale Behörde oder durch eine gerichtliche Behörde ausgestelltes Zeugnis mit einem Sichtvermerk einer dieser Behörden versehen wird.

Das Zeugnis wird der ersuchenden Stelle unmittelbar zugesandt.

Art. 7

Die in dem diesem Übereinkommen beigefügten Muster vorgedruckten Teile müssen in englischer oder französischer Sprache abgefaßt sein. Sie können außerdem in der Amtssprache oder einer der Amtssprachen des Ursprungsstaats abgefaßt sein.

Die Eintragungen können in der Sprache des ersuchten Staates oder in englischer oder französischer Sprache gemacht werden.

Art. 8

Jedem Vertragsstaat steht es frei, Personen, die sich im Ausland befinden, gerichtliche Schriftstücke unmittelbar durch seine diplomatischen oder konsularischen Vertreter ohne Anwendung von Zwang zustellen zu lassen.

Jeder Staat kann erklären, daß er einer solchen Zustellung in seinem Hoheitsgebiet widerspricht, außer wenn das Schriftstück einem Angehörigen des Ursprungsstaats zuzustellen ist.

Art. 9

Jedem Vertragsstaat steht es ferner frei, den konsularischen Weg zu benutzen, um gerichtliche Schriftstücke zum Zweck der Zustellung den Behörden eines anderen Vertragsstaats, die dieser hierfür bestimmt hat, zu übermitteln.

Wenn außergewönliche Umstände dies erfordern, kann jeder Vertragsstaat zu demselben Zweck den diplomatischen Weg benutzen.

Art. 10

Dieses Übereinkommen schließt, sofern der Bestimmungsstaat keinen Widerspruch erklärt, nicht aus,

a) daß gerichtliche Schriftstücke im Ausland befindlichen Personen unmittelbar durch die Post übersandt werden dürfen,

b) daß Justizbeamte, andere Beamte oder sonst zuständige Personen des Ursprungsstaats Zustellungen unmittelbar durch Justizbeamte, andere Beamte oder sonst zuständige Personen des Bestimmungsstaats bewirken lassen dürfen,

c) daß jeder an einem gerichtlichen Verfahren Beteiligte Zustellungen gerichtlicher Schriftstücke unmittelbar durch Justizbeamte, andere Beamte oder sonst zuständige Personen des Bestimmungsstaats bewirken lassen darf.

Art. 11

Dieses Übereinkommen schließt nicht aus, daß Vertragsstaaten vereinbaren, zum Zweck der Zustellung gerichtlicher Schriftstücke andere als die in den vorstehenden Artikeln vorgesehenen Übermittlungswege zuzulassen, insbesondere den unmittelbaren Verkehr zwischen ihren Behörden.

Art. 12

Für Zustellungen gerichtlicher Schriftstücke aus einem Vertragsstaat darf die Zahlung oder Erstattung von Gebühren und Auslagen für die Tätigkeit des ersuchten Staates nicht verlangt werden.

Die ersuchende Stelle hat jedoch die Auslagen zu zahlen oder zu erstatten, die dadurch entstehen,

a) daß bei der Zustellung ein Justizbeamter oder eine nach dem Recht des Bestimmungsstaats zuständige Person mitwirkt,

b) daß eine besondere Form der Zustellung angewendet wird.

Art. 13

Die Erledigung eines Zustellungsantrags nach diesem Übereinkommen kann nur abgelehnt werden, wenn der ersuchte Staat sie für geeignet hält, seine Hoheitsrechte oder seine Sicherheit zu gefährden.

Die Erledigung darf nicht allein aus dem Grund abgelehnt werden, daß der ersuchte Staat nach seinem Recht die ausschließliche Zuständigkeit seiner Gerichte für die Sache in Anspruch nimmt oder ein Verfahren nicht kennt, das dem entspricht, für das der Antrag gestellt wird.

Über die Ablehnung unterrichtet die Zentrale Behörde unverzüglich die ersuchende Stelle unter Angabe der Gründe.

Art. 14

Schwierigkeiten, die aus Anlaß der Übermittlung gerichtlicher Schriftstücke zum Zweck der Zustellung entstehen, werden auf diplomatischem Weg beigelegt.

Art. 15

War zur Einleitung eines gerichtlichen Verfahrens eine Ladung oder ein entsprechendes Schriftstück nach diesem Übereinkommen zum Zweck der Zustellung in das Ausland zu übermitteln, und hat sich der Beklagte nicht auf das Verfahren eingelassen, so hat der Richter das Verfahren auszusetzen, bis festgestellt ist,

a) daß das Schriftstück in einer der Formen zugestellt worden ist, die das Recht des ersuchten Staates für die Zustellung der in seinem Hoheitsgebiet ausgestellten Schriftstücke an dort befindliche Personen vorschreibt, oder

b) daß das beklagte Schriftstück entweder dem Beklagten selbst oder aber in seiner Wohnung nach einem anderen in diesem Übereinkommen vorgesehenen Verfahren übergeben worden ist

und daß in jedem dieser Fälle das Schriftstück so rechtzeitig zugestellt oder übergeben worden ist, daß der Beklagte sich hätte verteidigen können.

Jedem Vertragsstaat steht es frei zu erklären, daß seine Richter ungeachtet des Absatzes 1 den Rechtsstreit entscheiden können, auch wenn ein Zeugnis über die Zustellung oder die Übergabe nicht eingegangen ist, vorausgesetzt,

a) daß das Schriftstück nach einem in diesem Übereinkommen vorgesehenen Verfahren übermittelt worden ist,

b) daß seit der Absendung des Schriftstücks eine Frist verstrichen ist, die der Richter nach Umständen des Falles als angemessen erachtet und die mindestens sechs Monate betragen muß, und

c) daß trotz aller zumutbaren Schritte bei den zuständigen Behörden des ersuchten Staates ein Zeugnis nicht zu erlangen war.

Dieser Artikel hindert nicht, daß der Richter in dringenden Fällen vorläufige Maßnahmen einschließlich solcher, die auf eine Sicherung gerichtet sind, anordnet.

Art. 16

War zur Einleitung eines gerichtlichen Verfahrens eine Ladung oder ein entsprechendes Schriftstück nach diesem Übereinkommen zum Zweck der Zustellung in das Ausland zu übermitteln und ist eine Entscheidung gegen den Beklagten ergangen, der sich nicht auf das Verfahren eingelassen hat, so kann ihm der Richter in bezug auf Rechtsmittelfristen die Wiedereinsetzung in den vorigen Stand bewilligen, vorausgesetzt,

a) daß der Beklagte ohne sein Verschulden nicht so rechtzeitig Kenntnis von dem Schriftstück erlangt hat, daß er sich hätte verteidigen können, und nicht so rechtzeitig Kenntnis von der Entscheidung, daß er sie hätte anfechten können, und

b) daß die Verteidigung des Beklagten nicht von vornherein aussichtslos scheint.

Der Antrag auf Wiedereinsetzung in den vorigen Stand ist nur zulässig, wenn der Beklagte ihn innerhalb einer angemessenen Frist stellt, nachdem er von der Entscheidung Kenntnis erlangt hat.

Jedem Vertragsstaat steht es frei zu erklären, daß dieser Antrag nach Ablauf einer in der Erklärung festgelegten Frist unzulässig ist, vorausgesetzt, daß diese Frist nicht weniger als ein Jahr beträgt, vom Erlaß der Entscheidung an gerechnet.

Dieser Artikel ist nicht auf Entscheidungen anzuwenden, die den Personenstand betreffen.

Kapitel II
Außergerichtliche Schriftstücke

Art. 17
Außergerichtliche Schriftstücke, die von Behörden und Justizbeamten eines Vertragsstaats stammen, können zum Zweck der Zustellung in einem anderen Vertragsstaat nach den in diesem Übereinkommen vorgesehenen Verfahren und Bedingungen übermittelt werden.

Kapitel III
Allgemeine Bestimmungen

Art. 18
Jeder Vertragsstaat kann außer der Zentralen Behörde weitere Behörden bestimmen, deren Zuständigkeit er festlegt.
Die ersuchende Stelle hat jedoch stets das Recht, sich unmittelbar an die Zentrale Behörde zu wenden.
Bundesstaaten steht es frei, mehrere Zentrale Behörden zu bestimmen.

Art. 19
Dieses Übereinkommen schließt nicht aus, daß das innerstaatliche Recht eines Vertragsstaats außer den in den vorstehenden Artikeln vorgesehenen auch andere Verfahren zuläßt, nach denen Schriftstücke aus dem Ausland zum Zweck der Zustellung in seinem Hoheitsgebiet übermittelt werden können.

Art. 20
Dieses Übereinkommen schließt nicht aus, daß Vertragsstaaten vereinbaren, von folgenden Bestimmungen abzuweichen:
a) Artikel 3 Absatz 2 in bezug auf das Erfordernis, die Schriftstücke in zwei Stücken zu übermitteln,
b) Artikel 5 Absatz 3 und Artikel 7 in bezug auf die Verwendung von Sprachen,
c) Artikel 5 Absatz 4,
d) Artikel 12 Absatz 2.

Art. 21
Jeder Vertragsstaat notifiziert dem Ministerium für Auswärtige Angelegenheiten der Niederlande bei der Hinterlegung seiner Ratifikations- oder Beitrittsurkunde oder zu einem späteren Zeitpunkt
a) die Bezeichnung der Behörden nach den Artikeln 2 und 18,
b) die Bezeichnung der Behörde, die das in Artikel 6 vorgesehene Zustellungszeugnis ausstellt,
c) die Bezeichnung der Behörde, die Schriftstücke entgegennimmt, die nach Artikel 9 auf konsularischem Weg übermittelt werden.
Er notifiziert gegebenenfalls auf gleiche Weise
a) seinen Widerspruch gegen die Benutzung der in den Artikeln 8 und 10 vorgesehenen Übermittlungswege,
b) die in den Artikeln 15 Absatz 2 und 16 Absatz 3 vorgesehenen Erklärungen,
c) jede Änderung der vorstehend erwähnten Behördenbezeichnungen, Widersprüche und Erklärungen.

Art. 22
Dieses Übereinkommen tritt zwischen den Staaten, die es ratifiziert haben, an die Stelle der Artikel 1 bis 7 des am 17. Juli 1905 in Den Haag unterzeichneten Abkommens über den Zivilprozeß und des am 1. März 1954 in Den Haag unterzeichneten Übereinkommens über den Zivilprozeß, soweit diese Staaten Vertragsparteien jenes Abkommens oder jenes Übereinkommens sind.

Art. 23
Dieses Übereinkommen berührt weder die Anwendung des Artikels 23 des am 17. Juli 1905 in Den Haag unterzeichneten Abkommens über den Zivilprozeß noch die Anwendung des Artikels 24 des am 1. März 1954 in Den Haag unterzeichneten Übereinkommens über den Zivilprozeß.

Diese Artikel sind jedoch nur anwendbar, wenn die in diesen Übereinkünften vorgesehenen Übermittlungswege benutzt werden.

Art. 24
Zusatzvereinbarungen zu dem Abkommen von 1905 und dem Übereinkommen von 1954, die Vertragsstaaten geschlossen haben, sind auch auf das vorliegende Übereinkommen anzuwenden, es sei denn, daß die beteiligten Staaten etwas anderes vereinbaren.

Art. 25
Unbeschadet der Artikel 22 und 24 berührt dieses Übereinkommen nicht die Übereinkommen, denen die Vertragsstaaten angehören oder angehören werden und die Bestimmungen über Rechtsgebiete enthalten, die durch dieses Übereinkommen geregelt sind.

Art. 26
Dieses Übereinkommen liegt für die auf der Zehnten Tagung der Haager Konferenz für Internationales Privatrecht vertretenen Staaten zur Unterzeichnung aus.

Es bedarf der Ratifikation; die Ratifikationsurkunden werden beim Ministerium für Auswärtige Angelegenheiten der Niederlande hinterlegt.

Art. 27
Dieses Übereinkommen tritt am sechzigsten Tag nach der gemäß Artikel 26 Absatz 2 vorgenommenen Hinterlegung der dritten Ratifikationsurkunde in Kraft.

Das Übereinkommen tritt für jeden Unterzeichnerstaat, der es später ratifiziert, am sechzigsten Tag nach Hinterlegung seiner Ratifikationsurkunde in Kraft.

Art. 28
Jeder auf der Zehnten Tagung der Haager Konferenz für Internationales Privatrecht nicht vertretene Staat kann diesem Übereinkommen beitreten, nachdem es gemäß Artikel 27 Absatz 1 in Kraft getreten ist. Die Beitrittsurkunde wird beim Ministerium für Auswärtige Angelegenheiten der Niederlande hinterlegt.

Das Übereinkommen tritt für einen solchen Staat nur in Kraft, wenn keiner der Staaten, die es vor dieser Hinterlegung ratifiziert haben, dem Ministerium für Auswärtige Angelegenheiten der Niederlande binnen sechs Monaten, nachdem ihm das genannte Ministerium diesen Beitritt notifiziert hat, einen Einspruch notifiziert.

Erfolgt kein Einspruch, so tritt das Übereinkommen für den beitretenden Staat am ersten Tag des Monats in Kraft, der auf den Ablauf der letzten in Absatz 2 erwähnten Frist folgt.

Art. 29
Jeder Staat kann bei der Unterzeichnung, bei der Ratifikation oder beim Beitritt erklären, daß sich dieses Übereinkommen auf alle oder auf einzelne der Hoheitsgebiete erstreckt, deren

internationale Beziehungen er wahrnimmt. Eine solche Erklärung wird wirksam, sobald das Übereinkommen für den Staat in Kraft tritt, der sie abgegeben hat.

Jede spätere Erstreckung dieser Art wird dem Ministerium für Auswärtige Angelegenheiten der Niederlande notifiziert.

Das Übereinkommen tritt für die Hoheitsgebiete, auf die es erstreckt wird, am sechzigsten Tag nach der in Absatz 2 erwähnten Notifikation in Kraft.

Art. 30

Dieses Übereinkommen gilt für die Dauer von fünf Jahren, vom Tag seines Inkrafttretens nach Artikel 27 Absatz 1 an gerechnet, und zwar auch für die Staaten, die es später ratifizieren oder ihm später beitreten.

Die Geltungsdauer des Übereinkommens verlängert sich, außer im Fall der Kündigung, stillschweigend um jeweils fünf Jahre.

Die Kündigung wird spätestens sechs Monate vor Ablauf der fünf Jahre dem Ministerium für Auswärtige Angelegenheiten der Niederlande notifiziert.

Sie kann sich auf bestimmte Hoheitsgebiete beschränken, für die das Übereinkommen gilt.

Die Kündigung wirkt nur für den Staat, der sie notifiziert hat. Für die anderen Vertragsstaaten bleibt das Übereinkommen in Kraft.

Art. 31

Das Ministerium für Auswärtige Angelegenheiten der Niederlande notifiziert den in Artikel 26 bezeichneten Staaten sowie den Staaten, die nach Artikel 28 beigetreten sind,

a) jede Unterzeichnung und Ratifikation nach Artikel 26;
b) den Tag, an dem dieses Übereinkommen nach Artikel 27 Absatz 1 in Kraft tritt;
c) jeden Beitritt nach Artikel 28 und den Tag, an dem er wirksam wird;
d) jede Erstreckung nach Artikel 29 und den Tag, an dem sie wirksam wird;
e) jede Behördenbezeichnung, jeden Widerspruch und jede Erklärung nach Artikel 21;
f) jede Kündigung nach Artikel 30 Absatz 3.

67 2. Haager Übereinkommen vom 1.3.1954 über den Zivilprozeß (Vertragspartner und Zeitpunkte des Inkrafttretens → vor § 166 Rdnr. 50).

I. Zustellung gerichtlicher und außergerichtlicher Schriftstücke

Art. 1

In Zivil- oder Handelssachen wird die Zustellung von Schriftstücken, die für eine im Ausland befindliche Person bestimmt sind, innerhalb der Vertragsstaaten auf einen Antrag bewirkt, der von dem Konsul des ersuchenden Staates an die von dem ersuchten Staat zu bezeichnende Behörde gerichtet wird. Der Antrag, in dem die Behörde, von der das übermittelte Schriftstück ausgeht, die Namen und die Stellung der Parteien, die Anschrift des Empfängers sowie die Art des zuzustellenden Schriftstücks anzugeben sind, muß in der Sprache der ersuchten Behörde abgefaßt sein. Diese Behörde hat dem Konsul die Urkunde zu übersenden, welche die Zustellung nachweist oder den Grund angibt, aus dem die Zustellung nicht hat bewirkt werden können.

Schwierigkeiten, die aus Anlaß des Antrags des Konsuls entstehen, werden auf diplomatischem Wege geregelt.

Jeder Vertragsstaat kann in einer an die anderen Vertragsstaaten gerichteten Mitteilung verlangen, daß der Antrag, eine Zustellung in seinem Hoheitsgebiet zu bewirken, mit den in Absatz 1 bezeichneten Angaben auf diplomatischem Wege an ihn gerichtet werde.

Die vorstehenden Bestimmungen hindern nicht, daß zwei Vertragsstaaten vereinbaren, den unmittelbaren Verkehr zwischen ihren Behörden zuzulassen.

Art. 2
Die Zustellung wird durch die Behörde bewirkt, die nach den Rechtsvorschriften des ersuchten Staates zuständig ist. Diese Behörde kann sich, abgesehen von den in Artikel 3 vorgesehenen Fällen, darauf beschränken, die Zustellung durch einfache Übergabe des Schriftstücks an den Empfänger zu bewirken, wenn er zur Annahme bereit ist.

Art. 3
Dem Antrag ist das zuzustellende Schriftstück in zwei Stücken beizufügen.
Ist das zuzustellende Schriftstück in der Sprache der ersuchten Behörde oder in der zwischen den beiden beteiligten Staaten vereinbarten Sprache abgefaßt oder ist es von einer Übersetzung in eine dieser Sprachen begleitet, so läßt die ersuchte Behörde, falls in dem Antrag ein dahingehender Wunsch ausgesprochen ist, das Schriftstück in der durch ihre innerstaatlichen Rechtsvorschriften für die Bewirkung gleichartiger Zustellungen vorgeschriebenen Form oder in einer besonderen Form, sofern diese ihren Rechtsvorschriften nicht zuwiderläuft, zustellen. Ist ein solcher Wunsch nicht ausgesprochen, so wird die ersuchte Behörde zunächst versuchen, das Schriftstück nach Artikel 2 durch einfache Übergabe zuzustellen.
Vorbehaltlich anderweitiger Vereinbarung ist die in Absatz 2 vorgesehene Übersetzung von dem diplomatischen oder konsularischen Vertreter des ersuchenden Staates oder von einem beeidigten Übersetzer des ersuchten Staates zu beglaubigen.

Art. 4
Eine in den Artikeln 1, 2 und 3 vorgesehene Zustellung kann nur abgelehnt werden, wenn der Staat, in dessen Hoheitsgebiet sie bewirkt werden soll, sie für geeignet hält, seine Hoheitsrechte oder seine Sicherheit zu gefährden.

Art. 5
Zum Nachweis der Zustellung dient entweder ein mit Datum versehenes und beglaubigtes Empfangsbekenntnis des Empfängers oder ein Zeugnis der Behörde des ersuchten Staates, aus dem sich die Tatsache, die Form und die Zeit der Zustellung ergibt.
Das Empfangsbekenntnis oder das Zeugnis ist auf eines der beiden Stücke des zuzustellenden Schriftstücks zu setzen oder damit zu verbinden.

Art. 6
Die vorstehenden Artikel schließen es nicht aus:
1. daß Schriftstücke den im Ausland befindlichen Beteiligten unmittelbar durch die Post übersandt werden dürfen;
2. daß die Beteiligten Zustellungen unmittelbar durch die zuständigen Gerichtsbeamten oder andere zuständige Beamte des Bestimmungslandes bewirken lassen dürfen;
3. daß jeder Staat Zustellungen an die im Ausland befindlichen Personen unmittelbar durch seine diplomatischen oder konsularischen Vertreter bewirken lassen darf.
Eine solche Befugnis besteht jedoch in jedem Falle nur dann, wenn sie durch Abkommen zwischen den beteiligten Staaten eingeräumt wird oder wenn beim Fehlen solcher Abkommen der Staat, in dessen Hoheitsgebiet die Zustellung zu bewirken ist, ihr nicht widerspricht. Dieser Staat kann jedoch einer Zustellung gemäß Absatz 1 Nr. 3 nicht widersprechen, wenn das Schriftstück einem Angehörigen des ersuchenden Staates ohne Anwendung von Zwang zugestellt werden soll.

Art. 7
Für Zustellungen dürfen Gebühren oder Auslagen irgendwelcher Art nicht erhoben werden.

Der ersuchte Staat ist jedoch vorbehaltlich anderweitiger Vereinbarung berechtigt, von dem ersuchenden Staat die Erstattung der Auslagen zu verlangen, die in den Fällen des Artikels 3 dadurch entstanden sind, daß bei der Zustellung ein Gerichtsbeamter mitgewirkt hat oder daß bei ihr eine besondere Form angewendet worden ist.

Art. 8–23 (nicht abgedruckt).

IV. Armenrecht

Art. 24
Ist einem Angehörigen eines Vertragsstaates für ein Verfahren das Armenrecht bewilligt worden, so hat der ersuchende Staat für Zustellungen jeglicher Art, die sich auf dieses Verfahren beziehen und die in einem anderen Vertragsstaat zu bewirken sind, dem ersuchten Staat Kosten nicht zu erstatten.

Das gleiche gilt für Rechtshilfeersuchen mit Ausnahme der Entschädigungen, die an Sachverständige gezahlt sind.

Art. 25–28 (nicht abgedruckt).

VII. Schlußbestimmungen

Art. 29
Dieses Übereinkommen tritt im Verhältnis zwischen den Staaten, die es ratifiziert haben, an die Stelle des am 17. Juli 1905 in Den Haag unterzeichneten Übereinkommens über den Zivilprozeß.

Art. 30
Dieses Übereinkommen gilt ohne weiteres für das Mutterland jedes Vertragstaates.

Wünscht ein Vertragstaat die Inkraftsetzung in allen oder einzelnen sonstigen Hoheitsgebieten, deren internationale Beziehungen er wahrnimmt, so notifiziert er seine hierauf gerichtete Absicht durch eine Urkunde, die beim Ministerium für Auswärtige Angelegenheiten der Niederlande hinterlegt wird. Dieses übermittelt jedem Vertragstaat auf diplomatischem Wege eine beglaubigte Abschrift.

Erhebt ein Staat binnen sechs Monaten nach dieser Mitteilung keinen Einspruch, so tritt dieses Übereinkommen zwischen ihm und jedem Hoheitsgebiet in Kraft, für das der Staat, der dessen internationale Beziehungen wahrnimmt, die Notifizierung vorgenommen hat.

Art. 31–33 (nicht abgedruckt).

68   3. Abkommen vom 17.7.1905 über den Zivilprozeß (Vertragspartner ist Island, → vor § 166 Rdnr. 51). – Auszug –

I. Mitteilung gerichtlicher und außergerichtlicher Urkunden

Art. 1
In Zivil- oder Handelssachen erfolgt die Zustellung von Schriftstücken, die für eine im Ausland befindliche Person bestimmt sind, innerhalb der Vertragsstaaten auf einen Antrag,

der vom Konsul des ersuchenden Staates an die von dem ersuchten Staate zu bezeichnende Behörde gerichtet wird. Der Antrag hat die Behörde, von der das übermittelte Schriftstück ausgeht, den Namen und die Stellung der Parteien, die Adresse des Empfängers sowie die Art des in Rede stehenden Schriftstücks anzugeben und muß in der Sprache der ersuchten Behörde abgefaßt sein. Diese Behörde hat dem Konsul die Urkunde zu übersenden, welche die Zustellung nachweist oder den die Zustellung hindernden Umstand ergibt.

Alle Schwierigkeiten, die etwa aus Anlaß des Antrags des Konsuls entstehen, werden auf diplomatischem Wege geregelt.

Jeder Vertragsstaat kann in einer an die anderen Vertragsstaaten gerichteten Mitteilung das Verlangen ausdrücken, daß der Antrag auf eine in seinem Gebiete zu bewirkende Zustellung, der die im Abs. 1 bezeichneten Angaben zu enthalten hat, auf diplomatischem Wege an ihn gerichtet werde.

Die vorstehenden Bestimmungen hindern nicht, daß sich zwei Vertragsstaaten über die Zulassung des unmittelbaren Verkehrs zwischen ihren beiderseitigen Behörden verständigen.

Art. 2
Für die Zustellung hat die zuständige Behörde des ersuchten Staates Sorge zu tragen. Diese Behörde kann sich, abgesehen von den im Artikel 3 vorgesehenen Fällen, darauf beschränken, die Zustellung durch Übergabe des Schriftstücks an den Empfänger zu bewirken, sofern er zur Annahme bereit ist.

Art. 3
Ist das zuzustellende Schriftstück in der Sprache der ersuchten Behörde oder in der zwischen den beiden beteiligten Staaten vereinbarten Sprache abgefaßt oder ist es von einer Übersetzung in eine dieser Sprachen begleitet, so läßt die ersuchte Behörde, falls in dem Antrag ein dahingehender Wunsch ausgesprochen ist, das Schriftstück in der durch ihre innere Gesetzgebung für die Bewirkung gleichartiger Zustellungen vorgeschriebenen Form oder in einer besonderen Form, sofern diese ihrer Gesetzgebung nicht zuwiderläuft, zustellen. Ist ein solcher Wunsch nicht ausgesprochen, so wird die ersuchte Behörde zunächst die Übergabe nach den Vorschriften des Artikel 2 zu bewirken suchen.

Vorbehaltlich anderweitiger Übereinkunft ist die im vorstehenden Absatze vorgesehene Übersetzung von dem diplomatischen oder konsularischen Vertreter des ersuchenden Staates oder von einem beeidigten Dolmetscher des ersuchten Staates zu beglaubigen.

Art. 4
Die Ausführung der in den Artikeln 1, 2, 3 vorgesehenen Zustellung kann nur abgelehnt werden, wenn der Staat, in dessen Gebiete sie erfolgen soll, sie für geeignet hält, seine Hoheitsrechte oder seine Sicherheit zu gefährden.

Art. 5
Der Nachweis der Zustellung erfolgt entweder durch ein mit Datum versehenes und beglaubigtes Empfangsbekenntnis des Empfängers oder durch ein Zeugnis der Behörde des ersuchten Staates, aus dem sich die Tatsache, die Form und die Zeit der Zustellung ergibt.

Ist das zuzustellende Schriftstück in zwei gleichen Stücken übermittelt worden, so ist das Empfangsbekenntnis oder das Zeugnis auf eins der beiden Stücke zu setzen oder damit zu verbinden.

Art. 6
Die Bestimmungen der vorstehenden Artikel lassen unberührt:
1. die Befugnis, den im Ausland befindlichen Beteiligten Schriftstücke unmittelbar auf dem Postwege zuzusenden;

2. die Befugnis der Beteiligten, die Zustellungen unmittelbar durch die zuständigen Vollziehungsbeamten oder sonst zuständigen Beamten des Bestimmungslandes bewirken zu lassen;
3. die Befugnis jedes Staates, Zustellungen an die im Auslande befindlichen Personen unmittelbar durch seine diplomatischen oder konsularischen Vertreter bewirken zu lassen.

In jedem dieser Fälle besteht die vorgesehene Befugnis nur dann, wenn Abkommen zwischen den beiden Staaten sie einräumen oder wenn in Ermangelung von Abkommen der Staat, in dessen Gebiete die Zustellung zu erfolgen hat, nicht widerspricht. Dieser Staat kann nicht widersprechen, wenn im Falle des Abs. 1 Nr. 3 das Schriftstück ohne Anwendung von Zwang einem Angehörigen des ersuchenden Staates zugestellt werden soll.

Art. 7

Für Zustellungen dürfen Gebühren oder Auslagen irgendwelcher Art nicht erhoben werden.

Jedoch ist, vorbehaltlich anderweitiger Übereinkunft, der ersuchte Staat berechtigt, von dem ersuchenden Staate die Erstattung der Auslagen zu verlangen, die durch die Mitwirkung eines Vollziehungsbeamten oder durch die Anwendung einer besonderen Form in den Fällen des Artikel 3 entstanden sind.

II. Ersuchungsschreiben

Art. 8

In Zivil- oder Handelssachen kann sich die Gerichtsbehörde eines Vertragsstaats gemäß den Vorschriften ihrer Gesetzgebung mittels Ersuchens an die zuständige Behörde eines anderen Vertragsstaats wenden, um die Vornahme einer Prozeßhandlung oder anderer gerichtlicher Handlungen innerhalb des Geschäftskreises dieser Behörde nachzusuchen.

Art. 9

Die Ersuchungsschreiben werden durch den Konsul des ersuchenden Staates der von dem ersuchten Staate zu bezeichnenden Behörde übermittelt. Diese Behörde hat dem Konsul die Urkunde zu übersenden, aus der sich die Erledigung des Ersuchens oder der die Erledigung hindernde Umstand ergibt.

Alle Schwierigkeiten, die etwa aus Anlaß dieser Übermittlung entstehen, werden auf diplomatischem Wege geregelt.

Jeder Vertragsstaat kann in einer an die anderen Vertragsstaaten gerichteten Mitteilung das Verlangen ausdrücken, daß ihm die in seinem Gebiete zu erledigenden Ersuchungsschreiben auf diplomatischem Wege übermittelt werden.

Die vorstehenden Bestimmungen schließen nicht aus, daß sich zwei Vertragsstaaten über die Zulassung der unmittelbaren Übermittelung von Ersuchungsschreiben zwischen ihren beiderseitigen Behörden verständigen.

Art. 10

Vorbehaltlich anderweitiger Übereinkunft muß das Ersuchungsschreiben in der Sprache der ersuchten Behörde oder in der zwischen den beiden beteiligten Staaten vereinbarten Sprache abgefaßt oder von einer Übersetzung in eine dieser Sprachen begleitet sein, die durch einen diplomatischen oder konsularischen Vertreter des ersuchenden Staates oder einen beeidigten Dolmetscher des ersuchten Staates beglaubigt ist.

Art. 11

Die Gerichtsbehörde, an die das Ersuchen gerichtet wird, ist verpflichtet, ihm zu entsprechen und dabei dieselben Zwangsmittel anzuwenden, wie bei der Erledigung eines Ersuchens der Behörde des ersuchten Staates oder eines zum gleichen Zwecke gestellten Antrags einer beteiligten Partei. Diese Zwangsmittel brauchen nicht angewendet zu werden, wenn es sich um das persönliche Erscheinen streitender Parteien handelt.

Die ersuchende Behörde ist auf ihr Verlangen von der Zeit und dem Orte der auf das Ersuchen vorzunehmenden Handlung zu benachrichtigen, damit die beteiligte Partei ihr beizuwohnen in der Lage ist.

Die Erledigung des Ersuchens kann nur abgelehnt werden:
1. wenn die Echtheit der Urkunde nicht feststeht;
2. wenn in dem ersuchten Staate die Erledigung des Ersuchens nicht in den Bereich der Gerichtsgewalt fällt;
3. wenn der Staat, in dessen Gebiete die Erledigung stattfinden soll, sie für geeignet hält, seine Hoheitsrechte oder seine Sicherheit zu gefährden.

Art. 12
Im Falle der Unzuständigkeit der ersuchten Behörde ist das Ersuchen von Amts wegen an die zuständige Gerichtsbehörde desselben Staates nach den von dessen Gesetzgebung aufgestellten Regeln abzugeben.

Art. 13
In allen Fällen, in denen das Ersuchen von der ersuchten Behörde nicht erledigt wird, hat diese die ersuchende Behörde hiervon unverzüglich zu benachrichtigen und zwar im Falle des Artikel 11 unter Angabe der Gründe, aus denen die Erledigung des Ersuchens abgelehnt worden ist, und im Falle des Artikel 12 unter Bezeichnung der Behörde, an die das Ersuchen abgegeben wird.

Art. 14
Die Gerichtsbehörde, die zur Erledigung eines Ersuchens schreitet, hat in Ansehung der zu beobachtenden Formen die Gesetze ihres Landes anzuwenden.

Jedoch ist dem Antrage der ersuchenden Behörde, daß nach einer besonderen Form verfahren werde, zu entsprechen, sofern diese Form der Gesetzgebung des ersuchten Staates nicht zuwiderläuft.

Art. 15
Nicht ausgeschlossen wird durch die Bestimmungen der vorstehenden Artikel die Befugnis jedes Staates, die Ersuchen unmittelbar durch seine diplomatischen oder konsularischen Vertreter erledigen zu lassen, wenn Abkommen zwischen den beteiligten Staaten dies zulassen oder wenn der Staat, in dessen Gebiete das Ersuchen erledigt werden soll, nicht widerspricht.

Art. 16
Für die Erledigung von Ersuchen dürfen Gebühren oder Auslagen irgendwelcher Art nicht erhoben werden.

Jedoch ist, vorbehaltlich anderweitiger Übereinkunft, der ersuchte Staat berechtigt, von dem ersuchenden Staate die Erstattung der an Zeugen oder Sachverständige gezahlten Entschädigungen sowie der Auslagen zu verlangen, welche für die wegen Nichterscheinens der Zeugen erforderlich gewordenen Mitwirkung eines Vollziehungsbeamten oder durch die etwaige Anwendung des Artikel 14 Abs. 2 entstanden sind.

IV. Armenrecht

Art. 23

Ist die Wohltat des Armenrechts dem Angehörigen eines der Vertragstaaten bewilligt worden, so werden für Zustellungen, die sich auf denselben Prozeß beziehen und die in einem anderen dieser Staaten zu bewirken sind, von dem ersuchenden Staate dem ersuchten Staate nur die Auslagen erstattet, die durch Anwendung einer besonderen Form auf Grund des Artikel 3 entstanden sind.

In demselben Falle werden für die Erledigung von Ersuchen dem ersuchten Staate von dem ersuchenden Staate nur die an Zeugen oder Sachverständige gezahlten Entschädigungen sowie die durch die etwaige Anwendung des Artikel 14 Abs. 2 erforderlich gewordenen Auslagen erstattet.

4. Ausführungsgesetze zu den Haager Übereinkommen

69   Gesetz zur Ausführung des Haager Übereinkommens vom 15. 11. 1965 über die Zustellung gerichtlicher und außergerichtlicher Schriftstücke im Ausland in Zivil- oder Handelssachen und des Haager Übereinkommens vom 18.3.1970 über die Beweisaufnahme im Ausland in Zivil- oder Handelssachen (vom 22.12.1977, BGBl. I 3105).

Erster Teil
Vorschriften zur Ausführung des Haager Übereinkommens vom 15. November 1965 über die Zustellung gerichtlicher und außergerichtlicher Schriftstücke im Ausland in Zivil- oder Handelssachen

§ 1
Die Aufgaben der Zentralen Behörde (Artikel 2, 18 Abs. 3 des Übereinkommens) nehmen die von den Landesregierungen bestimmten Stellen wahr. Jedes Land kann nur eine Zentrale Behörde einrichten.

§ 2
Für die Entgegennahme von Zustellungsanträgen, die von einem ausländischen Konsul innerhalb der Bundesrepublik Deutschland übermittelt werden (Artikel 9 Abs. 1 des Übereinkommens), sind die Zentrale Behörde des Landes, in dem die Zustellung bewirkt werden soll, und die Stellen zuständig, die gemäß § 1 des Gesetzes zur Ausführung des Haager Übereinkommens vom 1. März 1954 über den Zivilprozeß vom 18. Dezember 1958 (BGBl. I S. 939) zur Entgegennahme von Anträgen des Konsuls eines ausländischen Staates zuständig sind.

§ 3
Eine förmliche Zustellung (Artikel 5 Abs. 1 des Übereinkommens) ist nur zulässig, wenn das zuzustellende Schriftstück in deutscher Sprache abgefaßt oder in diese Sprache übersetzt ist.

§ 4
(1) Die Zentrale Behörde ist befugt, Zustellungsanträge unmittelbar durch die Post erledigen zu lassen, wenn die Voraussetzungen für eine Zustellung gemäß Artikel 5 Abs. 1 Buchstabe a des Übereinkommens erfüllt sind. In diesem Fall händigt die Zentrale Behörde das zu übergebende Schriftstück der Post zur Zustellung aus. Die Vorschriften der Zivilprozeßordnung über die Zustellung von Amts wegen gelten entsprechend.

(2) Im übrigen ist für die Erledigung von Zustellungsanträgen das Amtsgericht zuständig,

in dessen Bezirk die Zustellung vorzunehmen ist. Die Zustellung wird durch die Geschäftsstelle des Amtsgerichts bewirkt.

§ 5
Das Zustellungszeugnis (Artikel 6 Abs. 1, 2 des Übereinkommens) erteilt im Fall des § 4 Abs. 1 die Zentrale Behörde, im übrigen die Geschäftsstelle des Amtsgerichts.

§ 6
Eine Zustellung durch diplomatische oder konsularische Vertreter (Artikel 8 des Übereinkommens) ist nur zulässig, wenn das Schriftstück einem Angehörigen des Absendestaates zuzustellen ist. Eine Zustellung nach Artikel 10 des Übereinkommens findet nicht statt.

§§ 7–14 (nicht abgedruckt).

Dritter Teil
Sonstige Bestimmungen

§ 15
Der Bundesminister der Justiz wird ermächtigt, durch Rechtsverordnung, die der Zustimmung des Bundesrates bedarf, die nach den §§ 1 und 7 dieses Gesetzes errichteten Zentralen Behörden als die Stellen zu bestimmen, die gemäß den §§ 1 und 3 Abs. 2 des Gesetzes vom 5. April 1909 zur Ausführung des Haager Abkommens über den Zivilprozeß vom 17. Juli 1905 (RGBl. 1909 S. 420) und gemäß den §§ 1 und 9 des Gesetzes zur Ausführung des Haager Übereinkommens vom 1. März 1954 über den Zivilprozeß zur Entgegennahme von Anträgen und Ersuchen des Konsuls eines ausländischen Staates zuständig sind.

§ 16
Dieses Gesetz gilt nach Maßgabe des § 13 Abs. 1 des Dritten Überleitungsgesetzes auch im Land Berlin. Rechtsverordnungen, die auf Grund dieses Gesetzes erlassen werden, gelten im Land Berlin nach § 14 des Dritten Überleitungsgesetzes.

§ 17
Dieses Gesetz tritt am Tage nach der Verkündung in Kraft.

Gesetz zur Ausführung des Haager Übereinkommens vom 1.3.1954 über den Zivilprozeß 69a
(vom 18.12.1958, BGBl. I 939) – Auszug –

Zustellungsanträge und Rechtshilfeersuchen

(Artikel 1 bis 16 des Übereinkommens)

§ 1
Für die Entgegennahme von Zustellungsanträgen (Artikel 1 Abs. 1 des Übereinkommens) oder von Rechtshilfeersuchen (Artikel 8, Artikel 9 Abs. 1), die von einem ausländischen Konsul innerhalb der Bundesrepublik Deutschland übermittelt werden, ist der Präsident des Landgerichts zuständig, in dessen Bezirk die Zustellung bewirkt oder das Rechtshilfeersuchen erledigt werden soll. An die Stelle des Landgerichtspräsidenten tritt der Amtsgerichtspräsident, wenn der Zustellungsantrag oder das Rechtshilfeersuchen in dem Bezirk des Amtsgerichts erledigt werden soll, das seiner Dienstaufsicht untersteht.

§ 2
(1) Für die Erledigung von Zustellungsanträgen oder von Rechtshilfeersuchen ist das Amtsgericht zuständig, in dessen Bezirk die Amtshandlung vorzunehmen ist.

(2) Die Zustellung wird durch die Geschäftsstelle des Amtsgerichts bewirkt. Diese hat auch den Zustellungsnachweis (Artikel 1 Abs. 1, Artikel 5 des Übereinkommens) zu erteilen.

§ 3
Für die Übermittlung eines Zustellungsantrages (Artikel 1 Abs. 1 und 3 des Übereinkommens) oder eines Rechtshilfeersuchens (Artikel 8, Artikel 9 Abs. 1 und 3) durch den diplomatischen oder konsularischen Vertreter der Bundesrepublik Deutschland wird eine Gebühr von zwei Deutsche Mark erhoben. Diese Gebühr bleibt außer Ansatz, wenn der Zustellungsantrag oder das Rechtshilfeersuchen nicht erledigt werden kann.

§§ 4–13 (nicht abgedruckt).

69b   Gesetz zur Ausführung des Abkommens über den Zivilprozeß vom 17.7.1905 (vom 5.4.1909, RGBl. 430).

I. Mitteilung gerichtlicher und außergerichtlicher Urkunden (Artikel 1 bis 7 des Abkommens).

§ 1
* Innerhalb des Reichs ist für die Entgegennahme des im Artikel 1 Abs. 1 des Abkommens vorgesehenen Zustellungsantrags eines ausländischen Konsuls der Präsident des Landgerichts zuständig, in dessen Bezirke die Zustellung erfolgen soll.

Für die Besorgung der gemäß Artikel 2, 3 zu bewirkenden Zustellungen ist innerhalb des Reichs der Gerichtsschreiber des Amtsgerichts zuständig, in dessen Bezirke die Zustellung zu bewirken ist. Der Gerichtsschreiber hat auch das im Artikel 5 bezeichnete Empfangsbekenntnis mit einem Beglaubigungsvermerke zu versehen oder das dort erwähnte Zustellungszeugnis auszustellen; ebenso hat er die im Artikel 1 Abs. 1 vorgesehene Urkunde aufzunehmen, welche den die Zustellung hindernden Umstand ergibt.

§ 2
Für eine Zustellung im Auslande, die von dem darum ersuchten Konsul des Reichs auf dem im Artikel 1 Abs. 1 des Abkommens vorgesehenen Wege bewirkt wird, beträgt die Gebühr 1,50 Mark.

Die gleiche Gebühr wird für eine vom Konsul gemäß Artikel 6 Abs. 1 Nr. 3 unmittelbar bewirkte Zustellung erhoben; diese Vorschrift findet keine Anwendung in den Konsularbezirken, in denen die Zustellungen der Regel nach auf einem der im Artikel 1 Abs. 3, 4 vorgesehenen Wege zu erfolgen haben.

II. Ersuchungsschreiben (Artikel 8 bis 16 des Abkommens).

§ 3
Innerhalb des Reichs ist für die Erledigung der im Artikel 8 des Abkommens vorgesehenen Ersuchen ausländischer Gerichtsbehörden das Amtsgericht zuständig, in dessen Bezirke die Amtshandlung vorgenommen werden soll.

Für die Entgegennahme der gemäß Artikel 9 Abs. 1 durch einen ausländischen Konsul übermittelten Ersuchungsschreiben ist innerhalb des Reichs der Präsident des Landgerichts zuständig, in dessen Bezirke die Erledigung des Ersuchens erfolgen soll.

§ 4
Für die dem Konsul des Reichs gemäß Artikel 9 Abs. 1 des Abkommens in Ansehung eines Ersuchungsschreibens obliegenden Verrichtungen beträgt die Gebühr 1,50 Mark; die Gebühr wird nicht erhoben, wenn das Ersuchen keine Erledigung findet.

§§ 5–10 (nicht abgedruckt).

5. Zusatzvereinbarungen zur weiteren Erleichterung des Rechtshilfeverkehrs

a) Belgien: Vereinbarung zwischen der Regierung der Bundesrepublik Deutschland und der Belgischen Regierung vom 25.4.1959 zur weiteren Vereinfachung des Rechtsverkehrs nach dem Haager Übereinkommen vom 1.3.1954 über den Zivilprozeß, in Kraft getreten am 1.1.1960 (Bek. v. 23.12.1959, BGBl. II 1524). 70

Zustellung gerichtlicher und außergerichtlicher Schriftstücke

Art. 1
(1) In Zivil- und Handelssachen werden gerichtliche und außergerichtliche Schriftstücke, die von einem der beiden Staaten ausgehen, im unmittelbaren Verkehr übersandt, und zwar,
1. wenn sie für Personen in der Bundesrepublik Deutschland bestimmt sind, von den Procureurs généraux oder von den Procureurs du Roi an den Präsidenten des Landgerichts oder Amtsgerichts, in dessen Bezirk sich der Empfänger aufhält,
2. wenn die Zustellung an Personen in Belgien bewirkt werden soll, von den zuständigen deutschen Justizbehörden an den Procureur du Roi, in dessen Zuständigkeitsbereich sich der Empfänger aufhält.

(2) Die genannten Behörden bedienen sich für Zustellungsanträge nach Artikel 1 Absatz 1 des Haager Übereinkommens und bei dem weiteren Schriftwechsel ihrer Landessprache.

Art. 2
Ist die Behörde, der das Schriftstück übersandt worden ist, nicht zuständig, so gibt sie es von Amts wegen an die zuständige Behörde ab und benachrichtigt hiervon unverzüglich die ersuchende Behörde.

Art. 3
(1) Die Zustellung durch einfache Übergabe und die förmliche Zustellung von Schriftstücken wird gemäß den Artikeln 2, 3, 4 und 5 des Haager Übereinkommens ausgeführt.

(2) Hat die ersuchende Behörde nicht, wie in Artikel 3 Absatz 2 des Haager Übereinkommens vorgesehen, den Wunsch ausgesprochen, das Schriftstück in der Form zuzustellen, die nach den innerstaatlichen Rechtsvorschriften der ersuchten Behörde für die Bewirkung gleichartiger Zustellungen vorgeschrieben ist, und kann eine Zustellung nicht durch einfache Übergabe nach Artikel 2 des Haager Übereinkommens bewirkt werden, so sendet die ersuchte Behörde das Schriftstück unverzüglich der ersuchenden Behörde zurück und teilt ihr die Gründe mit, aus denen die einfache Übergabe nicht möglich war.

(3) Hat die ersuchende Behörde ihrem Antrag, ein Schriftstück in der Form, die nach den innerstaatlichen Rechtsvorschriften der ersuchten Behörde für die Bewirkung gleichartiger Zustellungen vorgeschrieben ist, oder in einer besonderen Form zuzustellen, eine Übersetzung des Schriftstücks nicht beigefügt, so wird diese von der ersuchten Behörde auf Kosten der ersuchenden beschafft.

(4) Die beiden Staaten verzichten gegenseitig auf die Erstattung von Auslagen, die in den Fällen des Artikels 3 des Haager Übereinkommens dadurch entstanden sind, daß bei der Zustellung ein Gerichtsbeamter mitgewirkt hat, oder daß bei ihr eine besondere Form beachtet worden ist.

Art. 4–17 (nicht abgedruckt)

b) Dänemark: Vereinbarung vom 1.6.1910 zur weiteren Vereinfachung des Rechtshilfeverkehrs, in Kraft getreten am 15.6. 1910 (Bek. v. 3.6. 1910, RGBl. 1910, 871) nebst Änderungs-, Wiederanwendungs- und Weiteranwendungsvereinbarungen (Bek. vom 18.1.1932, RGBl. II 20; 30.6.1953, BGBl. II 186; 27.6.1960, BGBl. II 1853). 71

Art. 1
Gemäß den Vorbehalten im Artikel 1 Abs. 4 und im Artikel 9 Abs. 4 des Haager Abkommens über den Zivilprozeß vom 17. Juli 1905 ist den deutschen und den dänischen gerichtlichen Behörden der unmittelbare Geschäftsverkehr miteinander in allen Fällen gestattet, in denen durch das Abkommen der Rechtshilfeverkehr in Zivil- und Handelssachen für die Mitteilung gerichtlicher und außergerichtlicher Urkunden sowie für die Erledigung von Ersuchungsschreiben geregelt ist.

Art. 2
Auf Seiten des Reichs sind für die unmittelbare Übermittlung von Zustellungs- und sonstigen Rechtshilfeersuchen alle gerichtlichen Behörden, für ihre Entgegennahme die Landgerichtspräsidenten zuständig.
Auf Seiten Dänemarks sind für die unmittelbare Übermittelung von Zustellungs- und sonstigen Rechtshilfeersuchen alle gerichtlichen Behörden zuständig, für ihre Entgegennahme:
a) außerhalb Kopenhagens:
das Gericht des Ortes, wo die Zustellung zu bewirken oder die nachgesuchte Handlung vorzunehmen ist;
b) in Kopenhagen:
bei Zustellungsersuchen der Präsident des Kopenhagener Stadtgerichts und bei sonstigen Rechtshilfeersuchen das Justizministerium.

Art. 3
In dem unmittelbaren Geschäftsverkehre werden die Schreiben der beiderseitigen Behörden in deren Landessprache abgefaßt.
Die im Artikel 3 Abs. 1 des Haager Abkommens über den Zivilprozeß vorgesehenen Übersetzungen sind zu beglaubigen. Die Beglaubigung erfolgt durch einen diplomatischen oder konsularischen Vertreter des ersuchenden Staates oder durch einen beeidigten oder amtlich bestellten Dolmetscher des ersuchenden oder ersuchten Staates. Sind den im genannten Artikel des Haager Abkommens über den Zivilprozeß erwähnten Schriftstücken derartig beglaubigte Übersetzungen nicht beigegeben, so werden die erforderlichen Übersetzungen von der ersuchten Behörde auf Kosten der ersuchenden Behörde beschafft.

Art. 4–7 (nicht abgedruckt).

72   c) **Frankreich**: Vereinbarung zwischen der Regierung der Bundesrepublik Deutschland und der Regierung der Französischen Republik vom 6.5.1961 zur weiteren Vereinfachung des Rechtsverkehrs nach dem Haager Übereinkommen vom 1.3.1954 über den Zivilprozeß, in Kraft getreten am 1.7.1961 (Bek. v. 25.7.1961, BGBl. II, 1040).

Zustellung gerichtlicher und außergerichtlicher Schriftstücke

Art. 1
(1) Gerichtliche und außergerichtliche Schriftstücke, die von einem der beiden Staaten ausgehen, werden im unmittelbaren Verkehr übersandt, und zwar,
1. wenn sie für Personen in der Bundesrepublik Deutschland bestimmt sind, von den Procureurs de la République (Staatsanwaltschaften) an den Präsidenten des Landgerichts oder Amtsgerichts, in dessen Bezirk sich der Empfänger aufhält;
2. wenn die Zustellung an Personen in Frankreich bewirkt werden soll, von den zuständigen deutschen Justizbehörden an den Procureur de la République près le Tribunal de grande instance (Staatsanwaltschaft bei dem Gericht erster Instanz), in dessen Zuständigkeitsbereich sich der Empfänger aufhält.

(2) Die genannten Behörden bedienen sich für die Zustellungsanträge nach Artikel 1 Absatz 1 des Haager Übereinkommens und bei dem weiteren Schriftwechsel ihrer Landessprache.

Art. 2
Ist die Behörde, der das Schriftstück übersandt worden ist, nicht zuständig, so gibt sie es von Amts wegen an die zuständige Behörde ab und benachrichtigt hiervon unverzüglich die ersuchende Behörde.

Art. 3
(1) Hat die ersuchende Behörde nicht, wie in Artikel 3 Absatz 2 des Haager Übereinkommens vorgesehen, den Wunsch ausgesprochen, das Schriftstück in der Form zuzustellen, die nach den innerstaatlichen Rechtsvorschriften der ersuchten Behörde für die Bewirkung gleichartiger Zustellungen vorgeschrieben ist, und kann eine Zustellung nicht durch einfache Übergabe nach Artikel 2 des Haager Übereinkommens bewirkt werden, so sendet die ersuchte Behörde das Schriftstück unverzüglich der ersuchenden Behörde zurück und teilt ihr die Gründe mit, aus denen die einfache Übergabe nicht möglich war.
(2) Hat die ersuchende Behörde ihrem Antrag, ein Schriftstück in der Form, die nach den innerstaatlichen Rechtsvorschriften der ersuchten Behörde für die Bewirkung gleichartiger Zustellungen vorgeschrieben ist, oder in einer besonderen Form zuzustellen, eine Übersetzung des Schriftstücks nicht beigefügt, so wird diese von der ersuchten Behörde beschafft. Die Kosten der Übersetzung werden der ersuchten Behörde erstattet.
(3) Die in Artikel 3 Absatz 2 des Haager Übereinkommens vorgesehene Übersetzung ist von einem vereidigten Übersetzer des ersuchenden oder des ersuchten Staates zu beglaubigen.

d) Luxemburg: Vereinbarung vom 1. 8. 1909 zur weiteren Vereinfachung des Rechtshilfeverkehrs, in Kraft getreten am 1. 9. 1909 (Bek. v. 16. 8. 1909, RGBl. 907, 910).

73

Art. 1
Gemäß den Vorbehalten im Artikel 1 Abs. 4 und im Artikel 9 Abs. 4 des Haager Abkommens über den Zivilprozeß vom 17. Juli 1905 ist den deutschen und den luxemburgischen gerichtlichen Behörden der unmittelbare Geschäftsverkehr miteinander in allen Fällen gestattet, in denen durch das Abkommen der Rechtshilfeverkehr in Zivil- und Handelssachen für die Mitteilung gerichtlicher und außergerichtlicher Urkunden sowie für die Erledigung von Ersuchungsschreiben geregelt ist.

Art. 2
Zuständig für den unmittelbaren Geschäftsverkehr sind auf seiten des Reichs: alle gerichtlichen Behörden, für die Entgegennahme von Zustellungs- und sonstigen Rechtshilfeersuchen jedoch nur die Landgerichtspräsidenten; auf seiten Luxemburgs: der Generalstaatsanwalt in Luxemburg sowie die Staatsanwälte in Luxemburg und Diekirch, für die Entgegennahme der Ersuchen jedoch nur die bezeichneten Staatsanwälte.
Im Falle der örtlichen Unzuständigkeit der ersuchten Behörde ist das Ersuchen von Amts wegen an die zuständige Behörde abzugeben und die ersuchende Behörde hiervon unverzüglich zu benachrichtigen.

Art. 3
In dem unmittelbaren Geschäftsverkehre sind die Schreiben der beiderseitigen Behörden sowie die im Artikel 3 des Haager Abkommens über den Zivilprozeß bezeichneten Schriftstücke in deutscher Sprache abzufassen.

Die luxemburgischen Behörden können sich auch der französischen Sprache bedienen; doch müssen in diesem Falle die im Artikel 3 bezeichneten Schriftstücke von einer deutschen Übersetzung begleitet sein.

Art. 4–7 (nicht abgedruckt).

74 e) **Niederlande:** Vertrag zwischen der Bundesrepublik Deutschland und dem Königreich der Niederlande vom 30. 8. 1962 zur weiteren Vereinfachung des Rechtsverkehrs nach dem Haager Übereinkommen vom 1. 3. 1954 über den Zivilprozeß, in Kraft getreten am 3. 5. 1964 (Bek. v. 20. 4. 1964, BGBl. II, 468).

Zustellung oder Mitteilung gerichtlicher und außergerichtlicher Schriftstücke

Art. 1
(1) Gerichtliche und außergerichtliche Schriftstücke, die von einem der beiden Staaten ausgehen, werden im unmittelbaren Verkehr übersandt, und zwar,
a) wenn sie für Personen in der Bundesrepublik Deutschland bestimmt sind, von den zuständigen niederländischen Justizbehörden an den Präsidenten des Landgerichts oder Amtsgerichts, in dessen Bezirk sich der Empfänger aufhält,
b) wenn die Zustellung an Personen in den Niederlanden bewirkt werden soll, von den zuständigen deutschen Justizbehörden an den Officier van Justitie bij de Arrondissements-Rechtbank (Staatsanwalt bei dem Arrondissementsgericht), in deren Bezirk sich der Empfänger aufhält.
(2) Die genannten Behörden bedienen sich für die Anträge und bei dem weiteren Schriftwechsel ihrer Landessprache.

Art. 2
Ist die Behörde, der das Schriftstück übersandt worden ist, nicht zuständig, so gibt sie es von Amts wegen an die zuständige Behörde ab und benachrichtigt hiervon unverzüglich die ersuchende Behörde.

Art. 3
(1) Die Zustellung (Mitteilung) durch einfache Übergabe und die förmliche Zustellung (förmliche Mitteilung) von Schriftstücken wird gemäß den Artikeln 2, 3, 4 und 5 des Haager Übereinkommens ausgeführt.
(2) Hat die ersuchende Behörde nicht, wie in Artikel 3 Absatz 2 des Haager Übereinkommens vorgesehen, den Wunsch ausgesprochen, das Schriftstück in der Form, die nach den innerstaatlichen Rechtsvorschriften der ersuchten Behörde für die Bewirkung gleichartiger Zustellungen (Mitteilungen) vorgeschrieben ist, oder in einer besonderen Form zuzustellen (mitzuteilen), und kann eine Zustellung (Mitteilung) nicht durch einfache Übergabe nach Artikel 2 des Haager Übereinkommens bewirkt werden, so sendet die ersuchte Behörde das Schriftstück unverzüglich der ersuchenden Behörde zurück und teilt ihr die Gründe mit, aus denen die einfache Übergabe nicht möglich war.
(3) Hat die ersuchende Behörde dem Antrag, ein Schriftstück in der Form, die nach den innerstaatlichen Rechtsvorschriften der ersuchten Behörde für die Bewirkung gleichartiger Zustellungen (Mitteilungen) vorgeschrieben ist, oder in einer besonderen Form zuzustellen (mitzuteilen), eine Übersetzung des Schriftstücks nicht beigefügt, so wird diese von der ersuchten Behörde beschafft. Etwa entstehende Übersetzungskosten werden nicht erstattet; der Betrag dieser Kosten ist jedoch der ersuchenden Behörde mitzuteilen.
(4) Die in Artikel 3 Absatz 2 des Haager Übereinkommens vorgesehene Übersetzung kann auch von einem vereidigten Übersetzer des ersuchenden Staates beglaubigt werden.

(5) Die beiden Staaten verzichten gegenseitig auf die Erstattung von Auslagen, die in den Fällen des Artikels 3 des Haager Übereinkommens dadurch entstanden sind, daß bei der Zustellung (Mitteilung) ein Gerichtsbeamter mitgewirkt hat oder daß bei ihr eine besondere Form beachtet worden ist; der Betrag dieser Auslagen ist jedoch der ersuchenden Behörde mitzuteilen.

f) **Norwegen**: Vereinbarung zwischen der Regierung der Bundesrepublik Deutschland und der Regierung des Königreichs Norwegen vom 17.6. 1977 zur weiteren Vereinfachung des Rechtshilfeverkehrs nach dem Haager Übereinkommen vom 1.3. 1954 über den Zivilprozeß, in Kraft getreten am 1.1. 1980 (Bek. v. 23.11. 1979, BGBl. II, 1292). 75

Zustellung gerichtlicher und außergerichtlicher Schriftstücke

Art. 1
In Zivil- und Handelssachen können gerichtliche und außergerichtliche Schriftstücke, die von einem der beiden Staaten ausgehen, auch im unmittelbaren Verkehr übersandt werden, und zwar
1. wenn die Zustellung an Personen in der Bundesrepublik Deutschland bewirkt werden soll, von den zuständigen norwegischen Justizbehörden an den Präsidenten des Landgerichts oder Amtsgerichts, in dessen Bezirk sich der Empfänger aufhält,
2. wenn die Zustellung an Personen in Norwegen bewirkt werden soll, von den zuständigen deutschen Justizbehörden an das herredsrett oder das byrett, in dessen Bezirk sich der Empfänger aufhält.

Art. 2
Ist die Behörde, der das Schriftstück übersandt worden ist, nicht zuständig, so gibt sie es von Amts wegen an die zuständige Behörde ab. Sie benachrichtigt hiervon unverzüglich die ersuchende Behörde auf demselben Wege, auf dem ihr das Ersuchen zugegangen ist.

Art. 3
(1) In dem Antrag soll angegeben werden, ob die Zustellung durch einfache Übergabe des Schriftstücks an den Empfänger (Artikel 2 des Haager Übereinkommens) oder in der Form, die durch die Rechtsvorschriften der ersuchten Behörde vorgeschrieben ist, oder in einer besonderen Form (Artikel 3 Absatz 2 des Haager Übereinkommens) bewirkt werden soll. Der Wunsch, die Zustellung in einer der in Artikel 3 Absatz 2 des Haager Übereinkommens vorgesehenen Formen zu bewirken, kann auch nur hilfsweise für den Fall ausgesprochen werden, daß die einfache Übergabe nicht möglich ist, weil der Empfänger zur Annahme des Schriftstücks nicht bereit ist.
(2) Hat die ersuchende Behörde nicht, wie in Artikel 3 Absatz 2 des Haager Übereinkommens vorgesehen, den Wunsch ausgesprochen, das Schriftstück in einer der in Artikel 3 Absatz 2 des Haager Übereinkommens angeführten Formen zuzustellen, und kann die Zustellung nicht durch einfache Übergabe nach Artikel 2 des Haager Übereinkommens bewirkt werden, so sendet die ersuchte Behörde das Schriftstück unverzüglich der ersuchenden Behörde zurück und teilt ihr die Gründe mit, aus denen die einfache Übergabe nicht möglich war. Ist jedoch das zuzustellende Schriftstück von einer Übersetzung begleitet, so wird die Zustellung nach den innerstaatlichen Rechtsvorschriften der ersuchten Behörde für die Bewirkung gleichartiger Zustellungen durchgeführt.
(3) Hat die ersuchende Behörde ihrem Antrag nach Absatz 1, ein Schriftstück in den in Artikel 3 Absatz 2 des Haager Übereinkommens vorgesehenen Formen zuzustellen, eine Übersetzung ausnahmsweise nicht beigefügt, so wird diese von der ersuchten Behörde beschafft. Die Kosten der Übersetzung werden von der ersuchenden Behörde erstattet.

(4) Die in Artikel 3 Absatz 2 des Haager Übereinkommens vorgesehene Übersetzung kann auch von einem vereidigten Übersetzer des ersuchenden Staates beglaubigt werden.

(5) Die beiden Staaten verzichten gegenseitig auf die Erstattung von Auslagen, die in den Fällen des Artikels 3 Absatz 2 des Haager Übereinkommens dadurch entstanden sind, daß bei der Zustellung ein Gerichtsbeamter mitgewirkt hat oder eine besondere Form beachtet worden ist. Jedoch teilt die ersuchte norwegische Behörde der ersuchenden deutschen Behörde den Betrag dieser Auslagen mit.

Art. 4
(1) Die diplomatischen oder konsularischen Vertreter eines jeden der beiden Staaten können Zustellungen ohne Anwendung von Zwang (Artikel 6 Absatz 1 Nummer 3 in Verbindung mit Absatz 2 Satz 2 des Haager Übereinkommens) auch dann bewirken, wenn die Empfänger neben der Staatsangehörigkeit des Entsendestaates auch die eines dritten Staates besitzen. Kommen für die Beurteilung der Staatsangehörigkeit der Person, an die zugestellt werden soll, verschiedene Rechte in Betracht, so ist das Recht des Staates maßgebend, in dem der Zustellungsantrag ausgeführt werden soll.

(2) Im Verhältnis zwischen beiden Staaten sind die in Artikel 6 Absatz 1 Nummern 1 und 2 des Haager Übereinkommens vorgesehenen unmittelbaren Zustellungsarten ebenso wie die unmittelbare Zustellung durch die diplomatischen oder konsularischen Vertreter an Personen, welche die Staatsangehörigkeit des Empfangsstaates oder eines dritten Staates besitzen, nicht zulässig.

Art. 5–13 (nicht abgedruckt).

Schlußbestimmungen

Art. 14
Die vorstehenden Vereinbarungen schließen nicht aus, daß Zustellungsanträge, Rechtshilfeersuchen oder Anträge auf Bewilligung des Armenrechts auf dem im Haager Übereinkommen vorgesehenen Wege (Artikel 1 Absatz 1, Artikel 9 Absatz 1, Artikel 23 Absatz 1) übermittelt werden.

Art. 15–17 (nicht abgedruckt).

76 g) **Österreich**: Vereinbarung zwischen der Bundesrepublik Deutschland und der Bundesregierung der Republik Österreich vom 6. 6. 1959 zur weiteren Vereinfachung des rechtlichen Verkehrs nach dem Haager Übereinkommen vom 1. 3. 1954, in Kraft getreten am 1. 1. 1960 (Bek. v. 18. 12. 1959, BGBl. II, 1523).

Zustellung von Schriftstücken

Art. 1
(1) In Zivil- und Handelssachen werden die Zustellungsanträge (die Ersuchen um Zustellung) im unmittelbaren Verkehr der beiderseitigen Behörden übersandt.

(2) Für die Entgegennahme von Ersuchen um Zustellung (Zustellungsanträgen) ist das Amtsgericht (das Bezirksgericht) zuständig, in dessen Bezirk die Zustellung bewirkt werden soll.

(3) Ist die ersuchte Behörde nicht zuständig, so hat sie den Zustellungsantrag (das Ersuchen um Zustellung) von Amts wegen an die zuständige Behörde abzugeben und die ersuchende Behörde von der Abgabe unverzüglich zu benachrichtigen.

Art. 2
Die ersuchte Behörde hat die Zustellung in der durch ihre innere Gesetzgebung für gleichartige Zustellungen vorgeschriebenen Form zu bewirken. Auf Wunsch der ersuchenden Behörde hat sie die Zustellung in einer besonderen Form durchzuführen, sofern diese ihrer Gesetzgebung nicht zuwiderläuft.

Art. 3
Die beiden Staaten verzichten gegenseitig auf die Erstattung von Auslagen, die bei einer Zustellung entstanden sind.

Art. 4–12 (nicht abgedruckt).

h) **Schweden**: Vereinbarung vom 1.2.1910 zur weiteren Vereinfachung des Rechtshilfeverkehrs, in Kraft getreten am 1.3.1910 (Bek. v. 9.2.1910, RGBl. 455)

77

Art. 1
Gemäß den Vorbehalten im Artikel 3 Abs. 2, im Artikel 10 und im Artikel 19 Abs. 2 Nr. 3 des Haager Abkommens über den Zivilprozeß vom 17. Juli 1905 können die in diesen Artikeln vorgeschriebenen Übersetzungen der dort bezeichneten Schriftstücke auch von einem beeidigten Dolmetscher des ersuchenden Staates beglaubigt werden.

Art. 2
Gemäß dem Vorbehalt im Artikel 6 Abs. 2 des Haager Abkommens über den Zivilprozeß kann jeder Teil Zustellungen im Gebiete des anderen Teiles in allen Fällen, wo es sich nicht um dessen Angehörige handelt, ohne Anwendung von Zwang durch seine diplomatischen oder konsularischen Vertreter unmittelbar bewirken lassen.
Das gleiche gilt gemäß dem Vorbehalt im Artikel 15 des Abkommens für die Erledigung von Ersuchungsschreiben.

Art. 3
Gemäß dem Vorbehalt im Artikel 7 Abs. 2 des Haager Abkommens über den Zivilprozeß soll die Erstattung der durch die Mitwirkung eines Vollziehungsbeamten in den Fällen des Artikel 3 des Abkommens entstandenen Auslagen nicht verlangt werden.
Das Gleiche gilt gemäß dem Vorbehalt im Artikel 16 Abs. 2 des Abkommens in Ansehung der Auslagen für die wegen Nichterscheinens eines Zeugen erforderlich gewordene Mitwirkung eines Vollziehungsbeamten.

Art. 4
Soweit nach dem Haager Abkommen über den Zivilprozeß in Verbindung mit dem Artikel 3 dieser Erklärung Kosten in Rechnung gestellt werden können, werden sie nach den Vorschriften berechnet, die in dem ersuchten Staate für gleiche Handlungen in einem inländischen Verfahren gelten.

Art. 5 (nicht abgedruckt).

i) **Schweiz**: Vereinbarung vom 30.4.1910 zur weiteren Vereinfachung des Rechtshilfeverkehrs, in Kraft getreten am 1.6.1910 (Bek. v. 7.5.1910, RGBl. 674).

78

Art. 1
Gemäß den Vorbehalten im Artikel 1 Abs. 4 und im Artikel 9 Abs. 4 des Haager Abkommens über den Zivilprozeß vom 17. Juli 1905 wird in allen Fällen, in denen durch das Abkommen der Rechtshilfeverkehr in Zivil- und Handelssachen für die Mitteilung gerichtlicher und außergerichtlicher Urkunden sowie für die Erledigung von Ersuchungsschreiben

geregelt ist, der zwischen den deutschen und den schweizerischen gerichtlichen Behörden auf Grund der Vereinbarung vom 1./10. Dezember 1878 bestehende unmittelbare Geschäftsverkehr beibehalten.

Art. 2

In dem unmittelbaren Geschäftsverkehre werden die Schreiben der beiderseitigen Behörden in deren Landessprache abgefaßt.

Die Bestimmungen des Artikel 3 des Haager Abkommens über den Zivilprozeß wegen Abfassung oder Übersetzung der dort bezeichneten Schriftstücke bleiben unberührt. Sind diesen Schriftstücken die vorgeschriebenen Übersetzungen nicht beigegeben, so werden sie von der ersuchten Behörde auf Kosten der ersuchenden Behörde beschafft.

Art. 3 (nicht abgedruckt).

Art. 4

Soweit nach dem Haager Abkommen über den Zivilprozeß Kosten in Rechnung gestellt werden können, werden sie nach den Vorschriften berechnet, die in dem ersuchten Staate für gleiche Handlungen in einem inländischen Verfahren gelten.

6. Bilaterale selbständige Abkommen

79 **a) Deutsch-britisches Abkommen über den Rechtsverkehr vom 20.3.1928**

Das deutsch-britische Abkommen über den Rechtsverkehr vom 20. 3. 1928 (Fundstellen → Einl. Rdnr. 881 »Großbritannien«) gilt außer im Verhältnis zu **Großbritannien** und **Nordirland** gegenüber folgenden Staaten und Gebieten, für deren internationale Beziehungen das Vereinigte Königreich verantwortlich ist oder war (hinsichtlich der Einzelheiten → Einl. Rdnr. 881) bei dem jeweiligen Staat als selbständige Rechtsquelle:

A. *Vertragsstaaten*

Vereinigtes Königreich
Ursprünglicher Geltungsbereich England/Wales

Nordirland	RGBl. II 1929, 401
Schottland	RGBl. II 1930, 1273
Kanalinseln und Isle of Man	RGBl. II 1935, 410
Wiederanwendung	BGBl. II 1953, 116
Australien	BGBl. II 1955, 699
Bahamas	BGBl. II 1978, 915
Barbados	BGBl. II 1971, 467
Bermuda (brit.)	BGBl. II 1960, 1518
Britische Jungferninseln	BGBl. II 1960, 1518
Dominika	BGBl. II 1986, 416
Falkland (brit.)	BGBl. II 1960, 1518
Fidschi	BGBl. II 1972, 904
Gambia	BGBl. II 1969, 2177
Gibraltar (brit.)	BGBl. II 1960, 1518
Grenada	BGBl. II 1975, 366
Hong-Kong (brit.)	BGBl. II 1960, 1518
Jamaika	BGBl. II 1966, 835
Kaiman-Inseln (brit.)	BGBl. II 1970, 43

Kanada	BGBl. II 1954, 15
Lesotho	BGBl. II 1974, 987
Malawi	BGBl. II 1967, 1748
Malaysia	BGBl. II 1976, 576
Malta	BGBl. II 1968, 95
Mauritius	BGBl. II 1972, 695
Montserrat (brit.)	BGBl. II 1960, 1518
Nauru	BGBl. II 1982, 750
Neuseeland	BGBl. II 1953, 118
Nigeria	BGBl. II 1967, 827
Salomonen	BGBl. II 1980, 1346
Seyschellen	BGBl. II 1977, 1271
Sierra Leone	BGBl. II 1967, 2366
Singapur	BGBl. II 1976, 576
St. Lucia	BGBl. II 1983, 798
St. Vincent und die Grenadinen	BGBl. II 1987, 523
Swasiland	BGBl. II 1971, 224
Trinidad und Tobago	BGBl. II 1966, 1564
Republik Zypern	BGBl. II 1975, 1129
Britische Stützpunkte auf Zypern: Akrotiri, Dhekelia	BGBl. II 1960, 1518

B. Faktische Anwendung

Guyana, Kenia, Sambia, Tansania
(Bülow/Böckstiegel/Geimer/Schütze 520.5 f.; Jayme/Hausmann [6], 476 Fn. 2)

C. Fragliche Anwendbarkeit

Anguilla (brit.): Erstreckung 1929 (RGBl. II 1929, 736); erwähnt in Bekanntmachung BGBl. II 1960, 1518 unter St. Christopher-Nevis-Anguilla; durch Anguilla am 9.1.1969 einseitige Unabhängigkeitserklärung

St. Helena: Erstreckung 1929 (RGBl. II 1929, 736); nicht erwähnt in BGBl. II 1960, 1518
Turks- und Caicos-Inseln ebenso wie St. Helena

D. Selbständige Staaten ohne Abgabe einer Erklärung

Antigua und Barbuda, Belice (Früher Brit.-Honduras), Brunei, Jemen, Kiribati (früher: Gilbert-Inseln), Somalia, Tonga, Tuvalu (Quelle: Bülow/Böckstiegel 520.7); St. Kitts-Nevis (seit 19.9.1983 unabhängig): Im Fundstellennachweis B zu BGBl II (Stand: 31.12.1992) finden diese Staaten/Gebiete keine Erwähnung oder das Abkommen ist von ihnen nicht anerkannt worden.

I. Vorbemerkung

Art. 1
Dieses Abkommen findet nur auf Zivil- und Handelssachen einschließlich nichtstreitiger Sachen Anwendung.

II. Zustellung gerichtlicher und außergerichtlicher Schriftstücke

Art. 2
Wenn gerichtliche oder außergerichtliche Schriftstücke, die in dem Gebiet eines der vertragschließenden Teile ausgestellt sind, auf das dieses Abkommen Anwendung findet, Personen, Gesellschaften oder Körperschaften in dem Gebiete des anderen Teiles zugestellt werden sollen, auf das dieses Abkommen Anwendung findet, so können sie, unbeschadet der Bestimmungen der nachstehenden Artikel 6 und 7, dem Empfänger auf einem der in den Artikeln 3 und 5 vorgesehenen Wege zugestellt werden.

Art. 3
a) Der Zustellungsantrag wird übermittelt:
in Deutschland durch einen britischen konsularischen Beamten an den Präsidenten des deutschen Landgerichts,
in England durch einen deutschen diplomatischen oder konsularischen Beamten an den Senior Master des Höchsten Gerichtshofs in England.
b) Das Übermittlungsschreiben, das den Namen der Behörde, von der das übermittelte Schriftstück ausgeht, die Namen und Bezeichnungen der Parteien, die Anschrift des Empfängers und die Art des in Frage stehenden Schriftstücks angibt, ist in der Sprache des ersuchten Landes abzufassen. Wenn in einem besonderen Falle die ersuchte gerichtliche Behörde gegenüber dem diplomatischen oder konsularischen Beamten, der den Antrag übermittelt hat, einen dahingehenden Wunsch äußert, wird dieser Beamte eine Übersetzung des zuzustellenden Schriftstücks zur Verfügung stellen.
c) Die Zustellung ist durch die zuständige Behörde des ersuchten Landes zu bewirken. Mit Ausnahme des in Abs. d dieses Artikels vorgesehenen Falles kann die Behörde ihre Tätigkeit darauf beschränken, die Zustellung durch Übergabe des Schriftstücks an den Empfänger zu bewirken, sofern er zur Annahme bereit ist.
d) Ist das zuzustellende Schriftstück in der Sprache des ersuchten Landes abgefaßt oder ist es von einer Übersetzung in diese Sprache begleitet, so läßt die ersuchte Behörde, falls in dem Antrag ein dahingehender Wunsch ausgesprochen ist, das Schriftstück in der durch die innere Gesetzgebung für die Bewirkung gleichartiger Zustellungen vorgeschriebenen Form oder in einer besonderen Form zustellen, sofern diese ihrer Gesetzgebung nicht zuwiderläuft.
e) Die in diesem Artikel vorgesehene Übersetzung ist von dem diplomatischen oder konsularischen Beamten des ersuchenden Teiles oder durch einen beamteten oder beeidigten Dolmetscher eines der beiden Länder zu beglaubigen.
f) Die Ausführung des Zustellungsantrags kann nur abgelehnt werden, wenn der vertragschließende Teil, in dessen Gebiet sie erfolgen soll, sie für geeignet hält, seine Hoheitsrechte oder seine Sicherheit zu gefährden.
g) Die Behörde, die den Zustellungsantrag empfängt, hat dem diplomatischen oder konsularischen Beamten, der ihn übermittelt hat, die Urkunde zu übersenden, durch die die Zustellung nachgewiesen wird oder aus der sich der die Zustellung hindernde Umstand ergibt. Der Nachweis der Zustellung wird durch ein Zeugnis der Behörde des ersuchten Landes erbracht, aus dem sich die Tatsache, die Art und Weise und der Zeitpunkt der Zustellung ergibt. Ist ein zuzustellendes Schriftstück in zwei gleichen Stücken übermittelt worden, so ist das Zustellungszeugnis auf eines der beiden Stücke zu setzen oder damit zu verbinden.

Art. 4
(1) Für Zustellungen sind Gebühren irgendwelcher Art von dem einen vertragschließenden Teil an den anderen nicht zu entrichten.
(2) Jedoch muß der ersuchende Teil in den im Artikel 3 vorgesehenen Fällen dem ersuch-

ten Teil alle Kosten und Auslagen erstatten, die nach Maßgabe des örtlichen Rechtes an die mit der Ausführung der Zustellung betrauten Personen zu zahlen sind, sowie alle Kosten und Auslagen, die dadurch erwachsen, daß die Zustellung in einer besonderen Form bewirkt wird. Diese Kosten und Auslagen sollen die gleichen sein, wie sie bei den Gerichten des ersuchten Teiles in solchen Fällen üblich sind. Die Erstattung dieser Kosten und Auslagen wird durch die gerichtliche Behörde, die die Zustellung bewirkt hat, von dem ersuchenden diplomatischen oder konsularischen Beamten bei der Übermittlung des im Artikel 3 g vorgesehenen Zeugnisses erfordert.

Art. 5
Das zuzustellende Schriftstück kann dem Empfänger, sofern er nicht ein Angehöriger des vertragschließenden Teiles ist, in dessen Gebiet die Zustellung erfolgen soll, auch ohne Mitwirkung der Behörden dieses Landes zugestellt werden:
a) durch einen diplomatischen oder konsularischen Beamten des Teiles, in dessen Gebiet das Schriftstück ausgestellt ist, oder
b) durch einen Vertreter, der von einem Gerichte des Landes, in dem das Schriftstück ausgestellt ist, oder von der Partei, auf deren Antrag das Schriftstück ausgestellt ist, allgemein oder für einen besonderen Fall bestellt ist, mit der Maßgabe, daß die Wirksamkeit einer durch einen solchen Vertreter bewirkten Zustellung von den Gerichten des Landes, wo die Zustellung so bewirkt wird, nach dem Rechte dieses Landes zu beurteilen ist.

Art. 6
Schriftstücke können auch durch die Post übermittelt werden in Fällen, wo diese Art der Übermittlung nach dem Rechte des Landes gestattet ist, in welchem das Schriftstück ausgestellt ist.

Art. 7
Die Bestimmungen der Artikel 2, 3, 4, 5 und 6 stehen dem nicht entgegen, daß die beteiligten Personen die Zustellung unmittelbar durch die zuständigen Beamten des Landes bewirken, in dem das Schriftstück zugestellt werden soll.

III. Beweisaufnahme

(Art. 8–14 nicht abgedruckt)

IV. Allgemeine Bestimmungen

(Artikel 15–18 nicht abgedruckt)

b) Griechenland: Abkommen vom 11.5.1938 über die gegenseitige Rechtshilfe in Angelegenheiten des bürgerlichen und Handels-Rechts, in Kraft getreten am 17.7.1939 (Bek. v. 28.6.1939, RGBl. II, 848); Bek. v. 26.6.1940 (RGBl. II, 136) betr. Vordrucke. 80

I. Mitteilung gerichtlicher und außergerichtlicher Urkunden

Art. 1
(1) In Zivil- und Handelssachen erfolgt die Zustellung von Schriftstücken, die für eine im Gebiet des anderen Staates befindliche Person bestimmt sind, auf einen Antrag, der von dem Konsul des ersuchenden Staates im Deutschen Reich dem Präsidenten des Landgerichts, in Griechenland dem Staatsanwalt bei dem Gerichtshof erster Instanz übermittelt wird, in

dessen Bezirk die Zustellung erfolgen soll. Der Antrag hat die Behörde, von der er ausgeht, den Namen und die Stellung der Parteien, die Anschrift des Empfängers und die Art des zuzustellenden Schriftstücks zu bezeichnen. Der Antrag ist in der amtlichen Sprache des ersuchenden Staates abzufassen. Eine Übersetzung des Antrags in der Sprache des ersuchten Staates ist beizufügen; dabei sind die von den beiden Regierungen einander mitzuteilenden doppelsprachigen Vordrucke zu benutzen.
(2) Die Urkunde, durch die die Zustellung nachgewiesen wird, ist dem Konsul zu übersenden; gegebenenfalls ist ihm der die Zustellung hindernde Umstand mitzuteilen.

Art. 2
Für die Zustellung hat die zuständige Behörde des ersuchten Staates Sorge zu tragen. Diese Behörde kann sich, abgesehen von den im Artikel 3 vorgesehenen Fällen, darauf beschränken, die Zustellung durch Übergabe des Schriftstücks an den Empfänger zu bewirken, sofern er zur Annahme bereit ist.

Art. 3
(1) Ist das zuzustellende Schriftstück in der Sprache des ersuchten Staates abgefaßt oder ist es von einer Übersetzung in diese Sprache begleitet, so läßt die ersuchte Behörde, falls in dem Antrag ein dahingehender Wunsch ausgesprochen ist, das Schriftstück in der durch ihre innere Gesetzgebung für die Bewirkung gleichartiger Zustellungen vorgeschriebenen Form oder in einer besonderen Form, sofern diese ihrer Gesetzgebung nicht zuwiderläuft, zustellen. Ist ein solcher Wunsch nicht ausgesprochen, so wird die ersuchte Behörde zunächst die Übergabe nach den Vorschriften des Artikels 2 zu bewirken suchen.
(2) Die im vorstehenden Absatz vorgesehene Übersetzung ist von dem diplomatischen oder konsularischen Vertreter oder einem beeidigten Dolmetscher des ersuchenden oder ersuchten Staates zu beglaubigen.

Art. 4
Die Ausführung der in den Artikeln 1, 2, 3 vorgesehenen Zustellung kann nur abgelehnt werden, wenn der ersuchte Staat sie für geeignet hält, seine Hoheitsrechte oder seine Sicherheit zu gefährden.

Art. 5
(1) Der Nachweis der Zustellung erfolgt entweder durch ein mit Datum versehenes und beglaubigtes Empfangsbekenntnis des Empfängers oder durch ein Zeugnis der Behörde des ersuchten Staates, aus dem sich die Tatsache, die Form und die Zeit der Zustellung ergeben.
(2) Ist das zuzustellende Schriftstück in zwei gleichen Stücken übermittelt worden, so ist das Empfangsbekenntnis oder das Zeugnis auf eins der beiden Stücke zu setzen oder damit zu verbinden.

Art. 6
Jeder der beiden Staaten hat die Befugnis, Zustellungen an eigene Staatsangehörige, die sich im Gebiete des anderen Staates befinden, durch seine diplomatischen und konsularischen Vertreter ohne Anwendung von Zwang bewirken zu lassen.

(Art. 7–29 nicht abgedruckt).

Verordnung vom 31.5.1939 zur Ausführung des deutsch-griechischen Abkommens über die gegenseitige Rechtshilfe in Angelegenheiten des bürgerlichen und Handels-Rechts (RGBl. II, 847)

Art. 1. Zustellungsanträge und Rechtshilfeersuchen

§ 1
Für die Erledigung der in den Artikeln 1 und 7 des Abkommens vorgesehenen Angelegenheiten ist das Amtsgericht zuständig, in dessen Bezirk die Amtshandlung vorgenommen werden soll.

§ 2
Für die Übermittlung eines Zustellungsantrags oder eines Rechtshilfeersuchens durch den Konsul des Reichs beträgt die Gebühr 1,50 Reichsmark.

§ 3
Die für die Erhebung von Auslagen geltenden reichs- und landesrechtlichen Vorschriften finden auf die gemäß Artikel 25 Abs. 1 Sätze 2 und 3 des Abkommens von der ersuchten griechischen Behörde mitgeteilten Auslagen entsprechende Anwendung.

(Art. 2 nicht abgedruckt).

c) **Liechtenstein**: Vereinbarung zwischen der Regierung der Bundesrepublik Deutschland und der Regierung des Fürstentums Liechtensteins vom 17.2./29.5. 1958 über den unmittelbaren Geschäftsverkehr in Zivil- und Strafsachen zwischen den Justizbehörden der Bundesrepublik Deutschland und des Fürstentums Liechtenstein, in Kraft getreten am 22.5. 1958 (Bek. v. 25.3. 1959, BAnz.Nr. 73/59).

Die Botschaft der Bundesrepublik Deutschland beehrt sich..., der Gesandtschaft des Fürstentums Liechtenstein vorzuschlagen, in Rechtshilfeangelegenheiten gegenseitig den unmittelbaren Geschäftsverkehr zwischen den Justizbehörden der Bundesrepublik Deutschland und des Fürstentums Liechtenstein in dem gleichen Umfang zuzulassen, wie er zwischen den Justizbehörden der Bundesrepublik Deutschland und der Schweiz besteht.

...Auf Grund einer Note der Gesandtschaft des Fürstentums Liechtenstein vom 22. Mai 1958 ist das Politische Departement in der Lage, der Botschaft der Bundesrepublik Deutschland mitzuteilen, daß die Fürstliche Regierung bereit ist, der vorgeschlagenen Regelung in dem Sinne zuzustimmen, daß ab 22. Mai 1958 in Rechtshilfeangelegenheiten der direkte Geschäftsverkehr zwischen den Justizbehörden des Fürstentums Liechtenstein und der Bundesrepublik Deutschland in gleichem Umfang zugelassen sein wird, wie er bereits zwischen den Justizbehörden der Schweiz und der Bundesrepublik Deutschland besteht.

d) **Türkei**: Abkommen zwischen dem Deutschen Reich und der Türkischen Republik vom 29.5. 1929 über den Rechtsverkehr in Zivil- und Handelssachen (Gesetz vom 3.1. 1930, RGBl. II, 6), in Kraft getreten am 18.11. 1931 (Bek. v. 20.8. 1931, RGBl. II, 539).

Erster Abschnitt (nicht abgedruckt)

Zweiter Abschnitt

Rechtshilfe

Art. 9
(1) In Zivil- oder Handelssachen erfolgen die Zustellungen von Schriftstücken, die von den Behörden des einen Staates ausgehen und für eine im Gebiete des anderen Staates befindliche Person bestimmt sind, auf einen Antrag, der vom Konsul des ersuchenden Staates an die vom ersuchten Staat zu bezeichnende Behörde gerichtet wird. Der Antrag hat die Behörde, von der das übermittelte Schriftstück ausgeht, den Namen sowie die Stellung der Parteien, die Anschrift des Empfängers und die Art des in Rede stehenden Schriftstücks anzugeben und ist in der Sprache des ersuchten Staates abzufassen. Eine nach Maßgabe des Artikel 4 Abs. 2b beglaubigte Übersetzung des zuzustellenden Schriftstücks ist dem Antrag beizufügen.

(2) Die Behörde, an die der Antrag gerichtet ist, hat dem Konsul die Urkunde zu übersenden, die die Zustellung nachweist oder die den die Zustellung hindernden Umstand angibt. Im Falle ihrer örtlichen Unzuständigkeit hat sie den Antrag von Amts wegen an die zuständige Behörde abzugeben und den Konsul hiervon unverzüglich zu benachrichtigen.

Art. 10
(1) Für die Zustellung hat die zuständige Behörde des ersuchten Staates Sorge zu tragen. Diese Behörde kann sich, abgesehen von den in Abs. 2 vorgesehenen Fällen, darauf beschränken, die Zustellung durch Übergabe des Schriftstücks an den Empfänger zu bewirken, sofern er zur Annahme bereit ist.
(2) Auf Antrag der ersuchenden Behörde hat die ersuchte Behörde das zuzustellende Schriftstück in der durch ihre innere Gesetzgebung für die Bewirkung gleichartiger Zustellungen vorgeschriebenen Form oder in einer besonderen Form zuzustellen, sofern diese ihrer Gesetzgebung nicht zuwiderläuft.

Art. 11
Der Nachweis der Zustellung erfolgt entweder durch eine mit Datum versehene und beglaubigte Empfangsbestätigung des Empfängers oder durch ein Zeugnis der Behörde des ersuchten Staates, aus dem sich die Tatsache, die Form und die Zeit der Zustellung ergibt.

Art. 12
(1) In Zivil- oder Handelssachen kann sich die Gerichtsbehörde des einen Staates gemäß den Vorschriften ihrer Gesetzgebung mittels Rechtshilfeersuchens an die zuständige Behörde des anderen Staates wenden, um die Vornahme einer Prozeßhandlung oder anderer gerichtlicher Handlungen innerhalb ihres Geschäftskreises nachzusuchen.
(2) Das Rechtshilfeersuchen wird durch den Konsul des ersuchenden Staates der von dem ersuchten Staate zu bezeichnenden Behörde übermittelt. Eine Übersetzung in die Sprache des ersuchten Staates ist beizufügen; diese ist durch einen diplomatischen oder konsularischen Vertreter des ersuchenden Staates oder durch einen beeidigten Dolmetscher des ersuchenden oder ersuchten Staates zu beglaubigen.
(3) Die Behörde, an die das Rechtshilfeersuchen gerichtet ist, hat dem Konsul die Urkunde zu übersenden, aus der sich die Erledigung des Ersuchens oder die die Erledigung hindernden Umstände ergeben. Im Falle ihrer örtlichen Unzuständigkeit hat sie das Ersuchen von Amts wegen an die zuständige Behörde abzugeben und den Konsul hiervon unverzüglich zu benachrichtigen.

Art. 13
(1) Die Gerichtsbehörde, an die das Rechtshilfeersuchen gerichtet ist, ist verpflichtet, ihm zu entsprechen, und hat dabei dieselben Zwangsmittel anzuwenden wie bei der Erledigung eines Ersuchens der Landesbehörden. Zwangsmittel brauchen nicht angewendet zu werden, wenn es sich um das persönliche Erscheinen der streitenden Parteien handelt.
(2) Die ersuchte Behörde hat bei Erledigung des Rechtshilfeersuchens in Ansehung der zu beobachtenden Form die Gesetze ihres Landes anzuwenden. Indessen ist dem Antrag der ersuchenden Behörde, nach einer besonderen Form zu verfahren, zu entsprechen, wenn diese Form der Gesetzgebung des ersuchten Staates nicht zuwiderläuft.
(3) Die ersuchende Behörde ist auf ihr Verlangen von Zeit und Ort der Erledigung des Ersuchens zu benachrichtigen, damit die interessierte Partei in die Lage versetzt wird, dabei zugegen zu sein.

Art. 14
Alle Schwierigkeiten, die etwa aus Anlaß eines Zustellungsantrags des Konsuls oder eines

durch ihn übermittelten Rechtshilfeersuchens entstehen, werden auf diplomatischem Wege geregelt.

Art. 15
Die Erledigung eines Zustellungsantrages oder eines Rechtshilfeersuchens kann abgelehnt werden, wenn der Staat, in dessen Gebiet die Erledigung stattfinden soll, sie für geeignet hält, seine Hoheitsrechte, seine Sicherheit oder die öffentliche Ordnung zu gefährden. Die Erledigung von Ersuchen kann ferner abgelehnt werden, wenn die Echtheit der Urkunde nicht festgestellt ist oder wenn im Gebiete des ersuchten Staates die Erledigung des Ersuchens nicht in den Bereich der Gerichtsgewalt fällt.

Art. 16
(1) Für die Erledigung von Zustellungsanträgen und von Rechtshilfeersuchen dürfen Gebühren und Auslagen irgendwelcher Art nicht erhoben werden.
(2) Indessen kann der ersuchte Staat von dem ersuchenden die Erstattung von Zeugen- und Sachverständigengebühren verlangen sowie derjenigen Auslagen, die durch die Mitwirkung eines Vollziehungsbeamten entstehen, wenn eine solche dadurch notwendig wird, daß Zeugen freiwillig nicht erscheinen; endlich derjenigen Auslagen, die gegebenenfalls infolge Anwendung einer besonderen Form bei Erledigung der Zustellungen oder Rechtshilfeersuchen erforderlich werden.

Art. 17
(1) Jeder der beiden Staaten hat die Befugnis, Zustellungen an eigene Staatsangehörige, die sich in dem Gebiete des anderen Staates befinden, durch seine diplomatischen oder konsularischen Vertreter ohne Anwendung von Zwang bewirken zu lassen.
(2) Das gleiche gilt für die Erledigung von Rechtshilfeersuchen.
(3) Ergeben sich bei Anwendung dieses Artikels Schwierigkeiten, so wird gemäß Artikel 9 und 12 verfahren.

§ 200 [Zustellung an exterritoriale Deutsche]

(1) **Zustellungen an Deutsche, die das Recht der Exterritorialität genießen, erfolgen, wenn sie zur Mission des Bundes gehören, mittels Ersuchens des Bundeskanzlers.**
(2) **Zustellungen an die Vorsteher der Bundeskonsulate erfolgen mittels Ersuchens des Bundeskanzlers.**

Gesetzesgeschichte: Bis 1900 § 183 CPO. Änderungen vom 13.5.1924, RGBl. I, 437 (→ Einl. Rdnr. 123) und vom 20.9.1950, BGBl., 533 (→ Einl. Rdnr. 148).

Stichwortverzeichnis → *Zustellungsschlüssel* in Rdnr. 65 vor § 166.

I. Exterritoriale Deutsche (Abs. 1)	1	III. Exterritoriale Ausländer	4
II. Vorsteher der Bundeskonsulate (Abs. 2)	2		

I. Exterritoriale Deutsche (Abs. 1)

§ 200 Abs. 1 betrifft nur die zu einer Mission des Bundes gehörenden deutschen Exterritorialen. Es handelt sich um den in → § 15 Rdnr. 3 genannten Personenkreis. Entgegen dem

Wortlaut von Abs. 1 bedarf es eines Ersuchens an den Bundesminister des Auswärtigen (§ 14 Abs. 1 ZRHO). Die Nennung des Bundeskanzlers durch die Novelle 1950 (→ Einl. Rdnr. 148) entspricht lediglich dem damaligen Aufbau und der Geschäftsverteilung der Bundesregierung. Damit sollte aber nicht die Zuständigkeit des Bundeskanzlers im prozeßrechtlichen Sinn begründet und diejenige des Bundesministers des Auswärtigen abgeschafft werden. Deshalb ist der letztere mit der Wiederbestellung seiner alten Funktionen in § 200 Abs. 1 und Abs. 2 ohne weiteres an die Stelle des Bundeskanzlers getreten. Für die betreffenden Personen (→ § 15 Rdnr. 3) ist es gleichgültig, ob sie Beklagte oder Kläger des Rechtsstreits sind. Nach der ersten Zustellung nach § 200 Abs. 1 gelten § 174 Abs. 2, § 175[1].

II. Vorsteher der Bundeskonsulate (Abs. 2)

2   In gleicher Weise wie in Abs. 1 sind im Bereich des Abs. 2 Zustellungen an die Vorsteher der deutschen Konsulate (Berufs- und Wahlkonsule) stets durch den Bundesminister des Auswärtigen zu vermitteln. Auf eine etwaige Exterritorialität dieses Personenkreises im Ausland kommt es nicht an. Nach § 14 Abs. 2 ZRHO ist für die Zustellung an untergebene Konsulatsbeamte, deutsche Konsulatsangestellte, deren Familienmitglieder und deutsche Bedienstete ebenfalls die Vermittlung des Auswärtigen Amtes zu erbitten.

3   Die Konsule auswärtiger Mächte sind nach § 19 GVG grundsätzlich von der deutschen Gerichtsbarkeit befreit. Die weitgehenden Ausnahmen von dieser persönlichen Befreiung sind in der → Einl. Rdnr. 658 dargestellt.

III. Exterritoriale Ausländer

4   An Ausländer, die von der deutschen Gerichtsbarkeit befreit sind (→ Einl. Rdnr. 655 ff.), kann an sich überhaupt nicht zugestellt werden (→ Einl. Rdnr. 679). Doch kann der Gerichtsfreie die Zustellung ausdrücklich oder stillschweigend gestatten. In einer Unterwerfung unter die deutsche Gerichtsbarkeit (→ Einl. Rdnr. 662) liegt regelmäßig zugleich der Verzicht auf die privilegierte Stellung hinsichtlich der Zustellung. Auch wenn eine Zustellung sonach in Frage kommt, muß ggf. die etwaige Unverletzlichkeit der Amts- oder Wohnräume des Zustellungsadressaten beachtet werden. Doch kann auch insoweit eine Unterwerfung vorliegen. Einzelheiten ergeben sich aus Art. 22 Abs. 1, Art. 30 Abs. 1 des Wiener Übereinkommens über diplomatische Beziehungen vom 18.4.1961 (BGBl. 1964 II, 958, Text → Einl. Rdnr. 656) und aus Art. 43 Abs. 1 des Wiener Übereinkommens über konsularische Beziehungen vom 24.4.1963 (BGBl. 1969 II, 1587, → Text Einl. Rdnr. 658). Aus den genannten Gründen konnte in einer Schadensersatzklage wegen des Reaktorunglücks in Tschernobyl gegen die vormalige UdSSR auch nicht gegen den sowjetischen Botschafter in Bonn zugestellt werden[2]. Eine Zustellung an den Botschafter war nur möglich, wenn der Heimatstaat gemäß Art. 32 des Wiener Übereinkommens vom 18.4.1961 auf die Immunität des Botschafters verzichtete[3]. Die Zustellung konnte nach Art. 1 Abs. 3 des Haager Übereinkommens 1954 nur auf diplomatischem Wege geschehen. Es mußte die Klage über die Deutsche Botschaft in Moskau über das sowjetische Außenministerium an die für die Zustellung zuständige sowjetische Behörde geleitet werden. Eine Zustellung wäre hier wohl voraussichtlich nach Art. 4 des Haager Übereinkommens 1954 gescheitert, so daß § 203 Abs. 2 zur Anwendung kommen konnte[4]. Die öffentliche Zustellung durfte bewilligt werden, weil die beanspruchte Staatenimmunität wenigstens zweifelhaft war[5].

---

[1] *OLG Köln* MDR 1986, 243, 244.
[2] *Mansel* IPRax 1987, 210 f.
[3] *Mansel* IPRax 1987, 210, 211; *v. Schönfeld* NJW 1986, 2980, 2984.
[4] Zutr. *Mansel* IPRax 1987, 210, 212.
[5] Anders als *LG Bonn* IPRax 1987, 231 hat entschieden *OLG Köln* IPRax 1987, 233.

Liegt eine Unterwerfung nicht vor, so kommt nach § 203 Abs. 3 nur eine öffentliche 5
Zustellung in Betracht⁶. Solange das Fehlen der deutschen Gerichtsbarkeit nicht feststeht,
darf eine Klage zugestellt und Termin zur abgesonderten Verhandlung über diese Frage
anberaumt werden. Erst auf diese Weise erhält die betreffende Person Kenntnis von der Klage
und kann sich darüber schlüssig werden, ob sie auf die Befreiung ggf. verzichten will⁷. Zu
Klagen gegen fremde Staaten → Einl. Rdnr. 660 ff., → § 203 Rdnr. 13.

Deutsche Bedienstete oder Hausgenossen eines gerichtsfreien Ausländers unterliegen der 6
deutschen Gerichtsbarkeit. Da aber der Gerichtsvollzieher bei Zustellungen an sie die Amts-
räume oder die Wohnung des gerichtsfreien Ausländers nicht betreten darf, ist gleichwohl
dessen Zustimmung erforderlich. Wenn sie nicht erteilt wird, ist nach § 203 Abs. 3 öffentlich
zuzustellen (→ § 203 Rdnr. 17).

§ 201 [aufgehoben]

Gesetzesgeschichte: Bis 1900 § 184 CPO. Gegenstand der Regelung war die Zustellung an Truppen-
teile im Ausland und dgl. Sie wurde ersetzt durch die Wehrmacht-Zustellungsverordnung vom 13.3.1940
(RGBl. I 501), die durch Art. III des KontrRG Nr. 34 aufgehoben wurde (→ Einl. Rdnr. 143).

§ 202 [Ersuchungsschreiben, Nachweis der Auslandszustellung]

(1) Die erforderlichen Ersuchungsschreiben werden von dem Vorsitzenden des Prozeßgerichts erlassen.
(2) Die Zustellung wird durch das schriftliche Zeugnis der ersuchten Behörde oder Beamten, daß die Zustellung erfolgt sei, nachgewiesen.

Gesetzesgeschichte: Bis 1900 § 185 CPO.

Stichwortverzeichnis → *Zustellungsschlüssel* in Rdnr. 65 vor § 166.

I. Anwendungsbereich; Form	1	IV. Nachweis (Abs. 2)		
II. Zuständigkeit	2		1. Schriftliches Zeugnis	5
III. Ersuchungsschreiben	3		2. Beweiskraft	6
			3. Empfangsbekenntnis	7
			4. Inhaltliche Anforderungen; Ver-	
			bleib der Urkunde	8

I. Anwendungsbereich; Form

§ 202 betrifft die Ersuchen um Zustellung im Ausland nach § 199, an deutsche Exterritoria- 1
le und an Vorsteher von Bundeskonsulaten (§ 200 Abs. 1 und 2). Das Ersuchen wird in
Urschrift und nicht etwa in Ausfertigung oder beglaubigter Abschrift der Originalverfügung
übermittelt. Dem Antrag müssen die erforderlichen Urkunden in Ausfertigung oder beglau-

---

⁶ *Zöller/Geimer*¹⁸ Rdnr. 2; *MünchKommZPO/v. Feldmann* (1992) Rdnr. 2; a.A. *Riezler* IZVR (1949), 385.
⁷ Zutr. *LG Hamburg* NJW 1986, 3034; *Pfenning*, 110 f.;
Linke IZVR (1990) Rdnr. 69; *Schack* IZVR (1991)
Rdnr. 160; weiter *Damian* Staatenimmunität und Ge-
richtszwang (1985), 198; *Hess* RIW 1989, 254, 255.

bigter Abschrift beigefügt werden. Die Partei hat ggf. einen Anspruch auf Zustellung im Rechtshilfeweg nach § 199 anstelle des Weges nach § 175[1].

II. Zuständigkeit

2   Der Vorsitzende des Prozeßgerichts ist zum Erlaß des Ersuchungsschreibens nach Abs. 1 zuständig[2]. Gemeint ist der Vorsitzende der betreffenden Kammer oder des jeweiligen Senats. Wenn der Prozeß einem Einzelrichter nach § 348 übertragen ist, so erläßt dieser das Ersuchungsschreiben. Bei dem Amtsgericht ist der entscheidende Richter zuständig. Prozeßgericht ist jeweils das Gericht, bei dem der Rechtsstreit anhängig ist oder anhängig werden soll[3]. Die Grenzen des Rechtszuges ergeben sich aus den Ausführungen zu → § 176 Rdnr. 8ff. Der Rechtszug umfaßt auch die Zustellung des ihn abschließenden Urteils[4] und alle danach bis zur Einlegung des Rechtsmittels etwa notwendig werdenden Zustellungen[5]. Im selbständigen Beweisverfahren ist das angerufene Gericht Prozeßgericht (§ 486 Abs. 1); im Vollstreckungsverfahren ist es das Vollstreckungsgericht. Für die Zustellung einer notariellen Urkunde gelten die Ausführungen zu → § 797 Rdnr. 28. Wenn das Verfahren insgesamt dem Rechtspfleger übertragen ist, so ist er nach § 4 Abs. 1 RpflG auch für das Ersuchungsschreiben zuständig[6].

III. Ersuchungsschreiben

3   Das Ersuchungsschreiben des Vorsitzenden wird bei dem Ersuchen um Zustellung im Ausland über die Prüfstelle geleitet (→ § 199 Rdnr. 58f.). Bei der Auswahl der Zustellungswege (→ § 199 Rdnr. 56) ist die ZRHO zu beachten. Die Justizverwaltung ist berechtigt, Ersuchungsschreiben nicht weiterzuleiten. Der Vorsitzende kann im Ablehnungsfall das Ersuchen nicht ohne Rücksicht auf die Prüfstelle erlassen[7]. Eine unmittelbare telegraphische Übermittlung ist nicht unwirksam[8].

4   Bei Zustellungen im Ausland ist gemäß § 274 Abs. 3 S. 3 die Einlassungsfrist besonders zu bestimmen. Ebenso liegt es bei der Einspruchsfrist des § 339 Abs. 2 (→ § 175 Rdnr. 11). Zu beachten ist insbesondere auch § 313a Abs. 2 Nr. 4, wenn das Urteil im Ausland geltend gemacht werden soll. Das gleiche gilt nach § 313b Abs. 3 für Versäumnis- oder Anerkenntnisurteile. Die Unterzeichnung allein bewirkt die Zustellung selbstverständlich noch nicht[9].

IV. Nachweis (Abs. 2)

1. Schriftliches Zeugnis

5   Der Zustellungsnachweis wird nach Abs. 2 in der Regel durch das schriftliche Zeugnis der ersuchten Behörde (→ § 199 Rdnr. 63) geführt[10], daß die Zustellung erfolgt sei. Dieses Erfordernis meint, daß eine Übergabe oder ein ihr nach dem maßgebenden Recht (→ § 187 Rdnr. 28, 27) gleichwertiger Akt stattgefunden habe. Art. 6 Abs. 1 und 2 des Haager Zustellungsübereinkommens 1965 legt die erforderlichen Angaben nach einem zu verwendenden Muster fest (Muster ZRH 1, § 79a ZRHO)[11]. Nach Art. 5 Abs. 1 des Haager Übereinkommens

---

[1] *LG Berlin* NJW 1989, 1434; *Hök* JurBüro 1989, 1217, 1220.
[2] Dazu etwa DIV Gutachten ZfJ 1989, 192, 193 (Kanada).
[3] *OLG Breslau* OLGRsp 33, 101 f.
[4] *RGZ* (VZS) 41, 426, 427; → § 176 Rdnr. 9.
[5] *RGZ* (VZS) 68, 247, 250ff.; → § 176 Rdnr. 11.
[6] *Baumbach/Lauterbach/Hartmann*[51] Rdnr. 1; ferner *Hansens* Rpfleger 1991, 133, 136.
[7] A.A. *Puttfarken* NJW 1988, 2155, 2157.
[8] *RGZ* 14, 335, 337.
[9] *BGH* NJW 1989, 1432, 1433 li. Sp.
[10] Dazu *BGH* FamRZ 1988, 827 re. Sp.
[11] Abgedruckt im Anhang nach § 100 ZRHO.

1954 muß sich aus dem Zeugnis die »Tatsache, die Form und die Zeit der Zustellung« ergeben. Vergleichbar verhält es sich mit Art. 3 g S. 2 des deutsch-britischen Abkommens (→ Text § 199 Rdnr. 79) und Art. 11 des deutsch-türkischen Abkommens (Text → § 199 Rdnr. 82). Das Zeugnis wird von der ersuchten Behörde und nicht von dem Zustellungsorgan erteilt[12]. Im Anwendungsbereich der Haager Abkommen und der anderen Verträge wird das Zeugnis also nur von der ausländischen Behörde selbst ausgestellt und nicht von dem die Übermittlung des Ersuchens betreibenden Konsul (→ § 199 Rdnr. 50). Nach Art. 6 des Haager Zustellungsübereinkommens 1965 wird das Zeugnis von der Zentralen Behörde oder von einer hierzu bestimmten Behörde ausgestellt. Soweit der Konsul die Zustellung selbst bewirkt hat → § 199 Rdnr. 51, stellt er auch selbst das Zustellungszeugnis aus. Das Zeugnis eines Generalkonsulats, das sich auf die bloße Aussage beschränkt, ein Schriftstück sei dem Empfänger im Amtsbezirk an einem bestimmten Tag zugestellt worden, ist als Nachweis einer wirksamen Zustellung nicht ausreichend. Es fehlen nämlich die erforderlichen Angaben über die Form der Zustellung und die Person des Empfängers des zuzustellenden Schriftstückes[13]. Die Postzustellungsurkunde ist im internationalen Rechtshilfeverkehr nicht als Zustellungsnachweis zu verwenden (§ 74 Abs. 1 ZRHO).

2. Beweiskraft

Das Zustellungszeugnis hat die Beweiskraft einer öffentlichen Urkunde nach § 418. Bewiesen wird aber nicht stets die Übergabe[14]. Auch eine nach dem anwendbaren ausländischen Recht (→ § 187 Rdnr. 28, 27) mögliche Ersatzzustellung durch Niederlegung oder eine vergleichbare Fiktion kann eine wirksame Zustellung sein. Im Anwendungsbereich von Art. 6 des Haager Zustellungübereinkommens 1965 wird nach Muster ZRH 1 z. B. etwa bescheinigt, daß der Antrag in einer der gesetzlichen Formen des Art. 5 Abs. 1 Buchst. a erledigt worden ist. Das Gericht überprüft nicht, ob die maßgebenden ausländischen Vorschriften richtig angewendet worden sind[15]. Doch ist der Gegenbeweis nach § 418 Abs. 2 zulässig, daß eine Vorschrift des ausländischen Rechts verletzt ist. Der Nachweis der Zustellung ist ein Ersatz für § 190. Wenn bewiesen werden kann, daß die Zustellung nach ausländischem Recht unwirksam ist, so ist gleichwohl eine Heilung nach den Grundsätzen von → oben § 187 Rdnr. 29 möglich. Vom Standpunkt des deutschen Rechts aus liegt keine wirksame Zustellung vor, wenn dem Adressaten der Inhalt des Schriftstückes lediglich eröffnet, das Schriftstück aber nicht ausgehändigt wird[16]. Für den Beweis der Echtheit sind die §§ 437, 438 maßgebend. Eine telegraphische Übermittlung des Zeugnisses ist statthaft[17]. Das Zustellungszeugnis hat keine konstitutive Wirkung. Vielmehr kommt ihm lediglich eine Nachweisfunktion zu[18].

6

3. Empfangsbekenntnis

Bei Zustellungen z. B. nach den Haager Abkommen 1905 und 1954 genügt anstelle des Zeugnisses auch ein mit Datum versehenes beglaubigtes Empfangsbekenntnis[19] (Art. 5 des

7

---

[12] Dazu *BGH* FamRZ 1988, 827 re. Sp.; *BayObLG* BayJMBl 1981, 63 (LS).
[13] *FG Düsseldorf* EFG 1988, 267.
[14] A. A. *Zöller/Stöber*[18] Rdnr. 2; *Baumbach/Lauterbach/Hartmann*[51] Rdnr. 2.
[15] *MünchKommZPO/v. Feldmann* (1992) Rdnr. 2; ferner *OLG Hamburg* ZZP 32 (1904), 339, 341.
[16] *OLG Colmar* OLGRsp 13, 126; *MünchKommZPO/*

v. Feldmann (1992) Rdnr. 2; *Baumbach/Lauterbach/Hartmann*[51] Rdnr. 2; → § 203 Rdnr. 15 a. E.
[17] *RGZ* 14, 335.
[18] BGHZ 65, 291, 295 (zum Haager Übereinkommen 1954); *OLG Frankfurt a. M.* RIW 1991, 417, 418 (zum Haager Zustellungsübereinkommen 1965).
[19] Dazu *Zöller/Stöber*[18] Rdnr. 2.

Übereinkommens 1905; Art. 5 des Haager Übereinkommens 1954). Das gleiche gilt nach Art. 11 des Vertrages mit der Türkei (Text → § 199 Rdnr. 82).

4. Inhaltliche Anforderungen; Verbleib der Urkunde

8   Das Zeugnis (→ Rdnr. 5) oder Empfangsbekenntnis (→ Rdnr. 7) muß den Beweis der Identität des zugestellten Schriftstücks erbringen. Daher ist es entweder genügend zu bezeichnen, oder es muß mit der Urschrift verbunden werden (§ 78 ZRHO). So sieht es Art. 5 Abs. 2 des Haager Übereinkommens 1954 vor. Für das Haager Zustellungsübereinkommen 1965 ordnet § 78 ZRHO Entsprechendes an.

9   Bei der Zustellung im Parteibetrieb erhält der Antragsteller die Zustellungsurkunde. Im Falle der Amtszustellung bleibt die Urkunde bei den Gerichtsakten. Nach Art. 6 Abs. 4 des Haager Zustellungsübereinkommens 1965 wird das Zeugnis der ersuchenden Stelle unmittelbar zugesandt.

§ 203   [Öffentliche Zustellung, Zulässigkeit]

(1) Ist der Aufenthalt einer Partei unbekannt, so kann die Zustellung durch öffentliche Bekanntmachung erfolgen.

(2) Die öffentliche Zustellung ist auch dann zulässig, wenn bei einer im Ausland zu bewirkenden Zustellung die Befolgung der für diese bestehenden Vorschriften unausführbar ist oder keinen Erfolg verspricht.

(3) Das gleiche gilt, wenn die Zustellung aus dem Grunde nicht bewirkt werden kann, weil die Wohnung einer nach den §§ 18 bis 20 des Gerichtsverfassungsgesetzes der Gerichtsbarkeit nicht unterworfenen Person der Ort der Zustellung ist.

Gesetzesgeschichte: Bis 1900 § 186 CPO. Abs. 3 eingefügt durch Gesetz vom 17.5.1898, RGBl. 262, → Einl. Rdnr. 113, und geändert durch Gesetz vom 3.12.1976, BGBl. I 3281.

Stichwortverzeichnis → *Zustellungsschlüssel* in Rdnr. 65 vor § 166.

I. Zustellungsfiktion; Verfassungsrecht	1	IV. Zustellung im Ausland (Abs. 2)	
		1. Normzweck	13
II. Unbekannter Aufenthalt (Abs. 1)		2. Unausführbarkeit	14
1. Normzweck	4	3. Erfolglosigkeit	15
2. Zustellung an die Partei	5	4. Rechtliches Gehör	16
3. Unbekannter Aufenthalt		V. Exterritoriale Wohnung (Abs. 3)	17
a) Nachweis	6	VI. Gebundene Entscheidung des Gerichts (Abs. 2 und 3)	18
b) Ermittlungen von Amts wegen	7		
c) Erschlichene öffentliche Zustellung	8	VII. Sachlicher und personeller Anwendungsbereich	19
III. Pflichtgemäßes gerichtliches Ermessen	9	VIII. Zwangsversteigerung; Zwangsverwaltung	22

I. Zustellungsfiktion; Verfassungsrecht

1   Die in §§ 203–206 geregelte Zustellung durch öffentliche Bekanntmachung (öffentliche Zustellung) ist eine Zustellungsfiktion. Da eine Zustellung im Wege der Übergabe fehlt, ist die

öffentliche Zustellung ultima ratio und nur zu rechtfertigen, wenn eine andere Art der Zustellung aus sachlichen Gründen nicht oder nur schwer durchzuführen ist. In der voreiligen oder irrigen Heranziehung der §§ 203 ff. ZPO liegt ein Verstoß gegen Art. 103 Abs. 1 GG, da die Vorschriften über die Zustellung (auch) der Verwirklichung des rechtlichen Gehörs dienen[1].

Eine analoge Anwendung des § 203 etwa auf den Fall, daß im Inland eine Zustellung nicht ausführbar ist, ist nach dem Gesagten ausgeschlossen[2]. Die Voraussetzungen der öffentlichen Zustellung, die in manchen weiteren Vorschriften erwähnt werden, liegen nur in den vier in § 203 genannten Fällen vor. § 203 unterscheidet zwischen der öffentlichen Zustellung an eine Person mit unbekanntem Aufenthalt (Abs. 1)(→ Rdnr. 4ff.), der Zustellung im Ausland (Abs. 2)(→ Rdnr. 13ff.) sowie in der Wohnung einer von der deutschen Gerichtsbarkeit ausgenommenen Person (Abs. 3)(→ Rdnr. 17). 2

Aus Art. 36 Abs. 1 ZusatzAbk zum NATO-Truppenstatut ergibt sich die Unzulässigkeit der öffentlichen Zustellung an Mitglieder der NATO-Streitkräfte, eines zivilen Gefolges sowie an Angehörige[3]. Aus Art. 32 folgt die Notwendigkeit der Einschaltung von Verbindungsstellen bei Zustellungen an diese Personen (näher → Einl. Rdnr. 666 [Text] und Rdnr. 668 [Erläuterung]). 3

II. Unbekannter Aufenthalt (Abs. 1)

1. Normzweck

Der Regelung des Abs. 1 liegt der Gedanke zugrunde, daß Personen, die sich aus ihrem bisherigen Lebenskreis entfernen, ohne für ein Bekanntwerden ihres neuen Aufenthaltsortes zu sorgen, mit Bewilligung der öffentlichen Zustellung rechnen müssen. Allerdings ist die Vorschrift weder nach Wortlaut noch Sinn darauf beschränkt, daß der Aufenthalt freiwillig aufgegeben wurde[4]. Ansonsten würde der Justizgewährungsanspruch des Klägers verletzt. Immerhin hat das Gericht aber bei der Ausübung seines pflichtgemäßen richterlichen Ermessens den Grundgedanken des Abs. 1 angemessen zu berücksichtigen (→ Rdnr. 9). Es wird also in der Regel nicht angebracht sein, Personen die Nachteile des § 203 aufzuerlegen, die infolge von Kriegs- oder politischen Ereignissen und damit ohne eigenes vorwerfbares Handeln, die Verbindung mit Heimat, Angehörigen oder Bekannten verloren haben. Natürlich vermag andererseits etwa der Beitritt zur Fremdenlegion die Anwendbarkeit des § 203 nicht auszuschließen. 4

2. Zustellung an die Partei

Der unbekannte Aufenthalt einer Partei als Voraussetzung der öffentlichen Zustellung ist nur dann ausreichend, wenn ihr selbst zugestellt werden muß. Da die in §§ 171, 173, 175, 176 aufgeführten Personen anstelle der Partei Zustellungsadressaten werden (→ § 171 Rdnr. 2), ist die öffentliche Zustellung ausgeschlossen, wenn die betreffende Partei zur Zeit der Anbringung des Antrags nach § 204 einen gesetzlichen Vertreter, Generalbevollmächtigten, Prokuristen oder Prozeßbevollmächtigten (§ 176) hat, deren Bestellung und Aufenthaltsort bekannt sind[5]. Für den unbekannten Aufenthalt des Prozeßbevollmächtigten gilt § 177. Die 5

---

[1] BVerfGE 67, 206, 211 (Planfeststellungsbeschluß); BVerfG NJW 1988, 2361; BGH NJW 1992, 2280, 2281; 1978, 1858; OLG Köln FamRZ 1985, 1278, 1279; auch AG Landstuhl FamRZ 1993, 212, 213.
[2] So auch OLG Hamburg SeuffArch 74, 168 (besetzte Gebiete).
[3] Dazu AG Landstuhl FamRZ 1993, 212, 213.
[4] OLG Köln JMBlNRW 1950, 241, 242.
[5] A. A. LG Freiberg SächsArch 3, 631 (wegen der Möglichkeit des Widerrufs der Generalvollmacht).

öffentliche Zustellung scheidet daher auch dann aus, wenn der Partei ein Abwesenheitspfleger nach § 1911 BGB bestellt ist[6]. Die Möglichkeit, den Abwesenden selbst zu verklagen (→ § 53 Rdnr. 11), beschränkt sich also auf die Fälle, in denen eine Zustellung an einen Bevollmächtigten (→ § 173 Rdnr. 1) nach § 173 und § 178 (→ § 178 Rdnr. 4) nicht möglich ist. Die öffentliche Zustellung kann andererseits nicht deshalb abgelehnt werden, weil der Gegner die Bestellung eines Abwesenheitspflegers herbeiführen könnte. Muß die Zustellung nach den §§ 171, 173, 175 f., 178 an den gesetzlichen Vertreter oder Prozeßbevollmächtigten bewirkt werden, so ist bei unbekanntem Aufenthalt des Prozeßbevollmächtigten nach § 177, bei demjenigen des gesetzlichen Vertreters nach § 203 zu verfahren.

3. Unbekannter Aufenthalt

a) Nachweis

6 Unabdingbare Voraussetzung des Abs. 1 ist der unbekannte Aufenthalt. Dem steht eine »Vielzahl oder die Unüberschaubarkeit des Kreises der Betroffenen« nicht gleich[7]. Das Gericht entscheidet über das Vorliegen dieser Voraussetzungen nach freier Überzeugung (→ § 204 Rdnr. 6) nach den Grundsätzen der Prüfung von Amts wegen. Der Antragsteller hat nachzuweisen, daß der Aufenthalt unbekannt ist. Die Anforderungen sind streng. So muß die Partei alle nach Sachlage möglichen und geeigneten Nachforschungen nach dem Aufenthalt einschließlich privater Bemühungen vorgenommen haben[8]. Doch ist es zu weitgehend, auch eigene Nachforschungen bei Wohnungsgebern, Nachbarn und Bekannten zu verlangen[9]. Vielmehr genügt es in aller Regel, wenn Nachforschungen bei dem zuständigen Einwohneramt und der zuletzt zuständigen Postdienststelle ergebnislos verlaufen sind und Zustellungen mit dem Vermerk »Empfänger unbekannt« zurückgelangen[10]. Der Aufenthalt ist aber wohl nicht mehr unbekannt, wenn dem Zustellungsveranlasser ein nicht ständiger Aufenthalt bekannt wird, obgleich sich der Adressat nach Auskunft des Einwohnermeldeamts nach unbekannt abgemeldet hat.

b) Ermittlungen von Amts wegen

7 Wird die Zustellung von Amts wegen bewirkt, so sind Ermittlungen von Amts wegen erforderlich[11]. Für die zu treffenden erforderlichen Feststellungen gelten nicht die Regeln des Freibeweises (→ Rdnr. 97 vor § 128). Nicht ausreichend ist die bloß subjektive Unkenntnis der betreibenden Partei[12]. Der Aufenthalt ist bekannt, wenn unter der Anschrift von Angehörigen Erreichbarkeit besteht[13]. Die Behauptungen der betreibenden Partei bilden für sich allein noch keine hinreichende Grundlage zur Feststellung der Unbekanntheit des Aufenthaltes. Andererseits ist es auch nicht erforderlich, daß der Aufenthalt niemandem bekannt ist. Z.B. schadet nicht die Kenntnis von unbekannten Angehörigen des Staatssicherheitsdienstes der (ehemaligen) DDR von dem Aufenthaltsort des verhafteten Betroffenen[14]. Ein beibehal-

---

[6] *OLG Karlsruhe* SeuffArch 53, 340.
[7] Zu großzügig die (wohl unbedachte) Formulierung von *BVerfG* NJW 1988, 2361 und im Anschluß daran *BGH* NJW 1992, 2280, 2281.
[8] *OLG Stuttgart* FamRZ 1991, 342; *Die Justiz* 1986, 486; auch *AG Landstuhl* FamRZ 1993, 212, 213.
[9] Insoweit a. A. *OLG Stuttgart* Die Justiz 1986, 486.
[10] *BGH* VersR 1987, 986; *LG Berlin* NJW-RR 1991, 1152; ferner zu den bestehenden Ermittlungspflichten *OLG Stuttgart* HEZ 2, 51, 53 (Litauen); *LAG Berlin* AP § 203 ZPO Nr. 1.
[11] *BayObLG* Rpfleger 1978, 446, 447 m. Nachw.
[12] *RGZ* 59, 259, 263; *OLG Stuttgart* Die Justiz 1986, 486; *OLG Celle* MDR 1947, 239; *OLG Dresden* DRZ 1947, 96; *Finger* NJW 1985, 2684.
[13] *OLG Nürnberg* FamRZ 1960, 204, 205.
[14] *OLG Koblenz* NJW 1953, 1797; auch *OLG Celle* OLGRsp 7, 407 f.

tener Wohnsitz steht nicht entgegen, sofern eine Zustellung nach §§ 171f. gleichwohl nicht ausführbar ist.

c) Erschlichene öffentliche Zustellung

Hat die Partei die Zustellung zweifelsfrei durch wissentlich falsches Vorbringen erschlichen, so ist eine bewilligte öffentliche Zustellung ungültig[15]. Der bei der Zustellung besonders wichtige Aspekt der Rechtssicherheit wird hier durch den im Zivilprozeß anwendbaren Grundsatz von Treu und Glauben (→ Einl. Rdnr. 242) ausnahmsweise überwunden. Die entgegenstehende Rechtsprechung des BGH ist abzulehnen, weil die Problematik auf die Ebene des materiellen Rechts verschoben und nur gegenüber der durch die Zustellung erreichten geltend gemachten Rechtsposition die Einrede der unzulässigen Rechtsausübung gewährt wird. Im laufenden Verfahren ist jedenfalls Wiedereinsetzung in den vorigen Stand zu gewähren[16]. 8

III. Pflichtgemäßes gerichtliches Ermessen

Im Falle des Abs. 1 steht die Bewilligung der öffentlichen Zustellung auch bei unbekanntem Aufenthalt im pflichtgemäßen Ermessen des Gerichts. In die Ermessensausübung einzustellen ist ein unfreiwilliges Unbekanntwerden des Aufenthaltsortes (→ Rdnr. 4). Das gilt insonderheit für Ehesachen[17]. Gleichwohl kann auch in derartigen Fällen die öffentliche Zustellung bewilligt werden (→ Rdnr. 4), wenn dadurch so wichtige Wirkungen herbeigeführt werden sollen, daß das Interesse des Abwesenden zurücktreten muß[18]. In diesem Falle setzt sich der Justizgewährungsanspruch des Klägers durch. 9

Die öffentliche Zustellung ist regelmäßig zu bewilligen, wenn sich – wie häufig – Anhaltspunkte dafür ergeben, daß sich jemand der Erforschung seines Aufenthalts entziehen will[19]. Eine Bewilligung kann wegen des fiktiven Charakters der öffentlichen Zustellung (→ Rdnr. 1) nicht schon deshalb ausgeschlossen sein, weil der Adressat keine Möglichkeit hat, von der Zustellung Kenntnis zu nehmen[20]. Freilich ist hier stets Vorsicht geboten. 10

Im Rahmen der Ermessensprüfung darf regelmäßig nicht auf bestehende Erfolgsaussichten eingegangen werden. Es gehört in diesem Verfahrensstadium nicht zu den richterlichen Aufgaben, etwa über die Erfolgsaussichten einer Klage zu befinden. Auch fehlen dazu regelmäßig die erforderlichen Unterlagen. Es kann daher die öffentliche Zustellung nicht mit der Erwägung abgelehnt werden, die erhobene Klage sei ohne weiteres unbegründet[21]. In vergleichbarer Weise ist es unzulässig, die Prüfung der Prozeßvoraussetzungen in das Verfahren über die Bewilligung der öffentlichen Zustellung zu verlagern. Zweifel am Fortleben des Beklagten hindern daher die öffentliche Zustellung nicht[22]. Eine Bewilligung scheidet lediglich aus, wenn der Tod des Beklagten feststeht. Ausnahmsweise ist die öffentliche Zustellung zu verweigern, wenn das Fehlen der deutschen Gerichtsbarkeit feststeht und nicht lediglich zweifelhaft ist (→ § 200 Rdnr. 4, 5). Das kommt insbesondere in den Fällen zum Tragen, in denen ein verklagter ausländischer Staat zweifelsfrei hoheitlich gehandelt hat. Die Ableh- 11

---

[15] A.A. *BGHZ* 64, 5, 8; wie hier *Münzberg* JZ 1972, 215; diese Rechtsprechung jetzt in Frage stellend, aber letztlich offenlassend *BGH* NJW 1992, 2280, 2281.
[16] *BGH* NJW 1992, 2280, 2281.
[17] *OLG Koblenz* NJW 1953, 1797; *OLG Nürnberg* MDR 1957, 45; *OLG Kiel* SJZ 1946, 230; *OLG Dresden* DRZ 1947, 96; ausführlich *Kegel* 9. Beiheft zu DRZ 1949, 11; ferner *OLG München* NJW 1948, 632.
[18] *OLG Köln* JMBlNRW 1950, 241.
[19] Vgl. *OLG Hamm* MDR 1988, 589; JMBlNRW 1946, 107; *OLG Dresden* JR 1948, 337; *DJV-Gutachten* DA-Vorm 1985, 868 (Vaterschaftsprozeß).
[20] *OGHZ* 4, 273, 276; *OLG Dresden* JR 1948, 337; *OLG Köln* JMBlNRW 1950, 241, 242.
[21] Unrichtig *OLG Celle* MDR 1947, 239.
[22] *KG* FamRZ 1975, 693.

nung der öffentlichen Zustellung hängt hier mit der Sonderstellung der deutschen Gerichtsbarkeit als einer vorrangig zu prüfenden echten Prozeßvoraussetzung zusammen[23]. Das Verbot, die Prüfung der Erfolgsaussichten einer Klage in das Zustellungsverfahren vorzuverlagern, entspricht einem allgemeinen Rechtsgedanken[24], wie er auch etwa für die Zustellung im internationalen Rechtshilfeverkehr bei punitive-damages-Klagen hervorgetreten ist (→ § 199 Rdnr. 20).

12 Die Bewilligung der öffentlichen Zustellung scheidet auch nicht deshalb aus, weil etwa der Scheidungsantrag eine kinderreiche oder eine in Kriegseile geschlossene Ehe betrifft[25]. Dagegen darf abgelehnt werden, wenn die Partei auf einem anderen Wege besser zu dem angestrebten Ziel kommt. So liegt es etwa, wenn bei vermeintlichem Tod die Todeserklärung beantragt werden kann[26]. Ebenso ist abzulehnen, wenn die Bewilligung der Partei zweifelsfrei nicht hilft, weil z. B. das Verfahren ohnehin nicht fortgesetzt werden kann, sondern nach § 247 auszusetzen wäre[27]. Davon abgesehen ist die Notwendigkeit oder Zweckmäßigkeit der Zustellung regelmäßig nicht zu prüfen[28].

IV. Zustellung im Ausland (Abs. 2)

1. Normzweck

13 § 203 Abs. 2 gestattet bei der Zustellung im Ausland in zwei Fällen die öffentliche Zustellung[29]. Entweder ist die Zustellung »unausführbar« oder sie verspricht »keinen Erfolg«. Solange die Möglichkeit für eine normale Zustellung im Ausland nicht ausgeschlossen ist, darf die öffentliche Zustellung nicht bewilligt werden. So kann nicht schon bereits vier Monate nach Absendung des Zustellungsersuchens in die Türkei öffentlich zugestellt werden, wenn dem Gericht keine Anhaltspunkte für die Undurchführbarkeit oder Erfolglosigkeit des Ersuchens vorliegen[30]. Eine Rolle hat das auch für die Schadensersatzklagen betreffend »Tschernobyl« gegen die ehemalige Sowjetunion gespielt (→ § 200 Rdnr. 4). Hier mußte richtigerweise nach § 203 Abs. 2 Alt. 2 öffentlich zugestellt werden.[31] Im Verhältnis der Bundesrepublik Deutschland zu Belgien, Luxemburg, den Niederlanden, Österreich, der Schweiz, dem Vereinigten Königreich und Zypern gilt das Baseler Europäische Übereinkommen über Staatenimmunität vom 16.5.1972 (BGBl. 1990 II 35). Das Übereinkommen ist am 16.8.1990 in Kraft getreten (Bek. v. 24.10.1990, BGBl. II 1400). Zustellungsregeln finden sich in Art. 16 des Übereinkommens[32]. Die Bundesrepublik Deutschland hat die Erklärung gem. Art. 28 Abs. 2 bezüglich der Bundesländer abgegeben (Bek. v. 17.9.1992, BGBl. II 1066). Es wird bei § 203 Abs. 2 nicht vorausgesetzt, daß der Aufenthalt des Empfängers unbekannt ist. Vielmehr darf gerade auch dann öffentlich zugestellt werden, wenn der Aufenthalt im Ausland bekannt ist[33]. Der Begriff des Auslandes ergibt sich aus den Ausführungen in → Einl. Rdnr. 841. Anders als im Falle von Abs. 1 (→ Rdnr. 4) kommt es bei Abs. 2 nicht auf ein wirkliches oder ein unterstelltes Verschulden des Empfängers an. Mit Blick auf das rechtliche

---

[23] Dazu *H. Roth* ZVglRWiss 90 (1991), 298 ff.; großzügiger *Hess* RIW 1989, 254, 255.
[24] Zu allem auch *Hess* RIW 1989, 254, 256.
[25] A. A. *OLG Kiel* SchlHA 1947, 119.
[26] Dazu *KG* NJ 1947, 17; *LG Göttingen* MDR 1956, 302, 303; ferner *DIV-Gutachten* ZfJ 1987, 81.
[27] *OLG Nürnberg* FamRZ 1960, 204, 206; *OLG München* BayJMBl 1952, 131.
[28] *OLG München* OLGRsp 23, 141; *OLG Hamburg* OLGRsp 35, 49 f.
[29] Dazu auch *AG Heidelberg* IPRax 1988, 113, 114 (*Jayme*).

[30] *OLG Hamm* NJW 1989, 2203 m. zust. Anm. *Geimer* (zu den Möglichkeiten von Art. 15 Abs. 2 des Haager Zustellungsübereinkommens 1965 → § 199 Rdnr. 33).
[31] A. A. *OLG Köln* IPRax 1987, 233 m. zu Recht krit. Anm. *Mansel* 210, 212; zust. aber *Hess* RIW 1989, 254, 259; ferner zum Problemkreis *ders.* Staatenimmunität bei Distanzdelikten (1992), insbes. S. 154 ff.; *R. Esser* Klagen gegen ausländische Staaten (1990), insbes. S. 239 ff. (zur Immunität von Staatsunternehmen).
[32] Dazu *Hess* RIW 1989, 254, 257.
[33] Dazu *OLG Stuttgart* 9. Beiheft zu DRZ 1949, 20 re. Sp.

Gehör (Art. 103 Abs. 1 GG) ist aber bei der Bewilligung der Zustellung nach Abs. 2 gleichwohl Zurückhaltung angebracht[34]. Ist im vertragslosen Rechtshilfeverkehr der Versuch gescheitert, formlos zuzustellen, so bleibt die öffentliche Zustellung nach § 203 Abs. 2. Im Mahnverfahren ist dieses Vorgehen wegen § 688 Abs. 2 Nr. 3 nicht möglich. Bei Besorgnis der verweigerten Mitwirkung des Schuldners ist in derartigen Fällen anzuraten, das Klageverfahren zu wählen[35].

2. Unausführbarkeit

Die Zustellung im Ausland nach den §§ 199 ff. ist unausführbar i. S. von § 203 Abs. 2 Alt. 1, wenn die dortigen Behörden keine Zustellungen vermitteln und sich dort auch kein deutscher Konsul oder Gesandter befindet oder diese Personen den gewünschten Erfolg nicht selbst herbeiführen können (→ § 199 Rdnr. 51). Unausführbarkeit liegt ferner vor, wenn die deutschen Verwaltungsstellen die Zustellung nicht zulassen oder sie unvertretbar verzögern[36]. Bisweilen stellen die zugrundeliegenden Verfahren kein Ruhmesblatt für die Landesjustizverwaltung dar[37]. Bis vor kurzem war der Rechtshilfeverkehr mit Polen eingestellt, so daß öffentlich zugestellt werden konnte[38]. – Zu der Zustellung an im Ausland befindliche Drittschuldner → § 829 Rdnr. 24 ff.

14

3. Erfolglosigkeit

Nach Abs. 2 Alt. 2 genügt für die Bewilligung der öffentlichen Zustellung, daß bei einer Zustellung im Ausland die Befolgung der Vorschriften der §§ 199 ff. voraussichtlich erfolglos ist. So kann es wegen der zu erwartenden Verweigerung der Rechtshilfe liegen, z.B. in Ehesachen in der ehemaligen UdSSR, wenn diese beide Parteien als Sowjetbürger ansah[39]. Vergleichbar ist zu entscheiden bei Klagen gegen einen Staat, der seine betreffende Tätigkeit als hoheitlich einordnet[40]. Keinen Erfolg verspricht der Rechtshilfeweg auch dann, wenn erfahrungsgemäß eine so außergewöhnlich langsame Erledigung zu erwarten ist, daß der betreibenden Partei ein Zuwarten billigerweise nicht zugemutet werden kann[41]. Vergleichbares gilt bei einem Abbruch der diplomatischen Beziehungen, Revolutionen usw. Schließlich ist der Fall zu nennen, daß die Behörden des fremden Staates bei Annahmeverweigerung des Zustellungsadressaten von einer Zurücklassung des Schriftstücks absehen (→ § 202 Rdnr. 6).

15

4. Rechtliches Gehör

Die öffentliche Auslandszustellung ist mit dem Recht auf rechtliches Gehör (Art. 103 Abs. 1 GG) zu vereinbaren, wenn ihr subsidiärer Charakter strikt eingehalten wird[42]. Doch gebietet Art. 103 Abs. 1 GG, daß die antragstellende Partei den Gegner durch Einschreiben

16

---

[34] *OLG Celle* NdsRpfl. 1947, 78, 79 (Fremdenlegionär).
[35] *Achenbach* NJW 1990, 623.
[36] Dazu *AG Bonn* NJW 1991, 1430 m. Anm. *Geimer*; krit. Bindseil NJW 1991, 3071.
[37] *Bindseil* NJW 1991, 3071 f. (zum richtigen Verfahren).
[38] Dazu *OLG Köln* FamRZ 1985, 1278, 1279 m. Anm. *Geimer* EWiR 1986, 205; *Passauer* FamRZ 1990, 14 ff.; *DIV-Gutachten* ZfJ 1986, 109. – Jetzt findet Zustellungsverkehr wieder statt, bei dem auch die ursprünglichen, nicht der deutschen Besatzungszeit entstammenden, deutschen Ortsnamen zu verwenden sind; s. *Baumbach/*

Lauterbach/Hartmann[51] Anhang nach § 202 Rdnr. 1; auch → § 199 Rdnr. 6 Fn. 6.
[39] *OLG Nürnberg* FamRZ 1960, 204, 205.
[40] Dazu *OLG Köln* IPRax 1987, 233 (»Tschernobyl«) mit zu Recht krit. Anm. *Mansel* 210, 215.
[41] *OLG Hamm* MDR 1988, 589 (Nichteinhaltung der Vollziehungsfrist eines Arrestbefehls [§ 922 Abs. 2, § 929 Abs. 2, 3], Verhältnis zu Chile); *OLG Hamburg* MDR 1970, 426 (voraussichtliche Zustellungsdauer von 18 Monaten im Wechselprozeß).
[42] Dazu *Schmitz* Fiktive Auslandszustellung (1980), 12, 197.

mit Rückschein von der Antragsschrift in Kenntnis setzt[43]. Allerdings sollte sich das Gericht derartiger Benachrichtigungen, auch wenn sie in neutraler Aufmachung geschehen, enthalten[44]. Es gelten ähnliche Grundsätze wie bei der Fiktion des § 175 Abs. 1 S. 3 (→ § 175 Rdnr. 11).

V. Exterritoriale Wohnung (Abs. 3)

17 § 203 Abs. 3 betrifft den Fall der Zustellung an einen (nicht exterritorialen) Bediensteten oder Hausgenossen eines Exterritorialen, gleich ob Deutscher oder Ausländer. Eine Zustellung darf in der Wohnung des Exterritorialen nur mit dessen Erlaubnis vorgenommen werden (→ § 200 Rdnr. 6). Das Gesagte gilt erst recht für Zustellungen an den Exterritorialen selbst[45]. Es macht keinen Unterschied, ob sich die Wohnung des Exterritorialen im Gesandtschaftsgebäude befindet oder nicht. Die öffentliche Zustellung ist daher zulässig, wenn die Erlaubnis verweigert wird und das Ersuchen um Zustellung durch Vermittlung des Bundesministers des Auswärtigen, soweit es zulässig ist (→ § 200 Rdnr. 4), aus irgendeinem Grunde abgelehnt wird. Für den Fall, daß die Voraussetzungen der Zustellung zur Zeit der Ausführung der Zustellung nicht mehr bestehen, gilt → § 206 Rdnr. 7.

VI. Gebundene Entscheidung des Gerichts (Abs. 2 und 3)

18 Liegen die Voraussetzungen von Abs. 2 (→ Rdnr. 13 ff.) oder Abs. 3 (→ Rdnr. 17) vor, so muß die öffentliche Zustellung bewilligt werden. Anders als bei Abs. 1 (→ Rdnr. 4 ff.) steht die Bewilligung nicht lediglich im pflichtgemäßen Ermessen des Gerichts. Es ist im Hinblick auf Art. 103 Abs. 1 GG zulässig und geboten, dem Antragsteller vor der öffentlichen Zustellung die Verpflichtung zur privaten Benachrichtigung des ausländischen Adressaten aufzuerlegen[46] (→ Rdnr. 16).

VII. Sachlicher und personeller Anwendungsbereich

19 Alle der ZPO unterstehenden Verfahren kennen grundsätzlich die Bewilligung der öffentlichen Zustellung. Zudem ist diese als Teilgebiet einer allgemeinen Verfahrensrechtslehre auch den öffentlichen Verfahrensordnungen bekannt[47]. Wenigstens entsprechende Anwendung finden die §§ 203 ff. ZPO, wenn ein Anwalt nach § 19 BRAGO die Kostenfestsetzung gegen seinen Auftraggeber betreibt[48].

20 Die öffentliche Zustellung findet ferner auch dritten Personen gegenüber im Falle der Streitverkündung (§§ 72, 76 f.) Anwendung. Ausgeschlossen ist sie dagegen für die Ladung von Zeugen oder Sachverständigen oder für die Zustellung an den Drittschuldner (→ § 829 Rdnr. 57)[49]. Nach § 688 Abs. 2 Nr. 3 findet das Mahnverfahren nicht statt, wenn die Zustellung des Mahnbescheids durch öffentliche Bekanntmachung geschehen müßte. Schließlich kann in den Fällen von § 763 Abs. 2 S. 3, § 829 Abs. 2 S. 2, § 841, § 844 Abs. 2, § 875 Abs. 2

---

[43] Zutr. *OLG Köln* FamRZ 1985, 1278, 1279; *Schack* IZVR (1991) Rdnr. 596; *Geimer* NJW 1989, 2204 f.; a. A. *Schmitz*, 201; *Schwartz* Gewährung und Gewährleistung des rechtlichen Gehörs durch einzelne Vorschriften der Zivilprozeßordnung (1977), 64 ff.; → Voraufl. Rdnr. 14 Fn. 22.

[44] Insoweit anders *OLG Köln* FamRZ 1985, 1278, 1279.

[45] *Riezler* Internationales Zivilprozeßrecht (1949), 385 Fn. 4; a. A. *Bobrik* Die Bedeutung der Exterritorialität der Gesandten für den Zivilprozeß (1934), 102.

[46] *OLG Köln* FamRZ 1985, 1278, 1279 (→ Rdnr. 16).

[47] Zum VwZG z. B. *BGHZ* 80, 320; zur Zustellung eines Strafbefehls an Nichtseßhafte *Blankenheim* MDR 1992, 926.

[48] *LG Berlin* NJW 1959, 1374.

[49] S. *AG Bonn* MDR 1966, 597 f.

eine Zustellung ganz unterbleiben, wenn sie als öffentliche Zustellung zu geschehen hätte. Diese Regelungen sind unter dem Blickwinkel des Art. 103 Abs. 1 GG äußerst bedenklich[50].

Weitere Vorschriften über die öffentliche Zustellung finden sich in den §§ 76, 81, 93, 98, 111, 116, 151, 163, 179, 190, 205 KO[51]; §§ 132, 176, 2361, 2368 BGB. Nach § 118 Abs. 3 S. 1 VerglO finden im Bereich der Vergleichsordnung Zustellungen an Personen mit unbekanntem Aufenthalt nicht statt. § 203 kommt ferner in Wohnungseigentumssachen zur Anwendung[52]. 21

VIII. Zwangsversteigerung; Zwangsverwaltung

Nach § 6 Abs. 1 ZVG hat das Gericht in den Bereichen der Zwangsversteigerung und der Zwangsverwaltung einen Zustellungsvertreter zu bestellen, wenn dem Vollstreckungsgericht der Aufenthalt des Zustellungsadressaten und sein Zustellungsbevollmächtigter unbekannt sind oder aus einem sonstigen Grund die Voraussetzungen des § 203 ZPO gegeben sind. Das gleiche gilt nach § 6 Abs. 2 ZVG, wenn im Falle einer Zustellung durch Aufgabe zur Post nach § 175 ZPO die Postsendung als unbestellbar zurückkommt[53]. 22

§ 204 [Bewilligung und Ausführung der öffentlichen Zustellung]

(1) Die öffentliche Zustellung wird, nachdem sie auf Antrag der Partei vom Prozeßgericht bewilligt ist, durch die Geschäftsstelle von Amts wegen besorgt. Über den Antrag kann ohne mündliche Verhandlung entschieden werden.

(2) Zur öffentlichen Zustellung wird ein Auszug des zuzustellenden Schriftstücks und eine Benachrichtigung darüber, wo das Schriftstück eingesehen werden kann, an die Gerichtstafel angeheftet.

(3) Enthält das zuzustellende Schriftstück eine Ladung oder eine Aufforderung nach § 276 Abs. 1 Satz 1, so ist außerdem die einmalige Einrückung eines Auszugs des Schriftstücks in den Bundesanzeiger erforderlich. Das Prozeßgericht kann anordnen, daß der Auszug noch in andere Blätter und zu mehreren Malen eingerückt werde.

Gesetzesgeschichte: Bis 1900 § 187 CPO. Änderungen: Gesetz vom 17.5.1898, RGBl. 256 und 369; VO vom 14.2.1924, RGBl. 135 und 437; Gesetz vom 9.7.1927, RGBl. I 175 und AusführungsVO hierzu vom 30.11.1927, RGBl. I 334; Kontrollratsgesetz Nr. 38 (→ Einl. Rdnr. 143); Gesetz vom 17.5.1950, BGBl. I 455 (→ Einl. Rdnr. 148); Gesetz vom 3.12.1976, BGBl. I 3281 (→ Einl. Rdnr. 159); neugefaßt durch das Rechtspflege-Vereinfachungsgesetz vom 17.12.1990 (BGBl. I 2847).

Stichwortverzeichnis → *Zustellungsschlüssel* in Rdnr. 65 vor § 166.

I. Normzweck 1	2. Grundlagen der Entscheidung; Gültigkeit der Zustellung 6
II. Bewilligung 2	3. Bekanntmachung; Rechtsbehelfe 8
III. Verfahren	
1. Zuständigkeit; Entscheidung 4	

---

[50] Ebenso *Schack* IZVR (1991) Rdnr. 596.
[51] Zu der öffentlichen Zustellung eines Konkursantrags zutreffend *OLG Köln* KTS 1988, 795 m. Anm. *Pape* EWiR 1988, 1111 (Prüfung ohne Antrag).
[52] *BayObLG* WuM 1990, 612, 613.

[53] Näher *Böttcher* ZVG (1991) §§ 6, 7 Anm. 2; *Steiner/Hagemann* ZVG[9] § 6 Rdnr. 6ff.; *Zeller/Stöber* ZVG[13] § 6 Anm. 2.6; *Dassler/Schiffhauer/Gerhardt/Muth* ZVG[12] § 6 Rdnr. 8.

IV. Ausführung	10	V. Beurkundung; Beweis	16
1. Anheften an die Gerichtstafel (Abs. 2)	11	VI. Mängel; Heilung	18
2. Veröffentlichung im Bundesanzeiger u. a.	13		

I. Normzweck[1]

1 Die öffentliche Zustellung ist für den Adressaten gefährlich, weil sie keine Gewähr dafür bietet, daß er von dem Inhalt des zuzustellenden Schriftstücks etwas erfährt. Sie hat damit fiktiven Charakter (→ § 203 Rdnr. 1). § 204 Abs. 2 verwirklicht demgegenüber einen Restbestand an tatsächlichen Kenntnisnahmemöglichkeiten, indem ein Auszug des zuzustellenden Schriftstückes und eine Benachrichtigung an die Gerichtstafel angeheftet werden. Abs. 3 sichert in den dort genannten Fällen die Veröffentlichung im Bundesanzeiger. Die Neufassung des § 204 Abs. 2 durch das Rechtspflege-Vereinfachungsgesetz vom 17.12.1990 (BGBl. I 2847) sichert den Schutz der Privatsphäre, indem in allen Fällen nur ein Auszug anzuheften ist mit einer Benachrichtigung, wo das vollständige Schriftstück einzusehen ist. Nach früherem Recht wurde grundsätzlich mit Ausnahme von Ehe-, Kindschafts- und Folgesachen eine vollständige Ausfertigung oder eine beglaubigte Abschrift des zuzustellenden Schriftstücks angeheftet. Abs. 3 erweitert das Veröffentlichungserfordernis im Bundesanzeiger jetzt auch auf die Aufforderung des § 276 Abs. 1 S. 1, weil die versäumte Frist zur Erklärung der Verteidigungsabsicht im schriftlichen Vorverfahren nach § 331 Abs. 3 zum Erlaß eines Versäumnisurteils führen kann. § 204 wird durch § 205 über den Inhalt der Veröffentlichung ergänzt. § 206 bezeichnet den Zeitpunkt der öffentlichen Zustellung.

II. Bewilligung

2 Die öffentliche Zustellung wird stets nur für den einzelnen Zustellungsakt durch besonderen Beschluß (→ Rdnr. 5) bewilligt[2]. Unzulässig ist dagegen die öffentliche Zustellung für mögliche künftige Fälle, den Prozeß als Ganzes oder für die Instanz. Das Gesagte gilt gleichermaßen für die Zustellung von Amts wegen und für die Zustellung des Kostenfestsetzungsbeschlusses nach § 104. Ohne einen entsprechenden Beschluß ist die Zustellung ungültig (→ Rdnr. 23 ff. vor § 166)[3].

3 Im Falle der Zustellung im Parteibetrieb ist für jeden einzelnen Fall ein Antrag (früher: »Gesuch«, Abs. 1) erforderlich, der im Parteiprozeß auch zu Protokoll der Geschäftsstelle erklärt werden kann (§ 496). Im Falle der Amtszustellung ist ein Parteiantrag nicht erforderlich (→ § 208 Rdnr. 2)[4]. Anwaltszwang besteht nur, sofern ihn der betreffende Rechtsstreit kennt (→ § 78 Rdnr. 21)[5]. Im Falle des Parteiantrags sind die erforderlichen Beweismittel (→ § 203 Rdnr. 6) beizulegen. Ein zu erhebender Kostenvorschuß richtet sich nach § 68 Abs. 1 S. 2 GKG i. V. m. GKG KV Nr. 1903. Diese Regelung bezieht sich aber nur auf die Ausführung und nicht auf die Bewilligung. Für das Anheften an die Gerichtstafel ist kein gesonderter Antrag erforderlich[6].

---

[1] S. *Hansens* NJW 1991, 953, 954; auch *Hartmut Koch* NJW 1991, 1856, 1859.
[2] RGZ 63, 82 f.; 64, 44, 47.
[3] RGZ 64, 44 ff.; *OLG Stuttgart* SeuffArch 64, 245.
[4] *OLG Köln* NJW-RR 1989, 60.
[5] *Thomas/Putzo*[18] Rdnr. 2; *Zöller/Stöber*[18] Rdnr. 1; *Baumbach/Lauterbach/Hartmann*[51] Rdnr. 2; a. A. *MünchKommZPO/v. Feldmann* (1992) Rdnr. 1.
[6] Dazu RGZ 63, 82, 85.

III. Verfahren

1. Zuständigkeit; Entscheidung

Der Antrag wird durch das Prozeßgericht bewilligt. Das ist jeweils das Gericht, bei dem das Verfahren anhängig ist, in dem öffentlich zugestellt werden soll. Das Gericht braucht seine Zuständigkeit für das Hauptsacheverfahren nicht zu prüfen[7]. Anders als bei § 199 entscheidet nicht der Vorsitzende (§ 202 Abs. 1), sondern das Kollegium. Der Einzelrichter ist nur solange zuständig, wie der Rechtsstreit ihm übertragen ist. Soll ein Vollstreckungsbescheid öffentlich zugestellt werden, so ist die Bewilligung wegen § 20 Nr. 1 RpflG dem Rechtspfleger als Teil des Mahnverfahrens übertragen[8]. Entsprechendes gilt für alle dem Rechtspfleger im ganzen übertragenen Verfahren wie das Kostenfestsetzungsverfahren (§ 104)[9]. Das Gesagte folgt aus § 4 Abs. 1 RpflG. Zuständigkeit und Grenzen des Rechtszuges ergeben sich aus den in → § 176 Rdnr. 8 ff. enthaltenen Ausführungen; die Zuständigkeit bei vollstreckbaren Urkunden ist behandelt in → § 797 Rdnr. 28. Für das Verfahren in Arbeitssachen sind die §§ 53 Abs. 1, 64 Abs. 7, 72 Abs. 6 ArbGG einschlägig. 4

Entschieden wird durch Beschluß[10]. Nach § 204 Abs. 1 S. 2 kann über den Antrag ohne mündliche Verhandlung entschieden werden. 5

2. Grundlagen der Entscheidung; Gültigkeit der Zustellung

Das Gericht entscheidet auf der Grundlage des ihm vorgelegten von Amts wegen zu prüfenden Materials nach freier Überzeugung über die Voraussetzungen des § 203 (→ § 203 Rdnr. 6, 9)[11]. Wenn die Voraussetzungen des § 203 im Laufe der Instanz oder des Rechtsstreits schon einmal nachgewiesen waren, so darf das Gericht in späteren Fällen diese Erkenntnisse zugrundelegen, wenn sich sonst keine Bedenken ergeben[12]. 6

Die Gültigkeit der Zustellung kann grundsätzlich nicht verneint werden, weil die als vorliegend angenommenen Voraussetzungen des § 203 objektiv nicht vorlagen[13]. Zu weitgehend und das Erfordernis der Rechtssicherheit außer Acht lassend formuliert das Bundesverfassungsgericht[14], wonach die Zustellungsfiktion des § 203 Abs. 1 nicht ausgelöst wird, wenn der unbekannte Aufenthalt der Partei als Voraussetzung der Norm nicht vorliegt. Doch kann ein dem Gericht erkennbarer Verstoß im Einzelfall wegen Art. 103 Abs. 1 GG die Verfassungsbeschwerde begründen[15]. In derartigen Fällen muß deshalb Wiedereinsetzung in den vorigen Stand gewährt werden. Ist eine öffentliche Zustellung bereits bewirkt, so kann ihr diese Wirkung durch eine nachfolgende Aufhebung des Bewilligungsbeschlusses nicht wieder genommen werden[16]. Unwirksam ist eine öffentliche Zustellung lediglich dann, wenn sie arglistig erschlichen worden ist (→ § 203 Rdnr. 8). 7

---

[7] *RGZ* 46, 391 f.; *OLG Dresden* SächsAnn 16, 31; *OLG Hamburg* SeuffArch 58, 81.
[8] H.L.; *OLG München* JurBüro 1988, 1034 (zum Kostenfestsetzungsverfahren); *AG Köln* Rpfleger 1987, 461; *Zöller/Stöber*[18] Rdnr. 2; *MünchKommZPO/v. Feldmann* (1992) Rdnr. 2; *Thomas/Putzo*[18] § 699 Rdnr. 24; *Baumbach/Lauterbach/Hartmann*[51] Rdnr. 1; *Hansens* Rpfleger 1991, 133, 136; *Guntau* MDR 1981, 272, 274; a.A. *OLG München* Rpfleger 1979, 346 mit abl. Anm. *Eickmann*; *LG Köln* Rpfleger 1966, 182; → Voraufl. Rdnr. 3 Fn. 4.
[9] *OLG München* JurBüro 1988, 1034; *AG Köln* Rpfleger 1987, 461.
[10] Zum Inhalt näher *E. Schneider* JurBüro 1969, 191.
[11] *OLG Köln* FamRZ 1993, 7.
[12] *OLG Nürnberg* OLGRsp 31, 54; *OLG Stuttgart* SeuffArch 64, 245.
[13] *OLG Köln* FamRZ 1993, 78; *Deubner* JuS 1993, 493, 495.
[14] *BVerfG* NJW 1988, 2361.
[15] *BVerfG* NJW 1988, 2361.
[16] *OLG Kiel* JW 1930, 1089.

3. Bekanntmachung; Rechtsbehelfe

8   Der Beschluß wird dem Antragsteller nach § 329 Abs. 2 S. 1 von Amts wegen formlos mitgeteilt. Für den Gegner unbekannten Aufenthalts wird zur gleichzeitigen Zustellung nach § 329 Abs. 2 der Beschluß über die Bewilligung der öffentlichen Zustellung auf den anzuheftenden Auszug übertragen[17].

9   Der die Zustellung bewilligende Beschluß ist unanfechtbar (→ Rdnr. 7)[18]. Gegen die Ablehnung des Antrags hat der Antragsteller die Beschwerde nach § 567 Abs. 1[19]. Dritten ist ein Beschwerderecht nicht eingeräumt[20].

IV. Ausführung

10 Der bewilligende Beschluß wird nach Abs. 1 S. 1 durch die Geschäftsstelle von Amts wegen ausgeführt. Sie kann sich dabei auch der Hilfe eines Gerichtswachtmeisters usw. bedienen. Bei der Zustellung im Parteibetrieb ändert sich jedoch dadurch der Charakter der Zustellung nicht. Es handelt sich um ein bloßes Annexverfahren.

1. Anheften an die Gerichtstafel (Abs. 2)

11 Abs. 2 n. F. (→ Rdnr. 1) läßt nunmehr das Anheften eines Auszugs des zuzustellenden Schriftstück genügen. Damit werden der Partei unbekannten Aufenthalts diejenigen Angaben öffentlich zugänglich gemacht, die ihr im Falle der Kenntnisnahme die ausreichende Kenntnis über den Gegenstand des Verfahrens und die Person des Gegners vermitteln können. Den Inhalt im einzelnen regelt § 205. Weitere Informationen ergeben sich aus der nach Abs. 2 gleichfalls anzuheftenden Benachrichtigung darüber, wo das Schriftstück mit vollem Inhalt eingesehen werden kann[21]. Die Dauer der Anheftung ergibt sich aus § 206 Abs. 2. Für Ladungen und Aufforderungen nach § 276 Abs. 1 S. 1 legt § 205 Nr. 4 und 5 den Inhalt des Auszugs fest.

12 Meldet sich der Adressat, so wird ihm der an der Gerichtstafel angeheftete Auszug nicht ausgehändigt. Die angehefteten Schriftstücke gelangen vielmehr zu den Gerichtsakten (→ auch Rdnr. 17). Dem Adressaten ist aber eine beglaubigte Abschrift zu übergeben. Die Urschrift wird der betreibenden Partei zusammen mit der Mitteilung des Beschlusses über die Bewilligung der öffentlichen Zustellung (→ Rdnr. 8) zurückgegeben.

2. Veröffentlichung im Bundesanzeiger u. a.

13 Abs. 3 n. F. (→ Rdnr. 1) hat die bereits früher geübte Praxis übernommen[22], die Norm neben der früher darin allein genannten Ladung (z. B. §§ 214, 497) auch auf die Aufforderung an den Beklagten zu erweitern, seine Verteidigungsbereitschaft im Vorverfahren anzuzeigen. Für Ladungen gilt § 205 Nr. 4 und für Aufforderungen nach § 276 Abs. 1 S. 1 legt § 205 Nr. 5 den Inhalt des Auszugs fest und damit auch den Inhalt der Veröffentlichung im Bundesanzeiger. Die Einrückung wird auch bei der Bekanntmachung von Terminen zu geschehen haben, die zwar keine Ladung darstellt, aber sie zu ersetzen bestimmt ist (→ Rdnr. 10 vor § 214)[23]. Die in Abs. 3 S. 2 vorgesehene Anordnung steht im pflichtgemäßen Ermessen des Gerichts.

---

[17] *Baumbach/Lauterbach/Hartmann*[51] Rdnr. 6, 10.
[18] *OLG Kiel* JW 1930, 1089.
[19] Heute unbestritten, *OLG Kassel* NJW 1948, 555 m. Anm. *A. Müller*; *Zöller/Stöber*[18] Rdnr. 5.
[20] S. auch *RGZ* 91, 113, 116.
[21] Dazu auch *Hansens* NJW 1991, 953, 954.
[22] *OLG Celle* NJW-RR 1989, 572.
[23] A. A. *OLG Dresden* OLGRsp 29, 77.

Mit dieser Anordnung wird deutlich, daß die öffentliche Zustellung keine reine Fiktion ist (→ Rdnr. 1). Es kann sich je nach Sachlage um örtliche oder überörtliche Zeitungen handeln.

Die Benachrichtigung des § 204 Abs. 2 muß nicht nach Abs. 3 in den Bundesanzeiger oder in sonstige Publikationsorgane eingerückt werden. 14

Zur Gültigkeit der Zustellung sind beide Akte erforderlich, nämlich das Anheften nach § 204 Abs. 2 und das Einrücken nach § 204 Abs. 3 (→ Rdnr. 25 ff. vor § 166). 15

V. Beurkundung; Beweis

Wegen § 206 Abs. 2 hat die Geschäftsstelle an den auf der Gerichtstafel anzuheftenden Auszügen den Zeitpunkt der Anheftung zu beurkunden. Zudem verlangen die Geschäftsanweisungen[24] auch die Beurkundung der Abnahme. Das Beurkunden der Anheftung ist aber kein Wirksamkeitserfordernis für die Zustellung, wie etwa die Aufnahme der Zustellungsurkunde[25]. Der Beweis der Anheftung und der Einrückung kann mit allen zulässigen Beweismitteln geführt werden. 16

Auch bei Zustellungen im Parteibetrieb werden der betreibenden Partei die anzuheftenden Auszüge und die öffentlichen Blätter nicht ausgehändigt. Diese werden vielmehr zu den Gerichtsakten genommen (→ auch Rdnr. 12). Der Gegner wäre sonst nicht in der Lage, den Zeitpunkt und die Ordnungsmäßigkeit der Zustellung zu überprüfen. 17

VI. Mängel; Heilung

Die öffentliche Zustellung ist wirksam, wenn das zuständige Gericht sie bewilligt hat (→ Rdnr. 6), der Aushang ordnungsgemäß vorgenommen (→ Rdnr. 11), und ggf. in den Fällen des Abs. 3 zusätzlich veröffentlicht wurde (→ Rdnr. 13). Fehlt eines oder fehlen mehrere dieser Erfordernisse, so ist die Zustellung unwirksam i. S. von → Rdnr. 25 ff. vor § 166. Es ist jedoch eine Heilung nach den zu → § 187 entwickelten Grundsätzen möglich. Auch ist an einen Rügeverzicht nach § 295 zu denken. 18

Ohne Einfluß auf die Wirksamkeit der Zustellung sind die unterlassene Beurkundung (→ Rdnr. 16) und grundsätzlich auch die irrige Annahme der Voraussetzungen der öffentlichen Zustellung durch das Gericht (→ Rdnr. 7). Unerheblich ist es auch, wenn der anzuheftende Auszug zu früh entfernt wird (§ 206 Abs. 3). 19

§ 205 [Inhalt des Auszuges]

In dem Auszug müssen bezeichnet werden
1. das Prozeßgericht, die Parteien und der Gegenstand des Prozesses,
2. ein in dem zuzustellenden Schriftstück enthaltener Antrag,
3. die Formel einer zuzustellenden Entscheidung,
4. bei der Zustellung einer Ladung deren Zweck und die Zeit, zu welcher der Geladene erscheinen soll,
5. bei der Zustellung einer Aufforderung nach § 276 Abs. 1 Satz 1, Abs. 2 der Inhalt der Aufforderung und die vorgeschriebene Belehrung.

---

[24] Fundstellen: *Piller/Hermann* Justizverwaltungsvorschriften (Stand: Juni 1992) sub Nr. 1.

[25] *RGZ* 32, 400, 403.

§ 205 I   1. Buch: Allgemeine Vorschriften

Gesetzesgeschichte: Bis 1900 § 188 CPO; neugefaßt durch das Rechtspflege-Vereinfachungsgesetz vom 17.12.1990 (BGBl. I 2847).

Stichwortverzeichnis → *Zustellungsschlüssel* in Rdnr. 65 vor § 166.

I. Inhalt des Auszuges   1   II. Mängel   9

I. Inhalt des Auszuges

1   § 205 schreibt den Inhalt des nach § 204 Abs. 2 anzuheftenden Auszuges und denjenigen des mit diesem identischen Auszuges nach § 204 Abs. 3 vor, der in den Bundesanzeiger einzurücken ist. Das bisherige Recht bleibt zum Teil unverändert (Nr. 1 und 2), zum anderen Teil wird es durch die in der Sache neuen Nrn. 3 und 5 ergänzt. Die inhaltliche Fassung des Auszuges obliegt nach § 209 dem Urkundsbeamten der Geschäftsstelle. Dieser sollte sich zur Kostenvermeidung oder einer ansonsten eintretenden Niederschlagung der Kosten nach § 8 Abs. 1 S. 1 GKG an den abschließenden Katalog des § 205 halten und insbesondere keine überflüssigen »Anträge«, wie etwa diejenigen zur Kostenentscheidung und zur Vollstreckbarerklärung, wiedergeben[1].

2   Zu bezeichnen ist nach Nr. 1 das Prozeßgericht wie in § 253 Abs. 2 Nr. 1 a. E. Die Gerichtsanschrift und die Angabe des Sitzungssaales sind zusammen mit der Ladungszeit nach Nr. 4 anzugeben[2]. Nicht genannt zu werden braucht der Spruchkörper.

3   Die Parteien sind nach Nr. 1 ohne die weiteren Erfordernisse des § 130 Nr. 1 zu bezeichnen. Die Angabe des gesetzlichen Vertreters ist nicht erforderlich. Deshalb ist auch eine unrichtige Angabe unschädlich[3]. Es reichen im allgemeinen die Namen der Parteien nach ihren Vor- und Nachnamen ohne Anschrift und Beruf aus.

4   Der in Nr. 1 genannte Gegenstand des Prozesses kann ganz allgemein bezeichnet werden[4], wie z. B. unter Benennung des Rechtsgeschäfts »Forderung aus Darlehen« (aber nicht bloß: »wegen Forderung«)[5] oder unter Angabe des Delikts (Unfall) nach Datum, Ort und Folgen[6].

5   Der Antrag nach § 205 Nr. 2 muß wörtlich aufgenommen werden. Es handelt sich um die Sachanträge des § 130 Nr. 2. Überflüssige Anträge sind nicht wiederzugeben (→ Rdnr. 1). Auch Prozeßanträge sind nicht aufzunehmen. Im Gegensatz zur Klage brauchen Einspruch und Berufungsschrift keinen Antrag zu enthalten[7].

6   Die Formel einer zuzustellenden Entscheidung (Nr. 3) ist bei einem Urteil in § 313 Abs. 1 Nr. 4 genannt. Entsprechendes gilt für Beschlüsse.

7   Bei der Zustellung der Ladung (Nr. 4) ist mit ihrem Zweck z.B. gemeint die mündliche Verhandlung oder Vernehmung. Es genügt aber eine allgemeine Umschreibung[8]. Sinnvollerweise wird bei Nr. 4 auch die Gerichtsanschrift und die Bezeichnung des Sitzungssaales angegeben. Die Zeitangabe bedeutet die Terminsstunde.

8   Die Aufforderung und die Belehrung des Nr. 5 müssen im Auszug selbst enthalten sein und dürfen nicht durch die Bezugnahme des § 204 Abs. 2 ersetzt werden. Es ist am besten formularmäßig der von § 276 Abs. 1 S. 1 und Abs. 2 vorgeschriebene Wortlaut zu verwenden.

---

[1] Zutr. *MünchKommZPO/v. Feldmann* (1992) Rdnr. 1; ferner *Engelhardt* Rpfleger 1965, 3; *Kohl* Rpfleger 1965, 105 mit Entgegnung *Engelhardt* ebd.
[2] *MünchKommZPO/v. Feldmann* (1992) Rdnr. 2.
[3] *OLG Düsseldorf* OLGRsp 37, 136.
[4] Auch *BGH* NJW 1982, 888 (zur Ladung).
[5] Anders *Zöller/Stöber*[18] Rdnr. 2.
[6] *Thomas/Putzo*[18] Rdnr. 1.
[7] Dazu *RGZ* 40, 329 f.; *OLG Kassel* OLGRsp 2, 425.
[8] *BGH* NJW 1982, 888.

II. Mängel

Werden die Voraussetzungen des § 205 nicht beachtet, so ist die Zustellung unwirksam i. S. 9
von → Rdnr. 25 ff. vor § 166[9]. Doch ist eine Heilung nach § 187 nicht ausgeschlossen.
Etwaige Verstöße gegen das BDSG sind bei Einhaltung der Grenzen des § 205 für die
Wirksamkeit der Zustellung nicht von Belang[10].

§ 206 [Wirksamwerden der öffentlichen Zustellung]

(1) Das eine Ladung oder eine Aufforderung nach § 276 Abs. 1 Satz 1 enthaltende Schriftstück gilt als an dem Tage zugestellt, an dem seit der letzten Einrückung des Auszugs in die öffentlichen Blätter ein Monat verstrichen ist. Das Prozeßgericht kann bei Bewilligung der öffentlichen Zustellung den Ablauf einer längeren Frist für erforderlich erklären.

(2) Im übrigen ist ein Schriftstück als zugestellt anzusehen, wenn seit der Anheftung des Auszugs an die Gerichtstafel zwei Wochen verstrichen sind.

(3) Auf die Gültigkeit der Zustellung hat es keinen Einfluß, wenn der anzuheftende Auszug von dem Ort der Anheftung zu früh entfernt wird.

Gesetzesgeschichte: Bis 1900 § 189 CPO. Neugefaßt durch das Rechtspflege-Vereinfachungsgesetz vom 17.12.1990, BGBl. I 2847.

Stichwortverzeichnis → *Zustellungsschlüssel* in Rdnr. 65 vor § 166.

I. Normzweck	1	3. Sonstige Zustellungen (Abs. 2)	5
1. Ladung; Aufforderung nach		4. Verfrühtes Entfernen (Abs. 3)	6
§ 276 Abs. 1 S. 1	2	II. Meldung des Adressaten	7
2. Fristverlängerung (Abs. 1 S. 2)	4	III. Ort der Zustellung	9

I. Normzweck

Die Zustellungsfiktion des § 203 (→ § 203 Rdnr. 1) tritt ohne Rücksicht darauf ein, ob und 1
wann der Zustellungsadressat von der Zustellung Kenntnis erhalten hat. § 206 legt den
Wirkungszeitpunkt der öffentlichen Zustellung fest. Abs. 1 S. 1, Abs. 2 und 3 sind durch das
Rechtspflege-Vereinfachungsgesetz vom 17.12.1990 geändert und dem neugefaßten § 204
Abs. 2 und 3 angepaßt worden.

1. Ladung; Aufforderung nach § 276 Abs. 1 S. 1

Bei Schriftstücken, die eine Ladung oder eine Aufforderung nach § 276 Abs. 1 S. 1 enthal- 2
ten (§ 204 Abs. 3, § 205 Nr. 4 und Nr. 5), ist zugestellt einen Monat nach der Einrückung. Im
Falle des mehrfachen Einrückens nach § 204 Abs. 3 S. 2 kommt es auf die letzte Publikation
an. Dabei ist nicht entscheidend, ob in diesem Zeitpunkt auch die zwei Wochen des Abs. 2
abgelaufen sind. Für die Fristberechnung maßgebend sind § 222 Abs. 1 ZPO i. V. m. § 187
Abs. 1, § 188 Abs. 2 BGB. Wenn der Auszug am 15.6. eingerückt worden ist, so gilt die

---

[9] *Engelhardt* Rpfleger 1965, 3 li. Sp.   [10] *Baumbach/Lauterbach/Hartmann*[51] Rdnr. 2 gegen *Finger* NJW 1985, 2684, 2685.

Ladung usw. als mit Ablauf des 15.7. zugestellt. Wegen der Einlassungsfrist des § 274 Abs. 3 kann der Termin daher frühestens am 30.7. stattfinden. Ist der 15.7. ein Sonntag, so schadet das nichts, weil § 222 Abs. 2 nur für eigentliche Fristen in dem Sinne gilt, daß innerhalb dieser die Parteien prozessuale Handlungen vorzunehmen haben[1]. Gerichtsferien haben auf die Fristenberechnung keinen Einfluß.

3   Die Anheftung nach § 203 Abs. 2 wird durch die Regelung des § 206 nicht überflüssig und ist Wirksamkeitsvoraussetzung (→ § 204 Rdnr. 18).

2. Fristverlängerung (Abs. 1 S. 2)

4   Die Fristen des Abs. 1 und 2 dürfen nicht abgekürzt werden. Das Prozeßgericht (nicht der Vorsitzende) kann die Frist des Abs. 1 nach Abs. 1 S. 2 bei der Bewilligung der öffentlichen Zustellung verlängern. Das muß zugleich mit der Bewilligung und darf nicht erst nachträglich geschehen. Wegen der systematischen Stellung von Abs. 1 S. 2 kann die Frist des Abs. 2 nicht verlängert werden. Bei der Fristbestimmung ist aus Gründen der Rechtssicherheit grundsätzlich ein bestimmtes Datum vorzusehen. Bei Abs. 1 S. 2 wird man aber eine Ausnahme in dem Sinne machen dürfen, daß angeordnet wird, die Ladung solle an dem Tage als zugestellt gelten, an dem seit der Einrückung des Auszuges in den Bundesanzeiger z.B. zwei Monate verstrichen sind[2]. Bei Bewilligung der öffentlichen Zustellung kann das Gericht den Tag der (letzten) Einrückung nur annähernd schätzen.

3. Sonstige Zustellungen (Abs. 2)

5   Bei anderen Schriftstücken als Ladungen und Aufforderungen nach § 276 Abs. 1 S. 1 tritt nach Abs. 2 die Wirkung zwei Wochen nach Anheftung des Auszuges (§ 204 Abs. 2) an der Gerichtstafel ein. Eine Verlängerung ist nicht möglich (→ Rdnr. 4). Für die Fristenberechnung gelten die Ausführungen von oben → Rdnr. 2 entsprechend. Wird etwa ein Versäumnisurteil am 15.6. angeheftet, so beginnt die Einspruchsfrist mit dem 30.6.

4. Verfrühtes Entfernen (Abs. 3)

6   Nach Abs. 2 muß der Auszug mindestens zwei Wochen lang angeheftet sein. Nach Abs. 3 bleibt es auf die Gültigkeit einer Zustellung ohne Einfluß, wenn der anzuheftende Auszug zu früh entfernt wird. Diese Vorschrift will öffentliche Zustellungen bestandsfest machen. Abs. 3 wird aber wohl einschränkend dahin ausgelegt werden müssen, daß nicht jede noch so kurze Anheftung genügt. Abs. 3 hält damit nur eine geringfügig verfrühte Abnahme für unschädlich[3]. Abs. 3 gibt der Geschäftsstelle auch nicht die Erlaubnis, den Auszug z.B. wegen Platzmangels zu früh abzuhängen.

II. Meldung des Adressaten

7   Meldet sich der Adressat vor Ablauf der Fristen nach Abs. 2 und 3 auf der Geschäftsstelle, so gilt die Zustellung gleichwohl erst nach Ablauf der Fristen als bewirkt. Das gleiche gilt, wenn die Voraussetzungen der öffentlichen Zustellung aus einem anderen Grunde, wie z.B. wegen § 1911 BGB, nachträglich fortfallen. Es muß dann nicht nochmals persönlich zugestellt

---

[1] *MünchKommZPO/v.Feldmann* (1992) Rdnr. 1.
[2] *MünchKommZPO/v. Feldmann* (1992) Rdnr. 2.
[3] Wie *Baumbach/Lauterbach/Hartmann*[51] Rdnr. 2.

werden. Allerdings kann die betreibende Partei so vorgehen, damit sie nicht die Frist des § 206 abwarten muß. Bei Zustellungen von Amts wegen kann nach § 212b mit sofortiger Wirkung zugestellt werden.

Wenn sich der Adressat meldet, bleibt es ihm unbenommen, Einsicht in die Gerichtsakten zu nehmen (§§ 299, 204 Abs. 2 [Benachrichtigung]). Es ist ihm eine beglaubigte Abschrift zu übergeben (→ § 204 Rdnr. 12). 8

III. Ort der Zustellung

Als Ort der Zustellung (§ 604) gilt der Sitz des Prozeßgerichts. 9

§ 207 [Rückwirkung der Zustellung]

(1) Wird auf ein Gesuch, das die Zustellung eines ihm beigefügten Schriftstücks mittels Ersuchens anderer Behörden oder Beamten oder mittels öffentlicher Bekanntmachung betrifft, die Zustellung demnächst bewirkt, so treten, insoweit durch die Zustellung eine Frist gewahrt und der Lauf der Verjährung oder einer Frist unterbrochen wird, die Wirkungen der Zustellung bereits mit der Überreichung des Gesuchs ein.

(2) Wird ein Schriftsatz, dessen Zustellung unter Vermittlung der Geschäftsstelle erfolgen soll, innerhalb einer Frist von zwei Wochen nach der Einreichung bei der Geschäftsstelle zugestellt, so tritt, sofern durch die Zustellung eine Notfrist gewahrt wird, die Wirkung der Zustellung bereits mit der Einreichung ein.

Gesetzesgeschichte: Bis 1900 § 190 CPO. Abs. 2 eingefügt durch Gesetz vom 17.5.1898, RGBl. 256, geändert durch VO vom 30.11.1927, RGBl. I 334.

Stichwortverzeichnis → *Zustellungsschlüssel* in Rdnr. 65 vor § 166.

I. Normzweck; Anwendungsbereich	1	2. Demnächstige Zustellungsbewirkung	6
II. Zustellungserfordernis	3	IV. Überreichung des Gesuchs (Abs. 1)	
III. Weitere Voraussetzungen (Abs. 1)		1. Bedeutung	9
1. Fristenwahrung; Verjährungs- und Fristenunterbrechung	4	2. Fristenausnutzung; Form	10

I. Normzweck; Anwendungsbereich

§ 207 *Abs. 1* bezweckt den Schutz der die Zustellung betreibenden Partei vor endgültigen Rechtsverlusten, die durch Umstände eintreten, auf welche sie keinen Einfluß hat (wie → § 270 Rdnr. 1)[1]. Die Norm beschränkt sich auf Fälle der Parteizustellung im Anwendungsbereich der Zustellung im Ausland nach § 199, die Fälle des § 200 und die öffentliche Zustellung der §§ 203ff. Für die praktisch wichtigere Zustellung von Amts wegen enthalten § 270 Abs. 3, § 693 Abs. 2 vergleichbare Regelungen. In deren Anwendungsbereich ist für § 207 Abs. 1 kein Raum. § 207 *Abs. 2* ist gegenstandslos, da die Wahrung einer Notfrist durch Parteizustellung in der ZPO nicht mehr vorkommt (→ § 166 Rdnr. 5)[2]. 1

---

[1] *OLG Hamm* GRUR 1991, 944; *OLG Hamburg* NJW-RR 1988, 1277.

[2] Dazu *BVerfGE* 52, 203, 208f.; Einzelheiten in der 17./18. Auflage § 207 Anm. III; → Voraufl. Rdnr. 17.

§ 207 I–III   1. Buch: Allgemeine Vorschriften

2   Abs. 1 verwirklicht den Normzweck, indem die Zustellungswirkungen auf den Zeitpunkt der Einreichung (»Überreichung«)(→ Rdnr. 9) rückbezogen werden. Auf diese Weise wird für die Partei die Gefahr vermieden, daß eine Verspätung der Zustellung zu einem Schaden wegen Fristversäumnis führt. Die Zustellung vollzieht sich in einem mehraktigen Entstehungstatbestand erst mit der Übergabe nach §§ 170 ff. oder der Niederlegung oder Zurücklassung nach den §§ 182, 186 oder bei der öffentlichen Zustellung mit dem Ablauf einer bestimmten Frist nach § 206.

II. Zustellungserfordernis

3   Ausschlaggebend für das Eingreifen von § 207 Abs. 1 ist die Zustellung als das wirkende Ereignis. Die Rechtsfolgen der Norm werden daher nur ausgelöst, wenn die Zustellung noch nachfolgt. In diesem Fall wird die Wirkung auf die Einreichung zurückbezogen. Es genügt also nicht, wenn es bei der bloßen Einreichung bleibt und die Zustellung später scheitert[3]. Die Rückdatierung betrifft mit der Wahrung von Fristen und der Unterbrechung der Verjährung nur bestimmte Wirkungen der Zustellung. Das Gesagte ist gleichermaßen ausschlaggebend für die Rückdatierung in den Fällen der Amtszustellung nach § 270 Abs. 3, § 693 Abs. 2 (→ Rdnr. 1).

III. Weitere Voraussetzungen (Abs. 1)

1. Fristenwahrung; Verjährungs- und Fristenunterbrechung

4   Abs. 1 greift bei prozeßrechtlichen Fristen ebenso ein wie bei Fristen des bürgerlichen Rechts. Hauptanwendungsfall für prozessuale Fristen ist die Norm des § 929 Abs. 2, Abs. 3 i. V. mit § 922 Abs. 2 (§ 936) (→ § 929 Rdnr. 21)[4]. Materiellrechtliche Fristen sind etwa in §§ 124, 532, 937, 941, 1594 BGB aufgeführt. Namentlich betrifft Abs. 1 auch materiellrechtliche Fristen, die durch Klageerhebung zu wahren sind (→ § 262 Rdnr. 6 ff.). Das ergibt sich aus der Erwähnung der Verjährung in Abs. 1 und der Aufführung von § 207 in § 262 S. 2.

5   Abs. 1 ordnet eine Rückwirkung nur für diejenigen Fälle an, wo durch die Zustellung eine laufende Frist gewahrt oder der Lauf einer Frist oder der Verjährung unterbrochen werden soll. Sie tritt daher nicht ein, wenn dadurch eine Frist erst in Lauf gesetzt werden soll.

2. Demnächstige Zustellungsbewirkung

6   Die Rückdatierung tritt nur ein, wenn die Zustellung »demnächst« bewirkt wird (Abs. 1). Das bedeutet eine Zustellung in einer den Umständen angemessenen Frist ohne besondere Verzögerung[5]. Dabei kommt es auf die Länge einer Verjährungsfrist nicht an[6]. Die Voraussetzungen liegen nicht vor, wenn die Partei auch nur leicht fahrlässig die Verzögerung verschuldet hat[7], wobei sie sich ein Verschulden ihres Vertreters nach § 85 Abs. 2, § 51 Abs. 2 anrechnen lassen muß[8]. Der Begriff «demnächst» wird also nicht rein zeitlich verstanden[9]. Von der Zustellung selbst kann nicht abgesehen werden (→ Rdnr. 3).

---

[3] *OLG Hamburg* NJW-RR 1988, 1277.
[4] *OLG Hamm* GRUR 1991, 944; *OLG Hamburg* NJW-RR 1988, 1277.
[5] *BGH* LM § 261b ZPO Nr. 2; *OLG Hamburg* NJW-RR 1988, 1277.
[6] *BGH* NJW 1956, 1319, 1320.
[7] *BGH* MDR 1963, 388 (verspätete Zahlung der Prozeßgebühr trotz Anforderung); NJW 1961, 1627, 1628.
[8] *BGHZ* 31, 342, 347 m. Anm. *Johannsen* LM § 261b ZPO Nr. 7.
[9] *OLG Hamburg* NJW-RR 1988, 1277.

Die Rechtsprechung legt § 207 mit Recht eher großzügig aus, soweit Belange des Gegners **7**
nicht entgegenstehen[10]. »Demnächst« ist nicht gleichbedeutend mit »alsbald«[11]. Im Einzelfall
kann »demnächst« auch noch »nach einem Jahr« bedeuten[12]. Das Gericht ist nicht verpflichtet, die Parteien auf den bevorstehenden Fristablauf hinzuweisen[13]. Im übrigen bedeuten die
Formulierungen in § 207 Abs. 1, § 270 Abs. 3, § 693 Abs. 2 im wesentlichen dasselbe
(→ a. A. Voraufl. Rdnr. 3)[14]. Deshalb kann auch die Rechtsprechung zu den genannten Vorschriften und umgekehrt herangezogen werden.

Wenn ein Zustellungsgesuch zurückgewiesen und erst auf eine Beschwerde hin bewilligt **8**
wird, so kommt es auf den Zeitpunkt der ersten Einreichung an. Ebenso liegt es, wenn nach
einem vergeblichen Versuch der Zustellung im Ausland die Zustellung demnächst (→
Rdnr. 6) aufgrund eines erneuten verbesserten Gesuches auf einem der Wege des § 199
bewirkt wird[15]. Wird aber auf *Ersuchen* eine Beschlußverfügung (§ 922 Abs. 2) zugestellt, so
wird man verlangen müssen, daß neben dem Antrag auf formlose Zustellung sogleich hilfsweise der Antrag auf förmliche Zustellung gestellt wird, falls der Hauptantrag wegen fehlender Mitwirkungsbereitschaft des Adressaten scheitert und deshalb das Gesuch unerledigt
bleibt. Voraussetzung ist, daß dieses Verfahren nach den bestehenden völkerrechtlichen
Verträgen zulässig ist[16]. Entsprechendes ist anzunehmen, wenn die Zustellung z.B. nach
Rückkehr des Zustellungsadressaten aus dem Ausland vor Erledigung des Ersuchens auf
direktem Wege vollzogen wird. Das erfordert der Zweck des Abs. 1 (→ Rdnr. 1), so daß von
dem zu engen Wortlaut (Zustellung »auf das Gesuch«) abgewichen werden kann[17].

IV. Überreichung des Gesuchs (Abs. 1)

1. Bedeutung

Die Wirkungen der Zustellung werden nach Abs. 1 auf die »Überreichung« des Gesuchs **9**
zurückdatiert. Die Überreichung ist gleichbedeutend mit der Einreichung und besteht im
Regelfall in der Übergabe des Schriftstücks an das Gericht. Sie ist vollzogen, wenn es in die
Verfügungsgewalt des Gerichts gelangt ist (näher → Rdnr. 189 vor § 128)[18]. Der Beweis der
Einreichung wird gemäß § 418 durch den Inhalt des Eingangsvermerks geführt (auch § 169
Abs. 2). Der Gegenbeweis ist möglich. Soweit die zuzustellende Erklärung zu Protokoll der
Geschäftsstelle abgegeben werden kann (→ § 159 Rdnr. 4), bestimmt sich – ebenso wie in
§ 270 Abs. 3, § 693 Abs. 2 – der Zeitpunkt nach der Protokollerklärung.

2. Fristenausnutzung; Form

Soll eine Frist gewahrt werden (Hauptbeispiel: § 929 Abs. 2, 3)[19], so darf bis zur Mitter- **10**
nacht des letzten Tages eingereicht werden[20]. Jede Partei hat das Recht, unter Ausnutzung
der ihr gesetzlich zugebilligten Frist das Schriftstück auch noch am letzten Tage einzureichen

---

[10] Auch *BGHZ* 25, 66 ff. m. Anm. *Rosenberg* JZ 1958, 60; *OLG Hamburg* NJW-RR 1988, 1277.
[11] *RG* JW 1924, 963.
[12] *BGHZ* 25, 66 ff.; ferner *OLG Köln* ZZP 73 (1960) 140, 143; strenger *BGH* NJW 1966, 2211 m. krit. Anm. *Redeker*.
[13] *BGHZ* 31, 342, 348.
[14] So auch z.B. *LG Karlsruhe* r + s 1992, 146 f.; ferner *OLG Schleswig* NJW 1988, 3104 m. krit. Bespr. *Pfennig* NJW 1989, 2172.
[15] *RGZ* 70, 291, 294; *OLG Hamburg* OLGRsp 13, 128 f.; anders für die Amtszustellung *OLG Schleswig* NJW 1988, 3104 m. abl. Bespr. *Pfennig* NJW 1989, 2172.
[16] So z.B. der Länderteil Niederlande ZRHO sub II 2 c.
[17] *RGZ* 70, 291 ff.; *RG* JW 1905, 373; *OLG Dresden* DR 1940 (Ausgabe A), 205.
[18] *OLG Hamm* NJW-RR 1988, 1277.
[19] *OLG Hamm* GRUR 1991, 944; *OLG Hamburg* NJW-RR 1988, 1277; *OLG Köln* MDR 1987, 593.
[20] *BVerfGE* 52, 203, 207 (heute allg. M.).

(näher → Rdnr. 189f. vor § 128; → zur Wiedereinsetzung § 233 Rdnr. 46). — Zur Einreichung durch Telegramm oder Fernschreiben, Telebrief oder Telekopierer usw. (→ § 129 Rdnr. 9f.; → § 270 Rdnr. 46).

II. Zustellungen von Amts wegen

§ 208   [Anzuwendende Vorschriften]

Auf die von Amts wegen zu bewirkenden Zustellungen gelten die Vorschriften über die Zustellungen auf Betreiben der Parteien entsprechend, soweit nicht aus den nachfolgenden Vorschriften sich Abweichungen ergeben.

Gesetzesgeschichte: Eingefügt durch Gesetz vom 17.5.1898, RGBl. 256.

Stichwortverzeichnis → *Zustellungsschlüssel* in Rdnr. 65 vor § 166.

I. Bedeutung	1	IV. Verfahren in Arbeitssachen	4
II. Entsprechende Anwendung der §§ 166–207	2	V. Kartellrechtliches Beschwerdeverfahren (§ 72 GWB)	5
III. Auslagen und Gebühren	3		

I. Bedeutung

1   Die Zustellung von Amts wegen geht in ihrer Bedeutung weit über die Zustellung auf Betreiben der Parteien (§§ 166–207) hinaus. Die Gründe dafür sind in → Rdnr. 4ff. vor § 166 näher dargestellt. Die Abgrenzung der beiden Zustellungsarten voneinander ergibt sich aus → Rdnr. 12ff. vor § 166. Die Gliederung des Gesetzes ist dementsprechend überholt (→ Rdnr. 9ff. vor § 166). Von der Zustellung im Parteibetrieb unterscheidet sich die Zustellung von Amts wegen in der Hauptsache dadurch, daß die Geschäftsstelle (§ 209) an die Stelle des Gerichtsvollziehers tritt (über dessen Stellung → § 193 Rdnr. 2). Zudem gelangen die Urschriften sowohl der zuzustellenden Schriftstücke als auch der Zustellungsurkunde entgegen § 190 Abs. 4 und § 195 Abs. 3 nicht an die betreffende Partei, sondern in die Gerichtsakten. Das gilt auch dann, wenn es sich um Parteischriftsätze handelt (→ Rdnr. 12 vor § 166). Die Partei kann daher nur durch Akteneinsicht nach § 299 oder aufgrund der Bescheinigung des § 213a erfahren, ob und wann die Zustellung bewirkt wurde.

II. Entsprechende Anwendung der §§ 166–207

2   Die §§ 166–169 über den Auftrag zur Zustellung sind durch § 209 ersetzt[1]. Die Übergabevorschrift des § 170 Abs. 1 findet Anwendung (→ § 170 Rdnr. 1). Die Beglaubigungsvorschrift des § 170 Abs. 2 wird durch § 210 ersetzt. Die §§ 171, 173–176 und § 178 über die Vertretung des Adressaten, die Zustellung durch Aufgabe zur Post und die Zustellung an den

---

[1] Entgegen *MünchKommZPO/v. Feldmann* (1992) Rdnr. 3 gilt das auch für § 169 Abs. 1.

Prozeßbevollmächtigten sind anwendbar. § 176 kommt aber nur zur Anwendung, sofern die Bestellung des Prozeßbevollmächtigten dem Gericht zur Kenntnis gebracht ist (→ § 176 Rdnr. 17). § 177 ist mit der Abweichung einschlägig, daß die Bewilligung der Zustellung an die Partei statt an den Prozeßbevollmächtigten von Amts wegen geschieht (→ § 177 Rdnr. 2). Die §§ 171, 173–178 werden durch § 210a ergänzt. Anwendbar sind die §§ 180–189 über die Ausführung der Zustellung, die Ersatzzustellung, die Zustellung zur Nachtzeit usw. Die Erlaubnis des § 188 ist von der Geschäftsstelle anzuregen und von Amts wegen zu erteilen (→ auch § 209 Rdnr. 1). Nicht zur Anwendung gelangen die §§ 190, 191 über die Zustellungsurkunde bei Zustellung durch den Gerichtsvollzieher (§ 212). § 192 über die Zustellungsurkunde bei Aufgabe zur Post ist durch § 213 ersetzt. Die Normen der §§ 193–195 über die Zustellung durch die Post sind durch die §§ 211, 212 stark verändert. Passend ist aber § 195 Abs. 1². § 195 Abs. 2 ist über § 212 Abs. 1 eingeschränkt anwendbar. Bedeutung hat auch § 195a. § 196 hat keinen Anwendungsbereich. § 198 über die Zustellung von Anwalt zu Anwalt wird durch § 212a ergänzt. § 197 bleibt außer Anwendung. Die §§ 199–206 über die Zustellung im Ausland sowie die öffentliche Zustellung sind mit der Maßgabe anwendbar, daß in beiden Fällen ein Parteiantrag (§ 204) nicht erforderlich ist (→ § 209 Rdnr. 1). § 207 Abs. 1 gilt für Parteischriftsätze entsprechend. § 207 Abs. 2 ist unanwendbar.

III. Auslagen und Gebühren

§ 197 ist nicht einschlägig. Nach GKG KV Nr. 1902, 1903, 1912 werden für Zustellungen von Amts wegen nur diejenigen baren Auslagen erhoben, die als Postgebühren für die Zustellung durch die Post mit Zustellungsurkunde anfallen. Ebenso liegt es für die Auslagen, die durch eine Zustellung im Ausland entstehen sowie für die bei der öffentlichen Zustellung anfallenden Einrückungskosten. Nach GKG KV Nr. 1900 1b werden Schreibgebühren für angefertigte Abschriften erhoben, wenn die Partei es unterlassen hat, einem von Amts wegen zuzustellenden Schriftsatz die erforderliche Zahl von Abschriften beizufügen.

IV. Verfahren in Arbeitssachen

Das Verfahren in Arbeitssachen wird ebenfalls von der Amtszustellung beherrscht (§ 50 ArbGG). Eine Zustellung im Parteibetrieb findet nicht statt (→ auch § 166 Rdnr. 7, → § 212a Rdnr. 1).

V. Kartellrechtliches Beschwerdeverfahren (§ 72 GWB)

§ 72 Nr. 2 GWB ordnet für das Beschwerdeverfahren in Kartellsachen die Geltung der Bestimmungen der ZPO über die Zustellung von Amts wegen an.

§ 209 [Bewirkung durch die Geschäftsstelle]

Für die Bewirkung der Zustellung hat die Geschäftsstelle Sorge zu tragen.

Gesetzesgeschichte: Eingeführt durch Gesetz vom 17.5.1898, RGBl. 256 (→ Einl. Rdnr. 113). Änderungen durch Gesetz vom 9.7.1927, RGBl. I, 175 und der hierzu ergangenen VO vom 30.11.1927, RGBl. I, 334 (→ Einl. Rdnr. 125).

---

² AG Lemgo Rpfleger 1988, 490 m.abl. Anm. *Schauf.*

Stichwortverzeichnis → *Zustellungsschlüssel* in Rdnr. 65 vor § 166.

I. Aufgaben 1   II. Verantwortung des Urkunds-
                                         beamten 5

I. Aufgaben

1 § 209 ersetzt § 166 Abs. 1 und schließt den Gerichtsvollzieher für die Amtszustellung aus. Die Norm bedeutet, daß die Geschäftsstelle in allen erforderlichen Fällen die Initiative zur Vornahme der Zustellung zu ergreifen hat. Parteianträge sind rechtlich gesehen bloße Anregungen, die den Urkundsbeamten (→ Rdnr. 5) dazu veranlassen sollen, die Notwendigkeit weiterer Maßnahmen zu prüfen[1].

2 Die Geschäftsstelle muß von sich aus so lange tätig werden, bis die Zustellung bewirkt ist. Im einzelnen hat sie (1) zu prüfen, ob eine Entscheidung oder ein Schriftsatz von Amts wegen zuzustellen oder dem Richter zur Terminsbestimmung vorzulegen ist (→ auch § 496). Die Geschäftsstelle muß ferner (2) die erforderlichen Ausfertigungen herstellen oder die Abschriften, ggf. nach ihrer Herstellung, beglaubigen (§ 210) (dazu GKG KV Nr. 1900, 1 b, → § 208 Rdnr. 3). Sodann hat die Geschäftsstelle die Zustellungsart (3) nach ihrem pflichtgemäßen Ermessen zu wählen[2]. In Frage kommen nach § 211 Abs. 1 S. 1 HS Alt. 2 die Post, nach § 211 Abs. 1 S. 1 HS 1 Alt. 1 der Gerichtswachtmeister, nach § 211 Abs. 1 S. 1 HS 2 n. F. ein Beamter der Justizvollzugsanstalt, nach § 212 a die formlose Übersendung, nach § 212 b die Aushändigung an der Amtsstelle und nach §§ 213, 175 die Aufgabe zur Post. Schließlich muß (4) die Sendung zur Zustellung an die Post oder an den Gerichtswachtmeister ausgehändigt werden (§ 211 Abs. 1). Im Falle des § 212 a wird die Sendung regelmäßig selbst abgeschickt (5). Bei § 212 b (Aushändigung an der Amtsstelle) bewirkt der Urkundsbeamte die Übergabe an den Adressaten selbst. Es treten hinzu (6) die erforderlichen Eintragungen in die Akten nach §§ 212 b S. 2, 213. Auch sonst muß über die veranlaßte Zustellung ein Aktenvermerk gefertigt werden. Schließlich muß die Geschäftsstelle in eigener Verantwortung (7) die erforderlich werdenden Gerichtsbeschlüsse nach § 177 (Zustellung an die Partei selbst), § 188 (Zustellung zur Nachtzeit oder an Sonn- und Feiertagen), § 204 (öffentliche Zustellung) und das nach §§ 199 f. erforderlich werdende Ersuchungsschreiben des Vorsitzenden bei Zustellung im Ausland anregen.

3 Ferner hat die Geschäftsstelle die ordnungsgemäße und rechtzeitige Ausführung der Zustellung zu überwachen. Ist eine Zustellung erkennbar mangelhaft, so muß die Geschäftsstelle für die Wiederholung der Zustellung sorgen[3]. Verletzt die Geschäftsstelle die ihr auferlegten Pflichten, kommt es zur Amtshaftung[4].

4 Die Geschäftsstelle muß ferner auch für die formlose Übermittlung sorgen (→ Rdnr. 39 ff. vor § 166), wo diese statthaft ist.

II. Verantwortung des Urkundsbeamten

5 Der Urkundsbeamte (§ 153 GVG) des Gerichts, bei dem der Rechtsstreit anhängig ist, trägt die sich aus § 209 ZPO ergebenden Pflichten. Er handelt in eigener Zuständigkeit und Verantwortung[5]. Den Vorsitzenden trifft keine Mitverantwortung. Richterliche Weisungen

---

[1] *OLG Hamm* JMBlNRW 1971, 89, 90.
[2] *BGH* NJW 1990, 2125; 1969, 1298, 1299; *LAG Düsseldorf* JurBüro 1989, 1017.
[3] *BGH* NJW 1990, 176, 177; dazu *Drischler* SCHS-ZTG 1990, 83.
[4] *BGH* NJW 1990, 176, 177; *RGZ* 105, 422, 428.
[5] *RGZ* 105, 422, 423.

sind allerdings nicht ausgeschlossen, wenn sie erforderlich oder zweckmäßig sind[6]. Der Vorsitzende kann also auch den Zustellungsweg bestimmen. In der Praxis kommt es häufig zu überflüssigen Anweisungen. Allerdings steht es dem Richter frei, auch dann die förmliche Zustellung anzuordnen, wenn sie nach dem Gesetz nicht geboten ist (§ 270 Abs. 2 S. 1, § 377 Abs. 1 S. 2). Auch kann bei unzuverlässigen Anwälten der Weg des § 212a ausgeschlossen werden.

§ 210 [Beglaubigung der Abschriften]

Die bei der Zustellung zu übergebende Abschrift wird durch den Urkundsbeamten der Geschäftsstelle beglaubigt.

Gesetzesgeschichte: Eingefügt durch Gesetz vom 17.5.1898, RGBl. 256, geändert durch Gesetz vom 9.7.1927, RGBl. I 175.

Stichwortverzeichnis → *Zustellungsschlüssel* in Rdnr. 65 vor § 166.

| I. Zweck | 1 | II. Ausfertigungen | 2 |

I. Zweck

§ 210 tritt für die Amtszustellung an die Stelle von § 170 Abs. 2, da der Gerichtsvollzieher bei der Amtszustellung nicht mitwirkt. Die Beglaubigungsbefugnis des Rechtsanwalts bleibt von § 210 unberührt und gilt auch für die Zustellung von Amts wegen. Wenn der Anwalt die eingereichte Abschrift bereits beglaubigt hat, so ist für eine Beglaubigung nach § 210 kein Raum mehr. Die Beglaubigungsbefugnis des Rechtsanwalts ist auch in den §§ 519a S. 2, 553a Abs. 2 S. 3, 554 Abs. 5 vorausgesetzt. Im arbeitsgerichtlichen Verfahren sind dagegen die Verbandsvertreter nicht zur Beglaubigung befugt (→ § 170 Rdnr. 35). 1

II. Ausfertigungen

Urteile und Beschlüsse des Gerichts, die Verfügungen des Vorsitzenden und die von der Geschäftsstelle ausgehenden Beschlüsse und Ladungen werden in Ausfertigung übergeben (→ § 170 Rdnr. 17). Parteischriftsätze sind in beglaubigter Abschrift zu übergeben. Diese Beglaubigung geschieht durch den Urkundsbeamten, wenn nicht schon der Anwalt (→ Rdnr. 1) beglaubigt hat. Die Beglaubigung muß durch den Urkundsbeamten eigenhändig unterzeichnet werden (→ § 170 Rdnr. 13). Daneben ist der Zusatz »als Urkundsbeamter der Geschäftsstelle« zu gebrauchen[1]. Ist die Staatsanwaltschaft am Verfahren beteiligt, so kann auch deren Urkundsbeamter beglaubigen[2]. Die Zustellung einer Urteilsausfertigung setzt die Rechtsmittelfrist auch dann in Lauf, wenn die Ausfertigung nicht von dem Urkundsbeamten der Geschäftsstelle des erkennenden, sondern von demjenigen eines anderen Arbeitsgerichts unterschrieben worden ist[3]. 2

---

[6] *BGH* NJW 1956, 1878, 1879; *LAG Düsseldorf* Jur-Büro 1989, 1017.

[1] *BGH* NJW 1964, 1857.
[2] *RGZ* 33, 365, 366.
[3] *LAG Nürnberg* ARST 1986, 92.

§ 210a [Zustellung eines Rechtsmittelschriftsatzes]

(1) Ein Schriftsatz, durch den ein Rechtsmittel eingelegt wird, ist dem Prozeßbevollmächtigten des Rechtszuges, dessen Entscheidung angefochten wird, in Ermangelung eines solchen dem Prozeßbevollmächtigten des ersten Rechtszuges zuzustellen. Ist von der Partei bereits ein Prozeßbevollmächtigter für den höheren, zur Verhandlung und Entscheidung über das Rechtsmittel zuständigen Rechtszug bestellt, so kann die Zustellung auch an diesen Prozeßbevollmächtigten erfolgen.

(2) Ist ein Prozeßbevollmächtigter, dem nach Absatz 1 zugestellt werden kann, nicht vorhanden oder ist sein Aufenthalt unbekannt, so erfolgt die Zustellung an den von der Partei, wenngleich nur für den ersten Rechtszug bestellten Zustellungsbevollmächtigten, in Ermangelung eines solchen an die Partei selbst, und zwar an diese durch Aufgabe zur Post, wenn sie einen Zustellungsbevollmächtigten zu bestellen hatte, die Bestellung aber unterlassen hat.

Gesetzesgeschichte: Bis 1900 § 164 CPO. Änderung durch Gesetz vom 17.5.1898, RGBl. 256 (→ Einl. Rdnr. 113) und neu bekanntgemacht durch RGBl. 1898, 369 als § 179 ZPO. Einfügung als § 210a durch Gesetz vom 1.6.1909, RGBl. 475 (→ Einl. Rdnr. 115).

Stichwortverzeichnis → *Zustellungsschlüssel* in Rdnr. 65 vor § 166.

I. Normzweck	1	4. Fehlender oder unbekannter Prozeßbevollmächtigter (Abs. 2)	8
II. Reihenfolge		5. Vertretungsverbot (§ 150 BRAO)	11
1. Grundsatz	2		
2. Rechtsmittelschrift	3	III. Mängel; Heilung	12
3. Wahlweise Zustellung (Abs. 1 S. 2)	4		

I. Normzweck

1 § 210a ergänzt die Grundregel des § 176 für den Fall der Rechtsmitteleinlegung. Nach § 210a Abs. 1 S. 1 HS 1 wird die Rechtsmittelschrift an den Prozeßbevollmächtigten des Rechtszuges zugestellt, dessen Entscheidung angefochten wird. Grund für die in § 210 Abs. 1 S. 1 getroffene Regelung ist die Erwägung, daß im allgemeinen noch kein Prozeßbevollmächtigter für den höheren Rechtszug bestellt worden ist. Deshalb paßt § 176 nicht. § 210a hat nur noch eine untergeordnete Bedeutung, da die Novellen 1905 und 1909 (→ Einl. Rdnr. 114, 115 a. E.) in §§ 518, 553 die Einlegung der Rechtsmittel auf den Zeitpunkt der Einreichung vorverlegt haben. Die Zustellung der Rechtsmittelschrift nach §§ 519a, 553a hat für die Wahrung der Frist daher keine Bedeutung mehr.

II. Reihenfolge

1. Grundsatz

2 Grundsatz ist die Zustellung der Rechtsmittelschrift an den Prozeßbevollmächtigten des Rechtszuges, dessen Urteil angefochten wird (→ Rdnr. 1). In den Verweisungsfällen der §§ 281, 506 ist der für das amtsgerichtliche Verfahren bestellte Prozeßbevollmächtigte für den ersten Rechtszug bestellt, auch wenn er vor dem Landgericht nicht auftreten konnte, solange nicht hier ein anderer Prozeßbevollmächtigter bestellt ist (→ § 176 Rdnr. 16)[1]. Nach

---
[1] S. auch *Rosenberg* Stellvertretung im Prozeß (1908), 981.

Widerspruch und Abgabe an das für das streitige Verfahren zuständige Gericht (§ 696) bleibt bis zur Bestellung eines anderen Prozeßbevollmächtigten der für das Mahnverfahren bestellte und bei dem Streitgericht nicht postulationsfähige Rechtsanwalt Zustellungsbevollmächtigter[2]. Die Zustellung wird nicht dadurch unwirksam, daß im Urteil (§ 313 Abs. 1 Nr. 1) ein falscher Prozeßbevollmächtigter benannt ist. Doch ist die Revision unzulässig, wenn die Revisionsschrift innerhalb der Revisionsfrist nur an den dort angegebenen falschen Prozeßbevollmächtigten des Revisionsbeklagten zugestellt und der Irrtum erst nach Fristablauf berichtigt wird[3]. Die Revisionsschrift enthält dann einen wesentlichen Formmangel. Für die Fälle der Rechtsmittelbegründungsschrift und der Terminsbekanntmachung (§§ 520, 555) gelten die Grundsätze von → § 519a Rdnr. 2ff., → § 520 Rdnr. 5.

2. Rechtsmittelschrift

Nach dem Gesagten ist die Revisionsschrift nach § 210a Abs. 1 S. 1 HS 1 dem Berufungsanwalt zuzustellen. Nach § 210a Abs. 1 S. 1 HS 2 kann die Revisionsschrift dem Prozeßbevollmächtigten des ersten Rechtszuges zugestellt werden, wenn die Partei im Berufungsrechtszug nicht vertreten war oder der Vertreter des Berufungsrechtszuges nach Zustellung des Urteils weggefallen ist (→ § 176 Rdnr. 25f.). Wegen § 87 Abs. 1 dürften Hauptfälle sein der Unterbrechungsfall des § 244 Abs. 2 und die Anfechtung eines unechten Versäumnisurteils[4]. 3

3. Wahlweise Zustellung (Abs. 1 S. 2)

Neben der den Regelfall bildenden Zustellung des Abs. 1 S. 1 HS 1 und der hilfsweisen Zustellung des Abs. 1 S. 1 HS 2 steht wahlweise die Zustellung nach Abs. 1 S. 2 an den für den höheren Rechtszug bestellten Prozeßbevollmächtigten. Die Bestellung (→ § 176 Rdnr. 14) kann sowohl auf den Bevollmächtigten des unteren Rechtszuges nach § 81 als auch auf die Partei selbst zurückgehen. So liegt es im Falle zweier selbständiger Rechtsmittel (→ § 521 Rdnr. 1), wenn diese schon früher ein Rechtsmittel gegen das Urteil eingelegt hatte oder das Rechtsmittel des anderen Teils erwartete. Der Bestellung steht es gleich, wenn der Gegner selbst Anwalt bei dem Rechtsmittelgericht ist (§ 78 Abs. 4)[5]. 4

Die Bestellung für den höheren Rechtszug i.S. des § 210a Abs. 1 S. 2 gilt nur für das konkrete Rechtsmittel, z.B. also nur für die Berufung und nicht auch für die Revision[6]. Wenn eine Partei mehrere Rechtsmittel einlegt, z.B. gegen Zwischen- oder Teilurteile, so muß jeweils konkret geprüft werden, welcher Anwalt für das betreffende Rechtsmittel Prozeßbevollmächtigter ist. Die Bestellung für eines der Rechtsmittel erstreckt sich nicht auch auf die anderen konkurrierenden oder nachfolgenden Rechtsmittel. So liegt es auch, wenn das eine Rechtsmittel zur Zeit der Einlegung des anderen noch in dem höheren Rechtszug schwebt[7]. Vergleichbar ist zu entscheiden, wenn gegen ein Urteil ein zweites Rechtsmittel eingelegt wird, nachdem das erste als unzulässig verworfen war, oder das nach einer Zurückverweisung (§§ 538, 565, 566a) ergangene neue Urteil angefochten wird. 5

Betreibt in Ehesachen (§§ 606ff.) die Staatsanwaltschaft das Verfahren (§§ 632, 634, 636), so ist Zustellungsadressat für den Berufungsrechtszug die Generalstaatsanwaltschaft. Für den Revisionsrechtszug ist der Generalbundesanwalt zur Übernahme der Parteirolle berufen. An 6

---

[2] *OLG Düsseldorf* MDR 1987, 502f.
[3] *BAG* AP § 554a ZPO Nr. 9.
[4] *MünchKommZPO/v. Feldmann* (1992) Rdnr. 1.
[5] Dazu *RG* Gruchot 48 (1904), 393.
[6] Vgl. *Rosenberg* (oben Fn. 1), 810ff.
[7] *RGZ* 14, 371ff.; 16, 352, 354; 27, 350, 352; a.A. *Rosenberg* (Fn. 1), 812ff.

diesen kann die Zustellung in gleicher Weise bewirkt werden wie an den Staatsanwalt des Gerichts, dessen Urteil angefochten wird[8].

7 In den Fällen von oben → Rdnr. 2–6 steht dem Prozeßbevollmächtigten in allen Fällen der von ihm bestellte Zustellungsbevollmächtigte (§ 30 BRAO) gleich.

4. Fehlender oder unbekannter Prozeßbevollmächtigter (Abs. 2)

8 Ist eine Zustellung nach Abs. 1 nicht möglich, greift Abs. 2 ein. So kann es etwa liegen, wenn der Prozeßbevollmächtigte durch Tod oder Unfähigkeit zur Vertretung nach der Zustellung des Urteils (→ § 244 Rdnr. 5, 7 ff.) weggefallen ist[9] oder der Aufenthalt des einzigen Vorhandenen unbekannt ist. Nach Abs. 2 ist an den von der Partei bestellten Zustellungsbevollmächtigten zuzustellen, auch wenn er nur für die erste Instanz bestellt ist. Ist ein Zustellungsbevollmächtigter nicht vorhanden, so ist an die Partei selbst zuzustellen. § 210a Abs. 2 (Alt. 2: unbekannter Aufenthalt) ist damit lex specialis zu § 177, weil ein Gerichtsbeschluß nicht erlassen zu werden braucht.

9 An die Partei wird nach den §§ 171 ff. zugestellt. § 210a Abs. 2 a. E. enthält einen klarstellenden Hinweis, daß durch Aufgabe zur Post nach § 175 Abs. 1 S. 2 zuzustellen ist, wenn dessen Voraussetzungen vorliegen.

10 Dem Fall des Abs. 2 wird gleichgestellt, daß ein Prozeßbevollmächtigter in der Rechtsmittelschrift nicht benannt worden ist[10].

5. Vertretungsverbot (§ 150 BRAO)

11 Eine wirksame Zustellung gegen einen Rechtsanwalt ist auch dann möglich, wenn gegen ihn ein Vertretungsverbot nach § 150 BRAO erlassen worden ist (§ 155 Abs. 5 S. 2 BRAO). Solange ein Stellvertreter noch nicht bestellt ist, wird man aber eine Zustellung an die in § 210a Abs. 2 genannten Personen zulassen müssen.

III. Mängel; Heilung

12 Zustellungen sind unwirksam (→ Rdnr. 25 ff. vor § 166), wenn die Reihenfolge des § 212a nicht eingehalten wird. Eine Heilung nach § 187 S. 1 sowie auch nach § 295 ist möglich, da eine Notfrist nicht in Gang gesetzt wird[11]. Ein Verstoß gegen § 210a hat ohnehin keinen Einfluß auf die Rechtzeitigkeit des Rechtsmittels, da die Fristen der §§ 516, 552 bereits durch das Einreichen der Rechtsmittelschrift gewahrt werden.

§ 211 [Ausführung der Zustellung]

(1) Die Geschäftsstelle hat das zu übergebende Schriftstück einem Gerichtswachtmeister oder der Post zur Zustellung auszuhändigen; ein Beamter der Justizvollzugsanstalt steht bei der Zustellung an einen Gefangenen dem Gerichtswachtmeister gleich. Die Sendung muß verschlossen sein; sie muß mit der Anschrift der Person, an die zugestellt werden soll, sowie

---

[8] So auch *RGZ* 18, 404, 405 f.; 25, 419; 36, 345, 346; *RG* JW 1915, 1263.
[9] Ferner *RGZ* 10, 345 f. (Verlust der Anwaltseigenschaft nach Verkündung, jedoch vor Zustellung des Berufungsurteils); 13, 310, 311.
[10] *BAGE* 21, 193, 197.
[11] *BAGE* 21, 193, 197.

mit der Bezeichnung der absendenden Stelle und einer Geschäftsnummer versehen sein. Sie muß den Vermerk »Vereinfachte Zustellung« tragen.
(2) Die Vorschrift des § 194 Abs. 2 ist nicht anzuwenden.

Gesetzesgeschichte: Eingefügt durch Gesetz vom 17.5.1898, RGBl. 256. Änderungen durch Gesetz vom 9.7.1927, RGBl. I, 175 und VO hierzu vom 30.11.1927, RGBl. I, 334, ferner durch VO vom 17.6.1933, RGBl. I, 394; S. 1 geändert durch das Rechtspflege-Vereinfachungsgesetz vom 17.12.1990, BGBl. I, 2847.

Stichwortverzeichnis → *Zustellungsschlüssel* in Rdnr. 65 vor § 166.

I. Normzweck	1	IV. Weitere Erfordernisse	7
II. Auswahlermessen (Abs. 1 S. 1)	3	V. Einschaltung von Hilfspersonen	8
III. Übergebene Sendung (Abs. 1 S. 2 und 3)	4	VI. Gerichtswachtmeister	9
		VII. Arbeitsgerichtliches Verfahren	10

I. Normzweck

§ 211 ersetzt für die Amtszustellung den funktionell vergleichbaren § 194. Der wesentliche Unterschied besteht darin, daß § 211 Abs. 2 den § 194 Abs. 2 für unanwendbar erklärt. Deshalb fehlt der Vermerk über den Zustellungsveranlasser auf der zu übergebenden Ausfertigung oder Abschrift und das Postübergabezeugnis i. S. der Beurkundung der Übergabe an die Post (→ § 194 Rdnr. 8). An die Stelle des Postübergabezeugnisses auf der Urschrift über die Übergabe zur Post tritt ein Vermerk des Geschäftsstellenbeamten in den Akten, der üblicherweise lautet: »Zur Post unter der Geschäftsnummer ... am ...« oder »Zur Post durch den Gerichtswachtmeister unter der Geschäftsnummer ... am ...«. Die letztgenannte Formulierung bedeutet aber ebenfalls die Zustellung durch die Post, wobei sich die Geschäftsstelle des Gerichtswachtmeisters nicht als Zustellungsorgan, sondern als Hilfeleistenden bedient. Diese oder ähnliche Vermerke werden meist durch Stempel angebracht und sind durch den Beamten der Geschäftsstelle zu unterschreiben. Es handelt sich nicht um Beurkundungsvermerke, sondern um bloße Erledigungsvermerke, so daß ein Fehlen nicht schadet.

»Vereinfachte Zustellung« bedeutet die Vereinfachung gegenüber der komplizierten Parteizustellung. Innerhalb der Amtszustellung ist dagegen die »Vereinfachte Zustellung« die reguläre Zustellungsform, die eine kompliziertere Zustellungsform nicht kennt. Einem Laien ist der Ausdruck gänzlich unverständlich.

II. Auswahlermessen (Abs. 1 S. 1)

Die Geschäftsstelle beauftragt nach ihrem pflichtgemäßen Ermessen (→ § 209 Rdnr. 2) die Post oder den Gerichtswachtmeister mit der Zustellung. In der Regel wird die Post beauftragt, indem die Sendung (S. 2) schlicht in den Briefkasten gesteckt wird oder bei einer Postannahmestelle abgegeben wird. Der in Abs. 1 S. 1 durch das Rechtspflege-Vereinfachungsgesetz vom 17.12.1990 (BGBl. I, 2847) angefügte Halbsatz stellt lediglich klar, daß Beamte der Justizvollzugsanstalten bei der Zustellung an Gefangene die Funktion des Gerichtswachtmeisters als Zustellungsorgan wahrnehmen[1]. Der Gerichtswachtmeister wird als Zustellungsorgan etwa bei besonders eilbedürftigen Sachen beauftragt[2]. In allen Fällen wird das zu

---

[1] *Hansens* NJW 1991, 953, 954.   [2] Dazu *OLG Schleswig* NJW 1988, 569 re. Sp.

übergebende Schriftstück dem Gerichtswachtmeister, dem Beamten der Justizvollzugsanstalt, in der die Zustellung stattfindet, oder der Post (durch Einwurf in den Briefkasten) übergeben. Die Aushändigung kann auch etwa durch Einlegen in das Fach des Gerichtswachtmeisters geschehen.

III. Übergebene Sendung (Abs. 1 S. 2 und 3)

4   Die Sendung muß nach Abs. 1 S. 2 HS 1 immer verschlossen sein. Ist sie nicht verschlossen, so ist die Zustellung unwirksam, weil dann die Identität des Inhalts zweifelhaft ist[3]. Es können Faltbriefe oder Fensterbriefumschläge verwendet werden (→ § 194 Rdnr. 3; → § 212 Rdnr. 3), wenn die notwendigen Angaben von außen erkennbar sind. Ferner muß der Umschlag nach Abs. 1 S. 2 HS 2 den Zustellungsadressaten und die absendende Stelle bezeichnen. Eine Postfachangabe genügt als Anschrift nicht[4]. Fehlt die Anschrift, so ist die Zustellung unwirksam[5].

5   Die Angabe der Geschäftsnummer nach Abs. 1 S. 2 a. E. ist zwingend, weil allein damit die Identität des übergebenen Schriftstückes mit dem zuzustellenden Schriftstück (→ § 170 Rdnr. 1) bescheinigt wird. Die Geschäftsnummer ist nach § 212 Abs. 1 i. V. m. § 195 Abs. 2 S. 1 auch auf der Zustellungsurkunde zu vermerken. Fehlt die Geschäftsnummer auf der Sendung oder ist sie unrichtig, so ist die Zustellung unwirksam[6]. Die Angaben auf der Sendung nach Abs. 1 S. 2 entsprechen dem § 194 Abs. 1 S. 2 mit dem Unterschied, daß das betreffende Gericht als Absender erscheint.

6   Nach Abs. 1 S. 3 muß die Sendung den Vermerk »Vereinfachte Zustellung« tragen. Dieser Vermerk soll dem Empfänger ersichtlich machen, daß ihm zugestellt und nicht bloß übergeben wird. Das ersieht der Empfänger ferner aus dem in § 212 Abs. 1 verlangten Zustellungsvermerk auf der Sendung. Aber auch wenn dieser Vermerk vorhanden ist, so führt ein (seltener) Verstoß gegen Abs. 1 S. 3 gleichwohl zur Unwirksamkeit der Zustellung, weil es sich um eine Mußvorschrift handelt[7]. Maßgebend ist das Wort «Zustellung», so daß Unwirksamkeit nur bei einem Fehlen dieses Wortes eintritt[8]. Für die Zustellung von Anwalt zu Anwalt nach § 212a gilt das Gesagte nicht. Es handelt sich dort überhaupt nicht um eine vereinfachte Zustellung i. S. des § 211[9].

IV. Weitere Erfordernisse

7   Auf der Sendung kann ggf. ein Vermerk über den Ausschluß der Übergabe an den Prozeßgegner erforderlich sein (→ § 185 Rdnr. 5). Auch kann auf der Sendung der Vermerk »Mit Angabe der Uhrzeit« anzubringen sein, wenn für diese die Fristberechnung maßgebend ist. Auf der Sendung ist auch kenntlich zu machen, wenn eine Weitersendung und ggf. in welchen Bereich sie geschehen soll. Der Verschluß durch ein Gerichtssiegel ist nicht erforderlich.

---

[3] *BGH* LM § 176 ZPO Nr. 3; zu einem Sonderfall *OVG Münster* NJW 1991, 3167, 3168 (zu § 3 VwZG).
[4] A. A. *BFH* BB 1983, 1713.
[5] *OVG Münster* NJW 1991, 3167, 3168.
[6] *BGH* MDR 1966, 44; *OVG Münster* NJW 1991, 3167, 3168 (zu § 3 VwZG); *OLG Schleswig* SchlHA 1966, 119; *OLG Nürnberg* NJW 1963, 1207, 1208; allg. M.

[7] *OLG Karlsruhe* NJW 1974, 1388; *MünchKomm-ZPO/v. Feldmann* (1992) Rdnr. 4; *Baumbach/Lauterbach/Hartmann*[51] Rdnr. 3; *Thomas/Putzo*[18] Rdnr. 2; *Zöller/Stöber*[18] Rdnr. 6; *Rosenberg/Schwab/Gottwald*[15] § 75 III 1a; a. A. *Wieczorek*[2] Bem. B II b.
[8] Zutr. *MünchKommZPO/v. Feldmann* (1992) Rdnr. 4.
[9] Wenigstens mißverständlich *BGH* NJW-RR 1989, 57, 58 m. Anm. v. *Feldmann* FamRZ 1989, 495.

V. Einschaltung von Hilfspersonen

Der Urkundsbeamte der Geschäftsstelle braucht an die Post nicht persönlich zu übergeben 8 (→ § 194 Rdnr. 7, → § 196 Rdnr. 2). Vielmehr kann er sich hierzu Gehilfen jedweder Art bedienen. Gleichgültig ist, ob der Gerichtswachtmeister bei demselben oder einem anderen Gericht angestellt ist. Die Sendung kann daher durch einfachen Brief an die andere Behörde mit der Bitte um Weitergabe an den dortigen Wachtmeister (als Zustellungsorgan) geschickt werden. Auf diese Weise wird die Sendung auch regelmäßig an den Beamten der Justizvollzugsanstalt nach § 211 Abs. 1 S. 1 HS 2 gelangen. Doch muß es sich hier um den Beamten derjenigen Justizvollzugsanstalt handeln, in der der Gefangene einsitzt.

VI. Gerichtswachtmeister

Die Landesjustizverwaltungen treffen über die Stellung des Gerichtswachtmeisters nähere 9 Bestimmungen. Ein Ausschluß kraft Gesetzes nach § 155 GVG kommt bei ihm nicht in Frage, weil er das Schriftstück nicht zu Gesicht bekommt (zum Postbediensteten → § 195 Rdnr. 1).

VII. Arbeitsgerichtliches Verfahren

Die meisten Arbeitsgerichte verfügen über keinen eigenen Gerichtswachtmeister. Nach 10 § 50 Abs. 3 ArbGG n.F.[10] können jetzt neben der Post und dem Gerichtswachtmeister auch der Urkundsbeamte der Geschäftsstelle oder ein von ihm beauftragter Beamter oder Angestellter des Gerichts Zustellungen vornehmen. § 212 ZPO findet Anwendung[11].

§ 212 [Beurkundung]

(1) Die Beurkundung der Zustellung durch den Gerichtswachtmeister oder den Postbediensteten erfolgt nach den Vorschriften des § 195 Abs. 2 mit der Maßgabe, daß eine Abschrift der Zustellungsurkunde nicht zu übergeben, der Tag der Zustellung jedoch auf der Sendung zu vermerken ist.

(2) Die Zustellungsurkunde ist der Geschäftsstelle zu überliefern.

Gesetzesgeschichte: Eingefügt durch Gesetz vom 17.5.1898, RGBl. 256 (→ Einl. Rdnr. 113). Änderungen durch Gesetz vom 9.7.1927, RGBl. I 175 und VO hierzu vom 30.11.1927, RGBl. I 334 (→ Einl. Rdnr. 125), ferner durch VO vom 17.6.1933, RGBl. I 394 (→ Einl. Rdnr. 125). § 5 der 1. KriegsmaßnahmenVO (→ Einl. Rdnr. 142) hatte die Zustellung durch die Post durch eine briefliche Mitteilung ersetzt. Diese Bestimmung wurde aufgehoben durch Art. 8 Nr. 27, 29 des Gesetzes vom 12.9.1950, BGBl. 455 (→ Einl. Rdnr. 148).

Stichwortverzeichnis → *Zustellungsschlüssel* in Rdnr. 65 vor § 166.

| I. Normzweck | 1 | III. Beweiskraft; Mängel | 4 |
| II. Inhalt | 2 | IV. Rückleitung (Abs. 2) | 6 |

---

[10] Eingefügt durch das Arbeitsgerichts-Änderungsgesetz vom 26.6.1990, BGBl. I, 1206.

[11] *N. Schwab* NZA 1991, 657, 658.

I. Normzweck

1   Die Übergabe an den Zustellungsadressaten durch das Zustellungsorgan (Postbeamter, Gerichtswachtmeister, Beamter der Justizvollzugsanstalt [§ 211]) folgt den Regeln der §§ 180 ff. (→ § 208 Rdnr. 2). Unwirksam ist eine Zustellung, wenn das an einen in einem psychiatrischen Krankenhaus Untergebrachten zuzustellende Schriftstück formlos aus dem Krankenhaus übersandt worden ist, ein Stationsarzt dem Adressaten das Schriftstück aushändigt und eine vorbereitete Zustellungsurkunde unterschreibt[1]. Es steht ein Bediensteter des Krankenhauses einem Gerichtswachtmeister nicht gleich[2]. § 212 übernimmt für die Zustellung von Amts wegen die Funktion von § 195 Abs. 2 und von § 190. § 212 ist deshalb lex specialis zu § 195 Abs. 2 und 3, §§ 190, 191. Urkundsbeamte sind die soeben genannten Zustellungsorgane, welche die Zustellung zu beurkungen haben.

II. Inhalt

2   Für den Inhalt der Zustellungsurkunde verweist § 212 Abs. 1 über § 195 Abs. 2 auf die Erfordernisse des § 191 Nr. 1, 3, 4, 5 und 7 sowie auf die weiteren Erfordernisse von § 195 Abs. 2 S. 1. Insoweit gelten die Ausführungen von oben → § 191 Rdnr. 4 und → § 195 Rdnr. 3 entsprechend. Außerdem muß nach § 212 Abs. 1 die Zustellungsurkunde die Beurkundung enthalten, daß der Tag der Übergabe auf der Sendung vermerkt ist. Anders als bei § 195 Abs. 2 wird bei der Amtszustellung eine Abschrift der Zustellungsurkunde nicht übergeben, wogegen das bei § 195 Abs. 2 S. 2 wenigstens fakultativ vorgesehen ist. § 212 Abs. 1 entspricht mit dieser Maßgabe also dem § 195 Abs. 2 S. 2.

3   Der Übergabevermerk hat lediglich die Funktion eines Hinweises für den Adressaten. Das ist ausreichend, weil der Adressat ggf. die nach Abs. 2 an die Geschäftsstelle zurückgeleitete Zustellungsurkunde gem. § 299 in den Gerichtsakten einsehen und eine Abschrift verlangen kann. Der Vermerk liefert ebensowenig wie derjenige des § 195 Abs. 2 S. 2 einen vollen Ersatz für die bei der Zustellung auf Betreiben der Partei in § 195 Abs. 2 S. 1 fakultativ vorgesehene Übergabe einer Abschrift der Zustellungsurkunde (→ § 195 Rdnr. 4f.), da aus ihm die Einzelheiten des Zustellungsherganges nicht ersichtlich sind. Der Vermerk muß auf die geschlossene Sendung gesetzt werden, in der Regel also auf den Briefumschlag oder bei einem Faltbrief auf das übergebene Schriftstück selbst. Die Verwendung eines sog. Fensterbriefumschlages ist statthaft, obwohl bei ihm die Anschrift des Adressaten nicht auf dem Umschlag steht, auf dem der Übergabevermerk gleichwohl anzubringen ist. Dadurch wird nach Öffnung der Sendung die Zusammengehörigkeit von Umschlag und Sendung nicht mehr erkennbar.

III. Beweiskraft; Mängel

4   Die Beweiskraft der Zustellungsurkunde nach § 212 richtet sich nach den Ausführungen zu oben → § 191 Rdnr. 3, → § 190 Rdnr. 2. Die Bedeutung der jeweiligen Mängel richtet sich nach → § 195 Rdnr. 3, → § 191 Rdnr. 4ff.

5   Fehlt der Vermerk nach § 212 Abs. 1 a. E., so gilt das zu § 195 Abs. 2 S. 2 Ausgeführte (→ § 195 Rdnr. 5). Ein fehlender Vermerk macht die Zustellung deshalb nicht unwirksam (→

---

[1] *OLG Celle* NdsRpfl 1991, 10.   [2] *OLG Celle* NdsRpfl 1991, 10.

Rdnr. 3)³. In derartigen Fällen wird aber die Notfrist des § 187 S. 2 nicht in Lauf gesetzt⁴. Weicht der Vermerk von der Zustellungsurkunde ab, so gelten die Ausführungen von → oben § 170 Rdnr. 33, → § 190 Rdnr. 7. Das Datum auf dem Vermerk geht bei einem Widerspruch im Falle der Berufung des Adressaten auf den Vermerk dem Datum auf der Zustellungsurkunde vor⁵. Der Zustellungsvermerk nach § 212 Abs. 1 geht auch dem Eingangsstempel des Anwaltsbüros vor⁶.

IV. Rückleitung (Abs. 2)

Die Urschrift der Zustellungsurkunde ist nach Abs. 2 der die Zustellung veranlassenden Geschäftsstelle durch gewöhnlichen Brief zurückzusenden. Funktionell entspricht das § 195 Abs. 3, § 190 Abs. 4, wo die Urkunde bei der Parteizustellung dem Zustellungsveranlasser zu übermitteln ist. Es ist für den Fall von zugestellten Abschriften (anders als bei § 190 Abs. 2) nicht vorgeschrieben, daß die zurückgelieferte Zustellungsurkunde mit der in den Gerichtsakten befindlichen Urschrift zu verbinden wäre. Doch ist eine Anheftung zur leichteren Auffindbarkeit jedenfalls stets zweckmäßig. 6

§ 212 a [Zustellung an Anwalt, Notar, Gerichtsvollzieher]

Bei der Zustellung an einen Anwalt, Notar oder Gerichtsvollzieher oder eine Behörde oder Körperschaft des öffentlichen Rechts genügt zum Nachweis der Zustellung das mit Datum und Unterschrift versehene schriftliche Empfangsbekenntnis des Anwalts oder eines gemäß der Rechtsanwaltsordnung bestellten Zustellungsbevollmächtigten, des Notars oder Gerichtsvollziehers oder der Behörde oder Körperschaft.

Gesetzesgeschichte: Eingefügt durch VO vom 13.2.1924 (→ Einl. Rdnr. 123), RGBl. I 135. Geändert durch VO vom 17.6.1933, RGBl. I 394 (→ Einl. Rdnr. 125).

Stichwortverzeichnis → *Zustellungsschlüssel* in Rdnr. 65 vor § 166.

I. Anwendungsbereich	1	3. Entscheidung der Geschäftsstelle	4
II. Voraussetzungen		4. Inbezugnahme der Voraussetzungen des § 198	6
1. Eigenheiten	2		
2. Zustellungsfach	3	III. Wirkung	9

I. Anwendungsbereich

Die Zustellung nach § 212a beherrscht die Praxis. Sie bildet seit der Novelle 1924 das Gegenstück zu der Zustellung von Anwalt zu Anwalt im Bereich der Parteizustellung. Im Adressatenbereich geht § 212a über § 198 hinaus, weil die Verordnung vom 17.6.1933 die Notare, Gerichtsvollzieher, Behörden und Körperschaften des öffentlichen Rechts in die Regelung einbezogen hat. Jenseits des genannten Adressatenkreises ist § 212a nicht analo- 1

---

³ H.L., *RG* JW 1908, 277f.; HRR 29 Nr. 1392; JW 1931, 2365, 2366 mit Anm. *Behrend*; *OLG Hamburg* MDR 1983, 410, 411.
⁴ *OLG Hamburg* MDR 1983, 410, 411; → § 195 Rdnr. 5.
⁵ *OLG Posen* OLGRsp 2, 86.
⁶ *BGH* VersR 1984, 761, 762.

giefähig[1]. Deshalb darf die Norm nicht auf einen Rechtsbeistand angewendet werden[2]. Das ist selbst dann nicht möglich, wenn dieser mit einem zugelassenen Rechtsanwalt assoziiert ist[3]. Doch kann ein Mangel durch tatsächlichen Zugang geheilt werden[4]. Dagegen gilt § 212a für das Verfahren in Arbeitssachen. § 50 Abs. 2 ArbGG gestattet die entsprechende Anwendung der Vorschrift auf die Prozeßvertreter des § 11 Abs. 1, 2 ArbGG. Die Unterschrift eines nicht zur Prozeßführung befugten Angestellten reicht nicht aus[5]. Im Falle des § 198 gelten abweichende Grundsätze (→ § 198 Rdnr. 32). Doch muß der Vertretene Mitglied des entsprechenden Verbandes sein[6]. Die Aushändigung gegen Empfangsbestätigung bildet danach außerhalb des § 212a keinen Ersatz für die Zustellung. Das gilt etwa auch für Mietervereine oder dgl.[7] Ausgeschlossen ist § 212a auch, wenn an den Angehörigen einer Behörde als Prozeßbevollmächtigten zugestellt wird[8].

II. Voraussetzungen

1. Eigenheiten

2 Die Zustellung nach § 212a unterscheidet sich ebenso wie § 198 von der gewöhnlichen Zustellung dadurch, daß eine amtliche Urkundsperson fehlt (→ § 198 Rdnr. 2). § 212a setzt voraus, daß die betreffende Partei oder der Streitgehilfe durch einen Rechtsanwalt vertreten sind. Deshalb ist eine ordnungsgemäße Zustellung nicht gegeben, wenn der frühere Prozeßbevollmächtigte nach Niederlegung des Mandats die Sendung an den noch nicht dem Gericht gegenüber bestellten neuen Prozeßbevollmächtigten weitergibt und dieser die Empfangsbescheinigung ausstellt[9]. Daneben kommt § 212a zur Anwendung, wenn der Anwalt, Notar usw. als Partei (oder als gesetzlicher Vertreter der Partei oder als Partei kraft Amtes → Rdnr. 25 vor § 50), als Streitverkünder usw. selbst beteiligt ist.

2. Zustellungsfach

3 Die Zustellung von Schriftsätzen durch das Gericht nach § 212a kann durch Verwendung eines Zustellungsfaches bei Gericht vereinfacht werden. Die Zustellung darf durch Einlegen des zustellungsbedürftigen Schriftstückes in ein solches Fach eingeleitet werden, wenn der Zustellungsadressat bereits zu diesem Zeitpunkt eine i.S. des Gewahrsams ausschließliche Zugriffsmöglichkeit an dem betreffenden Schriftstück hat. Dabei darf nur noch die Kenntnisnahme des Empfängers von der Existenz des Schriftstückes erforderlich sein. Ein Gewahrsam wird nur begründet, wenn die nach § 212a berechtigten Personen die Einrichtung eines solchen Zustellungsfaches mit der Gerichtsverwaltung ausdrücklich vereinbart haben[10].

3. Entscheidung der Geschäftsstelle

4 Die Geschäftsstelle entscheidet bei der Amtszustellung nach pflichtgemäßem Ermessen, ob sie den Weg des § 212a wählt[11]. In der Regel ist schon mit Rücksicht auf die Ersparnis von Parteikosten von der Zustellungsform des § 212a Gebrauch zu machen, sofern nicht im

---

[1] *OLG Hamm* JMBlNRW 1978, 101, 102.
[2] *OLG Frankfurt a.M.* JurBüro 1986, 1893, 1894; *OLG Hamm* JMBlNRW 1978, 101.
[3] *LG Krefeld* Rpfleger 1987, 167.
[4] *OLG Düsseldorf* Rpfleger 1989, 36 mit Anm. *Meyer-Stolte*; *LG Krefeld* Rpfleger 1988, 375.
[5] *LAG Hamm* ArbuR 1992, 61 (LS).
[6] *BAG* NJW 1975, 1798.
[7] *OLG Bamberg* JurBüro 1979, 287 (Rechtsbeistand); *LG Wuppertal* MDR 1953, 645.
[8] *BAG* AP § 176 ZPO Nr. 1 m. Anm. *Pohle*.
[9] *RG* HRR 32 Nr. 1596.
[10] *BAG* AP ZPO § 212a Nr. 6.
[11] *BGH* NJW 1990, 2125.

Einzelfall Bedenken bestehen[12]. Gleichgültig ist der Übermittlungsweg. Das Schriftstück kann je nach den Dienstvorschriften offen oder verschlossen auf beliebigem Wege übergeben werden. Es kann durch die Post oder durch Boten, z.B. auch durch den Gerichtswachtmeister[13], übersendet werden, ohne daß es der Aufnahme einer Zustellungsurkunde bedarf. Im Falle der Übersendung ist entsprechend § 211 ein Aktenvermerk zu machen[14]. Nicht erforderlich und auch nicht zutreffend ist der Vermerk des § 211 Abs. 1 S. 3 (»Vereinfachte Zustellung«)[15].

Das mit Datum und Unterschrift versehene Empfangsbekenntnis kann auf beliebigem 5
Wege zu den Gerichtsakten gegeben werden[16]. Üblich ist die Form einer an die Geschäftsstelle adressierten Zustellungskarte. Für die Zustellung entscheidend ist nicht der Eingang des Empfangsbekenntnisses bei Gericht, sondern das Empfangsbekenntnis selbst[17]. Das Empfangsbekenntnis kann auch auf dem Postweg zurückgeschickt werden. Dann müssen bei bestehendem Anwaltsfach die Mehrkosten getragen werden[18].

4. Inbezugnahme der Voraussetzungen des § 198

Im übrigen gelten für § 212a die gleichen Voraussetzungen, wie sie ausführlich für § 198 6
(→ § 198 Rdnr. 7ff.) dargestellt wurden. Das gilt für die Hingabe zur Zustellung (→ § 198 Rdnr. 7), die Entgegennahme der Zustellung (→ § 198 Rdnr. 9), die Vollendung der Zustellung (→ § 198 Rdnr. 15), die Vertretung des Anwalts (→ § 198 Rdnr. 11ff.), seine Pflicht zur Ausstellung des Empfangsbekenntnisses (→ § 198 Rdnr. 13), den maßgeblichen Zeitpunkt (→ § 198 Rdnr. 15) und die Beweiskraft des Empfangsbekenntnisses (→ § 198 Rdnr. 24ff.). Insbesondere ist auch hier wie sonst die Beurkundung der Übergabe notwendig (→ § 198 Rdnr. 14). Eine nachträgliche Vervollständigung ist möglich (→ § 198 Rdnr. 17), wenn die Geschäftsstelle das Empfangsbekenntnis noch einmal mit einer entsprechenden Bitte zurückgesandt hat. Bei § 212a tritt der Zustellungswille des Urkundsbeamten an die Stelle des Willens des Rechtsanwalts bei § 198 (→ § 198 Rdnr. 7)[19].

Bei Behörden und Körperschaften bestimmt sich die Befugnis zur Ausstellung des Emp- 7
fangsbekenntnisses nach den bestehenden Dienstvorschriften[20]. Das muß nicht notwendig der Vorstand oder der gesetzliche Vertreter sein, da ein prozessualer Dispositionsakt nicht in Frage steht. Der Eingangsstempel der Briefannahmestelle ist ohne Bedeutung[21]. Die Erklärung nach § 198 Abs. 1 S. 3 kommt nicht in Betracht, da es sich bei § 212a um eine Zustellung von Amts wegen handelt, bei der die Geschäftsstelle den Weg bestimmt.

Eine Gegenbescheinigung der Geschäftsstelle ist nicht vorgesehen, weil bei der Zustellung 8
von Amts wegen der Empfänger überhaupt keine Zustellungsurkunde erhält (§ 212)(→ § 198 Rdnr. 30).

III. Wirkung

Die Wirkung des Empfangsbekenntnisses richtet sich gleichfalls nach den → oben § 198 9
Rdnr. 24ff. ausgeführten Grundsätzen einschließlich der Möglichkeit des Gegenbeweises. Anders als bei § 198 ist aber die Bescheinigung eine öffentliche Urkunde, wenn sie von einer Amtsperson ausgestellt wurde. Der Unterschied ist freilich bedeutungslos, weil die Beweiskraft identisch ist[22].

---

[12] *LAG Bremen* AnwBl 1988, 68.
[13] *BGH* MDR 1959, 996.
[14] Vgl. ferner *BGH* NJW 1969, 1298.
[15] *BGH* VersR 1978, 563, 564.
[16] Dazu *BGH* NJW 1990, 2125.
[17] *BGH* NJW 1990, 2125.
[18] *LAG Bremen* AnwBl 1988, 68.
[19] Z.B. *BGH* FamRZ 1990, 866 re. Sp.
[20] Dazu *Sachse* StAZ 1991, 323f. für den Bereich der Personenstandssachen.
[21] *LG Göttingen* JurBüro 1990, 1326, 1327.
[22] *Thomas/Putzo*[18] Rdnr. 4.

§ 212b [Aushändigung an der Amtsstelle]

Eine Zustellung kann auch dadurch vollzogen werden, daß das zu übergebende Schriftstück an der Amtsstelle dem ausgehändigt wird, an den die Zustellung zu bewirken ist. In den Akten und auf dem ausgehändigten Schriftstück ist zu vermerken, wann dies geschehen ist; der Vermerk ist von dem Beamten, der die Aushändigung vorgenommen hat, zu unterschreiben.

Gesetzesgeschichte: Eingefügt durch VO vom 9.10.1940, RGBl. I 1340 (→ Einl. Rdnr. 141). Ausdrücklich beibehalten durch Gesetz vom 12.9.1950, BGBl. 455 (→ Einl. Rdnr. 148).

Stichwortverzeichnis → *Zustellungsschlüssel* in Rdnr. 65 vor § 166.

I. Normzweck; Anwendungsbereich	1	III. Aushändigende Stelle	4
II. Zustellungsadressat	3	IV. Beurkundung (S. 2)	5

I. Normzweck; Anwendungsbereich

1 § 212b enthält eine weitere eigenständige Form der Zustellung, die von der Geschäftsstelle gem. § 209 nach pflichtgemäßem Ermessen gewählt wird. Die der österreichischen ZPO (§ 114) entnommene Norm der Zustellung durch Aushändigung an der Amtsstelle kommt praktisch nur dann in Betracht, wenn die Geschäftsstelle damit rechnen kann, daß der Zustellungsadressat zu gegebener Zeit bei ihr vorspricht. In Zivilverfahren treten Zustellungsadressaten, die »unangenehme« Zustellungen etwa vor der Familie verbergen wollen, bisweilen von sich aus an die Geschäftsstelle mit der Bitte um Zustellung nach § 212b heran. Derartigen Wünschen sollte nach Möglichkeit entsprochen werden. Für die in § 212a genannten Zustellungsadressaten ist eine Zustellung auch nach § 212b möglich, aber in der Regel nicht angebracht.

2 § 212b betrifft Schriftstücke aller Art unabhängig davon, ob Notfristen in Lauf gesetzt werden sollen oder nicht. § 60 Abs. 1 S. 2 KJHG und § 62 Abs. 2 BeurkG kennen dem § 212b ZPO entsprechende Zustellungsformen[1].

II. Zustellungsadressat

3 Auszuhändigen ist nach S. 1 an den Zustellungsadressaten selbst (§ 191 Nr. 3). Dessen Annahmewille ist erforderlich, so daß eine Anwendung des § 186 ausgeschlossen ist. Die Aushändigung an einen Vertreter oder auch an einen mit Abholungsvollmacht ausgestatteten Boten ist unzulässig. Die Ablage im Postfach im Gerichtsgebäude ist keine Aushändigung i. S. des Satz 1[2]. Das Schriftstück ist offen auszuhändigen und nicht zu verschließen[3]. Einmal kennt die Norm keine dem § 211 Abs. 1 S. 2 vergleichbare Regelung. Zum anderen ist bei der Übergabe im verschlossenen Umschlag die Identität des zuzustellenden mit dem ausgehändigten Schriftstück nicht gesichert, da absichernde Normen wie in § 211 Abs. 1 S. 2 fehlen.

---

[1] Dazu *DIV-Gutachten* DAVorm. 1989, 662; 1986, 867; 1985, 384; ZfJ 1984, 289 (jeweils zum alten Recht).
[2] BGH NJW 1963, 1779; ferner *Brause* AnwBl. 1978, 164.
[3] *MünchKommZPO/v. Feldmann* (1992) Rdnr. 1 hält dagegen beides für zulässig.

III. Aushändigende Stelle

Ausgehändigt wird an der Amtsstelle. Das Gesetz meint damit die Geschäftsstelle. Es steht 4
jedoch nichts entgegen, wenn im Richterzimmer ausgehändigt wird. In gleicher Weise kann es
sich auch um den Dienstraum eines dem Gericht angeschlossenen Gefängnisses handeln[4]. Es
darf jede Person aushändigen, die zu der Bearbeitung von Gerichtsakten befugt ist, z.B. der
Gerichtswachtmeister, nicht aber die Reinemachefrau. In aller Regel wird der zuständige
Urkundsbeamte selbst aushändigen.

IV. Beurkundung (S. 2)

Der mit der Aushändigung betraute Beamte hat sowohl zu den Akten als auch auf dem 5
offen (→ Rdnr. 3) auszuhändigenden Schriftstück einen Vermerk anzubringen und eigenhändig zu unterschreiben. Eine Paraphe genügt ebensowenig wie bei § 191 Nr. 7 (→ § 191
Rdnr. 14). Ein Stempelbeidruck ist nicht erforderlich. Der Vermerk des S. 2 ist ein amtliches
Zeugnis über den Zeitpunkt der Aushändigung und ersetzt als Nachweis die Zustellungsurkunde. Der Aktenvermerk ist die einzige Beurkundung der Zustellung und deshalb Voraussetzung für die Wirksamkeit dieser Zustellungsart[5]. Anders als bei § 212 Abs. 1 a. E. (→ § 212
Rdnr. 5) ist der Vermerk bei § 212b unabdingbar, weil es keine Zustellungsurkunde gibt,
anhand derer der Adressat die Ordnungsgemäßheit der Zustellung überprüfen könnte. Entsprechend entschieden wird etwa auch für die rechtsähnlichen Fälle des § 198 (→ § 198
Rdnr. 14), des § 212a (→ § 212a Rdnr. 6), für das fehlende Empfangsbekenntnis sowie für →
§ 213 Rdnr. 3.

Eine Heilung ist nach § 187 möglich. 6

§ 213 [Zustellung durch Aufgabe zur Post]

Ist die Zustellung durch Aufgabe zur Post (§ 175) erfolgt, so hat der Urkundsbeamte der
Geschäftsstelle in den Akten zu vermerken, zu welcher Zeit und unter welcher Adresse die
Aufgabe geschehen ist. Der Aufnahme einer Zustellungsurkunde bedarf es nicht.

Gesetzesgeschichte: Eingefügt durch Gesetz vom 17.5.1898, RGBl. 256 (→ Einl. Rdnr. 113). Änderungen durch Gesetz vom 9.7.1927, RGBl. I 175 (→ Einl. Rdnr. 125).

Stichwortverzeichnis → *Zustellungsschlüssel* in Rdnr. 65 vor § 166.

I. Normzweck	1	III. Wirksamkeitsvoraussetzung; Heilung	3
II. Fassung und Zeitpunkt des Vermerks	2	IV. Einschreiben	6

---

[4] *LG Kaiserslautern* GA 1958, 123, 124.
[5] *Thomas/Putzo*[18] Rdnr. 3; *Wieczorek*[2] Bem. B; *MünchKommZPO/v. Feldmann*(1992) Rdnr. 2; *Zöller/ Stöber*[18] Rdnr. 5; a. A. *OLG Hamburg* MDR 1957, 489; *OLG Hamm* JMBlNRW 1953, 200; *Baumbach/Lauterbach/Hartmann*[51] Rdnr. 3.

I. Normzweck

1 § 213 ist das Gegenstück zu § 192, der die Aufnahme einer Zustellungsurkunde bei der im Parteibetrieb bewirkten Zustellung durch Aufgabe zur Post betrifft[1]. Im Falle der Amtszustellung wird die Zustellungsurkunde nach § 213 S. 2 durch den Zustellungsvermerk des Urkundsbeamten in den Akten ersetzt. Es handelt sich um eine öffentliche Urkunde nach § 418. Der Vermerk tritt an die Stelle der sonst bei der Amtszustellung vorgesehenen Aufnahme der Zustellungsurkunde nach § 212.

II. Fassung und Zeitpunkt des Vermerks

2 Im Hinblick auf die für den Adressaten gefährliche Zustellungsfiktion des § 175 (→ § 175 Rdnr. 2) müssen an den Zustellungsvermerk strenge Anforderungen gestellt werden[2]. Unabdingbar ist, daß der Vermerk nach der Aufgabe zur Post vorgenommen worden ist[3]; er darf lediglich vorher vorbereitet werden. Deshalb genügt es nicht, wenn der Vermerk nur besagt, das zuzustellende Schriftstück sei dem Justizwachtmeister zum Zweck der Zustellung durch Aufgabe zur Post übergeben worden[4]. Allerdings kann sich die Geschäftsstelle zum Einwurf in den Briefkasten durchaus des Gerichtswachtmeisters oder sonstiger Gehilfen bedienen (→ § 196 Rdnr. 2), wenn nur der Vermerk von dem Urkundsbeamten selbst und nach der Aufgabe zur Post angebracht wird. Der Vermerk braucht nicht datiert zu werden[5]. Der Aktenvermerk kann auch nachgeholt werden, selbst noch nach Einlegung eines Rechtsmittels[6]. Das gilt auch dann, wenn dieses dadurch unzulässig wird[7]. Unwirksam ist die Zustellung aber, wenn der Vermerk wahrheitswidrig diese bereits vor der Aufgabe zur Post bezeugt[8].

III. Wirksamkeitsvoraussetzung; Heilung

3 Der Zustellungsvermerk ist Wirksamkeitsvoraussetzung der Zustellung[9]. Er muß dazu in der Weise formgerecht vorgenommen worden sein, daß er die Angabe des Zeitpunkts der Aufgabe zur Post enthält (→ Rdnr. 2) sowie die Angabe des Zustellungsadressaten und seine Adresse[10]. Die Wirksamkeit der Zustellung wird aber wohl nur bei einem fehlenden Datum, nicht aber bei einem falschen Datum zu verneinen sein[11]. Es gilt entsprechendes wie sonst bei der Zustellungsurkunde (→ § 190 Rdnr. 4).

4 Neben dem Aktenvermerk fordert § 213 keine weiteren zu beachtenden Förmlichkeiten. Insbesondere ist eine besondere Aufschrift auf dem Schriftstück nicht vorgeschrieben. Freilich darf der Adressat nicht über den Charakter der Sendung getäuscht werden. So liegt es aber bei einer beigefügten Empfangsbescheinigung, die den Eindruck erweckt, es handle sich lediglich um eine formlose Übersendung[12].

5 Mängel sind nach § 187 S. 1 heilbar; ein Rügeverzicht nach § 295 ist möglich.

---

[1] S. *LG Hannover* AnwBl. 1986, 246 (zu § 118 Abs. 1 VerglO).
[2] *BGH* NJW 1979, 218.
[3] *BGH* NJW 1983, 884; VersR 1965, 1104.
[4] *BGH* NJW 1979, 218.
[5] *BGH* NJW 1983, 884.
[6] *BGH* NJW 1983, 884.
[7] *BGHZ* 32, 370; *BGH* NJW 1987, 1707f.; MDR 1961, 212, 213.
[8] *BGH* VersR 1965, 1104.
[9] *BGHZ* 8, 314f.; 32, 370, 372; *BGH* MDR 1960, 388; *LG Hannover* AnwBl. 1986, 246; *Jauernig* ZZP 73 (1960), 444ff.
[10] *OLG Frankfurt a. M.* NJW 1960, 1954.
[11] *MünchKommZPO/v. Feldmann* (1992) Rdnr. 1.
[12] *BGH* MDR 1967, 475; dagegen zu Unrecht *Baumbach/Lauterbach/Hartmann*[51] Rdnr. 3.

IV. Einschreiben

§ 175 Abs. 2 ist auf den Fall des § 213 nicht unmittelbar anwendbar. Doch kann der 6
Urkundsbeamte nach pflichtgemäßem Ermessen entscheiden, ob er die Einschreibesendung
wählen will, auch gegen Rückschein als Unterart der Einschreibesendung[13]. Damit wird eine
bessere Gewähr dafür erreicht, daß die Sendung den Adressaten erreicht. Wegen der Gefahren der fiktiven Zustellung wird es wegen des Rechts auf rechtliches Gehör (Art. 103 Abs. 1
GG) heute regelmäßig geboten sein, die Einschreibesendung gegen Rückschein zu wählen (→
§ 175 Rdnr. 22; →a. A. Voraufl. Rdnr. 2). Erbietet sich die Partei, die Mehrkosten zu tragen,
wird man einen Anspruch auf diese Zustellungsform bejahen müssen, da ansonsten bei der
Gefahr der Nichtzustellung einer Entscheidung im Ausland der Justizgewährleistungsanspruch verletzt sein kann (→a. A. Voraufl. Rdnr. 2).

Allerdings ist der Tag des Zugangs einer Einschreibesendung niemals für eine Zustellung 7
maßgebend, da es in der ZPO eine förmliche Zustellung durch Einschreiben gegen Rückschein
nicht gibt. Diese Übersendung ruft also auch keine zur Täuschung geeignete Unklarheit über
die prozessuale Tragweite und Bedeutung der Zustellung hervor[14].

Der *BGH* wendet im Falle des § 175 bei der Zustellung eines Versäumnisurteils nicht § 339 8
Abs. 2 an, hilft aber ggf. über die §§ 233ff.[15]. Bei einer fehlerhaften Zustellung eines Versäumnisurteils im schriftlichen Verfahren des § 331 Abs. 3 wird das Urteil im Rechtssinne
nicht existent[16].

§ 213a [Bescheinigung des Zustellungszeitpunktes]

Auf Antrag bescheinigt die Geschäftsstelle den Zeitpunkt der Zustellung.

Gesetzesgeschichte: Eingefügt durch die Vereinfachungsnovelle BGBl. 1976 I, 3281 (→ Einl.
Rdnr. 159).

Stichwortverzeichnis → *Zustellungsschlüssel* in Rdnr. 65 vor § 166.

| I. Normzweck | 1 | III. Form der Bescheinigung | 3 |
| II. Antrag | 2 | IV. Rechtsbehelfe | 4 |

I. Normzweck

§ 213a zieht für die Amtszustellung die Konsequenzen aus der Regelung des § 212 Abs. 2, 1
wonach die Zustellungsurkunde an die Geschäftsstelle gelangt. Anders als bei der Parteizustellung, bei der die Zustellungsurkunde nach § 190 Abs. 4 der zustellenden Partei übermittelt wird, kann der Zustellungsveranlasser den Nachweis der Zustellung nicht erbringen.
Dieser muß aber etwa nach § 750 oder § 798 gegenüber den Vollstreckungsorganen geführt
werden. Der Beweis kann daher durch die Bescheinigung nach § 213a erbracht werden. Auch
kann sich die betreffende Partei mit der Bescheinigung Klarheit über den Beginn der Rechtsmittelfrist verschaffen. § 213a war die notwendige Folge der durch die Vereinfachungsnovel-

---

[13] *BGH* NJW 1987, 1707, 1708; Art. 55 Weltpostvertrag, BGBl. 1992 II, 749.
[14] *BGH* NJW 1987, 1707, 1708.
[15] *BGH* RIW 1992, 398.
[16] *OLG München* RIW 1989, 57, 58.

le eingeführten Amtszustellung der Urteile nach § 317 Abs. 1 (→ Rdnr. 5 vor § 166)[1]. § 213a ist nur anwendbar bei Zustellungen von Amts wegen.

II. Antrag

2   Der erforderliche Antrag kann formlos gestellt werden, auch etwa durch eine schlüssige Handlung wie den Antrag auf Erteilung einer vollstreckbaren Ausfertigung oder auf Erlaß eines Vollstreckungsbescheids[2]. Anwaltszwang besteht nicht, da diese Prozeßhandlung vor dem Urkundsbeamten der Geschäftsstelle vorgenommen werden kann (§ 78 Abs. 3).

III. Form der Bescheinigung

3   § 213a schreibt keine bestimmte Form für die zu erteilende Bescheinigung vor. Stempel und Datierung sind daher nicht erforderlich[3]. Für das Vollstreckungsorgan muß jedoch der Aussteller klar hervorgehen. Deshalb ist die schriftliche Erteilung unter Angabe der Dienstbezeichnung auf der Bescheinigung erforderlich[4]. Die eigenhändige Unterschrift ist unverzichtbar. Paraphe und Handzeichen genügen nicht[5]. Zuständig ist der Urkundsbeamte der Geschäftsstelle[6].

IV. Rechtsbehelfe

4   Wenn sich der Urkundsbeamte weigert, die Bescheinigung zu erteilen, so kann die betroffene Partei nach § 576 Abs. 1 die Entscheidung des Prozeßgerichts herbeiführen. Weist das Prozeßgericht den Antrag zurück, ist dagegen die Beschwerde nach § 576 Abs. 2 statthaft. Wenn das LG als Berufungs- oder Beschwerdegericht entschieden hat, so ist die Beschwerde wegen § 567 Abs. 3 S. 1 unzulässig. Auch bei Untätigkeit des Urkundsbeamten gilt § 576 Abs. 1. Wird die Bescheinigung erteilt, so ist dagegen kein Rechtsbehelf gegeben.

---

[1] Vgl. BT-Drucks. 7/2729, 64.
[2] *MünchKommZPO/v. Feldmann* (1992) Rdnr. 1; *Zöller/Stöber*[18] Rdnr. 2.
[3] *LG Berlin* MDR 1978, 411.
[4] *LG Berlin* MDR 1978, 411; *MünchKommZPO/v. Feldmann* (1992) Rdnr. 1.
[5] *Zöller/Stöber*[18] Rdnr. 3.
[6] Dazu *Meyer-Stolte* Rpfleger 1982, 43.

Dritter Titel

Ladungen, Termine und Fristen

Vorbemerkungen vor § 214

I. Termine		3. Unterscheidungen innerhalb der eigentlichen Fristen	19
1. Begriff	1	a) Gesetzliche Fristen	21
2. Bestimmung (Anberaumung)	3	aa) Notfristen	22
a) Von Amts wegen	4	bb) Sonstige Fristen	23
b) Auf Antrag	7	cc) Zwischenfristen	24
II. Ladungen		dd) Stunden-, Tages-, Wochen- und Monatsfristen	25
1. Begriff; Bedeutung	8	b) Richterliche Fristen	26
2. Von Amts wegen; Ersetzung der Ladung	9	4. Bedeutung der Fristen	27
III. Bekanntmachung der Termine		VI. Uneigentliche Fristen; sonstige Zeiträume	
1. Ersetzung der Ladung	12	1. Uneigentliche Fristen	30
2. Art und Weise	13	2. Sonstige Zeiträume	31
3. Einhalten der Ladungsfrist	14	3. Weitere Sonderfälle	33
IV. Wirkung der Ladung	15	VII. Verfahren in Arbeitssachen	
V. Fristen (§§ 221 ff.)		1. Termine	34
1. Eigentliche Fristen	16	2. Ladungen	35
2. Uneigentliche Fristen	17	3. Fristen	36
		VIII. Andere Verfahren	37

Stichwortverzeichnisse → *Ladungsschlüssel* in § 214 Rdnr. 11; → *Terminsschlüssel* in § 216 Rdnr. 42; → *Fristenschlüssel* in § 221 Rdnr. 11.

I. Termine[1]

1. Begriff

Termine sind im voraus bestimmte Zeiträume für ein gemeinsames Handeln von Gericht 1
und Parteien. In gleichem Sinn, aber nicht ganz so exakt, wird bisweilen anstatt von »Zeiträumen« auch von »Zeitpunkten« gesprochen[2]. Gleichbedeutend zu verwenden sind die Begriffe Termin und Sitzung (arg. § 136 Abs. 3, § 345). In § 220 Abs. 1, § 272 Abs. 1 gebraucht die ZPO den Ausdruck Termin für die Verhandlung selbst, also seinen Inhalt i. S. der Verhandlung in ihm. Im übrigen werden Termin und Verhandlung unterschieden (z. B. § 220 Abs. 2, § 310 u. ö.). Andere als terminologische Schwierigkeiten ergeben sich daraus nicht. Konkreter als die hier vorgestellte Definition ist das Verständnis des Termins als die nach Datum, Uhrzeit und Ort im voraus festgelegte Gerichtssitzung im konkreten Rechtsstreit[3]. Die Terminologie des BGB (z. B. § 163 BGB) und auch der allgemeine Sprachgebrauch weichen von dem Verständnis der ZPO ab. Relativ wirkende Rechtsbegriffe sind auch sonst nicht ungewöhnlich.

---

[1] Literatur: *O. Fischer* Termin und Ladung im deutschen Civilprozeß (1882).

[2] Etwa *Thomas/Putzo*[18] Vorbem. § 214 Rdnr. 6.

[3] *MünchKommZPO/Feiber* (1992) § 214 Rdnr. 3.

2   Der Termin kann vor allem zur mündlichen Verhandlung, zur Beweisaufnahme, zur Entscheidungsverkündung oder zu einem sonstigen Zweck bestimmt sein. Ferner gibt es Termine vor dem erkennenden Gericht (auch: Einzelrichter), dem beauftragten oder ersuchten Richter, dem Rechtspfleger oder dem Urkundsbeamten.

2. Bestimmung (Anberaumung)

3   Termine werden stets vom Gericht bestimmt. Das Gesetz (z.B. § 216 Abs. 1) spricht von »Bestimmung« und nicht von »Anberaumung« (anders Abs. 3). Die Termine werden vom Vorsitzenden oder Einzelrichter, im Falle des § 104 auch vom Rechtspfleger bestimmt. Mit der Terminsbestimmung wird die Bereitschaft des Gerichts zur Vornahme einer Handlung oder zur Entgegennahme einer Parteihandlung bekundet[4].

a) Von Amts wegen

4   Termine werden in der Regel von Amts wegen bestimmt (§ 216). Diese Handhabung ist nach § 216 stets möglich, wenn ein Antrag oder eine Erklärung eingereicht werden, über die nur nach mündlicher Verhandlung entschieden werden kann, wie z.B. bei einer Klage, einem Einspruch usw. (→ § 216 Rdnr. 5).

5   Ferner werden Termine ohne Antrag oder Anregung der Partei von Amts wegen bestimmt, wenn sie bestimmt sind zur Fortsetzung eines in Gang befindlichen Verfahrens, insbes. nach dem Erlaß eines Teil- oder Zwischenurteils (§§ 301, 303), eines Grundurteils nach § 304[5] oder eines Zwischenurteils nach § 280 (→ § 280 Rdnr. 33), bei der Vertagung und Verlegung des Termins (§ 136 Abs. 3, §§ 227, 337), der Wiedereröffnung nach § 156 sowie in den Fällen der §§ 145f., 157, 251a, 336 und nach Beendigung der Beweisaufnahme (§ 370).

6   Ferner werden von Amts wegen bestimmt der erste Termin nach Einlegung des Einspruchs (§ 341a), der Berufung und der Revision (§§ 520, 555 ZPO, auch § 138 Abs. 3 GVG) und des Widerspruchs bei dem schiedsrichterlichen Verfahren nach § 1042d Abs. 2. Ebenso liegt es für die Termine zur Erledigung eines Beweisbeschlusses vor dem Prozeßgericht oder vor einem beauftragten oder ersuchten Richter und zur Verhandlung über die dabei entstehenden Zwischenstreitigkeiten (§§ 144, 358, 361 Abs. 2, 367, 389, 402, 432). Schließlich sind zu nennen die Termine zum Zweck des Güteversuches (§ 279) und zur Verhandlung nach dessen Scheitern, zur Verkündung des Urteils und der Beschlüsse (§§ 310, 329 Abs. 1), zur Fortsetzung der Verhandlung aufgrund der Verweisung an eine andere Gerichtsabteilung (§§ 96, 102 GVG) und schließlich bei allen Terminen in den Fällen der fakultativ mündlichen Verhandlung (→ § 128 Rdnr. 39–51). – Weitere Hinweise finden sich im → *Terminsschlüssel* in § 216 Rdnr. 42.

b) Auf Antrag

7   Ein Antrag auf Terminsbestimmung ist nur ausnahmsweise erforderlich. So liegt es in den Fällen der §§ 251, 251a Abs. 2 S. 4, 696 Abs. 1, 900 Abs. 1, 431 Abs. 2, 239 Abs. 2 (→ § 239 Rdnr. 35), § 242 ZPO; § 10 S. 2 KO und § 13 Abs. 2 S. 2 AnfG mit der Verweisung auf § 239 ZPO. Weitere Hinweise enthält der → *Terminsschlüssel* in § 216 Rdnr. 42.

---

[4] *RGZ* 55, 19, 22.   [5] *BGH* NJW 1979, 2307.

II. Ladungen

1. Begriff; Bedeutung

Ladung ist die Aufforderung, in einem vom Richter bestimmten Termin (→ Rdnr. 1) zu **8**
erscheinen. Wie aus § 497 hervorgeht, ist die Ladung von der Terminsbestimmung des
Richters zu trennen (→ § 214 Rdnr. 1). Die Ladung braucht aber nicht ausdrücklich ausgesprochen zu werden[6]. Die Aufforderung zum Erscheinen kann einmal die Partei betreffen
zum Zweck der mündlichen Verhandlung oder zum Güteversuch (§ 279 Abs. 2), in ihrer
Eigenschaft als Auskunftsperson zur Aufklärung des Sachverhalts (§ 141 Abs. 2) oder zur
Parteivernehmung (§ 450). Sie kann ferner betreffen den Zeugen oder den Sachverständigen
(§§ 377, 402). Die Ladung des Schuldners zur Abgabe der eidesstattlichen Versicherung
bedeutet zugleich die Ladung zur Verhandlung über die Pflicht zur Abgabe der eidesstattlichen Versicherung (§ 900 Abs. 5). Die §§ 214 ff. beziehen sich nur auf die Ladung der Partei
als solcher zur mündlichen Verhandlung.

2. Von Amts wegen; Ersetzung der Ladung

Geladen wird von Amts wegen (§ 214). Eine Parteiladung findet weder im Verfahren vor **9**
den Amtsgerichten noch vor den Kollegialgerichten statt (→ Rdnr. 4 ff. vor § 166).

Die Ladung der Partei (→ Rdnr. 8) wird ersetzt durch die einen Termin bestimmende **10**
Entscheidung (§ 218) (→ Rdnr. 12). In den Fällen von § 357 Abs. 2 S. 1 und § 497 Abs. 2
reicht die bloße Mitteilung des Termins aus. Die Ladungsfrist des § 217 muß aber eingehalten
werden.

Auskunftspersonen werden nach § 141 Abs. 2, §§ 377, 402 durch die Geschäftsstelle (→ **11**
§ 141 Rdnr. 17) stets von Amts wegen geladen. Die Ladung wird formlos übersandt. Bei
Vertagung genügt regelmäßig die Bestellung auf den neuen Termin. Dann braucht die Ladungsfrist des § 217 nicht gewahrt zu werden (→ § 217 Rdnr. 1). – Weitere Hinweise enthält
der → Ladungsschlüssel in § 214 Rdnr. 11.

III. Bekanntmachung der Termine

1. Ersetzung der Ladung

Bei allen von Amts wegen bestimmten Terminen (→ Rdnr. 4 ff.), für die nicht die Ladung **12**
besonders vorgeschrieben ist (→ Rdnr. 8), tritt die Bekanntmachung des Termins an die Stelle
der Ladung. Ausdrücklich angeordnet ist diese Rechtsfolge in den §§ 251 a Abs. 2 S. 3, 341 a,
366 Abs. 2, 370 Abs. 2, 520 Abs. 1 S. 1, 555 Abs. 1, 1042 d Abs. 2 ZPO sowie in § 102 S. 3
GVG. Das Gesagte hat aber auch entsprechend zu gelten für die Termine in den Fällen einer
fakultativ mündlichen Verhandlung (→ § 128 Rdnr. 48) und ebenso für die übrigen unter →
Rdnr. 8–10 nicht erwähnten Termine. So liegt es z. B. bei einer Verlegung, bei dem Übergang
des Verfahrens von dem Einzelrichter auf das Kollegium usw. Auch hier bedarf es einer
Ladung neben der Terminsbekanntgabe nicht.

---

[6] *RG* JW 1932, 1016 u. a.

2. Art und Weise

13 Die Termine werden in der Weise bekanntgemacht, daß entweder eine Ausfertigung der die Terminsbestimmung enthaltenden Verfügung oder eine von der Geschäftsstelle ausgehende Bekanntmachung, wie bei der Ladung von Amts wegen[7], je nach Lage förmlich zugestellt oder formlos übersandt wird. Sie wird im übrigen, wie die Ladung, durch die Verkündung des Termins (§ 218) und durch die Mitteilung nach § 497 Abs. 2 ersetzt (→ Rdnr. 10).

3. Einhalten der Ladungsfrist

14 Nach dem Gesagten stehen Bekanntmachung des Termins und Ladung sachlich gleich. Daraus folgt, daß auch die Terminsbekanntmachung für die öffentliche Zustellung unter § 204 Abs. 3 fällt (→ § 204 Rdnr. 11). Ferner muß auch bei der Terminsbekanntmachung die Ladungsfrist gewahrt werden. Das geht zwingend aus den §§ 520 Abs. 3 S. 2, 555 Abs. 2 hervor, wo die der Einlassungsfrist entsprechende Zwischenfrist von der Bekanntmachung an gerechnet wird[8].

IV. Wirkung der Ladung

15 Die Ladung (→ Rdnr. 8) wie ihr Ersatz (→ Rdnr. 12) begründen für die betreffende Partei die prozessuale Last, in dem bestimmten Termin (→ Rdnr. 1) zu erscheinen, wenn sie die Folgen einer Terminsversäumung vermeiden will (§§ 95, 230 ff., 330 ff.). Echte Zwangsmittel sieht das Gesetz nur in beschränktem Umfang vor. Es handelt sich um Ordnungsgeld im Falle des persönlichen Erscheinens der Partei als Auskunftsperson (§ 141 Abs. 3, → Rdnr. 8, § 273 Abs. 4 S. 2), Kostentragung, Ordnungsgeld, Ordnungshaft und Vorführung bei Ausbleiben des Zeugen (§§ 380 ff.), Ordnungsgeld und Vorführung in Ehe- und Familiensachen nach §§ 613 Abs. 2 HS 1, 640 Abs. 1. Ladungsmängel sind behandelt in → § 214 Rdnr. 6 ff.

V. Fristen (§§ 221 ff.)[9]

1. Eigentliche Fristen

16 Fristen im engeren Sinne (§§ 221 ff.) werden gleichbedeutend auch als eigentliche Fristen bezeichnet. Es sind Zeiträume zur Vornahme einer Parteihandlung (Handlungsfristen) oder zur Vorbereitung der Partei auf einen Termin (Zwischenfristen, → Rdnr. 24). Die Handlungsfristen wollen die Prozeßsubjekte zur Vermeidung von Verzögerungen zu einem zeitgerechten Tätigwerden anhalten. Die Zwischenfristen räumen ihnen Zeit zur Überlegung, Vorbereitung eines Termins usw. ein, damit Schäden durch übereiltes Handeln vermieden werden (→ Rdnr. 24). Die eigentlichen Fristen unterstehen den Normen über Fristen (→ Rdnr. 19 ff.).

2. Uneigentliche Fristen

17 Uneigentliche Fristen (→ Rdnr. 30 ff.) unterstehen den Normen (§§ 221 ff.) über Fristen nicht. Sie bilden im Gegensatz zu den eigentlichen Fristen (→ Rdnr. 16) die Zeiträume für die Vornahme einer richterlichen Handlung (z. B. §§ 310, 315 Abs. 2 S. 2 u. a.) sowie diejenigen

---

[7] RG JW 1924, 1588 (Frist zum Nachweis der Einzahlung der Prozeßgebühr).
[8] Etwa RGZ 81, 321, 323 (dort aber offengelassen).
[9] Literatur: *Kempf* JZ 1962, 84 f.; *Säcker* ZZP 80 (1967), 421; *Schultze* in: Festgabe Planck (1887), 1; *Schwalbach* AcP 66 (1883), 250, 264 ff.; *Volbers* Fristen und Termine, 7. Aufl. 1993.

Zeiträume, die für die Wirkung prozessualer Akte erforderlich oder die für die außerprozessuale Tätigkeit der Parteien gesetzt sind (→ Rdnr. 30 ff.), ferner die nach Jahren bemessenen gesetzlichen Zeiträume. Bei den uneigentlichen Fristen ist für den Gesetzgeber der Ablauf einer bestimmten Zeitspanne allein entscheidend[10]. Dazu zählen etwa die §§ 234 Abs. 3, 586 Abs. 2 S. 2, 614 Abs. 4, 958 Abs. 2, 1043 Abs. 2 S. 3, 516, 552 (Fünfmonatsfristen)[11]. Im letzteren Falle ist nur der sechste Monat eigentliche Frist und Notfrist. Gleichwohl werden sie nach § 222 berechnet[12]. – Zu den Fristen für Anträge des Räumungsschuldners gemäß § 721 Abs. 2 S. 1, Abs. 3 S. 2, § 794a Abs. 1 S. 2 → *Münzberg* § 721 Rdnr. 22a; ferner → Rdnr. 24.

Die genannten Zeiträume (§§ 234 Abs. 3, 586 Abs. 2 S. 2, 958 Abs. 2, 1043 Abs. 2 S. 3) sind prozessualer und nicht zivilrechtlicher Natur, also nicht mit Verjährungsfristen zu verwechseln. Auch sollte die Bezeichnung als prozeßrechtliche Verjährungsfristen vermieden werden[13]. Obwohl sich diese Zeiträume auf prozeßrechtliche Verhältnisse beziehen und in der ZPO geregelt sind, sind sie keine Fristen i. S. der ZPO und werden von ihr auch nicht als Fristen bezeichnet. Sie sind nämlich nicht dazu bestimmt, der Parteitätigkeit innerhalb des Prozesses Schranken zu ziehen. Vielmehr setzen sie einen rechtskräftig erledigten Prozeß voraus und bilden negative (präklusive) prozeßrechtliche Bedingungen für den Beginn eines neuen Prozesses. Sie sind damit weder Fristen im alten noch auch im neuen Prozeß. Dagegen setzen die Vorschriften des Dritten bis Fünften Titels (§§ 214–252) ein bereits schwebendes prozessuales Verfahren voraus und sind deshalb auf die uneigentlichen Fristen nicht anwendbar[14]. Doch sind die aus Anlaß des Krieges und seiner Nachwirkungen für die Hemmung oder Unterbrechung prozessualer und anderer Fristen erlassenen Ausnahmevorschriften (→ Voraufl. Rdnr. 48) auch auf die nach Jahren bemessenen gesetzlichen Zeiträume anwendbar[15]. 18

3. Unterscheidungen innerhalb der eigentlichen Fristen

Die eigentlichen Fristen (→ Rdnr. 16) zerfallen in gesetzliche Fristen (→ Rdnr. 21 ff.) und richterliche Fristen (§ 221, → Rdnr. 26). Diese Unterscheidung ist wegen § 224 erforderlich. Sie hat nach § 224 Abs. 2 Bedeutung für die Zulässigkeit einer Verlängerung oder Abkürzung. Es kommt für die Unterscheidung nicht darauf an, ob die Frist durch eine richterliche Anordnung oder kraft Gesetzes zu laufen beginnt. Entscheidend ist, ob die Dauer der Frist durch richterliche Entschließung oder durch das Gesetz bestimmt ist. Die gesetzliche Frist behält ihre Eigenschaft auch dann, wenn sie von dem Richter nach § 224 Abs. 2 abgekürzt oder verlängert wird[16]. 19

Neben den gesetzlichen und richterlichen Fristen stehen als dritte Gruppe die von den Parteien vereinbarten Fristen, insbesondere die bei dem Prozeßvergleich vereinbarte Widerrufsfrist (→ § 224 Rdnr. 5). Es handelt sich bei diesen Fristen im wesentlichen um eigentliche Fristen, die deren Normen gehorchen (→ § 221 Rdnr. 3). 20

a) Gesetzliche Fristen

Die gesetzlichen Fristen zerfallen wiederum in die vom Gesetz so bezeichneten Notfristen (→ sogleich Rdnr. 22) und in die gewöhnlichen Fristen (→ Rdnr. 23 ff.). Das sind alle gesetzlichen Fristen, die von der ZPO nicht ausdrücklich als Notfristen bezeichnet werden. 21

---

[10] *Rosenberg/Schwab/Gottwald*[15] § 72 I.
[11] RGZ 122, 51, 54.
[12] RGZ 65, 24 f.; 97, 300, 301.
[13] Dafür aber *Stein* ZZP 12 (1888), 411, 414 (Bespr. zu *Schultze* oben Fn. 9).
[14] RGZ 17, 328, 330.
[15] BGHZ 1, 153, 156; 3, 347; *OLG Hamburg* MDR 1947, 257; *OLG Schleswig* NJW 1949, 948 mit Anm. *Paehler*; a. A. *OLG Braunschweig* NdsRpfl 1950, 20.
[16] *OLG Hamburg* MDR 1952, 561.

aa) Notfristen

22 Notfristen sind aufgeführt in den §§ 276 Abs. 1 S. 1, 339 Abs. 1, 2, 516, 552, 577 Abs. 2 S. 1, 586 Abs. 1, 958 Abs. 1 S. 1, 1042d Abs. 1 S. 1, 1043 Abs. 2 S. 1.

bb) Sonstige Fristen

23 Gesetzliche Fristen sind ferner die Berufungs- und Revisionsbegründungsfrist, §§ 519 Abs. 2, 554 Abs. 2, die Frist für den Antrag auf Wiedereinsetzung in den vorigen Stand des § 234 Abs. 1, die Fristen für den Antrag auf Berichtigung des Tatbestandes und auf Ergänzung des Urteils nach §§ 320, 321 und ferner die Fristen der §§ 106, 107 Abs. 2, 134 Abs. 2, 692 Abs. 1 Nr. 3, die Wartefrist des § 798, §§ 815 Abs. 2, 840 Abs. 1, 845 Abs. 2, 873, 929 Abs. 2 und 3, 1022 Abs. 1 S. 2, 1023, 1029 Abs. 1, 1031.

cc) Zwischenfristen

24 Gesetzliche Fristen sind regelmäßig die sog. Zwischenfristen (→ Rdnr. 16). Das sind die Einlassungsfristen der §§ 274 Abs. 3 S. 1, 520 Abs. 3 S. 2, 555 Abs. 2, 593 Abs. 2 S. 2, die Ladungsfristen der §§ 217, 604 Abs. 2, 3, und die Frist des § 132 für die Zustellung vorbereitender Schriftsätze. Die Antragsfristen der §§ 721 Abs. 2 S. 1, Abs. 3 S. 2, 794a Abs. 1 S. 2 für die Anträge des Räumungsschuldners sind keine Zwischenfristen i. S. des Gesagten (zu ihrer Berechnung → *Münzberg* § 721 Rdnr. 22a). Für Sonderfälle kann ihre Bestimmung auch dem Richter überlassen sein, womit die gesetzliche Frist wieder in eine richterliche Frist umgewandelt ist. Zu nennen sind z. B. die §§ 239 Abs. 3 S. 2, 274 Abs. 3 S. 3, 339 Abs. 2, 520 Abs. 3 S. 2, 555 Abs. 2, 1042d Abs. 1 S. 2, 1044a Abs. 3. Die genannten Fristen sind echte Fristen. Neben der Funktion, dem Geladenen eine Vorbereitungszeit einzuräumen, bestimmen sie den Zeitpunkt, zu dem eine Prozeßhandlung wirksam vorgenommen werden muß, damit sie wirksam ist (§ 335 Abs. 1 Nr. 2).

dd) Stunden-, Tages-, Wochen- und Monatsfristen

25 Die gesetzlichen Fristen sind bestimmt nach Stunden, Tagen, Wochen oder Monaten. Stundenfristen sind geregelt in den §§ 217 a. E., 274 Abs. 3 S. 2, 604 Abs. 2, 3. Tagesfristen finden sich in den §§ 132 Abs. 2, 134 Abs. 2, 217 Alt. 2, 604[17]. Wochenfristen sind genannt in den §§ 106, 132 Abs. 1, 217 Alt. 1, 234 Abs. 1, 274 Abs. 3 S. 1, 276 Abs. 1, 277 Abs. 3, 320 Abs. 1, 321 Abs. 2, 339 Abs. 1, 577 Abs. 2, 604 Abs. 3 a. E., 692 Abs. 1 Nr. 3, 798, 815 Abs. 2 S. 2, 840, 873, 929 Abs. 3, 1029 Abs. 1, 1031, 1042d Abs. 1. Monatsfristen sind aufgeführt in den §§ 107 Abs. 2, 516, 519 Abs 2 S. 2, 552, 554 Abs. 2 S. 2, 586 Abs. 1, 701, 798a, 845 Abs. 2, 878 Abs. 1, 929 Abs. 2, 954 S. 2, 958 Abs. 1, 1022 Abs. 1 S. 2, 1043 Abs. 2.

b) Richterliche Fristen

26 Richterliche Fristen sind genannt in den §§ 56 Abs. 2 S. 2, 89 Abs. 1 S. 2, 109, 113, 151, 244 Abs. 2, 273 Abs. 2 Nr. 1, 275 Abs. 1, 3, 4, 283, 356, 364 Abs. 3, 379, 428, 431, 769 Abs. 2, 771 Abs. 3, 805 Abs. 4 S. 2, 926, 942 Abs. 1. Hierher gehören außerdem die richter-

---

[17] § 875 ist eine uneigentliche Frist, → Rdnr. 31.

lich bestimmte Ladungsfrist des § 239 Abs. 2, 3 S. 2, §§ 274 Abs. 3 S. 3, 276 Abs. 1 S. 3 (§§ 520, 555), § 339 Abs. 2. Die Einspruchsfrist im Falle des § 339 Abs. 2 und die Widerspruchsfrist im Falle des § 1042d Abs. 1 S. 2 sind die einzigen richterlichen Notfristen (→ § 233 Rdnr. 8). Zum Teil sieht das Gesetz für die richterlichen Fristen eine bestimmte Mindestdauer vor. Das ist der Fall in den §§ 276 Abs. 1 S. 2, 277 Abs. 3, 4, 520 Abs. 2.

4. Bedeutung der Fristen

Die eigentlichen Fristen (→ Rdnr. 16) ziehen die zeitlichen Grenzen für die Vornahme der Prozeßhandlungen. Als allgemeine Folge ihres Ablaufs tritt nach § 230 kraft Gesetzes der Ausschluß der Partei mit der vorzunehmenden Prozeßhandlung ein. Heute ist aufgrund der Rechtsprechung des Bundesverfassungsgerichts[18] gesichert, daß die Parteien die betreffende Frist ohne jeglichen Nachteil voll ausschöpfen dürfen. Z.B. darf also eine nach Tagen (oder länger) bestimmte gesetzliche Frist auch noch nach Dienstschluß bis 24 Uhr des letzten Tages der Frist genutzt werden. Die Handlung kann nach § 231 Abs. 1 HS 2 nur nachgeholt werden, wenn das Gesetz einen auf Verwirklichung des Rechtsnachteiles gerichteten Antrag erfordert (→ § 231 Rdnr. 5). Bei den einer Wiedereinsetzung in den vorigen Stand zugänglichen Fristen (§ 233) kann die Handlung nachgeholt werden, falls die Wiedereinsetzung gewährt wird (→ § 236 Abs. 2 S. 2). Bisweilen sieht das Gesetz bei Fristversäumnis auch nur die schwächere Wirkung vor, daß die Partei nach Fristablauf mit der Prozeßhandlung zurückgewiesen werden kann. Zu nennen sind die Fälle der §§ 296 Abs. 2, 283 S. 2, 356.

27

Die Fristsetzung schließt nicht aus, daß die betreffende Handlung schon vor Fristbeginn vorgenommen werden kann. Das ist gleichermaßen anerkannt für die Einspruchsfrist des § 339 Abs. 1, die Beschwerdefrist des § 577 Abs. 2, die Frist des § 929 Abs. 3 und spätestens seit der Novelle 1924 (→ Einl. Rdnr. 123) für die Berufungs- und Revisionsfrist der §§ 516, 552. Ebenso ist zu entscheiden für die Frist der Wiederaufnahmeklage (→ § 586 Rdnr. 9).

28

Es ist jeweils bei den einzelnen Fristen bestimmt, welche Ereignisse die betreffende Frist in Lauf setzen (→ § 221 Rdnr. 1). Meist ist auch die Fristenwahrung in der Weise gesetzlich geregelt, daß für die wichtigsten Fristen schon das Einreichen des Schriftstückes genügt (→ § 207 Rdnr. 1, 2). Die Berechnung der Fristen ergibt sich aus § 222, der Einfluß der Gerichtsferien aus § 223. Weitere Hinweise enthält der Fristenschlüssel in → § 221 Rdnr. 11.

29

VI. Uneigentliche Fristen; sonstige Zeiträume

1. Uneigentliche Fristen

Die uneigentlichen Fristen (→ Rdnr. 17, zur Berechnung → Rdnr. 17a. E.) sind keine Fristen in dem dargestellten Sinn[19]. Es handelt sich einmal um diejenigen Zeiträume, innerhalb derer die Gerichte oder die gerichtlichen Nebenpersonen wie Geschäftsstellenbedienstete und Gerichtsvollzieher kraft ihrer Amtspflicht gewisse Geschäfte zu erledigen haben (→ Rdnr. 17). Wird eine Partei durch ihre Nichtbefolgung benachteiligt, so stehen ihr aber u. U. Schadensersatzansprüche oder die Dienstaufsichtsbeschwerde zu. Wird die in § 913 ZPO geregelte Hafthöchstdauer überschritten, so sind nach § 345 StGB strafrechtliche Sanktionen möglich. Mittelbar können sich auch prozessuale Folgen ergeben (→ Rdnr. 31). Das

30

---

[18] *BVerfGE* 41, 323, 327 m. Anm. *Vollkommer* Rpfleger 1976, 240; und ständig; a. A. noch *BGHZ* 65, 10.
[19] Dazu *Schwalbach* AcP 66 (1883), 250, 264; *Eccius* Gruchot 23 (1879), 732, 739; *Hein* Identität der Partei (Bd. 1) (1918), 142f. (gegen den Begriff).

Gesetz bezeichnet diese Zeiträume auch nicht als Fristen (§§ 310, 315 Abs. 2, Ausnahme [Abs. 2 S. 2], 544, 566, 566a Abs. 7, 571, 816 Abs. 1, 913, 915).

2. Sonstige Zeiträume

31 Keine Fristen sind auch die Zeiträume der §§ 246, 614, während deren Dauer der Lauf einer Frist gehemmt oder das Verfahren ausgesetzt ist. Das gleiche gilt für den Zeitraum des § 206 Abs. 1, 2, nach dessen Ablauf die Wirkungen der Zustellung fingiert werden, den Zeitraum des § 875 für die Niederlegung des Teilungsplanes auf der Geschäftsstelle und die Aufgebotsfrist der §§ 950, 994, 1001, 1002, 1010ff., 1015, 1024, die das Gericht bei der Bestimmung des Aufgebotstermins zu beachten hat. In den letzteren Fällen zieht die Nichteinhaltung aber auch prozeßrechtliche Konsequenzen mit sich. So treten im Falle des § 206 die Zustellungswirkungen nicht ein, im Aussetzungsfall des § 249 Abs. 2 sind die Prozeßhandlungen unwirksam, im Falle des § 875 sind die Folgen der §§ 876, 877 ausgeschlossen. Im Anwendungsbereich des § 950 usw. ist die Anfechtungsklage gegen das Ausschlußurteil nicht ausgeschlossen.

32 Nicht um Fristen handelt es sich schließlich bei den in den §§ 516 HS 2, 552 HS 2 (→ Rdnr. 17) bestimmten Zeitspannen, nach deren Ablauf spätestens die Rechtsmittelfristen zu laufen beginnen[20]. Ferner ist zu nennen der Zeitraum von drei Monaten, nach dessen Ablauf die Tatbestandsberichtigung nicht mehr beantragt werden kann (§ 320 Abs. 2 S. 3), und der in § 251 Abs. 2 vorgegebene Zeitraum von drei Monaten, bis zu dessen Ablauf das ruhende Verfahren nur mit Zustimmung des Gerichts aufgenommen werden kann.

3. Weitere Sonderfälle

33 In den §§ 255 und 721 erwähnt die ZPO schließlich noch richterliche Fristen für rein zivilrechtliche Akte. In den §§ 91 Abs. 3, 903 und 914 geht es endlich noch um Jahresfristen für die Zulässigkeit prozeßrechtlicher Akte.

VII. Verfahren in Arbeitssachen

1. Termine

34 In Verfahren in Arbeitssachen werden die Termine gleichfalls grundsätzlich von Amts wegen anberaumt (→ Rdnr. 4). Lediglich in den Fällen der §§ 251, 696 Abs. 1 ist ein Antrag erforderlich (→ Rdnr. 7).

2. Ladungen

35 Für Ladungen im arbeitsgerichtlichen Verfahren gilt das oben → Rdnr. 8ff. Ausgeführte entsprechend. Es wird von Amts wegen geladen; eine Parteiladung findet nicht statt. Die Anordnung des persönlichen Erscheinens weicht zum Teil von der für das amtsgerichtliche Verfahren maßgebenden Regelung ab (→ § 141 Rdnr. 41ff.).

---

[20] *RGZ* 122, 51, 54 (→ Rdnr. 17).

3. Fristen

Fristen (→ Rdnr. 16) und sonstige Zeiträume (→ Rdnr. 17) sind im arbeitsgerichtlichen 36
Verfahren denjenigen im Zivilprozeß weitgehend angepaßt. Für das Urteilsverfahren gelten nach § 46 Abs. 2 S. 1 ArbGG grundsätzlich die Vorschriften für das amtsgerichtliche Verfahren. Lediglich das arbeitsgerichtliche Mahnverfahren enthält in § 46a Abs. 3 ArbGG gegenüber der in § 692 Abs. 1 Nr. 3 ZPO getroffenen Regelung eine abweichende Frist von einer Woche. § 110 Abs. 3 ArbGG sieht für die Aufhebungsklage gegen einen Schiedsspruch eine zweiwöchige Notfrist vor. Die in § 59 S. 1 ArbGG vorgesehene Notfrist für die Einspruchsfrist gegen ein Versäumnisurteil ist im Unterschied zur Zweiwochenfrist des § 339 ZPO als Einwochenfrist ausgestaltet.

VIII. Andere Verfahren

Auch in anderen Verfahren wird vielfach auf die Vorschriften der ZPO verwiesen. So liegt 37
es etwa in § 72 Nr. 2 GWB im Beschwerdeverfahren in Kartellsachen.

§ 214 [Ladung]

Die Ladung zu einem Termin wird von Amts wegen veranlaßt.

Gesetzesgeschichte: Bis 1900 § 191 CPO, geändert BGBl. 1950, 535 (→ Einl. Rdnr. 148).

Stichwortverzeichnis → *Ladungsschlüssel* unten Rdnr. 11.

I. Bedeutung	1	IV. Ladungsmängel	6
II. Inhalt der Ladung	2	V. Zustellungen und Ladungen gegenüber Soldaten	9
III. Ladung durch die Geschäftsstelle	4	VI. Ladungsschlüssel	11

I. Bedeutung

Ladung ist die Aufforderung, in einem Termin zu erscheinen (→ Rdnr. 8 vor § 214). Sie 1
setzt voraus, daß vorher eine richterliche Terminsbestimmung stattgefunden hat (§ 216). Deshalb müßte § 214 systematisch erst nach § 216 stehen. Die Ladung des § 214 muß der Terminsbestimmung des § 216 entsprechen. Nach der Bestimmung des Termins zur mündlichen Verhandlung veranlaßt die Geschäftsstelle nach § 274 die Ladung der Parteien (→ Rdnr. 4). Sie setzt daher die Terminsbestimmung um. Ladung und Terminsbestimmung sind voneinander zu trennen, so daß die Terminsbestimmung des Vorsitzenden für sich allein noch nicht den Befehl zum Erscheinen enthält (→ § 216 Rdnr. 4). Eine wiederholte Ladung zu demselben Termin ist denkbar (→ § 216 Rdnr. 34). Unstatthaft ist eine Ladung ohne vorhergehende Terminsbestimmung (→ Einl. Rdnr. 103, → § 272 Rdnr. 2)[1]. Besonderheiten gelten für das Laden von Soldaten (→ Rdnr. 9).

---

[1] Vgl. *RGZ* 55, 20, 22; 55, 305, 306.

II. Inhalt der Ladung

2   Die Ladung muß enthalten (arg. § 205) das ladende Gericht, wobei die nähere Angabe der Gerichtsabteilung, wie Kammer oder Senat, nicht zur Wirksamkeit erforderlich, aber zweckmäßig und üblich ist. Erforderlich ist aber die Nennung des Gerichtsorts mit der Mindestangabe des betreffenden Gebäudes und der Terminszeit mit der genauen Stunde. Selbstverständlich muß auch die geladene Person bezeichnet werden. Angegeben werden müssen ferner der Terminszweck mit Bezeichnung des Rechtsstreits. Es ist dabei ausreichend, wenn sich aus dem Schriftstück mit hinreichender Deutlichkeit die mündliche Verhandlung über den bereits anhängigen oder anhängig zu machenden Rechtsstreit (Hauptsache) oder über einen Zwischenstreit als Zweck ersehen läßt[2]. Für die gleichfalls erforderliche Aufforderung, im Termin zu erscheinen, ist Ausdrücklichkeit nicht erforderlich. Es genügt jede erkennbare Aufforderung, so daß der Ausdruck »Ladung« zweckmäßig, aber nicht notwendig ist[3]. Die Bezeichnung der Terminszeit und des Gerichts geschieht durch Bezugnahme auf die Terminsbestimmung des Vorsitzenden (→ § 216 Rdnr. 34).

3   Der jeweilige Ladungszweck kann weitere Erfordernisse nach sich ziehen. So muß etwa bei Zeugenladungen der Gegenstand der Vernehmung angegeben werden (§ 377 Abs. 2 Nr. 2).

III. Ladung durch die Geschäftsstelle

4   Die Ladung geschieht üblicherweise durch Vordruck. Die Geschäftsstelle hat nach § 274 Abs. 1 die Ladung zu veranlassen; eine Ladung durch Parteien findet nicht statt. Doch sind in bestimmten Fällen Anträge auf Terminsbestimmung nötig (→ Rdnr. 7 vor § 214). Für die Terminsbestimmung gilt § 329, da es sich um eine Entscheidung handelt. Nach § 218 ist bei verkündeten Terminsbestimmungen eine Ladung nicht erforderlich. Bei nichtverkündeten Terminsbestimmungen muß die Ladung regelmäßig nach § 329 Abs. 2 S. 2 zugestellt werden. Ausnahmsweise kann die Ladung formlos übersandt werden, wenn das Gesetz dies vorsieht (z.B. § 377 Abs. 1 S. 2).

5   Die Geschäftsstelle (§ 153 GVG) veranlaßt die Ladung (§ 274 Abs. 1 ZPO), indem sie diese ausfertigt (wie § 377) und von Amts wegen zustellt (§ 209).

IV. Ladungsmängel

6   Die Ladung (oder Terminsmitteilung) ist unwirksam, wenn ein notwendiger Bestandteil der Ladungsschrift fehlt (→ Rdnr. 2) oder nicht ordnungsgemäß zugestellt wurde, falls das erforderlich ist (→ Rdnr. 4, §§ 274 Abs. 2, 377 Abs. 1). Vorgesehene Rechtsnachteile bei einem Ausbleiben, wie z.B. ein Versäumnisurteil, treten dann nicht ein. Unwirksam ist insbesondere eine Ladung, in der kein oder kein der Terminsbestimmung entsprechender Termin[4] oder ein in der Vergangenheit liegender Termin enthalten ist[5]. Bei Unwirksamkeit gelten die Ausführungen oben → Rdnr. 25 ff. vor § 166 und für Mängel der dem Empfänger ausgehändigten Abschrift der Ladung die Ausführungen zu → § 170 Rdnr. 17 ff., 26, 32 entsprechend.

7   Ladungsfehler müssen regelmäßig gerügt werden, da sie dem Gericht selten erkennbar sind, weil sich bei den Akten keine Durchschriften der Ladung befinden[6]. Eine gänzlich

---

[2] *BayObLG* BlRA 60, 198f.; *BayObLGZ* 4 (1903) 201, 203.
[3] *RGZ* 60, 269, 273; *RG* Gruchot 72 (1932), 335, 336 u. a.
[4] *RGZ* 9, 388; 13, 334, 335; 55, 305, 308f.; *BayObLG* BlRA 60, 200; a. A. *OLG Darmstadt* OLGRsp 13, 136.
[5] *RG* JW 1900, 185; 1901, 750, 751; *OLG Stuttgart* OLGRsp 13, 135.
[6] *MünchKommZPO/Feiber* (1992) Rdnr. 2.

unterlassene Zustellung (oder Mitteilung), ein nicht ausreichender Inhalt der Ladungsschrift (→ Rdnr. 2) oder die nicht eingehaltene Ladungsfrist (§ 217) können durch Nichtrüge nach § 295 geheilt werden. Der Mangel rechtzeitiger Ladung, also die Nichteinhaltung der Einlassungs- oder Ladungsfrist, führt ohnehin nicht zur Unwirksamkeit der Ladung, sondern schließt nach § 335 Abs. 1 Nr. 2 lediglich den Erlaß eines Versäumnisurteils aus. Eine unwirksame Zustellung der Ladung kann über § 187 S. 1 geheilt werden.

Wenn eine Ladung deshalb mangelhaft war, weil die Partei unter falschem Namen oder unter einer falschen Adresse usw. geladen wurde, so ist die Klage deshalb nicht unzulässig (→ zu den Sachurteilsvoraussetzungen Einl. Rdnr. 311 ff.). Wenn die Partei wegen des Ladungsmangels nicht erscheint oder wegen der falschen Adresse nicht erscheinen kann, darf ein Versäumnisurteil oder eine Entscheidung nach Lage der Akten nicht ergehen[7]. Die Bestimmung eines neuen Termins richtet sich nach den Ausführungen zu → § 251a Rdnr. 5 und → § 335 Rdnr. 3 ff. Wenn ein Mangel übersehen worden ist, so kann ein darauf ergehendes Endurteil grundsätzlich angefochten werden. Ein Fall des § 551 Nr. 5 oder des § 579 Abs. 1 Nr. 4 liegt aber nicht vor[8] (→ § 579 Rdnr. 5). 8

V. Zustellungen und Ladungen gegenüber Soldaten

Für Zustellungen und Ladungen gegenüber Soldaten ist maßgebend der nachfolgend abgedruckte Erlaß des Bundesministers der Verteidigung in der Neufassung vom 16.3.1982[9]. Die Ladung von Mitgliedern der NATO-Streitkräfte oder des zivilen Gefolges richtet sich nach Art. 37 Zusatz-Abkommen-NTS (→ Einl. Rdnr. 666). 9

Erlaß des Bundesministers der Verteidigung vom 16.3.1982

Zustellungen, Ladungen, Vorführungen und Zwangsvollstreckungen in der Bundeswehr 10
– Neufassung –

A. Zustellungen an Soldaten

1. Für Zustellungen an Soldaten in gerichtlichen Verfahren gelten dieselben Bestimmungen wie für Zustellungen an andere Personen.

2. Will ein Zustellungsbeamter (z.B. Gerichtsvollzieher, Post- oder Behördenbediensteter, Gerichtswachtmeister) in einer Truppenunterkunft einem Soldaten zustellen, ist er von der Wache in das Geschäftszimmer der Einheit des Soldaten zu verweisen.

3. Ist der Soldat, dem zugestellt werden soll, sogleich zu erreichen, hat ihn der Kompaniefeldwebel zur Entgegennahme des zuzustellenden Schriftstückes auf das Geschäftszimmer zu rufen.

4. Ist der Soldat nicht sogleich erreichbar, hat der Kompaniefeldwebel dies dem Zustellungsbeamten mitzuteilen. Handelt es sich um einen in Gemeinschaftsunterkunft wohnenden Soldaten, kann der Zustellungsbeamte auf Grund von § 181 Abs. 2 der Zivilprozeßordnung (ZPO) oder der entsprechenden Vorschriften der Verwaltungszustellungsgesetze, z.B. § 11 des Verwaltungszustellungsgesetzes des Bundes, eine Ersatzzustellung an den Kompaniefeldwebel – in dessen Abwesenheit an seinen Stellvertreter – durchführen. Diese Vorschriften sehen ihrem Wortlaut nach zwar nur Ersatzzustellung an den Hauswirt oder Vermieter vor. Es entspricht jedoch ihrem Sinn, den Kompaniefeldwebel nach seinen dienstlichen Aufgaben dem Hauswirt oder Vermieter gleichzustellen.

---

[7] *RGZ* 13, 334 ff.
[8] *RGZ* 7, 361, 362.

[9] VMBl. 1982, 130.

5. Wird der Soldat, dem zugestellt werden soll, voraussichtlich längere Zeit abwesend sein, hat der Kompaniefeldwebel die Annahme des zuzustellenden Schriftstückes abzulehnen. Er hat dabei, sofern nicht Gründe der militärischen Geheimhaltung entgegenstehen, dem Zustellungsbeamten die Anschrift mitzuteilen, unter der der Zustellungsadressat derzeit zu erreichen ist.

6. Eine Ersatzzustellung an den Kompaniefeldwebel ist nicht zulässig, wenn der Soldat, dem zugestellt werden soll, innerhalb des Kasernenbereichs eine besondere Wohnung hat oder außerhalb des Kasernenbereichs wohnt. In diesen Fällen hat der Kompaniefeldwebel dem Zustellungsbeamten die Wohnung des Soldaten anzugeben.

7. Der Kompaniefeldwebel darf nicht gegen den Willen des Soldaten von dem Inhalt des zugestellten Schriftstückes Kenntnis nehmen oder den Soldaten auffordern, ihm den Inhalt mitzuteilen.

8. Der Kompaniefeldwebel hat Schriftstücke, die ihm bei der Ersatzzustellung übergeben worden sind, dem Adressaten sogleich nach dessen Rückkehr auszuhändigen.

9. Bei eingeschifften Angehörigen der Bundeswehr ist bei sinngemäßer Auslegung des § 181 Abs. 2 ZPO der Wachtmeister eines Schiffes bzw. der Kommandant eines Bootes – in dessen Abwesenheit sein Stellvertreter – an Bord zur Entgegennahme von Ersatzzustellungen befugt.

10. Diese Vorschriften gelten auch, wenn im disziplinargerichtlichen Verfahren ein Soldat eine Zustellung auszuführen hat.

B. Ladungen von Soldaten

a. Verfahren vor den Wehrdienstgerichten
(nicht abgedruckt)

b. Verfahren vor sonstigen deutschen Gerichten

17. In Verfahren vor sonstigen deutschen Gerichten werden Soldaten als Parteien, Beschuldigte, Zeugen oder Sachverständige in derselben Weise wie andere Personen geladen. Die Ladung wird ihnen also auf Veranlassung des Gerichtes oder der Staatsanwaltschaft zugestellt oder übersandt.

18. In Strafverfahren haben auch der Angeklagte, der Nebenkläger und der Privatkläger das Recht, Zeugen oder Sachverständige unmittelbar laden zu lassen. Ein Soldat, der eine solche Ladung durch den Gerichtsvollzieher erhält, braucht ihr jedoch nur dann zu folgen, wenn ihm bei der Ladung die gesetzliche Entschädigung, insbesondere für Reisekosten, bar angeboten oder deren Hinterlegung bei der Geschäftsstelle des Gerichts nachgewiesen wird.

19. Erhalten Soldaten eine Ladung zu einem Gerichtstermin, haben sie den erforderlichen Sonderurlaub gemäß § 9 der Soldatenurlaubsverordnung – SUV – (VMBl 1978 S. 306) in Verbindung mit Nummer 72 der Ausführungsbestimmungen zur SUV (ZDv 14/5 F 511) zu beantragen. Der Urlaub ist zu gewähren, sofern durch die Abwesenheit der Soldaten die Sicherheit und die Einsatzbereitschaft der Truppe nicht gefährdet sind und – bei einer unmittelbaren Ladung (vgl. Nr. 18) – die gesetzliche Entschädigung angeboten oder hinterlegt ist. Die Soldaten haben für ihr pünktliches Erscheinen vor Gericht selbst zu sorgen. Stehen der Wahrnehmung des Termins vorgenannte oder gesundheitliche Gründe entgegen, hat der nächste Disziplinarvorgesetzte dies dem Gericht rechtzeitig mitzuteilen.

20. Militärdienstfahrkarten oder Reisekosten erhalten die vorgeladenen Soldaten nicht.

21. Soldaten, die von einem Gericht oder einer Justizbehörde als Zeugen oder Sachverständige vorgeladen sind, erhalten von der Stelle, die sie vernommen hat, Zeugen- oder Sachverständigenentschädigung.

22. Sind Soldaten, die von einem Gericht oder einer Justizbehörde als Zeugen oder Sachverständige vorgeladen sind, nicht in der Lage, die Kosten der Reise zum Terminort aufzubringen, können sie bei der Stelle, die sie vorgeladen hat, die Zahlung eines Vorschusses beantragen.

23. Soldaten, die als Beschuldigte oder Parteien vor ein ordentliches deutsches Gericht vorgeladen sind, können unter gewissen Voraussetzungen von der Stelle, die sie vorgeladen hat, auf Antrag Reisekostenersatz und notfalls einen Vorschuß erhalten, wenn sie die Kosten der Reise zum Gericht nicht aufbringen können.

24. Kann die Entscheidung der nach den Nummern 22 und 23 zuständigen Stelle wegen der Kürze der Zeit nicht mehr rechtzeitig herbeigeführt werden, ist, wenn ein Gericht der Zivil- oder Strafgerichtsbarkeit oder eine Justizbehörde die Ladung veranlaßt hat, auch das für den Wohn- oder Aufenthaltsort des Geladenen zuständige Amtsgericht zur Bewilligung des Vorschusses zuständig.

25. Ist mit der Möglichkeit zu rechnen, daß bei der Vernehmung dienstliche Dinge berührt werden, ist der Soldat bei Erteilung des Urlaubs über die Verschwiegenheitspflicht nach § 14 Abs. 1 und 2 des Soldatengesetzes (VMBl 1975 S. 340) zu belehren. Die Einholung einer etwa erforderlichen Aussagegenehmigung ist Sache des Gerichts.

c. Verfahren vor Gerichten der Gaststreitkräfte

26. Deutsche Soldaten werden ebenso wie andere Deutsche vor Gerichte der Gaststreitkräfte über die zuständigen deutschen Oberstaatsanwälte geladen.

27. Soldaten, die als Zeugen oder Sachverständige vor Gerichte der Gaststreitkräfte geladen werden, erhalten Zeugen- oder Sachverständigengebühren. Ein Anspruch auf Bewilligung eines Vorschusses durch deutsche Behörden oder Behörden der Gaststreitkräfte besteht jedoch nicht.

28. Im übrigen gilt die Regelung nach den Nummern 19, 20 und 25.

C. Vorführungen von Soldaten

(nicht abgedruckt)

D. Zwangsvollstreckungen gegen Soldaten

(Text → § 752 nach Rdnr. 14)

E. Erzwingungshaft gegen Soldaten

(Text → § 904 Rdnr. 3)

F. Schlußvorschriften

(nicht abgedruckt)

VI. Ladungsschlüssel

11 **Amtsbetrieb** → Rdnr. 9 vor § 214
Anwaltsprozeß (Ladung im) → § 215 Rdnr. 2
Arbeitssache (Ladung in) → Rdnr. 35 vor § 214
Aufforderung (zur Anwaltsbestellung) → § 215 Rdnr. 1
Aufnahme (Ladung nach Aussetzung oder Unterbrechung) → § 239 Rdnr. 35 ff., → § 250 Rdnr. 6
Auskunftsperson (Ladung von) → Rdnr. 8 und 11 vor § 214, → § 218 Rdnr. 3
Ausbleiben (im Termin nach geschehener Ladung) → Rdnr. 15 vor § 214
Einhaltung (der Ladungsfrist) → § 217 Rdnr. 6, → § 218 Rdnr. 4, → § 227 Rdnr. 7
Entbehrlichkeit → § 218 Rdnr. 1
Erfordernisse → § 214 Rdnr. 2
Ersetzung → Rdnr. 10 vor § 214, → § 218 Rdnr. 1
Fehlen (der Aufforderung) → § 215 Rdnr. 4
Form (der Ladung) → Rdnr. 4 f.
Frist → Rdnr. 16 vor § 214, → § 217 Rdnr. 1, 6, 7, → § 218 Rdnr. 4
– im arbeitsgerichtlichen Verfahren → § 217 Rdnr. 8 ff.
Geschäftsstelle → § 214 Rdnr. 4 f.
Mängel → § 214 Rdnr. 6 ff.
Mangelhafte Ladung → § 214 Rdnr. 8
Mündliche Verhandlung (Ladung für) → Rdnr. 8 vor § 214
Nato-Streitkräfte (Ladung von Mitgliedern) → § 214 Rdnr. 9
Partei (Ladung durch) → § 214 Rdnr. 4
Partei (Ladung der) → § 141 Rdnr. 17, → Rdnr. 15 und 8 vor § 214
Parteibetrieb (Ladung im) → Rdnr. 9 vor § 214
Parteivernehmung (Ladung für) → § 141 Rdnr. 2
Persönliches Erscheinen (der Partei) → § 141 Rdnr. 9
Sachverständige (Ladung von) → Rdnr. 8, 11 vor § 214
Schriftsätze (Ladungsschriftsätze) → § 214 Rdnr. 6
Soldaten (Ladung von) → § 214 Rdnr. 10 und 9
Terminbestimmung (mit der Ladung) → § 216 Rdnr. 11
Voraussetzungen → Erfordernisse
Wiederholte Ladung → § 214 Rdnr. 1, → § 213 Rdnr. 34
Wirkung der Ladung → Rdnr. 15 vor § 214
Zeugen (Ladung von) → Rdnr. 8 vor § 214
Zweck (der Ladung) → § 214 Rdnr. 1

§ 215 [Ladung im Anwaltsprozeß]

In Anwaltsprozessen muß die Ladung zur mündlichen Verhandlung, sofern die Zustellung nicht an einen Rechtsanwalt erfolgt, die Aufforderung enthalten, einen bei dem Prozeßgericht zugelassenen Anwalt zu bestellen.

Gesetzesgeschichte: Bis 1900 § 192 CPO; sprachlich neugefaßt BGBl. 1950, 535 (→ Einl. Rdnr. 148).

Stichwortverzeichnis → *Ladungsschlüssel* in § 214 Rdnr. 11.

I. Bedeutung; Anwendungsbereich 1	III. Arbeitsgerichtliches Verfahren 6
II. Fehlende Aufforderung; Heilung 4	

I. Bedeutung; Anwendungsbereich

1 Im Anwaltsprozeß (§ 78) kommt zu dem allgemeinen Inhalt der Ladung (→ § 214 Rdnr. 2) als wesentliches Erfordernis noch die Aufforderung zur Anwaltsbestellung hinzu. Mit § 215 wird § 214 daher für den speziellen Fall der Ladung zur mündlichen Verhandlung für Verfahren mit Anwaltszwang ergänzt. Dabei ist der Gebrauch von bestimmten Worten nicht erforderlich (→ auch § 214 Rdnr. 2). § 215 gilt für alle Ladungen, die nicht einem Rechtsanwalt zugestellt werden (§§ 176, 210a). So liegt es z. B. bei Ladungen zu späteren Terminen, zu denen nach § 335 Abs. 1 Nr. 2, §§ 337, 612 usw. geladen wird, sofern noch kein Anwalt bestellt ist (→ § 176 Rdnr. 1)[1]. Die Gegenauffassung verfehlt den Schutzzweck der Norm. Die Geschäftsstelle fügt die Aufforderung der Ladung hinzu. Nach § 271 Abs. 2 ist die Aufforderung zur Bestellung eines Rechtsanwalts bereits mit der Zustellung der Klageschrift zu verbinden (näher → § 271 Rdnr. 6ff.).

Im Anwaltsprozeß ist § 215 in allen Fällen der Ladung von Amts wegen und bei der von Amts wegen zu bewirkenden Bekanntmachung von Terminen (→ Rdnr. 12ff. vor § 214) anwendbar. Ein dem § 215 entsprechender Hinweis ist in § 520 Abs. 3 S. 1 bei der Bekanntmachung des ersten Termins der Berufungsinstanz angeordnet. Diese Norm findet auch in der Revisionsinstanz Anwendung. 2

Für die neuen Bundesländer muß nach § 22 S. 3 RpflAnpG vom 26.6.1992, BGBl. I 1147 der Hinweis nach §§ 215, 271 Abs. 2 und § 520 Abs. 3 S. 1 entsprechend gefaßt werden[2]. 3

II. Fehlende Aufforderung; Heilung

Die Aufforderung ist nicht erforderlich, wenn einem Anwalt zugestellt wird. Es ist gleichgültig, ob er bei dem Prozeßgericht zugelassen und ob er Vertreter oder Partei ist. Das Gesetz stellt auf die Rechtskunde des Anwalts ab. 4

Die Ladung ist unwirksam, wenn die wegen Fehlens eines Anwalts erforderliche Aufforderung unterblieben ist (→ § 214 Rdnr. 6). Doch ist eine Heilung nach § 295 möglich (→ § 214 Rdnr. 7). Ansonsten kann ein Versäumnisurteil gegen den Gegner nicht ergehen. Eine Rüge ist aber wohl auch dann nicht ausgeschlossen, wenn für den ohne Aufforderung geladenen Gegner ein bei dem Prozeßgericht zugelassener Anwalt auftritt. Die Partei darf nicht dadurch schlechter gestellt werden, daß sie unaufgefordert vor dem Termin einen Anwalt beauftragt hat[3]. 5

III. Arbeitsgerichtliches Verfahren

Im arbeitsgerichtlichen Verfahren gilt nach § 64 Abs. 6, § 72 Abs. 5 ArbGG für die Landesarbeitsgerichte und das Bundesarbeitsgericht § 215 ZPO entsprechend. Da für die Zustellung der Rechtsmittelschrift § 520 Abs. 3 S. 1 ZPO Anwendung findet, beschränkt sich der Regelungsbereich des § 215 auf den Fall der Ladung des Rechtsnachfolgers nach § 239 Abs. 2. Die Aufforderung ist hier nach § 11 Abs. 2 ArbGG auf Bestellung eines Anwalts schlechthin zu richten (→ § 520 Rdnr. 13). Unschädlich ist ein Hinweis auf die Zulässigkeit der Vertretung durch einen Verbandsvertreter im Verfahren vor dem Landesarbeitsgericht (§ 11 Abs. 2 S. 2 ArbGG). Nicht ausreichend ist aber die bloße Aufforderung, einen Verbandsvertreter zu bestellen. 6

---

[1] H.L., *Rosenberg* Stellvertretung im Prozeß (1908), 876f.; *MünchKommZPO/Feiber* (1992) Rdnr. 3; a.A. *Baumbach/Lauterbach/Hartmann*[51] Rdnr. 2.

[2] Zu diesem Gesetz *Rieß* DtZ 1992, 226.

[3] *MünchKommZPO/Feiber* (1992) Rdnr. 4; a.A. → Voraufl. Rdnr. 4; *OLG Darmstadt* ZZP 38 (1909), 236, 237f.; *RG* JW 1921, 1243 mit Anm. *Stein*.

§ 216 [Terminsbestimmung]

(1) Die Termine werden von Amts wegen bestimmt, wenn Anträge oder Erklärungen eingereicht werden, über die nur nach mündlicher Verhandlung entschieden werden kann oder über die mündliche Verhandlung vom Gericht angeordnet ist.
(2) Der Vorsitzende hat die Termine unverzüglich zu bestimmen.
(3) Auf Sonntage, allgemeine Feiertage oder Sonnabende sind Termine nur in Notfällen anzuberaumen.

Gesetzesgeschichte: Bis 1900 § 193 CPO; sprachlich geändert durch Gesetz vom 9.7.1927, RGBl. I 175; VO vom 30.11.1927, RGBl. I 334; geändert durch BGBl. I 1976, 3281 (→ Einl. Rdnr. 159).

Stichwortverzeichnis → *Terminsschlüssel* unten Rdnr. 42.

I. Terminsbestimmung	III. Kriterien der Terminsauswahl
1. Bedeutung seit der Vereinfachungsnovelle ... 1	1. Beschleunigungsgebot; Zwischenfristen ... 26
2. Anwendungsbereich ... 3	2. Gleichheitsgrundsatz; allgemeine Geschäftslage ... 27
3. Ladung und Terminsbestimmung ... 4	3. Sonntage; Feiertage; Sonnabende (Abs. 3) ... 30
4. Bestimmung von Amts wegen (Abs. 1) ... 5	4. Terminsstunde
5. Bestimmung durch den Vorsitzenden (Abs. 2) ... 7	a) Grundsätze ... 32
6. Unverzügliche Bestimmung (Abs. 2)	b) Sammeltermin ... 33
a) Gewöhnliche Zivilprozesse ... 8	IV. Zustellung der Ladung ... 34
b) Familiensachen ... 10	V. Rechtsbehelfe
7. Form; Unterschrift ... 11	1. Terminsbestimmung ... 35
II. Prüfung der Voraussetzungen ... 12	2. Abgelehnte Terminsbestimmung ... 36
1. Ablehnung der Terminierung ... 13	3. Unterlassene Terminsbestimmung ... 37
a) Gerichtsbarkeit ... 14	4. Zu früher oder zu später Terminszeitpunkt ... 38
b) Mängel der Klageschrift; fehlender Prozeßkostenvorschuß ... 15	5. Dienstaufsichtsbeschwerde ... 39
c) Verwaltungstechnische Gründe ... 20	6. Antrag auf Terminsverlegung ... 40
d) Terminsungeeignete Prozeßlage ... 21	VI. Arbeitsgerichtliches Verfahren ... 41
2. Anberaumung des Termins	VII. Terminsschlüssel ... 42
a) Erfolgsaussichten der Klage ... 24	
b) Arbeitsbelastung ... 25	

I. Terminsbestimmung

1. Bedeutung seit der Vereinfachungsnovelle

1 Die Terminsbestimmung (»Anberaumung«) bedeutet eine der wichtigsten richterlichen Handlungen zur Förderung des Rechtsstreits und zu seiner geleiteten Entwicklung. Sie stellt einen bedeutsamen Aspekt des Justizgewährungsanspruches dar, weil sie den Weg zur mündlichen Verhandlung des Rechtsstreits als dessen Herzstück eröffnet.

2 Die Bedeutung der Norm ist durch die Vereinfachungsnovelle 1976 (→ Einl. Rdnr. 159) etwas gemindert worden, weil der Weg des schriftlichen Vorverfahrens (§ 276) wahlweise

offensteht. Insbesondere steht dadurch die Terminsbestimmung nicht mehr notwendigerweise am Beginn der richterlichen Tätigkeit innerhalb eines Zivilprozesses. Nach § 272 Abs. 2 ist der ersten Terminsbestimmung die Entscheidung des Vorsitzenden vorgelagert, ob er einen frühen ersten Termin zur mündlichen Verhandlung bestimmt (§ 275) oder ob er das schriftliche Vorverfahren wählt (§ 276). Diese Entscheidung bedeutet im Vergleich mit dem früheren Rechtszustand eine Verlagerung der anzustellenden Prüfung. Die Prüfung des Vorsitzenden, die er früher vor der Terminsbestimmung anzustellen hatte, hat sich größtenteils auf die genannte Entscheidung zwischen einem frühen ersten Termin und dem schriftlichen Vorverfahren verschoben. Diese Wahl ist im allgemeinen vor der Zustellung der Klage zu treffen. Deshalb werden die Probleme um die allgemeine Prüfung eines Vorsitzenden zu Beginn des Zivilprozesses nicht mehr im Rahmen der Terminsbestimmung und damit bei § 216, sondern innerhalb der Erläuterungen des § 271 behandelt (→ § 271 Rdnr. 21 ff.).

2. Anwendungsbereich

§ 216 erfaßt alle der ZPO unterfallenden Verfahren mit mündlicher Verhandlung (→ 3 Rdnr. 5). Die Norm gilt in allen Rechtszügen. Deshalb muß von Amts wegen auch nach Zurückverweisung oder Rechtskraft eines Grundurteils Termin bestimmt werden[1]. § 216 ist für die Terminsbestimmung die allgemeinste Norm der ZPO, die freilich durch zahlreiche Sonderbestimmungen ergänzt wird. Zu nennen sind z. B. die §§ 272 Abs. 2, 341a, 361, 366 Abs. 2, 368, 520, 555, 924 Abs. 2. § 216 meint nicht lediglich die erste mündliche Verhandlung, sondern den Fortgang des gesamten Prozesses.

3. Ladung und Terminsbestimmung

In der Terminsbestimmung erklärt das Gericht seine Bereitschaft, zu der bezeichneten Zeit 4 und am festgesetzten Ort mit den Parteien zu verhandeln. Dagegen bedeutet die zeitlich nachfolgende Ladung die Aufforderung zum Erscheinen (→ § 214 Rdnr. 1). Terminsbestimmung und Ladung sind also nicht identisch. Sie stehen nebeneinander und müssen auch begrifflich auseinander gehalten werden, was die heute üblicherweise verwendeten Formulare oft nicht mehr so deutlich erkennen lassen. Die Terminsbestimmung wird prozessual nur durch die Abhaltung des Termins überholt (→ dazu auch Einl. Rdnr. 90), nicht bereits durch die Zustellung der Ladung (→ Rdnr. 34).

4. Bestimmung von Amts wegen (Abs. 1)

Die Terminsbestimmung unterliegt für die obligatorische mündliche Verhandlung dem 5 Amtsbetrieb (→ Rdnr. 103 vor § 128). Deshalb ordnet Abs. 1 an, daß die Termine von Amts wegen bestimmt werden, wenn über die gestellten Anträge oder über die aufgestellten Erklärungen nur nach mündlicher Verhandlung entschieden werden kann (→ § 128 Rdnr. 9–26). Ebenso liegt es bei Verfahren mit fakultativer mündlicher Verhandlung, wenn das Gericht die mündliche Verhandlung angeordnet hat (→ § 128 Rdnr. 46 ff.). In den genannten Fällen ist für die Terminsbestimmung kein Parteiantrag erforderlich. Ein gleichwohl gestellter Antrag bedeutet eine bloße Anregung. Klageschriften oder Rechtsmittelschriften brauchen also keine Terminsanträge zu enthalten.

In Ausnahmefällen ist für die Terminsbestimmung allerdings ein Parteiantrag erforderlich 6

---

[1] *BGH* NJW 1979, 2307, 2308.

(→ Rdnr. 7 vor § 214). Von diesen ausdrücklich geregelten Fällen abgesehen sind aber zahlreiche Prozeßlagen denkbar, in denen der Richter die für die Terminsbestimmung erforderlichen Voraussetzungen nicht kennt. Er kann daher seinen gesetzlichen Pflichten erst dann genügen, wenn ein entsprechender Terminsantrag einer Partei gestellt wird oder diese doch den Eintritt der Voraussetzungen für eine Terminsbestimmung von Amts wegen mitteilt[2].

5. Bestimmung durch den Vorsitzenden (Abs. 2)

7 Zuständig für die Terminsbestimmung ist in der (ungenauen) Ausdrucksweise des Gesetzes der Vorsitzende. So liegt es, soweit vor der Kammer oder vor dem Senat zu verhandeln ist. Im Falle des § 348 oder des § 524 ist auch der Einzelrichter zuständig, ggf. der beauftragte oder ersuchte Richter oder der Richter am Amtsgericht (§ 495). Zuständig sein kann auch der Rechtspfleger, soweit die Verhandlung vor ihm stattfindet. Das Kollegium ist für die erstmalige Bestimmung des Verhandlungstermins nie zuständig. Anders liegt es wohl aber für die Vertagung nach § 227 Abs. 2 S. 1 HS 2.

6. Unverzügliche Bestimmung (Abs. 2)

a) Gewöhnliche Zivilprozesse

8 Die Termine sind nach Abs. 2 unverzüglich zu bestimmen. Das bedeutet eine Terminsfestsetzung ohne schuldhaftes Zögern i. S. des von § 121 Abs. 1 S. 1 BGB gebrauchten Verständnisses. Verpflichtungsadressaten sind gleichermaßen der Vorsitzende wie der Urkundsbeamte der Geschäftsstelle, der mit einer unverzüglichen Vorlage an den Vorsitzenden für die schnelle Terminierung mitverantwortlich ist. Abs. 2 ist Ausdruck des Beschleunigungsgrundsatzes.

9 Es ist mit § 216 Abs. 2 unvereinbar, wenn ein Gericht eine Warteliste führt und anstelle einer Terminierung den Parteien mitteilt, daß ihre Angelegenheit auf die Warteliste gesetzt worden ist[3]. Vielmehr muß erst einmal ein Termin angesetzt werden, auch wenn er erst nach Monaten stattfinden kann[4]. Ein Termin muß stets auch bei Arbeitsüberlastung bestimmt werden (→ Rdnr. 25, 37).

b) Familiensachen

10 Entgegen weitverbreiteter Übung ist es auch in Scheidungssachen (§ 606 Abs. 1, § 608) unzulässig, mit der Terminierung wegen der Folgesachen zuzuwarten[5]. Es darf grundsätzlich weder abgewartet werden, bis Folgesachen anhängig gemacht, noch, daß sie entscheidungsreif werden. Ausnahmsweise wird man aber aus Gründen der Prozeßökonomie billigen können, daß bei bevorstehendem Ablauf des Trennungsjahres die Folgesachen entscheidungsreif gemacht werden und dann erst nach Jahresablauf terminiert wird[6].

---

[2] *BAG* NJW 1986, 2527, 2528 (fehlende Bezifferung der Stufenklage).
[3] *OLG Schleswig* (1. ZS) SchlHA 1981, 125; *Thomas/Putzo*[18] Rdnr. 9; *Baumbach/Lauterbach/Hartmann*[51] Rdnr. 9; *MünchKommZPO/Feiber* (1992) Rdnr. 6; a. A. *OLG Schleswig* (3. ZS) NJW 1981, 691, 692.
[4] *LAG München* MDR 1984, 877.

[5] *OLG Frankfurt a. M.* NJW 1986, 389(freilich mit einer zu weitgehenden Ausnahme); im Grundsatz ebenso *KG* FamRZ 1985, 1066; *Thomas/Putzo*[18] Rdnr. 9, 10; einschränkend *OLG Düsseldorf* FamRZ 1987, 618, 619.
[6] Etwa *H. Roth* in: Rolland (Hrsg.) HzFamR (1993), § 608 Rdnr. 4; § 612 Rdnr. 3.

7. Form; Unterschrift

Die Terminsbestimmung wird ohne besondere Form auf die Ladung gesetzt. Sie wird dadurch zum Teil der Ladung (→ § 214 Rdnr. 1) und ist mit dieser zuzustellen (→ Rdnr. 4). Der Vorsitzende hat die Terminsbestimmung, da es sich um eine Entscheidung handelt, eigenhändig zu unterschreiben[7]. Eine Paraphe genügt dazu nicht. Üblich ist es, daß der Urkundsbeamte der Geschäftsstelle die Terminsverfügung in beglaubigter Abschrift von Amts wegen nach § 329 Abs. 2 S. 2 zustellt. Einer besonderen Zustellungsverfügung des Vorsitzenden bedarf es nicht.

II. Prüfung der Voraussetzungen

Der Vorsitzende (→ Rdnr. 7) hat vor jeder Terminsbestimmung zu prüfen, ob deren Voraussetzungen gegeben sind. Da die Terminierung aber grundsätzlich zwingend geboten ist (→ Rdnr. 5), sind die Prüfungsmöglichkeiten eng begrenzt.

1. Ablehnung der Terminierung

Die Terminierung darf nur ausnahmsweise abgelehnt werden, wenn sie den Rechtsstreit nicht fördern kann oder wegen der bestehenden Verfahrenslage eine Terminsbestimmung nicht erforderlich ist.

a) Gerichtsbarkeit

Eine Terminierung ist abzulehnen, wenn bereits die Zustellung der Klage verweigert werden muß. So liegt es, wenn der Beklagte der deutschen Gerichtsbarkeit nicht unterliegt (§§ 18–20 GVG; → Einl. Rdnr. 655 ff., 657 ff.)[8]. Doch muß hier feststehen, daß sich der Beklagte der deutschen Gerichtsbarkeit nicht unterwirft. Wenn das zweifelhaft ist, wie etwa oftmals auch bei einer Klage gegen einen ausländischen Staat, so ist zur Klärung dieser Frage zuzustellen und Termin anzuberaumen, damit sich der Beklagte über sein prozessuales Vorgehen schlüssig werden kann (→ § 203 Rdnr. 15; enger → Voraufl. Rdnr. 17). Unerheblich ist es, ob der Kläger der deutschen Gerichtsbarkeit unterliegt, da er mit der Klage auf seine Sonderstellung verzichtet (näher → § 271 Rdnr. 24).

b) Mängel der Klageschrift; fehlender Prozeßkostenvorschuß

Eine Terminierung unterbleibt, wenn die Klageschrift ohne weiteres erkennbare Mängel der Form oder des Inhalts aufweist (→ auch § 271 Rdnr. 29). So liegt es etwa bei Fremdsprachigkeit der Klageschrift[9], fehlender Unterschrift (§ 253 Abs. 4, § 130 Nr. 6, § 129), fehlender Postulationsfähigkeit des Anwalts (§ 78), beleidigendem oder ausschließlich unsachlichem Inhalt[10]. Doch sollten diese Ausnahmen nicht erweitert werden. So ist zuzustellen, wenngleich die Klage »grob unvollständig« ist oder mangelnde Ernstlichkeit oder Verständlichkeit gegeben sind[11].

Sind Prozeßhandlungsvoraussetzungen (→ Rdnr. 183 vor § 128) zweifelhaft, die zugleich Sachurteilsvoraussetzungen darstellen, wie etwa die Parteifähigkeit (→ § 50 Rdnr. 1), die

---

[7] *BGH* NJW 1980, 1960 (freilich zu § 296); *BSG* MDR 1990, 955; *Baumbach/Lauterbach/Hartmann*[51] Rdnr. 12; a.A. *BSG* NJW 1992, 1188 (nicht zutr.).
[8] *OLG München* NJW 1975, 2144.
[9] Dazu auch *BSG* NJW 1987, 2184 (LS).
[10] *Walchshöfer* MDR 1975, 11.
[11] Zu weitgehend *MünchKommZPO/Feiber* (1992) Rdnr. 3.

Prozeßfähigkeit (→ § 51 Rdnr. 1)[12] oder die ordnungsgemäße gesetzliche Vertretung eines Prozeßunfähigen (→ § 56 Rdnr. 1), so sollte bei deren – angeblichem – Fehlen für die Terminsbestimmung ihr Vorliegen unterstellt werden. Das entspricht im Rahmen der Zuständigkeitsprüfung der Behandlung von Tatsachen, die zugleich die Begründung des geltend gemachten Anspruches betreffen (doppelt relevante Tatsachen → § 1 Rdnr. 21). Das Gesagte gilt in erster Linie für die Prüfung der Klage, die keinen Terminsantrag verlangt. In gleicher Weise ist aber auch zu verfahren, wenn die Terminsbestimmung einen besonderen, darauf gerichteten Antrag verlangt (→ Rdnr. 6). Die grundsätzlich erforderliche Prüfung der Form auch der Prozeßhandlungsvoraussetzungen wird durch die genannten Erwägungen eingeschränkt.

17 In Ausnahmefällen kann eine Terminsbestimmung auch bei ganz offensichtlichem Rechtsmißbrauch unterbleiben (→ dazu Einl. Rdnr. 254 ff.). So hat es etwa gelegen, wenn bei 74 Gerichten gleichlautende Klagen eingereicht wurden[13]. Im übrigen ist zu terminieren, weil sich der Justizgewährungsanspruch der Parteien (→ Einl. Rdnr. 204) gerade auf die mündliche Verhandlung erstreckt (→ § 271 Rdnr. 29 f.).

18 Abzulehnen ist die Terminierung, wenn eine Ladung wegen der Nichtangabe einer zustellungsfähigen Anschrift nicht möglich ist, oder wenn die betreffenden Parteien nicht existieren. In derartigen Fällen sollte das Gericht aber stets Rückfrage halten und Gelegenheit zur Nachbesserung geben. Wurde im Geschäftslokal erfolglos zugestellt (§ 183), so kann der Richter eine erneute Terminsbestimmung von der Angabe der Privatanschrift des Geschäftsführers abhängig machen[14]. Das Gericht kann anstelle der Geschäftsstelle den Zustellungsweg nach pflichtgemäßem Ermessen bestimmen.

19 Bei fehlendem Gerichtskostenvorschuß (§ 65 Abs. 1 GKG mit der Ausnahme des Abs. 7) kann die Terminierung vorläufig unterbleiben. Ebenso liegt es, wenn eine Ausländersicherheit nicht geleistet wird (§§ 110, 113).

c) Verwaltungstechnische Gründe

20 Im Einzelfall kann die Terminierung auch aus verwaltungstechnischen Gründen abgelehnt oder vorläufig zurückgestellt werden, wenn z.B. die Prozeßakten versandt oder nicht auffindbar sind oder die Wiederherstellung vernichteter Akten noch nicht abgeschlossen ist. Insbesondere kann von dem Gericht nicht die Bestimmung eines Termins verlangt werden, der wegen fehlender Gerichtsakten aller Voraussicht nach ergebnislos bleiben wird[15]. Andererseits muß sich das Gericht aber z.B. um die beschleunigte Aktenrekonstruktion bemühen, weil den Parteien andernfalls durch drohende Terminsverweigerung die Möglichkeit einer gemeinsamen Erörterung über die Weiterbehandlung des Prozesses abgeschnitten wird.

d) Terminsungeeignete Prozeßlage

21 Der Richter hat vor der Terminsbestimmung stets zu prüfen, ob in der betreffenden Prozeßlage überhaupt eine Terminsbestimmung erforderlich ist. Hat das Gericht das schriftliche Vorverfahren gewählt (§ 272 Abs. 2, § 276), greift § 216 erst ein, wenn die Regeln über das schriftliche Vorverfahren nicht entgegenstehen. Mit der Terminsbestimmung ist das schriftliche Vorverfahren beendet, und die Parteien haben einen Anspruch auf Durchführung

---

[12] Dazu *J. Hager* ZZP 97 (1984) 174.
[13] *ArbG Hamm* MDR 1966, 272 m. zust. Anm. *E. Schneider*.
[14] *LAG Düsseldorf* JurBüro 1989, 1017.
[15] *OLG Kiel* JW 1920, 1042.

der mündlichen Verhandlung. Insbesondere darf das Gericht einen einmal anberaumten Termin nicht wieder absetzen und in das schriftliche Verfahren zurückkehren[16].

Ein Termin ist nicht mehr zu bestimmen, wenn das Verfahren in der Instanz beendet ist. Eine Ausnahme bildet § 156. So liegt es nach Erlaß eines Endurteils (§ 318), nach Prozeßvergleich oder Klagerücknahme, soweit nicht noch Entscheidungen nach §§ 320f., 269 zu treffen sind oder die Unwirksamkeit eines Prozeßvergleichs (→ § 794 Rdnr. 46ff.) oder der Klagerücknahme (→ § 269 Rdnr. 41) geltend gemacht wird. Vergleichbares gilt, wenn ein Beschluß nach § 269 Abs. 3 S. 3 beantragt wird, der eine mündliche Verhandlung erfordert. – Zum Widerruf der Erledigungsanzeige → § 91a Rdnr. 19. Es ist jedoch unter bestimmten Voraussetzungen von Amts wegen Termin zu bestimmen für den nach Erlaß eines Teilurteils (§ 301) anhängig gebliebenen Rest[17]. Eine Terminsbestimmung kann auch im Tatbestandsberichtigungsverfahren notwendig werden[18]. Nach einem Richterwechsel bestimmt der neue Vorsitzende Termin. 22

Eine Terminsbestimmung scheidet auch dann aus, wenn nach der bestehenden Prozeßlage für eine neue mündliche Verhandlung kein Raum ist. So liegt es vor der Durchführung einer angeordneten Beweisaufnahme oder sonst nach Schluß der mündlichen Verhandlung (→ § 136 Rdnr. 5). Darunter fällt auch, daß ein Verfahren noch nicht fortgesetzt werden darf, z. B. nach einem Zwischenurteil über die Zulässigkeit der Klage nach § 280 (mit der Ausnahme in § 280 Abs. 2 S. 2) oder nach einer Vorabentscheidung über den Anspruchsgrund nach § 304 (mit der Ausnahme des § 304 Abs. 2 HS 2) vor Rechtskraft dieser Urteile[19]. Doch wird nach Eintritt der Rechtskraft von Amts wegen Termin anberaumt, ohne daß es eines Parteiantrages bedarf[20]. Eine Terminsbestimmung unterbleibt ferner nach Unterbrechung oder Aussetzung vor der Aufnahme (→ § 250 Rdnr. 2; → § 251 Rdnr. 10). Wenn jedoch behauptet wird, daß derartige Hinderungsgründe nicht eingetreten sind, so muß ein Termin bestimmt werden. Die Bestimmung darf nur abgelehnt werden, wenn das Hindernis offensichtlich (noch) besteht. Die Terminsbestimmung nach Beendigung der Aussetzung richtet sich nach → § 150 Rdnr. 10. 23

2. Anberaumung des Termins

a) Erfolgsaussichten der Klage

Der Vorsitzende prüft grundsätzlich nicht, ob die Klage zulässig und begründet ist (näher → § 271 Rdnr. 21ff.). Es ist der Zweck der mündlichen Verhandlung, die Erfolgsaussichten der Klage zu beurteilen. Deshalb spielt es insbesondere keine Rolle, ob das angegebene Gericht zuständig ist. Ausnahmen können sich lediglich für die echte Prozeßvoraussetzung der Gerichtsbarkeit ergeben (→ Rdnr. 14). 24

b) Arbeitsbelastung

Ein Termin muß stets auch dann angesetzt werden, wenn er wegen Belastung des Spruchkörpers erst nach Ablauf eines längeren Zeitraums durchgeführt werden kann (zu Wartelisten → Rdnr. 9). Die Parteien müssen zwar solche späteren Termine, die durch den Geschäftsanfall zwingend verursacht sind, hinnehmen. Sie haben aber stets einen Anspruch darauf, 25

---

[16] Zöller/Stöber[18] Rdnr. 13.
[17] Dazu OLG Köln JMBlNRW 1984, 115 (Höhe verschiedener Schadenspositionen bei unstreitigem Anspruchsgrund) (offenlassend).
[18] Hirte JR 1985, 138, 139.
[19] Dazu BGH NJW 1979, 2307 m. zust. Anm. Grunsky ZZP 93 (1980) 179, 180.
[20] BGH NJW 1979, 2307; a.A. MünchKommZPO/ Feiber (1992) Rdnr. 2.

unverzüglich von diesem Termin zu erfahren[21]. Die Terminsbestimmung darf insbesondere nicht deshalb verweigert werden, weil Richterplanstellen nicht besetzt sind.

III. Kriterien der Terminsauswahl

1. Beschleunigungsgebot; Zwischenfristen

26 Dem Richter steht für den Inhalt der Terminierung i. S. der Bestimmung des Zeitpunkts, ein gebundenes Gestaltungsermessen zu. Nach § 272 Abs. 3, § 278 Abs. 4 soll die mündliche Verhandlung so früh wie möglich stattfinden. Begrenzt ist das Ermessen aber durch die Beachtung der gesetzlichen Zwischenfristen wie Einlassungs- und Ladungsfristen (§ 274 Abs. 3, § 217). Das gleiche gilt für die Erklärungsfristen des § 132. Zu berücksichtigen ist auch die Zeit, welche die Zustellung selbst erfordert. Von Bedeutung ist das insbesondere bei internationalen Zustellungen (§ 199) sowie für die öffentliche Zustellung (§ 203).

2. Gleichheitsgrundsatz; allgemeine Geschäftslage

27 Das richterliche Gestaltungsermessen muß sich an der gleichmäßig gerechten Behandlung aller Sachen orientieren. Ausgangspunkt ist also das Prioritätsprinzip i. S. der Reihenfolge des Eingangs oder des Zeitpunkts der Terminsreife (§§ 276, 277). Doch darf das nicht als starres Prinzip verstanden werden. Nicht zu beanstanden ist etwa die Bevorzugung ersichtlich besonders eilbedürftiger Sachen. Auch kann etwa das Verfahren eines schwerkranken Klägers mit hoher Erfolgsaussicht bevorzugt terminiert werden[22]. Ferner wird es bei großer Belastung zu rechtfertigen sein, daß einfache Verfahren – in einem angemessenen Rahmen – vorgezogen werden, um die Zahl der Erledigungen zu erhöhen[23]. Schließlich kann der Terminstag so bestimmt werden, daß den Erfordernissen des § 21 g Abs. 2 GVG Rechnung getragen wird.

28 Es darf die voraussichtliche Verhandlungsdauer ebenso berücksichtigt werden wie die zu veranschlagende notwendige Zeit zu einer angemessenen Vorbereitung. Das gilt sowohl für die Partei wie für das Gericht. Der Terminstag kann entsprechend hinausgeschoben werden, wenn sachliche Gründe (z. B. Arbeitsüberlastung) einem früheren Termin entgegenstehen[24]. Ist voraussehbar, daß eine Sache streitig wird, so kann es sich zur Verfahrensbeschleunigung empfehlen, den Termin hinauszuschieben. Es kann dabei so lange zugewartet werden, daß nicht nur die schriftliche Einlassung des Beklagten zum Termin vorliegt (vgl. § 275 Abs. 1, 3), sondern daß aufgrund dieser Einlassung, ggf. auch einer Erwiderung des Klägers (vgl. § 275 Abs. 4, § 276 Abs. 3), das Gericht vorbereitende Anordnungen nach § 273 treffen kann. Auf diese Weise kann der Rechtsstreit möglichst in einem Termin erledigt werden (näher → § 272, → § 273). Eine unangemessen kurze Zeit zwischen Terminierung und Terminstag kann das Recht auf rechtliches Gehör verletzen[25]. Im Falle des § 341a muß der Termin nicht so weit hinausgeschoben werden, daß noch vorbereitende Anordnungen, wie z. B. die Einholung eines Sachverständigengutachtens, durchgeführt werden können, um bei verspätetem Vorbringen in der Einspruchsbegründung eine Verzögerung aufzufangen[26].

---

[21] Dazu *OLG Karlsruhe* NJW 1973, 1510, 1511; *OLG Schleswig* NJW 1982, 246; *LAG München* MDR 1984, 877.
[22] *SG Frankfurt a. M.* NZA 1986, 208.
[23] *MünchKommZPO/Feiber* (1992) Rdnr. 6; a. A. *Baumbach/Lauterbach/Hartmann*[51] Rdnr. 17.

[24] Gegen eine allzu lange Terminierung *BGH* NJW 1981, 286 (zu § 341a).
[25] Dazu *OLG Frankfurt a. M.* MDR 1986, 326.
[26] *BGH* NJW 1981, 286; *Deubner* NJW 1980, 294; *MünchKommZPO/Feiber* (1992) Rdnr. 7; einschränkend *Zöller/Stöber*[18] Rdnr. 17.

Berechtigte Wünsche der Parteien und ihrer Prozeßbevollmächtigten sind nach Möglich- 29
keit zu berücksichtigen, wenn der Beschleunigungsgrundsatz (→ Rdnr. 8, 26) nicht außer acht
gelassen wird. Deshalb ist der Richter auch an einverständliche Anträge und Wünsche nicht
gebunden, die ohnehin oftmals nicht in erster Linie durch identische Parteiinteressen, sondern
durch kollegiale Rücksichtnahme der Prozeßbevollmächtigten bestimmt sind. Der Beschleunigungsgrundsatz darf nicht dadurch in sein Gegenteil verkehrt werden, daß die anberaumte
Verhandlung in dem zu früh angesetzten Termin wegen einer unzureichenden (entschuldig-
ten) Vorbereitung schließlich doch nicht erledigt werden kann (arg. § 227 Abs. 1 Nr. 2).

3. Sonntage; Feiertage; Sonnabende (Abs. 3)

Nach Abs. 3 sind Termine auf Sonntage, allgemeine Feiertage (aufgeführt in → § 188 30
Rdnr. 2) sowie auf Sonnabende (Samstage) nur in Notfällen anzuberaumen. Der Begriff
»Notfall« ist eng auszulegen und deshalb nicht schon gleichbedeutend mit einem Eilfall. In
einem normalen Zivilprozeß wird man nur selten zur Annahme eines Notfalls kommen
können. Doch kommen derartige Terminierungen bei äußerst eilbedürftigen Verfahren wie
bei Arrest, einstweiliger Verfügung, einstweiliger Anordnung (§ 620) sowie in selbständigen
Beweisverfahren vor, wenn andernfalls der Partei ein nicht wiedergutzumachender Nachteil
entstünde. In der Regel sollte auch nicht auf solche Werktage terminiert werden, die, wie etwa
der 24. und der 31. Dezember, weitgehend als einem arbeitsfreien Tag gleichstehend empfun-
den werden[27].

Es entscheidet der terminierende Vorsitzende und nicht das Kollegium darüber, ob ein 31
Notfall vorliegt. Dabei handelt es sich um einen Rechtsbegriff, der nichts mit »diskretionärem
Ermessen« zu tun hat[28]. Auch wenn ein Notfall vorliegt, braucht der Vorsitzende von der
Möglichkeit des Abs. 3 nicht Gebrauch zu machen. Wenn ein Notfall zu bejahen ist, sollte
dem Sonnabend der Vorzug vor dem Sonntag gegeben werden. Die Terminierung wird nicht
dadurch unwirksam, daß der Vorsitzende irrig einen Notfall angenommen hat. Doch kann in
diesem Fall nach § 227 die Aufhebung des Termins verlangt werden.

4. Terminsstunde

a) Grundsätze

Die Ansetzung der Terminsstunde liegt weithin im richterlichen Ermessen. Dabei ist unter 32
Schätzung der voraussichtlichen Verhandlungsdauer ebenso auf eine möglichst kurze Inan-
spruchnahme der Beteiligten wie auf eine volle Ausnutzung der zur Verfügung stehenden
Sitzungszeit Bedacht zu nehmen. Die bloße Möglichkeit verspäteten Beweisantritts muß und
darf nicht berücksichtigt werden[29]. Wird eine zu kurze Verhandlungszeit festgesetzt, so kann
darin eine Verletzung des rechtlichen Gehörs (Art. 103 Abs. 1 GG) liegen[30]. Wenn die
Angabe der Terminsstunde fehlt, gelten die Ausführungen zu → § 220 Rdnr. 9. Wird der
Termin auf einen späteren Zeitpunkt zurückgestellt, so gilt → § 220 Rdnr. 8.

---

[27] *MünchKommZPO/Feiber* (1992) Rdnr. 8.
[28] So aber noch *Endemann* Der deutsche Zivilprozeß (1878) (Neudruck 1974) (Bd. 1) § 193 (S. 590).
[29] *OLG Celle* NJW 1989, 3023, 3024.
[30] *BVerfG* NJW 1992, 299, 300.

b) Sammeltermin

33 Sogenannte Sammeltermine sind nicht schlechthin unzulässig[31]. Dabei werden mehrere, zahlreiche oder sogar alle Sachen auf dieselbe Terminsstunde angesetzt. Eine derartige Anberaumung hängt von der Art der einzelnen Sachen und vor allem wesentlich von den örtlichen Verhältnissen wie der Größe des Gerichts, der Zahl der vor ihm auftretenden Anwälte usw. ab. Oftmals führen Sammeltermine aber zu einem Durcheinander im Terminsablauf, zu stundenlangen Wartezeiten für die Parteien und zu einem unwürdigen äußeren Ablauf. Sammeltermine sind deshalb mindestens bedenklich und sollten nach Möglichkeit vermieden werden. Gegen einen unzumutbar gebündelten Sammeltermin ist eine Dienstaufsichtsbeschwerde zulässig. Gleichwohl wird eine Partei säumig, wenn sie nach einer Wartezeit von mehr als 15 Minuten geht[32].

IV. Zustellung der Ladung

34 Im Anschluß an die Terminsbestimmung hat die Geschäftsstelle diese in die Ladungsverfügung umzusetzen. Sie hat entweder die von ihr ausgehende Ladung oder, soweit eine solche nicht erforderlich ist (→ Rdnr. 12 vor § 214), die Terminsbestimmung von Amts wegen zuzustellen oder formlos mitzuteilen (§ 274 Abs. 1, → Rdnr. 13 vor § 214). Eine wiederholte Zustellung ist nicht ausgeschlossen. Die Ladung, in die sich die Terminsbestimmung als deren Teil einfügt (→ Rdnr. 11), bleibt auch bei zweimaliger Zustellung dieselbe.

V. Rechtsbehelfe

1. Terminsbestimmung

35 Die Terminsbestimmung als solche ist unanfechtbar[33], da es sich um eine von Amts wegen ergehende prozeßleitende Verfügung handelt (auch → Rdnr. 38). Das gilt auch, wenn mit der Anberaumung eines frühen ersten Termins ein zunächst angeordnetes schriftliches Vorverfahren abgebrochen wird[34].

2. Abgelehnte Terminsbestimmung

36 Ist ausnahmsweise ein Terminsantrag erforderlich (→ Rdnr. 7 vor § 214) und wird dieser abgelehnt, so ist die Beschwerde nach § 567 Abs. 1 statthaft, weil es um die Zurückweisung eines das Verfahren betreffenden Gesuches geht. Doch sollten bloße Anregungen im Falle einer Terminierung von Amts wegen nicht in einen Antrag umgedeutet und damit der Weg des § 567 Abs. 1 eröffnet werden[35].

3. Unterlassene Terminsbestimmung

37 Wird entgegen § 216 Abs. 2 ein Termin überhaupt nicht bestimmt, so ist in Analogie zu § 252 die (einfache) Beschwerde statthaft[36]. Nach § 216 Abs. 2 muß Termin unverzüglich

---

[31] *BGH* DRiZ 1982, 73; dazu *Arndt* DRiZ 1979, 142; *Hendel* DRiZ 1992, 91; *Herbst* DRiZ 1979, 237; *Rudolph* DRiZ 1986, 17; *Steiner* DRiZ 1979, 284; *E. Schneider* DRiZ 1979, 239.
[32] Insoweit a.A. *Baumbach/Lauterbach/Hartmann*[51] Rdnr. 21.
[33] Allg. M.: *Thomas/Putzo*[18] Rdnr. 11; *Baumbach/Lauterbach/Hartmann*[51] Rdnr. 26; *MünchKommZPO/Feiber* (1992) Rdnr. 10; *Zöller/Stöber*[18] Rdnr. 21.
[34] KG JR 1985, 204.
[35] Zutr. *MünchKommZPO/Feiber* (1992) Rdnr. 10.
[36] OLG Schleswig NJW 1982, 246; *MünchKommZPO/Feiber* (1992) Rdnr. 10; *Wieczorek*² Bem. C IV; *Thomas/Putzo*[18] Rdnr. 11.

bestimmt werden, auch wenn wegen Überlastung der Termin erst nach Monaten stattfinden kann[37]. Geschieht das nicht, so liegt darin eine Verweigerung des Rechtsschutzes durch einen tatsächlichen Verfahrensstillstand, der einer Aussetzung gleicht. In diesem Fall bedarf es wohl noch nicht einmal einer Anregung der Partei.

4. Zu früher oder zu später Terminszeitpunkt

Hat das Gericht zwar nach § 216 Abs. 2 unverzüglich terminiert, aber den Terminstag zu früh oder (häufiger) zu spät angesetzt, so ist die Beschwerde nach § 567 grundsätzlich unstatthaft (→ Rdnr. 35). Wird aber z.B. so spät terminiert, daß darin eine greifbare Gesetzwidrigkeit liegt, so ist die Beschwerde in entsprechender Anwendung des § 252 zuzulassen[38]. Bei gewöhnlichen Prozeßsachen und fortlaufender Terminierung kann ein derartiger Verstoß bei der heute bestehenden Überlastung der Gerichte bei einer Dauer von sechs Monaten zwischen Einlauf und Termin noch nicht angenommen werden[39]. Die Beschwerdebegründung muß den Gesetzesverstoß stets substantiiert darlegen. 38

5. Dienstaufsichtsbeschwerde

Nach § 26 Abs. 2 DRiG kann gegen den Vorsitzenden im Wege der Dienstaufsicht mit dem Ziel vorgegangen werden, ihn anzuhalten oder zu ermahnen[40]. Für den Rechtspfleger gilt im Rahmen des § 9 RpflG Entsprechendes. 39

6. Antrag auf Terminsverlegung

Der zunächst einzuschlagende Weg wird freilich oft der Antrag auf Terminsverlegung nach § 227 Abs. 2 sein (→ § 227 Rdnr. 3). Das Gericht kann einen Termin auch von Amts wegen verlegen. 40

VI. Arbeitsgerichtliches Verfahren

Für das Verfahren in Arbeitssachen gilt das Gesagte ohne Abweichungen. Wegen § 9 Abs. 1 S. 1 ArbGG ist bei der Auswahl des Terminstages der Beschleunigungsgesichtspunkt eingehend zu berücksichtigen. Der Senatsvorsitzende ist für die Terminsbestimmung auch dann zuständig, wenn ein Termin außerhalb des Gerichtssitzes bestimmt wird[41]. 41

VII. Terminsschlüssel

Änderung (des Termins) → § 227 Rdnr. 1, 3, 10
Amtswegige Bestimmung (des Termins) → Rdnr. 4 vor § 214, → § 216 Rdnr. 5
Angemessenheit (der Terminsbestimmung) → § 216 Rdnr. 32, 38
Antrag auf Terminsbestimmung → Rdnr. 7 vor § 214, → § 216 Rdnr. 6

Arbeitsüberlastung und Terminsbestimmung → § 216 Rdnr. 25
Aufhebung (des Termins) → § 227 Rdnr. 3
Aufruf → § 220 Rdnr. 3
Augenschein → § 219 Rdnr. 4
Aussetzung → § 249 Rdnr. 1

42

---

[37] *LAG München* MDR 1984, 877 (→ Rdnr. 9).
[38] Im Ergebnis heute h.L., *OLG Köln* NJW 1981, 2263 (§ 567); *LAG Frankfurt a.M.* BB 1991, 627 (LS)(einstweilige Verfügung); auch *LAG Baden-Württemberg* NZA 1986, 338, 339; ferner *Walchshöfer* NJW 1974, 2291.
[39] *OLG Köln* OLGZ 1985, 122 (Ehelichkeitsanfechtungsklage); die Zulässigkeit der Beschwerde bejaht bei acht Monaten *LAG Baden-Württemberg* LAGE ZPO § 216 Nr. 1.
[40] *BGH* NJW 1985, 1471, 1472.
[41] *BAG* BB 1993, 444; näher → § 219 Rdnr. 5.

Beauftragter Richter (Terminsbestimmung durch) → § 229 Rdnr.1
Beginn (des Termins) → § 220 Rdnr. 1, 3
Begriff (des Termins) → Rdnr. 1 vor § 214
Bekanntgabe → Rdnr. 12 vor § 214
Beschwerde (gegen Terminsbestimmung) → § 216 Rdnr. 35
Beweisaufnahme → § 219 Rdnr. 4, → §§ 355 ff.
Bundespräsident → § 219 Rdnr. 12
Ende (des Termins) → § 220 Rdnr. 2
Erheblicher Grund (zur Terminsänderung) → § 227 Rdnr. 6 ff.
Ersuchter Richter (Terminsbestimmung durch) → § 229 Rdnr. 1
Exemte Personen → § 219 Rdnr. 13
Fakultativ mündliche Verhandlung (Termin zur) → § 216 Rdnr. 5
Feiertage (allgemeine) → § 216 Rdnr. 30
Fortsetzung (Termin zur) → Rdnr. 5 vor § 214
 (nach Beweisaufnahme) → Rdnr. 5 vor § 214
 (der Verhandlung) → § 227 Rdnr. 3
Gerichtsfreie → § 219 Rdnr. 13
Gerichtsstelle → § 219 Rdnr. 1
Hindernisse für eine Terminsbestimmung → § 216 Rdnr. 13 ff.
Konsuln → § 219 Rdnr. 13
Krankheit (Terminsänderung bei) → § 227 Rdnr. 7, 15, 23
Lokaltermin → § 219 Rdnr. 3
Mahnverfahren (Terminsbestimmung) → § 696 Rdnr. 3
Mündliche Verhandlung (Termin zur) → Rdnr. 2 vor § 214
Notfall → § 216 Rdnr. 30
Öffentlichkeit → § 219 Rdnr. 10
Parteidisposition → § 224 Rdnr. 1, → § 227 Rdnr. 1
Prozeßbevollmächtigter (und Terminsänderung) → § 227 Rdnr. 14 ff.
Richter (Terminsbestimmung durch) → § 216 Rdnr. 1
Säumnis (im Termin) → § 220 Rdnr. 13 ff.
Sammeltermin → § 216 Rdnr. 33

Samstag → § 216 Rdnr. 30
Sonnabend → § 216 Rdnr. 30
Sonntag → § 216 Rdnr. 30
Stillschweigende Terminsänderung → § 227 Rdnr. 30
Terminsort → § 219 Rdnr. 1
Terminsstunde → § 216 Rdnr. 32, → § 220 Rdnr. 9
Terminsvollmacht → § 83 Rdnr. 6
Todesfall (und Terminsänderung) → § 227 Rdnr. 7
Unterbrechung (Terminsbestimmung bei) → § 239 Rdnr. 38, → § 249 Rdnr. 23
Urlaub (und Terminsänderung) → § 227 Rdnr. 7, 15
Vergleichsverhandlungen (und Terminsänderung) → § 227 Rdnr. 12
Verkündung (des Termins) → Rdnr. 13 vor § 214, → § 218 Rdnr. 1
Verkündungstermin → § 251a Rdnr. 21
Verlegung (des Termins) → § 227 Rdnr. 3
Versäumung (des Termins) → § 220 Rdnr. 13 ff.
Verschulden (und Terminsänderung) → § 227 Rdnr. 7, 15
Vertagung (der Verhandlung) → § 227 Rdnr. 3
Verweigerung (der Terminsbestimmung) → § 216 Rdnr. 36
Vorbereitung (und Terminsänderung) → § 227 Rdnr. 10
Vorsitzender (bestimmt Termin) → § 216 Rdnr. 7
Vorverlegung (des Termins) → § 227 Rdnr. 33, → § 226 Rdnr. 1
Waffengleichheit (und Terminsänderung) → § 227 Rdnr. 9
Wiedereröffnung (und Terminsbestimmung) → § 218 Rdnr. 5, → § 156 Rdnr. 17
Zahlung einer Prozeßgebühr (Terminsbestimmung nach) → § 216 Rdnr. 19
Zurückstellung (einer Sache während des Termins) → § 220 Rdnr. 8
Zustellung → § 216 Rdnr. 34, 11
Zwischenentscheidung (Terminsbestimmung) → § 216 Rdnr. 35

§ 217 [Ladungsfrist]

Die Frist, die in einer anhängigen Sache zwischen der Zustellung der Ladung und dem Terminstag liegen soll (Ladungsfrist), beträgt in Anwaltsprozessen mindestens eine Woche, in anderen Prozessen mindestens drei Tage, in Meß- und Marktsachen mindestens vierundzwanzig Stunden.

Gesetzesgeschichte: Bis 1900 § 194 CPO.

Stichwortverzeichnis → *Ladungsschlüssel* in § 214 Rdnr. 11.

I. Ordentliches Verfahren	II. Arbeitsgerichtliches Verfahren
1. Bedeutung; Anwendungsbereich ... 1	1. Erste Instanz ... 8
2. Verkündete Entscheidungen (§ 218) ... 4	2. Zweite und dritte Instanz ... 9
3. Mängel; Berechnung; Abkürzung; Verlängerung ... 7	3. Güteverhandlung ... 10

I. Ordentliches Verfahren

1. Bedeutung; Anwendungsbereich

Der Partei muß zwischen der Zustellung der Ladung oder Bekanntmachung und dem **1** Termin eine Vorbereitungsfrist gewährt werden. Ebenso liegt es für den Nebenintervenienten und den Prozeßbevollmächtigten. § 217 gilt sowohl für die Ladung von Amts wegen zur mündlichen Verhandlung (→ Rdnr. 4 vor § 214) als auch für die Terminsbekanntmachung ohne Ladung (→ Rdnr. 12 vor 214). Die genannte Zwischenfrist ist bei der Klage die Einlassungsfrist des § 274 Abs. 3 und bei Berufung und Revision die ihr gleiche Frist von § 520 Abs. 3 S. 2 und § 555 Abs. 2. In den übrigen Fällen ist es die Ladungsfrist mit ihrer in § 217 bestimmten Dauer (auch → Rdnr. 24 vor § 214). § 217 findet auf die bloße *Verlegung* der Terminsstunde keine Anwendung. Deshalb braucht die Ladungsfrist nicht neu gewährt zu werden, wenn das Gericht unter Beibehaltung des Terminstages kurzfristig nur eine andere Terminsstunde anberaumt[1].

Bei den Ladungen von Amts wegen muß die Frist gegenüber beiden Parteien gewährt **2** werden (→ Rdnr. 9 vor § 214). Die Ladungsfrist ist auch bei der Beweisaufnahme durch den beauftragten oder den ersuchten Richter (§ 375) einzuhalten. Das gebietet der für die Beweisaufnahme geltende Grundsatz der Parteiöffentlichkeit[2].

Besondere Ladungsfristen kennt § 604 Abs. 2, 3 für den Wechselprozeß. Für die in § 217 **3** aufgeführten »Meß- und Marktsachen« findet sich die Legaldefinition in § 30. Ist der Prozeß wegen des Todes einer Partei unterbrochen, so wird die Ladungsfrist nach § 239 Abs. 3 S. 2 durch den Vorsitzenden bestimmt (→ § 239 Rdnr. 38). Im übrigen gilt § 217 grundsätzlich für alle der ZPO unterliegenden Verfahren.

2. Verkündete Entscheidungen (§ 218)

Die Ladungsfrist muß auch bei verkündeten Entscheidungen (§ 218) beachtet werden[3]. **4** § 218 räumt dem Gericht nicht die Möglichkeit ein, über die Ladungsfrist hinwegzusehen und einen Termin anzuberaumen, der gegen § 217 verstößt[4]. Das folgt aus dem Normzweck des § 217, der dem Schutz beider Parteien zur Terminsvorbereitung dient (→ Rdnr. 1) und sie vor Überrumpelung und unüberlegter Entscheidung bewahren will[5]. Dazu wird den Parteien zeitliche Dispositionsfreiheit gewährt. Die Schutzbedürftigkeit ist aber gleichermaßen im

---

[1] *LG Köln* MDR 1987, 590.
[2] *OLG Köln* MDR 1973, 856 (LS); *Teplitzky* NJW 1973, 1675.
[3] *Wieczorek*[2] Bem. A II; § 218 Bem. A; *MünchKommZPO/Feiber* (1992) Rdnr. 1 a.E.; auch *W. Gerhardt* ZZP 98 (1985), 356; ebenso aus der älteren Literatur *Reincke* CPO[5] (1904), § 218 Anm. I; *Struckmann/Koch* CPO[7] (1900), § 218 Anm. 1; *Wilmowski/Levy* CPO[6] (Band 1) (1892), § 195 Anm. 1.
[4] A.A. *Thomas/Putzo*[18] § 218 Rdnr. 3; *Baumbach/Lauterbach/Hartmann*[51] Rdnr. 2; *BGH* NJW 1964, 658; *Zöller/Stöber*[18] Rdnr. 1.
[5] Zum Normzweck der Ladungsfrist *OLG Oldenburg* MDR 1987, 503; *A. Blomeyer* ZPR[2] § 52 III; *MünchKommZPO/Feiber* (1992) Rdnr. 1.

Falle des § 218 gegeben. § 218 sieht aus Gründen der Prozeßökonomie lediglich von einer Ladung neben der vom Richter in der mündlichen Verhandlung verkündeten Terminsbestimmung ab und dient damit der Vermeidung unnötiger Kosten[6]. Der Schutzzweck des § 217 bleibt davon unberührt. Auch der Wortlaut des § 218 entspricht der hier vertretenen Auffassung. Dort wird lediglich die Ladung der Parteien für nicht erforderlich gehalten und nicht ausgesprochen, daß die Einhaltung der Ladungsfrist entbehrlich sei. Die Gegenauffassung geht auf die schon Ende des 19. Jahrhunderts aufgestellte These zurück, das Einhalten einer Ladungsfrist komme nur bei einer zugestellten Ladung in Betracht[7]. Diese in begrifflichem Denken verhaftete These läßt sich heute angesichts des Normzwecks des § 217 nicht mehr halten[8].

5 Nach dem Gesagten darf nur auf einen Termin vertagt oder die Verhandlung in ihm fortgeführt werden (zu den Begriffen → § 227 Rdnr. 3), wenn die Ladungsfrist eingehalten wurde. Anders liegt es, wenn nur ein Termin zur Verkündung einer Entscheidung angesetzt wird, oder wenn das Gericht die Sache nur zurückstellt, weil z.B. eine Partei noch nicht erschienen ist (→ § 220 Rdnr. 8).

6 Die Ladungsfrist muß nicht eingehalten werden, wenn eine Auskunftsperson zu einem Termin geladen wird wie z.B. die Prozeßpartei nach § 141, der Zeuge nach § 377 oder der Sachverständige nach § 402[9]. Doch muß die Ladungsfrist den Prozeßparteien gegenüber beachtet werden, weil auch der Beweistermin ein echter Termin ist (auch → § 141 Rdnr. 17).

3. Mängel; Berechnung; Abkürzung; Verlängerung

7 Wenn die Ladungsfrist nicht eingehalten wird, so ist nicht wirksam geladen worden. Die Rechtsfolgen ergeben sich aus den Ausführungen zu oben → § 214 Rdnr. 6 ff. Die Berechnung der Ladungsfrist richtet sich nach → § 222 Rdnr. 16. Zustellungs- und Terminstag werden also nicht eingerechnet. Die Ladungsfrist ist eine gesetzliche Frist (→ Rdnr. 24 vor § 214) und kann daher nur abgekürzt (§ 224 Abs. 2, § 226), nicht aber verlängert werden. Eine Verlängerung ist auch bei der Zustellung im Ausland nicht vorgesehen. Wird auf die Befolgung der Vorschrift nicht verzichtet und tritt auch kein Rügeverlust ein, so liegt in der Verletzung des § 217 ZPO ein Verstoß gegen das rechtliche Gehör (Art. 103 Abs. 1 GG).

II. Arbeitsgerichtliches Verfahren

1. Erste Instanz

8 Nach § 47 Abs. 1 ArbGG muß die Klageschrift im Verfahren erster Instanz mindestens eine Woche vor dem Termin zugestellt sein. Die amtliche Überschrift zu § 47 ArbGG müßte richtig heißen: »Sondervorschriften über Einlassung«, da § 47 Abs. 1 S. 2 ArbGG über die Ladungsfrist durch das Gesetz vom 21.5.1979, BGBl. I 545 ersatzlos aufgehoben wurde. Die Ladungsfrist beträgt nach § 46 Abs. 2 S. 1 ArbGG i. V. m. § 217 ZPO drei Tage.

2. Zweite und dritte Instanz

9 In dem Verfahren vor dem Landesarbeitsgericht und dem Bundesarbeitsgericht beträgt die Ladungsfrist nach § 64 Abs. 6, § 72 Abs. 5 ArbGG i. V. m. § 217 ZPO stets eine Woche. Für

---

[6] *Hahn* Bd. 2, 582; *Planck* Lb 1 (1887), 394.
[7] *O. Fischer* Gruchot 25 (1881), 620 ff., 802 ff., 812 f.
[8] Weitere Nachw. in der Vorauf. → § 217 Rdnr. 6 Fn. 6.
[9] A.A. *LAG* Frankfurt a.M. AP 50 Nr. 245 mit abl. Anm. *Volkmar*.

die Ladungsfrist bei Ladung des Rechtsnachfolgers nach § 239 Abs. 3 S. 2 gelten die Ausführungen zu → § 239 Rdnr. 38.

3. Güteverhandlung

Nach § 54 Abs. 4 ArbGG schließt sich die weitere Verhandlung unmittelbar an, wenn in der Güteverhandlung vor dem Arbeitsgericht eine Partei nicht erschienen oder die Güteverhandlung erfolglos geblieben ist. Nach § 54 Abs. 4 HS 2 ArbGG muß das Gericht dafür sorgen, daß die weitere Verhandlung alsbald stattfindet, wenn einem sofortigen Eintritt in die mündliche Verhandlung Hinderungsgründe entgegenstehen. Die Bestimmungen über die Ladungsfrist werden durch diese Vorschrift nicht berührt[10]. 10

§ 218 [Entbehrlichkeit der Ladung]

Zu Terminen, die in verkündeten Entscheidungen bestimmt sind, ist eine Ladung der Parteien unbeschadet der Vorschriften des § 141 Abs. 2 nicht erforderlich.

Gesetzesgeschichte: Bis 1900 § 195 CPO, geändert durch RGBl. 1909, 475 (→ Einl. Rdnr. 115).

Stichwortverzeichnis → *Ladungsschlüssel* in § 214 Rdnr. 11.

I. Normzweck   1   II. Verkündete Entscheidung; Fristberechnung   4

I. Normzweck

Die Verkündung des Termins in der mündlichen Verhandlung ersetzt die Ladung, selbst wenn bei der Verkündung beide Parteien abwesend waren (§§ 312, 329 Abs. 1). Voraussetzung dafür ist, daß die abwesende Partei ordnungsgemäß geladen oder ihr der Termin bekanntgemacht oder ihre Ladung nicht erforderlich war[1]. Diese Erfordernisse ergeben sich aus dem Normzweck, nicht aber aus dem Wortlaut des § 218. Nach der Vorstellung des Gesetzes ist es Sache der abwesenden Partei, sich danach zu erkundigen, was in ihrer Abwesenheit verkündet worden ist. § 218 greift auch dann ein, wenn die Partei zwar nicht ordnungsgemäß geladen, gleichwohl aber in dem betreffenden Termin anwesend ist. Die Norm hat eine erhebliche praktische Bedeutung. Die betreffende Partei kann sich nicht darauf verlassen, daß ihr rechtzeitig eine Protokollabschrift zugeht[2]. 1

Stets ist es erforderlich, daß die Terminsbestimmung selbst verkündet worden ist. Das kann wie im Vertagungsfall nach § 227 für sich allein geschehen, aber wie in einem Beweis- oder Auflagenbeschluß auch als Teil einer anderen Gerichtsentscheidung. § 218 findet aber keine Anwendung, wenn der aufgrund der mündlichen Verhandlung erlassene Beweisbeschluß – gesetzeswidrig – nur »seinem wesentlichen Inhalt nach« verkündet und der Termin zur Beweisaufnahme und zur Fortsetzung der mündlichen Verhandlung erst nach Schluß der Sitzung in den Beschluß eingefügt wird. In diesem Fall muß der Beschluß zugestellt werden[3]. 2

---

[10] Zu Unrecht a.A. *Germelmann/Matthes/Prütting* ArbGG (1990) § 54 Rdnr. 58; *Grunsky* ArbGG[6] § 54 Rdnr. 27.

[1] OLG München OLGZ 1974, 241 ff..
[2] Zutr. *Baumbach/Lauterbach/Hartmann*[51] Rdnr. 3.
[3] Zur Vollständigkeit des Beweisbeschlusses OLG Frankfurt a. M. NJW 1986, 731.

Stets muß eine ordnungsgemäße Protokollierung hinzukommen. In einer noch nicht als Feriensache bezeichneten Angelegenheit kommt es auf die Terminsverfügung an[4].

3 § 218 stellt mit dem Hinweis auf § 141 Abs. 2 klar, daß sich die Norm auf die Ladung der dort genannten Auskunftspersonen nicht bezieht (→ Rdnr. 8 vor § 214, → § 141 Rdnr. 17). Trotz § 218 ist ferner zu laden in den Fällen von § 273 Abs. 4, § 279 Abs. 2, § 335 Abs. 2, § 337 S. 2, §§ 612 Abs. 2, 640 Abs. 1. Davon abgesehen ist eine zusätzliche Ladung im Falle des § 218 stets möglich. Das Gericht sollte von dieser Möglichkeit vor allem bei besonderen Verkündungsterminen Gebrauch machen, in denen die Parteien regelmäßig nicht anwesend sind (zur Fristberechnung → Rdnr. 4).

II. Verkündete Entscheidung; Fristberechnung

4 Eine verkündete Entscheidung (Beschluß, Verfügung) liegt auch dann vor, wenn sie lediglich in der Terminsbestimmung auf Antrag der allein erschienenen Partei besteht. Das ergibt sich aus § 160 Abs. 3 Nr. 6, 7. Die Ladungsfrist zwischen dem Tag der Verkündung und dem Terminstag ist einzuhalten (→ § 217 Rdnr. 4). Bei der verkündeten Terminsbestimmung des § 218 beginnt die Frist mit der Verkündung, wobei der Tag der Verkündung nicht mitgerechnet wird (§ 222 Abs. 1 ZPO, § 187 Abs. 1 BGB). Der Tag des Termins wird – wie auch sonst – nicht eingerechnet. Wird zusätzlich zu der Verkündung des § 218 noch geladen (→ Rdnr. 3), so kommt es für die Ladungsfrist auf § 217 an. Die Wirkung des § 218 mit dem Beginn der Ladungsfrist mit Verkündung wird dadurch verdrängt.

5 Die Terminsbestimmung bei Wiedereröffnung einer geschlossenen Verhandlung richtet sich nach den Grundsätzen von → § 156 Rdnr. 17 ff. und diejenige in nichtverkündeten Entscheidungen nach den Ausführungen zu → Rdnr. 13 vor § 214.

§ 219 [Terminsort]

(1) Die Termine werden an der Gerichtsstelle abgehalten, sofern nicht die Einnahme eines Augenscheins an Ort und Stelle, die Verhandlung mit einer am Erscheinen vor Gericht verhinderten Person oder eine sonstige Handlung erforderlich ist, die an der Gerichtsstelle nicht vorgenommen werden kann.

(2) Der Bundespräsident ist nicht verpflichtet, persönlich an der Gerichtsstelle zu erscheinen.

Gesetzesgeschichte: Ursprünglich § 196 CPO, geändert durch RGBl. 1898, 256 (→ Einl. Rdnr. 113), ab 1900 § 219 ZPO. In geänderter Fassung bekanntgemacht in RGBl. 1924 I, 437 (→ Einl. Rdnr. 123), geändert durch BGBl. 1950, 455 (→ Einl. Rdnr. 148).

Stichwortverzeichnis → *Terminsschlüssel* in § 216 Rdnr. 42.

I. Gerichtsstelle	1	4. Hausrecht	9
II. Lokaltermine	3	5. Öffentlichkeit; Sitzungspolizei	10
1. Voraussetzungen	4	III. Rechtsbehelfe	11
2. Entscheidung	7	IV. Bundespräsident; exemte Personen	12
3. Fremder Gerichtsbezirk	8		

---

[4] *Baumbach/Lauterbach/Hartmann*[51] § 217 Rdnr. 2; wohl auch *OLG Oldenburg* MDR 1987, 503.

I. Gerichtsstelle

»Gerichtsstelle« i.S. des Abs. 1 ist weit auszulegen. Regelmäßig handelt es sich um das Gerichtsgebäude der Stadt, in der das Gericht seinen gesetzlich vorgeschriebenen Sitz hat, ohne daß der Begriff der Gerichtsstelle identisch wäre mit dem Begriff des Sitzes des Gerichts[1]. Daneben ist Gerichtsstelle jeder Raum, in dem üblicherweise und regelmäßig Sitzungen des betreffenden Gerichts oder von Teilen des Gerichts stattfinden[2]. Dabei kann es sich auch vorübergehend um ein anderes als das gewöhnliche Gebäude handeln, wenn die Gerichtsverwaltung dieses z.B. wegen Bauarbeiten oder aus Sicherheitsgründen zum regelmäßigen Verhandlungsort bestimmt hat. Innerhalb seines Sitzortes kann das Gericht auch in verschiedenen Orten untergebracht werden. Gebäude kann auch ein Gebäudeteil sein, wenn die Räumlichkeiten eine abgeschlossene Einheit mit Einrichtungen der Justiz bilden und einen von der Justiz bestimmten Widmungszweck haben[3]. Sogenannte »detachierte« Spruchkörper sind Teile eines einheitlichen Gerichts, ungeachtet der unterschiedlichen örtlichen Zuständigkeit. So liegt es etwa bei Oberlandesgerichten mit auswärtigen Senaten. Hier sind die Gerichtsgebäude aller betreffenden Städte Gerichtsstellen nach § 219[4]. Ebenso liegt es im Verhältnis von Hauptgericht und Zweigstelle[5]. Grundsätzlich bedarf es in der Ladung nicht der Angabe des Ortes der Verhandlung, wohl aber in den genannten Fällen der detachierten Spruchkörper, der Zweigstellen und bei Lokalterminen (→ Rdnr. 3). Weisungen an den Haftrichter, den Haftrichterdienst außerhalb der Gerichtsstelle im Polizeipräsidium durchzuführen, bedeuten einen Eingriff in die richterliche Unabhängigkeit[6]. 1

Termine an sogenannten Gerichtstagen[7] und in Zweigstellen sind solche an einer zweiten Gerichtsstelle. 2

II. Lokaltermine

Lokaltermine sind Termine außerhalb der Gerichtsstellen (→ Rdnr. 1f.). Sie sind nur in den Grenzen des § 219 statthaft. Häufig sind sie in Unterbringungssachen, wo sich der Richter etwa in das psychiatrische Krankenhaus begibt. Bloße Zweckmäßigkeitsgründe, wie z.B. das Einsparen von Reisekosten für Zeugen usw., genügen nicht[8]. 3

1. Voraussetzungen

Der Lokaltermin ist die Ausnahme. Das Gesetz nennt als erstes Beispiel die Einnahme eines Augenscheines an Ort und Stelle. Das kommt insbesondere bei Verkehrsunfall- und Bausachen in Betracht. Ferner nennt Abs. 1 die Verhandlung mit einer am Erscheinen vor Gericht verhinderten Person. Das kann einmal sein eine Partei, die zur mündlichen Verhandlung oder nach §§ 141, 613 zur Vernehmung erscheinen soll, ferner auch ein Zeuge (§ 375 Abs. 1 Nr. 3) oder ein Sachverständiger. 4

---

[1] Präsident des *OLG Frankfurt a. M.* NJW 1991, 1903; *BAG* BB 1993, 444; 1993, 731 (Verhandlung in den neuen Bundesländern).
[2] *MünchKommZPO/Feiber* (1992) Rdnr. 1.
[3] Vgl. Präsident des *OLG Frankfurt a. M.* NJW 1991, 1903.
[4] *Kissel* GVG (1981) § 116 Rdn. 18; *MünchKommZPO/Feiber* (1992) Rdnr. 1.
[5] *BAG* BB 1993, 444.
[6] Präsident des *OLG Frankfurt a. M.* NJW 1991, 1903.
[7] § 3 der VO zur einheitlichen Regelung der Gerichtsverfassung vom 20.3.1935, BGBl. III Nr. 300–5; vgl. *Kissel* GVG § 22 Rdnr. 3; zur Aufhebung in Niedersachsen *Baumbach/Lauterbach/Albers*[51] § 22 GVG Rdnr. 1; zu Bayern *Zöller/Gummer*[18] § 22 GVG Rdnr. 1; ferner *OLG Koblenz* NJW 1957, 796 mit Anm. *Lauterbach.* – Gerichtstage sind bislang nicht eingeführt worden, dazu *BAG* BB 1993, 444.
[8] Wie hier der Präsident des *OLG Frankfurt a. M.* NJW 1991, 1903; *Zöller/Stöber*[18] Rdnr. 2; *Lauterbach* NJW 1957, 796; a.A. *MünchKommZPO/Feiber* (1992) Rdnr. 3; *Glombik* MDR 1957, 19.

5   Allgemein genügt nach Abs. 1 Alt. 3 die Erforderlichkeit einer sonstigen Handlung, »die an der Gerichtsstelle nicht vorgenommen werden kann«. So kann es bei der Vernehmung sehr vieler Zeugen aus räumlichen Gründen liegen. Der Vorsitzende entscheidet über die Erforderlichkeit nach pflichtgemäßem Ermessen[9]. Es muß keine Notwendigkeit i. S. einer anderweitigen Unmöglichkeit vorliegen[10]. Vielmehr reicht es aus, wenn die Sitzung im Interesse der Rechtsfindung an einem auswärtigen Ort vorzunehmen ist, damit etwa das Interesse der Betroffenen in die Rechtsstaatlichkeit der Verhandlung gestärkt wird[11]. Im Falle des § 370 reicht es aus, daß die Beweisaufnahme oder die Fortsetzung der mündlichen Verhandlung an Ort und Stelle erforderlich sind. Im ersteren Fall der Beweisaufnahme kann allerdings häufig die Fortsetzung der mündlichen Verhandlung an der Gerichtsstelle stattfinden. Die Einheit des Ortes ist nicht erforderlich. Deshalb können auch mehrere Lokaltermine an verschiedenen Zeiten aufeinanderfolgen.

6   § 227 ist nicht anwendbar, wenn der zunächst vorgesehene Terminsort abgeändert wird und die Terminszeit unverändert bleibt.

2. Entscheidung

7   Über die Voraussetzungen entscheidet der Vorsitzende (→ Rdnr. 5) im Rahmen seiner sachlichen Prozeßleitung durch Verfügung. Die Entscheidung liegt im Kernbereich der richterlichen Unabhängigkeit und ist Weisungen der Justizverwaltung nicht zugänglich[12]. Zuständig ist dagegen nicht das Gericht[13]. Eine mündliche Verhandlung ist nicht erforderlich. Die Entscheidung ist in aller Kürze zu begründen. Das Gesagte gilt gleichermaßen für Terminsbestimmungen wie für Terminsverlegungen. Eine Gerichtszuständigkeit besteht nur für Vertagungen (Kammer; Senat). Gegen Terminsverfügungen des Vorsitzenden ist die Gegenvorstellung zulässig[14].

3. Fremder Gerichtsbezirk

8   Nach § 166 GVG i. d. F. des Rechtspflege-Vereinfachungsgesetzes vom 17.12.1990 (BGBl I 2847) darf das Gericht seit dem 1.4.1991 Amtshandlungen im Geltungsbereich der ZPO auch außerhalb seines Bezirkes vornehmen, ohne daß es der Zustimmung des Amtsgerichts des Ortes oder einer Anzeigepflicht bedürfte[15].

4. Hausrecht

9   Parteien oder Dritte trifft keine Pflicht, die Abhaltung eines Termins in ihren Wohn- oder Geschäftsräumen, in ihrem Haus oder Besitztum zu dulden. Auch kann etwa eine Partei der Gegenpartei, dem Zeugen oder dem Sachverständigen den Zutritt zur Wohnung verwehren. Dem Gericht steht kein Hausrecht zu (Art. 13 Abs. 1 GG). Doch kann das Gericht im Rahmen des § 286 aus einer entsprechenden Weigerung Schlüsse ziehen und ein derartiges Verhalten auch als Beweisvereitelung würdigen.

---

[9] *BAG* BB 1993, 444; 1993, 731; 1993, 2238; *Däubler* BB 1993, 660; *Jost* BB 1993, 662.
[10] *RGZ* 56, 357, 358 f.; anders *OLG Celle* OLGRsp 6, 391, 392.
[11] *BAG* BB 1993, 444; 1993, 731; *Däubler* Bb 1993, 660, 661; *Jost* BB 1993, 66; krit. *Walker* NZA 1993, 491.
[12] Präsident des *OLG Frankfurt a. M.* NJW 1991, 1903.
[13] *MünchKommZPO/Feiber* (1992) Rdnr. 3; *Baumbach/Lauterbach/Hartmann*[51] Rdnr. 4; a. A. *Thomas Putzo*[18] Rdnr. 2; → Rdnr. 5.
[14] *BAG* BB 1993, 731.
[15] Übersehen von *MünchKommZPO/Feiber* (1992) Rdnr. 2.

5. Öffentlichkeit; Sitzungspolizei

Öffentlichkeit und Sitzungspolizei bei Lokalterminen richten sich nach den Ausführungen von → Rdnr. 113 ff. vor § 128. Die Parteiöffentlichkeit ist unten → § 357 Rdnr. 1 dargestellt. 10

III. Rechtsbehelfe

Gegen die Anordnung des Lokaltermins findet kein Rechtsbehelf, wohl aber die Gegenvorstellung statt[16]. Wird ein Parteiantrag zurückgewiesen, so ist die Beschwerdemöglichkeit gleichwohl nicht eröffnet[17]. 11

IV. Bundespräsident; exemte Personen

Abs. 2 gewährt dem Bundespräsidenten aus staatsrechtlichen Gründen zur Sicherung der ungestörten Amtsausübung eines Verfassungsorgans ein verzichtbares Vorrecht, nicht persönlich an der Gerichtsstelle zu erscheinen. Das gilt sowohl für die Vernehmung als Partei oder als Zeuge (auch § 375 Abs. 2, § 479 Abs. 2), für Prozesse, die ihn als Amtsperson, wie für solche, die ihn – insoweit über den Normzweck des Abs. 2 hinausgehend – als Privatperson betreffen. Nach dem Normzweck steht das Vorrecht auch dem verfassungsmäßigen Vertreter zu (Art. 57 GG), sofern ein Verhinderungsfall besteht oder das Amt vorzeitig erledigt wird[18]. Für die Ministerpräsidenten der Länder besteht das Vorrecht nicht. Vergleichbare Regelungen finden sich in § 382 für Abgeordnete, Minister usw. Der Bundespräsident wird in der Regel an seinem Amtssitz oder in seiner Wohnung vernommen werden, wobei eine Terminsabsprache empfehlenswert ist. 12

§ 219 Abs. 2 ist auf im Prozeß auftretende Gerichtsfreie nicht anwendbar (→ Einl. Rdnr. 655 ff.). Es bestehen aber vergleichbare Regeln; zu den Konsuln → Einl. Rdnr. 660, → § 377 Rdnr. 21. 13

§ 220 [Terminsbeginn; Versäumnis]

(1) Der Termin beginnt mit dem Aufruf der Sache.
(2) Der Termin ist von einer Partei versäumt, wenn sie bis zum Schluß nicht verhandelt.

Gesetzesgeschichte: Bis 1900 § 197 CPO; sprachlich neugefaßt BGBl. 1950, 533 (→ Einl. Rdnr. 148).

Stichwortverzeichnis → *Terminsschlüssel* in § 216 Rdnr. 42.

I. Funktion; Abgrenzung	1	3. Form; Protokollierung; Mängel		10
II. Beginn; Aufruf	3	III. Versäumung (Abs. 2)		
1. Aufruf vor und im Sitzungssaal	4	1. Verhandlungsschluß		13
2. Sammeltermine; Wartepflicht; Zurückstellung; Fehlen der Terminsstunde	6	2. Folgen		16

---

[16] *BAG* BB 1993, 731, 732.
[17] *MünchKommZPO/Feiber* (1992) Rdnr. 4; a. A. *Thomas/Putzo*[18] Rdnr. 3; *Baumbach/Lauterbach/Hartmann*[51] Rdnr. 7; *Zöller/Stöber*[18] Rdnr. 3.
[18] *MünchKommZPO/Feiber* (1992) Rdnr. 5; *Baumbach/Lauterbach/Hartmann*[51] Rdnr. 8; a. A. → Voraufl. Rdnr. 10; *Zöller/Stöber*[18] Rdnr. 5.

I. Funktion; Abgrenzung

1 § 220 regelt in unvollständiger und unsystematischer Weise zwei Problemkreise des Terminsablaufes. Die Norm ergänzt die §§ 330, 332, 333.

2 Abzugrenzen und begrifflich voneinander klar zu scheiden sind Sitzung, Termin und mündliche Verhandlung. Der allgemeinste Begriff ist derjenige der Sitzung. In der Sitzung werden üblicherweise mehrere einzelne konkrete Rechtsstreitigkeiten (Sachen) verhandelt. Die Sitzung wird für jeden Sitzungstag durch den Vorsitzenden eröffnet. Diese Eröffnung hat mit dem Aufruf nach § 220 Abs. 1 nichts zu tun. Spezieller als der Begriff der Sitzung ist der Begriff des Termins (→ Rdnr. 1 vor § 166) als der Gerichtssitzung im konkreten Rechtsstreit. Diesen Terminsbeginn meint § 220 Abs. 1. Der speziellste Begriff ist schließlich derjenige der mündlichen Verhandlung, da nicht jeder Termin der mündlichen Verhandlung dienen muß, wie z.B. im Falle der Beweisaufnahme, der Verkündung einer Entscheidung, der Erörterung oder des Sühneversuches. Dient ein Termin i.S. des § 220 Abs. 1 der mündlichen Verhandlung, so ist die Terminsdauer gleichwohl nicht identisch mit der Dauer der mündlichen Verhandlung. Der Termin beginnt nach § 220 Abs. 1 mit dem Aufruf der Sache (→ Rdnr. 3). Dagegen beginnt die mündliche Verhandlung nach § 137 Abs. 1 erst mit der Antragstellung. Der Termin endet mit der Entscheidungsverkündung oder auch einer Vertagung, die mündliche Verhandlung endet nach § 136 Abs. 4. Beratung und Entscheidungsverkündung gehören zum Termin, nicht aber zur mündlichen Verhandlung. § 220 Abs. 2 meint nicht das Ende des Termins, sondern den Schluß der mündlichen Verhandlung nach § 136 Abs. 4 (→ Rdnr. 13)[1].

II. Beginn; Aufruf

3 Alle Termine (→ Rdnr. 2) müssen mit dem Aufruf der Sache beginnen. Es handelt sich um die Erklärung des Vorsitzenden oder seiner Beauftragten (Urkundsbeamter, Beisitzer, Referendar, Gerichtswachtmeister), daß die Verhandlung der Sache beginne. Die Art und Weise des Aufrufes hängen von den konkreten Umständen ab. Der Aufruf ist wesentlich, weil ansonsten nicht von einer Versäumung des Termins nach den §§ 330 ff. gesprochen werden kann[2].

1. Aufruf vor und im Sitzungssaal

4 Wenn sich die wartenden Prozeßparteien – wie bei größeren Gerichten üblich – auf den Gängen oder in besonderen Warteräumen aufhalten, muß zunächst dort, z.B. auch durch Urkundsbeamte oder Lautsprecher, aufgerufen werden[3]. Dieser Aufruf trägt vorbereitenden Charakter. Der eigentliche Aufruf im Sitzungssaal ist derjenige i.S. des § 220 Abs. 1[4]. Erst recht ist es noch kein Aufruf i.S. des § 220, wenn der Justizwachtmeister allgemein den zu einer bestimmten Zeit anstehenden Termin von sich aus oder aufgrund einer allgemeinen Weisung aufruft[5]. Die an der Tür angeschlagene Aufforderung, ohne Aufforderung einzutreten, macht den Aufruf nicht entbehrlich[6].

5 Der Aufruf nach § 220 Abs. 1 kann genau zu der Terminsstunde beginnen. Ein Aufruf vor

---

[1] Ungenau *MünchKommZPO/Feiber* (1992) Rdnr. 4; richtig dagegen *Thomas/Putzo*[18] Rdnr. 4; *Baumbach/Lauterbach/Hartmann*[51] Rdnr. 6.
[2] Dazu *RGZ* 76, 101, 102.
[3] *BVerfGE* 42, 364, 370f.; *BVerwG* NJW 1986, 204; *LG Hamburg* NJW 1977, 1459; *Levin* Richterliche Prozeßleitung und Sitzungspolizei (1913) 93; *E. Schneider* JurBüro 1977, 1042; *ders.* MDR 1979, 617, 618; auch *Fritz* SGb 1964, 187; → Rdnr. 30 vor § 128.
[4] *Baumbach/Lauterbach/Hartmann*[51] Rdnr. 2; *Zöller/Stöber*[18] Rdnr. 2.
[5] *OLG Braunschweig* DJ 1940, 250 mit Anm. *Staud.*
[6] *LG Hamburg* NJW 1977, 1459.

diesem Zeitpunkt hat nur Rechtsfolgen, wenn die Parteien damit einverstanden sind[7]. Andernfalls werden Säumnisfolgen nicht begründet.

2. Sammeltermine; Wartepflicht; Zurückstellung; Fehlen der Terminsstunde

Bei – im allgemeinen zu vermeidenden – Sammelterminen steht die Reihenfolge des Aufrufes der gleichzeitig angesetzten Sachen im pflichtgemäßen Ermessen des Vorsitzenden. Die Parteien müssen hier bis zum Schluß der Sitzung im weiteren Sinne (→ Rdnr. 2) damit rechnen, aufgerufen zu werden. 6

Auch bei gestaffelten Terminen mit bestimmter Stunde müssen die Parteien grundsätzlich bis zum Schluß der Sitzung mit dem Aufruf rechnen. Im Falle von Lokalterminen mit bestimmter Stunde müssen sie eine angemessene Zeit warten[8]. Es gibt keine festen Grenzen für ein Zuwarten der Parteien bei einer erheblichen Terminsverzögerung. Zu eng ist es jedenfalls, nur ein Warten bis zu einer Stunde für zumutbar zu halten[9]. Doch kann eine Vertagung nach § 337 erforderlich werden, wenn eine Partei sich aus triftigem Grund vor dem Anruf entfernt, z. B. wegen der Wahrnehmung eines anderweitigen Termins[10]. 7

Ist eine Sache noch nicht aufgerufen, so kann sie hinter eine an sich später angesetzte Sache zurückgestellt werden. Es handelt sich um den Fall der Verlegung (§ 227). Wird die Sache nach Aufruf zurückgestellt, so liegt ein besonderer Fall der Vertagung vor (→ § 227 Rdnr. 3). In beiden Fällen müssen daher erhebliche Gründe i. S. des § 227 Abs. 1 vorliegen (→ § 227 Rdnr. 6ff.)[11]. Für eine einschränkende Handhabung des § 227 besteht kein Anlaß. Doch ist hierbei die Ladungsfrist (§ 217) nicht zu wahren, weil sich die Parteien nicht auf einen neuen Terminstag einstellen müssen. Im übrigen wäre eine Zurückstellung sonst überhaupt ausgeschlossen. 8

Enthält die Terminsbestimmung die Stunde des Termins nicht (→ § 216 Rdnr. 32), so gilt als Terminszeit die Stunde, zu der die Sitzungen des Gerichts regelmäßig eröffnet werden. In derartigen seltenen Fällen wird aber oft eine Entschuldigung i. S. des § 337 anzunehmen sein. 9

3. Form; Protokollierung; Mängel

Der Aufruf muß so deutlich sein, daß die zum Termin erschienene, aber nicht gerichtserfahrene Partei ihn bei gehöriger Aufmerksamkeit wahrnehmen mußte. Der Aufruf nur des Aktenzeichens der Sache wird daher oftmals nicht genügen. Je nach den örtlichen Verhältnissen kann es auch erforderlich werden, einen Aufgerufenen nach Vornamen und Namen oder Beruf näher zu bezeichnen. 10

Der Aufruf nach § 220 Abs. 1 ist eine wesentliche Förmlichkeit des Verfahrens und muß daher nach § 160 Abs. 2 protokolliert werden. Es ist empfehlenswert, die Uhrzeit des (letzten) Aufrufes vor Erlaß der Versäumnisentscheidung in das Protokoll aufzunehmen. Es gilt § 165. Trägt die rechtsunkundige Partei vor, sie sei trotz Anwesenheit nicht aufgerufen worden, so ist darin ein Antrag auf Protokollberichtigung (§ 164) zu sehen[12]. 11

Wurde die Partei nicht ordnungsgemäß aufgerufen, so kann gegen sie kein Versäumnisurteil (§§ 330ff.) ergehen. Versäumnisfolgen jeglicher Art sind ausgeschlossen. 12

---

[7] *KG* NJW 1987, 1338, 1339.
[8] *RG* JW 1907, 392.
[9] Enger wohl *LAG Hamm* NJW 1973, 1950, 1951; auch *Baumbach/Lauterbach/Hartmann*[51] Rdnr. 5.
[10] *LG Koblenz* NJW 1957, 305 mit Anm. *Lent*; *LAG Hamm* NJW 1973, 1950, 1951.
[11] A.A. *MünchKommZPO/Feiber* (1992) Rdnr. 3.
[12] *BVerfGE* 42, 364, 369.

III. Versäumung (Abs. 2)

1. Verhandlungsschluß

13 Eine Partei, die bei Aufruf der Sache nicht aufgetreten ist, hat bis zum Schluß der Verhandlung i. S. des § 136 Abs. 4 die Möglichkeit, zu verhandeln, wenngleich sich noch Beratung und Entscheidungsverkündung anschließen mögen (→ Rdnr. 2). Dadurch kann sie den Erlaß eines Versäumnisurteils von sich abwenden. Macht die Partei von dieser Möglichkeit keinen Gebrauch, so ist sie bereits seit ihrem Nichtauftreten als säumig anzusehen[13]. Bei einer Wiedereröffnung nach § 156 ist der Schluß des wiedereröffneten Teils maßgebend. Das Verhandeln ist zu verstehen wie in § 333.

14 Wenn die Partei erscheint, nachdem der Antrag auf Versäumnisurteil gestellt worden ist, aber noch vor dem Schluß der Verhandlung (→ Rdnr. 13) oder einer von Amts wegen angeordneten Wiedereröffnung des Verfahrens (§ 156), so muß sie wegen Abs. 2 noch zur Verhandlung zugelassen werden. Der vorher in ihrer Abwesenheit gestellte Antrag wird gegenstandslos. Erscheint sie nach dem Schluß der mündlichen Verhandlung, aber noch vor der Verkündung des Urteils (→ Rdnr. 13), so ist sie säumig nach Abs. 2. Es ist ein Versäumnisurteil zu erlassen, wenngleich der Termin als solcher noch nicht beendet ist (→ Rdnr. 2). Zu vermeiden ist das Ergebnis nur, wenn wiedereröffnet wird, wobei aber die Partei nur in bestimmten Fällen die Wiedereröffnung der Verhandlung verlangen kann (§ 156). Ein bereits erlassenes (verkündetes) Versäumnisurteil kann nur durch Einspruch beseitigt werden. Da sich nach dem Gesagten Terminsende und Verhandlungsende nicht decken, kann der Termin für die 9-Uhr-Sache zwar z. B. bis zum nächsten Termin der 9 1/2-Uhr-Sache dauern; gleichwohl darf vorher ein Versäumnisurteil erlassen werden[14].

15 Der Vorsitzende bestimmt in jedem Fall den Verhandlungsschluß (§ 136 Abs. 4 HS 1). Die bei Aufruf allein erschienene Partei hat demzufolge kein Anrecht auf sofortigen Erlaß des Versäumnisurteils. Umgekehrt läuft sie die Gefahr eines gegen sie ergehenden Versäumnisurteils, wenn sie sich alsbald eigenmächtig entfernt. Es beurteilt sich nach den Verhältnissen des Einzelfalles, wie lange nach Aufruf der Sache auf den Gegner zu warten ist. Wenn beide Parteien durch Anwälte vertreten sind und der eine bei Nichterscheinen des anderen den Erlaß eines Versäumnisurteils beantragt, so kann das Gericht grundsätzlich davon ausgehen, daß der Antragsteller sich von einer echten Säumnis überzeugt hat, und wird dem Antrag entsprechen[15]. Wenn nur eine Partei durch einen Anwalt vertreten und dieser nicht anwesend ist, so wird sich das Gericht regelmäßig durch Anruf in der Kanzlei durch die Geschäftsstelle vergewissern, ob nicht eine unvermeidliche berufliche Verspätung vorliegt. Da in aller Regel angenommen werden kann, es liege keine beabsichtigte Säumnis vor, wird die Sache bis zu einer alsbaldigen Klärung zurückgestellt werden (→ Rdnr. 8) und zu einer anderen Sache überzugehen sein. Der erschienenen Partei ist aber stundenlanges Warten nicht zuzumuten. Wenn sie darauf besteht, kann ihr ein Versäumnisurteil nach angemessener Zeit nicht versagt werden. Es ist auch zu weitgehend, in diesen Fällen stets Verkündungstermin anzusetzen und die Verhandlung wiederzueröffnen, wenn der Anwalt sein Ausbleiben bis dahin entschuldigt[16].

2. Folgen

16 Erscheint bei Aufruf keine der Parteien, so kann das Gericht den Termin vertagen (§ 227), das Ruhen des Verfahrens anordnen (§ 251 a Abs. 3) oder nach Lage der Akten entscheiden

---

[13] BGHZ 4, 328, 340; BGH NJW 1993, 861, 862.
[14] Verkannt von LG Berlin I KGBl 1926, 98.
[15] S. *Wieczorek*² Bem. B II.
[16] So aber *Wieczorek*² Bem. B II.

(§ 251a Abs. 1, 2). Oft ist es vorzugswürdig, von einer Entscheidung zunächst abzusehen und den Aufruf der Sache bis zum Schluß der Sitzung (→ Rdnr. 2)(beliebig) oft zu wiederholen (→ auch Rdnr. 15).

Ist gegen eine Partei Versäumnisurteil ergangen und erscheint sie erst im Anschluß daran und legt Einspruch ein, so hat sie auch bei Einverständnis des Gegners keinen Anspruch auf eine sofortige Verhandlung über den Einspruch. Das Gericht kann aber gleichwohl so verfahren. Sinnvoll ist es stets, wenn das Gericht in diesen Fällen auf Wunsch der Parteien sofort einen Prozeßvergleich protokolliert. Ist ein Vertagungsbeschluß verkündet oder das Ruhen des Verfahrens angeordnet worden, so kann in derselben Sitzung auf Antrag der Parteien verhandelt werden[17], ohne daß das Gericht dazu verpflichtet wäre. Wenn nach Verhandlungsschluß (→ Rdnr. 13) ein Antrag auf Wiedereröffnung gestellt wird (§ 156), so ist das Gericht ebenfalls nicht verpflichtet, sofort weiter zu verhandeln. 17

§ 221 [Fristbeginn]

Der Lauf einer richterlichen Frist beginnt, sofern nicht bei ihrer Festsetzung ein anderes bestimmt wird, mit der Zustellung des Schriftstücks, in dem die Frist festgesetzt ist, und, wenn es einer solchen Zustellung nicht bedarf, mit der Verkündung der Frist.

Gesetzesgeschichte: Bis 1900 § 198 CPO. Der frühere Abs. 2 wurde aufgehoben durch BGBl. 1976 I 3281 (→ Einl. Rdnr. 159).

Stichwortverzeichnis → *Fristenschlüssel* unten Rdnr. 11.

I. Fristbeginn		III. Rechtliches Gehör (Art. 103 Abs. 1 GG)	5
1. Gesetzliche Fristen	1	IV. Streithelfer	6
2. Richterliche Fristen	2	V. Richterliche Fristsetzungstechnik	7
3. Vergleichswiderrufsfrist	3	VI. Fristenschlüssel	11
II. Fristenlauf nach Zustellung	4		

I. Fristbeginn

1. Gesetzliche Fristen

Der Fristbeginn ist bei den gesetzlichen Fristen (→ Rdnr. 19, 21 ff. vor § 214) jeweils besonders im Gesetz bestimmt und an verschiedene Ereignisse, Zustellung, Verkündung, den Aushang und dergleichen geknüpft (z. B. §§ 516, 577 Abs. 2 S. 1, 206 Abs. 2 usw.). Deshalb ist dort eine allgemeine gesetzliche Regelung über den Fristbeginn entbehrlich. 1

2. Richterliche Fristen

§ 221 betrifft lediglich den Lauf einer richterlichen Frist (→ Rdnr. 26 vor § 214). Grundsätzlich beginnt er mit dem in der richterlichen Entscheidung bestimmten Ereignis oder Tag (auch → § 222 Rdnr. 5). Die Norm will demgemäß für den Beginn der richterlichen Frist nur 2

---

[17] *Zöller/Stöber*[18] Rdnr. 5; *Baumbach/Lauterbach/Hartmann*[51] Rdnr. 7.

gelten, »sofern nicht bei ihrer Festsetzung ein anderes bestimmt wird«. Ist eine solche Bestimmung nicht getroffen worden, so beginnt im Falle der Zustellungsbedürftigkeit der Fristenlauf mit der Zustellung für jede Partei gesondert. Zustellungsbedürftigkeit liegt vor bei nichtverkündeten Beschlüssen wie Verfügungen des Vorsitzenden (§ 329 Abs. 2 S. 2)[1]. Ansonsten beginnt der Fristenlauf nach § 329 Abs. 1 mit der Verkündung der Entscheidung, durch welche die Frist gesetzt worden ist. Der Fristbeginn ist dann für beide Parteien ohne Rücksicht auf ihre Anwesenheit (§ 312) gleich. Auf den Zugang des Protokolls (§ 159) kommt es für den Fristbeginn nicht an. Die Verkündung muß prozeßordnungsgemäß sein. Wird eine Entscheidung lediglich ihrem wesentlichen Inhalt nach verkündet, so läuft die Frist nicht an[2]. Auch durch eine bloße formlose Mitteilung beginnt die Frist nicht zu laufen.

3. Vergleichswiderrufsfrist

3 Die von den Parteien vereinbarte Vergleichswiderrufsfrist steht als dritte selbständige Gruppe neben den richterlichen und gesetzlichen Fristen (→ Rdnr. 20 vor § 214). Auf diese Frist ist § 221 unanwendbar[3]. Die Frist beginnt am Tage nach dem Vergleichsabschluß zu laufen (§ 222 Abs. 1 ZPO, § 187 Abs. 1, § 188 Abs. 2 BGB), weil der Tag des Vergleichsabschlusses als eines Ereignisses i.S. von § 187 Abs. 1 BGB nicht mitzurechnen ist.

II. Fristenlauf nach Zustellung

4 Ist der Fristenbeginn vom Zeitpunkt der Zustellung abhängig (→ Rdnr. 2), so laufen richterliche wie gesetzliche Fristen für jede Partei gesondert. Daher beginnen die Rechtsmittelfristen bei nicht gleichzeitiger Amtszustellung (→ Rdnr. 13 vor § 166) für die Parteien unterschiedlich zu laufen.

III. Rechtliches Gehör (Art. 103 Abs. 1 GG)

5 Die Partei kann darauf vertrauen, daß sich das Gericht an selbst gesetzte Fristen hält. Das Gericht darf daher nicht über eine Beschwerde entscheiden, bevor die von ihm selbst gesetzte Frist abgelaufen ist[4]. Das gilt selbst dann, wenn der Fristenlauf nicht begonnen hat (→ Rdnr. 2 a. E.), weil unter Verstoß gegen § 329 Abs. 2 S. 2 nicht förmlich zugestellt wurde[5].

IV. Streithelfer

6 Richtet sich eine richterliche Fristsetzung an den Streithelfer (§ 67), so läuft die Frist grundsätzlich mit der Zustellung an ihn an[6]. Allerdings gibt es für den Streithelfer keine gesonderte Rechtsmittelfrist, so daß ein Rechtsmittel durch ihn nur so lange eingelegt werden kann, als die Rechtsmittelfrist für die Hauptpartei läuft[7]. In gleicher Weise kann der Streithel-

---

[1] *RGZ* 96, 350, 351.
[2] Vgl. *OLG Frankfurt a. M.* NJW 1986, 731; *MünchKommZPO/Feiber* Rdnr. 6.
[3] *OLG Schleswig* NJW-RR 1987, 1022; *Baumbach/Lauterbach/Hartmann*[51] Rdnr. 1 a. E.
[4] *BVerfG* NJW 1988, 1773, 1774 u. ö.
[5] *BVerfG* NJW 1988, 1773, 1774 m. Anm. *E. Schneider* EWiR 1988, 1141 f.
[6] Zutr. *MünchKommZPO/Feiber* (1992) Rdnr. 5.
[7] *BGH* NJW 1986, 257; 1963, 1251; wenigstens mißverständlich daher die Formulierungen bei *Baumbach/Lauterbach/Hartmann*[51] Rdnr. 1.

fer auch eine Berufungserwiderungsfrist (§ 520 Abs. 2) nicht mehr einhalten, wenn sie die Hauptpartei versäumt hat. Im übrigen können dem Streithelfer aber eigene Fristen, z. B. nach § 56 Abs. 2, § 89 Abs. 1, §§ 109, 379, gesetzt werden[8].

V. Richterliche Fristsetzungstechnik

In der Praxis sind richterliche Bestimmungen des Fristbeginns (→ Rdnr. 2) selten, so daß für den Fristbeginn fast stets Zustellung oder Verkündung maßgebend sind (→ Rdnr. 2). Meistens wird lediglich die Fristdauer festgesetzt.   **7**

Wird die Fristdauer nach Zeiteinheiten festgesetzt wie z. B. »innerhalb von 10 Tagen«, »binnen 2 Wochen« usw., so hat das bei Zustellungen den Nachteil des unterschiedlichen Fristenlaufes für jede Partei (→ Rdnr. 4). Zudem muß in derartigen Fällen jeweils eine Fristenberechnung stattfinden (→ § 222 Rdnr. 3).   **8**

Vorzugswürdig ist es daher stets, den Fristablauf datumsmäßig zu bestimmen[9]: »Es wird den Parteien eine Frist bis zum 20.3. gesetzt«. Hier entfällt eine Fristenberechnung. Zudem ist der Fristenablauf nicht nur bei der Verkündung, sondern auch bei der Zustellung für die Parteien gleich. Wird zu unterschiedlichen Zeitpunkten zugestellt, so kann eine Partei allerdings dadurch einen Nachteil erleiden, der aber nur in schwerwiegenden Fällen einen Verstoß gegen die prozessuale Waffengleichheit bedeuten wird.   **9**

Wegen § 222 Abs. 2 sollte als Fristende nicht ein Sonntag, Samstag oder ein allgemeiner Feiertag gewählt werden. Wird gleichwohl so verfahren, so muß ein Vorbringen, das am folgenden Werktag eingeht, noch berücksichtigt werden, weil es nach § 222 Abs. 2 noch rechtzeitig ist. Wegen § 223 sollte mit Ausnahme von Notfristen und Feriensachen auch kein Tag in den Gerichtsferien (§ 199 GVG) festgelegt werden (→ § 223 Rdnr. 12). Es muß auch in Erwägung gezogen werden, daß den Parteien etwa durch eine sich länger hinziehende Zustellung ein Teil der gesetzten Frist verlorengeht. Stets muß auf den Einzelfall abgestellt, und es darf nie routinemäßig vorgegangen werden[10]. Die Wahl zu kurzer Fristen verfehlt oftmals den gewünschten Beschleunigungseffekt, weil dann Anträge auf Fristverlängerung nach § 224 Abs. 2 gestellt werden.   **10**

VI. Fristenschlüssel

Abkürzung (von Zwischenfristen) → § 226 Rdnr. 1, → § 224 Rdnr. 2
Anfechtung (des Beschlusses bei Ablehnung des Verlängerungsantrags) → § 225 Rdnr. 8
Antrag auf Fristverlängerung → § 224 Rdnr. 7
Arten der Fristen → Rdnr. 16 ff. vor § 214
Aussetzung (Frist bei) → § 249 Rdnr. 6 ff.
Ausschöpfung (der Frist) → Rdnr. 27 vor § 214
Bedeutung der Fristen → Rdnr. 27 vor § 214
Beginn (der Frist) → § 221 Rdnr. 1, → § 222 Rdnr. 5, 9
Berechnung der Frist → § 222 Rdnr. 5 ff., → § 224 Rdnr. 13

Dauer der Frist → Rdnr. 16 vor § 214   **11**
Eigentliche Frist → Rdnr. 19 ff. vor § 214
Einlassungsfrist → Rdnr. 24 vor § 214, → § 226 Rdnr. 1
Ende der Frist → § 222 Rdnr. 6, 10
Feriensachen → § 223 Rdnr. 19
Gerichtsferien → § 223 Rdnr. 4 ff.
Gesetzliche Frist → Rdnr. 21 ff. vor § 214, → § 221 Rdnr. 1
Handlungsfrist → Rdnr. 16 vor § 214
Hemmung → § 223 Rdnr. 9 ff., 14
Kürzung der Frist → § 224 Rdnr. 2, 6 ff.
Ladungsfrist → § 217 Rdnr. 1, → § 226 Rdnr. 1

---

[8] *MünchKommZPO/Feiber* (1992) Rdnr. 5.
[9] Etwa *MünchKommZPO/Feiber* (1992) Rdnr. 4.

[10] Wie *MünchKommZPO/Feiber* (1992) Rdnr. 4.

Monatsfrist → Rdnr. 25 vor § 214
Notfrist → § 223 Abs. 3 (Definition), → § 223 Rdnr. 47 (Aufzählung), → Rdnr. 22 vor § 214
Parteivereinbarung (über Fristen) → § 224 Rdnr. 1
Richterliche Frist → Rdnr. 26 vor § 214
– Abkürzung → § 224 Rdnr. 2
– Beginn → § 221 Rdnr. 1, → § 222 Rdnr. 1
– Berechnung → § 222 Rdnr. 5 ff., → § 224 Rdnr. 13
– Zwischenfrist → Rdnr. 24 vor § 214, → § 222 Rdnr. 16
Ruhen des Verfahrens (Frist bei) → § 251 Rdnr. 14, 15
Streitgenossenschaft (Frist bei) → § 62 Rdnr. 31
Streithelfer (Antrag auf Feriensache) → § 223 Rdnr. 32
Stundenfrist → Rdnr. 25 vor § 214, → § 222 Rdnr. 12 f.

Tagesfrist → Rdnr. 25 vor § 214
Uneigentliche Frist → Rdnr. 17 vor § 214
Unterbrechung → § 249 Rdnr. 6 ff.
Verjährungsfrist → Rdnr. 18 vor § 214
Verkündungsfrist → § 218 Rdnr. 4
Verlängerung (der Frist) → § 225 Rdnr. 1, → § 222 Rdnr. 15, → § 224 Rdnr. 7 (schon abgelaufener Frist) → § 224 Rdnr. 9
Versäumung (der Frist) → § 230 Rdnr. 2 ff., → § 231 Rdnr. 1
Wiedereinsetzung → § 233 Rdnr. 8 ff., → § 234 Rdnr. 1
Widerrufsfrist (beim Prozeßvergleich) → Rdnr. 20 vor § 214, → § 233 »Prozeßvergleich« (Rdnr. 77)
Wochenfrist → Rdnr. 25 vor § 214
Zeiträume → Rdnr. 30 ff. vor § 214
Zwischenfristen → § 226 Rdnr. 1, → Rdnr. 24 vor § 214, → § 222 Rdnr. 16

§ 222 [Fristberechnung]

(1) Für die Berechnung der Fristen gelten die Vorschriften des Bürgerlichen Gesetzbuchs.

(2) Fällt das Ende einer Frist auf einen Sonntag, einen allgemeinen Feiertag oder einen Sonnabend, so endet die Frist mit Ablauf des nächsten Werktages.

(3) Bei der Berechnung einer Frist, die nach Stunden bestimmt ist, werden Sonntage, allgemeine Feiertage und Sonnabende nicht mitgerechnet.

Gesetzesgeschichte: Bis 1900 §§ 199, 200 CPO; neugefaßt durch RGBl. 1898, 256 (→ Einl. Rdnr. 113); Abs. 2 und 3 geändert durch BGBl. 1965 I, 753 (→ Einl. Rdnr. 150).

Stichwortverzeichnis → *Fristenschlüssel* in § 221 Rdnr. 11.

I. Funktion; Anwendungsbereich 1	§ 188 Abs. 2 Alt. 2, § 188 Abs. 1 BGB)
II. Verweisungsinhalt 4	a) Beginn 9
III. Fristenberechnung	b) Ende 10
1. Ereignisfristen (§ 187 Abs. 1, § 188 Abs. 2 Alt. 1, § 188 Abs. 1 BGB usw.)	3. Stundenfristen 12
	4. Sonderfälle 13
a) Beginn 5	IV. Fristablauf bei Sonntagen; Feiertagen; Samstagen 14
b) Ende 6	
2. Tagesbeginn als maßgebender Zeitpunkt (§ 187 Abs. 2 S. 1,	V. Fristwahrung; Fristausnutzung 18

I. Funktion; Anwendungsbereich

1 § 222 Abs. 1 ZPO nimmt für die Fristenberechnung auf die §§ 187–189, 192 BGB Bezug. Es handelt sich dabei nach § 186 BGB um Auslegungsvorschriften[1]. Deshalb ist je nach dem

---

[1] Dazu *Säcker* ZZP 80 (1967), 421; *Zieglrum* JuS 1986, 705, 706 (zu §§ 187 ff. BGB).

Einzelfall bei der Setzung einer richterlichen Frist oder bei einer Parteivereinbarung stets ein möglicher abweichender Wille zu berücksichtigen, obwohl das in der Praxis kaum vorkommen dürfte (ähnlich § 221). Richterliche Fristen können nur nach den in den §§ 187 ff. BGB genannten Zeitmaßen festgesetzt und nicht durch einen unbestimmten Begriff wie »umgehend« gesetzt werden (*OVG Koblenz* NJW 1993, 2457).

§ 222 gilt neben den gesetzlichen und richterlichen auch für die uneigentlichen Fristen (→ Rdnr. 17 vor § 214). Zudem ist er anwendbar auf die Widerrufsfrist bei Prozeßvergleichen (→ Rdnr. 20 vor § 214; → § 224 Rdnr. 5). Nicht zur Anwendung gelangt dagegen § 221 (→ § 221 Rdnr. 3). Neben der Verweisungsnorm des Abs. 1 regelt Abs. 2 den Fristablauf für die dort genannten arbeitsfreien Tage. Abs. 3 ergänzt Abs. 1 mit einer Regelung für die Stundenfristen, die dem BGB nicht bekannt sind. Eine weitere Berechnungsnorm enthält in Ergänzung des § 222 die Vorschrift des § 224 Abs. 3 für die Verlängerung von Fristen. 2

§ 222 wird nur gebraucht, wenn überhaupt eine Fristenberechnung durchgeführt werden muß. Das ist für richterliche Fristen der Fall, wenn sie nach Zeiteinheiten festgesetzt sind (→ § 221 Rdnr. 8). Wird die richterliche Frist in vorzugswürdiger Weise datumsmäßig mit der Benennung eines Endzeitpunktes bezeichnet (→ § 221 Rdnr. 9), so scheidet eine Fristenberechnung aus. Abs. 1 ist unanwendbar. Wohl aber kann Abs. 2 zur Anwendung kommen (→ § 221 Rdnr. 10). 3

II. Verweisungsinhalt

Die Verweisung des § 222 Abs. 1 ZPO erfaßt nach dem insoweit einschränkungslosen Wortlaut die §§ 186–193 BGB. Für die Berechnung der prozessualen Fristen gewinnen Bedeutung aber nur die §§ 187–189 und § 192 BGB. § 190 BGB wird durch die Sondervorschrift des § 224 Abs. 3 ZPO verdrängt. § 191 BGB hat wegen der Sonderregelung in § 223 Abs. 1 S. 2 ZPO keine Bedeutung. § 193 BGB schließlich ist ersetzt durch den funktionsgleichen § 222 Abs. 2 ZPO[2]. 4

III. Fristenberechnung

1. Ereignisfristen (§ 187 Abs. 1, § 188 Abs. 2 Alt. 1, § 188 Abs. 1 BGB usw.)

a) Beginn

Im Prozeßrecht am häufigsten ist der Fristbeginn nach § 187 Abs. 1 BGB, wenn für den Anfang der Frist ein Ereignis oder ein in den Lauf eines Tages fallender Zeitpunkt (z.B. Fristbeginn: 13 Uhr) maßgebend ist. Innerhalb dieser beiden Alternativen dominiert wiederum das »Ereignis«. So liegt es insbesondere in den Fällen der Zustellung, der Verkündung, der Kenntnis, der Einlegung des Rechtsmittels sowie der Hindernisbehebung. Nach § 187 Abs. 1 BGB wird der Anfangstag nicht mitgerechnet. Bei der Setzung von richterlichen Fristen ist § 221 ZPO der Anwendung des § 187 Abs. 1 BGB noch vorgelagert, weil § 221 ZPO Zustellung oder Verkündung als das maßgebliche Ereignis festlegt. § 187 Abs. 1 BGB bewirkt, daß z.B. ein Zustellungszeitpunkt spät abends oder morgens früh für die Fristberech- 5

---

[2] *RGZ* 83, 336, 339 (zu § 798); *OLG München* NJW '975, 933 wendet § 193 BGB direkt an.

nung nicht ins Gewicht fällt. Unter § 187 Abs. 1 BGB fallen auch die vom Gesetz ungenau ausgedrückten Fälle der §§ 234 Abs. 2, 586 Abs. 2, 845 Abs. 2 S. 2, 878 Abs. 1, 958, 1043 Abs. 2, wo die Frist »mit dem Tage« der Zustellung oder Kenntnis usw. beginnt. Diese Wendung bedeutet nur einen Ausdruck dafür, daß ausschließlich das jeweilige Ereignis maßgebend ist. Der betreffende Tag wird also nicht mitgerechnet[3]. Bei der Berechnung von Zwischenfristen (→ Rdnr. 24 vor § 214) ist der Tag nach der Zustellung der erste.

b) Ende

6   Die Ereignisfristen (→ Rdnr. 5) enden nach § 188 Abs. 2 Alt. 1 BGB bei Wochen-, Monats- oder Jahresfristen (auch Jahresbruchteilen) mit dem Ablauf des Tages, der dieselbe Benennung oder Zahl trägt wie der Tag, in den das Anfangsereignis fällt. Im Falle einer Wochenfrist nach § 577 Abs. 2 endet die Frist zur sofortigen Beschwerde, wenn am Donnerstag, dem 5.11., zugestellt worden ist, mit Ablauf (24 Uhr) des Donnerstags, 19.11. Im Falle einer Monatsfrist, z. B. der Berufungsfrist nach § 516, endet sie bei einer Zustellung am 5.11. mit Ablauf (24 Uhr) des 5.12.

7   Bei einer Zustellung am 28.2. endet die Berufungsfrist mit Ablauf des 28.3. und nicht erst am 31.3. Das ergibt sich aus § 188 Abs. 2 BGB[4]. Wird in einem Schaltjahr am 29.2. zugestellt, so endet die Berufungsfrist mit Ablauf des 29.3. Fehlt der entsprechende Tag am Ende eines Monats, so endet die Frist nach § 188 Abs. 3 BGB am letzten Tage des Monats. Wird also am 31.1. zugestellt, so endet die Berufungsfrist mit Ablauf des 28.2. Der Einfluß der Gerichtsferien ist in § 223 Abs. 1 S. 2, Abs. 2 geregelt.

8   Wird die Frist nach Tagen berechnet, so endet sie nach § 188 Abs. 1 BGB erst mit dem Ablauf des letzten Tages der Frist, also um 24 Uhr des letzten Fristtages. Wird etwa bei der 3-Tages-Ladungsfrist des § 217 am 2.6. zugestellt, so müssen volle 3 Tage freibleiben. Der Terminstag darf also frühestens mit dem 6.6. bestimmt werden, wobei die Frist für die Berechnung nach § 187 Abs. 1 BGB am 3.6. zu laufen beginnt und mit Ablauf des 5.6. endet. Setzt der Richter eine Frist von 3 Tagen, z. B. mit Beginn Montag, 2.11., 13 Uhr, so beginnt die Berechnung der Frist nach § 187 Abs. 1 Alt. 2 BGB (ein in den Lauf eines Tages fallender Zeitpunkt) am Dienstag, den 3.11., und endet nach § 188 Abs. 1 BGB mit Ablauf des 5.11. (Donnerstag) 24 Uhr. Doch wird das in der Praxis eher selten vorkommen.

2. Tagesbeginn als maßgebender Zeitpunkt (§ 187 Abs. 2 S. 1, § 188 Abs. 2 Alt. 2, § 188 Abs. 1 BGB)

a) Beginn

9   Seltener kommen in der ZPO Fristen vor, für deren Anfang der Beginn des Tages maßgebend ist. Das sind etwa die Fristen, die sich unmittelbar an eine mit dem Ende eines Tages ablaufende Frist anschließen, wie die Nachfrist im Falle einer Fristverlängerung (→ § 224 Rdnr. 13). In diesem Falle wird dieser Tag in die Frist eingerechnet, weil er von 0.00 Uhr bis 24 Uhr voll zur Fristwahrung zur Verfügung steht.

---

[3] *OLG Dresden* OLGRsp 6, 395, 396; *OLG Hamburg* OLGRsp 14, 181; im Ergebnis *RGZ* 41, 367, 368 (zu § 234); 11, 44, 45; 27, 78, 80; 65, 24, 25 (zu WO; PatG); 97, 300 u. ö.

[4] *BGH NJW* 1985, 495 f. (Berufungsbegründungsfrist);

1984, 1358 (Berufungsfrist); *LG Kiel* SchlHA 1969, 42; *MünchKommZPO/Feiber* (1992) Rdnr. 5; *Thomas/Putzo*[18] Rdnr. 7; *Zöller/Stöber*[18] Rdnr. 6; a.A. *OLG Celle* OLGZ 1979, 360 f.

b) Ende

Die genannten Fristen enden nach § 188 Abs. 2 Alt. 2 BGB mit Ablauf des vorhergehenden 10
Tages bei Wochen-, Monats- und Jahresfristen, bei Tagesfristen nach § 188 Abs. 1 BGB. Ist etwa bei einer Monatsfrist Fristbeginn der 5.11., so endet die Frist mit Ablauf (24 Uhr) des 4.12. Bei einer Jahresfrist endet die Frist mit Ablauf des 4.11. (24 Uhr) des nächsten Jahres. Wird eine am Donnerstag, 4.6., ablaufende Frist durch den Richter um eine Woche verlängert, so beginnt die verlängerte Frist gemäß § 187 Abs. 2 S. 1 BGB am Freitag um 0.00 Uhr und endet am Donnerstag, den 11.6., um 24 Uhr (§ 224 Abs. 3 ZPO, § 188 Abs. 2 Alt. 2 BGB).

Setzt der Richter eine Frist von 3 Tagen »ab 2.11.« (Montag), so beginnt die Berechnung der 11
Frist gemäß § 187 Abs. 2 S. 1 am 2.11., 0.00 Uhr (Montag), und endet am Mittwoch, 4.11., um 24 Uhr (§ 188 Abs. 1 BGB).

3. Stundenfristen

Für Stundenfristen enthalten die §§ 187 ff. BGB keine Regelung. § 222 Abs. 3 ZPO regelt 12
lediglich einen Teilaspekt. Stundenfristen kennt das Gesetz in Meß- und Marktsachen sowie für Wechsel- und Scheckklagen in den §§ 217, 274 Abs. 3 S. 2, 604 Abs. 2, 3, 605a in Form von »mindestens 24 Stunden«. Richterliche Stundenfristen sind möglich, kommen aber in der Praxis als unzweckmäßig mit Recht nicht vor. Nach allgemeiner Meinung werden Stundenfristen stets natürlich nach dem tatsächlichen Ablauf berechnet (»a momento ad momentum«). Die Wertungen des § 187 BGB werden insofern herangezogen, als die Fristen nach vollen (vollendeten) Stunden zu berechnen sind. Bei ihnen werden nach Abs. 3 Sonntage und allgemeine Feiertage sowie Samstage nicht mitgerechnet (→ § 188 Rdnr. 1, 2, → § 216 Rdnr. 30).

Für das Beispiel einer 24-Stunden-Frist bedeutet das Gesagte: Fällt der Beginn auf einen Feiertag usw., z. B. in Folge einer Zustellung mit richterlicher Erlaubnis (§ 188) oder durch die Post, so beginnt die Frist erst mit dem Anfang des darauf folgenden Werktages. Die Frist von 24 Stunden endet dann um Mitternacht desselben Tages. Hat die Frist noch am Vorabend des Feiertages usw. begonnen, so endet sie zur entsprechenden Stunde des nächsten Werktages. § 222 Abs. 2 (»Ablauf des Tages«) ist insoweit nicht anwendbar. Wird etwa am Freitag, 15.30 Uhr, zugestellt, so läuft die 24-Stunden-Frist am Montag um 16 Uhr (→ Rdnr. 12) ab. Wird am Samstag um 11 Uhr zugestellt, so beginnt sie am Montag um 0.00 Uhr und läuft Montag um 24 Uhr ab[5].

4. Sonderfälle

Nach § 189 Abs. 1 BGB werden unter einem halben Jahr 6 Monate, unter einem Vierteljahr 13
3 Monate und unter einem halben Monat 15 Tage verstanden. Im Gesetz ist nicht geregelt, ob eine Frist von 8 oder 14 Tagen als Frist von einer Woche oder einem halben Monat (15 Tage) (§ 189 Abs. 2 BGB) oder als nach Tagen berechnete Frist zu verstehen ist. Man wird bei der Wendung »heute in 8 Tagen« oder »heute in 14 Tagen« eine Wochenfrist oder Zweiwochenfrist, sonst eine Tagesfrist, anzunehmen haben. Bei einer richterlichen Fristsetzung sollten solche Bezeichnungen unbedingt vermieden werden.

---

[5] Beispiel nach *MünchKommZPO/Feiber* (1992) Rdnr. 7.

IV. Fristablauf bei Sonntagen; Feiertagen; Samstagen

14 Fristen laufen nie an Sonntagen, Feiertagen (→ § 188 Rdnr. 2) oder Samstagen (Sonnabend) ab. Dabei ist gleich, ob die Frist durch Bestimmung eines Zeitraumes oder eines Endzeitpunkts festgesetzt ist[6] (→ § 221 Rdnr. 8,9), ob es sich um eine richterliche oder um eine gesetzliche Frist handelt. Wird § 222 Abs. 2 ZPO nicht beachtet, so kann ein Verstoß gegen Art. 103 Abs. 1 GG vorliegen. Maßgebend ist, ob das Ende der Frist auf einen am Ort der notwendigen Handlung geltenden Tag der genannten Art fällt[7]. Wird also das Rechtsmittel bei einer detachierten Kammer (→ § 219 Rdnr. 1) eingelegt, so kommt es darauf an, ob an deren Sitz ein Tag Feiertag ist[8]. Unerheblich ist die Feiertagsregelung am Gerichtssitz. Nach § 222 Abs. 2 verlängert sich die Frist bis zum Ablauf des nachfolgenden Werktages. § 222 Abs. 2 ZPO spricht den in § 193 BGB für Willenserklärungen und Leistungen aufgestellten Grundsatz für die prozessualen Fristen unbeschränkt aus[9]. Abs. 2 gilt auch, wenn die Frist nach Tagen berechnet ist, und wenn die zu ihrer Wahrung erforderliche Handlung an sich auch am Sonntag vorgenommen werden könnte. So liegt es z. B., weil die Behörde auch Sonntags zugänglich ist, oder im Falle der Aufgabe zur Post. Sonstige Werktage mit Samstags- oder Sonntagsdienst stehen aber den Sonntagen usw. nicht ohne weiteres gleich. Kein Feiertag i. S. des Abs. 2 ist ein Tag, an dem Behörden üblicherweise geschlossen haben[10]. Es kommt auch nicht darauf an, ob nach örtlichen Gepflogenheiten Tage ganz oder überwiegend arbeitsfrei sind, wie z. B. der Rosenmontag in Köln[11].

15 § 222 Abs. 2 regelt nur das Fristende. Es ist daher unwesentlich, daß der Anfang der Frist auf einen Sonntag usw. fällt[12]. Eine Ausnahme bilden hier nur die Stundenfristen (→ Rdnr. 12). Bei einer Fristverlängerung gilt Abs. 2 auch für den Ablauf der Frist, die verlängert wurde (näher → § 224 Rdnr. 13)[13]. Wird etwa die Berufungs- oder Revisionsbegründungsfrist um einen bestimmten Zeitraum verlängert, und fällt das Ende der ursprünglichen Begründungsfrist auf einen Sonntag usw., so läuft sie am Montag ab, und die Verlängerung beginnt erst am Dienstag (§ 224 Abs. 3) für den bestimmten Zeitraum. Wird die Frist z. B. datumsmäßig bis 8.11. (Sonntag) verlängert, so läuft sie erst um 24 Uhr des nächsten Montags ab.

16 Bei Zwischenfristen (→ Rdnr. 24 vor § 214) wie Einlassungs- und Ladungsfristen, ist Fristablauf der Tag vor dem Termin (§ 217). Wird bei 3 Tagen Einlassungsfrist der Termin auf Montag angesetzt, so muß am Dienstag zugestellt werden, daß die Frist gewahrt ist. Fällt das Ende der Einlassungsfrist wie etwa bei einer Zustellung am Mittwoch auf einen Sonntag oder Samstag, so darf Termin erst am Dienstag angesetzt werden.

17 § 222 ist auch auf den Vergleichswiderruf anwendbar[14], obwohl die Widerrufsfrist weder eine gesetzliche noch eine richterliche Frist ist (→ Rdnr. 20 vor § 214). Die entsprechende Anwendung ergibt sich aus dem Charakter des Widerrufs als (auch) einer Prozeßhandlung und dem Interesse an einer einheitlichen Rechtsanwendung. Der Richter sollte stets darauf hinwirken, daß die Widerrufsfrist datumsmäßig bestimmt wird und auf einen Werktag fällt[15]. Fällt der Endzeitpunkt auf einen Sonntag usw., so gilt § 222 Abs. 2. Ebenso liegt es, wenn – wenig empfehlenswert – ein Zeitraum vereinbart wird, z. B.: »Der Beklagte behält sich vor,

---

[6] S. → § 221 Rdnr. 8,9.
[7] *BAG* NJW 1989, 1181; *Zöller/Stöber*[18] Rdnr. 3.
[8] *BAG* AP § 222 ZPO Nr. 1 m. zust. Anm. *Baumgärtel;* bestätigt durch *BAG* NJW 1989, 1181.
[9] Vgl. dazu *BVerfGE* 18, 380, 384; *RGZ* 83, 336, 338; *OLG Braunschweig* JR 1952, 480 (zu § 41 Abs. 1 KO).
[10] *VGH Mannheim* NJW 1987, 1353 (31. 12.); *OVG Hamburg* NJW 1993, 1941 (24. 12.).
[11] Dazu *VGH Mannheim* NJW 1987, 1353; *OVG Hamburg* NJW 1993, 1941 (24. 12.).
[12] *BVerwG* NJW 1984, 2593 (LS).
[13] *BGHZ* 21, 43 in Abweichung von *RGZ* 131, 337.
[14] H.L., *BGH* LM § 193 BGB Nr. 4; *BAG* AP § 794 ZPO Nr. 1 (§ 193 BGB) mit Anm. *Pohle; OLG Schleswig* NJW-RR 1987, 1022; *OLG München* NJW 1975, 933 (§ 193 BGB); *Thomas/Putzo*[18] Rdnr. 1; *MünchKomm-ZPO/Feiber* Rdnr. 8; a. A. *Baumbach/Lauterbach/Hartmann*[51] Rdnr. 11.
[15] *OLG Schleswig* NJW-RR 1987, 1022 re. Sp. unten.

den Vergleich innerhalb von zwei Wochen zu widerrufen«. Die Vergleichsprotokollierung ist das Ereignis i. S. des § 187 Abs. 1 BGB, so daß der Tag des Vergleichsabschlusses nicht mitgerechnet wird[16]. Die Parteien können freilich jederzeit ein abweichendes Verständnis vereinbaren. Nicht anwendbar ist dagegen § 223 Abs. 1, weil dem regelmäßig der – vorrangige – Parteiwille widerspricht. Insoweit fehlt es an der Auslegungsbedürftigkeit der Willenserklärungen (§ 186 BGB). Die Privatautonomie der Parteien hat Vorrang. Der Zugang des Terminsprotokolls hat auf das Anlaufen der Vergleichsfrist keinen Einfluß[17]. § 222 Abs. 2 ist nach richtiger Auffassung auch auf die Fristen des § 721 Abs. 2, Abs. 3 S. 2 anwendbar (→ *Münzberg* § 721 Rdnr. 22 a).

V. Fristwahrung; Fristausnutzung

Eine durch das Gesetz oder durch das Gericht eingeräumte Frist darf bis zu ihrem Ende voll ausgenutzt werden. Insbesondere ist eine Tages-, Wochen- oder Monatsfrist bis 24 Uhr des Endtags voll ausschöpfbar. Auch eine Stundenfrist darf »bis zur letzten Sekunde« ausgenutzt werden. Zur Fristwahrung genügt es stets, daß ein Schriftsatz bis 24 Uhr tatsächlich in die Verfügungsgewalt des Gerichts gelangt[18]. Vorher darf der Nachtbriefkasten nicht umschalten. Die Frist endet daher nicht mit der Dienstzeit des Gerichts, bei dem die Frist zu wahren ist. 18

§ 223 [Fristhemmung durch Gerichtsferien; Notfristen]

(1) Der Lauf einer Frist wird durch die Gerichtsferien gehemmt. Der noch übrige Teil der Frist beginnt mit dem Ende der Ferien zu laufen. Fällt der Antrag der Frist in die Ferien, so beginnt der Lauf der Frist mit dem Ende der Ferien.

(2) Die vorstehenden Vorschriften sind auf Notfristen und Fristen in Feriensachen nicht anzuwenden.

(3) Notfristen sind nur diejenigen Fristen, die in diesem Gesetz als solche bezeichnet werden.

Gesetzesgeschichte: Bis 1900 § 201 CPO; sprachlich neugefaßt durch BGBl. 1950, 533 (→ Einl. Rdnr. 148).

Stichwortverzeichnis → *Fristenschlüssel* in § 221 Rdnr. 11.

I. Bedeutung; Anwendungsbereich	1	4. Keine Fristenhemmung	14
II. Regelung der Gerichtsferien	4	5. Bildung von Ferienkammern und -senaten	15
III. Wirkung der Gerichtsferien		6. Tabellarische Übersicht der	
1. Berechtigung	6	Rechtsmittelbegründungsfristen	16
2. Termine; Entscheidungen	7	7. Fristverlängerung	18
3. Fristenhemmung (Abs. 1)	9	IV. Gesetzliche Feriensachen (§ 200 Abs. 2 GVG)	
a) Fristbeginn während der Ferien	10	1. Feriensachen	19
b) Fristbeginn vor den Ferien	11	a) Anwendungsbereich	20

---

[16] *OLG Schleswig* NJW-RR 1987, 1022.
[17] *OLG Schleswig* NJW-RR 1987, 1022.
[18] *BVerfGE* 69, 381, 385; 52, 203, 207; *BGH* MDR 1984, 653; *BAG* MDR 1986, 876; zu engherzig *LG Stuttgart* AnwBl 1986, 250 m. abl. Anm. *Friese* 403 ebd.

b) Antrags- und Begründungsmehrheiten	21	VI. Erklärung zur Feriensache durch Kollegialgerichte (§ 200 Abs. 4 GVG)	39
2. Verfahren ohne Einfluß der Gerichtsferien	27	VII. Wirkung der Erklärung zur Feriensache	41
V. Erklärung zur Feriensache im Amtsgerichtsprozeß (§ 200 Abs. 3 GVG)		1. Erklärung vor Ferienbeginn	42
1. Kein Beschleunigungsbedürfnis	31	2. Erklärung während der Ferien	43
2. Antrag	32	3. Rechtszug; Nebenverfahren	45
3. Mündliche Verhandlung	34	VIII. Notfristen	
4. Einander widersprechende Anträge	35	1. Gesetzliche Benennung (Abs. 3)	47
		2. Eigenschaften	49
5. Bedürfnis nach besonderer Beschleunigung	36	3. Rechtsmittelbegründungsfristen; Wiedereinsetzungsfrist; § 629a Abs. 3	50
6. Aufhebung des Beschlusses	37		
7. Bejahung eines Beschleunigungsbedürfnisses	38	IX. Arbeitsgerichtliches Verfahren	51

I. Bedeutung; Anwendungsbereich

1   Die Gerichtsferien (§ 199 GVG) schränken während der Zeit vom 15.7. bis 15.9. (je einschließlich) die gerichtliche Tätigkeit ein, indem nach § 200 Abs. 1 GVG nur in Feriensachen Termine abgehalten und Entscheidungen erlassen werden. § 223 ergänzt diese Regelung dahingehend, daß mit Ausnahme der in Abs. 2 genannten Fristen der Fristenlauf gehemmt wird.

2   Gemäß Anlage I Kapitel III Sachgebiet A Abschnitt III Nr. 1 Maßgabe s) Einigungsvertrag waren in den neuen Bundesländern nach der Wiedervereinigung keine Gerichtsferien vorgesehen. Nach § 15 Nr. 1 Buchst. a RpflAnpG vom 21.6.1992 (BGBl. I 1147) treten aber mit der Errichtung der Amts-, Landes- und Oberlandesgerichte in den einzelnen Ländern die Normen über die Gerichtsferien in Kraft.

3   Im arbeitsgerichtlichen Verfahren sind die Gerichtsferien wegen § 9 Abs. 1 S. 2 ArbGG ohne Einfluß.

II. Regelung der Gerichtsferien

4   Die ZPO regelt Dauer, Beginn und Bedeutung der Gerichtsferien ebensowenig wie den Umfang der Feriensachen und das Verfahren der Erklärung zur Feriensache. Maßgebend dafür ist das Gerichtsverfassungsgesetz (GVG → Einl. Rdnr. 172). Es enthält in seinem Siebzehnten Titel folgende Regelungen:

§ 199

5   Die Gerichtsferien beginnen am 15. Juli und enden am 15. September.

§ 200

(1) Während der Ferien werden nur in Feriensachen Termine abgehalten und Entscheidungen erlassen.
(2) Feriensachen sind:
1. Strafsachen;
2. Arrestsachen sowie die eine einstweilige Verfügung oder eine einstweilige Anordnung nach den §§ 127a, 620, 621f der Zivilprozeßordnung betreffenden Sachen;

3. Meß- und Marktsachen;
4. Streitigkeiten zwischen dem Vermieter und dem Mieter oder Untermieter von Wohnräumen oder anderen Räumen oder zwischen dem Mieter und dem Untermieter solcher Räume wegen Überlassung, Benutzung oder Räumung, wegen Fortsetzung des Mietverhältnisses über Wohnraum auf Grund der §§ 556a, 556b des Bürgerlichen Gesetzbuchs sowie wegen Zurückhaltung der von dem Mieter oder dem Untermieter in die Mieträume eingebrachten Sachen;
5. Streitigkeiten in Kindschaftssachen;
5a. Streitigkeiten über eine durch Ehe oder Verwandtschaft begründete gesetzliche Unterhaltspflicht, soweit sie nicht Folgesachen (§ 623 Abs. 1 Satz 1 der Zivilprozeßordnung) sind, und über Ansprüche nach den §§ 1615k, 1615l des Bürgerlichen Gesetzbuchs;
5b. Familiensachen nach § 23b Abs. 1 Satz 2 Nr. 2 bis 4, 8, soweit sie nicht Folgesachen (§ 623 Abs. 1 Satz 1 der Zivilprozeßordnung) sind, und nach § 23b Abs. 1 Satz 2 Nr. 11;
6. Wechselsachen;
7. Regreßansprüche aus einem Scheck;
8. Bausachen, wenn über Fortsetzung eines angefangenen Baues gestritten wird.

(3) In dem Verfahren vor den Amtsgerichten hat das Gericht auf Antrag auch andere Sachen als Feriensachen zu bezeichnen. Werden in einer Sache, die durch Beschluß des Gerichts als Feriensache bezeichnet ist, in einem Termin zur mündlichen Verhandlung einander widersprechende Anträge gestellt, so ist der Beschluß aufzuheben, sofern die Sache nicht besonderer Beschleunigung bedarf.

(4) In dem Verfahren vor den Landgerichten sowie in dem Verfahren in den höheren Instanzen soll das Gericht auf Antrag auch solche Sachen, die nicht unter die Vorschrift des Absatzes 1 fallen, soweit sie besonderer Beschleunigung bedürfen, als Feriensachen bezeichnen. Die Bezeichnung kann vorbehaltlich der Entscheidung des Gerichts durch den Vorsitzenden erfolgen.

§ 201

Zur Erledigung der Feriensachen können bei den Landgerichten Ferienkammern, bei den Oberlandesgerichten und dem Bundesgerichtshof Feriensenate gebildet werden.

§ 202

Auf das Kostenfestsetzungsverfahren, das Mahnverfahren, das Zwangsvollstreckungsverfahren, das Konkursverfahren und das Vergleichsverfahren zur Abwendung des Konkurses sind die Ferien ohne Einfluß.

III. Wirkung der Gerichtsferien

1. Berechtigung

Über die Berechtigung der Gerichtsferien de lege ferenda besteht Uneinigkeit. Insbesondere gibt es keine einheitliche Meinung darüber, ob die Gerichtsferien abgeschafft, in ihrer Ausgestaltung modifiziert oder beibehalten werden sollen. Der Kommissionsbericht 1961 (S. 231f.) (→ Einl. Rdnr. 200) sprach sich für eine Abschaffung aus, die späteren Referentenberichte halten an den Gerichtsferien fest, wollen sie aber abändern[1]. Wie die vorübergehen- 6

---
[1] Näher *Kissel* GVG (1981) § 199 Rdnr. 2 (krit.); *W. Krause* ZRP 1984, 174 (abl.); *Kroitzsch* AnwBl 1985,

de Abschaffung in den neuen Bundesländern nahegelegt hat (→ Rdnr. 2), handelt es sich in der derzeitigen Form um eine wenig geglückte Regelung, die vor allem zur Terminshäufung nach den »Ferien« führt. Irreführend ist wenigstens auch der Begriff »Gerichtsferien«. Derzeit sind wieder rechtspolitische Bestrebungen im Gange, die auf eine Abschaffung gerichtet sind (Gesetzentwurf der Freien und Hansestadt Hamburg zur Abschaffung der Gerichtsferien, BR-Drucks. 914/92).

2. Termine; Entscheidungen

7   Nach § 200 Abs. 1 GVG dürfen während der Dauer der Gerichtsferien (→ Rdnr. 1) außer in Feriensachen Termine irgendwelcher Art, auch vor einem beauftragten oder ersuchten Richter, nicht abgehalten werden. Entscheidungen im weitesten Sinn (§ 160 Abs. 3 Nr. 6: Urteile, Beschlüsse, Verfügungen) einschließlich des Rechtsmittelverfahrens und etwaiger Nebenverfahren wie z. B. im Prozeßkostenhilfeverfahren (→ Rdnr. 46) dürfen nicht erlassen werden. Andere unselbständige Nebenverfahren dürfen aber fortgeführt werden, soweit sie den Fortgang des Prozesses wie eine Gerichtsstandsbestimmung oder eine Richter- oder Sachverständigenablehnung[2] nur vorbereiten. Das Gesagte gilt auch für die Entscheidung ohne mündliche Verhandlung gem. § 128 Abs. 2 und 3 (→ § 128 Rdnr. 104, 122). Setzt das Gericht allerdings einen Termin auf einen Tag in den Ferien an, so ist dagegen kein Rechtsmittel gegeben. Es kommt lediglich eine allgemeine Beanstandung mit einer Dienstaufsichtsbeschwerde in Betracht (→ § 216 Rdnr. 39).

8   Erscheinen beide Parteien zu dem anberaumten Termin, ohne den Verstoß zu rügen (§ 295), so sind sowohl die Verhandlung als auch die Entscheidung gültig[3]. Doch darf ein Versäumnisurteil nicht erlassen werden. Wird sonst in den Ferien eine Entscheidung erlassen, so sind Verkündung oder Zustellung nicht wirkungslos. Wohl kann aber die Entscheidung mit dem Einspruch oder dem sonst zulässigen Rechtsmittel angefochten werden[4]. In den Gerichtsferien bleibt aber die bloße Beschlußfassung als innere Angelegenheit des Gerichts zulässig. Das gleiche gilt von allen sonstigen Handlungen des Gerichts und seiner Organe, insbesondere von den Prozeßhandlungen[5]. Es können daher namentlich während der Gerichtsferien Termine für die Zeit nach den Ferien angesetzt und Zustellungen bewirkt werden, die nicht dem Erlaß einer Entscheidung dienen. Die Zustellung muß nur unterbleiben, wenn sie nach § 310 Abs. 3 die Verkündung ersetzt und daher für den Erlaß der Entscheidung maßgeblich ist. Das ergibt sich auch aus der Regelung der §§ 516, 552, 577 Abs. 2 i. V. m. § 223 Abs. 2, die sonst für Nichtferiensachen sinnlos wäre[6].

3. Fristenhemmung (Abs. 1)

9   Der Lauf der Fristen wird nach § 223 Abs. 1 S. 1 durch die Gerichtsferien gehemmt. Sie können während der Ferien weder beginnen noch weiterlaufen. Die ausschließende Wirkung der Frist (→ Rdnr. 27 vor § 214) tritt also nicht ein. Die gleichwohl vorgenommene Partei-

---

173 (für eine Beibehaltung); *Bork* JZ 1993, 53 ff. (abl.); gegen ihn *Muhr* JZ 1993, 508; krit. auch *Zöller/Gummer*[18] Vorbem. zu §§ 199–202 GVG Rdnr. 3. – Zu den Gerichtsferien ausführlich *Friedländer* AcP 97 (1905), 441 ff.; 99 (1906), 298 ff.; *F. Schroeder* Die Gerichtsferien (1905).
[2] *Zöller/Gummer*[18] § 200 GVG Rdnr. 5 mit Nachw.
[3] *Kissel* GVG (1981) § 199 Rdnr. 20; *OLG Karlsruhe* BadRPr 1905, 225; *RG* JW 1906, 201; a. A. anscheinend *RGZ* 31, 430, 431 (»absolut gebietende Vorschrift«).
[4] *RGZ* 31, 430; *RG* Gruchot 44, 1143 f.; *OLG Dresden* SächsAnn 19, 94; *OLG Karlsruhe* BadRPr 1899, 253 (keine Anwendung von § 551 Nr. 1); *OLG Colmar* OLGRsp 9, 439 f.; *KG* OLGRsp 14, 143 f. u. a. m.
[5] Vgl. *RG* JW 1909, 217.
[6] *Zöller/Gummer*[18] § 200 GVG Rdnr. 2.

handlung ist nicht wirkungslos (→ Rdnr. 8). Für § 223 Abs. 1 ist es gleichgültig, ob die erfaßten Fristen nach einem Zeitraum oder einem Endzeitpunkt bezeichnet sind[7].

a) Fristbeginn während der Ferien

Fällt das Ereignis, das die Frist in Lauf setzt, in die Gerichtsferien, so beginnt der Lauf der Frist nach § 223 Abs. 1 S. 3 mit dem Ende der Ferien[8]. Bei allen in den Ferien eingelegten Rechtsmitteln wie Berufung oder Revision ist also der erste Tag der Rechtsmittelbegründungsfrist (§ 187 Abs. 2 S. 1 BGB) der 16. September[9]. Diese Frist endet (§ 188 Abs. 2 Alt. 2 BGB) mit dem Ablauf (24 Uhr) des 15. Oktober[10]. Das gilt auch dann, wenn der 15.9. auf ein Wochenende fällt, weil die Gerichtsferien ausnahmslos am 15.9. eines jeden Jahres enden[11]. Die Gerichtsferien sind keine Frist i. S. von § 222 Abs. 2, da sie keinen Zeitraum zur Vornahme von Prozeßhandlungen, sondern nur die Zeit bezeichnen, in welcher der Ablauf bestimmter Fristen nach der näheren Regelung des § 223 gehemmt ist.

10

b) Fristbeginn vor den Ferien

Hat die Frist vor den Ferien zu laufen begonnen, so wird ihr Lauf nach § 223 Abs. 1 S. 1, 2 durch die Ferien gehemmt und der noch übrige Teil beginnt mit dem Ende der Ferien (§ 187 Abs. 2 BGB) zu laufen. Das ist unproblematisch bei einer nach Tagen bemessenen Frist. Ist dagegen die Frist nach Wochen oder insbesondere bei der Berufung oder der Revision nach Monaten bestimmt, so wird sie dadurch zugleich nachträglich bezüglich des Restes in eine Tagesfrist verwandelt. Das bedeutet eine Abweichung von der Regel. Nicht zur Anwendung gelangt § 191 BGB, der bei einer Frist, die nicht zusammenhängend zu verlaufen braucht, den Monat zu 30 Tagen rechnet. Vielmehr laufen die hier behandelten Fristen stets zusammenhängend ab[12]. Deshalb darf der »übrige Teil« der Frist nicht unter Anwendung des § 191 BGB in der Weise berechnet werden, daß z. B. bei einer durch Zustellung am 10. Juli ausgelösten einmonatigen Frist zuerst 4 Tage (11. – 14. Juli) bis zum Beginn der Ferien und weitere 26 Tage nach dem 15. September berechnet werden, was einen Ablauf am 11. Oktober ergeben würde. Vielmehr ist zuerst die Frist zu berechnen, wie sie ohne die Ferien nach § 222 ZPO i. V. m. § 188 BGB laufen würde, also vom 10. Juli bis 10. August. Davon fallen aber in die Ferien 27 (17 + 10) Tage, die mit dem 16. September zu laufen beginnen, also erst mit dem 12. Oktober ablaufen. Am deutlichsten zeigt sich der Unterschied am Beispiel einer am 14. Juli eingelegten Berufung. Die Frist für die Begründung würde ohne die Gerichtsferien am 14. August enden. Hier wird die Frist erst ab 16. September berechnet und endet, da wegen § 187 Abs. 1 BGB der 14. Juli nicht mitgerechnet wird und somit 31 Tage in die Ferien fallen würden, am 16. Oktober[13]. Daraus ergibt sich allerdings die Konsequenz, daß die Begründungsfrist für eine früher (14.7.) eingelegte Berufung oder Revision später abläuft (16.10.) als ein später in den Ferien eingelegtes Rechtsmittel (15.7.–15.9.), wo die Frist schon am 15.10. abläuft (Tabelle → Rdnr. 17). Das ist jedoch wegen der Besonderheiten der Fristenberechnung hinzunehmen. Am 2.10. endet keine Frist, weil der Juni 30 Tage hat. Anders liegt es für die Begründungsfrist einer während der Gerichtsferien eingelegten Berufung (→ Rdnr. 10). Entfiele das Fristende ohne die Hemmung auf einen Sonntag, so gilt → § 224 Rdnr. 13.

11

---

[7] *BGH* HFR 1990, 454.
[8] *RGZ* 87, 209; *RG* JW 1908, 453; *OLG Dresden* OLGRsp 6, 395, 396.
[9] *RGZ* 109, 215, 216; 87, 209; *OLG Kiel* SchlHA 1925, 69.
[10] *BGHZ* 5, 275, 276; *BGH* NJW-RR 1988, 581; VersR 1982, 651, 652; 1981, 459, 460.
[11] *BGH* VersR 1985, 574.
[12] *BGH* NJW 1962, 347; a. A. *Wieczorek*[2] GVG § 199 Bem. B II; *Lappe* Rpfleger 1957, 264.
[13] *BGH* VersR 1981, 459, 460; *RGZ* 109, 305, 306; *Thomas/Putzo*[18] Rdnr. 4 f.; *Baumbach/Lauterbach/Hartmann*[51] Rdnr. 3; *MünchKommZPO/Feiber* (1992) Rdnr. 7; a.A. *Zöller/Stöber*[18] Rdnr. 13, 15.

12 Die nach einem festen Endzeitpunkt bestimmten *richterlichen Fristen* (→ § 221 Rdnr. 9, 10) werden in Tagesfristen umgedeutet und durch die Gerichtsferien gehemmt. Berechnet werden sie in der Weise, daß sich die Fristen automatisch um die Zahl der in die Hemmung fallenden Tage über das Enddatum hinaus erstrecken[14].

13 Bei der Unterbrechung derartiger Fristen ergibt sich eine unterschiedliche Behandlung. Einzelheiten finden sich in → § 249 Rdnr. 6 ff.

4. Keine Fristenhemmung

14 Die Vorschrift des § 223 Abs. 1 gilt nach Abs. 2 nicht für die Notfristen des Abs. 3 (→ Rdnr. 47 ff.), die Fristen in Feriensachen (→ Rdnr. 19 ff.) sowie wegen deren natürlicher Berechnungsweise für die Stundenfristen (→ § 222 Rdnr. 12). Ferner werden nicht gehemmt die uneigentlichen Fristen (→ Rdnr. 30 ff. vor § 214)[15], die zivilrechtlichen Fristen (→ Rdnr. 18 vor § 214)[16] und nach wohl h. L. die Zwischenfristen (→ Rdnr. 24 vor § 214)[17].

5. Bildung von Ferienkammern und -senaten

15 Nach § 201 GVG (Text → Rdnr. 5) können bei den Landgerichten Ferienkammern, bei den Oberlandesgerichten und dem Bundesgerichtshof Feriensenate gebildet werden. Zuständig ist das Präsidium, das die erforderlichen Bestimmungen im Geschäftsverteilungsplan trifft[18]. Die bei ihnen anhängig gewordenen Sachen gehen nach den Ferien von selbst an die nach der Geschäftsverteilung zuständige Abteilung über. Entscheidet anstelle der ordentlichen Kammer irrtümlich eine Ferienkammer, so liegt ein Fall der nicht vorschriftsmäßigen Gerichtsbesetzung (§ 551 Nr. 1) gleichwohl nicht vor (→ § 551 Rdnr. 7).

6. Tabellarische Übersicht der Rechtsmittelbegründungsfristen

16 Die nachfolgende tabellarische Übersicht gibt den Lauf der Begründungsfristen in den praktisch im Vordergrund stehenden Fällen der Berufung (§ 519 Abs. 2 S. 2) und der Revision (§ 554 Abs. 2 S. 2) an, wenn eine Fristenhemmung durch die Gerichtsferien nach § 223 Abs. 1 eintritt. »Eingang« bezeichnet den Eingang der Rechtsmittelschrift bei Gericht. »Ablauf« bedeutet den Ablauf der Rechtsmittelbegründungsfrist. Uneinigkeit besteht, wenn Eingang der 14.7. ist. Nach richtiger Auffassung und auch der höchstrichterlichen Rechtsprechung entsprechend ist Ende hier der 16.10. (→ Rdnr. 11) und nicht der 15.10. Bei allen Fristenden muß § 222 Abs. 2 beachtet werden, wenn diese auf Samstag, Sonntag oder einen allgemeinen Feiertag fallen (aber → Rdnr. 10 a. E.)[19]. Wegen der Kompliziertheit der Fristberechnung darf ein Rechtsanwalt die Berechnung der Fristen, deren Lauf ganz oder teilweise in die Gerichtsferien fällt, nicht seinem Büropersonal überlassen[20].

17

E	15. 6.	16. 6.	17. 6.	18. 6.	19. 6.	20. 6.	21. 6.
A	16. 9.	17. 9.	18. 9.	19. 9.	20. 9.	21. 9.	22. 9.

---

[14] *BGH* NJW 1973, 2110 (Verlängerung der Berufungsbegründungsfrist: Endzeitpunkt 15.9.); LM § 133 BGB (A) Nr. 4; *RGZ* (VZS) 120, 1, 3 m. w. Nachw.; *BGHZ* 27, 143, 145; *RG* JW 1930, 1061, 1062.
[15] Z.B. die Frist des § 571 (Vorlage an das Beschwerdegericht).
[16] *RGZ* 68, 55, 57 f. (Klagefrist nach dem StempelG).
[17] *OLG Stuttgart* WJb 14 (1903), 322.
[18] *BGHSt* 15, 217; ferner *RGSt* 37, 59; 40, 84, 85.
[19] Beispiel *BGH* WM 1993, 439, 440.
[20] *BGH* VersR 1985, 889 und ständig; → Wiedereinsetzungsschlüssel § 233 »Fristberechnung und Fristeinhaltung« (Rdnr. 68 sub b).

E	22. 6.	23. 6.	24. 6.	25. 6.	26. 6.	27. 6.	28. 6.
A	23. 9.	24. 9.	25. 9.	26. 9.	27. 9.	28. 9.	29. 9.

E	29. 6.	30. 6.	1. 7.	2. 7.	3. 7.	4. 7.	5. 7.
A	30. 9.	1. 10.	3. 10.	4. 10.	5. 10.	6. 10.	7. 10.

E	6. 7.	7. 7.	8. 7.	9. 7.	10. 7.	11. 7.
A	8. 10.	9. 10.	10. 10.	11. 10.	12. 10.	13. 10.

E	12. 7.	13. 7.	14. 7.	15. 7. bis 15. 9.
A	14. 10.	15. 10.	16. 10.	15. 10.

7. Fristverlängerung

Wird etwa die am 13. Juli ablaufende Begründungsfrist vorher oder am selben Tage (§ 224 Abs. 3) durch eine Zeitraumfrist verlängert, so läuft der Rest der Frist ab 16. September bis einschließlich dessen letzten Tages[21]. Wenn die Begründungsfrist während der Gerichtsferien durch eine nach einem Zeitraum bestimmte Frist auf einen in die Ferien fallenden Zeitpunkt verlängert wird, so beginnt die Frist gleichfalls erst nach dem Ende der Gerichtsferien am 16. September[22]. Auch wenn die Frist vor oder im Laufe der Gerichtsferien auf einen bestimmten datumsmäßig festgelegten Endtag während der Ferien bis einschließlich des 15. Septembers festgelegt wird, läuft die sich daraus ergebende Frist erst ab 16. September. Der bis zum Beginn der Gerichtsferien verbrauchte Zeitraum wird abgezogen[23]. Wenn aber die Begründungsfrist vor oder während der Gerichtsferien auf einen bestimmten Endtag nach den Ferien verlängert wird, so endet sie mit Ablauf dieses datumsmäßig bestimmten Tages[24]. Es kann davon ausgegangen werden, daß die Gerichtsferien bei dieser Fristsetzung bereits eingerechnet worden sind.

18

IV. Gesetzliche Feriensachen (§ 200 Abs. 2 GVG)

1. Feriensachen

Feriensachen sind in § 200 Abs. 2 GVG festgelegt. Das gleiche gilt nach § 2 Abs. 3 AVAG vom 30.5.1988 (BGBl. I 662). § 223 Abs. 1 ist wegen Abs. 2 auf diese Sachen nicht anwendbar. Feriensachen sind nach § 200 Abs. 2 Nr. 2 GVG Arrestsachen, Verfahren wegen einer einstweiligen Verfügung oder einstweilige Anordnungen gem. §§ 127a, 620, 621f ZPO. Darunter fällt auch § 926 Abs. 2[25]. Feriensachen sind nach Nr. 3 Meß- und Marktsachen (→ § 30 Rdnr. 3) und nach Nr. 4 bestimmte Mietstreitigkeiten (näher → § 1 Rdnr. 50–55). Nicht

19

---

[21] Thomas/Putzo[18] Rdnr. 6.
[22] BGHZ 27, 143 ff.
[23] BGH HFR 1990, 454; NJW 1973, 2110.
[24] BGH VersR 1983, 757, 758; Zöller/Stöber[18] Rdnr. 8; MünchKommZPO/Feiber (1992) Rdnr. 2.
[25] OLG Hamm GRUR 1985, 396 (LS).

hierher gehören Pachtstreitigkeiten[26], Klagen auf Feststellung eines Mietverhältnisses[27] oder Schadensersatzansprüche bei unstreitig beendetem Mietverhältnis[28]. Nr. 5 erfaßt Streitigkeiten in Kindschaftssachen (näher → § 1 Rdnr. 63). Nr. 5a (i. d. F. des Gesetzes vom 20.2.1986, BGBl. I 301) regelt Streitigkeiten über eine durch Ehe oder Verwandtschaft begründete gesetzliche Unterhaltspflicht, soweit sie nicht Folgesachen sind, sowie über Ansprüche nach den §§ 1615k und 1615l BGB (näher → § 1 Rdnr. 64–67). Unter Nr. 5a fällt etwa auch der Ehegattentrennungsunterhalt[29]. Es muß sich um Streitigkeiten »über« gesetzliche Unterhaltspflichten handeln[30]. Hierher gehören auch Ansprüche, welche die gesetzliche Unterhaltspflicht lediglich vertraglich festlegen und näher ausgestalten[31]. Das gleiche gilt für Verfahren des § 767[32] gegen einen Unterhaltstitel, wenn keine Folgesache vorliegt, nicht aber für Drittwiderspruchsklagen (§ 771). Auch unterhaltsrechtliche Nebenansprüche wie z. B. Auskunftsansprüche gehören nicht hierher[33]. Feriensachen sind nach Nr. 5b (i. d. F. des Gesetzes vom 5.4.1990, BGBl. I 701) ferner die dem FGG unterliegenden Verfahren des § 23b Abs. 1 S. 1 Nr. 2–4, 8 GVG soweit sie nicht Folgesachen sind, und nach § 23b Abs. 1 S. 2 Nr. 11 GVG. Nr. 6 nennt Wechselsachen i. S. von allen Ansprüchen aus Wechseln. Entscheidend ist nicht die Form, sondern der Gegenstand des Rechtsstreits (anders § 110 Abs. 2 Nr. 2 ZPO). Diese Sachen sind nicht nur im Wechselprozeß (§ 602), sondern auch dann Feriensachen, wenn im ordentlichen Verfahren geklagt oder der Wechselprozeß in dieses übergegangen ist[34]. Feriensachen sind ferner nach Nr. 7 Regreßansprüche aus einem Scheck ohne Rücksicht auf die Prozeßform und nach Nr. 8 Bausachen, wenn eine Streitigkeit über die Fortsetzung eines angefangenen Baues vorliegt. Letzteres gilt ebenfalls ohne Rücksicht auf die Prozeßform.

a) Anwendungsbereich

20   Die in § 200 Abs. 2 GVG genannten Sachen haben die Eigenschaft von Feriensachen vor allen Gerichten und in allen Instanzen[35]. Das gilt auch für unselbständige Nebenverfahren, wie z. B. die Bestimmung des zuständigen Gerichts[36], die Richterablehnung, die Bewilligung von Prozeßkostenhilfe, den Wiedereinsetzungsantrag usw.

b) Antrags- und Begründungsmehrheiten

21   Ein- und dasselbe Verfahren kann nach zutreffender h. L. nur einheitlich entweder Feriensache sein oder nicht. Bei mehreren Anträgen i. S. des § 260 soll danach das Verfahren schon dann keine Feriensache sein, wenn auch nur ein prozessualer Antrag nicht unter den Katalog der Feriensachen fällt[37]. Das gelte auch, wenn mit der Wechselforderung prinzipal und erst hilfsweise mit Garantiehaftung und debitorischer Haftung begründet wird. Auch soll die Eigenschaft als Feriensache verlorengehen, wenn der aus einem Scheck geltend gemachte Regreßanspruch (Abs. 2 Nr. 7) im Nachverfahren zumindest hilfsweise auch auf den der Scheckzahlung zugrunde liegenden Vertrag gestützt wird[38]. Auch die Widerklage könne

---

[26] *BGH* NJW-RR 1991, 906.
[27] *BGH* NJW 1958, 588 f.
[28] *BGH* NJW 1980, 1695, 1696.
[29] *BGH* FamRZ 1985, 578.
[30] *BGH* NJW 1984, 1624.
[31] *BGH* NJW 1991, 2709, 2710; NJW-RR 1987, 1287.
[32] *BGH* NJW-RR 1993, 643; NJW 1988, 1095; *BGHR* GVG § 200 Abs. 2 Nr. 5a Vollstreckungsabwehrklage 1.
[33] *BGH* NJW 1987, 2237.
[34] *BGHZ* 18, 173, 174; *BGH* VersR 1987, 764; *RGZ* 64, 164 f.; 78, 316, 317.
[35] Zur Revision *RG* JW 1907, 313.
[36] Dazu allgemein *Bornkamm* NJW 1989, 2713 zum umgekehrten Fall → Rdnr. 7.
[37] *BGHZ* 9, 22, 26 ff.; 37, 371, 374; *BGH* NJW-RR 1993, 826; 1991, 1469 (Einführung des Grundgeschäfts als zusätzliche Anspruchsgrundlage); *RGZ* 78, 316, 319; 118, 28, 30 ff.; *Baumbach/Lauterbach/Albers*[51] § 200 GVG Rdnr. 2 und 10; *Zöller/Gummer*[18] § 200 GVG Rdnr. 9; *Thomas/Putzo*[18] § 200 GVG Rdnr. 2.
[38] *BGH* ZIP 1988, 1153 f. m. Anm. *Lwowski* WuB VII C. § 200 GVG 1.88 und *Niehoff* EWiR 1988, 1139.

keine Feriensache sein, wenn die Klage keine solche ist[39]. Umgekehrt soll die Widerklage schon deshalb Feriensache sein, weil die Klage eine solche ist[40]. Ebenso wird entschieden, wenn bei mehrfacher Begründung desselben Antrags auch nur eine Begründung nicht unter den Katalog der Feriensache fällt[41]. Auf die Rechtsauffassung der Parteien kommt es nicht an[42]. Die h. L. ist freilich wenig sachgerecht:

Bei der Klagenhäufung (§ 260, → Rdnr. 21) läßt es sich nicht begründen, weshalb das 22 Fehlen der Eigenschaft als Feriensache ein stärkeres Gewicht haben soll als das Vorhandensein dieser Eigenschaft bei einem der eingeführten Anträge. Es ist deshalb sachgerechter, das Verfahren zu spalten und es hinsichtlich des als Feriensache zu qualifizierenden prozessualen Anspruchs als Feriensache zu behandeln und im übrigen hinsichtlich des anderen Streitgegenstandes oder der anderen Streitgegenstände als Nichtferiensache einzuordnen. Ebenso sollte bei einer Widerklage zu verfahren sein, sofern diese unter die in § 200 Abs. 2 GVG aufgezählten Angelegenheiten fällt. Die Widerklage kann selbst dann nach § 145 Abs. 2 abgetrennt werden, wenn ein rechtlicher Zusammenhang mit der Klage besteht. Das ist jenseits des Wortlauts des § 145 Abs. 2 und des mit der Norm im übrigen verfolgten Normzwecks eine notwendige Folge des gesetzlichen Gebots, bestimmte Ansprüche als Feriensache zu behandeln, andere aber nicht. Insbesondere kann den Parteien die selbst geschaffene Klagenhäufung nicht vorgeworfen werden. Es ist oftmals schwer zu übersehen, ob eine Sache tatsächlich kraft Gesetzes Feriensache ist und ob das Gericht diese Sache ggf. auch als Feriensache ansehen wird.

Folgt man der h. L., so muß geprüft werden, ob nicht schon nach dem Wortlaut des § 145 23 eine Trennung möglich ist. Diese muß stets angeordnet werden, wenn der Partei andernfalls dadurch Schaden droht, daß eine Klage durch Klagenhäufung Nichtferiensache wird. Es ist stets zweckmäßig, den gesamten Rechtsstreit auf Antrag der Parteien als Feriensache zu bezeichnen (→ Rdnr. 31 ff.).

Wird derselbe prozessuale Anspruch mehrfach begründet (Anspruchskonkurrenz), und 24 folgt aus einer der Begründungen die Einordnung als Feriensache, bei der anderen dagegen nicht, so ist eine Spaltung des einheitlichen Streitgegenstandes nicht möglich. Hier muß es gegen die h. L. genügen, wenn einer der materiellen Ansprüche die Eigenschaft als Feriensache begründet[43]. Es kann nur das Verfahren insgesamt als Feriensache kraft Gesetzes begründet werden. Auf das Verhältnis von Haupt- und Hilfsbegründung kann es schon deshalb nicht ankommen, weil die Parteien dem Gericht nicht die Reihenfolge der rechtlichen Würdigung vorschreiben können. Auf der anderen Seite entfällt das Beschleunigungsinteresse, das nur eine der mehreren Begründungen trifft, nicht dadurch, daß das Gericht verpflichtet ist, den ihm vorgetragenen Sachverhalt auch unter anderen rechtlichen Gesichtspunkten zu prüfen. Der Gegner hat in derartigen Fällen kein anzuerkennendes Interesse auf »Ferienruhe«.

Anders ist jedoch zu entscheiden, wenn eine Partei ausschließlich zur Hauptbegründung 25 Tatsachen anführt, aus denen sich ein nicht unter die Aufzählung des § 200 Abs. 2 GVG fallender Anspruch ergibt. Das nur hilfsweise zum Streitstoff gemachte Vorbringen kann die Sache nicht zur Feriensache machen, weil es vom Gericht zunächst nicht zu prüfen ist. Andererseits braucht der primär vorgetragene Sachverhalt vom Gericht nicht geprüft zu werden, weil sich aus ihm keine Feriensache ergibt[44].

---

[39] BGH VersR 1978, 666; NJW 1958, 588, 589.
[40] Kissel GVG (1981) § 200 Rdnr. 19.
[41] BGHZ 37, 371; im Anschluß daran BGH NJW 1985, 141 (§ 556 und § 985 BGB); LG Berlin NJW-RR 1990, 1041 m. Anm. Wiek ZMR 1991, 181 (§ 200 Abs. 2 Nr. 4 GVG).
[42] BGH NJW 1985, 141.

[43] So früher BGHZ 8, 47, 50 m. abl. Anm. Rosenberg JZ 1953, 116 und abl. Anm. Lauterbach NJW 1953, 170, jetzt aber aufgegeben; anders als hier jetzt Thomas/Putzo[18] § 200 GVG Rdnr. 3.
[44] So im Ergebnis (aber mit unrichtiger Begründung) auch BGHZ 9, 22, 26 ff.

26 In Konsequenz der hier vertretenen Ansicht muß ein Berufungsführer die während der Gerichtsferien weiterlaufenden Fristen für die Begründung beachten, wenn er die Entscheidung in einer Feriensache mit Gründen angreift, die nicht als Feriensache einzuordnen sind. Zutreffend, aber nach der eigenen Rechtsprechung des BGH nicht unproblematisch, ist daher die Annahme der Verspätung für eine Berufungsbegründung, die sich gegen ein Urteil in einer Feriensache nach § 200 Abs. 2 Nr. 7 GVG wendet und jetzt Ansprüche aus dem Grundgeschäft geltend macht, wenn sie erst nach Ablauf der in den Gerichtsferien beendeten Berufungsbegründungsfrist eingereicht wurde[45].

2. Verfahren ohne Einfluß der Gerichtsferien

27 Nach § 202 GVG (Text → Rdnr. 5) sind die Gerichtsferien ohne Einfluß auf das Kostenfestsetzungsverfahren einschließlich der Aufforderung nach § 106, der nachträglichen Festsetzung nach § 107, der Erinnerung gegen den Beschluß und der sich daran anschließenden Beschwerde sowie das Wertfestsetzungsverfahren (→ *H. Roth* § 2 Rdnr. 78)[46].

28 Keinen Einfluß haben die Gerichtsferien nach § 202 GVG auf das Mahnverfahren (§§ 688 ff. ZPO). Dieses umfaßt den Erlaß des Mahnbescheides, die Widerspruchsfrist und den Erlaß des Vollstreckungsbescheides mit der Ausschlußfrist des § 701. Das Verfahren, das sich nach Widerspruch gegen den Mahnbescheid (§ 696) oder nach einem Einspruch gegen den Vollstreckungsbescheid (§ 700 Abs. 3) anschließt, ist aber keine Feriensache. Von diesem Zeitpunkt an liegt ein gewöhnlicher streitiger Prozeß vor, dessen Qualifikation als Feriensache sich ausschließlich nach § 200 Abs. 2 GVG (→ Rdnr. 19) richtet.

29 Ebenso liegt es wegen § 202 GVG für das Zwangsvollstreckungsverfahren einschließlich des Zwischenverfahrens zu seiner Vorbereitung mit Erteilung des Rechtskraftzeugnisses und der Vollstreckungsklausel (→ Rdnr. 108 vor § 704). Das gleiche gilt für die Verfahren im 1. Abschnitt des ZVG (nicht: Teilungsversteigerung nach §§ 180 ff. ZVG), seine Anhangsverfahren wie das Verteilungsverfahren[47] und das Verfahren wegen Rückgabe einer Sicherheit (§ 109). Dagegen richtet sich die Qualifikation der aus Anlaß der Zwangsvollstreckung entstehenden selbständigen Verfahren wie den §§ 722 f., 731, 767, 771, 805, 1042 ZPO usw. nach § 200 Abs. 2 GVG[48].

30 Nach § 202 GVG werden in den Gerichtsferien durchgeführt auch das Konkursverfahren und das Vergleichsverfahren zur Abwendung des Konkurses (künftig: »Insolvenzverfahren« – § 202 GVG i. d. F. des EGInsO, BT-Drucks. 12/3803). Keine Ausnahme gilt für das selbständige Beweisverfahren (§§ 485 ff. ZPO), das Verfahren nach § 60 BGB und ähnliche Verfahren (→ Einl. Rdnr. 450)[49]. Eine Hemmung tritt nicht ein bei Mieterhöhungsklagen nach § 2 MHG[50].

V. Erklärung zur Feriensache im Amtsgerichtsprozeß (§ 200 Abs. 3 GVG)

1. Kein Beschleunigungsbedürfnis

31 Auf Antrag sind nach § 200 Abs. 3 S. 1 GVG in dem Verfahren vor den Amtsgerichten alle anderen Sachen als Feriensachen zu bezeichnen. Das Gericht muß bei einem gestellten

---

[45] *BGH* MDR 1977, 649 f. (Nachverfahren im Scheckprozeß).
[46] *OLG Rostock* SeuffArch 71, 412.
[47] S. auch *RG* JW 1898, 222, 223; *OLG Karlsruhe* Rpfleger 1991, 263 (Teilungsversteigerung); *Drischler* Rpfleger 1989, 85.

[48] *BGH* NJW 1988, 1095 (§ 771); *Friedländer* AcP 97 (1905), 441, 447 f.; a. A. *Elsaß* DJZ 1925, 1503; *Hellwig* System (Erster Teil) (1912), 140 FN 2.
[49] A. A. *KG* OLGRsp 14, 143 f.
[50] *LG München I* WuM 1985, 317, 318.

Antrag diesen Beschluß erlassen, ohne daß zunächst eine Darlegung der Partei zum Beschleunigungsbedürfnis erforderlich wäre. Das Vorliegen eines solchen Bedürfnisses darf auch nicht geprüft werden.

2. Antrag

Der Antrag ist vor Beginn der Gerichtsferien in einer mündlichen Verhandlung oder schriftlich oder zu Protokoll der Geschäftsstelle zu stellen (→ § 496). Nach Beginn der Ferien (§ 199 GVG) kann er schriftlich oder zu Protokoll der Geschäftsstelle eingereicht werden. Der Antrag kann entweder in gesonderter Form oder zusammen z. B. mit der Einreichung oder Protokollerklärung einer Klage oder eines sonstigen Antrags angebracht werden. Zu denken ist an Terminsanträge oder an sonstige Anträge, die Anlaß zum Erlaß einer Entscheidung ohne mündliche Verhandlung geben. So liegt es z. B. bei Anträgen auf Prozeßkostenhilfe, auf Wiedereinsetzung in den vorigen Stand oder auf Sicherung des Beweises. Im Einzelfall darf ein Antrag auch stillschweigend gestellt werden, wie z. B. im Falle eines Prozeßkostenhilfegesuches bei drohendem Fristablauf[51]. Auch mit dem Mahnantrag oder dem Widerspruch gegen den Mahnbescheid (§ 202 GVG) kann der Antrag verbunden werden, das folgende Streitverfahren zur Feriensache zu erklären (→ Rdnr. 28). Dem Antrag steht nicht entgegen, daß schon ein Termin für die Zeit nach den Gerichtsferien angesetzt ist. In diesem Fall muß der Termin vorverlegt werden[52]. Der Antrag kann von jeder der Parteien, aber auch von einem Streithelfer gestellt werden[53]. – Zur Rücknahme → Rdnr. 44. 32

Ist der Antrag übersehen oder abgelehnt worden, so findet dagegen die einfache Beschwerde des § 567 statt (auch → Rdnr. 37). Die Beschwerde selbst ist wiederum Feriensache. Die Beschwerde ist auch gegeben, wenn der Antrag in mündlicher Verhandlung gestellt ist, weil er eine solche nicht erfordert. Wird die Angelegenheit antragsgemäß als Feriensache bezeichnet, so findet dagegen kein Rechtsmittel statt. Wird eine Vorverlegung des Termins abgelehnt (→ Rdnr. 32 a. E.), so ist gleichfalls die Beschwerde möglich, weil die Ablehnung in der Sache der Zurückweisung des Antrags gleichsteht. 33

3. Mündliche Verhandlung

Wird die Angelegenheit antragsgemäß zur Feriensache erklärt und findet danach in den Ferien eine mündliche Verhandlung statt, so bleibt die Eigenschaft als Feriensache erhalten, wenn es zu einem Vergleich oder zu einem Versäumnis- oder Anerkenntnisurteil kommt. Das gilt auch bei einem Ausbleiben des Klägers. Werden dagegen einander widersprechende Anträge gestellt, so prüft das Gericht jetzt nach § 200 Abs. 3 S. 2 GVG das Beschleunigungsbedürfnis der Angelegenheit. Der Antragsteller muß spätestens jetzt seinen Antrag nach S. 1 begründen. Verneint das Gericht das Bedürfnis nach »besonderer Beschleunigung«, so wird der Beschluß von Amts wegen aufgehoben. Der Richter darf von der Stellung der einander widersprechenden Anträge an nicht mehr weiterverhandeln. Es muß ein Aufhebungsbeschluß verkündet und die Sache auf einen Termin nach den Ferien vertagt werden. Aus einem unsubstantiierten Abweisungsantrag kann das Gericht im Einzelfall eine Verschleppungsabsicht folgern. Daraus kann wiederum das besondere Beschleunigungsbedürfnis hergeleitet werden. 34

---

[51] *RGZ* 55, 327 f.
[52] Ebenso *LG Jena* JW 1910, 868, 869; *Levin* DJZ 1911, 979 f.
[53] *Kissel* GVG (1981) § 200 Rdnr. 25 m. N.

4. Einander widersprechende Anträge

35 Die von § 200 Abs. 3 S. 2 GVG geforderten einander widersprechenden Anträge liegen vor, wenn die Prozeßparteien je unterschiedliche Sach- oder Prozeßanträge stellen. So liegt es nicht, wenn lediglich hinsichtlich der Erklärung zur Feriensache unterschiedliche Anträge gestellt werden. Einander widersprechende Anträge sind zu bejahen, wenn der Beklagte aus prozessualen oder materiellen Gründen Klageabweisung beantragt. Ausreichend ist es auch, wenn der Beklagte eine Zug um Zug-Verurteilung (§§ 274, 322 BGB) anstrebt oder auch nur den Vorbehalt der beschränkten Haftung nach § 780 ZPO geltend macht. Insofern wird dem von dem Kläger gestellten Antrag auch dann nicht voll entsprochen, wenn das Beklagtenverhalten als bedingtes Einverständnis mit einer beschränkten Verurteilung gedeutet wird. In den Fällen der §§ 128 Abs. 2, 251a, 331a steht der schriftsätzlich angekündigte Antrag dem in der mündlichen Verhandlung gestellten Antrag gleich.

5. Bedürfnis nach besonderer Beschleunigung

36 Das in § 200 Abs. 3 S. 2 GVG vorausgesetzte besondere Beschleunigungsbedürfnis ist zu bejahen, wenn der Aufschub der Sache bis nach den Gerichtsferien für beide oder wenigstens eine der Parteien Nachteile rechtlicher oder auch wirtschaftlicher Art mit sich bringt, die über den bloßen Zeitverlust hinausgehen. Bei Geldforderungen ist sowohl das Bedürfnis des Gläubigers nach alsbaldiger Zahlung als auch die Verschlechterung seiner Vollstreckungsaussichten durch konkurrierende Gläubiger zu würdigen. Diese Gefahr kann aus einer Verschleppungsabsicht des Schuldners (→ Rdnr. 34) hergeleitet werden. Für eine Bejahung des Bedürfnisses ist es ausreichend, wenn die Sache in den Gerichtsferien lediglich gefördert, aber nicht endgültig erledigt werden kann. Auch in derartigen Fällen kommt dem Gläubiger der Zeitraum der gesamten Ferien oder des noch laufenden Restes zugute[54].

6. Aufhebung des Beschlusses

37 Gegen die Aufhebung des Beschlusses ist die einfache Beschwerde nach § 567 gegeben. Die zulässige Beschwerde ist selbst Feriensache, weil das Beschwerderecht ansonsten bedeutungslos wäre. Der Beschluß ergeht zwar in einer mündlichen Verhandlung, aber nicht aufgrund dieser Verhandlung. Der Richter am Amtsgericht kann die Parteien zu der Frage einer Beschlußaufhebung hören, ohne sie aber zum Gegenstand einer mündlichen Verhandlung machen zu müssen. In der Sache bedeutet der aufhebende Beschluß die Ablehnung des Antrages auf Erklärung zur Feriensache.

7. Bejahung eines Beschleunigungsbedürfnisses

38 Hält der Richter trotz der einander widersprechenden Parteianträge die Sache für besonders beschleunigungsbedürftig, so bedarf es keines ausdrücklichen Beschlusses. Es wird vielmehr in die weitere Verhandlung eingetreten. Ergeht ein besonderer Beschluß, so findet dagegen keine Beschwerde statt, da die Ablehnung, eine Entscheidung aufzuheben, selbst nicht beschwerdefähig ist. Möglich ist es aber, ein in den Gerichtsferien ergehendes Urteil oder einen beschwerdefähigen Beschluß mit ordentlichen Rechtsmitteln anzugreifen, in denen der unzulässige Erlaß in den Gerichtsferien gerügt wird[55].

---

[54] A. A. *RG* JW 1898, 459.   [55] S. *RGZ* 31, 430, 431.

VI. Erklärung zur Feriensache durch Kollegialgerichte (§ 200 Abs. 4 GVG)

In Verfahren vor den Kollegialgerichten wird die Sache nach § 200 Abs. 4 GVG auf Antrag durch Gerichtsbeschluß als Feriensache bezeichnet, sofern das Bedürfnis nach »besonderer Beschleunigung« (→ Rdnr. 36) vorliegt. Im einzelrichterlichen Verfahren reicht ein Beschluß des Einzelrichters aus (→ § 348). Das Gericht »soll« diesen Anträgen stattgeben. Für den Antrag gelten die Ausführungen zu oben → Rdnr. 32. Anders als vor dem Amtsgericht (§ 200 Abs. 3 GVG) muß aber die Beschleunigungsbedürftigkeit wenigstens kurz begründet werden. Eine Protokollerklärung mit der damit verbundenen Befreiung vom Anwaltszwang ist nicht möglich. Wird der Antrag abgelehnt, so findet dagegen die einfache Beschwerde des § 567 statt, die ihrerseits wiederum Feriensache ist. Ebenso liegt es bei der zulässigen Aufhebung des Beschlusses, die einer nachträglichen Ablehnung gleichsteht. Wird die Erklärung zur Feriensache bewilligt oder wird eine Aufhebung des stattgebenden Beschlusses abgelehnt, so ist eine Anfechtung nur zusammen mit dem Endurteil möglich (→ Rdnr. 38).

Nach § 200 Abs. 4 S. 2 GVG kann auch der Vorsitzende vorbehaltlich der Entscheidung des Gerichts die Sache als Feriensache bezeichnen. Ein Antrag ist gleichwohl nötig. Die Bezeichnung als Feriensache durch den Vorsitzenden wird regelmäßig zusammen mit der Terminsbestimmung ergehen. Sie muß förmlich zugestellt werden, wenn sie eine Rechtsmittelfrist in Lauf setzt[56]. Die Erklärung wird sofort wirksam und ist nicht von der Bestätigung durch das Kollegium abhängig[57]. Das Kollegium kann jedoch eine Entscheidung auf Antrag oder von Amts wegen innerhalb oder außerhalb der mündlichen Verhandlung treffen. Wenn das Kollegium die Entscheidung des Vorsitzenden aufhebt, so geschieht das mit rückwirkender Kraft (→ Rdnr. 43). In der Sache bedeutet die Aufhebung die nunmehrige Ablehnung des Antrags und unterliegt deshalb der Beschwerde nach § 567, die wiederum Feriensache ist. Wenn der Vorsitzende auf den Antrag nicht eingehen will, so darf er ihn nicht ablehnen. Vielmehr muß er den Beschluß des Kollegiums herbeiführen.

VII. Wirkung der Erklärung zur Feriensache

Die Erklärung zur Feriensache nach §§ 200 Abs. 3 S. 1, Abs. 4 GVG bewirkt, daß die Sache für die Gerichtsferien des betreffenden Jahres ebenso wie eine gesetzliche Feriensache (§ 200 Abs. 2 GVG) den Beschränkungen des § 200 Abs. 1 GVG nicht unterliegt.

1. Erklärung vor Ferienbeginn

Wird die Sache schon vor dem Beginn der Gerichtsferien (§ 199 GVG) zur Feriensache erklärt, so tritt eine Hemmung des Fristenlaufs nach § 223 Abs. 1 S. 1 ZPO nicht ein (Abs. 2).

2. Erklärung während der Ferien

Wird die Sache erst während der Gerichtsferien zur Feriensache erklärt, so bleibt eine schon laufende Frist solange gehemmt, bis der Beschluß oder die Verfügung zugestellt werden (§ 329 Abs. 2 S. 2). Sie beginnt erst mit dem Tage, der auf die Zustellung folgt (§ 222 Abs. 1 ZPO, § 187 Abs. 1 BGB), weiter zu laufen[58]. Wenn also bei einer durch Zustellung am 10.7. ausgelösten Monatsfrist (→ Beispiel in Rdnr. 11) die Verfügung am 25.8. zugestellt wird, so

---

[56] BGHZ 28, 398 m. Anm. *Johannsen* LM § 200 GVG Nr. 7.
[57] BGHZ 28, 398, 400.
[58] BGH VersR 1991, 1270 (Berechnungsbeispiel); 1975, 663; LM § 519 ZPO Nr. 7.

beginnen die restlichen 27 Tage erst mit dem 26.8. einschließlich zu laufen, und die Frist endet mit dem 21.9. Hebt das Gericht die Verfügung des Vorsitzenden nachträglich auf (§ 200 Abs. 4 S. 2 GVG, → Rdnr. 40), so gilt die Bezeichnung als Feriensache als nicht geschehen. § 200 Abs. 4 GVG macht diese Rechtsfolge durch die Formulierung »vorbehaltlich« deutlich. Die dazwischen liegende Zeit ist dann in die Frist nicht einzurechnen. Dagegen wirkt eine Aufhebung des Beschlusses des Kollegiums nicht zurück[59]. Das gleiche gilt, wenn der Vorsitzende selbst seine Entscheidung aufgehoben hat[60].

44 Hat eine Partei einen Antrag auf Erklärung des Rechtsstreits als Feriensache einmal gestellt, so kann sie ihn nicht mehr zurücknehmen, nachdem der Vorsitzende den Rechtsstreit als Feriensache bezeichnet hat[61].

3. Rechtszug; Nebenverfahren

45 Die Erklärung zur Feriensache wirkt nur für den betreffenden Rechtszug. Zwar ist der Wortlaut des Gesetzes insoweit offen. Doch sprechen gegen eine Fortwirkung für die höheren Rechtszüge Praktikabilitätsgesichtspunkte, insbesondere die Rücksicht auf die Rechtsmittelbegründungsfrist (→ § 516 Rdnr. 16)[62].

46 Die Erklärung zur Feriensache bezieht sich auch auf alle unselbständigen Nebenverfahren (→ Rdnr. 20). Vorbehalten bleibt bei einem dahingehend beschränkten Antrag die Möglichkeit, nur das Nebenverfahren wie z.B. die Prozeßkostenhilfe oder das selbständige Beweisverfahren zur Feriensache zu erklären[63]. Ausgeschlossen ist es, eine Sache nur für einen bestimmten Verfahrensteil, wie z.B. eine Beweisaufnahme, zur Feriensache zu erklären. – Zur Klagenhäufung und zur Widerklage → Rdnr. 21 ff.

VIII. Notfristen

1. Gesetzliche Benennung (Abs.3)

47 Nach § 223 Abs. 2 haben die Gerichtsferien auch in Nichtferiensachen keinen Einfluß auf die Notfristen. Zu ihnen zählen nach Abs. 3 nur diejenigen Fristen, die im Gesetz ausdrücklich als Notfristen bezeichnet sind. Es handelt sich um die gesetzlichen Fristen der §§ 276 Abs. 1 S. 1[64], 339 Abs. 1, 516, 552, 577 Abs. 2, 586 Abs. 1 (nicht aber Abs. 2 S. 2)[65], 958 Abs. 1, 1042d Abs. 1, 1043 Abs. 2 sowie die richterliche Frist des § 339 Abs. 2. Ferner zählen dazu insbesondere die Fristen in §§ 59, 72a Abs. 2, 3, 76 Abs. 1 S. 2, 92a, 96a Abs. 1 S. 2, 110 Abs. 3 ArbGG und die Frist in § 111 Abs. 1 S. 3 GenG.

48 Keine Notfristen sind die Rechtsmittelbegründungsfristen (→ § 519 Rdnr. 16) sowie die Wiedereinsetzungsfrist (→ § 234 Rdnr. 1)[66] und die Klagefrist nach dem Finanzvertrag (→ Einl. Rdnr. 664 und 668)[67]. Keine Notfristen sind auch die Fristen des § 629a Abs. 3 (→ Rdnr. 50)[68] und des § 798. Letztere Frist löst keine zwingende Rechtsfolge aus[69]. Notfrist ist aber die Klagefrist nach Art. 6 Abs. 3 Truppenstatut (→ Einl. Rdnr. 667).

---

[59] *OLG München* OLGZ 1991, 332, 335 (dort aber ebenso für die Aufhebung der Verfügung des Vorsitzenden); *Johannsen* LM § 200 GVG Nr. 7.
[60] *OLG München* OLGZ 1991, 332, 334f.
[61] *OLG München* OLGZ 1991, 332, 333.
[62] *RGZ* 143, 250, 251; *OLG Rostock* SeuffArch 79, 85.
[63] *RG* PosMS 7 (1904), 128.
[64] Dazu *AG Bergisch-Gladbach* NJW 1977, 2080; → § 276 Rdnr. 30.
[65] *BGHZ* 19, 20, 21 (zu § 203 BGB).
[66] *BGHZ* 26, 99, 101.
[67] *BGHZ* 33, 360ff.
[68] *OLG Frankfurt a.M.* FamRZ 1986, 1122, 1123 m. Anm. *Bergerfurth* FamRZ 1987, 177; *H. Roth* in: *Rolland* HzFamR (1993) § 629a Rdnr. 49.
[69] *LG Kaiserslautern* Rpfleger 1993, 256.

2. Eigenschaften

Die gemeinsamen Eigenschaften der Notfristen bestehen darin, daß sie nach § 223 Abs. 2 ihren Lauf auch in den Ferien beginnen oder fortsetzen, über sie wegen § 224 Abs. 1 keine Parteivereinbarungen möglich sind und ihre Wahrung stets von Amts wegen zu prüfen ist. Neben den ausdrücklich geregelten §§ 341, 519b, 554a, 574, 589 gilt das auch in den übrigen Fällen. Ferner laufen sie nach § 251 Abs. 1 S. 2 trotz der Anordnung des Ruhens des Verfahrens. Nach § 187 S. 2 darf das Gericht nicht über Zustellungsmängel hinwegsehen, soweit durch die Zustellung der Lauf einer Notfrist in Gang gesetzt werden soll. Schließlich wird gegen ihre Versäumung die Wiedereinsetzung in den vorigen Stand nach §§ 233–238 gewährt (→ § 233 Rdnr. 8). 49

3. Rechtsmittelbegründungsfristen; Wiedereinsetzungsfrist; § 629a Abs. 3

Die nachstehend genannten Fristen sind vom Gesetz nicht als Notfristen bezeichnet. Gleichwohl ist für sie die Wiedereinsetzung in den vorigen Stand vorgesehen. Für die Rechtsmittelbegründungsfristen der §§ 519, 554, 621e, 629a Abs. 2 und die Wiedereinsetzungsfrist des § 234 Abs. 1 folgt das aus § 233. Das Gesagte gilt zudem für weitere Fristen (→ § 233 Rdnr. 17ff.). Das gleiche gilt für § 629a Abs. 3[70]. 50

IX. Arbeitsgerichtliches Verfahren

Im arbeitsgerichtlichen Verfahren sind nach § 9 Abs. 1 S. 2 ArbGG die Gerichtsferien in allen Instanzen ohne Einfluß. Die Bildung von Ferienkammern und -senaten nach § 201 GVG ist deshalb ausgeschlossen. 51

Die Notfristen im arbeitsgerichtlichen Verfahren sind oben → Rdnr. 47 aufgezählt. Die Frist für die Klage nach ergangenem Spruch des Innungsausschusses (§ 111 Abs. 2 S. 3 ArbGG) ist keine Notfrist. Die Fristen im Kündigungsschutzverfahren sind zwar keine Notfristen, stehen ihnen aber insofern in der Sache gleich, als gegen ihre Versäumnis unter ähnlichen Voraussetzungen wie nach § 233 die Wiedereinsetzung in den vorigen Stand gegeben ist (→ § 233 Rdnr. 57ff.; → § 236 Rdnr. 17)[71]. 52

§ 224 [Fristabkürzung; Fristverlängerung]

(1) Durch Vereinbarung der Parteien können Fristen, mit Ausnahme der Notfristen, abgekürzt werden.
(2) Auf Antrag können richterliche und gesetzliche Fristen abgekürzt oder verlängert werden, wenn erhebliche Gründe glaubhaft gemacht sind, gesetzliche Fristen jedoch nur in den besonders bestimmten Fällen.
(3) Im Falle der Verlängerung wird die neue Frist von dem Ablauf der vorigen Frist an berechnet, wenn nicht im einzelnen Falle ein anderes bestimmt ist.

Gesetzesgeschichte: Bis 1900 § 202 CPO, geändert durch RGBl. 1924 I 437 (→ Einl. Rdnr. 123).

---

[70] *OLG Karlsruhe* FamRZ 1988, 412, 413; *H. Roth* in: *Rolland* HzFamR (1993) § 629a Rdnr. 49.

[71] Zum Fristbeginn *Poelmann* RdA 1952, 205ff.

Stichwortverzeichnis → *Fristenschlüssel* in § 221 Rdnr. 11.

I. Grundsatz			II. Gerichtliche Abkürzung und Verlängerung	
1. Ausschluß der Parteivereinbarung	1		1. Ermessen; Voraussetzungen	6
2. Abkürzungsbefugnis (Abs. 1)	2		2. Verlängerung nach Ablauf	9
3. Widerrufsfrist bei dem Prozeßvergleich	5		3. Formlose Mitteilung	10
			4. Widerrufsvorbehalt	11
			5. Verfahren	12
			III. Berechnung (Abs. 3)	13

I. Grundsatz

1. Ausschluß der Parteivereinbarung

1   § 224 entzieht den Parteien, wenngleich in eher undeutlicher Form, die Dispositionsmöglichkeit über die Fristen. Die Novelle 1924 (→ Einl. Rdnr. 123) hat die in der ursprünglichen ZPO vorgesehene fast unbeschränkte Herrschaft der Parteien über Termine und Fristen beseitigt. Ausgeschlossen sind auch Parteivereinbarungen über das Ruhen des Verfahrens (§ 251). Eine besondere Regelung gilt für das Verfahren im Falle beiderseitiger Säumnis (§ 251a).

2. Abkürzungsbefugnis (Abs. 1)

2   Der in der Praxis bedeutungslose Abs. 1 erlaubt die Abkürzung gesetzlicher oder richterlicher Fristen (→ Rdnr. 19 ff., 26 f. vor § 214). Die Norm erklärt sich im wesentlichen nur aus dem Gang der Novellengesetzgebung. Nicht abgekürzt werden können Notfristen (§ 223 Abs. 3) und uneigentliche Fristen (→ Rdnr. 30 ff. vor § 214)[1]. Im Umkehrschluß aus Abs. 1 folgt, daß eine Verlängerung durch Parteivereinbarung nicht möglich ist. Die Abrede kann gerichtlich oder außergerichtlich, schriftlich oder mündlich, ausdrücklich oder stillschweigend getroffen werden. Es handelt sich um einen Prozeßvertrag, der auch vor Gericht außerhalb des Anwaltszwanges steht[2].

3   Bei einem Verstoß gegen eine vereinbarte Fristenabkürzung ist die nachträglich vorgenommene Prozeßhandlung ebenso zu behandeln, wie wenn sie sonst nach normalem Fristablauf geschehen wäre. Eine Mitteilung an das Gericht ist nicht erforderlich. Deshalb wird die Vereinbarung regelmäßig nur auf Einrede hin berücksichtigt werden können.

4   Vergleichbare Reste der Parteiautonomie finden sich lediglich noch in § 317 Abs. 1 S. 3, wo die Parteien den Fristbeginn, z. B. wegen laufender Vergleichsverhandlungen, hinauszögern können.

3. Widerrufsfrist bei dem Prozeßvergleich

5   Die Widerrufsfrist bei dem Prozeßvergleich kann sowohl abgekürzt als auch verlängert werden, da diese Frist durch die Parteien in zulässiger Weise vereinbart worden ist[3]. Eine Protokollierung ist nicht erforderlich. Geändert werden kann die Frist nur vor Fristablauf.

---

[1] *LAG Berlin* MDR 1990, 186, 187 (zu § 701).
[2] A. A. *Baumbach/Lauterbach/Hartmann*[51] Rdnr. 2.
[3] *KG* JW 1930, 2801.

II. Gerichtliche Abkürzung und Verlängerung

1. Ermessen; Voraussetzungen

Nach Abs. 2 liegt die Abkürzung und Verlängerung von Fristen im pflichtgemäßen Ermessen des Gerichts, wenn ein entsprechender Antrag (→ Rdnr. 7) gestellt wird. Nach Abs. 2 HS 2 dürfen gesetzliche Fristen nur in den vom Gesetz besonders bestimmten Fällen geändert werden. Eine allgemeine Abkürzungsmöglichkeit für Zwischenfristen enthält § 226. Verlängerungsmöglichkeiten sehen vor § 206 Abs. 1 S. 2[4] für die öffentliche Zustellung und für die praktisch wichtigen Rechtsmittelbegründungsfristen die §§ 519 Abs. 2 S. 3, 554 Abs. 2 S. 2. Beide Möglichkeiten sieht § 134 Abs. 2 S. 2 vor. Dagegen ist etwa für die gesetzliche Wiedereinsetzungsfrist des § 234 Abs. 1 eine Verlängerung im Gesetz nicht ermöglicht. Eine Notfrist darf niemals abgeändert werden. Eine Frist kann auch mehrmals verlängert werden. Durch eine richterliche Fristverlängerung verliert eine Frist nicht ihre Eigenschaft als gesetzliche Frist (→ Rdnr. 19 vor § 214). Deshalb darf eine verlängerte Berufungsbegründungsfrist nicht wieder abgekürzt werden. In den Fällen von § 519 Abs. 2 S. 3, § 554 Abs. 2 S. 2 HS 2 ist die Änderungsbefugnis dem Vorsitzenden übertragen. 6

Abkürzung wie Verlängerung sind von einem Parteiantrag abhängig. Dieser kann sowohl vor als auch nach dem Beginn der Frist gestellt und auch wiederholt werden (s. aber §§ 95, 225 Abs. 2). 7

Erforderlich ist nach § 224 Abs. 2 das Glaubhaftmachen (§ 294)[5] erheblicher Gründe. Das gilt auch bei einverständlichen Verlängerungsanträgen beider Parteien, da ihnen die Dispositionsbefugnis über Fristen und Termine grundsätzlich fehlt (→ Rdnr. 1). Das Gericht hat zwischen den Interessen der Parteien und etwaigen Gegeninteressen abzuwägen. Der gewöhnliche Kanzleibetrieb eines Anwalts ist zu berücksichtigen. Doch darf das Gericht Verzögerungsversuche nicht durchgehen lassen. Auch wenn Fristen an sich um Stunden verlängert werden können (z. B. »Samstag, 12 Uhr«), ist ein derartiges Vorgehen in der Regel unzweckmäßig[6]. Die Praxis ist bei dem ersten Verlängerungsantrag meist recht großzügig[7]. Das gilt insbesondere, wenn der Antrag auf fehlende Information durch die Partei gestützt wird. Eine detaillierte Darstellung von Gründen wird hier nicht verlangt. Überspannte Anforderungen dürfen ohnehin nicht gestellt werden. Für die geforderte Glaubhaftmachung wird daher regelmäßig die anwaltliche Erklärung genügen. Ein erheblicher Grund für die Verlängerung der Berufungsbegründungsfrist liegt nicht vor, wenn dem Prozeßbevollmächtigten die Gerichtsakten lediglich nicht zur Mitnahme in seine Geschäftszimmer überlassen werden[8]. 8

2. Verlängerung nach Ablauf

Die Frist kann nach heute ganz h. L.[9] auch noch nach Ablauf verlängert werden, wenn nur der Antrag vor Fristablauf gestellt worden ist. Dem Antragsteller darf aus der Dauer des gerichtlichen Geschäftsganges zwischen Einreichung und Verbescheidung seines Antrages kein Nachteil entstehen. Frühere Rechtsprechung und Literatur, die diese Möglichkeit aus logischen oder begrifflichen Vorstellungen ablehnten, sind überholt (→ auch Einl. Rdnr. 47). 9

---

[4] Anders *MünchKommZPO/Feiber* (1992) Rdnr. 3: Keine Frist.
[5] Gegen die Anwendbarkeit von § 294 in allen Fällen mit Recht *Baumbach/Lauterbach/Hartmann*[51] Rdnr. 4.
[6] S. *Pohle* Anm. zu *BAG* AP § 519 ZPO Nr. 5.
[7] Etwa *BGH* NJW 1983, 1741.
[8] *OLG Düsseldorf* MDR 1987, 768, 769.
[9] *BGHZ* (GS) 83, 217 ff. unter ausdrücklicher Aufgabe der früheren Rechtsprechung; ebenso für das arbeitsgerichtliche Verfahren *BAG* (GS) NJW 1980, 309 sowie die Regelung der jüngeren Verfahrensordnungen wie §§ 139 VwGO, 164 SGG, 120 FGO; *Baumbach/Lauterbach/Hartmann*[51] Rdnr. 9; *Thomas/Putzo*[18] Rdnr. 5; *Zöller/Stöber*[18] Rdnr. 4; *MünchKommZPO/Feiber* (1992) § 225 Rdnr. 3; *Rosenberg/Schwab/Gottwald*[15] § 72 V 3 b.

Doch muß der Antrag stets vor Fristablauf gestellt worden sein. Insbesondere ist die Verlängerung der Frist zur Begründung des Rechtsmittels durch den Vorsitzenden unwirksam, wenn im Zeitpunkt des Eingangs des Verlängerungsantrags die Frist zur Rechtsmittelbegründung bereits abgelaufen war[10]. Ist aber für die versäumte Frist Wiedereinsetzung in den vorigen Stand nach den §§ 233 ff. möglich, so ist diese und nicht eine Fristverlängerung zu beantragen. Der Verlängerungsantrag ist nicht die versäumte Prozeßhandlung i. S. des § 236 Abs. 2 S. 2. Doch kann der Verlängerungsantrag in einen Wiedereinsetzungsantrag umgedeutet werden (→ dazu § 519 Rdnr. 14). Wenn gegen die versäumte Frist aber keine Wiedereinsetzung möglich ist, wie bei richterlichen Fristen, die keine Notfristen sind (→ Rdnr. 26 vor § 214), so hilft auch keine nachträgliche Fristverlängerung[11]. Eine Wiedereinsetzung für einen versäumten Verlängerungsantrag ist gesetzeswidrig. Doch kann etwa bei fehlendem Verschulden von der Präklusion verspäteten Vorbringens abgesehen werden[12].

3. Formlose Mitteilung

10   Nach § 329 Abs. 2 S. 1 genügt die formlose Mitteilung, soweit die Verlängerung nur das bisherige Fristende beseitigt[13]. Sie wird daher wirksam, sobald sie zur Absendung gegeben wird[14] oder in sonstiger Weise aus dem Gerichtsbereich heraustritt, wie z. B. durch fernmündliche Mitteilung. Ausreichend ist die Mitteilung an den Antragsteller[15]. Eine formlose Mitteilung genügt aber auch, soweit die Verlängerung das neue spätere Ende der Frist bestimmt. Eine förmliche Zustellung nach § 329 Abs. 2 S. 2 ist nicht erforderlich, weil der Verlängerungsbeschluß keine Frist in Lauf setzt[16]. Es wird nur der Endzeitpunkt der laufenden Frist anders bestimmt. Eine Verlängerung ist nicht schon deshalb unwirksam, weil sie nicht hätte verfügt werden dürfen (aber → Rdnr. 9)[17].

4. Widerrufsvorbehalt

11   Nach allgemeinen prozessualen Grundsätzen sind Widerrufsvorbehalte oder vergleichbare Einschränkungen unzulässig, weil es sich um rechtsbegründende richterliche Verfügungen handelt. Diese dulden keine Ungewißheit. Wird gleichwohl so verfahren, so ist die Einschränkung wirkungslos[18].

5. Verfahren

12   Das bei der Friständerung zu beachtende Verfahren richtet sich nach den §§ 225 f. Die Gründe für die Abkürzung oder Verlängerung der Frist müssen sich aufgrund der freien Überzeugung des Gerichts als erheblich darstellen. Sie sind nach § 294 grundsätzlich glaubhaft zu machen (→ Rdnr. 8), soweit nicht das Gesetz etwas besonderes bestimmt (→ § 226 Rdnr. 2).

---

[10] *BGHZ* 116, 377 ff. unter Abweichung von *BGHZ* 102, 37 ff.
[11] *MünchKommZPO/Feiber* (1992) § 225 Rdnr. 3; a. A. → Voraufl. Rdnr. 9.
[12] *OLG Koblenz* NJW 1989, 987; *Zöller/Stöber*[18] Rdnr. 4.
[13] *BGHZ* 4, 389, 399; *RGZ* 144, 260; 160, 307, 309; *Jonas* JW 1933, 1565, 1568.
[14] *BGHZ* 4, 389, 399; s. a. *BGHZ* 12, 248, 252; 13, 166, 168 f.; *RGZ* 156, 385, 388 f.
[15] *RGZ* 144, 260, 262; *RG* HRR 1931 Nr. 54; s. a. *BGHZ* 25, 60, 63 m. Anm. *Johannsen* LM § 775 ZPO Nr. 1 (einstweilige Einstellung der Zwangsvollstreckung).
[16] *BGHZ* 93, 300, 305; *BGH* NJW 1990, 1797; *RGZ* 150, 357, 361; *Baumbach/Lauterbach/Hartmann*[51] Rdnr. 6; *Wieczorek*[2] Bem. B III; *P. Müller* NJW 1990, 1778; a. A. noch *BGH* NJW-RR 1989, 1404 f. (aber jetzt aufgegeben durch *BGH* NJW 1990, 1797).
[17] *RGZ* 160, 307, 309.
[18] *RGZ* 150, 144, 146.

III. Berechnung (Abs. 3)

Im Regelfall wird nach Abs. 3 HS 1 die Verlängerung unmittelbar im Anschluß an den 13
Ablauf der alten unverlängerten Frist gerechnet (§ 187 Abs. 2 BGB; § 222 Abs. 1 ZPO). Die neue Frist schließt sich also unmittelbar an die laufende Frist an. Diese Regelung entspricht § 190 BGB (→ § 222 Rdnr. 9). Die Vorschrift hat Bedeutung nur für die Verlängerungen, die nach einem Zeitraum bestimmt sind. Zweckmäßiger ist es stets, die Verlängerung nach einem festen Datum zu bemessen, weil dann eine Fristenberechnung nicht erforderlich ist. Fällt der letzte Tag der ursprünglichen Frist auf einen Samstag, Sonntag oder einen allgemeinen Feiertag, so beginnt der verlängerte Teil der neuen Frist erst mit dem Ablauf des nächstfolgenden Werktages. Ist also der ursprüngliche Endtermin ein Samstag oder Sonntag, so ist der erste Tag der neuen Frist nicht der Montag, sondern erst der Dienstag[19] (→ § 222 Rdnr. 15). Die alte Frist läuft gemäß § 222 Abs. 2 erst am Montag um 24 Uhr ab. Wird eine Berufungsbegründungsfrist, die am 28.2. endet, um einen Monat verlängert, so endet sie am letzten Tag des folgenden Monats (31.3.)[20] (§ 188 Abs. 2 HS 2 BGB, § 222 Abs. 1 ZPO). Ebenso ist nach dem Gesagten im Falle der Hemmung der Frist der Montag, an dem die Frist ohne die Hemmung nach § 224 Abs. 3 erst abgelaufen wäre, bei dem restlichen Teil der Frist zuzurechnen[21]. Für die Hemmung durch Gerichtsferien gilt das nicht[22] (→ § 223 Rdnr. 11). Der Tag, an dem das fristhemmende Ereignis eintritt, gehört zu dem Hemmungszeitraum[23].

In der verlängernden Entscheidung kann nach Abs. 3 HS 2 aber etwas anderes bestimmt 14
werden. Diese Bestimmung geht vor. Deshalb gilt die Regel von → Rdnr. 13 nur subsidiär.

§ 225 [Verfahren bei Friständerung]

(1) Über das Gesuch um Abkürzung oder Verlängerung einer Frist kann ohne mündliche Verhandlung entschieden werden.

(2) Die Abkürzung oder wiederholte Verlängerung darf nur nach Anhörung des Gegners bewilligt werden.

(3) Eine Anfechtung des Beschlusses, durch den das Gesuch um Verlängerung einer Frist zurückgewiesen ist, findet nicht statt.

Gesetzesgeschichte: Bis 1900 § 203 CPO; sprachlich geändert durch BGBl. 1950, 533 (→ Einl. Rdnr. 148).

Stichwortverzeichnis → *Fristenschlüssel* in § 221 Rdnr. 11.

I. Antrag	1	IV. Rechtsbehelfe (Abs. 3)	8
II. Rechtliches Gehör	4	V. Dienstaufsichtsbeschwerde	11
III. Beschluß; Zustellung	5	VI. Arbeitsgerichtliches Verfahren	12

---

[19] *BGHZ* 21, 43 m. Anm. *Johannsen* LM § 224 ZPO Nr. 4 gegen *RGZ* 131, 337; *Jonas* JW 1931, 1798; *Reinberger* ZZP 57 (1933) 142.
[20] *KG* VersR 1981, 1057; *MünchKommZPO/Feiber* (1992) Rdnr. 5.
[21] *RGZ* 131, 107f.
[22] *RG* WarnRsp 29 Nr. 196.
[23] *RGZ* 161, 125, 126f. gegen *RGZ* 114, 280.

I. Antrag

1 Der Antrag (»Gesuch«) auf Abkürzung oder Verlängerung wird im Anwaltsprozeß (§ 78) durch den Prozeßbevollmächtigten mündlich (zu Protokoll § 160 Abs. 2, Abs. 3 Nr. 2) oder schriftlich gestellt. Im Parteiprozeß kann er auch zu Protokoll der Geschäftsstelle (§ 496) gestellt werden. Ein fernmündlich gestellter Antrag genügt aber jedenfalls bei Rechtsmittelbegründungsfristen nicht[1]. Doch hängt die Wirksamkeit einer Verlängerungsverfügung nicht von einem wirksamen Antrag ab. Wird zunächst fernmündlich angefragt, ob mit einer Fristverlängerung gerechnet werden kann, so muß dann jedenfalls der schriftliche Antrag fristgerecht eingereicht werden. Zuständig ist grundsätzlich das Gericht, bei dem die Frist zu wahren ist. Es entscheidet nicht der Vorsitzende[2]. Wichtige Ausnahmen finden sich in §§ 134 Abs. 2 S. 2, 226 Abs. 3, 519 Abs. 2 S. 3, 554 Abs. 2 S. 2. Ist der Vorsitzende wie in den Fällen der §§ 273 Abs. 2 Nr. 1, 275 Abs. 1, 276 Abs. 1, 520 Abs. 2 usw. dafür zuständig, die Frist zu setzen, so kann er sie auch verlängern (→ § 224 Rdnr. 6) oder eine Ablehnung aussprechen[3]. Im Verfahren vor dem Einzelrichter entscheidet dieser (§ 348)[4]. Daneben ist auch der kommissarische Richter nach § 229 zuständig.

2 Antragsberechtigt ist nicht nur diejenige Partei, zu deren Gunsten die Frist geändert werden soll, sondern auch der Prozeßgegner. Das Gesetz enthält insoweit keine Beschränkungen[5].

3 Das Verfahren folgt den Regeln (Abs. 1) der fakultativ mündlichen Verhandlung (→ § 128 Rdnr. 39–51).

II. Rechtliches Gehör

4 Eine Anhörung des Antragsgegners ist nach Abs. 2 bei der ersten Verlängerung einer Frist nicht notwendig. Dem steht Art. 103 Abs. 1 GG nicht entgegen[6]. Doch ist vorheriges Gehör erforderlich (Abs. 2) bei einer wiederholten Verlängerung sowie bei jeder Abkürzung einer Frist. Für letzteren Fall enthält § 226 Abs. 3 eine Ausnahme. Ein Verstoß gegen § 225 Abs. 2 bedeutet eine Verletzung des rechtlichen Gehörs (Art. 103 Abs. 1 GG), die im laufenden Prozeß gerügt werden kann, soweit ein Rechtsbehelf statthaft ist (→ auch Rdnr. 47 vor § 128). Doch berührt ein Verstoß die Wirksamkeit der Abkürzung oder Verlängerung nicht[7]. Aus Zeitnot braucht nie von einer Anhörung abgesehen werden, da bei rechtzeitigem Antrag Fristen auch nach Ablauf verlängert werden können (→ § 224 Rdnr. 9). Wird anwaltlich versichert, daß der Gegner einverstanden ist, so ist die Anhörung entbehrlich. Wenn der Revisionskläger zum wiederholten Male eine Verlängerung der Revisionsbegründungsfrist beantragt hat, so erfordert die vorgeschriebene Anhörung des Gegners dessen Vertretung durch einen am BGH zugelassenen Rechtsanwalt[8].

III. Beschluß; Zustellung

5 Die Entscheidung ergeht als Beschluß. Es schadet aber nicht, wenn sie irrtümlich als Verfügung bezeichnet wird[9]. Über den Antrag muß aber stets förmlich entschieden werden.

---

[1] *BGHZ* 93, 300, 304 f.
[2] *BGH* NJW 1983, 2030 f.
[3] *Demharter* MDR 1986, 797; a.A. *Zöller/Stöber*[18] Rdnr. 2 a; *E. Schneider* EzFamR § 233 ZPO Nr. 8.
[4] S. → Rdnr. 1 vor § 348.
[5] *Baumbach/Lauterbach/Hartmann*[51] Rdnr. 1; a.A. BGH NJW 1951, 605; *MünchKommZPO/Feiber* (1992) Rdnr. 1.
[6] *Pohle* zu *BAG* SAE 1962, 217, 221 (sub 3c).
[7] H.L., *BAG* VersR 1979, 947, 948; *BGH* VersR 1974, 139, 140; RGZ 150, 357, 361.
[8] *BGHR* ZPO § 119 Satz 2 Rechtsverteidigung 1.
[9] *BGH* VersR 1980, 772.

Insbesondere ist es unzulässig, eine Entscheidung über den Antrag zu verweigern, weil die zu verlängernde Frist abgelaufen sei (→ § 224 Rdnr. 9)[10]. Entscheidet aber der Vorsitzende (→ Rdnr. 1), so reicht die Entscheidungsform der Verfügung aus (arg. § 226 Abs. 3). Stillschweigende Friständerungen sind unzulässig[11].

Bedingte Fristverlängerungen sind für den Fall möglich, daß es sich um eine Feriensache handelt[12]. Die Entscheidung muß schriftlich niedergelegt und unterzeichnet werden[13]. Eine Paraphe ist nicht ausreichend. 6

Die Bekanntmachung richtet sich nach § 329 Abs. 2 S. 1. Der die Verlängerung aussprechende Beschluß kann allen Beteiligten formlos mitgeteilt werden (→ § 224 Rdnr. 10)[14]. Doch ist der nicht verkündete Abkürzungsbeschluß derjenigen Partei nach § 329 Abs. 2 S. 2 förmlich zuzustellen, von der die Frist einzuhalten ist[15]. Im Verhältnis zum Gegner genügt die formlose Mitteilung. Wenn die neue Frist nicht in der mitgeteilten Ausfertigung vorhanden ist, so besteht eine Bindung nur an die Aufhebung der alten Frist[16]. Die Entscheidung ergeht gebührenfrei. Die Anwaltsgebühren richten sich nach § 33 Abs. 2 BRAGO. 7

IV. Rechtsbehelfe (Abs. 3)

Abs. 3 schließt die Anfechtung eines die Verlängerung zurückweisenden Beschlusses (Verfügung) aus[17]. Eine Anfechtung ist daher auch nicht über die §§ 512, 548 möglich, wenn nur der Verlängerungsantrag rechtzeitig eingegangen ist[18]. Wird eine Verlängerung oder eine Abkürzung bewilligt, so steht dem Antragsteller keine Beschwerde zu, weil er nicht beschwert ist, und dem Gegner nicht, weil i. S. des § 567 nicht ein von diesem ausgehendes, das Verfahren betreffende Gesuch abgewiesen ist. Insbesondere wird grundsätzlich nicht in der Revisionsinstanz überprüft, ob die Verlängerung hätte ausgesprochen werden dürfen[19]. Allerdings muß der Antrag auf Verlängerung der Frist zur Rechtsmittelbegründung rechtzeitig gestellt worden sein[20]. 8

Die Beschwerde ist nach Abs. 3 statthaft gegen die Zurückweisung des Antrags auf Abkürzung[21]. Doch ist die praktische Bedeutung gering. 9

Wird zur Hauptsache entschieden, ohne daß der Verlängerungsantrag verbeschieden wird, so liegt ein Verstoß gegen Art. 103 Abs. 1 GG vor, der zur Zurückverweisung führt[22]. 10

V. Dienstaufsichtsbeschwerde

Die Fristbestimmungen können nicht im Dienstaufsichtsweg mit dem Ziel einer Änderung angegriffen werden (§ 26 DRiG), da sie zum Kernbereich der richterlichen Unabhängigkeit gehören[23]. Allenfalls ist eine Dienstaufsichtsbeschwerde möglich, wenn rein persönliche Vorwürfe gegen einen Richter erhoben werden oder wenn behauptet wird, es sei eine offensichtlich fehlerhafte Amtsausübung gegeben[24]. 11

---

[10] *BGH* VersR 1982, 1191 f.
[11] *BGH* VersR 1990, 327, 328.
[12] *BGH* WM 1988, 1147.
[13] Offengelassen von *BGHZ* 93, 300, 304 f. für das Schriftformerfordernis unter Anerkennung von Vertrauensschutz.
[14] *BGH* NJW 1990, 1797.
[15] Großzügiger *MünchKommZPO/Feiber* (1992) Rdnr. 7 (Zustellung »ratsam«).
[16] *BGH* NJW-RR 1987, 1277.
[17] *BGH* NJW 1993, 134, 135 re. Sp.
[18] *BGHZ* 116, 377 ff. unter Aufgabe von *BGHZ* 102, 37, 39.

[19] *BGHZ* 102, 37, 39 m. abl. Anm. *E. Teubner* JR 1988, 281; zust. Anm. *Krämer* WuB VII A. § 519 ZPO 1.88.
[20] Zutreffend *E. Teubner* JR 1988, 281; jetzt auch *BGHZ* 116, 377 ff.
[21] A. A. *MünchKommZPO/Feiber* (1992) Rdnr. 8.
[22] *BVerwG* NJW 1988, 1280.
[23] *MünchKommZPO/Feiber* (1992) Rdnr. 8 a. E.; a. A. *Baumbach/Lauterbach/Hartmann*[51] Rdnr. 5.
[24] Vgl. *BGHZ* 70, 1; *Kissel* GVG (1981) § 1 Rdnr. 53 ff.

VI. Arbeitsgerichtliches Verfahren

12 Nach § 53 Abs. 1, § 64 Abs. 7, § 72 Abs. 6 ArbGG entscheidet der Vorsitzende über den in § 225 ZPO genannten Antrag allein.

§ 226 [Abkürzung von Zwischenfristen]

(1) Einlassungsfristen, Ladungsfristen sowie diejenigen Fristen, die für die Zustellung vorbereitender Schriftsätze bestimmt sind, können auf Antrag abgekürzt werden.

(2) Die Abkürzung der Einlassungs- und der Ladungsfristen wird dadurch nicht ausgeschlossen, daß infolge der Abkürzung die mündliche Verhandlung durch Schriftsätze nicht vorbereitet werden kann.

(3) Der Vorsitzende kann bei Bestimmung des Termins die Abkürzung ohne Anhörung des Gegners und des sonst Beteiligten verfügen; diese Verfügung ist dem Beteiligten abschriftlich mitzuteilen.

Gesetzesgeschichte: Bis 1900 § 204 CPO; sprachlich geändert durch BGBl. 1950, 533 (→ Einl. Rdnr. 148).

I. Funktion; Anwendungsbereich	1	III. Entscheidung	3
II. Verfahren	2	IV. Verfahren in Arbeitssachen	6

I. Funktion; Anwendungsbereich

1 § 226 regelt die Abkürzung der gesetzlichen Zwischenfristen (→ Rdnr. 24 vor § 214), wenn sie entweder gleichzeitig mit der Terminsbestimmung stattfindet oder nachher unter Beibehaltung des Termins lediglich eine spätere Zustellung der Ladung ermöglichen soll. Die Vorschrift ergänzt die §§ 224, 225 und bildet eine der in § 224 Abs. 2 a. E. genannten Sonderregelungen für gesetzliche Fristen. Die Norm findet Anwendung auf die Fristen der §§ 132, 217, 274 Abs. 3, 604. Für den Fall der Verlängerung dieser Mindestfristen gilt § 227. Ihre Verlängerung kann nur nach der Terminsbestimmung in Frage kommen und nur noch mittelbar durch Verlegung des Termins geschehen. § 227 kommt auch dann zur Anwendung, wenn die Abkürzung dadurch erreicht werden soll, daß der Termin auf einen früheren Zeitpunkt verlegt wird (→ § 227 Rdnr. 33). § 226 bezieht sich nicht auf die richterlichen Fristen von § 273 Abs. 2 Nr. 1 und § 275, auf die § 224 Anwendung findet[1]. § 226 wird in aller Regel nur bei Eilverfahren wie Arrest oder einstweiliger Verfügung in Betracht kommen, da die gesetzlichen Zwischenfristen ohnehin schon knapp bemessen sind.

II. Verfahren

2 Das Gesetz kennt keine Abkürzung der Zwischenfristen von Amts wegen (Abs. 1). Das ist rechtspolitisch insofern inkonsequent, als ansonsten Amtsbetrieb herrscht. Die Voraussetzungen für den Antrag bestimmen sich nach → § 225 Rdnr. 1. Der Antrag muß ausdrücklich gestellt werden. Eine Abkürzung ist also nicht schon dann statthaft, wenn die Partei lediglich einen möglichst nahen Termin verlangt hat, ohne auf eine Abkürzung einzugehen[2]. Antrags-

---

[1] *MünchKommZPO/Feiber* (1992) Rdnr. 1.   [2] *MünchKommZPO/Feiber* (1992) Rdnr. 3; a. A. *Zöller/Stöber*[18] Rdnr. 2.

berechtigt sind beide Parteien. Anders als bei § 224 Abs. 2 wird nicht gefordert, daß erhebliche Gründe glaubhaft gemacht werden[3]. Entscheidend ist das pflichtgemäße Ermessen des Vorsitzenden (Abs. 3), das aber nachträglich durch das Gericht korrigiert werden kann. Nach Abs. 2 wird die Abkürzung nicht dadurch gehindert, daß durch sie eine Vorbereitung der mündlichen Verhandlung durch Schriftsätze unmöglich wird. Nach Lage des Einzelfalls kann aber eine Vertagung der mündlichen Verhandlung erforderlich werden, ohne daß dies aber zur Regel werden müßte (§ 337 S. 1).

III. Entscheidung

Wenn der Antrag vor der Terminsbestimmung gestellt wird (§ 216), so entscheidet der Vorsitzende. Im Verfahren vor dem Einzelrichter entscheidet dieser (§ 348). Abweichend von § 225 Abs. 2 kann die Abkürzung nach § 226 Abs. 3 ohne Gehör des Gegners und der sonst Beteiligten, z. B. eines Streitgehilfen, bewilligt werden. Die Verfügung wird zum Teil der Terminsbestimmung und ist mit dieser abschriftlich mitzuteilen (→ § 216 Rdnr. 34). Trotz Abs. 2 darf die Rechtsverteidigung des Gegners nicht beeinträchtigt werden. Abkürzungen haben keinen Sinn, wenn sie letztlich verfahrensverlängernd wirken, weil der Gegner wegen der abgekürzten Frist eine Vertagung verlangen kann[4]. Die Einlassungs- und Ladungsfristen enthalten eine gesetzliche typisierte Wertung, wieviel Zeit zur Einarbeitung in einen schwebenden Prozeß erforderlich ist. 3

Abs. 3 ist sinngemäß anzuwenden, wenn der Antrag nach Terminbestimmung, aber vor Ladungszustellung gestellt wird, durch welche die Zwischenfrist in Lauf gesetzt ist. Das gleiche hat in denjenigen Fällen zu gelten, in denen es bei verkündeten Terminen der Ladung oder Terminsbekanntgabe bedarf (§§ 335, 337, 251a). Für die Vorverlegung des Termins nach Ladungszustellung oder Terminsbekanntmachung gilt → § 227 Rdnr. 33. 4

Wird ein Antrag auf Abkürzung abgelehnt, so ist dagegen nach § 567 die Beschwerde statthaft. Diese Möglichkeit ist aber wegen der bestehenden kurzen Fristen nur selten erfolgversprechend. Wird dem Antrag entsprochen, so ist die Verfügung nicht isoliert anfechtbar. Doch kann die Verletzung des rechtlichen Gehörs mit dem Rechtsmittel gegen die betreffende Entscheidung vorgebracht werden. 5

IV. Verfahren in Arbeitssachen

§ 226 gilt grundsätzlich auch für die Einlassungs- und Ladungsfristen in der Arbeitsgerichtsbarkeit (→ dazu § 217 Rdnr. 8 ff.). Wegen der besonders kurzen Zwischenfristen dürfte § 226 aber hier als obsolet angesehen werden können. Es sind kaum Fälle vorstellbar, die einen Anlaß böten, noch unter die Mindestfrist herunterzugehen. 6

§ 227 [Terminsänderung]

(1) Aus erheblichen Gründen kann ein Termin aufgehoben oder verlegt sowie eine Verhandlung vertagt werden. Erhebliche Gründe sind insbesondere nicht
1. das Ausbleiben einer Partei oder die Ankündigung, nicht zu erscheinen, wenn nicht das Gericht dafür hält, daß die Partei ohne ihr Verschulden am Erscheinen verhindert ist;

---

[3] A. A. gegen das Gesetz *MünchKommZPO/Feiber* (1992) Rdnr. 2.   [4] Dazu *BGHZ* 27, 163, 167 ff.

2. die mangelnde Vorbereitung einer Partei, wenn nicht die Partei dies genügend entschuldigt;
3. das Einvernehmen der Parteien allein.

(2) Über die Aufhebung sowie Verlegung eines Termins entscheidet der Vorsitzende ohne mündliche Verhandlung; über die Vertagung einer Verhandlung entscheidet das Gericht. Die Entscheidung ist kurz zu begründen. Sie ist unanfechtbar.

(3) Die erheblichen Gründe sind auf Verlangen des Vorsitzenden, für eine Vertagung auf Verlangen des Gerichts glaubhaft zu machen.

Gesetzesgeschichte: Bis 1900 §§ 205, 206 CPO. Jeweils völlig neu gefaßt durch RGBl. 1924 I 135, 437 (→ Einl. Rdnr. 123) und BGBl. 1976 I 3281 (→ Einl. Rdnr. 159).

Stichwortverzeichnis → *Terminsschlüssel* in § 216 Rdnr. 42.

I. Normzweck	1
II. Begriffe	3
III. Voraussetzungen	4
1. Ermessen; Änderungspflicht	5
2. Erhebliche Gründe im Bereich der Partei	
a) Abs. 1 S. 2 Nr. 1	6
b) Abs. 1 S. 2 Nr. 2	10
c) Abs. 1 S. 2 Nr. 3	12
d) Prozeßunfähige Parteien	13
3. Erhebliche Gründe im Bereich des Prozeßbevollmächtigten	14
a) Schuldlose Terminssäumnis	15
b) Schuldloser Vorbereitungsmangel; Sonstiges	18
c) Auslegungsmaßstäbe	20
4. Erhebliche Gründe wegen anderer Beteiligter	21
5. Erhebliche Gründe in der Sphäre des Gerichts	23
IV. Verfahren	
1. Zuständigkeit	24
2. Entscheidung von Amts wegen; Antrag	25
3. Rechtliches Gehör	26
4. Glaubhaftmachung (Abs. 3)	27
5. Form	28
6. Rechtsbehelfe	31
7. Vorverlegung	33
V. Arbeitsgerichtliches Verfahren	34

I. Normzweck

1   Die Norm will zum einen das Verfahren straffen und die Verfahrensdauer verkürzen. Zum anderen trägt die Regelung dem Grundsatz des rechtlichen Gehörs (Art. 103 Abs. 1 GG) Rechnung, weil dieses u. U. nur durch eine erforderliche Terminsänderung verwirklicht werden kann[1]. Nach Abs. 1 müssen für die Terminsänderung jeweils erhebliche Gründe vorliegen. Dadurch wird ein Rechtsmißbrauch verhindert. Das gleiche Anliegen bringt der in Abs. 1 S. 2 enthaltene Negativkatalog zum Ausdruck. Die Norm ist durch die Vereinfachungsnovelle 1976 verschärft worden (→ Einl. Rdnr. 159), weil die Gerichte aufgrund der jetzt in Abs. 1 S. 2 Nr. 1–3 genannten Tatbestände zu häufig Termine geändert hatten.

2   Termine sind der Parteidisposition entzogen (→ § 224 Rdnr. 1). Deshalb können die Parteien einen Termin nicht im Wege der Vereinbarung aufheben, eine Frist verlängern (§ 224) oder das Ruhen des Verfahrens (§ 251) veranlassen. Vielmehr bedarf es in allen diesen Fällen eines Gerichtsbeschlusses. Einen Rest an Parteimacht enthält lediglich der praktisch unbedeutende § 224 Abs. 1.

---

[1] *OLG Hamm* NJW-RR 1992, 121.

II. Begriffe

Nach Abs. 1 bedeutet Terminsänderung die Aufhebung oder Verlegung eines Termins 3
sowie die Vertagung einer Verhandlung. »Aufhebung« ist die Beseitigung eines Termins vor seinem Beginn, ohne daß ein neuer bestimmt wird. »Verlegung« bedeutet die Beseitigung eines Termins vor seinem Beginn unter gleichzeitiger Bestimmung eines neuen Termins[2]. »Vertagung« meint die Bestimmung eines neuen Termins zur Verhandlung in einem bereits begonnenen, aber noch nicht beendeten Termin (→ § 220 Rdnr. 2). Eine »Fortsetzung« ist im Gegensatz zu einer »Vertagung« dann gegeben, wenn die Verhandlung in einem neuen Termin ohne Wiederholung des bereits Verhandelten zu Ende geführt werden soll. Die dadurch eintretende Unterbrechung wird erst zu einer Vertagung, wenn die zeitlichen Zwischenräume zwischen zwei Terminen so groß sind, daß der Zusammenhang der Verhandlung und die Erinnerung an die bisherigen Verfahrensergebnisse nicht mehr gewährleistet sind[3]. Die »Zurückstellung« hinter eine später angesetzte Sache ist ein Fall der Verlegung, wenn die Sache noch nicht aufgerufen war. Nach Aufruf der Sache handelt es sich um einen besonderen Fall der Vertagung (→ § 220 Rdnr. 8). Die Unterscheidung von »Vertagung« und »Fortsetzung« ist nur von geringer Bedeutung, da im Zivilprozeß der Grundsatz der Einheit der mündlichen Verhandlung gilt.

III. Voraussetzungen

Die Terminsänderung (→ Rdnr. 3) kann von Amts wegen oder auf Antrag vorgenommen 4
werden. Sie setzt nach Abs. 1 S. 1 einen in den Verhältnissen einer Partei oder des Gerichts liegenden erheblichen Grund voraus. Abs. 1 S. 2 nennt typische Beispiele, die keinen erheblichen Grund in diesem Sinne darstellen. Die ZPO wählt hier die seltene Beispielstechnik.

1. Ermessen; Änderungspflicht

Nach dem Wortlaut von Abs. 1 steht die Terminsänderung im Ermessen des Gerichts, selbst 5
wenn ein erheblicher Grund vorliegt. Es gibt daher grundsätzlich keinen Anspruch der Parteien auf Terminsänderung[4]. Ein erheblicher Grund liegt dann vor, wenn ein Verfahrensbeteiligter alles in seinen Kräften stehende und nach Lage der Dinge Erforderliche getan hat, um sich durch Wahrnehmung des Verhandlungstermins rechtliches Gehör zu verschaffen, daran aber ohne sein Verschulden verhindert war[5]. Im übrigen richtet sich das Vorliegen eines erheblichen Grundes je nach Lage des Einzelfalles nach dem Prozeßstoff und nach den persönlichen Verhältnissen der Parteien. Das (pflichtgemäße) Ermessen des Gerichts kann sich zu einer Rechtspflicht zur Vornahme einer Terminsänderung verdichten, wenn ansonsten das rechtliche Gehör (Art. 103 Abs. 1 GG) nicht gewährleistet ist (→ Rdnr. 32 vor § 128)[6]. Liegt bei einer derartigen Ermessensreduzierung ein erheblicher Grund vor, so muß ein Termin selbst dann verlegt werden, wenn das Gericht die Sache für entscheidungsreif hält und die Erledigung des Rechtsstreits durch die Verlegung verzögert wird[7].

---

[2] Vgl. *RGZ* 62, 207, 208; *BAG* BB 1993, 731, 732.
[3] *OLG Köln* OLGZ 1984, 245, 247 m. zust. Anm. P. Weber Rpfleger 1984, 281 (Zwangsversteigerungsverfahren).
[4] *BVerwG* Buchholz 310 § 132 VwGO Nr. 266.
[5] *BVerwG* NJW 1992, 3185; 1986, 1057.
[6] *BFH* BB 1992, 1989, 1990; auch *BSG* NJW 1992, 1190 (rücksichtslose Terminsbestimmung); *BVerwG* NJW 1992, 2042; 1992, 852, 853; 1991, 2097; auch NJW 1992, 3185 f.; *OLG Hamm* NJW-RR 1992, 121.
[7] *BFH* BB 1992, 1989, 1990.

2. Erhebliche Gründe im Bereich der Partei

a) Abs. 1 S. 2 Nr. 1

6   Erhebliche Gründe für eine Terminsänderung, die in den Verhältnissen der Partei liegen, sind auf dem Hintergrund des in Abs. 1 S. 2 enthaltenen Negativkataloges zu interpretieren. Danach ist es kein Grund für eine Terminsänderung, wenn die Partei im Termin ausbleibt oder vorher einfach ankündigt, sie werde im Termin nicht erscheinen (Abs. 1 S. 2 Nr. 1). Anders liegt es lediglich, wenn das Ausbleiben der Partei nach Überzeugung des Gerichts nicht auf ihrem Verschulden beruht. Abs. 1 S. 2 Nr. 1 formuliert das Gemeinte eher umständlich.

7   Ein Verschulden der Partei liegt nicht vor, wenn die Ladungs- oder Einlassungsfristen nicht eingehalten werden. Andere erhebliche Gründe, die ein Verschulden ausschließen, sind denkbar. So liegt es etwa im Parteiprozeß bei einer Verhinderung wegen Krankheit der nicht durch einen Prozeßbevollmächtigten vertretenen Partei oder bei einer Anordnung des persönlichen Erscheinens nach § 141 Abs. 1 S. 1. Gleich zu behandeln ist der Fall einer durch Krankheit verhinderten Prozeßpartei, die zwar durch einen Prozeßbevollmächtigten vertreten ist, aber ein besonderes Interesse an der Teilnahme besitzt[8]. So gestattet etwa § 357 Abs. 1 den Parteien die Teilnahme an der Beweisaufnahme. Erheblich werden können auch andere Gründe aus dem persönlichen Bereich wie z. B. ein Todesfall oder die beabsichtigte Einhaltung eines religiösen Feiertages am Terminstag. Dagegen sind Urlaub oder Auslandsaufenthalt der Prozeßpartei nur dann ein erheblicher Grund für eine Terminsänderung, wenn die Reise nicht verschoben werden kann oder eine Verschiebung unzumutbar ist[9]. Auch braucht z. B. eine schon bewilligte Kur nicht verschoben zu werden. Nicht ausreichend ist es allerdings in der Regel, daß eine solche Reise »längst geplant« war, weil die Verschiebung im Einzelfall durchaus zumutbar sein kann[10]. In Betracht kommt auch die Pflegebedürftigkeit von Angehörigen, wenn die rechtzeitige Beschaffung einer Pflegekraft nicht möglich ist[11]. Der Termin braucht nicht verschoben zu werden, selbst wenn in einem ärztlichen Attest Kurzschlußreaktionen von Seiten des Schuldners naheliegen[12].

8   Bei Nr. 1 können die für ähnliche Regelungen anerkannten Fallgruppen herangezogen werden, wenn sie mit den dort zum Ausdruck gebrachten Wertungen übereinstimmen. So rechtfertigen Umstände, die eine Säumnis i. S. von § 337 entschuldigen, auch regelmäßig eine Terminsänderung. Ebenso liegt es für Gründe, die bei Fristversäumung zu einer Wiedereinsetzung in den vorigen Stand führen, wenn die Partei deshalb den Termin nicht wahrnehmen kann (näher → § 233 Rdnr. 64 [Wiedereinsetzungsschlüssel], insbesondere die Stichwörter → »Abwesenheit« [Rdnr. 64], → »Urlaub« [Rdnr. 81]).

9   Ist eine vorgenommene Terminsänderung prozessual nicht gerechtfertigt, so kann der Gegner daraus keinen Anspruch herleiten, nunmehr seinerseits aus denselben unzutreffenden Gründen eine Terminsänderung zu fordern. Die prozessuale Waffengleichheit (→ Einl. Rdnr. 506 und → Rdnr. 62 vor § 128) rechtfertigt keine Verfestigung unrechtmäßiger Prozeßlagen[13].

---

[8] So auch *BFH* NJW 1991, 2104 (LS); *BVerwG* NJW 1991, 2097; *OLG Köln* NJW-RR 1990, 1341, 1342 (keine hinreichende Terminsvorbereitung); dazu auch *Rößler* DStZ 1991, 410 (finanzgerichtliches Verfahren).
[9] *BVerwGE* 81, 229, 233f. (gebuchte und bezahlte Auslandsreise); *BVerwG* VerwRsp 24, 380 (Nr. 85).
[10] Anders *BFH* BFH/NV 1989, 379, 380; *Baumbach/Lauterbach/Hartmann*[51] Rdnr. 12.
[11] Dazu *BVerwG* NJW 1992, 2042; einschränkend *BFH* BFH/NV 1986, 178, 180.
[12] *LG Düsseldorf* Rpfleger 1989, 73 (Offenbarungstermin).
[13] A. A. *MünchKommZPO/Feiber* (1992) Rdnr. 1; *Lützeler* NJW 1973, 1447, 1448.

b) Abs. 1 S. 2 Nr. 2

Nach Abs. 1 S. 2 Nr. 2 rechtfertigt die mangelnde Vorbereitung einer Partei keine Terminsänderung, wenn sie es nicht genügend entschuldigt. So kann es z.B. liegen, wenn ihr zur Durcharbeitung eines umfangreichen Schriftsatzes oder Gutachtens zu wenig Zeit verbleibt[14]. Vergleichbar ist es, wenn sie sich wegen Krankheit[15], Urlaubs oder aus ähnlichen Gründen nicht vorbereiten konnte, oder wenn es in einer schwierigen Sache zu einem kurzfristigen unverschuldeten Wechsel des Prozeßbevollmächtigten kommt. Das kann etwa bei einer Mandatsentziehung wegen Erschütterung des Vertrauensverhältnisses der Fall sein[16]. Ein Anspruch auf Terminsänderung besteht, wenn der Partei zwischen einer Mandatsniederlegung und dem Verhandlungstermin keine ausreichende Zeit gegeben wird, sich um ihre Vertretung zu kümmern[17].

Entschuldigt ist die Partei auch dann, wenn sie in der rechtlichen oder tatsächlichen Beurteilung einer Sache entweder vom Gericht oder von einer Partei überrumpelt wurde. So liegt es etwa bei einem überraschenden Wechsel in der Beurteilung eines Sachverhalts oder einer Rechtslage, mit der zu befassen sie bisher keinen Anlaß hatte. Ein Beispiel ist der plötzliche Rückgriff des Gerichts auf ausländisches Recht. Eine Entschuldigung ist insbesondere anzunehmen, wenn die Partei im Termin vom Gericht oder von der Gegenpartei mit einer Tatsachen- oder Rechtslage konfrontiert wird, mit der sie sich nicht ad hoc auseinandersetzen kann. Es muß hier durch Terminsänderung eine ausreichende Vorbereitungszeit ermöglicht werden (→ § 139 Rdnr. 26)[18]. Das Ergebnis folgt auch aus den in § 278 Abs. 3, 4 enthaltenen Wertungen.

c) Abs. 1 S. 2 Nr. 3

Nr. 3 bringt zum Ausdruck, daß die Parteien keine Herrschaft über die Termine besitzen. Für das Gericht ist daher das bloße Einvernehmen der Parteien über eine Terminsänderung unbeachtlich. Diese Regelung schließt eine Änderung gleichwohl nicht aus, wenn zusätzliche Umstände gegeben sind, die wegen des Einvernehmens der Parteien die Prognose rechtfertigen, der Prozeß könne dadurch gefördert werden. So liegt es bei einem einverständlichen Begehren auf Terminsänderung im Hinblick auf geführte außergerichtliche Vergleichsverhandlungen. Dasselbe gilt bei Verhandlungen über eine Klagerücknahme oder eine Erklärung der Erledigung der Hauptsache, einen möglichen Klageverzicht oder ein beabsichtigtes Anerkenntnis. Das Gericht kann wegen des Rechtsfriedenszweckes des Prozesses (→ Einl. Rdnr. 11) derartige übereinstimmende Parteiäußerungen nicht ohne weiteres als unbeachtlich oder als unglaubwürdig ansehen. Das Gericht muß im Gegenteil eine einverständliche Beilegung des Rechtsstreits oder einzelner Punkte fördern, so daß es zu einer besonderen Zurückhaltung verpflichtet ist, wenn die Parteien eine zur Erreichung dieses Zieles dienende Terminsänderung beantragen. § 227 darf nicht dazu führen, daß das Gericht den Prozeß gegen den Willen der Partei betreibt, da die letzte Verantwortung für den Prozeß bei den Parteien selbst liegt.

---

[14] *OLG München* ZZP 82 (1969), 156, 157 m. Anm. *Vollkommer*; (ausreichende Vorbereitungszeit bei der Zustellung der Klage am 31.5. und dem Termin am 6.7.).
[15] Z.B. *BVerwG* NVwZ-RR 1990, 257 (LS); 1990, 422.
[16] *BVerwG* NJW 1986, 339 f.
[17] *BVerwG* NJW 1993, 80.
[18] *Lützeler* NJW 1973, 1447, 1448; beschränkt auf Überrumpelung durch das Gericht *Baumbach/Lauterbach/Hartmann*[51] Rdnr. 12.

d) Prozeßunfähige Parteien

13 Bei prozeßunfähigen Parteien kommt es für die Beurteilung, ob im Parteibereich erhebliche Gründe für eine Terminsänderung vorliegen, auf das Verhalten des gesetzlichen Vertreters an.

3. Erhebliche Gründe im Bereich des Prozeßbevollmächtigten

14 Der Negativkatalog des Abs. 1 S. 2 Nr. 1–3 bezieht sich dem Wortlaut nach nur auf die Partei, nicht auch auf deren Prozeßbevollmächtigten. Wegen der in § 85 Abs. 2 zum Ausdruck kommenden Wertung darf aber ein Termin auch aus erheblichen Gründen geändert werden, die mit der Person des Prozeßbevollmächtigten zusammenhängen[19]. So kann eine Mandatsniederlegung zur Unzeit ein Verschulden des Rechtsanwalts bedeuten, das der Partei zugerechnet wird. Die erheblichen Gründe im Bereich des Prozeßbevollmächtigten machen ohnehin die in der Praxis häufigsten Fälle aus. Ein erheblicher Grund ist deshalb regelmäßig zu verneinen, wenn ein Anwalt schuldhaft im Termin ausbleibt oder sein Nichterscheinen ankündigt (Nr. 1) oder sich unentschuldigt auf seine fehlende Vorbereitung beruft.

a) Schuldlose Terminssäumnis

15 Eine Terminsänderung ist nach Abs. 1 S. 1 zulässig, wenn der Anwalt schuldlos einen Termin nicht wahrnehmen kann. Hierzu zählen eine plötzliche Erkrankung[20], die unverschuldete Nichtrückkehr von einer Reise z. B. wegen Ausfalles des Rückflugs aufgrund von Nebels oder Streiks sowie sonstige Hindernisse, rechtzeitig zum Termin zu erscheinen. Dazu rechnen Fahrzeugpannen, Unfälle, Zugverspätungen, Staus, ferner Todesfälle sowie schwere Erkrankungen im Familienkreis (auch → Rdnr. 7). Bei der Anreise darf sich ein Prozeßbevollmächtigter grundsätzlich auf die Einhaltung der planmäßigen Beförderungszeiten in öffentlichen Verkehrsmitteln verlassen[21]. Im Falle einer längeren Erkrankung, eines Urlaubes[22] oder von vorhersehbaren Reisen muß jedoch der Anwalt für eine Vertretung sorgen (§ 53 BRAO) (auch → § 233 »Abwesenheit [Partei, Anwalt, Sonstige]« Rdnr. 64)[23]. Ein erheblicher Grund i. S. von Abs. 1 S. 1 liegt in der Regel vor, wenn derselbe Umstand bei einer Fristversäumung die Wiedereinsetzung in den vorigen Stand rechtfertigen würde (auch → Rdnr. 8). Überhaupt darf ein Termin nicht so bestimmt werden, daß es einem Verfahrensbeteiligten von vornherein unmöglich ist, ihn wahrzunehmen[24].

16 Wenn eine Sozietät beauftragt wird, so ist eine Terminsänderung gerechtfertigt, wenn der sachbearbeitende Anwalt den Termin aus einem der genannten Gründe nicht wahrnehmen kann[25]. Ebenso liegt es, wenn die allein sachkundige Partei sich in Urlaub befindet[26].

17 Wenn ein Anwalt gleichzeitig einen Termin vor einem anderen Richter wahrzunehmen hat, so ist ein Verschulden zu verneinen, wenn dieser andere Termin früher anberaumt wurde und eine Terminsverlegung nicht möglich ist[27]. Anders kann es bei einer Sozietät liegen, wenn sich auch ein anderer Anwalt in die Sache einarbeiten kann[28].

---

[19] *OLG Frankfurt a. M.* AnwBl 1980, 151, 152.
[20] *BFH* BFH/NV 1991, 756, 757 (Zahnarzttermin).
[21] *BVerwG* NJW 1986, 1057, 1058.
[22] *BSG* SGb 1985, 165, 166.
[23] *BFH* BFH/NV 1989, 175, 176.
[24] *BSG* NJW 1992, 1190.
[25] *BVerwG* NJW 1984, 882 (plötzliche Erkrankung zwei Tage vor dem Termin); ferner *Franzki* NJW 1979, 9, 11; *Brangsch* AnwBl 1977, 274, 278; *Zimmermann* BB 1984, 478, 479; a.A. *Baumbach/Lauterbach/Hartmann*[51] Rdnr. 10.
[26] *OLG Hamm* NJW-RR 1992, 121.
[27] In diesem Sinne *BFH* BFH/NV 1991, 830, 831; 1988, 585; einschränkend wohl *FG Hessen* EFG 1988, 249 (LS); wohl auch *OLG Hamm* OLGZ 1989, 363, 364; a.A. *Baumbach/Lauterbach/Hartmann*[51] Rdnr. 14.
[28] *VGH Baden-Württemberg* VBlBW 1984, 175, 176.

b) Schuldloser Vorbereitungsmangel; Sonstiges

Eine Terminsänderung ist gerechtfertigt, wenn der Prozeßbevollmächtigte ohne Verschulden außerstande war, sich auf die Verhandlung vorzubereiten (→ Rdnr. 14). Insbesondere muß bei einem Anwaltswechsel der Termin geändert werden, damit der neue Prozeßbevollmächtigte ausreichend Einarbeitungszeit hat[29].

Eine Terminsänderung wird nicht durch das bloße Einvernehmen der Prozeßbevollmächtigten gerechtfertigt (→ Rdnr. 12). Doch ist sie bei Hinzutreten sonstiger schwerwiegender Umstände möglich (→ Rdnr. 12).

c) Auslegungsmaßstäbe

Bei der Anwendung des § 227, insbesondere bei der Auslegung des in Abs. 1 S. 2 Nr. 1–3 enthaltenen Negativkataloges sind keine überstrengen Maßstäbe anzulegen[30]. Auf die berechtigten Belange der Prozeßparteien muß stets Rücksicht genommen werden. Eine kleinliche Handhabung ist zu vermeiden, da die letzte Verantwortung für das Betreiben des Prozesses in der Hand der Parteien liegt. § 227 ZPO ist in besonderem Maße im Lichte des Art. 103 Abs. 1 GG auszulegen (→ Rdnr. 1). Doch ist nicht zu vertagen, wenn die Beteiligten ihre Prozeßförderungspflicht vernachlässigen[31].

4. Erhebliche Gründe wegen anderer Beteiligter

Die erheblichen Gründe des Abs. 1 müssen nicht in der Person der Prozeßparteien oder deren Prozeßbevollmächtigter vorliegen. Vielmehr reicht es auch aus, wenn etwa ein Zeuge oder ein Sachverständiger nicht erscheint, der zum Termin geladen ist. Auch das Nichterscheinen oder die mangelhafte Vorbereitung des Nebenintervenienten können als ein erheblicher Grund für eine Terminsänderung angesehen werden (auch → § 67 Rdnr. 19).

Eine Terminsänderung kann auch gerechtfertigt sein, wenn die betreffenden Gründe nur bei einem der Streitgenossen vorliegen. Dabei ist stets Voraussetzung, daß der vorgetragene Umstand ein erheblicher Grund i. S. von Abs. 1 S. 1 ist, der bei einem Prozeß ohne Streitgenossenschaft eine Terminsänderung nach den Grundsätzen von oben → Rdnr. 6ff. rechtfertigen würde. Ist das zu bejahen, so muß es gleichwohl nicht zwangsläufig zu einer Terminsänderung kommen. Vielmehr kommt bei einer einfachen Streitgenossenschaft auch eine Prozeßtrennung in Betracht (→ § 145 Rdnr. 5). Bei einer notwendigen Streitgenossenschaft scheidet die Prozeßtrennung dagegen aus. Da sich dort aber die Streitgenossen vertreten (→ § 62 Rdnr. 30ff.), kann unter Umständen der Termin auch dann durchzuführen sein, wenn nur bei einem der notwendigen Streitgenossen ein erheblicher Grund besteht.

5. Erhebliche Gründe in der Sphäre des Gerichts

Erhebliche Gründe können auch in der Sphäre des Gerichts wurzeln und eine Terminsänderung erforderlich machen. § 227 kommt auch in diesem Bereich zur Anwendung. So liegt es z. B., wenn ein Richter plötzlich erkrankt oder den Termin aus sonstigen Gründen nicht wahrnehmen kann, weil z. B. der Sitzungssaal wegen unvorhersehbarer Bauarbeiten (z. B. Wasserrohrbruch) nicht zur Verfügung steht.

---

[29] BGHZ 27, 163, 169.
[30] MünchKommZPO/Feiber (1992) Rdnr. 1; E. Schneider MDR 1977, 793; Brangsch AnwBl 1977, 274, 278; Putzo AnwBl 1977, 429, 432f.; Franzki NJW 1979, 9, 11; strenger Hartmann NJW 1978, 1457, 1458.
[31] FG Hessen EFG 1991, 36.

IV. Verfahren

1. Zuständigkeit

24 Nach § 227 Abs. 2 S. 1 ist der Vorsitzende für Aufhebung und Verlegung des Termins zuständig. Bei der Vertagung ist zuständig die Kammer oder der Senat, da ohnehin im Termin vertagt wird (→ Rdnr. 3). Der Einzelrichter (§ 348), der allein zuständige Vorsitzende der Kammer für Handelssachen (§ 349) und der Richter am Amtsgericht haben die Zuständigkeit für alle Terminsänderungen. Die gleiche Befugnis wie der Vorsitzende hat auch der kommissarische Richter (§ 229).

2. Entscheidung von Amts wegen; Antrag

25 Der Termin kann von Amts wegen oder auf Antrag geändert werden. Der Antrag ist formlos, unterliegt aber im Anwaltsprozeß dem Anwaltszwang (§ 78). Ein unwirksamer Antrag kann als Anregung für eine Entscheidung von Amts wegen von Bedeutung sein. Auch kann die Anregung zu einer Terminsänderung von Dritten wie einem Zeugen oder Sachverständigen ausgehen. Dann ergeht die Entscheidung von Amts wegen.

3. Rechtliches Gehör

26 Den Parteien ist in der Regel rechtliches Gehör zu gewähren, wenngleich es sich bei der Terminsänderung lediglich um eine prozeßleitende Entscheidung handelt. Die Anhörung der Gegenpartei ist aber nicht zwingend vorgeschrieben (→ Rdnr. 47 vor § 128). Eine Anhörung unterbleibt insbesondere, wenn dadurch die Durchführung der Terminsänderung unmöglich gemacht wird, z. B. wegen eines zu knappen Zeitraumes für die Umladung von Zeugen. Sie ist auch dann nicht erforderlich, wenn das Gericht von Amts wegen einen Termin aus erheblichen Gründen ändert, die aus der Sphäre des Gerichts herrühren (→ Rdnr. 23). Bei einer beantragten Änderung empfiehlt es sich stets, auch den Gegner zu hören. Dabei reicht eine fernmündliche Anhörung aus. Wird der Antrag auf Terminsänderung abgelehnt, so braucht der Gegner nie gehört zu werden.

4. Glaubhaftmachung (Abs. 3)

27 Die erheblichen Gründe müssen nicht stets glaubhaft gemacht werden. Nach Abs. 3 ist das nur auf Verlangen des für die Änderung zuständigen (→ Rdnr. 24) Richters oder Gerichts der Fall. Die Glaubhaftmachung muß verlangt werden, wenn Zweifel an der Richtigkeit der Angaben bestehen[32]. Dazu muß eine kurze Frist eingeräumt werden[33]. Es gilt § 294. Formelhafte Begründungen, wie z. B. Arbeitsüberlastung, reichen nicht aus[34]. Anträge, die »in letzter Minute« gestellt werden, sind besonders kritisch zu prüfen. Der Richter wird auch durch solche Anträge nicht zur Entscheidung vor Anhörung des Gegners verpflichtet. Anderes gilt bei rechtzeitig gestellten Anträgen[35]. Es sind gerade in derartigen Fällen besonders hohe Anforderungen an die Substantiierung zu stellen[36]. Im Einzelfall muß ggf. ein Arzt zur telefonischen Bestätigung veranlaßt werden. Im Regelfall genügt ein ärztliches Attest[37].

---

[32] *OLG Köln* NJW-RR 1990, 1341, 1343; *OLG Frankfurt a. M.* AnwBl 1980, 151, 152; *Baumbach/Lauterbach/Hartmann*[51] Rdnr. 6; auch *BFH* BFH/NV 1991, 764 re. Sp.
[33] *OLG Köln* NJW-RR 1990, 1341, 1343.
[34] *FG Hessen* EFG 1991, 35.
[35] *OLG Karlsruhe* MDR 1991, 1195.
[36] *BFH* BFH/NV 1988, 651; ferner *BSG* NJW 1987, 919, 920.
[37] Dazu auch → Rdnr. 15.

5. Form

In allen Fällen der Vertagung (→ Rdnr. 3) ist ein Beschluß zu erlassen. Bei Aufhebung und Verlegung durch den Vorsitzenden (Einzel- oder Amtsrichter) genügt eine Verfügung. Der aufgrund mündlicher Verhandlung ergehende Beschluß wird verkündet (§ 329 Abs. 1). Ein nichtverkündeter Beschluß ist nach § 329 Abs. 2 stets beiden Parteien von Amts wegen mitzuteilen. Die Terminsverlegung muß wegen § 329 Abs. 2 S. 2 förmlich zugestellt werden. Mit der Verlegung ist die Ladung zu dem neuen Termin verbunden. 28

Beschluß oder Verfügung sind nach § 227 Abs. 2 S. 2 kurz zu begründen. Darin muß der Grund für die Terminsänderung aus Gründen der Selbstkontrolle in kürzester Form ersichtlich gemacht werden. Bei stattgebenden Entscheidungen darf auch auf die Antragsbegründung Bezug genommen werden. Die Entscheidung ist gleichwohl auch bei fehlender Begründung wirksam. Bei Dienstaufsichtsbeschwerden muß § 26 Abs. 2 DRiG beachtet werden. 29

Die ZPO kennt keine »stillschweigende« Terminsänderung[38]. Der Antragsteller kann daher nicht davon ausgehen, eine Terminsänderung sei beschlossen worden, wenn über einen Antrag nicht rechtzeitig entschieden worden ist. Daran ändert auch die Formulierung nichts, der Antragsteller »gehe davon aus«, daß seinem Antrag entsprochen werde. Es empfiehlt sich daher stets ein vorheriger Anruf bei Gericht[39]. Bei einem rechtzeitig gestellten Antrag ist eine Ablehnung durch Schweigen des Gerichts stets unzulässig[40]. 30

6. Rechtsbehelfe[41]

Nach § 227 Abs. 2 S. 3 ist grundsätzlich jede Entscheidung unanfechtbar. Anders als in § 567 vorgesehen ist daher auch die Zurückweisung eines Antrags auf Terminsänderung unanfechtbar[42]. § 227 Abs. 2 S. 3 ist lex specialis zu § 567. Unerheblich ist es nach dem Gesagten, ob es sich um ablehnende oder um stattgebende Verfügungen oder Beschlüsse handelt[43]. Ganz ausnahmsweise darf eine Beschwerde in analoger Anwendung des § 252 zugelassen werden, wenn die Entscheidung zu einem faktischen Stillstand des Verfahrens führt oder umgekehrt dem Verfahren entgegen einem Ruhensgesuch Fortgang gegeben wird[44]. Doch ist hierbei große Zurückhaltung geboten. 31

Eine Beurteilung durch die höhere Instanz nach §§ 512, 548 ist wegen § 227 Abs. 2 S. 3 ausgeschlossen[45]. Die Verletzung des rechtlichen Gehörs wird mit der Anfechtung der Hauptsacheentscheidung gerügt (→ auch Rdnr. 56 vor § 128). Es liegt ein Fall des § 539 vor[46]. 32

7. Vorverlegung

Wenn der Termin auf einen früheren Tag verlegt werden soll, so liegt hierin eine Abkürzung der Zwischenfrist (Einlassungs- oder Ladungsfrist), wenn diese bereits durch die Zustellung der Ladung (§ 214, auch § 335 Abs. 2, § 337 S. 2) oder der Terminsbekanntmachung (§ 251a) in Lauf gesetzt war. Unerheblich ist es, ob die Zwischenfrist dadurch das gesetzliche 33

---

[38] OLG Karlsruhe MDR 1991, 1195.
[39] BGH NJW 1982, 888 ff.
[40] OLG Karlsruhe MDR 1991, 1195; ferner BVerwG ZBR 1984, 310, 311.
[41] Dazu Walchshöfer NJW 1974, 2291.
[42] S. auch RGZ 111, 288, 290; ferner auch LAG Frankfurt a. M. NZA 1992, 188 (LS) (fehlerhafte Präsidiumsentscheidung als Grundlage für Terminsverlegungen).
[43] OLG Hamburg SeuffArch 56 (1901), 30 (Terminverlegung).
[44] Vgl. OLG München NJW-RR 1989, 64 (Ablehnung der Terminsaufhebung); Baumbach/Lauterbach/Hartmann[51] Rdnr. 27; MünchKommZPO/Feiber (1992) Rdnr. 13.
[45] MünchKommZPO/Feiber (1992) Rdnr. 13; a. A. → Voraufl. Rdnr. 57; Baumbach/Lauterbach/Hartmann[51] Rdnr. 26.
[46] OLG Hamm NJW-RR 1992, 121.

Mindestmaß unterschreitet oder nicht. In diesem Fall ist der Gegner entsprechend § 225 Abs. 2 zu hören.

V. Arbeitsgerichtliches Verfahren

34 § 9 Abs. 1 S. 1 ArbGG bringt für das Verfahren in Arbeitssachen das Erfordernis der Beschleunigung in allen Rechtszügen zum Ausdruck. Daher ist hier bei Terminsänderungen eine noch stärkere Zurückhaltung angebracht als im Zivilprozeß[47]. Die Zuständigkeit für die Aufhebung und Verlegung ergibt sich aus → Rdnr. 24 und → § 225 Rdnr. 12.

§ 228   [weggefallen]

Gesetzesgeschichte: Bis 1900 § 206 CPO. Durch RGBl. 1924 I 135, 437 (→ Einl. Rdnr. 123) wurde § 228, der das Verfahren von Amts wegen betraf, aufgehoben. Seitdem ist die Materie in dem (damals neu formulierten) § 227 mitgeregelt.

§ 229   [Beauftragter oder ersuchter Richter]

Die in diesem Titel dem Gericht und dem Vorsitzenden beigelegten Befugnisse stehen dem beauftragten oder ersuchten Richter in bezug auf die von diesen zu bestimmenden Termine und Fristen zu.

Gesetzesgeschichte: Bis 1900 § 207 CPO.

Stichwortverzeichnis → *Terminsschlüssel* in § 216 Rdnr. 42.

I. Identische Befugnisse ... 1	III. Beschwerde ... 3
II. Arbeitsgerichtliches Verfahren ... 2	

I. Identische Befugnisse

1 Der beauftragte Richter (§ 279 Abs. 1 S. 2, § 361) und der ersuchte Richter (§ 279 Abs. 1 S. 2, § 362) haben die gleichen Befugnisse (Aufgaben) wie der Vorsitzende. Das betrifft insbesondere die §§ 216, 224, 227. Unabhängig von der Anfechtbarkeit der Entscheidung des Vorsitzenden ist stets der Rechtsbehelf des § 576 Abs. 1 gegeben (§ 577 Abs. 4)[1]. Das Prozeßgericht kann aber dem kommissarischen Richter keine Weisungen erteilen[2].

II. Arbeitsgerichtliches Verfahren

2 Im arbeitsgerichtlichen Verfahren hat § 229 nur eine beschränkte Bedeutung, da das Arbeitsgerichtsgesetz einen beauftragten Richter nicht kennt. Doch kann nach § 46 Abs. 2,

---

[47] *LAG Frankfurt a. M.* AP 50 Nr. 161 mit zust. Anm. *Bötticher.*

[1] A.A. *MünchKommZPO/Feiber* (1992) Rdnr. 2, der von seiner abweichenden Grundhaltung aus jeden Rechtsbehelf für unzulässig hält.
[2] *Zöller/Stöber*[18] Rdnr. 2.

§ 64 Abs. 6, 7, § 80 Abs. 2, § 87 Abs. 2 ArbGG mit einem Rechtshilfeersuchen an ein Arbeitsgericht oder an ein Amtsgericht (§ 13 Abs. 1 ArbGG) einem ersuchten Richter die Beweisaufnahme oder die Vornahme eines Güteversuchs übertragen werden.

III. Beschwerde

Nach richtiger Auffassung ist wegen § 576 Abs. 2, § 577 Abs. 4 die Beschwerde gegen Entscheidungen des Prozeßgerichts nur insoweit zulässig, als die Maßnahme des beauftragten oder ersuchten Richters der Beschwerde unterliegen würde, wenn sie das Prozeßgericht getroffen hätte[3]. 3

---

[3] *Zöller/Stöber*[18] Rdnr. 2; a.A. *Baumbach/Lauterbach/Hartmann*[51] Rdnr. 2 (einfache Beschwerde nach § 567 Abs. 1 stets statthaft).

Vierter Titel
Folgen der Versäumung. Wiedereinsetzung in den vorigen Stand

§ 230 [Folge der Versäumung einer Prozeßhandlung]

Die Versäumung einer Prozeßhandlung hat zur allgemeinen Folge, daß die Partei mit der vorzunehmenden Prozeßhandlung ausgeschlossen wird.

Gesetzesgeschichte: Bis 1900 § 208 CPO.

Stichwortverzeichnis → *Wiedereinsetzungsschlüssel* in § 233 Rdnr. 62.

I. Inhalt des vierten Titels	1	IV. Versäumung der Prozeßhandlung	8
II. Folgen der Versäumung	2	V. Verfahren in Arbeitssachen	9
1. Versäumung des Termins	3	VI. Wiedereinsetzungsvorschriften außerhalb der ZPO	10
2. Korrektur der Säumnisfolgen	6		
III. Normzweck des § 230	7		

I. Inhalt des vierten Titels

1 Der vierte Titel (§§ 230–238) enthält in den §§ 230, 231 die allgemeinen Rechtsfolgen aus der Versäumung einer Prozeßhandlung und behandelt in den §§ 233–238 die Wiedereinsetzung in den vorigen Stand i.S. der Beseitigung dieser Folgen für die Versäumung bestimmter Fristen. Dabei regelt § 233 als Herzstück des vierten Titels die inhaltlichen Voraussetzungen der Wiedereinsetzung, wogegen die §§ 234–238 deren Verfahren bestimmen. Der vierte Titel bedeutet demnach eine teilweise Ergänzung des dritten Titels (§§ 214–229) hinsichtlich der Termine und Fristen. Der frühere § 232 betraf Minderjährige und das Verschulden des Vertreters. Die Norm wurde aufgehoben durch die Vereinfachungsnovelle vom 3.12.1976 (BGBl. I 3281) und ist jetzt inhaltlich in § 51 Abs. 2, § 85 Abs. 2 enthalten. Die Kommentierung zum Verschulden des gesetzlichen Vertreters und des Bevollmächtigten findet sich im Wiedereinsetzungsschlüssel zu § 233 bei den Stichwörtern »Anwaltsverschulden« (→ Rdnr. 64) und »Abwesenheit (Partei, Anwalt, Sonstige)« (→ Rdnr. 64) sowie in § 51 und § 85. Für die Versäumnisse von Zeugen und Sachverständigen (§§ 380ff., 402) kann der vierte Titel ebenfalls Bedeutung erlangen (→a.A. Voraufl. vor § 230 Rdnr. 6). Das folgt aus § 387 Abs. 3. Hat der Zeuge im Zwischenstreit über die Zeugnisverweigerung die Frist des § 577 Abs. 2 versäumt, so ist er wegen § 230 mit der sofortigen Beschwerde ausgeschlossen. Auf ihn finden daher die §§ 233ff. Anwendung, wenn ein Wiedereinsetzungsgrund vorliegt[1].

II. Folgen der Versäumung[2]

2 Das Gesetz versteht unter den Folgen der Versäumung alle Rechtsnachteile, die auf der Nichtbeachtung der für das prozessuale Handeln gesetzten Zeitgrenzen entstehen. Die Partei

---

[1] Zutr. *MünchKommZPO/Feiber* (1992) Rdnr. 4.
[2] Vgl. *v. Canstein* ZZP 16 (1891), 1; *Hergenhahn* Gruchot 39, 332; *Jauernig* ZPO²³ § 31 I; *Lüderitz* ZZP 78 (1965), 131; *Rosenberg/Schwab/Gottwald*¹⁵ § 70 I; *Säkker* ZZP 80 (1967), 421; *Schultzenstein* ZZP 39 (1909), 1; *Troll* Das Versäumnisurteil (1887), 7ff.; 79ff. – Ferner Literatur in § 233 Fn. 1.

wird auf diese Weise veranlaßt (→ Einl. Rdnr. 233 ff.), diese Zeitspannen i. S. von Fristen, Terminen oder Prozeßabschnitten einzuhalten, ohne daß eine prozessuale Pflicht zum Handeln bestünde. Andernfalls droht nach § 230 der Verlust des Rechts zur Vornahme der Handlung und zwar nach § 231 in den meisten Fällen ohne Androhung und ohne Antrag des Gegners. Die Zeitbestimmungen sind überwiegend so ausgestaltet, daß die Parteitätigkeit nach Ablauf der dafür vorgeschriebenen Zeit ausgeschlossen ist (auch → Rdnr. 16 vor § 214). Nur ausnahmsweise endet die Handlungsbefugnis erst mit einem weiteren Ereignis nach Ablauf der Frist. So liegt es in den Fällen der §§ 109 Abs. 2, 113 (283 S. 2, 529), 356, 364 Abs. 3, 431, 694 (699), 951. Bei einem zur mündlichen Verhandlung bestimmten Termin tritt in der Regel schon auf die erste Ladung hin die Versäumnisfolge ein.

1. Versäumung des Termins

Die Versäumung einzelner Handlungen hat nach § 230 stets als allgemeine Folge den 3 Ausschluß mit der versäumten Prozeßhandlung. Besondere Folgen sind der Rechtsnachteil des Zugeständnisses nach §§ 138, 239 Abs. 4, der Genehmigung im Falle des § 85, der Anerkennung einer Urkunde nach § 439 Abs. 3 u. a. Die Kostenfolgen ergeben sich aus den §§ 95, 238 Abs. 4, 344.

Für die einzelnen Prozeßhandlungen enthalten weitere besondere Versäumnisfolgen die 4 §§ 39, 109, 113, 175, 244 Abs. 2, 251 Abs. 2, 267, 295, 522a Abs. 2, 531, 556 Abs. 2, 558, 617, 640, 701, 769 Abs. 2 (771 Abs. 3, 785 f., 805 Abs. 4), 840 Abs. 2, 881, 926 Abs. 2 (934), 942, 1029. Weiter sind zu nennen die im Aufgebotsverfahren eintretenden Rechtsnachteile nach den §§ 947 Abs. 1 Nr. 3, 981, 987, 988, 995, 997, 1002 Abs. 6, 1008.

Von der Versäumung einer Prozeßhandlung muß die Säumnis im Termin unterschieden 5 werden. Die Versäumung des Termins hat den Erlaß eines Versäumnisurteils nach §§ 330 ff., 542, 557 oder eine Entscheidung nach Lage der Akten zur Folge (§ 251a, § 331a). Es handelt sich um Sonderregelungen zu den §§ 230–238, weil das bloße Erscheinen keine Prozeßhandlung i. S. des § 230 ist[3]. Bleibt die Partei trotz Anordnung des persönlichen Erscheinens aus, so kann gegen sie nach § 141 Abs. 3 ein Ordnungsgeld verhängt werden. Bleibt die Partei im Vernehmungstermin aus, so gilt § 454. Erscheint der zur Abgabe der eidesstattlichen Versicherung Verpflichtete nicht, so treten die Folgen des § 901 ein. Im Falle des Verteilungstermins wird nach § 877 Abs. 1 Einverständnis angenommen.

2. Korrektur der Säumnisfolgen

Eine Korrektur der Folgen des Versäumnisses ist nur möglich, wenn das Gesetz sie beson- 6 ders zuläßt. Bei Versäumnis eines Termins dienen dazu der Einspruch gegen das Versäumnisurteil (§§ 338–346) und der Antrag auf Unterlassung der Verkündung der Entscheidung nach Lage der Akten (§ 251a Abs. 2 S. 4, § 331a S. 2). Bei der Versäumung einer Notfrist oder einer anderen Frist (→ § 233 Rdnr. 1) (§§ 233–238) ist das gegebene Mittel die Wiedereinsetzung in den vorigen Stand. Wird im Termin unvollständig verhandelt, so ist das Nachholen versäumter Prozeßhandlungen aus restitutionsähnlichen Gründen möglich, solange noch nicht ein Endurteil ergangen ist. Das sind die Fälle von § 44 Abs. 4, § 367 Abs. 2 und § 528.

---

[3] *Zöller/Greger*[18] vor § 230 Rdnr. 3; *MünchKomm-ZPO/Feiber* (1992) Rdnr. 3.

III. Normzweck des § 230

7 § 230 nennt als allgemeine Folge der Versäumung einer Prozeßhandlung (Begriff → Rdnr. 157 vor § 128) während der mündlichen Verhandlung oder durch Fristablauf die Ausschließung der Partei mit dieser Handlung. Nachlässige Prozeßführung wird damit mit einem Nachteil belegt. Die Vorschrift ergänzt (→ Rdnr. 1) die Fristenbestimmungen, insbesondere auch die Rechtsmittelbestimmungen der §§ 516, 552, 577 Abs. 2. Zudem bildet sie die Voraussetzung für die spezielleren Normen über die Fristenversäumung, wie sie in § 519b Abs. 1 S. 2, § 554a Abs. 1 S. 2, § 574 S. 2 geregelt sind[4]. Für die vorbereitenden Schriftsätze, die als solche keine eigentlichen Prozeßhandlungen sind, sondern diese nur ankündigen, gelten die Ausführungen zu → § 129 Rdnr. 31 ff. § 230 gilt für die Partei, den Nebenintervenienten[5] und auch für Zeugen und Sachverständige (→ Rdnr. 1).

IV. Versäumung der Prozeßhandlung

8 Eine Prozeßhandlung ist versäumt, wenn sie nicht innerhalb des dafür vorgeschriebenen Zeitraums durch Zustellung, Einreichung usw. ganz, vollständig oder wirksam ausgeführt ist. Wenn der Schluß der mündlichen Verhandlung die Grenze bildet (§§ 39, 282 Abs. 3, 295), so tritt nach dem Grundsatz der Einheit der Verhandlung (§ 296a) die Versäumnisfolge erst mit dem Schluß (→ § 136 Rdnr. 6f.) derjenigen Verhandlung ein, auf die das End-, Teil- oder Zwischenurteil ergeht. Im Verfahren mit fakultativ mündlicher Verhandlung (→ § 128 Rdnr. 50) tritt der Beschluß an die Stelle des Urteils. Anders liegt es, soweit im Gesetz ein abweichender Zeitpunkt festgesetzt ist (§§ 44, 76f., 282 Abs. 3, 296 Abs. 3, 367, 528 Abs. 1, 2). Im schriftlichen Verfahren ist der nach § 128 Abs. 2 S. 2 oder Abs. 3 S. 2 festgelegte Schlußzeitpunkt maßgebend. Zur Versäumung eines Termins findet sich Näheres in → § 220 Rdnr. 13 ff. Für den Verzicht auf die Säumnisfolgen gilt § 295. Verschulden oder Nichtverschulden sind für die Versäumung ohne Bedeutung (arg. § 230).

V. Verfahren in Arbeitssachen

9 Der vierte Titel gilt für das Verfahren in Arbeitssachen ohne Abweichungen entsprechend (§ 46 Abs. 2, § 64 Abs. 6, § 72 Abs. 5, § 80 Abs. 2, § 87 Abs. 2 ArbGG).

VI. Wiedereinsetzungsvorschriften außerhalb der ZPO

10 Selbständige Regelungen zur Wiedereinsetzung finden sich auch in den anderen Verfahrensordnungen. In den Grundzügen stimmen diese Vorschriften mit der Regelung der ZPO überein. Rechtsprechung und Literatur sind daher auch für diese Vorschriften unter Beachtung der bestehenden Verschiedenheiten grundsätzlich verwertbar. Zu nennen sind unter anderem die §§ 210, 218 BauGB; 110 AO; 56 FGO; 67 Abs. 1 SGG; 22 Abs. 2, 92 FGG; 123 PatG; 12 WZG; 72 Nr. 2 GWB; 60 VwGO; 32 VwVfG; 27 SGB X; 26 EGGVG; 44, 235, 329 Abs. 3, 391 StPO; 52 OWiG; 165 KO und § 141e Abs. 1 S. 3 AFG[6].

Für die Geltendmachung von Haftungsansprüchen gegen Mitglieder der GUS-Truppen u.a. verweist Art. 4 § 1 Abs. 3 des AusfG v. 21.12.1990[7] zu dem Abzugsvertrag auf die Normen der ZPO über die Notfristen.

---

[4] *MünchKommZPO/Feiber* (1992) Rdnr. 2.
[5] Dazu *Windel* ZZP 104 (1991), 321, 339f.
[6] *BSG* NJW 1993, 1350.
[7] BGBl. 1991 II 256f.

§ 231 [Keine Androhung von Versäumnisfolgen; Nachholung der Prozeßhandlungen]

(1) Einer Androhung der gesetzlichen Folgen der Versäumung bedarf es nicht; sie treten von selbst ein, sofern nicht dieses Gesetz einen auf Verwirklichung des Rechtsnachteils gerichteten Antrag erfordert.

(2) Im letzteren Falle kann, solange nicht der Antrag gestellt und die mündliche Verhandlung über ihn geschlossen ist, die versäumte Prozeßhandlung nachgeholt werden.

Gesetzesgeschichte: Bis 1900 § 209 CPO.

Stichwortverzeichnis → *Wiedereinsetzungsschlüssel* in § 233 Rdnr. 62.

I. Grundsatz (keine Androhung)	1	III. Nachholung der Prozeßhandlung	5
II. Eintritt kraft Gesetzes	4		

I. Grundsatz (keine Androhung)

Nach § 231 gilt für die Fälle der Versäumung (→ § 230 Rdnr. 2) als allgemeine Regel, daß 1 deren gesetzliche Folgen ohne Androhung eintreten. Das gilt gleichermaßen im Partei- wie im Anwaltsprozeß (→ auch §§ 504, 510).

Nach Abs. 1 HS 1 bedarf es keiner Warnung, keines Hinweises oder keiner Anhörung 2 wegen der drohenden Rechtsnachteile. Insbesondere ist das von Bedeutung für die Einhaltung der Rechtsmittelfristen. Aus Abs. 1 HS 2 läßt sich herleiten, daß es im Zivilprozeß keine Rechtsmittelbelehrung gibt. Das entspricht der Verfassung[1]. Auf Unkenntnis kommt es nicht an.

Ausnahmsweise ist in jüngeren Normen eine vorherige Androhung i. S. einer Belehrung 3 vorgesehen. Zu nennen sind die §§ 276 Abs. 2, 277 Abs. 2, 340 Abs. 3 S. 3, 504, 510, insbes. § 692 Abs. 1 Nr. 4. Zudem sind zu nennen die Androhung des Nachteils bei öffentlichen Aufgeboten in den §§ 947 Abs. 2 Nr. 3, 981, 987, 988, 995, 997, 1002 Abs. 6, 1008 und bei der Vollstreckung von Urteilen, die auf ein Dulden oder Unterlassen gerichtet sind (§ 890 Abs. 2).

II. Eintritt kraft Gesetzes

Nach der Regel von Abs. 1 HS 2 a. A. treten die Rechtsnachteile von selbst kraft Gesetzes 4 ein, ohne daß es eines darauf gerichteten Antrages oder eines richterlichen Ausspruches bedarf. So liegt es, wenn die Versäumung vollendet ist. Hauptanwendungsfälle sind die Rechtsmittel- und Rechtsmittelbegründungsfristen. Der Grundsatz wird dadurch zum Ausdruck gebracht, daß das Gesetz in den betreffenden Einzelvorschriften schweigt und einen erforderlichen Antrag nicht erwähnt. Doch gibt es davon zahlreiche in Abs. 1 HS 2 gemeinte Ausnahmen.

III. Nachholung der Prozeßhandlung

In zahlreichen Fällen wird nach Abs. 1 HS 2 ein auf Verwirklichung des Rechtsnachteiles 5 gerichteter Antrag gefordert. Zu nennen sind die Fälle der §§ 109 Abs. 2, 113, 158, 239

---
[1] *LG Heilbronn* MDR 1991, 1194.

§ 231 III–§ 233   1. Buch: Allgemeine Vorschriften

Abs. 4, 246 Abs. 2, 330 ff. (aber → § 230 Rdnr. 5), 542 (557), 600 Abs. 3 (aber → § 230 Rdnr. 5), 699, 881, 926², 952.

6   In den → Rdnr. 5 genannten Fällen kann nach Abs. 2 die betreffende Prozeßhandlung nicht nur bis zur Antragstellung, sondern bis zum Schluß der Verhandlung über den Antrag (→ § 136 Rdnr. 6) nachgeholt werden³. Im Fall des § 331 Abs. 3 S. 1 HS 2 ist das bis zur Übergabe des unterschriebenen Urteils vom Richter an die Geschäftsstelle möglich. In den Fällen der §§ 109, 113, 694, 951 schließt erst der Erlaß der Entscheidung die Nachholung aus. Unter dem Antrag ist nur der in der mündlichen Verhandlung gestellte Antrag zu verstehen, sofern sich nicht aus der Ausgestaltung des betreffenden Verfahrens ein anderes ergibt (§§ 694, 699, 942, 951, → auch § 128 Abs. 2). Abs. 2 kommt entsprechend zur Anwendung, wenn der Antrag nach dem Inhalt der richterlichen Fristensetzung erforderlich ist⁴. Wird die Verhandlung nach § 156 wiedereröffnet, so gilt Abs. 2 bis zum erneuten Verhandlungsschluß.

§ 232 [weggefallen]

Aufgehoben durch die Vereinfachungsnovelle vom 3.12.1976, BGBl. I 3281, jetzt § 51 Abs. 2, § 85 Abs. 2 (→ § 230 Rdnr. 1).

§ 233 [Wiedereinsetzung in den vorigen Stand]

War eine Partei ohne ihr Verschulden verhindert, eine Notfrist oder die Frist zur Begründung der Berufung, der Revision oder der Beschwerde nach §§ 621 e, 629 a Abs. 2 oder die Frist des § 234 Abs. 1 einzuhalten, so ist ihr auf Antrag Wiedereinsetzung in den vorigen Stand zu gewähren.

Gesetzesgeschichte: Bis 1900 § 211 CPO. Zu den zahlreichen Änderungen → Einl. Rdnr. 115, 121, 123, 148. Die Vereinfachungsnovelle (BGBl. 1976 I 3281, → Einl. Rdnr. 159) hat § 233 neu gefaßt (→ unten Rdnr. 1).

Stichwortverzeichnis → *Wiedereinsetzungsschlüssel* unten Rdnr. 62 ff.

I. Normzweck; Rechtsprechungstendenzen	1
II. Begriff	2
III. Anwendungsbereich; Auslegung	3
1. Antragsberechtigung	5
2. In § 233 genannte Fristen	
a) Notfrist	8
b) Berufungsbegründungsfrist (§ 519 Abs. 2); Anschlußberufung; Anschlußrechtsmittel	9
c) Revisionsbegründungsfrist (§ 554 Abs. 2); Anschlußrevision	12
d) Beschwerdebegründungsfristen (§§ 621 e, 629 a Abs. 2); Anschlußbeschwerde (§ 577 a)	13
e) Anschließung (§ 629 a Abs. 3)	15
f) Wiedereinsetzungsfrist (§ 234 Abs. 1)	16
3. Unbenannte Fristen	17
a) Klage- und Antragsfristen; Ausschlußfristen	18

---

² *OLG Frankfurt a. M.* GRUR 1987, 650, 651.
³ Dazu *OLG Frankfurt a. M.* GRUR 1987, 650 (zu § 929 Abs. 2); *OLG Köln* OLGZ 1979, 118, 119; *LG Kiel* SchlHA 1987, 32 (zu § 926 Abs. 1).
⁴ *KG* OLGRsp 19, 37 (zu § 927).

b) Widerrufsfrist bei dem Prozeßvergleich	23
c) Fristen der §§ 320 Abs. 2, 321 Abs. 2; uneigentliche Fristen	26
IV. Zulässigkeit des Antrags	27
1. Statthaftigkeit	28
2. Zuständigkeit	30
3. Form	31
4. Frist	32
5. Inhalt	33
6. Antragsberechtigung	34
V. Begründetheit des Antrags	35
1. Verhinderte Fristwahrung	36
2. Schuldlosigkeit	37
a) Parteiverschulden; Vertreterverschulden; Drittverschulden	38
b) Vorsatz; Rechtsirrtum; Tatsachenirrtum; Gegnerarglist	42
c) Individuelle Fahrlässigkeit bei Parteiverschulden	45
d) Objektive Fahrlässigkeit bei Anwaltsverschulden	47
3. Kausalität	
a) Kausalzusammenhang	51
b) Ursachenmehrheit	53
VI. Arbeitsgerichtliches Verfahren	
1. Bedeutung	56
2. § 5 KSchG	57
VII. Wiedereinsetzungsschlüssel	62

I. Normzweck; Rechtsprechungstendenzen[1]

Das prozessuale Rechtsinstitut der Wiedereinsetzung in den vorigen Stand korrigiert die Versäumungsfolgen, die aus der Nichteinhaltung einer Notfrist oder einer anderen in § 233 genannten oder ihr gleichstehenden Frist herrühren. Damit wird für bestimmte eng umgrenzte Fälle der Einzelfallgerechtigkeit gegenüber der Rechtssicherheit, wie sie in § 230 zum Ausdruck kommt, der Vorrang eingeräumt. Nach der Rechtsprechung des Bundesverfassungsgerichts dient das Rechtsinstitut der Wiedereinsetzung unmittelbar der Durchsetzung der grundrechtsgleichen Gewährleistung des rechtlichen Gehörs. Deshalb dürfen bei Anwendung und Auslegung der Wiedereinsetzungsregelungen die Anforderungen zur Erlangung der Wiedereinsetzung nicht überspannt werden[2]. Die praktisch überaus bedeutsame Wiedereinsetzung ist Teil eines rechtsstaatlich geordneten Verfahrens. Deshalb liegt ein Grundrechtsverstoß vor, wenn das Gericht Sorgfaltspflichtanforderungen an den Prozeßbevollmächtigten stellt, die nach höchstrichterlicher Rechtsprechung üblicherweise nicht verlangt und mit denen deshalb auch nicht gerechnet werden muß[3]. Das Wiedereinsetzungsverfahren unterliegt dem Grundsatz der verfassungskonformen Auslegung[4]. Bei einer Zurückweisung von Wiedereinsetzungsanträgen unter Verkennung der verfassungsrechtlichen Vorgaben ist die Verfassungsbeschwerde erfolgreich[5]. Die Vereinfachungsnovelle 1976 hat die Voraussetzungen der Wiedereinsetzung gemildert. Gleichwohl stellt der BGH an den Anwalt nach wie vor außerordentlich hohe, bisweilen auch übertriebene Anforderungen[6]. Insgesamt sichert die Rechtsprechung mit ihrer restriktiven Haltung den Schutz der formellen Rechtskraft weithin ab.

1

---

[1] Neuere Literatur zur Wiedereinsetzung: *Rechtsprechungsübersichten* von *Mattern* JurBüro 1979, 465 ff.; *Walchshöfer* JurBüro 1985, 321 ff.; 1989, 1481 ff.; *Ball* JurBüro 1992, 653 ff. – Ferner *Förster* NJW 1980, 432; *Hansens* JurBüro 1992, 202; *ders.* NJW 1992, 1353, 1362; *Jauernig* in: *Jauernig/Roxin* 40 Jahre Bundesgerichtshof (1991), 59 ff.; *Maniotis* Das prozessuale Verschulden und die objektive Präklusion. Zwei Auslegungsprobleme des § 233 ZPO (Diss. Freiburg) (1983); *Ostler* NJW 1982, 2671 f.; *E. Schumann* Bundesverfassungsgericht, Grundgesetz und Zivilprozeß (1983) = ZZP 96 (1983), 137 ff.; *Vollkommer* in: FS Ostler (1983), 97 ff. (grundlegend); *ders.* Formenstrenge und prozessuale Billigkeit (1973), 318 ff.; 351 ff. – Zum arbeitsgerichtlichen Verfahren *Dütz* RdA 1980, 81, 85; *Schlicht* BB 1980, 632 (betriebsverfassungsrechtliches Zustimmungsverfahren). – Ältere Literatur sowie Literatur zu anderen Verfahren → Voraufl. Rdnr. 1 Fn. 1.

[2] *BVerfG* NJW 1993, 847 (Zustellung durch Niederlegung); 1991, 2277; 1991, 1167, 1168.

[3] *BVerfGE* 79, 372, 377.

[4] S. → Einl. Rdnr. 65; *BVerfG* NJW 1992, 38, 39; ferner *BGH* VersR 1986, 967 f. (Zustellung durch Niederlegung); *E. Schumann* (Fn. 1), 6, 8, 15, 17, 70, 73, 80, 88, 91, 94, 97 ff., 116; *Vollkommer* (Fn. 1) FS Ostler (1983), 97, 126 ff.

[5] Z.B. *BVerfG* NJW 1992, 38.

[6] So mit Recht *Jauernig* (Fn. 1) 59; auch *Odersky* NJW

II. Begriff

2   Wiedereinsetzung bedeutet die Gerichtsentscheidung, die eine versäumte und nachgeholte Prozeßhandlung als rechtzeitig fingiert. Dagegen bewirkt die Wiedereinsetzung keine Fristverlängerung oder eine Wiedereröffnung des Verfahrens. Die Wiedereinsetzung ist zudem nicht der einzige Rechtsbehelf zur Beseitigung von Versäumnisfolgen (→ § 230 Rdnr. 5). So liegt es etwa bei Säumnis im Termin mit der Vornahme einer bestimmten Prozeßhandlung nach § 342 oder ihrer Nachholung nach § 44 Abs. 4 (→ § 230 Rdnr. 6).

III. Anwendungsbereich; Auslegung

3   Nach ihrer systematischen Stellung im Ersten Buch der ZPO gelten die §§ 230 ff. in allen Verfahrensarten der ZPO[7] einschließlich der Zwangsvollstreckung. Im Einzelfall ordnen Spezialgesetze die Wiedereinsetzung selbst und verdrängen damit die Regeln der ZPO. So liegt es z. B. bei Art. 16 des Haager Zustellungsübereinkommens 1965 (zu diesem Übereinkommen → Rdnr. 49 vor § 166), § 15 Abs. 3 S. 6 ZSEG, § 123 PatG oder §§ 210, 218 BauGB. Daneben finden sich zahlreiche Wiedereinsetzungsvorschriften für Gerichte außerhalb der Ziviljustiz (→ § 230 Rdnr. 10).

4   § 233 ist eine Ausnahmeregelung und daher grundsätzlich eng auszulegen, damit die Rechtssicherheit nicht mehr als unvermeidbar gefährdet wird (→ Rdnr. 1). Gleichwohl sind auch Ausnahmevorschriften in den Grenzen ihres Gesetzeszweckes analogiefähig. Deshalb sind die §§ 230 ff. insbes. auf die Widerrufsfrist eines Prozeßvergleiches anzuwenden (→ Rdnr. 23, auch → Rdnr. 17).

1. Antragsberechtigung

5   Es müssen Parteien oder Nebenintervenienten (§ 66) eine Frist versäumt haben (→ § 67 Rdnr. 6). Andere Personen haben grundsätzlich kein Antragsrecht. Doch können die §§ 230 ff. auch für Zeugen und Sachverständige im Zwischenstreit (§ 387 Abs. 3) Bedeutung erlangen (→ § 230 Rdnr. 1).

6   Antragsberechtigt ist nur die durch den Fristablauf benachteiligte Partei, nicht aber die Gegenseite. Wenn kein Prozeßbeteiligter durch den Fristablauf benachteiligt ist, so ist keine antragsberechtigte Partei vorhanden. Der Nebenintervenient kann sich auf Wiedereinsetzungsgründe stützen, welche die von ihm unterstützte Partei betreffen (auch → § 67 Rdnr. 6)[8]. Dagegen ist eine Wiedereinsetzung nicht zulässig, wenn die Gründe nur den Nebenintervenienten selbst betreffen. Der einfache Streithelfer (§ 66) kann keine Wiedereinsetzung erlangen, wenn er es schuldhaft unterlassen hat, den Zeitpunkt der Zustellung an die Hauptpartei in Erfahrung zu bringen[9]. Im Unterschied dazu ist der streitgenössische Nebenintervenient auf die eigene Wiedereinsetzung beschränkt (→ § 69 Rdnr. 10)[10]. Die Antragsberechtigung des notwendigen Streitgenossen richtet sich nach → § 62 Rdnr. 28. Bei einfachen Streitgenossen sind Beginn, Berechnung und Wahrung der Rechtsmittelfristen gesondert zu beurteilen[11].

1989, 1, 3; *Rinsche* Die Haftung des Rechtsanwalts und des Notars[3] (1989) Rdnr. I 25 ff.; *Borgmann/Haug* Anwaltshaftung[2] (1986).

[7] *BGH* NJW-RR 1993, 130, 131 (Kindschaftssachen).
[8] *RG* ZZP 59 (1935), 54, 55 m. abl. Anm. *Rosenberg*; JW 1936, 3046 f. (LS); *Wieczorek*[2] § 66 Bem. A I b 2; *Rosenberg/Schwab/Gottwald*[15] § 50 IV 2 b; a. A. *Windel*

ZZP 104 (1991), 321, 340; offengelassen von *BGH* NJW 1991, 229, 230; VersR 1988, 417.
[9] *BGH* VersR 1988, 417; *BAG* DB 1985, 184 (LS).
[10] Insoweit auch *Thomas/Putzo*[18] Rdnr. 8; *Wieczorek*[2] Bem. 69 B II; *Zöller/Vollkommer*[18] § 69 Rdnr. 7; *Rosenberg/Schwab/Gottwald*[15] § 50 VI 2 b.
[11] *BGH* NJW 1987, 440, 441.

Der antragsberechtigte Prozeßbeteiligte kann den Wiedereinsetzungsantrag auch durch 7
einen Vertreter stellen. Es handelt sich gleichwohl um Anträge des jeweiligen Prozeßbeteiligten, da der Vertreter im Namen der Partei handelt (→ Rdnr. 6 vor § 78). Davon muß die Frage unterschieden werden, inwieweit im Rahmen der Begründetheitsprüfung (→ Rdnr. 35 ff.) des Wiedereinsetzungsantrags das Verschulden eines Vertreters dem Verschulden eines Prozeßbeteiligten gleichgesetzt wird, wie das in § 51 Abs. 2 und in § 85 Abs. 2 der Fall ist. Die Antragsberechtigung ist von der möglichen Zurechnung eines Vertreterverschuldens abzugrenzen (→ § 85 Rdnr. 8 und 9).

2. In § 233 genannte Fristen

a) Notfrist

Die in § 233 genannte Notfrist ist nur eine Frist, die im Gesetz als solche bezeichnet ist 8
(§ 223 Abs. 3, → § 223 Rdnr. 47). Notfristen sind enthalten in den §§ 276 Abs. 1 S. 1, 339 Abs. 1 (2), 516, 552, 577 Abs. 2, 586 Abs. 1, 958 Abs. 1, 1042d Abs. 1 und 1043 Abs. 2. Notfristen außerhalb der ZPO mit Bedeutung für die Zivilgerichtsbarkeit finden sich z.B. in den §§ 59 S. 1, 72a Abs. 2 und 3, 76 Abs. 1 S. 2, 92a, 96a Abs. 1 S. 2, 110 Abs. 3 ArbGG; §§ 144 Abs. 3 S. 2 BBergG, 111 GenG, 210 Abs. 3 BEG, 63 S. 1 LandbeschG (→ Einl. Rdnr. 371 und 402), Art. 6 Abs. 1 und 3 sowie Art. 12 Abs. 3 NTS-AG (Text → Einl. Rdnr. 667), § 11 Abs. 3 AVAG vom 30.5.1988 (BGBl. I 662); § 11 HalbleiterschutzG, § 40 Abs. 5 SortenschutzG (auch → § 230 Rdnr. 10).

b) Berufungsbegründungsfrist (§ 519 Abs. 2); Anschlußberufung; Anschlußrechtsmittel

Gegen die Versäumung der Berufungsbegründungsfrist in § 519 Abs. 2 ist nach § 233 die 9
Wiedereinsetzung möglich. Der durch die Vereinfachungsnovelle geänderte Text der Vorschrift erwähnt dagegen weiterhin nicht die Anschlußberufung. Wegen der rechtstechnischen Mängel der Vereinfachungsnovelle kann auch angesichts der längst bekannten Problematik nicht argumentiert werden, der Gesetzgeber habe durch das Nichterwähnen der Anschlußrechtsmittel ausdrücken wollen, die Wiedereinsetzung sei bei ihnen nicht mehr zuzulassen[12]. Gleichwohl ist die h. L.[13] unrichtig, wonach die Wiedereinsetzung bei den Anschlußrechtsmitteln unbesehen eröffnet ist, und zwar sowohl hinsichtlich der Frist zur Einlegung als auch bei gesondert laufenden Begründungsfristen. Die Begründungsfrist für die selbständige Anschlußberufung fällt ohnehin unter § 233 (§ 522 Abs. 2, § 519). Hinsichtlich der unselbständigen Anschlußrechtsmittel muß unterschieden werden: Im Ausgangspunkt ist derjenige, der sich unselbständig an das Rechtsmittel eines Gegners anschließt, weniger schutzbedürftig, weil er sein Rechtsmittel in privatautonomer Weise vom Schicksal des Rechtsmittels des anderen abhängig macht[14].

Eine Wiedereinsetzungsmöglichkeit möchte ich mit der h.L. zunächst für die Frist zur 10
Einlegung der Anschlußrevision annehmen (§ 556)[15]. Die Frist des § 556 Abs. 1 entspricht derjenigen des § 552; eine Ungleichbehandlung entbehrt daher der Begründung. Ebenso liegt es für die befristete Anschließung nach § 629a Abs. 3, die dem § 556 entspricht, obgleich der Gesetzgeber diese Frist nicht als Notfrist bezeichnet[16]. Anderes gilt für die Anschlußberufung

---

[12] So aber *MünchKommZPO/Feiber* (1992) Rdnr. 14.
[13] *Baumbach/Lauterbach/Hartmann*[51] Rdnr. 7; *Thomas/Putzo*[18] Rdnr. 5; *Wieczorek*[2] § 519 Bem. 3 III a 3; *Zöller/Greger*[18] Rdnr. 6 (referierend); *Rosenberg/Schwab/Gottwald*[15] § 70 I; *AK/ZPO/Ankermann* Rdnr. 2; auch → Voraufl. Rdnr. 7f.
[14] Zutr. *MünchKommZPO/Feiber* (1992) Rdnr. 14.
[15] *BGH* LM § 233 ZPO Nr. 15; a.A. auch insoweit *MünchKommZPO/Feiber* (1992) Rdnr. 14.
[16] H.L., *Zöller/Philippi*[18] § 629a Rdnr. 34; *OLG Karlsruhe* FamRZ 1988, 412; *H. Roth* in: *Rolland* HzFamR (1993) § 629a Rdnr. 49m. Nachw.

(§ 522 a), weil die Anschlußerklärung jederzeit bis zum Schluß der mündlichen Verhandlung über die Berufung eingereicht werden kann. Es fehlt daher (anders als bei § 556 Abs. 1, § 629 a Abs. 3) an der vorausgesetzten Fristenstrenge, welche die §§ 233 ff. abmildern wollen (→ Rdnr. 1). Das Gesagte gilt in gleicher Weise für die unselbständige Anschlußbeschwerde des § 577 a, die den §§ 521, 522 nachgebildet ist und eine Anschließungsfrist wie in § 556 Abs. 1 nicht kennt.

11   Eine Wiedereinsetzung ist in allen Fällen der versäumten Begründung eines unselbständigen Anschlußrechtsmittels ausgeschlossen: Die Anschlußrevision kennt keine besondere Begründungsfrist, da die Begründung wegen § 556 Abs. 2 S. 2 in die Anschließungsschrift gehört, auch wenn sie wohl noch bis zum Ablauf der Frist für die Einlegung der Anschlußrevision nachgereicht werden kann. Vergleichbar liegt es für die Begründung der Anschlußberufung (§ 522 a), die bis zum Schluß der mündlichen Verhandlung über die Berufung nachgereicht werden kann. Entsprechendes gilt für die Begründung der Anschlußbeschwerde nach § 577 a und diejenige der Anschließung nach § 629 a Abs. 3. Es besteht keine eigene besondere Begründungsfrist. Vielmehr muß die Anschließung in der Frist des § 629 a Abs. 3 auch begründet werden[17].

c) Revisionsbegründungsfrist (§ 554 Abs. 2); Anschlußrevision

12   Wird die Revisionsbegründungsfrist (§ 554 Abs. 2) versäumt, so kann dagegen nach § 233 Wiedereinsetzung begehrt werden. Ebenso liegt es, wenn die Anschlußrevisionsfrist nach § 556 Abs. 1 versäumt wird (→ Rdnr. 10). Dagegen ist eine Wiedereinsetzung nicht möglich, wenn die Frist der Anschlußrevisionsbegründung (§ 556 Abs. 2 S. 2) versäumt wird, weil dafür keine eigene Begründungsfrist läuft (→ Rdnr. 11; → a. A. Voraufl. Rdnr. 8).

d) Beschwerdebegründungsfristen (§§ 621 e, 629 a Abs. 2); Anschlußbeschwerde (§ 577 a)

13   Befristet die ZPO die Beschwerde, so handelt es sich um Notfristen (§ 577 Abs. 2, §§ 621 e, 516, 552), so daß bei Versäumung der Einlegungsfrist die Wiedereinsetzung bereits nach dem allgemeinen Grundsatz (→ Rdnr. 8) offensteht. In § 621 e und § 629 a Abs. 2 sieht die ZPO befristete Beschwerdebegründungen vor. Werden diese Beschwerdebegründungsfristen versäumt, so ist nach der ausdrücklichen Anordnung des § 233 ebenfalls die Wiedereinsetzung gegeben. Die Anordnung hat eher klarstellenden Charakter, da § 629 a Abs. 2 S. 1, § 621 e Abs. 3 S. 2 ohnehin auf § 519 Abs. 2, § 554 Abs. 2 verweisen.

14   Das Gesetz schweigt zur Anschlußbeschwerde (§ 577 a) ebenso wie im Falle der Anschlußberufung (→ Rdnr. 9, 10) und der Anschlußrevision (→ Rdnr. 9, 10). Nach dem Gesagten scheidet eine Wiedereinsetzung bei der Versäumung der Frist zur Einlegung der Anschlußbeschwerde (→ Rdnr. 10) gleichermaßen aus wie bei der Frist zu ihrer Begründung (→ Rdnr. 11, jeweils anderer Auffassung → Voraufl. Rdnr. 9).

e) Anschließung (§ 629 a Abs. 3)

15   Wird die Frist zur Einlegung der Anschließung nach § 629 a Abs. 3 versäumt, gleich um welche Form der Anschließung es sich handelt, so ist eine Wiedereinsetzung möglich (→ Rdnr. 10). Für die Versäumung der Begründung der Anschließung gilt das jedoch nicht (→ Rdnr. 11 a. E.).

---

[17] *H. Roth* in: *Rolland* HzFamR (1993) § 629 a Rdnr. 54.

f) Wiedereinsetzungsfrist (§ 234 Abs. 1)

Schließlich ist nach § 233 eine Wiedereinsetzung auch bei Versäumung der zweiwöchigen Wiedereinsetzungsfrist des § 234 Abs. 1 möglich. Dagegen ist die Jahresfrist des § 234 Abs. 3 nicht wiedereinsetzungsfähig, da sie einmal in § 233 nicht aufgeführt und zum anderen ohnehin keine prozessuale Frist ist (→ Rdnr. 17 vor § 214). 16

3. Unbenannte Fristen

Jenseits der in § 233 ausdrücklich genannten Fristen ist wegen des Ausnahmecharakters des § 233 eine analoge Anwendung auf andere dort nicht genannte Fristen zwar nicht ausgeschlossen (→ Rdnr. 4), aber nur in vorsichtiger Fallgruppenbildung für einzelne Fristentypen zu bejahen. Gegen die h. L. ist die Anwendung auf die Fristen für Anschlußrechtsmittel wegen einer fehlenden Lücke im Gesetz weithin ausgeschlossen (→ Rdnr. 9ff.). Keine Wiedereinsetzung ist ferner möglich gegen die Versäumung eines Antrages auf Verlängerung der Berufungsbegründungsfrist[18]. Der Beitrittszeitraum des § 66 Abs. 2 gehört ebenfalls nicht zu den Fristen des § 233[19]. Deshalb scheidet die Wiedereinsetzung aus, wenn der Nebenintervenient dem Rechtsstreit bis zum Eintritt der Rechtskraft nicht formgerecht beigetreten ist[20]. 17

a) Klage- und Antragsfristen; Ausschlußfristen

Die ZPO und andere Gesetze kennen eine Reihe von fristgebunden Klagen und Anträgen auf gerichtliche Entscheidung, in denen die betreffenden Fristen als Notfristen bezeichnet sind oder wie in § 26 Abs. 2 EGGVG die Anwendung der Vorschriften über die Wiedereinsetzung angeordnet wird. Zu nennen sind die Nichtigkeits- und Restitutionsklage (§ 586 Abs. 1), die Anfechtungsklage des Aufgebotsverfahrens (§ 958 Abs. 1 S. 1), die Aufhebungsklage gegen den rechtskräftig für vollstreckbar erklärten Schiedsspruch (§ 1043 Abs. 2 S. 1) und den ausländischen Schiedsspruch (§ 1044 Abs. 4), der Antrag auf gerichtliche Entscheidungen gegen Justizverwaltungsakte (§ 26 EGGVG, → Einl. Rdnr. 437) und die Klage nach dem Truppenstatut wegen Stationierungsschäden (§ 12 Abs. 3 NTS-AG, → Einl. Rdnr. 678 mit Text in → Rdnr. 667). Die aufgezählten Ausschlußfristen, die den ersten Zugang zum Zivilgericht betreffen, sind entweder als Notfristen ausgestaltet oder sie werden wie Notfristen behandelt. Das entspricht den öffentlich-rechtlichen Verfahrensordnungen, die für die dort üblichen Klagefristen regelmäßig die Wiedereinsetzung vorsehen. 18

Problematisch sind die Fälle, in denen eine zivilprozessuale Klagefrist i. S. einer Frist für einen Antrag auf gerichtliche Entscheidung nicht ausdrücklich der Wiedereinsetzung unterstellt ist. Dem Grundsatz nach sind Ausschlußfristen i. S. von Fristen, mit deren Ablauf eine Person mit der Vornahme von Rechtshandlungen ausgeschlossen ist (→ § 230 Rdnr. 2), bei Versäumung der Wiedereinsetzung nicht zugänglich. Es ist jedoch zu weitgehend, eine Wiedereinsetzungsmöglichkeit generell zu verneinen[21]. Vielmehr gebietet eine verfassungskonforme Auslegung (→ Rdnr. 1, Einl. Rdnr. 65), daß die Wiedereinsetzung im Wege der Lückenfüllung gewährt wird. Das gilt auch für entsprechende Vorverfahren[22]. Wiedereinsetzungsvorschriften können auf eine Klagefrist allerdings nur dann analog angewendet werden, 19

---

[18] *BGH* VersR 1987, 308, 309.
[19] *BGH* NJW 1991, 229, 230.
[20] *BGH* NJW 1991, 229, 230.
[21] So aber die Tendenz bei *MünchKommZPO/Feiber* (1992) Rdnr. 16.
[22] *Preibisch* Außergerichtliche Vorverfahren in Streitigkeiten der Zivilgerichtsbarkeit (1982), 200 f.

wenn es sich um eine prozessuale Frist und nicht um eine materiellrechtliche Ausschlußfrist handelt (zum Problem → Einl. Rdnr. 29).

20 Die höchstrichterliche Rechtsprechung hat eine Analogie bejaht in fG-Verfahren nach § 23 Abs. 4 S. 2 WEG[23] oder nach der Bundesrechtsanwaltsordnung[24]. Ebenso wurde entschieden für den früheren § 664[25]. Die Frist für den Wiedereinsetzungsantrag nach § 234 a. F. hatte schon das Bundesverfassungsgericht der Wiedereinsetzung zugänglich gemacht[26]. Das Gesetz schließt eine analoge Anwendung auf sonstige Fristen nicht grundsätzlich aus, wenn der objektive Sinn und der Zweck des Wiedereinsetzungsrechts dies erfordert. So liegt es auch bei § 12 Abs. 3 VVG[27].

21 Die Befristung gesellschaftsrechtlicher, insbes. aktienrechtlicher Klagen hat ihren Grund meistens im materiellen Recht, so daß eine Wiedereinsetzung regelmäßig ausscheidet (→ Rdnr. 19). So liegt es für die Anfechtungsklage nach § 246 Abs. 1 AktG[28], § 51 Abs. 1 S. 2 GenG[29] sowie bei § 304 Abs. 4 S. 2, § 305 Abs. 5 S. 4 AktG, nicht aber bei § 306 Abs. 3 S. 2 AktG[30].

22 Eine analoge Anwendung der §§ 233ff. ist ausgeschlossen, wenn es an der vorausgesetzten Lücke fehlt. So liegt es wegen der dem Beschwerdeführer verbleibenden Nichtigkeitsklage des § 81 PatG bei Versäumung der Frist zur Zahlung der Beschwerdegebühr (§ 73 Abs. 3 HS 2 PatG)[31].

b) Widerrufsfrist bei dem Prozeßvergleich

23 Die h. L. verneint die Möglichkeit einer Wiedereinsetzung bei der Versäumung der Widerrufsfrist eines Prozeßvergleichs[32]. Vorzugswürdig ist die Gegenauffassung, wonach die Vorschriften der Wiedereinsetzung entsprechend anwendbar sind[33].

24 Im Hinblick auf die entgegenstehende Rechtsprechung ist es stets empfehlenswert, wenn die Prozeßparteien im Prozeßvergleich vereinbaren, daß die Vorschriften der §§ 230ff. auf die Widerrufsfrist (entsprechend) angewendet werden sollen. Die Beachtlichkeit einer solchen Vereinbarung ist mit Recht weithin anerkannt[34]. Wenn die Parteien einen Widerruf vereinbaren dürfen, so steht es ihnen auch frei, die Modalitäten festzulegen, unter denen der Widerruf ausgeübt werden soll. Die Parteien regeln dabei privatautonom Einzelheiten des Widerrufes und binden das Gericht nicht etwa an ein gesetzlich nicht vorgesehenes Verfahren[35]. Die Frage einer analogen Anwendung der §§ 233ff. wird aber drängend, wenn die Parteien – wie häufig – so nicht verfahren sind.

25 Nicht haltbar ist die Auffassung, ein Gericht würde sich bei Fehlen einer entsprechenden Widerrufsklausel eines Eingriffs in die Vertragsfreiheit schuldig machen[36]. Es handelt sich auch nicht um eine Nachlässigkeit der Parteien bei dem Vergleichsgespräch. Haben die

---

[23] *BGHZ* 54, 65, 70.
[24] *BGH* NJW 1964, 2109 (§ 40 Abs. 4 BRAO).
[25] *BGHZ* 53, 310, 312ff.
[26] *BVerfGE* 22, 83, 88.
[27] A.A. *MünchKommZPO/Feiber* (1992) Rdnr. 16 Fn. 39; *Prölss/Martin* VVG[25] (1992) § 12 Anm. 7; *LG Frankenthal* VersR 1957, 105.
[28] *Hüffer* Aktiengesetz (1993) § 246 Rdnr. 20; a. A. *G. Lüke* NJW 1966, 838, 839.
[29] *Lang/Weidmüller*, Genossenschaftsgesetz[32] (1988) § 51 Rdnr. 94.
[30] Zutr. *OLG Düsseldorf* WM 1992, 1410, 1411.
[31] *BGHZ* 89, 245, 247ff. (»Schlitzwand«).
[32] *BGHZ* 61, 394, 396; *BGH* NJW 1980, 1752, 1753; JR 1955, 179f.; *BAG* NJW 1978, 1876; *RAG* DR 1943, 549, 550 mit. zust. Anm. *Schönke*; *OLG München* NJW 1992, 3042; *OLG Hamm* NJW 1992, 1705, 1706; *OVG Münster* NJW 1978, 181; *LAG Frankfurt* a.M. VersR 1993, 549; *Baumbach/Lauterbach/Hartmann*[51] Rdnr. 8; *Zöller/Greger*[18] Rdnr. 7; *Thomas/Putzo*[18] Rdnr. 4; zweifelnd *Deubner* JuS 1991, 500, 501.
[33] *Säcker* NJW 1968, 708; *ders.* ZZP 80 (1967), 421ff.; *F. Baur* Der schiedsrichterliche Vergleich (1971) Rdnr. 75; *G. Lüke* JuS 1973, 45, 47; *W. Gerhardt* ZZP 98 (1985), 356f.
[34] *Bökelmann* in: FS F. Weber (1975) 101, 111; *H.J. Bull* AnwBl 1974, 387; *Meier-Scherling* DRiZ 1974, 161; *Vollkommer* AP § 794 ZPO Nr. 24; *Zöller/Greger*[18] Rdnr. 7.
[35] So aber → *Münzberg* § 794 Rdnr. 66.
[36] So aber *MünchKommZPO/Feiber* (1992) Rdnr. 15a. E.

Parteien nichts vereinbart, so wird die Lücke wie sonst auch durch Gesetzesrecht ausgefüllt, nötigenfalls auch in entsprechender Anwendung. Die §§ 230 ff. sind grundsätzlich analogiefähig (→ Rdnr. 4). Die im Prozeßrecht vorausgesetzte Lücke ist gegeben, da der Prozeßvergleich in der ZPO kaum geregelt ist und speziell die Widerrufsfrist keine gesetzliche Regelung gefunden hat. Die Analogie wird auch von Sinn und Zweck des Wiedereinsetzungsrechts gefordert, da auch bei den vergleichbaren anderen prozeßbeendenden Situationen Wiedereinsetzung gewährt wird. So ist ein Schriftsatz, der eine Notfrist wahren will, der Wiedereinsetzung zugänglich. Vergleichbar liegen Verzögerungen des Widerrufsschriftsatzes, die nicht im Verantwortungsbereich der Partei oder des Rechtsanwalts liegen. Das ist insbes. bei durch die Bundespost verursachten Verzögerungen der Fall. Die h. L. läßt das Prozeßergebnis von Zufällen abhängen. Dagegen ist es der Zweck des gesamten Wiedereinsetzungsrechts, den Prozeßparteien niemals prozeßfremde Vorgänge zuzurechnen.

c) Fristen der §§ 320 Abs. 2, 321 Abs. 2; uneigentliche Fristen

Eine Wiedereinsetzung findet nicht statt bei der Versäumung der Berichtigungsfrist des § 320 Abs. 2 für den Tatbestand und der Frist für die Ergänzung des Urteils nach § 321 Abs. 2[37]. Ebenso liegt es bei den sonstigen uneigentlichen Fristen (→ Rdnr. 17, 32 vor § 214). 26

IV. Zulässigkeit des Antrags

Die Zulässigkeit des Antrags (auch § 236) nach § 233 wird von Amts wegen geprüft und kann nicht durch Anwendung des § 295 ersetzt werden. Sie hat die nachfolgenden Voraussetzungen: 27

1. Statthaftigkeit

Der Antrag ist statthaft, wenn im Anwendungsbereich des § 233 eine Frist versäumt ist. Dagegen ist er unstatthaft, wenn er sich gegen den Ablauf einer Frist wendet, die der Wiedereinsetzung nicht zugänglich ist (→ Rdnr. 21, 26). 28

Gegenstandslose Anträge bedürfen keiner Entscheidung, wenn nicht die antragstellende Partei darauf beharrt. Ein Wiedereinsetzungsantrag ist gegenstandslos, wenn die betreffende Frist noch nicht abgelaufen ist, z. B. weil sie der Antragsteller falsch berechnet hat. Auf den Antrag kommt es nicht mehr an, weil die nach § 236 Abs. 2 S. 2 vermeintlich nachgeholte Prozeßhandlung fristgemäß vorgenommen wurde. Auch prozessual überholte Anträge (→ Einl. Rdnr. 90) sind gegenstandslos. So liegt es z. B., wenn von einer der Parteien wegen einer versäumten Frist die Wiedereinsetzung beantragt worden war und anschließend der Kläger mit Zustimmung des Beklagten die Klage zurücknimmt. Ein gleichwohl aufrechterhaltener Antrag ist wegen fehlendem Rechtsschutzbedürfnis unzulässig. 29

2. Zuständigkeit

Das angegangene Gericht muß nach § 237 zuständig sein (→ § 237 Rdnr. 1). 30

---

[37] *BGHZ* 32, 17, 27 f.; *BGH* NJW 1980, 785, 786.

3. Form

31 Die einzuhaltende Form des Wiedereinsetzungsantrags richtet sich nach der Form der versäumten Prozeßhandlung (→ § 236 Rdnr. 1). Der Antrag kann aber auch unter den gegebenen Voraussetzungen mündlich gestellt werden (→ § 236 Rdnr. 1). Wiedereinsetzung ist auch ohne Antrag möglich, wenn innerhalb der Frist des § 236 Abs. 2 S. 2 die versäumte Prozeßhandlung nachgeholt wird (→ § 236 Rdnr. 3, 4).

4. Frist

32 Die Wiedereinsetzung muß innerhalb der Zweiwochenfrist des § 234 Abs. 1 beantragt werden. Diese Frist fällt ihrerseits unter § 233 (→ Rdnr. 16).

5. Inhalt

33 Der Wiedereinsetzungsantrag muß die Behauptung des Antragstellers enthalten, unverschuldete Umstände seien für die Versäumung einer der Wiedereinsetzung zugänglichen Frist (→ Rdnr. 8ff.) kausal geworden. Es müssen von dem Antragsteller (§ 236 Abs. 2) ausdrücklich oder wenigstens konkludent die Umstände behauptet werden, die zur Versäumung der Frist führten, das fehlende Eigenverschulden oder dasjenige des Vertreters (§ 85 Abs. 2) sowie die Kausalität zwischen diesen Umständen und dem Nichteinhalten der Frist dartun (auch → § 236 Rdnr. 6f.). Zudem müssen die die Wiedereinsetzung begründenden Tatsachen (§ 236 Abs. 2 S. 1) glaubhaft gemacht werden (→ § 236 Rdnr. 8f.).

6. Antragsberechtigung

34 Der Antrag ist nur zulässig, wenn er von einem antragsberechtigten Prozeßbeteiligten (→ Rdnr. 5ff.) oder von bestimmten Dritten wie Nebenintervenienten (→ Rdnr. 5, 6) gestellt wurde.

V. Begründetheit des Antrags

35 Der Antrag ist bei unverschuldeter Fristversäumung begründet. Die betreffenden Tatsachen werden von Amts wegen geprüft.

1. Verhinderte Fristwahrung

36 Die Verhinderung der Fristwahrung kann auf jedem Umstand beruhen, der ursächlich dafür geworden ist, daß die fristwahrende Prozeßhandlung nicht vorgenommen wurde. Wenn die Voraussetzungen der Wiedereinsetzung gegeben sind, so muß das Gericht nach Normzweck und Wortlaut des § 233 die Wiedereinsetzung gewähren. Ein Ermessen war dem Gericht auch schon durch § 211 CPO nicht eingeräumt.

---

[38] Vgl. BT-Drucks. 7/5250, 7f. (Bericht und Antrag des Rechtsausschusses). Der Regierungsentwurf (BT-Drucks. 7/2729) enthielt noch keinen Änderungsvorschlag.

2. Schuldlosigkeit

Die Neufassung des § 233 (→ Einl. Rdnr. 159)[38] stellt auf das Verschulden der Partei oder ihres Vertreters ab (§ 51 Abs. 2, § 85 Abs. 2). Dagegen kam es nach der früheren Fassung darauf an, ob ein unabwendbarer Zufall die Fristwahrung verhindert hatte. Heute hängt dagegen die Gewährung von Wiedereinsetzung ausschließlich von subjektiven Umständen ab. Als Verschulden kommen Vorsatz oder Fahrlässigkeit jeder Art in Betracht (§ 276 BGB). § 233 n. F. hat damit die Wiedereinsetzung gegenüber dem bisherigen Rechtszustand bewußt erleichtert[39]. 37

a) Parteiverschulden; Vertreterverschulden; Drittverschulden

Das eigene Verschulden der Prozeßpartei (→ Rdnr. 37) verhindert eine Wiedereinsetzung. Ohne Exkulpationsmöglichkeit zugerechnet wird auch das Verschulden des gesetzlichen Vertreters der Partei. Das folgt aus § 51 Abs. 2 (→ § 51 Rdnr. 22, 26). Verschulden setzt Geschäftsfähigkeit in der Zeit zwischen Urteilszustellung und Ablauf der Rechtsmittelfrist voraus[40]. 38

Nach § 85 Abs. 2 wird der Partei auch das Verschulden des Bevollmächtigten (→ § 85 Rdnr. 10) zugerechnet. Das ist der Prozeßbevollmächtigte, aber auch jeder sonstige von der Partei für den Prozeß bevollmächtigte Vertreter. Bei einem juristisch nicht vorgebildeten Generalbevollmächtigten wird aber ein herabgesetzter Verschuldensmaßstab anzulegen sein[41]. § 51 Abs. 2 und § 85 Abs. 2 liegt der gemeinsame Gedanke zugrunde, daß das Einschalten eines Vertreters das Prozeßrisiko nicht zu Lasten des Gegners verschieben darf (→ § 85 Rdnr. 7). Der Umfang der Verschuldenszurechnung folgt aus → § 85 Rdnr. 8 und 19. Bei mehreren Vertretern oder Bevollmächtigten genügt das Verschulden eines von ihnen. Eine Zurechnung nach § 85 Abs. 2 setzt eine wirksame Bevollmächtigung des Anwalts voraus[42], auch wenn der Anwalt nach § 121 beigeordnet wurde. Bei einem sonstigen rechtsgeschäftlichen Vertreter muß sich die Vertretungsmacht irgendwie auf die Prozeßführung beziehen[43]. 39

Dagegen hindert das Verschulden Dritter eine Wiedereinsetzung nicht[44]. Ihr Verschulden wird nicht zugerechnet, selbst wenn es sich um Vorsatz oder grobe Fahrlässigkeit handelt. Dritte sind alle Personen, die weder gesetzliche Vertreter noch Bevollmächtigte (→ § 85 Rdnr. 10) sind. Insbesondere zählt zum Kreis der Dritten das Büropersonal der Prozeßpartei und vor allem dasjenige des Anwalts. Die ZPO kennt keine dem § 278 BGB entsprechende Vorschrift, die der Partei, dem gesetzlichen Vertreter oder dem Anwalt usw. ein Verschulden dieser Dritten zurechnet. 40

Dagegen liegt ein eigenes Verschulden des Anwalts oder der Partei selbst vor, wenn diese die betreffenden »Dritten« nicht mit der gebotenen Sorgfalt ausgewählt, angewiesen oder überwacht haben. Das bedeutet also kein Einstehenmüssen für ein fremdes Verschulden. Vielmehr handelt es sich um ein Eigenverschulden der Partei oder ihres Anwalts, das der Partei über § 85 Abs. 2 zugerechnet wird. Der Vorwurf besteht in der mangelhaften eigenen Auswahl, Anweisung oder Überwachung der dritten Person. Ein bedeutsamer Fall des Eigenverschuldens des Anwalts ist dabei die mangelhafte Büroorganisation. Jeder Anwalt muß dafür Sorge tragen, daß der büromäßige Ablauf in der Kanzlei so organisiert ist, daß Fristen gewahrt werden. Wenn er eine solche Organisation nicht sicherstellt, so wird ihm dieses Organisationsverschulden zur Last gelegt, und die Partei muß über § 85 Abs. 2 dafür einste- 41

---

[39] *BGH* FamRZ 1992, 794.
[40] *BGH* VersR 1989, 931 re. Sp.; NJW 1987, 440.
[41] *BGH* VersR 1985, 1185, 1186.
[42] *BGH* NJW 1987, 440.
[43] *LAG Frankfurt a. M.* DB 1989, 836.
[44] *BVerwG* NJW 1992, 63, 64.

hen (näher Wiedereinsetzungsschlüssel → »Büroverschulden« [Rdnr. 65]; auch → § 85 Rdnr. 23 ff.).

b) Vorsatz; Rechtsirrtum; Tatsachenirrtum; Gegnerarglist

42   Die Partei oder ihr Vertreter handeln mit – seltenem – Vorsatz, wenn sie die Vornahme einer Prozeßhandlung willentlich unterlassen und ihnen die sich aus dem Unterlassen ergebenden Folgen bewußt sind oder wenigstens in Kauf genommen werden[45].

43   Ein Irrtum über tatsächliche Umstände oder ein Rechtsirrtum schließen den Vorsatz aus. Wegen der zivilrechtlichen Pflichtenfülle herrscht im Zivilrecht und auch im Zivilprozeßrecht die Vorsatztheorie, wonach sich der zivilrechtliche Vorsatz auf die Rechts- oder Pflichtwidrigkeit erstrecken muß[46]. Es liegt z. B. demnach kein Vorsatz vor, wenn die Partei meint, der am Sonntag in den Briefkasten eingeworfene Brief werde am Montag zugestellt, der Briefkasten in Wirklichkeit aber entgegen der Ankündigung am Wochenende nicht geleert wird (Tatsachenirrtum). Ebenso liegt es, wenn die Partei meint, der Einwurf in den Briefkasten per Post genüge zur Fristenwahrung (Rechtsirrtum). Ist aber der Rechts- oder Tatsachenirrtum (wie meistens) vermeidbar, so scheidet eine Wiedereinsetzung aus, weil dann Fahrlässigkeit vorliegt. Wiedereinsetzung kommt nur in Betracht, wenn der unterlaufene Irrtum unvermeidbar ist. Die Anforderungen an die Vermeidbarkeit ergeben sich aus → Wiedereinsetzungsschlüssel »Rechtsirrtum des Anwalts« [Rdnr. 78] und »Rechtsirrtum (Mißverständnis) der Partei« [Rdnr. 78].

44   Eine Wiedereinsetzung ist möglich, wenn ein Prozeßbeteiligter durch arglistiges Verhalten des Gegners zu der Nichtvornahme einer fristwahrenden Prozeßhandlung veranlaßt wird (→ Einl. Rdnr. 245, 261, → § 203 Rdnr. 8, → § 234 Rdnr. 9)[47].

c) Individuelle Fahrlässigkeit bei Parteiverschulden

45   Der Maßstab des Verschuldens ist subjektiv auf die vorauszusetzenden Fähigkeiten der betreffenden Person ausgerichtet. Fahrlässig handelt eine Prozeßpartei, die nicht diejenige prozessuale Sorgfalt aufbringt, zu der sie nach ihren persönlichen Verhältnissen und nach Lage der konkreten prozessualen Situation in der Lage ist. Der Maßstab wird daher bei Rechtsanwälten sehr viel höher angelegt als bei nicht rechtskundigen Personen. Es kommt entscheidend auf die persönlichen Fähigkeiten an[48]. Maßgebend ist deshalb ein individueller Maßstab. Das bedeutet einen Unterschied zu § 276 BGB, der einen, wenngleich abgestuften, objektiven Fahrlässigkeitsbegriff kennt. Es wird also gerade nicht nach einem objektiv abstrakten Maßstab die Sorgfalt einer ordentlichen Prozeßpartei geschuldet. Vielmehr kommt es auf die persönlichen Fähigkeiten der jeweiligen Partei an. Deshalb spielen Kenntnisse, Bildung, Intelligenz und Erfahrung eine Rolle[49], worauf es bei dem objektiven Fahrlässigkeitsbegriff des materiellen Zivilrechts nicht ankommt[50]. So muß bei einem Ausländer, der die deutsche Sprache nicht beherrscht, ein anderer Maßstab angelegt werden als bei einer deutschen Prozeßpartei (→ auch Wiedereinsetzungsschlüssel »Ausländer« [Rdnr. 64])[51].

---

[45] Zum Vorsatzbegriff *Medicus* Schuldrecht I[7] (1993) § 29 III 1 a; *Fikentscher* Schuldrecht[8] (1992) Rdnr. 504 ff.; ferner *BGHZ* 7, 311, 313.

[46] *BGH* NJW 1985, 134, 135 m. Anm. *E. Deutsch; Larenz* Schuldrecht Allgemeiner Teil[14] (1987) § 20 II; *E. Deutsch* Haftungsrecht I. Allgemeine Lehren (1976) § 17 IV 1.

[47] *Vollkommer* Formenstrenge und prozessuale Billigkeit (1973), 20 Fn. 42.

[48] *RGZ* 96, 322, 324; 138, 346, 349; *RG* HRR 1929,

Nr. 775 (LS); *OLG Braunschweig* JurBüro 1978, 850; *Thomas/Putzo*[18] Rdnr. 13; a. A. *Zöller/Greger*[18] Rdnr. 12.

[49] *Thomas/Putzo*[18] Rdnr. 13; *Baumbach/Lauterbach/Hartmann*[51] Rdnr. 12; a. A. *MünchKommZPO/Feiber* (1992) Rdnr. 21, 23.

[50] Z. B. *Medicus*[7] (oben Fn. 45) § 29 III 2 b.

[51] Näher *Lässig* Deutsch als Gerichts- und Amtssprache (1980), 102 f.; a. A. *MünchKommZPO/Feiber* (1992) Rdnr. 23; differenzierend *BGH* VersR 1984, 874, 875.

Nach dem Gesagten unrichtig ist daher die Formulierung: »Geschuldet wird die Sorgfalt einer ordentlichen Prozeßpartei«⁵².

Der Sorgfaltsmaßstab ist verfahrensbezogen und ändert sich deshalb je nach der Prozeßlage (→ Wiedereinsetzungsschlüssel »Abwesenheit [Partei, Anwalt, Sonstige]« [Rdnr. 64]). Deshalb kann auch schon eine leichte prozessuale Nachlässigkeit die Wiedereinsetzung verhindern⁵³. So ist es zwar zulässig, Fristen bis zum letzten Tag auszunutzen⁵⁴. Doch erhöht sich in diesem Fall die prozessuale Sorgfaltspflicht für die Partei und ihren Vertreter (→ Wiedereinsetzungsschlüssel »Beförderungsmängel« [Rdnr. 65])⁵⁵. 46

d) Objektive Fahrlässigkeit bei Anwaltsverschulden

Für den Bereich des Anwaltsverschuldens wird – anders als für die Partei (→ Rdnr. 45 f.) – nicht auf das Maß an Sorgfalt abgestellt, das der individuelle Anwalt aufzubringen vermag. Für ihn ist der Fahrlässigkeitsbegriff objektiv. Ein Anwalt versäumt deshalb eine Frist schuldhaft, wenn er nicht die erforderliche Sorgfalt aufwendet, die ein ordentlicher Anwalt aufzubringen hat. Das ist mehr als die »übliche« Sorgfalt, womit ein im Prozeß eingerissener Schlendrian unerheblich ist. Doch wird andererseits vom Anwalt nicht ein »äußerstes Maß an Sorgfalt« gefordert, wie das vor der Vereinfachungsnovelle der Fall war⁵⁶. Allein diese Auffassung entspricht dem Wortlaut und dem Sinn des § 233, der nur vom »Verschulden« spricht und gerade nicht die jahrzehntelang verwendete Formel vom »äußersten Maß an Sorgfalt« verwendet. Die neuere Rechtsprechung trägt dem mit Recht Rechnung und stellt nur auf die »übliche Sorgfalt« eines ordentlichen Rechtsanwalts ab⁵⁷. Maßstab ist dabei die Anforderung, die an einen Anwalt in der jeweiligen Prozeßsituation zu stellen ist. Auf das konkret individuelle Sorgfaltsvermögen des betreffenden Anwalts kommt es nicht an. Das Anwaltsverschulden wird der Partei unabhängig davon zugerechnet, welche Anforderungen an das Parteiverschulden gestellt werden (→ Rdnr. 45). 47

In der Rechtsprechung des BGH wird die objektive Fahrlässigkeit letztlich sehr streng verstanden. Die Erfüllung der angesonnenen Pflichten verlangt bisweilen den »juristischen Supermann«⁵⁸. Der Anwalt muß alles Zumutbare tun, damit jede Frist gewahrt wird. Insbesondere obliegen die Berechnung, Kontrolle und Überwachung von Fristen dem Anwalt selbst. Diese Aufgaben dürfen nur auf Volljuristen oder auf besonders ausgebildetes, ausgewähltes, geschultes und überwachtes Büropersonal übertragen werden. U. U. ergibt sich eine Mitverantwortung, wenn der Anwalt die Bearbeitung einem Verkehrsanwalt oder einem in höherer Instanz tätigen Anwalt übertragen hat (näher → Wiedereinsetzungsschlüssel »Fristberechnung und Fristeinhaltung« [Rdnr. 68], »Bestellung eines Verkehrsanwalts [Rechtsmittelanwalts]« [Rdnr. 65]). 48

In erster Linie muß der Anwalt sein Büro ausreichend sicher organisieren, damit der Gefahr der Fristenversäumung begegnet wird (→ Wiedereinsetzungsschlüssel »Büroverschulden« [Rdnr. 65])⁵⁹. Vorsorge muß für alle Fälle der Abwesenheit eines Anwalts getroffen werden, 49

---

⁵² So aber *MünchKommZPO/Feiber* (1992) Rdnr. 21; *Zöller/Greger*¹⁸ Rdnr. 12.
⁵³ *BGH* VersR 1978, 523.
⁵⁴ *BVerfG* NJW 1991, 2076m. Nachw.; *BGH* VersR 1993, 630 f.; *Schlee* AnwBl. 1992, 321, 322.
⁵⁵ H. L., *BGHZ* 9, 118, 121; *BGH* VersR 1991, 1426; 1989, 166; 1985, 551; *BVerwG* NJW 1992, 63, 64; *OLG Köln* FamRZ 1992, 194; *OLG München* BB 1991, 1963; zweifelnd aber *MünchKommZPO/Feiber* (1992) Rdnr. 22.
⁵⁶ Darstellung in der 19. Aufl. → § 233 Anm. II 1.
⁵⁷ Vgl. *BGH* FamRZ 1992, 794; VersR 1988, 418;
NJW 1985, 1710, 1711; 1985, 495 f.; VersR 1983, 374, 375; 1983, 641; 1983, 838; *BAG* NJW 1987, 1355; *VGH München* NJW 1993, 1731 f.; *MünchKommZPO/Feiber* (1992) Rdnr. 21a.E.; *Baumbach/Lauterbach/Hartmann*⁵¹ Rdnr. 11; *Vollkommer* FS Ostler (1983), 141 f.; *Späth* VersR 1992, 1243, 1244; *Förster* NJW 1980, 432; unrichtig *OLG München* VersR 1984, 1155; AnwBl 1985, 646.
⁵⁸ Treffend *Jauernig* (Fn. 1), 60; auch *Zuck* JZ 1993, 500, 506.
⁵⁹ Z. B. *BGH* NJW 1993, 1655, 1656.

so daß sein Büro z. B. durch Einschaltung eines Vertreters Fristen einhalten kann. So kann es etwa liegen bei Krankheit, Unfall, Urlaub oder sonstiger Verhinderung (→ Wiedereinsetzungsschlüssel »Abwesenheit [Partei, Anwalt, Sonstige]« [Rdnr. 64]).

50 Wegen der Geltung des objektiven Fahrlässigkeitsmaßstabes sind die genannten Pflichten auch für erst neu zugelassene Rechtsanwälte maßgebend (→ Wiedereinsetzungsschlüssel »Angestellter Anwalt« [Rdnr. 64]). Dasselbe gilt für Referendare, die als amtlich bestellte Vertreter eines Anwalts Vertreter der Partei sind[60].

3. Kausalität

a) Kausalzusammenhang

51 Die Fristversäumung muß auf unverschuldeten Umständen beruhen[61]. Kausalität ist gegeben, wenn nach dem gewöhnlichen Verlauf die Partei oder ihr Vertreter die Frist gewahrt hätten, falls der Umstand nicht eingetreten wäre, der die fristwahrende Prozeßhandlung verhinderte. Damit ist jeder Umstand ursächlich, welcher hinweggedacht nicht zur Fristversäumung geführt hätte. Umgekehrt ist ein schuldhaftes Tun oder Unterlassen nicht ursächlich, wenn das Versäumnis auch bei Anwendung der gebotenen Sorgfalt eingetreten wäre[62].

52 Nach dem Ausgeführten sind alle Wiedereinsetzungsanträge wegen fehlender Kausalität unbegründet, die Umstände vortragen, die erst nach Fristablauf eingetreten sind. So liegt es etwa bei Postverzögerungen bei einer Aufgabe der Sendung nach Fristablauf. Es liegt bereits Unschlüssigkeit vor, weil die Fristversäumung auch dann nicht auf dem behaupteten Wiedereinsetzungsgrund (Postverzögerung) beruht, wenn das Parteivorbringen als richtig unterstellt wird.

b) Ursachenmehrheit

53 Wenn die Wahrung der Frist aufgrund eines verschuldeten Umstandes verhindert wurde, so darf Wiedereinsetzung nicht gewährt werden, auch wenn andere unverschuldete Umstände mitgewirkt haben. So liegt es etwa, wenn das angegangene unzuständige Gericht die Rechtsmittelschrift nicht innerhalb der offenen Frist an das zuständige Gericht weitergeleitet hat[63]. Eine Wiedereinsetzung ist auch im Falle eines gerichtlichen Mitverschuldens ausgeschlossen, wenn das schuldhafte Verhalten der Partei für die Fristversäumung ursächlich geblieben ist[64]. Das zu dem unverschuldeten Umstand hinzutretende sich anschließende Verhalten der Partei muß aber stets überprüft werden, ob es auch schuldhaft ist. Wird etwa ein Schriftsatz samt allen Kopien am letzten Tag der Frist durch einen Verkehrsunfall zerstört, und bestand in der verbleibenden Zeit keine Möglichkeit mehr, ihn auch nur teilweise wieder neu schreiben zu lassen, so fehlt es am Verschulden.

54 Oftmals folgt einem Verschulden (falsche Fristenberechnung) ein unverschuldeter Vorgang (Postverzögerung)[65]. Es kommt nicht darauf an, daß die Frist ohne die falsche Fristenberechnung gewahrt worden wäre, sondern darauf, ob ohne Postverzögerung trotz Partei- oder Anwaltsverschulden die Frist eingehalten worden wäre. Wenn das der Fall ist, wird Wieder-

---

[60] *BAG* AP § 233 ZPO Nr. 62 mit abl. Anm. *Vollkommer*; *Thomas/Putzo*[18] Rdnr. 13.
[61] Ständige Rspr.: *BGH* VersR 1987, 49, 50; NJW 1966, 203, 204; *BAG* NJW 1966, 799 m. Anm. Ostler in NJW 1967, 2300; *Zeuner* JZ 1957, 158.
[62] *BGH* VersR 1988, 941 (unterlassene Vorfristenregelung).
[63] *BGH* VersR 1987, 48, 49; NJW 1979, 876; krit. dazu *MünchKommZPO/Feiber* (1992) Rdnr. 19, 48.
[64] *BGH* VersR 1987, 486, 487; 1985, 767 li. Sp.
[65] Vgl. *BGH* NJW 1963, 253, 254.

einsetzung gewährt: Anwalt oder Partei hätten die Frist nicht versäumt, wenn die Postverzögerung hinweggedacht wird (→ Rdnr. 51)[66]. Häufig wirken bei der Unterzeichnung von Schriftsätzen mehrere Ursachen zusammen (→ Wiedereinsetzungsschlüssel »Schriftsatzmängel« [Rdnr. 79]). Wenn der Anwalt die Unterzeichnung vergißt und das nicht unterzeichnete Schriftstück durch ein Versehen des eingearbeiteten und überwachten Büropersonals abgeschickt wird, so beruht die Fristenversäumung endlich nur auf dem Verschulden des Kanzleipersonals. Deshalb ist eine Wiedereinsetzung möglich[67]. Letztlich handelt es sich um eine wertende Betrachtung des Ursachenverlaufes, die i.S. einer adäquaten Kausalität gedeutet werden kann[68].

Wiedereinsetzung ist stets zu gewähren, wenn die Versäumung auf zwei unverschuldeten 55 Ursachen beruht. So liegt es etwa, wenn der Anwalt unverschuldet an der Rückkehr aus dem Urlaub verhindert ist und ein aus dem Ausland an das Gericht abgeschickter Schriftsatz abhandenkommt.

VI. Arbeitsgerichtliches Verfahren

1. Bedeutung

Für das Verfahren in Arbeitssachen gelten die §§ 233 ff. ZPO wegen § 46 Abs. 2 ArbGG in 56 gleicher Weise[69]. Wegen der kurzen Notfristen (§ 59 S. 1 ArbGG) kommt der Wiedereinsetzung eine größere Bedeutung als in der Zivilgerichtsbarkeit zu[70]. Bisweilen findet sich unter Hinweis auf Besonderheiten des arbeitsgerichtlichen Verfahrens (Rechtsmittelbelehrung) eine abweichende Rechtsprechung des Bundesarbeitsgerichts[71]. Eine derartige Sonderrechtsprechung ist wenig überzeugend und sollte tunlichst vermieden werden.

2. § 5 KSchG

Nach § 5 KSchG ist die Kündigungsschutzklage (→ Rdnr. 156 vor § 253) nachträglich 57 zuzulassen, wenn der Arbeitnehmer trotz Anwendung aller ihm nach Lage der Umstände zuzumutenden Sorgfalt an der Einhaltung der Frist verhindert war (→ Wiedereinsetzungsschlüssel »Kündigungsschutzklage« [Rdnr. 72])[72]. Das bedeutet dem Grundsatz nach eine Spezialregelung für Fristen, die vor Beginn des Rechtsstreits anfangen und ablaufen. Es handelt sich um eine prozessuale Ausschlußfrist (→ Rdnr. 19), die eine eigenständige Regelung gefunden hat. Probleme ergeben sich, weil es die Vereinfachungsnovelle versäumt hat, § 5 KSchG an den Text des § 233 ZPO anzupassen. Im Interesse der Wertungsgleichheit von Mutterprozeßordnung und Arbeitsgerichtsgesetz ist jedoch auf eine weitgehende Auslegungsgleichheit zu achten[73].

Die Möglichkeit des § 5 KSchG besteht nicht nur bei einer erstmalig erhobenen Klage[74], 58 sondern auch dann, wenn die zunächst erhobene Kündigungsschutzklage zurückgenommen und nach Ablauf der Dreiwochenfrist des § 4 KSchG die Zulassung der verspäteten Klage nach § 5 Abs. 1 KSchG beantragt wird. Die zu 233 entwickelten Grundsätze sind anwend-

---

[66] Vgl. *BGH* FamRZ 1988, 829; VersR 1976, 295; 1974, 1001; MDR 1963, 119; *BAG* NJW 1966, 799; 1972, 735; Abgrenzungsentscheidung *BGH* VersR 1987, 564.
[67] *BGH* VersR 1985, 285, 286f.
[68] *MünchKommZPO/Feiber* (1992) Rdnr. 19.
[69] Z.B. *BAG* NJW 1987, 1355.
[70] Auch → Rdnr. 60.

[71] *BAG* NJW 1987, 3278 einerseits; *BGHZ* 51, 1, 3, andererseits (→ Wiedereinsetzungsschlüssel »Schriftsatzmängel« [Rdnr. 79]).
[72] Z.B. *LAG Köln* NZA 1989, 281, 282 (Rubrumsberichtigung).
[73] Zur Säumnis der Parteien *G. Reinecke* NZA 1985, 243 ff.
[74] *Herschel* AP 52 Nr. 152.

bar⁷⁵, auch wenn § 5 Abs. 1 KSchG nicht an den Text des § 233 ZPO angeglichen worden ist⁷⁶.

59 Nach § 5 Abs. 3 S. 1 KSchG muß der Antrag auf Zulassung der verspäteten Klage innerhalb einer Zweiwochenfrist gestellt werden. Anders als in § 233, § 234 Abs. 1 ZPO ist in § 5 Abs. 3 KSchG bei Versäumung dieser Frist keine Wiedereinsetzung vorgesehen. Wegen der Wertungsgleichheit der beiden Normen und der Rechtsprechung des Bundesverfassungsgerichts⁷⁷ zu § 233 a. F. muß die Antragsfrist des § 5 Abs. 3 KSchG für die Wiedereinsetzung in den vorigen Stand geöffnet werden, sofern der Kläger ohne sein Verschulden gehindert war, den Antrag auf Zulassung der verspäteten Klage rechtzeitig zu stellen.

60 Die Rechtsprechung der Arbeitsgerichte und die arbeitsrechtliche Literatur lehnen eine Wiedereinsetzung in die schuldlos versäumte Antragsfrist ab⁷⁸. So wird dem Kläger nicht geholfen, wenn sich erst nach erhobener Kündigungsschutzklage deren Verspätung ergibt und nunmehr der Kläger den Antrag auf Zulassung der verspäteten Klage stellt, dieser Antrag aber ohne sein Verschulden die Zweiwochenfrist des § 5 Abs. 3 S. 1 KSchG nicht wahrt. So kann es vor allem bei Beförderungsmängeln der Post liegen. Diese Auffassung berücksichtigt nicht hinreichend das verfassungsrechtliche Gebot, den ersten Zugang zum Zivilgericht zu erleichtern. Auch in der einfachgesetzlichen Ausgestaltung ist er in den meisten Fällen privilegiert. Eine abweichende Behandlung von Arbeitnehmern ist nicht mit dem Gleichheitssatz zu vereinbaren.

61 Die abweichende h.L. im Arbeitsrecht mildert ihre Auffassung freilich über eine weite Auslegung des Kündigungsschutzgesetzes. Damit werden verspätete Klagen zugelassen oder bereits der Beginn der Klagefrist des § 4 KSchG oder der Antragsfrist des § 5 KSchG auf Zulassung der verspäteten Klage verneint⁷⁹. Dieser Weg ist jedoch in den Fällen von → oben Rdnr. 60 nicht gangbar.

VII. Wiedereinsetzungsschlüssel

62 Der nachfolgende Wiedereinsetzungsschlüssel hat zwei Funktionen: Einmal erschließt er die Kommentierung dieses Titels der ZPO (§§ 230–238). Zum anderen enthält er in alphabetischer Reihenfolge die wichtigsten Fälle der Wiedereinsetzung unter Angabe von neuester Rechtsprechung und Literatur. Der Benutzer des Kommentars hat damit sowohl die Stichworte der Wiedereinsetzungsvorschriften als auch die wichtigsten Wiedereinsetzungsfälle in einer Übersicht vorliegen. Innerhalb des nachfolgenden Wiedereinsetzungsschlüssels wird durch Angabe des maßgebenden Stichwortes unter Verweis auf die Randnummer (Rdnr.) verwiesen. Z.B. verweist Anwaltsgehilfe → »Büroverschulden« (Rdnr. 65) auf das Stichwort »Büroverschulden« in Rdnr. 65 dieses Wiedereinsetzungsschlüssels. Ansonsten meinen Verweisungen (»→«) andere Stellen dieses Kommentars, wo sich weitere Ausführungen oder Nachweise befinden. Die Abkürzung »WE« bedeutet »Wiedereinsetzung«. Die Hinzufügung »ja« oder »nein« meint, daß Wiedereinsetzung gewährt wird oder nicht gewährt werden darf.

63 Dem Wiedereinsetzungsschlüssel ist zur leichteren Auffindbarkeit der teils umfangreichen Stichwörter nachfolgend ein Hauptstichwortregister vorangestellt. Verweisungen innerhalb des Textes sind durch einen Pfeil (→) bezeichnet.

---

⁷⁵ *Hueck/v. Hoyningen-Huene* KSchG¹¹ (1992) § 5 Rdnr. 3 (»Parallelen dürfen nur mit großer Vorsicht gezogen werden«); *Schaub* Arbeitsrechtshandbuch⁷ (1992), 1086; *Schlicht* BB 1980, 632.
⁷⁶ *LAG München* AMBl. 1980 C 19 (Beilage).
⁷⁷ *BVerfGE* 22, 83, 88 ff.; in anderem Zusammenhang auch *LAG München* AMBl. 1980 C 19 (Beilage).
⁷⁸ Z.B. *LAG Berlin* AP § 4 KSchG Nr. 11; *ArbG Kiel* BB 1978, 1778; *Hueck/v. Hoyningen-Huene* KSchG¹¹ (1992) § 5 Rdnr. 21.
⁷⁹ *LAG Hamm* EzA § 5 KSchG Nr. 3; *LAG Köln* EzA § 5 KSchG Nr. 16.

Hauptstichwortregister

A (Rdnr. 64)
Abhandenkommen (Urkunden, Schriftsätze usw.)
Abwesenheit (Partei, Anwalt, Sonstige)
Adresse (falsche)
Aktiengesetz (§ 246)
Allgemeine Einlaufstelle
Amtlicher Vertreter (Referendar)
Amtswegige Wiedereinsetzung
Amtszustellung
Anfechtung von Gerichtsentscheidungen
Angestellte
Angestellter Anwalt
Anschlußberufungsfrist
Anschlußbeschwerde
Anschlußbeschwerdefrist
Anschlußfrist
Anschlußrechtsmittel
Anschlußrevisionsfrist
Antrag auf gerichtliche Entscheidung
Antrag auf Prozeßkostenhilfe
Antrag auf Zulassung der verspäteten Kündigungsschutzklage
Antragsberechtigung
Antragslose Wiedereinsetzung
Anwalt (als Antragsteller)
Anwalt (Verschulden) → Anwaltsverschulden
Anwaltsgehilfe → Büroverschulden
Anwaltssozietät → Schriftsatzmängel
Anwaltsverschulden
Arbeitsgerichtliches Verfahren
Arglist des Gegners
Ausgangskontrolle
Ausländer
Ausschlußfrist

B (Rdnr. 65)
Beförderungsmängel
Begründetheit des Wiedereinsetzungsantrags
Begründungsfrist für Rechtsmittel
Behördenverschulden
Berichtigung des Tatbestands (§ 320), Frist für Antrag
Belehrungs-, Beratungs- und Benachrichtigungspflichten des Anwalts gegenüber der Partei
Benachrichtigungslasten der Partei dem Anwalt gegenüber
Berufungsanwalt
Berufungsbegründungsfrist
Beschwerde in Familiensachen
Beschwerdebegründungsfristen
   Bestellung eines allgemeinen Vertreters
   Bestellung eines Verkehrsanwalts (Rechtsmittelanwalts)
Beweislast
Bote

Büroklammer
Büroverschulden
Bundesrechtsanwaltsordnung (Frist für Antrag auf gerichtliche Entscheidung)

D (Rdnr. 66)
Dienstreise → Abwesenheit (Partei, Anwalt, Sonstige)
Drittverschulden

E (Rdnr. 67)
Eingangsstempel
Einlaufstelle → Büroverschulden, → Schriftsatzmängel
Einlegung (von Rechtsmitteln)
Empfangsbekenntnis → Zustellungen
Ende des Mandats
Entschädigungssache
Erfolgsaussichten (falsche Beurteilung durch den Anwalt)
Ergänzung des Urteils (§ 321), Antrag auf
Erkundigungspflichten der Partei
Ersatzzustellung
Erster Zugang zum Gericht
Exkulpationsmöglichkeit

F (Rdnr. 68)
Fahrlässigkeit
Fasching (Fristenverzögerung)
Ferien
Feriensache
Fernschreiben
Form des Wiedereinsetzungsantrags
Frist
Fristberechnung und Fristeinhaltung
Fristenkalender
Fristenkontrolle bei gewerblichen Betrieben
Fristverlängerung → Nichtverlängerung von Fristen

G (Rdnr. 69)
Gemeinsame Eingangsstelle
Gemeinschaftspraxis
Gerichtseinlauf → Beförderungsmängel
Gerichtsferien → Feriensache
Gerichtssprache → Ausländer
Geschäftsreise → Abwesenheit (Partei, Anwalt, Sonstige)
Geschäftsstelle → Beförderungsmängel
Gesetzlicher Vertreter (Verschulden)
Glaubhaftmachung
GUS-Truppen

H (Rdnr. 70)
Hindernisse bei Urlaubsrückkehr → Abwesenheit (Partei, Anwalt, Sonstige)

§ 233 VII   1. Buch: Allgemeine Vorschriften

I (Rdnr. 71)
Individueller Maßstab des Verschuldens
Informationspflichten der Partei (→ Benachrichtigungslasten der Partei dem Anwalt gegenüber)
Inhalt des Wiedereinsetzungsantrags
Irrtum

K (Rdnr. 72)
Karneval → Beförderungsmängel
Kaufmännisch geführtes Unternehmen
Kausalität
Kausalzusammenhang
Klagefristen
Korrekturen (von Schreibfehlern) → Schriftsatzmängel
Korrespondenzanwalt → Verkehrsanwalt
Kosten der Wiedereinsetzung
Krankenhausaufenthalt → Abwesenheit (Partei, Anwalt, Sonstige)
Krankheit → Abwesenheit (Partei, Anwalt, Sonstige)
Kündigung des Mandats → Zustellungen
Kündigungsschutzklage
Kuraufenthalt → Abwesenheit (Partei, Anwalt, Sonstige)

L (Rdnr. 73)
Letzter Tag (Fristausnutzung)

M (Rdnr. 74)
Mahnverfahren
Mandatsende
Mehrere Anwälte → Schriftsatzmängel
Mitwirkungspflichten der Gerichte
Mitwirkungspflichten der Partei

N (Rdnr. 75)
Nachholung (der versäumten Prozeßhandlung)
Nachschieben von Wiedereinsetzungsgründen
Nachsendeantrag → Beförderungsmängel
Nachtbriefkasten → Beförderungsmängel
Nebenintervenient
Nichtverlängerung von Fristen
Niederlegung bei der Post, Zustellung durch Aufgabe zur Post
Niederlegung des Mandats
Notfrist
Notwendige Streitgenossenschaft

O (Rdnr. 76)
Operation → Abwesenheit (Partei, Anwalt, Sonstige)
Organisationsverschulden des Anwalts

P (Rdnr. 77)
Parteidisposition (über Wiedereinsetzungsgründe)
Parteiverschulden
Patentrechtliches Beschwerdeverfahren
Persönliches Terminbuch

Post → Beförderungsmängel
Postausgangsbuch → Büroverschulden
Postbeförderung → Beförderungsmängel
Postlaufzeit → Beförderungsmängel
Poststreik
Postulationsfähigkeit
Postverteilungsstelle → Beförderungsmängel
Postverzögerung → Beförderungsmängel
Promptfristen → Fristberechnung und Fristeinhaltung
Prozeßbevollmächtigter (als Antragsteller)
Prozeßhandlung (versäumte)
Prozessual überholte Anträge
Prozeßkostenhilfe
Prozeßkostenhilfegesuch
Prozeßvergleich

R (Rdnr. 78)
Rechtliches Gehör
Rechtsanwalt
Rechtsbehelfsbelehrung → Rechtsmittelbelehrung
Rechtsberatungspflichten
Rechtsirrtum des Anwalts
Rechtsirrtum (Mißverständnis) der Partei
Rechtslage → Rechtsirrtum des Anwalts
Rechtsmißbrauch (öffentliche Zustellung)
Rechtsmittelanwalt
Rechtsmittelauftrag
Rechtsmittelbegründungsfrist
Rechtsmittelbelehrung (unterlassene)
Rechtsmittelschrift
Rechtsreferendar → Referendar
Rechtsweg → Rechtsirrtum des Anwalts
Referendar als amtlich bestellter Vertreter
Reise
Revisionsanwalt
Revisionsbegründungsfrist
Rosenmontag
Rückkehr aus dem Urlaub (Verzögerung)

S (Rdnr. 79)
Schriftliches Vorverfahren
Schriftsatzmängel
Strafgefangene
Streik → Abwesenheit (Partei, Anwalt, Sonstige)
Streitgenössischer Nebenintervenient
Streitgenossenschaft (notwendige)
Streitwertfestsetzung (falsche)

T (Rdnr. 80)
Tatbestandsberichtigung (§ 320)
Tatsachenirrtum
Telebrief
Telefax
Telefon, Telefondienst
Termine
Terminkalender
Tod des Anwalts

Tod der Partei
Treu und Glauben → Arglist des Gegners

U (Rdnr. 81)
Überholende Kausalität
Übermittlungsfehler
Übernahme eines Mandats
Unabwendbarer Zufall
Uneigentliche Frist
Unfall
Unterschrift
Unterschriftskontrolle
Untersuchungshaft
Unterzeichnung von Schriftsätzen
Unverschuldete Umstände
Unvorhergesehene Abwesenheit einer Partei
Unzulässigkeit des Wiedereinsetzungsantrags
Urlaub
Urkunden
Ursächlichkeit
Urteilsergänzung (§ 321)

V (Rdnr. 82)
Vereinbarung über die Wiedereinsetzung
Vereinigung von Anwaltskanzleien
Verfassungsbeschwerde
Verfassungskonforme Auslegung
Vergleich
Verkehrsanwalt
Verkehrsunfall → Abwesenheit (Partei, Anwalt, Sonstige)
Verlängerbare Fristen
Verlust, Vernichtung von Schriftstücken
Versäumnisurteil
Versäumung (einer Prozeßhandlung)
Verschulden
Vertreter der Partei (als Antragsteller)
Verzögerung der Rückkehr aus dem Urlaub → Abwesenheit (Partei, Anwalt, Sonstige)
Vorfristen
Vorsatz

W (Rdnr. 83)
Weihnachten → Beförderungsmängel
Widerrufsfrist beim Prozeßvergleich
Wiedereinsetzung (absolute Grenze)
Wiedereinsetzungsantrag
Wiedereinsetzungsfrist
Wiedereinsetzungsgericht
Wiedereinsetzungsverfahren
Witterungsbedingte Verhinderungen
Wohnungseigentumsgesetz (Antrag auf gerichtliche Entscheidung)

Z (Rdnr. 84)
Zeitpunkt der Zustellung → Zustellungen
Zerstörung der Urkunde → Abhandenkommen (Urkunden, Schriftsätze usw.)
Zuständiges Gericht
Zustellungen
Zustellungskarte → Zustellungen
Zustellungsnachweis → Zustellungen

Wiedereinsetzungsschlüssel

64 **Abhandenkommen (Urkunden, Schriftsätze usw.):** Es muß unterschieden werden zwischen dem Abhandenkommen im Verantwortungsbereich der Partei, ihres Anwalts oder sonstigen Vertreters (sub a) und demjenigen im Verantwortungsbereich anderer Personen (sub b).

a) Wird die Fristversäumnis durch das Abhandenkommen von Urkunden usw. im Verantwortungsbereich der Partei, ihres Anwalts oder sonstiger Bevollmächtigter verursacht (zum Vertreterverschulden → Rdnr. 38 ff.) und liegt kein Verschulden vor (→ dazu Rdnr. 37 ff.), so ist WE begründet. So liegt es etwa, wenn das fristwahrende Schriftstück durch einen (auch verschuldeten) Verkehrsunfall vernichtet wird (→ Rdnr. 53 ff.), und innerhalb der Frist das zerstörte Schriftstück nicht mehr hergestellt werden konnte (→ auch »Beförderungsmängel« [Rdnr. 65]). Gleiches gilt, wenn Urkunden abhandenkommen und nicht mehr rekonstruiert werden können, die zur Ausarbeitung eines fristwahrenden Schriftstücks notwendig sind, wie z. B. Gerichtsentscheidungen oder Baupläne.

b) Kommen Urkunden usw. unter den zu oben a) genannten Voraussetzungen außerhalb des Verantwortungsbereichs der Partei, des Anwalts oder sonstiger Bevollmächtigter abhanden, so wird WE gewährt (*BGHZ* 23, 291; *BGH* VersR 1992, 899). WE scheidet aus, wenn der Verlust im fremden Verantwortungsbereich voraussehbar war und dadurch ein Auswahlverschulden der Partei begründet wird. So liegt es z. B. im Falle der Aufbewahrung der Urkunde bei einer schon früher mehrfach unzuverlässigen Person.

Abwesenheit (Partei, Anwalt, Sonstige): Zu unterscheiden sind die Abwesenheit der Partei (sub a) und ihres nicht rechtsanwaltschaftlichen Vertreters (sub b), die Abwesenheit des Anwalts (sub c) und des Büropersonals (sub d).

a) Eine Partei muß grundsätzlich keine allgemeinen Vorkehrungen zu einer möglichen Fristwahrung treffen. Anders liegt es nur, wenn sie damit rechnen muß, daß während ihrer Abwesenheit Fristen zu laufen beginnen, die von ihr während der Abwesenheit gewahrt werden müssen (*BGH* VersR 1989, 104; in der Tendenz wohl großzügiger *BVerfG* NJW 1993, 847 [Strafrecht]). Wird dann z.B. kein Anwalt bestellt oder kein Nachsendeantrag gestellt, so ist WE zu versagen. Kann die Partei davon ausgehen, daß sie nach der Rückkehr etwa begonnene Fristen noch einzuhalten vermag oder geht es um unvorhergesehene Abwesenheiten, so müssen Vorkehrungen durch sie nicht getroffen werden. Ebenso liegt es, wenn die Partei nicht in einen Prozeß verwickelt ist und auch nicht mit dem Beginn eines Verfahrens rechnen muß (*BGH* VersR 1986, 967, 968; *RGZ* 78, 121, 125).

Ist eine Partei dagegen während eines Prozesses abwesend, so muß sie Vorsorge dafür treffen, daß im Falle vorhersehbarer Zustellungen, Termine oder Verkündungen sämtliche fristwahrenden Handlungen vorgenommen werden können, sei es durch Selbstvornahme, Einschalten eines Anwalts oder eines Vertreters (*BGH* VersR 1993, 205; 1992, 1373; 1992, 119 [Kommunikationsschwierigkeiten in der ehemaligen DDR]). In Betracht kommen auch andere Mittel wie eine Benachrichtigung des Gerichts von der Abwesenheit oder ein Nachsendeantrag. WE ja, wenn die Partei während ihrer Abwesenheit nicht damit rechnen mußte, daß eine fristgebundene Entscheidung gegen sie ergehen würde (*BVerfGE* 41, 332, 335f.), oder eine Krankheit so schwer war, daß sie selbst weder die Frist einhalten noch einen Vertreter mit der Fristwahrung beauftragen konnte (*BGH* VersR 1989, 931; 1977, 433; 1975, 280). WE ja, wenn die Partei eine Rechtsmittelfrist wegen eines durch eine Krankheit verursachten seelischen Erregungszustandes unverschuldet versäumt (*BGH* VersR 1985, 393, 394f. [Verdacht auf Krebserkrankung]).

WE nein, nachdem beiden Parteien rechtliches Gehör gewährt und mündlich verhandelt wurde (*BGH* JurBüro 1984, 51, 52; VersR 1983, 108; → auch »Zustellungen« [Rdnr. 84]). Doch gelten die Anforderungen des BVerfG dem Grundsatz nach nicht nur für die Fälle des ersten Zugangs zu Gericht, sondern in abgemilderter Form auch für das weitere Verfahren. WE nein, wenn die Partei während eines Prozesses nicht dafür sorgt, daß sie vom Anwalt im Urlaub erreicht werden kann und auch vor Urlaubsantritt keine Weisungen hinsichtlich etwaiger fristwahrender Prozeßhandlungen erteilt hat (*BGH* VersR 1993, 205; 1979, 231; 1977, 433; 1975, 1103; 1975, 344; NJW 1974, 2321; 1974, 1384; VersR 1972, 975; 1969, 887). Besondere Sorgfaltspflichten treffen dabei anscheinend die Geschäftsführer von Gesellschaften (*BGH* VersR 1986, 1214). WE nein, wenn bei häufigem Aufenthaltswechsel keine Vorsorge getroffen wird (*OLG Schleswig* DAVorm 1988, 443). WE nein, wenn die Partei im Verkündungstermin nicht anwesend ist, obwohl ihr dieser bekannt war und sie sich über den Entscheidungsinhalt auch nicht informiert (*BGH* VersR 1992, 119; 1983, 1082; 1977, 719; → auch »Zustellungen« [Rdnr. 84]).

WE ja, wenn die Partei keine Kenntnis von der öffentlichen Zustellung eines Urteils hat und damit auch nicht zu rechnen war (ferner *BVerfGE* 41, 332, 335f.; *BGH* VersR 1977, 836; 1977, 932; *BAG* NJW 1972, 887) oder diese Zustellung erschlichen worden ist (*BGH* NJW 1992, 2280; → § 203 Rdnr. 8, → »Zustellungen« [Rdnr. 84 sub a]). WE nein, wenn die Partei mit einer Klageerhebung rechnen mußte und keine Vorsorge trifft, von Zustellungen an die nicht aufgegebene Wohnanschrift zu erfahren oder dort Ersatzzustellungen verhindern will (*OLG Düsseldorf* FamRZ 1990, 75, 76).

Für den Fall einer längeren vorhersehbaren Abwesenheit, wie z.B. Urlaub, Geschäftsreise, geplanter Kuraufenthalt oder sonstigem Aufenthalts- oder Anschriftenwechsel, muß die Partei Vorkehrungen für die Fristwahrung treffen, wenn sie sich innerhalb eines Prozesses befindet und deshalb mit möglichen Fristversäumnissen rechnen muß. Werden gleichwohl keine Vorkehrungen getroffen und deshalb Fristen versäumt, so scheidet WE aus (*BGH* NJW 1993, 667 [wiederholt verlängerte Berufungsbegründungsfrist]; VersR 1992, 119 [Kommunikationsschwierigkeiten in der ehemaligen DDR]; 1989, 104; 1988, 1055; 1986, 966, 967; 1986, 892; 1986, 95, 96; 1986, 41 [Urlaub auf Gran Canaria]; 1982, 652, 653; 1979, 231; Warn. 1977 Nr. 169; VersR 1977, 1098). Bei Anberaumung eines Termins zur »Verkündung einer Entscheidung« kann die Partei nicht ohne weiteres mit dem Erlaß eines Beweisbeschlusses rechnen, sondern muß auf die Verkündung eines Urteils gefaßt sein (*BGH* VersR 1983, 1082). WE nein, wenn ein Unternehmen nicht dafür Sorge trägt, daß Posteingänge auch während der Erkrankung eines Geschäftsführers bearbeitet werden. Das gilt auch für ein in Liquidation befindliches Unternehmen (*BGH* VersR 1987, 561).

Ist die Partei unvorhergesehen abwesend, wie z.B. durch Krankheit (*OLG Köln* NJW-RR 1990, 1341, 1342f.), Unfall oder durch Hindernisse bei der Reiserückkehr, so braucht sie anders als der Rechtsanwalt (sub c) keine Vorkehrungen zur Wahrung von Fristen beim Eintritt unvorhergesehener Ereignisse zu treffen, selbst wenn sie Prozesse führt. WE ja, wenn unvorhersehbare Krankheiten, Operationen, Krankenhausaufenthalte, Geschäfts- oder Dienstreisen zur Abwesenheit führen (*BGH* VersR 1985, 550; 1985, 888; JurBüro 1977, 1148; *AG Köln* WuM 1990, 160 [fiebrige Erkrankung]). So liegt es auch, wenn eine Partei an der geplanten rechtzeitigen Rückkehr gehindert wird, weil z.B. die Verkehrsmittel bestreikt werden, die Witterungsverhältnisse die Rückfahrt behindern oder sonstige Hindernisse, wie z.B. Pannen oder Staus, auftreten. WE nein, wenn trotz derartiger Vorkommnisse der Partei zugemutet werden kann, die Prozeßhandlung vorzunehmen (*BGH* VersR 1992, 119 [Kommunikationsschwierigkeiten in der ehemaligen DDR]). WE nein, wenn die Partei wegen eines nervösen Erschöpfungszustandes ein Rechtsmittel nicht rechtzeitig einlegt (*BGH* VersR 1983, 138 [zu streng]), oder sie sich trotz einer Operation in zumutbarer Weise noch über Fristerfordernisse erkundigen kann, dies aber unterläßt (*BGH* VersR 1977, 719 [zu streng]). WE nein, wenn ein Ausländer mit Wohnsitz im Inland bei einem durch Krankheit auf 7 Monate ausgedehnten Auslandsaufenthalt nicht um seine Vertretung Sorge trägt (*BSG* NZA 1992, 712). Die Untersuchungshaft entbindet eine Partei gleichfalls nicht davon, sich um die Einhaltung laufender Fristen zu kümmern. WE nein, wenn die verhaftete Partei sich über den Verfahrensstand berichten läßt, aber weder Kontakt zu den Anwälten aufnimmt noch die beauftragten Personen auf ihre Zuverlässigkeit hin überprüft (*BGH* VersR 1977, 257 [zu streng]).

b) Läßt sich eine Partei durch einen nicht anwaltschaftlichen Vertreter vertreten, so gelten die Ausführungen zu ihrer Abwesenheit (sub a) entsprechend. Es gelten wegen des unterschiedlichen Sorgfaltsmaßstabes (→ Rdnr. 45 ff.) nicht die strengen Regeln, denen der Rechtsanwalt hinsichtlich seiner Abwesenheit unterworfen ist (sub c). Die Partei kann aber ein Auswahlverschulden treffen. Deshalb wird Wiedereinsetzung abgelehnt, wenn sie eine Person beauftragt, von der sie weiß oder wissen konnte, daß sie zur ordnungsgemäßen Vertretung ungeeignet ist (zum Auswahlverschulden → Rdnr. 41). WE nein, wenn der Geschäftsführer nach dem Konkurs seines Unternehmens dem Prozeßbevollmächtigten seine neue Anschrift nicht mitteilt, so daß er nicht rechtzeitig erreicht werden kann, obwohl mit Zustellungen zu rechnen war (*BGH* MDR 1978, 749; → auch »Benachrichtigungslasten der Partei dem Anwalt gegenüber« [Rdnr. 65]). So liegt es auch, wenn an eine GmbH nicht zugestellt werden kann, weil der Hausbriefkasten nur mit dem Namen des Geschäftsführers gekennzeichnet ist und die Briefanschrift nicht die Angabe des Postfaches der GmbH enthält (*BGH* NJW 1991, 109).

c) Anders als die Partei oder ihr nicht rechtsanwaltlicher Vertreter (sub a, b) muß der Anwalt für alle Fälle seiner Abwesenheit Vorkehrungen treffen. Deshalb hat er für vorhersehbare wie für unvorhersehbare Abwesenheit vor allem dem Büropersonal die entsprechenden Anweisungen zu geben. In erster Linie muß der Anwalt durch geeignete organisatorische Maßnahmen sicherstellen, daß das Büropersonal im Falle seiner Verhinderung einen Vertreter heranziehen kann. Trifft den Anwalt dabei ein Organisationsverschulden (→ »Büroverschulden« [Rdnr. 65]), so scheidet eine WE unabhängig von den Gründen der Abwesenheit aus. WE ist nur dann möglich, wenn die Fristversäumung darauf beruht, daß dem ordnungsgemäß ausgewählten, angewiesenen und überwachten Büropersonal Fehler unterlaufen sind (*BGH* NJW-RR 1989, 125, 126).

Bei einer geplanten (vorhersehbaren) Abwesenheit muß der Anwalt sicherstellen, daß alle während seiner Abwesenheit ablaufenden Fristen gewahrt bleiben. Das gilt sowohl für diejenigen Fristen, deren Ablauf schon bei Beginn der Abwesenheit erkennbar ist wie für diejenigen, deren Beginn später liegt, die aber wie z. B. die Einspruchsfrist bei einem Versäumnisurteil wegen ihrer Kürze vor dem Ende der Abwesenheit schon wieder ablaufen. Das Gesagte gilt vor allem für Urlaub, Geschäftsreise, vorhersehbaren Kuraufenthalt und Operation (→ auch »Büroverschulden« [Rdnr. 65]). Vor allem muß der Anwalt für die Dauer des Urlaubs für die anwaltliche Vertretung sorgen, zumindest nach seiner Rückkehr die während des Urlaubs eingegangene Post selbst durchsehen (*Ball* JurBüro 1992, 653, 655). WE nein, wenn der Anwalt nicht vor Urlaubsantritt selbst überprüft, ob seinem Antrag auf Bestellung eines amtlichen Vertreters stattgegeben worden ist (*BGH* NJW 1973, 901). WE nein, wenn der Anwalt bei einer Verzögerung der Rückkehr aus dem Urlaub nicht für die Fristenwahrung sorgt (*BGH* VersR 1975, 1075; 1965, 1075).

Für die Fälle einer plötzlichen unvorhersehbaren Abwesenheit muß der Anwalt durch geeignete Büroorganisation dafür sorgen, daß das Büropersonal einen Vertreter heranziehen kann oder aber selbst einen Vertreter bestellen (*BGH* VersR 1991, 1270, 1271; 1990, 1026; 1984, 762; 1982, 802; 1981, 850; 1980, 386; 1979, 374; 1978, 667; 1973, 317; → »Büroverschulden« [Rdnr. 65]). So liegt es insbesondere bei Krankheit (*BGH* VersR 1985, 1189) und Unfall. Das Gesagte gilt vor allem für den Einzelanwalt. WE ist aber erfolgreich, wenn trotz ordnungsgemäßer Büroorganisation die Fristversäumung auf einem Verschulden des richtig ausgewählten, angewiesenen und überwachten Büropersonals beruht. WE ferner ja, wenn im Falle einer plötzlichen schweren, als lebensbedrohend empfundenen Krankheit die Unterrichtung eines Vertreters nicht zumutbar ist (*BGH* VersR 1991, 1270; 1990, 1026). WE ja, wenn im Einzelfall ein diabetesbedingtes Unwohlsein die Verspätung hervorruft (*BGH* VersR 1987, 785). Muß der Kanzleiort am Tag des Fristablaufs dringend verlassen werden, so ist dafür zu sorgen, daß ein anderer postulationsfähiger Anwalt die Berufungs(begründungs)schrift unterzeichnen kann (*BGH* NJW-RR 1990, 379). Das gilt auch in sonstigen Fällen einer plötzlichen Abwesenheit (*BGH* VersR 1978, 667; NJW 1973, 901; → auch »Büroverschulden« [Rdnr. 65]). WE nein, wenn der für die Revisionsinstanz postulationsfähige Anwalt erkrankt ist und die übrigen Sozietätspartner wegen fehlender Postulationsfähigkeit die Rechtsmittelfrist nicht einhalten können (*BGH* BB 1977, 1389; → »Anwaltssozietät« [Rdnr. 64]). WE nein, wenn in einer Sozietät für den Fall der Abwesenheit eines Sozietätspartners keine Vorsorge für die Unterzeichnung von Rechtsmittelschriften getroffen ist und deshalb Rechtsmittelfristen nicht eingehalten werden können (*BGH* VersR 1979, 349; 1971, 665, → auch »Schriftsatzmängel« [Rdnr. 79]).

d) Bei Abwesenheit des Büropersonals muß der Anwalt im Rahmen der Büroorganisation die entsprechende Vorsorge dafür treffen, daß der geordnete Büroablauf aufrechterhalten bleibt. Daher WE nein, wenn die Fristen versäumt werden, weil Büroangestellte mit wichtigen Aufgaben im Urlaub sind (*BGH* NJW 1989, 1157; VersR 1987, 617; 1985, 574; 1978, 959; 1978, 92). Auch bei einer unvorhergesehenen Abwesenheit von Büropersonal, wie im Falle von Operationen, Unfall usw., scheidet WE aus, wenn der Anwalt keine entsprechende Vorsorge getroffen hat. Die Anforderungen an derartige Vorkehrungen dürfen jedoch nicht überspannt werden, so daß der Anwalt nicht für jeden denkbaren seltenen Fall des Ausbleibens seines Büropersonals Vorsorge treffen muß (→ »Büroverschulden« [Rdnr. 65]). Deshalb ist WE zu gewähren, wenn in einer Kanzlei zwei Büroangestellte tätig sind, der geordnete Büroablauf auch bei urlaubsbedingter Abwesenheit durch eine Angestellte aufrechterhalten bleibt, diese aber dann durch ein unvorhersehbares Ereignis, wie z. B. Unfall oder Krankheit, abwesend ist.

Adresse (falsche) → »Schriftsatzmängel« (Rdnr. 79), → »Büroverschulden« (Rdnr. 65).

Aktiengesetz (§ 246) → Rdnr. 21.

Allgemeine Einlaufstelle → »Schriftsatzmängel« (Rdnr. 79 sub a).

Amtlicher Vertreter (Referendar) → »Bestellung eines allgemeinen Vertreters« (Rdnr. 65).

Amtswegige Wiedereinsetzung → § 236 Rdnr. 3 ff.

Amtszustellung → »Büroverschulden« (Rdnr. 65).

Anfechtung von Gerichtsentscheidungen → »Rechtsirrtum des Anwalts« (Rdnr. 78).

Angestellte → »Büroverschulden« (Rdnr. 65).

Angestellter Anwalt: WE nein, wenn der angestellte Anwalt mit der selbständigen Bearbeitung des Rechtsstreits oder eines wesentlichen Teilbereichs betraut ist (*BGH* VersR 1992, 1421; 1979, 960; 1978, 665, 669; JurBüro 1978, 1083; *BVerwG* BayVBl 1991, 93, 94; *BAG* NJW 1987, 1355). WE ja, wenn er nur unselbständige, nicht eigenverantwortliche Tätigkeiten ausführt (*BGH* VersR 1992, 1421; 1990, 874; *BAG* NJW 1987, 1355). Eine Partei, die im Prozeßkostenhilfeverfahren einen einer Anwaltssozietät angehörenden Rechtsanwalt beigeordnet erhält und diesen beauftragt, braucht nur für dessen Verschulden, nicht aber für dasjenige eines anderen Mitgliedes der Sozietät einzustehen (*BGH* VersR 1992, 121). WE nein, wenn der angestellte Anwalt später in die Sozietät aufgenommen worden ist, aber vorher mit der selbständigen und unkontrollierten Erledigung der Fristenfragen betraut war (*BGH* VersR 1990, 874). WE ja, wenn der angestellte Anwalt als unselbständiger Hilfsarbeiter eine Frist versäumt (*BGH* VersR 1979, 232). Das gilt selbst dann, wenn er auf den drohenden Fristablauf hingewiesen wird (*BGH* MDR 1976, 230). WE ja, wenn der mit einer Rechtsmittelbegründung beauftragte Anwalt einen nicht bei dem Rechtsmittelgericht zugelassenen angestellten Rechtsanwalt für die Anfertigung heranzieht, sich jedoch ausdrücklich die Verantwortung für den Inhalt und die Unterzeichnung der Schrift vorbehält, der nicht zugelassene Anwalt aber versehentlich selbst unterzeichnet und die Schrift weiterleitet (*BGH* VersR 1983, 641).

WE nein, wenn der mit der selbständigen Bearbeitung betraute, erst neu bei dem Landgericht zugelassene angestellte Anwalt an das OLG gerichtete Schriftsätze versehentlich selbst unterzeichnet hat und so Rechtsmittelfristen versäumt wurden (*BGH* VersR 1984, 87).

Anschlußberufungsfrist → Rdnr. 9 ff.
Anschlußbeschwerde → Rdnr. 13 f.
Anschlußbeschwerdefrist → Rdnr. 13 f.
Anschlußfrist → Rdnr. 9 ff.
Anschlußrechtsmittel → Rdnr. 9 ff.
Anschlußrevisionsfrist → Rdnr. 10.
Antrag auf gerichtliche Entscheidung → Rdnr. 27 ff.
Antrag auf Prozeßkostenhilfe → § 236 Rdnr. 12.

Antrag auf Zulassung der verspäteten Kündigungsschutzklage → Rdnr. 57ff.
Antragsberechtigung → Rdnr. 5ff.
Antragslose Wiedereinsetzung → § 236 Rdnr. 3ff.
Anwalt (als Antragsteller) → Rdnr. 7.
Anwalt (Verschulden) → »Anwaltsverschulden«.
Anwaltsgehilfe → »Büroverschulden« (Rdnr. 65).
Anwaltssozietät → »Schriftsatzmängel« (Rdnr. 79).
Anwaltsverschulden: Es steht einer Wiedereinsetzung in den vorigen Stand immer entgegen (zu den Sorgfaltspflichten → Rdnr. 47ff.). WE ist nur möglich, wenn weder ein Anwalts- noch ein Parteiverschulden vorliegen. Dagegen ist WE in Fällen von Drittverschulden (→ Rdnr. 40ff.) nicht ausgeschlossen. Das Anwaltsverschulden ist nicht ursächlich, wenn die Fristversäumung auf einem zusätzlichen Fehlverhalten Dritter beruht (→ Rdnr. 53ff.). Das Anwaltsverschulden wird in folgenden speziellen Stichwörtern behandelt: → »Belehrungs-, Beratungs- und Benachrichtigungspflichten des Anwalts gegenüber der Partei« (Rdnr. 65), → »Bestellung eines allgemeinen Vertreters« (Rdnr. 65), → »Bestellung eines Verkehrsanwalts (Rechtsmittelanwalts)« (Rdnr. 65).
Arbeitsgerichtliches Verfahren → Rdnr. 56.
Arglist des Gegners → Rdnr. 44.
Ausgangskontrolle: Der Anwalt muß dafür Sorge tragen, daß ein fristgebundener Schriftsatz nicht nur rechtzeitig hergestellt wird, sondern auch innerhalb der Frist bei dem zuständigen Gericht eingeht. Es muß daher eine Ausgangskontrolle geschaffen werden, durch die zuverlässig sichergestellt wird, daß fristwahrende Schriftsätze auch tatsächlich fristgerecht hinausgehen (*BGH* VersR 1993, 207; NJW 1993, 1657, 1658 [Telefax]; 1992, 574; FamRZ 1991, 423, 424; NJW 1991, 1178; VersR 1988, 942; 1987, 888; 1986, 891; 1985, 766; 1985, 550; *BAG* BB 1993, 1296; *OLG Köln* JurBüro 1991, 1393). Der Anwalt darf die Ausgangskontrolle durch sein besonders ausgewähltes, geschultes und laufend überwachtes Büropersonal vornehmen lassen (*BGH* VersR 1980, 871; 1977, 331). Die Ausgangskontrolle muß so organisiert sein, daß in allen vorhersehbaren Fällen Fristversäumnisse wegen fehlender Unterschrift vermieden werden, auch wenn sie außergewöhnlich sind (*BGH* VersR 1987, 383, 384). Der Anwalt ist aber nicht verpflichtet, neben der Ausgangskontrolle noch den Eingang bei Gericht zu überwachen (*BVerfGE* 79, 372, 375f.; *BVerfG* NJW 1992, 38). Die Büroorganisation muß Zuständigkeit und Verantwortlichkeit der Büroangestellten klar festlegen (*BGHR* ZPO § 233 Fristenkontrolle 15). Es dürfen insbesondere nicht mehrere Angestellte für die Fristennotierung und Überwachung verantwortlich sein. Deshalb WE nein, wenn nicht durch konkrete Anweisung an eine Person sichergestellt ist, daß fristwahrende Schriftsätze tatsächlich hinausgehen (*BGH* NJW 1992, 3176; FamRZ 1992, 297; VersR 1988, 942). Auszubildende dürfen eingesetzt werden, wenn sie sich als zuverlässig erwiesen haben (*BGH* VersR 1987, 769, 770; *LG Kiel* VersR 1988, 754). WE nein, wenn nicht gesichert ist, daß eingetragene Fristen nachträglich eigenmächtig vom Büropersonal geändert werden (*BGH* VersR 1989, 1316). WE ja, wenn trotz Ausgangskontrolle und laufender Überwachung das Büropersonal versehentlich Schriftsätze nicht frankiert und darauf die Fristversäumung beruht (*BGH* AnwBl 1980, 460; VersR 1980, 973; 1979, 1028; → auch »Büroverschulden« [Rdnr. 65]). WE ja, wenn trotz einer speziell erteilten Anordnung eine fehlerhaft adressierte Rechtsmittelschrift am richtigen Ort einzureichen, diese Schrift durch ein Versehen des Büropersonals in der falschen Einlaufstelle eingereicht wird und darauf die Versäumung beruht (*BGH* VersR 1983, 838).

Zu einer wirksamen Ausgangskontrolle gehört auch die Anordnung eines Rechtsanwalts, daß die Erledigung der fristgebundenen Sachen am Abend eines jeden Arbeitstages anhand des Fristenkalenders von einer dazu beauftragten Bürokraft überprüft wird

(*BGH* FamRZ 1992, 297; VersR 1992, 1155f.; FamRZ 1991, 423). Die Prüfung, ob der für die Gerichtspost bestimmte Korb am Abend leer ist, reicht nicht aus (*BGH* VersR 1993, 378; 1993, 207). Eine wirksame Ausgangskontrolle ist durch die Führung eines Postausgangsbuches möglich oder dadurch, daß auf der Schriftsatzdurchschrift nach dessen Absendung ein »Ab-Vermerk« angebracht wird (*BGH* FamRZ 1992, 297). Ausreichend ist auch eine Kontrolle anhand der von der Eingangsstelle des Gerichts erteilten Quittungen (*BGH* FamRZ 1992, 297). Doch muß hier bei Fristen, die am letzten Tag noch nicht gestrichen sind, eine von diesen gerichtlichen Mitteilungen unabhängige Ausgangskontrolle gewährleistet sein (*BGH* FamRZ 1992, 297; VersR 1991, 1197).

Es muß durch organisatorische Maßnahmen sichergestellt sein, daß im Fristenkalender vermerkte Fristen erst gestrichen werden, wenn die fristwahrende Maßnahme durchgeführt ist, das erforderliche Schreiben also gefertigt und zumindest postfertig gemacht worden ist (*BGH* NJW 1993, 732; VersR 1992, 900; FamRZ 1992, 297; 1992, 296; 1991, 423, 424; VersR 1986, 365, 366; 1985, 766; 1985, 369; 1985, 145; *BAG* BB 1993, 1296). Auch ein Antrag auf Verlängerung einer Rechtsmittelbegründungsfrist ist eine fristwahrende Prozeßhandlung (*BGH* FamRZ 1992, 297).

Bei Übermittlung durch Telefax muß sichergestellt sein, daß Fristen erst dann gelöscht werden, wenn ein vom Telefaxgerät des Absenders ausgedruckter Nachweis vorliegt, der die Übermittlung belegt (*BGH* VersR 1992, 638; NJW 1990, 187; → »Telefax« [Rdnr. 80]).

Es muß ein Fristenkalender verwendet werden; die Verwendung loser Zettel genügt nicht (*BGH* VersR 1985, 1184, 1185). Trifft ein Anwalt überobligationsgemäße Vorkehrungen, zu denen ihn die Rechtsprechung nicht verpflichtet, so wird WE gleichwohl gewährt, wenn dabei Fehler unterlaufen (*BGH* NJW 1992, 1047; 1991, 3035; 1990, 188). Für den Fall der Abwesenheit des Fristenbuchführers muß für eine ausreichende anderweitige Kontrolle gesorgt sein (*BGH* VersR 1989, 930; 1989, 166). Will der Anwalt eine Fristsache vor Fristablauf seinem Vertreter vorgelegt wissen, so reicht die Ablage einer handschriftlichen Anweisung, die mit Büroklammern an der Akte befestigt ist, auf dem Schreibtisch der Bürokraft nicht aus (*BGH* VersR 1989, 104, 105).

WE nein, wenn der Anwalt eine Sache an sich gezogen und gleichwohl keine ausreichenden Sicherungsmaßnahmen zur Fristwahrung getroffen hat (*BGH* VersR 1989, 929, 930; 1989, 278). WE nein, wenn Vorfristen schon vor Aktenvorlage gestrichen werden, auch wenn der Rechtsanwalt die Fristen nach Aktenvorlage selbst kontrolliert (*BGH* VersR 1990, 800). WE nein, wenn in einer Anwaltssozietät mit mehreren Rechtsanwälten nicht sichergestellt ist, daß bestimmende Schriftsätze an das OLG von einem postulationsfähigen Anwalt unterschrieben werden, wenn dort auch nur am LG zugelassene Anwälte tätig sind (*BGH* VersR 1989, 715, 716; 1986, 1211, 1212).

Ausländer: Sie unterliegen in Fristensachen dem Grundsatz nach denselben Sorgfaltsanforderungen wie eine deutsche Partei. Wegen des geltenden individuellen Sorgfaltsmaßstabs (→ Rdnr. 45) können aber Umstände in der Person wie z.B. Aufenthaltsdauer, Sprachkenntnisse und Bildungsgrad, im Einzelfall Auswirkungen auf den Sorgfaltsmaßstab haben. Die Anforderungen an einen Ausländer, der mit den deutschen prozessualen Vorschriften nicht vertraut ist, dürfen daher nicht überspannt werden (*BVerfGE* 42, 120, 123ff.; 40, 95, 99ff.; *BVerfG* NVwZ 1992, 1080 [Asylbewerber]; NJW 1991, 2208; *BGH* NJW 1982, 532, 533; VersR 1982, 582; → zur Gerichtssprache Rdnr. 149 vor § 128).

WE ja, wenn ein Ausländer die deutsche Sprache nicht beherrscht und dadurch Schreiben seiner Anwälte mißversteht (*BGH* VersR 1977, 646). WE ja, wenn er wegen mangelnder Sprachkenntnisse die Notfrist von 3 Tagen (jetzt: 1 Woche) des § 59 S. 1 ArbGG versäumt (*BVerfGE* 36, 298, 304f.). Aber WE nein, wenn die ausländische Partei, die der deutschen Sprache nicht mächtig ist, im bereits laufenden Verfahren sich nicht unverzüglich eine Übersetzung der Mitteilungen ihres Prozeßbevollmächtigten beschafft (*BGH* FamRZ 1990, 145; VersR 1989, 1318; *AG Frankfurt a. M.* VersR 1985, 300 [LS]). WE nein, wenn die ausländische Partei trotz ausdrücklicher schriftlicher Belehrung über die Notwendigkeit einer anwaltlichen Vertretung selbst Einspruch gegen ein ihr zugestelltes Versäumnisurteil einlegt (*BGH* NJW 1992, 1700). WE nein, wenn ein Ausländer fristgebundene Schriftstücke sechs Wochen lang liegenläßt, ohne sich um eine Übersetzung zu bemühen (*BFH* DStR 1976, 500), weil die Frist in die Gerichtsferien des Heimatlandes fällt (*OLG Frankfurt a. M.* IPRax 1982, 116) oder weil er eine richtige Belehrung seines Anwalts mißversteht und eine Rückfrage unterläßt (*BGH* VersR 1984, 874, 875). WE nein, wenn eine ausländische Partei sich nicht bei einer rechtskundigen Person über die bestehende Rechtslage informiert (*BGH* VersR 1986, 965 [Entschädigungsverfahren nach BEG]). WE nein, wenn sich ein Ausländer nicht alsbald nach Zugang einer nachteiligen Entscheidung über Form und Frist einer Anfechtung erkundigt (*BGH* FamRZ 1989, 1287 m.krit. Anm. *Hausmann*). WE ja, wenn ein in Frankreich wohnender französischer Staatsangehöriger nach Entscheidungszustellung einen örtlichen Rechtsanwalt beauftragt (*BGH* VersR 1988, 836). Auch ausländische Rechtsanwälte müssen das schnellstmögliche Kommunikationsmittel wählen, um den Rechtsmittelauftrag fristgerecht zu übermitteln (*BGH* NJW-RR 1986, 287, 288).

Ausschlußfrist → Rdnr. 18 ff.

65 **Beförderungsmängel:** Ist durch einen Beförderungsmangel, wie z.B. durch Verzögerungen im Postbereich, Nichtabgabe des Schriftstücks bei der Post oder eine verspätete Abgabe des Schriftstücks eine Frist versäumt worden, so ist zu unterscheiden zwischen dem Verschulden der Partei (a) (→ Rdnr. 45 f.), des Anwalts (b) (→ Rdnr. 47 ff.), und von Dritten (→ Rdnr. 40), insbesondere demjenigen des Büropersonals (c), der Post (d) und sonstigen Beförderungseinrichtungen (e). Schließlich kommt noch die Beschädigung des Schriftstückes in Frage (sub f).

a) Eine Wiedereinsetzung scheidet aus, wenn die Partei den Beförderungsmangel selbst verschuldet hat (→ Rdnr. 38 ff.). Will die Partei in zulässiger Weise Fristen bis zum letzten Tag ausnützen, so unterliegt sie einer erhöhten Sorgfaltspflicht (→ Rdnr. 46). Ein Parteiverschulden liegt auch in der fahrlässigen Auswahl von zur Beförderung z. B. wegen Unzuverlässigkeit ungeeigneter Personen. WE ja, wenn eine Partei am letzten Tage der dreiwöchigen Klagefrist das Schriftstück anstatt in den Nachtbriefkasten in den normalen Briefkasten wirft, wobei für den rechtzeitigen Einwurf der Kündigungsschutzklage der Arbeitnehmer darlegungs- und beweispflichtig ist (*BAG* BB 1980, 938; → Rdnr. 57 ff.).

b) Wenn der Beförderungsmangel und damit die Fristversäumnis ausschließlich im Verantwortungsbereich des Anwalts liegt (zum Anwaltsverschulden → Rdnr. 47 ff.), so scheidet eine Wiedereinsetzung aus. Der Anwalt hat insbesondere die gewöhnlichen Postlaufzeiten zu berücksichtigen. Er darf davon ausgehen, daß ein Mitte der Woche aufgegebener Brief den Empfänger am nächsten oder am übernächsten Zustellungstag erreicht (*BGH* NJW-RR 1992, 1020, 1021; *LG Mannheim* DWW 1990, 309; ferner *Schlee* AnwBl 1988, 354). WE stets ja, wenn die Vorrichtungen der Deutschen Bundespost, die das Beförderungsmonopol hat, versagen (*BGHZ* 105, 116 ff.; *OLG Frankfurt a. M.* FamRZ 1992, 1315, 1316). Wird am Freitag oder Samstag aufgegeben, kann aber nicht damit gerechnet werden, daß stets am darauffolgenden Montag zugestellt wird, deshalb WE nein (*BGH* NJW 1990, 188). Auch bei der Verwendung von Päckchen darf nicht darauf vertraut werden, daß die Sendung binnen drei oder im Falle der Adressierung an ein Postfach binnen vier Tagen nach der Einlieferung den Empfänger erreicht (*BGHR* ZPO § 233 Postbeförderung 4 [offenlassend]; ein anders gelagerter Fall bei *BAG* NJW 1990, 2405). Doch WE ja, wenn ein freitags aufgegebener Eilbrief erst am darauffolgenden Dienstag zugestellt wird (*BGH* NJW 1990, 188). Der Rechtsanwalt darf grundsätzlich darauf vertrauen, daß die in den amtlichen Aushängen der Deutschen Bundespost angegebenen Laufzeiten oder die sich auf Auskunft eines Postbeamten ergebenden Laufzeiten eingehalten werden (*BGH* FamRZ 1992, 612).

Nach früherer Rechtsprechung WE nein, wenn der Anwalt ihm (und allgemein) bekannte Verbindungsschwierigkeiten der Post, wie z.B. an Weihnachten oder Fasching (*BGH* VersR 1980, 928; 1975, 811; *BAG* DB 1975, 2284; NJW 1975, 1144) oder an Wochenenden (*App* BB 1990, 2312; anders *Späth* BB 1991, 321; offengelassen durch *BGH* NJW 1990, 188) nicht berücksichtigt. Diese Rechtsprechung ist spätestens seit *BVerfG* NJW 1992, 1952 in weiten Teilen überholt (jetzt wohl wie hier *BGH* NJW 1993, 1333 [II. Senat]). Das Bundesverfassungsgericht hält Unterscheidungen nach einer besonders starken Beanspruchung der Leistungsfähigkeit der Post, entweder vor Feiertagen (Weihnachtszeit) oder nach verminderter Dienstleistung, etwa an Wochenenden, für unzulässig. Dieser Rechtsprechung läßt sich nicht mit der allgemeinen Feststellung ausweichen, ein Verschulden liege bei einer verspäteten Postzustellung darin, daß die Verzögerung voraussehbar war (so aber *BGH* NJW 1993, 1332, 1333 [VIII. Senat]). Zwischen den neuen und alten Bundesländern darf hinsichtlich der Postlaufzeit nicht unterschieden werden (zutr. *OLG Celle* DtZ 1992, 296; s.a. *BGH* BB 1993, 1692 [LS]; unrichtig *BezG Potsdam* DtZ 1993, 87). WE aber nein, wenn bekannte streikbedingte Verzögerungen nicht einkalkuliert werden (*BGH* NJW 1993, 1332, 1333; 1993, 1333; *LAG Düsseldorf* JurBüro 1992, 679) und nicht rechtzeitig vor Fristablauf nachgefragt wird.

WE nein, wenn bei der Feststellung des Ablaufes der Berufungsbegründungsfrist darauf vertraut wird, die Berufungsschrift werde wegen einer angenommenen verzögerten Postbeförderung in der Vorweih-

nachtszeit nicht schon am Tage nach der Absendung bei Gericht eingegangen sein (*BGH* VersR 1993, 77, 78). WE generell nein, wenn der Rechtsanwalt persönlich die Beförderung von fristgebundenen Schriftstücken übernimmt und die Abgabe an das Gericht oder den Einwurf in den Briefkasten vergißt (*BGH* VersR 1989, 278; 1978, 945; 1978, 1168; 1977, 81; *BFH* NJW 1984, 1992; *OLG München* VersR 1988, 1304). WE nein, wenn der Rechtsanwalt selbst die Rechtsmittelbegründungsschrift noch vor Mitternacht in den Nachtbriefkasten einwerfen will, sich aber auf seine erheblich nachgehende Armbanduhr verläßt (*BGH* VersR 1985, 477, 478). WE aber ja, wenn der Rechtsanwalt durch familiäre Sorgen von seinen beruflichen Aufgaben stark und nachhaltig abgelenkt war (sehr großzügig *BGH* VersR 1985, 47). WE ja, wenn dem Rechtsanwalt lokale Besonderheiten nicht bekannt sind. Ein außerhalb des Rheinlands ansässiger Berufungskläger braucht nicht damit zu rechnen, daß dort am frühen Rosenmontag sämtliche Kanzleien der Anwälte geschlossen sind (*BGH* NJW 1982, 184). WE ja, wenn der Rechtsanwalt einen Schriftsatz rechtzeitig zur Post gegeben hat, auch wenn er sich nicht durch Rückfrage bei Gericht versichert hat, ob er noch vor Fristablauf eingegangen ist (*BGH* NJW 1990, 188). Anders liegt es, wenn bei dem Anwalt *nach* der Aufgabe des Schriftstücks zur Post Zweifel an seinem rechtzeitigen Eingang bei Gericht entstanden sein müssen (*BGH* NJW 1993, 1332 [Poststreik]). WE ja, wenn der Anwalt auf dem Wege zum Gerichtsbriefkasten durch ein verkehrswidrig abgestelltes Fahrzeug behindert wird (*BGH* NJW 1989, 2393). WE nein, wenn die Berufungsschrift wenige Tage vor Fristablauf mit einer unvollständigen Anschrift versandt wurde (*LAG Baden-Württemberg* NJW 1986, 603, 604; *VGH Kassel* NJW 1985, 1723 [LS]). WE nein, wenn eine Rechtsmittelschrift infolge fehlerhafter Adressierung durch die Post fehlgeleitet wird (*BVerwG* NJW 1990, 1747). WE nein, wenn der Anwalt eine zutreffend adressierte Rechtsmittelschrift (auch → »Schriftsatzmängel« [Rdnr. 79]) vor Ablauf der Rechtsmittelfrist beim unzuständigen Gericht des ersten Rechtszuges abgibt und der Schriftsatz nicht rechtzeitig weitergeleitet wird. WE aber ja, wenn in der Postablagestelle dieses Gerichts ein besonderes Fach eingerichtet ist, in das für das übergeordnete Gericht bestimmte Schriftstücke gelegt werden, sofern dies nicht am letzten Tag der Frist geschieht (*BGH* VersR 1983, 1161). Wenn mehrere gemeinsame Eingangsstellen bestehen, so ist die Sendung dem angeschlossenen Gericht, an das sie adressiert ist, zugegangen, auch wenn sie erst nach Weiterleitung in die Verfügungsgewalt des zuständigen Gerichts gelangt. WE ja, wenn der Rechtsanwalt von einem Schalterbeamten des Postamts eine unzutreffende Auskunft erhält (*BGH* VersR 1992, 848, 849). Bei Einrichtung eines gemeinsamen Briefkastens für mehrere Gerichte ist ein Schriftstück mit dem Einwurf in diesen Briefkasten bei demjenigen der angeschlossenen Gerichte zugegangen, an das das Schriftstück gerichtet ist (*BGH* VersR 1988, 251; *OLG Stuttgart* NJW 1992, 53, 54). WE ja, wenn das Landgericht durch Aufdruck des Fernsprechanschlusses der Staatsanwaltschaft auf den amtlichen Briefbögen den unzutreffenden Eindruck erweckt, diese Stelle sei auch zur fristwahrenden Entgegennahme der für das Landgericht bestimmten Fernschreiben zuständig (*BVerfG* MDR 1985, 816; auch *Borgmann* AnwBl 1985, 197). WE aber nein, wenn eine Rechtsmittelbegründungsschrift anstatt in den für Fristensachen eingerichteten Briefkasten des OLG versehentlich in den Briefkasten der Generalstaatsanwaltschaft eingeworfen und dieser erst nach Fristenablauf geleert wird (*BGH* VersR 1989, 165). WE nein, wenn die Berufungsschrift am letzten Tag der Einlieferungsfrist in einem öffentlichen unbesetzten Raum eines anderen Gerichts abgelegt worden ist, auch wenn das Berufungsgericht in dem gleichen Gebäude untergebracht war (*BGH* VersR 1985, 87, 88). WE ja, wenn trotz vorhandenem Nachtbriefkasten das Schriftstück am letzten Tag der Begründungsfrist trotz Dienstschluß in den im Inneren des Gerichtsgebäudes zugänglichen Briefkasten an der Posteingangsstelle eingeworfen wird (*BVerfG* NJW 1991, 2076).

c) WE ist möglich, wenn der Beförderungsmangel ausschließlich auf einem Verschulden des vom Anwalt richtig ausgewählten, belehrten und überwachten Büropersonals beruht (*BGH* VersR 1989, 165; 1987, 410; 1986, 702) und ein Mitverschulden des Anwalts ausscheidet. Deshalb WE nein, wenn der Anwalt sein Büropersonal zur Beförderung fristwahrender Schriftsätze einsetzt, es aber nicht auf den drohenden Fristablauf und die Notwendigkeit der Fristwahrung hinweist und die Fristversäumung darauf beruht (*BGH* VersR 1985, 668; 1980, 168; 1977, 1099). WE nein, wenn einem Auszubildenden keine Anweisungen für den Fall gegeben werden, daß die Einlaufstelle des Berufungsgerichts schon geschlossen ist (*BGH* VersR 1985, 87, 88). WE ja, wenn das Büropersonal Hinweisschilder des Gerichts, Schriftstücke seien auf der Geschäftsstelle oder der gemeinsamen Briefannahmestelle einzureichen, nicht beachtet, sondern die Postverteilungsstelle benutzt (im Anschluß an *BVerfGE* 52, 203; 57, 117, 121).

d) Der Bürger muß sich in keinem gerichtlichen Verfahren Verzögerungen in der Briefbeförderung und in der Zustellung durch die Deutsche Bundespost (→ oben b) anrechnen lassen. Das gilt auch für den Rechtsmittelzug (*BVerfGE* 50, 1; 53, 148, 151; 62, 216, 221; 62, 334, 337; *BVerfG* NJW 1992, 1952; 1992, 38; *LAG Baden-Württemberg* EWiR 1991, 529 m. Anm. *Ackmann*). Unerheblich ist es, ob die Verzögerung auf einer zeitweise besonders starken Beanspruchung der Post, auf deren zeitweise verminderter Dienstleistung oder auf der Nachlässigkeit eines Bediensteten beruht (Nachw. → sub [b]; zu Unrecht anders *G. Müller* NJW 1993, 681, 684 li. Sp.). Wenn ein Schriftstück rechtzeitig zur Post gegeben wurde, kann sich der Bürger auf den fristgerechten Transport verlassen und wird von jeglicher Überwachungs- und Nachfragepflicht entbunden (*BGHZ* 9, 118; *BGH* NJW 1993, 1333; 1990, 188; VersR 1981, 1160;

1973, 665; NJW 1958, 2015). Doch muß das Schriftstück den postalischen Bestimmungen entsprechend richtig frankiert und adressiert sein (*BGH* NJW 1993, 1333; FamRZ 1990, 612). Lediglich die regelmäßige Beförderungszeit ist in Rechnung zu stellen (*BGH* NJW 1992, 244; 1990, 188). WE ja, wenn die Partei bei einem Rechtsmittel den letzten Tag der Frist ausnutzt und das Schriftstück bei gewöhnlicher Postlaufzeit noch rechtzeitig bei Gericht eingegangen wäre (*BVerfGE* 51, 146, 150; 51, 352, 355; *BGH* NJW 1992, 244; 1990, 188; 1989, 2393). Im Einzelfall können sich aber erhöhte Sorgfaltsanforderungen ergeben (→ Rdnr. 46). WE ja, wenn die Partei einen Nachsendeantrag stellt und dieser bei der Post überhaupt nicht oder nur unzulänglich durchgeführt wird, ohne daß dies die Partei bemerkt oder hätte bemerken müssen. WE nein, wenn der Partei Mängel bei der Durchführung des Nachsendeantrags bekannt werden und sie bei der Post keine besonderen Nachforschungen anstellt (*BGH* VersR 1979, 1030; zum Parteiverschulden → Rdnr. 45f.). WE ja, wenn eine Partei ein Telegramm so rechtzeitig abgibt, daß sie mit seinem Eingang vor dem Fristablauf rechnen kann (*BFH* NJW 1976, 1960 [LS]).

e) Das Verschulden sonstiger Beförderungspersonen oder -einrichtungen wird weder der Partei noch dem Anwalt zugerechnet (zum Verschulden Dritter → Rdnr. 40). Eine Wiedereinsetzung scheidet aber aus, wenn ein Auswahlverschulden von Partei oder Anwalt vorliegt (→ Rdnr. 41)(*BVerwG* NJW 1992, 63, 64). WE ja, wenn ein sonst als zuverlässig erprobter Bote (auch der Mandant) die Erledigung des Auftrags vergißt oder die Sendung unrichtig oder nicht vollzählig einwirft (*BGH* AnwBl 1993, 38f.; VersR 1989, 166; 1985, 455; *OLG Frankfurt a. M.* NJW 1988, 2805; *OLG Hamm* JurBüro 1989, 679). WE nein, wenn der Anwalt einen Boten beauftragt, ohne zuvor seine Zuverlässigkeit zu überprüfen (*BGH* VersR 1979, 943). WE nein, wenn ein zuverlässiger Bote von erteilten Weisungen abweicht und eine Nachfrage bei Gericht unterbleibt (*BGH* VersR 1985, 188).

f) Besteht der Beförderungsmangel in der Beschädigung des Schriftstückes, so WE ja, wenn die von der Partei nicht verschuldete Beschädigung der Postsendung zu einer verzögerten Zustellung führt (*BGH* VersR 1978, 671). WE ja, wenn die Fristversäumung darauf beruht, daß der Zustellungsvermerk auf dem fristauslösenden Schriftstück durch Beschädigung nicht mehr genau festgestellt werden kann (*BGH* VersR 1980, 744, → auch »Zustellungen« [Rdnr. 84]).

Begründetheit des Wiedereinsetzungsantrags → Rdnr. 35ff.

Begründungsfrist für Rechtsmittel → Rdnr. 9.

Behördenverschulden: Bei einer Behörde kommt es darauf an, ob den Behördenleiter oder den sonst zur Einlegung der versäumten Rechtshandlung Ermächtigten ein Verschulden trifft (*VGH München* VersR 1986, 1133). Das Verschulden von Hilfspersonen wird nur zugerechnet, wenn sie nicht mit der erforderlichen Sorgfalt ausgewählt, angeleitet und überwacht sind oder sonst ein Organisationsverschulden vorliegt (*VGH München* VersR 1986, 1133).

Berichtigung des Tatbestandes (§ 320), Frist für Antrag → Rdnr. 26.

Belehrungs-, Beratungs- und Benachrichtigungspflichten des Anwalts gegenüber der Partei: Den Anwalt treffen mit der Übernahme des Mandats gegenüber seiner Partei Beratungs- und Informationspflichten. Er hat sie über Art, Umfang und Erfolgsaussicht des Prozesses zu belehren. Bei Prozeßbeendigung muß er der Partei das Urteil mit einer Belehrung über etwaige Rechtsmittelfristen, die Art des Rechtsmittels, das zuständige Gericht und die Möglichkeit eines Prozeßkostenhilfeantrages so rechtzeitig übersenden, daß die Partei ohne Zeitdruck entscheiden kann, ob sie das Urteil angreifen will (*BGH* VersR 1993, 630; 1992, 898; NJW 1990, 189; VersR 1979, 423; NJW 1977, 1198; VersR 1969, 635). Insbesondere muß er eigenverantwortlich das für den Lauf der Rechtsmittelfrist maßgebliche Zustellungsdatum feststellen (*BGH* NJW-RR 1991, 828, 829). Nach Mandatsende muß der Anwalt seine frühere Partei über eine an ihn bewirkte Zustellung unverzüglich unterrichten (*BGH* VersR 1988, 835). Eine Erkundigungspflicht der Partei besteht nicht (*BGH* VersR 1988, 1162 [»Einfacher Bauhandwerker«]; 1988, 835). Schärfere Anforderungen sind an eine GmbH gestellt worden (*BGH* VersR 1986, 36; → »Mitwirkungspflichten der Partei« [Rdnr. 74]).

Stets muß die Partei so rechtzeitig vom Zeitpunkt der Urteilszustellung in Kenntnis gesetzt werden, daß sie den Auftrag zur Einlegung eines Rechtsmittels unter Berücksichtigung einer ausreichenden Überlegungszeit noch innerhalb der Rechtsmittelfrist erteilen das Übermittlungsschreiben die Form eines einfachen Briefes (*BGH* VersR 1988, 418; 1985, 90). Der Anwalt muß nicht nachforschen, ob sein Mandant die Benachrichtigung erhalten hat (*BGH* VersR 1992, 898 f.; 1988, 1162; 1988, 835; 1986, 966, 967; 1985, 90). Er muß auch nicht bei seinem Kanzleipersonal nachfragen (*BGH* VersR 1992, 898). In vergleichbarer Weise muß auch nicht vom Korrespondenzanwalt nachgefragt werden, ob ein Rechtsmittel eingelegt werden soll (*BGH* VersR 1992, 898; ferner 1989, 1167). Anders liegt es aber, wenn Zweifel daran bestehen, ob das Schweigen des Mandanten auf die Benachrichtigung hin als Verzicht auf die Anfechtung des Urteils zu werten ist (*BGH* VersR 1992, 898 f.; 1986, 36; *OLG Zweibrücken* JurBüro 1986, 946, 947). Das gilt insbes. bei bisher hartnäckiger Rechtsverfolgung (*VGH Kassel* NJW 1991, 2099). Der Anwalt muß seinen Mandanten grundsätzlich nicht zu einer ausdrücklichen Antwort auffordern und kann ihm auch die Form der Rückantwort überlassen (*BGH* VersR 1992, 898). Der Anwalt ist auch dafür verantwortlich, daß der Prozeßbevollmächtigte der nächsten Instanz das Rechtsmittel rechtzeitig einlegen kann und muß dabei die geeigneten Schritte unternehmen (*BGH* VersR 1992, 118; 1990, 873; *BGHR* ZPO § 233 Rechtsmittelauftrag 5 und 7; → »Bestellung eines Verkehrsanwalts [Rechtsmittelanwalts]« [Rdnr. 65]).

Während des Prozesses muß der Anwalt ebenfalls zügig handeln, damit seiner Partei genügend Zeit bleibt, die anstehende Entscheidung zu treffen (*BGH* NJW 1974, 2321). Verletzt der Anwalt die ihm gegenüber der Partei obliegende Informations- und Beratungspflicht und beruht die Fristversäumung darauf, so scheidet eine Wiedereinsetzung aus (→ Rdnr. 38 ff.). Nach Beendigung des Vollmachtsverhältnisses muß die Partei ein Anwaltsverschulden nicht mehr vertreten. Ein schuldhaftes Verhalten bei der Mandatskündigung muß sie sich aber zurechnen lassen (*BGH* VersR 1992, 378). Das gilt auch für ein schuldhaftes Verhalten des erstinstanzlichen Prozeßbevollmächtigten während des Berufungsverfahrens (*BGH* NJW 1990, 2822).

WE ja, wenn die Partei deshalb nicht unterrichtet wird, weil der sonst gewissenhafte Bürovorsteher den Anwalt versehentlich wegen der Zustellung nicht unterrichtet hat und darauf die Fristenversäumung beruht (*BGH* VersR 1975, 47; → auch »Zustellungen« [Rdnr. 84]).

Benachrichtigungslasten der Partei dem Anwalt gegenüber: Die Partei trifft die Obliegenheit, ihren Anwalt über den Eingang fristwahrender Schriftsätze zu informieren. Bei Verletzung dieser Obliegenheit ist eine WE unbegründet (zum Parteiverschulden → Rdnr. 45 f.).

Berufungsanwalt → »Verkehrsanwalt« (Rdnr. 82); → »Zustellungen« (Rdnr. 84); → »Bestellung eines Verkehrsanwalts (Rechtsmittelanwalts)«.

Berufungsbegründungsfrist → Rdnr. 9.

Beschwerde in Familiensachen → »Rechtsirrtum des Anwalts« (Rdnr. 78).

Beschwerdebegründungsfristen → Rdnr. 13.

Bestellung eines allgemeinen Vertreters: Der Anwalt muß vor Antritt seiner Urlaubsreise selbst überprüfen, ob seinem Antrag auf Bestellung eines anwaltlichen Vertreters für die Zeit seiner Abwesenheit auch entsprochen wurde. WE nein, wenn ein Anwalt diese Überprüfung unterläßt und es deshalb zu einer Fristversäumung kommt (*BGH*

NJW 1973, 901; auch→»Abwesenheit [Partei, Anwalt, Sonstige]« [Rdnr. 64]). WE nein, wenn der zugelassene Anwalt nicht nach § 53 BRAO für seine Vertretung selbst sorgt (*OLG München* MDR 1987, 590; WRP 1986, 430, 431). WE aber ja, wenn ein früherer Vertreter auf Anfrage bestätigt, er sei noch immer bestellter Vertreter (*BGH* VersR 1987, 73).

Bestellung eines Verkehrsanwalts (Rechtsmittelanwalts): Der Anwalt hat darauf zu achten, daß der Verkehrsanwalt (Rechtsmittelanwalt) nicht nur beauftragt wird, sondern das Mandat auch annimmt (*BGHZ* 105, 116, 117f.; *BGH* WM 1993, 439, 440; FamRZ 1993, 309, 310; 1992, 296; VersR 1990, 801 [Überwachungspflichten des Verkehrsanwalts gegenüber dem Prozeßbevollmächtigten]; VersR 1987, 589; 1984, 166; *OLG Frankfurt a. M.* FamRZ 1992, 1315, 1316). Ganz allgemein muß der beauftragende Anwalt dafür Sorge tragen, daß der beauftragte Anwalt den Auftrag innerhalb der Rechtsmittelfrist bestätigt und den rechtzeitigen Eingang der Bestätigung überwachen. Wird darauf nicht geachtet, so WE nein (*BGH* VersR 1984, 166; 1983, 81; *Borgmann* AnwBl 1985, 636). Das gleiche gilt für eine Partei, die den Auftrag zur Einlegung der Berufung persönlich erteilt. Sie darf sich freilich zur telefonischen Rückfrage einer zuverlässigen Angestellten bedienen (*BGH* VersR 1986, 145, 146). Der Anwalt hat den Verkehrsanwalt (Rechtsmittelanwalt) besonders sorgfältig über die laufenden Fristen zu informieren (→»Verkehrsanwalt« [Rdnr. 82]; → »Belehrungs-, Beratungs- und Benachrichtigungspflichten des Anwalts gegenüber der Partei«). Er muß dabei eigenverantwortlich das für den Lauf der Frist maßgebliche Zustellungsdatum feststellen und es dem Anwalt der Rechtsmittelinstanz unzweideutig mitteilen (*BGH* VersR 1992, 118; 1991, 791, 792; 1991, 896; 1987, 1013, 1014; 1986, 468; 1986, 462; 1985, 499). Diese Pflicht besteht unabhängig von der Prüfungspflicht des zweitinstanzlichen Prozeßbevollmächtigten (*BGH* NJW-RR 1991, 91; VersR 1987, 586, 587; 1985, 499) und des Verkehrsanwalts, der es übernommen hat, den zweitinstanzlichen Anwalt zu beauftragen (*BGH* VersR 1991, 896). Überprüft werden muß auch das von einem Büroangestellten angefertigte Auftragsschreiben, selbst wenn in den dafür benutzten Handakten der Zeitpunkt der Urteilszustellung und das Ende der Rechtsmittelfrist richtig festgehalten werden (*BGH* VersR 1985, 738, 739 unter Aufgabe von *BGH* NJW 1959, 46). Nach dem Gesagten trifft daher die Sorgfaltspflicht bei Erteilung des Rechtsmittelauftrages den erstinstanzlichen Prozeßbevollmächtigten ebenso wie den Korrespondenzanwalt (*BGH* NJW-RR 1991, 91).

Besondere Sorgfalt ist bei der Erteilung von telefonischen Rechtsmittelaufträgen zu fordern. WE nein, wenn sich der den Auftrag zur Berufungseinlegung fernmündlich erteilende Anwalt (Bürokraft) die Erledigung nicht mündlich bestätigen und den wesentlichen Inhalt der Berufungsschrift wiederholen läßt (*BGH* NJW 1991, 1892; auch VersR 1987, 560 [Vorlage der Durchschrift der Berufungsschrift]). WE regelmäßig nein, wenn der fernmündlich erteilte Berufungsauftrag nicht schriftlich bestätigt wird (*BGH* NJW-RR 1991, 91). WE nein, wenn bei telefonischer Auftragserteilung von Anwalt zu Anwalt der beauftragte Anwalt das Zustellungsdatum nicht nochmals überprüft (*BGH* NJW-RR 1991, 91). WE nein, wenn der erstinstanzliche Anwalt einem Büroangestellten des Verkehrsanwalts Zustellungszeitpunkte und Rechtsmittelfristen telefonisch übermittelt und sich diese Angaben nicht von dem Gesprächspartner wiederholen läßt (*BGH* VersR 1980, 89). Auch bei einer schriftlichen Erteilung von Rechtsmittelaufträgen muß der auftraggebende Anwalt sich erkundigen, ob der Auftrag innerhalb der laufenden Rechtsmittelfrist bestätigt wird (*BGHZ* 105, 116ff.; *BGH* NJW 1992, 697; *OLG Frankfurt a. M.* FamRZ 1992, 1315, 1316 [mit anderer Begründung]). Anders liegt es nur bei bestehenden Absprachen zwischen den Anwälten der beiden Instanzen (*BGHZ* 105, 116, 119f.; *BGH* NJW 1992, 697; 1991,

3035; *OLG Hamm* JurBüro 1989, 1449; *LG Fulda* NJW-RR 1987, 1215).

Wird der Auftrag zur Einlegung der Berufung durch den Verkehrsanwalt schriftlich erteilt, so muß er nicht nach dem Eingang des Auftrags nachfragen, wenn bei normalem Postlauf mit dem rechtzeitigen Auftragseingang gerechnet werden kann (*BGH* VersR 1986, 1024, 1025). Das gilt auch sonst bei bestehenden Absprachen für den erstinstanzlichen Prozeßbevollmächtigten (*LG Fulda* NJW-RR 1987, 1215). WE nein, wenn der Verkehrsanwalt den Anwalt gebeten hat, die Verlängerung von Fristen zu beantragen, der Anwalt den Verlängerungsantrag aber nicht fristgerecht stellt (*BGH* VersR 1979, 230). WE nein auch bei einer geregelten Absprache über die Annahme von Rechtsmittelaufträgen, wenn die Annahme eines dem Abwickler einer verwaisten Kanzlei erteilten Rechtsmittelauftrags nicht überwacht wird (*BGH* NJW 1992, 697; → »Rechtsmittelauftrag« [Rdnr. 78]; → »Übermittlungsfehler« [Rdnr. 81]).

Beweislast → § 236 Rdnr. 8.

Bote → »Beförderungsmängel« sub e.

Büroklammer → »Ausgangskontrolle« (Rdnr. 64).

Büroverschulden: (a) Der Rechtsanwalt darf einfache Arbeiten seinem Büropersonal übertragen, damit er sich seinen eigentlichen Aufgaben als Organ der Rechtspflege widmen kann. Dabei muß der Büroorganisation ein klares und sachgerechtes Organisationskonzept zugrundeliegen (*BAG* NJW 1990, 2707). Das Büro muß so organisiert und das Personal so überwacht sein, daß der Gefahr der Fristenversäumung wirksam vorgebeugt wird (*BGH* VersR 1973, 88; ferner *Borgmann* AnwBl 1989, 95). Fehlen geeignete allgemeine Organisationsvorkehrungen, so sind sie nicht ursächlich, wenn der Rechtsanwalt im Einzelfall ausreichende Anweisungen für die Behandlung eines einzelnen Schriftstückes erteilt hat (*BAG* NJW 1990, 2707). Werden die betreffenden Tätigkeiten einem sorgfältig ausgesuchten, geschulten und überwachten Kanzleipersonal übertragen, so wird eine Fristversäumung wegen Kanzleiverschuldens dem Anwalt und damit der Partei nicht zugerechnet (*BGH* JurBüro 1988, 1021 f.). Das Büropersonal muß insbesondere über die Bedeutung des Fristenwesens unterrichtet und entsprechend dieser Aufgabe ausgesucht sein sowie laufend geschult und überwacht werden (zu letzterem *BGH* VersR 1985, 67, 68). Überobligationsmäßige Anstrengungen wie eine doppelte Fristenkontrolle führen aber nicht zu einer Verschärfung der Sorgfaltspflichten (*BGH* VersR 1992, 1154; NJW-RR 1992, 1020, 1021; NJW 1991, 3035, 3036). Bei entsprechender Überwachung darf der Rechtsanwalt grundsätzlich darauf vertrauen, daß auch mündlich erteilte und *spezielle* Weisungen von seinem Büropersonal befolgt werden (*BGH* VersR 1992, 1023; 1992, 764; NJW 1992, 1632; 1991, 1179; VersR 1991, 1269; 1991, 790; NJW 1989, 2393, 2394; FamRZ 1989, 373, 374; NJW 1988, 1853; VersR 1986, 764, 765; 1985, 246; 1983, 374; ferner *Borgmann* AnwBl 1992, 177 ff.). Das Gesagte gilt auch für *allgemeine* Weisungen (*BGH* FamRZ 1992, 794).

Bei einer auffälligen Häufung von Mängeln kann entweder ein Organisationsmangel vorliegen oder es können die Anweisungen des Rechtsanwalts unvollständig sein, deshalb WE nein (*BGH* VersR 1993, 206; 1985, 270). Ein Organisationsverschulden liegt auch dann vor, wenn nicht sichergestellt ist, daß die verwendeten Eingangsstempel deutlich zu lesen sind. Es muß ferner durch eindeutige Anweisungen gewährleistet sein, daß handschriftliche Verbesserungen schwer lesbarer Vermerke nicht ohne vorherige Kontrolle vorgenommen werden (*BGH* VersR 1985, 1142). Wenn der Rechtsanwalt nach der Büroorganisation auch eine persönliche Verantwortung z. B. durch die Führung eines persönlichen Terminbuches übernimmt, so WE nein, wenn im Einzelfall die gebotene Fristenkontrolle unterbleibt (*BGH* VersR 1985, 992). Bestehende Organisationsverfügungen des Rechtsanwalts müssen (selbstverständlich) zutreffend sein (*BVerwG* NJW 1987, 1349 f.).

Die Rechtsprechung unterscheidet im Bereich des Büroverschuldens (Organisationsverschuldens) drei Ebenen (*BGH* VersR 1988, 610, 611). Die höchste Qualifikation ist für die (1) Fristenberechnung erforderlich. Eine etwas geringere Qualifikation erfordert die reine Fristenkontrolle (2) i. S. von Eintragung, Überwachung und Löschung der prozessualen Fristen. Schließlich können minder qualifizierte Kräfte für (3) Botengänge und die Herstellung von Fotokopien eingesetzt werden (*BGH* AnwBl 1993, 38f.; VersR 1991, 790, 791 [Jurastudent als Bote]).

An Tätigkeiten dürfen an zuverlässige Bürokräfte übertragen werden die routinemäßige Berechnung und Kontrolle gängiger Fristen (insbesondere Berufungsbegründungsfristen)(*BGHZ* 43, 148; *BGH* VersR 1991, 119; 1988, 78; 1973, 961). Auch dürfen übertragen werden die Feststellung des Zustellungsdatums (*LAG Düsseldorf* JurBüro 1987, 1703), die Entgegennahme telefonischer Rechtsmittelaufträge (*BGH* VersR 1989, 1167), das Fertigmachen und Expedieren zum Postversand (dazu auch *BGHR* ZPO § 233 Postbeförderung 4), die Überprüfung der gerichtlichen Mitteilungen über das Eingangsdatum von Rechtsmittelschriften (*Ball* JurBüro 1992, 653, 656 li. Sp.), die Kontrolle, ob fristwahrende Schriftstücke unterschrieben sind (*BGH* NJW 1989, 589) sowie auch besonderen Ausgangskontrollen in einer Gemeinschaftspraxis (*BGH* VersR 1989, 715). – Zu besonderen Fristen → »Fristberechnung und Fristeinhaltung« (Rdnr. 68).

Für alle Fälle der Abwesenheit des Anwalts oder auch des Büropersonals müssen entsprechende Anordnungen bestehen, wer zu handeln hat, insbesondere, wer die Vertretung übernimmt (→ »Abwesenheit [Partei, Anwalt, Sonstige]« [Rdnr. 64 sub c, d]). WE ja, wenn bei richtiger Büroorganisation trotz Überwachung, Kontrolle und genauer Weisungen des Anwalts Fehler bei der Fristberechnung oder Fristnotierung sowie bei der Adressierung oder Frankierung von Schriftsätzen auftreten und dadurch Fristen nicht eingehalten werden (*BGH* VersR 1980, 973; 1979, 285, 619, 1028; 1978, 662; → »Fristberechnung und Fristeinhaltung« [Rdnr. 68]).

Es genügt bei von Angestellten notierten Fristen eine stichprobenweise Überprüfung (*BGH* JurBüro 1988, 1021, 1022). Gesteigerte Sorgfaltspflichten bestehen, wenn es sich um eine Angestellte handelt, die gerade erst ihre Ausbildung beendet hat (*BGH* JurBüro 1988, 1021, 1022). WE nein, wenn der Anwalt wegen der Aktenführung keine entsprechende Abgrenzung der Aufgabenbereiche der einzelnen Bürokräfte untereinander trifft und deshalb vom Büropersonal Fristensachen übersehen werden (*BGH* VersR 1972, 557; 1969, 450). WE nein, wenn der Anwalt die Fristberechnung und Kontrolle auf nicht voll ausgebildetes und überwachtes Büropersonal, wie z.B. auf Auszubildende im ersten Lehrjahr, überträgt (*BGH* AnwBl. 1989, 99 [Berufungsfrist]; VersR 1982, 545; 1978, 139; JurBüro 1978, 1324). WE nein, wenn der Anwalt auch bei gut ausgebildetem Büropersonal überhaupt keine Kontrolle in Fristensachen durchführt und deshalb Fristen versäumt werden (*BGH* VersR 1985, 67, 68; JurBüro 1978, 1011). Stichproben können ausnahmsweise unterbleiben, wenn einer langjährigen Büroangestellten noch nie ein Fehler oder eine Ungenauigkeit unterlaufen ist (*BGH* VersR 1988, 1141). WE nein, wenn ein Teil der Bürokräfte ausfällt, die Verbleibenden mit der Büroverlegung betraut sind und der Anwalt für die Fristnotierung keine entsprechende Vorsorge trifft, sondern auf die übliche Büroroutine vertraut (*BGH* JurBüro 1978, 1639; → »Fristberechnung und Fristeinhaltung« [Rdnr. 68]).

WE nein, wenn der Anwalt für die Fälle der Verhinderung oder Abwesenheit von Büroangestellten, die mit wichtigen Aufgaben betraut sind, keine entsprechende Vorsorge dafür trifft, daß der geordnete Büroablauf aufrechterhalten bleibt (*BGH* NJW 1989, 1157 [Fristenbuchführerin]; VersR 1978, 959; JurBüro 1978, 1009; *OLG Düsseldorf* NJW 1993, 1344, 1345 [Strafsache]). WE nein, wenn eine eingearbeitete Büroangestellte in den Urlaub geht und der Anwalt die Fristenüberwachung ohne besondere Anweisung auf Auszubildende überträgt (*BGH* MDR 1975, 136).

WE nein, wenn der Anwalt für den Fall seiner gewöhnlichen oder auch ungewöhnlichen Abwesenheit keine organisatorischen Vorkehrungen trifft (*BGH* VersR 1985, 1189; 1982, 802; 1980, 386; 1979, 374; 1973, 317; → »Abwesenheit [Partei, Anwalt, Sonstige]« [Rdnr. 64] sub c). WE nein, wenn in einer Sozietät für den Fall der Abwesenheit eines Sozietätspartners keine entsprechende Vorsorge für die Unterzeichnung von Rechtsmittelschriften getroffen wird und deshalb Rechtsmittelfristen nicht eingehalten werden können (*BGH* VersR 1979, 349; 1978, 667; 1975, 921; → »Schriftsatzmängel« [Rdnr. 79] sub b). WE nein, wenn Anweisungen fehlen, eingehende Post sorgfältig zu prüfen und den richtigen Vorgängen zuzuordnen (*BGH* VersR 1988, 156, 157). WE nein, wenn während seiner längeren Abwesenheit oder derjenigen des Bürovorstehers eine Auszubildende im ersten Lehrjahr mit dem Telefondienst beauftragt wird (*BGH* VersR 1986, 1024). WE nein, wenn nicht durch geeignete Organisation ausgeschlossen wird, daß ein in der Kanzlei beschäftigter, nicht bei dem OLG zugelassener Rechtsanwalt seine Postulationsfähigkeit verkennt, einen unwirksamen Fristverlängerungsantrag stellt und die Sekretärin die Einhaltung der Frist als gesichert ansieht (*BGH* NJW 1988, 211). WE nein, wenn bei zwei oder mehreren Rechtsmitteln in der Angelegenheit eines Mandanten die Frist für jedes dieser Rechtsmittel auch bei gleichzeitigem Fristablauf nicht gesondert notiert wird (*BGH* FamRZ 1987, 1017, 1018).

(b) Neben den aufgeführten allgemeinen Organisationspflichten treffen den Rechtsanwalt zusätzliche Auswahl-, Belehrungs-und Überwachungspflichten gegenüber dem Büropersonal. WE ja, wenn der Anwalt sein mit Fristsachen betrautes Büropersonal in regelmäßigen Abständen überwacht und auch die neu eingestellten Kräfte auf ihre Zuverlässigkeit hin stetig überprüft. WE nein, wenn es an dieser Überwachung fehlt (*BGH* VersR 1978, 719). WE ja, wenn eine bewährte und überwachte Kanzleiangestellte einer konkreten Weisung nicht nachkommt (*BGH* VersR 1986, 345). WE nein, wenn der Anwalt zwar die Anweisung an sein Büropersonal erteilt, die Frist in den Fristenkalender einzutragen, aber die Anweisung unterläßt, daß die Fristen auch in den Handakten deutlich und unübersehbar vermerkt werden (*BGH* VersR 1980, 746; → »Fristberechnung und Fristeinhaltung« [Rdnr. 68]). WE nein, wenn ein Anwalt sein Büropersonal nicht anweist, alle Fristensachen zur Prüfung vorzulegen, in denen eine Fristhemmung durch die Gerichtsferien in Betracht kommt (*BGH* NJW 1991, 2082; FamRZ 1990, 390, 391; VersR 1979, 253; → »Feriensache« [Rdnr. 68]). WE nein, wenn der Anwalt sein Büropersonal nicht über die Bedeutung der Amtszustellung belehrt sowie die damit verbundenen Eintragungen im Fristenkalender in der Anfangszeit nicht selbst überprüft und dadurch Fristen versäumt werden (*BGH* NJW 1980, 2261; VersR 1978, 668; 1978, 627; *OLG Frankfurt a. M.* VersR 1978, 545). WE nein, wenn es wegen mehrdeutigen und unklaren Anweisungen des Anwalts an sein Büropersonal zur Fristversäumung kommt (*BGH* VersR 1981, 276; 1978, 1168). WE nein, wenn bei Zweifeln über den Eingang einer Berufungsschrift durch Einwurf in die gemeinsame Annahmestelle der Zustellungszeitpunkt nicht durch Nachfrage geklärt wird (*BGH* VersR 1985, 1164).

(c) Ein Verschulden des zuverlässigen und eingearbeiteten Büropersonals (→ Rdnr. 38 ff.) führt grundsätzlich zur Wiedereinsetzung (*BGH* VersR 1987, 286). Deshalb WE ja, wenn diesem Personal bei laufender Kontrolle und richtiger Büroorganisation versehentlich Fehler bei der Fristnotierung, Fristberechnung, der Frankierung oder der Ausgangskontrolle von Schriftsätzen unterlaufen und diese zur Fristversäumung geführt haben (*BGH* VersR 1986, 166, 167; 1985, 503; 1980, 142; 1980, 192; 1979, 157; 1979, 228; 1979, 350; 1979, 1028 [mangelnde Frankierung]; 1977, 1032; 1977, 1099; 1977, 425; JurBüro 1978, 1638; → »Ausgangskontrolle« [Rdnr. 64]). WE nein, wenn diese Aufgaben auf nicht voll ausgebildetes Büropersonal übertragen werden (*BGH*

VersR 1982, 545; 1978, 139; JurBüro 1978, 1324).
(d) WE nein, wenn die Fristversäumung auf einer unklaren Vertretungsregelung der Rechtsanwälte untereinander beruht (*BGH* VersR 1993, 207).
Bundesrechtsanwaltsordnung (Frist für Antrag auf gerichtliche Entscheidung) → Rdnr. 20.

66 **Dienstreise** → «Abwesenheit (Partei, Anwalt, Sonstige)» (Rdnr. 64).
Drittverschulden → Rdnr. 38 ff.

67 **Eingangsstempel** → «Büroverschulden» (Rdnr. 65 sub a).
Einlaufstelle → »Büroverschulden« (Rdnr. 65 sub a).
Einlegung (von Rechtsmitteln) → Rdnr. 9 ff.
Empfangsbekenntnis → »Zustellungen« (Rdnr. 84 sub c).
Ende des Mandats (Zustellungen an den Anwalt nach) → »Zustellungen« (Rdnr. 84).
Entschädigungssache (Verlängerung der Wiedereinsetzungsfrist) → § 234 Rdnr. 9.
Erfolgsaussichten (falsche Beurteilung durch den Anwalt) → »Rechtsirrtum des Anwalts« (Rdnr. 78).
Ergänzung des Urteils (§ 321), Antrag auf → Rdnr. 26.
Erkundigungspflichten der Partei: Rechtsunkundige Parteien, die gegen eine Gerichtsentscheidung vorgehen wollen, müssen sich gleichwohl selbst nach den rechtlichen Möglichkeiten und Voraussetzungen erkundigen, die für die Einlegung von Rechtsmitteln bestehen (*BGH* FamRZ 1992, 300; 1989, 372; VersR 1985, 767). Die Partei kann sich nicht darauf berufen, daß keine Rechtsmittelbelehrung erteilt worden sei (*BGHR* ZPO § 233 Verschulden 7; WM 1991, 1740 [neue Bundesländer]; DtZ 1991, 344; VersR 1989, 277). Rechtsunkundige Parteien müssen sachverständigen Rat einholen, wenn sie Beginn und Lauf einer Rechtsmittelfrist nicht zuverlässig beurteilen können (*BGH* VersR 1992, 636). WE nein, wenn die Partei sich darauf verlassen hatte, der beigeordnete Anwalt werde auf sie zukommen (*BGH* VersR 1991, 1196 [zu streng]). Noch weitergehende Erkundigungspflichten sollen eine anwaltlich vertretene GmbH mit größerer Verwaltung treffen (*BGH* NJW-RR 1992, 97). Erkundigungspflichten obliegen auch Prozeßparteien aus den neuen Bundesländern, wenngleich die Sorgfaltsmaßstäbe dort weniger streng waren (*BGH* ZIP 1992, 726, 728 m. krit. Anm. *Vollkommer* EWiR 1992, 567; FamRZ 1991, 1174). WE ist auch in derartigen Fällen zu versagen, wenn die notwendigen Auskünfte durch Einschaltung eines Rechtsanwalts hätten erlangt werden können (*BGH* DtZ 1992, 49; 1991, 143 [Haftpflichtversicherung]). WE nein, wenn die Versäumung der Rechtsmittelfrist darauf zurückzuführen ist, daß sich eine Partei (GmbH) nicht nach einer zu erwartenden Entscheidung erkundigt (*BGH* VersR 1986, 36, 37) oder sich über den Inhalt einer ergangenen Entscheidung nicht vergewissert (*OLG Zweibrücken* JurBüro 1986, 946).

Ersatzzustellung → »Zustellungen« (Rdnr. 84 sub a).
Erster Zugang zum Gericht → Rdnr. 18.
Exkulpationsmöglichkeit → Rdnr. 38.
Fahrlässigkeit → Rdnr. 45 und 47.

68 **Fasching** (Fristenverzögerung) → »Beförderungsmängel« (Rdnr. 65).
Ferien → »Abwesenheit (Partei, Anwalt, Sonstige)« (Rdnr. 64).
Feriensache: Die Beurteilung einer Terminssache als Feriensache gehört nicht mehr zu den einfachen Arbeiten, die ein Anwalt auf sein Büropersonal übertragen darf. Der Rechtsanwalt hat daher die Frage, ob eine Feriensache vorliegt, selbst zu beantworten und darf die Qualifizierung nicht seinem Bürovorsteher überlassen (*BGH* FamRZ 1990, 867, 868; VersR 1987, 760, 761; NJW-RR 1987, 710, 711; VersR 1986, 786; 1985, 889; 1982, 495; ferner *Borgmann* AnwBl 1986, 304; 1989, 335). So liegt es etwa bei einem Rechtsmittel gegen ein im Wechsel-Nachverfahren ergangenes Urteil (*BGH* VersR 1985, 168). Das Gesagte gilt ganz allgemein für das Büropersonal, auch wenn es gut geschult und laufend überwacht ist (*BGH* VersR 1983, 83; weitere Hinweise bei *Vollkommer* FS Ostler, 97, 125 f.). Damit soll

aber nur der Gefahr vorgebeugt werden, daß Feriensachen nicht als solche erkannt werden. Dagegen soll nicht verhindert werden, daß das sonst zuverlässige Personal die Eintragung einer Frist überhaupt unterläßt (*BGH* VersR 1987, 760, 761). WE ja, wenn die durch den Rechtsanwalt richtig ausgerechnete Frist durch eine sonst zuverlässige Kraft falsch eingetragen wird (*BGH* NJW-RR 1987, 710). WE ja, wenn die Fristversäumung nicht durch das Verkennen als Feriensache eingetreten ist, sondern z.B. durch Post- oder durch Büroverschulden (*BGH* VersR 1988, 941; 1983, 33; 1982, 97).

WE nein, wenn der Anwalt Rechtsmittel- und Rechtsmittelbegründungsfristen, deren Lauf durch die Gerichtsferien beeinflußt wird, nicht selbst berechnet und nicht durch geeignete Anweisungen für rechtzeitige Aktenvorlage sorgt (*BGH* NJW 1991, 2082; FamRZ 1990, 390, 391; VersR 1989, 529; 1985, 889; 1979, 368; 1978, 666; 1977, 933; 1975, 571; *OLG Bamberg* NJW-RR 1992, 701, 702; → »Fristberechnung und Fristeinhaltung« [Rdnr. 68 sub d]). Wenigstens muß der Anwalt den maßgeblichen Einfluß auf die Berechnung haben (*BGH* VersR 1986, 574). Der Rechtsanwalt darf aber bei einer zuverlässigen Büroangestellten darauf vertrauen, daß sie ihm gemäß ausdrücklicher Weisung alle Sachen vorlegt, in denen eine Hemmung der Berufungsbegründungsfrist durch die Gerichtsferien in Betracht kommt (*BGH* VersR 1985, 668). Kausalität muß wie sonst auch gegeben sein (*BGH* VersR 1993, 77).

Fernschreiben → »Beförderungsmängel« (Rdnr. 65) sub b.

Form des Wiedereinsetzungsantrags → Rdnr. 31, → § 236 Rdnr. 1.

Frist → »Notfrist« (Rdnr. 75), → »Uneigentliche Frist« (Rdnr. 81), → »Ausschlußfrist« (Rdnr. 64), → »Verlängerbare Fristen« (Rdnr. 82), → »Nichtverlängerung von Fristen« (Rdnr. 75), → »Wiedereinsetzungsfrist« (Rdnr. 83), → »Fristberechnung und Fristeinhaltung« (Rdnr. 68).

Fristberechnung und Fristeinhaltung (a) Der Rechtsanwalt hat sein Büro so zu organisieren, daß Fehlerquellen bei der Behandlung von Fristsachen ausgeschlossen werden (*BGH* NJW 1993, 732; VersR 1992, 900; 1992, 764; 1989, 166; 1989, 104, 105). Doch darf er die Berechnung einfacher und geläufiger Fristen auf sein geschultes, zuverlässiges und laufend überwachtes Büropersonal übertragen (→ »Büroverschulden« [Rdnr. 65] sub a). Das gilt auch für »Genaufristen«. Dem Anwalt darf nicht abverlangt werden, hierfür einen zusätzlichen Kalender zu führen (*BGH* VersR 1982, 533). Stets muß bei der Auswahl und der Überwachung des Personals die gebotene Sorgfalt beachtet werden (*BGH* VersR 1986, 1083). Die Notierung und Überwachung von Fristen darf nur voll ausgebildetem und zuverlässigem Personal und nicht erst noch auszubildenden Personen übertragen werden (*BGH* FamRZ 1993, 45). Bei Personal, das den entsprechenden Anforderungen genügt, wird WE gewährt, wenn es Fristen falsch berechnet oder Fristen nicht einträgt (→ »Büroverschulden« [Rdnr. 65] sub c). Im Falle der Verwendung von elektronischen Datenverarbeitungsanlagen muß sichergestellt sein, daß die Richtigkeit der eingegebenen Daten von einer anderen geschulten Bürokraft überprüft wird (*LG Lübeck* AnwBl 1986, 152). Für die Fristennotierung im Kalender und die Überwachung der Fristen dürfen nicht mehrere oder alle Angestellte zuständig sein, sondern eine bestimmte qualifizierte Fachkraft, sonst WE nein (*BGH* FamRZ 1993, 45).

(b) Der Anwalt muß durch gesonderte Anweisungen an sein Büropersonal sicherstellen, daß die Berechnung, die Feststellung des Beginns und des Endes von schwierigen Fristen ihm selbst obliegt (*BGH* NJW 1991, 2082; NJW 1982, 244; MDR 1982, 304; NJW 1980, 2261; VersR 1978, 944). Hierzu zählen Fristen, deren Lauf durch die Gerichtsferien beeinflußt wird (Nachw. → »Feriensache« [Rdnr. 68]). Erst recht gehören dazu solche Fristen, deren Überwachung durch ein vorangegangenes Prozeßkostenhilfeverfahren und die Wiedereinsetzung in die deshalb versäumte Berufungsfrist schwierig geworden ist (*BGH* NJW 1991, 2082).

(c) Zu den zu treffenden organisatorischen Maßnahmen zählt insbesondere die Notierung (Eintragung) von Fristen. Es ist eine klare und allgemeine Anweisung erforderlich, daß stets zuerst die Fristen im Fristenkalender eingetragen werden müssen und erst dann ein entsprechender Erledigungsvermerk auf der Akte anzubringen ist (*BGH* NJW-RR 1992, 826 m. abl. Anm. *Späth* VersR 1992, 1243). Der Anwalt muß im Fristenkalender Vor- und Promptfristen eintragen lassen. Vorfristen sind Fristen, die den Anwalt auf den drohenden Fristablauf hinweisen. Promptfristen sind alle diejenigen Fristen, die den letzten Zeitpunkt der Vornahme einer Prozeßhandlung bestimmen.

Rechtsmittel- und Rechtsmittelbegründungsfristen müssen in einer Anwaltskanzlei so notiert werden, daß sie sich von gewöhnlichen Wiedervorlagefristen deutlich abheben (*BGH* VersR 1993, 630f.; NJW 1989, 2393, 2394; VersR 1986, 469; 1983, 777). Doch ist ein bestimmtes Verfahren dabei nicht vorgeschrieben (*BGH* NJW 1989, 2393, 2394). Dies gilt auch für alle anderen Fristen, die der Wiedereinsetzung offenstehen. Daher WE nein, wenn eine Frist versäumt wurde, weil keine Vorkehrungen getroffen waren, sie deutlich von anderen Fristen zu unterscheiden.

WE nein, wenn der Anwalt nicht durch entsprechende Anweisungen sicherstellt, daß bei Rechtsmittelbegründungsfristen Vorfristen notiert und das mutmaßliche Ende der Begründungsfrist eingetragen wird (*BGH* NJW 1991, 2082; VersR 1988, 941; 1985, 574; 1985, 148; 1980, 746; 1979, 961; 1978, 537; 1978, 1116; 1977, 332; 1977, 670). Der Vermerk über das mutmaßliche Ende muß später anhand der gerichtlichen Eingangsbestätigung überprüft werden (*BGH* VersR 1993, 378; 1989, 645, 646; 1985, 502, 503). Die Vorfrist ist etwa eine Woche vor Ablauf der Frist selbst zu verfügen. Doch muß für die Einlegung von Berufungen eine Vorfrist im Fristenkalender nicht eingetragen werden (*BGH* VersR 1985, 396). Es muß organisatorisch gesichert sein, daß alsbald nach Urteilseingang in der Kanzlei der exakte Ablauf der Berufungsfrist im Fristenkalender eingetragen wird (*BGH* VersR 1989, 104). WE nein, wenn anstelle der exakten Rechtsmittelfristen sogenannte Einlassungsfristen eingetragen werden (*BGH* VersR 1989, 104). WE nein, wenn bei Berufungsbegründungsfristen im Fristenkalender nur Vorfristen eingetragen werden, nicht aber der Ablauf der Berufungsbegründungsfrist notiert wird (*BGH* VersR 1992, 1154f.; 1992, 1155f.; NJW 1988, 568; *BAG* NJW 1993, 1350).

WE nein, wenn nicht durch geeignete Maßnahmen gesichert ist, daß einmal eingetragene Fristen nicht nachträglich eigenmächtig durch das Büropersonal geändert werden (*BGH* FamRZ 1991, 1173, 1174; VersR 1989, 1316). WE nein, wenn der Anwalt mit seinem Mandanten einen Rücksprachetermin vereinbart, der zeitlich nach Ablauf der Berufungsfrist liegt, ohne die rechtzeitige Aktenvorlage nach zwischenzeitlich verfügter Weglage der Handakten zu sichern (*OLG Düsseldorf* FamRZ 1992, 459f.). WE nein, wenn die von dem Rechtsanwalt errechnete und dem Büropersonal mündlich mitgeteilte Berufungsfrist infolge von Organisationsmängeln unrichtig notiert wurde (*BGH* VersR 1992, 764). Bei Eingang des Beschlusses über die im Berufungsverfahren bewilligte Prozeßkostenhilfe muß sichergestellt sein, daß das Ende der zweiwöchigen Wiedereinsetzungsfrist im Fristenkalender und in den Handakten eingetragen wird; eine allgemeine Wiedervorlageverfügung reicht nicht aus (*BGH* VersR 1992, 516). Im Falle der Annahme von Zustellungen nach § 212a muß der Rechtsanwalt bei der Unterzeichnung eines Empfangsbekenntnisses die darin genannten Schriftstücke überprüfen oder ggf. die Aktenvorlage abwarten (*BGH* VersR 1989, 1211; ferner NJW 1980, 1846; VersR 1979, 283; 1978, 943; 1973, 1144). WE nein, wenn nach der Unterzeichnung des Empfangsbekenntnisses der Zustellungstag nicht selbst in den Handakten oder anderweitig vermerkt wird oder nicht dafür gesorgt ist, daß ein zuverlässiger Mitarbeiter das Datum vermerkt (*BGH* FamRZ 1990, 1342, 1343; VersR 1979, 161; 1978, 532, 537; 1977, 424; → »Zustellungen« [Rdnr. 84]). Der danach erforderliche Zustellungsvermerk wird durch den Eingangsstempel der Kanzlei auf dem zugestellten Urteil nicht ersetzt (*BGH* VersR 1992, 764; 1991, 1309; 1991, 124; → § 198 Rdnr. 10).

(d) Der Anwalt muß bei fristwahrenden Prozeßhandlungen den Fristenablauf eigenverantwortlich überwachen, wie z.B. auch bei einem Antrag auf Verlängerung der Rechtsmittelbegründungsfrist (*BGH* NJW 1992, 1632; VersR 1991, 1269; 1991, 119; FamRZ 1991, 792). Deshalb muß bei der Unterzeichnung der Berufungsbegründung eigenverantwortlich geprüft werden, ob die zu wahrende Frist noch eingehalten werden kann. Das gilt sowohl bei Aktenvorlage (*BGH* VersR 1988, 414; 1987, 485, 486; 1985, 552), wenn ihm die Akten im Zusammenhang mit einer fristgebundenen Prozeßhandlung vorgelegt werden (*BGH* VersR 1993, 205; NJW 1992, 1632; *OLG Düsseldorf* FamRZ 1992, 459; *OLG München* NJW-RR 1991, 191), wie auch dann, wenn die Akten nicht vorgelegt werden (*BGH* VersR 1991, 1269). Werden etwa die Akten z.B. zur Anfertigung der Berufungsschrift (der Revisionsschrift) oder der Berufungsbegründung (Revisionsbegründung) vorgelegt, so muß der Anwalt eigenverantwortlich nachprüfen, ob die Einhaltung der betreffenden Frist gesichert ist (*BGH* NJW 1992, 841; VersR 1990, 543, 544; 1988, 414; 1987, 463; 1987, 485, 486; *BVerwG* NJW 1991, 2096, 2097; *OLG München* JurBüro 1987, 787, 788 [neues Mandat]). Bei einem neuen Mandat muß der Rechtsanwalt selbst laufende Fristen überprüfen (*OLG München* JurBüro 1987, 787, 788). In gleicher Weise muß der Anwalt im Rahmen einer Auskunftserteilung sich selbst über den Fristenlauf eigenverantwortlich durch Beiziehung der Handakten unterrichten (*BGH* VersR 1985, 269, 270). Zu der notwendigen Nachprüfung gehört auch die Kontrolle des Bürovermerks in den Handakten über die Eintragung der Frist im Fristenkalender (*BGH* VersR 1988, 414).

Liegen die Akten vor und verfügt der Anwalt die Eintragung der Frist, so WE nein, wenn die als Fristensache gekennzeichnete Akte auf dem Schreibtisch des Bürovorstehers lediglich abgelegt wird (*BGH* VersR 1988, 1161 [zu streng]).

Das Gesagte gilt nicht, wenn dem Anwalt die betreffenden Akten aus einem anderen Grund vorgelegt werden, z.B. weil sich die Partei fernmündlich nach dem Verfahrensstand erkundigt (*BGH* NJW-RR 1992, 826 [parallel laufendes Strafverfahren]; VersR 1984, 662, 663; 1983, 988; 1974, 548; 1973, 128, 186; 1971, 1125; NJW 1967, 2311). Die Pflicht zur Fristenprüfung entsteht nicht erst im Laufe der Aktenbearbeitung, sondern bereits bei Aktenvorlage (*BGH* NJW 1992, 841). Wird die Übermittlung eines Auftrages zur Berufungseinlegung einer zuverlässigen Bürokraft übertragen, so muß der Anwalt gleichwohl den Zustellungszeitpunkt des betreffenden Urteils eigenverantwortlich prüfen (*BGHR* ZPO § 233 Rechtsmittelauftrag 7). Treten bei der Bearbeitung von Fristensachen Rechtsfragen auf, so hat sie der Anwalt eigenverantwortlich zu klären und die entsprechenden Weisungen für die weitere Sachbehandlung zu erteilen (*BGH* VersR 1989, 529, 530). So liegt es etwa, wenn eine weitere berichtigte Urteilsfassung zugestellt wird (*BGH* VersR 1989, 529, 530; 1989, 530). Die Berechnung von Feriensachen unterliegt der eigenverantwortlichen Prüfung des Anwalts (→ »Feriensache« [Rdnr. 68]). Der Anwalt darf den Fristenlauf nicht außer Kontrolle geraten lassen (*BGH* VersR 1985, 889). So muß die Fünfmonatsfrist des § 516 im Fristenkalender notiert und überwacht werden, wenn sich die Zustellung eines bereits verkündeten Urteils verzögert (*BGH* VersR 1989, 209, 210). Im Falle der Unterbrechung nach § 240 muß organisatorisch gesichert sein, daß der Anwalt über das Ende des Konkursverfahrens zuverlässig unterrichtet wird (*BGH* NJW 1990, 1239, 1240).

WE ja, wenn das Büropersonal anweisungswidrig Fristen nicht oder nicht richtig einträgt (*BAG* NJW 1982, 72 [LS]; *BGH* VersR 1965, 188; 1970, 87; NJW 1958,

1590) oder wieder fälschlich löscht (*BGH* VersR 1984, 166; *OLG Hamm* MDR 1980, 407 [LS]). WE nein, wenn die falsche Eintragung auf einer irreführenden Weisung des Rechtsanwalts beruht (*BGH* VersR 1985, 1149). WE ja, wenn das geschulte und ausgebildete Büropersonal dem Anwalt auf Anfrage versehentlich eine falsche Auskunft aus dem Terminkalender erteilt, da sich der Anwalt auf die gegebene Auskunft verlassen darf (→ »Büroverschulden« [Rdnr. 65] sub c; zum Verschulden des Büropersonals → Rdnr. 38ff.). WE nein, wenn die Organisation einer Anwaltskanzlei Verfügungen des sachbearbeitenden Rechtsanwalts über die Eintragung oder Löschung von Fristen im Fristenkalender nicht ausschließt und nicht sichergestellt ist, daß die durch solche Verfügungen herbeigeführten Überschneidungen mit dem Überwachungsbereich der verantwortlichen Fristenkalenderführerin keine Fehlerquellen eröffnen (*BGH* VersR 1981, 276). WE ja, wenn sich aus dieser Selbstberechnung keine Lücken in der Organisation der Fristenberechnung ergeben (*BGH* VersR 1988, 78, 79 in Abgrenzung zu *BGH* VersR 1985, 992 und 1981, 276). WE ja, wenn der Anwalt dem ordnungsgemäß belehrten und überwachten Büropersonal alle Fristensachen überträgt und sich die Prüfung vorbehält, ob es sich um einen Regelfall handelt, ansonsten WE nein (*BGH* VersR 1978, 944).

Der Anwalt hat Vorsorge zu treffen, wenn das mit den Fristensachen beauftragte Büropersonal ausfällt, das Büro verlegt wird oder sonstige Maßnahmen getroffen werden, die Einfluß auf den gewöhnlichen Büroablauf haben. WE nein, wenn gegen diese Anforderungen verstoßen wird (*BGH* VersR 1989, 930 [angestellter Architekt]; JurBüro 1978, 1639). WE nein, wenn der Anwalt bei Verdacht eines Büroverschuldens oder bei Unklarheiten über den Ablauf von Rechtsmittelfristen die Prüfung nicht selbst übernimmt (*BGH* VersR 1984, 286; 1979, 376; JurBüro 1978, 1801). WE nein, wenn der Anwalt die Notfristen (→ Rdnr. 8) von einem Referendar überwachen läßt. Gleiches gilt, wenn der Rechtsmittelanwalt die Überwachung dem erstinstanzlichen Prozeßbevollmächtigten überträgt (*BAG* NJW 1971, 2191 [LS]; *OLG Frankfurt a. M.* VersR 1980, 361). Der mit der Rechtsmitteleinlegung beauftragte Anwalt muß sich in eigener Verantwortung über das Zustellungsdatum vergewissern (*BGH* VersR 1991, 123 [LS]; NJW 1990, 1239, 1240). WE nach der – verfehlten – Rechtsprechung nein, wenn der Anwalt die vereinbarte Widerrufsfrist für einen Prozeßvergleich schuldlos versäumt (→ Rdnr. 23; → »Prozeßvergleich« [Rdnr. 77]).

Fristenkalender: Wird der Fristenkalender durch Datenspeicherung geführt, so muß organisatorisch sichergestellt sein, daß Daten jederzeit auf Richtigkeit und Vollständigkeit überprüft werden können und Datenverluste ausgeschlossen sind (*OLG München* CR 1990, 198 m. im Ergebnis zust. Anm. *Redeker*).

Fristenkontrolle bei gewerblichen Betrieben: WE nein, wenn in einem gewerblichen Betrieb die Fristennotierung und Fristenkontrolle auf einen angestellten Architekten übertragen ist und die Fristenwahrung bei vorhersehbarer oder unvorhersehbarer Abwesenheit nicht gesichert ist (*BGH* VersR 1989, 930).

Fristverlängerung → »Nichtverlängerung von Fristen« [Rdnr. 75].

Gemeinsame Eingangsstelle: Wenn ein Rechtsanwalt ausdrücklich Berufung gegen ein Urteil des Landgerichts einlegt, wird durch den Eingang bei der gemeinsamen Annahmestelle auch dann die Berufungsfrist gewahrt, wenn in dem Schriftsatz weiter kein Empfänger bezeichnet ist und er deshalb erst nach Fristablauf an das Rechtsmittelgericht weitergeleitet wird (*BGH* NJW 1992, 1047; → «Beförderungsmängel» [Rdnr. 65] sub b).

Gemeinschaftspraxis → »Ausgangskontrolle« (Rdnr. 64).

Gerichtseinlauf → »Beförderungsmängel« (Rdnr. 65).

Gerichtsferien → »Feriensache« (Rdnr. 68), → »Fristberechnung und Fristeinhaltung« (Rdnr. 68) sub b.

Gerichtssprache → »Ausländer« (Rdnr. 64).

69

Geschäftsreise → »Abwesenheit (Partei, Anwalt, Sonstige)« (Rdnr. 64).
Geschäftsstelle → »Beförderungsmängel« (Rdnr. 65).
Gesetzlicher Vertreter (Verschulden) → Rdnr. 38 ff.
Glaubhaftmachung → § 236 Rdnr. 8 f.
GUS-Truppen → § 230 Rdnr. 10 a. E.

70 Hindernisse bei Urlaubsrückkehr → «Abwesenheit (Partei, Anwalt, Sonstige)» (Rdnr. 64).

71 Individueller Maßstab des Verschuldens → Rdnr. 45.
Informationspflichten der Partei → »Benachrichtigungslasten der Partei dem Anwalt gegenüber« (Rdnr. 65).
Inhalt des Wiedereinsetzungsantrags → Rdnr. 33, → § 236 Rdnr. 3 ff.
Irrtum → Rdnr. 42 ff., → »Rechtsirrtum des Anwalts« (Rdnr. 78), → »Rechtsirrtum (Mißverständnis) der Partei« (Rdnr. 78).

72 Karneval → «Beförderungsmängel» (Rdnr. 65).
Kaufmännisch geführtes Unternehmen: Eine GmbH mit größerer Verwaltung ist bei gegebenem Anlaß zu einer Rückfrage bei ihrem Prozeßbevollmächtigten über den Lauf der Rechtsmittelfrist verpflichtet (*BGH* NJW-RR 1992, 97).
Kausalität → Rdnr. 51 ff.
Kausalzusammenhang → Rdnr. 51 f.
Klagefristen → Rdnr. 18.
Korrekturen (von Schreibfehlern) → »Schriftsatzmängel« (Rdnr. 79).
Korrespondenzanwalt → »Verkehrsanwalt« (Rdnr. 82).
Kosten der Wiedereinsetzung → § 238 Rdnr. 20.
Krankenhausaufenthalt → »Abwesenheit (Partei, Anwalt, Sonstige)« (Rdnr. 64).
Krankheit (Unfall, Operation, Kuraufenthalt) → »Abwesenheit (Partei, Anwalt, Sonstige)« (Rdnr. 64).
Kündigung des Mandats → »Zustellungen« (Rdnr. 84).
Kündigungsschutzklage → Rdnr. 57 ff.; Antrag auf Zulassung einer verspäteten Kündigungsschutzklage → Rdnr. 59; Wiedereinsetzung bei verspätetem Antrag → Rdnr. 60.

Kuraufenthalt → »Abwesenheit (Partei, Anwalt, Sonstige)« (Rdnr. 64).
Letzter Tag (Fristausnutzung) → Rdnr. 46. 73
Mahnverfahren: WE nein, wenn der 74 Schuldner den Inhalt des ihm zugestellten Mahnbescheids aus Nachlässigkeit nicht zur Kenntnis nimmt (*BGH* VersR 1988, 158).
Mandatsende (Zustellungen an den Anwalt nach) → »Zustellungen« (Rdnr. 84); → »Belehrungs-, Beratungs- und Benachrichtigungspflichten des Anwalts gegenüber der Partei« (Rdnr. 65).
Mehrere Anwälte → »Schriftsatzmängel« (Rdnr. 79 sub b).
Mitwirkungspflichten der Gerichte: Es besteht grundsätzlich keine Pflicht des jeweiligen Gerichts, durch umgehende Weiterleitung einer falsch adressierten Rechtsmittelschrift für die Einhaltung der Rechtsmittelfrist zu sorgen (*BGH* VersR 1992, 1154 in Abgrenzung zu dem Sonderfall *BGH* FamRZ 1988, 829). Auch im übrigen besteht keine Rechtspflicht der Gerichte, durch geeignete Maßnahmen zur Heilung von Formmängeln beizutragen (*BGH* VersR 1989, 277, 278; 1987, 486; 1985, 767; *OLG Koblenz* FamRZ 1988, 633, 634). Wenn ein Versorgungsträger eine Beschwerde versehentlich bei dem Amtsgericht einlegt, so trägt er das Risiko des rechtzeitigen Eingangs bei dem Rechtsmittelgericht (*OLG Düsseldorf* FamRZ 1986, 192 f.). In keinem Fall ist das angegangene unzuständige Gericht (auch bei anwaltlich nicht vertretenen Parteien) zur Ergreifung von außerordentlichen Maßnahmen verpflichtet (*BGH* VersR 1988, 251; NJW 1987, 440, 441). Erst recht muß im Anwaltsprozeß die Rechtsmittelschrift nicht an das zuständige Gericht weitergeleitet werden (*OLG Frankfurt a. M.* DAVorm 1987, 688). Das Gesagte gilt aber auch außerhalb des Anwaltsprozesses. WE aber ja, wenn hinsichtlich der Rechtsmittelzuständigkeit ein unrichtiger richterlicher Hinweis erteilt wird (*BGH* VersR 1989, 603). WE ja, wenn die Geschäftsstelle des zuständigen Gerichts dem Anwalt auf ausdrückliche Anfrage bestätigt, es liege eine fristgerecht eingegangene Beschwerde der Partei vor (*BGH* FamRZ

1989, 729 f.). Im übrigen enthebt eine Falschauskunft des Geschäftsstellenbeamten des Gerichts über den Ablauf einer Notfrist den Anwalt nicht von einer eigenen Überprüfungspflicht (*LG Bonn* VersR 1988, 195 [LS]). WE ja, wenn die Partei selbst Rechtsmittel bei einem unzuständigen Gericht eingelegt, das angegangene Amtsgericht 13 Tage vor Ablauf der Rechtsmittelfrist die Weiterleitung an das OLG verfügt hat und diese Weiterleitung verzögert wurde (*BGH* FamRZ 1988, 829 [großzügiger als üblich]).

Mitwirkungspflichten der Partei: Auch Parteien treffen gewisse Mitwirkungspflichten. Das gilt auch dann, wenn sie juristisch nicht vorgebildet sind. Wird in einem Büro die Überwachung von Rechtsmittelfristen einem angestellten Architekten anvertraut, so muß organisatorisch sichergestellt werden, daß die Fristen auch bei einer unvorhergesehenen Abwesenheit des Mitarbeiters gewahrt sind (*BGH* VersR 1989, 930). WE nein, wenn die Revision deshalb nicht begründet wird, weil der Revisionskläger dem bestellten Notanwalt den ihm zustehenden angemessenen Gebührenvorschuß nicht leistet (*BGH* VersR 1991, 122). Eine Prozeßpartei muß die Ausführung eines von ihr fernmündlich erteilten vollständigen und unmißverständlichen Berufungsauftrags nicht überwachen (*BGH* VersR 1992, 898, 899 a. E.; 1985, 140). WE nein, wenn der Geschäftsinhaber seine in seinem Geschäftsbetrieb tätige Ehefrau mit dem Telefonanruf zur Einlegung der Berufung durch den Prozeßbevollmächtigten betraut und die Ausführung nicht kontrolliert (*OLG Zweibrücken* JurBüro 1986, 616).

75 **Nachholung** (der versäumten Prozeßhandlung) → § 231 Rdnr. 5.

Nachschieben von Wiedereinsetzungsgründen → § 236 Rdnr. 5, → § 238 Rdnr. 2.

Nachsendeantrag → »Beförderungsmängel« (Rdnr. 65).

Nachtbriefkasten → »Beförderungsmängel« (Rdnr. 65).

Nebenintervenient → Rdnr. 5.

Nichtverlängerung von Fristen: (a) Den Anwalt treffen erhöhte Sorgfaltspflichten, wenn er kurz vor dem Ablauf von verlängerbaren Fristen einen Antrag auf Verlängerung stellt. Er darf sich nicht darauf verlassen, daß dem Antrag auch stattgegeben wird. Im Wiedereinsetzungsverfahren kann er daher grundsätzlich nicht mit Erfolg geltend machen, er habe mit einer Fristverlängerung rechnen dürfen (*BGH* NJW 1993, 134 f.; 1992, 2426, 2427; 1991, 1359; *BGHR* ZPO § 233 Fristverlängerung 4; *BGHZ* 83 [GSZ], 217, 222; FamRZ 1990, 36; VersR 1987, 261). Für die im Rahmen der Wiedereinsetzung maßgebliche Frage, ob den Anwalt ein Verschulden trifft, ist vom normalen Lauf der Dinge auszugehen (*BGH* VersR 1983, 487, 488).

(b) Ausnahmsweise kann Wiedereinsetzung gewährt werden, wenn mit großer Wahrscheinlichkeit mit der Bewilligung der Fristverlängerung gerechnet werden konnte (*BGH* NJW 1993, 134 f.; 1991, 1359; *BGHR* ZPO § 233 Fristverlängerung 4; *BGH* FamRZ 1990, 36). So liegt es regelmäßig bei dem ersten Verlängerungsantrag, wenn einer der in § 519 Abs. 2 S. 3 vorgesehenen Gründe vorgebracht wird (*BGH* NJW 1993, 732; 1993, 134 f.; 1992, 2426 f.; VersR 1991, 897; *BVerfG* NJW 1989, 1147). Werden solche Gründe nicht vorgebracht, so darf sich der Anwalt nicht auf die Auskunft der Geschäftsstelle verlassen, die Verlängerung werde gewährt, weil es sich um den ersten Antrag handele (*BGH* NJW 1992, 2426). Erhebliche Gründe können sein die näher begründete berufliche Überlastung eines Anwalts (*BGHR* ZPO § 233 Fristverlängerung 4; *BGH* VersR 1989, 1064) oder die im einzelnen erläuterte erforderliche Rücksprache mit der Partei (*BGH* NJW 1991, 1359). Der Bürger kann sich darauf verlassen, daß die Gerichte keine höheren Ansprüche stellen, als in der höchstrichterlichen Rechtsprechung vorgesehen ist. Andernfalls ist die Verfassungsbeschwerde gegen die Versagung der Wiedereinsetzung erfolgreich (*BVerfG* NJW 1989, 1147; *BGH* FamRZ 1990, 36, 37). Bleibt in den genannten Fällen eine Mitteilung über die Fristverlängerung aus, so ist eine Nachfrage gleichwohl entbehrlich (*BGH*

NJW 1991, 2080; VersR 1988, 156, 157; 1986, 787; *BAG* NJW 1986, 603). Ist im Einzelfall eine Nachfrage erforderlich, so kann mit ihr auch eine sorgfältig ausgesuchte und überwachte Bürokraft betraut werden (*BGH* VersR 1986, 366). WE ja, wenn im Büro vorbereitete Quittungen über den Eingang von gestellten Verlängerungsanträgen nur mit den Parteibezeichnungen und nicht mit weiteren Unterscheidungsmerkmalen versehen sind (*BGH* VersR 1988, 156, 157). WE nein, wenn der Verlängerungsantrag nur schlagwortartig begründet wird (*LAG Berlin* DB 1990, 1472 [zu § 66 Abs. 1 S. 4 ArbGG]).

Dagegen ist bei dem zweiten oder weiteren Verlängerungsanträgen eine Wiedereinsetzung mit großer Wahrscheinlichkeit nicht zu erwarten. In diesem Fall muß stets der sicherste Weg gegangen werden, damit die Fristeneinhaltung gesichert bleibt. WE nein, wenn das Stellen eines mit Wahrscheinlichkeit erfolgreichen Verlängerungsantrages um wenige Tage unterbleibt (*BGH* NJW-RR 1990, 830, 831).

(c) Sind Berufungs- und Revisionsbegründungsfristen nicht verlängert und bereits abgelaufen, so WE ja, wenn aufgrund eines Büroverschuldens der Verlängerungsantrag verspätet abgeliefert wurde und der Anwalt durch konkrete Anweisung an sein Büropersonal die von seiner Seite erforderlichen Vorkehrungen dafür getroffen hat, daß der Verlängerungsantrag rechtzeitig bei dem Rechtsmittelgericht eingeht (*BGH* VersR 1983, 487). WE nein, wenn der Anwalt keinen formell oder materiell ordnungsgemäßen Verlängerungsantrag gestellt hat (*BGH* VersR 1984, 894). WE nein, wenn der Anwalt in zweifelhaften Verlängerungsfällen den Ablauf der Verlängerungsfrist nicht kontrollieren, sondern z. B. einfach die beantragte neue Frist vormerken läßt (*BGH* VersR 1984, 336, 337). WE nein, wenn der Anwalt nach einem Verlängerungsantrag sein Büropersonal anweist, die noch nicht einmal verlängerte Frist auf einige Tage vor ihrem vermeintlichen Ende vorzumerken (*BGH* VersR 1980, 746). WE nein, wenn Zweifel darüber bestehen, ob eine bereits beantragte Verlängerung bewilligt oder nur in Aussicht gestellt ist, und nicht der für die Partei sicherste Weg gewählt wird (*BGH* VersR 1985, 767). WE nein, wenn organisatorisch nicht gesichert ist, daß ein in der Kanzlei beschäftiger, nicht bei dem Oberlandesgericht zugelassener Rechtsanwalt irrtümlich einen unwirksamen Verlängerungsantrag stellt (*BGH* NJW 1988, 211).

Niederlegung bei der Post, Zustellung durch Aufgabe zur Post: Hat eine Partei die schriftliche Mitteilung über eine Zustellung durch Niederlegung bei der Post erhalten, so kann sie sich nicht damit entschuldigen, sie habe den Tag der Abholung des Schriftstückes als das maßgebliche Zustellungsdatum angesehen (*BGH* VersR 1992, 848). Ist einer ausländischen Partei im Wege der Zustellung durch Aufgabe zur Post nach § 175 zugestellt worden, so wird WE versagt, wenn trotz eines ausdrücklichen Hinweises auf die Notwendigkeit anwaltlicher Vertretung selbst Einspruch eingelegt wird (*BGH* NJW 1992, 1700, 1701). WE nein, wenn die Partei von der Ersatzzustellung Kenntnis hat und trotzdem die Sendung bei der Post nicht abholt (*BGH* VersR 1978, 826; JurBüro 1978, 1005; VersR 1977, 1098; Grenzfall: *BVerfG* NJW 1993, 847 [Strafrecht]). WE nein, wenn lediglich vorgetragen wird, der Empfänger habe die Mitteilung über die Zustellung durch Niederlegung nicht vorgefunden (*BayObLG* FamRZ 1990, 428, 429).

Niederlegung des Mandats → »Zustellungen« (Rdnr. 84).

Notfrist → Rdnr. 8.

Notwendige Streitgenossenschaft → Rdnr. 6.

Operation → «Abwesenheit (Partei, Anwalt, Sonstige)» (Rdnr. 64). 76

Organisationsverschulden des Anwalts → Rdnr. 49, → »Abwesenheit (Partei, Anwalt, Sonstige)« (Rdnr. 64), → »Büroverschulden« (Rdnr. 65).

Parteidisposition (über Wiedereinsetzungsgründe) → § 238 Rdnr. 2. 77

Parteiverschulden → § 233 Rdnr. 38.

Patentrechtliches Beschwerdeverfahren
→ § 233 Rdnr. 22.
Persönliches Terminbuch → »Büroverschulden« (Rdnr. 65).
Post → »Beförderungsmängel« (Rdnr. 65).
Postausgangsbuch → »Büroverschulden« (Rdnr. 65).
Postbeförderung → »Beförderungsmängel« (Rdnr. 65).
Postlaufzeit → »Beförderungsmängel« (Rdnr. 65).
Poststreik: WE nein, wenn sich der Rechtsanwalt während eines laufenden Poststreiks nicht des vorhandenen Telefaxgeräts bedient, sondern mit einfachem Brief Schriftstücke übermittelt (*LAG Baden-Württemberg* BB 1992, 1496 [LS]; *LAG Düsseldorf* BB 1992, 1796 [LS]; *VGH Kassel* NJW 1993, 750). Bei streikbedingten Verzögerungen besteht eine Erkundigungspflicht nach dem Eingang bei Gericht, weil das Vertrauen in eine fristgemäße Beförderung zerstört ist (*BGH* NJW 1993, 1332; 1993, 1333).
Postulationsfähigkeit → »Abwesenheit (Partei, Anwalt, Sonstige)« (Rdnr. 64), → »Unterzeichnung von Schriftsätzen« (Rdnr. 81).
Postverteilungsstelle → »Beförderungsmängel« (Rdnr. 65).
Postverzögerung → »Beförderungsmängel« (Rdnr. 65).
Promptfristen → »Fristberechnung und Fristeinhaltung« (Rdnr. 68 sub c).
Prozeßbevollmächtigter (als Antragsteller) → Rdnr. 7, Verschulden → Rdnr. 47, → »Fristberechnung und Fristeinhaltung« (Rdnr. 68), → »Verkehrsanwalt« (Rdnr. 82).
Prozeßhandlung (versäumte) → § 230 Rdnr. 3, → § 231 Rdnr. 5.
Prozessual überholte Anträge → Rdnr. 29.
Prozeßkostenhilfe: (Lit.: *E. Schneider* MDR 1990, 974). Wenn die rechtzeitige Vornahme einer fristwahrenden Handlung wegen des wirtschaftlichen Unvermögens (Mittellosigkeit) einer Partei unterbleibt, so ist die Frist unverschuldet versäumt, sofern die Partei bis zu deren Ablauf um Bewilligung der Prozeßkostenhilfe nachsucht (dazu *VGH Kassel* AnwBl 1990, 55; *Borgmann* AnwBl 1985, 196). Das gilt im Falle eines fehlenden Verschuldens selbst dann, wenn der Antrag auf Prozeßkostenhilfe noch später gestellt wird (auch → § 234 Rdnr. 7, → § 236 Rdnr. 3). Wird Prozeßkostenhilfe vor Ablauf der Rechtsmittelfrist verweigert, so WE ja, wenn der nach dem Tag der Zustellung des verweigernden Beschlusses verbleibende Teil der Frist drei Werktage nicht übersteigt (*BGH* VersR 1985, 266).

WE ja, wenn der Antragsteller ausreichend darlegt, daß er die Kosten seiner Prozeßführung nach seinen persönlichen und wirtschaftlichen Verhältnissen nicht, nur zum Teil oder nur in Raten aufbringen kann (*BSG* VersR 1980, 256 [zur Versagung der Prozeßkostenhilfe und zum erneuten vergeblichen Prozeßkostenhilfegesuch → § 234 Rdnr. 7]). WE ja, wenn am letzten Tag des Fristablaufs noch um Bewilligung der Prozeßkostenhilfe nachgesucht wird (*BGHZ* 16, 1, 3; 38, 376, 378; VersR 1985, 287; 1977, 721; *BAGE* 2, 17; *BSG* NJW 1957, 1294 [LS]). WE ja, wenn der Bewilligungsantrag im Anschluß an eine fristgerecht eingelegte Berufung am letzten Tage der Berufungsbegründungsfrist eingereicht wird (*BGH* VersR 1977, 721). WE ja, wenn die Mittellosigkeit nicht in böswilliger Absicht verschuldet wurde (*BGH* NJW 1959, 884).

Nach Ablehnung eines Prozeßkostenhilfegesuches ist einer Partei auch dann Wiedereinsetzung gegen die Versäumung einer Rechtsmittelfrist zu gewähren, wenn sie sich vernünftigerweise für eine bedürftige Partei halten durfte und daher nicht mit der Ablehnung des Antrags rechnen mußte (*BGH* VersR 1992, 897 [Musiker mit unregelmäßigen Einkünften]; 1992, 637; FamRZ 1992, 169; VersR 1991, 117; NJW-RR 1990, 450; FamRZ 1988, 1153; 1987, 1018; 1987, 925; VersR 1986, 577; 1985, 454, 455; 1984, 192). Es kommt nicht darauf an, ob die Partei mit der Erfolgsaussicht des beabsichtigten Rechtsmittels rechnen konnte (*BGH* FamRZ 1988, 1152, 1153; VersR 1985, 395), es sei denn, die Beiordnung eines Notanwalts ist bereits wegen Aussichtslosigkeit der Rechtsverfolgung abgelehnt worden. WE ja, auch wenn das Prozeßkostenhilfegesuch keine sachliche Begründung enthält (*BGH* MDR 1993, 172). Mit einer Ablehnung muß erst mit Wegfall der Bedürftigkeit gerechnet werden. Im Falle der Rechtsschutzversicherung entfällt das Hindernis der Bedürftigkeit erst mit der Deckungszusage des Rechtsschutzversicherers (*BGH* NJW 1991, 109, 110).

WE nein, wenn eine Partei mit offenbar unvollständigen (*BGH* NJW-RR 1991, 1532, 1533), irreführenden oder widersprüchlichen Angaben die Prozeßkostenhilfe zu erlangen versuchte, ihre Bewilligung unter diesen Umständen ersichtlich nicht erwarten durfte, zwischenzeitlich die Rechtsmittelfrist aber abgelaufen ist (*BGH* VersR 1976, 931; 1964, 1306). WE insbes. nein, wenn dem erfolgversprechenden Gesuch die in § 117 aufgeführten Unterlagen und die erforderlichen Erklärungen nicht rechtzeitig beigefügt waren (*BGH* VersR 1988, 943; FamRZ 1987, 925; VersR 1985, 287). WE nein, wenn der Antragsteller am letzten Tag der Rechtsmittelfrist nicht seine gegenwärtigen Einkommensverhältnisse darlegt, sondern lediglich diejenigen zum Steuerbescheid für zurückliegende Jahre (*BGH* VersR 1992, 897 [Abgrenzungsentscheidung]; 1991, 791). WE nein, wenn bei erstmaliger Beantragung von Prozeßkostenhilfe in der Rechtsmittelinstanz bis zum Ablauf der Rechtsmittelfrist nicht der eingeführte Vordruck verwendet wird (*BGH* FamRZ 1992, 169; VersR 1991, 117; *BGHR* ZPO § 233 Prozeßkostenhilfe 4). WE nein, wenn der Antrag nicht bei dem zuständigen Gericht gestellt wird (*BGH* NJW 1987, 440, 441). Nur ausnahmsweise genügt eine Bezugnahme auf eine in einem früheren Rechtszug auf dem Vordruck abgegebene Erklärung (*BGH* VersR 1991, 117), wenn sich die persönlichen und wirtschaftlichen Verhältnisse seitdem nicht geändert haben. Anders liegt es vor allem, wenn schon eine geraume Zeit verstrichen ist und auch auf die früheren Angaben nicht Bezug genommen wurde (*BGH* VersR 1985, 396, 397). Grundsätzlich müssen daher einem Prozeßkostenhilfegesuch in der Rechtsmittelinstanz eine neue Erklärung über die persönlichen und wirtschaftlichen Verhältnisse nach amtlichem Vordruck sowie die zugehörigen Belege beigefügt werden (*BGH* VersR 1985, 971). Doch braucht die Partei nicht damit zu rechnen, daß das Rechtsmittelgericht strengere Anforderungen an die Bejahung der Bedürftigkeit stellt als die Vorinstanz (*BGH* FamRZ 1987, 1018, 1019).

WE nein, wenn es der Anwalt schuldhaft versäumt hat, den Nachweis des wirtschaftlichen Unvermögens innerhalb der vom Gericht gesetzten Frist zu erbringen (*BGH* VersR 1983, 241). WE nein, wenn die Partei bei teilweiser Versagung des Prozeßkostenhilfeantrages keinen Anwalt fand, die verspätete Berufungsbegründung ohne Kostenvorschuß zu fertigen (*BGH* VersR 1980, 554). WE nein, wenn der Antrag auf Prozeßkostenhilfe während der Berufungsbegründungsfrist eingereicht wird, wenn der Anwalt an sich bereit ist, für die Partei weiter tätig zu werden (*BGH* VersR 1986, 91, 92). Andererseits ist die Mittellosigkeit nicht ohne weiteres zu verneinen, weil sich ein Rechtsanwalt bereiterklärt hat, die Berufungsbegründung ohne Vorschußleistung anzufertigen (*BGH* VersR 1989, 863; FamRZ 1989, 1064, 1066). Auch ist die erforderliche Ursächlichkeit der Mittellosigkeit für die Fristversäumung nicht schon deshalb abzulehnen, weil die Partei das Berufungsverfahren notfalls ohne Prozeßkostenhilfe betreiben will (*BGH* VersR 1989, 863, 864; NJW-RR 1987, 1150). Die Kausalität der Bedürftigkeit für die Versäumung einer Rechtsmittelfrist wird auch nicht dadurch in Frage gestellt, daß das Prozeßkostenhilfegesuch innerhalb der Beschwerdefrist zusammen mit einer Beschwerdeschrift eingereicht wurde, die von einem nicht postulationsfähigen Anwalt unterzeichnet worden ist (*BGH* NJW 1985, 2834 unter Aufgabe von *BGH* VersR 1981, 577). WE nein, wenn dem Anwalt bei teilweiser Versagung der Prozeßkostenhilfe nicht bekannt ist, daß ihm zur Entscheidung über die Rechtsmitteleinlegung nur eine kurze Überlegungsfrist zusteht (*BGH* VersR 1977, 626). Die Frist des § 234 Abs. 1 be-

ginnt mit der Bekanntgabe des Beschlusses über eine auch nur teilweise bewilligte Prozeßkostenhilfe (*BGH* NJW-RR 1993, 451, 452).
Prozeßkostenhilfegesuch → § 234 Rdnr. 7, → § 236 Rdnr. 3.
Prozeßvergleich → Rdnr. 23.

78 **Rechtliches Gehör:** Der Partei wird Wiedereinsetzung aufgrund ihres Anspruchs auf rechtliches Gehör (Art. 103 Abs. 1 GG) gewährt, wenn sie unverschuldet eine Frist versäumt hat. Eine Verletzung des Anspruchs auf rechtliches Gehör liegt z. B. vor, wenn der Prozeßpartei in fälschlicher Weise Verzögerungen der Postbeförderung durch die Bundespost angelastet werden (*BVerfGE* 40, 42, 44; 41, 23, 25; 50, 1, 3f. [Rechtsmittelzug]; 51, 146, 149f.; 54, 80, 84; 62, 334, 337 u. ö., → «Beförderungsmängel» [Rdnr. 65]).
Rechtsanwalt → »Abwesenheit (Partei, Anwalt, Sonstige)« (Rdnr. 64), → »Rechtsirrtum des Anwalts«, → »Anwaltsverschulden« (Rdnr. 64), → »Büroverschulden« (Rdnr. 65), → »Fristberechnung und Fristeinhaltung« (Rdnr. 68).
Rechtsbehelfsbelehrung → »Rechtsmittelbelehrung«.
Rechtsberatungspflichten → »Belehrungs-, Beratungs- und Benachrichtigungspflichten des Anwalts gegenüber der Partei« (Rdnr. 65).
Rechtsirrtum des Anwalts: Ein Rechtsirrtum des Anwalts begründet die Wiedereinsetzung nur, wenn er für einen gewissenhaften Anwalt unvermeidbar war. Der Rechtsirrtum steht im Wiedereinsetzungsverfahren dem Tatsachenirrtum gleich (→ Rdnr. 42 ff.). Die Frage der Vermeidbarkeit richtet sich nach → Rdnr. 47 ff. Gesetzesunkenntnis ist grundsätzlich als verschuldet anzusehen (*BGH* DtZ 1993, 150; *Ball* JurBüro 1992, 653, 661 li. Sp.; *OLG Karlsruhe* DAVorm 1985, 79). Das gilt auch für entlegene Rechtsgebiete. Ein Rechtsirrtum des Anwalts ist vermeidbar und schließt die Wiedereinsetzung deshalb aus, wenn die Rechtsauffassung weder im Gesetzestext noch in der Rechtsprechung noch im Schrifttum eine Stütze

findet (*BGH* NJW 1990, 1239, 1240). Bei einer unklaren Rechtslage muß der Anwalt immer den sichersten Weg wählen (*BGH* WM 1993, 77, 78 [neue Bundesländer]). Er muß daher vorsorglich immer so handeln, daß er trotz einer für seine Partei möglicherweise ergehenden ungünstigen Entscheidung noch deren Belange wahren kann (*BGH* NJW 1991, 2709). Die Partei wird durch ein Mitverschulden des Gerichts grundsätzlich nicht entlastet. Es genügt daher eine Mitursächlichkeit des Verschuldens für die Fristversäumung (*BGH* FamRZ 1992, 536 [obiter dictum]; NJW 1990, 2822). Wird ein Gericht irrtümlich angerufen, so ist es nicht verpflichtet, selbst sofort weiterzuleiten oder durch entsprechende Hinweise zur Fehlervermeidung beizutragen (*BGH* FamRZ 1992, 536, → »Mitwirkungspflichten der Gerichte« [Rdnr. 74]).

(a) Der Anwalt hat stets die höchstrichterliche Rechtsprechung zu einer bestimmten Frage zu beachten (*BGH* VersR 1987, 507; 1987, 764). Auch muß er sich zumindest anhand der gängigen Kommentare über die bestehende Rechtslage unterrichten (*BGH* VersR 1986, 1210; 1986, 892). WE ist jedoch begründet, wenn die Fristversäumung auf neuerer höchstrichterlicher Rechtsprechung beruht, die nur in einer Spezialzeitschrift veröffentlicht ist (*BGH* VersR 1979, 375; *Schlee* AnwBl 1986, 339, 340), über welche die betreffende allgemeine Beratungs- und Prozeßpraxis nicht informiert war. Auch kann die sofortige Kenntnis von Entscheidungen nicht verlangt werden. Deshalb WE ja, wenn die Fristversäumung darauf beruht, daß der Anwalt erst mehrere Tage nach Zustellung der juristischen Fachzeitschriften von bereits veröffentlichten höchstrichterlichen Entscheidungen Kenntnis erlangt (*BGH* NJW 1979, 877). Doch WE nein, wenn ein Zeitraum von sechs Wochen verstrichen ist (*OLG Düsseldorf* VersR 1980, 359). WE ja, wenn sich ein Anwalt aufgrund einer mißverständlichen Erläuterung in einem Kommentar zur ZPO in einem Irrtum befand, solange zu dem betreffenden Problem weder Entscheidungen des BGH noch solche von Oberlandesgerichten vorlagen (*OLG München* FamRZ 1982, 162 [LS von *Borgmann*]). WE ja, wenn sich der Anwalt einer von einem Oberlandesgericht sowie den gängigen Handkommentaren vertretenen unrichtigen Ansicht angeschlossen hat (*BGH* NJW 1985, 495, 496). WE ja, wenn die Fristversäumung auf irreführenden Auskünften von Justizorganen (Geschäftsstelle) beruht (*BGH* FamRZ 1989, 729). WE ferner ja, wenn der Rechtsirrtum auf richterlichem Hinweis beruht (*BGH* VersR 1989, 603). Wegen der Übergangsschwierigkeiten in der ehemaligen DDR waren die Sorgfaltsanforderungen an die Anwälte in den neuen Bundesländern gemildert (*BGH* ZIP 1992, 726, 728 m. Anm. *Vollkommer* EWiR 1992, 567; FamRZ 1991, 1174). WE nein, wenn sich der Abwickler über den Umfang seiner Anwaltsbefugnisse irrt (*BGH* NJW 1992, 2158).

(b) Von dem Anwalt wird die Kenntnis des Rechtsmittelsystems der ZPO erwartet (*BGH* DtZ 1993, 86 [zuständiges Berufungsgericht in Handelssachen im Beitrittsgebiet]; VersR 1985, 1183; ferner WM 1991, 1482 f. [ehemalige DDR]; auch *VGH Baden-Württemberg* Die Justiz 1987, 357). Daher WE nein, wenn der Anwalt durch fehlerhafte Wahl des Rechtsmittels das falsche Gericht anruft und die Versäumung der Frist darauf beruht, wie z. B. die Wahl der Beschwerde anstatt der Berufung. Hierzu zählen aber nicht die Fälle, in denen der Anwalt mit der falschen Wahl des Ausdrucks trotzdem das sachlich richtige Gericht anruft. Daher kann Wiedereinsetzung gewährt werden, wenn der Anwalt sofortige Beschwerde statt der befristeten Beschwerde nach § 621 e einlegt (a. A. *BGH* VersR 1981, 77). WE nein, wenn der Anwalt meint, ein Urteil sei nicht revisibel und er erst nach Ablauf der Revisionsfrist den Irrtum erkennt (*BGH* NJW 1975, 57).

Bei unsicherer Rechtslage muß der Anwalt das betreffende Rechtsmittel eingehend überprüfen. Erweist sich seine Auffassung als falsch und beruht darauf die Versäumung der Rechtsmittelfrist, so kann er trotzdem WE verlangen (*BGH* VersR 1980, 193). WE auch ja, wenn der Anwalt bei unklarer Rechtslage nach umfangreicher Prüfung das Rechtsmittel bei dem falschen Gericht einlegt oder einen bestehenden Anwaltszwang verkennt (*BGH* VersR 1980, 262; 1980, 191; NJW 1979, 766; 1978, 890). Schuldhaft handelt auch ein Rechtsanwalt, der die rechtzeitige Begründung der Berufung aus verfassungsrechtlichen Gründen irrig für nicht geboten hält (*BGH* NJW 1989, 1155 m. Anm. *V. Wagner*). WE nein, wenn der Anwalt das Rechtsmittel bei dem falschen Gericht einlegt und dadurch schuldhaft Rechtsmittelfristen versäumt werden (*BGH* VersR 1980, 530; 1979, 621; 1978, 425; *OLG Hamm* FamRZ 1979, 324). Aus gegebenem Anlaß muß sich der Anwalt durch Rückfrage bei Gericht darüber vergewissern, ob und wann dort eine Rechtsmittelschrift eingegangen ist (*Ball* JurBüro 1992, 653, 661 li. Sp.).

Rechtsirrtum (Mißverständnis) der Partei: Vermeidbare Rechts- und Tatsachenirrtümer der Partei stehen einer WE entgegen (→ Rdnr. 42)(so auch für die Verfassungsbeschwerde *BayVerfGH* NJW 1992, 169). Deshalb ist auch die juristisch nicht vorgebildete Partei verpflichtet, sich über Fristen, Zustellungen und Möglichkeiten von Rechtsmitteln zu informieren (*BGH* FamRZ 1993, 310; 1992, 300; 1991, 425; VersR 1989, 277; FamRZ 1988, 829; NJW 1987, 440, 441; VersR 1986, 993, 994; *BayObLG* JurBüro 1984, 772; *OLG Oldenburg* MDR 1991, 159, 160 [Entscheidung nicht als Urteil bezeichnet]; *OLG Düsseldorf* MDR 1985, 678). Das gilt im Falle der Zustellung nach § 175 auch für ausländische Parteien (*BGH* NJW 1992, 1701; ferner *BGH* VersR 1986, 965). WE ja, wenn die Partei vom Gericht eine mißverständliche Belehrung erhält und darauf die Fristversäumung beruht (*BGH* NJW 1981, 576; VersR 1972, 201; → »Rechtsmittelbelehrung«). WE nein, wenn eine Partei durch den Anwalt über Rechtsmittel falsch oder mißverständlich belehrt wird (*BGH* VersR 1985, 766; NJW 1977, 1198; → Rdnr. 38 ff.). Nimmt die Partei irrig an, daß der Tod des Prozeßbevollmächtigten im Parteiprozeß zu einer Unterbrechung führt, so WE nein, wenn sie nicht unverzüglich sachkundigen Rat einholt (*BGH* VersR 1992, 636). WE nein, wenn die Partei die rechtzeitig eingelegte und begründete Berufung aufgrund eines unverschuldeten Irrtums zurücknimmt und die jetzt erneut eingelegte Berufung verspätet ist (*BGH* VersR 1992, 121 [zu streng]). WE nein, wenn der Prozeßbevollmächtigte die rechtzeitig eingelegte Berufung wegen einer von ihm mißverstandenen Weisung des Mandanten zurückgenommen hat (*BGH* VersR 1990, 328). WE nein, wenn der Kläger die Schrift erst am Tage des Fristablaufes um 18 Uhr zur Post gibt und den rechtzeitigen Eingang in der irrigen Annahme erwartet, Gerichte unterhielten stets einen Nachtdienst (*OVG Münster* NJW 1987, 1353 f.).

Rechtslage → »Rechtsirrtum des Anwalts«.

Rechtsmißbrauch (öffentliche Zustellung): Wird rechtsmißbräuchlich öffentlich zugestellt, ohne daß die Voraussetzungen einer öffentlichen Zustellung vorliegen, so WE ja (*BGH* VersR 1993, 78 unter Hinweis auf *BVerfG* NJW 1988, 2361).

Rechtsmittelanwalt → »Abwesenheit (Partei, Anwalt, Sonstige)« (Rdnr. 64), → »Bestellung eines Verkehrsanwalts (Rechtsmittelanwalts)« (Rdnr. 65), → »Übernahme eines Mandats« (Rdnr. 81), → »Verkehrsanwalt« (Rdnr. 82).

Rechtsmittelauftrag: Der mit der Einlegung eines Rechtsmittels beauftragte Anwalt muß in eigener Verantwortung das Zustellungsdatum überprüfen, auch wenn ein anderer Rechtsanwalt den Auftrag erteilt hat (*BGH* VersR 1991, 123 [LS]; 1986, 468, 469). Das gilt erst recht bei Mitteilung des Zustellungsdatums durch die rechtsunkundige Partei (*OLG Zweibrücken* JurBüro 1986, 947). Die Pflicht zur eigenverantwortlichen Überprüfung der Begründungsfrist trifft den Berufungsanwalt wie den Revisionsanwalt (*BGH* WM 1993, 439, 440). Wenn der Berufungsanwalt den Prozeßbevollmächtigten der ersten Instanz unrichtig dahin informiert, daß Berufung bereits fristwahrend eingelegt ist, so muß das Kanzleipersonal des Berufungsanwalts durch geeignete Maßnahmen davor bewahrt werden, die Akten nach Fristablauf vorzulegen. Einer zuverlässigen Bürokraft darf die Entgegennahme telefonischer Rechtsmittelaufträge übertragen werden (*BGH* VersR 1989, 1167, auch → »Büroverschulden« [Rdnr. 65] sub a, → »Bestellung eines Verkehrsanwalts [Rechtsmittelanwalts]« [Rdnr. 65]). Bei großer Entfernung zum Gerichtsort (hier: Korea) muß der Anwalt unverzüglich telefonisch oder telegraphisch mit der Rechtsmitteleinlegung beauftragt werden, sonst WE nein (*BGH* VersR 1986, 146). WE nein, wenn der Rechtsanwalt nicht selbst überprüft, für wen und gegen wen Revision eingelegt wurde (*BGH* VersR 1986, 471). Wird eine Berufung zurückgenommen und dann erneut, aber verspätet, Berufung eingelegt, so WE nein (*BGH* VersR 1988, 526 f.; *LAG Köln* MDR 1988, 609); → »Rechtsirrtum (Mißverständnis) der Partei«.

Rechtsmittelbegründungsfrist (Beginn nach Antrag auf WE) → § 238 Rdnr. 14.

Rechtsmittelbelehrung (unterlassene): WE nein, wenn das Gericht – wie in der Zivilgerichtsbarkeit – zu ihrer Begründung nicht verpflichtet ist (*BGH* FamRZ 1993, 310; VersR 1987, 486, 487; *BayObLG* JurBüro 1984, 772 [FGG]; *LG Hannover* NJW 1984, 2836 [Zwangsversteigerungssache]; zu einer falschen Rechtsmittelbelehrung nach DDR-Recht *BGH* MDR 1991, 987).

Rechtsmittelschrift: Der Rechtsanwalt darf auch gut ausgebildetem und zuverlässigem Büropersonal die Anfertigung einer Rechtsmittelschrift nicht in eigener Verantwortung überlassen (*BGH* NJW-RR 1993, 254, 255; VersR 1990, 802; NJW 1990, 990; VersR 1988, 251; *OLG Köln* MDR 1988, 239; → »Schriftsatzmängel« [Rdnr. 79]). Vielmehr muß er den Entwurf stets sorgfältig und eigenständig auf Richtigkeit und Vollständigkeit überprüfen (*BGH* VersR 1993, 79; FamRZ 1991, 318; NJW 1989, 2396; NJW-RR 1988, 1528; VersR 1986, 1209). Er muß auch nachprüfen, ob er sie unterzeichnen darf (*BGH* FamRZ 1991, 318). Die Überprüfung der Postulationsfähigkeit darf nicht dem Büropersonal überlassen bleiben (*BGH* VersR 1993, 124, 125). Doch braucht die postalische Anschrift des richtig angegebenen Gerichts nicht nachgesehen zu werden (*BGH* NJW-RR 1990, 1149; gegen *LAG Baden-Württemberg* NJW 1986, 603, 604). Das Gesagte gilt auch bei der Verwendung von Fensterbriefumschlägen. Anders als hier vertreten entscheiden – zu Unrecht – die Arbeitsgerichte (*LAG Frankfurt a.M.* NJW 1991, 1078). Es ist allein Sache des Anwalts, Art und Umfang eines Rechtsmittels zu bestimmen und dies dem Gericht gegenüber unmißverständlich zum Ausdruck zu bringen (*BGH* NJW 1992, 2413, 2414). Doch darf der Anwalt die Überprüfung von Schriftsätzen auf ihre Unterzeichnung hin einer geschulten Bürokraft übertragen (*BGH* VersR 1985, 285). WE aber nein, wenn die falsche Adressierung durch das Büropersonal darauf beruht, daß der Rechtsanwalt den Schriftsatz ohne Angabe des Berufungsgerichts auf Tonband diktiert hat (*BGH* VersR 1988, 251).

Rechtsreferendar → »Referendar als anwaltlich bestellter Vertreter«.

Rechtsweg → »Rechtsirrtum des Anwalts«.

Referendar als anwaltlich bestellter Vertreter → Rdnr. 50 → »Fristberechnung und Fristeinhaltung« (Rdnr. 68).

Reise → »Abwesenheit (Partei, Anwalt, Sonstige)« (Rdnr. 64).

Revisionsanwalt → »Abwesenheit (Partei, Anwalt, Sonstige« (Rdnr. 64), → »Berufungsanwalt« (Rdnr. 65).

Revisionsbegründungsfrist → Rdnr. 12.

Rosenmontag → »Beförderungsmängel« (Rdnr. 65).

Rückkehr aus dem Urlaub (Verzögerung) → »Abwesenheit (Partei, Anwalt, Sonstige)« (Rdnr. 64).

79 **Schriftliches Vorverfahren** (Mittellosigkeit des Beklagten) → § 119 Rdnr. 5.

Schriftsatzmängel: Mängel in den anwaltlichen Schriftsätzen können auf falscher Adressierung, inhaltlichen Fehlern, einem Fehlen der Anwaltsunterschrift oder auf der Unterzeichnung durch einen nicht zugelassenen Anwalt beruhen. Wiedereinsetzung ist stets ausgeschlossen, wenn es an der entsprechenden Büroorganisation oder an der notwendigen Kontrolle durch den Anwalt fehlt.

(a) Der Anwalt muß bei der Unterzeichnung von Rechtsmittelschriften grundsätzlich prüfen, ob sie an das örtlich und sachlich zuständige Gericht adressiert sind (*BGH* NJW 1982, 2670, 2671, → »Rechtsmittelschrift« [Rdnr. 78]). WE ja, wenn der Anwalt das Gericht richtig bezeichnet und es unter Angabe des Gerichtsortes (insoweit noch ebenso *BAG* NJW 1991, 1078), aber ohne Angabe von Straße und Hausnummer adressiert (*BGHZ* 51, 1 [Schiffahrtsobergericht]; *BGH* VersR 1990, 802; 1984, 871; a.A. zu Unrecht *BAG* NJW 1987, 3278; *LAG Frankfurt a.M.* NJW 1991, 1078; *LAG Baden-Württemberg* NJW 1986, 603, 604). Ist eine gemeinsame Einlaufstelle eingerichtet, so muß klar zum Ausdruck gebracht werden, für welches der angeschlossenen Gerichte der Schriftsatz bestimmt ist (*BGH* NJW 1992, 1047). Wenn an das falsche Gericht adressiert ist, so ist die Frist nur eingehalten, wenn das zuständige Gericht rechtzeitig die Verfügungsgewalt erhält (*BGH* VersR 1987, 48 f.). Wird die Rechtsmittelschrift an das falsche Gericht adressiert, so wird die Frist nicht gewahrt, auch wenn die Schrift bei der gemeinsamen Annahmestelle eingereicht wird, der auch das zuständige Gericht angeschlossen ist (*BGH* NJW-RR 1993, 254; FamRZ 1990, 866; NJW 1990, 990 [Telefax]; VersR 1988, 251; *BAG* NJW 1988, 3229; *BGH* VersR 1987, 48, 49; *BayObLG* NJW 1988, 714).

WE nein, wenn eine versehentlich an eine Anwaltskanzlei adressierte Berufungsbegründungsschrift zwar bei der gemeinsamen Posteingangsstelle des angeschlossenen Gerichts eingeworfen ist, von dort aus aber nicht an das Gericht, sondern an die Anwaltskanzlei weitergeleitet wird (*BGH* NJW 1990, 2822). WE aber ja, wenn eine bei der gemeinsamen Einlaufstelle eingereichte Berufungsbegründungsschrift irrtümlich an das LG adressiert, aber mit dem zutreffenden Aktenzeichen des OLG versehen ist. Diese Schrift ist als an das OLG gerichtet anzusehen und hält die Frist auch dann ein, wenn sie erst nach Fristablauf in dessen Verfügungsgewalt gelangt ist (*BGH* NJW 1989, 590; auch *Schlee* AnwBl 1989, 43, 44). Der Anwalt darf die Ausführung einer von ihm veranlaßten Korrektur einer eingearbeiteten Sekretärin überlassen und braucht sich den korrigierten Schriftsatz nicht noch einmal vorlegen zu lassen (*BGH* VersR 1992, 1023; 1989, 209; NJW 1982, 2670 und 2671 m. zust. Anm. *Ostler*; *BFH* DB 1988, 684, 685; *OLG Hamm* MDR 1988, 502). WE ja, wenn der Rechtsanwalt die Angestellte anweist, eine unrichtig gefertigte Berufungsschrift zu vernichten, gleichwohl aber aus Versehen die falsche eingereicht wird (*BGH* VersR 1992, 1023). WE aber nein, wenn der ein zweites Mal vorgelegte und wiederum fehlerhafte Schriftsatz nicht erneut überprüft wird (*BGH* VersR 1993, 79).

Erhöhte Anforderungen treffen den Anwalt bei der Unterzeichnung von Berufungsschriften gegen amtsgerichtliche Urteile, weil zum Teil das Landgericht und zum Teil etwa in Familiensachen und in Kindschaftssachen das Oberlandesgericht Berufungsinstanz ist. Daher muß die Berufungsschrift entweder bei dem Landgericht oder bei dem Oberlandesgericht eingereicht werden (§ 518 Abs. 1). WE nein, wenn der Anwalt Rechtsmittelschriften unterzeichnet, ohne nachzuprüfen, ob sie an das richtige örtlich und sachlich zuständige Gericht adressiert sind (z. B. in einer Familiensache versehentlich an das LG anstatt an das OLG, an das *LG München I* anstatt an das *LG München II*) und dadurch die Frist versäumt wird (*BGH* VersR 1979, 863; 1978, 1159; 1978, 460; 1977, 1031; JurBüro 1978, 201; 1978, 362). WE ja, wenn trotz speziell erteilter Anordnung, eine fehlerhaft adressierte Rechtsmittelschrift am richtigen Ort einzureichen, durch ein Versehen des Büropersonals die Schrift in der falschen Einlaufstelle eingeliefert wird und darauf die Versäumung beruht (*BGH* VersR 1983, 838, → »Büroverschulden« [Rdnr. 65]).

(b) In Anwaltskanzleien mit mehreren Anwälten (Sozietäten) muß durch organisatorische Maßnahmen gesichert sein, daß der unterzeichnende Anwalt auch die Postulationsfähigkeit für das Rechtsmittelgericht besitzt (*BGH* JurBüro 1984, 1348). Unterzeichnet ein bei dem Rechtsmittelgericht nicht zugelassener Anwalt und beruht darauf die Fristversäumung, so ist WE nicht möglich (*BGH* NJW-RR 1993, 892; VersR 1982, 848; 1980, 771; → auch »Abwesenheit [Partei, Anwalt, Sonstige]« [Rdnr. 64], → »Angestellter Anwalt« [Rdnr. 64]). Hat eine Partei eine Sozietät (mehrere Anwälte) als anwaltschaftliche Vertreter bevollmächtigt, so hindert das Verschulden auch nur eines Sozietätsmitgliedes die Wiedereinsetzung. Daher muß sich die Partei auch das Verschulden desjenigen Anwalts zurechnen lassen, dem die Bearbeitung der Angelegenheit im Innenverhältnis nicht oblag (*BGH* JurBüro 1978, 201; 1978, 1161; VersR 1978, 669; 1977, 720; 1977, 81). Hat die Partei einen der Sozietät angehörenden Anwalt beauftragt, so muß sie sich das Verschulden eines Sozietätsmitgliedes auch dann zurechnen lassen, wenn dieser Anwalt nicht bei dem Prozeßgericht postulationsfähig ist (*BGH* FamRZ 1991, 318; VersR 1990, 874). Wenn aber die Partei den ihr im Prozeßkostenhilfeverfahren beigeordneten, einer Sozietät angehörenden Rechtsanwalt, beauftragt, so wird ihr nur dessen Verschulden zugerechnet (*BGH* VersR 1992, 121).

Der Anwalt muß bei der Unterzeichnung von Rechtsmittelschriften diese auch auf ihren Inhalt überprüfen und darf das nicht seinem Büropersonal überlassen (*BGH* VersR 1992, 1023; FamRZ 1991, 318; NJW 1989, 2396; *Hansens* JurBüro 1992, 202; → »Rechtsmittelschrift« [Rdnr. 78]). WE ja, wenn trotz ordnungsgemäßer Beaufsichtigung und Kontrolle des Büropersonals sowie einer Ausgangskontrolle Rechtsmittelschriften ohne anwaltliche Unterschrift hinausgehen und deshalb die Frist versäumt wird (*BGH* VersR 1985, 285, 286; 1977, 1032; → »Büroverschulden« [Rdnr. 65]). WE nein, wenn ein Anwalt vergißt, einen fristwahrenden Schriftsatz zu unterschreiben (*BGH* VersR 1983, 271; 1980, 942; *BAG* AP § 233 ZPO Nr. 7 [zu Blankounterschriften]). WE ja, wenn ein langjährig unbeanstandeter Namensschriftzug (40 Jahre) plötzlich als unleserlich bezeichnet wird (*BGH* VersR 1975, 927; *E. Schneider* MDR 1988, 747; zu streng *LG Düsseldorf* MDR 1988, 149). WE nein, wenn der Anwalt (oder das Büropersonal) die Rechtsmittelschriften persönlich bei Gericht abgibt und diese nicht unterzeichnet sind, obgleich sie ihm zur Unterschrift vorgelegt worden sind (*BGH* VersR 1983, 271; 1980, 942; 1980, 765; 1979, 823).

(c) Wird ein Tonträger benutzt, so WE ja, wenn die Rechtsmittelfrist trotz Aufnahme einer Vor- und Promptfrist (→ »Fristberechnung und Fristeinhaltung« [Rdnr. 68]) durch ein Versehen der sonst zuverlässigen Bürogehilfin versäumt wird (*BGH* VersR 1980, 88). WE nein, wenn der Anwalt Anweisungen zur Eintragung im Fristenkalender nur mit einem Tonträger erteilt, ohne die richtige Aufnahme und Eintragung eines solchen Diktats zu prüfen (*BGH* VersR 1978, 537; Warn 1976 Nr. 116; → »Büroverschulden« [Rdnr. 65]; → »Fristberechnung und Fristeinhaltung« [Rdnr. 68]).

Strafgefangene: Auch ein Strafgefangener darf die Rechtsmittelfristen voll ausschöpfen. WE ja, wenn ihm die Vollzugsbehörde nicht gestattet, das Rechtsmittel telegraphisch einzulegen, und dadurch die Frist nicht gewahrt werden kann (*OLG Köln* MDR 1990, 253, 254).

Streik → »Abwesenheit (Partei, Anwalt, Sonstige)« (Rdnr. 64).

Streitgenössischer Nebenintervenient → Rdnr. 6.

Streitgenossenschaft (notwendige) → Rdnr. 6.

Streitwertfestsetzung (falsche): Der Anwalt ist verpflichtet, die Richtigkeit einer Streitwertfestsetzung durch das Gericht zu überprüfen. Ist die Festsetzung unrichtig, so muß er vorsorglich handeln, damit keine Fristen versäumt werden. WE nein, wenn das LG den Streitwert unter der Berufungssumme des § 511a Abs. 1 festsetzt, das OLG auf Beschwerde hin einen Streitwert über der Berufungssumme festlegt, zwischenzeitlich aber die Berufungsfrist versäumt ist. In diesem Fall war es dem Anwalt möglich, innerhalb der Berufungsfrist Berufung einzulegen (*OLG München* NJW 1978, 1489 [LS]).

Tatbestandsberichtigung (§ 320), Frist für Antrag auf → Rdnr. 26.

80

Tatsachenirrtum → Rdnr. 42ff.; auch → »Rechtsirrtum des Anwalts« (Rdnr. 78), → »Rechtsirrtum (Mißverständnis) der Partei« (Rdnr. 78).

Telebrief: Bei der Übermittlung im Telebriefverfahren der Deutschen Bundespost muß der Absender bei drohendem Fristablauf die besondere Zustellform des Eilbriefs wählen (*BFH* DB 1986, 1760).

Telefax: (Lit.: *Ebnet* NJW 1992, 2985, 2988; *Hoppmann* VersR 1992, 1068). Wenn der Zugang zu Gericht über ein Telefaxgerät eröffnet wird, so muß die Justizverwaltung auch nach Dienstschluß für dessen Funktionsfähigkeit Sorge tragen (*BGH* NJW 1992, 244). WE nein, wenn die Übermittlung der Telefaxübertragung für drei Minuten unterbrochen war und nicht kontrolliert wurde, ob alle Seiten übertragen wurden (*LG Würzburg* NJW-RR 1992, 702, 703). WE ja, wenn der Berufungsbegründungsschriftsatz durch Telefax an das behördliche Empfangsgerät unter einer unrichtigen Nummer eingegeben wird, wenn diese von der Telefonvermittlung des Berufungsgerichts angegeben worden war (*BGH* NJW 1989, 589). Ein Zeitraum von vier Stunden reicht aus, um den Schriftsatz rechtzeitig per Telefax zu übermitteln (*BGH* NJW 1992, 244). WE ja, wenn bei einer wegen einer technischen Störung mißlungenen Telefaxübermittlung der Prozeßbevollmächtigte davon absieht, den Schriftsatz in einer noch möglichen Zeit über 360 km Entfernung zum Nachtbriefkasten des OLG zu bringen (*BGH* NJW 1992, 244; ähnlich *BSG* MDR 1993, 904).

WE nein, wenn sich der Rechtsanwalt nicht über eventuelle Störungsmöglichkeiten des Geräts informiert und sich nicht bei dem Empfänger vergewissert, ob das Schriftstück vollständig eingegangen ist (*OLG Köln* NJW 1989, 594 [zu streng]). WE nein, wenn eine Frist schon gelöscht wird, obwohl noch kein von dem Telefaxgerät des Absenders ausgedruckter Einzelnachweis über die ordnungsgemäße Übermittlung vorliegt (*BGH* NJW 1993, 1655; 1993, 732; BB 1993, 966; VersR 1989, 1316; *OLG Nürnberg* MDR 1993, 386). WE ferner nein, wenn die Möglichkeit der Störung des Empfangsgerätes nicht in Erwägung gezogen wird (*OLG München* NJW 1991, 303; mit Recht abl. *Jaeger* VersR 1991, 831). WE nein, wenn der Anwalt nicht kontrolliert, ob ein von ihm benutzter Telefaxanschluß noch zutrifft (*LG Frankfurt a. M.* NJW 1992, 3043 [zu streng]). WE nein, wenn das Sendegerät nicht auf ordnungsgemäßen Papiereinzug kontrolliert wird (*OLG Naumburg* BB 1993, 1622).

WE ja, wenn auf dem Briefkopf des LG neben einer Telefaxnummer in Schwarz der Staatsanwaltschaft zugleich durch roten Stempelaufdruck eine weitere Telefaxnummer des LG angegeben ist und ein an das LG gerichtetes Schreiben an die Telefaxnummer der Staatsanwaltschaft gesendet wird (*OLG Koblenz* JurBüro 1992, 193).

Telefon, Telefondienst → »Übermittlungsfehler« (Rdnr. 81), → »Büroverschulden« (Rdnr. 65).

Termine → »Fristberechnung und Fristeinhaltung« (Rdnr. 68).

Terminkalender → »Fristberechnung und Fristeinhaltung« (Rdnr. 68).

Tod des Anwalts: Stirbt im Anwaltsprozeß der Anwalt, so wird das Verfahren nach § 244 Abs. 1 unterbrochen. Eine WE kommt nicht in Betracht, da dadurch keine Fristen versäumt werden können (§ 249). Fristversäumnisse sind aber denkbar, wenn der erstinstanzliche Anwalt verstirbt und dem Rechtsmittelanwalt die zur Fristenwahrung notwendigen Angaben nicht rechtzeitig übermittelt werden können (*OLG Köln* NJW 1966, 208). Im Parteiprozeß tritt an die Stelle des verstorbenen Anwalts die Partei selbst (→ § 244 Rdnr. 2). Da es in diesem Fall nicht zu einer Unterbrechung kommt, ist eine Fristversäumnis nicht ausgeschlossen. Die Partei hat ja den Prozeß bisher nicht selbst geführt und muß deshalb über etwa laufende Fristen nicht informiert sein.

Tod der Partei: WE nein, wenn im Anwaltsprozeß bei dem Tod der Partei der Anwalt des Erben die Rechtsmittelbegründungsfrist verstreichen läßt, ohne zuvor zu überprüfen, ob dem Antrag auf Fristverlängerung stattgegeben wurde (*BGHZ* 69, 395, 397). Stirbt im Parteiprozeß die Partei, so wird das Verfahren nach § 239 unterbrochen.

Treu und Glauben → »Arglist des Gegners« (Rdnr. 64).

Überholende Kausalität → Rdnr. 51 f.

Übermittlungsfehler: Wenn der Anwalt das Telefon zur Übermittlung von Informationen, Aufträgen und Weisungen benutzt, so muß er sich durch Rückfragen vergewissern, ob er richtig verstanden wurde. Wenn das Büropersonal für solche Aufgaben herangezogen wird, muß es entsprechend belehrt werden. In Zweifelsfragen hat es den Anwalt einzuschalten. Übermittlungsfehler können durch den Anwalt (a), das Büropersonal (b) oder den Verkehrs- oder Rechtsmittelanwalt (c) verschuldet sein. Besonders häufig sind Übermittlungsfehler bei der fernmündlichen Erteilung von Rechtsmittelaufträgen (→ »Bestellung eines Verkehrsanwalts [Rechtsmittelanwalts]« [Rdnr. 65], → »Rechtsmittelauftrag« [Rdnr. 78]).

(a) WE nein, wenn der Anwalt bei einem fernmündlichen Berufungsauftrag nicht durch entsprechende Kontrollfragen die Richtigkeit der Daten und Angaben überprüft oder diese durch sein Büro überprüfen läßt (*BGH* VersR 1980, 765, → »Bestellung eines Verkehrsanwalts [Rechtsmittelanwalts]« [Rdnr. 65]). Das Unterlassen einer solchen Rückfrage steht der WE nicht entgegen, wenn das Mandat von dem Rechtsmittelanwalt durch schlüssige Handlung angenommen wurde (Diktat des Berufungsschriftsatzes). Das gilt selbst dann, wenn die Rückfrage geeignet gewesen wäre, ein für die Fristversäumung letztlich ursächliches Versehen einer Bürokraft im Büro des Rechtsmittelanwalts rechtzeitig aufzudecken (*BGH* NJW 1975, 1125, → auch »Bestellung eines Verkehrsanwalts [Rechtsmittelanwalts]« [Rdnr. 65]).

(b) WE ja, wenn die Fristversäumung auf

81

Übermittlungsfehlern des Büropersonals beruht, das vom Anwalt ordnungsgemäß belehrt und überwacht wird. Die Entgegennahme telefonischer Rechtsmittelaufträge darf einem zuverlässigen und gut ausgebildeten Anwaltsgehilfen übertragen werden (*BGH* VersR 1992, 898).

(c) WE nein, wenn es der Korrespondenzanwalt versäumt hat, sich über die Anschrift der ihn beauftragenden Anwaltskanzlei verläßlich zu unterrichten (*BGH* VersR 1980, 141). Der Verkehrsanwalt muß geeignete Maßnahmen treffen, die eine zuverlässige Information vom Lauf der Frist gewährleisten (*BGH* VersR 1991, 896; NJW 1990, 1239, 1240). Es gehört regelmäßig zu den Aufgaben des Verkehrsanwalts, für die Einhaltung der Rechtsmittelfristen Sorge zu tragen und sich darüber zu vergewissern, ob der mit der Rechtsmitteleinlegung beauftragte Anwalt das Mandat innerhalb der Rechtsmittelfrist angenommen hat (*BGH* VersR 1990, 801; auch → »Verkehrsanwalt« [Rdnr. 82], → »Übernahme eines Mandats«). Nach der Übernahme des Prozeßmandats durch den Prozeßbevollmächtigten scheiden Überwachungspflichten des Verkehrsanwalts aber grundsätzlich aus.

Übernahme eines Mandats: Der Anwalt muß sich bei der Erteilung des Rechtsmittelauftrages notfalls telefonisch davon überzeugen, ob das Mandat vom Rechtsmittelanwalt angenommen wurde (→ »Bestellung eines Verkehrsanwalts [Rechtsmittelanwalts]« [Rdnr. 65]). WE nein, wenn dem Berufungsanwalt vom erstinstanzlichen Anwalt schuldhaft ein falsches Zustellungsdatum des Urteils mitgeteilt wird und er deshalb die Berufungsbegründungsfrist versäumt (*BGH* MDR 1980, 911; VersR 1980, 278).

Unabwendbarer Zufall → Rdnr. 37.
Uneigentliche Frist → Rdnr. 26.
Unfall → »Abwesenheit (Partei, Anwalt, Sonstige)« (Rdnr. 64).
Unterschrift: WE nein, wenn ein Rechtsanwalt die höchstrichterliche Rechtsprechung zu den Anforderungen an eine Unterschrift i. S. des § 130 Nr. 6 nicht beachtet (*BGH* VersR 1987, 507).

Unterschriftskontrolle → »Schriftsatzmängel« (Rdnr. 79).
Untersuchungshaft → »Abwesenheit (Partei, Anwalt, Sonstige)« (Rdnr. 64).
Unterzeichnung von Schriftsätzen → »Schriftsatzmängel« (Rdnr. 79).
Unverschuldete Umstände → Rdnr. 37.
Unvorhergesehene Abwesenheit einer Partei → »Abwesenheit (Partei, Anwalt, Sonstige)« (Rdnr. 64).
Unzulässigkeit des Wiedereinsetzungsantrags → Rdnr. 27 ff.
Urlaub → »Abwesenheit (Partei, Anwalt, Sonstige)« (Rdnr. 64).
Urkunden → »Abhandenkommen (Urkunden, Schriftsätze, usw.)« (Rdnr. 64).
Ursächlichkeit → Rdnr. 51 ff.
Urteilsergänzung (§ 321), Frist für Antrag auf → Rdnr. 26.
Vereinbarung über die Wiedereinsetzung → § 238 Rdnr. 2.

82

Vereinigung von Anwaltskanzleien: Werden zwei Kanzleien vereinigt, so WE nein, wenn eine Fristversäumung darauf beruht, daß sich der Rechtsanwalt über die in der bisherigen Kanzlei hinsichtlich der Fristennotierung und Fristenüberwachung bestehende Übung nicht informiert hat (*BGH* VersR 1985, 1163).
Verfassungsbeschwerde → »Rechtliches Gehör« (Rdnr. 78).
Verfassungskonforme Auslegung → Rdnr. 1.
Vergleich → »Prozeßvergleich« (Rdnr. 77).
Verkehrsanwalt: Verkehrsanwälte sind Bevollmächtigte i. S. von § 85 Abs. 2 (*BGH* VersR 1990, 801; 1988, 418). WE ja, wenn die Fristversäumung durch den Verkehrsanwalt darauf beruht, daß er zu spät über das Ende der Rechtsmittelfrist informiert wurde, ohne daß die Verspätung auf einem Verschulden der Partei oder ihres Anwalts gründet. So liegt es z. B. im Falle der Postverzögerung oder des Abhandenkommens des Schreibens bei der Post. WE nein, wenn dem Verkehrsanwalt die Information bis zu einem bestimmten Zeitpunkt zugesichert wird, das Datum aber ohne Eintreffen der Informa-

tion verstreicht und dadurch die Frist versäumt wurde. In diesem Fall muß der Verkehrsanwalt die Information anfordern (*BGH* JurBüro 1980, 849). WE nein, wenn der Verkehrsanwalt die erforderliche Unterrichtung der Partei über Urteilszustellung und Zeitpunkt auf dem gewöhnlichen Postweg vornimmt, obwohl dieser Weg als zu unsicher erscheint. So liegt es etwa im Postverkehr mit dem Libanon (*BGH* VersR 1986, 703). Wechseln die Verkehrsanwälte, so muß die vertretene Partei den neu bestellten Anwalt über eine bereits bewirkte Urteilszustellung informieren (*BGH* VersR 1986, 703, 704). WE nein, wenn sich der Verkehrsanwalt nicht erkundigt, obwohl er mit einer Versäumnisentscheidung rechnen mußte (*OLG Düsseldorf* MDR 1985, 506, 507). WE ja, wenn der Verkehrsanwalt Kenntnis von einem anberaumten Verkündungstermin hat, sich aber nicht nach der Entscheidung erkundigt (*BGH* VersR 1988, 418, 419). Der Verkehrsanwalt hat grundsätzlich nicht die Pflicht, nach der Übernahme des Prozeßmandates durch den Prozeßbevollmächtigten diesen zu überwachen. Besondere Umstände können aber etwas anderes ergeben (*BGH* VersR 1990, 801). – Weitere Stichwörter → »Übermittlungsfehler« (Rdnr. 81 sub c); → »Übernahme eines Mandats« (Rdnr. 81); → »Zustellungen« (Rdnr. 84 sub e); → »Fristberechnung und Fristeinhaltung« (Rdnr. 68); → »Bestellung eines Verkehrsanwalts [Rechtsmittelanwalts]« [Rdnr. 65]).

Verkehrsunfall → »Abwesenheit (Partei, Anwalt, Sonstige)« (Rdnr. 64).

Verlängerbare Fristen: Antrag auf Wiedereinsetzung und auf Verlängerung → § 236 Rdnr. 11; → »Nichtverlängerung von Fristen« (Rdnr. 75).

Verlust, Vernichtung von Schriftstücken → »Abhandenkommen (Urkunden, Schriftsätze usw.)« (Rdnr. 64).

Versäumnisurteil: Wird ein Versäumnisurteil zugestellt, so kann eine Erkundigungspflicht des Anwalts dahingehend bestehen, ob es sich um ein erstes oder um ein zweites Versäumnisurteil handelt (*BGH* VersR 1987, 256).

Versäumung (einer Prozeßhandlung) → § 230 Rdnr. 8, → § 231 Rdnr. 5.

Verschulden → Rdnr. 38 ff.

Vertreter der Partei (als Antragsteller) → Rdnr. 7, (Verschulden) → Rdnr. 38.

Verzögerung der Rückkehr aus dem Urlaub → »Abwesenheit (Partei, Anwalt, Sonstige)« (Rdnr. 64).

Vorfristen → »Fristberechnung und Fristeinhaltung« (Rdnr. 68 sub c).

Vorsatz → Rdnr. 42.

Weihnachten → »Beförderungsmängel« (Rdnr. 65). 83

Widerrufsfrist beim Prozeßvergleich → Rdnr. 23.

Wiedereinsetzung (absolute Grenze) → § 234 Rdnr. 9.

Wiedereinsetzungsantrag → Rdnr. 27 ff., → § 236 Rdnr. 3 ff.

Wiedereinsetzungsfrist → § 234 Rdnr. 1, → § 233 Rdnr. 32, (Berechnung) → § 234 Rdnr. 3 ff.

Wiedereinsetzungsgericht → § 236 Rdnr. 2, → § 237 Rdnr. 1.

Wiedereinsetzungsverfahren → § 238 Rdnr. 1 f.

Witterungsbedingte Verhinderungen → »Abwesenheit (Partei, Anwalt, Sonstige)« (Rdnr. 64).

Wohnungseigentumsgesetz (*Antrag auf gerichtliche Entscheidung*) → Rdnr. 20.

Zeitpunkt der Zustellung → »Zustellungen«. 84

Zerstörung der Urkunde → »Abhandenkommen (Urkunden, Schriftsätze usw.)« (Rdnr. 64).

Zuständiges Gericht → § 237 Rdnr. 1.

Zustellungen: Häufig bildet die Unkenntnis von der Zustellung oder diejenige des Zustellungszeitpunktes den Grund für die Fristenversäumung. Die Rechtsmittelfristen werden meistens mit der Zustellung in Lauf gesetzt (§§ 516, 552, 577 Abs. 2). Erhält der Zustellungsempfänger versehentlich die für die Gegenpartei bestimmte Urteilsausfertigung und wird die Zustellung auf richterliche Anordnung hin wiederholt, so wird WE gewährt, wenn der Prozeßbevollmächtigte des Zustellungsempfängers irrig annimmt, daß erst die zweite Zustellung die Berufungsfrist in Lauf setzt (*BGH* VersR 1987, 258 f.; wohl strenger *BGH* VersR 1987, 680 [wiederholte Zustellung bei fehlendem Verkündungsvermerk]). Für die Wiedereinsetzung wegen Unkenntnis von einer Zustellung ist entscheidend, ob die Partei unverschuldet keine Kenntnis hatte (zum Parteiverschulden → Rdnr. 38 ff.). Diese Frage hängt nicht zuletzt von der Prozeßsituation ab. Von Bedeutung ist, ob während oder außerhalb eines Verfahrens zugestellt wurde. Hat die Partei Kenntnis von einem Verfahren oder muß sie mit dem Beginn eines Verfahrens rechnen, so hat sie zur Fristenwahrung geeignete Vorkehrungen zu treffen. WE nein, wenn solche Vorkehrungen in der gegebenen Prozeßsituation unterbleiben. Für den Rechtsanwalt ist die Unkenntnis von Zustellungen nur dann unverschuldet, wenn sie ausschließlich auf einem Verschulden des sonst zuverlässigen und laufend überwachten Büropersonals beruht (→ Rdnr. 38 ff., → »Abwesenheit [Partei, Anwalt, Sonstige]« [Rdnr. 64 sub a und c]).

(a) Geht es um Zustellungen innerhalb eines Verfahrens, so WE ja, wenn die Partei keine Kenntnis von einer öffentlichen Zustellung hat, mit der sie nicht rechnen mußte (*BGHZ* 25, 11; *BGH* VersR 1977, 836; 1977, 932; *OLG Köln* FamRZ 1993, 78, 79 [benannter Zustellungsbevollmächtigter]). WE ja, wenn die Zustellung arglistig erschlichen war (→ »Arglist des Gegners« [Rdnr. 64]). WE ja, wenn die Fristversäumung darauf beruht, daß dem Beklagten die Benachrichtigung über die Niederlegung (§ 182) des Urteils beim Postamt nicht zugeht (*BGH* JurBüro 1978, 58; VersR 1977, 932; 1977, 836). WE aber nein, wenn die Partei davon noch innerhalb der Berufungsfrist erfährt (*BGH* FamRZ 1987, 925 m. abl. Anm. *Gottwald*). WE ja, wenn die Benachrichtigung deshalb nicht zugeht, weil lediglich ein Gemeinschaftsbriefkasten vorhanden ist (*BVerwG* NJW 1988, 578). WE nein, wenn die Partei bewußt die Verkündung oder Zustellung eines Urteils außer acht läßt oder sonst schuldhaft von der Zustellung keine Kenntnis hat und dadurch Rechtsmittelfristen versäumt werden (*BGH* JurBüro 1978, 60). WE nein, wenn die Partei in Kenntnis von Zustellungen oder eines Verfahrens oder des Beginns eines Verfahrens für ihre Abwesenheit durch Urlaub keine besonderen Vorkehrungen für die Fristwahrung trifft und in dieser Zeit zugestellt wird (*BGH* VersR 1992, 119; JurBüro 1984, 216, 217; 51, 52; VersR 1979, 573, 574; NJW 1979, 984 [LS]; VersR 1977, 1098, → »Abwesenheit [Partei, Anwalt, Sonstige]« [Rdnr. 64] sub a). WE im Einzelfall ja bei der Zustellung eines Versäumnisurteils an einen im Ausland wohnenden Beklagten durch Aufgabe zur Post nach § 175 Abs. 1 S. 2 (*BGH* RIW 1992, 398 [Art. 16 Haager Zustellungsübereinkommen 1965]). WE nein, auch wenn in derartigen Fällen der ausländischen Partei unterschiedliche Belehrungen über die Dauer der Einspruchsfrist gegeben werden (*BGH* NJW 1992, 1700, 1701). WE nein, wenn die Unkenntnis der Partei darauf beruht, daß sie von ihrem Anwalt nicht von der Zustellung benachrichtigt wurde, es sei denn, dieser hat sein Mandat vor Urteilserlaß oder vor Zustellung niedergelegt (→ sub c; auch → »Niederlegung bei der Post, Zustellung durch Aufgabe zur Post« [Rdnr. 75]).

(b) Bei Zustellungen außerhalb eines Verfahrens WE ja, wenn die nicht in einen Prozeß verwickelte Partei für einen mehrwöchigen Urlaub keine besonderen Vorkehrungen für die Fristwahrung trifft (*BVerfG* VRS 51, 163, → »Abwesenheit [Partei, Anwalt, Sonstige]« [Rdnr. 64] sub a).

(c) Die verschuldete Unkenntnis des Anwalts wird in erster Linie im Anwendungsbereich des § 212 a problematisch. Die wirksame Zustellung an einen Rechtsanwalt setzt voraus, daß dieser persönlich Kenntnis von seinem Gewahrsam an dem ihm zustellungshalber übersandten Schriftstück erhalten hat und durch Empfangsbekenntnis den Willen äußert, das Schriftstück als zugestellt anzuerkennen (Nachw. → § 198 Rdnr. 14 ff., → § 212 a Rdnr. 6). Für den Zeitpunkt der Zustellung ist daher entscheidend, wann der Anwalt das Schriftstück mit dem Willen entgegengenommen hat, es als zugestellt anzusehen (*BGH* NJW-RR 1992, 1150; VersR 1983, 876; 1979, 258; NJW 1974, 1469, 1470). WE nein, wenn der Anwalt bei Entgegennahme des Schriftstückes irrtümlich meint, bei Zustellung eines Urteils sei § 193 BGB anwendbar (*BGH* VersR 1983, 876, 877, → »Rechtsirrtum des Anwalts« [Rdnr. 78]). Eine Zustellung an den Anwalt ist nicht wirksam, wenn er tatsächlich von der Zustellung keine Kenntnis erlangt hat (*RGZ* 159, 83, 84; *BGHZ* 30, 335, 336; *BGH* NJW 1992, 512). Maßgebend ist die Bestätigung durch die Unterschrift des Anwalts auf dem Empfangsbekenntnis. Der Anwalt kann die Angabe des Zustellungsdatums auf dem anwaltschaftlichen Empfangsbekenntnis durch den Nachweis der Unrichtigkeit entkräften (*BGH* NJW 1990, 2125; 1987, 1335). WE ja, wenn dem Anwalt der Nachweis der Unrichtigkeit gelingt (*BGH* VersR 1979, 258). WE ja, wenn der Anwalt nach Beendigung des Mandats die Zustellung eines Versäumnisurteils gemäß § 212a entgegennimmt, ohne daß die Partei hiervon Kenntnis erlangt. Die Partei trifft nicht schon deshalb ein Verschulden an der Versäumung der Einspruchsfrist, weil sie keinen neuen Prozeßbevollmächtigten bestellt hat (*BGH* NJW 1980, 999).

WE nein, wenn der Anwalt den Empfang einer Urteilszustellung unterzeichnet, ohne zu prüfen, ob der Tag der Zustellung auch schon im Fristenkalender oder in den Handakten vermerkt ist (*BGH* NJW 1992, 574; VersR 1991, 1309, 1310; 1987, 506; 1986, 1192; 1985, 168, 169; 1985, 147; NJW 1980, 1846; VersR 1979, 161; 1977, 424; auch → »Fristberechnung und Fristeinhaltung« [Rdnr. 68]). WE nein, wenn der Rechtsanwalt ein Empfangsbekenntnis unterzeichnet, ohne die darin genannten Schriftstücke durchgesehen zu haben (*BGH* VersR 1989, 1211). Im übrigen müssen die erforderlichen Eintragungen durch Einzelweisung veranlaßt werden (*BGH* VersR 1985, 168, 169; 1985, 147). WE ja, wenn solche Einzelanweisungen von dem gut ausgebildeten und überwachten Personal nicht befolgt werden (*BGH* VersR 1985, 962). WE nein, wenn der Anwalt Zustellungen annimmt, ohne selbst zu prüfen oder prüfen zu lassen, ob sämtliche empfangsbedürftige Schriftstücke vorhanden sind und darauf die Fristversäumung beruht (*BGH* VersR 1979, 282, auch → »Fristberechnung und Fristeinhaltung« [Rdnr. 68]). Deckt der Anwalt Fehlerquellen wie handschriftliche Änderungen des Eingangsstempels auf einem zugestellten Urteil auf, so muß er ihnen selbst nachgehen (*BGH* NJW 1985, 1710). WE nein, wenn die Bürokraft im Falle des § 212a nicht über den maßgeblichen Zustellungszeitpunkt unterrichtet und sie nicht angewiesen wird, die Berechnung der Berufungsfrist erst nach dem Feststehen dieses Zeitpunkts vorzunehmen (*OLG Düsseldorf* JurBüro 1988, 529).

(d) Beruht die Unkenntnis des Anwalts von Zustellungen auf dem Verschulden des Büropersonals, so WE ja, wenn das geschulte und überwachte Büropersonal dem Anwalt fristwahrende Schriftstücke nicht vorlegt und die Fristversäumung darauf beruht (zum Drittverschulden → Rdnr. 38ff.).

(e) Beruht die Unkenntnis des Anwalts von Zustellungen auf dem Verschulden des Verkehrs- oder Rechtsmittelanwalts, so WE nein, wenn bei Zweifeln über den Tag der Zustellung des erstinstanzlichen Urteils eine Erkundigung nach dem genauen Zeitpunkt der Zustellung unterbleibt (*BGH* VersR 1979, 422; 1978, 961 → »Verkehrsanwalt« [Rdnr. 82]). WE nein, wenn der erstinstanzliche Anwalt das Zustellungsdatum des anzufechtenden Urteils fehlerhaft nicht richtig für den Berufungsanwalt berechnet oder der Berufungsanwalt das ihm vom erstinstanzlichen Anwalt mitgeteilte Zustellungsdatum nicht auf seine Richtigkeit hin überprüft (*BGH* NJW 1980, 1846, 1848; VersR 1980, 278, → »Verkehrsanwalt« [Rdnr. 82] → »Bestellung eines Verkehrsanwalts [Rechtsmittelanwalts]« [Rdnr. 65]).

Zustellungskarte → »Zustellungen«.
Zustellungsnachweis → »Zustellungen«.

§ 234 [Wiedereinsetzungsfrist]

(1) Die Wiedereinsetzung muß innerhalb einer zweiwöchigen Frist beantragt werden.
(2) Die Frist beginnt mit dem Tage, an dem das Hindernis behoben ist.
(3) Nach Ablauf eines Jahres von dem Ende der versäumten Frist an gerechnet kann die Wiedereinsetzung nicht mehr beantragt werden.

Gesetzesgeschichte: Bis 1900 § 212 CPO. Geändert durch Gesetz vom 13.5.1924, RGBl. I 461.

Stichwortverzeichnis → *Wiedereinsetzungsschlüssel* in § 233 Rdnr. 83 »Wiedereinsetzungsfrist«.

I. Wiedereinsetzungsfrist (Abs. 1)	1	4. Beantragte Prozeßkostenhilfe	7
II. Berechnung (Abs. 2)		5. Möglichkeit zur Hindernisbehebung	8
1. Behebung des Hindernisses	3		
2. Mehrere Hindernisse	5	III. Jahresfrist (Abs. 3)	9
3. Drittverschulden	6	IV. Verfahren in Arbeitssachen	11

I. Wiedereinsetzungsfrist (Abs. 1)

1   Die in Abs. 1 geregelte Wiedereinsetzungsfrist ist eine gesetzliche Frist. Gegen ihre Versäumung findet nach § 233 die Wiedereinsetzung statt[1], obwohl sie keine Notfrist ist[2]. Deshalb fallen die zu ihrer Wahrung bestimmten Schriftsätze nicht unter § 166 Abs. 2, § 207 Abs. 2[3]. Die Frist beträgt auch dann zwei Wochen, wenn die versäumte Frist kürzer war. Die Frist kann wegen § 224 Abs. 2 nicht verlängert werden. § 234 Abs. 3 gilt auch in Entschädigungssachen, wobei eine Verlängerung der Frist des § 234 Abs. 1 ebenfalls ausscheidet[4]. Ihr Lauf ist während der Gerichtsferien gehemmt (→ auch § 223 Rdnr. 9), auch wenn die versäumte Frist eine Notfrist ist (vgl. § 223 Abs. 2)[5]. Anders liegt es, wenn es sich um eine Feriensache handelt (→ § 223 Rdnr. 14)[6]. Die Hemmung ergreift daher z.B. nicht die Wiedereinsetzungsfrist in Kindschaftssachen nach § 200 Abs. 2 Nr. 5 GVG (→ Text § 223 Rdnr. 5)[7]. Ein Verzicht auf die Einhaltung der Frist ist unwirksam (→ § 238 Rdnr. 2). Wird die Frist des § 234 Abs. 1 versäumt, so ist der Antrag auf Wiedereinsetzung unzulässig[8].

2   Eine Partei muß zweifache Wiedereinsetzung begehren, wenn sie sowohl die eigentliche Frist (z.B. die Rechtsbehelfsfrist) als auch nach Behebung des Hindernisses (§ 234 Abs. 2) die Antragsfrist von § 234 Abs. 1 versäumt[9]. Der Antrag richtet sich zunächst auf die Wiedereinsetzungsfrist, z.B. wegen schwerer Erkrankung (Wiedereinsetzungsschlüssel in → § 233 »Abwesenheit [Partei, Anwalt, Sonstige]« [Rdnr. 64])[10]. Sodann muß der Antrag die eigentliche Frist betreffen, z.B. weil die Partei wegen eines längeren Auslandsaufenthalts weder von der Einleitung des gegen sie begonnenen Prozesses noch von dem gegen sie ergangenen Versäumnisurteil Kenntnis hatte (Wiedereinsetzungsschlüssel in → § 233 »Abwesenheit [Partei, Anwalt, Sonstige]« [Rdnr. 64]). In aller Regel decken sich die Wiedereinsetzungs-

---

[1] § 233 a.F. wurde bereits durch *BVerfGE* 22, 83, 86 verfassungskonform eingeschränkt.
[2] *BGHZ* 7, 195, 196.
[3] Vgl. *RG JW* 1902, 311.
[4] *BGH* VersR 1983, 376, 377; 1980, 582.
[5] *BGHZ* 26, 99, 101; *BGH* VersR 1980, 264 (jeweils Berufungsfrist); zur Unterbrechung durch Konkurs *BGHZ* 9, 308.
[6] *BGH* VersR 1985, 271, 272 re. Sp.
[7] *OLG Hamm* DAVorm 1973, 71.
[8] *BGH* VersR 1987, 560.
[9] Etwa *BGH* VersR 1991, 1196f.; 1986, 40, 41; 1985, 786; 1985, 147.
[10] Z.B. *BGH* VersR 1985, 139.

gründe hinsichtlich der Wiedereinsetzungsfrist und hinsichtlich der eigentlichen Frist nicht. Das Gericht muß daher trennen zwischen den Wiedereinsetzungsgründen, die wegen der Versäumung der Wiedereinsetzungsfrist geltend gemacht werden, und denjenigen Gründen, mit denen die Wiedereinsetzung in die eigentliche Frist beantragt wird. Deshalb kann auch der eine Wiedereinsetzungsgrund bejaht und der andere verneint werden. So kann etwa das Gericht die Wiedereinsetzung hinsichtlich der versäumten Wiedereinsetzungsfrist gewähren, weil z.B. die Partei so schwer erkrankt war, daß sie die Frist nicht zu wahren vermochte. Zugleich kann es aber die Wiedereinsetzung in die eigentliche Frist ablehnen, wenn etwa die Partei von dem laufenden Prozeß Kenntnis hatte und deshalb vor der Auslandsreise hätte geeignete Vorkehrungen treffen müssen. Wenn das Gericht bereits die schuldlose Versäumung der Wiedereinsetzungsfrist verneint, muß es die Frage nicht mehr entscheiden, ob die eigentliche Frist schuldlos versäumt war.

II. Berechnung (Abs. 2)

1. Behebung des Hindernisses

Für die Fristberechnung gilt die Regel des § 187 Abs. 1 BGB (→ § 222 Rdnr. 5). Deshalb ist **3** der Tag, an dem das Hindernis wegfällt, nicht einzurechnen[11]. Fällt das Hindernis etwa am 5.5. weg, so beginnt die Fristberechnung am 6.5. und endet am 19.5. Behoben ist das Hindernis, sobald die bisherige Ursache der Verhinderung beseitigt oder ihr Fortbestehen von der Partei oder ihrem Vertreter (§ 51 Abs. 2, § 85 Abs. 2) nicht mehr unverschuldet ist[12]. In diesem Fall hätte der Anwalt bei Wahrung der üblichen Sorgfalt die bereits eingetretene Fristversäumung erkennen können. Bei dem häufigen Irrtum über den Fristablauf ist der Zeitpunkt maßgeblich, in dem der mit der Angelegenheit befaßte Rechtsanwalt oder die Partei erkannt haben oder bei Anwendung der gebotenen Sorgfalt hätten erkennen können, daß die Rechtsmittelfrist versäumt war[13]. Das ist wiederum davon abhängig, wann der Prozeßbevollmächtigte erstmals (erneut) Anlaß zu der Prüfung hatte, ob das Fristende richtig ermittelt und festgehalten war[14]. So liegt es etwa, wenn der Rechtsanwalt erfährt, daß sein Schreiben den Verkehrsanwalt nicht erreicht hat[15], oder wenn ihm die Akte zur Vorbereitung der Einlegung oder der Begründung des Rechtsmittels oder zur Stellung des Antrags auf Verlängerung der Berufungsbegründungsfrist vorgelegt wird[16]. Deshalb kann das Hindernis auch schon vor Ablauf der zu wahrenden Frist entfallen[17]. Der Anwalt muß Anlaß zu der eigenverantwortlichen Prüfung haben, ob das Fristende richtig ermittelt und notiert ist[18]. In derartigen Fällen beginnt die Wiedereinsetzungsfrist schon vor Ablauf der zu wahrenden Frist zu laufen[19]. Der Anwalt kann den Wegfall des Hindernisses ferner erkennen, wenn ihm eine gerichtliche Verfügung zugeht[20], ihm ein Mandat erteilt wird[21] oder ihm die Absicht des

---

[11] *RGZ* 41, 367, 368; *BGH* NJW 1993, 1332, 1333; VersR 1985, 1183; *OLG Dresden* OLGRsp 6, 395; *Borgmann* FamRZ 1978, 46.
[12] *BGH* NJW 1993, 1332; VersR 1993, 205; FamRZ 1992, 300 (neue Bundesländer); VersR 1992, 636; DtZ 1992, 49; NJW 1991, 2492, 2493; FamRZ 1991, 792; VersR 1991, 1196; 1990, 543; 1990, 402; FamRZ 1988, 1257, 1258; *BGHR* ZPO § 234 Abs. 1 Fristbeginn 2; *BGH* VersR 1986, 38; 1985, 865; 1985, 139; *BGHZ* 27, 132, 135; 4, 389, 396; *RGZ* 67, 186 ff.; ähnlich die Formulierung durch *BAG* NJW 1989, 2708; AP § 234 ZPO Nr. 3, 9; *ArbG Regensburg* JurBüro 1990, 1198, 1199.
[13] *BGH* DtZ 1993, 212, 213; NJW 1992, 2098, 2099; FamRZ 1991, 792; VersR 1990, 543; NJW-RR 1990, 379; VersR 1987, 560; 1985, 1183; 1985, 283; *OLG Frankfurt a.M.* MDR 1987, 150; *G. Müller* NJW 1993, 681, 682.
[14] *BGH* VersR 1987, 764, 765; 1987, 52, 53; *Walchshöfer* JurBüro 1989, 1481, 1488.
[15] *BGH* VersR 1986, 488.
[16] *BGH* FamRZ 1991, 792; 1988, 154; VersR 1987, 764; 1987, 560; 1987, 463; 1987, 52; 1986, 38; *VGH Kassel* NJW 1993, 748, 749 (Eintreffen der gerichtlichen Eingangsbestätigung im Büro).
[17] *Ball* JurBüro 1992, 653, 661; *G. Müller* NJW 1993, 681, 682.
[18] *BGH* FamRZ 1991, 792; VersR 1990, 543.
[19] *BGH* VersR 1990, 543, 544.
[20] *BGH* VersR 1987, 1237.
[21] *BGH* VersR 1988, 836, 837.

Berufungsgerichts mitgeteilt wird, das Rechtsmittel als unzulässig zu verwerfen[22]. Ebenso liegt es, wenn dem Anwalt der Antrag der Gegenpartei zugestellt wird, das Urteil hinsichtlich des Umfangs der Klageabweisung zu berichtigen[23].

4 Wenn die beantragte Fristverlängerung erst in der Berufungsinstanz abgelehnt und das Rechtsmittel dann als unzulässig verworfen wird, so kann der Berufungskläger noch nach Schluß der mündlichen Verhandlung innerhalb der Zweiwochenfrist Wiedereinsetzung beantragen[24]. – Zum Nebenintervenienten → § 233 Rdnr. 5.

2. Mehrere Hindernisse

5 Es läuft eine einheitliche Wiedereinsetzungsfrist, auch wenn der Fristwahrung mehrere Hindernisse entgegenstehen. Wenn die hindernden Umstände unabhängig voneinander bestehen, so beginnt der Fristenlauf mit dem Wegfall des letzten Hindernisses. Beruht die Verhinderung auf dem Zusammenwirken mehrerer Umstände, die nur in ihrem Zusammenwirken die Wahrung der Frist hindern, so läuft die Wiedereinsetzungsfrist bereits mit dem Wegfall eines dieser Umstände[25].

3. Drittverschulden

6 Die Kenntnis oder das Kennenmüssen Dritter ist unerheblich. So läuft die Frist des § 234 demnach nicht, solange die Unkenntnis von dem Fortfall des Hinderungsgrundes durch das Versehen eines sonst zuverlässigen und genügend beaufsichtigten Büroangestellten veranlaßt ist[26]. Auch sonst läßt die Kenntnis des Büropersonals die Frist nicht laufen[27].

4. Beantragte Prozeßkostenhilfe

7 Wird der mittellosen Partei Prozeßkostenhilfe bewilligt (→ Wiedereinsetzungsschlüssel in § 233 »Prozeßkostenhilfe« [Rdnr. 77]), so beginnt die Wiedereinsetzungsfrist, sobald die Partei oder ihr Prozeßbevollmächtigter Kenntnis von der Entscheidung über den Antrag erlangen[28]. Die Bewilligung für einen Teilbetrag genügt[29]. Ist der Rechtsanwalt zwar zur Vertretung bereit, aber noch nicht bevollmächtigt, so muß der Beschluß an die Partei selbst mitgeteilt werden[30]. Da der Rechtsanwalt durch die Beiordnung nicht Vertreter der Partei wird, ist für diese die Möglichkeit zu ungehindertem Handeln erst eröffnet, wenn sie selbst Adressat der Mitteilung ist[31]. Wenn die Partei zunächst die Beiordnung eines Rechtsanwaltes und im Anschluß daran Prozeßkostenhilfe beantragt hat und der Antrag auf Beiordnung abgelehnt wurde, so ist das Hindernis mit Mitteilung des Beschlusses behoben, und die Frist beginnt mit Zugang dieser Entscheidung unter Einräumung einer kurzen Überlegungsfrist zu laufen[32]. Ist die mittellose Partei rechtsschutzversichert, so beginnt die Wiedereinsetzungsfrist mit der Deckungszusage des Rechtsschutzversicherers[33]. Wenn die Partei mit der Bewilligung der Prozeßkostenhilfe rechnen durfte, so steht ihr nach einer (auch teilweisen) Ablehnung eine drei- bis viertägige Überlegungsfrist zu, nach deren Ablauf die Wiedereinsetzungs-

---

[22] *BGH* VersR 1990, 402.
[23] *BGH* VersR 1991, 120.
[24] *BGH* NJW 1992, 1898.
[25] *BGH* NJW 1990, 188.
[26] *BGHZ* 4, 389, 397; *RG* JW 1929, 2710.
[27] *BGH* VersR 1980, 678, 679 (Bürovorsteher).
[28] *BGH* VersR 1991, 1196; 1986, 40, 41; *BGHZ* 4, 55, 56; *G. Müller* NJW 1993, 681, 682; *Schlee* AnwBl 1992, 130.
[29] *BGH* NJW 1963, 1780.
[30] *BGHZ* 30, 226, 228f.; *RGZ* 135, 303f.
[31] *BGHZ* 30, 226, 228.
[32] *BGH* FamRZ 1988, 1152, 1153.
[33] *BGH* NJW 1991, 109.

frist beginnt[34]. Das gilt auch dann, wenn das Gericht nicht die Mittellosigkeit der Partei, sondern die Erfolgsaussicht der beabsichtigten Rechtsverfolgung verneint hat[35]. Wenn sich im Verlauf des Prozeßkostenhilfeverfahrens die Vermögensverhältnisse der Partei so ändern, daß sie auf Bewilligung der Prozeßkostenhilfe nicht mehr vertrauen kann, so beginnt die Frist des § 234 nicht erst mit Übermittlung der ablehnenden Entscheidung zu laufen[36]. Mit Rücksicht auf die Frist des § 234 Abs. 2 bedarf es der förmlichen Zustellung nach § 329 Abs. 2 S. 2[37]. Es kommt also auf die prozeßordnungsgemäße Bekanntgabe des Bewilligungs- und Beiordnungsbeschlusses an[38]. Bei unbekanntem Aufenthalt der Partei ist eine Beschlußzustellung durch öffentliche Bekanntmachung möglich[39]. Durch ein erneutes vergebliches Prozeßkostenhilfegesuch oder das Erheben von Gegenvorstellungen wird die Frist des § 234 weder gehemmt noch unterbrochen (→ § 236 Rdnr. 12)[40]. Es sind lediglich Erläuterungen und die Ergänzung unklarer Angaben des Wiedereinsetzungsantrages zulässig[41].

5. Möglichkeit zur Hindernisbehebung

Die Möglichkeit, das Hindernis zu beheben, z. B. durch eine Beschwerde gegen die Verweigerung der Prozeßkostenhilfe, steht seiner wirklichen Beseitigung nicht gleich[42]. Die Antragsfrist beginnt bereits mit der Ablehnung des Antrags auf Prozeßkostenhilfe und nicht erst mit der Zurückweisung der gegen den ablehnenden Beschluß erhobenen Gegenvorstellung[43].

8

III. Jahresfrist (Abs. 3)

Die Jahresfrist des Abs. 3 läuft unabhängig von der Frist des Abs. 1 als absolute Grenze der Wiedereinsetzung und kann nicht verlängert werden (→ Rdnr. 17 vor § 214)[44]. Die Ausschlußbestimmung gilt auch für Wiedereinsetzungsanträge gegen die Versäumung der Klagefrist des § 210 BEG[45]. Eine Wiedereinsetzung gegen ihren Ablauf findet nicht statt (→ § 233 Rdnr. 16)[46]. Die Norm entspricht der Verfassung. Die Ausschlußfrist des § 234 Abs. 3 ist nicht anzuwenden, wenn die Partei innerhalb der Rechtsmittelfrist Prozeßkostenhilfe beantragt (→ Rdnr. 7), das Gericht aber erst nach Ablauf der Jahresfrist darüber entschieden hat[47]. In dem restitutionsartigen Fall der erschlichenen oder der erpreßten Unterlassung der Rechtsbehelfseinlegung (→ § 233 Rdnr. 44) greift die Jahresfrist nicht; vielmehr kommt sinngemäß die Fünfjahresfrist des § 586 Abs. 2 S. 2 zur Anwendung. Man wird § 234 Abs. 3 auch dahin einschränkend auslegen können, daß die Anwendung unterbleibt, wenn dem Antragsgegner und dem Gericht schon längst vor Ablauf der Jahresfrist die Prozeßhandlung bekannt ist, wegen deren nicht rechtzeitiger Vornahme die Wiedereinsetzung begehrt wird[48]. Die Jahresfrist des Abs. 3 ist ferner unanwendbar, wenn das Gericht aus allein in seiner Sphäre liegen-

9

---

[34] *BGH* FamRZ 1990, 279 (drei bis vier Tage); VersR 1989, 863 (zwei bis drei Tage); NJW 1978, 1920; VersR 1977, 432; *OLG Hamburg* NJW 1981, 2765 (mit einer Differenzierung nach der Art der versäumten Frist).
[35] *BGH* VersR 1985, 271, 272.
[36] *OLG Frankfurt a. M.* NJW-RR 1988, 255, 256.
[37] *RGZ* 147, 154, 156; *RG* JW 1936, 813; a. A. *BGH* VersR 1986, 580; *RGZ* 157, 168, 172; *OGHZ* 3, 262, 263.
[38] A. A. *BGH* VersR 1986, 580.
[39] *BGH* VersR 1987, 986.
[40] *BGH* FamRZ 1988, 1152, 1153; NJW 1952, 743.
[41] *BGH* NJW 1991, 1892; VersR 1989, 1316; 1985, 1184; 1985, 168; 1979, 444; 1979, 349; *BAG* AP § 236 ZPO Nr. 5; *BFH* DStR 1985, 775; NJW 1974, 880.

[42] *RGZ* 65, 193 f.; a. A. *RGZ* 47, 377.
[43] *BGH* VersR 1980, 86.
[44] Dazu *Krönig* ZZP 46 (1916), 266.
[45] *BGH* VersR 1983, 376, 377.
[46] *BGH* VersR 1987, 256.
[47] *BGH* VersR 1987, 1237; *OLG Braunschweig* NJW 1962, 1823; *Thomas/Putzo*[18] Rdnr. 11; s. auch *Lüderitz* ZZP 78 (1965) 131, 139; gegen die Rspr. des BAG (→ Rdnr. 11) jedoch *BGH* VersR 1983, 376, 377; für die Anwendung des § 839 BGB *MünchKommZPO/Feiber* (1992) Rdnr. 14 f.
[48] *OLG Schleswig* NJW-RR 1990, 1215, 1216; abl. *Baumbach/Lauterbach/Hartmann*[51] Rdnr. 5; *MünchKommZPO/Feiber* (1992) Rdnr. 10 Fn. 10.

den Gründen nicht innerhalb eines Jahres entscheiden konnte, die Parteien aber mit einer Entscheidung in der Sache rechnen durften[49] (→ Rdnr. 11).

10   Die Jahresfrist wird nach § 222 berechnet. Läuft z.B. die Berufungsfrist am 19.1.1988 um 24 Uhr ab, so beginnt die Jahresfrist am 20.1.1988 und endet am 19.1.1989 um 24 Uhr (§§ 222 Abs. 1 ZPO, 188 Abs. 2, 187 Abs. 2 BGB)[50].

IV. Verfahren in Arbeitssachen

11   Für das Verfahren in Arbeitssachen gilt nichts Abweichendes. Insbesondere sind die Fristen von Abs. 2 und Abs. 3 die gleichen[51]. Die Ausschlußfrist des § 234 Abs. 3 ist jedoch nicht anwendbar, wenn das Revisionsgericht im Arbeitsgerichtsverfahren aus allein in der Sphäre des Gerichts liegenden Gründen nicht innerhalb eines Jahres darüber entschieden hat, ob die Revision form- und fristgerecht eingelegt worden ist und beide Parteien aufgrund gerichtlicher Verfügungen der Auffassung sein konnten, der Rechtsstreit werde demnächst in der Sache entschieden werden[52]. Ist ein wegen fehlender Zulassung der Revisionsbeschwerde (§ 77 ArbGG) unanfechtbarer Beschluß über die Verwerfung der Berufung wegen Fristversäumnis unter Verstoß gegen Art. 103 Abs. 1 GG erlassen worden, so kann der Berufungskläger mit dem Antrag auf Wiedereinsetzung auch geltend machen, daß keine Fristversäumung vorgelegen habe[53].

§ 235   [weggefallen]

Die Vorschrift enthielt einen Wiedereinsetzungsgrund für die durch Zustellung im Parteibetrieb zu wahrenden Notfristen. Mit der Einführung des Amtsbetriebes auch für den Anwaltsprozeß war die Vorschrift gegenstandslos geworden.

Gesetzesgeschichte: Bis 1900 § 213 CPO, geändert durch Gesetz vom 9.7.1927 und Verordnung vom 30.11.1927 (→ Einl. Rdnr. 125), aufgehoben durch die Novelle 1950 (→ Einl. Rdnr. 148).

§ 236   [Wiedereinsetzungsantrag]

(1) Die Form des Antrags auf Wiedereinsetzung richtet sich nach den Vorschriften, die für die versäumte Prozeßhandlung gelten.

(2) Der Antrag muß die Angabe der die Wiedereinsetzung begründenden Tatsachen enthalten; diese sind bei der Antragstellung oder im Verfahren über den Antrag glaubhaft zu machen. Innerhalb der Antragsfrist ist die versäumte Prozeßhandlung nachzuholen; ist dies geschehen, so kann Wiedereinsetzung auch ohne Antrag gewährt werden.

Gesetzesgeschichte: Bis 1900 § 214 CPO. Änderungen → Einl. Rdnr. 113, 115, 133, 148; letzte Änderung durch die Vereinfachungsnovelle vom 3.12.1976 (BGBl. I 3281, → Einl. Rdnr. 159).
Durch die Einführung des Amtsbetriebes auch im Anwaltsprozeß (→ Einl. Rdnr. 148 und Rdnr. 4ff. vor § 166) waren § 236 Abs. 2, der für die Wiedereinsetzung wegen rechtzeitiger Einreichung galt, und

---

[49] *BGH* VersR 1987, 1237.
[50] *BGH* VersR 1987, 256; *MünchKommZPO/Feiber* (1992) Rdnr. 8; *Thomas/Putzo*[18] Rdnr. 11.
[51] *LAG Kiel* AP 51 Nr. 127.
[52] *BAG* MDR 1982, 171; a.A. *MünchKommZPO/Feiber* (1992) Rdnr. 10 (→ Rdnr. 9).
[53] *BAG* DB 1990, 996.

§ 235 gegenstandslos geworden; sie wurden durch das Gesetz zur Wiederherstellung der Rechtseinheit vom 12.9.1950, BGBl. I 455 (→ Einl. Rdnr. 148) aufgehoben. Die Vereinfachungsnovelle (→ Einl. Rdnr. 159) ersetzte den früheren Satz 2 des 1. Absatzes durch den neuen Absatz 2 und regelt auch die antragslose Wiedereinsetzung (Abs. 2 S. 2 a. E.).

I. Form des Antrags	1	2. Angabe der Tatsachen	6
II. Adressat des Antrags	2	3. Glaubhaftmachung	8
III. Inhalt des Antrags		4. Nachholung der Prozeßhandlung	10
1. Antrag und Wiedereinsetzung ohne Antrag	3	IV. Wirkungen des Antrags; Umdeutung	15
		V. Verfahren in Arbeitssachen	17

I. Form des Antrags

Die Form des Antrags richtet sich gemäß Abs. 1 nach der Form der versäumten Prozeßhandlung[1]. Der Grund dafür liegt darin, daß der Antrag in der Sache lediglich die Entschuldigung für die verspätete Prozeßhandlung bedeutet (→ § 233 Rdnr. 1). Daher ist der Antrag durch Einreichen eines Schriftsatzes zu stellen bei allen Rechtsmitteln (§§ 518, 553, 577), im Falle des Einspruchs (§ 340), des Widerspruches nach § 1042 d, der sofortigen Beschwerde und der befristeten Erinnerung gegen die Kostenfestsetzung (§§ 104, 107) sowie bei der Berufungs- und Revisionsbegründung (§ 519 Abs. 2, § 554 Abs. 2). Die Erklärung zu Protokoll der Geschäftsstelle ist im amtsgerichtlichen Verfahren ganz allgemein statthaft (§ 496). Ebenso liegt es bei der Erinnerung im Kostenfestsetzungsverfahren (→ § 104 Rdnr. 32). Für die Beschwerde gilt das Gesagte nur nach Maßgabe des § 569 Abs. 2 S. 2.

1

II. Adressat des Antrags

Adressat des Antrags ist nach § 237 das Gericht, an das die versäumte Prozeßhandlung zu richten war. Bei der sofortigen Beschwerde kann daher der Antrag sowohl bei dem unteren Gericht wie bei dem Beschwerdegericht eingereicht werden. Die Einreichung bei dem für die weitere Beschwerde zuständigen Gericht ist dagegen selbst dann unzulässig, wenn die Beschwerde bereits als verspätet verworfen worden ist[2]. Wird sofortige Beschwerde gegen eine Entscheidung des beauftragten oder des ersuchten Richters oder des Urkundsbeamten (§ 576) eingelegt, so ist der Antrag bei dem Prozeßgericht und nicht bei dem Beschwerdegericht einzureichen, da wegen § 577 Abs. 4 in den Fällen des § 576 die Entscheidung des Prozeßgerichts innerhalb der Notfrist nachzusuchen ist.

2

III. Inhalt des Antrags

1. Antrag und Wiedereinsetzung ohne Antrag

Der Antrag auf Wiedereinsetzung braucht nicht ausdrücklich gestellt zu werden (arg. Abs. 2 S. 2). Es reicht die Vornahme der Prozeßhandlung innerhalb der zweiwöchigen Frist des § 234 unter Hinweis auf den Grund der unverschuldeten Verspätung wie z.B. die verzögerte Bewilligung der Prozeßkostenhilfe[3]. Ein Antrag liegt vor, sofern nur die Partei irgendwie das Ziel erkennen läßt, die verspätete Prozeßhandlung mit Rücksicht auf bestimm-

3

---

[1] Dazu *RGZ* 84, 41.
[2] *RGZ* 42, 367.
[3] *BGH* NJW 1979, 109, 110; *RG* JW 1915, 147; a. A. *OLG Stuttgart* LZ 1914, 1725.

te Tatsachen noch als rechtzeitig gelten zu lassen[4]. Da das Gesetz in Abs. 2 S. 2 HS 1 den Antrag zusätzlich fordert, ist er in der Nachholung der versäumten Prozeßhandlung allein noch nicht enthalten. Die Nachholung enthält auch dann nicht stillschweigend den Antrag, wenn der Wiedereinsetzungsgrund aktenkundig ist[5]. Ebenso liegt es bei der Angabe des Zustellungstages, aus dem sich die Verspätung des Rechtsmittels ergibt[6]. Auch dann liegt kein stillschweigender Antrag vor, wenn die Partei davon ausgeht, die Frist sei noch nicht abgelaufen[7]. Die Frage hat heute aber kaum mehr praktische Bedeutung, weil Abs. 2 S. 2 HS 2 die antragslose Wiedereinsetzung kennt (→ auch Einl. Rdnr. 62 [Kleindruck]). Da sonach die Wiedereinsetzung auch ohne Antrag gewährt werden darf, kann häufig dahingestellt bleiben, ob ein Antrag gestellt ist oder nicht, sofern nur die nachgeholte Prozeßhandlung vorliegt. Ein Antrag, der den §§ 234, 236 nicht genügt, kann Anlaß zu einer Wiedereinsetzung ohne Antrag geben[8].

4   Eine Wiedereinsetzung ohne Antrag nach Abs. 2 S. 2 HS 2 kommt vor allem in Betracht, wenn die Voraussetzungen einer Wiedereinsetzung offenkundig sind und die versäumte Prozeßhandlung im Rahmen der Wiedereinsetzungsfristen nachgeholt wurde[9]. Das gilt auch dann, wenn das der Fristeinhaltung entgegenstehende Hindernis dadurch behoben und der Beginn der Wiedereinsetzungsfrist ausgelöst wird, daß die Partei die Prozeßhandlung trotz des Hindernisses vornimmt[10]. Die antragslose Wiedereinsetzung muß bewilligt werden, falls deren Voraussetzungen vorliegen. Die in Abs. 2 S. 2 HS 2 gebrauchte Formulierung »kann« bedeutet kein Ermessen[11].

5   Das Gericht prüft von Amts wegen (→ § 238 Rdnr. 2), ob die Voraussetzungen der Wiedereinsetzung gegeben sind. Die Partei muß alle Tatsachen, die für die Gewährung der Wiedereinsetzung in den vorigen Stand von Bedeutung sein können, innerhalb der zweiwöchigen Antragsfrist vortragen. Das Nachschieben von Gründen nach Fristablauf ist unzulässig. Deshalb sind Nachträge der Partei, die völlig neue Tatsachen oder ganz neue Mittel der Glaubhaftmachung betreffen, und die sich in der Sache als ein Nachschieben eines anderen Wiedereinsetzungssachverhaltes erweisen, nur zu berücksichtigen, wenn sie innerhalb der Frist des § 234 zugestellt oder eingereicht waren[12]. Wenn der Wiedereinsetzungsantrag daher eine in sich geschlossene, nicht ergänzungsbedürftig erscheinende Sachdarstellung enthält, so kann eine nach Fristablauf nachgebrachte Begründung nicht mehr berücksichtigt werden, wenn sie für die Einhaltung der Sorgfaltspflicht wesentliche Tatsachen erstmals aufwirft[13]. Dagegen dürfen unklare oder unvollständige Angaben ergänzt werden (→ Rdnr. 7).

2. Angabe der Tatsachen

6   Nach § 236 Abs. 2 S. 1 muß der Antrag alle zwischen Beginn und Ende der versäumten Frist liegenden Umstände darlegen, die für die Frage von Bedeutung sind, auf welche Weise und durch wessen Verschulden es zur Fristversäumung gekommen ist[14]. Zu den die »Wieder-

---

[4] BGHZ 7, 194, 197; 61, 394, 395; 63, 389, 391; BGH LM § 234 ZPO Nr. 8.
[5] BAG AP § 233 ZPO Nr. 36 m. krit. Anm. *Wieczorek*; RG JW 1935, 277; a. A. RGZ 169, 196, 200; OLG Hamm DRZ 1949, 448 m. zust. Anm. *Rosenberg*; OGH BrZ NJW 1950, 545; LAG Baden-Württemberg AP § 236 ZPO Nr. 2.
[6] A. A. OGHZ 3, 262, 264.
[7] BGH LM § 234 ZPO Nr. 8.
[8] Die Begründung von OLG Saarbrücken FamRZ 1988, 413 f. ist deshalb zweifelhaft.
[9] BGH BB 1992, 952, 953.
[10] BGH VersR 1985, 271.
[11] Ebenso *Zöller/Greger*[18] Rdnr. 5; *MünchKomm-ZPO/Feiber* Rdnr. 19; a. A. *BAG* NJW 1989, 2708 m. abl. Anm. *Vogg* EzA § 233 ZPO Nr. 10.
[12] BGH FamRZ 1993, 309, 310; DtZ 1993, 150, 151; WM 1993, 77, 79; VersR 1992, 899; NJW 1992, 697; 1991, 1892; 1991, 1359; VersR 1989, 165; 1982, 802; RGZ 119, 86; 129, 173; 131, 261; OGHZ 2, 236, 239; OLG Celle NdsRpfl 1951, 13, 14; *G. Müller* NJW 1993, 681, 682 f.
[13] BGH VersR 1992, 983; 1992, 899; NJW 1992, 697; 1991, 1892; FamRZ 1991, 423, 424; VersR 1989, 1316.
[14] BGH FamRZ 1993, 309, 310; NJW-RR 1987, 186; VersR 1986, 964; *G. Müller* NJW 1993, 681, 682 f.

einsetzung begründenden Tatsachen« (§ 233) gehören demnach vor allem auch die Umstände, aus denen sich ergibt, daß die Partei oder ihr Vertreter frei von Verschulden sind (→ § 233 Rdnr. 37). Wird z.B. die Prozeßkostenhilfe versagt, weil die Partei nicht mittellos sei, so sind Angaben darüber erforderlich, weshalb sie sich für mittellos halten durfte[15]. Bei einem angeblichen Versehen eines Büroangestellten sind Umstände vorzutragen, inwiefern die Partei oder ihr Anwalt die Pflicht zur Weisung usw. erfüllt haben[16]. In dieser Hinsicht dürfen aber nicht zu hohe Anforderungen gestellt werden, da nur eine Glaubhaftmachung in Frage steht[17]. Bei einer behaupteten Unkenntnis der Partei und des Prozeßbevollmächtigten aus den neuen Bundesländern von den Einzelheiten der Revisionseinlegung mußte vorgetragen werden, daß die notwendigen Auskünfte nicht früher als zwei Wochen vor Stellung des Wiedereinsetzungsantrags hätten erlangt werden können[18]. Wiedereinsetzung kann nicht gewährt werden, wenn der dargelegte und glaubhaft gemachte Sachverhalt die Möglichkeit offenläßt, daß die Fristversäumung verschuldet ist[19]. Ein Verschulden der Partei oder ihres Vertreters schließt Wiedereinsetzung lediglich dann nicht aus, wenn die Fristversäumung auch bei Einhaltung der gebotenen Sorgfalt nicht vermieden worden wäre[20].

Zu dem notwendigen Inhalt des Wiedereinsetzungsantrags gehören auch die Tatsachen, aus denen sich die Einhaltung der Wiedereinsetzungsfrist des § 234 Abs. 1 ergibt[21]. Davon kann aber abgesehen werden, wenn die Frist nach Aktenlage offensichtlich eingehalten ist[22]. Ebenso liegt es bei Tatsachen, die vom Gericht von Amts wegen aufzuklären sind, wie z.B. der Zeitpunkt der Urteilszustellung[23]. Das Gericht muß nach § 139 darauf hinwirken, daß unklare oder unvollständige Angaben über die geltend gemachten Tatsachen erläutert und ergänzt werden. Die Frist des § 234 Abs. 1 bildet insoweit kein Hindernis[24]. Doch dürfen neue Sachverhalte nicht nachgeschoben werden (→ Rdnr. 5). Wird die Fristversäumung mit einem Fehlverhalten von Bürokräften begründet, so sind Angaben zu deren Zuverlässigkeit als bloße Ergänzung auch noch im Beschwerdeverfahren zulässig[25]. Anders liegt es aber, wenn bisher ein Vortrag zu einem denkbaren eigenen Organisationsverschulden unterblieben ist. Die Behauptungs- und Beweislast für die die Wiedereinsetzung begründenden Tatsachen trägt der Antragsteller[26]. Das Glaubhaftmachen der Möglichkeit bestimmter Tatsachen reicht insoweit nicht[27]. 7

3. Glaubhaftmachung

Die in → Rdnr. 6 und 7 bezeichneten Tatsachen sind glaubhaft zu machen. Wiedereinsetzung scheidet stets aus, wenn die Möglichkeit offengeblieben ist, daß die Fristversäumung verschuldet war[28]. Die Glaubhaftmachung erfordert keinen vollen Beweis, sondern nur eine überwiegende Wahrscheinlichkeit[29]. Damit nicht verwechselt werden darf der Fall, daß der Kläger geltend macht, eine Frist gewahrt und nicht, eine Frist schuldlos versäumt zu haben. 8

---

[15] BGHZ 26, 99, 102; BGH VersR 1984, 192; auch 1978, 942; 1978, 824; 1978, 670; NJW 1964, 868 u. ö; Wiedereinsetzungsschlüssel → § 233 »Prozeßkostenhilfe« (Rdnr. 77).
[16] BGH VersR 1993, 630 f.; 1992, 1023; 1978, 719; RG JW 1931, 1797, 1798; 1932, 1135; RAG ArbRS 22, 46, 49; Wiedereinsetzungsschlüssel → § 233 »Büroverschulden« (Rdnr. 65).
[17] BGHZ 4, 389, 398; RG JW 1930, 545 mit Anm. Friedlaender.
[18] BGH DtZ 1992, 49.
[19] BGH VersR 1992, 637; AnwBl 1985, 383; OLG Zweibrücken MDR 1986, 244.
[20] BGH VersR 1991, 123; → § 233 Rdnr. 51.
[21] BGHZ 5, 157, 160; BGH VersR 1992, 636; RGZ 31, 400; RG JW 1902, 604 f.; SeuffArch 63, 378; LAG München JurBüro 1991, 123; G. Müller NJW 1993, 681, 682.
[22] BGH VersR 1992, 636, 637; RGZ 38, 387 ff.
[23] RGZ 131, 261, 263.
[24] BGH VersR 1992, 899, 900; 1989, 165; NJW-RR 1987, 900; VersR 1980, 851; 1977, 1099; 1976, 732; BGHZ 2, 342, 345; OLG Düsseldorf MDR 1958, 42; a. A. noch RGZ 136, 275, 282.
[25] BGH VersR 1992, 899; 1989, 165.
[26] Vgl. RG JW 1909, 692.
[27] Auch → Rdnr. 6.
[28] BGH WM 1993, 77, 78; → Rdnr. 6.
[29] BGH VersR 1992, 849; FamRZ 1989, 373, 374; VersR 1986, 463.

Darüber muß Beweis erhoben werden[30]. Es besteht eine Hinweispflicht nach § 139[31]. Wenn das Gericht an der Richtigkeit der vorgebrachten Wiedereinsetzungsgründe begründete Zweifel äußert, so muß die antragstellende Partei zur Behebung dieser Zweifel geeignete Umstände vortragen und glaubhaft machen[32]. An einer ausreichenden Glaubhaftmachung fehlt es, wenn die dem Antrag beigefügten eidesstattlichen Versicherungen keine eigene Sachdarstellung enthalten, sondern lediglich pauschal auf die Angaben im Wiedereinsetzungsantrag Bezug nehmen[33]. Nicht ausreichend ist es auch, wenn aus den eidesstattlichen Versicherungen hervorgeht, daß die betreffenden Personen kein eigenes positives Wissen über den glaubhaft zu machenden Vorgang besitzen, sondern lediglich Rückschlüsse aus dem sonstigen Geschehensablauf ziehen[34]. Ebenso liegt es bei einem Vortrag, der sich nur auf Schlußfolgerungen und Deutungen beschränkt, ohne daß das Gericht die Verschuldensfrage selbständig beurteilen könnte[35]. Besonders vorsichtig bewertet werden mit Recht inhaltlich widersprüchliche eidesstattliche Versicherungen der Partei[36]. Wenn ein Anwalt einen auf einer eigenen Tätigkeit oder Wahrnehmung bezogenen Vorgang anwaltlich versichert, darf das Gericht in der Regel von dessen Richtigkeit ausgehen, solange es nicht konkrete Anhaltspunkte ausschließen, den geschilderten Sachverhalt mit überwiegender Wahrscheinlichkeit für zutreffend anzusehen[37]. Eine anwaltliche Versicherung muß jedoch von dem Rechtsanwalt selbst unterzeichnet sein[38]. Bei dem Verlust von Schriftstücken braucht nicht glaubhaft gemacht zu werden, warum und wie dieser eingetreten ist. Es reicht die Glaubhaftmachung, daß dies nicht im Verantwortungsbereich der Partei oder ihres Vertreters geschehen ist[39].

9 Die – notwendige – Bezeichnung der nach § 294 zulässigen Beweismittel bleibt bis zur Entscheidung über den Antrag möglich[40]. Sie ist daher nicht schon im Antrag erforderlich, sondern kann auch im Verfahren geschehen (Abs. 2 S. 1 HS 2). Wenn ein Antrag auf Verlängerung der Berufungsbegründungsfrist erst in der mündlichen Verhandlung abgelehnt wird, so ist für die Entscheidung des Berufungsgerichts über die Wiedereinsetzung und die Zulässigkeit der Berufung auch eine eidesstattliche Versicherung zu berücksichtigen, die auf einen rechtzeitig gestellten Antrag hin erst nach Schluß der mündlichen Verhandlung vorgelegt wird[41]. Eine ausdrückliche Bezeichnung ist nicht unbedingt erforderlich. Es reicht daher aus, wenn der Inhalt des Antrages im Auslegungswege erkennen läßt, was als Mittel der Glaubhaftmachung dienen soll[42]. Es kann auch die Versicherung des Anwalts zur Glaubhaftmachung genügen, selbst wenn sie nicht eidesstattlich erklärt ist. Eine Bezugnahme auf den Akteninhalt reicht im allgemeinen nicht aus[43]. Das Gericht hat nach § 139 dahin zu wirken, daß unklare Angaben über die Mittel der Glaubhaftmachung erläutert und ergänzt werden[44]. Die Beweismittel können auch erst in der mündlichen Verhandlung vorgelegt werden[45]. Gleichgültig ist es, ob die vorgelegten eidesstattlichen Versicherungen vor oder nach Einreichung des Wiedereinsetzungsantrages ausgestellt sind[46]. Der ordnungsgemäße Ablauf einer Telefaxübermittlung kann nicht nur durch den Kontrollausdruck des Faxgerätes, sondern auch durch eine eidesstattliche Versicherung glaubhaft gemacht werden[47]. Wenn in der

---

[30] *BGH* VersR 1991, 896.
[31] *BGH* NJW-RR 1992, 314, 315.
[32] *BGHR* ZPO § 236 Abs. 2 Satz 1 Glaubhaftmachung 1.
[33] *BGH* VersR 1991, 121; 1988, 860 (LS).
[34] *BGH* VersR 1992, 120; AnwBl 1985, 383.
[35] *BGH* NJW-RR 1990, 379.
[36] *BGH* VersR 1986, 59.
[37] *BGH* AnwBl 1985, 200, 201.
[38] Dieses Erfordernis entspricht den allgemeinen Grundsätzen.
[39] *BGHZ* 23, 291, 292 m. Anm. *Rietschel* LM § 233 ZPO Nr. 70; *BGH* VersR 1992, 899.
[40] *BGH* MDR 1992, 1002, 1003.
[41] *BGH* NJW 1992, 1898, 1899.
[42] So auch *RG* JW 1924, 1986; *BGH* JurBüro 1977, 1705.
[43] Großzügiger *BGHZ* 5, 161; *BAG* AP § 182 ZPO Nr. 1; *KG* JW 1932, 2893.
[44] *BGHZ* 2, 342, 345.
[45] *RGZ* 136, 275, 281; JW 1909, 315; 1937, 229.
[46] *RGZ* 78, 121, 124.
[47] *BGH* NJW 1993, 732.

mündlichen Verhandlung die vorgebrachten Mittel zur Glaubhaftmachung vom Gegner bekämpft werden, so kann der Antragsteller auch seinerseits weitere Mittel zur Widerlegung des Gegners vorbringen[48]. Kann die Entscheidung über den Antrag ohne mündliche Verhandlung ergehen, so ist es ausreichend, wenn dem Gericht die Mittel zur Glaubhaftmachung im Zeitpunkt der Beschlußfassung vorliegen[49]. So liegt es in den Fällen der Berufung, der Revision, der sofortigen Beschwerde und der Erinnerung gegen den Kostenfestsetzungsbeschluß. Die Glaubhaftmachung kann im Beschwerderechtszug durch eidesstattliche Versicherung nachgeholt werden[50]. – Zum Vorbringen mit der Beschwerde im übrigen (→ § 238 Rdnr. 3).

4. Nachholung der Prozeßhandlung

Nach § 236 Abs. 2 S. 2 muß die versäumte Prozeßhandlung innerhalb der Antragsfrist (§ 234) nachgeholt werden, wobei z. B. ein Einspruch nicht ausdrücklich erklärt werden muß, sondern auch im Wiedereinsetzungsgesuch selbst liegen kann[51]. Diese Nachholung besteht im Nachbringen des wesentlichen Inhalts des zur Wahrung der versäumten Notfrist usw. erforderlichen Schriftsatzes. Für Klage, Einspruch, Rechtsmittel- und Rechtsmittelbegründungsschriften sowie den Widerspruch sind zu nennen die §§ 253, 340, 518, 519 Abs. 2, 553, 554 Abs. 3, 585, 958, 1042d, 1043. – Wegen der Nachholung einzelner Revisionsrügen nach Ablauf der Begründungsfrist → § 554 Rdnr. 21.   10

Die erforderliche Nachholung der Begründung wird nicht ersetzt durch einen Antrag auf (weitere) Verlängerung der Berufungsbegründungsfrist[52] oder der Revisionsbegründungsfrist[53]. Es muß deshalb die Begründung nachgereicht und hierfür Wiedereinsetzung beantragt werden[54] (→ a. A. Vorauf. Rdnr. 8). Nicht stichhaltig ist das Argument, daß andernfalls die Prozeßpartei gezwungen wäre, eine »rein formelle, nach ihrem sachlichen Gehalt unzulängliche Begründung« einzureichen[55]. Vielmehr sind der Partei besondere Anstrengungen zuzumuten, die Berufungsbegründung in der Frist des § 234 vorzulegen. Ein unzulässiger Verlängerungsantrag kann jedoch in einen Wiedereinsetzungsantrag umgedeutet werden, wenn die erforderliche Nachholung der Prozeßhandlung noch möglich ist.   11

Auch ein Antrag auf Prozeßkostenhilfe ersetzt die Nachholung nicht. Wird nach der Ablehnung eines Prozeßkostenhilfeantrages die Prozeßkostenhilfe auf einen neuen (auf neues Vorbringen gestützten) Antrag bewilligt, so muß die Partei die Prozeßhandlung selbst vor Ablauf der Frist des § 234 vornehmen, also namentlich das Rechtsmittel einlegen oder begründen[56]. Wird allerdings die Prozeßkostenhilfe aufgrund der bereits in dem ersten Antrag vorgebrachten Tatsachen nachträglich bewilligt, so wird anzunehmen sein, daß das in der Mittellosigkeit begründete Hindernis bis zu dem Zeitpunkt der nachträglichen Bewilligung fortgedauert hat. Dadurch wird die Frist des § 234 erst durch den Bewilligungsbeschluß in Lauf gesetzt.   12

Nach Abs. 2 S. 2 muß die versäumte Prozeßhandlung nicht notwendigerweise gleichzeitig mit dem Antrag auf Wiedereinsetzung vorgenommen werden. Es reicht aus, wenn beide am   13

---

[48] *OLG Celle* OLGRsp 31, 39.
[49] Ferner *RG* JW 1924, 1986.
[50] *BGH* MDR 1992, 1002, 1003; *BGHR* ZPO § 236 Abs. 2 Satz 1 Glaubhaftmachung 1.
[51] *BVerfG* NJW 1993, 1635, 1636. – Ferner *BGH* VersR 1991, 1270 (Urteil aus der ehemaligen DDR); 1986, 1024, 1025.
[52] *BGH* VersR 1990, 402; 1989, 1317; 1987, 308; 1986, 166; *OLG Karlsruhe* VersR 1990, 915 (13. ZS); ebenso im Arbeitsrecht *LAG Frankfurt a.M.* BB 1991, 351 (LS); a. A. *OLG Karlsruhe* MDR 1987, 240f. (2. ZS).

[53] *BGH* VersR 1991, 1270 (Urteil aus der ehemaligen DDR); 1991, 122; NJW 1988, 3021, 3022; Ausnahmeentscheidung: *BGH* VersR 1965, 289 (bei dem BayObLG eingelegte Revision); ebenso *BAG* NJW 1989, 1181; *BFH* BStBl II 1987, 264; ferner Vorlagebeschluß *BFH* WPg 1985, 308 (LS).
[54] *BGH* NJW 1988, 3021; VersR 1987, 308; 1986, 166.
[55] So für einen Sonderfall *BGH* VersR 1965, 289 (o. Fn 53).
[56] RGZ 149, 379 gegen *RG* JW 1935, 1493.

Schluß der Wiedereinsetzungsfrist des § 234 Abs. 1 vorliegen[57]. Wenn die versäumte Prozeßhandlung schon vor der Stellung des Wiedereinsetzungsantrages vorgenommen oder nachgeholt worden ist, so kann in dem Antrag auf sie ausdrücklich oder konkludent Bezug genommen werden[58]. Die Form entspricht derjenigen der Prozeßhandlung. Soweit danach der Schriftsatz einzureichen ist, wird an den Gegner von Amts wegen zugestellt[59].

14 Bei Nachholung der Berufung oder der Revision beginnt die Begründungsfrist mit dem Zeitpunkt der verspäteten Rechtsmitteleinlegung (→ § 519 Rdnr. 6). Wenn die Zurücknahme eines Rechtsmittels wegen eines Restitutionsgrundes widerrufen wird (→ Rdnr. 226 vor § 128), beginnt die Frist des § 234 Abs. 1 erst mit dem Widerruf[60]. Wenn das Strafverfahren (§ 581) noch nicht beendet ist, kann und muß der Zivilprozeß nach § 149 ausgesetzt werden[61].

IV. Wirkungen des Antrags; Umdeutung

15 Der Antrag auf Wiedereinsetzung hemmt die Zwangsvollstreckung nicht. Es kann jedoch nach § 707 auf Antrag ihre Einstellung angeordnet werden. Der Antrag hindert auch den Eintritt der Rechtskraft nicht (→ § 705 Rdnr. 2).

16 Ein Wiedereinsetzungsantrag kann nicht in eine sofortige Beschwerde umgedeutet werden, weil er nur ein vorbeugender Rechtsbehelf, die Beschwerde jedoch ein Rechtsmittel ist[62].

V. Verfahren in Arbeitssachen

17 § 236 gilt ohne Abweichungen im Verfahren in Arbeitssachen. Ist die Frist für die Kündigungsfeststellungsklage versäumt, so ist der dort vorausgesetzte Antrag zusammen mit der Klage zu stellen (§ 5 Abs. 2 KSchG). Vor Ablauf der Frist von 2 Wochen (§ 5 Abs. 3 KSchG) müssen sowohl Klage wie Antrag bei Gericht vorliegen (→ Rdnr. 10).

§ 237 [Zuständiges Gericht]

Über den Antrag auf Wiedereinsetzung entscheidet das Gericht, dem die Entscheidung über die nachgeholte Prozeßhandlung zusteht.

Gesetzesgeschichte: Bis 1900 § 215 CPO, sachlich unverändert.

I. Gerichtszuständigkeit   1   II. Kündigungsschutzklage   2

I. Gerichtszuständigkeit

1 Zur Entscheidung über den Antrag auf Wiedereinsetzung ist das Gericht zuständig, das im Falle der Fristeinhaltung über die nachzuholende Handlung zu entscheiden haben würde, oder das die Verwerfung eines dieser Rechtsbehelfe wegen Fristversäumung bereits ausgesprochen hat. Die Entscheidungszuständigkeit ist auch dann gegeben, wenn Wiedereinset-

---

[57] *BAG* AP § 233 ZPO Nr. 39; *RGZ* 119, 86, 89.
[58] *BGH* VersR 1992, 1023; *Ball* JurBüro 1992, 653, 662f.; *Johlke* WuB VII A. § 577 ZPO 1.87.
[59] *RGZ* 84, 41, 43.
[60] *BGHZ* 33, 73.
[61] *BGHZ* 33, 73, 76; → auch § 149 Rdnr. 8; insoweit a.A. und für die Unterbrechung der Begründungsfrist analog § 249 *A. Blomeyer* ZPR² § 27 III 1; *Kempf* JZ 1962, 84ff.
[62] *BGH* VersR 1986, 785, 786.

zung nach § 236 Abs. 2 S. 2 HS 2 ohne Antrag zu gewähren ist. Nach der Verwerfung einer Beschwerde ist demnach das Beschwerdegericht und nicht das Gericht der weiteren Beschwerde zuständig[1]. Das höhere Gericht entscheidet jedoch, wenn der Vorderrichter einen Wiedereinsetzungsantrag übergangen hatte und der Rechtsstreit bereits in der höheren Instanz schwebt[2]. Ebenso liegt es im Verfahren der sofortigen Beschwerde nach § 519b Abs. 2[3]. Das Gesagte gilt auch, wenn der Antrag erst gestellt wird, nachdem der Rechtsstreit bereits an das höhere Gericht gelangt ist[4]. Das höhere Gericht ist auch zuständig, wenn die Wiedereinsetzung nach dem Akteninhalt ohne weiteres zu gewähren ist[5]. Die genannten Ausnahmen gelten auch, wenn die Wiedereinsetzung von Amts wegen gewährt wird. – Zur Zuständigkeit des Bayer. Obersten Landesgerichts nach § 7 EGZPO → nach § 1048 Rdnr. 1.

II. Kündigungsschutzklage

Das Arbeitsgericht entscheidet über den Antrag auf Wiedereinsetzung gegen die Versäumung der Frist zur Erhebung der Kündigungsschutzklage durch Beschluß (→ näher § 233 Rdnr. 57 ff.)[6]. Gegen den Beschluß ist die sofortige Beschwerde unabhängig davon zulässig, ob dem Antrag stattgegeben oder ob er abgelehnt wird (§ 5 Abs. 4 S. 2 KSchG). 2

§ 238 [Verfahren, Entscheidung, Kosten]

(1) Das Verfahren über den Antrag auf Wiedereinsetzung ist mit dem Verfahren über die nachgeholte Prozeßhandlung zu verbinden. Das Gericht kann jedoch das Verfahren zunächst auf die Verhandlung und Entscheidung über den Antrag beschränken.
(2) Auf die Entscheidung über die Zulässigkeit des Antrags und auf die Anfechtung der Entscheidung sind die Vorschriften anzuwenden, die in diesen Beziehungen für die nachgeholte Prozeßhandlung gelten. Der Partei, die den Antrag gestellt hat, steht jedoch der Einspruch nicht zu.
(3) Die Wiedereinsetzung ist unanfechtbar.
(4) Die Kosten der Wiedereinsetzung fallen dem Antragsteller zur Last, soweit sie nicht durch einen unbegründeten Widerspruch des Gegners entstanden sind.

Gesetzesgeschichte: Bis 1900 § 216 CPO. Änderungen → Einl. Rdnr. 115, 133; neuer Abs. 3 eingefügt mit Wirkung vom 1.7.1977 durch die Vereinfachungsnovelle (→ Einl. Rdnr. 159) vom 3.12.1976, BGBl. I 3218; Abs. 3 wurde Abs. 4.

I. Verfahren		4. Entscheidungen des Revisionsgerichts	12
1. Grundsätze	1		
2. Prüfung von Amts wegen	2	5. Bindungswirkung der Wiedereinsetzung (Abs. 3)	13
II. Verhandlung und Entscheidung	3	6. Zeitpunkt; Lauf der Berufungsbegründungsfrist	14
1. Entscheidung durch Urteil	5		
2. Entscheidung durch Beschluß	7		
3. Bereits verworfenes Rechtsmittel	10		

---

[1] *RGZ* 42, 367f.; *LAG Nürnberg* LAGE § 237 ZPO Nr. 1.
[2] *BGHZ* 7, 280, 283 m. krit. Anm. *Wulkop* NJW 1953, 504; *BGH* FamRZ 1989, 1064, 1066; *BFH* DStR 1978, 344.
[3] *BGH* FamRZ 1989, 1064, 1066.
[4] *BGH* NJW 1953, 622 mit Anm. *Lersch* LM § 310 ZPO Nr. 1; *BGH* NJW 1980, 1168; *BAG* AP § 236 ZPO Nr. 3 (offenlassend) mit Anm. *Wieczorek; BFH* DStR 1970, 209 (LS); *Bötticher* gegen *LAG Mannheim* AP 52 Nr. 34; anders *MünchKommZPO/Feiber* (1992) Rdnr. 5.
[5] *BGH* NJW 1982, 1873.
[6] Zur Wirkung des Beschlusses siehe *Dahns* RdA 1952, 140, 141.

III. Versäumnisverfahren
1. Säumnis des Antragsgegners   15
2. Säumnis des Antragstellers   16
3. Wiedereinsetzung durch Beschluß bei Versäumung der Einspruchsfrist; Anwendungsbereich des § 568a   18
IV. Kosten (Abs. 4)   20
V. Verfahren in Arbeitssachen   21

I. Verfahren

1. Grundsätze

1   Das Verfahren über den Antrag auf Wiedereinsetzung führt zu der Entscheidung, ob die sachlichen und formellen Voraussetzungen vorliegen, unter denen die Nachholung der versäumten Prozeßhandlung ausnahmsweise gestattet ist (§ 236 Abs. 2). Deshalb folgt es nach Abs. 2 denselben Regeln wie das Verfahren über die nachgeholte Prozeßhandlung. Die Entscheidung nach § 238 Abs. 2 ergeht regelmäßig aufgrund mündlicher Verhandlung (→ näher § 128 Rdnr. 9). Dagegen ist die mündliche Verhandlung fakultativ im Falle der Berufung, der Revision, der sofortigen Beschwerde und der Erinnerung gegen den Kostenfestsetzungsbeschluß (§§ 519b Abs. 2, 554a Abs. 2, 573, 104, 107). Der Termin zur mündlichen Verhandlung wird von Amts wegen bestimmt (§§ 216, 497). Ist der Antrag auf Wiedereinsetzung nicht mit diesen Schriftsätzen verbunden (§ 236 Abs. 2), so muß er dem Gegner in analoger Anwendung der §§ 340a, 498 mit der Bekanntmachung des Termins oder der Ladung von Amts wegen zugestellt werden. Unzulässig ist die Gewährung der Wiedereinsetzung ohne Anhörung des Gegners (→ Rdnr. 21 vor § 128). Sie bedeutet einen Verstoß gegen das Recht auf Gehör (Art. 103 Abs. 1 GG)[1].

2. Prüfung von Amts wegen

2   Die Zulässigkeit des Antrags (Abs. 2) (→ § 233 Rdnr. 27ff.) ist in allen Fällen von Amts wegen zu prüfen. Für den Einspruch, die Rechtsmittel und die Wiederaufnahmeklagen ist das ausdrücklich in den §§ 341, 519b, 554a, 574, 589 vorgeschrieben. In den übrigen Fällen der §§ 104, 1042d, 1043 folgt das aus den rechtlichen Eigenschaften der Notfrist (→ § 223 Rdnr. 49), insbes. aus den §§ 224, 251 Abs. 1 S. 2[2]. Die Prüfung erstreckt sich sowohl auf das Vorliegen eines der Wiedereinsetzungsgründe des § 233 wie auch auf die Wahrung der vorgeschriebenen Formen (§ 236) und Fristen (§ 234), einschließlich der Glaubhaftmachung der dafür maßgebenden Tatsachen (→ § 236 Rdnr. 8f.). Weder die Zulässigkeitsvoraussetzungen (→ § 233 Rdnr. 27ff.) noch die Wiedereinsetzungsgründe unterliegen der Parteidisposition. Geständnis oder Verzicht nach § 295 sind ausgeschlossen. Grundsätzlich ist die Beschränkung auf den Inhalt des Schriftsatzes und das bis Fristablauf (§ 234 Abs. 1) Vorgebrachte zu beachten (→ § 236 Rdnr. 5).

II. Verhandlung und Entscheidung

3   Das Verfahren über den Antrag auf Wiedereinsetzung (sog. iudicium rescindens) kann nach freier Wahl des Gerichts nach Abs. 1 S. 1 mit dem Verfahren über die nachgeholte Prozeßhandlung (sog. iudicium rescissorium), d. h. mit der Prüfung ihrer Zulässigkeit (abgesehen von der durch die Wiedereinsetzung erledigten Rechtzeitigkeit) und der Verhandlung der Sache selbst verbunden werden[3]. Nach Abs. 1 S. 2 kann das Gericht aber auch die Verhandlung

---

[1] Vgl. → Rdnr. 13.
[2] *BGH* LM § 234 ZPO Nr. 1 und oft, → § 559 Rdnr. 8.
[3] Etwa *BVerwG* NJW 1991, 2096, 2097.

zunächst auf die Wiedereinsetzung beschränken (§ 146). Solange die Frist des § 234 Abs. 1 noch nicht verstrichen ist, können neue Mittel der Glaubhaftmachung auch noch mit der Beschwerde vorgebracht werden (→ § 236 Rdnr. 9)[4]. Neue Wiedereinsetzungsgründe können nicht nachgeschoben werden (→ § 236 Rdnr. 5), wogegen Erläuterungen und Ergänzungen möglich sind (→ § 236 Rdnr. 7).

Die Wiedereinsetzung darf nicht deshalb versagt werden, weil das Begehren des Antragstellers in der Sache selbst unbegründet ist[5]. Vor Erledigung der Wiedereinsetzung darf eine sachliche Entscheidung nicht ergehen[6]. Deshalb ist die Verwerfung einer Berufung wegen Versäumung der Berufungsbegründungsfrist fehlerhaft, wenn nicht zuvor über einen entsprechenden Antrag auf Wiedereinsetzung entschieden worden ist. Bei der Beschränkung nach Abs. 1 S. 2 muß zunächst über den Wiedereinsetzungsantrag befunden werden[7]. Doch kann diese Beschränkung nachträglich wieder aufgehoben werden. Die Verhandlung der Sache selbst hat daher im Falle der Verbindung nach Abs. 1 S. 1 nur bedingte Bedeutung. Eine jetzt erhobene Widerklage wird daher bei einer Abweisung des Antrages hinfällig. Der Gegner ist aber nicht etwa befugt, bis zur Entscheidung über die Wiedereinsetzung die Einlassung zur Sache zu verweigern. 4

1. Entscheidung durch Urteil

Nach § 238 Abs. 2 ist in den Fällen einer obligatorischen mündlichen Verhandlung (z. B. § 586 Abs. 1, § 585, → Rdnr. 1) durch Urteil zu entscheiden[8]. Wird dem Antrag ohne Entscheidung in der Sache stattgegeben, so liegt ein Zwischenurteil nach § 303 vor, an das das erkennende Gericht[9] und das Rechtsmittelgericht[10] gebunden sind. Wird der Antrag zurückgewiesen, so handelt es sich um ein Endurteil, wenn in der Sache schon entschieden war. In diesem Falle wird dem Ergebnis nach ausgesprochen, daß es wegen Versäumung der Notfrist bei dem angefochtenen Urteil verbleibt[11]. War in der Sache selbst dagegen noch nicht entschieden, so tritt Entscheidungsreife ein, sobald sich der Wiedereinsetzungsantrag als unzulässig oder als unbegründet erweist. Es sollte daher grundsätzlich nur über diesen Antrag und die Sache selbst gleichzeitig entschieden werden[12]. 5

Wird über die Wiedereinsetzung in Verbindung mit dem Verfahren über die nachgeholte Prozeßhandlung entschieden, so geschieht das in den Gründen des zur Sache ergehenden Endurteils. Eines Ausspruches in der Entscheidungsformel bedarf es nicht[13]. 6

2. Entscheidung durch Beschluß

Wenn die mündliche Verhandlung fakultativ ist (→ Rdnr. 1), wird durch Beschluß über den Antrag entschieden. Der Beschluß muß ausdrücklich ergehen und kann nicht aus einem Beweisbeschluß entnommen werden[14]. In den Fällen von § 519b und § 554a hat der dem Wiedereinsetzungsantrag stattgebende Beschluß die gleiche Wirkung wie ein denselben 7

---

[4] A.A. BAG AP § 234 ZPO Nr. 5.
[5] Vgl. BGHZ 8, 284; BGH VersR 1991, 1270 läßt offen, wenn die Prozeßhandlung als solche nicht statthaft ist.
[6] BGH VersR 1985, 1143 (LS).
[7] OLG Zweibrücken MDR 1985, 771.
[8] RGZ 131, 261, 263; OLG Hamburg SeuffArch 56 (1901), 371; wegen der Anfechtung eines unzulässigen Beschlusses → Rdnr. 23 ff. Allg. Einl. vor § 551.
[9] Nach § 318.
[10] BVerfGE 53, 109, 114.
[11] Abweichend *Volkmar* RdA 1951, 292, 293.
[12] S. *Pohle* AP § 232 ZPO Nr. 6; BAG AP § 300 ZPO Nr. 1 will das Zwischen- in ein Endurteil umdeuten; krit. dazu *Wieczorek* aaO; A. *Blomeyer* ZPR² § 27 III 4b; zum Recht des Gegners auf Gehör *BVerfGE* 8, 253, 255.
[13] S. auch RGZ 67, 186, 190; RG JW 1925, 1021, 1022.
[14] LG Düsseldorf NJW 1950, 547 m. zust. Anm. *Lent*.
[15] Ebenso für die frühere Rechtslage BVerfGE 8, 253, 255; RGZ 125, 68; BGH NJW 1954, 880.

Ausspruch enthaltendes Zwischenurteil (→ Rdnr. 5). Der Beschluß bindet das Gericht (§ 238 Abs. 3)[15] und unterliegt nicht der Beschwerde[16]. In der Rechtsmittelinstanz ist ein Nachschieben neuer weiterer Tatsachen (§ 236 Abs. 2) nicht mehr möglich[17]. Zulässig bleiben aber Erläuterungen oder Ergänzungen von Angaben (→ § 236 Rdnr. 7).

8   Der die Wiedereinsetzung in die Frist für die sofortige Beschwerde (§ 577 Abs. 2), die befristete Beschwerde (§ 621 e Abs. 3) sowie die befristete Erinnerung gegen den Kostenfestsetzungsbeschluß (§ 104 Abs. 3) versagende Beschluß ist mit der (weiteren) sofortigen Beschwerde anfechtbar, sofern nicht § 567 Abs. 3, 4; § 568 Abs. 3 entgegenstehen. Im Beschlußverfahren des § 721 ist wegen § 568 Abs. 2 S. 1 eine sofortige weitere Beschwerde unstatthaft[18].

9   Ferner findet die sofortige Beschwerde statt, wenn ein Oberlandesgericht eine Berufung nach § 519b Abs. 2 durch Beschluß als unzulässig verwirft (§§ 547, 567 Abs. 4 S. 2). Unanfechtbar sind aber Beschlüsse, wenn das Landgericht als Berufungsgericht entschieden hat (§ 567 Abs. 3 S. 1 i. V. mit § 238 Abs. 2)[19]. Die sofortige Beschwerde ist auch gegeben, wenn das Oberlandesgericht den Antrag auf Wiedereinsetzung versagt (§ 519b Abs. 2)[20]. Unanfechtbar sind Entscheidungen der Oberlandesgerichte bei Arrest und einstweiliger Verfügung (§ 545 Abs. 2 S. 1)[21] oder in den in § 545 Abs. 2 S. 2 genannten Enteignungs- und Umlegungsverfahren[22].

3. Bereits verworfenes Rechtsmittel

10 War das Rechtsmittel vor der Anbringung des Wiedereinsetzungsantrages bereits verworfen worden, so wird durch die im Wege von Urteil oder Beschluß ausgesprochene Wiedereinsetzung der Verwerfungsbeschluß ohne weiteres unwirksam[23]. Im Verfahren der sofortigen Beschwerde gegen den Beschluß nach § 519b Abs. 2, mit dem die Berufung als unzulässig verworfen worden ist, ist die Frage der Wiedereinsetzung nicht zu prüfen. Anders liegt es, wenn im »kombinierten« Beschluß zugleich die Wiedereinsetzung abgelehnt wurde. Vielmehr muß der gesonderte Beschluß, durch den die Wiedereinsetzung versagt worden ist, mit den dazu statthaften Rechtsmitteln angegriffen werden (§ 238 Abs. 2, § 519b Abs. 2)[24]. Bei »kombinierten« Beschlüssen kann das Rechtsmittel wohl nicht allein auf die Ablehnung der Wiedereinsetzung beschränkt werden[25]. Die Rechtskraft wird rückwirkend i. d. S. gehemmt[26], daß die Rechtsfolgen der zunächst eingetretenen Rechtskraft mit rückwirkender Kraft entfallen[27]. Ein besonderer dahingehender Ausspruch ist nicht notwendig, aber vielfach zur Klarstellung zweckmäßig[28]. Nach erteilter Wiedereinsetzung ist für eine Beschwerde gegen die gegenstandslos gewordene Entscheidung kein Raum[29].

11 Ist aber dem Berufungskläger Wiedereinsetzung in den vorigen Stand versagt worden, so kann diese Entscheidung nicht mehr überprüft werden, wenn er nicht auch gegen sie, sondern allein gegen die Verwerfung der Berufung als unzulässig Beschwerde eingelegt hat und die Beschwerdefrist verstrichen ist[30].

---

[16] Zu ablehnenden Entscheidungen → Rdnr. 8f.
[17] S. → § 236 Rdnr. 5.
[18] *OLG Celle* DWW 1991, 337.
[19] *OLG Karlsruhe* Die Justiz 1987, 185; auch *OLG Koblenz* JurBüro 1988, 1229 (Strafrecht).
[20] BGHZ 21, 142, 147.
[21] Dazu *BGH* LM § 238 ZPO Nr. 1; NJW 1984, 2368.
[22] Dazu *Baumbach/Lauterbach/Hartmann*[51] Rdnr. 12.
[23] *BGH* NJW-RR 1992, 1278, 1279; LM § 519b ZPO Nr. 9.

[24] *BGH* NJW 1982, 887.
[25] *OLG Köln* NJW-RR 1990, 894.
[26] *OLG Kassel* MDR 1950, 685, → § 705 Rdnr. 4 ff.
[27] BGHZ 98, 325, 328 m. Anm. *Vollkommer* JR 1987, 225; *BGH* NJW 1992, 1898, 1899.
[28] RGZ 127, 287f.; 139, 1; *Volkmar* RdA 1951, 292, 294.
[29] RGZ 127, 287.
[30] *BGH* R ZPO § 238 Abs. 2 Satz 1 Anfechtung 2.

4. Entscheidungen des Revisionsgerichts

Ein Beschluß des Revisionsgerichts, mit dem die Wiedereinsetzung in den vorigen Stand verweigert wird, ist unabänderlich. Es findet weder ein förmliches Rechtsmittel noch auch eine Gegenvorstellung statt[31]. 12

5. Bindungswirkung der Wiedereinsetzung (Abs. 3)

§ 238 Abs. 3 schließt zum einen die Anfechtung der eine Wiedereinsetzung gewährenden Entscheidung durch den Prozeßgegner aus. Darüber hinaus unterliegt die Entscheidung überhaupt nicht der Nachprüfung durch die höhere Instanz und ist für das entscheidende Gericht wie für das Rechtsmittelgericht schlechthin bindend. Das gilt auch im Rahmen einer Entscheidung zur Hauptsache[32]. Ist aber über die Wiedereinsetzung durch Beschluß anstatt wie richtig aufgrund einer mündlichen Verhandlung durch Urteil entschieden worden, so ist die Beschwerde statthaft[33]. Im übrigen greift Abs. 3 aber unabhängig davon ein, ob die Entscheidung durch Zwischenurteil, Endurteil, Versäumnisurteil, Aktenlageentscheidung oder durch Beschluß ergangen ist. Doch wird man bei Verstößen gegen Art. 103 Abs. 1 GG eine Anfechtbarkeit mit zivilprozessualen Rechtsbehelfen bejahen müssen[34]. Die Verfassungsbeschwerde steht zudem gegen einen Wiedereinsetzungsbeschluß offen[35]. Eine Sonderregelung enthält § 22 Abs. 2 S. 3 FGG[36]. 13

6. Zeitpunkt; Lauf der Berufungsbegründungsfrist

Der Zeitpunkt der Entscheidung über den Wiedereinsetzungsantrag ist für die nachgeholte Prozeßhandlung ohne Bedeutung. Die Rechtsmittelbegründungsfrist beginnt daher mit der nachgeholten Rechtsmitteleinlegung, nicht etwa erst mit dem die Wiedereinsetzung zulassenden Beschluß[37]. Wird daher nach verspäteter Berufungseinlegung innerhalb der Berufungsbegründungsfrist weder das Rechtsmittel verworfen noch über den wegen der Fristversäumung gestellten Wiedereinsetzungsantrag entschieden, so wird der Ablauf der Berufungsbegründungsfrist nicht berührt, wenn diesem Antrag später stattgegeben wird[38]. 14

III. Versäumnisverfahren

1. Säumnis des Antragsgegners

Ist die mündliche Verhandlung obligatorisch (→ Rdnr. 1) und versäumt der Gegner des Antragstellers den Termin zur Verhandlung über den Wiedereinsetzungsantrag, so hat das Gericht den Antrag einschließlich der Glaubhaftmachung von Amts wegen zu prüfen. Ergibt sich dabei ein Mangel, so wird der Antrag durch kontradiktorisches Endurteil und nicht durch Versäumnisurteil nach § 331 Abs. 2 abgewiesen. Ist dagegen der Antrag zulässig und begründet, so ist je nach dem gestellten Antrag des Erschienenen gegen den säumigen Gegner ein Versäumnisurteil zu erlassen oder eine Entscheidung nach Lage der Akten zu fällen (§§ 330 ff.; 542). Die Wiedereinsetzung ist dann in den Gründen des Urteils auszusprechen. 15

---

[31] *BGHR* ZPO § 237 Gegenvorstellung 1.
[32] *BGHR* ZPO § 238 Abs. 3 Nachprüfbarkeit 1; *LG Köln* WuM 1990, 160.
[33] *OLG Düsseldorf* MDR 1984, 763; offengelassen durch *BGHR* ZPO § 238 Abs. 3 Nachprüfbarkeit 1.
[34] *OLG Frankfurt a. M.* JurBüro 1981, 302.
[35] Vgl. *BVerfGE* 8, 253, 255 f.; 53, 109, 113 f.
[36] Dazu *Demharter* EWiR 1992, 631 (zum aktienrechtlichen Spruchstellenverfahren) (zu einer Entscheidung des *OLG Düsseldorf*).
[37] *RG* JW 1937, 1666; *BGHZ* 98, 325, 328 f.; *BGH* VersR 1986, 892.
[38] *BGH* NJW 1989, 1155 m. zust. Anm. V. *Wagner* in Abgrenzung zu *BVerfGE* 74, 220, 224.

2. Säumnis des Antragstellers

16 Ist der Antragsteller selbst im Termin säumig, so ist der Wiedereinsetzungsantrag auf Antrag des Gegners durch Versäumnisurteil abzuweisen (arg. § 330). Wegen § 238 Abs. 2 S. 2 findet dagegen nicht der Einspruch, sondern nur unter den Voraussetzungen des § 513 Abs. 2, § 566 die Berufung oder Revision statt[39]. Gleichgültig ist es, ob das Urteil ausdrücklich über den Antrag entscheidet oder lediglich das Rechtsmittel verwirft.

17 In den Fällen der §§ 104, 577 gelten auch im Versäumnisfalle die in → § 128 Rdnr. 21 ff. dargestellten Regeln der fakultativ mündlichen Verhandlung.

3. Wiedereinsetzung durch Beschluß bei Versäumung der Einspruchsfrist; Anwendungsbereich des § 568 a

18 Für den Rechtsbehelf des Einspruchs kann vorab durch gesonderte Entscheidung dessen Zulässigkeit bejaht werden. Über einen Wiedereinsetzungsantrag kann ohne mündliche Verhandlung durch Beschluß entschieden werden. Das gilt vor allem auch bei Versäumung der Einspruchsfrist[40].

19 Weist ein Oberlandesgericht die sofortige Beschwerde gegen die Zurückweisung eines Wiedereinsetzungsantrages wegen Versäumung der Einspruchsfrist gegen ein Versäumnisurteil durch Beschluß zurück, so ist nach § 568 a i.V.m. § 238 Abs. 2 S. 1 die weitere sofortige Beschwerde nur statthaft, wenn gegen ein Urteil gleichen Inhalts die Revision statthaft wäre[41].

IV. Kosten (Abs. 4)

20 Der Antragsteller trägt nach § 238 Abs. 4 die Kosten der Wiedereinsetzung, auch wenn er in der Hauptsache obsiegt. Die Norm entspricht der Regelung des § 344. Abs. 4 gilt auch für ein etwaiges Beschwerdeverfahren[42]. Die Kostentragungspflicht entfällt aber, wenn der Gegner deshalb mit den Kosten belastet wird, weil er die Klage zurückgenommen hat (§ 269 Abs. 3 S. 2). Nach Abs. 4 trägt der Antragsteller auch dann nicht die Kosten, wenn der Gegner der Wiedereinsetzung unbegründet widersprochen hat[43]. Durch den Antrag auf Wiedereinsetzung entstehen keine besonderen Gerichtsgebühren. In der Regel entstehen auch keine besonderen Anwaltsgebühren[44].

V. Verfahren in Arbeitssachen

21 § 238 ZPO gilt für das Verfahren in Arbeitssachen entsprechend (§ 46 Abs. 2, § 64 Abs. 6, § 72 Abs. 5 ArbGG). § 77 ArbGG kennt jedoch die Revisionsbeschwerde. Danach ist die sofortige Beschwerde gegen den die Wiedereinsetzung versagenden Beschluß des Landesarbeitsgerichts nur gegeben, wenn sie in dem Beschluß zugelassen ist.

---

[39] *RGZ* 140, 77; *BGH* NJW 1969, 845.
[40] Zutr. *Demharter* NJW 1986, 2754 f.
[41] *BGH* DtZ 1992, 84.
[42] *OLG Frankfurt a.M.* NJW 1987, 334; *OLG Hamm* MDR 1982, 501.
[43] Dazu *OLG Düsseldorf* HRR 1941, Nr. 821.
[44] *OLG München* Rpfleger 1956, 27.

Fünfter Titel

Unterbrechung und Aussetzung des Verfahrens

Vorbemerkungen

I. Formen des Verfahrensstillstandes	
1. Anwendungsbereich	1
2. Bedeutung	4
3. Unterbrechung	5
a) Tod u. a.	6
b) Konkurseröffnung	7
c) Stillstand der Rechtspflege	8
d) Tod des Anwalts u. a.	9
e) Gerichtliche Entscheidungen	10
4. Aussetzung	14
5. Ruhen des Verfahrens	18
6. Tatsächlicher Stillstand	19
7. Gesetzlicher Parteiwechsel – Verhältnis der §§ 239 ff. zu § 265	
a) Tod der natürlichen Partei	
aa) Gesetzlicher Parteiwechsel	20
bb) Prozeßaufnahme durch den angeblichen Rechtsnachfolger	22
b) Untergang einer juristischen Person u. a.	23
c) Analoge Anwendung und deren Grenzen	24
II. Wirkungen und Beendigung des Stillstandes	28
III. Prozesse mit Auslandsbeziehungen	29
IV. Unterbrechungs- und Aussetzungsschlüssel	30

Stichwortverzeichnis → *Unterbrechungs- und Aussetzungsschlüssel* in Rdnr. 30.

I. Formen des Verfahrensstillstandes

1. Anwendungsbereich

Der Fünfte Titel (§§ 239–252) regelt die gesetzlichen Voraussetzungen und Wirkungen des rechtlichen Verfahrensstillstandes (zum tatsächlichen Stillstand → Rdnr. 4, 19), seine zeitlichen Grenzen, gestaltet die einzelnen prozeßrechtlichen Institute näher aus und bestimmt die Anfechtbarkeit der ergehenden richterlichen Entscheidungen. 1

Die Vorschriften des Fünften Titels sind der Modellvorstellung des Gesetzgebers nach ausgerichtet auf das Verfahren mit obligatorischer mündlicher Verhandlung. Sie finden daher in allen Rechtszügen für Urteilsverfahren jeder Prozeßart Anwendung. Daneben gelten sie mit Ausnahme des § 251a, der nur im Urteilsverfahren zum Tragen kommt, auch für Verfahren mit fakultativ mündlicher Verhandlung. Zu nennen sind insbesondere das Beschwerdeverfahren (→ § 573 Rdnr. 1), das Kostenfestsetzungsverfahren (→ § 103 Rdnr. 2), das Verfahren über die Erinnerung gegen den Kostenansatz nach § 5 GKG, den Arrest und die einstweilige Verfügung (→ Rdnr. 36 vor § 916) sowie das selbständige Beweisverfahren (§ 485). Im Festsetzungsverfahren des § 19 BRAGO sind die Vorschriften des Fünften Titels entsprechend anwendbar[1]. Angewendet wurde § 239 mit Recht ferner im Verfahren des § 890[2]. § 779 wird dadurch verdrängt. Die §§ 239 ff. gelten sinngemäß auch für das Verfahren über den Versorgungsausgleich[3]. Daneben spielen die Normen eine Rolle im Festsetzungsverfahren nach § 642a, wenn der Kindesvater nach Erlaß des Grundtitels verstorben ist[4], und im Falle des § 642 b[5]. Einzelheiten der Anwendung im Mahnverfahren sind dargestellt in → § 693 Rdnr. 14 f. und im schiedsgerichtlichen Verfahren in → § 1034 Rdnr. 39. 2

---

[1] *OLG Hamm* JurBüro 1975, 1465.
[2] *OLG Hamm* WRP 1985, 573; aber → Fn. 6.
[3] *BGH* FamRZ 1984, 467, 469 (§ 246).
[4] *DIV-Gutachten* DAVorm 1991, 385 (aber offenlassend).
[5] *DIV-Gutachten* ZfJ 1986, 19.

Dagegen gelten die Vorschriften des Fünften Titels nicht in der Zwangsvollstreckung[6]. Dort ist die Einstellung selbständig und speziell geregelt (→ Rdnr. 74 ff. vor § 704, → § 249 Rdnr. 5, → § 148 Rdnr. 9). Ferner gelten die Normen nicht im Prozeßkostenhilfeverfahren[7]. Ebensowenig kommen die Vorschriften zur Anwendung im Verfahren der Notarkostenbeschwerde nach § 156 KostO[8].

3   Der Fünfte Titel gilt für das Verfahren in Arbeitssachen entsprechend (§ 46 Abs. 2, § 64 Abs. 6, § 72 Abs. 5 ArbGG). Die sich ergebenden Besonderheiten sind dargestellt in → § 244 Rdnr. 23 ff.

2. Bedeutung

4   Die ZPO kennt einen Stillstand des Verfahrens bei Fortdauer seiner Rechtshängigkeit[9] in den drei Formen der Unterbrechung, der Aussetzung und des Ruhens (rechtlicher Verfahrensstillstand). Dazu tritt als vierte Form der rein tatsächliche Verfahrensstillstand (→ Rdnr. 19). Gemeinsame Voraussetzung ist stets, daß der Rechtsstreit rechtshängig und nicht schon rechtskräftig beendet ist (→ § 64 Rdnr. 4 ff.)[10]. Wenn Wiedereinsetzung in den vorigen Stand gewährt wird, so treten die Rechtsfolgen der Rechtskraft rückwirkend außer Kraft (→ § 238 Rdnr. 10).

3. Unterbrechung

5   Unterbrechung bedeutet den Verfahrensstillstand kraft Gesetzes, der unabhängig von deren Willen oder der Kenntnis der Parteien und des Gerichts eintritt. Meistens ist sie angeordnet, weil eine Partei dem Gegner unverteidigt gegenübersteht. Es handelt sich um folgende Fälle:

a) Tod u. a.

6   Eine Unterbrechung tritt ein in den Fällen des Todes (wegen der juristischen Personen → § 239 Rdnr. 5 ff.), des Verlustes der Prozeßfähigkeit, des Wegfalles des gesetzlichen Vertreters einer Partei sowie bei der Anordnung einer Nachlaßverwaltung und bei dem Eintritt der Nacherbfolge, sofern der Prozeß nicht durch einen Bevollmächtigten geführt wird (§§ 239, 241, 242, 246).

b) Konkurseröffnung

7   Der Prozeß wird mit Konkurseröffnung unterbrochen, wenn er die Konkursmasse (§ 240 ZPO) oder nach § 13 AnfG die Anfechtung von Rechtshandlungen außerhalb des Konkurses betrifft. Anders liegt es bei der Eröffnung des Vergleichsverfahrens (→ § 240 Rdnr. 2). Eine vergleichbare Regelung ist in § 240 ZPO n. F. nach dem Entwurf eines Einführungsgesetzes zur Insolvenzordnung enthalten (BT-Drucks. 12/3803 vom 24.11.1992, 17). Eine Unterbrechung sieht auch § 17 AnfG n. F. i. d. F. des Entwurfes eines Einführungsgesetzes zur Insolvenzordnung a. a. O. 13 vor.

---

[6] *OLG Hamm* JMBlNRW 1963, 132; aber → Fn. 2.
[7] *OLG Koblenz* AnwBl 1989, 178 (§ 240); *Thomas/Putzo*[18] Vorbem. § 239 Rdnr. 1.
[8] *KG* MDR 1988, 329 (§ 240).
[9] Unrichtig *BGHZ* 92, 251, 256 f.
[10] Vgl. *OLG Rostock* SeuffArch 72 (1917), 137.

c) Stillstand der Rechtspflege

Zu einer Unterbrechung kommt es ferner, wenn die gerichtliche Tätigkeit infolge eines Krieges oder wegen sonstiger Ereignisse aufhört (§ 245).

8

d) Tod des Anwalts u. a.

Im Anwaltsprozeß tritt eine Unterbrechung ein im Falle des Todes des Anwalts oder des Verlustes seiner Fähigkeit, die Vertretung der Partei fortzuführen (→ § 244 Rdnr. 1). – Für das arbeitsgerichtliche Verfahren → § 244 Rdnr. 23 ff.

9

e) Gerichtliche Entscheidungen

Die Wirkungen der Unterbrechung treten kraft Gesetzes ein (→ Rdnr. 5). Es ist deshalb kein Raum für eine sie anordnende rechtsgestaltende gerichtliche Entscheidung. Solange kein Streit besteht, ist auch kein Anlaß für einen feststellenden Richterspruch gegeben. Stellt das Gericht z. B. im Wege des Beschlusses fest, daß eine Unterbrechung eingetreten ist, so liegt darin regelmäßig nur eine unverbindliche unanfechtbare Meinungsäußerung des Gerichts, über die es sich ohne weiteres hinwegsetzen kann, wenn sie sich als unrichtig herausstellt[11]. Zur Vermeidung von Mißverständnissen empfiehlt sich freilich eine ausdrückliche Aufhebung des Beschlusses[12].

10

Streiten die Parteien darüber, ob eine Unterbrechung eingetreten ist oder nicht, so wird dagegen eine gerichtliche Entscheidung erforderlich. Sie ergeht regelmäßig aufgrund mündlicher Verhandlung[13], soweit nicht ausnahmsweise ein schriftliches Verfahren nach § 128 Abs. 2, 3 oder das vereinfachte Verfahren nach § 495a stattfindet. § 248 gilt hier nicht und es darf regelmäßig nicht die Terminsbestimmung abgelehnt werden, weil das Gericht Unterbrechung annimmt (→ § 216 Rdnr. 23). Die Entscheidung ergeht als Zwischenurteil[14].

11

Entgegen den sonst zu § 303 geltenden Grundsätzen ist das Zwischenurteil anfechtbar, wenn das Gericht eine Unterbrechung annimmt. Andernfalls versagte man einer Partei Rechtsschutz auf unbestimmte Zeit oder sogar für immer. Deshalb müssen der beschwerten Partei gegen das die Unterbrechung bejahende Zwischenurteil die gleichen Rechtsmittel wie gegen ein Endurteil zustehen. Diese sind sogar gegen Zwischenurteile nach § 280 gegeben[15]. Unrichtig ist es, eine Entscheidung durch Beschluß zu befürworten, der mit der einfachen Beschwerde analog § 252 anzufechten ist[16].

12

Verneint das Gericht die Unterbrechung, so ist ein Zwischenurteil zwar nicht gesetzlich verboten, aber regelmäßig unzweckmäßig. Vielmehr ist das Verfahren z. B. durch Terminsbestimmung fortzusetzen und die Entscheidung zur Fortsetzung in den Gründen des Endurteils zu treffen. Ein gleichwohl ergehendes Zwischenurteil kann nach §§ 512, 548 erst mit dem Endurteil angefochten werden[17]. Wird das Verfahren bei verneinter Unterbrechung – wie richtig – schlicht fortgeführt, so sind die einzelnen gerichtlichen Entscheidungen, wie z. B. die Terminsbestimmung, nicht gesondert mit der Beschwerde anfechtbar. Vielmehr kann lediglich die Entscheidung in der Hauptsache angefochten werden[18]. – Wegen des Streits über die Aufnahme → § 239 Rdnr. 25.

13

---

[11] Etwa BAG AP § 239 ZPO Nr. 1 m. Anm. *Baumgärtel.*
[12] Die Parteien genießen aber im Säumnisfall Vertrauensschutz: *Baumgärtel* (vorige Fn.).
[13] OLG Königsberg HRR 1930 Nr. 2107.
[14] BGHZ 82, 209, 218; OLG Celle MDR 1967, 311; *Baumbach/Lauterbach/Hartmann*[51] Übersicht vor § 239 Rdnr. 4; *Zöller/Greger*[18] Vor § 239 Rdnr. 4.

[15] Im Ergebnis ebenso *Wieczorek*[2] § 239 Bem. F I.
[16] So aber *Rosenberg/Schwab/Gottwald*[15] § 126 VI; *MünchKommZPO/Feiber* (1992) § 239 Rdnr. 21; wohl auch RGZ 16, 339, 340; 32, 428.
[17] Anscheinend nehmen BAG AP § 239 ZPO Nr. 1 und *Baumgärtel* aaO Wirkungslosigkeit an.
[18] *MünchKommZPO/Feiber* (1992) § 239 Rdnr. 21; a. A. → Voraufl. Rdnr. 8.

4. Aussetzung

14   Die Aussetzung des Verfahrens oder der Verhandlung bedeutet den Verfahrensstillstand kraft richterlicher Anordnung. Es meint keinen sachlichen Unterschied, wenn das Gesetz in den §§ 148 ff. die Aussetzung der Verhandlung, dagegen in den §§ 246 ff. diejenige des Verfahrens vorsieht. Ein geringfügiger Unterschied ergibt sich bei der Beschwerde (→ § 252 Rdnr. 5 ff.). Jede Aussetzung des Verfahrens kann zu einer Versagung des rechtlichen Gehörs führen. Deshalb ist das Gericht zu einer Aussetzung nur in den gesetzlich bestimmten Fällen befugt. Das Gesagte folgt auch aus der in § 252 gewählten Formulierung »auf Grund anderer gesetzlicher Bestimmungen«[19]. Deshalb ist eine Aussetzung aus Zweckmäßigkeitsgründen ausgeschlossen (→ § 148 Rdnr. 14).

15   Die Aussetzung muß auf Antrag angeordnet werden, wenn die Partei in den Fällen von → Rdnr. 6 durch einen Prozeßbevollmächtigten vertreten war, gleichviel ob es sich um einen Anwalt oder einen Nichtanwalt handelt (§ 246). Ferner muß auf Antrag ausgesetzt werden bei einer präjudiziellen Ehe- oder Familienstandsfrage nach §§ 151–154. Von Amts wegen wird ausgesetzt im Ehescheidungs- und Eheherstellungsprozeß unter den Voraussetzungen von § 614 Abs. 1 und 2. Ferner wird teils von Amts wegen, teils auf Antrag aufgrund besonderer gesetzlicher Vorschriften in den in § 148 aufgeführten Fällen ausgesetzt.

16   Die Aussetzung kann von Amts wegen angeordnet werden, wenn die Partei durch Krieg oder aus ähnlichen Gründen von dem Verkehr mit dem Prozeßgericht abgeschnitten ist (§ 247). Ebenso liegt es im Falle der Präjudizialität eines anderen Zivil-, Straf- oder Verwaltungsverfahrens (§§ 148, 149) sowie im Aufgebotsverfahren (§ 953). Bei der Hauptintervention kann es zur Aussetzung auf Antrag kommen (§ 65).

17   § 15 Nr. 1 EGZPO, der die landesgesetzlichen Vorschriften über die Einstellung des Verfahrens bei Kompetenzkonflikten aufrechterhält, ist durch die Neufassung der §§ 17, 17a, 17b GVG durch das 4. VwGO-Änderungsgesetz gegenstandslos geworden (→ kommentiert nach § 1048).

5. Ruhen des Verfahrens

18   Das Ruhen des Verfahrens (§ 251) ist ein vom Gesetz besonders hervorgehobener Fall der Aussetzung. Nach der Novelle 1924 (→ Einl. Rdnr. 123) bedeutet es den Verfahrensstillstand infolge eines übereinstimmenden Willens der Parteien und des Gerichts.

6. Tatsächlicher Stillstand

19   Neben den dargestellten drei Formen des rechtlichen Verfahrensstillstandes (→ Rdnr. 4) stehen die Fälle eines rein tatsächlichen Stillstandes. So liegt es, wenn ein Verfahren durch eine noch nicht endgültige Entscheidung vorläufig abgeschlossen ist und es zur Fortsetzung dieses Verfahrens eines Antrags auf Terminsbestimmung bedarf. Ferner sind die Fälle zu nennen, in denen das Gericht die zu treffende Terminsbestimmung übersehen hat (→ Rdnr. 3 ff. vor § 214). Dazu gehört ferner, daß etwa die Parteien wegen außergerichtlicher Vergleichsbemühungen das Verfahren vorübergehend nicht fördern. Endlich zählt dazu auch das prozeßordnungswidrige Verschleppen des Prozesses durch das Gericht oder durch die Parteien. Die Formen des rein tatsächlichen Verfahrensstillstandes unterliegen nicht den Normen des Fünften Titels.

---

[19] Vgl. *RGZ* 18, 383, 384; *RG* JW 1904, 95.

7. Gesetzlicher Parteiwechsel – Verhältnis der §§ 239 ff. zu § 265

a) Tod der natürlichen Partei

aa) Gesetzlicher Parteiwechsel

Stirbt eine natürliche Person, so tritt deren Rechtsnachfolger kraft Gesetzes in das Prozeßrechtsverhältnis in der Lage ein, in der es sich zum Zeitpunkt ihres Todes befindet. Das geschieht ohne sein Zutun und selbst dann, wenn er nichts davon weiß oder keinen Rechtsschutz begehrt. Diese Auffassung läßt sich der gesetzlichen Regelung nicht unmittelbar und ausdrücklich entnehmen, lag aber unstreitig der Regelung der §§ 239 ff. zugrunde und entspricht der heute h. L.[20]. Unterbrechung bedeutet demnach nicht zeitweilige Aufhebung und damit Beseitigung des Prozeßrechtsverhältnisses, sondern nur einen zeitweiligen Stillstand des Verfahrens. Der gesetzliche Parteiwechsel bewirkt die Fortführung des Rechtsstreits als Zweiparteienstreit, wogegen ansonsten mit dem Tod einer Partei nur noch die andere Partei vorhanden wäre, was an sich den Rechtsstreit beenden würde (→ Rdnr. 17 vor § 50). Die Annahme eines gesetzlichen Parteiwechsels bedeutet keine Rückkehr zum materiellen Parteibegriff (→ Rdnr. 2 vor § 50), sondern bestätigt im Gegenteil den herrschenden formellen Parteibegriff: Damit wird auch dem das Verfahren aufnehmenden angeblichen Rechtsnachfolger eine Parteistellung gegeben[21].

Die Gegenauffassung bevorzugt eine andere Deutung. Nach ihr wird der Rechtsnachfolger erst durch die Aufnahme des Verfahrens Partei[22]. Das ist aber nicht die Sicht des Gesetzes. Zuzugeben ist aber, daß sich beide Auffassungen in Einzelfragen nicht bruchlos durchhalten lassen. Das gilt vor allem für den Fall der Prozeßaufnahme durch einen angeblichen Rechtsnachfolger (→ sogleich Rdnr. 22).

bb) Prozeßaufnahme durch den angeblichen Rechtsnachfolger

Bestreitet der Prozeßgegner die Berechtigung eines angeblichen Rechtsnachfolgers nicht, so führt er den Prozeß mit ihm fort und kann schließlich auch verurteilt werden. Möglicherweise wird der Prozeßgegner alsdann vom richtigen Erben, der von dem betreffenden Prozeß nichts zu wissen braucht, erneut in Anspruch genommen. Mißlich ist es, wenn der richtige Erbe den Anspruch in einem neuen Prozeß geltend machen müßte, da sonst die bisher erzielten Prozeßergebnisse, die der Erblasser erreicht hat, nicht verwendet werden können[23]. Entschiede man anders, so wäre der wahre Erbe nicht an die Prozeßergebnisse gebunden, wie sie sich mit Verfahrensunterbrechung bei dem Tode des Erblassers ergeben. Nach der hier vertretenen Auffassung folgt die Bindung aus der Parteistellung, nach der Gegenauffassung bedarf es dazu eines (unklaren) Abstellens auf den Zweck des § 261. Laufen Fristen wie die Fünfmonatszeiträume zwischen Urteilsverkündung und Beginn der Rechtsmittelfrist (§§ 516 HS 2, 552 HS 2), die von § 249 nicht betroffen werden, so ist auch richtig, daß während der Unterbrechung die Rechtsmittelfrist nicht läuft (sonst → § 249 Rdnr. 7). Nach beiden Auffassungen schließlich läßt sich vertreten, daß der wahre Erbe den Prozeß in der Lage aufnehmen

---

[20] BGHZ 104, 1, 4; *Grunsky* Die Veräußerung der streitbefangenen Sache (1968), 67 f.; *de Boor* Zur Lehre vom Parteiwechsel und vom Parteibegriff (1941), 28; *Jauernig*[23] § 86 I 1; *Rosenberg/Schwab/Gottwald*[15] § 126 I 1; *Schönke/Kuchinke*[9] § 23 II 1; *P. Schlosser* Zivilprozeßrecht I[2] Rdnr. 269.

[21] Insoweit ebenso *Henckel* JZ 1992, 646, 650.

[22] So *Henckel* Parteilehre und Streitgegenstand im Zivilprozeß (1961), 149 f.; *ders.* JZ 1992, 646, 650; *Nikisch* Lb[2] § 93 I 3.

[23] Insoweit ebenso *Henckel* JZ 1992, 646, 650; a.A. RGZ 45, 359, 362; *MünchKommZPO/Feiber* (1992) § 239 Rdnr. 31; → § 239 Rdnr. 27.

kann, in der er unterbrochen wurde, auch wenn der angebliche Rechtsnachfolger den Prozeß schon aufgenommen und der Gegner nicht widersprochen hat[24].

Entscheidend muß aber sein, daß das zunächst ergangene Urteil dem wahren Rechtsnachfolger gegenüber nicht Rechtskraft wirken darf[25]. Die Gegenauffassung hat hier Vorteile, weil der wahre Erbe nach ihrer Auffassung nicht Partei des Rechtsstreits geworden ist. Nach der hier vertretenen Auffassung wird eine Rechtskrafterstreckung durch Art. 103 Abs. 1 GG verhindert, da der wahre Erbe keine Möglichkeit zu seiner Verteidigung hatte. Wird dagegen der Prozeßgegner zweimal verurteilt, so ist das hinzunehmen, weil er in dem mit dem angeblichen Rechtsnachfolger geführten Prozeß dessen Berechtigung hätte bestreiten können (→ § 239 Rdnr. 19). Nicht ausgeschlossen ist natürlich, daß der wahre Erbe seinen Prozeß wegen § 2367 BGB verliert. Schwächen zeigt die Gegenauffassung insofern, da sie bei § 246 die Frage offenläßt, wie und wann der Rechtsnachfolger Partei wird, wenn der Rechtsvorgänger durch einen Prozeßbevollmächtigten vertreten war. Nach allem hat die Gegenauffassung gegenüber der gesetzgeberischen Konzeption keine wirklich durchschlagenden Vorteile (→ auch § 249 Rdnr. 35).

b) Untergang einer juristischen Person u. a.

23   Der gesetzliche Parteiwechsel tritt in entsprechender Anwendung des § 239 auch ein, wenn der Untergang einer juristischen Person mit einer Gesamtrechtsnachfolge verbunden ist (→ § 239 Rdnr. 5ff.)[26]. Ebenso liegt es, wenn kraft Gesetzes nur das streitige Recht oder die Prozeßführungsbefugnis für dieses als unmittelbare Todesfolge auf einen anderen als Sonderrechtsnachfolger übergehen (→ § 239 Rdnr. 9ff.). Weiter ordnet § 242 eine Unterbrechung für den Eintritt des Nacherbfalles insoweit an, als der Vorerbe befugt war, ohne Zustimmung des Nacherben über den streitigen, der Nacherbfolge unterliegenden Gegenstand zu verfügen. § 241 läßt eine Unterbrechung eintreten, wenn sich eine Partei wegen Verlustes der Prozeßfähigkeit nicht mehr selbst vertreten kann (→ §§ 241, 242).

c) Analoge Anwendung und deren Grenzen

24   § 239 (§ 242) sind grundsätzlich einer analogen Anwendung zugänglich. Zu unscharf ist es aber, wenn generell eine weite Auslegung empfohlen wird[27]. Die §§ 239, 242 sind sinngemäß auf andere Fälle anzuwenden, in denen die Grundlagen der Prozeßführungsbefugnis[28] für das Gesamtvermögen oder eine Vermögensmasse, der das streitige Recht aktiv oder passiv zuzurechnen ist[29], für die bisherige Partei fortfallen und der nunmehr zur Prozeßführung Befugte die bisherige Prozeßführung gegen sich gelten lassen muß (→ § 242 Rdnr. 1f.). Auch in diesen Fällen ist ein gesetzlicher Parteiwechsel wie in → Rdnr. 20ff. anzunehmen, soweit eine andere Partei das Verfahren aufnehmen kann. Für den Konkursverwalter usw. gilt das nur, wenn man ihn als Partei kraft Amtes ansieht (→ Rdnr. 26 vor § 50). Das entspricht der heute herrschenden und zutreffenden Lehre.

---

[24] *Henckel* JZ 1992, 646, 650.
[25] Näher dazu *Kohler* Gesammelte Beiträge zum Civilprozeß (1894), 293, 321, 332, 349 (im Ergebnis wie hier) gegen *Frank* ZZP 13 (1889), 184, 245f.
[26] Dazu insbes. *de Boor* (oben Fn. 20); *Wagemeyer* Der gesetzliche Parteiwechsel und die Prozeßstandschaft des § 265 ZPO (1954); *Henckel* (oben Fn. 22), 145ff.; grundsätzlich dagegen *MünchKommZPO/Feiber* (1992) § 239 Rdnr. 17.
[27] So aber *RGZ* 109, 47, 48f.; 155, 350, 354; krit. dazu *Nikisch*[2] § 93 II 1.
[28] So *Henckel* (oben Fn. 22), 152; *Häsemeyer* ZHR 144 (1980), 265, 286f.
[29] Näheres zum »Streitvermögen« und zum »Interessenvermögen« → Rdnr. 3 vor § 50.

Die entsprechende Anwendung der §§ 239 ff. muß jeweils für den betreffenden Fall be- 25 gründet werden. Grenzen zieht insbesondere § 265, der ebenfalls über seinen Wortlaut hinaus ausgelegt wird (→ § 265 Rdnr. 19). Die §§ 239 ff. einerseits und § 265 (eingeschränkt durch § 266) andererseits verfolgen mit der Vermeidung unnötiger Doppelprozesse ein gemeinsames Ziel. Unterschiedlich sind die dafür verwendeten Rechtsinstrumente: Die §§ 239 ff. lassen eine neue Partei den alten Prozeß fortsetzen, wogegen § 265 die bisherige Partei im Prozeß festhält. Im Falle des Todes einer natürlichen Person oder bei dem Untergang einer juristischen Person ist nur der Weg der §§ 239 ff. gangbar, sofern als neue Partei jemand zur Verfügung steht, der die bisherige Prozeßführung gegen sich gelten lassen muß. In vergleichbarer Weise ist der Weg des § 265 nur sinnvoll, wenn die Fortführung des Rechtsstreits durch die bisherige Partei den neuen Rechtsträger oder den aus einem sonstigen Grunde an sich zur Prozeßführung Befugten in seinen Ergebnissen bindet. Dieser Weg empfiehlt sich jedoch zum Schutz des Prozeßgegners, weil es z. B. für wichtige Fragen wie die Zeugenstellung, die Prozeßkostenhilfe und die Kostenerstattungspflicht (→ Rdnr. 1 vor § 50) entscheidend darauf ankommt, welche Person Partei ist.

Es muß stets vermieden werden, daß die eine Partei zum Schaden der anderen eine neue 26 Partei an ihrer Stelle in den Prozeß hineinbringt. Bei einem Wechsel der Prozeßführungsbefugnis durch Gesamtrechtsnachfolge an einer Vermögensmasse ist jedoch die Gefahr eher gering, daß nur um des begrenzten Streitgegenstandes willen durch Verfügungen über eine größere Vermögensmasse mit der Parteistellung manipuliert wird. Steht nur ein Wechsel in der Befugnis zur Prozeßführung oder nur eine gesetzliche Vertretung in Rede, kann ferner der Rechtsträger ein besonderes Interesse daran haben, daß der bisher zur Prozeßführung Befugte aus dem Prozeß ausscheidet. So können durch dessen Verhalten Schäden drohen oder es kann unzweckmäßig sein, die Prozeßführung für Rechtsstreitigkeiten über dieselbe Vermögensmasse unter mehreren Personen aufzuteilen. Diese Erwägungen haben einen gesetzlichen Niederschlag gefunden, indem für den Fall der Konkurseröffnung (§ 240), des Verlustes der Prozeßfähigkeit oder des Wechsels des gesetzlichen Vertreters (§ 241) die Anwendung des § 265 ausgeschlossen ist. Einmal kann die weitere Prozeßführung den bisher zur Prozeßführung Befugten und den bisherigen gesetzlichen Vertretern nicht ohne zwingenden Grund zugemutet werden. Zum anderen ist es oft wenig sachdienlich, diese nach Entlassung aus ihrer Pflicht noch Prozesse führen zu lassen, an deren Ergebnissen sie kein Eigeninteresse mehr haben[30] (auch → § 265 Rdnr. 20).

Die bisherige Partei setzt den alten Prozeß fort, wenn ihr durch Sondervorschriften die 27 Prozeßführungsbefugnis erhalten bleibt. So liegt es in den Fällen der §§ 1433, 1455 Nr. 7 BGB und → Rdnr. 67 vor § 50. Im Bereich dieser Normen ist die Anwendung der §§ 239 ff. ausgeschlossen (→ § 239 Rdnr. 11).

II. Wirkungen und Beendigung des Stillstandes

Die Wirkungen des Stillstandes sind in den §§ 249, 251 geregelt. Im Zusammenhang der 28 Streitgenossenschaft auftauchende Fragen finden sich in → Rdnr. 10 vor § 59 erläutert. Zur Beendigung der Unterbrechung bedarf es einer Aufnahme (§§ 239 ff., 250). Ebenso liegt es für die Beendigung des Ruhens des Verfahrens (§ 251). Dagegen endet die Aussetzung teils von selbst, teils durch Aufnahme und teils durch Aufhebung des Aussetzungsbeschlusses (→ § 150 Rdnr. 5 ff.). Der tatsächliche Stillstand ist in → § 251 Rdnr. 22 behandelt.

---

[30] *Grunsky* (oben Fn. 20), 87 ff.; andere Abwägung der Interessen bei *Henckel* (oben Fn. 22), 174 f.

III. Prozesse mit Auslandsbeziehungen

29 Für Prozesse mit Auslandsbeziehungen sind nach dem Grundsatz der lex fori (→ Einl. Rdnr. 736ff.) die Vorschriften des Fünften Titels anzuwenden. Eine Ausnahme gilt insoweit für § 239 Abs. 5, der ganz auf das deutsche materielle Erbrecht zugeschnitten ist. Danach geht der Nachlaß vorbehaltlich der Ausschlagungsmöglichkeit durch Universalsukzession auf den Erben über. § 239 Abs. 5 betrifft den »Schwebezustand« zwischen Erbfall und Erbschaftsannahme. Verweist das deutsche IPR auf ausländisches materielles Erbrecht und ist diesem eine dem deutschen Erbrecht vergleichbare vorläufige Erbenstellung unbekannt, so kommt § 239 Abs. 5 nicht zur Anwendung, weil er funktionslos ist. Der Grundsatz der lex fori darf hier nicht dazu führen, daß die das ausländische Recht bestimmenden Geltungsanordnungen außer Kraft gesetzt werden (→ Einl. Rdnr. 737)[31]. – Zum Einfluß von Auslandskonkursen auf inländische Zivilprozesse → § 240 Rdnr. 16f.

IV. Unterbrechungs- und Aussetzungsschlüssel

30 **Abgesonderte Befriedigung:** → § 240 Rdnr. 25
Ablehnung:
– der Aussetzung: → § 252 Rdnr. 7
– der Ruhe: → § 252 Rdnr. 7
Abwickler: → § 244 Rdnr. 12
Aktiengesellschaft:
– Vermögensübertragung von einer AG auf die Gemeinde u. a.: → § 239 Rdnr. 5
– Verschmelzung von Aktiengesellschaften: → § 239 Rdnr. 5
– Verschmelzung von AG und GmbH oder KG: → § 239 Rdnr. 6
– §§ 339ff., 359ff. AktG: → § 239 Rdnr. 5
Aktivprozeß (zur Teilungsmasse): → § 240 Rdnr. 20ff.
Allgemeiner Vertreter (§ 53 BRAO): → § 244 Rdnr. 13
Amtsgerichtliches Verfahren: → § 251 Rdnr. 20
Anerkennung:
– ausländischer Schiedssprüche: → § 148 Rdnr. 168ff.
– ausländischer Urteile: → § 148 Rdnr. 158ff.
Anfall (an den Fiskus, § 46 BGB): → § 239 Rdnr. 5
Anfechtung:
– außerhalb des Konkurses: → § 240 Rdnr. 10
– der Aussetzungsanordnung: → § 252 Rdnr. 6
– der Ehelichkeit eines Kindes: → § 153 Rdnr. 2
– der Vaterschaftsanerkennung: → § 153 Rdnr. 4
Anfechtungsgesetz (§ 13): → § 240 Rdnr. 10
Anfechtungsprozesse: → § 240 Rdnr. 10, 23, Tod des Kindes im Ehelichkeitsanfechtungsprozeß → § 153 Rdnr. 7, Tod des Mannes im Anfechtungsprozeß um die Vaterschaftsanerkennung → § 153 Rdnr. 5
Anhängigkeit: → § 148 Rdnr. 29
Antrag:
– auf Anordnung der Verfahrensruhe: → § 251 Rdnr. 4
– auf Unterbleiben der Aktenlageentscheidung: → § 251a Rdnr. 32
Anwalt (im öffentlichen Dienst): → § 244 Rdnr. 9
Anwaltsprozeß: → § 246 Rdnr. 1
Anwaltszwang: → § 248 Rdnr. 2, → § 251 Rdnr. 4
Anzeige: → § 250 Rdnr. 3
Arbeitssachen: → § 148 Rdnr. 217ff., → Rdnr. 3 vor § 239, → § 239 Rdnr. 1
– Beschlußverfahren: → § 148 Rdnr. 222
– Einigungsstelle (Streit um Besetzung der): → § 148 Rdnr. 223
– Kündigungsschutzklage: → § 148 Rdnr. 219
– Sozialplan: → § 148 Rdnr. 223
– Tariffähigkeit (Streit um): → § 148 Rdnr. 222
Arbeitsgerichtsbezirk: → § 244 Rdnr. 26
ArbGG (§ 97 Abs. 5): → § 148 Rdnr. 222
Arrest: → § 148 Rdnr. 31 → Rdnr. 2 vor § 239 (bei Tod der Partei), → § 153 Rdnr. 3 (im Verfahren des § 153)
Aufforderung (zur Anwaltsbestellung): → § 244 Rdnr. 20
Aufgebotsverfahren: → Rdnr. 16 vor § 239
Aufhebung:
– Anordnung der Aufhebung hinsichtlich Trennung und Verbindung: → § 150 Rdnr. 1, 4
– der Aussetzung: → § 148 Rdnr. 49, → § 150

---

[31] v. *Craushaar* Die internationalrechtliche Anwendbarkeit deutscher Prozeßnormen (1961), 12ff.; zur Tragweite dieses Arguments im übrigen näher H. *Roth* in: Beiträge zur Rechtswissenschaft, FS Stree/Wessels (1993), 1045ff.

Rdnr. 8, → § 149 Rdnr. 9 (bei Verdacht einer Straftat)
- der Trennung: → § 150 Rdnr. 1
- der Verbindung: → § 150 Rdnr. 1, 4

Aufklärungsbeschluß: → § 251a Rdnr. 8

Aufnahme:
- Aufnahmeerklärung: → § 239 Rdnr. 19, → § 250 Rdnr. 4
- des Verfahrens: → § 250 Rdnr. 1
- durch die Rechtsnachfolger: → § 239 Rdnr. 22

Aufrechnung: → § 148 Rdnr. 38

Ausländer: → § 241 Rdnr. 4

Ausland:
- Streitgegenstandsidentität: → § 148 Rdnr. 142
- Aussetzung wegen Verfahren im Ausland: → § 148 Rdnr. 140ff. → auch «Aussetzung», «EuGVÜ», «Internationale Aussetzung», «Prozesse mit Auslandsbeziehungen», «Vorabentscheidung durch den EuGH»

Ausschlagung (der Erbschaft): → § 239 Rdnr. 17

Aussetzung:
- Anfechtung: → § 148 Rdnr. 44, 210 → § 154 Rdnr. 6 (bei Anfechtung der Ehelichkeit)
- Anordnung: → § 150 Rdnr. 5
- Antragsberechtigung (bei Eheaufhebungsklage): → § 152 Rdnr. 5
- wegen arbeitsgerichtlicher Verfahren: → § 148 Rdnr. 133
    - Aufhebung: → § 148 Rdnr. 49, → § 150 Rdnr. 8, → § 149 Rdnr. 11 (bei Verdacht einer Straftat)
- Aussetzungsbeschluß: → § 252 Rdnr. 2
- Beendigung der Aussetzung: → § 148 Rdnr. 49, → § 150 Rdnr. 5ff., → Rdnr. 28 vor § 239
- Beschwerde gegen die Aussetzung: → § 148 Rdnr. 44ff., → § 252 Rdnr. 5ff.
- im Ehescheidungs- und Eheherstellungsprozeß: → § 148 Rdnr. 20
- Ermessen: → § 148 Rdnr. 30
- Kostenentscheidung: → § 148 Rdnr. 41
- wegen künftiger gesetzlicher Regelung: → § 148 Rdnr. 15
- notwendige Aussetzung: → § 148 Rdnr. 30ff., → § 150 Rdnr. 9
- im Revisionsverfahren: → § 148 Rdnr. 8
- wegen eines Strafverfahrens: → § 149 Rdnr. 1
- bei Streit: → § 154 Rdnr. 1 (wegen des Bestehens einer Ehe), → § 153 Rdnr. 1 (wegen des Bestehens eines Eltern-Kind-Verhältnisses)
- Verfahren (allgemein): → § 148 Rdnr. 39ff.
- wegen Verfahren im Ausland: → § 148 Rdnr. 140ff.
- wegen Verfahren vor besonderen Gerichten: → § 148 Rdnr. 134
- wegen Verfahren vor dem EuGH: → § 148 Rdnr. 177ff.

- wegen Verfahren der freiwilligen Gerichtsbarkeit: → § 148 Rdnr. 127ff.
- wegen Verfahren nach dem NATO-Truppenstatut: → § 148 Rdnr. 215
- wegen Verfahren nach der Europäischen Konvention zum Schutze der Menschenrechte und Grundfreiheiten: → § 148 Rdnr. 214
- wegen Verfahren vor Schiedsgerichten: → § 148 Rdnr. 168ff.
- wegen verfassungsgerichtlichem Verfahren: → § 148 Rdnr. 50ff.
- wegen verwaltungsgerichtlichem Verfahren: → § 148 Rdnr. 119ff.
- wegen Verwaltungsverfahren: → § 148 Rdnr. 119ff.
- wegen Vorgreiflichkeit: → § 148 Rdnr. 1, → § 151 Rdnr. 1 (bei Entscheidungen über Ehe- und Kindschaftsverhältnisse)
- Wirkungen: → § 148 Rdnr. 43
- aus Zweckmäßigkeitsgründen: → § 148 Rdnr. 14

Aussonderung: → § 240 Rdnr. 25

Beamter (auf Lebenszeit): → § 244 Rdnr. 9

Beendigung:
- des Amtes der Parteien kraft Amtes: → § 241 Rdnr. 9
- der Aussetzung: → Rdnr. 28 vor § 239, → § 148 Rdnr. 49
- einer Gütergemeinschaft: → § 239 Rdnr. 10
- des Konkurses: → § 239 Rdnr. 9, → § 240 Rdnr. 39ff.
- der Nachlaßverwaltung: → § 239 Rdnr. 9
- der Ruhe: → Rdnr. 28 vor § 239, → § 251 Rdnr. 14ff.
- der Testamentsvollstreckung: → § 239 Rdnr. 9

Beginn (der Rechtsmittelfrist): → § 249 Rdnr. 11

Berufsverbot:
- durch Ausschließung: → § 244 Rdnr. 8
- gemäß § 70 StGB: → § 244 Rdnr. 8
- vorläufiges: → § 244 Rdnr. 10

Berufswechsel (des Anwalts): → § 244 Rdnr. 9

Beschränkung der Geschäftsfähigkeit (des Anwalts): → § 244 Rdnr. 11

Beschwerde:
- Ausschluß: → § 252 Rdnr. 4
- einfache und sofortige: → § 251 Rdnr. 9; → § 252 Rdnr. 6, 7
- gemeinsame: → § 251 Rdnr. 9
- bei verneinter Unterbrechung: → Rdnr. 13 vor § 239

Besondere Verfahrensarten: → Rdnr. 2f. vor § 239

Betragsverfahren: → § 149 Rdnr. 6, → § 251a Rdnr. 25

Betreuer → § 241 Rdnr. 3

Betriebsübergang (§ 613a): → § 239 Rdnr. 13

Beweisaufnahme: → § 251a Rdnr. 14

Beweisbeschluß: → § 251a Rdnr. 8, 20
Bindungswirkung: → § 148 Rdnr. 43
Bundesentschädigungsschlußgesetz: → § 239 Rdnr. 15
Datumsfristen: → § 249 Rdnr. 8
Devisengenehmigung: → § 148 Rdnr. 15
Dreimonatseinwand: → § 239 Rdnr. 18
Eheaufhebungsklage:
– allgemein: → § 152 Rdnr. 2
– Erledigung: → § 152 Rdnr. 6
EheG (§§ 16ff., 23, 24): → § 151 Rdnr. 2, (§§ 28ff.): → § 152 Rdnr. 2
Eilverfahren: → § 149 Rdnr. 10, → auch »Arrest«, »Einstweilige Verfügung«
Eingemeindung: → § 239 Rdnr. 5
Einlassungsfrist: → § 249 Rdnr. 6
Einstweilige Anordnung (gemäß § 620): → § 249 Rdnr. 5
Einstweilige Verfügung: → § 148 Rdnr. 31, → § 153 Rdnr. 3, → Rdnr. 2 vor § 239, → § 249 Rdnr. 15
Einzelrichter: → § 251 Rdnr. 20, → § 251a Rdnr. 26
Elterliche Sorge:
– Ruhen und Verwirkung: → § 241 Rdnr. 7
Ende:
– des Konkurses: → § 241 Rdnr. 18
– des Mandats: → § 244 Rdnr. 14
– der Nachlaßverwaltung: → § 241 Rdnr. 18
– der Prozeßführungsbefugnis: → Rdnr. 24 vor § 239
– der Verwaltung des Testamentsvollstreckers: → § 241 Rdnr. 18
– der Vollmacht: → § 246 Rdnr. 7
– der Zwangsverwaltung: → § 241 Rdnr. 18
Entscheidungsreife: → § 251a Rdnr. 10
Entsprechende Anwendung (des § 239): → Rdnr. 24ff. vor § 239, (des § 148) → § 148 Rdnr. 13ff.
Epidemien: → § 245 Rdnr. 2
Erbbiologisches Gutachten: → § 148 Rdnr. 17
Erbschaftskäufer: → § 239 Rdnr. 16
Erbscheinsverfahren: → § 148 Rdnr. 130
Erlangung der Prozeßfähigkeit: → § 241 Rdnr. 16
Erledigung des Strafverfahrens: → § 149 Rdnr. 11
Erlöschen (einer juristischen Person): → Rdnr. 23 vor § 239, → § 239 Rdnr. 5
Ermessen: → § 148 Rdnr. 30f., → § 149 Rdnr. 10
Ermittlung: → § 149 Rdnr. 6
Ernennung (eines Schiedsrichters): → § 240 Rdnr. 11
Erreichen der Volljährigkeit: → § 241 Rdnr. 17
EuGVÜ → § 148 Rdnr. 145ff.
EuGVÜ – Anerkennungsfälle: → § 148 Rdnr. 158ff.
Euratomvertrag (Art. 150): → § 148 Rdnr. 181ff., 184, 202ff.

Europäischer Gerichtshof: → »Vorabentscheidung«
EWG-Kartellrecht: → § 148 Rdnr. 124
EWG-Vertrag (Art. 177): → §148 Rdnr. 177ff.
Festsetzungsverfahren (gemäß § 19 BRAGO): → Rdnr. 2 vor § 239
Feststellungsklage: → § 240 Rdnr. 11 (gemäß § 154 Abs. 1) → § 154 Rdnr. 4
Fiskus: → § 239 Rdnr. 5
Fortdauer (der Prozeßvollmacht): → § 241 Rdnr. 18
Freigabe:
– durch Erklärung des Konkursverwalters: → § 240 Rdnr. 12, 43
Fristen:
– allgemein: → § 249 Rdnr. 6ff.
– Berechnung: → § 148 Rdnr. 49, → § 150 Rdnr. 6
– gemäß § 1042d: → § 249 Rdnr. 13
Gebühren: → § 251a Rdnr. 42
Gegenerklärung: → § 251a Rdnr. 16
Geisteskrankheit: → § 241 Rdnr. 3, des Anwalts → § 244 Rdnr. 11
Gemeinschaftsrecht (europäisches): → § 148 Rdnr. 62ff., 177ff.
– primäres: → § 148 Rdnr. 62
– sekundäres: → § 148 Rdnr. 63
Gerichtliche Handlungen: → § 249 Rdnr. 23ff.
Gerichtshof der Europäischen Gemeinschaften (EuGH) → »Vorabentscheidung«
Gesamtrechtsnachfolger: → § 239 Rdnr. 8
Gesetzlicher Parteiwechsel: → Rdnr. 20ff. vor § 239
Gewillkürte Prozeßstandschaft: → § 240 Rdnr. 8
Grundurteil: → § 244 Rdnr. 6
Grundverfahren: → § 251a Rdnr. 25
GWB (§ 96 Abs. 2): → § 148 Rdnr. 33ff.
Haftpflichtprozeß: → § 148 Rdnr. 12
Handlungen:
– in Ansehung der Hauptsache: → § 249 Rdnr. 15, 24
– Nichtberechtigter: → § 249 Rdnr. 35, → vor § 239 Rdnr. 22
Hauptintervention: → Rdnr. 16 vor § 239
Hilfsvorbringen: → § 148 Rdnr. 35
Internationale Aussetzung: → § 148 Rdnr. 136ff.
Investitionsstreitigkeiten: → § 148 Rdnr. 171
Kartellsachen: → § 148 Rdnr. 33ff.
Kindschaftsstreit: → § 154 Rdnr. 6
Kommanditgesellschaft: → § 239 Rdnr. 7
Kompetenzkonflikte: → Rdnr. 17 vor § 239
Konfusion: → § 239 Rdnr. 14, → § 240 Rdnr. 48
Konkrete Normenkontrolle:
– Aufhebung und Anfechtung des Vorlagebeschlusses: → § 148 Rdnr. 106ff.
– Beendigung der Aussetzung: → § 148 Rdnr. 110

- Darlegung der Entscheidungserheblichkeit: →
  § 148 Rdnr. 76 ff., 101
- Entscheidungserheblichkeit: → § 148
  Rdnr. 76 ff.
- erneute Vorlage: → § 148 Rdnr. 113
- Gemeinschaftsrecht als Prüfungsmaßstab: →
  § 148 Rdnr. 62 ff.
- nach Art. 100 Abs. 2 GG (Qualifikation von
  Völkerrechtssätzen): → § 148 Rdnr. 71 ff.
- nach Art. 126 GG (Qualifikation als Bundesrecht): → § 148 Rdnr. 74
- Pflicht zur Vorlage: → § 148 Rdnr. 105
- Prüfungsgegenstand (allgemein): → § 148
  Rdnr. 53 ff.
- Prüfungsmaßstab (allgemein): → § 148
  Rdnr. 50 ff.
- Prozeßkostenhilfe: → § 148 Rdnr. 81
- Rechtspfleger: → § 148 Rdnr. 59, 106
- Schiedsgericht: → § 148 Rdnr. 59
- Staatsverträge als Prüfungsgegenstand und
  -maßstab: → § 148 Rdnr. 61
- Verfahren vor dem Bundesverfassungsgericht:
  → § 148 Rdnr. 111
- Verhältnis zu anderen Vorlagen: → § 148
  Rdnr. 114, 92
- Voraussetzungen: → § 148 Rdnr. 53 ff.
- Vorkonstitutionelles Recht: → § 148 Rdnr. 66
- Vorlagebefugnis des Rechtspflegers: → § 148
  Rdnr. 59
- Vorlagebefugnis des Schiedsgerichts: → § 148
  Rdnr. 59
- vor dem Landesverfassungsgericht: → § 148
  Rdnr. 115
- wiederholte Vorlage: → § 148 Rdnr. 113

Konkurs:
- im Ausland: → § 240 Rdnr. 16
- Beendigung des Konkurses: → § 239 Rdnr. 9,
  → § 240 Rdnr. 38 ff.
- in den neuen Bundesländern: → § 240 Rdnr. 18
- Eröffnung: → § 240 Rdnr. 1, → § 246 Rdnr. 3
- über den Nachlaß: → § 243 Rdnr. 6
- Konkursforderung: → § 240 Rdnr. 27
- Konkursmasse: → § 240 Rdnr. 1

Kosten: → § 239 Rdnr. 46
Kostenentscheidung: → § 148 Rdnr. 41
Kostenfestsetzungsverfahren: → Rdnr. 2 vor
§ 239, → § 239 Rdnr. 9, → § 249 Rdnr. 15
Krankheit (der Partei): → § 247 Rdnr. 4
Krieg: → Rdnr. 16 vor § 239, → § 245 Rdnr. 1, 2,
→ § 247 Rdnr. 3
Kündigung des Auftrags (durch die Partei): →
§ 244 Rdnr. 14
Kündigungsschutzklage: → »Arbeitssachen«
KunstUrhG: → § 239 Rdnr. 15
Ladung: → § 239 Rdnr. 35 ff.
Ladungsfrist: → § 239 Rdnr. 38, → § 249 Rdnr. 6
Liquidation: → § 239 Rdnr. 6

Löschung:
- in der Anwaltsliste: → § 244 Rdnr. 17 (§ 36
  BRAO), → § 244 Rdnr. 4 (§ 54 BRAO)
- einer GmbH: → § 239 Rdnr. 6

Lohnklage: → § 148 Rdnr. 218
Mahnverfahren: → § 148 Rdnr. 10, 29 → Rdnr. 2
vor § 239, → § 239 Rdnr. 2
Mandatsniederlegung: → § 244 Rdnr. 14
Masseschuld: → § 240 Rdnr. 25
Mehrere Ansprüche: → § 240 Rdnr. 12
Mehrere Anwälte: → § 244 Rdnr. 4
Miterbe: → § 239 Rdnr. 22
Montanvertrag (Art. 41): → § 148 Rdnr. 182
Mündliche Verhandlung: → § 148 Rdnr. 39, 98 →
§ 251 a Rdnr. 7
Mündlichkeit (notwendige): → § 149 Rdnr. 9
Musterprozeß: → § 148 Rdnr. 16
Nacherbe: → § 242 Rdnr. 1
Nacherbfolge: → § 243 Rdnr. 1, 7
Nachlaßkonkurs: → § 240 Rdnr. 9, → § 243
Rdnr. 6
Nachlaßpfleger: → § 239 Rdnr. 21, → § 243
Rdnr. 4

Nachlaßverwaltung:
- allgemein: → § 246 Rdnr. 1
- Beendigung: → § 239 Rdnr. 9

Nachverfahren: → § 251 a Rdnr. 25
Neue Bundesländer (Konkurs): → § 240 Rdnr. 6,
18
Nichtbetreiben (i. S. des § 211 BGB): → § 249
Rdnr. 4

Nichtigkeitsklage:
- allgemein: → § 151 Rdnr. 1
- Anhängigkeit: → § 151 Rdnr. 6 f.
- Erledigung: → § 151 Rdnr. 8

Nichttitulierter Gläubiger: → § 240 Rdnr. 27, 29
Nichtvermögensrechtliche Streitigkeit: → § 239
Rdnr. 4, → § 240 Rdnr. 14
Notfrist: → § 249 Rdnr. 6
OHG: → § 239 Rdnr. 7 und Rdnr. 15, → § 240
Rdnr. 9
Parallelprozeß: → § 148 Rdnr. 16

Partei:
- Aufenthalt im Ausland: → § 247 Rdnr. 3
- Gemeinschuldner als Partei: → § 240 Rdnr. 8
- Krankheit der Partei: → § 247 Rdnr. 4

Parteibegriff: → Rdnr. 20 vor § 239
Parteihandlungen: → § 249 Rdnr. 14 ff.
Parteiprozeß: → § 244 Rdnr. 1, → § 246 Rdnr. 1
Parteiwechsel: → Rdnr. 20 vor § 239

Passivprozeß:
- zur Schuldenmasse: → § 240 Rdnr. 27
- zur Teilungsmasse: → § 240 Rdnr. 25

Patentnichtigkeitsklage: → § 148 Rdnr. 24, →
§ 240 Rdnr. 13
Patentverletzungsstreit: → § 148 Rdnr. 24, →
§ 240 Rdnr. 13

Personalgesellschaft (Sonderrechtsnachfolge): →
  § 239 Rdnr. 15
Pfleger: → § 241 Rdnr. 3
Präjudizialität (eines anderen Verfahrens): →
  § 148 Rdnr. 22 ff., → Rdnr. 15 vor § 239
Prozeßbevollmächtigter:
– Begriff: → § 246 Rdnr. 5
– des unteren Rechtszuges: → § 246 Rdnr. 6
– Wegfall: → § 246 Rdnr. 7
Prozesse mit Auslandsbeziehungen: → Rdnr. 29
  vor § 239, → auch »Ausländer« und »Ausland«
Prozeßführungsbefugnis: → § 239 Rdnr. 9
Prozeßkostenhilfeverfahren: → § 148 Rdnr. 32,
  → § 246 Rdnr. 3, → § 249 Rdnr. 15
Prozeßstoff: → »Streitstoff«
Prozeßtrennung (und -verbindung): → § 150
  Rdnr. 1 ff.
Prüfungskompetenz: → § 148 Rdnr. 38, 50
Qualifikation von Normen: → »Konkrete Normenkontrolle«
Rechnungslegung: → § 240 Rdnr. 11
Recht am eigenen Bild: → § 239 Rdnr. 4, 15
Rechtshängigkeit: → § 148 Rdnr. 29
Rechtsmittelfristen: → § 249 Rdnr. 9 ff.
Rechtsnachfolger: → § 239 Rdnr. 15
Restitutionsklage: → § 148 Rdnr. 15
Revisionsverfahren: → § 148 Rdnr. 8, → § 149
  Rdnr. 3, → § 150 Rdnr. 4
Richterliches Prüfungsrecht → »Konkrete Normenkontrolle«
Richtervorlage → »Konkrete Normenkontrolle«
Rückforderung (des aufgrund vorläufig vollstreckbaren Urteils Gezahlten): → § 240 Rdnr. 20
Rückgabe (einer Sicherheit): → § 249 Rdnr. 15
Ruhen des Verfahrens:
– allgemein: → § 251 Rdnr. 1
– Anordnung: → § 251 Rdnr. 8, → § 251 a
  Rdnr. 40
– Beendigung: → Rdnr. 28 vor § 239, → § 251
  Rdnr. 14 ff.
– Voraussetzungen: → § 251 Rdnr. 3 ff.
Ruhestand (des Anwalts): → § 244 Rdnr. 9
Sachantrag: → § 250 Rdnr. 6
Sachbefugnis: → § 239 Rdnr. 25
Säumnis:
– des die Aufnahme betreibenden Gegners: →
  § 239 Rdnr. 30
– des Gegners des Aufnehmenden: → § 239
  Rdnr. 29
– beider Parteien: → § 251 Rdnr. 7, → § 251 a
  Rdnr. 1, 39
– des aufnehmenden Rechtsnachfolgers: → § 239
  Rdnr. 42
– Säumnistermin: → § 251 a Rdnr. 18
Scheidungsverfahren: → § 148 Rdnr. 20
Schiedsgerichtliches Verfahren: → Rdnr. 2 vor
  § 239, (im Ausland) → § 148 Rdnr. 168

Schriftliche Fortführung (des Verfahrens): →
  § 251 a Rdnr. 2, 12
Selbständiges Beweisverfahren: → Rdnr. 2 vor
  § 239, → § 249 Rdnr. 5
Seuchen: → § 247 Rdnr. 3
Sonderrechtsnachfolger: → Rdnr. 26 vor § 239, →
  § 239 Rdnr. 15
Sozialplanabfindung: → § 148 Rdnr. 223
Staatsanwalt (bei Ehenichtigkeitsklage): → § 239
  Rdnr. 16
Stillstand:
– der Rechtspflege: → § 245 Rdnr. 1
– tatsächlicher Stillstand: → Rdnr. 19 vor § 239,
  → § 251 Rdnr. 22
– des Verfahrens: → § 251 Rdnr. 10
Straftat: → § 149 Rdnr. 4
Strafurteil (Tatbestandswirkung): → § 149
  Rdnr. 8
Strafverfahren: → § 149 Rdnr. 6
Streit:
– über die Rechtsnachfolge: → § 239 Rdnr. 25 ff.
– über die Unterbrechung: → Rdnr. 11 vor § 239,
  → § 252 Rdnr. 4
Streitgehilfe: → § 239 Rdnr. 3, → § 240 Rdnr. 8,
  → § 246 Rdnr. 2, → § 251 Rdnr. 5
Streitgenössischer Streitgehilfe: → § 239 Rdnr. 3,
  → § 251 Rdnr. 5
Streitgenossen: → § 148 Rdnr. 28, → Rdnr. 28 vor
  § 239, → § 239 Rdnr. 3, → § 240 Rdnr. 8, →
  § 251 Rdnr. 5
Streitstoff: → § 251 a Rdnr. 14
Stundung: → § 251 Rdnr. 13
Syndikus-Anwalt: → § 244 Rdnr. 16
Tatsächliches Vorbringen: → § 251 a Rdnr. 14
Teilbarer Anspruch: → § 240 Rdnr. 12
Teilklagen: → § 148 Rdnr. 12
Teilurteil: → § 148 Rdnr. 12
Testamentsvollstreckung: → § 239 Rdnr. 11, →
  § 243 Rdnr. 3
Titulierter Gläubiger: → § 240 Rdnr. 29
Tod:
– des Anwalts: → § 244 Rdnr. 5 (in der Instanz),
  → § 244 Rdnr. 6 (nach Zustellung eines Versäumnisurteils)
– der Eltern: → § 241 Rdnr. 6
– eines Gesellschafters: → § 239 Rdnr. 7
– des Konkursverwalters: → § 241 Rdnr. 9
– des Nießbrauchers: → § 239 Rdnr. 15
– der Partei: → § 239 Rdnr. 1 (allgemein), →
  § 246 Rdnr. 1 ff. (der durch einen Prozeßbevollmächtigten vertretenen Partei)
– der Partei kraft Amtes: → § 241 Rdnr. 9
– des gesetzlichen Vertreters: → § 246 Rdnr. 2
Todeserklärung: → § 239 Rdnr. 2
Trennungsbeschluß: → § 251 a Rdnr. 8
Truppenstatut: → § 148 Rdnr. 215, → § 247
  Rdnr. 2

Truppenvertrag: → § 148 Rdnr. 252
Überleitungsanzeige des Sozialhilfeträgers: →
  § 148 Rdnr. 123
Überschwemmung: → § 245 Rdnr. 2, → § 247
  Rdnr. 3
Umfang (des Erbteils): → § 242 Rdnr. 4
Umgehung (der Aussetzung): → § 148 Rdnr. 19
Umwandlung:
 – von Gesellschaften bei Identität des Rechtssubjekts: → § 239 Rdnr. 6
 – von Kapitalgesellschaften in Personalgesellschaften: → § 239 Rdnr. 5
Umwandlungsgesetz: → § 239 Rdnr. 5
Uneigentliche Fristen: → § 249 Rdnr. 7
Unruhen: → § 245 Rdnr. 2
Unterhalt: → § 154 Rdnr. 6 (Klage auf Erhöhung)
Unterbrechung:
 – allgemein: → Rdnr. 5 ff. vor § 239, → § 239 Rdnr. 1
 – nach Rechtsmitteleinlegung: → § 239 Rdnr. 37
 – zwischen den Rechtszügen: → § 239 Rdnr. 31
 – der Verjährung: → § 251 Rdnr. 12
 – Wirkungen: → Rdnr. 28 vor § 239
Untervertreter: → § 244 Rdnr. 3
Vaterschaftsanerkennung: → § 154 Rdnr. 8
Verbandsvertreter: → § 244 Rdnr. 23
Verbindung (von Aufnahme und Rechtsmitteleinlegung): → § 250 Rdnr. 5
Verbindungsbeschluß: → § 251 a Rdnr. 8
Vereinsauflösung (i. V. m. Maßnahmen konfiskatorischer Art): → § 239 Rdnr. 5, 8
Verfahrensruhe: → »Ruhen des Verfahrens«
Verfassungsgerichte: → »Konkrete Normenkontrolle«
Vergleichsverfahren: → § 240 Rdnr. 2
Verhältnis der §§ 239 ff. zu § 265: → Rdnr. 20 ff. vor § 239
Verhinderung (des Anwalts): → § 244 Rdnr. 16
Verkehrsanwalt: → § 244 Rdnr. 3
Verkündungstermin: → § 251 a Rdnr. 29
Verlegung (des Gerichts): → § 245 Rdnr. 3
Verlust:
 – der Parteifähigkeit: → § 239 Rdnr. 5
 – der Postulationsfähigkeit: → § 244 Rdnr. 12
 – der Prozeßfähigkeit: → § 244 Rdnr. 11 (des Anwalts), → § 241 Rdnr. 3 (der Partei)
 – der Prozeßführungsbefugnis: → § 239 Rdnr. 9
 – des Rügerechts, § 295: → § 251 Rdnr. 10, → § 251 a Rdnr. 14
Vermächtnisnehmer: → § 239 Rdnr. 16
Versäumnisurteil: → § 239 Rdnr. 43, → § 244 Rdnr. 21
Verschmelzung von Gesellschaften: → § 239 Rdnr. 5
Versicherung (auf den Todesfall): → § 239 Rdnr. 16

Versicherungsverein (auf Gegenseitigkeit): →
  § 239 Rdnr. 5
Vertagung: → § 251 a Rdnr. 38, → § 252 Rdnr. 2
Verweisung: → § 251 a Rdnr. 8
Verwerfungskompetenz: → § 148 Rdnr. 50
Verzicht:
 – auf Aussetzungsantrag: → § 246 Rdnr. 3
 – des Gläubigers auf Teilnahme am Konkurs: → § 240 Rdnr. 32, 43
Vollstreckung:
 – ausländischer Schiedssprüche: → § 148 Rdnr. 168 ff.
 – ausländischer Urteile: → § 148 Rdnr. 162
Vollstreckungsbescheid: → § 250 Rdnr. 5
Vorabentscheidung durch den EuGH (Art. 177 EWGV u. a.):
 – Anfechtung des Vorlagebeschlusses: → § 148 Rdnr. 211
 – Arten: → § 148 Rdnr. 181 ff.
 – Beendigung der Aussetzung und der Vorlage: → § 148 Rdnr. 213
 – Bindungswirkung der Entscheidung: → § 148 Rdnr. 197
 – Entscheidungserheblichkeit: → § 148 Rdnr. 191
 – erneute Vorlage: → § 148 Rdnr. 197
 – Gültigkeitsvorlage: → § 148 Rdnr. 188, 193
 – Interpretationsvorlage: → § 148 Rdnr. 189
 – Prüfungsmaßstab: → § 148 Rdnr. 187 ff.
 – und Bindungswirkung im Rechtsmittelverfahren: → § 148 Rdnr. 197
 – Terminologie: → § 148 Rdnr. 186
 – Verfahren: → § 148 Rdnr. 207 ff.
 – Voraussetzungen: → § 148 Rdnr. 190 ff.
 – Vorlagebefugnis von Schiedsgerichten: → § 148 Rdnr. 190
 – Vorlagekonkurrenzen: → § 148 Rdnr. 200
 – Vorlagerecht und -pflicht: → § 148 Rdnr. 190, 202 ff.
 – Zuständigkeit des EuGH: → § 148 Rdnr. 181 ff.
 – Zweck: → § 148 Rdnr. 187
Vorbehaltsurteil: → § 148 Rdnr. 12, → § 244 Rdnr. 6
Vorerbe: → § 242 Rdnr. 1, 3
Vorfragenkompetenz: → § 148 Rdnr. 38
Vorgreiflichkeit: → § 148 Rdnr. 22 ff.
Vorläufiges Vertretungsverbot: → § 244 Rdnr. 10
Vorlagekonkurrenzen: → § 148 Rdnr. 92, 114
Vorlegung von Urkunden: → § 240 Rdnr. 11
Vorrecht: → § 240 Rdnr. 33, 34, 36
Wechsel des Anwalts (zu einem anderen Landgericht): → § 244 Rdnr. 9
Wechselprozeß: → § 148 Rdnr. 31
Wichtiger Grund: → § 251 Rdnr. 16 f.
Widerklage: → § 148 Rdnr. 12

Wirkungen:
- gerichtlicher Handlungen während der Unterbrechung: → § 249 Rdnr. 23 ff.
- der Unterbrechung und Aussetzung: → § 148 Rdnr. 43, → § 249 Rdnr. 1 ff. (im allgemeinen), → § 246 Rdnr. 9 (der Aussetzung)

Zeuge: → § 247 Rdnr. 2
Zurücknahme (der Zulassung): → § 244 Rdnr. 9
Zurückweisung (verspäteten Vorbringens): → § 251a Rdnr. 19
Zusammentreffen:
- von Mandatsende und Unterbrechungsgrund: → § 244 Rdnr. 14 f.
- von Unterbrechungsgründen: → § 246 Rdnr. 6

Zusatzurteil: → § 239 Rdnr. 32, 41, 43
Zuständigkeit: → § 150 Rdnr. 2
ZuständigkeitsergänzungsG: → § 245 Rdnr. 3
Zustellung:
- durch Aufgabe zur Post: → § 244 Rdnr. 19, 22
- förmliche: → § 250 Rdnr. 6
- der Ladung: → § 246 Rdnr. 10

Zustimmung (des Gerichts zur Aufnahme): → § 251 Rdnr. 18
Zwang (zur Aufnahme): → § 239 Rdnr. 18
Zwangsvollstreckung: → § 148 Rdnr. 9, → Rdnr. 2 vor § 239, → § 240 Rdnr. 8, → § 249 Rdnr. 5
Zwischenfeststellungsklage: → § 154 Rdnr. 4
Zwischenurteil: → § 148 Rdnr. 12, → Rdnr. 11 vor § 239
Zwischenvergleich (über die Verfahrensruhe): → § 251 Rdnr. 6

§ 239 [Tod einer Partei]

(1) Im Falle des Todes einer Partei tritt eine Unterbrechung des Verfahrens bis zu dessen Aufnahme durch die Rechtsnachfolger ein.

(2) Wird die Aufnahme verzögert, so sind auf Antrag des Gegners die Rechtsnachfolger zur Aufnahme und zugleich zur Verhandlung der Hauptsache zu laden.

(3) Die Ladung ist mit dem den Antrag enthaltenden Schriftsatz den Rechtsnachfolgern selbst zuzustellen. Die Ladungsfrist wird von dem Vorsitzenden bestimmt.

(4) Erscheinen die Rechtsnachfolger in dem Termin nicht, so ist auf Antrag die behauptete Rechtsnachfolge als zugestanden anzunehmen und zur Hauptsache zu verhandeln.

(5) Der Erbe ist vor der Annahme der Erbschaft zur Fortsetzung des Rechtsstreits nicht verpflichtet.

Gesetzesgeschichte: Bis 1900 § 217 CPO; inhaltlich geändert durch RGBl. 1898, 256; Abs. 2 und 3 neugefaßt durch BGBl. 1950, 455.

Stichwortverzeichnis → *Unterbrechungs- und Aussetzungsschlüssel* in Rdnr. 30 vor § 239.

I. Unterbrechung	
1. Normzweck	1
2. Tod der Partei; Zeitpunkt	2
3. Unvererbliche Rechte; nichtvermögensrechtliche Streitigkeiten	4
4. Erlöschen juristischer Personen	5
5. OHG, KG	7
6. Gesamtnachfolge	8
7. Verlust der Prozeßführungsbefugnis	9
8. Betriebsübergang nach § 613a	13
II. Aufnahme	14
1. Rechtsnachfolge	15
2. Zeitpunkt; Zwang zur Aufnahme (Abs. 5)	17
3. Verfahren	19
III. Aufnahme durch den Rechtsnachfolger	21
1. Erklärung	22
2. Unterbrechung innerhalb der Instanz	23
a) Unstreitige Rechtsnachfolge	24
b) Bestrittene Rechtsnachfolge	25
c) Säumnisverfahren	29
3. Unterbrechung zwischen den Instanzen	31
IV. Aufnahmeverlangen des Gegners (Abs. 2)	35
1. Verzögerung	36
2. Zuständigkeit	37
3. Ladung; Ladungsfrist	38

4. Entscheidung bei Erscheinen der Parteien	39	b) Säumnis des Gegners	44
5. Entscheidung bei Versäumnis		c) Säumnis beider Parteien	45
a) Säumnis des als Rechtsnachfolger Geladenen	42	V. Kosten	46

I. Unterbrechung[1]

1. Normzweck

Nach dem Normzweck soll im Falle des Todes einer Partei eine Prozeßfortführung in der Weise ermöglicht werden, daß der Rechtsnachfolger in den Prozeß eintritt. Es findet ein Parteiwechsel kraft Gesetzes statt (→ Rdnr. 20 ff. vor § 239). Nicht etwa kommt es zu einer Erledigung der Hauptsache[2]. Die Norm will eine mit Kosten und Zeitverlust verbundene Vervielfältigung von Rechtsstreitigkeiten vermeiden (→ Rdnr. 25 vor § 239). Den Parteien wird durch die eintretende Unterbrechung des Verfahrens Zeit gegeben, sich auf die veränderte Sach- und Rechtslage einzustellen. § 239 gilt ohne Besonderheiten im arbeitsgerichtlichen Verfahren. 1

2. Tod der Partei; Zeitpunkt

§ 239 setzt stets voraus, daß zwischen den Parteien ein Rechtsstreit in Gang gekommen ist. Es muß also Rechtshängigkeit (§ 261 Abs. 1) eingetreten sein[3]. Stirbt die Partei zwischen dem Eintritt der Rechtshängigkeit und der Rechtskraft (→ Rdnr. 4 vor § 239), so wird der Rechtsstreit unterbrochen, auch wenn der Tod dem Gegner oder dem Gericht noch nicht bekannt geworden ist. Ausgenommen ist der praktisch häufige Fall, daß die Partei durch einen Prozeßbevollmächtigten vertreten war (§ 246). Tritt der Tod vor dem genannten Zeitpunkt ein, so gelten die Ausführungen in → § 50 Rdnr. 43. Dem Tod steht bei natürlichen Personen die Todeserklärung gleich (§§ 9, 23 VerschG). – Zum Mahnverfahren → § 693 Rdnr. 14. Sondervorschriften enthalten die §§ 619, 640 g für Ehe- und Kindschaftsprozesse. § 239 kommt in Statusverfahren grundsätzlich nicht zur Anwendung. So liegt es insbesondere für den Tod des Kindesvaters während eines Vaterschaftsprozesses[4]. 2

Wer Partei ist, ergibt sich aus → Rdnr. 1 ff. vor § 50. Gleichgültig ist es, ob die Partei unter ihrem bürgerlichen Namen oder nach § 17 Abs. 2 HGB unter ihrer Firma aufgetreten ist (→ § 50 Rdnr. 18)[5]. Gesonderte Ausführungen finden sich zu Streitgenossen (→ Rdnr. 10 vor § 59, → § 62 Rdnr. 36), Streitgehilfen (→ § 67 Rdnr. 23) sowie zum streitgenössischen Nebenintervenienten (→ § 69 Rdnr. 10). 3

3. Unvererbliche Rechte; nichtvermögensrechtliche Streitigkeiten

Das Erlöschen des Anspruchs führt nicht zur Beendigung des Prozesses. Deshalb ist es gleichgültig, ob das den Streitgegenstand bildende Recht vererblich ist oder nicht. Vielmehr 4

---

[1] Literatur: *de Boor* Zur Lehre vom Parteiwechsel und vom Parteibegriff (1941); *Bötticher* FS Laun (1948), 295 ff.; *Bunsen* ZZP 26 (1899), 197, 308 ff.; *Frank* ZZP 13 (1889), 184 ff.; *Henckel* Parteilehre und Streitgegenstand im Zivilprozeß (1961), insbes. S. 145 f.; *Kohler* ZZP 12 (1887), 97 (= Gesammelte Beiträge zum Zivilprozeß [1894], 293 ff.); *Schink* Jura 1985, 291 ff.; *Spannowsky* NVwZ 1992, 426 (Verwaltungsprozeß); *Wagemeyer* Der gesetzliche Parteiwechsel und die Prozeßstandschaft des § 265 ZPO (1954).
[2] Z.B. *LG München I* ZfS 1989, 163.
[3] Insoweit unrichtig *BGHZ* 92, 251, 256 f.
[4] *DIV-Gutachten* ZfJ 1992, 269, 270.
[5] Dazu in anderem Zusammenhang *VGH Hessen* DB 1992, 35.

kann der Prozeß sowohl zur Feststellung der Erledigung und der Kostenentscheidung als auch zur Entscheidung über mögliche Ersatzansprüche (§ 264 Nr. 3) aufgenommen werden. Zu einer Unterbrechung kommt es auch bei nichtvermögensrechtlichen Streitigkeiten, weil das Verfahren über die Kosten fortgesetzt werden kann. Bisweilen wird hier durch den Tod der Prozeß in der Hauptsache erledigt (§§ 619, 640 Abs. 1). Stirbt der Mann im Anfechtungsprozeß um die Vaterschaftsanerkennung, so gilt → § 153 Rdnr. 5. Wird das Recht am eigenen Bild verletzt, so kann die Unterlassungsklage nach dem Tod des Verletzten von dem überlebenden Ehegatten und von den Kindern des Abgebildeten, nach deren Tod, von den Eltern fortgeführt werden (§ 22 KunstUrhG, → Rdnr. 15).

4. Erlöschen juristischer Personen

5   Das Erlöschen einer juristischen Person oder eines sonstigen Rechtssubjektes sowie der Verlust der Parteifähigkeit (→ § 50 Rdnr. 34 ff.) wird wie der Tod der natürlichen Person behandelt, wenn eine Gesamtnachfolge in ihre Rechte eintritt (→ Rdnr. 8)[6]. So liegt es bei der Verschmelzung von Aktiengesellschaften durch Aufnahme oder Neubildung (§§ 339 ff. AktG)[7] oder der Verstaatlichung einer AG, bei Vermögensübertragungen von einer Aktiengesellschaft auf den Bund (Land, Gemeindeverband, Gemeinde) oder auf einen Versicherungsverein auf Gegenseitigkeit (§§ 359 ff. AktG). Zu einer Unterbrechung kommt es auch bei einer Umwandlung von Kapitalgesellschaften in offene Handelsgesellschaften, Kommanditgesellschaften oder Gesellschaften des BGB sowie bei der Vermögensübertragung auf den alleinigen Gesellschafter nach Maßgabe des Umwandlungsgesetzes i. d. F. der Bekanntmachung vom 6.11.1969, BGBl. I 2081. Ferner sind zu nennen die Verschmelzung von Genossenschaften (§§ 93 a ff. GenG), die Fusion und Auflösung von Sparkassen[8], der Anfall des Vereinsvermögens an den Fiskus nach § 46 BGB, die Eingemeindung von Gemeinden[9] sowie der Übergang eines Verwaltungsbereiches auf einen anderen Verwaltungsträger[10].

6   § 239 ist nicht anwendbar, wenn eine Gesellschaftsform in eine andere bei Identität des Rechtssubjektes umgewandelt wird[11]. Zu nennen sind insb. die Umwandlung einer Aktiengesellschaft in eine GmbH und umgekehrt (§§ 369 ff., 376 ff. AktG) sowie die Fortsetzung einer aufgelösten Aktiengesellschaft nach § 274 AktG. Ferner kommt § 239 nicht zur Anwendung bei einem Verlust der Rechtsfähigkeit, der die Liquidation oder dem Gleichstehendes bewirkt und bei fingiertem Fortbestand (→ § 17 Rdnr. 19) nur eine andere Gestaltung der gesetzlichen Vertretung (§ 241) zur Folge hat[12]. Wird eine klagende GmbH, die noch Vermögen hat, gelöscht, so wird das Verfahren nach § 241 ZPO unterbrochen, bis die nach § 2 Abs. 3 LöschG vom Gericht zu ernennenden Liquidatoren ihre Bestellung anzeigen[13]. Wird eine an sich erforderliche Liquidation umgangen, so kommt es zu keiner Auflösung im Rechtssinne, sondern nur zu einer Beendigung der produktiven Tätigkeit. Im Hinblick auf ihre schwebenden Verpflichtungen wird die Gesellschaft als fortbestehend angesehen[14]. Sind bei einer OHG die Aktiva und Passiva auf einen anderen übertragen, so wurde der Gedanke des § 265

---

[6] H.L., *BGH LM GmbHG § 74 Nr. 1*; *BFH BB 1989*, 690; *Thomas/Putzo*[18] Rdnr. 3; *Zöller/Greger*[18] Rdnr. 3; *Baumbach/Lauterbach/Hartmann*[51] Rdnr. 2; grundsätzlich anderer Auffassung *MünchKommZPO/Feiber* (1992) Rdnr. 17 (keine Unterbrechung).

[7] Vgl. dazu *RGZ* 56, 331; *RG* SeuffArch 38 (1883), 311; WarnRsp 11 Nr. 386; *OLG Hamburg* GRUR 1990, 456, 457 li. Sp.

[8] Z.B. Art. 16 ff. BaySparkG BayBS I 574.

[9] *OLG Colmar* OLGRsp 19, 92.

[10] *BSG* NVwZ 1988, 766 (Zuständigkeitswechsel durch Funktionsnachfolge).

[11] *RGZ* 55, 126; *Zöller/Greger*[18] Rdnr. 3; *Baumbach/Lauterbach/Hartmann*[51] Rdnr. 3; *Lehmann* ZHR 50 (1900), 1 ff.

[12] *RGZ* 16, 337, 338; 17, 365; 34, 360, 362; 45, 340, 342; *Hellwig* Anspruch und Klagrecht (Neudruck 1967), 287 f.

[13] Ausführlich *Bork* JZ 1991, 841, 846; *Dilger* RIW 1989, 486, 488; ferner *BFH* BB 1986, 1977; sowie mit Recht ablehnend *Weber/Grellet* NJW 1986, 2559 zu *BFH* NJW 1986, 2594.

[14] Dazu *RGZ* 33, 91, 92; u. a.

angewendet[15]. Die Löschung einer GmbH wegen Vermögenslosigkeit unterbricht nicht den anhängigen Prozeß, wenn sich nachträglich herausstellt, daß noch Vermögenswerte vorhanden sind[16].

5. OHG, KG

Die dargestellten Grundsätze gelten sinngemäß auch für die Offene Handelsgesellschaft und die Kommanditgesellschaft[17], wenn man sie richtigerweise als parteifähiges Rechtssubjekt ansieht (→ § 50 Rdnr. 13) und ihr Vermögen ohne Liquidation auf einen Gesamtnachfolger übergeht[18]. Die Umwandlung einer OHG in eine KG bedeutet keine Rechtsnachfolge (→ Rdnr. 6)[19]. Vom Standpunkt einer bloß »formellen« Parteifähigkeit aus müßte folgerichtig angenommen werden, daß mit der Auflösung die bisherigen Gesellschafter ohne Parteiwechsel als Streitgenossen Partei werden oder – genauer – ihre bisher verdeckte Parteirolle offen hervortritt[20]. Der Tod eines Gesellschafters einer OHG oder einer KG bewirkt keine Unterbrechung nach § 239[21].

7

6. Gesamtnachfolge

Ob überhaupt bei Vereinsauflösung oder allgemein bei dem Erlöschen juristischer Personen, etwa auch verbunden mit Maßnahmen konfiskatorischer Art, eine Gesamtnachfolge eintritt (zu deren Notwendigkeit → Rdnr. 5), ist eine Frage des maßgebenden materiellen Rechts. Verneint es eine Gesamtrechtsnachfolge, so kommt § 239 nicht zur Anwendung. Der BGH[22] nimmt für die Beendigung der Liquidation eines rechtsfähigen Vereins an, die Klage sei infolge der Parteiunfähigkeit des Vereins unzulässig geworden. § 239 kommt nicht zur Anwendung, wenn im Vereinsregister lediglich der Name des Vereins gelöscht ist, weil der Verein gleichwohl weiter besteht[23]. Dagegen bleibt nach der Rechtsprechung des BAG[24] im Kündigungsschutzprozeß die Klage zulässig, wenn die Liquidation einer GmbH beendet wird.

8

7. Verlust der Prozeßführungsbefugnis

Die §§ 239, 242 werden entsprechend angewendet[25], wenn die Partei die Prozeßführungsbefugnis in bezug auf ein Vermögen oder eine Vermögensmasse verliert, zu denen das streitige Recht gehört, und der jetzt zur Prozeßführung für die Vermögensmasse Befugte die

9

---

[15] Dazu *RGZ* 35, 388; *RG* JW 1901, 317f.; *Jaeger* Festgabe Sohm (1915), 1, 56f. (OHG); a.A. *RG* JW 1932, 175.

[16] Dazu und zur Vertretung durch die bisherigen Liquidatoren *BGH* NJW 1982, 238; BB 1957, 725; *OVG Münster* NJW 1981, 2373; umfassend *Bork* JZ 1991, 841, 848 re. Sp. (wohl abweichend); *OLG Köln* GmbHRdsch 1992, 536.

[17] Wie hier *K. Schmidt* Gesellschaftsrecht[2] 46 II 3; a.A. *U. Huber* ZZP 82 (1969), 224ff. (gewillkürter Parteiwechsel).

[18] *BGH* NJW 1971, 1844; *OLG München* WRP 1980, 231; ebenso *Henckel* (Fn. 1), 177f., wonach es auf die Frage der Parteifähigkeit aber nicht ankommen soll. – Zum finanzgerichtlichen Prozeß *BFH* BB 1989, 664 (voll beendete KG); BB 1989, 690; DB 1988, 1684; *FG Hamburg* EFG 1991, 335.

[19] Dazu *BFH* BFH/NV 1987, 111.

[20] So *RGZ* 34, 360, 362; 35, 388; 46, 39, 41; 49, 425; 64, 77, 78f.; 124, 146, 150; *BayObLG* NJW 1952, 28, 29 und mehrere Oberlandesgerichte, s. *OLG Köln* OLGRsp 3, 344; *OLG Dresden* OLGRsp 13, 141f.; *OLG Hamburg* OLGRsp 17, 182; krit. hierzu *de Boor* (Fn. 1) 71ff. und die heute führende Lehre: *K. Schmidt* Gesellschaftsrecht[2] § 46 II 3.

[21] Vgl. *RGZ* 45, 340, 342; auch *Henckel* (Fn. 1), 181f.

[22] *BGHZ* 74, 212.

[23] *BGH* NJW 1984, 668.

[24] *BAG* NJW 1982, 1831 m. Anm. *Theil* JZ 1982, 373.

[25] Dafür *BGHZ* 1, 67 m.zust. Anm. *de Boor* JZ 1951, 450 (aber gegen Unterbrechung) und zust. Anm. *Rosenberg* DRiZ 1951, 205; *Zöller/Greger*[18] Rdnr. 4; *RGZ* 109, 49 (Beendigung des früheren gesetzlichen Güterstandes). – A.A. und für eine entsprechende Anwendung von § 265 *RGZ* 135, 291; ebenso *Henckel* (Fn. 1) 173f.; dagegen auch *Goldschmidt* ZPR[2] 196; *Bötticher* (Fn. 1), 295, 303; *Baumbach/Lauterbach/Hartmann*[51] Rdnr. 5.

bisherige Prozeßführung gegen sich gelten lassen muß. Dabei ist es gleich, ob der betreffenden Partei die Prozeßführungsbefugnis als Rechtsinhaber oder aufgrund eines besonderen Prozeßführungsrechts (→ Rdnr. 19 ff. vor § 50) zusteht (→ Rdnr. 24 vor § 239). Deshalb werden insbes. die bei Beendigung eines Konkurses[26], einer Nachlaßverwaltung oder Testamentsvollstreckung anhängigen Prozesse bis zur Aufnahme durch den nunmehr berechtigten Gemeinschuldner usw. unterbrochen (→ § 240 Rdnr. 41, → § 241 Rdnr. 18). Doch besteht die Prozeßführungsbefugnis des Zwangsverwalters auch nach Aufhebung der Zwangsverwaltung fort, soweit es einen schon anhängigen Prozeß betrifft[27]. Nach Aufhebung der Zwangsverwaltung soll sich daher der Eintritt des früheren Grundstückseigentümers in einen von dem Zwangsverwalter geführten Prozeß (außerhalb des Revisionsverfahrens) nach den Regeln über den gewillkürten Parteiwechsel vollziehen. Im Konkursfall gilt das Gesagte nur für Masserechte, die bei Konkursbeendigung wieder in die freie Verfügungsbefugnis des bisherigen Gemeinschuldners fallen. Anders liegt es für Anfechtungsprozesse des Konkursverwalters[28].

10 Endet eine Gütergemeinschaft durch den Tod des einen Ehegatten, ohne daß der andere sie mit den Abkömmlingen fortsetzt (→ Rdnr. 15), oder endet sie durch Aufhebungsurteil (§§ 1447, 1448, 1469 BGB), so kommt es ebenfalls zu einer Unterbrechung des Verfahrens, soweit die bisherige Partei als Ehegatte mit Wirkung für und gegen das Gesamtgut prozessieren durfte. § 265 kommt nicht zur Anwendung. In entsprechender Anwendung des § 239 wird die Unterbrechung bis zur Auseinandersetzung durch Aufnahme der nunmehr zur Prozeßführung nach §§ 1472 ff. BGB gemeinsam befugten Erben und des überlebenden Ehegatten oder der beiden Ehegatten aufgehoben. Der Vollzug der Auseinandersetzung führt nicht zu einer neuen Unterbrechung. Vielmehr bleiben die in den Rechtsstreit eingetretenen Erben oder Ehegatten nach dem insoweit anzuwendenden § 265 Partei. Bei Passivprozessen kommt es insoweit zur Unterbrechung, als die Klage das Gesamtgut betraf. Eine Unterbrechung findet dagegen nicht statt, soweit es sich um die persönliche Haftung des beklagten Ehegatten mit Vorbehalts- und Sondergut drehte (zur Aufhebung der Gütergemeinschaft durch Vertrag → Rdnr. 12).

11 § 239 wird nicht angewendet, wenn zwar die Rechtsinhaberschaft wechselt, die bisherige Partei aber zur Prozeßführung befugt bleibt (→ §§ 265 ZPO, 1433, 1455 Nr. 7 BGB, → Rdnr. 27 vor § 239). Vergleichbar können bei Vorhandensein eines zur Führung des Rechtsstreits berechtigten Testamentsvollstreckers die Erben bei Aktivprozessen (§ 2212 BGB) den Rechtsstreit nicht nach § 239 ZPO aufnehmen, weil nur der Testamentsvollstrecker Prozeßführungsbefugnis hat. Bei einem Passivprozeß (§ 2213 BGB) steht § 243 ZPO der Aufnahme durch die Erben nicht im Wege[29]. Die Freigabe einzelner Gegenstände aus der Masse durch den Konkursverwalter wird unten → § 240 Rdnr. 43 behandelt.

12 Wird die Gütergemeinschaft durch Vertrag aufgehoben, so sind die zur Aufhebung durch Urteil dargestellten Grundsätze anwendbar (→ Rdnr. 10), weil sich die Aufhebungsgründe oftmals weitgehend entsprechen werden[30].

---

[26] In diesem Fall stellt sich die Frage einer Titelumschreibung nach § 727 nicht, dazu *K. Schmidt* JR 1991, 309 ff.
[27] So *BGH* NJW-RR 1990, 1213 (mit Einschränkungen); zust. *MünchKommZPO/Feiber* (1992) Rdnr. 14 a. E.
[28] *BGHZ* 83, 102, 104 f.
[29] Grundlegend *BGHZ* 104, 1 ff.; → § 243 Rdnr. 1.
[30] Dazu *BGHZ* 1, 65, 67.

8. Betriebsübergang nach § 613 a

§ 239 ZPO ist nicht entsprechend anzuwenden, wenn im Falle des § 613a BGB z. B. auf **13**
Weiterbeschäftigung geklagt wird und es im Prozeß zu einem Betriebsübergang kommt. Es
kommt also nicht zu einem Parteiwechsel kraft Gesetzes. Allein sachgerecht ist hier eine
gewillkürte Parteiänderung[31].

II. Aufnahme

Die Unterbrechung des Verfahrens (→ Rdnr. 1) dauert bis zur Aufnahme (§ 250 → dort **14**
Rdnr. 2 ff.) durch den Rechtsnachfolger fort (sogleich → Rdnr. 15 ff.). Wenn der Gegner
zugleich Rechtsnachfolger ist, so endet der Prozeß durch Konfusion (→ Rdnr. 17 vor § 50).
Wenn mehrere Rechtsnachfolger vorhanden sind und einer von ihnen der Gegner der ausgeschiedenen Partei ist, so bleibt seine prozessuale Stellung erhalten. Zu einer Rechtsnachfolge
im Prozeß kommt es nur für die übrigen Rechtsnachfolger[32].

1. Rechtsnachfolge

Im Sinnzusammenhang des § 239 wird der Begriff des Rechtsnachfolgers (allgemein dazu **15**
→ §§ 265, 727, 750, 796, 929) im Ergebnis trotz der zu beachtenden Beschränkungen (→
Rdnr. 24 ff. vor § 239) weit ausgelegt[33]. Rechtsnachfolge im strengen Sinne wird nicht vorausgesetzt. Es gehören daher nicht nur die Gesamtrechtsnachfolge bei einer natürlichen oder
juristischen Person dazu (→ Rdnr. 5), sondern bei im übrigen gegebenen Voraussetzungen
jeder Wechsel in der Prozeßführungsbefugnis für eine bestimmte Vermögensmasse (→
Rdnr. 9 ff.). Entscheidend ist jeweils die Abhängigkeit der Berechtigung der neuen von der
bisherigen Partei[34]. Deshalb gehört hierzu derjenige, der im Gegensatz zum Fall des § 265
von Todes wegen in die Rechtsstellung der bisherigen Partei eintritt. Das ist in erster Linie der
Erbe, auch wenn der Streitgegenstand unvererbliche Rechte betrifft (→ Rdnr. 4). Im Todesfall
kann auch ein Sonderrechtsnachfolger hierher gehören. So liegt es für die Rechtsnachfolge in
den Anteil einer Personengesellschaft für die Rechtsstellung als Gesellschafter einer OHG
oder KG[35]. In gleicher Weise ist als Nachfolger aufnahmeberechtigt der Grundstückseigentümer bei dem Tod des Nießbrauchers für eine über die Zeit seiner Berechtigung hinausgreifende Mietzinsklage, sofern er die Prozeßführung des Nießbrauchers gegen sich gelten lassen
muß[36]. Zu nennen sind ferner die Angehörigen gemäß § 22 KunstUrhG für eine Unterlassungsklage wegen Verletzung des Rechts am eigenen Bilde (→ Rdnr. 4)[37], der überlebende
Ehegatte, wenn er nach dem Tode des anderen eine Gütergemeinschaft mit den Abkömmlingen fortsetzt[38] (auch → Rdnr. 10) sowie der überlebende Ehegatte und im Falle seines Todes
die Kinder des Geschädigten bei einem Rechtsübergang nach Art. VI. Nr. 1 Abs. 5 S. 1
Bundesentschädigungsschlußgesetz[39]. Früher zählten hierzu noch manche Fälle der Lehens-
und Fideikommißnachfolge[40]. Stets wird vorausgesetzt, daß die Prozeßführung der alten

---

[31] *BAG* BB 1977, 395; *Palandt/Putzo*[52] § 613a
Rdnr. 9; *Zeuner* Verfahrensrechtliche Folgen des Betriebsübergangs nach § 613a BGB, FS Schwab (1990),
575, 590; a. A. ArbG Siegen AR-Blattei (D) Betriebsinhaberwechsel Entsch 84 (LS).

[32] RG WarnRsp 1909 Nr. 221.

[33] BGHZ 83, 102, 104; grundsätzlich anderer Auffassung *MünchKommZPO/Feiber* (1992) Rdnr. 22.

[34] *Hellwig* Wesen und subjektive Begrenzung der Rechtskraft (1901), 259 ff.

[35] Vgl. *MünchKomm/Leipold*[2] § 1922 Rdnr. 81 bei Fn. 158.

[36] So *Henckel* (Fn. 1), 170 f.; gegen die Anwendung des § 239 aber *de Boor* (Fn. 1), 62 Fn. 81.

[37] *de Boor* (Fn. 1) 123; *Nikisch* Lb[2] § 93 II 5.

[38] Vgl. RGZ 148, 243, 245 f.; RG JW 1904, 410.

[39] BGHZ 69, 395, 396.

[40] RGZ 26, 135, 141; 31, 332; 34, 427, 430 f.; RG SeuffArch 71 (1916), 372, 373 u. a.; a. A. *Schollmeyer* Der Zwischenstreit unter den Parteien (1880), 105; *Schultze* Die Vollstreckbarkeit der Schuldtitel für und gegen die Rechtsnachfolger (1891), 106; *Kiehl* ZZP 30 (1902), 289, 325 f.

gegen die neue Partei wirken muß (→ Rdnr. 20ff. vor § 239). Weiteres ergibt sich zur Nacherbfolge aus → § 242, zur Eröffnung und zur Beendigung des Konkursverfahrens usw. aus → § 240, → § 241, zur Testamentsvollstreckung aus → § 243.

16 Nicht zu den Rechtsnachfolgern i. S. des § 239 zählen der Vermächtnisnehmer (§ 2174 BGB)[41] und der Erbschaftskäufer[42]. Ebenso liegt es für den aus einer Versicherung auf den Todesfall begünstigten Dritten, weil er nicht Rechte des Versicherungsnehmers erwirbt[43]. Kein Rechtsnachfolger ist endlich auch der Staatsanwalt für die Ehenichtigkeitsklage nach dem Tode des Klägers, weil er unabhängig von diesem klagen konnte und kann[44].

2. Zeitpunkt; Zwang zur Aufnahme (Abs. 5)

17 Das bürgerliche Recht regelt für die Mehrzahl der Fälle, in welchem Zeitpunkt die Rechtsnachfolge eintritt. Nach §§ 1922, 1942 BGB geht die Erbschaft auf den Erben im Augenblick des Todes über, vorbehaltlich des Ausschlagungsrechts innerhalb der Frist des § 1944 BGB. Während dieses Zeitraumes kann ein gegen den Nachlaß gerichteter Anspruch nicht gegen den Erben gerichtlich geltend gemacht werden. Hat der Erbe noch nicht angenommen, so ist er nicht passiv prozeßführungsbefugt (§ 1958 BGB). Die Nichtausschlagung innerhalb der Ausschlagungsfrist gilt als Annahme (§ 1943 HS 2 BGB). – Zur Zwangsvollstreckung → § 727 Rdnr. 22, → § 778 Rdnr. 3ff.

18 § 239 Abs. 5 ZPO verlängert den Grundsatz des § 1958 BGB in das sonstige Verfahrensrecht, dessen Regelung über die Anordnungen des BGB hinausreicht. Abs. 5 unterscheidet nicht nach Aktiv- oder Passivprozessen. Vielmehr ist der Erbe auch dann nicht vor Fristablauf zur Aufnahme gezwungen, wenn der Erblasser Kläger war oder der Prozeß nur die Feststellung des Anspruchs zum Gegenstand hat. Vergleichbar liegt es, wenn der Erblasser Beklagter war. In diesem Falle des Passivprozesses folgt aber wohl aus der Regelung des § 1958 BGB, daß der »Erbe« auch nicht zur Aufnahme von Passivprozessen gegen den Nachlaß berechtigt ist. Ebenso gilt das Gesagte für den Fiskus als gesetzlichen Erben vor dem in § 1966 BGB bezeichneten Zeitpunkt. Der Erbe braucht nicht die Einlassung zu verweigern[45]. Doch kann der Gegner die Bestellung eines Nachlaßpflegers (§ 1961 BGB) zur Geltendmachung eines Anspruches gegen den Nachlaß herbeiführen. Die Dreimonatseinrede des § 2014 BGB ist für die Pflicht zur Aufnahme ohne Einfluß. Diese Einrede kann der Erbe nur nach der Aufnahme erheben (auch → §§ 305, 782). Einzelheiten zu Prozessen mit Auslandsbeziehungen ergeben sich aus → Rdnr. 29 vor § 239.

3. Verfahren

19 Das Verfahren über die Aufnahme wird vom Verhandlungsgrundsatz beherrscht. Das Gericht prüft daher nicht von Amts wegen, ob eine Rechtsnachfolge stattgefunden hat. Die Rechtsnachfolge kann daher auch zugestanden werden. Diese Fälle der unstreitigen Rechtsnachfolge können zu weitreichenden Komplikationen führen, wenn etwa der wahre Erbe nichts von dem Prozeß erfährt (→ Rdnr. 22 vor § 239). Der Beweis der Nachfolge kann mit allen zulässigen Beweismitteln geführt werden. Am häufigsten wird ein Erbschein vorgelegt werden[46]. Doch sind die Möglichkeiten hierauf nicht beschränkt[47].

20 Von Amts wegen zu prüfen ist dagegen, ob dem Erben die passive Prozeßführungsbefugnis

---

[41] *BFH* BB 1975, 1142.
[42] Trotz seiner Haftung nach § 2382 BGB.
[43] *RGZ* 54, 94f.
[44] S. *de Boor* (Fn. 1), 123; a. A. *Nikisch* Lb² § 93 I, II.
[45] Vgl. *RGZ* 60, 179, 181.
[46] Z.B. *BGHZ* 104, 1, 3.
[47] *RGZ* 54, 343; *RG* SeuffArch 56 (1901), 94.

nach § 1958 BGB zusteht (→ Rdnr. 17). Die Aufnahme ist unzulässig, wenn die Prozeßführungsbefugnis im Falle der fehlenden Annahme der Erbschaft nicht gegeben ist. Dabei ist gleichgültig, ob die Aufnahme von dem Erben oder gegen den Erben begehrt wird.

III. Aufnahme durch den Rechtsnachfolger

Aus dem Anwendungsbereich des § 239 auszuscheiden sind zunächst diejenigen Fälle, in denen während der Unterbrechung Nachlaßverwaltung, Nachlaßpflegschaft oder Nachlaßkonkurs eingetreten sind oder ein zur Führung des Rechtsstreites berechtigter Testamentsvollstrecker vorhanden ist. Für sie gelten die Sondervorschriften von § 241 Abs. 3 und § 243. Die Aufnahme kann im übrigen entweder durch den Rechtsnachfolger erklärt oder von dem Gegner erzwungen werden (→ Rdnr. 35 ff.). 21

1. Erklärung

Nach § 250 muß die Aufnahme des unterbrochenen Verfahrens durch den Rechtsnachfolger der verstorbenen Partei in einem bei Gericht einzureichenden Schriftsatz erklärt werden. Die Erklärung braucht keinen Antrag zu beinhalten, wohl aber die Behauptung der Rechtsnachfolge (→ Rdnr. 15 f.). Es wird nach § 270 Abs. 1, 2 S. 1, § 495 von Amts wegen förmlich zugestellt, weil sich die Aufnahmeerklärung wegen des Personenwechsels als Sachantrag darstellt (→ § 297). Der Verfahrensstillstand wird mit der Zustellung der Aufnahmeerklärung unter der auflösenden Bedingung beendet, daß es bei dem Stillstand bleibt, wenn die Eigenschaft des Aufnehmenden als Rechtsnachfolger nachträglich verneint wird. Die Aufnahme kann auch auf einen zum Erlaß eines Teilurteils geeigneten Teil des Streitgegenstandes beschränkt werden[48]. Ist Rechtsnachfolger eine Erbengemeinschaft, so kann gleichwohl auch der einzelne Miterbe (arg. § 2039 BGB) das Verfahren allein aufnehmen[49]. Er kann dann auch allein die Prozeßführung eines prozeßunfähigen Rechtsvorgängers genehmigen[50]. Die anderen Rechtsnachfolger wie auch der Gegner behalten dabei das Recht, ihrerseits die Aufnahme zu betreiben[51]. 22

2. Unterbrechung innerhalb der Instanz

Wird das Verfahren innerhalb der Instanz unterbrochen, so kann der Richter sogleich nach Eingang der Aufnahmeerklärung (§ 253 Abs. 5, § 496) von Amts wegen einen Termin bestimmen. Die Ladung dazu kann mit der Aufnahmeerklärung zugestellt werden (§§ 497, 274). Der Richter kann nach seinem Ermessen aber auch mit der Terminsbestimmung warten, bis die Zustellung der Aufnahme und damit deren wirksamer Eintritt feststehen (→ § 250 Rdnr. 6). 23

a) Unstreitige Rechtsnachfolge

Bleibt die Rechtsnachfolge im Termin unstreitig, so bedarf es darüber keiner gerichtlichen Entscheidung. Hat ein angeblicher Rechtsnachfolger aufgenommen und wird dessen Rechtsnachfolge zugestanden, so ergeben sich die oben → Rdnr. 22 vor § 239 behandelten Pro- 24

---

[48] A.A. möglicherweise *OLG Königsberg* JW 1930, 1517.
[49] *BGHZ* 14, 251, 254 f.; *BGH* MDR 1964, 669; *RG* JW 1904, 410; *OLG Frankfurt a. M.* MDR 1966, 153.
[50] *BGHZ* 23, 207, 212 m. zust. Anm. *Bruns* NJW 1957, 906 und *Johannsen* LM § 355 ZPO Nr. 1.
[51] Dazu näher *Henckel* (oben Fn. 1), 157 f.

bleme, wenn auch der wirkliche Rechtsnachfolger nach aufgenommenem Verfahren, ggf. auch nach Erlaß eines Urteils, seine Rechte gegen den Gegner geltend machen will.

b) Bestrittene Rechtsnachfolge

25 Wird die Rechtsnachfolge durch den Gegner bestritten, so muß zunächst mündlich darüber verhandelt und entschieden werden, ob die Fortsetzung des Rechtsstreits mit dem Aufnehmenden zulässig ist oder nicht. Dabei geht es noch nicht um die endgültige Frage der Sachbefugnis in dem Sinne, daß dem Rechtsnachfolger das streitige Recht zusteht, oder ob gegen ihn der geltend gemachte Anspruch besteht[52]. Erst im Anschluß an die bejahte prozessuale Legitimation des Rechtsnachfolgers stellt sich das Problem der Zulässigkeit der Klage und deren Begründetheit. Im Rahmen der Begründetheit ist sodann die Sachbefugnis der Parteien für den Streitgegenstand zu prüfen. Dagegen geht es bei der Verhandlung um die Fortsetzung des Rechtsstreits zunächst lediglich darum, ob der Nachfolger legitimiert ist, den vom Vorgänger behaupteten oder verteidigten Streitgegenstand jetzt weiter zu verfolgen.

Die Verhandlung über die Rechtsnachfolge bildet mit der übrigen Verhandlung zur Hauptsache eine Einheit. Gleichwohl ist das Gericht wegen § 146 nicht gehindert, die Verhandlung zunächst auf die Frage der Rechtsnachfolge zu beschränken[53]. – Zum Verhandlungsgrundsatz → Rdnr. 19.

26 Hält das Gericht die Rechtsnachfolge sonach für bewiesen, so ergeht ein streitiges Urteil zur Hauptsache, wobei die Rechtsnachfolge in den Gründen dieses Endurteils festgestellt wird. Möglich ist aber auch ein Zwischenurteil nach § 303[54]. Für die Kosten gilt § 94 entsprechend.

27 Hält das Gericht dagegen die Rechtsnachfolge nicht für bewiesen, so ist die Aufnahme unzulässig. Der Aufnehmende (angeblicher Rechtsnachfolger) ist deshalb mit seinem Antrag auf Fortsetzung des Prozesses unter Verurteilung in die Kosten des Aufnahmeverfahrens[55] durch Urteil abzuweisen. Das Urteil ist aus der Sicht des noch unterbrochenen Prozesses mit der richtigen Partei betrachtet ein Zwischenurteil. Da der Aufnehmende aber mit dem Urteil endgültig aus dem Prozeß verwiesen wird, muß es für ihn in bezug auf die Anfechtung wie ein Endurteil behandelt werden[56]. Die h. L. nimmt im Ergebnis durchweg Endurteil an, weil sie nicht zwischen den Wirkungen innerhalb des noch anhängigen Prozesses und gegenüber dem nicht anerkannten Rechtsnachfolger unterscheidet[57]. Mit Rechtskraft des Urteils steht fest, daß der Stillstand noch andauert. Das Verfahren kann dann erneut von einem anderen aufgenommen werden, der die Rechtsnachfolge für sich in Anspruch nimmt (→ § 249 Rdnr. 3)[58]. Nach richtiger Auffassung brauchen die wahren Rechtsnachfolger das Prozeßende nicht abzuwarten, sondern können in den laufenden Prozeß eintreten (auch → Rdnr. 22 vor § 239).

28 Hält das Gericht die Rechtsnachfolge für bewiesen (→ Rdnr. 26), handelt es sich aber gleichwohl um den falschen Rechtsnachfolger, so ist der wahre Rechtsnachfolger an ein etwa ergehendes Urteil nicht gebunden. Es gelten die Grundsätze von → oben Rdnr. 22 vor § 239. Ist dagegen der wahre Rechtsnachfolger durch Urteil aus dem Prozeß gewiesen worden (→ Rdnr. 27), so wirkt das Urteil gegen ihn Rechtskraft und er kann nicht noch einmal aufnehmen.

---

[52] S. schon *de Boor* (Fn. 1), 128.
[53] *Zöller/Greger*[18] Rdnr. 9; a. A. *MünchKommZPO/Feiber* (1992) Rdnr. 32.
[54] H. L., *BGHZ* 104, 1; krit. aber *MünchKommZPO/Feiber* (1992) Rdnr. 34; anders *de Boor* (Fn. 1), 134 (Zwischenurteil nach § 280).
[55] Nicht des Rechtsstreits: *RGZ* 46, 320 f.
[56] Ebenso im Ergebnis *de Boor* (Fn. 1), 134; *RGZ* 11, 312, 318; 34, 427, 429; 46, 320, 322; a. A. *BGH ZIP* 1982, 1318, 1319 (Zwischenurteil).
[57] *MünchKommZPO/Feiber* (1992) Rdnr. 32; *Baumbach/Lauterbach/Hartmann*[51] Rdnr. 12; *Jauernig*[23] § 80 III; *Rosenberg/Schwab/Gottwald*[15] § 126 I 3 a; *Zöller/Greger*[18] Rdnr. 9; *Wieczorek*[2] Bem. H II b.
[58] *RGZ* 45, 359, 362 ff.

c) Säumnisverfahren

Wird der Verhandlungstermin durch den Gegner des Aufnehmenden versäumt, so ist auf Antrag des erschienenen Aufnehmenden Versäumnisurteil zu erlassen (§§ 330, 331). Die die Rechtsnachfolge begründenden Tatsachen brauchen nicht besonders substantiiert zu werden, weil die Rechtsnachfolge nur ein den Anspruch bedingendes Rechtsverhältnis ist, das als Tatsache behandelt wird (→ § 288). Es ist daher nach § 331 Gegenstand des fingierten Geständnisses[59]. Ist die Behauptung des erschienenen Aufnehmenden über die Rechtsnachfolge unschlüssig, so ergeht gegen ihn ein unechtes Versäumnisurteil, das sich nicht lediglich auf die Zurückweisung der Aufnahme bezieht[60]. 29

Wenn dagegen der aufnehmende Rechtsnachfolger den Termin versäumt, so kommt es auf Antrag des die Rechtsnachfolge anerkennenden Gegners zu einem Versäumnisurteil in der Sache (§§ 330, 331), ggf. zu einer Entscheidung nach Aktenlage (§ 331a). Wenn der erschienene Gegner die Rechtsnachfolge des säumigen Aufnehmenden bestreitet, so ergeht lediglich ein Versäumnisurteil auf Abweisung der Fortsetzung des Rechtsstreites und nicht zur Hauptsache selbst (→ Rdnr. 27). 30

3. Unterbrechung zwischen den Instanzen

Das Verfahren wird »zwischen den Instanzen« unterbrochen, wenn die Unterbrechung nach Verkündung (Zustellung) eines einem Rechtsmittel oder dem Einspruch unterliegenden Urteils, aber vor Einlegung des Rechtsmittels oder Einspruches geschieht. In diesem Fall bildet die Aufnahme an sich einen Teil des noch nicht beendeten Rechtszuges. Dabei kommt es nicht darauf an, ob die Rechtsmittelfrist bereits zu laufen begonnen hatte oder nicht (→ § 176 Rdnr. 8ff.)[61]. Der Aufnehmende muß sich aber nicht stets an das Gericht des unteren Rechtszuges wenden (näher → § 250 Rdnr. 5). Der Aufnahmeschriftsatz ist nach § 270 Abs. 2, § 495 förmlich von Amts wegen zuzustellen (→ Rdnr. 38). Die Parteien können mit Einlegung des Rechtsmittels oder des Einspruches nunmehr einen etwa auftauchenden Streit über die Berechtigung austragen. 31

Es kann aber auch jede Partei vor dem unteren Gericht die Ansetzung eines Termins zu diesem Zweck beantragen. Es handelt sich um ein sogenanntes Zusatz- oder Ergänzungsurteil i.S. einer zulässigen Rechtsfortbildung auf prozessualem Gebiet[62], wenn das im unteren Rechtszug ergehende Urteil die Rechtsnachfolge bejaht. Die Ergänzung geht dahin, daß das in der Sache ergangene Urteil für oder gegen den Rechtsnachfolger (§§ 325, 727) wirksam ist[63]. Die obsiegende Partei, die durch das Urteil nicht beschwert ist und deshalb kein Rechtsmittel einlegen kann, ist allein auf diesen Weg verwiesen. Ihr wird damit die selbständige Klage auf Erteilung der Vollstreckungsklausel aus § 731 erspart. Das Urteil ist einmal hinsichtlich der Rechtsnachfolge selbständig anfechtbar. Zum anderen ist es als Element des vorangegangenen Urteils in der Sache selbst mit diesem zusammen anfechtbar. § 517 S. 1 ist unanwendbar[64]. Die Beschränkung der Haftung des Erben braucht nicht vorbehalten zu werden (→ § 781 Rdnr. 1)[65]. 32

Wenn die Rechtsnachfolge verneint wird, so liegt ein mit den gewöhnlichen Rechtsmitteln anfechtbares Endurteil vor, das sich auf die Zulässigkeit der Aufnahme beschränkt. 33

---

[59] Dazu *RGZ* 10, 364, 365.
[60] A.A. insoweit *Zöller/Greger*[18] Rdnr. 9 unter Berufung auf *BGH* NJW 1957, 1840.
[61] *RGZ* (VZS) 68, 247, 255f.
[62] Deshalb ist die Kritik von *MünchKommZPO/Feiber* (1992) Rdnr. 37 unberechtigt.
[63] *RGZ* (VZS) 68, 247, 255f.; 27, 350, 356ff.; *RG* JW 1906, 430; h.L., *Thomas/Putzo*[18] Rdnr. 9; *Zöller/Greger*[18] Rdnr. 10; *Baumbach/Lauterbach/Hartmann*[51] Rdnr. 16.
[64] *RGZ* 140, 348, 353.
[65] *OLG Dresden* SächsAnn 23, 281ff.; a.A. *OLG Düsseldorf* NJW 1970, 1689, 1690.

34 Für die Aufnahme unter gleichzeitiger Einlegung des Rechtsmittels oder Einspruches gelten die Ausführungen zu → § 250 Rdnr. 5. Der Lauf der Rechtsmittelfrist (auch der Einspruchsfrist) ergibt sich aus → § 249 Rdnr. 9 ff.

IV. Aufnahmeverlangen des Gegners (Abs. 2)

35 Nach § 239 Abs. 2 muß die Gegenpartei einen Antrag auf Ladung des Rechtsnachfolgers zur Aufnahme und zur Verhandlung der Hauptsache stellen, wenn sie dessen Verpflichtung zur Fortsetzung des Rechtsstreits erreichen will. Anders als für die Aufnahme durch den Rechtsnachfolger (→ Rdnr. 22) genügt für den Antrag die einfache Aufnahmeerklärung nicht[66]. Der Verfahrensstillstand endet nicht schon mit diesem Akt. Zu der Beendigung kommt es erst durch die mit Schriftsatz nach § 250 oder in der mündlichen Verhandlung erklärte Aufnahme des Rechtsnachfolgers (§ 250). Wenn dieser durch Bestreiten der Rechtsnachfolge die Aufnahme verweigert, so ist jetzt über den gegen den Geladenen als Rechtsnachfolger gerichteten Klageanspruch oder über das Klageabweisungsbegehren mit Wirkung gegen den Geladenen zu entscheiden. Die Einlassung auf diese Verhandlung ist keine Aufnahme im Sinn des § 239. Das ist von Bedeutung für den Lauf von Rechtsmittelfristen (→ § 249 Rdnr. 9 ff.).

1. Verzögerung

36 Voraussetzung für die Anwendung des § 239 Abs. 2 ist die Verzögerung der Aufnahme durch den Rechtsnachfolger. Sie liegt mit Ausnahme des Abs. 5 (→ Rdnr. 18) vor, wenn er trotz der eingetretenen Rechtsnachfolge ohne eine im Gesetz begründete Entschuldigung den Prozeß nicht aufnimmt. Der Rechtsnachfolger hat kein Recht auf eine weitere Überlegungsfrist[67]. Es kann aber mit Rücksicht hierauf vertagt werden. Wenn der Nachfolger sofort anerkennt, kann das Gericht dem Gegner nach § 93 (→ § 93 Rdnr. 8, 14) die Kosten des Aufnahmeverfahrens auferlegen[68].

2. Zuständigkeit

37 Zu laden ist vor dasjenige Gericht, vor dem der Rechtsstreit zur Zeit der Unterbrechung schwebte. Das ist auch nach der Verkündung des den Rechtszug beendenden Urteils das untere Gericht (→ Rdnr. 31 ff.)[69]. Wenn aber das Rechtsmittel schon eingelegt war, als die Unterbrechung eintrat, so wird das Verfahren vor dem Rechtsmittelgericht unterbrochen (→ Rdnr. 31). Gleichgültig ist, ob die Rechtsmittelfrist vor der Unterbrechung bereits zu laufen begonnen hat oder nicht; es ist stets vor das untere Gericht zu laden[70]. Im Falle der Verweisung nach den §§ 281, 506 ZPO, 97 ff. GVG und der Zurückverweisung nach den §§ 538 f., 564 f., 566 a ZPO endet die Zuständigkeit des sie aussprechenden Gerichts bei Unanfechtbarkeit der Entscheidung (§ 281 Abs. 2 S. 3) mit der Verkündung. Verweist das Oberlandesgericht zurück, so endet die Zurückverweisung erst mit der Rechtskraft.

---

[66] S. auch *RG* JW 1895, 101, 102.
[67] S. auch *OLG Hamburg* HGZ 23, 159; a. A. *OLG Dresden* SächsAnn 23, 281 f.
[68] *OLG Zweibrücken* NJW 1968, 1635, 1636.
[69] *RGZ* 27, 350, 358; vgl. auch *RGZ* (VZS) 41, 426, 427; *OLG Düsseldorf* NJW 1970, 1689.
[70] *RGZ* (VZS) 68, 247, 255 f.; a. A. die frühere Praxis zu § 246, insbes. *RGZ* 58, 202; unberechtigt die Bedenken von *MünchKommZPO/Feiber* (1992) Rdnr. 45.

3. Ladung; Ladungsfrist

Die Ladungsfrist ist nach § 239 Abs. 3 S. 2 ausnahmsweise eine richterliche Frist (→ Rdnr. 26 vor § 214). Sie wird durch den Vorsitzenden oder im Verfahren vor dem Einzelrichter (§ 348) durch diesen bestimmt. Tritt die Unterbrechung nach Klagezustellung oder Zustellung der Rechtsmittelschrift ein, so muß die Einlassungsfrist berücksichtigt werden (vgl. auch § 337). Mit der Ladung ist die Verfügung über die Ladungsfrist zuzustellen. Nach § 239 Abs. 3 S. 1 ist die Ladung »den Rechtsnachfolgern selbst« zuzustellen. Daneben kann auch zugestellt werden an die ihnen gleichgestellten Personen (§§ 171 ff.). Damit werden Ersatzzustellung oder öffentliche Zustellung nicht ausgeschlossen. Unzulässig ist aber die Zustellung an den bisherigen Prozeßbevollmächtigten (§ 176) oder den Zustellungsbevollmächtigten.

38

4. Entscheidung bei Erscheinen der Parteien

Die Unterbrechung endet, wenn beide Parteien im Termin erscheinen und der Rechtsnachfolger die Rechtsnachfolge zugesteht (→ Rdnr. 35)[71]. Es kann sofort zur Hauptsache verhandelt werden, sofern dies noch erforderlich ist. Über die Aufnahme muß nicht entschieden werden[72].

39

Wird die Nachfolge bestritten, so muß über diesen Zwischenstreit verhandelt werden. Die Verhandlung geschieht gleichzeitig mit der Hauptsache (arg. Abs. 2), sofern nicht nach § 146 beschränkt wird[73]. Der Gegner kann seinen Antrag entsprechend § 269 zurücknehmen. Wenn das Gericht die Rechtsnachfolge (oder die alleinige Rechtsnachfolge)[74] des Geladenen verneint, so wird nicht die Klage abgewiesen[75]. Vielmehr wird nur die Zulässigkeit der Fortsetzung des Verfahrens mit dem geladenen Rechtsnachfolger verneint. Der Prozeß bleibt unterbrochen. Das Urteil unterliegt wie ein Endurteil (→ Rdnr. 27) der Berufung und der Revision[76].

40

Bejaht das Gericht hingegen die Rechtsnachfolge, so wird der Zwischenstreit durch ein Zwischenurteil nach § 303 entschieden, oder es wird die Rechtsnachfolge in den Gründen des späteren Endurteils ausgesprochen. Ist erst nach Erlaß des Endurteils zur Aufnahme geladen worden (→ Rdnr. 37), so gilt bei Verneinung der Rechtsnachfolge dasselbe wie im vorigen Fall. Bejaht das Gericht die Rechtsnachfolge, so ist das Urteil ein das Urteil in der Hauptsache ergänzendes Endurteil (Zwischenurteil, → Rdnr. 32)[77]. Im letzteren Fall muß für die Rechtsmittel unterschieden werden: Wenn die Feststellung der Rechtsnachfolge angegriffen wird, so muß lediglich das Zusatzurteil angefochten werden. Wird dagegen die Sachentscheidung gerügt, so ist das Rechtsmittel gegen beide Urteile zu richten[78]. Der Lauf der Rechtsmittelfristen in diesem Fall ergibt sich aus → § 249 Rdnr. 11 ff.

41

5. Entscheidung bei Versäumnis

a) Säumnis des als Rechtsnachfolger Geladenen

Nach § 239 Abs. 4 ist die behauptete Rechtsnachfolge auf Antrag als zugestanden anzunehmen, wenn die als Rechtsnachfolger Geladenen im Termin nicht erscheinen. Die Regelung

42

---

[71] So auch *KG* OLGRsp 21, 77f.
[72] *KG* OLGRsp 21, 77f.
[73] A. A. *MünchKommZPO/Feiber* (1992) Rdnr. 44 m. Rdnr. 32.
[74] Vgl. *OLG Kiel* OLGRsp 7, 278.
[75] Vgl. *OLG Hamburg* SeuffArch 72 (1917) 167 (Nr. 105).
[76] Vgl. *RGZ* 11, 312, 318; 27, 350, 358 f.; 34, 381, 382; 34, 427, 429 f.; 45, 359, 362; 45, 406; 86, 235, 238 (zu § 240), u. a.
[77] *RGZ* (VZS) 68, 247, 256; *RG* JW 1924, 1986, 1987; *OLG Düsseldorf* NJW 1970, 1689, 1690.
[78] So auch *RG* JW 1924, 1986, 1987.

bedeutet eine gewisse Abweichung von § 331, weil nicht die einzelnen Tatsachen als zugestanden fingiert werden, sondern das Rechtsverhältnis selbst (aber auch → Rdnr. 29). Die Ladung zur Aufnahme genügt dabei als Antrag i. S. von § 335 Abs. 1 Nr. 3. Es ist ebenso zu verfahren, wie wenn der Rechtsnachfolger erschienen wäre und die Rechtsnachfolge zugestanden hätte (→ Rdnr. 39). Ein Versäumnis-Zwischenurteil über die Rechtsnachfolge ergeht nicht. Vielmehr wird nach Abs. 4 auf der genannten Grundlage »zur Hauptsache« verhandelt. Damit ist gemeint, daß auf Antrag ein Versäumnisurteil in der Hauptsache nach §§ 330f. erlassen werden kann. Werden mehrere Personen als Rechtsnachfolger geladen und sind nur einzelne erschienen, so findet im Falle einer notwendigen Streitgenossenschaft § 62 Anwendung[79]. Doch wird nicht im Hinblick auf die Aufnahme selbst vertreten. Ist die Frist des Abs. 5 noch nicht abgelaufen (→ Rdnr. 18), so muß vertagt werden, weil noch nicht feststeht, ob der Erbe prozeßführungsbefugt ist.

43 Ist das Endurteil schon erlassen, so beschränkt sich das Versäumnisurteil auf den bejahenden Ausspruch über die Rechtsnachfolge. Es handelt sich um ein das Urteil in der Hauptsache ergänzendes Endurteil (Zusatzurteil, → Rdnr. 41). Kommt es in der Berufungs- oder Revisionsinstanz zu einer Unterbrechung, nachdem das Rechtsmittel eingelegt ist, aber noch vor dem Ablauf der Begründungsfrist, und muß in einem Zeitpunkt entschieden werden, bis zu dem der Berufungskläger der Begründungspflicht nicht nachgekommen ist, so ergeht das Urteil als Zwischenurteil nach § 303. Es ist auf den Ausspruch der Rechtsnachfolge beschränkt (auch → § 347 Abs. 2)[80]. Zur Hauptsache wird nicht entschieden.

b) Säumnis des Gegners

44 Wenn der die Aufnahme betreibende Gegner den Termin versäumt, so kann der als Rechtsnachfolger Geladene ein Versäumnisurteil zur Sache erlangen, wenn er die Aufnahme erklärt und dem § 335 Abs. 1 Nr. 3 genügt ist. Nimmt der Geladene nicht auf, indem er seine Eigenschaft als Rechtsnachfolger bestreitet, so ist der Antrag des Gegners auf Aufnahme durch Versäumnisurteil abzuweisen.

c) Säumnis beider Parteien

45 Erscheint keine der beiden Parteien, so vertagt das Gericht den Termin oder es ordnet das Ruhen des Verfahrens an.

V. Kosten

46 Besondere Gebühren für die Aufnahme entstehen nicht. Insbesondere wird auch keine Gebührenerhöhung nach § 6 Abs. 1 S. 2 BRAGO ausgelöst, wenn eine Erbengemeinschaft den vom Erblasser begonnenen Rechtsstreit aufnimmt[81]. Mit dem Aufnahmeverfahren können aber besondere Kosten verbunden sein, z. B. durch eine ungerechtfertigte Ladung nach Abs. 2. Der Rechtsnachfolger haftet von der Aufnahme an für die Kosten des Rechtsstreits, auch soweit sie vor der Aufnahme entstanden sind (→ § 91 Rdnr. 16). Ist nur wegen eines Teilanspruches aufgenommen worden (→ Rdnr. 22), wird nur mit der sich daraus ergebenden Beschränkung gehaftet. Für die Fortsetzung der Zwangsvollstreckung nach dem Tode des Schuldners sind die §§ 779 ff. zu beachten (zu § 890 → Rdnr. 2 vor § 239).

---

[79] S. auch *OLG Naumburg* OLGRsp 27, 28; *OLG Düsseldorf* OLGZ 1979, 457 (Miterben sind nicht notwendige Streitgenossen).
[80] *RGZ* 68, 390, 391 f.; *RG* JW 1938, 3255 (Versäumniszwischenurteil); *OLG Naumburg* JW 1933, 2228; *OLG Düsseldorf* OLGZ 1979, 457.
[81] *LG Göttingen* JurBüro 1990, 335.

§ 240 [Unterbrechung durch Konkurs]

Im Falle der Eröffnung des Konkurses über das Vermögen einer Partei wird das Verfahren, wenn es die Konkursmasse betrifft, unterbrochen, bis es nach den für den Konkurs geltenden Vorschriften aufgenommen oder das Konkursverfahren aufgehoben wird.

Gesetzesgeschichte: Bis 1900 § 218 CPO.

Stichwortverzeichnis → *Unterbrechungs- und Aussetzungsschlüssel* in Rdnr. 30 vor § 239.

I. Voraussetzungen	
1. Konkursverfahren; Vergleichsverfahren; Texte	1
2. Rechtspolitisches; Gesamtvollstreckungsordnung	4
3. Prozeß des Gemeinschuldners	6
4. Konkursmasse	9
5. Unterbrechung	13
6. Auslandskonkurse	14
7. Gesamtvollstreckungsordnung	16
II. Aufnahme des unterbrochenen Prozesses	17
1. Aktivprozesse zur Teilungsmasse	18
2. Passivprozesse zur Teilungsmasse	23
3. Passivprozesse zur Schuldenmasse	25
a) Aufnahme nach § 146 Abs. 3; § 144 Abs. 2 KO	26
b) Titulierte Gläubiger (§ 146 Abs. 6 KO)	27
c) Aufnahme durch den Widersprechenden	28
d) Widerspruch von mehreren	29
e) Nachträglicher Gläubigerverzicht	30
f) Widerspruch gegen Forderung (Vorrecht)	31
g) Wirkungen der Aufnahme	33
III. Beendigung des Konkurses und nicht aufgenommene Prozesse	36
IV. Beendigung des Konkurses und Stellung des Konkursverwalters	
1. Befugnis zur Prozeßfortführung	37
2. Verlust der Prozeßführungsbefugnis	38
V. Freigabeerklärung des Konkursverwalters; Nichtbeteiligung des Gläubigers am Konkurs	41
VI. Anfechtungsprozesse	44
VII. Konfusion	46
VIII. Arbeitsgerichtliches Verfahren	47

I. Voraussetzungen[1]

1. Konkursverfahren; Vergleichsverfahren; Texte

Das zivilgerichtliche Verfahren wird durch die Eröffnung des Konkurses (§§ 102 ff. KO) unterbrochen, weil der Gemeinschuldner nach § 6 Abs. 1 KO seine Befugnis verliert, über sein zur Konkursmasse gehörendes Vermögen zu verfügen. Auf den Streit um die Stellung des Konkursverwalters (→ Rdnr. 25 ff. vor § 50) kommt es dabei ebensowenig an wie auf die Frage, ob der Gemeinschuldner prozeßunfähig wird oder lediglich die Sachbefugnis verliert (→ § 51 Rdnr. 21). Die Zulässigkeit der Konkurseröffnung ist im Zivilprozeß nicht zu prüfen[2]. 1

Das Vergleichsverfahren zur Abwendung des Konkurses bewirkt keine Unterbrechung des Verfahrens. Das ergibt sich aus den §§ 47–49 VerglO sowie aus dem Fehlen einer entsprechenden gesetzlichen Anordnung. Das gleiche gilt für die Anordnung der Zwangsverwal- 2

---

[1] *Voigt* Der Einfluß des Konkurses auf die schwebenden Prozesse des Gemeinschuldners (1903); *Lippmann* IherJB 41 (1900), 112, 145 ff.; *Walchshöfer* AP § 240 ZPO Nr. 3; auch die Lit. zu § 239 Fn. 1 und die Kommentare zur KO.

[2] S. auch → Rdnr. 19.

tung³. Nach der Rechtsprechung wird das Zivilverfahren auch nicht durch ein allgemeines Veräußerungsverbot oder ein Verfügungsverbot, insbesondere nicht durch Anordnung der Sequestration (§ 106 KO) unterbrochen⁴. Dagegen sieht § 240 S. 2 ZPO n. F. in der Fassung des Entwurfes eines Einführungsgesetzes zur Insolvenzordnung (EGInsO) vom 24.11.1992, BT-Drucks. 12/3803 S. 17, die Unterbrechung des Verfahrens vor, wenn die Verwaltungs- und Verfügungsbefugnis über das Vermögen des Schuldners auf einen vorläufigen Insolvenzverwalter übergeht. Ebenso muß m. E. bereits für das geltende Recht entschieden werden, da die in der Praxis geläufige Sequestration als konkursrechtliches Rechtsinstitut nach Voraussetzungen und Wirkungen durch Literatur und Rechtsprechung bereits deutlich genug ausgeformt worden ist⁵. Umgekehrt soll auch eine Unterbrechung eintreten, wenn der Rechtsstreit vor der Konkurseröffnung – ausnahmsweise – durch einen Sequester geführt worden ist⁶. Die Eröffnung des seerechtlichen Verteilungsverfahrens unterbricht den Rechtsstreit wegen eines Anspruchs aus der Verwendung des Schiffes auch dann, wenn sie während der Revisionsinstanz geschieht⁷. Auch sonst reicht es aus, wenn der Konkurs während eines Revisionsverfahrens eröffnet worden ist⁸.

3 Folgende Bestimmungen der Konkursordnung sind für den Zivilprozeß von besonderer Bedeutung:

§ 10 (1) Rechtsstreitigkeiten über das zur Konkursmasse gehörige Vermögen, welche zur Zeit der Eröffnung des Verfahrens für den Gemeinschuldner anhängig sind, können in der Lage, in welcher sie sich befinden, von dem Konkursverwalter aufgenommen werden. Wird die Aufnahme verzögert, so kommen die Bestimmungen des § 239 der Zivilprozeßordnung zur entsprechenden Anwendung.

(2) Lehnt der Verwalter die Aufnahme des Rechtsstreits ab, so kann sowohl der Gemeinschuldner als auch der Gegner denselben aufnehmen.

§ 11 (1) Rechtsstreitigkeiten, welche gegen den Gemeinschuldner anhängig und auf Aussonderung eines Gegenstandes aus der Konkursmasse oder auf abgesonderte Befriedigung gerichtet sind oder einen Anspruch betreffen, welcher als Masseschuld zu erachten ist, können sowohl von dem Konkursverwalter als auch von dem Gegner aufgenommen werden.

(2) Erkennt der Verwalter den Anspruch sofort an, so fallen ihm die Prozeßkosten nicht zur Last.

§ 12 Konkursgläubiger können ihre Forderungen auf Sicherstellung oder Befriedigung aus der Konkursmasse nur nach Maßgabe der Vorschriften für das Konkursverfahren verfolgen.

2. Rechtspolitisches; Gesamtvollstreckungsordnung

4 Derzeit liegen vor der Entwurf einer Insolvenzordnung (BT-Drucks. 12/2443; BR-Drucks. 1/92) sowie der Entwurf eines Einführungsgesetzes zur Insolvenzordnung (BT-Drucks. 12/3803). § 240 ZPO soll wie folgt gefaßt werden:

»Im Falle der Eröffnung des Insolvenzverfahrens über das Vermögen einer Partei wird das Verfahren, wenn es die Insolvenzmasse betrifft, unterbrochen, bis es nach den für das Insolvenzverfahren geltenden Vorschriften aufgenommen oder das Insolvenzverfahren beendet wird. Entsprechendes gilt, wenn die Verwaltungs- und Verfügungsbefugnis über das Vermögen des Schuldners auf einen vorläufigen Insolvenzverwalter übergeht.«

---

[3] *KG* HRR 1930 Nr. 2156; *Dassler/Schiffhauer/Gerhardt/Muth* ZVG¹² § 152 Rdnr. 39; a. A. *Steiner/Hagemann* ZVG⁹ § 152 Rdnr. 178.
[4] *BGH* WM 1987, 1228 m. Anm. *Hegmanns* EWiR 1987, 1227; *Klette* WuB VI C § 106 KO 1.88; *OLG Hamburg* JR 1983, 66f. m. abl. Anm. *W. Gerhardt/Müller-Eising*; *Uhlenbruck* KTS 1990, 15, 24.
[5] Grundlegend *W. Gerhardt* ZIP 1982, 1ff. m. Nachw.
[6] *OLG Schleswig* KTS 1989, 925 m. abl. Anm. *Wessel*.
[7] BGHZ 104, 215ff. m. zust. Anm. *H. Abraham* WuB IV D § 487 HGB a. F. 1.88.
[8] BGHZ 104, 215; BGH LM § 146 KO Nr. 4; NJW 1975, 442, 443.

§ 240 betrifft demnach das gesamte Insolvenzverfahren sowie insbes. auch den vorläufigen Insolvenzverwalter (oben Rdnr. 2).

Mit dem – erwarteten – Inkrafttreten der Insolvenzordnung wird im gesamten Bundesgebiet das neue Recht eingeführt. Der derzeit gespaltene Rechtszustand mit Geltung der Konkursordnung in den alten Bundesländern und der Gesamtvollstreckungsordnung (i. d. F. der Bekanntmachung v. 23.5.1991, BGBl. I 1185) in den neuen Bundesländern wird beendet (Art. 2 Nr. 6 und Nr. 7 des Entwurfes eines Einführungsgesetzes zur Insolvenzordnung → Rdnr. 4). Nach derzeit geltendem Recht kommt der Eröffnung eines Gesamtvollstreckungsverfahrens Unterbrechungswirkung nach § 240 zu[9] (→ Rdnr. 18). Wird ein Konkursverfahren nach der Konkursordnung in den alten Bundesländern eröffnet, so erfaßt es nach § 22 Abs. 4 S. 1, Abs. 1 der Gesamtvollstreckungsordnung das Vermögen des Gemeinschuldners in den neuen Bundesländern. Deshalb wird ein dort geführter Zivilprozeß ohne weiteres unterbrochen. Umgekehrt erfaßt nach Anlage II Kapitel III Sachgebiet A Abschnitt I Nr. 1 Buchst. d) Einigungsvertrag ein in den neuen Bundesländern eröffnetes Gesamtvollstreckungsverfahren auch das in den alten Bundesländern belegene Vermögen des Gemeinschuldners. Ein hier geführter Prozeß wird deshalb in gleicher Weise unterbrochen. Ebenso wird ein in den neuen Bundesländern geführter Zivilprozeß durch ein Gesamtvollstreckungsverfahren unterbrochen[10]. Die Unterbrechung gilt daher in allen genannten Fällen. – Zu Auslandskonkursen → Rdnr. 16.

3. Prozeß des Gemeinschuldners

Der Gemeinschuldner muß innerhalb eines rechtshängigen Prozesses Partei sein (→ § 239 Rdnr. 2). Auch im Revisionsverfahren tritt eine Unterbrechung ein[11]. Ein Verfahren wird nach § 240 auch dann unterbrochen, wenn der Kläger in gewillkürter Prozeßstandschaft klagt und das Konkursverfahren über das Vermögen des Rechtsinhabers eröffnet wird[12]. Ausreichend ist es auch, wenn der Rechtsstreit vor der Konkurseröffnung durch einen Sequester geführt worden ist[13]. Weitere Einzelheiten ergeben sich zum Konkurs eines Streitgenossen aus → Rdnr. 10 vor § 59 und wegen des Streitgehilfen aus → § 67 Rdnr. 23. Danach führen Unterbrechungsgründe in der Person des einfachen Streitgehilfen (§ 67) nicht zu einer Unterbrechung des von der unterstützten Partei geführten Rechtsstreits[14]. Ausführungen wegen des Einflusses des § 240 auf die besonderen Arten des Verfahrens und auf die Zwangsvollstreckung finden sich in → Rdnr. 2 vor § 239 und wegen des Streites über die Unterbrechung in → Rdnr. 11 vor § 239.

Es kommt nicht darauf an, in welcher Lage sich der Rechtsstreit befindet. So wird auch dann unterbrochen, wenn der Rechtsstreit nur noch die Kosten betrifft[15] wie nach Erledigung der Hauptsache (§ 91a) oder nach der Zurücknahme der Klage usw. Die Unterbrechung tritt auch im Konkurs des Zedenten ein, wenn der Anspruch veräußert ist (§ 265)[16]. Dagegen soll der Konkurs des Zessionars den Rechtsstreit nicht unterbrechen, da dieser nicht Partei ist[17]. Das

---

[9] *BGH* WM 1992, 1421; *BezG Meiningen* DtZ 1992, 354 (ohne Begründung); *Ackmann* NJW 1992, 548; *Thomas/Putzo*[18] Rdnr. 3.
[10] Dazu *BGH* WM 1992, 1421; *Smid/Schöpf* GesO (1991), § 8 Rdnr. 36; ferner *H. Roth* Änderungen und Angleichungen im Zivilverfahrens-, Insolvenz- und Gerichtsverfassungsrecht, in: *Jayme/Furtak* (Hrsg.) Der Weg zur deutschen Rechtseinheit. Internationale und interne Auswirkungen im Privatrecht (1991), 175ff.
[11] *BGHZ* 104, 215ff. (seerechtliches Verteilungsverfahren); → Rdnr. 2a. E.
[12] *OLG Düsseldorf* JMBlNRW 1976, 42; *Jaeger/Henckel* KO[9] § 10 Rdnr. 7; *Zöller/Greger*[18] Rdnr. 4.
[13] *OLG Schleswig* KTS 1989, 925; → Rdnr. 2.
[14] Dazu *OLG Düsseldorf* MDR 1985, 504.
[15] *KG* OLGRsp 15, 249f.; *OLG Hamburg* OLGRsp 21, 177f.; ferner *OLG Kassel* OLGRsp 19, 137; 21, 182.
[16] *BGHZ* 50, 397 m. Anm. *Schneider* LM § 240 ZPO Nr. 14/15 und *Grunsky* JZ 1969, 235.
[17] *Wieczorek*[2] Bem. E II a.

ist zweifelhaft und paßt nicht zu den Ergebnissen der gewillkürten Prozeßstandschaft (→ Rdnr. 6). Einzelheiten zum Kostenfestsetzungsverfahren ergeben sich aus → § 103 Rdnr. 2. Für den Nachlaßkonkurs ist der Erbe Gemeinschuldner[18]. Die Unterbrechung trifft daher alle Prozesse, in denen der Gemeinschuldner von vornherein oder durch Übergang (§ 239) Partei ist[19]. Die Offene Handelsgesellschaft ist selbst Partei (§ 124 HGB) (→ § 50 Rdnr. 13). Ihre Prozesse werden daher durch den Konkurs der Gesellschafter nicht berührt und umgekehrt[20]. Gerät eine OHG in Konkurs, so kann trotz der Unterbrechung die Klage gegen die Gesellschafter erweitert werden[21]. Der Aktivprozeß von BGB-Gesellschaftern wird nicht durch den Konkurs eines Mitgesellschafters unterbrochen, wenn im Gesellschaftsvertrag das Ausscheiden aus der Gesellschaft mit Konkurseröffnung vereinbart ist und der Gesellschaftsanteil den verbleibenden Gesellschaftern anwächst[22].

8   Wird die Anfechtung (AnfG) in Prozessen außerhalb des Konkurses geltend gemacht, so tritt nach § 13 AnfG Unterbrechung ein. Es geht um Klagen der nunmehr zu Konkursgläubigern gewordenen Anfechtungskläger[23] einschließlich einstweiliger Verfügungen zu diesem Zweck[24]. Das gilt gerade auch, wenn der jetzige Gemeinschuldner nicht Partei des Anfechtungsprozesses ist[25]. Im Falle der Verbindung mit anderen Ansprüchen gegen den Dritten wird nur das Verfahren wegen des Anfechtungsanspruches unterbrochen[26]. Das Gesagte betrifft nicht Schadensersatz- oder Bereicherungsansprüche aus Vollstreckungsvereitelung[27]. Vergleichbare Regelungen sieht § 17 AnfG in der beabsichtigten Neufassung durch den Entwurf eines Einführungsgesetzes zur Insolvenzordnung (EGInsO) vom 24.11.1992, BT-Drucks. 12/3803, S. 13, vor.

4. Konkursmasse

9   Der Prozeß muß die Konkursmasse i.S. der Sollmasse des § 1 KO in aktiver oder passiver Richtung betreffen[28]. Der Prozeß muß sich also mit seinem Streitgegenstand auf das gegenwärtige, einer Zwangsvollstreckung unterliegende Vermögen des Gemeinschuldners beziehen. Die Kostenforderung des Gemeinschuldners oder die Forderung gegen ihn reicht nicht aus, sofern nicht die Hauptsache erledigt ist (→ Rdnr. 7)[29]. Es muß sich um eine rechtliche Beziehung handeln, die in vergleichbarer Weise weit verstanden werden kann wie im Falle des rechtlichen Interesses für Feststellungsklagen (→ § 256 Rdnr. 1). Ausreichend ist eine mittelbare Beziehung, wie z.B. bei Klagen auf Rechnungslegung oder auf Vorlage von Urkunden, wenn nur die Hauptansprüche die Konkursmasse betreffen[30]. Ein Verfahren wegen Akteneinsicht betrifft dagegen die Konkursmasse weder unmittelbar noch mittelbar[31]. Es kann sich auch um die Ernennung eines Schiedsrichters handeln (dazu auch → § 1025 Rdnr. 40)[32]. Feststellungsklagen gehören hierher, wenn sie einen Rechtsstreit über ein die Masse betreffendes Recht vorbereiten[33]. Die Verfahrensunterbrechung erstreckt sich nicht auf den Ansatz von Gerichtskosten gegen den vom Konkurs nicht betroffenen Schuldner[34].

---

[18] *Kilger* KO[15] § 214 Anm. 3.
[19] KG OLGRsp 1, 445, 446; OLG Kassel ZZP 40 (1910), 324.
[20] RGZ 34, 360, 362f.; 51, 94, 95f. (aber vom Ausgangspunkt des RG aus wenig folgerichtig, → § 239 Rdnr. 7).
[21] *BGH* NJW 1961, 1066 m.Anm. *Henckel* ZZP 74 (1961), 293.
[22] OLG Köln KTS 1986, 63 (LS) m. Anm. *Rumler-Detzel* EWiR 1985, 517.
[23] Auch → Rdnr. 10, 19.
[24] OLG Dresden SeuffArch 64 (1909), 477 (Nr. 228); OLG Kassel OLGRsp 21, 172.
[25] BGHZ 82, 209, 217 m. Anm. *K. Schmidt* NJW 1982, 886; *Jaeger* Die Gläubigeranfechtung außerhalb des Konkursverfahrens[2] (1938) § 13 Anm. 7ff.
[26] RGZ 143, 267, 269; dazu *Süß* JW 1934, 1169.
[27] RGZ 143, 267, 269.
[28] Zum Begriff *Kuhn/Uhlenbruck* KO[10] § 1 Rdnr. 3.
[29] RGZ 16, 358, 360; *KG* ZIP 1990, 1144 m.abl. Anm. *Marotzke* EWiR 1990, 1031; OLG Dresden ZZP 32 (1904), 386f.; OLG Hamburg OLGRsp 11, 355f.
[30] KG OLGRsp 41, 132; OLG Jena ThürBl 44, 347.
[31] BFH BFH/NV 1989, 173f.
[32] OLG Hamburg OLGRsp 13, 246.
[33] BGH LM § 146 KO Nr. 4; BAG NJW 1984, 998.
[34] OLG Stuttgart MDR 1991, 1097; OLG Hamburg MDR 1990, 349.

Ein Kostenfestsetzungsverfahren wird nach § 240 unterbrochen. Aber eine Unterbrechung des Hauptverfahrens im zweiten Rechtszug hindert nicht den Erlaß eines Kostenfestsetzungsbeschlusses im ersten Rechtszug[35].

Gegenstände gehören nicht mehr zur Konkursmasse i. S. des § 240, wenn sie der Konkursverwalter durch Erklärung gegenüber dem Gemeinschuldner freigegeben hat, bevor eine Klage erhoben war (zur nachträglichen Freigabe → Rdnr. 41)[36]. Der bloße Wille des Verwalters, den streitigen Gegenstand nicht zur Masse ziehen zu wollen, reicht nicht aus[37]. Die Konkursmasse wird auch dann nicht berührt, wenn der Gläubiger vor Klageerhebung auf Teilnahme an dem bereits vorher eröffneten Konkurs ausdrücklich verzichtet hat[38]. Ansonsten ist die Klage unzulässig. Stets gilt aber das Vollstreckungsverbot des § 14 KO. Im übrigen entscheidet bei Ansprüchen gegen den Gemeinschuldner die Eigenschaft als Konkursforderung (§ 3 KO). Auf die bevorstehende oder schon geschehene Anmeldung oder Nichtanmeldung kommt es nicht an[39]. Zu einer einheitlichen Unterbrechung des Verfahrens kommt es, wenn mehrere Ansprüche im Streit sind, von denen nur einer oder einige die Masse, andere das konkursfreie Vermögen betreffen[40]. Wegen des konkursfreien Anspruches kann der beklagte Gemeinschuldner dann auch unabhängig vom Konkursverfahren aufnehmen (zu § 13 AnfG → Rdnr. 19). Ebenso wird einheitlich unterbrochen, wenn bei einem teilbaren Anspruch nur ein Teil die Masse betrifft, dieser aber noch nicht gesondert berechnet ist[41]. 10

Unterbrochen werden danach z. B. Zahlungs- oder Herausgabeklagen und Feststellungsklagen (→ Rdnr. 9). Bei Unterlassungsklagen gegen den Gemeinschuldner kommt es zu einer Unterbrechung, wenn sie gegen dessen Gewerbebetrieb gerichtet sind, d. h. dessen Vermögensinteresse betreffen[42]. So liegt es z. B. bei der Unterlassung von Anpreisungen, die den Absatz von Warenbeständen der Masse beeinflussen[43] oder bei drohenden Schadensersatzansprüchen im Falle von Zuwiderhandlung[44]. In gleicher Weise tritt Unterbrechung ein, wenn der Gemeinschuldner aufgrund eines angeblich die Masse betreffenden Rechts wie eines Nießbrauches, Patentrechtes oder dgl., die Unterlassungspflicht verletzt hat oder zu verletzen droht[45]. Derartige Fälle sind regelmäßig nach § 11 KO aufzunehmen, da eine Aussonderungsstreitigkeit vorliegt[46]. Die Masse betreffen regelmäßig auch alle Patentnichtigkeitsklagen gegen den Gemeinschuldner in seiner Eigenschaft als Patentinhaber[47]. Anfechtungsklagen bei Gesellschafterbeschlüssen usw. werden z. B. dann unterbrochen, wenn es um Auflösungsbeschlüsse oder um die fristlose Entlassung eines Vorstandsmitgliedes geht[48]. Klagt ein Verband i. S. von § 13 Abs. 2 Nr. 2 UWG einen wettbewerbsrechtlichen Unterlassungsanspruch ein, so hat ein Konkurs des Vereins keine Unterbrechung des Verfahrens zur Folge, weil die Zu- oder Aberkennung die eigene Vermögenslage des Vereins nicht berührt[49]. 11

Bei nichtvermögensrechtlichen Streitigkeiten tritt keine Unterbrechung ein[50]. Ebenso liegt es, wenn der gesamte streitige Anspruch nicht zur Konkursmasse gehört, wie z. B. unpfändbare Unterhalts- oder Lohnforderungen (zu nur teilweise unpfändbaren Ansprüchen → Rdnr. 10 a. E.). Hierhier gehören auch nicht anmeldefähige Ansprüche (§ 63 KO). Ferner tritt 12

---

[35] *OLG Hamburg* MDR 1990, 349f.; insoweit a. A. *OLG Stuttgart* MDR 1991, 1097.
[36] Näher *Jaeger/Henckel* KO⁹ § 6 Rdnr. 17ff.; § 10 Rdnr. 123.
[37] Zur dogmatischen Erfassung der Freigabe *Jaeger/Henckel* KO⁹ § 6 Rdnr. 21ff.
[38] BGHZ 72, 234; 25, 395; *OLG Frankfurt a. M.* MDR 1980, 856; *LG Mönchengladbach* EWiR 1992, 375 m. Anm. *Onusseit.*
[39] *Jaeger/Henckel* KO⁹ § 12 Rdnr. 3; *Voigt* (Fn. 1), 62f., 145f.; – offenlassend *RGZ* 86, 394.
[40] BGH NJW 1966, 51.
[41] RGZ 151, 279, 282f.

[42] Allgemein zur Unterlassungsklage im Konkurs *H. Lehmann* ZZP 38 (1909), 68ff.; *K. Schmidt* ZZP 90 (1977), 38ff.
[43] RGZ 45, 374.
[44] RGZ 132, 362, 363; *Reimer* JW 1932, 1805.
[45] RGZ 89, 114 (Lizenz); BGH NJW 1966, 51 (Patent).
[46] Zutr. *K. Schmidt* ZZP 90 (1977), 38, 54ff.
[47] S. RGZ 141, 427; RG GRUR 1941, 387.
[48] BGHZ 32, 114, 121 (Genossenschaft).
[49] KG ZIP 1990, 1144 m. abl. Anm. *Marotzke* EWiR 1990, 1031.
[50] S. *OLG Hamburg* OLGRsp 11, 355f. (Recht zur Titelführung); → § 1 Rdnr. 40.

keine Unterbrechung ein im Falle von Unterlassungsklagen gegen den Gemeinschuldner, bei denen er nur persönlich rechtswidrig gehandelt hat oder zu handeln droht[51]. Das gleiche gilt bei Anfechtungsklagen in bezug auf Beschlüsse über eine Änderung des Grundkapitals oder einen Wechsel im Aufsichtsrat einer in Konkurs gefallenen Gesellschaft[52]. Ebenso wird durch den Konkurs der Gesellschaft nicht berührt die Klage gegen Beschlüsse, die sich auf die Organisation der Gesellschaft beziehen, wie z. B. die Wahl von Aufsichtsratsmitgliedern (§ 251 AktG) oder die Anfechtung von Hauptversammlungsbeschlüssen durch Organmitglieder (Entlastung des Vorstandes, vgl. § 120 Abs. 2 S. 2 AktG). Dagegen unterbricht der Konkurs der Gesellschaft die gesellschaftsrechtlichen Prozesse, sofern die Masse berührt wird. So liegt es etwa bei der Anfechtung einer im Handelsregister eingetragenen Kapitalerhöhung (vgl. §§ 189, 255 AktG), weil bei einer erfolgreichen Klage die Masse Ansprüche auf Leistung von Einlagen verliert. Anders liegt es, wenn eine Eintragung zum Handelsregister noch nicht geschehen ist. Unterbrochen wird auch der Prozeß auf Anfechtung eines Beschlusses hinsichtlich der vorzeitigen Abberufung von Aufsichtsratsmitgliedern (vgl. § 103 AktG) oder auf Einforderung von Nachschüssen (vgl. § 26 GmbHG)[53].

5. Unterbrechung

13   Die Unterbrechung tritt kraft Gesetzes ein (→ Rdnr. 5 vor § 239). Maßgebend ist der Zeitpunkt der Konkurseröffnung (§§ 102 ff. KO). Zu einer Unterbrechung kommt es auch dann, wenn der Gemeinschuldner durch einen Prozeßbevollmächtigten vertreten war, da dessen Vollmacht erlischt (→ § 86 Rdnr. 8)[54]. § 246 gilt also nicht. Auf eine Kenntnis des Gerichts von der Konkurseröffnung kommt es nicht an. Die Unterbrechung wird beendet, wenn der Eröffnungsbeschluß auf Beschwerde hin aufgehoben wird. Die Unterbrechung wird aber nicht rückgängig gemacht[55]. Während der Unterbrechung dürfen Schutzanträge nach §§ 719, 707 gestellt werden[56].

6. Auslandskonkurse

14   Nach höchstrichterlicher Rechtsprechung hat die Eröffnung eines Konkursverfahrens im Ausland nicht die Unterbrechung eines im Inland gegen den ausländischen Gemeinschuldner geführten Prozesses (Passivprozeß) zur Folge[57]. Das soll gelten, obgleich der Auslandskonkurs auch das Inlandsvermögen erfaßt[58]. Begründet wird diese Auffassung damit, daß sich die Reichweite der Auswirkungen des Auslandskonkurses im Inland nicht einheitlich für alle mit einem Konkursverfahren zusammenhängenden Rechtsfolgen bestimmen lasse. Maßgebend dafür seien die Erfordernisse der Rechtssicherheit, da bei einem Auslandskonkurs viel weniger als bei einem Inlandskonkurs gewährleistet sei, daß Parteien und Gericht frühzeitig und rechtzeitig von der Konkurseröffnung Kenntnis erhielten. Diese Entscheidung kann nicht überzeugen und ist daher überwiegend auf Ablehnung gestoßen[59]. § 391 des Entwurfes einer

---

[51] Ähnlich *OLG Hamburg* SeuffArch 50 (1895), 122.
[52] *RGZ* 76, 244, 247.
[53] Hierzu *Jaeger* KO⁸ §§ 207, 208 Anm. 35.
[54] *BGH* WM 1988, 1838, 1839 m. Anm. *Johlke* WuB VI B. § 23 KO 2.89.
[55] Vgl. *Jaeger/Henckel* KO⁹ § 10 Rdnr. 101, → Rdnr. 36.
[56] *OLG Bamberg* NJW-RR 1989, 576.
[57] *BGH* NJW 1988, 3096 m. Anm. *Marotzke* EWiR 1988, 1031 (offenlassend); *Hohloch* JuS 1989, 577; *Uhlenbruck* WuB VI B. § 10 KO 1.88 (zust.); zust. *Thomas/Putzo*¹⁸ Rdnr. 3; *Baumbach/Lauterbach/Hartmann*⁵¹ Rdnr. 2; *MünchKommZPO/Feiber* (1992) Rdnr. 14; *Mohrbutter/Mohrbutter* Handbuch der Konkurs- und Vergleichsverwaltung⁶ Rdnr. 1691b; lediglich referierend *Hess/Kropshofer* KO⁴ § 237 Rdnr. 22; zweifelnd *Arnold* in *Gottwald* Insolvenzrechts-Handbuch (1990) § 122 Rdnr. 109.
[58] *BGHZ* 95, 256, 269.
[59] Gegen *BGH* NJW 1988, 3096 haben sich mit unterschiedlichen Ansätzen im einzelnen ausgesprochen *OLG Karlsruhe* MDR 1992, 707 (Unterbrechung auch von Aktivprozessen); ZIP 1990, 665 m. Anm. *Hanisch* EWiR 1990, 617 (zust.); *Sundermann* WuB VII A. § 240 ZPO

Insolvenzordnung (BT-Drucks 12/2443 S. 69) ordnet mit Recht die Unterbrechung des Rechtsstreits durch die Eröffnung des ausländischen Insolvenzverfahrens an. Danach soll die Unterbrechung andauern, bis der Rechtsstreit von einer Person aufgenommen wird, die nach dem Recht des Staates der Verfahrenseröffnung zur Fortführung des Rechtsstreits berechtigt ist, oder bis das Insolvenzverfahren beendet ist. Diese Lösung ist praktikabel und sollte auch schon im gegenwärtigen Recht zugrunde gelegt werden. Allein diese Auffassung läßt sich auch mit der Annahme des Universalitätsprinzips vereinbaren. Im übrigen kann es für § 240 auch keine Rolle spielen, ob es sich um einen Aktiv- oder um einen Passivprozeß handelt[60].

Prozeßpartei ist nach der Rechtsprechung nach wie vor der Gemeinschuldner, nicht der nicht beteiligte ausländische Konkursverwalter. Anders kann es bei juristischen Personen liegen, wenn bei berufenem ausländischen materiellen Recht durch den ausländischen Konkurs deren Rechtsfähigkeit erlischt und der Konkursverwalter allgemein gesetzlicher Vertreter für das Abwicklungsstadium ist[61].

7. Gesamtvollstreckungsordnung

Der Eröffnung eines Gesamtvollstreckungsverfahrens in den neuen Bundesländern kommt Unterbrechungswirkung nach § 240 zu (→ Rdnr. 4f.). Das gilt sowohl für einen in den neuen Bundesländern wie für einen in den alten Bundesländern geführten Zivilprozeß. Beide Insolvenzverfahren erstrecken sich auf das jeweils andere Gebiet und erfassen das dort belegene Vermögen (→ Rdnr. 5). Durchgreifende Probleme der Rechtssicherheit ergeben sich hier ebensowenig wie im Falle der Unterbrechungswirkung eines Auslandkonkurses (→ Rdnr. 14). Kenntnisnahmemöglichkeiten von Gericht und Partei unterscheiden sich im Vergleich mit einem nach der Konkursordnung eröffneten Konkursverfahren nicht wesentlich.

II. Aufnahme des unterbrochenen Prozesses[62]

Nach § 240 ZPO endet die Unterbrechung während des Konkurses durch die Aufnahme des Verfahrens nach Maßgabe der Konkursordnung. Die Aufnahme ist je nach der Bedeutung des Prozesses für die Masse unterschiedlich ausgestaltet. Deshalb ist es möglich, daß der Prozeß wegen der Klage und der Widerklage oder wegen mehrerer verbundener Ansprüche auf verschiedene Weise aufzunehmen ist[63]. Das Gericht muß von Amts wegen prüfen, ob der richtige Weg eingeschlagen worden ist[64].

1. Aktivprozesse zur Teilungsmasse

Aktivprozesse sind Prozesse, in denen zugunsten des Gemeinschuldners ein Recht oder die Befreiung von Pflichten oder Lasten geltend gemacht werden. Es handelt sich also um Rechtsstreitigkeiten über das zur Konkursmasse gehörige Vermögen, die zur Zeit der Konkurseröffnung für den Gemeinschuldner anhängig sind. Sie können nach § 10 KO (→ Text

---

2.90 (zust.); *Zöller/Greger*[18] Rdnr. 1; *H. Koch* NJW 1989, 3072; *Dilger* RIW 1989, 487; *Ackmann/Wenner* IPRax 1989, 144; *Riegel* RIW 1990, 546ff.; *Grasmann* KTS 1990, 157, 171ff.; *E. Habscheid* KTS 1990, 403, 415; ausführlich *Leipold* FS K.H. Schwab (1990), 289ff.; *Baur/Stürner* II[12] Rdnr. 37.32; *Ebenroth/Wilke* JZ 1991, 1061, 1063f.

[60] So mit Recht *Sundermann* (vorige Fn.).
[61] Dazu BGH NJW 1988, 3096, 3097; *Kuhn* MDR 1960, 579.

[62] Hierzu *Fischler* Die Wirkungen des Parteiwechsels in den durch Konkurs unterbrochenen Prozessen (§§ 10 und 11 KO)(1929).
[63] RGZ 63, 364, 366; 122, 51, 53; RG JW 1908, 305; OLG Hamburg OLGRsp 11, 356.
[64] RGZ 51, 94, 97; OLG Hamburg SeuffArch 49 (1894), 253 (Nr. 143); KG OLGRsp 37, 117.

Rdnr. 3) zunächst nur von dem Konkursverwalter aufgenommen werden. Der Prozeß ist für den Gemeinschuldner anhängig, wenn das betreffende Rechtsverhältnis bei einem Prozeßsieg als Aktivum seines Vermögens in die Konkursmasse fallen würde. Entscheidend ist also nicht die Parteistellung, sondern die wirtschaftliche Bedeutung des Prozesses[65]. Deshalb gehört hierher auch der Fall, daß der Gemeinschuldner Beklagter der negativen Feststellungsklage ist[66]. Ebenso liegt es, wenn der Gemeinschuldner als Beklagter die Rückforderung des aufgrund vorläufig vollstreckbaren Urteils Gezahlten oder Schadensersatz (§ 717 Abs. 2) verlangt[67]. Unrichtig ist es deshalb, wenn aus der Zahlung an den Kläger vor der Eröffnung des Konkurses das Fehlen eines Aktivprozesses hergeleitet wird[68], weil dieser nicht Konkursgläubiger geworden ist. Anders liegt es jedoch, wenn nur die Verurteilung usw. vorliegt, ohne daß von dem jetzigen Gemeinschuldner erfüllt wurde. Dann handelt es sich um einen Passivprozeß zur Schuldenmasse[69] (→ Rdnr. 25).

19 Der Konkursverwalter nimmt nach § 250 auf. Verweigert er die Aufnahme, so ist nach § 10 Abs. 1 S. 2 KO (Text → Rdnr. 3) § 239 ZPO entsprechend anwendbar. Es gelten die Ausführungen zu oben → § 239 Rdnr. 14 ff. sinngemäß. Das ist vor allem für die Zuständigkeit und die Art der ergehenden Urteile der Fall. Doch kann hier das Gericht auch bei Säumnis des Konkursverwalters aus Rechtsgründen (→ Rdnr. 17a. E.) gemäß § 331 Abs. 2 das Aufnahmerecht des Konkursverwalters verneinen[70]. Den genannten Grundsätzen unterliegen auch Prozesse, welche die Anfechtung außerhalb des Konkurses betreffen und die der Konkursverwalter nach § 13 AnfG aufzunehmen hat[71]. Wenn der Verwalter den Prozeß aufnimmt, so haftet die Masse für die Kosten des gesamten Rechtsstreits.

20 Faßt man den Konkursverwalter mit der zutreffenden h.L. (→ vor § 50 Rdnr. 26) als Partei von Amts wegen auf, so bedeutet die Aufnahme einen gesetzlichen Parteiwechsel. Nach der Vertretungstheorie (→ vor § 50 Rdnr. 33) bleibt der Gemeinschuldner Partei und wird durch den Konkursverwalter gesetzlich vertreten.

21 Lehnt der Verwalter die Aufnahme ab, so wird der Gegenstand des Rechtsstreits zum freien Vermögen des Gemeinschuldners[72]. Die Freigabeerklärung des Verwalters[73] ist nicht an eine bestimmte Form geknüpft. Entsprechendes gilt für die Ablehnung bei Anfechtungsprozessen[74]. Die Freigabe als solche beendet die Unterbrechung noch nicht[75]. Es bleibt vielmehr die Fortsetzung entweder durch den Gemeinschuldner (§ 10 Abs. 2 KO) oder durch den Gegner im Wege der Aufnahme abzuwarten[76]. Eine Aufnahme ist auch durch diejenige juristische Person möglich, die für Angelegenheiten als fortbestehend gilt[77], die nicht zur Konkursmasse und nicht zum Pflichtenkreis des Verwalters gehören. Ausgeschlossen ist eine gemeinsame Aufnahme durch den Verwalter und durch den Gemeinschuldner[78]. Wirksam bleiben stets Handlungen des Verwalters mit Beziehung auf den Prozeß oder auf dessen Gegenstand, die ohne Aufnahme des Prozesses vorgenommen werden können. Dazu gehören z.B. außergerichtliche Verzichte (s. auch § 17 KO)[79].

---

[65] *RGZ* 63, 364, 366; 73, 276 f.; Kasuistik bei *Jaeger/Henckel* KO[9] § 10 Rdnr. 106 ff.
[66] *RGZ* 73, 276; *K. Schmidt* ZZP 90 (1977), 38, 56.
[67] *BGHZ* 36, 258, 260, 264 m.Anm. *Rietschel* LM § 250 ZPO Nr. 4; *RGZ* 11, 398, 400; 45, 323, 326; 85, 214, 219; *RG* JW 1897, 561, 562; 1910, 944; *OLG Hamburg* OLGRsp 10, 190, 191; *OVG Bremen* KTS 1979, 318; *KG* OLGZ 1977, 364 (grundlegend) gegen *OLG Celle* OLGZ 1969, 368.
[68] So aber *OLG Celle* OLGZ 1969, 368 unter irriger Berufung auf *RGZ* 85, 214, 218.
[69] S. auch *RGZ* 63, 364, 366.
[70] *OLG Dresden* SächsAnn 20, 187 ff.; *OLG Hamburg* OLGRsp 15, 224; *Jaeger/Henckel* KO[9] § 10 Rdnr. 131.
[71] *Jaeger* Die Gläubigeranfechtung außerhalb des Konkursverfahrens[2] (1938) § 13 Anm. 5 ff. m. Nachw.

[72] *RGZ* 27, 350, 357; 41, 133, 134; *OLG München* OLGRsp 21, 170 f.; *Jaeger/Henckel* KO[9] § 10 Rdnr. 123.
[73] *OLG Hamburg* OLGRsp 10, 190, 191.
[74] Dazu *RG* JW 1909, 225 f.
[75] *BGHZ* 36, 258, 261 ff. (grundlegend); *OLG Köln* DB 1960, 384; a. A. *RGZ* 79, 27, 30; 122, 51, 56; 138, 69, 71.
[76] *RGZ* 73, 276; *OLG Hamburg* OLGRsp 11, 356; *OLG Dresden* OLGRsp 6, 396; *OLG Stuttgart* OLGRsp 15, 224.
[77] *RGZ* 127, 197, 200.
[78] *OLG Jena* ThürBl 44, 347.
[79] *RGZ* 45, 323, 324 ff., 329; *Jaeger/Henckel* KO[9] § 10 Rdnr. 117.

Aufnahme oder Ablehnung durch den Konkursverwalter hängen davon ab, ob die Fortset- 22
zung des Prozesses Zuwachs für die Masse bringt. Zu einer Ablehnung kommt es daher stets,
wenn der Verwalter den Prozeß oder die Vollstreckung für aussichtslos hält. Die weitere
Prozeßführung und ihr Ergebnis berühren wegen der damit verbundenen Freigabe die Konkursmasse nicht mehr. Vielmehr gehört der Streitgegenstand jetzt zum konkursfreien Vermögen des Gemeinschuldners.

2. Passivprozesse zur Teilungsmasse

Bei Passivprozessen zur Teilungsmasse[80] ist Streitgegenstand ein Anspruch gegen den 23
Gemeinschuldner i. S. von Rechtsstreitigkeiten, die gegen den Gemeinschuldner anhängig
sind und auf Aussonderung eines Gegenstandes aus der Konkursmasse (§§ 43 ff. KO) oder auf
abgesonderte Befriedigung gerichtet sind (§§ 47 ff. KO) oder eine Masseschuld betreffen
(§§ 57 ff. KO). Dazu gehören etwa Herausgabeklagen nach § 985 BGB, Klagen auf Duldung
der Zwangsvollstreckung in das Grundstück wegen einer hypothekarisch gesicherten Forderung (§ 1147 BGB) oder Klagen auf Leistung aus einem gegenseitigen Vertrag, dessen
Erfüllung der Konkursverwalter nach § 17 KO verlangt. Nach § 11 KO können diese Rechtsstreitigkeiten jederzeit sowohl von dem Konkursverwalter wie von dem Gegner nach § 250
ZPO aufgenommen werden. Eine Anmeldung zur Konkurstabelle (§ 146 Abs. 3 KO) ist nicht
möglich, da es sich nicht um Konkursforderungen handelt. Der Rechtsstreit auf Feststellung
des Bestehens eines Arbeitsverhältnisses kann nach § 11 KO aufgenommen werden[81]. Bei
sofortigem Anerkenntnis des Verwalters treffen ihn nach § 11 Abs. 2 KO die Prozeßkosten
nicht. Diese Kosten werden also der Masse nicht als Masseschulden auferlegt; vielmehr sind
sie gewöhnliche Konkursforderungen (→ § 93 Rdnr. 8). Ansonsten werden die Kosten gegen
den Konkursverwalter als Masseschulden festgesetzt[82].

Von § 11 KO werden nicht nur diejenigen Prozesse erfaßt, durch die von vornherein ein 24
Aussonderungs- oder ein Absonderungsrecht oder ein Masseanspruch beansprucht werden,
sondern auch solche, die erst im Wege einer Klageänderung auf Durchsetzung eines Anspruchs dieser Art umgestellt werden müssen. So kann bei einem Schadensersatzprozeß
gegen den Gemeinschuldner abgeändert werden in einen Aussonderungsprozeß hinsichtlich
zur Masse gehörender Hypotheken nach geschehener Prozeßaufrechnung[83]. Ferner gehört
dazu bei einem Mietzinsprozeß gegen den Gemeinschuldner die Änderung auf Absonderung
der dem Vermieterpfandrecht unterworfenen eingebrachten Sachen[84].

3. Passivprozesse zur Schuldenmasse

Bei Passivprozessen zur Schuldenmasse handelt es sich um Rechtsstreitigkeiten, die gegen 25
den Gemeinschuldner anhängig sind und deren Gegenstand eine Konkursforderung i. S. von
§ 3 KO bildet. Hier kann eine Verminderung der Masse eintreten. Typisches Beispiel ist die
Klage gegen den Gemeinschuldner auf Kaufpreiszahlung aus § 433 Abs. 2 BGB. Diese
Rechtsstreitigkeiten können grundsätzlich nicht vor der Anmeldung und Prüfung der Forderung im Konkurs (§§ 138 ff. KO) aufgenommen werden[85]. Die Forderung muß also angemel-

---

[80] Dazu *OLG Stuttgart* NJW 1966, 2316 m. zust. Anm. *Grunsky* (zur zulässigen Klage eines Konkursgläubigers gegen den Verwalter auf Feststellung, daß ein Masseanspruch nicht besteht).
[81] *BGHZ* 105, 34, 38 m. krit. Anm. *Fialski* WuB IV B § 146 KO 1.88 (Geltendmachung von Lohnforderungen im Konkurs nach Unterbrechung des Kündigungsschutzprozesses).

[82] Dazu *OLG Koblenz* JurBüro 1991, 966, 967.
[83] *RGZ* 86, 235.
[84] *Jonas* JW 1936, 1153 gegen *LG Berlin* aaO. 1152.
[85] *RGZ* 51, 94, 96 f.; 86, 394, 396; *RG* JW 1931, 2104; *BGH* WM 1985, 750; *OLG Nürnberg* OLGZ 1982, 379.

det, geprüft und bestritten worden sein. Das gilt auch bei titulierten Forderungen[86]. Eine Klage ist auch bei fehlender Kenntnis von der Eröffnung des Konkurses unzulässig (§ 12 KO), wenn nicht der Konkursgläubiger ausdrücklich auf die Teilnahme am Konkursverfahren verzichtet[87]. Einem nach Konkurseröffnung verklagten Gemeinschuldner steht ein eigener Kostenerstattungsanspruch zu, wenn eine Kostengrundentscheidung zu seinen Gunsten ergangen ist. Auf den Verlauf des Konkursverfahrens kommt es nicht an[88]. Anmeldung und Prüfung müssen regelmäßig bis zum Ende der letzten Tatsacheninstanz vorliegen. Das Vorliegen erst in der Revisionsinstanz reicht nur aus, wenn allein der Konkursverwalter der Feststellung widersprochen hatte[89].

a) Aufnahme nach § 146 Abs. 3; § 144 Abs. 2 KO

26 Zu der in § 240 ZPO gemeinten besonderen Art der Aufnahme kann es kommen (§ 12 KO), wenn der Gläubiger nach § 146 Abs. 3 KO aufnimmt, weil seine Forderung streitig geblieben ist (§ 146 Abs. 1, 2 KO)[90]. Soweit ein anhängiger Prozeß aufgenommen werden kann, darf der Anmelder der Forderung keine neue Klage erheben[91]. Der Widersprechende tritt dabei im Wege des gesetzlichen Parteiwechsels anstelle des Gemeinschuldners in den Prozeß ein. Eine Zahlungsklage muß auf die Feststellungsklage (§ 146 Abs. 2 S. 1 KO) umgestellt werden[92]. Eine Klage auf Feststellung zur Konkurstabelle darf in der Revisionsinstanz nicht mehr in eine Klage auf Feststellung einer Masseschuld geändert werden[93]. Bestreitet der Gemeinschuldner im Prüfungstermin, so nimmt der Gläubiger den Prozeß nach § 144 Abs. 2 KO gegen den Gemeinschuldner auf[94]. Wenn die Forderung im Prüfungstermin nicht bestritten, sondern zur Konkurstabelle festgestellt wird, so ist der unterbrochene Rechtsstreit damit in der Hauptsache erledigt[95]. Doch erlischt keineswegs die Rechtshängigkeit schon mit der Eintragung in die Tabelle[96]. Auch wird dadurch nicht die Aufnahme des Rechtsstreits überflüssig[97]. Vielmehr muß aufgenommen werden, damit die erforderlichen Erledigungserklärungen abgegeben werden können. Der Gemeinschuldner selbst kann nie aufnehmen.

b) Titulierte Gläubiger (§ 146 Abs. 6 KO)

27 Steht dem Konkursgläubiger zur Zeit der Konkurseröffnung bereits ein vollstreckbarer Titel für die streitige Forderung zu, so ist die Aufnahme nach § 146 Abs. 6 KO Sache des Widersprechenden[98]. Wird nicht widersprochen, so liegen zwei Titel vor mit z.B. einem Versäumnisurteil und der Eintragung in die Konkurstabelle (§ 145 Abs. 2 KO). Bei der titulierten Forderung kann es sich nach § 146 Abs. 6 KO um einen mit Vollstreckungsklausel versehenen Schuldtitel, ein Endurteil oder einen Vollstreckungsbescheid handeln. Ein Urteil, das nach Konkurseröffnung aufgrund einer vorher stattgefundenen mündlichen Verhandlung verkündet wird, genügt (vgl. § 249 Abs. 3)[99]. Ausreichend ist auch ein Feststellungsurteil, nicht aber ein Zwischenurteil nach § 304[100]. Wenn der Widersprechende die Aufnahme verzögert, so kann sie durch den Konkursgläubiger nicht über § 239 Abs. 2–4 erzwungen

---

[86] *BGH* LM § 146 KO Nr. 1; *OLG Nürnberg* OLGZ 1982, 379.
[87] *LG Mönchengladbach* EWiR 1992, 375 m. Anm. *Onusseit.*
[88] *KG* ZIP 1990, 1092 m. Anm. *Grunsky* EWiR 1990, 917.
[89] *BGH* LM § 61 KO Nr. 2, 3; *Kilger* KO[15] § 146 Anm. 2d, e.
[90] Z.B. *BGH* WM 1985, 750.
[91] BGHZ 105, 34, 37.
[92] *BGH* ZIP 1980, 23.
[93] BGHZ 105, 34.
[94] Dazu *RGZ* 13, 315f.; *RG* JW 1908, 305.
[95] *BGH* NJW 1961, 1066, 1067; *MünchKommZPO/Feiber* (1992) Rdnr. 47.
[96] So aber *Kilger*[15] § 12 Anm. 1.
[97] A. A. *MünchKommZPO/Feiber* (1992) Rdnr. 47.
[98] Dazu *OLG Koblenz* NJW-RR 1992, 107.
[99] *OLG Braunschweig* OLGRsp 23, 307.
[100] *RG* JW 1931, 2104.

werden[101]. In diesem Falle kann der Konkursgläubiger den einfachen Weg wählen und den Prozeß selbst aufnehmen[102]. Ohnehin muß es dem titulierten Gläubiger schon mit Rücksicht auf sein Stimmrecht gestattet sein, seinerseits nach § 250 aufzunehmen[103].

c) Aufnahme durch den Widersprechenden

Mit Ausnahme des § 146 Abs. 6 KO ist eine Aufnahme durch den Widersprechenden nicht vorgesehen. Eine Aufnahme gegen den nichttitulierten Gläubiger ist regelmäßig unzulässig, weil der Widersprechende daran kein eigenes Interesse hat[104]. Es tritt jedoch Heilung ein, wenn sich der nichttitulierte Gläubiger darauf rügelos einläßt. Dieser bringt damit in gleicher Weise wie mit einer eigenen Aufnahme zum Ausdruck, daß auch er die Feststellung begehrt. **28**

d) Widerspruch von mehreren

Haben mehrere widersprochen, z.B. ein Gläubiger und der Verwalter, so muß der Inhaber der bestrittenen Forderung gegen alle prozessieren und gewinnen (§ 146 Abs. 3 KO). War demnach gegen die Widersprechenden bei Konkurseröffnung bereits ein Prozeß anhängig, so ist er gegen sie alle aufzunehmen[105]. Bestreiten der Gemeinschuldner und der Konkursverwalter, so wird die Aufnahme nach § 144 Abs. 2 KO mit derjenigen gegen den Widersprechenden verbunden werden[106]. Die Entscheidung kann stets nur einheitlich ergehen, so daß eine notwendige Streitgenossenschaft nach § 62 Abs. 1 Alt. 1 vorliegt[107]. Der Antrag gegen den Konkursverwalter lautet auf Feststellung der Forderung zur Konkurstabelle. Der Antrag gegen den Gemeinschuldner richtet sich wegen § 14 KO auf Zahlung mit der Einschränkung, daß die Zwangsvollstreckung erst nach Beendigung des Konkurses beginnen darf. **29**

e) Nachträglicher Gläubigerverzicht

Wenn der Prozeß bereits schwebt und nach § 240 unterbrochen ist, so kann ihn der Gläubiger schon aufgrund seines Verzichts auf seine Teilnahme am Konkurs aufnehmen, nicht erst nach Anmeldung und Bestreiten der Forderung im Konkursverfahren[108]. Nach § 14 KO kann aber die Zwangsvollstreckung nicht betrieben werden, solange das Konkursverfahren dauert. **30**

f) Widerspruch gegen Forderung (Vorrecht)

Wird bei einem nichttitulierten Gläubiger nicht die Forderung, sondern das Vorrecht bestritten, so muß er neu klagen[109]. Der bisherige Prozeß ist durch die Feststellung zur Tabelle vollständig erledigt. Werden Forderung und Vorrecht bestritten, so nimmt der Gläubiger nach § 146 Abs. 3 KO auf. **31**

---

[101] *RGZ* 16, 358f., 363; 34, 409.
[102] *MünchKommZPO/Feiber* (1992) Rdnr. 50.
[103] *RGZ* 34, 409; 51, 94, 97; 86, 235, 237; *BAG* SAE 1960, 74 mit Anm. *Pohle* und Anm. *Vollkommer* AP § 91a ZPO Nr. 7.
[104] *RGZ* 16, 358, 361; *RAG* 12, 179, 181; *KG* OLGRsp 19, 135; s. auch *Bley* Die Feststellung des Konkursgläubigerrechts (1914), 42m. w. Nachw.
[105] Vgl. *BGHZ* 76, 206, 209f. (seerechtliches Verteilungsverfahren).
[106] *BGH* WM 1980, 164; *RG* SeuffArch 52 (1897), 125; → § 62 Rdnr. 6.
[107] *Jauernig* Zwangsvollstreckungs- und Konkursrecht[19] § 55 V 2; a. A. *BGH* WM 1980, 164.
[108] *BGHZ* 72, 234f.; *Jauernig* (vorige Fn.) § 46 I; *Jaeger/Henckel* KO[9] § 12 Rdnr. 8; *Kuhn/Uhlenbruck* KO[10] § 12 Rdnr. 4, 5.
[109] *Jaeger/Weber* KO[8] § 146 Rdnr. 26; *Jauernig*[19] (o. Fn. 107) § 55 V 2.

32 Sind bei einer titulierten Forderung sowohl die Forderung als auch das in Anspruch genommene Vorrecht bestritten, so deckt der Titel das Vorrecht nicht. Es sind der Gläubiger wie der Widersprechende zur Aufnahme befugt[110]. Wird dagegen bei einer titulierten Forderung nur das Vorrecht bestritten, so steht die Aufnahme dem Gläubiger nicht zu[111]. Einer selbständigen Klage statt der Aufnahme steht Rechtshängigkeit nicht entgegen[112] (→ Rdnr. 34).

g) Wirkungen der Aufnahme

33 Nach der Aufnahme ändert sich der Inhalt des Rechtsstreits, weil es jetzt um die Berechtigung zur Teilnahme am Konkurs geht. An der Rechtshängigkeit des Verfahrens ändert sich nichts[113]. Der Gegenstand der anwaltlichen Tätigkeit i. S. von § 13 BRAGO bleibt der gleiche. Das gilt auch und gerade dann, wenn - wie in der Regel - die ursprüngliche Klage auf Verurteilung gerichtet war (→ oben Rdnr. 26)[114]. In aller Regel handelt es sich um die Teilnahme einer Geldforderung, wenn auch der Anspruch vorher nicht auf eine Geldleistung gerichtet war, aber nach § 69 KO entsprechend umzuwandeln ist[115]. Ebenso liegt es bei dem Übergang vom Erfüllungs- zum Schadensersatzanspruch nach Ablehnung der Erfüllung durch den Verwalter nach § 17 KO[116]. Diese Umwandlung kann auch noch in der Revisionsinstanz geschehen, weil es sich nur um eine von § 264 Nr. 2 und 3 unabhängige Anpassung an die durch den Konkurs veränderte Rechtslage handelt[117].

34 Anders liegen die Dinge, wenn nur noch das Vorrecht bestritten wird (→ Rdnr. 32). Es decken sich die Streitgegenstände nur in ihren wesentlichen tatsächlichen Grundlagen, vor und nach der Aufnahme, aber nicht mehr in ihren rechtlichen Beziehungen. Auch ist nach zutreffender Auffassung das Vorrecht einer verfahrensrechtlichen Abspaltung zugänglich und kann daher prozessual von der Forderung getrennt werden[118]. Das Vorrecht kann deshalb nicht schon vor der Aufnahme als im Prozeß mitenthalten angesehen werden (→a. A. Voraufl. Rdnr. 21). Es muß also neu geklagt werden[119]. - Zur Beachtung neuer Tatsachen in der Revision (→ § 561 Rdnr. 8ff.). Auch der Urkundenprozeß ist zur Feststellung eines Anspruchs zur Konkurstabelle statthaft (auch → § 592 Rdnr. 2). Der Arrestprozeß kann nur als solcher aufgenommen werden[120].

35 Wenn sich der Rechtsstreit erledigt und das nach der Aufnahme von beiden Parteien angezeigt wird, so ist nach § 91a nur noch über die Kosten zu entscheiden. Es wird zwischen den Kosten der Aufnahme und den sonstigen Kosten nicht getrennt. Die Kosten sind einheitlich Masseschulden nach § 59 Abs. 1 Nr. 1 KO, wenn sie dem Konkursverwalter auferlegt werden[121]. Eine Trennung der Prozeßkosten nach Zeitabschnitten vor und nach der Prozeßaufnahme durch den Konkursverwalter scheidet aus[122].

---

[110] *RGZ* 116, 368, 373.
[111] A.A. *BGH* LM § 61 KO Nr. 2, 3; → Voraufl. Rdnr. 20.
[112] A.A. → Voraufl. Rdnr. 20.
[113] *OLG Hamm* JurBüro 1989, 1403.
[114] *Jonas* Die Konkursfeststellung in ihrer prozessualen Durchführung (1970), 41f. - A.A. *Bley* Die Feststellung des Konkursgläubigerrechts (1914), 35f.
[115] *RGZ* 65, 132; *BayObLGZ* 1973, 282, 285.
[116] *BGH* NJW 1962, 153 m.krit. Anm. *Henckel* ZZP 75 (1962), 351.
[117] *BGH* ZZP 67 (1954), 300, 301; *BayObLGZ* 1973, 282, 285.
[118] Nachw. bei *H. Roth* Verfassungsrecht und Insolvenzrecht, in: *Mußgnug* (Hrsg.) Rechtsentwicklung unter dem Bonner Grundgesetz (1990), 187, 193.
[119] Wie hier *Bley* Die Feststellung des Konkursgläubigerrechts (1914), 35f.; auch → Rdnr. 31; *Jaeger/Weber* KO[8] § 146 Rdnr. 26; *BGH* LM § 146 KO Nr. 4 (Rechtsstreit schwebt in der Revision) unter Bezugnahme auf *RG* LZ 1912, 400.
[120] *BGH* MDR 1962, 400, 401.
[121] *BAG* SAE 1960, 74; *BGH* WM 1978, 523.
[122] *OLG Hamm* JurBüro 1990, 1482.

III. Beendigung des Konkurses und nicht aufgenommene Prozesse

Sind Prozesse nicht nach → Rdnr. 17 ff. aufgenommen worden, so endet die Unterbrechung nach § 240 ZPO durch Aufhebung des Konkursverfahrens (§§ 116, 163, 190 KO). Maßgebend ist die Rechtskraft des Aufhebungsbeschlusses[123]. Der Aufhebung gleichzustellen sind die Einstellung auf Antrag oder mangels Masse[124] nach §§ 202, 204 KO[125]. In gleicher Weise endet die Unterbrechung durch Aufhebung des Eröffnungsbeschlusses im Beschwerdeverfahren, die ebenfalls keine rückwirkende Kraft hat (→ Rdnr. 13). In den genannten Fällen bedarf es einer Aufnahme des Verfahrens oder einer Anzeige nicht (§ 76 Abs. 3 KO). Der bisherige Gemeinschuldner kann die durch die Konkurseröffnung unterbrochenen Prozesse ohne weiteres fortsetzen. Die Vorgänge im Konkurs, insbesondere die Feststellung einer Forderung, berühren den Prozeß nicht[126]. – Zu der Frage, ob der Konkursverwalter den Gemeinschuldner zur Prozeßführung im eigenen Namen ermächtigen kann (→ Rdnr. 41 vor § 50). 36

IV. Beendigung des Konkurses und Stellung des Konkursverwalters

1. Befugnis zur Prozeßfortführung

Kommt es zu einer Beendigung des Konkurses (→ Rdnr. 36) und sind noch Prozesse anhängig, die von dem Konkursverwalter oder gegen ihn aufgenommen oder angestrengt worden sind, so ist der Verwalter nur ausnahmsweise zu ihrer Fortsetzung befugt. Es handelt sich um nachträglich zu verteilende Beträge nach § 166 KO. Bei Beendigung durch Schlußverteilung gilt das stets[127]. Bei einem Zwangsvergleich gilt es nur insoweit, als ihm die Durchführung vorbehalten ist[128]. Ebenso liegt es, wenn eine Gesellschaft Gemeinschuldnerin war, die durch den Konkurs aufgelöst ist[129]. 37

2. Verlust der Prozeßführungsbefugnis

Im übrigen verliert der Konkursverwalter mit der Aufhebung des Konkurses die Befugnis, den Prozeß weiterzuführen. Vielmehr erlangt der Gemeinschuldner das ihm durch den Konkurs entzogene Prozeßführungsrecht (§ 6 KO) wieder (vgl. § 192 KO). Einstellung und Aufhebung der Konkurseröffnung stehen der Aufhebung gleich (→ Rdnr. 36). Das Gesagte gilt aber nicht schon für den Abschluß eines Zwangsvergleiches. Erforderlich ist vielmehr erst dessen rechtskräftige Bestätigung (§ 190 KO)[130]. In diesem Rahmen erlischt die Funktion des Konkursverwalters vollständig[131]. Das Gesagte gilt auch für die Beitreibung der Kosten[132]. 38

Der Gemeinschuldner tritt mit dem Verlust der Prozeßführungsbefugnis des Konkursverwalters nicht ohne weiteres in die laufenden Prozesse ein (→ § 239 Rdnr. 9)[133]. Vielmehr wird der betreffende Prozeß in analoger Anwendung des § 239 i. V. m. § 242 unterbrochen. Die Unterbrechung endet wie sonst auch mit der Aufnahme[134]. Die Wirkung der Unterbre- 39

---

[123] BGH WM 1985, 750.
[124] BGH ZIP 1989, 1411 (§ 204 KO).
[125] BGHZ 36, 258, 262; BGH ZIP 1989, 1411; RGZ 122, 51, 55.
[126] RGZ 27, 116.
[127] RGZ 28, 68, 70; 32, 72, 74; KG OLGrsp 6, 368; Stein Über die Voraussetzungen des Rechtsschutzes insbesondere bei der Verurteilungsklage (1902), 136 f.
[128] OLG Posen OLGrsp 3, 62; OLG Darmstadt OLGrsp 19, 228 f.; Stein (vorige Fn.), 139; Jaeger/Weber[8] § 146 Rdnr. 44.
[129] RG WarnRsp 12 Nr. 176; OLG Kiel OLGrsp 19, 231 f.; vgl. aber auch RGZ 127, 197, 200.

[130] Dazu RGZ 31, 40; BayObLG SeuffArch 50 (1895), 383 (Nr. 234); KG OLGrsp 25, 339.
[131] BGHZ 83, 102; RGZ 27, 113; 31, 40 f.
[132] OLG Braunschweig OLGrsp 13, 105.
[133] So aber RGZ 47, 372; 58, 369, 371; 73, 312, 314; Baumbach/Lauterbach/Hartmann[51] Rdnr. 23; Wieczorek[2] Bem. F II; Thomas/Putzo[18] Rdnr. 12.
[134] Ebenso OLG Köln ZIP 1987, 1004 mit Anm. Grunsky EWiR 1987, 829; de Boor (§ 239 Fn. 1), 48; Rosenberg/Schwab/Gottwald[15] § 126 II 2a; F. Weber KTS 1955, 102, 110; Jonas JW 1937, 3249; Jaeger/Henckel KO[9] § 6 Rdnr. 108 ff.; ebenso RGZ 155, 350 (für das Ende einer Testamentsvollstreckung); Heilmann/Klopp

chung folgt aus § 249, die Aufnahme regelt sich nach → § 239 Rdnr. 14 ff. Allerdings regelt das Gesetz das Prozeßschicksal nach Konkursende nicht ausdrücklich. Insbesondere kommt § 241 nicht zur Anwendung, weil der Konkursverwalter nicht gesetzlicher Vertreter ist, und weil der Gemeinschuldner durch die Konkurseröffnung nicht prozeßunfähig geworden war und daher seine Prozeßfähigkeit auch nicht erst jetzt wiedererlangt hat. Auch eine sinngemäße Anwendung des § 241 scheidet aus, weil die Beziehungen zwischen einem gesetzlichen Vertreter, wie dem elterlichen Sorgeberechtigten einerseits und dem Kind andererseits, nach der persönlichen Seite, der Fürsorgepflicht und der sonstigen Interessenlage anderer Art sind als diejenigen zwischen Gemeinschuldner und Konkursverwalter (→ auch § 241 Rdnr. 1).

40   War allerdings der Konkursverwalter durch einen Prozeßbevollmächtigten vertreten, so tritt anstelle der Unterbrechung die Möglichkeit nach § 246, die Aussetzung des Verfahrens zu beantragen[135]. Die durch den Konkursverwalter erteilte Prozeßvollmacht bleibt bestehen[136]. Anders liegt es, wenn sich der Konkursverwalter nach § 78 Abs. 4 selbst vertreten hat[137].

V. Freigabeerklärung des Konkursverwalters; Nichtbeteiligung des Gläubigers am Konkurs

41   Die Freigabeerklärung bewirkt ebenfalls nicht die automatische Weiterführung des Prozesses (auch → Rdnr. 39). Vielmehr wird der Prozeß durch diese Erklärung unterbrochen, und der Gemeinschuldner ist befugt, ihn aufzunehmen. Das RG[138] hatte noch für die Freigabeerklärung des Konkursverwalters dieselbe automatische Wirkung wie für die Beendigung des Konkurses im allgemeinen auf den einzelnen Prozeß zur Teilungsmasse (→ Rdnr. 18 ff.) angenommen. Vergleichbar dem Prozeß zur Schuldenmasse (→ Rdnr. 25 ff.) wurde auch der Erklärung des Gläubigers[139], daß er die Forderung nicht anmelde, eine von selbst eintretende Wirkung zugemessen. Die Freigabe wird durch eine vorherige Aufnahme nicht ausgeschlossen[140]. Allerdings hört in beiden Fällen in dem Zeitpunkt, in dem die Erklärung dem Gemeinschuldner zugeht, die Beziehung des Prozesses zur Konkursmasse auf. Damit endet die Verfügungsbeschränkung des Gemeinschuldners hinsichtlich des Prozeßgegenstandes[141]. In vergleichbarer Weise gehören solche Gegenstände bei entsprechenden Erklärungen vor Klageerhebung (→ Rdnr. 10) nicht mehr zur Konkursmasse. In der Abtretung einer streitbefangenen Forderung durch den Konkursverwalter an einen Dritten liegt keine Freigabe[142].

42   Wenn ein anhängiger Prozeß durch die Konkurseröffnung unterbrochen war, so kann diese Unterbrechung nicht durch eine einfache Erklärung des Konkursverwalters gegenüber dem Gemeinschuldner beseitigt werden. Vielmehr muß dieser oder dessen Prozeßgegner das Verfahren aufnehmen[143].

43   Bei einer Freigabe durch den Verwalter während des rechtshängigen Prozesses wird § 265 analog angewendet. Deshalb darf der Gemeinschuldner den Rechtsstreit nur mit Einwilligung des Gegners selbst fortführen. Wird diese Einwilligung nicht erteilt, so muß der Verwalter die

---

in: *Gottwald* Insolvenzrechts-Handbuch (1990) § 68 Rdnr. 4; offengelassen von *BGHZ* 83, 102, 105.
[135] *OLG Köln* ZIP 1987, 1004 m. Anm. *Grunsky* EWiR 1987, 829, je m. Nachw. der Gegenauffassung.
[136] *RGZ* 73, 312, 314; *RG* WarnRsp 1908, 363 (Nr. 471); JW 1910, 943; *OLG Breslau* OLGRsp 9, 76; *KG* OLGRsp 25, 339; 43, 127; a. A. *Rosenberg* Stellvertretung im Prozeß (1908), 790.
[137] *RG* JW 1910, 623; *Jaeger/Weber* KO[8] § 163 Rdnr. 6b; *Kuhn/Uhlenbruck* KO[10] § 163 Rdnr. 8.
[138] *RGZ* 79, 27, 28 ; 122, 51f.; 138, 69, 71.

[139] *RGZ* 86, 394, 396; *Jaeger/Henckel* KO[9] § 12 Rdnr. 8.
[140] *OLG Hamburg* OLGRsp 21, 170.
[141] *BGHZ* 72, 234; *LAG Düsseldorf* ZIP 1980, 747; *Baumbach/Lauterbach/Hartmann*[51] Rdnr. 24; *Wieczorek*[2] Bem. F II.
[142] *BGH* ZIP 1989, 1411 m. Anm. *Münch* EWiR 1990, 513.
[143] *BGHZ* 36, 258, 261; *BGH* ZIP 1989, 1411; *Wieczorek*[2] Bem. F II a 4.

Parteistellung zum Schutz des Gegners behalten[144]. Die Freigabeerklärung steht also der Aufhebung des Konkursverfahrens insoweit nicht gleich.

VI. Anfechtungsprozesse

Anfechtungsprozesse unterliegen Besonderheiten, weil die anzufechtenden Rechtshandlungen dem Gemeinschuldner gegenüber voll wirksam sind. Er ist also nicht in der Lage, den Prozeß zur Hauptsache erfolgreich fortzuführen, weil sich der Klageanspruch erledigt hat[145]. Wenn der Gemeinschuldner eine Klageabweisung vermeiden will, muß er also die Hauptsache für erledigt erklären. Ebensowenig haben nach § 13 Abs. 4 AnfG einzelne Gläubiger ein Recht auf Fortsetzung der vom Konkursverwalter begonnenen Streitigkeiten[146]. Diese Prozesse können aber von dem Gemeinschuldner und gegen ihn wegen der Kosten aufgenommen werden. Über diese ist nach § 91a zu entscheiden, wenn auch der Gegner der Erledigungserklärung zustimmt[147]. Wenn der Anfechtungsanspruch nicht begründet war, sind die Kosten nach § 91a dem Gemeinschuldner aufzuerlegen, ansonsten dem Anfechtungsgegner. Kommt eine beiderseitige Erledigungserklärung nicht zustande, so trägt nach § 91 diejenige Partei die Kosten, die der Erledigungserklärung unberechtigterweise nicht zugestimmt hat.

44

Eine abweichende Rechtslage ergibt sich für Anfechtungsprozesse, die vor Konkurseröffnung von Gläubigern gegen Dritte oder gegen den Gemeinschuldner begonnen wurden und die nach Konkurseröffnung von dem Konkursverwalter aufgenommen worden sind (→ Rdnr. 8). Mit der Beendigung des Konkurses können diese Streitigkeiten wieder von den betreffenden Gläubigern verfolgt werden (§ 13 Abs. 4 AnfG).

45

VII. Konfusion

Prozesse zwischen dem Konkursverwalter und dem Gemeinschuldner erlöschen durch Konfusion. Die Masse und das konkursfreie Vermögen des Gemeinschuldners, deren Trennung erst diesen Rechtsstreit mit sich selbst gestattet hatte, verschmelzen wieder mit Konkursbeendigung (→ Rdnr. 17 vor § 50). Konfusion tritt allerdings nicht ein, wenn ein Anfechtungsprozeß von einem einzelnen Gläubiger begonnen und dann von dem Konkursverwalter übernommen wurde (→ Rdnr. 44f., → Rdnr. 8). In diesem Fall kann der betreffende Gläubiger nach dem Ende des Konkurses den Prozeß mit dem Gemeinschuldner wieder aufnehmen (→ Rdnr. 45).

46

VIII. Arbeitsgerichtliches Verfahren

§ 240 ZPO kommt im arbeitsgerichtlichen Verfahren entsprechend zur Anwendung (§ 46 Abs. 2, § 64 Abs. 6, § 72 Abs. 5 ArbGG). Aus § 146 Abs. 5 KO geht unmittelbar hervor, daß bei den Passivprozessen zur Schuldenmasse (→ Rdnr. 25) die Feststellung des Konkursteilnahmerechtes oder des Konkursvorrechtes durch Aufnahme des vor dem Arbeitsgericht schwebenden Rechtsstreites zu betreiben ist (→ § 1 Rdnr. 222a).

47

---

[144] *Grunsky* Die Veräußerung der streitbefangenen Sache (1968), 96f.; *de Boor* (§ 239 Fn. 1), 65f.; *Henckel* (§ 239 Fn. 1), 164; *Bötticher* JZ 1963, 582, 585; *Pohle* MDR 1956, 639, 640. – A.A. *BGHZ* 46, 249, 252; *BGH* WM 1992, 1407, 1408 unter Bezugnahme auf *BGHZ* 46, 249; *RGZ* 79, 27f.; *OLG Stuttgart* NJW 1973, 1756; *Thomas/Putzo*[18] § 265 Rdnr. 10; *A. Blomeyer* ZPR² § 28 II 4.

[145] *BGHZ* 83, 102, 105; *RGZ* 135, 347, 350.
[146] *BGHZ* 83, 102 ff.; *Jaeger* Die Gläubigeranfechtung außerhalb des Konkursverfahrens² (1938) § 13 Anm. 33f.
[147] *RGZ* 52, 330; *KG* ZZP 23 (1897), 200f.; auch *BAG* SAE 1960, 74 (*Pohle*).

§ 241 [Unterbrechung durch Prozeßunfähigkeit u. a.]

(1) Verliert eine Partei die Prozeßfähigkeit oder stirbt der gesetzliche Vertreter einer Partei oder hört seine Vertretungsbefugnis auf, ohne daß die Partei prozeßfähig geworden ist, so wird das Verfahren unterbrochen, bis der gesetzliche Vertreter oder der neue gesetzliche Vertreter von seiner Bestellung dem Gericht Anzeige macht oder der Gegner seine Absicht, das Verfahren fortzusetzen, dem Gericht angezeigt und das Gericht diese Anzeige von Amts wegen zugestellt hat.

(2) Die Anzeige des gesetzlichen Vertreters ist dem Gegner der durch ihn vertretenen Partei, die Anzeige des Gegners ist dem Vertreter zuzustellen.

(3) Diese Vorschriften sind entsprechend anzuwenden, wenn eine Nachlaßverwaltung angeordnet wird.

Gesetzesgeschichte: Bis 1900 § 219 CPO; Abs. 3 (früher Abs. 2) angefügt durch RGBl. 1898, 256; neugefaßt BGBl. 1950, 535 (→ Einl. Rdnr. 148).

Stichwortverzeichnis → *Unterbrechungs- und Aussetzungsschlüssel* in Rdnr. 30 vor § 239.

I. Normzweck	1	4. Partei kraft Amtes	9
II. Voraussetzungen	2	5. Nachlaßverwaltung (Abs. 3)	10
1. Verlust der Prozeßfähigkeit	3	III. Beendigung der Unterbrechung	14
2. Tod des gesetzlichen Vertreters	6	IV. Eintretende Prozeßfähigkeit	
3. Ende der Vertretungsbefugnis		(Abs. 1)	16
a) Natürliche Personen	7	1. Partei	17
b) Juristische Personen	8	2. Partei kraft Amtes	18

I. Normzweck[1]

1 Neben § 239 und § 240 bedeutet § 241 einen weiteren Unterbrechungstatbestand für die dort genannten Veränderungen in der Prozeßfähigkeit und in der gesetzlichen Vertretung. Mit § 241 wird insbesondere eine sonst mögliche Wiederaufnahme des Verfahrens durch Nichtigkeitsklage nach § 579 Abs. 1 Nr. 4 vermieden, die sich gegen ein rechtskräftig abgeschlossenes Verfahren richtet. § 241 ZPO gilt ohne Besonderheiten in Arbeitssachen (§ 46 Abs. 2, § 64 Abs. 6, § 72 Abs. 5 ArbGG).

II. Voraussetzungen

2 § 241 betrifft die Veränderungen in der Prozeßfähigkeit[2] und in der gesetzlichen Vertretung im weiteren Sinne. Anders als bei § 240 – aber ebenso wie bei § 239 – kommt es bei § 241 nur zu einer Unterbrechung, wenn ein Prozeßbevollmächtigter nicht vorhanden ist (§ 246). Das Verfahren wird daher nicht unterbrochen, wenn die Partei vor Eintritt der Prozeßunfähigkeit wirksam einen Prozeßbevollmächtigten bestellt hatte[3]. Wird die Partei nicht durch einen Prozeßbevollmächtigten vertreten, so wirkt die Unterbrechung ohne Rücksicht auf die Kenntnis des Gerichts und des Gegners. Der Anwendungsbereich des § 241 folgt aus → Rdnr. 2 vor § 239.

---

[1] Literatur: *Schink* Jura 1985, 291 ff.; *Bork* MDR 1991, 97.

[2] Zu den Änderungen durch das Betreuungsgesetz *Bork* MDR 1991, 97.

[3] *BGH* MDR 1964, 126; → § 86 Rdnr. 3.

1. Verlust der Prozeßfähigkeit

Der Verlust der Prozeßfähigkeit (§ 52) muß sich im Verlaufe des Verfahrens ergeben. Ein 3
Zwischenurteil in der Berufungsinstanz, mit dem festgestellt wird, daß wegen des Verlustes der Prozeßfähigkeit des Gläubigers die Verfahrensunterbrechung eingetreten ist, ist nicht anfechtbar[4]. Ein derartiges Zwischenurteil kann nur zusammen mit dem Endurteil angefochten werden. Gemeint sind in § 241 ZPO die Fälle des § 104 Nr. 2 BGB[5]. Die Anordnung der Betreuung ist auf die Geschäftsfähigkeit ohne Einfluß (näher → § 51 Rdnr. 15). Das Betreuungsgesetz vom 12.9.1990 (BGBl. I 2002) gilt mit Wirkung vom 1.1.1992. Tritt ein Pfleger (§§ 1911, 1913, 1960 BGB) oder ein Betreuer (§ 1896 BGB) eines Prozeßunfähigen als Vertreter in den Prozeß ein und verliert die Partei nach § 53 dadurch ihre Prozeßfähigkeit (→ § 53 Rdnr. 11 ff.), so findet keine Unterbrechung statt, weil durch den Eintritt des Pflegers oder Betreuers schon wieder die Voraussetzungen für das Ende einer Unterbrechung gegeben sind (→ Rdnr. 14 ff.). Die Abwesenheit (§ 1911 BGB), die Betreuungsbedürftigkeit, die Bestellung eines Pflegers oder eines Betreuers je als solche spielen für § 241 keine Rolle[6].

Verliert ein Ausländer nach seinem anwendbaren Heimatrecht die Prozeßfähigkeit, wie 4
z. B. durch Heirat (→ § 55 Rdnr. 1), so ist § 55 zu beachten, wonach ein Ausländer für den Inlandsprozeß auch dann prozeßfähig ist, wenn ihm diese Eigenschaft nach der lex fori zukommt. § 241 ist nur anwendbar, wenn auch nach deutschem Recht die Prozeßfähigkeit fehlt.

Bei ursprünglicher Prozeßunfähigkeit wird nicht unterbrochen. Vielmehr kommt es zu der 5
Bestellung eines Prozeßpflegers nach § 57 oder zu einem Prozeßurteil[7].

2. Tod des gesetzlichen Vertreters

Stirbt der gesetzliche Vertreter einer natürlichen Person, so ist der Rechtsstreit mit seinem 6
Tode nach § 241 unterbrochen. Voraussetzung ist, daß die Partei keinen Prozeßbevollmächtigten hat (→ Rdnr. 2). Bei mehreren gesetzlichen Vertretern wird durch den Tod eines von ihnen das Verfahren nicht unterbrochen, wenn der oder die anderen vertretungsberechtigt sind[8]. Der Tod der in §§ 57, 58 genannten Personen steht gleich (zur Eigenschaft und Stellung des gesetzlichen Vertreters → § 51 Rdnr. 22 ff.). Auch die Todeserklärung steht in ihren Rechtsfolgen dem Tod gleich.

3. Ende der Vertretungsbefugnis

a) Natürliche Personen

Einen weiteren Unterbrechungsgrund bildet das Ende der Vertretungsbefugnis des gesetzlichen 7
Vertreters. Auch hier ist Voraussetzung, daß die Partei keinen Prozeßbevollmächtigten besitzt (→ Rdnr. 2) und daß sie nicht gerade durch den Vorgang ihrerseits prozeßfähig wurde (§ 241 Abs. 1, → Rdnr. 16 ff.). Als Unterbrechungsgründe kommen bei den Eltern das Ruhen der elterlichen Sorge (§§ 1673, 1674 BGB) oder die Verwirkung (§§ 1666 ff. BGB) in Betracht. Bei Betreuer und Pfleger endet die Vertretungsbefugnis durch Beendigung des Amtes wie Entlassung nach § 1908 b BGB usw.

---

[4] *BGHR* ZPO § 303 Anfechtbarkeit 1.
[5] *Bork* MDR 1991, 97; auch *OLG München* NJW-RR 1989, 255.
[6] Dazu *RGZ* 52, 223 f.
[7] Näher *J. Hager* ZZP 97 (1984), 174 ff.
[8] *OLG München* SeuffArch 70 (1915), 166, 167; 169, 170; *OLG Augsburg* SeuffArch 70 (1915), 246.

b) Juristische Personen

8 Die Vertretungsbefugnis der in → § 51 Rdnr. 30 ff. aufgeführten Vertreter juristischer Personen und sonstiger parteifähiger Personenvereinigungen endet mit dem Verlust des Amtes oder mit dem Ausschluß oder der Entziehung der Vertretung nach §§ 125, 127 HGB usw. Ebenso liegt es, wenn der gesetzliche Vertreter selbst prozeßunfähig wird wie etwa die Komplementär-GmbH bei einer GmbH & Co. KG[9]. Nicht hierher gehört der Fall, daß eine juristische Person ohne Wechsel der Identität nur die äußere Form wandelt. So liegt es etwa, wenn der eingetragene Verein in Liquidation geht und dabei die bisherigen Vorstandsmitglieder ohne Personenwechsel als Liquidatoren Vertreter bleiben (auch → § 239 Rdnr. 6)[10].

4. Partei kraft Amtes

9 § 241 ist entsprechend anzuwenden, wenn eine Partei kraft Amtes wie der Konkursverwalter, der Testamentsvollstrecker usw. stirbt, prozeßunfähig wird oder das Amt verliert[11]. § 239 kommt nicht zur Anwendung, weil die neue Partei kraft Amtes nicht Rechtsnachfolgerin der alten Partei kraft Amtes ist[12]. Wenn neben einer Partei kraft Amtes eine weitere Partei kraft Amtes für einen verwaltungsmäßig selbständigen Teil eines einheitlichen Vermögens bestellt wird, so kommt § 241 weder unmittelbar noch sinngemäß zur Anwendung[13].

5. Nachlaßverwaltung (Abs. 3)

10 Nach Abs. 3 führt die Anordnung einer Nachlaßverwaltung zur Verfahrensunterbrechung (§§ 1981, 2013, 2062 BGB). Es handelt sich dabei um einen Unterfall der Nachlaßpflegschaft (§ 1975 BGB, → § 243). Wegen § 1984 BGB gleicht sie der Konkurseröffnung. Ebenso wie der Gemeinschuldner behält der Erbe die Prozeßfähigkeit (→ § 51 Rdnr. 21). Daher scheidet eine Unterbrechung nach § 241 Abs. 1 aus. Abs. 3 entspricht von der Funktion her § 240, da die Unterbrechung im Gläubigerinteresse dringend erforderlich ist[14]. Anders als bei § 240 findet § 246 Anwendung. Es handelt sich um eine gesetzgeberische Fehlleistung, die bei Durchführung des Prozesses gegen den Erben zu Konflikten führen kann.

11 Die Nachlaßverwaltung ist erst nach Annahme der Erbschaft zulässig. Deshalb kommt es nur zu einer Verfahrensunterbrechung, wenn entweder der Prozeß von vornherein für oder gegen den Erben als solchen über einen zum Nachlaß gehörigen Gegenstand anhängig geworden ist, oder wenn der Erbe den Prozeß des Erblassers nach § 239 aufgenommen hat. Ergeht die Anordnung zu einer Zeit, zu der der Prozeß des Erblassers noch nach § 239 unterbrochen ist, so setzt sich die schon bestehende Unterbrechung fort. Für ihre Beendigung kommt dann nicht mehr die Norm des § 239, sondern § 241 zur Anwendung. Die Aufnahme durch den Erben oder gegen ihn wäre also unzulässig.

12 Der Nachlaßverwalter führt nur die auf den Nachlaß bezogenen Prozesse. Deshalb kommt § 241 bei nichtvermögensrechtlichen Prozessen nicht zur Anwendung. Anders liegt es lediglich, wenn nach dem Tode des Erben nur noch die Kosten im Streit sind[15]. Wenn die Nachlaßverwaltung erst angeordnet wird, nachdem im Falle des § 1981 Abs. 2 BGB der Erbe

---

[9] *OLG Zweibrücken* ZIP 1983, 941.
[10] Ferner *BFH* BFH/NV 1985, 88.
[11] *Jaeger/Henckel* KO[9] § 6 Rdnr. 115; *MünchKommZPO/Feiber* (1992) Rdnr. 5.
[12] *RG* JW 1913, 876, 877; WarnRsp 1915 Nr. 34 (Testamtsvollstrecker); offengelassen durch *KG* JW 1927, 1497, 1498.
[13] OGHZ 2, 1, 12.
[14] Dazu *Grunsky* Die Veräußerung der streitbefangenen Sache (1968), 87; ferner *OLG Breslau* OLGRsp 18, 411.
[15] S. auch *RG* JW 1906, 311, 312; *MünchKomm/Siegmann*[2] § 1984 Rdnr. 5.
[16] *BGH* ZIP 1982, 1318, 1319; anders zu Unrecht *MünchKommZPO/Feiber* (1992) Rdnr. 15.

bereits unbeschränkt haftet, so wird ein Rechtsstreit über eine Nachlaßverbindlichkeit nur insoweit unterbrochen, als ihre Richtung gegen den Nachlaß, die Erwirkung eines gegen den Nachlaßverwalter wirksamen Vollstreckungstitels in Frage steht. Wenn und soweit dagegen der Gläubiger die Haftung des Erben mit seinem sonstigen Vermögen beansprucht, wird der gegen den Erben begonnene oder schon nach § 239 aufgenommene Prozeß nicht berührt, und es kann der nach § 239 unterbrochene Prozeß auch nach § 239 aufgenommen werden.

Besteht Streit über die Zugehörigkeit des Prozeßgegenstandes zum Nachlaß, so kann darüber in dem anhängigen Prozeß nur aus Anlaß der von einer der Parteien oder dem Nachlaßverwalter versuchten Fortsetzung (→ Rdnr. 11 vor § 239) oder Aufnahme entschieden werden. Dabei kann § 256 Abs. 2 Anwendung finden. – Zur Ermächtigung des Erben durch den Nachlaßverwalter zur Prozeßführung im eigenen Namen → Rdnr. 42 vor § 50. **13**

III. Beendigung der Unterbrechung

Nach § 241 Abs. 1 wird die Unterbrechung in zwei Fällen beendet. Einmal kommt es dazu, wenn der gesetzliche Vertreter oder der neue Vertreter oder der Nachlaßverwalter bestellt sind und der Bestellte dem Gericht davon Anzeige gemacht hat. Zum anderen endet die Unterbrechung, wenn der Gegner seine Absicht, das Verfahren fortzusetzen, dem Gericht angezeigt und das Gericht diese Anzeige von Amts wegen zugestellt hat (Abs. 2). Nach Abs. 2 ist die Anzeige des gesetzlichen Vertreters dem Gegner der durch ihn vertretenen Partei, und die Anzeige des Gegners ist dem Vertreter zuzustellen. Das Gericht hat in dem sich daran anschließenden Verfahren wegen § 56 von Amts wegen zu prüfen, ob rechtswirksam bestellt worden ist[16]. **14**

Wird die Bestellung verzögert, so muß sich der Gegner an die Organe der freiwilligen Gerichtsbarkeit wenden. Bei Gefahr im Verzug wird in entsprechender Anwendung des § 57 ein besonderer Vertreter durch das Prozeßgericht bestellt (→ § 57 Rdnr. 2 und 3)[17]. Andernfalls bliebe der Gegner ohne Rechtsschutz. **15**

IV. Eintretende Prozeßfähigkeit (Abs. 1)

Nach Abs. 1 tritt die Unterbrechung nur ein, wenn nicht spätestens gleichzeitig mit dem Wegfallen der Vertretungsbefugnis die Partei prozeßfähig geworden ist. In diesem Falle ist die Partei nicht schutzbedürftig und es bedarf keiner Unterbrechung[18]. **16**

1. Partei

Die Partei kann prozeßfähig werden durch Erreichen der Volljährigkeit. Für eine Anwendung des § 241 fehlt es auch an einem Grund, wenn etwa die Pflegschaft, insbesondere die Nachlaßpflegschaft, beendet wird (vgl. § 53)[19]. Der Prozeß geht in der Lage, in der er sich befindet, auf die Partei selbst über[20]. Frühere Zustellungen und Ladungen an den gesetzlichen Vertreter wirken weiter gegen die Partei. Die durch den gesetzlichen Vertreter erteilte Vollmacht bleibt nach § 86 wirksam (→ § 86 Rdnr. 3). **17**

---

[17] *MünchKommZPO/Lindacher* (1992) § 57 Rdnr. 8; a. A. *MünchKommZPO/Feiber* (1992) Rdnr. 16.
[18] *OLG Hamburg* OLGRsp 17, 318.
[19] *RGZ* 33, 412, 414; *RG* JW 1930, 2047 m. Anm. *Herzfelder*.
[20] *RGZ* 33, 412; *RG* JW 1930, 2047.

2. Partei kraft Amtes

18 Eine abweichende Rechtslage ergibt sich für die Fälle der Beendigung des Amtes der Parteien kraft Amtes. Insbesondere sind zu nennen das Ende des Konkurses (→ § 240 Rdnr. 41), der Nachlaßverwaltung (→ Rdnr. 10 ff.)[21] und der Verwaltung des Testamentsvollstreckers. Dagegen kann der Zwangsverwalter einen von ihm begonnenen Rechtsstreit in der Revisionsinstanz fortsetzen. Ansonsten gelten die Grundsätze über den gewillkürten Parteiwechsel[22]. Von dem erwähnte Ausnahmefall abgesehen wird der Prozeß wie in den Fällen der §§ 239, 242 unterbrochen, oder er kann im Falle des § 246 ausgesetzt werden[23]. Eine Anwendung des § 265 wäre sinnwidrig (→ § 239 Rdnr. 9)[24]. Wegen der Fortdauer der Prozeßvollmacht gilt das bei → § 240 Rdnr. 40 Bemerkte hier in gleicher Weise[25]. Die Stellung der bisherigen Partei bestimmt, inwieweit in diesen Fällen Abwicklungsprozesse noch weiter von ihr zu führen sind. Insoweit kommt es nicht zu einer Unterbrechung. Für den Konkursverwalter gilt → § 240 Rdnr. 37. Der Zwangsverwalter ist auch nach Aufhebung der Zwangsverwaltung berechtigt, anhängige Prozesse fortzuführen, soweit es um Grundstücksnutzungen aus der Zeit seiner Amtstätigkeit geht[26]. Entsprechend § 241 tritt aber Unterbrechung ein, wenn die danach eintretende Partei, z.B. der Erbe, prozeßunfähig ist und keinen gesetzlichen Vertreter hat[27]. – Zur Eintragung des Eigentümers im Falle der Herrenlosigkeit eines Grundstücks gemäß § 58 gelten die Ausführungen zu → § 58 Rdnr. 7.

§ 242 [Eintritt der Nacherbfolge]

Tritt während des Rechtsstreits zwischen einem Vorerben und einem Dritten über einen der Nacherbfolge unterliegenden Gegenstand der Fall der Nacherbfolge ein, so gelten, sofern der Vorerbe befugt war, ohne Zustimmung des Nacherben über den Gegenstand zu verfügen, hinsichtlich der Unterbrechung und der Aufnahme des Verfahrens die Vorschriften des § 239 entsprechend.

Gesetzesgeschichte: Als § 219a CPO eingefügt durch RGBl. 1898, 256.

Stichwortverzeichnis → *Unterbrechungs- und Aussetzungsschlüssel* in Rdnr. 30 vor § 239.

I. Normzweck	1
II. Unterbrechung	3
III. Nicht erfaßte Fälle	5
1. Nachlaßverbindlichkeiten	6
2. Nacherbfolge	7

I. Normzweck[1]

1 § 242 bedeutet eine Erweiterung des § 239 und regelt die prozessualen Wirkungen des Eintritts der Nacherbfolge für Aktivprozesse[2], deren Urteile nach § 326 für und gegen den

---

[21] *RG* JW 1930, 2047 läßt den Erben ohne Unterbrechung in den Rechtsstreit eintreten.
[22] *BGH* WM 1990, 742f.; Rpfleger 1993, 211.
[23] *RGZ* 155, 350, 353 (Testamentsvollstrecker); dazu *Jonas* JW 1937, 3249; *de Boor* Zur Lehre vom Parteiwechsel und vom Parteibegriff (1941), 48f.; *Henckel* Parteilehre und Streitgegenstand im Zivilprozeß (1961), 170; a.A. *Grunsky* Die Veräußerung der streitbefangenen Sache (1968), 95ff.
[24] *Jaeger/Henckel* KO[9] § 6 Rdnr. 112.
[25] *RGZ* 73, 312.
[26] *BGH* WM 1990, 742f.
[27] *OLG Dresden* OLGRsp 13, 130, 131.
[1] Dazu *Schink* Jura 1985, 291, 297.
[2] *MünchKomm/Grunsky*[2] § 2100 Rdnr. 22; *MünchKommZPO/Feiber* (1992) Rdnr. 3; a.A. noch *E. Wolff* Bürgerliches Recht und Prozeßrecht in Wechselwirkung (1952), 72.

Nacherben wirkten, wenn sie vor dem Eintritt der Nacherbfolge rechtskräftig geworden wären. Die Norm meint Prozesse über der Nacherbfolge unterliegende Gegenstände i. S. von Aktiva des Nachlasses, über die der Vorerbe befugt ist, ohne Zustimmung des Nacherben zu verfügen. Dabei kann es sich um die Regel des § 2112 BGB oder um die Befreiung des § 2136 BGB handeln. Es steht gleich, wenn der Nacherbe nach § 2120 BGB seine Einwilligung gegeben hat, oder wenn eine Verfügung des Vorerben aus einem sonstigen Grunde wie nach § 185 Abs. 2 BGB ihm gegenüber wirksam geworden ist[3].

§ 242 ist erforderlich, weil § 239 für den Eintritt des Nacherbfalles nicht anwendbar ist. Wird der Nacherbe durch den Tod des Vorerben zum Erben (§ 2106 Abs. 1 BGB), so ist § 239 ZPO nicht einschlägig, weil der Nacherbe nicht Rechtsnachfolger des Vorerben, sondern derjenige des Erblassers ist. Wird die Nacherbfolge durch ein anderes Ereignis ausgelöst (§§ 2103 f., 2106 Abs. 2 BGB), so fehlt es an dem erforderlichen Tod einer Partei als Entstehungstatbestand des § 239 ZPO.

II. Unterbrechung

Der Vorerbe hört mit dem in → Rdnr. 2 genannten Zeitpunkt auf Erbe zu sein (§ 2139 BGB) und verliert damit seine Aktivlegitimation. Eine etwa jetzt noch ergehende Entscheidung wäre wegen § 326 sowohl für ihn als auch für den Nacherben ohne sachliche Bedeutung. Ohne die Regelung des § 242 müßte der Rechtsstreit unter Belastung des Vorerben oder seiner Rechtsnachfolger mit den Kosten in der Hauptsache für erledigt erklärt werden, um alsbald vom Nacherben neu begonnen zu werden. Deshalb behandelt § 242 ZPO für den Aktivprozeß (→ Rdnr. 1) den Nacherben ausnahmsweise so, wie wenn er Rechtsnachfolger des Vorerben wäre, obgleich er nach § 2100 BGB Rechtsnachfolger des Erblassers ist[4]. Es findet § 239 mit der Maßgabe Anwendung, daß an die Stelle des Rechtsnachfolgers der Nacherbe tritt.

Die Unterbrechung tritt bei der Vertretung des Vorerben durch einen Prozeßbevollmächtigten nicht ein (§ 246). Da der Nacherbe nach § 2142 BGB die Erbschaft ebenfalls ausschlagen kann, ist für den Zwang zur Aufnahme auch § 239 Abs. 5 ZPO anwendbar. Schlägt der Nacherbe aus und tritt nach der Erblasserbestimmung (§ 2142 Abs. 2 BGB) ein anderer als der Vorerbe an seine Stelle, so ist von diesem oder gegen ihn aufzunehmen. Verbleibt die Erbschaft nach der Ausschlagung durch den Nacherben nach § 2142 Abs. 2 BGB dem Vorerben, so wird dadurch die Unterbrechung nicht rückgängig gemacht. Vielmehr ist jetzt der Vorerbe oder dessen Rechtsnachfolger zur Aufnahme berufen. Für die Prozeßhandlungen der Zwischenzeit gilt § 249. Einen ähnlichen Fall gibt es bei der Aufhebung der Konkurseröffnung in der Beschwerdeinstanz (→ § 240 Rdnr. 36). Zu § 242 gehören auch Prozesse über den Umfang des Erbteiles, wie z. B. die Anrechnung von Vorempfängen[5].

III. Nicht erfaßte Fälle

Drei Gruppen von Prozessen, die ein Vorerbe in dieser Eigenschaft gegen Dritte führt, sind von dem Anwendungsbereich des § 242 ausgeschlossen, gleich ob sie neu begonnen sind oder von ihm aufgenommen werden (§ 239). Es handelt sich erstens um Prozesse über Ansprüche wegen Nachlaßverbindlichkeiten (→ § 28 Rdnr. 2), die entweder auf bestimmte Gegenstände des Nachlasses gerichtet sind, oder denen gegenüber der Vorerbe nur mit dem Nachlaß

---

[3] Dazu *RGZ* 110, 94, 95.
[4] S. auch *BSG* SozR 1300 § 45 Nr. 40 (S. 128)(Verwaltungsverfahren der Kriegsopferversorgung).
[5] *RGZ* 75, 363, 366.

»beschränkt« haftet. Zweitens sind zu erwähnen Prozesse über Ansprüche wegen Nachlaßverbindlichkeiten, für die der Vorerbe unbeschränkt haftet. Drittens schließlich gehören dazu Prozesse über Gegenstände des Nachlasses, über die dem Vorerben eine Verfügungsmacht gegenüber dem Nacherben nicht zusteht. In allen genannten Fällen ist ein Eintritt des Nacherben in den Prozeß nicht möglich, da er nicht Rechtsnachfolger des Vorerben ist.

1. Nachlaßverbindlichkeiten

6 Für die Nachlaßverbindlichkeiten haftet der Vorerbe jetzt nur noch insoweit, als der Nacherbe nicht haftet (§ 2145 BGB). Es ist eine subsidiäre Haftung, wenn er unbeschränkt haftete. Wenn er dagegen beschränkt haftete, tritt die Haftung insoweit ein, als er mit der Erschöpfungseinrede (§ 2145 Abs. 2, §§ 1990f. BGB) nicht durchdringt. Zur Entscheidung dieser Frage können die anhängigen Prozesse gegen ihn weitergeführt werden, wobei über die Haftung des Nacherben in den Gründen, geeignetenfalls nach Aussetzung (§ 148), zu entscheiden ist. Ist die Nacherbfolge durch den Tod des Vorerben eingetreten (→ Rdnr. 2), so wird das Verfahren unterbrochen und es ist von den Rechtsnachfolgern des Vorerben oder gegen sie aufzunehmen.

2. Nacherbfolge

7 Ein dem § 265 Abs. 3 entsprechender Fall liegt vor, wenn der Rechtsstreit einen der Nacherbfolge unterliegenden Gegenstand betrifft, über den der Vorerbe keine Verfügungsmacht hat. Dem Vorerben kann der Einwand fehlender Aktivlegitimation entgegengesetzt werden, woraufhin die Klage kostenpflichtig abzuweisen ist[6]. Im Falle des Todes des Vorerben (→ Rdnr. 2) kann das nur nach Unterbrechung und Aufnahme seinen Rechtsnachfolgern gegenüber geschehen. Der Nacherbe muß seine Rechte in einem neuen Prozeß geltendmachen.

§ 243 [Nachlaßpflegschaft und Testamentsvollstreckung]

Wird im Falle der Unterbrechung des Verfahrens durch den Tod einer Partei ein Nachlaßpfleger bestellt oder ist ein zur Führung des Rechtsstreits berechtigter Testamentsvollstrecker vorhanden, so sind die Vorschriften des § 241 und, wenn über den Nachlaß der Konkurs eröffnet wird, die Vorschriften des § 240 bei der Aufnahme des Verfahrens anzuwenden.

Gesetzesgeschichte: Bis 1900 § 220 CPO. Änderung: RGBl. 1898, 256.

Stichwortverzeichnis → *Unterbrechungs- und Aussetzungsschlüssel* in Rdnr. 30 vor § 239.

I. Normzweck; Anwendungsbereich	1	III. Ende der Unterbrechung (Alt. 1 und 2)	4
II. Aktivprozesse; Passivprozesse	3	IV. Nachlaßkonkurs (Alt. 3)	6

---

[6] *MünchKomm/Grunsky*[2] § 2100 Rdnr. 22.

I. Normzweck; Anwendungsbreich

§ 243 ergänzt die Norm des § 239. Die Vorschrift regelt nicht den Beginn, sondern nur das Ende der Unterbrechung durch die Aufnahme für den Fall der Unterbrechung durch den Tod einer Partei (§ 239), wenn ein Nachlaßpfleger (§§ 1960 ff. BGB) oder ein Testamentsvollstrecker (§§ 2212 ff. BGB) vorhanden sind. In den beiden Fällen des § 243 sollen für Aktivprozesse (→ Rdnr. 3) statt des § 239 die Norm des § 241 und § 240 Anwendung finden (zum Nachlaßkonkurs → Rdnr. 6). 1

Der Wortlaut des § 243 geht von der Unterbrechung des Verfahrens durch den Tod einer Partei aus (§§ 239, 246). Nach allgemeiner Meinung kann § 243 aber auf den Fall des Eintritts der Nacherbfolge (§ 242) entsprechend angewendet werden[1]. 2

II. Aktivprozesse; Passivprozesse

Für Aktivprozesse schließt § 243 eine Aufnahme nach § 239 durch den Erben aus, weil für sie nach § 2212 BGB allgemein nur der Testamentsvollstrecker prozeßführungsbefugt ist (auch → § 327, → § 239 Rdnr. 11). Anders liegt es für Passivprozesse i.S. des § 2213 BGB. Dort ist die Prozeßführungsbefugnis der Erben durch die Testamentsvollstreckung nicht eingeschränkt. Deshalb können sie nach § 239 aufnehmen. Wegen § 2213 BGB können Passivprozesse sowohl gegen die Erben als auch gegen den Testamentsvollstrecker als auch gegen beide geführt werden[2]. Haben die Erben in einem Passivprozeß aufgenommen, so kann der Gegner den Testamentsvollstrecker auch gegen dessen Willen durch die Anzeige seiner Fortsetzungsabsicht in das Verfahren hineinziehen[3]. 3

III. Ende der Unterbrechung (Alt. 1 und 2)

Wenn nach dem Eintritt der Unterbrechung ein Nachlaßpfleger bestellt wird oder ein zur Führung des Rechtsstreits berechtigter Testamentsvollstrecker vorhanden ist, so endet nach § 243 i.V. m. § 241 die Unterbrechung dadurch, daß der Nachlaßpfleger dem Gegner von seiner Bestellung oder der Testamentsvollstrecker von seinem Amt Anzeige macht. Stattdessen kann auch der Gegner seine Absicht, das Verfahren fortzusetzen, dem Nachlaßpfleger oder Testamentsvollstrecker anzeigen. Die Form der Anzeige bestimmt sich nach § 250[4]. Das Gericht stellt die Anzeige von Amts wegen zu[5]. 4

Der Nachlaßpfleger wird nach §§ 1960 f. BGB von Amts wegen oder auf Antrag bestellt, namentlich von Nachlaßgläubigern. Das geschieht zur Sicherung des Nachlasses vor der Annahme der Erbschaft, bei unbekannten Erben oder bei einer Ungewißheit über die Annahme. Abweichend von § 239 Abs. 5 ZPO kann das Verfahren gegen den Testamentsvollstrecker oder den Nachlaßpfleger schon vor der Annahme der Erbschaft aufgenommen werden (§ 1960 Abs. 3, § 2213 Abs. 2 BGB). Der Fall der Anordnung einer Nachlaßverwaltung ist dargestellt in → § 241 Rdnr. 10. 5

IV. Nachlaßkonkurs (Alt. 3)

Wenn nach der Unterbrechung der Konkurs über den Nachlaß eröffnet wird (§§ 214 ff. KO), so wird der die Konkursmasse betreffende Prozeß (→ § 240 Rdnr. 9) während der 6

---

[1] *Baumbach/Lauterbach/Hartmann*[51] Rdnr. 1; *MünchKommZPO/Feiber* (1992) Rdnr. 1.
[2] *BGHZ* 104, 1, 4 f.
[3] *BGHZ* 104, 1, 4 f.
[4] Vgl. *RG* Gruchot 48, 1094 f.
[5] *BGHZ* 104, 1, 5.

Konkursdauer nur nach den für den Konkurs geltenden Bestimmungen der §§ 10, 11, 144 Abs. 2, 146 Abs. 3 KO aufgenommen (→ § 240 Rdnr. 17 ff.). Das meint die Verweisung von § 243 Alt. 3 auf § 240. Wird das Konkursverfahren aufgehoben oder eingestellt, ohne daß zuvor das Verfahren aufgenommen war, so gilt wieder § 239. Die Aufhebung des Konkursverfahrens beendet nicht die durch den Tod herbeigeführte Unterbrechung.

§ 244 [Unterbrechung durch Anwaltsverlust]

(1) Stirbt in Anwaltsprozessen der Anwalt einer Partei oder wird er unfähig, die Vertretung der Partei fortzuführen, so tritt eine Unterbrechung des Verfahrens ein, bis der bestellte neue Anwalt seine Bestellung dem Gericht angezeigt und das Gericht die Anzeige dem Gegner von Amts wegen zugestellt hat.

(2) Wird diese Anzeige verzögert, so ist auf Antrag des Gegners die Partei selbst zur Verhandlung der Hauptsache zu laden oder zur Bestellung eines neuen Anwalts binnen einer von dem Vorsitzenden zu bestimmenden Frist aufzufordern. Wird dieser Aufforderung nicht Folge geleistet, so ist das Verfahren als aufgenommen anzusehen. Bis zur nachträglichen Anzeige der Bestellung eines neuen Anwalts können alle Zustellungen an die zur Anzeige verpflichtete Partei, sofern diese weder am Ort des Prozeßgerichts noch innerhalb des Amtsgerichtsbezirkes wohnt, in dem das Prozeßgericht seinen Sitz hat, durch Aufgabe zur Post (§ 175) erfolgen.

Gesetzesgeschichte: Bis 1900 § 221 CPO. Änderung: BGBl. 1950, 455.

Stichwortverzeichnis → *Unterbrechungs- und Aussetzungsschlüssel* in Rdnr. 30 vor § 239.

I. Normzweck	1		IV. Kündigung des Auftrags; tatsächliche Verhinderung; Löschung in der Anwaltsliste	14
II. Anwaltsprozeß	2		V. Ende der Unterbrechung	18
1. Bestellung	3		1. Ladung der Partei	19
2. Zeitpunkt des Todes	5		2. Aufforderung zur Anwaltsbestellung	20
III. Unfähigkeit zur Vertretung	7		VI. Verfahren in Arbeitssachen	
1. Berufsverbot; Ausschließung	8		1. Verbandsvertreter	23
2. Zurücknahme der Zulassung	9		2. Ende der Unterbrechung	24
3. Vorläufiges Berufs- oder Vertretungsverbot	10		3. Inhalt der Aufforderung; Zustellung durch Aufgabe zur Post	25
4. Verlust der Prozeßfähigkeit	11			
5. Sonstiger Verlust der Postulationsfähigkeit	12			
6. Bestellung eines Abwicklers oder Vertreters	13			

I. Normzweck

1 § 244 will verhindern, daß die Partei im Anwaltsprozeß den Prozeß fortführen muß, obwohl sie ihre Rechte nicht mehr ordnungsgemäß wahrnehmen kann[1]. Die Norm ordnet die Unterbrechung an, wenn der Anwalt der Partei wegfällt oder er die Partei nicht mehr wirksam vertreten kann. Dagegen wird der Parteiprozeß nicht unterbrochen, weil sich die Partei dort

---

[1] Etwa *Messer* WuB VII A. § 244 ZPO 1.87.

selbst zu vertreten vermag. Ebenso liegt es, wenn andere Personen vorhanden sind, die sie trotz des Wegfalls des Anwalts vertreten können (→ Rdnr. 13). Die §§ 244, 249 ZPO gehen der allgemeinen Regelung des § 155 Abs. 5 BRAO vor[2].

II. Anwaltsprozeß

Zu einer Verfahrensunterbrechung bei Tod oder Unfähigkeit des Anwalts zur Vertretung (→ Rdnr. 7ff.) kommt es nur im Anwaltsprozeß. Anders liegt es dort, wenn die vertretene Partei selbst ein bei diesem Gericht zugelassener Anwalt ist[3]. § 244 trifft damit eine vergleichbare Regelung wie sie § 241 bei dem Wegfall des gesetzlichen Vertreters nach Eintritt der Prozeßfähigkeit kennt. § 244 gilt auch, wenn sich der Rechtsanwalt nach § 78 Abs. 4 selbst vertritt[4].

1. Bestellung

Der Anwalt muß als solcher für den Rechtszug bestellt sein (näher → § 176 Rdnr. 17), sei es von der Partei selbst, sei es von dem Prozeßbevollmächtigten des unteren Rechtszuges (→ § 81 Rdnr. 19). Die Bestellung eines Untervertreters (→ § 81 Rdnr. 15) hindert die Unterbrechung nicht. Umgekehrt führt der Tod des Untervertreters die Unterbrechung nicht herbei[5]. Das gleiche gilt für den Verkehrsanwalt (→ § 91 Rdnr. 102). – Zur Wiedereinsetzung (→ Wiedereinsetzungsschlüssel »Tod des Anwalts« § 233 Rdnr. 80). In gleicher Weise unterbricht der Tod des Prozeßbevollmächtigten des höheren Rechtszuges den dort laufenden Prozeß. Daran ändert nichts, daß der Anwalt des unteren Rechtszuges noch vorhanden ist[6]. Umgekehrt ist der Tod des erstinstanzlichen Anwalts ohne Bedeutung für die Rechtsmittelverfahren.

Werden mehrere Anwälte als Prozeßbevollmächtigte desselben Rechtszuges bestellt, so tritt die Unterbrechung erst ein, wenn sie sämtlich weggefallen sind[7]. Wenn für einen Anwalt nach § 53 BRAO ein allgemeiner Vertreter bestellt worden ist, so wird das Verfahren durch den Tod des vertretenen Anwalts nicht unterbrochen[8]. Nach § 54 BRAO wird der Prozeß erst durch die Löschung des verstorbenen Anwalts in der Anwaltsliste unterbrochen[9].

2. Zeitpunkt des Todes

Die Unterbrechung tritt auch ein, wenn der Anwalt nach Verkündung eines rechtsmittelfähigen Urteils, aber vor Beginn der Rechtsmittelfrist stirbt. Die Zustellung des Urteils gehört zum unteren Rechtszug (→ § 176 Rdnr. 9) und kann nur an einen für diesen Rechtszug bestellten Prozeßbevollmächtigten geschehen[10]. Stirbt der Anwalt nach Beginn der Rechtsmittelfrist, so tritt keine Unterbrechung ein, weil die Rechtsmittelschrift an die Partei selbst

---

[2] BGHZ 111, 104, 108.
[3] So *Wieczorek*[2] Bem. A II c; a. A. *BayObLG* BlfRA 60, 60, 61.
[4] BGHZ 111, 104, 107.
[5] RGZ 11, 368, 369; *Rosenberg* Stellvertretung im Prozeß (1908), 848, 856.
[6] BGHZ 23, 172 (Löschung in der Anwaltsliste) m. Anm. *Pagendarm* LM § 244 ZPO Nr. 1; *RGZ* (VZS) 71, 155, 159.
[7] KG DR 1942, 748 mit Anm. *Kubisch*; BAG AP § 246 ZPO Nr. 1 mit insoweit zust. Anm. *E. Schumann*.
[8] BGHZ 61, 84; BGH NJW 1982, 2324; VersR 1977, 835.
[9] BGHZ 61, 84.
[10] BGHZ 111, 104, 107; 23, 172f.; RGZ 10, 345, 347; 19, 394, 397; *OLG Marienwerder* SeuffArch 50 (1895), 95; *OLG Rostock* OLGRspr 25, 87f.

zugestellt werden darf (→ § 210a Rdnr. 8)[11]. Das gilt selbst dann, wenn der Anwalt vor dem höheren Gericht die Partei nach § 224 Abs. 2 BEG hätte vertreten können[12].

6   Für die den Rechtszug nicht endgültig abschließenden Urteile wie Grundurteil oder Vorbehaltsurteil tritt eine Unterbrechung nur hinsichtlich des Verfahrens des unteren Rechtszuges (Betragsverfahren, Nachverfahren), nicht aber hinsichtlich der Anfechtung des Urteils ein[13]. Der Tod des Anwalts nach Zustellung eines Versäumnisurteils unterbricht das Verfahren, weil der Rechtszug fortdauert[14]. Ist ein Versäumnisurteil während eines unterbrochenen Verfahrens ergangen, so kann die Partei Einspruch allein mit dem Ziel einlegen, die Wirkung der Verfahrensunterbrechung geltend zu machen[15].

III. Unfähigkeit zur Vertretung

7   Der Anwalt wird unfähig, die Vertretung der Partei fortzuführen, wenn er daran rechtlich gehindert wird[16]. So liegt es in den folgenden fünf Fallgruppen:

1. Berufsverbot; Ausschließung

8   Ein rechtliches Hindernis stellt ein gegen den Rechtsanwalt verhängtes, auch strafrechtliches, Berufsverbot (§ 70 StGB) dar[17]. Das gilt auch, wenn sich der Anwalt nach § 78 Abs. 4 selbst vertritt[18]. Ebenso liegt es für die rechtskräftige Ausschließung nach § 114 Abs. 1 Nr. 5, §§ 13, 34 Nr. 1, 204 Abs. 1 BRAO[19]. Wird jedoch einem Rechtsanwalt gegen die Versäumung der Frist zur Berufung gegen ein Urteil, mit dem er aus der Rechtsanwaltschaft ausgeschlossen wird, Wiedereinsetzung in den vorigen Stand gewährt, so wird der Verlust der Zulassung des Rechtsanwalts rückwirkend beseitigt und die Unterbrechung der von ihm geführten Zivilprozesse soll als nicht eingetreten gelten[20]. Deshalb empfiehlt es sich, daß der Anwalt bis zur Entscheidung über seinen Wiedereinsetzungsantrag trotz seiner Postulationsunfähigkeit vorsorglich alle erforderlichen Prozeßhandlungen zur Führung des Zivilprozesses vornimmt[21]. Für die betroffene Partei dürfte sich das Ausschlußverfahren gegen ihren Anwalt im Einzelfall als Hindernis nach § 233 darstellen[22]. Die Entscheidung des Bundesgerichtshofs ist sehr bedenklich, weil die in einem Prozeß eingetretene Unterbrechungswirkung nicht durch ein außerprozessuales Ereignis rückwirkend beseitigt werden kann[23].

2. Zurücknahme der Zulassung

9   Ein rechtliches Hindernis bildet auch die Zurücknahme der Zulassung oder deren Widerruf (§§ 14ff.; 35 BRAO). Wirksamkeit tritt ein mit dem ungenutzten Ablauf der Frist zur Stellung des Antrags auf gerichtliche Entscheidung nach § 16 Abs. 5 BRAO. Wird der Antrag fristgerecht gestellt, so hat er grundsätzlich aufschiebende Wirkung (§ 16 Abs. 6 S. 1 BRAO). In

---

[11] *BGH* FuR 1992, 45, 46 mit Anm. *Derleder*; LM § 244 ZPO Nr. 2; *RG* SeuffArch 71 (1916), 76 (Nr. 45); *OLG Karlsruhe* OLGZ 1982, 471, 472f.; *OLG Zweibrücken* OLGZ 1972, 304; a.A. für das arbeitsgerichtliche Verfahren Vorlagebeschluß *BAG* NJW 1976, 1334; *BGH* AP § 244 ZPO Nr. 3 (9. ZS). – Das Vorlageverfahren wurde eingestellt: GmS OGB AP § 244 ZPO Nr. 4.
[12] *BGH* LM ZPO § 244 Nr. 2.
[13] *RG* JW 1917, 163.
[14] Vgl. *RGZ* 13, 315, 318.
[15] Einzelheiten zum Tod während des Kostenfestsetzungsverfahrens ergeben sich aus → § 103 Rdnr. 2 und zum Prozeßkostenhilfeverfahren aus → § 118 Rdnr. 5.
[16] *BGHZ* 111, 104, 106; ferner *RGZ* 19, 394, 399ff.
[17] *BGHZ* 111, 104, 106.
[18] *BGHZ* 111, 104, 107.
[19] *BGHZ* 98, 325, 327 m.zust. Anm. *E. Schumann* EWiR 1987, 95; *Messer* WuB VII A. § 244 ZPO 1.87 (abl.).
[20] *BGHZ* 98, 325, 329.
[21] *E. Schumann* EWiR 1987, 95.
[22] *Messer* WuB VII A. § 244 ZPO 1.87.
[23] Abl. deshalb mit Recht *Zöller/Greger*[18] Rdnr. 6; *Vollkommer* JR 1987, 225; *Messer* WuB VII A. § 244 ZPO 1.87.

diesem Fall kommt es auf die Rechtskraft der ihn zurückweisenden Entscheidung an. Die Zulassung wird etwa widerrufen, wenn es zu einem Berufswechsel kommt, weil der Rechtsanwalt zum Beamten auf Lebenszeit ernannt wird (§ 14 Abs. 2 Nr. 5 BRAO) oder es sonst zu einem freiwilligen Ausscheiden aus dem Anwaltsstand kommt (»Ruhestand«).

3. Vorläufiges Berufs- oder Vertretungsverbot

Ein rechtliches Hindernis bildet ferner der Erlaß eines vorläufigen Berufs- oder Vertretungsverbotes (§§ 150ff. BRAO), das nach § 155 Abs. 1 BRAO mit seiner Verkündung wirksam wird. Die Beschwerde hat keine aufschiebende Wirkung (§ 157 Abs. 1 S. 2 BRAO). 10

4. Verlust der Prozeßfähigkeit

Der Prozeßbevollmächtigte muß selbst prozeßfähig sein. Deshalb kommt es zu einer Unterbrechung auch durch den Verlust der Prozeßfähigkeit wegen Geisteskrankheit (§ 104 Nr. 2 BGB, → § 78 Rdnr. 37)[24]. 11

5. Sonstiger Verlust der Postulationsfähigkeit

Endlich ist der Anwalt an der Vertretung gehindert, wenn er seine Postulationsfähigkeit in sonstiger Weise verliert. So liegt es etwa, wenn die Bestellungszeit eines Abwicklers endet[25]. 12

6. Bestellung eines Abwicklers oder Vertreters

Wird in den Fällen von → Rdnr. 7–12 ein Abwickler oder ein Vertreter für den verstorbenen oder sonst unfähig zur Vertretung gewordenen Anwalt bestellt (§§ 55, 161 BRAO), so wird dadurch die bereits eingetretene Unterbrechung eines Verfahrens nicht rückwirkend beseitigt[26]. Auch endet in derartigen Fällen die Unterbrechung nicht automatisch durch die Bestellung. Vielmehr bedarf es dazu nach § 244 der Anzeige (→ Rdnr. 18). Eine Ausnahme wird man anerkennen können, wenn ein Vertreter bei Eintritt der Prozeßunfähigkeit (→ Rdnr. 11) bereits ordnungsgemäß bestellt war. Im Gegensatz zu den übrigen Fällen handelt es sich hier oft nur um eine zeitlich begrenzte Vertretungsunfähigkeit, die bisweilen gerade Anlaß der Vertreterbestellung war. Es bleibt aber bei der bereits eingetretenen Unterbrechung, wenn der Vertreter erst nach dem Eintritt der Prozeßunfähigkeit bestellt war. Ferner tritt die Unterbrechung in den anderen Fällen ein, wenn die Bestellungszeit des Vertreters oder Abwicklers endet[27]. Ebenso liegt es, wenn die Prozeßunfähigkeit Anlaß zur Zurücknahme der Zulassung gegeben hat (→ Rdnr. 9) und diese unanfechtbar geworden ist. Die Bestellung eines Abwesenheitspflegers (§ 1911 BGB) ist unerheblich. 13

IV. Kündigung des Auftrags; tatsächliche Verhinderung; Löschung in der Anwaltsliste

Zu einer Verfahrensunterbrechung kommt es nicht, wenn der Auftrag durch die Partei oder durch den Anwalt gekündigt wird (→ § 87 Rdnr. 5). Insbesondere wird das Verfahren nicht unterbrochen, wenn der Anwalt das Mandat niederlegt oder der Mandant die Vollmacht 14

---

[24] Dazu *BGHZ* 30, 112, 114 ff.
[25] *BGHZ* 66, 59, 61.
[26] *BGH* VersR 1981, 658.
[27] *BGHZ* 66, 59, 61 m. Anm. *Portmann* LM § 244 ZPO Nr. 9.

widerruft. Von dieser Regel müssen aber Ausnahmen zugelassen werden, wenn das Ende des Mandats mit einem Unterbrechungsgrund zusammentrifft, der nach § 246 nicht zur Unterbrechung führt, weil die Partei als vertreten angesehen wird. So wird der Prozeß unterbrochen, wenn ein Rechtsanwalt sein Mandat niederlegt oder die Partei ihre Prozeßvollmacht widerruft und die Partei anschließend stirbt[28]. Vergleichbares gilt für den umgekehrten Fall, daß die Partei prozeßunfähig wird und anschließend der Anwalt die Vertretung niederlegt[29].

15   Die vorgeschlagene analoge Anwendung des § 244 entspricht dem Normzweck der Unterbrechungsregeln[30]. Bei einer buchstäblichen Auslegung müßte man in beiden Fällen von oben → Rdnr. 14 eine Unterbrechung ablehnen. Legt ein Rechtsanwalt sein Mandat nieder oder wird ihm die Vollmacht entzogen, so gilt § 87 Abs. 1 HS 2. Tritt sodann in der Person der Partei selbst ein Unterbrechungsgrund auf, so ließe sich eine Unterbrechung damit ablehnen, daß die Partei immer noch durch einen Prozeßbevollmächtigten vertreten sei und der Prozeß deshalb nach § 246 Abs. 1 nicht unterbrochen werden könne. Vergleichbares ergäbe sich für den umgekehrten Fall von oben → Rdnr. 14 a. E.: Nach § 246 Abs. 1 ist die Prozeßunfähigkeit einer anwaltlich vertretenen Partei ohne Einfluß auf den Prozeß, und die nachfolgende Mandatsniederlegung hätte wegen § 87 Abs. 1 HS 2 keine Bedeutung für das Handeln des Prozeßbevollmächtigten. Dabei würde aber nicht ausreichend berücksichtigt, daß der Anwalt, dessen Mandat, gleich aus welchen Gründen, beendet ist, nicht verpflichtet ist, für seinen früheren Mandanten tätig zu werden. § 87 Abs. 1 HS 2 gibt ihm lediglich das Recht zum Handeln (→ § 87 Rdnr. 8). Diese Regelung ist im Normalfall sinnvoll, weil die Prozeßpartei jederzeit einen neuen Anwalt bevollmächtigen und damit sicherstellen kann, daß alle notwendigen prozessualen Handlungen auch tatsächlich vorgenommen werden dürfen. Grundlegend anders ist die Situation in den behandelten Fällen. Die betreffende Partei hat hier nicht die Möglichkeiten, sich einen neuen Anwalt zu suchen und damit sicherzustellen, daß ihre Rechte auch tatsächlich ordnungsgemäß gewahrt werden. Damit träte bei wortlautorientierter Anwendung des § 244 die Situation ein, welche die Norm nach ihrem Sinn und Zweck gerade vermeiden will. Aus den genannten Gründen muß deshalb der Prozeß nach § 244 analog unterbrochen werden, wenn die Unterbrechungsgründe der §§ 239, 241 und § 242 mit dem Ende des Mandats zusammentreffen[31]. Da der maßgebliche Grund das Ende des Mandats ist, sind nicht etwa § 239[32] oder § 241[33] analog anzuwenden.

16   Bei einer bloß tatsächlichen Verhinderung des Anwalts tritt keine Unterbrechung ein. Zu nennen sind etwa Krankheit, Unfall, Verhaftung und dgl. Bei einer derartig ausgelösten Fristversäumung kann aber Wiedereinsetzung in den vorigen Stand in Betracht kommen (§§ 233 ff.). Auch eine bloß standesrechtliche Pflicht, in einer bestimmten Sache nicht mehr tätig zu werden, begründet keine Unfähigkeit zur Vertretung i. S. des § 244. Um derartige berufsrechtliche Verbote handelt es sich in den Fällen des § 46 BRAO (Syndikus-Anwalt) und des § 47 BRAO (Anwalt im öffentlichen Dienst)[34].

17   Die Löschung des Anwalts in der Anwaltsliste nach § 36 BRAO sowie deren Zeitpunkt sind für die Anwendung des § 244 ZPO grundsätzlich unerheblich. Zum einen begründet die unberechtigte Löschung, z. B. aufgrund einer Namensverwechslung, nicht die Vertretungsunfähigkeit und damit die Unterbrechung. Zum anderen wird das Wirksamwerden der Unterbrechungsgründe (→ Rdnr. 7 ff.) nicht bis zu dem Zeitpunkt der Löschung in der Liste hinausgeschoben. Obgleich die Löschung demnach keinen konstitutiven Charakter hat, ist sie doch ein starkes Indiz für das Vorliegen der Unterbrechungsgründe. Die Praxis knüpft

---

[28] *BGHZ* 43, 135, 138 f.; *BGH* NJW 1975, 120.
[29] *BAG* AP § 241 ZPO Nr. 1 m. Anm. *Rimmelspacher*.
[30] Abl. jedoch *MünchKommZPO/Feiber* (1992) Rdnr. 12 m. Fn. 16.
[31] *Rimmelspacher* AP § 241 ZPO Nr. 1.
[32] So aber *BGHZ* 43, 135, 138 f.
[33] So *BAG* AP § 241 ZPO Nr. 1.
[34] Dazu *BGH* MDR 1960, 395 (Ernennung zum Beamten auf Lebenszeit).

deshalb die Folgen des § 244 vielfach unmittelbar an die Löschung[35]. Mit der Konzeption des § 244 ist das aber nicht zu vereinbaren. Auf die Löschung des verstorbenen Anwalts in der Liste kommt es allerdings an, wenn ein allgemeiner Vertreter bestellt wurde (→ Rdnr. 4).

V. Ende der Unterbrechung

Die Unterbrechung endet nach § 244 Abs. 1 dadurch, daß ein neu bestellter Anwalt dem Gericht von seiner Bestellung Anzeige macht und das Gericht die Anzeige dem Gegner von Amts wegen zugestellt hat. Doch wird die fehlende Zustellung als verzichtbarer Verfahrensmangel angesehen[36]. Die Aufnahme des unterbrochenen Verfahrens kann auch durch Einlegung der Berufung geschehen[37]. Ist ein Abwickler bestellt worden (→ Rdnr. 13), so genügt dessen allgemeine Anzeige an das Gericht nach § 55 Abs. 2 S. 5 BRAO nicht. Vielmehr bedarf es der Anzeige seiner Bestellung in der einzelnen anhängigen Sache. Die Vollmacht des neuen Anwalts ist im nachfolgenden Verfahren nach § 88 zu prüfen. Wenn die Anzeige verzögert wird (→ § 239 Rdnr. 36), so stehen dem Gegner nach § 244 Abs. 2 zwei Wege zur Behebung offen (dazu sogleich → Rdnr. 19). 18

1. Ladung der Partei

Nach § 244 Abs. 2 S. 1 HS 1 kann der Gegner beantragen, die nicht vertretene Partei selbst zur Verhandlung über die Hauptsache zu laden. Mit der Ladung ist der Prozeß aufgenommen. Mit dieser Ladung muß schon nach § 215 die Aufforderung zur Bestellung eines Anwalts verbunden werden, da sie nur der Partei »selbst« zugestellt werden kann (→ § 239 Rdnr. 38)[38]. Eine Zustellung durch Aufgabe zur Post nach § 175 Abs. 1 ist gegenüber der Sondervorschrift des § 244 Abs. 2 S. 3 nicht statthaft[39]. Erscheint im Termin für die geladene Partei ein Anwalt, so nimmt der aufgenommene Prozeß seinen Fortgang. Andernfalls kann gegen die nicht oder ohne Anwalt erschienene Partei auf Antrag sofort ein Versäumnisurteil zur Hauptsache erlassen werden (§§ 330 ff.). 19

2. Aufforderung zur Anwaltsbestellung

Nach § 244 Abs. 2 S. 1 HS 2 kann der Gegner stattdessen (→ Rdnr. 19) bei Gericht beantragen, die Partei selbst zur Bestellung eines neuen Anwalts binnen einer vom Vorsitzenden zu bestimmenden Frist aufzufordern. Im Verfahren der §§ 348 ff. wird die Frist durch den Einzelrichter bestimmt. Die Zustellung dieses Antrages kann auch nicht in eine wirksame Aufnahme i. S. von § 240 umgedeutet werden, wenn eine Fristsetzung nach § 244 unnötig ist[40]. Der Antrag ist zur Bestimmung der Frist in derselben Weise wie zur Terminsbestimmung (§ 216) einzureichen. Diese Alternative empfiehlt sich dann, wenn keine Verhandlung der Sache mehr erforderlich ist. Die Unterbrechung endet mit Fristablauf kraft Gesetzes, wenn nicht schon vorher der neue Anwalt seine Bestellung angezeigt hat (Abs. 2 S. 2). Es bedarf dazu keines gerichtlichen Ausspruches. 20

Hat eine Partei bei einem während der Unterbrechung nach § 244 Abs. 1 gegen sie ergangenen Versäumnisurteil einen Anwalt nur zur Geltendmachung der Wirkung der Verfahrensunterbrechung bestellt, so hat das Gericht auf Antrag des Gegners die Partei nach 21

---

[35] BGHZ 23, 172, 173; BGH VersR 1981, 679.
[36] BGHZ 23, 172, 175.
[37] BGHZ 111, 104, 109; → a. A. Voraufl. § 250 Rdnr. 3.
[38] RG JW 1905, 178.
[39] RGZ 103, 339; RG JW 1905, 178.
[40] BGH MDR 1960, 396.

Abs. 2 zur Bestellung eines zur Verfahrensaufnahme berufenen Anwalts aufzufordern. Die Aufforderung wird nicht dem bereits beschränkt bestellten Anwalt zugestellt, sondern der Partei selbst.

22 Nach § 244 Abs. 2 S. 3 können vom Ablauf der Frist an[41] bis zur nachträglichen Anzeige die Zustellungen an die Partei gemäß § 175 durch Aufgabe zur Post geschehen, sofern sie weder am Ort des Prozeßgerichts noch innerhalb des Amtsgerichtsbezirkes wohnt.

VI. Verfahren in Arbeitssachen

1. Verbandsvertreter

23 Die für den Anwaltsprozeß getroffene Regelung des § 244 ZPO gilt für den dem Vertretungszwang unterliegenden Arbeitsgerichtsprozeß (§ 11 Abs. 2 S. 1 ArbGG) entsprechend. Die für den Anwalt gedachten Bestimmungen finden auch für den Verbandsvertreter des § 11 Abs. 2 S. 2 ArbGG Anwendung. Deshalb wird etwa das Verfahren in der Berufungsinstanz unterbrochen, wenn der Verbandsvertreter stirbt oder zur Fortführung der Vertretung unfähig wird. So liegt es insbesondere, wenn er seine Stellung als Mitglied oder Angestellter des Verbandes aufgibt oder sonst verliert. Das gleiche gilt, wenn er zwar diese Stellung behält, seine Vertretungsbefugnis durch Satzungsänderung oder Erlöschen der ihm von dem Verband erteilten Ermächtigung aber verliert. Schließlich kommt es zu einer Unterbrechung, wenn die Partei aus dem Verband ausscheidet, oder wenn der Verband die Eigenschaft als wirtschaftliche Vereinigung von Arbeitgebern oder Arbeitnehmern verliert (→ § 50 Rdnr. 45 ff.). – Zum Fall der beschränkten Geschäftsfähigkeit des Verbandsvertreters → § 78 Rdnr. 66 und 37.

2. Ende der Unterbrechung

24 Die Unterbrechung endet in gleicher Weise wie bei dem ordentlichen Verfahren. Dazu kommt es also nicht, wenn durch den Verband ein anderer Verbandsvertreter eingesetzt wird. Wenn der zur Vertretung unfähig gewordene Anwalt (→ Rdnr. 7 ff.) durch die Zulassung bei einem anderen Gericht erneut die Befähigung zur Prozeßvertretung erlangt, so wird dadurch die Unterbrechung nicht rückwirkend beseitigt. Es bedarf vielmehr der Aufnahme.

3. Inhalt der Aufforderung; Zustellung durch Aufgabe zur Post

25 Die Aufforderung zur Bestellung eines neuen Prozeßbevollmächtigten nach § 244 Abs. 2 S. 1 HS 2 sollte auf die Möglichkeit der Zulassung von Verbandsvertretern nach § 11 Abs. 2 S. 2 ArbGG hinweisen. Eine vergleichbare Situation ergibt sich bei § 520 (→ § 520 Rdnr. 13).

26 Für die Möglichkeit der Zustellung durch Aufgabe zur Post nach § 244 Abs. 2 S. 3 entspricht dem Amtsgerichtsbezirk der Arbeitsgerichtsbezirk, in dem das Landesarbeitsgericht seinen Sitz hat. Ist der Bezirk dieses Arbeitsgerichts nach § 17 Abs. 2 S. 3 und Abs. 3 ArbGG teilweise erweitert, so ist für Sachen, die in erster Instanz vor der betreffenden Fachkammer anhängig waren oder bei entsprechender örtlicher Zuständigkeit vor sie gehören würden, der erweiterte Bezirk maßgebend. Dieser ist für Sachen der fraglichen Art der »Arbeitsgerichtsbezirk«.

---

[41] S. auch *RG* JW 1897, 285, 286.

§ 245 [Unterbrechung durch Stillstand der Rechtspflege]

Hört infolge eines Krieges oder eines anderen Ereignisses die Tätigkeit des Gerichts auf, so wird für die Dauer dieses Zustandes das Verfahren unterbrochen.

Gesetzesgeschichte: Bis 1900 § 222 CPO.

Stichwortverzeichnis → *Unterbrechungs- und Aussetzungsschlüssel* in Rdnr. 30 vor § 239.

| I. Bedeutung | 1 | III. Unterbrechung | 4 |
| II. Abgrenzung | 3 | IV. Wiederbeginn der Gerichtstätigkeit | 5 |

I. Bedeutung

Die Norm dient dem Schutz der Parteien, wenn ein Stillstand der Tätigkeit des Gerichts (iustitium) i.S. eines Aufhörens der Rechtspflege eintritt. Die Norm hat ihre materielle Entsprechung in § 203 Abs. 1 BGB. Der Fall einer rein tatsächlichen Verhinderung des Gerichts, etwa wegen des Todes des einzigen Amtsrichters, gehört nicht hierher. Insoweit gilt § 36 Nr. 1. 1

Die Norm hat gegenwärtig und seit Jahrzehnten keine praktische Bedeutung, kann sie jedoch durchaus erlangen. Neben dem in § 245 genannten Krieg sind »andere Ereignisse« allgemeiner Natur z.B. Unruhen, Epidemien, Überschwemmungen, atomare Katastrophen, Lawinenunglücke, Justizbeamtenstreiks und dergleichen. Stets muß dadurch die Gerichtsorganisation i.S. eines geordneten Justizbetriebes auf nicht absehbare Zeit lahmgelegt sein. Zeitweise auftretende organisatorische Unzulänglichkeiten bei Gerichten in den neuen Bundesländern aufgrund der Wiedervereinigung gehören nicht hierher. 2

II. Abgrenzung

Die bloße Verlegung eines Gerichts mit Rücksicht auf eines der genannten Ereignisse (→ Rdnr. 2) braucht noch nicht zu einem Stillstand zu führen[1]. Bei einer kriegsbedingten Verhinderung der Partei gilt § 245 nicht. Hier kommen § 247 und die §§ 233 ff. zur Anwendung. Andererseits wird § 245 nicht ausgeschlossen, wenn noch einzelne Sachen bearbeitet werden[2]. Heute nicht mehr von Bedeutung ist § 2 Zuständigkeitsergänzungsgesetz vom 7.8.1952, BGBl. I 407 (→ Voraufl. Rdnr. 1, 3). 3

III. Unterbrechung

Die Unterbrechung wirkt sich nur auf diejenigen Prozeßhandlungen aus, die bei dem Gericht vorzunehmen sind, wo der Stillstand der Rechtspflege eingetreten ist. Bedeutung hat das etwa für eingelegte Rechtsmittel. Hat ein Gericht ein Urteil erlassen und tritt dort anschließend ein Stillstand der Rechtspflege ein, so kommt es für das einzulegende Rechtsmittel nicht zu einer Unterbrechung, wenn bei dem Rechtsmittelgericht kein Stillstand der Rechtspflege eintritt und das Rechtsmittel dort eingelegt werden darf. 4

---

[1] *RGZ* 167, 215, 218 (Räumung von Gebieten an der Westfront im September 1939).

[2] *OLG Breslau* JW 1923, 190 (Justizbeamtenstreik).

IV. Wiederbeginn der Gerichtstätigkeit

5   Die Unterbrechung endet mit dem tatsächlichen Wiederbeginn der Gerichtstätigkeit. Einer Aufnahme oder Anzeige (§ 250) bedarf es nicht. Dadurch unterscheidet sich die Vorschrift zum Nachteil der Partei von den §§ 239, 241 oder 244. Auch eine Bekanntmachung des Gerichts oder anderer Behörden über Beginn oder Ende des Zustandes bedarf es nicht. Sie hat nur Bedeutung für die Feststellung der betreffenden Tatsachen. In derartigen Fällen vermag aber § 233 zu helfen.

§ 246   [Keine Unterbrechung, Aussetzung]

(1) Fand in den Fällen des Todes, des Verlustes der Prozeßfähigkeit, des Wegfalls des gesetzlichen Vertreters, der Anordnung einer Nachlaßverwaltung oder des Eintritts der Nacherbfolge (§§ 239, 241, 242) eine Vertretung durch einen Prozeßbevollmächtigten statt, so tritt eine Unterbrechung des Verfahrens nicht ein; das Prozeßgericht hat jedoch auf Antrag des Bevollmächtigten, in den Fällen des Todes und der Nacherbfolge auch auf Antrag des Gegners die Aussetzung des Verfahrens anzuordnen.

(2) Die Dauer der Aussetzung und die Aufnahme des Verfahrens richten sich nach den Vorschriften der §§ 239, 241 bis 243; in den Fällen des Todes und der Nacherbfolge ist die Ladung mit dem Schriftsatz, in dem sie beantragt ist, auch dem Bevollmächtigten zuzustellen.

Gesetzesgeschichte: Bis 1900 § 223 CPO; sachlich geändert RGBl. 1898, 256; Abs. 2 neugefaßt BGBl. 1950, 455 (→ Einl. Rdnr. 148).

Stichwortverzeichnis → *Unterbrechungs- und Aussetzungsschlüssel* in Rdnr. 30 vor § 239.

I. Normzweck — 1	2. Vertretung zwischen den Instanzen — 6
II. Konkurseröffnung; Verzicht auf Aussetzung — 3	3. Wegfall des Prozeßbevollmächtigten — 7
III. Vorkommen — 4	V. Anordnung der Aussetzung (Abs. 1 HS 2) — 8
IV. Vertretung durch einen Prozeßbevollmächtigten 1. Begriff — 5	VI. Verfahren bei Unterlassen des Antrags — 11

I. Normzweck

1   § 246 zieht für den Zivilprozeß wie für das arbeitsgerichtliche Verfahren die Konsequenzen aus § 86, wonach der Bevollmächtigte zur Fortführung des Rechtsstreits berechtigt und verpflichtet bleibt, auch wenn der »Nachfolger im Rechtsstreit« nicht zugleich der Rechtsnachfolger seines Vollmachtgebers ist (→ § 86 Rdnr. 2). § 246 kann etwa auch im Ordnungsmittelverfahren nach § 890 zur Anwendung kommen[1]. Eine Unterbrechung des Rechtsstreits wäre unangemessen, weil die Partei in den Fällen der §§ 239, 241 f. dem Gegner nicht unvertreten und unverteidigt gegenübersteht, wenn der Prozeßbevollmächtigte bestellt ist. Eine Unterbrechung tritt deshalb weder im Anwalts- noch im Parteiprozeß ein.

---

[1] *OLG Hamm* WRP 1985, 573 m. Nachw.

Die Norm dient den Interessen der Prozeßparteien, indem sie diesen durch die Ausset- 2
zungsmöglichkeit Prüfungs- und Überlegungsfristen einräumt, aber auch denjenigen des
Prozeßbevollmächtigten, der sich auf die neue Sachlage einstellen muß. Deshalb hat der
Prozeßbevollmächtigte nach Abs. 1 HS 2 das Recht, selbst die Aussetzung des Verfahrens zu
beantragen (→ Rdnr. 14ff. vor § 239), damit er von den Nachfolgern im Rechtsstreit Vollmacht (§ 86) und Anweisungen einholen kann. Verpflichtet ist er dazu nicht. Der Partei als
solcher und deren Streitgehilfen[2] steht ein solches Recht aber nicht zu. Der Prozeßgegner hat
nach Abs. 1 HS 2 das Antragsrecht nur im Falle des Todes der Partei (§ 239) und den
gleichstehenden Fällen (→ § 239 Rdnr. 2ff.)[3] sowie im Falle der Nacherbfolge (§ 242), damit
er sich über die Person des Rechtsnachfolgers oder des Nacherben vergewissern kann. Der
Tod des gesetzlichen Vertreters bedeutet einen Wegfall i.S. des § 241[4]. Das Gericht ist
verpflichtet, dem Antrag stattzugeben. Es ist gleichgültig, ob die Rechtsnachfolger bereits
aufgetreten sind[5], oder ob der Prozeßbevollmächtigte kraft seiner Vollmacht (§ 86) für sie
gehandelt hat[6]. Wenn dem Gericht der Tod der Partei unbekannt geblieben ist und daher das
Urteil auf deren Namen erlassen wurde, so ist es gleichwohl wirksam für und gegen den
vertretenen Erben ergangen. Auf die Kenntnis des Erben kommt es nicht an[7]. Die falsche
Parteibezeichnung kann berichtigt werden[8]. Wird das Hauptsacheverfahren ausgesetzt, so
erstreckt sich die Aussetzung grundsätzlich auch auf das als Nachverfahren ausgebildete
Kostenfestsetzungsverfahren[9]. Doch hindert die Aussetzung in der zweiten Instanz die Kostenfestsetzung aus dem erstinstanzlichen Urteil nicht[10]. Maßgebend ist grundsätzlich das
Gebührenrecht bei Erteilung der Vollmacht durch die verstorbene Partei[11].

II. Konkurseröffnung; Verzicht auf Aussetzung

§ 246 ist im Falle der Konkurseröffnung (§ 240) nicht anwendbar. Anwendung findet die 3
Norm dagegen im Falle der Nachlaßverwaltung (zur Problematik → § 241 Rdnr. 10). Für das
Prozeßkostenhilfeverfahren gelten die Ausführungen zu → § 118 Rdnr. 5. Die Partei kann
auf das Recht, Aussetzung zu beantragen, verzichten[12]. Stellt sich der Antrag auf Aussetzung
als Rechtsmißbrauch dar, so braucht ihm nicht entsprochen zu werden[13].

III. Vorkommen

Neben den Bereichen des Zivilprozesses und des verwaltungsgerichtlichen Verfahrens[14] ist 4
§ 246 vor allem im finanzgerichtlichen Verfahren praktisch geworden, wenn eine beteiligte
GmbH erloschen ist, die durch einen Prozeßbevollmächtigten vertreten war[15]. Auch dort
kommt es zu einer Aussetzung des Verfahrens nur, wenn der Antrag nach § 246 gestellt wird.
Dabei ist anerkannt, daß die von dem Geschäftsführer der GmbH erteilte Vollmacht auch
dann fortwirkt, wenn sie von dem Liquidator nicht bestätigt wird[16]. Gleichwohl bedeutet

---

[2] *RG* JW 1911, 99.
[3] *RG* WarnRsp 11 Nr. 386.
[4] *RGZ* 14, 435, 436.
[5] *RGZ* 36, 403, 404; *RG* JW 1902, 420 u. a.
[6] *RGZ* 46, 379, 380 f.
[7] *OLG Schleswig* MDR 1986, 154.
[8] *RG* JW 1929, 1397, 1398.
[9] *OLG Hamm* Rpfleger 1988, 379, 380.
[10] *LG Berlin* JurBüro 1985, 619.
[11] *LG Berlin* JurBüro 1988, 601.
[12] *OLG Schleswig* JR 1950, 246, 247.
[13] *OLG Nürnberg* ZZP 64 (1951), 387 mit zust. Anm.
Rosenberg; → Einl. Rdnr. 254 f.

[14] Z.B. *OVG Münster* NVwZ-RR 1993, 55, 56; NJW
1986, 1707; *VGH Hessen* RdL 1992, 202, 203; *VGH
Baden-Württemberg* EGVGH 41, 313 Nr. 160 (LS); GewArch 1987, 63; ausführlich *Spannowsky* NVwZ 1992,
426 ff.
[15] Z.B. *BFH* BFH/NV 1992, 614; 1991, 415, 416;
1987, 472, 473; NJW 1986, 2594; BB 1986, 1977; *FG
Niedersachsen* GmbHRdsch 1990, 481 (LS); 1989, 55
(LS).
[16] *BFH* BFH/NV 1992, 614.

§ 246 nicht, daß bei der Vertretung durch einen Prozeßbevollmächtigten von dem Erfordernis der Prozeßfähigkeit der Partei endgültig abgesehen werden könnte (§ 56). Wird daher bei einer prozeßunfähig gewordenen GmbH der Mangel der Prozeßfähigkeit nicht durch Bestellung eines Liquidators beseitigt (→ § 239 Rdnr. 6), so ist die Klage der GmbH trotz der Vertretung durch einen Prozeßbevollmächtigten als unzulässig abzuweisen[17]. Diese Grundsätze finden auch im Zivilprozeß Anwendung (→ Rdnr. 11). Unter den gegebenen Voraussetzungen kommt die Bestellung eines Prozeßpflegers nach § 57 in Betracht[18].

IV. Vertretung durch einen Prozeßbevollmächtigten

1. Begriff

5   Eine Vertretung durch einen Prozeßbevollmächtigten liegt vor, wenn ein solcher bestellt (→ § 176 Rdnr. 12) und er rechtlich in der Lage ist, die volle Vertretung für die Partei auszuüben. Der Begriff des Prozeßbevollmächtigten ergibt sich aus den Ausführungen zu → § 176 Rdnr. 14 ff. Darunter fällt auch der tatsächlich ohne Vollmacht aufgetretene (→ § 176 Rdnr. 19)[19] und der nach § 89 einstweilen zugelassene Vertreter. § 246 setzt nach seinem Sinn voraus, daß der Anwalt eine von dem gesetzlichen Vertreter verschiedene Person ist[20]. Deshalb tritt trotz § 78 Abs. 4 eine Unterbrechung nach § 241 ein, wenn der Anwalt selbst gesetzlicher Vertreter der Partei oder Partei kraft Amtes ist (z. B. Testamentsvollstrecker) und die letztere Stellung wegfällt.

2. Vertretung zwischen den Instanzen

6   Der Prozeßbevollmächtigte des unteren Rechtszuges ist zur vollen Vertretung der Partei (→ Rdnr. 5) auch noch nach der Verkündung und nach der Zustellung des Urteils des Rechtszuges imstande (→ § 176 Rdnr. 11)[21]. Fällt daher der Tod der Partei in die Zeit vor Einlegung des Rechtsmittels, wird sie noch als durch ihren Prozeßbevollmächtigten der Vorinstanz vertreten angesehen. Die Vollmacht endet daher auch dann noch nicht (→ § 86 Rdnr. 9), wenn der Rechtsstreit durch Einlegung des Rechtsmittels in den höheren Rechtszug gelangt ist, für den der bisherige Prozeßbevollmächtigte nicht als Anwalt zugelassen ist. Doch sind ihm alle wichtigeren aktiven Handlungen nach § 78 verschlossen. Deshalb genügen die geminderten Befugnisse, welche die Vollmacht jetzt noch enthält, nicht, um die Partei noch als vertreten erscheinen zu lassen. Daraus ergibt sich die Unterbrechung des Verfahrens in dieser Lage, sofern die Partei einen Bevollmächtigten für den Rechtsmittelzug noch nicht bestellt hatte[22]. Ebenso liegt es, wenn Mandatsende und Tod der Partei oder deren Prozeßunfähigkeit oder ein anderer Unterbrechungsgrund i. S. von → Rdnr. 2 zusammentreffen. Auch § 87 Abs. 2 vermag die Rechtsnachfolger nicht hinreichend zu schützen und kann deshalb nicht als »Vertretung« i. S. des § 246 angesehen werden[23].

---

[17] Zutr. *Weber-Grellet* NJW 1986, 2559 gegen *BFH* NJW 1986, 2594; ferner ausführlich wie hier *Ahmann* GmbHRdsch 1987, 439, 441.
[18] Zu den Voraussetzungen *OLG München* OLGZ 1990, 345 (abl.).
[19] Ferner *BFH* BB 1971, 205 m. Anm. *Offerhaus* aaO 809.
[20] *RG* JW 1913, 876, 877.
[21] *BGH* NJW 1981, 686; *RGZ* (VZS) 68, 247 ff., 256.
[22] BGHZ 2, 228; *RGZ* (VZS) 71, 155 ff.; 155, 224 ff.
[23] BGHZ 43, 135, 137 m. Anm. *Mattern* LM § 246 ZPO Nr. 6; *BAG* AP § 241 ZPO Nr. 1 m. Anm. *Rimmelspacher*; → § 244 Rdnr. 3.

3. Wegfall des Prozeßbevollmächtigten

Fällt der Prozeßbevollmächtigte nach dem Tod der Partei usw. ebenfalls weg, so tritt von 7
diesem Zeitpunkt an die Unterbrechung nach §§ 239, 241, 242 ein. Ferner wird der Prozeß
unterbrochen, wenn der Anwalt nach dem Tod der Partei usw. das Mandat niederlegt oder
seine Vollmacht in sonstiger Weise, wie z.B. durch Fristablauf, endet[24].

V. Anordnung der Aussetzung (Abs. 1 HS 2)

Die Anordnung der Aussetzung kann in jeder Lage des Rechtsstreits, auch nach Verkün- 8
dung und Zustellung des Endurteils, bis zur Rechtskraft ausgesprochen werden (→ Rdnr. 4
vor § 239). Erforderlich ist nur, daß das Ereignis während des Prozesses eintritt, sollte auch
der Tod usw. schon vor dem Urteil eingetreten sein[25]. Ist das Revisionsverfahren wegen des
Todes des Klägers ausgesetzt worden, so kann die Rechtsnachfolge auch in ihrer sachlich-
rechtlichen Auswirkung auf den Klageanspruch noch im Revisionsverfahren berücksichtigt
werden[26]. Zuständigkeit, Verfahren und Rechtsbehelfe ergeben sich aus den §§ 248, 252.
Sind die Voraussetzungen des § 246 gegeben, so muß das Gericht die Aussetzung aussprechen. Das gilt selbst dann, wenn die Klage abweisungsreif ist[27]. Anders liegt es nur bei
Rechtsmißbrauch.

Die Wirkungen der Aussetzung (§ 249) beginnen nicht schon mit dem Aussetzungsantrag 9
des § 246 Abs. 1 HS 2, sondern – wie sonst auch – erst mit der Verkündung oder der
formlosen Mitteilung (§ 329 Abs. 2) des Beschlusses[28]. Deshalb kann das Rechtsmittel nicht
mehr rechtzeitig begründet werden, wenn eine Rechtsmittelbegründungsfrist abgelaufen ist,
bevor der Aussetzungsbeschluß bekanntgegeben wird. Auch kann dem bloßen rechtzeitig
gestellten Aussetzungsantrag nicht entnommen werden, daß darin ein Verlängerungsantrag
enthalten sei[29]. Nach Ablauf der Rechtsmittelfrist ist für eine Aussetzung kein Raum mehr;
ein gleichwohl ergangener Aussetzungsbeschluß entfaltet keine Wirkung[30]. Eine Rückdatierung auf den Zeitpunkt des Todes oder des sonstigen Ereignisses ist ausgeschlossen[31].

Die Aussetzung dauert an, bis sie nach §§ 239, 241–243 durch Aufnahme oder Anzeige 10
beendet wird (§ 246 Abs. 2). Wird durch einen Bevollmächtigten der Nachfolger aufgenommen (→ § 86 Rdnr. 2), so muß dieser seine Vollmacht nach §§ 80, 88 nachweisen (§ 86 HS 2).
Geschieht das nicht, so bleibt die Vollmacht des bisherigen Prozeßbevollmächtigten in
Kraft[32]. Das gilt insonderheit für die Zustellungen (→ § 86 Rdnr. 2). Im Falle des Verfahrens
nach § 239 Abs. 2 muß daher die Ladung mit dem sie beantragenden Schriftsatz neben den
Rechtsnachfolgern selbst auch dem Bevollmächtigten des Verstorbenen zugestellt werden (→
§ 176 Rdnr. 4, 5). Im Anwaltsprozeß müssen für die Ladung die Erfordernisse des § 215
beachtet werden.

VI. Verfahren bei Unterlassen des Antrags

Wenn keine Aussetzung nach § 246 Abs. 1 HS 2 beantragt wird, so setzt sich der Prozeß 11
trotz der eingetretenen Veränderung fort. Eine besondere Anzeige ist nicht erforderlich[33].

---

[24] *BPatGE* 26, 126 (Gebrauchsmuster-Löschungsverfahren) im Anschluß an *BGHZ* 43, 135.
[25] Vgl. *KG* OLGRsp 1, 124, 125.
[26] *BGH* ZIP 1986, 1454, 1456 m.Anm. *Gaberdiel* EWiR 1986, 1101 und *Rehbein* WuB I F3 Grundpfandrechte 4.87 (je zum materiellen Recht).
[27] *Käfer* MDR 1955, 197; a.A. OLG Bamberg BayJMBl 1952, 132.
[28] *RGZ* 62, 26f.; *BGH* NJW 1987, 2379; *LG Baden-Baden* MDR 1992, 998.
[29] *BGH* NJW 1987, 2379, 2380.
[30] *RGZ* 62, 26.
[31] *RG* JW 1928, 1297.
[32] Anders *LG Berlin* ZMR 1992, 25.
[33] OLG Hamburg OLGRsp 21, 94f.

Die Rechtsnachfolger oder die neuen gesetzlichen Vertreter usw. treten ex lege ohne besonderes Verfahren in den Prozeß ein. § 246 entbindet nicht davon, deren Legitimation innerhalb des anhängigen Verfahrens nach den sonst dafür maßgebenden Grundsätzen zu prüfen[34]. Die Prozeßvoraussetzungen, insbesondere die gesetzliche Vertretung, sind von Amts wegen zu prüfen[35]. Hat also etwa eine durch einen Prozeßbevollmächtigten vertretene GmbH ihre Prozeßfähigkeit während des Prozesses verloren und wird dieser Mangel nicht beseitigt, so darf nicht zur Sache entschieden werden. Vielmehr ist das entsprechende Begehren als unzulässig zu verwerfen (→ Rdnr. 4)[36]. Bei der zu prüfenden Legitimation kann es sich um die Sachlegitimation wie bei dem Erben (→ auch Rdnr. 8) oder um die Prozeßlegitimation wie bei dem neuen gesetzlichen Vertreter handeln. Das Endurteil ist auf den Namen des Eingetretenen zu berichtigen (→ Rdnr. 2, → § 727 Rdnr. 12).

§ 247 [Aussetzung von Amts wegen]

Hält sich eine Partei an einem Ort auf, der durch obrigkeitliche Anordnung oder durch Krieg oder durch andere Zufälle von dem Verkehr mit dem Prozeßgericht abgeschnitten ist, so kann das Gericht auch von Amts wegen die Aussetzung des Verfahrens bis zur Beseitigung des Hindernisses anordnen.

Gesetzesgeschichte: Bis 1900 § 224 CPO.

Stichwortverzeichnis → *Unterbrechungs- und Aussetzungsschlüssel* in Rdnr. 30 vor § 239.

| I. Normzweck | 1 | III. Aussetzung von Amts wegen; Antrag | 5 |
| II. Krieg oder andere Hindernisse | 2 | | |

I. Normzweck

1 § 247 trifft Vorsorge für Katastrophenfälle und bildet die Ergänzung zu § 245. Während § 245 die Unterbrechung des Verfahrens bei Stillstand der Gerichtstätigkeit vorsieht, ordnet § 247 lediglich die Aussetzung von Amts wegen an, wenn die Partei durch allgemeine Ereignisse behindert ist.

II. Krieg und andere Hindernisse

2 § 247 setzt voraus, daß die Tätigkeit des Prozeßgerichts fortdauert (§ 245), die Partei aber durch Hindernisse allgemeiner Art in ihrem Handeln vor dem Gericht ausgeschlossen ist. Eine Behinderung ist auch bei einer Vertretung durch einen Prozeßbevollmächtigten (§ 246) und der Möglichkeit des schriftlichen Verkehrs mit ihm nicht ausgeschlossen. Die Vorschrift gilt also im Partei- wie im Anwaltsprozeß[1]. Nach § 247 kann nur ausgesetzt werden, wenn die betreffende Partei ihre Parteirechte nicht wahrnehmen kann. Dagegen kommt die Norm nicht

---

[34] *RGZ* 50, 362, 364 f.; insbes. *Weber-Grellet* NJW 1986, 2559; irrig *BFH* NJW 1986, 2594.
[35] *Weber-Grellet* NJW 1986, 2559; a. A. *KG* OLGRsp 16, 35 f.
[36] *Weber-Grellet* NJW 1986, 2559, 2560; a. A. *BFH* NJW 1986, 2594.

[1] *MünchKommZPO/Feiber* (1992) Rdnr. 2; *Baumbach/Lauterbach/Hartmann*[51] Rdnr. 1; *Zöller/Greger*[18] Rdnr. 2.

1413　Dritter Abschnitt: Verfahren. Fünfter Titel: Unterbrechung und Aussetzung § 247 II—§ 248

zur Anwendung, wenn ein Zeuge oder ein Sachverständiger aus den Gründen des § 247 nicht vernommen werden kann². In diesem Fall kommt § 356 in Betracht. Auch die Behinderung des Prozeßbevollmächtigten reicht nicht aus.

Es muß sich um Hindernisse allgemeiner Art handeln, durch welche die Partei an ihrem 3 Aufenthaltsort von dem Verkehr mit dem Prozeßgericht abgeschnitten ist. Die in § 247 neben den aufgeführten »obrigkeitlichen Anordnungen« oder »Krieg« genannten »anderen Zufälle« können etwa in Seuchen, Überschwemmungen und dgl. bestehen. § 247 ist grundsätzlich auch dann gegeben, wenn sich die betreffenden Ereignisse im Ausland abspielen³, und die Partei sich im Ausland aufhält und von einem in Deutschland anhängigen Verfahren abgeschnitten ist (z. B. Kriegsberichterstatter; im Ausland eingesetzter Firmenmitarbeiter).

§ 247 ist nicht anwendbar auf Hindernisse individueller Art. Solche bloß in der Person der 4 Partei liegenden Gründe sind etwa Krankheit, bloßer Aufenthalt im Ausland ohne die von der Norm gemeinten Hindernisse (→ Rdnr. 3), längere Reisen oder das finanzielle Unvermögen, von einem entfernten Ort zum Gericht zu kommen. Bei diesen Hindernissen handelt es sich nicht um »andere Zufälle« i. S. von § 247.

III. Aussetzung von Amts wegen; Antrag

Wenn die Aussetzung beantragt wird, so regelt sich das Verfahren nach § 248. Bei der von 5 § 248 ermöglichten Anordnung von Amts wegen ist wegen § 248 Abs. 2 ebenfalls keine mündliche Verhandlung erforderlich. Das Gericht entscheidet nach seinem pflichtgemäßen Ermessen⁴.

Die Aussetzung dauert nach dem Wortlaut des § 247 »bis zur Beseitigung des Hindernis- 6 ses». Zur Fortsetzung des Rechtsstreits bedarf es aber eines besonderen Gerichtsbeschlusses, weil die Aussetzung auf einer Ermessensentscheidung des Gerichts beruht (→ § 150 Rdnr. 8). Die Aussetzung endet daher erst mit der formlosen Bekanntgabe des Beschlusses (§ 329 Abs. 2)⁵.

§ 248 [Verfahren bei Aussetzung]

(1) Das Gesuch um Aussetzung des Verfahrens ist bei dem Prozeßgericht anzubringen; es kann vor der Geschäftsstelle zu Protokoll erklärt werden.
(2) Die Entscheidung kann ohne mündliche Verhandlung ergehen.

Gesetzesgeschichte: Bis 1900 § 225 CPO; sprachlich geändert durch RGBl. 1927 I 175 und 344.

Stichwortverzeichnis → *Unterbrechungs- und Aussetzungsschlüssel* in Rdnr. 30 vor § 239.

I. Verfahren		II. Entscheidung	4
1. Anwendungsbereich	1	III. Beschwerde	7
2. Anwaltszwang	2	IV. Kosten	8
3. Prozeßgericht	3		

---

² *OLG Hamm* JMBlNRW 1951, 238, 239.
³ A.A. *Thomas/Putzo*¹⁸ Rdnr. 1; *Zöller/Greger*¹⁸ Rdnr. 2.
⁴ *OLG Braunschweig* NdsRpfl 1953, 200.
⁵ S. auch *OLG Breslau* JW 1915, 1075 (LS); a. A. *Zöller/Greger*¹⁸ Rdnr. 3 (deklaratorischer Beschluß).

I. Verfahren

1. Anwendungsbereich

1 § 248 gilt nur für die Fälle der §§ 246, 247, nicht aber für die Aussetzung nach §§ 148ff. ZPO (→ § 148 Rdnr. 39)[1] und für diejenige des Art. 100 GG (→ § 148 Rdnr. 93ff., 98). Dort ist jeweils zwingend mündliche Verhandlung vorgesehen, wodurch eine Anwendung des § 248 Abs. 2 ausgeschlossen ist.

2. Anwaltszwang

2 Der Antrag auf Aussetzung (»Gesuch«) kann in den Fällen der §§ 246, 247 in der mündlichen Verhandlung gestellt werden. Er unterliegt dann einem etwa bestehenden Anwaltszwang (→ § 78 Rdnr. 21). Wird er aber schriftlich oder nach Abs. 1 HS 2 zu Protokoll der Geschäftsstelle angebracht, so untersteht er wegen § 78 Abs. 3 dem Anwaltszwang nicht. Im übrigen gilt § 129a.

3. Prozeßgericht

3 Prozeßgericht ist dasjenige Gericht, bei dem das Verfahren zur Zeit der Einreichung des Aussetzungsantrages anhängig ist. Prozeßgericht ist das untere Gericht auch nach Erlaß der Entscheidung und nach dem Beginn der Rechtsmittelfrist, solange die Sache zwischen den Instanzen schwebt (→ § 176 Rdnr. 11)[2]. Wird bei dem falschen Gericht eingereicht, so wird der Antrag auf prozessuales Risiko des Antragstellers an das richtige Gericht weitergeleitet. Einzelheiten zu den Verweisungsfällen ergeben sich aus → § 239 Rdnr. 37, zu dem Verfahren mit fakultativ mündlicher Verhandlung nach Abs. 2 aus → § 128 Rdnr. 38ff.

II. Entscheidung

4 Das Gericht entscheidet grundsätzlich durch Beschluß. Wenn eine mündliche Verhandlung stattgefunden hat, so beginnt die Aussetzung mit der Verkündung des Beschlusses, andernfalls mit der formlosen Bekanntmachung nach § 329 Abs. 2 (→ § 246 Rdnr. 9)[3]. Wenn der Antrag abgelehnt wird, muß er eine wenigstens kurze Begründung enthalten. Wird der Rechtsstreit ausgesetzt, so muß in dem Beschluß der Aussetzungsgrund angegeben werden, damit keine Unsicherheit auftritt, wann und wie der Rechtsstreit aufgenommen werden kann.

5 Das Gericht muß aussetzen, wenn die gesetzlichen Voraussetzungen vorliegen. Einen Ausnahmefall bilden rechtsmißbräuchliche Anträge, z.B. wenn ein schon eingelegtes Rechtsmittel unzulässig ist (→ § 246 Rdnr. 3). Besser sollte diese Entscheidung aber dem Rechtsmittelgericht überlassen bleiben. Ist die Revision unzulässig, so wird das Revisionsverfahren nicht nach § 248 ausgesetzt, wenn eine durch einen Prozeßbevollmächtigten vertretene Partei stirbt[4].

6 Die Anfechtung des Beschlusses richtet sich nach § 252. Der Streit darüber, ob das Verfahren unterbrochen ist, gehorcht den Grundsätzen von → Rdnr. 11 vor § 239.

---

[1] H.L., *Thomas/Putzo*[18] Rdnr. 1; *Baumbach/Lauterbach/Hartmann*[51] Rdnr. 1; a.A. *MünchKommZPO/Feiber* (1992) Rdnr. 1.
[2] *BGH* NJW 1977, 717, 718; *RGZ* (VZS) 68, 247, 250ff.
[3] *BGH* NJW 1987, 2379.
[4] Dazu *BFH* BFH/NV 1991, 832 (LS).

III. Beschwerde

Wenn der Beschluß von einem unzuständigen Gericht erlassen worden ist, so ist nach § 252 die Beschwerde statthaft. Gleichwohl entfaltet der Beschluß die Wirkungen des § 249, solange er nicht auf Beschwerde aufgehoben wurde. Ansonsten zwänge man den Antragsteller zu einer doppelten Antragstellung vor dem jetzt zuständig gewordenen anderen Gericht (auch → Rdnr. 28 vor § 578)[5]. 7

IV. Kosten

Das Verfahren ist gerichtskostenfrei. Für den Rechtsanwalt zählt der Antrag nach § 248 ZPO wegen § 37 Nr. 3 BRAGO zum Rechtszug, wenn er Prozeßbevollmächtigter in dem betreffenden Verfahren ist; ansonsten gilt § 56 BRAGO. Wenn sich während der Aussetzung die Rechtslage ändert, so ist das alte Gebührenrecht maßgebend[6]. 8

§ 249 [Wirkung der Unterbrechung und Aussetzung]

(1) Die Unterbrechung und Aussetzung des Verfahrens hat die Wirkung, daß der Lauf einer jeden Frist aufhört und nach Beendigung der Unterbrechung oder Aussetzung die volle Frist von neuem zu laufen beginnt.

(2) Die während der Unterbrechung oder Aussetzung von einer Partei in Ansehung der Hauptsache vorgenommenen Prozeßhandlungen sind der anderen Partei gegenüber ohne rechtliche Wirkung.

(3) Durch die nach dem Schluß einer mündlichen Verhandlung eintretende Unterbrechung wird die Verkündung der auf Grund dieser Verhandlung zu erlassenden Entscheidung nicht gehindert.

Gesetzesgeschichte: Bis 1900 § 226 CPO.

Stichwortverzeichnis → *Unterbrechungs- und Aussetzungsschlüssel* in Rdnr. 30 vor § 239.

I. Regelungsgehalt		1	IV. Parteihandlungen (Abs. 2)	
II. Erkenntnisverfahren; Vollstreckungs- und Nebenverfahren		5	1. Prozeßhandlungen gegenüber dem Gegner	14
III. Fristen (Abs. 1)		6	2. Parteihandlungen in Ansehung der Hauptsache	15
1. Uneigentliche Fristen u. a.		7	3. Stillstehender Rechtsstreit	16
2. Eigentliche Fristen			4. Unwirksamkeit gegenüber der anderen Partei; Heilung	17
a) Richterliche Fristen		8	5. Parteihandlungen gegenüber dem Gericht	20
b) Rechtsmittelfristen			V. Gerichtliche Handlungen	23
aa) Lauf der Rechtsmittelfrist		9	1. Bezug auf die Hauptsache	24
bb) Beginn der Rechtsmittelfrist		11	2. Ausnahme (Abs. 3)	26
c) Einspruchs- und Widerspruchsfrist		13		

---

[5] Ebenso *MünchKommZPO/Feiber* (1992) Rdnr. 3; a. A. *RGZ* 60, 126 Anm.; 130, 337, 339 (von vornherein bestehende Unwirksamkeit); *Baumbach/Lauterbach/Hartmann*[51] Rdnr. 3.

[6] *LG Berlin* JurBüro 1988, 601.

| | 3. Richterliche Entscheidungen | 28 | VI. Aufnahme durch den angeblichen | |
| | 4. Andere Gerichtshandlungen | 33 | Rechtsnachfolger | 35 |

I. Regelungsinhalt

1   Die Norm bestimmt in Abs. 1 und 2 für alle Formen von Unterbrechung und Aussetzung (→ Rdnr. 5 ff., 14 ff. vor § 239) dieselben allgemeinen Wirkungen. Abs. 3 beschränkt sich auf die Unterbrechung (→ Rdnr. 26). § 249 regelt aber nicht die Wirkungen des Ruhens des Verfahrens (→ Rdnr. 18 vor § 239). Dafür findet sich in § 251 eine Sonderregelung.

2   Abs. 1 regelt die Wirkungen auf den Fristenlauf (→ Rdnr. 6 ff.). Abs. 2 betrifft die Wirkungen auf die Parteihandlungen (→ Rdnr. 14 ff.). Dagegen sind die praktisch wichtigen Wirkungen von Unterbrechung und Aussetzung auf die gerichtlichen Handlungen (→ Rdnr. 23 ff.) in Abs. 3 nur angedeutet, lassen sich dieser Regelung aber im Umkehrschluß entnehmen.

3   § 249 setzt eine wirksame Unterbrechung oder Aussetzung voraus und entfaltet seine Wirkungen nur innerhalb der jeweiligen zeitlichen Grenzen von Unterbrechung oder Aussetzung. Dagegen bestimmt § 249 nicht den Zeitpunkt, in dem die Wirkung in jedem einzelnen Fall beginnt und endet. Diese Zeitpunkte sind den einzelnen Tatbeständen der §§ 239 ff. zu entnehmen und dort jeweils unterschiedlich ausgestaltet. Insoweit ist auf die Bemerkungen zu den jeweiligen Paragraphen zu verweisen. Die Wirkungen der Aussetzung beschränken sich bestimmungsgemäß auf den Rechtszug, in dem sie angeordnet wurden, weil sie auf einem richterlichen Akt beruhen[1].

4   Die Prozeßvollmacht bleibt durch Unterbrechung und Aussetzung unberührt. Anders liegt es nur für den Konkurs (Insolvenzverfahren). Da die Unterbrechung kein »Nichtbetreiben« i. S. von § 211 BGB ist, wird die Unterbrechung der Verjährung (§ 211 Abs. 2 S. 1 Alt. 2 BGB) nicht beendet[2].

II. Erkenntnisverfahren; Vollstreckungs- und Nebenverfahren

5   § 249 betrifft alle Verfahrensarten, die einer Unterbrechung oder Aussetzung unterliegen. In erster Linie hat § 249 das Erkenntnisverfahren vor Augen. Doch übt die Unterbrechung oder Aussetzung des Erkenntnisverfahrens auf die Zwangsvollstreckung aus einem in dem Verfahren bereits ergangenen Urteil keine Wirkung aus. Sie bildet insbesondere keinen Grund zur Einstellung[3]. Ebensowenig erstreckt sich ihre Wirkung auf ein schwebendes selbständiges Beweisverfahren (§ 485). Grundsätzlich erfaßt die Aussetzung des Rechtsstreits dagegen das Kostenfestsetzungsverfahren[4]. Anders liegt es jedoch in manchen Fällen, wenn der Rechtsstreit nach Erlaß des Kostenfestsetzungsbeschlusses ausgesetzt wird[5]. Auch erstreckt sich die Unterbrechung des Verfahrens nicht auf den Ansatz von Gerichtskosten gegen den vom Konkurs nicht betroffenen Entscheidungsschuldner[6]. Wird nach § 614 ausgesetzt, so können gleichwohl einstweilige Anordnungen nach § 620 erlassen werden (→ § 614 Rdnr. 15). Die Wirkungen auf Arrest und einstweilige Verfügung ergeben sich aus → Rdnr. 36 vor § 916 und → Rdnr. 28 vor § 935.

---

[1] *RGZ* 16, 353, 355.
[2] *BGHZ* 15, 80, 82; *RGZ* 72, 185, 186 f.; 145, 239, 240.
[3] *OLG Stuttgart* Rpfleger 1990, 312 (Zulässigkeit einer Klauselumschreibung nach § 727); *OLG Bamberg* NJW-RR 1989, 576; *OLG Hamburg* OLGRsp 31, 83.
[4] *OLG Hamm* MDR 1988, 87.
[5] *OLG München* MDR 1990, 252 (Aussetzung im Nachverfahren); *OLG Koblenz* Rpfleger 1991, 335 (Unterbrechung des Hauptverfahrens im zweiten Rechtszug).
[6] *OLG Stuttgart* JurBüro 1991, 952.

III. Fristen (Abs. 1)

§ 249 Abs. 1 setzt dem Lauf einer jeden Frist (→ Ausnahme Rdnr. 7) ein Ende[7]. Zudem verhindert die Norm auch, daß eine Frist überhaupt zu laufen beginnt[8]. Abs. 1 bedeutet anders als § 223 Abs. 1 S. 2 nicht lediglich eine Fristenhemmung. Vielmehr hört der Fristenlauf völlig auf und es beginnt nach der Beendigung die volle Frist von neuem zu laufen. Bei einer Unterbrechung der Einlassungsfrist muß diese deshalb vor dem neuen Termin gewahrt werden. Die bloße Einhaltung der Ladungsfrist reicht nicht aus.

1. Uneigentliche Fristen u. a.

Abs. 1 betrifft nicht die uneigentlichen Fristen (→ Rdnr. 17, 30 ff. vor § 214), die Jahreszeiträume (→ Rdnr. 17 vor § 214) und auch nicht die in den §§ 516 HS 2, 552 HS 2 vorgesehenen Fünfmonatszeiträume zwischen Urteilsverkündung und Beginn der Rechtsmittelfrist. Doch steht die Unterbrechung dem Beginn der einmonatigen Berufungsfrist fünf Monate nach der Urteilsverkündung entgegen[9]. § 249 Abs. 1 ist anwendbar auf die Frist des § 234 Abs. 1 (→ § 234 Rdnr. 1).

2. Eigentliche Fristen

a) Richterliche Fristen

Werden richterliche Fristen nach einem festen Endtermin bestimmt (Datumsfristen)(→ Rdnr. 26 vor § 214; → § 221 Rdnr. 9), so muß in jedem Falle eine neue Fristsetzung vorgenommen werden[10]. Dabei ist es gleichgültig, ob der damals gesetzte Endtermin bereits in die Zeit der Unterbrechung fiel oder dem Ende der Unterbrechung in kürzerer oder längerer Zeitspanne nachfolgt. Einer erneuten Fristsetzung bedarf es nur dann nicht, wenn die Partei nach der Unterbrechung den damals gesetzten Endtermin einhält: Die ihr bisher zugebilligte Frist bleibt ihr stets erhalten[11].

b) Rechtsmittelfristen

aa) Lauf der Rechtsmittelfrist

Wenn der Lauf der Rechtsmittelfrist bereits vor der Unterbrechung oder Aussetzung begonnen hatte, so beginnt die Monatsfrist für die Berufung und die Revision mit der Aufnahme von neuem[12]. Das gleiche gilt für einen Zeitpunkt, welcher der Aufnahme gleichsteht, wie z.B. die Aufhebung des Konkurses im Falle des § 240[13]. Gemeint sind für diese Fallgruppe Gestaltungen der Art, daß das Urteil bereits vorher zugestellt wurde oder im Zeitpunkt der Unterbrechung oder Aussetzung seit der Verkündung schon fünf Monate verflossen waren (§§ 516, 552).

Wenn dagegen die Rechtsmittelfrist in dem Zeitpunkt der Unterbrechung oder Aussetzung noch nicht lief, so beginnt sie erst mit der der Aufnahme nachfolgenden Zustellung oder mit

---

[7] Z.B. *BGHZ* 98, 325, 327.
[8] *BGHZ* 111, 104, 108; 9, 308, 309; *BezG Meiningen* DtZ 1992, 354.
[9] *BGHZ* 111, 104, 108; ferner *RGZ* 122, 51, 54; *RG* HRR 1932 Nr. 171; auch → Rdnr. 22 vor § 239.
[10] *BGHZ* 64, 1, 4 (»Natur der Sache«); *RGZ* 151, 279, 282; *RG* JW 1926, 1162 mit Anm. *Oetker*; 1928, 111. – *RGZ* (VZS) 120, 1, 3 beschränkt sich auf die Fristhemmung und läßt die Frage der Unterbrechung offen.
[11] *BGH* NJW 1967, 1420.
[12] Z.B. *BGH* NJW 1990, 1239.
[13] Z.B. *OLG Celle* Rpfleger 1957, 85 m. Anm. *Lappe*.

Ablauf von fünf Monaten nach der Verkündung des Urteils. Waren im Zeitpunkt der Aufnahme bereits mehr als fünf Monate seit der Verkündung verstrichen, so setzt die Aufnahme die volle Rechtsmittelfrist ohne weiteres in Lauf[14].

bb) Beginn der Rechtsmittelfrist

11 Ist etwa die Rechtsnachfolge unstreitig, so beginnt mit der Aufnahme die volle Frist von neuem zu laufen. Maßgebender Zeitpunkt ist die Zustellung des Aufnahmeschriftsatzes oder die Aufnahmeerklärung[15] durch den Rechtsnachfolger in der mündlichen Verhandlung. In diesen Fällen kommt es also für den Lauf der Rechtsmittelfristen bezüglich des ersten Urteils auf den Erlaß oder die Zustellung des Zusatzurteils (→ § 239 Rdnr. 32) nicht an.

12 Bestreitet dagegen der als »Rechtsnachfolger« Geladene die Rechtsnachfolge (→ § 239 Rdnr. 25), so wird das erste Urteil zu einem im Verhältnis zu dem Geladenen ergangenen Urteil erst durch das Zusatzurteil (→ § 239 Rdnr. 32). Die Rechtsmittelfrist bleibt in Ansehung des ersten Urteils in diesem Falle unterbrochen, und die volle Frist kann nicht vor Erlaß des Zusatzurteils zu laufen beginnen. Maßgeblicher Zeitpunkt für den Beginn der neuen Frist ist dann wie im Falle des § 517 die Zustellung des Zusatzurteils[16]. Nach der Gegenauffassung[17] beginnt die Frist erst mit Rechtskraft des Zusatzurteils. Ausgeschlossen ist es, die Frist schon von einem früheren Zeitpunkt an laufen zu lassen, etwa von demjenigen der mündlichen Verhandlung nach § 239 Abs. 2 an. Ansonsten müßte der als Rechtsnachfolger Geladene gegen ein Urteil, mit dem er nichts zu tun haben will, in einem Zeitpunkt ein Rechtsmittel einlegen, in dem ein gerichtlicher Ausspruch über die Richtigkeit oder Unrichtigkeit seines Standpunktes noch nicht vorliegt.

c) Einspruchs- und Widerspruchsfrist

13 Für die Einspruchs- und die Widerspruchsfrist nach § 1042 d gelten dieselben Grundsätze wie für die Rechtsmittelfristen (→ Rdnr. 9 ff.). Einzelheiten zum Mahnverfahren ergeben sich aus → § 693 Rdnr. 14.

IV. Parteihandlungen (Abs. 2)

1. Prozeßhandlungen gegenüber dem Gegner

14 Abs. 2 beschränkt sich auf Prozeßhandlungen der Parteien (→ Rdnr. 187 vor § 128), die dem Gegner gegenüber vorzunehmen sind, z.B. Zustellungen nach § 198. Dagegen darf gegenüber anderen Personen ohne weiteres gehandelt werden. So werden etwa die Bevollmächtigung eines Anwalts oder der Auftrag zur Zustellung gerade zur Vorbereitung der Beendigung vorgenommen. Diese Rechtslage wird auch von § 244 Abs. 1 vorausgesetzt.

2. Parteihandlungen in Ansehung der Hauptsache

15 Die Unwirksamkeitsregel des Abs. 2 beschränkt sich auf Prozeßhandlungen, die in »Ansehung der Hauptsache« vorgenommen werden. Den Gegensatz dazu bilden lediglich diejeni-

---

[14] Vgl. *RGZ* 122, 51 ff.
[15] *RGZ* 140, 348, 352.
[16] Ebenso *Zöller/Greger*[18] Rdnr. 2; *Jonas* JW 1931, 1764 f.
[17] *RG* JW 1931, 2564, 2565; *Rosenberg/Schwab/Gottwald*[15] § 126 I 3b; *Wieczorek*[2] Bem. B II c; *MünchKommZPO/Feiber* (1992) Rdnr. 14; ausdrücklich offengelassen durch *BGH* NJW 1972, 258 m. Anm. *Haase* JR 1972, 156 (für Rechtskraft).

gen Handlungen (→ § 39 Rdnr. 5), mit denen der Stillstand des Rechtsstreits geltend gemacht oder beseitigt werden soll. So liegt es bei der Geltendmachung der Unterbrechung, der Aufnahme, der Anfechtung ihrer Ablehnung[18] oder des Aussetzungsbeschlusses. Unwirksam sind nach dem Gesagten auch Handlungen, die Nebenverfahren betreffen. Zu nennen sind einstweilige Verfügungen (→ Rdnr. 5), manche Fälle der Kostenfestsetzung (→ Rdnr. 5), die Rückgabe der Sicherheit[19] (§ 109) usw. Nicht unter § 249 Abs. 2 fallen aber Schutzanträge nach §§ 707, 719[20] und das Prozeßkostenhilfeverfahren[21].

3. Stillstehender Rechtsstreit

Abs. 2 meint die Prozeßhandlungen der Parteien, die in dem unterbrochenen oder ausgesetzten Rechtsstreit vorgenommen worden sein müssen. Deshalb kann der Kläger neben der bereits verklagten, in Konkurs gefallenen OHG, deren Gesellschafter als Streitgenossen im Wege der Klageerweiterung neu verklagen[22]. Es handelt sich in der Sache um die Einleitung eines neuen Rechtsstreits. Auch bei der Streitverkündung muß im Anwendungsbereich des § 249 die Rechtshängigkeit fortdauern[23]. 16

4. Unwirksamkeit gegenüber der anderen Partei; Heilung

Die Parteihandlungen sind der »anderen Partei gegenüber ohne rechtliche Wirkung». Daher kann sich die handelnde Partei selbst nicht auf die Unwirksamkeit berufen[24]. Das Gesetz sieht eine Prüfung von Amts wegen nicht vor. Die Parteihandlung ist nicht nichtig, sondern nach § 295 dadurch heilbar, daß der Gegner die Handlung genehmigt oder mit der Rüge des Mangels ausgeschlossen wird[25]. So liegt es z.B. für die Zustellung nach § 519 a. Letzteres ist aber nicht mehr möglich, wenn die Partei inzwischen die unwirksame Handlung durch eine wirksame ersetzt hat[26]. Deshalb kann eine nach einer unwirksamen Zustellung wiederholte wirksame Zustellung nicht dadurch beseitigt werden, daß der Beklagte erklärt, er wolle sich die unwirksame Zustellung gefallen lassen. Ebenso liegt es, wenn die Unwirksamkeit bereits durch richterliche Entscheidung festgestellt worden ist. 17

Eine Heilung ist auch bei denjenigen Handlungen möglich, deren Wirksamkeit an sich von Amts wegen zu prüfen ist. So liegt es z.B. bei den zur Wahrung einer Notfrist vorgenommenen Prozeßhandlungen. Die Frage, ob die Handlung trotz ihrer Vornahme während der Unterbrechung oder Aussetzung wirksam ist, unterliegt nicht der Prüfung von Amts wegen[27], da sie wegen § 295 der Disposition der Parteien unterliegt (→ Rdnr. 17). 18

Die unwirksame Handlung ist nicht notwendig i.S. des § 91. 19

5. Parteihandlungen gegenüber dem Gericht

§ 249 Abs. 2 ist unanwendbar auf Prozeßhandlungen, die dem Gericht gegenüber vorzunehmen sind oder vorgenommen werden. In der Vorschrift sind Gerichte nicht genannt und 20

---

[18] Vgl. RGZ 88, 206, 208; 141, 306, 308; BAG AP § 249 ZPO Nr. 2 mit zust. Anm. *Leipold*; enger *Dolinar* Ruhen des Verfahrens und Rechtsschutzbedürfnis (Wien/New York 1974), 215 ff.
[19] KG KGBl 14, 143.
[20] OLG Bamberg NJW-RR 1989, 576.
[21] BGH NJW 1966, 1126.
[22] BGH NJW 1961, 1066 m. im Ergebnis zust. Anm. *Henckel* ZZP 74 (1961), 293 ff.
[23] Anders BGHZ 92, 251, 256 f.

[24] BGHZ 4, 314, 320.
[25] BGHZ 4, 314, 320; 50, 397, 400; BAG AP § 241 ZPO Nr. 1 (*Rimmelspacher*).
[26] RGZ 27, 350, 353; *Voigt* Einfluß des Konkurses auf die schwebenden Prozesse des Gemeinschuldners (1903), 78.
[27] RGZ 51, 97, 98; RG JW 1907, 713, 714; 1909, 167 (mit bedenklicher Begründung); *OLG Hamburg* JW 1919, 52; SeuffArch 76 (1921), 311 (Nr. 187); *Voigt* (vorige Fn.) 77 f.

für die vornehmende Partei ordnet § 249 Abs. 2 keine Unwirksamkeit an. Deshalb ist die Rücknahme eines Rechtsmittels voll wirksam[28]. Von Bedeutung ist das Gesagte insbesondere für Rechtsbehelfe, die stets rechtswirksam eingelegt werden können. Im einzelnen liegt es so, daß der während der Unterbrechung oder Aussetzung eingelegte Rechtsbehelf zwar dem Prozeßgegner gegenüber unwirksam ist, nicht aber gegenüber dem Gericht[29]. Das Rechtsmittelverfahren wird also in Gang gesetzt[30]. Wegen der Unterbrechung (Aussetzung) läuft es aber erst einmal nicht weiter. Wegen dieses Stillstandes des Rechtsbehelfsverfahrens besteht weder ein Anlaß noch eine rechtliche Möglichkeit, über den wirksam eingelegten Rechtsbehelf eine gerichtliche Entscheidung zu treffen[31]. Wird darüber gestritten, ob das Rechtsbehelfsverfahren tatsächlich stillsteht, weil z. B. der Rechtsbehelfsführer die Unterbrechung leugnet, so kommen die allgemeinen Grundsätze zur Anwendung (→ Rdnr. 11 vor § 239).

21 Nach dem Gesagten darf das Gericht also den Rechtsbehelf nicht mit der Begründung verwerfen, er sei trotz Unterbrechung oder Aussetzung eingelegt worden. Ebensowenig dürfte eine Verwerfung darauf gestützt werden, die Rechtsbehelfsschrift sei dem Gegner nicht zugestellt worden, oder die Zustellung an ihn sei wegen der Unterbrechung oder Aussetzung unwirksam. Seit der Novelle 1909 (→ Einl. Rdnr. 115) werden Rechtsbehelfe nicht mehr durch Zustellung an den Gegner, sondern durch Einreichen bei Gericht eingelegt. Aus den genannten Gründen sind auch Berufung, Revision oder Einspruch nicht deshalb unzulässig, weil die betreffende Rechtsbehelfsschrift nicht dem Gegner zugestellt wurde (→ § 519b Rdnr. 10 → § 553a Rdnr. 2).

22 Wenn die Unterbrechung oder Aussetzung enden, so braucht nach der hier vertretenen Ansicht der eingelegte Rechtsbehelf nicht noch einmal wiederholt zu werden, weil die Einlegung dem Gericht gegenüber wirksam war. Vielmehr wird jetzt eine bisher unterbliebene Zustellung an den Gegner nachgeholt. In gleicher Weise wird eine bereits geschehene, aber wegen des Stillstandes dem Gegner gegenüber unwirksame Zustellung wiederholt (auch → Rdnr. 17). Der Mangel der Zustellung kann auch dadurch geheilt werden, daß sich der Gegner in einem Termin rügelos auf den Rechtsbehelf einläßt (§ 295)[32]. Nach der Gegenauffassung, welche die Einlegung des Rechtsbehelfs auch dem Gericht gegenüber für unwirksam hält, könnte § 295 nicht helfen, da es um seine Zulässigkeit geht.

V. Gerichtliche Handlungen

23 Unstreitig ist, daß die Handlungen des Gerichts nach außen, wie z. B. Zustellungen oder Terminsanberaumungen, den Parteien gegenüber unwirksam sind[33]. Das gilt insbesondere auch für die Entscheidungen (→ Rdnr. 24). Herleiten läßt sich das Ergebnis aus einem Umkehrschluß zu Abs. 3. Der Wortlaut des Abs. 2 ist zu eng. Nicht davon betroffen sind innere Akte des Gerichts wie Beratung und Abfassung der Urteile. Sie werden durch § 249 nicht berührt. § 155 BRAO bildet keine Ausnahme zu § 249 ZPO[34]. Vielmehr geht § 249 vor.

1. Bezug auf die Hauptsache

24 Das Gericht hat sich aller weiteren Handlungen hinsichtlich der Hauptsache zu enthalten, sobald ihm die Unterbrechung bekannt wird oder es die Aussetzung beschlossen hat[35].

---

[28] *BGHR* ZPO § 249 Abs. 2 Prozeßhandlung 1.
[29] *BGHZ* 50, 397, 400 m. Anm. *Grunsky* JZ 1969, 235 (Schutzzweck der Norm) und Anm. *Schneider* LM § 240 ZPO Nr. 14/15; *BGH* NJW 1977, 717 f.; *BayObLGZ* 1973, 283, 286; *A. Blomeyer*[2] ZPR § 28 I 2.
[30] A. A. *Baumbach/Lauterbach/Hartmann*[51] Rdnr. 9; *Grunsky* JZ 1969, 235, 237.
[31] Ebenso *Jauernig* ZPR[23] § 80 VII 2.
[32] *BGHZ* 50, 397, 400; ferner 4, 314, 320 (Rechtsmittelverzicht).
[33] *BGHZ* 111, 104, 107; *BGH* WM 1990, 771, 772.
[34] *BGHZ* 111, 104, 108.
[35] *BFH* BB 1989, 690.

Insbesondere darf in einem schon vorher angesetzten Termin nicht verhandelt und ein Versäumnisurteil oder eine Entscheidung nach Lage der Akten (§ 251a, § 331a) erlassen werden. Anders liegt es nur, wenn die Unterbrechung schon vorher beendet war oder im Termin beendet wird (→ § 250 Rdnr. 4). Unzulässige Handlungen des Gerichts sind beiden Parteien gegenüber unwirksam.

Gerichtliche Handlungen betreffen nicht die Hauptsache, wenn sie die Aufnahme und die Beschwerde über die Aussetzung zum Gegenstand haben (→ Rdnr. 15). Ebenso liegt es für die Entscheidung über den Antrag auf Prozeßkostenhilfe einer Partei, z.B. zur Einlegung eines Rechtsmittels in der Hauptsache[36]. Das gleiche gilt für die Berichtigung nach § 320[37] oder nach § 319 sowie für die Streitwertfestsetzung[38]. Auch darf über Vollstreckungsschutzanträge nach §§ 719, 707 entschieden werden[39]. Die Kosten des ersten Rechtszuges dürfen jedenfalls dann festgesetzt werden, wenn das Hauptsacheverfahren im Zeitpunkt der Unterbrechung bereits im zweiten Rechtszug anhängig war[40] (→ auch § 240 Rdnr. 9). Keine Auswirkungen hat auch die Aussetzung des Rechtsstreits nach einem Kostenfestsetzungsbeschluß auf das weitere Kostenfestsetzungsverfahren wie Erinnerung und Beschwerde[41]. Auch bleibt eine Gerichtsstandsbestimmung nach § 36 Nr. 3 möglich[42]. 25

2. Ausnahme (Abs. 3)

Abs. 3 kennt eine Ausnahme für die Verkündung der Entscheidung, wenn die Unterbrechung nach Schluß der mündlichen Verhandlung (§ 136 Abs. 4) eingetreten ist. Abs. 3 bezieht sich dagegen nicht auf die Aussetzung des Verfahrens[43] und meint auch nicht den Fall des Ruhens (§ 251). Das Gericht muß die Entscheidung erlassen, auch wenn ihm die Unterbrechung bekannt ist[44]. Die Ablehnung der Verkündung bedeutet in der Sache eine Aussetzung, gegen die die Beschwerde nach § 252 gegeben ist[45]. Im Falle von § 251a, § 331a muß die Unterbrechung nach dem für die mündliche Verhandlung bestimmten Termin eingetreten sein. Für die Entscheidung ohne mündliche Verhandlung (§ 128 Abs. 2, 3) entspricht dem Schluß der mündlichen Verhandlung der Zeitpunkt, der nach § 128 Abs. 2 S. 2 oder Abs. 3 S. 2 festgesetzt wurde (→ § 128 Rdnr. 94)[46]. Dagegen kommt es nicht auf den Zeitpunkt des Antrags an[47]. 26

In analoger Anwendung von Abs. 3 darf ein bereits vor der Unterbrechung unzulässig gewesenes Rechtsmittel verworfen werden[48]. Abs. 3 darf aber nicht auf die Ausführung von verkündeten Entscheidungen angewendet werden. Jenseits der in Abs. 3 genannten Verkündung ist eine analoge Anwendung nicht möglich. Deshalb steht die Unterbrechung der Vollziehung der in der Entscheidung enthaltenen Anordnungen entgegen. Das gilt vor allem für die Beweisaufnahme aufgrund des verkündeten Beweisbeschlusses. 27

---

[36] *BGH* NJW 1966, 1126; *Thomas/Putzo*[18] Rdnr. 8; *Zöller/Greger*[18] Rdnr. 1; *Rosenberg/Schwab/Gottwald*[15] § 125 IV 3; a.A. *RG* SeuffArch 98 (1944), 47 (Nr. 20); *MünchKommZPO/Feiber* (1992) Rdnr. 23.
[37] *OLG Schleswig* SchlHA 1971, 18.
[38] *OLG Hamm* MDR 1971, 495.
[39] *OLG Bamberg* NJW-RR 1989, 576.
[40] *OLG Koblenz* Rpfleger 1991, 335.
[41] *OLG München* JurBüro 1990, 369.
[42] *BayObLGZ* 1985, 314, 315 f.

[43] *BGHZ* 43, 135 m. Anm. *Mattern* LM § 246 ZPO Nr. 6; *RGZ* 30, 374; *RG* SeuffArch 55 (1900), 464 f.
[44] *OLG Nürnberg* JW 1931, 3571 mit Anm. *Sonnen*.
[45] *OLG Nürnberg* JW 1931, 3571 mit Anm. *Sonnen*.
[46] Vergleichbar *BSG* NJW 1991, 1909 zum sozialgerichtlichen Verfahren.
[47] A.A. *BFH* NJW 1991, 2792; zur Rechtslage vor der Vereinfachungsnovelle *BayObLGZ* 1959, 241..
[48] *BGH* NJW 1959, 532; *RG* HRR 1940 Nr. 1403 (LS).

3. Richterliche Entscheidungen

28 Nach h.L.[49] bedeutet Unwirksamkeit bei richterlichen Entscheidungen nicht Nichtigkeit, sondern bloße Anfechtbarkeit. Der Mangel besteht darin, daß einer Partei gegenüber gehandelt wurde, die entweder unvertreten war oder in vergleichbarem Sinne nicht handeln konnte oder aber wegen der Aussetzung ein Handeln für unnötig ansehen durfte. Das Gesetz geht in derartigen Fällen nicht von der Nichtigkeit der Entscheidung aus (→ Rdnr. 15 vor § 578). Vielmehr gewährt es die Anfechtbarkeit durch die im Einzelfall statthaften und zulässigen Rechtsbehelfe[50] des Einspruchs, der ordentlichen Rechtsmittel oder der Nichtigkeitsklage nach § 579 Nr. 4. Diese Klage wird aber durch die Genehmigung des Geschehens ausgeschlossen (→ § 579 Rdnr. 8). Die h.L. rechtfertigt sich daraus, daß die Unterbrechung das Prozeßrechtsverhältnis nicht beseitigt[51]. Deshalb kann der Fall der Unterbrechung und des trotz Unterbrechung ergehenden Urteils nicht gleichgesetzt werden mit einem nichtigen Urteil, das ohne Klage oder nach Klagerücknahme ergangen ist (→ Rdnr. 9 vor § 578). Wenn ein Berufungsurteil gegen eine Partei ergangen ist, liegt ein absoluter Revisionsgrund nach § 551 Nr. 5 vor, da sie nicht nach Vorschrift der Gesetze vertreten war. Deshalb wird das Berufungsurteil ohne Sachprüfung einschließlich des Verfahrens aufgehoben und die Sache zurückverwiesen[52].

29 Richterliche Entscheidungen sind daher so lange als gültig zu behandeln, bis sie von der unvertretenen Partei durch den betreffenden Rechtsbehelf beseitigt worden sind. Wenn die Entscheidung nicht angefochten wird, so heilt die Rechtskraft das fehlerhafte Verfahren. Die Beseitigung durch den Gegner steht dem nicht gleich[53]. Der Mangel ist im Falle des § 240 von Amts wegen zu beachten[54]. Der auf die Beseitigung der wirkungslosen Entscheidung gerichtete Rechtsbehelf kann auch schon vor der Aufnahme eingelegt werden, da damit gerade nicht die Fortsetzung des Verfahrens erstrebt wird[55].

30 Bei dem Rechtsbehelf wird es sich häufig um ein Rechtsmittel handeln, wie z.B. die Revision des beklagten Gemeinschuldners gegen das trotz Unterbrechung gegen ihn ergangene Urteil[56]. Möglich ist etwa auch der Einspruch des Konkursverwalters gegen ein Versäumnisurteil, das gegen den Gemeinschuldner ergangen ist[57]. In Frage kommt ferner die Nichtigkeitsklage[58]. § 539 ist anwendbar[59]. Nach Einlegung des Rechtsbehelfs wird Termin bestimmt (§ 216) und es wird die trotz andauernder Unterbrechung ergangene Entscheidung aufgehoben. Ausgeschlossen ist eine außerordentliche Aufhebung im Laufe der weiteren Verhandlung in Abweichung von § 318[60]. Doch scheidet wohl im Falle von Unkenntnis von dem unterbrechenden Ereignis eine Aufhebung der Entscheidung nach § 319 wegen offensichtlichen Irrtums nicht aus. So wird man aus Gründen der Rechtsklarheit ein gegen den Erblasser ergangenes Urteil aufheben können[61].

---

[49] *BGH* WM 1984, 1170; *BFHE* 162, 208, 210; *Dolinar* Ruhen des Verfahrens und Rechtsschutzbedürfnis (Wien/New York) (1974), 219 ff.; *Goldschmidt* Der Prozeß als Rechtslage (1925), 508 Fn. 2673; *Jauernig* Das fehlerhafte Zivilurteil (1958), 158.
[50] *OLG Köln* ZIP 1988, 447 (aber im Ergebnis zweifelhaft); *OLG Nürnberg* ZIP 1982, 476; *BAG* 1, 22; *Leipold* AP § 249 ZPO Nr. 2.
[51] A.A. noch *Kohler* Der Prozeß als Rechtsverhältnis (1888), (Neudruck 1969), 88.
[52] *BGH* ZIP 1988, 446.
[53] *OLG Kassel* HEZ 2, 53 f.; a.A. *OLG Karlsruhe* BadRPr 13, 35.
[54] S. *Leipold* AP § 249 ZPO Nr. 2 m. Nachw.
[55] *RGZ* 64, 361 ff.; 88, 206; 90, 223, 225; *RG* Gruchot 60, 512, 515; *BFH* BFH/NV 1985, 88, 89.
[56] *RG* JW 1937, 1062 (LS); *BGH* ZIP 1982, 566 f.
[57] Insoweit unzutreffend *OLG Köln* ZIP 1988, 447; wie hier *Thomas/Putzo*[18] Rdnr. 9; ferner *OLG Hamburg* OLGRsp 15, 108; *OLG München* NJW-RR 1989, 255.
[58] Beispielsfälle zu den möglichen Rechtsbehelfen *RGZ* 45, 326 f.; 64, 361 f.; *OLG München* BlfRA 70, 211; *OLG Dresden* SächsAnn 26, 169; 29, 463; *OLG Posen* OLGRsp 35, 61; *KG* OLGRsp 19, 135; 35, 62; *BSG* NJW 1967, 2226; zur Möglichkeit der Nichtigkeitsklage *OLG Frankfurt a.M.* OLG Rsp 11, 70, 71; *KG* OLG Rsp 25, 216, 217.
[59] *KG* OLGRsp 23, 143; *OLG Kiel* SchlHA 1920, 87.
[60] A.A. *OLG Frankfurt a.M.* OLGRsp 11, 70, 72.
[61] *BFH* BB 1987, 673 im Anschluß an *BGH* VersR 1981, 679.

Das Gesagte gilt auch für Entscheidungen in Nebenverfahren wie bei der Kostenfestsetzung[62], der Erteilung der Vollstreckungsklausel[63] oder des Rechtskraftzeugnisses.

Die anfechtbaren gerichtlichen Handlungen werden ohne Rücksicht auf das Verhalten des Gegners durch die ausdrückliche oder stillschweigende Genehmigung der unvertretenen Partei voll wirksam (vgl. §§ 551 Nr. 5, 579 Abs. 1 Nr. 4)[64]. Die Genehmigung unterfällt nicht § 295. Ist das Verfahren also trotz der Unterbrechung usw. durch Erlaß eines Urteils und die Einlegung eines Rechtsmittels in die höhere Instanz gelangt, so muß in dieser Instanz aufgenommen werden. Schließlich heilt der Mangel mit dem endgültigen Ausschluß der Nichtigkeitsklage.

4. Andere Gerichtshandlungen

Verschieden ist die Rechtslage, wenn die nach außen vorgenommenen gerichtlichen Handlungen nicht in Entscheidungen bestehen, wie z.B. Beweisaufnahmen, Zustellungen oder Ladungen von Amts wegen[65]. Insoweit kann der Verfahrensmangel nicht durch Genehmigung geheilt werden, sondern nur durch Nichtrüge in der Verhandlung nach § 295.

In den Fällen der Aussetzung und des Ruhens des Verfahrens (§ 251) ist die Zustimmung beider Parteien erforderlich, weil auch die vertretene Partei passiv bleiben durfte. Die mangelhafte Handlung bleibt unwirksam, solange die Heilung nicht eingetreten ist.

VI. Aufnahme durch den angeblichen Rechtsnachfolger

Nicht in den besprochenen Zusammenhang gehören die Handlungen eines Nichtberechtigten, z.B. wenn die Aufnahme eines Prozesses durch ihn oder gegen ihn geschieht (→ oben Rdnr. 22 vor § 239). Der Nichtberechtigte handelt im eigenen und nicht im fremden Namen, ist aber gleichwohl Partei (→ Rdnr. 22 vor § 239). Wird er wegen seiner Nichtberechtigung zurückgewiesen, so hat die berechtigte Partei den Prozeß in derjenigen prozessualen Lage aufzunehmen, wo er für sie z.B. mit dem Tode des Erblassers unterbrochen wurde (auch → Rdnr. 22 vor § 239). Nicht entscheidend ist der Zeitpunkt, in dem der Nichtberechtigte aus dem Prozeß ausgeschieden ist. Die Handlungen des Prätendenten und die diesem gegenüber erlassenen Entscheidungen entfalten gegenüber dem Berechtigten keine Bindung, obgleich auch er Partei geworden ist (Art. 103 Abs. 1 GG, → Rdnr. 22 vor § 239)[66].

§ 250 [Form der Aufnahme und Anzeige]

Die Aufnahme eines unterbrochenen oder ausgesetzten Verfahrens und die in diesem Titel erwähnten Anzeigen erfolgen durch Zustellung eines bei Gericht einzureichenden Schriftsatzes.

Gesetzesgeschichte: Bis 1900 § 227 CPO; neugefaßt durch BGBl. 1950, 455.

---

[62] *KG* KGBl 17, 22; *OLG München* JurBüro 1975, 520.
[63] *KG* OLGRsp 25, 216.
[64] *BSG* NJW 1967, 2226; *RGZ* 10, 67, 69; *KG* OLGRsp 23, 143; KGBl 17, 22; *Nußbaum* Die Prozeßhandlungen, ihre Voraussetzungen und Erfordernisse (1908), 14; a.A. *Kohler* Prozeß als Rechtsverhältnis (1888) (Neudruck 1969), 88f.; *Sauer* Grundlagen des Prozeßrechts² (Neudruck 1970), 464, aber auch 506.
[65] *BGHZ* 111, 104, 107f.
[66] S. *RGZ* 45, 359, 362.

§ 250 I, II §ensp; 1. Buch: Allgemeine Vorschriften

Stichwortverzeichnis → *Unterbrechungs- und Aussetzungsschlüssel* in Rdnr. 30 vor § 239.

I. Bedeutung	1	3. Verbindung von Aufnahme und Rechtsmittel	5
II. Aufnahme			
1. Zustellung eines Schriftsatzes	2	III. Zustellung; Ladung	6
2. Erklärung in der mündlichen Verhandlung	4		

I. Bedeutung

1 § 250 betrifft lediglich die Form von Aufnahme und Anzeige und nicht deren Statthaftigkeit[1]. In seltenen Ausnahmefällen wird man wohl Verwirkung des Rechts auf Fortsetzung des Verfahrens annehmen können. Das Verfahren im übrigen, Berechtigung und Verpflichtung zur Aufnahme sowie die jeweils maßgebenden Zeitpunkte sind in den einzelnen Tatbeständen der §§ 239 ff. geregelt. § 250 betrifft die Aufnahme eines unterbrochenen oder ausgesetzten Verfahrens in den Fällen der §§ 239, 240, 242, 243 2. Hälfte, 246 Abs. 2 und die Anzeige in den Fällen der §§ 241, 243 1. Hälfte und § 244. Ferner gilt § 250 auch für das Ruhen des Verfahrens (§ 251)[2].

II. Aufnahme

1. Zustellung eines Schriftsatzes

2 Die Aufnahme geschieht grundsätzlich durch die Zustellung eines Schriftsatzes (§ 130), der die Aufnahme entweder ausdrücklich erklärt[3] oder doch durch Vornahme einer auf den Fortgang des Verfahrens gerichteten Prozeßhandlung deutlich auf den Aufnahmewillen schließen läßt[4]. Beispiele sind die Zurücknahme einer Berufung[5], die Ladung des Nachlaßpflegers[6] oder das Wiedereinsetzungsgesuch[7]. Der gegenteilige Wille wird bekundet, wenn eine Fristsetzung zur Bestellung eines Anwalts nach § 244 Abs. 2 beantragt wird[8] oder zu einem Termin geladen wird, in dem beantragt werden soll, das Verfahren für aufgenommen zu erklären[9].

3 Nicht ausreichend ist grundsätzlich die bloße Zustellung eines Urteils[10]. Ebensowenig genügt eine bloße Vereinbarung der Parteien, daß das Verfahren als aufgenommen gelten solle[11]. Das gleiche gilt für die Anzeige über einen Vergleichsabschluß[12] sowie für den Antrag auf Prozeßkostenhilfe[13].

2. Erklärung in der mündlichen Verhandlung

4 Die Aufnahmeerklärung kann, wie sonstige Parteierklärungen auch (→ Rdnr. 148 ff. vor § 128), dem anwesenden Gegner gegenüber auch in der mündlichen Verhandlung abgegeben werden[14]. So kann es etwa liegen, wenn die Parteien in dem schon vor der Unterbrechung

---

[1] *BFHE* 162, 208, 210.
[2] Allg. M., *OLG Düsseldorf* MDR 1991, 550; *Thomas/Putzo*[18] Rdnr. 1; *MünchKommZPO/Feiber* (1992) Rdnr. 2.
[3] *RGZ* 13, 315, 316f.; 41, 403, 405; *RG* JW 1909, 22; *BGH* MDR 1960, 396, 397.
[4] *RGZ* 14, 333, 334.
[5] *RG* SeuffArch 51 (1896), 220.
[6] *RG* Gruchot 48 (1904), 1094f.
[7] *OLG Köln* OLGZ 1973, 41f.
[8] *BGH* MDR 1960, 396f.
[9] *RG* JW 1909, 22.
[10] *RGZ* 41, 403, 405.
[11] *RGZ* 66, 399, 400.
[12] *RG* JW 1891, 468.
[13] *BGH* NJW 1970, 1790; ferner → § 249 Rdnr. 25.
[14] *RGZ* 41, 403, 405; 52, 347f.; 78, 343f.; 86, 235, 240; 109, 47, 48; 140, 348, 352.

anberaumten Termin erscheinen (→ § 249 Rdnr. 24). Im Falle des § 239 Abs. 2 kann der Gegner des Rechtsnachfolgers auch abwesend sein[15]. Aus dem Gesagten folgt, daß ein Mangel des Schriftsatzes zu den verzichtbaren Verfahrensfehlern i. S. des § 295 gehört[16]. Es kann daher auch ausdrücklich verzichtet werden[17]. Das Gesagte gilt auch, wenn ein Rechtsmittel ohne vorangehende Aufnahme eingelegt ist (auch → § 249 Rdnr. 20)[18].

3. Verbindung von Aufnahme und Rechtsmittel

Die Aufnahme kann auch mit einem Berufungs- oder Revisionsschriftsatz verbunden werden[19]. Nach heute h. L. kann die Aufnahme eines nach Urteilsverkündung und vor Einlegung eines Rechtsmittels unterbrochenen Verfahrens zusammen mit der Rechtsmitteleinlegung in einem Schriftsatz erklärt werden, der bei dem höheren Gericht eingelegt wird (a. A. → Vorauf1. Rdnr. 3)[20]. Allerdings gehört das Aufnahmeverfahren in diesen Fällen an sich noch zur unteren Instanz, und es müßte etwa vor Einlegung der Berufung bei dem OLG zunächst bei dem LG aufgenommen werden[21] (→ auch § 176 Rdnr. 11). Dieser Weg ist auch weiterhin gangbar und zulässig. Es entspricht aber der Prozeßökonomie, den von der Rechtsprechung eröffneten Weg wenigstens wahlweise zuzulassen. Schutzwürdige Interessen der Gegenpartei werden dadurch nicht verletzt. Das Gesagte gilt auch für das Versorgungsausgleichsverfahren[22]. Allerdings könnten Verwicklungen denkbar sein, wenn z. B. der Gegner des Rechtsnachfolgers diesen nach § 239 Abs. 3 zur Aufnahme vor das untere Gericht lädt, und der Rechtsnachfolger seinerseits durch Rechtsmitteleinlegung bei dem oberen Gericht das Verfahren aufnimmt. In diesem Fall wird man die Ladung nach § 239 Abs. 3 als prozessual überholt ansehen dürfen. Das Gesagte gilt in gleicher Weise für die Verbindung von Aufnahme und Einspruch gegen ein Versäumnisurteil oder gegen einen Vollstreckungsbescheid.

III. Zustellung; Ladung

Der Schriftsatz ist nach § 250 zur Zustellung oder zur formlosen Mitteilung bei Gericht einzureichen (§ 253 Abs. 5). Im Amtsgerichtsprozeß genügt die Erklärung zu Protokoll der Geschäftsstelle (§ 496). Es muß förmlich zugestellt werden, wenn die Übernahme des Prozesses durch eine andere Person in Frage steht (§ 239), da es sich um einen Sachantrag handelt (§ 297 Abs. 1). Im übrigen genügt formlose Mitteilung (§ 270 Abs. 2 S. 1). Ein Antrag auf Terminsansetzung ist nur in den Fällen von § 239 Abs. 2, § 242 ZPO, § 10 KO, § 13 AnfG erforderlich. – Zu der Ladung auch → § 239 Rdnr. 23.

---

[15] *Thomas/Putzo*[18] Rdnr. 1.
[16] *RGZ* 51, 94, 97; 52, 347, 348; *BGHZ* 50, 397, 399 f., m. Anm. *Schneider* LM § 240 ZPO Nr. 14/15 und Anm. *Grunsky* JZ 1969, 235; *OLG Hamm* SeuffArch 62 (1907), 173 f.; *OLG Hamburg* OLGRsp 31, 39.
[17] *BGHZ* 23, 172, 175 → § 244 Rdnr. 18.
[18] Ebenso *RGZ* 66, 399, 401; *RG* JW 1911, 769; *OLG Hamburg* SeuffArch 76 (1921), 311 f.
[19] Etwa *BezG Meiningen* DtZ 1992, 354.
[20] *BGHZ* 111, 104, 109 f.; 30, 112, 119 f.; 36, 258,

259 f.; *BGH* NJW 1970, 1790; *Rosenberg/Schwab/Gottwald*[15] § 125 V 2; *Thomas/Putzo*[18] Rdnr. 2; *MünchKommZPO/Feiber* (1992) Rdnr. 12; *Zöller/Greger*[18] Rdnr. 4; *Baumbach/Lauterbach/Hartmann*[51] Rdnr. 2; a. A. → Vorauf1. Rdnr. 3; *Henckel* ZZP 75 (1962), 359 ff.; *Jauernig* JZ 1965, 694.
[21] Nachw. der älteren Rechtsprechung in *BGHZ* 23, 172, 174 f.
[22] *OLG Frankfurt a. M.* FamRZ 1990, 296, 297.

§ 251 [Ruhen des Verfahrens]

(1) Das Gericht hat das Ruhen des Verfahrens anzuordnen, wenn beide Parteien dies beantragen und anzunehmen ist, daß wegen Schwebens von Vergleichsverhandlungen oder aus sonstigen wichtigen Gründen diese Anordnung zweckmäßig ist. Die Anordnung hat auf den Lauf der in § 233 bezeichneten Fristen keinen Einfluß.

(2) Vor Ablauf von drei Monaten kann das Verfahren nur mit Zustimmung des Gerichts aufgenommen werden. Das Gericht erteilt die Zustimmung, wenn ein wichtiger Grund vorliegt.

Gesetzesgeschichte: Bis 1900 § 222 CPO; sachlich geändert durch RGBl. 1924 I 135; Abs. 1 S. 2 geändert und Abs. 2 S. 2 angefügt durch die Vereinfachungsnovelle BGBl. I 3281, → Einl. Rdnr. 159.

Stichwortverzeichnis → *Unterbrechungs- und Aussetzungsschlüssel* in Rdnr. 30 vor § 239.

I. Funktion 1	V. Beendigung des Ruhens
II. Voraussetzungen 3	1. Zeitliche Begrenzung; Aufnahme 14
1. Einverständnis der Parteien 4	2. Beschränkungen (Abs. 2) 15
2. Zweckdienlichkeit 6	a) Vorliegen eines wichtigen Grundes 16
3. Säumnis beider Parteien 7	b) Nichtvorliegen eines wichtigen Grundes 17
III. Anordnung; Rechtsbehelfe 8	3. Zustimmung des Gerichts 18
IV. Wirkungen	4. Amtsgerichtliches, einzelrichterliches und arbeitsgerichtliches Verfahren 20
1. Verfahrensstillstand 10	
2. Unterbrechung der Verjährung (§ 211 Abs. 2 BGB) 12	VI. Tatsächlicher Stillstand 22
	VII. Kosten 23

I. Funktion

1 § 251 soll die endgültige Erledigung des Rechtsstreits fördern. Deshalb kommt ein Ruhen des Verfahrens wohl nicht in Betracht, wenn dem Verfahren eine Sachurteilsvoraussetzung fehlt, insbesondere wenn ein Rechtsmittel unzulässig ist[1]. Es handelt sich um die dritte Form des Verfahrensstillstandes (→ Rdnr. 18 vor § 239) in der Ausgestaltung eines vom Gesetz besonders hervorgehobenen Falles der Aussetzung (→ Rdnr. 14, 18 vor § 239). Abs. 2 hat sein Vorbild in § 168 der österreichischen ZPO und verdeutlicht den Parteien den Charakter der Verfahrensruhe als einen für eine längere Zeit bestimmten Verfahrensstillstand. § 251 knüpft an eine gerichtliche Entscheidung an, weil die Parteien allein über das Ruhen des Verfahrens ebensowenig disponieren können wie über Termine oder Fristen (→ § 224 Rdnr. 1). § 251 ist im Wohnungseigentumsverfahren entsprechend anwendbar[2]. Ruhen kann auch das Verfahren der einstweiligen Verfügung[3]. Das Ruhen des Verfahrens führt nicht zu einer Verfahrensbeendigung, auch wenn es über einen längeren Zeitraum andauert[4].

2 Die Verfahrensruhe bezweckt nicht das Erlangen eines kürzeren Aufschubes (arg. Abs. 2). Wollen die Parteien die Verlängerung einer Frist, die Aufhebung eines Termins oder eine Vertagung erreichen, so sind sie auf Anträge nach §§ 224, 227 beschränkt. Im Verfahren zur

---

[1] *BFH* BFH/NV 1991, 469 (Nr. 479) (LS).
[2] *BayObLG* NJW-RR 1988, 16.
[3] *BGH* NJW 1992, 2297, 2298 li. Sp.
[4] *OLG Düsseldorf* MDR 1991, 550.

Abgabe der eidesstattlichen Versicherung findet § 251 keine Anwendung (zweifelnd auch LG Paderborn Rpfleger 1993, 254).

II. Voraussetzungen

Zu einer gerichtlichen Ruhensanordnung kommt es nur, wenn die zwei in § 251 Abs. 1 aufgeführten Voraussetzungen dafür vorliegen. Das sind das Einverständnis der Parteien (→ sogleich Rdnr. 4) und die Zweckdienlichkeit (→ Rdnr. 6). Für die bloße Feststellung, daß das Verfahren ruht, gibt es keine gesetzliche Grundlage[5]. 3

1. Einverständnis der Parteien

Es müssen entweder Anträge beider Parteien vorliegen oder wenigstens der Antrag einer Partei, dem der Gegner zustimmt. Der Antrag unterliegt dem Anwaltszwang (§ 78). § 248 kommt weder unmittelbar noch entsprechend zur Anwendung. Der Antrag kann sowohl in der mündlichen Verhandlung gestellt als auch schriftlich angebracht werden. Für die Widerruflichkeit gilt → Rdnr. 219 ff. vor § 128. 4

Das Ruhen des Verfahrens ist im Verhältnis zu einzelnen von mehreren Streitgenossen zwar nicht ausgeschlossen, wird aber nur selten zweckmäßig sein. Ggf. wird ein Anlaß zur Trennung nach § 145 bestehen. Anträge sämtlicher Streitgenossen sind erforderlich, wenn das Verfahren im Verhältnis zu allen Streitgenossen ruhen soll. Bei der notwendigen Streitgenossenschaft wirkt aber nach § 62 der in der mündlichen Verhandlung von dem erschienenen Streitgenossen gestellte Antrag auch für den Ausgebliebenen. Der Streitgehilfe ist zur Antragstellung befugt, darf sich aber nicht in Widerspruch zu der Hauptpartei stellen[6]. Das folgt aus § 67. Der streitgenössische Streitgehilfe steht dem Streitgenossen gleich (§ 69). 5

2. Zweckdienlichkeit

Das Ruhen des Verfahrens muß nach Abs. 1 zweckmäßig sein. Ausdrücklich genannt ist als Beispiel das Schweben von Vergleichsverhandlungen. Dann kann das Ruhen auch bei Entscheidungsreife angeordnet werden. Sonstige wichtige Gründe müssen dem in ihrer Bedeutung entsprechen. Zu denken ist etwa an die mit dem Ausgang eines Parallelprozesses zu erwartende Klärung des Streitstoffes. Der betreffende Gegenstand muß vergleichsfähig sein[7]. Zweckmäßigkeit ist wohl auch zu bejahen, wenn das Ruhen des Verfahrens wegen eines Vorlagebeschlusses an das Bundesverfassungsgericht oder an den gemeinsamen Senat oder mit Rücksicht auf eine auch für dieses Verfahren bedeutsame Verfassungsbeschwerde angeordnet werden soll. Ebenso liegt es bei einem Vorlagebeschluß an den Europäischen Gerichtshof. Das Vorliegen der Voraussetzungen ist durch das Gericht aufgrund des Parteivorbringens nach pflichtgemäßem Ermessen zu entscheiden. Die Parteien brauchen die Gründe nicht formell glaubhaft zu machen. § 251 setzt nicht den Abschluß eines Zwischenvergleiches voraus, in dem sich die Parteien auf das Ruhen des Verfahrens verständigt haben[8]. In einer derartigen prozessualen Abrede liegt nicht ohne weiteres eine Stundung[9]. Das Gericht wäre im übrigen daran auch nicht gebunden. 6

---

[5] *BayObLG* NJW-RR 1988, 16.
[6] *KG* BauR 1989, 643, 644.
[7] *BFH* BFH/NV 1989, 589 (Nr. 525).
[8] Zum »Zwischenvergleich« → § 794 Rdnr. 29.
[9] *BGH* NJW 1983, 2496.

3. Säumnis beider Parteien

7 § 251 wird durch § 251a Abs. 3 dadurch ergänzt, daß das Gericht im Falle der Säumnis beider Parteien statt der Entscheidung nach Lage der Akten oder der Vertagung von Amts wegen das Ruhen des Verfahrens anordnen kann (→ § 251a Rdnr. 40f.). Das Gericht wird zu diesem Instrument des Verfahrensstillstandes greifen, wenn es aus dem Verhalten der Parteien die Überzeugung gewonnen hat, daß beide das Verfahren nicht ernstlich betreiben wollen. Dieses Ruhen ist an sich als Sanktion gegen die Parteien gedacht und hängt in seinen Voraussetzungen nicht von § 251 ab.

III. Anordnung; Rechtsbehelfe

8 Die Verfahrensruhe kann ohne vorausgehende mündliche Verhandlung durch Beschluß angeordnet werden (→ § 128 Rdnr. 25f.). Die (immer ausdrückliche) Anordnung wird nach § 329 mit der Verkündung oder der formlosen Mitteilung des Beschlusses wirksam. § 329 Abs. 2 S. 2 Alt. 2 kommt nicht zur Anwendung, weil die drei Monate des § 251 Abs. 2 keine Frist sind (→ Rdnr. 31 vor § 214). Bei entsprechenden Anträgen kann das Gericht die Ruhensanordnung von vornherein zeitlich begrenzen (→ Rdnr. 14).

9 Nach § 252 steht jeder Partei gegen die Ablehnung die sofortige Beschwerde zu. Eine gemeinsame Beschwerde beider Parteien ist nicht erforderlich. Gegen die Anordnung findet nach § 252 die einfache Beschwerde statt. Sie kommt praktisch nur in Betracht, wenn das Gericht zu Unrecht angenommen hat, daß ein Antrag des Beschwerdeführers vorgelegen hat.

IV. Wirkungen

1. Verfahrensstillstand

10 Die Ruhensanordnung begründet einen Verfahrensstillstand. Ihr kommen dieselben prozeßrechtlichen Wirkungen wie einer Aussetzung zu. Das bedeutet die Unwirksamkeit der Handlungen der Parteien und des Gerichts in dem zu § 249 erörterten Sinne. Es gelten die Ausführungen zu → § 249 Rdnr. 14ff. Daher hindert das Ruhen des Verfahrens nicht die Durchführung eines Beschwerdeverfahrens zur Streitwertfestsetzung[10]. § 249 Abs. 3 kommt weder direkt noch entsprechend zur Anwendung. Deshalb darf ein schon beschlossenes Urteil nicht verkündet werden. Eine Heilung unwirksamer Handlungen nach § 295 ist möglich und setzt die Nichtrüge beider Parteien voraus.

11 Durch die Anordnung des Ruhens hört der Lauf der gesetzlichen wie der richterlichen Fristen auf. Wie bei § 249 Abs. 1 beginnt nach Beendigung des Stillstandes die volle Frist von neuem zu laufen. Wegen der in § 251 Abs. 1 S. 2 angeordneten Ausnahme hat jedoch die Anordnung auf den Lauf der Notfristen und der Rechtsmittelbegründungsfristen keinen Einfluß[11]. Die Parteien können daher eine Verlängerung dieser Fristen im Wege der Verfahrensruhe nicht erreichen. Sie haben daher in aller Regel keinen Anlaß, die Verfahrensruhe in der Zeit zwischen der Urteilsverkündung und dem Ablauf der Rechtsmittelbegründungsfrist zu beantragen. Wenn es gleichwohl zu einer antragsgemäßen Anordnung kommt, so werden die genannten Fristen weder in ihrem Anlauf noch in ihrem Weiterlaufen berührt. Die zu ihrer Wahrung vorgenommenen Handlungen sind wirksam.

---

[10] *OLG Karlsruhe* MDR 1993, 471.   [11] Vgl. auch *RG* HRR 1930 Nr. 1766.

2. Unterbrechung der Verjährung (§ 211 Abs. 2 BGB)

Durch die Anordnung der Verfahrensruhe wird die Unterbrechung der Verjährung beendet. Allerdings ist § 211 Abs. 2 BGB in seinem Wortlaut dem durch die Novelle 1924 (→ Einl. Rdnr. 123) neugefaßten § 251 ZPO nicht angepaßt worden. Doch beruht die Verfahrensruhe wenigstens mittelbar auf dem übereinstimmenden Antrag der Parteien. Die gegenteilige Auffassung würde zu dem mit § 225 BGB im Widerspruch stehenden Ergebnis führen, daß die Parteien auf dem Umweg über die Verfahrensruhe die Verjährung beliebig verlängern könnten[12]. Die neue Verjährung beginnt aber nicht schon mit dem die Verfahrensruhe anordnenden Beschluß. Vielmehr hemmt die Sperrfrist des § 251 Abs. 2 den Beginn der neuen Verjährungsfrist[13]. 12

Es ist eine Frage der Auslegung, ob in der Übereinkunft der Parteien über den gemeinsamen Antrag nach § 251 zugleich eine zivilrechtliche Stundungsabrede liegt. Ohne weiteres ist das nicht der Fall[14]. 13

V. Beendigung des Ruhens

1. Zeitliche Begrenzung; Aufnahme

War die Anordnung in ihren Wirkungen von vornherein zeitlich begrenzt (→ Rdnr. 8), so endet sie mit diesem Zeitpunkt. Ist sie ohne zeitliche Begrenzung ergangen, so endet sie durch ausdrückliche oder schlüssige Aufnahme seitens einer Partei nach § 250 ohne Gerichtsbeschluß[15]. Eine Aufnahmeerklärung beider Parteien ist nicht erforderlich. 14

2. Beschränkungen (Abs. 2)

Abs. 2 erschwert die Aufnahme durch die Parteien seit der Vereinfachungsnovelle. Eine Aufnahme vor Ablauf von drei Monaten seit der Verkündung oder Zustellung des das Ruhen anordnenden Beschlusses bedarf nach Abs. 2 der Zustimmung des Gerichts. Das gilt auch für die nach § 251a Abs. 3 angeordnete Verfahrensruhe[16] (→ § 251a Rdnr. 41). Das Gericht erteilt nach § 251 Abs. 2 S. 2 die Zustimmung nur, wenn ein wichtiger Grund vorliegt. Ebenso wie bei der Anordnung des Ruhens entscheidet das Gericht darüber nach pflichtgemäßem Ermessen (→ Rdnr. 6). Im Interesse eines effektiven Rechtsschutzes sollten die Gerichte bei der Annahme eines triftigen Grundes für die Beendigung der Verfahrensruhe großzügig verfahren. Anders mag es im Fall des § 251a Abs. 3 liegen, der gegenüber den Parteien als Sanktion gedacht ist (a. A. *LG Berlin* MDR 1993, 476). 15

a) Vorliegen eines wichtigen Grundes

Ein wichtiger Grund (Abs. 2 S. 2) liegt vor, wenn zwischen den Parteien unstreitig Vergleichsbereitschaft besteht[17]. Umgekehrt ist auch das endgültige Scheitern von Vergleichsverhandlungen ein wichtiger Grund[18]. Es ist dann kein Grund ersichtlich, weshalb die Parteien 16

---

[12] H.L., *RGZ* 136, 193, 195; 145, 239, 241; *BGH* NJW-RR 1988, 279; NJW 1983, 2496; *MünchKomm-ZPO/Feiber* (1992) Rdnr. 19.
[13] *RGZ* 136, 193, 196; *BGH* BB 1968, 268, 269; *LG Berlin* GrundE 1985, 575, 576.
[14] *BGH* NJW 1983, 2496; *OLG München* ZZP 53 (1928), 309; *OLG Hamburg* OLGRsp 24, 214.
[15] Dazu *BFH* BFH/NV 1992, 610 (Nr. 596); 1990, 52, 53 (Nr. 54).

[16] *KG* JW 1925, 69; *LG Berlin* MDR 1993, 476; a. A. *Reinberger* Recht 1924, 480, 482; *ders.* ZZP 49 (1925), 231.
[17] *Thomas/Putzo*[18] Rdnr. 8.
[18] *MünchKommZPO/Feiber* (1992) Rdnr. 26; *Zöller/Greger*[18] Rdnr. 4; a. A. → Voraufl. Rdnr. 18.

das Ende der drei Monate sollten abwarten müssen. Das gelegentlich geforderte zusätzliche Merkmal des erkennbaren Interesses einer Partei an baldiger Entscheidung[19] ist regelmäßig durch den Antrag auf Erteilung der Zustimmung dargetan. Ein wichtiger Grund ist auch dann zu bejahen, wenn sich die Parteien in einem Parallelprozeß auf die Bereinigung der zwischen ihnen bestehenden Meinungsverschiedenheiten geeinigt haben und darin auch das ruhende Verfahren einbezogen werden soll. Ein wichtiger Grund muß ferner angenommen werden, wenn ohne eine Aufnahme eine der Parteien im Wege des einstweiligen Rechtsschutzes eine Regelung herbeiführen müßte, wie sie gerade durch die Aufnahme erreicht werden soll.

b) Nichtvorliegen eines wichtigen Grundes

17   Ein ernsthafter Fortsetzungswille der Parteien ist regelmäßig kein wichtiger Grund für die vorzeitige Aufnahme. Diese Möglichkeit der Beendigung des Ruhens sollte durch die Vereinfachungsnovelle gerade beseitigt werden[20].

3. Zustimmung des Gerichts

18   Nach dem Wortlaut des Abs. 2 S. 1 soll die Zustimmung des Gerichts der Aufnahme vorausgehen. Die Partei reicht den Antrag auf Erteilung der Zustimmung gleichzeitig mit dem Aufnahmeschriftsatz ein oder erklärt ihn zu Protokoll der Geschäftsstelle. Daraufhin wird der Beschluß zusammen mit der Aufnahmeschrift dem Gegner von Amts wegen nach § 329 Abs. 2 S. 1 formlos mitgeteilt oder mit der Ladung zugestellt. Wird die Zustimmung versagt oder ist ihre Einholung unterblieben, so ist die gleichwohl erklärte Aufnahme unwirksam. Dann dauert der Verfahrensstillstand fort. Deshalb kann auch das Gericht keine Prozeßhandlungen vornehmen.

19   Die Zustimmung muß stets erteilt werden, wenn die (uneigentliche) Dreimonatsfrist (→ Rdnr. 8) des Abs. 2 bei Eingang des Antrags auf Zustimmung noch nicht abgelaufen ist, aber bei dem dem Gericht frühestmöglichen Terminstag der Fristablauf feststeht. Eine Terminierung erst nach Ablauf der Sperrfrist entspricht nicht dem Zweck des § 251 Abs. 2, der die Parteien nicht bestrafen will[21].

4. Amtsgerichtliches, einzelrichterliches und arbeitsgerichtliches Verfahren

20   Im amtsgerichtlichen und im einzelrichterlichen Verfahren sind die Funktionen des Gerichts und diejenigen des Vorsitzenden in einer Person vereinigt. Deshalb muß dort die Terminsbestimmung auf einen in der Aufnahmeschrift enthaltenen dahingehenden Antrag als Zustimmung i. S. des Abs. 2 gewertet werden. Einer ausdrücklichen Zustimmungsverfügung bedarf es hier ausnahmsweise nicht.

21   Ebenso liegt es nach § 53 Abs. 1, § 64 Abs. 7 ArbGG im arbeitsgerichtlichen Verfahren der ersten und der zweiten Instanz. In der Revisionsinstanz ist dagegen der kleine Senat zuständig (→ § 128 Rdnr. 54).

---

[19] *Thomas/Putzo*[18] Rdnr. 8.
[20] BT-Drucks. VI/790 S. 21 f.; vorsichtigere Formulierung bei *Baumbach/Lauterbach/Hartmann*[51] Rdnr. 12.
[21] Zutr. *MünchKommZPO/Feiber* (1992) Rdnr. 28; anders § 251a Abs. 3 (→ Rdnr. 15 a. E.).

VI. Tatsächlicher Stillstand

§ 251 trifft nicht die Fälle des rein tatsächlichen Stillstandes (→ Rdnr. 19 vor § 239). Hier kann jede Partei den Stillstand jederzeit durch Terminsgesuch nach §§ 216, 497 beenden. Die zivilrechtlichen Wirkungen ergeben sich aus § 211 Abs. 2 BGB[22]. Die Unterbrechung der Verjährung endet bei Nichterscheinen beider Parteien auch dann, wenn ein Ruhen des Verfahrens nicht angeordnet wird, aber tatsächlich ein Stillstand eintritt, weil das Gericht keine andere Anordnung trifft[23]. 22

VII. Kosten

Gerichtsgebühren entstehen im Verfahren nach § 251 nicht. Der Rechtsanwalt einer jeden Partei erhält 5/10 Verhandlungsgebühr, wenn über den Antrag auf Ruhen des Verfahrens mündlich verhandelt wird[24]. 23

§ 251a [Säumnis beider Parteien, Entscheidung nach Lage der Akten]

(1) Erscheinen oder verhandeln in einem Termin beide Parteien nicht, so kann das Gericht nach Lage der Akten entscheiden.

(2) Ein Urteil nach Lage der Akten darf nur ergehen, wenn in einem früheren Termin mündlich verhandelt worden ist. Es darf frühestens in zwei Wochen verkündet werden. Das Gericht hat der nicht erschienenen Partei den Verkündungstermin formlos mitzuteilen. Es bestimmt neuen Termin zur mündlichen Verhandlung, wenn die Partei dies spätestens am siebenten Tage vor dem zur Verkündung bestimmten Termin beantragt und glaubhaft macht, daß sie ohne ihr Verschulden ausgeblieben ist und die Verlegung des Termins nicht rechtzeitig beantragen konnte.

(3) Wenn das Gericht nicht nach Lage der Akten entscheidet und nicht nach § 227 vertagt, ordnet es das Ruhen des Verfahrens an.

Gesetzesgeschichte: Eingefügt durch RGBl. 1924 I 437; sachlich geändert durch BGBl. 1950, 455; neugefaßt mit Wirkung vom 1.7.1977 durch die Vereinfachungsnovelle vom 3.12.1976, BGBl. I 3281, → Einl. Rdnr. 159.

Stichwortverzeichnis → *Unterbrechungs- und Aussetzungsschlüssel* in Rdnr. 30 vor § 239.

I. Normzweck	1	a) Berücksichtigungsfähiger Prozeßstoff	14
II. Abgrenzung	2	b) Urteil nach Lage der Akten	15
III. Wahl der Rechtsfolgen	4	c) Säumnistermin als maßgebender Zeitpunkt	18
IV. Voraussetzungen	5	d) Fortwirkung	20
V. Entscheidung nach Aktenlage (Abs. 1, 2)		e) Verkündung	21
1. Entscheidung	8	VI. Das Urteil nach Lage der Akten (Abs. 2)	22
2. Entscheidungsreife	10	1. Mündliche Verhandlung	23
3. Aktenlage	13	2. Urteil	28

---

[22] Dazu *BGH* MDR 1988, 214; NJW 1987, 371.
[23] *RGZ* 157, 379, 381 ff.
[24] *OLG Düsseldorf* JurBüro 1987, 862.

3. Verfahren (Abs. 2 S. 1–4)	
a) Gesonderter Verkündungstermin (Abs. 2 S. 2)	29
b) Mitteilung des Verkündungstermins (Abs. 2 S. 3)	30
c) Bestimmung eines neuen Verhandlungstermins (Abs. 2 S. 4)	32
d) Rechtsbehelfe	36
VII. Vertagung; Ruhen des Verfahrens (Abs. 3)	37
1. Vertagung	38
2. Anordnung des Ruhens des Verfahrens	40
VIII. Kosten	42
IX. Verfahren in Arbeitssachen	43
1. Verfahren erster Instanz	44
2. Verfahren vor dem Landesarbeitsgericht	47
3. Verfahren vor dem Bundesarbeitsgericht	48

I. Normzweck[1]

1 § 251a gibt dem Gericht bei Untätigkeit der Parteien die Möglichkeit, das Verfahren zu fördern. Die durch die Novelle 1924 (→ Einl. Rdnr. 123) eingeführte Norm ergänzt die §§ 227, 251. Abs. 3 paßt wegen des Zusammenhangs mit § 251 in den Fünften Titel, wogegen Abs. 1 und 2 eher zu den §§ 333 ff. gehören. Da den Parteien sowohl die freie Disposition über die Termine (→ § 224 Rdnr. 1) als auch über das Verfahren (→ § 251 Rdnr. 1) entzogen ist, verhindert das Gesetz mit § 251a, daß sie den unerwünschten Erfolg nicht durch ein rein passives Verhalten herbeiführen. § 251a bezweckt die sachliche Förderung des Rechtsstreits, wie sie durch Prozeßstrafen und Gebührenvorschriften, die lediglich einen Zwang zum Erscheinen begründen können, nicht bewirkt werden kann. Die Norm versucht auf die Parteien in der Weise Druck auszuüben, daß diese Gefahr laufen, daß der Rechtsstreit ohne ihre mündliche Anhörung entschieden wird.

II. Abgrenzung

2 § 251a berührt sich in gewisser Weise mit § 128 Abs. 2 und 3. Der wesentliche Unterschied besteht darin, daß § 251a als Sanktionsmaßnahme zur Durchsetzung der Mündlichkeit gedacht ist[2]. Dagegen schafft § 128 für gewisse Fälle der Vereinfachung und Beschleunigung (Abs. 2) und der Arbeits- und Kostenerleichterung für Parteien und Gericht (Abs. 3) Ausnahmen von dem Mündlichkeitsgrundsatz. Ferner findet bei § 128 Abs. 2 und 3 kein Termin statt und demgemäß ist die Möglichkeit der schriftlichen Fortführung des Verfahrens gegeben (→ § 128 Rdnr. 94). Dagegen hat die Entscheidung nach § 251a stets aufgrund der Aktenlage im Zeitpunkt des Termins zu ergehen (→ Rdnr. 8 ff.).

3 Bleibt bloß eine Partei aus, so gilt § 331a. Die Anwendung des § 251a ist ausgeschlossen, wenn ein Antrag auf Versäumnisurteil nach den §§ 330, 331 gestellt wird. Es genügt aber für die Anordnung des Ruhens des Verfahrens nach § 251a Abs. 3, daß eine Seite ausbleibt und die andere Seite keinen Sachantrag stellt[3].

III. Wahl der Rechtsfolgen

4 Nach § 251a kann das Gericht von den dort vorgesehenen Möglichkeiten nach seinem pflichtgemäßen Ermessen Gebrauch machen. Es kann im Falle der Entscheidungsreife nach

---

[1] Literatur: *Bley* ZZP 49 (1925), 154 ff.; *de Boor* Die Entscheidung nach Lage der Akten (1924) in *Kisch u. a.* (Hrsg.), Beiträge zum Zivilprozeß (1924); *Fraeb* Gruchot 67 (1925), 412, 416 ff.; *Reinberger* Recht 1924, 69, 478 ff.; *Striemer* DJZ 1924, 500 ff.

[2] Abschwächend *MünchKommZPO/Feiber* (1992) Rdnr. 3.

[3] *OLG Köln* NJW-RR 1992, 1022.

Aktenlage entscheiden (Abs. 1, 2, → Rdnr. 8ff.) oder vertagen (Abs. 3) oder das Ruhen des Verfahrens anordnen (Abs. 3, → Rdnr. 38f.), ohne daß zwischen diesen Alternativen eine gesetzliche Rangfolge bestünde[4]. Es ist stets unzulässig, von jeder Entscheidung abzusehen und etwa nur einen Aktenvermerk zu fertigen, daß nichts zu veranlassen sei[5]. Dadurch träte ein rechtloser Verfahrensstillstand ein. Wird eine Entscheidung erlassen, ohne daß etwa die Voraussetzungen des § 251a Abs. 2 vorliegen, so liegt darin ein Verfahrensmangel, der zur Zurückverweisung führen kann[6].

IV. Voraussetzungen

Abs. 1 Alt. 1 verlangt als Voraussetzung für das Verfahren nach § 251a die Terminsversäumung beider Parteien (zur Säumnis einer Partei → Rdnr. 3). Es müssen für beide Parteien die zur Säumnis erforderlichen Voraussetzungen vorliegen (→ Rdnr. 1 vor § 330)[7]. Der Wortlaut des § 251a Abs. 1 ist insoweit undeutlich. – Zur Vertagung, wenn die Ladung nicht feststeht, → Rdnr. 39. **5**

Abs. 1 Alt. 2 stellt entsprechend der Rechtslage zu § 333 Abs. 1 der Terminsversäumung den Fall gleich, daß die Parteien erscheinen, ohne Anträge zu stellen. Ausreichend ist es auch, wenn eine Partei ausbleibt und die andere keinen Sachantrag stellt[8] (→ Rdnr. 3). **6**

Soll aufgrund der Aktenlage ein Urteil ergehen, so tritt nach Abs. 2 S. 1 als weitere Voraussetzung hinzu, daß in einem früheren Termin eine mündliche Verhandlung stattgefunden hat (→ Rdnr. 23). Gleichgültig ist es, ob das vor dem Einzelrichter oder vor dem Kollegium geschehen ist. Für die anderen möglichen gerichtlichen Entscheidungen außerhalb eines Urteils (→ Rdnr. 8) gilt das Gesagte nicht. **7**

V. Entscheidung nach Aktenlage (Abs. 1, 2)

1. Entscheidung

Die Entscheidung nach Abs. 1 braucht nicht immer ein Urteil zu sein. Die ZPO verwendet den Begriff uneinheitlich und setzt teils ein engeres, teils ein weiteres Verständnis voraus (→ Rdnr. 1 vor § 300). § 251a versteht darunter einmal alle Aussprüche des Gerichts, die auf einer rechtlichen und tatsächlichen Würdigung des Prozeßstoffes beruhen. Das sind Entscheidungen im engeren Sinne wie Urteile, Zwischenurteile und dgl. Zum anderen gehören dazu auch solche prozeßleitenden Anordnungen, die eine derartige Würdigung voraussetzen. Zu nennen sind insbesondere die Beweis- und Aufklärungsbeschlüsse, ferner Trennungs- und Verbindungsbeschlüsse, die Anordnung der Aussetzung, die Verweisung an ein anderes Gericht u. a. m. **8**

Jede eine mündliche Verhandlung voraussetzende Entscheidung ist als Entscheidung nach Aktenlage in jeder Instanz möglich. Das gilt auch für die Revisionsinstanz[9]. **9**

---

[4] A.A. *MünchKommZPO/Feiber* (1992) Rdnr. 9.
[5] *Thomas/Putzo*[18] Rdnr. 1; *Zöller/Greger*[18] Rdnr. 1; a.A. *Baumbach/Lauterbach/Hartmann*[51] Rdnr. 1.
[6] KG DtZ 1992, 299 re. Sp.
[7] Dazu KG DJZ 1925, 193; a.A. KG KGBl 24, 4 (Anordnung des Ruhens, auch wenn die Klagezustellung nicht feststeht).
[8] OLG Köln NJW-RR 1992, 1022.
[9] RG DR 1944, 811 (Nr. 14); BAG FamRZ 1963, 292, 293; *Rosenberg/Schwab/Gottwald*[15] § 108 I 2; *A. Blomeyer*[2] ZPR § 55 I.

2. Entscheidungsreife

10 Eine Entscheidung nach Aktenlage kann nur ergehen, wenn Entscheidungsreife besteht[10]. Sie liegt vor, wenn der von dem Gericht zu berücksichtigende Prozeßstoff (→ Rdnr. 14) eine Entscheidung in dem vorstehend dargelegten Sinn gestattet (→ Rdnr. 8). Gleichwohl besteht in diesem Fall kein Zwang zur Entscheidung nach Aktenlage. Vielmehr handelt das Gericht nach seinem pflichtgemäßen Ermessen. Ermessensmißbräuchlich ist eine Anordnung, die das Gericht lediglich entlasten soll[11]. Im Einzelfall kann eine Entscheidung nach Aktenlage trotz gegebenen Voraussetzungen auch einmal unzweckmäßig sein. So liegt es etwa, wenn Entscheidungsreife nur für einzelne Streitpunkte besteht und eine Teilentscheidung, wie etwa ein unvollständiger Beweisbeschluß, die Sache nicht fördern würde. Vergleichbar ist der Fall, daß das Gericht noch mit neuem Vorbringen rechnen kann. Auch sonst kann eine Entscheidung nach Aktenlage unzweckmäßig sein, wenn dadurch Prozeßbeschleunigung und größtmögliche Konzentration gerade gefährdet würden.

11 Die Entscheidung nach Aktenlage bedeutet einen sich mit rückwirkender Kraft vollziehenden Übergang von dem gewöhnlichen mündlichen Verfahren zu einem gemischt-schriftlichen Prozeß. Ähnliches gilt etwa für die Entscheidung ohne mündliche Verhandlung (→ § 128 Rdnr. 87). Das Gericht ist an seine Entschließung aber nicht gebunden, auch wenn sie schon in der Bestimmung eines Verkündungstermins zum Ausdruck gekommen ist.

12 Wenn das Gericht nicht nach Aktenlage entscheiden will, weil es die Entscheidung nicht für zulässig oder zweckmäßig hält, so bleiben nur die Möglichkeiten des Abs. 3 (→ Rdnr. 37ff.). Unzulässig ist es insbesondere, das Verfahren durch einen nicht mit einer Terminsbestimmung versehenen Aufklärungsbeschluß fortzuführen. In der Praxis hat die Entscheidung nach Lage der Akten keine allzu große Bedeutung erlangt. Der Grund dürfte darin liegen, daß das Gericht einen Prozeß nicht vorantreiben wird, an dem beide Parteien ersichtlich kein Interesse mehr haben und der dem Gericht auch keine Arbeit macht[12].

3. Aktenlage

13 Das Gericht entscheidet nach Abs. 1 »nach Lage der Akten«, also ohne mündliche Verhandlung, aufgrund des Prozeßstoffes, der in dem für die Verhandlung bestimmten Zeitpunkt vorliegt (→ Rdnr. 10). § 309 ist nicht anwendbar.

a) Berücksichtigungsfähiger Prozeßstoff

14 Das Gericht hat das Vorbringen als Prozeßstoff zu berücksichtigen, das schon früher in den Prozeß eingeführt worden ist. Gleichgültig ist es, ob dies durch Vortrag (Bezugnahme) in der mündlichen Verhandlung geschehen ist, als Folge einer vordem ergangenen Entscheidung ohne mündliche Verhandlung (§ 128, → § 128 Rdnr. 87ff.) oder einer früheren Entscheidung nach Aktenlage. Hierher gehören auch das schriftsätzlich Angekündigte und die Ergebnisse durchgeführter Beweisaufnahmen. Im einzelnen ergeben sich hier dieselben Fragen wie bei § 128. Es kann daher auf die Ausführungen in → § 128 Rdnr. 87ff. verwiesen werden (ferner → § 39 Rdnr. 11ff.). Für die Rüge von Verfahrensmängeln gilt → § 295.

---

[10] *OLG Schleswig* NJW 1969, 936, 938.
[11] *OLG Köln* NJW 1954, 1411.
[12] Zutr. *Jauernig* ZPR[23] § 28 V; auch *Pukall* Der Zivilprozeß in der gerichtlichen Praxis[5] (1992) Rdnr. 125.

b) Urteil nach Lage der Akten

Ein Urteil nach Lage der Akten kann nur ergehen, wenn der den Sachantrag enthaltende 15
Schriftsatz rechtzeitig i. S. des § 132 zugestellt ist. Das ergibt sich aus dem Grundsatz des
§ 335 Abs. 1 Nr. 3[13].

Bei dem Erlaß eines Urteils nach Aktenlage muß das Gericht für das berücksichtigungsfähi- 16
ge tatsächliche Vorbringen feststellen, welche der erheblichen Parteibehauptungen zugestanden und welche bestritten sind. Eine derartige Feststellung ist nur möglich, wenn eine
Gegenerklärung vorliegt. Anders als bei § 331 Abs. 1 kann das Unterlassen schriftlicher
Erklärungen nicht als Geständnis bewertet werden[14]. Auch gilt § 138 Abs. 3 nicht, da ansonsten bei schlüssiger Klage keine Klageerwiderung nötig wäre[15]. Liegt eine Gegenerklärung
nicht vor, so darf eine Entscheidung durch Urteil nach Aktenlage wegen fehlender Entscheidungsreife nicht ergehen[16].

Ist eine Gegenerklärung abgegeben worden, so ist es unerheblich, wann die die Behauptung 17
und die Gegenbehauptung enthaltenden Schriftsätze zugestellt sind. Das Gericht braucht nur
zu prüfen, ob zu dem beiderseitigen Parteivorbringen Gegenerklärungen vorliegen. Es
braucht sich dagegen nicht zu kümmern, ob und wann die dieses Vorbringen mitteilenden
Schriftsätze zugestellt sind[17]. Ein Verstoß gegen Art. 103 Abs. 1 GG liegt darin nicht, da aus
einem neuen tatsächlichen Vorbringen der anderen Partei, solange deren schriftsätzliche
Gegenerklärung nicht vorliegt, kein Nachteil erwachsen kann. Die verspätete (§§ 132, 282
Abs. 2) Mitteilung des neuen Vorbringens kann der Gegenpartei ebensowenig schaden wie
das Unterlassen einer Gegenerklärung. Neues erhebliches Vorbringen führt allenfalls dazu,
daß die Entscheidung wegen fehlender Entscheidungsreife unterbleiben muß. Für die Berücksichtigung der Ergebnisse einer durchgeführten Beweisaufnahme gelten die Ausführungen zu
→ § 285 Rdnr. 9.

c) Säumnistermin als maßgebender Zeitpunkt

Der Entscheidung nach Lage der Akten darf nur derjenige Streitstoff zugrunde gelegt 18
werden, der in dem für die mündliche Verhandlung bestimmten Zeitpunkt vorliegt. Maßgebend ist damit der Säumnistermin als derjenige Termin, in dem die Parteien nicht erscheinen
oder nicht verhandeln. Nicht entscheidend ist damit der spätere (→ Rdnr. 21) Verkündungstermin (Abs. 2 S. 2) im Falle eines Urteils. Ist nach der im Säumnistermin bestehenden
Prozeßlage eine Entscheidung nicht möglich, weil keine Entscheidungsreife vorliegt, oder
weil im Hinblick auf den in den Prozeß eingeführten Streitstoff Zweifel bestehen, so ist eine
Verfahrensfortsetzung mithilfe von schriftlichen Fragen ausgeschlossen. Insoweit besteht
keine Parallele zu § 128 (→ § 128 Rdnr. 92f.). Läßt sich auf den maßgebenden Streitstoff ein
Endurteil nach Aktenlage nicht stützen, kann gleichwohl etwa ein Teilurteil, ein Beweisbeschluß oder ein Aufklärungsbeschluß (→ Rdnr. 8) in Betracht kommen.

Gehen nach dem Säumnistermin noch vorbereitende Schriftsätze ein, so bleiben diese 19
unberücksichtigt, da ein schriftliches Verfahren nicht vorliegt. Es besteht damit die gleiche
Rechtslage wie für Schriftsätze, die nach dem Schluß der mündlichen Verhandlung eingehen
(→ § 133 Rdnr. 11). Sind Schriftsätze dagegen vor dem Säumnistermin bei Gericht eingegan-

---

[13] Ebenso *Wieczorek*[2] Bem. A II; *MünchKommZPO/
Feiber* (1992) Rdnr. 11; a.A. *Baumbach/Lauterbach/
Hartmann*[51] Rdnr. 14.
[14] *MünchKommZPO/Feiber* (1992) Rdnr. 13.
[15] A.A. *Zöller/Greger*[18] Rdnr. 5; *MünchKommZPO/
Feiber* (1992) Rdnr. 13.
[16] Dazu *BVerfGE* 69, 248, 255.

[17] Im wesentlichen ebenso *de Boor* (Fn. 1), 60f.; *A.
Blomeyer*[2] ZPR § 55 III 2 a; a.A. die h.L.: *Zöller/Greger*[18]
Rdnr. 5; *Thomas/Putzo*[18] Rdnr. 5 (Zustellung oder Mitteilung erforderlich); *Baumbach/Lauterbach/Hartmann*[51] Rdnr. 12 verlangen die Möglichkeit der Kenntnisnahme.

gen, so werden sie grundsätzlich in derselben Weise beachtet wie das auch im schriftlichen Verfahren nach § 128 der Fall ist. Eine Zurückweisung verspäteten Vorbringens gibt es bei einem Urteil nach Aktenlage nicht (→ a. A. Voraufl. Rdnr. 19)[18]. Zwar setzt das Urteil nach Aktenlage eine frühere mündliche Verhandlung voraus (Abs. 2 S. 1). Soweit aber Vorbringen nach dem in dieser Verhandlung erreichten Verfahrensstand zurückweisungsreif war, ist mit deren Vertagung die Maßgeblichkeit der Verspätung entfallen.

d) Fortwirkung

20 Die durch die Entscheidung nach Aktenlage rückwirkend eingetretene Einführung des nicht mündlich vorgetragenen Streitstoffes in den Prozeß wirkt endgültig. Es liegt ebenso wie bei der Entscheidung nach § 128 Abs. 2 oder Abs. 3. Auch die schriftlichen Prozeßhandlungen bleiben demnach für die Instanz wirksam und können nur nach den allgemeinen Grundsätzen (→ Rdnr. 219ff. vor § 218) zurückgenommen oder abgeändert werden. Bei einem Urteil nach Aktenlage erstreckt sich diese Wirkung auf den gesamten vorliegenden Prozeßstoff. Anders liegt es aber, wenn sich die Entscheidung, wie z.B. eine Beweisanordnung, auf einen Teil des Prozeßstoffes beschränkt. Dann wird lediglich derjenige Akteninhalt erfaßt, der dem Wirkungsbereich der Entscheidung unterfällt[19].

e) Verkündung

21 Die Entscheidung nach Lage der Akten ist wie die aufgrund mündlicher Verhandlung ergehende Entscheidung in einem nach § 310 anzuberaumenden Verkündungstermin zu verkünden. Beschlüsse jeder Art können im versäumten Termin auch sofort verkündet werden. Für Urteile gelten die Besonderheiten des Abs. 2 S. 2 (→ sogleich Rdnr. 22).

VI. Das Urteil nach Lage der Akten (Abs. 2)

22 Besonderheiten gelten nach Abs. 2 für Urteile nach Lage der Akten. Dort geht es um den Erlaß einer das Gericht bindenden Entscheidung unter Ausschaltung der mündlichen Verhandlung, die für die Partei Gefahren mit sich bringt. Abs. 2 S. 1 verlangt eine vorhergehende mündliche Verhandlung (→ Rdnr. 23). Daneben ist nach Abs. 2 S. 2 unter Einschränkung von § 310 ein auf mindestens zwei Wochen hinaus anzusetzender Verkündungstermin erforderlich, damit die nicht erschienene Partei die Entscheidungsverkündung abwenden kann.

1. Mündliche Verhandlung

23 Abs. 2 S. 1 schließt den Erlaß sowohl eines End- wie eines Zwischenurteils aus, wenn eine mündliche Verhandlung in Anwesenheit beider Parteien in der betreffenden Instanz[20] noch nicht stattgefunden hat. Nicht ausreichend ist es also, daß die Parteien früher in getrennten Terminen Sachanträge gestellt haben[21], weil das keine »Verhandlung« ist. Die Partei soll wenigstens einmal zu der Darlegung ihres Rechtsstandpunktes und das Gericht zur Ausübung des Fragerechts Gelegenheit gehabt haben[22].

---

[18] H.L., *Zöller/Greger*[18] Rdnr. 5; *MünchKommZPO/ Feiber* (1992) Rdnr. 12; *Baumbach/Lauterbach/Hartmann*[51] Rdnr. 12.
[19] *Rosenberg/Schwab/Gottwald*[15] § 108 III 2 c; *Baumbach/Lauterbach/Hartmann*[51] Rdnr. 15 (mit unrichtigem Zitat); *A. Blomeyer*[2] ZPR § 55 III 2 c.
[20] *RGZ* 149, 157, 159.
[21] Ebenso *Zöller/Greger*[18] Rdnr. 3; a.A. *Baumbach/ Lauterbach/Hartmann*[51] Rdnr. 17; *Rosenberg/Schwab/ Gottwald*[15] § 108 II 4 a.
[22] Vgl. auch *RG* JW 1930, 141 (erweiterter Klageantrag) mit Anm. *Jonas*; *Püschel* ZZP 51 (1926), 85.

Es ist auch ausreichend die mündliche Verhandlung in einer höheren Instanz, wenn zurück- 24
verwiesen worden ist[23]. Anders liegt es aber, wenn an einen anderen Senat zurückverwiesen
worden ist[24]. Auch reicht in der Berufungsinstanz nicht die mündliche Verhandlung der ersten
Instanz[25]. In Baulandsachen genügt wegen der abweichenden Regelung in § 227 BauGB bei
Vorlage an den BGH eine mündliche Verhandlung vor dem vorlegenden Oberlandesgericht[26].

Der zur Entscheidung stehende Antrag muß Gegenstand der Verhandlung gewesen sein. 25
Von diesem Erfordernis kann abgesehen werden, wenn trotz der Antragsänderung der
Klagegrund derselbe geblieben ist[27]. Es genügt jede mündliche Verhandlung, auch wenn sie
sich nach ihrem tatsächlichen Verlauf nur auf einzelne Streitpunkte, wie z.B. das Vorliegen
der Prozeßvoraussetzungen, bezogen hat[28]. Anders liegt es, wenn die mündliche Verhandlung rechtlich auf bestimmte Streitpunkte beschränkt war. So reicht die mündliche Verhandlung im Urkundenverfahren nicht für ein Urteil nach Aktenlage im Nachverfahren aus. In
gleicher Weise eröffnet die mündliche Verhandlung im Grundverfahren nicht die Urteilsmöglichkeit für das nachfolgende Betragsverfahren[29].

Es ist nicht erforderlich, daß die Verhandlung in jedem Fall zwischen denselben Parteien 26
stattgefunden hat. So kann ein Urteil nach Aktenlage auch bei Eintritt eines Rechtsnachfolgers in den Prozeß (§§ 239 ff., 265, 266) ergehen, wenn die frühere Verhandlung mit dem
Rechtsvorgänger stattgefunden hat. Die Verhandlung muß nicht vor denselben Richtern
stattgefunden haben[30]. Entsprechend liegt es für die frühere Verhandlung vor dem Vorsitzenden der Kammer für Handelssachen (§ 349 Abs. 2 Nr. 5). Für die Entscheidung des Kollegiums genügt auch die Verhandlung vor dem Einzelrichter[31].

Ein Urteil nach Aktenlage nach § 251 a ist auch zulässig, wenn vorher eine Entscheidung 27
nach § 128 Abs. 2 oder Abs. 3 ergangen war. Die Zustimmung der Parteien ist nicht verbraucht[32], sofern die Sachanträge gleichbleiben. Auch sonst wird das Verfahren des § 128
Abs. 2 und Abs. 3 der mündlichen Verhandlung gleichgestellt.

2. Urteil

Es handelt sich um ein kontradiktorisches Urteil. Im Rubrum heißt es statt der Angabe des 28
Tages der letzten mündlichen Verhandlung, die Entscheidung ergehe »nach Lage der Akten
am …«. Einzusetzen ist das Datum des versäumten Termins. Das ist der für die materielle
Rechtskraft maßgebende Zeitpunkt. Der Verkündungszeitpunkt ergibt sich aus dem Verkündungsvermerk (§ 315 Abs. 3).

3. Verfahren (Abs. 2 S. 1—4)

a) Gesonderter Verkündungstermin (Abs. 2 S. 2)

Das Gesetz gewährt den Parteien in Abs. 2 bei nichtverschuldeter Säumnis einen der 29
Wiedereinsetzung ähnlichen Rechtsbehelf. So darf nach Abs. 2 S. 2 ein nach Lage der Akten

---

[23] A.A. *Rosenberg/Schwab/Gottwald*[15] § 108 II 4 a.
[24] Unterscheidend *RGZ* 149, 157, 159 ff.
[25] A.A. LG Berlin NJW 1953, 750 m. abl. Anm. *Schönke*.
[26] Zu den vergleichbaren Vorgängerregelungen *BGHZ* 31, 229, 231 f.; *BGH* NJW 1973, 1502.
[27] *RG* JW 1930, 141; *Baumbach/Lauterbach/Hartmann*[51] Rdnr. 14.
[28] Einschränkend *RGZ* 132, 330, 336; anders *Baumbach/Lauterbach/Hartmann*[51] Rdnr. 17.

[29] *RGZ* 149, 157, 160.
[30] Ebenso *RGZ* 132, 330, 336; ferner 149, 157, 159 f.
[31] So auch *OLG Karlsruhe* JW 1925, 2351 mit Anm. *Sonnen*; *OLG Jena* ZZP 51 (1926), 83; *OLG Frankfurt a.M.* FamRZ 1979, 290 (LS); *de Boor* (Fn. 1), 42.
[32] Ebenso *de Boor* (Fn. 1), 28; *v. Hodenberg* JW 1924, 364, 366; *Zöller/Greger*[18] Rdnr. 3; a.A. *MünchKomm-ZPO/Feiber* (1992) Rdnr. 18.

zu erlassendes Urteil nicht im Säumnistermin verkündet werden, also nicht in demjenigen Termin, in dem die Parteien nicht erschienen sind oder nicht verhandelt haben. Vielmehr kann in Abweichung von § 310 das Urteil erst in einem Termin verkündet werden, der auf mindestens zwei Wochen später anzusetzen ist. Es darf daher frühestens auf den 14. Tag nach dem Termin anberaumt werden, in dem die Parteien fehlten oder nicht verhandelten. Grundlage dieser Entscheidung ist aber stets der Sach- und Streitstand im Zeitpunkt des Säumnistermins. Bei Unterbrechung gilt deshalb § 249 Abs. 3 (→ § 249 Rdnr. 26). Wenn die Voraussetzungen des § 251a vorliegen, ergeht zunächst ein Beschluß, daß nach Aktenlage entschieden wird. Zugleich wird der Verkündungstermin des § 251a Abs. 2 S. 2 festgesetzt.

b) Mitteilung des Verkündungstermins (Abs. 2 S. 3)

30 Nach Abs. 2 S. 3 ist der Verkündungstermin der nicht erschienenen Partei oder den nicht erschienenen Parteien formlos mitzuteilen. Anders als bei § 333 steht insoweit Nichtverhandeln dem Nichterscheinen nicht gleich. Bei Vertretung durch Prozeßbevollmächtigte wird nach § 176 diesem mitgeteilt[33]. Die Zustellung bildet wie sonst auch einen vollwertigen Ersatz[34]. Im Verkehr mit Rechtsanwälten ist ihr bei Benutzung der Zustellungsform des § 212a wohl regelmäßig sogar der Vorzug zu geben. Die Mitteilung dient lediglich dazu, die Parteien von dem Ergebnis des Termins zu benachrichtigen. Es soll damit nicht etwa eine Nachfrist in Lauf gesetzt werden. Deshalb braucht ein der Ladungsfrist entsprechender Zeitraum nicht eingehalten zu werden. Die Mitteilung muß aber so rechtzeitig abgesendet werden, daß der Empfänger nach Abs. 2 S. 4 die Bestimmung eines neuen Termins zur mündlichen Verhandlung rechtzeitig sieben Tage vor dem Verkündungstermin beantragen kann (→ Rdnr. 32).

31 Wenn die Mitteilung verzögert wird, so ist der Verkündungstermin zeitgerecht so zu verlegen, daß der Antrag vor dem neuen Termin rechtzeitg gestellt werden kann. Kann sich die Partei nach Abs. 2 S. 4 genügend entschuldigen, dann ist kein neuer Verkündungstermin für eine Entscheidung nach Lage der Akten, sondern sogleich ein Termin zur mündlichen Verhandlung zu bestimmen. Einer Wiedereinsetzung in den vorigen Stand bedarf es daher nicht. Für die Mitteilung reicht es aus, wenn unter der bei Gericht bekannten Adresse benachrichtigt wird. Es ist daher unerheblich, daß der Brief wegen Abwesenheit des Empfängers, Wohnungswechsels oder dgl. als unzustellbar zurückkommt. Unterbleibt die Mitteilung ganz, so ist eine Entscheidung nach Lage der Akten deshalb nicht unwirksam.

c) Bestimmung eines neuen Verhandlungstermins (Abs. 2 S. 4)

32 Nach Abs. 2 S. 4 kann jede der ausgebliebenen Parteien bis spätestens am siebten Tage vor dem Verkündungstermin schriftlich beantragen, daß die Verkündung eines Urteils nach Lage der Akten unterbleibe. Im amtsgerichtlichen Verfahren genügt ein Antrag zu Protokoll der Geschäftsstelle. Unzulässig ist ein bedingter Antrag, der für den Fall gestellt wird, daß das Gericht zu Ungunsten des Antragstellers entscheiden will[35]. Der Antrag (Prozeßhandlung) muß spätestens am siebten Tage vor dem Termin, in dem das Urteil verkündet werden soll, bei dem Prozeßgericht eingehen. Der Verkündungstag wird nicht mitgerechnet. Der Antrag muß daher an dem Wochentag bei Gericht eingehen, der in der Bezeichnung dem Tag entspricht, an dem in der folgenden Woche Verkündungstermin ist. Ist also Verkündungstermin auf Mittwoch, den 17.2. bestimmt, so muß der Antrag spätestens am Mittwoch, den 10.2., bis 24

---

[33] *RGZ* 149, 157, 162.
[34] *RGZ* 149, 157, 163.

[35] So auch *de Boor* (Fn. 1), 17 Fn. 7.

Uhr gestellt sein[36]. Die Partei muß wegen § 251a Abs. 2 S. 4 nach § 294 glaubhaft machen, daß sie ohne ihr Verschulden in dem Verhandlungstermin ausgeblieben war und die Verlegung des Termins nicht rechtzeitig beantragen konnte[37]. Die Lage des Einzelfalles entscheidet, welche Umstände als Entschuldigung ausreichen. Eine allzu strenge Auffassung ist nicht am Platz[38]. Die erschienene Partei, die keine Anträge gestellt hat (Abs. 1 Alt. 2), steht der ausgebliebenen Partei nicht gleich. § 333 ist nicht anwendbar, da die Sonderregelung des § 251a vorgeht. In Abs. 1 und Abs. 2 S. 3 sind die beiden Fälle aber klar auseinandergehalten[39].

Wenn das Gericht dem Antrag nach Abs. 2 S. 4 stattgibt, so unterbleibt die Verkündung der Entscheidung nach Lage der Akten. Das Gericht bestimmt stattdessen in einem zu verkündenden oder zuzustellenden Beschluß einen neuen Termin zur mündlichen Verhandlung. Einer weiteren Bekanntgabe des Termins bedarf es hier nicht. Im Interesse der Verfahrensbeschleunigung ist es auch zulässig, den Verkündungstermin von vornherein als Verhandlungstermin für den Fall zu bestimmen, daß aufgrund eines entsprechenden Antrags nach Abs. 2 S. 4 die Verkündung einer Entscheidung nach Aktenlage unterbleibt. Dann müssen die Parteien wie zu einem sonstigen Verhandlungstermin geladen werden. 33

Wenn das Gericht den Antrag nach Abs. 2 S. 4 für unbegründet hält, so verkündet es die Entscheidung nach Lage der Akten. Der Antrag braucht nicht ausdrücklich zurückgewiesen zu werden, weil er durch die Verkündung ohne weiteres erledigt ist. Wird er gleichwohl zurückgewiesen, so ist eine Beschwerde dagegen unstatthaft. Es ist nur das ordentliche Rechtsmittel gegen das Urteil möglich. Eine ausdrückliche Zurückweisung kann sich aber aus Gründen der Rechtssicherheit empfehlen. 34

Das Gericht bestimmt von Amts wegen einen neuen Termin, wenn es nach seinem Aktenlagebeschluß (→ Rdnr. 29) feststellt, daß die Voraussetzungen einer Entscheidung nach Lage der Akten fehlen. So kann bei fehlerhafter Ladung etwa keine Säumnis vorgelegen haben. Es ist dann nach § 156 zu verfahren. 35

d) Rechtsbehelfe

Verstöße gegen Abs. 2 werden nur mit den ordentlichen Rechtsmitteln gegen das Endurteil gerügt. Insbesondere ist gegen eine ausdrückliche Zurückweisung des Antrags nach Abs. 2 S. 4 (→ Rdnr. 34) keine Beschwerde statthaft. 36

VII. Vertagung; Ruhen des Verfahrens (Abs. 3)

Ist eine Entscheidung nach Lage der Akten (→ Rdnr. 8 ff.; 22 ff.) nach der Prozeßlage nicht möglich oder erachtet sie das Gericht – wie meistens – für unzweckmäßig (→ Rdnr. 12), so kann es entweder die Vertagung anordnen (Abs. 3) oder es spricht das Ruhen des Verfahrens aus (Abs. 3). 37

1. Vertagung

Im Falle der Vertagung (§ 227) ist eine gleichzeitig angeordnete Auflage nach § 273 zulässig und vielfach zweckmäßig. § 227 ist uneingeschränkt anwendbar. Deshalb kann nur aus erheblichen Gründen vertagt werden. Als erheblicher Grund kommt vor allem der 38

---

[36] *Thomas/Putzo*[18] Rdnr. 10; *MünchKommZPO/Feiber* (1992) Rdnr. 27; *Zöller/Greger*[18] Rdnr. 7; *Baumbach/Lauterbach/Hartmann*[51] Rdnr. 22.
[37] Dazu *BAG* BB 1986, 1232 (LS).
[38] A.A. *MünchKommZPO/Feiber* (1992) Rdnr. 21; *Zöller/Greger*[18] Rdnr. 7.
[39] Wie hier *Zöller/Greger*[18] Rdnr. 6; a.A. → Voraufl. Rdnr. 28; *MünchKommZPO/Feiber* (1992) Rdnr. 25, 26.

begründete Zweifel in Betracht, ob ordnungsgemäß geladen worden ist (→ Rdnr. 39). Eine Ladung auf den vertagten Termin ist wegen § 218 entbehrlich, aber zweckmäßig, wenn das Verfahren gefördert werden soll[40]. Einen Anspruch auf Vertagung haben die Parteien regelmäßig nicht[41]. Die schriftliche Fortführung des Verfahrens ist stets unzulässig (→ Rdnr. 4).

39 Zu vertagen ist insbesondere auch, wenn nicht feststeht, ob eine Säumnis beider Parteien vorliegt (→ Rdnr. 5). So liegt es etwa, wenn ungewiß ist, ob eine Partei zum Verhandlungstermin rechtzeitig geladen oder ein Schriftsatz mit einem Sachantrag rechtzeitig zugestellt wurde (→ Rdnr. 5). Auf diese Weise wird ein tatsächlicher Stillstand des Verfahrens vermieden[42]. Die Anordnung eines Ruhens des Verfahrens nach Abs. 3 (→ Rdnr. 40) wäre jedenfalls unsachgemäß.

2. Anordnung des Ruhens des Verfahrens

40 Wenn das Gericht nicht vertagt (→ Rdnr. 38), so ordnet es nach Abs. 3 das Ruhen des Verfahrens an. Inhalt, Form und Wirkung der Anordnung richten sich nach § 251. Das gilt aber nicht für die Voraussetzungen des Ruhens. Anders als bei § 251 Abs. 1 sind Anträge der Parteien nicht erforderlich. Es reicht aus, daß die eine Seite ausbleibt und die andere Seite keinen Sachantrag stellt[43]. Genügend ist es, wenn der Prozeßbevollmächtigte einer Partei 20 Minuten nach der angesetzten Terminsstunde noch nicht erschienen ist[44]. In derartigen Fällen wird es aber oftmals zweckmäßiger sein, wenn das Gericht die Verhandlung der Sache für kurze Zeit zurückstellt, wenn erwartet werden kann, daß die Säumnis einer Partei zu einem späteren Zeitpunkt am selben Tage behoben werden kann[45]. Über einen von der Gegenseite gestellten Ruhensantrag kann sofort im Termin entschieden werden[46].

41 Für die Anordnung nach § 251 a Abs. 3 gilt die Wartefrist des § 251 Abs. 2. Doch ist eine vorzeitige Aufnahme nach § 251 Abs. 2 nicht möglich, wenn sich aus den Umständen der ernstliche Wille der säumigen Partei ergibt, das Verfahren nunmehr fortzusetzen[47]. Gegen die Anordnung des Ruhens nach Abs. 3 ist die Beschwerde nach § 252 gegeben[48]. Das Ruhen des Verfahrens kann auch für einen Teil des Streitgegenstandes angeordnet werden. Das kommt etwa in Frage, wenn die Parteien nach einem Teilurteil zu dem nicht entschiedenen Rest nicht verhandeln[49]. § 335 Abs. 1 S. 3 gilt nicht für den Prozeßantrag auf Ruhen des Verfahrens[50].

VIII. Kosten

42 Dem Anwalt steht durch die Entscheidung nach § 251 a neben der Prozeßgebühr keine Verhandlungsgebühr zu. Auch entstehen keine Gerichtsgebühren.

IX. Verfahren in Arbeitssachen

43 § 251 a gilt mit einigen praktisch bedeutsamen Abweichungen auch im Verfahren in Arbeitssachen. Die Güteverhandlung vor dem Vorsitzenden nach § 54 ArbGG ist eine mündliche Verhandlung i. S. des § 251 a Abs. 2 S. 1 ZPO[51]. Schließt sich aber die weitere Verhandlung unmittelbar an eine erfolglose Güteverhandlung desselben Tages an, so ist die vorher

---

[40] *Thomas/Putzo*[18] Rdnr. 13.
[41] A. A. *MünchKommZPO/Feiber* (1992) Rdnr. 36.
[42] *Baumbach/Lauterbach/Hartmann*[51] Rdnr. 27; *Thomas/Putzo*[18] Rdnr. 13.
[43] *OLG Köln* NJW-RR 1992, 1022.
[44] *OLG Köln* NJW-RR 1992, 1022.
[45] Dazu *OLG Köln* NJW-RR 1992, 1022, 1023.
[46] *OLG Köln* NJW-RR 1992, 1022, 1023.
[47] Vgl. den Fall von *OLG Köln* NJW-RR 1992, 1022, 1023; ferner *LG Berlin* MDR 1993, 476 (abweichend).
[48] *OLG Köln* NJW-RR 1992, 1022.
[49] *E. Schneider* JurBüro 1977, 1343.
[50] *OLG Köln* NJW-RR 1992, 1022, 1023 re. Sp.
[51] *ArbG Berlin* DB 1987, 2528 (LS 1), → Rdnr. 46.

durchgeführte Güteverhandlung keine mündliche Verhandlung »in einem früheren Termin«[52].

1. Verfahren erster Instanz

Im Verfahren der ersten Instanz ist eine Entscheidung nach Aktenlage insofern erschwert, als hier dem Austausch vorbereitender Schriftsätze in der Regel die Kürze der Fristen entgegensteht. Deshalb wird es häufig wegen der fehlenden Gegnererklärung auf das Klagevorbringen (→ Rdnr. 16) an der Entscheidungsreife fehlen. 44

Der Termin zur Verkündung des Urteils nach Aktenlage wird nach § 60 Abs. 1 S. 2, 3 ArbGG in der Regel nicht über drei Wochen hinaus angesetzt. Ein Verstoß dagegen bewirkt aber nicht die Anfechtbarkeit des Urteils. Im Gegensatz zu § 251a Abs. 2 S. 2 handelt es sich um eine Höchstfrist. § 251a Abs. 2 S. 3 über die Mitteilung des Verkündungstermins gilt unverändert. Nach § 55 Abs. 1 Nr. 5, § 53 Abs. 1 ArbGG können das Urteil sowie Beschlüsse nach Aktenlage und auch die Anordnung über die Verfahrensruhe (→ Rdnr. 40) von dem Vorsitzenden allein erlassen werden. 45

Im ersten Verhandlungstermin vor dem Vorsitzenden nach § 54 ArbGG (Gütetermin) ist eine Entscheidung nach Aktenlage ausgeschlossen. Bleiben beide Parteien aus, so ist nach § 54 Abs. 5 S. 1 ArbGG das Ruhen des Verfahrens anzuordnen. Unter den Voraussetzungen des § 227 kann auch vertagt werden[53]. Die Parteien müssen stets ordnungsgemäß zum Termin geladen werden. Das Ruhen des Verfahrens kann von jeder Partei durch den Antrag auf Terminsbestimmung zur streitigen Verhandlung beendet werden (§ 54 Abs. 5 S. 2 ArbGG). Dabei findet § 251a Abs. 2 keine Anwendung. Der Antrag muß innerhalb von sechs Monaten gestellt werden (§ 54 Abs. 5 S. 3 ArbGG). Wird er nicht gestellt, so gilt die Klage als zurückgenommen (§ 54 Abs. 5 S. 4 ArbGG). 46

2. Verfahren vor dem Landesarbeitsgericht

Im Verfahren vor dem Landesarbeitsgericht gilt § 251a ebenso wie im erstinstanzlichen Verfahren. Zu beachten ist hier wie dort, daß bei einer Verkündung eines Urteils nach Aktenlage mit der Mindestfrist des § 251a Abs. 2 S. 2 ZPO die Höchstfrist von drei Wochen nach § 60 Abs. 1 S. 2, 3, § 69 S. 2 ArbGG gilt. 47

3. Verfahren vor dem Bundesarbeitsgericht

§ 251a kommt im Verfahren vor dem Bundesarbeitsgericht ohne Abweichungen zur Anwendung. 48

§ 252 [Rechtsmittel]

Gegen die Entscheidung, durch die auf Grund der Vorschriften dieses Titels oder auf Grund anderer gesetzlicher Bestimmungen die Aussetzung des Verfahrens angeordnet oder abgelehnt wird, findet Beschwerde, im Falle der Ablehnung sofortige Beschwerde statt.

Gesetzesgeschichte: Bis 1900 § 229 CPO.

---

[52] A.A. *ArbG Berlin* DB 1987, 2528 (LS 2).
[53] *Grunsky* ArbGG[6] § 54 Rdnr. 24; a.A. *Germelmann/Matthes/Prütting* ArbGG (1990) § 54 Rdnr. 51.

Stichwortverzeichnis → *Unterbrechungs- und Aussetzungsschlüssel* in Rdnr. 30 vor § 239.

I. Anwendungsbereich	II. Beschwerde
1. Alle Aussetzungsfälle 1	1. Statthaftigkeit 5
2. Entscheidungen mit mittelbarer Wirkung 2	2. Einfache Beschwerde 6
3. Ruhen des Verfahrens 3	3. Sofortige Beschwerde 7
4. Ausgenommene Entscheidungen 4	4. Weitere Beschwerde 8
	5. Gegenstandslose Beschwerde 9
	6. Umfang der Nachprüfung 10

I. Anwendungsbereich

1. Alle Aussetzungsfälle

1   § 252 regelt die Beschwerde nicht nur für alle Fälle von Entscheidungen, die nach den §§ 239 ff. ergehen, sondern zudem für alle Fälle der Aussetzung nach Maßgabe der ZPO und »anderer gesetzlicher Bestimmungen«[1]. Zu nennen sind insbesondere § 148 (→ § 148 Rdnr. 44), die §§ 149 ff. sowie § 614 (→ Rdnr. 14 vor § 239). § 252 gilt etwa auch in Wohnungseigentumsverfahren[2]. Auch ein im Verfahren der §§ 620 ff. ergangener Aussetzungsbeschluß kann nach § 252 angegriffen werden[3].

2. Entscheidungen mit mittelbarer Wirkung

2   Unter den Anwendungsbereich des § 252 fallen alle Entscheidungen, durch die Maßnahmen dieser Art auch nur mittelbar getroffen, aufrechterhalten oder abgelehnt werden. Das Verfahren kann etwa für ruhend erklärt werden, oder es kann die Aussetzung oder das Ruhen aufgehoben, die Aufnahme eines ausgesetzten oder ruhenden Verfahrens zugelassen oder abgelehnt werden (auch → Rdnr. 6)[4]. Es kommt nicht darauf an, ob sich die Entscheidung selbst als »Aussetzung« oder Anordnung des »Ruhens« (→ Rdnr. 3) bezeichnet. Entscheidend ist vielmehr, ob darin inhaltlich eine Aussetzung angeordnet oder abgelehnt wird[5]. Ausdrücklich ist eine Anordnung oder Ablehnung vorgesehen in den §§ 246, 247 oder in den §§ 251, 251a Abs. 3. Auch ein sich als Vertagung bezeichnender Beschluß fällt unter § 252, wenn die »Vertagung« wegen ihrer unbestimmten oder längeren Dauer in ihrer praktischen Wirkung einer Aussetzung gleichkommt (→ § 148 Rdnr. 44).

3. Ruhen des Verfahrens

3   § 252 ist entsprechend auf das Ruhen des Verfahrens nach den §§ 251, 251a Abs. 3 anzuwenden[6]. Das Ruhen des Verfahrens ist nur ein Sonderfall der Aussetzung (→ Rdnr. 18 vor § 239). Zudem hat die Novelle 1924 das Ruhen des Verfahrens von der gerichtlichen Anordnung abhängig gemacht.

---

[1] § 15 Nr. 1 EGZPO ist durch die Neufassung der §§ 17, 17a, 17b GVG durch das 4. VwGOÄndG v. 17.12.1990 (BGBl. I 2809) obsolet.
[2] *BayObLG* NJW-RR 1988, 16.
[3] *OLG Frankfurt a. M.* FamRZ 1985, 409.
[4] Vgl. *RGZ* 16, 339, 340; 32, 428 f.; 40, 373, 375; *OLG Köln* NJW 1956, 555 (Ablehnung der Verhandlung gem. § 304 Abs. 2 HS 2); *OLG Hamburg* SeuffArch 71 (1916), 378 (zu § 356); *OLG Nürnberg* BayRZ 1916, 136, 137;

OLG Dresden SeuffArch 64 (1909), 477, 479; *OLG Breslau* OLGRsp 23, 143 (Abgrenzung zur Vertagung).
[5] *OLG Schleswig* NJW 1982, 246 (re. Sp.); 1981, 691, 692.
[6] *OLG Köln* NJW-RR 1992, 1022; *OLG Düsseldorf* FamRZ 1986, 485; *OLG Celle* NdsRpfl 1975, 199, 200; *KG* DJZ 1925, 193; *LAG Berlin* BB 1979, 891 (LS); a. A. *KG* (Feriensenat) JW 1926, 267.

4. Ausgenommene Entscheidungen

Aus dem Anwendungsbereich des § 252 sind Entscheidungen ausgenommen, die wie z.B. 4
im Falle des § 239 als Urteile ergehen[7]. Ein Urteil kann aber nicht mit der Revision angefochten werden, wenn das Gericht darin eine Aussetzung abgelehnt hat, da der Beschluß unanfechtbar wäre (§§ 568, 567 Abs. 4). – Zum Urteil nach Aktenlage (→ § 251a Rdnr. 15 ff.), zum Streit über eine Unterbrechung (→ Rdnr. 11 vor § 239). Ferner kommt § 252 nicht zur Anwendung, wenn überhaupt keine gerichtliche Entscheidung ergangen ist (→ Rdnr. 6) wie z.B. in den Fällen des tatsächlichen Verfahrensstillstandes (→ Rdnr. 19 vor § 239).

II. Beschwerde

1. Statthaftigkeit

Die Beschwerde findet unabhängig davon statt, ob die Anordnung von Amts wegen oder 5
auf Antrag ergangen ist. Doch fehlt einer Beschwerde das Rechtsschutzbedürfnis, wenn die sie einlegende Partei einen entsprechenden Antrag gestellt hat und diesem Antrag, z.B. auf Ruhen des Verfahrens, stattgegeben worden ist[8]. Ein in der landgerichtlichen Berufungsinstanz ergangener Aussetzungsbeschluß ist wegen § 567 Abs. 3 S. 1 nicht mit der Beschwerde anfechtbar. Wegen § 567 Abs. 4 ist eine Beschwerde nur statthaft bei Beschlüssen des Amtsgerichts oder des Landgerichts in erster Instanz. Ist bei Aussetzungsentscheidungen der Amts- oder Landgerichte im ersten Rechtszug die Berufungssumme nicht erreicht, so sollte der Beschwerderechtszug gleichwohl über den Rechtszug in der Hauptsache hinausführen[9].

2. Einfache Beschwerde

Die einfache Beschwerde nach § 567 ist gegeben, wenn die Aussetzung oder das Ruhen 6
angeordnet wurden oder eine gleichwertige Entscheidung ergangen ist, die zum Verfahrensstillstand führt oder ihn aufrechterhält (insbes. § 251 Abs. 2). Ebenso liegt es, wenn die Aufhebung des Aussetzungsbeschlusses abgelehnt wird (vgl. § 150). Gegen einen faktischen Verfahrensstillstand ist die Beschwerde nach § 567 Abs. 1 Alt. 2 möglich[10]. Doch muß es sich dabei im Unterschied zu § 252 um grobe Rechtsverstöße handeln. Eine anfechtbare Verfahrensaussetzung liegt auch darin, daß das Gericht anordnet, ein Verfahren nur weiterführen zu wollen, wenn der Beklagte seinen Wohnsitz offenbart und glaubhaft gemacht hat[11].

3. Sofortige Beschwerde

Die sofortige Beschwerde (§ 577) ist nach § 252 statthaft, wenn die Aussetzung oder das 7
Ruhen des Verfahrens abgelehnt oder aufgehoben[12] (auch → § 150 Rdnr. 11) werden oder eine sonst auf den Fortgang des Verfahrens gerichtete Entscheidung getroffen ist. Ebenso liegt es, wenn ein Antrag auf Terminsaufhebung abgelehnt wird, weil die Voraussetzungen des Ruhens verneint wurden[13]. § 227 Abs. 2 S. 3 kommt in diesem Fall nicht zur Anwendung. Wird die Entscheidung erst im Endurteil getroffen, so gilt für die Anfechtung das in → § 148 Rdnr. 46 Gesagte.

---

[7] *RGZ* 32, 428 f.; vgl. auch *RGZ* 27, 350 ff.
[8] *OLG Köln* NJW-RR 1992, 1022.
[9] *MünchKommZPO/Feiber* (1992) Rdnr. 25 m. Nachw.
[10] *OLG Karlsruhe* NJW 1984, 985.
[11] *OLG Karlsruhe* Die Justiz 1988, 363.
[12] *OLG Rostock* OLGRsp 35, 168.
[13] *OLG München* NJW-RR 1989, 64 (§ 227 analog).

§ 252 II   1. Buch: Allgemeine Vorschriften

4. Weitere Beschwerde

8 Eine weitere Beschwerde ist wegen § 567 Abs. 3 S. 1, § 567 Abs. 4 ausgeschlossen.

5. Gegenstandslose Beschwerde

9 Die Beschwerde (→ Rdnr. 6) gegen eine Aussetzung wird durch den Erlaß eines Endurteils gegenstandslos, weil dadurch praktisch die Aussetzung beseitigt ist. In gleicher Weise wird auch die sofortige Beschwerde (→ Rdnr. 7) gegen die Ablehnung einer Aussetzung usw. gegenstandslos, wenn eine die Instanz beendende Entscheidung ergeht[14]. Anders liegt es bei einem Versäumnisurteil, das mit Einspruch angegriffen wird[15]. In den Fällen der Aussetzung des Verfahrens, insbes. derjenigen nach § 246, kommt es auf die Rechtskraft an.

6. Umfang der Nachprüfung

10 Die Nachprüfung beschränkt sich bei § 252 im wesentlichen auf Verfahrens- und Ermessensfehler, sofern keine gebundene Gerichtsentscheidung vorliegt. Ermessensentscheidungen sieht insbes. § 148 vor. Das Erstgericht muß die verfahrensrechtlichen Voraussetzungen beachtet und es darf sein Ermessen nicht mit sachfremden Erwägungen ausgeübt haben. Ein Verfahrensfehler liegt auch vor, wenn der Aussetzungsbeschluß (§ 148) nicht begründet wurde[16]. Die materiellrechtliche Würdigung des Erstgerichts ist durch das Beschwerdegericht nicht zu überprüfen[17].

---

[14] Etwa *BFH* BFH/NV 1992, 402 (Nr. 392)(LS).
[15] *RGZ* 36, 401, 403; 46, 385, 387; ferner *OLG München* SeuffArch 70 (1915), 162, 163.
[16] Zu dem Gesagten *KG* GrundE 1984, 1171; *LG Berlin* AnwBl 1992, 325; *MünchKommZPO/Feiber* (1992) Rdnr. 26, 27; zur Überprüfbarkeit einer Terminsbestimmung *LAG Baden-Württemberg* NZA 1986, 338, 339.
[17] *OLG München* FamRZ 1985, 495; *KG* GrundE 1984, 1171.